白话三國志

【通译本】上

〔西晋〕陈寿 撰
〔南朝宋〕裴松之 注
程新发 译

天地出版社 | TIANDI PRESS

图书在版编目（CIP）数据

白话三国志 / （西晋）陈寿撰；（南朝宋）裴松之注；程新发译. —成都：天地出版社，2020.8（2021年11月重印）
ISBN 978-7-5455-4943-0

Ⅰ. ①白… Ⅱ. ①陈… ②程… Ⅲ. ①中原历史—三国时代—纪传体 ②《三国志》—译文 Ⅳ. ①K236.042

中国版本图书馆CIP数据核字（2019）第095603号

BAIHUA SANGUOZHI

白话三国志

出 品 人 杨 政
作　　者 ［西晋］陈 寿 撰 ［南朝宋］裴松之 注 程新发 译
责任编辑 杨永龙 曹志杰
封面设计 今亮后声
内文排版 麦莫瑞
责任印制 王学锋

出版发行 天地出版社
（成都市槐树街2号 邮政编码：610014）
（北京市方庄芳群园3区3号 邮政编码：100078）
网　　址 http://www.tiandiph.com
电子邮箱 tianditg@163.com
经　　销 新华文轩出版传媒股份有限公司

印　　刷 天津融正印刷有限公司
版　　次 2020年8月第1版
印　　次 2021年11月第2次印刷
开　　本 787mm × 1092mm 1/16
印　　张 67.25
字　　数 1280千字
定　　价 178.00元（全二册）
书　　号 ISBN 978-7-5455-4943-0

咨询电话：（028）87734639（总编室）
购书热线：（010）67693207（营销中心）

如有印装错误，请与本社联系调换。

谨以此书献给我的夫人——吴华颖女士

序言

《三国志》是译者对前四史翻译的第四部。

《三国志》不同于前三史，不是按照纪传体的形式编排。在三国时代，中华民族正处于大分裂时期，然而，又不同于春秋战国时的诸侯分治。东汉王朝土崩瓦解之后，曹操在北方逐渐荡平群雄。此时，处于风雨飘摇中的东汉朝廷依然存在，只不过政权掌握在曹操手中，后行所谓挟天子以令诸侯。如曹操所言："设使国家无有孤，不知当几人称帝，几人称王。"赤壁之战中曹操轻敌，致使江东凭恃长江天险，形成割据势力。而刘备在"孙刘抗曹"的旗帜下，得以苟活，既而在益州牧刘璋的邀请下夺取益州，凭恃巴蜀天险，形成魏、蜀、吴三国鼎立局面。这是在两汉四百余年后，中华民族第一次出现分裂局面。

尽管三国都尊奉汉室为正宗，都打着"振兴汉室、以图中兴"的旗号，但是，谁心里也都清楚，东汉朝廷已难以为继。究竟由谁最终统一天下的问题摆在三家面前。曹操去世后，魏文帝接受汉献帝禅让，正式登上帝位。蜀、吴随后跟进，先后称帝。东汉末年的战乱，加上三国时期相互攻伐厮杀，英雄豪杰纷纷登场，中华民族在近八十年的战乱中生灵涂炭、尸骨蔽野。最后的结局是，三国被司马氏的西晋统一。

《三国志》作者陈寿字承祚，巴西郡安汉人，曾在蜀汉为官。蜀汉灭亡，入晋担任著作郎、治书侍御史，搜集、整理诸家史书，分别为魏、蜀、吴三家编纂历史，著作《魏书》《蜀书》《吴书》。因为魏室接受汉室禅让，为正统，所以陈寿为魏国的几位皇帝撰写帝纪。而《蜀书》则是《先主传》《后主传》，《吴书》则是《吴主传》。不同于《三国演义》，陈寿对魏武帝曹操的评价较为正面，对蜀汉先主刘备及东吴君主孙权都有比较客观的记述，基本做到了“其文直，其事核，不虚美，不隐恶，故谓之实录”。

陈寿生平距离三国时间较近，可以搜集的诸家史书有限。故在南北朝时期，南宋史学家裴松之接受宋文帝诏命，为《三国志》作注，能搜集到的史料之丰富，远超过西晋初期。裴松之在作注的同时，也对陈寿的观点提出了自己的看法，而且有很多翔实的史料，因而对人物的刻画更富有观瞻性，譬如对人物性格的描写。《三国演义》的史料，很多来自裴松之的注。

译者在翻译陈寿著《三国志》的同时，翻译了裴松之的注，虽然“注”的翻译仍带有一些文言文，需要读者诸君在阅读时有一定的古文基础，但并不影响读者理解文章本意。

鉴于译者学识疏浅、不揣鄙陋，翻译古典名著肯定会有较多不足，是以译者心怀慺慺（lóu）之诚，恳请读者诸君在阅读《白话三国志》时提出宝贵意见。

目录

上 册

【魏书】

下　册

【蜀书】

【吴书】

【魏书】

魏书一

武帝纪第一

太祖武皇帝，沛国谯县人，姓曹，名讳操，字孟德。[①] 曹操是西汉初相国曹参的后裔。在东汉桓帝朝，宦官曹腾担任中常侍、大长秋，受封为费亭侯。[②] 曹腾的养子曹嵩继承爵位，曹嵩后来官至太尉。后人不清楚曹嵩的出生年月及早期情况。[③] 曹嵩生下曹操。

①《曹瞒传》记载：曹操的另一个名字叫“吉利”，小名“阿瞒”。王沈著《魏书》记载：曹操的祖先，来自黄帝。颛顼帝高阳有一个儿子陆终。陆终生下一个儿子叫“安”，以“曹”为姓氏。周武王伐纣克殷，拥有天下，为先圣帝王的后裔封建国土，把曹侠封在“邾”。春秋时，邾国参与诸侯会盟。到了战国，邾国被楚国灭。曹氏子孙遂流落在各诸侯，其中有一支在沛县安家。高祖建立汉朝，曹参以军功受封为平阳侯，后代世袭爵位、封土。封爵曾一度断绝，后又被皇帝续封。至今，仍有后嗣在容城。

②司马彪著《续汉书》记载：曹腾的父亲曹节，字元伟。曹节以仁厚著称。邻居家的猪走失，因那猪与曹节家的猪相似，邻居登门指认曹节家的猪是他家的猪，曹节并不与人争执，让邻居把猪赶走。后来走失的猪又回到主人家，邻居很惭愧，把曹节的猪送还，并且向曹节道歉。曹节笑着接受送还的猪。乡里人因此称赞曹节厚道。曹节有四个儿子，长子曹伯兴，次子曹仲兴，三子曹叔兴。最小的儿子曹腾，字季兴，从小被送入宫中，担任黄门从官。永宁元年，邓太后诏命黄门令从黄门从官中选择年少、脾气温和、做事情谨慎者，陪伴皇太子读书。曹腾被选中。太子喜欢曹腾，特别赏赐曹腾的饮食，与对待其他人不一样。顺帝即位，曹腾担任小黄门，后升任中常侍、大长秋。曹腾在禁闼三十余年，侍奉过四位皇帝，从未出过差错。曹腾在中常侍任上，向皇帝积极举荐贤能，对朝廷官员也从未有过伤害。曹腾举荐的士人皆为海内名士，像陈留郡人虞放、边韶，南阳郡人延固、张温，弘农郡人张奂，颍川郡人堂溪典等，这些人后来都官至公

卿。曹腾举荐良吏，不伐其善。蜀郡太守通过计簿吏贿赂曹腾，益州刺史种暠（hào）在斜谷搜出其与曹腾往来的书信，弹劾蜀郡太守，同时弹劾曹腾。由于事关内臣与外臣相互勾结，种暠就奏请桓帝将曹腾逮捕，送往廷尉署治罪。桓帝说："书信从外面送来，并非曹腾的罪过。"遂将种暠的奏文压下来。曹腾并未因这些纤细怨恨而报复种暠，常称赞种暠为能吏，并举荐种暠，认为种暠可以担任朝廷大臣。种暠后来担任司徒，对客人讲："今天我能身为三公，实乃曹常侍的保举。"曹腾的行事为人，就是这样。桓帝即位，以曹腾是先帝的旧臣，忠孝仁义，封曹腾为费亭侯，享受特进位。魏明帝太和三年，明帝曹叡追尊曹腾为高皇帝。

③《续汉书》记载：曹嵩，字巨高，为人敦厚、谨慎，谨守忠孝。曹嵩曾担任司隶校尉，灵帝擢拜曹嵩为大司农、大鸿胪。后来，曹嵩代替崔烈，担任太尉。魏文帝黄初元年，文帝曹丕追尊曹嵩为太皇帝。

吴人著《曹瞒传》及郭颁著《世语》记载：曹嵩，是夏侯氏的儿子，夏侯惇的叔父。太祖曹操和夏侯惇应该是堂兄弟。

太祖曹操从小机敏，喜欢玩弄权术，为人任侠好义，性情放荡，不重视操守、学业，在当时，很多人并未看重曹操。[①]只有梁国人桥玄、南阳郡人何颙与众人看法不同。桥玄曾对曹操讲："当今天下，眼看就要陷于乱世，非有卓越才能者不能济世。能安天下生民者，大约是君了！"[②] 二十岁时，曹操被举荐为孝廉，担任侍郎，后出任洛阳北部都尉，改任顿丘县令，[③] 受朝廷征召，灵帝拜曹操为议郎。[④]

①《曹瞒传》记载：年少时，曹操喜欢飞鹰走狗，游玩无度，曹操的叔父多次向曹嵩谈起曹操的放荡行为。曹嵩对此颇感忧虑。后来，曹操在路上碰到叔父，佯装口眼歪斜。叔父惊讶，问曹操怎么了。曹操回答："中了风邪。"叔父赶快告诉曹嵩。曹嵩大吃一惊，喊曹操来看。曹操来后，并无任何毛病。曹嵩问儿子："叔父说你中了风，怎么回事？"曹操回答："儿子并未中风，只是叔父不喜欢我，才这样说。"曹嵩由此心存疑窦。以后叔父再说曹操的不是，曹嵩不再相信。曹操于是更加放肆，任意玩乐。

②《魏书》记载：太尉桥玄是当时的名士，看到曹操，颇感惊讶，说："我见到的天下名士很多，但从未见过像君这样的！君好自为之。我老啦！愿把妻子、儿女托付给你。"从此，曹操名声日隆。

《后汉书》记载：桥玄，字公祖，为人严厉、明察，有才智，善于识别人物。

张璠著《汉纪》记载：桥玄历任朝廷内外官职，性情刚烈、易怒，然而，为人谦逊，生活俭朴，礼贤下士，不以高爵接受私人请托。灵帝光和年间，桥玄担任太尉，以久病被灵帝免职，又拜为太中大夫。桥玄去世，家无余财，也没有私人房产，举行丧礼时连停放棺柩的地方都没有。其廉洁行为，受到世人称赞。

《世语》记载：桥玄对曹操说："君还未成名，可以结交许子将。"曹操拜访许劭（字子将），许劭接纳曹操，曹操从此而知名。

孙盛著《异同杂语》记载：曹操曾经私自闯入中常侍张让的室内，被张让发觉；曹操在大庭中舞动手中的短戟，翻过墙垣逃走。由此可见，曹操武艺惊人，一般人很难伤害到曹操。曹操博览群书，特别喜欢兵法，曾手抄、编纂诸家兵法，起名叫《接要》，曹操又曾注解《孙武兵法》十三篇，皆留存于后世。曹操曾经问许劭："我是怎样一个人？"许劭不肯回答。曹操坚持要许劭评价，许劭说："子乃治世之能臣，乱世之奸雄。"曹操听罢，大笑。

③《曹瞒传》记载：当初，曹操担任都尉，负责洛阳四个城门的治安。曹操命人造了很多五色棒，在衙门两旁各摆十余根，有犯禁者，不管是否豪强，一律用五色棒打杀。过后数月，灵帝宠幸的小黄门蹇硕的叔父违禁夜行，被曹操用五色棒打死。从此，京师肃然，无人再敢违禁。灵帝身边的侍臣忌惮曹操，然而对曹操又无可奈何，于是举荐曹操，曹操出任顿丘县令。

④《魏书》记载：曹操的堂妹夫濦强侯宋奇被杀，曹操受到牵连，被免去官职。后来，曹操以熟悉儒学，受朝廷征召，担任议郎。当初，大将军窦武、太傅陈蕃共谋，欲诛杀宫中宦官，结果反被宦官杀害。曹操上书朝廷，举荐陈武等人，结果被宦官陷害。在当时，奸邪当道，善人的仕途之路堵塞，曹操谏言恳切，灵帝不能任用。后来，灵帝颁布诏书，敕令三公府：监察州县施政无方、治民无方、民怨沸腾的官员，悉数罢免。三公府充斥很多奸邪，其很少被任用，遂贿赂公行，能力强的官员抱怨得不到举荐，能力弱的官员谨守道学，又大多被谗言谮毁。曹操对此颇有看法。这一年，灵帝以灾异频现，向朝臣询问对策，曹操再次上书，提出谏言，奏书讲：三公监察弹劾的官员，却回避豪门贵戚。奏书呈上，天子有所醒悟，把奏书拿给三公看，痛加斥责，以不实言受到征召者一律拜为议郎。再后来，朝政越发混乱，豪门贵戚、奸猾之徒日益猖獗，朝政越发不堪；曹操知道，难以再匡正朝廷，遂不再献言。

灵帝光和末年，黄巾军骤起。曹操担任骑都尉，奉命讨伐颍川郡黄巾军贼寇，后来改任济南国相。济南国有十余个县，县长、县吏大多阿附豪门权贵，贪赃受贿，狼藉不堪。曹操上任后，奏请朝廷免去八个县的县长职务，禁止民众过度祭祀。济南国奸宄之徒纷纷逃窜，国内政风肃然。①过了一段时间，曹操被征召，改任东郡太守。曹操没有上任，称病返回乡里。②

①《魏书》记载：县长、县吏倚仗权势，贪赃受贿，以前的济南国相并未把此当回事；曹操上任，将贪官污吏尽行罢免，大小官员皆受到震撼，奸宄之徒窜逃，逃入其他郡国。济南国变得政治清明，教化风行。当初，城阳景王刘章自认为有功，在封国内建立祠庙，青州属下诸郡大肆效仿。济南国更是建了很多祠庙，有六百余座。商人或用俸禄二千石者乘坐的车辆、服饰、随从，倡乐盛行，生活奢侈，日甚一日，百姓生活贫苦，历任官长不敢制止。曹操到任，将不该建的祠庙全部拆毁，禁止官吏、百姓到祠庙祭祀。及至曹操秉政，清除奸邪鬼神之事，世上过度祭祀的风气遂得到禁止。

②《魏书》记载：在当时，权臣弄权，豪门贵戚肆虐。曹操不能苟合取容，多次忤逆权臣。曹操担心给家人带来祸殃，遂乞求朝廷，留在宫中宿卫。灵帝拜曹操为议郎，曹操常托病，告归乡里。曹操在城外修筑房子，春夏在家中读书，秋冬在野外狩猎，自得其乐。

不久，冀州刺史王芬、南阳郡人许攸、沛国人周旌等人联合谋划废黜灵帝，拥立合肥侯，将此事告诉曹操，曹操拒绝参与。王芬等人最终败亡。①

①司马彪著《九州春秋》记载：当时，陈蕃的儿子陈逸与术士、平原国人襄楷和王芬聚会，襄楷说："天象不利于宦官，黄门、常侍要灭族了。"陈逸闻言大喜。王芬说："如果真的是这样，王芬愿全力以赴。"于是，众人与许攸等共谋。灵帝欲北巡河间国旧宅，王芬等人密谋乘机发难，就上书皇帝，说黑山贼攻打郡县，奏请起兵。恰逢北方有赤气从东往西遮盖天空，太史上书："会有阴谋发生，不宜北行。"灵帝取消原计划，敕令王芬罢兵，不久又征召王芬。王芬害怕，自杀。

《魏书》记载：曹操拒绝王芬，说："废立之事，是天下不祥之事。古人讲，有能够掌控成败、举足轻重的贤臣，才能考虑废立之事，譬如伊尹、霍光。伊尹对殷室有至诚之忠，又身处宰衡之位，位于百官之上，故能进退，废置殷帝，此后又安排殷帝复位。及至霍光受武帝托孤之重任，兼有宗臣之位，在内有霍光的外孙女位居太后，霍光秉持朝政，在外有群臣赞襄之势。昌邑王在位日子很短，朝臣中还未有得宠之臣，缺乏敢于挺身而出的直臣，霍光密谋废立，行事果断，故能成功，做事犹如摧枯拉朽，废黜昌邑王。如今，诸君只看到先贤废立之易，却未看到当今行事之难。诸君自我忖度，能够结盟同党，犹如七国连横？合肥侯之尊贵，与吴、楚又有何区别？如果硬要行非常之事，希望获得成功，不亦难乎？！"

金城郡人边章、韩遂造反，杀害凉州刺史、郡太守，拥众十余万人，天下为之骚动。朝廷征召曹操，拜为典军校尉。恰逢灵帝驾崩，太子即位，何太后临朝称制。大将军何进与袁绍密谋诛杀宫中宦官，何太后不听。何进召董卓入京，欲以此胁迫何太后。[①] 董卓还未到京，何进反而被宦官杀害。董卓抵达京师，废黜少帝刘辩为弘农王，拥立陈留王刘协即位，刘协便是献帝。京城朝野为之大乱。董卓上表朝廷，拜曹操为骁骑校尉，欲与曹操商议朝廷大事。曹操改换姓名，潜行东归。[②] 曹操逃出虎牢关，途经中牟县，为当地亭长所怀疑，遂遭逮捕，送往县衙。县衙中有人认识曹操，为曹操讲情，曹操被释放。[③] 此后，董卓杀了何太后和弘农王刘辩。曹操抵达陈留郡，散尽家财，聚集义兵，准备讨伐董卓。当年冬天十二月，曹操在己吾起兵。[④] 这一年是中平六年。

①《魏书》记载：曹操听说此事后大笑，说："阉竖宦官，古今都有，然而，世主当年不应该把权力交予宦官，以至于宦官在宫中坐大。欲惩治宦官，先诛杀首恶，一个狱吏足矣，何必要召请外将？欲杀尽宦官，谋事不密，一定会泄露，我看这件事情必败。"

②《魏书》记载：曹操看出董卓必定败亡，遂想方设法辞别董卓，逃归乡里。曹操带上数骑，途经故人、成皋县人吕伯奢家；伯奢不在，伯奢的儿子与宾客欲劫持曹操，夺走曹操的马匹及财物，曹操亲手击杀数人。

《世语》记载：曹操途经伯奢家。伯奢外出，五个儿子在家，向曹操行宾主之礼。曹操自以为已背叛董卓，怀疑伯奢的五个儿子要图谋自己，在夜间手持利剑，杀了八个人离去。

孙盛著《杂记》记载：曹操夜晚听到有食器声，以为有人要害自己，遂杀了伯奢家人。事后曹操凄怆道："宁肯我负人，毋使人负我！"然后离开伯奢家。

③《世语》记载：中牟县一亭长怀疑曹操是逃亡的罪犯，逮捕曹操，送往县衙。当时，县

衙掾吏已经接到董卓的通缉令；功曹心里知道这是曹操，想到“时值天下大乱，不应再拘捕英雄”，遂谏言县令，释放了曹操。

④《世语》记载：陈留郡人孝廉卫兹，以家财资助曹操。曹操起兵，拥众五千余人。

献帝初平元年春正月，后将军袁术、冀州牧韩馥[①]、豫州刺史孔伷（zhòu）[②]、兖州刺史刘岱[③]、河内郡太守王匡[④]、渤海郡太守袁绍、陈留郡太守张邈、东郡太守桥瑁[⑤]、山阳郡太守袁遗[⑥]、济北国相鲍信[⑦]，同时起兵，各自拥众数万人，推举袁绍为盟主。曹操代行奋武将军职事。

①《英雄记》记载：韩馥，字文节，颍川郡人。韩馥原来担任御史中丞。董卓举荐韩馥为冀州牧。当时，冀州人民众多，生活殷富，兵精粮足。袁绍在渤海郡担任太守，韩馥担心袁绍举兵，会图谋自己，常派遣州部从事守在袁绍大门外。韩馥不肯听从袁绍发兵的命令。东郡太守桥瑁诈称京师三公府向州郡移送公文，控诉董卓的罪恶，说“被董卓逼迫，不能自救，企盼郡国举义兵，以纾解国难”。韩馥这才听从袁绍，准备举兵。韩馥召请州部从事，咨询：“你们愿意帮助袁氏，还是愿意帮助董氏？”治中从事刘惠慷慨陈词：“我们举兵，是为了国家，为何要分袁氏、董氏？”韩馥自知言语失当，面露惭色。刘惠又说：“兵者凶事，不可担任首领；如今，将军应该观察其他州郡。有发兵举事者，可以随后跟进。冀州与其他州相比，兵精粮足，不是弱州。其他人举事，有功也不会在冀州之上。”韩馥同意。于是，韩馥写信给袁绍，力陈董卓的罪恶，听任袁绍举兵。

②《英雄记》记载：孔伷，字公绪，陈留郡人。

张璠著《汉纪》记载：郑泰向董卓评价孔伷：“孔公绪只善于清谈，坐而论道，口才甚佳，善于吹嘘。”

③刘岱，是刘繇的哥哥，其事迹见《吴志》。

④《英雄记》记载：王匡，字公节，泰山郡人。王匡轻财好义，以任侠仗义著称。受大将军何进幕府征召，担任幕府符使。王匡从徐州调动五百强弩兵，向西抵达京师。恰逢何进败亡，王匡返回泰山郡。从家中被起用，担任河内郡太守。

谢承著《后汉书》记载：王匡年少时，与蔡邕的关系很好。王匡被董卓打败，回到泰山郡，又收集兵勇数千人，欲与张邈联合。王匡先杀执金吾胡母班。胡母班的亲属愤怒异常，与曹操联合，杀了王匡。

⑤《英雄记》记载：桥瑁，字元伟，是桥玄的族中子弟。桥瑁当初担任兖州刺史，有威信。

⑥袁遗，字伯业，是袁绍的堂兄。袁遗担任长安令。河间郡人张超曾经向太尉朱儁举荐袁遗，称袁遗“有冠世之懿，干时之量。其忠允亮直，固天所纵；若乃包罗载籍，管综百氏，登高能赋，睹物知名，求之今日，邈焉靡俦”。其事迹在《张超集》。

《英雄记》记载：袁绍后来任命袁遗为扬州刺史，被袁术打败。曹操称袁遗“长大成人后，能勤学者，唯吾与袁伯业耳”。此话见文帝《典论》。

⑦鲍信事迹见其儿子评传《鲍勋传》。

献帝初平元年二月，董卓听说义军骤起，就逼迫天子迁都长安。董卓留在洛阳，率领士兵焚烧洛阳宫室。在当时，袁绍驻扎在河内郡，张邈、刘岱、桥瑁、袁遗驻扎在酸枣邑，袁术驻扎在南阳郡，孔伷驻扎在颍川郡，韩馥在邺城。董卓兵势强盛，袁绍等人不敢进军。曹操说："峭山以东举义兵，为天下诛残贼，大军已经集合完毕，诸君为何迟疑不决？一旦董卓知道峭山以东义兵骤起，他凭借朝廷威权，据守二周险要地势，挟天子以令诸侯，虽然以无道行事，也足以力压义军，必成为大患。而今，董卓正在焚烧皇宫，劫持天子西迁，海内震动，不知所归，这正是上天要灭亡董卓之时。诸君勠力进军，一战可平定乱贼董卓，不可错失良机。"曹操引兵西进，占领成皋。张邈派遣部将卫兹，分出部分兵力跟随曹操。曹操进抵荥阳县汴水，与董卓部将徐荣相遇，曹军战事不利，士卒死伤很多。曹操被流矢射中，所乘战马也受了重伤，堂弟曹洪把战马让与曹操，趁着夜色，曹操落荒逃走。徐荣看到曹操率领的士卒不多，已经力战整日。徐荣认为，酸枣不易攻下，遂引兵撤回。

曹操到了酸枣，义军仍有十余万人，诸将每日置酒高会，不思进取。曹操愤懑不已，颇有怨言。曹操说："请诸君听我之计，渤海郡太守率领河内军队，驻扎在黄河孟津；在酸枣的诸将守住成皋，占领敖仓，堵塞轘辕、太谷关，控制住险要地带。袁术军驻扎在丹杨、析水，攻入武关，足可以震动三辅。而后诸君深沟高垒，不与董卓交战，多设置疑兵，以此显示天下大势，义军以顺讨逆，大功可成。但如今，我们举义兵，逡巡徘徊，不敢进军，会令天下人失望，窃为诸君不取！"张邈等人不听。

曹操兵少，与夏侯惇等人前往扬州招募兵员，扬州刺史陈温、丹杨郡太守周昕为曹操增加兵员四千余人。曹操返回龙亢，很多招募的士卒逃亡。[①] 到了铚县、建平，曹操又招募一千余人，进驻河内郡。

①《魏书》记载：新兵阴谋叛逃，夜晚点火焚烧曹操的大帐。曹操手持利剑杀了数十人，其余者四处逃散。曹操走出营帐，发现没有参与叛逃者只剩下五百余人。

刘岱与桥瑁交恶，刘岱杀了桥瑁，以王肱代理东郡太守。

袁绍与韩馥密谋拥立幽州牧刘虞为皇帝，曹操拒绝参与。[①]袁绍曾经得到一枚玉印，曹操在座时，袁绍向曹操举起手臂展示这枚玉印。曹操感到好笑，因此轻视袁绍。[②]

①《魏书》记载：曹操回答袁绍："董卓残暴，荼毒四海，我等联合起来，举义兵起事，远近莫不响应，这是以义讨伐董卓。如今，少帝势单力孤，受制于朝廷奸臣，并未有昌邑王颠覆国家的恶行，一旦改变初衷，轻言废立，天下还能安定吗？诸君如果北面称臣，我则西向。"

②《魏书》记载：曹操大笑道："我不会听从。"袁绍又派人劝说曹操："如今，袁公兵势

强盛，两个儿子已经长大成人。天下豪杰，谁能超过袁公？”曹操没有回答。从此，曹操更加看不起袁绍，心中有消灭袁绍的想法。

初平二年春天，袁绍、韩馥拥立刘虞为皇帝，刘虞坚决拒绝，不肯答应。

初平二年夏天四月，董卓来到长安。

初平二年秋天七月，袁绍胁迫韩馥，夺取冀州。

黑山贼于毒、白绕、眭固等十余万人，寇掠魏郡、东郡，王肱不能御敌，曹操引兵进抵东郡，在濮阳县迎战白绕，大败白绕。袁绍上表朝廷，推荐曹操为东郡太守，郡府治所设在东武阳县。

初平三年春天，曹操在顿丘县驻军，于毒等人攻打东武阳县。曹操引兵向西，进入山地，攻打于毒等人的大营。[①] 于毒听说曹操大军杀来，放弃东武阳县，撤军返回。曹操截击眭固，又在内黄县攻击匈奴于夫罗，大获全胜。[②]

①《魏书》记载：诸将皆以为应该回军救援。曹操说：“孙膑救赵而攻魏，耿弇欲夺西安而攻临菑。贼寇听说我军向西，攻打他们的老巢，一定会撤军，东武阳县自然会解围；贼寇不撤军，我则攻破贼寇的老巢，贼虏也不能攻下东武阳县。”遂引军西行。

②《魏书》记载：于夫罗，是南单于的王子。灵帝中平年间，灵帝征调匈奴兵，于夫罗率领南匈奴助汉。恰逢南匈奴出现内乱，南单于被杀，于夫罗遂率领部众留在中原。天下大乱，于夫罗与西河白波贼联合，攻破太原郡、河内郡，寇掠诸郡，沦为贼寇。

初平三年夏天四月，司徒王允与吕布共谋，杀了董卓。董卓部将李傕、郭汜等攻破长安，杀了王允，攻打吕布，吕布败走，东出武关。李傕等人在朝廷专擅朝政。

上百万青州黄巾军攻入兖州，杀了任城国相郑遂，攻入东平国。刘岱欲迎击黄巾军，鲍信谏言：“如今，贼寇有上百万，百姓震恐，士卒毫无斗志，难以御敌。我观察到贼寇随军携带了很多家眷，缺少后勤辎重，只是靠抢掠补充生活开支。我们最好以逸待劳，固守坚城。彼欲战而不可得，欲攻不能，贼势必然涣散。而后，我方选择精锐，占据要害，可一击破敌。”刘岱不听，遂与黄巾军接战。结果，刘岱被黄巾军斩杀。[①] 鲍信与州部掾史万潜等逃往东郡，请曹操兼领兖州牧。双方进军，在寿张县东边与黄巾军大战。鲍信力战，死于战场，曹操与黄巾军大战，击败黄巾军。[②] 战后，曹操寻找鲍信的尸骸，没有找到，众人用木头刻成鲍信的形状，予以埋葬。曹操穷追黄巾军至济北国。黄巾军向曹操乞降。当年冬天，受降黄巾军有三十余万人，携带家眷一百余万人，曹操选择其中精锐者，编为军队，号称青州兵。

①《世语》记载：刘岱死后，陈宫对曹操说：“兖州如今没有州牧，朝廷又杳无音信，陈宫愿劝说兖州官员，请明府前往兖州，兼领兖州牧，借兖州的资财，以兼并天下，此乃王霸之

业。”陈宫辞别曹操，前去游说兖州别驾、治中：“如今，天下分裂，而兖州没有州牧；曹操在东郡，可谓当今命世奇才，如果迎接曹操到兖州，兼领州牧，可以安定兖州。”鲍信等人也持有同样看法。

②《魏书》记载：曹操率领步骑一千余人，巡视战地，抵近贼寇大营，战事不利，死伤数百人，曹操引军撤回。黄巾军贼寇乘机跟进。黄巾军为贼日久，多次取胜，士兵皆熟悉战阵。曹操的兵原来就少，新兵又不熟悉战阵，全军震恐。曹操披甲上马，亲自在营中检阅将士，明确赏罚，众人振奋，随后迎战黄巾军，贼寇稍稍撤退。黄巾军向曹操送来书信：“往昔，在济南郡，众人毁坏神坛，其道术与中黄太乙相同，恍惚中得道，如今更加迷惑。汉室运数已尽，黄家当立。这是天命所归，非君等所能存续。”曹操看了檄书，大声斥骂，遂宣布招降之策。曹操设伏，与黄巾军昼夜交战，战则有所擒获，贼寇只好退走。

袁术与袁绍有矛盾，袁术向公孙瓒求援，公孙瓒派刘备驻扎在高唐县，派单经驻扎在平原县，派陶谦驻扎在发干县，以此压制袁绍。曹操与袁绍联合，将袁术的援兵一一击破。

初平四年春天，曹操驻军鄄（juàn）城。荆州牧刘表截断袁术的粮道，袁术引军进抵陈留郡，驻扎在封丘县，黑山贼余寇及南匈奴于夫罗帮助袁术。袁术派部将刘详驻扎在匡亭。曹操进攻刘详，袁术前来救援，与曹操大战，曹操大破袁术。袁术退守封丘，曹操遂包围封丘，大军还未合围，袁术败走襄邑，曹操追至太寿县，挖掘沟渠水淹太寿县。袁术败走宁陵，曹操急速追赶，袁术败走九江。当年夏天，曹操还军平定定陶县。

下邳郡人阙宣聚集数千人，自称天子；徐州牧陶谦与阙宣共同举兵，攻取泰山郡华县、费县，寇掠任城县。当年秋天，曹操讨伐陶谦，攻下十余座城邑，陶谦据城固守，不敢出战。

这一年，孙策接受袁术派遣，渡过长江。几年间，孙坚占领江东。

献帝兴平元年春天，曹操从徐州撤军。当初，曹操的父亲曹嵩辞官后返回谯县，由于董卓之乱，曹嵩在琅琊郡避难，为陶谦部下所杀害，曹操讨伐陶谦，报仇雪恨。① 当年夏天，曹操派荀彧、程昱守卫鄄城，再次讨伐陶谦，攻取五城。而后，曹操在东海郡攻城略地。撤军时，曹操经过郯县，陶谦的部将曹豹与刘备驻扎在郯县东，截击曹操，被曹操打败。曹操攻取襄贲县，所过之处，大肆屠戮。②

①《世语》记载：曹嵩在泰山郡华县。曹操令泰山郡太守应劭护送曹嵩家眷到兖州，应劭的兵还未到，陶谦秘密派遣数千骑兵，擒获曹嵩。当初，曹嵩以为应劭前来迎接，并未防备。陶谦兵到，在院子里杀了曹操的弟弟曹德。曹嵩恐惧，欲爬过后墙垣，先把侍妾托举上墙垣，侍妾长得肥胖，爬不上墙垣。曹嵩只好躲在厕所中，与侍妾一起被害，曹嵩一家老小全部被杀。应劭恐惧，弃官投奔袁绍。后来，曹操平定冀州，应劭当时已死。

韦曜著《吴书》记载：曹操迎接曹嵩到兖州，曹嵩携带辎重车辆一百余乘。陶谦派遣都尉张闾率领骑兵二百余人护送，张闿护送到泰山郡华县、费县间，杀了曹嵩，夺取曹嵩的财物，投奔淮南。曹操归罪于陶谦，因此讨伐陶谦。

②孙盛认为：吊民伐罪，自古以来，都要尊奉道义。曹操将罪过归于陶谦，大肆屠戮徐州，做得过分了。

此时，张邈与陈宫背叛曹操，迎来吕布，兖州属下郡县投降吕布。荀彧、程昱坚守鄄城，范县、东阿二县也在据城坚守，等待曹操。曹操引军退回鄄城。吕布率军杀到，攻打鄄城，不能攻破，吕布向西，驻扎在濮阳。曹操说："吕布旦夕间就获得兖州一州，不去占领东平县，截断亢父、泰山险要，凭借险要截击我军，而是把大军驻扎在濮阳，从这一点就可以看出，吕布成不了大事。"曹操遂进军，攻打吕布。吕布出城迎战曹操，先派出骑兵进攻青州兵。青州兵逃散，曹军阵脚大乱，曹操在火海中狂奔，从马上坠下，左手掌被火烧伤。军司马楼异扶着曹操上马，曹操逃出险地，未能回到大营。[①] 曹操失踪时，诸将看不到曹操，皆惊慌失措。回营后，曹操亲自劳军，令军中准备好攻城器械，再次进攻濮阳城。曹操与吕布相持一百余日。此时，蝗灾暴发，百姓颗粒无收，遂陷入饥困。吕布的粮食也将耗尽，双方引军撤退。

①袁晔著《献帝春秋》记载：曹操包围濮阳，濮阳大姓田氏佯称愿充当曹操的内应，曹操攻入濮阳城。吕布伏兵杀向曹操，曹操逃向东门，大火骤起，难以冲出。曹操军与吕布军大战，曹操大败。吕布骑在马上，迎头撞见曹操，没有认出曹操。吕布问："曹操在哪里？"曹操答："骑黄马奔逃者就是。"吕布放过曹操，穷追骑黄马者。东门火光冲天，曹操从大火中突围而出。

当年秋天九月，曹操退回鄄城。吕布进抵乘氏县，被乘氏县人李进打败。吕布向东，驻扎在山阳县。袁绍派人前来向曹操游说，欲与曹操结盟。曹操刚刚失去兖州，而且军粮将尽，曹操欲答应袁绍。程昱劝止曹操，曹操采纳程昱的谏言，未与袁绍结盟。当年冬天十月，曹操进驻东阿。

这一年，谷价每斛卖到五十余万钱，出现人相食，曹操解散一批新招募的士兵。陶谦去世，刘备代理徐州牧。

兴平二年春天，曹操袭击定陶县。济阴郡太守吴资退守南城，曹操未攻取南城。恰逢吕布杀到，曹操迎战吕布，大败吕布。当年夏天，吕布派部将薛兰、李封驻扎在巨野县，曹操进攻巨野，吕布前来救援，薛兰战败，吕布撤走。此后，吕布诛杀薛兰等人。吕布从东缗县出发，与陈宫率领一万余人，迎战曹操。当时，曹操兵少，设下埋伏，派出奇兵截击吕布，大败吕布。[①]吕布连夜逃走，曹操连续进攻，攻取定陶，而后分兵，平定兖州属下诸县邑。吕布向东，投奔刘备。张邈追随吕布，派弟弟张超带着家属坚守雍丘。当年秋天八月，曹操围困雍丘。当年冬天十月，献帝拜曹操为兖州牧。十二月，雍丘城破，张超自杀，曹操欲夷灭张邈三族。张邈向袁术求救，被袁术的部下杀害。曹操平定兖州，遂向东，攻略陈国。

①《魏书》记载：曹操的士兵皆出城收割麦子，留在城中者不到一千人，军营不稳固。曹操命令妇女守住营盘，率领剩下的士兵迎战吕布。西边有一个大堤，南边树木幽深。吕布怀疑有埋伏，对陈宫讲："曹操多谋，切勿中了埋伏。"吕布引军，驻扎在南边十余里，第二天再次杀来。曹操把一半兵力埋伏在大堤里，一半兵力暴露在堤外。吕布进兵，曹操令士兵挑战，双方交战。曹操伏兵全部从大堤后杀出，步骑并进，大败吕布，缴获吕布的战鼓、战车，穷追吕布至大营才撤军。

这一年，长安陷于大乱，献帝东归洛阳。在曹阳县，献帝被李傕追兵赶上，随行官员死伤枕藉。献帝渡过黄河，走到安邑。

建安元年春天正月，曹操驻扎在靠近武平县的地方，袁术任命的陈国相袁嗣投降曹操。

曹操欲迎接天子，诸将心存疑虑，荀彧、程昱劝曹操下定决心，曹操派遣曹洪向西迎接天子。卫将军董承与袁术部将苌奴凭借险阻，阻挡曹洪，曹洪不能前进。

汝南郡、颍川郡黄巾军何仪、刘辟、黄邵、何曼等人，各有部众数万，当初听命于袁术，后又依附孙坚。当年二月，曹操进军，斩杀刘辟、黄邵等人，何仪及其部众投降曹操。献帝拜曹操为建德将军，当年夏天六月，曹操改任镇东将军，受封为费亭侯。当年秋天七月，杨奉、韩暹护送献帝返回旧都洛阳，① 杨奉率军驻扎在梁县。曹操来到洛阳，卫戍京师，韩暹逃走。献帝授予曹操符节、黄钺，兼领尚书职事。② 洛阳已经残破不堪，董昭等人劝曹操迁都许昌。当年九月，献帝车驾出轘辕关向东行，献帝拜曹操为大将军，封为武平侯。自从献帝西迁，朝廷日益混乱，直到此时，汉室宗庙社稷、典章制度才重新建立。③

①《献帝春秋》记载：献帝刚到洛阳，住在城西原中常侍赵忠的宅邸。献帝派张杨修缮洛阳宫室，宫殿起名叫"杨安殿"。当年八月，献帝迁居杨安殿。

②《献帝纪》记载：曹操兼领司隶校尉。

③张璠著《汉纪》记载：当初，献帝在曹阳被李傕追上，官员、护卫死伤枕藉，献帝欲渡过黄河东下。侍中太史令王立谏言："自从去年春天，太白金星在牛斗宿侵犯镇星，横过天河，荧惑星又逆行，留守天河北边，此星象表明，不可犯也。"于是，献帝遂不再从北边渡过黄河，从轵关东边出去。王立又对宗正刘艾讲："此前，太白金星留守天关，与荧惑星会合；金星、火星交会，这是革命之象。汉室运祚恐怕要终结，晋地、魏地必有兴者。"王立后来多次对献帝讲："天命有去就，五行不常盛。代替汉室火德者，为土；继承汉室者，是魏；能够安定天下者，是

曹姓。只有委任曹氏。”曹操听说后，派人对王立讲：“知道公忠于朝廷，然而，天道幽远，幸勿多言。”

献帝东迁许都，杨奉从梁县出兵，欲拦截曹操，没有追上。当年冬天十月，曹操讨伐杨奉，杨奉南下投奔袁术，曹操遂攻打梁县驻军，攻取梁县。献帝拜袁绍为太尉，袁绍耻于太尉职务在曹操之下，不肯接受。于是，曹操辞去大将军职务，把大将军职位让与袁绍。献帝拜曹公为司空，代行车骑将军职事。这一年，曹操采纳枣祗、韩浩等人的建议，施行屯田政策。①

①《魏书》记载：自从东汉末年，天下遭遇战乱、饥荒，百姓缺乏粮食。诸军并起，毫无规划，如何度过荒年，饥则寇掠，饱则舍弃，瓦解则流离，没有遭遇敌手而自行瓦解者，不可胜数。袁绍在河北，军人只好以桑葚充饥。袁术在江、淮，取给蒲蠃。百姓出现人相食，州里萧条。曹公说：“安定国家之术，在于强兵足食，秦人以重视农业兼并天下，孝武帝以屯田安定西域，这些都是先代采取的良策。”这一年，曹操招募百姓，在许昌屯田，收获粮食一百万斛。从此，朝廷在州郡设置田官，其职责在于储备粮食。曹操依靠粮食充足，征伐四方，无运粮之劳苦，遂荡平贼寇，平定天下。

吕布奔袭刘备，攻取下邳。刘备投奔曹操。程昱劝说曹公：“我看刘备此人有雄才大略，颇得众心，终不会屈居他人之下，不如及早图之。”曹公说：“方今正是收拢天下英雄之时，杀一人而失去天下人心，不妥。”张济从关中逃往南阳。张济去世，侄儿张绣统领张济的军队。建安二年春天正月，曹公进抵宛县。张绣投降曹公，既而又反悔，背叛曹公。曹公与张绣大战，战事不利，曹公被流矢射中，曹公的长子曹昂、侄儿曹安民在乱军中遇害。① 曹公引兵撤回舞阴，张绣率领骑兵奔袭曹公，曹公大败张绣。张绣逃往穰县，与刘表会合。曹公对诸将讲：“我收降张绣等人，没有及时扣下张绣的人质，以至于落败。我已经知道此次失利的原因。诸卿请看吧，从今以后，我不会再犯这样的错误。”曹公撤回许都。②

①《魏书》记载：曹公所乘战马名字叫“绝影”，被流箭射中，伤了脸颊及足部。流箭同时射中曹公的右臂。

《世语》记载：曹昂下马，把战马让与曹公，曹公这才幸免于难，而曹昂在此战遇害。

②《世语》记载：按照旧制，三公携带兵器进入宫殿觐见皇帝，宫殿侍卫要在三公前举起长戟，三公在长戟交叉中走入宫殿。此前，曹公将要讨伐张绣，入宫觐见献帝。此时，宫中已经恢复旧制。曹公自此以后不再入宫朝见。

袁术欲在淮南称帝，派人告诉吕布。吕布逮捕来使，将袁术的来信奏报朝廷。袁术大怒，进攻吕布，被吕布打败。当年秋天九月，袁术进犯陈县，曹公遂东征，讨伐袁术。袁术获知曹公亲自率军前来，弃军逃走，留下部将桥蕤、李丰、梁纲、乐就。曹公率军进抵陈县，打败并擒获桥蕤等人，皆斩杀。袁术渡过淮河。曹公班师，返回许都。

曹公从舞阴县返回，南阳郡、章陵郡属下诸县再次反叛，被张绣控制，曹公派遣曹洪进攻张绣，战事不利，曹洪退军，驻扎在叶县，多次被张绣、刘表进攻。当年冬天十一月，曹公亲自率军南征，进抵宛县。[①]刘表派部将邓济占领湖阳。曹公攻下湖阳，生擒邓济，湖阳投降。曹公继而攻打舞阴县，攻破舞阴县。

①《魏书》记载：曹公抵达淯水，祭奠阵亡将士，曹公唏嘘流泪，众将士在祭奠仪式上痛哭流涕。

建安三年春天正月，曹公返回许都，开始设置军师、祭酒。三月，曹公在穰县围困张绣。当年夏天五月，刘表派兵救援张绣，断绝曹公的军需粮秣。[①] 曹公引军撤退，张绣率军来追，曹公不能顺利撤军，遂将军营连接起来，逐步退军。曹公写信给荀彧："敌军前来，追击我军，我只能日行数里，计算行程。到达安众县，一定能打败张绣。"到了安众县，张绣与刘表合兵一处，把守险要，曹公腹背受敌。曹公令将士夜晚凿破险要，开辟道路，先运走全部辎重，而后，曹公布置奇兵。天明后，张绣忖度曹公已经在夜间逃遁，遂悉数前来追赶。曹公以步骑奇兵夹攻张绣，大败张绣。当年秋天七月，曹公返回许都。荀彧问曹公："此前，曹公认为必定能打败张绣，究竟是何策略？"曹公答："张绣竭尽全力追赶撤退之师，与我军在死地搏杀，我由此料定我军必胜。"

①《献帝春秋》记载：袁绍的叛卒来见曹公，说："田丰向袁绍献计，尽早袭击许都，挟天子以令诸侯，四海可挥手而定。"曹公因此解除对张绣的围困。

吕布为了袁术，派高顺进攻刘备，曹公派遣夏侯惇救援刘备，战事不利。刘备被高顺打败。当年九月，曹公东征吕布。当年冬天十月，曹军屠戮彭城，擒获彭城国相侯谐。曹军进抵下邳，吕布亲自率领骑兵逆袭曹军。曹军大败吕布，擒获吕布骁将成廉。曹公追至城下，吕布惶恐，欲投降曹公。陈宫等人劝谏吕布不能投降，可向袁术求救，又劝吕布亲自出战。吕布出城迎战曹军，被曹军打败，只好退回下邳城固守。曹军猛攻，未能攻下。在当时，曹军连续征战，士卒疲惫，曹公欲撤军。后来，曹公采纳荀攸、郭嘉献出的奇计，挖开泗水、沂水大堤，引水淹灌下邳城。一个月后，吕布部将宋宪、魏续等人绑缚陈宫，举城投降曹公，曹公生擒吕布、陈宫，皆斩杀。泰山郡人臧霸、孙观、吴敦、尹礼、昌豨各聚集众人。在吕布打败刘备之后，臧霸等人归降吕布。

曹公打败吕布，擒获臧霸等人。曹公以厚礼相待，划出青州、徐州海滨地区，交予臧霸等人治理。曹公又分出琅琊郡、东海郡、北海国，改设为城阳郡、利城郡、昌虑郡。

当初，曹公担任兖州牧，任命东平国人毕谌为将军幕府别驾。张邈反叛时，劫持毕谌的母亲、兄弟、妻子、儿女；曹公对毕谌讲："卿的老母现在张邈处，你还是到那里去吧。"毕谌叩首，坚称绝无二心，曹公嘉赏毕谌忠勇，为之流泪。毕谌出了将军府，遂逃归张邈。及至吕布败亡，曹公生擒毕谌，众人都为毕谌担心，曹公说："人对父母至孝，怎么能不忠于君主！这正是我需要的人才。"后来，毕谌被任命为鲁国相。[①]

①《魏书》记载：袁绍与原太尉杨彪、大长秋梁绍、少府孔融有矛盾，欲令曹公以其他罪过杀了他们。曹公说："当今天下，已经呈现瓦解之势，群雄并起，辅相君长，人怀怏怏，各有自为之心。此时，正是上下存疑之秋，即使推诚相待，还难以取信于人；如果贸然铲除异己，天下岂不人人自危？而且，起于布衣，在尘垢之间，为庸人所陷害，怎会不被人怨恨？高祖赦免雍齿，放下怨恨，众将领遂放下不安之心，将军忘了吗？"袁绍认为，曹公外托公义，内心实有叛逆之意，深怀怨望。

裴松之认为：杨彪也曾为魏武帝所困，几至于死，孔融最终没有免于被杀，此所谓先行其言，而后从之哉！并非知之难，而在行之难，信矣。

建安四年春天二月，曹公撤军至昌邑。张杨部将杨丑杀了张杨，眭固又杀了杨丑，率领余众投降袁绍，驻扎在射犬县。当年夏天四月，曹公进军抵达黄河沿岸，派史涣、曹仁渡河，进攻眭固。眭固派原张杨将军幕府长史薛洪、河内郡太守缪尚留守，亲自率军北上，向袁绍求救，眭固与史涣、曹仁在犬城县相遇。双方交战，曹军大败眭固，斩杀眭固。曹公遂指挥大军渡河，围困射犬县。薛洪、缪尚率领余众投降曹公，受封为列侯。曹公还军敖仓，拜魏种为河内郡太守，将河北政事托付于魏种。

当初，曹公举荐魏种为孝廉。兖州背叛曹公，曹公说："只有魏种没有背叛孤。"后来听说魏种也弃城逃走，曹公大怒，说："魏种只要没有南逃越地、北逃胡地，早晚被擒，我不会饶恕他！"曹军攻下射犬县，生擒魏种。曹公爱惜人才，说："魏种还是一个人才！"曹公释放魏种，再次拜魏种为河内郡太守。

在当时，袁绍已经打败公孙瓒，兼并北方四州之地，拥众十余万人。袁绍雄心勃勃，欲进军攻打许都。诸将认为，袁绍兵势强盛，难以御敌。曹公说："我了解袁绍，此人志大而智小，色厉而胆薄，忌苛而少威，兵多而部署不明，将骄而政令不一，土地虽然广大，粮食虽然很多，最终只能为我所用。"当年秋天八月，曹公进军黎阳，派臧霸等人攻入青州，攻破齐地、北海、东安，曹公留下于禁驻扎在黄河沿岸。当年九月，曹公返回许都，分兵驻守官渡。当年冬天十一月，张绣率领余众投降曹公，受封为列侯。十二月，曹军进驻官渡。

袁术在陈国被打败后，陷入困窘，袁谭从青州派兵接应袁术。袁术欲从下邳北边绕过，曹公派遣刘备、朱灵截击袁术。恰逢袁术病死。程昱、郭嘉看到曹公派遣刘备出征，劝谏曹公："不可放刘备离去。"曹公顿时后悔，追之不及。刘备还未东行时，曾暗中与董承等人密谋反曹，刘备率军到了下邳，斩杀徐州刺史车胄，把军队驻扎在沛县。曹公派遣刘岱、王忠进攻刘备，战事不利。①

①《献帝春秋》记载：刘备对刘岱等人讲："曹公即使派你等上百人来，又能奈我何？曹公如亲自来，尚未可知！"

《魏武故事》记载：刘岱，字公山，沛国人。刘岱以司空府长史追随曹公征战，有功，受封为列侯。

《魏略》记载：王忠，右扶风人，年轻时担任亭长。三辅地区大乱，王忠饥饿难忍，曾经吃人肉，随众人南下武关。当时，娄子伯受荆州派遣，迎接北方来的客人；王忠不愿意去，率领众人背叛，逆击娄子伯，夺了娄子伯的兵，聚众一千余人，归降曹公。曹公拜王忠为中郎将，此后，王忠跟随曹公南征北战。五官中郎将曹丕知道王忠曾经吃过人肉，有一次随驾出行，令俳优从野外找了一个骷髅头，系在王忠的马鞍上，以此逗笑取乐。

庐江郡太守刘勋率领部众投降曹公，受封为列侯。

建安五年春天正月，董承等人密谋反曹，阴谋败露，参与者全部被曹公诛杀。曹公欲亲自东征，讨伐刘备，诸将认为："与曹公争天下者，是袁绍。如今，袁绍大军很快就要杀来，曹公放下袁绍而东征刘备，如果袁绍乘虚而来，该如何是好？"曹公答："刘备，实乃人中之杰，如果不打败刘备，必定会成为后患。①袁绍虽然有大志，但见事迟疑，不会采取行动。"郭嘉也劝说曹公东征，曹公遂进攻刘备，大败刘备，生擒刘备部将夏侯博。刘备投奔袁绍，曹公擒获刘备的妻子。刘备的大将关羽驻扎在下邳，曹公再次进攻下邳，关羽投降曹公。昌豨背叛曹公，投降刘备，曹军攻破东海郡，大败昌豨。曹公返回官渡，袁绍始终没有出兵。

①孙盛著《魏氏春秋》记载：曹公答诸将："刘备，实乃人中之杰，令寡人担忧。"

裴松之认为：史家所言，多有润色。因此，此前记载的历史，所记述并非事实，后来的作者又妄加更改，距离事实更远，不亦谬乎？孙盛所著，很多采用左氏笔法，以易旧文，这样的叙事绝非一两处。嗟乎，后来的学者将如何采信历史？而且，魏武帝以天下砥砺其志向，而采用夫差分死之言，尤非其类。

当年二月，袁绍派遣郭图、淳于琼、颜良在白马进攻东郡太守刘延。袁绍亲自率军进抵黎阳，将要渡河。当年夏天四月，曹公北上救援刘延。荀攸劝谏曹公："如今，曹公兵少，恐怕不能抵挡袁绍，可分散其兵力。大军进抵延津后，曹公摆出渡河的姿态，大军欲指向袁绍后路，袁绍必然会西进以迎战曹公。届时，曹公派出轻兵锐卒袭击白马，乘其不备，可擒获颜良。”曹公采纳荀攸的建议。袁绍听到曹军渡河的消息，果然分兵向西，迎战曹军。曹公引军，日夜兼行，直指白马。距离白马十余里，颜良闻报大惊，前来迎战。曹公派遣张辽、关羽首先出战，大败袁军，斩杀颜良。曹公解了白马之围，迁徙白马的百姓，沿着黄河西行。袁绍渡过黄河，追赶曹军，到了延津县南。曹公勒兵，驻扎在南面的山坡下，派人登上高坡，瞭望袁军。探马来报：“有五六百骑兵。”过了一会儿，探马又报：“骑兵增多，步兵不可胜数。”曹公说：“勿须再报。”曹公令骑兵解下马鞍，让战马自由活动。在当时，白马的辎重车辆已经上路。曹军诸将以为，敌人骑兵很多，不如退守营垒。荀攸说：“此乃诱敌之策，怎么能退回军营？”袁绍的骑兵大将文丑与刘备率领五六千骑兵蜂拥而来。曹军诸将又说：“可以上马啦！”曹公说：“再等等。”又过了一会儿，袁军的骑兵越来越多，有些骑兵向曹军的辎重车辆冲来。曹公说：“可以上马了。”曹军上马。当时，曹军骑兵不满六百，曹公指挥骑兵反击袁军，大败袁军骑兵，斩杀文丑。颜良、文丑是袁绍的大将，两次接战皆被曹军斩杀，袁军大为震动。曹公回军官渡。袁军进抵阳武县。关羽逃归刘备。

当年八月，袁军连营接寨，步步向前推进。袁绍的大营靠近沙丘，袁军的军营东西绵延达数十里。曹公也分设军营，与袁绍对峙，两军接战，曹军不利。[①] 在当时，曹公的军队不满一万，战伤者已经有十分之二三。[②] 袁绍大营向前移动，已经靠近官渡。袁军堆起土山，挖掘地道。曹军也以相同方式对抗，两军相持不下。袁军向曹军营中发射弩箭，箭矢如雨点般落下。在曹军营中穿行者只好用盾牌遮盖头顶，曹军陷入恐惧。曹公的军粮不足，于是写信给荀彧，商议欲退回许都。荀彧认为：“袁军已经集中在官渡，欲与曹公决一胜负。曹公以至弱之师抵挡袁绍至强之军，如果不能制敌，必为袁绍所乘，此乃争夺天下之良机。而且，袁绍是盖世英雄，虽会聚天下豪杰，但是不会使用人才。以曹公之神武、明察善断，又有辅佐天子之名义，以顺讨逆，何患不能成功？”曹公采纳了荀彧的谏言。

①习凿齿著《汉晋春秋》记载：许攸劝说袁绍：“袁公不宜与曹操对攻；应该分出部分兵力，与曹操对峙，再从其他道路直袭许都，迎接天子，则大事济矣。”袁绍不听，说：“我要先围歼曹操。”许攸大怒。

②裴松之认为：魏武帝当初起兵，已经有人数五千，后来百战百胜，战败者只有十分之二三。而且，魏武帝大破黄巾军，接受降卒三十余万，尽行吞并，其军队人数不可胜计。虽然连年征战，也有损伤，不应该如此之少。曹公与袁绍对峙，结营相守，并非摧锋决战。《本纪》记载：“袁军有十余万人，屯营东西，宽达数十里。”魏太祖临机应变无方，略不世出，怎么会只有数千兵力，还能够长时间与袁绍相对抗？按照常理而言，窃以为不会是这样。袁军营达数十里，曹公能够分营与其对抗，可见曹军人数不会太少，这是其一。袁绍如果有十倍之众，理当倾

尽全力，围歼曹公，使曹公断绝出路。而曹公派徐晃等人截击袁绍的运粮车，曹公又亲自出击，大败淳于琼等人，凯旋，并未受到抵抗。这本身就说明，袁绍的兵力不能制敌，与曹公的兵力悬殊不大，这是其二。诸书都说：曹公坑杀袁绍投降士卒八万人，有的说是七万。八万人如果逃散，绝非八千人能够绑缚，难道是袁军投降的士卒拱手就戮？曹公军队又有何种力量制服？这本身就说明，曹公的军队并不少，这是其三。只能说，记述这段历史的人并未亲眼见证，这段历史绝非实录。《钟繇传》记载："曹公与袁绍相持不下，钟繇担任司隶校尉，向曹军送去二千余匹战马。"《本纪》及《世语》记载曹公当时有骑兵六百余人，钟繇的战马到哪里去了？

孙策听说曹公与袁绍对峙，密谋袭击许都，还未发兵，就被刺客刺杀。

汝南郡降贼刘辟等人背叛曹公，投降袁绍，在许都周围袭扰。袁绍派刘备助阵，曹公派曹仁击败刘辟，刘备逃走，曹军遂攻破刘辟的营垒。

袁绍的运粮车队数千辆车子抵达前线。曹公采纳荀攸的计策，派遣徐晃、史涣截击袁绍的运粮车队，大败袁军，将运粮车尽行焚毁。曹公与袁绍对峙几个月，虽然多次交战，曹军都能够斩将杀敌，然而，曹军人数很少，粮食将尽，士卒极度疲惫。曹公对运粮的将领说："你们再等十五日，看我如何击败袁绍，到时就不再辛苦你们啦！"当年冬天十月，袁绍派遣运粮车队运送谷米，派淳于琼等五人率领一万余人护送，距离袁绍大营北四十里驻扎。袁绍的谋臣许攸贪财，袁绍不能满足许攸的欲望，许攸投奔曹公，劝说曹公袭击淳于琼等。曹公左右将领怀疑，只有荀攸、贾诩劝谏曹公采纳许攸的建议。曹公留下曹洪驻守大营，亲自率领步骑五千人连夜袭击淳于琼。天明时分，曹军杀到。淳于琼等看到曹公兵少，出营门列阵等候。曹军勇猛冲杀，淳于琼退守军营，曹军猛烈攻击。袁绍派遣骑兵救援淳于琼。曹公左右将领有人说："贼骑已近，请分兵拒敌。"曹公怒喝道："等贼骑到了背后，再报告！"曹军士卒皆奋力拼杀，大败淳于琼，斩杀袁军无数。① 袁绍当初听到曹军袭击淳于琼的消息，对长子袁谭讲："乘曹军袭击淳于琼，我军可攻破曹军大营，曹军届时将无路可退！"袁绍派张郃、高览进攻曹洪。张郃等人听到淳于琼被打败的消息，遂投降曹公。袁军崩溃，袁绍和儿子袁谭弃军逃走，渡过黄河。曹军追之不及，曹公缴获袁军大量辎重、图书、珍宝，俘虏无数。② 曹公在缴获的书信档案中发现许多许都及军中人暗通袁绍的书信，曹公将其全部焚烧。③ 冀州属下诸郡，大多举城投降曹公。

①《曹瞒传》记载：曹公听到许攸来降，还未来得及穿上鞋袜，就光着脚走出营帐迎接。曹公抚掌大笑，曰："子远，你来啦，我的大事可成！"既入座，许攸问曹公："袁氏军队众多，曹公将如何破敌？军中存粮还有多少？"曹公答："还可支撑一年。"许攸说："不对，请告诉实情！"曹公又答："可支撑半年。"许攸质问："足下不想打败袁氏吗，为何不告诉实情？"曹公再答："刚才是开玩笑。其实粮食只能支撑一个月，您有什么建议吗？"许攸答："曹公孤军与袁绍对峙，外无救援，粮食已尽，此乃危急之秋。如今，袁氏有辎重车一万余辆，在故市、

乌巢驻扎，驻扎袁军并无重兵把守；曹公可派轻骑袭击袁绍的粮草辎重，不期而至，将其囤积的粮草全部焚毁。不出三日，袁绍必然崩溃。”曹公闻言大喜，选择精锐步骑，皆用袁军的旗帜，马口紧缚衔枚，夜间从便道奔袭，每人抱一束薪柴。路上有袁军询问，曹军回答：“袁公担心曹操攻其后路，增派兵马加强戒备。”问者信以为真，曹军畅行无阻。抵达乌巢，曹军在囤粮草处大肆放火，乌巢营中驻军大乱。曹军大败袁军，将囤积的粮草、军需物资全部焚毁，斩杀督将眭元进，骑督韩莒子、吕威璜、赵叡等，割去将军淳于琼的鼻子，淳于琼未死，又斩杀袁军士卒一千余人，一律割去鼻子，牛马则割去唇舌，以此向袁军示威。袁军将士看到后，皆胆战心惊。当时，有巡夜者擒获淳于琼，将淳于琼带回曹公身边。曹公问：“怎么样？”淳于琼回答：“胜负自有天命，还用问吗？”曹公意欲不杀淳于琼。许攸说：“明旦鉴于镜，此益不忘人。”曹公杀了淳于琼。

②《献帝起居注》记载：曹公奏闻献帝：“大将军邺侯袁绍，此前与冀州牧韩馥拥立原大司马刘虞，刻制金印玺绶，派原冀州牧毕瑜前往刘虞处，劝说刘虞登基。还有，袁绍写书信给臣：‘可在鄄城建都，届时有所拥立。’袁绍擅自铸造金印，孝廉、计簿吏前往袁绍处汇报。袁绍的堂弟、济阴郡太守袁叙写信给袁绍：‘如今，海内丧败，天命其实已在我袁家，神灵有所感应，天命将落在尊兄身上。南边的哥哥袁术也欲劝谏尊兄即位，袁术讲，以年龄来讲，尊兄年长；以位置来讲，尊兄位置至重。袁术欲将传国玉玺送给尊兄，曹操阻断道路，不能前来。’袁氏宗族，累世蒙受国恩，却凶逆无道，竟至于此。臣调集兵马，与袁绍在官渡大战，乘圣朝之武威，斩杀袁绍大将淳于琼等八人首级，遂大败袁军。袁绍与儿子袁谭只身逃脱。此战斩杀袁军七万余首级，缴获辎重财物达亿计。”

③《魏氏春秋》记载：曹公说：“在袁军力强盛时，连孤都在忧虑，不能自保，更何况众人乎？”

当初，在桓帝朝，有黄星在楚地、宋地分野出现，辽东郡人殷馗善于观察天象，说五十年后，有真人在梁国、沛国之间出现，其兵锋锐不可当。至此已经有五十年，曹公大败袁绍，天下无人能敌。

建安六年夏天四月，曹公在黄河沿岸检阅军队，耀武扬威。随后，曹军进攻袁绍驻扎在仓亭的军队，打败袁军。袁绍退回冀州，重新收拢被打散的败军，又先后平定投降曹操的郡县。当年九月，曹公返回许都。袁绍还未兵败时，就派刘备攻打汝南郡，汝南郡贼寇共都等人响应刘备。曹公派遣蔡扬进攻共都，战事不利，被共都打败。曹公亲自率领大军，南征刘备。刘备听到曹公南征的消息，遂投奔刘表，共都等人溃散。

建安七年春天正月，曹公驻军谯县，对军中下令：“我兴起义兵，是为天下清除暴乱。我故乡的人民，死丧殆尽。我如今在境内穿行，终日不见一个认识的人，深感凄怆伤怀。自从我举兵以来，跟随我的将士，死者无后嗣者，我找到他们的亲属，以续其后嗣；赐予死者的后嗣田地，由官府配给他们耕牛；在他们的故乡设置学校，安排老师教授他们功课。我还帮助存活者建立祠庙，令其奉祀先人，寄望魂魄有灵。我百年之后，还有何遗恨？”曹公来到浚仪县，治理睢阳灌渠，又派遣使者用太牢礼祭祀桥玄。[①]曹军进军官渡。

①《褒赏令》记载：曹公祭祀桥玄文：“原太尉桥公，品德高尚，博爱大众。国家念其明训，士人追思美德。魂灵潜踪，令人遐思！操在幼年，拜谒桥公。登堂入室，桥公不嫌操顽劣，慧眼施教，即受接纳，拜为君子。操颇感荣幸，增荣益观，皆由桥公。襄助赞叹，犹如孔子。操自愧不如颜渊，李生厚遇贾复。士为知己者死，操感怀不忘。又曾经承蒙桥公从容邀约，桥公曰：‘我去世之后，如果你有一天路过我的坟前，不用斗酒、只鸡在我坟前祭奠，车子走出三步，你就会腹痛，无谓言之不预。’虽然当时当作笑谈，若非至亲笃厚，怎么会对晚生讲出这样的话？如今怀旧，思念桥公，令人为之凄怆。操奉诏命东征，驻扎在附近乡里。北望桥公故乡，泪洒桥公陵墓。清酒薄奠，公请享之！”

自从官渡之败，袁绍发病呕血，当年夏天五月病逝。小儿子袁尚即位，大儿子袁谭自号车骑将军，驻扎在黎阳。当年秋天九月，曹公亲自率军讨伐袁尚、袁谭，连战连胜。袁谭、袁尚败走，据城固守。

建安八年春天三月，曹公攻打黎阳，袁尚出城迎战曹军，双方大战，曹公大败袁尚，袁谭、袁尚连夜遁逃。当年夏天四月，曹公进军邺城。五月，曹公返回许都，留下贾信驻扎在黎阳。

己酉日，曹公下令：“《司马法》讲：‘将军临阵退却者，斩。’[①]赵括的母亲向赵王乞求不因为赵括丧师辱国而受到连累。在古时，将军在外征战，丧师辱国，家属要承担连坐罪。自从大军征战以来，只是在军中奖赏军功，并未因为失败惩罚将士，这不符合国家的法典。谨此命令，诸将出征，战败者伏法抵罪，失利者免去官爵。”[②]

①《魏书》记载：绥，退却。能前进一尺，不能退却一寸。

②《魏书》记载：“《庚申令》载：‘议者或以军吏虽有功劳，德行不足以堪任郡国之选，此所谓可与适道，未可与权。管仲曰：“使贤者食于能则上尊，斗士食于功则卒轻于死，二者设于国，则天下大治。”未闻无能之人，不斗之士，并受禄赏，而可以立功兴国。故明君不授官职于无功之臣，不赏赐不战之士；治平崇尚德行，有事赏功褒能。论者之言，一似管窥虎欤！’”

当年秋天七月，曹公下令：“自从国家丧乱以来，已经有十五年，在年轻人身上看不到‘仁义礼让’的风尚。对此，我深感忧虑。我命令郡国修建学校，满五百户的县邑要设置校官。选择乡里的俊杰、可造之人，送入学校学习。这样，先王留下的儒学才不会被荒废。让学生们通过学习，成为有益于天下的人才。”

当年八月，曹公讨伐刘表，驻扎在西平县。曹公离开邺城南下，袁谭、袁尚乘机争夺冀州，袁谭被袁尚打败，逃往平原县，据城坚守。袁尚攻势越发紧急，袁谭派遣辛毗向曹公乞降求救。曹公麾下诸将怀疑，荀攸劝谏曹公应该答应袁谭，[①]曹公引军返回河北。当年冬天十月，曹公到达黎阳，曹公为儿子曹整娶了袁谭的女儿。[②]袁尚听到曹公北上的消息，遂放弃平原县，返回邺城。东平县驻军将领吕旷、吕翔背叛袁尚，驻扎在阳平县，率领部众投降曹公，受封为列侯。[③]

①《魏书》记载：曹公说："我攻打吕布，刘表不能乘虚而入。官渡之战，刘表不救袁绍，此乃自守之贼，宜为后图也。袁谭、袁尚狡猾，应当乘其内乱之际攻打。即使袁谭狡诈，我也不会轻易束手投降。但我若打败袁尚，再收服袁谭，利自多矣。"曹公采纳了荀攸的谏言。

②裴松之按：袁绍去世，至此已过去五个月。袁谭虽然出任车骑将军，并没有为袁绍服丧三年，而是派遣他人代行吉礼，悖逆矣。魏武帝以权宜之计，与袁谭缔结盟约；今又与袁谭联姻，未必便以此年举行婚礼。

③《魏书》记载：袁谭之围解除，袁谭又以将军印绶授予吕旷。吕旷接受印绶后，送予曹公，曹公曰："我就知道袁谭会有这样的小计谋。欲使我攻打袁尚，得以整顿其兵马，而后聚集部众，袁尚战败之后，袁谭可得以自强，而后乘我之弊。我打败袁尚，我军只会更加强盛，袁谭又能乘何弊？"

建安九年春天正月，曹公渡过黄河，截断淇水，引水入白沟，以疏通运粮通道。当年二月，袁尚再次攻打袁谭，留下苏由、审配守卫邺城。曹公进军至洹水，苏由投降曹公。曹军攻打邺城，堆起土山、挖掘地道。武安县长尹楷驻扎在毛城，维护上党粮道。当年夏天四月，曹公留下曹洪继续攻打邺城，曹公亲自率军攻打尹楷，攻破毛城，回师邺城。袁尚派部将沮鹄[①]守卫邯郸，曹军又攻取邯郸。易阳县令韩范、涉县长梁岐举城投降曹公，受赐爵关内侯。当年五月，曹军毁弃土山、地道，在邺城外挖掘壕沟，引漳河水倒灌邺城；城中饿死者过半。当年秋天七月，袁尚回师救援邺城，曹公麾下诸将认为："袁尚率军来救，人自为战，不如暂且避其锋芒。"曹公答："袁尚从大路来，我军应该回避；如果沿着西山来，我军正可以擒获袁尚。"袁尚果然沿着西山而来，袁军进抵滏水，安营扎寨。[②]趁着夜色，袁军袭击曹军的围城部队，曹公迎头痛击，大败袁军，随后包围袁尚。包围圈尚未合拢，袁尚恐惧，派遣原豫州刺史阴夔及陈琳向曹公乞降。曹公不许，曹军围困袁尚越发紧急。袁尚连夜逃遁，回军守卫祁山，曹军乘胜追击。袁尚的部将马延、张颉等人临阵投降曹军，余众随之崩溃，袁尚逃往中山。曹军尽行缴获袁尚军遗弃的全部辎重，缴获袁尚的印绶、符节、钺杖，曹公派遣袁尚的降将带着这些展示给袁尚家人，邺城随之崩溃。当年八月，审配哥哥的儿子审荣在夜晚打开把守的邺城东门，放进曹军。审配继续作战，被曹军打败，曹军生擒审配，曹公斩杀审配，平定邺城。曹公前往袁绍的坟墓，祭奠袁绍，为昔日的战友在墓前痛哭流涕；曹公又抚慰袁绍的妻子，归还袁绍留下的财物，加赐各种丝绸丝锦，令官府供给所需粮食。[③]

①沮音菹（jū），河朔间至今仍有此姓。沮鹄，这是沮授的儿子。

②《曹瞒传》记载：派遣出去的侦察人员先后汇报，都说"袁尚一定会从西边来，已经在邯郸"。曹公大喜，大会诸将，问："孤已经获得冀州，诸君知道吗？"大家都说："不知。"曹公说："诸君很快就会看到。"

③孙盛说，在往昔，先王运用赏罚，用以惩恶劝善，永彰鉴戒。袁尚趁着天下大乱之际，世事维艰，遂心怀谋逆之志，对上窥伺神器，对下干扰国家法纪。荐社污宅，古之制也，而尽哀于逆臣之颓败，加恩于饕餮之室，为政之道，于斯踬矣。怨恨友人，前哲所耻，税骖旧馆，义无虚涕，苟道乖好绝，何哭之有？在往昔，汉高祖失之于项氏，魏武帝遵谬于此举，莫非百虑一失也。

当初，袁绍与曹公共同起兵，袁绍问曹公："如果举大事，不能成功，将军认为何处可以作为成功之地？"曹公答："足下认为何处合适？"袁绍答："我将南下占据黄河沿岸，北上隔断燕、代，兼并戎狄之众，而后南下争夺天下。将军认为，这样可以吗？"曹公答："我将任用天下智谋之士、勇猛之将，以道义统御，无所不敌。"[①]

①《傅子》记载：魏武帝又云："商汤、周武之王，岂同上哉？若以险固为资本，则不能应机而变也。"

当年九月，曹公下令："河北蒙受袁氏战乱之祸，今年不再收缴租赋！"曹公制定法令，抑制豪强兼并，百姓喜悦。[①]献帝诏令，曹公兼领冀州牧，曹公辞让兖州牧。

①《魏书》记载：曹公命令："有国有家者，不患寡而患不均，不患贫而患不安。袁氏治理河北，使得豪强恣肆，亲戚兼并；下民贫弱，代替豪强缴纳租赋，用尽家财，不足以应命；审配家族，甚至藏匿罪人，为逃犯做主。欲令百姓亲附，甲兵强盛，岂可得邪？收缴田租每亩四升，每户缴纳绢二匹、绵二斤，其他不得擅自兴调。郡守国相明察之，无令豪强有所隐瞒，而令弱民代缴赋税。"

曹公围困邺城时，袁谭乘机攻取甘陵、安平、渤海、河间。袁尚败逃，返回中山。袁谭进攻袁尚，袁尚投奔故安，袁谭遂兼并袁尚的余众。曹公写信，送予袁谭，指责袁谭负约，与袁谭断绝姻亲。曹公让袁谭的女儿回到袁谭身边，随后，曹公进军。袁谭恐惧，遂撤离平原郡，退守南皮县。当年十二月，曹公进入平原郡，平定属下县邑。

建安十年春天正月，曹军进攻袁谭，大败袁谭军，斩杀袁谭，诛杀袁谭的妻子、儿女，完全平定冀州。[①]曹公下令："凡参与袁氏叛乱者，允许改过自新。"曹公命令，百姓不得挟私怨报仇，禁止民间厚葬，葬礼须按照礼制。这个月，袁熙的部下大将焦触、张南等人背叛袁熙，反过来攻打袁熙、袁尚，袁熙、袁尚投奔辽东三郡，投靠乌丸（即乌桓，古族名，东胡的一支）。焦触等人遂献城，投降曹公，受封为列侯。当初，曹公讨伐袁谭时，百姓因为拒绝凿冰通航而逃亡，[②]曹公命令，不得受降百姓。不久，有逃亡的百姓来到军门自首，曹公说："如果允许你们投降，则违背当初的命令。如果杀了你们，又等于杀了自首者。你们还是回去，躲起来，不要被官吏抓住。"百姓垂泣而去。后来还是被收捕。

①《魏书》记载：曹公攻打袁谭，从清早至日中，仍不能解决战事；曹公亲自擂响战鼓，士卒振奋，很快攻陷南皮城。

②裴松之认为：曹公讨伐袁谭时，河渠结冰。曹公命令百姓凿冰，以利通船，百姓不愿意服徭役，纷纷逃亡。

当年夏天四月，黑山贼张燕率领余众十余万人投降曹公，受封为列侯。故安县人赵犊、霍奴等杀害幽州刺史、涿郡太守。辽东三郡及乌丸在犷平县攻打鲜于辅。[①]当年秋天八月，曹公亲征，斩杀赵犊等，渡过潞河，救援犷平县，乌丸逃出塞外。

①《续汉书·郡国志》记载：犷平，县名，属于渔阳郡。

当年九月，曹公下令："结党营私，为先圣所痛恨。我听说，冀州的旧俗，父子分家而居，相互间毁谤，诋毁名誉。在西汉，直不疑并没有哥哥，有人造谣，说直不疑与嫂子通奸；第五伯鱼三次娶孤女为妻，有人诽谤第五伯鱼掌挝岳父；西汉成帝朝，王凤在朝中擅权，谷永将其比作申伯，在哀帝朝，王商忠言直谏，张匡诽谤王商旁门左道："这些都是以白为黑的例子，欺天罔君。我欲在冀州整顿风俗，四种恶俗不能铲除，我将以此为羞。"当年冬天十月，曹公返回邺城。

当初，袁绍让外甥高幹兼领并州牧，曹公攻取邺城，高幹投降曹公，曹公任命高幹为并州刺史。高幹听说曹公讨伐乌丸，遂在并州反叛曹公，逮捕上党郡太守，举兵把守住壶关隘口。曹公派遣乐进、李典率军进攻高幹，高幹退守壶关城。建安十一年春天正月，曹公亲自讨伐高幹。高幹听说曹公率军前来，留下部将守卫壶关城，逃入匈奴，向单于求救，单于没有答应。曹公围困壶关城三个月，攻取壶关城。高幹逃往荆州，上洛郡都尉王琰逮捕并诛杀高幹。

当年秋天八月，曹公东征海贼管承，进抵淳于县，派遣乐进、李典攻破海贼，管承败走海岛。曹公割去东海郡的襄贲县、郯县、戚县，划入琅琊郡，撤销昌虑郡。[①]

①《魏书》记载：建安十一年十月乙亥日，曹公下令："治世御众，建立辅弼，要警惕阳奉阴违，《诗经》讲：'听用我谋，庶无大悔'，这正是君臣孜孜以求也。我担此重任，常常担心会失察，多年以来，没有听到过嘉言良谋，是我不能广开言路吗？从今以后，将军幕府诸掾属治中、别驾，要在每月初一各自检讨所负责任是否还有过失，我要亲自检查。"

辽东三郡及乌丸趁着天下大乱之际，攻破幽州，掳掠汉民十余万户。袁绍立乌丸首领为单于，把袁氏族人的女儿当作自己的女儿，嫁给乌丸首领为妻子。辽西郡乌丸蹋顿单于最强大，也最受袁绍信任，袁尚兄弟于是决定投奔蹋顿，袁氏兄弟与乌丸多次入塞，危害边郡汉民。曹公欲亲自北伐，首先挖掘河渠，从滹沱河引入泒水，起名叫"平虏渠"；又从泃河口挖掘河渠，引入潞河水，起名叫"泉州渠"，与大海相通。

建安十二年春天二月，曹公从淳于县返回邺城。丁酉日，曹公下令："我兴起义兵，除暴禁乱，至今已有十九年，所战必克，这些都是我的功劳吗？是贤者士大夫共同努力的结果。天下虽然尚未平定，我应该与贤者士大夫一起，共同努力；专享征伐之功，我何以心安？幕府掾史，尽快评定功劳，予以封赏。"于是，大封功臣二十余人，全部封为列侯。其余者，按照功绩大小受封，免除在战争中死难者功臣遗孤的赋敛，封赏功臣，多少不等。[①]

①《魏书》记载：曹公命令："在往昔，赵奢、窦婴作为名将，接受赏赐千金，拿到手后，全部散发给手下将士，因此才能够建立大功，永世流芳。每当我读到这些史书，未尝不仰慕古代名将的人品。我与诸将及士大夫共同经历戎事，幸赖贤者不吝赐教，群士不遗余力，才能够夷险平乱，我不能窃据尊位，独领赏赐，享受封邑三万户。追思窦婴散金之义，将我得到的赏赐，分送予租田的农民，以及跟随我征战的诸将、掾属及原戍守陈、蔡者，以此酬劳，答谢诸位的功劳，不敢擅自享受恩惠。还要慰问死于战事将军的遗孤，以租税粮食慰问。如果年成好、粮食丰收、财用充足，租税俸禄收入将大部分用来与众人共同享用。"

曹公将要北伐辽东三郡及乌丸，诸将劝谏："袁尚不过是一亡命之徒。夷狄素来贪婪，并无亲情可言，岂能为袁尚所用？如今，大军深入蛮荒之地，劳师远征，刘备一定会劝说刘表袭击许都。万一中途出现变故，恐怕悔之晚矣。"只有郭嘉认为刘表一定不会听刘备的谏言，劝谏曹公还是要北伐乌丸。当年夏天五月，曹公率领大军进抵无终县。当年秋天七月，遇上涨大水，沿海道路不通，田畴请求担任向导，曹公同意。曹公引军出卢龙塞，塞外的道路阻断，不能通行，曹军堑山堙谷五百余里，经过白檀，翻越平刚，途经鲜卑王庭，大军直指柳城。距离柳城二百里，乌丸已得知消息。袁尚、袁熙与蹋顿、辽西郡乌丸单于楼班、右北平郡乌丸单于能臣抵之等人，率领数万骑兵，迎战曹军。当年八月，曹公登上白狼山，与贼虏相遇，贼虏人数甚多。曹公辎重车辆落在后面，战士们披甲者很少，众将领皆有恐惧之色。曹公登高远望，看到贼虏阵容不整，于是下令，指挥军队冲击敌军。曹公派遣张辽担任先锋，贼虏随即瓦解，曹军斩杀乌丸蹋顿及名王以下无数，胡人、汉人投降者有二十余万口。辽东郡乌丸单于速仆丸及辽西郡、右北平郡乌丸首领丢下部众，与袁尚、袁熙逃往辽东郡，还剩下数千骑兵。当初，辽东郡太守公孙康，倚恃辽东距离朝廷遥远，及至曹公大败乌丸，有将领劝说曹公讨伐公孙康，可以将袁尚兄弟一举擒获。曹公答："我正在等待公孙康斩杀袁尚、袁熙，并把首级送来，无须派兵征剿。"当年九月，曹公引军，从柳城返回，[①]公孙康随即将袁尚、袁熙及速仆丸等人斩杀，把首级送予曹公。众将领不解，问曹公："曹公撤军，而公孙康反而斩杀袁尚、袁熙，并送来首级，这是为何？"曹公答："公孙康素来畏惧袁尚等人，如果我勠力征剿，他们反而会齐心合力，以对抗我军。我不再征剿，他们反而会自相残杀，势之必然也。"当年十一月，曹军撤至易水，代郡乌丸代行单于职事者普富卢、上郡乌丸代行单于职事者那楼，率领部下及名王，前来向曹公道贺。

①《曹瞒传》记载：当时，天气大寒，而且干旱，二百里内没有水源，军队粮食匮乏。战士们只好斩杀数千马匹，以充作军粮，又凿地三十余丈，才得以取水。在大军撤回时，曹公问此前谏言者，众人不知其故，人人畏惧。曹公皆予以厚赏，曰："孤此前冒险征伐乌丸，乘危以存侥幸心理，虽然获胜，这是上天所佑也，故不可以为常理。诸君谏言，才是万安之计，是以赏赐。此后切勿害怕，遇事还要谏言。"

建安十三年春天正月，曹公返回邺城，挖掘玄武池，用以演练水师。[①]朝廷撤销原三公官职，设置丞相、御史大夫。当年夏天六月，曹公担任丞相。[②]

①肄，以四反。《三苍》曰："肄，习也。"

②《献帝起居注》记载：献帝派太常徐璆当即授予曹公印绶。御史大夫府不再有御史中丞，设置长史一人。

《先贤行状》记载：徐璆，字孟平，广陵郡人。年少时，徐璆为官清廉，在朝中以正言直谏著称。历任任城郡、汝南郡、东海郡三郡太守，所在任上，教化风行，被征召，应当返回朝廷，为袁术所劫持。袁术僭越帝号，欲授予徐璆上公位，徐璆终不为袁术所屈。袁术死后，徐璆从袁术处得到传国玉玺，带在身上，送回朝廷，献帝拜徐璆为卫尉、太常；曹公担任丞相，欲将丞相位让与徐璆。

当年秋天七月，曹公南下讨伐刘表。八月，刘表病逝，刘表的小儿子刘琮即位，治所仍然设在襄阳，刘备驻扎在樊城。九月，曹公进抵新野，刘琮举荆州投降曹公，刘备逃往夏口。曹军进抵江陵县，曹公下令荆州吏民，从今以后，除旧迎新，重新开始。曹公按照荆州归降人员的能力、功绩，论功行赏，受封为列侯者有十五人，曹公任命刘表的大将文聘为江夏郡太守，令文聘继续统率本部人马，重用荆州名士韩嵩、邓义等人。[①]益州牧刘璋向朝廷输送赋税，从益州调派人员补充朝廷的军队。当年十二月，孙权为帮助刘备，进攻合肥。曹公从江陵返回，讨伐刘备。曹军进抵巴丘县，曹公派遣张憙救援合肥。孙权听说曹军来到，遂撤军。曹公进抵赤壁，与孙权、刘备大战，曹军战事不利。军中暴发瘟疫，军中将士多有病死者，曹公引军撤回。刘备遂占领荆州江南诸郡。②

①卫恒著《四体书势序》记载：上谷郡人王次仲善于写隶书，楷书从此而有书写法式。到了灵帝朝，喜欢楷书的人多起来，其中有许多大家，而师宜官写得最好。师宜官自矜其才能，每次写楷书，辄削出木简，用火烘烤其书札。梁鹄则在旁为其编列书版，同时劝其饮酒，等候师宜官大醉，而后窃其书札，梁鹄努力学习楷书，后来官至选部尚书。当时，曹公欲担任洛阳令，梁鹄担任北部都尉。梁鹄后来依附刘表。及至曹公收复荆州，曹公募求梁鹄，梁鹄恐惧，自缚前来拜谒曹公，曹公让梁鹄代理将军幕府司马，负责秘书工作，以书写楷书的专长来效力。曹公曾经把梁鹄书写的楷书悬挂在帐中，用钉子钉在墙壁上赏玩，认为梁鹄的书法超过师宜官。梁鹄，字孟黄，安定郡人。魏国宫殿的题署，皆梁鹄的书法。

皇甫谧著《逸士传》记载：汝南郡人王儁，字子文，年少时，王儁为范滂、许章所赏识，与南阳郡人岑晊的关系很好。曹公还是布衣时，特别欣赏王儁；王儁也认为，曹公有治世之才。及至袁绍与堂弟袁术丧母，归葬汝南郡，王儁与曹公相遇，当时，参加丧礼者有三万人。曹公悄悄对王儁讲："天下将要大乱，为魁首者一定是此二人。欲兼济天下，为百姓请命，不先诛杀此二人，天下大乱，就起于今日。"王儁答："如卿所言，能够济天下者，舍卿复谁？"相对而笑。王儁为人，外静而内明，不应州郡三府之召。公车征召，不到，在武陵郡避居，归附王儁者，有一百余家。献帝迁都许昌，征召王儁，任命为尚书，王儁又没有应召。刘表看到袁绍的势力很强大，暗中与袁绍勾结，王儁对刘表讲："曹公，乃天下英雄，必能兴霸道，继承齐桓、晋文之功。而今将军释近而就远，如有一朝之急，遥望漠北之救，不亦难乎？"刘表不听。王儁享年六十四岁，在武陵郡以寿终，曹公听说后，异常哀伤，及至平定荆州，亲自临江迎丧，改葬于江陵。曹公上表，确定王儁为先贤。

②《山阳公载记》记载：曹公船舰被刘备焚烧，曹公引军撤退，从华容道撤军。路上泥泞，道路不通，又遇上刮大风，曹公命令所有的战士不顾疲劳负草填之，车骑才得以通过。战士疲惫，为人马所践踏，陷入泥中，死者甚众。曹军走出华容道，曹公大喜。诸将问曹公缘由，曹公答："刘备是我的劲敌，但是计谋还有不足。如果早些放火，我等将死无葬身之地。"刘备不久又放火，而曹军已去。

孙盛《异同评》道：《吴志》记载：刘备先破曹军，然后孙权攻打合肥；而《山阳公载记》记载：孙权先攻打合肥，此后才有赤壁之战。二者叙述不同，以《吴志》为准。

建安十四年春天三月，曹军撤回谯县，曹公建造轻舟，训练水军。当年秋天七月，曹军从涡河进入淮河，曹军出肥水，驻扎在合肥。辛未日，曹公下令："近年以来，我军多次远征作战。遇上瘟疫暴发，将士因病死亡，不能返回家乡。家人不能团聚，哀怨之声不绝于耳。百姓流离失所，仁者对此岂能无动于衷？这也是不得已而为之。颁布此令，死者家眷缺少产业，不能谋生自活者，当地政府不得停止口粮供应，当地县长、县吏要到家中抚恤慰问，遵照此令执行。”曹公在扬州配置郡县官员，在芍陂开垦农田，施行屯垦。当年十二月，曹公返回谯县。

建安十五年春天，曹公下令：“自古以来，受命的帝王及中兴的帝王，何尝不是得到贤臣辅佐才能获取成功？帝王与君子共同治理天下！得到的贤臣，从民间闾巷走出，还是侥幸遇上，抑或是努力访求的结果？如今，天下还未安定，正是求贤若渴之时。‘孟公绰在赵国、魏国能够发挥其才干，在滕国、薛国担任大夫就难以发挥其作用。’如果一定是廉洁人士才能被擢拔任用，那么，齐桓公又怎能创立霸业？今天，天下是否仍有布衣，身怀绝技，犹如姜太公在渭水垂钓的贤者；是否有像陈平那样盗嫂受金，只是还未遇到明主的贤者？我希望有两三个这样的贤者，愿意出来辅佐我，以弥补我自身的浅陋、不足。你们要唯才是举，我一定会予以重用。”当年冬天，曹公建造铜雀台。①

①《魏武故事》记载：曹公十二月己亥日下令：“孤当初被举荐为孝廉，年龄很小，自以为并非岩穴知名士人，担心被海内士人认为是凡愚之辈，欲担任一个郡的太守，好作政教，以建立名誉，使当世士人明白孤。当初在济南郡，孤除残去秽，平心选举，违逆宫中诸常侍，孤又想，这样会为豪强所怨愤，担心为家族招致祸殃，故以有病辞职。辞去官职后，孤年纪尚少，环视同僚中有五十岁的官员不肯称老，内心又有想法。在此之后，又过去二十年，孤等待天下太平，愿与同岁人被举荐者相同，能够四季返回家乡，在谯县东五十里处建造精舍，欲秋夏读书，冬春射猎，求底下之地，欲以泥水自蔽，断绝宾客往来，然而不能尽如孤意。后来，孤又被征召，拜为都尉，改任典军校尉，孤意欲再为国家讨贼立功，望能够受封为列侯，担任征西将军，然后在墓碑上题写‘汉故征西将军曹侯之墓’，这是孤的志向。恰逢董卓之难，兴起义兵。在当时，孤聚集兵力，只希望多多益善，然而又常常打败仗，损失惨重。兵贵精，而不在多；所以然者，多兵意盛，与强敌相争，结果更为祸始。故汴水之战，孤仅有数千人马，后来回到扬州，再招募士兵，也不过三千人，此其本志有限也。再后来，孤兼领兖州牧，大破黄巾军，精选三十万，编入军队。袁术在九江僭越帝号，下皆称臣，为阙门起名字叫‘建号门’，衣被皆用天子之制，两妇人一开始就争夺皇后位。袁术一意孤行，志计已定，有人劝袁术，干脆即帝位，露布天下，袁术回答：‘曹公尚在，未可也。’再后来，孤讨伐袁术，擒获其四员大将，俘虏其部下甚多，遂使得袁术计穷力竭，最后发病而死。及至袁绍占据河北，兵强势众，孤自知势力不敌袁绍远矣，但是，孤决计投死为国，以义灭身，功名垂于后世。幸而打败袁绍，斩杀其二子。还有，刘表自以为是宗室，包藏祸心，乍前乍后，以观世事，占据荆州，孤又收复荆州，遂平定天下。孤身为宰相，人臣至贵已极，意望已过矣。今孤讲这些，若为自大，欲人尽言，故无讳耳。设使国家无孤，不知当有几人称帝，几人称王。或者人见孤强盛，而且以孤的性情，孤从来不相信所谓天命，只担心私心相评，言有不逊之志，妄相忖度，每用耿耿。齐桓、晋文之所以垂盛名，直至今日，以其兵势强大，犹能侍奉周室。《论语》云：‘三分天下有其二，周室依然服事殷室，周室之德可谓至德矣。’贵在能以大事小。在往昔，乐毅出奔赵国，赵王欲与乐毅图谋燕国，乐毅伏

地垂泣，回答赵王：'臣事燕昭王，犹如事大王；臣若获罪，放在他国，没世而已。不忍再图谋赵国之徒隶，更何况昭王的后嗣？'胡亥诛杀蒙恬，蒙恬说：'自从我的先人及其子孙，积信于秦国，有三世矣；而今，臣率领精兵三十余万，其势足以背叛。然而，臣自知必死，而坚守道义，不敢辱没先人之教导，而忘却先王也。'孤每当读到此二人的文章，未尝不怆然流涕。孤的祖父直至孤自身，皆受到朝廷亲重之任，可谓见信者矣，以及儿子曹丕兄弟，过于三世矣。孤并非对诸君唠叨这些，常以此话告诉妻妾，皆令她们深知此意。孤对她们讲：'在我万年之后，你们皆当出嫁，欲令传布我的心思，使世人皆知之。'孤此言皆肺腑之言。之所以勤勤恳恳，袒露心腹，是看到周公有金縢之书以自明，担心他人不信之故。然而，欲使孤就这样轻易放弃兵权，归还孤所掌握的朝廷大权，回到武平侯国，实不可也。为何？孤诚恐一旦脱离军队，必定为人所害。既为子孙考虑，也想到自己败亡，则国家危殆，是以不敢慕虚名而处实祸，此所以不得已而为之。朝廷恩封孤的三个儿子为侯爵，孤坚决辞让，不肯接受，今天又欲受之，非欲以此为荣，实欲以此为外援，作为万安之计。介子推逃避晋文公的分封、申包胥逃避楚王的封赏，孤每当读到这些，未尝不放下书本，叹息不已，借以自省也。奉国威灵，仗钺征伐，推弱以克强，处小而擒大，意之所图，动无违事，心之所虑，何向不济，一旦荡平天下，不辱主命，可谓天助汉室，非人力也。然而孤受封，兼有四县，享受食邑三万户，何德堪之？江湖未静，不可让位；至于邑土，可得而辞。今交还阳夏县、柘县、苦县三县二万户，只享受食邑武平县一万户，且以此举措减少谤议，稍微减少对孤的责难。"

建安十六年春天正月，[①]献帝诏命，任命曹公的嫡长子曹丕为五官中郎将，安排将军幕府官属作为丞相的副手。太原郡人商曜等在大陵县反叛，曹公派遣夏侯渊、徐晃攻破大陵县。张鲁占据汉中，当年三月，曹公派遣钟繇讨伐张鲁。曹公派遣夏侯渊等将领，从河东郡出兵，与钟繇会合。

①《魏书》记载：庚辰日，天子诏命：减去曹公食邑五千户，分出所辞让的三县一万五千户，封赏曹公的三个儿子，曹植为平原侯，曹据为范阳侯，曹豹为饶阳侯，各享受食邑五千户。

当时，诸将驻扎在关中者怀疑钟繇欲袭击关中，马超与韩遂、杨秋、李堪、成宜等人反叛。曹公派遣曹仁讨伐马超等。马超驻扎在潼关，曹公敕令诸将："萧关以西士兵，作战勇敢、精悍，可坚壁固守，暂勿与马超接战。"当年秋天七月，曹公率军西征，[①]与马超等人隔着潼关，双方对峙。曹公当面牵制马超，派遣徐晃、朱灵等将领，乘夜色渡过蒲坂津，在黄河以西扎下营寨。曹公从潼关北渡过黄河，大军还未渡河完毕，马超率军杀来。校尉丁斐见势不妙，将牛马赶开，引诱马超。马超军队将士争先恐后，抢夺牛马。曹军成功渡河，[②]沿着黄河修筑甬道，向南推进。马超撤退，占据渭河口抵抗。曹公于是多设疑兵，暗中用舟船载运曹军进入渭河，在河上架设浮桥，趁着夜色，曹军分兵在渭河南岸扎下营寨。马超乘夜色偷袭曹营，曹军伏兵骤起，痛击马超军。马超等驻扎在渭河南岸，派遣信使，请求曹公以黄河为界，割黄河以西求和，曹公没有答应。当年九月，曹公进军，渡过渭河。[③]马超等多次向曹军挑战，曹公没有应战；马超又请求割地，并且送儿子到许都充当人质，曹公采用贾诩的计策，佯装答应。韩遂请求与曹公相见，曹公与韩遂的父亲同年被举荐为孝廉，又与韩遂是同辈人，在马上，二人交谈甚欢，并不谈及军事，只是谈些京师过去的旧友，二人拊手欢笑。韩遂返回营寨，马超问韩遂："公今天与曹操谈些什么？"韩遂回答："没有谈什么。"马超更加怀疑。[④]又有一天，曹公送给韩遂的书信中有许多地方涂改，犹如韩遂自己涂改；马超越发怀疑。曹公与马超约定，克日会战，曹公先以轻骑兵挑战马超，双方交战很久，此时，曹军虎贲骑兵杀出阵来，两面夹击，大破马超军，斩杀成宜、李堪等将领。韩遂、马超等撤回凉州，杨秋逃往安定郡，关中遂得以平定。诸将有人问曹公："当初，马超守卫潼关，渭河北岸空虚，曹公不从黄河以东进攻右冯翊，反而隔着潼关与马超对峙，经过数日，而后北渡，这是为何？"曹公答："马贼镇守潼关，如果我军从黄河以东渡河，马贼必然引军守卫黄河渡口，我军将难以渡河至黄河以西；我把大军放置在潼关正面，马贼必然倾尽全力，把守南面，黄河以西的守备必然空虚，我派二位将军渡过黄河向西，而后引军向北，马贼不能与我军争夺黄河以西，这是二位将军的功劳。我军将辎重车辆连接起来，树立栅栏作为甬道向南，[⑤]既向马超展示我军不可战胜，同时向马超示弱。我军渡过渭河，修筑壁垒坚守，马贼挑战，我军拒不应战，以此为骄兵之计；因此，马超不能攻破壁垒，转而请求割地求和。我顺着马超的意思，佯装答应。之所以顺着马超的意思，是为了趁马超不备之际，我军蓄势待发，一击可制敌于死命，此所谓迅雷不及掩耳之势，兵法之变化，并非一道也。"当初，马超每派出一支部队挑战，曹公就会面露喜色。及至马超兵败之后，诸将问其原因，曹公回答："关中地方很大，如果马超分兵，各据险要，我军征剿，将会旷费时日，没有一二年，不能克敌制胜。而今马超倾尽全部兵力来攻，其部众虽然很多，彼此之间，不相归服，军无主帅，一举可歼灭之，取得胜利较易，我因此而高兴。"

①《魏书》记载：议者多言："关西兵强，熟悉长矛，非精选前锋，则不可以抵挡。"曹公对诸将讲："战在我，非在贼也。贼虽熟悉长矛，将使其不得行刺，诸君但观之耳。"

②《曹瞒传》记载：曹公将要渡河，前队正在渡河，马超等掩杀过来，曹公依然端坐，默然不起。张郃等看见事情紧急，共同引导曹公坐入船中。河水湍急，开始渡河，大船漂流四五里，马超等骑着马，追射曹公，矢下如雨。诸将看见，担心曹军将败，不知曹公所在，皆惶恐不安，及至看见曹公，乃悲喜交加，有人流涕。曹公大笑，曰："今日几乎为小贼所困！"

③《曹瞒传》记载：当时，曹军每有一条船渡过渭河，就被马超的骑兵追杀，军营建不起来，地上又多沙，不能修筑壁垒。娄子伯劝说曹公："今日大寒，可以起沙为城，用水灌之，可一夜而成。"曹公采纳谏言，用很多缣囊运水，夜晚渡过的曹军建城，第二天天明，城已经建

成，由是曹军全部渡过渭河。有人怀疑是在九月，水还不能结冰。裴松之按：《魏书》载：曹军八月进抵潼关，闰八月，北渡黄河。这一年是闰八月，至此，天气当然大寒！

④《魏书》记载：曹公后日再次与韩遂等相见，在马上对话，诸将曰："公与贼虏马上对话，不宜轻易脱身，可用木行马以为防御。"曹公然之。韩遂来见曹公，二人在马上相拜，秦人、胡人看到者，前后重重叠叠，曹公笑着对贼人讲："你们想看曹公吗？曹公也和你们一样，是人呀，并非有四目两口，只是多智耳！"胡人前后观看。又排列铁骑五千，为十重军阵，精光耀日，贼人越发恐惧。

⑤裴松之按：汉高祖二年，高祖与楚王大战荥阳，在京邑、索邑之间对峙，高祖修筑甬道，连通黄河，以获取敖仓的粮食。应劭曰："担心敌军抄掠辎重，故修筑墙垣如街巷也。"今日魏武帝不修筑墙垣，但连车树栅，以捍卫两面。

当年冬天十月，曹军从长安以北围剿杨秋，围困安定郡。杨秋投降曹公，曹公又恢复其爵位，让杨秋留任，继续治理百姓。[①]当年十二月，曹公从安定郡撤军，留下夏侯渊驻扎在长安。

①《魏略》记载：杨秋，黄初年间，担任讨寇将军，享受特进位，受封为临泾侯，以寿终。

建安十七年春天正月，曹公返回邺城。献帝诏命曹公，上朝赞拜，不称名字，入朝不趋步行走，可带剑、穿鞋上殿，犹如萧何当年。马超余部梁兴等人驻扎在蓝田，曹公派夏侯渊打败梁兴，平定蓝田。曹公割去河内郡的汤阴县、朝歌县、林虑县，东郡的卫国、顿丘县、东武阳县、发干县，钜鹿郡的廮陶县、曲周县、南和县，广平郡的任城县，赵国的襄国县、邯郸、易阳县，以扩充魏郡。

当年冬天十月，曹公征伐孙权。

建安十八年春天正月，曹军进抵濡须口，曹公攻破孙权的江西大营，擒获孙权的都督公孙阳，而后引军撤回。献帝诏书，合并十四州，重新划分九州。当年夏天四月，曹公回到邺城。

当年五月丙申日，献帝派御史大夫郗虑持符节，策命曹公为魏公，[①]策书如下：

朕以不德，继承大统。年少时，朕即遭逢丧乱，被迫西迁长安，颠簸于唐、卫。在当时，若缀旒然，[②]宗庙祭祀，社稷无位；群凶觊觎，分裂华夏，率土之民，朕无获焉，我高祖之圣业，即将坠落于地。朕夙兴夜寐，惨怛于心，曰："唯祖唯父，股肱大臣，[③]谁能挺身而出，辅佐朕躬？"上天感动，派来丞相曹氏，护佑我汉室，挽救于危难，朕才有了依靠。如今，朕要授君以威名，举行典礼，请聆听朕的诏命。

在往昔，董卓兴起国难，崤山以东，州牧、郡守纷纷起兵以襄助王室，[④]君率先奋进，喋血于沙场，这是君忠诚于本朝之义举。后来，黄巾军猖獗肆虐，侵犯我三州土地，祸及平民。君又率领军队，剿灭黄巾军，平定东郡，这是君的一件大功。韩暹、杨奉在朝中专权，祸乱朝纲，君派兵讨伐，铲除乱贼。之后，君帮助朕迁都许昌，重新建造京城，设置朝廷百官，恢复宗庙祭祀，不失旧物，天地鬼神终获血食，这是君的又一大功。袁术僭越帝号谋逆，在淮南纵兵掳掠，然而忌惮汉室威灵，君以雄才大略，在蕲阳之役斩杀桥蕤，威震南迈，袁术崩溃，这是君的又一大功。君回戈东征，吕布就戮，乘辕将返，张杨丧命，眭固伏罪，张绣臣服，这也是君的大功。袁绍悖逆，祸乱天常，危害社稷，依恃其兵多将广，称凶于河北。当此之时，王师兵少，天下寒心，莫有固志，君执大节，精贯白日，奋其武威，运其神策，对峙官渡，大歼丑类，⑤拯救我国家于危坠，此乃君之大功。济师洪河，拓定四州，袁谭、高幹，咸枭其首，海盗奔迸，黑山顺轨，此又是君的大功。乌丸三种，祸乱二代，袁尚因之，逼据塞北，束马悬车，一征而灭，这又是君的大功。刘表悖逆，不奉贡职，王师首路，威风先逝，百城八郡，交臂屈膝，这又是君的大功。马超、成宜，同恶相济，占据河、潼，求逞所欲，殄之渭南，献馘万计，遂定边境，抚和戎狄，这又是君的大功。鲜卑、丁零，重译而至，箄于、白屋，请吏率职，这又是君的大功。君有安定天下之功，重之以明德，班叙海内，宣美风俗，旁施勤教，恤慎刑狱，吏无苛政，民无怀慝；敦崇帝族，表继绝世，旧德前功，罔不咸秩；虽伊尹功劳上达于皇天，周公德政光耀于四海，仿之不如也。

朕听说，先王并建明德，胙之以土，分之以民，崇其宠章，备其礼物，所以藩卫王室，左右厥世也。其在周成王，管、蔡不静，惩难念功，乃使邵康公赐予齐太公履权力，东至于大海，西至于黄河，南至于穆陵，北至于无棣，五侯九伯，实得征之，世祚太师，以表东海；爰及周襄王，亦有楚人不供王职，又命晋文公登为霸主，赐以二辂车、虎贲武士、𫓧钺、秬鬯、弓矢，大启南阳，世作盟主。故周室之不坏，系齐、晋二国是赖。今君称丕显德，明保朕躬，奉答天命，导扬弘烈，缓爰九域，莫不率俾，⑥功高于伊尹、周公，而赏卑于齐桓、晋文，朕甚不安焉。朕以眇眇之身，托于兆民之上，永思厥艰，若涉渊冰，非君攸济，朕无任焉。今以冀州之河东、河内、魏、赵国、中山、常山、钜鹿、安平、甘陵、平原凡十郡，封君为魏公。赐君玄土，苴以白茅；爰契尔龟，用以建立社稷。昔日在周室，毕公、毛公入为卿佐，周公、邵公作为朝廷太师、太保，出为二伯，内外之任，君实宜之，其以丞相兼领冀州牧如故。又加君九锡，其敬听朕命。以君经纬礼律，为民轨仪，使安职业，无或迁志，是用赐君大辂车、戎辂车各一，玄牡二驷。君劝分务本，穑人昏作，⑦粟帛滞积，大业唯兴，是用赐君衮冕之服，赤舄副焉。君敦尚谦让，俾民兴行，少长有礼，上下咸和，是用赐君轩悬之乐器，六佾之舞。君翼宣风化，爰发四方，远人革面，华夏充实，是用赐君朱户以居。君研其明哲、思帝所难，官才任贤，群善必举，是用赐君纳陛以登。君秉国之钧，正色处中，纤毫之恶，靡不抑退，是用赐君虎贲武士三百人。君纠虔天刑，章厥有罪，[⑧]犯关干纪，莫不诛殛，是用赐君铁钺各一。君龙骧虎视，旁眺八维，掩讨逆节，折冲四海，是用赐君彤弓一、彤矢百、玈弓十、玈矢千。君以温恭为基，孝友为德，明允笃诚，感于朕思，是用赐君秬鬯一卣，珪瓒副焉。魏国置丞相以下群卿百官，皆如汉初诸侯王之制。往钦哉，敬服朕命！简恤尔众，时亮庶功，用终尔显德，对扬我高祖之休命！[⑨]

①《续汉书》记载：郗虑，字鸿豫，山阳国高平县人。年少时，郗虑向郑玄学习儒学，建安初年，在宫中担任侍中。

虞溥著《江表传》记载：献帝曾经召见郗虑和少府孔融，问孔融："鸿豫有何优点？"孔融答："可与其谈论文学，不可授予实权。"郗虑举起笏板，说："孔融此前担任北海国相，政散民流，他的实权又在何处！"遂与孔融相互揭露短处，以至于二人不睦。曹公写信给孔融，为二人和解。郗虑从光禄勋改任大夫。

②《公羊传》记载："君若赘旒然。"何休云："赘犹缀也。旒，旗旒也。以旒譬喻，意思是为他人所执持的东西也。"

③《文侯之命》记载："亦唯先正。"郑玄云："先正，先臣。意思是公卿大夫。"

④《左氏传》记载："诸侯释位以闲王政。"服虔曰："言诸侯释其私政，而辅佐王室。"

⑤《诗经》记载："致天之届，于牧之野。"郑玄云："届，极也。"《洪范》记载："鲧被殛死。"

⑥《尚书·盘庚》记载："绥爰有众。"郑玄曰："爰，于也，安隐于其众也。"

《君奭》记载："海隅出日，罔不率俾。"率，循也。俾，使也。四海之隅，日出所照，无不循度而可使也。

⑦《尚书·盘庚》记载："堕农自安，不昏作劳。"郑玄云："昏，勉也。"

⑧"纠虔天刑"语出自《国语》，韦昭作注解："纠，察也。虔，敬也。刑，法也。"

⑨《后汉书》记载：尚书左丞潘勖。潘勖，字元茂，陈留郡中牟县人。

《魏书》记载：曹公命令："孤享受九锡，广开疆土，职务相当于周公。汉室曾有八位异姓王，与高祖俱起于布衣，奠定王业，其功劳至大，孤岂能与之相比？"前后三次辞让。于是，中军师王凌谢亭侯荀攸、前军师东武亭侯钟繇、左军师凉茂、右军师毛玠、平虏将军华乡侯刘勋、建武将军清苑亭侯刘若、伏波将军高安侯夏侯惇、扬武将军都亭侯王忠、奋威将军乐乡侯刘展、建忠将军昌乡亭侯鲜于辅、奋武将军安国亭侯程昱、太中大夫都乡侯贾诩、军师祭酒千秋亭侯董昭、都亭侯薛洪、南乡亭侯董蒙，关内侯王粲、傅巽，祭酒王选、袁涣、王朗、张承、任藩、杜袭，中护军国明亭侯曹洪、中领军万岁亭侯韩浩、行骁骑将军安平亭侯曹仁、领护军将军王图，长史万潜、谢奂、袁霸等劝进，曰："自从三代以来，胙臣以封土，受命中兴之业，封国藩臣，辅佐王室，皆所以褒功赏德，为国家藩卫也。臣等以为，天下大乱，群凶并起，颠越跋扈之险，不可胜言。明公奋身搏命，以徇其难，诛杀二袁篡盗之逆，灭亡黄巾贼乱之类，殄灭乌丸首逆，芟拔荒秽，沐浴霜露二十余年，有史书以来，未有若此功者。在往昔，周公继承周文、周武之基业，接受辅佐成王之命，高枕墨笔，拱揖群后，商、奄之勤，不过二年，吕望有三分天下有其二之形，据八百诸侯之势，暂把旄钺，一时指麾，然而，皆大启土宇，跨州兼国。周公有八个儿子，皆享受封国，成为侯伯，白牡骍刚，郊祀天地，典策备物，拟则王室，荣章宠盛，有如此之宏伟也。及至汉室拥有天下，佐命之臣，有张耳、吴芮，其功劳至薄，也接受封国，连城开地，南面称孤。此皆明君达主行之于上，贤臣圣宰受之于下，（夏商周）三代令典，汉帝明制。而今比较功劳，则甚于周公、吕尚，按照功绩，则张耳、吴芮功绩甚小，若论制度，则齐、鲁为重，若言领地，则长沙国为多；然则魏国之受封，九锡之荣，况于旧赏，犹怀玉而被褐也。且列侯诸将，幸攀龙骥，得窃微劳，佩紫怀黄，盖以百数，亦将因此传之于万世，而明公独辞让封赏于上，将使臣下心怀不自安，上违圣朝欢心，下失冠带至望，忘却辅弼之大业，信用匹夫之细行，荀攸等人，恐惧不安。”于是曹公敕令，下不为例，但只接受魏郡。荀攸等再次劝谏：“伏见魏国初封，圣朝考虑详备，稽谋群臣，然后策命；而明公久违皇上旨意，不能奉承大礼。今既然吕虔奉诏命，应该顺应群望，又欲辞多得少，让九受一，使得汉朝之赏不行，而荀攸等之奏请未许也。在往昔，齐、鲁之封国，直至东海，疆域井赋，四百万家，基隆业广，易以立功，故能成就翼戴之勋，建立一匡之绩。今魏国虽有十郡之名，犹减于曲阜，计其户数，不能参半，以藩卫王室，立垣树屏，犹未足也。且圣上观览亡秦无辅佐之祸，警惕曩日震荡之艰，托建忠贤，废坠是为，愿明公恭敬奉承帝命，不再拒绝。”曹公这才受命。

《魏略》记载：曹公上书谢恩：“臣蒙受先帝厚恩，位至郎署，臣秉性疲怠，意望毕足，非敢希望高位，庶几显达。正逢董卓在朝中作乱，臣义当死难，故敢奋身搏命，摧锋率众，遂值千载之运，奉役目下。当二袁炎势沸腾，侵侮之际，陛下与臣寒心同忧，顾瞻京师，进受猛敌，常担心君臣俱陷虎口，诚不自意能够保全首级。幸赖祖宗神灵护佑，夷灭丑类，得使微臣窃名其间。陛下加恩，授以丞相位，封爵宠禄，丰大弘厚，生平之愿，实不敢期望也。口与心计，幸且待罪，保持列侯，遗留给子孙，自托圣世，永无忧困。不意陛下乃发盛意，开国备锡，以贶愚臣，封国地比齐、鲁，厚礼形同藩王，臣无功劳，不能蒙受如此厚赏。归情上闻，不蒙听许，严诏切至，诚使臣心俯仰逼迫。伏自唯省，列在大臣，命制王室，身非己有，岂敢自私？遂其愚意，亦将黜退，令就初服。今奉疆土，备数藩翰，非敢远期，虑有后世；至于父子相誓终身，灰躯尽命，报答厚恩。天威在颜，悚惧受诏。”

当年秋天七月，曹公修建魏国社稷宗庙。献帝聘娶曹公的三个女儿为贵人，年少者暂时留在魏国，等待年龄稍大。[①]当年九月，曹公建造金虎台，凿通沟渠，引来漳河水，流入白沟，以通黄河。当年冬天十月，曹公将魏郡分为东西两部，设置都尉。当年十一月，魏国设置尚书、侍中、六卿。[②]

①《献帝起居注》记载：献帝派使者代理太常大司农安阳亭侯王邑，持符节，带着玉璧、帛、玄纁、绢五万匹到邺城，纳聘，戴甲随行者五人，皆以议郎代行大夫职事，副使一人。

②《魏氏春秋》记载：曹公任命荀攸为尚书令，凉茂为仆射，毛玠、崔琰、常林、徐奕、何夔为尚书，王粲、杜袭、卫觊（jì）、和洽为侍中。

马超在汉阳郡，倚恃羌人、胡人襄助，袭扰内地。氐人首领千万背叛朝廷，响应马超，驻扎在兴国。曹公派遣夏侯渊讨伐氐人。

建安十九年春天正月，献帝在籍田举行耕种礼。南安郡人赵衢、汉阳郡人尹奉等讨伐马超，杀了马超的妻子、儿女，马超投奔汉中郡。韩遂迁至金城郡，来到氐人首领千万部，率领一万余羌胡骑兵，与夏侯渊大战。夏侯渊与韩遂接战，大败韩遂，韩遂撤退至西平县。夏侯渊与诸将攻打兴国，在兴国屠城。朝廷撤销安东郡、永阳郡。

安定郡太守毌丘兴将要赴任，曹公告诫毌丘兴："羌胡欲与中原通使往来，应该先派人出使朝廷，切莫派人先去。切记，善人难得，以免派去的使者教唆羌胡，提出非分要求，借此获利；如果不答应，则会使得羌胡对朝廷失望，答应要求，恐怕又无益于朝廷。"毌丘兴到任，派遣校尉范陵至羌中，范陵果然教唆羌人奏请朝廷，让范陵担任属国都尉。曹公说："我早就预料到，我并非圣人，只是这样的事经历得太多了。"①

①《献帝起居注》记载：献帝派代理太常职事大司农安阳亭侯王邑与宗正刘艾皆持符节，戴甲随行者五人，带着束帛驷马，还有给事黄门侍郎、掖庭丞、中常侍二人，从魏国迎接二位贵人。二月癸亥，献帝又在魏公宗庙授予二贵人印绶。甲子前往魏公的官殿延秋门拜谒，迎接贵人上车。魏王派遣郎中令、少府、博士、御府乘黄厩令、丞相掾属护送贵人。癸酉，二贵人至洧仓中，献帝派遣侍中丹率领冗从虎贲，前后络绎不绝，前往迎接贵人。乙亥，二贵人入宫，御史大夫、中二千石官员率领大夫、议郎，在殿中集会，魏国二卿及侍中、中郎二人，与汉室公卿一起参加献帝的宴请。

当年三月，献帝诏命，魏公的位置在诸侯王以上，授予魏公金玺、赤绂、远游冠。①

①《献帝起居注》记载：献帝派左中郎将杨宣、亭侯裴茂，持符节，授予曹公金印、紫绶。

当年秋天七月，曹公讨伐孙权。①

①《九州春秋》记载：参军傅幹谏言："治理天下之大策，有两条，文武之道；用武则先威，用文则先德，威德足以相济，而后王道备矣。在以往，天下大乱，上下失序，明公用武讨伐，十平其九。今日未承王命者，东吴与西蜀，东吴有长江之险，西蜀有崇山之阻，难以威服，易以德怀。愚臣以为，可以暂且按下甲兵，息军养士，分土定封，论功行赏，这样做，则内外之心巩固，有功者劝赏，而天下知制矣。然后兴建学校，以引导其善性，助长其义节。曹公神武，震于四海，若修文以济之，则普天之下，莫不信服矣。而今举十万之众，困顿于长江之滨，若贼虏负险深藏，则士马不能逞其能，奇变无所用其权，则大威有屈，敌心未能服矣。唯明公思考虞舜帝舞干戚之义，全威养德，以道制胜。"曹公不听，此次出征，无功而返。傅幹，字彦材，北

地郡人，担任丞相府仓曹属吏，在任上去世。傅干有儿子叫傅玄。

当初，陇西郡人宋建自称河首平汉王，在枹罕县聚集徒众，建立纪元年号，设置百官，历时三十余年。曹公派遣夏侯渊从兴国县出发，讨伐宋建。

当年冬天十月，夏侯渊在枹罕屠城，斩杀宋建，平定凉州。

曹公从合肥返回。

当年十一月，伏皇后此前写信给父亲原屯骑校尉伏完。信中讲：献帝因为董承为曹公所杀，怨恨曹公；伏皇后对曹公极为愤恨，事情不密，被曹公查获；曹公逼迫献帝废黜伏皇后，杀了伏皇后，连带伏皇后的兄弟一起杀害。①

①《曹瞒传》记载：曹公派遣华歆带兵闯入宫殿，收捕伏皇后。当时，伏皇后关闭宫门，藏在夹壁中。华歆砸烂宫门，凿破夹壁，将伏皇后从夹壁中拖出。献帝与御史大夫郗虑坐在大殿上，伏皇后披头散发，光着脚从献帝面前走过，拉着献帝的手，哀求道："不能救救我吗？"献帝说："我还不知将命丧何时啊！"献帝看着郗虑，讲："郗公，天下怎么会有这样的事情？"伏皇后遂被杀害，伏完及宗族被杀者有数百人。

十二月，曹公抵达孟津。献帝诏命，曹公可以设置旄头仪仗，魏国宫殿可以摆设钟虡。乙未日，曹公下令："有德行的士人，未必都能积极进取；有进取之心的士人，也未必都有德行。陈平笃守德行吗？苏秦恪守信义吗？然而，陈平为奠定汉室宏业，立下殊功；苏秦帮助弱燕变成强国。由此看来，士人也有不足之处，岂可因噎废食？有关官员要懂得这些道理，不遗忘淤滞在民间的士人，在职官员就不敢尸位素餐。"曹公又说："刑罚，关乎百姓的性命。掌管刑狱的官员，是否用非其人？一旦把判决生死的大权交予他们，我真的有些担心。选择通晓法律又明辨事理之人，担任执法官员，掌握刑法用典。"曹公设置理曹掾。

建安二十年春天正月，献帝立曹公的二女儿为皇后。朝廷撤销云中郡、定襄郡、五原郡、朔方郡，把每个郡合并为一个大县，四郡合并为一个大郡，改名为新兴郡。

当年三月，曹公西征张鲁，到达陈仓，将要率领大军从武都郡进入氐人地区。氐人阻塞道路，曹公派遣张郃、朱灵等将领，攻破氐人的堡垒。当年夏天四月，曹公从陈仓出大散关，大军进抵河池县。氐王窦茂率领一万余人，依恃险关要塞，不肯投降。当年五月，曹公在氐人居住地域大肆屠杀。西平、金城守将曲演、蒋石等人，共谋斩杀韩遂，把韩遂的首级送予曹公。①当年秋天七月，曹公抵达阳平关。张鲁的弟弟张卫与部将杨昂等人，据守阳平关，沿着山梁筑城十余里。曹军攻打，不能取胜，曹公引军撤退。张鲁军看到曹军撤退，其守军戒备松弛。曹公暗中派遣解剽、高祚等将领趁着夜色袭击，大败张鲁军，斩杀张鲁部将杨任，进攻张卫，张卫连夜遁逃，张鲁军崩溃，逃奔巴中。曹军进入南郑，尽行缴获张鲁府库留下的珍宝。[2]巴中、汉中随后投降曹公。朝廷恢复汉宁郡为汉中郡；又划出汉中郡的安阳县、西城县，设立西城郡，安排太守；划分出锡县、上庸县，设置上庸郡，安排都尉治理。

①《典略》记载：韩遂，字文约，当初与同郡人边章在西部享有盛名。边章担任督军从事。韩遂带着计簿吏前往京师，何进早就听说过韩遂的大名，特别予以召见。韩遂劝说何进诛杀宫中宦官，何进不听，韩遂随后返回西部。恰逢凉州人宋扬、北宫玉等造反，何进推举边章、韩遂为主帅，边章不久病逝，韩遂被宋扬等劫持，不得已，韩遂跟着一起造反三十二年，直至去世，享年七十余岁。

刘艾著《灵帝纪》记载：边章，又名边元。

②《魏书》记载：魏军从武都山前进上千里，穿越险阻，军人非常辛苦；曹公于是大飨全军，全军将士莫不忘记疲劳。

当年八月，孙权围困合肥，张辽、李典打败孙权。

当年九月，巴郡七姓夷王朴胡、賨邑侯杜濩[1]率领巴郡夷民、賨民投降曹公，朝廷将巴郡分为东西两郡，以朴胡为巴东郡太守，以杜濩为巴西郡太守，皆封为列侯。献帝诏命曹公按照制度有专断权力，可以在封国内封赏诸侯，在封国内可以拜太守、国相。[2]

①孙盛注明：朴音浮。濩音户。

②孔衍著《汉魏春秋》记载：天子以曹公典任于外，临事之赏，或应尽速办理，乃命曹公可以按照制度封拜诸侯、郡守、国相。献帝下诏："军国之大事，在于赏罚，用以劝善惩恶、宜不旋时，故《司马法》曰：'赏不逾日。'欲民众尽快得到封赏，用以为善之利也。昔日汉室中兴，邓禹入关，按照制度，拜军祭酒李文为河东郡太守；来歙按照制度，拜高峻为通路将军，观察其本传，皆非先请示，临时刻印也。在当时，世祖圣明，懂得权变通达，有所损益，因此说，所用尽快，以示威怀恩，而建立鸿勋也。《春秋》之义，大夫出疆，有专命之权，苟所以利社稷、安国家而已。况君秉任二伯，师尹九有，实征夷夏，军行藩甸之外，得失于须臾之间，停止赏赐，以等待诏命，则会淤滞世务，固非朕之所图也。从今以后，临事所断，当加宠号者，其便刻制印章假授，咸使忠义之臣得到勉励，勿有所疑。"

当年冬天十月，朝廷设置"名号侯"及五大夫爵，加上原来的列侯、关内侯，爵位分为六等，以褒赏军功。[1]

①《魏书》记载：朝廷设置"名号侯爵"，分为十八级；"关中侯爵"，分为十七级，皆授予金印紫绶。又设置"关内、外侯"，分为十六级，皆授予铜印龟纽墨绶；"五大夫爵"，分为十五级，皆授予铜印环纽——也是墨绶，但是不享受租税，加上原来的列侯、关内侯，分为六

等。裴松之以为，今天的虚封，就是从这时开始。

当年十一月，张鲁从巴中率领余众投降曹公。曹公封张鲁及五个儿子为列侯。刘备袭击刘璋，攻取益州，随后占据巴中。曹公派遣张郃迎战刘备。

当年十二月，曹公从南郑撤军，留下夏侯渊驻扎在汉中。①

①此次出征，侍中王粲作五言诗，以赞美其事，曰："从军有苦乐，但问所从谁。所从神且武，安得久劳师？相公征关右，赫怒振天威，一举灭獯虏，再举服羌夷，西牧边地贼，忽若俯拾遗。陈赏越山岳，酒肉踰川坻，军中多饶饫，人马皆溢肥，徒行兼乘还，空出有余资。拓土三千里，往反速如飞，歌舞入邺城，所愿获无违。"

建安二十一年春天二月，曹公返回邺城。①当年三月壬寅日，曹公亲自参加籍田耕种礼。②当年夏天五月，献帝晋升曹公的封爵为魏王。③代郡乌丸代行单于职事普富卢与其侯王部属来到许都，朝觐献帝。献帝策命魏王的女儿为公主，可以享受汤沐邑。当年秋天七月，匈奴南单于呼厨泉率领属下名王前来许都，朝觐献帝，魏王以客礼接待南匈奴单于。后来，曹公将单于留在魏国，南匈奴单于派右贤王去卑，返回匈奴监国。当年八月，魏王拜大理寺钟繇为魏相国。④

①《魏书》记载：辛未日，有关官员以太牢礼告祭，将策书留在宗庙，甲午开始春祀，魏王诏令："有廷议者认为，祭祀祠庙、上殿，应当脱下鞋履。孤拜受锡命，带剑不脱鞋履上殿。而今有事，在宗庙祭祀，而要脱下鞋履，是尊先公而替王命，敬父祖而简君主，故孤不敢脱鞋履上殿也。又临祭就洗，以手拟水而不盥洗。夫盥洗以洁为敬，未听说拟而不盥洗之礼，而且，'祭神如神在'，故孤亲受水而盥洗也。还有，降神礼讫，下台阶就幕而立，须奏乐，礼毕，似若不愆烈祖，迟祭速讫也，故孤坐下，等候礼乐完毕，送神后才起身。接受胙肉，纳入袖中，以授侍中，此为恭敬不忠实也，古人亲自执祭事，故孤亲自纳于袖中，终抱而归也。孔子说：'虽违众，吾从下'，诚哉斯言也。"

②《魏书》记载：有关官员上奏："四季讲武，在农闲时。汉承秦制，三个季节不讲武，唯在十月，都试车马，皇帝临幸长水南门，大会五营武士，排列为八阵，进退有序，名曰乘之。而今金革尚未偃息，士民须熟悉武艺，从今以后，不在四季讲武，但以立秋，选择吉日，大朝车骑，号曰治兵，上合礼仪，下承汉制。"献帝批准奏请。

③《献帝传》记载：献帝诏书："自古以来，帝王虽号称相继变化，爵位等级不同，至于褒崇元勋，建立功德，光启氏姓，延于子孙，庶姓之与亲属，岂有殊焉？在往昔，我圣祖接受天命，创业肇基，中兴我汉室，鉴古今之制，通爵等之差，尽封山川，以立藩国，使异姓亲戚，并列封土，据国而王，所以保乂（ài）天命，安固万嗣。历世承平，臣主无事。世祖中兴，而时有难易，是以旷年数百，无异姓诸侯王之位。朕以不德，继承弘业，遭逢率土之滨分崩离析，群凶纵毒，自西徂东，辛苦卑约。当此之际，唯恐溺入于难，以羞先帝之圣德。赖皇天之灵，俾君秉

义奋身，震迅神武，捍卫朕于艰难，获保宗庙，华夏遗民，含气之伦，莫不蒙受恩德。君勤过后稷、大禹，忠侔伊尹、周公，而仍然保持谦让，守之以恭敬，是以往者当初建立魏国，赐君土宇，惧君之违命，虑君之固辞，故且怀志屈意，封君为上公，欲以钦顺高义，须俟勋绩。韩遂、宋建，南结巴、蜀，群逆合纵，图危社稷，君复命令战将，龙骧虎奋，枭其元首，屠其窟栖。暨至西征，阳平之役，君亲披甲胄，深入险阻，芟夷蝥贼，殄其凶丑，荡定西陲，悬旌万里，声教远振，宁我华夏。盖唐尧、虞舜之盛，三后树功，周文、周武之兴，周公旦、召公奭担任辅弼，高祖、世祖建成帝业，英豪佐命；夫以圣哲之君，事为己任，犹赐土颁发瑞玉，以报功臣，岂有如朕寡德，仗君以济，而赏典不丰，将何以报答神灵，以慰万方哉？今进君爵为魏王，派使者，持符节，代理御史大夫、宗正刘艾，奉上策书、玺印，玄土用之于社稷，用白茅包裹，赐予金虎符第一至第五，赐予竹使符第一至十。君其登上王位，以汉丞相位兼领冀州牧如故。其上缴魏公玺印、绶带，符节、册书。敬服朕命，简恤尔众，克绥庶绩，以扬我祖宗之休命。”魏王上书三次辞让，献帝下诏三次不许。献帝又手诏，曰：“大圣以功德为高美，以忠和为典训，故创业垂名，使百世可希，行道制义，使力行可效，是以勋烈无穷，休光茂盛。后稷、商契载元首之聪明，周公、邵公因文、武之智用，虽经营庶官，仰叹俯思，其对策岂有若君者哉？朕唯古人之功，美之如彼，思君忠勤之绩，茂盛如此，是以每次将镂雕符节析瑞，陈礼命册，寤寐慨然，自忘守文之不德焉。今君重违朕命，固辞恳切，非所以称朕心，而训后世也。君宜抑志撙节，勿复固辞。”

《四体书势序》记载：梁鹄认为，曹公曾经担任北部都尉。

《曹瞒传》记载：曹公为尚书右丞司马建公所举荐。及至曹公晋升为魏王，召司马建公到邺城与司马建公欢饮，魏王对司马建公讲：“孤今日可以再做都尉吗？”建公曰：“昔日举荐大王时，适可做都尉耳。”魏王大笑。司马建公，名防，是司马宣王的父亲。

裴松之按：司马彪著《序传》记载：司马建公没有担任过尚书右丞，疑此不然。而王隐著《晋书》记载：赵王篡位，欲尊祖上为皇帝，博士马平廷议时，称京兆府君昔日举荐魏武帝为北部都尉，贼寇不敢犯界，如此则为有证据。

④《魏书》记载：魏王开始设置奉常、宗正官。

当年冬天十月，曹公整训军队，[①]随后讨伐孙权。当年十一月，曹军进抵谯县。

①《魏书》记载：魏王亲自擂响金鼓，令军队进退。

建安二十二年春天正月，魏王率军驻扎在居巢。当年二月，魏王率军进驻江西郝溪。孙权在濡须口筑城固守，曹军攻打孙权，孙权败走。当年三月，魏王引军撤回，留下夏侯惇、曹仁、张辽等将领驻扎在居巢。

当年夏天四月，献帝诏命魏王可以像天子一样，设立旌旗，出入魏王宫，可称警、称跸。当年五月，魏王建造泮宫。当年六月，魏王任命军师华歆为魏国御史大夫。[①]当年冬天十月，献帝诏命魏王可享有王冕十二旒，乘坐金根车，驾六马，设置五时副车，以五官中郎将曹丕为魏国太子。

①《魏书》记载：当初，魏王设置卫尉官。当年秋天八月，魏王诏令，曰："在往昔，伊挚、傅说出身于贱人，管仲是桓公的仇敌，皆被用作大臣，以振兴宏业。萧何、曹参原来只是县吏，韩信、陈平背负受辱恶名，有遭人讪笑之耻，都能成就王业，声誉传之千载。吴起可谓贪将，杀妻以求鲁君信任，散金求官，母死不归，然而，吴起在魏国，秦人不敢东向；吴起在楚国，三晋不敢南谋。今天，下边是否还有至德之人淤滞在民间，以及果断、勇敢，不顾生死、临敌力战者；那些文俗之吏有高才异质，或堪为将守，或负辱之名，见笑之行，或不仁不孝，而有治国用兵之术：各举荐所知，勿有所遗漏。"

刘备派遣张飞、马超、吴兰等驻扎在下辩县。魏王派遣曹洪迎敌。

建安二十三年春天正月，朝廷太医令吉本与少府耿纪、丞相府司直韦晃等人反叛，攻打许都，焚烧丞相府长史王必的军营，[①]王必与颍川郡人典农中郎将严匡讨伐叛贼，斩杀吉本等人。[②]

①《魏武故事》记载：魏王命令："丞相府长史王必，是我披荆斩棘时提拔的官吏。忠能勤事，心如铁石，是国之良吏。蹉跌很久，未能升任职务，舍骐骥而弗乘，焉遑遑而更求？故教令晋升王必，已署所宜，继续以丞相府长史，统领原来的事务。"

②《三辅决录注》记载：在当时，有京兆人金祎，字德祎，自以为家族世代为汉臣，自从金日磾诛杀莽何罗，在武帝朝忠诚朝廷，名节累叶。目睹汉室福祚将尽，已经衰弱，乃喟然长叹，发愤努力，遂与耿纪、韦晃、吉本、吉本的儿子吉邈、吉邈的弟弟吉穆等密谋。耿纪，字季行，年少时，有美名，担任丞相府掾，魏王很敬重耿纪，任命耿纪为侍中，代理少府。吉邈，字文然，吉穆，字思然。金祎慷慨，有金日磾之家风，而且与王必的关系很好，因以挑动，若杀王必，再挟天子，以攻打魏王，南援刘备。当时，关羽兵力强盛，而魏王在邺城，留下王必，负责典兵，都督许都之事。吉邈等率领杂人及家童一千余人，夜晚焚烧府门，攻打王必，金祎派人作为内应，射中王必的肩膀。王必暗中不知进攻者是谁，又加上平素与金祎的关系很好，来投奔金祎，夜晚呼唤金祎，金祎家里人不知是王必，以为是吉邈等，错误答应："王长史被杀了吗？卿曹大事成功矣！"王必慌忙又选择逃路。另一曰：王必欲投奔金祎，其帐下都督对王必讲："今日之事，君究竟知道谁家可以投奔？"扶着王必直奔南城。天明后，王必仍在，吉邈等溃散，故此次造反失败。此后十余日，王必竟然因创伤而死。

《献帝春秋》记载：丞相府收捕耿纪、韦晃等，将要杀头，耿纪喊着魏王的名字，说："恨吾不自生意，竟为群儿所误耳！"韦晃顿首，自扇耳光，以至于死。

《山阳公载记》记载：魏王听说王必已死，勃然大怒，召汉室百官到邺城来，令救火者站在左边，不救火者站在右边。众人以为救火者必定无罪，皆站在左边。魏王认为："不救火者非助乱，救火者实助贼也。"皆杀之。

曹洪大败吴兰，斩杀其部将任夔等人。当年三月，张飞、马超败走汉中，阴平县氐人强端斩杀吴兰，把吴兰的首级送予曹军。

当年夏天四月，代郡、上谷郡乌丸无臣氐反叛，魏王派遣鄢陵侯曹彰讨伐叛贼，大败叛贼。①

①《魏书》记载：魏王命令："去年冬天，暴发瘟疫，民众有死伤，军兴于外，垦田减少，吾甚忧之。其令吏民男女：女子年纪七十岁以上，无丈夫、儿子，以及十二岁以下，无父母兄弟，眼睛看不见，手不能做，足不能行，无妻子父兄产业者，享受仓廪提供的粮食，直至终身。幼者十二岁止，贫穷不能自立者，按照人口，借给贷款。老耄等待抚养者，年纪九十岁以上的老人，免除家中徭役、赋税，每家一人。"

当年六月，魏王下令："依据古代的丧葬制度，人去世后，一定要选择瘠薄之地下葬。你们要在西门豹祠庙西边的土塬上，划出一块土地，为孤建造寿寝陵地，利用其地势高作为陵地墓基，不封不树。按照《周礼》，冢人官职负责公墓埋葬之地，诸侯墓安排在天子陵寝两边靠前的位置，卿大夫墓安排在陵寝靠后的位置，汉室制度把这种安葬称为'陪陵'。魏国公卿大臣列将，凡有功劳者，去世后，皆可以陪葬。因而要扩充陵地面积，留下足够空间，以容纳陪葬之地。"

当年秋天七月，魏王整训军队，随后西征刘备。当年九月，魏王进抵长安。

当年冬天十月，宛城守将侯音等人反叛，绑架南阳郡太守，劫掠官吏、百姓，退守宛城。当初，曹仁讨伐关羽，驻扎在樊城。这个月，曹仁回军包围宛城。

建安二十四年春天正月，曹仁攻破宛城，随后屠城，斩杀侯音。①

①《曹瞒传》记载：在当时，南阳郡苦于徭役，侯音于是绑架太守东里衮，挑唆吏民造反，与关羽联合。南阳郡府功曹宗子卿前往劝说侯音："足下顺应民心，举大事，远近莫不望风；然而，足下绑架郡将，逆而无益，何不送走？吾与足下共同举事，等曹公军来，关羽兵也会到。"侯音采纳谏言，释放郡太守。宗子卿当天夜晚爬上城墙逃出，遂与郡太守收集余民，包围侯音，恰逢曹仁军至，攻破宛城，斩杀侯音。

夏侯渊与刘备在阳平大战，被刘备斩杀。当年三月，魏王从长安率军出斜谷，曹军攻占沿途险要，兵临汉中。随后，曹军进抵阳平关。刘备据险固守。①

①《九州春秋》记载：当时，魏王欲撤军，发出口令，曰"鸡肋"，官属不知所谓。主簿杨修却开始整理行装，众人吃惊，问杨修："何以知之？"杨修答："鸡肋，弃之可惜，食之无所得，以此比喻汉中，因此知道魏王欲撤军。"

当年夏天五月，魏王撤军，退回长安。

当年秋天七月，魏王立夫人卞氏为王后。魏王派遣于禁帮助曹仁迎击关羽。当年八月，汉水泛滥，关羽引汉水，淹灌于禁军，于禁军全军覆没，关羽生擒于禁，随后包围曹仁。魏王派徐晃救援曹仁。

当年九月，相国钟繇因为牵连进西曹掾魏讽谋反案，被免职。[①]

①《世语》记载：魏讽，字子京，沛国人，有才气，能迷惑众人，倾动邺都，钟繇因此委任给他职务。大军还未返回，魏讽暗中结交党徒，又与长乐宫卫尉陈祎密谋袭击邺城。还未到日期，陈祎恐惧，告诉太子，太子诛杀魏讽，坐死者数十人。

王昶著《家诫》记载为“济阴魏讽”，而此处云沛国人，未详。

当年冬天十月，曹军撤回洛阳。[①]孙权派遣使者上书，向魏王表达忠心：愿意襄助曹军讨伐关羽。魏王从洛阳南下，讨伐关羽。曹军还未到达，徐晃进攻关羽，大败关羽，关羽败走，曹仁解围。魏王在摩陂驻军。[②]

①《曹瞒传》记载：魏王重新修葺北部都尉廨，诏令过于旧。

②《魏略》记载：孙权上书称臣，称说天命。魏王以孙权书示群臣，曰：“是儿欲把吾放在炉火上烤啊！”侍中陈群、尚书桓阶上奏：“汉室自从安帝之后，政去公室，国统数次断绝继嗣，至于今者，唯有名号，尺土一民，皆非汉有，期运早已尽，历数早已终，并非时至今日也。是以桓帝、灵帝之间，那些懂得图纬者，都说：‘汉行气尽，黄家当兴。’殿下应期，十分天下有其九，依然服事汉室，群臣注望，遐迩怨叹，是故孙权在远方称臣，此天人之应，异气齐声。臣愚以为，虞舜、夏禹不以谦辞，殷商、周室不吝诛放，畏天知命，无所谦让也。”

《魏氏春秋》记载：夏侯惇对魏王讲：“天下都知道，汉室福祚已尽，异代方起。自古以来，能消除民害、为百姓所归者，即民众的君主。而今殿下举兵三十余年，功德遍及黎庶，为天下所依归，应天顺民，复何犹疑哉？”魏王曰：“‘施于有政，是亦为政’。若天命在吾，吾愿意做周文王。”

《曹瞒传》及《世语》记载：桓阶劝魏王登上大位，夏侯惇认为，宜先灭亡西蜀，西蜀亡则东吴服，二方既定，然后遵虞舜、夏禹之轨，魏王听从谏言。及至魏王去世，夏侯惇追恨前言，发病去世。

孙盛评论：夏侯惇耻为汉官，请求接受魏印，桓阶认为夏侯惇有义直之节，考察其传记，《世语》为妄矣。

建安二十五年春天正月，魏王到达洛阳。孙权截击关羽，生擒关羽，斩杀首级，送予魏王。

正月庚子日（正月二十三日），魏王在洛阳宫中驾崩，享年六十六岁。[①]留下遗令：“天下尚未安定，不得遵照旧制隆重举办丧事。丧葬完毕，一律除去丧服。率领军队在外驻扎的将领，不得离开军队驻扎地。有关官员更要恪尽职守，不得擅离。以孤平时所穿的衣服殡殓，不得在墓穴中陪葬金玉珠宝”，谥号为“武王”。二月丁卯日（二月二十一日），魏王在高陵下葬。[②]

①《世语》记载：太祖从汉中回到洛阳，开始建造“建始殿”，砍伐濯龙祠的大树，大树有血流出。

《曹瞒传》记载：魏王派工匠苏越迁移美梨树，挖掘树根，树根受伤流血。苏越脸色煞白，魏王亲自来看，心中厌恶，以为不祥，回去后即生病。

②《魏书》记载：太祖自从统御海内，歼灭群丑，行军作战，大多参考孙、吴兵法，因事设奇，克敌制胜，变化如神。太祖亲自著作兵书十万余言，诸将征伐，皆以太祖的新书用兵。临事又亲自为将军们设谋，听从命令者，皆能克敌制胜；违背命令者，则会遭受损失。与贼虏对阵，太祖神色安详，似乎不欲战，然而，及至开战，决机乘胜，气势盈溢，故每战必克，军无幸胜。太祖知人善任，难眩以伪，擢拔于禁、乐进于行武之间，收服张辽、徐晃于亡虏之中，这些将军，皆能佐命立功，列为名将；其余很多将领，出自细微，擢拔提升为州牧、郡守者，不可胜数。是以建立宏业，文武并用，统御军队三十余年，手不释书，昼则讲武策，夜则思经传，登高必赋，制作新诗，配以管弦，皆成乐章。太祖才力过人，手射飞鸟，躬擒猛兽，曾经在南皮县一日射杀、捕获野雉六十三只。及至建造宫室，修缮、制造器械，无不按照法式，皆尽其意。太祖雅性节俭，不好华丽，后宫嫔妃衣不着锦绣，侍御鞋履无二彩，帷帐屏风，坏则补纳，褥垫只为取暖，没有缘饰。攻城拔邑，得到美好之物，全部用来赏赐有功之臣，勋劳宜赏，不吝千金，无功望施，分毫不与，四方献御，与群下共同享用。太祖常以送终之制，袭称之数，繁而无益，既俗气，又过分，故太祖预先制备终亡丧服，四箧而已。

《傅子》记载：太祖哀叹嫁娶之奢侈僭越，公主嫁人，所送皂帐，随从婢女不过十人。

张华著《博物志》记载：汉朝时，安平郡人崔瑗、崔瑗的儿子崔寔、弘农郡人张芝、张芝的弟弟张昶善于写草书，太祖的草书也很好。桓谭、蔡邕善于音乐，右冯翊人山子道、王九真、郭凯等善于围棋，太祖皆可以与他们比试。太祖还喜欢修身养性，也懂得方剂、中药，招引术士，庐江郡人左慈、谯郡人华佗、甘陵县人甘始、阳城县人郄俭，无不来到太祖身边。太祖还喜欢吃一尺长的野葛，也会少量饮些鸩酒。

《傅子》曰：东汉末年，朝中的王公大臣多喜欢穿宽衣大袖，以幅巾为雅，是以袁绍、崔豹之徒，虽然担任将帅，也喜欢穿着缣巾。魏太祖以天下陷于凶荒，资财匮乏，遂拟古，头戴皮弁，裁剪缣帛，以作为帢巾，符合简易随时之义，以色彩区别贵贱，于今施行，可谓军容，非国容也。

《曹瞒传》记载：太祖为人轻佻，无威重，喜欢音乐，倡优在侧，常通宵达旦。用的被服轻绡，身上常佩带小鞶囊，用以盛装手巾细物，有时戴着帢巾，接见宾客。每当与人谈话，常会吟诵或戏言，无所忌讳，及至大家欢悦大笑，以至于头埋没在杯案中，肴膳玷污巾帻，其轻佻如此。然而，太祖在军中持法严峻，诸将有谋划超出自己者，或以军法杀之。故人有旧怨，也会施以报复，为太祖所刑杀。而后，太祖又会对被杀者垂涕哀痛之。然而，终无所活。当初，袁忠担任沛国国相，曾经以法律惩治太祖。沛国人桓邵也曾经轻侮过太祖，及至太祖在兖州，陈留郡人边让在谈话时，涉及太祖，有言辞冒犯，太祖杀了边让，还夷灭其家族，袁忠、桓邵在交州避难，太祖派遣使者，借交趾郡太守士燮之手，将他们灭族。桓邵自首，在大庭中谢罪，太祖对桓邵讲："跪下来，就可以免除死刑？"随后杀之。太祖常率领大军出征。有一次，在麦田行军，太祖命令："士卒不得踏坏麦子，敢有违反者，死罪。"骑士皆下马，扶着麦子，慢慢通过。此时，太祖的坐骑受惊，跳入麦垄中，太祖敕令主簿议罪；主簿回答，以《春秋》之义，罚不加于至尊。太祖说："制法而自犯之，何以统率属下？然而，孤为军帅，不可自杀，请自刑。"太祖拔出佩剑，割发丢弃在地上。太祖有一位宠姬常跟随在太祖身边，有一次，宠姬白昼侍寝，太祖躺在床上，告诉宠姬："过一会儿，叫醒我。"宠姬看见太祖酣睡，未及时叫醒，及至太祖睡醒，命人用棒打杀宠姬。太祖常率军讨贼，仓廪的粮食不足，太祖私下对主事者讲："怎么办？"主事者答："可以用小斛量米，借此满足军士。"太祖说："对。"后来，军中有人讲，太祖欺骗大家，太祖对主事者讲："只好借君的脑袋来平息众人的愤怒，不然，事情不好解决。"于是，诛杀主事者，取主事者的首级，贴上纸条："用小斛量米，盗窃官仓，斩之军门。"太祖的酷虐、狡诈，皆此类也。

陈寿评论如下：东汉末年，天下大乱，群雄并起，袁绍虎踞四州之地，军力强盛，天下无人能敌。太祖运筹帷幄，谋划方略，鞭挞宇内，运用申不害、商鞅的法家学说，兼用韩信、白起的谋略，按照能力选人用人，充分发挥文臣武将的才能。不计前嫌，不念旧恶，最终，魏王总揽朝纲，完成宏业，充分证实魏王有雄才大略。可谓东汉末世一代英雄超过其他俊杰。

魏书二

文帝纪第二

文皇帝，名讳丕，字子桓，是魏武帝曹操的太子。灵帝中平四年冬天，曹丕在谯县出生。①献帝建安十六年，曹丕担任五官中郎将、副丞相。建安二十二年，曹丕被立为魏王太子。②太祖曹操驾崩，曹丕继位为丞相、魏王。③曹丕尊魏王后为王太后，献帝更改建安二十五年为延康元年。

①《魏书》记载：文帝出生时，有青色云气犹如车盖覆盖在头顶，持续一整日。有望气者认为，这是至贵之征候，绝非人臣之云气。八岁时，文帝即能写文章，有逸才，博览古今经传以及诸子百家书籍。文帝善骑射，好击剑，被举荐为茂才，没有任职。

《献帝起居注》记载：建安十三年，曹丕被司徒赵温征召。曹操上表："赵温征召臣的子弟，选举不以实际。"曹操派侍中代理光禄勋郗虑，持符节，免去赵温的职务。

②《魏略》记载：太祖没有及时立太子，曹丕心存疑虑。当时，有一人名字叫高元吕，善于相面，曹丕请来相面。高元吕相面后，对曹丕讲："君的面相，贵不可言。"曹丕问："不知寿命有多少？"高元吕答："到了四十岁，当有小灾。过了四十岁，则无忧矣。"过后不久，曹丕被魏王曹操立为太子，享年四十岁，去世。

③袁宏著《汉纪》记载：汉献帝诏令："魏王太子曹丕：昔日，皇天授予乃显考，以辅弼我皇家，攘除群凶，拓定九州，弘功茂绩，光于宇宙，朕已经在位二十余年。上天不肯留下一位老者，永保朕一人，过早去世，令人哀伤，悲悼哀切。曹丕奕世宣明，宜秉承文武之德，绍熙前绪。今派遣使者御史大夫华歆，持符节，奉策书诏命，授予曹丕丞相印绶、魏王玺绂，兼领冀州牧。而今，方外仍有遗虏，遐夷未宾，旌旗战鼓，犹在边境，干戈不得放弃，斯乃播扬洪烈、立功垂名之秋也。岂得修辞让之礼，追随曾参、闵子骞之志？其敬服朕命，抑制哀伤，旁祗厥绪，时亮庶功，以称朕意。呜呼，可不勉与！"

献帝延康元年二月[①]壬戌日，文帝曹丕拜太中大夫贾诩为魏国太尉，拜御史大夫华歆为魏相国，拜大理寺王朗为魏国御史大夫。设置散骑常侍、侍郎各四人，宦官担任官职，不得超过宫内各署令。文帝制作金策，收藏在石室。

①《魏书》记载：（文帝）庚戌日诏令："关津用以通商旅，池苑用以御灾荒，禁止重税，并未能便民；去除池苑之禁，减轻关津之税，天下百姓，皆按照十分之一缴纳税赋。"辛亥日，文帝赐诸侯王、将相以下粟米一万斛，帛一千匹，金银多少不等。派遣使者循行郡国，有违诏令、滥施暴虐者，告发其罪。

当初，汉灵帝熹平五年，有黄龙在谯县出现，光禄大夫桥玄问太史令单飏："这是何种祥兆？"单飏回答："此兆表明，沛国此后会有王者出世，不到五十年，黄龙会再次显现。按照天象，这就是效应。"内黄县人殷登暗中记下此事。四十五年过去，殷登还健在。延康元年三月，黄龙再次在谯县出现。殷登听说后，说："单飏的预言，果然应验！"[①]

①《魏书》记载：魏王曹丕召见殷登，对殷登讲："在往昔，有风闻楚丘之谣言，而敬事季友，邓晨相信少公之言，向光武帝自荐。殷登以笃信老者，服膺占术，懂得天道，岂有是乎？"曹丕赐予殷登谷米三百斛，送殷登回家。

已卯日，魏王曹丕拜前将军夏侯惇为大将军。秽貊、夫余单于、西域焉耆王、于阗王派遣使者前来魏国献贡。[①]

①《魏书》记载：丙戌日，魏王曹丕诏令史官，重修重、黎、羲、和之职，钦若昊天，历象日月星辰，以奉天时。

裴松之按：《魏书》记载：有是言，而不闻其职。魏王曹丕在丁亥诏令中讲："原尚书仆射毛玠，奉常王修、凉茂，郎中令袁涣，少府谢奂、万潜，中尉徐奕、国渊等，在朝中皆忠诚正直，履蹈仁义，然而，过早离世，子孙陵迟，孤恻然愍之，拜其子孙为郎中。"

当年夏天四月丁巳日，饶安县禀报，有白雉出现。[①]庚午日，大将军夏侯惇去世。[②]

①《魏书》记载：魏王曹丕免去饶安县的田租，赏赐渤海郡每百户牛酒，诏令民间举行酒宴三日；太常以太牢礼祭祀宗庙。

②《魏书》记载：魏王曹丕素服，亲临邺县东城门举哀。

孙盛认为：按照礼制，天子哭同姓于宗庙之外。哭于城门，失其所在也。

五月戊寅日，献帝诏命魏王曹丕追尊皇祖太尉曹嵩为太王，尊太夫人丁氏为太王后，封魏王曹丕的儿子曹叡为武德侯。[①]这个月，左冯翊的山贼郑甘、王照率领部众投降朝廷，受封为列侯。[②]

①《魏略》记载：献帝任命侍中郑称为武德侯师傅，诏令曰："龙渊、太阿出昆吾之金，和氏之璧出井里之田；砻之以砥砺，错之以他山之石，故能有连城之价，成为稀世之宝。学习，是人用以砥砺节操也。所谓笃学大儒，勉以经学辅侯，应该旦夕入朝侍讲，以曜明其志。"

②《魏书》记载：当初，郑甘、王照及卢水胡人率领其部属来降，魏王曹丕得到降书，以示朝廷，曰："此前，欲有令吾讨伐鲜卑者，吾不从，而近日前来投降；又有欲使吾在今秋讨伐卢水胡人者，吾不听，今又来投降。战国时，魏武侯一谋而当，而有自得之色，见讥李悝。吾今日说此，非自以为是也，徒以为坐而受降，其功大于启动兵革也。"

酒泉郡人黄华、张掖郡人张进等，拘捕酒泉郡太守、张掖郡太守，造反叛乱。金城郡太守苏则讨伐叛贼，斩杀张进等人。黄华投降。[①]

①黄华后来担任兖州刺史，详情记载在《王凌传》。

延康元年六月辛亥日，魏王曹丕在邺城东郊整饬军队。[①]庚午日，魏王曹丕率领大军南征。[②]

①《魏书》记载：公卿相仪，王御华盖，视金鼓之节。

②《魏略》记载：魏王将要出征，度支中郎将新平郡人霍性上疏谏言："臣听说文王与纣王之事，在当时，天下囊括无咎，凡上百君子，莫肯聆听信息。今大王体则乾坤，广开四聪，使贤愚各建所规。伏唯先王功劳无人能比，而今能言之类，不称为德。故圣人曰：'得百姓之欢心。'兵书曰：'战争，危事也。'是以六国力战，强秦承弊，豳王不争，周道用兴。臣愚以为，大王且当委重本朝而守其雌，抗威虎卧，功业可成。而今创基，便复起兵，兵者凶器，必有凶忧，忧则思乱，乱出不意。臣以为，危于累卵。在往昔，夏启隐遁三年，《易经》有：'不远而复。'《论语》有：'不惮改。'诚愿大王揆古察今，深谋远虑，与三公大夫谋划其长短。臣沐浴先王之厚恩，又初改政，复受重任，虽然懂得会触犯龙鳞，阿谀近福，窃感所诵，危而不持。"奏疏呈上，文帝大怒，派遣刺奸拷问，竟然打死霍性。既而追悔莫及。

当年秋天七月庚辰日，魏王曹丕下令："轩辕黄帝有明台之议政，尧帝有衢室之问策，皆为了征求臣下意见。[①]王室百官及有关部门务必恪尽职守、勇于谏言，军中将领要严明军法，朝中百官要严守制度，州牧、郡太守要勤于政事，乡间缙绅要负责考察儒学六艺，孤要亲自检查。"

①《管子》曰：黄帝立明台之议者，上观于兵；尧帝有衢室之问者，下听于民；舜帝有告善

之旌旗，而君主不受蒙蔽；禹帝立建言之鼓于朝廷，以备诉讼；汤帝有总街之廷议，以观民意；武王有灵台之苑囿，而贤者进：此古代圣帝明王所以有而勿失，得而勿忘也。

孙权派遣使者前来奉献。蜀国将领孟达率领部众投降。武都郡氐王杨仆率领族人内附，魏王把氐人安排在汉阳郡居住。①

①《魏略》记载：魏王亲自手书诏令："日前派遣使者宣示上国威灵，而孟达即来投降。朕想到，春秋褒赏仪父，即拜封孟达，让孟达返回，兼领新城郡太守。近来，还有扶老携幼，愿意归顺王化者。吾听说，夙沙之民，自缚其君，以归附神农氏；豳国之民，扶老携幼，以归附丰、镐，难道是驱赶胁迫之所致哉？乃风化动之以情，而仁义感化其衷，欢心内发，使之然也。以此而推论，西南将万里无外，孙权、刘备将与谁死守乎？"

甲午日，魏王曹丕率领大军，进驻谯县，在谯县东郊设宴犒赏六军将士及谯县的乡亲。①当年八月，石邑县禀报，有凤凰翔集。

①《魏书》记载：魏王设伎百乐戏，下令："先王皆乐其所生，按照礼制，不忘其本。谯县，是霸王之邦，真人出生之地，免除谯县租税二年。"三位老吏向魏王上寿，日夕乃止。丙申，魏王亲自祭祀谯陵。

孙盛记载：在往昔，先王以孝治天下，内节天性，外施四海，存尽其敬，亡极其哀，思慕谅暗，寄政冢宰，故曰："三年之丧，自天子达于庶人"；然也，故在三之义惇，臣子之恩笃，雍熙之化隆，经国之道固，圣人之所以通天地，厚人伦，显至教，敦风俗，此乃万世不易之典，百王服膺之制也。是故丧礼素冠，郐人著庶见之讥，宰予降倦，仲尼发不仁之叹，子颓忘戚，君子以为乐祸，鲁侯易服，《春秋》知其不终，岂不以坠至痛之诚心，丧哀乐之大节者哉？故虽三代季世之末，战国七雄之弊，犹未有废缞绖于旬朔之间，释麻杖于痛哭之日者也。汉文帝时，变易古制，人道之纪，一旦而废，缞绖素服夺于至尊，四海散其遏密，义感缺于群后，大化坠于君亲；虽心存贬议，虑在经纶，至于树德垂声，崇化变俗，固以道薄于当年，风化颓于百代矣。武王用战车载文王之神主牌位，牧野之战，商军不战而降，晋襄公身穿黑色缞绖，秦国三位将军被俘，应务济功，丧服怎么会有害处？魏王遵循汉制，接续其大礼，处莫重之哀，设飨宴之乐，居贻厥之始，而坠王化之基，及至汉室禅让，却纳献帝二女，忘其至恤，以诬先圣之典，天心丧矣，将何以终？是以知王龄之不遐，卜世之期短促也。

当年冬天十月癸卯日，魏王曹丕下令："诸将出征讨伐，士卒有死亡者，有些还未收殓埋葬，孤对此甚为哀悼；告诉郡国，准备棺木，殡敛死者。将棺木送回家乡安葬，当地官员负责祭祀。"①丙午日，大军前进至曲蠡。

①《汉书》记载，高祖八月诏令："士卒从军而死，用小棺材装殓。"应劭曰："槥，小棺

材，今谓之‘椟’。”

应璩著《百一诗》曰：“櫕车在道路，征夫不得休。”

陆机著《大墓赋》曰：“观细木而闷迟，睹洪椟而念櫕。”

汉献帝看到众望所归，召集朝廷群臣、三公卿士，[①]在高庙祭祀，向祖宗祝告。献帝派遣御史大夫兼使者张音，持符节，向魏王曹丕奉上传国玉玺绶带，禅位于魏王，册书讲：“咨尔魏王：在往古，帝尧禅位于虞舜，舜帝亦禅位于夏禹，天命无常，唯归有德。汉室国运衰微，世道动荡不安，降及朕躬，天下大乱，越发严重，群凶肆虐谋逆，宇内颠覆。幸赖魏武王神武，拯救危难于四方，廓清华夏，以保绥我汉室宗庙，岂予一人获得安宁，俾九服实受其惠？今魏王钦承前绪，光于乃德，恢宏文武之大业，昭显尔考之弘烈。皇灵降瑞，人神告征，诞唯亮采，师赐朕命，佥曰尔度克协于虞舜，用率我唐典，敬逊尔帝位。呜呼！天之历数在尔躬，允执其中，天禄永终；君其祗顺大礼，飨兹万国，以肃敬承顺天命。”[②]在繁阳，设立祭坛。庚午日，魏王登上祭坛，接受汉献帝禅让帝位，百官在场陪侍。禅位大典事讫，魏文帝走下祭坛，观看燃烧香木，完成祭祀天地山川之礼。而后魏文帝返回宫殿，改汉室延康纪年为魏室黄初元年，大赦天下。[③]

①袁宏著《汉纪》记载：汉献帝诏书：“朕在位三十二年，遭逢天下震荡，幸赖祖宗之神灵，危而复存。然而，瞻仰天文，俯察民心，炎精之数既终，命运在乎曹氏。是以前王既树神武之绩，今王又光曜明德以应其期，此乃历数昭明，信可知矣。大道之行，天下为公，选贤任能，故唐尧不私于儿子，而名播于无穷。朕羡而慕焉，今其追踵尧典，禅位于魏王。”

②《献帝传》记载：汉献帝禅让帝位诸事：左中郎将李伏上表魏王：“在往昔，先王初建魏国，在境外者闻之未审，皆以为拜为诸侯王。武都郡人李庶、姜合羁旅汉中，对臣讲：‘必定为魏公，未便是魏王也。安定天下者，魏公子曹丕，神之所命，当合符谶，以应天人之位。’臣以姜合辞语告诉镇南将军张鲁，张鲁亦问姜合是否知道书的出处，姜合回答：‘孔子所著《玉版》也。天子历数，虽百世可知。’是后一月余，有亡命之人来到，写得册文，如姜合所言。姜合长于内学，是关西知名人士。张鲁虽然有怀国之心，沉溺于异道，没有醒悟姜合之言。后来秘密与臣计议投降事宜，国人不能协调。有人欲西通巴蜀，张鲁发怒，曰：‘宁为魏公奴，不为刘备座上宾。’言发自内心，诚心令人感动。姜合先迎接王师，往年病逝于邺城。自从臣在朝中任职，每为所亲者，谈论此意，在当时，没有人相信，不敢再言。殿下即位初年，祯祥嘉瑞，日月而至，有命数自天而降，昭然若见。然而，圣德通达，符表预明，实乾坤挺庆，万国作孚。臣每当庆贺，欲谈到姜合之验证；事君尽礼，人以为谄谀。况且臣名行秽贱，入朝日浅，言为罪尤，只好自抑而已。而今，洪泽被四表，灵恩格天地，海内翕习，殊方归服，兆应并集，以扬休命，始终允臧。臣不胜欢欣鼓舞，谨具上表奏闻。”魏王下令：“何以示外？薄德之人，何能致此？未敢当也。斯诚先王至德通于神明，固非人力也。”

魏王府侍中刘廙（yì）、辛毗、刘晔，尚书令桓阶，尚书陈矫、陈群，给事黄门侍郎王毖、董遇等进言：“臣伏读左中郎将李伏上奏言事，考察图纬之言，以效神明之应，稽之古代，未有不然者也。故尧帝称：历数在躬，璇玑以明天道；周武王未战，而赤乌衔书；汉高祖未兆，而神母告符；孝宣帝在民间，字成木叶；光武帝布衣百姓，名已勒入谶文。这是天命所归，以应圣哲，并非仅有语言之声、芬芳之味可得而知也，徒悬象以示人，微物以效意耳。自汉德衰微，渐染数代皇帝，桓帝、灵帝之末世，皇极不建，招致天下大乱，二十余年。上天之不泯，诞生明圣，以救济其难，是以符谶先显示，以彰至德。殿下践阼未久，而灵象变于上，祥瑞应于下，四方不羁之民，归心向义，唯恐落在后面，即使典籍所传，未若今日之盛也。臣妾远近，莫不欢欣。”魏王下令，曰：“犁牛之驳似猛虎，莠草之幼似禾苗，事有似是而非者，今日是已。目睹群臣言事，更加重孤之不德。”于是尚书仆射向群臣宣告，咸使闻知。

辛亥日，太史丞许芝条奏魏国代汉见于谶纬，奏请魏王：“《易传》曰：‘圣人受命而王，黄龙以戊巳日见。’七月四日戊寅，黄龙出现，此帝王受命之符瑞，征兆明显。又曰：‘初六，履霜，阴开始凝霜。’又有昆虫大穴好似天子之官，其有象征意义，而今蝗虫出现，也是兆应。又曰：‘圣人以德亲比天下，仁恩洽普，对应麒麟，在戊巳日至，对应圣人受命。’又曰：‘圣人清净行中正，贤人福至民从命，对应麒麟。’《春秋汉含孳》曰：‘汉以魏，魏以征。’《春秋玉版谶》曰：‘代赤色者，魏公子。’《春秋佐助期》曰：‘汉在许昌建都，失天下。’故白马令李云上书，曰：‘许昌气数见于当涂高，当涂高者，当昌盛于许都。’当涂高者，魏也，象征魏国，两观阙是也；当道而高大者‘魏’，‘魏’应当代‘汉’。今魏国基业昌盛于许都，汉室绝于许都，今日见效，如李云所言，许昌相对应也。《佐助期》又曰：‘汉以蒙孙亡。’说此话者，以蒙孙汉室第二十四帝，童蒙愚昏，以衰弱而亡。或以杂文为蒙其孙，应当失去天下，以为汉帝非正嗣，年少时，被称为‘董侯’，名不正，蒙受丧乱之荒惑，其子孙以衰弱而亡。《孝经·中黄谶》曰：‘日载东，绝火光。不横一，圣聪明。四百年以后，易姓而王。天下归于大功，致太平，居八甲；共礼乐，正万民，嘉乐家和杂。’此魏王之姓讳，参见图谶。《易经·运期谶》曰：‘言居东，西有午，两日并光日居下。其为主，反为辅。五八四十，黄气受，真人出。’言午，合为‘许’字。两日，合为‘昌’字。汉室应当在许都灭亡，‘魏’应当在许都昌盛。今风云际会之期，在许都，是其大效验也。《易经·运期谶》又曰：‘鬼在山，禾女连，王天下。’臣听说，帝王者，五行之精；易姓之符，代兴之会，以七百二十年为一轨。有德者超过此数，至于八百年，无德者不到此数，至于四百年。是以周室享有天下八百六十七年，夏室享有天下四百几十年，汉室行夏正，迄今为止，已经享有天下四百二十六年。还有，高祖接受天命，天数虽然起于乙未，然而其征兆始于获麟。获麟以来，已经有七百余年，天之历数，将以告终。帝王之兴，并不常为一姓所拥有。太微星居中，黄帝坐常明，而赤帝坐常不明，这表明黄家兴，赤家衰，凶亡之渐进。自此以来，已经有四十余年。还有，荧惑星失色不明，已经有十余年。建安十年，彗星先划过紫微星。建安二十三年，彗星又划过太微星。新天子之气，可见从东南方向来，建安二十三年，白虹贯日，月食荧惑星，连续几年，已亥、壬子、丙午，出现日食，皆为水灭炎火之象也。殿下即位，当初践阼，德配天地，行合神明，恩泽溢盈，广被四表，格于上下。是以黄龙多次出现，凤凰翔舞，麒麟臻至，白虎效仁，前后在郊甸出现；甘露醴泉，奇兽神物，祥瑞迭出。这些都是帝王受命易姓之符也。在往昔，黄帝接受天命，风后接受《河图》；舜帝、禹帝享有天下，凤凰翱翔，黄河出《洛书》；商汤登上帝位，白鸟为符；文王担任西伯，赤鸟衔来丹书；武王伐殷，白鱼跃入舟中；高祖兴起，白蛇作为征候。巨迹瑞应，皆为圣人兴起。观察前汉后汉之大灾，今兹之符瑞，察图谶之期运，揆河洛之所甄，未若今日大魏之最美也。夫得岁星者，正道始兴。在往昔，武王伐殷，岁在鹑火，此乃周室之分野也。高祖进入秦中，五星汇聚东井，此乃汉室之分野也。今年岁星在大梁，此乃魏室之分野也。上天之瑞应，并集来臻，四方归附，襁负而至，兆民欢悦，咸乐嘉庆。《春秋大传》曰：'周公何以不到鲁国？盖因虽有继体守文之君，不害圣人受命而王。'周公向成王归还朝政，《尸子》记载，孔子对此有异议，认为周公不够圣明，不为兆民着想。京房著《易传》曰：'凡为王者，恶者去之，弱者夺之。易姓改代，天命应常，人谋鬼谋，百姓与能。'伏唯殿下体尧舜之盛明，服膺七百之禅代，正当汤武之期运，正值天命之移受，《河图》《洛书》所表，图谶所载，昭然明白，天下学士所共见也。臣职在史官，考察符瑞，详察征候，图谶效见，际会之期，谨以上闻。"魏王下令："在往昔，周文王三分天下有其二，仍然服侍殷室，仲尼叹其至德；周公旦履天子之籍，听天下之断，最终仍然将天下交予成王，《尚书》赞美其仁。吾虽德不及二圣，怎敢忘高山仰止，景行行止之义？若夫唐尧、虞舜、夏禹之迹，皆应以圣质茂德处之，故能上和灵祇，下宁万姓，流称今日。今吾德至薄也，人至鄙也，遭遇际会，幸继承先王之宏业，恩德尚未覆盖四海，恩泽尚未惠及天下，虽然竭尽仓廪府库，以赈济魏国百姓，然而，寒者犹未尽暖，饥者犹未尽饱。夙夜忧惧，弗敢遑宁，庶几欲保全发齿，长守今日，死后以葬于此地，以全魏国，下见先王，以塞负荷之责。望狭局促，守此而已；虽屡屡蒙受祥瑞，当之战栗惶恐，五色无主。若许芝之言，岂所闻乎？心情战栗，双手震颤，书不成字，辞不宣心。吾闲时制作诗章，曰：'丧乱悠悠过纪，白骨纵横万里，哀哀下民靡恃，吾将佐时整理，复子明辟致仕。'庶几欲守此辞，以此自终，的确不虚言也。宜宣示远近，使昭明吾之赤心。"于是，侍中辛毗、刘晔，散骑常侍傅巽、卫臻，尚书令桓阶，尚书陈矫、陈群，给事中博士骑都尉苏林、董巴等上奏："伏见太史丞许芝呈上魏国接受天命之符瑞；殿下诏令策书恳切，允执谦让，虽然虞舜、夏禹、商汤、周文，义无以过。然而，古代先贤圣土之所以接受天命，而不辞让，诚欲遵皇天之意，副兆民之望，不得已而为之也。而且，《易经》讲：'观乎天文以察时变，观乎人文以化天下。'又讲：'天垂象，见吉凶，圣人则之；河出图，洛出书，圣人效之。'认为天文因人而变，至于河洛之书，可参见《洪范》，则殷商、周室效而用之矣。这么说吧，诚帝王之明符，天道之大要也。是以由德应录者，代兴于前，失道数尽者，迭废于后。据传说，《春秋》讥讽，周室大夫苌弘欲支撑上天之所抛弃，而有蔡墨'雷乘干'之说，表明神器之存亡，非人力所能支配也。而今汉室衰落，帝纲坠毁，天子之诏，无人听闻，皇天将舍弃旧而归于新，百姓既抛弃汉而归附魏，昭然著明，是可知也。先王拨乱反正，平定乱世，建立宏基；至于殿下，以至于德当历数之运，殿下即位以来，天应人事，粲然俱备，神灵图籍，仍兼往古，休征嘉兆，跨越前代；是以许芝所取《中黄》《运期》姓纬之谶，斯文乃编著于前世，与汉室并见。由是言之，天命久矣，非殿下所得而拒之也。神明之意，候望禋享，兆民颙颙，咸注嘉愿，唯殿下阅览图籍之明文，急天下之公义，辄宣令内外，布告州郡，使知符命者明晓，而知道殿下谦逊之意。"曹丕诏令："臣下及四方已明白孤款款之心，是也。至于阅览余辞，岂孤之所谓哉？宁所堪哉？诸卿议论，未若孤自料之审也。夫虚谈谬称，鄙薄所弗当也。孤且闻，近来东征，经过郡县，检查屯田，百姓仍面有饥色，衣服或短小，甚至衣不蔽体，罪皆在孤；是以上惭众瑞，下愧士民。由斯言之，德尚未堪君王，何言帝者也？宜止息此议，切勿加重吾之不德，使孤去世之后，无愧后代之君子。"

癸丑，曹丕向群臣宣告。督军御史中丞司马懿，侍御史郑浑、羊秘、鲍勋、武周等上奏："令如下。伏读太史丞许芝呈上符命之事，臣等听说，有唐氏世衰天命在虞舜，有虞氏世衰天命在夏禹；然则天地之灵，历数之运，去就之符，唯德所在。因此，孔子说：'凤鸟不至，河不出图，吾已矣夫！'如今，汉室衰落，自从安帝、和帝、冲帝、质帝以来，国统继嗣屡绝，桓帝、灵帝荒淫无度，禄去公室，此乃天命去就，非一朝一夕造成，其所由来久矣。殿下继承魏王，至德广被，格于上下，天人感应，符瑞臻至，考察旧史，未有若今日之盛况。夫大人者，先天而天弗违，后天而奉天时，天时已至，而仍然谦让者，虞舜、大禹所不为也，故生民蒙救济之惠，群类受育长之施。而今，八方颙颙，大小瞩望，皇天乃眷，神人同谋，天下十分之九已归魏国，义过周文，殿下所谓，太过谦恭。臣妾上下，伏所不安。"曹丕诏令："世上所不足者，道义也，所有余者，苟安妄言也；常人之性，贱所不足，贵所有余，因此说：'不患无位，患所以立。'孤虽寡德，庶自免于常人之贵。所以说：'石可破而不可夺其坚，丹可磨而不可夺其赤。'丹石微物，尚保斯质，更何况孤托士人之末列，曾受教于君子哉？且於陵仲子以仁为富，柏成子高以义为贵，鲍焦有感于子贡之言，弃其蔬而槁死，薪者讥季札失辞，皆委重而弗视。吾独何人？在往昔，周武王，大圣人也，使周公旦盟胶鬲于四内，使召公奭约微子于共头，故伯夷、叔齐相与笑之，曰：'在往昔，神农氏拥有天下，不以人之坏自成，不以人之卑自高。'认为，周室伐殷，以暴至乱。吾德非周武，而义惭伯夷、叔齐，庶几欲远离苟安妄言之失道，立丹石之志而不夺，迈於陵之所富，蹈柏成之所贵，执鲍焦之贞节，遵薪者之清操。故曰：'三军可夺帅，匹夫不可夺志。'此乃吾之斯志，岂可夺哉？"

乙卯，献帝册书诏命魏王，禅让帝位，魏代汉，拥有天下，曰："唯延康元年十月乙卯，皇帝曰，咨尔魏王：夫命运否泰，依德升降，三代卜年，著于春秋，是以天命不于常在，帝王不属一姓，由来久矣。汉室道统陵迟，为日已久，安帝、顺帝已降，世道混乱，冲帝、质帝短命早夭，三世皇帝没有后嗣，皇纲肇亏，帝典颓唐。直至朕躬，天降之灾，遭遇无妄厄运之会，正值炎精幽昧之期。变兴辇毂，祸由阉宦。董卓乘隙祸乱朝纲，恶行甚于浇、豷，劫掠京师，播迁銮舆，火焚宫庙，遂使九州分裂，强敌虎争，华夏鼎沸，蝮蛇塞路。当此之时，尺土非复汉室所有，一夫岂复朕之士民？幸赖魏武王德膺符运，奋扬神武，殄灭凶暴，廓清华夏，保护皇家。而今魏王继承前绪，至德光昭，御衡不迷，布德悠远，声教广被四海，仁风扇动鬼区，是以四方效珍，人神响应，天之历数，实在尔躬。在往昔，虞舜有大功二十，而尧帝禅让天下；大禹有疏导之功，而虞舜禅让帝位。汉继承尧运，有传圣之义，加顺灵祇，绍天明命，厘降二女，以嫔于魏。朕派遣使者太常张音，持符节，代行御史大夫职事，奉上皇帝玺绶，魏王其永君万国，敬御天威，允执其中，天禄永终，敬之哉？"于是尚书令桓阶等上奏："汉室将天下禅让于陛下，陛下以圣明之德，历数之序，接受汉室禅让，允当天心。夫天命弗可得辞，兆民之望弗可得违，臣奏请，大会列侯诸将、群臣陪隶，发布玺书，顺应天命，具体礼仪，再奏闻。"魏王下令："群臣再议，孤终不当继承帝位之意而已。犹猎，交还陛下诏令。"

尚书令等又上奏："在往昔，尧舜禅让，在文祖庙祭祀，至于汉室，以师旅征伐，接受天命，畏天之威，不敢怠慢，即位行在所之地。而今接受禅让，代替汉室接受天命，应该大会百官群司，六军之士，皆在行位，让他们全能目睹天命所归。营中促狭，可于平敞之地，设立坛场，奉答休命。臣辄与侍中常侍会议诸项礼仪，太史官择吉日完毕，复奏殿下。"魏王下令："吾殊不敢当之，外人亦何预备此事也！”

侍中刘廙、常侍卫臻等奏议：“汉氏遵循唐尧以天下为公之议，陛下以圣德膺历数之运，天人同欢，靡不得所，宜顺应灵符，尽速接受皇阼。经询问太史丞许芝，这个月十七日己未是吉日，可以接受汉帝禅让，承受天命，整治坛场之处，所当施行，另外上奏。”魏王下令；“实在大出意外，便设立坛场，怎么能行？而今，当辞让不受诏也。但于帐前颁发玺书，威仪如常，而且天气寒冷，停止整治坛场，让战士们回归军营。”魏王曹丕当即颁发玺书，下令：“当奉还玺绶，为辞任奏章。吾岂能奉此诏，承此贶邪？在往昔，尧让天下予许由、子州支甫，舜也曾禅让天下予善卷、石户之农、北人无择，这些人或退而耕颍之阳，或辞以幽忧之疾，或远入山林，莫知其处，或携子入海，终身不返，或以为辱，自投深渊；且颜烛惧太朴之不完，守知足之明分，王子搜乐丹穴之潜处，被熏而不出，柳下惠不以三公之贵，易其耿介之操，曾参不以晋、楚之富，易其仁孝之心：以上九士者，皆为高节而尚义，轻富而贱贵，故史书名载千秋，于今称颂焉。求仁得仁，仁岂远乎？孤为何不能去做？义有蹈东海而逝，不奉汉朝之诏也。亟为上奏章，奉还玺绶，宣告于天下，使大家知道。”己未，宣告群臣，告魏，又告天下。

辅国将军清苑侯刘若等一百二十人上书：“伏读诏令、策书，殿下深执克让，圣意恳恻，至诚外昭，臣等有所不安。何者？石户、北人，只是匹夫狂狷，行不合义，事不见经，是以司马迁谓之不然，诚非圣明所当仰慕。且有虞氏不逆尧帝之禅让，夏禹不辞舜帝禅位之语，故《左传》曰：‘舜陟帝位，若固有之。’斯诚圣人知道天命不可逆，历数弗可辞也。伏唯陛下应干符运，至德发闻，升昭于天，以顺应三灵降瑞，人神以和，休征杂沓，万国响应，虽欲勿用，将焉避之？而固执谦逊，违天逆众，仰慕匹夫之微分，背负上圣之所蹈，违逆经谶之明文，相信百氏之穿凿，此非所以奉答天命，光慰众望也。臣等昧死以请，整顿坛场，至吉日受命，如前奏，分别写令文宣下。”魏王曹丕下令：“在往昔，柏成子高辞让夏禹而隐匿荒野，颜阖辞让鲁币而远遁，以王者之重，诸侯之贵，而二子忽略，何则？其节高也。故烈士崇尚荣名，义夫高看贞介，虽然蔬食瓢饮，乐在其中。是以仲尼师王骀，子产嘉申徒。如今诸卿皆孤的股肱心腹，足以明白孤的心意，而今都如此，则诸卿游于形骸之内，而孤求为形骸之外，其不相知，未足多怪。亟为奉上奏章，归还玺绶，勿复议论纷纷。”

辅国将军等一百二十人又上奏：“臣听说，符命不虚见，众心不可违，因此，孔子说：‘周公其为不圣乎？以天下让。是天地日月轻去万物也。’是以舜帝向天下，不拜而受命。而今火德气数已尽，炎上数终，帝迁明德，祚隆大魏。符瑞昭晰，受命既固，光天之下，神人同应，虽有虞舜仪凤，成周跃鱼，方今之事，未足以比喻。而陛下违逆天命，以粉饰小行，违逆人心以守私志，上忤皇穹眷命之旨，中忘圣人达节之数，下孤人臣翘首之望，非所以扬圣道之高衢，乘无穷之懿勋也。臣等听说，事君有献可替否之道，奉上有逆鳞固争之义，臣等敢以死奏请。”魏王曹丕下令：“古代圣王治理天下，至德合乾坤，惠泽均造化，礼教优乎昆虫，仁恩洽乎草木，日月所照，戴天履地含气有生之类，靡不被服清风，沐浴玄德；是以金革不起，苛慝不作，风雨应节，祯祥触类而见。而今，百姓寒者未暖，饥者未饱，鳏者未娶，寡者未嫁；孙权、刘备尚在，未可舞以干戚，正待整以齐斧；戎役未息于外，士民未安于内，耳未闻康哉之歌，目未睹击壤之戏，婴儿未可托于高巢，余粮未可宿于田亩：人事未备，至于此也。夜未曜景星，治未通真人，黄河未出龙马，泰山未出象车，蓂荚未植阶庭，萐莆未生庖厨，王母未献白环，渠搜未见珍裘：

灵瑞未效，又如彼也。在往昔，东户季子、容成、大庭、轩辕、赫胥之君，全部得以成就功名。而今，诸卿独不可少假孤精心竭虑，以和天人，以格至理，使彼众事备，群瑞效，然后再议此乎，为何慌忙，相愧相迫之如是也？速为奉上辞任之奏章，归还玺绶，不要加重吾之不德也。”

侍中刘廙等上奏：“伏唯殿下以大圣之纯懿，当接受天命之历数。上观天象，符瑞著明；考察图纬，文义焕炳；俯察人事，四海齐心，稽考前代，异世同归。而殿下固辞汉帝禅让之命，不肯登上尊位，圣意恳恻，臣等敢不奉诏？辄具奏章，派遣使者。”奉令曰：“吴太伯三次辞任，天下为此称仁，人无得而称焉，仲尼叹其至德，孤独为何人？”

庚申，魏王曹丕上书：“皇帝陛下：奉读今月乙卯玺书，伏听册命，五内震惊，精爽散越，不知所处。臣此前上还丞相位，退守藩国，圣恩听许。臣虽无古人量德度身，自定之志，保己存性，实其私愿。不醒悟陛下猥损过谬之命，发不世之诏，以加无德之臣。臣且闻，尧帝禅让天下予虞舜，举其克谐之德，舜帝禅让天下予夏禹，采其齐圣之美，还要对下咨询四岳，对上观察璇玑。而今，臣德非虞舜、夏禹，行非二君，而承历数之谘，应选授之命，内自揆抚，无德以称。而且，在古时，许由匹夫，尚且拒绝帝位，善卷布衣，违逆舜帝诏命。臣虽然鄙陋，敢忘守节以当大命，不胜至愿。谨拜章陈情，派代行相国职事永寿宫少府粪土之臣毛宗上奏，并上缴玺绶。”辛酉，给事中博士苏林、董巴上表：“上天十二次岁星运行为纪，以为分野，王公之国，各有所属，周在鹑火，魏在大梁。岁星行历十二国，天子受命，诸侯以封。周文王接受天命，岁星在鹑火，第十三年，武王伐纣，岁星又在鹑火，因此，《春秋传》曰：‘武王伐纣，岁星在鹑火；岁星之所在，即我周室之分野。’在往昔，光和七年，岁星在大梁，魏武王接受天命，在当时，将要讨伐黄巾。这一年，改元年号为中平元年。建安元年，岁星在大梁，魏武王受拜为大将军。建安十三年，岁星又在大梁，魏武王受拜为丞相。而今，又过去二十五年，岁星又在大梁，陛下接受天命。此魏室得岁星与周文王接受天命相应。今年青龙在庚子，《诗经》推度灾异，曰：‘庚者更也，子者滋也，圣命天下大治。’又曰：‘王者布德于子，治成于丑。’这句话的意思是，今年，上天更命圣人，治理天下，布德于民。魏室应改制，与《诗经》相协矣。颛顼帝接受天命，岁星在豕韦，卫国居其地，也在豕韦，故《春秋传》曰：‘卫国，颛顼帝的旧墟。’今十月斗宿之建，颛顼帝接受天命之分野也，魏室应在十月接受禅让，此同始祖受命之符验也。魏室之氏族，出自颛顼帝，与舜帝同一祖先，见于《春秋世家》。舜帝以土德，继承尧帝之火德，而今，魏室亦以土德，继承汉室之火德，按照行运，符合尧舜授受之次。臣听说，天之去就，固有常分，圣人当之，昭然不疑，故尧帝舍弃骨肉，而禅让天下予有虞氏，终无吝色，虞舜发端于陇亩，而终于君临天下，若固有之，其相受授，间不替漏；天下已传矣，所以急天命，天下不可一日无君也。今汉室期运已终，妖异绝之已审，殿下接受上天之授命，符瑞告征，丁宁详悉，反复备至，虽言语相喻，无以代此。今既汉帝颁发诏书，玺绶未御，固执谦让，上逆天命，下违民望。臣谨按照古代典籍，参考图纬，魏室之行运及天道所在，即尊之验，在于今年此月，昭晰分明。唯殿下迁思易虑，以时即位，显告天帝而告天下，然后改正朔，易服色，正大号，天下幸甚。”魏王曹丕下令：“凡斯皆宜圣德，故曰：‘苟非其人，道不虚行。’天瑞虽彰，须德而光；吾德薄之人，何足以当之？今辞任，冀见听许，使宫内外人员闻知。”

壬戌，献帝册书诏命：“皇帝问候魏王：大王派遣杨宗奉庚申奏书送到，所称引，朕已知道。朕唯汉家传世二十余帝，经过四百余年，运周数终，行福祚已讫，天心已移，兆民绝望，天之所废，自有其原因。而今大命有所终止，神器当归圣德，违众不顺，逆天不祥。大王其体有虞氏之盛德，对应历数之嘉会，是以祯祥告符，图谶表录，神人同应，受命咸宜。朕畏惧上帝，禅让大位于魏王；天不可违，众不可拂。且虞舜不逆尧帝之命，大禹不辞舜帝禅让，至于许由、善卷，实乃匹夫，并未载于典籍，固非皇材帝器所当称慕。今令张音奉皇帝玺绶，大王登上帝位，无逆朕命，以祇敬之意，上奉天心焉。”

于是，尚书令桓阶等奉上奏章：“而今汉使张音奉玺书送到，臣等以为，天命不可稽留，神器不可亵渎。周武王伐纣，船行至黄河中流，有白鱼跃舟之应，不待师期，而大号已建，舜帝在大麓，桑荫未移，而已登上帝位，皆所以祇敬奉承天命，若此之速也。故无固让之义，不以守节为贵，必道信于神灵，符合天地之道而已。《易经》曰：‘其受命如响，无有远近幽深，遂知来物，非天下之至赜，其孰能与于此？’今陛下应期运之数，为皇天所子，而复稽留于辞让，低回于大号，非所以遵循天地之道，以副万国之望。臣等敢以死请，陛下应敕令有关官员，整修坛场，选择吉日，接受禅让，领受玺绶。”曹丕下令，曰：“冀三次辞任，而不见听，何汲汲于斯乎？”

甲子，魏王上书：“奉今月戊戌玺书，重被圣命，伏听册告，肝胆战栗惊惧，不知所措。天下神器，禅让实乃重大事项，故尧帝将禅让天下于虞舜，纳于大麓，舜帝欲禅让天下于夏禹，颁发夏禹玄圭，表彰功勋；烈风不迷，九州攸平，询事考言，然后颁发诏命，而今，臣犹执谦让于德不嗣。况臣愚顽，资质绝非二圣，乃应天统，受终明诏；敢守微节，归志箕山，不胜大愿。谨拜表陈情，派使者奉还玺绶。”

侍中刘廙等上奏：“臣等听说，圣帝不违时，明主不逆人，故《易经》曰，通天下之志，断天下之疑。伏唯陛下体有虞之上圣，承土德之行运，当亢阳明夷之会，应汉氏福祚终结之数，合契皇极，同符两仪。是以圣瑞表征，天下同应，历运去就，深切著明；论之天命，无所与议，比之时宜，无所与争。故受命之期，时清日晏，曜灵施光，休气云蒸。是乃天道悦怿，民心欣戴，而仍见陛下拒绝，于礼何居？且众生不可一日无主，神器不可斯须无统，故臣有违君以成业，下有矫上以立事，臣等敢不再以死请。”魏王曹丕下令：“天下重器，王者正统，以圣德当之，犹有惧心，吾何人哉？且公卿未至乏主，斯岂小事？且宜以待固让之后，乃当更议其可耳。”

丁卯，献帝册书诏命魏王：“天命讫于汉室福祚，辰象著明，朕祇敬上天垂命，致位于大王，仍陈历数于诏书册页，比喻符运于翰墨；神器不可辞让拒绝，皇位不可谦让，稽于天命，至于再三。且四海不可一日无主，万机不可斯须无统，故建大业者不拘小节，知天命者不系细物，是以虞舜受大业之命，而无逊让之辞，圣人达节，不亦远乎？今派张音奉皇帝玺绶，大王其钦承，以答天下向应之望焉。”

相国华歆、太尉贾诩、御史大夫王朗及九卿上言：“臣等被召，伏见太史丞许芝、左中郎将李伏所上图谶、符命，侍中刘廙等宣叙众心，人灵同谋。还有，汉室知道陛下圣化通于神明，圣德参于虞舜、夏禹，因瑞应之备至，听历数之所在，遂献上玺绶，固让尊号。能言之伦，莫不抃舞，《河图》《洛书》，天命瑞应，人事协于天时，民言协于天叙。而陛下性秉劳谦，体尚克让，明诏恳切，未肯听许，臣妾小人，莫不伊邑。臣等听说，从古至今，有天下者不常在一姓；考以德势，盛衰在乎强弱，论以终始，废兴在乎期运。唐尧、虞舜历数，不在儿子而在舜帝、禹帝。虞舜、夏禹虽怀克让之意，群臣执玉帛而朝之，兆民怀欣戴而归之，率土之滨扬歌谣而咏之，故其守节之拘，不可得而常处，达节之权，不可得而久避；是以或逊位而不吝，或受禅而不辞，不吝者未必厌皇宠，不辞者未必渴帝祚，各迫天命而不得已也。既禅让之后，则唐氏之子为嘉宾于有虞，有虞之后裔为嘉客于夏室，然则虽有禅代之义，非独享有天下，实应天福，授之者也同时与有余庆焉。汉室自从章帝、和帝之后，世多变故，稍以陵迟，直至孝灵帝，不恒其心，虐贤害仁，聚敛无度，政在嬖竖，视民如寇仇，遂令上天震怒，百姓从风如归；当时，四海鼎沸，汉室既没，则祸发宫廷，宠势并竭，帝室遂卑。若在帝舜之末节，犹择圣代而授之，荆人抱璞，犹思良工而凿之，况且汉室既往，莫能匡扶，推器移君，委之圣哲，固其宜也。汉朝委质，既愿禅让之礼速定也，天祚率土，必将有主；主率土者，非陛下其孰能任之？所谓论德无以伦比，考功更无推让。天命不可长久稽留，民望不可长久违逆，臣等慺慺，不胜大愿。伏请陛下割撝谦之志，修受禅之礼，副人神之意，慰海内之望。”魏王曹丕下令：“以德则孤不足，以时则虏未灭。若以群贤之灵，得保首领，终君魏国，于孤足矣。若孤者，胡足以辱四海？至乎天瑞人事，皆先王圣德遗庆，孤何有焉？是以未敢闻命。”

己巳，魏王上书：“臣听说，舜帝有宾于四门之功，乃接受禅让于陶唐，夏禹有存国七百之劳，乃承禄于有虞。臣以蒙蔽，德非二圣，猥当天统，不敢闻命。敢于屡次抗疏，略陈私愿，庶章通紫庭，得全微节，情达宸极，永守本志。而张音重复衔命，申制诏臣，臣实战栗惶恐，不发玺书，而张音迫于严诏，不敢复命。愿陛下驰传骋驿，召张音返回台阁。不胜至诚，谨派使者杨宗奉上奏书。”

相国华歆、太尉贾诩、御史大夫王朗及九卿上奏：“臣等伏读诏书，于悒益甚。臣等听说，《易经》曰圣人奉天时，《论语》曰君子畏天命，天命有去就，帝者有禅代。是以唐尧禅让于虞舜，命在尔躬，有虞氏之顺唐尧，谓之受终；尧帝知天命去已，故不得不禅让于虞舜，虞舜知历数在朕躬，故不敢不接受天命；不得不禅，奉天时也，不敢不受，畏天命也。汉继承末世陵迟之余，犹务奉天命以效唐尧，是以愿禅让帝位而归二女。而陛下正于大魏受命之初，抑虞舜、夏禹之达节，尚延陵季子之谦让，而所枉者大，所值者小，所详者轻，所略者重。大凡士之中人犹为陛下陋之。没者有灵，则虞舜必怨愤于苍梧之墓，大禹必抑郁于会稽之阴，武王必不悦于高陵之玄宫。是以臣等敢以死请。且汉室政在阉宦，禄去帝室，七代矣，遂集矢石于其宫，而长安、洛阳二京为之丘墟。当今之世，四海震荡，天下分崩，魏武王披甲冠胄，沐雨而栉风，为民请命，存活万国，为当世拨乱反正，以至于升平，鸠民而立长，筑宫而置吏，元元无过，罔于前业，始有建功于华夏。陛下即位，光昭文德，以翊武功，勤恤民隐，视之如伤，惧者宁之，劳者息之，寒者以暖，饥者以充，远人以德服，寇敌以恩降，迈恩种德，光被四表；稽古笃睦，茂于唐尧，网漏吞舟，弘乎周文。是以布政未期，人神并和，皇天降甘露而臻四灵，后土挺芝草而吐醴泉，虎豹鹿兔，皆素其色，雉鸠燕雀，亦白其羽，连理之木，同心之瓜，五彩之鱼，珍祥瑞物，杂陈于其间，无不毕备。古人有言：‘若无大禹，我等要喂入鱼腹！’无大魏，则臣等之白骨将横陈于旷野。伏省群臣内外前后奏章，所以陈叙陛下之符命者，莫不条河洛之图书，据天地之瑞应，因汉室之款诚，宣万方之景附，可谓信矣著矣；（夏商周）三王无以及，五帝无以加。民命之悬于魏，民心之系于魏，有三十余年，此乃千世时至之会，万载一遇；达节广度，宜昭于斯际，拘牵小节，不施于此时。久稽留天命，罪在臣等。应尽快整饬坛场，俱备礼仪，选择吉日，昭告昊天上帝，秩众神之礼，须禋祭毕，会群臣于朝堂，议年号、正朔、服色，上奏。”魏王曹丕又下令："在往昔，大舜饭糗茹草，将终身焉，斯孤之前志也。及至接受尧帝禅让，及珍裘，娶尧帝二女为妻，若固有之，斯顺天命也。群公卿士诚以天命不可拒，民望不可违，孤亦曷以辞焉？"

庚午，献帝册书诏命魏王："在往昔，尧帝以配天之德，秉六合之重，目睹历运之数，移于有虞氏，委让帝位，忽如遗迹。今日上天既讫我汉命，乃眷北顾，帝皇之业，实在大魏。朕守空名，以窃古义，顾视前事，犹有惭德，而大王逊让至于三四，朕内心惶恐焉。夫不辞万乘之位者，知命达节之数也，虞舜、夏禹之君，处之不疑，故勋烈垂于万载，美名传于无穷。今派遣代理尚书令侍中顾颉晓谕大王，大王应速登帝位，以顺天人之心，以副朕之大愿。"

于是，尚书令桓阶等上奏："今汉室之命已四百余年，而陛下前后固辞，臣等以为，上帝之临圣德，期运之隆大魏，斯岂数载？《左传》称，周之有天下，非甲子之朝，殷之去帝位，非牧野之日也，故《诗经》序商汤，追本玄王之至，述姬周，上录后稷之生，是以受命既固，厥德不回。汉氏衰废，行次已绝，三辰垂其征，史官著其验，耆老记先古之占，百姓协歌谣之声。陛下顺应天命，接受禅让，当尽速到坛场，焚烧香木，祭祀上帝，诚不宜久停神器，拒亿兆之愿。臣辄让太史令选择元辰，本月二十九日，可登坛接受天命，请下令王公群卿，具条陈礼仪，另外上奏。"魏王下令："可以。"

③《献帝传》记载：辛未，魏王登上祭坛，接受禅让，公卿、列侯、诸将、匈奴单于、四夷来朝者，数万人陪位，焚烧香木，祭祀天地、五岳、四渎，曰："皇帝臣曹丕敢用玄牡，昭告于皇皇后帝：汉室历世二十四帝，拥有天下四百二十六年，四海困穷，三纲不立，五纬错行，灵祥并见，推术数者，虑之古道，皆以为，天之历数，运终兹世，凡诸嘉祥民神之意，比昭有汉数终之极，魏家受命之符。汉主以神器授予臣，宪章有虞，致位于曹丕。曹丕震恐，畏惧天命，虽休勿休。群公庶尹六事之人，外及将士，洎于蛮夷君长，佥曰：'天命不可辞让，神器不可久旷，群臣不可无主，万机不可无统。'曹丕祗敬，继承皇象，敢不钦承。卜之守龟，兆有大横，筮之三易，兆有革兆，谨选择元日，与群臣登坛，接受皇帝玺绶，告类于尔大神；唯尔有神，尚飨永吉，兆民之望，福祚于魏室，世代享有。"遂制诏书予三公："上古之始有君也，必崇恩化以美风俗，百姓顺教而刑辟厝焉。今朕继承帝王之绪，改纪元，以延康元年为黄初元年，廷议修改正朔，易服色，殊徽号，统一音律度量，承土行，大赦天下；自死罪以下，不当得赦，一律赦免。"

《魏氏春秋》记载：文帝升坛礼毕，环顾群臣，曰："虞舜夏禹之事，吾知之矣。"

干宝著《搜神记》记载：宋国大夫邢史子臣懂得天道，周敬王三十七年，宋景公问："天道何祥？"答："后五年月丁亥，臣将死；死后五年五月丁卯，吴国将亡；亡后五年，国君将去世；去世四百年后，邾国王天下。"俄而皆如其言。所云邾国王天下者，意思是说，魏将兴起。邾，曹姓。魏室是曹姓，皆邾国之后人。其年数有错，未知邢史失其年数邪，是年代久远，注记者传而有谬也？

文帝黄初元年十一月癸酉（黄初元年与延康元年重合），魏文帝以河内郡山阳邑一万户作为汉献帝刘协逊位后的食邑，尊刘协为"山阳公"，继续尊奉汉室正朔，以天子礼仪，郊祭天地，上书朝廷，不称臣。魏文帝在京师祭祀太庙，向山阳公奉送胙肉；封山阳公四个儿子为列侯。文帝追尊皇祖太王曹嵩为太皇帝，追尊皇考武王曹操为武皇帝，追尊武王太后为皇太后。赐天下男子民爵，每人一级，作为父亲后嗣者及孝悌、力田，每人二级。文帝贬汉室封的诸侯王为崇德侯，汉室封的列侯为关中侯。文帝将颍阴郡繁阳亭更名为繁昌县。封赏功臣爵位或晋升爵位，品级不等。文帝更改相国名称为司徒，更改御史大夫名称为司空，更改奉常名称为太常，更改郎中令名称为光禄勋，更改大理名称为廷尉，更改大农名称为大司农。更改郡、诸侯国的县邑，有很多变更。文帝重新授予南匈奴单于呼厨泉玺印绶带，加赐青盖车、乘舆、宝剑、玉玦。当年十二月，文帝在洛阳建造宫殿，戊午日，文帝抵达洛阳。①

①裴松之按：诸书记载：在当时，文帝居住在北宫，在建始殿接见群臣，大门上书写“承明”，陈思王曹植写诗曰“谒帝承明庐”，就是这里。至明帝时，开始在汉朝南宫崇德殿处，建造太极殿、昭阳殿诸殿。

《魏书》记载：以夏朝历法，为得天道，故依然用夏历正朔，服色尚黄。

《魏略》记载：文帝下诏，以汉行火德，火忌水，故“洛”去“水”加“佳”。魏国按照五行次序为“土”，土，水之牡也，水得土而流动，土得水而柔弱，故除“佳”加“水”，改“雒阳”为“洛阳”。

这一年，长水校尉戴陵上疏，谏言文帝，不宜频繁出外狩猎，文帝大怒；惩治戴陵，减死罪一等，判处刑罚。

黄初二年春天正月，文帝郊祀天地、明堂。甲戌，文帝前往原陵狩猎，派遣使者以太牢礼祭祀东汉世祖光武帝。乙亥，文帝在洛阳东郊祭祀太阳。①文帝诏令，郡国人口满十万者，每年举荐孝廉一人；品行优异者，可不受人口数限制。辛巳，文帝确定三公享受的食邑，封三公子弟一人为列侯。壬午，文帝免去颍川郡一年的田赋，②更改许都名字为许昌。文帝划出魏郡东部设置阳平郡，划出魏郡西部设置广平郡。③

①裴松之认为：按照礼制，天子在春分时朝日，秋分时夕月；在这一年正月郊祀，有月无日，乙亥朝日，则有日无月，盖文章之脱漏也。按照明帝朝日夕月，皆按照礼制规定，故知道此《帝纪》为误写也。

②《魏书》记载：魏文帝曹丕诏书：“颍川郡，先帝在此地起兵，征伐天下。官渡之战，四方瓦解，远近观望，而此郡仍然坚守义理，丁壮荷戈，老弱负粮。在往昔，汉高祖以秦中为汉的根据地，光武帝依恃河内郡为建立国家之基业，今天，朕再次在此地登坛，接受禅让，上天以此郡翼成大魏。”

③《魏略》记载：文帝改设长安、谯县、许昌、邺城、洛阳为五都；建立石表，西界为宜阳县，北循太行山，东北界为阳平县，南循鲁阳，东界为郯县，为中都之地。令郡国听任百姓内迁，免除五年赋税，后又增加免除赋税的年数。

文帝下诏：“在往昔，孔子有大圣之才，有帝王之器，身处衰周末世，因没有接受天命之机遇，故在鲁、卫接受国君俸禄，在洙水、泗水上推行教化，其命运凄凄焉、遑遑焉，常欲委屈自己，以奉行道学，贬抑自己，以挽救时弊。在当时，王公贵族不能重用孔子，孔子只好退居茅屋，考订五代礼制，勤修素王之事，按照鲁国历史编纂《春秋》，按照周室太师之礼修订《诗经·雅颂》，传颂千载，文人学士，莫不以孔子为文宗，以孔子倡导的儒学为经典，仰慕孔子的学问人品，奠定儒学地位。哎！孔圣人可谓当今世上非凡之圣人，可谓万年师表。遭逢天下乱世，对孔圣人的祭祀，遭到废弃，孔子的旧居祠庙，遭到毁弃，长期没有得到修葺，褒成侯孔子的后嗣，无人继承爵位，孔子的故居阙里，长久不闻讲颂之声，一年四季，对神位不能举行祭祀，还如何崇尚礼仪，褒奖圣功？盛德之世，一定要祭祀孔子！朕诏命，封议郎孔羡为宗圣侯，享受食邑一百户，奉祀孔子祠庙。"文帝诏令，鲁郡修葺阙里的孔子祠庙，安排一百家作为吏卒守卫阙里，又在孔庙外修建房屋以供来此地接受儒学者居住。

当年三月，文帝拜辽东郡太守公孙恭为车骑将军，重新铸造五铢钱。当年夏天四月，文帝拜车骑将军曹仁为大将军。当年五月，郑甘再次叛乱，文帝派遣曹仁讨伐并斩杀郑甘。当年六月庚子日，文帝祭祀五岳、四渎（长江、黄河、淮河、济水），按照位序遍祭山川群神。[①]丁卯，文帝夫人甄氏去世。戊辰晦，天上出现日食，有关官员奏请罢免太尉，文帝下诏："灾异发生，应该谴责君主，怎么能归罪于股肱大臣？这样做，岂不是违背夏禹、商汤罪己之义？诏令百官，恪尽职守，各司其职，以后再有灾异发生，不得弹劾三公大臣。"

①《魏书》记载：甲辰，文帝以京师宗庙还未建成，在建始殿亲自祭祀武皇帝，躬执馈奠，执家人礼。

当年秋天八月，孙权派遣使者向文帝奉上奏章，遣送于禁等魏国叛将回国。丁巳，文帝派太常邢贞，持符节，拜孙权为大将军，封孙权为吴王，加九锡。当年冬天十月，文帝拜杨彪为光禄大夫。[①]由于谷米价格腾贵，文帝停止使用五铢钱。[②]己卯，文帝拜大将军曹仁为大司马。当年十二月，文帝东巡。这一年，文帝修筑陵云台。

①《魏书》记载：己亥，公卿在宫殿朝朔日，并引原汉室太尉杨彪上殿，待以客礼，文帝下诏："先王给予几杖之赐，以宾客礼对待耄耋老臣，用以褒崇元老。在往昔，老臣孔光、卓茂皆以淑德高年，受兹嘉锡。杨公原来是汉室宰臣，多年以来，注重名节，年过七十，行不逾矩，可谓老成之人矣，应该予以特别褒赏，以彰显旧德。赐杨公延年手杖、凭几；谒请之日，可使用手杖入朝，继续戴鹿皮冠。"杨彪辞让，没有听命，仍然穿着布单衣、皮弁朝见文帝。

《续汉书》记载：杨彪看到汉室福祚将尽，自以为杨氏累世担任汉室三公，耻于再任魏臣，遂称腿部痉挛，不能走路，达十余年。曹丕即魏王位，欲任命杨彪为太尉，下令近臣宣旨。杨彪推辞道："臣曾经在汉朝担任三公，正值世道衰乱，不能立尺寸之功，如果再担任魏臣，于国之选，亦不为荣也。"曹丕不夺其意。黄初四年，文帝下诏，拜杨彪为光禄大夫，俸禄为中二千石，朝见时，位次三公，按照孔光旧例。杨彪呈上奏章，坚决辞让，文帝不听，又为府邸配置行马，设置吏卒，以优崇之。杨彪享年八十四岁，黄初六年去世。儿子杨修，详情记载在《陈思王传》。

②《魏书》记载：十一月辛未，镇西将军曹真命令诸将及州郡军队，讨伐叛胡治元多、卢水、封赏等，斩首五万余级，俘虏十万，缴获羊一百一十一万只，牛八万头，河西平定。文帝当初听说叛胡挖决水渠淹灌显美县，对左右诸将讲："在往昔，隗嚣淹灌略阳县，而光武帝乘其疲惫，进兵剿灭。今叛胡挖掘水渠淹灌显美县，其事正相似，攻破叛胡之事，就在近日。"仅过去十日，攻破叛胡的捷报传来，文帝大笑："吾定策于帷幕之中，诸将破敌于万里之外，其相应合符。前后克敌制胜，擒获叛虏，未有如此也。"

文帝黄初三年春天正月丙寅朔日，天上出现日食。庚午，文帝临幸许昌宫。文帝下诏："如今的计簿吏、孝廉在古代，就是诸侯向天子推荐的贡士。十室之邑，必有忠信。如果限定年龄才能选取士人，那么，姜太公、周室太子姬晋在古代就不能显露名声。诏令郡国选拔举荐人才，不要限制年龄，无论老幼、是否精通儒术，只要通晓法律，都可以举荐上来，可以试用。有关部门须纠正选拔人才中没有考虑实际才能的弊端。"①

①《魏书》记载：癸亥，孙权上书："刘备率领军队四万，战马二三千，出秭归，奏请前往应敌，以克敌报捷为效。"文帝答复："在往昔，隗嚣在陇西作乱，祸发栒邑；公孙子阳被擒，变起扞关。将军应奋发武威，再建奇功，以称吾意。"

当年二月，西域鄯善王、龟兹王、于阗王派遣使者前来贡献，文帝下诏："西部戎狄仰慕中原德义，氐、羌前来京师朝觐，《诗经》《尚书》对此早有嘉美之辞。近年来，西域诸国派遣使者前来京师朝觐，请求内附。①我派遣使者回访，抚慰西域诸国。"此后，西域诸国与中原恢复联系，通使往来，文帝在西域设置戊己校尉。

①应劭著《汉书注》记载：款，意思是叩关、叩响关塞的大门，表示臣服。

当年三月乙丑，文帝立齐公曹叡为平原王，立弟弟鄢陵公曹彰等十一人为诸侯王；建立制度，受封诸侯王的庶子封为乡公，嗣王的庶子封为亭侯，乡公的庶子封为亭伯。甲戌，文帝立皇子曹霖为河东王。甲午，文帝巡幸襄邑。当年夏天四月戊申，文帝立鄄城侯曹植为鄄城王。癸亥，文帝返回许昌宫。当年五月，文帝诏令，将荆州、扬州、长江以南的八郡划入荆州，拜孙权为荆州牧；长江以北荆州的几个郡，设置为郢州。

闰三月，孙权在夷陵大败刘备。当初，文帝听到刘备率军东下，与孙权在夷陵大战，军营连绵七百余里。文帝对群臣讲："刘备不懂得用兵，岂有联营七百里，可以拒敌者乎？'在水网潮湿地带、险阻地带，用兵作战，很容易被敌方攻破。'此乃兵家大忌。孙权报捷的消息很快就会传来。"第七日，孙权大败刘备的捷报送到。

当年秋天七月，冀州暴发蝗灾，民众饥困，文帝派尚书杜畿持符节，在当地打开仓廪，赈济百姓。当年八月，蜀国大将黄权率领部众投降魏国。①

①《魏书》记载：黄权及代理南郡太守史郃等三百一十八人前往荆州刺史处，奉上所带印绶、棨戟、幢麾、牙门、鼓车。黄权等前往文帝的行宫，拜谒文帝，文帝设置酒宴招待，席间设置礼乐，又在承光殿召见黄权等人。黄权、史郃等人上前自我介绍，文帝为其论说军旅成败去就之分，诸将无不喜悦。赐黄权金帛、车马、衣裘、帷帐、妻妾，下及偏裨，多少不等。拜黄权为侍中镇南将军，封为列侯，即日召黄权骖乘；封史郃等四十二人皆为列侯，为将军郎将者，有一百余人。

当年九月甲午，文帝下诏："妇人参与朝政，这是祸乱朝纲之源。从今以后，群臣不得再向太后奏事，太后的家族，不得在朝中担任辅政大臣，不得接受茅土爵位；将此诏命传至后世，如果有违背者，天下共诛之。"①庚子，文帝立郭氏为皇后。赐天下男子民爵，每人二级；鳏寡孤独、残疾及贫苦不能自立者，赏赐谷米。

①孙盛认为：经国营治，必凭恃俊杰之辅佐，贤达令德，必居于参乱之任，故虽然周室之盛，有妇人参与焉。然则坤道承天，南面罔二，三从之礼，谓之至顺，至于号令由天子发出，奏事专行，则非古义也。在往昔，申公、吕公，实匡扶周室。苟以天下为心，唯德是倚仗，则亲疏之授，至公一也，何至皇后家族，必斥远之哉？前后汉之末世，王道陵迟，故令外戚凭恃宠幸，职为乱阶。当此时，昏道丧乱，运祚将移，纵无王莽、诸吕之难，岂乏田氏篡齐、赵氏之祸乎？而后世观其若此，深怀鸩毒之戒也。至于魏文帝，遂发一概之诏，可谓有识之爽言，非帝者之宏议。

当年冬天十月甲子日，文帝诏令，在首阳山东边建造寿陵，文帝制书："按照礼制，国君即位，开始建造陵寝、制造棺椁。这是表示在世期间，不忘死亡之事。①在往昔，尧帝葬在穀林，在陵寝地遍植树木，禹帝葬在会稽，农夫无须改变农业用地，②葬于山林之间，与山林合而为一。封土、植树，这是上古时的丧葬制度，我不会采取这种做法。寿陵以山为体，无须封土，也无须植树，不要在陵寝区设置寝殿、建造园邑、修建神道。所谓丧葬，就是把死者藏于地下而已，让活着的人看不到死者。死者的骸骨绝无痛痒之感觉，墓冢也绝非休憩神灵的住宅。按照礼制，不建造坟墓，不设置祭祀。意思是不要打扰亡灵，建造棺椁足以放置朽骨即可，包裹尸骸的衣衾足以使朽肉不外露即可。因此，葬在荒丘废墟、不为人所注意的地方，建造陵寝，是想让后世即使改朝换代，也不会有人知晓。不要在墓圹填埋芦苇、木炭，不要在墓穴埋藏金银铜铁，冥器一律使用瓦器，以此契合古人在灵车上涂画、用茅草扎陪葬物品。棺椁在主要部位涂抹三次生漆即可，口中的饭含，不要用珠玉，不要用金缕玉衣、玉匣，只有愚夫、俗人才会重视这些。当年，季孙氏用玙、璠两种玉石入殓，孔子历数这种做法错误，将其譬喻为暴尸于荒野。宋文公施行厚葬，君子认为，宋国大夫华元、乐莒没有尽到责任，将国君弃之于恶人。汉文帝的陵寝，在天下大乱时，没有遭到盗掘，是因为霸陵没有可取之物；光武帝的陵寝被挖掘，是因为原陵封土中有大量的财物。霸陵保持完好，功在张释之的谏言；原陵遭到挖掘，罪在明帝厚葬。张释之忠言以利君，明帝爱之以害亲。忠臣、孝子应该思考一下孔子、左丘明、张释之对丧葬的看法，借鉴宋国大夫华元、乐莒以及明帝的教训。思考如何安葬国君、亲人，让陵寝一万载也没有被盗掘的危险，这才是忠臣、孝子对待埋葬圣贤的做法。从古及今，没有不亡的国家，也没有不能盗掘的坟墓。尤其在天下大乱时，汉室诸皇陵，很少有不被盗掘者，及至挖出尸骸，焚烧尸体，盗取玉匣、金缕玉衣，骸骨随之焚烧殆尽，这与焚烧尸骸之刑，又有何区别？说起这些，真的令人痛心！灾祸就是由于厚葬造成的。‘桑弘羊、霍光的下场，可以作为借鉴。’这句话讲得还不够明确吗？朕的皇后及宫中贵人以下女子，没有跟随诸侯王到封国去者，去世后都埋葬在涧水西边，此前已经划好埋葬区域。人们常说，舜帝葬在苍梧，舜帝的二位妃子，并没有随着舜帝葬在苍梧，延陵季子埋葬儿子，在嬴县、博县之间，远离家乡，魂魄如果有灵，在哪里不一样？相隔一涧的距离，也不算太远。如果违背朕的诏命，妄加改动，施行厚葬，在地底下一旦被戮尸，会戮而又戮，死而再死。朝中大臣及朕的儿子，则为蔑视君父，不忠不孝，死者有知，将不会降福祉于你们。将此诏命藏之于宗庙，在尚书台阁、秘书处、三公府分别留存副本。”

①裴松之按：按照礼制，天子、诸侯的棺椁各有重数，紧贴着棺木的一层叫椑椁。

②《吕氏春秋》记载：尧帝葬于穀林，栽种很多树木；舜帝葬于纪，市场不阻止交易；禹帝葬于会稽，不阻止人民迁徙。

这个月，孙权反叛，把郢州并入荆州。文帝率领大军从许昌南下征伐孙权，诸军齐头并进，孙权以长江为天险抗拒魏国大军。十一月辛丑日，文帝行至宛城。庚申日晦，天上出现日食。这一年，文帝建造灵芝池。

黄初四年春天正月，文帝下诏：“天下大乱，战争连年，至今仍未止息，军人征战，相互残杀。如今，海内刚有所安定，又有人为报私仇，胆敢杀人。为报私仇而杀人者，夷灭家族。”文帝在宛城修筑南巡台。三月丙申日，文帝从宛城返回洛阳宫。癸卯日，月亮侵犯心宿中央的大星。[①]丁未日，大司马曹仁去世。这个月，暴发瘟疫。

①《魏书》记载：丙午日，文帝诏令："孙权残害百姓，朕以寇盗不可能长久，故令猛将率领大军，分三路并进，讨伐孙权。今征东将军诸军与孙权党徒吕范等水战，斩首四万，缴获船只一万艘。大司马据守濡须，所擒获也有上万数。中军将军、征南将军围攻江陵，左将军张郃等舳舻航渡，击其南渚，吴贼落入水中溺死者有数千人；又挖掘地道攻城，城内外鼠雀不得出入，此为案板上的腐肉！而贼营疠气疾病，夹江涂地，担心相互传染。在往昔，周武王伐殷，在孟津班师还军，汉世祖征伐隗嚣，在高平班师还军，皆知天时，而度量贼情也。而且，成汤解三面之网，天下归仁。而今暂时解开江陵之围，以缓解将死之贼。且休养生息，罢省徭役，蓄养士民，也使得东吴暂且休息。"

当年夏天五月，有鹈鹕在灵芝池翔集，文帝下诏："这是诗人所讲的污泽鸟吗？《诗经·曹诗》有'讽刺曹恭公，远君子，近小人'，而今，是否还有贤者智士未得到任用，处于下位？否则，鹈鹕怎么会飞来？举荐天下有德之士、茂才、独行君子，以回应曹国诗人的讽谏。"①

①《魏书》记载：辛酉，有关官员奏请建造二祖庙，立太皇帝庙，大长秋特进侯与高祖合祭，亲人去世后，以次迭毁；特立武皇帝庙，四时享祀，作为魏太祖，万载不得损毁。

当年六月甲戌日，任城王曹彰在京师去世。甲申日，太尉贾诩去世。太白星在白昼出现。这个月，大雨倾盆，伊水、洛水溢出堤岸，淹死百姓，毁坏住宅。①当年秋天八月丁卯日，文帝拜廷尉钟繇为太尉。②辛未日，文帝在荥阳狩猎，而后东巡。朝臣廷议，征伐孙权的功臣，诸将以下都已经加官进爵，增加食邑户数，多少不等。当年九月甲辰日，文帝巡幸许昌宫。③

①《魏书》记载：七月乙未，大军应该出发，文帝派太常用一头公牛在郊外祭祀天地。

裴松之按：魏国郊祀，有大臣上奏，尚书卢毓谏言祭祀："准备牺牲祭器，前后大军出师，在郊外举行祭祀。"如此，则魏军出师，皆在郊外祭祀天地。

②《魏书》记载：有关官员奏请，改汉氏宗庙祭祀礼乐"安世乐"为"正世乐"，"嘉至乐"为"迎灵乐"，"武德乐"为"武颂乐"，"昭容乐"为"昭业乐"，"云翘舞"为"凤翔舞"，"育命舞"为"灵应舞"，"武德舞"为"武颂舞"，"文昭舞"为"大昭舞"，"五行舞"为"大武舞"。

③《魏书》记载：十二月丙寅，文帝赐山阳公夫人汤沐邑，山阳公的女儿刘曼为长乐郡公主，各享受食邑五百户。这一年冬天，有甘露降落在芳林园。

裴松之按：芳林园即今天的华林园，齐王曹芳即位，改为华林园。

黄初五年春天正月，文帝诏令，谋反大逆才可以向官府告发，其余犯罪暂勿受理；胆敢妄自告发者，以所告发罪名惩治。当年三月，文帝从许昌返回洛阳宫。当年夏天四月，文帝建立太学，制定五经考试制度，设置《春秋穀梁传》博士。当年五月，有关官员奏请，公卿在朔望日朝会，可奏请、决断疑难之事，廷议时，决定大政方针，议论朝政得失。当年秋天七月，文帝东巡，巡幸许昌宫。当年八月，朝廷建立水军，文帝登上龙舟，沿蔡水、颍水进入淮河，文帝巡幸寿春。扬州郡界文武官员及吏民，凡犯有五年徒刑以下者，一律免除罪刑。当年九月，文帝巡幸广陵，赦免青州、徐州的罪犯，更换守备将领。当年冬天十月乙卯日，太白金星在白昼出现。文帝巡幸完毕，返回许昌宫。[①]当年十一月庚寅日，冀州暴发饥荒，文帝派遣使者开仓放粮赈济百姓。戊申日晦，天上出现日食。

①《魏书》记载：癸酉，文帝诏令："近之不绥，何以怀远？而今，事多而民少，虽然有法律，但上下舞弊，百姓无所措手足。在往昔，泰山哭泣者，认为苛政猛于虎，朕崇尚儒者之风，敬服圣人遗教，岂可以目睹其情而不顾？对违背法令者，如何提出告诫？朝臣廷议，减轻刑罚，应惠及百姓。"

当年十二月，文帝下诏："先王制定礼仪、奉行孝道、祭祀祖先等事宜，帝王祭祀，大则郊祀天地，其次祭祀宗庙。日月星三辰及金木水火土五星，天下的名山大川，不在祭祀范围内，不举行祭祀大典。朝代末世，天下大乱，世人崇信巫师，以至于包括宫殿、户牖，莫不设酒祭祀。这种做法，导致祭祀泛滥。从今以后，再敢有随意举行祭祀、听信巫祝之言者，以旁门左道论处，将此诏令著入法典。"这一年，挖掘天渊池。

黄初六年春天二月，文帝派遣使者巡视许昌以东及沛郡，询问民间疾苦，对贫困者予以赈济、放贷。[①]三月，文帝巡幸召陵，挖掘的讨虏渠已经完工。三月乙巳日，文帝返回许昌宫。并州刺史梁习讨伐鲜卑轲比能，大败鲜卑。辛未日，文帝为水军东征送行。五月戊申日，文帝巡幸谯县。壬戌日，火星运行进入太微星座。

①《魏略》记载：文帝诏令："在往昔，轩辕建四面之号，周武称'予有乱臣十人'，因此，先圣体恤臣民，亮成天工，以多贤为贵。今日，内有公卿镇守京师，外设牧伯监察四方，至于军队出征，军中也应有柱石贤帅，辎重所在，也应有镇守重臣，然后皇帝车驾可以周行天下，无内外之虑。朕今日当讨伐逆贼，此念已有数年。任命尚书令颍乡侯陈群为镇军大将军，任命尚书仆射西乡侯司马懿为抚军大将军。若朕到达长江边，将授予诸将方略，抚军大将军留守许昌，都督后方诸军，兼领后方台阁文书之事；镇军大将军跟随朕出征，都督诸军，兼领行官尚书职事；授予符节、鼓吹，兼领中军骑士六百人。朕欲在距离长江数里处修筑行宫，往来其中，如有吴贼出现，可随时出奇兵，予以痛击。或许不能取得完胜，也可以展示六军，同时借以游猎，赏赐军士。"

当年六月，利成郡士兵蔡方等人占据郡府，造反作乱，杀害郡太守徐质。文帝派遣屯骑校尉任福、步兵校尉段昭与青州刺史镇压叛乱；对受胁迫追随造反者及亡命在逃者，赦免罪刑。

当年秋天七月，文帝立皇子曹鉴为东武阳王。八月，文帝率领水军从谯县沿涡河进入淮河，上岸从陆路巡幸徐州。九月，文帝修筑东巡台。当年冬天十月，文帝巡幸广陵故城，在长江边检阅水军，江边有戍守部队十余万人接受检阅，旌旗招展，达数百里。[①]这一年，大寒，江水结冰，战船难以在江中航行，军队接受检阅完毕，撤回军营。十一月，东武阳王曹鉴去世。十二月，文帝巡幸，抵达谯县，途经梁国，文帝派遣使者用太牢礼祭祀原汉朝太尉桥玄。

①《魏书》记载：文帝在马上赋诗一首："观兵临江水，水流何汤汤！戈矛成山林，玄甲耀日光。猛将怀暴怒，胆气正纵横。谁云江水广，一苇可以航？不战屈敌虏，戢兵称贤良。古公宅岐邑，实始翦殷商。孟献营虎牢，郑人惧稽颡。充国务耕殖，先零自破亡。兴农淮泗间，筑室都徐方。量宜运权略，六军咸悦康。岂如东山诗，悠悠多忧伤。"

黄初七年春天正月，魏文帝将要巡幸许昌，许昌城南门无故损毁，文帝知道后，心中有所忌讳，没有进入许昌。壬子日，文帝返回洛阳宫。当年三月，文帝修建九华台。当年夏天五月丙辰日，文帝患病，病情加重，文帝召中军大将军曹真、镇军大将军陈群、征东大将军曹休、抚军大将军司马懿四人接受遗诏，按照遗诏，共同辅佐幼主曹叡。遗诏讲：后宫淑媛、昭仪以下女子，全部释放，送回家去，与家人团聚。丁巳日，文帝在嘉福殿驾崩，享年四十岁。[①]六月戊寅日，文帝葬在首阳陵。从殡殓到埋葬，全部按照文帝生前的嘱托行事。[②]

①《魏书》记载：文帝在崇华前殿殡殓。

②《魏氏春秋》记载：明帝将为大行皇帝送葬，曹真、陈群、王朗等以天气暑热，劝谏明帝，明帝这才没有坚持。

孙盛认为：殡葬之事，孝子之极痛也，人伦之道，于斯为重。故天子七月而葬，同轨毕至。夫以感情之义，犹尽临隧之哀，况乎天性发于内心，敦礼者尤为看重！魏氏之德，后世基础依然不稳。昔日华元厚葬，君子以为，弃君于恶，陈群等劝谏，抛弃礼仪更甚！

鄄城侯曹植制作《诔文》："唯黄初七年五月七日，大行皇帝驾崩，呜呼哀哉！在当时，天震地骇，崩山陨霜，阳精薄景，五纬错行，百姓呼嗟，万国悲伤，若丧考妣，擗踊郊野，仰想穹苍，佥曰何辜，早世殒丧，呜呼哀哉！悲夫大行，忽焉光灭，永弃万国，云往雨绝。承问荒忽，惛懵哽咽，袖锋抽刃，叹自僵毙，追慕三良，甘心同穴。感唯南风，唯以郁滞，终于偕没，指景自誓。考诸先记，寻之哲言，生若浮寄，唯德可论，朝闻夕逝，孔志所存。皇虽一没，天禄永延，何以述德？表之素旃。何以咏功？宣之管弦。乃作诔曰：皓皓太素，两仪始分，中和产物，肇有人伦，爰暨三皇，寔秉道真，降逮五帝，继以懿纯，三代制作，踵武立勋。季嗣不维，网漏于秦，崩乐灭学，儒坑礼焚，二世而歼，汉氏乃因，弗求古训，嬴政是遵，王纲帝典，阒尔无闻。末光幽昧，道究运迁，乾坤回历，简圣授贤，乃眷大行，属以黎元。龙飞启祚，合契上玄，五行定纪，改号革年，明明赫赫，受命于天。仁风偃物，德以礼宣；祥唯圣质，嶷在幼妍。庶几六典，学不过庭，潜心无罔，亢志青冥。才秀藻朗，如玉之莹，听察无向，瞻睹未形。其刚如金，其贞如琼，如冰之洁，如砥之平。爵公无私，戮违无轻，心镜万机，揽照下情。思良股肱，嘉昔伊、吕，搜扬侧陋，举汤代禹；拔才岩穴，取士蓬户，唯德是萦，弗拘祢祖。宅土之表，道义是图，弗营厥险，六合是虞。齐契共遵，下以纯民，恢折规矩，克绍前人。科条品制，褒贬以因。乘殷之辂，行夏之辰。金根黄屋，翠葆龙鳞，绋冕崇丽，衡紞唯新，尊肃礼容，瞩之若神。方牧妙举，钦于恤民，虎将荷节，镇彼四邻；朱旗所剿，九壤被震，畴克不若？孰敢不臣？悬旌海表，万里无尘。虏备凶彻，鸟殪江岷，权若涸鱼，干腊矫鳞，肃慎纳贡，越裳效珍，条支绝域，侍子内宾。德侪先皇，功侔太古。上灵降瑞，黄初叔祜：河龙洛龟，凌波游下；平钧应绳，神鸾翔舞；数荚阶除，系风扇暑；皓兽素禽，飞走郊野；神钟宝鼎，形自旧土；云英甘露，瀸涂被宇；灵芝冒沼，朱华荫渚。回回凯风，祁祁甘雨，稼穑丰登，我稷我黍。家佩惠君，户蒙慈父。图致太和，洽德全义。将登介山，先皇作俪。镌石纪勋，兼录众瑞，方隆封禅，归功天地，宾礼百灵，勋命视规，望祭四岳，燎封奉柴，肃于南郊，宗祀上帝。三牲既供，夏禘秋尝，元侯佐祭，献璧奉璋。鸾舆幽蔼，龙旂太常，爰迄太庙，钟鼓锽锽，颂德咏功，八佾锵锵。皇祖既飨，烈考来享，神具醉止，降兹福祥。天地震荡，大行康之；三辰暗昧，大行光之；皇纮绝维，大行纲之；神器莫统，大行当之；礼乐废弛，大行张之；仁义陆沉，大行扬之；潜龙隐凤，大行翔之；疏狄遐康，大行匡之。在位七载，元功仍举，将永太和，绝迹三五，宜作物师，长为神主，寿终金石，等算东父，如何奄忽，摧身后土，俾我茕茕，靡瞻靡顾。嗟嗟皇穹，胡宁忍务？呜呼哀哉！明监吉凶，体远存亡，深垂典制，申之嗣皇。圣上虔奉，是顺是将，乃创玄宇，基为首阳，拟迹穀林，追尧慕唐，合山同陵，不树不疆，涂车刍灵，珠玉靡藏。百神警侍，来宾幽堂，耕禽田兽，望魂之翔。于是，俟大隧之致功兮，练元辰之淑祯，潜华体于梓宫兮，冯正殿以居灵。顾望嗣之号咷兮，存临者之悲声，悼晏驾之既修兮，感容车之速征。浮飞魂于轻霄兮，就黄墟以灭形，背三光之昭晰兮，归玄宅之冥冥。嗟一往之不反兮，痛閟闼之长扃。咨远臣之眇眇兮，感凶讳以怛惊，心孤绝而靡告兮，纷流涕而交颈。思恩荣以横奔兮，阂阙塞之峣峥，顾缞绖以轻举兮，迫关防之我婴。欲高飞而遥憩兮，惮天网之远经，遥投骨于山足兮，报恩养于下庭。慨拊心而自悼兮，惧施重而命轻，嗟微躯之是效兮，甘九死而忘生，几司命之役籍兮，先黄发而陨零，天盖高而察卑兮，冀神明之我听。独郁伊而莫愬兮，追顾景而怜形，奏斯文以写思兮，结翰墨以敷诚。呜呼哀哉！”

文帝终生喜欢文学，以著述为务，亲自撰写并结集，有近百篇之多。文帝诏令诸儒，撰写收集儒家经传，分门别类，总计有一千余篇，编辑成书，号称《皇览》。[①]

①《魏书》记载：当初，魏文帝还是太子时，在东宫，很多地方暴发瘟疫，当时人看到死难者，莫不哀伤。文帝深深叹息，写信给平素所敬重者大理寺王朗：“生有七尺之形，死唯一棺之土，唯立德扬名，可以不朽，其次莫如著述文章。瘟疫多次暴发，士人病逝者多，日渐凋落，

余独何人，能全其寿？”故魏文帝撰写《典论》、诗赋，共计有一百余篇，在肃城门内，集合诸儒生，讲论大义，侃侃而谈，不知疲倦。文帝常感叹汉文帝为仁君，宽仁玄默，欲以德政感化民众，有贤圣之风。当时，文学诸儒生，有人认为，汉孝文帝虽然是贤君，非常聪明，然而通达国体，不如贾谊。魏文帝著《太宗论》，驳斥：“在往昔，有苗氏不肯宾服，舜帝舞以干戚，南粤尉佗称帝，孝文帝抚以恩义，吴王不肯朝觐，文帝赐予几杖，以抚慰其意，天下幸赖文帝，获得安宁；文帝弘扬三章之教，恺悌之化，欲使受到压迫之民众得以阔步高谈，无危惧之心。即使贾谊有文才之敏，筹划国策，可谓有贤臣之器。管仲、晏婴之姿，岂有文帝大人之量？”三年中，魏文帝以孙权仍然不肯宾服，再次颁发《太宗论》于天下，明示不愿意征伐东吴之意。有一天，文帝从容道：“对我来讲，有三点不赞成汉文帝：杀舅舅薄昭；宠幸邓通；所喜欢的慎夫人衣服不曳地，用装书的缣囊做宫中的帷帐。我认为，文帝过于俭朴，无法律依据，国舅、皇后之家，应当施恩好生养活他们，而不当把大权给他们，否则他们违法犯罪了，又不得不诛杀。”魏文帝欲秉持中道，以为帝王仪表，应该如此。

注：胡冲著《吴历》记载：魏文帝以素书，将所著《典论》及诗赋抄写一遍，送予孙权；又用纸抄写一遍，送予张昭。

陈寿评论如下：文帝天资聪明，有极好的文学才赋，下笔成文，博闻强识，才学、技艺兼通；[①]如果能提升宽厚待人之气度、公平之诚挚，砥砺志向，存续道学，广施恩德，距离古代圣王，相去不远矣！

①《典论》有文帝著述的《自叙》：献帝初平元年，董卓杀害幼帝，鸩杀何太后，颠覆王室。在当时，四海困于中平年间之恶政，加上董卓暴戾凶残，家家思乱，人人自危。崤山以东州牧、郡守，皆以《春秋》“卫国人讨伐州吁于濮城”之义相号召，人人声称要讨伐董卓，高呼讨贼。于是大兴义兵，豪杰大侠，富室大族，风云际会，万里相赴；兖州、豫州出兵，大战于荥阳，河内郡战士，鏖战于孟津。董卓逼迫献帝迁都，西迁长安。崤山以东，豪强大族遂占据郡国，豪强中者，拥有城邑，豪强小者，聚众阡陌，相互间吞并。正值黄巾军在渤海、泰山兴盛，山寇在并州、冀州作乱，乘胜转攻，席卷而南，乡邑望风而逃，城郭望尘而溃，百姓死亡，尸骨暴露于荒野。我当时年仅五岁，父亲（曹操）以世道混乱，教我学习射箭，六岁即带弓箭，又教我学习骑马，八岁而能骑射。由于当时多有变故，每当父亲征伐，我常跟随在身边。建安初年，父亲南征荆州，进抵宛城，张绣投降。旬日之间，张绣又反叛，哥哥孝廉曹子修阵亡、堂兄曹安民遇害。在当时，我才十岁，骑马得以逃脱。文武之道，随时兼用，生于中平年间，长于戎旅之中，是以从小喜欢弓马，至今不衰；追逐禽兽驰骋十里，骑马射箭常在百步以外，因此身体健康，始终不知疲倦。建安十年，父亲平定冀州，濊、貊向父亲献上良弓，燕、代向父亲献上名马。当时，岁在暮春，勾芒司节，和风扇物，弓燥手柔，草浅兽肥，我与族兄曹子丹在邺城西狩猎，一日猎获麋鹿九头，雉、兔三十。后来，大军南征，进抵曲蠡，尚书令荀彧奉使犒赏军队，见到我，二人谈论时，荀彧讲：“听说君可以左右开弓，实在是难能可贵。”我回答：“大夫还未目睹我的射艺、骑技，我可以俯马蹄而仰月支也。”荀彧笑道：“我相信！”我又说：“在靶场骑射，总是跑那一条路，箭靶也固定在一个地方，虽然我百发百中，非至妙也。若驰骋于平

原，奔赴于草间，擒狡兽，射轻禽，但使弓不虚发，所中必洞，斯则妙矣。”当时，军祭酒张京在座，回首对荀彧拍手感叹：“讲得好。”我还学习击剑，拜师多矣，四方之剑法，各有不同，唯京师为妙。桓帝、灵帝年间，有虎贲武士王越善于剑术，称雄于京师。河南郡人史阿，昔日曾经与王越交游，甚得其剑法，我跟随史阿学习剑术，练之精熟。我曾经与平虏将军刘勋、奋威将军邓展等共饮，常听说邓展善于用手臂，通晓五种兵器，又自称能空手夺刃。我与邓展谈论剑术。我说，将军之剑法非至善也，我曾经学过剑术，得其中之奥妙。邓展请求与我论剑。当时大家酒酣耳热，正在食甘蔗，便以甘蔗为剑，下殿交手，我三次击中其臂，左右旁观者大笑。邓展依然不服气，请求再试。我说，我的剑术较快，难以击中脸面，故只能击中其臂。邓展说，愿意再试一次。我知道，邓展欲突击，以取我的中部。我佯装深入，邓展果然进步向前。我却脚步稍缓，正好击中其面颊，座中人注视我们双方比剑，皆大惊。我返回座位，笑着说：“昔日阳庆让淳于意丢弃原来学习的诊疗方，重新授予其秘术，今日我也愿意让邓将军捐弃其故伎，重新授予将军要术。”一座人听罢，欢声大笑。当然，事情不可自以为已长，我从小就知道要反复练习，自以为无对手；俗话讲，双戟为坐铁室，镶盾为蔽门户；后来，我又跟随陈国人袁敏学习，以单剑攻双戟，每次犹如神助，对方不知我利剑所出，若与袁敏狭路相逢，将直接对决！我于他戏弄之事，很少有所喜，唯弹棋略尽其巧，很少为之作赋。昔日京师工于弹棋者，有马合乡侯、东方安世、张公子，常恨不能与彼数子比试。父亲雅好诗书典籍，虽然身在军旅，手不释卷，每每定省从容，常告诫，人在少年时，好学则思专，长大则善忘，长大以后还能勤学者，唯我与袁伯业耳。我从少年起，吟诵《诗经》《论语》，及至长大，备历五经、四部，《史记》《汉书》，以及诸子百家之言，靡不毕览。

《博物志》记载：文帝善于弹棋，能用手巾折角。当时有一书生，也能低头用所戴葛巾之角撇棋。

魏书三

明帝纪第三

魏明帝，名讳叡，字元仲，是魏文帝的太子。曹叡出生后，太祖曹操很喜欢这个孩子，常把曹叡带在身边。[①]十五岁时，曹叡受封为武德侯。黄初二年，文帝晋升曹叡爵位为齐公，三年后晋升为平原王。曹叡的母亲甄皇后被赐死，因此，曹叡一直没有被立为继嗣。[②]黄初七年夏天五月，文帝病重，这才立曹叡为皇太子。丁巳，曹叡即皇帝位，大赦天下。明帝尊卞皇太后为太皇太后，尊郭皇后为皇太后；封赏朝廷群臣爵位，品级不等。[③]癸未，明帝追谥母亲甄夫人为文昭皇后。壬辰，明帝立皇弟曹蕤为阳平王。

①《魏书》记载：明帝生下才几年，就显示出聪慧之姿，武皇帝诧异："我的基业可以传之三世矣。"每当宴会时，都会让曹叡参加，曹叡与侍中近臣并列帷幄。曹叡好学多闻，特别留意于法理。

②《魏略》记载：文帝以郭皇后没有儿子，下诏让郭皇后把曹叡当作亲生儿子抚养。文帝以曹叡的母亲不以道终，意甚不平，废黜甄氏。曹叡此后得不到母亲抚养，敬事郭皇后，旦夕间，常到御前问候起居。郭皇后也因为没有儿子，对曹叡倍加慈爱。文帝担心曹叡不高兴，有意让其他姬妾的儿子为继嗣，故久不立太子。

《魏末传》记载：曹叡常跟随文帝狩猎，看见有母鹿带着幼子。文帝射杀母鹿，让曹叡射杀幼鹿，曹叡不听："陛下已经射杀其母，臣不忍再杀其子。"说罢涕泣。文帝放下弓箭，因此深奇之，有立曹叡为太子的想法。

③《世语》记载：曹叡与朝中士大夫平素不来往，即位后，臣下想看看明帝的风采。数日后，明帝只是召见侍中刘晔，谈话一整天。众人在旁谛听，刘晔出官，众人问："怎么样？"刘晔答："有始皇、汉武之雄心，然而，才能恐怕不及。"

当年八月，孙权攻打江夏郡，郡太守文聘坚守城池。魏国大臣在廷议时，多建议派兵救援，明帝说："孙权熟悉水战，现在，孙权敢下船陆战，是趁我军疏于防备。吴军与文聘对峙，双方攻守力量相差一倍，孙权终不能持久。"不久，明帝派遣治书侍御史荀禹慰问军队。荀禹到达江夏郡，调动所经过郡县的魏军，加上带去的一千步骑。荀禹登上山头，点燃火把，以作为疑兵，孙权撤军。

辛巳，明帝立皇子曹冏为清河王。吴国大将诸葛瑾、张霸等寇掠襄阳。抚军大将军司马懿率领大军抵御吴军，斩杀张霸，征东大将军曹休在浔阳打败吴军。明帝对此次出征论功行赏，多少不等。当年冬天十月，清河王曹冏去世。十二月，明帝拜太尉钟繇为太傅，拜征东大将军曹休为大司马，拜中军大将军曹真为大将军，拜司徒华歆为太尉，拜司空王朗为司徒，拜镇军大将军陈群为司空，拜抚军大将军司马懿为骠骑大将军。

太和元年春天正月，明帝郊祀上天，以魏武帝配享祭祀，在明堂祭祀上帝，以文帝配享祭祀。明帝划出江夏郡的南部，设置江夏南部都尉。西平郡人曲英谋反，杀了临羌县令、西都县长，明帝派遣将军郝昭、鹿磐讨伐并斩杀曲英。二月辛未，明帝在籍田举行耕作礼。辛巳，明帝在邺城建立文昭皇后寝庙。丁亥，明帝在东郊祭祀太阳。当年夏天四月乙亥，朝廷发行五铢钱。甲申，明帝修建宗庙。当年秋天八月，明帝在西郊祭祀月亮。当年冬天十月丙寅，明帝在东郊检阅军队。西域焉耆王派儿子到京师侍奉皇帝。当年十一月，明帝立毛氏为皇后；赐天下男子民爵，每人二级；鳏寡孤独、生活不能自立者，赏赐谷米。当年十二月，明帝封皇后的父亲毛嘉为列侯。新城郡太守孟达反叛，明帝下诏，骠骑将军司马懿讨伐孟达。①

①《三辅决录》记载：孟达的父亲伯郎，凉州人，名字不详。其注释曰：伯郎姓孟，名他，右扶风人。灵帝时，中常侍张让专擅朝政，张让家奴管理家事。孟他出仕不遂，用尽家财，贿赂张让的家奴，与家奴结为好友，甚至把积年的家业耗费殆尽。众家奴感到惭愧，问孟他有何要求，孟他说："欲让卿曹向我跪拜。"家奴得到的好处很多，皆许诺。当时，宾客来见张让者，门下车辆常有数百乘，或累日不得通报。孟他最后来到，众家奴伺候孟他，待其来到，皆对着孟他的车辆跪拜，径直将孟他的车辆引进大门。众人皆惊，以为孟他与张让的关系很好，争着把珍宝送给孟他。孟他得到这些珍宝，又用来贿赂张让，张让大喜。孟他又以蒲桃酒一斛送给张让，很快，孟他受拜为凉州刺史。孟他生下孟达。年少时，孟达入蜀。孟达在蜀地的事迹，详情记载在《刘封传》。

《魏略》记载：孟达在延康元年率领部众四千余家投降魏国。文帝刚刚继承王位，早就听说过孟达，听说孟达投降魏国，大喜，令能识察人的魏国大臣前往观看，大臣返回后，说："孟达可谓将帅之才。"也有人说："卿相之器。"文帝更加看重孟达，就写信给孟达："近日有命，未足达旨，何者？在往昔，伊挚背商而归周，百里奚去虞而入秦，乐毅深感鸱夷以蝉蜕，王遵懂得逆顺之去就，他们皆能知道兴废之理，懂得成败之道，故丹青画其形，良史载其功。听说卿姿容纯茂，器量优绝，当骋能明时，收名传记。而今幡然悔悟，濯鳞清流，甚相嘉乐，虚心西望，依依若旧，下笔属辞，欢心从之。在往昔，虞卿入赵，二次见面，赵王拜为国相，陈平就汉，一次觐见，汉王拜为参乘，孤今于卿，情过于往，故将所乘御马赠予卿，以昭显忠爱。”文帝又说：“今者海内平定，万里一统，三陲无边尘之警，中原无狗吠之虞，以是弛罔阔禁，与世无疑，保官空虚，初无资任。卿来相就，当明孤意，慎勿令家人缤纷道路，以亲骇疏也。若卿欲来相见，且当先安定部曲，有所稳固；然后，卿徐徐轻骑来东。”孟达到达谯县，进见文帝，二人倾谈，孟达才辩过人，众人莫不瞩目。有一次，文帝在近处游玩，乘坐小辇，拉着孟达的手，抚摩孟达的背，戏言：“卿不会是刘备的刺客吧？”随后与孟达同乘小辇。此后，文帝又拜孟达为散骑常侍，兼领新城郡太守，委以西南之任。当时，众臣或认为文帝待孟达过于宠幸，而且，不宜委任孟达如此重任。文帝听说后，说：“我保证孟达无其他邪念，犹如以蒿箭射蒿中耳。”孟达被文帝宠幸，又与桓阶、夏侯尚关系很好，及至文帝驾崩。当时，桓阶、夏侯尚已经去世，孟达自以为是羁旅之臣，久在疆场，心中不自安。诸葛亮听说后，暗中诱降孟达，多次写信招降孟达，孟达与诸葛亮书信往来。魏兴郡太守申仪与孟达有矛盾，向朝廷密报孟达与蜀国暗中勾结，明帝还不相信。司马宣王派遣参军梁几调查，又劝孟达入朝。孟达惊恐，遂反叛。

干宝著《晋纪》记载：孟达刚进入新城，登上白马要塞，叹息道：“刘封、申耽，据金城千里，而失之乎！”

太和二年春天正月，司马懿攻破新城，斩杀孟达，将首级传送回京师。①明帝将新城郡的上庸县、武陵县、巫县划出，设置上庸郡，改设锡县为锡郡。

①《魏略》记载：司马懿诱骗孟达部将李辅及孟达的外甥邓贤，邓贤等开门投降司马懿。孟达被围困十六日而败亡，司马懿将孟达的首级焚烧于洛阳四通八达之街衢。

蜀国大将诸葛亮攻打魏国边境，天水郡、南安郡、安定郡的吏民反叛魏国，响应诸葛亮。①明帝派遣大将军曹真率领萧关以西的军队，同时进军，抵御蜀军。右将军张郃在街亭迎击诸葛亮，大败蜀军。诸葛亮败走，魏军收复投降诸葛亮的三郡。丁未，明帝巡幸长安。②当年夏天四月丁酉，明帝返回洛阳宫中，③大赦天下，羁押在监狱的囚犯，除死罪以下犯人，全部赦免。乙巳，朝臣廷议，赏赐此次出征讨伐诸葛亮的功臣爵位，增加食邑，多少不等。五月，发生旱情。六月，明帝下诏：“尊儒兴学，这是帝王推行教化的根本举措。近年来，有些负责儒学的官员用非其人，这将如何宣明圣教？要择优选拔博士，选任侍中、中常侍。敕令郡国，选拔贡士，须以经学为先。”当年秋天九月，曹休率领大军抵达皖县，与吴将陆议在石亭大战，魏军战事不利。乙酉，明帝立皇子曹穆为繁阳王。庚子，大司马曹休去世。当年冬天十月，明帝下诏，朝廷公卿近臣举荐战将，各举荐一人。十一月，司徒王朗去世。十二月，诸葛亮出兵，围困陈仓，曹真派遣将军费曜等应战诸葛亮。④辽东郡太守公孙恭的侄子公孙渊，夺去公孙恭的太守位，明帝以公孙渊代理辽东郡太守。

①《魏书》记载：在当时，朝臣未知计谋所出，明帝曰："诸葛亮阻山为固，今者自来受死，既合兵书致人之术；而且，诸葛亮贪恋魏国三郡，知进而不知退，今因此时，大破诸葛亮必也。"明帝遂部署步骑五万，抵御诸葛亮。

②《魏略》记载：明帝颁布诏命于天下，并诏告益州："刘备背恩，自窜巴蜀。诸葛亮弃父母之国，阿附残贼之党，神人被毒，恶积身灭。诸葛亮外慕立孤之名，内贪专擅之实。刘升之兄弟守卫空城而已。诸葛亮又侮慢益州士民，虐待百姓，是以利狼、宕渠、高定、青羌，莫不瓦解，成为诸葛亮之仇敌。诸葛亮反裘负薪，里尽毛殚，削足适履，刖趾伤骨，反而自以为是，自以为能。行兵于井底，游步于牛蹄。自朕即位以来，三边无事，犹哀怜天下多次遭遇兵革，且欲抚恤四海之耆老，抚养后生之孤幼，先移风于礼乐，次讲武于农隙，置诸葛亮于化外，不以为虞。而诸葛亮怀李熊愚勇之智，不思荆邯度德之戒，驱赶吏民，盗利祁山。王师振旅，胆破气夺，马谡、高祥，望旗溃败。虎臣逐北，蹈尸涉血，诸葛亮小子，震惊朕师。猛锐踊跃，咸思长驱。朕唯率土之滨，莫非王臣，师之所处，荆棘生焉，不欲使千室之邑，忠信贞良，与此淫昏之党，共受涂炭。故先开示，以昭国诫，勉思变化，无滞乱邦。巴蜀将吏、士民，为诸葛亮所胁迫者，公卿以下，皆听束手就擒。"

③《魏略》记载：当时有传言，说明帝已经驾崩，从驾众臣迎立雍丘王曹植。京师自卞太后以下，群臣莫不恐惧。及至明帝返回，私察颜色。卞太后悲喜交集，欲惩治谣言者，明帝曰："天下皆言，将何以惩治？"

④《魏略》记载：此前，明帝派将军郝昭修筑陈仓城；恰逢诸葛亮杀到，围困郝昭，不能拔城。郝昭，字伯道，太原郡人，为人雄壮，年少时，郝昭从军，升任部曲都督，多次立下战功，担任杂号将军，镇守河西十余年，民夷畏服。诸葛亮围困陈仓，令郝昭乡人靳详在城外招降郝昭，郝昭在城楼上回答："魏家法律，卿所知道也；我之为人，卿所知道也。我受国恩多，而门户重，卿无可再言，但有必死耳。卿为我谢过诸葛亮，便可攻城。"靳详以郝昭语告诉诸葛亮，诸葛亮又派靳详再次招降郝昭，言人兵不敌，无为空自破灭。郝昭对靳详讲："前言已定矣。我识卿耳，箭不识也。"靳详只好离去。诸葛亮自以为有军队数万，而郝昭兵仅有一千余人，又度量东边救兵未能便到，乃进兵攻打郝昭，架起云梯、冲车，攻打城池。郝昭于是用火箭逆射云梯，云梯燃烧，梯上人皆烧死。郝昭又用绳子连接石磨，压其冲车，冲车折断。诸葛亮再用井阑百尺，以射城中，以土丸填堑壕，欲直接攀登城墙，郝昭又在城内筑重墙。诸葛亮又挖掘地道，欲从地道进入城里，郝昭又在城内穿地，横截地道。昼夜相攻，长达二十余日，诸葛亮无计可施，救兵至，诸葛亮只好撤退。明帝下诏，嘉赏郝昭善守，赐爵列侯。及至郝昭还军，明帝引见郝昭，慰劳之，对中书令孙资讲："卿乡里有尔曹猛人，为将如此英勇，朕复何忧乎？"欲重用之。恰逢郝昭病逝，留下遗言，告诫儿子郝凯："吾担任将军，知将不可为也。吾多次挖掘墓冢，取其棺木作为攻战器具，因此知道厚葬无益于死者。汝在殡殓时，一定要用平时衣服。且人生有处所耳，死复何在？今距家族墓地遥远，东西南北，在汝而已。"

太和三年夏天四月，元城王曹礼去世。六月癸卯，繁阳王曹穆去世。戊申，明帝追尊高祖父大长秋曹腾为高皇帝，夫人吴氏为高皇后。

当年秋天七月，明帝下诏："按照礼制，王后没有生儿子，可以选择庶子作为大宗继嗣，继承正统，奉公守义，不再顾及私亲！汉宣帝以昭帝后嗣继承皇位，追尊父考为悼皇；哀帝以外藩诸侯王作为成帝的后嗣继承皇位，董宏等人援引亡秦之例，迷惑哀帝，哀帝尊父考为恭皇，在长安建立祠庙，哀帝宠幸皇后丁氏，尊敬祖母傅氏，将傅氏居住的宫殿比埒长信宫，在宗庙为父考排列昭穆。一时间，有四位皇后并列东宫，僭越礼制，毫无法度可言，导致祖宗神灵不佑。哀帝又加罪于师傅师丹，师丹忠言直谏。最终，王莽篡位，丁氏、傅氏的坟墓皆被王莽焚毁。从此以后，各种僭越的做法接踵而至。在往昔，鲁文公妄自排列昭穆顺序，其责任在夏父；宋国不遵守礼制，大夫华元受到讥讽。明帝诏令朝廷公卿及有关部门，须以前世行事方式为借鉴：后嗣如果有由诸侯王作为继嗣继承大统，一定要明确作为他人后嗣的要义；敢于以邪佞误导即位皇帝者，妄自为生父加上尊号以干扰正统，尊父考为皇，尊母妣为后的人，即使是股肱大臣，也一律杀头问斩，绝不宽恕。将诏书写在金策上，藏之于宗庙，记载于国家法典。”

当年冬天十月，明帝改平望观为听讼观。明帝常说：“监狱是关押犯人的地方，判案决狱，关乎天下人的性命。”每当判决大案，明帝常亲自到场，听理诉讼，听取判决结果。

当初，洛阳的宗庙还未建成，魏国皇帝历代祖宗神位安放在邺城的宗庙。十一月，洛阳宗庙建成，明帝派太常韩暨持符节，从邺城迎接高皇帝、太皇帝、武帝、文帝的神主牌位。十二月己丑，奉迎至洛阳，明帝在宗庙奉安神主牌位。①

①裴松之按：黄初四年，有关官员奏请建立二庙，太皇帝大长秋曹腾与文帝、高祖共一庙，再特别建立武帝庙，百世不毁。今此无高祖神主，盖以亲人尽毁也。此乃魏国当初建立亲庙，祭祀四室而已。至景初元年，开始定七庙之制。孙盛说：事亡犹存，祭如神在，迎迁神主，正斯宜矣。

癸卯，大月氏王波调派遣使者到洛阳献贡，明帝立波调为亲魏大月氏王。

太和四年春天二月壬午，明帝下诏：“世人之质朴或浮华，随教化而改变。天下大乱以来，经学废弛，后生进取，不按照经典教诲。所有这些，不正是训导不力，进用者不以德能为准才有的结果吗？宫中郎吏，只有学通一经才能担任治民的官员，博士考试，擢拔其中优秀者，予以任用；其浮华不务道学者，皆罢黜斥退。”戊子，明帝下诏太傅及三公：将文帝颁布的《典论》，刊刻石碑，竖立在太庙之外。癸巳，明帝拜大将军曹真为大司马，拜骠骑将军司马宣王为大将军，拜辽东郡太守公孙渊为车骑将军。当年夏天四月，太傅钟繇去世。六月戊子，太皇太后驾崩。丙申，撤销上庸郡。当年秋天七月，武宣卞皇后在高陵安葬。明帝下诏，大司马曹真、大将军司马宣王讨伐蜀国。八月辛巳，明帝东巡，派遣使者用大公牛祭祀中岳嵩山。①乙未，明帝临幸许昌宫。九月，天上下大雨，伊河、洛河、黄河、汉水暴涨，明帝下诏，曹真等出征大军班师。当年冬天十月乙卯，明帝返回洛阳宫。庚申，明帝诏令："不是非杀不可的罪犯，可以花钱赎罪，赎罪钱多少不等。"十一月，太白金星侵犯木星。十二月辛未，在朝阳陵改葬文昭甄皇后。丙寅，明帝下诏，朝中公卿举荐贤良士人。

①《魏书》记载：明帝巡幸经过繁昌，派执金吾臧霸代行太尉职事，以大公牛祭祀受禅坛。裴松之按：《汉纪》记载：章帝元和三年，章帝下诏，高邑县祭祀受禅坛、五成陌，比照腊祭门户。这虽然是前代已行故事，然而，作为祭坛，用以祀天，而受禅坛非神也，今无事于上帝，而致祀虚坛，求之义典，未详所据。

太和五年春天正月，明帝在籍田举行耕作礼。当年三月，大司马曹真去世。诸葛亮攻打天水郡，明帝诏令大将军司马懿率军拒敌。

从去年冬天十月以来，直到这个月，没有下过透雨，辛巳举行求雨仪式。当年夏天四月，鲜卑附义王轲比能率领族人及丁零大首领儿禅前来幽州，进贡名马。明帝重新设置护匈奴中郎将。当年秋天七月丙子，诸葛亮退走，明帝赏赐功臣爵位，增加食邑，多少不等。[①]乙酉，皇子曹殷出生，颁布大赦令。

①《魏书》记载：当初，诸葛亮出兵，魏国朝臣廷议时认为，诸葛亮缺少辎重，军粮必然不继，不攻自破，无须再劳动大军。有人欲焚烧上邽附近的麦子，以夺贼食，明帝不允许。明帝前后派遣军队，增加司马宣王的军队，又敕令保护麦子。司马懿与诸葛亮对峙，幸得以此麦为军粮。

八月，明帝下诏："在古代，诸侯行使朝聘之礼，这样做，可以敦睦亲亲、协和万国。先帝颁布法令，不让诸王留在京师，认为幼主在位、母后摄政，以防微杜渐，关乎盛衰。朕没有看到诸侯王已经有十二年，悠悠之怀，能不怀念？诏令诸侯王及宗室公侯各带一位嫡子入朝。此后，有少主、母后在宫者，依然遵照先帝诏令执行，申明法令。"当年冬天十一月乙酉，月亮侵犯轩辕星。戊戌晦，天上出现日食。十二月甲辰，月亮侵犯镇星。戊午，太尉华歆去世。

太和六年春天二月，明帝下诏："在古代，帝王封建诸侯，以藩屏王室。《诗经》不是讲嘛，'怀德维宁，宗子维城'。秦、汉继周之后，或强或弱，俱失厥中。大魏创立基业，诸王开国，因时制宜，还未有定制，不能为后世所效法。封立诸侯王，以郡作为藩国。"三月癸酉，明帝东行巡狩，所过郡县，抚恤慰问耆年老人、鳏寡孤独，赐予谷米、缣帛。乙亥，月亮侵犯轩辕星。当年夏天四月壬寅，明帝临幸许昌宫。甲子，明帝向宗庙进献新鲜水果。当年五月，皇子曹殷去世，明帝赐谥号安平哀王。当年秋天七月，明帝拜卫尉董昭为司徒。当年九月，明帝巡幸摩陂，修缮许昌宫，兴建景福殿、承光殿。当年冬天十月，殄夷将军田豫率领部众在成山讨伐吴国将领周贺，斩杀周贺。十一月丙寅，太白金星在白昼出现。有彗星在翼宿方向出现，靠近太微上将星。庚寅，陈思王曹植去世。十二月，明帝返回许昌宫。

青龙元年春天正月甲申，有青龙在郏县的摩陂井中出现。二月丁酉，明帝临幸摩陂，观看青龙，更改纪元年号，改摩陂为龙陂；赐天下男子民爵，每人二级；赏赐鳏寡孤独者，免除今年的赋税。三月甲子，明帝诏令朝廷公卿举荐贤良笃行士人，各举荐一人。当年夏天五月壬申，明帝下诏，在太祖庙大殿祭祀已故大将军夏侯惇、大司马曹仁、车骑将军程昱。[①]戊寅，北海王曹蕤去世。闰五月庚寅朔日，天上出现日食。丁酉，明帝改封宗室女儿（非诸侯王的女儿）为邑主。明帝下诏，郡国里的山川，凡没有建立祠庙者，无须祭祀。当年六月，洛阳宫鞠室发生火灾。

①《魏书》记载：明帝诏令："在往昔，先王之礼，只要功臣在，就要显其爵禄；去世后，则祭于大蒸。因此，汉室功臣，祀于庙堂。大魏元功之臣，功勋卓著者，终始休明者，皆按照礼仪祭祀。"于是，以夏侯惇等配飨。

保卫边塞的鲜卑大首领步度根与叛逆鲜卑大首领轲比能暗中勾结，并州刺史毕轨上表，出动军队以威慑轲比能，对内防止步度根叛逆。明帝看了上表，说："步度根受到轲比能的引诱，仍在犹豫。如果毕轨出兵，正好迫使双方合而为一，还怎么威慑轲比能、遏制步度根？"遂当即敕令毕轨，撤回派出的军队，禁止其出塞越过句注山。及至诏书送达，毕轨已经进军，驻扎在阴馆。毕轨派遣将军苏尚、董弼追击鲜卑。轲比能派遣儿子率领一千骑兵迎接步度根，与苏尚、董弼相遇，双方在楼烦大战，二员魏将战败，全军覆没。步度根随即叛逃出塞，与轲比能会合，既而寇掠边境。明帝派遣骁骑将军秦朗率领中军讨伐，鲜卑军败逃，远走漠北。

当年秋天九月，安定郡保卫边塞的匈奴大首领胡薄居姿职等反叛，司马懿派遣将军胡遵等追剿叛贼，大败匈奴，胡薄居姿职等投降。

当年冬天十月，步度根部落大首领戴胡阿狼泥等来到并州投降，秦朗撤回军队。[①]

①《魏氏春秋》记载：秦朗，字元明，新兴县人。《献帝传》记载：秦朗的父亲叫秦宜禄，为吕布出使袁术。袁术的妻子是汉宗室女儿，其前妻杜氏留在下邳。吕布被围困，关羽屡次请求太祖以杜氏为妻，太祖疑其有姿色，及至城陷，太祖见之，乃自纳之。秦宜禄归降，担任铚县县长。及至刘备败走小沛，张飞跟随，对秦宜禄讲："人取汝妻，而汝为之县长，乃蚩蚩若是邪！随我去吧？"秦宜禄跟随张飞数里，又后悔，欲返回，张飞杀之。秦朗跟随母亲，住在魏王的宫里，太祖甚爱之，每当座席，就对宾客讲："世上有爱继子的人像孤这样吗？"

《魏略》记载：秦朗在诸侯间游历，经历武帝、文帝朝，而无忧患。及至明帝即位，授以内官，担任骁骑将军、给事中。每当明帝车驾出入，秦朗常随从。当时，明帝喜欢用刑，多人以轻微罪而致大辟，秦朗终不能有所谏止，也未曾举荐一善人，明帝亦以是亲爱之；每当顾问秦朗，多称呼其小名“阿稣”，多次厚加赏赐，为秦朗在京城中起大宅邸。四方虽然知道秦朗无能为益，犹以亲近至尊，多贿赂秦朗，富敌公侯。

《世语》记载：秦朗的儿子秦秀，为人严厉，能直言进谏，担任晋武帝的博士。《魏略》把秦朗和孔桂都放在《佞幸篇》。孔桂，字叔林，天水郡人。建安初年，孔桂多次为将军杨秋出使太祖，太祖上表，拜孔桂为骑都尉。孔桂性情怪僻，懂得博弈、蹴鞠，故太祖爱之，常常留在左右，出入随从。孔桂观察太祖的意思，喜乐之时，借机向太祖谏言，多次陈述己见，事多见用，多次得到赏赐，人多馈赠孔桂，孔桂因此侯服玉食。太祖既爱孔桂，五官中郎将曹丕及诸侯亦亲近孔桂。后来，孔桂见太祖久不立太子，而有意于临菑侯曹植，于是，亲近临菑侯曹植，简慢五官中郎将曹丕，曹丕因此心中生恨。及至太祖去世，文帝即位，还未来得及致其罪。黄初元年，随例改拜孔桂为驸马都尉。而孔桂私受西域贿赂，许诺为他们办事。事情被人揭发，文帝下诏收问，遂杀之。鱼豢曰：为上者不虚授，处下者不虚受，然后，外无伐檀之叹，内无尸素之刺，雍熙之美著，太平之律显矣。佞幸之徒，但姑息人主，至乃无德而荣，无功而禄，如是焉得不使中正日朘（juān）、倾邪滋多！以武皇帝之慎赏，明皇帝之持法，而犹有像孔桂这样的人，更何况下斯者乎？

当年十二月，公孙渊斩杀孙权派来的使者张弥、许晏，把首级送往京师，明帝拜公孙渊为大司马、乐浪公。①

①《世语》记载：并州刺史毕轨送西汉原度辽将军范明友蓄养的鲜卑奴时，已经有三百五十岁，言语、饮食如同常人。鲜卑奴云：“霍显，是霍光后来的小妾。范明友的妻子，是霍光前妻的女儿。”

《博物志》记载：当时，京邑有一人，不知其姓名，食啖兼十余人，遂肥不能动。其父曾经担任远方县令，官吏护送其至彼县，县令因此义传供食之；一二年间，一乡中辄为之俭。

《傅子》记载：当时，太原郡发掘墓冢，破棺，棺中有一活妇人，从棺木中出来与之语，活人也。送到京师，问其怎么回事，不知也。视其墓冢上的树木，已经有三十年，不知此妇人三十年怎么生活在地下，将一朝欻生，偶与发掘墓冢者会也？

青龙二年春天二月乙未，太白金星侵犯荧惑星。癸酉，明帝下诏：“鞭刑作为官刑，用以纠正官员失职、怠政，很多官员受到鞭刑，而有些无辜官员甚至受鞭刑致死。减少鞭刑及杖打的次数，编入法典。”三月庚寅，山阳公刘协去世，明帝素服吊唁，派遣使者持符节，典护丧事。己酉，明帝颁布大赦令。当年夏天四月，发生大瘟疫。崇华殿发生火灾。丙寅，明帝下诏有关官员以太牢礼祭告文帝庙，追谥山阳公为汉孝献皇帝，以汉室礼仪安葬。①

①《献帝传》记载：明帝穿上丧服，率领群臣哭哀，派太常和洽代行司徒职事作为使者持符节前去吊唁，又派大司农崔林代行大司空职事作为使者持符节监护丧事。明帝下诏：“人们常

说，五帝之事，很少存世，仲尼盛赞尧舜，巍巍荡荡之功也，认为禅让乃大圣人之懿事。山阳公深知天禄永终之运，禅位文皇帝，以顺应天命。先帝诏命，山阳公仍然行使汉室正朔，以天子之礼仪，郊天祀祖，向朝廷言事，不称臣，此乃舜帝事尧帝之义。在往昔，尧帝殂落，四海如丧考妣，遏密八音，明丧葬之礼，同于王者也。今天，有关官员上奏，丧礼参照诸侯王，这难道是古代之遗制，先帝之至意哉？追谥山阳公为汉孝献皇帝。”诏令太尉准备一太牢礼，祭告文帝庙：“曹叡听说，按照礼制，反本修古，不忘厥初，是以先代之君，尊尊亲亲，咸有尚焉。今山阳公病逝，抛弃国家，有关官员建言，丧纪之礼仪，参照诸侯王。曹叡唯山阳公昔日知天命永终于己，深观历数，允在圣躬，传祚禅位，尊我民主，斯乃陶唐懿德之事也。黄初年间，文帝接受天命，诏命山阳公在封国，行使汉室正朔，郊天祀祖，礼乐制度，仍然按照汉室旧制，斯亦舜帝、禹帝明堂之义也。上考遂初，皇极攸建，允熙克让，莫朗于兹。人们常讲，儿子以继父志嗣训为孝，臣以配命钦述为忠。因此，《诗经》讲：‘匪棘其犹，聿追来孝’；《尚书》讲：‘前人受命，兹不忘大功’。曹叡敢不奉承徽典，以昭显皇考之神灵。今追谥山阳公谥号为孝献皇帝，册赠玺绂。诏命司徒、司空，持符节，吊唁祭祀、护丧，光禄大夫、大鸿胪担任副使，将作大匠、复土将军营建陵墓，安排百官群臣，车旗服章丧葬礼仪，一切按照汉室旧例；丧葬所供之费，皆由大司农开支。立孝献皇帝后嗣为山阳公，以通三统，永远作为魏国的嘉宾。”于是，明帝赠册书：“呜呼，在往昔，皇天降戾于汉，俾逆臣董卓，播厥凶虐，焚灭京都，劫迁大驾。在当时，六合云扰，奸雄熛起。献帝自西京，徂唯求定，臻兹洛邑。畴咨圣贤，聿改乘辕，又迁都许昌，武皇帝是依。岁星在玄枵，皇师肇征，迄于鹑尾，十有八年，群寇歼殄，九域咸乂。唯帝念功，祚兹魏国，大启土宇。爰及文皇帝，齐圣广渊，仁声旁流，柔远能迩，殊俗向义，乾精承祚，坤灵吐曜，稽极玉衡，允膺历数，度于轨仪，克厌帝心。乃仰钦七政，俯察五典，弗采四岳之谋，不俟师锡之举，幽赞神明，奉承天命，禅让帝位。福祚传至朕躬，统承宏业。人们常讲，在往昔，帝尧，元恺既举，凶族未流，登舜百揆，然后百揆时序，内平外成，授位明堂，退终天禄，故能冠德百王，表功嵩岳。从古至今，经历七代，历经三千年，而大运来复，庸命底绩，纂我民主，作建皇极。念重光，绍咸池，继韶夏，超群后之遐踪，邈商、周之惭德，可谓高朗令终，昭明洪烈之懿盛者矣。非夫汉、魏与天地合德，与四时合信，动和民神，格于上下，其孰能至于此乎？朕唯孝献帝享年不永，钦若顾命，考之典谟，恭述皇考先灵遗意，阐崇弘谥，奉成圣美，以彰显希世同符之隆，以传颂亿载不朽之荣。魂魄有灵，嘉兹弘休。呜呼哀哉！”八月壬申，在山阳国安葬献帝，陵寝名称禅陵，设置园邑。安葬之日，明帝制锡衰弁绖，哀哭甚恸。嫡孙桂氏乡侯刘康作为继嗣，立为山阳公。

这个月，诸葛亮从斜谷出兵，驻扎在渭南，司马懿率领魏军拒敌。明帝诏令司马懿：“只能坚壁拒守，以挫其兵锋，彼进军不得志，退兵无与战，长久驻留，则军粮日渐耗尽，贼虏野外掳掠，一无所获，则必走无疑。蜀军退兵，即可追之，以逸待劳，此乃全胜之道也。”①

①《魏氏春秋》记载：诸葛亮屡次派遣使者向司马懿送交书信，又向司马懿送上巾帼妇人之衣饰，以激怒司马懿。司马懿将要出战，辛毗持符节，奉诏：勒令司马懿及军吏以下，不得出

战。司马懿接见诸葛亮的使者，唯问其睡卧饮食及其政事之烦简，不问戎事。使者回答："诸葛公夙兴夜寐，罚二十以上，皆亲览焉；所啖饮食不过数升。"司马懿说："诸葛亮太辛苦啦，能活得长久吗？"

当年五月，太白金星在白昼出现。孙权入驻居巢湖口，向合肥新城进军，又派遣部将陆议、孙韶各率领一万余人入驻淮水、沔水。

当年六月，征东将军满宠进军，抵御吴军。满宠欲放弃新城，将吴军引至寿春再战，明帝不同意："在往昔，汉光武帝派遣军队占据略阳，最终以略阳为前进基地，大败隗嚣。先帝在世时，东面以合肥为防线，南面固守襄阳，西面固守祁山，贼寇来犯，辄败于三城之下，地势有所必争。即使孙权攻打新城，也绝难攻取。敕令诸将坚守，我将亲自领军出征，大军到达之前，孙权恐怕早已逃之夭夭。"当年秋天七月壬寅日，明帝乘坐龙舟，御驾亲征，孙权攻打新城，将军张颖等拒守力战，明帝大军还未前进数百里，孙权遁走，陆议、孙韶等亦退兵。群臣认为，大将军正在与诸葛亮对峙，战事尚未解决，皇上车驾可西幸长安。明帝说："孙权败走，诸葛亮胆破，大将军足以制敌，吾无所担忧。"遂进军，巡幸寿春，记录诸将战功，予以封赏，多少不等。八月己未，明帝阅兵，耀武扬威，犒赏六军，派遣使者持符节，犒劳合肥、寿春诸军。辛巳，明帝返回许昌宫。

司马懿与诸葛亮相持不下，连续多日，诸葛亮向司马懿挑战。司马懿坚守营垒，不肯应战。最终，诸葛亮在军中去世，蜀军撤军。

当年冬天十月乙丑，月亮侵犯土星及轩辕星座。戊寅，月亮侵犯太白金星。十一月，洛阳发生地震，地震从东南方向传来，有隐隐雷震声，房顶屋瓦摇动。十二月，明帝下诏，有关部门删减死刑律令，赦免判处死刑的罪犯。

青龙三年春天正月戊子日，明帝拜大将军司马懿为太尉。己亥，明帝重新设置朔方郡。洛阳暴发瘟疫。丁巳，皇太后郭氏驾崩。乙亥，有陨石落在寿光县。三月庚寅，文德郭太后下葬，在首阳陵涧水西边营建陵寝，一切按照文帝遗诏。①

①顾恺之著《启蒙注》记载：魏国当时有人挖掘开周王墓冢，有一位殉葬女子，经数日后，还有气息，数月而能语；年龄二十岁。送到京师，郭太后爱养之。十余年，太后驾崩，此女子哀思哭泣，一年后去世。

在当时，明帝大肆修建洛阳宫殿，建起昭阳殿、太极殿，又修筑总章观。百姓因为徭役，耽误农事。大臣杨阜、高堂隆等上表劝谏，明帝虽然没有采纳谏言，对提出谏言的大臣仍能宽容。①

①《魏略》记载：这一年，建起太极殿，修筑总章观，高十余丈，建翔凤于其上；又于芳林园中起陂池，楫棹越歌；又于列殿之北，立八坊，诸才人以次序住在其中，贵人、夫人以上，转南附焉，其俸禄按照百官的等级。明帝常游宴在内，选女子知书可付信者六人，任命为女尚书，使其典省外奏事，处当画可，自贵人以下至尚保，以及在掖庭洒扫，习伎歌者，各有上千数。通引谷水，过九龙殿前，为玉井绮栏，蟾蜍含受，神龙吐出。令博士马均制造司南车，水转百戏。岁首建巨兽，鱼龙蔓延，弄马倒骑，好似汉朝西京之制，建筑阊阖诸门阙外罘罳。太子舍人张茂以东吴、西蜀多次挑衅，诸将出征，而皇帝大肆修建宫室，留意于玩饰，赐予无度，帑藏空虚；又指出文帝夺士女此前已嫁为吏民妻者，还以配战士，既听以人口自赎，又简选其有姿色者，放在掖庭，上书劝谏文帝："臣伏见诏书，诸士女嫁非士人者，一律剥夺，以配战士，斯诚权宜之计，然非大化之善者也。臣奏请陛下考虑。陛下，上天之子也，百姓吏民，亦陛下之子也。按照礼制，赐君子小人不同日，所以区别贵贱也。官吏属于君子，战士为小人，今夺彼以予此，亦无异于夺兄之妻嫁给弟弟，于父母之恩偏矣。又诏书听得以人口年纪、颜色与妻子相当者自代，故富者倾家荡产，贫者举债贷贯，贵买人口以赎其妻；官府以配战士为名，而实放在掖庭，其丑恶者乃出予战士。得妇者未必欢心，而失妻者必有忧色，或穷或愁，皆不得志。君王有天下而不得万姓之欢心，鲜有不危殆。而且，军旅在外成千上万，一日之费，非徒千金，举天下之赋，以奉此役，犹将不给，况复有宫廷非员无录之女，椒房母后之家，赏赐横兴，内外交引，其花费达一半军费。在往昔，汉武帝喜好神仙，相信方士，掘地为海，封土为山，在当时，天下统一，无人敢与之相争。自从衰乱以来已有四五十年，马不舍鞍，士不释甲，每当交战，血流碧野，疮痍号痛之声于今未已。而且，强寇在疆，图危魏室。陛下不兢兢业业，念崇节约，思所以安天下者，而以奢靡是务，宫中尚方纯作玩弄之物，炫耀后花园，建造承露之盘，斯诚快耳目之观，然亦足以骋冠绚之心矣。可惜乎，舍尧舜之节俭，而为汉武之侈事，臣窃为陛下不取。愿陛下沛然下诏，万机之事有无益而有损者，悉除去之，以所除无益之费，厚赏将士父母妻子之饥寒者，问民所疾困，而除其所恶，实仓廪，缮甲兵，恪勤恭敬以临天下。如是，吴贼面缚，蜀虏舆榇，不待诛而自服，太平之路，可计日而待也。陛下可无劳神思于海表，军师高枕，战士备员。而今群公结舌，臣之所以不敢不献瞽言者，此前上要言，散骑奏臣书，以听谏篇为善，陛下下诏'是也'，擢拔臣为太子舍人；而且，臣作书讥讽，为人臣不能不谏诤，而今有可谏之事，而臣不谏，此为作书虚妄，而不能言也。臣已经五十岁，常担心至死无以报国，是以投躯没命，冒昧以闻，唯陛下省察。"奏书呈上，明帝对左右人讲："张茂自恃乡里故人也。"将此事交付散骑侍郎而已。张茂，字彦林，沛郡人。

当年秋天七月，洛阳崇华殿发生火灾。八月庚午，明帝立皇子曹芳为齐王，立曹询为秦王。丁巳，明帝返回洛阳宫，诏命有关官员修复崇华殿，改名称为九龙殿。当年冬天十月己酉，中山王曹衮去世。壬申，太白金星在白昼出现。十一月丁酉，明帝巡幸许昌宫。[①]

①《魏氏春秋》记载：这一年，张掖郡删丹县金山玄川涌出大水，宝石负图，形状像灵龟，宽一丈六尺，长一丈七尺一寸，围五丈八寸，立于川西。有七座石马，有一仙人骑之，有一羁

绊，其五有形，而不善成。有玉匣关盖于前，上面有玉字。有二枚玉玦，一枚玉璜。麒麟在东，凤鸟在南，白虎在西，牺牛在北，马自中间，布列四面，色皆苍白。其南面有五字，曰“上上三天王”；又曰“述大金，大讨曹，金但取之，金立中，大金马一匹在中，大告开寿，此马甲寅述水”。凡“中”字六，“金”字十；又有若八卦及列宿彗星之象焉。

《世语》记载：又有一鸡象。

《搜神记》记载：当初，在汉元帝、成帝朝，有识之士有言，魏年有和，当有开石于西三千余里，系五马，文曰“大讨曹”。及至魏之初兴，张掖郡之柳谷，有开石焉，始见于建安年间，形成于黄初，文备于太和，周围七寻，中高一仞，苍质素章，龙马、麟鹿、凤凰、仙人之象，粲然昭著，此一事者，魏、晋代兴之符也。至晋朝泰始三年，张掖郡太守焦胜上书言事，以留郡本国图校对今石文，文字多少不等，谨将图像呈上。按照其文有五马象，其一有人平上帻，执戟而乘之，其一有像马形而不成，其字有“金”，有“中”，有“大司马”，有“王”，有“大吉”，有“正”，有“开寿”，其一成行，曰“金当取之”。

《汉晋春秋》记载：氐池县大柳谷口夜晚激流奔涌，其声如雷。天明时，有苍石立于水中，长一丈六尺，高八尺，白石画之，为十三马，一牛，一鸟，八卦玉玦之象，皆隆起，其文曰“大讨曹，适水中，甲寅”。明帝厌恶其“讨”字，使凿去为“计”，以苍石窒之，过了一日一夜，白石满焉。至晋初，其文越明，马、象皆焕彻如玉焉。

青龙四年春天二月，太白金星在白昼再次出现，月亮侵犯太白金星，又侵犯轩辕星座一颗大星，月亮运行进入太微星座，又出来。当年夏天四月，明帝建立崇文观，征召善于写文章者，充实崇文观。五月乙卯，司徒董昭去世。丁巳，东北肃慎向魏国朝廷贡献楛木制作的箭矢。

当年六月壬申，明帝下诏：“有虞氏治理天下，在犯法者衣服上画上图像，民众就不敢犯法，周代初期，由于犯法者稀少，而刑狱搁置不用。朕在百王之后，治理天下，仰慕上古帝王治理之风范，治理天下的效果为何相距如此遥远？法令烦琐，犯法者越来越多，受到刑罚惩治者越多，而奸邪却难以制止。以往，按照死罪的条律，已经削减很多，为的是挽救犯罪百姓的性命，这真的是朕的想法！而郡国死在狱中的犯人，每年仍然有数百。难道是朕的训导不够，致使百姓即使犯了轻罪，也为残酷的法律所惩治，以至于监狱变成死牢？有关官员廷议，如何减少狱中犯人死亡，法律务必宽简，有可以宽宥或施与恩典者；有的犯人没有供词，或已经判决，犯人仍要申诉，都要合情合理地处理。诏令廷尉及天下负责监狱的官员，凡犯下死罪且已定案的犯人，不是谋反罪或亲手杀人的，朕都要亲自审理。有申诉的犯人，将其诉状与判决文书呈上，朕要亲自审议。尽可能保全犯人的性命。布告天下，让天下人明白朕的旨意。”

当年秋天七月，高句丽王宫斩杀孙权使者胡卫等人，将首级送往幽州。甲寅，太白金星侵犯轩辕星座大星。当年冬天十月己卯，明帝巡幸，返回洛阳宫。甲申，有彗星在大辰星方向出现；乙酉，彗星又在东方出现。十一月己亥，彗星出现，侵犯象征宦官的天纪星。十二月癸巳，司空陈群去世。乙未，明帝巡幸许昌宫。

景初元年春天正月壬辰，山茌县奏报，有黄龙出现。有关官员上奏，认为魏国得到三统之地统，应该以建丑之月（十二月）为正月。当年三月，明帝更改历法，改纪元为景初元年，改三月为孟夏四月。[①]魏国官服颜色尚黄，祭祀用白色的牺牲，骑乘黑首白马，使用大红色的旌旗，朝会时使用白色旗帜。[②]此外，明帝改太和历为景初历。春夏秋冬孟仲季月与夏历不同，影响到郊祀、迎接时令节气、乞求丰年、祭祀宗庙、蒸尝、巡狩、畋猎、春分、秋分、夏至、冬至、立春、立夏、立秋、立冬、颁布时令、节气早晚、敬授民事，仍然使用夏历，以北斗指示方位，作为推算历法的依据。

①《魏书》记载：当初，文帝即位，接受汉室禅让，因循继承汉室正朔，没有改变。文帝在东宫谈论，认为五帝三王，虽同气共祖，礼不相袭，正朔自宜改变，以表明受命之运。及至明帝即位，优游者久之，史官复谏言宜改，明帝诏命三公、享受特进位者、九卿、中郎将、大夫、博士、议郎、千石、六百石官员廷议，廷议者或有不同意见。明帝根据古典，甲子，下诏："太极运三辰五星于上，元气转三统五行于下，登降周旋，终则又始。故仲尼作《春秋》，于三微之月，每月称王，以明三正迭相为首。今推三统之次，魏得地统，当以建丑之月（十一月）为正月。考之群艺，厥义章矣。改青龙五年三月为景初元年四月。"

②裴松之按：魏室为土行之德，故服色尚黄。使用殷朝历法，以建丑为正月，因此，牺牲、旌旗一律用殷礼。《礼记》记载："夏后氏尚黑，故戎事乘骊，牺牲用玄；殷人尚白，戎事乘翰，牺牲用白；周人尚赤，戎事乘騵，牺牲用骍。"郑玄说："夏后氏以建寅为正，物生色黑；殷室以建丑为正，物牙色白；周室以建子为正，物萌色赤。翰，白色马也，《易经》记载：'白马翰如'。"《周礼巾车职》记载："建大赤以朝"，大白以即戎，此则周室以正色之旗以朝，先代之旗即戎。今魏用殷室之礼，改变周室之礼制，故建大白以朝，大赤即戎。

当年五月己巳，明帝返回洛阳宫。己丑，颁布大赦令。六月戊申，洛阳发生地震。己亥，明帝拜尚书令陈矫为司徒，拜尚书右仆射卫臻为司空。丁未，明帝分出魏兴郡的魏阳县，锡郡的安富县、上庸县，设置上庸郡；撤销锡郡，将锡县划归魏兴郡。

有关官员上奏：魏武帝拨乱反正，确定谥号为太祖，祭祀时享用礼乐为武始之舞。魏文帝接受天命，谥号应为高祖，祭祀时享用礼乐为咸熙之舞。魏明帝制定典章制度，是魏国烈祖祭祀时享用礼乐为章武之舞。三代列祖的祠庙，万世不毁。以后继位帝王的祠庙，保留四座祠庙，与在位皇帝关系疏远者，即行迭毁，按照周代后稷、文、武祠庙宗祧之制。[①]

①孙盛认为：谥号以表示古人生前的行为，建立祠庙以存容，皆是皇帝和士大夫去世后的事情，所以原始要终，以示百世。不能在壮年时就违背祖制，未去世就预先自尊显号。在往昔，华乐以厚敛招来讥讽，周人以预先凶兆违背礼制，魏之群臣于是乎失正。

当年秋天七月丁卯，司徒陈矫去世。孙权派遣部将朱然等率领二万吴军围困江夏郡，荆州刺史胡质等反击吴军，朱然退兵。当初，孙权派遣使者乘坐海船与高句丽互通使节，欲袭击辽东郡。明帝派遣幽州刺史毌丘俭率领魏军，加上鲜卑、乌丸，驻扎在辽东郡南界。明帝颁发玺书，征召公孙渊。公孙渊发兵反叛魏国，毌丘俭遂进军，讨伐公孙渊，恰逢连阴雨，一连下了十日大雨，辽河涨水，明帝下诏，诏令毌丘俭撤军。右北平郡乌丸单于寇掠娄敦县、辽西郡乌丸都督王护留等驻扎在辽东郡，率领部众跟随毌丘俭内附魏国。己卯，明帝下诏，辽东郡吏民，凡受到公孙渊胁迫，此前未投降者，一律赦免。辛卯，太白金星在白昼出现。公孙渊看到毌丘俭撤军，遂在辽东郡自立为燕王，设置百官，改纪元为绍汉元年。

明帝诏令，青州、兖州、幽州、冀州建造大量海船。当年九月，冀州、兖州、徐州、豫州四州的百姓遭遇水灾，明帝派遣侍御史到四州巡视，对被大水淹死或因水灾遭受损失者，打开国家粮仓，发放粮食赈济。庚辰，皇后毛氏去世。当年冬天十月丁未，月亮侵犯荧惑星（火星）。癸丑，毛皇后在愍陵下葬。乙卯，明帝在洛阳南郊委粟山修建天坛。① 十二月壬子是冬至，明帝举行祭祀。丁巳，明帝分出襄阳郡的临沮县、宜城县、旍阳县、邔县，共计四县，设置襄阳南部都尉。己未，有关官员上奏，为文昭皇后在洛阳建立祠庙。明帝分出襄阳郡的鄀叶县，划入义阳郡。②

①《魏书》记载：明帝诏命："人们常讲，帝王受命，莫不恭承天地，以彰显神明，尊祀世统，以昭功德，故先代之典章制度，禘祭郊祀祖宗之制俱备。在往昔，汉室初年，继承秦灭绝经学之后，采摭残缺，以备郊祀，自甘泉后土祠庙、雍宫五畤祠庙建立，神祇兆位，多不见经书，是以制度无常，一彼一此，四百余年，废无禘祀。古代之所更立者，遂有缺失。曹氏系世，出自有虞氏，今祭祀圜丘，以始祖舜帝配享祭祀，圜丘所祭曰皇皇帝天，方丘所祭曰皇皇后地，以舜帝妃伊氏配享祭祀；天郊所祭曰皇天之神，以太祖武皇帝配享祭祀；地郊所祭曰皇地之祇，以武宣皇后配享祭祀；宗祀皇考高祖文皇帝于明堂，以配享上帝。"至晋朝泰始二年，在圜丘、方丘二至之祭祀，放在南北郊。

②《魏略》记载：这一年，明帝搬迁长安的钟虡、骆驼、铜人、承露盘。承露盘折断，铜人太重，难以搬迁，留在霸城。又大肆收敛铜，铸造铜人二，号曰翁仲，列坐于司马门外。又铸造黄龙、凤凰各一，龙高四丈，凤高三丈余，放置在内殿前。起土山于芳林园西北角，诏令公卿群臣负土成山，松树竹林杂木善草栽种其上，捕山禽杂兽置于其中。

《汉晋春秋》记载：明帝搬迁承露盘，承露盘折断，声闻数十里，金狄或哀泣，因而留在霸城。

《魏略》记载：司徒府军议掾河东郡人董寻上书，劝谏明帝："臣听说，古之直士，尽言于国，不避死亡。因此，周昌把高祖比作桀、纣，刘辅譬喻赵后为人婢。天生忠直，虽白刃沸汤，往而不顾，诚为君主爱惜天下也。建安以来，野战死亡，或门殚户尽，虽有幸存者，遗孤老弱。陛下若认为宫室狭小，要扩大宫殿，犹宜随时，不妨农务，更何况制作无益之物？黄龙、凤凰，九龙、承露盘，土山、渊池，此皆圣明之世所不兴也，其功夫三倍于殿舍。三公九卿侍中尚书，天下至德，皆知非义，而不敢言，以陛下春秋方刚，心畏雷霆。如今，陛下既尊群臣，显以冠冕，披以文绣，载以华舆，以异于小人；而使方巾之士担土，面目垢黑，沾体涂足，衣冠了鸟，毁国之光以崇无益，甚非谓也。孔子讲：'君使臣以礼，臣事君以忠。'无忠无礼，国何以立！因此才有：君不君，臣不臣，上下不通，心怀郁结，致使阴阳不和，灾害屡降，凶恶之徒，因间而起，谁当为陛下尽言尽忠事乎？又谁当千万乘以死为戏乎？臣知道，言出必死，而臣自比于牛之一毛，生既无益，死亦何损？秉笔流涕，心与世辞。臣有八子，臣死之后，托付陛下！"将要上奏，先沐浴一番。奏书呈上，明帝说："董寻不畏死邪！"主事者上奏，收捕董寻，明帝有诏，不再追究。后来，董寻担任贝丘县令，为官清正，甚得民心。

景初二年春天正月，明帝下诏，诏令太尉司马懿率领大军，讨伐辽东郡。[①]

①干宝著《晋纪》记载：明帝问司马懿："将军认为，公孙渊将以何计待君？"司马宣王回答："公孙渊弃城预走，上计也；据辽水拒大军，其次也；坐守襄平，此为被擒耳。"明帝问："然则三者何出？"回答："唯明智审量彼我，乃预有所割舍，此既非公孙渊所及，又谓今往悬远，不能持久，必先在辽水抗拒，而后守城。"明帝问："一去一回，需要几日？"司马懿回答："去百日，攻百日，还百日，以六十日为休息，如此，一年足矣。"

《魏名臣奏》记载，散骑常侍何曾上表："臣听说，先王制定法律，必于谨慎，故建官授任，则设置假辅；陈师命将，则立监二；宣命遣使，则设副使；临敌交锋，则参御右；盖以尽谋思之功，防安危之变也。是以在险当难，则权足相济，损缺不预，则手足相代，其为固防，至深至远。及至汉室拥有天下，亦遵循旧章。韩信伐赵，张耳为副将；马援讨越，刘隆为副将。前世之迹，都著录在篇志。而今，司马懿奉诏命，讨伐罪人，率领步骑数万，道路往还，四千余里，虽假天威，有征无战，寇贼或潜遁，消磨日月，命无常期。人非金石，远虑详备，诚宜有副将。而今北边诸将及司马懿所都督，皆为僚属，名位不殊，素无定分，一旦有急变，不相镇摄。存不忘亡，圣达所戒，应该选择大臣名将，威重宿儒，盛其礼秩，派遣至司马懿军中，进同谋略，退为副佐。虽有万一不虞之灾，军主有储备，则无患矣。"《毌丘俭志记》记载，当时，明帝以毌丘俭为司马宣王副将。

当年二月癸卯，明帝拜太中大夫韩暨为司徒。癸丑，月亮侵犯心宿距星，又侵犯心宿中央大星。当年夏天四月庚子，司徒韩暨去世。壬寅，明帝分出沛国的萧县、相县、竹邑、符离县、蕲县、铚县、龙亢县、山桑县、洨县、虹县，共计十个县，设置汝阴郡。明帝又将宋县、陈郡的苦县划入谯郡。明帝以沛县、杼秋县、公丘县、丰国县、广戚县五个县，设置沛国。庚戌，明帝大赦天下。五月乙亥，月亮侵犯心宿距星，又侵犯心宿中央大星。[①]当年六月，明帝撤销渔阳郡的狐奴县，重新设置安乐县。

①《魏书》记载：明帝戊子诏命："在往昔，汉高祖创业，光武中兴，清除残暴，功昭四

海，而坟陵崩塌，童儿牧竖践踏其上，非大魏尊崇所承代之意也。诏命，高祖、光武帝陵四面一百步之内，不得令民众耕牧樵采。”

当年秋天八月，烧当羌君长芒中、注诣等叛乱，凉州刺史率领属下各郡驻军，平定叛乱，斩杀注诣首级。癸丑，有彗星在张宿方向出现。①

①《汉晋春秋》记载：史官对明帝讲：“此周室之分野也，洛邑恶之。”于是明帝大修禳灾祈祷之术，以厌胜之。

《魏书》记载：九月，蜀国阴平郡太守廖惇反叛，攻打守善羌侯宕蕈军营。雍州刺史郭淮派遣广魏郡太守王赟、南安郡太守游奕，率领军队讨伐廖惇。郭淮上书：“王赟、游奕等分兵沿着山的东西两面，围困叛贼，破在旦夕。”明帝曰：“兵势忌讳分兵。”诏命郭淮敕令游奕诸兵营不在要害处者返回占领要地。诏命敕令还未到，游奕军为廖惇所破；王赟被流矢射中，死于军中。

丙寅，司马懿在襄平围困公孙渊，攻破襄平城，斩杀公孙渊，将公孙渊的首级传送回京师，海东诸郡遂得以平定。当年冬天十一月，朝廷登录讨伐公孙渊的功臣，太尉司马懿及以下官员增加食邑，或封赏爵位，多少不等。当初，明帝在廷议时，诏命司马懿讨伐公孙渊，征调大军四万。朝臣在廷议时，都认为四万军士太多，需要花费的军饷、徭役难以满足需要。明帝说：“大军远征四千里，讨伐公孙渊，虽然是出奇兵奔袭，也需要旷费时日，适当军力，不能顾虑军饷、徭役及花费。”司马懿率领四万魏军出征。及至司马懿到达辽东郡，遇上连绵雨，大军一时不能展开进攻。朝臣有人认为，此次讨伐公孙渊，未必能大获全胜，应该诏令司马懿撤军。明帝说：“司马懿有临机应变之能力，擒获公孙渊，指日可待。”最终的结果，果然如明帝所言。

壬午，明帝拜司空卫臻为司徒，拜司隶校尉崔林为司空。闰八月，月亮侵犯心宿中央的大星。十二月乙丑，明帝患上重病，迟迟不能痊愈。辛巳，明帝立皇后。赐天下男子民爵，每人二级，鳏寡孤独不能自立者，赏赐谷米。明帝拜燕王曹宇为大将军，甲申，又免去曹宇的大将军职务，重新拜武卫将军曹爽为大将军。①

①《汉晋春秋》记载：明帝拜燕王曹宇为大将军，诏令曹宇与领军将军夏侯献、武卫将军曹爽、屯骑校尉曹肇、骁骑将军秦朗等辅政。中书监刘放、中书令孙资在宫中长久专权，受到宠幸，为秦朗等平时所不善，担心会有后患，暗中欲图谋之，而曹宇常在明帝身边，故未能进谗言。甲申，明帝气息微弱，曹宇下殿招呼曹肇，有所商议，还未返回，明帝稍微有些好转，只有曹爽在身边。刘放得知，赶忙呼唤孙资与其共谋。孙资说：“不可动也。”刘放说：“难道一起被投入鼎镬？为何不可动？”于是，扑到明帝床前，哭着说：“陛下气微，若有不讳，将以天下付谁？”明帝说：“卿不闻用燕王耶？”刘放说：“陛下忘记先帝遗诏，藩王不得辅政。而且陛

下正在病中，而曹肇、秦朗等便与才人侍疾者调戏。燕王曹宇拥兵南面，不让臣等进入，这些人就是今天的竖刁、赵高。而今皇太子幼弱，还不能理政，外有强暴之寇，内有劳怨之民，陛下不远虑存亡，而近系旧恩，委祖宗之业，付二三平凡之士。重病数日，内外阻隔，社稷危殆，而陛下不知，此臣等所以痛心也。”明帝听了刘放的话，大怒：“谁可辅佐？”刘放、孙资举荐曹爽代替曹宇，又说“应该诏命司马宣王参与辅佐”，明帝采纳谏言。刘放、孙资出来，曹肇进去，涕泣固谏，明帝让曹肇不要哭泣。曹肇出来，刘放、孙资又进去，再次劝说明帝，明帝又听从他们的谏言。刘放说：“陛下应该有手诏。”明帝说：“我困乏，不能写。”刘放当即上床，握着明帝的手，勉强写下手诏，随后走出宫室，拿着手诏，大声喊道：“皇帝有诏，免去燕王曹宇等官职，不得停留在省中。”于是，曹宇、曹肇、夏侯献、秦朗相与悲泣，回到自己的宅邸。

此前，青龙三年时，寿春县有一个农民的妻子，自称仙女下凡，名字叫登女，说能护卫帝室，驱邪纳福。此女子取水给病人饮，或者用水给病人洗疮口，有不少病人痊愈。明帝在后宫准备馆舍，供该女子居住。明帝颁下诏书，称赞该女子，对该女子非常优宠。及至明帝病重，饮用该女子提供的水，并无效验，明帝杀了这位女子。

景初三年春天正月丁亥日，太尉司马懿回到河内郡，明帝派使者骑驿马，召司马懿前来相见，宦官将司马懿引入卧室，明帝拉着司马懿的手，对司马懿讲：“我的病情沉重，以后的事情托付于君，君与曹爽一起辅佐少帝。今天看到君，死无所恨！”司马懿流着眼泪，顿首谢恩。①当天，明帝在嘉福殿驾崩，②享年三十六岁。③癸丑，明帝在高平陵下葬。④

①《魏略》记载：明帝按照刘放的谏言，召来司马宣王，又勉力写下手诏，封好，招呼宫中常侍交给使者：“辟邪来！你拿着我的手诏，交予太尉。”辟邪骑快马驰去。此前，燕王曹宇为明帝谋划，认为关中的事务繁重，应该让司马宣王从便道河内郡西边返回，事情已经布置。司马宣王得到前诏，很快又得到后边的手诏，怀疑京师有变故，于是骑快马，疾驰返回，入宫来见明帝。明帝慰问后，又召来齐王曹芳、秦王曹询以示宣王。明帝手指着齐王曹芳对宣王讲：“这是继嗣，君谛视之，勿误也！”又教齐王向前，抱着宣王的脖颈。

《魏氏春秋》记载：当时，太子曹芳年仅八岁，秦王九岁，在御床的旁边侍候。明帝拉着司马宣王的手，看着太子说：“死乃复可忍，朕忍死待君，君与曹爽辅佐这孩子。”司马宣王讲：“陛下不见先帝遗诏，把臣托付于陛下乎？”

②《魏书》记载：明帝在九龙前殿殡殓。

③裴松之按：魏武帝在建安九年八月攻取邺城，文帝纳娶甄后，明帝应该在建安十年出生，这一年的正月，整整三十四岁。当时，改正朔，以上一年十二月为当年正月，可勉强说三十五岁，不到三十六岁。

④《魏书》记载：明帝容止可观，望之俨然。自从在东宫，不与朝臣交往，不问政事，唯潜心读书。即位之后，褒赏礼敬大臣，料简功能，真伪不得混淆，杜绝浮华谮毁之辞，兴师动众，决定大事，谋臣将相，都敬服明帝深谋远虑。明帝博闻强识，虽然身边小臣，官簿性行，名迹所

履，及其父兄子弟，一经耳目，从不遗忘。明帝能够含垢藏疾，容忍直言，听取吏民士庶上书，一月之中，至数十百封，虽文辞鄙陋，也阅览完毕，终无厌倦。

孙盛说：听老人们讲，魏明帝天姿英秀，立发垂地，口吃少言，而刚毅果断。当初，诸公接受遗诏，辅佐明帝，明帝皆以所任职务处之，政由己出。而优礼大臣，开容善直，虽然大臣犯颜直谏，明帝无所忌讳，其君子之量，如此之伟也。然而，明帝不思建德垂风，不固维城之基，致使大权旁落，社稷未得到维护，悲夫！

陈寿评论如下：明帝性情沉稳，为人刚毅、果断，有胆识，有做国君的心理素质，符合人们常讲的风度气概。在当时，百姓生活困苦，民生凋敝，天下分崩离析，明帝没有先修明祖德，奠定宏伟基业，反而追求秦皇、汉武的奢侈淫靡，大肆建造宫殿。以帝王标准衡量，这恐怕是明帝失德之处！

魏书四

三少帝纪第四

齐王，名讳芳，字兰卿。明帝没有子嗣，抚养齐王曹芳和秦王曹询，宫中的事情隐秘，人们不知道明帝的真实想法。[①]青龙三年，明帝立曹芳为齐王。景初三年正月丁亥朔日，明帝病危，立曹芳为皇太子。当日，明帝驾崩，曹芳即皇帝位，颁发大赦令。曹芳尊皇后为皇太后。大将军曹爽、太尉司马宣王辅政。齐王曹芳下诏："朕以微眇之身，继承宏业，茕茕在疚，难以言述。大将军、太尉谨奉先帝遗诏，辅佐朕躬，司徒、司空、冢宰、元辅，统领百官，以安定社稷，朝中众卿士大夫，勖勉努力，恪尽职守，称朕意焉。诸项建造工程，宫殿建设、劳役之作，皆按照先帝遗诏，悉数停建。宫中官府奴婢六十岁以上者，赦免为庶民。"当年二月，西域诸国派遣使者，通过翻译，贡献火浣布。曹芳诏命大将军、太尉在百官面前，当面试验。[②]

①《魏氏春秋》记载：有人说曹芳是任城王曹楷的儿子。

②《异物志》记载：斯调国有火州，在南海中。岛上有野火，春夏自生，秋冬自灭。有树木生长其中，而不消亡，树枝更活，秋冬火灭，则万物枯萎。岛上风俗，岛民冬天采树皮，用以纺纱织布，色稍微青黑；若尘垢污染，便投入火中，则变得鲜明。

《傅子》记载：汉桓帝时，大将军梁冀以火浣布做成单衣，大会宾客，梁冀佯装醉酒，失手将杯中的酒污染衣服，梁冀佯装恼怒，脱下衣服，说："烧了。"布遇上火，炜烨赫然，如烧凡布，垢尽火灭，粲然洁白，就像用水洗过一样。

《搜神记》记载：昆仑之墟，有火焰山，山上有鸟兽草木，皆生于炎火之中，还有火浣布，非此山草木之皮，是鸟兽之毛。汉朝时，西域曾经贡献此布，中间长时间断贡；至魏初，当时人怀疑并无此布。文帝认为，火性酷烈，不可能还有生气，著述在《典论》，以说明其不然之事，绝智者之听。及至明帝即位，下诏："先帝昔日著《典论》，乃不朽之格言，刊刻于石碑之上，矗立于庙门之外及太学，与石经并立，以永示来世。"后来，西域派使者来，贡献火浣布，于是铲掉石碑上的怀疑文字，一时传为天下笑谈。

裴松之按：昔日跟随大军西征至洛阳，历观旧物，看见典论石在太学尚存，而庙门外没有，问老人们，都说晋朝当初接受禅让，即用魏庙，移此石于太学，并非立于两处。窃以为，此言为不然。

又有东方朔著《神异经》记载：南荒之外有火山，长三十里，广五十里，其中皆生不烬之木，昼夜火烧，遇暴风不猛，暴雨不灭。火中有老鼠，重百斤，毛长二尺余，细如丝，可以织成布。常居于火中，色洞赤，时时出外而色白，以水逐，而淹之即死，续其毛，织以为布。

二月丁丑日，曹芳下诏："太尉履行职责，公正无私，竭力尽忠三世皇帝，南下擒获孟达，西征大败蜀虏，东征殄灭公孙渊，功盖海内。在往昔，周成王诏命，设立太保、太傅之官，近代汉明帝尊崇邓禹，之所以这样做，在于施以隆恩，尊崇隽乂，须以尊位褒赏。诏命太尉兼领太傅，持符节，统率大军，都督诸军事如故。"三月，曹芳拜征东将军满宠为太尉。当年夏天六月，曹芳以辽东郡东沓县吏民渡海，进入齐郡界居住，把原纵城改设为新沓县，用以安置流民。当年秋天七月，曹芳临朝听政，开始处理政事，接受朝中公卿奏事。当年八月，曹芳颁布大赦令。当年冬天十月，曹芳拜镇南将军黄权为车骑将军。

当年十二月，曹芳下诏："烈祖明皇帝在正月驾崩，抛弃天下，臣子应该永记忌日之哀，恢复夏历，以正月为元月；虽然违背先帝三统之义，按照礼制，予以改变。而且，夏历一月为正月，按照历数为天正，以建寅之月一月为正始元年正月，以建丑正月作为十二月。"

正始元年春天二月乙丑日，曹芳诏命，侍中、中书监刘放，侍中、中书令孙资兼领左右光禄大夫。二月丙戌，曹芳以辽东郡汶县、北丰县民众渡过渤海，划出齐郡的西安、临菑、昌国三县，设立新汶县、南丰县，以安置流民。

从去年冬天十二月到这个月，长久干旱，没有下雨。二月丙寅，曹芳下诏，诏令监狱官员平反冤案，清理轻微罪犯；朝廷公卿士大夫若有良言嘉谋，鼓励大臣们畅所欲言。当年夏天四月，车骑将军黄权去世。当年秋天七月，曹芳下诏："《易经》称，损上益下，节以制度，不伤财，不害民。而今百姓生活不足，而朝廷御府多制作金银杂物，将奚以为？调出黄金银物一百五十种，一千八百余斤，加以熔炼，用以军用所需。"当年八月，曹芳巡幸洛阳，查看秋季庄稼长势，赏赐耆年老人和农民，多少不等。

正始二年春天二月，齐王曹芳读完《论语》，派太常用太牢礼，在辟雍祭祀孔子，以颜渊配享祭祀。

当年夏天五月，吴国将军朱然等围困襄阳、樊城，太傅司马宣王率领魏军抵御吴军。[①]六月辛丑，吴军退军。己卯日，曹芳拜征东将军王凌为车骑将军。当年冬天十二月，南安郡发生地震。

①干宝著《晋纪》记载：吴国将军全琮掳掠芍陂，朱然、孙伦五万人围困樊城，诸葛瑾、步骘掳掠柤中；全琮已败走，而樊城围困越急。司马宣王讲："柤中夷民有十万人，阻挡在汉水以南，流离无主，樊城被围，历月不解，此危事也，奏请发兵，臣将亲自率军讨伐。"廷议者说："吴贼远围樊城不可拔，挫于坚城之下，有自破之势，应宜长策御之。"司马宣王讲："军志有之：将能而御之，此为縻军；不能而任之，此为覆军。今疆埸骚动，民心疑惑，是社稷之大忧也。"六月，司马懿率领诸军南征，曹芳车驾在津阳城门外送司马懿。司马宣王以南方暑热潮湿，不宜持久，派轻骑挑战，吴军不敢动。于是，司马懿令诸军休息、洗沐，挑选精锐，招募先登城者，申明法令，示必攻之势。朱然等闻之，连夜逃遁。司马懿追至三州口，大败吴军，斩获甚多。

正始三年春天正月，东平王曹徽去世。三月，太尉满宠去世。当年秋天七月甲申，南安郡发生地震。七月乙酉，曹芳拜领军将军蒋济为太尉。当年冬天十二月，魏郡发生地震。

正始四年春天正月，曹芳举行成人礼，赏赐群臣，多少不等。当年夏天四月乙卯，曹芳立甄氏为皇后，颁布大赦令。五月朔日，天上出现日食，是日全食。当年秋天七月，曹芳下诏，在太祖庙祭祀已故大司马曹真、曹休，征南大将军夏侯尚、太常桓阶、司空陈群、太傅钟繇、车骑将军张郃、左将军徐晃、前将军张辽、右将军乐进、太尉华歆、司徒王朗、骠骑将军曹洪、征西将军夏侯渊、后将军朱灵、文聘、执金吾臧霸、破虏将军李典、立义将军庞德、武猛校尉典韦。当年冬天十二月，倭国女王俾弥呼派遣使者前来献贡。

正始五年春天二月，齐王曹芳诏令大将军曹爽率领大军征伐蜀国。当年夏天四月朔日，天上出现日食。五月癸巳，老师侍讲《尚书》完毕，曹芳派太常用太牢祀在辟雍祭祀孔子，以颜渊配享祭祀；赐予太傅、大将军及侍讲老师，多少不等。丙午，大将军曹爽引军撤回。当年秋天八月，秦王曹询去世。九月，鲜卑内附，曹芳设置辽东郡属国，治所设在昌黎县。当年冬天十一月癸卯，曹芳下诏，在太祖庙大殿祭祀原尚书令荀攸。[①]己酉，恢复秦国为京兆。十二月，司空崔林去世。

①裴松之认为：魏室原来配飨，并没有荀彧，因为汉朝末年，荀彧有异议，加上官职并非魏国大臣。至于升程昱而遗郭嘉，先钟繇而后荀攸，则未详原因。徐佗谋逆，而许褚心动，忠诚至远，等同于金日磾。而且，潼关之危，非许褚不能救困，许褚之功烈，超过典韦，而今祭祀典韦，不祭祀许褚，又不知原因。

正始六年春天二月丁卯，南安郡发生地震。丙子，曹芳拜骠骑将军赵俨为司空；当年夏天六月，赵俨去世。八月丁卯，曹芳拜太常高柔为司空。癸巳，曹芳拜左光禄大夫刘放为骠骑将军，拜右光禄大夫孙资为卫将军。当年冬天十一月，曹芳诏命，在太祖庙举行祫祭，祭祀此前廷议时议定的辅佐大臣二十一人。十二月辛亥，曹芳下诏，诏令学者将已故司徒王朗所著《易传》作为考试内容。乙亥，曹芳下诏："明日大会群臣，诏令太傅，可乘舆上殿。"

正始七年春天二月，幽州刺史毌丘俭讨伐高句丽。当年夏天五月，讨伐秽貊，逐一攻破。韩那奚等数十国，各率领部众投降魏国。当年秋天八月戊申，曹芳下诏："宫中官属在市场上看到有买卖官府奴婢者，奴婢大多年过七十，有些有疾病或残疾，这些人是穷苦的人。而且，官府在她们耗尽体力后加以售卖，使她们进退无路，诏令将这些奴婢全部赦免为庶民。如果有生活不能自理者，由郡县负责供养。"①

①裴松之按：齐王曹芳即位初，下诏："官府奴婢六十以上，释放为良人。"既有此诏，则宜为永制。七八年间，仍售卖年过七十岁者，而且，七十岁的奴婢及其生病有残疾者，并非可售之物，而鬻之于市，此皆事之难解。

八月己酉，曹芳下诏："朕应当在十九日亲自祭祀，然而，昨天出宫，看见修整好的道路下雨后需要重新修整，看来之前百姓徒费了一番功夫。每当想到百姓力少而役多，朕就夙夜不寐。道路只要能通行就行了。听说为了督促百姓，官吏捶打上了年纪和年幼的修路百姓，一味追求道路修饰，使得百姓疲惫不堪，甚至有人流离失所，令人哀叹。朕乘坐车辆出行，又岂能心安，如何向宗庙告祭，留馨德于天下？自今之后，明确告知官吏，不可妄为。"当年冬天十二月，老师侍讲《礼记》，曹芳派太常用太牢礼在辟雍祭祀孔子，以颜渊配享祭祀。①

①习凿齿著《汉晋春秋》记载：这一年，吴国将军朱然侵犯柤中，斩获兵士数千；柤中吏民一万余人渡过沔水。司马宣王对曹爽说："若便令还，必复致寇，宜权留之。"曹爽说："今不修城池，守卫沔南，留下民众在沔北，非长策也。"司马宣王说："不然。凡物置之安地则安，置之危地则危，故兵书曰：成败，形也，安危，势也，形势实乃御众之要，不可不审。假若令贼二万人阻断沔水，三万人与沔南诸军相对峙，一万人在陆上抄掠柤中，君将何以救之？"曹爽不听，卒令还。然后，吴军袭破之。袁淮告诉曹爽："吴楚之民，贫弱寡能，英才大贤，不出其土，比较技艺力量，不足与中原抗衡，然而自上世以来，常为中原所患，盖以江汉为池，舟楫为用，利则上陆地抄掠，不利则退入水中，攻之路途遥远，中原之长技，无所用之。孙权十多年来，大肆在江北垦田，缮治甲兵，精其守御，多次出兵骚扰，敢远离其水，登上陆地平原，此中原所愿闻。用兵者，贵以饱待饥，以逸击劳，师不欲久，行不欲远，守少则固，力专则强。当今宜捐弃淮水、汉水以南，退却避之。若贼能入驻中原，侵犯我边境，则暴露其所短，中原之长技

得用矣。若不敢来，则边境得安，无寇掠盗抢之忧虑。我国富兵强，政修民一，讨伐其国，不足为远。今襄阳孤悬在汉水以南，吴贼循汉水而上，则断而不通，一战而胜，不攻而自服，故置之无益于国，亡之不足为辱。自江夏以东，淮南诸郡，三位帝王以来，其所亡几何，以近吴贼疆界，容易被寇掠之故！若徙之淮北，远绝其间，则民人安乐，还会有鸡鸣犬吠之惊乎？”曹芳不肯迁徙。

正始八年春天二月朔日，天上出现日食。当年夏天五月，曹芳划分河东郡汾河北部十个县，设置平阳郡。

当年秋天七月，尚书何晏上奏：“善于治国者，必先治其身，善治其身者，要慎重对待习惯养成。习惯养成为正者，则其身正，其身正，则不令而行；习惯养成不正者，则其身不正，其身不正，则虽令不从。因此，为人君者，所交游一定要选择正人君子，所观览一定要察看正直之象，对待郑音邪声，不听；对待邪佞之人，不近。这样，邪心不生而正道可弘。在朝代末世或遇昏昧之主，不知损益，远君子，近小人，疏远忠良，亵狎邪辟，乱生近昵。《诗经》把邪佞之人譬喻为社鼠；君主是昏是明，也由积习养成。因此，圣贤谆谆教导，常以此为戒。虞舜告诫夏禹：‘邻哉邻哉。’意思是慎重对待亲近之人。周公告诫成王：‘其朋其朋。’意思是慎重对待交往之人。《尚书》云：‘一人有庆，兆民赖之。’自今以后，陛下临幸式乾殿或游幸后花园，身边可由大臣随侍，可从容应对游戏、侍宴，同时还能阅览文书、咨询政事、讲论经义，以此作为万世大法。”当年冬天十二月，散骑常侍谏议大夫孔乂上奏：“按照礼制，天子住的宫殿有雕镂装饰，并无丹绘描画。陛下宜遵循礼制。而今天下太平，君臣名分已明，陛下应当不懈于位，持公正之心，重视赏罚。还应杜绝在后花园练习骑马，出宫一定要乘坐御辇，此乃天下之福、臣子之愿也。”何晏、孔乂都以朝政有缺失，提出谏言。

正始九年春天，卫将军中书令孙资在二月癸巳，骠骑将军中书监刘放在三月甲午，及司徒卫臻，辞去官职，以列侯位，回到宅邸休养。曹芳拜授他们特进位。四月，曹芳拜司空高柔为司徒，拜光禄大夫徐邈为司空。二人坚辞，不肯接受。当年秋天九月，曹芳拜车骑将军王凌为司空。当年冬天十月，大风吹落屋瓦，吹折树木。

嘉平元年春天正月甲午，曹芳拜谒明帝高平陵。①太傅司马宣王奏请，免去大将军曹爽、曹爽的弟弟中领军曹羲、武卫将军曹训、散骑常侍曹彦的官职，以列侯位，回到宅邸修养。戊戌，有关官员奏请，收捕宫中黄门张当，交付廷尉治罪，经过严刑拷打，张当招供曹爽与其图谋不轨。还有，尚书丁谧、邓飏、何晏，司隶校尉毕轨、荆州刺史李胜、大司农桓范参与阴谋，皆被夷灭三族。详情记载在《曹爽传》。丙午，曹芳颁发大赦令。丁未，曹芳拜太傅司马宣王为丞相，司马懿固辞谦让，作罢。②

①孙盛著《魏世谱》记载：高平陵在洛水以南大石山上，距离洛阳九十里。

②孔衍著《汉魏春秋》记载：曹芳下诏，派太常王肃册命太傅司马懿为丞相，增加食邑一万户，群臣奏事，不称名，仿照西汉霍光故事。太傅司马懿上书辞让："臣亲自接受先帝顾命，忧深责重，依赖天威，摧毁奸凶，赎罪为幸，功不足论。而且，三公之官，圣王所制，著述在经典。至于丞相，开始于秦政。汉室沿袭，无复变更。今三公之官皆备，横复宠臣，违背典籍，革圣明之经，袭秦汉之路，虽在异人，臣所宜正，更何况臣如果接受，不坚决辞让，四方议者，将谓臣何人？"上书十余次，曹芳下诏，乃许之，复加九锡之礼。太傅又言："太祖有大功大德，汉室崇重，故加九锡，此乃历代异事，非后代之君臣所得议也。"又坚决辞让，不肯接受。

当年夏天四月乙丑，曹芳更改纪元。丙子，太尉蒋济去世。当年冬天十二月辛卯，曹芳拜司空王凌为太尉。庚子，曹芳拜司隶校尉孙礼为司空。

嘉平二年夏天五月，曹芳拜征西将军郭淮为车骑将军。当年冬天十月，曹芳拜孙资（享有特进位）为骠骑将军。十一月，司空孙礼去世。十二月甲辰，东海王曹霖去世。乙未，征南将军王昶渡过长江，进攻吴国，大败吴军。

嘉平三年春天正月，荆州刺史王基、新城郡太守州泰攻打吴国，大败吴军，吴军投降者有数千人。二月，曹芳在南郡设置夷陵县，用以安置投降的吴国人。三月，曹芳拜尚书令司马孚为司空。四月甲申，曹芳拜征南将军王昶为征南大将军。壬辰，曹芳颁布大赦令。丙午，传闻太尉王凌阴谋废黜皇帝，拥立楚王曹彪，太傅司马宣王东征王凌。五月甲寅，王凌自杀。六月，曹彪被赐死。当年秋天七月壬戌，皇后甄氏去世。辛未，曹芳拜司空司马孚为太尉。戊寅，太傅司马宣王去世，曹芳拜卫将军司马景王（司马师）为抚军大将军，兼领尚书职事。乙未，曹芳在太清陵安葬甄后。庚子，骠骑将军孙资去世。十一月，有关官员奏请，在太祖庙享受祭祀的开国功臣，应以官位排列名次，太傅司马宣王功高爵显，应该排在第一位。十二月，曹芳拜光禄勋郑冲为司空。

嘉平四年春天正月癸卯，曹芳拜抚军大将军司马景王为大将军。二月，曹芳立张氏为皇后，颁布大赦令。当年夏天五月，有两条鱼出现在武库的屋顶上。[①]当年冬天十一月，曹芳下诏，征南大将军王昶、征东大将军胡遵、镇南大将军毌丘俭等，征伐吴国。十二月，吴国大将军诸葛恪迎战魏军，在东关大败魏军。魏军战事不利，撤离。[②]

①《汉晋春秋》记载：当初，孙权修筑东兴堤以阻遏巢湖水。后来，征伐淮南，大堤损毁，不再整修。这一年，诸葛恪率领军队在大堤的两边积土成山，建筑两城，派全端、留略镇守，引军而还。诸葛诞告诉司马景王："致人而不致于人者，此之谓也。今因吴军内侵，派文舒逼近江陵，仲恭指向武昌，以牵制吴国长江上游，然后选调精兵锐卒，攻打两城，等到救兵赶到，可大获全胜。"司马景王采纳谏言。

②《汉晋春秋》记载：毌丘俭、王昶听说江东军败，各焚烧驻扎的营地逃走。朝臣廷议时，欲贬黜将军们，司马景王说："我不听公休之言，以至于此。这是我的过失，将军们有何罪？"宽宥了将军们。当时，司马文王担任监军，统领诸军，只削去司马文王的爵位。这一年，雍州刺

史陈泰奏请，敕令并州讨伐胡人，司马景王采纳谏言。大军还未集中，雁门郡、新兴郡二郡认为，将士们将要服远役，会受到扰动，将会造反。司马景王又在朝中谢过："这是我的过失，非玄伯之罪！"从此，魏国士人深感惭愧，欢欣喜悦，人思其报。

习凿齿认为：司马大将军将二次失误皆归于己过，过消而业隆，可谓有智慧。民忘其败，而下思其报，虽欲不康，其可得邪？若司马师讳败推过，归咎于人，常执其功而隐其过，上下离心离德，贤愚解体，是楚再败而晋再克也，谬之甚矣！作为君子，苟统斯理，而以此御国，则朝无秕政，身靡留愆，行失而名扬，兵挫而战胜，虽然百败，仍可以成功，况于二次乎？

嘉平五年夏天四月，曹芳颁布大赦令。当年五月，吴国太傅诸葛恪围困合肥新城，曹芳下诏，太尉司马孚带兵拒敌。①当年秋天七月，诸葛恪退兵。②

①《汉晋春秋》记载：在当时，姜维出兵，围困狄道。司马景王问虞松："而今，东吴、西蜀皆有战事，二方皆急，诸将之意沮丧，怎么办？"虞松答："在往昔，周亚夫坚壁昌邑，而吴楚自败，事有似弱而变强，似强而变弱，不可不察。诸葛恪率领精兵锐卒，足以大肆暴虐。我军坐守新城，诸葛恪欲以一战而成功。若攻城不拔，请战不得，师老众疲，势将自走。诸将之沮丧，正是司马公之利。姜维有重兵，我军应对诸葛恪，姜维必然会抢割麦子，非根深蒂固之寇。而且，姜维认为我军集中兵力于东吴，西方自然空虚，是以径直冒进。如果派关中诸军赶赴战场，出其不意，姜维必定败走。"司马景王说："君说得对！"于是派郭淮、陈泰调动关中军队，解狄道之围；敕令毌丘俭等按兵不动，将新城丢给吴军。姜维听说郭淮进兵，加上军粮匮乏，退守陇西。

②在当时，张特困守新城。

《魏略》记载：张特，字子产，涿郡人。当初，担任牙门将，服侍镇东将军诸葛诞，诸葛诞不认为张特是能臣，欲让张特撤回军队。恰逢毌丘俭代替诸葛诞，遂派张特镇守合肥新城。及至诸葛恪围城，张特与将军乐方等三军，合计有三千人，吏兵疾病及战死者过半。诸葛恪堆起土山，猛攻新城，新城将陷落，不能再守护。张特对吴人讲："而今我已无心再战。然而魏国有军法，被进攻过百日，而救兵不至，即便投降，家属不连坐。自受敌以来，已经有九十余日。此城中原本有四千余人，而战死者已过半，城将陷落，仍有一半人不愿意投降，我回去劝说他们，向他们分析利害，明日早晨送来名字，而且带着我的印绶，以为信用。"张特把印绶投给吴军。吴人听信其辞，没有取印绶，也不再进攻。接下来，张特连夜拆毁房屋木材、栅栏，把缺口补上，建成二重防御。第二天，又对吴人讲："我但有战死之心！"吴人大怒，进攻新城，不能拔城，只好撤军。朝廷嘉赏张特，任命为杂号将军，封为列侯，又改任安丰郡太守。

嘉平五年八月，曹芳下诏："原中郎将西平郡人郭修，砥砺节行，秉心不回。此前，蜀国将军姜维侵犯西平郡，郭修被姜维擒获。去年伪蜀大将军费袆率领蜀军，图谋伺机犯境，途经汉寿县，请客聚会宴宾。郭修出席宴会，在稠人广众面前，手刃费袆，其勇敢胜过聂政，其功勋超过傅介子，可谓"杀身成仁，舍生取义"。追加褒赏，以表彰忠义；福祚惠及后人，可以激励义士。追封郭修为长乐乡侯，食邑一千户，谥号为威侯；嗣子继承爵位，加拜奉车都尉；赐银一千锭，绢一千匹，以光耀后人，永垂后世。”①

①《魏氏春秋》记载：郭修，字孝先，素有业行，著名西州。姜维劫持郭修，郭修不为所屈。刘禅任命郭修为左将军，郭修欲刺杀刘禅，而不得亲近，每次庆贺时，且拜且前，为刘禅左右所遏止，事辄不谐，故杀了费祎。

裴松之认为：古人舍生取义，必有理义存焉，或感恩怀德、投命无悔，或利害有机、奋发以应，即人们所讲的聂政、傅介子是也。事非斯类，则陷于妄作矣。魏国之与蜀国，虽为敌国，并非有赵襄子灭智伯之仇，燕太子丹危亡之急；而且，刘禅凡下之主，费祎中才之国相，二人存亡，无关乎兴衰。郭修在魏国，西州之男子耳，当初被蜀军擒获，既不能抗节不辱，于魏国又无食禄之责，不为时主所使，而无故糜身于非所，义无所加，功无所立，可谓“折柳樊圃”，其狂徒也，此之谓也。

从曹芳即位为皇帝，到这一年，有多个郡国、县、道撤销，既而又恢复，不可胜记。

嘉平六年春天二月己丑，镇东将军毌丘俭上奏：“在往昔，诸葛恪围困合肥新城，城中派遣士兵刘整突出重围传递消息，被贼人擒获，严刑拷打，问其传递什么消息：‘诸葛公欲让你活命，你要老实交代！’刘整骂道：‘死狗，此何言也！我宁死也是魏国之鬼，不苟求活命、叛国投敌。欲要杀我，就快些动手。’始终没有一句供词。新城又派遣士兵郑像出城传递消息，有人报告诸葛恪，诸葛恪派遣骑兵追寻出城者，将郑像擒获。四五个人用绳子绑缚郑像，带着郑像绕城一周示威，逼迫郑像，让他告诉城内：‘大军已撤回洛阳，不如早降。’郑像不肯屈服，向城中大声喊道：‘大军很快就要到来，壮士努力！’贼人以刀背猛击郑像的嘴，使其不能再喊叫。郑像忍痛继续大喊，令城中闻知。刘整、郑像作为士兵，能够守义执节，对其子弟应予以封赏。”曹芳下诏：“显爵用以褒元功，重赏用以宠烈士。刘整、郑像应募出城，充当信使，突破重围，甘冒利刃，轻身守信，不幸被捕，坚守节操，扬六军之威势，安城中之守军，临难不顾，矢志不移，传递使命。在往昔，解杨被楚军擒获，誓死不降，没有二心，齐国路中大夫以誓死之心完成使命，而今又有刘整、郑像壮士，可以无愧于先烈。追赐刘整、郑像爵关内侯，任命为将领，令其嗣子继承爵位，按照将领死国难者优抚。”

二月庚戌，中书令李丰与皇后的父亲光禄大夫张缉等密谋，欲更换大臣，任命太常夏侯玄为大将军。事情败露，凡受到牵连者，皆被杀头。二月辛亥，曹芳颁布大赦令。三月，废黜皇后张氏。当年夏天四月，曹芳立王氏为皇后，颁布大赦令。五月，曹芳封皇后的父亲奉车都尉王夔为广明乡侯、光禄大夫，享受特进位，妻子田氏受封为宣阳乡君。当年秋天九月，大将军司马景王将要废黜曹芳的帝位，奏闻皇太后。[①]甲戌，太后诏令："皇帝曹芳已经成年，不能亲理朝政，沉溺于淫邪内宠，无视女德，每当荒淫嬉戏，纵其丑谑；迎六宫嫔妃的家人，留居内宫，败坏人伦之礼，紊乱男女之节；恭孝日亏，悖逆滋甚，不可以承天绪、奉宗庙。诏令太尉高柔奉策书，用一太牢礼，祭告宗庙，废黜曹芳归藩，在齐国就位，以避皇位。"[②]当天，曹芳迁居离宫，被废黜当年，二十三岁。使者持符节，护送曹芳到卫县，在河内郡的重门营建齐王宫，按照制度，行藩王礼。[③]

①《世语》及《魏氏春秋》记载：这年秋天，姜维侵犯陇西。当时，安东将军司马文王镇守许昌，反击姜维，来到京师，曹芳在平乐观检阅军队。中领军许允与左右小臣密谋，借司马文王之辞，杀之，勒其众，以斥退大将军。已经事先写好诏书。司马文王进来，曹芳正在食栗，优人云午等唱道："青头鸡，青头鸡。"青头鸡者，鸭也。曹芳恐惧，不敢发难。司马文王引兵入城，司马景王因此密谋废黜皇帝曹芳。

裴松之按：《夏侯玄传》及《魏略》记载：这一年春天，许允与李丰之事有牵连。李丰既然被杀，又任命许允为镇北将军，还未出发，以放散官物，收捕许允，关押在廷尉，流放至乐浪郡，又追杀之。许允这一年秋天不可能担任领军，建言此谋。

②《魏书》记载：这一天，司马景王秉承皇太后诏令，下诏公卿、中朝大臣，群臣失色。司马景王流着眼泪说："皇太后诏令如是，诸君其若王室何！"大家说："在往昔，伊尹流放太甲，以安定殷商，霍光废黜昌邑王，以安定汉室，维护社稷，以济四海，二代行之于古，明公当之于今，今日之事，唯公之命是从。"司马景王说："诸君期望司马师者重，司马师安敢避之？"于是，与群臣共同上奏永宁宫："兼领尚书令太尉长社侯臣司马孚、大将军武阳侯臣司马师、司徒万岁亭侯臣柔、司空文阳亭侯臣冲、代行征西安东将军新城侯臣昭、光禄大夫关内侯臣邕、太常臣晏、卫尉昌邑侯臣伟、太仆臣嶷、廷尉定陵侯臣毓、大鸿胪臣芝、大司农臣祥、少府臣袤、永宁卫尉臣桢、永宁太仆臣阁、大长秋臣模、司隶校尉颍昌侯臣曾、河南郡大尹兰陵侯臣肃、城门校尉臣虑、中护军永安亭侯臣望、武卫将军安寿亭侯臣演、中坚将军平原侯臣德、中垒将军昌武亭侯臣廙、屯骑校尉关内侯臣陔、步兵校尉临晋侯臣建、射声校尉安阳乡侯臣温、越骑校尉睢阳侯臣初、长水校尉关内侯臣超、侍中臣小同、臣颉、臣酆、博平侯臣表、侍中中书监安阳亭侯臣诞、散骑常侍臣瓌、臣仪、关内侯臣芝、尚书仆射光禄大夫高乐亭侯臣毓、尚书关内侯臣观、臣嘏、长合乡侯臣亮、臣赞、臣骞、中书令臣康、御史中丞臣钤、博士臣范、臣峻等稽首，奏言：臣等听说，天子者，所以济育群生，永安万国，三祖勋烈，光被六合。皇帝即位，继承洪业，春秋已长，未亲万机，耽淫内宠，沉漫女色，废捐讲学，羞辱儒士，每日宠幸嬖臣郭怀、袁信等，在建始宫芙蓉殿前，裸身游戏，与保林女尚等淫乱，亲自带到后宫观看；又在广望观上，让郭怀、袁信等人在观下扮作辽东妖妇，嬉闹无度，路上行人掩目。皇帝在观上拍手大笑。在陵云台上布置帷帐，接见九亲妇女。皇帝亲临宣曲观，招呼郭怀、袁信，让他们进入帷帐，共同饮酒。郭怀、袁信等行酒，妇女皆醉，戏侮玩闹，不分男女。还让保林李华、刘勋等与郭怀、袁信等游戏，清商令令狐景呵斥郭怀、袁信：'诸女人都是皇上身边的女人，各有官职，

怎么能这样？’郭怀、袁信多次谗言诋毁令狐景。皇帝还常常喜欢用弹弓射人，因为讨厌令狐景，所以用弹弓射令狐景，不避脑袋、眼睛。令狐景劝谏皇帝：‘先帝持门户很严，而今，陛下每日带着后妃游戏无度，甚至与嬖臣共同观看倡优，裸身为戏，不可令皇太后知道此事。令狐景并不爱惜性命，为陛下计耳。’皇帝说：‘我是天子，不能自在吗？太后又怎么能管得了我的事？！’让人用烙铁烧灼令狐景，致其身体糜烂。甄后去世，皇帝欲立王贵人为皇后。太后欲从外边选人，皇帝骂令狐景等：‘魏家前后立皇后，皆从所爱，太后违我意，知道我听不听？’后来，皇帝待张皇后疏远。太后遇合阳君丧葬，皇帝白日在后花园听倡优音乐，泰然自若，不去安慰太后。清商丞庞熙劝谏皇帝：‘皇太后至孝，今日遭遇重忧，水浆不入口，陛下应当前去宽慰太后，不可在此作乐。’皇帝说：‘我想做什么，谁能奈我何？’皇太后返回北宫，杀张美人及禺婉。皇帝恶言骂太后，告诉令狐景等：‘太后杀我所宠爱，再无母子之恩。’多次前往美人的故居啼哭，私自让暴室厚殓、殡葬，不让太后知道。每次看见九亲妇女有美色，皇帝就留下来，以付清商。皇帝到后花园竹间游戏，或与从官携手同行。庞熙说：‘从官不宜与至尊相携手。’皇帝大怒，用弹弓射庞熙。白日游后花园，每次有外面的文书送入，皇帝都不看。左右人讲‘拿出去’，皇帝也不要回来。太后令皇帝在式乾殿上听讲学，不去，使行来，帝径去；太后来问，辄诈令黄门回答：‘皇帝在。’令狐景、庞熙等畏惧，不敢制止，于是，共同谄媚。皇帝越发昏庸、淫荡，败人伦之叙，乱男女之节，恭孝弥颓，凶德寖盛。臣等忧惧，皇帝将倾覆天下，危坠社稷，虽杀身毙命，不足以塞责。今皇帝不可以继承天绪，臣奏请按照汉室霍光故事，收回皇帝玺绶。皇帝本来以齐王践祚，宜回到藩国。派司徒臣柔，持符节，与有关官员以太牢礼告祀宗庙。臣谨昧死以闻。”太后准奏。

③《魏略》记载：司马景王将要废黜皇帝，派遣郭芝进宫禀告太后，太后与皇帝对坐。郭芝对皇帝讲：“大将军欲废黜陛下，立彭城王曹据。”皇帝遂起身离去。太后不悦。郭芝说：“太后有子不能教，今大将军意思已决，又勒兵于外，以备非常，但当顺旨，将复何言？”太后说：“我欲见大将军，有话要说。”郭芝说：“何可见邪？但当速取玺绶。”太后只好屈服，派遣身旁侍从取回玺绶，放在座位旁。郭芝出来禀报司马景王，司马景王很高兴。又派遣使者授予曹芳齐王印绶，出就西宫。曹芳受命，遂用王车搭载，与太后告别，垂泪流涕，从太极殿南边出去，群臣有送者数十人，太尉司马孚悲不自禁，其余者多流泪。齐王曹芳出宫，司马景王又派使者来请皇帝玺绶。太后说：“彭城王是我的季叔，今日拥立，我当何之？而且，明帝当绝嗣乎？吾认为，高贵乡公曹髦，是文皇帝的长孙，明皇帝弟弟的儿子，于礼，小宗有后，也是大宗之义，其详议之。”司马景王重新召集群臣，以皇太后诏令，拥立高贵乡公曹髦。当时，太常已经出发二日，在温县等待玺绶。事情决定后，又来请玺绶。太后诏令：“我见过高贵乡公，小时候就认识，明天我欲亲手授予其玺绶。”

丁丑日，太后诏令：“东海王曹霖是高祖文皇帝的儿子。曹霖的几个儿子与皇室最亲，其中高贵乡公曹髦有大成之量，以曹髦作为明皇帝后嗣。”①

①《魏书》记载：司马景王再次与群臣上奏永宁宫：“臣等听说，人道亲亲，故尊祖，尊祖，故敬宗。按照礼制，大宗无后嗣，选择支系子孙贤者；为人后者，即为人之子。东海定王的

儿子高贵乡公曹髦，是文皇帝的孙子，宜继承正统，以为烈祖明皇帝后嗣。率土之滨有赖，万邦幸甚，臣奏请，征召高贵乡公曹髦前来洛阳宫。”太后准奏。派中护军望、兼领太常、河南郡大尹肃，持符节，与少府袤、尚书亮、侍中表等奉法驾，前往元城，迎接高贵乡公曹髦。

《魏世谱》记载：晋室接受禅让，封齐王为邵陵县公。享年四十三岁，泰始十年去世，谥号为厉公。

高贵乡公，姓曹，名讳髦，字彦士，是文帝的孙子，是东海定王曹霖的儿子。正始五年，受封为郯县高贵乡公。年少时，曹髦好学，比较早熟。齐王曹芳被废，公卿廷议，迎立高贵乡公曹髦即位。十月己丑，曹髦来到玄武馆，群臣奏请，曹髦暂时住在前殿，曹髦以先帝曾经住过，遂避让，留在西厢房；群臣又奏请曹髦乘坐法驾，接受群臣迎拜，曹髦不听。庚寅，曹髦进入洛阳，群臣在西掖门南边迎接曹髦。曹髦下车，将要拜谢，礼官奏请：“按照礼仪，不拜。”曹髦讲：“我现在仍是人臣。”遂答谢拜礼。车行至止车门，曹髦下车。左右人讲：“按照旧制，应该乘车进入。”曹髦答：“我被皇太后征召，未知所为！”遂步行走进太极殿东大堂，拜见太后。当日，曹髦在太极前殿即皇帝位，百官陪侍者莫不欣喜。①曹髦下诏：“在往昔，三祖神武圣德，应天接受福祚。齐王嗣位，罔顾法度，颠覆厥德。皇太后深唯社稷之重，采纳宰辅之谋，用替厥位，集大命于余一人。朕以眇眇之身，托命于王公之上，夙夜祇敬畏惧，担心不能作为后嗣，谨守祖宗之大训，恢宏中兴之弘业，战战兢兢，如临深谷。而今，群公卿士作为股肱之辅臣，四方征战镇守之武将，积累功德，忠勤帝室；倚恃先祖先父有德之臣，辅助小子，恪尽职守，保卫皇家，而朕依然蒙昧无知，垂拱而治。人们常讲，人君之道，德厚侔天地，润泽施四海，先之以慈爱，示之以好恶，然后教化行于上，兆民听于下。朕虽然不德，昧于大道，仍思考与宇内共奉治国之道。《尚书》不云乎：‘安民则惠，黎民怀之。’”曹髦颁布大赦令，改纪元，诏令减少宫中乘舆服饰，减少后宫开支，禁止尚方署御府百工制造靡丽无益之物。

①《魏氏春秋》记载：高贵乡公曹髦聪明睿智，德音宣朗。罢朝后，司马景王私下问：“皇上是怎样的君主？”钟会回答：“才同陈思王，武类太祖。”司马景王说：“若如卿言，社稷之福也。”

正元元年冬天十月壬辰，曹髦派遣侍中，持符节，巡视四方，考察民风民俗，慰劳士民，检察失职枉法官员。癸巳日，曹髦授予大将军司马景王黄钺，入朝不用趋步，奏事不呼名字，带剑穿鞋上殿。戊戌，邺城井中有黄龙出现。甲辰，曹髦诏命有关官员，廷议定策拥立之功，封赏爵位、增加食邑、晋升职务，多少不等。

正元二年春天正月乙丑，镇东将军毌丘俭、扬州刺史文钦造反。戊寅，大将军司马景王讨伐造反者。癸未，车骑将军郭淮去世。闰正月己亥，司马师在乐嘉县大败文钦。文钦逃走，投奔吴国。甲辰，安风津都尉斩杀毌丘俭，传送首级至京师。[①]壬子，曹髦特赦淮南士民，凡为毌丘俭、文钦所误导，误入造反者，一律赦免。曹髦拜镇南将军诸葛诞为镇东大将军。司马景王在许昌去世。二月丁巳，曹髦拜卫将军司马文王（司马昭）为大将军，兼领尚书职事。

①《世语》记载：大将军奉天子诏命，征召毌丘俭至项城；毌丘俭被打败，天子先返回。

裴松之检查诸书，皆无此事，诸葛诞反叛，司马文王开始挟持太后及皇帝，与其同行，故发诏令，引用汉高祖、世祖及明帝亲征作为前例，知道明帝有此行。张璠、虞溥、郭颁皆晋朝之令史，张璠、郭颁出任官员，虞溥担任鄱阳国内史。张璠撰写《后汉纪》，虽似未成，辞藻可观。虞溥著《江表传》，亦粗有条贯。唯郭颁撰写《魏晋世语》乏味，全无宫商，最为鄙劣，以当时有异事，故颇行于世。干宝、孙盛等多采用其言，以撰写《晋书》，其中像如此错谬者，往往有之。

甲子，吴国大将孙峻等率领十万吴军进抵寿春，诸葛诞迎战吴军，大败孙峻等，斩杀吴国左将军留赞，向京师报捷。三月，曹髦立卞氏为皇后，颁发大赦令。当年夏天四月甲寅，曹髦封皇后的父亲卞隆为列侯。甲戌，曹髦拜征南大将军王昶为骠骑将军。当年秋天七月，曹髦拜征东大将军胡遵为卫将军，拜镇东大将军诸葛诞为征东大将军。

八月辛亥，蜀国大将军姜维侵犯狄道，雍州刺史王经与蜀军在临洮西大战，王经不敌蜀军，魏军大败，撤守狄道城。辛未，曹髦拜长水校尉邓艾为代理安西将军，与征西将军陈泰合力迎战姜维。戊辰，曹髦再次派遣太尉司马孚作为后援。九月庚子，老师为曹髦侍讲《尚书》，侍讲结束，曹髦赏赐执经授课者司空郑冲、侍中郑小同等，多少不等。甲辰，姜维撤军退走。当年冬天十月，曹髦下诏：“朕以寡德，不能遏制贼寇肆虐，致使蜀贼侵犯边陲。洮水西部之战事，魏军战败，将士死亡众多，战死者近千，殒命于沙场，灵魂不返；或被擒于虏手，流离异域，吾深感痛心，为之伤悼。诏令所在郡典农中郎将及安夷、抚夷二护军及各负责官员，抚恤慰问其家属，免除一年的赋税、徭役；凡在战场上死于国事者，皆按照原规定抚恤，勿有所漏。”

十一月甲午，曹髦以陇西四郡和金城连年受到蜀军侵犯，很多百姓逃亡；或叛变投敌，亲戚仍留在当地，惴惴不安。曹髦颁发特赦令。癸丑，曹髦下诏：“朕以为，洮西之战，将吏士民或临阵战死，或在洮水中溺亡，骸骨不收，弃于荒野，朕为此常感到痛心。诏告征西将军、安西将军，命令部属在战殁处及洮水中打捞尸体，予以收殓安葬，以抚慰逝者。”

甘露元年春天正月辛丑，有青龙在轵县井中出现。乙巳，沛王曹林去世。[①]

①《魏氏春秋》记载：二月丙辰，皇帝在太极东堂设宴招待群臣，与侍中荀顗、尚书崔赞、袁亮、钟毓以及给事中兼中书令虞松等讲述礼仪、典章，评论帝王优劣。皇帝仰慕夏代少康帝，问荀顗等人："有夏氏既然衰落，后相殆灭，少康氏收集夏众，恢复禹帝宏业。高祖崛起于陇亩，率领豪俊，灭亡秦、项，包举域内，二君主可谓殊才异略，命世大贤。考其功德，谁宜为先？"荀顗等回答："天下重器，君王者天授，圣德应期，才能受命创业。至于排列位序，复兴旧业，造之与因，难易不同。少康帝功德虽美，是为中兴之君，与世祖同流。至于高祖，臣等以为优。"皇帝曰："自古帝王，功德言行，互有高下。未必创业者皆优，继承者皆劣。汤、武、高祖虽接受天命，贤圣之分，所觉悬殊。少康帝，殷室中宗，有中兴之美，夏启、周成王有守文之盛，论德较实，对比汉高祖，吾见其优，未闻其劣；顾所遇之时殊，故所名之功异。少康帝生于故国灭亡之后，降为诸侯之隶，崎岖逃难，仅以身免，能布其德而兆其谋，最终灭亡有过氏、有戈氏，恢复禹帝圣绩，祀夏配天，不失旧物，非至德弘仁，岂济斯勋？汉高祖借土崩之势，仗一时之权，专任智力，以成功业，行事动静，多违圣检；为人子，则数危其亲，为人君，则囚系贤相，为人父，则不能卫子；身死之后，社稷几乎倾覆，若与少康帝易时而处，或未能恢复大禹之业绩。推此言之，应该夏少康帝高于汉高祖。诸卿认为怎样？"第二日丁巳，讲业完毕，荀顗、袁亮等议论："三代建国，列土分封，当其衰弊，无土崩之势，可怀以德，难屈以力。直至战国，强弱相兼，去道德，任智力。秦国之弊可以力争。少康帝布德，仁者之英；高祖任力，智者之俊。仁智不同，二帝相殊矣。《诗经》《尚书》论述殷室中宗、高宗，皆列为大雅，少康帝功德嘉美，超过二宗，其为大雅明矣。少康帝为优，正如陛下旨意。"崔赞、钟毓、虞松等评议："少康帝虽然积德累仁，上承大禹帝遗泽余庆，内有有虞氏、有仍氏之援助，外有靡、艾之襄助，寒浞谗慝，不德于民，浇、豷无亲，内外弃之，以此享有天下，盖有原因。至于汉高祖，起自布衣，率领乌合之众，以成帝王之业。论德，少康帝为优；课功，高祖为多；语资，少康帝为易；校时，高祖为难。"皇帝曰："诸卿论少康帝因资，高祖创制，诚有之矣，然未知三代之世，任德济勋，如彼之难，秦、项之际，任力成功，如此之易。且最上立德，其次立功，汉高祖功高，未若少康帝德盛之茂。仁者必有勇，诛暴必用武，少康帝武烈之威，岂低于高祖？但是，《夏书》沦亡，旧文残缺，故勋美缺而罔载，唯有伍员粗述大略，夏禹之功绩，不失旧物，祖述圣业，旧章不愆，自非大雅兼才，孰能与此？如果三坟、五典俱存，行事详备，亦岂有异同之论？"于是群臣心悦诚服。中书令虞松进言："少康帝之事，距离今天久远，其文昧如，是以自古至今，议论之士莫有言者，德美隐而不宣。陛下垂心远鉴，考详古昔，又发德音，赞明少康帝之美，使显于千载之上，宜录之成篇，永垂后世。"皇帝曰："吾学不博，所闻浅陋，惧于所论，未获其宜；纵有可采，亿则屡中，又不足贵，无乃致后世贤者所笑，彰显吾暗昧！"于是侍郎钟会退而论次焉。

当年夏天四月庚戌，曹髦赏赐大将军司马文王礼帽礼服、赤色鞋子。

丙辰，曹髦巡幸太学，诏问太学儒士："圣人盛赞神明之道，仰观天象，俯察地理，始作八卦，后世圣人，演绎为六十四爻，立爻辞以极象数，凡此大义，无有不备，夏代有《连山》，殷代有《归藏》，周代有《周易》。《易经》，名称不同，是何故也？"《易经》博士淳于俊回答："包羲氏根据燧皇氏之图象，制作八卦，神农氏演绎为六十四爻，黄帝、尧帝、舜帝通其变，三代随时代不同有所损益，或质或文，各因其事。故《易经》者，变易也，名称叫《连山》，好像山间吞吐云气，连接天地；《归藏》者，万事莫不归藏于其中。”曹髦又问：“如果说包羲氏根据燧皇氏之图象，制作《易经》，孔子何以不说燧人氏之后，而说包羲氏制作《易经》？”淳于俊不能回答。曹髦又问：“孔子为《易经》作彖、象，郑玄为《易经》作注解，虽然圣贤不同，所解释经义一致。而今，彖、象不与经文相联系，而用注解，这又是为何？”淳于俊回答：“郑玄结合彖、象于《易经》，欲使学习者更容易理解。”曹髦问：“如果郑玄结合《易经》，对于学习者更为方便，那么，孔子为何不结合《易经》，以方便学习者？”淳于俊回答：“孔子担心与文王爻辞相混淆，因此没有结合，这是圣人谦逊，没有结合。”曹髦问：“如果圣人以不结合为谦逊，那么，郑玄为何不能谦逊？”淳于俊回答：“古人义理博大精深，圣上问题奥妙深远，非臣所能解释。”曹髦又问：“《系辞》云‘黄帝、尧、舜，垂衣裳，而天下大治’，此所谓包羲氏、神农氏时，还没有垂衣裳而治天下。那么，圣人以教化治天下，为何相差如此之大？”淳于俊回答：“三皇之时，人口稀少，禽兽繁多，因此取禽兽羽毛、裘皮，天下服用足矣。黄帝时，人口增长，禽兽变少，是以制作衣裳，适应时代变化。”曹髦又问：“乾为天，代表金，代表玉，代表老马，天象与微小之物，可以并列？”淳于俊回答：“圣人取象，或远或近，近取诸物，远则天地。”

儒士讲解《易经》完毕，曹髦再次诏命侍讲《尚书》。曹髦问：“郑玄说：‘稽古须问上天，说尧帝的功绩像上天一样伟大。’王肃答：‘尧帝顺应天道，遵循上古时的天道行事。’二者意义不同，何者为是？”博士庾峻回答：“前代儒士所坚持的观点，各有乖异，臣不足以确定。然而，《洪范》讲：‘三人占，从二人之言。’贾逵、马融及王肃都认为‘顺应天，遵循上古时的天道’。以《洪范》言之，王肃的观点较为正确。”曹髦问：“仲尼说：‘唯天为大，唯尧则之。’尧帝之大美，在乎顺应天道，遵循上古时的天道，还未达到天道之极致。而今，学生学习儒学，发篇开义，以明圣德，而舍弃其大者，更关注细枝末节，这是作者的意思吗？”庾峻回答：“臣谨奉老师之教导，还未知晓大义，只能折中，以回答圣上提问。”当讲到四岳举荐鲧时，曹髦又问：“夫大人者，与天地合其德，与日月合其明，思虑无不周详，光明无不照耀，而今王肃云：‘尧帝之意，并未能看清鲧，仅以试用。’如此，圣人之明察，还有所未尽邪？”庾峻回答：“虽然圣人之宏博，犹有未尽之处，故夏禹讲‘知人则哲，唯帝难之’，然而，尧帝最终能改授圣贤，完成治水的大业，这才叫圣王。”曹髦问：“夫有始有终，只有圣人能做到。若不能始，何以为圣？其言‘唯帝难之’，然而，最终能改授圣贤，还是有知人之明，圣人所难，并非不尽之言，可以概括。《经》上讲：‘知人则哲，能授官于贤者。’如果尧帝从一开始就怀疑鲧，还能试用九年，官职失察，何得谓之圣哲？”庾峻回答：“臣窃注意经传，圣人行事，不可能没有缺失，因此，尧帝失之四凶，周公失之二叔，仲尼失之宰予。”曹髦问：“尧帝任用鲧，九载治水不成，扰乱五行，民众无助。至于仲尼失之宰予，言行之间，轻重不同也。至于周公、管、蔡之事，亦《尚书》所载。这些，博士都应该知道的。”庾峻回答：“此皆先贤所疑，非臣寡见所能评论。”接下来请讲，“尧帝重用鲧，既而重用虞舜。”曹髦问：“在尧帝时，洪水为害，四凶在朝，应该尽快选择贤圣，以解救民众之困难。虞舜当年正在壮年，圣德光明，而长久得不到重用，又是为何？”庾峻回答：“尧帝向大臣们咨询，求贤若渴，甚至欲逊位让贤，四岳说：‘我们德能不够，不可以登上帝位。’尧帝又让四岳举荐人才，包括民间鄙陋之人，这才举荐虞舜。举荐虞舜的本意，实在是尧帝以天下为公，这是圣人尽心尽意，听取大家意见的结果。”曹髦说：“尧帝既然听说虞舜，而不马上重用，而且，当时的忠臣，也没有进一步进言，才使得鄙陋之人迟迟得不到举荐。这不是急于任用圣人，怜恤民众的说法。”庾峻回答：“这绝非臣愚见所能解释。”

接着，曹髦又诏命侍讲《礼记》。曹髦问：“‘上古时，强调立德，之后，又有施与回报。’为何治理天下，而教化各异；皆以何政为准，而能致于立德，不求施与回报呢？”博士马照回答：“上古时，强调立德，谓三皇五帝之时，以德化民，之后才有施与回报；在三王之世，强调以礼制治理天下。”曹髦问：“二者达到的教化效果，厚薄不同，是君主有优劣之分呢，还是形势使然？”马照回答：“确实，时代不同，有文、有质，故教化也有厚薄之分。”①

①《帝集》记载：皇帝曹髦自叙出生时祯祥：“在往昔，帝王之生，或有祯祥，盖所以彰显神异也。唯予小子，支胤末流，谬为灵祇之所相佑也，岂敢自比于前人？聊记录以示后世焉。其辞曰：唯正始三年九月辛未朔，二十五日乙未直成，予出生。在当时，天气晴朗，日月辉光，爰有黄气，烟熅于堂，照耀室宅，其色煌煌。相而论之，曰：未者为土，魏之行也；厥日直成，应嘉名也；烟熅之气，神之精也；无灾无害，蒙神灵也。齐王不吊，颠覆厥度，群公受予，绍继祚皇。以眇眇之身，质性顽固，未能涉道，而遵大路，如临深渊，如履薄冰，涕泗忧惧。古人有云，惧则不亡。伊予小子，曷敢怠荒？庶不忝辱，永奉烝尝。”

傅畅著《晋诸公赞》记载：皇帝常与中护军司马望、侍中王沈、散骑常侍裴秀、黄门侍郎钟会等在东堂讲论，并属文论。认为裴秀为儒林丈人，王沈为文籍先生，司马望、钟会也各有名号。皇帝性情急躁，召命他们速速前来。裴秀等在内朝任职，到得比较及时，而司马望在外朝，特赐予追锋车，虎贲士卒五人，每当朝廷有集会，司马望辄奔驰而至。

当年五月，邺城及上洛郡有官员奏报，甘露降临。当年夏天六月丙午日，曹髦改纪元为甘露。乙丑日，有青龙在元城县的井中出现。当年秋天七月己卯日，卫将军胡遵去世。

七月癸未日，安西将军邓艾在上邽县大败蜀国大将军姜维，曹髦下诏："兵未用尽武力，而丑虏摧毁，斩首获生，动以万计，近来我军战无不克，无如此者。派遣使者，犒赏将士，大会飨宴，欢宴终日，称朕意焉。"

八月庚午日，曹髦诏命大将军司马文王，加尊号大都督，上殿奏事不名，授予黄钺。癸酉日，曹髦拜太尉司马孚为太傅。九月，曹髦拜司徒高柔为太尉。当年冬天十月，曹髦拜司空郑冲为司徒，拜尚书左仆射卢毓为司空。

甘露二年春天二月，有青龙在温县的井中出现。三月，司空卢毓去世。

当年夏天四月癸卯，曹髦下诏："玄菟郡高显县吏民反叛，县长郑熙被贼人杀害。平民王简担负郑熙的尸骸，日夜兼程，送至本州府，忠节可嘉。特拜王简为忠义都尉，以旌表其殊行。"

四月甲子日，曹髦拜征东大将军诸葛诞为司空。

五月辛未日，曹髦巡幸辟雍，大会群臣，诏命群臣赋诗。侍中和逌、尚书陈骞等因为作诗较慢，有关官员奏请免去官职，曹髦下诏："朕以暗昧，爱好文雅，广泛采集诗赋，以知得失，因此而招致纷纭，深感不安。原宥和逌等人。主事者自今以后，朝廷群臣皆当熟悉古文，修明经典，称朕意焉。"

五月乙亥日，诸葛诞不接受征召，在驻地起兵造反，杀了扬州刺史乐綝。五月丙子，曹髦赦免淮南吏民，凡受到诸葛诞误导造反者，一律赦免。五月丁丑，曹髦下诏："诸葛诞造反，成为祸首，荼毒扬州。在往昔，黥布叛逆，汉高祖亲自讨伐，隗嚣悖逆，光武帝西征，及至烈祖明皇帝御驾亲征吴、蜀，皆以此奋扬武威，光耀威德也。而今，皇太后与朕暂时亲临戎事，尽快平定丑虏，安定东部。"五月己卯，曹髦又下诏："诸葛诞造反谋逆，胁迫忠义，平寇将军临渭亭侯庞会、骑督偏将军路蕃，各率领左右，斩关冲出险地，忠勇壮烈，予以褒赏，晋升庞会爵位为乡侯，封路蕃为亭侯。"

六月乙巳，曹髦下诏："吴国使者持符节都督夏口诸军事镇军将军沙羡侯孙壹，是吴贼的直系亲属，位列上将，畏天知命，深鉴祸福，幡然醒悟，远归上国，即使微子去殷，乐毅遁燕，无以复加。任命孙壹为侍中车骑将军、持符节、交州牧、吴侯，按照三司礼仪，开府建衙，按照古代侯伯八命之礼，赐予礼帽礼服，赏赐从优。"①

①裴松之认为：孙壹担心被逼归命，事无可嘉，格以古义，欲盖弥彰也。在当时，未得远遵式典，固应量才受赏，足以酬其来情而已。至于光锡八命，礼同台鼎，不亦过乎？对于招携致远，又无可取焉。何者？若使彼之将领守卫，与时无嫌，终不悦于殊宠，坐生叛心，以叛而愧，辱孰甚焉？如果担心危险将至，非奔不可，则必逃死苟存，未获荣利矣。然而，高位厚禄何为者哉？魏国当初有孟达、黄权，晋国有孙秀、孙楷；孟达、黄权享受爵赏，比孙壹为轻，孙秀、孙楷礼秩，优异尤甚。及至吴国平定，而降黜数等，不承权舆，岂不缘在始失中乎？

六月甲子，曹髦下诏：“而今，朕车驾驻跸项城，大将军恭行天罚，前出至淮浦。昔日相国大司马征伐，皆与尚书俱行，今宜如旧例。”曹髦诏令散骑常侍裴秀、给事黄门侍郎钟会，与大将军一起出兵征剿。当年秋天八月，曹髦下诏：“在往昔，燕刺王刘旦谋反，韩谊等劝谏刘旦，被刘旦杀害，汉朝追封其儿子。诸葛诞谋逆凶乱，主簿宣隆、部曲督秦絜秉节守义，临事固谏诤，被诸葛诞杀害，此所谓‘无比干之亲，而受其杀戮者’。任命宣隆、秦絜的儿子为骑都尉，加以赏赐，以宣示远近，表彰其忠义。”

九月，曹髦颁布大赦令。当年冬天十二月，吴国大将军全端、全怿等率领部众投降魏国。

甘露三年春天二月，大将军司马文王攻陷寿春城，斩杀诸葛诞。三月，曹髦下诏：“在古代，将军出征，克敌制胜，将斩杀敌军的尸骸堆积为巨大的坟墓，用以惩治叛逆，而彰显武功。汉孝武帝元鼎年间，改桐乡为闻喜县，改新乡为获嘉县，以庆贺南越国之灭亡。大将军亲自统领六戎，在丘头安营扎寨，对内夷灭群凶，对外殄灭寇虏，其功绩拯救万民，声振四海。克敌制胜之地，宜有令名，改丘头为武丘县，以表明用武力平乱，令后世不忘，亦彰显京观二邑之义也。”

当年夏天五月，曹髦诏命，晋升大将军司马文王为相国，封为晋公，享受八个郡的食邑，加九锡，司马文王前后九次辞让，才作罢。

六月丙子日，曹髦下诏：“在往昔，南阳郡山贼扰攘地方，欲劫持原郡太守东里衮为人质，郡府功曹应余挺身而出，独自保卫郡太守东里衮，东里衮幸免于难。应余颠沛殒命，杀身救君。诏令司徒，任命应余的孙子应伦为官吏，以褒赏应余舍身伏节之义举。”①

①《楚国先贤传》记载：应余，字子正，天姿英俊，性情坚毅，志尚仁义，建安二十三年在郡府担任功曹。在当时，东吴、西蜀不能宾服，疆场多事。宛城守将侯音煽动山上越民，保城叛乱。应余与太守东里衮正当扰攘之际、逃窜出城。侯音当即派遣骑兵追赶，距离城有十里，追上二人，贼人用箭矢射东里衮，飞矢交加。应余在前面以身挡箭，身受七处创伤，应余对追贼讲：“侯音狡狂，成为凶逆，大军很快就要到来，诛杀夷人在近。诸卿曹本来是善人，素无恶心，当反思善念，何为受侯音指挥？我以身代君，已经被重创，若身死君全，陨没无恨。”既而仰天号哭涕泣，血泪俱下。贼人见其义烈，释放东里衮，没有加害。贼去之后，应余亦命绝。征南将军曹仁讨伐平定侯音，上表应余的事迹，并修祭庙。太祖听说后，嗟叹良久，下令荆州重新在门闾装上横匾，赐谷千斛。东里衮后来担任于禁将军幕府司马，参见《魏略·游说传》。

六月辛卯，曹髦诏命，群臣廷议淮南之战的功臣，赏赐功臣，封赏爵位，多少不等。

当年秋天八月甲戌，曹髦拜骠骑将军王昶为司空。丙寅，曹髦下诏：“奉养老人，推行教化，夏商周三代以此树立风化，永垂不朽。因此，一定要有三老、五更，以崇敬尊老之义，乞言纳诲，重在记录历史；然后，六合承流，群下向慕而化。宜简选德行，以充三老、五更之选。关内侯王祥，履行仁义，雅志淳固。关内侯郑小同，温恭孝友，帅礼不忒。以王祥为三老，以郑小同为五更。”曹髦亲率朝廷百官，演习古礼。[①]

①《汉晋春秋》记载：皇帝向王祥咨询，王祥回答：“在往昔，明王礼乐俱备，加上忠诚，忠诚之发呈于言行。作为大人，行动乎天地；天且弗违，况于人乎？”（王祥事参见《吕虔传》。）郑小同是郑玄的孙子。《郑玄别传》记载：“郑玄有一个儿子，曾担任孔融的属吏，被举荐为孝廉。孔融被围困，前往赴难，被贼人杀害，有遗腹子在丁卯出生；而郑玄以丁卯年出生，故名曰‘小同’。”

《魏名臣奏》记载：太尉华歆上表：“臣听说，励俗宣化，莫先于表善；班禄授爵，莫美于显能。是以楚人思子文之治理，复命其胤嗣，汉室嘉奖江公之德，用显其后世。伏见原汉朝大司农北海郡人郑玄，当时之学宗，名冠华夏，被世人称为儒宗。文皇帝旌表记录先贤，拜郑玄的嫡孙郑小同为郎中，长期休假在家。小同年逾三十岁，年少时有令质，学综六经，行著乡邑。海、岱之人，莫不嘉其自然，美其气量。迹其所履，有质直不渝之性，然而郑小同恪恭静默，色养其亲，不治可见之美，不竞人间之名，斯诚清时，所宜式叙，前后明诏，所斟酌而求也。臣老病委顿，无益视听，谨具以闻。”

《魏氏春秋》记载：郑小同拜谒司马文王，司马文王有密疏，未之屏蔽。如厕返回，问郑小同：“卿看见我的奏疏吗？”回答：“没有。”司马文王仍然怀疑，遂鸩杀之。

郑玄注《文王世子》记载：“三老、五更各一人，皆年老更事致仕者也”。《乐记》注释：“皆老人，更知三德五事者也。”

蔡邕著《明堂论》记载：“更”应作“叟”。叟，长老之称，字与“更”相似，书者遂误以为“更”。“嫂”字“女”傍“叟”，今亦以为“更”，以此验知，应为“叟”也。裴松之认为：蔡邕说“更”为“叟”，诚为有似，而诸儒莫之从，未知孰是。

这一年，有青龙、黄龙频繁在顿丘县、冠军县、阳夏县井中出现。

甘露四年春天正月，有两条黄龙在宁陵县井中出现。[①]当年夏天六月，司空王昶去世。当年秋天七月，陈留王曹峻去世。当年冬天十月丙寅，曹髦划出新城郡一部分，设置上庸郡。十一月癸卯，车骑将军孙壹被婢女杀害。

①《汉晋春秋》记载：在当时，黄龙频繁出现，都认为是嘉祥瑞兆。皇帝说：“龙者，君德也。上不在天，下不在田，而数屈于井，并非嘉祥瑞兆。”仍作潜龙之诗，以自讽，司马文王见而恶之。

甘露五年春天正月朔日，天上出现日食。当年夏天四月，曹髦下诏有关官员，按照此前诏命，晋升大将军司马文王为相国，封为晋公，加九锡。

五月己丑，高贵乡公曹髦去世，享年二十岁。[①]皇太后诏令："吾以不德，屡遭家族不幸。此前，援立东海王的儿子曹髦，以为明帝后嗣，见其喜欢读书，爱好文章，冀可成就大业，而曹髦性情暴戾，日月滋甚。吾多次呵责，遂更加忿恚，造作丑逆不道之言，以诬谤吾，两宫遂断绝来往。其所言道，不可忍听，非天地所覆载。吾即密令大将军，曹髦不可以奉宗庙，担心其颠覆社稷，死后再无面目，去见先帝。大将军以其年龄尚幼，应当会改心为善，殷勤执据。而此儿忿戾，所行益甚，竟然举弓弩，遥射吾宫殿，暗中祝祷，令箭矢射中吾的脖项，箭矢坠落在吾的面前。吾告诉大将军此事，不可不将其废黜，前后数十次。此儿具闻，自知罪恶深重，便图谋弑逆，贿赂吾身边人，令其在吾服药之时，秘密鸩杀吾，重相设计。事已败露，直欲乘机举兵闯入西宫杀吾，出宫逮捕大将军，招呼侍中王沈、散骑常侍王业、[②]尚书王经，从怀中掏出黄素诏令他们，言今日便当施行。吾之危殆，过于累卵。吾老寡，岂复多惜余命邪？但伤先帝遗意不遂，社稷颠覆为痛耳。幸赖宗庙之灵，王沈、王业当即骑快马报告大将军，得以预先戒备，而此儿便率领左右，出云龙门，擂响战鼓，亲自拔出利刃，与左右侍从、卫兵布置战阵。结果，为前锋所害。此儿既行悖逆不道，而又自陷大祸，真令吾伤悼，不可言述。在往昔，汉室昌邑王以有罪被废黜为庶人，此儿亦宜以民礼葬之，诏令宫内外咸知此儿所行。又尚书王经，凶逆无状，收捕王经及其家属，押送至廷尉署。"

①《汉晋春秋》记载：皇帝看见威权日去，不胜其忿。召来侍中王沈、尚书王经、散骑常侍王业，对他们讲："司马昭之心，路人皆知。吾不能坐受废辱，今日当与卿等亲自出宫讨伐之。"王经曰："在往昔，鲁昭公不能忍受季氏，败走失国，为天下人所笑。如今，权在其门，为日久矣，朝廷四方，皆为之效死，不顾逆顺之理，非一日也。且宿卫空缺，兵甲寡弱，陛下何所资用，而一旦如此，无乃欲除疾，而更深之邪！祸殆不测，宜见谨慎。"皇帝拿出怀中的版令，投在地上，曰："行之决矣。就是死，何所惧？何况不至于死邪！"于是，入宫禀告太后，王沈、王业奔走，前去报告司马文王，司马文王为之准备。皇帝遂率领童仆数百人，鼓噪而出。司马文王的弟弟屯骑校尉司马伷进宫，在东止车门，遇上皇帝，皇帝左右人呵斥之，司马伷带领众人慌乱奔走。中护军贾充迎上，与皇帝在南阙门下大战，皇帝亲自用剑。众人欲退后，太子舍人成济问贾充："事急矣。怎么办？"贾充说："豢养汝等，就在今日。今日之事，无须再问。"成济随即上前，刺杀皇帝，剑刃出于后背。司马文王听说后，大吃一惊，趴在地上，说："天下人会怎么看我啊？"太傅司马孚奔向宫中，把皇帝的头颅枕在大腿上，大哭，哀甚，曰："杀陛下者，臣之罪也。"

裴松之认为：习凿齿著书，虽最后出，然描述此事，仍有差次。故先载习凿齿语，以其余所言微异者，次其后。

《世语》记载：王沈、王业骑快马报告司马文王，尚书王经为人正直，不肯出宫，通过王沈、王业申明其意。

《晋诸公赞》记载：王沈、王业将要出宫，招呼王经。王经不从，曰："吾子行矣！"

干宝著《晋纪》记载：成济问贾充："事情紧急，怎么办？"贾充答："司马公豢养汝等，就为今日之事。夫何疑？"成济曰："好！"乃抽戈犯跸。

《魏氏春秋》记载：戊子夜，皇帝率领侍从、仆射李昭、黄门从官焦伯等人下了陵云台，铠仗授兵，欲因际会，亲自出发，讨伐司马文王。正碰上下雨，有关官员上奏皇帝，推后几日，遂见王经等，从怀中拿出黄素诏书，曰："是可忍，孰不可忍！今日便当决定此事。"皇帝入宫告诉太后，遂拔剑登上辇车，率领殿中宿卫、苍头官僮，敲击战鼓，出云龙门。贾充自外面进入，帝师溃散，犹称天子，亲手持剑奋击，众人不敢逼近。贾充率领将士，骑督成倅的弟弟成济用矛抵挡，皇帝当场驾崩。当时，暴雨雷霆，晦冥。

《魏末传》记载：贾充招呼帐下都督成济，对他讲："司马家事若败，汝等岂复有种乎？何不出击？"成倅兄弟二人于是率领帐下众人出来，回头问："当杀邪？执邪？"贾充答："杀之。"双方交兵，皇帝说："放下武器！"大将军的士卒皆放下武器。成济兄弟则向前刺杀皇帝，皇帝倒在车下。

②《世语》记载：王业，武陵郡人，后来担任晋国中护军。

庚寅日，太傅司马孚、大将军司马文王、太尉高柔、司徒郑冲稽首谏言："伏见中宫诏令，原高贵乡公悖逆无道，自陷大祸，依照汉室昌邑王犯罪，被废黜旧例，以民礼安葬。臣等备位，不能匡救社稷，消弭祸乱，遏制奸逆，奉诏令，诚惶诚恐，肝心战栗。《春秋》之义，王者无外，而记载'襄王出居于郑'，不能事母，故绝之于位也。而今，高贵乡公曹髦肆行不轨，几乎危及社稷，自取倾覆，人神共愤，以民礼安葬，诚符合旧典。然而，臣等伏唯殿下仁慈过隆，虽存大义，犹垂哀怜，臣等之心实有不忍，以为可以加恩，以王者礼安葬之。"太后准奏。①

①《汉晋春秋》记载：丁卯日，在洛阳西北三十里瀍涧之滨，安葬高贵乡公曹髦。下车数乘，不设旌旗、旄旗，百姓相聚而观看，曰："是前日所杀天子也。"有人掩面而泣，悲不自胜。

裴松之认为：若但下车数乘，不设旌旗、旄旗，何以为君王礼葬乎？斯盖恶之过言，此所谓不如是之甚者。

太后派遣使者，持符节，诏命代行中护军中垒将军司马炎北上迎接常道乡公曹璜，以为明帝后嗣。辛卯，群臣奏请太后："殿下圣德光隆，安定宗庙，拯救社稷，而犹称诏令，与藩国相同。请自今以后，殿下颁布诏令，皆称诏制，按照前代旧例。"

癸卯，大将军司马文王坚决辞让相国、晋公、九锡之位。太后下诏："夫有功不隐，《周易》大义，成人之美，古贤所尚，今听任司马公坚辞之意，将其奏章明示于外，以彰显司马公谦让之礼。"

戊申，大将军司马文王上奏："高贵乡公率领士兵、侍从，拔出利刃，鸣金击鼓，冲向臣的住所；臣畏惧兵刃相接，当即命令手下将士，对高贵乡公曹髦不得有所伤害，违令者，以军法从事。骑都督成倅的弟弟太子舍人成济，横行不法，竟然用兵器刺伤高贵乡公曹髦，遂导致其殒命；臣已收捕成济，以军法从事。臣听说，人臣之节，有死无二，事上之义，不敢逃难。此前猝然发生变故，臣始料未及，祸殃爆发过于突然，臣诚欲委身守死，唯命所裁。然而，曹髦本谋，实欲上危皇太后，倾覆宗庙。臣忝当大任，义在安国，畏惧虽然身死，罪责弥重。臣只能遵循伊尹、周公之权变，以安社稷之难，当派出驿马，重申法令，不得迫近御辇，成济未听命令，突入阵间，以至于酿成大祸。臣哀怛痛恨，五内摧裂，不知何地可以陨坠。按照科律定罪，大逆不道，父母、妻子、包括同父异母之子，皆斩首示众。成济凶戾悖逆，违法乱纪，罪不容诛。臣当即命令侍御史，收捕成济的家属，交付廷尉治罪，明正典刑。”①太后下诏：“夫五刑之罪，莫大于不孝。夫人有儿子不孝，尚告治罪，此儿岂复能算人主邪？朕妇人不达大义，认为成济不得定为大逆罪。然而，大将军志意恳切，发言凄怆，故听其所奏。将此令颁布远近，让天下人知道事情的本末。”②

①《魏氏春秋》记载：成济兄弟没有当即伏罪，袒露身体，登上高台，丑言悖慢；军士从下面用箭射之，才毙命。

②《世语》记载：当初，青龙年间，石苞在长安卖铁，得以见到司马宣王，宣王知道此人。后擢拔为尚书郎，历任青州刺史、镇东将军。甘露年间，进入朝廷，当返回时，辞别高贵乡公，滞留宫中一日。司马文王派人来讨要诏令。司马文王问石苞：“为何滞留宫中这么久？”石苞答：“非常人也。”第二天出发至荥阳，数日后，曹髦遇难。

六月癸丑，太后下诏：“在古时，人君取名字，难犯而易讳。而今，常道乡公名字甚难避讳，诏令朝臣廷议，改名字，上奏。”

陈留王曹奂，字景明，是魏武帝的孙子，是燕王曹宇的儿子。甘露三年，受封为安次县常道乡公。高贵乡公去世，公卿廷议，迎立曹奂即位。六月甲寅，曹奂来到洛阳，朝见皇太后。当日，在太极前殿即皇帝位，颁布大赦令，改纪元年号，赏赐百姓民爵及谷物、缣帛，多少不等。

景元元年夏天六月丙辰，朝廷晋升大将军司马文王为相国，封为晋公，增加两个郡的封国，合并之前，共享有十个郡的封国，加九锡之礼，一切按照此前的诏书执行；司马文王的亲属及子弟，还未受封为列侯者，一律封为亭侯，赏赐钱一千万，缣帛一万匹，司马文王坚决辞让，这才作罢。六月己未，原汉献帝夫人曹节去世，元帝曹奂亲临华林园，派遣使者，持符节，追谥夫人为献穆皇后。及至下葬，享用的车服制度，仍然按照汉室旧礼。六月癸亥，曹奂拜尚书右仆射王观为司空，当年冬天十月，王观去世。

十一月，燕王曹宇上表，祝贺冬至，向曹奂称臣。曹奂下诏：“古时的君王对有功大臣不以臣下礼相待，对燕王将按照此义。燕王上表，可以不称臣！以此回复。夫继承大宗者，降其私亲，更何况所继者为帝王！若便同之臣妾，亦情所未安。其皆按照礼制处理，此乃当务之礼，尽其事宜。”有关官员上奏，认为：“按照礼制，莫崇于尊祖，礼制莫大于正典。陛下稽德期运，抚临万国，继承大宗之重，光隆三祖之基。只有燕王是陛下最亲的亲属，正位藩王，躬秉虔肃，率蹈恭德，以垂范万国；按照国家大典，阐济大顺，还没有相关制度。圣朝诚宜崇敬，以非常之制，奉以不臣之礼。臣等廷议后以为，燕王上奏表章，可听如旧式。陛下平时下诏，或存恤慰问，按照义理，可用‘燕觌之敬’也，以此表示陛下的敬意，增加崇敬礼仪之称呼，以表示不敢直呼其名，可以称‘皇帝敬问大王侍御’。至于制书，国之正典，是朝廷用以严肃国家制度，向天下宣示诏书，昭示法典轨仪，应该遵循法典，故曰‘制诏燕王’。凡是诏命、制书、奏事、上书，诸称燕王者，可在上面平头书写。非宗庙助祭之事，皆不得称大王之名，奏事、上书、文书及吏民，皆不得触犯大王之名讳，以彰显殊礼在诸侯王之上。对上遵循王典尊祖之制，对下顺从陛下尊敬父亲烝烝之心，上下兼顾，符合礼制，可以布告施行。”

十二月甲申，有黄龙在华阴县的井中出现。甲午，曹奂拜司隶校尉王祥为司空。

景元二年夏天五月朔日，天上出现日食。当年秋天七月，乐浪郡域外戎狄韩、秽貊各自率领部属来京师朝贡。八月戊寅，赵王曹幹去世。八月甲寅日，曹奂再次诏命，晋升大将军司马文王为晋公，拜为相国，按照礼仪加九锡。司马文王仍然固辞，又作罢。

景元三年春天二月，有青龙在轵县井中出现。当年夏天四月，辽东郡奏报，肃慎国派遣使者通过多重翻译来京师朝贡，献上国宝大弓三十张，每张弓长三尺五寸，楛木制成的箭矢长一尺八寸，石弩三百枚，裘皮兽骨及铁制的铠甲二十领，貂皮四百张。当年冬天十月，蜀国大将军姜维侵犯洮阳，镇西将军邓艾领兵拒敌，在侯和县大败姜维，姜维遁走。这一年，曹奂下诏，在太祖庙大殿祭祀已故军祭酒郭嘉。

景元四年春天二月，曹奂再次诏命，晋升大将军司马文王爵位，赐予九锡。司马文王仍然坚决辞让，又作罢。

当年夏天五月，曹奂下诏：“蜀国是一个蕞尔小国，土狭民寡，而姜维滥用其民众，不曾有停止的想法；往年被打败，又来到沓中屯田，刻薄虐待羌人，劳役无已，民不堪命。夫兼并弱小，欺凌愚昧，此乃用武之善经，制人而不受制于人，兵家之上略。蜀国所倚恃，唯有姜维而已，因其远离巢穴，用武力制服为易。今派遣征西将军邓艾率领诸军，急赴甘松、沓中，擒获姜维，雍州刺史诸葛绪督率诸军，急赴武都、高楼，两面夹击。若擒获姜维，便当东西并进，殄灭巴蜀也。”曹奂诏命，镇西将军钟会由骆谷出兵，讨伐蜀国。

当年秋天九月，太尉高柔去世。当年冬天十月甲寅，曹奂再次诏命，晋升大将军爵位，加赐九锡。癸卯，曹奂立卞氏为皇后。当年十一月，颁布大赦令。

邓艾、钟会率领魏军讨伐蜀国，所向披靡。这个月，蜀国君主刘禅到邓艾处投降，巴蜀平定。十二月庚戌，曹奂拜司徒郑冲为太保。十二月壬子，曹奂划出益州一部分，设置梁州。十二月癸丑，曹奂诏命，特赦益州士民，五年内减免一半租赋。

景元五年十二月乙卯，曹奂拜征西将军邓艾为太尉，拜镇西将军钟会为司徒。皇太后驾崩。

咸熙元年春天正月壬戌，朝廷用槛车押送邓艾。正月甲子，曹奂巡幸长安。正月壬申，曹奂派使者用玉璧、钱币祭祀华山。这个月，钟会在蜀地造反，被部下诛杀；邓艾也被杀。二月辛卯，曹奂诏命，特赦益州参与造反者。二月庚申，曹奂安葬明元郭太后。三月丁丑，曹奂拜司空王祥为太尉，拜征北将军何曾为司徒，拜尚书左仆射荀𫖮为司空。二月己卯，曹奂封晋公司马文王为晋王，再享有十个郡的封国。合并之前，司马之王共计享有二十个郡的封国。[①]二月丁亥，曹奂封刘禅为安乐公。当年夏天五月庚申，相国晋王司马昭奏请，恢复五等爵位。五月甲戌，更改纪元年号。五月癸未，曹奂追命舞阳宣文侯为晋宣王，舞阳忠武侯为晋景王。六月，镇西将军卫瓘呈上雍州士兵在成都缴获的玉璧、玉印各一枚，印文有“成信”二字。按照周成王归禾之义，曹奂宣示百官，在相国府收藏。[②]

①《汉晋春秋》记载：晋公既然进爵为晋王，太尉王祥、司徒何曾、司空荀𫖮一起来拜谒晋王。荀𫖮曰：“相王尊重，何侯与一朝之臣，皆已尽敬，今日便当相率而来拜见，无所疑也。”王祥曰：“相国位尊势重，诚为尊贵，然而，仍然是魏国宰相，吾等也是魏国的三公；公、王相去，一阶而已，班列大同，安有天子三公可以拜人臣者！损害魏朝之望，亏待晋王之德，君子爱人以礼，吾不愿为也。”及至入内，荀𫖮遂拜，而王祥独长揖不拜。晋王对王祥讲：“今日以后，知道君见顾之重！”

②孙盛说：在往昔，公孙述自以为起兵成都，号曰“成”。二玉之文，殆公孙述所制作。

自从平定蜀国以后，吴国寇掠魏国边境，派大军驻扎在靠近永安的地方，曹奂派遣荆州、豫州驻军，互为犄角，赶赴永安救援。七月，吴军撤退。八月庚寅，曹奂诏命，中抚军司马炎辅佐相国，掌管国事，犹如古时周王封周公的儿子伯禽为鲁公。八月癸巳，曹奂下诏：“此前，逆臣钟会谋逆叛乱，聚集出征将士，劫以兵威，始吐奸谋，发言桀逆，胁迫众人，皆使下议，仓促之际，莫不惊恐。相国左司马夏侯和、骑士曹属朱抚当时出使在成都，中领军司马贾辅、郎中羊琇皆为钟会参谋军事；夏侯和、羊琇、朱抚坚守节操，不屈不挠，临危不惧，壮怀激烈，严词拒绝钟会的威逼。贾辅告知散将王起，说‘钟会凶逆残暴，欲杀尽将士’，又说‘相国已经率领三十万大军，西行讨伐钟会’，欲以此指明形势，稳定众心。王起出来，转告贾辅之言，鼓励诸军，遂使得将士们群情激愤，奋起反抗。对以上义士，应予以表彰，以彰显其忠义。晋升夏侯和、贾辅爵为乡侯，羊琇、朱抚爵关内侯。王起奋不顾身，向众将士宣传贾辅之言，激励将士，应予以赏赐。任命王起为部曲将领。”

八月癸卯，曹奂拜卫将军司马望为骠骑将军。九月戊午，曹奂拜中抚军司马炎为抚军大将军。

八月辛未，曹奂下诏：“吴贼政刑暴虐，赋敛无度。孙休派遣使者邓句，令交趾郡太守锁拿其民众，强征民众当兵。吴将吕兴借民心愤怒，又借王师平定巴蜀，纠集众豪杰，诛杀邓句等人，驱逐太守、县长，抚恤吏民，以等待国命。九真郡、日南郡听说吕兴去逆即顺，也齐心响应，与吕兴协同。吕兴移送文书至日南州郡，宣示大义，兵临合浦，告以祸福；派遣都尉唐谱等进驻进乘县，通过南中都督护军霍弋上表。又有交趾郡将领各自上表，说：‘兴创造事业，大小承命。郡内有山寇，接连闯入诸郡，担心其对百姓造成危害，各有图谋。权衡利弊，暂以吕兴为都督，负责交趾郡诸军事，担任上大将军、定安县侯，乞求赐予恩赏，以抚慰边郡荒蛮之地。’考虑到诸将心意款诚，形于辞旨。在往昔，郲国仪父朝鲁，《春秋》所美；窦融归汉，待以殊礼。而今国威远震，抚怀六合，正需包容殊裔，统一四方。吕兴首倡义举，向慕王化，举众稽服，万里驰义，奏请暂领帅职，宜加恩宠，崇其爵位。既使吕兴等怀忠感恩，远人闻之，必皆竞相效仿。任命吕兴为使者，持符节，都督交州诸军事，担任南中大将军，封为定安县侯，可以便宜从事，先行后上。”策命还未送达，吕兴被部属杀害。

当年冬天十月丁亥，曹奂下诏：“在往昔，圣帝明王禁乱止暴，拯救黎民，安定天下，文武殊途，功勋同归。因此，或舞干戚以教训不庭，或出征讨伐以镇压暴乱。至于报国爱民，惠及百姓，必先整修文教，示之仪轨，不得已，然后用兵，此盛德之举，相同也。在以往，汉室分崩离析，九州颠覆，刘备、孙权乘机作乱。三世先祖安定中原，日不暇给，遂使得遗寇僭越谋逆，割据华夏。幸赖宗庙神灵护佑，宰辅尽忠，耀武扬威，征伐四方，拓定庸、蜀，征伐大军出兵不久，相继克服。近来，江南政治衰败，君主昏暗，巴蜀、汉中平定，已经孤立无援，交州、荆州、扬州、越州，望风披靡，向慕中华。而今，交趾州伪将吕兴已经率领三郡，万里归命；武陵邑侯相严等联合五县，奏请臣服于天朝；豫章郡、庐陵郡山民举众叛吴，以襄助北将军为号召。孙休病死，主帅易位，国内乖违，人心背离。伪将施绩，贼之名臣，各怀猜疑，深见忌恶。可谓众叛亲离，莫有固志，自古及今，未有亡国之征候如此明显。如果六军震曜，南临江、汉，吴郡、会稽郡之民众必将扶老携幼，以迎王师，此乃必然之理也。然而，兴动大军，犹有劳费，宜告谕威德，开示仁信，使其民众知道顺附和同之利。相国参军事徐绍、水军曹掾孙彧，昔日在寿春，同时被俘。徐绍原本是伪南陵都督，有才气，性格开朗，为人豪迈；孙彧原本是孙权的直系亲属，忠良见事。派遣徐绍南返，以孙彧为副将，宣扬国命，告谕吴人，诸所示语，皆以事实，若有民众觉悟，无须耗损征伐之计，盖庙胜之长算，自古之道也。任命徐绍兼领散骑常侍，加奉车都尉，封为都亭侯；任命孙彧兼领给事黄门侍郎，赐爵关内侯。徐绍等所受赐侍妾及家人男女在此者，悉听跟随，以明国恩，不必返回，以广开大信。”

十月丙午，曹奂诏命，抚军大将军新昌乡侯司马炎为晋国世子。这一年，撤销屯田官，统一赋税征缴、徭役征调，诸典农改为太守任职，都尉改为县令、县长；劝诱蜀国人愿迁入内地者，由政府供应两年口粮，免除二十年赋税。安弥县、福禄县奏报，有嘉禾生长。

咸熙二年春天二月甲辰，朐䏰县获取灵龟，贡献朝廷，收藏于相国府。庚戌，虎贲将军张修在成都骑着快马到各个军营，说钟会谋逆，结果被杀身亡。曹奂赐张修的弟弟张倚爵关内侯。当年夏天四月，南深泽县奏报，有甘露降临。吴国派遣使者纪陟、弘璆请求讲和。

五月，曹奂下诏："相国晋王神机妙算，光被四海；武功震耀，威盖边远四荒，流风化被四海，旁洽无外。哀愍怜恤江南民众，务存赈济抚恤，戢武崇仁，示以威德。文告所加，承风向慕，派遣使者前来贡献，以明委顺，方物珍宝，欢以效意。而晋王谦让之至，一律登记造册，送往朝廷，此非所以慰副初附，从其款愿也。孙皓等所贡献珍宝之物，皆送还晋王，归于王府，以协古人尊贤之义。”晋王司马昭又固辞，才作罢。曹奂诏命，晋王的冠冕加上十二条珠旒，可以使用天子旌旗，出警入跸，乘坐金根车，有六匹马驾车，备五时副车，设置旄头云罕，享用八佾乐舞，在宫殿内悬挂钟虡。晋升晋王妃为王后，晋升世子为太子，晋王的儿子、女儿、孙子享受的爵位及命名按照旧礼实行。五月癸未，曹奂颁布大赦令。当年秋天八月辛卯，相国晋王司马昭去世。八月壬辰，晋国太子司马炎继承王位，总领百官，备物典册，一皆如前。这个月，襄武县奏报，有巨人出现，高三丈余，脚印长三尺二寸，白发，穿着黄色单衣，戴着黄色头巾，拄着手杖，对平民王始讲："如今，天下应当太平。"九月乙未，曹奂颁布大赦令。九月戊午，司徒何曾担任晋国丞相。九月癸亥，曹奂拜骠骑将军司马望为司徒，拜征东大将军石苞为骠骑将军，拜征南大将军陈骞为车骑将军。九月乙亥，晋文王司马昭下葬。闰九月庚辰，西域康居国、大宛国向朝廷献上名马，归于相国府，以彰显相国怀柔万国，招致远方来归之功勋。

当年冬天十二月壬戌，魏氏天禄终止，天命历数归于晋室。曹奂下诏，朝廷公卿士大夫按照礼仪在南郊设立祭坛，派使者奉上皇帝玉玺绶带册书，禅位于晋国嗣王，犹如汉室向魏国禅让故事。十二月甲子，晋武帝派遣使者向曹奂奉上策书，封曹奂为陈留王。曹奂启程前往金墉城，最后住在邺城，退位时，年龄二十岁。①

①《魏世谱》记载：晋武帝封曹奂为陈留王，享年五十八岁，太安元年驾崩，谥号为元皇帝。

陈寿评论如下：古代帝王，以天下为公，唯贤者接受天命。后代帝王采取世袭制，立儿子为继嗣；如果没有合适的继嗣，从旁系子孙选择继嗣，选择有德者即位，就像汉室的文帝、宣帝。这是继承制度不变的常理。明帝曹叡没有这样做，从情感出发，抚养旁系婴儿，作为子嗣传位，托付的辅弼大臣不能忠心辅佐，必有宗室的人参与，最终，曹爽被夷灭家族，齐王即位。高贵乡公聪明早慧，喜欢经学典籍，有文帝曹丕的遗风；然而，高贵乡公曹髦轻率急躁，不能自制，最终陷入大祸。陈留王曹奂谦恭律己，南面为帝，宰辅统领朝政，俯仰随意。最终，像汉室禅让于魏，曹奂禅让于晋室，接受晋室封赏大国，成为晋室的嘉宾，比起山阳君汉献帝刘协，待遇又好一些。

魏书五

后妃传第五

《易经》认为："男子在外走正道，女子在内走正道；男女都能走正道，天地之德义，即能确立。"古代的圣王，莫不制定后宫嫔妃制度，以此确立天地之德义。尧帝的两个女儿在妫水之滨，下嫁虞舜。虞舜后来接受尧帝禅让，成为圣君。太任、太姒嫁于周室圣主王季与姬昌，周室因此而兴旺。王朝的兴衰，与后宫嫔妃有密切的关系。《春秋》说，天子可以娶十二位女子，诸侯娶九位女子；考察帝王婚配，可借以了解婚姻典章制度。到了王朝末世，帝王变得骄横奢靡、恣意淫欲，宫中有许多旷女，世上有许多怨夫，伤害和气。一味追求美色的帝王，不考虑嫔妃的贞淑、懿德，直接影响到社会风气。风气变得颓废，人伦大礼遭到漠视，可悲可叹！呜呼，拥有天下的帝王，一定要引为鉴！

按照汉朝制度，皇帝的祖母称"太皇太后"，皇帝的母亲称"皇太后"，皇帝的正妃称"皇后"，其余嫔妃有十四个等级。魏国继承汉制，母亲的称号按照旧制从夫人以下有所损益。太祖建国，正妃称为王后，王侯以下分五等：有夫人、昭仪、婕妤、容华、美人。文帝增加贵嫔、淑媛、修容、顺成、良人。明帝又增加淑妃、昭华、修仪，废除顺成一项。太和年间，明帝又恢复夫人，将夫人的地位提升至淑妃以上。从夫人以下，嫔妃分十二个等级：贵嫔、夫人的地位仅次于皇后，爵位无可类比；淑妃的地位相当于相国，爵位等同于诸侯王；淑媛的地位相当于御史大夫，爵位等同于公；昭仪的爵位等同于县侯；昭华的爵位等同于乡侯；修容的爵位等同于亭侯；修仪的爵位等同于关内侯；婕妤的爵位相当于中二千石官员；容华的爵位相当于二千石官员；美人的爵位相当于比二千石官员；良人的爵位相当于千石官员。

魏武宣卞皇后，琅琊郡开阳县人，这是文帝的母亲。卞皇后原来是歌妓，[①]二十岁时，太祖在谯县纳娶卞氏为侍妾。卞氏跟随太祖到了洛阳。及至董卓祸乱天下，太祖逃出洛阳，微服东行避难，袁术传来太祖的死讯时，太祖身边的人，凡在洛阳者，都想着散伙回家，卞氏劝止他们："曹君生死尚未可知，今日你们回家，明日如果曹君还在，你们还有何面目再去见曹君？即使曹君真的遭遇灾难，与曹君同生共死，又有何不可？！"太祖的部下遂听从卞氏的劝阻。太祖听说此事后，增加对卞氏的好感。建安初年，丁夫人被废黜，太祖遂以卞氏为继室。太祖的几个儿子，凡母亲不在者，太祖即令卞氏代为抚养。[②]文帝被立为太子，卞氏身边的女官向卞氏道贺："将军被立为太子，天下莫不为此感到高兴，王后应当倾尽府藏，赏赐下人。"卞氏答："魏王以曹丕年龄最长，故立为后嗣，我只能以德教导儿子，没有犯下大的过失，为此感到庆幸，岂敢以此炫耀，重赏众人？"女官回去后，把卞氏的话告诉太祖。太祖高兴地说："怒不变容，喜不失节，这是最难做到的。"

①《魏书》记载：汉延熹三年十二月己巳日，卞皇后在齐郡白亭出生，有黄气满室，持续一整日。父亲敬侯感到奇怪，以此询问占卜者王旦，王旦说："此吉祥也。"

②《魏略》记载：当初，太祖有丁夫人，还有刘夫人，刘夫人生下儿子曹修和清河长公主。刘夫人过早去世，丁夫人抚养曹修长大成人。儿子曹修在穰城死于战场，为此，丁夫人常念叨："将我儿杀之，提都不提！"遂为此事经常哭泣。太祖很气恼，后来，只好把丁夫人送回娘家，欲以此令丁夫人心情好转。后来，太祖去看望丁夫人，丁夫人正在织机上织布，外面有人传言："曹公来了。"丁夫人仍坐在织机上，一动不动。太祖进屋，抚摩着丁夫人的背，说："跟我坐车子回去吧！"丁夫人不理，也不回应。太祖将要走时，立在户外，又说："就不能回心转意吗？"丁夫人仍然不应，太祖说："真是倔脾气呀！"遂与丁夫人断绝关系。后来，太祖告诉丁夫人娘家，丁夫人可以改嫁。其家人不敢。当初，丁夫人为嫡妻，加上有儿子曹修，丁夫人对待卞皇后母子有所不足。卞皇后成为继室，不念旧恶，因为太祖常出行，四时常派人向丁夫人馈送礼物，又私自迎接丁夫人，延请丁夫人坐在正座，而自己坐在下座，迎来送去，有如昔日。丁氏谢曰："废放之人，夫人何能常尔邪？"后来，丁夫人去世，卞皇后请太祖殡殓丁夫人，妥善安葬。太祖逐一答应，葬丁夫人在许都城南。再后来，太祖病危，自虑不起，叹息道："我前后做事情，从内心来讲，未曾有所负也。如果死而有灵，儿子曹修问我：'我母亲还好吗？'我将以何辞回答？！"

《魏书》记载：卞皇后秉性俭约，不尚华丽，从不在意纹绣珠玉，所用家具皆用黑漆。太祖常会得到一些名珰器具，命卞皇后自选一件，卞皇后取其中一般者，太祖问其缘故，卞皇后回答："取其上者为之贪，取其下者为之伪，故取其中间一般者。"

建安二十四年，魏王立卞氏为王后，策书曰："夫人卞氏，抚养诸位王子，有母仪之德。今日晋升位为王后，太子及诸侯陪侍王后晋升尊位，众卿向王后上寿祝贺，减去封国内死罪囚犯刑罚一等。”建安二十五年，太祖驾崩，文帝继承王位，尊卞后为王太后。及至文帝接受汉室禅让，即位为皇帝，尊卞后为皇太后，卞太后居住的宫殿称为永寿宫。[①]明帝即位，尊卞太后为太皇太后。

①《魏书》记载：卞皇后以国家用度不足，减损御食，诸金银器物皆收藏起来。东阿王曹植是太后的小儿子，最受喜爱。后来，曹植犯法，被有关官员弹劾，文帝令卞太后的弟弟奉车都尉卞兰担任公卿，并向太后征求意见。太后说：“没想到此儿这样行事，你去告诉皇帝，不要因为我，坏了国家的法度。”及至看见文帝，并不以此为意。

裴松之按：文帝梦中磨钱，欲使纹路磨去，反而更加明显，文帝以此梦问周宣。周宣答：“此陛下家事，虽意欲尔，而太后不听。”则太后用意，并不如此书所言。

《魏书》记载：太后每次随大军出征，途中看见高年老人，都会停下车子问候，赐予绢帛，对之涕泣道：“恨父母没有等到我尊贵时。”太后每次接见外戚，不假以颜色，常说：“居处当务简约，不当望赏赐，要自我约束。外面当怪吾遇之太薄，吾自有常度也。吾事武帝已有四五十年，行俭日久，不能自变为奢，有犯科禁者，吾且能加罪一等，不要指望有钱米恩贷。”文帝为太后的弟弟卞秉建起宅邸，宅邸建成，太后到弟弟家中，宴请诸家外戚，设下厨，无异膳。太后身边的人，菜食粟饭，无鱼肉。其俭朴如此。

黄初年间，文帝欲追封太后的父亲、母亲，尚书陈群上奏：“陛下以圣德奉天承运，接受天命，创业改制，应该为后世制定典章制度。按照典籍记载，没有妇人可以享受封土、爵位。按照礼制，妇人可以享受丈夫的封爵。秦朝违背古制，汉朝沿袭秦朝，这不是先王制定的法典。”文帝说：“这个谏言是对的，追封之事不再廷议。将此奏议以诏书形式颁布，并收藏于台阁备案，作为法典留于后世。”到了太和四年春天，明帝又为太后的祖父卞广追加谥号为“开阳恭侯”，太后父亲卞远为“敬侯”，将太后的祖母周氏追封为“阳都君”，太后母亲追封为“恭侯夫人”，皆赠予印绶。当年五月，卞太后驾崩。当年七月，与太祖在高陵合葬。

太后的弟弟卞秉当初以战功受封为都乡侯，黄初七年晋升爵位为开阳侯，享受食邑一千二百户，受拜为昭烈将军。[①]卞秉去世，儿子卞兰继承爵位。年少时，卞兰即有才学，[②]担任奉车都尉、游击将军，兼任散骑常侍。卞兰去世，儿子卞晖继承爵位，[③]文帝又分出卞秉一部分食邑，封卞兰的弟弟卞琳为列侯，卞琳官至步兵校尉。卞兰的儿子卞隆，有一个女儿是高贵乡公的皇后。卞隆以皇后的父亲受拜为光禄大夫，享受特进位，受封为睢阳乡侯。卞隆的妻子王氏受封为显阳乡君。卞隆的前妻刘氏受追封为顺阳乡君，刘氏是皇后的亲生母亲。卞琳有一个女儿，后来成为陈留王曹奂的王后。当时，卞琳已经去世，卞琳的妻子刘氏受封为广阳乡君。

①《魏略》记载：当初，卞皇后的弟弟卞秉在建安年间担任别部司马，卞皇后常对太祖抱

怨，太祖答：“作为我夫人的弟弟，得到的还不多吗？”卞皇后又欲太祖给弟弟一些钱帛，太祖又说：“但汝盗与，不为足邪？”故直到太祖去世，卞秉官位不移、财亦不益。

②《魏略》记载：卞兰献上辞赋，赞颂太子德美，太子回复：“辞赋者，言事类之所附也。辞颂者，美盛德之形容也。故作辞赋者，不虚其辞，受者必当其实。卞兰此赋，岂吾实哉？在往昔，吾丘寿王向武帝称颂宝鼎，何武等向宣帝献上歌颂，犹受金帛之赐。卞兰之事，虽然不可原谅，义足嘉也。今赐牛一头。”由是遂见亲敬。

③《魏略》记载：明帝时，卞兰看到外面有东吴、西蜀二国威胁，而明帝却专注于宫室建造，卞兰常跟随在明帝身边侍从，多次向明帝谏言。明帝虽然不能听从，还是能感到卞兰忠诚。后来，卞兰苦于糖尿病折磨，当时，明帝相信巫女水方，派人带着水赐予卞兰，卞兰不肯饮。明帝问其原因，卞兰答：“治病自当用方药，何信于此？”明帝听了，为之变色，而卞兰终不肯服用。后来，病情加重，以至于身亡。故当时人看到卞兰喜欢直言进谏，都说是明帝当面责备，而卞兰自杀。其实不然。

文昭甄皇后，中山郡无极县人，这是明帝的母亲，其祖上甄邯在汉朝曾担任太保，家族几代人担任二千石官员。父亲甄逸，曾担任上蔡县令。甄皇后三岁失去父亲，[①]不久，天下大乱，加上饥馑，百姓卖掉家中的金银珠玉宝物，购买粮食。在当时，甄家储备大量的粮食，换回很多金银珠玉。甄皇后十几岁时，对母亲讲：“如今世道混乱，家中收藏这么多金银珠玉宝物，人们常讲：‘匹夫无罪，怀璧为罪。’而且，左右邻居现在正困于饥饿，不如把家里的粮食用来赈济亲戚及乡邻，普施恩惠。”家人对甄氏的想法颇为赞赏，遂按照甄氏的意见行事。[②]

①《魏书》记载：甄逸娶常山郡人张氏，生下三男五女：长男甄豫，早逝；次子甄俨，被举荐为孝廉，担任大将军幕府掾、曲梁县长；次子甄尧，被举荐为孝廉；长女甄姜，次女甄脱，次女甄道，次女甄荣，次女即甄后。甄后在汉灵帝光和五年十二月丁酉日出生。每当睡觉时，家中人常看到好似有人持玉衣，覆盖在甄后的身上，对此常感到奇怪。甄逸去世，加谥号“慕”，内外益奇之。后来，有相面者刘良为甄后相面，还为家中兄弟姐妹相面，刘良指着甄后，说：“此女贵不可言。”甄后从小到大，不喜欢游戏。八岁时，外面有站立在马上玩马戏者，家人及姐姐们都上到阁楼上观看，独甄后不看。姐姐们奇怪，问甄后，甄后回答：“此岂女人之所观邪？”九岁时，甄后喜欢读书，视字辄识，多次用诸兄的笔砚，哥哥们对甄后讲：“汝当习女工。看书学习，想当女博士吗？”甄后答：“闻古者有贤女，未有不学习前世成败，以为己诫。不知书，何以见之？”

②《魏略》记载：甄后十四岁，哥哥甄俨去世，甄后悲伤过度，事寡嫂越发恭敬，事处其劳，抚养甄俨的儿子，非常慈爱。甄后母性甚笃，待诸妇有常，甄后多次劝谏母亲：“哥哥不幸早逝，嫂嫂年少守节，留下一子，以大义言之，待之当如妇，爱之宜如女。”母亲听了甄后的话，不禁流泪，令甄后与嫂嫂共处，寝息坐起常相随，恩爱越发亲密。

建安年间，袁绍为二儿子袁熙聘娶甄氏为妻。袁熙后来出任幽州刺史，甄氏留在家中服侍婆婆。及至太祖平定冀州，曹丕在邺城纳娶甄氏，对甄氏宠爱有加，甄氏生下明帝和东乡公主。[①]延康元年正月，曹丕即魏王位。当年六月，曹丕南征，甄氏留在邺城。黄初元年十月，曹丕接受汉室禅让，继承帝位，即位之后，山阳公刘协将两个女儿奉献给文帝，做了文帝的嫔妃。在当时，郭后、李、阴两贵人也受到文帝爱幸，甄皇后越发失意，颇有怨言。文帝大怒，黄初二年六月，文帝派遣使者赐甄皇后自杀，葬在邺城。[②]

①《魏略》记载：袁熙在幽州供职，甄后留下来侍奉婆婆。及至邺城被攻破，袁绍的妻子及甄后一起坐在大堂上。文帝进入袁绍的府邸，看见袁绍的妻子及甄后。甄后惶恐，把头埋在婆婆的膝上，袁绍的妻子两手推拒。文帝对二人讲："刘夫人为何如此？令新妇抬起头来！"婆婆捧着甄后的头，令其仰头。文帝就近一看，看见甄后姿色美貌，赞叹之。太祖知道其意，遂为迎娶。

《世语》记载：太祖攻陷邺城，文帝先进入袁尚的府邸，有妇人披发垢面，垂涕站立在袁绍的妻子刘氏后面，文帝问，刘氏答："这是袁熙的妻子。"拨开发髻，以巾拭面，姿貌绝美。文帝走后，刘氏对甄后讲："不忧死矣！"遂见纳，有宠。

《魏书》记载：甄后受到文帝宠幸，越发兴隆，然而弥自损挹，后宫有宠者劝勉之，其无宠者慰诲之，每当闲暇时，甄后常劝文帝："在往昔，黄帝子孙繁衍，盖由媵妾众多，才获得福祚耳。所愿夫君，广求淑媛，以丰继嗣。"文帝心中嘉赏甄后。其后，文帝欲遣送任氏，甄后劝说文帝："任氏是乡党望族，德、色俱备，妾等不及也，为何遣送之？"文帝答："任氏性情狷急，不婉顺，多次激怒我，不止一次，是以遣送之。"甄后流着眼泪，为任氏求情："妾受敬遇之恩，众人所知，必谓任氏之出，是妾之缘由。上惧有见私之讥，下受专宠之罪，愿君留意！"文帝不听，遂送其出宫。建安十六年七月，太祖征伐关中，武宣皇后随从，留在孟津。文帝镇守邺城，当时，武宣皇后身体有些不虞。甄后不能定省，心中难过，昼夜涕泣；身边人不时向其报告，甄后仍然不信，说："夫人在家，故疾每动，辄历时，今疾便差，何速也？此欲宽慰我意耳！"就越发忧虑。甄后得到武宣皇后书信，说疾病已经平复，甄后这才高兴起来。建安十七年正月，大军返回邺城，甄后朝见武宣皇后，望着幄座悲喜交加，感动左右。武宣皇后见甄后如此，也一起悲泣，对甄后讲："新妇谓吾前病，如昔时困邪？吾时而稍稍有病，十余日即痊愈，不当视我颜色乎！"嗟叹曰："此真孝妇也。"

建安二十一年，太祖东征，武宣皇后、文帝及明帝、东乡公主皆跟随。当时，甄后以有病留在邺城。建安二十二年九月，大军返回，武宣皇后左右侍御看见甄后颜色丰盈，很奇怪，问甄后："甄后与二子离别这么久，思念之情，不可为念，反而颜色更盛，何也？"甄后笑着回答："曹叡等跟随夫人，我当何忧？"甄后之贤明，以礼自持如此。

②《魏书》记载：有关官员奏请建造长秋宫，文帝下玺书，迎接甄后，诣行在所，甄后上表："妾听说，先代之兴，所以享国久长，垂祚后嗣，无不由后妃焉。故必审选其人，以兴内教。令践阼之初，诚宜登进贤淑，统理六宫。妾自省愚陋，不任粢盛之事，加上寝疾，敢守微

志。”玺书三次送达，甄后三次谦让，言辞恳切。当时盛暑，文帝欲待秋凉之后，再次迎接甄后。恰逢甄后疾病加重，当年夏天六月丁卯，在邺城去世。文帝哀痛咨嗟，策书赠皇后玺绶。

裴松之认为：《春秋》之义，内大恶讳，小恶不书。文帝之不立甄氏为皇后，并加以杀害，事有明审。魏史若以为是大恶，则宜隐而不言；若以为是小恶，则不应假为之辞，而崇饰虚文，乃至于是，异乎所闻于旧史。推此而言，其称卞后、甄后诸皇后言行之善，皆难以实论。陈氏删落，良有似也。

明帝即位，有关官员奏请明帝，为母亲追加谥号。明帝派司空王朗持符节，奉策书，以太牢礼在甄皇后陵前告祭，又另外为母亲建立寝庙。① 太和元年三月，明帝以中山郡魏昌县安城乡一千户食邑，追封甄皇后的父亲甄逸，追加谥号为敬侯；由甄逸的嫡孙甄像继承爵位。当年四月，开始营建宗庙，挖掘出一枚玉玺，方一寸九分，其印文为“天子羡思慈亲”，明帝看了印文，为之动容，以太牢礼祭告宗庙。夜间梦见母亲甄皇后，于是，明帝又为舅舅按照亲疏任命职务，高下不等，赏赐金钱达千万；明帝任命甄像为虎贲中郎将。这个月，甄皇后的母亲去世，明帝身穿缌麻孝服，亲临举丧现场，朝廷百官陪侍。太和四年十一月，明帝认为母亲甄皇后的陵寝卑下，诏令甄像兼任太尉，持符节到邺城去，昭告后土神。当年十二月，将母亲甄皇后改葬在朝阳陵。甄像返回，改任散骑常侍。青龙二年春天，明帝又为母亲的哥哥甄俨追加谥号为安城乡穆侯。当年夏天，吴国派出军队侵犯扬州，明帝拜甄像为伏波将军，持符节，都督诸路将军东征。返回后，再次担任射声校尉。青龙三年，甄像去世，明帝追赠卫将军，将食邑改封在魏昌县，谥号为贞侯；儿子甄畅继承爵位。明帝又封了甄畅的弟弟甄温、甄韡、甄艳为列侯。青龙四年，明帝改封甄逸、甄俨，原来封为安城乡侯，后改为魏昌县侯，谥号不变。明帝又封甄俨的妻子刘氏为东乡君，追封甄逸的妻子张氏为安喜君。

①《魏书》记载：三公奏文：“盖孝敬之道，笃乎其亲，乃四海之内，所以接受教化，天地之所以明察也，是谓生则致其养，殁则光其灵，诵述以尽其美，宣扬以显其名。今陛下以圣懿之德，绍承宏业，至孝烝烝，通于神明，遭罹殷忧，每劳谦让。先帝迁神山陵，大礼既备，至于先后，未有昭显谥号。伏唯先后恭让著于幽微，至行显于不言，化流邦国，德侔《诗经·二南》，故能膺神灵嘉祥，为大魏世妃。虽夙年登遐，万载之后，永播融烈，后妃之功，莫得而尚也。按照谥法：‘圣闻周达曰昭，德明有功曰昭。’昭者，光明之至，盛久而不昧者也。宜上尊谥号，曰文昭皇后。”这个月，三公又上奏：“在古代，周室的始祖为后稷，特别建立祠庙以祭祀姜嫄。今文昭皇后之于万嗣，圣德至化，岂有量哉？夫以皇家世妃之尊，而克让允恭，固推盛位，神灵迁化，而无寝庙以享受祭祀，非所以报显德、昭孝敬也。稽之古制，宜按照周礼，先妣另外建立寝庙。”并奏，明帝准奏。

景初元年夏天，有关官员奏请，建立七座祭庙。当年冬天，又奏请：“人们常讲，帝王事业兴隆，既有接受天命之福祚，又有圣妃襄助之功劳，加上祖宗神灵护佑，这才能事业兴隆，以成就圣王之宏业。在往昔，高辛氏占卜，其四个妃子生的儿子，后裔皆可以拥有天下。其后，帝挚、唐尧、商汤、周武兴盛。周室上推祖宗至后稷，祭祀时，以后稷配享皇天，追述后稷的出生及母亲姜嫄，又特别为姜嫄建立祠庙，世世享祭。《周礼》讲：'奏夷则，歌中吕，舞大濩，以享先妣。'讲的就是这个故事。诗人为之歌颂：'厥初生民，时维姜嫄。'意思是，这是王化之本，生民所由。又说：'閟宫有侐，实实枚枚，赫赫姜嫄，其德不回。'《诗经》《礼经》所称颂的姬氏兴盛，其赞美之词如此繁多。大魏接受天命，继承舜帝的福祚，因此，弘扬帝德，三世帝王事业兴隆，祖庙承祧之数，应该与周室相同。如今，武宣皇后、文德皇后各自配享无穷之祭祀；至于文昭皇后，膺天灵符，诞育明圣之君，功济生民，德盈宇宙，开诸后嗣，此乃道化之所兴。文昭皇后的寝庙祭祀，应该像姜嫄的閟宫，至今还没有完善迭毁制度，臣担心，论功报德之义，后世将有缺失，这不能昭显对母亲孝顺之意，无以垂范后世。文昭寝庙应该世世享受祭祀，与祖庙相同，不能迭毁，以此昭显圣善之风。"于是，明帝采纳七庙之议，刻在金策上，藏于金匮。

明帝思念舅氏不已。甄畅虽然年幼，景初末年，明帝拜甄畅为射声校尉，兼领散骑常侍，又为甄畅建立豪华宅邸，明帝亲临视察。在大宅邸的后花园，为甄像母亲建立观庙，甄畅居住的里巷，明帝起名称叫"阳里"，以追思母亲。嘉平三年正月，甄畅去世，明帝追赠甄畅为车骑将军，谥号为恭侯；儿子甄绍继承爵位。太和六年，明帝的爱女曹淑去世，明帝追封谥号为平原懿公主，为曹淑建立祠庙。又将甄后去世的侄孙甄黄与其合葬，追封黄为列侯，以夫人郭氏的堂弟郭悳（dé）作为后嗣，继承甄姓，封郭悳为平原侯，继承公主的爵位。[①]青龙年间，明帝又封了甄后堂哥的儿子甄毅及甄像的三个弟弟，皆为列侯。甄毅多次上疏，力陈朝政得失，后来担任越骑校尉。嘉平年间，齐王曹芳又封甄畅的两个儿子为列侯。甄后哥哥甄俨的孙女成为齐王曹芳的王后。王后的父亲去世，曹芳封了王后的母亲为广乐乡君。

①孙盛曰：按照礼制，妇人既无封爵之典，况于孩末，而可建立大邑乎？郭悳（dé）自是异姓，援继非类，非功非亲，而继承母亲的爵位，违情背典，于此为甚。陈群虽抗言，杨阜引事举例，然皆不能极陈先王之礼，明封建继嗣之义，忠至之辞，犹有缺乎！《诗经》云："赫赫师尹，民具尔瞻。"宰辅之职，其可略哉！

《晋诸公赞》记载：郭悳，字彦孙。司马景王辅政把女儿嫁给郭悳。郭悳妻子早逝，司马文王又把女儿嫁给郭悳作为继室，即京兆长公主。司马景王、司马文王欲以此巴结郭后，是以频繁结为婚姻。郭悳虽然无才学，然而谦恭、谨慎。甄温，字仲舒，与郭建及郭悳等皆为皇后的外戚，有事宜见宠。咸熙初年，曹奂封郭建为临渭县公，封郭悳为广安县公，享受食邑一千八百户。甄温被封为侯爵，郭进被拜为辅国大将军，兼侍中，兼领射声校尉，郭悳被拜为镇军大将军。泰始元年，晋室接受魏氏禅让，加郭建、郭悳、甄温三人特进位。郭悳为人忠贞、朴素，加上是世祖的姐夫，因此贵宠当世。郭悳暮年改任宗正，兼侍中。太康年间，大司马齐王司马攸应当回到藩国，郭悳与左卫将军王济一起谏请，当时人嘉赏之。世祖司马炎以此看重郭悳，由此任命郭悳为大鸿胪，兼侍中、光禄大夫，不久，郭悳病逝，被赠中军大将军印绶，开府，侍中如故，谥号为恭公，儿子郭喜继承爵位。郭喜为人纯粹，有器量，历任中书郎、右卫将军、侍中，官至辅国大将军，加散骑常侍。郭喜与晋国公室有姻亲，经过赵王司马伦、齐王司马冏等变故，郭喜都未参与，一方面由于其才短，然而亦以退静免罪。

文德郭皇后，安平郡广宗县人。郭皇后的祖上，世代有人担任官职。①年少时，父亲郭永对女儿郭氏颇感惊讶："这是我们家的女王。"遂以"女王"作为郭氏的字。郭氏很早失去双亲，遭逢乱世，颠沛流离，后来在铜鞮侯家里做奴婢。太祖受封为魏公，郭氏得以进入东宫。郭氏为人聪慧，时常为太子提建议，被太子采纳。曹丕被确立为太子，郭氏献策，起了很大作用。曹丕即王位，立郭氏为夫人，及至曹丕接受汉室禅让，即位为皇帝，郭氏成为贵嫔。甄皇后去世，也是因郭氏过于受宠。黄初三年，将要册立皇后，文帝欲立郭氏为皇后，中郎栈潜上疏："在往昔，帝王统治天下，不仅有大臣的辅佐，也有宫内皇后的襄助，国家无论治世或乱世，盛世或衰世，皇后都起着重要作用。因此，西陵氏的女儿嫁于黄帝为妻，尧帝的女儿女英、娥皇下嫁虞舜为妻，都是以贤明襄助丈夫，最终流芳千古。夏桀遭流放至南巢，祸端来自末喜；纣王施行炮烙酷刑，以取悦于妲己。因此，圣王一定要娶世族大家；在确立元妃时，要特别慎重——选择淑女，以统御六宫；其能虔诚奉祀宗庙，以彰显妇德修明。《易经》讲：'家道正，天下定。'由内及外，这是先王制定的法典。《春秋》记载宗人背叛夏室的故事，没有以侍妾充当夫人的礼法。齐桓公在葵丘与诸侯盟誓时，也说：'无以侍妾为妻。'如今，后宫受到宠幸的嫔妃，其地位仅次于皇帝。如果因为爱幸而登上皇后位，卑贱之人倏然尊贵，臣担心，后世将会下陵上替，开了不遵守法度的先例，祸乱将会自上引起。"文帝不听，遂立郭氏为皇后。②

①《魏书》记载：郭皇后的父亲郭永，官至南郡太守，去世后，谥号为敬侯。母亲姓董，即堂阳君，生下三男二女：长男郭浮，担任高唐县县令 次女郭昱，次女即郭后，郭后的弟弟是郭都、郭成。郭后在东汉灵帝中平元年三月乙卯出生，出生时有异象。

②《魏书》记载：郭后上表谢恩："妾无娥皇、女英厘降之节，又非太姜、太任思齐之伦，诚不足以充任女君之盛位，处中馈之重任。"郭后自从在东宫，及至即皇后位，虽有异宠，心越恭肃，奉养永寿宫，以孝闻。在当时，柴贵人亦有宠，郭后教训开导之。后宫诸贵人时有过失，常为她们遮掩，有谴让，辄为文帝言其本末。文帝或大怒，郭后则为之顿首请罪，是以六宫无怨。郭后性情俭约，不好音乐，常仰慕东汉明德马皇后的为人。

郭皇后很早就失去兄弟，以堂兄郭表作为郭永的后嗣，文帝拜郭表为奉车都尉。郭皇后的外家亲戚刘斐与他国通婚，郭皇后知道后，敕令："诸亲戚家的嫁娶，应当与乡里的人家门户匹配，不要因为权势而骄人，与他方人士通婚。"郭皇后姐姐的儿子孟武返回乡里，求娶小妾，郭皇后制止。随后，郭皇后敕令诸家亲戚："如今，世上的妇女人数少，应当先许配给军中将士，不得因缘娶女子为妾。诸家宜各自慎重对待此事，不要成为受罚的祸首。"①

①《魏书》记载：郭后常敕书告诫郭表、郭武等人："汉室椒房之家，很少有能终身保全者，祸端皆由骄奢引起，可不谨慎乎！"

黄初五年，文帝东征，郭皇后留守许昌永始台。当时，连绵雨已经下了一百余日，城楼多遭到损毁，有关官员奏请移居其他地方。郭皇后说："在往昔，楚昭王出游，贞姜留在渐台。江水来了，使者来接，没有带符节，贞姜不肯离去，最终，被江水淹死。如今，皇帝在外远征，我幸而没有遭遇水患，随便移居他处，怎么行？"群臣不敢再言。黄初六年，文帝东征吴国，进抵广陵郡，郭皇后留在谯宫。当时，郭表留在宫中宿卫，欲截水捕鱼。郭皇后说："河水用以通漕运，而且木材缺少，奴仆又不在眼前，势必会拿公家的竹木，用以筑堰截水。奉车都尉缺少的东西，难道就是鱼吗？"

明帝即位，尊郭皇后为皇太后，居住的宫殿称为永安宫。太和四年，明帝下诏，封郭表为安阳亭侯，又晋升爵位为乡侯，增加食邑，加上前边享有的食邑，共计有五百户，改任中垒将军。明帝任命郭表的儿子郭详为骑都尉。这一年，明帝为太后的父亲郭永追加谥号为安阳乡敬侯，母亲董氏为都乡君；又改任郭表为昭德将军，授予金印紫绶，享受特进位；郭表的第二个儿子郭训担任骑都尉。及至孟武的母亲去世，孟武欲为母亲厚葬，建立祠堂，郭太后阻止："自从丧乱以来，帝王的坟墓莫不遭到发掘，都是因为厚葬的缘故；文帝的首阳陵可以效法。"青龙三年春天，郭太后在许昌驾崩，按照制度营建陵寝。当年三月庚寅日，郭太后葬在首阳陵的西边。①明帝晋升郭表的爵位为观津侯，增加食邑五百户，合并之前的食邑，共计有一千户；改任郭详为驸马都尉。青龙四年，明帝追封郭永为观津敬侯，封郭永的妻子董氏为堂阳君。追加郭太后哥哥郭浮的谥号为梁里亭戴侯，郭都为武城亭孝侯，郭成为新乐亭定侯，派使者奉策书，以太牢礼告祭。郭表去世，儿子郭详继承爵位，又分出郭表部分封邑，封了郭详的弟弟郭述为列侯。郭详去世，儿子郭钊继承爵位。

①《魏略》记载：明帝作为后嗣，继承帝位，追思甄后，故太后以忧虑暴崩。甄后去世后，文帝宠幸李夫人。及至太后驾崩，李夫人说甄后遭遇谮毁之祸，不获大敛，披发覆面，明帝哀怨流泪，诏命殡殓安葬郭太后时，皆如甄后故事。

《汉晋春秋》记载：当初，甄后被废黜，去世，都说是因为郭后受到宠幸，及至殡殓，令其披发覆面，以糠塞口，文帝遂立郭氏为皇后，令其抚养明帝。明帝知道后，心中常怀有怨愤，多次悲泣问甄后死状。郭后答："先帝亲自废黜甄后，甄后自杀，何以责问我？且汝为人子，可追恨死去的父亲，为前母枉杀后母邪？"明帝大怒，遂逼迫郭太后自杀，敕令殡殓者，使如甄后故事。

《魏书》记载《哀策》："维青龙三年三月壬申，皇太后梓宫启殡，将葬于首阳之西陵。哀子皇帝曹叡亲奉册祖载，遂亲遣奠，叩心擗踊，号咷仰诉，痛灵魂之迁幸，悲容车之向路，背三光以潜翳，就黄垆而安厝。呜呼哀哉！昔二女妃虞，帝道以彰，三母嫔周，圣善弥光，既多受祉，享国延长。哀哀慈妣，兴化闺房，龙飞紫极，作合圣皇，不虞中年，暴罹灾殃。愍予小子，茕茕摧伤，魂虽永逝，定省曷望？呜呼哀哉！"

明悼毛皇后，河内郡人。黄初年间，被选入东宫，明帝当时还是平原王，毛氏进御明帝，得到明帝宠爱，出入常与明帝同乘一辆车。及至明帝即位为皇帝，以毛氏为贵嫔。太和元年，明帝立毛氏为皇后。毛皇后的父亲毛嘉，受拜为骑都尉，毛皇后的弟弟毛曾，担任郎中。

当初，明帝还是平原王，先娶河内郡人虞氏为王妃。明帝即位后，虞氏没有被立为皇后，太皇卞太后安慰虞氏。虞氏说："曹氏从来都是喜欢立贱妾为皇后，不能从德义出发选立皇后。然而，皇后主管后宫之事，皇帝在朝廷听政，可谓相辅相成。如果不能以善治理后宫，很难有好的结果。皇室因为此事，恐怕会招致亡国，断绝祭祀！"虞氏随后被贬黜，移居邺城皇宫。明帝拔擢毛嘉为奉车都尉，任命毛曾为骑都尉，恩宠优渥。不久，明帝又封毛嘉为博平乡侯，改任光禄大夫，任命毛曾为驸马都尉。毛嘉原来是一个典虞车工，突然暴富，成为贵戚，明帝又令朝臣在毛嘉家里宴饮。毛嘉言谈举止粗俗不堪，自称"侯身"，当时被人当作笑谈。①后来，明帝又让毛嘉享受特进位，毛曾改任散骑侍郎。青龙三年，毛嘉去世，明帝追赠毛嘉为光禄大夫，改封安国侯，增加食邑五百户，合并之前，共计有一千户，谥号为节侯。青龙四年，明帝追封毛皇后的母亲夏氏为野王君。

①孙盛认为：古代的帝王，必求令淑，以弘扬至德，恢宏王化于关雎，敦厚教化于麟趾。及至三代末世，世道混乱，王纲失序，义以情溺，位由宠昏，贵贱无章，下陵上替，兴衰隆废，皆是物也。魏国自从魏武王以后，直到烈祖，三位皇后在位，皆起自微贱，本既卑微，何以长世？《诗经》云："絺兮绤兮，凄其以风。"其此之谓矣！

明帝后来宠幸郭元后，毛皇后的爱宠日渐减少。景初元年，明帝在后花园游玩，召才人以上嫔妃，摆设酒宴，极尽欢乐。郭元后说："应该叫上皇后。"明帝不允许，而且告诉身边人，不得让毛皇后知道此事。毛皇后后来还是知道了。第二天，明帝看见毛皇后，毛皇后说："昨天在北花园游宴，玩得可高兴？"明帝以身边人泄密，杀了十余人。明帝又赐毛皇后自杀，然而，又为毛皇后加上谥号，葬在愍陵。毛曾改任散骑常侍，后来，又担任羽林虎贲中郎将、原武典农。

明元郭皇后，西平县人，家族在河西地区是豪门大姓。黄初年间，西平县所在郡反叛朝廷，郭氏被罚没入宫。明帝即位，对郭氏特别爱幸，立郭氏为夫人。郭氏的叔父郭立担任骑都尉，郭氏的堂伯父郭芝担任虎贲中郎将。明帝患重病，立郭氏为皇后。齐王即位，尊郭皇后为皇太后，居住的宫殿改称"永宁宫"，追封太后的父亲郭满谥号为西都定侯，以郭立的儿子郭建为后嗣，继承爵位。齐王又封太后的母亲杜氏为郃阳君。郭芝改任散骑常侍、长水校尉，①郭立改任宣德将军，皆封为列侯。郭建的哥哥郭悳，过继给甄氏。郭悳和郭建都是镇护将军，皆封为列侯，一起掌握宫中宿卫。此时，三位君主（齐王曹芳、高贵乡公曹髦、陈留王曹奂）幼小，郭氏在朝中辅弼，总理朝政，参与定策大事。朝臣要先启奏太后，而后施行。毌丘俭、钟会等大臣作乱，都是假借太后的诏命，作为托辞。景元四年十二月，郭太后驾崩。景元五年二月，葬在高平陵西边。②

①《魏略》记载：诸郭氏之中，郭芝最耿直。此前，郭芝以其他功劳，受封为侯爵。

②《晋诸公赞》记载：郭建，字叔始，有器量，而且多学好问，泰始年间，因病去世。儿子郭嘏继承爵位，担任给事中。

陈寿评论如下：曹魏后妃及其亲属，虽然享受富贵，但没有像东汉末年，外戚凭借身份，掌控朝政大权。鉴往知今，改易制度，这一点，做得还是较好的。回顾陈群的奏议，栈潜的政论，足以为后世百王所借鉴，可作为法典垂范后世。

魏书六

董二袁刘传第六

董卓，字仲颖，陇西郡临洮县人。[①]年少时，董卓任侠仗义，及至成年，董卓在羌人部落生活过一段时间，与羌人豪杰多有来往。后来，董卓返回家乡，躬耕垄亩，有些豪杰跟随董卓来到董卓的家乡，董卓为他们杀牛沥酒、摆设酒宴，热情款待他们。豪杰感谢董卓真心相待，回去后，收集牲畜一千余头，送予董卓。[②]汉桓帝末年，朝廷在边境六郡招募良家子弟，编入羽林军。董卓勇武有谋，膂力过人，身边常携带两副弓箭，左右开弓，在马上驰骋如飞。董卓担任军司马，跟随中郎将张奂征伐并州有功，受拜为郎中，桓帝赏赐缣帛九千匹，董卓全部分给手下的军士。后来，董卓担任广武县令、蜀郡北部都尉、西域戊己校尉，又被免职。之后董卓再次受到朝廷征召，受拜为并州刺史、河东郡太守，[③]改任中郎将。讨伐黄巾军时，董卓军战败，被免职抵罪。韩遂等在凉州起兵造反，董卓再次受拜为中郎将，西进攻打韩遂。在望垣县峡谷北边，董卓被羌胡数万人包围，粮食匮乏。董卓佯装指挥部下捕鱼，在河上修筑堤坝，形成堰塞湖，堰塞湖中水满，湖水绵延长达数十里，董卓悄悄从堰下指挥军队过河，而后挖开堰塞湖。及至羌胡人闻讯追来，河水已深，不能过河。当时，六路军队征伐陇西，五路惨遭败绩，只有董卓全身而退。董卓此后驻扎在右扶风，担任前将军，受封为斄乡侯；又受朝廷征召，担任并州牧。[④]

①《英雄记》记载：董卓的父亲董君雅从一个小吏升任颍川郡纶氏县尉，有三个儿子：长子董擢，字孟高，早逝；次子即董卓；董卓的弟弟董旻，字叔颖。

②《吴书》记载：郡府征召董卓，任命为官吏，派董卓负责捕捉盗贼。胡人曾经出来抢劫汉人，凉州刺史成就任命董卓为从事，让董卓率领骑兵讨伐胡人，大破胡人，斩获上千计。并州刺

史段颎向三公府推荐董卓，司徒袁隗任命董卓为府掾。

③《英雄记》记载：董卓多次讨伐羌胡，前后一百余战。

④《灵帝纪》记载：灵帝中平五年，朝廷征召董卓，拜为少府，敕令董卓将率领的军营吏士交予左将军皇甫嵩指挥，前来皇帝行营。董卓上奏："凉州扰乱，鲸鲵未灭，这正是臣发奋效命之秋。臣手下的吏士踊跃，念恩思报，拦住臣的车子，辞声恳切，臣不能上路。而且，臣此前担任将军，尽心抚恤战士，他们皆愿意为臣效命。"中平六年，朝廷任命董卓为并州牧，又敕令董卓把率领的军队交予皇甫嵩。董卓再次上奏："臣执掌戎事十年，大小士卒，相处已久。他们眷恋臣的豢养之恩，皆愿意为国家奋力效命，乞求朝廷让臣率领军队，效力边陲。"董卓再次抗命，恰逢大将军何进征召董卓进京。

灵帝驾崩，少帝刘辩即位。大将军何进与司隶校尉袁绍共谋，欲诛杀宫中阉官，太后不听。何进于是征调董卓，率领军队进京，并密令董卓上书："中常侍张让等，在后宫窃据尊位，受到宠幸，祸乱海内。在往昔，晋国上大夫赵鞅在晋阳举兵，驱除君主身边的恶人。如今，臣鸣钟击鼓，率领军队进驻洛阳，以讨伐张让等竖宦。"何进欲以此胁迫太后。董卓还未抵达京师，何进被宦官杀害。①中常侍段珪等劫持少帝，逃往小平津。董卓率领军队，在北芒山迎接少帝，返回宫中。②在当时，何进的弟弟车骑将军何苗被何进的部下诛杀，③何进、何苗的部属无人统领，遂全部归附董卓。董卓又指使吕布杀了执金吾丁原，兼并了丁原的部队。一时间，京师的所有军队都掌握在董卓手里。④

①《续汉书》记载：何进，字遂高，南阳郡人，是何太后的同父异母哥哥。何进原来是屠夫的儿子，父亲叫何真。何真死后，何进的妹妹倚靠黄门，得以进入掖庭，受到灵帝宠幸，光和三年，被立为皇后。从此，何进在朝中显贵。中平元年，黄巾军骤起，灵帝拜何进为大将军。

《典略》记载：董卓上表："臣以为，天下之所以有人谋逆不止，是因为黄门常侍张让等侮慢天常，擅自操弄王命。父子兄弟并据州郡，一书出门，便获千金，京畿、诸郡数百万膏腴美田，皆为张让等所拥有，致使怨气上涨，妖贼雀起。臣此前奉诏讨伐于扶罗，将士饥饿，不肯渡河，皆言欲到京师来，先诛杀阉竖，为民除害，从台阁乞求资费。臣加以抚慰，到达新安县。臣听说，扬汤止沸，不如灭火去薪；割溃痈虽痛，胜于縻烂肌肉；溺水呼船，悔之晚矣。"

②张璠著《汉纪》记载：少帝在八月庚午被诸黄门劫持，步行走出榖门，走至黄河边上。诸黄门投河而死。当时，少帝刘辩年仅十四岁，陈留王刘协九岁。兄弟二人在夜间独自步行，欲返回宫里，夜色昏暗，二人借着萤火前行，走了数里，到了一户民家，才被人用露车载送回去。辛未日，公卿以下与董卓共同在北芒山下迎接少帝。

《献帝春秋》记载：此前有童谣："侯非侯，王非王，千乘万骑走北芒。"董卓当时刚好赶到，驻扎在显阳苑。听说少帝返回，率领部众迎接少帝。

《典略》记载：少帝望见董卓带领的士兵，涕泣不止。群公对董卓讲："皇帝有诏，退兵。"董卓答："公等大臣都是国家大臣，不能匡正王室，致使国家播荡，为何要退兵？"遂一起入城。

《献帝纪》记载：董卓与少帝谈话，不甚了了。董卓再与陈留王刘协谈话，问祸乱原因；陈留王回答，自始至终无所遗漏。董卓大喜，遂有废立之意。

《英雄记》记载：河南郡中部都尉府掾闵贡扶着少帝及陈留王上马，来到洛阳传舍休息。少帝独乘一马，陈留王与闵贡共乘一马，从洛阳传舍南行。公卿百官奉迎于北芒山下，原太尉崔烈在前边引路。董卓率领步骑数千人来迎接，崔烈呵斥董卓回避，董卓骂崔烈："一昼夜三百里赶来，为何要回避？我不能斩断卿的头颅吗？"上前参见少帝："陛下令常侍小黄门作乱，才会有今天的惨祸。自取祸败，负责任不小邪？"又走向陈留王刘协，曰："我是董卓，让我来抱。"从闵贡马上抱下陈留王。

《英雄记》记载：有一本书云，陈留王不让董卓抱，董卓与陈留王并马而行。

③《英雄记》记载：何苗，是太后的同父异母兄弟，母亲先嫁给朱氏，有了这个儿子。何进的部将吴匡，平素怨恨何苗不能与何进同心，又怀疑其与宦官通谋，命令军中："杀大将军者，就是车骑将军。"遂引兵与董卓的弟弟董旻在朱雀门下共同诛杀何苗。

④《九州春秋》记载：董卓当初入洛阳，步骑不过三千人，嫌自己的兵太少，不能为远近所服；四五日内，董卓命令士兵在夜晚从四个城门出去，第二天再打着旌旗，敲着鼓入城，对外宣称："西凉兵再次来到洛阳。"外人不知内情，说董卓的士兵不可胜数。

此前，何进派遣骑都尉泰山郡人鲍信在家乡招募兵员。此时，鲍信回到京师，鲍信对袁绍讲："董卓手握重兵，恐怕会心存异志。如果不及早采取措施，朝廷一定会被董卓控制。趁着董卓刚刚进京，正处于疲惫之际，您可将其一举擒获。"袁绍害怕董卓，不敢采取行动。鲍信返回家乡。

董卓以天旱，久不下雨，奏请策免司空刘弘，董卓取而代之。不久，董卓又升任太尉，可享受持符节、斧钺，有虎贲勇士护卫。董卓很快废黜少帝刘辩，贬为弘农王；不久，又杀了弘农王和何太后，拥立灵帝的小儿子陈留王刘协，这是汉献帝。[①]董卓改任相国，受封为郿侯，在殿上可以赞拜不名，身带佩剑，穿着鞋履上殿，献帝又封了董卓的母亲为池阳君，可以设置家令、丞。董卓率领西凉精兵进京，当时，皇室大乱，董卓得以有机会废立皇帝。董卓掌握国家军队、武库，以及国家的府藏钱财珍宝，其势力威震天下。董卓性情残忍，为人不仁，随后在京师以严刑峻法胁迫朝廷群臣。睚眦之怨，董卓也会施以报复，朝廷官员恐惧不安，但求自保。[②]董卓曾经率领军队到阳城。恰逢二月，百姓祭祀社庙，民众聚集在社庙下聚会欢乐，董卓命令军中士兵把聚会的男子头颅砍下，驾着百姓的牛车，装载抢来的妇女、财物，把砍下的头颅悬挂在车辕上，一路高歌，返回洛阳，说这是破贼大捷，欢呼万岁。进入开阳城门，董卓命令焚烧头颅，把抢来的妇女赏赐予手下军人为奴婢、侍妾。董卓还纵容属下在宫中任意强奸宫女、公主，其凶残竟至于此。

①《献帝纪》记载：董卓欲废黜少帝，在朝堂上大会群臣，朝臣廷议，董卓说："大者天地，次者君臣，所以为治。而今皇帝昏昧，不可以奉祀宗庙，为天下君主。我欲按照伊尹、霍光故事，拥立陈留王，如何？"尚书卢植说："按照《尚书》记载，太甲在位不明，伊尹将其流放至桐宫。昌邑王在位二十七日，罪过一千余条，故霍光废黜。今皇帝富于春秋，行为并未有失，非前事可比。"董卓大怒，罢朝，欲诛杀卢植，侍中蔡邕劝谏，卢植得以免死。九月甲戌，董卓再次大会群臣，曰："太后逼迫永乐太后，令永乐太后忧忿而死，逆婆母之礼，无孝顺之节。天子幼质，软弱不堪。在往昔，伊尹流放太甲，霍光废黜昌邑，都记录在典籍，佥以为善。今太后犹如太甲，皇帝犹如昌邑。陈留王仁孝，宜即皇帝位，享受福祚。"

《献帝起居注》记载策书："孝灵皇帝不究高宗眉寿之福祚，过早抛弃臣子。皇帝承绍，海内仰望，而少帝天姿轻佻，威仪不恪，在丧怠慢，衰如故焉；凶德既彰，淫秽发闻，损辱神器，忝污宗庙。皇太后教无母仪，统政荒乱。永乐太后暴崩，群臣议论纷纷。三纲之道，天地之纪，因此有缺，罪之大者。陈留王刘协，圣德伟茂，规矩邈然，丰下允上，有尧图之表；居丧哀戚，言不及邪，岐嶷之性，有周成之懿。休声美称，天下所闻，宜继承宏业，为万世统，可以奉祀宗庙。废皇帝刘辩为弘农王。皇太后归还朝政。"尚书读完册书，群臣不敢再言，尚书丁官曰："上天降祸汉室，丧乱太多。在往昔，祭仲废黜姬忽，拥立姬突，《春秋》赞赏其权变。而今，大臣度量，宜为社稷考虑，诚合天人，请称万岁。"董卓以太后被废，故公卿以下，不再穿丧服。埋葬时，仅以素衣埋葬。

②《魏书》记载：董卓所愿无极，对宾客讲："我担任相国，尊贵无比。"

《英雄记》记载：董卓欲显示威风。侍御史扰龙宗前来拜谒董卓，汇报事情，因为没有解下佩剑，立即被打杀，京师震动。董卓挖掘何苗的棺木，挖出何苗的尸体，肢解后，抛弃在道旁。又收捕何苗的母亲舞阳君，诛杀之，弃尸于苑囿荆棘丛中，不再收殓。

当初，董卓信任尚书周毖、城门校尉伍琼等大臣。按照他们的建议，董卓任用韩馥、刘岱、孔伷（zhòu）、张咨、张邈等，出任州部刺史或郡太守。而韩馥等人上任后，联合起来，率领军队讨伐董卓。董卓闻讯，认为周毖、伍琼等大臣内外勾结，出卖自己，将他们全部诛杀。①

①《英雄记》记载：周毖，字仲远，武威郡人。伍琼，字德瑜，汝南郡人。

谢承著《后汉书》记载：伍孚，字德瑜，年少时，重视大节，担任郡府门下书佐。其本县长有罪，太守让伍孚出来接受教令，敕令郡府曹下督邮收捕。伍孚不肯接受教令，伏地仰头劝谏太守："君虽不君，臣不可不臣，明府奈何令伍孚接受教令，敕令外面收捕本县长？更乞授命他人。"太守很惊讶，听任伍孚。后来，大将军何进任命伍孚为幕府东曹属，稍后升任侍中、河南郡大尹、越骑校尉。董卓作乱，百官震栗。伍孚穿着小铠甲，在朝服里挟带佩刀，来见董卓，欲伺机刺杀董卓。谈话完毕辞去，董卓送至大门，伍孚拔出刀来，刺向董卓。董卓力气很大，退后没有被刺中，当即收捕伍孚。董卓问："卿欲造反邪？"伍孚大声道："汝非吾君，吾非汝臣，何造反之有？汝乱国篡主，罪大恶极，今天是我的死日，故来诛杀奸贼，恨不得车裂汝于市朝，以谢天下。"董卓遂杀了伍孚。

谢承记载的伍孚字及本郡，与伍琼传记相同，而致死事，与伍孚传记相异，不知伍孚为伍琼之别名，或另外有伍孚？盖未详之。

河内郡太守王匡，调遣泰山郡驻军，驻扎在河阳县渡口，准备讨伐董卓。董卓派遣疑兵，佯装从平阴县渡口渡过黄河，暗自派遣精锐，从小平津渡口渡过黄河，绕到王匡军背后，在黄河北岸大败王匡，义军死者无数。董卓看到崤山以东豪杰并起，恐惧不安。初平元年二月，逼迫天子迁都长安，指挥手下军士焚烧洛阳宫室，将洛阳的帝陵发掘殆尽，盗取陵墓中的宝物。[①]董卓到达西京长安，升任太师，号称尚父，乘坐青盖金华车，在两边车幡上画上龙爪。当时，人们称这辆龙辇为“竿摩车”，[②]说董卓穿上龙袍，是想要做天子。董卓的弟弟董旻担任左将军，受封为鄠侯；董卓哥哥的儿子董璜担任侍中兼中军校尉，掌握兵权；宗族内很多人并列朝臣。[③]朝中公卿遇见董卓，一定要下车拜谒，董卓倨傲，并不答礼。董卓召三台尚书以下官员来到董卓的府上，禀报政事。[④]董卓修筑郿坞，郿坞的城墙像长安城一样高。在郿坞内，董卓积蓄可供三十年食用的粮食，[⑤]董卓说：事业成功，可以雄据天下；事业不成功，守在郿坞内，足以养老。董卓曾经到郿县，巡视坞城，朝中公卿以下官员在横门外的祖道上迎送。董卓悬挂帷帐，摆设酒宴。此前，董卓诱降北地郡造反的百姓有数百人。在酒宴上，董卓把他们全部诛杀，先割掉他们的舌头，再斩断手足，接下来凿瞎眼睛，而后用大锅把他们放在里面烹煮。有些人还未倒毙，在酒案间翻滚挣扎。参加酒宴的官员，目睹此景，浑身战栗，手中的汤勺、筷子掉在地上，而董卓在酒宴上谈笑自若、饮食不断。朝中的太史望气，说应当有大臣被杀。原太尉张温当时担任卫尉，此前与董卓的关系不睦，董卓心怀怨恨，借着天象有变，欲杀大臣以禳灾，派人诬陷卫尉张温与袁术勾结。随后，董卓逮捕张温，在集市上用鞭子抽打张温，直至张温被活活打死。[⑥]董卓颁布的法令严酷，随个人喜好，滥施酷刑，逼迫人们相互告发，受到诬陷而死的人数上千。百姓怨声载道，路上见面，只能以目示意。[⑦]董卓又破坏币值，废弃五铢钱，重新铸造小钱，把洛阳城和长安城的铜人、钟虡、飞廉、铜马等铜器全部拆除，用以铸造钱币，钱币大五分，没有外轮廓，钱币上没有文字、图案。由于货币泛滥，致使物价飞涨，谷米卖到一斛数十万。从此，新钱很难流通。

①华峤著《汉书》记载：董卓欲迁都长安，召公卿以下廷议。司徒杨彪曰：“在往昔，盘庚五次迁都，殷民怨忿，故制作三篇文章，以晓谕天下。而今，海内安稳，无故迁都，担心百姓受到扰动，麋沸蚁聚为乱。”董卓曰：“关中富饶，故秦得关中，而吞并六国。今迁都西京，设令关东豪强敢有扰动者，我用强兵驱赶，可将其驱赶至沧海。”杨彪曰：“海内动之甚易，安之甚难。而且，长安宫室颓坏，一时不可修复。”董卓曰：“武帝时，在杜陵县南山下，有烧制瓦窑数千处，用凉州的木材，东下以建造宫室，建造工程不难。”董卓的意见，得不到大家赞成，

愤然作色，曰："公欲阻止迁都？边章、韩约有书信来，欲令朝廷一定要迁都。如果大兵东下，我不能相救矣，杨公便可与袁氏西行。"杨彪曰："西方自然是杨彪的路径，顾未知天下何如耳！"议罢，董卓敕令司隶校尉宣播以灾异，弹劾杨彪，罢免杨彪。

《续汉书》记载：太尉黄琬、司徒杨彪、司空荀爽来拜谒董卓，董卓说："在往昔，高祖定都关中，十一世后，世祖中兴，迁都洛阳。从光武至今，又是十一世，按照《石苞室谶》，应该还都长安。"在座者皆惊愕，无人敢回应。杨彪曰："迁都改制，天下大事，皆当顺应民心，随时之宜。在往昔，盘庚五次迁都，殷民怨忿，故制作三篇文章，以晓谕天下。以往王莽篡逆，变乱五常，更始帝时，赤眉之乱，焚烧长安，残害百姓，民众流亡，百无一存。光武受命，迁都洛邑，此其宜也。而今，刚拥立圣主，光隆汉祚，而无故抛弃宫庙，舍弃园陵，担心百姓惊恐，不解此意，必麋沸蚁聚，以致扰乱。《石苞室谶》，实乃妖邪之书，岂可信用？"董卓愤然作色，曰："杨公欲阻止国家大计邪？关东扰乱，所在贼起。崤函险固，国之重防。而且，陇西获取木材甚易，功夫不难。杜陵县南山下有孝武帝烧制窑炉处，制作砖瓦，一朝可办。宫室官府，何足道哉？百姓小民，何足与议？若有阻挠，我以大兵驱赶之，岂得自在？"群臣恐怖，大惊失色。黄琬对董卓讲："此乃大事。杨公之语，得无仔细斟酌！"董卓罢坐，即日起，令司隶校尉弹劾杨彪及黄琬，皆免官。皇帝大驾当即西行。董卓命令士兵焚烧洛阳城内外上百里。又亲自率领士兵，焚烧南北宫及宗庙、府库、民家，城内扫地殄尽。又抢夺诸富室，以罪恶，罚没其财物；无辜而死者，不可胜计。

《献帝纪》记载：董卓捕获崤山以东士兵，用猪油膏涂布十余匹，用其缠裹其身，然后焚烧，先从足起。捕获袁绍豫州从事李延，煮杀之。董卓所喜欢的胡人，恃宠放纵，为司隶校尉赵谦所杀。董卓大怒，曰："我爱狗，尚不欲令人呵之，何况人乎？"当即召司隶校尉属下都官，当场打杀赵谦。

②《魏书》记载：言其逼迫天子也。

《献帝纪》记载；董卓担任太师，又想称尚父，以此问蔡邕。蔡邕答："在往昔，武王接受天命，拜太公为师，辅佐周室，以伐无道，是以天下尊之，称为尚父。而今，公之功德诚为巍巍，宜须崤山以东悉定，车驾东还洛阳，然后议之。"乃止。京师地震，董卓又问蔡邕。蔡邕回答："地动者阴盛，大臣逾越制度所致也。公乘坐青盖车，远近以为非宜。"董卓听从，改乘坐金华皂盖车。

③《英雄记》记载：董卓的侍妾怀中抱的儿子皆封为侯爵，授以金印紫绶。孙女名董白，当时尚未及笄，也封为渭阳君。董卓在郿城东起坛，广二丈余，高五六尺，让孙女董白乘坐轩金华青盖车，都尉、中郎将、刺史千石官员在郿城者，各令其乘坐轩车簪笔，为董白充任向导，来到坛上，董卓让哥哥的儿子董璜作为使者，授予董白印绶。

④《山阳公载记》记载：当初，董卓担任前将军，皇甫嵩担任左将军，一起讨伐韩遂，互不相下。后来，董卓受到征召，担任少府，兼领并州牧，所属军队划归皇甫嵩，董卓大怒。及至担任太师，皇甫嵩担任御史中丞，在董卓车旁下拜。董卓问皇甫嵩："义真服不服？"皇甫嵩答："安知明公乃至于是！"董卓曰："鸿鹄固有远志，但燕雀自不知耳。"皇甫嵩曰："昔日与明公俱为鸿鹄，不意公今日变为凤凰耳。"董卓大笑，曰："卿早服，今日可不拜也。"

张璠著《汉纪》记载：董卓拉着皇甫嵩的手，对皇甫嵩讲："义真害怕吗？"皇甫嵩回答：

“明公以德辅佐朝廷，大庆方至，何害怕之有？若淫刑以逞，将天下皆惧，岂独皇甫嵩乎？”董卓默然，遂与皇甫嵩和解。

⑤《英雄记》记载：郿县距离长安二百六十里。

⑥《傅子》记载：灵帝时，卖官鬻爵，于是，太尉段颎、司徒崔烈、太尉樊陵、司空张温等人皆缴纳钱上千万，至少五百万，以买三公位。段颎多次率军远征，有大功；崔烈在北州有盛名；张温可谓人杰，有奇才；樊陵才能优秀……皆为当时名士，还要以钱货取位，更何况刘嚣、唐珍、张颢之流乎！

《风俗通》记载：司隶校尉刘嚣，以阿附诸常侍，官至公辅。

《续汉书》记载：唐珍，是中常侍唐衡的弟弟。张颢，是中常侍张奉的弟弟。

⑦《魏书》记载：董卓让司隶校尉刘嚣登记吏民中有为子不孝，为臣不忠，为吏不清，为弟不顺，有符合此类者，皆诛杀，财物罚没入官府。于是，爱憎互起，民多冤死。

献帝初平三年四月，司徒王允、尚书仆射士孙瑞、董卓的部将吕布共谋，欲诛杀董卓。在当时，献帝有病，刚刚痊愈，在未央宫大殿大会群臣。吕布派同郡人骑都尉李肃等，率领亲兵十余人伪装成卫士，站立在北掖门内，等候董卓。吕布怀揣诏书。董卓抵达掖门，李肃等格杀董卓。董卓惊呼吕布何在。吕布高声喊道：“有诏讨贼。”当场诛杀董卓，随后，王允夷灭董卓的三族。当时，主簿田景奋不顾身，扑向董卓的尸身，吕布又将田景诛杀；一连杀了三人，其余的侍从不敢再动。①长安的各界人士及平民百姓欢呼雀跃，庆贺董卓被杀，那些阿附董卓者，一律被下狱处死。②

①《英雄记》记载：当时有歌谣：“千里草，何青青！十日卜，犹不生。”又作《董逃》之歌。又有道士在布上大书“吕”字，以示董卓，董卓不知其指的是吕布。董卓当时入朝大会，陈列步骑，从营门直至宫殿，有穿朝服者在其中导引。驾马踟蹰不前，董卓顿感奇怪，欲止，吕布劝说董卓，使其继续前进，董卓把甲衣穿在朝服里面，而后董卓入宫。董卓被杀，当时，日月清净，微风不起。董旻、董璜等及董氏宗族老弱，皆在郿城，返回后，被其部下全部砍杀、射死。董卓的母亲已经九十岁，走至坞门，曰：“乞脱我死。”也被斩首。袁氏门生故吏重新殡殓诸袁死于郿城者，把董氏尸体聚于其侧，而用大火焚烧，暴露董卓尸体于集市。董卓本来肥胖，身上的膏油流出来，浸润地面，草为之丹。守尸官吏用一个大灯捻插在董卓的肚脐眼，点上灯，光明达旦，如是积日。后来，董卓的故旧、部众收殓焚烧所剩下的骨灰，用一个大棺材，葬于郿城。董卓郿坞中还有黄金二三万斤，银八九万斤，珠玉锦绮奇玩杂物，皆山崇阜积，不可胜数。

②谢承著《后汉书》记载：蔡邕在王允身旁坐，听说董卓的下场，不免有叹惜之音。王允怒责蔡邕：“董卓，乃国之大贼，杀主残臣，天地不佑，人神共愤。君为君王的大臣，世受汉恩，国主危难，却不曾倒戈，董卓遭受天诛，而更嗟痛乎？”当即令人收捕蔡邕，交付廷尉。蔡邕向王允谢罪，曰：“虽以不忠，犹识大义，古今安危，耳所听闻，口中常颂，岂当背国而向董卓也？狂瞽之词，谬出患入，愿以黥首为刑，以继续完成汉史。”朝中公卿皆爱惜蔡邕之才，大家共同劝谏王允。王允说：“在往昔，武帝不杀司马迁，使其写作谤书，流于后世。方今国祚衰

微，戎马在郊，不可令佞臣执笔，在幼主左右，此后令吾等一起受谤议。”遂杀蔡邕。

裴松之认为：蔡邕虽然为董卓所信任，从情感上讲，并非董卓的党徒。蔡邕宁不知董卓之奸凶，为天下所痛恨，闻其死亡，理无叹惜。纵复令然，不应在王允座位旁反言。斯殆谢承之妄记也。司马迁著作《史记》，有奇功于后世，而王允说孝武帝应早杀司马迁，此非识者之言。但司马迁为不隐孝武帝之失，直书其事耳，何谤之有乎？王允之忠正，可谓内省，疾恶如仇者矣，既无惧于谤，且欲杀蔡邕，当论蔡邕应死与不，岂可虑其谤己，而枉戮善人哉？！此皆诬罔不通之甚者。

张璠著《汉纪》记载：当初，蔡邕以上疏言事被流放，名闻天下，义动志士。及至从流放地返回，宫中内宠恶之。蔡邕恐惧，只好亡命海滨，往来依附泰山郡人羊氏，达十年之久。董卓担任太尉，征召蔡邕，任命为府掾，以高第担任侍御史，治史书，仅三日，即官至尚书。后来改任巴东郡太守，董卓上书，留下蔡邕，拜为侍中，献帝迁都长安，蔡邕担任左中郎将。董卓爱惜其才学，厚遇之。每当朝廷有事，董卓常令蔡邕起草奏章。及至王允将要杀蔡邕，当时的名士大多为蔡邕讲情。王允有些后悔，欲赦免蔡邕，而蔡邕已死在狱中。

当初，董卓的女婿中郎将牛辅率领军队驻扎在陕县，牛辅派遣校尉李傕、郭汜、张济分路劫掠陈留郡、颍川郡属下诸县。董卓一死，吕布派李肃至陕县，欲以皇帝诏命，诛杀牛辅。牛辅等逆贼与李肃大战，李肃败走弘农郡，吕布诛杀李肃。[①]后来，牛辅军营中的士兵趁着夜色叛逃出营，军营中的士兵受惊骚乱，牛辅以为军士们叛变，遂携带金宝，独自与平素关系较好的支胡赤儿等五六人，相随翻过城墙，向北渡过黄河，支胡赤儿等看着牛辅身上带的财宝，顿生贪念，又杀了牛辅，将首级送往长安。

①《魏书》记载：牛辅听闻董卓死讯，恐惧失守，不能自安，常把兵符，以及铁锧铁放置在身边，欲以此自我安慰。客人来见，先派相面者相之，知其是否有反气，又占筮了解吉凶，然后才接见。中郎将董越来见牛辅，牛辅占筮，得兑下离上，卜筮者讲：“火胜金，外谋内之卦也。”于是，牛辅杀了董越。

《献帝纪》记载：卜筮者常被董越鞭打，故因此以报之。

及至李傕等返回，牛辅已经被杀，众人无所依归，欲各自散去。李傕等既得不到朝廷大赦的诏书，又听说长安欲杀尽凉州人，顿时恐慌，不知该如何是好。李傕等采纳贾诩的建议，率领其余众西进，沿途招兵买马，进抵长安时，已经有十余万人，[①]李傕与董卓旧部樊稠、李蒙、王方等，围困长安城。围城十日，长安城陷落，李傕等与吕布在城中激战，吕布败走。李傕等遂纵兵在长安城内烧杀抢掠，无论老幼，杀人无数，死者狼藉不堪。又诛杀参与谋杀董卓的官员，将司徒王允的尸体丢弃在街市上。[②]李傕等将董卓葬在郿县，下葬时，狂风暴雨劈开董卓的坟墓，雨水流入墓圹，将董卓的棺椁漂了起来。而后，李傕胁迫朝廷，拜其为车骑将军、封为池阳侯，兼领司隶校尉、持符节。

郭汜受拜为后将军、受封为美阳侯。樊稠受拜为右将军、受封为万年侯。李傕、郭汜、樊稠专擅朝政。[3]张济受拜为骠骑将军、受封为平阳侯，率军驻扎在弘农郡。

①《九州春秋》记载：李傕等在陕地，皆恐惧不安，急欲拥兵自守。胡文才、杨整修皆凉州大土豪，而司徒王允平素对他们就没有好感。及至李傕叛乱，王允招呼胡文才、杨整修，派他们作为使者出使东边，解释之，没有以温颜相待，对他们讲："关东鼠子，欲何为邪？卿往呼之。"于是二人前去，实际上，召兵而还。

②张璠著《汉纪》记载：吕布兵败，驻马于青琐门外，对王允讲："公可速随我去。"王允答："能安定国家，吾之上愿也，若不能，则奉身以死。朝廷幼主倚恃我辅佐，临难苟免，吾不为也。勉力代我谢过关东诸公，以国家为念。"李傕、郭汜攻入长安城，驻扎在南宫掖门，杀了太仆鲁馗、大鸿胪周奂、城门校尉崔烈、越骑校尉王颀。吏民被杀者，不可胜数。司徒王允带着天子，上了宣平城门，躲避兵乱，李傕等在城门下拜，伏地叩头。献帝对李傕等讲："卿等不要作威作福，放纵手下士兵大行杀戮，欲何为也？"李傕等回答："董卓忠于陛下，而无故为吕布所杀。臣等为董卓报仇，不敢为逆也。待报仇之事完毕，臣等前往廷尉署请罪。"王允穷途末路，被逼着出来见李傕，李傕诛杀王允及其妻子宗族十余人。长安城中男女老少莫不流涕。王允，字子师，太原郡祁县人。年少时，有大节，郭泰见而奇之，曰："王生一日千里，王佐之才也。"郭泰虽然先显达，遂与王允交往。三公同时征召王允，王允历任豫州刺史，征召荀爽、孔融为州部从事，后改任河南郡大尹、尚书令。及至王允担任司徒，其志向在匡扶汉室，甚得大臣之节，自天子以下，皆倚赖王允。董卓也很信任王允，委以朝廷大权。

华峤认为：士人以正立，以谋济，以义成，像王允表面上拥戴董卓，而实际上分其权，伺其间，而弊其罪。当此之时，天下之难解矣。本来皆主张忠义也，然而，拥戴董卓，不为失其正，分其权，不为失其义，伺机诛杀董卓，不为狡诈，是以谋济义成，而归于正也。

③《英雄记》记载：李傕，北地郡人。郭汜，张掖郡人，又名郭多。

这一年，韩遂、马腾等将领投降，率领部众来到长安。李傕任命韩遂为镇西将军，令其返回凉州，任命马腾为征西将军，驻扎在郿县。侍中马宇与谏议大夫种邵、左中郎将刘范等共谋，令马腾袭击长安，自己充当内应，欲诛杀李傕等。马腾引兵至长平观，马宇等阴谋败露，出逃至槐里县。樊稠迎战马腾，马腾败走，返回凉州；樊稠又进攻槐里县，马宇等被杀。当时，三辅地区的百姓仍有数十万户，李傕等纵兵抢掠，屠戮城邑，人民陷于饥困，仅二年时间，已经出现人相食。[1]

①《献帝纪》记载：在当时，献帝刚刚迁都，宫中人很多没有衣服穿，献帝欲拿出御府的绢缯，赐予宫中人制作衣服，李傕不许，曰："宫中有衣，胡为复作邪？"献帝下诏，卖厩马一百余匹，御府大司农拿出杂缯二万匹，作为所卖厩马价值，赐予公卿以下及贫民不能自活者。李傕曰"我邸阁储存很少"，乃把全部杂缯用车载上，放置在营中。贾诩曰"此上意，不可拒"，李傕不听。

李傕等将领争权夺势，李傕杀了樊稠，兼并了樊稠的部众。[①]郭汜与李傕相互猜疑，在长安城中大战。[②]李傕把天子劫持至军营，而后纵兵焚烧宫殿、城门，抢掠官府，把宫中的乘舆服饰御物抢夺回家。[③]李傕还让朝中公卿到郭汜处请求讲和，郭汜将公卿扣押在军营。[④]双方相互攻打几个月，死者有上万人。[⑤]

①《九州春秋》记载：马腾、韩遂战败，樊稠追至陈仓。韩遂对樊稠讲："天地反复，未可知也。本所争者，并非私怨，王家事耳。与足下同为州里人，今日虽然有小违，还是要大同，欲相与善语以别。邂逅万一不如意，后可复相见也！"二人随后骑马上前，并马而立，交臂相加，共语良久而别。李傕哥哥的儿子李利跟随樊稠，李利返回后告诉李傕，韩遂、樊稠并马谈话，不知所谈内容，爱意甚密。李傕以此怀疑樊稠与韩遂、马腾私下和解，而有异志。樊稠欲率领属下军队出函谷关，向李傕索要军队，增加兵力。李傕请樊稠来面谈，在座中杀了樊稠。

②《典略》记载：李傕多次设置酒宴，宴请郭汜，或留下郭汜住宿。郭汜的妻子担心李傕送予郭汜婢妾，而夺己爱，于是，想离间二人。恰逢李傕送来食物，郭汜的妻子以豆豉为药，郭汜将要食用，妻子说："食从外面来，倘或有故！"遂摘药示之，说："一山不容二虎，我早就怀疑，将军太过于相信李公。"又有一日，李傕再次请郭汜，酒后大醉。郭汜怀疑李傕下了毒药，用粪汁饮之，乃解。二人遂生嫌隙，随后整顿军队，相互攻打。

③《献帝起居注》记载：当初，郭汜密谋迎天子到其军营，当天夜晚，郭汜军中有人向李傕告密，李傕当即派哥哥的儿子李暹率领数千士兵包围皇宫，用三辆车子，迎天子至军营。杨彪曰："自古以来，帝王不在人臣家歇宿。将军举事，当合天下人心。诸君这样做，怎么能行？"李暹答："将军计议已定。"于是天子一乘车，贵人伏氏一乘车，贾诩、左灵一乘车，其余皆步行。这一日，李傕又把献帝的乘舆转移至北坞，派校尉监督坞门，内外隔绝。诸侍臣皆有饥色，当时暑热难耐，众人皆寒心。献帝求五斛米、五具牛骨，用以赐予左右。李傕问："朝餔上饭，何用米为？"把腐牛骨给予侍臣，皆臭不可食。献帝大怒，欲诘责李傕。侍中杨琦密封上书，曰："李傕，边郡鄙陋之人，习惯于夷风，今又自知所犯悖逆，常有怏怏之色，欲辅车驾幸黄白城，以纾其愤。臣愿陛下忍之，未可显其罪也。"献帝采纳谏言。当初，李傕驻扎在黄白城，故密谋欲将献帝转移至黄白城。李傕认为司徒赵温不与自己协同，把赵温关押在坞中。赵温听说李傕欲转移銮驾，写信给李傕，曰："公此前托言为董公报仇，然而，又屠戮王城，杀戮大臣，天下难以家见户释。今日又争睚眦之怨，以成千钧之仇，天下惨遭涂炭，民不聊生，将军再不改悔，终成祸乱。朝廷已经颁下明诏，欲令二人和解，诏命不行，恩泽日损，而将军又要将銮驾转移至黄白城，此诚老夫所不解也。按照《易经》，一过为过，再过为涉，三过而弗改，灭其顶，凶。将军不如早日与郭汜和解，引兵返回军营，上安万乘，下全生民，岂不幸甚！"李傕大怒，欲派人害死赵温。其堂弟李应原来是赵温府掾，劝谏李傕数日，乃止。献帝听说赵温写信给李傕，问侍中常洽，曰："李傕不懂得臧否，赵温言辞太切，实在寒心。"常洽回答："李傕应该已懂得信中内容。"献帝听罢，很高兴。

④华峤注《汉书》记载：郭汜宴请朝中公卿，商议欲攻打李傕。杨彪曰："群臣共愤，一人劫天子，一人质公卿，此可行乎？"郭汜大怒，欲手刃杨彪，中郎将杨密及左右赶忙劝解，郭汜才作罢。

⑤《献帝起居注》记载：李傕生性喜好鬼怪旁门左道之术，常有道人及女巫在身边讴歌击鼓下神，祭祀六丁之神，符劾厌胜之具，无所不为。又在朝廷阙门外为董卓制作神座，多次用牛羊祭祀，祭祀毕，过阙门向献帝问起居，求入见。李傕身上带着三把刀，手上又有利刃与鞭合在一起。宫中侍中、侍郎看见李傕带着凶器，皆惶恐，也带剑持刀，先站立在献帝两侧。李傕面对献帝，或言“奏明陛下”，或言“奏明皇帝”，向献帝诉说郭汜的不是，献帝亦随其意答应之。李傕大喜，出去后，说：“陛下真贤圣主也。”遂有了自信，自谓得到天子欢心。虽然李傕不让近臣带剑在献帝身边，对人讲：“这些人将欲图我邪，而皆持刀也？”侍中李祯，是李傕州里人，平素与李傕往来，告诉李傕：“之所以持刀，军中不可不尔，此国家旧例。”李傕意乃解。天子以谒者仆射皇甫郦是凉州旧大姓，有专对之才，派遣皇甫郦，令其在李傕、郭汜之间讲和。皇甫郦先来拜谒郭汜，郭汜领受诏命。又去拜谒李傕，李傕不肯，说：“我有讨吕布之功，辅政四年，三辅清静，天下所知也。郭多（郭汜）就是一个盗马贼，何能与我相等？我必诛杀郭多。君为凉州人，观吾方略士众，足以拿下郭多不？郭多还劫持朝廷公卿，所为如是，而君却欲为郭多讲好话，李傕有胆有识，自知之。”皇甫郦回答：“在往昔，有穷氏后羿恃其善射，不思患难，以至于倒毙。近来董公之强，将军亲眼所见，内有王公以为内主，外有董旻、董承、董璜以为鲠毒，吕布受董公之恩，反而图之，须臾之间，头悬竿端，此有勇而无谋也。今将军身为上将，把钺杖节，子孙握权，宗族荷宠，国家好爵皆为已有。今郭多劫持朝廷公卿，将军胁迫至尊，谁为轻重邪？张济与郭多、杨定有谋略，又为冠带所附。杨奉，白波贼帅耳，犹知将军所为非是，将军虽然拜宠之，犹不肯尽力也。”李傕不肯采纳皇甫郦的谏言，呵斥皇甫郦，令其滚出去。皇甫郦出来，前往阙门，奏报献帝，李傕不肯从诏，辞语不顺。侍中胡邈为李傕所信任，传呼诏者令饰其辞。又对皇甫郦讲：“李将军于卿不薄，而且，皇甫公身为太尉，是李将军之力也。”皇甫郦回答：“胡敬才，卿为国家常伯，辅弼之臣，这样讲话，宁可用邪？”胡邈答：“念卿失李将军之意，恐不易耳！我与卿何事者？”皇甫郦答：“我累世蒙受皇恩，身又常在帷幄，君辱臣死，当为国家死难，为李傕所杀，则天命也。”天子听说皇甫郦回答，辞语激切，担心李傕知道，便敕令遣送皇甫郦。皇甫郦走出营门，李傕派遣虎贲武士王昌呼之。王昌知道皇甫郦为官忠直，纵容皇甫郦离去，返回报告李傕，言追之不及。天子派左中郎将李固，持符节，拜李傕为大司马，在三公之上。李傕自以为得鬼神之力，乃厚赐诸巫。

李傕的部将杨奉与李傕的军吏宋果等，欲谋杀李傕，阴谋败露，遂率领军队出走。李傕众叛亲离，军力衰减。张济从陕县来，为双方和解，天子这才走出军营，到了新丰县、霸陵之间。①郭汜又欲胁迫献帝到郿县建都。献帝逃至杨奉的军营，杨奉率军迎战郭汜，打败郭汜。郭汜败走南山，杨奉和将军董承奏请天子返回洛阳。李傕、郭汜后悔放走天子，双方讲和，率军追赶献帝，在弘农郡曹阳县追上献帝。杨奉急忙招请河东郡原白波贼统帅韩暹、胡才、李乐等，双方合兵一处，与李傕、郭汜大战。杨奉兵败，李傕等纵兵杀害朝廷公卿百官，抢掠宫女，带到弘农郡。②献帝走到陕县，北渡黄河，所携带的辎重，丢失殆尽，只好步行，只有皇后、贵人跟随，走到大阳县，在一户人家暂歇。③杨奉、韩暹等奏请献帝，暂且在安邑建都，乘御则使用牛车。太尉杨彪、太仆韩融及近臣侍从还有十余人。献帝拜韩暹为征东将军，拜胡才为征西将军，拜李乐为征北将军，与杨奉、董承一起秉持朝政；又派遣韩融到弘农郡，与李傕、郭汜谈判，归还掳掠走的宫人及公卿百官，还有皇帝的乘舆车马。在当时，蝗虫骤起，整年干旱，粮食歉收，随从官员只能靠枣菜充饥。[④]诸将相互之间不能统领，上下位序混乱，粮食将要耗尽。杨奉、韩暹、董承奏请献帝，返回洛阳。献帝一行人出了箕关，走下轵道，郡太守张杨在路旁边准备食物，迎接献帝，献帝拜张杨为大司马。详情记载在《张杨传》。天子回到洛阳，皇家宫室早已经被董卓焚烧殆尽，街巷一片荒芜，百官与荆棘为伴，倚靠在残垣断壁间安身。天下州郡，各自拥兵自保，无人肯来光顾天子。饥饿威胁着朝廷百官，尚书郎以下官员只好亲自出外樵采，有些人因为饥饿，死在残垣断壁间。

①《献帝起居注》记载：当初，天子走出宫殿，走过宣平门，正当过桥时，郭汜的士兵数百人挡在桥上，问："是天子吗？"车不得向前。李傕士兵数百人，皆持有大戟，在乘舆车旁左右，侍中刘艾大呼道："是天子也。"让侍中杨琦高举车帷。献帝对士兵们说道："汝不退却，何敢迫近至尊邪？"郭汜的士兵这才让开。献帝御驾走过桥时，士兵皆呼万岁。

②《献帝纪》记载：当时，尚书令士孙瑞被乱兵杀害。

《三辅决录注》记载：士孙瑞，字君荣，右扶风人，家族世代为学者。士孙瑞年少时，继承家族学业，博闻强识，无所不通，仕途历经显位。董卓被杀，士孙瑞升任大司农，担任三老。每当三公缺位，士孙瑞常在备选中。太尉周忠、皇甫嵩，司徒淳于嘉、赵温，司空杨彪、张喜等担任三公，皆辞让，欲天子拜士孙瑞。天子在许昌建都，追思士孙瑞的功劳，封士孙瑞的儿子士孙萌为澹津亭侯。士孙萌，字文始，亦有才学，与王粲关系很好。临当就国，王粲作诗，以赠士孙萌，士孙萌有应答，在《王粲集》中。

③《献帝纪》记载：当初，有廷议者欲令天子渡黄河东下，太尉杨彪曰："臣弘农郡人，从此向东，有三十六滩，非万乘所能安然渡过也。"刘艾曰："臣此前担任陕县县令，知其危险，有军队护送，仍有倾覆之险，何况今日无军队护送，太尉良谋是也。"乃止。及至北渡黄河，派李乐安排船只。天子步行到达河岸，岸高不得下，董承等商议，欲以马缰绳相续，系在献帝的腰上。当时，中宫仆伏德扶着皇后，手中持有十匹绢，乃取伏德手中的绢，连续为辇。行军校尉尚弘很有力气，令尚弘居前背负献帝，才得以下岸登船。其余不得渡者甚众，再派遣船只，收容诸不得渡者，皆争着攀上船缘，船上人以利刃砍断其手指，舟中之手指可掬。

④《魏书》记载：献帝乘舆当时安置在民居棘篱中，门户无关闭。天子与群臣相会，士兵伏在篱上观看，互相拥挤着，笑着看着。诸将专权，或擅自笞杀尚书。司隶校尉出入，民众士兵抵近，投掷之。诸将或派遣侍婢，前去向献帝省问，或自己带着酒肉大吃大喝，在天子身边吃喝，侍中不通报，则喧呼骂詈，不能制止。又竞相上表，奏请拜诸军营或附近居民为部曲，求其送礼馈赠。医师、走卒皆可以担任校尉，御史刻印来不及，乃以锥画，示有文字，不时有人拿到。

曹操迎接天子，在许昌建都。韩暹、杨奉不能谨守王法，各自亡命出逃，在徐州、扬州一带抢掠，被刘备斩杀。[①]董承跟随曹操一年多，被杀。建安二年，献帝派遣谒者仆射裴茂，率领关西诸将，诛杀李傕，夷灭其三族。[②]郭汜被其部将五习袭击，死于郿县。张济饥饿难耐，带兵到南阳郡抢掠，为穰县人所杀，侄儿张绣统领其部众。胡才、李乐留在河东郡，胡才为仇家所杀，李乐病死。韩遂、马腾自从回到凉州，相互间攻打，后来，马腾入朝担任卫尉，儿子马超统领其部众。建安十六年，马超与关中诸将及韩遂等造反，曹操率领大军征剿马超，大败马超。详情记载在《武帝纪》。韩遂逃归金城，为其部将所杀。马超占据汉阳县，马腾受到牵连，被夷灭三族。赵衢等举义兵讨伐马超，马超败走汉中郡，投奔张鲁；后又投奔刘备，死在蜀地。

①《英雄记》记载：刘备诱降杨奉与其相见，因在座位上争执，杨奉被杀。韩暹失去杨奉，势单力孤，当时欲返回并州，被驻扎杼秋的大帅张宣邀杀。

②《典略》记载：李傕被杀，头颅送来，献帝有诏，把李傕的头颅悬挂示众。

袁绍，字本初，汝南郡汝阳县人。高祖父袁安，曾担任汉朝司徒。从袁安以下，袁氏家族四代人在朝廷担任三公，因此家族的势力很大，权倾天下。[①]袁绍相貌英俊，体貌魁伟，喜欢结交士人，博取名声。士人大多愿意亲附，曹操年少时与袁绍多有来往。袁绍以大将军幕府掾史，升任侍御史，[②]稍后，升任中军校尉，又升任司隶校尉。

①华峤著《汉书》记载：袁安，字邵公，好学，有威重。明帝时，袁安担任楚郡太守，治理楚王案，所审理者有四百余家，皆蒙袁安甄别，得以活命，袁安遂成为当时名臣。章帝时，袁安官至司徒，生下蜀郡太守袁京。袁京的弟弟袁敞曾担任司空。袁京的儿子袁汤，曾担任太尉。袁汤有四子：长子袁平；袁平的弟弟袁成，官至左中郎将，二人早逝；袁成的弟弟袁逢；袁逢的弟弟袁隗，皆为三公。

《魏书》记载：从袁安以下，袁氏皆博爱容众，无所拣择；宾客入其门，无论贤愚，皆得所欲，为天下士人所归。袁绍即袁逢的庶子，袁术的异母哥哥；后来，过继给袁成为嗣子。

《英雄记》记载：袁成，字文开，身体强壮，善于与人交往，贵戚权臣从大将军梁冀以下，皆与袁成关系很好，言无不从。故京师人为此作谚语，曰：“事不谐，问文开。”

②《英雄记》记载：袁绍出生后，父亲去世，二公爱之。袁绍幼年时受拜为侍郎；弱冠时，担任濮阳县长，有清名。遭逢母丧，袁绍为母亲服丧毕，又追祀父亲，为父亲服丧，在茅庐居住六年。礼毕，隐居洛阳，不妄自结交宾客，在海内并不知名，也得不到引荐。袁绍喜欢游侠，与张孟卓、何伯求、吴子卿、许子远、伍德瑜等皆为奔走之友，不应朝廷征召。中常侍赵忠对诸黄门讲：“袁本初喜欢名声，豢养敢死之士，不知道这小子，究竟想要干什么。”袁绍的叔父袁隗闻之，多次责怪袁绍，曰：“汝欲破我家也！”袁绍这才应大将军征召之命。

裴松之按：《魏书》记载：“袁绍，是袁逢的庶子，后过继给伯父袁成。”如此传记所言，则好似袁成所生。人追祀父亲，为所生服丧，礼无其文，何况是过继，而可以行之！二书未详孰是。

灵帝驾崩，何太后的哥哥大将军何进与袁绍密谋，欲诛杀宫内宦官，[①]何太后不听。袁绍谏言，召董卓进京，欲以此胁迫太后。中常侍、黄门听说后，皆到大将军府邸，向大将军何进谢罪，愿听候处置。当时，袁绍劝何进就此解决宦官问题，再三劝说，何进犹疑不决。何进令袁绍负责，让洛阳有谋略的武官监督宫中宦官的行踪。又令袁绍的弟弟虎贲中郎将袁术挑选温厚的虎贲勇士二百人，进入禁中，代替宫中黄门，把守宫中门户。中常侍段珪等矫制何太后诏命，召何进入宫议事，随后将何进杀害，宫中大乱。[②]袁术率领虎贲勇士，焚烧南宫嘉德殿青琐门，欲以此逼迫段珪等宦官出宫。段珪等没有出宫，反而劫持少帝及少帝的弟弟陈留王刘协逃往小平津。袁绍当即杀了宦官任命的司隶校尉许相，而后带兵进入宫中，捕杀宦官，无论老幼，一律诛杀。有些因为没有长胡须而被误杀，还有些吓得只好脱下裤子证明自己，才免遭杀害。连那些安分守己的宦官也不能幸免。由于滥杀，宫中有两千多人被杀。既而追杀段珪等，段珪等宫中宦官全部跳进黄河自杀。少帝与陈留王返回宫中。

①《续汉书》记载：袁绍派门客张津劝说何进："黄门、中常侍，在朝中秉持权柄日久，而且永乐宫太后与诸常侍，专谋财利，将军宜整顿天下，为海内除患。"何进深以为然，遂与袁绍共谋。

②《九州春秋》记载：当初，袁绍劝说何进："黄门、中常侍，累世太盛，威服海内，此前，窦武欲诛杀宦官，反而被宦官杀害，但坐言语泄露，以五营士兵为援兵故耳。五营士兵生长在京师，畏惧宫中宦官，而窦氏反而用他们冲锋陷阵，结果，他们叛走归附黄门，是以自取灭亡。今将军以元舅之尊，二府并领劲兵，部下将吏，皆英雄名士，乐尽死力，事在掌握，天赞其时也。今为天下诛杀贪秽，功勋显著，垂名后世，虽周代之申伯，何足道哉？而今，大行皇帝仍然在前殿，将军以诏书，领兵守卫，切勿入宫。"何进采纳其谏言，后来又狐疑不定。袁绍担心何进又会改变，胁迫何进："今交构已成，形势已露，将军何不早做决定？事留变生，后机祸至。"何进不听，遂败。

董卓召袁绍议事，欲废黜少帝刘辩，拥立陈留王刘协继位。当时，袁绍的叔父袁隗担任太傅，袁绍佯装答应董卓，说："这是国家大事，请将军与太傅商议后再说。"董卓又说："刘氏宗亲，不足以再传位。"袁绍没有答话，手握刀柄，长揖不拜，径直走出府门。[①]而后，袁绍将符节悬挂在东门，直奔冀州。侍中周毖、城门校尉伍琼、议郎何颙等都是当世名士，受到董卓信任，他们暗中为保护袁绍，劝说董卓："废立大事，非一般人所能理解。袁绍不识大体，惶恐出逃，并非有其他想法。如果董公悬赏捉拿，反而会有变故发生。袁氏家族，在朝中，四世三公，门生故旧，担任官吏者遍天下。如果他们聚集天下豪杰，谋反作乱，天下英雄为之奋起，崤山以东将不再为董公所有。不如赦免袁绍，拜袁绍为一个郡的太守，袁绍得以免罪，必然高兴，不会再有后患。"董卓深以为然，于是拜袁绍为渤海郡太守，封为邟乡侯。

①《献帝春秋》记载：董卓欲废黜少帝，对袁绍说："皇帝昏庸，非万乘之主。陈留王刘协可以，今欲拥立之。人年少时有智，大或愚痴，也知道其何如，为当且尔；卿不见灵帝乎？念及此，令人愤怒！"袁绍答："汉家君临天下，已经有四百余年，恩泽深渥，兆民拥戴已久。今少帝虽然幼冲，未有不善之事宣闻天下，公欲废黜少帝，再拥立灵帝庶子，臣担心群臣不会听从公议也。"董卓对袁绍讲："竖子！天下岂不由我决定？我今为之，谁敢不从？你以为董卓刀刃不利乎！"袁绍答："天下能担当大事者，并非只有董公！"手握刀柄，长揖不拜，径自走出府邸。

裴松之认为：袁绍在当时并未与董卓有嫌隙，故董卓与之商议。若但以言语不同，便骂为竖子，而有推刃之心，及至袁绍回答，倔强为甚，董卓又安能容忍，而不加害乎？且如袁绍此言，进非亮正，退违诡逊，而显其竞爽之旨，以触咆哮之锋，有志功业者，理岂然哉！此语，妄之甚矣。

袁绍随即在渤海郡起兵，以诛杀董卓为号召。详情记载在《武帝纪》。袁绍自称车骑将军，担任盟主，与冀州牧韩馥一起拥立幽州牧刘虞为皇帝，派遣使者上奏，刘虞不敢接受帝位。后来，韩馥率军驻扎在安平，被公孙瓒打败。公孙瓒遂引兵攻入冀州，以讨伐董卓为名义，欲袭击韩馥。韩馥惊恐不安。[①]此时，董卓西入函谷关，到了长安。袁绍还军，驻扎在延津，趁着韩馥惶恐之际，派陈留郡人高幹、颍川郡人荀谌等劝说韩馥："公孙瓒乘胜而来，诸郡都有响应公孙瓒者，车骑将军引军向东，其意图难以预测，窃为将军担心。"韩馥答："为之奈何？"荀谌说："公孙瓒率领燕、代大军，其兵锋锐不可当。袁氏是当世雄杰，必不肯屈居于将军之下。冀州实乃天下重地，如果这两支军队同心协力，兵临城下，将军危亡，可瞬时而至。袁绍是将军的旧交，可以结为盟友。当今之计，不如把冀州交予袁绍掌握，袁绍一定会厚遇将军，公孙瓒决然不敢与袁绍争锋。将军有了让贤之名，还可以身处安稳之地，身家性命都可以保全。请将军不要迟疑。"韩馥素来性情懦弱，听了荀谌的建议，只好接受。韩馥的将军幕府长史耿武、别驾闵纯、治中李历听说后，劝谏韩馥："冀州虽然鄙陋，但仍然有带甲武士上百万，收获的粮食足可以供十年食用。袁绍只是外来孤客，率领疲惫之师来冀州投靠将军，仰我鼻息，犹如婴儿在股掌之上，一旦绝其乳养，可立即饿杀。为何要把冀州让与袁绍？"韩馥答；"我曾经是袁氏门下旧吏，而且，我的才能远不如本初。度量才能、德行，让出位置，这正是古人赞赏的品行，诸君为何要责难呢？"从事赵浮、程奂请求韩馥以武力对抗袁绍，韩馥不听。此后，韩馥让出尊位，[②]袁绍遂兼领冀州牧。

①《英雄记》记载：逢纪劝说袁绍："将军举大事，而仰人供给，不据一州，无以自全。"袁绍回答："冀州兵强，吾士饥乏，设不能办，无所容立。"逢纪谏言："可与公孙瓒相闻，导

使来南，袭击冀州。公孙瓒必至，而韩馥必忧惧矣，再派使者向其陈说利害，为其陈述祸福，韩馥必然逊让。于此之际，可据其位。”袁绍从其言，而公孙瓒果然南下。

②《九州春秋》记载：韩馥派遣都督从事赵浮、程奂率领大军，有强弩一万张，驻扎在河阳县。赵浮等听说韩馥欲将冀州送予袁绍，从孟津骑快马疾驰东下。当时，袁绍还在朝歌县清水口，赵浮等从后面赶来，有战船数百艘，军队一万余人，整饬兵马，擂响战鼓，夜晚经过袁绍的大营，袁绍甚恶之。赵浮等来到后，对韩馥讲：“袁本初军无粮草，各自分散，虽有张杨、于扶罗新近归附，未肯为用，不足敌也。小从事等自请率领军队拒之，旬日之间，袁绍必将土崩瓦解；将军但当开阁高枕，何忧何惧？！”韩馥不听，乃避位，搬出州府衙，住在中常侍赵忠的故居，并派遣儿子带着冀州牧印绶到黎阳，交予袁绍。

冀州部从事沮授劝说袁绍：“将军二十岁时，即已经担任朝廷官员，名扬海内。在董卓妄议废立之时，将军心怀忠义，奋力抗击。当时，将军无可奈何之下，不得不单骑出逃，董卓仍然心存忌惮。将军渡过黄河，北上担任渤海郡太守，拥有一郡之吏卒。如今，将军又掌控冀州大权，将军威势，可谓震动河北，名重天下。如果将军举兵向东，可以扫除黄巾，讨伐黑山贼，灭亡张燕。而后，将军挥师北上，擒获公孙瓒。将军以军威震慑戎狄，匈奴之事可定。将军纵横黄河以北，可兼并四州，以此招揽河北的英雄豪杰，将军即可拥有百万之众。此后，将军率领大军，前往长安，迎接皇帝，在洛阳恢复汉室宗庙，号令天下，讨伐不臣，诛灭乱贼。以将军的武威，谁敢抗衡？不用数年，即可奠定大功。”袁绍听罢，大喜过望，说：“正合吾意。”随即上表，奏请献帝，拜沮授为奋武将军，让沮授监护诸将领。[①]董卓派遣执金吾胡母班、将作大匠吴修带着皇帝诏书，晓谕袁绍，袁绍令河内郡太守王匡杀了来使。[②]董卓听闻袁绍已经控制函谷关以东，随即杀了袁绍留在洛阳的宗族，包括太傅袁隗等人。在当时，天下豪杰多归附袁绍，皆声称要为袁绍报仇，州郡纷纷起兵，莫不以袁绍为号召。韩馥心怀恐惧，辞别袁绍，悄然离去，依附张邈。[③]后来，袁绍派人到张邈处，说有事情要商议，二人在席上悄悄耳语。当时，韩馥在座，以为要加害自己，无可奈何之下，在厕所自杀。[④]

①《献帝纪》记载：沮授，广平县人，年少时，有大志，多谋略。出仕担任冀州部别驾，被举荐为茂才，历任两个县的县令，又担任韩馥的州部别驾。韩馥上表，拜沮授为骑都尉。袁绍获得冀州，又征召沮授。

《英雄记》记载：这一年，是献帝初平年间。袁绍，字本初，自以为纪元与自己的字合，必能克平祸乱。

②《汉末名士录》记载：胡母班，字季皮，泰山郡人。年少时，与山阳郡人度尚、东平郡人张邈等八人，轻财好义，赈济士人，世人称八人为“八厨”。

谢承著《后汉书》记载：胡母班，是王匡的妹夫，董卓派胡母班奉诏到河内郡，欲解散义兵。王匡领受袁绍旨意，收捕胡母班，关押在监狱，欲杀之，以祭军旗。胡母班写信给王匡：

“自古以来，未有下土诸侯举兵指向京师者。《刘向传》曰：‘投鼠忌器。’器尚且要忌惮，更何况董卓今日处于宫阙之内，以天子为藩屏，幼主在宫，如何讨伐？仆与太傅马公、太仆赵岐、少府阴修领受诏命。函谷关以东诸郡，虽然嫉恨董卓，也要衔奉王命，不敢玷辱。而足下独囚禁仆于监狱，欲以挑衅皇上权威，此悖逆无道之甚者也。仆与董卓有何亲戚，义岂同恶？而足下张开虎狼之口，吐长蛇之毒，詈骂董卓，迁怒于仆，何其酷虐！死，人之所难，然耻为狂夫所害。若亡者有灵，当诉足下于皇天。夫婚姻者，祸福之机，今日著矣。曩为一体，今为血仇。亡人子二人，则君之甥，身死之后，慎勿令临仆尸骸也。”王匡看了书信，抱着胡母班二子哭泣。胡母班遂死于狱中。胡母班曾经看见泰山郡府君及河伯，事在《搜神记》，语多不载。

③《英雄记》记载：袁绍任命河内郡人朱汉为都官从事。朱汉此前不能为韩馥所礼遇，内怀怨恨，而且欲迎合袁绍之意，擅自调动城郭之兵，围困韩馥的宅邸，拔刃登屋。韩馥登上高楼，朱汉搜查，找到韩馥的大儿，槌折两脚。袁绍也立即收捕朱汉，杀之。韩馥惶恐，故报告袁绍，请求离去。

④《英雄记》记载：公孙瓒与青州黄巾军大战，大败黄巾军，返回，驻扎在广宗县，改易郡守、县令，冀州属下官吏莫不望风响应，开门迎接公孙瓒。袁绍亲自征伐公孙瓒，双方大战于界桥南二十里。公孙瓒有步兵三万余，列为方阵，骑兵为两翼，左右各五千余匹战马，白马义从为中坚，亦分作两校，左射右，右射左，旌旗铠甲，光照天地。袁绍令鞠义率领八百士兵为先锋，有强弩一千张随后。袁绍亲自率领步兵数万人，结阵于后。鞠义长久在凉州，熟悉羌人的战争技艺，手下战士皆骁勇善战。公孙瓒见其兵少，便放开骑兵，欲欺凌鞠义。鞠义的士兵皆伏在盾牌下不动，等公孙瓒的骑兵距离不到数十步，同时俱起，扬尘大叫，直向前猛冲，强弩像雷霆般骤发，所中必倒，在阵中斩杀公孙瓒的部将，以及冀州刺史严纲手下的戴甲骑兵一千余人。公孙瓒军大败，步骑狂奔乱走，不能撤回军营。鞠义追至界桥；公孙瓒令士兵返回，在桥上大战，鞠义再次打败公孙瓒，遂追至公孙瓒的大营，拔其牙门，营中余众皆逃散离去。袁绍在后面，距离界桥有十几里，下马解下马鞍，看见公孙瓒已败，没有防备，唯帐下有强弩数十张，持大戟战士一百余人。公孙瓒的部将率领骑兵，二千余匹战马，猝然而至，包围袁绍，箭矢如雨点般落下。别驾从事田丰扶着袁绍，欲躲入空垣后面，袁绍把兜鍪摔在地上，大叫：“大丈夫当上阵前战死，岂能躲在墙后面侥幸活命？”袁绍指挥强弩乱射，多有所杀伤。公孙瓒的骑兵不知是袁绍，亦稍微退却；恰逢鞠义率军赶到，公孙瓒的骑兵散去。公孙瓒每次与敌寇作战，常骑白马，箭不虚发，故多次获胜、告捷，贼虏相告曰：“当避白马将军。”因此为贼虏所忌，公孙瓒精选白马数千匹，挑选骑射战士，号称白马义从军；一曰胡夷健儿常骑白马，公孙瓒有这样的健骑数千，大多乘白马，故以号称。袁绍既打败公孙瓒，引军南下到薄落津，正在与宾客诸将大会，听说魏郡士兵造反，与黑山贼于毒共同攻陷邺城，还杀了郡太守栗成。贼人十余部，有数万人，聚会在邺城中。座上诸客有家眷在邺城者，皆惶恐失色，或起而啼泣，袁绍面不改色，泰然自若。贼人陶升，原内黄县小吏，有善心，独自率领部众，逾西城进入，关闭州衙大门，不容其他贼人进入，用车子载着袁绍的家眷及诸衣冠士人的家眷在州内者，亲自护卫，送到斥丘县。袁绍返回，驻扎在斥丘县，任命陶升为建义中郎将。率领大军进入朝歌县鹿场山苍岩谷，讨伐于毒，围攻五日，大败于毒，斩杀于毒及长安所署代理冀州牧壶寿。随后，沿着山路北行，打击诸贼左发丈八等人，皆斩杀之。又打击刘石、青牛角、黄龙、左校、郭大贤、李大目、于氐根等人，屠杀其驻

扎的屯壁，未死者狼奔豕突走脱，斩首数万级。袁绍撤军返回，驻扎在邺城。初平四年，天子派太傅马日磾、太仆赵岐到函谷关以东，为袁绍、公孙瓒和解。赵岐到达河北，袁绍出迎上百里，拜奉帝命。赵岐前往袁绍大营，移书告诉公孙瓒。公孙瓒派遣使者来，同时写信给袁绍，曰："赵太仆以周公、召公之德，衔命来征，宣扬朝恩，示以和睦，旷若开云见日，何喜如之？在往昔，贾复、寇恂为了士卒而争斗，欲相互伤害，遇上光武帝之宽厚，亲自陛见二人，同舆共出，当时人以此为荣。自省居住在边郡鄙陋之地，得与将军共享此福，此诚将军之眷顾，而公孙瓒之幸也。"鞠义后来恃功而骄横恣肆，被袁绍杀。

当初，拥立献帝即位，并非袁绍之意。及至袁绍占据河东，袁绍派遣颍川郡人郭图出使长安。返回后，郭图劝说袁绍迎接天子，在邺城建都，袁绍没有听从。[①]之后，曹操迎接天子，在许昌建都，收复黄河以南，关中地区皆归附曹操。袁绍顿时感到后悔，又欲令曹操将天子迁至鄄城建都，以靠近自己，曹操拒绝。献帝拜袁绍为太尉，转任大将军，封为邺侯，[②]袁绍辞让列侯位，不肯接受。不久，袁绍在易京大败公孙瓒，兼并了公孙瓒的部众。[③]袁绍任命长子袁谭为青州刺史，沮授劝谏袁绍："这样做，必将为将来留下祸端。"袁绍不听，说："孤欲令几个儿子各掌管一州。"[④]袁绍又任命二儿子袁熙为幽州刺史，外甥高幹为并州刺史。袁绍拥有部众数十万，以审配、逢纪统领军事，以田丰、荀谌、许攸作为谋士，以颜良、文丑等为将帅，训练精兵十余万，战马上万匹，准备进攻许都。[⑤]

①《献帝传》记载：沮授劝说袁绍："将军家族，世代有人在朝中担任三公，辅佐朝廷，秉承忠贞之义。如今，朝廷被迫迁徙，颠沛流离，宗庙尽毁。观察各州郡，对外虽然假托义兵，内心其实另有所图，毫无存恤社稷、哀怜天下之意。冀州刚刚平定，兵强马壮，士人亲附。将军西行，亲迎皇上銮驾，在邺城定都，建造宫殿，挟天子以令诸侯。而后操练兵马，以义军讨伐不臣，谁敢抗拒？"袁绍听了，大喜，准备依计行事。颍川郡人郭图、淳于琼讲："汉室倾颓，时日已久，如今，再要复兴汉室，不亦难乎？而且，天下英雄并起，各自占据州郡，聚集徒众，动辄上万，这正是'秦失其鹿，天下共逐之'，先得者为王。将军欲亲迎天子，到那时，动辄要上表听闻，听之则权轻，违之则抗命，此计并非良策。"沮授强调："迎接皇上，从道义上讲，是得人心之事，从天时上讲，正合时宜。不早日做出决定，一定会有人捷足先登。权变之计，在此一举，不可错失良机，建立功业，不能行动迟缓，愿将军早下决心。"袁绍不能用。按照此书称沮授之计，则与本传记相违。

②《献帝春秋》记载：袁绍耻于在太祖之下，怒曰："曹操当死数次矣，我辄救存之，今乃背恩，挟天子以令我乎！"太祖听说后，把大将军位置让与袁绍。

③《典略》记载：自此以后，袁绍对朝廷上贡越发简慢，私自与主簿耿苞密议："赤德衰尽，袁为黄胤，宜顺天意。"袁绍让耿苞暗中把计划告诉军府将吏。议者皆认为，耿苞妖言惑众，宜诛杀之，袁绍只好杀了耿苞以自解。

《九州春秋》记载：袁绍延请北海郡人郑玄，而不能以礼相待，赵融听说后，说："贤人者，君子之望也。不能礼遇贤士，是失君子之望。有为之君，不能失万民之欢心，况于君子乎？失君子之望，难以有为矣。”

《英雄记》记载：太祖作董卓歌，辞云：“德行不亏缺，变故自难常。郑康成行酒，伏地气绝，郭景图命尽于园桑。”如此之文，则郑玄无病而卒。其余书不见，故载录之。

④《九州春秋》记载：沮授谏言：“世人称，一兔走脱，万人逐之，一人获之，贪者悉止，因为名分已定也。而且，年龄相当，选择以贤，德行匹配，则通过卜筮，这是古人之制。愿主公上唯先代成败之告诫，下思逐兔名分之定义。”袁绍说：“孤欲令四个儿子各自管理一州，以观其能。”沮授出来后，说：“祸殃开始于此乎！”袁谭来到青州，先担任都督，后担任刺史，后来，太祖拜袁谭为青州刺史。其土地从黄河而西，几乎全部是平原。袁谭遂北上排挤田楷，向东攻打孔融，耀兵海隅。在当时，百姓无主，欣然拥戴袁谭。然而，袁谭信用群小，好受近言，肆志奢淫，不知稼穑之艰难。华彦、孔顺皆奸佞小人，袁谭信以为腹心；王修等皆备员而已。然而，袁谭喜欢接待宾客，慕名敬士。派妻子的弟弟领兵在内，其上任后令掠夺市井及掳掠田野；另外派两位将军，到下面县邑募兵，有贿赂者见免，无贿赂者见取，贫弱者多，乃至于窜伏于丘野之中，袁谭放兵捕获，如猎杀鸟兽。县邑有一万户者，在籍者不盈数百，收缴赋税，三分不入一。招命贤士，不肯屈就；不趋赴军期，安居族党，亦不能罪也。

⑤《世语》记载：袁绍有步卒五万，骑兵八千。孙盛评论：按魏武帝对崔琰讲：“昨日按照贵州户籍登记，可得三十万众。”由此推算，但冀州已有能当兵者如此，更何况兼有幽州、并州及青州？袁绍之大举，必悉师而起，十万近之矣。

《献帝传》记载：袁绍将要南下攻打曹操，沮授、田丰劝说袁绍：“前些时，将军讨伐公孙瓒，多次用兵，百姓已经疲惫，仓库的粮食不足，赋税徭役沉重，这些都是国家的忧患。应该先派遣使者，向天子报捷，强调农业的重要，以安抚百姓。如果不能与朝廷取得联系，应该向皇帝上表，说这是由于曹操阻拦。然后，将军发兵，进驻黎阳，逐渐向黄河以南推进。还要建造舟船，修缮攻城器械，派遣精锐骑兵，分头急进，抄曹操的后路，使许都附近的县邑不得安宁。我军以逸待劳，三年之内，可稳操胜券。”郭图、审配谏言：“按照兵法，十倍则围之，五倍则攻之，势均力敌则战之。如今，以明公之神威，联络河北众豪杰，讨伐曹操，其势如探囊取物。如果不早下决心，以后就难了。”沮授谏言：“人们常说，救乱止暴，称为义兵；恃众逞强，称为骄兵。义兵无敌，骄兵必败。此前，曹操奉迎天子，在许昌建都。如今，我军挥师南下，于义理不符。而且，庙胜之算，不在于强弱。曹操领兵，军法严整，有令必行，士卒操练熟稔，并非公孙瓒之辈坐以待毙。主公抛弃万全之策，兴起无名之师，臣为主公担忧。”郭图等人谏言：“武王伐纣，无人称其不义；更何况，我军兴起义兵，攻伐曹操逆贼。谁敢说这是师出无名？而且，主公的军队精锐，将士勇猛，如不及早奠定大业，此所谓‘天与不取，反受其咎’。当时，正是‘越国之所以称霸，吴国之所以灭亡’之时。监军的谋划过于稳妥，却没有看到时局在变化，所以还是要抓住良机。”袁绍采纳郭图的谏言。郭图等人乘机谮毁沮授：“沮授负责监察内外将领，威震三军，沮授的权力太大，难以控制！臣下与主公同命运，主昌则臣昌，主亡则臣亡，此乃《黄石兵法》所强调。而且，将军在外领军，不宜负责内事。”袁绍将沮授统领的军队分为三部，设置三名都督，命令沮授、郭图、淳于琼各率领一军，遂率领大军南下。

在此之前，曹操派遣刘备到徐州迎战袁术。袁术死后，刘备杀了徐州刺史车胄，引军屯驻在沛县。袁绍派遣骑兵襄助刘备。曹操派遣刘岱、王忠攻打刘备，战事不利。建安五年，曹操亲自率军东征刘备。田丰劝袁绍袭击曹操的后方，袁绍以儿子有病为托辞，不肯出兵许都，田丰气得用手杖敲击地面，说："有这样千载难逢的机会，却以儿子有病，错失良机，可惜！"曹操抵达徐州，大败刘备；刘备投奔袁绍。①

①《魏氏春秋》记载：袁绍向天下州郡散发檄文："人们常说，明主救亡图存，忠臣挽救危局，面临危难，常有权变之策。在以往，秦国强大，二世皇帝昏庸，赵高在朝中专权，掌握朝政，威福皆由己出，最终，二世皇帝在望夷宫蒙难，可谓教训深刻。及至汉朝建立，吕后、吕禄、吕产在朝中专权，在禁中谋划，专断朝廷政事，皇帝幼小，大权旁落，海内有识之士，莫不为之寒心。绛侯周勃、朱虚侯刘章，振威发怒，诛杀逆贼，拥立太宗皇帝，汉室重获振兴，事业再续辉煌。这是大臣临机权变的结果。司空曹操，祖父曹腾，原为宫中常侍，与宦官左悺、徐璜等，可谓妖孽、饕餮，横行无忌，迫害朝廷有德之臣。曹操的父亲曹嵩，卑颜屈膝，乞求曹腾收其为养子，用贪赃枉法之钱，贿买爵位，舆金辇宝，输送豪门，盗取三公尊位，颠覆社稷重器。曹贼正可谓阉宦遗丑，本身并无懿德，以狡黠逞能，以任侠自居，好乱乐祸。袁绍将军，统领鹰扬武士，横扫凶残逆贼。董卓进京，祸乱国家，残杀朝廷命官。袁将军手持三尺利剑，擂响战鼓，在崤山以东，号召天下豪杰，搜罗四海英雄，量才录用。当初，袁将军与曹操共商大计，讨伐董卓，曹操不过是袁将军手下之鹰犬，麾下之爪牙。怎奈曹操愚蠢至极，轻佻短视，急于求成，单兵冒进，招致败绩，丧师辱国。袁将军又拨出精兵，抚慰勉励曹操，上表朝廷，举荐曹操为东郡太守、兖州刺史，送予曹操虎纹战袍，授予曹操偏师重任，帮助曹操树立权威，希望曹操能够立功赎罪。然而，曹操飞扬跋扈，乘机显示其凶残本性，荼毒百姓，残害忠良。原九江郡太守边让，可谓英才，坚持正道直行，不肯阿谀邪佞，惨遭曹操杀害，妻子、儿女罹遭灭族之祸。天怒人怨，士林为之悲愤，一夫奋臂，举州同声。众叛亲离之下，曹操在徐州一败涂地，被吕布驱逐，流窜东部，居无定所。袁将军想到强干弱枝之义，不愿意被误解为叛乱党人，于是率领大军，以席卷之势，援救曹操。金鼓擂响，吕布狼狈窜逃。曹操从死亡绝境获救，袁将军奏明朝廷，重新授予曹操州伯之职。在当时，袁将军虽然无功于兖州百姓，对曹操却有大恩大德。此后，皇帝銮驾东归洛阳，沿途贼寇肆虐。冀州北部一带，屡传警讯，戎事繁多，袁将军令幕府从事中郎徐勋就地征调曹操，令曹操帮助修缮洛阳郊庙，护卫幼主。曹操趁此机会，得逞其志，肆意横行。曹操威逼皇宫，胁迫朝廷官员破坏朝纲，扰乱法纪，以其威势，对朝廷三公发号施令。曹操在朝中专权跋扈，赏罚皆由己出，随心所欲，手握刑戮大权，所爱者，可令其光耀五宗；所怨者，可将其夷灭三族。有议论者，遭受刑戮；有腹议者，遭受暗算。众官员只能以目示意，钳口结舌。宫中尚书，仅为傀儡，抄抄写写。朝廷公卿，形同木偶，备员充数而已。原太尉杨彪，曾担任司空、司徒，位列至尊。因为睚眦之怨，曹操竟然诬以非罪，严刑拷打，五毒俱全，为所欲为，不顾朝廷王法。还有，议郎赵彦，忠谏直言，谏言中有可采纳之处，皇上欣然接受，并增加赵彦的爵位。曹操欲混淆是非，堵塞言路，将赵彦收捕，没有禀报皇上，即将赵彦诛杀。梁孝王是先帝的同父异母兄弟，陵寝高大，松柏桑梓，遍布陵园，庄严肃穆。曹操率领手下将士，发掘墓冢，破棺裸尸，掠取金宝，令圣朝流涕，士民哀伤。曹操设置发丘中郎将、摸金校尉，所到

之处，坟墓挖掘殆尽，尸骸遍布荒野。曹操身为三公，竟然做出贼虏恶行，祸国殃民，毒流人鬼。曹操苛政残暴，对官员严加防范，各种网络密布，矰缴遍布蹊径，陷坑充塞道路，世人举手即触网罗，举足可蹈陷阱。致使兖州、豫州充斥哀怨之声，帝都之地遍布嗟叹之音。遍览古今典籍，贪残暴虐奸臣之无道，以曹操为甚。袁将军正忙于对付外贼，无暇顾及内务，对曹操包容忍耐，希望曹操能够改过自新。岂料曹操狼子野心，包藏篡逆之意，欲摧毁汉室栋梁，以此孤弱汉室。曹操在朝中任意迫害忠良，肆意妄为，专心于枭雄。在往年，袁将军击鼓北伐，讨伐公孙瓒，与强虏鏖战，持续一年。曹操遂得以肆意妄为，暗地里，曹操与公孙瓒暗通书信，欲结交公孙瓒为外援，乘机谋乱。故曹操引兵，来到黄河边，造船北渡，被行人识破，阴谋败露。公孙瓒已被剿灭，曹操锋锐顿挫，阴谋未能得逞。之后，曹操屯驻敖仓，凭借黄河天险，欲挥动螳螂之臂，抵御袁将军隆隆之战车。袁将军谨奉汉室威灵，折冲宇宙，麾下有百万雄师，胡骑千群，有战将如中黄、夏育、孟获，手挽良弓劲弩，驰骋于疆场。袁将军从并州越过太行，从青州涉渡济水、漯河。大军渡过黄河，从正面进攻，偏师从荆州直下宛县、叶县，抄曹操后路。雷震虎步，大军将在曹操虏庭会齐，犹如炎火高举，焚烧飞蓬，沧海倾覆，浇灭余烬，还有何等凶顽不能剿灭？如今，汉室遭遇陵替，纲纪废弛，曹操以精兵七百，守卫宫阙，对外声称护卫，对内羁押皇帝，只怕篡逆之祸从此开始。此乃忠臣肝脑涂地之秋，烈士建功立业之际，能不勖勉努力？”此檄文为陈琳所作。

袁绍进军至黎阳，派遣颜良在白马攻打刘延。沮授又谏言袁绍：“颜良器量狭小，虽然骁勇善战，不能独当一面。”袁绍不听。曹操来救刘延，曹军与颜良大战，在阵前斩杀颜良。①袁绍随后渡过黄河，在延津以南筑起壁垒，再派刘备、文丑向曹操挑战。曹操将其一一击破，在阵前斩杀文丑，再战，曹军擒获袁绍的大将。袁军为之震惊。②曹操回军官渡。沮授又劝谏袁绍：“北军虽然人多，战力不如南军。南军粮食缺乏，物资储备不如北军。南军急于求战，北军利在持久。我军应该采取持久战，旷以时日，再与南军决战。”袁绍不听。袁绍大军联营接寨，不断向前延伸，大军直逼官渡，两军交战。曹军不利，退回壁垒坚守。袁军建起高大的橹车，堆起土山，用强弓硬弩，向曹操壁垒中放箭。曹军士卒只好架起盾牌，在军营中行走。曹操军也制造发石车，回击袁军的楼车，将楼车一一击破，袁军大呼“霹雳车”。③袁军挖掘地道，欲偷袭曹军，曹操命令士卒在营中挖掘深沟，破坏地道。曹操派出奇兵，袭击袁绍的运粮车队，焚烧运粮车，将袁绍的军粮焚烧殆尽。两军对峙一百余天，黄河南边的士卒、百姓已经疲惫不堪，有很多人背叛曹操，暗通袁绍，而且军粮匮乏。此时，袁绍派遣淳于琼等，率领一万余人北上，迎接运粮车队。沮授劝说袁绍：“可派遣将军蒋奇另外率领一支军队作为策应，以断绝曹公抢劫之妄想。”袁绍又没有听从。淳于琼在乌巢宿营，距离袁军仅有四十里。曹操留下曹洪守护大营，亲自率领步骑五千，星夜潜行，袭击淳于琼。袁绍派遣骑兵救援，不敌曹操，败走。曹操大败淳于琼等，全部斩杀之。曹操返回，还未到达大营，袁绍的部将高览、张郃等率领部众投降。袁军随即崩溃，袁绍与袁谭单骑渡过黄河，落荒逃走。余众佯装投降曹操，曹操将其全部坑杀。[④]沮授来不及跟随袁绍渡过黄河，被曹军擒获，绑来见曹操，[⑤]曹操厚遇沮授。后来，沮授欲逃回袁绍处，被曹操诛杀。

①《献帝传》记载：袁绍临出发前，沮授召集族人，将全部家产分送予他们。沮授说："势存则无威不加，势亡则难保一身。哀哉！"沮授的弟弟沮宗问："曹操的军队不敌主公，君又有何疑惧？"沮授答："曹操善于用兵，决策英明，又有挟天子以令诸侯之资本。此前，我军一举打败公孙瓒，战士已经疲惫不堪。现如今，主公志骄意满，将领骄横恣肆，我军是否会一败涂地，在此一举。扬雄讲：'六国纷争，最终成就秦国，王室变得越发衰弱。'而今，同样如此！"

②《献帝传》记载：袁绍将要渡河，沮授劝解："胜负变化，不可不详查。今宜留部分兵力驻扎在延津，再分兵官渡，若其克敌制胜，还迎不晚，设其有难，众人还可有退路。"袁绍不听。渡河时，沮授手扶船舷叹息："主公志在必得，下边将士又急于求功，悠悠黄河，我还能返回吗？"遂称病，向袁绍告退。袁绍没有答应，心中不免产生恨意，减少沮授统领的部队，分予郭图。

③《魏氏春秋》记载：古代有发矢车抛石，又传言"旝动而鼓"，《说文》曰："旝（kuài），发石车也。"袁绍于是制造发石车。

④张璠著《汉纪》记载：曹公杀袁绍士卒，共计有八万人。

⑤《献帝传》记载：沮授被曹军擒获，沮授大喊："我没有投降曹操，是被擒获的。"太祖与之有旧，见到沮授，说："只因相距太远，彼此之间，没有交往。谁料想今日在此地相见。"沮授回答："袁绍一再失策，自取败绩。沮授已经尽其所能，最终还是被曹公擒获。"太祖说："本初无谋，不肯采纳公的谏言。如今国家丧乱，已有十几年，仍然安定不下来，正当与君共谋大事。"沮授答："叔父、母亲、兄弟，均在袁绍手中，命悬于一线。能够蒙受曹公厚恩，速死为福。"太祖叹息道："孤早日得到君，天下不足虑也。"

当初，袁绍率军南征，田丰劝说袁绍："曹公善于用兵，变化无常，兵众虽少，未可轻敌，不如以持久战应敌。将军据有山河之固，拥有四州之众，对外结交天下英雄，对内休养生息，鼓励耕、战，然后挑选精锐，作为奇兵，趁曹操后方空虚，反复出击，袭扰黄河以南。曹操救右则击其左，救左则击其右，迫使曹操疲于奔命，百姓不得安宁。我未劳而彼已疲，不到三年，可稳操胜券。如今放弃庙胜之算，欲凭此一战，决定胜负。如果此战不胜，则悔之晚矣。"袁绍听不进谏言。田丰由于强谏，忤逆了袁绍，袁绍认为，大军将要出动，田丰胆敢扰乱军心，遂将田丰逮捕。袁军惨败，有人对田丰讲："君一定会受到重用。"田丰答："袁公外宽而内忌，不会体谅我的忠诚。而我又多次直言进谏，忤逆袁公。袁公得胜而归，出于高兴，或许能够赦免我；今日战败，内心反而忌恨。此次出征胜利，我可以保全性命；现如今袁公大败，看来不会再有生的希望了。”袁绍返回，说：“我没有采纳田丰的谏言，一定会被他耻笑。”就杀了田丰。[①]袁绍性情豪放，为人宽厚，外表风雅而有器量，喜怒不形于色，而内心却妒贤嫉能，处理事情，多类似这样。

①《先贤行状》记载：田丰，字元皓，钜鹿郡人，或云渤海郡人。田丰天姿英杰，谋略多奇。年少时，田丰丧亲，居丧尽哀，日月虽过，笑不至矧（shěn）。田丰博览多识，名重州党。当初，受太尉府征召，被举荐为茂才，升任侍御史。阉宦在朝中专权，英贤被害，田丰弃官归家。袁绍举兵起义，卑辞厚币，招请田丰，田丰以王室多难，志存匡救，乃应袁绍征召，袁绍任命田丰为别驾。田丰劝说袁绍奉迎天子，袁绍不肯采纳谏言。袁绍后来采用田丰的计谋，打败公孙瓒。逢纪忌惮田丰为人坦荡、耿直，多次向袁绍谮毁田丰，袁绍遂开始疑忌田丰。袁绍官渡之战惨败，大军土崩，逃归北方，师徒略尽，军中皆拊膺而泣，曰：“向令田丰在此，不至于是也。”袁绍对逢纪讲：“冀州人听闻吾军战败，皆当念吾，唯田丰别驾此前谏止吾，与众不同，吾亦惭愧再见田丰。”逢纪则说：“田丰听闻将军败退，拊手大笑，喜其言之中也。”袁绍于是有害田丰之意。当初，太祖听闻田丰没有跟从袁绍出兵，大喜，曰：“袁绍必败矣。”及至袁绍逃遁，太祖又说：“向使袁绍能用田丰别驾之计，成败尚未可知也。”

孙盛认为：观察田丰、沮授之用谋，即使张良、陈平何以过之？故君贵审才，臣当量主；君用忠良，则霸王之业隆盛，臣奉昏君，则覆亡之祸必至：存亡荣辱，常必由兹。田丰知道袁绍将败，败则己必死，甘冒虎口，以尽忠规，烈士之于所事，虑不存己。夫诸侯之臣，义有去就，况且田丰与袁绍并非纯臣乎！《诗经》云“逝将去汝，适彼乐土”，言去乱邦，就有道之国可也。

冀州属下郡县，大多反叛，袁绍逐一平定反叛的郡县。官渡之战后，袁绍开始生病。献帝建安七年夏天，袁绍病逝。

袁绍喜爱小儿子袁尚，因其长相俊美，欲以袁尚为后嗣。临去世前，袁绍没有来得及确定继嗣。[①]逢纪、审配一向骄横，被袁谭忌恨。辛评、郭图亲近袁谭，与审配、逢纪有矛盾。众人认为，袁谭年长，欲拥立袁谭继位。审配等人担心袁谭继位，辛评等人会加害自己，遂矫制袁绍遗命，拥立袁尚继位。（此段参考《后汉书》。）袁谭来奔丧，不能被立为后嗣，遂自号“车骑将军”。从此，袁谭、袁尚之间有矛盾。曹操亲自率军，北上征伐袁谭、袁尚。袁谭军驻扎在黎阳，袁尚拨给袁谭的兵员很少，而且，还令逢纪监军。袁谭请求增加兵员，审配等商议后，不肯增加。袁谭大怒，杀了逢纪。[②]曹操渡过黄河，攻打袁谭，袁谭向袁尚告急。袁尚欲为袁谭增兵，又担心兵源被夺走，于是，袁尚令审配镇守邺城，亲自率军前来救助袁谭，与曹操在黎阳城下对峙。从九月至次年二月，双方在城下大战，袁谭、袁尚战败，退入黎阳坚守。曹操遂将黎阳包围，袁谭、袁尚连夜遁逃。曹操追至邺城，将城外的麦子收割殆尽，又攻下阴安，引军退回许都。曹操南下征伐荆州，大军进抵西平县。此时，袁谭、袁尚之间的矛盾爆发，相互间举兵攻打，袁谭败走平原郡。袁尚的攻势更加猛烈，袁谭派遣辛毗向曹操求救。曹操遂还军，救助袁谭。十月间，曹操大军进抵黎阳。[③]袁尚听说曹操北上的消息，遂解除平原之围，返回邺城。袁尚的部将吕旷、吕翔叛变，投降曹操，袁谭暗中刻制将军印，欲收买吕旷、吕翔，被曹操发觉，让儿子曹整聘娶袁谭的女儿为妻，以安抚袁谭。随后，曹操率军撤回。袁尚令审配、苏由镇守邺城，再次率军在平原郡攻打袁谭。曹操进军，欲进攻邺城，大军进抵洹水，距离邺城有五十里，苏由暗中投降曹操，欲作为内应，阴谋败露，与审配在城中大战，苏由战败，逃出邺城，投奔曹操。曹操随即进攻邺城，挖掘地道，审配在城中挖掘沟堑阻拦。审配的部将冯礼叛变，打开突门，放进曹军三百余人，审配及时察觉，从城上用大石块封堵城门，砸中栅门，栅门封闭，进入城中的曹军全部被杀。曹操遂将邺城团团围困，在城外挖掘壕沟，周围长四十里。当初，士兵把壕沟挖得很浅，人可以轻易穿越。审配看到后，在城上大笑，并未出兵与曹操争夺地利。一夜之间，曹操命令士兵，将壕沟挖深、挖宽，深度、宽度达二丈，而后引来漳河水，倒灌邺城。从当年五月至八月，城中饿死者过半。袁尚听到邺城处境艰难，率领一万余人前来救援。袁尚军沿着西山而来，大军东进至阳平亭，距离邺城还有十七里，濒临滏水，举火以示城中，城中亦举火相应。审配从城北出兵，欲与袁尚内外夹击，突破重围。曹操派兵迎战，审配兵败，退回城中。袁尚亦兵败退走，倚恃漳河弯部，扎下军营，曹操遂引军包围。包围圈还未合拢，袁尚恐惧，派遣阴夔、陈琳向曹操乞降，曹操不肯受降。袁尚只好率军败走滥口，曹操进军，再次包围袁尚，袁尚的部将马延等临阵投降曹操，袁尚军崩溃，袁尚逃往中山。曹操缴获了袁尚军全部车辆辎重，收缴袁尚的印绶、符节、钺仗以及衣服器物，曹操将缴获的物品向邺城展示，城中守军斗志涣散。审配哥哥的儿子审荣守护东门，在夜间，审荣打开城门，放进曹操的军队。曹军与审配在城中死战，生擒审配。审配壮怀激烈，始终不肯投降屈服，旁观者莫不叹息。最后，曹操将审配斩首。[④]高幹献出并州，向曹操投降，留任并州刺史。

①《典论》记载：袁谭年长而惠，袁尚年少而美。袁绍后妻刘氏喜爱袁尚，多次称其有才，袁绍亦奇其美貌，欲以为后嗣，未宣布，而袁绍病逝。刘氏性情酷妒，袁绍病逝，尸还未殡殓，宠妾五人被刘氏尽杀之，以为死者有知，当复见袁绍于地下，乃髡头墨面，以毁其形。袁尚又为刘氏杀尽死者家属。

②《英雄记》记载：逢纪，字元图。当初，袁绍离开董卓出奔，与许攸及逢纪一起来到冀州，袁绍以逢纪聪慧，有计谋，甚亲信之，与其一起举事。后来审配受到任用，与逢纪不睦。有人乘机向袁绍谮毁审配，袁绍问逢纪，逢纪答："审配性情刚烈，为人耿直，所言所行，常仰慕古人之节操。主公无须怀疑。"袁绍再问："君不是很厌恶审配吗？"逢纪答："此前所争者，为私；今日所言者，为国。"袁绍说："答得好！"没有疏远审配。审配、逢纪从此变得和睦。

③《魏氏春秋》记载：刘表写信给袁谭："上天降下灾祸，祸乱接踵而至。当初，天下豪

杰聚集，以义结成同盟。由于天下大乱，皇室动荡，纲常伦理遂遭到抛弃。所有这些，令天下贤达之士莫不痛彻心扉。世道沦丧，即使族人也不能相互忍让。孤与将军的父亲，可谓志同道合，虽然荆州、冀州路途遥远，山河阻隔，孤与将军的父亲仍然同心协力辅佐皇室，任何势力都难以拆散我们的友谊，更不可能从中挑拨离间，这是孤与将军的父亲推诚相待的结果。可惜，大业未成，将军的父亲早逝，贤侄继承父业，继续完成父亲未竟的事业，展示奕世之德，践行无上光荣。想当初，袁公在邺城摧毁强敌，在河北弘扬美德，环顾疆宇，虎视河外，凡此前的同盟，莫不向心归附。奈何今天，有谗佞之人从中作梗，离间将军兄弟，使得兄弟间成为寇仇，犹如人的身体被肢解。当初，我听闻这些消息，还不敢相信，直至消息接二连三传来，才知道兄弟反目，已成事实。昨天的兄弟，成为陌路仇敌，两军对垒，刀枪撞击，尸骨横野，尸骸遍弃于城下。听闻噩耗，令人不禁哽咽，叹息存亡无期。在往昔，三王、五霸时，直至战国，君臣相弑、父子相残、兄弟相杀、亲戚相灭，这样的惨祸时有发生。然而，他们之间的争斗，或为成就王业，或为图谋霸业，也是所谓逆取顺守，为求得一代人富贵。还从未听说过抛弃亲人，勾结异姓，彻底动摇根基，以求获得全功，长久存活于世间者。在往昔，齐襄公灭亡纪国，报了九世之仇，士匄（gài，即范宣子）完成荀偃的遗愿，《春秋》赞美为“义”，君子称之为“信”。即使荀偃对于齐国的仇恨，也不如袁公对于曹操的仇恨深远；范宣子继承荀偃的遗志，也不如将军兄弟继承父亲的宏业。而且，君子即使蒙难，也不应投奔敌国，“君子绝交，不出恶声。”更何况将军忘却先人之仇，抛弃兄弟之谊，诚可为万世鉴戒，为同盟者所不耻！蛮夷戎狄，也会为之嘲讽，更何况我华夏？真的令人痛心！将军欲在竹帛上留名，保全祖宗祀庙，怎么能与兄弟相争，不惜骨肉相残，在战场上厮杀？即使兄弟倨傲，有不妥之处，不懂得礼让，作为兄长，也应该以仁君之礼，降志辱身，以完成父亲的遗业为重。待大业奠定，让天下人评判曲直，这样，不更显示兄长高义？如今，将军被太夫人憎恶，不会像郑庄公之于母亲姜氏；兄弟间有嫌隙，不会像虞舜受到弟弟象敖的暗算。然而，郑庄公与母亲重归于好，象敖受到哥哥舜帝的封赏。愿将军捐弃前嫌，追思旧义，让母子、兄弟之情像从前一样。而今，我也在整顿兵马，延颈企盼将军早日回心转意。”刘表又写信给袁尚：“我知道变起于辛毗、郭图，祸结同生，追阏伯、实沈之踪，忘常棣死丧之义，亲人操持干戈，僵尸流血，闻之令人哽咽，虽存若亡。在往昔，轩辕有涿鹿之战，周武有商、奄之师，皆所以翦除秽害而定王业，非强弱之争、喜怒之忿也。故虽灭亲不为尤，诛兄不伤义。今二君初承宏业，纂继前轨，进有国家倾危之虑，退有先公遗恨之负，当唯义是务，唯国是康。何者？金木水火以刚柔相济，然后克得其和，能为民用。今青州人天性峭急，迷于曲直。仁君宽宏大量，绰然有余，当以大包小，以优容劣，先除曹操以消除先公之恨，事定之后，乃议曲直之计，不亦善乎？若留神远图，克己复礼，当振师长驱，共扶王室。若迷而不返，违而不改，则胡夷将有诮让之言，况我同盟，复能勠力为君之役哉？此韩卢、东郭自困于前，而遗田父之获者也。愤踊鹤望，冀闻和同之声。若其泰也，则袁族其与汉室升降乎！如其否也，则同盟永无望矣。”袁谭、袁尚都听不进劝谏。

《汉晋春秋》记载：审配写信给袁谭：“人们常说，《春秋》大义，国君为社稷而死，忠臣为君命而亡。如果有人胆敢危害宗庙社稷，祸乱国家，无论亲疏远近，都要惩治。因此，周公流着眼泪，处死管叔、蔡叔；季友哽咽，杀了弟弟叔牙。为何要这样做？义重人轻，不得不如此行事。在往昔，卫灵公废黜太子蒯聩，此后卫国人拥立蒯聩的儿子姬辄为国君。蒯聩不肯罢休，秘密潜回戚邑，欲夺回君位，卫国人出兵讨伐。《春秋左传》记载：‘石曼姑以大义为重，讨伐蒯聩，认为蒯聩谋逆。’是以蒯聩终获谋逆之罪，而大夫曼姑永享忠臣之名。姬蒯聩是姬辄的父亲，仍然可以这样对待，更何况兄弟？先公没有让将军作为继嗣，而是做了贤兄的嗣子，确立袁尚为继嗣，对上祭告祖宗神灵，对下写进家谱，先公把将军过继给哥哥为嗣子，将军以先公为叔父，海内远近，无人不晓！先公去世之日，嗣子袁尚穿上缞绖，主办丧事，而将军在垩室居丧，主次分明。而凶臣逢纪，节外生枝，挑拨离间，曲意逢迎，实有邪谋，致使将军兄弟反目。将军遂怒不可遏，起兵反抗，袁尚也不得不起兵应对。自此之后，痈疽破溃，双方交兵。双方属下幕僚惶惑之间也只能旁观坐望，以求自保。双方调兵遣将，征调匈奴支援，拜授职位，整顿器械，挑选精兵锐卒，竭尽府库资财，搜刮百姓赋敛，以供将军征战之用，何求而不备？若将军兄弟联合，捐弃前嫌，挥师远征，战为雁行，赋敛归为国用，倾尽仓库资财，加重赋敛收入，上下欢欣，不敢告劳。为何？将军兄弟，推诚相待，治下百姓，归心向一，如唇齿相依，不分彼此。此乃将军重返正途，二人同心，其利断金，必定天下无敌，御寇宁家。将军为何要听信凶臣谄媚，曲意阿谀将军，节外生枝，致使兄弟反目？将军忘却孝友之义，听信豺狼之谋，忘却先公废立之言，逼迫袁尚嗣子之位，悖逆纲纪之理，不顾逆顺之节，横易冀州之主，欲为先公继嗣。而后，将军纵兵杀戮，屠城杀吏，尸横遍野，百姓流亡，双方纵兵厮杀，屠戮无数，冤魂痛于幽冥，疮痍遍布草棘。将军还要攻打邺城，悬赏秦地胡人，将抢来的财物妇女，战前就分配停当，还放出话来：‘孤虽然有老母，只是让我来到世间而已。’听闻此言者，莫不挥泪流涕，痛彻心扉。如果太夫人知道儿子这样做人，会怎样悲愤难抑？！我所在的州郡官员听到这些，莫不为之叹息。将军这样行事，我如果听之任之、漠不关心，将会违背《春秋》义理，失去为先君死节之操守，也会给太夫人留下不测之横祸，损害先公创立的不世之基业。而且三军愤慨，人怀怨愤。袁尚得不到将军谅解，在馆陶之战，双方损失惨重。是时，对外名为御难，对内实为获罪。既不见赦免，匈奴各部二三其心，临阵叛逃。袁尚进退无功，首尾受敌，引军窜逃，不敢告辞。将军也应当少垂亲亲之仁，略施缓追之恩，切不可穷追不舍，致使袁尚死于非命。困兽犹斗，寻衅反击，而将军也随之土崩瓦解，此非人力，实乃天意。之后，袁尚仍然希望将军改弦易辙，克己复礼，追思兄弟亲情。而将军反而怒火中烧，欲破釜沉舟，决一死战，在孤立无援时，甚至对外连接仇敌曹操，欲将战火继续扩大，致使烽烟相望，涉血千里，遗城垂死之民，引颈悲怨哀号，能救勿救，残民以逞！袁尚引军东辕，喋血疆场，虽然近在咫尺，未犯境界。然而远望旌旗蔽野，能不叹息？！审配等原本先公家臣，谨奉先公废立遗命。郭图等毁国乱家，只能等待刑罚惩处。故只能调动冀州之赋敛，以除将军之疾患。如果上天能够让将军的心智重新开启，回心转意，消除疑虑，我相信，袁尚一定会匍匐在将军脚下、悲号于将军怀中，审配等人也将拜服在将军面前，听任将军动用斧锧之刑。若将军不肯回头，国家败亡将至，郭图的头颅将悬于集市，大祸将不期而至。愿将军深思，判断祸福，赐予回信，表明态度。”

《典略》记载：袁谭得到审配的书信，不禁怅然，登城而泣。既而受劫于郭图，仍以兵锋相交，遂双方交战不解。

④《先贤行状》记载：审配，字正南，魏郡人，年少时，审配忠烈慷慨，有不可犯之节。袁绍兼领冀州牧，委以腹心之任，任命为治中别驾，总领将军幕府。当初，袁谭离去，同时招呼辛毗、郭图从家中离去，而辛评家属独被收捕。及至审配哥哥的儿子打开城门，放进曹军。当时，

审配在城东南角楼上，望见太祖的兵进入城门，怨恨辛毗、郭图败坏冀州，派人骑快马，赶往邺城监狱，指定杀其史辛评的家人。在当时，辛毗还在军中，听说城门打开，骑快马赶往监狱，欲解救哥哥的家人，哥哥的家人已经被杀。这一天，审配被生擒、绑缚，推到帐下，辛毗等迎上去，用马鞭抽打审配的头，大骂道："狂奴，汝今日知道要死了！"审配回顾道："狗辈，正因为你们，曹操才攻破我冀州，恨不得杀汝也！且汝今日能生杀我邪？"不久，曹公引见，对审配讲："知道是谁打开卿的城门？"审配曰："不知也。"曹公曰："是卿的侄子审荣耳。"审配曰："小儿不足以用命，乃至于此！"曹公又问："我前几日攻城，弩箭为何如此之多？"审配说："只恨箭矢太少。"曹操又说："卿忠于袁氏，不得不如此。"意欲留审配一条活命。审配壮怀激烈，始终不肯屈服。而辛毗等号哭不已，曹公乃杀审配，旁观者莫不叹息。当初，冀州人张子谦先降，平素与审配不和，笑着对审配讲："正南，卿竟何如我？"审配厉声喝道："汝为降虏，审配为忠臣，虽死，岂若汝生邪？！"临行刑，呵斥持兵器者令北向，曰："我君在北。"

乐资著《山阳公》及袁暐著《献帝春秋》记载：都说太祖兵入城，审配在城门中大战既败，逃于井中，在井中被擒获。

裴松之认为：审配是一代烈士，袁氏之死臣，岂当穷困之日反而逃身于井中？此之难信，诚为易了。不知乐资、袁暐之徒竟为何人，未能识别然否，而轻弄翰墨，妄生异端，以行此书。如此之类，正足以诬罔视听，误疑后生矣。是史籍之罪人，达学之所不取者也。

太祖包围邺城之际，袁谭攻取甘陵郡、安平郡、渤海国、河间国，而后，袁谭在中山国继续攻打袁尚。袁尚战败，逃往故安县，依附袁熙。袁谭兼并了袁尚的余众。曹操准备讨伐袁谭，袁谭攻取平原郡，兼并南皮县，回军驻扎在龙凑县。十二月，曹操在龙凑县城外安营扎寨。袁谭趁着夜色，逃往南皮县，沿着清河驻扎。建安十年正月，曹操攻取南皮县，斩杀袁谭及郭图等。袁熙、袁尚被部将焦触、张南进攻，只好逃往辽西郡乌丸处。焦触自封幽州刺史，逼迫幽州属下郡、县背叛袁氏，投降曹操。焦触陈兵数万，杀白马盟誓，对属下官员、郡守、县令下令："违令者斩！"众人不敢仰视，大家按照次序，歃血盟誓。到了幕府别驾代郡人韩珩，韩珩讲："我蒙受袁公父子厚恩，今天，袁公父子败亡，智不能救，勇不能死，于义已经有所失。如果再北面侍奉曹氏，臣不能为也！"在座者听了韩珩的话，面红耳赤，莫不感到羞愧。焦触说："君子举大事，以义为重。事情成功与否，并不在于一人，可以成全韩珩的志向，以激励侍奉君主之人。"高幹反叛，拘捕上党郡太守，派兵把守壶口关。曹操派遣乐进、李典进攻壶口关，未能攻克。建安十一年，曹操征伐高幹，高幹留下部将守城，赴匈奴请求援兵，没有成功。此后，高幹与数名骑兵逃窜，欲南下荆州投奔刘表。上洛县尉逮捕高幹，将其斩杀。①建安十二年，曹操征伐辽西郡，进攻乌丸。袁尚、袁熙与乌丸人迎击曹操，战败逃走，率领数千名亲兵逃往辽东郡，投奔公孙康。公孙康诱杀袁尚、袁熙，将首级送往曹操处。②曹操听说韩珩的事迹，对韩珩坚持节操颇为欣赏，多次征召韩珩。韩珩不肯应召，在家中去世。③

①《典略》记载：上洛县都尉王琰擒获高幹，以此功受封为列侯；其妻哭于室，认为王琰富贵后，将会再娶媵妾，而夺己爱。

②《典略》记载：袁尚为人有勇力，欲夺取公孙康的部众，与袁熙密谋："今日到了辽东，公孙康一定会接见我们，我为兄长亲手杀了公孙康，占据公孙康的辽东郡，而后再在辽东扩充势力。"公孙康也在心中谋划："今日不取袁熙、袁尚，无以取悦于国家。"公孙康在廊下埋伏精兵，而后延请袁尚、袁熙入内。袁尚、袁熙一起走进大厅，还未坐定，公孙康大喝一声，伏兵骤起，当场擒获二人，将二人绑缚，按倒在冻土地上。袁尚惧寒冷，向公孙康求座席。公孙康答："卿的头颅将要远行万里，要座席又有何用！"将二人斩首，送往曹操处。袁谭，字显思。袁熙，字显奕。袁尚，字显甫。

《吴书》记载：袁尚有弟弟名字叫袁买，与袁尚一起逃往辽东。《曹瞒传》记载：袁买，是袁尚哥哥的儿子，未详。

③《先贤行状》记载：韩珩，字子佩，代郡人，为人清粹，有雅量。年少时，韩珩父母双亡，韩珩奉养兄姊，宗族称韩珩孝悌。

袁术，字公路，父亲袁逢，曾在汉朝廷担任司空，是袁绍的堂弟。袁术以侠义而闻名于世，被举荐为孝廉，担任郎中，几次升迁，后升任折冲校尉、虎贲中郎将。当时，董卓在朝议时，提出废立皇帝，任命袁术为后将军。袁术害怕董卓，出走南阳郡，躲避灾祸。恰逢长沙郡太守孙坚杀了南阳郡太守张咨，带兵归附袁术。刘表上表朝廷，推荐袁术为南阳郡太守。南阳郡有户口数百万，袁术骄奢淫逸、征敛无度，百姓苦于袁术的压迫。袁术与堂兄袁绍有矛盾，又与荆州牧刘表不睦，于是袁术与北部军阀公孙瓒联络；袁绍与公孙瓒不和，于是与南边的刘表联络。兄弟二人离心离德，舍近求远，竟然如此行事。[①]袁术引军北上攻入陈留郡。曹操与袁绍合击袁术，大破袁术军。袁术带领余众投奔九江郡，又杀了扬州刺史陈温，占领扬州。[②]袁术以张勋、桥蕤等为大将军。李傕攻陷长安，欲结交袁术为外援，奏请拜袁术为左将军，封为阳翟侯，持符节。献帝派遣太傅马日磾巡视天下，视察州郡，拜授袁术爵位、职务。袁术却夺走马日磾的使臣节杖，羁押马日磾，不肯释放马日磾返回朝廷。[③]

①《吴书》记载：在当时，议者以灵帝失道，使得天下陷于大乱。少帝幼弱，为贼臣所拥立，又不知道母氏的下落。幽州牧刘虞宿有德望，袁绍等欲拥立刘虞，以安定天下，派人报告袁术。袁术观察汉室衰弱，阴怀异志，故外托公义，拒绝袁绍。袁绍再次写信给袁术："此前与韩文节共建永世之道，欲海内再见中兴之主。今西部长安名义上有幼君，无血脉之属，公卿以下皆献媚于董卓，安可复信？但当派兵驻扎在关塞要隘，皆自毙死于关西。东部一旦拥立圣君，太平可期，如何有疑义？而且，袁氏家族见戮，不念子胥，可复北面之事乎？违天不祥，愿详思之。"袁术答复："圣主聪睿，有周成王之资质。乱贼董卓借危乱之际，威服百官，此乃汉家小厄之会。乱尚未厌，复欲兴之。而兄长云今主'无血脉之属'，岂不谬乎？袁氏先人以来，奕世相承，忠义为先。太傅公仁慈恻隐，虽知乱贼董卓必然会成为祸害，以信徇义，不忍离去也。门

户灭绝，死亡流漫，幸蒙远近前来相助，不在此时上讨国贼、下刷家耻，而图于此，非所闻也。又曰：'家室见戮，可复北面。'此董卓所为，岂国家哉？君命，天也，天不可违逆，况非君命乎！慺慺赤心，志在灭亡董卓，不识其他。"

②裴松之按：《英雄记》记载："陈温，字元悌，汝南郡人。此前担任扬州刺史，病死在任上。袁绍派遣袁遗兼领扬州刺史，袁遗败逃，投奔沛国，为乱兵所杀。袁术再次任命陈瑀为扬州刺史。陈瑀，字公玮，下邳郡人。陈瑀既领州部刺史，而袁术又败于封丘，南下寿春。陈瑀拒绝袁术，不肯接纳。袁术退保阴陵，再聚集军队，攻打陈瑀。陈瑀恐惧，走归下邳。"如此，则陈温不是为袁术所杀，与本传不同。

③《三辅决录注》记载：马日磾，字翁叔，是马融的族中子弟。年少时，马融传授其学业，其以才学享有名气。与杨彪、卢植、蔡邕等担任典校中书，历任九卿，遂登上台辅重臣之位。

《献帝春秋》记载：袁术从马日磾处借符节观看，而后留下符节不还，准备军中一千余人，催促马日磾任命官职。马日磾对袁术讲："卿家世代在朝中担任三公，任命士人云何，而言催促，难道三公府掾可劫得乎？"向袁术请求离去，而袁术强留之，不肯送马日磾离去；马日磾既失去符节，又感屈辱，忧愤而死。

当时，沛国相下邳郡人陈珪是原太尉陈球弟弟的儿子。袁术与陈珪都是当朝公族子孙，年少时常在一起交游。袁术写信给陈珪："在往昔，秦失其鹿，天下共逐之，智勇兼备者，最终夺取天下。如今，世事纷扰，又再现土崩瓦解之势，这正是英雄豪杰大展宏图之时。我与足下是旧交，岂肯随意支配足下？如果我们聚集众人，做成一件大事，足下实可以成为我的心腹。"陈珪的二儿子陈应当时在下邳，袁术劫持陈应，当作人质，以此来逼迫陈珪。陈珪回信："在往昔，秦朝末世，滥施酷刑，祸害天下，荼毒生灵，民不堪命，遂成土崩瓦解之势。如今，汉朝虽然处于衰世，并未有亡秦之残暴、刑罚残酷之苛政。曹将军神武英明，顺天应人，恢复国家法典，禁暴止乱，安定海内，信义明了。我以为，足下应当同心协力，与其共同匡扶汉室，而足下却图谋不轨，以身试祸，岂不痛哉？！如果足下迷途知返，还可以免除灾祸。我作为旧交，故向将军陈述衷情。虽然忠言逆耳，这也是骨肉之情谊。如果想让我苟且偷生，阿附权贵，致死不能从命。"

献帝兴平二年冬天，天子东归洛阳，途中在曹阳被李傕追上，护送献帝的军队溃散。袁术召集部下，说："如今海内大乱，刘氏汉室衰弱。我们家族，四世在朝廷担任三公，曾经辅佐朝廷，百姓愿意归附。我欲顺天应民，诸君看如何？"众人不敢回答。主簿阎象进言："在往昔，周室从先祖后稷直至文王，累世积累功德。在周文王时，三分天下，周室已经有其二，文王仍然服侍殷室。明公家族虽然世代隆盛，怎能比得上周室？汉室虽然衰弱，未必像殷商末世，皇帝也并非纣王。"袁术听罢，默然不语，心中不悦。献帝建安二年，河内郡人张炯向袁术献上符命，袁术遂僭越帝号，自称"仲家"，[①]任命九江郡太守为淮南郡大尹，又设置公卿百官，郊祀天地。袁术天性骄奢淫靡，及至窃取伪号，袁术更加奢靡无度，后宫中有媵妾数百人，无不穿戴绫罗绸缎，享受山珍海味。[②]而手下的士卒冻馁，江淮间一片荒凉，已经出现人相食。袁术此前为吕布所败，此后又为曹操所败，仓皇间，袁术前往灊山，欲投奔其部将陈兰、雷薄，被陈兰、雷薄拒绝，袁术遂陷入困境。袁术欲将帝号送予袁绍，又想到青州投奔袁谭，在途中发病而死。[③]其妻子、儿女，依附袁术的部下庐江郡太守刘勋。孙策攻破刘勋，收容袁术的妻子、儿女，袁术的女儿被送入孙权宫中，儿子袁燿在吴国出仕，担任郎中。袁燿的女儿又许配给孙权的儿子孙奋。

①《典略》记载：袁术以袁姓出自陈国，陈国君主是舜帝的后裔，以土承火，得应运之次。又见谶文，云："代汉者，当涂高也。"自以为名字当之，乃建号称仲氏。

②《九州春秋》记载：司隶校尉冯方的女儿，有国色，在扬州避乱，袁术登城见到，很喜欢，遂纳娶，甚爱幸。诸妇妒忌其受宠，对冯氏讲："将军赞赏人有志节，应当时时涕泣忧愁，必长久见敬重。"冯氏以为然，此后看见袁术辄垂涕，袁术以为妇人心有志节，益哀之。其他妇人共同将其绞杀，悬之于梁上，袁术诚以为其不得志而死，乃厚加殡敛。

③《魏书》记载：袁术欲把帝号让与袁绍，曰："汉室失去福祚，已经很久。天下纷乱，权臣控制朝纲，豪杰各霸一方，分疆割宇。这与周代末世战国七雄，又有何区别？唯有强者，可以兼并天下。袁氏接受天命，应当称王，符瑞已经显示。如今，君拥有四州之地，有户口数百万，以君的势力，谁敢与之争锋？以君的地位，谁敢与之抗衡？曹操挟天子以令诸侯，匡扶衰汉，又怎能延续其余脉，帮助汉室复兴？谨将大命奉送予君，愿君勉之。"袁绍默许袁术的想法。

《吴书》记载：袁术既然被雷薄等拒绝，留住三日，士众绝粮，只好返回，走到江亭，距离寿春八十里。袁术问厨下，还有麦屑三十斛。当时盛暑，袁术欲喝蜜水，又无蜜，坐在竹床上，叹息良久，哀叹道："袁术怎么会走到这一步？！"愤懑郁结，终于发病，呕血而死。

刘表，字景升，山阳郡高平县人。年轻时，刘表就已经是知名人士，号称八俊之一。[①]刘表身高八尺余，相貌魁伟，在大将军幕府担任掾史，升任北军中候。灵帝驾崩，刘表代替王叡担任荆州刺史。当时，崤山以东起兵，刘表聚集人马，驻扎在襄阳。[②]袁术驻扎在南阳，与孙坚合纵联合，欲袭击刘表，夺取荆州，袁术令孙坚进攻刘表。孙坚被流箭射中，不治而死，孙坚军败，袁术遂不能战胜刘表。李傕、郭汜攻入长安，欲结交刘表作为外援，奏请拜刘表为镇南将军，兼领荆州牧，封为成武侯，持符节。献帝在许昌建都，刘表虽然派使者向天子贡献，然而继续与冀州的袁绍相勾结。治中邓羲劝谏刘表，刘表不听，[③]邓羲遂称病引退，直至刘表病逝。张济引兵侵入荆州地界，攻打穰城，被流箭射杀。荆州官属向刘表道贺，刘表答："张济走投无路，败走南阳，主人无礼，致使双方交锋，张济被流箭射杀，这绝非州牧之意，州牧受吊，不受贺。"刘表派人收编了张济的余众，张济的余众很高兴，愿意归附刘表。献帝建安三年，长沙郡太守张羡率领零陵郡、桂阳郡等三郡背叛刘表。④刘表派兵镇压，包围张羡数年，不能解决战事。张羡病死，长沙郡人又拥立张羡的儿子张怿，刘表遂攻占长沙，兼并张怿的余众，又南下收复零陵郡、桂阳郡，北上控制汉川，一时间，刘表控制的地面达数千里，有带甲武士十余万。

①张璠著《汉纪》记载：刘表与同郡人张隐、薛郁、王访、宣靖、公绪恭、刘祇、田林被人称为八交，也有人说是八顾。

《汉末名士录》记载：刘表与汝南郡人陈翔（字仲麟）、范滂（字孟博），鲁国人孔昱（字世元），渤海郡人苑康（字仲真），山阳郡人檀敷（字文友）、张俭（字元节），南阳郡人岑晊（字公孝），被人称为“八友”。

谢承著《后汉书》记载：刘表在同郡人王畅处接受学业。王畅担任南阳郡太守，在任上生活俭朴。刘表当时十七岁，向太守进谏，曰：“奢不僭上，俭不逼下，此乃中庸之道，是故蘧伯玉耻于独为君子。府君若不师法孔圣之明训，而羡慕夷齐之末操，无乃皎然自遗于世！”王畅回答：“以简约失之者鲜矣，且以矫正世俗也。”

②司马彪著《战略》记载：刘表刚到荆州上任，当时，江南一带宗族势力强大，袁术的军队驻扎在鲁阳县，尽有南阳之众。吴郡人苏代领长沙郡太守，贝羽担任华容县长，各阻兵作乱。刘表不能上任，只好单枪匹马进入宜城县。刘表请来中庐人蒯良、蒯越、襄阳郡人蔡瑁，共同参与谋划。刘表对蒯越等人讲：“地方宗族势力强大，众人未肯亲附。如果袁术利用宗族势力，大祸将不期而至。我欲就地征兵，恐怕不能汇聚众人，有何良策？请诸君献上。”蒯良献计：“治理地方，重在推行仁义。若仁义之道行，百姓归附之，如流水之向下，何患仁义所至，民众不从，而问兴兵与策乎？”刘表又问蒯越，蒯越献计：“治平者先仁义，治乱者先权谋。兵不在多，在于得人。袁术骄而无谋，苏代、贝羽皆武人，不足虑。地方宗族势力强大，然而大多贪婪、暴虐，为民众所患。我与他们平素多有来往，派人向他们晓谕利害，必然会率领众人，前来归附。使君将一些无道者杀他几个，对有才能者留下几个委以重任，恩威并施，一州之人，有乐存之心，闻君盛德，百姓一定会扶老携幼，前来归附使君。使君招兵买马，南据江陵，北守襄阳，荆州八郡可传檄而定。即使袁术来了，也无可奈何。”刘表说：“子柔之言，雍季之论也。异度之计，臼犯之谋也。”刘表让蒯越派人把宗族首领招来，来了五十五人，全部斩杀。而后，刘表又袭击宗族集团，夺取其人马。江夏贼张虎、陈生，拥兵自重，盘踞在襄阳。刘表派蒯越与庞季前往襄阳，向二人晓谕利害，二人投降，江南得以平定。

③《汉晋春秋》记载：刘表回答邓羲，曰：“内不失贡职，外不背盟主，此天下之达义也。治中独何怪乎？”

④《英雄记》记载：张羡，南阳郡人。先担任零陵县、桂阳县县长，甚得江、湘间百姓之心，然而性情倔强，不肯归顺。刘表薄其为人，不甚礼敬。张羡由是怀恨，遂背叛刘表。

⑤《英雄记》记载：州界群寇既尽，刘表开设学官，广求儒士，让綦毋闿、宋忠等撰写《五经章句》，谓之《后定章句》。

曹操与袁绍在官渡对峙，双方相持不下，袁绍派人来向刘表求助。刘表表面答应，但是，并未派出一兵一卒，也不襄助曹操，只是从旁观望，等待天下形势有变。将军幕府从事中郎南阳郡人韩嵩、别驾刘先劝说刘表："当今天下，豪杰蜂起，两雄对峙，天下之权重在于将军。将军欲有所作为，可乘机起兵，击其空虚；如其不然，也可以择其善者而从之。岂能拥兵十万，坐观成败？求援，将军不能相助；见贤，不能思齐！这样，两家都会怨恨将军，将军很难保持中立。曹操善于用兵，天下俊杰之士，大多愿意追随曹操，曹操肯定能打败袁绍。接下来，曹操就会移兵江汉，将军恐怕难以抵挡。为将军着想，不如举荆州全境，归附曹操，曹操必然看重将军。这样，将军可以永享福祚，传予后嗣，这也是万全之策。"蒯越也劝说刘表。刘表犹疑不决，派韩嵩前往曹操处，探听虚实。及至韩嵩返回，盛赞曹丞相有德，劝谏刘表送儿子到许都侍奉献帝。刘表闻言大怒，认为韩嵩此次出使，怀有二心。刘表摆列军阵，怒骂韩嵩，欲将韩嵩斩首，又拷打韩嵩的随行人员，知道韩嵩并无反意，才罢休。①刘表虽然外貌儒雅，而内心多猜忌，行事大多类似这样。（本段参考《后汉书》。）

①《傅子》记载：当初，刘表对韩嵩讲："而今天下大乱，天下最终将落于谁手，尚未可知，曹操挟天子以令诸侯，在许昌建都，君代我前去，就近探听虚实。"韩嵩答："圣达节，次守节。韩嵩，只能是守节之臣。夫事君为君，君臣名定，以死守之；今策名委质，唯将军所命，虽赴汤蹈火，死无所辞。以韩嵩来看，曹公英明，必然得志于天下。将军能上顺天子，下归曹公，必享百世之利，楚国实受其佑，韩嵩出使可也；将军如果犹豫不决，臣到了许都，天子授予韩嵩一个职务，韩嵩不敢抗命，只能接受。到那时，韩嵩成了天子之臣，只能是将军的故吏。在皇上身边，臣为皇上效忠，不能再为将军效命。请将军考虑，无负韩嵩。"刘表遂派韩嵩出使许都，果如所言，天子拜韩嵩为侍中，兼领零陵郡太守。及至韩嵩返回，韩嵩盛赞朝廷、曹丞相有德。刘表闻言大怒，认为韩嵩此次出使，怀有二心，刘表大会群臣数百人，摆列军阵，怒骂韩嵩，欲将韩嵩斩首。数次说："韩嵩敢怀二心邪！"众人皆恐惧，欲令韩嵩谢罪。面对刘表，韩嵩岿然不动，对刘表讲："将军负嵩，嵩不负将军！"韩嵩面不改色，从容陈述临行前的话。刘表盛怒不已，其妻蔡氏劝谏刘表，曰："韩嵩，是楚国之人望也；而且其言率直，诛之无益。"刘表这才没有杀韩嵩，将其囚禁。

献帝建安六年，刘备从袁绍处逃出，前来荆州，投靠刘表。刘表待刘备甚厚，但是并不信任。①建安十三年，曹操亲自率领大军，南下征伐刘表，还未抵达荆州，当年八月，刘表背上毒疮发作，病逝。

①《汉晋春秋》记载：太祖开始征伐柳城，刘备劝说刘表派人袭击许都，刘表不听。及至太祖返回，对刘备讲："不用君言，故失此大会也。"刘备答："今天下分裂，日寻干戈，事会之来，岂有终极乎？若能应之于后者，则此未足为恨也。"

当初，刘表和后妻喜爱小儿子刘琮，欲以刘琮为继嗣，而蔡瑁、张允都是刘琮的同党，刘表让长子刘琦出任江夏郡太守，众人遂拥立刘琮为继嗣，刘琦与刘琮之间有了矛盾。[①]蒯越、韩嵩和东曹掾史傅巽等劝说刘琮投降曹操。刘琮说："今天与诸君统领全楚之地，守护先君之基业，以观天下有变，有何不可？"傅巽答："面对天下形势，出路在于：或逆、或顺。将军要识大体，看清形势。将军作为人臣，却要抗拒朝廷大军，这是逆势而为；以新造之楚地，对抗南征大军，其结果可想而知；以刘备之枭雄，抵御曹公，尚且一败涂地。将军不如刘备，三者皆短，欲以荆楚现有兵力，抗拒王师，必然灭亡。将军自以为，与刘备相比如何？"刘琮答："我不如刘备。"傅巽继续劝谏："以刘备的才能，尚不足以抵御曹公，将军虽拥有全楚之地，也难以自保。如果刘备能够抵御曹公，刘备绝不会甘心情愿屈居于将军之下。愿将军勿疑。"及至曹军进抵襄阳，刘琮举荆州全境，投降曹操。刘备逃往夏口。[②]

①《典论》记载：刘表患上重病，刘琦返回向父亲探问疾病。刘琦性笃孝，蔡瑁、蔡允担心刘琦见到刘表，父子情深，受到感动，更有托后之意，于是对刘琦讲："将军命令君镇守江夏，为国东藩，其任至重；今离开驻地而来，必见谴怒，伤亲之欢心，以增加其疾病，非孝敬也。"阻挡在户外，使其不得相见，刘琦流涕而去。

②《傅子》记载：傅巽，字公悌，英伟博达，有知人之明。受到三公府征召，拜为尚书郎，后来客居荆州，以劝说刘琮有功，受赐爵关内侯。文帝时，傅巽担任侍中，明帝太和年间去世。傅巽在荆州，认为庞统是半英雄，认为裴潜最终会以清名显世；庞统依附刘备，位置仅次于诸葛亮，裴潜官至尚书令，二人均享有盛名。及至在魏担任官职，魏讽以才智闻名，傅巽认为魏讽必然造反，卒如其言。傅巽弟弟的儿子傅嘏，另外有传记。

《汉晋春秋》记载：王威劝说刘琮，曰："曹操得到将军，刘备已经败走，曹操必然解除防备，轻敌冒进；若交给王威数千奇兵，在险要地带截击曹操，曹操可擒。一旦擒获曹操，则天下震动。届时，主公可坐而虎步，中原虽广，传檄而定，绝非徒收一胜之功，保守今日而已。此乃难遇之良机，不可失去。"刘琮不肯采纳谏言。

《搜神记》记载：建安初年，荆州有童谣："八九年间始欲衰，至十三年无孑遗。"意思是，从中平年间以来，荆州独自保全，及至刘表担任荆州牧，民众丰衣足食，至建安八年、九年，荆州当衰落。荆州衰落，意思是刘表妻子去世，诸将皆零落。建安十三年无孑遗，刘表去世，荆州遂陷于丧败。在当时，华容县有一位女子忽然啼呼："荆州将有大丧。"言语过分，县里认为此女子妖言惑众，将其关押在监狱一个月，女子忽然在狱中哭着说："刘荆州今日死。"华容县距离州部治所数百里，县令当即派遣马吏，前去验视，刘表果然病逝，县令释放女子出狱。女子续又歌吟："不意李立为贵人。"果然不久，太祖平定荆州，任命涿郡人李立（字建贤）担任荆州刺史。

曹操上表朝廷，拜刘琮为青州刺史，封为列侯。[①]蒯越等人也受封为列侯，荆州受封为列侯者有十五人。曹操任命蒯越为光禄勋，[②]任命韩嵩为大鸿胪，[③]任命邓羲为侍中，[4]任命刘先为尚书令。其余投降者，也大多做了大官。[5]

①《魏武故事》记载：曹操命令："楚地有江、汉，山川之险，后复先强，与秦争衡，荆州则其故地。刘镇南久用其民。身死之后，诸子鼎峙，虽终难全，犹可引日。青州刺史刘琮，心高志洁，智深虑广，轻荣重义，薄利厚德，蔑视万里之业，忽视三军之众，笃中正之体，教令名之誉，上耀先君之遗尘，下图不朽之余祚；鲍永抛弃并州，窦融离开五郡，未足以比喻。虽然封为列侯，执掌一州之位，犹恨此荣宠未副其人；而最近一直有书信，请求归还刘琮荆州刺史之任。监史虽尊贵，然而秩禄未优。今听然其所坚持，上表拜刘琮为谏议大夫，参与军事。"

②《傅子》记载：蒯越，是蒯通的后人，足智多谋，堪为魁杰，有雄姿。大将军何进听闻其名，征召蒯越，拜为大将军幕府东曹掾。蒯越劝何进诛杀宫中阉宦，何进犹豫不决。蒯越知道何进必败，请求出任汝阳县令，辅佐刘表平定域内，刘表得以强大。献帝下诏书，拜蒯越为章陵郡太守，封为樊亭侯。荆州平定，太祖写信给荀彧："不喜得到荆州，喜得到蒯异度耳。"建安十九年，蒯越去世。临终前，写信给曹操，向曹操托以门户。太祖复信："死者复生，生者无愧。孤少所举，行之多矣。魂而有灵，亦将闻孤此言也。"

③《先贤行状》记载：韩嵩，字德高，义阳县人。年少时好学，贫穷不改操守。韩嵩看见世道将乱，不应三公之命，与同好数人隐居在郦县西山中。黄巾军骤起，韩嵩前往南方避难，刘表逼韩嵩担任别驾，改任从事中郎。刘表郊祀天地，韩嵩以正言直谏，刘表不听，渐见忤逆。韩嵩奉刘表使命，出使许都，事在前注。荆州平定，韩嵩患病，就在住所，受拜大鸿胪印绶。

④邓羲，章陵郡人。

⑤《零陵先贤传》记载：刘先，字始宗，博学强记，尤好黄老之学，明习汉家典故。担任刘表的别驾，奉命出使许都，见到太祖。当时太祖宴请宾客，太祖问刘先："刘州牧如何郊祀天地？"刘先回答："刘州牧托名汉室宗亲，身处牧伯之位，而遭王道未平，群凶塞路，抱玉帛而无所聘俯，修章表而不获达御，是以郊天祀地，昭告赤诚。"太祖曰："群凶为谁？"刘先答："举目皆是。"太祖问："今孤有熊罴之士步骑十万，奉诏命伐罪，谁敢不服？"刘先答："汉道陵迟，众生憔悴，既无忠义之士，翼戴天子，绥宁海内，使万邦归德，而阻兵安忍，曰莫己若，致使蚩尤、智伯复见于今也。"太祖嘿然无语。此后，太祖上表拜刘先为武陵郡太守。荆州平定，刘先开始担任汉朝廷尚书，后来又担任魏国尚书令。

刘先的外甥同郡人周不疑，字元直，零陵郡人。《零陵先贤传》记载：周不疑年幼时，有异才，聪慧敏达。太祖欲把女儿嫁给周不疑为妻，周不疑不敢当。太祖爱子曹仓舒夙有才智，人们认为，可与周不疑为俦。及至曹仓舒病逝，太祖内心忌恨周不疑，欲除之。文帝谏言，认为不可，太祖说："此人非汝所能驾御也。"派遣刺客杀之。

挚虞著《文章志》记载：周不疑死时年仅十七岁，著《文论》四篇。

《世语》记载：刘表死后八十余年，至晋国太康年间，刘表及其妻子的坟墓被发掘。刘表及其妻子形貌如生，芬香闻数里。

陈寿评论如下：董卓凶狠残忍、暴虐不仁，自从古代有典籍以来，还从未有如此先例。[1]袁术骄奢淫靡，不能获其善终，自取其祸矣。[2]袁绍、刘表，徒有外表，仪容伟岸，器宇不凡，闻名于当世。刘表称雄江汉，袁绍鹰扬河朔，然而，二人均外宽而内忌，好谋而无断，有才气而不能发挥，闻善言而不能采纳，废嫡立庶，舍礼崇爱，至于后嗣颠蹷，社稷倾覆，可谓不幸也。在往昔，项羽不听范增之计，最终丧失霸业；袁绍诛杀田丰，更甚于项羽远矣！

①《英雄记》记载：在往昔，有巨人出现在临洮，而始皇铸造铜人；董卓生在临洮，而铜人被毁。世有董卓，而天下大乱；天下大乱，而董卓身灭，皆有效应。

②裴松之认为：桀、纣无道，秦、莽纵虐，皆经过多年肆虐，然后众恶乃著。董卓自窃朝廷权柄，至于陨毙，计其日月，未盈三周，而祸崇山岳，毒流四海。其残贼之性，即使豺狼不如。“书契未有”，斯言为当。但评论董卓“贼忍”，又云“不仁”，贼忍，不仁，于辞为重。袁术无毫芒之功、纤介之善，而猖狂于当时，妄自尊立，故义夫之所扼腕，人鬼之所同疾。虽然佯装恭俭节用，而犹必覆亡不暇，评论但云：“骄奢淫靡，不能获其善终。”未足见其大恶。

魏书七

吕布张邈臧洪传第七

吕布，字奉先，五原郡九原县人。吕布骁勇善战，在并州担任要职，并州刺史丁原兼任骑都尉，率军驻扎在河内郡，任命吕布为主簿，对吕布很信任。灵帝驾崩，丁原接受何进征召，率军来到洛阳，[①]担任执金吾。何进被宦官杀害，董卓率军进入京师，将要作乱，欲杀害丁原，兼并丁原的军队。董卓看到吕布很受丁原信任，遂引诱吕布。吕布杀了丁原，将丁原的首级送予董卓。董卓任命吕布为骑都尉，对吕布很信任，把吕布认作干儿子。

①《英雄记》记载：丁原，字建阳，原来家中贫寒，为人粗俗，有武艺，勇猛善战，善于骑射。丁原曾担任南县吏，受命不辞危难，战事紧急时，追击寇虏，常冲锋在前；读书不多；年少时，担任小吏。

吕布弓马娴熟，膂力过人，号称“飞将军”。稍后，吕布升任中郎将，受封为都亭侯。董卓自知性情残暴，对人常有猜忌，于是把吕布作为侍卫带在身边。然而，董卓性情刚愎而偏狭，发起脾气来不计后果，有一次，吕布因为某事得罪董卓，董卓手持短戟，投向吕布，吕布身手敏捷，[①]躲过短戟。后来，吕布向董卓赔罪，董卓也原谅了吕布，从此，吕布怨恨董卓。董卓让吕布负责内阁门户护卫，私下里，吕布与董卓的侍婢通奸。为此事，吕布常惴惴不安。

①《诗经》曰：“无拳无勇，职为乱阶。”注：“拳，力也。”

此前，司徒王允以吕布武艺过人，厚遇吕布。有一天，吕布到王允处讲述董卓投戟，几乎杀了自己。当时，王允正在与尚书仆射士孙瑞密谋，欲诛杀董卓，王允将密谋告诉吕布，让吕布作为内应。吕布答："我们是父子，这怎么行？"王允解释："君本姓吕，与董卓并非至亲骨肉。如今，君在董卓的手下是死是活还不知道，还奢谈什么父子之情？"吕布答应作为内应，在皇宫阙门刺杀董卓，详情记载在《董卓传》。此后，王允任命吕布为奋威将军，持符节，享受三司仪仗，封为温侯，共同参与朝政。自从杀了董卓，吕布畏惧凉州人，凉州人也怨恨吕布。李傕等人联合起来，进攻长安城。[①]吕布不能拒敌，李傕等人攻入长安。董卓死后六十天，吕布兵败，[②]率领数百骑兵逃出武关，欲投奔袁术。

①《英雄记》记载：郭汜在城北。吕布打开城门，率领军队与郭汜接战。吕布说："将军且退兵，二人决一胜负。"郭汜、吕布遂相对厮杀，吕布用矛刺中郭汜，郭汜后面的骑兵急忙向前救起郭汜，郭汜、吕布遂各自收兵。

②裴松之按：《英雄记》记载：诸书记载，吕布在四月二十三日杀了董卓，六月一日败走，当时又没有闰月，不及六旬。

吕布自以为诛杀董卓，为袁术报了杀父之仇，欲令袁术以德相报。袁术厌恶吕布的为人反复无常，拒绝吕布，不肯接纳。吕布又北上投奔袁绍，袁绍与吕布一起在常山合击张燕。

张燕有精兵一万余人，骑兵数千。吕布胯下常骑一匹骏马，号称赤兔，[①]驰骋如飞，可以飞跃堑壕。吕布手下有成廉、魏越等数十员猛将。吕布率领众将，杀入张燕阵中，一日达三四次，如入无人之境；斩杀敌军，犹如砍瓜切菜。战事持续十余日，吕布连战连胜，遂大败张燕。吕布自恃有战功，欲扩大部众，又向袁绍借兵，袁绍没有答应。吕布手下的将士大多凶狠残暴、抢掠无度，袁绍为此而担忧。吕布得不到信任，心中常惴惴不安，请求离开袁绍。袁绍担心吕布早晚会成为祸害，派遣壮士趁着夜色，掩杀吕布，没有成功。事情败露后，吕布逃往河内郡，[②]与张杨会合。袁绍令部众追杀吕布，部下皆畏惧吕布，不敢逼近。[③]

①《曹瞒传》记载：当时人称："人中吕布，马中赤兔。"

②《英雄记》记载：吕布自以为有功于袁氏，轻视袁绍部下战将，以为擅自设置官署，不足贵也。吕布请求返回洛阳，袁绍让吕布暂领司隶校尉。对外声称当送吕布，内心却欲杀吕布。第二天出发，袁绍派遣甲士三十人，声称把他们送予吕布。吕布让他们在帐侧休息，佯装让人在帐中鼓筝。袁绍的士兵睡卧，不久，吕布离帐出走，而袁绍的士兵没有发觉。夜半士兵起来，乱砍吕布睡的被子，以为人已死。第二天，袁绍问询，才知道吕布还活着，于是关闭城门。吕布遂离去。

③《英雄记》记载：张杨及其部下诸将，皆受李傕、郭汜收买，欲共同对付吕布。吕布知道后，对张杨讲："吕布与卿是同乡。卿杀吕布，对于卿，没有多少好处。不如出卖吕布，可以得到郭汜、李傕的封爵厚赏。"张杨于是对外佯称答应郭汜、李傕，内心实际保护吕布。郭汜、李傕深患之，又发下封赏诏书，任命吕布为颍川郡太守。

张邈，字孟卓，东平郡寿张县人。年轻时，张邈以任侠仗义而闻名，赈济贫穷，扶危救困，为此倾尽家产毫不吝惜，士人大多愿意归附张邈。曹操、袁绍皆与张邈结为好友。张邈曾经接受三公府征召，以高第受拜为骑都尉，后改任陈留郡太守。董卓作乱，曹操与张邈首举义兵。在汴水之战中，张邈派遣卫兹率军跟随曹操。袁绍做了义军盟主，有骄矜之色，张邈正言叱责袁绍。袁绍令曹操诛杀张邈，曹操不听，反而责备袁绍："孟卓是我的挚友，无论所言对错，都应该以宽容相待。而今，天下尚未安定，不宜自相残杀。"张邈知道后，非常感谢曹操。曹操征伐陶谦，敕令家里人："我如果不能回来，就前去依附孟卓。"后来，曹操返回，见了张邈，二人相对而泣。其亲密程度竟如此深厚。

吕布离开袁绍，投奔张杨，路过张邈处。临别时，二人把手盟誓。袁绍听说后，心中愤恨。张邈担心曹操最终会为袁绍所用，进攻自己，心中常惴惴不安。献帝兴平元年，曹操再次征伐陶谦，张邈的弟弟张超与曹操的部将陈宫、从事中郎许汜、王楷共谋，背叛曹操。

陈宫劝说张邈："如今，天下分崩离析，群雄并起。君拥有十万之众，又掌控四战之地，抚剑环视，足以成为人杰，为何要受曹操的节制？君难道不以此为耻？如今，州中军队已经跟随曹操东征，后方空虚。吕布可谓当今英雄，勇猛善战，无人能敌。君可以迎接吕布，共同占据兖州，以观天下形势，一旦有变，君可以在此地称雄。"张邈听了陈宫的谏言。当初，曹操令陈宫带兵留守东郡，张邈遂与弟弟张超及陈宫等迎接吕布。此后，吕布自任兖州牧，驻扎在濮阳，兖州属下郡县归顺吕布、张邈。仅剩下鄄城、东阿、范县继续为曹操守城不降。曹操获知吕布占据兖州的消息，引军返回，攻打吕布，双方苦战一百余日。当时，旱灾、蝗灾连年不断，粮食匮乏，民间已经有人相食，吕布只好移驻山阳郡。两年之内，曹操收复兖州属下郡县，在巨野县大败吕布，吕布只好再向东行，投奔刘备，[①]张邈追随吕布。张邈前往袁术处求救，留下张超带着家眷，驻扎在雍丘。曹操围困张超几个月，攻破雍丘城。随后，曹操纵兵屠城，杀了张邈的家属。张邈还未到达寿春，就被部下杀害。[②]

①《英雄记》记载：吕布看见刘备，颇为敬重，对刘备讲："我与卿同为边郡人。吕布见关东起兵，欲诛杀董卓。吕布杀董卓，东出函谷关，关东诸将却不能善待吕布，欲杀害吕布。"吕布请刘备在帐中坐在妇人的床上，令妻子向刘备下拜，酌酒饮食，称刘备为弟。刘备见吕布语言

失常，就外表敷衍，内心不悦。

②《献帝春秋》记载：袁术让部下商议，为自己上尊号，张邈讲：“汉据火德，绝而复扬，德泽丰流，诞生明公。公居轴处中，入则享于上席，出则受众人瞩目，华山、霍山不能增其高，渊泉不能同其量，可谓巍巍荡荡，无人能比。为何舍此而欲称帝？臣担心福不盈眦，祸将溢世。庄周称郊祭的牺牛，养饲经年，衣以文绣，宰执鸾刀，赶入庙门，当此时，想成为孤独的牛犊，也不可得也！”按照本传，张邈拜谒袁术，未至而死。而此云谏言，称尊号，未详孰是。

刘备东进迎击袁术，吕布袭取下邳，刘备返回，只好依附吕布。吕布令刘备驻扎在小沛，吕布自领徐州刺史。[①]袁术派遣部将纪灵等，率领步骑三万人，来进攻刘备，刘备向吕布求救。吕布手下诸将对吕布讲：“将军常想要杀刘备，今日可借袁术之手，达成此愿。”吕布说：“不可。袁术除掉刘备，其势力就会向北拓展至泰山，我们就会被袁术包围，不能不救刘备。”吕布率领步兵一千人、骑兵二百人，驰往刘备大营。纪灵等人听说吕布来到，暂且息兵，双方休战。吕布驻扎在小沛城外西南一里的地方，派侍卫招来刘备，同时请来纪灵等，摆下酒宴，与众人把酒言欢。吕布对纪灵讲：“玄德是吕布的兄弟，为诸君所困，故来相救。吕布性情，不喜欢争斗，而喜欢为人讲和。”随后，吕布命令军候在军营门处树立一支长戟。吕布张弓搭箭，环顾左右道：“诸君请看，吕布将射中戟上的小枝。如果射中，双方各自罢兵；如果不中，双方再争斗不迟。”吕布射出一箭，正中长戟的枝杈。纪灵等人目睹吕布神技，大惊失色，都说：“将军神威。”第二天继续喝酒，而后双方撤军。（本段参考《后汉书》。）

①《英雄记》记载：吕布当初进入徐州，写信给袁术。袁术写信回复：“此前，董卓作乱，败坏王室，诛杀袁术家族，袁术举兵函谷关以东，未能斩杀董卓。将军诛杀董卓，送其头颅，为袁术扫灭寇仇，洗雪耻辱，使袁术明目于当世，生死不愧，其功一也。昔日率领金元休指向兖州，刚到封丘，为曹操逆贼所攻破，流散逃走，几至灭亡。将军攻破兖州，袁术复明目于遐迩，其功二也。袁术有生以来，不闻天下有刘备，刘备举兵与袁术作对；袁术凭借将军威灵，得以攻破刘备，其功三也。将军有三大功于袁术，袁术虽然不敏，愿奉以生死。将军连年征战，军粮匮乏，今送上大米二十万斛，迎逢道路，并非仅有这些，当陆续送去；若攻战器具，其他物资缺少，大小唯命。”吕布看了书信，大喜，遂进抵下邳。

《典略》记载：金元休，名尚，京兆人。金元休与同郡人韦休甫、第五文休都很有名气，号称三休。献帝初年，金元休担任兖州刺史，向东进抵东郡，而太祖已经率军回到兖州。金元休只好南下依附袁术。袁术僭越帝号，欲以金元休为太尉，不敢太明显，私下派人暗示，金元休不肯屈从，袁术也不敢勉强。建安初年，金元休欲逃回来，被袁术杀害。其后，金元休的棺木与太傅马日磾的棺木一起运回京师，天子嘉赏金元休忠烈，为之嗟叹，诏命百官吊祭，拜其儿子金玮为郎中，而马日磾不能享有此荣。

《英雄记》记载：吕布水陆东下，大军进抵下邳西四十里。刘备手下中郎将丹杨郡人许耽连夜派遣司马章诳来拜谒吕布，说："张翼德与下邳国相曹豹相争，张翼德杀了曹豹，城中大乱，互不相信。丹杨兵有一千人驻扎在西边白城门内，听说将军来，大小踊跃，如复再生。将军率军奔向城西门，丹杨军即时打开城门，迎接将军。"吕布遂连夜进军，清晨抵达城下。天一明，丹杨兵打开城门，放进吕布的军队。吕布坐在城门楼上，步骑放火，大败张翼德，擒获刘备的妻子、军资及部下将吏的家属。建安元年六月夜半时分，吕布属下河内郡人郝萌造反，率领军队进入吕布所控制的下邳府衙，在议事厅门外，大声呼喊攻打，大门紧闭，不得进入。吕布不知道造反者是谁，就手牵着妻子，科头袒衣，相率从厕所爬上墙壁出来，前往都督高顺的大营，推开高顺的大门进入。高顺问："将军知道是谁造反吗？"吕布答："河内郡口音。"高顺说："这一定是郝萌。"高顺随即严阵以待，率领士兵进入府衙，用弓弩连射郝萌及追随者；郝萌及追随者乱走，天明返回原来的营地。郝萌的部将曹性反对郝萌，与郝萌厮杀，郝萌刺伤曹性，曹性砍下郝萌一条臂膀。高顺砍下郝萌的首级，用担架抬着曹性，送往吕布处。吕布问事由，曹性答："郝萌暗中与袁术密谋。""密谋者还有谁？"曹性答："陈宫同谋。"当时，陈宫坐在座上，脸色通红，旁人悉觉之。吕布因为陈宫是将军，便没有再追问。曹性说："郝萌常以此问我，我说吕将军可谓大将，有神武之才，不可袭击，不意郝萌如此狂妄。"吕布对曹性讲："卿健儿也！"善养视之。待曹性创伤痊愈，吕布让曹性安抚郝萌原来的军队，率领其众。

袁术欲结交吕布作为外援，于是为儿子求娶吕布的女儿，吕布答应婚事。袁术派遣特使韩胤前来告知吕布僭越帝号之事，同时迎娶吕布的女儿。沛国相陈珪担心袁术与吕布联姻成功，徐州、扬州联合起来将会有更大祸乱，于是前去游说吕布。陈珪说："曹公奉迎天子，辅佐朝廷，威武英明。曹公将征伐四海，将军应该与曹操联合，共商大计，即可有泰山之稳固。如今将军与袁术联姻，必然会背负不义之名，将军将会有累卵之祸。"吕布对袁术也早有怨言，可是女儿已经上路。吕布又派人把女儿追了回来，与袁术断绝婚姻，又将袁术的使者逮捕，送往许昌。曹操在许都，将韩胤斩首示众。陈珪欲派儿子陈登前去拜见曹操，吕布不同意，恰好朝廷派使者来拜吕布为左将军，吕布大喜，随后答应派使者前去许都。吕布命令陈登带上奏章向朝廷谢恩。①陈登见了曹操，力陈吕布有勇无谋，无论归附何人或者背叛何人，都非常轻率，应该早日下手，解决吕布。曹操说："吕布狼子野心，确实难以久养，只有卿了解其真伪。"随后，曹操增加陈珪俸禄为二千石，拜陈登为广陵郡太守。临别时，曹操拉着陈登的手，说："东方之事，托付于卿。"令陈登暗中聚集力量，作为内应。

①《英雄记》记载：当初，献帝在河东郡，亲手书写版书，召吕布来接应。吕布军中无储备，连自己都养不活，派遣使者上书。朝廷任命吕布为平东将军，封为平陶侯。派出的人在山阳县界把文书丢失。太祖又亲手写信，厚加慰劳吕布，说一起奉迎天子，平定天下，同时诏书购捕公孙瓒、袁术、韩暹、杨奉等。吕布大喜，再次派遣使者上书天子："臣本当奉迎大驾，知道曹

操忠孝，奉迎陛下迁都许都。臣此前与曹操交兵，而今曹操辅佐陛下，臣在外面为将，欲率领军队相随，恐有嫌疑，是以待罪徐州，进退未敢自宁。”吕布又写信回复曹操：“吕布获罪之人，分为诛首，手命慰劳，厚见褒奖。重见购捕袁术等诏书，吕布当以效命。”曹操又派遣奉车都尉王则为使者，带着诏书还有平东将军印绶，来拜谒吕布。曹操又写信给吕布：“山阳屯送给将军所失大封印绶，国家无好金，孤自取家中好金，重新为将军制作金印，国家无紫绶，孤自取所带紫绶，以表明心迹。将军所派使者不良。袁术自称天子，将军坚决制止，而使者不能奏报。朝廷信任将军，再派使者重新奉上金印紫绶，以此相信将军忠诚。”吕布派遣陈登奉章谢恩，并用另外一好绶带，回报太祖。

当初，吕布欲通过陈登奏请朝廷，正式受拜为徐州牧，没有成功。陈登返回，吕布大怒，拔出短戟，猛砍在几案上，说：“卿父劝我与曹操联合，断绝与袁术的联姻。今天，我向曹操请求想要得到的东西，却没有结果，而卿父子相继得到好处。我被卿出卖了。”陈登面不改色，从容回答吕布：“陈登面见曹公，对曹公讲，养将军犹如饲养猛虎，应该用肉喂饱肚子，不喂饱肚子，恐怕会吃人。曹公答：‘吕布并非卿所言。吕布犹如猎鹰，饥则为我所用，一旦喂饱，就会飞走。’这是曹公讲的话。”吕布这才消解怒气。

袁术大为震怒，派遣大将张勋、桥蕤等，与韩暹、杨奉联合起来，率领步骑数万人，分七路大军，前来讨伐吕布。当时，吕布仅有步兵三千，战马四百，担心不能取胜。吕布对陈珪讲：“如今，袁术派大军来讨伐，这是因为我听了卿的话，才有这样的结果。现在该怎么办？”陈珪答；“韩暹、杨奉与袁术，不过是一群乌合之众，并无统一谋划，难以长久共处。我的儿子陈登想了一条妙计，认为袁术等人犹如一群野雉，不会长久栖息在一根树枝上，可以离间他们。”吕布采用陈珪的计策，派人去劝说韩暹、杨奉，要他们二人与自己合力攻打袁术的军队；并答应，等击败了袁术，将把袁术的车辆辎重全部送给他们。于是韩暹、杨奉听从了。张勋被打得大败。①

①《九州春秋》记载：吕布写信给韩暹、杨奉：“二位将军，当年为皇帝护驾，返回东都洛阳，有元功于国，当记载功勋于竹帛，万世不朽。吕布杀了董卓，为汉室立下殊功，都可以名垂青史。如今，袁术叛逆，应予以讨伐，将军为何要听命于贼人袁术，来讨伐吕布？吕布有诛杀董卓之功，与二将军俱为功臣，将军可以借此机会，与我一起讨伐袁术，为国家除害，再立新功，机不可失。”韩暹、杨奉看了书信，当即回信，计从吕布。吕布进军，距离张勋等军营一百步，韩暹、杨奉举兵同时攻打张勋，斩杀十位将领首级，杀伤落水死者不可胜数。

《英雄记》记载：吕布后来又与韩暹、杨奉二位将军移兵寿春，水陆并进，所过之地，大肆抢掠，及至到达钟离，大获而归。既而渡过淮北，留下书信给袁术：“足下倚恃军力强盛，常言猛将武士，欲相吞灭，每抑止之耳！吕布虽然无勇，虎步淮南，一时之间，足下鼠窜寿春，不敢露头。猛将武士，为悉何在？足下喜欢大言，以此蒙骗天下，天下人安可尽受蒙骗？古代交兵，使者在其间，造策者非吕布先唱也。相去不远，可复相闻。”吕布渡过淮河完毕，袁术亲自率领步骑五千人扬兵淮上，吕布的骑兵皆在淮河以北大声耻笑之，而后撤军。当时，有东海郡人萧建，担任琅琊国相，治所在莒县，保城自守，不与吕布相通。吕布写信给萧建：“天下举兵，本来为诛杀董卓。吕布杀了董卓，来到函谷关以东，欲求救兵，西迎大驾，光复洛京，诸将自相攻打，不肯顾念国家。吕布，五原郡人，距离徐州五千余里，实乃天之西北角，今日并非来争东南之地。莒县与下邳相去不远，二人宜当相互问候。君如果在郡中自以为可以称帝，天下县县可以称王也！在往昔，乐毅攻打齐国，连续攻下齐国七十余城，唯有莒县、即墨二城未能攻下，所以然者，城中有齐将田单故也。吕布虽然非乐毅，君亦非田单，君可拿着吕布的书信与智者共谋。”萧建看了书信，当即派遣主簿，带着亲笔书信和礼物，献上良马五匹。萧建不久为臧霸所攻破，得到萧建的军需物资。吕布听说后，亲自率领步骑，指向莒县。高顺劝谏道：“将军亲手杀了董卓，威震夷狄，稳坐顾盼，远近自然畏服，不宜亲自率军出征；如果不能获捷，名声损失不小。”吕布不听。臧霸畏惧吕布残暴，果然登城拒守。吕布不能拔城，只好引军撤回下邳。臧霸后来与吕布复和。

献帝建安三年，吕布再次投靠袁术，派遣高顺攻打驻扎在小沛的刘备，大败刘备。曹操派遣夏侯惇前来援救刘备，也被高顺打败。曹操亲自率领大军前来讨伐吕布，大军进抵下邳城。曹操送给吕布一封书信，力陈祸福。吕布欲投降曹操，陈宫等人此前与曹操反目，极力劝阻吕布。①陈宫说：“曹公远道而来，不可能持久。将军率领步骑驻扎在城外，陈宫率领其余部众，坚守城内。曹操攻打将军，陈宫引兵出城，攻打曹操的后背；曹操攻城，将军则在城外袭击。不用个把月，曹操的军粮耗尽，我们再全军出击，可获全胜。”吕布同意陈宫的意见。吕布的妻子讲：“此前，曹操待陈宫如赤子，陈宫仍然背叛曹操，归附将军。如今，将军厚遇陈宫，绝对超不过曹操，而将军把全城交给陈宫，丢下妻子、儿女，孤军驻守城外。一旦有变，妾还能做将军的妻子吗？”吕布又犹豫不决，停止行动，暗中派人向袁术求救，又亲自率领一千骑兵杀出下邳，战事不利，吕布退回。此后，吕布只好固守下邳，不敢再出城作战。②袁术也没有来救援。吕布虽然骁勇善战，但是有勇无谋，又性情猜忌，不能驾驭部将，只相信几个亲信将领，手下部将各怀异志，相互猜疑，因此，每次出战，大多失利。曹操在下邳城外挖掘壕沟，堵塞沂水、泗水，用河水倒灌下邳城。前后三个月，城中将士，上下离心离德。吕布的部将侯成、宋宪、魏续绑缚陈宫、高顺，率领部众投降曹操。③吕布与麾下登上白门楼，曹操的士兵围城，形势越发紧急。最终，吕布下城投降，曹军遂绑缚吕布。见到曹操，吕布说：“绑缚太紧，能否松开些？”曹操笑着答：“绑缚猛虎，不能不紧。”吕布说：“明公所患，不过是吕布。今天，吕布彻底拜服明公。吕布率领骑兵，明公率领步兵，平定天下，何足挂虑？”曹操若有所思。刘备进言道：“明公难道忘了此前吕布侍奉丁建阳、董太师？”曹操点头同意。吕布瞪着刘备，破口大骂：“大耳贼，最不可相信！”曹操缢杀吕布。[④]吕布、陈宫、高顺全部被砍下头颅，传送至许昌的街头示众，而后埋葬。[⑤]

①《献帝春秋》记载：太祖率领大军进抵彭城。陈宫对吕布讲：“将军宜逆袭曹操，以逸击劳，无往不胜。”吕布答：“不如待其来攻，在半渡泗水时，予以攻击。”及至太祖率军攻打吕布甚急，吕布在白门城楼上对军士讲：“卿曹无须跟随我受困，我当向明公自首。”陈宫说：“逆贼曹操，何为明公！今日降之，犹如以卵击石，岂可得全！”

②《英雄记》记载：吕布派遣许汜、王楷向袁术告急。袁术说：“吕布不把女儿嫁给我儿，理当自败，何为再来告急？”许汜、王楷讲：“明上今日不救吕布，当自败耳！吕布破，明上也会被曹操攻破。”袁术当时僭越帝号，故呼为明上。袁术于是严阵以待，为吕布大造声势。吕布担心袁术因为女儿没有送去而不肯发兵救援，故以绵帛缠在女儿身上，缚在马上，夜晚亲自送女儿出城，送往袁术处，与太祖围城的士兵相遇，双方厮杀。吕布不能通过，又返回城里。吕布欲令陈宫、高顺守城，自己亲自率领骑兵截断太祖的粮道。吕布的妻子讲：“将军亲自出城，截断曹公的粮道。陈宫、高顺素来不和，将军一旦出城，陈宫、高顺必然不肯同心协力守城。如果有差错，将军当在何处自立？愿将军考虑，不要为陈宫等人所误。妾昔日在长安，已经被将军抛弃一次，幸赖有庞舒私藏妾身，今日将军又不顾妾身也。”吕布听了妻子的话，心中愁闷，不能自决。

《魏氏春秋》记载：陈宫对吕布讲：“曹公远来，势不能久。如果将军以步骑出城驻扎，为势于外，陈宫率领余众守在城内。曹军若指向将军，陈宫则引兵攻其后背；曹军若来攻城，将军则救于外。不过旬日，曹军粮食耗尽，击之可破。”吕布然之。吕布的妻子讲：“昔日曹公待公台如赤子，公台仍然舍弃曹公而来。今日将军厚遇公台不会超过曹公，而欲将全城委托于公台，抛弃妻子，孤军远出，一旦有变，妾岂得为将军妻子哉！”吕布乃止。

③《九州春秋》记载：当初，吕布的骑将侯成派客人牧马十五匹，客人驱马而逃，逃向沛城，欲归附刘备。侯成亲自率领骑兵追赶，悉得马还。诸将凑礼向侯成祝贺，侯成酿了五六斛酒，又猎获十余头猪，还未饮食，先持半头猪、五斗酒，亲自上门，送给吕布。侯成跪在地上，言：“承蒙将军之恩，追回丢失的良马，诸将来相贺，侯成酿了少许酒，猎获几头猪，未敢饮食，先奉上微意。”吕布大怒，说：“吕布禁酒，卿酿酒，诸将共饮食，拜作兄弟，欲谋杀吕布邪？”侯成大为恐惧，悻悻而去，抛弃所酿制的酒，送还诸将的礼物。由是自疑，恰逢太祖围困下邳，侯成遂率领部众投降。

④《英雄记》记载：吕布对太祖讲：“吕布待诸将甚厚，诸将临急，皆背叛吕布。”太祖说：“卿背着妻子，与诸将妇偷爱，何以为厚？”吕布默然不语。

《献帝春秋》记载：吕布问太祖：“明公何瘦？”太祖曰：“君何以识孤？”吕布说：“昔日在洛阳，在温氏园相会。”太祖说：“然。孤忘之矣。所以瘦，恨不早日擒获将军故也。”吕布说：“齐桓公忘却射钩之恨，拜管仲为国相；今日明公让吕布竭尽股肱之力，作为明公前驱，可乎？”吕布被绑缚得很紧，对刘备讲：“玄德，卿为座上客，我为座下虏，不能进一言，可否让人松开绑缚？”太祖笑道：“何不相语，而诉明使君也？”意欲留吕布一条活命，命人松开吕布的绑缚。主簿王必上前一步，曰：“吕布，猾虏也。其部众就在外边，不可松绑。”太祖说：

“本欲相缓，主簿不听，怎么办？”

⑤《英雄记》记载：高顺为人清白，有威严，不饮酒，不接受馈赠。所率领七百余士兵，号称千人，铠甲战具皆精练齐整，每当攻伐，无往不胜，常能攻陷敌营。高顺常劝谏吕布：“凡破家亡国，并非无忠臣明智者辅佐，但患不见重用。将军采取行动前，从未三思而行，常造成失误，说话出口就错。这样的失误，数得过来吗？”吕布知道高顺忠诚，然而仍不能重用。吕布从郝萌背叛后，更加疏远高顺。因魏续有外内之亲，夺去高顺率领的士兵，交予魏续率领。及至攻战时，再令高顺率领魏续带走的士兵，高顺亦终无恨意。

曹操擒获陈宫，问陈宫怎么安排老母及妻儿。陈宫答：“陈宫听说，以孝道治天下者，不伤害他人的父母；以仁德施惠于天下者，不断绝他人的后嗣。”曹操迎来陈宫的母亲，奉养终身，又安排了陈宫女儿的婚事。①

①鱼氏著《典略》记载：陈宫，字公台，东郡人。为人刚直，壮怀激烈，年少时，陈宫与海内知名人士多有来往。及至天下大乱，当初，陈宫追随太祖，后来对太祖猜疑，又跟随吕布，为吕布出谋划策，吕布却不能言听计从。下邳战败，太祖的军士擒获吕布及陈宫。太祖见了陈宫，与陈宫话及平生，故吕布有求活之意。太祖对陈宫讲：“公台，卿平常自以为足智多谋，今日之事如何？”陈宫顾指吕布，曰：“但因此人，不能听从陈宫之言，以至于此。若其能听陈宫之言，亦未必被擒。”太祖笑道：“今日之事当云何？”陈宫答：“为臣不忠，为子不孝，死当自分也。”太祖问：“卿如是，卿的老母怎么办呢？”陈宫答：“陈宫听说，以孝治天下者，不害人之亲，老母之存亡，在明公。”太祖问：“那么，卿的妻子、儿女怎么办呢？”陈宫答：“陈宫听说，施仁政于天下者，不绝人之祀，陈宫妻子、儿女的存亡，亦在明公。”太祖不再讲话。陈宫说：“请牵出去就戮，以明军法。”遂急步出去，不可阻止。太祖泣而送之，陈宫头也不回。陈宫死后，太祖待其家眷，皆厚待如初。

陈登，字元龙，在广陵郡享有威名。因为牵制吕布有功，受拜为伏波将军，享年三十九岁，去世。后来，许汜与刘备同在荆州牧刘表那里做客，刘表与刘备评价天下英雄，许汜说：“陈元龙乃江湖名士，只是蛮横之气还未褪去。”刘备对刘表讲：“许君的评价，是耶，非耶？”刘表答：“欲言非耶，此君为善士，不会虚言；欲言是耶，元龙名重天下。”刘备问许汜：“君言蛮横之气，有何事实根据？”许汜答：“此前，兵荒马乱，我经过下邳，去见元龙。元龙毫无主人待客之意，见面很久，不肯与我讲话，自顾自躺在大床上，让客人睡在小床上。”刘备说：“君有国士之名气，如今天下大乱，天子颠沛流离，希望君能够忧国忘家，有救世之意。而君竟然求田问舍，话不投机，是元龙最忌讳之事，为何要与君侃侃而谈？要是我接待你，将会躺在百尺楼上，让君干脆睡在地上，还有什么大床、小床之说？”刘表听罢，哈哈大笑。刘备又说：“像元龙这样的人，文武双全、有胆有识，只能到古人中寻找。现世的俗人中很难找到这样的人。”①

①《先贤行状》记载：陈登为人忠诚亮直，有高爽之气，深沉有大谋略。年少时，陈登有扶世济民之志，博览群书，雅有文才，旧典文章，莫不阅览。二十五岁时，陈登被举荐为孝廉，担任东阳县长。在任上，陈登抚养耆老，养育孤儿，视民如子。在当时，世道荒乱，民众饥困，州牧陶谦上表，任命陈登为典农校尉，负责巡视农田等事宜。陈登指导百姓开渠，收灌溉农田之利，水稻喜获丰收。奉使到达许都，太祖任命陈登为广陵郡太守，暗中令陈登聚集部众，以图谋吕布。陈登在广陵，明确赏罚，威信广布。海贼薛州有部众一万余户，束手归命。不到一年，功绩教化看到成效，百姓畏而爱之。陈登说："此可用矣。"太祖到下邳，陈登率领郡里的士兵作为先驱。当时，陈登的几个弟弟在下邳城中，吕布拘押陈登的三弟作为人质，欲与太祖讲和。陈登执意不挠，围困下邳城越发紧急。吕布的刺探张弘畏惧受到吕布牵连，夜晚把陈登的三弟放出城。吕布被杀，陈登以功劳受拜为伏波将军，甚得江、淮间民心，于是，太祖有吞灭江南之志。孙策派遣军队攻打陈登驻扎的匡琦城。吴贼初到，旌甲覆水，陈登率领部下，有人说："以今日贼众，十倍于郡兵，恐怕难以抵抗，可引军避之，留给孙策一座空城。水上人一旦居住在陆地，不能久处，必然会很快退军。"陈登厉声喝道："我接受国家任命，来镇守此土。在往昔，马文渊在这个位置，能南下平定百越，北上歼灭众狄。我既不能遏除凶慝，怎么能逃避贼寇！我将竭尽全力，以报答国家，仗义以整顿乱世，天道与顺，克敌制胜必矣。"陈登闭门自守，先示弱，不与孙策交战，将士衔声，寂若无人。陈登上城楼，瞭望敌方形势，知其可击，于是下令，将士们连夜整顿武器，天亮以后，打开南门，引军杀向贼营，步骑抄其后路。贼寇周章正在结阵，不能返回船上。陈登手执战鼓，指挥战士进攻，贼寇大败，弃船逃走。陈登乘胜追击，斩杀上万人。孙策忧愤，损兵折将，很快又大肆举兵，进攻陈登。陈登看到难以抵御孙策，派功曹陈矫向太祖求救。陈登秘密在距离城十里的地方整治军营，令人多取薪柴，两束一聚，相去十步，纵横成行，令夜晚一起燃起大火，大火燃起，城上称庆，以为大军来到。孙策望见大火，军队大惊失色，遂崩溃，陈登率军追赶，斩杀首级上万。太祖改任陈登为东城郡太守。广陵郡吏民感佩陈登恩德，离开广陵郡，追随陈登，扶老携幼，在后面紧追不舍。陈登晓谕百姓，让他们回去："太守在卿郡，频繁招致吴人进攻，幸而克敌制胜。诸卿何患无令君乎？"后来，孙权占有江南。太祖每临大江而叹息，恨不早用陈元龙之计，而令封豕养其爪牙。文帝追美陈登的功绩，拜陈登的儿子陈肃为郎中。

臧洪，字子源，广陵郡射阳县人。父亲臧旻，曾历任匈奴中郎将，中山郡、太原郡太守，所任职务，均有美名。①臧洪体貌魁梧，有异于常人，被举荐为孝廉，担任侍郎。当时，朝廷在三署选择郎官，以补充县长；琅琊郡人赵昱担任莒县长，东莱郡人刘繇担任下邑县长，东海郡人王朗担任菑丘县长，臧洪担任即丘县长。灵帝末年，臧洪弃官还家，郡太守张超延请臧洪在郡府担任功曹。

①谢承著《后汉书》记载：臧旻有干才，达于从政，可谓汉代良吏。当初，臧旻从徐州从

事，受司徒府征召，担任卢奴县令，冀州举荐臧旻为良吏，升任扬州刺史、丹杨郡太守。在当时，边方有警讯，羌胡作乱，三公府举荐贤能，臧旻改任匈奴中郎将。讨伐贼寇有功，受到朝廷征召，拜为议郎，返回京师。臧旻来见太尉袁逢，袁逢向臧旻询问西域情况，如土地、风俗、人物、族群。臧旻据实回答，说西域原本有三十六国，后来分为五十五国，稍后分散至一百余国；其国大小，道里远近，人数多少，风俗、燥湿，山川、草木、鸟兽、名种异物，不与中原相同，详细陈述其状，用手画西域地形。袁逢奇其才干，叹息道："虽然班固写作《西域传》，何以加此？"臧旻改任长水校尉，在太原郡太守任上去世。

董卓杀了少帝，图谋危害社稷，臧洪劝说张超："明府家族，世代蒙受国恩，兄弟均担任过大郡的太守。而今，皇室危在旦夕，贼臣虎视眈眈，这正是义士为国效命之时。如今，郡内尚能保全，百姓家中殷实富足，如果明府擂响桴鼓，可以获得二万人。借此力量，诛杀国贼，为天下首举义旗，不亦宜乎？"张超同意臧洪的看法，与臧洪一起西行至陈留县，来见哥哥张邈，商议大事。张邈也早有此想法，在酸枣与二人相见。张邈问张超："听说弟弟担任郡太守，将政事托付给臧洪，臧洪是怎样一个人？"张超答："臧洪是海内奇士，此人才智超群，远在我张超之上。"张邈随后与臧洪见面，二人交谈后，张邈颇为惊讶，派臧洪去见兖州刺史刘岱（字公山）、豫州刺史孔伷（字公绪），二人也很欣赏臧洪，遂相互间结成同盟。各州牧、郡太守在酸枣县会齐，设立坛场盟誓。将要举行盟誓时，相互间又推让，无人敢先登上会盟坛，最后大家推举臧洪先上。

臧洪摄衣，一步步登上台阶，主持会盟仪式，端着歃血盆，率领众人盟誓："汉室不幸，皇纲失统。贼臣董卓，乘机谋乱，寻衅滋事，危害国家。将灾祸加于至尊，荼毒天下百姓。臣等担心社会道德沦丧，朝廷社稷倾覆，四海陷于危难。兖州刺史刘岱、豫州刺史孔伷、陈留郡太守张邈、东郡太守桥瑁、广陵郡太守张超等，聚集义兵，共赴国难。凡我盟誓同人，定将同心协力，以尽人臣之节操。砍头丧命，绝无二心。若有背弃盟约者，即刻毙命，不留后嗣。皇天后土，祖宗神灵，共同鉴之。"臧洪宣誓时，慷慨激昂，听着臧洪的誓词，众人莫不振奋。①然而，参加盟誓的义军仍然各怀心思，逡巡迟疑，不肯率先发起进攻。储备的军粮很快耗尽，最终，义军作鸟兽散。

①裴松之按：在当时，会盟者只有刘岱等五人。《魏氏春秋》加上刘表等数人，皆非事实。刘表占据江、汉，自身从未出境，何以得与臧洪同坛而盟乎？

张超派臧洪前往刘虞处，共同商议如何化解矛盾。恰逢公孙瓒进攻刘虞，臧洪行至河间国，正值幽州、冀州交战，道路阻隔，臧洪暂时留在袁绍处。袁绍对臧洪颇有好感，与臧洪结为好友，让臧洪代理青州刺史。当时，前青州刺史焦和病逝，袁绍令臧洪暂时管理青州，以安抚青州的百姓。[①]臧洪在青州任上二年，盗贼息业，流窜至其他地方。袁绍忌惮臧洪的能力，又改任臧洪为东郡太守，郡府设在东武阳县。

①《九州春秋》记载：初平年间，焦和担任青州刺史。当时，英雄并起，黄巾施暴，焦和务在联合同盟，一起进入京畿，无暇为民众保障，焦和引军，渡过黄河而西。不久，袁绍、曹操二公与董卓大战于荥阳，义军败绩。黄巾军扩大军力，屠裂城邑。焦和难以抵御，然而，焦和军器尚利，战士尚众，而焦和不设耳目侦察，派人巡逻，担心一旦妄动，黄巾军会杀来，部下望风而走。焦和未尝接敌，与黄巾军大战，却制作陷冰丸，以为可以让河上的浮冰沉入河中，令贼寇不得渡河，又向众神祈祷，乞求用兵必利，耆老卜筮跟随在身边，巫祝不离左右；焦和腐儒，入见其清谈干云，出则懵懂无知，军队混乱，命不可知。青州陷于萧条，最终沦为废墟。

当时，曹操正在雍丘围困张超，情况紧急。张超对守城将士讲："今日之事，唯有臧洪肯来救我。"有人说："袁绍、曹操如今结为联盟，臧洪为袁绍所用，不会不顾忌与袁绍的关系，远途来救，自取其祸。"张超说："子源实乃天下义士，绝不做违背信义之事，或者受到他人制约，也未可知。"当初，臧洪听到张超被困的消息，光着双脚，号啕大哭，遂整顿部下，准备救援张超。又想到势单力薄，欲从袁绍处借一些兵马，被袁绍拒绝。张超被攻破城池，张氏一族被杀。为此，臧洪深深怨恨袁绍，与袁绍断交。袁绍发兵，包围东武阳县，持续一年，未能攻下。袁绍让臧洪的同乡陈琳写信劝降。陈琳在信中分析利害，晓以恩义。臧洪回信道：

阔别数日，不免挂念。双方志趣不同，由此产生龃龉，甚为怆恨，难以胜言！前日不吝错爱，寄来书信，陈述利害，于公于私，情真意切。以袁公之才，饱读经书，岂能漠视大道，误解余之志趣？因此，余舍弃翰墨，并未回信，也借此希冀袁公稍加留意。余虽然见识浅陋，然而志向坚定，不可更改。近日又获来函，举例引证，纷纷纭纭，余虽不欲理睬，然而君情义甚笃，不得不言。

仆小人也，原本并无大志，难以充任显位，中途投奔军旅，特蒙袁公赏识，恩德深厚，遂窃取大州职务，谁料想，今日与袁公刀兵相见！每当余登上城楼，遥望城外阵势，看到袁公军营，旗帜招展，战鼓雷鸣，再瞭望帷幄成群，顿感到故友从中斡旋，如此劳神费力，不免涕泗横流。为何会这样？余自以为，辅佐袁公，并无悔恨之事；袁公待吾不薄，超过常人。受任之初，余与袁公志同道合，共谋大事，欲扫除逆贼，共尊王室。岂料想本州遭人侵犯，郡中将帅遇难，请求袁公相救，反遭拒绝，欲辞别袁公，又遭羁押，遂使臧洪故旧相继殒命。区区微节，难以伸张，余岂能与袁公恢复旧交，再续忠孝之名？这才使余忍悲挥戈，收泪与袁公断绝旧谊。如果袁公能够少垂古人忠恕之怜悯，来者侧席，去者克己，仆也愿意效季札之礼，不会与袁公兵戎相见，浴血疆场。

在往昔，张景明登坛歃血盟誓，劳苦奔走，最终，迫使韩州牧让出冀州之印，袁公获得冀州之地。后来张景明上表皇上，奏请朝廷赐予袁公爵位，获得符传。但是，张景明并未获得袁公宽宥，反而遭受夷灭之祸。[①]吕奉先诛杀董卓，与李傕交战失败，来投奔袁公，恳请袁公援兵，没有成功，不得不告别袁公。吕布有何罪，却遭到袁公派人刺杀。刘子璜奉命出使，逾时未归，欲辞别袁公，不能获准，因为畏惧袁公，思念亲人，以诈谋但求归去，可谓有志忠孝，无损霸道，也同样伏尸于袁公帐下，不能幸免。[②]仰慕袁公者获荣，违逆袁公者遭杀，这就是袁公待人之道，此绝非游士之愿。因此，以前人为镜鉴，余只能困守孤城，这也是君子不肯违背志向，不愿投奔敌国的原因。

足下看到余长久遭到围困，不能解脱，而且救兵难至，深感婚姻之义，愿推平生之好，劝余屈节而苟活，胜守义而倾覆。在往昔，晏婴不降志于利刃加颈，南史不曲笔写史以保全性命，因此被后人描绘图像，名垂青史。更何况，余据守金城之固，幸赖士人之力，散去三年之积蓄，以为一年之资用，匡补困乏，以为天下救亡图存之计，为何仅想到谋划家室，回乡稼穑哉？余但恐秋风扬尘，伯珪马首南下，张扬、飞燕勠力发难，北部边陲，将示警于倒悬，股肱奏闻危急，袁公归期将至。袁公应当警惕曹操，撤军还师，为何要久负盛怒，逞其威风于余危城之下！

足下讥讽余自恃黑山军以为外援，独不念余将与黄巾军合纵？在往昔，高祖取彭越于巨野，光武帝创基业于绿林，最终，也能够龙飞九霄，受命于天，中兴帝业。余当然可以辅佐圣王中兴，夫又有何猜疑？！况且，余奉皇上玺书，当与众豪杰并力奋进，共举大事！

别了，孔璋！足下追逐利益于境外，臧洪愿效命皇上于危城；足下将自身托付于盟主，余愿以忠臣名列于长安。足下以为，余将身死名灭，余也笑足下不知命丧何时。殊途分手，努力努力，夫复何言！

①裴松之按：《英雄记》记载：“袁绍派张景明、郭公则、高元才等劝说韩馥，让出冀州。”韩馥让出州牧位，张景明亦有其功。其余之事未详。

②裴松之按：公孙瓒上表列出袁绍的罪过：“袁绍与原虎牙将军刘勋首谋，共同举兵，刘勋仍有效命之志，而袁绍以小忿加害刘勋，袁绍罪之七也。”疑此处是子璜。

袁绍看了臧洪的回信，知道臧洪绝无投降之意，于是增兵，猛攻东武阳城。城中粮草耗尽，内无粮草，外无援兵，臧洪自度不免一死，召集城中将士，慷慨陈词：“袁绍无道，图谋不轨，不肯放过臧洪及郡中将士，臧洪为了大义，不得不死。感念诸君原本无事，却要陪着臧洪遭此惨祸，城池未破之前，诸君可以带上妻子、儿女出城。”众将士垂泪流涕道：“明府对于袁氏并无怨恨，而今为了张超郡将之故，身陷危城之中，我等岂能舍弃明府，弃城而去？”一开始，将士们还可以挖一些老鼠，或把牛筋兽骨煮了充饥，后来，连这些也吃尽了。郡府主簿打开郡府厨柜，还有三斗米，请求分出一些熬粥吃。臧洪说：“我怎么能独自享用？”让主簿把米全部做成稀粥，拿出来分予守城将士。又杀了爱妾，分给将士们食用。将士们感动得流下眼泪，不敢仰视。郡府有男女七八十人，饿毙在地，尸体枕藉，无一人叛离。

东武阳城被攻破，袁绍生擒臧洪。袁绍盛装打扮，坐在帷帐里，召集手下将领，把臧洪推上来，与大家见面。袁绍问：“臧洪，为何背弃我？今日被擒，服不服？”臧洪坐在地上，怒目瞋视，厉声喝道：“袁氏家族几代人，侍奉汉室，四世五公，可谓享受国恩厚重。而今，汉室衰微，没有辅佐之意，却借天下大乱之际，图谋非分之想，诛杀忠良，以此树威。臧洪亲眼看见将军称呼陈留郡太守张邈为兄长，张洪也就是你的弟弟，将军不能与其勠力同心，为国除害，坐拥如此多军队，却眼看着张洪遇害。只可惜臧洪力量不够，不能手持利刃，为天下报仇，怎么会心服？”袁绍内心还是爱惜臧洪，意欲逼迫臧洪投降，看到臧洪言辞激烈，知道臧洪终不肯为自己所用，只好命令将臧洪推出去斩首。[①]臧洪的同乡陈容，年轻时做过太学生，仰慕臧洪的为人，曾经跟随臧洪，在东郡担任丞史。城破以前，臧洪让陈容归降袁绍。当时，陈容坐在帷帐，看到臧洪被推出去斩首，陈容起身对袁绍讲：“将军举大事，欲为天下除暴安良，而今先杀害忠义之士，如何契合天意？臧洪顽抗，拒不投降，也是为了张超郡将，怎么能杀臧洪？！”袁绍听了此话，脸上露出惭愧之色，命人将陈容牵出。袁绍说：“你不是臧洪的同党，说这些话，又有何用？”陈容回首道：“举仁义，岂有一定之规？践行仁义，就是君子；否则，就是小人。今日宁可与臧洪同死，不愿与将军同生。”陈容也被杀。坐在帷帐里的将领、官员，无不为臧洪叹息，窃窃私语道：“怎么一天之内，杀了两位烈士？！”此前，臧洪派出两位司马向吕布求救。及至二位司马返回，东武阳城已经陷落，二位司马冲入阵中，力战身死。

①徐众著《三国评》记载：洪敦天下名义，救旧君之危，其恩足以感动人情，其义足以激励薄俗。然而，袁绍亦知己亲友，致位州郡，虽非君臣，且实盟主，既受其命，义不应二。袁绍、曹操正当和睦，共同辅佐王室，吕布反复无义，志在祸乱谋逆，而张邈、张超拥立吕布为州牧，其于王法，实乃一罪人。曹公讨伐之，袁氏不救，未为非理。臧洪本来就不该向袁绍请兵，更不该返回，因为张超之事怨恨。为臧洪计，苟力所不足，可投奔他国，以求赴救，若谋力未展，以待事机，则须等待，再观察形势变化，效死于张超。何必誓死困守穷城，而毫无变通，身死殄民，功名不立，良可哀也！

陈寿评论如下：吕布有虓虎之勇，而无英雄之谋，为人狡黠，轻率反复，唯利是图。从古至今，像这样的人，没有不被夷灭者。在往昔，汉光武帝误判庞萌，在近世，魏太祖受到张邈蒙蔽。知人则哲，即使尧舜，也难以做到，信矣！陈登、臧洪具有英雄气概，陈登英年早逝、功业未就。臧洪以弱兵抗御强敌，烈士壮志未酬，惜哉！

魏书八

二公孙陶四张传第八

公孙瓒，字伯珪，辽西郡令支县人，曾在郡府担任书佐。公孙瓒长相英俊，声音洪亮，侯太守很欣赏公孙瓒，把女儿嫁给公孙瓒为妻，[①]又让公孙瓒到涿郡人卢植处读书，回来后，公孙瓒在郡府担任计簿吏。后任郡太守刘君因为某事犯法，被逮捕，用槛车押送至洛阳廷尉署治罪，公孙瓒为刘君驾车，随身护送、伺候。及至刘君被判罪，流放至日南郡，公孙瓒准备好猪肉、醇酒，在北邙山上祭奠先人。公孙瓒先把酒洒在地上，祝祷道："过去为人子，今日为人臣。我将要前往日南郡，日南郡多瘴疠，恐怕不能活着回来，谨向祖宗坟茔告别。"慷慨悲泣一番，再拜后离去，旁观者莫不叹息。押解队伍出发，在途中，朝廷大赦天下，刘太守被赦免。公孙瓒返回本郡，被举荐为孝廉，后来担任辽东郡属国长史。公孙瓒曾经率领数十名骑兵，在塞下巡视，遇上数百名鲜卑骑兵。公孙瓒退入一座空亭子，对部下讲："今日不奋力杀敌，就只能死在此地。"说罢，公孙瓒手持双刃长矛，率领部下冲向敌阵，杀伤数十人。公孙瓒的部下死伤一半，公孙瓒脱险。鲜卑人受到惩戒，此后不敢再入塞。公孙瓒转任涿县县令。灵帝光和年间，凉州贼寇蜂起，朝廷征调幽州精锐骑兵三千人，授予公孙瓒统领军事的符信，统领这三千骑兵。公孙瓒进抵蓟中，渔阳郡人张纯引诱辽西郡乌丸丘力居等反叛朝廷，劫掠蓟中县，自称将军，[②]劫持吏民，攻打右北平郡、辽西郡属国诸城，叛军所过，无不残破。公孙瓒率领骑兵，追剿张纯等有功，升任骑都尉。属国乌丸贪至王率领部众向公孙瓒投降。公孙瓒升任中郎将，受封为都亭侯，率领骑兵进驻属国，与胡人相互攻击达五六年时间。丘力居等寇掠青州、徐州、幽州、冀州，四州深受其害，公孙瓒不能御敌。（本段参考《后汉书》。）

①《典略》记载：公孙瓒善辩、聪慧，每当叙述事情，绝不会敷衍了事；常在陈述几个府曹的事情时，没有任何遗忘、舛误。郡太守很惊奇公孙瓒的才能。

②《九州春秋》记载：张纯自称“弥天大将军”“安定王”。

朝臣廷议时，认为宗正东海郡人刘虞（字伯安）有德义，此前曾经担任幽州刺史，对百姓有恩信，戎狄皆愿意臣服刘虞。如果派遣刘虞镇抚，可无须劳动朝廷大军，于是，灵帝拜刘虞为幽州牧。[①]刘虞到任后，派使者至胡人中，晓以利害，又悬赏购买张纯的人头。丘力居等听到刘虞到任的消息，欣喜若狂，各自派遣翻译，请求归顺。公孙瓒忌惮刘虞治民有功，暗中派人刺杀胡人使者。胡人知道内情后，又从小路潜行，来见刘虞。刘虞奏请朝廷，撤回边郡镇压胡人的驻军，只留下公孙瓒率领的步骑一万人，驻扎在右北平郡。张纯抛弃妻子，逃入鲜卑，被门客王政杀害，把头颅送给刘虞。王政受封为列侯。刘虞以安边有功，被朝廷拜为太尉，受封为襄贲侯。[②]恰逢董卓来到洛阳，刘虞转任大司马，公孙瓒担任奋武将军，受封为蓟侯。

①《吴书》记载：刘虞，是东海恭王刘强的后人。遭逢世道混乱，又与当时的皇帝关系疏远，出仕县里，担任户曹吏。以能够修身奉职受到征召，担任郡府吏，被举荐为孝廉，担任侍郎，多次升迁，担任幽州刺史，改任甘陵国相，甚得东部边郡戎狄的欢心。后来以有病回到家乡，屈身隐居，与邑里的乡亲、闾巷间共享欢乐，相互抚恤，互通有无，不以名位而自矜，乡里人都很尊敬刘虞。当时，乡里人有诉讼者，不去找官府告状，而来找刘虞评理；刘虞以情理为他们进行劝解，大小皆愿意听从，不以为恨。曾经有人丢失耕牛，耕牛的骨相毛色与刘虞的耕牛相似，因以为是，刘虞便把耕牛送予此人；后来失主又找回耕牛，返回来向刘虞谢罪。恰逢甘陵再次陷于战乱，吏民思念刘虞的治理，刘虞再次担任甘陵国相，甘陵国大治。刘虞受到朝廷征召，担任尚书令、光禄勋，以刘氏宗室受到礼遇，改任宗正。

《英雄记》记载：刘虞担任博平县令，治理公平，县里祥和。刘虞为官廉洁，生活俭朴，境内无盗贼肆虐，灾害不生。当时，邻县有蝗虫危害，蝗虫飞至博平县界，飞过不入。

《魏书》记载：刘虞在幽州，为官主张清静，生活俭朴，以礼义教化民众。灵帝时，南宫发生火灾，官吏补任州郡者，皆襄助朝廷，缴纳修葺宫殿钱，或一千万，或二千万，富者以私财缴纳，或向民众征调；穷官清廉者，无以借调，甚至有人自杀。灵帝以刘虞清贫，特别诏命，不让刘虞出钱。

②《英雄记》记载：刘虞辞让太尉，举荐卫尉赵谟、益州牧刘焉、豫州牧黄琬、南阳郡太守羊续，并列三公。

函谷关以东义兵骤起，董卓劫持献帝西迁长安，征召刘虞担任太傅，由于道路阻断，朝廷的诏命未能送达。袁绍、韩馥商议，认为献帝受制于奸臣，天下人无所归心。刘虞身为宗室，享有盛名，众望所归，遂袁绍、韩馥欲推举刘虞为皇帝，派遣使者到刘虞处告知此事。刘虞终不肯接受众人的建议。袁绍等人又劝刘虞暂领尚书职事，按照制度，接受职务，刘虞又不听。然而，刘虞与袁绍等关系友好。[①]刘虞的儿子刘和，在献帝身边担任侍中，留在长安。献帝欲东归洛阳，诏令刘和化妆，逃离长安，从武关潜行，前往刘虞处，令刘虞率兵来迎接献帝东归。刘和途经袁术处，告知献帝的意思。袁术欲利用刘虞作为外援，遂将刘和羁留，使得刘和不能到刘虞处。袁术许诺，等待刘虞发兵，将一起率兵西进，又令刘和写信给刘虞。刘虞得到刘和的书信，派遣数千骑兵前来与刘和会合。公孙瓒知道袁术有异志，不想让刘虞发兵，劝止刘虞，刘虞不听。公孙瓒担心袁术知道后，会怨恨自己，又派遣堂弟公孙越率领一千骑兵前来袁术处，以表示愿意联合袁术；暗中又指使袁术羁押刘和，夺去刘和的骑兵。从此，刘虞、公孙瓒之间矛盾加深。刘和逃离袁术处，北上，又被袁绍羁留。

①《九州春秋》记载：袁绍、韩馥派原乐浪郡太守甘陵郡人张岐带着商议好的想法，前来拜谒刘虞，劝说刘虞即尊号。刘虞厉声呵斥张岐："卿怎敢出此言！忠孝之道，既不能济。孤受国恩，天下扰乱，未能竭力效命，以清除国贼，望诸州郡有烈义之士奋力西向，奉迎幼主，你们竟敢妄造逆谋，欲玷污忠臣！"

《吴书》记载：韩馥写信给袁术，说献帝并非孝灵帝的儿子，欲仿照绛侯周勃、灌婴诛杀少帝迎立代王的故事；称刘虞功德茂盛，治行卓越，华夏无二，当今公室支属，皆莫能及。又说："在往昔，光武帝刘秀距长沙定王已经是第五世，以大司马职务占领河北，耿弇、冯异劝刘秀即尊号，代替更始帝，拥有天下。而今，刘公也是东海恭王的后裔，按照排序，已经是第五世，以大司马兼领幽州牧，与光武帝相同。"在当时，有四颗星交会于箕宿尾部，韩馥称，谶言云：神人将在燕地分野。又言济阴郡男子王定得到一枚玉印，印文曰'虞为天子'。又见两个太阳出于代郡，认为刘虞应当立为皇帝。袁绍又另外写信给袁术。当时，袁术已经有不臣之心，不愿意国家有年长的皇帝，外托公义，回复拒绝袁绍。袁绍又派人暗中劝说刘虞，刘虞以国家正统非人臣所宜言，固辞不许；甚至欲投奔匈奴以自绝，袁绍等人这才停止劝进。刘虞奉职，向长安贡献，越发谦恭、肃静；域外羌胡有所贡献，道路不通，刘虞皆为其传送，送达京师。

当时，袁术派遣孙坚驻扎在阳城，抗拒董卓，袁绍派周昂夺取阳城。袁术派遣公孙越与孙坚一起进攻周昂，战事不利，公孙越被流箭射杀。公孙瓒大怒："我的堂弟被杀，祸起于袁绍。"遂起兵驻扎在盘河，欲向袁绍报仇。袁绍恐惧，以所佩带渤海郡太守印绶授予公孙瓒的堂弟公孙范，又派遣公孙范到渤海郡上任，欲以此缓和与公孙瓒的矛盾。公孙范遂以渤海郡的兵力襄助公孙瓒，打败青州、徐州的黄巾军，公孙瓒的兵力越发强盛，进军界桥。[①]公孙瓒任命严纲为冀州刺史、田楷为青州刺史、单经为兖州刺史，同时为属下郡县安排官员。袁军驻扎在广川，令部将曲义先与公孙瓒接战，曲义生擒严纲。公孙瓒军败走渤海郡，与公孙范一起返回蓟县，在大城东南修筑小城。公孙瓒与刘虞距离靠近，相互之间怨恨陡然增加。

①《典略》记载：公孙瓒上表，陈述袁绍的罪状："臣听说，在古时，伏羲氏君臣有道，提倡礼仪，教化人民，设置刑法，禁暴止乱。如今，车骑将军袁绍，倚仗先人功业，受封高爵，职位显赫。袁绍本性顽劣，奢靡淫乱，为人浅薄。此前，袁绍担任司隶校尉，在国家危难之际，太后秉持朝政，大将军何氏辅佐。袁绍不能举荐正直，贬斥邪恶，反而以谄佞阿谀何氏，招来乱臣董卓，致使汉室社稷倾覆。丁原焚烧孟津，董卓朝中作乱，这是袁绍的第一宗罪。董卓无人臣礼，劫持皇帝为人质，袁绍不能建言献策，以行动帮助君父，反而放弃责任，丢弃符节，仓皇遁逃，玷污封爵、职务，背弃人主，这是袁绍的第二宗罪。袁绍在渤海郡，准备讨伐董卓，暗中调集兵马，却不预先告知父兄，致使太傅一门被董卓杀害，不孝不仁，这是袁绍的第三宗罪。袁绍举兵以来，历经两年，不能为国家赴难，只知扩充势力，树立党羽，筹集粮饷，专务不急之事，欺压百姓，令亲者痛、仇者快，志士仁人莫不摇头叹息，这是袁绍的第四宗罪。袁绍逼迫韩馥，侵夺韩馥的冀州，矫制君命，私刻金印，每当袁绍有图谋，就会用锦囊密封文书，谎称诏命，效仿王莽篡汉之伎俩，以逞其狼子野心，其所作所为，必将祸及天下，这是袁绍的第五宗罪。袁绍用钱贿赂崔巨业，还与他欢宴聚会，并依据他的天象报告占卜吉凶，然后约定日期，攻略郡县，如此恶行，背离朝廷大臣所为，这是袁绍的第六宗罪。袁绍与原虎牙都尉刘勋举兵，刘勋降服张杨，多次立功，袁绍以小忿滥施淫威，杀害刘勋，信用邪佞，以逞其无道，这是袁绍的第七宗罪。袁绍出于贪婪，向原上谷郡太守高焉、原甘陵国相姚贡索取钱财，钱财还未备齐，袁绍就将二人杀害，这是袁绍的第八宗罪。春秋大义，子以母贵，袁绍的生母为贱妾，地位卑贱；袁绍位高权重，享受荣华，只有苟且、僭越之心，并无谦卑退让之义，这是袁绍的第九宗罪。长沙郡太守孙坚，此前代理豫州刺史，为国家讨伐董卓，清扫皇陵宗庙，竭尽忠诚，功勋卓著。袁绍派部将，断绝孙坚的粮草，致使孙坚不能清剿残贼，殄灭董卓，这是袁绍的第十宗罪。在往昔，周室衰弱，王道陵替，天子被迫迁都，诸侯相继叛离。齐桓公在柯亭会盟，晋文公在践土会盟，齐桓公讨伐荆楚，指责楚国不向王室进贡菁、茅，晋文公讨伐曹、卫，谴责诸侯不能尊奉王室。臣（公孙瓒）身份微贱，没有先贤之名，然而，臣蒙受朝廷厚恩，肩负重任，愿率领义军，讨伐逆贼，在此与诸将、义士，誓师讨伐袁绍。期望大功告成，捷报频传，重续齐桓、晋文之忠义。"遂举兵与袁绍大战，袁绍战事不利。

刘虞担心公孙瓒作乱，遂举兵讨伐公孙瓒。刘虞被公孙瓒打败，出逃居庸关。公孙瓒攻取居庸关，生擒刘虞，将刘虞带回蓟县。此时，董卓在长安被杀，献帝派遣使者段训，为刘虞增加食邑，诏令刘虞管辖六州；又拜公孙瓒为前将军，封为易侯。公孙瓒诬陷刘虞欲僭越称帝，胁迫段训，斩杀刘虞。[①]公孙瓒上表奏请，拜段训为幽州刺史。从此，公孙瓒越发骄矜恣肆，待人接物，记过忘善，州里的善士一旦名声超过公孙瓒，公孙瓒就会加以迫害，用法律治罪。[②]刘虞的将军幕府从事渔阳郡人鲜于辅、齐周、骑都尉鲜于银等，率领幽州军队，联合起来，欲为刘虞报仇。鲜于辅认为，燕国人阎柔一向对胡人有恩信，推举阎柔为乌丸司马。阎柔招募胡、汉士兵数万人，与公孙瓒安排的渔阳郡太守邹丹在潞河北岸大战，斩杀邹丹及其士兵四千余人。袁绍又派遣曲义及刘虞的儿子刘和率领部队与鲜于辅一起攻击公孙瓒。公孙瓒军多次战败，只好败走易京固守。[3]公孙瓒在易京修筑起围堑十重，在城围里修筑营垒，高五六丈，中间修筑高楼；最中间的最高，达十丈，公孙瓒自己住在里面，储备谷物三百万斛。[4]公孙瓒说："过去，我在塞外驱逐胡虏，在孟津扫除黄巾，总以为天下大事可以挥手而定。时至今日，天下依然混乱，看来天下绝非我能平定！不如休兵息战，回到田间耕作，以此来度过荒年。兵法讲，'有上百个敌楼，不可攻打'。如今，我的军营里有敌楼无数，绵延千里，积蓄的军粮已经有三百万斛。这些粮食，足可以等待天下有变。"公孙瓒欲以此拖累袁绍。袁绍派遣将领攻打易县，战事连年，不能攻取。[5]建安四年，袁绍倾巢出动，包围易县。公孙瓒派儿子向黑山贼求救，又欲亲自率领精锐骑兵突出重围，靠近西南山，率领黑山军部众横行冀州，截断袁绍的后路。幕府长史关靖劝说公孙瓒："现在，将军手下的将士，莫不怀有瓦解之心，之所以能与将军共守，是考虑到家中老小，还须倚仗将军为主公。将军坚守城池，旷日持久，或许可以迫使袁绍知难而退。袁绍退军以后，四方之众一定会会聚在将军麾下。将军如果舍弃坚城，出城迎战，背后没有重兵镇守，易京恐怕就危险了。将军失去根本，犹如孤身流落在荒野，如何成功？"公孙瓒这才作罢。[6]救兵还未到，公孙瓒欲内外夹击袁绍，他派人给儿子送信，约定救兵来到，举火为号。[7]袁绍的侦察人员截获这封书信，如期举火。公孙瓒以为救兵已至，遂出城应敌。袁绍设置伏兵，迎头痛击，大破公孙瓒，公孙瓒只好退回城中坚守。袁绍挖掘地道，摧毁城中的敌楼，逐步向中间推进。[8]公孙瓒自知必败无疑，杀了妻子、儿女，自杀。[9]

①《魏氏春秋》记载：当初，刘虞主张以恩信招抚胡人。公孙瓒认为，胡夷难以统御，应当以胡夷不肯宾服而讨伐之，而今以财物赏赐，胡夷必定轻视汉朝，只能效一时之名，绝非长久之策。故刘虞给予胡夷的赏赐，公孙瓒往往抢掠去。刘虞多次延请公孙瓒来聚会，公孙瓒称病，不肯来。刘虞密谋，决心讨伐公孙瓒，将此事告诉东曹掾右北平郡人魏攸。魏攸劝谏："如今，天下百姓引颈仰望，把刘公作为领袖，刘公身边应该有谋臣和爪牙，不可或缺。公孙瓒有文武之才，可以托付重任，此人虽然有些小恶，还是要忍耐一下。"刘虞这才作罢。又过了一年，魏攸病死。刘虞又与官属商议，密令众人，准备袭击公孙瓒。公孙瓒的部众分散在外，公孙瓒因此而恐惧，挖开东城门，欲就此逃走。刘虞不懂得军事，又爱惜百姓，在交战前，命令属下不准焚烧百姓的民居，部队包围公孙瓒，久攻不下。故公孙瓒挑选精兵锐卒数百人，顺风纵火，大火直扑向刘虞的军营。刘虞大败，与部属仓皇间向北逃窜，直奔居庸关。公孙瓒在后面穷追不舍，仅三日，攻陷居庸城，公孙瓒将刘虞及其妻子、儿女全部擒获，带回蓟县，杀害州府官员，衣冠善士死亡殆尽。

《典略》记载：公孙瓒把刘虞捆绑在光天化日下，而后坐下来，赌咒发誓："如果刘虞能成为天子，上天会刮风下雨，前来相救。"当时是盛夏，赤日炎炎，竟日不雨，公孙瓒斩杀刘虞。

《英雄记》记载：刘虞被杀，原常山国相孙瑾、掾史张逸、张瓒等忠义奋发，相与来到刑场，送别刘虞，大骂公孙瓒，结果，一同被公孙瓒杀害。

②《英雄记》记载：公孙瓒统领内外，衣冠子弟有才者，一定会把他们安排在穷苦之地。有人问其原因，公孙瓒答："今取衣冠家子弟及善士，富贵之，皆自以为职当得之，不谢人善。"所宠遇骄恣者，大多为庸俗之徒，公孙瓒还与原卜数师刘纬台、贩缯李移子、贾人乐何当三人，结为兄弟，共同发誓，自称为伯，其他三人则为仲、叔、季，家族财富皆有上亿，或结为姻亲，娶女儿，配儿子，常称要向古人曲周、灌婴学习，用以譬喻自己。

③《英雄记》记载：此前有童谣："燕南垂，赵北际，中央不合大如砺，唯有此中可避世。"公孙瓒常驻蜀京，修筑高大的营垒固守。公孙瓒的部将有为敌方所围困，公孙瓒也不救援。公孙瓒说："救一人，后面的将领等待救援，将不会再奋力作战；今不救此，后面的将领当念在自勉。"是以袁绍开始北上进攻公孙瓒时，公孙瓒派去驻守南界的将领自我忖度，守则不能自固，又知道公孙瓒必不肯来救，是以或杀其将帅，或为袁兵所破，遂令袁军径自进抵公孙瓒所在的高大营垒之下。

裴松之认为：童谣之言，无可验证；至如此记，似若无证，仅为谣言之作。如果公孙瓒始终确保易县，没有远大志向，而且公孙瓒有大破黄巾军之威，意志扩张，设置三州刺史，也能成为一霸。图谋灭亡袁氏，最后招致失败。

④《英雄记》记载：公孙瓒的部将，家家建造高楼，高楼上千座。公孙瓒制作铁门，居住在楼上，屏去左右，婢妾侍立在侧，用篮子把公文吊上楼。

⑤《汉晋春秋》记载：袁绍写信给公孙瓒："孤与足下，既有前盟旧约，申以讨乱之盟，相互之间，爱过伯夷、叔齐，分著丹青，勠力同心，足踵齐桓、晋文，故解印释绂，以北带南，分割膏腴，以奉执事，此非孤赤情之明验邪？岂料想足下，竟然抛弃烈士之高义，寻觅祸亡之踪迹，辍而改虑，以好易怨，盗遣士马，犯暴豫州。当初，孤听说足下率领甲兵南下，亲临战阵，孤担心，飞矢迸流，狂刃乱舞，以加重足下之祸，徒增孤之内疚，故写信表示恳恻之情，冀可改悔。而足下超然自逸，矜其威风诈谋，谓天网可吞，豪雄可灭，果然令贵弟殒命于锋刃之端。斯言犹在于耳，而足下曾不寻讨祸源，克心罪己，苟欲逞其无疆之怒，不顾逆顺之津，匿怨害民，驰骋疆场于余躬。孤遂跃马控弦，处我疆土，唯恐毒害生民，祸延白骨。孤辞不获已，以登界桥之役。是时足下兵气雷震，骏马电发；仆师徒肇合，机械不严，强弱殊科，众寡悬殊，借上天之助，小战大克，遂陵蹑奔背，因垒馆谷，此非天威棐谌，福丰有礼之证明乎？足下志犹未厌，重新纠合余烬，率我蝉贼，以焚烧渤海。孤又不获安宁，用及龙河之师。羸兵前诱，大军未济，而足下胆破众散，不鼓而败，兵众扰乱，君臣并奔。此又足下之所为，而非孤之责任也。自此以后，祸深隙重，孤之师旅，不胜其忿，遂导致堆积尸体如山丘一般，头颅遍野，哀怜无辜，未尝不慨然流泪。此后连续得到足下书信，辞意婉约，有继往开来、重修旧好之意。仆既欢欣于重归旧好，且哀怜百姓不得安宁，每当引师南向，以顺简书。弗盈一时，而北边羽檄之文，未尝不至。孤真可谓痛心疾首，靡所错情。孤身处三军之帅，担当列将之任，宜令怒如严霜，喜如时雨，臧否好恶，坦然可观。而足下二三其德，强弱易谋，急则曲躬，缓则放逸，行无定端，言无质要，为壮士者，固若此乎！足下既残杀老弱，幽士怨愤，众叛亲离，孑然无党。还有，乌丸、秽貊，皆与足下同州，仆与之风俗迥然，各奋发激怒，争为先锋；还有，东西鲜卑，举踵来附。此非孤德所能招致，乃足下驱而来归也。正当荒危之世，处于干戈之秋，足下内违同盟之誓，外失戎狄之心，兵兴州壤，祸发萧墙，将何以称霸，不亦难乎？前以西山陆梁，出兵平叛，恰逢麴

义残存，畏罪逃命，故暂时停止大军，分兵扫荡，此兵，孤之前锋，乃界桥搴旗拔垒，先登制敌者也。当初，孤听说足下镌金纡紫，命以元帅，谓当因兹奋发，以报孟明之耻，是故战夫引领，竦望旌旗，怪遂含光匿影，寂尔无闻，卒臻屠灭，相为惜之。孤有平天下之怒，希长世之功，权御师徒，带养戎马，叛者无讨，服者不收，威怀并丧，何以立名？而今旧京克复，天网云补，罪人斯亡，忠干翼化，华夏俨然，望于穆之作，将戢干戈，解散牛马，足下独何守区区之士，保域内之广，甘守恶名，以促速朽，亡令德之久长？壮而筹之，非良策也。足下宜义释前嫌，敦我旧好。若斯言之玷，皇天是闻。”公孙瓒没有答复，反而增加武备。公孙瓒对关靖讲：“当今四方虎争，没有人能坐在吾城下相守经年者，此已明显矣。袁本初能奈我何！”

⑥《英雄记》记载：关靖，字士起，太原郡人。原来是一名酷吏，为人谄谀而无大谋，但特别受到公孙瓒信任。

⑦《典略》记载：公孙瓒派人带着书信，告诉其儿子公孙续：“袁绍进攻，犹如鬼神相助，云梯、撞车，冲击我的城楼，鼓角劲吹，犹如在耳边嘶鸣，我已经是穷途末路，难以有片刻安宁。你要不惜一切代价，向张燕求救。父子之情，出于天性。你再挑选五千铁骑，埋伏在北边低洼湿地，点火为号，届时，我从城内杀出，奋力一搏，与袁绍决一死战。否则，我命丧以后，天下虽大，恐怕不会再有你的立足之地！”

《献帝春秋》记载：公孙瓒梦到蓟城崩塌，知道必败无疑，派遣使者带上书信给公孙续，被袁绍的侦察兵截获，袁绍让陈琳重写书信：“人们常说，在往昔，衰周之世，僵尸流血，以为不然，岂意今日首当其冲！”其余语与《典略》所载同。

⑧《英雄记》记载：袁绍分出部分兵力，挖掘地道，直抵公孙瓒的楼下，稍稍用木柱支撑，施工进行到一半，烧毁支撑的木柱，高楼瞬间倒塌。

⑨《汉晋春秋》记载：关靖说：“我听说，君子陷人于危难，必同赴其难，岂可独生乎？”于是，策马扬鞭，冲入袁军中，战死。袁绍把首级一起送往许都。

鲜于辅率领部众投降曹操，曹操任命鲜于辅为建忠将军，统领幽州六郡。曹操和袁绍在官渡对峙期间，阎柔派遣使者到曹操处接受任命，担任护乌丸校尉。鲜于辅亲自来见曹操，受命担任左度辽将军，受封为都亭侯，仍然回到幽州，安抚百姓。①曹操攻破南皮县，阎柔率领军队及鲜卑，向曹操献上名马，以供军用，又跟随曹操征伐三郡及乌丸，以战功受封为关内侯。②鲜于辅也率领部众归附曹操。文帝接受汉室禅让，登上帝位，拜鲜于辅为虎牙将军，阎柔为度辽将军，皆晋升爵位为县侯，享受特进位。

①《魏略》记载：鲜于辅跟随太祖至官渡。袁绍大败而走，太祖大喜，对鲜于辅讲：“如前年袁本初送公孙瓒头来，孤自觉感到突然，而今克敌制胜。此乃天意，也是二三子之力。”

②《魏略》记载：太祖很喜欢阎柔，每次与阎柔谈话，常说：“我视卿如儿子，也欲卿视我如父亲。”阎柔由此自托于五官中郎将曹丕，亲如兄弟。

陶谦，字恭祖，丹杨郡人。①年轻时，陶谦是一位儒生，在州郡出仕，被举荐为茂才，担任卢县县令，[②]升任幽州刺史，受到朝廷征召，拜为议郎，在车骑将军张温幕府担任军司马，跟随张温，西征韩遂。[③]徐州黄巾军骤起，灵帝拜陶谦为徐州刺史，镇压黄巾军。陶谦把黄巾军赶出徐州，徐州恢复平静。董卓之乱，州郡起兵，献帝迁都长安，四方音信断绝，陶谦派遣使者，从小路来到长安，向朝廷献贡，献帝拜陶谦为安东将军、兼领徐州牧，封为溧阳侯。在当时，徐州的百姓在陶谦治理下生活殷实、富足，粮食连年丰收，很多流民逃往徐州避难。陶谦对属下官员过于信任，有些官员在施政中发生失误，致使刑狱不当。广陵郡太守琅琊郡人赵昱是徐州的名士，以忠正耿直遭到陶谦疏远；[④]曹宏等奸佞小人弄权，却得到陶谦信任，刑政失和，很多良吏受到迫害。徐州的治理，一时间陷入混乱。下邳县人阙宣自称天子，当初，陶谦与阙宣联合。此后，陶谦杀了阙宣，兼并了阙宣的军队。

①《吴书》记载：陶谦的父亲，原来担任余姚县长。年少时，陶谦的父亲去世，陶谦成为孤儿。当初，陶谦为人不羁，闻名于县里。十四岁时，依然缀帛为幡，乘竹马游戏，邑中儿童追随陶谦。原苍梧郡太守同县人甘公出来，在路上遇到陶谦，观察其容貌，异而呼之，停下车与陶谦谈话，很高兴，欲将女儿嫁给陶谦为妻。甘公的夫人听说后，大怒，说："妾听说陶家儿游戏无度，你为何要把女儿许配给他？"甘公说："彼有奇表，长大后必成大器。"随后把女儿嫁给陶谦。

②《吴书》记载：陶谦性情刚直，注重大节。年少时，陶谦被举荐为孝廉，担任尚书郎，后又担任舒县令。郡守张盘，与陶谦是同郡人，又是长辈，与陶谦的父亲是朋友，对陶谦很好，而陶谦耻为下级。与众人返回城里，因为有公事要觐见，坐下来，张盘私下里又让陶谦进入内室，与陶谦欢宴，陶谦却拒绝，不肯留下。张盘常在宴席上以舞邀请陶谦，陶谦不肯起身，固勉强之；陶谦起身跳舞，又不旋转。张盘说："不该旋转吗？"答："不可旋转，旋转则胜人。"张盘于是不乐，最终二人有矛盾。陶谦为官清廉，无以纠察，遂借祭祀灵星，陶谦赢钱五百，欲藏起来，以此纠察。陶谦弃官而去。

③《吴书》记载：恰逢西羌寇掠边郡，皇甫嵩担任征西将军，上表招集武将，召陶谦拜为扬武都尉，与皇甫嵩一起征伐羌寇，大败羌寇。后来边章、韩遂作乱，司空张温奉诏命征讨叛贼；又请陶谦，拜为幕府参军，参与军事，对陶谦很信任，而陶谦蔑视张温的行事为人，心怀不满。及至撤军返回，百官高会，张温让陶谦行酒，陶谦当众羞辱张温。张温大怒，上表把陶谦流放至边郡。有人对张温说："陶恭祖有才干，受到张公信任，因为一时酒醉，犯有过失，不能蒙张公宽宥，流放至不毛之地。厚德不终，四方人士安所归附？不如释憾解恨，让陶谦重新做人，以此让远方听闻张公美德。"张温采纳谏言，又追回陶谦。陶谦回来，有人对陶谦讲："足下轻慢羞辱三公，罪有应得。今日张公宽宥，得以释放，德莫厚焉；足下应该降志卑辞以谢之。"陶谦说："好的。"此人又对张温讲："陶恭祖今日深知罪重，思在改过。谢天子礼毕，必诣公门。公宜见之，以慰其意。"当时，张温在官门口看见陶谦，陶谦仰首曰："陶谦自谢朝廷，岂为公邪？"张温曰："恭祖痴病尚未改邪？"遂为之置酒，待之如初。

④谢承著《后汉书》记载：赵昱十三岁时，母亲曾经生病，病了三个月。赵昱很难过，日

渐消瘦，以至于目不交睫，握粟出卜，祈祷泣血，乡党称其笃孝。赵昱跟随处士东莞县人綦毌君学习《公羊传》，兼读群书。历经数年，潜心钻研，不窥园圃，亲戚很难见到赵昱。有时回家省亲，看望父母，须臾即返回。赵昱为人高洁，清廉正直，抱礼而立，清英俨恪，莫干其志；在任上，赵昱以善行推行教化，以礼仪驱除邪恶，以正风俗。州郡延请，赵昱称病，不肯应召。国相檀谟、陈遵共同召请，赵昱不肯见；有时还大发脾气，终不肯回心转意。赵昱被举荐为孝廉，担任莒县长，宣扬五教，政为国表。恰逢黄巾军作乱，荼毒五郡，郡县发兵，率先平叛。徐州刺史巴祇上表报功第一，应当受到褒赏，既而升官，赵昱深以为耻，辞官回家。徐州牧陶谦当初延请赵昱，任命为别驾从事，赵昱称病隐遁。陶谦重新让扬州从事会稽郡人吴范向赵昱表达意思，赵昱守志不移；陶谦欲以刑罚逼迫，赵昱这才出仕。赵昱被举荐为茂才，升任广陵郡太守。贼人笮融从临淮侵犯广陵郡，进入郡界。赵昱率领军队拒敌，惨遭败绩，被笮融杀害。

献帝初平四年，曹操征伐陶谦，攻取十余座城邑，进抵彭城，与陶谦大战。陶谦兵败逃走，死者上万，尸体壅塞，泗水为之不流。陶谦退守郯城。曹操因为军粮接济不上，引军撤走。[①]献帝兴平元年，曹操再次东征，平定琅琊郡、东海诸县。陶谦恐惧，欲逃往丹杨郡。恰逢张邈背叛曹操，迎接吕布攻占兖州，曹操回军进攻吕布。这一年，陶谦病死。[②]

①《吴书》记载：曹公的父亲在泰山郡被杀，曹公归咎于陶谦，欲讨伐陶谦，而又担心其兵力强大，于是上表。献帝令州郡一起罢兵，下诏曰：“而今海内扰攘，州郡起兵，征夫劳瘁，寇难未弭，或将吏不良，因缘讨伐，侵侮黎民，受害者众；风声流闻，震荡城邑，丘墙惧于横暴，贞良化为群恶，此何异于抱薪救火，扇火止沸哉！而今四方民众流离失所，托身于他方，携白首于山野，弃稚子于沟壑，顾故乡而哀叹，向阡陌而流涕，饥饿困苦，亦已甚矣。虽悔往者之迷谬，思奉圣教于今日，然而，兵连祸结，锋镝布野，但恐一朝解散，夕见系虏，是以阻兵屯据，欲止而不敢解散。诏书一到，各路军队罢兵解甲，招回将士，让他们返回家园，从事农桑，唯留员吏，以供职衙署，抚慰远近，咸使闻知。”陶谦得到诏命，上书：“臣听说，怀远柔服，非德不集；克难平乱，非兵不济。是以涿鹿、坂泉、三苗之野，有五帝之师，有扈、鬼方、商、奄四国，有王者之伐，从古至今，未有不扬威以弭乱，震武以止暴者。臣此前以黄巾军作乱，接受朝廷诏命，长驱直入，讨伐叛贼，匪遑启处。虽然宪章敕戒，奉诏命，大军威灵，敬行天诛，每伐必克，然而妖寇众多，殊不畏死，父兄被歼，子弟群起，治屯连兵，至今为患。若臣承命解甲，弱国自虚，释武备以资乱，损官威以益寇，今日罢兵，明日难以招集，上忝朝廷宠授之本，下令群凶日月滋蔓，非所以强干弱枝，遏恶止乱之务。臣虽愚昧，忠恕不昭，抱恩念报，所不忍行。臣勒部曲，申令警备。出芟强寇，唯力是视，入宣德泽，躬奉职事，冀效微劳，以赎罪责。”又曰：“华夏沸腾，于今未弭，包茅不入，职贡多缺，寤寐哀叹，无日敢宁。诚思贡献必至，荐羞获通，然后销锋解甲，臣之愿也。臣此前征调谷米一百万斛，已经在路上，辄敕令军队护送。”曹公得到陶谦上奏，知道其不肯罢兵。于是，进攻彭城，杀了很多人民。陶谦引兵反击，青州刺史田楷也率军救援陶谦。曹公引兵撤回。

裴松之按：此时，天子在长安，曹公尚未秉政。罢兵之诏，不得由曹氏发出。

②《吴书》记载：陶谦死时，享年六十三岁，张昭等为之制作哀辞："猗欤使君，君侯将军，膺秉懿德，允武允文，体足刚直，守以温仁。令舒及卢，遗爱于民；牧幽暨徐，甘棠是均。憬憬夷、貊，赖侯以清；蠢蠢妖寇，匪侯不宁。唯帝念绩，爵命以章，既牧且侯，启土溧阳。遂升上将，受号安东，将平世难，社稷是崇。降年不永，奄忽殂薨，丧覆失恃，民知困穷。曾不旬日，五郡溃崩，哀我人斯，将谁仰凭？追思靡及，仰叫皇穹。呜呼哀哉！"陶谦两个儿子陶商、陶应，皆没有出仕。

张杨，字稚叔，云中郡人。以勇猛果敢在并州任职，担任武猛从事。灵帝末年，天下大乱，灵帝任命所宠幸的小黄门蹇硕为西园上军校尉，在京师驻军，欲以此统御四方，灵帝又征调天下豪杰担任裨将。曹操和袁绍等当时担任校尉，归属蹇硕统领。[①]并州刺史丁原派遣张杨率领军队到蹇硕处，张杨担任代理司马。灵帝驾崩，蹇硕被何进诛杀。张杨又受何进派遣，回到并州招募兵员，招募一千余人，因故留在上党郡，讨伐太行山贼寇。何进败亡，董卓进京，在朝中作乱。张杨率领所属军队，攻打壶关、上党郡太守，战事不利，张杨遂寇掠上党郡属下县邑，军队扩大至数千人。太行山以东义兵骤起，欲诛杀董卓。袁绍抵达河内郡，张杨与袁绍会合，又与匈奴单于于夫罗一起驻扎在漳河附近。单于欲叛乱，袁绍、张杨不听。单于劫持张杨，与其一起离去，袁绍派部将麴义在邺城南追上单于，大败单于。单于又劫持张杨至黎阳，打败度辽将军耿祉，军队士气重振。董卓任命张杨为建义将军、河内郡太守。献帝欲东归洛阳，走到河东郡，张杨率兵护驾，走到安邑，献帝拜张杨为安国将军，封为晋阳侯。张杨欲护送献帝回到洛阳，手下诸将不听；张杨返回野王县。建安元年，杨奉、董承、韩暹护送献帝返回洛阳。当时，粮食匮乏。张杨带着粮食在路旁迎候，与献帝一起回到洛阳。张杨对诸将讲："天子应当由天下人共同拥戴，朝廷幸有公卿大臣辅佐，张杨应该在外带兵抵御，以赴国难，岂能留在京师任事？"张杨遂返回野王县。献帝拜张杨为大司马。[②]张杨与吕布的关系很好。曹操围攻吕布，张杨欲前来救援，但是力量不够，于是，张杨出兵东市，与吕布遥相呼应。张杨的部将杨丑杀了张杨以响应曹操。张杨的部将眭固又杀了杨丑，兼并其部众，欲北上与袁绍会合。曹操派遣史涣截击眭固，在犬城大败眭固，将其斩杀，尽收其余众。[③]

①《灵帝纪》记载：灵帝任命虎贲中郎将袁绍为中军校尉，任命屯骑校尉鲍鸿为下军校尉，任命议郎曹操为典军校尉，任命赵融、冯芳为助军校尉，任命夏牟、淳于琼为左右校尉。

②《英雄记》记载：张杨秉性仁和，没有威望。下人谋反，被发觉，张杨对之涕泣，宽宥不问。

③《典略》记载：眭固，字白兔。眭固杀了杨丑，军队驻扎在射犬县。当时有巫师告诫眭固："将军字白兔，而此邑名犬城，兔见犬，其势必惊，宜急速离去。"眭固不听，遂战死。

公孙度，字升济，原来是辽东郡襄平县人。公孙度的父亲公孙延因为逃避官吏追捕，客居玄菟郡，郡太守任命公孙度为郡府小吏。当时，玄菟郡太守公孙瑊，儿子名叫公孙豹，年仅十八岁就早逝。公孙度小时候名豹，又与公孙瑊的儿子同岁，公孙瑊见到公孙度，非常喜爱，让公孙度拜师求学，还为公孙度娶了妻子。后来，朝廷举荐有道之士，拜公孙度为尚书郎，稍后升任冀州刺史，又因为谣言，公孙度被免职。同郡人徐荣担任董卓的中郎将，推荐公孙度为辽东郡太守。公孙度从一个玄菟郡小吏担任郡太守，被辽东郡人轻视。此前，辽东郡属国公孙昭暂时代理襄平县令，召公孙度的儿子公孙康，任命为县衙伍长。公孙度到职，收捕公孙昭，将公孙昭在襄平市集上笞打致死。郡中的豪门大姓田韶等，过去与公孙度缺少恩义者，公孙度皆以法律诛杀。在任上，公孙度夷灭一百余家，郡中为之震恐。而后，公孙度率兵东进攻打高句丽，向西进攻打乌丸，威震渤海周围。初平元年，公孙度看到中原一带陷于战乱，对亲信柳毅、杨仪等讲："汉室福祚将尽，我欲与诸卿图谋王霸之事。"[①]襄平县延里社庙有一块大石头，高一丈余，下面有三块小石头支撑，有人对公孙度讲："当年汉宣帝即位前，就有这样的祥瑞之兆。延里的名称又与先君的名字相同，社庙主管土地，这表明主公应当拥有土地，还要有三公作为辅佐。"公孙度听罢大喜。原河内郡太守李敏，是辽东郡的知名人士，厌恶公孙度的所作所为，担心受到公孙度迫害，带领家眷渡海，上了海岛。公孙度大怒，竟将其父亲的墓冢挖开，剖棺焚尸，又夷灭其家族。[②]公孙度将辽东郡分为辽西郡、中辽郡，分别设置太守，又渡过渤海，夺取东莱郡属下县邑，设立营州刺史。公孙度自封辽东侯、平州牧，又追封父亲公孙延为建义侯。公孙度立了汉室二祖庙（汉高祖刘邦、世祖刘秀）。按照礼制，公孙度在襄平县南郊建立祭坛，郊祀天地，划出籍田，整顿兵马，乘坐皇帝才能乘坐的鸾辂车，前边有九旒旗帜、旄头仪仗，羽林骑士护驾、开道。献帝建安九年，司空曹操上表朝廷，拜公孙度为武威将军，封为永宁乡侯。公孙度说："我要做辽东王，永宁侯算什么？"公孙度把印绶藏在武库中。公孙度去世，儿子公孙康继位，献帝封公孙康的弟弟公孙恭为永宁乡侯。这一年是建安九年。

①《魏书》记载：公孙度对柳毅、杨仪讲："谶书云，孙登应当成为天子，太守姓公孙，字升济，升即登也。"

②《晋阳秋》记载：李敏的儿子寻找李敏，出塞，过了二十余年，不肯娶妻。州里人徐邈责备："不孝莫大于无后，怎么能终身不娶！"这才娶妻，生下儿子李胤，而后送回妻子，在家常如居丧之礼，不胜哀忧，数年而卒。李胤生下来，不知道父母，及至有识，蔬食哀戚，亦如三年之丧。以祖父不知存亡，设神主牌位祭祀之，由是知名，出仕，官至司徒。

裴松之按：本传云：李敏将携家人入海，而复与儿子相失，未详其故。

建安十二年，太祖征伐三郡及乌丸，在柳城屠城。袁尚等投奔辽东，公孙康斩杀袁尚，把首级送给曹操。详情记载在《武帝纪》。曹操上表，封公孙康为襄平侯，拜为左将军。公孙康去世，儿子公孙晃、公孙渊等年龄还小，众人拥立公孙恭为辽东郡太守。文帝接受汉室禅让，登上帝位，派遣使者拜公孙恭为车骑将军、持符节，封为平郭侯；追赠公孙康为大司马。

当初，公孙恭患病，阴囊消失，成为阉人，身体衰弱不能治国。太和二年，公孙渊胁迫，夺去公孙恭的太守位。明帝拜公孙渊为扬烈将军、辽东郡太守。公孙渊派遣使者南下联络孙权，双方往来，馈赠礼物。①孙权派遣使者张弥、许晏等，带上金玉珠宝，立公孙渊为燕王。公孙渊担心孙权距离太远，不可倚恃，但是又贪恋财物，诱骗使者来到辽东郡，将其全部斩杀，而后把张弥、许晏等人的首级送予明帝，②明帝拜公孙渊为大司马，封为乐浪公、持符节。公孙渊仍然像此前一样，兼任辽东郡太守。③明帝使者来到后，公孙渊摆列甲兵为军阵，而后出来面见使者，又多次对中原来的宾客口出恶言。④明帝景初元年，明帝派遣幽州刺史毌丘俭等，奉诏命征伐公孙渊。公孙渊也发兵，在辽隧迎战魏军，与毌丘俭等大战。毌丘俭等战事不利，率军撤回。公孙渊遂自立为燕王，设置百官及相关衙署，派遣使者持符节，授予鲜卑单于玺印，对边民中的豪杰拜授职务，又诱使鲜卑袭扰北方郡县。⑤景初二年春天，明帝派遣太尉司马懿征伐公孙渊。当年六月，司马懿率军进抵辽东郡。⑥公孙渊派遣将军卑衍、杨祚等，率领步骑数万，驻扎在辽隧，周围挖掘堑壕二十余里。司马懿率军抵达，公孙渊令卑衍逆袭司马懿。司马懿派遣将军胡遵等大败公孙渊军，又令魏军穿越堑壕，引兵从东南方向攻入，而后急转东北方向，直奔襄平。卑衍等担心襄平城守备不足，连夜遁逃。司马懿率领诸军，进抵首山，公孙渊又派遣卑衍等迎战司马懿，死战不退。司马懿痛击来敌，大败公孙渊军，魏军进抵襄平城，修建城垒，挖掘沟堑。此时连绵雨一直下了三十余日，辽河水暴涨，司马懿的运粮船队从辽河口直驶抵襄平城下。雨停之后，司马懿垒起土山，建造橹车，用发石车及连弩射向城中。公孙渊陷入困窘：粮食逐渐耗尽，城内出现人相食，死者甚多。将军杨祚等投降司马懿。八月丙寅日夜，有大流星划过夜空，长达数十丈，从首山东北坠落至襄平城东南。壬午日，公孙渊崩溃，与其儿子公孙修率领数百骑兵，从城东南突围逃走。司马懿命令部将率军奋力追赶，在流星坠落处斩杀公孙渊父子。襄平城破，司马懿斩杀相国以下官员首级有上千人之多，将公孙渊的首级传送至洛阳，辽东郡、带方郡、乐浪郡、玄菟郡全部平定。

①《吴书》记载：公孙渊上表孙权："臣遭逢天地翻覆，遇无妄之运；王路未夷，倾侧扰攘。自从先人以来，历事汉、魏，阶缘际会，为国效节，继世享任，得守藩表，犹知符命未有所归。每当感遇厚恩，频辱显使，退念人臣交往不越境，是以固守所执，拒违前使。虽义无二信，敢忘大恩！陛下镇抚，长存小国，前后裴校尉、葛都尉等到来，奉诏命敕诫，圣旨弥密，重纨累素，幽明备著，臣所以申示此事，言提其耳。臣昼则讴吟，夜则发梦，终生诵之，志不知足。汉

室遭遇末世凶荒，乾坤堵塞，兵革未戢，人民遭难。仰此天命将有眷顾，私从一隅，永瞻云日。今魏家不能采录忠善，褒功臣之后，徒令谗佞得行其志，听幽州刺史、东莱太守诳误之言，大兴州兵，图谋危害臣郡。臣不负魏，而魏绝之。人们常讲，人臣有去就之分；田饶适齐，乐毅奔赵，以不得事主，故保有道之君；陈平、耿况，亦目睹时变，最终归汉，勒名帝籍。愿陛下德不再出，时不世遇，是以慺慺怀慕自纳，望远视险，有如近易。诚愿神谟早定宏业，奋六师之势，收河、洛之地，为圣代宗。天下幸甚！”

《魏略》记载：魏国知道公孙渊首鼠两端，又担心辽东郡吏民为公孙渊所误，故向辽东郡发下公文，借此赦免公孙渊：“告辽东郡、玄菟郡将校吏民：逆贼孙权遭遇乱阶，因其先人劫掠州郡，遂成群凶，自擅江表，含垢藏疾。冀其可化，故割地王权，使其南面称孤，位以上将，礼以九命。孙权曾经插手，北向稽颡。借人臣之宠，受人臣之荣，未有如孙权者。而孙权狼子野心，告令难移，卒归反复，背恩叛主，滔天逆神，乃敢僭越称号。恃江湖之险阻，王诛未加。多年以来，再次向远方派遣战船，渡过大海，多持礼物，诳诱边民。边民无知，与之交易。长吏以下，不能禁止。致使周贺浮舟百艘，沉滞津岸，贸迁有无。既不疑拒，赍以名马，又让宿舒跟随周贺通使问好。十室之邑，必有忠信，陷君于恶，《春秋》所书。今辽东郡、玄菟郡奉事国朝，纡青拖紫，以千百为数，戴纚垂缨，咸佩印绶，曾无匡正纳善之言。龟玉毁于椟，虎兕出于匣，是谁之过欤？国朝为子大夫羞之！在往昔，晋国大夫狐突有言：‘父教子怀有二心，何以事君？策名委质，二心乃辟也。’今乃阿顺邪谋，胁从奸惑，岂独父兄之教不够，子弟之举，习非而已哉？若苗秽害田，随风烈火，芝艾俱焚，安能免灾乎？且又此事固然易见，不及鉴古成败，书传所载。江南海北有万里之垠（yín），辽东君臣无怵惕之患，利则义所不利，贵则义所不贵，此为厌安乐之居、求危亡之祸、贱忠贞之节、重背叛之名。蛮、貊之长，犹知学习礼仪，以此事人，亦难为颜！且又宿舒无罪，派使者入吴，奉不义之使，始与家诀，涕泣而行。及至周贺死之日，覆众成山，宿舒虽然脱死，魂魄离身。何所逼迫，乃至于此！今忠臣烈将，皆愤怒辽东反复无常，欲乘桴浮海，期于肆意。朕为天下父母，加念天下新定，既不欲劳动干戈，远涉大川，费役如彼，又哀悼边陲遗余黎民，迷误如此，故派遣郎中卫慎、邵瑁等，先奉诏示意。若股肱忠良能效节立信，以辅时君，反邪就正，以建大功，福莫大焉。倘若担心已经成为恶逆，所见污染，不敢倡言，永怀伊戚。其诸与贼使勾结，皆赦免之，与之更始。”

②《魏略》记载：公孙渊上表：“臣此前派遣校尉宿舒、郎中令孙综，甘言厚礼，以诱惑吴贼。幸赖天道襄助大魏，使此贼虏暗然迷惑，违戾群下，不从众谏，承信臣言，派遣船只使者，率领更多将士，来致封拜。臣之所执，得如本志，虽忧罪衅，私怀幸甚。贼众本号万人，宿舒、孙综观察，只有七八千人，到达沓津。伪使者张弥、许晏与中郎将万泰、校尉裴潜率领士兵四百余人，带着文书命服什物，下到臣郡。万泰、裴潜另外带着大量货物，欲借此行交易马匹。将军贺达、虞咨率领余众在船上。臣本来欲等天凉时，再取张弥等，而张弥等人数众多，见臣不能承受吴命，意有猜疑。臣惧其先作，变态妄生，即进兵围攻，斩杀张弥、许晏、万泰、裴潜等人首级。其官吏随从士兵，皆士伍小人，给些东西，不得自由，面缚乞降，不忍诛杀，辄听纳受，转移至边城。另外派遣将军韩起等率领三军，驰行至沓。又派长史柳远设宾主礼，诱请贺达、虞咨，三军潜伏，以待其下，又驱赶马匹货物，欲与其交易。贺达、虞咨怀疑，不肯下船，只让互市买卖者五六百人下船，欲进行交易。韩起等擂响金鼓，箭矢乱发，斩首三百余级，被创落水溺

死者又有二百余人，其余逃走山谷，来归降或藏匿饿死者，不在其数。得到吴人带来的银印、铜印、兵器、物资，不可胜数。谨派遣西曹掾公孙珩奉送吴贼孙权所授予臣的符节、印绶、符策、九锡、什物，及张弥等带来的伪符节、印绶，还有他们的首级。”公孙渊又说：“宿舒、孙综此前到东吴，吴贼孙权问臣家内大小事情，宿舒、孙综对臣有三息，公孙修是亡弟的儿子。孙权敢施与奸巧，便擅自拜命。谨封送孙权授予的印绶、符策。臣虽无昔人洗耳之风，惭为吴贼孙权污损所加，既行天诛，犹有余忿。”公孙渊又说：“臣的父亲公孙康，昔日杀了孙权的使者，结为仇怨。今日乃谲欺，派遣使者诱致，令孙权倾心，虚国竭禄，远命上卿，宠授极位，震动南土，备尽礼数。还有，孙权待宿舒、孙综，契阔委曲，君臣上下，毕欢竭情。而令四使者见杀，枭首示于万里，士众流离，屠戮津渚，惭耻远布，痛辱弥天。孙权之怨恨，将会刻骨铭心。若天衰其业，使孙权丧陨，孙权将内伤愤激而死。若期运未讫，将播毒螫，必恐长蛇来为寇害。徐州诸屯及城阳诸郡，与东吴相近，如有船众后年向海门，得其消息，乞速告臣，使得有所准备。”公孙渊又说：“臣门户受恩，实深实重，自臣承摄即事以来，连被荣宠，殊特无量，分当陨越，竭力致死。而臣愚狂，意计迷昏，不当即擒贼，以至见疑。前表章所述陈情事势，实但欲疲敝此贼，使得其自困自绝，诚不敢背累世之恩，依附僭越之虏也。而后爱憎之人，缘事加诬，伪生枝节，卒令明君听疑于市虎，移恩改爱，兴威动怒，几至沉没，长为负忝。幸赖慈恩，犹垂三宥，使得臣得以补过，解除愆责。如天威远加，不见假借，早当粉身碎骨，辱先废祀，何缘自明，建此微功。臣既喜于事捷，得以伸展志向，悲于畴昔，至此变故，余怖踊跃，未敢便宁。愿陛下既崇春日生全之仁，除忿塞隙，抑弭纤介，推今亮往，察臣本心，长令抱戴，衔分三泉。”公孙渊又说：“臣被服光荣，恩情未报，而以罪衅，自招谴责，分当即戮，为众人所警戒。所以越典诡常，伪通于吴，诚自念穷迫，报效未立，而为天威督罚所加，长担心奄忽不得自洗。故敢自阙替废于一年，派遣使者诱吴，知其必来，孙权之求郡，积有数年，当初并无回答一言，今孙权看到臣的使者，必来无疑，至此一举，果如所料，上卿大众，翕赫丰盛，财货馈送，倾国极位，到见擒取，流离死亡，有一千余人灭绝不返。此诚暴露猾贼之锋，摧折矜夸之巧，昭示天下，破损其业，足以惭之矣。臣之慺慺之情，念效于国，虽有非常之过，亦有非常之功，愿陛下宽宥逾阙之愆，采其毫毛之善，使得国恩保全始终矣。”

③《魏名臣奏》记载：中领军夏侯献上表：“公孙渊昔日胆敢违抗王命，废绝朝贡，实挟两端。公孙渊倚恃辽东险阻，又怙孙权之助，故敢骄横跋扈，恣睢海外。宿舒亲眼看见吴贼孙权军众，府库殷实，知其弱小不足凭恃，是以决计斩杀吴贼之使者。还有，高句丽、秽貊与公孙渊为仇，并为寇掠。今外失吴援，内有胡寇，心知国家能从陆路进攻，势不得已，不得不怀惶惧之心。因斯之时，宜派遣使者示以祸福。奉车都尉鬷（zōng）弘，武皇帝时，奉使命开通道路。文皇帝即位，欲通使，让公孙弘带领妻子、儿女回归乡里，赐其牛、车，绢百匹。公孙弘受恩，归死国朝，无有还意，乞留妻子、儿女，身奉使命。公孙康遂向朝廷称臣妾。以公孙弘奉使称意，赐爵关内侯。公孙弘秉性刚烈，乃心向于国，夙夜拳拳，念其竭力效忠。冠族子孙，年少时，即好学问，博通书记，多所关涉，口论速捷，辩而不俗，依附典诰，若出胸臆，加仕本郡，常在人上，彼方士人，素所敬服。若当遣使，以为可使公孙弘去。公孙弘回到旧土，习其国俗，为说利害，辩足以动其意，明足以见其事，才足以行之，辞足以见信。若其计从，虽郦生之劝降齐王，陆贾之说服尉佗，亦无以远过也。欲进远路，不宜释骐骥；将已笃疾，不宜废扁鹊。愿察愚

言也。”

④《吴书》记载：魏国派遣使者傅容、聂夔拜公孙渊为乐浪公。公孙渊的计簿吏从洛阳返回，对公孙渊讲：“使者左骏伯，皆择勇力者，非凡人也。”公孙渊由是怀疑。傅容、聂夔到达，住在学馆中。公孙渊先以步骑包围，而后进去受拜。傅容、聂夔恐惧，于是，返回洛阳，报告公孙渊的情况。

⑤《魏书》记载：公孙渊知道，此变非独出自毌丘俭，遂开始准备，派遣使者谢吴，自称燕王，求为与国。然后，公孙渊令官属上书，向魏国解释：“大司马长史臣郭昕、参军臣柳浦等七百八十九人言：奉今年七月己卯诏书，伏读恳切，精魄散越，不知身命所当举措！郭昕等伏自唯省，蝼蚁小丑，器非时用，遭值千载，受公孙渊祖考以来光明之德，惠泽沾渥，滋润荣华，无寸尺之功，有负乘之累；遂蒙褒奖，登名天府，并以驽蹇，附龙托骥，纡青拖紫，飞腾云梯，感恩唯报，死不择地。臣等听说，明君在上，听政采言，人臣在下，得无隐情，是以因缘诉让，冒犯愬冤。郡在藩表，密迩不羁，平定昔日三州，转输费调，以供赏赐，岁用累亿，虚耗中原。然犹跋扈，虔刘边陲，烽火相望，羽檄相逮，城门昼闭，路无行人，州郡兵戈，奔散覆没。公孙渊祖父公孙度初来辽东郡，承受荒残，开日月之光，建神武之略，聚乌合之民，扫地为业，威震耀于殊俗，德泽被于群生。辽土之不坏，实赖公孙度所赐。孔子曰：‘如果不是管仲，吾等将披发左衽。’若不是公孙度来救，则辽东郡早已经成为丘墟，而民众早已系于虏廷矣。遗风余爱，永存不朽。公孙度既薨殂，吏民感恩，欣戴其儿子公孙康，尊而奉之。公孙康践统洪绪，克壮徽猷，文昭武烈，迈德种仁；仍然心向京辇，翼翼虔诚，佐国平乱，效绩纷纭，功隆事大，勋藏王府。公孙度、公孙康当值武皇帝休明之会，合策名之计，辅佐汉室，降身委质，卑己事魏。匪处小厌大，畏而服焉，乃慕托高风，怀仰盛德也。武皇帝亦虚心接纳，待以不次，功无巨细，每不见忘。武皇帝又命之：‘海北土地，割以付君，世世子孙，实得有之。’皇天后土，实闻德音。臣庶大小，豫在下风，奉以周旋，不敢失坠。公孙渊生有兰石之姿，少含恺悌之训，允文允武，忠惠且直；生民仰慕，莫弗怀爱。公孙渊纂戎祖考，君临万民，为国以礼，淑化流行，独见先睹，罗结遐方，勤王之义，视险如夷，世载忠亮，不陨厥名。孙权慕义，不远万里，连年派遣使者，欲自结交，虽见绝杀，不念旧怨，纤纤往来，求成恩好。公孙渊执节弥固，不为所动，守志匪石，确乎弥坚。犹惧丹心未见保明，乃卑辞厚币，诱致孙权派遣使者，公孙渊枭其首级，以示无二。东吴虽在远方，水道通利，举帆便至，无所隔绝。公孙渊不顾敌仇之深，念存人臣之节，绝强吴之欢，昭事魏之心，灵祇明鉴，普天咸闻。陛下嘉美洪烈，懿兹武功，诞锡休命，宠亚齐、鲁，下及陪臣，普受福惠。诚以天覆之恩，当卒终始，得竭股肱，永保禄位，不虞一旦，横被残酷。唯育养之厚，念积累之效，悲思不遂，痛切见弃，举国号咷，拊膺泣血。夫三军所伐，蛮夷戎狄，骄逸不虔，于是致武，不闻义国反受讨伐。盖圣王之制，五服之域，有不供职，则修文德，而又不至，然后征伐。公孙渊小心翼翼，恪恭于位，勤事奉上，可谓勉矣。尽忠竭节，反而遭祸患。《诗经·小弁》之作，屈原《离骚》之兴，皆由此也。就或佞邪，盗言孔甘，犹当清览，憎而知善；谗巧似直，惑乱圣听，尚望文告，使知所由。若信有罪，当垂三宥；若不改寤，计功减降，当在八议。而潜军伺袭，大兵奄至，舞戈长驱，冲击辽土。犬马恶死，况于人类？！吏民昧死，挫辱王师。公孙渊虽然冤枉，方临危殆，犹恃圣恩，怅然重奔，冀必奸臣矫制，妄肆威虐，公孙渊对臣下讲：‘汉安帝建光元年，辽东属国都尉庞奋，受三月乙未诏书，曰收捕幽州

刺史冯焕、玄菟郡太守姚光。推案无乙未诏书，派遣侍御史到幽州收捕奸臣矫制者。今刺史倘或谬承矫制之罪？’臣等议：认为刺史兴兵，摇动天下，殆非矫制，必是诏命。公孙渊乃俯仰叹息，自伤无罪。深唯土地所以养人，窃仰慕古公亶父杖策抵达岐山，欲投冠释绂，逝归林麓。臣等维持，誓之以死，屯守府门，不听所执。而七营虎士，五部蛮夷，各怀素饱，不谋同心，奋臂大呼，排门遁出。近郊农民，释其锄耨，伐薪制梃，改案为橹，奔驰赴难，军旅行成，虽蹈汤火，死不顾生。公孙渊虽见抛弃，怨而不怒，遣送敕令诸军，勿得干犯，及手书告语，恳恻至诚。而吏士凶悍，不可解散，期于毕命，投死无悔。公孙渊担心吏士不从教令，乃躬驰骛，自往化解，乃制止之。一饭之惠，匹夫所死，更何况公孙渊累结信义于百姓，恩著民心。自先帝初兴，爰暨陛下，荣宠公孙渊累叶，丰功懿德，策名褒扬，辩著廊庙，胜衣举履，诵咏明文，以为口实。埋而掘之，古人所耻。小白、重耳，衰世诸侯，犹仰慕诚信，以隆霸业。《诗经》赞美文王，作孚万邦，《论语》称赞仲尼，去食存信；信之为德，固亦大矣。而今东吴、西蜀相继称帝，鼎足而立，天下摇荡，无所统一，臣等每为陛下惧此危心。公孙渊据金城之固，仗和睦之民，国殷兵强，可以横行。策名委质，守死善道，忠至义尽，为九州可表。方今二敌窥伺，未知孰定，是以不戒，而公孙渊是害。茹柔吐刚，非王者之道也。臣等虽鄙陋，诚窃耻之。若无上天乎，臣一郡吉凶，尚未可知；若云有天，亦何惧焉？臣等听说，仕于家者，二世则主之，三世则君之。臣等生于荒蛮之土，出于圭窦之中，无大援于魏，世隶于公孙氏，报生与赐，在于死力。在往昔，蒯通言直，汉祖赦免其罪；郑詹辞顺，晋文公宽宥其死。臣等愚顽，不达大节，苟执一介，披露肝胆，言逆龙鳞，罪当万死。唯陛下恢崇抚育，亮其控告，使疏远之臣，永得保存。”

⑥《汉晋春秋》记载：公孙渊自立为王，改纪元为绍汉元年，听说魏军将要讨伐，遂又向吴国称臣，乞兵北伐以自救。吴人欲诛杀其使者，羊䵶（bō）曰：“不可，这样只能肆匹夫之怒，而捐霸王之计也。不如因而厚之，派遣奇兵，潜往其要害之地，以邀其成。若魏国攻伐公孙渊不克，我军则远赴，是恩结遐夷，义盖万里，若兵连不解，首尾隔离，则我虏其傍郡，掳掠而归，亦足以致天之罚，报仇雪恨。”孙权曰：“说得对。”遂调动军队出兵。对公孙渊的使者讲：“请俟后问，当从简书，必与弟同休戚，共存亡，虽陨于中原，吾所甘心也。”又曰：“司马懿所向无敌，深为弟忧也。”

当初，公孙渊家中多次有怪事发生：家犬戴着头巾，穿着绛色衣服，蹿上屋顶；家里人做饭时，有小儿被蒸死在饭甑中。襄平城北的市场上出现一块生肉，生肉长宽各有数尺，有头、眼、嘴巴，没有手足，而会动弹。占卜者说：“有形不成，有体无声，其国灭亡。”当初，在中平六年，公孙度占据辽东郡。到了公孙渊，已经是第三代。前后五十年，公孙氏灭亡。①

①《魏略》记载：当初，公孙渊的哥哥公孙晃被过继给公孙恭。在洛阳，公孙晃听说公孙渊劫夺公孙恭的位置，就说公孙渊终不可保，多次上表奏闻，欲令国家讨伐公孙渊。明帝以公孙渊已经在位秉权，故而抚之。及至公孙渊反叛，遂以国法逮捕公孙晃。公孙晃虽有前言，没有连坐，然而内以骨肉，知道公孙渊被攻败，自己一定会遭殃。公孙渊的首级送到，公孙晃自审必死，与其儿子相对啼哭。当时，明帝也欲活之，而有关官员认为不可，遂杀之。

张燕，常山郡真定县人，原来姓褚。黄巾军骤起，张燕聚集一群少年，沦为盗贼，在山林湖沼间辗转出击。后来，返回真定县，张燕已经有徒众一万余人。博陵县人张牛角也拉起队伍，自称将兵从事，与张燕会合。张燕推举张牛角为主帅，二人一起攻打瘿陶。张牛角被流箭射中，身受重伤。临死前，张牛角令部众拥戴张燕，告诉他们："一定要以张燕为主帅。"张牛角战死，部众归附张燕，故张燕从褚姓改为"张"。张燕为人剽悍，动作敏捷，超过常人，故军中称呼其"飞燕"。在此之后，依附张燕的人越来越多，常山郡、赵郡、中山郡、上党郡、河内郡诸山谷中的贼寇相勾结，这一带的小头目孙轻、王当等人，各率领部众，归附张燕，一时间，张燕的队伍发展至一百万，号称黑山军。灵帝无力征剿，黄河以北诸郡深受其害。张燕派人到京师，向朝廷乞降，灵帝拜张燕为平难中郎将。①在此之后，董卓胁迫献帝迁都长安，天下乱兵骤起，张燕遂率领部众，与各路豪杰相勾结。袁绍与公孙瓒争夺冀州，张燕派遣部将杜长等襄助公孙瓒，与袁绍大战，为袁绍所败，部众稍稍溃散。曹操将要平定冀州，张燕派遣使者，请求协助朝廷大军。曹操拜张燕为平北将军，张燕率领部众进抵邺城，受封为安国亭侯，享受食邑五百户。张燕去世，儿子张方继承爵位。张方去世，儿子张融继承爵位。②

①《九州春秋》记载：张角举兵造反，黑山、白波、黄龙、左校、牛角、五鹿、羝根、苦蝤、刘石、平汉、大洪、司隶、缘城、罗市、雷公、浮云、飞燕、白爵、杨凤、于毒等各自起兵，大者二三万，小者不下数千。灵帝不能讨伐，派遣使者拜杨凤为黑山校尉，领导诸山贼，被举荐为孝廉、计簿吏。后来，贼寇弥漫，不可胜数。

《典略》记载：黑山、黄巾军统帅，原本非冠盖，自相号字，谓骑白马者为张白骑，谓轻捷者为张飞燕，谓声大者为张雷公，其胡须多者则自称于羝根，其眼睛大者自称李大目。

张璠著《汉纪》记载：还有左校、郭大贤、左髭丈八三部。

②陆机著《晋惠帝起居注》记载：门下通事令史张林是张燕的曾孙。张林与赵王司马伦作乱，不到一周年，位至尚书令、卫将军，受封为郡公。后为赵王司马伦所杀。

张绣，武威郡祖厉县人，是骠骑将军张济的族中子弟。边章、韩遂在凉州作乱，金城郡人麴胜袭杀祖厉县长刘隽。当时，张绣担任县吏，伺机杀了麴胜，郡内人都认为张绣有义气。张绣随后召集县里的少年，成为县邑的豪杰。董卓败亡，张济与李傕等进攻吕布，为董卓报仇，详情记载在《董卓传》。张绣追随张济，以军功升任建忠将军，受封为宣威侯。张济驻扎在弘农郡，士卒饥饿，南下攻打穰县，张济被流箭射死，张绣遂率领张济的部众，驻扎在宛县，与刘表联合。曹操南征，大军驻扎在淯水，张绣等举众投降曹操。曹操在军营里淫媾张济的妻子，张绣对此极为愤恨。曹操听闻张绣对其不满，暗中准备杀害张绣，但阴谋败露，张绣袭击曹操。曹操大败，长子曹昂、侄子曹安民死于阵中。张绣退守穰城，[①]曹操连年进攻，终不能克。曹操在官渡与袁绍对峙期间，张绣采纳贾诩献出的计策，再次投降曹操，详情记载在《贾诩传》。张绣来见曹操，曹操拉着张绣的手，与张绣欢宴，还为儿子曹均娶了张绣的女儿，拜张绣为扬武将军。官渡之役，张绣奋力作战有功，升任破羌将军。张绣又跟随曹操，在南皮县攻破袁谭，增加食邑至二千户。在当时，天下的户口数锐减，十不存一，诸将受封，没有满一千户者，而张绣独享二千户。后来，张绣又跟随曹操至柳城征伐乌丸，还未到达柳城，张绣病逝，谥号为定侯。[②]儿子张泉继承爵位，由于与魏讽共谋反叛曹操，被杀，封国撤销。

①《傅子》记载：张绣有所亲近的胡车儿，胡车儿勇冠全军。太祖爱其骁勇善战，亲手赐予金子。张绣听说后，怀疑太祖欲借其左右刺杀自己，遂造反。

《吴书》记载：张绣投降，凌统采用贾诩的计谋，乞求张绣转移军队，以就高处，太祖在高处驻扎。张绣又说："车少而且负重，乞求让战士们把甲胄披在身上。"太祖相信张绣，皆听之。张绣整顿军队入驻，掩杀太祖。太祖没有防备，故战败。

②《魏略》记载：五官中郎将曹丕多次借着宴会，当着众人之面，对张绣发怒："君杀吾兄，何忍持面视人邪！"张绣心中不安，乃自杀。

张鲁，字公祺，沛国丰邑人。张鲁的祖父张陵，在顺帝朝客居蜀郡，在鹤鸣山学道，学会制作符谶，以此来迷惑百姓。接受张陵道术者，需要缴纳五斗米（五斗米教），被世人称为米贼。张陵将道术传授给儿子张衡，张衡传授给儿子张鲁，益州牧刘焉任命张鲁为督义司马，与别部司马张修一起率领军队袭击并杀了汉中郡太守苏固，张鲁乘机杀了张修，兼并了张修的部众。刘焉去世，儿子刘璋继位，以张鲁不听命令，杀了张鲁的母亲及家眷。张鲁遂占领汉中郡，以"五斗米"道迷惑民众，张鲁自称"师君"。来向张鲁学道者，当初叫"鬼卒"，稍后升任"祭酒"，祭酒率领部众多者号称治头大祭酒。所有人必须以诚信待人，不允许欺瞒，如果有病，则令病人自首，交代罪过，好似黄巾军一样。每位祭酒在路旁建造"义舍"，与政府建造的"亭传"相似，在"义舍"里悬挂米肉，以方便行旅者取用。取用米肉者，按照需要，吃饱为止；如果取用过多，就会有鬼魅上身，使其生病。犯法者可以得到三次赎免，如果再犯法，则以刑罚惩治。没有长、吏管理，以祭酒代替，百姓与当地蛮夷均向往这种管理。张鲁盘踞在巴郡、汉中郡三十年。[①]东汉末年，朝廷无力讨伐，灵帝拜张鲁为镇夷中郎将，兼任汉宁郡太守，也接受张鲁的贡献。有人从地里挖出一枚玉印，众人欲尊张鲁为汉宁王。郡府功曹巴郡西部人阎圃劝谏张鲁："汉川的百姓，超过十万户，土地肥沃，财富殷实；汉川的地势，四面险固。对上，府君可以匡扶天子，做一个齐桓公、晋文公；对下，府君可以效仿窦融，不失富贵。府君接受朝廷任命，设置府衙，垄断一切，其权势已经很大，无须为称王而烦恼。希望府君不要遽然称王，以免成为祸首。”张鲁采纳阎圃的谏言。韩遂、马超作乱，萧关以西的民众从子午道前来依附张鲁，有数万家。

①《典略》记载：熹平年间，妖贼大起，三辅地区有骆曜。光和年间，东方有张角，汉中有张修。骆曜教民众缅匿法，张角建立太平道，张修建立五斗米道。太平道者，法师持九节杖为符祝，教病人叩头思过，以符水饮之，得病或日浅而痊愈者，则云此人信道；如果此人不能痊愈，则为不信道。张修的法术与张角大略相同，如设置静室，让病者在室中思过。又让人担任奸令祭酒，祭酒主要以《老子》五千文读通读透，号称奸令，还设置鬼吏，主要为病者祈祷。请祷之法，书写病人的姓名，说明服罪之意。制作三通，其一上之天，其一埋之地，其一沉之水，谓之三官手书。让病者家人出米五斗，以此为常例，故号称五斗米师。实无益于治病，但为淫妄，然而小民昏庸、愚昧，竟然共事之。后来，张角被杀，张修也病逝。及至张鲁在汉中，通过其民众信行修业，又增加一些修饰。教人建造义舍，把米肉放置在里面，以帮助行人；又教人自隐，有小过者，当治道术百步，则罪除；又按照月令，春夏禁杀；又禁酒。流民寄住在其地者，不敢不奉敬。

裴松之认为：张修应是张衡，非《典略》之失，则传写之误。

建安二十年，曹操从大散关出兵，经过武都，征剿张鲁，到了阳平关。张鲁欲举汉中郡投降曹操，张鲁的弟弟张卫不同意，率领部众数万人，凭借阳平关拒守。曹操攻破阳平关，杀了张卫，随后准备攻入汉中郡。①张鲁听说阳平关陷落，再次欲向曹操投降。阎圃劝说张鲁：“如今情况紧急，前去投降，必然会被曹操轻视。不如暂且依附杜濩，前往朴胡，与曹操相拒，然后，再向曹操表示投降之意，曹操这才会重视。”于是，张鲁逃往南山，进入巴中。左右人欲将财宝、仓库焚毁。张鲁讲：“本来就想归附朝廷，还未达到目的。今日暂且撤离，以回避曹公军锋，并非有其他恶意。仓库宝货，乃国家所有。”张鲁将财宝全部封存，这才率领众人离开。曹操进入南郑县，赞赏张鲁的做法，又想到张鲁心存善念，派人前去安抚张鲁。张鲁随后与家人走出南山，曹操亲自迎接，拜张鲁为镇南将军，以客礼相待，封为阆中侯，享受食邑一万户，带着张鲁返回中原。曹操还封了张鲁的五个儿子及阎圃等人为列侯。②又为儿子曹彭祖娶了张鲁的女儿。张鲁去世，谥号为原侯。儿子张富继承爵位。③

①《魏名臣奏》记载：董昭上表：“武皇帝按照凉州从事及武都降人之辞，说张鲁易攻，阳平城下南北山相距较远，不可守也，信以为真。及往临履，不如所闻，乃叹息道：‘他人忖度，少如人意。’攻打阳平山上诸屯，不能按时攻取，士卒死伤很多。武皇帝沮丧，欲撤军，截山而还，派遣原大将军夏侯惇、将军许褚呼唤山上的士兵返回。前军还未返回，夜间迷惑，误入贼营，贼人逃散。侍中辛毗、刘晔等在士兵的后面，告诉夏侯惇、许褚说：‘官兵已经占据贼人的屯聚，贼人已经逃散。’开始还不相信。夏侯惇又亲自去看，返回后告诉武皇帝，遂进兵攻打，

幸而克获。此近事，吏士所知。”此外，杨暨上表：“武皇帝当初讨伐张鲁，以十万之众，亲自履险，指授方略，还用当地民众种植的麦子作为军粮。张卫之守，盖不足言。地形险要，易守难攻，即使有精兵虎将，势不能施。双方对峙三日，欲撤军返回，言：‘治军三十年，一朝持与人，奈何？’此计已定，天祚大魏，张鲁修筑的守备自毁，因以定之。”

《世语》记载：张鲁派遣五官掾向曹操请降，弟弟张卫在横山修筑阳平城，用以抗拒曹操，王师不得进。张鲁走巴中。军粮尽，太祖将要撤军。西曹掾东郡人郭谌曰：“不可。张鲁已降，留使者表明其未反。张卫则不同，地处偏狭，可攻。孤军深入，进军必克，退则不胜。”太祖疑之。夜晚有野麋鹿数千只，突然冲进张卫的军营，张卫军大惊。当天夜晚，高祚等误与张卫相遇，高祚等鸣响鼓角，大战张卫。张卫恐惧，以为大军已发现，掩杀过来，遂投降。

②裴松之认为：张鲁虽然有善心，然而败而后降，今则宠以万户，五个儿子皆受封为列侯，有些过分。

习凿齿说：张鲁欲称王，而阎圃谏止，今日封阎圃为列侯。赏罚可用以惩恶劝善，还可以明轨训于物，无远近幽深。阎圃谏言张鲁切勿称王，而太祖追封之，将来之人孰不思顺！塞其本源，而末流自止，此之谓也！若不明白此举，而重燋（jiāo）烂之功，丰爵厚赏，止于死战之士，则民利于有乱，俗竞于杀伐，阻兵仗力，干戈不断。太祖此封，可谓懂得赏罚之术，虽汤武再世，无以复加。

《魏略》记载：黄初年间，增加阎圃的爵邑，阎圃在礼请中。后来，又过了十余年，阎圃病死。

《晋书》记载：西戎司马阎缵，是阎圃的孙子。

③《魏略》记载：刘雄鸣，蓝田县人。年少时，刘雄鸣以采药射猎为职业，常居住在覆车山下，每当晨曦，出行云雾中，以识道不迷，当时人因此认为刘雄鸣能制造云雾。郭汜、李傕之乱，很多人追随刘雄鸣。建安年间，刘雄鸣归附州郡，州郡上表，举荐刘雄鸣为将军。马超等造反，刘雄鸣不肯跟从，马超大败刘雄鸣。刘雄鸣后来前来拜谒太祖，太祖执其手，对刘雄鸣讲：“孤刚刚进入函谷关，梦得一神人，即卿邪！”乃厚礼之，上表拜刘雄鸣为将军，令刘雄鸣迎其部众。部众不肯投降，遂劫持刘雄鸣造反，诸亡命者，皆依附刘雄鸣，有数千人，刘雄鸣占据武关道口。太祖派遣夏侯渊攻破刘雄鸣，刘雄鸣南下投奔汉中。汉中被太祖攻破，走投无路，再次归降太祖。太祖捉其须，曰：“老贼，总算擒获汝矣！”又恢复刘雄鸣的官职，安排在渤海郡。当时，还有程银、侯选、李堪皆河东郡人，兴平之乱，各有部众一千余家。建安十六年，与马超会合。马超败走，李堪战死。程银、侯选南下进入汉中，汉中被太祖攻破，前来向太祖投降，皆恢复官职、爵位。

陈寿评论如下：公孙瓒固守易京，坐以待毙，最终亡命于战乱。公孙度残暴不仁，公孙渊继承家业，继续逞凶，最终遭到灭族之祸。陶谦昏聩，以至于忧郁而死。张杨被部下斩杀。这些人都曾经拥有州郡，死时连个匹夫都不如，实在没有什么可说的。张燕、张绣、张鲁一改强盗的行径，最终位列功臣，去危亡，保宗祀，比以上这些人不知道强过多少倍。

魏书九

诸夏侯曹传第九

夏侯惇，字元让，沛国谯县人，是西汉开国功臣夏侯婴的后代。十四岁时，夏侯惇跟随老师学习，有人侮辱了夏侯惇的老师，夏侯惇杀了此人。此后，夏侯惇以性情刚烈而闻名。曹操当初起兵，夏侯惇担任裨将，跟随曹操南征北战。曹操兼任奋武将军，以夏侯惇为将军幕府司马，率领一支军队驻扎在白马，后又升任折冲校尉，兼领东郡太守。曹操征伐陶谦，留下夏侯惇镇守濮阳。张邈叛变，迎接吕布，曹操的家眷还在鄄城，夏侯惇率领轻骑兵，疾驰赶往鄄城，与吕布迎面相遇。双方交战，吕布逼退夏侯惇，攻占濮阳，又偷袭缴获夏侯惇的全部辎重。吕布派遣将领诈降，擒获夏侯惇，责令夏侯惇交出财宝，夏侯惇的军营中人人震恐。在当时，夏侯惇的部将韩浩率军守住夏侯惇的军营大门，召集军中文吏及诸将，喝令众人冷静，控制住部属，不得妄自行动，诸军营这才安定下来。韩浩随后来到夏侯惇被羁押的地方，呵斥劫持者："汝等凶逆，怎敢劫持大将军，还想活命吗？而今，我奉命讨贼，岂能以一将军之故而纵容汝等作恶？"韩浩哭着对夏侯惇讲："面对国法，怎么办？"随后催促士兵进攻劫持者。劫持者惶恐间，叩头请降："我等只是想拿些钱物就走！"韩浩连声呵斥，将劫持者全部斩杀。夏侯惇脱离危险，曹操听说此事，对韩浩说："卿的做法，可为万世所效法。"曹操遂颁布法令：从今以后，再有劫持人质者，一律照此办理，不要顾忌人质。劫持人质的恶性案件，从此断绝。[①]

①孙盛曰：《光武纪》记载，建武九年，盗贼劫持阴贵人的同父异母弟弟，官吏以人质为由，不得逼迫贼寇，以免贼寇杀害人质。然而，放纵贼寇，实成为古制。自从安帝、顺帝以后，政教陵迟，劫持人质，不避王公，有关官员不能遵奉国法。从韩浩开始，不顾人质，诛杀劫持贼

寇，魏武帝对此嘉赏。

曹操从徐州返回，夏侯惇跟随曹操征伐吕布，被流箭射伤，伤了左眼。[①]后来，夏侯惇又兼领陈留郡、济阴郡太守，担任建武将军，受封为高安乡侯。当时，天气大旱，蝗虫肆虐，夏侯惇截断太寿水源，修建蓄水池塘，亲自负土，率领将士，劝勉百姓一起种植水稻。百姓因为池塘水而活命，赖以生存。夏侯惇又兼领河南郡大尹。曹操平定河北，夏侯惇担任大将军，作为后援。曹军攻破邺城，夏侯惇改任伏波将军，仍然兼领河南郡大尹，受命根据情况，便宜从事，不受法律限制。建安十二年，献帝以夏侯惇有功劳，为夏侯惇增加食邑一千八百户，合并之前，共享受二千五百户。建安二十一年，夏侯惇跟随曹操征伐孙权，返回后，曹操令夏侯惇都督二十六军，留守居巢，还赐予夏侯惇伎乐舞女，令曰："魏绛以和戎之功，领受金石之乐，何况将军乎？"建安二十四年，曹操军驻扎在摩陂，[②]召夏侯惇同车出行，以显示对其尊重，夏侯惇可以出入曹操的卧室，其他将军难以比拟。曹操拜夏侯惇为前将军，[③]都督诸军返回寿春，夏侯惇移驻召陵。曹丕继承魏王位，拜夏侯惇为大将军，数月后去世。

①《魏略》记载：当时，夏侯渊与夏侯惇都是将军，军中称夏侯惇为盲夏侯。夏侯惇对此称呼深感耻辱，照镜恚怒，把镜子摔在地上。

②当年大败吕布处。

③《魏书》记载：当时，诸将皆接受魏国官号，只有夏侯惇仍然是汉室官号。夏侯惇上疏，自陈不应当接受不臣之礼。太祖曰："我听说，最上师臣，其次友臣。臣者，贵德之人，区区之魏，足以屈君乎？"夏侯惇固请，最后拜为前将军。

夏侯惇虽然身在军旅，仍然亲迎老师，接受学业。夏侯惇性情恬淡，为人俭朴，家中有余财，辄分送给他人；家中用度不足，则由公家补贴，不另外治产业。夏侯惇谥号为忠侯。儿子夏侯充继承爵位。文帝追思夏侯惇的功绩，欲使夏侯惇的子孙全部享受食邑，分出夏侯惇的食邑一千户，封夏侯惇的七个儿子为列侯，两个孙子受赐爵关内侯。夏侯惇的弟弟夏侯廉及儿子夏侯楙原来已经受封为列侯。此前，曹操将女儿清河公主嫁给夏侯楙。夏侯楙历任侍中、尚书、安西镇东将军，持符节。[①]夏侯充去世，嗣子夏侯廙继位。夏侯廙去世，嗣子夏侯劭继位。[②]

①《魏略》记载：夏侯楙，字子林，是夏侯惇的二儿子。文帝年少时，与夏侯楙亲近，及至即位，拜夏侯楙为安西将军、持符节，继承夏侯渊担任都督，负责关中军事。夏侯楙本来没有武略，喜欢养生。太和二年，明帝西征，有人告发夏侯楙，明帝遂召回，担任尚书。夏侯楙在西征时，蓄养很多伎妾，公主因此与夏侯楙不和。后来，几个弟弟不遵守法度，夏侯楙多次斥责，弟弟们害怕见夏侯楙，以诽谤罪诬陷夏侯楙，让公主上奏。明帝有诏，收捕夏侯楙。明帝意思欲杀

了夏侯楙，问长水校尉京兆人段默，段默认为："这一定是清河公主与夏侯楙不睦，出于妒忌而构陷，恐怕不实。而且，伏波将军与先帝有平定天下之功，宜三思而后行。"明帝明白了，说："我也这样认为。"又下诏诘问为公主制作表章者，果然是夏侯楙弟弟的儿子夏侯臧、夏侯江所构陷。

②《晋阳秋》记载：泰始二年，高安乡侯夏侯佐去世，夏侯佐是夏侯惇的玄孙，后嗣断绝。晋武帝下诏："夏侯惇是魏国开国元勋，功勋记载在竹帛。昔日庭坚不能享受祭祀，犹或追悼之，况且朕受禅于魏，岂可以忘记其功臣？宜选择夏侯惇的近亲属，续封之。"

韩浩，河内郡人。沛国人史涣和韩浩都以忠勇在当时显露名声。韩浩官至中护军，史涣官至中领军，二人掌握禁军，受封为列侯。①

①《魏书》记载：韩浩，字元嗣。东汉末年，群雄起事，县治所靠近山薮有很多盗寇，韩浩聚集徒众护卫县衙。太守王匡任命韩浩为郡府从事，率领军队在盟津抗拒董卓。当时，韩浩的舅舅杜阳担任河阴县令，董卓羁押杜阳，令其招降韩浩，韩浩不从。袁术听说后，赞赏韩浩，任命韩浩为骑都尉。夏侯惇听说韩浩的名字，招请与其相见，大为赞赏，派其领兵跟从征伐。当时，韩浩大议损益，认为当务之急是农业。太祖赞成，改任韩浩为护军。太祖欲讨伐柳城，幕府领军史涣认为路途遥远，深入敌境，没有必胜之计，欲与韩浩共同劝谏。韩浩说："而今兵势强盛，威加四海，战胜攻取，无不如愿，不在此时清除天下之忧，将成为后患。而且曹公神武，算无遗策，吾与君为中军主将，不宜扫大家的兴。"遂跟从太祖攻破柳城，太祖改任韩浩为中护军，在幕府可以设置长史、司马。韩浩跟随曹操讨伐张鲁，张鲁投降。有议者认为，韩浩的智略足以绥边，欲留下韩浩，使其都督诸军镇守汉中。太祖说："我怎么能没有护军？"韩浩与太祖一起返回。可见太祖亲近韩浩，非常信任他。及至韩浩去世，太祖很惋惜。韩浩无子嗣，以养子韩荣继承爵位。史涣，字公刘。史涣年少时任侠，有英雄之气。太祖起兵初，史涣以客人身份追随太祖，代行中军校尉，跟随太祖征伐，常监督诸将，受到信任，改任中领军。建安十四年，史涣去世。嗣子史静继承爵位。

夏侯渊，字妙才，是夏侯惇的族弟。曹操在家乡时，曾在县里犯下官司，夏侯渊代替曹操领罪，曹操营救夏侯渊，夏侯渊得以免祸。①曹操起兵，夏侯渊以别部司马、骑都尉追随曹操，后来担任陈留郡、颍川郡太守。及至曹操与袁绍在官渡大战，夏侯渊代行督军校尉职事。袁绍兵败，夏侯渊都督兖州、豫州、徐州的军粮；当时，军中粮食匮乏，夏侯渊输送粮食从未间断，军中士气大振。昌豨反叛，曹操派遣于禁镇压，战事不利，曹操又派遣夏侯渊，与于禁合力进攻，遂大败昌豨，迫使其十余个屯落投降，昌豨到于禁处请降。夏侯渊返回，受拜为典军校尉。②济南郡、乐安郡的黄巾军首领徐和、司马俱等，一起攻城，杀了县长、县吏，夏侯渊率领泰山郡、齐郡、平原郡的军队镇压，大破黄巾军，斩杀徐和，平定属下诸县邑，缴获其粮食作为军粮供给军中将士。建安十四年，曹操令夏侯渊代行领军职事。曹操征伐孙权返回，派夏侯渊都督诸将，镇压庐江郡反叛者雷绪，雷绪被打败，夏侯渊又代行征西护军职事，都督徐晃进攻太原郡贼寇，攻下二十余座屯落，斩杀贼寇统帅商曜，屠戮太原城。夏侯渊跟随曹操征伐韩遂等，在渭南大战，又都督朱灵平定隃麋、汧县氐人反叛。夏侯渊与曹操在安定郡会合，收降杨秋。

①《魏略》记载：当时，兖州、豫州大乱，夏侯渊因为饥困，抛弃幼子，存活亡弟的孤女。

②《魏书》记载：夏侯渊担任将军，赶赴战场，骑马在战场上疾驰，常出敌不意，故军中说："典军校尉夏侯渊，三日五百，六日一千。"

建安十七年，曹操返回邺城，令夏侯渊代行护军将军职事，都督朱灵、路招等将军驻扎在长安，打败南山贼寇刘雄，迫降其部众；在鄠县包围韩遂、马超余党梁兴，攻取鄠县，斩杀梁兴，夏侯渊受封为博昌亭侯。马超在冀县围困凉州刺史韦康，夏侯渊救援韦康，还未赶到，韦康已经被马超打败。距离冀县二百余里，马超前来迎战夏侯渊，夏侯渊战事不利。汧县氐人反叛，夏侯渊引军撤退。建安十九年，赵衢、尹奉等策划反叛马超，姜叙在卤城起兵响应。赵衢等欺骗马超，让马超出击姜叙，而后杀了马超的妻子、儿女。马超投奔汉中郡，回军包围祁山。姜叙等急忙向曹操求救，诸将商议，须等曹操返回再做决定。夏侯渊说："曹公在邺城，来回有四千里，等到回信，姜叙等恐怕已经失败，这绝非救急之策。"夏侯渊遂率领军队来救，派张郃担任先锋，带领步骑五千人，从陈仓峡谷小道进入，夏侯渊亲自在后面押解粮草。张郃进抵渭水上，马超率领氐羌数千人迎战张郃。双方还未开战，马超回军撤走，张郃进军，收缴马超军的器械。夏侯渊随后赶到，诸县皆已经投降。韩遂在显亲县驻军，夏侯渊欲袭取显亲县，韩遂败走。夏侯渊收缴韩遂的军粮，穷追至略阳城，距离韩遂二十余里，诸将欲发起进攻，也有人说，应该首先攻打兴国县氐人。夏侯渊认为，韩遂的部队很精锐，兴国县城坚固，一时不易攻取，不如先进攻长离县诸羌。长离县诸羌很多人在韩遂军中，一定会来救援。韩遂没有羌人，则只能独守孤城。如果韩遂救援长离县，则曹军可以与其野战，一战可擒获韩遂。夏侯渊留下将领守护辎重，亲自率领步骑精锐直扑长离县，攻打、烧毁羌人的屯聚，斩获甚多。诸羌在韩遂军中者各自返回部落营救。韩遂果然率兵来救长离，与夏侯渊对阵。诸将见韩遂人多势众，有所忌惮，欲扎好营寨，挖掘堑壕，再与韩遂交战。夏侯渊说："我们转战千里，今天，如果先扎好营寨，挖掘堑壕，战士们一定会疲惫不堪，不可能持久再战。贼寇虽众，容易对付。"夏侯渊命令擂响战鼓，全军出击，大败韩遂，缴获韩遂的旌旗。夏侯渊撤回略阳县，既而进军围困兴国县。氐王千万逃走，投奔马超，余众投降。夏侯渊又转击高平县匈奴屠各部落，匈奴逃散，夏侯渊收缴匈奴的粮食、牛马。献帝赐予夏侯渊符节。

当初，枹罕人宋建因为凉州之乱，自称河首平汉王。曹操派夏侯渊率领诸将讨伐宋建。夏侯渊进抵凉州，包围枹罕，一个月后，攻取枹罕，斩杀宋建及其所设置的丞相及以下伪官员。夏侯渊派遣张郃等平定河关，曹军渡河，攻入小湟中，河西诸羌全部投降，陇西地区相继平定。曹操下令："宋建叛乱谋逆三十余年，夏侯渊一举剿灭宋建，虎步关西，所向无敌。仲尼有言：'吾与尔不如也。'"建安二十一年，献帝增加夏侯渊食邑三百户，合并之前，共享有八百户。夏侯渊回军，在下辩县进攻武都郡氐羌，收缴氐人粮食十余万斛。曹操西征张鲁，夏侯渊等率领凉州诸将及侯、王以下官员，与曹操在休亭会合。曹操每次接见羌胡，都会让夏侯渊陪同接见，以此威慑羌胡。张鲁投降，汉中平定，曹操以夏侯渊代行都护将军职事，都督张郃、徐晃等平定巴郡。曹操返回邺城，留下夏侯渊镇守汉中，拜夏侯渊为征西将军。建安二十三年，刘备率军进抵阳平关，夏侯渊率领诸将拒守阳平关，双方对峙一年多。建安二十四年正月，刘备趁着夜色，烧毁城周围的鹿角。夏侯渊令张郃守护东部防御工事，亲自率领精兵守护南部。刘备向张郃挑战，张郃战事不利。夏侯渊分出一半兵力，援助张郃。夏侯渊被刘备袭击，战死在阵中。夏侯渊谥号为愍侯。

当初，夏侯渊虽然屡战屡胜，曹操常告诫："作为主将，也应该有怯弱之时，不可恃勇鏖战。主将应当以勇为本，行事则要以智谋为先；单凭勇猛，仅为匹夫耳。"

夏侯渊的妻子是曹操的妻妹。长子夏侯衡娶了曹操弟弟海阳哀侯的女儿，受到恩宠。夏侯衡继承爵位，改封为安宁亭侯。黄初年间，文帝赏赐夏侯渊的二儿子夏侯霸。太和年间，明帝又赏赐夏侯霸的四弟，赐爵关内侯。夏侯霸，在齐王曹芳正始年间，担任讨蜀护军右将军，晋升为博昌亭侯，受到曹爽器重。夏侯霸听说曹爽被杀，担心受到株连，遂投降蜀国。魏国朝廷以夏侯渊为旧勋臣，赦免了夏侯霸的儿子，将其迁徙至乐浪郡安置。[①]夏侯霸的弟弟夏侯威，官至兖州刺史。[②]夏侯威的弟弟夏侯惠，曾担任乐安郡太守。[③]夏侯惠的弟弟夏侯和，曾担任河南郡大尹。[④]夏侯衡去世，嗣子夏侯绩继承爵位，担任虎贲中郎将。夏侯绩去世，嗣子夏侯褒继承爵位。

①《魏略》记载：夏侯霸，字仲权。夏侯渊被蜀军斩杀，夏侯霸常切齿痛恨，欲向西蜀报仇。黄初年间，夏侯霸担任偏将军。子午之战，夏侯霸担任前锋，进军至兴势县外围，在曲谷安营扎寨。蜀军知其是夏侯霸，派兵攻打。夏侯霸在鹿角间大战蜀军，依赖救兵赶到才解围。后来，夏侯霸担任右将军，驻扎在陇西，夏侯霸养士和戎，甚得民心。正始年间，夏侯霸代替夏侯儒，担任征蜀护军，归属征西将军指挥。当时，征西将军夏侯玄是夏侯霸的堂侄子，而夏侯玄又是曹爽的外弟。及至司马懿诛杀曹爽，召来夏侯玄，夏侯玄来到京师。夏侯霸听说曹爽被杀，而夏侯玄又被征召，以为祸及自己，内心恐惧。还有，夏侯霸此前与雍州刺史郭淮不和，而郭淮代替夏侯玄，担任征西将军，夏侯霸越发不安，故投奔蜀国。夏侯霸南下从阴平道经过，途中迷路，进入穷谷，粮食耗尽，杀马、步行，脚磨破，躺卧在岩石下，让人寻找道路，不知该如何脱身。蜀国人听说，派人迎接夏侯霸。当初，建安五年，夏侯霸的堂妹十三四岁，在本郡出行樵

采，被张飞所得。张飞知道是良家女儿，遂娶以为妻，生下一女儿，成为刘禅的皇后。夏侯渊在战场上阵亡时，张飞的妻子请求运回安葬。及至夏侯霸入蜀，刘禅与夏侯霸相见，向夏侯霸解释："卿父自遇害于军旅间，非我先人手刃。"刘禅指着儿子告诉夏侯霸："这是夏侯氏的外甥。"刘禅对夏侯霸厚加赏赐。

②《世语》记载：夏侯威，字季权，为人任侠好义。曾经担任荆州、兖州刺史。儿子夏侯骏，曾经担任并州刺史。次子夏侯庄，曾经担任淮南郡太守。夏侯庄的儿子夏侯湛，字孝若，以才学渊博，能写文章，官至南阳国相、散骑常侍。夏侯庄，是晋室景阳皇后的姐夫。一门奢侈，盛于当时。

③《文章叙录》记载：夏侯惠，字稚权，年轻时以学问见称，善于写奏议，历任散骑黄门侍郎，与钟毓多次辩论，事多见从。夏侯惠改任燕国相、乐安郡太守。夏侯惠享年三十七岁。

④《世语》记载：夏侯和，字义权，为官清廉，有才气。历任河南郡大尹、太常。夏侯渊的第三个儿子是夏侯称，第五个儿子是夏侯荣。堂孙夏侯湛为其作序："夏侯称，字叔权。自从孺子以来，喜欢与儿童聚会，游戏时担任将帅，一定是军旅战阵，有违犯者，辄以鞭捶打，众莫敢逆。夏侯渊暗中感到惊讶，令其读《项羽传》及兵书，不肯读，说：'能则自为耳，安能学人？'十六岁时，夏侯渊与其到田里，看见奔跑的老虎，夏侯称驱马追赶，禁之不可，一箭而倒。传到太祖耳里，太祖握其手，高兴地说：'我后继有人！'夏侯称与曹丕为布衣之交，每当宴会，气势凌人，辩士不能屈。世上有高名者，多从之游。十八岁去世。弟弟夏侯荣，字幼权，幼年时聪慧，七岁能写文章，读书一目千言，书读过后，皆记得。文帝听说后，请其来见。有宾客一百余人，每人写一名片，写上其乡邑名氏，世所谓爵里名片，客人示之，扫一眼，使之遍识，不谬一人。文帝深奇之。汉中之败，夏侯荣十三岁，左右提着走，不肯，说：'君亲在难，焉所逃死！'奋剑而战，死于阵中。"

曹仁，字子孝，是曹操的堂弟。[①] 从少年起，曹仁就喜欢弓马射猎。后来，豪杰并起，曹仁也在暗中结交少年，聚集起一千余人，在淮、泗之间周旋，既而追随曹操，担任别部司马，代领厉锋校尉。曹操打败袁术，曹仁斩获甚多。曹操征伐徐州，曹仁常率领骑兵，担任全军前锋。曹仁率领一支军队，进攻陶谦的部将吕由，大败吕由，回军与大军会合，进攻彭城，大败陶谦军。后来，曹仁攻打费县、华县、即墨、开阳，陶谦派遣部将救援诸县，曹仁以骑兵打败援兵。曹操征伐吕布，曹仁进攻句阳，攻取句阳，生擒吕布部将刘何。曹操平定黄巾军，迎接献帝，在许昌建都，曹仁多次建立战功，受拜为广阳郡太守。曹操很器重曹仁勇猛，智略过人，没有让曹仁赴任，让曹仁以议郎身份率领骑兵。曹操征伐张绣，曹仁率军攻取旁边几个县邑，掳获男女三千余人。曹操撤军，被张绣追赶，曹军战事不利，士卒疲惫沮丧。曹仁激励将士奋战，曹操嘉勉之，遂打败张绣的追兵。

①《魏书》记载：曹仁的祖父曹褒，曾担任颍川郡太守。父亲曹炽，曾担任侍中、长水校尉。

曹操与袁绍在官渡对峙期间，袁绍派遣刘备攻占濦（yīn）强等县，很多县邑响应袁绍。从许都以南，吏民不安，曹操深以为忧。曹仁说："黄河以南看到我军目前情况紧急，势必难以相救，刘备以强兵压境，诸县邑反叛，也可以理解。刘备新近刚率领袁绍的军队，还未能发挥效力，我军袭击刘备，可一举破敌。"曹操同意曹仁的看法，遂派出将领，跟随曹仁率领骑兵袭击刘备，刘备败走，曹仁收复反叛的县邑，凯旋。袁绍派遣部将韩荀，在西边截断曹仁的归路，曹仁在鸡洛山与韩荀大战，大败韩荀。至此，袁绍不敢再分兵出击曹军。曹仁与史涣等袭击袁绍的运粮车队，烧毁载运的粮食。

河北平定后，曹仁跟随曹操围困壶关。曹操下令："攻破壶关，将守军全部坑杀。"曹军攻城数月，难以攻下。曹仁谏言曹操："围城一定要给敌人留下活门，为其打开生路。而今，公命令屠城，告之必死，城内人将会坚守不降。而且，壶关城坚固，城内粮食很多，硬攻则会令士卒受伤过多，城内坚守，旷日持久；我军屯兵于坚城之下，决心攻打必死之虏，这绝非良策。"曹操采纳谏言，壶关城很快投降。曹操载录曹仁此前的战功，上表封曹仁为都亭侯。

从平定荆州开始，曹操令曹仁代行征南将军职事，驻扎在江陵县，以抗拒吴将周瑜。周瑜率领数万部众来进攻曹仁，前锋数千人进抵江陵，曹仁登城眺望，挑选三百余人，派遣部将牛金迎战周瑜，牛金向周瑜挑战，周瑜军人数众多，牛金兵少，吴军遂包围牛金军。长史陈矫当时在城上，看到牛金等将要全军覆没，大惊失色。曹仁则意气风发，情绪激昂，令左右牵马来。陈矫等劝阻曹仁，对曹仁讲："贼势正盛，不可妄动。舍弃牛金数百人又何妨？为何将军要以身赴难？"曹仁义无反顾，披甲上马，率领麾下数十骑，杀出城来。距离周瑜军百余步，遇到一条沟堑。陈矫等以为曹仁会在沟堑前停下，只是为牛金造势而已。曹仁径直越过沟堑，冲入吴军重围，牛金等得以脱险。还有未突出重围者，曹仁又杀入重围，救出牛金的余众，杀伤敌方数人，周瑜军后撤。陈矫等开始看到曹仁杀出城去，皆内心恐惧，及至看到曹仁撤回城里，惊叹道："将军真天人也！"三军皆佩服曹仁英勇。曹操更加赏识曹仁，改封曹仁为安平亭侯。

曹操讨伐马超，令曹仁代行安西将军职事，都督诸将在潼关拒敌，曹军在渭南大败马超。苏伯、田银反叛，曹操令曹仁代行骁骑将军职事，统率七军讨伐田银等，大败田银叛军。曹操又令曹仁代行征南将军职事，持符节，驻扎在樊城，镇守荆州。侯音在宛城反叛，掳掠旁边县邑数千人，曹仁率领诸军大败侯音，斩杀其首级，回军仍驻扎在樊城，曹操拜曹仁为征南将军。关羽攻打樊城，当时，汉水暴涨，于禁等七军皆被洪水淹没，于禁投降关羽。曹仁率领数千人马守卫樊城，城墙只剩下数板，即将被洪水淹没。关羽乘船，兵临城下，围困樊城数重，樊城内外隔绝，粮食欲尽，救兵不至。曹仁在城内激励将士，以展示必死的决心，将士深受感动，皆无二心。徐晃救兵赶到，大水也稍稍退去，徐晃在城外进攻关羽，曹仁得以从城内溃围而出，关羽撤军退走。

年少时，曹仁不修边幅，及至长大成人，担任将军，着装严整，谨奉法令，常在身边放置律令，按照章程行事。鄢陵侯曹彰北征乌丸，文帝曹丕还在东宫时，为曹彰书写戒律："担任将军，须奉法办事，犹如征南将军曹仁！"及至曹丕继魏王位，拜曹仁为车骑将军，负责都督荆州、扬州、益州的军事，晋升曹仁为陈侯，增加食邑二千户，合并之前，共享有食邑三千五百户。追赐曹仁的父亲曹炽谥号为陈穆侯，为其设置守护墓冢十户人家，后来，文帝召曹仁撤回，驻扎在宛城。孙权派遣部将陈邵守卫襄阳，文帝诏令曹仁讨伐襄阳。曹仁与徐晃打败陈邵，攻入襄阳，令将军高迁等把汉水以南归附的民众迁至汉水以北，文帝派遣使者，前去拜曹仁为大将军。又诏令曹仁移驻临颍，改任大司马，再次都督诸军，在乌江边驻守，曹仁返回，驻扎在合肥。黄初四年，曹仁去世，谥号为忠侯。①嗣子曹泰继承爵位，官至镇东将军，持符节，改封为甯陵侯。曹泰去世，嗣子曹初继承爵位。文帝又分出部分封国，封曹泰的弟弟曹楷、曹范为列侯。牛金官至后将军。

①《魏书》记载：曹仁享年五十六岁。

《傅子》记载：曹大司马勇猛，孟贲、夏育不如，张辽次之。

曹仁的弟弟曹纯，①当初以议郎身份在司空府参与军事，率领虎豹骑兵，跟随曹操围困南皮县。袁谭出城迎战，曹军伤亡很大。曹操欲暂缓进攻，曹纯说："我军千里征战，进不能克敌，一旦后退，必然丧失锐气；而且，我军孤军深入，难以持久。敌方因胜利而骄傲，我军因失败而恐惧，以恐惧之兵，对阵骄傲之敌，一定能克敌制胜。"曹操认为有道理，遂加紧进攻，袁谭战败。曹纯骑兵斩杀袁谭，献上首级。及至曹军北征辽东三郡，曹纯骑兵生擒单于蹋顿。曹纯以先后战功，受封为高陵亭侯，享受食邑三百户。曹纯跟随曹操征伐荆州，在长坂坡穷追刘备，缴获刘备的辎重，擒获其两个女儿，俘虏刘备军逃散的士卒。曹军进抵江陵，迫使江陵投降，曹纯跟随曹操，撤军返回谯县。建安十五年，曹纯去世，文帝即位，追赐曹纯谥号为威侯。②嗣子曹演继承爵位，官至领军将军，正元年间，晋升为平乐乡侯。曹演去世，嗣子曹亮继承爵位。

①《英雄记》记载：曹纯，字子和，十四岁丧父，与同父异母哥哥曹仁分居，继承父业，富于财产，有童仆客人上百数，曹纯家法甚严，不失其理，乡里认为其能干。曹纯喜欢学问，敬爱学士，学士多归附，由是为远近所称赞。十八岁时，曹纯担任黄门侍郎。二十岁时，曹纯跟随太祖到襄邑募兵，常跟随太祖征战。

②《魏书》记载：曹纯所率领的虎豹骑兵，皆天下骁骑精锐，或从百人将补之，太祖很难找

到人统率。曹纯被选为都督，率军征战，甚得人心。及至去世，有关官员请示再选人代替，太祖曰："与曹纯相比，何可复得？吾独不中督邪？"遂不再选。

曹洪，字子廉，是曹操的堂弟。[①]曹操起兵，讨伐董卓，义军进抵荥阳，被董卓部将徐荣打败。曹操坠落马下，贼兵追赶甚急。曹洪当即下马，把战马让与曹操，曹操推辞，曹洪说："天下可以无曹洪，不可以无君。"遂步行保护曹操至汴水。河水很深，不能渡河，曹洪沿着河边，找到一条渡船，与曹操一起渡过济水，逃回谯县。扬州刺史陈温平素与曹洪的关系很好，曹洪率领家兵一千余人向陈温招募士兵，从庐江郡招募带甲武士二千人。曹洪又东行至丹杨，又招募数千人，曹洪与曹操在龙亢县会合。曹操征伐徐州，张邈举兖州之众背叛曹操，迎接吕布。当时，出现大饥荒，曹洪率领军队走在前边，先占领东平县、范县，筹集粮食，以资助军用。曹操在濮阳讨伐张邈、吕布，吕布败走，曹军遂占据东阿，转战济阴、山阳、中牟、阳武、京县、密县等十余县，逐一攻取。曹操以先后战功，拜曹洪为鹰扬校尉，改任扬武中郎将。献帝在许昌建都，拜曹洪为谏议大夫。曹洪另外率领一支军队，征伐刘表，打败刘表的部将，攻占舞阳、阴叶、堵阳、博望，曹洪屡立战功，改任厉锋将军，受封为国明亭侯。曹洪多次跟随曹操出征，受拜为都护将军。文帝即位，拜曹洪为卫将军，改任骠骑将军，晋升为野王侯，增加食邑一千户，合并之前，共享有二千一百户，享受特进位；后来又封为都阳侯。

①《魏书》记载：曹洪的伯父曹鼎曾担任尚书令，曹操任命曹洪为蕲春县长。

当初，曹洪家境殷富，而曹洪生性吝啬。文帝年少时，向曹洪借贷，没有借到，心存遗恨。文帝即位，遂以曹洪的客人犯法逮捕曹洪，欲判处曹洪死罪。群臣相救，文帝不听。卞太后对郭后讲："如果曹洪今日被杀，我明日就敕令皇帝废黜你。"郭后向文帝涕泣求情，曹洪被免官，削去部分封土。[①]曹洪是先帝的功臣，当时，很多人对文帝以这种方式处理功臣颇为不满。明帝即位，拜曹洪为后将军；再次受封为乐城侯，享受食邑一千户，享受特进位；又拜曹洪为骠骑将军。太和六年，曹洪去世，谥号为恭侯。嗣子曹馥继承爵位。当初，曹操分出曹洪一部分食邑，封曹洪的儿子曹震为列侯。曹洪的本家叔叔曹瑜，为人谨慎笃敬，官至卫将军，也受封为列侯。

①《魏略》记载：文帝逮捕曹洪，当时，曹真在身边，向文帝求情："今天杀曹洪，曹洪一定会以为是曹真谮言所致。"文帝说："我自治之，卿何忧虑？"恰逢卞太后也在旁边，怒斥文帝，说："梁、沛之间，非子廉无有今日。"文帝这才下诏，释放曹洪，但还是没收曹洪的财产。太后又为曹洪讲话，文帝又归还曹洪的财产。当初，太祖担任司空时，以己率下，每年征

调，曹洪让本县平调。当时，谯县县令认为曹洪的财产与曹公家的相等，太祖说：“我家的财产哪能与子廉相比？！”文帝在东宫，曾经从曹洪处借贷绢帛一百匹，曹洪不肯借。及至曹洪犯法，自以为必死，既得赦免，大喜，上书谢恩：“臣年少时，不懂得道理，违背人伦，长期以来，窃据要职，即蒙恩典。臣不懂得自我检度，有知足之意，而有豺狼无厌之质，老迈昏聩，性情贪婪，触犯法网，罪恶三千，不在赦宥之列，当就被诛，弃诸市朝。犹蒙天恩，臣骨肉再生。臣仰视天日，愧负神灵，俯唯愆阙，惭愧怖悸，不能以自我裁割，谨涂颜阙门，拜章陈情。”

曹休，字文烈，是曹操的本家族子弟。天下大乱，宗族各家分散，返回乡里避难。曹休当年十余岁，少年丧父，独自与一位客人处理丧事，草率埋葬父亲，又带着老母亲，渡江至吴县。①后来，曹操举义兵，曹休改换姓名，辗转至荆州，从小路返回北方，来见曹操。曹操对身边人讲：“这是我们家的千里驹。”曹操让曹休和曹丕住在一起，待曹休犹如亲儿子。曹休常跟随曹操征战，曹操令曹休率领虎豹骑兵，担任宿卫。刘备派遣部将吴兰驻扎在下辩县，曹操派遣曹洪征伐刘备，以曹休为骑都尉，参与军事谋划。曹操对曹休讲：“你的官职虽然是参军，其实帅才也。”曹洪听闻此令，也与曹休商议军事。刘备派遣张飞驻扎在固山，欲切断曹军的退路。诸将皆狐疑不定，曹休讲：“贼寇如果真的要切断我军退路，必定有伏兵暗中潜行。而今却虚张声势，此即表明无能为也。应该乘其还未集结完毕，尽快击败吴兰。吴兰被击败，则张飞自然遁走。”曹洪采纳曹休的建议，进兵攻击吴兰，大败刘备军，张飞果然撤走。曹操攻取汉中，诸军撤回长安，曹操拜曹休为中领军。曹丕即魏王位，任命曹休为领军将军，以曹休先后战功，封曹休为东阳亭侯。夏侯惇去世，曹丕拜曹休为镇南将军，持符节，都督诸将军事，曹丕亲自为曹休送行，从车上下来，执手告别。孙权派遣部将驻扎在历阳，曹休进抵历阳，大败吴军，又派遣一支部队渡过长江，烧毁吴军在芜湖的军营数千处。曹休转任征东将军，兼领扬州刺史，晋升为安阳乡侯。②文帝征伐孙权，拜曹休为征东大将军，授予黄钺，都督张辽等诸州郡二十余支军队，在洞浦进攻孙权的大将吕范等，大败吴军。文帝拜曹休为扬州牧。明帝即位，晋升曹休为长平侯。吴军将领审德驻扎在皖县，曹休大败吴军，斩杀审德，吴将韩综、翟丹等先后率领部众投降曹休。明帝为曹休增加食邑四百户，合并之前，共享有二千五百户，升任大司马，仍然都督扬州。太和二年，明帝兵分两路，讨伐吴国，派遣司马懿从汉水沿江而下，曹休都督诸将军，向寻阳进发。吴将诈降，曹休深入敌境，战事不利，退守宿石亭。军营夜晚发生骚乱，士卒四散奔逃，丢弃甲兵辎重甚多。曹休上书请罪，明帝派遣屯骑校尉杨暨抚慰曹休，赏赐甚多。曹休此后背后痈疽病发，在军中病逝，谥号为壮侯。嗣子曹肇继承爵位。③

①《魏书》记载：曹休的祖父曾经担任吴郡太守。曹休在太守的官舍，看见墙壁上画有祖父的画像，遂下榻跪拜涕泣，同坐者皆嘉叹。

②《魏书》记载：曹休丧母，文帝派侍中令曹休脱去丧服，令其饮酒食肉。曹休受诏，形体越发憔悴，乞求回到谯县安葬母亲。文帝再次派遣越骑校尉薛乔奉诏令，令曹休节哀顺变，让其归家治丧。一宿便葬，葬讫，诣行在所。文帝召见，亲自宽慰。其见爱重如此。

③《世语》记载：曹肇，字长思。

曹肇有出仕从政的才气，担任散骑常侍、屯骑校尉。明帝患重病，向燕王曹宇等托付后事。但是，明帝不久又改变主意，诏令曹肇以列侯身份退休回家。正始年间，曹肇去世。曹芳追赐曹肇为卫将军。嗣子曹兴继承爵位。当初，文帝分出曹休享有的食邑三百户，封了曹肇的弟弟曹纂为列侯。后来，曹纂担任殄吴将军，去世后，被追拜为前将军。①

①张隐著《文士传》记载：曹肇的孙子曹摅，字颜远。年少时，曹摅砥砺节操，有大志向，博学有才识。在晋朝出仕，受三公府征召，担任洛阳令，有能吏之名。大司马齐王司马冏辅政，曹摅与齐国人左思都是记室督。从中郎任上出任襄阳郡太守、征南司马。正值天下大乱，曹摅在吴县讨贼，战败，死在军中。

曹真，字子丹，是曹操的本家族子弟。曹操起兵，曹真的父亲曹邵招募徒众，在州郡被杀害。①曹操可怜曹真从小成为孤儿，收养曹真，视作亲生儿子，令曹真与曹丕住在一起。曹真打猎，有一次被老虎追逐，曹真回过身来射虎，老虎应声倒地。曹操很欣赏曹真勇敢无畏，令曹真率领虎豹骑兵。曹真讨伐灵丘贼寇，大获全胜，受封为灵寿亭侯。曹真以偏将军在下辩县进攻刘备的部将，大败刘备军，受拜为中坚将军。曹真跟随曹操至长安，负责中领军。当时，夏侯渊在阳平兵败，曹操深感忧虑，令曹真担任征蜀护军，在阳平都督徐晃等进攻刘备的部将高详。曹操亲自领军，进抵汉中，调出曹真，派曹真到武都郡迎接曹洪等，回军驻扎在陈仓。曹丕即魏王位，拜曹真为镇西将军，持符节，统领雍州、凉州军事。以曹真建立的战功封曹真为东乡侯。张进等在酒泉反叛，曹真派遣费曜镇压叛军，斩杀张进等。黄初三年，曹真返回京师，文帝拜曹真为上军大将军，统领内外军事，赐符节、斧钺。曹真与夏侯尚等征伐孙权，进攻牛渚屯，大败孙权军。文帝又拜曹真为中军大将军，兼任给事中。黄初七年，文帝患重病，曹真与陈群、司马懿等接受遗诏，辅佐朝政。明帝即位，晋升曹真为邵陵侯，②改任大将军。

①《魏略》记载：曹真原来姓秦，在曹氏家长大。也有人说曹真的父亲伯南平素与曹操的关系很好。兴平末年，袁术部下与曹操相攻伐，曹操退走，被贼寇追赶，走入秦氏家，伯南开门接纳曹操。贼寇问曹操所在，回答：“我就是。”遂遇害。由此太祖思其功，故改变其姓。

《魏书》记载：曹邵以忠诚，有才智，被太祖信任。初平年间，太祖兴义兵，曹邵招募徒众，跟随太祖南征北战。当时，豫州刺史黄琬欲杀害曹操，曹操避之，而曹邵遇害。

②裴松之按：曹真的父亲名邵，受封为邵陵侯，若非史书有误，则事不可论。

诸葛亮围困祁山，南安郡、天水郡、安定郡三郡反叛，响应诸葛亮。明帝派遣曹真，率领魏军驻扎在郿县，又派遣张郃进攻诸葛亮的部将马谡，大败马谡。安定郡百姓杨条等抢掠吏民，盘踞在月支城，曹真进军，围困杨条。杨条对部众讲："大将军亲自率军前来，我愿意投降大将军。"遂自我绑缚，出城投降，三郡相继平定。曹真认为，诸葛亮在祁山受到重创，下一次出兵，一定会走陈仓，曹真令将军郝昭、王生谨慎守护陈仓，修缮城墙。第二年春天，诸葛亮果然出兵，围困陈仓，魏军已有准备，诸葛亮屡攻不克。明帝增加曹真的食邑，合并之前，共享有二千九百户。太和四年，曹真返回洛阳述职，改任大司马，享受带剑穿鞋上殿的待遇，入朝不用趋步疾走。曹真认为："蜀国接连出兵，侵犯我边境，应该适时讨伐蜀国。多路并进，可大获全胜。"明帝采纳曹真的谏言。曹真准备西征，明帝亲自到驻地送行。当年八月，曹真向长安出发，从子午道南下，进入长安。司马懿溯汉水而上，两军在南郑会齐。其他几路或从斜谷出兵，或从武威进攻。恰逢大雨连绵三十余日，栈道被冲毁，明帝诏令曹真撤军。

年轻时，曹真与族人曹遵、同乡朱赞一起侍奉曹操。曹遵、朱赞早逝，曹真很悲伤，乞求分出部分食邑，封曹遵、朱赞的儿子。明帝下诏："大司马曹真有叔向抚孤之仁，有晏平信守旧约之义。君子成人之美，按照曹真的想法，分出部分食邑，赐曹遵、朱赞的儿子爵关内侯，各享受食邑一百户。"曹真每次出征远行，都会与将士们同甘共苦。军费不足，曹真则拿出家产赏赐部下，士卒皆愿意为曹真效力。曹真患病返回洛阳，明帝亲自到曹真家中探视病情。曹真去世，谥号为元侯，嗣子曹爽继承爵位。明帝追思曹真的功绩，下诏："大司马曹真践行忠义节操，辅佐二祖，对内不恃亲戚之宠，对外不骄白屋之士，可谓持盈守位，劳谦其德。封曹真的五个儿子曹羲、曹训、曹则、曹彦、曹皑为列侯。"当初，文帝分出曹真享有的二百户食邑，封曹真的弟弟曹彬为列侯。

曹爽，字昭伯。年少时，曹爽以曹氏宗室，为人谨慎、持重，明帝在东宫时，与曹爽的关系很好。及至明帝即位，拜曹爽为散骑侍郎，升任城门校尉，兼任散骑常侍，改任武卫将军，对曹爽恩宠有加。明帝患病，召曹爽进入卧室，拜曹爽为大将军，赐予符节、斧钺，统领内外诸军事，兼领尚书职事，与太尉司马懿一起接受遗诏，辅佐少主。明帝驾崩，齐王曹芳即位，诏令曹爽兼任侍中，改封曹爽为武安侯，享受食邑一万二千户，赐曹爽带剑穿鞋上殿，入朝不用趋步疾走，赞拜时不称名字。丁谧为曹爽出谋划策，让曹爽奏请天子，颁发诏令，改任司马懿为太傅，对外以名号尊宠之，对内欲令尚书奏事先要通过自己，以此控制朝政。[①]曹爽的弟弟曹羲负责中领军，曹训担任武卫将军，曹彦担任散骑常侍，兼任侍讲，其余几个弟弟，皆以列侯，在宫中担任侍中，出入禁闼，贵宠无比。南阳郡人何晏、邓飏、李胜，沛国人丁谧，东平国人毕轨，皆有盛名，喜欢趋炎附势。明帝以这些人浮华不实，一律贬黜；及至曹爽秉政，将这些人录用，充当心腹。邓飏等欲令曹爽立威名于朝中，劝说曹爽征伐蜀国，曹爽采纳谏言，司马懿劝止曹爽，曹爽不听。正始五年，曹爽率领大军，西征进抵长安，曹魏大军有六七万，从骆谷开进。当时，关中氐、羌负责转输军粮，供应不及时，牛马骡驴途中多有死亡，民众、夷人沿途哭号。进入山谷，穿行数百里，蜀军借助山势，设置险阻，魏军不能前进。将军幕府参军杨伟为曹爽分析形势，应该急速退兵，否则，将一败涂地。[②]邓飏与杨伟在曹爽面前争执不休，杨伟说："邓飏、李胜会坏了国家大事，大将军应当斩杀二人。"曹爽不高兴，引军撤退。[③]

①《魏书》记载：曹爽令弟弟曹羲为之上表："臣亡父曹真，奉事三朝，入备冢宰，出为上将。先帝以臣肺腑遗绪，奖饬拔擢，典兵禁省，进无忠恪积累之行，退无羔羊自公之节。先帝圣体不豫，臣虽然奔走，侍疾尝药，曾无精诚翼日之应，猥与太尉司马懿俱受遗诏，且惭且惧，靡所底告。臣听说，虞舜序贤，以后稷、契为先，成汤褒功，以伊尹、吕尚为首，审选博举，优劣得所，斯诚辅世长民之大经，录勋报功之令典，自古以来，未之或阙。今臣虚暗，位冠朝首，顾唯越次，中心愧惕，敢竭愚情，陈写至实。夫天下之达道者三，谓德、爵、齿也。司马懿本以高明中正，处上司之位，名足镇众，义足率下，一也。包怀大略，允文允武，仍立征伐之勋，遐迩归功，二也。万里旋旆，亲受遗诏，翼亮皇家，内外所向，三也。加之耆艾老臣，纪纲邦国，体练朝政；论德则过于吉甫、樊仲；论功则逾于方叔、召虎：凡此数者，司马懿实兼之。臣实抱空名而处其上位，天下之人将谓臣以宗室见私，知进而不知退。陛下岐嶷，克明克类，如有以察臣之言，臣以为，应该拜司马懿为太傅、大司马，上昭陛下进贤之明，中显司马懿享文武之实，下使愚臣免于谤诮。"于是，明帝让中书监刘放令孙资写诏书，曰："在往昔，吴汉辅佐光武帝，有征伐四方的功绩，担任大司马，名称延续至今。太尉体履正直，功盖海内，先帝本以前后功劳，欲更其位者辄不弥久，是以迟迟不施行耳。而今，大将军举荐太尉担任大司马，既合先帝本旨，又放推让，进德尚勋，乃欲明贤良、辩等列、顺长少也。虽周公旦、召公奭之属，宗师吕望，念在引领以处其下，何以过哉？！朕甚嘉赏焉。朕唯先帝固知，君子乐天知命，纤芥细疑，不足为忌，当顾柏人彭亡之文，故而徘徊，有意未遂耳！斯亦先帝敬重大臣，恩爱深厚之至也。在往昔，成王设立太保、太傅之职，近汉显宗以邓禹为太傅，皆所以优崇俊乂，必有尊也。拜太尉司马懿为太傅。"

②《世语》记载：杨伟，字世英，左冯翊人。明帝修建宫殿，杨伟谏言："如今，陛下修建宫殿，砍伐生民墓上的松柏，毁坏碑兽石柱，辜及亡人，伤孝子心，不可以为后世所效法。"

③《汉晋春秋》记载：司马懿对夏侯玄讲："《春秋》责大德重，在往昔，武皇帝两次进入汉中，几乎招致大败，君所知也。今兴平路途艰险，蜀国已经先占据；若进不获胜，退见徼绝，覆军必矣。将何以担负其责！"夏侯玄恐惧，告诉曹爽，遂引军撤退。费祎进兵，占据三岭，欲堵截曹爽。曹爽争崄苦战，仅勉强得以通过。所征调的牛马转运者，死伤殆尽，羌胡怨叹，关西

遂陷于损耗。

当初，曹爽以司马懿年高德昭，对待其始终像父亲一样尊敬，凡事不敢独断。及至何晏等受到重用，这些人为私利，拥戴曹爽，劝说曹爽："将军位高权重，不宜将权力分与他人。"曹爽任命何晏、邓飏、丁谧为宫中尚书，何晏负责官员选拔，毕轨担任司隶校尉，李胜担任河南郡大尹，朝中政事不再通过司马懿。司马懿遂称病，以回避曹爽。①何晏等在朝中专权擅政，共同瓜分洛阳、野王县典农掌握的桑田数百顷，还把朝廷用以赏赐功臣的汤沐邑私自占用，当作自己的产业，窃取官中财物，一旦有机会，就向州郡请托。有关官员望风承旨，不敢忤逆。何晏等与廷尉卢毓平素不和，因为廷尉署的小吏有些过失，遂曲解法律，欲逮捕卢毓治罪，令主管官员先收走卢毓的印绶，然后奏闻朝廷。何晏等在朝中作威作福。曹爽的饮食车服，比拟皇帝；尚方署的珍玩，充斥曹爽的府库；曹爽的妻妾充盈后庭，曹爽又私自取走先帝的才女七八人，还有将吏、师工、鼓吹、良家子女三十三人。曹爽在府邸尽情赏玩伎乐，还伪造诏书，把后宫的才女五十七人送往邺台，令先帝的婕妤教授歌舞伎。曹爽擅自取用宫中的太乐礼器、武库禁用的兵器。曹爽建造地下室，墙壁四周画有彩绘、雕饰，曹爽多次与何晏等在地下室聚会，饮酒作乐。曹羲对此深感忧虑，常劝谏曹爽；又著书三篇，陈述骄奢淫靡带来的危害，以及持骄恃宠带来的祸败，言辞恳切。曹羲不敢指斥曹爽，借著作告诫诸弟，以此警示曹爽。曹爽知道，曹羲因为自己奢靡无度，有感而发，很不高兴。曹羲有时也会以讽谏劝喻曹爽，曹爽不肯采纳谏言，曹羲只好涕泣而起。司马懿暗中做好准备。正始九年冬天，李胜出任荆州刺史，前去向司马懿辞行。司马懿称身体罹患重病，面容憔悴，示以羸弱不堪。李胜没有发现任何异常，遂相信司马懿。②

①当初，司马懿以曹爽是魏国宗室肺腑大臣，常推让之，曹爽以宣王名高德昭，也谦身卑下，当时人称赞。丁谧、毕轨等受到重用，多次谏言曹爽："宣王有大志，而且甚得民心，不可以推诚委之。"由是曹爽开始猜忌、防范。礼貌虽存，而诸所营建，皆不再由宣王。宣王力不能争，且惧其祸，故避之。

②《魏末传》记载：曹爽等令李胜先向司马懿辞行，并伺机观察。司马懿接见李胜，李胜自陈并无其他功劳，承蒙厚恩，此次出任本州刺史，诣阁拜辞，不悟加恩，得蒙引见。司马宣王令两婢在两边扶持，持衣，衣落；复上指口，言渴求饮，婢进粥，宣王持杯饮粥，粥皆流出，沾在胸口。李胜愍然，为之涕泣，对司马宣王讲："今主上尚幼，天下倚恃明公。然而，众人谓明公旧风疾复发，何意尊体乃尔？！"司马宣王喘息缓言，令气息稍微平和，说："年老沉疾，死在旦夕。君当屈并州，并州近胡，好善为之，恐不复相见，奈何？！"李胜说："当还忝本州，非并州。"宣王乃重复，阳为昏谬，曰："君方到并州，努力自爱！"错乱其辞，状如荒语。李胜再次解释："当忝荆州，非并州。"宣王若稍微醒悟，对李胜讲："司马懿年老，意荒忽，不解君言。今回到本州，担任刺史，盛德壮烈，好建功勋。今当与君别，自顾气力衰微，后必不能再

会，因欲自力，设薄主人，生死共别。令司马师、司马昭兄弟结君为友，不可相舍弃，以副司马懿区区之心。”因流涕哽咽。李胜亦长叹，回答：“辄当承教，须待敕命。”李胜辞别出门，与曹爽等相见，说：“太傅语言错乱，口不摄杯，指南为北。又云吾当作并州，吾答当还为荆州，非并州。徐徐与语，有识人时，乃知当还为荆州。又欲设主人相送。不可舍去，宜须待之。”又向曹爽等垂泪道：“太傅患不可治疗疾病，令人怆然。”

正始十年正月，少帝车驾前去祭祀高平陵，曹爽兄弟随从。[①]司马懿调动兵马，首先控制武库，而后派兵把守住洛水上的浮桥。司马懿向少帝弹劾曹爽：“此前，臣从辽东返回，先帝诏令陛下、秦王及臣接受遗诏，先帝在御床上，握着臣的手臂，托付后事。臣说：‘二祖也曾向臣托付后事，这是陛下亲眼所见，其情其景，令人哀泣；万一有不如意之事，臣愿意以死，谨奉明诏。’黄门令董箕等，还有宫中才人，当时都有所见闻。如今，大将军曹爽背弃先帝顾命大臣之责，败坏国家法度，对内僭越皇权，对外专擅威势；破坏驻军制度，掌握宫中禁军，曹爽安置亲信，担任朝廷要职；殿中宿卫，历代旧人，一律驱逐出宫，为了安置新人，以逞其私愿；曹爽的党羽盘根错节，骄纵日甚。曹爽对于外朝如此行事，又任命黄门张当为都监，内外勾结，监视至尊，窥伺神器，离间陛下母子感情，伤害骨肉。天下汹汹，人怀恐惧，陛下但为傀儡，岂能久安？这绝非先帝诏令陛下及臣在御床上留下遗诏之本意。臣虽然老迈衰朽，岂敢枉言？在往昔，赵高恣意弄权，秦朝灭亡；吕氏、霍氏及早铲除，汉祚永世。这正是陛下引为教训，臣受命之时的借鉴。太尉臣蒋济、尚书令臣司马孚等皆以为，曹爽毫无忠君之心，曹爽兄弟不宜再在宫中宿卫，掌握禁军，臣已经奏请永宁宫。皇太后敕令，臣可以按照奏议施行。臣遵照敕令，责成有关官员及黄门令，罢免曹爽、曹羲、曹训所任职务及兵权，以列侯位回到府邸，不得逗留，以免阻挠陛下车驾回宫；敢有稽留者，当以军法从事。臣竭力支撑病体，派兵驻扎在洛水浮桥，以防止非常之变故发生。”[②]

①《世语》记载：曹爽兄弟先是多次出游，桓范劝谏曹爽：“总理万机，典掌禁兵，不宜都出去。如果有人关闭城门，谁还能入内？”曹爽答：“谁敢尔邪？！”由此不再同时出行。至是乃尽出也。

②《世语》记载：当初，司马懿调兵从阙门出，直奔武库，堵住曹爽府邸的大门，人逼车驻。曹爽的妻子刘氏恐惧，出来至大厅议事，对帐下守督讲：“公在外。今兵起，奈何？”守督答：“夫人勿忧。”随后走上门楼，引弩注箭欲发。将军孙谦在后面牵止，曰：“天下事未可知！”如此者三，司马宣王遂得过去。

曹爽拿到司马懿的弹劾奏章，没有给少帝看，惶急间，不知该如何是好。[①]大司农沛国人桓范听说京师发动兵变，不顾太后诏令，矫制诏命，打开平昌门，拔出剑来，劫持守卫平昌门候，骑马向南狂奔，投奔曹爽。司马懿知道后，说：“桓范为曹爽出谋划策，曹爽不会采纳。”桓范极力劝说曹爽带着皇帝直奔许昌，而后从外面征调兵马。曹爽兄弟犹豫不决，桓范又对曹羲讲：“今日之事，以卿这样的家庭背景，即使想过平民的生活，能行吗？而且，匹夫劫持一名人质，还想以此求得活命，更何况卿与天子一起，向天下人发出诏令，谁敢不听？”曹羲不肯采纳。侍中许允、尚书陈泰劝说曹爽早日认罪。曹爽派遣许允、陈泰前去面见司马懿，认罪请死，同时，把司马懿的弹劾奏章交予少帝。②少帝遂免去曹爽兄弟的职务，以列侯位，送回府邸。③

①干宝著《晋纪》记载：曹爽留皇帝车驾住在伊水南岸，伐木为鹿角，调动驻扎的甲兵数千人，以为护卫。

《魏末传》记载：司马宣王对弟弟司马孚讲，陛下在外不可露宿，催促赶快送帐幔、太官食具，诣行在所。

②干宝著《晋纪》记载：桓范出城前去见曹爽，司马宣王对蒋济讲：“智囊往矣。”蒋济答：“桓范智则智矣，驽马恋栈豆，曹爽必不能用。”

《世语》记载：司马宣王派许允、陈泰向曹爽解释，蒋济也写信传达司马宣王的旨意，又派曹爽所信任的殿中校尉尹大目对曹爽讲，只是免官而已，以洛水为誓。曹爽相信了，遂罢兵。

《魏氏春秋》记载：曹爽既罢兵，曰：“我不失作富家翁。”桓范哭着说：“曹子丹佳人，生汝兄弟，犊耳！何图今日坐汝等家族灭亡矣！”

③《魏末传》记载：曹爽兄弟归家，司马懿敕令洛阳令，调发民众八百人，敕令都尉包围曹爽的宅邸四角，四角有高楼，令人在高楼上观望曹爽兄弟的举动。曹爽智穷力竭，无计可施，愁闷不堪，持弹弓到后花园解闷，楼上人高声喊道：“原大将军东南行！”曹爽返回议事厅上，与兄弟商议，不知司马宣王究竟是何意思，写信给司马宣王：“贱子曹爽惶恐，无状招祸，分受屠灭，此前派遣家人接运粮食，至今未返回，数日乏匮，当烦见饷，以继旦夕。”司马宣王看了书信，大惊，当即回复：“当初不知乏粮，甚怀踧踖。今令送去大米一百斛，还有肉脯、盐豉、大豆。”不久送来。曹爽兄弟不达变数，随即便欢喜万分，自谓不死。

当初，张当私自挑选宫中才女张氏、何氏等，送予曹爽。司马懿怀疑其中有奸情，收捕张当治罪。当曹爽与何晏等被判为谋反罪，而且训练士兵，准备三月中旬发难，司马懿又收捕何晏等，关押在监狱。司马懿大会朝廷公卿，众朝臣廷议后认为：“《春秋》大义，‘君亲无将，将而必诛。’曹爽以皇室近亲而世代蒙受皇恩，尊宠无比，接受先帝遗诏，受托付治理天下，竟然包藏祸心，蔑视顾命之任，与何晏、邓飏及张当等，图谋神器，桓范之罪应该判为同党，皆为大逆不道。”司马懿收捕曹爽、曹羲、曹训、何晏、邓飏、丁谧、毕轨、李胜、桓范、张当等，全部杀头，夷灭三族。①嘉平年间，续封功臣的后人，朝廷续封曹真的族孙曹熙为新昌亭侯，享受食邑三百户，以奉祀曹真的祠庙。②

①《魏略》记载：邓飏，字玄茂，是东汉开国功臣邓禹的后人。年少时，在京师有“名士”之称。明帝时，担任尚书郎，既而担任洛阳令，坐事被免职，又受拜为中郎，入宫担任中书郎。当初，邓飏与李胜等为浮华之友，及至在中书省，浮华之事被人揭发，被赶出，遂不复任用。正始初年，出任颍川郡太守，改任大将军幕府长史，升任侍中、尚书。邓飏为人喜欢财货，此前担任内职，许诺臧艾，授以显官，臧艾把父亲的小妾让与邓飏，故京师为之嘲讽：“以官易妇邓玄茂。”每次有所荐达，多如此类。故何晏选举不得人，颇由邓飏之不公不忠，遂同其罪，盖由交友非其才。

丁谧，字彦靖。父亲丁斐，字文侯。当初，丁斐追随太祖，太祖以丁斐为乡里人，特别予以信任。丁斐喜欢财货，多次犯法，都得到原宥。丁斐担任典军校尉，总摄内外，每次有所陈说，多见从之。建安末年，跟随太祖征伐吴国。丁斐随行，以自家的牛羸瘦，私下交易官牛，被人揭发，收捕入狱，夺去官职。其后，太祖问丁斐：“文侯，印绶所在？”丁斐亦知是戏言，回答：“以易饼耳。”太祖大笑，顾谓左右曰：“东曹毛掾多次告诉此家，欲令我重治，我非不知此人不清廉，良有以也。我之有丁斐，譬如人家有盗狗，善捕鼠，盗虽有小损，而完我囊贮。”遂恢复丁斐的官职，听用如初。又过了几年，丁斐病逝。丁谧年少时，不肯交游，博览群书。为人深沉，有毅力，颇有才智。太和年间，常住在邺城，借人空屋，居其中。而诸王亦欲借之，不知丁谧已得，直开门入。丁谧望见诸侯王，脚交叉，卧而不起，而呼其奴客，曰：“此何等人？赶出去。”诸侯王怒其无礼，还具上言。明帝收捕丁谧，关押在邺城监狱，以其是功臣的儿子，又宽宥释放。后来，明帝听说其有父亲之风范，召丁谧拜为度支郎中。曹爽过去与丁谧亲近，当时，曹爽担任武卫将军，多次被明帝称其可大用。恰逢明帝驾崩，曹爽辅政，擢拔丁谧为散骑常侍，改任尚书。丁谧为人，外似粗略，内多猜忌。其在台阁，多次被人弹劾，台阁中患之，事不得行。又其意轻贵，多所忽略，虽然与何晏、邓飏等同位，然而看不起他们，唯以势屈于曹爽。曹爽亦敬之，言无不从。故当时有谤书，谓：“台中有三狗，二狗崖柴不可挡，一狗凭默作疽囊。”三狗，指的是何晏、邓飏、丁谧。默者，即曹爽的小名。其意思是，三狗皆欲咬人，而丁谧尤甚。奏请郭太后出居别宫，以及遣送乐安王北上回到邺城，又派遣文钦，令其返回淮南，都是丁谧的主意。司马宣王因此特别恨丁谧。

毕轨，字昭先。其父字子礼，建安年间，担任典农校尉。毕轨以才学，年轻时享有名气。明帝在东宫时，毕轨担任文学，侍奉明帝。黄初末年，毕轨担任长史。明帝即位，毕轨入宫，担任黄门侍郎，儿子娶了公主，居处殷富。毕轨改任并州刺史。毕轨在并州，是出名的骄横富豪。当时，杂虏多次为暴，杀害边郡吏民，毕轨调出军队，进攻鲜卑轲比能，战事不利。中护军蒋济上表：“毕轨此前失利，既往不咎，但是，恐怕此后难以再用。凡人材有长短，不可强成。毕轨文雅致意，自以为美器。今日在并州失利，换到其他州，若入居显职，不毁其德，于国家大事实善。此安危之要，唯圣恩察之。”到了正始年间，毕轨入朝，担任中护军，改任侍中、尚书，又改任司隶校尉。毕轨平素与曹爽的关系很好，每次向曹爽谏言，多见从之。

李胜，字公昭。父亲李休，字子朗，有智谋。张鲁此前担任镇北将军，李休担任司马，把家眷安置在南郑。当时，汉中有甘露降临，李休见张鲁有精兵数万，有四塞之固，遂建言张鲁，赤气久衰，黄家当兴，欲劝谏张鲁内附，张鲁不听。此后，张鲁被太祖打败，太祖以其劝谏张鲁内附，赐李休爵关内侯，署理散官骑从，诣邺城。到了黄初年间，李休历任上党郡、钜鹿郡太守，后来以年老退休，又受拜为议郎。年少时，李胜游京师，有雅才，与曹爽的关系很好。明帝禁止浮华，而有人揭发李胜的厅堂四窗八达，各有主名。因此，李胜被收捕，因为连累很多人，故得宽宥，禁锢数年。明帝驾崩，曹芳即位，曹爽辅政，李胜担任洛阳令。夏侯玄担任征西将军，任命李胜为幕府长史。夏侯玄也与李胜的关系很好。骆谷之役，谏言是李胜提出，因此司马宣王对李胜也不满。多次外迁，担任荥阳郡太守、河南郡大尹。李胜前后担任宰守，未尝不称职，担任河南郡大尹一年多。厅事前的屠苏酒坏了，李胜令人重修换过，有一枚小木材掉下来，正好打中受符吏石虎的头，头被打破。又过了十几日，李胜改任荆州刺史，还未到任，即落败。

桓范，字元则，桓氏家族世代簪缨。建安末年，桓范进入丞相府。延康年间，担任羽林左监。桓范以文学与王象等撰写《皇览》。明帝时，桓范担任中领军尚书，改任征虏将军、东中郎将，持符节，都督青州、徐州军事，治所在下邳。与徐州刺史郑岐争夺房屋，引用符节，欲斩杀郑岐，被邹岐弹劾，理不直，桓范坐罪，被免官，返回，再次担任兖州刺史，怏怏不乐。桓范又听说要改任冀州牧，当时，冀州统属于镇北将军，而镇北将军吕昭才实仕进，本来在桓范的后面，桓范对其妻子仲长讲："我宁可作诸卿，向三公长跪，不愿为吕子展所屈。"其妻讲："君此前在东部，坐罪欲擅自斩杀徐州刺史，众人认为，君难以为人之下，今日又羞为吕昭属下，是再次难以作为人下。"桓范忿恨妻子之言触到他的痛处，用刀环撞击妻子的腹部。妻子当时怀孕，遂堕胎去世。桓范也竟然称疾，不肯再赴冀州。正始年间，桓范受拜担任大司农。桓范此前在台阁，号称知晓事情，及至担任大司农，又以清廉减省著称。桓范曾经抄录《汉书》中诸杂事，以自己之意斟酌之，编写《世要论》。蒋济担任太尉，曾经与桓范在社下相会，群卿列坐有数人，桓范怀中带着所撰写的《世要论》，欲以此示蒋济，以为蒋济当虚心观看。桓范掏出其写的书，以示左右，左右传之，还给蒋济，蒋济不肯看，桓范心恨之。借着谈论其他事情，对蒋济发怒："我祖上德薄，公辈何似邪？"蒋济性情虽然刚毅，也知道桓范秉性刚强，睨视桓范，没有回答，各自作罢。桓范在沛郡，官职在曹真的后面。当时，曹爽辅政，以桓范是同乡、老旧人，在九卿中，特别礼敬桓范，然而并不信任。及至司马宣王起兵，关闭城门，以桓范晓事，指令召之，欲使桓范率领中领军。桓范欲应召，而其儿子劝谏，以皇帝车驾在外，不如出城南下。桓范犹豫一会儿，儿子又催促。桓范还是要去，而大司农丞吏也阻止桓范。桓范不听，遂从府中突出，至平昌城门，城门已经关闭。门候司蕃，原来是桓范举荐的官吏，桓范招呼之，举手中的版以示之，矫诏曰："有诏令召我，卿赶快开门！"司蕃欲求见诏书，桓范呵斥之，言："卿非我故吏邪，何以敢尔？"司蕃只好打开城门。桓范出城，回过头对司蕃讲："太傅谋逆，卿跟随我去！"司蕃徒步，不能去，遂躲避在一旁。桓范南下来见曹爽，劝曹爽兄弟带着天子到许昌，征调四方军队以自卫。曹爽犹豫不决，曹羲无话可说。桓范又对曹羲讲："事情昭然若揭，卿读书有何用？！就在今日，卿的家族就要完蛋了！"大家都不讲话。桓范又对曹羲讲："卿另外一座军营近在阙南，洛阳典农治所就在城外，招呼他们很容易。而今到许昌去，不过作为暂时住宿，许昌另外有武库，足以利用；所忧当在粮食，大司农的印章就在我身上。"曹羲兄弟默然不语，从半夜直至五更鼓响起，曹爽叹了一口气，把佩刀解下，丢在地上，对群臣从驾讲："我猜想太傅的意思，不过欲令我兄弟好自为之。我只有以此约束自己，不合于远近！"遂向皇帝进言："陛下制作诏书，免去臣的官职，上报皇太后诏令。"桓范知道，曹爽自首免罪，而自己一定会坐罪。桓范无奈说道："老子今日要坐罪，像卿兄弟一样，被灭族啦！"曹爽等人被免去职务，少帝还宫，遂令桓范随从。到了洛水浮桥北，望见司马宣王，曹爽等下车叩头无言。司马宣王喊桓范："桓大夫，怎么样啊！"车驾入宫，皇帝有诏令，桓范仍然复位。桓范到阙门拜章谢恩，等待下面的处理。恰逢城门司蕃到大鸿胪自首，报告桓范此前临出城门时说的话。司马宣王忿然作色："诬陷他人造反，于法何以处置？"主事者答："按照科律，反受其罪。"于是，在阙门下，收捕桓范。当时人都为桓范着急，桓范对部下官吏讲："无须操之过急，我乃义士。"遂被押送至廷尉署治罪。

《世语》记载：当初，曹爽梦见两只老虎衔雷公，雷公拿着二升碗，放置在庭中。曹爽恶之，问占梦者，灵台丞马训答："忧兵。"马训退下，告诉其妻子："曹爽将以兵亡，不出十日。"

《汉晋春秋》记载：安定郡人皇甫谧在正始九年冬天，梦见来到洛阳，从庙中出来，看见车骑甚众，以物呈送庙中，云："诛杀大将军曹爽。"梦醒后，以此告诉其乡里人，乡里人讲："君欲作曹国人之梦乎！朝廷并无公孙强，奈何？而且曹爽兄弟掌握重兵，又兼领尚书职事，谁敢图谋？"皇甫谧答："曹爽无叔振铎的福气，苟失天机，则离矣，如何倚恃军队？在往昔，汉代的阎显，倚恃母后之尊，掌握朝廷大权，享有威命，可谓至重，阉人十九人，一旦诛杀阎显，更何况曹爽兄弟？"

《世语》记载：当初，曹爽出京城，司马鲁芝留在府中，听说有事情，率领军营的骑士砍破津门，出城奔赴曹爽。曹爽被杀，鲁芝被擢拔为御史中丞。及至曹爽解下印绶，将要出府门，主簿杨综制止曹爽："公挟主握权，舍弃此印绶，将要到东市被斩杀乎？"曹爽不听。有关官员弹劾杨综诱导曹爽谋反，司马宣王讲："各为其主。"宽宥杨综，任命杨综为尚书郎。鲁芝，字世英，右扶风人。后来，官职提升至特进位、光禄大夫。杨综，字初伯，后来担任安东将军司马文王幕府长史。

裴松之按：夏侯湛为鲁芝写墓志铭及干宝著《晋纪》都说曹爽被杀，司马宣王当即擢拔鲁芝为并州刺史，任命杨综为安东将军参军。与《世语》说法不同。）

②干宝著《晋纪》记载：蒋济以曹真的功勋，不宜绝祀，故以曹熙为后嗣。蒋济又恨其言，失信于曹爽，发病去世。

何晏，是何进的孙子。母亲尹氏，是曹操的夫人。何晏在宫中长大，又娶了公主。年少时，何晏以才智出名，喜欢老庄哲学，曾著作《道德论》及文赋数十篇。[①]

①何晏，字平叔。《魏略》记载："太祖担任司空时，娶了何晏的母亲，同时收养何晏。当时，秦宜禄的儿子阿苏也跟随母亲，在曹公家里，二人受宠，阿苏犹如公子，阿苏即秦朗。阿苏秉性谨慎，何晏无所顾忌，服饰比拟太子，故文帝特别恨何晏。每次文帝不呼其姓名，只称呼何晏为'假子'。何晏娶了公主，又好色，在文帝黄初年间，没有担任职务。及至明帝即位，朝中有很多冗官。正始初年，何晏曲意奉迎曹爽，加上本人有些才能，故曹爽任命何晏为散骑侍郎，改任侍中、尚书。何晏此前娶了公主，得以受赐爵为列侯，而且，何晏的母亲在宫内，何晏沾沾自喜，动静粉白不离手，行步顾影自盼。何晏担任尚书，主管选拔官员，过去与何晏有旧交情者，多被拔擢。

《魏末传》记载：何晏的妻子是金乡公主，即何晏的同父异母妹妹。公主贤惠，对其母亲沛王太妃讲："何晏为恶日甚，将何以存身自保？"母亲笑着说："你不要妒忌何晏呀！"后来，何晏被杀，留下一个男儿，五六岁，司马宣王派人记录之。何晏的母亲把何晏的儿子藏在王宫中，向使者求情，乞求放过这个孩子，使者回去禀报司马宣王。司马宣王也听说何晏的妻子有先见之明，心中常嘉赏；而且，因为沛王的缘故，予以特别原谅，没有杀何晏的儿子。

《魏氏春秋》记载：当初，夏侯玄、何晏等名盛于当时，司马景王也有预感。何晏曾经说："唯深也，故能通天下之志，夏侯泰初是也；唯几也，故能成天下之务，司马子元是也；唯神也，不疾而速，不行而至，吾闻其语，未见其人。"欲以神况解释自己。当初，司马宣王让何晏参与审理曹爽等的案子。何晏穷究曹爽的党羽，冀以获得宽宥。司马宣王说："案犯应该祸及八族。"何晏疏远丁、邓等七姓。司马宣王讲："还不够。"何晏穷急，只好说："还有何晏吗？"司马宣王答："是也。"收捕何晏。

裴松之按：《魏末传》记载：何晏娶其同母妹妹为妻，此搢绅所不忍言，虽然楚王之妻，不是也很过分。设令此言出于旧史，犹将莫之或信，况底下之书乎？！按诸王公传，沛王出自杜夫人。何晏母亲姓尹，公主若与沛王同一母亲所生，焉得言与何晏同母?

皇甫谧著《列女传》记载：曹爽的堂弟曹文叔，娶谯郡夏侯文宁的女儿，名令女。文叔早逝，妻子服丧，自以为年少，无子嗣，恐怕家人逼自己改嫁，乃断发，以为信。其后，家人果然欲令其改嫁，令女知道后，即用刀割去两个耳朵，居家常在曹爽府邸走动。及至曹爽被杀，曹氏尽死。令女的叔父上书，与曹氏断绝婚姻，强迫令女归家。当时，夏侯文宁担任梁国相，可怜其年少，坚守义理，而且，曹氏无遗存，冀其意沮丧，派人暗中向其暗示。令女叹息，悲泣道："我也这样想，只好答应。"家人以为信，对其防备稍微松懈。令女于是悄悄进入寝室，用刀割去鼻子，蒙被而卧。其母呼喊令女，与其谈话，不应，揭开被子一看，血流满床。举家惊惶，奔往视之，莫不酸鼻流泪。有人对令女讲："人生世间，如轻尘栖弱草，何至辛苦乃尔？！且丈夫家夷灭已尽，守此贞洁，欲为谁哉？"令女答："我听说，仁者不以盛衰改节，义者不以存亡易心，曹氏此前盛时，尚欲保持贞洁不变，况今日衰亡，何忍弃之？禽兽之行，吾岂为乎？"司马宣王听说后，嘉赏之，听任其乞子抚养，作为曹氏的后嗣，其名显于后世。

夏侯尚，字伯仁，是夏侯渊的堂侄。文帝与夏侯尚是亲友。① 曹操平定冀州，夏侯尚担任幕府军司马，率领骑兵跟随曹操征伐，后来担任五官中郎将曹丕的文学官。魏建国初，夏侯尚改任黄门侍郎。代郡胡人反叛，曹操派遣鄢陵侯曹彰讨伐胡人，令夏侯尚参谋军事，曹彰平定代地，凯旋。曹操在洛阳驾崩，夏侯尚持符节，奉送梓宫返回邺城。合并夏侯尚此前的战功，魏王曹丕封夏侯尚为平陵亭侯，拜夏侯尚为散骑常侍，改任中领军。曹丕接受汉室禅让，继承帝位，再次封夏侯尚为平陵乡侯，改任征南将军，兼领荆州刺史，持符节，都督南方诸军事。夏侯尚上奏："刘备在上庸另外驻有军队，山道艰险，绝不会料到我军奇袭。如果用奇兵袭击，出其不意，则大功可成。"夏侯尚率领诸军攻破上庸，平定三郡九县，战后夏侯尚改任征南大将军。孙权虽然向魏国称臣，夏侯尚仍然做好攻打江东的准备。此后，孙权暴露其怀有二心。黄初三年，文帝车驾巡幸宛城，诏令夏侯尚率领诸军，与曹真共同围困江陵。孙权派诸葛瑾与夏侯尚隔江对峙，诸葛瑾渡长江，进抵长江中的小洲，布置一部分水军在江心小洲。夏侯尚趁着夜色，率领步骑一万余人，乘坐许多油船，从下游潜渡，袭击吴军，夹江烧毁诸葛瑾的舟船，水陆并进，大败诸葛瑾。江陵城还未攻下，瘟疫暴发，文帝诏令夏侯尚率军撤回。文帝加封夏侯尚食邑六百户，合并之前，夏侯尚共享有一千九百户，文帝还赐予夏侯尚斧钺，晋升为州牧。荆州破败，一片荒凉，靠近蛮夷，与吴国以汉水为界，原来的居民大多移居江南。夏侯尚从上庸开辟通道，西行七百余里，山上蛮夷多愿意归顺，五六年间，有数千家降服。黄初五年，文帝改封夏侯尚为昌陵乡侯。夏侯尚有一位爱妾，受到宠幸，欲争夺正室；正室是曹氏之女，故文帝派人将这位侍妾绞杀。夏侯尚为此而悲恸不已，生病以至于精神恍惚。埋葬侍妾后，夏侯尚仍时时怀念，前去墓地探视。文帝听说后，很生气：“杜袭看不起夏侯尚，是有其原因的。”然而夏侯尚是先帝老臣，恩宠不衰。黄初六年，夏侯尚病重，返回京师。文帝多次来家中探视，握着夏侯尚的手，涕泣不已。夏侯尚去世，谥号为悼侯。[②]嗣子夏侯玄继承爵位。文帝又分出夏侯尚的食邑三百户，赐夏侯尚弟弟的儿子夏侯奉爵关内侯。

①《魏书》记载：夏侯尚有筹划谋略之能，文帝器重之，与夏侯尚成为布衣之交。

②《魏书》记载：文帝诏书：“夏侯尚自从少年起，侍从先帝，竭尽忠诚。虽然是异姓，先帝待其犹如骨肉，是以出入皆为先帝腹心，充当爪牙。夏侯尚智慧超群，谋略过人，不幸早逝，命也，奈何？！赠征南大将军、昌陵侯印绶。”

夏侯玄，字太初，从小就很有名气。弱冠之年，夏侯玄担任散骑黄门侍郎。曾经入宫觐见，与皇后的弟弟毛曾并排而坐，夏侯玄深感耻辱，脸上不悦的神情显露无遗。明帝看到了，很生气，贬谪夏侯玄为羽林监。齐王曹芳正始初年，曹爽辅政，因为夏侯玄是曹爽姑姑的儿子，升任散骑常侍、中护军。[①]

①《世语》记载：在当时，夏侯玄以知人善任闻名于世，担任中护军，擢拔任用武官、参戟牙门大多是俊杰之士；后来，这些人大多担任州牧典守。立法垂教，于今仍皆为范式。

太傅司马懿向夏侯玄询问时事，夏侯玄认为：“朝廷用人，应该唯才是用，此乃国之权柄。故选拔官员，应该由尚书台阁负责，这也是职责所系。有孝行者，存乎闾巷，人的品行优劣，自有乡人公论，要充分了解下情。欲使风清气正，在于慎重选人，要明确选人的标准，不为私人请托所干扰。为什么？如果上面越俎代庖，选人的标准就会难以把握，趋炎附势的大门就会为之洞开；下面的人妄加评议，官员的选拔就会被妄议者左右，选人的标准也会政出多门。官员选拔，被舆情操控，就还会被世人讥讽；政出多门，是选官混乱的主要原因。自从朝廷从州郡选拔九品中正官，已经有数年，世人议论纷纷，没有统一的标准。这是上面职责不清，又受到下面妄议干扰所致，上下均未能把握要点！如果考查九品中正官，仅从德行考查，德行优秀者，标准一致，即可担任官职。为什么？有孝行者，在家中受到称赞，担任朝廷官员，岂能不忠于朝廷？有仁恕者，在九族受到称颂，担任朝廷官员，怎么会不以仁恕施政？有义行者，受到乡党称赞，担任朝廷官员，怎么会不以义行任职？这三者中，选拔九品中正官，即使暂时不能担任官员，一旦担任官员，即可知道其任职后的情况。德行有大小，评判的等级有高下，所任职务，可以一目了然。为何选拔九品中正官，一定要受到舆情影响？掌握选拔官员者，有失职渎职的情况，上下均有责任，怎么会不出现失误？而且台阁临下，众职之官属各有长官负责，考查官员政绩，莫出于此；闾阎之议，以意裁处，朝廷官员一旦失去官职，众人惊慌莫名，欲风清气正，可能吗？朝廷距离遥远，众人难以申诉。所能申诉者，只在附近，如何满足蒙冤者所诉求？要让申诉者诉求有路，修己家门者，已不如自达于乡党。自达乡党者，已不如自求之于州郡。开之有路，患其饰真离本，虽然再三要求，务必中正，以刑罚惩治，也无益处。不如让官员各司其职，负责官员，以其官属的能力可否向上级报告，中枢台阁根据负责官员的报告，确定官员的能力，再参考乡闾对其德能的评价，加以对比，勿使官员的考评有偏颇。要想做到中正，唯一可行的办法是考查官员的行迹，区别高下，审定其能力，勿使官员升降流于形式。中枢台阁总其要，这样行事，就会简单得多。或许有差错，其责任自有相关官员负责。官员的升迁，中正辈拟，比随次率，而用之。如果官员不称职，责任自有相关人员负责。这样，内外参考，得失有依据，互相形检，孰能相饰？人心定，而事理得，这样可以风清气正，端正风俗，审查官员是否称职。”又认为：“在古时，朝廷设置官职，用以济苍生、统万物，因此，作为君长，有专职官员治理民众。负责治理的官员也要稳定，负责官员稳定，下面任事的官吏也会安心处理政务。官员专心于政务，政事不会过于烦琐。事简业精，上下相安，不能治理者，未之有也。先王建立万国，虽然当时的情况很难考证。然而，先王划分疆界，诸侯守土保境，绝不会出现政务繁杂、忙乱不堪的情况。再考证殷商、周室划分五等爵位，治理天下，也仅有大小贵贱之别，没有君主臣民，二统互相牵制。官员任职标准不统一，任职能力不精粹；任职能力不精粹，政事如何简略？政事繁杂，民众如何安宁？民众不能安宁，邪恶势力必然兴起，奸伪随之滋生。先王深知这一点，在任命官员时，专门强调各司其职、政令统一。自从秦统一天下，不遵循圣道，以私意授受官职，以奸邪治理百姓；朝廷担心官员不良，设立监察官，用以考查下级，又担心监察官徇私枉法，另外设置官员负责纠察；宰相郡守，各级官员层层叠叠，监察官员相互监督，人怀异心，上下殊务。汉继秦制，不能匡正。魏室兴隆，日不暇及。五等爵位旧制虽然难以恢复，然而，大致订立任职标准，做到政令统一，还是可以的。今天的县长、县吏，犹如古时的诸侯国君或大夫，有负责治民的郡守，再增加州部刺史。而郡守所负的职责，唯在大略，与州部刺史相同，不可再重。可以撤销郡守，只任命刺史；刺史负责，监察不废，郡府官吏达万数，可以罢免，让他们回到农业上去，减省很多国库开支，丰财殖谷，一也。大县县长之责堪比郡守，是非之讼，每生异意，顺从则安，直己则争。和羹之美，在于求同存异；上下之益，在于相互调济；顺从乃安，此琴瑟一律；荡而除之，则官省事简，二也。干郡之吏，职监诸县，营护党亲，乡邑旧故，如有不副，因公掣肘，民之困弊，祸咎皆生于此，若加以合并，则乱源自塞，三也。而今，继承衰败之世，民生凋敝，百姓稀少，贤才鲜少，任事者寡，郡县良吏，往往很少，郡受县成，其悲剧在下，而吏之上选，郡府当首先满足，此为亲民之吏，专得下层，吏者民命，而常顽劣，如果裁并，从官吏中多选用清廉者任职，大化宣流，民物获宁，四也。譬如上万户一个县，名义上可为郡守，五千户以上的县，名义上可为都尉，千户以下的县，则为县令、县长，仍如旧例，县长以上，考查政绩，予以晋升，转任能升，所牧亦增，此进才效功之叙，若制度一定，官员的才干有了区别，治理的功效显现，五也。如果裁撤郡守，县中政事径达，事不阻隔，官无滞留，三代之风再现，虽未必全能达到，简一之化，庶几可致，便民省费，在于此矣。”又认为：“文武之交互使用，犹如四季之迭兴，王者体天理物，必因弊，而济通之，时弥质，则文之以礼，时泰侈，则救之以罚。而今，继承百王之末世，秦汉之衰流，世俗弥文，宜大改之，以副民望。而今制度，自公、侯以下，从大将军以上，都可以穿戴绫锦、罗绮、纨素、金银雕镂之物，这样率下，杂彩之服，通于贱人，虽上下等级各示差别，然而，朝臣制度，已等同至尊矣，玄黄之采，已普及下人矣。欲使市井百姓不羡慕华丽之色，商人不能贩卖难得之货，工人不能制作雕刻之物，不可能也。是故宜大理其本，遵循古法，文质之宜，取其中则，建立礼法。车舆服章，皆从质朴，禁绝末俗华丽，使干朝之家、有位之室，不复有锦绮之饰，无兼采之服，纤巧之物，自上而下，至于朴素之差，示有等级，勿使过一二。如果是因为建立功勋，受到朝廷赏赐，皇上恩典所加，皆上表有关部门，然后服用之。上之化下，犹风之靡草。朴素之教，兴于本朝，奢靡之心，自然会消解于下矣。”

司马懿回信夏侯玄：“选拔官员，挑选人才，委以重要官职，更改御服制度，这些都是大善之事。礼乡闾本行，朝廷考查官员，大致如所示。而中间有一些承习，恐怕仓促间不能更改。秦时并无刺史之职，但是有郡守、县长、县吏。汉家虽然设置刺史，谨奉六条标准，监察下级官员，因此，刺史又称‘传车’，其属吏称为‘从事’，没有固定的办事衙门，属吏也不称其为臣。再后来，刺史官职变成固定，有其衙门治所。在往昔，贾谊也担心礼服制度，汉文帝虽然身穿粗丝织成的衣服，仍然不能使上下谨守俭朴。恐怕此三事，要等待贤君出世，然后才能改变风尚。”夏侯玄又上书：“汉文帝虽然身穿粗丝织成的衣服，并未更改制度。朝廷内外，有僭越礼制的行为，宠臣接受无限之赏赐。由此看来，好似旨在身前立名，并非严格制定礼仪。而今，公侯命世作宰，追踪上古，将隆至治，抑末正本，若制定于上，则化行于下，众矣。当宜改之时，留殷勤之心，令发出诏命之日，下之响应，犹如山谷回音，犹垂谦谦，此所谓‘等待贤君’。那么，伊尹不能匡正殷商，周公不能为姬室制定法典。窃以为不当如此。”

不久，夏侯玄改任征西将军，持符节，统率雍州、凉州的军事。[①]夏侯玄与曹爽共同发起骆谷战役，当时人讥讽此战役。曹爽被杀，司马懿征召夏侯玄，拜为大鸿胪，数年后，又改任太常。夏侯玄因为曹爽之事受到司马氏压制，在朝中不得意。中书令李丰一直被司马师信任，然而，内心仍然向着夏侯玄。李丰暗中结交皇后的父亲光禄大夫张缉，密谋让夏侯玄辅政。李丰在朝中执掌权柄，儿子又娶了公主，与张缉同为左冯翊人，故张缉对李丰信任。李丰暗中令弟弟兖州刺史李翼奏请朝廷，欲让李翼带兵入朝，合力兵变。恰逢李翼的奏请未获批准。嘉平六年二月，皇帝要册封贵人，李丰等欲借皇帝亲临前殿，宫门均有禁军把守，诛杀大将军，以夏侯玄代替，以张缉为骠骑将军。李丰暗中告诉黄门监苏铄、永宁署令乐敦、冗从仆射刘贤等：“卿等在宫内多有不法之事，大将军为人严厉，常常谈起这些，张当的下场可以为借鉴。”苏铄等答应，愿意从命。[②]大将军对此已有耳闻，请李丰来见，李丰不知道事情已经败露，遂前去，被司马师诛杀。[③]司马师将案件交予有关官员审理，遂收捕夏侯玄、张缉、苏铄、乐敦、刘贤等，押送至廷尉署监狱。[④]廷尉钟毓上奏：“李丰等密谋胁迫至尊，擅自杀害大臣，大逆不道，奏请依法严惩。”于是，司马师大会公卿，朝臣与廷尉一起廷议，都认为：“李丰蒙受朝廷厚恩，负责朝廷机要；张缉有外戚椒房之尊；夏侯玄家族累世为朝廷大臣，享有列侯位；居然皆包藏祸心、妄图谋逆、勾结阉竖、密谋奸计！由于忌惮天威，不敢明目张胆造反，欲要挟皇上，以施展其邪谋，谋害贤良大臣，擅自封官许愿，倾覆朝廷，危害社稷。钟毓所定罪行，符合法律，应按照奏报，明正典刑。”皇帝诏书：“齐国长公主是先帝的爱女，赦免其所生的三个儿子死罪。”李丰、夏侯玄、张缉、乐敦、刘贤等皆被夷灭三族，[⑤]其余亲属被流放至乐浪郡。夏侯玄气量恢宏，当被押赴至东市问斩时，面色不改，泰然自若，死时年仅四十六岁。[⑥]正元年间，续封功臣的后代，曹髦续封夏侯尚的玄孙夏侯本为昌陵亭侯，享受食邑三百户，以奉祀夏侯尚的祠庙。

①《魏略》记载：夏侯玄赴任，司马景王代理护军。护军总理诸将，还负责武官选举，前后担任过此官者，不能制止贿赂。故蒋济原来担任护军时，有歌谣：“欲求牙门，当得千匹；百人督，五百匹。”司马宣王与蒋济的关系很好，曾经以此事问蒋济，蒋济无法回答，因戏言：“洛中市买，一钱不足，则不行。”遂相对而笑。夏侯玄代替蒋济，仍不能杜绝人事。及至司马景王代替夏侯玄，整顿法令，人莫敢违反。

②《魏书》记载：夏侯玄一向尊贵，因为曹爽的缘故，遭到贬黜，常怏怏不乐。中书令李丰与夏侯玄及皇后的父亲光禄大夫张缉阴谋为乱，张缉与李丰同郡，而且为人灵巧，以东莞郡太守被召，身为皇后外戚，也不得意，故与之同谋。当初，李丰自以为身处机要，其子李韬又以列侯兼任给事中，娶了齐王长公主，有内外之重，心里不安。李丰暗中对儿子李韬讲："夏侯玄是海内重臣，加上担当大任，正当年轻力壮，而遭受贬黜，又亲附曹爽外戚，与大将军有矛盾。我得到夏侯玄一封书信，深以为忧。张缉有才能，放弃兵马大郡，回到家中，居于闾巷，也不得志，欲让你以密计告之。"张缉曾经卧病在床，李丰派遣李韬前来探视，李韬屏退左右人，对张缉讲："我娶了公主，我们父子在官内机要，大将军执掌朝政，常担心不能受到信任，太常也深感忧虑。君侯虽有皇后父亲之尊，安危仍未可知，皆与我们李家一样深感忧虑，我的父亲欲与君侯密谋。"张缉默然良久，说："同舟之难，吾焉所逃？这是大事，不成功，就会祸及宗族。"李韬于是报告李丰，又暗中告诉黄门监苏铄等，苏铄等答应李丰："唯君侯计。"李丰又说："今日拜贵人，诸营兵皆守卫官门。陛下临轩，借此便可胁迫，率领群臣及士兵，诛杀大将军。卿等当共谋，传达此意。"苏铄等说；"陛下倘若不从，奈何？"李丰等说："事有权宜，临时若陛下不听，便当劫走，带离宫殿。岂能不从？"苏铄等答应。李丰又说："这是灭族之事，卿等密谋。事成，卿等皆当封侯。"李丰又暗中告诉夏侯玄、张缉。张缉派遣儿子张邈与李丰勾结，密谋到时起事。

《世语》记载：李丰派遣儿子李韬将谋划报告夏侯玄，夏侯玄说："再斟酌详细些。"不以告也。

③《世语》记载：大将军听说李丰密谋，舍人王羕请求大将军，以大将军命令请李丰来。"李丰毫无准备，情屈势迫，一定会来。若不来，王羕一人足以制服；若知道密谋泄露，以众挟持，臣将用长戟自卫，径自进入云龙门，挟天子，登凌云台，台上有三千人可以倚仗，鸣鼓聚集众人。如此，王羕不怕也。"大将军派遣王羕用车子迎接李丰。李丰见劫，被逼无奈，跟随王羕来见大将军。

《魏氏春秋》记载：大将军叱责李丰，李丰知道祸事将临，遂正言厉色道："卿父子心怀奸诈，将要倾覆社稷，可惜我力量不够，不能擒获尔等！"大将军大怒，令勇士用刀环砍李丰的腰部，杀之。

《魏略》记载：李丰，字安国，是原卫尉李义的儿子。黄初年间，以父亲的职务，李丰被召随军。当初还是白衣时，十七八岁，在邺城有名气，为人清白，识别人物，海内翕然，莫不留意。后来随军在许昌，声名日隆。其父不愿其这样，令其闭门，敕令其与宾客断绝来往。当初，明帝在东官，李丰担任文学侍从。及至明帝即位，得到吴国投降者，问："江东听说中原的名士有谁？"投降者答："听说有李安国，是吗？"当时，李丰担任黄门侍郎，明帝问左右李安国所在，左右以李丰回答。明帝问："李丰名字，连吴越人都知道？"后来，明帝改任李丰为骑都尉、给事中。明帝驾崩，李丰担任永宁宫太仆，以名过其实，很少被重用。正始年间，李丰改任侍中、尚书仆射。李丰在台省，常称自己身体有病。当时台阁制度，病满百日，当解除职务。李丰病未满数十日，辄暂起，又重新称病，如是数年。当初，李丰的儿子李韬被选中，娶了公主，李丰虽然对外辞让，但内心并不甚忌惮。李丰的弟弟李翼及李伟，出仕做官数年间，历任郡守。李丰曾经在他人面前告诫二位弟弟，说应当利用荣位，多做善事。及至司马宣王久病不起，李伟担任二千石官员，荒于酒色，在新平郡、右扶风郡被人诟病，而李丰不能召回，众人以为恃宠。曹爽在朝中秉权专政，李丰依违二公间，无有谏言，故当时有谤书，曰：“曹爽之势热如汤，太傅父子冷如浆，李丰兄弟如游光。”其意认为，李丰虽然外示清净，而内图事，好似“游光”。及至司马宣王奏请诛杀曹爽，驻车阙门下，通知李丰，李丰恐惧，瞬间气馁，当即委身于地上，不能起来。至嘉平四年，司马宣王去世，中书令缺位，大将军咨询朝臣：“谁可以补任？”有人举荐李丰。李丰虽然知道此非显选，自以为与朝廷联姻，心里想着依附至尊，伏在地上叩头，没有辞让，大将军遂奏请任命李丰。李丰担任中书令二年，皇帝每当召李丰，与其单独谈话，不知其说什么。司马景王知道，李丰一定谈及自己，请李丰，李丰不能以实话禀告，司马景王杀了李丰。其事情隐秘。李丰前后在两个皇帝身边担任官职，不以家计为意，仅依靠官俸生活而已。李韬虽然娶了公主，李丰常敕令儿子不得巧取豪夺，有时会得到赏赐的钱帛，辄用以对外施与亲戚；如果得到赐予的官人，则多送予子弟，而李丰皆送予诸外甥。及至李丰死后，有关官员抄其家，家无余财。

《魏氏春秋》记载：夜晚，大将军命令，把李丰的尸体交予廷尉，廷尉钟毓不接受，说：“非法官所治。”以其情状奏报，皇帝敕令，才接受。皇帝大怒，问李丰为何死去，太后恐惧，招呼皇帝入内，才停止询问。司马景王派人收捕李翼。

《世语》记载：李翼的后妻，是散骑常侍荀廙的姐姐，对李翼讲：“中书省事发，现在逮捕文书还未到，赶快逃往吴国，为何要坐以待毙？！左右人可以共同赴水火者，还有谁？”李翼想了想，没有回答。妻子说：“君在大州任职，不知与谁可以同生共死，去也不会连累他人。”李翼说：“两个儿子还小，我不能走。今日但坐死，身死，两个儿子必定免死。”果如李翼所言。李翼的儿子李斌，是杨骏的外甥，晋惠帝初年，担任河南郡大尹，与杨骏一起被杀，详见《晋书》。

④《世语》记载：夏侯玄到了廷尉署，不肯下拜。廷尉钟毓亲自审理夏侯玄。夏侯玄正言厉色，叱责钟毓：“我有何供词？卿为令史责人，卿便是我的同谋。”钟毓以夏侯玄是名士，名节甚高，不能屈服，而监狱又是办案的地方，连夜为其编造供词，与此事相附，流着眼泪将供词拿给夏侯玄看。夏侯玄看罢，颔首而已。钟毓的弟弟钟会，年少时欲与夏侯玄结交，夏侯玄不肯与其结交。这一日，钟会在监狱里狎弄夏侯玄，夏侯玄不理。

孙盛著《杂语》记载：夏侯玄身陷囹圄，钟会借机狎弄，欲与夏侯玄交友，夏侯玄正言厉色道：“钟君为何如此相逼迫？！”

⑤《魏书》记载：李丰的儿子李韬，因为娶了公主，在狱中被赐死。

⑥《魏略》记载：夏侯玄自从从西部返回，不交接朝廷人事，不蓄养华美妍姿。

《魏氏春秋》记载：当初，夏侯霸将要投奔蜀国，招呼夏侯玄，欲与其一起逃走。夏侯玄说：“我如果苟且，投奔东吴，存自身客居寇虏乎？”遂返回京师。太傅去世，许允对夏侯玄讲：“不再有忧虑矣。”夏侯玄叹息道：“士宗，卿怎么看不出事呢？太傅还能以通家年少厚遇我，子元、子上不肯容我也。”夏侯玄曾经著《乐毅》《张良》《本无肉刑论》，辞旨幽远，都传于后世。夏侯玄执拗。卫将军司马昭为之流涕，请求赦免夏侯玄。大将军说：“卿忘记赵司空安葬之事乎？”此前，司空赵俨去世，大将军兄弟会葬，宾客有上百数，夏侯玄最后来到，众宾客都离席相应，大将军由是恶之。

裴松之按：曹爽在正始五年征伐蜀国，当时，夏侯玄已经是关中都督。正始十年，曹爽被杀，夏侯玄才返回洛阳。按《少帝纪》记载：司空赵俨在正始六年去世，夏侯玄不可能参加赵俨的葬礼。如果说夏侯玄入朝，而纪、传又无其事，斯近妄语，不是事实。

当初，中领军高阳郡人许允与李丰、夏侯玄的关系很好。之前，有人伪造一尺长的诏书，任命夏侯玄为大将军、许允为太尉、二人兼领尚书职事。不知什么人在天还未亮时，骑快马把诏书送给许允的门下吏，只说了声："有诏。"而后，骑快马飞驰而去。许允当即把诏书焚烧，也没有打开看，把他交予司马师。后来，李丰等因为事情败露。朝廷调任许允为镇北将军，持符节，都督河北诸军事。许允还未出发，朝廷就以滥发公家财物为罪名，将许允收捕，交予廷尉治罪。许允遂被流放至乐浪郡，途中病死。①

①《魏略》记载：许允，字士宗，许氏家族世代簪缨。父亲许据，历任典农校尉、郡守。年少时，许允与同郡人崔赞在冀州享有盛名，被征召入军。明帝时，许允曾经担任尚书，被选拔为曹郎，与陈国人袁侃同时任职，在同署办公。此次二人被收捕入狱，受到严刑拷打，有被打死者，正直者打得更重。许允对袁侃讲："卿是功臣之子，按照法律，应该有八议宽宥，不用担心死罪。"袁侃知其所指，乃为其受重刑。许允刑满释放，重新担任官吏，出任郡守，稍后升任侍中、尚书、中领军。许允听说李丰等被收捕，欲前去见大将军，已经出门，又彷徨不定，中途说回去取衣袴，李丰等已经被收捕。大将军听说许允前来，怪之曰："我自收捕李丰等，不知士大夫为何如此匆忙？"在当时，朝臣议论者多矣，众人都认为，大将军意在许允。恰逢镇北将军刘静去世，朝廷让许允代替刘静，迎接许允，授予符节，出来后住在外舍。大将军写信给许允："镇北将军虽然事情少，而都督一方，念足下可以震华鼓、建朱节。在本州任职，正所谓'著锦绣，大白天行路'。"许允心里很高兴，与台阁诸人相闻，欲改易其鼓吹旌旗。其哥哥的儿子平时听说，众人都认为许允此前被大将军厌弃，告诫许允："但当赴任，用这些东西干什么？！"许允说："卿俗士不解，我以此表示接受国家荣宠，故求之。"皇帝以许允应当出任显职，下诏大会群臣，群臣集合，皇帝特别引许允走近；许允此前担任侍中，顾当与皇帝告别，涕泣唏嘘。大会群臣后，许允出宫，皇帝又诏令许允赶快赴任。恰逢有关官员弹劾许允，此前擅自以厨钱，乞求诸俳优及其官属，故又被收捕，送往廷尉，受到严刑拷打，减死罪，流放至边郡。许允在齐王曹芳嘉平六年秋天被流放，妻子不得跟随，在流放途中，当年冬天去世。

《魏氏春秋》记载：许允曾经担任吏部郎，被擢拔为郡守。明帝怀疑用非其人，召许允入宫，将要治罪。许允的妻子阮氏光着脚出来，对许允讲："明主可以理夺，难以情求。"许允颔首而入。明帝大怒，诘问之，许允回答："某郡太守虽然任期满，文书先至，年限在后，某守虽然在后，任职年限在前。"明帝于是取出有关档案检视，放过许允，让许允回去。看见许允的衣服破旧，说："可谓清廉官吏。"就赏赐许允。许允出任镇北将军，高兴地对妻子讲："吾知道免罪矣！"妻子说："祸见于此，何免之有？"许允善于相印，将要受拜，以印不善，要重新刻制，如此者三。许允说："印文虽然已成，然而已经被污。"问送印者，果然是从怀中坠入厕所。《相印书》曰："相印法本出自陈长文，长文传授予韦仲将，印工杨利从仲将处学习此法，又传授予许士宗。可以用此法术占卜吉凶，十卜中八九。仲将问长文：‘从谁那里得到此法？’长文答：‘本出自汉世，有《相印经》《相笏经》，又有《鹰经》《牛经》《马经》。印工宗养将此法传授予程申伯，是故有十二家相法传之于世。’”许允的妻子阮氏贤惠，然而貌丑。许允婚礼上初一见面，为之愕然，婚礼结束，不想进入洞房。妻子派侍婢出去看一看，云“有客人姓桓”，妻子说：“这一定是桓范，将要劝夫君入洞房。”桓范果然在劝说许允。许允走入洞房，须臾又起身，妻子捉住许允的衣裾，强留许允。许允对新婚妻子讲：“妇有四德，卿有其几？”妻子说：“新妇所乏唯容。士有百行，君有其几？”许允答：“皆备。”妻子说：“士有百行，以德为首，君好色不好德，何谓皆备？”许允有惭色，知妻子绝非平凡之人，遂雅相亲重。生有两个儿子许奇、许猛，年少时，有佳闻。许允后来被司马景王所杀，门生走入家门，告诉许允妻子。许允妻子正坐在织布机上，神色不变，说：“早知会这样。”门生欲藏匿其儿子，许允妻子说：“不关儿子的事。”后移居墓所，司马景王派遣钟会来看，若才艺德能像其父亲一样，立即收捕。儿子问母亲该如何应对，母亲答：“汝等虽佳，才具不多，袒露胸怀，与钟会谈话，便可无忧，无须极哀，钟会止便止。还可以少问些朝中的事情。”儿子听从母亲的教导。钟会回去，向司马景王复命，具以状对。最终，两个儿子免祸，皆母亲之教导也。虽然钟会善于识鉴，而输于贤妇之智。许允妻子贤惠，余庆惠及后嗣，子孙得以追封。

《世语》记载：许允有两个儿子：许奇，字子泰；许猛，字子豹。两人都有理政的能力，以才学闻名。晋元康年间，许奇担任司隶校尉，许猛担任幽州刺史。

傅畅著《晋诸公赞》记载：许猛喜好礼乐，为人儒雅，为当时最优。许奇的儿子许遐，字思祖，以清雅为人所称道，官至侍中。许猛的儿子许式，字仪祖，有才干，官至濮阳国内史、平原郡太守。

清河郡人王经与许允都是冀州名士。甘露年间，王经担任尚书，受到高贵乡公之事牵连，被杀。当初，王经担任郡太守，王经的母亲对王经讲：“你是种田人的儿子，如今出仕为官，官至二千石，事物达到极致，会有不祥之兆，可到此为止。”王经没有听从，历任两个州的刺史，又担任司隶校尉，最终落败。①许允的友人同郡人崔赞，也曾经以处世太盛为不祥之兆，告诫许允。②

①《世语》记载：王经，字彦纬。当初，王经担任江夏郡太守。大将军曹爽拿出绢二十匹，令王经在吴国市场上交易，王经不肯，弃官归家。母亲问其为何归来，王经以实对。母亲以王经负责一郡军、政要务，擅离职守，当着护送官吏的面，杖打王经五十下。曹爽听说后，不再加罪。王经曾经担任司隶校尉，征召河内郡人向雄，任命为都官从事。王业被押出，却没有审理王经，看来要蒙难。王经在东市行刑，向雄为王经哭哀，感动一市人。刑及王经的母亲，雍州故吏皇甫晏以家中财产收葬。

《汉晋春秋》记载：王经被收捕，辞别母亲。母亲颜色不变，笑而回应，说：“人谁不死？以往所以不制止你，恐不得其所也。今日同时被杀，何恨之有？”太始元年，晋武帝下诏：“原尚书令王经，虽身陷法网被杀，然而王经守志不移，可嘉。门户湮没，朕常哀愍之，赐王经的孙子为郎中。”

②荀绰著《冀州记》记载：崔赞的儿子崔洪，字良伯，为人清静，有远大志向，在晋朝担任吏部尚书、大司农。

陈寿评论如下：夏侯氏、曹氏世代结为姻亲，因此，夏侯惇、夏侯渊、曹仁、曹洪、曹休、夏侯尚、曹真等，都是以姻亲故旧成为朝廷的肺腑大臣。在当时，他们异常尊贵，随侍在君王左右，建立功勋，做出很大贡献。曹爽德薄而位尊，沉溺于骄奢淫逸，恃骄溢满，这些都是《易经》告诫之事、道家所忌讳。夏侯玄循规蹈矩，气度不凡，有盛名于当世，然而，与曹爽内外缱绻，享有尊贵地位，却从未听说有匡正曹爽的言辞，从未引荐过良才。就此而论，怎么能逃脱败亡的命运？！

魏书十

荀彧荀攸贾诩传第十

荀彧，字文若，颍川郡颍阴县人。祖父荀淑，字季和，曾担任朗陵县令，在顺帝、桓帝朝是当时的知名士人。荀淑有八个儿子，号称八龙。荀彧的父亲荀绲，曾担任济南国相。叔父荀爽，曾担任司空。①

①《续汉书》记载：荀淑有高才，王畅、李膺皆拜荀淑为老师，荀淑曾担任朗陵侯国相，号称神君。张璠著《汉纪》记载：荀淑博学多识，有高行，与李固、李膺友善，从小吏中擢拔李昭；黄叔度还是幼童时，荀淑与黄叔度的关系很好。荀淑被举荐为贤良方正，受到征召，在对策时，讥讽梁冀，后来，被外放担任朗陵侯国相，在任上去世。荀淑有八个儿子：荀俭、荀绲、荀靖、荀焘、荀诜、荀爽、荀肃、荀旉（fū）。荀爽，字慈明，年少时，好学多问，十二岁就已经熟读《春秋》《论语》，耽思经典，不肯应征召有十几年时间。董卓在朝中秉政，再次征召荀爽，荀爽欲逃遁，官吏跟得很紧。朝廷下诏到郡府，当即拜荀爽为平原国相；行至苑陵，又追拜荀爽为光禄勋；在任上视事三日，朝廷下策书，又拜荀爽为司空。荀爽起自布衣，赴任九十五日，位至三公。荀淑原来居住的里巷名字叫“西豪里”，县令苑康说，在古代，高阳氏有八个优秀的儿子，将其里巷署名为“高阳里”。荀靖，字叔慈，也有至德，名声仅次于荀爽，隐居终身。

皇甫谧著《逸士传》记载：有人问许子将，荀靖与荀爽孰贤？子将答：“二人皆如美玉，慈明外朗，叔慈内润。”

荀彧年少时，南阳郡人何颙看到荀彧，颇为惊讶，说：“此人有王佐之才。”①献帝永汉元年，朝廷要求举荐孝廉，荀彧被举荐为孝廉，担任守宫令。董卓在朝廷作乱，荀彧奏请出任地方官，被任命为亢父县令。荀彧弃官归家，对乡亲们讲：“颍川郡可谓四战之地。天下一旦有变，兵家必争。密县城虽然坚固，可惜只是一个小县，不足以躲避大难，还是要尽快离开。”乡里人大多怀念故土，不愿意离去。恰逢同郡人冀州牧韩馥派遣骑兵前来迎接，没有人家愿意走，荀彧独自率领族人，到冀州避难。荀彧到了冀州，此时，袁绍已经夺去韩馥的权位。袁绍对待荀彧，以上宾礼相待。荀彧的弟弟荀谌及同郡人辛评、郭图皆受到袁绍的重用。荀彧忖度，袁绍终究不能成就大事，当时，曹操担任奋武将军，驻扎在东郡，初平二年，荀彧离开袁绍，投奔曹操。曹操与荀彧一席长谈，大喜过望。曹操说：“我的张子房到了。”曹操任命荀彧为奋武司马，当时，荀彧年仅二十九岁。董卓威震天下，曹操向荀彧问计，荀彧答：“董卓残暴至极，最终一定会在战乱中败亡，不会有什么作为。”董卓派遣部将李傕等，从函谷关出兵，大军所过之地，烧杀抢掠，一片狼藉，到了颍川郡、陈留郡，烧杀一番，撤军返回。荀彧家乡的人，凡在家乡者，大多被杀、被抢。第二年，曹操兼领兖州牧，后来又担任镇东将军，荀彧在将军幕府担任司马，跟随曹操。献帝兴平元年，曹操征伐陶谦，把荀彧留在后方，主管一应事务。张邈、陈宫在兖州反叛，暗中迎来吕布。吕布到了兖州，张邈派使者刘翊对荀彧讲：“吕将军来襄助曹使君攻打陶谦，应该尽快供应其军粮。”众人均感到疑惑。荀彧已查明张邈密谋作乱，当即整顿兵马武备，派人骑马疾驰，召请东郡太守夏侯惇，兖州属下县邑纷纷响应吕布。当时，曹操率领大军攻打陶谦，留守的兵力很少，而留守的将领与官吏大多暗中与张邈、陈宫勾结。夏侯惇率军来到，当天夜晚，杀了谋逆叛变者数十人，这才安定下来。豫州刺史郭贡率领数万人马，来到城下，有人讲，郭贡与吕布同谋，众人恐惧不安。郭贡求见荀彧，荀彧准备与郭贡见上一面，东郡太守夏侯惇等劝止荀彧：“君为一州首长，贸然前去，太危险了。”荀彧答：“郭贡与张邈等人貌合神离，今日急速来见我，一定是举棋未定，正在犹豫之中。应该乘机劝说郭贡，即使不能被采纳，也可以使郭贡保持中立。如果以怀疑态度对待郭贡，郭贡一定会恼羞成怒，反而会促成郭贡下定决心背叛，不如前去。”郭贡见了荀彧，发现荀彧毫无畏惧之色，知道鄄城难以攻克，遂引兵离去。荀彧派程昱前去说服范县、东阿，让他们坚守城池，三座城池得以保全，等待曹操。曹操从徐州回军，在濮阳进攻吕布，吕布向东败走。兴平二年夏天，曹操驻扎在乘氏县，当年大饥荒，出现人相食。

①《典略》记载：中常侍唐衡欲将女儿嫁给汝南郡人傅公明，公明不敢娶，转与荀彧。父亲荀绲敬慕唐衡的势力，为荀彧娶之，荀彧被议论者讥讽。裴松之按：《汉纪》记载：唐衡在桓帝延熹七年去世，当时，荀彧年仅二岁，荀彧结婚之日，唐衡已经去世很久。慕势之言，为不然也。裴松之还认为，荀绲是八龙之一，绝不会苟且取荣。因威逼而屈服，何云慕势哉？在春秋，郑国公子姬忽因不肯与齐君联姻，招致讥讽，隽生以拒绝霍光婚姻，传为美谈。招致讥讽，在于失去外援；传为美谈，嘉赏其有远虑。若无切身之害，各全其志耳。至于阉竖在朝中用事，四海屏气；左悺、唐衡，一言可决定人之生死。故当时歌谣：“左回天，唐独坐。”意思是此二人在

朝中威权无二。顺之则六亲安，忤违则祸立至。可以存易亡，蒙耻而求全。在往昔，蒋诩与王氏联姻，无损其清高，荀绲此次联姻，于庸碌又有何关系？！

陶谦病逝，曹操欲攻取徐州，而后再回军平定吕布。荀彧劝谏道：“在往昔，高祖以关中为根据地，光武帝以河内郡为根据地，皆为深根固本之策，而后再考虑制衡天下。这样做，进可以攻敌，退足以坚守，即使遭受挫败，最终仍能完成大业。当初，将军在兖州起事，之后，平定峭山以东。兖州是天下要冲，可作为将军的‘关山、大河’。若不首先奠定兖州，当作攻守的根据地，将军将何以寄托？应该尽快分兵，讨伐陈宫，迫使贼虏不能西顾。而后，令士兵抢收麦子，储备军粮，此乃关键一举，吕布并不难剿灭。如果今日舍弃兖州，引军向东，未必见得有成效。多留兵，力不能胜敌，少留兵，则后方难以巩固。吕布会乘虚而入、横施残暴，这必将震动兖州人心。即使留下数城得以保全，其余也会落入吕布手中，到那时，将军将在何处存身？[①]而且，将军此前讨伐徐州、严惩陶谦，[②]徐州百姓感念父兄被杀之仇，必定会人人奋勇、拼命抵抗。即使能够攻破徐州，也难以保全。如果徐州因为畏惧将军，上下团结，坚壁清野，互为表里，以空城等待将军，将军即使用兵，也难以占领，在县邑抢掠军粮很难，不出十天，将军十万之众，就会陷入困顿。谋大事者，一定要有所取舍，权衡利弊，不能为一时之利所动，愿将军深思。”于是，曹操先收割麦子，再与吕布交战。吕布败走，曹操分兵平定诸县邑，兖州遂得以平定。

①裴松之认为：当时，徐州尚未平定，兖州又反叛，而云十万之众，虽然是抑抗之言，更主要是强调绝非寡弱。从此事也可得知，官渡之战，不得云兵不满一万。

②《曹瞒传》记载：自从京师遭遇董卓之乱，人民流离失所，东出函谷关，大多依附彭城。遇上太祖率领大军，猝然而至，在泗水之上，坑杀男女数万口，河水为之不流。陶谦率领其部众，驻扎在武原县，太祖不能前进，引军从泗水南攻取虑县、睢陵县、夏丘县，皆屠城，鸡犬不留，墟邑不再有行人。

建安元年，曹操大败黄巾军。献帝从黄河以东返回洛阳。曹操与部将商议，欲奉迎献帝车驾，而后迁都许昌。部将大多认为，峭山以东尚未平定，韩暹、杨奉护驾有功，骄横恣肆，北面又联合张杨，难以控制。荀彧劝谏曹操：“在春秋时，晋文公护送周襄王返京，天下诸侯莫不追随文公；汉高祖为义帝缟素发丧，天下诸侯莫不向心归附。自从天子蒙难，将军首倡义举，领兵救援。由于峭山以东扰动，将军未遑余暇，亲赴天子身边，虽然身在京师以外御寇，心中仍无时不记挂着朝廷。如今，銮驾东归，洛阳已成一片废墟瓦砾，荒草丛生，榛芜遍野。义士皆有存本之念，百姓皆有怀旧之哀。当此时，将军更应该亲迎天子，以博取人望，这是顺应天下民心之事。将军秉持至公至德，以此来臣服天下，此乃深谋远虑、匡扶弘义之举，以此可以招徕天下英俊，奉行大德。四方即使有谋逆之臣，还能有何作为？韩暹、杨奉，很容易降伏！若不抓住时机，致使豪杰捷足先登，以后再要考虑，恐怕为时已晚。”曹操遂率军奔赴洛阳，奉迎天子，在许昌建都。献帝拜曹操为大将军，任命荀彧为侍中，代理尚书令。荀彧常在朝中侍奉献帝，①每次曹操出征，所有的军国大事常要与荀彧谋划。②曹操问荀彧：“还有谁能像卿一样，为我出谋划策？”荀彧回答：“荀攸、钟繇可也。”此前，荀彧向曹操推荐智谋士人，推荐过戏志才。志才去世，又推荐郭嘉。曹操认为，荀彧能够识别人才，推荐的士人都很称职，只有严象在担任扬州刺史时被孙策部下庐江郡太守李术杀；韦康在凉州担任刺史时，被马超杀。③

①《典略》记载：荀彧折节，礼敬下士，坐不累席。其在台阁，不以私欲挠意。荀彧有随从一人，才行浅薄，有人对荀彧讲：“以君在内阁担任要职，不能任命某人为议郎吗？”荀彧笑着回答：“官者，用以表现才能，若如此言，众人将谓我何邪！”其持心平正，皆如此类。

②《典略》记载：荀彧为人伟岸，姿容嘉美。《平原祢衡传》记载：祢衡，字正平，建安初年，从荆州来，北游许都，恃才傲物，臧否过分，见不如已者不与语，人皆因此而憎恶之。唯少府孔融欣赏其才，上书举荐：“臣窃见，隐士平原郡人祢衡，年龄不过二十四岁，字正平，此人有极高的儒学修养，可谓博学多才之士，雄姿英发。祢衡涉猎经学不久，就已经显露出卓越才华，眼睛一瞄，即可以琅琅诵读，耳朵一扫，就能够铭记于心。祢衡性与道合，思若有神。有桑弘羊之计算，有张安世之默识，以祢衡的才能衡量诚不足怪。”（参见《后汉书·文苑列传》，有所补充。）祢衡当时二十四岁。许都虽然新建，却有很多士人。祢衡准备好一封名帖，揣在怀里，发现没有合适的人可以依附，名帖上的字迹已变得模糊。有人劝说祢衡：“何不追随陈长文、司马伯达？”祢衡答：“我怎能追随屠夫、卖酒翁！”又问：“当今许都，谁最可以与之交往？曹公、荀令君、赵荡寇皆为盖世英才乎？”祢衡称赞曹公不甚多，见到荀彧有仪容，赵荡寇有肚腩，祢衡答：“文若可借其面孔，为人吊丧；稚长可派其监厨，伺候宾客。”其意认为荀彧但有貌，赵荡寇喜欢吃肉。在祢衡眼里，只有鲁国人孔融和弘农郡人杨修可以交往。祢衡常说：“大儿孔文举，小儿杨德祖。其余者，皆庸庸碌碌，不足道也。”于是，众人皆切齿愤恨。祢衡知道招惹众怒，遂南下返回荆州。行装准备好后，临出发前，众人在祖道为祢衡饯行，在城南摆设酒宴，相互告诫道：“祢衡狂悖无礼，现在，祢衡迟迟未到。待祢衡来到，大家不要起身，借此羞辱一番。”及至祢衡来到，众人默不作声，也不起身招呼。祢衡坐在地上，号啕大哭。众人面面相觑，问祢衡哭什么，祢衡答：“坐者为冢，卧者为尸，尸冢之间，能不悲乎？”祢衡南下，来见刘表，刘表待祢衡颇为有礼。将军黄祖驻扎在夏口，黄祖的儿子黄射（yì），与祢衡的关系很好，祢衡遂又到夏口。黄祖嘉赏祢衡的才华，每当举行酒宴，席上有各样嘉宾，黄祖都介绍他们与祢衡攀谈。后来，祢衡说话侮慢，回答黄祖，说黄祖像俳优一样，说话饶口。黄祖听罢大怒，认为祢衡辱骂自己，令行刑官将祢衡牵出去。左右遂将祢衡拖下去，诛杀。

裴松之认为：本传不称荀彧的容貌，故载于《典略》与《祢衡传》，得以见之。还有，潘勖为荀彧撰写碑文，称荀彧“瑰姿奇表”。张衡著《文士传》记载：孔融多次向太祖举荐祢衡，欲让太祖召见祢衡，而祢衡厌恶太祖，意常愤懑，借口患有狂疾，不肯前去见太祖，而且多次有侮慢之语。太祖久闻其名，欲羞辱祢衡一番，于是，让祢衡充当鼓吏。后来，在八月朝会时，太祖举行酒宴，来了很多宾客。当时，鼓吏击鼓，都要脱去原来穿的衣服，换上新衣。接下来，祢衡开始击鼓，祢衡击“渔阳三挝”，姿容、鼓声不同于常人，击鼓的节奏美妙。座上的宾客听祢衡击鼓，莫不赞叹。然而，祢衡并未更换衣服，侍从官吏呵斥祢衡，祢衡遂当着太祖的面，慢慢脱光衣服，裸身而立，而后徐徐穿上新衣，戴上帽子，再次击鼓“渔阳三挝”，面不改色，泰然处之。太祖大笑，告诉四座：“本来欲羞辱祢衡，反而被祢衡羞辱。”至今有“渔阳三挝”，据说是祢衡创制。孔融责备祢衡，并告诉祢衡，太祖有爱才之意，欲令祢衡与太祖相见。祢衡答应了，说：“当为卿往。”到了十月间，孔融先来见太祖，说：“祢衡欲求见丞相。”直到天色昏暗，祢衡才穿着单衣，练巾布履，坐在太祖的府邸外，用棍子捶地，破口大骂太祖。太祖敕令外厩，急备良马三匹，并派骑兵二人，对孔融讲：“祢衡竖子，乃敢尔！孤杀之，无异于杀一只鼠雀，顾此人素有虚名，远近所闻，今日杀之，人将谓孤不能容人。今送予刘表，视刘表当如何对待祢衡？”太祖令骑兵挟持祢衡骑在马上，两骑兵送至南阳。

《傅子》记载：祢衡辩于言而剋于论，来见荆州牧刘表这一天，当着刘表的面，讲了很多好话，刘表很高兴，待祢衡为上宾。祢衡称颂刘表，美言盈口，然而议论刘表左右，不懂得笔墨。于是，刘表左右因此而谮毁祢衡，说：“祢衡称将军之仁，不过西伯罢了，但是，不能临事决断；终不能成就大事，必由此也。”此言实指刘表智谋短浅，其实并非祢衡所言。刘表也不详察，遂疏远祢衡，而驱逐之。祢衡以与刘表绝交，又智穷于黄祖，身死名灭，为天下人所笑，谮毁之者，有形也。

③《三辅决录注》记载：严象，字文则，京兆人。年少时，严象聪慧，博闻强识，有胆略。以督军御史中丞，率领大军，前往扬州，讨伐袁术，恰逢袁术病逝，遂在扬州担任刺史。建安五年，为孙策的庐江郡太守李术所杀，死时年仅三十八岁。同郡人赵岐著《三辅决录》，恐怕当时人不尽其意，故隐其书，唯以此书提示严象。

韦康，字元将，也是京兆人。孔融写信给韦康的父亲韦端：“前日元将来，渊才亮茂，雅度弘毅，可谓伟世之器。昨日仲将又来，懿性贞实，文敏笃诚，可谓保家之主。不意双珠，近出老蚌，甚珍贵之。”韦端从凉州牧任上受到征召，拜为太仆，韦康代替父亲，担任凉州刺史，当时人以此为荣。后来，韦康被马超围困，坚守很长时间，救兵不至，遂为马超所杀。仲将名韦诞，参见《刘邵传》。

自从曹操迎接献帝，在许昌建都，袁绍常心怀不满。袁绍此时已经兼并了河北广大地区，天下豪杰莫不畏惧袁绍强大。曹操东边担心吕布的袭扰，南边还要对付张绣，张绣在宛城曾经大败曹操。袁绍越发骄横，写信给曹操，其言辞狂悖傲慢。曹操大怒，连平常的举止都有些反常。大家都认为，这是张绣之战失利的结果。钟繇问荀彧，荀彧回答：“以曹公之聪明，绝不会对已往之事追悔不已，肯定是为其他事情所困。”荀彧来见曹操，问曹操。曹操把袁绍的来信给荀彧看，说：“我欲讨伐袁绍，又担心力量不够，怎么办？”荀彧答：“自古以来，决定战争胜负者，在于才能。即使当初力量较弱，最终也一定会变得强大。如果是庸才，即使当初力量强大，也会变得衰弱。刘、项之成败，足以证明。如今，与曹公争夺天下者，只有袁绍。袁绍外宽而内忌，用人而疑其心；曹公明智、通达，用人不拘一格，唯才是用，此度胜也。袁绍用事，迟疑不决，往往错失良机；曹公举事果断，能够决断大事，随机应变，此谋胜也。袁绍治军不严，法令不行，士卒虽多，难以发挥作用；曹公法令严明，赏罚必行，士卒虽少，皆愿意争相赴死，此武胜也。袁绍凭借袁氏四世三公之资本，举止矫揉造作，以此博取名誉，故士人寡能好问者，大多愿意归附袁绍；曹公以至仁至德待人，推诚相待，内心不务虚美，严于律己，谨慎俭朴，对于有功者给予赏赐，从不吝惜，故天下忠诚正直者、注重实际之士人，皆愿意为曹公所用，此德胜也。曹公以四胜辅佐天子，以义征伐四方，谁敢不从？袁绍虽然暂时强大，又能有何作为？”曹操听罢，大喜过望。荀彧又说：“曹公不先取吕布，河北之事也不好办。”曹操说：“你说得对。我现在担心的是，袁绍乘机袭扰关中，又会引起羌胡作乱。袁绍再南下诱降蜀、汉，这样，我就只剩下兖州、豫州，将要对付天下六分之五的力量。怎么办？”荀彧答：“关中将帅以十位数来讲，没有一个人能够统一关中，只有韩遂、马超的力量最为强大。他们看到崤山以东相持不下，一定会拥众自保。曹公若以恩德安抚他们，再派遣使者，与他们联合，即使不能维持长久的安定，料想比曹公安定崤山以东要容易得多，足可以保证他们不敢蠢蠢欲动。可将西边的事情托付于钟繇。这样，曹公即可保证无忧。”

建安三年，曹操大败张绣，又东进擒获吕布，平定徐州，随即与袁绍对抗。孔融对荀彧讲：“袁绍地广人众，兵力强大，田丰、许攸皆为智谋之士，为袁绍建言献策，审配、逢纪皆为忠义之臣，为袁绍尽心竭力，颜良、文丑可谓勇冠三军，为袁绍统领军队。打败袁绍，恐怕很难吧？”荀彧答：“袁绍兵多，然而袁军法不整。田丰刚而犯上，许攸贪而不正，审配专而无谋，逢纪果断但刚愎自用。此二人留守后方，假若许攸的家人犯法，审配绝不会放过其家人，这样，许攸必然会叛变。颜良、文丑仅为匹夫之勇，可一战而擒。”建安五年，曹操与袁绍大战。曹操退守官渡，袁绍遂围困曹操。曹军粮食将要耗尽，曹操写信给荀彧，欲撤军返回许昌，再谋划下一步行动。荀彧回信：“如今粮食缺乏，不会像楚汉相争在荥阳、成皋对峙时那么严重。在当时，刘邦、项羽均不肯退后一步。大家都清楚，首先退后者，一定是势穷力竭，向对方示弱。曹公以十分之一的兵力对阵袁绍，画地而守，扼住袁绍的咽喉，使其不能前进，已经达半年之久。战事很快就可分出胜负，袁绍已显出势穷力竭之态，必然会有变故发生。当此时，正是用奇谋之际，不可错失良机。”曹操采纳荀彧的建议，遂固守不出。此后，曹操以奇兵奔袭袁绍囤积粮草的大营乌巢，斩杀袁绍的大将淳于琼等，袁军失去斗志，撤军退走。审配以许攸的家属犯法，收捕许攸的妻子，许攸大怒，遂叛变袁绍，投降曹操；颜良、文丑在战场上被斩；田丰以直言进谏，被袁绍诛杀：一切和荀彧此前预料的一样。

建安六年，曹操为获取粮食，在东平国安抚百姓，因为粮食匮乏，不足以与河北袁军抗衡，曹操欲借袁绍新败之际，争取时间讨伐刘表。荀彧谏言："袁绍新败，其部众犹如惊弓之鸟。如今不乘势攻击，奠定河北，而欲远离兖州、豫州，劳师远征，在江汉之间用兵。如果袁绍搜集徒众，乘虚而进，则曹公大事去矣。"曹操这才停止向江汉用兵，把大军驻扎在河上。袁绍病死，曹操遂渡过黄河，攻打袁绍的儿子袁谭、袁尚。此时，高幹、郭援袭扰河东，关西震动，钟繇率领马腾等击退高幹等，详情记载在《钟繇传》。建安八年，曹操记录荀彧此前的功绩，上表朝廷，封荀彧为万岁亭侯。[①]建安九年，曹操攻取邺城，兼领冀州牧。有人劝说曹操："应该恢复古代设置的九州，冀州所管辖的地面很大，以此州可以制服天下。"曹操欲按照此计行事。荀彧谏言："如果按照古制，那么冀州所管辖的地域，有河东郡、左冯翊、右扶风、西河郡、幽州、并州等地，人口众多。曹公此前打败袁尚，擒获审配，屠戮邺城，海内震恐。百姓徒生恐惧之心，是否还能继续守住此地、保存冀州部众，尚可存疑。如果将其全部划归冀州，人心将会摇动。而且，人们传言，关西诸将将要采取闭关自守之策；如今又有这样的传闻，关西诸将将会被剥夺权力。一旦人心摇动，就会发生变故。即使有心存善念者，也会转而为非。袁尚有了喘息机会，袁谭也就会心存二志，刘表则可以固守江、汉，天下将难以平定。愿曹公先平定河北，而后修复京师洛阳，继而挥师南下，兵临楚地，指责刘表不向朝廷进贡。天下人看到曹公出于公心，则会人人自安。及至海内平定，再来讨论古制。这是为社稷考虑，谋长远之计。"曹操遂搁置设置九州的建议。

①《荀彧别传》记载：曹操上表："臣听说：虑为功首，谋为赏本，野绩不越庙堂，战多不逾国勋。是故曲阜之赏赐，不落后于营丘，萧何之封土，先于平阳。珍重良策嘉谋，古今所尚。侍中兼尚书令荀彧，积德累行，少长无悔，遭世纷扰，怀忠念治。臣自从举义兵以来，出兵征伐，与荀彧勠力同心，荀彧在臣左右，为臣深谋远虑，发言授策，无所不效。荀彧之功业，臣由以济，用披浮云，显光日月。陛下在许昌建都，荀彧侍奉左右，总领机要，忠恪祇顺，如履薄冰，研精极锐，以抚庶事。天下之定，荀彧之功也。宜享受高爵，以彰显元勋。"荀彧固辞无野战之劳，没有把太祖的上表交予献帝。太祖写信给荀彧，曰："与君共事以来，辅佐朝廷，君之堪为匡弼，君之相为举荐人才，君之相为建计献策，君之相为密谋策划，亦以多矣。功劳未必一定是野战，愿君勿谦让。"荀彧才接受封赏。

在当时，荀攸常为曹操设谋。荀彧的哥哥荀衍，以监军校尉守护邺城，统领河北诸事。曹操征伐袁尚，高幹密谋派兵袭击邺城，荀衍及时察觉，杀了谋逆者，以功受封为列侯。[①]曹操把女儿嫁给荀彧的长子荀恽，后来称安阳公主。荀彧和荀攸都受到曹操信任，荀彧为人谦恭、生活俭朴，得到的俸禄和赏赐大多分送给宗族亲朋故旧，家中不留余财。建安十二年，朝廷又加封荀彧食邑一千户，合并之前，共享有二千户。[②]

①《荀氏家传》记载：荀衍，字休若，这是荀彧的三哥。荀彧的四哥名字叫荀谌，字友若，详情记载在《袁绍传》。陈群与孔融谈论汝、颍的名人，陈群说：“荀文若、公达、休若、友若、仲豫，当今无人可以比拟。”荀衍的儿子荀绍，位至太仆。荀绍的儿子荀融，字伯雅，与王弼、钟会俱为当时名人，担任洛阳令，为大将军参谋军事，与王弼、钟会谈论《易经》《老子》之义，传于后世。荀谌的儿子荀闳，字仲茂，担任太子文学掾。当时有甲乙疑论，荀闳与钟繇、王朗、袁涣议论各有不同。文帝写信给钟繇，曰：“袁涣、王朗皆为国士，更为唇齿，荀闳劲悍，往来锐师，真君侯之劲敌，左右之深忧也。”官至黄门侍郎。荀闳的堂孙荀恽，字景文，担任太子中庶子，也是知名士人。与贾充共同制定音律，又写作《易经集解》。仲豫，名荀悦，是朗陵县长荀俭的小儿子，荀彧堂伯父家的堂哥。

张璠著《汉纪》称荀悦清虚沉静，善于著述。建安初年，荀悦担任秘书监、侍中，受诏删削《汉书》，著作《汉纪》三十篇，借书中人物、事情，用以臧否人物，致有典要；其书大行于世。

②《荀彧别传》记载：曹操上表：“昔日袁绍谋逆作乱，屯兵官渡。当时，我军兵少，粮草匮乏，臣准备撤军，返回许都。尚书令荀彧深谋远虑，极力劝谏臣审时度势，并为臣谋划破袁之计。臣顿时醒悟，解除顾虑，坚守军营，避实击虚，最终挫败袁绍，追亡逐北，转危为安。袁绍在官渡遭到惨败，臣的粮草也将要耗尽，臣原来想舍弃河北，转而南下，进攻荆州刘表，荀彧再次向臣谏言，分析利害得失，使臣改变主意。这才有后来征伐冀州、平定四州之功。当时，臣如果从官渡撤军，袁绍必然会大张旗鼓，进攻许都，气焰嚣张。我军则会垂头丧气，心惊胆战，必败之势，暴露无遗，不会再有此后的战绩。臣如果南下征伐刘表，放弃兖州、豫州，率领疲惫之师，冒险深入敌境，横渡长江、汉水，将会顾此失彼，左支右绌，很难获取全功，同时，还会失去已占领的河北地域。荀彧向臣谏言二策，转危为安，转祸为福，功莫大焉。荀彧谋划长远，此乃臣所不能及。先帝重视奖赏谋士之功，轻视破敌斩获之劳。古人云，决策于帷幄之中，决胜于千里之外，对于谋士，尤其如此。谋士的功劳，应该放在攻城野战的将军前面，从荀彧的功绩看，应该享受高爵。海内士人，由于不了解情况，荀彧并未得到应有的封赏，臣为此深感遗憾。恳请朝廷评议，增加荀彧的食邑、户籍。”荀彧坚决辞让，曹操回信道：“君之策略，非仅所上表二事。君前后谦让，欲仰慕鲁连仲先生乎？此圣人达节者，所不贵也。在往昔，介子推有言：‘窃人之财，犹谓之盗。’况君密谋安众，光显于孤者，有上百数乎！以二事相还，而复辞让，何取谦逊之多邪？”曹操欲上表朝廷，拜荀彧为三公，荀彧通过荀攸坚决辞让，以至于十数次，太祖乃止。

曹操欲征伐刘表，向荀彧问计，荀彧答：“如今，中原地区已经平定，南方守土者面临危机。丞相可以大张旗鼓，从宛城、叶县出兵，而后抄近路轻装急进，以攻其不备。”曹操遂按照计议行事。恰逢刘表病死，曹操直奔宛城、叶县，按照荀彧的谋划，刘表的儿子刘琮举荆州之众，投降曹操。

董昭等人欲劝说曹操晋升为公爵，还要享受九锡的法杖礼器，他们暗中与荀彧商议。荀彧认为：曹公原来是以义举兵，为的是匡扶汉室，虽然功勋卓著，但还是应该秉承忠贞之诚，谨守退让之实；君子爱人以德，曹公不宜晋升公爵。曹操知道后，心中不快。恰好曹操欲南下，征伐孙权，上表奏请，要荀彧到谯县劳军，同时在表中奏请，让荀彧留在军中，以侍中、光禄大夫位，持符节，在丞相府参谋军事。大军前进至濡须县，荀彧患病，暂时留在寿春县养病，因为心情忧郁，病逝，享年五十岁，谥号为敬侯。第二年，曹操晋升爵位为魏公。①

①《魏氏春秋》记载：太祖馈赠荀彧食物，打开食盒一看，里面空空如也。于是，荀彧饮药而死。咸熙二年，元帝曹奂追赠荀彧为太尉。

《荀彧别传》记载：荀彧自从担任尚书令，常以写日记记述事情，临去世前，皆焚烧之，故奇谋密策，不得尽闻也。在当时，征伐连年，制度草创，有很多制度有待恢复，荀彧曾经向曹操谏言："在往昔，舜帝分别诏命大禹、后稷、夏契、皋陶，以揆庶绩，教化、征伐，并时而用。及至高祖建国初，金革方殷，犹举荐遗民，教育、引导民众，叔孙通演习礼仪；在戎旅之间，世祖投戈讲艺，有息马论道之佳闻。因此，君子无终食之间，违背仁义。而今，曹公外定武功，内兴文学，使干戈戢睦，大道流行，国难方弭，六礼俱治，此周公旦辅佐周成王，迅速平定天下之功也。既立德立功，又兼立言，诚孔子述作之意；显制度于当时，扬名于后世，岂不盛哉？！若须武事毕，而后制作，以稽治化，于事未敏。曹公宜集天下大才、通儒，考论六经，刊定传记，存古今之学，除其繁复，以一圣真，并隆礼学，渐敦教化，则王道两济。"荀彧从容与太祖谈论治国之道，如此之类的谈话还有很多，曹操常虚心采纳。荀彧德行兼备，非正道不用心，名重天下，士人莫不以为仪表，海内英俊咸为儒宗。司马宣王常称书传远事，吾自耳目所闻所见，逮一百数十年间，贤才未有像荀令君者。前后所举荐，可谓命世大才，郡县有荀攸、钟繇、陈群，海内有司马宣王，还引荐当世知名士人郗虑、华歆、王朗、荀悦、杜袭、辛毗、赵俨之俦，最终皆成为朝中卿相，有数十人之多。取士不以一揆，戏志才、郭嘉等有负俗之讥讽，杜畿为人简傲，缺少文化，皆以智谋被荀彧举荐，最终，各显功名。荀攸后来担任魏国尚书令，也推贤荐士。曹操说："二荀令之论人，久而益信，吾没世不忘。"钟繇认为，颜回既没，能备九德，不贰其过，唯荀彧然。有人问钟繇："君雅重荀君，比之颜回，自以为不及，可得闻乎？"钟繇答："明君师臣，其次友之。以太祖之聪明，每当有大事，常先咨询荀君，是则古师友之义也。吾等受命而行，犹恐不及，相去顾不远邪！"

《献帝春秋》记载：董承被曹操诛杀，伏后写信给父亲伏完，言司空杀董承，献帝方为报怨。伏完得到书信，以示荀彧，荀彧恶之，久隐而不言。伏完以书信示妻弟樊普，樊普密封，呈上太祖，太祖阴为之备。荀彧后来担心事情被发觉，欲先向太祖告发之，因奏请献帝，出使邺城，劝太祖把女儿嫁给献帝。太祖说："今朝廷有伏后，吾女何得以配皇上？吾以微功见录，位为宰相，岂复依赖女儿受宠乎？！"荀彧说："伏后无儿子，秉性又凶邪，往常写信给父亲，言辞丑恶，可因此废之。"太祖问："卿此前为何不告诉我？"荀彧佯装惊讶："昔日已告诉过公也。"太祖曰："此岂小事，而吾忘之？！"荀彧又惊讶道："诚未告诉公邪！昔日，公在官渡与袁绍对峙，臣担心增加内顾之念，故不言尔。"太祖问："官渡之战后，何以不言？"荀彧无言以对，只好谢罪而已。太祖以此恨荀彧，而外表仍然包涵容之，故世人莫得知。及至董昭首倡立魏公之议，荀彧又意见不同，欲将此意禀告太祖。及至带着献帝诏书，到太祖军营犒赏将士，饮飨礼毕，荀彧留请闲。太祖知道荀彧欲言封赏之事，揖而遣之，荀彧遂不得言。荀彧在寿春去世，寿春人逃亡者告诉孙权，言太祖让荀彧杀伏后，荀彧不从，故自杀。孙权将此事透露给西蜀，刘备听说后，说："老贼不死，祸乱未已。"

裴松之按：《献帝春秋》称荀彧欲将伏后之事告诉太祖，故奏请献帝，出使邺城，而又向太祖撒谎："昔日已经告诉。"言既无证，又托官渡之虞，俯仰之间，辞情顿屈，即使是庸人，也不至于此，何以玷污贤哲哉！凡诸云云，皆出自鄙俚，可谓以吾侪之言而厚诬君子者矣。袁暐虚妄之言，皆属此类，此最为甚也。

嗣子荀恽，继承爵位，官至虎贲中郎将。当初，曹丕与平原侯曹植都有被立为太子的可能，曹丕曲身以礼，敬事荀彧。及至荀彧病逝，荀恽反而与曹植的关系很好，又与夏侯尚不睦，文帝曹丕深恨之。荀恽很早去世，儿子荀甝、荀霬（yì）以外甥缘故，仍然受到恩宠优待。荀恽的弟弟荀俣（yǔ），曾担任御史中丞，荀俣的弟弟荀诜（shēn），曾担任大将军幕府从事中郎，都是当时的知名士人，去世得较早。①荀诜的弟弟荀顗，咸熙年间，担任司空。②荀恽的儿子荀甝（hán），继承父亲的爵位，曾担任散骑常侍，后来晋升爵位为广阳乡侯，享年三十岁，去世。嗣子荀頵（jūn）继承爵位。③荀霬官至中领军，去世后，谥号为贞侯，晋武帝追赠骠骑将军印绶。儿子荀恺继承爵位。荀霬的妻子是司马师、司马昭的妹妹，二王皆与荀霬友善。咸熙年间，朝廷设置公侯伯子男五等爵位，以荀霬在前朝功勋卓著，荀霬的儿子荀恺受封为南顿子爵。④

①《荀氏家传》记载：荀恽，字长倩。荀俣，字叔倩。荀诜，字曼倩。荀俣的儿子荀寓，字景伯。《世语》记载：年少时，荀寓与裴楷、王戎、杜默在京师享有名气，出仕晋朝，位至尚书，名见显著。荀寓的儿子荀羽，继承爵位，位至尚书。

②《晋阳秋》记载：荀顗，字景倩，年幼时，被姐夫陈群看重，颇为诧异。荀顗博学洽闻，思维缜密。司马懿看到荀顗，颇为惊讶，说："真是荀令君的儿子。近见袁侃（kǎn），也是曜卿的儿子。"遂擢拔荀顗为散骑侍郎。荀顗辅佐晋室，位至太尉，受封为临淮康公。曾经诘难钟会："《易经》无互体。"见称于当世。荀顗的弟弟荀粲，字奉倩。何劭为荀粲作传记，曰：荀粲，字奉倩，荀粲的几个哥哥都以儒术，喜欢评论，而荀粲独好言《易经》道学，常以为子贡称孔子之言，性与天道，不可得闻，然则六籍虽存，固圣人之秕糠。荀粲的哥哥荀俣诘难道："《易经》亦云：圣人立象以尽意，系辞焉以尽言，则微言胡为不可得而闻见哉？"荀粲答："盖理之微者，非物象之所举也。今称立象以尽意，此非通于意外者也。系辞焉以尽言，此非言乎系表者也；斯则象外之意，系表之言，固蕴而不出矣。"当时能言者不能说服荀粲。荀粲又评论父亲荀彧不如堂兄荀攸。荀彧立德高整，轨仪以训物，而荀攸不治外形，缜密而自居，等等。荀粲以此称善荀攸，诸兄怒而不能回答。太和初年，荀粲到京邑与傅嘏交谈。傅嘏善名理，而荀粲尚玄远，宗旨虽同，仓促间，或有格而不相得意。裴徽通二家之好，为二家骑驿，不久，荀粲与傅嘏

关系也很好。夏侯玄也亲近荀粲。常对傅嘏、夏侯玄讲："子等在仕途间，功名必胜于我，但见识不如我耳！"傅嘏诘难道："能成就功名者，唯有见识也。天下孰有本不足而末有余者邪？"荀粲答："功名者，志向之所奖也。然志向仅为一物，固非见识之所能独济也。我以才学能使子等为贵，然而，未必齐子等所为也。"荀粲常以妇人才智不足，自认为以美色为主。骠骑将军曹洪的女儿有美色，荀粲于是聘娶，容服帷帐甚为华丽，专房欢宴。几年后，妻子病逝，还未殡殓，傅嘏前来拜谒荀粲；荀粲不哭，然而神伤。傅嘏问："妇人才色并茂为难。子之娶也，遗才而好色。此自易遇，今何哀之甚？"荀粲答："佳人难再得！顾逝者，不能再有倾国之色，然未可谓之易遇。"痛悼不能自已，一年后，也去世，享年二十九岁。荀粲为人简易，不能与常人交往，所结交者皆一时俊杰。及至病逝埋葬时，前来吊唁、送葬者不过十余人，皆当时知名士人，众人恸哭之，感动路人。

③《荀氏家传》记载：荀颧，字温伯，曾担任羽林右监，去世得较早。荀颧的儿子荀崧，字景猷。《晋阳秋》称荀崧年少时有志气，崇尚节操，雅好文学，孝义友爱，在朝中恪尽职守，位至左右光禄大夫，开府，仪同三司。荀崧的儿子荀羡，字令则，为人清和，有才气，娶公主，年少时就历任显位，二十八岁时，担任北中郎将，徐州、兖州二州刺史，持符节，统率徐州、兖州、青州三州军事。荀羡在任上十年，因为身体有病，解除职务，在家中病逝，朝廷追赠骠骑将军印绶。荀羡的孙子荀伯子，如今担任御史中丞。

④《荀氏家传》记载：荀恺，晋武帝时，在朝中担任侍中。

干宝著《晋纪》记载：晋武帝派侍中荀颛、和峤一起到东宫去观察太子。荀颛称太子德识俱佳，和峤却说圣质如初。孙盛认为派遣去的是荀勖，其余语则同。

裴松之按：和峤担任侍中时，荀颛去世没多久。荀勖官位仅次于台司，不与和峤同班，无缘称侍中。二书所云，皆为非也。考其时间、官位，荀恺实当之。荀恺位至征西大将军。荀恺的哥哥荀憺，官至少府。弟弟荀悝，担任护军将军，去世后，朝廷追赠车骑大将军印绶。

荀攸，字公达，是荀彧的侄子。祖父荀昙，曾担任广陵郡太守。[①]年幼时，荀攸的父亲去世。及至祖父荀昙去世，原郡府官吏张权请求为太守荀昙看守坟墓。当年，荀攸十三岁，心存怀疑，对叔父荀衢讲："这位官吏神情不对，恐怕其中有诈！"荀衢顿时醒悟，于是盘问张权。果然，张权杀人，是个亡命在逃的罪犯。从此，荀衢认为荀攸与众不同。[②]何进在朝中秉持朝政，征召海内名士荀攸等二十余人。荀攸到将军幕府后，又受拜为黄门侍郎。董卓在朝中作乱，崤山以东起兵，董卓胁迫献帝迁都长安。荀攸与议郎郑泰、何颙、侍中种辑、越骑校尉伍琼等密谋："董卓残暴无道，超过桀纣，天下莫不愤恨，虽然董卓手中握有军队，不过一匹夫耳。如今，可伺机刺杀董卓，以谢天下百姓，然后占据殽山、函谷关，辅佐朝廷，以此号令天下，此乃齐桓公、晋文公辅弼周室之义举。"最后功败垂成，被董卓察觉，何颙、荀攸被捕入狱，何颙因忧惧而自杀，[③]荀攸泰然自若，言语饮食不变，董卓被杀，荀攸这才逃过一劫。[④]荀攸弃官归家，又被三公府征召，被举荐为高第，担任任城国相，荀攸没有到任。蜀汉险固，人民殷实富裕，荀攸奏请担任蜀郡太守，道路不通，荀攸又没有到任，留在荆州。

①《荀氏家传》记载：荀昙，字元智。哥哥荀昱，字伯修。张璠著《汉纪》称荀昱、荀昙并列俊杰，有才气。荀昱与李膺、王畅、杜密等人号称八俊，官至沛国相。荀攸的父亲荀彝，担任州部从事。荀彝与荀彧为堂祖兄弟。

②《魏书》记载：荀攸七八岁时，荀衢曾经醉酒，误伤荀攸的耳朵；而荀攸出入游戏，常避护，不想让荀衢看见。荀衢后来听说，诧异其智慧如此。

《荀氏家传》记载：荀衢的儿子荀祈，字伯旗，与族中堂伯父荀悟都是著名士人。荀祈与孔融谈论肉刑以及圣人优劣，都记录在《孔融集》。荀祈官至济阴郡太守；荀悟后来以有道之士被征召，官至丞相府祭酒。

③张璠著《汉纪》记载：何颙，字伯求，年少时与郭泰、贾彪等在洛阳游学，郭泰等与何颙有同样的风雅、嗜好。何颙在太学显名，于是，朝中名臣太傅陈蕃、司隶李膺等皆厚遇何颙。及至党锢案骤起，何颙也名列其中，于是改换姓名，藏匿在汝南乡间，所经过的地方，交结当地豪杰。何颙颇欣赏太祖，而且了解荀彧。袁绍仰慕何颙，与何颙成为逃亡之友。当时，天下士人大多遇上党锢之祸，何颙却一年内三次秘密潜进洛阳，与袁绍密谋，为那些陷入穷困的士人排忧解难。袁术也仰慕豪侠，与袁绍争名。何颙并未去拜谒袁术，袁术深恨之。

《汉末名士录》记载：袁术常在众人面前数落何颙的罪状，有三条之多："王德弥有先知先觉之明，可谓隽老，名德高亮，而伯求疏远之，是一罪也。许子远凶险淫邪之人，性行不纯，而伯求亲近之，是二罪也。郭、贾贫寒，并无其他资业，而伯求肥马轻裘，光耀道路，是三罪也。"陶丘洪曰："王德弥大贤而短于济时，许子远虽不纯，而赴难不惮濡足。伯求举善，则以德弥为首，济难，则以子远为宗。而且，伯求曾经为虞伟高手刃仇人，义名奋发。其怨家积财巨万，纹马百驷，而欲让伯求羸牛疲马，顿伏道路，此为披其胸，而假仇敌之刃也。"袁术意犹不平。后来，与南阳郡人宗承在阙门下相会，袁术发怒，说："何伯求，凶德也，吾当杀之。"宗承说："何生英俊之士，足下善遇之，使其延令名于天下。"袁术这才作罢。后来党锢解禁，何颙受司空府征召，每当三公府掾属会议，何颙都会有良谋佳策，议者皆自以为不如何颙。何颙后来改任北军中候，董卓任命何颙为幕府长史。再后来，荀彧担任尚书令，派人迎叔父司空荀爽的灵柩，把灵柩与何颙的灵柩并置，葬在荀爽的墓冢傍。

④《魏书》记载，荀攸派人向董卓说情，得以免祸，与此不同。

曹操迎接献帝，迁都许昌，写信给荀攸："如今，天下大乱，正是智士劳心尽力之时，君在蜀汉静观时局变化，不宜太久！"曹操征召荀攸，拜荀攸为汝南郡太守，后又调入朝中，担任尚书。曹操久闻荀攸大名，与荀攸一席倾谈，心情大悦，对荀彧、钟繇讲："公达绝非寻常之人，我能与其商议大事，天下何忧哉？！"曹操拜荀攸为军师。建安三年，荀攸跟随曹操征伐张绣。荀攸向曹操谏言："张绣与刘表相互倚靠，拥兵自重，然而，张绣以客军仰食于刘表，刘表不能供应，势久二人必然分离。不如缓军以待之，可以招诱张绣来降；如果急于进攻，必然促使二人相互援救。"曹操没有听从，遂进军至穰城，与张绣大战。张绣情况紧急，刘表果然来救。曹军战事不利。曹操对荀攸讲："没有采纳君的谏言，以至于是。"既而以奇兵与张绣再战，大败张绣。

这一年，曹操亲自征伐吕布。[①]曹军进抵下邳，吕布战败撤退，固守下邳。曹军连续进攻，没有攻下坚城，由于连续作战，士卒疲惫，曹操欲领军撤回。荀攸与郭嘉向曹操谏言："吕布勇而无谋，如今三战皆败北，其锐气已经衰竭。三军以将为主，主衰则军无斗志。陈宫有智谋，然而见事较迟，趁着吕布尚未恢复元气，陈宫也还未有新的谋划，我军可以急速攻打，下邳城一定可以攻破。"曹操引来沂河、泗河水，淹灌下邳城，城溃，生擒吕布。

①《魏书》记载：有议者说，刘表、张绣在后，而曹操回军迎战吕布，其危必也。荀攸认为，刘表、张绣新破，势不敢动。吕布骁勇善战，又自恃有袁术支援，若纵横淮、泗，豪杰必然应之。今乘其初叛，众心未一，往可破之。太祖曰："说得对。"不久，吕布大败刘备，而臧霸等响应吕布。

后来，荀攸跟随曹操到白马援救刘延，荀攸献计，在阵前斩杀颜良。详情记载在《武帝纪》。曹操攻取白马，撤军，令辎重车沿着黄河西进。袁绍渡河，追赶曹军，与曹操相遇。诸将皆恐慌，劝说曹操退守营垒，荀攸谏言："这正是破敌之时，为何要退军？"曹操与荀攸相视而笑。遂以辎重车辆作为诱饵，袁军拼命追赶，阵脚大乱。曹操以步骑迎敌，大破袁军，当场斩杀袁绍的骑将文丑。此战后，曹操与袁绍在官渡对峙。曹军粮食将要耗尽，荀攸向曹操献上一计："袁绍的运粮车队早晚会到达，其将韩莫虽然勇猛，然而轻敌，可以击破也。"[①]曹操问："谁可破敌？"荀攸答："徐晃可以。"曹操派徐晃和史涣截击袁绍的运粮车队，把袁绍的军粮焚烧殆尽。恰逢许攸来降，说袁绍派遣淳于琼等率领一万余众迎来军粮，淳于琼将骄卒惰，可以袭击。众人皆怀疑。只有荀攸与贾诩劝谏曹操此计可行。曹操留下荀攸与曹洪守卫大营，亲自率领精锐袭击乌巢，斩杀淳于琼等。袁绍的部将张郃、高览烧毁望楼，前来投降曹操。袁绍弃军，慌忙逃走。张郃来降时，曹洪仍然心存疑窦，不敢受降，荀攸对曹洪讲："张郃献计，袁绍不能用，怒而来降，君有何怀疑哉？"曹洪遂接受张郃投降。

①裴松之按：诸书，韩莫或叫作韩猛，或叫作韩若，未详孰是。

建安七年，荀攸跟随曹操在黎阳讨伐袁谭、袁尚。第二年，曹操征伐刘表，袁谭、袁尚争夺冀州。袁谭派遣辛毗来向曹操乞降求救，曹操欲答应袁谭，向部下问计。部下多以为，刘表强大，应该先平定刘表，袁谭、袁尚不足挂虑。荀攸讲："天下有事，而刘表坐守江、汉，拥兵自保，毫无平定四方之志，由此可知。袁氏占据四州之地，有带甲武士十余万，袁绍以宽厚赢得河北人心，如果这两个儿子和睦相处，坚守其基业，则天下之危难难以平息。如今，兄弟二人相争，势不两立。一旦一方获胜，兼并对方，则力量难以估量，再要解决河北，就会困难加倍。乘其相争之际，将其逐一荡平，天下可以平定，此乃天赐良机，机不可失。”曹操说：“你说得对。”于是，准许袁谭和亲，亲自率领大军，打败袁尚；其后，袁谭叛变，曹操又在南皮斩杀袁谭。冀州平定后，曹操上表朝廷，封赏荀攸爵位：“军师荀攸，从一开始辅佐臣，随军征战多年，臣先后克敌制胜，皆赖荀攸之计策。”献帝封荀攸为陵树亭侯。建安十二年，献帝诏令，论功行赏，曹操说：“忠正密谋，安抚内外，文若第一，公达其次。”献帝增加荀攸食邑四百户，合并之前，共享有七百户，[①]荀攸改任中军师。魏建国初，荀攸担任尚书令。

①《魏书》记载：曹操从柳城撤军，经过荀攸的宅邸，称颂荀攸前后谋划有功，曰：“而今，天下大事已定，孤愿与贤者士大夫共飨功劳。在往昔，高祖令张子房自择食邑三万户，今孤亦让君自择所封县邑。”

荀攸思维缜密，有智谋，自从跟随曹操南征北战，常在帷幄出谋划策，当时人及家族子弟皆不知荀攸如何献计。[①]曹操常称颂荀攸：“公达外愚内智，外怯内勇，外弱内强，不伐善，不告劳，智可及，愚不可及，即使颜子、甯武子也不能与之相比。”曹丕还在东宫做太子时，曹操常对曹丕讲：“荀公达可谓人之师表，你应该以老师礼，向荀攸学习。”荀攸曾经患病，曹操的几个儿子前去探视，曹丕独自在床前下拜，对荀攸的尊敬异于常人。荀攸与钟繇的关系很好，钟繇常讲：“我每当有所行动，常会反复斟酌，自以为可以施行；再向公达咨询，公达的回答总是能出人意料。”荀攸前后为曹操出谋划策十二次，只有钟繇知道其内情。钟繇为荀攸撰写传记、结集，还未完成，不幸去世，故世人不了解详情。[②]荀攸跟随曹操征伐孙权，在途中病逝。曹操一谈起荀攸，就不免会流泪垂涕。[③]

①《魏书》记载：荀攸姑姑的儿子辛韬曾经问荀攸有关曹操如何平定冀州的故事。荀攸答：“佐治为袁谭乞降，王师自往平之，吾何知焉？”从此，辛韬及内外人再不敢向荀攸询问军国之事。

②裴松之按：荀攸去世后十六年，钟繇才去世，为荀攸编写传记、结集，又有何难？而年纪到八十岁，还未能完成，遂使荀攸从征谋划所有的计策，不能传之于后世，惜哉！

③《魏书》记载：建安十九年，荀攸五十八岁，病逝，比荀彧大六岁。

《魏书》记载：曹操敕令：“孤与荀公达周游二十余年，无纤细之事可以非议。”又曰：“荀公达真贤人也，所谓‘温良恭俭让，已得之’。孔子称：‘晏平仲善于与人交往，久而令人敬之。’公达就是这样的人。”

《傅子》记载：有人问，近世有大贤君子吗？答："荀令君之仁，荀军师之智，斯可谓近世大贤君子矣。荀令君以仁立德，以明举贤，行无谄谀，谋能应机。孟轲称：'五百年而有王者兴，其间必有命世者。'其荀令君乎！太祖称：'荀令君进善，不进不休；荀军师去恶，不去不止。'"

长子荀缉，有荀攸的家风，很早去世。次子荀适作为继嗣，没有儿子，封邑断绝。黄初年间，文帝续封荀攸的孙子荀彪为陵树亭侯，享受食邑三百户，后又改封为丘阳亭侯。正始年间，为荀攸追加谥号"敬侯"。

贾诩，字文和，武威郡姑臧县人。年轻时，贾诩并不为人所知，只有汉阳郡人阎忠了解贾诩，颇感诧异，说贾诩有张良、陈平之才。①贾诩被举荐为孝廉，担任郎官，因病辞去官职，西行返回汧县，路上遇到叛乱的氐人，同行者有数十人被氐人逮住。贾诩说："我是段公的外甥，你们不要埋我，我家里一定会花重金前来赎人。"当时，太尉段颎长期在边郡担任将军，威震河西地区，故贾诩以段颎恐吓氐人。氐人果然不敢加害贾诩，与贾诩盟誓后，放走贾诩，其余被逮住者，皆被氐人杀害。贾诩并非段颎的外甥，贾诩随机应变，这样的事情，还有很多。

①《九州春秋》记载：中平元年，车骑将军皇甫嵩大破黄巾，威震天下。阎忠当时辞去信都县令，向皇甫嵩谏言："最难得又最容易失去的，是时机；时机一旦到来，转瞬间就会逝去，这就叫作'时运'。因此，圣人会因时而动，智者会借时而行。如今，将军遇上难得之时运，对于转瞬而逝之时机，将军该如何把握？如果不能把握、抓住时机，将如何保全名誉？"皇甫嵩问："请问这话是什么意思？"阎忠答："天道无亲，百姓只会追随有力者。如今，将军在暮春接受出征命令，在季冬大功告成。将军兵动神速，其功效难以再现；摧毁强敌，犹如摧枯拉朽；消除坚冰，甚于滚汤浇雪。在一个月内，汉军犹如风卷残云，摧毁残敌，七州席卷，屠戮三十六方，夷灭黄巾之师，除去邪害之患，受封户邑，刻石勒碑，南向以报德，威震本朝，风驰海外。是以群雄回首，百姓企踵，虽商汤周武之举，未有高于将军者。如今，将军建立不赏之功，侍奉昏庸之君，将如何保全自身？"皇甫嵩问："臣不忘忠，何以不安？"阎忠答："不然。在往昔，韩信不忍一餐之遇，而弃三分之利，拒绝蒯通之言，忽略鼎足之势，利剑已指其喉，才叹息懊悔，最终见烹于儿女。而今，汉室已经衰微，势穷力乏，远不如当年刘、项对峙。将军的权力，又重于当年的淮阴侯；将军在战场上指挥若定，足以鼓动风云。将军在大帐运筹帷幄，足以激起雷电。当此时，将军正可以奋起武威，借天下危难之机，挽狂澜于既倒；崇恩以绥先附，振武以临后服。将军征召冀州士人，征发七州民众，羽檄驰骋于前，大军紧随其后。将军渡过漳河，饮马孟津，以诛杀阉宦为号召，剪除朝中群凶。此时此刻，即使儿童，也会奋拳尽力；即使女子，也会褰裳效命。更何况将军麾下的熊罴战士，有疾风扫落叶之威势！大功可成，圣业可就。只待天下归顺，将军祭拜上帝，接受天命，将六合混为一统，南面称帝，转移宝鼎，推翻亡汉，此乃将军千载难逢、风云激荡之良机。正可谓枯木不可再雕，衰世难以再扶。如果将军仍要倾尽全力，辅佐衰汉，雕刻朽木，犹如迎着斜坡滚动弹丸、逆着狂风驾驶航

船，谈何容易？而且，当今朝廷，宦官当道，邪恶犹如市贾，帝命难以执行，权力归于近侍。昏君之下，难以久居。将军有不赏之功，朝中有谗人侧目，如果再不下定决心，后悔晚矣。”皇甫嵩不听，阎忠遂离去。

《英雄记》记载：凉州贼寇王国等起兵，共同劫持阎忠为主帅，统率三十六部，号称车骑将军。阎忠感慨，发病而死。

董卓进入洛阳，贾诩以太尉府掾史，被董卓任命为平津都尉，改任讨虏校尉。董卓的女婿中郎将牛辅驻扎在陕县，贾诩在牛辅军中。董卓败亡，牛辅被部下杀害，众人异常恐惧。董卓的部将李傕、郭汜、张济等欲解散军队，从小路逃回家乡。贾诩说：“听说长安人在议论，欲杀尽凉州人，诸君抛弃部下，独自逃亡，一个亭长就能绑缚诸君。不如率众西进，沿途招兵买马，攻打长安，为董公报仇。如果侥幸成功，奉朝廷以令天下。如果不成功，再逃走也不迟。”众人皆以为然。李傕遂西进攻打长安。详情记载在《董卓传》。[①]后来，贾诩担任左冯翊，李傕等欲以建言之功封贾诩为列侯。贾诩说：“此乃救命之计，何功之有？！”坚决辞让。李傕等又拜贾诩为尚书仆射，贾诩说：“尚书仆射是官员的师长，为天下士人所仰望。贾诩一向没有名声，何以服人？即使贾诩贪图名利，对朝廷又有何益？！”李傕等又拜贾诩为尚书，负责选拔官员，贾诩多有所补救。李傕等亲近贾诩，又忌惮贾诩。[②]恰逢母亲去世，贾诩辞去官职，又受拜为光禄大夫。李傕、郭汜在长安兵戈相向，[③]李傕再次请贾诩担任宣义将军。[④]李傕等答应讲和，献帝被从李傕的军营中放出来，朝廷大臣受到保护，贾诩在中间出了很大力。[⑤]献帝被放出军营，贾诩遂上缴印绶。在当时，将军段煨驻扎在华阴，[⑥]段煨与贾诩是同郡人。贾诩离开李傕，投奔段煨。贾诩在董卓军中素来有威信，被段煨军中的将士们敬仰。段煨担心部下会投向贾诩，表面上对贾诩仍然以礼相待、诸事详备。贾诩心中日渐不安。

①裴松之以为：《经传》讲：“仁人之言，其利溥哉！”然而不仁之言，理必相反。仁功难著，乱源易成，是故祸机一发，而殃流百世。在当时，元恶既已枭首，天地重新开始，贾诩一言，致使乱源重起，大梗殷流，郡国重新陷入万劫不复之哀，黎民再遭周代末世之乱，岂不皆由贾诩片言乎？贾诩之罪，一言何大哉？！自古肇始之乱，未有如此之甚。

②《献帝纪》记载：郭汜、樊稠与李傕相互猜忌，欲争斗取胜，双方交战，不计其数。贾诩以理责备、劝解双方，他们也愿意接受贾诩的劝解。

《魏书》记载：贾诩负责官员选拔，多选拔旧名臣担任县令、仆射，议论者以此称赞贾诩。

③《献帝纪》记载：李傕等与贾诩商议迎天子，安置在其军营。贾诩说：“不可。胁迫天子，非义也。”李傕不听。张绣对贾诩讲：“此地不可久留，君为何还不走？”贾诩答：“吾蒙受国恩，义不可背离。卿自行，我不能去也。”

④《献帝纪》记载：李傕当时召来羌胡数千人，先把朝廷的御物彩缯送予他们，又答应把官

中的妇女送予他们，欲令他们帮助攻打郭汜。羌胡多次到宫门前窥视，说："天子在其中邪！李将军许诺送予我们宫中美女，今皆安在？"献帝深感忧虑，让贾诩拿主意。贾诩暗中向羌胡首领打招呼，宴请他们，向他们许诺，将封赏他们爵位、珍宝，将他们引走。李傕由此变得衰弱。

⑤《献帝纪》记载：献帝东归洛阳，李傕率军追赶，献帝身边的卫士惨遭败绩。司徒赵温、太常王伟、卫尉周忠、司隶校尉荣邵皆被李傕厌恶，欲杀他们。贾诩对李傕讲："他们都是天子大臣，卿为何要杀害？"李傕这才没有动手。

⑥《典略》记载：段煨在华阴时，勤修农事，绝不允许士兵抢掠百姓。献帝东归洛阳，段煨在道旁迎接献帝，送上急需的物资。

《献帝纪》记载：后来，献帝拜段煨为大鸿胪、光禄大夫。建安十四年，段煨寿终。

张绣在南阳，贾诩暗中联络张绣，张绣派人来接贾诩。贾诩将要远行，有人对贾诩说："段煨待君甚厚，君为何还要离开？"贾诩答："段煨性情猜疑，有忌惮贾诩之意。礼仪虽厚，不可久恃。时间久了，一定会被段煨算计。我离开段煨，段煨一定会高兴，还希望通过我结交张绣为外援，也一定会厚待我的妻子。张绣没有谋主，也愿意我去，这样，我的家眷和我都可以得到保全。"贾诩遂往张绣处，张绣以晚辈礼厚遇贾诩，段煨果然善待贾诩的家眷。贾诩劝说张绣与刘表联合。[①]曹操连续进攻张绣，一天早晨，曹军突然撤军，张绣亲自率军追赶。贾诩向张绣谏言："不能追赶曹军，追赶必败。"张绣不听，追上曹军交战，大败而归。贾诩又对张绣讲："赶快追击曹军，此战必胜。"张绣谢道："上次没有听公的话，以至于此。如今我军已败，还能再追吗？"贾诩答："兵势变化无常，此次追击，必然取胜。"张绣采信贾诩的话，遂收拢散兵，再次追击，与曹军大战，此战果然大胜。张绣不解，问贾诩："张绣以精兵追击曹操退军，公说必败；这次张绣以败卒追击曹操胜兵，而公说必胜。事实果然如此！为何张绣再次追击，能够获胜？"贾诩答："这很容易解释。将军虽然善于用兵，绝非曹公敌手。曹公虽然退军，必然会安排精兵断后；将军率领精兵追击，终敌不过曹公的精兵，断后的曹军，皆为精兵锐卒，故知道将军必败。曹公攻打将军，并无失策之处，力未尽而退兵，一定是后方有变故；曹公已经挫败将军的追兵，一定会轻军速退，即使留下断后的军队，诸将虽勇，亦非将军敌手，故将军虽然用败兵也能够一战而胜。"张绣叹服不已。此后，曹操在官渡与袁绍对峙，袁绍派人来招张绣，并且写信给贾诩，以结为外援。张绣欲答应袁绍，贾诩先于张绣坐在上座，对袁绍的来使讲："回去谢过袁本初，袁绍连兄弟都不能相容，能容天下国士乎？"张绣大吃一惊，说："怎么能这样？！"遂偷偷问贾诩："我们拒绝袁绍，还能归附谁呢？"贾诩答："不如归附曹公。"张绣说："袁强曹弱，而且我与曹公又有杀子之仇，归附曹公，能行吗？"贾诩答："这正是要归附曹公之处。曹公奉天子，以令天下，此其一。袁绍强盛，我以兵少归附袁绍，袁绍一定不会重视。曹公兵弱，能得到我军，必然高兴，此其二。有霸王之志者，一定不会将私怨耿耿于怀，而会以明德加于四海，此其三。愿将军无疑！”张绣采纳贾诩的谏言，率领部众归附曹操。曹操见张绣来归，大喜，拉着贾诩的手说：“使我信重于天下者，先生也。”曹操上表，拜贾诩为执金吾，封为都亭侯，又改任冀州牧。冀州还未平定，贾诩留在曹操幕府参谋军事。袁绍在官渡围困曹操，曹操军粮将要耗尽，向贾诩问计，贾诩答：“曹公明胜袁绍，勇胜袁绍，用人胜袁绍，决策胜袁绍。有此四胜，而半年不能决定胜负，是因为考虑万全之策过多。曹公一定要出其不意，才能打败袁绍，最终获胜。”曹操说：“你讲得对。”于是集中兵力，袭击袁绍绵延三十余里的军营，大破袁军。袁军溃败，河北平定。曹操兼领冀州牧，改任贾诩为太中大夫。建安十三年，曹操平定荆州，欲沿江东下。贾诩谏言道：“此前明公大败袁氏，如今又收取汉水以南，威名远震，军势如此强大；如果利用楚地的富饶，修养士卒，安抚百姓，帮助百姓安居乐业，则可不必劳动大军，江东臣服矣。”曹操不听，后来在赤壁之战，曹军战事失利。②曹操后来与韩遂、马超在渭南大战，马超等欲割地议和，并请求送来人质。贾诩认为可以佯装答应。曹操又向贾诩问计，贾诩答：“可用离间计。”曹操说：“好。”遂采用贾诩的计策。详情记载在《武帝纪》。曹操很快打败韩遂、马超，这些都是贾诩献出的计策。

①《傅子》记载：贾诩南下来见刘表，刘表以客礼善待贾诩。贾诩说：“刘表，在太平之世，有三公之才；然而，刘表不能见事，当断不断，多疑不决，无能为也。”

②裴松之认为：贾诩此谋，未必合乎当时的实际。当时，韩遂、马超之徒，仍然狼顾关西，魏武帝不能安坐郢都，以威德怀柔东吴，此亦明矣。彼荆州者，孙、刘必争之地。荆人服刘主之雄姿，惮孙权之武略，时日已久，诚非曹氏诸将所能以武威服。故曹仁镇守江陵，败不旋踵，何以安抚江东得以施其计，期盼东吴臣服之期？将此新近平定之江、汉，威慑扬、越之地，借助刘表水战之具，借荆楚楫棹之手，实震荡之良会、庙定之良机。不乘此时攻取东吴，将安俟哉？至于赤壁之败，盖有运数。实由疾疫暴发，以损凌厉之锋，凯风自南，以成焚烧之势。天实为之，岂人事哉？然而，魏武之东下，非失算也。贾诩之此规，为无当矣。魏武帝后来克平张鲁，蜀中一日数十惊，刘备虽然斩杀、镇压，而不能制止，由于曹公不能用刘晔之计，导致失去席卷之机会，斤石既差，悔之无及，皆此类事也。世人都认为刘计为是，就越发看出贾诩之言为非。

当时，曹丕还是五官中郎将，而临菑侯曹植才名俱盛，各人都有党羽，都在谋划后嗣继承之事。曹丕派人向贾诩问有何自固之术，贾诩答：“愿将军恢宏大度，对士人恭敬有礼，朝夕孜孜不倦，不违做人子之道。如此而已。”曹丕采纳贾诩的谏言，深自砥砺。曹操曾经屏退身边人，就继嗣之事问贾诩，贾诩嘿然不应。曹操不解，问：“与卿言，卿不答，何也？”贾诩答：“刚才有所思，故没有回答。”曹操再问：“在想什么？”贾诩答：“在想袁本初、刘景升父子也。”曹操闻言大笑，于是，太子位随即确定。贾诩自以为自己并非曹操的旧臣，出谋献策，谋划长远，担心会遭到他人猜忌，故阖门自守，退无私交，男女婚嫁，不结高门，天下人谈起这些，莫不赞誉，这正是有计谋者所为。

文帝即位，拜贾诩为太尉，[①]文帝晋升贾诩爵位为魏寿乡侯，增加食邑三百户，合并之前，共享有食邑八百户。文帝又分出二百户食邑，封贾诩的小儿子贾访为列侯，拜贾诩的长子贾穆为驸马都尉。文帝曾经问贾诩：“我欲讨伐不肯从命者，统一天下，东吴、西蜀，先讨伐哪一国？”贾诩回答：“攻取土地，要先考虑军事，建立万世大业，须以德化为先。陛下顺应天命，接受汉室禅让，安抚万众，君临率土之臣，如果以文德安绥天下，等待天下有变，则平定天下不难。东吴、西蜀虽然是蕞尔小国，依靠山水险阻，刘备有雄才，诸葛亮善治国，孙权识时务、懂得虚实，陆议善于用兵、据守险要、泛舟江湖，皆难以仓促间平定。用兵之道，先胜后战，量敌论将，故算无遗策。臣思忖，朝廷群臣，还没有刘备、孙权那样的雄才，陛下即使以天威临之，未必有万全之势。在往昔，舜帝舞干戚，而有苗臣服。臣以为，当今之世，应先文后武。”文帝不听。后来发起江陵战役，魏国士卒损失巨大。贾诩享年七十七岁，去世，谥号为肃侯。嗣子贾穆继承爵位，历任诸郡太守。贾穆去世，嗣子贾模继承爵位。[②]

①《魏略》记载：文帝由于贾诩应对太祖，得以顺利即位，故拜贾诩为太尉。

《荀勖别传》记载；晋朝司徒缺位，晋武帝向荀勖咨询人选。荀勖答：“三公具瞻所归，不可用非其人。在往昔，魏文帝用贾诩为三公，孙权笑之。”

②《世语》记载：贾模，晋惠帝时担任散骑常侍、护军将军。贾模的儿子贾胤、贾胤的弟弟贾龛、贾胤的堂弟贾疋，皆位至大官，在晋朝享有显名。

陈寿评论如下：荀彧清秀典雅，有王佐之才，然而机鉴先识，未能达其志。[①]荀攸、贾诩，可谓算无遗策，经达权变，其才能堪比张良、陈平！[②]

①世人评论荀彧者，多讥讽荀彧帮助魏氏，倾覆汉室；君臣易位，实乃荀彧造成。虽然荀彧晚节立异，不能挽救时运；功既违义，识亦歉疚。陈氏此评论，盖亦同乎世人所识。裴松之以为：斯言之作，诚未得其远大者。荀彧岂不知魏武之志气，非衰汉之贞臣哉？实在是在当时，王道衰微，横流已极，雄豪虎视，人怀异志，没有拨乱之资，杖顺之略。汉室之亡，奄忽之间；黔首之类，殄灭涂炭。荀彧欲襄助当时英雄，一匡汉室衰运，非斯人与之，而谁与哉？是故经纶急病，若救身首，用能动于崄中，至于大亨，苍生蒙舟航之接，刘氏延续二纪之祚，岂非荀彧之本图，仁恕之远致乎？及至霸业既隆，翦除汉迹，荀彧亡身殉节，以申素情，全大节于当年，布诚心于百代，可谓任重道远、志行峨立。谓之未充，其殆诬欤！

②裴松之认为：列传之体，以事类相从。张子房青云之士，诚非陈平能够比拟。然而，汉

初之谋臣，张良、陈平而已。若不共列，则余无所附，故前史合为一传，盖其宜也。魏氏如贾诩之俦，其比甚多，贾诩不编程、郭之篇，而与二荀同列，失其类矣。而且，荀攸、贾诩为人，犹如夜光之与蒸烛乎！其照虽均，质则异焉。而今对于荀彧、贾诩的评价，共为一体，尤失区别之宜也。

魏书十一

袁张凉国田王邴管传第十一

袁涣，字曜卿，陈郡扶乐县人。父亲袁滂，在东汉朝曾担任司徒。[①]当时，朝中很多大臣的子弟不能谨守法度，袁涣处世，却能够以清静克己，行为举止皆以礼仪律己。郡府任命袁涣为功曹，郡中的奸吏有很多自动辞官离去。后来，袁涣受到三公府征召，被举荐为高第，担任侍御史，又外放，担任谯县县令，袁涣没有赴任。刘备担任豫州刺史，举荐袁涣为茂才。后来，袁涣在江、淮间躲避战乱，接受袁术任命。袁术每当有疑问，常向袁涣问计，袁涣也以正议提出谏言，袁术无法反驳。然而，袁术尊敬袁涣，不能不以礼相待。不久，吕布在阜陵进攻袁术，袁涣跟随袁术，被吕布拘押。当初，吕布与刘备友善，后来，二人又有矛盾。吕布欲让袁涣写封信辱骂刘备，袁涣不肯，再三强迫，袁涣仍然不肯。吕布大怒，拔出剑来威胁："从之则生，不从则死。"袁涣无所畏惧，面色不改，笑而回答："袁涣听说，唯有以德辱人，没有听说以骂辱人。被骂者如果是君子，不耻于将军的辱骂；被骂者如果是小人，将会回骂将军。那么，受辱者将会是将军，而不是被骂者。而且，袁涣也曾经侍奉过刘将军，就像今日侍奉吕将军一样。如果袁涣有一天离开将军，也这样辱骂将军，可以吗？"吕布顿时感到羞愧，遂不再坚持。

①袁宏著《汉纪》记载：袁滂，字公熙，为人纯朴，清心寡欲，终不言他人的短处。当权力正盛时，有人因党同伐异而致祸，袁滂在朝中却始终保持中立，故爱憎皆不会触及袁滂。

吕布被杀，袁涣归附曹操。[①]袁涣说："战争，是凶器，不得已而为之。将军所重视者，应该是德，以仁义征伐四方。同时，安抚受到蹂躏的民众，为民众除害。这样做了，百姓既可与之死，也可与之生。天下大乱以来，已经有十几年，民众企盼安定，不希望再有倒悬之祸，然而，祸乱却一直未能停息，为何会这样？还是由于政失其道！我听说，明君善于救世，故天下大乱，齐之以义，世人诈伪，镇之以朴；时移势易，治国的方法不同，不可不察。自古以来，制度有损益，因此，古时的制度未必与今日的相同。兼爱天下，拨乱反正，以武力平定祸乱，以道德济世救人，从古至今，却是不变的道理。明公智略超群，古代圣王得民心的举措，明公也在努力实践；失去民心的行为，明公也常引以为戒。海内仰望明公，得以免除祸乱，然而，民众仍然不懂大义，愿明公以德教化之，则天下幸甚！”曹操接受袁涣的谏言，拜袁涣为沛郡南部都尉。

①《袁氏世纪》记载：吕布被曹操打败、诛杀，陈群父子当时在吕布军中，见到曹操，皆跪倒在地上下拜。唯有袁涣对曹操高揖不拜，曹操颇为忌惮。当时，曹操配给众官员车辆，各有数辆，让他们去取吕布军中的财物，唯其所欲。众人皆重载，唯有袁涣取书几百卷，资粮而已，众人闻之，大惭。袁涣对所亲近的人讲：“让我离开行伍，发足军粮，以作为干粮，不以其他为我所有。因为此事而扬名，大悔恨之。”太祖为此很看重袁涣。

当时，曹操招募很多百姓开垦农田，施行屯田制。有些百姓不愿意，还有一些百姓逃亡。袁涣向曹操谏言：“百姓安土重迁，不愿意在猝然间改变习俗，应该顺应百姓的愿望，而不能逆着百姓。顺着百姓的愿望，愿意屯田，则安排屯田；不愿意，也无须勉强。”曹操采纳谏言，百姓很高兴。袁涣改任梁国相。袁涣敕令属下诸县邑：“务必存恤鳏寡孤独、耆年老人，表彰孝子贞妇。常言道：‘世治则礼详，世乱则礼简。’全在于斟酌之间。如今，天下扰攘，难以用礼仪教化。然而，诸事成功，还是要事在人为。”袁涣为政，崇尚教化，以宽恕治理百姓，做事情三思而后行，外表温柔，而处事果断。[①]后来，袁涣因病辞去官职，百姓仍然思念袁涣。再后来，袁涣被征召，担任谏议大夫、丞相府军祭酒。前后得到很多赏赐，袁涣皆分送予需要者，家中不留余财，始终不过问治理产业之事；家中贫乏，则向别人求借，也从未刻意表现廉洁。然而，世人皆认为袁涣为官清廉。

①《魏书》记载：谷熟县长吕岐对士人朱渊、爰津友善，派人到他们那里学习。返回后，又召用他们，任命朱渊为师友祭酒，任命爰津为决疑祭酒。朱渊等因事归家，没有接受任命。吕岐大怒，又派吏民收捕朱渊等，皆杖杀之，议者对此多有非议。袁涣教大家不要弹劾，主簿孙徽等认为：“朱渊等罪不该死，县长也并没有专杀大权，孔子讲：‘唯器与名，不可以假人。’谓之师友，又大行杀戮，刑名相伐，不可以为训。”袁涣则说：“主簿以不请为罪，此话也对。说朱渊等人罪不该死，则不对。师友之名，古今有之。然而，有君子之师友，也有士大夫之师友。

君置师友之官，用以敬其臣；有罪加于刑，则国之法。今日不论其罪，而谓之杀戮师友，失去师友之要义。主簿认为，弟子有杀戮老师之名，而加君诛杀臣之实，并非相类似。圣哲之治，观时而动，不必循常理，县长有权力这样做。如今还是乱世，民众凌辱官员，虽务尊君卑臣，犹或未必，而反长世人之过，不亦谬乎？！”遂没有弹劾。

魏建国初，袁涣担任郎中令，代行御史大夫职事。袁涣曾经向魏王曹操谏言：“如今，天下丧乱，已逐渐平息，君王应该文武兼用，这才是长久之道。臣以为，应该收集典籍，以阐明先圣之教化，以端正百姓之视听，令海内接受王道，斐然向化，远方还未接受教化者，以文德诱导其归附。”曹操赞成袁涣的想法。当时，有传言刘备已经死亡，群臣向曹操道贺；袁涣曾经受到刘备举荐，担任官吏，不肯道贺。居官数年，袁涣去世，曹操为之流涕，赏赐家属谷米二千斛，颁布教令：“用太仓谷一千斛，赏赐郎中令的家属。”又颁布教令“以垣下谷一千斛，赏赐曜卿的家属”，有人不解其意。曹操解释：“用太仓的谷米赏赐，这是官府规定；用垣下的谷米赏赐，因为曜卿是孤的故旧。”文帝听说袁涣曾经拒绝为吕布写信辱骂刘备，就此事向袁涣的堂弟袁敏询问：“袁涣究竟是勇敢，还是胆怯？”袁敏回答：“袁涣貌似温和，然而临大节、处危难，即使孟贲、夏育也不过如此。”袁涣的儿子袁侃同样有清廉之风，为人朴素，有父亲的风范，历任郡守、尚书。①

①《袁氏世纪》记载：袁涣有四个儿子，袁侃、袁寓、袁奥、袁准。袁侃，字公然，议论得当，柔而不犯，善于与人交往。在兴废之间，人之所向往者，常谦退不为也。当时人以是称赞袁侃。袁侃历任黄门选部郎，号称选官公平；稍后升任尚书，早逝。袁寓，字宣厚，为人精辩，有机理，喜欢道家，年少时患病，还未进入官场，病逝。袁奥，字公荣，谨修品行，道德足以厉俗，言辞约而理当，在光禄勋任上去世。袁准，字孝尼，为人忠信正直，不耻下问；唯恐人之不胜己，以世事多险，故常谦退，而不敢求进；著书十余万言，论治世之道，为《易经》《周官》《诗传》作注释，以及论述五经滞义，解释圣人之微言，以传于后世；这是袁准自己所写的。

荀绰著《九州记》称袁准有俊才，泰始年间，袁准在朝中担任给事中。袁氏子孙世代有人享有高名，至今尊贵。

当初，袁涣的堂弟袁霸很有才干，恪尽职守，建有功劳。魏建国初，袁霸担任大司农，与同郡人何夔是知名士人。袁霸的儿子袁亮，何夔的儿子何曾，与袁侃一样享有名气，二人关系很好。袁亮品学兼优，疾恶如仇，憎恶何晏、邓飏等，写文章讥讽，官至河南郡大尹、尚书。①袁霸的弟弟袁徽，以儒学闻名，遭逢天下大乱，袁徽在交州避乱。司徒府征召，袁徽不肯应召。②袁徽的弟弟袁敏，有武艺，还喜欢研究水利，官至河堤谒者。

①《晋诸公赞》记载：袁亮的儿子袁粲，字仪祖，善于文学，博闻强识，一直担任儒官，官至尚书。

②袁宏著《汉纪》记载：当初，天下将要大乱，袁涣慨然叹息："汉室陵迟，祸乱无日矣。若天下扰攘，该逃往何处安身？天未丧其道，民以义存，唯强而有礼，可以庇身！"袁徽曰："古人有言：'知机其神乎！'见机而动，君子可以元吉也。天理盛衰，汉室要亡！有大功必然有大事，此为君子所识，退身藏于隐处。而且，兵革既兴，外患必众，袁徽将要远赴山海间藏匿，以免其祸。"及至天下大乱，各行其志。

张范，字公仪，河内郡修武县人。祖父张歆，曾在东汉朝担任司徒。父亲张延，曾担任太尉。太傅袁隗欲把女儿嫁给张范为妻，张范谢绝，没有接受。张范性情恬静，安贫乐道，漠视荣华，无论朝廷征召或任命，均不肯接受。弟弟张承，字公先，也是知名士人，朝廷以贤良方正征召，拜为议郎。后来，张承担任伊阙都尉。董卓在朝中作乱，张承欲聚集徒众，与天下豪杰共同讨伐董卓。张承的弟弟张昭，当时担任议郎，从长安刚回来，对张承讲："如今，君欲讨伐董卓，然而，君的军队人数太少，寡不敌众，仅凭一时激情，调动务农的民众，士人也未曾安抚，战士也未曾训练，恐怕难以建功。董卓拥有西凉军队，蛮横无理，一定不会持久；不如暂且躲避，选择一处地方待时而动，可以完成大志。"张承同意，遂解下印绶，从小路逃回家乡，与张范在扬州避乱。袁术备下厚礼，招请张范，张范称病，没有去，袁术也没有勉强。张范让张承去见袁术，袁术问："在往昔，周室衰弱，有齐桓、晋文先后成为霸主，辅佐王室；秦失其政，汉室接续。如今，孤占有的土地辽阔，士民众多，欲效法齐桓公，追随高祖之圣迹，你看如何？"张承回答："拥有天下，在德不在兵。如果将军以德与天下同欲，即使有匹夫之资，也能兴霸王之业。如果以非分之想，僭越皇权，逆时而动，将会被天下人抛弃，还怎么兴霸王之业？"袁术听了，很不高兴。当时，曹操将要讨伐冀州，袁术再问："曹公以疲惫之师数千，欲对抗十万之众，可谓不自量力！先生认为，曹公能胜吗？"张承答："汉德虽衰，天命未改，如今，曹公挟天子以令天下，即使对抗百万之众，又有何不可？"袁术脸色遽变，更加不高兴，张承遂辞别。

曹操平定冀州，派遣使者迎接张范。张范以有病为借口留在彭城，派遣张承前去拜谒曹操。曹操上表，拜张承为谏议大夫。张范的儿子张陵及张承的儿子张戬被华山东的贼寇擒获，张范亲自到贼寇处请求释放二人，贼寇释放张陵。张范谢道："诸君释放我的儿子，情谊甚厚。从人情讲，人都爱自己的儿子，然而，张戬的年龄还太小，我情愿以张陵交换张戬。"贼寇被张范的义气感动，遂又释放张戬。曹操从荆州撤军返回，张范在陈县拜谒曹操，曹操拜张范为议郎，在丞相府参谋军事，对张范很尊重。曹操率军征伐，常令张范和邴原留下，与曹丕一起留守后方。曹操对曹丕讲："但凡有事，要向二人咨询。"曹丕对二人执晚辈礼。张范在后方抚恤百姓，赈济贫困，家中不留余财，远近孤寡，皆向心归附。张范对于馈赠并不拒绝，然而终不肯使用，及至使者离去，即将原物原封不动归还官府。建安十七年，张范去世。魏建国初，张承以丞相府参军祭酒，兼领赵郡太守，在任上大力推行教化。曹操率军将要西征，征召张承参谋军事，大军进抵长安，张承病逝。①

①《魏书》记载：文帝即位，任命张范的儿子张参为郎中。张承的孙子张邵，在晋朝担任中护军，与舅舅杨骏一起被杀。详情见《晋书》。

凉茂，字伯方，山阳郡昌邑县人。凉茂从小好学，与人谈话，常能引经据典，以此判明是非。曹操任命凉茂为司空府掾，举荐为高第，后来，凉茂补任侍御史。当时，泰山郡有很多贼寇，朝廷任命凉茂为泰山郡太守，旬月之间，百姓拖儿带女，有上千户人家迁至泰山郡。①凉茂改任乐浪郡太守。公孙度在辽东，欲强迫凉茂留在辽东，不让凉茂上任，然而，凉茂始终不肯屈服。公孙度对凉茂及诸将讲："听说曹公远征，邺城空虚，没有守备，我欲率领三万步兵、一万骑兵，直捣邺城，试问谁能抵御？"诸将皆以为说得对。②公孙度看着凉茂，又问："君以为如何？"凉茂答："近些年，海内丧乱，社稷将倾，将军拥有十万之众，安坐辽东，而坐观诸侯成败，身为朝廷之臣，能这样行事？曹公忧国家之忧，哀百姓之痛，率领义兵，为天下讨伐残贼，功高德昭，可谓举世无二。海内刚刚安定，百姓享受太平，故曹公未派大军讨伐将军之罪！而将军却要率军向西，存亡之后果，很快就能见分晓。将军要警惕！"诸将听了凉茂此言，皆受到震动。过了一会儿，公孙度又说："凉君之言是也。"后来，凉茂改任魏郡太守、甘陵国相，所任职期间，均有政绩。曹丕担任五官中郎将，凉茂被选为幕府长史，改任左军师。魏建国初，凉茂改任尚书仆射，后来又担任中尉、奉常。曹丕在东宫，凉茂担任太子太傅，受到曹丕礼敬。在任上去世。③

①《博物记》记载：襁，织缕为之，宽八寸，长一尺二，用以背负小儿。

②裴松之按：此传云公孙度听说曹公远征，邺城空虚，守备很少，这是太祖平定邺城后的事情。按《公孙度传》，公孙度在建安九年去世。这一年，曹操平定邺城，既而远征，唯有北征柳城。征伐柳城这一年，公孙度已经不在。

③《英雄记》记载：凉茂在东汉末年八友之中。

国渊，字子尼，乐安郡盖县人，曾经拜郑玄为老师。①后来，国渊与邴原、管宁等在辽东郡避乱。②国渊返回故乡，曹操任命国渊为司空府掾，每当在朝中议政，国渊常能够正言直议，退朝后不徇私情。曹操欲大肆布置屯田，派国渊负责此事。国渊向曹操多次陈述屯田之利，在开垦的土地上可以安置百姓，安排官吏，对官吏施行考核，五年之后，仓廪充实，百姓安居乐业。曹操讨伐关中，让国渊留在丞相府，统领诸项政事。田银、苏伯在河间造反，田银等被镇压，还有余党，皆应该伏法。国渊认为，这些人并非首恶，请求曹操无须对这些人用刑。曹操采纳谏言，国渊救活上千人。破贼之后的文书，过去常把一写作十，及至国渊上报斩首数字，如实禀报。曹操问国渊何故，国渊答："征讨外寇，虚报斩杀数字，以此作为大功，扩大战果，也是向百姓炫耀。河间在封地之内，田银等叛逆，虽然叛乱遭到镇压，国渊仍感到耻辱。"曹操听后，很高兴，改任国渊为魏郡太守。

①《郑玄别传》记载：国渊当初并不知名，郑玄称国渊："国子尼，可谓美才，吾观其人，必为国器。"

②《魏书》记载：国渊笃学，喜欢古文，在辽东郡，常在山岩上讲学，士人多敬慕国渊，由此知名。

当时，有人写匿名信诽谤曹操，曹操很生气，欲追查此人。国渊请求留下匿名信，暂不对外宣布。匿名信多引用《二京赋》，国渊敕令郡府功曹："魏郡很大，如今，邺城又是都城所在地，有学问的人并不太多。你可以选择一些懂事的年轻人，让他们从师学习。"功曹选了三个人，临走时，国渊接见，教导他们："你们所学的知识还不够，《二京赋》乃博物之书，世人常忽略，很少有人能讲解，你们可以找能解释《二京赋》的老师学习。"又暗中布置。旬日之间，找到能讲解《二京赋》者，遂前往受业。官吏请老师写张便笺，拿回来，国渊对照匿名信，与匿名信的笔迹相同。遂收捕此人，经审讯，案件查实。后来，国渊改任太仆，位列九卿，仍然布衣蔬食，得到的俸禄、赏赐，大多分送给故旧亲朋，以恭俭自律，在任上去世。[①]

①《魏书》记载：曹操任命国渊的儿子国泰为郎官。

田畴，字子泰，右北平郡无终县人。田畴喜欢读书，还善于击剑。初平元年，义兵骤起，董卓逼迫献帝迁都长安。幽州牧刘虞叹息道："贼臣作乱，朝廷播荡，四海之内，人心惶惶，不知所归。我身为宗室遗老，不能等同于普通百姓。而今欲派出一位使者，向朝廷祖露臣节，怎样能得到一位不辱使命的使者？"众人评议，都说："田畴虽然年少，但很多人称其为奇才。"田畴当年二十二岁。刘虞准备礼物，延请田畴，与田畴一席长谈，很高兴，遂拜田畴为从事，为其准备车骑。田畴将要远行，对刘虞讲："如今，道路阻断，贼寇肆虐，我以朝廷官员，奉命出使，将会被众人注目。请求微服出行，这样可顺利完成使命。"刘虞同意。田畴回家，亲自选择门客及青少年勇武健壮者，招募二十人，骑马到长安，完成使命。刘虞为田畴饯行，送田畴上路。[①]田畴上路，转道西关出塞，沿着北山直奔朔方郡，从小路日夜兼行，直奔长安，完成使命。献帝下诏，拜田畴为骑都尉。田畴认为，天子正在蒙难，政局动荡不安，不可以接受官位及恩宠，遂辞让。朝廷官员赞赏田畴有德义。三公府征召田畴，田畴没有应召，带着朝廷的使命，骑快马返回，还未到达幽州，刘虞已经被公孙瓒杀害。田畴回来后，到刘虞的坟墓前祭拜，在墓前陈述朝廷的文书，哭拜而去。公孙瓒知道后，大怒，悬赏捉拿田畴。公孙瓒问田畴："你为何跑到刘虞的墓前哭祭，而不把朝廷的文书送予我？"田畴回答："汉室衰微，人心各怀异志，只有刘公不失为臣之忠节。文书所言，对于将军未必是好话，担心将军不高兴，故没有送予将军。而且，将军欲举大事，以完成大业，已经杀了无罪的州牧，又要诘难守义的臣属。这样行事，燕、赵的义士将会蹈东海而死，不会再追随将军！"公孙瓒赞赏田畴的回答，放了田畴，没有杀他，又把田畴羁押在军中，禁止田畴的故旧与其接触。有人劝说公孙瓒："田畴是当今义士，将军不能这样无礼对待田畴，现在囚禁田畴，会失去人心。"公孙瓒这才放了田畴。

①《先贤行状》记载：田畴将要启程，与刘虞密议。田畴劝说刘虞："如今，皇帝幼弱，奸臣擅权，奏章上报，恐怕会错失机会。而且，公孙瓒阻兵刁难，如不尽早图之，必有后患。"刘虞不听。

田畴北归，率领族人及其他归附者数百人，扫地盟誓："刘虞的大仇不报，我绝不立于世间！"田畴率领众人进入徐无山，收拾一块平坦的地面，安营扎寨，开垦农田以奉养父母。百姓向心归附，数年间，聚集五千余家。田畴对乡亲们讲："诸君不以田畴不肖，远来相就，逐渐形成一片乡邑。但是，我们还不能统一意志，恐怕非久安之道，请大家推举一位贤者，作为首领。"大家都说："应该如此。"共同推举田畴为首领。田畴说："如今，大家来到此地，绝非为苟安图存，而是要图谋大事，报仇雪恨。我担心壮志未酬，而轻薄之徒自相欺凌，只图一时痛快，并无深谋远虑。田畴有一愚计，愿与诸君商议，可以吗？"大家说："可以。"田畴与众人约定好，杀伤、盗窃、诤讼，制定法规，重者可以处死刑，轻者可以抵罪，共有二十余条。又制定婚姻嫁娶礼法，举办学校，讲授功课，法规在众人中颁布施行，众人皆赞成，以至于道不拾遗。北方边郡翕然称颂，服其威信，乌丸、鲜卑各派遣译员、使者前来贡献，馈送礼物，田畴一并接纳，加以安抚，令其不要再寇掠边郡。袁绍多次派人招请田畴，又授予田畴将军印，其实欲收编田畴的部众，田畴拒绝，不肯接受。袁绍病死，袁绍的儿子袁尚又再次招请田畴，田畴仍然不为所动。

田畴痛恨乌丸人此前多次杀害边郡官员，欲讨伐乌丸，又觉得力量不够。建安十二年，曹操北伐乌丸，大军还未到达，先派遣使者招请田畴，又命令田豫告诉田畴。田畴告诫门人赶快准备行装。门人问田畴："在往昔，袁公仰慕君，三番五次，以礼延请，君坚守大义，不肯屈服；如今，曹公派一使者来，君却犹恐迎接不及，这是为何？"田畴笑而答道："此非君所知也。"遂跟随使者来到曹操军营，曹操拜田畴为司空府户曹掾，向田畴征询意见。第二天，曹操颁发命令："田子泰绝非我可以任命为府吏者。"遂又举荐田畴为茂才，任命田畴为蓚县县令，还没有上任，田畴跟随曹公进抵无终。当时正值盛夏，雨水较多，滨海一带地势低洼，道路泥泞不通，贼虏也在把守险要阻挡大军，大军不能通行。曹操深感忧虑，向田畴问计。田畴答："这条道路，夏秋之际，常常被水淹没，水浅不能通车马，水深不能载舟船，行路很困难。旧北平郡治所在平冈县，有条路经过卢龙，可以到达柳城；从建武以来，道路毁坏，已经有二百年，还有一些小路可以通行。如今，贼虏将领认为我军从无终县出击，不能前进，只能后退，军备松懈，毫无戒备。如果我军回军，从卢龙口越过白檀之险，从空虚之地出击，路近而且便利，攻其不备，蹋顿可以不战而擒。"曹操说："就这样办。"遂引军撤退，在水浸的路上矗立大木牌，上写："方今盛夏，道路不通，且待秋冬，再安排进军。"贼虏侦察骑兵看到，以为大军已去。曹操令田畴率领其部众作为向导，上了徐无山，从卢龙出击，经过平冈县，登上白狼堆，距离柳城二百余里，贼虏才发觉。单于亲自临阵，曹军与乌丸大战，大有斩获，遂追亡逐北，进抵柳城。大军凯旋，入塞，论功行赏，曹公上表，封田畴为亭侯，享受食邑五百户。[①]田畴自以为，当年处境困难，迫不得已，才率领众人逃走，如今壮志未酬，反而得到封侯，这绝非本意，坚决辞让。曹操知道田畴辞意发自内心，同意田畴辞让，不再勉强。[②]

①《先贤行状》记载：曹操上表，赞赏田畴的功劳："文雅俱备，忠武又著，和于抚下，慎于事上，量时度理，进退合义。幽州始扰，胡、汉交萃，荡析离居，靡所依归。田畴率领族人在无终山避难，北拒卢龙，南守要害，清静隐约，耕而后食，人民服从教化，咸共资奉。及至袁绍父子威力加于朔野，远结乌丸，与为首尾，前后招请田畴，终不应召。后来，臣奉命，军队进抵易县，田畴长驱赶到，陈述讨胡之策，犹如广武君向韩信建言，降服燕国，薛公向高祖建策，直渡淮南。田畴又派部下，持臣布告，引诱胡众，汉民或因亡来，乌丸闻之震荡。王旅出塞，途经山中九百余里，田畴率领五百士兵，作为向导，开辟山谷，大军殄灭乌丸，荡平塞外。田畴文武兼备，节义可嘉，诚应宠赏，以旌其美。"

②《魏书》记载：曹操敕令："在往昔，伯成弃国，夏后不夺，孤欲使高尚之士，优贤之主，不止于一世。其听田畴所辞让。"

辽东郡公孙康斩杀袁尚的首级，命令："三军有敢哭祭者，斩。"田畴以曾经被袁尚征召，前往袁尚墓前祭奠。曹操并未追究。[①]田畴率领家属及族人三百余户，迁居邺城。曹操赐予田畴车马粮食，田畴将其全部分送给宗族故旧。田畴跟随曹操征伐荆州返回，曹操追思田畴功劳很大，后悔此前接受田畴的辞让，说："这是成全一个人的志向，却违背王法。"于是，曹操重新把此前的爵位封给田畴。②田畴上疏，陈述衷情，以死表白辞让的决心。曹操不听，欲举荐田畴，再三再四，田畴终不肯接受。有关官员弹劾田畴狷介，违背常道，坚守小节，应该免官加刑。曹操慎重考虑，迟疑很久，才交予太子曹丕及大臣们廷议。曹丕认为，田畴犹如春秋时楚国令尹子文，申包胥逃避赏赐，田畴辞让爵禄，不应该夺其志向，而应该褒赏田畴的节操。尚书令荀彧、司隶校尉钟繇也认为可以这样处理。③曹操还是想封赏田畴。田畴平素与夏侯惇的关系很好，曹公告诉夏侯惇："你去田畴家，向其晓之以理，动之以情，他可能会听进你的劝解，不要告诉他这是我的意思。"夏侯惇到了田畴家，按照曹公的意思，劝解田畴。田畴知道其来意，不再讲话。夏侯惇临走时，拍着田畴的背，说："田君，曹公心意恳切，难道就不能再考虑一下？"田畴答："你这话就有些过分了！田畴其实是负义逃窜之人，蒙受曹公厚恩，得以存活，已经感激不尽。怎能以进军卢龙之塞，当作邀功请赏之资？即使国家垂顾田畴，田畴心中难道不觉得有愧？将军熟悉田畴，仍然这样劝解，势必不得已，田畴愿在将军面前自刎，以表明决心。"话未讲完，涕泗交流。夏侯惇向曹操报告。曹操喟然叹息，知道田畴绝不肯屈服，只好拜田畴为议郎。田畴享年四十六岁，去世。儿子早逝。文帝接受汉室禅让，登上帝位，高度评价田畴有德义，赐田畴的堂孙田续爵关内侯，以奉祀田畴的祠庙。

①裴松之认为：田畴没有接受袁绍父子征召，以其非正也。故最终归附魏祖，建卢龙之策，致使袁尚奔迸，授首辽东，皆田畴之缘由。既以明其为贼，胡为复吊祭其首？若以曾经被征召，义在其中，则不应为人设谋，使其至此。田畴此举止，良为进退无当，与王修哭袁谭，貌同而心异。

②《先贤行状》记载：曹操敕令："蓚县县令田畴，志节高尚，遭逢州里戎夏之乱，隐身深山，研精味道，百姓从之，建成都邑。袁贼之盛，命召不屈。慷慨守志，以徼真主。及至孤奉诏命，征定河北，遂平定幽州，将要征伐胡寇，特加礼命。田畴既然受命署理军政，陈言建策，进攻胡人，从蹊路引进，率领山民，一时向化，开塞导路，护送大军，供承使役，路近而便，令贼虏始料不及。斩杀蹋顿于白狼，遂长驱于柳城，田畴有功。及至大军入塞，将要旌表其功，上表封田畴为亭侯，食邑五百，而田畴恳切辞让，前后拒绝。出入三载，历年未加以赏赐，此为成一人之高，甚违王典，失之多矣。宜从表封，无久留吾过。"

③《魏书》记载：曹丕廷议："在往昔，薳敖逃禄，传载其美，所以激浊世，励贪夫，贤于尸位素餐之人。故可得而小，不可得而毁。至于田畴，方斯近矣。免官加刑，于法为重。"

《魏略》记载：教令曰："在往昔，伯夷、叔齐弃爵，而讥武王，可谓愚昧，孔子认为'求仁得仁'。田畴之所守，虽不合道义，但欲清高。使天下悉如田畴之志，继承墨翟兼爱尚同之事，老聃使民结绳之道。外议虽善，再令司隶校尉议决之。"

《魏书》记载：荀彧廷议，认为："君子之道，或出或入，期于为善。故匹夫守志，圣人各因而成。”钟繇认为：“原思辞粟，仲尼不与，子路拒牛，谓之止善，虽可以激清励浊，犹不足道。田畴虽不合大义，有益推让之风，宜如世子议。”

裴松之按：《吕氏春秋》记载：“鲁国之法，鲁人有为臣妾于诸侯，有能赎之者，取其金于府。子贡赎人，而辞让，不肯取金，孔子曰：‘赐失之矣。从此，鲁人不愿再赎。’子路拯救溺水者，其人拜之以牛，子路受之。孔子曰：‘鲁人必拯救溺水者矣。’”按此语，不与钟繇所引者相同，未详为钟繇之事误邪，而事将别有所出耳？

王修，字叔治，北海郡营陵县人。七岁时，王修的母亲去世。母亲在祭祀土地神这一日去世。以后，每当邻里举行社祭，王修都会想念母亲，非常哀痛。邻里听到后，不再举行社祭。二十岁时，王修在南阳游学，住在张奉的家里。张奉全家得病，没有人照顾，王修亲自照顾病人，待病人痊愈后才离去。初平年间，北海国国相孔融召请王修，拜为主簿，代理高密县令。高密县人孙氏素来豪侠，其族人、门客多次犯法，当地百姓时有被抢劫者，贼犯逃入孙氏家躲藏，官吏不能将贼犯缉拿归案。王修率领吏民包围孙氏，孙氏以武力拘捕，吏民忌惮，不敢靠近。王修命令吏民：“敢有怯懦，不敢进攻者，与其同罪。”孙氏恐惧，只好交出贼犯。从此，当地豪强慑服。王修被举荐为孝廉，王修让与邴原，孔融不听。[①]当时，天下大乱，举荐之事遂停顿。不久，渤海国有反叛者，王修听说孔融有难，连夜赶往孔融处。贼寇刚刚起事，孔融对身边人讲：“能冒险来救我者，只有王修！”话音未落，王修已经赶到。王修再次在渤海国国相府担任功曹。当时，胶东县多贼寇，孔融令王修再次代理胶东县令。胶东县人公沙卢宗族势力强大，建造营垒固守，不肯接受征调。王修带领数名骑兵径直闯入营垒大门，斩杀公沙卢的兄弟，公沙氏惊愕之间，不敢妄动。王修抚慰其余族人，从此，贼寇稍微收敛。孔融每当遇到困难，王修即使在家休假，也会从容前来。孔融多次因王修而幸免于难。

①《孔融集》记载：孔融答王修教令：“邴原之贤也，吾已知之矣。在往昔，高阳氏有八个儿子，均为贤才，尧帝不能用，舜帝实举之。原可谓不患无位之士。以遗后贤，不亦可乎？”王修再次辞让，孔融答复：“掾史清身洁己，历试诸难，谋而鲜过，惠训不倦。余嘉乃勋，应乃懿德，用升尔于王庭，其可辞乎！”

袁谭在青州征召王修，任命为治中从事，别驾刘献多次诋毁王修。后来刘献因为某事，应当伏法受死，王修审理此案，刘献得以免死。当时人皆以此事称赞王修。袁绍又拜王修为即墨县令，后来，王修再次担任袁谭的别驾。袁绍死后，袁谭、袁尚兄弟矛盾加深。袁尚攻打袁谭，袁谭兵败，王修率领吏民前往救援袁谭。袁谭大喜，说：“能救援我者，王别驾也。”袁谭失败后，刘询在漯阴起兵，诸城邑响应。袁谭叹息道：“如今，举州背叛我，孤难道没有德行吗？”王修说：“东莱郡太守管统虽然远在海滨，此人没有反叛。一定会来。”过后十余日，管统果然丢下妻子，来救袁谭，其妻子被贼人杀害，袁谭拜管统为乐安郡太守。袁谭欲再次攻打袁尚，王修劝谏道：“兄弟间相互攻打，这是败亡之道。”袁谭听了，心中不悦，然而知道王修高风亮节，并未加罪。后来，袁谭问王修：“计将安出？”王修答：“兄弟好比人的左右手。譬如说，人要争斗，先砍断其右手，还说：‘我一定会胜。’这样做行吗？抛弃兄弟，不能亲近，天下还有谁可以亲近？将军的下属，有人向将军进谗言，挑拨离间，为的是谋取一己私利，愿将军塞住耳朵，切勿听信谗言。将军如果能杀几个身边的佞臣，与兄弟重归于好，就可以征战四方，甚至横行天下。”袁谭听不进去，继续与袁尚相互攻打，袁谭向曹操求救。曹操率领大军平定冀州，袁谭又背叛曹操，曹操遂率军在南皮进攻袁谭。王修当时在乐安县运粮，听说袁谭情况紧急，率领部众及从事数十人前来援救袁谭。进抵高密县，听说袁谭已死，王修下马号哭：“没有主公，我还能依附谁？”遂前往曹操处，请求曹操殡殓袁谭。曹操欲观察王修是否真心，默然不应。王修再次恳求：“我蒙受袁氏厚恩，如果能收殓袁谭尸首，然后服刑就戮，死无所恨。”曹操赞赏王修高义，听任王修收殓袁谭尸首。[①]曹操任命王修为督粮官，王修返回乐安。袁谭死后，属下城邑皆归附曹操，仅剩下管统在乐安不肯从命。曹操命令王修前去斩杀管统，王修以管统为亡国之忠臣，为管统解开绑缚，与管统来见曹操。曹操见到二人后，心情大悦，赦免管统。袁氏政令宽松，很多在职官员聚敛财产。曹公攻破邺城，没收审配等人的家产达亿万。及至攻破南皮，检视王修的宅邸，粮食不满十斛，却有书籍数百卷。曹公叹息道：“士人不妄有虚名。”遂以礼拜王修为司空府掾，代行司金中郎将职事，后又改任魏郡太守。王修在任上，抑强扶弱，明确赏罚，为百姓所称道。[②]魏建国初，王修担任大司农郎中令。曹公欲恢复肉刑，王修认为时机尚未成熟，曹公采纳王修的谏言。王修改任奉常，严才反叛，与其徒众数十人攻打掖门。王修听说后，招车马，还未到，率领官属步行至宫门。曹公在铜雀台远远望见，说：“来者一定是王叔治。”相国钟繇对王修讲：“按照旧制，京城有变，九卿应各自留在官府。”王修答：“食其禄，焉避其难？留在官府，虽然是旧制，并非赴难之义举。”不久，王修有病，在任上去世。儿子王忠，官至东莱郡太守、散骑常侍。当初，高柔年少时，王修很看重高柔，认为王基虽然是幼童，但异于常人，最终二人皆有高行，在仕途上皆有作为，世人称王修知人。[③]

①《傅子》记载：太祖诛杀袁谭，枭其首级，下令曰：“敢哭祭者，戮及妻子。”于是修治、田畴相互告诫：“生受辟命，亡而不哭，非义也。畏死忘义，何以立世？”遂殡殓袁谭的首级，哀哭不已，感动三军。军正禀报曹公，欲行其戮，太祖曰：“义士也。”遂赦免。

裴松之按：《田畴传》载田畴被袁尚征召，任命为官员，并未被袁谭任命。《傅子》合而言之，有违事实。

②《魏略》记载：王修担任司金中郎将，陈黄白异议，因奏记："王修听说，荆棘之林，无梁柱之材；涓流之水，无洪波之势。是以臣在职七年，忠谠不昭于时，功业不见于事，欣于所受，俯惭不报，未尝不长夜起坐，中饭释餐。何者？力少任重，不堪而惧。谨贡献所议如下。"太祖甚嘉赏之，写信回复王修："君澡身浴德，流声本州，忠能成绩，为世美谈，名实相副，过人甚远。孤以心知君，至深至热，并非仅凭耳目所闻。观察先贤之论，多以盐铁之利，足以赡养军国之用。昔日，孤初立司金之官，念非屈君，余无可者。故与君教令：'在往昔，遏父陶正，民赖其器用，及至后裔妫满，封建于陈国；近世有桑弘羊，位至三公。此君元龟之兆，先告者也。'是孤用君之本意，或担心众人未晓此意。自此以后，在朝之士，每得一显选，常举君为首，及至听说袁军师众贤之议，以为不宜越过君。然而，孤执意将有所厎（dǐ），以军师之职，期间担任司金官员，至于建功，重于军师。孤之精诚，足以达君；君之察孤，足以不疑。但恐旁人浅见，以蠡测海，为蛇画足，将言前后百选，辄不用之，而使君凝滞于冶官。张甲李乙，尚犹先之，此主人意待之不优之效也。孤担心有此空声冒实，淫蝇乱耳。假如有斯事，也是钟子期不失听也；若其无斯事，过备何害？在往昔，宣帝观察少府萧望之的才能，欲任命其为宰相，故先令其出任地方官，担任左冯翊。从正卿来看，似乎贬低职务。宣帝令侍中告诉萧望之，为何这样任命：'君担任平原郡太守日浅，故复试君三辅，并非有其他意思。'孤揆度先主中宗（宣帝）之意，诚备此事。既君崇勋业，以副孤意。公叔文子与君俱升，独何人哉？！"此后不久，王修升任魏郡太守。

③王隐著《晋书》记载：王修有一个儿子，名字叫王仪，字朱表，为人高亮雅直。司马文王在安东，王仪担任司马。东关之败，司马文王讲："近日之事，谁负其咎？"王仪答："责任在军师。"司马文王大怒，说："司马欲委罪于孤邪？"遂杀之。其子王裒（bāo），字伟元。年少时，崇尚操守，非礼不动。身长八尺四寸，容貌绝异。痛悼父亲不以命终，终身不肯出仕。在父亲墓侧，建立茅屋，以教授为务。旦夕间，常到墓前跪拜，悲哭哀号，声嘶力竭。墓前有一棵柏树，王裒常攀缘，涕泣所著，树的颜色与其他树不同。王裒读《诗经》至"哀哀父母，生我劳悴"，未尝不恸哭流涕，泪沾衣襟。王裒家贫困，遂躬身稼穑，按照人口种田耕地，植桑养蚕。诸学生有暗中为王裒割麦子者，王裒遂放弃收获的麦子；自是无人再敢帮助王裒割麦子。王裒的门人被本县差役，请求王裒为吏属，王裒曰："卿学不足以庇身，吾德薄不足以荫卿，属之何益？而且，吾不捉笔已经四十年。"乃步行，担着干饭，儿子背负盐豉，门生跟随者，有一千多人。安丘县令以为是来见自己，整衣出来，在门口迎接。王裒走下车道至土路，磬折而立。王裒说："门生为县里所差役，故来送别。"执手涕泣而去。县令当即放归诸学生，一县人以此为耻。同县人管彦，年少时有才能，还未知名，王裒独以为管彦当显达，常友爱之；二人有男女，刚生下来，就许配为婚姻。后来，管彦果然担任西夷校尉。王裒重新把女儿嫁人，管彦的弟弟管馥问王裒，王裒答："吾薄志毕愿，山薮自处，姊妹皆远，吉凶断绝，以此自誓。贤兄的儿子葬父亲于帝都，此则洛阳之人也，岂吾欲结为姻亲本意邪？"管馥说："嫂子，是齐人。当回到临菑。"王裒说："安有葬父亲于河南，随母亲返回齐地！用意如此，何婚之有？"遂不肯许婚。

邴春，是邴根矩的后人。年少时，邴春立下志向，寒苦自居，负笈游学，身不止家，乡邑翕然，以为能继承其父亲遗志。王裒认为，邴春性情狭隘，仰慕名声过多，终究不能成就大事，及至后来，邴春果然没有完成学业，流落在外，有识者以此认为王裒识人。王裒常认为，人之所行，应当归于善道，不可以己所能而责人之所不能。有来馈送礼物者，皆不肯接受。及至都城洛阳倾覆，寇贼蜂起，王裒的族人全部移居江东，王裒留恋父母坟垅。贼寇大肆抢掠，向南直达泰山郡。王裒思念故土，不肯离去，被贼寇杀害。

《汉晋春秋》记载：王裒与济南郡人刘兆（字延世），俱以不肯出仕而闻名。王裒以父亲被司马文王所滥杀，终身不肯接受征召，未曾西向而坐，以示不臣于晋朝。

《魏略·纯固传》记载：把脂习、王修、庞淯、文聘、成公英、郭宪、单固七人，列入传记。其中，王修、庞淯、文聘三人又各自有传，成公英另外参见《张既传》，单固参见《王凌传》，其余，脂习、郭宪二人另外在《王修传》后面附录。

脂习，字元升，京兆人。中平年间，在郡府出仕，担任官吏。三公府征召，举荐脂习为高第，担任太医令。献帝西迁，及至东归洛阳，又在许昌建都，脂习常跟随在献帝身边，与少府孔融的关系很好。太祖担任司空，威德日盛，而孔融以旧意，写信给太祖，意欲疏远、倨傲。脂习常责备孔融，欲令其改变意向，孔融不听。最后，孔融被太祖所杀，当时，许都朝廷百官与孔融关系好者，不敢去收殓尸体，而脂习独自前往刑场，抚尸大哭，说："文举，卿舍我死，我当复与谁语也？"哀哭不已。太祖听说后，收捕脂习，欲严加惩治。不久，又因为其事予以宽宥，脂习移居许东县，住在土桥下。脂习后来见到太祖，陈谢前愆。太祖直呼其字，曰："元升，卿故慷慨！"因问其居处，以新迁徙，赐谷一百斛。至黄初年间，文帝下诏，欲用脂习，以脂习年岁已老，仍然以敦旧嘉赏，称赞脂习有栾布之气节，拜脂习为中散大夫。脂习回家，享寿八十余岁，去世。

郭宪，字幼简，西平郡人，其家是西平郡大姓。建安年间，担任郡府功曹。州部征召，不肯任职，以仁义笃厚，为一郡人所钦佩。建安十七年，韩约失去众属，从羌中回来，依附郭宪。众人多欲逮捕韩约以邀功，而郭宪愤怒谴责，说："人穷来归我，云何欲危之？"遂保护韩约，厚遇之。后来，韩约病死，而田乐、阳逵等就此又斩下韩约的头颅，送予太祖请功。阳逵等欲写上郭宪的名字，郭宪不肯列在名字中，说：我尚不忍生图之，岂忍取死人之头颅以邀功？阳逵等人这才作罢。当时，太祖正在攻打汉中，在武都，阳逵等送去韩约的首级。太祖早就听说郭宪的名字，及至看了条疏，奇怪郭宪不在其中，问阳逵等，阳逵具以情对。太祖叹服郭宪有义气，乃上表，把郭宪列在阳逵等的名单中，同时赐爵关内侯。从此，郭宪名震陇西。黄初元年，郭宪病逝。正始初年，国家追嘉其事迹，再次赐郭宪的儿子爵关内侯。

邴原，字根矩，北海国朱虚县人。年少时，邴原与管宁都能够坚守节操，受到众人称赞。州府征召、任命，邴原一概拒绝。黄巾军骤起，邴原把家属迁至海滨，住在郁洲山中。当时，孔融担任北海国相，举荐邴原为有道之士。邴原以黄巾军正在兴盛，又迁居辽东郡，与同郡人刘政一样勇敢，有谋略。辽东郡太守公孙度忌惮刘政，欲杀害刘政，收捕刘政的家人，刘政逃走。公孙度对属下诸县邑讲："敢有藏匿刘政者，与其同罪。"刘政穷途末路，来投奔邴原，[①] 邴原藏匿刘政一个多月，东莱郡人太史慈要回家乡，邴原把刘政托付给太史慈。既而对公孙度讲："将军前日欲杀刘政，以其为祸害。

如今，刘政已去，君的祸害岂不是已经除去？”公孙度答：“是啊！”邴原又说：“君忌惮刘政，是因为刘政多谋。如今刘政已去，君的智谋可以施展，为何还要拘禁刘政的家人？不如放了他们，不要结怨太深。”公孙度释放刘政的家人。邴原又花钱把刘政的家人送走，刘政全家得以返回家乡。邴原留在辽东郡，一年中，来归附邴原者有数百家人，游学之士、教授之声不绝于耳。

①《魏氏春秋》记载：刘政投奔邴原，说：“穷鸟入怀。”邴原答：“安知斯怀之可入邪？”

后来，邴原从辽东郡返回，曹操拜邴原为司空府掾。邴原的女儿早逝，当时，曹操的爱子曹仓舒也早逝，曹操欲让邴原的女儿与其合葬，邴原推辞道：“合葬不符合礼仪。邴原之所以被明公看重，明公之所以以诚相待邴原，是因为邴原能够谨守圣典，坚守节操。如果听从明公，则成为凡俗之人，明公以为这样行吗？”曹操遂作罢。邴原改任丞相府征事。[①]崔琰担任东曹掾，记录有名望的谦让士人：“征事邴原、议郎张范，皆能够秉持纯美之德，志行忠义，清静足以厉俗，坚贞足以行事，此所谓龙翰凤翼，国之重宝。举而用之，不仁者远离。”邴原代替凉茂，担任五官中郎将曹丕的幕府长史，闭门自守，非公事不出家门。曹公征伐吴国，邴原随军出征，在途中病死。[②]

①《献帝起居注》记载：建安十五年，开始设置征事二人，邴原与平原郡人王烈担任此职。

②《邴原别传》记载：十一岁时，邴原丧父，家中贫苦，很早就成为孤儿。邻居有书舍，邴原经过时悲泣。老师问：“童子为何悲泣？”邴原答：“孤者易伤，贫者易感。读书者，必定皆有父兄，一则羡其不孤，二则羡其得以学习，心中恻然，而为之流涕。”老师亦哀伤邴原之言，为之流泪，说：“欲读书，可以！”邴原答：“无钱读书。”老师说：“童子苟有志，我徒相教，不求资费。”于是，邴原跟着老师读书。一冬之间，诵读《孝经》《论语》。自在童龀之中，嶷然有异。及至邴原长大成人，金玉其行。欲到远方游学，前去拜谒安丘县人孙崧。孙崧说：“君乡里人郑君，君知道吗？”邴原答：“知道。”孙崧说：“郑君学览古今，博闻强识，钩深致远，诚学者之楷模。君舍弃这样的老师，蹑屣千里，此所谓以郑君为东家丘者也。君似不知道，而曰知道，为何？”邴原答：“先生之说，诚可谓苦药、良针；然而，犹未达仆之微趣也。人各有志，所规不同，故乃有人登山采玉，有人入海采珠，岂可谓登山者不知海之深，入海者不知山之高？君谓仆以郑君为东家丘，君以仆为西家愚夫邪？”孙崧辞谢。又说：“兖州、豫州的士人，吾多所认识，未有若君者；当以读书相分。”邴原重其意，难辞之，持书而别。邴原心以为求师启学，志高者通，非若交游，待分而成也。书何为哉？乃藏书于家而行。邴原原来很能饮酒，自出游之后，八九年间，酒不沾唇。单步负笈，苦身持力。到了陈留郡，则向老师韩子学习。到了颍川郡，则向宗师陈仲弓学习。到了汝南郡，则与范孟博结为朋友。到了涿郡，则与卢子干结为挚友。临别时，师友认为邴原不会饮酒，把米肉拿出来，给邴原吃。邴原说：“本来

能饮酒，但以荒思废业，故断之耳。今当远别，因见贶饯，可一宴饮。”于是大家坐下来饮酒，邴原终日不醉。回来后，邴原把书还给孙崧，解不致书之意。后来，邴原被郡府征召，在郡府担任功曹主簿。当时，鲁国人孔融担任太守，教选计可以担任公卿的人才，乃任命郑玄为计掾，任命彭璆为计吏，任命邴原为计佐。孔融有所爱一人，常为之嗟叹。后来，又恚恨此人，欲杀之，郡府吏皆为此人求情。当时，此人也在座，叩头至流血，而孔融仍然怒气不消。只有邴原没有为其求情。孔融问邴原："众皆求情，而君独不求情，为何？”邴原答："明府于某，本来并未亏待，常言岁终当举荐此人，此所谓'吾一子'也。如是，郡府吏受恩，未有在此人之前者。而今，明府欲杀此人。明府爱之，引而方之于子，憎之，推之欲危其身。邴原愚蠢，不知明府何以爱之多、何以恶之深。”孔融说："某人生于微门，吾成就其兄弟，拔擢而用之；某人今日辜负恩施。因此，善则进之，恶则诛之，固君子之道也。在以往，应仲远担任泰山郡太守，举荐一孝廉，旬月之间，而又杀之。君子待人，厚薄何常之有？”邴原回答："应仲远举荐孝廉，而后杀之，其义焉在？夫孝廉，国之俊才优选也。举荐之若是，杀之则若非；若杀之是，则举荐之非。《诗经》讲：'彼已之子，不遂其媾。'就是讥讽这些。《论语》讲：'爱之欲其生，恶之欲其死。既欲其生，又欲其死，是惑也。'应仲远之惑甚矣。明府奚取焉？”孔融大笑道："吾只戏言耳！”邴原又说："君子于其言，出乎身，加乎民；言行，君子之枢机也。安有欲杀人而可以为戏言者哉？”孔融无言以对。在当时，朝廷陵迟，政以贿成，邴原带着家人，进入郁洲山中。郡府举荐邴原为有道之士，孔融写信给邴原，劝解道："修性保贞，清虚守高，危邦不入，久潜乐土。王室多难，西迁镐京。圣朝劳谦，畴咨隽乂。我徂求定，策命恳恻。国之将陨，嫠不恤纬，家之将亡，缇萦跋涉，彼匹妇也，犹执此义。实望根矩，仁为己任，授手援溺，振民于难。乃或晏晏居息，莫我肯顾，谓之君子，固如此乎！根矩，根矩，可以来矣！”邴原遂来到辽东。辽东多老虎，邴原居住的邑落，独无虎患。邴原曾经在路上捡到别人遗失的钱，把钱系在树枝上，此钱既不见取，而系钱者越多。问其故，答者谓之神树。邴原恶其由已而成淫祀，乃解释，于是，里中遂敛其钱以为社供。后来，邴原欲回归乡里，止于三山。孔融写信："随会在秦，贾季在翟，谘仰靡所，叹息增怀。顷知来至，近在三山。《诗经》不云乎：'来归自镐，我行永久。'今派遣五官掾史，奉问榜人舟楫之劳，祸福动静告慰。乱阶未已，阻兵之雄，若棋弈争枭。”于是，邴原遂又返回。积十余年，后来，邴原又隐遁。南行已数日，而公孙度还没有发觉。公孙度知道邴原不可以复追也，于是说："邴君所谓云中白鹤，非鹑鷃之网所能捕获。又是吾自遣送之，勿复求也。”邴原遂免受杀害。自从邴原返回中原，开始讲授礼乐，吟咏诗书，有学生数百人，服道者，有数十人。当时，郑玄博学洽闻，注解典籍，故儒雅之士麇集在郑玄身边。邴原自以为高远清白，颐志淡泊，口无择言，身无择行，故英伟之士向慕焉。在当时，海内崇尚清议之风，都说青州有邴原、郑玄之学宗。魏太祖担任司空，征召邴原，任命为东阁祭酒。太祖北伐东北三郡及乌丸单于，返回，住在昌国，燕地有士大夫。太祖宴请士大夫，酒酣耳热，太祖说："孤返回，邺城留守诸君必将来迎，今日明旦，孤忖度应该全部来到。其不来者，只有邴祭酒耳！”说过此话不久，邴原已到。门下通报，太祖大喜，提鞋而起，远出迎接邴原，说："贤者诚难揣度！孤以为君不会来，而今日从远方屈尊而来，诚副饥渴之心。”邴原拜谒后，辞别太祖。军中士大夫前来拜谒邴原者，有数百人。太祖怪而问之，当时，荀文若在座，回答："独可省问邴原耳！”太祖说："此君名重，乃亦倾士大夫之心？”文若答："此一世异人，士之精粹，曹公宜尽礼以待之。”太祖说：“此乃孤之宿愿也。”从此以后，太祖对邴原越发敬重。邴原虽然在幕府历任署理，又常以有病高枕里巷，终不肯多管政事，又很少会见诸人。河内郡人张范是名公的儿子，其志行与邴原相同，二人甚相亲敬。太祖曰：“邴原名高德大，清规邈世，魁然而峙，不为孤用。孤听说，张子颇欲学之，孤担心，造之者富，随之者贫也。”魏太子担任五官中郎将，天下人莫不向慕，宾客如云。而邴原独坚守道义，以常人对待，非公事，不妄自拜谒曹丕。太祖暗中派人从容问之，邴原回答：“我听说，国危不事冢宰，君去不奉世子，此典制也。”于是，邴原又改任五官中郎将曹丕的幕府长史，太祖曰：“子弱不才，惧其难正，贪欲相屈，以匡励之。虽云利贤，能不恧（nǜ）恧！”太子举行宴会，有宾客一百数十人，太子建议：“君、父各有笃疾，有药一丸，可救一人，当救君邪，当救父耶？”众人纷纭，或父、或君。当时，邴原也在座，不参与讨论。太子此后问邴原，邴原悖然回答：“当然是父亲。”太子亦不复难之。

此后，大鸿胪钜鹿郡人张泰、河南郡大尹右扶风人庞迪以为官清廉著称，①永宁宫太仆东郡人张阁以行为俭朴而闻名。②

①荀绰著《冀州记》记载：钜鹿郡人张貔，字邵虎。祖父张泰，字伯阳，在魏国享有名气。父亲张邈，字叔辽，曾担任辽东郡太守，著作《自然好学论》，在《嵇康集》有记载。张邈为人弘深，有远识，恢恢然，来向其请问者，莫之能测。张邈历任二官，元康初年，担任城阳郡太守，未到任，病逝。

②杜恕著《家戒称阁》记载：“张子台，视之似鄙陋朴人，然而，其心中不知天地间何者为美、何者为好，敦然好似与阴阳合德者。如此做人，自可不富贵，然而患祸当从何而来？世间有高亮如子台者，皆多受人仰慕，体查之，名不副实也。”

管宁，字幼安，北海国朱虚县人。①十六岁时，管宁丧父，里巷中感念管宁孤弱贫困，共同集资，送了一份丧礼，管宁谢绝，最终借钱为父亲送终。管宁身高八尺，美须眉。与平原郡人华歆、同县人邴原关系很好，一起在外游学，他们都很敬仰陈仲弓。当时，天下大乱，听说公孙度发布号令，传至沿海，管宁与邴原及平原郡人王烈等来到辽东郡。公孙度虚位以待，迎候众人，他们前去拜谒公孙度。后来，管宁在山谷中搭盖茅庐居住，当时，避难者大多居住在辽东郡南，管宁选择郡北，以显示没有离开之意，不断有人来归附管宁。曹操担任司空，征召管宁，公孙度的儿子公孙康扣留公文，没有告诉管宁。②

①《傅子》记载：管宁是齐国相管仲的后人。在往昔，田氏篡夺齐国，而管氏离去，或到鲁国，或到楚国。汉建国后，有管少卿担任燕县县令，家族始盛于叫朱虚的地方，世代享有名节，九世后，生管宁。

②《傅子》记载：管宁去见公孙度，谈话中引经据典，不涉及世事。回来后，在山边搭建茅

庐，凿石为室。越海避难者，皆来就之而居，旬月而成邑。管宁遂开始讲授《诗经》《尚书》，陈列俎豆，饰威仪，明礼让，非学者不见矣。由是公孙度安其贤，民化其德。邴原性情刚直，清议以格物，公孙度以下，心中不安。管宁对邴原讲："潜龙以不见为德，言非其时，皆招祸之道。"暗中告诉邴原，最好西归。公孙度的庶子公孙康代替公孙度，掌握辽东郡，对外以将军太守为称号，而内心实际上已有称王之心，公孙康卑辞厚礼，欲让管宁留下辅佐自己，而始终不敢当面告知，其敬惮如此。

皇甫谧著《高士传》记载：管宁所居住的屯落，开凿水井汲水，或有男女混杂，或有争井斗阋。管宁深感忧虑，于是，多买一些汲水器具，放置在井旁，让汲水者随便取用，又不让汲水者知道。来汲水的人感到奇怪，问人才知道是管宁所为，于是，相互指责，不再为汲水而争斗。邻居有牛跑到管宁的田地里，啃吃禾苗，管宁为牛搭盖凉棚，亲自为牛准备饮水、食草，又送还牛主人。牛主人得到牛，很惭愧，就像犯了大错。从此，邻居间不再有争讼之声，礼让移于海外。

王烈，字彦方，其名气在邴原、管宁之上。王烈不肯担任公孙度任命的职务，以经商自毁形象。曹操任命王烈为丞相府掾、征事，王烈还未到任，在海滨去世。①

①《先贤行状》记载：王烈通识典籍，明白事理，秉义不回。王烈拜颍川郡人陈太丘为老师，拜老师的两个儿子为学友。当时，颍川郡人荀慈明、贾伟节、李元礼、韩元长都是陈君的学生，看到王烈才气过人，叹服所履，亦与相亲。于是英名著于海内，道成而德立。王烈回到家乡，住在原来的旧房子。后来又遭遇父丧，悲泣三年。这一年饥馑，路上饿殍遍野，王烈把家中储藏的粮食煮成粥，分送于众人，救活邑里很多人。是以宗族称王烈笃孝，乡党称王烈为仁。王烈以典籍自娱其心，以育人为乐。王烈建立学校，敦崇庠序，引诱世人向善，不考虑对方的脾性，诲之以道，使之从善远恶。受益者不知不觉而大化隆行，皆成有用之人。门人出入，容止可观，有时在市井，行步有异，人皆能识别。州闾成风，竞相为善。当时，国中有盗牛者，牛主捉住盗牛贼。盗牛贼说："我一时迷惑，从今以后，一定改过。先生既已宽恕我，请不要让王烈知道。"此人将此事告诉王烈，王烈拿出一匹布馈送盗牛贼。有人问："此人既然为盗，又担心君知道，君反而送给他布，何也？"王烈答："在往昔，秦穆公时，有人盗了穆公的骏马，食之，穆公不但不怪罪，还赐给他们酒喝。盗马者此后不爱其死，在穆公危难时，拼死救出穆公。今天，此盗牛贼能悔其过，还担心我知道，说明他还有知耻之心。既有知耻之心，则善心就会萌发，故送予他布，以劝其为善。"几年后，有行路老者挑重担，他人帮助其挑担，行数十里，直至到家，放下担子而去，问姓名，不以告。不久，老者在路上，又不小心丢失一把剑。有人行路，看见这把剑，欲放置在旁边而去，又担心若后面的人拿走，剑主就会永远丢失这把剑。欲取而购募，又担心价钱有差错，遂守在那里。直至天暮，剑主返回找剑，原来拾到者还是此前代替挑担的人。老者拉着他的衣袂，问："先生此前代替我挑担，不知姓名。今日先生又拾到我的剑，守在这里，不肯离去。没有像先生这样有仁义的人了，请先生告诉我姓名，我将会告诉王烈。"此人告诉其姓名，随后离去。老者回来后告诉王烈，王烈说："世上有这样的仁者，我还未曾见到。"遂让人找，原来就是昔日的盗牛贼。王烈叹息道："韶乐九成，虞宾以和；人能有

感，乃至于斯！”遂让国人在其居住的闾巷悬挂表额，以表彰其人。当时，有人或因诉讼，理有曲直，都会来找王烈评判，有些人走到半路返回，有些人望见王烈的庐舍即返回，皆改变主意，互相推让，不敢让王烈知道。当时，郡国国主皆亲自坐车，来到王烈的私馆拜谒，向王烈咨询政令是否合适。察举孝廉，三府征召，王烈皆不肯俯就。恰逢董卓在朝中作乱，王烈避居辽东，躬耕陇亩，编于四民，布衣蔬食，不改其乐。东域之人，奉王烈若圣君。当时处于凋敝衰世，识真者少，朋党之人，互相谗谤。在东部避乱者，很多人被害，王烈在东部居住多年，从未遇上祸患。王烈的仁义影响辽东，致使强不凌弱、众不暴寡，商贾之人市不二价。太祖多次征召王烈，辽东郡人不肯放走王烈。建安二十三年，王烈患病，以寿终，享年七十八岁。

中原形势稍微安定，客人纷纷返回家乡，只有管宁仍然留在辽东，似乎要终老在此地。黄初四年，文帝诏令公卿举荐特立独行的君子，司徒华歆举荐管宁。文帝即位后，不断地征召管宁，管宁带着家眷渡海返回本郡，公孙恭送管宁到南郊，馈赠衣服、财物。自从管宁来到辽东郡，公孙度、公孙康、公孙恭前后馈赠的礼物，管宁接受后，都收藏起来。在西渡渤海前，又全部封好，归还公孙恭。①文帝诏令，拜管宁为太中大夫，管宁坚决辞让，不肯接受。②明帝即位，太尉华歆逊位让与管宁，③明帝遂下诏：“太中大夫管宁，谨守德行，服膺六艺，清虚足以侔古，廉白可以当世。此前遭受王道衰微，浮海隐居，大魏受命，管宁携带儿女，返回中原，好似应龙潜升，谨守圣贤出仕、隐退。黄初以来，朝廷多次征召，管宁都会以养病推辞，拒绝出仕。那么，朝廷的政事，与先生殊趣，先生将要安乐山林，往而不返乎！以周公之圣，年老德昭，而不肯降其志，鸣鸟不闻。④以秦穆公之贤，犹思黄发贤者，垂顾咨询。何况朕寡德，岂能不闻道于士大夫哉？！而今管宁已返中原，拜管宁为光禄勋。礼有大伦、君臣之道，不可废也。愿管宁尽速到朝廷来，称朕意焉。”明帝又下诏青州刺史：“管宁抱道怀贞，隐居于海滨之隅，朝廷多次征召，违命不至，盘桓逗留，高尚其事。管宁虽有素履幽人之贞，而失却考父兹恭之义。朕虚心以待，盼望管宁，已经有几年，其何谓邪？徒欲怀安，必肆其志，没有想到古人也有幡然改节，以匡扶朝政乎！日逝月除，倏忽已过，澡身浴德，管宁将以何为？仲尼有言：‘吾非斯人之徒与，而谁与哉？！’诏命别驾从事郡府丞掾，奉诏命，以礼护送管宁前来皇帝行宫，安排安车、吏从、褥垫，以及途中的饮食，上路后，要急速禀报。”管宁自称草莽之人，上疏：“臣隐居海滨，孤独微贱，罢农无伍，禄运幸厚。横蒙陛下继承洪绪，德侔三皇，教化超越唐尧。久荷渥泽，积祀已有十二年，不能报答陛下恩养之福。臣抱病沉疴，寝疾弥留，违背臣隶属于朝廷之节，念及此，臣夙宵战怖，无地自容。臣元年十一月得到公车司马带给州郡的诏命，八月甲申日诏书召臣，陛下赐予臣安车、衣被、褥垫，以礼护送，臣光宠并臻，优命屡至。臣不免惊悚屏息，悼心失图。臣原想亲自向陛下陈述，伸展愚情，而陛下明诏，诏命臣以义赴任，不让臣再上表辞让，因此，臣郁滞徘徊，延宕至今。诚谓乾覆，恩有纪极，不意灵润，弥以隆赫。臣谨奉今年二月所得到州郡所带来的太和三年十二月辛酉诏书，陛下又重新赐予臣安车、衣服，别驾从事与郡府功曹以礼护送，臣又蒙受玺书恩典，任命臣为光禄勋，躬秉劳谦，引喻周公、秦穆，损上益下。受诏之日，臣精魄飞散，靡所投死。臣暗自忖度，德非东园公、绮里季，而蒙受安车之荣；功无窦融，而蒙受玺封之宠；臣才能驽下，却身荷栋梁之任；垂死之年，却获九卿之位。臣担心有朱博鼓妖之灾；又年迈体衰，病情有增无减，难以胜任扶舆进谏，以敷衍塞责。臣望慕阊阖，徘徊阙庭，谨拜章陈述衷情，乞蒙哀怜，抑恩听放，无令骸骨填于沟壑。”从黄初年间到青龙年间，朝廷征召管宁的文书接连不断，每年的八月，都会赐予牛酒。明帝诏书，询问青州刺史程喜：“管宁是因为谨守节操，还是确实年老体衰、疾病缠身？”程喜奏报：“管宁有族人管贡，担任州部小吏，与管宁比邻而居，臣常让管贡了解情况。管贡说：‘管宁常戴着皂帽、穿着襦袴、布裙，随时令变化，增减衣服，出入庭院，能够手握拐杖行路，无须人扶持。四时祭祀祠庙，辄勉力而行，只是加件衣服，裹上絮巾，穿着在辽东郡穿的白布单衣，亲自在祠庙进献祭品，跪拜成礼。年少时，管宁丧母，不记得母亲的模样，祭祀时，常在母亲神位前摆上一杯酒，泫然流涕。管宁的住宅，距离水边七八十步，夏天时，管宁常在水塘边洗澡或洗手足，平时常到园圃踱步。’臣揆度管宁前后辞让之意，确实是愿意在民间生活，潜踪隐迹，独享安逸，耆艾老人，智力衰竭，是以栖迟，每次执拗谦让。这是管宁志行所欲，保全自身，并非自命清高。”⑤

①《傅子》记载：公孙康临去世前，没有让嫡子即位，而让弟弟公孙恭即位，公孙恭懦弱，而公孙康的庶子公孙渊有俊才。管宁说：“废嫡立庶，下面有异心，乱源将会由此而引起。”管宁把家眷送过渤海，而后接受征召。管宁在辽东，积三十七年，终于返回中原，后来，公孙渊袭夺公孙恭的位置，背叛国家，而南连东吴，僭越称王，明帝派相国文宣王司马懿征剿公孙渊。辽东战死者上万计，如管宁预料的一样。管宁返回中原，渡海时，遇上暴风，很多大船沉没，只有管宁乘坐的船安然无恙。当时，夜风晦冥，船上的人都感到迷惑，不知大船将飘向何处。直到望见有火光，大船前进，来到一个岛上。岛上没有人居住，又无燃火后的灰烬，船上的人都感到奇怪，以为神光护佑。皇甫谧曰：“此乃积善之应也。”

②《傅子》记载：管宁上书文帝，以有病辞让职务：“臣听说，傅说发梦，以此感动殷宗，吕尚启兆，以此感动周文，以通神之才，悟于圣主，以辅佐之能，匡佐帝业，克成大勋。臣实乃腐朽之器，陛下用非其人。虽然臣贪恋清时，释体蝉蜕。臣内省以顽疾之体，日薄西山。唯陛下听野人山薮之愿，让一老者，得尽微命。”书奏，文帝亲览焉。

③《傅子》记载：司空陈群也举荐管宁：“臣听说，王者显善以消恶，故商汤重用伊尹，不仁者远离。伏见征士北海国人管宁，行为世表，学为人师，清俭足以激浊，贞正足以矫时。此前朝廷有征召之命，礼未优备。在往昔，司空荀爽，在家中受拜为光禄大夫，先儒郑玄，在家中即授予大司农，若加备礼，庶必可致。至延西序，坐而论道，必能昭明古今，有益大化。”

④尚书君奭曰："耇（gǒu）造德不降，我则鸣鸟不闻，矧（shěn）曰其有能格。"郑玄曰："耇，老也。造，成也。《诗经》曰：'小子有造。'老成有德之人，不降志与我并在位，则鸣鸟之声不得而闻，况且有能有德格于天者乎？！言必无也。鸣鸟谓凤凰也。"

⑤《高士传》记载：管宁自从渡过渤海，到达辽东郡，及至归来，常坐在一副床榻上，有五十余年，未曾箕股，床榻上靠近膝盖的地方皆磨穿。

正始二年，太仆陶丘一、永宁宫卫尉孟观、侍中孙邕、中书侍郎王基举荐管宁：

臣听说，龙凤隐耀，应德而臻，明哲潜遁，俟时而动。是以鸾凤鸣于岐山，周室兴隆，四皓担任辅佐，汉惠帝顺利即位。伏见太中大夫管宁，应二仪之中和，总九德之纯懿，含章素质，冰洁渊清，玄虚淡泊，与道逍遥；娱心黄老，游志六艺，升堂入室，究其玄妙，韬古今于胸怀，包道德之机要。汉灵帝中平年间，黄巾军肆虐，华夏动荡，王纲废弛。管宁躲避乱世，乘船渡海，寄居辽东三十余年。在乾卦之姤（gòu）卦，匿景藏光，避世隐遁，养浩然正气，韬晦涵儒学，潜移默化傍流，悠游于殊域之俗。

黄初四年，高祖文皇帝咨询朝中群公，渴慕征求天下隽乂，故司徒华歆举荐管宁应选，公车特别征召，管宁振翼遐飞，翩然来翔。行途遭遇困厄，罹患疾病，朝廷拜管宁为太中大夫。烈祖明皇帝嘉美其德，晋升管宁为光禄勋。管宁因疾病，弥留至今，未能启程。而今管宁旧疾已瘳，行年八十，志无倦怠。环堵筚门，偃息穷巷，饭鬻糊口，并日而食，吟咏诗书，不改其乐。困而能通，遭难必济，经危蹈险，不易其节，金声玉色，久而弥彰。揆其终始，殆天所祚，应当襄助大魏，辅弼雍熙。朝廷三公职位有缺，群下瞩望。在往昔，殷商高宗绘制图像，以征求贤哲，周文王以龟甲卜筮，以征求良才辅佐。况且，管宁前朝受到表彰，名德已著，而长久栖迟，不能招引至朝廷，非所以遵奉明训，继承先帝之志也。陛下继位，纂承洪绪。圣敬日跻，超越周成王。每次颁发德音，向师傅咨询。如果能继承二祖，奉行招贤故典，以贵宾礼延请俊杰、年迈之士，以广大德政，济济之教化，将侔于前代。

管宁清高，处世恬然淡泊，拟迹前轨，德行卓佳，海内无偶。历观前世玉帛所命，申公、枚乘、周党、樊英之俊杰，测其渊源，览其清浊，未有厉俗、特立独行之君子，像管宁这样。朝廷诚应束帛加璧，准备厚礼，征聘管宁，还要赐予几案、拐杖，延请管宁登上太学之讲坛，向学生讲解三坟五典，坐而论道，上正璇玑，协和皇极，下阜群生，彝伦攸叙，必有可观之处，光益大化。如果管宁固执己见，守志箕山，追踪洪崖，循迹巢父、许由，那么，圣朝也可以像唐尧、虞舜，优贤扬历，垂声千载。[①]古人虽然赞赏君子出仕或隐居，殊途同归，在野在朝，俯仰异体，对于兴治美俗，其道理相同。

①《今文尚书》记载为“优贤扬历”，谓扬其所历试。左思著《魏都赋》记载“优贤著于扬历”也。

于是，明帝准备安车蒲轮，束帛加璧，特别征聘管宁。恰逢管宁病逝，享年八十四岁。明帝拜管宁的儿子管邈为郎中，后又任命为博士。当初，管宁的妻子在管宁的前边去世，故旧亲朋劝管宁再娶，管宁答：“每当反省曾子、王骏之言，心中常有嘉许之意，岂能到了本人，又违心去做此事？”①

①《傅子》记载：管宁在国家衰乱时，世人有很多改变氏族，违背圣人之制，非礼命姓之意，故著《氏姓论》，以还原本来世系，文章很长，此处不再载录。每在所居住的地方，有姻亲、知旧，或邻里有困穷者，家储虽不盈担石，必分出一部分，用以赡救他人。与他人的子弟言谈，则教以孝道；与他人的兄弟言谈，则训以恺悌；当谈论人臣时，则诲以忠诚。貌甚恭，言甚顺，观其行，邈然若不可及，即之熙熙然，甚柔而温，因其事而导之于善，是以浸染渐之者无不受到教化。管宁去世，天下无论知与不知，闻之莫不叹息。醇德之所感化，竟有如此效果，不亦至乎？！

当时，钜鹿郡人张臶（jiàn），字子明，颍川郡人胡昭，字孔明，也是养浩然之气，不肯出仕为官。年少时，张臶在太学游学，学兼内外，后来返回乡里。袁绍多次征召、任命，张臶不肯应召，再后来，张臶移居上党郡。并州牧高幹上表朝廷，任命张臶为乐平县令，张臶没有到任，又避居常山，教书授徒，有学生数百人，既而迁至任县。曹操担任丞相，征召张臶，不肯应召。太和年间，明帝下诏，访求隐居饱学士人，能消除灾异者，郡府多次举荐张臶，护送张臶上路。因为年老有病，张臶没有成行。广平郡太守卢毓到官三日，负责纲纪的主簿告诉太守，要像前任递上名片，拜谒张臶。卢毓教令：“张先生所谓‘上不事天子，下不友诸侯’，怎么能随意递上名片，贸然拜谒？！”太守派遣主簿奉上文书，送上羊酒之礼。青龙四年辛亥，明帝诏书：“张掖郡有玄川奔涌，激波荡流；有宝石负图，状像灵龟，宅于河川之西，嶷然磐峙，宝石黝黑，上面有素章刻纹，麟凤龙马，形象生动，文字告命，粲然著明。太史令高堂隆上奏：在古代，明皇圣帝所未尝见过，实在是大魏之吉祥祯命，东序之世宝也。”①明帝将此事颁布天下。任县令于绰几次带着厚礼，来向张臶请教，张臶暗中对于绰讲：“神灵知道来世，不追已往。祯祥先出现，后世废兴从之。汉室已经灭亡很久，魏氏已经获得福祚，何以追录兴盛、征祥？！这块宝石，是当今之变异，而注明将来之祯瑞。”正始元年，有戴鵀之鸟在张臶门背后筑巢。张臶告诉家人，说：“戴鵀是阳鸟，而在门的背面筑巢，这是凶祥也。”张跻于是援琴歌咏，作诗二篇，十日后，去世，享年一百零五岁。这一年，广平郡太守王肃到官，向属下县邑发布教令：“此前在京都听说张子明，来到后打听此人，恰逢老人去世，致痛惜哉。此君笃学隐居，不与世人相争，以道乐身。在往昔，绛县老人屈居于泥沼，赵孟欲提携老人，诸侯因此而和睦。哀愍张跻，虽然耄耋，勤学乐道，生前没有蒙受荣宠，文书一到，派遣官吏到家中慰问，显题门户，务必给予优待，以抚慰既往，以劝勉未来。”

①《尚书·顾命》记载：“大玉、夷玉、天球、河图，在东序。”注曰：“河图，图出于黄河，帝王圣者之所受。”

当初，胡昭在冀州避乱，也曾经辞让袁绍的任命，返回乡里。曹操担任司空、丞相，多次以礼聘请。胡昭应命前来，来以后，自述是一介草莽，对军国大事毫无用处，恳求回去。曹操说：“人各有志，或出仕，或隐居，志向不同，无须勉强，义不相屈。”后来，胡昭辗转在陆浑山隐居，躬耕陇亩，安贫乐道，以经书典籍自娱。闾里爱之敬之。[①]建安二十三年，陆浑县长张固接到征发民夫的公文，要前往汉中服徭役。百姓不愿意到这么远的地方服徭役，民情扰动。有百姓孙狼等借机兴兵，杀了县里的主簿，酿成叛乱，县邑变得残破不堪。张固率领十余名吏卒，前来胡昭处，请胡昭出面劝说剩下的百姓，安定社会。孙狼等遂南下投奔关羽。关羽授予孙狼印绶，拨给孙狼士兵。孙狼返回，沦为贼寇，到了陆浑县南长乐亭，相互之间盟誓：“胡居士是一位贤者，不得侵犯他居住的地方。”这一带的百姓，由于胡昭，没有遭受抢掠。天下安定，胡昭移居宜阳县。[②]正始年间，骠骑将军赵俨、尚书黄休、郭彝、散骑常侍荀顗、钟毓、太仆庾嶷、[③]弘农郡太守何桢等[④]多次举荐胡昭：“胡昭天性高洁，老而弥坚。外表玄虚静素，有伯夷、四皓之操守。应该受到征召，以励风俗。”[⑤]到了嘉平二年，公车署特别征召，胡昭恰好病逝，享年八十九岁。曹芳拜胡昭的儿子胡纂为郎中。当初，胡昭精通历史、书法，与钟繇、邯郸淳、卫觊、韦诞齐名，胡昭写的尺牍，凡留存下来的，都被人们当作字帖。[⑥]

①《高士传》记载：当初，晋宣帝还是布衣时，与胡昭有旧交。同郡人周生等欲谋害晋宣帝（司马懿），胡昭听说后，步行涉险，邀周生到崤山、渑池之间，让周生在此地逗留，周生不肯。胡昭哭着向周生表示诚意，周生受到感动，留在此地。胡昭而后砍伐枣树，与周生盟誓、告别。胡昭虽然有阴德于晋宣帝，却从未告诉晋宣帝此事，也无人知道此事。胡昭的信誉，在乡党中受到称赞。建安十六年，百姓听说马超叛乱，躲避乱兵，藏匿在山中，有一千余家，大家感到饥乏，既而有人抢掠，胡昭常以逊辞劝解大家，是以寇难消除，众人都很尊敬胡昭。故其所居住的地方，三百里内，无相互施暴者。

②《高士传》记载：幽州刺史杜恕曾经路过胡昭居住的草庐，与胡昭谈论事理，见其辞意谦敬，故对胡昭颇为敬重。太尉蒋济征召，胡昭不肯出仕。

③按《庾氏谱》记载：庾嶷，字劭然，颍川郡人。儿子庾雨倏，字玄默，在晋朝担任尚书，受封为阳翟子爵。庾嶷的弟弟庾遁，字德先，曾担任太中大夫，庾遁家族繁衍昌盛，为当时的豪族大姓。侍中庾峻、河南郡大尹庾纯，都是庾遁的儿子；豫州牧府长史庾颉，是庾遁的孙子，太尉文康公庾亮、司空庾冰都是庾遁的曾孙，家族兴旺至今。

④《文士传》记载：何桢，字元幹，庐江郡人，有文学才干，容貌魁伟。历任幽州刺史、廷尉，在晋朝担任尚书、光禄大夫。何桢的儿子何龛，担任后将军；何勖，担任车骑将军；何恽，担任豫州刺史；其余大多做了大官。自此以后，累世昌盛，司空文穆公何充，是何恽的孙子，显达至今。

⑤《高士传》记载：朝廷以戎马未息，征召任命之事，须稍微延后，胡昭没有出仕。后来，荀颉、黄休再次与庾嶷举荐胡昭，皇帝有诏，在本州调查一下对胡昭的评议。侍中韦诞驳斥："礼贤征士，此乃王政之所重，在古代，在乡里考查贤士的行为。而今，荀颉等位皆常伯、纳言，庾嶷为朝廷卿佐，足以取信。附下罔上，忠臣之所不取也。胡昭实乃宿德耆艾，隐居山林，诚宜嘉赏其异行。"皇帝（曹芳）于是听从韦诞的建议。

⑥《傅子》记载：胡徵君怡怡无不爱也，即使仆人，也会以礼相待。对外结交，合乎世俗，对内则秉持纯洁，心非其好，王公不能令其屈服，八十岁时，仍然孜孜不倦，勤于书籍，我与胡徵君曾经见过面。

当时，还有隐者焦先，河东郡人。《魏略》记载：焦先，字孝然。中平末年，白波贼骤起。当时，焦先二十余岁，与同郡人侯武阳相随。侯武阳年少，有母亲，焦先与其相扶相行，躲避白波贼，有东边的客人在扬州娶妇，建安初年，从扬州返回西边，侯武阳到大阳县落户，先留在陕地。到了建安十六年，关中大乱。焦先失去家属，独自逃窜，到了黄河岸边，食草饮水，身上缺少衣服鞋袜。当时，大阳县长朱南看见焦先，知道是逃亡士人，欲派船捕取。侯武阳对县长讲："此狂痴人耳！"遂为焦先上了户籍，并接济粮食，每日五升米。后来，暴发疫病，有很多人得了瘟疫死去，县里常要派人埋葬尸体，童儿竖子皆随意埋葬。然而，焦先的行为，仍然行不践邪径，必循阡陌；及其拾取麦穗，不取大穗；饥不苟食，寒不苟衣，结草以为衣裳，科头徒跣。每次出去，看见妇人则目不斜视，严于律己。焦先自己建造一座瓜牛庐，打扫干净，住在其中。用木头制作床铺，编制草垫，铺在床上。到天寒时，构火以自炙，呻吟独语。饥则出去为他人做短工，饱食而已，不取工钱。走在道上，焦先与他人邂逅相遇，辄走下道路藏匿。有人问其故，焦先常言："草茅之人，与狐兔同群。"不肯妄语。太和、青龙年间，胡昭曾经持一根手杖，南渡浅河水，独云水深，未可也，由是人颇怀疑其不狂。到了嘉平年间，太守贾穆刚刚上任，特意经过其庐舍拜访。焦先看见贾穆，再拜。贾穆与其语，不应；与其食，不食。贾穆对焦先讲："国家派我来担任郡太守，我食卿，卿不肯食，我与卿语，卿不应我，如是，我不应该在卿的郡里担任太守，当去耳！"焦先这才讲话："宁有是邪？"遂不复语。第二年，朝廷大肆征调军队，准备伐吴。有人私下里问焦先："此次讨吴，结果如何？"焦先不肯回应，而谬歌曰："祝衄祝衄，非鱼非肉，更相追逐，本心为当杀牂羊，更杀其羖历邪！"郡里人不知其什么意思。结果，此次伐吴，诸军惨败，好事者推其意，疑"牂羊"谓吴，"羖历"谓魏，于是，后人都说焦先是隐士。议郎河东郡人董经特别嘉赏焦先有异志，与焦先并非故人，暗中前来探视焦先。董经到来后，乃奋其白须，犹如与之有旧谊，说："阿先阔乎！还记得一起躲避白波贼不？"焦先熟视良久，不言不语。董经素知焦先昔日受过武阳恩惠，于是又说："思念武阳不？"焦先这才回答："已报之矣。"董经又用其他事引起话题，焦先遂不肯再回答。又过了一年，焦先病逝，享年八十九岁。

《高士传》记载：世人莫知焦先来自何方。或言生乎汉末，从陕地来，居住在大阳县，无父母、兄弟、妻子。看见汉室衰微，自绝不言。及至魏接受汉室禅让，常结草为庐，在河之湄居住，独居其中。冬夏恒不着衣，卧不设席，又无草垫，以身体亲土，其身体污垢皆如泥漆，五形尽露，不行人间事。或数日一食，欲食则为人做短工，人以衣衣之，乃使限功受值，足得一食，辄去。人欲多与，终不肯取，亦有数日不食。行不由邪径，目不与女子逆视。口未尝言，虽有惊急，不与人语。有人馈送食物，皆不受。河东郡太守杜恕曾经以衣服迎见，而焦先不肯与语。司马景王听说后，让安定郡太守董经借某事到家里拜访，又不肯与太守语，董经认为焦先是大贤士。其后，野火焚烧其庐舍，焦先则露宿。遭遇冬天下大雪，焦先裸体躺在雪中，不移动地方，人以为死，走近探视如故，不以为病，人莫能审其意。去世，享年一百余岁。有人问皇甫谧："焦先何人？"答："吾不足以知之也。考之于表，可略而言矣。世人之所常趣者荣味也，形之所不可释者衣裳也，身之所不可离者室宅也，口之所不能已者言语也，心之所不可绝者亲戚也。今焦先弃荣味，释衣服，离室宅，闭口不言，绝亲戚，旷然以天地为栋宇，暗然合至道之前，出群形之表，入玄寂之幽。一世之人，不足以挂其意；四海之广，不能以回其顾。妙乎与夫三皇之先者相同矣。结绳以来，未及其至也，岂群言之所能仿佛，常心之所得测量哉？！彼行人所不能行，堪人所不能堪，犯寒暑不以伤其性，居旷野不以恐其形，遭惊急不以迫其虑，离荣辱不以累其心，损视听不以污其耳目，舍足于不损之地，居身于独立之处，延年经历百岁，寿越期颐，虽上识不能尚也。自从伏羲圣皇以来，一人而已矣！"

《魏氏春秋》记载：原梁州刺史耿黼以焦先为"仙人"，北地郡人傅玄谓之性同禽兽，并为其作传，而莫能测之。

《魏略》记载：还有扈累和寒贫。扈累，字伯重，京兆人。初平年间，崤山以东有一位青牛先生，字正方，客居三辅，懂得星历、风角、鸟情，常食青葙芫华。年龄看上去好似五十岁，人或亲近有认识者，说此人已经有一百余岁。当初，扈累四十几岁时，跟随正方游学，人谓之得其术。扈累有妻子，无孩子。建安十六年，三辅陷于战乱，扈累又跟随正方南下，到了汉中。汉中遭遇战乱，正方入蜀，扈累与正方相失，跟随流民到了邺城，遇上疾疫，丧其妇。至黄初元年，扈累又迁徙至洛阳，遂不再娶妇。独居道侧，以甎（lù）砖为屏障，布置一厨床，食宿其中。白昼潜思，夜则仰观星宿、吟咏内书。有人或问之，闭口不肯言。至嘉平年间，扈累年纪已有八九十岁，看上去像四五十岁。县官以其孤老，每日救济其五升米。五升不足食，又做短工以获得裨粮，粮尽，再出来做短工，别人送予粮食，扈累不肯取。食不求美，衣服破烂，又过了一二年，病故。寒贫，本姓石，字德林，安定郡人。建安初年，在三辅客居。当时，长安有宿儒栾文博，有门徒数千，德林亦就学，熟读《诗经》《尚书》。后来，德林好内事，于众辈中最玄默。至建安十六年，关中大乱，德林南下入汉中。当初，德林不治产业，不养活妻孥，常读老子五千文，以及诸内书，昼夜吟咏。到了建安二十五年，汉中遭遇战乱，德林又随众人返回长安，遂痴愚，不复识人。食不求味，冬夏常穿着破衣烂衫，用破布连接成衣。体如无所胜，目如无所见。独居穷巷小屋，无亲朋。人与之衣食，不肯取。郡县以其鳏穷，每日救济其五升米，食不足，颇行乞，乞不取多。人问其姓字，又不肯言，故因号称寒贫。或有与其相知者，前去存恤之，则跪拜，由是人谓其不痴。车骑将军郭淮以意气，招呼德林，问其所欲，亦不肯言。郭淮送予德林肉脯、干粮和衣服，不取其衣，取肉脯一朐、干粮一升而已。

裴松之按：《魏略》记载：焦先与杨沛一起建造瓜牛庐，住在其中。以为：瓜当作蜗；蜗牛，螺虫之有角者也，俗称“黄犊”。焦先等建造园舍，形如蜗牛壳，故谓之蜗牛庐。《庄子》曰：“有国家于蜗牛之左角者，曰触氏；有国家于蜗牛之右角者，曰蛮氏；时相与争地而战，伏尸数万，逐北旬有五日，而后返。”就是此物。

陈寿评论如下：袁涣、邴原、张范践行清正之风范、廉洁之操守，进退皆遵循道义，①就像西汉时的贡禹、楚地两龚。凉茂、国渊也是这样的人。张承的名声仅次于张范，是张范有才能的弟弟。田畴坚守节操；王修忠贞，有君子风范，足以矫正世俗；管宁儒雅，为人高洁，矢志不移；张臶、胡昭阖门静守，不牟蝇营狗苟，漠视官职：皆载录在本传。

①裴松之认为：蹈犹履也，“躬履清蹈”，近非言乎！

魏书十二

崔毛徐何邢鲍司马传第十二

崔琰，字季珪，清河郡东武城县人。年少时，崔琰为人朴实、讷言，喜欢击剑，谈论武事。二十三岁时，崔琰从乡兵转为正式军人，开始发奋努力，学习《论语》、韩氏《诗经》。二十九岁时，崔琰结识公孙方等，跟随儒学大师郑玄学习。学业还未完成，徐州黄巾军攻破北海国，郑玄与学生们在不其山上避难。当时，粮食匮乏，县里百姓面临饥饿，郑玄不得不停止讲学，让学生们回家。崔琰中途辍学，而世上又盗贼横行，西行回家的路被阻断，崔琰只好滞留在青州、徐州、兖州、豫州一带，后来，崔琰东下寿春，南望江、湖。离家四年，崔琰返回家乡，在家中，崔琰以读书、弹琴自娱。

大将军袁绍听说崔琰，以礼延请。当时，袁绍的士兵残暴，横行无忌，甚至挖掘百姓的坟墓，崔琰劝谏袁绍："在往昔，荀卿曾经讲：'士兵不经过训练，战斗力不强，即使商汤、周武，以义讨伐不义，也难以取胜。'如今，道路上尸骨遍野，民众还未感受到将军的恩德，将军应该敕令郡县，掩埋暴露在野外的尸骨，以显示仁爱之意，效仿文王之德。"袁绍拜崔琰为骑都尉。后来，袁绍在黎阳用兵，渐次进抵延津，崔琰又再次劝谏："天子在许都，民众归心向附顺应天理者，不如谨守河北，向朝廷述职，以安定百姓。"袁绍不听，官渡之战，袁绍惨遭败绩。及至袁绍去世，袁谭、袁尚兄弟争斗不休，都想获得崔琰的支持。崔琰称病，推辞邀请，因此获罪，被关进监狱，幸赖阴夔、陈琳营救，才得以不死。

曹操打败袁谭、袁尚，兼领冀州牧，征召崔琰，拜为别驾从事。曹操对崔琰讲："昨天我查阅冀州的户籍人口，还有三十余万户，可谓一个大州。"崔琰答："如今，天下分崩离析，九州分裂，袁谭、袁尚兄弟骨肉相残，冀州惨遭蹂躏，尸骨遍布荒野。

还未闻王师仁义之声，此时，明公应该抚恤百姓，了解当地风俗，救民于水火，而曹公首先想到的还有多少人口可以从军打仗，辜负冀州百姓对明公的期望！”曹操顿时敛容，连声道谢。在当时，在座的宾客，皆面容改色。

曹操征伐并州，留下崔琰在邺城辅佐曹丕。曹丕微服私行，出外打猎，想在野外驱逐野兽。崔琰上书劝谏：“人们常讲，荒嬉游乐，《尚书》为之告诫，鲁隐公观鱼，《春秋》予以讥讽，这些是周室、孔子的规谏，两部经书阐明的经义。殷鉴在夏室末年，《诗经》认为并不遥远，甲子、乙卯不能欢乐，礼法认为，这是忌日，也是近来的教训，不可不察。袁氏家族强盛，袁氏公子放纵，悠游奢靡，义声不闻，哲人君子，看到袁氏这样行事，都有离去的想法，熊罴武士，堕于相互吞并之用，因此，袁氏虽拥有百万之众，跨有河朔，却无志士仁人容身之地。而今，河北遭受涂炭，百姓尚未得到恩惠，士女踮足翘望，所思者恩德。而且，曹公亲御戎马，上下劳顿，公子应该遵循大道，谨言慎行，思考治国理政的方法，内鉴近戒，外扬远节，深思储君之责任，以修养身心为重。而公子却身穿下人贱服，驰骋骏马于险峻，志在猎获雉兔等小兽，忘却社稷之重任，这的确令有识之士痛心。愿公子舍弃弓矢，焚烧贱服，以塞众望，不要让老臣获罪于天。”曹丕回答崔琰：“昨天谨奉嘉命，惠示雅教，欲使我舍弃弓矢，焚烧贱服，弓矢已毁，贱服已弃。以后再有此类事情，还望教诲。”

曹操担任丞相，崔琰担任东西曹掾、征事。当初，崔琰受拜为东曹时，曹操告谕崔琰：“君有伯夷之风、史鱼之直，贪夫慕名而清，壮士尚称而励，君可以率身垂范。故授予君东曹，以谨守职责。”魏建国初，崔琰受拜为尚书。当时，曹丕还未被立为太子，临菑侯曹植有才，受到曹操宠爱。曹操对立谁为太子犹豫不决，令官员在朝外暗中观察，以信函奏报。只有崔琰不肯密封信函，直接奏报魏王：“人们常说，春秋大义，立嗣子应以长子为先，而且，五官中郎将曹丕仁孝聪明，可以继承正统。崔琰以死坚守这个原则。”曹植是崔琰哥哥的女婿。曹操称赞崔琰高风亮节，喟然叹息，[①]改任崔琰为中尉。

①《世语》记载：曹植的妻子穿着锦绣衣裳，曹操登台望见，以其违背制度，令其回家，赐死。

崔琰身材高大，声音洪亮，眉目疏朗，蓄一副美须髯，长四尺，为人威严庄重，受到朝中官员仰望，曹操也敬惮崔琰。[①]崔琰曾经举荐钜鹿人杨训，杨训虽然才学不足，然而为人忠贞，坚守道义，曹操以礼延请杨训。后来，曹操晋升爵位为魏王，杨训上表朝廷，称赞曹操的功绩，陈述其德美。当时人讥讽杨训阿谀、为人虚伪，认为崔琰举荐有失。崔琰从杨训处拿到奏章草稿，看过后写信给杨训：“我看了奏章，写得很好！时乎时乎，应该改变世人对此的看法。”崔琰的本意是讥讽那些妄加评议者，不顾情理。有人禀告曹操，说崔琰的回信怨怼诽谤者，曹操大怒：“俗话讲：‘生女耳。’‘耳’是蔑视的意思。‘会当有变时’意思指出言不逊。”于是，惩罚崔琰服劳役，还让众人看到。崔琰神态自若，不屈不挠。曹操下令：“崔琰虽然服刑，还继续接见宾客，门庭若市，对宾客吹胡子瞪眼，好像仍有不满之意。”赐崔琰自杀。[②]

①《先贤行状》记载：崔琰为官清廉，忠诚正直，意趣雅亮，推方直道，正色于朝。《魏氏》初记载：曹公委授铨衡，总齐清议，十余年间，文武群才，多被提拔。朝廷归高，天下称平。

②《魏略》记载：有人得到崔琰的书信，用以包裹帻笼，走在路上。当时，有人与崔琰不睦，遥望崔琰的名字包裹帻笼，从而视之，遂向太祖禀报。太祖认为，崔琰腹诽心谤，于是收捕崔琰，关押在监狱，髡刑输徒。前所告发崔琰者，又再次告发：“崔琰沦为刑徒，虬须直视，心似不平。”当时，太祖亦以为然，遂欲杀之。先派清公大吏前往服役处了解崔琰，敕令官吏，曰：“三日期待消息。”崔琰没有醒悟，又过了数日，官吏禀报，崔琰平安无事。曹公忿然曰：“崔琰必欲使孤行刀锯乎！”官吏告诉崔琰，崔琰谢官吏：“真想不到，我不知曹公意思竟是这样！”遂自杀。

当初，崔琰与司马朗的关系很好，司马懿正当壮年，崔琰对司马朗讲：“先生的弟弟，聪明智慧，遇事刚毅果断，恐怕你所不及。”[①]司马朗不以为然，而崔琰仍然坚持自己的观点。崔琰的堂弟崔林，年少时，没有什么名望，甚至姻亲、族人也大多轻视崔林，而崔琰常说：“此所谓大器晚成，最终一定会有成就。”涿郡人孙礼、卢毓进入将军幕府，崔琰评价他们：“孙礼为人豁达，刚正不阿，处事果断。卢毓遇事机敏，明察事理，百折不挠，皆三公之才。”后来，崔林、孙礼、卢毓都做到了鼎辅的位置。崔琰的友人公孙方、宋阶很早去世，崔琰为他们抚恤遗孤，好似亲生。崔琰善于识别人才，为人笃行仁义，还有很多这样的事例。[②]

①裴松之按：“跱”或者写作“特”，窃以为“英特”是也。

②《魏略》记载：明帝时，崔林曾经与司空陈群议论冀州士人，称崔琰为首，而陈群以“智不存身”贬之。崔林曰：“大丈夫不过是邂逅相遇，即如卿诸人，良足贵乎！”

曹操性情猜忌，常有不能容人的地方。鲁国人孔融[①]、南阳郡人许攸[②]、娄圭，也是仗着与曹操有旧交情，说话不懂得恭敬，而被杀。[③]然而崔琰被杀，最为世人所痛惜，至今人们认为崔琰是被冤杀。[④]

①孔融，字文举。《续汉书》记载：孔融，是孔子的第二十世孙。高祖父孔尚，曾担任钜

鹿郡太守。父亲孔宙，曾担任泰山郡都尉。年幼时，孔融即显露其异才。当时，河南郡大尹李膺负有盛名，敕令门下尽量少通报宾客，非当世英贤或通家子孙，不予接见。孔融当年十几岁，欲观其为人，遂造访李膺的府邸，对守门者讲："我，是李君的通家子孙。"李膺接见孔融，问："童子的父亲或祖上，曾经与仆周旋乎？"孔融答："是的。先君孔子与君的先人老子，共享德义，以师友相称。因此，孔融与君，应该是累世通家。"在座者听了回答，莫不惊讶，都说："异童子也。"太中大夫陈炜稍后进来，座中客人将孔融刚才的回答告诉陈炜。陈炜说："小孩子聪明，长大了未必有才。"孔融应声而答："听君之言，君小时候一定不够聪明？"李膺听罢，朗声大笑："这孩子将来一定有出息。"山阳郡人张俭被中常侍侯览忌恨，当时，朱并诬告张俭，侯览把诬告者的名字隐去，向州郡发下公文，按照姓名，逐个收捕，其中就有张俭。张俭与孔融的哥哥孔褒是故交，逃往孔褒家躲藏，没有遇上孔褒。孔融当年十六岁，张俭看到孔融年龄还小，没有告诉孔融来意。孔融知道，张俭是长者，孔融见张俭面有难色，对张俭讲："哥哥虽然不在，我难道不能为君做主？"把张俭留在家里。后来，事情败露，诸侯国相及以下官员全部被捕，张俭得以脱身。官府要逮捕孔褒、孔融，送往监狱，二人究竟由谁来抵罪？孔融说："窝藏张俭者，是孔融。我应该坐罪。"孔褒说："张俭来找我，这并非弟弟的罪过，我甘愿伏罪。"兄弟争着赴义而死，郡县一时不知该逮捕谁好，于是向上奏报，灵帝诏书，由孔褒来抵罪。因为此事，孔融显露名声。孔融名声远震，与平原郡人陶丘洪、陈留郡人边让，并以俊秀，为后进冠盖。孔融持论经理不及边让，而逸才宏博过之。司徒大司马征召孔融，举荐为高第，累迁任职，担任北军中候、虎贲中郎将、北海国相，当时，孔融二十八岁。黄巾军大乱以后，城邑残破，孔融担任北海国相，组织百姓修复城邑，建立学校，设置庠序，举荐贤才，名显儒士。孔融任命彭璆为北海国相府方正，举荐邴原为有道之士，举荐王修为孝廉。告诉高密县令，为郑玄特立一乡，名为郑公乡。北海国有人无后嗣，以及四方游士有死亡者，皆为死者准备棺木，殡葬之。北海国人甄子然以孝行知名，早逝，孔融恨不能及早结识贤士，令当地县令祭祀时配食县社。其礼贤如此。在北海国六年，刘备上表朝廷，任命孔融为青州刺史。建安元年，朝廷征召，拜孔融为将作大匠，改任少府。每当朝臣廷议时，孔融辄为议主，诸卿士大夫附议而已。

司马彪著《九州春秋》记载：孔融在北海国，自以为才智能力卓越，溢才命世，当时的天下豪俊皆不能及。孔融胸怀大志，而且，欲举兵曜甲，与群贤共同建立功勋，自以为可以在海、岱建立一番事业，不肯碌碌无为，如平常人担任郡守，以事方伯，赴期会而已。然而，孔融所任用的士人，好奇取异，皆轻剽之士。至于稽古士人，孔融谬为恭敬，礼之虽备，不与他们谈论国事。高密县人郑玄，孔融称之为郑公，执子弟礼。及至高谈教令，盈溢官曹，辞气温雅，可玩而诵。论事考实，却难以施行。孔融但能张设罗网，治理地方，却疏于管理。租赋收缴很少，在一日内，孔融杀了五部督邮。有奸民猾吏扰乱集市，孔融也不能及时惩治。幽州精兵肆虐，杀向徐州，猝然间，进抵北海国城下，举国震恐。孔融安抚大家，令国人不得心存异志。孔融遂与别校密谋，趁夜色袭击幽州军队，幽州军队大败，孔融兼并其部众。不久，这些幽州士兵又叛逃。黄巾军杀到，孔融摆设酒宴，大饮醇酒，而后翻身上马，在涞水之上与黄巾军大战。黄巾军令上军与孔融接战，而后布置两翼，渡过涞水，直抵城下。黄巾军攻破城池，守军溃散，孔融不能入城，只好败走南县，身边人陆续逃离。孔融在北海国相任上，连年倾覆，事无所济，不能保境安民，只好弃城而去。后来，孔融来到徐州，以北海国相，又兼领青州刺史，治理北陲。孔融欲依附泰山以东，外接辽东，得戎马之利，建立根基，孤守一隅，不与其他地方相通。在当时，曹操、袁绍、公孙瓒正在混战，孔融手下的战士不满数百人，粮食不到一万斛。王子法、刘孔慈为人凶恶，有辩才，被孔融当作心腹。左丞祖、刘义逊清隽之士，仅被当作陪坐而已。孔融认为，此乃民望，不可失也。左丞祖劝孔融亲理政事，加强国防。孔融不听，反而杀了左丞祖。刘义逊随后离开孔融。孔融被袁谭攻打，从春天至夏天，城小寇众，流矢雨集。然而，孔融凭几案而坐，读书议论，泰然自若。城池被攻破，众人皆逃散，孔融孤身一人逃奔山东，孔融的妻子、儿女皆被袁谭俘虏。

张璠著《汉纪》记载：孔融在郡国八年，仅以身免。献帝移居许都，孔融认为，朝廷应该按照旧制，确定王室京畿，任命司隶校尉之职，京畿应该有上千里地面，还引用公卿上书，加强其义。在当时，天下草创，曹操、袁绍的势力还未分出高下，孔融的建言献策皆为不识时务之举。而且，孔融任性使气，按照平生意愿行事，侮慢太祖。太祖制定禁酒令，而孔融写信调侃，说：“天上有酒旗之星，地上列酒泉之郡，人有旨酒之德，故尧不饮千钟，无以成其圣。况且，桀纣以色亡国，今天下禁酒令，为何不禁婚姻？”太祖外表虽然宽容，而内心却并不耐烦。御史大夫郗虑按照太祖旨意，以法律免去孔融的官职。一年后，献帝又拜孔融为太中大夫。虽然孔融居家失势，而宾客常盈门，孔融爱才乐酒，常叹息道：“坐上客常满，樽中酒不空，吾无忧矣。”有一位虎贲武士，貌似蔡邕，孔融每当酒酣耳热，引与同坐，说：“虽无蔡伯喈之贤德，却有蔡伯喈之容貌。”其好士如此。

《续汉书》记载：太尉杨彪与袁术联姻，袁术僭越帝号，太祖与杨彪有矛盾，借机逮捕杨彪，将要诛杀。孔融听说此事，来不及换上朝服，前来拜谒曹操。孔融说：“杨公家族，四世享有清德，为海内士人所瞻仰。《尚书·周书》讲：父子兄弟有罪，不能相互牵连。更何况现在要把袁氏的罪过归于杨公？《易经》讲：‘积善之家，必有余庆。’曹公这样做，不是自欺欺人吗？”太祖答：“这是朝廷的意思。”孔融说：“如果成王要杀召公，周公能不站出来讲话？如今，天下的簪缨之族、乡间搢绅之所以仰慕明公，是看到明公聪慧、仁义，辅佐汉室，举荐直臣，社会恢复安定。如果明公滥杀无辜，海内士人知道，一定会大失所望！孔融乃鲁国男子，明日当拂袖而去，不再上朝。”太祖不得已，只好释放杨彪。

《魏氏春秋》记载：袁绍败亡，孔融写信给太祖，曰：“武王伐纣，把妲己赐予周公。”曹操看了信，大惑不解。再后来，曹操就此事询问孔融出自何典。孔融答：“按照今天曹氏娶袁氏儿媳之事揣测，以此类推，也可以说是想当然罢了。”建安十三年，孔融面对孙权的使者，多有讪谤太祖之言，随后被太祖逮捕，杀头弃市。当时，孔融还有两个孩子，女儿年仅七岁，儿子年仅九岁，因为年幼，暂时得以保全，寄居在他人家。有一天，二人下棋，孔融被捕，二人继续下棋，不为所动。身旁人讲：“父亲被抓，你们二人竟然无动于衷，怎么能这样？”二人答：“倾巢之下，安有完卵？！”遂同时被杀。孔融有高名清才，世人多为孔融哀悼。太祖惧远近之议，下令曰：“太中大夫孔融既伏其罪，然而，世人多采其虚名，少于核实，见孔融浮艳，好作变异，眩其诳诈，不复察其乱俗。孔融曾经与白衣士人祢衡私下交谈，言辞放肆，说：‘父亲生下儿子，有什么亲不亲？说实在的，不过就是父亲泄欲的结果罢了。至于母亲，不也同样如此？无非是把婴儿寄存在肚子里，到时候，不出来也不行啊！’还说，若遭遇饥馑，而父亲不肖，宁肯救活其他人。孔融违反天道，败坏伦理，虽然斩首示众，犹恨其晚。更以此事列上，宣示诸军将校掾属，皆使闻见。”

《世语》记载：孔融有两个孩子，皆龆龀。孔融被捕，有人对两个孩子讲：“何以不向父亲告别？”两个孩子说：“父尚如此，复何所辞？！”以为必死也。

裴松之认为：《世说新语》记载孔融的两个孩子没有向父亲辞别，知道自己也不能免其祸，犹差可安。如孙盛之言，诚所未譬。八岁小儿，能知道祸福，聪明睿智，卓然既远，则其忧乐之情，甚至超过成年人，安有见父亲被捕，而面色不变，弈棋不起，仍然悠闲自得？在往昔，申生就命，言不忘父，不以己身将死，而废念父之情。父安犹尚若兹，而况于颠沛哉？孙盛以此为美谈，无乃贼夫人之子与！盖由好奇情多，而不知言之伤理。

②《魏略》记载：许攸，字子远，年少时，许攸与袁绍及太祖关系都很好。初平年间，许攸在冀州追随袁绍，曾经在座席上高谈阔论。官渡之战，许攸劝谏袁绍勿与太祖相攻。详情记载在《袁绍传》。袁绍自以为兵力强盛，必欲极其兵势。许攸知不可为其谋，乃逃归太祖。袁绍败走，及至后来曹公得到冀州，许攸有功。许攸自恃其功劳，时常与太祖相戏，每次在座席上，不自约束，直呼太祖的小名，曰：“阿瞒，卿不得我，不能得冀州也。”太祖笑道：“汝言是也。”然而，内心嫌恶。后来，许攸跟随太祖出邺城东门，又对太祖身边人讲：“此家非得我，则不得出入此门也。”有人就许攸多次冒犯太祖，谮毁许攸，许攸被收捕。

③《魏略》记载：娄圭，字子伯，年少时与太祖有旧交情。初平年间，在荆州北界聚集众人。后来，前来归附太祖。太祖任命其为大将，但不让其领兵，常在座席上议论。及至河北平定，随后留在冀州。其后，太祖带着诸子出游，娄圭当时也随从。娄圭对太祖身边人讲：“此家父子，以今日为乐也。”有人将此话禀告太祖，太祖认为，娄圭有腹诽之意，遂收捕、治罪。

《吴书》记载：娄圭年少时，有猛士之志，曾经叹息道：“男儿居世，应当领数万兵、千匹骑，在战场上厮杀！”同侪辈皆笑之。后来，娄圭因为某事受到牵连，亡命出逃，被捕当死，得以越狱逃出，追捕者追之甚急，娄圭改换衣服，好似帮助追捕者，官吏没有察觉，遂得以免死。遭逢天下义兵骤起，娄圭聚集部众，与刘表相互依靠。后来归附曹公，遂被曹公任用，曹公常与其商讨军国大事。刘表病逝，曹公率军指向荆州。刘表的儿子刘琮投降，派人以礼节迎拜曹公，诸将皆怀疑有诈，曹公以此问娄圭。娄圭答：“天下扰攘，各贪王命以自重，今日刘琮以礼节派人来降，是必至诚。”曹公说：“说得好。”遂进兵。对娄圭恩赏有加，家财累积达千金，曹公说：“娄子伯富乐于孤，但势不如孤！”自从攻破马超等人，娄圭功劳甚多。曹公常叹息：“子伯之计，孤不及也。”后来，娄圭与南郡人习授同乘一辆车，见曹公出来，习授说：“父子如此，何其快乐耶？！”娄圭说：“居世间，当自为之，但观他人乎！”习授向曹公谮毁娄圭，遂见杀。

鱼豢曰：古人有言：“得鸟者，网罗之一目，然而，张网罗之一目，终不得鸟。鸟能远飞，远飞者，六翮（hé）之力。然无众毛之助，则飞不远矣。”以此推论，大魏之作，虽有功臣，亦未必非兹辈胥附之由。

④《世语》记载：崔琰哥哥的孙子崔谅，字士文，为人简约，在晋朝出仕为官，担任尚书、大鸿胪。荀绰著《冀州记》记载：崔谅就是崔琰的孙子。

毛玠，字孝先，陈留郡平丘县人。年轻时，毛玠担任县吏，以为官清廉而著称。毛玠将要前往荆州避乱，还未到达荆州，就听说刘表政令不明，遂转向鲁阳。曹操收复兖州，任命毛玠为治中从事。毛玠向曹操谏言：“当今天下，分崩离析，献帝被迫迁都，百姓生业荒废，饥馑遍野，流亡失所，政府无一年的储备，百姓无安居之志，长此以往，难以持久。如今，袁绍、刘表，虽然军队强盛，士民众多，皆不能深谋远虑，无经营天下之志，不是树立根基、建立宏业之人。用兵以义者胜，守位仍需财力，明公应该奉迎天子，以令不臣，加强耕耘稼穑，储备军粮，这样才能成就王霸事业。”曹操敬纳其言，改任毛玠为将军幕府功曹。

曹操担任司空、丞相，毛玠一直在府中担任东曹掾，与崔琰一起，负责选拔官员。选用的官员，皆为清廉正直士人，那些徒有虚名、行为不当者，一概不予录用。二人以俭朴引领风尚，因此，天下有志之士，莫不以清廉、坚守节操自励，即使居于尊位的大臣，车舆、服饰也不敢过度。曹操叹息道：“这样用人，令天下人自律，吾复何为哉？”曹丕担任五官中郎将，亲自拜谒毛玠，为亲戚的事情向毛玠请托。毛玠答道：“老臣以能够谨奉职守，幸得以免祸，而今，公子推荐的人，不符合任用条件，老臣不敢奉命。”大军撤回邺城，讨论该如何精简机构。此前凡向毛玠请托者，都碰了壁，这些人对毛玠颇为忌惮，因此想裁撤东曹。大家一起禀告曹操：“按照旧制，西曹为上，东曹为次，应该裁撤东曹。”曹操了解情况后，下令：“日出于东，月盛于东，凡人言方向，也是先说东方，为何要裁撤东曹？”遂裁撤西曹。当初，曹操平定柳城，分发所缴获的财物，特地将一扇古朴屏风和靠椅赐予毛玠，曹操说：“君有古人之风，故赐君古人之器。”毛玠担任的官职显赫，但是家中生活依然布衣蔬食。毛玠抚育哥哥的遗孤，非常用心，得到的赏赐多用以帮助族中贫困者，家无余财。毛玠改任右军师。魏建国初，毛玠改任尚书仆射，再次负责选拔官员。①当时，太子还未确立，临菑侯曹植得到曹操宠爱，毛玠密封进谏：“以最近的例子，袁绍因为嫡庶不分，导致亡国。废立乃国家之大事，不可草率行事。”后来群臣聚会，毛玠起来更衣，曹操目送毛玠，说：“这是古人所讲的国之司直，是我的周昌，耿介之臣。”

①《先贤行状》记载：毛玠雅亮公正，为官清廉，恪守节操。毛玠负责选拔官员，擢拔贞实，斥退虚伪，进逊行，抑阿党。诸宰官治民功绩不显著而私财丰厚者，皆免黜停废，久不选用。当时，四海翕然，莫不励行。以至于县长走在路上，蓬头垢面，衣裳朴素，乘坐柴车；军吏入府，穿着朝服，徒步行走。人拟壶飧之絜，家象濯缨之操，尊贵者无秽欲之累，卑贱者绝奸货之求，吏廉洁于上，俗移风于下，民众直至今天仍然称颂。

崔琰被杀，毛玠心中不悦。有人谮毁毛玠：“毛玠出门看见某人因谋反罪，被黥面，包括其妻子被罚没入官府，成为奴婢，毛玠说：‘使天上不下雨者，就是因为这些原因。’”曹操听了大怒，收捕毛玠，关进监狱。大理寺钟繇指责毛玠：“自古以来，圣帝明王执政，朝臣凡犯罪者，罪及妻子。《尚书·甘誓》云：‘车左不履行职责，车右不履行职责，我将严厉惩罚。’司寇之职，在于将犯罪男子罚为罪隶，将犯罪女子罚为舂槁。按照汉朝法律，罪人的妻子被罚没入官府，沦为奴婢，罪犯施以黥面。汉代法律，有黥面、墨面之刑，这些在典籍都有记载。而今，很多奴婢都是因为祖先有罪，虽然历经百世，仍然有犯罪者被黥面，其家属在官府被罚做奴婢，一可以减轻黎民的劳役，二可以借此宽宥受牵连的家属。这种做法，怎么有负于神明，而招致天旱？按照典籍，政令苛刻会造成持久寒冷，政令舒缓会造成持久暑热，政令宽宏、亢阳，所以天气干旱。而毛玠所言，是认为政令舒缓，还是认为政令苛刻？政令苛刻，应当天阴下雨，为何干旱？成汤作为圣世天子，野外青草不生，周宣王可谓贤明君主，旱魃为虐。天气干旱已经有三十年，毛玠把这些归咎为黥面，符合事实吗？卫国人讨伐邢国，大军出师而下雨，伐罪并无征兆，与天象有什么关系？毛玠讥谤之言流于下民，不悦之声上达圣听。毛玠所言恐怕不是无故而发，毛玠看见黥面，与其在一起的还有谁？被黥面的奴婢，毛玠认识谁？为何毛玠看见黥面的奴婢，会有这样的感言？毛玠有感而发，讲给谁听？听者又有何反应？具体时间是什么？具体地点在哪里？事情败露，不得隐瞒，如实招来。”毛玠答：“臣听说，萧望之自杀，是因为石显陷害；贾谊被外放，是因为绛侯、灌婴谗言；白起在杜邮被赐剑自杀；晁错在东市被诛杀；伍子胥绝命于吴国：以上几位贤士、功臣，或被妒忌在前，或被谋害在后。臣垂龆之年，出仕为官，谨守职责，积累勤绩升职，担任机要近臣，置身于复杂的关系中。凡以私事向臣请托者，无论权势大小，均被拒绝；凡向臣申诉冤情者，无论冤情大小，臣都不会置之不理。凡是人情，皆贪图利益，然而法律严禁牟取私利，权力却能加害于人。青蝇横生，臣遭受诽谤，诽谤臣者，不会因其他原因。在往昔，王叔、陈生在廷议时，为是非而争执，范宣子评理，判断是非，让双方举出证据，是非有宜，曲直有所，《春秋》对此嘉赏不已。臣没有怨怼之辞，自然举不出时间及当事人。诬陷臣有怨怼者，一定要拿出证据。乞求像范宣子那样，明辨是非，让王叔那样的诬陷者，前来与臣对证。如果臣被诬陷致死，臣受刑之日，仿佛赠送臣安车驷马；赐剑之日，臣看作重赏之惠。谨以状对。”当时，桓阶、和洽向曹操进言，为毛玠求情。毛玠被罢免，在家中去世。①曹操赐予毛玠棺柩、钱帛，拜毛玠的儿子毛机为郎中。

①孙盛认为：魏武帝于此事，失政刑矣。《易经》称“明折庶狱”，《左传》曰“举直措枉”：庶狱明，则国无怨民，枉直当，则民无不服，未有征青蝇之浮声，信浸润之谮毁，可以允釐四海，唯清缉熙者也。在往昔，汉高祖关押萧何，出狱后，仍然担任相国，毛玠受到指责，永见疏远，二主度量，岂不殊哉？

徐奕，字季才，东莞县人。在江东避乱，孙策以礼延请徐奕。徐奕改换姓名，微服从江东返回。曹操担任司空，任命徐奕为府掾，徐奕跟随曹操，西征马超。马超兵败，曹军撤回。当时，关中刚刚平定，还未安定，曹操留下徐奕，任命为丞相府长史，镇抚西京长安。在长安，徐奕很有威信，后改任雍州刺史，再担任丞相府东曹掾。丁仪等受到曹操信任，一起谮毁徐奕，徐奕始终不为所动。[①]后来，徐奕出任魏郡太守。曹操征伐孙权，改任徐奕为丞相府长史，留守后方，对徐奕讲："君为人忠诚，高风亮节，可与古人相媲美，然而，君过于苛察。在往昔，西门豹佩带皮绳，常以此告诫自己，处事要缓和，这能帮助君以柔克刚，愿君能够警惕。如今，君留守后方，处理政事，孤不再有后顾之忧。"魏建国初，徐奕担任尚书，再次负责选拔官员，改任尚书令。

①《魏书》记载：有人对徐奕讲："先生有史鱼之正，是否有蘧伯玉之智？丁仪正在受到曹公信任，先生宜思量，屈尊对待。"徐奕答："以曹公之圣明，丁仪岂得行其伪乎？而且，以奸事君者，吾所能御也，先生请以其他事教训我。"

《傅子》记载：武皇帝为人明察。崔琰、徐奕，一生清廉，皆以忠信显名于魏；丁仪从中作梗，徐奕失位，而崔琰被杀。

曹操征伐汉中，魏讽等在后方谋反，中尉杨俊被降职。曹操叹息道："魏讽之所以敢于谋反，是我的心腹之臣没有遏制住奸臣，防止谋逆者叛乱。如果我有诸葛丰那样的直臣，我一定会用他代替杨俊！"桓阶说："徐奕就是这样的人。"曹操遂任命徐奕为中尉，手令："在往昔，楚国有子玉得臣，晋文公为之坐不安席；汲黯在朝中忠言直谏，淮南王不敢谋反。《诗经》讲：'国之司直。'指的就是君吧！"在中尉任上数月，徐奕病重，乞求退休，曹操又拜徐奕为谏议大夫，徐奕病逝。[①]

①《魏书》记载：文帝每当与朝臣聚会，未尝不嗟叹，追思徐奕的为人。徐奕没有子嗣，文帝拜徐奕族中子弟徐统为郎官，作为徐奕的后嗣。

何夔，字叔龙，陈郡阳夏县人。曾祖父何熙，汉安帝时官至车骑将军。[①]何夔幼年丧父，与母亲、哥哥一起生活，以笃孝恺悌著称。何夔身高八尺三寸，为人矜持、严肃。[②]何夔在淮南避乱。袁术占领寿春，征召何夔，何夔不肯出仕，然而，还是被袁术留下。不久，袁术与桥蕤攻打蕲阳，蕲阳为曹操固守，不肯投降。袁术以何夔是这个郡的人，欲逼迫何夔劝降。何夔对袁术的谋臣李业讲："在往昔，柳下惠听到攻伐他人之国，面有忧色，说：'我听说，攻伐他人国家，不向仁人问计，为何要向我问计？'"何夔遂逃遁，藏匿在灊山。袁术知道何夔终不肯为自己所用，这才作罢。袁术的堂兄山阳郡太守袁遗的母亲是何夔的堂姑，袁术虽然恼恨何夔，但并未加害。

①华峤著《汉书》记载：何熙，字孟孙。年少时，何熙胸有大志，不拘小节，身高八尺五

寸，体貌魁梧，善为容仪，被举荐为孝廉，担任谒者，赞拜殿中，声音洪亮，和帝很欣赏。何熙历任司隶校尉、大司农。东汉永初三年，南单于与乌丸相继反叛，安帝任命何熙代行车骑将军职事，带兵征剿，积累战功。乌丸投降，南单于再次向朝廷称臣。恰逢何熙暴病，在军中去世。

②《魏书》记载：东汉末年，阉宦在朝中用事，何夔的堂叔何衡担任尚书，敢于直言进谏，结果陷入党祸案，诸父兄皆遭到禁锢。何夔叹息道："天地闭，贤人隐。"故不肯再接受宰司之命。

建安二年，何夔返回家乡，估计袁术会穷追不舍，从小路逃走，才得以脱身。第二年回到本郡。不久，曹操任命何夔为司空府掾。当时，有传言袁术军中爆发内乱，曹操问何夔；"君认为此事可信否？"何夔回答："天之所助者，顺；人之所助者，信。袁术没有信顺之实，而希望有天人相助，不可能得志于天下。失道之主，众叛亲离，更何况身边之人？以何夔来看，其内乱确信无疑。"曹操说："为国失贤，则亡。君不为袁术所用；袁术内乱，不亦宜乎？"曹操为人严厉，掾属办公，常会因出差错而遭到毒打；何夔身边常放有毒药，誓死不肯遭受羞辱，可始终没有被打过。[①]后来，何夔出任城父县令。[②]何夔升任长广郡太守。长广郡濒临山海，黄巾军还未荡平，豪杰中有很多人背叛朝廷，袁谭向这些人拜授官职。长广县人管承有徒众三千余家，危害当地。有谏言者，欲举兵攻打管承。何夔说："管承等并非生而喜欢作乱，现在危害当地，不能自拔，是还未接受德化，故不知向善。如果军队镇压，管承担心被剿灭，必定会拼死抵抗。攻打管承，并非上策。即使剿灭，也一定会伤害吏民，不如向其晓谕德义，令其改过自新，可以不必动用武力。"何夔派遣郡府丞黄珍前去，向管承陈述利害，管承等皆愿意投降。何夔又派遣官吏成弘，兼领校尉，长广县丞等郊迎何夔，奉上牛酒，到郡府谒见太守。牟平县贼寇从钱，也有部众数千家，何夔率领郡兵与张辽共同征剿，平定贼寇。东牟县人王营，有部众三千余家，胁迫昌阳县人作乱。何夔派遣官吏王钦等，向其授以策略，叛乱者很快瓦解。旬月之间，逐一平定。

①孙盛认为：君使臣以礼，臣事君以忠，是以上下休嘉，道光化洽。公府掾属，古之造士，必擢拔时隽，搜扬英才，得其人，则论道之任隆，非其才，则覆餗（sù）之患至。苟有疵衅，刑黜可也。加其捶扑之罚，肃以小惩之戒，岂"导之以德，齐之以礼"之谓与？然士之出处，宜度德投趾；可不之节，必审于所蹈。故高尚之徒，抗心于青云之上，岂王侯之所能臣、名器之所羁绁哉？自非此族，委身仕途，否泰荣辱，制之由时，故箕子安于孥戮，柳下惠夷于三黜，萧何、周勃被关押在缧绁，岂不受辱，君命故也。何夔懂得时制，而甘其宠，挟药要挟君，以避微耻。《诗经》讲"唯此褊心"，何夔其有焉。放之，可也；宥之，非也。

②《魏书》记载：自从刘备背叛曹操，东南多有变故。曹操任命陈群为酂县县令，任命何夔为城父县令，诸县皆用名士，以镇抚之。其后，吏民稍微安定。

当时，曹操开始制定新法令，颁布州郡，又向民众征缴租税绵绢。何夔以长广郡刚刚建立，又在动乱之后，不可仓促间行使新令，谏言：“自从丧乱以来，民众失其所在。如今，虽然稍微安定，然而接受教化日浅。所颁布的新法令，都有惩罚的标准，目的是统一政令、一视同仁。长广郡属下六县，疆域初定，加上百姓长期陷于饥馑，若一切按照新法令治理，臣担心会有人不肯服从教化。不服从教化者，将不得不严惩。这样做，不是按照情况处置。实施教化、采取措施应有所不同。先王制定九服赋敛，以距离京师远近相区别，制定三典刑法，用以安定天下，对于治平的诸侯及治乱的诸侯，区别对待。臣愚以为，长广郡应该按照较远的地域，初设立城邦，实施法典，对于民间的小事，县长可以变通，相机处置，上不违正法，下顺应民心。如此三年，民众安居乐业，而后，再齐之以法，则无所不至矣。”曹操采纳谏言，又征召何夔在丞相府参谋军事。海贼郭祖寇掠乐安郡、济南郡，州郡苦不堪言。曹操认为，何夔此前在长广郡治理有方，享有威信，遂拜何夔为乐安郡太守。何夔到任数月，属下县邑相继安定。

何夔返回，担任丞相府东曹掾。何夔向曹操谏言：“自从军兴以来，制度仍在草创，用人未必要详查底细，是以各引其类，时忘德行。何夔听说，以贤拜授爵位，则民众慎德谨行；以功劳授予俸禄，则民众争相立功。臣以为，从今以后，朝廷录用官员，一定要考核在乡间的表现，长幼顺序，无相逾越。显忠直之赏，明公实之报，则贤与不肖，昭然著明。还有，制定举荐官员不实的法令，让负责举荐的官员各司其职。在朝中任职的官员，不时向他们强调律令，与各曹负责举荐者，共同担起责任。对上，观察朝臣之节操，对下，杜绝推诿之源头，以此监督朝臣，治理万民，天下幸甚。”曹操赞赏何夔的意见。魏建国初，曹操拜何夔为尚书仆射。[①]曹丕还是太子时，凉茂担任太子太傅，何夔担任太子少傅；曹操特让二傅与尚书东曹选拔太子宫官属。凉茂去世，曹操让何夔代替凉茂担任太傅。每月朔望，入宫见太子，太子穿戴整齐，以礼相见；其他日子，没有见面的要求。何夔改任太仆，太子欲与何夔辞别，在太子宫准备斋戒的供品，何夔不肯去。太子又写信延请，何夔以国家有法度，始终不肯去。何夔就是这样谨守制度。然而，何夔在倡导节俭时，生活奢侈。文帝接受汉室禅让，登上帝位，封何夔为成阳亭侯，享受食邑三百户。何夔有病，多次乞求辞让爵位。文帝下诏回复：“人们常说，礼贤亲旧，乃帝王之常务。以亲来讲，君有辅弼之功；以贤来讲，君有醇厚之德。古人讲，有阴德者，必有阳报。而今君患有疾病，虽然还未痊愈，神明会有所报应。君安心养病，以顺朕意。”何夔病逝，谥号为靖侯。嗣子何曾继承爵位，元帝曹奂咸熙年间，何曾担任司徒。[②]

①《魏书》记载：当时，丁仪兄弟正在受宠，丁仪与何夔不睦。尚书傅巽对何夔讲：“丁仪对先生有看法，先生的朋友毛玠等已被丁仪陷害。先生也要留心！”何夔说：“为不义行事，只

能害其身，焉能害人？而且，怀奸佞之心，立于朝堂，其得久乎？”何夔终不肯屈服，丁仪后来以凶残诈伪落败。

②干宝著《晋纪》记载：何曾，字颖考，正元年间担任司隶校尉。当时，毌丘俭的孙女嫁给刘氏，已经怀孕，被关押在廷尉署监狱。女子的母亲荀氏被武卫将军荀顗上表营救，得以不死，既被免死。荀氏又请求廷尉，乞求以自身做官婢，赎免女儿的性命。何曾让主簿程咸就此事拿出意见，程咸说：“大魏继承秦、汉之弊，并未加以改革。所以，罪犯有罪，连累已出嫁的女儿，欲以此惩治丑类之家族。如果女儿生育，则成为婆家的母亲。预防不足以惩治奸乱之源，于情则有伤害孝子之心。男子犯罪，不殃及其他家族；女儿产婴，则要杀戮于二门：此非所以哀矜女子柔弱，以平均惩罚之义。臣以为，在家之女，可以从父母之刑；出嫁之妇，则应从夫家之戮。”朝廷按照意见施行，于是，制定律令。

《晋诸公赞》记载：何曾以高雅为人所称道，加上性情笃孝，位至太宰，受封为朗陵县公，享寿八十余岁，去世，谥号为元公。儿子何邵继承爵位。何邵，字敬祖，才识渊博，有治国能力，位至太宰，谥号为康公。何邵的嗣子何蕤继承爵位。何邵的庶兄何遵，字思祖，有才能。年少时，何遵历任清职，在太仆任上去世。何遵的儿子何绥，字伯蔚，也有才干，受到世人称赞。永嘉年间，何绥担任尚书，为司马越所杀。《傅子》称赞何曾和荀顗：“以文王之道事其亲，其颍昌何侯乎！其荀侯乎！古人称颂曾参、闵子骞，今日有荀顗、何曾。内尽其心以事其亲，外崇礼让以接天下。孝子，为百世之宗；仁人，为天下之令。有能行仁孝之道者，君子之仪表矣。”

邢颙，字子昂，河间郡鄚县人。被举荐为孝廉，司徒府征召，邢颙一概拒绝。邢颙改换姓名，到右北平郡，跟随田畴学习，前后五年。曹操平定冀州。邢颙对田畴讲：“黄巾军造反以来，已经有二十余年，海内鼎沸，百姓流离失所。如今，我听说曹公法令严明。民众厌恶战乱已久，乱极则平。我欲先行一步。”遂整装返回家乡。田畴讲：“邢颙可谓先知先觉也。”邢颙来见曹操，请求为曹军担任向导，平定柳城。

曹操任命邢颙为冀州部从事，当时人称：“德行堂堂邢子昂。”后来，邢颙担任广宗县长，由于原将领去世而弃官。有关官员弹劾邢颙，曹操讲：“邢颙对旧君情谊笃厚，前后一致，可谓有节操之士。”没有处罚邢颙。曹操又拜邢颙为司空府掾，改任行唐县县令，邢颙劝喻百姓种桑、垦殖，当地民风为之改变。后来，邢颙在丞相府担任门下督，改任左冯翊，因为有病，辞去官职。当时，曹操的几个儿子挑选官属，曹操下令：“王侯家的官属，要像邢颙那样懂得法令。”曹操任命邢颙为平原侯曹植的家丞。邢颙处处以礼仪服侍平原侯，防微杜渐，不屈不挠，因此与曹植不睦。太子中庶子刘桢写信劝谏曹植：“家丞邢颙，是北方俊杰士人。年少时，邢颙秉持高风亮节，为人淡泊恬静，言少理多，是真正的典雅士人。刘桢诚不足以与邢颙同侪，并列左右。而刘桢得到的礼遇丰厚，邢颙反而疏简。刘桢私下担心旁观者会认为，君侯喜欢亲近不肖之徒而礼敬贤者不足，采撷庶子之春华、忘却家丞之秋实。为君侯带来毁谤，其罪不小，因此，臣睡卧不安。”后来，邢颙在丞相府参谋军事，改任东曹掾。当时，太子还未确立，临菑侯曹植得到曹公宠爱，丁仪等赞美曹植羽翼丰满。曹公问邢颙，邢颙答："以庶子代替宗子，先人对此早有告诫。愿殿下审慎对待！"曹公明白邢颙的意思，最后，任命邢颙为太子少傅，后又改任太傅。文帝曹丕接受汉室禅让，登上帝位，邢颙担任侍中、尚书仆射，受赐爵关内侯，又出任司隶校尉，转任太常。黄初四年，邢颙去世。嗣子邢友继承爵位。①

①《晋诸公赞》记载：邢颙的曾孙邢乔，字曾伯，有容人雅量，在当时享有美誉。历任清职。元康年间，与刘涣同时担任尚书、吏部侍郎，稍后升任司隶校尉。

鲍勋，字叔业，泰山郡平阳县人，是西汉司隶校尉鲍宣的第九世孙子。鲍宣的后嗣有人从上党郡迁至泰山郡，遂将家眷安置在泰山郡。鲍勋的父亲鲍信，在东汉灵帝朝担任骑都尉，大将军何进派遣鲍信到东部招募士兵。后来，鲍信担任济北国相，协助曹操，不幸遇害。详情记载在《董卓传》《武帝纪》。①建安十七年，曹操追思鲍信的功绩，上表朝廷，封鲍勋的哥哥鲍邵为新都亭侯。②曹操任命鲍勋为丞相府掾。③

①《魏书》记载：鲍信的父亲鲍丹，官至少府、侍中，鲍丹以儒雅显露名声于世。年少时，鲍信坚守大节，宽厚爱人，沉着有谋。大将军何进征召，拜鲍信为骑都尉，让鲍信回家乡招募士兵，得到一千余人。返回成皋时，何进已经遇害。鲍信来到京师，董卓也刚刚到京师。鲍信知道董卓必然会祸乱朝纲，劝袁绍袭击董卓。袁绍畏惧董卓，不敢动手。详情记载在《袁绍传》。鲍信引军返回乡里，又收集徒众二万，骑兵七百，辎重车五千余辆。这一年，太祖已经在己吾起兵，鲍信与弟弟鲍韬以军队响应曹操。曹操与袁绍上表，举荐鲍信代领破虏将军、韬裨将军。当时，袁绍的部众势力最强大，豪杰多向往袁绍。鲍信却对太祖讲："略不世出，能率领英雄，拨乱反正者，君也。苟非其人，虽强必毙。君殆天之所启！"鲍信遂结纳太祖，太祖亦亲近鲍信。汴水之败，鲍信受了创伤，鲍韬在阵中战死。袁绍夺走韩馥的冀州牧位置，占据冀州。鲍信对太祖讲："奸臣乘衅，颠覆王室，英雄奋节，天下响应，此乃义之相从。而今，袁绍作为盟主，因权专利，将自生乱，可谓又一董卓。如果就此抑制袁绍，恐怕力不能制，只以遘难，又何能济？可在大河之南，以待其变。"曹操采纳谏言。曹操担任东郡太守，上表推荐鲍信为济北国相。此时，黄巾军大举入侵州界，刘岱欲与黄巾军接战，鲍信劝止，刘岱不听，遂惨遭败绩。详情记载在《武帝纪》。太祖以黄巾军恃胜而骄，欲在寿张县设奇兵，挑战黄巾军。太祖先与鲍信出发，观察战场，步军还未到，猝然与黄巾军相遇，双方遂接战。鲍信殊力死战，营救太祖，仅太祖得以溃围而出，鲍信战死，死时年仅四十一岁。虽然遭逢乱世起兵，鲍信家族世代谨修儒术、勤修品行、生活俭朴。然而，鲍信不惜重金，厚养将士，家无余财，士人大多愿意归附鲍信。

②《魏书》记载：鲍邵有父亲遗风，曹操很欣赏，又拜鲍邵为骑都尉，持符节。鲍邵去世，嗣子鲍融继承爵位。

③《魏书》记载：鲍勋为官清廉，有高风亮节，在当时知名。

建安二十二年，曹操立太子，任命鲍勋为太子中庶子，后又改任黄门侍郎，出任魏郡西部都尉。太子的夫人郭夫人的弟弟担任曲周县吏，因为盗窃官府的布匹被判有罪，按照法律要杀头。曹操当时在谯县，太子留守邺城，多次写信给鲍勋，为内弟求情。鲍勋不敢擅自做主，把太子的求情信与太子内弟的罪状一并上报曹操。鲍勋此前在东宫，为人守正不阿、不屈不挠，太子对鲍勋本来就不喜欢，这次又遇上此事，对鲍勋更加怨恨。恰逢郡里休假的士兵不能按期归队，太子曹丕暗中敕令中尉弹劾鲍勋，免去其官职。不久，曹操又拜鲍勋为侍御史。延康元年，曹公驾崩，太子即魏王位，鲍勋以驸马都尉，兼任侍中。

文帝曹丕接受汉室禅让，鲍勋向文帝谏言："当务之急，在于军事和农事，陛下应该施惠于百姓。台榭苑囿建设，稍微延后考虑。"文帝准备出外狩猎，鲍勋拦住车子，上疏："臣听说，五帝三王，莫不重视农业，此乃立国之根本，还要以孝治理天下。陛下仁圣，对于百姓的疾苦有恻隐之心，有古人遗风。愿陛下追慕先贤，令万世得以效仿。陛下在服丧期间，怎么能出外狩猎，驰骋于郊野？臣冒死启奏，愿陛下省察。"文帝撕毁鲍勋的奏章，继续狩猎。中间休息时，文帝问身边的侍臣："狩猎快乐，还是聆听音乐快乐？"侍中刘晔回答："狩猎胜过聆听音乐。"鲍勋抗辩道："享受快乐，要上通神明，下和人事，隆治教化，万邦咸乂。移风易俗，莫善于礼乐。至于狩猎，暴露于原野，伤害生灵，栉风沐雨，不得休闲。在往昔，鲁隐公观渔于棠邑，《春秋》为此事讥讽。陛下以为狩猎是乐事，愚臣认为不妥。"鲍勋又上奏："刘晔邪佞，对陛下不忠，阿谀陛下之戏言。在往昔，梁丘据在遄台向君主献媚邀宠，刘晔就是这样的人。请有关官员议罪，以廓清朝纲。"文帝愤然作色，遂结束狩猎，返回，外放鲍勋，出任右中郎将。

黄初四年，尚书令陈群、仆射司马懿共同举荐鲍勋为宫正，宫正就是过去的御史中丞。文帝不得已，任命鲍勋为宫正。百官忌惮鲍勋，朝中官员莫不肃然。黄初六年秋天，文帝欲征伐吴国，群臣廷议，鲍勋出面谏诤："王师屡次征伐，并未有克敌制胜之胜算。人们常讲，东吴、西蜀可谓唇齿相依，凭借山水险阻，难以攻取之地势。往年，龙舟在江面上行驶，隔绝在南岸，圣躬蹈危履险，臣下胆破魂惊。在当时，宗庙几近倾覆，可为百世之警戒。陛下又要劳兵远征，日费千金，国库空虚，只能令黠虏逞威，臣以为不可。"文帝越发恼怒，贬鲍勋为治书执法。

文帝从寿春返回，暂在陈留郡驻跸。郡太守孙邕觐见文帝，出来经过鲍勋处。当时，营垒还未建成，只是立有标志，孙邕从小路上走，没有走正道，军营令史刘曜追究孙邕，鲍勋以堑壕、壁垒还未建成，令其不要再追究。大军返回洛阳，刘曜有罪，鲍勋上奏，罢黜刘曜。而刘曜暗中上表，就鲍勋放过孙邕之事弹劾鲍勋。文帝下诏："鲍勋指鹿为马，把鲍勋交予廷尉审理。"廷尉按照法律，判处鲍勋五年徒刑。廷尉正、廷尉监、廷尉平驳议："按照法律，缴纳罚金二斤。"文帝大怒，说："鲍勋罪不可恕，而你们竟敢包庇！收捕廷尉正、廷尉监、廷尉平，交予刺奸审理，把一丘之貉关押在一起。"太尉钟繇、司徒华歆、镇军大将军陈群、侍中辛毗、尚书卫臻、暂领廷尉高柔等，上表："鲍勋的父亲鲍信，有功于太祖。"请求宽宥鲍勋。文帝不许，遂诛杀鲍勋。鲍勋谨修德行、为官清廉、乐善好施，被杀这一天，抄没家产，家中无余财。又过了二十天，文帝驾崩，群臣莫不为鲍勋被杀感到惋惜。

司马芝，字子华，河内郡温县人。年少时，司马芝是在学的学生。后来，司马芝在荆州避乱，在鲁阳山中遇到贼寇，同行者皆丢弃老弱，争相逃命。司马芝坐在地上，守着母亲。贼寇走到面前，用刀指着司马芝，司马芝向贼寇叩头，说："母亲年老。至于我，是死是活，全在诸君！"贼寇说："这是一位孝子，杀之不义。"司马芝和母亲遂得以免死。司马芝用鹿车推着母亲，在南方居住十余年，躬耕陇亩，坚守节操。

曹操平定荆州，任命司马芝为菅县长。当时，天下刚刚安定，很多人不守法度。郡府主簿刘节是一位世族，家中有宾客上千人，宾客在外面沦为盗贼，扰乱吏治。不久，司马芝征召刘节的门客王同等服兵役，郡府掾据实向司马芝报告："刘节家此前从未服过兵役，如果让其门客服兵役，藏匿起来，必定会留下后患。"司马芝不听，写信给刘节："君为世家大族，又是郡府的股肱之臣，家中宾客不能按照法律服兵役，这会引起百姓非议，还会遭上级责难。现在，征调王同等服兵役，请按时送来。"士兵已经在郡里集中，刘节仍然藏匿王同，司马芝遂命令郡府督邮以军兴罪责令该县，县衙掾吏无奈，乞求代替王同。司马芝命人飞马报送济南郡，陈述刘节的罪行。郡太守郝光素来敬重司马芝，以刘节代替王同服兵役，青州有了司马芝"令郡府主簿当兵"的传闻。司马芝改任广平县令。征虏将军刘勋，一向骄横，又是司马芝的同乡，出任将军，家中子弟在广平县多次犯法。刘勋写信给司马芝，不著姓名，多有所请托。司马芝也不回信，一律按照法律严办。后来，刘勋以行为不轨被杀，与刘勋关系密切者皆获罪，而司马芝受到人们称赞。①

①《魏略》记载：刘勋，字子台，琅琊郡人，中平末年担任沛国建平县长，与太祖有旧情谊。后来，刘勋担任庐江郡太守，被孙策攻破，从此，归附太祖，受封为列侯，在散伍议中。刘勋的哥哥担任豫州刺史，病逝。刘勋哥哥的儿子刘威，又代替父亲从政。刘勋自恃与太祖有旧情谊，为人傲慢，多次犯法，还诽谤他人，被李申成弹劾，收捕治罪并被免去官职。

司马芝改任大理正。有人盗窃官府的绢帛，放置在厕所，官吏怀疑是女工所为，逮捕女工，收押在监狱。司马芝说："惩治犯罪，常失误在残暴苛刻。如今，赃物已获，严刑逼供疑犯，如果疑犯经受不住拷打，只好屈打成招。以此定案，不可能公平。判案应有证据，让犯人心服口服，这是官员判案的依据。不漏掉罪人，是太平之世治理的原则。应该疑罪从宽，这是治世应遵循的道义，不应含糊！”曹操采纳司马芝的建议。司马芝历任甘陵郡、沛郡、阳平郡太守，所任职务，均有政绩。黄初年间，司马芝改任河南郡大尹。在任上，司马芝扶弱抑强，不接受请托。恰好朝中有一位官员，欲以某事向司马芝请托，不敢直接告诉司马芝，转向求助于司马芝妻子的伯父董昭。董昭也忌惮司马芝，不肯为其通融。司马芝对下属讲：“君主设立法令，但不能使属吏一定不触犯法令。官吏犯法，也不能向君主隐瞒。因此，制定法令，如不能依法，是君主治理失败；触犯法令，受到惩治，是犯法的官吏罪有应得。不能严格执法，官吏随意犯法，都会造成政事荒废。诸君不可不慎之戒之！”从此，属下莫不自励。司马芝的门下循行，曾经怀疑守门的仆役盗走发簪，仆役的供词前后矛盾，功曹逮捕仆役。司马芝说：“凡物有相似，难以分辨。不敢以离娄自称，很少有人明察秋毫。即使案件查实，循行为了一枚发簪，就致同僚以犯罪。此事作罢，不再审问。”

明帝即位，赐司马芝爵关内侯。不久，享受特进位的曹洪乳母当氏，与临汾公主的侍者一起祭祀无涧神[①]，因此而获罪，被关押在监狱。卞太后派遣黄门来传达诏命，司马芝不听，敕令洛阳诏狱严加审问，还上疏明帝：“凡应判处死罪者，皆当先上表奏报。此前朝廷制书，严禁过度祭祀，以正风俗。此次当氏所犯妖刑，供词确凿无疑，黄门吴达传达太皇太后诏令。臣不敢听令，担心有袒护之嫌，速闻圣听，若不得已，以陛下诏命执行。因此事不能早日结案，是臣之罪，冒犯常科，敕令县衙拷问，擅自刑戮，臣伏枉杀之罪。”明帝写信回复：“朕已读了奏章，明白卿的忠心，卿奉诏书，以权变行事，可以。这是卿奉诏之意，何谢罪之有？此后黄门再催问，慎勿通融。”司马芝担任官员十一年，多次就法律不适宜之处提出谏言，在朝廷公卿中，直道而行。诸王来京师朝觐皇帝，与京师的官员私下交往，司马芝获罪，被免职。

①裴松之按：无涧，山名，在洛阳东北。

后来，司马芝改任大司农。此前，负责农事的官员让吏民从商，以获取利益。司马芝上奏：“王者之治，崇本抑末，务农重谷。按照《礼记·王制》：‘无三年的粮食储备，国非其国。’《管子·区言》强调，国家积谷是当务之急。而今，东吴、西蜀还未灭亡，军旅在外，国家要务在于粮食、布帛。武皇帝特别设置屯田官，负责农桑事务。建安年间，天下仓廪充实，百姓殷实富足。文帝黄初元年以来，听任诸典农官负责农桑，各自为部下考虑，诚非国家之善政、统筹规划所宜。君王以海内为家，《左传》讲：‘百姓不足，君谁与足？’富足之根本，在于不误农时，用尽地力。而今，商旅所求，虽有加倍的利益，但对于国家统筹大计，已经有不可估量的损失，不如垦殖农田、增加一亩地的收获。农民从事农业，从正月起，开始播种、耘锄、料理蚕桑、施肥、收割打场，到了十月，农事结束。此外，还要修缮仓廪、维护桥梁、服徭役、缴租赋、修道路、刷房屋，一年忙到头，无一日闲暇。而今，典农官员却说：‘留下者为服徭役者代耕农田，以此代替徭役，势不得已而为之。不考虑农民的辛苦，认为他们还有余力。’臣愚以为，不宜再以商贾干扰农业。让农民专事农桑，以此为务，于国计民生有利。”明帝采纳司马芝的谏言。

每当上级官员召问，司马芝都事先召见府中掾，为其分析被召问的缘由，教其如何回答，以圆满地应对上级的问题，能做到有问必答。司马芝高风亮节，为人正直，为官清廉，不矜其功。与宾客交谈，司马芝认为不对的地方，就会当面指出，绝不私下里议论。司马芝在任上去世，家无余财。自魏国建立，河南郡大尹没有超过司马芝者。

司马芝去世，儿子司马岐继承爵位，从河南郡府丞升任廷尉正，改任陈留国相。梁郡有羁押的囚犯，牵连很多人，几年不能结案。皇帝诏书，把案犯交由司马岐审理，由县邑禀告，准备刑具。司马岐讲：“现在，囚犯有数十人，这些囚犯狡诈，供词难以核实，显而易见都已经遭受过拷打。怎能这么长时间关押在监狱？！”及至提出案犯审问，不敢隐瞒，很快查明案情，司马岐升任廷尉。当时，大将军曹爽在朝中掌握大权，尚书何晏、邓飏是曹爽的党羽。南阳郡人圭泰忤逆曹爽，被抓进监狱，交由廷尉惩治。邓飏审理此案，对圭泰用刑。司马岐告诫邓飏：“作为枢机大臣，辅佐王室，不能以德施以教化、向古人看齐，借着审理刑案泄私愤、冤枉无辜，令百姓寒心，这不是胡作非为吗？”邓飏惭愧，恼怒退下。司马岐担心终将获罪，以有病辞去职务。回家不到一年，病逝，享年仅三十五岁。嗣子司马肇继承爵位。①

①司马肇，晋太康年间，担任冀州刺史、尚书。参见《百官志》。

陈寿评论如下：徐奕、何夔、邢颙为官操守谨严，是当时的名臣。毛玠为官清廉、为人正直、奉公无私，司马芝忠诚不屈、不欺软怕硬，崔琰高风亮节、勤修品行，鲍勋秉承正道直行、无所畏惧，都遭受迫害，惜哉！《诗经·大雅》讲：“既明且哲。”《尚书·虞书》赞扬：“直而能温。”从来没有完人，谁又能十全十美？！

魏书十三

钟繇华歆王朗传第十三

钟繇，字元常，颍川郡长社县人。[①]钟繇曾经与族里的老父钟瑜一起去洛阳，路上遇到一位相面者，说："这个孩童有贵人之相，然而会遭遇水祸，要小心谨慎！"走了不到十里，过桥，马受惊，钟繇堕入河中，几乎淹死。钟瑜认为相面者的话灵验，更加看重钟繇，给钟繇提供学费，让钟繇专心学习。后来，钟繇被举荐为孝廉，[②]担任尚书郎、阳陵县令，后以有病辞职，又受三公府征召，担任廷尉正、黄门侍郎。当时，汉献帝在西京长安，李傕、郭汜等祸乱长安，朝廷与崤山以东断绝联系，音信全无。曹操兼领兖州牧，派使者上书。[③]李傕、郭汜等认为："崤山以东欲自立天子。如今，曹操虽然派使者来，并非真心实意。"商议羁押使者，拒绝曹操。钟繇劝说李傕、郭汜等："如今，英雄并起，各地豪杰矫制朝廷诏命，独断专行。只有曹兖州心中还想着皇室，拒绝曹操表达忠心。这样做，不能实现将来之愿望也。"李傕、郭汜等采纳钟繇的谏言，厚赏曹操的使者，从此以后，曹操与朝廷取得联系。曹操多次听到荀彧称赞钟繇，又听说钟繇劝谏李傕、郭汜，遂虚心以待钟繇。后来，李傕胁迫献帝，钟繇与尚书郎韩斌共同谋划，献帝这才离开长安东归。钟繇出力很大。献帝拜钟繇为御史中丞，后改任钟繇为侍中、尚书仆射。之后，合并之前的功劳，献帝封钟繇为东武亭侯。

①《先贤行状》记载：钟皓，字季明，为人温良、笃学、慎行，精研诗律，教授学生有一千余人，担任郡府功曹。当时，太丘县长陈寔担任西门亭长，对钟皓特别尊敬。陈寔小钟皓十七岁，常以礼对待钟皓，二人互为知己。恰逢司徒府征召，钟皓在向郡太守辞行时，郡太守问："谁可以代替卿？"钟皓答："明府愿意找一个像臣这样的人，西门亭长陈寔可以。"陈寔听说后，说："钟君似乎不识人，为何偏偏看上我？"钟皓担任司徒府掾，司徒因事外出，道路泥

泞，向导看见道路难行，距离司徒车子较远，司徒只好亲自推车，说：“司徒今日独自出行！”回到府中向阁，铃下不扶司徒，令掾属作揖，司徒挥手不要。当时，举府掾属皆欲弹劾，要把这些人撵走，钟皓担任西曹掾，打开府门，向众人解释，说：“臣下不能侍奉三公，若司隶校尉以刑法惩治，这样对待三公，失去对待宰相之礼，又不胜任职务，诸君将到何处任职？”掾属这才停止弹劾。都官后来移至西曹掾，问其去意，钟皓召都官吏，以看见掾属名字示意，才未去。前后九次，钟皓受到三公府征召，改任南乡县、林虑县长，没有上任。当时，郡中先辈为海内所仰慕者，苍梧郡太守定陵县人陈稚叔、原黎阳县令颍阴郡人荀淑，还有钟皓。少府李膺常称赞三人，说：“荀君清正，其雅识难学；陈君、钟君至德，足以为师。”钟皓哥哥的妻子是李膺的姑妈。钟皓哥哥的儿子叫钟觐，与李膺同岁，二人都有名气。钟觐好学慕古，有退让之行。年幼时，李膺的祖父太尉李修常说：“钟觐继承了我的家风，国家有道，可以出仕为官；国家无道，可以免于刑戮。”后来，李修把李膺的妹妹嫁给钟觐为妻。钟觐受到州郡征召，不肯降低志向。李膺对钟觐讲：“孟子认为：‘人没有是非之心，非人也’。贤弟为何不能遵循孟轲的教导，辨明是非？”钟觐把李膺的话告诉钟皓，钟皓讲：“元礼，祖公在位，诸父并盛，韩公之甥，故得然而。在往昔，齐国上大夫武子喜欢揭露他人的短处，遭到他人嫉恨。人生在世，还是要学些做人、行事的方式，这样才能保护自己和家人。你的想法是对的。”钟觐早逝，李膺虽然身负功名，位至卿佐，然而，因为祸灾，猝然去世。钟皓享年六十九岁，在家中去世。钟皓两个儿子钟迪、钟敷，都在党锢案中被禁锢，不再出仕。钟繇就是钟迪的孙子。

②谢承著《后汉书》记载：南阳郡人阴修担任颍川郡太守，以旌表贤能、擢拔英俊为务，举荐五官掾张仲为方正，举荐功曹钟繇、主簿荀彧、主记掾张礼、贼曹掾杜祐、孝廉荀攸、计簿吏郭图，他们都能辅佐朝廷。

③《世语）记载：太祖派遣从事王必向天子请命。

当时，关中诸将马腾、韩遂等，各自拥兵自重，相互争斗不息。曹操在崤山以东，正忙于战事，对函谷关以西颇感忧虑。曹操上表，拜钟繇为侍中，代领司隶校尉职事，持符节，监督关中诸军，委托钟繇负责后方诸事，特许钟繇专权，无须受法令限制。钟繇抵达长安，写信给马腾、韩遂等，力陈祸福，马腾、韩遂各自派儿子到许都侍奉献帝。曹操在官渡与袁绍对峙，钟繇向军中送去二千余匹战马。曹操写信给钟繇：“已经得到送来的马匹，正当急需之用。关西平定后，朝廷再无西顾之忧，这是足下的功绩。在往昔，萧何镇守关中，为大军提供军粮，你的功绩堪比萧何。”再后来，匈奴单于在平阳作乱，钟繇率领诸将包围平阳，还未攻下，袁尚任命的河东郡太守郭援又来到河东，敌方军队甚多，诸将商议，欲撤军，钟繇说：“袁氏力量强大，郭援率领援军前来，关中暗中又与郭援相互勾结，之所以未叛变，是因为顾虑我军还在。如果就此撤军回去，是向敌寇示弱，而此地的百姓，也将会成为仇敌！我们即使想退兵，能顺利撤走吗？这是还未开战，先自乱阵脚。而且，郭援刚愎自用，必定轻视我军。如果渡过汾河扎下营寨，在其尚未渡河完毕之际，我们发起进攻，就可大获全胜。”张既劝说马腾合击郭援，马腾派儿子马超率领精兵逆袭郭援。郭援到达，果然准备渡河，众将领劝解，郭援不听。大军刚渡过一半，钟繇攻击郭援，大败郭援军。①钟繇随后斩杀郭援，逼降单于。详情记载在《张既传》。后来，河东郡人卫固作乱，叛军与张晟、张琰及高幹等大肆抢掠，钟繇又率领诸将镇压叛军。②自从献帝西迁长安，洛阳人民损失殆尽。钟繇迁徙关中的百姓，又吸收流民，以充实洛阳。数年间，洛阳人口增加很多。曹操征伐关中，得以补充兵员，上表拜钟繇为前军师。

①司马彪著《战略》记载：袁尚派遣高幹、郭援率领数万人，与匈奴单于一起，寇掠河东郡，派遣使者与马腾、韩遂联合，马腾等暗中与其勾结。傅幹劝说马腾，说："古人有言：'顺德者昌，逆德者亡。'曹公奉天子，以诛暴乱，法纪严明，治理有方，上下用命，有义必赏，无义必罚，可谓顺应天道。袁氏背逆王命，驱胡虏以欺凌中原，宽而多忌，仁而无断，兵力虽强，其实已失去人心，可谓逆德。今将军服侍有道，却不愿尽其力，阴怀两端，欲坐观成败，我担心成败既定，奉辞责罪，将军将会首先被斩首。"马腾恐惧。傅幹继续劝说："智者转祸为福。而今，曹公与袁氏相持不下，而高幹、郭援独自在河东逞凶。曹公虽然有万全之计，不能制止河东不陷于战乱。将军诚能引兵讨伐，内外夹击，其势必举。这是将军一功，斩断袁氏之臂，解救一方之急，曹公必然重视将军。将军的功名，竹帛不能尽载。愿将军仔细选择。"马腾说："敬从教导。"于是派遣儿子马超率领精兵一万人，还有韩遂等的兵力与钟繇合击郭援等，大败郭援。

②《魏略》记载：献帝下诏，征召河东郡太守王邑。王邑以天下还未安定，不愿意接受诏命，而河东郡吏民也留恋王邑，郡府掾卫固及中郎将范先等各自拜谒钟繇，请求留下王邑。而献帝诏书，已经拜杜畿为河东郡太守，杜畿已经进入郡界。钟繇不听范先等人的话，催促王邑赶快交出符节。王邑佩带印绶，径自从河北前往许都，返回朝廷。钟繇当时的治所在洛阳，钟繇自认为没有尽到都督司法之责，上书自我弹劾："臣此前上奏，原镇北将军兼领河东郡太守安阳亭侯王邑，在任上治理，触犯法令，事当弹劾。臣监察，认为王益的确奸诈。按照陛下诏书，当予以纠察。以王益已经归罪，故加以宽宥。还有，臣上奏禀报吏民之事，无论大小，各怀顾盼，认为王邑应当返回河东郡，拒绝新太守杜畿，而今，皆又反悔，共同迎接杜畿到官。臣谨按照文书，工作无能，却被陛下拔擢，入充近侍，典掌机衡，忝膺重任，总统偏方。臣无德政以惠及民众，又无威刑以监察不恪，致使王邑抗命诏书，郡府掾卫固诳骗吏民，讼诉之言，交驿道路，渐失其礼，不虔王命。今日虽然后悔，丑声传闻，责任皆因为钟繇威刑不摄。臣又患有疾病，前后历年，气力衰微，尸位素餐，享受重禄，旷废职任，罪明法正。谨按，侍中代司隶校尉东武亭侯钟繇，幸得蒙恩，以斗筲之才，仍见拔擢，显从近密，衔命督使。明知诏书深恨长吏政教宽弱，检下无方，久病淹滞，众职荒废，法令失张。王邑抗命诏令，应当绳正以法，既举文书，操弹失理，致使王邑远诣阙廷。隳忝使命，挫伤爪牙。而卫固诳骗吏民，一连数月拒绝新太守王畿上任，今日虽然后悔，犯顺失正，海内凶赫，此罪归咎钟繇威刑暗弱。加上钟繇久病，不能胜任职务，非大臣当所宜为。钟繇轻慢宪度，不畏诏令，不与国家同心，为臣不忠，无所畏惧，大为不敬。钟繇又不承命诏书，奉诏不谨。而且，钟繇闭塞，为下面所欺，弱不胜任。钟繇数罪，谨以自我弹劾。臣奏请朝廷，用囚车押送钟繇至廷尉，治钟繇之罪，大鸿胪削去臣的爵土。臣久婴笃

疾，涉夏盛剧，命悬呼吸，不能胜任官职。以文书交付功曹从事马適，臣免冠徒跣，伏地以待罪诛。”献帝下诏，没有批准。

魏建国初，钟繇担任大理，改任相国。曹丕还在东宫，赐予钟繇五个煮肉的釜，在釜上镌刻铭文：“于赫有魏，作汉藩辅。厥相唯钟，实干心膂。靖恭夙夜，匪遑安处。百寮师师，楷兹度矩。”[①]几年后，钟繇因为受到西曹掾魏讽谋反案牵连，被免官，回家休息。[②]曹丕即魏王位，钟繇再次担任大理。及至曹丕接受汉室禅让，登上帝位，钟繇改任廷尉，受封为崇高乡侯。后来，钟繇升任太尉，受封为平阳乡侯。当时，司徒华歆、司空王朗是先帝的老臣。文帝罢朝，对身边人讲：“此三公，乃一代伟人，后世再难以有这样的人才！”[③]明帝即位，钟繇晋升爵位为定陵侯，增加食邑五百户，合并之前，共享有一千八百户，改任太傅。钟繇膝盖有病，在殿上起拜不方便。当时，华歆以高龄，身患疾病。在朝见时，二人乘坐舆车，虎贲武士抬着上殿。再以后，三公有病，遂以此为例。

①《魏略》记载：钟繇担任魏相国，得到五熟釜，是由太子曹丕铸造，釜铸造完成后，太子写信给钟繇，说：“在往昔，黄帝铸造三鼎，周室铸造九鼎，咸为一体，使调一味，岂若斯鼎五味时芳？盖鼎之烹饪，以飨上帝，以养圣贤，昭德祈福，莫斯之美。故非大人，莫之能造；故非斯器，莫宜盛德。今之嘉赏君釜，有逾兹美。周室大夫尸臣、宋国大夫考父、卫国大夫孔悝、晋国大夫魏颗，彼四臣者，皆以功德勒名于钟鼎。今执事寅亮大魏，以隆圣化。堂堂之德，于斯为盛。诚太常之所宜铭，彝器之所宜勒。故作斯铭，勒之釜之口。庶几可以赞扬洪美，垂之不朽。”

裴松之按：《汉书·郊祀志》记载：孝宣帝时，在美阳县得到一尊宝鼎，京兆尹张敞上奏：“按照鼎上铭文镌刻：‘王命尸臣（尸臣，主事之臣，栒邑是荀幽的住地），官此栒邑。赐尔鸾旂，黼黻雕戈。尸臣拜手稽首曰：敢颂扬天子丕显休命！’这是周室褒扬赏赐大臣，大臣子孙刻制铭文，以记录先人之功，藏之于宗庙也。”考父铭见《左氏传》，孔悝铭见《礼记》，事显故不载。《国语》曰：“在往昔，克潞之役，秦国来图，败于晋国，魏颗以其身，追随秦师于辅氏，到达杜回；其勒铭文于景钟，至于今日，不遗其类，其子孙不可不兴旺也。”这是太子所称颂四铭者。

《魏略》记载：后来，太祖征伐汉中，太子在孟津，听说钟繇有一枚玉玦，欲得到这枚玉玦，用以诘难三公之言。暗中派临菑侯曹植托人告诉钟繇，钟繇遂把玉玦送予太子曹丕。太子写信给钟繇，曰：“玉用以比喻君子之德，被诗人赞美。晋国有垂棘，鲁国有玙璠，宋国有结绿，楚国有和璞，皆价值万金，贵重都城，有称畴昔，流声将来。是以垂棘出于晋国，虞国、虢国被吞并；秦国欲得到和氏璧，蔺相如抗节不屈。窃见玉书，称美玉白如截肪、黑譬纯漆、赤拟鸡冠、黄侔蒸栗。侧闻斯语，未睹其状。虽德非君子，义无诗人，高山仰止，景行行至，仍私下仰慕。然而四宝邈焉以远，秦、汉未闻有良匹。是以求之旷年，未遇厥真，私下之愿不果，饥渴未副。近见南阳郡人宗惠叔称君侯昔日有美玦一枚，闻之惊喜，笑与抃俱。当自奉上书信，但恐传言未审，是以令舍弟曹子建通过荀仲茂，传达鄙旨。乃不忽遗，厚见周称，邺城骑士既到，宝玦初至，捧跪发匣，烂然夺目。猥以曚鄙之姿，得观希世之宝，不烦一介之使，不损连城之价，既有秦昭章台之观，而无蔺生诡夺之诳。嘉贶益腆，敢不钦承！”钟繇回信，曰：“此前忝任近侍，并得赐玦。尚方耆老，颇识旧物。名其符采，必得所处。以为执事有珍宝似此玉玦者，是以鄙之，用未奉贡。幸而纡意，实以悦怿。在往昔，和氏，殷勤忠笃，而钟繇待命，是怀愧耻。”

②《魏略》记载：孙权称臣，斩杀关羽，送来头颅。太子写信告诉钟繇，钟繇回信：“臣同郡人原司空荀爽言：‘人当道情，爱我者，一何可爱！憎我者，一何可憎！’顾念孙权，姿容美好。”太子又写信：“得报，知喜南方。至于荀公之清谈，孙权姿容美好，执书嗢噱，不能离手。假若孙权复狡黠，当折以汝南郡人许劭月旦之评。孙权优游二国，俯仰荀、许，亦已足矣。”

③陆氏著《异林》记载：钟繇曾经数月不参加朝会，性情变得有些异常，有人问其故，答：“常有好妇来，美丽非凡。”问者曰：“必是鬼物，可杀之。”妇人此后再来，不敢向前，停止在户外。钟繇问何故，答：“公有相杀意。”钟繇说：“没有此意。”乃殷勤呼唤之，妇人乃入。钟繇意恨之，有不忍之心，然而，还是用剑斫之，伤到妇人髀骨。妇人即出，以新绵拭血竟路。第二天，钟繇派人沿着血迹追寻，来到一大墓冢，棺木中有一位美貌妇人，形体如活人，穿着白练衫，丹绣裲裆，被伤左髀，以裲裆中绵拭血。臣的叔父清河郡太守向臣说起过此事。清河，陆云也。

当初，曹操下令，让大臣们讨论是否可以用宫刑代替死刑。钟繇认为：“古代施行肉刑，历代圣君都有以宫刑来代替，应该继续施行，以代替死刑。”廷议者认为，这不是百姓乐于接受的刑罚，遂停止施行。及至文帝设宴，招待群臣，文帝下诏：“大理寺欲恢复肉刑，这是圣王之法。公卿认真讨论。”廷议还未确定，恰逢有军事，又再次停止。明帝太和年间，钟繇上疏：“大魏接受天命，继承虞舜、夏禹。汉孝文帝当年改革刑法，不符合古代圣王之道。先帝圣德，本来是上天所赐，三坟五典，一以贯之。陛下继承皇位，仍然颁发明诏，考虑恢复古制作为一代法令。由于连年战事，尚未施行。陛下远思二祖之圣意，哀怜犯人受到斩趾之刑罚，以此禁止犯人作恶，还有无辜蒙冤、被处以死刑的犯人，应该重新申明律令，令群臣廷议。然而，有些犯人本来可以适用斩右趾，而要变成死罪，这是当年汉文帝改革刑法的原因。《尚书》讲：‘皇帝清问下民，鳏寡对有苗氏有怨言。’这些话是尧帝当年废除蚩尤、有苗氏的刑法时，先问下民，有关刑法的一段话。而今清理冤狱，如果讯问三公、九卿、群臣、万民，按照汉孝景帝的法令，应该判处死刑，改为斩右趾，他们一定会同意。而黥刑、劓刑、斩左趾、宫刑者，按照汉文帝的法令，改为髡刑、笞刑。犯有奸淫罪，年龄在二十至五十岁之间，即使斩去其足，还可以生育。天下人口如今远少于汉文帝时，施行这样的刑法，每年可以保全三千人。张苍废除肉刑，每年被杀的犯人数以万计。臣如恢复肉刑，每年可活三千人。子贡问孔子这样拯救民众，可谓仁乎？孔子答：‘何至于仁，可谓圣乎，尧帝、舜帝也难以做到吧？！’又说：‘仁远乎哉？我欲仁，斯仁至矣。’如果以诚意施行新刑法，百姓将感恩不尽。”上疏呈上，文帝下诏：“太傅学识渊博，才学甚高，留心政事，对于刑法的意义有深入研究。这是一件大事，公卿群臣要好好讨论。”司徒王朗认为：“钟繇欲减少死刑条例，以增加刖刑代替，这是让偃倒的人站起，让死刑犯人活命。然而，依臣愚见，仍有一些异议。五刑之条款，都编辑在律条，自有减死罪一等之法，犯人不死，即为减刑，此刑法施行已久，并没有借用斧凿实施肉刑，以此代替死刑。前世仁者，不忍看到肉刑之残酷，是以废而不用。肉刑不用，已有数百年。今天恢复，恐怕减免死刑的法律未必能获得万民的赞许，而施行肉刑的消息已经传到寇仇之耳，这不是招徕远方之人来归的好刑法。而今，可按照钟繇所欲减少死罪的想法，对被减死罪之人施行髡刑、刖刑。如果嫌判罚太轻，可增加其服役的年数。对内有以生易死、不可估量之恩德，对外不以刖刑、改变死刑骇人之恐怖。”参加讨论的有上百人，大多与王朗的意见相同。文帝以东吴、西蜀尚未平定，又搁置。①

①袁宏曰：民心乐全，而不能常全，盖利用之物悬于外，而嗜欲之情动于内也。于是，有进取贪竞之行，希求放肆之事。进取不已，不能充其嗜欲，则苟且侥幸之所生也；希求无厌，无以惬其欲，则奸伪愤怒之所兴也。先王知其如此，而欲救其弊，或先以德教化，以陶冶其心；其心不化，然后加以刑辟。《尚书》曰：“百姓不亲，五品不逊。汝担任司徒，而敬敷五教。蛮夷猾夏，寇贼奸宄。汝担任士，五刑有服。”然而，德、刑之设，参而用之。三代相沿袭，其义详焉。《周礼》曰：“使墨刑者守门，劓刑者守关，宫刑者守内，刖刑者守苑囿。”此肉刑之制，可以作为参考。荀卿也说，杀人者死，伤人者刑，百王之刑相同，未有知其所由来也。杀人者死，而相杀者不已，是大辟可以惩未杀，不能使天下无杀。伤人者刑，而害物者不息，是黥刑、劓刑可以惧未刑，不能使天下无刑。故将欲止之，莫若先以德义教化。罪恶昭彰，然后入于刑辟，是杀人者不必死，伤人者不必刑。纵而不能接受教化，则陷于刑辟。刑之所制，在于不可移也。礼教则不然，明其善恶，所以劝其情，消之于未杀；示之以耻辱，以愧其内心，治之于未伤。故小过而不至于著，罪薄而不至于刑。终入罪辟者，非教化之所得也，故虽残一物之生，刑一人之体，是除天下之害，夫何伤哉？率斯道也，风化可以日渐淳朴，刑罚可以日渐减少，其理然也。苟不能化其心，而专任刑罚，民失义方，动罹刑网，求世祥和，焉可得哉？周代成、康年间，按照三千刑法，而有刑措之美？盖德化渐渍，致斯有由也。汉初废弃酷刑之弊，专务宽厚之论，公卿大夫，相与耻于言人之过。文帝即位，加以玄默。张武接受贿赂，文帝赐金，以愧其心；吴王不来朝觐，文帝崇礼，以训其失。是以吏民乐业，风尚敦厚，每年断狱四百，几致刑措不用，岂非德刑兼用已然之效哉？世之欲言刑罚之用，不先考虑德教之益，失之远矣。今大辟之罪，与古代同制。免死以下，不过五年刑罚，既释去钳锁，复得齿于人伦。是以民无耻恶之感，多次沦为奸盗，故刑徒多，而乱不治也。苟教之所去，罚当其罪，一离刀锯，没身不齿，邻里且羞耻之，更何况于乡党乎？更何况于朝廷乎？如此，则夙沙、赵高之俦，无法施其邪恶。古者察其言，观其行，而善恶昭显。然而，君子之去刑辟，固已远矣。过误不幸，则用八议宽宥。若夫卞和、史迁之冤，淫刑之所及也。苟失其道，或不免于大辟，而况肉刑哉！《汉书》记载：“斩

右趾及杀人，先自言告，吏坐受贿赂，守官物而偷盗之，皆弃市。”这是班固所谓当生，而令其死也。今不忍刻截之惨，而安劓绝之悲，此乃治体之所先，有国所宜改者也。

太和四年，钟繇去世。明帝素服，亲临家中吊唁，赐谥号为成侯。[①]嗣子钟毓继承爵位。当初，文帝分出部分食邑，封钟繇的弟弟钟演及儿子钟劭、孙子钟豫为列侯。

①《魏书》记载：有关官员议定谥号，认为钟繇过去担任廷尉，办理刑狱，决嫌明疑，民无抱怨，就像于公、张释之在汉朝担任廷尉。明帝下诏：“太傅功高德茂，位为太师、太保，论生前行为，赐予谥号，常先依此，兼叙廷尉于公、张释之德行耳。”明帝策令，赐钟繇谥号为成侯。

钟毓，字稚叔。十四岁时，钟毓担任散骑侍郎。钟毓为人机敏，善于谈笑，有父亲的风范。太和初年，蜀国丞相诸葛亮围困祁山，明帝欲御驾亲征，钟毓上疏：“决策贵在庙胜之算，功绩决于帷幄之中，帝王不出殿堂，而决胜于千里之外。作为帝王，应该镇守国中，以作为四方威势之援。如今，大军西征，虽然有百倍之威势，出征关中之耗费，所需费用很多。而且，盛暑出征，诗人之所重，绝非至尊启动銮驾之时也。”钟毓改任黄门侍郎。当时，明帝在洛阳大肆修建宫室，明帝暂时迁往许都居住，魏国官员要到许都去朝觐明帝。许都的宫殿狭窄，明帝在城南，用毛毡搭建帐篷作为宫殿，安排鱼龙漫游的游戏，民众要服徭役，深感疲惫。钟毓谏言：“水旱灾害，不时降临，帑藏空虚，凡是游乐之事，应该安排在丰年。”又谏言：“应该开垦关内的荒地，让百姓专事农业生产。”诸项建议遂得以施行。曹芳正始年间，钟毓担任散骑常侍。大将军曹爽在盛夏期间，率领大军讨伐蜀国，蜀军严阵以待，魏军不能前进。曹爽欲增加兵力，钟毓写信给曹爽：“臣以为，庙胜之算，不在于将军亲临矢石；王者之兵，有征无战。在古时，舜帝舞动干戚，以臣服有苗氏，退避三舍，足以降伏敌寇，不必像吴汉将军一样兵临江关，像韩信一样纵兵于井陉。见可而进，知难而退，自古以来，都是用兵之要。愿将军考虑！”曹爽无功而返。后来，钟毓因为忤逆曹爽的旨意，改任侍中，又出任魏郡太守。曹爽被杀，钟毓入朝，担任御史中丞、侍中、廷尉。听到君父去世，臣子可以为其辩诬，士人受封为侯爵，妻子不能再婚出嫁，这些都是钟毓所创的观点。

正元年间，毌丘俭、文钦反叛，钟毓持符节，到扬州、豫州颁布大赦令，告谕民众，安抚士民，返回后担任尚书。诸葛诞反叛，大将军司马昭计议，欲率军亲征，前往寿春讨伐诸葛诞。恰逢吴国大将孙壹率领部众投降魏国，有人认为：“吴国刚刚有内乱发生，一定不会再出兵。东部的军队已经很多，可以等待一下再说。”钟毓认为：“将军论事料敌，当以己度人。现在，诸葛诞举淮南之地，投降吴国，孙壹所辖地方，人口户数不到一千，士兵不过三百。吴国之所失，可以忽略。如果寿春不能解围，吴国内部一旦稳定，未必不会出兵。”大将军说：“你说得对。”遂率领钟毓出征。[①]淮南平定后，钟毓担任青州刺史，兼领后将军职事，负责都督徐州军事，持符节，又负责都督荆州军事。曹奂景元四年，钟毓去世，受赐车骑将军印绶，谥号为惠侯。嗣子钟骏继承爵位。钟毓的弟弟钟会，有列传。

①裴松之认为：诸葛诞举淮南投降东吴，孙壹率领三百人归附魏国，认为东吴内部有变故，绝非有理之言。钟毓此议，完全有道理！

华歆，字子鱼，平原郡高唐县人。高唐县曾经是齐国的名都，衣冠之族无不到高唐游逛。华歆担任官吏，休假时走出府衙，却又返回家中，阖门不出。华歆议论持平，终不肯毁谤他人。[①]同郡人陶丘洪也是知名士人，自以为高明，超过华歆。当时，王芬与众豪杰密谋废黜灵帝。详情记载在《武帝纪》。[②]王芬暗中联络华歆、陶丘洪，共同商议。陶丘洪欲前去，华歆制止道：“废立大事，伊尹、霍光都认为是至难之事。王芬秉性放纵，遇事又不能果断，此计议必然不会成功，最终还要祸及家族。先生最好不要去！”陶丘洪听了华歆的话，没有去。后来，王芬果然败亡，陶丘洪由此佩服华歆。华歆被举荐为孝廉，担任郎中，后来有病，辞官。灵帝驾崩，何进辅佐朝政，征召河南郡人郑泰、颍川郡人荀攸及华歆等贤士。华歆到了洛阳，担任尚书郎。董卓逼迫献帝迁都长安，华歆请求出任下邽县令，因为有病，没有成行，又从蓝田县到南阳。[③]当时，袁术在穰县，挽留华歆。华歆劝说袁术进军讨伐董卓，袁术没有采纳华歆的建议。华歆欲辞别袁术，恰逢献帝派太傅马日磾安抚函谷关以东百姓，马日磾任命华歆为掾史。东行至徐州，献帝下诏，拜华歆为豫章郡太守。华歆在太守任上，主张清静，不烦扰吏民，吏民均能感受到太守的关爱。[④]孙策在江东拓展领地，华歆知道孙策善于用兵，头裹幅巾，前去拜谒孙策。孙策认为华歆是长者，以上宾礼对待华歆。[⑤]后来，孙策去世。曹操在官渡之战与袁绍对峙，曹操上表献帝，征召华歆。孙权不想让华歆就此离去，华歆对孙权讲：“将军谨奉王命，打算结交曹公，情分还未巩固，让臣前去为将军效命，岂不有益乎？如今，将军空留华歆，是在养无用之物，此非将军之良策也。”孙权听罢，很高兴，于是派遣华歆作为使者。宾客故旧都来为华歆送行，有上千人之多，馈赠数百金。华歆一概不拒，在赠物上记下名字，到临别时，把所有的赠物放在一起，对宾客故旧讲：“本无拒绝诸君之心，而所受太多。想到单车远行，担心会以怀璧为罪，愿诸君考虑。”众宾客、故旧各自取回所赠，佩服华歆有美德。

①《魏略》记载：华歆与北海郡人邴原、管宁一起游学，三人关系很好，当时人称三人为“一龙”，华歆为龙头、邴原为龙腹、管宁为龙尾。裴松之认为：邴根矩之徽猷懿望，不必有愧于华公，管幼安含德高蹈，又恐弗当为尾。《魏略》此言，未可以定其先后也。

②《魏书》称王芬有盛名于天下。

③《华峤谱叙》记载：年少时，华歆以高行而闻名。为躲避西京长安之乱，与同道者郑泰等六七人，从小路步行出武关。路上遇到一位丈人，独行，愿意做旅伴，众人皆哀求答应之。华歆却说："不可。今已在危险之中，祸福难料，义犹一也。无故接受他人，不知其意。既以受之，若有进退，可中途弃之乎？"众人不忍，与丈人同行。此丈人中途掉落井中，众人又欲弃之。华歆说："已与其同行，弃之不义。"相率共同把丈人救出井，而后别去。众人称赞华歆有大义。

④《魏略》记载：扬州刺史刘繇去世，其部众皆愿意尊奉华歆为刺史。华歆认为，因时擅命，非人臣之宜。众人在门外守望数月，华歆向众人道谢，送走众人，仍然不肯。

⑤胡冲著《吴历》记载：孙策进攻豫章郡，先派虞翻游说华歆。华歆答："华歆久在江表，常欲北归；孙会稽来，吾便去也。"虞翻回来报告孙策，孙策遂进军。华歆头裹葛巾，迎接孙策，孙策对华歆讲："府君年高德昭，远近所闻；孙策幼稚，愿意行子弟礼。"便向华歆跪拜。

华峤著《谱叙》记载：孙策攻掠，占有扬州，举兵攻打豫章，豫章郡人非常恐惧。郡府官属皆出来郊迎，孙策教令，曰："无须郊迎。"孙策稍向前进兵，再次说要发兵，又无人肯听。及至孙策到来，郡府人皆在阁中，出来避之。华歆笑曰："今将自来，何遽避之？"不久，门下人告知："孙将军到。"请见，孙策走上前，与华歆同坐，谈论良久，直至夜深，才告别。义士闻之，皆长叹息，而心自服也。孙策遂向华歆执子弟礼，礼遇华歆，待为上宾。在当时，四方贤者士大夫，很多人在江南避乱，皆出其下，人人望风。每当孙策大会客人，座上人无人敢首先发言，华歆起身更衣，则座上人才议论哗然。华歆能饮酒，至一石余不醉，众人暗中观察，常以其整顿衣冠为异，江南号称华歆为"华独坐"。

虞溥著《江表传》记载：孙策在椒丘，派遣虞翻前来劝说华歆。虞翻回去，华歆请功曹刘壹进来商议。刘壹劝华歆住在城中，派遣游檄迎接大军。华歆说："吾虽然是刘刺史所任命，上用，犹是剖符官员。今日按照卿的计议，恐怕死有余辜。"刘壹说："王景兴也是汉朝所任命，且当时会稽郡人多强盛，犹见宽恕、原宥，明府有何顾虑？"于是，夜晚逆作檄文，第二天清晨出城，派遣官吏带着檄文迎接。孙策随后进军，与华歆相见，待华歆以上宾礼，接待华歆以朋友礼。

孙盛曰：大雅之处世，必先审定隐显之期，以定出处之分，否则囊括，以保其身，泰则行义，以达其道。华歆既无伯夷、叔齐韬邈之风，又失王臣匪躬之操，故挠心于邪儒之说，交臂于陵肆之徒，位夺于一竖，节堕于当时。在往昔，许国、蔡国失位，不得列于诸侯；州公实来，鲁人以为贱耻。对比华歆，咎孰大焉？！

华歆来到曹操处，受拜为议郎，在司空府参谋军事。后来，又入朝担任尚书，改任侍中，代替荀彧担任尚书令。曹操讨伐孙权，上表举荐华歆为军师。魏建国初，华歆担任御史大夫。曹丕即魏王位，拜华歆为相国，封为安乐乡侯。及至曹丕接受汉室禅让，登上帝位，改任华歆为司徒。[①]华歆素来清贫，得到的俸禄、赏赐，多用以帮助亲戚故旧，家中无一石米的积蓄。朝中公卿接受罚没入官府的奴婢，只有华歆把这些女子全部出嫁。文帝为之叹息，[②]文帝下诏："司徒是国家三公，由德高望重之俊乂老臣充任，其职责在于和合阴阳，处理政事。而今，朝廷官员可以享受丰厚俸禄、锦衣玉食，而司徒仍然布衣蔬食，甚无谓也。”特地赐予华歆御衣，还为华歆的妻子、儿女做了衣服。[③]三公府建议：“朝廷举荐孝廉，主要考虑德行，无须再限止以经书考试。”华歆认为：“丧乱以来，六籍堕废，当今要务，在于尊崇王道。制定礼法，重在国家盛衰。而今，如果听任举荐孝廉，无须以经学考试，我担心从此以后士子学业将会为之荒废。如果有经学优秀者，可以优先征用。朝廷只患无其人可用，何患于不得哉？”文帝采纳了华歆的谏言。

①《魏书》记载：文帝接受汉室禅让。华歆登上祭坛，主持礼仪，奉上皇帝玺绶，完成文帝接受禅让之礼。

华峤著《谱叙》记载：文帝接受禅让，朝臣三公以下接受爵位；华歆以形色忤时，改任司徒，没有晋升爵位。魏文帝很久不高兴，问尚书令陈群：“我顺应天意，接受禅让，百官群后，莫不人人喜悦、形于声色，而相国与公却不欢乐，为何？”陈群起立，离席长跪，说：“臣与相国曾经是汉朝臣子，心里虽喜悦，义形于色，也担心陛下嫌弃、憎恶。”文帝听后大悦，遂重用之。

②孙盛曰：孙盛听说，庆赏威刑，必宗于主，权宜宥怒，出自人君。子路私自馈赠，仲尼毁其食器；田氏盗施，《春秋》记载，予以讥讽。褒贬之成言，已然之显义。孥戮之家，国刑所肃；受赐之室，乾施所加；若在哀矜，理无偏宥。华歆居股肱之任，同元首之重，则当公言皇朝，以彰天泽，而默受嘉赐，独为君子，既犯作福之嫌，又违必去之义，可谓匹夫之仁，蹈道则未也。

《魏书》记载：华歆思维缜密，一举一动，皆详备谨慎。常以为人臣上奏陈事，务以讽谏合道为贵，就有所言，不敢显露，故其事多不见记载。

华峤著《谱叙》记载：华歆淡于财欲，前后受到赏赐，诸公莫及，然而华歆终不治家产。陈群常叹息，曰：“像华公，可谓通而不泰、清而不介者矣。”

《傅子》记载：敢问今之君子？曰：“袁郎中积德行俭，华太尉积德居顺，其智可及也，其清不可及也。事上以忠，济下以仁，晏婴、管行父何以加诸？”

③《魏书》记载：文帝又赏赐华歆奴婢五十人。

黄初年间，文帝下诏，朝中公卿举荐特立独行的君子，华歆举荐管宁，文帝用安车征召管宁。明帝即位，晋升华歆爵位为博平侯，增加食邑五百户，合并之前，共享有一千三百户，拜华歆为太尉。[①]华歆称病，乞求退休，让位于管宁。明帝不许。明帝在朝堂上大会群臣，派遣散骑常侍缪袭奉诏书告谕华歆：“朕新莅政事，日理万机，仍然担心理政不明。幸赖有德之臣在左右辅弼朕躬，而君多次称有病、请辞职务。古人讲，量主择君，不居其朝；委荣弃禄，不究其位。古人有这样的人，但是，以周公、伊尹这样的圣贤，并不这样。洁身自好，常人为之，朕不希望君也这样做。愿君支撑病体，来参加朝会，以施惠于朕一人。朕将立席几筵，恭候君，将诏命百官，肃静等候。朕等候君的到来，然后再就御座。”明帝又诏命缪袭：“必须看着华歆起来出行，你再回来。”华歆不得已，这才参加朝会。

①《列异传》记载：华歆还是学生时，曾经睡在他人的门外。主人的妻子夜里生产。不久，两吏前来诣门，走近又停步，相对曰：“三公在此。”踌躇良久，一个小吏说：“籍当定，奈何得住？”乃向前拜见华歆，相将入。出并行，共语曰：“当与几岁？”一人曰：“当三岁。”天明，华歆走了。后来欲验证此事，过了三年，过往问婴儿的消息，果然已死。华歆这才知道，自己应当担任三公。

裴松之按：《晋阳秋》记载，魏舒年少时，有寄宿之事，也和这个故事相近。裴松之认为，理无二人俱有此事，只是作传者不同。今宁可信《列异传》。

太和年间，明帝派遣曹真从子午道出兵讨伐蜀国，明帝御驾东行至许昌。华歆上疏：“天下丧乱以来，已经有二十四年。大魏接受汉室禅让，奉天承运，陛下以圣德，当建立成、康治世，应该弘扬一代之治，延续三王圣迹。虽然东吴、西蜀二贼倚恃险阻苟延残喘，但若陛下圣化日跻（jī）、远人怀德，则远方的百姓也将携儿带女前来归附。古人用兵，实乃不得已而为之。因此，军队要严阵以待、因时而动。臣诚愿陛下先留心于安定国家，以征伐为后事。而且，千里运粮，绝非用兵之利；逾险深入，难以有克敌制胜之功。今年征发兵役，对农桑颇有损害。为国者以民为根本，民以衣食为根本。如果魏国无饥寒之忧、百姓无离土之心，则天下幸甚。如果东吴、西蜀二贼挑衅，陛下可坐而待之。臣备位宰相，年老病困，犬马之命将尽，担心不能再奉望銮驾，不敢不竭尽臣子之心，愿陛下省察！”明帝回信：“君为国事竭尽思虑，朕甚为嘉赏。东吴、西蜀二贼凭借山川之险阻，二祖劳于前世尚且不能平定，朕岂敢自恃其能认为一定能殄灭二贼？！诸将认为，不尝试一番，二贼不会自行消亡。因此，朕欲亲临，观察虚实，一探究竟。如果天时未至，将仿效周武还师。前事之鉴，朕当作告诫，不敢遗忘。”当时，正值秋天，连续下大雨，明帝下诏曹真引军撤退。太和五年，华歆去世，谥号为敬侯。①嗣子华表继承爵位。当初，文帝分出华歆部分食邑，封华歆的弟弟华缉为列侯。华表，咸熙年间担任尚书。②

①《魏书》记载：华歆享年七十五岁。

②华峤著《谱叙》记载：华歆有三个儿子。华表，字伟容，二十余岁时担任散骑侍郎。当时，同僚诸郎共同负责尚书职事。华表年龄小，加上年少气盛，渴望名誉。尚书事至，或有不便，故遗漏不视，及传书者去，即入深文论驳。华表不然，事来有不便，辄与尚书共同讨论，以尽其意，主者固执，不得已，然后才奏议。司空陈群等以此称颂之。华表出仕晋朝，历任太子少

傅、太常，称病退休，又受拜为光禄大夫。华表性清恬淡，常考虑天下隐退之理。司徒李胤、司隶王密等常说："若此人者，不可得而贵，不可得而贱，不可得而亲，不可得而疏。"二儿子华博，历任三县官吏，在任上有政绩。小儿子华周，曾担任黄门侍郎，升任常山郡太守，博学有文思。华周中年患病，在家中病逝。华表有三个儿子。长子华廙，字长骏。

《晋诸公赞》记载：华廙有文学涵养，历任尚书令、太子少傅；去世后，被追赠光禄大夫，开府。华峤，字叔骏，有文学才能，撰写《后汉书》，后世人称其为"良史"。华峤曾担任秘书监、尚书。华澹，字玄骏，最为知名，曾担任河南郡大尹。华廙有三个儿子。华昆，字敬伦，清粹有检，曾担任尚书。华荟，字敬叔。《世语》称华荟为人正直。华恒，字敬则，以通情达理受人称道。华昆曾担任尚书；华荟曾担任河南郡大尹；华恒曾担任左光禄大夫，开府。华澹的儿子华轶，字彦夏，在当时很有才气，曾担任江州刺史。

王朗，字景兴，东海郡郯县人。王朗以通晓经学受拜为郎中，担任菑丘县长，拜太尉杨赐为老师。杨赐去世，王朗辞官，为老师服丧。后来，王朗又被举荐为孝廉，受三公府征召，王朗没有应召。徐州刺史陶谦举荐王朗为茂才。当时，汉献帝在长安，函谷关以东，义兵骤起，王朗担任陶谦的治中，与别驾赵昱等劝说陶谦："《春秋》之义，诸侯成为霸主，莫重于勤王。如今，天子被逼迫迁都西京长安，应该派遣使者前往长安奉承王命。"陶谦派遣赵昱奉奏章前往长安。献帝赞赏陶谦，拜陶谦为安东将军，任命赵昱为广陵郡太守，任命王朗为会稽郡太守。[①]孙策渡过长江，扩张领地。王朗的郡府功曹虞翻认为会稽郡力不能胜敌，不如暂避。王朗认为，身为朝廷官员，应该保境安民，遂举兵迎战孙策。王朗战败，从海上坐船至东冶县。孙策军在后面追赶，又大败王朗，王朗只好前往孙策处。孙策认为王朗是儒学名士，指责王朗，但没有加害。[②]王朗虽然颠沛流离、屡遭困窘、朝不保夕，却尽力收容、抚恤亲朋故旧，将有限的财物与他们分享，义行受到人们称赞。

①王朗著《家传》记载：会稽郡的旧习俗祭祀秦始皇，刻木头为像，与夏禹同在一个庙中祭祀。王朗到官，认为无德之君不应该享受祭祀，于是把始皇迁出。王朗担任郡太守四年，向民众施以仁爱。

②《献帝春秋》记载：孙策率军攻入闽、越，讨伐王朗。王朗泛舟浮海，欲逃往交州，被孙策的士兵追上，王朗只好投降。孙策令使者诘问王朗："问逆贼原会稽郡太守王朗：王朗接受国家厚恩，担任官职，为何不以德报效国家，反而派兵阻拦？是可忍，孰不可忍？大军征讨，幸而免于枭首，不自扫除，迎接大军，反而聚集党徒，驻扎在郡境。远劳王师诛杀，不尽快归顺。直至被捕，才不得不降，庶以欺诈，以全首级，得尔与不，具以状对。"王朗自称擒虏，对使者讲："王朗以猥琐之才误窃据朝廷官职，受爵不让，以遘罪网。前见征讨，畏死苟免。因治人物，寄命须臾。又受大军逼迫，惶恐北上逃亡。随从者皆患上疾病，死亡殆尽。王朗独与老母，共乘一舟。流箭始交，便弃舟就俘，稽颡自首于大军征伐之中。王朗惶惑不达王命，自称降虏。

此前迷惑，被诘问惭愧应对。王朗愚昧驽钝、才疏学浅，因畏惧一日数惊，又无良臣介绍，不懂得早日归降。王朗于破亡之中，然后委命下拜。身轻罪重，死有余辜。申脰就鞅，蹴足入绊，叱咤听声，东西唯命。”

曹操上表征召王朗，王朗从曲阿县辗转江海，花了一年时间，才来到曹操处。[①]献帝拜王朗为谏议大夫，在司空府参谋军事。[②]魏建国初，王朗以参军祭酒，兼领魏郡太守，后改任少府、奉常、大理。在任上，王朗处理政务，务在宽恕，对犯人疑罪从轻。钟繇对法律有研究，以善于审理刑案著称。[③]

①王朗被征召，还未到，孔融写信给王朗：“世路阻塞，情问断绝，感怀增思。前见章表，知寻汤武罪己之迹，自投东裔同鲧之罚，览省未周，涕陨潸然。主上宽仁，贵德宥过。曹公辅政，思贤并立。策书屡下，殷勤款至。君棹舟浮海，息驾广陵，不意黄熊突出羽渊。谈笑有期，勉行自爱！”

《汉晋春秋》记载：孙策当初见到王朗，表示谦让，派张昭私下问王朗，王朗誓死不从。孙策愤怒，然而不敢加害，留下王朗，安置在曲阿。建安三年，太祖上表，征召王朗，孙策这才遣送王朗北归。太祖问：“孙策何以得至此地？”王朗答：“孙策勇冠一世，有俊才大志。张子布颇有民望，北面而辅佐。周公瑾江淮之俊杰，攘臂奋拳，担任其将军。孙策谋而有成，所规不细，终为天下之大患，并非普通鸡鸣狗盗之辈。”

②王朗著《家传》记载：年少时，王朗与沛国名士刘阳结为好友。刘阳担任莒县县令，三十岁去世，故后世鲜闻。当初，刘阳以汉室衰微，知道太祖有雄才大略，担心为汉室所累，意欲除之，而事情不谐。及至太祖尊贵，求其嗣子甚急。其儿子惶恐窘迫，走投无路。刘阳亲旧虽多，无人敢藏匿。王朗接纳其儿子，一连几年，及至从会稽郡北上回归中原，又多次为其儿子开脱。太祖过了很久，才予以赦免，刘阳的门户于是得以保全。

③《魏略》记载：太祖请二人，调侃王朗：“不能效君昔日在会稽郡，用粳米饭招待。”王朗仰天长叹：“宜适难值！”曹操问：“什么意思？”王朗答：“如王朗昔日者，未可折而折；如明公今日，可折而不折也。”太祖以孙权向魏国称臣，派遣使者朝贡，向王朗咨询，王朗答：“孙权此次来信，自我诡辩亲自讨伐西蜀，以补前愆，后又上疏称臣，以表明其无二心。牙兽屈膝，言鸟告欢，明珠、南金，远珍必至。情见乎辞，效著乎功。三江五湖，为沼于魏，西吴东越，化为国民。鄢、郢既拔，荆门自开。席卷巴、蜀，形势已成。重休累庆，杂沓相随。承旨之日，抚掌击节。情之蓄者，辞不能宣。”

曹丕即魏王位，王朗改任御史大夫，受封为安陵亭侯。王朗上疏劝谏曹丕，安抚百姓，减省刑法：“天下丧乱以来，已有三十余年，四海震荡，万国殄瘁。幸赖先王剪除贼寇，扶育孤弱，遂令华夏重新建立纲纪。先王鸠集兆民，安顿于魏国，使得封国之内，鸡鸣狗吠，达于四境，蒸庶欣欣，喜遇升平。而今远方之寇，尚未宾服；兵戎之役，尚未停息。诚令殿下减省徭役，怀柔远方百姓来归，作为朝廷宰辅，足以宣扬朝廷恩德，施以惠泽，阡陌良田得以修整，四方百姓生活安康，必定超过古时称颂的太平盛世。《易经》提倡整饬法令，《尚书》著录慎用刑罚，一人有庆，万民赖之，都是强调慎用刑狱、减省刑罚。在往昔，曹相国以监狱、集市叮嘱后任齐国相多加留意，路温舒力陈刑狱给民众带来伤害。负责监狱的官吏，要重视民情，不要让无辜民众冤死于监狱；丁壮在田里努力稼穑，无饥馑之民；老者得以仰食仓廪，路上无饿殍之象；男女嫁娶，不误年龄，无论男女，皆无怨旷之恨；孕妇善养胎儿，孕者没有悲哀之痛；婴儿得以健康成长，幼童没有养育之累；青壮年服役，年幼者没有离家之思；老人不从军打仗，老者没有顿伏之患。医药治疗病人，民众安居乐业，减省徭役，加强刑罚，抑制豪强，施恩惠于贫弱，赈贷款于乏困。十年之后，婚配女子充满里巷。二十年后，能当兵男子满野皆是。”

曹丕接受汉室禅让，登上帝位，拜王朗为司空，晋升王朗爵位为乐平乡侯。①当时，文帝喜欢出外狩猎，直至深夜才回宫。王朗上疏：“帝王居于宫殿，外面警卫森严，宫内禁门多重。帝王出行，要安排卫兵，再走出宫廷。出宫称警，走下丹陛，张开羽盖，而后登上乘舆，专人清道，御驾前行，前后左右都有卫兵护卫，走入静室而后息驾。之所以这样，是为了显示至尊，务戒慎，垂法教。近日，陛下车驾出宫，亲临捕虎猎场，日昃而行，黄昏才回，违背出宫称警、回銮称跸的常法，此非万乘之尊应遵循的规定。”文帝回答：“朕阅览表章，虽然魏绛用虞国讽谏晋悼公，司马相如用猛兽比喻告诫武帝，这些都未足以像卿一样。而今，东吴、西蜀二寇尚未殄灭，将帅远征，故时常深入原野，以演习武备。至于深夜还宫，已经诏令有关官员注意。”②

①《魏名臣奏》记载：王朗上奏：“陛下诏问，所谓损益，必谓东京之事。若论西京云阳、汾阴之大祭，有一千五百之多，祀通天之台，入阿房之宫，斋必百日，养牺五载，牛则三千斤重，玉则七千宝器，文绮以饰重席，童女以蹈舞缀；酿酒必贯三时而后成，乐人必有三千四百而后备；内官美人有近千，学官博士弟子有七千余；中厩有骈騄驸马六万余匹，外面牧养有三万，而马有十倍之多；执金吾随从骑兵有六百，走卒加倍；太常祭祀陵寝，有赤车一千乘，太官掌握官府奴婢有六千，长安城内有治民的官员三千，中二千石官员蔽罪断刑者，有二十五狱。政充事猥，威仪繁富，隆于三代，近过礼中。之所以穷奢极欲，大抵多受秦朝影响。既违背茧栗悫诚之本、扫地简易之指，又失去替质而损文、避泰而从约之意。当今隆兴盛明之世，祖述尧舜之际，应该舍弃奢靡，务求勤务俭朴，去除繁苛政令，崇尚简约，详审刑罚之教，所宜羡慕哉？寝庙每日以太牢礼祭祀，郡国同时有宗庙之法，丞相、御史大夫的官属吏从之数，若此之辈，既已多次在哀帝、平帝之前有所纠正，然而光武之后，又重蹈前辙。谨按图牒所奏，重点放在天地、五帝、六宗、宗庙、社稷，既已沿袭前代之兆域。天地则扫地而祭，其余则在祭坛上埒酒可也。明堂用以祭祀上帝，灵台用以观察天文，辟雍用以修正礼乐，太学用以聚集儒林，高禖用以祈祷休祥，所有这些用以察时务、扬教化。稽古先民，开诞庆祚。旧时，皆在国之阳，建有高栋夏屋，足以展飨射、望云物。七郊虽然尊祀尚质，犹皆有门宇便坐，足以遮挡风雨。可等待军罢年丰，

慢慢修葺。旧时，虎贲羽林仅有五营兵，加上卫士，只有一万人。有些人是商贾悠闲子弟，有些人是农野谨钝之人；虽然按照制度设立，不讲戎阵，既不操练，又很少用以御寇，名实不副，难以备急。有警而后募兵，军行而后运粮，兵既久屯；而不务营佃、不修器械、没有储备，一隅有战事，羽檄驰奔，则三面同时慌乱，这也是汉室近世之失，不可效仿。当今诸夏已日渐安定，巴蜀在化外。虽然未得偃武而卸甲，放马而戢兵，也应在年之大丰，把军政放在农事为要。吏士无论大小，都要勤于稼穑，止则成井里于广野，动则成校队于六军，省却徭役烦琐，赡其衣食。《易经》讲：'悦以使民，民忘其劳；悦以犯难，民忘其死。'就是这个意思。粮食储备用于食用，士勇储备用于威势，虽然耀武扬威，而众未动，化外之蛮夷，必然会稽颡，以求归附，而有效应也。若畏惧武威效用，不战而定，则贤于交兵，而后威立，接刃而后功成。如果奸凶不革，遂迷惑不返，也可以用其所虐之民以待大魏投命豢养之士。然后，以前歌后舞、乐征之众临阵倒戈，折矢乐服，讨伐腐朽，犹如摧枯拉朽，未足以比喻。"

②《王朗集》记载：王朗担任大理时，上奏："赵郡人张登，此前担任本县主簿，正值黑山贼围困郡府。张登与县长王隽率领吏兵七十二人前往救援，与贼寇交战，吏兵败走。王隽几乎遇害，张登亲手格杀一贼，保全王隽的性命。还有，代理县长夏逸被督邮冤枉，张登身受拷打，为夏逸辩诬。张登以义庇护二君，应被予以褒赏。"太祖以所急事务甚多，未遑擢拔叙用张登。至黄初元年，王朗与太尉钟繇又联名上表奏闻，兼称张登在职勤劳。文帝下诏："张登忠义彰显，在职功勤，名位虽卑，直亮宜显。饔膳近任，当得此吏。任命张登为太官令。"

建安末年，孙权开始向魏国派遣使者，又自称藩臣，魏军与刘备交兵。文帝下诏，百官在廷议时，讨论军情："是否应该用兵，与吴国一起讨伐蜀国？"王朗谏言："天子的军队，重于华山、泰山，诚宜坐曜天威，不动若山。如果孙权亲自与蜀贼对峙，搏杀旷日持久，双方势均力敌，战事不能解决，朝廷可以调动大军以襄助孙权。朝廷挑选持重之将，趁蜀军疲惫之际，待机而后动，择地而后行，一举解决战事。而今，孙权之师并未启动，襄助东吴军队，可谓无为先征。而且雨水很多，此绝非调动大军、兴师动众之时。"文帝采纳王朗的谏言。黄初年间，有鹈鹕在灵芝池翔集，文帝下诏公卿举荐特立独行的君子。王朗举荐光禄大夫杨彪，自己称病，把位置让与杨彪。文帝为杨彪安排吏卒，位置仅次于三公。文帝下诏："朕求贤于君而未得，君却称疾，非但没有得到更多贤者，反而失去贤者，徒增玉铉之倾。莫非朕居于宫中，有不当言辞，出言不善，有违于君子乎？君请不要让位于杨彪。"王朗这才又起床视事。

孙权欲派遣儿子到魏国侍奉文帝，还未到。当时，文帝车驾在许都，正诏命大力开垦农田，欲举兵东征。王朗上疏："在往昔，南粤国守善，赵婴齐入侍朝廷，遂被立为南粤太子，赵婴齐返回南粤国继承王位。康居国狡黠，虚情假意，西域都护上奏朝廷，认为应该送回其侍子，以贬斥其无礼。吴濞造反，祸乱天下，其萌芽源于其嗣子被杀，隗嚣背叛朝廷，不顾恤儿子作为人质。在以往，孙权曾有派遣儿子前来侍奉天子之言，最终并未成行。而今，六军戒备森严，臣担心群臣并未理解圣意，以为朝廷愠怒孙登，出尔反尔，因此准备兴兵讨伐。如果大军出动，而孙登到来，则此次出动军队影响很大，得到的功效却小，不足以为此庆贺。如果东吴悖逆斗狠，并无入朝侍奉陛下之志，臣担心已造成舆论，无人能解释，诸将仍怀有吞并东吴之意。臣愚以为，陛下应该敕令诸将，谨奉禁令，严格约束所部。对外显示武威，对内鼓励稼穑，静观事态变化，让东吴知道，朝廷泊然若山、澹然若渊，势不妄动、计不可测。”文帝以军队已经调动，遂率领军队出征。孙权的儿子没有来，文帝进抵长江，撤军返回。[①]

①《魏书》记载：车驾返回，文帝下诏三公：“三世为将，此乃道家所忌。穷兵黩武，古人早有告诫。更何况连年水旱灾害，兵民均感到疲惫，功夫倍于前，劳役兼于昔，进不灭贼，退不和民。屋漏在上，知之在下。然而，迷而知返，失道不远；过而能改，谓之无过。今暂且休息，栖备高山，沉孙权于九渊、割除摈弃、投之化外。车驾在这个月中旬到达谯县，淮、汉诸军各自返回驻地。腊祭之前，全部西归。”

明帝即位，封王朗为兰陵侯，增加食邑五百户，合并之前，共享有一千二百户。明帝派王朗前往邺城，查看文昭皇后的陵寝，看百姓还有什么不满足的地方。当时，明帝在洛阳大肆营建宫室，王朗上疏：“陛下即位以来，屡次颁发恩诏，万民莫不欢欣。不久前，臣奉使北行，往返道路，发现徭役繁多，陛下可适当减省部分徭役。愿陛下重视日昃之听，以计制寇。在往昔，大禹欲拯救天下之民脱离水患，先卑其宫室，俭其衣食，将所有财用尽可能用于九州治理，最后制定五服朝贡。勾践欲扩大御儿疆域，[①]在姑苏斩杀吴王夫差，勾践奉行节俭、约束自身及家人，俭其家以施与国，用国中财力囊括五湖、席卷三江，取威中原，定霸华夏。汉代文、景时，欲恢宏祖业，增崇洪绪，汉文帝取消建造百金之台，倡导俭朴，率身垂范，身穿粗丝织成的礼服，宫内减少太官供应，拒绝远方贡献，减省徭赋，奖励农桑，号称升平治世，刑错几乎废弛。孝武帝能奋其军威、开拓疆域，建立文治武功，诚因祖考积蓄财富。霍去病是武帝时名将，犹以匈奴未灭，无暇建造宅邸。这些都表明，考虑远者，会减少眼前的享受；事外建功者，会简省家中的奢华。自汉代初直至中兴，金戈铁马，战事平息以后，后世皇帝开始凤阙林立、奢华淫靡。而今，建始殿足以用作朝会，崇华殿足以安排内官，华林苑、天渊池足以用于游宴。陛下可先建阊阖门象征大魏昌盛，招徕远方之国前来朝贡；修建城池，防止逆贼逾越，作为国家守备；其余一切，等待丰年再建。以勤耕务农为要务、演习武备为要事，国无怨旷，人口繁衍，民充兵强。寇戎不宾服、国家财用不足，未曾有也。”王朗改任司徒。

①御儿，吴国边境卫戍地名。

当时，皇子多有夭折，后宫嫔妃生的儿子很少，王朗上疏："在往昔，周文王十五岁生下武王，随后有十个儿子，享有福祚，以广大姬氏之胤嗣。武王到了老年才有成王，成王的兄弟很少。此文武二王，各自有圣德，不相上下。比较其子孙，则不相同。一般来讲，生育有早晚，生的儿子有多寡。陛下兼有仁德及福祚，犹如文武二圣，年龄比文王生武王时要大，然而，陛下的儿子很少，至今椒房没有子嗣，掖庭没有儿子出生。以成王为例，武王得子较晚，文王还有长子伯邑考，文王得子很早。按照《周礼》，天子六宫有嫔妃一百二十。诸经常说，天子有嫔妃十二人为限，至于秦汉末世，后宫的女子成千上百。然而，女子虽多，在吉馆中生育者很少，此所谓'多子'，还要专心于一人，不在于嫔妃多少。老臣真心愿陛下多生育儿子，要像轩辕帝一样，有二十五个儿子，再不及也要像文王，有十个儿子，多建立藩国。幼儿常苦于被褥过暖，过暖不适宜幼儿皮肤，难以预防疾病，令人感慨。让幼儿穿得厚，不至于太厚，可以保全金石玉体，比寿于南山。"明帝回答："卿忠诚之至，言辞温厚，爱重之言深笃。君既劳思虑，又亲笔上书朕，三次上奏德言，欣然无量。朕的继嗣还未有，让卿为之担忧，朕欣然采纳卿的至言，思闻良规。"王朗编著《易经》《春秋》《孝经》《周官传》，奏议论记都有流传。①太和二年，王朗去世，谥号为成侯。嗣子王肃继承爵位。当初，文帝分出王朗一部分食邑，封王朗的一个儿子为列侯，王朗乞求改封哥哥的儿子王详。

①《魏略》记载：王朗本名王严，后改为王朗。《魏书》记载：王朗高才，温文博雅，性严整而慷慨，多威仪，恭俭节约，从婚姻中表礼贽，无所接受。常讥讽世俗，有好施之名，不恤穷贱，用财以周急为先。

王肃，字子雍。十八岁时，王肃跟随宋忠学习扬雄的《太玄经》，又为《太玄经》作注解。①黄初年间，王肃担任散骑黄门侍郎。太和三年，王肃担任散骑常侍。太和四年，大司马曹真讨伐蜀国，王肃上疏："前汉《志书》有，'千里馈粮，士有饥色，砍柴做饭，师不宿饱。'这里说的是在平坦的路上行军。更何况深入险阻，凿通道路，一定会劳苦百倍。如今，阴雨连绵，山道湿滑，士兵行军，受到影响，难以前进，粮食难以接济，这是长途行军之大忌。臣听说，曹真出发已有一个月，大军在子午谷仅走了一半，逢山开路，战士们很辛苦。贼寇以逸待劳，此乃兵家所忌惮。以前代为例，周武王伐纣，出函谷关，而后返回；谈起近事，有魏武帝、魏文帝讨伐孙权，临长江而不渡。这正是顺天知时，通于权变！万民知道，圣上因雨水，大军受阻，诏命士兵休息，如有战事，再对西蜀用兵，这是'悦以犯难，民忘其死矣'。"明帝停止用兵。王肃又上疏："应该按照礼法，为大臣举哀，向宗庙进献果品。"这些奏议，都得到采纳。王肃又上疏，力陈为政之本："撤销无事之禄，减损不急之务，停止浮华之用，合并相近悠闲之职；让官员在其位，谋其事，恪尽职守，因事受禄，官员以俸禄代替租税，这是往古采用的方式，至今仍可借鉴。官寡而禄厚，公家的花费会减少很多，还可以劝勉官员奋进努力，展示才能，不会推诿塞责。考核官员，监察政绩，官员能否胜任，简在帝心。在古时，唐尧、虞舜设官分职，诏命公卿，以职任事，任命龙为纳言，就是今天的尚书，以此职务，负责上传下达。夏室、殷商，史书没有记载，不得其详。《尚书·甘誓》记载'六事之人'，表明朝中六卿负责具体事务。《周官》记载官职较为详细，天子每五日视朝，公卿大夫上朝，奏闻政事，由司士掌握官员升迁或晋级。《周礼·考工记》记载：'坐而论道，谓之王公；作而行之，谓之士大夫。'汉建国初，参考前代，公卿士大夫都要上朝，处理政事。因此，高祖追回周昌，武帝遥控，处理汲黯的奏章，宣帝诏令公卿，五日一朝。成帝设置五位尚书，从此，朝政颓废，朝礼多有缺失。陛下可恢复五日一朝之礼，诏令公卿尚书在朝会时，以政事廷议。废礼复兴，光宣圣绪，诚所谓名美而实厚者也。"

①王肃的父亲王朗写信给许靖：王肃生于会稽郡。

青龙年间，山阳公刘协驾崩，这是汉献帝。王肃上疏："在往昔，唐尧禅位于虞舜，虞舜禅位于夏禹，皆完成三年服丧，然后践天子之尊。是以帝号无亏，君礼犹存。而今，山阳公顺承天命，符合民望，向大魏禅让帝位，退处嘉宾。作为公爵，奉侍大魏，不敢不尽礼节。大魏对待山阳公，礼遇优渥，不以臣下礼相待。山阳公去世，按照棺椁装敛之制，丧车乘舆之饰，应等同于王者礼，可以令远近归仁，以为盛美。而且，汉室原本有皇帝名号，号曰皇帝。有别于称帝，无别于称皇，就是说，'皇'较轻。故当年高祖时，天下无二王，高祖的父亲看见高祖，仍然称皇，明确天下没有两个帝王。而且，今天山阳公以寿终，可以诏命称皇以配其谥号。"明帝不听，仍然称刘协为皇帝，追尊谥号为汉孝献皇帝。①

①孙盛认为：化合神者曰皇，德合天者曰帝。是故三皇创号，五帝次之。然则皇之为称，妙于帝矣。王肃认为"皇"为轻，不亦谬乎？

裴松之认为：上古谓皇皇后帝，次言三、五，先皇后帝，诚如孙盛之言。然汉室诸帝，虽尊父为皇，其实贵而无位，高而无民，比之于帝，得不谓之轻乎？魏沿袭汉礼，名号不改。孝献帝驾崩，岂得远考古义？王肃所云，盖就汉制而为言耳。谓之为谬，实乃是讥讽汉室，非难王肃也。

后来，王肃以宫中常侍，兼领秘书监职事，兼崇文观祭酒。景初年间，明帝大肆修建宫室，农事受到影响，政府不守信用，处理刑案过于仓促。王肃上疏：“大魏继承百王之后，民生凋敝，生民无几，干戈尚未停息，诚宜让百姓息肩，以安宁施惠于遐迩百姓。当今之务，应该积蓄粮食，让疲惫不堪的百姓休养生息，重点在于减省徭役，劝民稼穑。百姓营建宫室，功业未讫，漕运频繁，转相供奉。致使壮丁疲于劳作，农民离开土地，种谷者寡，食谷者众，旧谷眼看耗尽，新谷还未登场。这样，国家一旦有大患，绝非预做准备之长策。而今，营建宫室者，动辄三四万人，九龙殿足以安圣体，后宫足以安排六宫嫔妃，显阳殿又将近竣工，只剩下泰极殿，工程依然浩大，很快要进入冬季，天气寒冷，民夫有可能暴发疾病。愿陛下颁发德音，颁下明诏，哀怜徭役之劳苦，厚矜兆民之不赡，裁撤冗员，暂停非急之务，选择丁壮，留下一万人，服役一期，即可更换，明确服役期限，则民夫莫不欢喜，服役有期，劳而不怨。一年有三百六十万民夫，已经不少。一年完成的工程，延期为三年。让多余的民夫回家务农耕耘，无穷之计。仓廪有余粮，民众有余力，以此建立功业，何功不立？以此推行教化，何化不成？取信于民，实乃国之大宝。仲尼曰：‘自古以来，人皆有死，民无信不立。’春秋时，区区晋国，小国君主重耳，欲用其民，先示以信。因此，原国将要投降，顾念信义而归，晋文公与楚国一战而称霸，至今被人们称颂。此前，陛下车驾临幸洛阳，征发民众构筑大营，有关官员奏请，大营建成，民众即可回去。大营建成后，又继续让民众服徭役，并没有让他们回去。有关官员只考虑眼前，不考虑百姓利益，忽视信义。臣愚以为，从今以后，如果要使用民力，应首先明确法令，服役期限确定，务必执行。如果临时有急务，宁可再次征发，切不可失信于民。凡陛下临时之行刑，皆为有罪之吏，将要处死。然而，朝臣并不知其人有何罪，这样行事，过于仓促。愿陛下逮捕官员，要治其罪，最好先告知罪状。即使判为死刑，也不会玷污宫廷，而让远近疑惑不解。人命至重，难生易杀，气绝而不可续，是以圣贤重之。孟轲讲，杀一无辜以取天下，仁者不为。西汉时，有人惊了汉文帝出行的驾车马，廷尉张释之上奏文帝，以罚金处理，文帝责怪判罚太轻，张释之回答：‘在当时，陛下如果杀了此人，也就杀了。而今交予廷尉审理。廷尉，是天下人判案的天平，一旦倾斜，随意轻重，百姓将会无所措手足。’臣以为，此事大失其义，非忠臣所宜陈述。廷尉是天子的重要官员，不可以随意判案，使得天平失衡；天子自身反而可以惶惑，不知所以然？信义为重，君王为轻，不忠之甚。周公讲：‘天子无戏言；言则史书记载，乐工诵之，士大夫称之。’君王不能戏言，更何况行事？故张释之之言，不可不察，周公之戒，不可不效法。”又说：“苑囿饲养的鸟兽，皆为无用之物，还要浪费粮食，花费人力饲养，可以全部放掉。”

明帝曾经问：“汉桓帝时，白马县令李云上书：‘帝者，谛也。是帝欲不谛。’为何李云不应该是死罪？”王肃回答：“臣子进谏，要考虑谏言是否有逆顺。臣子谏言的本意，都是要尽心报国，对朝政有所裨益。皇帝之权威，犹如雷霆，杀一匹夫，无异于杀一蝼蚁。宽而宥之，可以显示有容人之量，感受急切之言，广施恩德于天下。因此，臣以为杀李云未必是对的。”明帝又问：“司马迁因为受刑，内心怀有隐痛，著作《史记》，贬低汉武帝，令人切齿。”王肃回答：“司马迁记载史事，不虚美，不隐恶。刘向、扬雄佩服司马迁善于叙述，有良史之才，谓之实录。汉武帝听说司马迁著述《史记》，看了叙述汉景帝的一章及《武帝本纪》，勃然大怒，把这些章节删削。至今，这两部《帝纪》有录无书。后来，司马迁又遭李陵之祸，武帝遂将司马迁投入蚕室。这是武帝的错误，而不在于司马迁。”

正始元年，王肃出任广平郡太守。因公事又被召回，在朝中担任议郎。不久，王肃又担任侍中，升任太常。当时，大将军曹爽在朝中专权，任用何晏、邓飏等。王肃与太尉蒋济、司农桓范谈论时政，王肃正言厉色道：“这些人就是当今的佞臣弘恭、石显，还用说吗？！”曹爽听说此事，告诫何晏等：“你们要小心！朝中公卿把你们比作前汉的恶人。”因为宗庙祭祀，王肃受到牵连，被免职。后来又担任光禄勋。当时，有两条一尺长的鱼在武库的房顶上出现，有关官员认为这是吉祥佳兆。王肃说：“鱼生活在深渊，而今在房顶上出现，介鳞之物失去生活之水。恐怕守边的将领，要有丢盔弃甲的败绩。”此后，果然有东关之败。王肃改任河南郡大尹。嘉平六年，王肃持符节，兼任太常，奉法驾，在元城迎候高贵乡公曹髦。这一年，有白气横贯天空。大将军司马师问王肃这是何故，王肃回答：“这是彗星，名曰蚩尤旗，东南方向会有动乱。君如果正身修己，安抚百姓，天下乐安者归德，唱乱者先亡。”第二年春天，镇东将军毌丘俭、扬州刺史文钦叛乱，司马师对王肃说：“霍光感叹夏侯胜之言，开始重视儒学士人，可谓良有以也。安国宁主，其道术焉在？”王肃答：“此前，关羽率领荆州之众，在汉水之滨打败于禁，蜀汉遂有北向争夺天下之志。后来，孙权在荆州袭取关羽将士的家属，关羽的部下土崩瓦解。而今，淮南将士的父母、妻子都在内地州郡，只要前往抚慰这些眷属，使叛乱者没有后顾之忧，关羽土崩瓦解之势就会再现。”司马师采纳王肃的谏言，随后镇压毌丘俭、文钦。王肃改任中领军，加散骑常侍，增加食邑三百户，合并之前，共享有二千二百户。甘露元年，王肃去世，门生为王肃穿缞绖丧服者，有上百人。朝廷追赐王肃卫将军印绶，谥号为景侯。嗣子王恽继承爵位。王恽去世，没有子嗣，撤销封国。景元四年，朝廷又续封王肃的儿子王恂为兰陵侯。咸熙年间，开始建立五等爵位，以王肃在前朝建立的功勋，改封王恂为承县子爵。①

①《世语》记载：王恂，字良夫，为人通达，学识渊博，在朝忠正。历任河南郡大尹、侍中，所任皆有称誉。王恂一心为公，事必躬亲。鬲县令袁毅送予王恂骏马，王恂知道其贪财，不肯接受。袁毅最终以贪渎而败。王恂建立二学，崇尚五经，这些都是王恂的功劳。王恂去世时，年仅四十余岁，获赠车骑将军印绶。王肃的女儿嫁给司马文王，即文明皇后，生下晋武帝、齐献王司马攸。

《晋诸公赞》记载：王恂兄弟八人。其显达者，有王虔，字恭祖，以才干见称，官至尚书。弟弟王恺，字君夫。王恺年少时有才能，而品行不够检点，与卫尉石崇友善，以奢侈闻名，在后将军任上去世。王虔的儿子王康、王隆，出仕担任高官，为后世所敬重。

当初，王肃喜欢贾逵、马融的治学方法，不喜欢郑玄。王肃兼收并蓄诸家异同，为《尚书》《诗经》《论语》《三礼》《左氏春秋》作注解，并为父亲王朗校订著作《易传》，这些书籍都列于学官。王肃所校订的典章制度、郊祀、宗庙、丧纪、轻重，大概有一百多篇。当时，乐安郡人孙叔然，[①]在郑玄门下学习，人称“东州大儒”。受朝廷征召，担任秘书监，没有就职。王肃撰写《圣证论》，以此讥讽郑玄，孙叔然反驳，并予以解释，作《周易》《春秋例》，为毛氏《诗经》、《礼记》、《春秋三传》、《国语》、《尔雅》等作注解，注书十余篇。魏初征士敦煌郡人周生烈，[②]在明帝朝，还有大司农弘农郡人董遇等，也注解经传，在世上流传很广。[③]

①裴松之按：孙叔然与晋武帝同名，故称其字。

②裴松之按：此人姓周生，名烈。何晏著《论语集解》有《烈义例》，其余所著述，见晋武帝朝《中经簿》。

③《魏略》记载：董遇，字季直，为人正直、朴素、讷言，然而学问很好。兴平年间，关中骚乱，与哥哥董季中依附将军段煨。采薪负贩，常带着经书，休息时学习。其哥哥笑话董遇，而董遇不改。建安初年，王纲稍微有恢复，郡府举荐董遇为孝廉，稍后董遇担任黄门侍郎。当时，汉献帝将朝政委托于太祖，董遇旦夕为献帝侍讲经学，受到献帝信任。建安二十二年，许都朝中百官矫制诏命，董遇虽然没有参与，也被叫到邺城，改任冗散职务，跟随太祖西征，路过孟津，在弘农王的墓冢前，太祖意欲谒陵，顾问左右，左右人不能回答，董遇越过位次，进言：“春秋之义，国君即位，未到年龄而去世，不能叫国君。弘农王即阼日子很浅，又为暴臣所制，降为藩臣，不应谒陵。”曹操这才走过。黄初年间，董遇出任郡守。明帝时，入朝担任侍中、大司农。几年后，病逝。当初，董遇精研《老子》，为《老子》作注解。又精研《左氏传》，并为朱墨分别异同。有人愿意跟随董遇学习，董遇不肯教，而云“必当先读百遍”，说：“读书百遍，而义自见。”从学者云：“苦渴无日。”董遇言：“当以三余。”有人问三余之意，董遇答：“冬者岁之余，夜者日之余，阴雨者时之余。”这样，诸生很少有跟随董遇学习者，也无传授其朱墨者。

《世语》记载：董遇的儿子董绥，官至秘书监，有才学。齐王司马冏的功臣董艾，即董绥的儿子。

《魏略》把董遇和贾洪、邯郸淳、薛夏、隗禧、苏林、乐详七人当作儒宗，其序言曰：“从初平元年，到建安末年，天下分崩离析，人怀苟且，纲纪衰颓，儒道尤甚。至黄初元年以后，新主才重新扫太学之灰炭，补旧石碑之残缺，备博士之员额，依汉甲乙以考课。申告州郡，有欲学习者，皆送至太学。太学开学，有弟子数百人。至太和、青龙年间，中外多事，人皆躲避。即使性非解学，也多求助太学。太学的学生上升至上千人，然而，教学的博士皆粗疏不堪，无法教导弟子。弟子本亦躲避兵役，也无心向学，冬去春来，岁岁如是。虽然其中也有精学者，而台阁举格太高，加上不重视统其大义，学问字指墨法点注之间，百人同试，能过关者不到十人。是以有志学习者，逐渐凋敝，末流追求浮华虚名者，竞相出现。正始年间，朝廷有诏议，在圜丘，广泛延请学士。在当时，郎官及司徒带领官吏二万余人，虽然分布广泛，在京师者也有上万人，而能够应书与议者，略无几人。还有，当时朝堂公卿以下有四百余人，能操笔写文章者，不到十人，大多相从，饱食而已。嗟夫！学业沉沦，以至于此。是以私心常贵乎数公者，各处荒乱之际，尚能守志弥敦。”

贾洪，字叔业，京兆新丰县人。好学有才，特别精研《春秋左传》。建安初年，出仕郡府，担任计簿掾，应州部征召。当时，州中参与军事以下者，有一百余人，只有贾洪与冯翊人严苞、文通才能学问最好。贾洪曾代理三个县的县令。在任职的地方，贾洪开办学堂，亲自教授学生。后来，马超反叛，劫持贾洪，将要到达华阴县，让贾洪草拟布告。贾洪不得已，为马超草拟布告。司徒钟繇在东部，认出这是贾洪的文体，说：“这是贾洪所作。”及至马超败走，曹操征召贾洪，在丞相府署理，担任军谋掾。对于此前为马超草拟布告之事，没有再追究。晚年时，贾洪出任阴泉县长，延康年间，改任白马国相。贾洪善于谈论。白马王曹彪雅好文学，常以贾洪为老师，超过三卿。数年后，贾洪病逝，享年五十几岁，当时人为之叹息，官不过二千石。严苞也在两个县代理过县令。黄初年间，严苞以高才入朝，担任秘书丞，多次向文帝呈上文赋，文帝很诧异。后来，严苞出任西平郡太守，在任上去世。

薛夏，字宣声，天水郡人，博学多才。天水郡原来有姜、阎、任、赵四姓，在郡中常相互倚恃，而薛夏单门独户，不为豪强所屈。四姓欲共同治理地方，薛夏于是出游，来到京师。太祖早就听说过薛夏，对薛夏以礼相待。后来，四姓又让囚犯招引薛夏，把薛夏关押在颍川郡，收捕入狱。当时，太祖已经占领冀州，听说薛夏被本郡羁押，抚掌曰：“薛夏无罪。汉阳儿辈真的要杀他吗？”告诉颍川郡，派人审理此案，释放薛夏出狱，太祖又召薛夏在丞相府署理，担任军谋掾。文帝很欣赏薛夏的文才，黄初年间，薛夏在朝中担任秘书丞，文帝每次与薛夏谈论书传，都从早说到晚。每次叫薛夏，呼之不叫姓名，而叫薛君。薛夏居处简陋，文帝看到其衣服单薄，解开所穿的御服，赐予薛夏。后来，征东将军曹休来朝觐，当时，文帝正在与薛夏谈论谋事，而外面禀报曹休来到，文帝引入，坐定，文帝看着薛夏对曹休讲：“此君是朕的秘书丞，天水郡人薛宣声，一起谈谈吧！”以此可见文帝对薛夏的厚遇。不久，文帝欲重用薛夏，恰逢文帝驾崩。到了太和年间，薛夏因公事移至兰台办公。兰台自从有台阁，由秘书署理，认为薛夏不能移至兰台，推说兰台已经有人。薛夏回复：“兰台为外台，秘书为内阁，台、阁，一也，为何不能相移？”兰台无言以对。从此，遂以为常理。几年后，薛夏病逝，去世前，告诫儿子不要回天水郡。

隗禧，字子牙，京兆人。隗氏世代单传。年少时，隗禧好学不倦。初平年间，三辅动乱，隗禧南下客居荆州，不以战争荒乱改变志向，背负经书，每天在采稆闲暇时诵习经书。太祖平定荆州，召隗禧在丞相府署理，担任军谋掾。黄初年间，隗禧担任谯国郎中。谯王早就听说隗禧是一位儒者，常虚心向隗禧学习。隗禧也恭敬教授谯王，于是隗禧得到很多馈赠。隗禧以有病回到京师，又受拜为郎中。当时，隗禧已经八十余岁，以年老待在家里，来就学者很多。隗禧既然熟悉经学，又善于观察星官，常仰瞻天文，叹息着对鱼豢讲：“天下兵戈尚未止息，怎么办？”鱼豢又常向隗禧询问《左氏传》，隗禧答：“欲知幽微，莫若《易经》；人伦之纪，莫若《礼经》；

多识山川草木之名，莫若《诗经》；《左氏传》直相斫书耳，不足精意也。”鱼豢因此又向隗禧询问《诗经》，隗禧解释齐、韩、鲁、毛四家《诗经》经义，不用看书，犹如背诵。又撰写诸经解释数十万言，还未来得及再缮写一遍，耳朵变聋，几年后病逝。

邯郸淳事迹在《王粲传》，苏林事迹在《刘邵传》《高堂隆传》，乐详事迹在《杜畿传》。

鱼豢说：学之资于人也，犹如蓝之染于素乎！即使仲尼也认为："吾非生而知之者。"何况凡俗之人！而且，世人之所以不贵学者，而认为："诵诗三百，而不能专对于四方。"故也。余以为，是则下科耳，不当顾中庸以上，材质合适，而加之以文乎！在此列出数位贤者，大略余之所识也。检其事能，诚不多也。但以守学不辍，上为帝王所嘉，下为国家名儒，非由所学乎？由是观之，学习怎么可以停止呢？

陈寿评论如下：钟繇为人开朗、豁达，明于事理，有才干；华歆清正纯洁，品德高尚；王朗学识渊博，博学洽闻；可谓一代俊杰。魏国接受汉室禅让，此三人登上三公高位，盛矣夫！王肃忠诚正直，博学多识，明辨事理！①

①刘寔认为，王肃方于事上，而好下佞己，此一反也。性嗜荣贵，而不求苟合，此二反也。吝惜财物，而治身不秽，此三反也。

魏书十四

程郭董刘蒋刘传第十四

程昱，字仲德，东郡东阿县人。程昱身高八尺三寸，美须髯。黄巾军骤起，县丞王度在城中响应，焚烧仓库。东阿县令翻过城墙逃走，吏民扶老携幼，向东逃往渠丘山上躲藏。程昱派人侦察王度，发现王度等得到的是一座空城，难以守卫，又出城西五六里驻扎。程昱对县里的大姓薛房等人讲："而今，王度等得到东阿县城郭，却不能守卫，其势可知。此辈不过是想抢掠些财物，并非有坚甲利兵攻守之志。而今，我们何不相率返回城里，坚守城池？而且城高墙厚，城内还有很多粮食，如果现在回去，找回县令，共同坚守，王度必然不能持久，一定可以打败他们。"薛房等同意。有些吏民不肯听从，说："贼寇在西边，我们最好往东边走。"程昱对薛房讲："愚民不可共商大计。"于是，秘密派遣多名骑兵，在东山上高举旗幡，令薛房等人看见，大声呼喊："贼人已至。"而后，程昱下山，向城中跑去。吏民奔跑，跟随程昱回到城里，找到县令，遂共同守城。王度等人来攻城，不能攻下，欲退兵。程昱率领吏民打开城门，进攻王度，王度等败走。东阿县因此得以保全。

初平年间，兖州刺史刘岱征召程昱，程昱没有应召。当时，刘岱与袁绍、公孙瓒结为姻亲，袁绍令妻子住在刘岱家，公孙瓒也派遣从事范方率领骑兵帮助刘岱。后来，袁绍与公孙瓒有矛盾。公孙瓒打败袁绍，派遣使者来告诉刘岱，让刘岱送回袁绍的妻子，与袁绍绝交，又敕令范方："如果刘岱不送走袁绍的家眷，你就率领骑兵回来。我打败袁绍后，就来进攻刘岱。"刘岱与部下商议，一连几日，拿不出主意，别驾王彧对刘岱讲："程昱有谋略，能决断大事。"刘岱召见程昱，向程昱问计，程昱答："如果舍弃袁绍近援，而向公孙瓒求远助，这就好像有人溺水，而要向越人求助。公孙瓒绝非袁绍的对手。而今，公孙瓒虽然暂时打败袁绍，最终还是会为袁绍所擒。如果仅为一时的利益，而不从长远考虑，将军终归要落败。”刘岱听从程昱的建议。范方率领骑兵回到公孙瓒处，还未到，公孙瓒已经被袁绍打败。刘岱上表，拜程昱为骑都尉，程昱以有病推辞。

刘岱被黄巾军斩杀。曹操到达兖州，召请程昱。程昱将要启程，其乡人对程昱讲：“君前后对待征召的态度，为何不一致？”程昱笑而不答。曹操与程昱谈话后，很高兴，任命程昱代理寿张县令。曹操讨伐徐州，令程昱与荀彧留守鄄城。张邈等叛变，迎接吕布，兖州有许多郡县响应，只有鄄城、范县、东阿县不为所动。吕布军有投降者，说陈宫要亲自率军来攻取东阿。还有，氾嶷将要攻取范县，吏民恐惧。荀彧对程昱讲：“如今兖州反叛，只剩下这三座城邑。陈宫等以重兵压境，如果不能稳定三座城邑的百姓，三城一定会有动乱。程君，你在百姓中一向有威望，应该回去向百姓晓谕利害，以稳定住人心！”程昱回去，经过范县，对范县令靳允讲：“听说吕布把君的母亲、弟弟、妻子、儿女羁押，作为孝子，君心里一定会很痛苦！如今，天下大乱，英雄并起，一定会有接受天命之人平息动乱，这正是智者选择明主之时。得主者昌，失主者亡。陈宫叛变，迎接吕布，百城响应，似乎会有所作为。然而，以君观之，吕布是怎样一个人？吕布，性情粗暴，不能团结人，刚而无礼，仅有匹夫之勇。陈宫等以势联合，不懂得识别明君。吕布军队虽强，终难以成就大事。曹使君智略超群，英雄无二，此乃上天所授！君一定要坚守范县，我回去固守东阿，田单之功可立。此时是坚守忠义，还是违义从恶导致母子俱亡，愿君认真考虑！”靳允流着眼泪，说：“不敢有二心。”当时，氾嶷已经在范县，靳允去见氾嶷，布置伏兵，将氾嶷刺杀，而后返回布置守卫范县。[①]程昱又派遣骑兵，阻断仓亭渡口。陈宫来到，不能过河。程昱到了东阿县，东阿县令枣祗已经率领吏民据城坚守。兖州从事薛悌与程昱同心协力，最终保全三城，完好无缺，等待曹操。曹操返回，拉着程昱的手，说：“若不是先生之力，我几乎无处可归。”曹操上表，拜程昱为东平国相，治所设在范县。[②]

①徐众评论：靳允与曹公，最终未能成为君臣。母亲，是至亲之人；然而，考虑义理，仍然义无反顾。在往昔，王陵的母亲被项羽羁押，母亲相信高祖一定能拥有天下，以自杀坚定王陵的决心，明确表示，让儿子无所牵挂，让成事之人为君尽死守节。卫公子开方出仕齐国，积年不归。管仲认为，不顾其亲，安能爱君，不可以继任齐国相。因此说，求取忠臣，一定要出自孝子之门，靳允应该先救至亲。徐庶母亲被曹公羁押，刘备送徐庶返回母亲身边，欲拥有天下者，当体谅人子之情。曹公也应该这样对待靳允。

②《魏书》记载：年少时，程昱常梦见登上泰山，两手捧日。程昱对梦境颇感诧异，告诉荀彧。及至兖州反叛，幸赖程昱之功，得以保全三城。于是，荀彧将程昱之梦告诉太祖。太祖曰：“卿应当成为我的腹心。”程昱本名程立，太祖在“立”上面加上“日”，更名程昱。

曹操与吕布在濮阳大战，战事不利。蝗灾骤起，双方各自退兵。此时，袁绍派人前来游说，愿与曹操联合，还让曹操把家眷迁至邺城。曹操刚失去兖州，军粮将要耗尽，准备答应袁绍。程昱刚好出使返回，前来谒见曹操，顺便讲："听说将军欲将家眷迁至邺城，与袁绍联合，有这回事吗？"曹操答："有。"程昱说："人们会认为将军面临危难而恐惧不安，否则，怎么会这样考虑问题？袁绍占据燕、赵之地，有吞并天下之野心。然而，袁绍志大才疏，难以成就大事。将军自以为能力在袁绍之下？将军以龙虎之威，仅能充当韩信、彭越那样的角色？如今，兖州虽然残破，仍然有三城。能战之士，不下万人。以将军之神武，在文若、程昱等襄助下，逐步收复失地，霸王之业可成。愿将军再考虑！"曹操遂没有与袁绍联合。①

①《魏略》记载：程昱劝谏太祖："在往昔，田横是齐国的世家大族，兄弟三人相继称王，控制齐国千里之地，拥有百万之众，与诸侯并立，南面称孤。既而，高祖获得天下，而田横变为降虏。正当此时，田横岂能甘心？！"曹操说："你说得对。这的确是大丈夫奇耻大辱。"程昱说："程昱愚蠢，不识大体。程昱认为，将军之志，不如田横。田横，乃齐国一壮士，羞于成为高祖手下之臣。而今，听说将军欲把家眷迁往邺城，北面服事袁绍。以将军之神武、聪明，甘心屈居袁绍之下，窃为将军耻之！"后面的话，与本传略同。

献帝迁都许昌，拜程昱为尚书。兖州尚未平定，又拜程昱为东中郎将，兼领济阴郡太守，都督兖州军事。刘备失去徐州，来投奔曹操。程昱劝说曹操杀了刘备，曹操不听。详情记载在《武帝纪》。后来，曹操又派刘备到徐州截击袁术，程昱与郭嘉劝谏曹操："前些日子，曹公不肯杀刘备，程昱等人不如曹公有这样的气度。如今，曹公又借兵给刘备，刘备必然会有异志。"曹操顿时后悔，追之不及。恰逢袁术病死，刘备到了徐州，斩杀车胄，举兵反叛曹操。不久，程昱改任振威将军。袁绍在黎阳，将要南下渡过黄河。当时，程昱有七百士兵守卫鄄城。曹操听说后，派人告诉程昱，欲为程昱增加二千士兵。程昱没有接受，说："袁绍拥兵十万，自以为所向无敌。如今，看见程昱的兵少，必然轻视，不会来攻。如果为我增兵，袁绍经过，反而会顺路攻打。一旦攻打，则鄄城必破，如此一来，两处都会受损。愿曹公无疑！"曹操采纳程昱的劝告。袁绍听说程昱的兵少，果然没有来攻打鄄城。曹操对贾诩讲："程昱的胆识，超过孟贲、夏育。"后来，程昱召集山中的亡命之徒，又获得精兵数千，程昱引军与曹操在黎阳会师，讨伐袁谭、袁尚。袁谭、袁尚败走，曹操拜程昱为奋武将军，封为安国亭侯。曹操讨伐荆州，刘备投奔东吴。有议论者认为，孙权一定会杀刘备，程昱推测："孙权刚刚即位，还未被海内忌惮。曹公无敌于天下，又刚刚获得荆州，威震江表。孙权虽然有谋略，难以独自抵挡曹公。刘备有英雄之名，有关羽、张飞等猛将，此二人可谓万人敌。孙权一定会拉拢刘备，共同抵御我军。等到患难解除，二人才会分道扬镳。届时，刘备羽翼丰满，孙权又不能加害刘备。”孙权果然为刘备增加兵力，抵御曹操。此后，中原平定，曹操拍着程昱的背，说：“兖州之败，如果不采纳君的谏言，怎么会有今天的成功？”乡人向程昱奉上牛酒，聚会欢饮，程昱说：“知足不辱，我可以引退啦！”于是上表，交还军权，阖门不出。[①]

①《魏书》记载：太祖征伐马超，曹丕留守，让程昱参谋军事。田银、苏伯等人在河间反叛，派遣将军贾信讨伐。叛贼有一千余人投降，谋议者皆认为应该按照旧法受降，程昱说：“诛杀降者，是在天下扰攘时，烽火连天，故围而后降者不赦，以示威于天下，为其打开生路，使其不至于死守。而今，天下已经大致平定，叛贼又在邦域之中，这是必降之贼，杀之无所威慑，非此前诛降之意。臣以为，不可以诛杀；如果要诛杀，也应该先请示。”众议者曰：“将军在外，军事有专，无须请示。”程昱不答。曹丕起身，进入内室，又专门召见程昱，问：“君还有话要讲吗？”程昱答：“凡专命者，可谓有临时之急、呼吸之间。而今，叛贼已经在贾信的手中，无朝夕之变。故老臣不愿意将军这样行事。”曹丕说：“君考虑问题很周到。”当即向曹操请示，曹操果然没有批准杀降者。曹操返回，听说程昱的分析，很高兴，对程昱讲：“君不但善于谋划军事，还善于处理父子间的关系。”

程昱为人刚愎自用，与他人多有争执。有人告发程昱欲谋反，曹操反而更加信任程昱。魏建国初，程昱担任卫尉，与中尉邢贞因为仪仗之事，发生争执，被免职。曹丕接受汉室禅让，登上帝位。程昱再次担任卫尉，晋升爵位为安乡侯，增加食邑三百户，合并之前，共享有八百户。文帝分出一部分，封程昱的小儿子程延及孙子程晓为列侯。正要拜程昱为三公，程昱病逝，文帝为程昱的病逝而悲泣，追拜程昱为车骑将军，谥号为肃侯。[①]程昱的嗣子程武继承爵位。程武去世，嗣子程克继位。程克去世，嗣子程良继位。

①《魏书》记载：程昱享年八十岁。

《世语》记载：当初，太祖的军粮匮乏，程昱收集本县的粮食，仅能供给军粮三日，其中还杂有人脯，因此而失去在朝廷中的威望，故位不至三公。

程晓，嘉平年间，担任黄门侍郎。[①]当时，校事官骄横跋扈，程晓上疏：“《周礼》讲：‘设官分职，以为民极。’《春秋传》讲：‘天有十日，人有十等。’愚者不得驾临贤者，贱者不得驾临贵者。只有这样，才能建立良好的社会秩序，树立崇贤礼贵之风尚。对于任职官员应该明确考绩，九年考绩，确定升降去留。让官员各司其职，不得越位。因此，春秋时，晋国大夫栾书欲救助晋侯，其儿子认为不妥；路人争执，横死街头，丞相邴吉路过，不闻不问。上下职责分明，不做非分之事；下级官员不谋求非分之赏，官吏不兼管分外之事；民众不同时服两种劳役，这才是治国之道、治乱之所由也。远览古代典籍，近观秦汉之世，虽然官名有所损益、所任职事不同，但至于崇上抑下却很分明，一成不变。当初，并无校事官监察官员。在往昔，武皇帝草创大业，众官还未配齐，军旅辛苦，民心不安，对于小罪，不可不察，故设置校事官，仅为权宜之计。然而，监察官员也要有一定之规，不能为所欲为。这仅是争霸天下的权宜之计，并非帝王设立的正式职务。其后，校事官日渐受到信任，久而久之成为病患，转相沿袭，失去设置校事官的本意。遂令校事官对上监察庙堂、对下震慑朝臣，官无定规，职无限制，执法随意，唯心所适。法造于笔端，不依科律；狱成于门下，不顾审讯。选任的官属，以谨慎为粗疏，以狠毒为贤能。在监察时，以苛刻残暴为执法公正，以循理审案为懦弱无能。对外有天威以助其势，对内聚集群奸以作为心腹。朝廷大臣耻之与其分势，含垢忍辱，不敢言语。百姓畏惧其锋芒，郁闷愁怨，无处申诉。致使尹模光天化日之下，敢于逞其邪恶。罪恶昭彰，行路人皆知；纤恶之过，累年不闻。既非《周礼》设官之意，又非《春秋》十等之义。而今，朝外有公卿将校总领诸衙署，宫内有侍中尚书总理万机。司隶校尉督察京师辇下，御史中丞负责朝臣，都是朝廷高选贤才，以充其职；申明法律，以监督职事。如果这些精心选拔的士大夫仍然不足以信任，那么，校事官更不可信任。如果这些选拔的士大夫各尽其忠，区区校事官，也确实多此一举。如果要选拔国士以充任校事官，则等于在御史中丞、司隶校尉上面又增加一个职务。按照旧例，选任校事官，像尹模这样的奸邪，只会重蹈覆辙。无论从哪方面考虑，设置校事官，都甚为不妥。在往昔，桑弘羊担任御史大夫，为解决汉室财政困难殚精竭虑。而卜式认为，烹杀桑弘羊，天就可以下雨。如果国家治理的得失能够感动天地，臣担心水旱之灾未必不是设置校事官的原因。曹恭公远离君子，亲近小人，《诗经·国风》为之讽谏。卫献公舍弃大臣，与小臣密谋，定姜认为有罪。即使校事官有益于国家，从礼义上讲，也会伤害朝臣之心；更何况校事官奸邪暴露，再不撤销校事官，恐怕就是衮阙不补，迷而不返。”于是，文帝撤销校事官。程晓改任汝南郡太守，四十多岁时，病逝。[②]

①《世语》记载：程晓，字季明，通识达变。

②《程晓别传》记载：程晓写了很多文章，大多遗失，今留存者不到十分之一。

郭嘉，字奉孝，颍川郡阳翟县人。[①]当初，郭嘉北上谒见袁绍，对袁绍的谋臣辛评、郭图讲：“有智慧者，应慎重选择主公。这样，智者谋事，才能百举百成功，建立功名。袁公只是模仿周公礼贤下士，并未有知人用人之气度。多谋，不得要领；好谋，不善决断。欲与袁绍拯救天下，建立霸王之业，难矣！”于是，郭嘉离开袁绍。此前，颍川郡人戏志才，善于出谋划策，曹操很看重，不幸早逝。曹操写信给荀彧：“自从志才去世，无人与我商量大事。汝南、颍川一带，有很多奇谋士人，谁可以补位？”荀彧举荐郭嘉。曹操召见郭嘉，谈论天下大事。曹操说："使孤能够建立大业者，必此人也。"郭嘉被召见后，出来，也高兴地说："这才是我的主公。"曹操上表，拜郭嘉为司空府军祭酒。[②]

①《傅子》记载：年少时，郭嘉志向远大。东汉末年，天下将要大乱。郭嘉从弱冠起，隐姓埋名，暗中结交俊杰，不与俗人来往，故当时人对郭嘉并不了解，唯认识的人对郭嘉叹赏不已。二十七岁时，郭嘉在司徒府任职。

②《傅子》记载：曹操对郭嘉讲："袁本初拥有冀州之众，青州、并州也被袁绍兼并，地广兵强，多次对孤出言不逊。孤欲讨伐之，力不能敌，怎么办？"郭嘉答："刘邦、项羽力量悬殊，此曹公所知也。汉高祖以智谋取胜；项王虽强，终为所擒。郭嘉窃以为，袁绍有十败，曹公有十胜，袁绍虽然兵强，难以有所作为。袁绍礼仪繁多，曹公任事自然，此道胜一也。袁绍以谋逆而动，曹公奉道义，以率天下，此义胜二也。汉代末世，政失于宽，袁绍以宽济宽，故不能摄众；曹公以猛纠偏，令上下知法，此治胜三也。袁绍外宽内忌，用人而疑之，所信任者，皆亲戚子弟，曹公对外简易，对内机敏，用人不疑，唯才是用，无论远近，此度胜四也。袁绍多谋少断，失在见事较迟；曹公策得辄行，应变无穷，此谋胜五也。袁绍借有累世之资，高议揖让，以博取名誉，士人以好言矫饰者，多归附袁绍；曹公以诚心待人，推诚相待，不为虚美，以俭率下，奖赏有功者，毫不吝惜。士人有忠正远见者、有才能者，皆愿意为曹公所用，此德胜六也。袁绍见人有饥寒，哀怜之情形于颜色，其所不见，虑或不及，此所谓妇人之仁；曹公对于眼前小事时有疏忽，至于大事，与四海相接，恩之所加，皆超过世人期望，虽所不见，虑之周详，无所不济，此仁胜七也。袁绍手下大臣争权，谗言惑乱；曹公以道统御臣下，浸润不行，此明胜八也。袁绍是非不明，曹公认为所是，进之以礼，认为所不是，正之以法，此文胜九也。袁绍好为虚势，不知用兵要诀；曹公以少克众，用兵如神，军人倚恃之，敌人畏惧之，此武胜十也。"曹操大笑道："如卿所言，孤何德以堪之也？！"郭嘉又说："袁绍正在北方攻打公孙瓒，可借其远征，向东攻打吕布。不先打败吕布，如果袁绍为寇，吕布作为外援，此乃大患也。"曹操说："君说得对。"

曹操讨伐吕布，三战打败吕布。吕布退军固守下邳，负隅顽抗。当时，曹军士卒疲惫，曹操欲引军撤退，郭嘉劝说曹操继续猛攻，最终擒获吕布。详情记载在《荀攸传》。[①]

①《傅子》记载：曹操欲引军撤退，郭嘉说："在往昔，项籍七十余战，从未曾有败绩，一朝失势，而身死国亡，此乃恃勇无谋也。而今，吕布每战辄败，气衰力竭，内外失守。吕布之威，远不及项籍；困于战败，远超过项籍。曹公乘胜攻打，必将擒获吕布。"太祖曰："君说得对。"

《魏书》记载：刘备来投奔太祖，太祖上表，献帝任命刘备为豫州牧。有人对太祖讲："刘备有英雄之志，今日不及早图之，日后必将成为大患。"太祖问郭嘉，郭嘉回答："是的，此话有理。然而，曹公提剑起义兵，为天下除暴安良，推诚仗信，以招揽天下俊杰，还担心他们不来。如今，刘备对外有英雄名义，在其穷途末路时归附曹公，曹公如果加害，则有害贤之名，那么，智士将会心存疑忌，回心转意，再选择主人，曹公将与谁安定天下？除一人之患，以沮四海之望，安危之机，不可不察！”曹操笑道：“君说得对。”

《傅子》记载：当初，刘备来投奔太祖，太祖以客礼相待，上表献帝，拜刘备为豫州牧。郭嘉对太祖讲：“刘备有雄才大略，又甚得众心。张飞、关羽，皆为万人敌，愿为刘备效死命。以郭嘉来看，刘备绝不会屈居他人之下，其深谋远虑，未可测也。古人有言：‘一日纵敌，数世之患。’宜早为之计。”当时，曹操奉天子以号令天下，正在招揽天下英雄，以明大信，没有听从郭嘉的劝谏。此后，太祖又派刘备截击袁术，郭嘉与程昱共同劝谏太祖：“放走刘备，一定会后悔！”当时，刘备已去，举兵反叛太祖。太祖恨不用郭嘉之言。

按《魏书》所云，与《傅子》正好相反。

孙策转战千里，最终占领江东。听说曹操与袁绍在官渡两军对峙、相持不下，孙策欲渡过长江，北上袭击许都。众人闻报，惊慌失措，郭嘉推测：“孙策刚占领江东，征战中，斩杀的都是江东豪杰，这些英雄一定会有人为其报仇。孙策轻敌，毫无戒备，即使有百万之众，也无异于独自行路。如果有刺客暗算孙策，一人即可置孙策于死命。依我看，孙策必然会死于匹夫之手。”孙策率军，准备渡江，果然被许贡的客人杀害。①

①《傅子》记载：太祖欲尽快征伐刘备，有谋议者担心，大军出动，袁绍袭击后方，进不得战，退守失据。详情记载在《武帝纪》。曹操犹豫，问郭嘉。郭嘉劝曹操：“袁绍见事较迟，而又性情多疑，即使来，也不会很快就来。刘备新起，众心未附，急击之必败。此存亡之机，不可错失良机。”曹操说：“君说得对。”遂东征刘备。刘备败逃，投奔袁绍，袁绍果然没有出兵。

裴松之按：《武帝纪》记载，曹公决计征伐刘备，估计袁绍不会出兵，此计皆出自曹操。这里说是采用郭嘉的计谋，则不同。又本传称，郭嘉料定孙策轻佻，必死于匹夫之手，诚为明于见事。然并非上智，不知其死在何年。这里以袁绍欲袭击许都这一年死，只是事之偶合。

郭嘉跟随曹操打败袁绍，袁绍病逝。郭嘉又跟随曹操在黎阳讨伐袁谭、袁尚，曹军连战连胜。诸将欲乘胜追击，郭嘉说：“袁绍生前最爱这两个儿子，没有确立继承人。现在，有郭图、逢纪作为谋臣挑拨离间，袁氏兄弟必然争斗不息。如果乘胜追击，兄弟二人反而会相互支援；如果暂缓进攻，兄弟二人则会相互争斗。不如南下，大军直指荆州，做出征伐刘表的样子，以待袁氏之变；而后奋力一击，可以一举平定冀州。”曹操说：“你说得对。”于是南征。大军进抵西平县，袁谭、袁尚果然争夺冀州。袁谭被袁尚打败，退兵固守平原郡，派遣辛毗向曹操乞降。曹操回军救援袁谭，随后攻破邺城。郭嘉又跟随曹操在南皮攻打袁谭，平定冀州。此战后，郭嘉受封为洧阳亭侯。①

①《傅子》记载：河北平定后，曹操用了很多青州、冀州、幽州、并州的知名士人，任命这些袁绍的旧臣为省事掾属。这些都是郭嘉出的主意。

曹操将要征伐袁尚及盘踞在东北三郡的乌丸，诸将多担心刘表派刘备袭击许都，阻断曹操的后路，郭嘉说："曹公虽然威震天下，胡人恃其遥远，必然无所准备。曹公应该乘其不备，大军猝然攻击，可一举打败乌丸。而且，袁绍有恩于胡人，袁尚兄弟借助胡人，仍可获得生机。而今，河北四州之民徒以曹公军威被迫归附，还未被施以恩惠。曹公放下冀州，转而南征，袁尚即可借乌丸的力量召集肯为其效力的部众。胡人一旦行动，汉民、夷人遥相呼应，乌丸蹋顿就会野心膨胀，遂成为觊觎边郡之患，我担心青州、冀州也会相继失去。刘表只是一位坐而论道的政客，自知其才能不足以驾驭刘备，如果予以重任，则会担心刘备不肯屈居于下，不予以重任；又担心刘备不肯为其所用，曹公虽然虚国远征，可无后顾之忧。"曹操遂决心征伐乌丸。进抵易县，郭嘉谏言："兵贵神速。如今，千里奔袭，辎重太多，难以取胜，如果对方获知消息，一定会有所准备；不如留下辎重，轻骑从小路急进，出其不意。"曹操率领轻骑，秘密从卢龙塞出击，直指乌丸单于的王庭。乌丸听说曹操大军杀到，仓皇迎战。曹操大败乌丸，斩杀蹋顿及名王以下多人。袁尚与二哥袁熙逃往辽东郡。

郭嘉深通谋略，通晓人情世故。曹操说："唯郭奉孝能知孤意。"三十八岁时，郭嘉从柳城返回，患上重病，曹操派人前去探视病情，来使络绎不绝。及至去世，曹操又亲临丧事，非常哀痛，对荀攸等人讲："诸君年龄皆是孤的同辈，唯郭奉孝年龄最小。天下大事未竟，欲将后事托付于奉孝，不幸中年夭折，此乃命也！"曹操上表："军祭酒郭嘉，自从随军征伐，已经有十一年。每当讨论大事，临战制敌，郭嘉都有嘉谋良策。臣的谋划未决，郭嘉的计议已成。平定天下，谋功为高。郭嘉不幸殒命，事业未竟。追思郭嘉勋绩，实不可忘。可增加食邑八百户，合并之前，共享有一千户。"①朝廷追尊郭嘉谥号为贞侯。嗣子郭奕继承爵位。②

①《魏书》记载：曹操上表："臣听说，褒忠宠贤，未必在自身，念功唯绩，可恩隆后嗣。是以楚王追思孙叔敖，显封厥子；岑彭既没，爵及支庶。原军祭酒郭嘉，忠良渊淑，体通性达。每有大议，发言盈庭，执中处理，算无遗策。自在军旅，十有余年，行同骑乘，坐共幄席，东擒吕布，西取眭固，斩袁谭之首，平朔土之众，逾越险塞，荡定乌丸，震威辽东，以枭袁尚之首。虽假天威，易为指麾，至于临敌，发扬誓命，凶逆克殄，功勋实由郭嘉。方将表显，短命早夭，上为朝廷悼惜良臣，下自痛恨丧失奇佐。宜追增郭嘉封邑，合并之前，共享有一千户，褒亡为存，厚往劝来也。"

②《魏书》记载：郭奕为人通达、明理。郭奕，字伯益，参见王昶所著《家诫》。

后来，曹操南下讨伐荆州返回，在巴丘遇上瘟疫，不得不焚烧战船，撤军。曹操叹息道："若郭奉孝在，不会使孤如此。"[①]当初，陈群批评郭嘉行为不检点，多次当庭斥责郭嘉，郭嘉神态自若。曹操越发敬重郭嘉，又以陈群能坚持正义，嘉赏陈群。[②]郭奕担任太子文学，去世较早。嗣子郭深继承爵位。郭深去世，嗣子郭猎继位。[③]

①《傅子》记载：曹操说："哀哉奉孝！痛哉奉孝！惜哉奉孝！"

②《傅子》记载：曹操写信给荀彧，追悼郭嘉："郭奉孝年未满四十，相与孤周旋十一年，艰难险阻，患难与共。又以其通达，见世事无所凝滞，孤欲以后事托付，何意猝然去世，令人哀伤痛心。今上表，增加其儿子食邑满一千户，然而，这又何益于亡者？追念之深，像奉孝这样知孤者，甚少；天下人相知者少，孤又因此而痛惜。奈何！奈何！"又写信给荀彧："追思奉孝，不能去心。其人见时事，见兵事，超过常人。还有，人多畏惧疾病，南方有瘟疫，常言道：'吾往南方，则不生还。'然而，奉孝为孤设计，认为应当先平定荆州。此谓奉孝不但见计之深厚，必欲立功，奈何奉孝抛弃孤，此乃命中注定。事人心乃尔，使孤难以忘怀！"

③《世语》记载：郭嘉的孙子郭敞，字泰中，有见识，官至散骑常侍。

董昭，字公仁，济阴郡定陶县人。董昭被举荐为孝廉，担任瘿陶县长、柏人县令。袁绍让董昭在将军幕府参谋军事，袁绍在界桥迎战公孙瓒，钜鹿郡太守李邵及郡府官员都认为公孙瓒的兵力强大，意欲归附公孙瓒。袁绍听说后，派董昭兼领钜鹿郡太守，问："君以何种方式驾驭臣属？"董昭回答："一个人的力量很小，很难改变众人的想法。欲团结大家，我想先诱导他们讲出心里话，与他们讨论，等到了解他们的想法后，再根据情况加以处置。谋划只能临时应变，不能现在就给出答案。"当时，郡里的大姓孙伉等数十人，专为谋主，阴谋叛乱，惊动吏民。董昭到任，伪造袁绍的檄文，告谕郡中父老："我们捕获敌方侦探安平郡人张吉，据其口供，公孙瓒想要攻打钜鹿，公孙瓒以前的孝廉孙伉等作为内应。按照袁公檄文，收捕孙伉等人，按照军法惩治，限于罪犯本人，不牵连妻子。"董昭按照檄文告谕，将孙伉等人逮捕，全部斩杀。一郡百姓惊恐，董昭安抚百姓，很快平定全郡。事情过后，董昭禀告袁绍，袁绍称赞不已。恰逢魏郡太守栗攀被乱兵杀害，袁绍命令董昭兼任魏郡太守。当时，魏郡大乱，乱贼有上万人，派遣使者往来，在市场上交易买卖。董昭厚待使者，让他们作为间谍，乘虚掩杀乱贼，大获全胜。二日之内，传三次捷报。

董昭的弟弟董访在张邈军中。张邈与袁绍有矛盾，袁绍听信谗言，欲惩治董昭。董昭前去见汉献帝，到了河内郡，被张杨留下。董昭通过张杨，把印绶交还袁绍，张杨拜董昭为骑都尉。当时，曹操兼领兖州牧，派遣使者到张杨处，欲向张杨借道，西行至长安，张杨不听。董昭对张杨讲："袁、曹虽为一家，其势不会长久。今天，曹操虽弱，然而，曹操是天下英雄，将军应当结交曹操。况且，现在有此机缘，将军应该上表朝廷，推荐曹操；若事情成功，曹操将会永志不忘。”于是，张杨上表朝廷，传达意思，让曹操与朝廷保持联系，并且举荐曹操。董昭又为曹操写信给李傕、郭汜等，按照各人的官职，馈赠厚礼。张杨又派遣使者到曹操处。曹操送给张杨犬马、金帛，遂与朝廷恢复往来。献帝在安邑，董昭从河内郡赶往安邑，献帝拜董昭为议郎。

建安元年，曹操在许昌平定黄巾军，派遣使者到河东郡，迎接献帝返回洛阳，韩暹、杨奉、董承及张杨心存疑虑，违逆不和。董昭以杨奉兵力最强而缺失外援，以曹操的名义写信给杨奉：“我久仰将军大名，一向仰慕将军大义，愿推心置腹，结交将军。而今，将军护送天子，不顾艰难险阻，返回旧都洛阳，辅佐之功，举世无畴，何其壮哉！而今，天下群凶祸乱华夏，四海尚未安宁，神器至重，事在忠臣辅佐；还须有众贤相助，以廓清王纲，诚非一人所能独自建功。心腹与四肢，当相互依存，一物不备，则有缺失。将军应当作为朝中主帅，我愿意作为外援。而今，我还有粮草，将军有兵员，有无相通，足以相互帮助，死生契阔，相与共之。”杨奉得到书信，心情愉悦，对诸将讲：“兖州诸军近在许昌，有兵有粮，国家应当倚仗。”遂共同上表，举荐曹操为镇东将军，继承父亲曹嵩的费亭侯爵位；董昭改任符节令。

曹操在洛阳朝觐献帝，引董昭坐在一起，问董昭：“而今孤来此，君有何计奉献？”董昭答：“将军兴义兵，以诛暴乱，入朝觐见天子，作为王室辅翼，此乃五霸之功。眼下朝中诸将，各自心怀异志，未必肯服从将军，今日留在朝中，匡扶朝政，事势不便，唯有移驾至许昌建都。然而，朝廷颠沛流离，刚刚返回旧京，远近翘足盼望，希冀重获安宁。如果再次迁徙銮驾，恐怕不合众心。行非常之事，才有非常之功，愿将军为迁都多加谋划。”曹操再问：“此想法也是孤的想法。杨奉近在梁地，听说其兵强马壮，会成为孤迁都的羁绊吗？”董昭答：“杨奉缺少外援，只能独立支撑。将军担任镇东将军，继承费亭侯，都是杨奉上表举荐所致，杨奉看到将军的书信，言辞恳切，足以信任。将军应该及时派遣使者，以厚礼答谢杨奉，以安其心。信中就说：‘京都无粮，欲移銮驾至鲁阳，鲁阳靠近许昌，转运粮食较为容易，可无乏食之忧。’杨奉为人勇猛，然而缺少计谋，必不会见疑，派遣使者往来，足以确定。杨奉岂能成为羁绊？！”曹操说：“你说得对。”随即派遣使者，前往杨奉处。曹操护送献帝至许昌建都。杨奉颇为失望，与韩暹等到定陵欲劫持献帝。曹操不理，暗中袭击杨奉在梁县的军营，很快平定杨奉。杨奉、韩暹失去部众，遂东行投奔袁术。建安三年，董昭改任河南郡大尹。当时，张杨已经被部将杨丑杀害，张杨的幕府长史薛洪、河内郡太守缪尚坚守城池，等待袁绍来救。曹操令董昭单身入城，告谕薛洪、缪尚等，即日起，二人举众投降。曹操上表，任命董昭为冀州牧。

曹操令刘备截击袁术，董昭说：“刘备可谓当世英雄，而且志向远大，关羽、张飞都是刘备的悍将，我担心刘备之志难以控制！”曹操说：“吾已答应刘备。”刘备到了下邳，果然斩杀徐州刺史车胄，反叛曹操。曹操亲自率军讨伐刘备，董昭改任徐州牧。袁绍派遣部将颜良攻打东郡，曹操又上表，改任董昭为魏郡太守，跟随曹操讨伐颜良。颜良被斩，曹军围困邺城。袁绍的族人袁春卿担任魏郡太守，留守城中，其父亲袁元长在扬州，曹操派人迎来。董昭写信给袁春卿："人们常说，孝者不背亲而谋取利益，仁者不忘君而徇私情，志士不乘乱而获侥幸，智者不诡道而处危地。足下的父亲，昔日为躲避战乱，南游百越，并非疏远骨肉，喜欢吴越之地。智者见机知远，认为这是安处乱世之道。曹公哀愍其守志清恪，离群寡俦，故特派遣使者，赶赴江东，或迎或送。而今，君的父亲很快就要到来。即使足下身处偏平之地，倚恃德义之主，居有泰山之固，身为乔松之偶，以义言之，也应该背弃旧主，舍弃旧地，来服侍父亲。春秋时，邾国仪父当初与鲁隐公会盟，鲁人嘉赏之，然而不记录爵位。以此看来，没有王室所授命，尊爵不能成立，此乃《春秋》之义。何况足下今日之所托，实乃危乱之国，所受命者，实乃矫诏之命！与不逞之徒相伴，而弃父亲于不顾，不可以称为孝。忘祖宗所居之本朝，担任非正之伪职，不可以称为忠。忠孝不存，不可以称为智。而且，足下昔日被曹公以礼邀请，陪伴族人，疏远父亲，依附袁绍，疏远王室，领受邪人之俸禄，而背叛知己，远离福祚，而亲近危亡，抛弃明义，而忍受耻辱，不亦可惜邪！如果足下能幡然醒悟，尊奉帝室，奉养父亲，归附曹公，忠孝不坠，荣名彰显矣。足下应该留意，早决良图。"邺城平定，曹操任命董昭为谏议大夫。后来，袁尚依附乌丸王蹋顿，曹操率领大军远征乌丸。担心军粮难以转运，挖掘平虏、泉州两条河渠，直通大海，董昭负责工程。曹操上表，封董昭为千秋亭侯，改任司空府军祭酒。

再后来，董昭建议："应该像古代一样，建立五等爵位。"曹操说："建立五等爵位，这是圣人做的事情，非人臣能力所及，吾何以堪之？"董昭答："自古以来，人臣匡扶王室，未有曹公今日之功。曹公有今日之功，不应当久处人臣之势。如今，明公惭愧功德，还未尽善，意在保全名节，不出现大的失误。明公德美过于伊尹、周公，此乃至德之极。殷商太甲、周室成王未必可遇，而今民众绝非当时的民众，难以教化，超过殷、周，明公身处大臣之位，图谋大事，而自我怀疑，诚不可不重新考虑。明公具有威德，通明法术，不奠定基业，为万世谋划，不能算是深谋远虑。定基之本，在于土地、人民，明公应该适时建立封国，作为藩臣。明公忠节显露，天威在颜，耿弇床下之言，朱英无妄之论，不为过时也。董昭蒙受明公大恩，不敢不陈述己见。"[①]后来，曹操接受魏公、魏王封号，这些都是董昭的建议。

①《献帝春秋》记载：董昭与列侯诸将谋议，曹丞相应该晋爵为魏公，九锡备物，以彰显殊勋；董昭写信给荀彧："在往昔，周旦、吕望，正当姬氏之盛，二圣之功业，在于辅佐成王之幼，功勋若彼，犹受上爵，锡土开宇。齐国末世田单，驱强齐之众，报弱燕之仇，兼有城邑

七十，迎接齐襄王复位；襄王加赏于田单，使田单东有掖邑之封，西有菑上之虞。前世录功，皆厚于此。今曹公遭遇海内倾覆，宗庙残毁，躬擐甲胄，周旋征伐，栉风沐雨，已经有三十余年，芟夷群凶，为百姓除害，使汉室复存，刘氏奉祀。方之曩者数公，若泰山之与丘垤，岂可同日而论？今徒与列将功臣，享受一县封侯，此岂天下所望哉？！”

及至关羽在樊城围困曹仁，孙权派遣使者向曹操致辞：“东吴将派出大军西进，欲攻取关羽的后方，占领江陵、公安，此二城邑至关重要，关羽丢失此二城邑，必然撤军退走，樊城遭关羽之围困，不救自解。乞求魏王秘而不宣，以免关羽有所防备。”曹公向群臣征求意见，群臣都说应该保密。董昭说：“军事以权变为尚，只要时宜事宜，就应该答应，为孙权保密。只是我们还是要将消息暗中透露给关羽，关羽听说孙权有以上图谋，必定会回军自保。樊城之围可解，能获其利，让两贼相对厮杀，坐以待毙。秘而不宣，只能令孙权得志，非计谋之上策。而且，樊城被围，城中将吏不知有救，粮食匮乏，必然恐慌，倘若有意外发生，又会增加困难。暗中泄露机密，确实有利。关羽为人强势，自恃二城稳固，必不肯轻易撤离。”曹操说：“你分析得对。”遂命令救援徐晃，又把孙权的来信用箭射进关羽的大营。樊城看了来信，也信心倍增，关羽则犹豫不决。孙权部将杀向关羽的后方，攻占公安、江陵二城，关羽败亡。

曹丕即魏王位，拜董昭为将作大匠。及至曹丕接受汉室禅让，登上帝位，董昭改任大鸿胪，受封为右乡侯。第二年，文帝分出董昭一百户食邑，赐予董昭的弟弟董访为关内侯，改任董昭为侍中。黄初三年，征东大将军曹休在洞浦口临江驻军，上表：“愿率领精兵锐卒，虎步江南，从敌方缴获军资，战事必将告捷；如果臣不幸阵亡，无须挂念。”文帝担心曹休渡江，派驿站快马送达诏书，阻止曹休渡江。当时，董昭侍立身旁，谏言道：“臣看到陛下面有忧色，独以曹休欲渡过长江，攻打东吴乎？今者渡江，从人情讲，很多人并不情愿，只有曹休有此志向，势必不能独行，必须有诸将配合。臧霸等既贵且富，无复他望，但欲终其天年，保守禄位福祚而已，怎么肯冒险，自投死地，以求侥幸？臧霸等不肯跟进，曹休破敌之意，自然无果而终。臣担心，陛下虽然有敕令，但阻止曹休渡江，曹休必然沉吟犹豫，未必肯听从诏命。”没过多久，暴风吹动吴军的船只，很多船只漂到曹休的大营下，魏军斩杀擒获吴军甚多，吴军土崩瓦解。文帝下诏，敕令诸军即刻渡江。魏军还未进军，吴军救援的船只很快赶到。

文帝临幸宛城，征南大将军夏侯尚等攻打江陵，未能攻取。当时，江水浅，水面狭窄，夏侯尚欲率领步骑，乘船进入江中的沙洲安营扎寨，而后搭建浮桥，南北往来，谏言者大多认为江陵城一定能攻取。董昭上疏：“魏武帝智勇过人，用兵打仗仍非常谨慎，不敢轻易做出决定。用兵打仗，易进难退，是其常理。平地无险阻，尚且难以撤军，就算应当深入，也要把退路想好，用兵有进有退，不可能尽如人意。而今，我军驻扎在江中沙洲，江水深，靠浮桥往来，这是至危之地。靠一座浮桥运兵，道路狭窄，三者兵家所忌。如果贸然行事，贼寇频繁袭击浮桥，一旦有误，则沙洲上的精锐将会全军覆没，非魏所有，而变为吴军之俘虏。臣私下里忧虑、废寝忘食，提出建议者怡然自得、不以为忧，岂不令人困惑？！而且，长江水流很急，一旦江水暴涨，何以防御？即使不能破敌，也要想到全身而退。奈何面临危险，不以为惧？战事将危矣，愿陛下详察之！”文帝顿时醒悟，随即下诏，夏侯尚等迅速撤军。吴军两路并进，魏军从一条路上退却，很难迅速撤出，将军石建、高迁仅以身免。撤军仅十几日，江水暴涨。文帝说：“君考虑问题，何其周详！当年，即使张良、陈平遇到这种情况，又能怎样？”黄初五年，文帝再次封董昭为成都乡侯，拜为太常。这一年，董昭改任光禄大夫、兼给事中，跟随文帝东征。黄初七年，董昭返回，受拜为太仆。明帝即位，晋升董昭爵位为乐平侯，享受食邑一千户，改任卫尉。明帝分出一百户食邑，赐董昭一个儿子爵关内侯。

太和四年，董昭代理司徒。太和六年，董昭正式担任司徒。董昭上疏，陈述风气败坏：“凡有天下者，莫不重视敦朴忠信之士、警惕虚伪不真之人。因为虚伪，而毁弃教化，干扰法理，伤风败俗。建安末年，魏讽伏罪被杀。黄初元年，曹伟被刑戮。从前后圣诏来看，先帝对浮伪之徒深恶痛绝，欲铲除邪党，常为之切齿痛恨；执法官吏畏惧邪党之势，不能严厉纠察，败坏风俗，日甚一日。臣窃见，当今一些少年，不肯专心学问，专门以交游为业；国士不以孝悌修养为首，而以趋势游利为先。合党连群，互相褒叹，以毁訾为罚戮，以党誉为爵禄，附己者叹之盈言，不附者为作瑕衅。甚至认为：‘当今之世，不患躲不过灾异，但患不懂得交际，交游不广；何患没有知己，但当吞之以药，加以调理。’又听说，有些官员让家奴门客冒名顶替在职官员，出入宫禁，往来禁闱，交通书信，有所探问。凡此种种现象，皆为法律所不容、刑律所不赦，即使魏讽、曹伟的罪行，也不过如此。”明帝下诏，严厉叱责诸葛诞、邓飏等。董昭享年八十一岁，去世，谥号为定侯。嗣子董胄继承爵位，历任郡太守、九卿。

刘晔，字子扬，淮南郡成悳（dé）县人，是东汉光武帝的儿子阜陵王刘延的后代。父亲刘普，母亲修氏，生下刘涣和刘晔。刘涣九岁，刘晔七岁，母亲患重病，临去世前，告诫刘涣、刘晔：“你父亲身边的侍妾，有谄媚、害人的恶习。我死之后，担心她们会祸乱家室。你们长大后，一定要除掉她们，我死无遗恨。”刘晔十三岁，对哥哥刘涣讲：“母亲临终有遗言，该如何行事。”刘涣说：“这怎么行？！”刘晔进入内室，诛杀侍妾，径自出来，到母亲墓前祭拜。一家人大惊，告诉刘普。刘普大怒，派人追赶刘晔。刘晔返回家，向父亲谢罪：“母亲临终前，留下遗言。儿子愿领受不经请命，即擅自杀罚之罪。”刘普很诧异，没有再治刘晔的罪。汝南郡人许劭善于识人，在扬州避乱，称刘晔有佐世之才。

扬州士人有很多豪侠，行事狡黠，敢于舍生取义，有郑宝、张多、许乾等，拥兵自重。郑宝最为骁勇，力气过人，被一方百姓忌惮。郑宝欲驱使百姓远赴江南，因为刘晔是名门望族，所以强迫刘晔先动身。刘晔当年二十几岁，颇为忧虑，又找不到机会除掉郑宝。恰逢曹操派遣使者到达扬州，考察地方。刘晔前去拜谒使者，与使者谈论天下形势，邀请使者到家里来，留使者住了数日。郑宝率领数百人，带着牛酒，前来拜谒使者。刘晔令家童将其部众留在中门外，摆设酒饭；刘晔与郑宝在内室宴饮，暗中布置健儿，令他们在行酒时斩杀郑宝。郑宝不喜欢饮酒，没有醉意，观察室内，一目了然，行酒者不敢轻举妄动。刘晔拔出佩刀，当场斩杀郑宝，斩下首级，命令郑宝的部众："曹公有令，敢有妄动者，与郑宝同罪。"部众皆惊慌失措，逃回军营。营中还有将领率领数千精兵，刘晔担心郑宝的部众还会作乱，随即骑上快马，带领家童数人，来到郑宝的军营，召唤留在营里的将领，向其晓谕祸福。众将领打开营门，叩头迎拜刘晔。刘晔抚恤安慰一番，众将领心服口服，推举刘晔为主帅。刘晔看到汉室衰微，自己作为宗室，不肯拥兵自重，遂委任其部属与庐江郡太守刘勋联系。刘勋颇感为难，刘晔说："郑宝目无法纪，其部众素来以抢掠为生。臣没有资质，以法纪整肃军队，将会遭人怨恨，难以持久，故将他们交予府君。"当时，刘勋在江、淮之间，兵强马壮。孙策颇为忌惮，派遣使者卑辞厚礼，写信给刘勋："上缭的土族，多次欺凌下国，怨愤已有数年。出兵打击，路途遥远，有很多不便，愿通过大国讨伐之。上缭财富殷实，缴获其财富，可以富国，请出兵作为外援。"刘勋轻信孙策，又看到孙策送来的珠宝、葛布、越布，越发高兴。大小官员都向刘勋祝贺，刘晔却心存疑窦。刘勋问刘晔缘故，刘晔答："上缭城虽然小，城池却坚固，易守难攻，不可旬日间攻破。孙策兵疲于外，国内空虚。孙策欲乘其空虚，同时也会袭击我军。后方不能独守，将军进，则会受挫于敌方；将军退，则无归路。将军执意出兵，大祸将要临头。"刘勋不听，遂举兵攻打上缭，孙策果然袭击刘勋的后方。刘勋穷途末路，只好投奔曹操。

曹操到达寿春，当时，庐江郡有山贼陈策拥众数万，临险固守。此前，曹操派遣偏将征剿，未能剿灭。曹操问群臣，可否再次征剿。大家说："山势高峻，溪谷深隘，易守难攻；而且，没有这块地方不足为损，占有这块地方不足为益。"刘晔说："陈策等小人，乘乱而占据此地，遂相互依靠，占山为王，并非用爵位、诏命可以制服。在以往，偏将资历不够，而中原尚未安定，故陈策敢于据险固守。而今，天下已经大体平定，后伏者先诛。畏惧死亡，趋利避害，对任何人都一样。因此，当年广武君为韩信出谋划策，认为韩信的威望可先声夺人，而后以实力制服邻国。更何况明公之德，东征西讨，先开出赏格，大军一到，令宣之日，敌方大门必将开启，而贼虏不战自溃。"曹操笑道："卿言极是！"遂派遣猛将在前，大军紧随其后，连战连胜，遂剿灭贼寇，如刘晔所言。曹操撤军，任命刘晔为司空府仓曹掾。①

①《傅子》记载：曹操征召刘晔及蒋济、胡质等五人，都是扬州名士。每舍亭传，未曾不讲，所以见重；内论县邑先贤、御贼固守、行军进退之宜，外料敌之变化、彼我虚实、战争之术，夙夜不息。而刘晔独卧车中，终不肯发一言。蒋济怪而问之，刘晔回答："对明主非精神不接，精神可学而得之乎？"及至见到曹操，曹操果然询问扬州的先贤、贼人的形势。四人争执，依次而言，再见依然如此。太祖每次和颜悦色，而刘晔却始终不发一言，四人笑之。后来，有一次，太祖停止发问，刘晔这才设远谋，以动太祖，太祖适知便止。若是者三。其旨趣以为，远谋宜征精神，独见以尽其机，不宜猥坐，高谈阔论。太祖已探知其心矣，坐罢，不久，任命四人为县令，而独授予刘晔心腹之任；每当有疑难，辄以信函问刘晔，甚至一夜数十次。

曹操征伐张鲁，改任刘晔为幕府主簿。大军进抵汉中，山路险峻，难以攀登，军粮匮乏。曹操说："此妖妄之国耳，有无此地，又何能为？我军粮食匮乏，不如撤退。"欲率领军队撤回，令刘晔在后面督军，大军依次撤退。刘晔料定张鲁可以攻克，加上粮草供应困难，大军匆忙撤回，恐怕不能全身而退。刘晔骑上快马，追上曹操，说："不如继续进攻张鲁。"曹操遂又进兵，把弩箭射向张鲁的军营。张鲁弃营逃走，汉中郡遂得以平定。刘晔谏言："明公以步卒五千讨伐董卓，北破袁绍，南征刘表，九州百郡，十并其八，威震天下，势慑海外。而今攻克汉中，蜀人望风，破胆失守，依次向前推进，蜀郡可传檄而定。刘备实乃人中豪杰，然而见事较迟，获得蜀郡，时日尚浅，蜀人未必肯甘心为其所用。而今，我军攻取汉中，蜀人震恐，其势必使得蜀人不战而栗。以曹公之神明，趁着蜀人慌乱之际，大军压境，将会战无不克。如果缓以时日，诸葛亮明于治军，又担任刘备的国相，关羽、张飞勇冠三军，又是刘备倚重的大将，蜀民逐渐安定，据险把守关隘，再要攻打，恐怕难以制胜矣。今日不取，必为后忧。"曹操不听，[①]曹公遂引军撤退。刘晔从汉中返回，担任行军长史，兼领军。延康元年，蜀将孟达率领部众投降。孟达优容儒雅，颇有才干，文帝很欣赏，任命孟达为新城郡太守，兼领散骑常侍。刘晔认为："孟达有苟且之心，恃才好术，必不能感恩怀义。新城与吴、蜀相连，若有变故发生，孟达将成为国家大患。"文帝没有听从劝告，孟达终于叛逃，最后败亡。[②]

①《傅子》记载：又过了七日，蜀人投降者说："蜀中一日数十惊，刘备虽斩杀之，仍不能安定。"曹操向刘晔问计："今还可进攻否？"刘晔答："今已小定，未可进攻也。"

②《傅子》记载：当初，太祖时，魏讽享有盛名，自卿相以下，皆倾心交往。其后，孟达背叛刘备，归附文帝，议论者多称孟达有乐毅之量。刘晔一见魏讽、孟达，则云此二人必反，此后果如其言。

黄初元年，文帝拜刘晔为侍中，赐爵关内侯。文帝诏问群臣，预测刘备是否会为关羽报仇，讨伐吴国。群臣皆以为："蜀国实乃一小国，名将只有关羽。关羽已死，蜀军惨败，国内恐惧，不会再出兵伐吴。”刘晔却认为：“蜀国虽然小，兵力较弱，而刘备的谋略，欲向外展示武威、强势，势必动用军队，以示蜀国仍有余力。而且，关羽与刘备，义为君臣，恩同父子；关羽战死，不能为关羽报仇，对于君臣终始之分，犹显不足。”后来，刘备果然用兵，讨伐吴国。吴国举全国之力迎战蜀军，又派遣使者向魏国称藩。朝臣皆向文帝道贺，刘晔却认为：“吴国有长江、汉水阻隔，对朝廷不愿称臣之心久矣。陛下有虞舜帝之德，然而，丑虏之性，并未有所感受。因为目前困难，求为藩臣，难以令人相信。东吴内外交困，才派来使者称臣。可借其穷途末路，袭击东吴，夺取江东。一日纵敌，数世之患，不可不察。”刘备败退，吴国对魏国表面上的礼敬很快改变，文帝欲征调大军讨伐吴国，刘晔认为：“吴国刚大败蜀军，正在得意之时，上下齐心，又有江湖阻隔，仓促间，难以取胜。”文帝不听。①黄初五年，文帝巡幸广陵郡泗口，命令荆州、扬州驻防军队齐头并进，讨伐吴国。文帝大会群臣，问：“孙权会亲自迎战吗？”大家说：“陛下亲征，孙权恐惧，必定会举国响应。又不敢把大军委之于臣下，必然会亲自率领大军前来。”刘晔说：“孙权认为，陛下欲以万乘之尊，讨伐吴国，跨越江湖征战者，依然要靠诸位将军，必然会勒兵以待，未有进退也。”文帝停留数日，孙权果然没有来。文帝班师撤军，说：“卿的估计是对的。还应该为我设计如何灭掉西蜀、东吴，不可只知敌情而已。”

①《傅子》记载：孙权派遣使者请降，文帝向刘晔问计。刘晔回答：“孙权无故求降，其内部必然有困难。孙权此前袭杀关羽，攻取荆州四郡，刘备大怒，必举兵讨伐东吴。外有强寇，内心不安，又担心中原承其衅，而讨伐之，故委地求降，一则阻中原出兵袭击，二则假中原之外援，以强其众，而疑敌人。孙权善于用兵，见策知变，其计必出于此。而今天下三分，中原十有其八。东吴、西蜀各保一州，阻山依水，有急相救，此小国之利。而今自相攻伐，上天欲亡之矣。陛下应该大兴军旅，渡江袭击东吴。蜀军攻其外，我军袭其内，东吴灭亡，不出旬月。东吴亡，则西蜀孤。若割去东吴一半，西蜀固不能久持。况且西蜀得其外，我得其内乎！”文帝说：“他人向我称臣，反而攻伐之，则会令天下欲归附者心怀疑惧，恐怕不可！孤何不暂且接受东吴投降，袭击蜀国的后方？”刘晔答：“西蜀远，东吴近，又听说中原伐蜀，必然还军，不能止也。而今，刘备已怒，兴兵攻打东吴，闻我伐吴，知吴必亡，必将猛进，与我军争夺吴地，绝不会改变计划，抑制愤怒，援救东吴，此乃必然之势。”文帝不听，遂接受吴国投降，拜孙权为吴王。刘晔又进言：“不可。先帝征伐，天下九州，已经兼并其八，威震海内。陛下接受汉室禅让，即位为皇帝，德合天地，声暨四远，此实力促成必然之势，非卑臣颂言。孙权虽然有雄才，不过是原汉骠骑将军南昌侯耳，官轻势卑。士民有畏惧中原之心，不可强迫，与东吴达成所谋。不得已，受其降，可授予将军称号，封为十万户侯，不可当即封孙权为吴王。王位，距离天子只有一台阶，其礼秩服御相乱。封孙权为侯，江南士民并未有君臣之义。陛下如果相信孙权的伪降，即封孙权为吴王，崇其位号，定其君臣，是为老虎添上翅膀。孙权接受王位，击退蜀兵之后，对外尽礼，以事中原，并且令其国内皆闻之，内部若为无礼，以怒陛下。陛下赫然发怒，兴

兵讨伐，孙权可告其民众：‘我委身事中原，不爱惜珍货重宝，随时贡献，不敢失去人臣之礼，魏国无故伐我，必欲摧残我国家，俘虏我人民子女，以为僮隶仆妾。’吴民不会不信其言。信其言，则愤怒，上下同心，战力增加十倍。”文帝不听。随后拜孙权为吴王。孙权率领陆议大败刘备，斩杀蜀军八万余人，刘备仅以身免。孙权对外，以礼事魏国越卑，而内行不顺，果然如刘晔所言。

明帝即位，封刘晔为东亭侯，享受食邑三百户。下诏说：“崇敬祖考，是为了尊崇孝道；表彰善行，追本敬始，是为了重视教化，使之传播于四海。因此，成汤和文武二王，建立商、周，《诗经》《尚书》之义，皆为追尊远祖后稷、商契，歌颂有娀氏、姜嫄之事迹，表明这是盛德之源流、受命之所由。自我魏室奉承天序，发迹于高皇帝、太皇帝，功盛于武皇帝、文皇帝。至于高皇帝之父，处士君，潜修德行，恭敬礼让，德行神明，此乃乾坤所赐福、光灵所来由也。而精神幽远，称号并未记载，非所谓崇孝重本也。诏令朝廷公卿以下官员，廷议谥号。”刘晔建议：“圣帝的孝孙欲褒扬尊崇先祖，此孝心无法计量。然而，亲疏之数、远近之降，盖有《礼纪》记载。因此，仍须割断私情，制定礼法，为后世所遵循。周室以上，之所以一直追溯至祖先后稷，以其辅佐唐尧有功，在祭祀时，名字有典故可以追溯。至于汉室初祖，追谥之义，不超过高祖的父亲太上皇。对上比拟周室，大魏发迹，从高皇帝开始；下论汉室，议定追尊谥号，不涉及远祖。这是往代之礼法，当今之明义。陛下孝思，发自内心，诚不能自已，然而，君王举例，以《尚书》为依据，这也是谨慎对待礼制。臣以为，追尊之义，应该以高皇帝为准。”尚书卫臻与刘晔的意见相同，追尊谥号之事遂确定下来。辽东郡太守公孙渊夺去叔父的位置，自命为太守，派遣使者向明帝上表解释。刘晔认为，公孙氏在东汉时，就已经盘踞在辽东，公孙氏担任辽东郡太守，已经有几代人。大军从水路进攻，必须走海路，从陆路进攻，则要翻山越岭。东部胡人，地处偏远，难以治理。公孙氏在辽东盘踞日久，如果不能铲除，以后会成为后患。一旦公孙渊怀有二心，割据辽东，再派大军征剿，事情就难办了。不如在公孙渊刚刚上位，既有党羽又有仇家之时，出其不意，大军兵临城下，开出赏格，擒拿公孙渊，可不用军队作战而平定辽东郡。后来，公孙渊果然反叛。

刘晔在朝中，不肯结交名人。有人问其原因，刘晔答：“魏室刚继承福阼，智者知道，这是天命所归，俗人未必以为然。臣在东汉时，是刘氏宗室，在魏国又备位心腹，寡偶少徒，不失为安身守义之本。”太和六年，刘晔有病，明帝拜刘晔为太中大夫。有一段时间，刘晔又担任大鸿胪，在位二年，辞职，重新担任太中大夫。刘晔去世，谥号为景侯。嗣子刘寓继承爵位。① 刘晔的小儿子刘陶也很有才气，只是品行较差，官至平原郡太守。②

①《傅子》记载：刘晔侍奉明帝，受到明帝信任。明帝准备讨伐西蜀，朝臣上下都说："不可。"刘晔入与明帝商议，顺着明帝讲："可伐。"出来后顺着朝臣们讲："不可伐。"刘晔有胆有识，言之皆有形。中领军杨暨是明帝信任的大臣，也很重视刘晔，持不可伐蜀之议最坚决，每次从宫内出来，路过刘晔处，刘晔常向其解释不可伐之意。后来，杨暨跟随明帝到天渊池，明帝商议讨伐西蜀之事，杨暨恳切劝谏。明帝说："卿乃书生，怎么知道兵事？"杨暨谦让，辞谢道："臣出自儒生之末流，陛下过听，擢拔臣于群萃之中，立于六军之上，臣有微心，不敢不尽言。臣言诚不足以采纳，侍中刘晔实乃先帝谋臣，常说西蜀不可伐。"明帝说："刘晔对我说可以伐蜀。"杨暨说："可以召刘晔来对质。"明帝诏令，召刘晔来对质，明帝问刘晔，刘晔始终不肯讲话。后来，刘晔独自来见明帝，责备明帝："讨伐他国，这是大事，臣得以与陛下商议大事，常担心眯梦泄露，以加重臣的罪过，焉敢向人透露？用兵，诡道也，军事未发，不厌其密。陛下将用兵之事暴露在外，臣担心敌国已经闻之久矣。"明帝这才醒悟，向刘晔称谢。刘晔出来，责备杨暨，说："钓鱼时，钓者中有大鱼，则纵而随之，须可制，而后牵，则无不得也。人主之威，岂徒大鱼哉？！先生确实是直臣，然而，计不足以采用，不可不慎思。"杨暨也向刘晔称谢。刘晔能随机应变，持两端如此。有人向明帝谮毁刘晔："刘晔不能尽忠，善伺上意，所趋而合之。陛下试与刘晔言，皆反意而问之，若皆与所问相反者，是刘晔常与圣意合也。而后再问相同者，刘晔之情必无所逃矣。"明帝如其言，加以检验，果得其情，从此以后，疏远刘晔。刘晔遂佯装发狂，出任大鸿胪，因忧惧去世。谚语讲："巧诈不如拙诚。"信矣。以刘晔之明智，善用计谋，若居之以德义，行之以忠信，古之上贤，何以加焉？独任才智，不与世士相经纬，内不推心事，外困于世俗，卒不能自安于天下，岂不可惜哉？！

②《王弼传》记载：淮南郡人刘陶，善于谈论纵横，为当时人所推崇。

《傅子》记载：刘陶，字季冶，善名称，有大辩。曹爽时，刘陶担任选部郎，邓飏之徒称刘陶为伊尹、吕尚。当时，刘陶意凌青云，对夏侯玄讲："仲尼不圣。何以知其然？智者图国，天下群愚，如玩弄一丸于掌中，而不能得天下。"夏侯玄对刘陶的话大惑不解，又不能诘难之。刘陶对曹爽讲："天下之质，变化无常态。今见卿穷！"曹爽之败，退居里舍，感谢刘陶告诉其过失。

干宝著《晋纪》记载：毌丘俭起兵反叛，大将军就此事向刘陶咨询，刘陶的回答，虚与委蛇。大将军大怒，说："卿平常与我谈论天下大事，至于今日，却不肯尽言？"遂外放刘陶为平原郡太守，又追杀之。

蒋济，字子通，楚国平阿县人。蒋济曾担任郡府计簿吏、州部别驾。建安十三年，孙权率领军队包围合肥。当时，曹公率领大军讨伐荆州，遇上瘟疫，只好派遣将军张喜率领一千骑兵，经过汝南郡，加上汝南的兵力，以解合肥之围，张喜又遇上瘟疫。蒋济暗中告诉扬州刺史，佯装得到张喜的书信，说张喜率领步骑四万，已经到达雩娄，谏言扬州刺史派遣主簿迎接张喜。三次派遣使者，带着书信送予城中守将，一次进入城中，两次被吴军截获。孙权看了书信，信以为真，遂焚烧营帐，解围而走，合肥城得以保全。第二年，蒋济出使谯县，曹公问蒋济："此前，孤与袁本初在官渡对峙，迁徙燕地、白马的百姓，百姓不肯走，袁军也不敢抢掠。而今，孤欲迁徙淮南的百姓，可以吗？”蒋济回答：“当时，我军弱，贼势强，不迁徙百姓，必然会失去这些百姓。自从大败袁绍，北上攻取柳城，南下进军江、汉，占领荆州，威震天下，民无他志。然而，百姓怀土，其实并不愿意迁徙，我担心迁徙会造成百姓不安。”曹公不听，而江、淮间十余万百姓皆惊恐不安，逃往吴国。后来，蒋济出使邺城，曹公迎接蒋济，大笑道：“本以为迁徙百姓可以避贼，没想到反而把他们驱赶至东吴。”曹公拜蒋济为丹杨郡太守。大军南征返回，曹公任命温恢为扬州刺史，任命蒋济为别驾。曹公教令：“春秋时，吴国季子可谓贤臣，吴国仍然有国君。今日，君返回扬州，吾无忧矣。”民众有人诬告蒋济为叛乱的主谋，曹操听说后，指着前次的教令，对左将军于禁、沛国相封仁等人说：“蒋济会有此事吗？如果有此事，那是我不识人。这一定是愚民好乱生变，胡乱指认。”曹公催促查清此事，又任命蒋济为丞相府主簿、西曹属。曹公下令：“舜举荐皋陶，不仁者远；重要的是要选拔人才合适，寄希望于贤者。”关羽围困樊城、襄阳。曹操以献帝在许都，靠近关羽，欲迁都。司马懿和蒋济劝说曹公：“于禁等被关羽水军打败，并非因攻战而失败，对于国家大计，并未有大的损失。刘备、孙权，外亲内疏，关羽得志，孙权肯定不乐意。可派人劝说孙权偷袭关羽的后方，许诺割去江南，以此封赏孙权，樊城之围，可以解矣。”曹操按计行事。孙权闻报，随即引兵西进，袭击公安、江陵。关羽被孙权擒获、斩杀。

曹丕即魏王位，蒋济改任相国府长史。及至曹丕接受汉室禅让，登上帝位，蒋济出任东中郎将。蒋济奏请留任，文帝下诏：“高祖作歌曰：‘安得猛士兮，守四方！’天下还未安宁，更需要良臣以镇守边境。如果边境无事，再返回京师，未为晚也。”蒋济上奏《万机论》，文帝看了很高兴。蒋济入朝，担任散骑常侍。当时，文帝诏令征南将军夏侯尚：“卿乃朕的心腹重臣，朕特别委以重任。恩施足死，惠爱可怀。授予你专权独断，作威作福，可杀人，可活人。”夏侯尚把诏令拿给蒋济看。蒋济回到朝廷，文帝问：“就卿所闻所见，对于天下风俗、教化，有何看法？”蒋济回答：“臣并未见到有何善举，仅听到亡国之语。”文帝忿然作色，问其缘故。蒋济据实回答：“‘作威作福’，此乃《尚书》之明诫。‘天子无戏言’，古人为之慎重。唯陛下详察之！”这样，文帝的不满才消除，派遣使者追回上一次的诏令。黄初三年，蒋济与大司马曹仁讨伐吴国，蒋济单独率领一军袭击羡溪。曹仁欲攻打濡须江中的沙洲，蒋济说：“贼人控制西岸，大批战船摆在上游，我军登上江上的沙洲是自投罗网，彼为危亡之地也。”曹仁不听，果然战败。曹仁去世，文帝又拜蒋济为东中郎将，代替曹仁领兵。文帝下诏：“卿兼有文武之才，志节慷慨，常有跨越江湖、吞并东吴之志，朕再次授予卿将军之任。”不久，文帝又征召蒋济，拜为尚书。文帝巡幸广陵，蒋济上表，说水道难行，又上奏《三州论》，以此文讽谏文帝。文帝不听，结果，文帝率领战船数千艘，滞留在水道，不能前进。有谏言者提出留下大军，就地屯田。蒋济认为，东边靠近大湖，北边临近淮水，如果涨水，吴军很容易乘船进攻，这里不是屯田的理想之地。文帝采纳谏言，随即出发，返回精湖。水势稍退，文帝把船只留给蒋济，船只分布在数百里水面上，蒋济命令凿通水渠，凿出四五条水道，把船只聚拢在一起；又修筑土墩，阻断湖水，待后面的船只聚拢后，一下子挖开土墩，大水带着船只，顺水流驶入淮河。文帝返回洛阳，对蒋济说："事不可没有预判。朕此前决定分一半船只，在山阳池焚烧掉，卿却率领全部船只，从后面撤回，几乎与朕同时到达谯县。而且，卿每次所提建议，都能切中利弊，符合朕的心意。从今以后，讨伐吴贼，谋划方略，卿要多提建议。"

明帝即位，赐蒋济爵关内侯。大司马曹休率领军队出征皖城，蒋济上表，认为："深入贼虏之地，与孙权精兵对峙，朱然等在长江上游，尾随曹休，臣并未看出此次出兵有何好处。"大军进抵皖城，东吴出兵安陆，蒋济又上疏："如今，贼示形于西，必定会合力进兵，图谋东边，陛下应该即刻下诏，诏令诸军前往救援。"此时，曹休已经惨败，抛弃所有的辎重，撤军返回。吴军欲在夹石堵截魏军，恰逢魏军救兵赶到，曹休没有遭受全军覆灭的厄运。蒋济改任中护军。当时，中书监刘放、中书令孙资在宫中独断专行，蒋济上疏："大臣权力太大，会造成国势衰微；帝王对于身边的人过于亲近，会造成闭目塞听。这是古人常告诫之事。在以往，大臣在朝中专权任事，造成朝廷内外骚动。陛下亲理万机，臣下莫不肃然起敬。这并非大臣不忠，朝廷权威一旦下移，众心就会怠慢君上，此乃形势使然。陛下既已明察，警惕大臣专权，愿陛下不要忘记，身边人还会重蹈覆辙。左右侍臣即使忠正、深谋远虑，未必贤于朝廷大臣。至于以谄谀迎合圣上旨意，恐怕更为擅长。而今，朝廷内外所言，都是说中书省如何如何。虽然中书省官员恭敬、谨慎，不敢结交外臣，但已经有了这样的名声，也会对朝政造成影响，何况情况还会严重。中书省官员每日在皇上身边走动，倘若陛下偶然疲倦，由中书省官员独断，上下其手，众臣看到这些官员能够决断政事，也会因时而向之。一旦这样的情况出现，朝廷大臣就会结交中书省官员作为内援。形成这种局面，臧否毁誉，必有所兴，功负赏罚，必有所易；直道而上者，遭到壅塞，阿附内援者，飞黄腾达。中书省官员，以微贱身份，行走内廷，在皇上身边，然而身份尊贵，意所狎信，不复察觉。这些，圣人智者应当早有察觉，只要留心外朝的议论，形迹不难发现。但恐朝臣畏言不合，受到近侍怨怼，不敢放胆直言。臣奏闻陛下，窃以为，陛下应该潜心静思，听取各种舆论，如果政事有不合义理之处，财物未用到适当地方，就要警惕，改曲易调。这样，远可以与黄帝、唐尧比拟，近可以昭显武帝、文帝之圣，岂能听信近侍之言哉？！然而，作为人君，不可能熟悉天下之事，以此证明完全正确，当有所交付。将三项官职委于一臣，此人若没有周公旦之忠，又没有管夷吾之公，则会玩弄权术，败坏官职。当今朝廷，柱石之臣虽少，至于品行，担任一州刺史，论其智力，充任官职，依然很多。忠信竭命，各奉其职，可以供陛下驱使，不要让圣朝有独断专行的官员。”明帝下诏：“骨鲠之臣，人主所倚恃。蒋济的才能，兼具文武，勤勉守节，每当国家有大事，辄有奏议，忠诚可嘉，朕甚为赞赏。”明帝改任蒋济为护军将军，兼散骑常侍。①

①司马彪著《战略》记载：太和六年，明帝派遣平州刺史田豫乘船渡海，幽州刺史王雄由陆上进攻，合击辽东公孙渊。蒋济谏言：“既非吞并之国，又非侵叛之臣，不宜轻言讨伐。伐之而不制，是驱使为贼。因此说：‘虎狼当道，不治狐狸。先除大害，小害自已。’而今，海表之地，累世委质，岁选计考，不乏贡职。廷议者谋议，认为可一举攻克，得其民，不足以益国，得其财，不足以致富；傥不如意，是为结怨失信也。”明帝不听，田豫此次出兵，无功而返。

景初年间，魏国忙于对外征伐，明帝对内大肆营建，民间怨言甚多，加上谷物连年歉收，百姓陷于饥馑。蒋济上疏：“陛下应当崇信先帝圣绪，光大祖宗基业，还未到高枕而卧之时。而今，魏国虽然有十二州，至于百姓户数，不过是汉时一个大郡的人数。东吴、西蜀二贼，尚未剿灭，大军驻扎在边陲，且耕且战，旷日持久，累年未息。宗庙宫室，百事草创，农桑者少，衣食者多，当今所急之务，应当让百姓息肩，减少无谓的徭役，不要让国家处于疲敝。国家疲敝，徭役繁重，倘若有水旱灾害，百万民众将不能为国家所用。凡要征发徭役，一定要在农闲时，不与民众争夺农事。欲建立宏业之君王，要先考虑民力，适当征发徭役。勾践鼓励百姓生育，增加人口，以待国家使用；燕昭王抚恤百姓，吊死问丧，以雪齐国之仇。因此，弱燕能战胜强齐，越国能灭亡强吴。而今，东吴、西蜀二敌不曾剿灭，常无事侵犯边境，陛下应考虑如何清除隐患，此乃百世之忧。以陛下圣明神武，暂时搁置营建宫室，专心于讨伐逆贼，臣以为，并非至难之事。而且，陛下耽于享乐，对人的精神，也有所损害；精神耗损太多则会枯竭，形体过劳则会疲惫。愿陛下多留意贤良女子，‘养育男儿’。后宫多余或年龄太小的女子，可以释放出宫，务在清静。”明帝下诏：“若没有护军，朕难以听到这样的忠言。”①

①《汉晋春秋》记载：公孙渊听说魏军前来讨伐，再次向孙权称臣，乞兵救援。明帝问蒋济：“孙权会救援辽东吗？”蒋济答：“彼知官备以固，利不可得，深入则非力所能，浅入则劳而无功；孙权即使知道子弟处于危险，也不会用兵，更何况异域之人，再加上以往有受过公孙渊羞辱之事！而今，公孙渊之所以对外张扬向孙权称臣，诡谲其谋，以迷惑我军，我军攻之不克，则后事难以预料。然而大军杂沓之间，距离公孙渊尚远。如果战事相持不下，不能尽速解决，以孙权之浅视，或许会轻兵冒进，掩袭我军，未可测也。”

齐王曹芳即位，改任蒋济为领军将军，晋封爵位为昌陵亭侯，①蒋济升任太尉。当初，侍中高堂隆谈论郊祀之事，以魏国君王是虞舜的后裔，按照礼法，在祭祀时，应该以舜帝配享祭天。蒋济认为，虞舜本来姓“妫”，其后世苗裔姓“田”，并非曹氏的祖先，撰写文章，驳斥高堂隆。[②]当时，曹爽在朝中秉持朝政，丁谧、邓飏等随意改变制度、法律。恰巧有日食出现，齐王曹芳诏问群臣对朝政得失有何谏言，蒋济上疏：“在往昔，虞舜辅佐尧帝治理天下，禁止朝廷官员结党营私；周公辅佐成王，特别提醒成王，结交朋友时要谨慎；齐景公询问灾情，晏婴回答，应该广施恩惠；鲁僖公询问灾异，臧孙回答，应该减轻徭役。应天塞变，其实还是事在人为。而今，东吴、西蜀二贼尚未剿灭，将士暴露在外，已经有数十年，旷夫怨女，百姓贫苦，国家制度，只有任用旷世奇才，才能严肃纲纪，垂范于后世，岂能让中下之吏任意改动？这无益于国家治理，只会伤害百姓，愿陛下诏命文武官员恪尽职守，以清正廉洁对待百姓，则祥瑞和气，应时而致。”蒋济依附太傅司马懿，驻扎在洛水浮桥边，诛杀曹爽等。此后，司马懿上表，晋升蒋济爵位为都乡侯，享受食邑七百户。蒋济上疏：“臣蒙受恩宠，位居太尉，曹爽包藏祸心，这是臣没有尽到责任。太傅奋起独断之心，陛下阐明太傅之忠，罪人伏诛，此乃社稷之福。封赏爵位，必加于有功。若论谋略，臣并无先见之明；至于功劳，也并非臣率领士卒。皇上若不顾封赏制度，臣下将会深感其弊。臣备位三公，为民众所瞻仰，诚惶诚恐。如果臣冒领赏赐，则助长邀功请赏之风，谦让的风气会因此而废。”蒋济辞让，未获批准。[③]这一年，蒋济去世，谥号为景侯。[④]嗣子蒋秀继承爵位。蒋秀去世，嗣子蒋凯继位。咸熙年间，朝廷建立五等爵位，以蒋济在前朝的功勋，改封蒋凯为下蔡子爵。

①《列异传》记载：蒋济晋升爵位，担任领军将军，其妻子梦见死去的儿子涕泣，曰：“死生异路，我生时，为卿相子孙，今在地下，为泰山伍伯，憔悴困辱，不可复言。而今，太庙西边讴士孙阿，今日将要召为泰山令，愿母亲为我求情，嘱托孙阿泰山令，转生我到乐处。”言讫，妻子忽然惊醒，第二天，将梦境告诉蒋济。蒋济说：“梦中的事情，不足怪也。”第二天夜里，妻子再次做梦：“我来迎接新君，在庙前停留。还未出发之前，暂时得以归来。新君明日日中时分当出发，临出发时，事情繁多，不复得归，永辞于此。泰山令孙阿气势强盛，难以感悟，故自诉于母亲，愿重新请求，何惜不一试之？”妻子遂详细告诉孙阿的形状，言甚备细。第二天天明，妻子再次告诉蒋济：“虽说梦不足怪，但这也太奇怪了，为何不试一下？”蒋济于是派人到太庙下，询问孙阿，果然有此人，形状正如儿言。蒋济涕泣道：“几乎辜负吾儿！”于是，召孙阿来见，具言其事。孙阿不惧死亡，而喜得受拜为泰山令，唯恐蒋济言而无信，曰：“若如节下所言，孙阿之愿也。不知贤子欲得何职？”蒋济说：“随地下乐者与之。”孙阿曰：“辄当奉教。”蒋济厚赏之，言讫，送孙阿返回。蒋济欲速知其验，从领军门到庙下，十步安派一人，以传递孙阿消息。辰时，传来孙阿心痛；巳时，传来孙阿病重；日中，传来孙阿死亡。蒋济悲泣，曰：“虽哀吾儿之不幸，且喜亡者有知。”此后一个月余，儿子再次来告诉母亲：“已得转为录事矣。”

②裴松之按：蒋济在郊祀时，陈述曹腾碑文，云：“曹氏族出自邾国。”《魏书》记述曹

氏胤祀伦绪，亦如之。魏武帝作家谱，自云是曹国叔振铎的后人。故陈思王作《武帝诔》，曰：“於穆武皇，胄稷胤周。”此其不同者也。及至景初年间，明帝按照高堂隆奏议，自称魏室是舜帝的后人。后来，魏室为禅让晋室制作文告，称“昔我皇祖有虞”，则其异论过甚。寻济难隆，以及与尚书缪袭往返，并有理据，文多不载。蒋济也未能确定魏室氏族所出，但言：“魏室并非虞舜后裔，而横祀非族，降黜太祖，不配正天，皆为缪妄。”然而，在当时，蒋济并没有纠正。蒋济也有难处。郑玄注《祭法》云：“有虞以上尚德，禘祭郊祀祖宗，配享有德，自夏禹以下，稍用其姓氏。”蒋济说：“虬龙神于獭，獭也祭祀其祖先，并不祭祀虬龙也。麒麟、白虎仁于豺，豺也祭祀其祖先，不祭祀麒麟、白虎也。如郑玄所说，有虞氏以上，豺、獭之祭祀不对邪？臣以为，祭法所云，见疑学者久矣，郑玄不考正其违，而胡乱解释其义。”蒋济用豺獭来譬喻，虽似诙谐，然其旨意，有可求证焉。

③孙盛认为：蒋济之辞让，可谓不负心矣。《论语》曰：“不为利回，不为义疚。”蒋济其有焉。

④《世语》记载：当初，蒋济跟随司马宣王驻扎在洛水浮桥，蒋济写信给曹爽，告诉曹爽宣王的意思：“唯免官而已。”曹爽被杀。蒋济惭愧其言失信，发病去世。

刘放，字子弃，涿郡人，是东汉广阳顺王的儿子西乡侯刘宏的后人。刘放历任郡府主簿，被举荐为孝廉。遭逢天下大乱，当时，渔阳郡人王松盘踞在涿郡，刘放前去依附王松。曹操平定冀州，刘放对王松讲：“此前，董卓在朝廷作乱，英雄并起，讨伐董贼，倚恃兵势强盛，擅自发布号令，各人自封称号，唯有曹公能够拯救乱世，扶翼拥戴天子，谨奉诏命，讨伐有罪之人，所向披靡，攻无不克。以袁绍、袁术之强势，袁术在淮南，土崩瓦解；袁绍在官渡，横遭惨败；曹公乘胜席卷河北，廓清河朔，威刑既合，大势所趋，众人所亲见。尽速投降者获福，后至者先亡，此乃不俟终日，驰骛之秋也。在往昔，黥布弃南面之尊，仗剑归汉，诚然懂得废兴之理，审度去就之势。将军应该尽速投身委命，与曹公取得联系。”王松采纳刘放的谏言。恰逢曹操在南皮讨伐袁谭，写信给王松，招降王松，王松举雍奴县、泉州县、安次县三县归附曹操。刘放为王松回信给曹操，其文辞典雅。曹操看了，很高兴，又听说刘放劝谏王松投降，于是，征召刘放。建安十年，刘放与王松一起来见曹操。曹操大喜，对刘放讲：“在往昔，班彪劝谏窦融，建立河西投诚之功，今天，君劝谏王松，何其相似！”让刘放在司空府参谋军事，历任主簿记室，后出任郃阳县、祋祤（duì yǔ）县、赞县县令。

魏建国初，刘放与太原郡人孙资在宫中担任秘书郎。当初，孙资也曾担任历县县令，后在丞相府参谋军事。[①]文帝即位，刘放、孙资改任左右丞。几个月后，刘放改任左右令。黄初初年，更改秘书为中书，文帝任命刘放为中书监，任命孙资为中书令，兼任给事中；刘放受赐爵关内侯，孙资受赐爵关中侯，二人掌握宫中机要。黄初三年，刘放晋升爵位为魏寿亭侯，孙资晋升爵位为关内侯。明帝即位，二人仍然受到信任，兼任散骑常侍；刘放晋升爵位为西乡侯，孙资晋升爵位为乐阳亭侯。[②]太和末年，吴国派遣将军周贺渡海，到达辽东，招诱公孙渊归附。明帝欲邀击周贺，廷议时，朝臣大多认为此议不可行。只有孙资支持明帝，魏军最后大败吴军，孙资晋升爵位为左乡侯。[③]刘放善于撰写诏书、檄文，三位魏王、皇帝的诏书，出征的诏命，大多出自刘放的手笔。青龙初年，孙权与诸葛亮联合，欲出兵讨伐魏国。边境守将得到孙权的书信，刘放改换原文，更改书信用词。然而，书信又前后连贯，伪造的书信说，征东将军满宠准备归附魏国。刘放封好信件，由边境派人交予诸葛亮。诸葛亮转交给吴国大将步骘等，步骘等又将信件送交孙权。孙权担心诸葛亮心存疑窦，多方解释，化解猜忌。这一年，刘放、孙资兼任侍中、光禄大夫。[④]景初二年，魏军平定辽东，刘放、孙资参谋军事有功，晋升爵位，受封为县侯，刘放受封为方城县侯，孙资受封为中都县侯。

①《孙资别传》记载：孙资，字彦龙，幼年时即显示聪慧。三岁时，孙资的父母去世，孙资在兄嫂家长大。后来，孙资在太学学习，博览群书。同郡人王允一见到孙资，就对孙资很欣赏。太祖担任司空，征召孙资，恰逢孙资的哥哥被乡里人杀害。孙资手持利刃，杀仇人报仇，而后，孙资把家属迁至河东郡避难，故没有应召。不久，孙资又被本郡任命。孙资以有病，推辞任职。友人河东郡人贾逵对孙资讲："足下怀有逸群之才，正值旧国倾覆，郡府殷勤，千里延颈，征召足下，足下宜崇尚古贤桑梓之义。而今，足下盘桓在他乡，拒绝府君任命，这怎么炫耀和氏璧于秦王？抛弃连城之价，窃为足下不取！"孙资感其言，遂回到本郡，接受太守任命。孙资担任功曹，又被举荐为计簿吏。尚书令荀彧见到孙资，叹息道："北部州郡丧乱已久，当地的贤士凋零，今日才又见到孙资君这样的贤士！"荀彧上表，留下孙资，任命为尚书郎。孙资推辞，以家中有困难，返回河东郡。

②《孙资别传》记载：诸葛亮出兵，驻扎在南郑。当时，廷议者认为，可因势调动大军，讨伐诸葛亮，明帝也有同样的想法，询问孙资。孙资回答："此前，武皇帝征伐南郑，攻破张鲁，阳平之役危而后济，武皇帝亲自救出夏侯渊，多次称：'南郑可谓天上之监狱，斜谷道可谓五百里之石穴。'意思是，道路艰险，幸亏救出夏侯渊。还有，武皇帝善于用兵，观察西蜀贼虏盘踞在山岩，东吴贼虏流窜于江湖，皆挠而避之，并不责备将士不肯用力，也不争一时之忿，诚所谓见胜而战，知难而退。而今，若要进军南郑，讨伐诸葛亮，道路艰险，计算调动精兵，还要转运粮草，镇守南方四州，阻遏东吴水贼，需要动用十五六万军队，这样，又要大肆举兵，征发徭役。天下将会骚动不安，费力大而又劳而无功，诚愿陛下认真思考。守战之力，力役三倍。但以今日之兵，命令大将分兵据守险要，足以震慑强寇，安定边疆，将士虎睡，百姓无事。数年之间，中原国力日渐强盛，东吴、西蜀二虏，必然困顿疲惫。"明帝采纳谏言，停止用兵。当时，吴国人彭绮又在江南举义兵，廷议者皆以为可以借机讨伐吴国，必有所获。明帝询问孙资，孙资回答："鄱阳宗人前后多次举义兵，然而兵弱谋寡，士卒很快逃散。在往昔，文皇帝曾经密议东吴贼势，认为，洞浦杀一万人，得船千万，数日间，船人会合；江陵被围数月，孙权派人率领一千几百士兵，前往东门，而其国家并未崩溃瓦解。事有法禁，上下相奉，持之明验也。以此推断彭绮，担心其未必能成为孙权的大患。"果然，彭绮很快败亡。

③《魏氏春秋》记载：乌丸校尉田豫率领西部鲜卑泄归尼等出塞，讨伐轲比能、智郁筑鞬，

大败鲜卑，撤军至马邑故城，轲比能率领三万骑兵围困田豫。明帝听说后，不知计将安出，让中书省询问中书监、中书令。中书令孙资回答："上谷郡太守阎志是阎柔的弟弟，平素被轲比能信任。陛下可以令驿站骑快马诏命阎志，劝说轲比能退兵。无须动用朝廷大军，围困自可解矣。"明帝采纳谏言，轲比能果然退兵，田豫得以解围，撤军返回。

④《孙资别传》记载：当时，孙权、诸葛亮号称剧贼，没有一年不派出军队袭扰魏国边境。明帝总摄群下，内图御寇之计，外规庙胜之算，孙资皆参与其中。然而，刘放自以为是明帝的心腹，常劝谏明帝："出动大军，欲举大事，宜与群下多商议；既以示明，而且可以广为咨询。"明帝召集群臣廷议，孙资上奏，分析是非，择其善者，推荐给明帝采用，终不表示是自己的意见。如果众人有过，遭到谴责，获有爱憎之说，刘放则从中化解，以堵塞谮毁之言。譬如征东将军满宠、凉州刺史徐邈，都有人在背后谮毁，孙资则强调二位将军的德行，使得朝中祥和，不因纤细过错而关系紧张。满宠、徐邈得以保全其功名，全赖孙资之力。当初，孙资在县邑，名气在他人之上。乡里人司空府掾田豫、梁国相宗艳皆妒忌孙资，而杨丰依附田豫等，专门在其中挑拨离间，构陷孙资，使得田豫怨恨孙资。孙资既不解释，也终无恨意。田豫等惭愧，敬服孙资，主动解释，消除宿怨，二人结为姻亲。孙资曾经说："我没有做对不起人的事情，无所谓解释。这只是卿自薄之，卿自厚之耳！"孙资让长子孙宏聘娶田豫的女儿。及至儿子升任显位，田豫已经年老有病，在家中休养。孙资对待田豫依然很好，又让儿子回到本郡，以奉孝道。杨丰的儿子后来担任尚方署吏员，明帝因为工作上的事情大发脾气，欲将杨丰的儿子绳之以法，孙资请求赦免杨丰的儿子。其不念旧恶如此。

这一年，明帝患上重病，欲任命燕王曹宇为大将军，与领军将军夏侯献、武卫将军曹爽、屯骑校尉曹肇、骁骑将军秦朗一起，共同辅佐少帝。曹宇秉性恭敬，为人善良，坚决辞让。明帝召见刘放、孙资，二人进入卧室，明帝问："燕王怎么这样？"刘放、孙资回答："燕王确实有自知之明，不堪担负此重任。"明帝问："曹爽可以代替曹宇吗？"刘放、孙资交口称赞，又恳请尽快召回太尉司马懿，以维护皇室纲纪。明帝采纳二人的谏言，随即将黄纸交予刘放，书写诏书。刘放、孙资出宫，明帝又改变主意，下诏阻止司马懿返回京师。不久，明帝又召见刘放、孙资，说："我欲召回太尉，但是，曹肇等阻止我召回，几乎误了大事！"再次诏命刘放撰写诏书，明帝独自召见曹爽、刘放、孙资，三人接受诏命，免去曹宇、夏侯献、曹肇、秦朗的职务。太尉司马懿来到，在卧床前接受遗诏，明帝驾崩。①齐王曹芳即位，任命刘放、孙资为顾命大臣，增加食邑三百户，合并之前，刘放享有一千一百户，孙资享有一千户；又封二人的一位爱子为亭侯，拜次子为骑都尉，其他儿子皆在宫中担任侍郎。正始元年，齐王曹芳又让刘放兼任左光禄大夫，孙资兼任右光禄大夫，佩带金印紫绶，享受的礼遇与三公相同。正始六年，刘放改任骠骑将军，孙资改任卫将军，仍兼任中书监、中书令。正始七年，齐王又封二人的一位儿子为亭侯，二人因为年老，辞去职务，以列侯位，享受朔望奉朝请礼遇，享受特进位。②曹爽被杀，齐王曹芳再次任命孙资为侍中，兼领中书令。嘉平二年，刘放去世，谥号为敬侯。嗣子刘正继承爵位。[3]孙资辞去职务，回到府邸休息。齐王又拜孙资为骠骑将军，改任侍中，像此前一样，享受特进位。三年后，孙资去世，谥号为贞侯。嗣子孙宏继承爵位。

①《世语》记载：刘放、孙资长久在中枢掌握机要，夏侯献、曹肇内心不平。宫殿院子里有棵鸡栖树，二人相对而言："此树亦久矣，还能活多久？"指的是刘放、孙资。刘放、孙资恐惧，劝说明帝召司马宣王。明帝亲自手诏，交给侍从辟邪，让其亲手交给司马宣王。司马宣王还在汲县，夏侯献等先奉诏令，从轵关西返回长安，辟邪又送来诏命，司马宣王怀疑宫中有变故，召来辟邪反复询问，随后，司马宣王乘坐追锋车疾驰，返回京师。明帝问刘放、孙资："谁可以与太尉相互制约？"刘放说："曹爽可以。"明帝问："曹爽堪当此任否？"曹爽在左右，脸上流下汗水，不敢回答。刘放踩了一下曹爽的脚，耳语道："臣以死奉社稷。"曹肇的弟弟曹纂担任大将军幕府司马，燕王曹宇不知所措。曹肇出来，曹纂看见，惊讶道："皇上身体不安，你们为何要全部出来？赶快回去。"天色已晚，刘放、孙资在宫门口宣读诏书，不得放曹肇等人进去，罢黜燕王。曹肇第二天来到宫门，不准进去。曹肇顿时恐惧，前去见廷尉，以处理事情不当，被免去职务。明帝对夏侯献讲："我已经安排好人选，你可以出去。"夏侯献流着眼泪出宫，也被免职。按《世说新语》记载：鸡栖树等语在其前后，与本传不同。

《孙资别传》记载：明帝诏问孙资："我年龄稍长，又历观经书列传，叹息历史人物，无所不念。为图万年之计，莫过于让亲人占据权位，兵权也很重要。而今，射声校尉缺位，久欲找一位亲人，谁可以担此重任？"孙资回答："陛下深谋远虑，诚非愚臣所及。经书、列传所载，皆圣听所熟悉，如果汉高祖不了解陈平、周勃能够安定刘氏，孝武帝不认为金日磾、霍光能托付后事，后果自不待言！文皇帝当初召曹真返回时，亲自下诏，臣以为，经过深思熟虑，文帝及至驾崩，陛下即位，犹有曹休内外辅佐，幸赖遭逢日月，陛下敕令曹休不要与贾逵闹矛盾，让他们各自安分守职，纤介矛盾，得以化解。以此推论，亲戚贵臣，虽然应当占据权势、握有兵权，也应该掌握轻重。若诸侯领兵，势均力敌，宠爱错杂，相互间不肯低头服从；不肯低头服从，则意见相左。而今，五营所领兵者，只不过数百人，选任校尉，如此之辈相类似者，为的是能力相差不多。至于重要职务，能够维护纲纪，宜以圣恩斟酌，就像陈平、周勃、金日磾、霍光、刘章等，这样的人选，有一二人，再加强其威重，令其维护朝纲，于事为善。"明帝说："你说得对。如卿所言，当为我谋划。今日可参照陈平、周勃，类似金日磾、霍光，以及刘章者，还有谁？"孙资答："臣听说，知人则智，即使尧舜，也认为难以识才。唐尧、虞舜之圣，凡所进用，明试以功。陈平当初侍奉汉高祖，绛侯周勃、灌婴等诋毁陈平，说陈平有受金盗嫂之罪。周勃当初以吹箫显示其能力，高祖斩蛇举旗，周勃追随高祖，也并不知名。高祖察其行迹，然后知道可以托付大事。霍光担任给事中，长达二十余年，小心谨慎，汉武帝临终前，才托付霍光辅佐幼帝。金日磾来自夷狄，以至孝耿直，受到武帝特别擢拔重用，左右人还说：'陛下妄得一胡儿，竟然这样贵重之。'陈平、周勃虽然安定汉室天下，后来，周勃也背上谋反罪名；陈平自污，遭到吕须的谮毁，才免于被吕后猜忌。上官桀、桑弘羊与霍光争权，几乎酿成祸乱。这些都说明，知人不易，为臣之难。陛下有所斟酌，当然是陛下所信任的人，谁能得到陛下信任，诚非愚臣所能识别。"

裴松之认为：孙资、刘放在当时号称专任大臣，掌握官中机要，政事无不参与。孙资、刘放被咨询，有托付之问，应当对朝廷安危有所谏言，却按照俗人之忌讳，违心奉上谏言，并未提出合适人选。受人信任，怎么能如此心安理得？按本传及诸书，都说刘放、孙资称赞曹爽，劝明帝召司马宣王辅佐幼帝，魏室之亡，祸基于此。孙资之别传，出自孙氏自家，欲以是言掩盖其失误，然而担心负国之污点，终不能磨去也。

②《孙资别传》记载：大将军曹爽在朝中专权，改变很多旧章程。孙资叹息道："我累世蒙受圣上宠恩，加上先帝临终预先向我征询意见，而今，即使不能匡弼时事，安可以坐受尸位素餐之俸禄？"遂称病重。正始九年二月，皇帝（曹芳）赐孙资诏书："君掌握官中机要三十余年，经营诸多政事，功勋著于前朝。及至朕即位，多赖君贡献良策。此前虽然增加君的宠位，相同者有三事，外率群臣，内望忠言。君已经年劳病困，请求上缴印绶，前后郑重其事，辞意恳切。天地以大顺为德，君子以善恕成仁，加重君的政事，违夺君志；今听从君的请求，赐钱一百万，派少府兼光禄勋亲自奉策书，诏命君返回府邸，颐养休息。君要注意休养，勉进医药，颐神养气，享有无疆之福祚。为君安排舍人官骑，再加上每日供奉肴酒御膳。"

③裴松之按：《头责子羽》记载：卿士刘许，字文生，是刘正的弟弟，与张华等六人被人们称为"文辞可观，意韵详序"。晋惠帝在世时，刘许担任越骑校尉。

刘放的才能、智慧超过孙资，但是，自我修养不如孙资，二人都善于领会君王的旨意，在任上谨小慎微，从未犯有大的过失，言语或有失当，曾经压制辛毗，帮助王思，因此而遭到世人讥讽。然而，在廷议时，群臣对君王谏诤，二人都能够坚持正义，并经常对君王陈述利弊得失，并非专事谄谀，误导君王。在咸熙年间，朝廷设立五等爵位，以刘放、孙资在前朝的功劳，魏元帝曹奂改封刘正为方城子爵，孙宏为离石子爵。①

①按《孙氏家谱》记载：孙宏担任南阳郡太守。孙宏的儿子孙楚，字子荆。《晋阳秋》记载：孙楚的同乡王济，是一位豪俊公子，在本州担任大中正。晋武帝询问有关孙楚的品德、言行，王济回答："此人非卿士之称谓所能概括。"又评价："天才英博，亮拔不群。"孙楚官至讨虏护军、左冯翊太守。孙楚的儿子孙洵，曾担任颍川郡太守。孙洵的儿子孙盛，字安国，担任给事中、秘书监。孙盛堂弟孙绰，字兴公，担任廷尉正。孙楚及孙盛、孙绰，都有文才，孙盛又善于谈论名理，诸多论著，传之于后世。

陈寿评论如下：程昱、郭嘉、董昭、刘晔、蒋济才能卓越，富有谋略，可谓世之奇才，虽然清明治世，创立功业，然而，不同于荀攸，为君王设谋、筹划、预判，堪为伯仲。刘放文墨俱佳，孙资勤于政事，谨慎做人，二人掌握中枢机要，权倾当时，若谈到高风亮节，二人还有不足，遭受世人讥讽。当然，也有言过其实之处。

魏书十五

刘司马梁张温贾传第十五

刘馥，字元颖，沛国相县人。刘馥在扬州客居，躲避战乱。建安初年，刘馥劝说袁术的部将戚寄、秦翊，率领部众与其一起归附曹操。曹操很高兴，任命刘馥为司徒府掾史。后来，孙策任命的庐江郡太守李述杀了扬州刺史严象，庐江郡人梅乾、雷绪、陈兰等在江、淮之间聚集徒众数万人，横行无忌，郡县遭受蹂躏，一片残破。曹操正在全力对付袁绍，认为刘馥可以委以重任掌管东南之事，遂上表朝廷，拜刘馥为扬州刺史。

刘馥受命前往扬州赴任，单骑来到合肥。合肥已经成为一座空城，刘馥在合肥建立州部治所。这样，南下可以安抚雷绪等，逐一对其安抚，很快，雷绪前来合肥献贡。数年间，刘馥的仁政在扬州已经获得很大成效，百姓普遍感受到恩惠，很多流民远途跋涉，来到扬州，有上万户人家归附刘馥。于是，刘馥开始兴办学校，招收学生，带领百姓开垦农田，兴修水利，整治芍陂、茹陂、七门、吴塘等塘堰，以利百姓灌溉稻田，官民都有了一定积蓄。刘馥又组织修筑城堡，准备攻防的木、石，编织草苫数千万，贮存鱼膏数千斛，以利战时守备之用。

建安十三年，刘馥去世。孙权率领十万军队围攻合肥城，前后达一百余日。当时，天下连阴雨，合肥城几乎崩塌，军民用草苫、蓑衣覆盖，夜间点燃鱼膏，照亮城内外，监视吴军的动静，随时准备迎战，吴军无计可施，只好撤走。扬州军民追思刘馥的功德，把刘馥与战国时董安于守卫晋阳相媲美。刘馥组织修建的塘堰，至今仍在使用。

刘馥的儿子刘靖，黄初年间，从黄门侍郎任上改任庐江郡太守，文帝下诏：“卿的父亲，此前在庐江郡任职，今天，卿又前往此郡，可谓子承父业。”刘靖后来改任河内郡太守，又在朝中担任尚书，受赐爵关内侯，出任河南郡大尹。散骑常侍应璩写信给刘靖："君入朝担任纳言，出京担负护卫京师的重任。君有富民之术，日久天长，必然会见到成效。藩落高峻，绝穿窬之心；五种别出，远水火之灾。农具必备，不应错过农时。蚕麦有草苫之备用，无雨湿之虞。封符指期，无流连之吏。鳏寡孤独，蒙仓廪之赈济。加上君明擿幽微，重之以秉宪不挠；有关官员秉承王命，百里垂拱听治。即使西汉京兆尹赵广汉、张敞、三王之治理，未足以比拟。"刘靖为政，的确如此。当初施政虽然烦琐，最终一定会让百姓获利，有刘馥之遗风。母亲去世，刘靖辞去官职，为母亲服孝，后又担任大司农、卫尉，晋升爵位为广陆亭侯，享受食邑三百户。刘靖上疏，力陈儒学教育之重要："举办学校，实乃治乱之轨仪，圣人之大教也。自黄初以来，建立太学已经有二十余年，而很少有成功者，皆因为选拔博士太过于轻率，太学生为了躲避徭役才来就学，豪门士子，耻于与太学生为伍，因此，并没有真才实学者。虽然有太学之名，并无学者之实，虽然设立儒学之教，并未收到好的效果。朝廷应该慎选博士，行为堪为表率，经学可为人师，教育太学的学生。按照古制，诏令二千石及以上官员的子弟，年龄在十五岁以上者，进入太学学习。明确制度，作为官员升迁的标准；学生经学优秀者，予以褒奖，以此尊崇有德之人；荒废学业者，开除学籍，以此惩治怠惰之人；崇尚善举，重视教育，严加督促，对于浮华子弟，不禁自息。弘扬教化，安绥还未宾服者；六合承风，远人来归。此圣人之教导，治世之根本。"后来，刘靖改任镇北将军，持符节，都督河北军事。刘靖认为："常用的法规，莫重于防患于未然，汉民与夷人之间，应该有所区别。"刘靖开拓边疆，加强守备，占据险要地带。又率领百姓，整修广戾陵渠大坝，引水灌溉蓟县的农田；指导百姓种植水稻，边民从中获利。嘉平六年，刘靖去世，朝廷追赐刘靖征北将军印绶，晋升爵位为建成乡侯，谥号为景侯。嗣子刘熙继承爵位。①

①《晋阳秋》记载：刘弘，字叔和，是刘熙的弟弟。刘弘与晋世祖同年，居住在同一闾巷，以旧谊屡受提拔，荣登显位。从刘靖到刘弘，世不旷名，都有治世的才能。西晋末年，刘弘担任车骑大将军，开府建衙，兼荆州刺史，持符节，都督荆州、交州、广州军事，受封为新城郡公。刘弘在江、汉时，正值王室多难，得以专命一方，施展其才干。刘弘对待官属，皆能够推诚相待，以公义相激励，简刑狱，务农桑。每有善举，手书郡国，反复叮咛属下，殷殷告诫，故属下莫不感佩，全力以赴完成工作，大家都说："得刘公一纸书，好过担任十部从事。"在当时，皇帝在长安，诏命刘弘可以选用州宰、郡守。征士武陵郡人伍朝为人清高，牙门将皮初在江汉建立功勋，刘弘上奏朝廷，任命伍朝为零陵郡太守，任命皮初为襄阳郡太守。皇帝诏书，以襄阳郡为大郡，皮初资历尚浅，改任刘弘的女婿夏侯陟为襄阳郡太守。刘弘上疏："统治天下者，当与天下同心；治理一国者，当与一国推实。臣统领荆州十郡，需要有十个女婿，才能治理！"于是，刘弘又上表："夏侯陟姻亲，按照旧制，不得相互监察政事，皮初建立功勋，应当委以重任。"

皇帝批准奏请，朝臣皆佩服刘弘以天下为公。广汉郡太守辛冉以天子蒙尘，四方扰攘不安，向刘弘献上联合诸侯、纵横天下之计。刘弘大怒，斩杀辛冉，当时人对刘弘此举莫不称善。

《晋诸公赞》记载：当时，天下虽然陷于动乱，荆州仍然保全。刘弘有刘景升保有江汉之志，不亲附太傅司马越。司马越对刘弘颇有忌恨。恰逢刘弘病逝。儿子刘璠担任北中郎将。

司马朗，字伯达，河内郡温县人。①九岁时，有客人直呼司马朗父亲的名字，司马朗说："侮辱他人父亲者，也不会尊敬自己的父亲。"客人连忙道歉。十二岁时，司马朗考试经文，受拜为童子郎，监试者看到司马朗身材高大，怀疑司马朗的年龄，诘问司马朗。司马朗答："司马氏的家人，祖辈以上，都长得高大。司马朗虽然稚弱，并没有虚报年龄。为仰慕权贵，以求早日成为侍郎，绝非本人之志。"监试者听了，颇感诧异。后来，函谷关以东义兵骤起，原冀州刺史李邵家住在野王县，靠近山中险隘，欲搬往温县。司马朗对李邵讲："以唇齿相依相比喻，这里就是虞国、虢国，温县与野王县，同样如此；而今，去彼而居此，是为躲避战乱。而且府君实乃国人仰望，今贼寇还未到，先带着家人躲避，野王县的百姓必然恐慌，这是摇动民心，打开奸宄之途，窃为郡内百姓担忧。"李邵不听。靠近山区的乱民果然造反，百姓纷纷内迁，有的遭到抢劫。

①司马彪著《序传》记载：司马朗的祖父司马儁，字元异，博学好古，为人倜傥不羁，大度容人。身高八尺三寸，腰粗十围，仪态魁伟，与众人不同，乡党族人都愿意亲附司马儁。司马儁官至颍川郡太守。父亲司马防，字建公，性情耿直，不善变通，虽然闲居家中，生活闲适，威仪不改。司马防雅好《汉书·名臣列传》，所讽诵者有数十万言。少年时，司马防在州郡出仕为官，历任洛阳令、京兆尹，以年老，改任骑都尉。司马防在闾巷静心养志，阖门自守。几个儿子虽然都已行过加冠礼，成为大人，司马防不让他们进屋，儿子仍然不敢进；不让他们坐下，儿子仍然不敢坐；没有所问，儿子在父亲面前，不敢乱言。父子之间，父严子孝，儿子对父亲恭敬有加。司马防建安二十四年去世，享年七十一岁；有八个儿子，司马朗最大，次子即晋宣帝。

当时，董卓逼迫献帝迁都长安，董卓仍留在洛阳。司马朗的父亲司马防担任治书御史，跟随献帝西迁，因为战乱四起，把司马朗及家人迁回本县。有人告发司马朗欲逃亡，逮捕司马朗，去见董卓，董卓对司马朗讲："卿与我已去世的儿子同岁，几乎有负于我！"司马朗答："明公以高世之德，遭逢阳九之乱，清除群秽，广举贤士，此诚虚心垂顾，将要振兴治世也。明公的威德日隆，功业已著，而乱兵骤起，州郡鼎沸，郊县之内，民不安业，抛弃家产，流亡四方，虽然在四关设禁，明公施以刑戮，仍不能阻止百姓逃难，这正是司马朗之所以留在县邑。愿明公思考臣的想法，稍加三思，明公的威名犹如日月，即使伊尹、周公，不足以比拟。"董卓说："我也有此想法，卿的话，言之有理！”[①]

①裴松之按：司马朗这次回答董卓，只称述董卓的功德，并未有箴言相告，不过为自己申辩而已，而董卓便说：“吾亦醒悟之，卿言说得有理！”客主之辞，好似不相应酬也。

司马朗看出董卓必然灭亡，担心被强迫留在洛阳，随即散去家财，用以贿赂董卓手下主事者，请求回到家乡。回到家乡后，司马朗对父老们讲：“董卓狂悖谋逆，为天下人所痛恨，此时，正是忠臣奋发抗争之时。河内郡与洛阳相邻，洛阳东边有成皋，北边有黄河，天下举义兵者，如果不能前进，势必停留在此地。此地乃四战之地，难以求得安稳，不如趁着道路还畅通，带着家眷东行至黎阳。黎阳有营兵，赵威孙与乡里有旧姻亲，作为监营谒者，统领兵马，足以为大家做主。如果以后有变故，再想其他办法也不迟。”乡亲们安土重迁，不愿意搬迁，只有同县人赵咨带着家眷与司马朗前往黎阳。过了几个月，函谷关以东，州郡起兵，有数十万人聚集在荥阳及河内郡。诸将不能统一，有人纵兵烧杀抢掠，百姓遭受战乱，死于战乱者有一半人。过了很久，关东的军队才撤走，曹操与吕布在濮阳对峙期间，司马朗带着家眷返回温县。此时，又遇上大饥荒，有人相食，司马朗收拢族人，加以安抚，教育族中的子弟不在乱世中放弃学业。

二十二岁时，曹操任命司马朗为司空府掾，又出任成皋县令，因为有病，司马朗辞去官职，后来，又担任堂阳县长。司马朗施政，力求宽仁，对犯罪的百姓很少用鞭打，百姓在司马朗的治下也很少犯禁。此前，百姓有迁徙至京师者，后来，堂阳县征调百姓造船，已经迁徙的百姓担心不能按期完工，相率返回家乡，帮助造船，由此可见百姓对县长的爱戴。司马朗改任元城县令，又调入京师，在丞相府担任主簿。司马朗认为，天下已成崩溃之势，秦国取消五等爵位，而郡国也取消秋狝冬狩，缺乏战争技艺。如今，五等爵位虽然不能恢复，可以暂令州郡建立军队，对外防备四夷，对内惩治不轨，以此谋长远之策。司马朗又谏言，应该恢复井田制。在以往，民众各自有积累的家产，在战乱中被抢掠殆尽。而今，百姓家中一贫如洗。可以趁着大乱之后，民众分散，田地没有主人，把私田变为公田，恢复井田制。奏议没有被采纳，然而，州郡掌握军队，却与司马朗的想法相同。司马朗改任兖州刺史，在任上，推行教化，政令得以畅行，百姓交口称赞。虽然人在军旅，司马朗常粗衣素食，以俭朴率身垂范。司马朗为人文雅，喜欢谈论人伦、典籍，家乡人李觌等负有盛名，司马朗常公开贬低他们；后来，李觌等落败，当时人佩服司马朗有眼光。钟繇、王粲著文评论：“非圣人不能致太平。”司马朗认为：“伊尹、颜回等，虽然并非圣人，只要数代人能像他们那样，传承儒学，太平可致。”[①]建安二十二年，司马朗与夏侯惇、臧霸等讨伐吴国。大军进抵居巢，军中暴发瘟疫，司马朗亲自巡视，为病人送医送药，不幸感染瘟疫，病逝，年仅四十七岁。司马朗留下遗言，要求穿着布衣幅巾，以平时穿的衣服殡殓埋葬，兖州人追思司马朗的功德。[②]明帝即位，封司马朗的儿子司马遗为昌武亭侯，享受食邑一百户。司马朗的弟弟司马孚又以儿子司马望作为司马朗的后嗣。司马遗去世，司马望的嗣子司马洪作为后嗣，继承爵位。[③]

①《魏书》记载：文帝赞赏司马朗的观点，诏命秘书登录其文章。

孙盛曰：钟繇既失之，司马朗亦未得之。在往昔，“商汤重用伊尹，而不仁者远离。”《易经》称：“颜氏之子，其殆庶几乎！有不善未尝不知，知之未尝复行。”由此而言，圣人与贤人，行藏道一，舒卷斯同，御世垂风，理无降异；升泰之美，岂俟积世哉？“善人为邦百年，亦可以胜残去杀。”又曰：“不践迹，亦不入于室。”数世之论，其在斯乎！方之大贤，固有间矣。

②《魏书》记载：司马朗临去世前，对将士们讲：“刺史蒙受国家厚恩，都督万里，微功未效，而遭受瘟疫，既不能自救，辜负国恩。身死之后，用布衣幅巾，殡殓时，穿平时的衣服，切勿违背吾志。”

③《晋诸公赞》记载：司马望，字子初，是司马孚的长子。有见识，很早就是知名士人。咸熙年间，官至司徒，入晋受封为义阳王，改任太尉、大司马。当时，司马孚担任太宰，父子居上公位，自中代以来，未曾有过。司马洪，字孔业，受封为河间王。

当初，司马朗与同乡赵咨一起前往黎阳。赵咨官至太常，也是知名人士。[①]

①赵咨，字君初。赵咨的儿子赵酆，字子晋，在晋朝担任骠骑将军，受封为东平陵公。参见《百官名》。

梁习，字子虞，陈郡柘县人，曾担任郡府主簿。曹操担任司空，任命梁习为漳县长，改任乘氏县、海西县、下邳县令，在任上，卓有政绩。梁习返回朝廷，又担任西曹令，改任西曹掾。并州刚归附朝廷，梁习以别部司马，兼领并州刺史。当时，并州在高幹叛乱之后，破败不堪，匈奴靠近边郡，凶狠暴虐，吏民大多逃亡，或反叛，进入匈奴部落；当地豪强拥兵自重，抢掠百姓，成为当地一害，而且相互煽动，与朝廷对抗。梁习到任，加以抚恤，招降纳叛，劝诱叛匪投降，以礼召请豪强见面，又予以举荐，使其前来幕府；豪强势力逐渐瓦解，梁习又依次征集壮丁从军；又借大军出征之际，分别请带兵的将军征用兵员。官吏、军队离去后，梁习迁徙他们的家庭，把他们迁往邺城，前后迁徙数万人口；不肯服从命令者，派兵镇压，斩杀上千人，投降、归附者达万计。匈奴单于归顺，匈奴名王投降，给匈奴部众安排事情或职务，同内地居民一样编列户籍。边境逐渐恢复安宁，百姓安居乐业，梁习又劝勉百姓勤农务桑，令行禁止。梁习向朝廷推荐当地名士，这些名士皆显露名声，详情记载在《常林传》。曹操很欣赏梁习施政有方，赐爵关内侯，正式任命梁习为并州刺史。当地老人谈起梁习，赞颂不已，认为从他们记事以来，担任并州刺史者，没有人能超过梁习。建安十八年，并州划归冀州，梁习又担任冀州议郎、西部都督从事，统领冀州及属下官员。后来，梁习出使上党郡，征调大量木材，供邺城修建宫室。梁习上表，设置屯田都尉二人，率领六百名农夫在路旁种植菽粟，以供给人畜食用。后来，南匈奴单于入侍朝廷，西北不再有大的战事，这些都是梁习治理的结果。[①]曹丕接受汉室禅让，登上帝位，重新设置并州，梁习担任并州刺史，晋升爵位为申门亭侯，享受食邑一百户；其政绩是天下州郡最优。太和二年，梁习担任大司农。梁习在州部任职二十余年，而居处依然破旧，没有购买当地的珍奇宝物，明帝颇为诧异，赠予梁习钱物。太和四年，梁习去世，嗣子梁施继承爵位。

①《魏略》记载：鲜卑首领育延，州部常畏惧。有一天，育延率领部众五千骑兵，前来拜谒梁习，请求与汉民互市。梁习想，不答应他们的要求，担心鲜卑因此而怨恨；答应他们的要求，又担心鲜卑乘机抢掠。于是，梁习把鲜卑安排在一座空城，与汉民互市交易。梁习敕令郡县，由郡县主要官员率领治中以下军队，前往集市监督，维持秩序。互市交易还未结束，集市吏收捕一位胡人。育延率领的骑兵皆惊慌，随即上马，弯弓指向梁习，把梁习包围数重，吏民惶怖不安、不知所措。梁习很镇静，招呼集市吏，问为何要绑缚胡人，其实是胡人侵犯汉人。梁习让翻译招来育延，育延来到，梁习责备育延，说："你带来的鲜卑胡人自己犯法，集市吏并未冤枉这位胡人，你为何要让你带来的胡人骑兵动刀动枪，造成市场慌乱？"遂斩杀这名胡人，其他胡人胆战心惊，不敢妄动。此后，胡人与汉人互市，再无抢掠的行为。建安二十二年，太祖攻取汉中，撤军返回长安，太祖留下骑都督太原乌丸王鲁昔，率领军队驻扎在池阳，以防备卢水胡人。鲁昔有一位爱妻，住在晋阳。鲁昔常思念爱妻，又担心回不去，于是率领所部五百骑兵叛逃回并州，留下的骑兵仍然布置在山谷间，鲁昔单骑驰入晋阳，带走他的妻子，已经出城，被州郡吏民察觉；吏民担心鲁昔善射，不敢追赶。梁习命令从事张景，招募鲜卑人，派他们追赶鲁昔。鲁昔的马还要驮载他的妻子，马负重，跑不快，还未来得及与其部众会合，被鲜卑人射死。当初，太祖听说鲁昔反叛，担心其在北部边郡作乱；听说鲁昔被射杀，大喜，太祖认为，梁习前后都有谋略，赐爵关内侯。

当初，济阴郡人王思与梁习都担任西曹令。有一次，王思值班，禀告值班时发生的事情，不符合曹操旨意。曹操大怒，命令召来主事者，将对王思施以重刑。当时，王思在外，梁习代替王思回答问题，也被收捕，王思急忙骑马返回，自我承认有罪，罪该受死。曹操叹息梁习不为自己申辩，而王思也敢主动承担责任，曹操说："没想到在军中，竟有二位义士！"[①]后来，二人同时被拔擢为刺史，王思担任豫州刺史。王思同样是能吏，然而，政事琐碎，其不会关注大事。王思官至九卿，受封为列侯。[②]

①裴松之认为：梁习与王思，仅为同僚而已，亲非骨肉，义非刎颈，而梁习却以自身代替王

思，遭受不测之祸，以义为先，不正像先哲教导的吗？司马迁说："人固有一死，或重于泰山，或轻于鸿毛。"故君子不为苟存，不为苟亡。若王思没有引咎自责，君主不加以宽恕，二人被杀，被弃之于沟渎，无人能知。梁习敢于死义，真为之叹息！

②《魏略·苛吏传》记载：王思与薛悌、郤嘉一起从卑微被起用，官位相同。三人中，薛悌儒术稍差，所在任上，施政重在减省。郤嘉与王思行事方式相似。文帝下诏："薛悌担任官吏，施政简易；王思、郤嘉可谓能吏，各赐爵关内侯，以报其勤政。"王思施政琐碎，为人勤勉，熟悉文书，敬贤礼士，倾意形势，也因此而知命。正始年间，王思担任大司农，因年老眼睛昏花，瞋怒无度，属下官吏嗷然，不知所措。王思变得性情猜疑，当时，有一名官吏，父亲病情沉重，住在附近的宿舍，向王思请求告假。王思怀疑其不老实，发怒曰："世上有思妇、病母，岂此谓乎！"遂不准假。官吏的父亲第二天病死，王思也了无悔意，其为人刻薄，竟然如此。王思又性情急躁，曾经执笔写信，蝇集笔端，驱去复来，如是再三。王思恚怒，站起身来驱蝇，而不能得，坐下来取笔，丢在地上，还用脚踩在笔上，把毛笔踩坏。当时，有丹杨郡人施畏、鲁郡人倪颢、南阳郡人胡业都担任刺史、郡守，当时人认为，这几位官员苛暴。又有高阳郡人刘类，历任宰守，为人特别苛刻，以善修人事，不废于世。嘉平年间，刘类担任弘农郡太守。郡府有官吏二百余人，刘类不让他们休假，专使为不急。过无轻重，刘类抓着属吏的头发，乱棍捶打，牵出复入，如是数四。刘类还让人在地面挖洞找钱，所在集市，皆有孔穴。刘类又外托简省，每次出行，表面上敕令督邮不得让官属表现礼敬，实际上发现有不来者，则发怒中伤。刘类性情又喜欢猜疑，每次派遣大吏出差，则派小吏跟踪监督，大白天常从墙壁缝隙中窥视属下，夜晚则让能干的属吏监察诸曹，即使这些都做了，还不相信，又派遣铃下或奴婢转相检验。曾经有一次，刘类办案出行，在民家歇宿。民家有两条狗追逐家猪，家猪受惊奔走，头卡在栅栏间，嚎呼很久。刘类怀疑外面的官吏擅自饮食，不复调查，便让伍百曳五官掾孙弼进来，按着头，责问之。孙弼以实情相告，刘类自愧不调查清楚，就发脾气，又托辞问其他事情。有一位老人，名字叫尹昌，年龄有一百多岁，听说刘类出行要经过这里，就对儿子讲："扶我迎接府君，我要向府君感谢恩惠。"儿子扶着尹昌在路旁迎候，刘类望见，呵斥老人的儿子："扶这样的死人，让他来见我？"其对待人无礼，皆如此类。按照旧俗，百姓诅咒官员，有三不肯，是迁、免、死。刘类在弘农郡，吏民患之，在郡府门上题写："刘府君有三不肯。"刘类虽然知道自己的毛病，还是不能改正。后来，安东将军司马文王西征，途经弘农郡，弘农郡人控告刘类昏聩，不能胜任郡宰，司马文王召刘类回来，又任命为五官中郎将。

张既，字德容，右冯翊高陵县人。十六岁时，张既在郡府担任小吏。①后来，张既历任要职，被举荐为孝廉，没有应召。曹操担任司空，征召张既，张既未去，又被举荐为茂才，担任新丰县令，在任上，张既政绩为三辅第一。袁尚在黎阳与曹操对峙，派遣河东郡太守郭援、并州刺史高幹及匈奴单于前来攻打平阳，又派遣使者西行，与关中诸将联合。司隶校尉钟繇派张既劝说将军马腾等，张既为他们分析利害得失，马腾等愿意归附朝廷。马腾派儿子马超，率领一万余人，与钟繇会合，反击高幹、郭援，大败高幹、郭援，斩杀郭援首级。高幹及单于投降。后来，高幹再次在并州反叛。河内郡人张晟率领一万余人，无所归属，在崤山、渑池一带抢掠百姓，河东郡人卫固、弘农郡人张琰起兵响应。曹操任命张既为议郎，为钟繇参谋军事，令张既西行，征调关中诸将马腾等，引兵合击张晟，逐一击破。钟繇斩杀张琰、卫固首级，高幹窜逃至荆州。曹操上表，封张既为武始亭侯。曹操将要讨伐荆州，马腾等仍然占据关中。曹操再次派遣张既晓谕马腾等，令其离开部众，前往京师。马腾已经答应，后来又心存疑窦，张既担心马腾又有变故，命令沿途诸县准备接待马腾，二千石官员在京师外郊迎。马腾不得已，只好东行。曹操上表，任命马腾为卫尉，任命其儿子马超为将军，仍然统领其部众。后来，马超反叛，张既跟随曹操在华阴县大败马超，大军西进，平定关西。朝廷拜张既为京兆尹，张既招抚流民，抚恤安慰民众，恢复京兆属下县邑，百姓感念张既的恩德。魏建国初，张既担任尚书，后又出任雍州刺史。曹操对张既讲：“君这次回到家乡，可谓衣锦还乡。”张既跟随曹操征伐张鲁，又另外率领一支军队，从散关出兵，讨伐叛氐，收获其麦子，以补充军粮。张鲁投降，张既劝说曹操，迁徙汉中数万户百姓，以充实长安及三辅。后来，张既与曹洪一起，在下辩县打败吴兰，又与夏侯渊一起，讨伐宋建，张既率领一支军队，攻打临洮、狄道，逐一平定。当时，曹操迁徙百姓，充实河北郡，陇西郡、天水郡、南安郡的民众受到扰动，惊恐不安。张既借三郡官吏、将领休假的机会，派人帮助百姓修建房屋，制造水碓，民心这才安定下来。曹操准备从汉中撤军，担心刘备北上攻取武都郡氐道，以大军威逼关中，向张既问计。张既答：“可劝喻百姓北上就食，躲避蜀军。先到者，予以奖赏。先到者看到好处，后边的百姓就会接踵而至。”曹操采纳建议，亲自到汉中，指挥撤出大军，令张既到武都郡，迁徙氐道五万余户氐人到右扶风、天水郡安置。②

①《魏略》记载：张既家族世代单传，张既很注重仪表。年少时，张既工于书法，在郡府门下担任小吏，张既家中富裕。张既自以为出身寒门庶族，想着无以显达，常准备好刀笔及简牍，等到哪位大吏需要时就送上，可以此被大家认可。

②《三辅决录注》记载：张既还是儿童时，郡府功曹游殷观察张既，颇为诧异，把张既带回家，张既敬诺。游殷先到家，让家人先摆好家具，摆设待客的肴馔。及至张既来到家，游殷的妻子笑着说：“君是不是昏了头？张德容这样的小孩子，是什么贵客？”游殷说：“卿勿怪，这孩子将来有方伯之器。”游殷与张既谈论霸王之道。吃完饭后，游殷又让儿子游楚出来，托付给张既；张既谦让，连称不敢，游殷又一再托付，张既以游殷辞意恳切，难违其旨意，最后答应下来。游殷此前与司隶校尉胡轸有矛盾，胡轸诬陷冤杀游殷。游殷死了一个月后，胡轸得暴病，口中只是说：“伏罪，伏罪，游功曹派鬼来。”很快病死。当时，关中人称道：“生有知人之明，死有贵神之灵。”游殷的儿子游楚，字仲允，曾担任蒲坂县令。曹操平定关中，汉室安排的郡府官员缺位，曹操问张既，张既说游楚有文武之才，曹操遂任命游楚为汉兴郡太守，后又改任陇西郡太守。

《魏略》记载：游楚为人慷慨，历任州宰、郡守，所在任上，以恩德治理百姓，不喜欢刑杀。太和年间，诸葛亮出兵陇西，吏民骚动。天水郡、南安郡太守放弃郡府职守，东下逃亡。游楚却在陇西郡安抚吏民，游楚对百姓讲：“太守对百姓并无恩德。而今，蜀军猝然而至，邻郡有很多吏民响应诸葛亮，这也是诸卿富贵之秋。太守是国家任命的官员，义在必死，诸卿可取太守的头颅，前去向诸葛亮请功。”吏民流着眼泪，都说：“生死当与明府同命，绝不敢有二心。”游楚又说：“卿曹若不愿意，我为诸卿策划一计。而今，东部两个郡的官员已经离去，蜀军必然前来，但可与诸卿共同坚守城池。若国家救兵来到，敌寇将不得不撤军，这样，为一郡守义，人人可以获得爵禄。若官军救兵不到，蜀军攻打紧急，尔等再取太守的头颅，投降诸葛亮，未为晚也。”吏民遂帮助太守坚守城池。而南安果然派出蜀军，前来攻打陇西郡。游楚听到贼军杀来，令马颙出城设阵，自己在城上晓谕蜀军将帅：“卿若能阻断陇西，使东部的魏军不能上来，一个月内，则陇西的吏民不攻自破；卿如果不能，在这里只是空耗时间，疲敝士众。”游楚令马颙擂响战鼓，进攻蜀军，蜀军退却。又过了十余日，魏军上了陇山，诸葛亮败走。南安郡、天水郡因为响应诸葛亮，被魏军屠杀，两个郡的太守也各获重刑，游楚以坚守不降有功，受封为列侯，郡府长史掾属，皆受赐拜。明帝嘉赏游楚善于治理民众，特别诏令，举行朝会，引游楚上殿。游楚长得矮小，讲话的声音很大，自以为担任地方官吏，从未到过京师朝觐，被诏命登上台阶，不懂得礼仪。明帝令侍中赞唱名字，引游楚上殿。明帝说：“陇西郡太守上前。”游楚本来应当回答：“唯。”而大声回答：“诺。”明帝看着游楚，笑了，遂慰劳勉励一番，罢朝。游楚又上表，乞求留在宫中宿卫，明帝拜游楚为驸马都尉。游楚不喜欢学问，而喜欢游戏音乐。游楚在京师蓄养歌姬，欣赏琵琶、筝、箫，每次出行，将这些歌姬带在身边。所在樗蒲、投壶，游楚都玩得很高兴。几年后，游楚再次出任北地郡太守，去世，享年七十余岁。

当时，武威郡人颜俊、张掖郡人和鸾、酒泉郡人黄华、西平郡人麴演等，举郡反叛朝廷，自称将军，又相互攻打。颜俊派遣使者送母亲及儿子到曹操处，作为人质，请求曹操救援。曹操向张既问计，张既答：“颜俊等对外凭借国威，对内悖逆无道，一旦计谋得逞，势力坐大，此后一定会反叛朝廷。如今，曹公正在平定蜀郡，无暇顾及陇西，姑且让他们争斗，犹如卞庄子刺虎，坐收其利。”曹操说：“你说得对。”一年后，和鸾斩杀颜俊，武威郡人王祕又斩杀和鸾。当时，还没有设置凉州，从三辅到西域，皆属于雍州。曹丕即魏王位，开始设置凉州，任命安定郡太守邹岐为凉州刺史。张掖郡人张进逮捕张掖郡守，举兵抗拒邹岐，黄华、麴演各自驱逐原酒泉郡、西平郡太守，举兵响应。张既进军，为护羌校尉苏则壮势，因此，苏则得以建立功勋。张既晋升爵位为都乡侯。凉州卢水胡人伊健妓妾、治元多等反叛，河西地区陷入战乱。文帝很忧虑，说：“非张既不能安定凉州。”于是召回邹岐，任命张既为凉州刺史。文帝下诏：“在往昔，贾复奏请光武帝，进攻郾城贼寇，光武帝笑着说：‘执金吾进攻郾城，我还有何忧虑？’卿谋略过人，今天正是卿施展才能的时候，可以便宜行事，无须请示。”文帝派遣护军夏侯儒、将军费曜等，随后跟进。张既到了金城郡，欲渡过黄河，诸将认为：“我等率领的兵太少，道路艰险，不可深入冒进。”张既答：“道路虽然艰险，绝非像井陉一样狭隘，夷狄都是乌合之众，并无李左车的谋略，如今，武威郡正处于危急之中，我军应该加速前进。”遂指挥渡过黄河。七千余贼寇骑兵盘踞在鹯阴口，张既放出风声，大军将由鹯阴口攻入，暗中指挥大军由且次攻入，直指武威。胡人以为天兵神将到来，遂撤回显美县。张既占领武威城，费曜军随后赶到，夏侯儒等仍在途中。张既犒劳将士，欲继续进攻胡人。诸将皆以为：“士卒疲倦，胡虏人多势众，锐气正盛，难以与之争锋。”张既答：“我军没有多余的粮食，应该用缴获敌寇的粮食，以资军用。如果胡虏看到我军会合，就会退入深山，我军追至深山，道路艰险难行，加上饥饿，如果退兵，会遭受敌寇的截击。这样，就很难尽快结束战事，此所谓‘一日纵敌，患在数世’。”张既指挥大军，进抵显美县。胡人骑兵有数千人，欲借助大风放火烧营，魏军将士惊恐不安。张既连夜埋伏精兵三千人，派幕府参军成公英率领一千余骑兵，向胡人挑战，佯装败退。胡人果然拼命追击，张既埋伏的精兵断其后路，前后夹击，大破贼寇，斩杀、擒获上万人。①文帝很高兴，诏命张既：“卿渡过黄河，历尽艰辛，以疲惫之师，进攻安逸之敌，以寡胜众，功绩超过周宣王的大将南仲，辛苦超过周宣王的大臣吉甫。此功勋不但打败胡人，还保证了河西地区的安宁，使我不再有西顾之忧。”文帝封张既为西乡侯，增加食邑二百户，合并之前，共享有四百户。

①《魏略》记载：成公英，金城郡人。中平末年，追随韩遂，成为韩遂的心腹。建安年间，韩遂从华阴县败走，返回湟中，部众逃散，只有成公英跟随。

《典略》记载：韩遂（字文约）在湟中县，其女婿阎行欲杀害韩遂，投降朝廷，夜间攻打韩遂，不能攻进。韩遂叹息道：“大丈夫蒙受困厄，祸起婚姻乎！”对成公英讲：“如今，亲戚叛离，部众减少，恐怕要从羌中西南，前往蜀郡耳。”成公英答：“将军兴军数十年，今日虽然暂时受挫，怎能抛弃家门，而依附于他人？”韩遂说：“吾年老矣，子欲何为？”成公英答：“曹公不能远来，只有夏侯。夏侯之众，不足以追我，又不能久留；且息肩于羌中，以等待其撤军。招呼故人，安绥羌胡，仍然可以有所作为。”韩遂听其计，当时，有随从男女数千人。韩遂此前有恩于羌人，羌人拥护韩遂。及至夏侯渊撤军，让阎行留在后军。羌胡数万人攻打阎行，阎行欲退走，恰逢韩遂病死，成公英投降曹公。曹公看到成公英，大喜过望，任命成公英为军师，封为列侯。成公英随从曹公出外狩猎，有三只鹿跑过，曹公命成公英射之，三发三中，皆应弦而倒。曹公抵掌大笑，对成公英讲：“卿既然可以为韩文约尽节，为何不可为孤尽忠？”成公英下马跪拜，答：“不欺明公。假若成公英的主人还在，实不肯来此。”遂流涕哽咽。曹公嘉其敦旧，遂亲敬之。延康、黄初年间，河西有人谋逆。文帝下诏，派遣成公英辅佐凉州，平定陇西，成公英在军中病逝。

《魏略》记载：阎行，金城郡人，又名阎艳，字彦明。年少时，阎行有英雄之名，当初担任小将，追随韩遂。建安初年，韩遂与马腾相互攻击。马腾的儿子马超号称英雄。阎行曾在马上用矛刺向马超，矛折断，阎行用折断的矛砍向马超的脖颈，差点杀死了马超。建安十四年，阎行为韩遂出使，拜谒太祖，太祖厚遇之，上表拜阎行为犍为郡太守。阎行借机请求，让其岳父入宫宿卫。阎行返回西部，来见韩遂，宣示太祖的教令："谢过文约：卿当初起兵时，自有所逼迫，我已经了解详情。卿应当早些来，共同匡辅朝廷。"阎行对韩遂讲："阎行也认为，将军兴军，已经有三十余年，兵民疲惫，所居之地狭窄，应该早日归附朝廷。此前在邺城，我已经请求曹公，当令老岳父前往京师，诚谓将军也应该派遣一子，以示诚信。"韩遂答："暂且观望一下，再等待几年！"后来，韩遂派遣儿子，与阎行的父母一起东下。恰逢韩遂西征张猛，留下阎行守卫军营，而马超等与阎行谈话，定下反谋，推举韩遂为都督。及至韩遂返回，马超对韩遂讲："前钟司隶任命马超，令马超取将军的人头，关东人实不可相信。而今，马超背弃父亲，以将军为父，将军也应该舍弃儿子，以马超为子。"阎行劝谏韩遂不要与马超搅在一起。韩遂对阎行讲："而今，诸将不谋而合，似有天数。"于是，东行至华阴县。及至曹公与韩遂在马上交谈，阎行在其后面，曹公望着阎行，说："当念作孝子。"及至马超等败走，阎行跟随韩遂返回金城。太祖听说阎行此前的意思，故诛杀韩遂留在京师的侍子。太祖又亲笔写信，告诉阎行："观文约所为，令人笑话。吾前后写信给韩遂，无话不讲，如此，何可复忍！卿的岳父谏言，自以为平安。虽然如此，牢狱之中，非养亲之处，而且，官家亦不能久为人养老。"韩遂听说阎行的父亲还在，想到儿子遇害，韩遂欲令阎行一心一意效忠自己，强行把小女儿嫁给阎行为妻，阎行不得已。太祖果然怀疑阎行。恰逢韩遂让阎行兼领西平郡太守，阎行遂率领部众，与韩遂相攻击。阎行不能取胜，把家人送往太祖处。太祖上表，拜阎行为列侯。

酒泉郡人苏衡反叛，与羌人首领邻戴及丁令胡人一万余骑兵，攻打边郡县邑。张既与夏侯儒打败来犯之敌，苏衡及邻戴等投降张既。张既上疏，奏请与夏侯儒一起治理左城，修筑亭障要塞，设置烽火台、邸阁，以防备胡人。①西羌恐惧不安，羌人首领率领余众二万余人投降。此后，西平郡人麹光等杀害西平郡守，诸将欲进攻羌寇，张既说："只有麹光等造反，郡中人未必肯追随。如果大军兵临羌胡，羌胡必定以为国家不能明辨是非，更使得他们相互倚靠，与我军对峙，这等于为虎添翼。麹光等欲以羌胡为外援，而今，先让羌胡袭击麹光，重赏招募勇士，所缴获者，皆用以奖励他们。在外阻止其造反势头蔓延，在内可离间他们的交往，这样，可不战而平定叛乱。"于是，张既发布檄文，告谕诸羌胡，被麹光裹挟造反者全部赦免；能斩杀叛贼统帅首级者，将予以重赏。此后，麹光部下有人斩杀麹光，送来首级，余众很快安定下来。

①《魏略》记载：夏侯儒，字俊林，是夏侯尚的堂弟。当初，夏侯儒担任鄢陵侯曹彰的幕府骁骑司马，司马宣王担任征南将军，都督荆州、豫州军事。正始二年，朱然围困樊城，城中守将乙修等求救甚急。夏侯儒进驻邓塞，以兵员太少，不敢冒险，但作鼓吹，设置导从，距离朱然六七里，翱翔而还，使乙修等遥遥相望，多次如是。一个月后，及至太傅司马懿赶到，一起进军，朱然等败走。当时人都说夏侯儒胆怯，有人认为，夏侯儒以少疑众，得声救之宜。夏侯儒也因此被召回，担任太仆。

张既在雍州、凉州十余年，施惠于民众，政绩卓著，被张既以礼招请的右扶风人庞延、天水郡人杨阜、安定郡人胡遵、酒泉郡人庞淯、敦煌郡人张恭、周生烈等，最后都在官任上享有名气。[①]黄初四年，张既去世。文帝下诏："在往昔，荀桓子在翟国建立功勋，晋侯赏以千室之邑；冯异向光武帝输力，光武帝封赏其两个儿子。原凉州刺史张既，能宽容民众，蓄养士民，使得羌人归附，可谓国之良臣。不幸殒命，朕甚为哀愍，赐张既的小儿子张翁归爵关内侯。"明帝即位，追尊张既谥号为肃侯。嗣子张缉（qī）继承爵位。

①《魏略》记载：当初，张既担任郡府小吏，郡府功曹徐英曾经鞭打张既三十下。徐英，字伯济，左冯翊大姓人家，建安初年担任蒲坂县令。徐英性情豪爽，自认为其族人胜过张既，在乡里名行在前，加上此前羞辱过张既，虽然知道张既显贵，终不肯有求于张既。张既虽然得志，也不计较前嫌，欲与徐英讲和。张既借着酒醉，欲亲狎徐英，徐英抗拒，不肯接纳张既，徐英由此不复进用。故当时人称赞张既不念旧恶，同时赞赏徐英不屈不挠。

张缉以中书郎，稍后担任东莞郡太守。嘉平年间，张缉的女儿做了皇后，齐王曹芳拜张缉为光禄大夫，享受特进位，封张缉的妻子向氏安城乡君。张缉与中书令李丰共同谋划造反，被杀。详情记载在《夏侯玄传》。[①]

①《魏略》记载：张缉，字敬仲，太和年间担任温县县令，有能吏之名。恰逢诸葛亮出兵祁山，张缉上表，陈述御敌之策，明帝下诏，诏问中书令孙资，孙资认为张缉有谋略，明帝遂召张缉，拜为骑都尉，派遣张缉参谋军事，征伐蜀军。大军撤回，张缉入朝，担任尚书郎，以称职被明帝赏识。明帝认为张缉有才干，欲委以重任，试呼相面者为张缉相面。相面者云："不过二千石。"明帝问："为何这么有才干，仅位至二千石？"及至在东莞，张缉领兵数千人。张缉吝啬，对于财产很看重，自矜其势，一旦其女儿被征前往郡府，张缉返回家里，悒悒烦躁不安。张缉多次上表，向朝廷陈述东吴、西蜀的形势，又曾经为司马大将军分析，料定诸葛恪虽然在边境取胜，此后一定会被杀。大将军问其原因，张缉答："诸葛恪威震其主，功盖一国，想要不死，可能吗？"及至诸葛恪从合肥撤军返回，吴国果然杀了诸葛恪。大将军听说诸葛恪被杀，对众人讲："诸葛恪多智耳！近日，张敬仲分析诸葛恪，认为诸葛恪一定会被杀，果不其然。敬仲之智超过诸葛恪。"张缉与李丰是通家，又居住得很近，与李丰时有往来，儿子张藐前去探视，也有所咨询。李丰被捕，事情牵连到张缉，张缉被捕，送往廷尉，赐死在狱中，张缉的几个儿子被杀。张缉的孙子张殷，晋朝永兴年间担任梁州刺史，参见《晋书》。

温恢，字曼基，太原郡祁县人。父亲温恕，曾担任涿郡太守，在任上去世。温恢当年十五岁，为父亲送丧，返回乡里，家里仍然富裕，仍有余财。温恢说："天下大乱，怎么能安享富贵？"一朝将家产散尽，用以帮助族人。州里人称赞温恢，把温恢与郇越相比。温恢被举荐为孝廉，担任廪丘县长，鄢陵县、广川县令，彭城、鲁国相，所任职务，均有政绩。后来，温恢入朝，担任丞相府主簿，又出任扬州刺史。曹公说："很想把卿留在身边，但是又想，在朝中担任职务，不如在州部更能发挥卿的作用。《尚书》云：'股肱良哉！庶事康哉！'是否把蒋济调往扬州，担任治中？"当时，蒋济担任丹杨郡太守，曹公把蒋济调往扬州，又告诉张辽、乐进等："扬州刺史温恢通晓军事，凡有军情事务，皆可与温恢商议。"

建安二十四年，孙权攻打合肥，当时，各州都有军队驻扎。温恢对兖州刺史裴潜讲："此间虽有贼寇，不足挂虑，我担心的是征南将军那边会有变故发生。而今，雨季到来，江水暴涨，而征南将军曹仁孤军深入，远离后方，准备不足。关羽骁勇善战，乘势进攻，必将成为大患。"结果，樊城失守，于禁被擒。魏王诏书，召裴潜及豫州刺史吕贡等，裴潜等拖延时间。温恢暗中对裴潜讲："这一定是襄阳军情紧急，急欲调兵救援。之所以没有急于调你们进京，是不欲惊动远离京师的官员。一二日内，必定会有密信，催促卿上路，张辽等也将被召。张辽等平素了解魏王，后召先至，卿一定会受到责备！"裴潜听取谏言，留下辎重，轻装上路，果然，催促赶路的诏令很快来到。张辽等也被召见，正如温恢所料。

曹丕接受汉室禅让，继位为皇帝，任命温恢为侍中，出任魏郡太守。几年后，温恢改任凉州刺史，持符节，兼领护羌校尉职事。在途中病逝，享年四十五岁。文帝下诏："温恢有柱石大臣之资质，服侍先帝，功勋卓著。为朕任事，忠于王室，故授予温恢万里之任，负责一方之事。谁料想不遂人愿，朕甚哀愍之！"文帝赐温恢的儿子温生爵关内侯。温生过早去世，受封爵位断绝。

温恢死后，汝南郡人孟建担任凉州刺史，在任上有政绩，官至征东将军。①

①《魏略》记载：孟建，字公威，年少时与诸葛亮一起游学。诸葛亮后来出兵祁山，在回复司马宣王司马懿的书信时，让杜子绪向孟公威传达旨意。

贾逵，字梁道，河东郡襄陵县人。还是儿童时，贾逵玩游戏，常学着排兵布阵，祖父贾习看到后，很诧异，说："这孩子长大后，能够担任将军。"就向贾逵口授兵法数万言。①当初，贾逵在郡府担任小吏，后来，代理绛邑县长。郭援攻打河东郡，所经过的城邑纷纷投降，贾逵坚守不降，郭援连续攻打，不能攻下，于是招请匈奴单于猛攻绛邑。绛邑城将被攻破，绛邑父老与郭援约定，不能杀害贾逵。绛邑城破，郭援久闻贾逵大名，欲拜贾逵为将军，派兵威胁贾逵，贾逵不为所动。左右人拉着贾逵，劝其叩头，贾逵怒斥道："哪里有国家县长向贼寇叩头之理！"郭援大怒，要杀贾逵。绛邑吏民听说郭援要杀贾逵，皆登上城顶，大呼："郭援负约，要杀我们贤君，宁愿一起受死！"

郭援身边的人被贾逵的义气感动，很多人为其求情，贾逵这才得以免死。[②]当初，贾逵经过皮氏县，说："这里是兵家必争之地，先占领皮氏县者，一定能获胜。"及至贾逵被围困，知道不能免祸，派人从小路送还印绶给郡府，同时嘱咐："赶快占领皮氏县。"郭援已经攻下绛邑，兼并绛邑的军队，还准备进兵。贾逵担心其先攻占皮氏县，就另外用计，迷惑郭援的军师祝奥，郭援因此在绛邑停留七日。郡府按照贾逵的嘱咐，先占领皮氏县，故得以不败。[③]

①《魏略》记载：贾逵家族是当地大姓。年少时，贾逵成为孤儿，由于家贫，冬天穷得没有棉裤穿，前往其妻兄柳孚家里住宿，第二天清晨，无奈把柳孚的棉裤穿走，故当时人笑话贾逵。

②《魏略》记载：郭援捕获贾逵，贾逵不肯下拜，对郭援讲："王府君临郡几年，不知足下为何人？"郭援大怒，说："赶快杀了。"诸将庇护贾逵，把贾逵囚禁在壶关，关在土窖里，用车轮盖上，派人在外面看守。将要杀贾逵时，贾逵从窖中对守卫讲："此间无健儿邪，而让义士死在此窖中？"当时，有一位军士叫祝公道，与贾逵并非故人，此间听说贾逵，哀怜其守正不阿、不肯屈服、深陷困厄，夜晚放出贾逵，把贾逵引出城去，折断枪械，护送贾逵离去，不告诉其姓名。

③《孙资别传》记载：孙资让河东郡计簿吏到许都向丞相府举荐，说："贾逵在绛邑，率领吏民，与贼寇郭援交战，力尽而败，被贼人俘虏，昂然挺立，面不改色，不屈不挠；忠言闻于大众，烈节显于当时，虽古人忠直，守正不移，无以复加。贾逵兼文武之才，诚为可用之才。"

《魏略》记载：郭援败后，贾逵才知道此前救自己者是祝公道。祝公道，河南郡人。后来因某事受到连累，应当伏法受死。贾逵救之，力不能解，为其改为服劳役。

后来，贾逵被举荐为茂才，担任渑池县令。高幹反叛，张琰欲举兵响应。贾逵不知道张琰将要反叛，去见张琰。听说张琰也要兵变，欲返回，又担心被张琰扣押，于是为张琰设计，好像与其共谋，张琰相信贾逵。当时，渑池县的治所在蠡城，城池并不坚固，贾逵向张琰借兵修筑城墙。城中欲作乱者，都没有隐瞒贾逵，贾逵将其一网打尽，全部诛杀。随后，贾逵修筑城墙，抗拒张琰。张琰兵败，贾逵以祖父去世，辞去官职，司徒府征召贾逵，拜为掾史，贾逵以议郎在司隶校尉处参谋军事。曹操征伐马超，大军进抵弘农郡，曹操说："这是西行道路，可谓要害之处。"遂任命贾逵兼任弘农郡太守。曹操召见贾逵，商议军国大事，很高兴，对左右人讲："如果天下的二千石官员都能像贾逵这样，我还有何忧虑？"之后，曹操发兵，贾逵怀疑屯田都尉藏匿流民。都尉自以为不属于郡府管辖，出言不逊。贾逵大怒，遂收捕屯田都尉，历数都尉的罪状，将其脚踝打断，贾逵被免职。然而，曹操对贾逵很欣赏，又任命贾逵为丞相府主簿。[①]曹操将要讨伐刘备，先派贾逵到斜谷视察地势。途中遇上水衡都尉押着数十车打入囚车的犯人，贾逵以军情紧急，仅留下一个重罪犯人，将其余的全部释放。曹操对贾逵的处置很满意，又拜贾逵为谏议大夫，与夏侯尚共同参谋军事。魏王在洛阳驾崩，贾逵负责丧葬一应事务。[②]当时，鄢陵侯曹彰代行越骑将军职事，从长安来奔丧，问贾逵，先王的玺印绶带在何处。贾逵正言厉色道："太子在邺城，国家有储君。先王的玺印绶带，非君侯所宜询问。"贾逵护送梓宫返回邺城。

①《魏略》曰：太祖欲征伐吴国，因大雨不停，三军多不愿意成行。太祖知其然，担心外面有劝谏者，发布教令："今孤戒严，未知所之，有谏言者死。"贾逵收到教令，对其同僚三主簿讲："今日实不可出发，而教令如此，不可不谏言。"于是草拟谏言，以示三人，三人不得已，都署上名字，进入太祖府邸，劝谏太祖。太祖大怒，当即收捕贾逵等。应当送往监狱，又问谁出此主意，贾逵当即回答："是我的主意。"遂径自前往监狱。狱吏以贾逵为主簿，没有给他戴上刑具。贾逵对狱吏讲："赶快给我戴上刑具。尊者会怀疑我在丞相府任职，向卿请求优待，一定会派人来检查。"贾逵刚戴上刑具，太祖果然派遣府中人来到监狱检查贾逵。既而太祖下令："贾逵无恶意，恢复原职。"当初，贾逵身为儒生，略懂得大义，取其可用者，最喜欢读《春秋左传》，及至担任州牧郡守，常在闲暇时阅读，每月读一遍。贾逵此前在弘农郡，与典农校尉因公事相争，不得理，因愤怒而生瘿疮，后来瘿疮长得稍大，报告太祖，欲令医生割去。太祖怜惜贾逵为人忠诚，担心贾逵会因此而丧命，说："谢过主簿，我听说：'十人割瘿九人死。'"贾逵仍然坚持其意，而瘿疮越发变得肿大。贾逵本名衢，后来改为逵。

②《魏略》记载：当时，曹丕在邺城，鄢陵侯曹彰还未到，士民苦于徭役，又碰上瘟疫暴发，于是，军中骚动。群臣担心天下有变，欲不发丧。贾逵谏言，丧事不可保密，必须发丧，令内外皆进入府中吊唁，临殡殓时，各自安然，秩序不乱。青州军擅自击鼓，相率离去。众人认为应该禁止，不从者，镇压。贾逵认为："大丧正在殡殓期，后嗣还未即位，应该适当安抚之。"贾逵制作长篇檄文，告诉青州军所在地，为他们供给粮食。

曹丕即魏王位，因为有数万户百姓住在邺都，很多人不遵守法律，曹丕任命贾逵为邺县县令。一个月后，贾逵改任魏郡太守。[①]大军出征，贾逵再次担任丞相府主簿祭酒。贾逵曾经因某人犯罪受到牵连，魏王曹丕说："晋国大夫叔向有功，他的子孙可以获得十世宽宥，而贾逵的功劳仅限于自身还不行吗？"贾逵跟随曹丕至黎阳，渡河时，秩序混乱，贾逵诛杀为首者，秩序恢复。大军到了谯县，曹丕任命贾逵为豫州刺史。[②]当时，中原刚刚安定，很多州郡不服从命令。贾逵说："州部本来以御史监督属下诸郡，以六条法令监察二千石以下官员。因此，人们常讲，只有威武不屈者才能担任督察官员，而不是守静宽仁、有恺悌之德的人担任刺史。如今，县邑官员轻视法律，致使所辖地区盗贼横行，州部知道，而不加以纠察，天下还怎么有公正可言？"兵曹从事受到前任刺史差遣，贾逵到任数月，从事才返回；贾逵考查从事及二千石以下官员，凡放纵不遵守法律者，一律弹劾，予以罢免。文帝说："贾逵是真正的刺史。"遂布告天下，以豫州刺史执法为准，赐贾逵爵关内侯。

①《魏略》记载：当初，魏郡官属以公事很多，有所急迫，听说贾逵要当郡太守，举府涌到邺县衙门外。及至上任的公文来到，贾逵走出衙门，而郡府官属挡着门，在贾逵的车下拜谒。贾逵抵掌曰：“不过是换了个治所，何必这样？！”

②《魏略》记载：贾逵担任豫州刺史，向曹丕进言：“臣为魏王守护天门，出入六年，天门始开，而臣在外。愿殿下为兆民计，无违天下人之望。”

豫州南面与吴国接壤，贾逵修建哨所，修缮军械、武器装备，为边境攻守做好准备，吴军不敢来犯。贾逵对外整饬军队，对内处理民事，疏浚鄢水、汝水，修葺水塘，又截断山间流出的溪水，修建小弋阳水塘，又凿通运河二百余里，人们称之为“贾侯渠”。黄初年间，贾逵与诸将讨伐吴国，在洞浦大败吕范，受封为阳里亭侯，兼任建威将军。明帝即位，增加贾逵食邑二百户，合并之前，共享有四百户。当时，孙权在东关，正对着豫州的南面，距离长江四百余里。每次出兵为寇，总是西边从江夏，东边从庐江。魏军征伐吴国，也是从淮水、沔水出兵。当时，豫州军队驻扎在项城，汝南郡、弋阳郡诸郡仅守卫边境而已。孙权并无北方之虞，东西军情紧急，可以相互出兵救援，很少失利。贾逵认为，应该开凿一条运河，直通长江，如果孙权亲自守卫东关，则可以攻击江夏、庐江两地；如果江夏、庐江两地失守，则魏军可以直取东关。贾逵移驻军队，驻扎在潦口，布置好军队，准备进攻吴国，明帝赞成贾逵的方略。

吴将张婴、王崇率领部众投降魏国。太和二年，明帝诏令贾逵监督前将军满宠、东莞郡太守胡质等四部人马，魏军从西阳出兵，直指东关，曹休从皖城，司马懿从江陵出兵。贾逵到了五将山，曹休再次上表，吴军有请求投降者，奏请深入吴国接应。明帝诏令司马懿就地驻军，贾逵东行，与曹休共同进军。贾逵揣度，吴军在东关没有守备，一定会在皖城聚集；曹休深入吴地，与吴军作战，一定会失败。贾逵部署诸将，水陆并进，前进二百里，俘虏吴军士兵，俘虏说曹休已经战败，孙权派兵截断夹石。一时间，魏军诸将不知该从何处进兵，有人说等待援军。贾逵说：“曹休兵败于外，退路断绝于内，进不能战，退不能回，安危之机，就在今日。吴贼以为魏军没有后援，故这样部署；现在我军疾进，出其不意，此所谓‘先发制人，以夺其心’也，吴贼看见我军，必然退走。如果等待后方援军，吴贼已经截断险要，援军虽多，又有何益？”于是，贾逵指挥魏军，兼道而行，多设旗鼓，作为疑兵。吴军见贾逵军杀来，遂退走。贾逵占据夹石，向曹休运去军粮，支援曹休，曹休军遂又军心大振。当初，贾逵与曹休不和。黄初年间，文帝欲令贾逵持符节，曹休说：“贾逵性情刚烈，多次侮慢诸将，不可以持符节，担当都督大任。”文帝作罢。及至夹石之败，如果不是贾逵，曹休军几乎全军覆没。[①]

①《魏略》记载：曹休怨恨贾逵进军太迟，呵责贾逵，派主事者敕令豫州刺史前来捡拾丢

弃的武器。贾逵心直口快，对曹休讲："作为国家任命的豫州刺史，不是用来捡拾丢弃的武器的。"及至引军撤回。贾逵遂与曹休相互上表弹劾，文帝虽然知道贾逵理直，但因曹休是宗室，对两人都没有责难。

《魏书》记载：曹休仍然耿耿于怀，欲以贾逵后到延期为贾逵定罪，贾逵始终不再讲话，当时人因此多称赞贾逵。

习凿齿曰：对贤士来讲，对外以身虚己、对内以身下物，妒忌之名，还会由此而产生？有妒忌之名者，都是因为斤斤计较事物，总想着胜负，想着名利。若总想着私利，将会败坏国家、危害黎民，这样的人，即使倾覆，于我何利？我苟无利，乘之曷为？以这样的态度处世，则心胸坦荡。今忍其私忿，而急彼之忧，冒难犯险，令其免之于害，使功显于明君，惠施于百姓，身登君子之途，义愧敌方之心，虽豺虎，犹将不觉所能害，更何况曹休乎？然则济彼之危，所以成我之胜，不计宿怨，所以服彼之心，公义既成，私利亦弘，可谓善争。在于未能忘胜之流，不由于此而能济胜者，未之有也。

贾逵病重，对身边人讲："我蒙受国家厚恩，恨不能斩杀孙权，以此去见先帝。丧事从简，不得铺张浪费。"贾逵去世，谥号为肃侯。[①]嗣子贾充继承爵位。豫州吏民追思贾逵，为贾逵刻石勒碑，建立祠庙。青龙年间，明帝东征，乘坐辇车来到贾逵的祠庙，下诏说："昨天路过项城，看见贾逵的石碑和神位头像，念之令人怆然。古人有言，但患名之不立，不患年之不长。贾逵存忠义之心，功勋卓著，不幸去世，令人追思，可谓死而不朽矣。其布告天下，以劝勉将来。"[②]贾充，咸熙年间担任中护军。[③]

①《魏书》记载：贾逵享年五十五岁。

②《魏略》记载：甘露二年，皇帝（曹髦）车驾东征，驻扎在项城，再次进入贾逵的祠庙，下诏："贾逵没有遗爱，历世见祀。追闻风烈，朕甚嘉赏之。在往昔，先帝东征，亦临幸于此，亲发德音，褒扬贾逵之美，徘徊之心，益有慨然！夫礼贤之义，或扫其坟墓，或修其门闾，用以崇敬也。扫除祠堂，有穿漏者修补之。"

③《晋诸公赞》记载：贾充，字公闾，甘露年间，担任大将军幕府长史。高贵乡公遇难，司马文王幸赖贾充，贾充得以免遭讥讽。贾充身为晋室元功之臣，官至太宰，受封为鲁公。去世后，谥号为武公。

《魏略·列传》以贾逵、李孚、杨沛三人为一卷，今列李孚、杨沛二人，继贾逵之后。

李孚，字子宪，钜鹿郡人。兴平年间，本郡人民遭受饥困。李孚身为儒生，种植薤菜，欲以生活计。有人向其索要，亦不与一茎，也不自食，故当时人不知其何意。后来，李孚担任官吏。建安年间，袁尚兼领冀州牧，任命李孚为主簿。袁尚与其兄袁谭争斗，袁尚出兵，进抵平原郡，留下别驾审配守卫邺城，李孚跟随袁尚。恰逢太祖围困邺城，袁尚还军，欲救援邺城，还未到，袁尚怀疑邺城中守备太少，欲令审配了解城外的情况，与李孚商议派谁进城。李孚回答袁尚："今日派小人进城，恐不足以知内外，且担心不能表达清楚。李孚请求，亲自进城。"袁尚问李孚："当率领多少人进城？"李孚答："听说邺城外围很紧，人多了容易被发觉。臣以为，只需要率领三名骑兵，足矣。”袁尚听其计。李孚选了三名亲信，不告诉他们去哪里，只是让他们准备好干粮，不得携带兵器，各准备一匹快马。遂辞别袁尚，南下，途中在亭传休息。及至到了梁淇，李孚派从者砍了问事杖三十根，系在马鞍边，李孚自己戴着平上帻巾，率领三名骑兵，在夜色中来到邺城下。在当时，大将军虽然有禁令，而割草喂马者仍然很多。故李孚夜晚到达邺城，在鼓声一更时，自称都督，经北围沿路向东去，从东围又沿路向南去，途中不断呵斥守围将士，随其轻重，而行处罚。遂逐步走到太祖的大营前，径自向南，从南围困角落，又向西折去。当走到章门，又大声呵斥守围者，收捕绑缚。借机打开其围困，疾驰至城下，呼喊城上的人，城上的人以绳引之，李孚得以进入城内。审配等看到李孚，悲喜交加，鼓掌欢呼万岁。守围者将李孚进入城中的情况报告，太祖大笑，说：“这不过是侥幸入城，再看他怎么出来。”李孚事情办完后，欲出城返回，看到城外的围困一定会更加警惕，不敢再冒险。想到自己的使命已经完成，应当迅速返回，又暗生一计，对审配讲：“而今，城中的粮食很少，无用老弱太多，不如把他们驱赶出城，这样可以节省下很多粮食。”审配听其计，当天夜晚，挑选数千人，让他们打着白色旗幡，从三个城门出城投降。又让人人手持火把，李孚很快穿上投降人的服装，随着这些举旗投降者，趁着夜色出了城。当时，守围的将士听说城中人要投降，又见火光照耀，便一同看着发生了什么事，不再注意包围圈。李孚从北门出去，随即从西北角突围出去。第二天天明后，太祖听说李孚已经突围而去，抵掌大笑，说：“果如吾言也。”李孚来见袁尚，袁尚很高兴。然而袁尚不能救援邺城，败走中山。袁谭又追击袁尚，袁尚落荒逃走。李孚与袁尚失去联系，遂到袁谭处，又担任袁谭的主簿，向东返回平原郡。曹操进攻袁谭，袁谭战死。李孚回到城中，城中人虽然必须投降，袁尚在外扰乱，还未安定下来。李孚以权宜之计来见曹操，骑马走到牙门，自称冀州主簿李孚，欲亲自向曹公禀报密事。曹操接见，李孚叩头谢恩。曹操问其要禀报何秘密，李孚答：“而今，城中强弱相互欺凌，民众心中皆不能安定。臣以为，应该令新投降者向城内所认识者宣明教令。”曹公对李孚讲：“卿回去，向城内宣明教令。”李孚跪在地上请教，曹公说：“以卿的意思，宣明即可。”李孚回到城中，宣明教令：“各安其业，不得相互欺凌。”城中很快安定下来，李孚返回曹公处禀报，曹公认为李孚可谓良吏，足以担任要职。恰逢此时，正在裁撤冗员。李孚暂时代理解县长，在任上，李孚以严厉显示能力，稍后升任司隶校尉。当时，李孚已经七十余岁，在处理政事时仍毫无倦意，而治理的效果不逊于以往。在阳平郡太守任上，李孚去世。李孚本姓冯，后改为李。

杨沛，字孔渠，左冯翊万年县人。初平年间，杨沛担任三公府令史，以牒令改任新郑县长。兴平末年，人们大多饥困，杨沛在任上，让民众多储存干桑葚，收获豋（lāo）豆，看到收获有余者，即补充不足，积蓄一千余斛，藏在小仓库。恰逢太祖担任兖州刺史，西迎天子，率领一千余人，缺少粮食。经过新郑县，杨沛谒见太祖，向太祖贡献干桑葚，太祖大喜。及至太祖辅政，杨沛改任长社县令。当时，曹洪的宾客在县界，征调时，不肯按照章程办事，杨沛先打折宾客的脚踝，随后诛杀。由此，太祖认为杨沛是一位能吏。杨沛历任九江郡、东平郡、乐安郡太守，在任上皆有政绩。因为与督军争斗，杨沛被判髡刑五年。服刑未满，恰逢太祖出征来到谯县，听说邺城民众不能谨奉法令，遂颁发教选令，选人担任邺县县令，要在执法严格方面能够与杨沛相比。最后，杨沛从刑徒中被起用，担任邺县县令。杨沛已经拜受印绶，太祖接见，问杨沛：“将何以治理邺县？”杨沛答：“竭尽心力，宣示法令。”曹操说：“答得好。”回过头来，对座席上的人讲："诸君，此人可畏，要小心呀！"曹操赐杨沛奴婢十人、绢帛一百匹，欲以此勉励，同时回报当年的干桑葚。杨沛辞别，还未到达邺城，军中豪右曹洪、刘勋等，畏惧杨沛的大名，派遣家人，骑快马通知邺县的子弟，让他们各自检点。杨沛担任县令数年，以功劳升任护羌都尉。建安十六年，马超反叛，大军西征，杨沛随军，都督孟津渡黄河事宜。太祖已经渡到南岸，其余者还未渡河完毕，而中黄门在前面渡河，忘记所带的行轩，私自北渡，回来取，向官吏请求杨沛再派一条小船，欲独自渡过黄河。官吏呵斥中黄门，不肯派，中黄门与官吏争执。杨沛问中黄门："有公文吗？"中黄门答："没有公文。"杨沛大怒，说："怎么知道你不是逃亡犯？"令人抓住中黄门的头发，用棍子捶打，中黄门狼狈逃窜，衣帻皆被撕裂，向曹操控告杨沛。曹操说："你没有被打死，还算是侥幸。"从此，杨沛声名远震。及至关中残破，杨沛代替张既，兼领京兆尹。黄初年间，儒雅并进，杨沛原来是以能吏受到重用，遂以议郎冗散，回到里巷。杨沛前后担任过几个郡县的太守、县令，不以私意讨好他人，又不肯屈服于贵人，故退身居家，家无余财。在家中养病，从儿子那里借房子居住，家中没有奴婢。后来，在河南夕阳亭，得到二顷荒芜的田地，杨沛在此建起一座瓜牛庐，居住在里面，其妻子跟着挨饿受冻。杨沛病逝，乡里人、亲友及故吏为杨沛殡殓安葬。

陈寿评论如下：汉室衰微，天下丧乱以来，州部刺史总领诸郡，在外掌握赋敛税收，督查各郡政务，不像过去，州部刺史仅负责监察而已。曹操创立基业，直至魏国结束，担任州部刺史的官员都有崇高的威望，可谓名至实归的干才。很多刺史通达政务，善于临机应变，以恩威并施治理地方，故能够肃清万里疆域，受到后人赞颂。

魏书十六

任苏杜郑仓传第十六

任峻，字伯达，河南郡中牟县人。东汉末年，天下大乱，函谷关以东诸郡县皆受到震动。中牟县令杨原愁眉不展，欲弃官逃走。任峻劝谏杨原："董卓在朝中作乱，天下人莫不侧目，然而还未有率先讨伐董贼者，并非无其心，是力量太弱，未敢贸然起事。明府若能首倡义举，必有响应者。"杨原问："我该怎么办？"任峻答："如今，河南郡有十余个县，能够当兵者不下万人，明府若能代行河南郡大尹权事，总而用之，极有可能成功。"杨原采纳任峻的建议，任命任峻为主簿。任峻为杨原上表朝廷，让杨原代行河南郡大尹职事，同时，命令各县坚守待援，随后杨原发兵。恰逢曹操在关东起兵，进入中牟县界，杨原的部众不知该如何是好，任峻独自与同郡人张奋商议，举河南郡归附曹操。任峻又另外召集族人及宾客、家兵数百人，表示愿意追随曹操。曹操大喜，上表任命任峻为骑都尉，还把堂妹嫁给任峻，对任峻很信任。曹操每次出兵征伐，任峻常留守后方，为曹操供给军饷。当时，正遇上大旱，百姓陷入饥困，军粮不足，羽林监颍川郡人枣祗建议施行屯田制，曹操任命任峻为典农中郎将，招募百姓在许都旁边屯田，收获粮食一百万斛，在郡国同样设置屯田官，数年间，曹操占领的地域粮食大获丰收，仓廪装满粮食。官渡之战，曹操派任峻负责转运粮食及军用器械。袁军多次截断粮道，任峻安排一千辆运粮车，为一部，十路并行，又安排军队护卫，袁军不敢靠近。曹操军及地方百姓粮食充足。从枣祗谏言开始，到任峻负责屯田事务，解决了军民用粮问题。[①] 曹操认为，任峻的功劳很大，上表封任峻为都亭侯，享受食邑三百户，改任长水校尉。

①《魏武故事》记载：曹公教令："原陈留郡太守枣祇，秉性忠贞，能力超群。与孤共举义兵，周旋讨伐。后来，袁绍在冀州，也知道枣祇，欲得到枣祇。枣祇对孤忠诚，依附于孤，孤派枣祇兼领东阿县令。吕布作乱，兖州背叛孤，只有范县、东阿县为孤坚守不降，多赖枣祇率领士兵，据城坚守。后来，大军粮食匮乏，得到东阿县转运粮食救济，此乃枣祇之功也。及至剿灭黄巾军，定都许昌，得到贼寇的大量物资。枣祇又向孤谏言，开始建立屯田制，在当时，谋议者皆认为，应当按照耕牛数量缴纳粮食，佃农缴纳粮食的制度遂确定。施行后，枣祇向孤谏言，认为按照耕牛数量缴纳粮食，粮食丰收，缴纳的粮食不能增加，有水旱灾害，对佃农又有所伤害，大为不便。反复劝谏孤，孤也认为，应当按照既定政策，即使粮食丰收，也不宜改动。枣祇仍然坚持己见，孤不知所从，让枣祇与荀令君再商议。当时，原军祭酒侯声说：'按照官牛数量缴纳粮食，作为官田的政策。按照枣祇的建议，对于官府收缴粮食有利，对于佃农不利。'持这种观点的人很多，以此诘难荀令君。枣祇仍然自信，据理力争，还具体设计分田之术。孤这才同意，任命枣祇为屯田都尉，施行分田制。这一年，大获丰收，后来，又将此政策推广至大田，满足军粮需用，摧灭群逆，克定天下，以隆王室。枣祇的谏言，居功至伟，不幸过早去世，追赠枣祇郡守印绶，还未执行。今日想到此事，枣祇应该受封，稽留至今，孤之过也。枣祇的儿子枣处中，宜加封爵，以奉祀枣祇宗庙，作为不朽之事。"

《文士传》记载：枣祇本姓棘，先人避难，改姓氏为"枣"。孙子枣据，字道彦，在晋朝担任冀州刺史。枣据的儿子枣嵩，字台产，曾担任散骑常侍。二人都有才能，有很多著述。枣嵩的哥哥枣腆，字玄方，曾担任襄阳郡太守，也有文才。

任峻为人忠厚，待人宽恕，有度量，而且明事理，每次提出谏言，曹操多能采用。在遇上饥荒的时候，任峻收养朋友的遗孤，对于穷亲戚，任峻都能予以及时救助，对人讲信义。建安九年，任峻去世，曹操悲泣不止。嗣子任先继承爵位。任先去世，没有子嗣，撤销封爵。文帝追录功臣，追尊任峻谥号为成侯。又续封任峻的二儿子任览为关内侯。

苏则，字文师，右扶风武功县人。苏则从小以好学闻名，品学兼优，被举荐为孝廉、茂才，受到三公府征召，苏则不肯应召。后来，苏则从家中被起用，担任酒泉郡太守，改任安定郡、武都郡太守，[①]所在任上，均有政绩。曹操征伐张鲁，经过苏则任职的郡，与苏则相见，很高兴，令苏则担任向导。张鲁投降，苏则负责安绥下辩地区的氐人，打通河西通道，又改任金城郡太守。当时，正逢丧乱之后，吏民四处流亡，饥饿穷困，户口数大量减少，苏则对内安抚流民，耐心细致。对外，苏则怀柔羌胡，购买他们的牛羊，用以供给贫弱百姓。苏则与百姓同甘共苦，与人分享不多的粮食，旬月之间，很多流民归来，户口数增加上千家。苏则颁布禁令，有敢于犯禁者，杀无赦，对遵守法纪者，予以奖赏。苏则亲自指导民众耕种，当年获得大丰收，归附的百姓日益增多。李越在陇西造反，苏则率领羌胡包围李越，李越请求投降。曹操驾崩，西平县人麴演叛乱，自称护羌校尉。苏则随即派兵镇压。麴演恐慌，很快乞降。文帝以苏则有功，令苏则兼任护羌校尉，赐爵关内侯。[②]

①《魏书》记载：苏则刚直，疾恶如仇，常仰慕西汉大臣汲黯的为人。

《魏略》记载：苏则家族是当地的大姓，兴平年间，三辅大乱，百姓陷于饥困，苏则在北地郡避难，后来移居安定郡，依附富室师亮。师亮不能厚待苏则，苏则慨然叹息道："天下终会安定，不会太久，一定要返回安定郡，担任郡守，羞辱这些庸人。"后来，苏则与左冯翊人吉茂等隐居在郡南边的太白山中，以书籍自娱。及至担任安定郡太守，师亮等欲逃走。苏则听说后，预先派人向其解释，又以礼报之。

②《魏名臣奏》记载：文帝诏令，问雍州刺史张既："代理金城郡太守苏则，有安绥民众、平定夷乱之功，听说又出军平定湟中，为河西造声势，吾甚嘉赏之。苏则的功劳，可增加爵邑否？封爵的事情重大，故向卿咨询，密封告诉朕，且勿泄露。"张既奏闻："金城郡，此前，遭到韩遂屠戮、盘剥，人民大量死亡、逃散，或窜逃至戎狄，或陷入寇乱，户口不满五百。苏则到任后，对内安抚民众，以清除凋敝，对外招募离散的民众，而今，民众户口已经增加至一千余户。还有，梁烧的杂种羌，此前，与韩遂共同作恶，韩遂死后，羌人跨越边郡亭障要塞。加上苏则招募、怀柔，归附金城郡者，有三千余帐落，苏则予以抚恤，施以恩威，羌人皆愿意报效官府。西平县麴演等心怀邪谋，造反起事，苏则很快派兵，临其要害，麴演只好归命，送来人质，苏则大败贼寇，断绝其粮食。苏则有抚恤民众之功，又能安绥戎狄，尽忠守节。遭遇圣明，有功必录。若增加苏则的爵邑，诚足以劝勉忠臣，以励风俗。"

后来，麴演再次勾结相邻郡作乱，张掖郡人张进拘捕张掖郡太守杜通，酒泉郡人黄华不接受酒泉郡太守辛机的命令，张进、黄华都自称太守，响应麴演。武威郡三个胡人部落烧杀抢掠，道路一时间阻断。武威郡太守毌丘兴向苏则告急。当时，雍州、凉州的豪强威逼羌胡，以响应张进等造反，郡里人都认为，张进兵锋锐不可当。将军郝昭、魏平此前驻扎在金城郡，也受诏，不得西渡黄河。苏则召见郡府主要官员及郝昭等，与羌人首领商议："如今，贼势强盛，然而都是刚刚聚集，有些人或因为被迫无奈，未必同心；我们可乘其离心离德，相互猜忌，突然袭击，善人、恶人必然会分开，然后，招降其部众，增加我们的力量，削弱敌方。既可以充实我们的兵力，还可以鼓舞士气。而后，再率军讨伐，破之必矣。若等待大军，旷日持久，善人不能归降，必倒向恶人，善恶混杂在一起，势难分离。即使有朝廷诏命，作为权宜之计，也不妨试一下。"郝昭等同意苏则的建议，发兵救援武威郡，逼降三个部落的胡人，在张掖郡与毌丘兴一起，进攻张进。麴演闻报，率领步骑三千人，来迎接苏则，名义上是助战，实际上欲乘机作乱。苏则将计就计，与麴演相见，乘机斩杀麴演，将首级提出来给叛军看，麴演的党羽纷纷逃走。苏则与诸军围困张掖城，大败叛军，斩杀张进及其同党，余众投降。麴演军被打败，黄华恐惧，遂释放羁押的酒泉郡太守，乞求投降，河西平定。苏则返回金城郡。受封为都亭侯，享受食邑三百户。

朝廷征召苏则，拜为侍中，与董昭同朝为臣。董昭曾经枕着苏则的大腿睡觉，苏则推开董昭，说：“苏则的大腿，并非佞人之枕头。”当初，苏则和临菑侯曹植听说魏国将要取代汉室，二人穿上孝服，痛哭流涕，文帝听说曹植也这样做，没有听说苏则这样做。有一次，在洛阳，文帝从容问苏则：“我顺天应命，接受汉室禅让，听说有人为此而痛哭，哭什么？”苏则以为问自己，胡子都翘了起来，欲以正论回答。侍中傅巽掐了苏则一下，说：“不是问卿。”苏则这才放下心来。[①]文帝问苏则：“此前，君攻破酒泉郡、张掖郡，西域与魏国通使贡献，敦煌献上一寸直径的大珠，能再买些这样的大珠吗？”苏则回答：“如果陛下推行教化，仁德化被中原，流布沙漠，不用寻求，大珠自然会送来；靠购买得到大珠，不足道也。”文帝默然不语。后来，苏则跟随文帝打猎，围猎的围栏破损，鹿跑出去了，文帝大怒，坐在胡床上，拔出刀来，要收捕相关官吏诛杀。苏则叩头，说：“臣听说，古代圣王不以禽兽害人，而今，陛下正在倡导唐尧之教化，因为狩猎游戏，滥杀无辜官员，愚臣以为不可。臣冒死罪，请求陛下考虑！”文帝说：“卿，真乃直臣也。”于是赦免了相关官员。然而，从此以后，文帝对苏则有所忌惮。黄初四年，文帝贬苏则为东平国相。还未到任，苏则在途中病逝，谥号为刚侯。嗣子苏怡继承爵位。苏怡去世，没有子嗣，弟弟苏愉即位。苏愉，咸熙年间担任尚书。[②]

①《魏略》记载：按照旧礼，侍中负责皇帝起居，故俗称“执虎子”。在当时官员不能历任县令，苏则的同郡人吉茂，改为冗散。吉茂见到苏则，嘲笑道：“仕进不止，执虎子。”苏则笑道：“我诚不能像你一样，蹇蹇无为，推鹿车也。”当初，苏则在金城郡，听说汉献帝禅位，以为驾崩，于是发丧；后来又听说献帝还在，自以为不了解情况，仓促行事，意志消沉。临菑侯曹植因为没有被先帝立为继嗣，暗自伤心，也怨愤、激动，悲泣不已。后来文帝出游，仍记恨临菑侯，对身边人讲：“人心不同，我登上大位时，天下有哭泣者。”当时，侍从明白文帝的意思，有感而发，而苏则以为是说自己，欲下马谢罪，侍中傅巽以目示意，才醒悟。

孙盛曰：士不事其所非，不非其所事，趣舍出处，而岂徒哉！苏则既策名新朝，委质异代，而怀二心生忿，欲奋爽言，岂大雅君子去就之分哉？《诗经》云：“士也罔极，二三其德。”士之二三，犹丧妃偶，况人臣乎？

②苏愉，字休豫，历任太常、光禄大夫，见《晋百官名》。山涛启事，称苏愉忠贞、笃孝，有智慧。

裴松之按：苏愉的儿子苏绍，字世嗣，曾担任吴王的老师。石崇的妻子，就是苏绍的姐姐。苏绍有诗作，收集在《金谷集》。苏绍的弟弟苏慎，担任左卫将军。

杜畿，字伯侯，京兆杜陵县人。[①]年少时，杜畿成为孤儿，继母虐待杜畿，杜畿依然孝顺继母。二十岁时，杜畿在郡府担任功曹，代理郑县县令。县里有数百名在押犯人，杜畿亲自到监狱，按照犯罪轻重，很快判决完毕，虽然判案并非全部妥当，郡府官吏很惊讶，杜畿这么年轻，竟然有这么大的气魄。杜畿被举荐为孝廉，担任汉中郡府丞。恰逢天下大乱，杜畿弃官，客居荆州，建安年间，才返回家乡。荀彧向曹操推荐杜畿，[②] 曹操任命杜畿为司空司直，又改任护羌校尉，持符节，兼领西平郡太守。[③]

①《傅子》曰：杜畿是西汉御史大夫杜延年的后人。杜延年的父亲杜周，从南阳郡迁至茂陵县，杜延年迁至杜陵县，子孙后代即在杜陵县安家。

②《傅子》记载：杜畿从荆州返回，后来，来到许都，拜谒侍中耿纪，二人谈话至深夜。尚书令荀彧与耿纪比邻而居，夜间听到杜畿讲话，感到奇怪，第二天早晨，派人问耿纪："有国士而不进，何以居位？"荀彧见到杜畿，谈话后，犹如故旧相识，遂向朝廷举荐。

③《魏略》记载：年少时，杜畿胸怀大志，在荆州数年，继母去世，杜畿以三辅已经开通，带着母亲的棺柩北归。在路上，被贼寇所劫掠，众人皆惊慌逃走，杜畿不肯离去。贼寇用箭矢指向杜畿，杜畿向贼寇请求："卿欲得到财物，而今我并无财物，用箭矢射我，何为邪？"贼寇乃止。杜畿回到乡里，京兆尹张时，河东郡人，与杜畿有旧交情，任命杜畿为郡府功曹。张时曾经嫌杜畿迂阔，并不安排杜畿具体事务，只是说此人疏阔，不可担任功曹。杜畿私下讲："不担任功曹，一定要担任河东郡守。"

曹操平定河北，高幹又举兵在并州反叛。当时，河东郡太守王邑被征召，河东郡人卫固、范先对外声称，以奏请王邑回河东郡为名义，与高幹暗中勾结。曹操对荀彧讲："关西诸将，倚恃险要与骑兵，如果仓促间讨伐，必定会生乱。张晟在殽山、渑池之间寇掠，南边暗通刘表，卫固等倚恃其势力，我担心日久会成为大祸害。河东郡依山带河，四邻多有变故，是当今天下要地。君为我举荐萧何、寇恂那样的人才，以安抚河东郡。"荀彧答："杜畿可以。"[①] 曹操拜杜畿为河东郡太守。卫固等派出数千名士兵，阻断黄河茅津渡口，杜畿无法过河。曹操派遣夏侯惇讨伐卫固，大军还未到。有人对杜畿讲："应该等大军到来。"杜畿答："河东郡有三万户民众，并非都想要作乱。大军压境，逼迫过急，欲为善者，也会无所倚靠，必然恐惧，反而听命于卫固。卫固等势力扩张，一定会以死抵抗。讨伐如果不能很快取胜，四邻响应，天下之动乱，将难以平息；讨伐如果取胜，是残害一郡之民。而且，卫固等并未公开抗拒王命，对外以请回原太守为名义，必不肯加害新府君。我单车前往，出其不意。卫固为人多谋，却不能当机立断，必然佯装接受新君。我到郡府上任一个月，以计谋控制卫固，足矣。"杜畿沿小路从郖（郖音豆）津渡过黄河。[②] 范先欲杀害杜畿。威逼众人。[③] 范先观察杜畿去向，在郡府门前斩杀郡府主簿以下三十余名官员，杜畿神态自若。卫固说："杀之无损，徒有恶名，况且主动权在我手里。"遂奉迎杜畿。杜畿对卫固、范先讲："卫固、范先，是河东郡的望族，我仰慕已久，此次来河东郡担任郡守，不过坐享其成而已。然而，君臣名分，已有定义，成败之间，大事应当共同商议。"杜畿任命卫固为郡府都督，代行府丞职事，兼领功曹；郡府属下有三千多士兵，都由范先率领。卫固等很高兴，虽然表面服从杜畿，但并未把杜畿放在心里。卫固欲起兵，杜畿担心，劝说卫固：“欲成就非常之事，不可动摇众心。今日起兵，众人必然惊扰，不如慢慢出钱，招募兵员。”卫固以为然，接受建议，遂多方筹集钱财，经过数十日，准备完毕，诸将贪图钱财，答应多招募士兵，又很少派出兵员。杜畿又对卫固等讲：“凡属于人情，都会顾念家庭，诸将府掾，可以分批回家休息，遇到紧急时，再召回不迟。”卫固等担心违逆众意，只好采纳建议。于是，善人在外，暗中支持杜畿；恶人分散，各自返回家里，卫固的势力被化解。恰逢白骑进攻东垣县，高幹攻入濩泽，上党郡属下县邑杀害县长、县吏，弘农郡人拘押郡太守，卫固等秘密调兵，还未调集完毕。杜畿知道属下县邑已经归附自己，遂出城，独自率领数十名骑兵，赶赴张辟城，据城坚守的很多吏民举城援助杜畿，数十日，杜畿获得四千余人。卫固等与高幹、张晟进攻杜畿，坚城难以攻下，在县邑抢掠，一无所获。夏侯惇大军赶到，高幹、张晟被打败，卫固等被杀，余党被赦免，杜畿让他们返回家乡，恢复本业。

①《傅子》记载：荀彧称杜畿英勇，有智慧，善于应变，足以肩负大任，可以试之。

②《魏略》曰：当初，杜畿与卫固年少时相狎侮，卫固曾经轻视杜畿。杜畿与卫固相遇争道，杜畿对卫固讲：“仲坚，我今天担任河东郡守也。”卫固褰衣斥骂。及至杜畿到任，而卫固在郡府担任功曹。张时原来担任京兆尹。杜畿迎接司隶校尉，与张时在华阴县见面，张时、杜畿相见，按照礼仪，应该各自持笏板。张时叹息道：“昨日功曹，今日郡将！”

③《傅子》记载：范先云：“既欲为虎，而不愿食人肉，失所以为虎矣。今日不杀，必为后患。”

当时，天下郡县已经残破不堪，河东郡最先安定下来，没有受到大的损失。杜畿在河东郡治理，以宽厚待民，施惠于民众，采取无为而治的政策。常有民众来告状，曾经有诉讼者，杜畿亲自接见，向诉讼者晓之以理，让他们回家后，再细细思量，如果仍然想不通，再来告状。乡邑父老自相责备道：“有这样的府君，为何不服从教化呢？”从此以后，诉讼的人数大大减少。杜畿告诫属下县邑，举荐孝子、贞妇、顺孙，免除其徭役，按时抚恤、慰问。引导民众饲养母牛、母马，以及饲养鸡豚犬，制定一系列章程。百姓勤于农事，家家变得殷实。杜畿曾经说：“民众富裕，不可不予以教化。”于是，每年冬天，杜畿指导民众勤修戎事，讲习武艺，又开办学校，亲自执教，讲授经学，河东郡教化斐然。①

①《魏略》记载：博士乐详，被杜畿举荐。至今，河东郡有很多儒者，都说是杜畿教导的结果。

韩遂、马超叛乱，弘农郡、左冯翊多有追随者，很多县邑响应。河东郡虽然与叛军邻近，民众并无异心。曹操西征，大军进抵蒲坂，与叛军隔着渭河布设战阵，军粮全部靠河东郡供给。及至平定叛军，还剩下二十余万斛粮食。曹操下令："河东郡太守杜畿，是孔子讲的'禹，我不知该如何赞美'。增加杜畿俸禄为中二千石。"曹操征伐汉中，杜畿派遣五千人运粮，运粮者自我勉励："人皆有一死，绝不能辜负我们府君。"途中没有一人逃亡，杜畿在河东郡深得人心，可见一斑。[①]魏建国初，杜畿担任尚书。汉中郡平定后，曹操再次下令："在往昔，萧何镇守关中，寇恂平定河内，卿也有这样的功劳，此间将授予卿纳言；顾念河东郡是我的股肱之郡，战备物资供给之地，有河东郡，足以制衡天下，故暂且烦劳卿，镇守河东郡。"杜畿在河东郡十六年，政绩为天下第一。

①《杜氏新书》记载：平虏将军刘勋受到太祖信任，贵震朝廷。曾经向杜畿索求大枣，杜畿以其他事拒绝。后来，刘勋伏法，太祖得到杜畿的书信，叹息道："杜畿可谓'不媚于灶'者也。"称杜畿品德优秀，向州郡颁布教令："在往昔，仲尼之于颜回，每当谈起，不能不叹息，既情爱发于心中，又宜率马以骐骥。今我也希望众人，高山仰止，景行行止。"

曹丕即魏王位，赐杜畿爵关内侯。征召杜畿，拜为尚书。及至曹丕接受汉室禅让，继位为皇帝，晋升杜畿为丰乐亭侯。享受食邑一百户，[①]杜畿代理司隶校尉。文帝讨伐吴国，又任命杜畿为尚书仆射，留守后方，统领一应政务。其后，文帝巡幸许都，杜畿再次留守洛阳。受诏制造御楼船，在陶河试船，遇上风浪，杜畿与船一起沉没，不幸溺死。文帝为之流泪。[②]文帝下诏："在往昔，殷商祖先冥，勤于水官职守，溺死在水中，周室祖先后稷，勤于百谷种植，死于山谷。[③]原尚书仆射杜畿，在孟津试船，不幸与船一起沉没，杜畿忠心耿耿。朕甚为哀愍。"追赠杜畿太仆印绶，谥号为戴侯。嗣子杜恕继承爵位。[④]

①《魏略》曰：当初，杜畿在河东郡担任太守，得到命令，登记寡妇。在当时，其他郡的寡妇，有的已自行改嫁，按照命令，皆登记在册，剥夺婚姻，妇人啼哭，充塞道路。杜畿只是登记尚未嫁人的寡妇，故选送的寡妇很少。及至赵俨代替杜畿，担任郡太守，送出的寡妇很多。文帝问杜畿："此前君送出的寡妇很少，今人为何送出的很多？"杜畿回答："臣此前登记，皆死亡者的妻子，今日赵俨所送者，很多是改嫁后的妇人。"文帝及左右听了解释，大为吃惊。

②《魏氏春秋》记载：当初，杜畿曾见到一位童子，对杜畿讲："司命神派我来召先生。"杜畿向童子请求，童子说："今将为君求代替者。君慎勿言！"说罢，童子忽然不见。至此有二十年矣，杜畿又想起此事，当天，被水溺死，享年六十二岁。

③韦昭著《国语注》称毛氏《诗传》曰："冥，是契的六世孙，在夏代，担任水官，勤于职守，溺死于水中。后稷，是周室的远祖，名弃，播撒百谷，死于黑水之山。"

④《傅子》记载：杜畿与太仆李恢、东安郡太守郭智关系很好。李恢的儿子李丰结交英俊，以才智显名于天下。郭智的儿子郭冲有内秀，而无外观，州里不看好郭冲。杜畿担任尚书仆射，二人各以子孙礼来见杜畿。既退出，杜畿叹息道："孝懿无子，非徒无子，殆将无家。君谋为不死也，其子足以继承其家业。"当时人皆以杜畿为误。李恢死后，李丰担任中书令，父子兄弟皆被杀；郭冲担任代郡太守，子承父业；世人这才服杜畿知人。

《魏略》记载：李丰的父亲，名字叫李义，与此不同，李义是李恢的别名。

杜恕，字务伯，太和年间，担任散骑黄门侍郎。[①]杜恕待人诚恳，为人质朴，不喜欢修饰。年少时，杜恕没有什么名气，及至担任官员，不喜欢结交，一心为公。每当政事有所缺失，杜恕常引用律令，以正言谏诤，受到侍中辛毗等人器重。

①《杜氏新书》记载：年少时，杜恕与右冯翊李丰俱因为父亲的职务，二人关系很好。及至长大成人，李丰砥砺节操，以博取名誉，而杜恕不顾礼节，率性随意，与李丰旨趣相殊。李丰最终显名于一时，京师的士人多为之游说。而当权者有人却认为李丰名过其实，认为杜恕怀有玉石。由此，杜恕被李丰所不善。杜恕也随其自然，并不努力追逐时尚。李丰以显名，出仕朝廷，杜恕仍然闲居在家，泰然自若。明帝以杜恕是大臣的儿子，擢拜杜恕为散骑侍郎，数月后，补任黄门侍郎。

当时，公卿以下官员，大谈礼仪损益，杜恕认为："古代的州部刺史，谨守六条律令，督查郡府及以下官员，以清静为名，然而威风著称，而今，朝廷可诏令州部刺史，不再领兵，专心于民事。"不久，镇北将军吕昭又兼领冀州牧，[①]杜恕上疏：

①《世语》记载：吕昭，字子展，东平郡人。长子吕巽，字长悌，在相国府担任府掾，有宠于司马文王。次子吕安，字仲悌，与嵇康的关系很好，与嵇康一起被杀。次子吕粹，字季悌，曾担任河南郡大尹。吕粹的儿子吕预，字景虞，曾担任御史中丞。

帝王之道，莫不重视安民；安定民众之术，在于使民众的家产丰厚，使民众的家产丰厚，重在务本而节用。而今，东吴、西蜀二贼，尚未剿灭，戎事未休，战车驰骋，此时，正是熊虎之士施展才能之时。乡间的搢绅儒士，依然羡慕戎事，扼腕抗论，以孙膑、吴起为模仿，州郡牧守，更是忽略安抚民众之术，热衷于领兵打仗。务农植桑之民，竞相舞刀弄枪，忘却务农之业。国家库藏空虚，而法令制度日广，民力衰竭，而赋税徭役倍增，不可能节用。而今，大魏已经有十州之地，继承天下丧乱之弊，统计户口人数，不如昔日一个州的民众，还有，东吴、西蜀二贼，僭越谋逆，北方胡虏，尚未宾服，幽州、并州、凉州，三边遘难，环绕边郡，尚未安静；因此，大魏统领一州之民，却要经营九州之地，甚为艰难，犹如鞭策羸马，匆忙赶路，岂能不加意爱惜民力？以武皇帝之节俭，库藏之充实，犹不能令十州拥有兵力；更何况现在有二十个郡之多。今天，荆州、扬州、青州、徐州、幽州、并州、雍州、凉州及诸沿边州，皆有军队驻扎，国家所恃州郡，用以充实库藏，外制四夷，只有兖州、豫州、司隶、冀州可用。臣此前以州郡拥有兵力，州牧郡守专心于武功，不勤于民事，多次谏言，朝廷应当另外安排将领，让州牧郡守专心于治民；而陛下又任命吕昭兼领冀州刺史。冀州的户口人数最多，农田大多得到开发，又有桑枣之富饶，是国家征缴赋税之地，诚不当令州牧再兼军事。如果认为冀州是北方，须安排将军镇守，可以专门安排大将镇守。统计将军幕府的花费，与兼任地方首长，并无差别。安排吕昭这样的将军，并不困难；朝中缺乏人才，兼有文武之才者，并不很多。以此推论，国家是在以人设官，而不是以官择人。官位得其人，治理百姓，处理讼案，可以做到公平。政平则民富，讼案公平，则囹圄空虚。陛下即位初，天下断狱结案仅有一百数十人，年年增多，至今已有五百余人。百姓没有增加，法律不应太严峻，以此推论，难道不是治理、教化失当，州牧郡守不称职吗？往年耕牛死亡，是十分之二；麦子的收获，仅有五成，秋粮还未播下。如果东吴、西蜀二贼再次挑衅，国家需要用车船转运粮食，千里运输，恐怕还来不及供应。细想国家的治理之术，难道仅为强兵？武士劲旅越多，面临的困难会越大。天下就好像人的身体，心腹充实，四肢即使有病，终无大患。而今，兖州、豫州、司隶、冀州是天下心腹，因此，愚臣焦虑不安，愿陛下在安排四州的刺史、太守时，让他们专心于治民，以负担四肢。然而，臣的谏言，孤掌难鸣，触犯某些人的利益，难以奏效，众人的怨言积累，有疑虑者，又难以逐一解释，多次谏言，不为明主省察。凡坚持这些主张者，大多位卑言轻；位卑之言，的确难以令众人信服。善言如果仅来自亲贵，亲贵更不愿犯四难，触犯陛下爱幸，这正是古今所患也。

当时，朝臣在廷议时，很多人大谈官员考核，主张考核朝廷内外官员。杜恕认为，用人不能发挥作用，即使有才能，对政事也无帮助，目前的考核，并不能解决官员使用中的问题，对官员的要求，也不符合实际。杜恕上疏：

《尚书》讲：“明试以功，三次考核，决定官员升降去留。”因此，古代帝王在盛世时，特别强调能力，授予官职，有功劳者受任，才能享受俸禄，就像乌获举起千钧之重，王良、伯乐善于相马。虽然经历唐、虞、夏、商、周、汉六代，对官员的考功，仍然不完备，古代有尧、舜、禹、汤、文、武、周公七位圣人，如何考核官员，语焉不详，臣诚以为，考核官员，大致要有一个框架，至于细节，难以详备。《论语》讲：“世上有乱人，而无乱法。”如果制定考核的文法，可以管万世，那么，唐尧、虞舜无须有后稷、商契这样的贤臣辅佐，殷室、周室不会重视伊尹、吕尚。今天，臣上奏关于考功，举出周室、汉室的例子，附带西汉大臣京房的考功要点，阐明考功的重要，以施行考功，推动揖让之风，大兴勤勉之治理，臣以为未必尽美尽善。让州郡官员考查士人，要考查四科，才会事到功成。对官员察举，在各级试用，确实是亲民的县官、县吏，以功劳渐次补任郡守，或增加俸禄、拜授爵位，这些都是考功的急务。臣以为，应该以考功区别官员，从能力到品行，愿陛下采纳谏言，让考功成为常法，法律有可操作性，一旦制定，必信之于赏，必行之于罚。至于公卿及朝中大臣，也应该施行考功。

古代的三公，坐而论道，朝中大臣，由纳言拾遗补阙，无善不记，无过不举。天下至大，万机至众，诚非一明所能普照。君王作为元首，大臣作为股肱，明确为一体，相辅相成。因此，古人称廊庙之材，非一木所能支撑；帝王之业，非一士所用谋略。由此看来，焉有大臣谨守职责，予以考功，而导致官员慵懒、散漫！布衣之交，还要言必信，行必果，发出誓言，甚至赴汤蹈火，因知己而感动，可以披肝沥胆，坚守节义，为声名不惜殒命，更何况戴冠束带的官员，立于朝堂，位至卿相，所务者，绝非匹夫之信义，所感者，绝非知己之恩惠，所殒命者，岂仅为名声！

诸位大臣蒙受朝廷荣禄，担负重任，不仅要想到，举明主与唐尧、虞舜；自身也要侧身于后稷、商契。因此，古人不患于治国之心，而患自身能否尽职守责，这正是人主的要求。唐尧、虞舜作为圣君，委任后稷、商契、夔、龙，责其成功，至于犯罪的大臣，圣君也会诛杀鲧，流放四凶。而今，大臣亲奉明诏，担任要职，应有夙夜在公、恪尽职责的操守。当官不阿附权贵，执法公平，不徇私情，有危言危行，在朝廷任职，明主也应该明察。那些尸位素餐者，以为高明，事不关己，明哲保身，以为智慧，当官苟且于免责，立朝不忘于容身，只懂得洁身自好，遇事逊言，在朝廷身处高位，明主也应该察觉。如果让安身保位，没有流放、斥退的惩治，那么尽节在公，却遭无端怀疑，公义不修，私议成风，即使有仲尼划策，也不能人尽其才，更何况俗人！今天的学者，效法商鞅、韩非子的法家学说，崇尚依法治国，竞相以儒家为迂腐，不达时务，这正是风俗之流弊，创业须谨慎也。

此后，对官员的考核，依然没有施行。①

①《杜氏新书》记载：当时，李丰担任常侍，黄门侍郎袁侃改任吏部侍郎，荀俣出任东郡太守，三人都是杜恕的好友。

乐安郡人廉昭以才能受到提拔，喜欢上书言事。杜恕上疏谏诤：

臣注意到，尚书侍郎廉昭弹劾左丞曹璠以罚代罪，不依诏命，认为应该审问曹璠，予以惩治，还说："另外获罪者，再奏报。"尚书令陈矫自我弹劾，不敢逃避惩罚，也不敢以处罚过重，不再恭肃尽责，其奏文恳切。臣读了奏文，深表哀悯，为朝廷可惜！圣人不择世而兴，不易民而治，然而，生民一定要有贤智之教诲，才能进之以道学，率之以古礼。古代帝王之所以能治理天下，统御万民，莫不重视远得百姓之欢心，近尽群臣之努力。如果朝中任职大臣都是选任的天下贤士，但是不能尽力，不能叫作善用人才；如果需用的官员不是优秀士人，也不能叫授职在人。陛下日理万机，有时甚至秉烛理政，然而，政事仍有不妥，刑罚、禁令日渐废弛，这难道不是股肱大臣不能尽职的原因？究其原因，不仅臣有不尽忠者，主上也有不能使用人才之失。百里奚在虞国愚昧，在秦国变得聪明，豫让苟且于中行氏，效死于智伯，古人对此已有定论。今天，臣的奏言，一朝之臣皆不能尽忠，是污蔑一朝之臣；然而事情有类比，可以由此类推。陛下深感帑藏不充实，战事不能平息，甚至减省四季御衣，减少宫中御物，这些是圣上发自内心的，举朝官员称颂圣明，要让大臣们都知道这些政事，促使他们勤勉效力，陛下怎会为这些事情而焦虑不安呢？

骑都尉王才，私下免除乐人孟思的不法行为，本应该受到处罚，此事震动京师，而其罪状来自小吏的揭发，公卿大臣对此并无一言。自从陛下即位以来，司隶校尉、御史中丞负责端正纲纪，维护法律。以督查奸宄来讲，有谨守职守，使朝廷肃然者吗？如果陛下认为，今世无良才，朝廷乏贤佐，又如何追溯古代后稷、商契之踪迹，坐待来世之俊乂乎！今天所谓的贤者，都是当朝大官，享有丰厚的俸禄，然而奉上之节未立，向公之心不一，委任之责不负，再加上风气多有忌讳。臣以为，忠臣不必宠幸，宠幸之臣未必尽忠。何者？因为他们身居无嫌疑之位，而该做的事情，以为已经尽力。而今，如果有疏远的官员，弹劾某位大臣，不核实所弹劾内容是否属实，一定会说，这是公报私仇，被人所憎恶；赞誉某位大臣，也不核查是否属实，一定会说，这是为谋取私利。陛下身边人也会进谗言，或无妄赞誉某人。不仅弹劾、赞誉有之，政事损益，也有这样的情况。陛下应当广纳朝臣之谏言，勉励有道之士人，让坚守正道直行的大臣像古代的贤士，留清名于史。不要让廉昭这样的佞臣，祸乱其间，臣担心，如果这样，大臣将会容身保位，坐观得失，被后世人所警戒！

在往昔，周公告诫儿子鲁侯："不要使大臣怨乎不已。"周公不言贤愚，意思是无论贤愚，皆可为当世所用。尧帝称赞虞舜的功劳，包括放逐四凶，不言罪行之大小，意思是有罪就要惩罚。而今，朝臣不自以为能力不够，而认为陛下不信任；不以为智力不行，而认为陛下不询问。陛下为何不遵照周公使用大臣的方法，虞舜惩治罪犯的手段？让侍中、尚书坐则侍帷幄，行则从华辇，面对面诏问，陈述亲耳听到，那么，群臣的能力及品行，皆可以得知。忠诚有能力者进，昏昧无能力者退，谁还敢阳奉阴违？以陛下之圣明，亲自与群臣议论政事，让群臣人尽其才，人皆能受到信任，人皆思如何报国，无论贤愚，全在于陛下使用。治理天下，何事不能成？建立功业，何功不能立？每当有军事，诏书常说："谁当忧虑此者邪？吾当自忧耳。"最近，诏书又说："忧公忘私者，必不会这样，先公后私者，会自觉去做。"臣伏读明诏，乃知圣上思虑，阅尽下情，然而，臣亦怪陛下不治其本，而忧其末。人之能否，实有本性，臣也认为，朝臣不能尽职。明主用人，让有能力者不遗余力，让无能力者不得负责。选举官员，用非其人，未必有罪；满朝官员容忍之，才是咄咄怪事。陛下知道官员不尽力，而代之以忧虑，知其没有能力，仍然让其主管某事，这不是令君主劳累，臣子安逸吗？即使圣贤再世，终不能以此作为治世。

陛下担心台阁不能保密，人事请托，屡禁不绝，像伊尹一样，制定宾客出入的制度，选任司徒，更换恶吏，谨守府衙大门。禁令迭出，其实并未抓住本质。在汉安帝时，少府窦嘉任命廷尉郭躬无罪的侄子，被官员弹劾，弹劾的奏章纷纷。近世司隶校尉孔羡任命大将军的狂悖子弟，朝廷官员默然不闻，观望风向，甚于私人请托。选举不以实绩，人事之大患也。[①] 窦嘉有后宫亲戚之贵，郭躬并非社稷重臣，尚且如此；以今天对比古人，陛下没有率身垂范，严肃赏罚，以杜绝阿谀之风，造成结党营私之果。伊尹制定制度，恶吏守门，并非治世之根本。臣的谏言，陛下能稍微省察，何患奸臣不能铲除，而豢养像廉昭这样的佞臣！

纠察、检举奸究，是忠于国家的好事，世人憎恶由小人来做，因为奸人不顾道义，只懂得安身保命，苟且升职。如果陛下不考察此事之始终，会违背众意，把奸人当作奉公办事，诬陷他人当作无私尽节，学问渊博之人，为何不做这种事？因为有学问者，会顾及道理，不屑于做此类事。天下人皆愿意违背道义，追逐利益，那么，这是人主最担心之事，陛下愿意这样行事吗？为何不绝其萌芽？那些秉承旨意，以求做事漂亮者，都是天下浅薄无行之人，其真实意图，在于迎合人主，并非欲治理天下，安定百姓。陛下何不试着改变做法，这样，邪人还怎么投机取巧，迎合圣意？人臣获得人主欢心，其实还是为了个人；身处尊显之位，是光耀祖宗之事；饱食千钟之俸禄，是实实在在的利益。人臣即使再愚蠢，无不乐此不疲，喜欢忤逆圣意者，迫于道义，不得已而为之。陛下应当哀怜他们的忠心，予以宽宥，委以要职，为何反而采纳佞臣的意见，忽视忠臣的谏言？而今，国家外面有蠢蠢欲动之寇，国内有穷困饥饿之民，陛下应深思天下之安危，政事之得失，诚不可以懈怠也。

杜恕在朝中八年，提出谏言，不避忌讳，始终正言极谏，多类似于这些。

①裴松之按：大将军，指司马宣王。《晋书》记载："司马宣王的五弟，名字叫司马通，担任司隶校尉从事。"怀疑是杜恕所言狂悖者。司马通的儿子司马顺，受封为龙阳亭侯，晋接受魏禅让，以不达天命，守节不移，被削去爵土，流放至武威郡。

后来，杜恕出任弘农郡太守，几年后，又改任赵国相，[①]因为有病，杜恕辞去官职。[②]杜恕又从家中被起用，担任河东郡太守，一年后，改任淮北督护军，因病辞去官职。杜恕在任上，能坚持原则，识大体，专注于施惠于民众，得到民众拥戴，但不如父亲杜畿。不久，杜恕入朝担任御史中丞。杜恕在朝廷，因不能获得当权者满意，多次被外放，担任几个地方的官员，又出任幽州刺史，兼领建威将军，持符节，兼护乌丸校尉。当时，征北将军程喜驻扎在蓟县，尚书袁侃等告诫杜恕："先帝时，程申伯在青州排挤田园让。足下和程申伯一样，持符节，驻扎在一座城里，要谨慎待之。"杜恕不以为然。任职不到一年，有鲜卑首领的儿子，不经过关塞检查，率领数十名骑兵，径直来到州部，州部官员斩杀一名骑兵，杜恕没有上表、汇报。程喜借此事弹劾杜恕，杜恕被捕，交予廷尉审理，被判处死罪。曹芳以杜畿生前有功于朝廷，恪尽职守，在任上因公溺死在江里，赦免杜恕，贬为庶人。杜恕迁至章武郡，这一年是嘉平元年。[③]杜恕为人倜傥，处世率意，对人没有戒心，招致落败。

①《魏略》记载：杜恕在弘农郡，为政宽和，施惠于民众。及至离任，朝廷以孟康代替杜恕，继任弘农郡太守。孟康，字公休，安平郡人。黄初年间，因为是郭后的外戚，接受九亲赐拜，稍后，改任散骑侍郎。在当时，散骑以高才儒生充任，孟康因为是外戚，在职期间，故世人皆轻视，称其为"阿九"。孟康才思敏捷，因为是冗官，闲暇时博览群书，后来，有所奏言，其文辞典雅，切中要害，众人才注意。正始年间，孟康出任弘农郡太守，兼典农校尉。孟康到任，严于律己，奉职守责，为人亲善，自谦能力不行，平息狱讼，为了民众利益，尽力而为。郡府有吏员二百余人，春天休假，四人只有一人准假，政事不过夜，按时出巡，预先敕令督邮，不得令属官派人伺候，安排住宿。孟康不想烦扰吏民，常预先敕令吏卒各带镰刀，沿途自割马草，不让亭传供给，有时露宿树下，所带随从，不过十余人。郡里的道路，常有一些宾客过往，孟康认为，不是公家的宾客，不能随便招待；若是故旧造访，孟康则用自家的财物待客。孟康当初拜受官职，众人虽然知道孟康有志气，但从未担任过宰牧，也不知道他的能力如何；孟康向民众施以恩惠，治理有效，吏民称颂。嘉平末年，孟康从渤海郡太守任上受到征召，入朝担任中书令，后改任中书监。

②《杜氏新书》记载：杜恕离开京师，在宜阳县营建一座泉坞，壁垒、沟堑坚固，大小适宜，遂在此安家。明帝驾崩，很多人为杜恕讲话。

③《杜氏新书》记载：程喜欲令杜恕折节谢己，暗示司马宋权向杜恕示意。杜恕回复宋权："足下示以委曲。天下事，当然应以善意相待，无不致快意也；以不善意相待，无不致嫌隙也。而议者谈论，人的天性皆不善，不应当待以善意，更堕其中。在下得此辈，便欲蹈沧海，乘桴耳，不能甘愿留在其间。然而，在下已经五十二岁，不见废弃，又得到明达君子，亮其本心；若在下不能亮本心，让人刳心著地，正与数斤肉相似，何足有所明意，故终不肯自我解释。征北将军程喜功名卓著，超过在下甚多，在下岂敢在征北将军之上！若令在下事无大小，先向征北将军咨询，而后才能施行，则非上司约束在下之意；若在下咨询，而征北将军不听，又非上下相顾之宜。故推诚相待，任其一意孤行，在下只有直道而行。诛杀胡人之事，天下人认为在下做得对，是在下按照章程办事；将军认为在下做得不对，在下只好领受，无所怨咎。征北将军明之亦善，不明之亦善，诸君子自然会有公论，不在仆所言。"程喜于是弹劾杜恕。

当初，杜恕从赵郡返回，陈留郡人阮武也从清河郡太守任上被召回，二人都要到廷尉署，听候审理。阮武对杜恕讲："观察君的相貌，以君的才能，可以处世公道，然而不够严厉，才能、气量足以当大官，然而，仕途不会顺利，才学可以谈论古今，志向不能始终如一，此所谓有其才，而不能任其用。而今，有一段闲暇时间，可以静思默想，著述写作，成一家之言。"在章武郡，杜恕完成著述《体论》八篇。[①]又写作《兴性论》，都是结合亲身经历，有感而发。嘉平四年，杜恕在彰武郡去世。

①《杜氏新书》记载：杜恕认为，人伦之大纲，莫重于君臣；立身之根本，莫在于言行；安上理民，莫精于政法；胜残去杀，莫善于用兵。作为"礼"，实乃万物之体，万物皆得其体，无有不善，故谓之《体论》。

甘露二年，河东郡人乐详，年龄九十余岁，上书称颂杜畿治理河东郡有功，朝廷深受感动。下诏封杜恕的儿子杜预为丰乐亭侯，享受食邑一百户。[①]

①《魏略》记载：乐详，字文载。年少时，乐详好学，建安初年，乐详听说公车署司马令南郡人谢该精通《左氏传》，从南阳郡步行来到许都，向谢该咨询要点、疑难，今《左氏乐氏问七十二事》，就是乐详撰写。乐详咨询罢，回归家乡，当时，杜畿担任郡太守，也喜欢《左氏传》，任命乐详为郡府文学祭酒，让乐详指导后进，于是，河东郡的儒学大兴。到了黄初年间，乐详受到征召，拜为博士。当时，太学刚建立，有博士十余人，很多学者知识褊狭，又不熟悉《左氏传》，讲授大略，还不能亲自讲授，仅为备员而已。只有乐详五经都精通，有些内容难解，质而不解，乐详毫无愠色，以杖画地，旁征博引，甚至废寝忘食，因此，乐详的学问远近闻名。乐详的学问不但好，而且善于推步三五，受皇帝特诏，与太史勘定律历。太和年间，乐详改任骑都尉。乐详学问优良，然而能力不够，故历经三世皇帝，没有出任州宰、郡守。正始年间，

乐详以年老退休，回家休息，宗族归附乐详，乐详有门生数千人。

杜恕的奏书，就朝政提出的谏言，蔚为大观，仅选择其中切中时弊的几篇，编辑于传记。[①]

①《杜氏新书》记载：杜恕的弟弟杜理，字务仲。年少时，杜理机敏，观察细致，杜畿颇为诧异，故起名字叫“理”。二十一岁，早逝。弟弟杜宽，字务叔，清虚玄静，敏而好古。以名臣子弟，少年时，在京师长大，杜宽笃志好学，绝于世务，其意在探赜索隐，由此而显名，当时的学士，大多愿意与其交往。杜宽被举荐为孝廉，担任郎中，享年四十二岁，去世。杜宽对经传之义，有很多不同见解，皆草创未就，唯有删集《礼记》和《春秋左氏传解》，今天仍留存于世。

杜预，字元凯，是司马宣王的女婿。王隐著《晋书》称赞杜预有智谋，知识渊博，明于理乱，常称杜预“德者非所企及，立功立言，所庶几也”。杜预读了很多典籍，像《公羊传》《穀梁传》，杜预多有诡辩之言。杜预又非议先儒崇尚的《左氏传》，认为并未阐明左丘明的思想，而以《公羊传》《穀梁传》乱之。杜预错综微言，著述《春秋左氏经传集解》，又参考诸家，举出释例，杜预又写作《盟会图》《春秋长历》，自成一家之言，直至年老，杜预才完成。尚书郎挚虞非常看重，说：“左丘明本来为《春秋》作传，而《左传》遂自孤行；释例本为《左传》所设，所阐明何以只有《左传》，故亦孤行。”杜预有大功于晋室，位至征南大将军，开府，受封为当阳侯，食邑八千户。儿子杜锡，字世嘏，担任尚书左丞。

《晋诸公赞》记载：杜锡有器量。杜预的堂兄杜武，字世将，也有才干，享有名望，担任黄门侍郎，被赵王司马伦所冤杀。杜锡的儿子杜乂，字弘治，年少时，有名气，在丹杨郡府担任府丞，早逝。阮武是一位落拓士人，有大才。按《阮氏谱》记载：阮武的父亲阮谌，字士信，受征召，无所就，著述《三礼图传》，传于后世。

《杜氏新书》记载：阮武，字文业，为人阔达，博览群书，是一位儒雅士人，官至清河郡太守。阮武的弟弟阮炳，字叔文，担任河南郡大尹。精通医术，撰写药方一部。阮炳的儿子阮坦，字弘舒，担任晋太子少傅，平东将军。阮坦的弟弟阮柯，字士度。

荀绰著《兖州记》记载：阮坦过继给阮绍的伯父，去世，次兄应该继承爵位，父亲喜欢阮柯，指明要阮柯继承爵位，遂继承封爵。当时，阮柯年龄幼小，不能辞让，及至长大，有所悔恨，遂幅巾而居，后来出仕，也未尝解下幅巾。阮柯性情淳厚，喜欢闲雅，好礼无违，存心于经传，博学洽闻。被选为濮阳王文学，改任领军长史，在任上去世。王衍担任领军，当时哭得非常哀恸。

郑浑，字文公，河南郡开封县人。高祖父郑众，郑众的父亲郑兴，都是当时的名儒。[①]郑浑的哥哥郑泰，与荀攸等密谋，欲诛杀董卓，没有成功，后来在扬州担任刺史，在任上去世。[②]郑浑带着郑泰的小儿子郑袤在淮南避乱，袁术以贵宾礼，厚遇郑浑。郑浑已经看出袁术必然失败。当时，华歆担任豫章郡太守，与郑泰的关系很好，郑浑渡过长江，投奔华歆。曹操听说郑浑为人笃行，征召郑浑，拜为司空府掾，又改任下蔡县长、邵陵县令。天下还未安定，有许多民众为人剽悍，做事轻率，不事生产；生下的孩子无法养活，大都抛弃，不愿意抚养。郑浑在任上，收缴民众手中的渔猎器具，劝导他们从事农桑，又引导他们开垦稻田，颁布法令，严禁遗弃子女。当初，民众畏惧法律，不敢违抗，稍后，生活富裕，就不再遗弃子女；生下的孩子，多以郑为名。郑浑受到曹公征召，担任丞相府掾，又改任左冯翊。

①《续汉书》记载：郑兴，字少赣，曾担任谏议大夫。郑众，字子师，曾担任大司农。

②张璠著《汉纪》记载：郑泰，字公业，年少时，郑泰有才能，多谋略，知道天下将要大乱，暗中结交豪杰。郑泰家中富有，有良田四百顷，而粮食常不够食用，全用以结交天下豪杰，名闻山东。被举荐为孝廉，三公府征召，公车署征召，皆不肯俯就。何进辅政，征用名士，任命郑泰为尚书侍郎，加奉车都尉。何进将要诛杀黄门宦官，欲召董卓作为襄助，郑泰对何进讲："董卓为人残暴，寡恩少义，欲望无穷。明公召董卓进京，干预朝政，授以实权，董卓一旦乘机逞其凶残，必将危及朝廷安危。明公以外戚，在朝中握有重权，身居阿衡之位，辅佐皇上，独断专行，可以诛杀有罪之臣。此事不宜借董卓之手作为外援。而且，将军谋事不能当机立断，事久必然生变，窦武此前遇害之鉴不远，不可不察。"又为何进陈述当前之要务，何进不能用，郑泰弃官而去。对颍川郡人荀攸讲："何公不足以辅佐。"何进不久遇害，董卓果然专权，废黜少帝。崤山以东义兵骤起，董卓大会群臣，商议发兵征剿，群臣皆忌惮董卓，不敢忤逆董卓的旨意。郑泰担心董卓兵力过于强大，将难以制止，郑泰说："明公秉持朝政，关键在德，不在军队人数众多。"董卓听了，很不高兴，说："按照卿所言，要军队又有何用？"众人莫不脸色骤变，为郑泰担忧。郑泰赶忙申辩："军队并非无用。臣以为，崤山以东，不足以出动大军征剿，如果明公不信，臣试为明公分析。如今，崤山以东，州郡联合起来，合谋对抗朝廷，军队不可谓不强盛。然而，从光武以来，中原并无大的战争警讯，百姓安逸，忘记战事已久。孔子讲：'不经过训练，就把士兵投入战场，这是把他们送上死路。'崤山以东的军队，虽然人数众多，不足以成为大害，此谓一。明公从西部州郡来，从年轻起，明公就在军中担任将军，熟悉战事，多次喋血沙场，名闻当世，远近敌寇慑服，此谓二。袁本初身为公卿子弟，在京师长大。张孟卓乃东平国忠厚之人，待人敦厚，处事严谨，目不斜视，耳不妄听。孔公绪其实一介儒生，善于清谈，高谈阔论而已，并无军旅之才。士人领兵打仗，冲锋陷阵，绝非明公对手，此谓三。崤山以东士人，向来缺乏勇猛善战之士。从未见过像孟贲这样的武将，像庆忌这样的将军，缺少坚守城池之良谋，缺乏张良、陈平之计策，难以独当一面，成功人士，乏善可陈，此谓四。即使有几个士人，尊卑无序，又无王爵身份，难以统领四方。军队虽多，难以协调，一旦临战，将会各自为政，以观成败，绝不可能同心协力，共进共退，此谓五。萧关以西诸郡，将士熟悉鞍马、战阵，多年来与羌寇作战，即使妇女，也能够手持戈矛，操练武艺，挟弓负箭，更何况勇猛、健硕的战士，对付不懂军事的妄战之人，其结果不言自明，此谓六。天下勇士，能征惯战者，百姓敬畏者，皆为并州、凉州的战士。此外，南匈奴、屠各族、湟中羌人义军、西羌八部落，都是能征善战的勇士，如今由明公统领，可以作为爪牙，在战场上，犹如驱赶虎豹，对付羊群，此谓七。明公手下的将帅，皆为明公的心腹，久经沙场，与明公同生共死，周旋日久，明公以恩信厚遇将帅，将帅以忠诚效忠明公，明公兼有智谋之士，可以信赖。以坚不可摧之战士，对付乌合之众，

犹如狂风扫落叶，此谓八。战场上有三亡，以无谋攻坚为一亡，以邪攻正为二亡，以逆攻顺为三亡。如今，明公秉持国政，殄灭竖宦，忠义可嘉，以三德对付三亡，奉皇上诏命，讨伐不臣，谁能抵挡！此谓九。东部州郡士人郑玄，可谓学贯古今，北海郡士人邴原，为人清高、正直，为天下儒生所仰慕，实乃士人之楷模。起兵将领，如果能向郑玄、邴原问计，就会知道力量之强弱。当年，燕、赵、齐、魏、楚、韩，六国诸侯不可谓不强盛，最终还是被秦国吞并；在景帝朝，谋反的吴、楚等七国，人数不可谓不众多，最终惨败于荥阳。更何况朝廷恩惠遍施与四海，功德茂盛，股肱良臣众多，造反之人，横生事端，岂能轻易得逞？其结果不言自明，此谓十。臣的谏言，有十分之一可取，天下即可无事，如今欲向天下征兵，将会扰动天下，增加百姓赋敛、徭役，乱民聚在一起，久聚为乱，明公不施以德政，仰仗军队众多，这是自损圣德。”董卓听罢，大为赞赏，任命郑泰为将军，让郑泰统率诸军，镇压崤山以东义军。有人对董卓讲：“郑公业谋略过人，明公再资助其兵马，一旦与外寇勾结，则会内外呼应。臣为明公担心。”董卓听了，又收回郑泰的兵权，把郑泰留在京师，拜为议郎。后来，郑泰又与何颙（yóng）、荀攸等人共谋，欲诛杀董卓。事情败露，何颙等人被捕，郑泰逃脱，从武关东行，投奔袁术。后将军袁术任命郑泰为扬州刺史，还未到任就在路上去世，享年四十一岁。

当时，梁兴等掳掠百姓五千余家，沦为盗寇，属下县邑不能制止，对梁兴等很恐惧，把治所迁至郡府所在地。有议者认为，郡府也应该迁至安全的地方，郑浑说：“梁兴等沦为盗寇，破罐子破摔，在山野间流窜。虽然有追随者，也是被胁迫，不得已而为之。而今，我们应该广开招降之路，宣明朝廷恩信。仅据险自卫，这是向梁兴示弱。”郑浑聚集治下的吏民，修筑城郭，以作为守备。又征调民众驱逐盗贼，明确赏罚，与民众盟誓，凡擒获贼寇者，缴获其财产，可以得到其中十分之七的赏赐。百姓大喜，皆愿意效力，希望多擒获妇女，缴获财物。贼寇失去妻子者，皆乞求向官府投降。郑浑责令他们擒获贼寇中的其他妇女，再把他们的妻子归还给他们，于是，贼寇相互抢掠，很快分崩离析。郑浑又派遣吏民中有威信者，分布于山谷，告谕还未投降者，贼寇相继下山投降，郑浑令各县官吏返回本县治理，安抚投降的民众。梁兴等恐惧，率领余众聚集在鄜城。曹公派夏侯渊率军援助郑浑，剿灭贼寇，郑浑带领治下吏民担任先锋，斩杀梁兴及其余党。还有贼寇首领靳富等，胁迫夏阳县长、邵陵县令，逼迫两个县的吏民退入硙山，郑浑进入山中进剿，大败靳富等，救了两个县的官吏、百姓，夺回他们被抢去的财物。还有贼首赵青龙，杀了左内史程休，郑浑闻报，派遣勇士斩杀赵青龙，枭其首级。前后救回四千余家，从此以后，山贼全部剿灭，民众安居乐业。郑浑改任上党郡太守。

曹操征伐汉中，任命郑浑为京兆尹。郑浑考虑到百姓刚刚安定，为百姓制定迁居法，令族中人数多的大族，与族中人数少的混居，敦厚诚信者，与孤寡老弱者比邻，劝勉百姓勤事农桑，明确禁令，揭发奸邪。从此以后，民众安于务农，盗贼息业。及至曹公率领大军进入汉中，郑浑为大军转运粮草，数量最多。郑浑又派遣民众前往汉中，垦殖农田，无一人逃亡。曹公对郑浑的工作很满意，又征调郑浑任命为丞相府掾。文帝即位，郑浑担任侍御史，兼领驸马都尉，改任阳平郡、沛郡太守。郡界地势卑下，常苦于涝灾，百姓粮食不足，陷于饥困。郑浑在萧县、相县，组织百姓修筑塘堰，减轻水患，开垦稻田。郡里人认为这样做不妥，郑浑讲："地势卑下，更容易灌溉，最终会有鱼稻收获之利，这是丰衣足食之本。"郑浑亲自率领吏民，大兴水利，一个冬天完成工程。此后，连年丰收，田亩数量，每年都有所增加，租税也相应增加，民众从中获利不浅，为郑浑刻石立碑，歌颂功绩，号称郑陂。郑浑改任山阳郡、魏郡太守，在任上，仍按照在沛郡的治理。郑浑看到郡里的百姓缺少林木，劝勉百姓大量种植榆树，作为藩篱，又种植五果；榆树长成材，五果丰收。进入魏郡地界，可以看到村庄整齐划一，民众财用充足，家家富饶。明帝听说后，下诏予以表彰，布告天下，改任郑浑为将作大匠。郑浑为官清廉，奉公守职，妻子、儿女不免受些饥寒。及至郑浑去世，儿子郑崇受拜为郎中。①

①《晋阳秋》记载：郑泰的儿子郑袤，字林叔。郑泰与华歆、荀攸的关系很好。华、荀二人看见郑袤，说："郑公业可以不亡矣。"当初，郑袤担任临菑侯曹植的文学，稍后，担任光禄大夫。泰始七年，朝廷任命郑袤为司空，郑袤固辞，不肯接受，在家中去世。儿子郑默，字思元。

《晋诸公赞》记载：郑默谨守家业，以笃孝著称，位至太常。郑默的弟弟郑质、郑舒、郑诩，皆担任卿士。郑默的儿子郑球，为人清廉、正直，通晓事理，担任尚书右仆射，负责选举。郑球的弟弟郑豫，担任尚书。

仓慈，字孝仁，淮南郡人。当初，仓慈担任郡府小吏，建安年间，曹操在淮南招募民众屯田，任命仓慈为绥集都尉。黄初末年，仓慈改任长安令，在任上，仓慈治理简易，有方法，吏民畏惧县令，又敬重县令。太和年间，仓慈升任敦煌郡太守。敦煌郡在西部边陲，天下大乱时，与内地隔绝，二十余年没有太守，当地豪强势力很大，化为例俗。前太守尹奉等，只能因循治理，无所革新。仓慈到任，抑制豪强势力，抚恤贫弱百姓，甚得民心。旧的豪强大族田地有余，而小民百姓无立锥之地；仓慈按照人口数量，将豪强的田地分给贫弱百姓，让百姓根据自身能力，慢慢偿还田价。此前，属下县邑的诉讼案很多，而且杂乱，县衙不能及时结案，多集中在郡府。仓慈亲自调阅案卷，按照罪行轻重，只要不是死刑犯，皆以鞭杖惩治，而后遣送回家，一年后，判决的刑事案件，不到十人。在以往，西域的胡人欲到敦煌郡贡献，做买卖，当地豪强先拦住商队，既而与之贸易，欺行霸市，以欺诈手段，强买强卖，官府不能明断是非，胡人为此常抱怨不已。仓慈安慰胡人，胡人欲前往洛阳贸易者，为他们开出通关凭证，欲从敦煌郡返回者，以官价公平买卖，或以郡府库藏的物资，与他们等价交换，又派吏民护送他们回家。因此，胡、汉民众都称颂太守仁厚，施恩惠与百姓。多年后，仓慈在任上去世，吏民悲泣，犹如亲人去世，为仓慈画出图像，以寄托哀思。及至西域胡人听说仓慈去世，大家聚集在戊己校尉及官府门前，为仓慈致哀，还有人用刀划破面孔，以鲜血表示至诚之意，又为仓慈建立祠庙，遥相祭祀。[①]

①《魏略》记载：天水郡人王迁，在仓慈之后担任敦煌郡太守，虽循其迹，不能及也。金城郡人赵基在王迁之后，又不如王迁。嘉平年间，安定郡人皇甫隆代替赵基，担任敦煌郡太守。当初，敦煌郡不知道怎么种田，灌溉农田时，常在田里积水，使田地湿透，才开始耕田，又不知道如何使用耧犁、用水及播种，既费人牛劳力，收获也很少。皇甫隆到任，教会民众使用耧犁，又教会民众灌溉，岁末统计，省下的劳力过半，得到的谷物增加五成。敦煌郡的民俗，妇人制作裙子，挛缩好似羊肠，用布一匹；皇甫隆改进制作裙子的方法，省去的费用不菲。敦煌郡人认为，皇甫隆刚毅果断，不如仓慈，至于勤政，恪尽职守，施惠于民众，为民兴利，可以为第二。

从曹操到元帝曹奂咸熙年间，魏郡太守陈国人吴瓘、清河郡太守乐安郡人任燠、京兆太守济北郡人颜斐、弘农郡太守太原郡人令狐邵、济南国相鲁国人孔乂，这些良吏或哀怜百姓，平反冤狱，或推诚相待，施惠于民众，或廉洁自律，为官清廉，或惩治奸邪，为民除害，都是二千石郡府优秀官员。[①]

①吴瓘、任燠的事迹没有记录。《魏略》记载：颜斐，字文林。有学问。丞相府征召颜斐，任命为太子洗马，黄初初年，颜斐改任黄门侍郎，后来，担任京兆太守。当初，马超败逃后，京兆民众大多不肯专心于农业，又经历四任二千石郡府官员，只顾眼前，不为民众长远考虑。颜斐到任，令属下县邑整治阡陌，栽植桑树、果树。在当时，民众大多没有牛车。颜斐又让民众每隔一个月砍伐木材，使转相教工匠制造牛车。又让没有耕牛的民众蓄养猪狗，卖了用以买牛。当初，民众认为烦琐，一二年间，家家有车、有犍牛。颜斐又开办学校，让那些愿读书的吏民，免除其部分徭役。又在郡府下面，整理菜园，让郡府吏役在闲暇时种菜。又在民众应当缴纳赋税时，用牛车乘便带来两束薪柴，在冬天寒冷时烤火取暖，融化笔砚。于是，京兆教化大行，吏不烦民，民不求吏。京兆与左冯翊、右扶风临界，两个郡的道路既污秽，田畴又荒芜，人民冻饿，而京兆却管理得有条不紊，民众开明，物资丰富，常为雍州十郡最优。颜斐为官清廉，生活仅依靠俸禄而已，于是，吏民都担心其改任其他地方。青龙年间，司马宣王在长安建立军市，军中吏士有人侵犯民众的利益，颜斐禀报司马宣王。司马宣王发怒，召来军市侯，当着颜斐的面，杖打一百。当时，长安典农与颜斐共同坐在庭堂上，以为颜斐会向司马宣王致谢，暗中推推颜斐。颜斐不肯谢，良久才说："颜斐观察明公，受分陕之任，欲严肃政令，整齐众庶，绝不会有所左右。而典农窃见推臣，欲令颜斐谢恩；假若颜斐谢恩，是为不得明公旨意也。"司马宣王遂严厉约束吏士。从此以后，军营、郡县各得其所。又过了几年，颜斐改任平原郡太守，吏民啼泣，拦在道上，车不能前进，步步稽留，十余日，才走出郡界，东行至崤关，颜斐因病，被困在当地。颜斐仍然心恋京兆，其家人随从看见颜斐病得很厉害，劝颜斐："平原郡应当自我勉励，等待府君痊愈。"颜斐答："我心里实在不愿到平原郡，你们等呼唤我，为何不言京兆邪？"颜斐在崤

关病逝，运回平原郡。京兆人听说后，皆为之流涕，为颜斐立碑，至今仍称颂不已。

令狐邵，字孔叔。父亲在汉朝出仕为官，曾担任护乌丸校尉。建安初年，袁氏在冀州，令狐邵离开本郡，移居邺城。建安九年，令狐邵暂时离开邺城，到武安郡毛城。恰遇太祖攻破邺城，随后围困毛城。城破，擒获令狐邵等辈，有十余人，皆当斩。太祖阅见这些待斩之人，怀疑其中有衣冠士人，问其祖考，认识令狐邵的父亲，释放令狐邵，令狐邵在丞相府署理军务，担任军谋掾。之后，令狐邵又历任宰守，后来，担任丞相府主簿，出任弘农郡太守。所在任上，令狐邵为官清廉，清如冰雪，妻子很少到郡府探视。令狐邵举善而教，恕以待人，不喜欢民众诉讼，与属下毫无猜忌。当时，郡中无人懂得经书，令狐邵询问郡府的吏员，有的欲远行，向老师学习，令狐邵辄准假，让这些愿学习者到河东郡，向乐详学习经书，粗懂经书返回，令狐邵又设置文学官。由是，弘农郡的学校变得兴隆。至黄初初年，令狐邵接受朝廷征召，拜为羽林郎，改任虎贲中郎将，黄初三年，令狐邵病逝。当初，令狐邵族中子弟令狐愚，还是布衣百姓，常有高志，众人认为令狐愚必然为令狐氏增容，而令狐邵却认为："令狐愚性情倜傥，不修德，虽志向远大，必定毁我家族。"令狐愚听说令狐邵这样评价自己，内心不平。及至令狐邵担任虎贲中郎将，令狐愚出仕，已历经几个职务，所在任上，皆有名称。令狐愚来见令狐邵，因从容言次，有些激动："此前听说大人说令狐愚不能为宗族增容，令狐愚今天怎么样？"令狐邵熟视，并不回答。然而，私下里令狐邵对其妻子讲："公治性情没有改变，还是老样子。以我看来，最终当祸败。但不知我是否会受到连累？将祸及你们耳！"令狐邵去世后，十余年间，令狐愚担任兖州刺史，果然与王凌密谋废立，家属被夷灭。令狐邵的儿子令狐华，当时担任弘农郡府丞，以亲属疏远，才得以不连坐。

按《孔氏家谱》记载：孔乂，字元俊，是孔子的后人。曾祖父孔畴，字元矩，曾担任陈国相。汉桓帝在苦县的赖乡建立老子庙，在墙壁上画上孔子像。孔畴担任陈国相，在像前立孔子碑，今日仍然见在。孔乂的父亲、祖父皆担任二千石官员，孔乂担任散骑常侍，上疏谏言。详情记载在《三少帝纪》，官至大鸿胪。儿子孔恂，字士信，担任晋朝平东将军、卫尉。

陈寿评论如下：任峻举义兵，归附曹操，劝导百姓开垦农田，种植粮食，仓廪充实，政绩卓著。苏则平定叛乱，在任上政绩优秀，为人刚直，有烈士之风。杜畿宽猛相济，施惠于百姓。郑浑、仓慈，安抚百姓，治理地方有政绩。这些名臣，都是魏国的贤良太守！杜恕屡次上书，力陈时弊，用儒家学说，谈论治国理政，都有可观之处。

魏书十七

张乐于张徐传第十七

张辽，字文远，雁门郡马邑县人。张辽是著名侠士聂壹的后人，因为躲避仇家，故将姓氏改为“张”。年少时，张辽在郡府担任小吏。东汉末年，并州刺史丁原以张辽武艺高强，勇力过人，征召张辽，任命为州部从事，派张辽率军前往京师。何进派遣张辽前往河北招募士兵，招募一千余人，返回时，何进已经被宦官杀害，张辽率军归附董卓。董卓败亡，张辽又率军归附吕布，担任骑兵都尉。吕布被李傕打败，张辽跟随吕布东行投奔徐州，张辽兼任鲁国相，当时，张辽年仅二十八岁。曹操在下邳打败吕布，张辽率领部众投降曹操，曹操拜张辽为中郎将，赐爵关内侯。张辽多次立下战功，升任裨将军。袁绍败亡，曹操派张辽率军平定鲁国属下诸县。张辽与夏侯渊在东海郡围困昌豨，几个月后，粮食将要耗尽，众人商议撤军，张辽对夏侯渊讲：“几天来，我每次骑马走到昌豨的营垒前，昌豨都会瞩目，盯着我看。而且射出的箭矢越来越少，这一定是昌豨计穷力竭，犹豫不定，不敢再力战。张辽愿用言语打动昌豨，或许可以劝其投降？”夏侯渊派使者告诉昌豨：“曹公有命，派张辽传达。”昌豨果然过来，与张辽交谈，张辽对昌豨讲：“曹公神武，正在以德怀柔四方，先归附者可以领受大赏。”昌豨答应投降。张辽遂单身登上三公山，来到昌豨家，拜见昌豨的妻子。昌豨很高兴，跟随张辽来见曹操。曹操令昌豨回去，责备张辽：“将军单身赴险，这不是将军应该做的。”张辽谢道：“以明公之威信，加之于四海，张辽奉旨劝降，昌豨绝不敢加害张辽。”张辽跟随曹操在黎阳讨伐袁谭、袁尚，立下战功，代行中坚将军职事。又跟随曹操在邺城进攻袁尚，袁尚坚守邺城，一时很难攻下。曹操返回许都，令张辽与乐进攻取阴安，将民众迁至河南郡，而后再攻打邺城，邺城攻破，张辽率领一支军队，攻占赵国、常山郡，招降山区的贼寇，以及黑山贼孙轻等人。张辽跟随曹操进攻袁谭，袁谭败亡，张辽率领一支军队攻占渤海地区，打败辽东郡贼寇柳毅等，返回邺城。曹操亲自出城迎接，让张辽与自己同乘一辆车，拜张辽为荡寇将军。张辽再次跟随曹操，讨伐荆州，平定江夏郡诸县，撤军返回，驻扎在临颍县，受封为都亭侯。张辽跟随曹操在柳城征剿袁尚，与乌丸军相遇，张辽劝曹操进攻乌丸，属下军情振奋，曹操很高兴，将手中令旗授予张辽。张辽进攻乌丸，大败乌丸，斩杀乌丸单于蹋顿。[①]

①《傅子》记载：曹操将要征伐柳城，张辽谏言："许都是天子大会群臣的地方。今天子在许都，曹公远征北方，如果刘表派遣刘备袭击许都，控制献帝，借此号令天下，曹公之势去矣。"太祖预测刘表必不肯委刘备以重任，遂率军北伐。

当时，荆州还未平定，曹操派遣张辽驻扎在长社县。临出发前，军中有谋反者，夜间军人突然惊起，营中燃起大火，军士们惶恐不安。张辽对身边人讲："不要动。不可能一营人都造反，这一定是有人乘机制造动乱，欲扰乱军心。"张辽命令军中，凡不是造反者，安坐勿动。张辽率领亲兵数十人，站立在大营中间。一会儿工夫，即擒获为首者，张辽将其斩杀。陈兰、梅成带领六县氐人反叛，曹操派遣于禁、臧霸等讨伐梅成，张辽都督张郃、牛盖等讨伐陈兰。梅成诈降，于禁撤军。梅成率领部众靠近陈兰，叛军转入灊县。灊县有天柱山，山高路险，绵延二十余里，道路狭窄难行，山间小路只能勉强通行，陈兰在山上修筑壁垒。张辽欲攻入山中，诸将道："我们兵少，道路艰险，难以深入。"张辽说："此所谓一对一的拼杀，勇者可以获胜。"遂进抵山下，安营扎寨，进攻叛军，斩杀陈兰、梅成，俘虏其部众。曹公在论功行赏时，评论诸将的功劳，说："登上天柱山，翻越高山险阻，斩杀陈兰、梅成，此乃荡寇将军之功。"增加张辽的食邑，授予符节。

曹操讨伐孙权，撤军返回，派张辽与乐进、李典等，率领七千余人，驻扎在合肥。曹操亲自讨伐张鲁，交予护军薛悌一封信，在信封外面写上："贼人来后，再打开。"不久，孙权率领十万众，围攻合肥，众将领打开信，信中讲："如果孙权来攻，张辽、李典将军出战；乐进将军守城，护军不得出战。"诸将皆疑惑不解。张辽说："曹公远征在外，等到救兵赶到，敌军已经攻破合肥。所以，曹公指示我们，乘敌军还未合围，逆击敌军，折其锋锐，以安定我军众心，这样，合肥即可以守住。成败之机，在此一战，诸君何疑？"李典赞成张辽的意见。于是，张辽连夜招募敢死之士，得到八百人，杀牛犒赏，准备第二天大战。第二天清晨，张辽披甲持戟，首先冲入敌阵，杀伤数十人，斩杀二位敌将，高喊自己的姓名，冲入吴军壁垒中，直抵孙权帐下。孙权大惊，众人束手无策，急忙后撤，登上高土堆，以长戟护卫孙权。张辽大声呵斥，要孙权下土堆迎战，孙权不敢动，看见张辽带来的兵员甚少，吴军包围上来，围了数重。张辽左右冲杀，直指前方，突破重围，率领麾下数十人，从吴军围困中杀出，余众高声喊道："将军丢下我们不管吗？"张辽再次冲入重围，抢出余众。孙权人马皆望风披靡，无人敢正面阻挡。从清晨战至日中，吴军锐气顿消，张辽撤回，整修攻防器械，加强守备，众人这才安下心来，诸将佩服张辽勇敢。孙权围困合肥十余日，合肥坚城牢不可摧，只好撤军。张辽率领诸将追击，几乎擒获孙权。曹操盛赞张辽，拜张辽为征东将军。[①]建安二十一年，曹公再次讨伐孙权，大军进抵合肥，曹公巡视张辽出战的地方，叹息不已。又增加张辽的兵力，留下军队，驻扎在居巢。

①孙盛曰：用兵，固为诡道，奇正相辅，若命令将军出征，推毂委权，或依赖率然之形，或凭恃犄角之势，群帅不和，则弃师之道也。至于合肥之守，双方兵力悬殊，又无外援，专任勇者，则好战生患，专任怯者，则惧心难保。而且，彼众我寡，敌方贪功；以致命之兵，击贪功之卒，其势必胜；胜而后守，守则必固。是以魏武帝选择良将，参以同异，为之密计，节宣其用；事至而应，若合符契，妙矣哉！

关羽在樊城围困曹仁，此时，孙权向曹公称藩，曹公召张辽及诸将回军，救援曹仁。张辽还未到，徐晃已经打败关羽，曹仁解围。张辽与曹公在摩陂相会。张辽军到达，曹公乘坐辇车，出营劳军，张辽军驻扎在陈郡。曹丕即魏王位，张辽改任前将军。[①]魏王曹丕封张辽的哥哥张汎及一个儿子为列侯。孙权反叛，曹丕派张辽驻扎在合肥，封张辽为都乡侯。赏赐张辽母亲乘舆，派兵马护送张辽的家属前往驻扎地，敕令张辽母亲到达后，摆列军乐迎接。张辽所统率的诸军将领，皆在道旁迎拜，围观者以此为荣。曹丕接受汉室禅让，登上帝位，封张辽为晋阳侯，增加食邑一千户，合并之前，共享有二千六百户。黄初二年，张辽到洛阳宫朝见文帝，文帝诏令侍从引张辽在建始殿相见，亲自诏问张辽如何打败吴军。文帝叹息，对左右人讲："这是古代周室的召虎将军。"文帝为张辽专门修建宅邸，又特地为张辽的母亲建造殿宇，跟随张辽打败吴军的士卒，文帝全部任命为虎贲勇士。孙权再次向魏国称藩。张辽驻扎在雍丘，身患重病。文帝派遣侍中刘晔，带领太医前来诊视，又派虎贲勇士探视病情，使者在路上络绎不绝。张辽病还未好，文帝又把张辽接到皇帝的行宫，文帝亲临抚慰，握着张辽的手，赐予张辽御衣，宫中太官每日送来御膳。病情稍有好转，张辽返回军中。孙权再次反叛，文帝派遣张辽乘坐战船，与曹休一起进抵海陵，临江驻扎。孙权颇为忌惮，敕令吴军诸将："张辽虽然有病，勇猛不可抵挡，诸将要谨慎！"这一年，张辽与手下诸将大败孙权的部将吕范。张辽病重，在江都病逝。文帝为之流泪，赐谥号为刚侯。嗣子张虎继承爵位。黄初六年，文帝追思张辽、李典在合肥的战功，诏令："合肥之役，张辽、李典以步兵八百，大破吴贼十万，古人用兵，也未曾有此先例。使吴贼至今锐气尽消，可谓国家的得力勇将。划出张辽、李典的食邑一百户，赐予各人一个儿子爵关内侯。”张虎担任偏将军，去世。嗣子张统继承爵位。

①《魏书》记载：魏王赐予张辽锦帛一千匹，谷一万斛。

乐进，字文谦，阳平郡卫国县人。乐进身材矮小，以胆识过人，勇猛善战，追随曹操，当初在曹操帐下担任官吏。曹操派遣乐进返回本郡招募兵员，得到一千余人，返回后，曹操任命乐进为代理军司马、陷阵都尉。乐进跟随曹操在濮阳进攻吕布，在雍丘进攻张超，在苦县进攻桥蕤，皆率先登城，建立战功，受封为广昌亭侯。乐进又跟随曹操在安众讨伐张绣，在下邳包围吕布，打败敌军将领，在射犬县进攻眭固，在沛郡进攻刘备，逐一攻破，曹操拜乐进为讨寇校尉。乐进渡过黄河，进攻获嘉县，返回后，跟随曹操在官渡与袁绍对峙，乐进作战勇敢，斩杀袁绍大将淳于琼。乐进跟随曹操，在黎阳进攻袁谭、袁尚，斩杀其大将严敬，之后，乐进代行游击将军职事。乐进率领一支军队进攻黄巾军，大败黄巾军，平定乐安郡。乐进跟随曹操围困邺城，邺城平定，又跟随曹操在南皮进攻袁谭，率先登城，攻入南皮东门。袁谭败亡，乐进攻打雍奴县，一举攻破。建安十一年，曹操上表，称赞乐进、于禁、张辽：“将军武艺高强，作战勇猛顽强，计略详备，始终忠诚，坚守节义，每次临战，常身先士卒，奋力拼杀，无坚不摧，在阵前亲自擂响战鼓，不知疲倦。受命率领军队出征，统率部下，懂得安抚众心，团结御敌，严守军令，临敌果断，没有过失。论功行赏，应各自显示宠信。”曹公拜于禁为虎威将军；拜乐进为折冲将军；拜张辽为荡寇将军。

乐进率领一支军队，进攻高幹，从北道进入上党郡，抄了高幹的后路。高幹等退守壶关，乐进连续进攻，斩杀甚多。高幹坚守壶关，屡攻不下，此时，曹操率领大军赶到，遂攻取壶关。曹操征伐管承，驻扎在淳于县，派遣乐进、李典进攻管承。管承败走，逃上海岛，海滨一带平定。荆州还未臣服，曹操命令乐进驻扎在阳翟县。之后，乐进跟随曹操平定荆州，率军驻扎在襄阳，进攻关羽、苏非等，将敌将逐一赶走，南郡山谷中的蛮夷向乐进投降。乐进讨伐刘备任命的临沮县长杜普、旌阳县长梁太，逐一攻破。后来，乐进跟随曹操讨伐孙权，持符节，领受专命。曹操撤军，留下乐进，与张辽、李典驻守合肥，增加乐进食邑五百户，合并之前，共享有一千二百户。以乐进多次建立战功，曹操又划出五百户，封乐进的一个儿子为列侯；乐进改任右将军。建安二十三年，乐进去世，谥号为威侯。嗣子乐綝继承爵位。乐綝性情刚毅，有父亲的风范，官至扬州刺史。诸葛诞反叛，袭击斩杀乐綝，文帝下诏，追悼乐綝，追赠卫尉官职，谥号为愍侯。嗣子乐肇继承爵位。

于禁，字文则，泰山郡钜平县人。黄巾军骤起，鲍信招募兵员，于禁来到鲍信军中。及至曹操兼领兖州牧，于禁与其部众归附曹操，担任都伯，归属将军王朗统领。王朗对于禁很欣赏，举荐他，说他的才能可以担任大将军。曹操召见于禁，与他一席谈话，拜为军司马，派他率军前往徐州，进攻广威，一举攻破，曹操拜于禁为陷阵都尉。于禁跟随曹操在濮阳进攻吕布，在城南攻破吕布的两座军营，又率领一支军队，在须昌大败高雅。于禁跟随曹操进攻寿张县、定陶县、离狐县，在雍丘围攻张超，逐一攻破。于禁跟随曹操讨伐黄巾军刘辟、黄邵等，驻扎在版梁，黄邵等夜间袭击曹操的大营，于禁率领麾下击退来敌，斩杀黄邵等，逼降其部众。于禁升任平虏校尉，跟随曹操在苦县围困桥蕤，斩杀桥蕤等四员敌将。于禁跟随曹操至宛城，招降张绣。张绣反叛，曹操与张绣大战，战事不利，曹军败退，退回舞阴县。当时，军中大乱，各位将军擅自行动，四处寻找曹操，于禁率领部下数百人，且战且退，虽然有死伤，始终没有溃散。张绣追势稍缓，于禁整理队伍，鸣鼓而还。还未到达曹操驻扎的营地，途中看到有十余人身上带伤，赤身裸体逃跑，于禁问其原因，逃兵答："被青州兵抢掠。"此前，黄巾军投降曹操，曹操将投降的黄巾军编为青州兵，赦免他们，青州兵旧习未改，故此次乘机抢掠。于禁大怒，令其部众："青州兵已经归降曹公，竟然敢再次沦为贼寇！"就攻打这些抢掠的青州兵，历数其罪状。青州兵逃回曹操处，向曹操告状。于禁率军赶到，先扎下营寨，并未马上去谒见曹操。有人对于禁讲："青州兵已经向曹公告状，应该马上到曹公处为自己辩解。"于禁答："如今，贼寇在后面紧追不舍，很快就会来到，不预作准备，何以御敌？而且曹公聪明，谮毁之言，又有何用！"于禁从容指挥军士挖掘壍壕，安营扎寨完毕，才来谒见曹操，向曹操陈述为何攻打青州兵。曹操听罢，大喜，对于禁讲："淯水之难，我当时很焦虑，将军在乱军中，能够整顿军队，镇压抢劫的乱兵，坚守营垒，有不可动摇之志，即使古代名将，也不过如此！"曹操按照于禁此前的战功，封于禁为益寿亭侯。于禁跟随曹操，又在穰县进攻张绣，在下邳擒获吕布，率领一支军队，与史涣、曹仁在射犬县进攻眭固，斩杀眭固。

当初，曹操讨伐袁绍，袁绍兵力强盛，于禁自愿充当先锋。曹操很高兴，派遣于禁率领士卒二千人，在延津驻守，以抵御袁绍，曹操引军进抵官渡，与袁绍对峙。刘备在徐州反叛，曹操东征，讨伐刘备。袁绍进攻于禁，于禁坚守延津，袁绍始终不能攻下延津。于禁又与乐进等，率领步骑五千，进攻袁绍的营垒，从延津西南沿着黄河，进抵汲县、获嘉县，沿途焚烧袁绍的营寨三十余处，斩杀擒获数千人，逼降袁绍的部将何茂、王摩等二十余人。曹操又派于禁驻扎在原武县，进攻袁绍在杜氏津的其他营垒，逐一攻破。于禁升任裨将军，后来跟随曹操返回官渡。曹操与袁绍在官渡对峙，双方堆起土山，相互射箭。袁军射出的箭矢，很多落在曹军营中，士卒有很多死伤，曹军恐惧。于禁把守土山，全力奋战，战士们士气大振。袁绍最终战败，于禁升任偏将军。曹操平定冀州后，昌豨反叛，曹操派遣于禁镇压叛乱。于禁进攻昌豨；昌豨与于禁有旧交情，前来向于禁投降。诸将皆以为昌豨已经投降，应当将其送往曹操处，于禁说：“诸君不知道曹公有严令吗？围而后降者，不能赦免。谨奉法令，此乃事上之节。昌豨虽然是我的旧友，于禁岂能失节！”遂亲临刑场，与昌豨诀别，流着眼泪，命令斩杀昌豨。当时，曹操驻扎在淳于县，听说此事，叹息道：“昌豨投降，不到我这里，而归降于禁，这也是他命该如此！”更加看重于禁。①东海郡平定，曹操拜于禁为虎威将军。后来，于禁与臧霸等进攻梅成，张辽、张郃等进攻陈兰。于禁军杀到，梅成率领部众三千余人投降，随后又反叛，率领其部众投奔陈兰。张辽等与陈兰相持不下，军粮匮乏，于禁向张辽运送军粮，运粮车队络绎不绝，张辽斩杀陈兰、梅成。曹操增加于禁食邑二百户，合并之前，共享有一千二百户。当时，于禁与张辽、乐进、张郃、徐晃皆为曹军名将，曹操每次出征，五人交替担任先锋，撤退时殿后。于禁治军甚严，缴获敌方的财物，从不私自占有，因此，获得赏赐也最多。然而，由于于禁治军过严，不得士众之心。曹操常痛恨朱灵，欲夺去其兵权。因于禁有威严持重的特点，派于禁率领数十名骑兵，带着敕令，径直前去朱灵的军营，夺了朱灵的兵权，朱灵及其部众，无人敢轻举妄动。曹操让朱灵在于禁部下任职，众人皆震服，于禁受部下敬惮到如此程度。于禁改任左将军，持符节，曹操划出食邑五百户，封于禁的另一个儿子为列侯。

①裴松之认为：围而后降，法虽不赦；囚而送之，未为违命。于禁不为旧友希冀万一，而肆好杀之心，以戾众人之议，最终成为降虏，死后加上恶谥，宜哉。

建安二十四年，曹操在长安，派曹仁在樊城抵御关羽，又派遣于禁襄助曹仁。到了秋天，大雨倾盆，汉水暴涨，平地水面高达数丈，于禁率领七军，被大水淹没。于禁与诸将登上高地，望着大水，无处躲避，关羽乘坐大船，进攻于禁等，于禁只好投降关羽。只有庞德不肯屈服，誓死不降。曹操听说后，叹息良久，说：“我信任于禁三十年，为何在紧急关头，反而不如庞德！”孙权擒获关羽，包括关羽的部将，于禁又来到吴国。曹丕接受汉室禅让，登上帝位，孙权向魏国称藩，释放于禁，返回魏国。文帝召于禁来见，已经须发皓白，面容憔悴，在大殿上泣涕顿首。文帝以荀林父、孟明视的故事，安慰于禁，①拜于禁为安远将军。文帝欲派于禁出使吴国，先令于禁北上到邺城拜谒高陵。文帝预先让人在陵园寝庙画出关羽水淹七军，庞德威武不屈，于禁投降关羽的画像。于禁望着画像，顿感羞愧，无地自容，遂发病去世。嗣子于圭继承爵位，受封为益寿亭侯。文帝赐予禁谥号为厉侯。

①《魏书》记载：文帝诏令：“在往昔，大将荀林父在邲地遭受败绩，秦国大将孟明视丧师于殽山，秦、晋国君并未惩治，令其各复原职。其后晋获狄土，秦霸西戎，区区小国，犹尚若斯，何况万乘乎？樊城之败，水灾骤临，非战之咎，恢复于禁等的职务。”

张郃，字俊乂，河间郡鄚县人。东汉末年，张郃从军，讨伐黄巾军，担任军司马，隶属于韩馥。韩馥败亡，张郃率领余部归附袁绍。袁绍任命张郃为校尉，派张郃抵御公孙瓒。公孙瓒兵败，张郃战功很大，升任宁国中郎将。曹操与袁绍在官渡对峙，[①]袁绍派遣大将淳于琼等督运粮草，驻扎在乌巢，曹操亲自率军袭击乌巢。张郃劝说袁绍："曹公率领精锐，此去必攻破淳于琼等；淳于琼等战败，则将军的战事就全输了，宜急派救兵，援助淳于琼。"郭图说："张郃此计不好。不如攻打曹操的大营，曹操势必还军，此为不救而自解也。"张郃说："曹公营垒坚固，攻之必难以拔取，若淳于琼等被曹操擒获，我等恐怕都要成为曹操的俘虏。"袁绍只是派出轻骑兵前去救援淳于琼，而以重兵进攻曹操的大营，袁军屡攻大营不下。曹操果然袭击淳于琼成功，擒获淳于琼等，袁军随之崩溃。郭图深感惭愧，又谮毁张郃："张郃看到我军战败，竟然出言不逊。"张郃恐惧，遂投降曹操。[②]

①《汉晋春秋》记载：张郃劝说袁绍："袁公虽然屡战屡胜，然而，不应与曹公久战，袁公应该派遣轻骑，秘密南下，将其后路断绝，则曹军不战自败矣。"袁绍不听。

②裴松之按：《武帝纪》及《袁绍传》记载，袁绍派遣张郃、高览进攻曹操的大本营，张郃等听说淳于琼战败，遂投降曹操，袁绍部众随后崩溃。按照此论，张郃等先投降，而后袁军才崩溃。至如此传，为袁军先崩溃，张郃忧惧郭图的谮毁，才归附太祖，此为参错不同矣。

曹操得到张郃，大喜过望，对张郃说："在往昔，伍子胥不能及时醒悟，最终身陷于绝境，怎么能与微子去殷、韩信归汉相比？"曹操拜张郃为偏将军，封为都亭侯。又拨付张郃军队，跟随曹操进攻邺城。曹军攻取邺城，张郃跟随曹操在渤海郡进攻袁谭，另外率领一支军队，围困雍奴，大获全胜。张郃跟随曹操讨伐柳城，与张辽担任先锋，以战功升任平狄将军。张郃率领一支军队，征伐东莱，讨伐管承，又与张辽讨伐陈兰、梅成等，逐一攻破。张郃跟随曹操在渭南打败马超、韩遂，围困安定，逼降杨秋。张郃与夏侯渊讨伐鄜城贼寇梁兴及武都郡氐人，打败马超，平定宋建叛乱。曹操征伐张鲁，先派遣张郃都督诸军，讨伐兴和氐王窦茂。曹操从大散关进入汉中，先派遣张郃率领步兵五千，在前面开路，曹军攻破阳平关，张鲁投降。曹操撤军，留下张郃与夏侯渊等守卫汉中，抵御刘备。张郃又单独统领各军，逼降巴东、巴西二郡，迁徙二郡的百姓至汉中郡。张郃进军宕渠，被刘备的大将张飞阻拦，引军撤回南郑。曹操拜张郃为荡寇将军。刘备驻扎在阳平，张郃驻扎在广石。刘备以精兵一万，分为十部，星夜兼程，进攻张郃。张郃率领亲兵与蜀军厮杀，死战不退，刘备不能取胜。其后，刘备在走马谷火烧被围的曹军，夏侯渊救火，从另外一条道路与刘备相遇，双方短兵相接，一场激战。夏侯渊全军覆没，张郃撤回阳平。[①]在当时，曹军失去主帅，担心刘备乘机袭击，三军皆恐惧不安。夏侯渊的幕府司马郭淮命令诸将："张将军是国家的名将，被刘备所忌惮；

今日军情紧急，非张将军不能安定我军。”诸将推举张郃为军中主帅。张郃出任主帅，布置兵马，严阵以待，诸将皆接受张郃节制，这才安下心来。曹操在长安，派遣使者，授予张郃符节。曹操亲自赶赴汉中，刘备退守高山，不敢再与曹军接战。曹操引军撤退，徐徐退出汉中，张郃还军，驻扎在陈仓。

①《魏略》记载：夏侯渊虽然担任都督，刘备忌惮张郃，而轻视夏侯渊。及至杀了夏侯渊，刘备说：“当得其魁首，用此何为邪！”

曹丕即魏王位，拜张郃为左将军，晋升爵位为都乡侯。及至曹丕接受汉室禅让，登上帝位，封张郃为鄚侯。诏令张郃与曹真讨伐安定郡卢水胡人及东部叛羌，又诏令张郃与曹真一起返回许都，派遣张郃南下与夏侯尚进攻江陵。张郃另外率领一支军队，渡江攻取江中沙洲上的坞垒。明帝即位，派张郃南下，驻扎在荆州，与司马懿进攻孙权的部将刘阿等。魏军追至祁口，双方大战，魏军大败吴军。诸葛亮从祁山出兵。明帝加赐张郃特进位，派遣张郃率领诸将，在街亭抵御诸葛亮的部将马谡。马谡占据南山，没有在山下据城而守。张郃遂断绝马谡通往山下的汲水道路，进攻马谡，大败马谡。南安郡、天水郡、安定郡相继反叛，响应诸葛亮，张郃逐一平定。明帝下诏：“贼虏诸葛亮，以巴蜀之众，阻挡我虓虎之师。将军披坚执锐，所向无敌，朕甚为嘉赏。增加食邑一千户，合并之前，共享有四千三百户。”司马懿在荆州统领水军，欲顺着沔水，攻入长江，讨伐吴国。明帝诏令张郃，率领关中诸将，赶赴前线，受司马懿节制。张郃进抵荆州，恰逢冬天，江水浅，大船不能行进，于是在方城驻军。诸葛亮再次从祁山出兵，进攻陈仓，明帝派驿站骑快马征召张郃，返回京师。明帝亲自到河南城，摆设酒宴，送张郃出征，派遣南北军三万及部分武卫、虎贲勇士，受张郃指挥，明帝问张郃：“及至将军赶到陈仓，诸葛亮恐怕已经攻取陈仓！”张郃知道诸葛亮孤军深入，军粮匮乏，不可能久攻不退，张郃回答明帝：“臣还未到达陈仓，诸葛亮恐怕已经撤军；屈指计算，诸葛亮的军粮，不够支撑十日。”张郃星夜兼程，进抵南郑，诸葛亮已经退兵。明帝诏令，张郃撤军，返回京师，拜张郃为征西车骑将军。

张郃深谙战场，料敌如神，变化无穷，善于排兵布阵，勘察地形，无不按照兵法行事，从诸葛亮以下，蜀军莫不忌惮张郃。张郃虽然是武将，但是喜欢与儒士交往，曾经推荐同乡卑湛讲解经学。张郃为人，品学兼优。明帝下诏：“在往昔，祭遵担任将军，上奏世祖，设置五经大夫，在军中，祭遵与诸儒生唱雅歌，行投壶之礼。今天，张将军在外勤于戎旅之事，在内关心教化。朕嘉赏张将军之意，擢拔卑湛为博士。”

诸葛亮再次从祁山出兵，明帝诏令张郃，率领诸将西进，抵近略阳，诸葛亮退军，守卫祁山，张郃追至木门，与诸葛亮大军接战，蜀军飞矢射中张郃的右膝，伤重不治，不幸去世。[①]明帝追赐张郃谥号为壮侯，嗣子张雄继承爵位。张郃先后出征打仗，立下很多战功，明帝划出张郃一部分食邑，封张郃的四个儿子为列侯。赐小儿子爵关内侯。

①《魏略》记载：诸葛亮退兵，司马懿派遣张郃追赶诸葛亮，张郃说："按照兵法，围城须打开一条生路，退军勿追。"司马懿不听。张郃不得已，率领属下追击。蜀军在高山上设伏，弓弩齐发，箭矢射中张郃的髀骨。

徐晃，字公明，河东郡杨县人。徐晃曾担任郡府小吏，跟随车骑将军杨奉，讨伐贼寇有功，受拜为骑都尉。李傕、郭汜在长安作乱，徐晃劝说杨奉护卫献帝返回洛阳，杨奉采纳徐晃的建议。献帝渡过黄河，抵达安邑，封徐晃为都亭侯。及至返回旧都洛阳，韩暹、董承为利益而争斗不息，徐晃劝说杨奉归附曹操，杨奉听从建议，之后又反悔。曹操在梁县进攻杨奉，徐晃遂归附曹操。

曹操授予徐晃兵权，派徐晃进攻卷（quān）县、原武县贼寇，逐一平定，曹操拜徐晃为裨将军。徐晃跟随曹操征伐吕布，逼降吕布的部将赵庶、李邹等，与史涣在河内郡斩杀眭固。徐晃跟随曹操大败刘备，斩杀袁绍的大将颜良，攻取白马，进抵延津，斩杀文丑，受拜为偏将军。徐晃与曹洪进攻㶏强县贼寇祝臂，大败贼寇，与史涣在故市截击袁绍的运粮车队，战功很多，曹操封徐晃为都亭侯。曹操围困邺城，攻破邯郸，易阳县令韩范诈降，献出易阳，又据城坚守，曹操派遣徐晃进攻易阳。徐晃进抵易阳，用箭矢向易阳城中传书，为韩范分析利害。韩范醒悟，向徐晃投降。不久，徐晃向曹操谏言："二袁未破，诸城未下者，皆侧耳倾听，今日攻破易阳，明日皆会死守不降，臣担心河北将难有平定之日。愿曹公劝降易阳，以此示于诸城邑，余下城邑，将会望风归降。"曹操采纳谏言。徐晃率领一支军队，进攻毛城，设置伏兵攻击，攻破三座营垒。徐晃跟随曹操在南皮大败袁谭，讨伐平原郡叛贼，逐一平定。徐晃跟随曹操，征伐乌丸蹋顿，受拜为横野将军。徐晃跟随曹操讨伐荆州，率领一支军队，驻扎在樊城，攻打中庐、临沮、宜城贼寇。徐晃与满宠在汉津进攻关羽，又与曹仁在江陵进攻周瑜。建安十五年，徐晃讨伐太原叛军，围困大陵，斩杀贼寇主帅商曜。韩遂、马超等在萧关以西反叛，曹操派遣徐晃驻扎在汾阴县，以安抚河东郡，赐予徐晃牛酒，令徐晃返回家乡，为先人祭扫坟墓。曹操进抵潼关，担心不能渡过黄河，召问徐晃。徐晃答："曹公兵力强盛，进抵此地，而贼寇并未安排军队把守蒲坂渡口，以此来看，贼寇毫无策略可言。愿曹公拨付臣精兵[①]，在蒲坂津渡过黄河，为大军先行布阵，以截断贼寇退路，贼寇不难擒获。"曹操说："好。"派徐晃率领步骑四千，渡过黄河。在对岸修建堑壕、栅栏，还未完成，贼寇梁兴连夜率领步骑五千余人进攻徐晃，徐晃击退来敌，曹操得以顺利渡过黄河，遂指挥大军，打败马超等。曹操派徐晃与夏侯渊平定隃麋、汧县诸氐人叛军，徐晃与曹操在安定会合。曹操返回邺城，又派徐晃与夏侯渊平定鄜县、夏阳县余贼，斩杀梁兴，逼降三千余户叛乱民众。徐晃跟随曹操征伐张鲁。曹操派遣徐晃率领一支军队，攻打椟县、仇夷县住在山区的氐人，氐人投降。徐晃升任平寇将军。徐晃为将军张顺解围。攻破贼寇陈福等三十余座营垒，逐一平定。

①裴松之按：徐晃在此处不该称臣，写传者误也。

曹操返回邺城，留下徐晃与夏侯渊在阳平对付刘备。刘备派遣陈式等十余营军士，断绝马鸣阁道，徐晃率领一支军队逐一攻破，蜀军很多人跳入山谷，非死即伤。曹操闻报，大喜，授予徐晃符节，命令徐晃："此阁道，是汉中郡的咽喉。刘备欲以此断绝内外，占据汉中。将军一举克敌制胜，善之善者也。"曹操遂进抵阳平，率领汉中诸军返回。曹操又派遣徐晃襄助曹仁讨伐关羽，驻扎在宛城。恰逢汉水暴涨，于禁所率诸营被大水淹没。关羽在樊城围困曹仁，又在襄阳围困将军吕常。徐晃率领的军队，大多是新招募的士兵，难以与关羽对阵，遂前进至阳陵陂驻扎。曹操返回，派遣将军徐商、吕建等到徐晃处，命令徐晃："须等诸路兵马会齐，再一起进军。"关羽驻扎在偃城。徐晃抵近偃城，佯装挖掘堑壕，以表示欲截断关羽的退路，关羽焚烧营寨，退走。徐晃取得偃城，两面连营，稍稍推进，距离关羽军营寨三丈远，按兵不动。曹操前后派遣殷署、朱盖等十二营魏军到达徐晃处。关羽在围头有驻军，又在四冢驻军。徐晃扬言要攻打围头驻军，暗中调动兵力攻打四冢。关羽看到四冢将要被攻破，亲自率领步骑五千人出战应敌，徐晃迎战关羽，蜀军退走，徐晃率军追击，攻入蜀军营寨，徐晃大败关羽，蜀军跳入沔水中，淹死很多人。曹操命令："蜀军营寨有堑壕鹿角十重，将军攻入营寨，大获全胜，遂攻陷营寨，斩杀、俘虏甚多。我用兵三十余年，以及所闻古代善用兵者，还未有长驱直入，直接攻入敌方营寨者。况且樊城、襄阳在被围困时，形势比当年莒县、即墨被围困要危急得多，将军的功劳，超过孙武、司马穰苴。"徐晃高奏凯歌，返回摩陂，曹操亲自迎接徐晃七里地，设置酒宴，大会功臣。曹操举起酒杯，向徐晃祝贺，勉励徐晃道："保全樊城、襄阳，这是将军之功。"当时，诸军集结在摩陂，曹操巡行诸军营地，士卒纷纷离开营帐观看，只有徐晃军营整齐，将士在驻扎地列阵，纹丝不动。曹操叹道："徐将军带兵，真可谓有周亚夫之风范。"

曹丕即魏王位，拜徐晃为右将军，封为逯乡侯。及至曹丕接受汉室禅让，登上帝位，晋升徐晃爵位为杨侯。徐晃与夏侯尚一起在上庸讨伐刘备，大败刘备。文帝以徐晃镇守阳平，改封徐晃为阳平侯。明帝即位，徐晃在襄阳防御吴将诸葛瑾。明帝增加徐晃食邑二百户，合并之前，共享有三千一百户。徐晃病危时，留下遗嘱，以平时穿的衣服殡殓。

徐晃性情质朴，处事简易，有将军之威武，用兵布阵，小心谨慎。率领军队出征，常在远处安排侦察人员，审时度势，以不可战胜之势，摆列军阵，而后再向敌方开战。战事获胜，追亡逐北，有时连饭也顾不上吃。徐晃常叹息道："古人患不能遇上明君，而今，我幸而遇上明君，在战场上效命，为何要顾及名誉！"徐晃终生不滥交朋友。太和元年，徐晃去世，谥号为壮侯。嗣子徐盖继承爵位。徐盖去世，嗣子徐霸继位。明帝划出徐晃部分食邑，封徐晃的子孙二人为列侯。

当初，清河郡人朱灵担任袁绍的将军。曹操征伐陶谦，袁绍派朱灵率领三营士兵襄助曹操，立有战功。袁绍所派遣诸将各自撤回，朱灵说："我观察世人很多，无人能超过曹公，这才是真正的明主。如今遇上明主，还要怎样？"遂留下，没有返回袁绍处。所率领的士兵仰慕朱灵，皆跟随朱灵留下。朱灵后来成为名将，仅次于徐晃等，朱灵担任后将军，受封为高唐亭侯。①

①《九州春秋》记载：当初，清河郡人季雍举鄃县背叛袁绍，投降公孙瓒，公孙瓒派兵守卫鄃县。袁绍派朱灵进攻鄃县。朱灵家在鄃县城中，公孙瓒把朱灵的母亲、弟弟放置在城上，诱降朱灵。朱灵望着城上涕泣道："大丈夫一旦离开家，为人效命，岂能再顾及家耶！"遂力战拔城，生擒季雍，而朱灵的家人在双方攻战中，皆被杀。

《魏书》记载：朱灵，字文博。曹操平定冀州，派遣朱灵率领新兵五千人，一千匹战马，守卫许南。曹操告诫朱灵："冀州的新兵，一直以宽缓相待，暂时得到整肃，意尤快快。卿素来有威严之名，注意以宽缓待之，不然恐怕有变。"朱灵到了阳翟县，中郎将程昂等果然反叛，朱灵斩杀程昂，将情况报告曹操。曹操写信答复："用兵之所以为危险者，外有敌国强悍之行，内有奸谋不测之变。在往昔，邓禹率领一支军队，与光武帝分开西进，中间有宗歆、冯愔之难，此后，邓禹仅率领二十四骑，逃回洛阳，邓禹怎么会有这么大的损失？将军来信恳切，很多是引咎自责，未必如信中所言也。"文帝即位，封朱灵为鄃侯，增加食邑。文帝下诏："将军佐命先帝，率军征战数年，威武超过方、邵，战功逾越绛侯、灌夫。图籍所美，何以加焉？朕接受天命，享有海内，元功之将，社稷之臣，朕皆应该与其共享福贵，共同庆贺，将福祚传之于后世。今封朱灵为鄃侯。富贵不归故乡，犹如锦绣夜行。若平常所志，愿勿难言。"灵朱谢道："高唐侯，吾所愿也。"于是，文帝改封朱灵为高唐侯，朱灵去世，谥号为威侯。儿子朱术继承爵位。

陈寿评论如下：曹操建立赫赫武功，当时的名将，这五位列在最前面。于禁号称勇猛果敢，然而，不能保持晚节。张郃以善于应变而著称，乐进以骁勇善战而闻名，考察这些将军的事迹，未必像所传闻的那样。或许记述有遗漏，不如张辽、徐晃记载得详细。

魏书十八

二李臧文吕许典二庞阎传第十八

李典，字曼成，山阳郡钜野县人。李典的伯父李乾，有英雄气概，在乘氏县聚集宾客数千人。初平年间，李乾率领众宾客追随曹操，在寿张县大败黄巾军，又跟随曹操进攻袁术，讨伐徐州。吕布作乱，曹操派遣李乾返回乘氏县慰劳县邑百姓。吕布的别驾薛兰、治中李封招降李乾，欲让李乾背叛曹操，李乾不听，遂被杀害。曹操派李乾的儿子李整率领李乾麾下的士卒，与诸将一起进攻薛兰、李封。大败薛兰、李封，李整跟随曹操平定兖州属下县邑，立下战功，稍后升任青州刺史。李整去世，堂弟李典改任颍阴县令，兼任中郎将，率领李整麾下的军队，[①]后来，李典升任离狐郡太守。

①《魏书》记载：年少时，李典好学，并不喜欢军事，跟随老师学习《春秋左氏传》，博览群书。曹操很欣赏，故试以治民。

当时，曹操与袁绍在官渡对峙，李典带领族人及部属，为曹操运输军饷、粮草。曹操打败袁绍，拜李典为裨将军，驻扎在安民亭。曹操在黎阳进攻袁谭、袁尚，派李典与程昱等用船转运军粮。此时，袁尚也派遣魏郡太守高蕃率军驻扎在河上，断绝水道，曹操敕令李典、程昱："如果船不能通过，就走陆路。"李典与诸将商议："高蕃军缺少甲兵，自恃占有水道，有懈怠之心，击之必克。军队在外征战，将在外，君命有所不受；只要对国家有利，独断专行可也，我们应伺机进攻敌军。"程昱同意。曹军遂北渡黄河，进攻高蕃，大败敌军，水道恢复畅通。刘表派刘备北上袭扰曹军，进抵叶县，曹操派遣李典跟随夏侯惇，抵御刘备。一天早晨，刘备烧掉营地，匆忙撤军，夏侯惇率领诸军追击，李典说："贼无故退兵，我怀疑必有埋伏。南道狭窄，草木葱茏，不宜追击。”夏侯惇不听，与于禁追击刘备，李典留守后方。夏侯惇等果然中了埋伏，战事不利，李典前往救援，刘备看到救兵已至，遂撤军。李典跟随曹操围困邺城，攻破邺城，李典与乐进在壶关围困高幹，在长广进攻管承，逐一击败。李典升任捕虏将军，受封为都亭侯。李典家族及部属有三千余家，居住在乘氏县，李典向曹操请求迁至魏郡。曹操笑着说："卿欲效仿耿纯吗？"李典谢道："李典驽怯，功劳微薄，而爵禄过厚，诚宜举族人之力，效命曹公；加上征伐尚未停息，宜将族人安置妥当，臣没有后顾之忧，可以率领军队，征伐四方，并非效仿耿纯。"李典将家族及部属一万三千余人迁至邺城。曹操嘉赏李典，改任李典为破虏将军。李典与张辽、乐进驻扎在合肥，孙权率军围困合肥，张辽欲奉命出战。乐进、李典、张辽平素不睦，张辽担心他们不肯从命，李典慨然道："此乃国家大事，君何必顾虑太多，臣岂能以私怨而忘公义！"李典率领部众与张辽大败孙权，赶走吴军。曹公增加李典食邑一百户，合并之前，共享有三百户。

李典喜欢学习，行为儒雅，不肯与诸将争功论赏，尊敬贤者士大夫，恂恂然，常认为自己还有许多不足之处，军中称李典为长者。三十六岁，李典去世，嗣子李祯继承爵位。曹丕接受汉室禅让，登上帝位，追思李典在合肥的战功，增加李祯食邑一百户，赐予李典的一个儿子爵关内侯，享受食邑一百户；追赐李典谥号为愍侯。

李通，字文达，江夏郡平春县人。[①]以任侠仗义，闻名于江夏郡、汝南郡。与同郡人陈恭在朗陵县共同起兵，有许多人归附。当时，有一位壮士周直，率领部众二千余家，与陈恭、李通外表和睦，内心违逆。李通欲杀掉周直，而陈恭阻拦。李通知道陈恭处事不够果断，于是，擅自做主，与周直聚会，当酒酣耳热时，在酒宴上杀了周直，众人大惊，李通与陈恭诛杀周直的亲信，兼并周直的军队。后来，陈恭的妻弟陈郃又杀了陈恭，掌握陈恭的部属。李通进攻陈郃，大败陈郃，斩下陈郃的首级，在陈恭的坟墓前祭奠，李通又生擒黄巾军主帅吴霸，逼降其部众。这一年暴发大饥荒，李通拿出全部家产赈济贫困，与士卒分享糟糠，民众皆听命于李通，为李通所用，因此，盗贼不敢侵犯江夏郡。

①《魏略》记载：李通小名叫万亿。

建安初年，李通举众到许都来见曹操。曹操拜李通为振威中郎将，驻扎在汝南郡西界。曹操讨伐张绣，刘表派兵援助张绣，曹军战事不利。李通率军连夜赶去，支援曹操，曹操得以再战，李通充当先锋，大败张绣军。曹操拜李通为裨将军，封为建功侯。分出汝南郡两个县，设立阳安郡，任命李通为阳安郡都尉。李通妻子的伯父犯法，朗陵县长赵俨收捕，判处死刑。当时，生杀大权，由州刺史、郡守自行掌握，李通的妻子哀号，请求李通向赵俨求情，赦免其伯父。李通说："我与曹公勠力同心，不能以私废公。"称赞赵俨执法不徇私情，与赵俨结为至交。曹操与袁绍在官渡对峙期间。袁绍派遣使者，拜李通为征南将军，刘表也暗中招诱李通，李通一概拒绝。李通的亲戚、部属流着眼泪说："而今，我们势单力孤，独守此地，没有外援，不可能成功，不如归顺袁绍。"李通按剑呵斥道："曹公英明，一定能平定天下。袁绍虽然暂时强盛，然而用人无方，终将被曹公打败。我即使死，也不敢怀有二心。"当即斩杀袁绍派来的使者，将印绶送给曹操。李通进攻郡中的贼寇瞿恭、江宫、沈成等，逐一剿灭，斩杀首级，送给曹操，随后平定淮南、汝南地区。曹操改封李通为都亭侯，拜为汝南郡太守。当时，贼寇张赤率领五千余家，聚集在桃山，李通攻打贼寇，将其剿灭。刘备与周瑜在江陵围困曹仁，又派遣关羽断绝曹仁北归的退道。李通率领部众进攻刘备，下马拔去鹿角，攻入包围圈，且战且进，接出曹仁，勇冠全军。李通在路上患病，不幸病逝，享年四十二岁。朝廷追封李通食邑二百户，合并之前，共享有食邑四百户。曹丕接受汉室禅让，登上帝位，追赐李通谥号为刚侯。下诏："此前，袁绍发难，从许都、下蔡县以南，人各怀异志。李通秉持道义，临危不乱，使怀有二心之人，逐渐安下心来，朕甚为嘉赏。李通不幸早逝，嗣子李基继承爵位，未足以褒赏李通的功勋。李基的哥哥李绪，此前驻扎在樊城，也立下战功。世人多赞赏其功劳，任命李基为奉义中郎将，李绪为平虏中郎将，以显示宠信。"①

①王隐著《晋书》记载：李绪的儿子李秉，字玄胄，有俊才，为当时人所尊重，官至秦州刺史。李秉曾经回复司马文王，并以此为家训："昔日侍坐在先帝身旁，当时，有三位长吏一起来觐见。临辞别，皇上说：'为官应当清廉，应当谨慎，应当勤勉，能修此三德者，何患不能治理百姓？'臣同时受诏。既出宫，皇上又对臣等讲：'以此相告诫，敕令守正不阿，对吗？'侍坐者都是贤士，莫不赞成。皇上又问：'必不得已，此三德，何者为先？'有人回答：'应以清廉为本。'皇上又问到臣，臣回答：'清廉、谨慎之道，相辅相成，必不得已，谨慎为先。清廉者未必谨慎，谨慎者一定清廉，就像仁者，必然有勇，有勇者未必有仁心，是以《易经》强调：囊括无咎，藉用白茅，皆慎之至也。'皇上说：'卿言得其真髓。可是，举近世以来，能谨慎处世者，能有几人？'其他人举不出几个例子，我举了原太尉荀景倩、尚书董仲连、仆射王公仲，这些人可谓以谨慎处世。皇上说：'这些人不仅是良臣，温良恭俭让，朝夕不懈，恪尽职守，更是谨慎处世者也。然而，天下之至慎，恐怕要推阮嗣宗乎！每当与之谈话，言及玄远，而未曾评论时事，臧否人物，真可谓至慎矣。'我每当想起这些话，足引以为明诫。凡人行事，年少立身，不可不慎，勿轻易议论他人，勿轻易夸口言事，如此做人，则懊悔之事将何以产生，祸无从而至矣。"

李秉的儿子李重，字茂曾，年少时，就很有名气，历任吏部侍郎、平阳郡太守。《晋诸公赞》称李重以清廉著称。相国赵王司马伦对其信任，任命李重为右司马。李重以司马伦将要作乱，托病不肯就职。司马伦逼迫，不得已，李重遂不再想活，以至于病情困笃，被人搀扶着受拜印绶，数日后，病逝，受赠散骑常侍。李重的两个弟弟，李尚，字茂仲，李矩，字茂约，永嘉年间，同时担任郡守，李矩官至江州刺史。李重的儿子李式，字景则，官至侍中。

臧霸，字宣高，泰山郡华县人。父亲臧戒，曾担任县里的狱掾，按照法律判案，不同意太守因为私怨而滥杀无辜。太守大怒，下令收捕臧戒，押送至郡府，当时，为臧戒送行者有一百余人。臧霸当年十八岁，率领宾客数十人，径直在费西山中夺回父亲，押送者无人敢动，而后与父亲亡命于东海郡，从此，臧霸以勇敢闻名。黄巾军骤起，臧霸跟随陶谦，打败黄巾军，受拜为骑都尉，后来，臧霸在徐州招募兵员，与孙观、吴敦、尹礼等会齐，臧霸担任主帅，驻扎在开阳。曹操讨伐吕布，臧霸等率领部众，襄助吕布。吕布被擒，臧霸藏匿起来。曹操悬赏捉拿臧霸，见到臧霸后，很喜欢，令臧霸招回吴敦、尹礼、孙观、孙观的哥哥孙康等，都来见曹操。曹操拜臧霸为琅琊国相，拜吴敦为利城郡太守，拜尹礼为东莞郡太守，拜孙观为北海郡太守，拜孙康为城阳郡太守，分出青州、徐州一部分，设立琅琊国，交予臧霸治理。曹操在兖州，拜徐翕、毛晖为将军。兖州爆发动乱，徐翕、毛晖叛变。后来，兖州平定，徐翕、毛晖亡命，投奔臧霸。曹操对刘备讲，令其告诉臧霸，把二人的首级送来。臧霸对刘备讲："臧霸之所以能立于世间，以不耻做此类事。臧霸蒙受曹公活命之恩，不敢违抗曹公的命令。然而，建立王霸之君，应以仁义告之，请将军代臧霸致辞曹公。"刘备把臧霸的话转告曹操，曹操叹息，对臧霸讲："此乃古人之事，而君能行之，孤赞成君的想法。"于是，又拜徐翕、毛晖为郡守。当时，曹操正在与袁绍对峙，臧霸多次率领精兵，攻入青州，故曹操得以专门对付袁绍，不以东方为念。曹操在南皮县大败袁谭，臧霸等向曹操道贺，借机请求送子弟及诸将的父兄、家属到邺城。曹操说："诸君为人忠孝，无须在这方面表示！在往昔，萧何派遣子弟到前线襄助高祖，而高祖并不拒绝，耿纯焚毁族人的房屋，以绝其后路，带着棺木追随刘秀，而光武帝不认为耿纯做得不对，我为何不能仿效！"东部州郡扰攘，陷于混乱，臧霸等镇压暴乱，平定泰山、海滨一带，功莫大焉，曹公封臧霸为列侯。臧霸受封为都亭侯，兼任威虏将军。臧霸又与于禁讨伐昌豨，与夏侯渊讨伐黄巾军余贼徐和等，立下战功，改任徐州刺史。沛国人武周担任下邳县令，臧霸尊敬武周，亲自到县令家看望。州部从事违反法律，武周获其罪证，收捕从事，严刑拷问，臧霸更加看重武周。臧霸跟随曹操讨伐孙权，担任先锋，两次攻入巢湖，攻打居巢，攻破城邑。张辽讨伐陈兰，臧霸率领一支军队，进抵皖城，讨伐吴军将领韩当，使吴军不能救援陈兰。韩当派遣吴军迎战臧霸，臧霸与吴军在逢龙大战，韩当再次派遣兵力，在夹石迎战臧霸，臧霸与吴军大战，大败吴军，回军驻扎在舒城。孙权派遣数万人，乘船驻扎在舒口，分兵救援陈兰，听说臧霸驻扎在舒城，孙权撤军逃遁。臧霸星夜追赶，及至天明，臧霸已追出一百余里，追上吴军，前后夹击。吴军惊慌失措，不能上船，落水者甚众，致使吴军不能救援陈兰，张辽大败陈兰。臧霸跟随曹操在濡须口讨伐孙权，与张辽担任先锋，行军途中，遇上大雨。曹军主力已到，江水暴涨，吴军船只稍稍前进，曹军将士惊慌不安。张辽欲撤军，臧霸阻止道："曹公用兵，明于判断利害，岂肯抛弃我等？"第二天，曹操果然有令。张辽来到曹操处，把臧霸的话告诉曹操。曹操听了，称赞臧霸，拜臧霸为扬威将军，授予符节。后来，孙权乞降，曹操撤军，留下臧霸与夏侯惇等驻扎在居巢。

曹丕即魏王位，臧霸改任镇东将军，受封为武安乡侯，都督青州诸军事。及至曹丕接受汉室禅让，登上帝位，晋升臧霸爵位为开阳侯，又改封为良成侯。臧霸与曹休讨伐吴军，在洞浦大败吕范，受朝廷征召，臧霸担任执金吾，享受特进位。每当有军事，文帝常向臧霸咨询。①明帝即位，增加臧霸食邑五百户，合并之前，共享有三千五百户。臧霸去世，谥号为威侯。嗣子臧艾继承爵位。②臧艾官至青州刺史、少府。臧艾去世，谥号为恭侯。嗣子臧权继位。由于臧霸此前的战功，三个儿子受封为列侯，一人受赐爵关内侯。③

①《魏略》记载：臧霸又名臧奴寇。孙子臧观又名臧婴子。吴敦又名黯奴。尹礼又名卢儿。建安二十四年，臧霸率领一支军队在洛阳。恰逢太祖驾崩，臧霸所部及青州兵以为天下将要大乱，皆鸣鼓，擅自离去。曹丕接受汉室禅让，即帝位，让曹休都督青州、徐州军事，臧霸对曹休讲："国家未肯听从臧霸！如果让臧霸率领步骑一万，一定能横行江东。"曹休把这些话奏报文帝，文帝怀疑臧霸属下军队此前擅自离去，今日又发出如此豪言！遂东巡，借机让臧霸来朝见，夺去臧霸的兵权。

②《魏书》记载：年少时，臧艾以才干、明理著称，担任黄门侍郎，历任几个郡的太守。

③臧霸有一个儿子叫臧舜，字太伯，在晋朝担任散骑常侍，见《武帝百官名》。此百官名，不知是谁撰写，皆有题目，称臧舜"才颖条畅，识赞时宜"。

孙观官至青州刺史，持符节，跟随曹操讨伐孙权，战场上受伤，因战伤去世。嗣子孙毓继承爵位，官至青州刺史。①

①《魏书》记载：孙观，字仲台，泰山郡人。与臧霸同时起兵，讨伐黄巾军，受拜为骑都尉。曹操打败吕布，让臧霸招孙观兄弟，厚遇他们。孙观与臧霸共同征伐，孙观常奋不顾身登城，平定青州、徐州群贼，功劳仅次于臧霸，受封为吕都亭侯。孙康也以战功，受封为列侯。与太祖在南皮会面，孙康派遣子弟入住邺城，曹操拜孙观为偏将军，改任青州刺史。孙观跟随曹操在濡须口征伐孙权，持符节，攻打孙权，被流矢射中，伤了左足，孙观仍力战不退，曹操慰劳孙观，说："将军受伤很重，而杀敌锐气越奋，不应当为国家爱惜身体吗？"曹操改任孙观为振威将军，孙观伤势很重，不久去世。

文聘，字仲业，南阳郡宛县人，原来是刘表的大将，刘表派文聘防御北方。刘表去世，儿子刘琮继位。曹操征伐荆州，刘琮举荆州投降曹公，召来文聘，欲与文聘一起去见曹公，文聘说："文聘不能保全荆州，只能在家中待罪。"曹操渡过汉水，文聘来见曹操，曹公问："为何姗姗来迟？"文聘答："昔日不能辅弼刘荆州，以维护国家，荆州丢失，常愿据守汉川，保全荆州土地，生不能有负于孤弱，死亦无愧于地下，然而，谋划不能成功，以至于此。心中悲哀，深感惭愧，无颜早日来见。"说罢唏嘘流泪。曹操为之怆然，说："仲业，卿真乃忠臣也。"以厚礼相待。授予文聘兵权，派文聘与曹纯在长坂坡追击刘备。曹操平定荆州，江夏与东吴接壤，民心不稳，曹操拜文聘为江夏郡太守，让文聘指挥北方来的曹军，委以重任，负责军事，赐爵关内侯。[①]文聘与乐进在寻口讨伐关羽，立下战功，晋升为延寿亭侯，兼任讨逆将军。文聘又在汉津截击关羽的辎重车队，在荆州城烧毁关羽的船只。曹丕接受汉室禅让，登上帝位，晋升文聘爵位为长安乡侯，授予符节。文聘与夏侯尚围困江陵，文帝令文聘驻扎在沔口，据守石梵，独当一面，文聘御敌有功，升任后将军，受封为新野侯。孙权以五万军队，在石阳围困文聘，情况紧急，文聘岿然不动，孙权围困二十余日，撤军。文聘追击吴军，大败孙权。[②]文帝增加文聘食邑五百户，合并之前，共享有一千九百户。

①孙盛认为：资父事君，忠孝道一。臧霸年少时，有孝烈之名，文聘垂泣之诚，是以魏武一面，委之以二方之任，岂仅壮威，见知于仓促之间哉！

②《魏略》记载：孙权曾亲自率领数万军队，猝然而至。当时下大雨，城栅损毁，人民在田野间，四处逃散，未能得到救济。文聘听说孙权杀到，不知所措，欲以静默固守，应对孙权。文聘敕令城中人，欲使他们看不到自己，文聘躺卧在屋里不起。孙权果然怀疑，对其部下将领讲："北方以此人为忠臣，故委之以重任，负责此郡，今我军杀到，文聘泰然自若，纹丝不动，若不是另有预谋，必定有外来救兵。"遂不敢再继续攻打，撤军离去。《魏略》记载：此语，与本传相反。

文聘在江夏郡数十年，对百姓有恩信，威震敌国，吴军不敢来犯。文帝划出文聘部分食邑，封文聘的儿子文岱为列侯，又赐予文聘的侄子文厚爵关内侯。文聘去世，谥号为壮侯。文岱此前已经去世，文聘的养子文休继承爵位。文休去世，嗣子文武继位。

嘉平年间，谯郡人桓禺担任江夏郡太守，为官清廉，生活俭朴，对百姓有恩信，名声仅次于文聘。

吕虔，字子恪，任城县人。曹操在兖州，听说吕虔有胆有识，善于运用谋略，任命吕虔为从事，吕虔率领家兵，守卫湖陆县。襄陵校尉杜松辖区里的百姓炅（guì）母等作乱，与昌豨勾结。曹操令吕虔代替杜松。吕虔到任，招诱炅母及其同党数十人，赐予酒食。在旁边安排壮士埋伏，吕虔观察炅母等已经酒醉，令伏兵将其全部斩杀，而后安抚其余众，贼寇很快平定。曹操让吕虔代理泰山郡太守。泰山郡靠山临海，社会秩序混乱，吕虔听说百姓大多藏匿或逃亡。袁绍任命的中郎将郭祖、公孙犊等数十人，占山为寇，百姓苦不堪言。吕虔率领家兵到达泰山郡，对贼寇施以恩信，郭祖等贼寇投降吕虔，在山中逃亡、藏匿的百姓，纷纷出山，回到家乡，回归本业。吕虔挑选其强壮者，补入军队为战士，泰山郡从此有了精兵，兵力雄冠于各州郡。济南郡黄巾军徐和等，到处劫杀官吏，攻打城邑。吕虔引兵与夏侯渊联合，攻打黄巾军，前后数十战，斩杀生擒数千人。曹公派吕虔都督青州诸郡的军队，讨伐东莱郡贼寇李条等，立下战功。曹公下令："大丈夫立下壮志，必然会成就一番事业，一般来讲，这是烈士所追寻的目标。卿在泰山郡任职以来，擒获贼寇，诛杀强暴，百姓终获安宁，卿身先士卒，躬蹈矢石，所见征伐，必克敌制胜。在往昔，寇恂立名于汝南、颍川，耿弇建策于青州、兖州，古今英雄一样。"吕虔被举荐为茂才，兼领骑都尉，仍然治理泰山郡，在任上十几年，对百姓有恩信，享有威望。曹丕即魏王位，任命吕虔为裨将军，封为益寿亭侯，改任徐州刺史，兼领威虏将军。吕虔延请琅琊郡人王祥为幕府别驾，由王祥主管民事，世人多称赞吕虔知人善任。[①]吕虔讨伐利城叛贼，斩杀、俘虏甚多，立下战功。明帝即位，改封吕虔为万年亭侯，增加食邑二百户，合并之前，共享有六百户。吕虔去世，嗣子吕翻继承爵位。吕翻去世，嗣子吕桂继位。

①孙盛著《杂语》记载：王祥，字休徵。性笃孝，后母虐待王祥，常欲害死王祥，王祥神色不变，奉养继母终不懈怠。大寒之月，后母说："我想吃生鱼。"王祥脱下衣服，剖开冰面，不久，坚冰下面，有鲜活的鱼跃出冰面，王祥把鲜鱼供奉给母亲，当时人认为，这是王祥笃孝，感动鲜鱼所致。王祥奉养继母三十余年，母亲去世，王祥才出仕，以淳厚真诚，受到当时人敬重。

王隐著《晋书》记载：王祥出仕时，已经年过五十，稍后升任司隶校尉。高贵乡公学习经文，以王祥为三老，后改任王祥为司空、太尉。司马文王当初担任晋王，司空荀顗让王祥向司马文王奉上敬意，王祥不肯。详情记载在《三少帝纪》。晋武帝接受魏室禅让，登上帝位，拜王祥为太保，封为睢陵公。泰始四年，王祥去世，享年八十九岁。王祥的弟弟王览，字玄通，担任光禄大夫。《晋诸公赞》记载：王览平素有至行。王览的子孙繁衍，其中颇有贤俊，奕世之盛，古今少有。

许褚，字仲康，谯国谯县人。许褚身高八尺余，腰粗十围，容貌威武雄壮，勇力过人。东汉末年，许褚聚集少年及族人数千家，共同建造壁垒，以抵御贼寇。当时，汝南郡人葛陂有贼寇一万余人，攻打许褚，许褚的人少，不敌贼寇，许褚力战，筋疲力尽，箭矢将要用尽，许褚令壁垒中的男女，把像杆斗样的大石头，摆放在四个角落，用大石头砸向贼寇，大石头威力极大，被砸中者血肉模糊。贼寇不敢再进攻。粮食将要耗尽，许褚佯装与贼寇讲和，用耕牛与贼寇交换粮食，贼寇前来取牛，耕牛跑回来。许褚走出壁垒，用手拽着牛尾巴，走了一百余步。贼寇目睹此景，胆战心惊，遂不敢再取牛，撤围。从此以后，在淮南、汝南、陈国、梁国之间，听到许褚的人，莫不忌惮。

曹操巡视淮南郡、汝南郡，许褚率领部众归附曹操。曹操看见许褚，非常高兴，说："这就是我的樊哙。"从即日起，曹操拜许褚为都尉，令许褚率领近卫军，在身边宿卫。跟随许褚来的侠客，皆拜为虎士。许褚跟随曹操征伐张绣，冲锋陷阵，斩杀数以万计，升任校尉。许褚跟随曹操在官渡与袁绍对峙。当时，有随从徐他等也在曹操身边侍候，密谋叛逆，因为许褚常跟随曹操在身边，对许褚颇为忌惮，不敢轻举妄动。在许褚休假时，徐他等怀揣利刃，闯入曹操大帐。许褚回到住处，突然心动，即刻返回曹操身边随侍。徐他等人并不知道，进入大帐，看见许褚，大惊失色。看到徐他惊慌失措，许褚认定必有变故，遂击杀徐他等。从此以后，曹操越发信任许褚，出入皆让许褚同行，不离左右。许褚跟随曹操围困邺城，作战有功，受赐爵关内侯。许褚跟随曹操在潼关讨伐韩遂、马超，曹操将要北渡黄河，进抵河边，先渡过部分士兵，独自与许褚及虎士一百余人，留在南岸断后。马超率领步骑一万余人，袭击曹操，箭矢如雨点般落下。许褚对曹操讲：马贼来势凶猛，如今，士兵已渡河完毕，应尽快渡河。许褚扶着曹操上船。马超追杀甚急，曹操手下军士争抢上船，船身负重，将要沉没。许褚用刀劈砍攀扶船沿者，左手举马鞍，遮蔽曹操。船工被流箭射杀，许褚右手撑船，溯流而上，勉力渡过黄河。这一天，如果不是许褚，曹操将陷于危险。后来，曹操与韩遂、马超等，单骑在阵前对话，左右皆不得跟随，只有许褚在身边。马超自负其武力，暗中欲袭击曹操，马超素闻许褚勇猛，怀疑跟随者就是许褚，问曹操："曹公有虎侯，安在？"曹操指着许褚，回答马超，许褚怒目瞋视。马超不敢轻举妄动，双方各自收兵。又过了数日，双方会战，曹军大败马超，许褚在阵中，勇猛冲杀。战后，曹操改任许褚为武卫中郎将。武卫之称号，从许褚开始。军中以许褚勇力猛如老虎，而且憨痴，昵称许褚为"虎痴"；所以马超问虎侯，至今天下人仍这样称呼许褚，把这当作许褚的名字。

许褚为人谨慎，谨守律令，朴厚少言。曹仁从荆州来拜谒曹操，曹操还未出宫，曹仁进入阙门，与许褚在殿外相见。曹仁招呼许褚进入侧殿，坐下讲话，许褚答："魏王将要出宫。"又回到大殿，曹仁心中不满。有人责备许褚："征南将军是宗室重臣，屈尊招呼君，君为何不理？"许褚答："彼虽亲重，也是外藩。许褚身为内臣，当众讲两句话，足矣，入室谈何私事？"曹操听说后，越发看重许褚，升任许褚为中坚将军。曹操驾崩，许褚号泣，直至呕血。曹丕接受汉室禅让，登上帝位，封许褚为万岁亭侯，改任武卫将军，统率宫中宿卫禁兵，对许褚格外亲近。当初，许褚率领的虎士，跟随许褚征伐，曹操认为他们都是猛士，在同一天拜为将军，此后，以战功担任将军，受封为列侯者有数十人，担任都尉、校尉者，有一百余人，都是有名的剑客。明帝即位，晋升许褚爵位为牟乡侯，享受食邑七百户，赐予一个儿子爵关内侯。许褚去世，谥号为壮侯。嗣子许仪继承爵位。许褚的哥哥许定，以军功担任振威将军，统率禁中徼道虎贲勇士。太和年间，明帝追思许褚忠孝，下诏予以褒奖，又赐予许褚的子孙二人爵关内侯。许仪被钟会所杀。泰始初年，嗣子许综继承爵位。

典韦，陈留郡己吾县人。体貌魁梧，膂力过人，平生立下志向，坚守节操，为人任侠仗义。襄邑县刘氏与睢阳县李永为仇敌，典韦为刘氏报仇。李永原来担任富春县长，门卫甚严。典韦乘车载着鸡、酒，佯装来拜谒李永，门一打开，典韦怀揣利刃，闯入室内，杀了李永，同时杀了李永的妻子，而后，典韦缓缓走出，取出车上的刀戟，步行离开李永家。李永居住在闹市，闹市里的人看到了，吓得目瞪口呆。有数百人追赶典韦，却不敢靠近。走了四五里，遇上同伴，典韦转身力战，得以脱身。从此以后，典韦被豪侠所赏识。初平年间，张邈举义兵，典韦充当军中勇士，隶属于幕府司马赵宠。牙门前矗立的大旗又高又大，无人能举起，典韦竟然一手擎起大旗，赵宠惊叹典韦有这么大的力气。后来，典韦隶属于夏侯惇，多次在战场上杀敌立功，受拜为司马。曹操在濮阳讨伐吕布。吕布有一支军队，驻扎在濮阳以西四五十里，曹操夜袭驻地，天明前攻破，还未来得及撤军，吕布率领救兵赶到，从三面进攻曹操。当时，吕布亲自上阵厮杀，从清晨直至日落，双方大战数十合，形势异常紧急。曹操陷入阵中，悬赏敢死队员，典韦挺身而出，率领应募者数十人，身穿两层铠甲，丢弃盾牌，手持长矛，背负短戟。战场情况紧急，典韦冲向西面，吕布军箭矢齐发，箭如雨下，典韦不管不顾，对众人讲："敌兵过来十步远时，再告诉我。"众人讲："已距离十步。"典韦又讲："距离五步，再告诉我。"众人越发恐惧，慌忙喊道："敌兵已经靠近！"典韦手持十余支短戟，转身大呼，投向敌军，走近者无不应手倒地。吕布军后撤。双方战至日暮，曹操才得以脱身，引兵撤退。此战以后，曹操拜典韦为都尉，安排在身边，率领亲兵数百人，常驻守在大帐周围。典韦英勇，威武雄壮，率领的亲兵，都是经过精挑细选的，每次作战，典韦常身先士卒，率先攻陷敌阵，曹操升任典韦为校尉。典韦忠诚，为人谨慎、持重，白昼在曹操身边侍立，夜晚在大帐外宿卫，很少回到住处。典韦喜欢饮酒，酒量、食量过人，每当曹操在面前赐典韦饮酒，典韦总会大吃大喝，左右手抓着酒食，塞进嘴里，几个人为典韦添酒加菜，曹操看着，颇为欣赏。典韦善于舞动双戟或长刀，军中为之传说："帐下壮士有典君，舞一双戟，有八十斤。"

曹操讨伐荆州，大军进抵宛城，张绣投降曹操，曹操很高兴，延请张绣及其部将，置酒高会。曹操行酒，典韦手持大斧站立在身后，斧刃有一尺长，曹操走到客人面前，典韦则持斧侍立在身边，目视客人。酒宴结束，张绣及其部将不敢仰视。酒宴后十余日，张绣举兵反叛，袭击曹操的大营，慌乱中，曹军战事不利，曹操骑上快马逃走。典韦在大营门前，张绣军始终不敢进入。最后，士卒从后门拥入。当时，典韦身边还有十余人，皆拼死力战，无不以一当十。张绣军前后左右，越来越多，典韦手持长戟左右遮挡，典韦一击，就有十余支长矛被挡开。身边的卫士死伤殆尽。典韦身受数十处创伤，短兵相接，张绣军冲上前来。典韦左右手抓着两位士卒挥舞，猛力击杀，其余者不敢靠近。典韦又冲向前去，力杀数人，身受重伤，瞋目大骂而死。张绣军这才敢走向前，割下典韦的头颅，在军中传视，众士卒俯下身子，看着典韦的尸骸。曹操退至舞阴县，听说典韦力战而死，不禁流下眼泪，招募勇士，取回典韦的尸骸，又亲临现场，哭祭典韦，派人送回襄邑安葬。曹操拜典韦的儿子典满为郎中，每当车驾经过典韦的坟墓，都要以中牢礼祭祀。曹操思念典韦，又拜典满为司马，留在身边。曹丕即魏王位，任命典满为都尉，赐爵关内侯。

庞德，字令明，南安郡狟（huán）道（在汉代，少数民族居住的县，称为道）人。年少时，庞德在郡府担任小吏，后来在州部担任从事。献帝初平年间，庞德跟随马腾，镇压羌氐反叛。多次立功，稍后升任校尉。建安年间，曹操在黎阳讨伐袁谭、袁尚，袁谭派遣郭援、高幹等，攻取河东郡，曹操派遣钟繇，率领关中诸将，反击郭援等。庞德跟随马腾的儿子马超，在平阳抵御郭援、高幹，庞德担任先锋，进攻郭援、高幹，大破敌寇，亲自斩杀郭援。[①]庞德受拜为中郎将，被封为都亭侯。后来，张白骑在弘农郡反叛，庞德再次跟随马腾征剿张白骑，在殽山两座大山之间，大败张白骑。每次出战，庞德常冲锋陷阵，勇冠全军。后来，马腾受朝廷征召，担任卫尉，庞德留下，隶属于马超。曹操在渭南大败马超，庞德追随马超，逃入汉阳，守卫冀城，又跟随马超投奔汉中，归附张鲁。曹操平定汉中，庞德随众人归降曹操。曹操早就听说庞德骁勇善战，拜庞德为立义将军，封为关门亭侯，享受食邑三百户。

①《魏略》记载：庞德亲手斩杀敌方一员战将首级，不知是郭援。双方战罢，众人皆言郭援被杀，而没有首级。郭援是钟繇的外甥。庞德稍晚从鞬中取出一头颅，钟繇见之而哭泣。庞德向钟繇谢罪，钟繇说："郭援虽然是我的外甥，此乃国贼也。卿何谢之？"

侯音、卫开等在宛城反叛曹操，庞德率领部众与曹仁一起攻破宛城，斩杀侯音、卫开，之后，庞德南下驻扎在樊城，抵御关羽。樊城留守诸将以庞德的哥哥在汉中，对庞德存有疑心。[①]庞德常说："我蒙受国恩，义在效死。我要亲手斩杀关羽。今年，我不能杀关羽，关羽必定杀我。"后来，庞德与关羽交战，射中关羽的前额。当时，庞德骑一匹白马，关羽军称庞德为白马将军，皆忌惮庞德。曹仁派庞德驻扎在樊城以北十里，恰逢天降暴雨，连续下了十余日，汉水暴涨，樊城平地水涨五六丈，庞德与诸将避水，登上堤岸。关羽乘坐战船，进攻魏军，在大船上向堤上四面射箭。庞德身披铠甲，手持硬弓，箭不虚发。将军董衡、部将董超等欲投降关羽，庞德诛杀二人。从清晨力战至日过中午，关羽攻势更加猛烈，庞德箭矢用尽，短兵相接。庞德对督军成何讲："我听说，良将不怯战死，而怯于苟且偷生，烈士不毁气节，而毁于苟且保命，今日，就是我的死日。"庞德越战越勇，胆气雄壮，大水漫上堤岸，众吏士皆投降关羽。庞德与麾下一员战将，五位执法官吏，继续弯弓射箭，乘坐小船，欲退至曹仁的大营。大水涌入船舱，船倾覆，弓箭落入水中，庞德攀着船沿在水中挣扎，被关羽擒获，庞德挺身而立，不肯跪下。关羽问："卿的哥哥现在汉中，我欲拜卿为大将，为何不降？"庞德怒骂关羽："竖子，我为何要降！魏王有带甲武士百万，威震天下。刘备不过一庸才罢了，岂能抵挡魏王！我宁肯做国家鬼，也不会做贼虏将。"庞德被关羽杀害。曹操听闻噩耗，非常悲恸，为之流泪，封庞德的两个儿子为列侯。曹丕即魏王位，派遣使者，在庞德墓前赐予谥号，策书曰："在往昔，先轸丧失头颅，王蠋绞断脖颈，为国家名誉，以身殉节，前代为之赞美。将军忠勇果敢，蹈险赴难，终成就大名，声望溢于当时，义节高于往昔，寡人哀愍焉，赐谥号壮侯。"又赏赐庞德的儿子庞会等四人爵关内侯，各享受食邑一百户。庞会勇敢，有父亲的遗风，官至中尉将军，受封为列侯。[②]

①《魏略》记载：庞德的堂兄庞柔，当时在蜀国。

②王隐著《蜀记》记载：钟会平定蜀国，前后鼓吹，迎接庞德的棺柩，送回邺城安葬，墓冢中，庞德的面庞犹如生前。

裴松之按：庞德死在樊城，文帝即位，又派遣使者到庞德的墓前，庞德的棺柩不应该在蜀国出现。这里，王隐是误传。

庞淯，字子异，酒泉郡表氏县人。当初，庞淯以凉州从事，代理破羌县长，恰逢武威郡太守张猛反叛，杀了州刺史邯郸商，张猛命令："敢有为邯郸商举丧者，死罪不赦。"庞淯听说后，弃去官职，昼夜奔走，在邯郸商停放尸骸的地方哭丧，又来到张猛府衙，怀揣利刃，欲借机刺杀张猛。张猛知道庞淯是义士，敕令不要杀庞淯，遣送回家，从此以后，庞淯以烈士闻名。[①]郡太守徐揖延请庞淯，任命为主簿。后来，酒泉郡人黄昂造反，围困酒泉城。庞淯丢下妻子，连夜翻过城墙，突围出去，向张掖郡、敦煌郡求救。当初，庞淯担心他们不肯发兵，暗藏利剑，二郡太守深感庞淯义气干云，为解救酒泉郡发兵。救兵未至，酒泉城已经陷落，徐揖战死。庞淯收殓徐揖的尸体，送回家乡，为徐揖服丧三年。曹操听说后，任命庞淯为府掾。曹丕接受汉室禅让，登上帝位，拜庞淯为驸马都尉，改任西海郡太守，赐爵关内侯。后来，又召回庞淯，拜为中散大夫，庞淯去世，嗣子庞曾继承爵位。

①《魏略》记载：张猛的士兵欲来绑缚庞淯，张猛听说后，叹息道："张猛以杀刺史获罪。此人以至忠成名，如果杀之，何以规劝一州履义之士！"遂放走庞淯。

《典略》记载：张猛，字叔威，原来是敦煌郡人。张猛的父亲张奂，在桓帝朝，历任郡太守、中郎将、太常，后来移居华阴县，死后葬在华阴县。建安初年，张猛出仕，在郡府担任功曹，当时，河西四郡距离凉州治所较远，还隔着黄河，担心寇乱，请求朝廷再设置州部。献帝下诏设置雍州，任命陈留郡人邯郸商为雍州刺史，统率四郡。武威郡太守暂缺，献帝下诏，以张猛的父亲昔日在河西享有威名，让张猛补任武威郡太守。邯郸商、张猛一起西行，张猛与邯郸商同岁，二人常相互戏侮，及至共同赴任，在途中相互指责。到任后，邯郸商欲诛杀张猛，被张猛发觉，遂勒兵攻打邯郸商。邯郸商的府衙与张猛靠近，邯郸商听到有士兵杀来，惊恐万状，爬上屋顶，喊着张猛的名字，说："叔威，你要杀我吗？我死后有知，你也逃不掉。还是和解吧，行吗？"张猛大呼道："下来。"邯郸商从屋上下来，来见张猛，张猛怒斥邯郸商，而后把邯郸商交给督邮。督邮拘捕邯郸商，把邯郸商关押在传舍。后来，邯郸商欲逃跑，被发觉，遂杀之。这一年是建安十四年。建安十五年，将军韩遂来讨伐张猛，张猛发兵，在东边拒敌。张猛的属下吏民畏惧韩遂，反而一起攻打张猛。当初，张奂担任武威郡太守时，张猛还未出生。母亲梦见带着张奂的印绶，登楼而歌，第二天清晨，告诉张奂。张奂向占梦者咨询，占梦者答："夫人将生下一个男孩儿，后来，当再次来到此郡，担任太守，最后死在官任上！"及至张猛被攻打，自知必死，说："使死者无知则已，如果有知，岂能让我的头颅东行经过华阴县，在先君的墓前经过？"张猛登楼，自焚而死。

当初，庞淯的外祖父赵安被同县人李寿杀害，庞淯的舅舅兄弟三人同时病死，李寿很高兴。庞淯的母亲赵娥暗自悲伤，父亲的仇无人能报，于是坐着帷幔遮挡的车子，袖子里藏着短剑，光天化日之下，在都亭前刺杀李寿，而后来到县衙，面不改色，说："父仇已报，愿意接受刑戮。"禄福县长尹嘉解下印绶，欲放走赵娥，赵娥不肯离去，尹嘉遂强行用车子载着赵娥回家。恰逢朝廷大赦天下，赵娥得以免死，州郡人莫不为赵娥的义行所感叹，刻石立碑，矗立在闾巷表彰。①

①皇甫谧著《列女传》记载：酒泉郡烈女赵娥，是庞子夏的妻子，是禄福县赵安的女儿。赵安被同县人李寿杀害，赵娥有三个弟弟，皆欲报仇，李寿深以为备。恰逢瘟疫暴发，三个弟弟皆死于瘟疫。李寿听说，大喜，宴会族人，共相庆贺，说："赵氏族人，强壮者已死尽，唯有一弱女子，何足忧虑！"防范遂松懈。赵娥的儿子庞淯出行，听说李寿这样讲话，回去后告诉母亲。赵娥早有报仇之念，听说仇人这样讲话，愤怒异常，怆然流涕，说："李寿，你不要高兴得太早了，早晚要你偿命！赵氏顶天立地，父亲为我家族门户，仇人不死，三个弟弟蒙羞。焉知赵娥不能手刃仇人，而自存侥幸邪？"遂暗中在集市上购买名刀，挟长持短，昼夜哀泣，志在杀李寿。李寿为人凶恶，听说赵娥有报仇之念，于是，出门常骑马带刀，乡里人皆畏惧之。邻居有徐氏妇，担心赵娥不能制服李寿，反而被李寿杀害，多次谏止，说："李寿是一个男子，为人凶恶，如今，又有防卫。赵氏虽然有猛烈之志，奈何强弱不敌。邂逅不制，则再次被李寿杀害，李氏就

绝了门户，令人哀恸，羞辱不轻也。愿认真考虑，为门户之计。”赵娥答：“父母之仇，绝不能与仇人同天地，共日月。李寿不死，赵娥活在世上，还有什么意思！而今，三个弟弟病死，门户泯绝，而赵娥还在，岂可假手于人！若以卿心揣度，则李寿不可杀；若以我心之念，李寿必死无疑，我一定要杀了李寿。”赵氏夜间反复磨砺刀刃，扼腕切齿，悲泣长叹，家人及邻里都笑话赵娥。赵娥对身边人讲：“卿等笑我，以为我是一位弱女子，力不能杀李寿。我要让李寿颈上的鲜血污此刀刃，令汝辈见之。”赵娥遂放弃家事，乘坐鹿车，伺机报仇。到了光和二年二月上旬，在一个白天，风轻日暖，赵娥在都亭前面，与李寿相遇，赵娥当即下车，拦住李寿的驾车马，呵斥李寿。李寿大吃一惊，欲回马便走。赵娥奋刀刺向李寿，伤了驾车马。马受惊，李寿颠下车子，倒在道边的沟中。赵娥遂上前，就地砍杀李寿，砍中树枝，折断手中所持利刃。李寿受伤，但还未死，赵娥又上前，欲拔出李寿所佩的长刀杀死李寿，李寿护刀，瞋目大呼，跳跃而起。赵娥挺身奋力，左抵其额，右扼其喉，二人反复盘旋，李寿应声而倒。赵娥遂拔出李寿的佩刀，砍下李寿的头颅，赵娥带着李寿的头颅，来到都亭，向有关官员请罪，而后缓缓走进监狱，面色不改。在当时，禄福县长汉阳郡人尹嘉不忍按照法律惩治赵娥，当即解下印绶，辞官，欲放走赵娥。赵娥说：“仇人已死，妾的仇恨已报。治狱判刑，这是君的责任。妾何敢贪生，以亵渎法律？”乡里人听说后，倾城来看，观者如堵，莫不为赵娥悲泣，赞叹其慷慨，为之嗟叹不已。郡太守、郡都尉不敢公开释放赵娥，暗中告诉赵娥逃走，藏身他处。赵娥抗声大言：“枉法逃死，非妾本心。今仇人已死，大仇已报，按照死刑，妾应该伏罪，乞求按照法律惩治，以全国体。即使万死，对于娥亲，已经知足，不敢贪生，让明廷负累。”郡都尉不听，仍然坚持，赵娥再次盟誓：“匹妇虽微，犹知宪制。杀人之罪，法所不容。今既犯之，义无可逃。乞就刑戮，殒身朝市，肃明王法，娥亲之愿也。”辞气凛然，面无惧色。郡都尉知道难以夺其志，强行把赵娥用车子送回家。凉州刺史周洪、酒泉郡太守刘班等一起上表朝廷，称其烈义，刊石立碑，显其门闾。太常弘农郡人张奂赞赏其事迹，赐予赵娥束帛二十端，作为礼物。海内士人听说者，莫不改容赞叹，高大其义。原黄门侍郎安定郡人梁宽追述赵娥，为其作传。玄晏先生认为，父母之仇，不可与仇人共天地，盖男子所为。而赵娥以女子弱质，感念父辱之痛苦，愤怒仇人之凶言，奋剑刺颈，人马俱毁，塞亡父之怨魂，雪三弟之永恨，近古以来，未之有也。《诗经》云“修我戈矛，与子同仇”，赵娥之谓也。

阎温，字伯俭，天水郡西城县人。阎温以凉州别驾，代理上邽县令。马超战败，逃往上邽县，天水郡人任养等举众迎接马超。阎温制止，不起作用，于是骑马返回州部。马超包围州部治所冀城，情况紧急，州部派遣阎温秘密出城，向夏侯渊告急。马超军包围冀城多重，阎温夜间从水中潜出。第二天，马超发现其踪迹，派人追赶，在显亲县擒获阎温，带回马超处。马超为阎温解开绑缚，问阎温：“而今成败可知，足下为孤城请求救兵，被擒获，君之义举，又何以实现？如果听从我的劝告，对城中讲，东方的救兵来不了，这是转祸为福之机。不然，今天只能受死。”阎温佯装答应，马超用车子载着阎温来到城下。阎温向城里大喊道：“大军不过三日，即可来到，坚持到底！”城中军士皆哭泣，欢呼万岁。马超恼羞成怒，质问阎温：“足下不为自己的生命考虑？”

阎温不予理睬。当时，马超久攻冀城不下，故劝诱阎温，希望阎温能改变主意。又对阎温讲："君在城中的故人，有愿意归顺我的吗？"阎温还是不予理睬。马超怒斥阎温，阎温说："事君只有一死，绝无二心，而卿欲令长者讲出不义之言，我岂是苟活求生之人？"马超杀了阎温。

此前，河西地区动荡，与内地的交通断绝，敦煌郡太守马艾在任上去世，郡府没有主事官员。功曹张恭平素有德行，受到众人尊敬，郡中人推举张恭主持郡府，张恭对百姓恩信甚笃，派遣儿子张就东行，去见曹操，请求派来太守。当时，酒泉郡人黄华、张掖郡人张进各自控制郡中的政务，欲与张恭联合。张就到了酒泉郡，被黄华羁押，黄华用刀威逼张就。张就始终不肯屈服，暗中写信给父亲张恭："大人出面，维护敦煌郡的局面，忠义可嘉，岂能在儿子困厄之时，放弃原则？在往昔，乐羊为国家，不惜吞食儿子身体剁成的肉酱，李通为了光复汉室，不惜抛弃家业，舍弃亲人，为国家谋取利益者，岂能把儿女之情念念不忘？而今，大军很快就要来到，但当整顿军队，枕戈待旦，以为后援；愿父亲不要因为对儿辈的爱，令儿子在黄泉之下留有遗恨。"张恭随即派遣堂弟张华进攻酒泉郡沙头、乾齐二县。张恭又派兵作为后援，紧随其后，首尾相望。又派出二百铁骑，迎接官吏的家属，向东沿着酒泉郡北边的要塞，径直出张掖郡北河，迎接郡太守尹奉。此时，张进需要黄华的救援；黄华又欲救出张进，西边又担心张恭的军队袭击其后方，遂向金城郡太守苏则投降。张就这才得以免死，脱离险境。尹奉随后上任。黄初二年，魏文帝下诏褒扬，赐张恭爵关内侯，拜为西域戊己校尉。几年后，征召张恭，将要任命张恭为侍中，由张就代替父亲担任戊己校尉。张恭到了敦煌，坚称自己病重，辞去职务。太和年间，张恭去世，明帝赐予执金吾印绶。张就后来担任金城郡太守，父子在河西享有盛名。①

①《世语》记载：张就的儿子张斅，字祖文，为人坚毅，有才干，晋武帝时，担任广汉郡太守。王濬在益州募兵讨伐吴国，没有虎符，看到王濬在从事名单上，晋武帝召张斅返回，责备张斅："为何不密封奏闻，以便收捕王濬？"张斅答："蜀汉遥远，刘备曾经利用。如果收捕，臣仍然以为轻。"晋武帝善之。张斅官至匈奴中郎将。张斅的儿子张固，字元安，有张斅遗风，担任黄门侍郎，很早去世。张斅，又名张勃。

《魏略·勇侠传》记载：孙宾硕、祝公道、杨阿若、鲍出等四人，宾硕虽然是汉人，而鱼豢编写《魏书》，盖以其人接近魏国，事义相类。论其行节，皆庞、阎之流。至于祝公道一人，参见《贾逵传》。今列出宾硕等三人于后面。

孙宾硕，北海郡人，家中素来贫困。汉桓帝时，中常侍左悺、唐衡等权势极大，在朝中比埒人主。延熹年间，唐衡的弟弟唐玹，担任京兆虎牙都尉，俸禄为比二千石，而统属京兆郡，唐玹刚上任，对京兆尹不敬，入门不持笏板，京兆郡功曹赵息在廊下呵斥："虎牙都尉礼仪如属下，为何不持笏板，进入郡府？"遂收捕其主簿。唐玹慌忙取出笏板，及至入见大尹，大尹欲以主人，敕令到外面买东西招待。赵息又禀告："唐衡、左悺的子弟，来京兆担任虎牙都督，并非以德选任，不足以特别酤酒买肉，就随便以府中的菜食招待即可。”及其到官，派遣吏员奉书信谢京兆尹，赵息又敕令门卫：“不想见这些没有阴儿儿辈的子弟，登记一下名字，通报一下不行吗？”一直到晚上，才予以通报，又不让唐玹进去见面。唐玹知道这些，心中恚恨，欲报复赵息，就写信给唐衡，请求担任京兆尹，旬月之间，得到这个职务。赵息自知此前得罪了唐玹，只好逃走。当时，赵息的叔叔赵仲台担任凉州刺史，于是，唐衡上表皇帝，下诏，征召赵仲台返回京师。又下诏中都官及郡部督邮逮捕赵氏，连一尺长的小儿也不放过，包括赵仲台，皆杀之，有藏匿者与其同罪。当时，赵息的叔叔赵岐担任皮氏县长，听说家中祸事，从官舍中逃走，走到河间国，改换姓字，又转道北海国，戴着絮巾，穿着布袴，在市中贩卖胡饼。孙宾硕当时二十余岁，乘坐牛车，来到集市上，看见赵岐，怀疑其非平常人，借故问道：“是自家的烧饼，还是贩来的烧饼？”赵岐答：“贩来的烧饼。”孙宾硕再问：“买几钱？卖几钱？”赵岐答：“买三十，卖亦三十。”孙宾硕说：“我看你像一位处士，并非卖饼者，一定是有什么难言之情！”于是，打开车后面的门户，回头告诉跟随的两名骑士，令他们下马，扶着赵岐上车。当时，赵岐以为是唐氏的耳目，很害怕，面容失色。孙宾硕关上车子的后门，放下前面的帘子，对赵岐讲：“我看处士的相貌，绝非贩饼之人，加上刚才面色骤变，不是有重大冤情，就是亡命天涯的逃犯？我是北海郡人孙宾硕，全家上下有一百余人，还有百岁老母在堂，其势能帮助君，终不相负，但一定要告诉我实话，才可以帮助君。”赵岐遂以实情相告。孙宾硕将赵岐带回家，先步入庭堂，告诉母亲：“今日出去，交了一位可以共生死的挚友。友人在外，当进来拜见母亲。”而后，孙宾硕将赵岐迎入庭堂，推牛钟酒，设宴为赵岐压惊，二人把酒言欢。过了一二日，孙宾硕又用牛车载着赵岐，安排他在另外一座田舍，藏在夹壁中。又过了几年，唐衡及弟弟皆死。赵岐才得以走出来，重见天日，赵岐回到本郡。朝廷三公府听说赵岐的下落，同时征召赵岐。赵岐辗转仕进，历任郡守、刺史、太仆，而孙宾硕也从此显名于东部，官至豫州刺史。初平末年，孙宾硕以东部陷于饥荒，南下客居荆州。到了兴平年间，赵岐以太仆，持符节，出使安抚天下，南下来到荆州，再次与孙宾硕相遇，相对流泪。赵岐为刘表陈述此前相遇孙宾硕的始末，于是，刘表特别礼敬孙宾硕。不久，孙宾硕病逝，赵岐在南方为孙宾硕发丧。

杨阿若，后来改名字为杨丰，字伯阳，酒泉郡人。年少时，杨丰常与游侠来往，以报仇解怨为己事，故当时人称呼：“东市相斫杨阿若，西市相斫杨阿若。”到了建安年间，酒泉郡太守徐揖诛杀郡中豪强黄氏。当时，黄昂逃脱在外，用其家产粟金数斛招募士兵，得到一千余人，攻打徐揖。徐揖坚守城池。杨丰当时在外，认为黄昂这样做不义，禀告徐揖，丢下妻子，前往张掖郡求救。恰逢张掖郡也反叛，杀了郡太守，黄昂也攻陷酒泉城，杀了徐揖，两个郡的势力合为一股。黄昂怨恨杨丰不与自己同心，花重金购买杨丰的人头，欲令张掖郡用麻绳系住杨丰的脖颈，生擒杨丰。杨丰遂逃走。武威郡太守张猛任命杨丰为都尉，让杨丰带着檄文告诉酒泉郡，听任杨丰为徐揖报仇。杨丰遂单骑驰入南羌中，得到一千余骑兵，从乐浪南山中杀出，直趋酒泉郡。距城三十里，杨丰令骑兵下马，把薪柴绑缚在马后尾，拖曳薪柴扬尘。酒泉郡人看见尘起，以为东方大兵到来，随即瓦解。黄昂独自出城，羌人擒获黄昂，杨丰对黄昂讲：“卿此前欲生擒我，要用麻绳系着我的脖颈，今日反而被我俘虏，怎么样？”黄昂惭愧，谢罪，杨丰杀了黄昂。当时，黄华在东边，又返回酒泉郡。杨丰畏惧黄华，再次逃往敦煌郡。直至黄初年间，河西被朝廷收复，黄华投降，杨丰才回到酒泉郡。郡府举荐杨丰为孝廉，州部上表，赞赏杨丰勇猛，义气干云，朝廷下诏，拜杨丰为驸马都尉。又过了二十余年，杨丰病逝。

鲍出，字文才，京兆新丰县人。年少时，鲍出与游侠交往。兴平年间，三辅大乱，鲍出与老母兄弟五人住在本县，因为饥饿，留下母亲守家，兄弟们出去采摘蓬实，共采得数升蓬实，鲍出让两位哥哥鲍初、鲍雅及弟弟鲍成，带着蓬实先回去，因为母亲在家等候，鲍出独与小弟在后面继续采摘蓬实。鲍初等人到家，而食人贼数十人已经绑架他们的母亲，用绳子绑缚手腕，赶着离开家。鲍初等恐惧，不敢追赶。须臾，鲍出从后边赶来，知道母亲被食人贼绑架，欲追赶贼人。兄弟们都说："贼人很多，怎么办？"鲍出愤怒地说："有母亲在，而让贼人用绳子绑缚母亲的手腕，捉去煮着吃，我们活着还有什么意思？"鲍出奋臂攘拳，结扎衣衽，独自追赶食人贼，追了数里地，看见食人贼。贼人望见鲍出赶来，遂摆开阵势，等待鲍出。鲍出追上去，从开头砍杀起，一连砍杀四五人。食人贼退后，又上来包围鲍出，鲍出跳出包围圈，继续砍杀，又杀了十余人。此时，贼人分散开，一部分带着鲍出的母亲离开，其他贼人连续攻击鲍出，不能取胜，只好退走，与前面的食人贼会合。鲍出继续追赶，见到母亲与邻家老妪绑在一起，鲍出继续奋勇杀贼。贼人问鲍出："卿想要什么？"鲍出怒斥食人贼，指着母亲告诉食人贼，贼人解开绑绳，归还鲍出的母亲。邻家的老妪仍然被绑缚，遥望鲍出，请求鲍出相救。鲍出继续砍杀贼人，贼人对鲍出讲："已经归还卿的母亲，为何还不止？"鲍出又指着邻家老妪："这是我的老嫂子。"贼人只好又解开老妪的绑缚，还给鲍出。鲍出得到母亲，遂搀扶着回来。后来鲍出客居南阳郡。建安五年，关中恢复平静，鲍出才北归，而其母亲已经不能步行，兄弟共同用车子推着母亲。鲍出以车子在山路上推着危险，不如负之安稳，于是用笼子盛着母亲，独自背负，到了乡里。乡里士大夫皆赞赏鲍出孝烈，欲举荐鲍出到州郡，郡府征召鲍出，鲍出说："种田人不堪冠带。"到了青龙年间，母亲去世，享年一百余岁，鲍出当时已经七十余岁，行丧如礼，到今年，已经有八九十岁，面貌好似五六十岁。

鱼豢曰：在往昔，孔子叹息颜回，认为颜回三个月不违仁者，重在其用心耳，譬如孙、祝，菜色于市里，颠倒于牢狱，都有事实根据吗？濮阳周氏不敢藏匿季布，鲁国人朱家不问是否罹祸，是何原因，冒死相救季布？周氏惧祸之及，且心不安也。太史公尤其赞赏朱家为季布脱罪，岂止二位贤者，为义而赴死，多乎？今远举孙、祝的例子，近录杨、鲍的例子，既不欲泯灭其事迹，也为了敦厚风俗。至于鲍出，不染礼教，心痛意发，起于自然，其事迹虽然在编户之民，与笃烈君子又有何区别？譬如杨阿若，年少时，任侠好义，长大后遂践行仁义，自西向东，摧讨逆贼，坚守节操，可谓勇而有仁者也。

陈寿评论如下：李典崇尚儒雅，不计个人恩怨，品德高尚。李通、臧霸、文聘、吕虔镇守州郡，以恩威施惠于民众，值得称道。许褚、典韦勇猛无畏，侍卫曹操，犹如汉初将军樊哙。庞德不负君命，怒斥敌方，有汉初忠臣周苛之气节。庞淯不惧利剑，赤诚感动邻国。阎温向城内大呼，犹如晋国壮士解扬、齐国大夫路印之忠烈。

魏书十九

任城陈萧王传第十九

任城威王曹彰，字子文。年少时，曹彰善于骑射，膂力过人，敢于徒手与猛兽搏斗，不惧危险，曹彰多次跟随曹操出征，为人慷慨激昂。曹操曾经告诫曹彰："你不肯好好念书，学习圣贤的道理，而喜欢骑马击剑，这仅是匹夫之勇，何足珍贵！"督促曹彰学习《诗经》《尚书》，曹彰对身边人讲："大丈夫应该像卫青、霍去病，率领十万骑兵，驰骋大漠戈壁，驱逐戎狄，建立丰功伟绩，怎么能想着去做博士？"曹操曾经问儿子们有什么爱好，让他们各述其志。曹彰答："愿意担任将军。"曹操问："担任将军要做些什么？"曹彰回答："披坚执锐，身先士卒，临危不惧；赏必行，罚必信。"曹操大笑。建安二十一年，曹公封曹彰为鄢陵侯。

建安二十三年，代郡乌丸反叛，曹操任命曹彰为北中郎将，代行骁骑将军职事。临出发前，曹操告诫曹彰："居家为父子，受事为君臣，在外面执行军事任务，诸事须以王法行事，尔其戒之！"曹彰北伐，深入涿郡，叛胡数千骑兵猝然而至。当时，魏军兵马还未集中，曹彰仅带领一千步兵，数百名骑兵。曹彰采用田豫的计策，固守要塞，胡虏撤退。曹彰随后追击，在战场上奋力厮杀，弩箭射向胡人骑兵，应弦而倒者，接连不断。战斗持续半日，曹彰的铠甲上中了数箭，更加意气风发，追亡逐北，追击胡寇至桑干县，[①]距离代郡有二百余里。将军幕府长史及诸将皆以经过长途跋涉，战士们及战马都已经疲惫，而且曹公有命令，不得越过代郡，轻敌冒进，过于深入。曹彰说："率师而行，唯利所在，此时讲何节度？胡虏还未远遁，追之必破。如果从令，纵敌逃脱，非良将也。"曹彰遂上马，命令军中："后出击者斩。"一日一夜，曹彰与胡虏相遇，猛烈攻击，大败敌寇，斩杀擒获上千人。曹彰违反常例，加倍赏赐将士，将士莫不欢喜。

当时，鲜卑首领轲比能率领数万骑兵，观望双方强弱，看见曹彰在战场上勇猛无畏，所向披靡，请求归附。北方平定。当时曹操在长安，召曹彰到驻跸处。曹彰从代郡经过邺城，太子曹丕对曹彰讲：“卿新近建立战功，今天，西行去见父亲，千万注意，不可自伐其功，在应对时，要说还有不足之处。”曹彰来到曹操的府邸，按照曹丕教的话回答曹操，把功劳归于诸将。曹操听罢，大喜，摸着曹彰的胡须说：“黄须儿，真出乎我的意料！”②

①裴松之按：桑干县属于代郡，而今被北虏占领，号称索干之都。

②《魏略》记载：曹操在汉中，而刘备占据山头，派刘封下山挑战。曹操骂道：“卖履舍儿，竟然让假子拒汝公乎！待呼我黄须儿来，令击之。”曹操召曹彰。曹彰星夜赶来，西进至长安，太祖已撤军，从汉中返回。曹彰须黄，故以此称呼之。

曹操东归，令曹彰代行越骑将军职事，留在长安。曹操回到洛阳，身患重病，令驿站骑快马召曹彰返回，还未到达，曹操驾崩。①曹丕即魏王位，曹彰与诸侯回到封国。②魏王曹丕下诏：“先王之道，重用功臣，爱护宗室，封异母兄弟封国，建立藩国，创立基业，故能藩屏大宗，抵御外侮，拱卫王室。曹彰此前受命北伐，平定朔北，战功卓著。增加食邑五千，合并之前，共享有一万户。”黄初二年，文帝晋升曹彰为公爵，黄初三年，立曹彰为任城王。黄初四年，曹彰到京师朝见文帝，患病，死于驻京师官邸，谥号为“威王”。③及至下葬，文帝赐予銮辂、龙旂，虎贲一百人，按照汉朝东平王故事。嗣子曹楷继承爵位，改封在中牟。黄初五年，又改封在任城。太和六年，明帝封曹楷为任城王，享有五个县的食邑，二千五百户。青龙三年，曹楷私自派遣官属到宫中尚方署制作禁用器物，被削去一个县二千户。正始七年，曹芳改封曹楷在济南，享受食邑三千户。正元、景元初年，连续增加食邑，共享有四千四百户。④

①《魏略》记载：曹彰来到，对临菑侯曹植讲：“先王召我，欲立汝也。”曹植答：“不可。不见袁氏兄弟乎！”

②《魏略》记载：太子立为后嗣，太祖既已安葬，遣送曹彰回到封国。当初，曹彰自以为先王授予重任，立下战功，希望因此而继续受到重用，结果听到按常例诸王都要回到封国，心中甚为不悦，不待遣送，就已经上路。当时，鄢陵贫瘠，治所设在中牟。及至文帝接受汉室禅让，封曹彰为中牟王。再后来，文帝大驾临幸许昌，北部州郡诸侯上下皆畏惧曹彰威严；每当经过中牟，都不敢不加速离去。

③《魏氏春秋》记载：当初，曹彰问魏王玺绶，将有异志，故来朝见文帝时，没有被召见。曹彰愤怒，暴病去世。

④曹楷，泰始初年担任崇化宫少府，参见《百官名》。

陈思王曹植，字子建。十几岁时，曹植已经能诵读《诗经》《论语》及辞赋数十万言，善于写文章。曹操曾经阅读曹植写的文章，问曹植："是请别人代写的吗？"曹植跪下，答："言出为论，下笔成章，父亲可以当面考试，为何要请他人代笔？"当时，邺城铜雀台刚刚建成，曹操带着儿子们登上铜雀台，令各人作赋。曹植援笔立就，文辞俊美，曹操颇为惊讶。[①]曹植为人随意，不讲究威仪。所使用的舆马、服饰，不尚华丽。每次觐见父亲曹操，被曹操提问，曹植常能应声而答，特别受到曹操宠爱。建安十六年，曹植受封为平原侯。建安十九年，改封为临菑侯。曹操讨伐孙权，令曹植留守邺城，告诫曹植："当年，我曾担任顿邱县令，年龄二十三岁。回忆当年的所作所为，毫无悔意。如今，你也到了二十三岁，能不勉力！"曹植以文才受到曹操宠爱，而丁仪、丁廙、杨修等都是曹植的党羽。曹操为此狐疑不定，迟迟不能决定后嗣，有几次，几乎要立曹植为太子。而曹植率性而为，不懂得自我检点，饮酒不加节制。曹丕善于玩弄手法，矫情自饰，曹操身边的宫人，左右侍者，都为曹丕讲话，故曹操最终确立曹丕为后嗣。建安二十二年，增加曹植的食邑五千户，合并之前，共享有一万户。曹植曾经乘车，在驰道中行驶，从司马门出去。曹操知道后，大怒，公车令为此而受到牵连，被处死。从此以后，曹操强调诸侯不得犯禁，而对曹植的宠爱日渐衰减。[②]曹操考虑将来可能发生的变故，认为杨修有才气，而且又是袁氏的外甥，于是假借罪名杀了杨修。曹植内心越发不安。[③]建安二十四年，曹仁被关羽围困。曹操任命曹植为南中郎将，代行征虏将军职事。欲派遣曹植前去救援曹仁，召曹植来听命，欲当面告诫。曹植酒醉不醒，不能受命，曹操很生气，于是没有再派曹植。[④]

①阴澹著《魏纪》记载：曹植创作《铜雀台赋》："从明后而嬉游兮，登层台以娱情。见太府之广开兮，观圣德之所营。建高门之嵯峨兮，浮双阙乎太清。立中天之华观兮，连飞阁乎西城。临漳水之长流兮，望园果之滋荣。仰春风之和穆兮，听百鸟之悲鸣。天云垣其既立兮，家愿得而获逞。扬仁化于宇内兮，尽肃恭于上京。唯桓文之为盛兮，岂足方乎圣明！休矣美矣！惠泽远扬。翼佐我皇家兮，宁彼四方。同天地之规量兮，齐日月之晖光。永贵尊而无极兮，等年寿于东王。"云云。太祖甚为诧异。

②《魏武故事》记载：太祖敕令："当初认为子建在诸儿子中，最可以决定大事。"又敕令："临菑侯曹植私自出行，从司马门到金门，从此以后，令我对此儿以异眼相看待矣。"又敕令："诸侯长史及帐下官吏，知道我出去，诸侯将会怎样行事？从子建私自开司马门，我就不敢再相信诸侯。担心我一旦出去，便会私自出行，故限制诸侯出行。这些诸侯，真不能让我省心！"

③《典略》记载：杨修，字德祖，是太尉杨彪的儿子。为人谦恭，学识渊博。建安年间，被举荐为孝廉，担任郎中，丞相让杨修署理仓曹，担任主簿。在当时，军国多事，杨修总管内外，事皆称意。从魏太子以下，争相与杨修结交。在当时，临菑侯曹植以才思敏捷，受到曹公宠幸，与杨修情投意合，多次写信给杨修，信中讲："数日不见，思子为劳；想必君也有同样想

法。仆年少时，喜欢辞赋，迄今已有二十五年。然而，今世之作者，可略而言之。在往昔，仲宣独步于汉南，孔璋鹰扬于河朔，伟长擅名于青土，公幹振藻于海隅，德琏发迹于大魏，足下高视于上京。当此时，人人自谓握灵蛇之珠，家家自谓抱荆山之玉。吾王设天网以搜罗，顿八纮以掩之，今尽麇集于国内。然而此数子，犹不能飞翰绝迹，一举千里。以孔璋之才，不善于辞赋，却自以为与司马长卿同风，譬如画虎不成反类犬。此前写信调侃，反而作论文，盛称仆赞赏其文。钟子期不失听，于今称之。吾亦不敢妄叹，担心会被后人耻笑也。世人著述，不能无毛病。仆常喜欢某人讥弹其文；有不善者，应时时改定。此前，丁敬礼曾经创作小文，让仆润饰，仆自以为才学未必超过他人，推辞不敢为也。敬礼云：'卿何所疑难乎！文之佳丽，吾自得之。后世谁会知定吾文者邪？'吾常叹息此达言，以为美谈。在往昔，尼父之文辞，与人通流；至于写作《春秋》，子游、子夏之徒不能更改一字。过此而言无毛病者，吾从未见之也。盖有南威之美容，才可以论述于淑媛；有龙渊之利剑，才可以论议于斩断。刘季绪才不逮于作者，而好诋呵文章，掎摭利病。在往昔，田巴毁谤五帝，罪及三王，呰（zǐ）五伯于稷下，一旦而服千人，鲁仲连一说，使其终身杜口。刘生之辩不如田氏，今之鲁仲连求之不难，可不叹息乎！人各有所喜好。兰茝荪蕙之芳，众人之所尚，而海畔有逐臭之夫；咸池、六英之发，众人之所乐，墨翟有非议之论，岂可同哉！今将仆年少时所著辞赋一篇送予。夫街谈巷议，必有可采，击辕之歌，有呼应风雅，匹夫之思，未易轻弃也。辞赋小道，固未足以扬揄大义，彰显来世。在往昔，扬子云，先朝执戟之臣，犹称'壮夫不为'也；吾虽德薄，位为藩国诸侯，犹庶几勠力上国，流惠与下民，建立永世之功，流布金石之绩，岂徒以翰墨为勋，辞颂为君子哉？若吾志不果，吾道不行，亦将采史官之实录，辨时俗之得失，定仁义之衷曲，成一家之言，虽未能藏之于名山，将其传之于同好，此志向直至白首，岂可以今日论乎！其言之不怍，恃惠子之知我也。明早相迎，书不尽言。"杨修回信："不待数日，若弥年载，岂独爱顾之隆，使君侯仰慕之情深邪！损辱来命，蔚矣其文。诵读反复，虽风、雅、颂，不复过也。若仲宣之擅江表，陈氏之跨冀域，徐、刘之显青州、豫州，应生之发魏国，斯皆然矣。至于杨修者，听采风声，仰德不暇，目周章于省览，何惶骇于高视哉？伏唯君侯，少长贵盛，体周旦、姬发之质，有圣善之教。远近观者，徒谓能宣昭懿德，光赞宏业而已，不谓复能兼览传记，留思文章。今乃含王超陈，度越数子；观者骇视而拭目，听者倾首而耸耳；若非体通性达，受之自然，其谁能至于此乎？又尝看见执事握牍持笔，有所造作，若成诵在心，借书于手，曾不须臾少留遐思。仲尼日月，无得逾焉。杨修之仰望，殆如此矣。是以对鹖而辞，作暑赋弥日而不献，见西施之美颜，归憎其貌者也。伏想执事不知其然，猥受顾赐，教使刊定。《春秋》之成，不能损益。《吕氏春秋》《淮南子》，字值千金；然而弟子钳口，市人拱手，圣贤卓荦，固所以殊绝凡庸也。今之赋颂、古诗之流，不仅孔公，风雅无二矣。杨修祖上子云，老不晓事，强著一书，悔其少作。若此，仲山甫、周旦之徒，则皆有愆乎！君侯忘圣贤之显迹，述鄙宗之过言，窃以为未之思也。若不忘经国之大美，流千载之英声，铭功景钟，书名竹帛，此正雅量素所蓄也，岂与文章相妨害哉？辄受所惠，窃备矇瞍诵歌而已。敢忘惠施，以忝庄氏！季绪琐琐，何足云哉。"二人常相往来，如此者甚多。曹植后来因骄纵，被太祖疏远，又因曹植之故，连累杨修，杨修亦不敢自绝。建安二十四年秋天，太祖以杨修前后漏泄教令，勾结诸侯，收捕杨修诛杀。杨修临死前，对故人讲："我固自以为，死之晚矣。"其意是受曹植之事牵连。杨修死后一百余日，太祖驾崩，太子即位，随后接受汉室禅让，拥有天下。当初，杨修以所得王髦所铸的剑，奉献给太子曹丕，太子常佩带。及至登上帝位，在洛阳，从容出宫，追思此前待杨修太薄也，抚摩佩剑，驻车对左右人讲："此剑是杨德祖往昔所说王髦所铸的剑。王髦今安在？"随即召见王髦，赐王髦谷帛。

挚虞著《文章志》记载：刘季绪，名修，是刘表的儿子，官至东安郡太守，著有诗、赋、颂六篇。

裴松之按：《吕氏春秋》记载："人有臭者，其兄弟妻子皆莫能与之同居，其人自苦，而居海上。海上人有悦其臭者，昼夜随之，而不能去。"此曹植所云"逐臭之夫"也。田巴之事出自《鲁连子》，亦见《皇览》，文章很长，故不载。

《世语》记载：杨修二十五岁，以名公子，有才能，被太祖所器重，与丁仪兄弟，皆希望太祖以曹植为继嗣。太子曹丕因此而患之，用车子载着废坏的竹篓，将朝歌长吴质接到家中，和他商量。杨修禀告太祖，还未查验。太子恐惧，将此事告诉吴质，吴质答："有何恐惧？明日再用竹箱装上绢帛，放在车内，以迷惑之，杨修一定会禀告太祖，再次禀告，一定会查验，查验而无结果，则杨修必然会领受罪名。"太子采纳谏言，杨修果然禀告太祖，而竹箱里面无人，太祖由是怀疑。杨修与贾逵、王凌都是丞相府主簿，也是曹植的朋友。每当与曹植聚会，虑事有阙，忖度太祖意，预先准备好答问十余条，敕令门下，教门下按照太祖的提问回答。太祖的教令刚发出，回答已经准备好，太祖奇怪回答得如此迅速，调查此事，才知道是这么回事。太祖让太子及曹植各自从邺城一个城门出去，又密令门卫不得放人出门，以观察其应对。太子到城门，不得出门，只好返回。杨修事先告诫曹植："若门卫不准出门，君侯接受王命，可斩杀门卫。"曹植听从建议。故杨修遂以勾结诸侯王被赐死。杨修的儿子杨嚣，杨嚣的儿子杨准，在晋朝都是知名士人。杨嚣，泰始初年担任典军将军，接受心腹之任，早逝。杨准，字始丘，晋惠帝末年，担任冀州刺史。

荀绰著《冀州记》记载：杨准看见王纲不振，遂纵酒，不以官事为意，逍遥度日而已。成都王知道杨准有才，认为杨准是名士，惜而不责，召杨准，任命为王府参谋祭酒。府散归家，关东诸侯商议，欲以杨准补任三事，以示怀贤尚德之举。事还未施行，杨准去世。杨准的儿子杨峤，字国彦；杨髦，字士彦，都是后出俊杰之士。杨准与裴頠、乐广的关系很好，让儿子前去家中拜谒。裴頠秉性弘方，爱杨峤仪态高雅，对杨准讲："杨峤应当与卿一样，杨髦稍微有些差距。"乐广性情淳厚，喜欢杨髦神态焕发，对杨准讲："杨峤与卿相同，然而，杨髦会超过卿。"杨准叹息道："我的两个儿子之优劣，犹如裴、乐之优劣。"评论者认为，杨峤虽然有高韵，而神态不逮，乐广之言，看得很准。傅畅云："杨峤似杨准而疏。"杨峤的弟弟杨俊，字惠彦，处世淡雅。杨峤、杨髦皆担任二千石官员。杨俊担任太傅府掾。

④《魏氏春秋》记载：曹植将要上路，太子曹丕陪着曹植饮酒，灌醉曹植。魏王召曹植，曹植不能受王命，故魏王发怒。

曹丕即魏王位，诛杀丁仪、丁廙及家里的男丁。[①]曹植与诸侯回到封国就位。黄初二年，监国谒者灌均秉承文帝旨意，上奏："曹植醉酒，悖逆无礼，欲胁迫使者。"有关官员奏请治罪，文帝以太后的缘故，贬曹植为安乡侯。[②]这一年，文帝又改封曹植为鄄城侯。黄初三年，立曹植为鄄城王，享受食邑二千五百户。

①《魏略》记载：丁仪，字正礼，沛郡人。父亲丁冲，与太祖关系一直很好，常与太祖乘坐一辆乘舆。看见国家尚未安定，写信给太祖："足下平生常喟叹，心中有匡佐之志，今日正当其时。"在当时，张杨还在河内郡，太祖得到丁冲的书信，引军迎接天子，后又东行，迁都许昌，任命丁冲为司隶校尉。后来有几次，丁冲过来，与诸将一起饮酒，酒甘美，不能止饮，酩酊大醉，以至于烂肠，去世。太祖以丁冲此前开导，常怀念丁冲。听说丁冲的儿子丁仪担任令士，虽然从未见过，欲以爱女嫁给丁仪为妻，太祖问五官中郎将曹丕。曹丕答："女人观貌，而正礼眼睛近视，诚恐爱女未必能喜欢。不如嫁给伏波将军的儿子夏侯楙。"太祖从之。不久，太祖任命丁仪为幕府掾，丁仪来到，与太祖谈话，太祖才看见丁仪，嘉赏其才貌，说："丁掾，好士也，即使其两目盲视，也要把女儿嫁给他，更何况近视？是吾儿误我。"当时，丁仪也恨不能娶公主，而与临菑侯曹植亲善，多次称曹植有奇才。太祖既而有意立曹植为继嗣，而丁仪又极力称赞曹植。及至太子位确定，曹丕欲治丁仪的罪，改任丁仪为右刺奸掾，欲令丁仪自裁，而丁仪不能，对着中领军夏侯尚叩头，祈求哀怜，夏侯尚为之涕泣，而不能救护。后来，曹丕还是借职务上的事情，将丁仪逮捕入狱，诛杀。

丁廙，字敬礼，是丁仪的弟弟。《文士传》记载：年少时，丁廙有才貌，博学洽闻。当初，被三公府征召，建安年间，担任黄门侍郎。丁廙曾经从容对太祖讲："临菑侯曹植天性仁孝，发于自然，聪明睿智，其殆庶几。至于学识渊博，文章绝伦。可谓当今天下之贤君子，不问少长，皆愿从其游，甘愿为之死，实上天所以钟福于大魏，而永授无穷之福祚也。"欲以此说动太祖。太祖回答："曹植，吾爱之，若能如卿所言，吾欲立为继嗣，如何？"丁廙答："此国家之所以兴衰，天下之所以存亡，非愚劣琐贱者所敢与闻。丁廙听说，知臣莫若于君，知子莫若于父。以至于君不论明暗，父不问贤愚，而能常知其臣子者何？盖由相知非一事一物，相处非一旦一夕。况明公加之以圣哲，习之以人子。今发明达之命，吐永安之言，可谓上应天命，下合人心，得之于须臾，垂之于万世也。丁廙不避斧钺之诛，敢不尽言！"太祖深纳之。

②《魏书》记载：文帝诏书："曹植是朕的一母同胞兄弟。朕于天下无所不容，更何况曹植乎？骨肉之亲，舍而不诛，改封曹植为安乡侯。"

黄初四年，文帝改封曹植为雍丘王。当年，曹植到京师朝见文帝。上疏：

臣自从戴罪回到封国，常刻骨铭心，追思罪过，昼分而食，夜分而寝。诚以天网不可重开，圣恩不可再恃。臣窃感《诗经·相鼠》之告言，"人不守礼法，不如速死"之义，形影相吊，五情愧赧。如果因罪而弃生，则违背古贤者"夕改"之训诫，忍活苟全，犯下诗人"腆颜"之讥讽。伏唯陛下圣德感动天地，恩隆父母，施与春风，泽如时雨。因此，不以臣为荆棘而看待，施以庆云之恩惠也；七子均得到恩养，犹如尸鸠之仁德；不追究罪责，令其戴罪立功，实乃明君之圣举；矜怜愚者，爱惜能者，有慈父之恩惠，是以愚臣徘徊于恩泽，而不能自我放弃。

此前谨奉诏书，臣等不能朝见陛下，顿时感到心灰意冷，自我忖度，直至年迈，无缘再见到陛下，执珪朝廷。不料想诏书下达，陛下又予以召见，臣到达京城之日，驰心辇毂。居住在西馆，还未能奉旨，登上阙廷，踊跃之怀，瞻望朝廷，辗转反侧。谨拜奉上表章，献上辞赋二篇，其辞曰："于穆显考，时唯武皇，受命于天，宁济四方。朱旗所拂，九土披攘，玄化滂流，荒服来王。超商越周，与唐比踪。笃生我皇，奕世载聪，武则肃烈，文则时雍，受禅炎汉，临君万邦。万邦既化，率由旧则；广命懿亲，以藩王国。帝曰尔侯，君兹青土，奄有海滨，方周于鲁，车服有辉，旗章有叙，济济隽乂，我弼我辅。伊予小子，恃宠骄盈，举挂时网，动乱国经。作藩作屏，先轨是堕，傲我皇使，犯我朝仪。国有典刑，我削我绌，将寘于理，元凶是率。明明天子，时笃同类，不忍我刑，暴之朝肆，违彼执宪，哀予小子。改封兖邑，于河之滨，股肱弗置，有君无臣，荒淫之阙，谁弼予身？茕茕仆夫，于彼冀方，嗟予小子，乃罹斯殃。赫赫天子，恩不遗物，冠我玄冕，要我朱绂。朱绂光大，使我荣华，剖符授玉，王爵是加。仰齿金玺，俯执圣策，皇恩过隆，祗承怵惕。咨我小子，顽凶是婴，逝惭陵墓，存愧阙廷。匪敢傲德，实恩是恃，威灵改加，足以没齿。昊天罔极，性命不图，常惧颠沛，抱罪黄垆。愿蒙矢石，建旗东岳，庶立豪氂，微功自赎。危躯授命，知足免戾，甘赴江湘，奋戈吴越。天启其衷，得会京畿，迟奉圣颜，如渴如饥。心之云慕，怆矣其悲，天高听卑，皇肯照微！"又曰："肃承明诏，应会皇都，星陈夙驾，秣马脂车。命彼掌徒，肃我征旅，朝发鸾台，夕宿兰渚。芒芒原隰，祁祁士女，经彼公田，乐我稷黍。爰有樛木，重阴匪息；虽有糇粮，饥不遑食。望城不过，面邑匪游，仆夫警策，平路是由。玄驷蔼蔼，扬镳漂沫；流风翼衡，轻云承盖。涉涧之滨，缘山之隈，遵彼河浒，黄坂是阶。西济关谷，或降或升；騑骖倦路，再寝再兴。将朝圣皇，匪敢晏宁；弭节长骛，指日遄征。前驱举燧，后乘抗旌；轮不辍运，鸾无废声。爰暨帝室，税此西墉；嘉诏未赐，朝觐莫从。仰瞻城阈，俯唯阙廷；长怀永慕，忧心如酲。"

文帝嘉勉这两篇辞赋，以诏书回复曹植，予以勉励。[①]

①《魏略》记载：当初，曹植还未到达关门，自思有过，应当谢恩。留下随从官员在关外，只带了两三人随行，入京师先见清河长公主，欲通过长公主谢恩。而关吏奏闻，文帝派人逆迎之，不得见公主。太后以为曹植自杀，面对文帝哭泣。恰逢曹植科头负𫓧锧，徒跣跪拜在阙下，文帝及太后知道后，大喜过望。及至见到曹植，文帝又板着面孔，不肯与其讲话，又不让曹植戴上冠冕，穿上鞋子。曹植伏地涕泣，太后心中不乐，下诏让曹植换上王服。

《魏氏春秋》记载：在当时，对待曹氏诸侯王，国法严峻。任城王曹彰暴毙。诸王既怀念，心中又悲痛。曹植与白马王曹彪返回封国，欲同路东归，以叙阔别之情，监国使者不听。曹植愤怒，临离别时，作诗："谒帝承明庐，逝将归旧疆。清晨发皇邑，日夕过首阳。伊洛旷且深，欲济川无梁。泛舟越洪涛，怨彼东路长。回顾恋城阙，引领情内伤。大谷何寥廓，山树郁苍苍。霖雨泥我涂，流潦浩从横。中逵绝无轨，改辙登高冈。修坂造云日，我马玄以黄。玄黄犹能进，我思郁以纡。郁纡将何念？亲爱在离居。本图相与偕，中更不克俱。鸱枭鸣衡轭，豺狼当路衢；苍蝇间白黑，谗巧反亲疏。欲还绝无蹊，揽辔止踟蹰。踟蹰亦何留，相思无终极。秋风发微凉，寒蝉鸣我侧。原野何萧条，白日忽西匿。孤兽走索群，衔草不遑食。归鸟赴高林，翩翩厉羽翼。感物伤我怀，抚心长叹息。叹息亦何为，天命与我违。奈何念同生，一往形不归！孤魂翔故域，灵柩寄京师。存者勿复过，亡没身自衰。人生处一世，忽若朝露晞。年在桑榆间，影响不能追。自顾非金石，咄唶令心悲。心悲动我神，弃置莫复陈。丈夫志四海，万里犹比邻。恩爱苟不亏，在远分日亲。何必同衾帱，然后展殷勤。仓卒骨肉情，能不怀苦辛？苦辛何虑思，天命信可疑。虚无求列仙，松子久吾欺。变故在斯须，百年谁能持？离别永无会，执手将何时？王其爱玉体，俱享黄发期。收涕即长涂，援笔从此辞。”

黄初六年，文帝东征，返回时，经过雍丘，亲临曹植的王宫，增加曹植食邑五百户。太和元年，明帝改封曹植到浚仪县。太和二年，又返回雍丘县。曹植心中怨愤，身怀绝世才，而无所施展，上疏明帝，自我推荐：

臣听说，士人生于世间，入则事父，出则事君；事父尚于荣亲，事君贵于兴国。故慈父不能爱护无益之子，仁君不能蓄养无用之臣。论德而授官者，成功之君也；量能而受爵者，毕命之臣也。故君无虚授，臣无虚受；虚授谓之谬举，虚受谓之尸禄，《诗经》曰“尸位素餐”，就是这个意思。在往昔，虢仲、虢叔不辞让封国，其德行仁厚；周公旦、召公奭不辞让燕、鲁，其功劳卓著。而今，臣蒙受国家厚恩，已历三世皇帝。正值陛下升平之际，沐浴圣泽，潜润德教，可谓深厚。而臣窃位东藩，爵在上列，身披轻暖，口厌百味，目极华靡，耳倦丝竹，爵重禄厚之极致也。退而想到古人之授爵禄，有异于此，皆以功勤济国，辅主惠民。而今，臣无德可述，无功可纪，若此终年，无益国朝，将受到诗人“彼其”之讥讽。是以上惭玄冕，俯愧朱绂。

如今，天下一统，九州晏然，而顾西有违命之西蜀，东顾有不臣之东吴，边境防务，将士尚未能卸去铠甲，智谋之士，尚未能高枕无忧，臣诚欲混同宇内，以致太和。故夏启灭亡有扈氏，而夏室功绩昭显，成汤灭亡夏室，而奠定殷商基业，既而周室代殷，而功德彪炳。如今，陛下以圣明统世，将欲完成周室文、武之功，继续成、康之隆，简贤授能，以方叔、召虎之臣，镇守四境，作为国家的得力武将，可谓适当矣。然而，高鸟未挂于轻缴，渊鱼未悬于钩饵，但恐钓射之术尚未尽矣。在往昔，耿弇不俟光武帝，急切进攻张步，誓言不以贼寇遗留于君父。故车右伏剑于鸣毂，雍门刎首于齐境，若似此二贤士，岂恶生而尚死哉？诚忿恨其慢主而凌辱其君也。[①] 夫君之宠臣，欲以除患兴利；臣之事君，必以杀身靖乱，以功报主。在往昔，贾谊弱冠，奏请文帝，愿试任属国，系单于之颈，而制其命；终军以青年出使南粤，欲得一长缨绑缚南粤王，羁押致北阙。此二贤臣，岂好为夸主，而耀世哉？志或郁结，欲逞其能，输力于明君也。在往昔，汉武帝为霍去病修建宅邸，霍去病答："匈奴未灭，何以家为！"夫忧国忘家，捐躯济难，此乃忠臣之志。今臣身居外藩，并非不厚，而寝不安席，食不甘味，伏以东吴、西蜀二国尚未攻克为念。

伏见先武皇帝武臣宿将，年迈耆老离世者，时有耳闻。虽贤士不乏于世，宿将旧卒，犹习战阵，臣窃不自量力，志在效命，庶立毛发之功，以报所受之恩。若使陛下颁布不世之诏，臣愿效力锥刀之用，使臣西顾隶属于大将军，当一校之队长，或东顾隶属于大司马，统领偏舟之任，必乘危蹈险，骋舟奋骊，突刃触锋，誓当身先士卒。即使未能擒获孙权，诛杀诸葛亮，也将俘虏其麾下大将，歼其丑类，必效命于须臾，以消除终生之愧，使臣名挂史笔，事列朝策。即使臣粉身碎骨于蜀境，悬挂首级于吴阙，犹如臣重生之年也。如微才弗试，没世无闻，徒荣其躯而丰其体，生无益于事，死无损于数，虚荷上位，而忝重禄，禽息鸟视，终于白首，此徒圈养之畜生，非臣之所志也。流言传闻，东边军情失于防备，我军战事不利，辍食弃餐，奋袂攘衽，抚剑东顾，而心已驰骋于吴会矣。

臣此前跟随先武皇帝南达赤岸，东临沧海，西望玉门，北出玄塞，伏见行军用兵之势，可谓神机妙算。故兵者，不可以预言，临难而制变者也。臣志欲效于明时，立功于圣世。每当臣阅览史籍，观览古代忠臣义士，出一朝之命，徇国家之难，身虽遭屠裂，而功劳铭记于钟鼎，名称垂于竹帛，未尝不拊心而叹息。臣听说，明主使用臣，不废有罪。故败北弃军之将，仍可使用，秦、鲁以此成其功；[②]绝缨盗马之臣赦免，楚、赵以此济难。[③]臣窃感，先帝早崩，威王弃世，臣独何人，以堪长久！常担心身为朝露，填埋沟壑，坟土未干，而身名俱灭。臣听说，骐骥长鸣，伯乐晓其能；卢狗悲号，韩国知其才。是以效之齐、楚之路，以逞千里之任；试之狡兔之捷，以验搏噬之用。今臣志在狗马之微功，窃自揣度，终无伯乐、韩国之举，是以于封邑，窃自哀痛者也。

夫临搏而企竦，闻乐而窃抃，或有赏音而识道也。在往昔，毛遂不过是赵国平原君的门客，犹借锥囊之喻，以寤明主立功，何况巍巍大魏，多士之朝，而无慷慨死难之臣！夫自衒自媒者，士女之丑行也。干时求进者，道家之明忌也。而臣敢陈闻于陛下，诚与国家分形同气，忧患共之。冀以尘雾之微，补益山海，荧烛末光，增辉日月，是以敢献其丑，而冒其忠也。[④]

①刘向著《说苑》记载：越国甲士至齐国，雍门狄请死之。齐王曰："鼓铎之声未闻，矢石

未交，长兵未接，子何言死？知为人臣之礼邪？”雍门狄回答：“臣听说，在往昔，君王畋猎于苑囿，左毂鸣，车右请死，齐王问：‘车右为何请死？’车右答：‘为其鸣吾君也。’齐王说：‘左毂鸣者，此工师之罪。车右何事之有？’车右回答：‘吾不见工师之乘，而见其鸣吾君。’遂刎颈而死。有是乎？”齐王答：“有之。”雍门狄说：“今越国甲士至，其鸣吾君，岂左毂之下哉？车右可以死左毂，而臣独不可以死越国甲士？”遂刎颈而死。这一天，越人引军后撤七十里，曰：“齐王有贤臣，犹如雍门狄，疑使越国社稷不血食。”遂撤军。齐王以上卿礼安葬雍门狄。

②裴松之按：秦用败军之将，事显，故不注。鲁仲连写信给燕将：“曹子为鲁将，三战三败北，亡地五百里，向使曹子计不反顾，义不旋踵，刎颈而死，则不免为败军之将矣。曹子弃三次败北之耻，退与鲁君谋划。桓公朝觐天子，会盟诸侯，曹子以一剑之利，直指桓公之心，于会盟坛上，颜色不变，辞气不悖。三战之所亡国土，一朝而恢复。天下震动，诸侯惊骇，威加吴、越。”若此二贤士，非不能成小廉而行小节也。

③裴松之按：楚庄王为将军掩饰绝缨之罪，事亦显，故不书。秦穆公有赦免庶民盗马之罪，赵国之事则未闻。盖以秦氏亦赵氏，原来为同姓，故互文以避上面之“秦”字。

④《魏略》记载：曹植虽然上表，仍然怀疑不会被重用，因此说：“夫人贵生者，非贵其养体好服，终竟年寿，贵在其代天而理物。夫爵禄者，非虚张者也，有功德然后应之，当矣。无功而爵厚，无德而禄重，或人以为荣，而壮夫以为耻。故上者立德，其次立功，盖功德者，所以垂名也。名者不灭，士之所利，故孔子有朝闻夕死之论，孟轲有弃生之义。一圣一贤，岂不愿久生哉？志或有不展也。是以喟然求试，必以立功也。呜呼！言之不用，欲使后世之君子知吾意者也。”

太和三年，明帝改封曹植在东阿县。太和五年，曹植再次上疏，奏请立功，同时问候亲戚，在奏疏中，表达诚意：

> 臣听说，天称其高，以无不覆盖也；地称其广，以无所不载也；日月称其明，以无所不照也；江海称其大，以无所不容也。故孔子曰：“大哉尧之为君！唯天为大，唯尧则之。”天德之于万物，可谓弘广。尧帝之为教化，先亲后疏，由近及远。《左传》曰：“克明峻德，以亲九族；九族既睦，平章百姓。”及至周文王，亦崇尚教化，《诗经》曰：“刑于寡妻，至于兄弟，以统御家邦。”是以雍雍穆穆，诗人咏叹之。在往昔，周公哀悼管、蔡不忠，广封宗亲，以藩屏王室，《左传》曰：“周之宗盟，异姓为后。”诚骨肉之恩，虽有过错，而不离，亲亲之义，实为敦固，未有义而后其君，仁而遗其亲者也。
>
> 伏唯陛下资质，堪比唐尧钦明之德，体查文王翼翼之仁，惠洽椒房，恩昭九族，群后百官，番休递上，执政不废于朝廷，下情得展于宗室，亲理之路通，庆吊之情展，诚可谓恕己治人，推惠施恩者矣。至于臣，人道绝绪，禁锢明时，臣窃自

我伤悼。不敢过望同气相求，修人事，叙人伦。近来婚姻亲戚毫无联系，兄弟之间并无来往，吉凶之问不闻，庆吊之礼废弃，恩纪之违，甚于路人，隔阂之异，殊于胡越。今臣以一切之制，永无朝觐之望，至于倾心于皇极，结情于紫闼，神明知之矣。然而，陛下之规定，谓之何哉！臣退而沉吟，唯诸王常有休戚相关之感，愿陛下沛然垂诏，使诸国能相互存问，四节得展，以叙骨肉之欢，成全怡怡之义。妃妾之家，膏沐之遗，每年得二次聘问，齐义于后宫贵戚，等惠于朝中百官，如此，则古人所叹，风雅所咏，复存于圣世矣。

臣伏自忖度无锥刀之用。及至观察陛下之所拔擢任用，若以臣为异姓，窃自深思，不落后于朝臣矣。若得辞远游冠，戴武弁，解朱组，佩青绂，驸马、奉车，若能担任一职，安宅京室，执鞭珥笔，出从华盖，入侍辇毂，承答圣问，拾遗左右，实乃臣丹心诚意之至愿，不游离于梦境也。远慕《鹿鸣》君臣之宴，中咏《常棣》非他之诫，下思《伐木》友情之义，终怀《蓼莪》罔极之哀；每当四节之会，臣块然独处，左右唯有仆隶，所对唯有妻子，高谈无所与陈述，发义无所与施展，未尝不闻乐而拊心，临觞而叹息。臣伏以为，犬马之诚不能动人，譬如人之至诚不能动天。崩城、陨霜，臣当初相信之，以臣心揆度，皆为虚妄之语耳。假若葵藿之倾叶朝阳，太阳虽不为之反光，然向之者至诚也。臣窃自比于葵藿，若降天地之施舍，垂三光之照明，实在陛下。

臣听说，《文子》讲："不为福始，不为祸先。"今之阻隔，友人为之同忧，而臣独首倡其言，窃不愿圣世有不受施恩之惠。有不蒙施恩之物，必有幽怨之情，故《柏舟》有"天只"之怨，《谷风》有"弃予"之叹。伊尹耻其君不为尧舜，孟子曰："不以舜之所以事尧，事其君者，不敬其君者也。"臣之愚昧，固非虞舜、伊尹，至于臣欲使陛下崇光被时，雍之美宣，缉熙章明之德音，是以臣慺慺（lóu）之诚，窃所独守，实怀鹤立企盼之心，敢复陈闻，诚愿陛下倘或发天聪，而垂神听也。

明帝以诏书回复："盖教化所由，各有隆盛或凋敝，并非皆善始而恶终，事势使之然也。故夫忠厚施仁惠之心于草木，则《行苇》之诗问世；恩泽衰微、浅薄，则皇室不亲九族，《角弓》之诗章予以讽刺。而今，朝廷令诸国兄弟情理简慢，妃妾之家，膏沐简略，朕纵然不能敦而睦之，大王援古喻今，情义备悉，何言精诚不足以感动上天哉？夫明贵贱，崇亲亲，礼贤良，顺少长，此乃国之纲纪，本无禁固诸国相互聘问之诏书，矫枉过正，臣下担心获罪，以至于此耳。已敕令有关官员，如王所诉。"

曹植再次上疏，陈述选拔、举荐贤才之义：

臣听说，天地协气而万物生，君臣合德而庶政成；五帝之世，并非皆为明智，三季之末，并非皆为愚昧，全在于用与不用，知与不知也。因此常有举贤之名，却无得贤之实，势必各援其类，而举荐矣。民谚曰：“相门有相出，将门有将出。”国相，实乃文德昭显者也；将军，实乃武功拔萃者也。文德昭显，则可以匡扶朝廷，致雍熙，譬如后稷、商契、夔、龙是也；武功拔萃，则用以征伐不臣，威四夷，譬如南仲、方叔是也。在往昔，伊尹充任媵臣，至贱也，吕尚屠夫、钓者，至陋也，及至见于汤武、周文之重用，志同道合，玄谟神通，难道仅凭近侍之举荐，通过左右之介绍？《尚书》讲：“有不世之君，方能有不世之臣；用不世之臣，方能建不世之功。”殷周二王即为例子。若夫齷齪之辈，墨守成规，故步自封之徒，又何足为陛下言哉？故阴阳不和，三光不畅，官职虚设，朝无能人，庶政不整，实乃三公之责也。疆埸骚动，方隅内侵，丧师辱国，干戈不息，更为边将之忧也。岂能虚荷国宠，而不称其任哉？故任职隆盛者，肩负责任亦重，权位益高者，蒙受厚望也深，《尚书》讲：“无旷庶官。”《诗经》有“职思其忧”，此其义也。

陛下身怀天赋之淑圣，登上神机以继统，愿陛下常听《康哉》之歌，笃行偃武修文之美。数年来，水旱不时降临，民众衣食匮乏，军旅频繁调动，岁岁徭役增加，加之东边有覆军之将，西边有殪没之师，致使蚌蛤浮翔于淮、泗，鼲鼬喧哗于森林。臣每当念及这些，未尝不辍食而弃餐，临觞而扼腕。在往昔，汉文帝从代国出发，怀疑朝中有变故，宋昌谏言：“宫内有朱虚侯、东牟侯之宗室，外藩有齐、楚、淮南、琅琊之诸王，可谓磐石之稳固，愿大王勿疑。”臣伏唯陛下远览周文王有虢仲、虢叔之助，中虑成王召公、毕公之佐，下存宋昌磐石之谏。在往昔，骐骥之于吴坂，可谓困顿，及至伯乐相之，孙邮御之，形体不劳，驰骋千里。盖伯乐善于相马，明君善于御臣；伯乐骋骏马于千里，明君致太平于今日，诚任贤使能之明效也。若朝廷三公唯贤是举，朝政万机统御，武将率军出征，边郡战事平息。陛下可得雍容，何事可劳，而启动銮驾，暴露于边境？

臣听说，山羊披上虎皮，望见青草依然欣喜，望见豺狼依然战栗，忘却身上之虎皮。若设置将帅不良，类似于此。故良言告诫：“患为之者，不知；知之者，不得所为。”在往昔，乐毅投奔赵国，心中仍思念燕国；廉颇身在楚国，睡梦中仍为赵将。臣生于乱世，长于军中，多次承教于武皇，伏见行军用兵之要，无须孙、吴兵书，暗与之合。揆度于心，常愿得一时机，前往京师朝觐，排金门，蹈玉陛，列有职，赐予须臾之问，使臣得以展示胸怀，抒发蕴积，死无所恨。

近日，臣看了大鸿胪发下的征兵文书，限令集合时间甚紧。又听说，豹尾已建，戎轩鹜驾，陛下将再次启动銮驾，御驾亲征，扰挂神思。臣诚惶诚恐，不遑宁处，但愿能策马扬鞭，首当其冲，撮风后之尾，接孙、吴之要，慕卜商谏言于左右，效命先锋，毕命轮毂，虽无大益，冀有小补。然而，天高听远，情不上通，臣徒然望青云而拊心，仰高天而叹息。屈平曰："国有骐骥，而不知用，焉惶惶而更索！"在往昔，管、蔡被杀，周公、召公担任辅弼；叔鱼陷狱，叔向匡扶国政。"三监"之责，臣当自荐；周公、召公之佐，求必不远。臣在宗室贵族、藩王之列，想必有合适人选。故《左传》曰："无周公之亲，不得行周公之事。"愿陛下省察。

在近代，汉室封立藩王，藩国大者，连城数十，藩国小者，仅享有税赋、祖祭，并未像周室树立藩国，五等爵位之制。像扶苏劝谏始皇，淳于越诘难周青臣，可谓通达时变。能使天下倾耳注目，为当权者所重视，谋略能移主，权威能慑下。豪强执政，不在亲属；权力所在，虽疏必重，势之所去，虽亲必轻。取代姜齐，田氏也，并非吕氏宗室；瓜分晋国者，赵、魏也，并非姬姓。愿陛下省察。太平时，专权其位；遭遇凶厄，离心离德时，更为异姓之臣。欲国家长治久安，乞求家族富贵，共享其荣，没同其祸，只有宗室之臣。而今，陛下疏远宗室，亲近异姓，臣窃困惑焉。

孟子讲："君子穷则独善其身，达则兼济天下。"而今，臣与陛下，犹如践冰履炭，登山浮涧，寒温燥湿，高下共之，岂能远离陛下？臣不胜愤懑，拜表陈情。若有不当之处，愿陛下暂且藏之于密府，切勿慨然毁弃，臣死之后，事实或可证明。若有毫釐挂意于圣心，愿陛下示之于朝臣，让博古通今之士，纠正臣不合情理之处。如是，则臣愿足矣。

明帝以善言回复。①

①《魏略》记载：此后，明帝大发感慨，诏令举荐国士。曹植以诸国士或死、或年龄垂暮，剩余者年龄稚弱，在者无几，乞求能被举荐，曹植上书："臣听说，古者圣君，与日月齐其明，四时等其信，是以戮凶无重，赏善无轻，怒若雷霆，喜若时雨，恩不中绝，教无二可，以此临朝，则臣下甘愿赴汤蹈火。受任在万里以外，审主之所授官，必以之所投命，虽有谄谀之徒，淡然不以为惧者，盖君臣互信之明效也。在往昔，章子担任齐将，有人告发其谋反，齐威王曰：'不然。'左右曰：'王何以知之？'威王答：'听说章子改葬死母；彼尚不欺死父，顾当叛生君乎？'此君之信臣也。在往昔，管仲射伤桓公，后囚禁在牢中，从鲁国槛车押运，派少年挽而送齐。管仲知道桓公一定会重用自己，担心鲁国后悔，对少年讲：'吾为汝唱歌，汝为之和声，声和声，宜快走。'管仲唱之，少年走而和之，日行数百里，第二天，到达齐国。桓公很快拜管仲为国相，此臣之信君也。臣当初受封，策书曰：'曹植受兹青社，封于东土，以屏翰皇家，为魏国藩辅。'臣所得士兵一百五十人，皆年在六十耳顺，或七十不逾矩，虎贲骑兵及官属大约二百余人。即使不老，皆使年壮，备有不虞，检校乘城，顾不足以自救，更何况皆年老耄耋，风

烛残年乎？名为魏国东藩，使屏翰王室，臣窃自羞愧。观察诸国，国有士子，合计不过五百人。即使作为三军益损，也不能依赖此辈。方外不定，必当须办者，臣愿率领部众，倍道兼程，夫妻负襁，子弟怀粮，蹈锋履刃，以徇国难，怎么能像小儿游戏哉？臣诚以挥涕增河，鼷鼠饮海，于朝廷万无损益，于臣家计甚有废弃。臣属下老迈去世，前后三送，能用者已竭。唯剩小儿辈，七八岁以上，十六七岁以下，三十余人。臣剩下的部属，皆年迈耆老，卧在床席，非糜不食，眼不能视，气息衰微者，还有三十七人；勉力挣扎，或盲或聋者，还有二十三人。臣只能倚恃小儿辈，大者可备宿卫，虽不足以御寇，或可以防小偷；再小者未堪大用，或可使耕耘锄草，驱赶鸟雀。一旦休息一人，则一事废，一旦一日狩猎，则众业散；臣不亲自经营，则诸事不成；臣常事必躬亲，不敢委任下吏。陛下仁圣，恩诏三至，士子报国，年长者不复征发。明诏之下，有若皦日，保金石之恩，必明神之信，筹划然后自固，如天如地。能够习业者，并不见送，暗无天日，怅然失图。臣以为，陛下既然封臣爵位，在百官之上，居藩国之任，为臣设置卿士，屋名为宫，冢名为陵，不要使臣危居独立，无异于凡庶。就像柏成欣于野耕，子仲乐于灌园；蓬户茅牖，原宪之宅；陋巷箪瓢，颜子之居：臣才能不见效用，常慨然青云之志。若陛下听臣归还部属，罢省官员，撤去监察，让臣解玺释绂，追随柏成、子仲之业，经营颜渊、原宪之事，居住子臧之庐，宅在延陵之室。如此，虽进无成功，退有可守，身死之日，犹如松、乔也。然臣思忖国朝，终未肯听臣之谏言，固当羁绊于世俗，维系于禄位，怀屑屑之小忧，执无已之百念，安得荡然肆志，逍遥于宇宙之外？此臣愿未从，陛下必欲崇亲亲，笃骨肉，润白骨，荣枯木，唯遂仁德，以副此前恩诏。”皆遂还之。

这一年冬天，明帝下诏，诸侯王在太和六年正月到京师朝觐。二月，明帝以陈郡四县封曹植为陈王，享有食邑三千五百户。曹植每当有所欲求，欲与明帝单独交谈，讨论时政，希望能得到重视，终不见诏问。曹植返回封国，怅然若失，越来越感到绝望。按照当时的制度，朝廷对藩国的政策异常严厉，藩国的官属都是些庸俗、毫无才学、无能之辈，兵员都是些年迈体衰、残疾之人，数量不能超过二百。加上曹植此前有罪过，还要减去一半，在十一年里，曹植三次改变封国，曹植越发感觉郁郁寡欢，最后发病，去世，享年四十一岁。① 曹植留下遗嘱，要求薄葬。曹植认为小儿子曹志是保家之主，欲立小儿子为后嗣。当初，曹植登上鱼山，俯瞰东阿县，喟然长叹，有终老在此地之愿，遂在此地营建坟墓。儿子曹志继承爵位，改封为济北王。景初年间，明帝下诏：“陈思王曹植此前虽有过失，之后能克己慎行，以补正以往，而且自始至终，古文典籍不离于手，诚难能可贵。整理黄初年间弹劾曹植罪状的奏疏，公卿以下官员，与尚书、秘书、中书省三府、大鸿胪讨论，一律销毁。整理曹植去世前撰写、著述的辞赋、辞颂、诗铭杂论，大概有一百余篇，誊写副本，收藏于宫中内外藏书阁。”明帝又多次为曹志增加食邑，合并之前，共享有九百九十户。②

①曹植常弹奏琴瑟，谱写歌曲，歌辞曰：“吁嗟此转蓬，居世何独然！长去本根逝，夙夜无

休闲。东西经七陌，南北越九阡，卒遇回风起，吹我入云间。自谓终天路，忽焉下沉渊。惊飚接我出，故归彼中田。当南而更北，谓东而反西，宕宕当何依，忽亡而复存。飘摇周八泽，连翩历五山，流转无恒处，谁知吾苦艰？愿为中林草，秋随野火燔，糜灭岂不痛，愿与根荄连。”

孙盛曰：异哉，魏室之封建！不参照先王之典，不思考藩屏之术，违背敦睦之风，背离维城之义。汉建国初封建，或权侔人主，有尾大不掉之弊，时势然也。魏氏封建诸侯，其鄙陋等同匹夫，虽然汉初有七国之乱，魏室封建，矫枉过正。更何况，魏室代汉，非积德之由，风泽既微，六合未一，而凋翦枝干，委权异族，势同瘣（huì）木，危若巢幕，不嗣忽诸，非天丧也。五等之制，万世不易之典。六代兴亡，曹冏论之详矣。

②《志别传》记载：曹志，字允恭，好学有才。晋武帝时，担任中抚军，在邺城迎常道乡公，曹志夜间与晋武帝相见，晋武帝与曹志谈话，从晚上直至第二天清晨，甚为器重。及至晋室接受魏室禅让，改封曹志为鄄城公。晋武帝诏令，任命曹志为乐平郡太守，曹志历任章武郡、赵郡太守，又改任散骑常侍、国子监博士，后改任博士祭酒。及至齐王司马攸应当回到藩国，下礼官廷议崇锡之典，曹志叹息道：“安有如此之才，如此之亲，而不能树本助化，远赴海隅？”曹志建议晋武帝再考虑，辞意恳切。晋武帝大怒，免去曹志的职务。后来，曹志又担任散骑常侍。曹志的母亲去世，居丧甚哀，因此而得病，喜怒失常，太康九年去世，谥号为定公。

萧怀王曹熊，很早去世。黄初二年，文帝追赐曹熊谥号为萧怀公。太和三年，明帝又追封曹熊为诸侯王。青龙二年，曹熊的嗣子曹炳继承爵位，享受食邑二千五百户。青龙六年去世，谥号为哀王，没有子嗣，撤销封国。

陈寿评论如下：任城王曹彰武艺高强，勇猛无畏，有将军之才。陈思王曹植，文采飞扬，辞章华丽，所著辞赋得以流传后世，然而，曹植早年不能克己，没有防人之心，终遭到帝王猜忌。《左传》讲：“楚国失之矣，而齐国亦未得也。”此之谓欤！①

①鱼豢曰：有谚语：“贫不学俭，卑不学恭。”这无关乎人性，形势使其然也。此实然之势，信不虚矣。如果曹公遏制曹植等人，在于过往的教训，以此贤者之心，何缘有窥视乎？曹彰之挟恨，尚且无所至。至于曹植，又岂能发难？曹公以杨修倚注而杀害，丁仪以希意遭灭族，哀夫！余每当读到曹植的文章，文章华采，思若有神。以此推论，曹公为之动心，也是有道理的。

魏书二十

武文世王公传第二十

武皇帝有二十五个儿子：卞皇后生文皇帝曹丕、任城威王曹彰、陈思王曹植、萧怀王曹熊，刘夫人生丰愍王曹昂、相殇王曹铄，环夫人生邓哀王曹冲、彭城王曹据、燕王曹宇，杜夫人生沛穆王曹林、中山恭王曹衮，秦夫人生济阳怀王曹玹、陈留恭王曹峻，尹夫人生范阳闵王曹矩，王昭仪生赵王曹幹，孙姬生临邑殇公子曹上、楚王曹彪、刚殇公子曹勤，李姬生谷城殇公子曹乘、郿戴公子曹整、灵殇公子曹京，周姬生樊安公曹均，刘姬生广宗殇公子曹棘，宋姬生东平灵王曹徽，赵姬生乐陵王曹茂。

丰愍王曹昂，字子修。二十岁时，被举荐为孝廉，跟随曹操南征，被张绣偷袭，在战场上杀害。没有子嗣。黄初二年，文帝追赐曹昂谥号为丰悼公。黄初三年，文帝把樊安公曹均的儿子曹琬过继给曹昂为后嗣，奉祀祠庙，受封为中都公，同年改封为长子公。黄初五年，文帝追赐曹昂谥号为丰悼王。太和三年，明帝改赐曹昂谥号为愍王。嘉平六年，曹琬继承曹昂的爵位，被立为丰王。正元、景元年间，增加食邑，合并之前，曹琬共享有食邑二千七百户，去世后，谥号为恭王。嗣子曹廉继承爵位。

相殇王曹铄，很早去世，太和三年，明帝追赐曹铄谥号为殇王。青龙元年，曹铄的嗣子愍王曹潜继承爵位，当年去世。第二年，嗣子怀王曹偃继位，享受食邑二千五百户，青龙四年，曹偃去世。没有子嗣，撤销封国。正元二年，皇帝曹髦把乐陵王曹茂的儿子阳都乡公曹竦过继给曹铄为后嗣，奉祀祠庙。

邓哀王曹冲，字仓舒。年少时，曹冲即显得异常聪慧，五六岁时，曹冲的聪明超过常人，有成年人的才智。当时，孙权送来一头大象，曹操很想知道大象的重量，询问臣下，无人能够回答。曹冲讲：“让大象站在一艘大船上，在船旁刻出吃水线，再换上其他物体称重，就可以知道大象的重量。”曹操听罢，大喜，遂按照曹冲的建议称象。当时，国事、军事繁多，曹操用刑严厉。曹操的一副马鞍放在库房，被老鼠啃啮，库房吏担心闯下大祸，必死无疑，商议后，欲反绑双手，向曹操请罪，又担心不能获得赦免。曹冲说：“再等三日，你们再去自首请罪。”曹冲用刀刺穿单衣，好似老鼠啃啮状，曹冲佯装很懊丧的样子，面带愁容，去见曹操。曹操问曹冲为何愁眉不展，曹冲答：“世人皆以为老鼠啃啮衣服，其主人不祥。今天，我的衣服被老鼠啃啮，所以忧惧。”曹操说：“这都是胡说八道的话，不必忧惧。”过了一会儿，库房吏来报告，说马鞍被老鼠啃啮，曹操笑道：“小儿的衣服在身边，还被老鼠啃啮，更何况马鞍挂在柱子上？”并没有责怪。曹冲为人仁爱，善于权变，这样的例子还有很多。凡王府有人犯罪，应该被处以重刑，经过曹冲指点，都能够得到赦免，前后有数十人。[①]曹操多次面对群臣称赞曹冲，甚至有传位与曹冲的想法。建安十三年，曹冲十三岁，患上重病，曹操亲自为曹冲祈福禳灾。及至曹冲病逝，曹操很难过。曹丕宽慰曹操，曹操说：“这是我的不幸，却是你等的大幸。”[②]说罢，流下眼泪。曹操为曹冲聘娶甄氏去世的女儿，与曹冲合葬，赐予骑都尉印绶，过继宛侯曹据的儿子曹琮，作为曹冲的后嗣，奉祀祠庙。建安二十二年，封曹琮为邓侯。黄初二年，文帝追赠曹冲谥号为邓哀侯，晋升爵位为公。[③]黄初三年，文帝晋升曹琮的爵位，改封为冠军公。黄初四年，改封为己氏公。太和五年，明帝追赐曹冲谥号为邓哀王。景初元年，曹琮到尚方署制作禁物，因此而获罪，被削去食邑三百户，贬低爵位为都乡侯。景初三年，重新晋升为己氏公。正始七年，皇帝曹芳改封曹琮为平阳公。景初、正元、景元年间，连续增加食邑，合并之前，共享有食邑一千九百户。

①《魏书》记载：曹冲每当发现有人该受刑，都会了解其犯罪缘由，是否冤枉，而加以权变。如果曹冲发现某位吏卒勤劳，因为过失而犯罪，曹冲常向太祖解释，予以宽宥。曹冲心思缜密，有仁爱之心，似天性使然，曹冲容貌俊美，有别于同龄孩子，特别受到曹操的喜爱。

裴松之以“容貌俊美”之言，分为三类，这里所叙述，属于一类。

②孙盛曰：春秋之义，立嫡以长不以贤。曹冲即使未病逝，也不宜立为继嗣，况其病逝，而曹公发斯言？《诗经》云：“无易由言。”魏武帝不应该讲这样的话。

③《魏书》记载：文帝策书：“唯黄初二年八月丙午，皇帝曰：咨尔邓哀侯曹冲，昔日皇天钟美于尔躬，俾聪哲之才，成于弱年。应当永享显祚，克成厥终。如何不禄，早逝夭折！朕继承帝位，享有四海，并建亲亲，以藩王室，唯尔不逮斯荣，且葬礼未备。追悼之怀，怆然伤怀。今迁葬于高陵，派使者持符节，兼谒者仆射，郎中陈承，追赐谥号为邓公，祠以太牢礼。魂魄有灵，休兹殊荣。呜呼哀哉！”

《魏略》记载：文帝常说：“家兄被举荐为孝廉，自当其分。若使仓舒在，我不会登上帝位。”

彭城王曹据，建安十六年受封为范阳侯。建安二十二年，改封为宛侯。黄初二年，明帝晋升曹据爵位为公。黄初三年，明帝改封曹据为章陵王，同年又改封为义阳王。文帝以南方潮湿，又因为环太妃是彭城人，改封曹据为彭城王，又改封为济阴王。黄初五年，明帝下诏："先王封建国家，随时间而改变制度。汉高祖增加秦国设置的郡，到了东汉光武帝，因为战争影响，天下人口减少很多，又将郡县合并。今天看来，郡县的数目还赶不上那时候。分封诸王，皆封为县王。"据此，改封曹据在定陶县。太和六年，明帝改封诸侯王，将郡改为国，封曹据为彭城王。景初元年，曹据私自派人到宫中尚方署制作禁物，被削去食邑二千户。[①]景初三年，明帝恢复曹据被削去的食邑。正元、景元年间，连续增加食邑，合并之前，曹据共享有四千六百户。

①《魏书》记载：明帝玺书："制诏书予彭城王：有关官员上奏，大王派遣司马董和，带着珠玉到京师的尚方署，制作很多禁物，与尚方署工官勾结，出入近署，奢侈超过制度，违背禁令，应该对大王绳之以法。朕想到惩治大王，内心不安。大王以懿亲之重，处于藩辅之位，每天典籍摆在面前，诵读不断。加上大王平素雅静，谨奉修养，恭肃敬慎，务在蹈道，孜孜不衰，怎么会忘记率意正身，坚持始终呢？若看作是小瑕疵，或谬于认真之人，大王忽视，没有想到这些犯下过失。《尚书》曰：'唯圣罔念作狂，唯狂克念作圣。'古人垂诰，乃至于此，故君子修心养德，无论何时，都不能放松。大王要经常想到，终生积德行善，则德行才能昭显；能明白这些道理，就会茅塞顿开，心绪平静；人要谨言慎行，作为修身之本，德行才会俱备：有此三者，愿大王勉之。今天已经下诏有关官员，宽宥大王，削去食邑二千户，以昭示八柄与夺之法。在往昔，伏羲氏、文王制作《易经》，特别强调知错能改，仲尼谈论德行，有过则改。大王要痛改前非，懂得德义，率意无怠。"

燕王曹宇，字彭祖。建安十六年，被封为都乡侯。建安二十二年，改封为鲁阳侯。黄初二年，文帝晋升曹宇爵位为公爵。黄初三年，文帝晋升曹宇爵位为下邳王。黄初五年，文帝改封曹宇在单父县。太和六年，明帝改封曹宇为燕王。年少时，明帝与曹宇的关系很好，常在一起游玩，很喜欢曹宇。及至明帝即位，赏赐曹宇，超过其他诸侯王。青龙三年，明帝召曹宇到京师来朝觐。景初元年，明帝让曹宇返回邺城。景初二年夏天，明帝再次召曹宇到京师朝觐。当年冬天十二月，明帝患上重病，拜曹宇为大将军，向曹宇托付后事。曹宇接受大将军职务四日，坚决辞让；明帝改变主意，免去曹宇的大将军职务。景初三年夏天，曹宇返回邺城。景初、正元、景元年间，连续增加食邑，合并之前，曹宇共享有食邑五千五百户。常道乡公曹奂是曹宇的儿子，进入宫中，成为明帝的继嗣。

沛穆王曹林，建安十六年受封为饶阳侯。建安二十二年，改封在谯县。黄初二年，文帝晋升曹林爵位为公爵。黄初三年，文帝晋升曹林爵位为谯王。黄初五年，文帝改封曹林在谯县。黄初七年，文帝改封曹林在鄄城。太和六年，明帝改封曹林为沛王。景初、正元、景元年间，增加食邑，合并之前，曹林共享有食邑四千七百户。曹林去世，嗣子曹纬继承爵位。[①]

①按《嵇氏家谱》记载：嵇康的妻子，是曹林儿子的女儿。

中山恭王曹衮，建安二十一年受封为平乡侯。年少时，曹衮好学，十几岁就能写文章。每当曹衮读书，文学官员及左右侍从常担心曹衮过于用功，耗费精力，以至于生病，多次劝谏曹衮，然而，读书是曹衮最喜欢的事情，不愿意停下来。建安二十二年，曹操改封曹衮为东乡侯，同年又改封为鄚侯。黄初二年，文帝晋升曹林爵位为公爵，官属向曹衮道贺，曹衮答："我生于深宫之中，不懂得稼穑艰难，只知道骄奢淫逸，常犯有过失。诸贤士向孤道贺，应该多帮助孤弥补过错。"每当兄弟们玩乐，曹衮常坐在一旁，独自静思，默想经典。文学官员及辅相商议："我们接受陛下诏命辅导曹公，发现过错，应该启奏陛下，发现善行，同样要奏报陛下，不应该藏匿曹公的美德。"遂共同上表，称颂曹衮爱读书。曹衮听说后，大惊失色，责备文学官员："修身养心，这是人的自律行为，诸君奏报陛下，岂不是无端增加了孤的负累！而且，孤真的有善行，何患陛下不知道，你们这样遽然奏报，绝非对孤有好处。"曹衮就是这样谨言慎行。黄初三年，文帝封曹衮为北海王。当年，有黄龙在邺城西边的漳水出现，曹衮上书称颂。文帝下诏赐予黄金十斤，诏曰："在往昔，唐叔馈送嘉禾，东平王向汉明帝献上颂辞，作为骨肉至亲，赞颂嘉祥之意，以此彰显懿德。北海王曹衮精研三坟五典，体会典籍精髓，所写文章，文辞典雅，朕甚嘉赏之。北海王为人谨慎，克明修德，望坚持始终。"黄初四年，文帝改封曹衮为赞王。黄初七年，文帝改封曹衮在濮阳。太和二年，曹衮回到藩国就位，曹衮崇尚俭朴，诸事简约，敕令宫中妃妾纺绩织纴，作为宫中常事，宫中妃妾以此为乐。太和五年冬天，曹衮入京朝觐明帝。太和六年，明帝改封曹衮在中山国。

当初，曹衮来到京师朝觐，触犯禁令。青龙元年，有关官员弹劾曹衮。明帝下诏："中山王一向谨慎，为人恭敬，偶然疏忽，犯了禁令，按照皇室宗亲犯罪之法典，予以宽宥。"有关官员坚持要弹劾。明帝下诏，削去曹衮两个县，食邑有七百五十户。[①]曹衮忧惧，越发告诫王宫官属要谨慎小心。明帝颇为欣赏，青龙二年，明帝恢复被削去的两个县食邑。青龙三年秋天，曹衮患病，明帝下诏，派遣太医前去诊病，殿中侍从、虎贲勇士带着明帝的手诏，赐予曹衮珍馐美味，明帝又派遣太妃、沛王曹林一起去探视病情。曹衮因为有病，精神困倦，敕令宫中官属："孤寡德忝宠，大命将尽。孤平生好俭，圣朝著明，有丧葬规制，作为天下大法。孤气绝之日，从殡殓到下葬，务必谨奉诏书。在往昔，卫国大夫蘧瑗葬在濮阳，孤望见其坟墓，常想着能继承其遗风，愿托贤者之灵，埋葬孤的遗体，孤的坟茔，要葬在附近。按照礼制：男子不应该死在妇人手中。抓紧时间，为孤建造东堂。”东堂建成，曹衮起名字叫“遂志之堂”，曹衮抱病住在东堂，对长子讲：“你还年幼，没有听说过义方，过早成为封国的君主，但知享乐，不知生活艰难，很容易因骄奢而犯下罪过。平时结交大臣，务必以礼相待。即使不是大臣，遇到老者，也要奉礼答拜。侍奉兄长以敬，存恤弟弟以慈；兄弟有不良的行为，应当促膝交谈，耐心劝导。劝导不听，则流涕告谕；告谕不改，再告诉母亲。如果仍然不改，则应当奏闻皇上，并辞让国土。与其守宠罹祸，不如贫贱全身。这也是就犯大的罪恶而言，至于微小过失，适当予以掩饰。嗟尔小子，注重修养自身，谨以忠贞侍奉圣朝，以孝敬侍奉太妃。在闺闱之内，谨奉太妃之敕令；在王宫之外，受教于沛王。切勿怠惰其心，以此告慰亡灵。”当年，曹衮去世。明帝诏令沛王曹林留下，直至丧礼完毕，明帝又派大鸿胪持符节，典护丧事，派宗正吊唁，赐予丰厚的丧葬费。曹衮生前写作的文章，有二万余言，才学不及陈思王曹植，曹衮常喜欢与曹植相比。嗣子曹孚继承爵位，景初、正元、景元年间，增加食邑，合并之前，共享有三千四百户。

①《魏书》记载：明帝玺书：“制诏书予中山王：有关官员启奏，大王此前来京师朝觐，犯了交通官员的禁令。朕唯亲亲之恩，按下官员弹劾奏章。然而法律为天下人所共有，不能偏废。今削去大王两个县食邑，七百五十户。克己复礼，圣人称仁，朝过夕改，君子赞颂。大王须有所警戒，不二次犯错，以免愧疚。”

济阳怀王曹玹，建安十六年受封为西乡侯。曹玹早逝，没有子嗣。建安二十年，曹操把沛王曹林的儿子曹赞过继给曹玹，继承封爵和食邑。曹赞也早逝，没有子嗣。文帝又把曹赞的弟弟曹壹过继给曹玹为后嗣。黄初二年，改封曹壹为济阳侯。黄初四年，文帝晋升曹壹爵位为公爵。太和四年，明帝追赐曹玹谥号为怀公。太和六年，加赐谥号为怀王，追赠曹赞谥号为西乡哀侯。曹壹去世，谥号为悼公。嗣子曹恒继承爵位。景初、正元、景元多次增加食邑，合并之前，曹恒共享有食邑一千九百户。

陈留恭王曹峻，字子安，建安二十一年受封为郿侯。建安二十二年，改封在襄邑。黄初二年，文帝晋升曹峻爵位为公爵。黄初三年，文帝封曹竣为陈留王。黄初五年，文帝改封曹峻在襄邑县。太和六年，明帝改封曹峻在陈留郡。甘露四年，曹峻去世。嗣子曹澳继承爵位。景初、正元、景元年间，连续增加食邑，合并之前，曹澳共享有食邑四千七百户。

范阳闵王曹矩，很早去世，没有子嗣。建安二十二年，曹操把樊安公曹均的儿子曹敏过继给曹矩为后嗣，曹敏受封为临晋侯。黄初三年，文帝追赐曹矩谥号为范阳闵公。黄初五年，文帝改封曹敏为范阳王。黄初七年，改封曹敏在句阳县。太和六年，明帝追赐曹矩谥号为范阳闵王，改封曹敏为琅琊王。景初、正元、景元年间，连续增加食邑，合并之前，曹敏共享有食邑三千四百户。曹敏去世，谥号为原王。嗣子曹焜继承爵位。

赵王曹幹，建安二十年受封为高平亭侯。建安二十二年，曹操改封曹幹为赖亭侯，同年又改封为弘农侯。黄初二年，文帝晋升曹幹爵位为燕公。[①]黄初三年，文帝封曹幹为河间王。黄初五年，文帝改封曹幹在乐城县，黄初七年，又改封在钜鹿郡。太和六年，明帝改封曹幹为赵王。曹幹的母亲得宠于曹操。及至曹丕被确立为太子，曹幹的母亲出了很大力。文帝临驾崩前，留下遗诏，关爱曹幹，因此，明帝对曹幹特别爱护。青龙二年，曹幹违背禁令，私通宾客，被有关官员弹劾，明帝赐曹幹玺书，告诫曹幹："《易经》讲'开国承家，小人勿用'，《诗经》有'大车唯尘'之告诫。自从太祖受命于天，创立基业，目睹乱世之源，明鉴存亡之理，当初，在封建诸侯时，特别予以告诫，要以恭敬、谨慎处世，关爱以至言，辅助以贤士，常称颂马援对侄子的告诫，重视诸侯王结交宾客的禁令，明令不准滥交宾客，与邪恶治罪相同。太祖并非轻视骨肉，确实是希望子孙不要犯无妄之罪，受到惩治，封国士民也不会因为此事悔恨不已。高祖即位，恭敬谨慎，日理万机，再次申明法令，诸侯不得随意进京朝觐。朕深感诗人吟诵《诗经·常棣》之作，崇尚《采菽》之义，也曾经颁发诏文：'有皇帝诏书，诸王才能进京朝觐。'故以此诏命，允许诸王行朝聘之礼。楚王、中山王犯私自交往禁令，赵宗、戴捷违背法令，伏罪被杀。近来，东平王又让王宫属官殴打寿张县吏，有关官员弹劾，朕削去东平王部分食邑。而今，有关官员以曹纂、王乔等借着九族相会之机，在诸侯王宫聚会，绝非其时，违背禁令。朕想到诸侯王年龄幼小，有恭顺之素质，加上受到先帝垂顾之命，欲尊崇帝王之恩，延续后嗣，况且，事情发生在大王身上？人们常讲：人非圣人，孰能无过？故下诏有关官员，宽宥大王。古人有言：'能在无人之处，做到谨言慎行，在无人听到时，有恐惧之心，莫见乎隐，莫显乎微，故君子要学会慎独。'叔父重视学习先圣典籍，谨奉先帝遗命，战战兢兢，谨奉爵位，称朕意焉。"景初、正元、景元年间，连续增加食邑，合并之前，曹幹共享有食邑五千户。

①《魏略》记载：曹幹又名曹良。曹良本来是陈妾的儿子，曹良生下来，陈氏去世，曹操令王夫人抚养。曹良五岁，曹操患上重病，遗诏嘱咐太子："此儿三岁丧母，五岁丧父，托付给你了。"曹丕因此特别照顾曹良，超过其他兄弟。曹良年少，常呼文帝为阿翁，文帝对曹良讲："我是你的哥哥。"文帝哀怜曹良年幼无知，每次这样喊，常为之流涕。

裴松之按：如果传位，以母亲贵贱为排序，不以兄弟的年龄，楚王曹彪年龄虽大，传位在曹幹之后。按照《朱建平传》记载，曹彪大曹幹二十岁。

临邑殇公曹上，很早去世。太和五年，明帝追赐曹上谥号为殇。没有子嗣。

楚王曹彪，字朱虎。建安二十一年，曹彪受封为寿春侯。黄初二年，文帝晋升曹彪爵位为汝阳公。黄初三年，文帝封曹彪为弋阳王，同年改封曹彪为吴王。黄初五年，文帝改封曹彪在寿春县。黄初七年，文帝改封曹彪为白马王。太和五年冬天，曹彪到京师朝觐。太和六年，明帝改封曹彪为楚王。当初，曹彪来到京师朝觐，犯了禁令，青龙元年，被有关官员弹劾，明帝下诏，削去曹彪三个县，食邑一千五百户。青龙二年，大赦天下，明帝恢复曹彪被削去的县邑。景初三年，增加曹彪食邑五百户，合并之前，曹彪共享有三千户。嘉平元年，兖州刺史令狐愚与太尉王凌共谋，迎接曹彪在许昌建都。详情记载在《王凌传》。皇帝曹芳派遣太傅及侍御史到封国调查此案，收捕罪犯及受到牵连者。廷尉奏请皇帝曹芳，召曹彪到京师治罪。皇帝曹芳按照西汉惩治燕王刘旦的旧例，派使者大鸿胪兼廷尉，持符节，赐予曹彪玺书，严厉谴责，令曹彪自尽。[①]曹彪自杀。王宫嫔妃及诸王子被贬为庶人，迁至平原郡。曹彪的王宫官属及监国谒者知情不报，没有尽到辅佐之义，全部被杀。撤销封国，改为淮南郡。正元元年，曹髦下诏："原楚王曹彪，背国附奸，身死嗣替，虽然自取其咎，朕甚哀悯焉。含垢藏疾，是古人称颂的亲亲之道，封曹彪的世子曹嘉为常山真定王。"景元元年，增加食邑，合并之前，曹嘉共享有食邑二千五百户。[②]

①孔衍著《汉魏春秋》记载：明帝玺书："先王行赏不遗仇雠，行戮不违亲戚，此乃至公之义。故周公流涕，判决二位兄弟有罪，孝武伤怀，判决昭平之狱，此乃古今常典。大王，皇室之至亲，作为藩臣在外，不能祇奉王法，表率宗室，谋于奸邪，与太尉王凌、兖州刺史令狐愚构通谋逆，图谋社稷，有悖逆之心，无忠孝之意。宗庙有灵，大王有何面目去见先帝？朕深表哀痛，大王自陷罪网，既得王情，深用怃然。有关官员弹劾大王，应该送大理寺治罪，朕唯宗室获罪，甸师之义，不忍把大王在市场上行刑，派使者赐大王诏书。大王自作孽，并非因为其他，燕剌王刘旦之事，宜足以观。王其自图之！"

②裴松之按：曹嘉入晋，受封为高邑公。元康年间，与石崇一起，担任国子监博士。后来，曹嘉又担任东莞郡太守，石崇担任征虏将军，监察青州、徐州军事，驻扎在下邳，曹嘉写诗送予石崇："文武应时用，兼才在明哲。嗟嗟我石生，为国之俊杰。入侍于皇闼，出则登九列。威检肃青、徐，风发宣吴裔。畴昔谬同位，情至过鲁、卫。分离逾十载，思远心增结。愿子鉴斯诫，寒暑不逾契。"石崇写诗答谢："昔常接羽仪，俱游青云中：敦道训胄子，儒化涣以融，同声无异响，故使恩爱隆。岂唯敦初好，款分在令终。孔不陋九夷，老氏适西戎。逍遥沧海隅，可以保王躬。世事非所务，周公不足梦。玄寂令神王，是以守至冲。"王隐著《晋书》记载，吏部侍郎李重启奏："魏室宗亲屈滞，圣恩常有抚慰。东莞郡太守曹嘉，才能和学识不及曹志、曹翕，然而，曹嘉注重品行修养，操守廉洁，超过曹志、曹翕；曹嘉已经在两个郡担任过太守。臣以为，应该优待曹氏后人，可以任命曹嘉为员外散骑侍郎。"

刚殇公子曹勤，早逝。太和五年，明帝追封谥号为殇。没有子嗣。

谷城殇公子曹乘，早逝。太和五年，明帝追封谥号为殇。没有子嗣。

郿戴公子曹整，奉诏命，过继给堂叔父郎中曹绍，作为后嗣。建安二十二年，曹整受封为郿侯，建安二十三年去世，没有子嗣。黄初二年，文帝追赐曹整谥号为戴公，以彭城王曹据的儿子曹范过继给曹整，作为后嗣。黄初三年，文帝封曹范为平氏侯。黄初四年，文帝改封曹范在成武县。太和三年，明帝晋升曹范爵位为公爵。青龙三年，曹范去世。谥号为悼公。没有子嗣。青龙四年，明帝下诏，把曹范的弟弟东安乡公曹阐过继给曹范为后嗣，封为郿公，奉祀祠庙。正元、景元年间，连续增加食邑，合并之前，曹阐共享有食邑一千八百户。

灵殇公子曹京，很早去世。太和五年，明帝追赐曹京谥号为殇。没有子嗣。

樊安公曹均，奉魏王曹操诏命，过继给叔父蓟恭公曹彬为后嗣。建安二十二年，曹均受封为樊侯。建安二十四年，曹均去世，嗣子曹抗继承爵位。黄初二年，文帝追封曹均为公爵，赐谥号安公。黄初三年，文帝改封曹抗为蓟公。黄初四年，文帝改封曹抗为屯留公。景初元年，曹抗去世，谥号为定公，嗣子曹谌继承爵位。景初、正元、景元年间，连续增加食邑，合并之前，曹谌共享有食邑一千九百户。

广宗殇公子曹棘，早逝。太和五年，明帝追赐曹棘谥号为殇。没有子嗣。

东平灵王曹徽，过继给叔父朗陵哀侯曹玉为后嗣。建安二十二年，曹徽受封为历城侯。黄初二年，文帝晋升曹徽爵位为公爵。黄初三年，文帝封曹徽为庐江王。黄初四年，文帝改封曹徽为寿张王。黄初五年，文帝改封曹徽在寿张县。太和六年，明帝又改封曹徽在东平县。青龙二年，曹徽令王宫官属殴打寿张县吏，被有关官员弹劾。明帝下诏，削去曹徽一个县，五百户。当年，明帝恢复曹徽被削去的县邑。正始三年，曹徽去世，谥号为灵王。嗣子曹翕继承爵位。景初、正元、景元年间，连续增加食邑，合并之前，曹翕共享有食邑三千四百户。①

①裴松之按：曹翕入晋，受封为廪丘公。魏国宗室中，曹翕的名气仅次于鄄城公。至泰始二年，曹翕派遣长子曹琨奉表到京师朝觐。晋武帝下诏："曹翕秉承仁德，践行大道，实乃魏室宗亲之良臣。而今，曹琨远道来京师朝觐，授予世子印绶，加骑都尉，赐衣服一套，钱十万，根据才能，任命职务。"曹翕撰写《解寒食散方》，与皇甫谧所撰写的药方，同时流行于后世。

乐陵王曹茂，建安二十二年，曹操封曹茂为万岁亭侯。建安二十三年，改封曹茂为平舆侯。黄初三年，文帝晋升曹茂爵位为乘氏公。黄初七年，文帝又改封曹茂在中丘县。曹茂性情孤傲，为人狠毒，从小就不受曹操喜爱。直至文帝即位，曹茂一直没有被立为诸侯王。太和元年，明帝改封曹茂为聊城公，当年立为诸侯王。明帝下诏："在往昔，虞舜的弟弟象为人凶狠歹毒，而舜帝依然把弟弟象封在有庳。近代汉室有淮南王、阜陵王，皆为乱臣逆子，汉文帝还是让他们恢复封国，或在其儿子这一代恢复封国。有虞氏建立封国，是在上古，汉文帝、汉明帝、汉章帝在汉代，履行仁义，这些都是重视亲情、奉行仁义的善举。聊城公曹茂，年少不懂事，不服从礼教，长大后，又不肯勤修学问，谨奉善道。先帝认为，古代封建诸侯，皆封立贤者，故周室姬氏也有未被封立诸侯者，这也是曹茂此前未被立为诸侯王的原因。太皇太后多次言及此事。曹茂近来已有悔改之意，谨修善行。君子赞赏恶人改过自新，不刻意关注过往的恶行。封曹茂为聊城王，以宽慰太皇太后对子孙的关爱。”太和六年，明帝改封曹茂为曲阳王。正始三年，东平灵王去世，曹茂自称咽喉痛，不肯哭泣，在宫中居处，泰然自若。有关官员奏请削去曹茂部分国土，以示惩戒，皇帝曹芳下诏，削去一个县，五百户食邑。正始五年，曹芳改封曹茂在乐陵县，又下诏，认为曹茂的租税收入少，儿子多，恢复此前被削去的食邑户数，又增加食邑七百户。嘉平、正元、景元年间，连续增加食邑，合并之前，曹茂共享有食邑五千户。

文皇帝有九个儿子：甄皇后生下明帝，李贵人生下赞哀王曹协，潘淑媛生下北海悼王曹蕤，朱淑媛生下东武阳怀王曹鉴，仇昭仪生下东海定王曹霖，徐姬生下元城哀王曹礼，苏姬生下邯郸怀王曹邕，张姬生下清河悼王曹贡，宋姬生下广平哀王曹俨。

赞哀王曹协，很早去世。太和五年，明帝追赐曹协谥号为经殇公。青龙二年，改赐谥号为哀王。青龙三年，明帝把曹寻过继给曹协为嗣子。景初三年，明帝为曹寻增加食邑五百户，合并之前，曹寻共享有食邑三千户。正始九年，曹寻去世，谥号为殇王。没有子嗣。撤销封国。

北海悼王曹蕤，黄初七年，明帝即位，立曹蕤为阳平县王。太和六年，明帝改封曹蕤为北海王。青龙元年，曹蕤去世，谥号为悼王。青龙二年，明帝把琅琊王的儿子曹赞过继给曹蕤，作为后嗣，封曹赞为昌乡公。景初二年，明帝又立曹赞为饶安王。正始七年，皇帝曹芳改封曹赞为文安王。正元、景元年间，连续增加食邑，合并之前，曹赞共享有食邑三千五百户。

东武阳怀王曹鉴，黄初六年被立为诸侯王。当年去世。青龙三年，明帝赐曹鉴谥号为怀王。没有子嗣。撤销封国。

东海定王曹霖，黄初三年被立为河东王。黄初六年，文帝改封曹霖在馆陶县。明帝即位，以先帝遗诏，对曹霖特别宠爱，超过其他诸侯王。曹霖性情粗暴，闺门之内，婢妾之间，很多女子被曹霖残害。太和六年，明帝改封曹霖为东海王。嘉平元年，曹霖去世，谥号为定王。嗣子曹启继承爵位。景初、正元、景元年间，连续增加食邑，合并之前，曹启共享有食邑六千二百户。高贵乡公曹髦是曹霖的儿子，入朝即皇位，作为太宗后嗣。

元城哀王曹礼，黄初二年受封为秦公，以京兆郡为封国。黄初三年，文帝改封曹礼为京兆王。黄初六年，又改封曹礼为元城王。太和三年，曹礼去世，谥号为哀王。太和五年，明帝把任城王曹楷的儿子曹悌过继给曹礼为后嗣。太和六年，明帝改封曹悌为梁王。景初、正元、景元年间，连续增加食邑，合并之前，曹悌共享有食邑四千五百户。

邯郸怀王曹邕，黄初二年受封为淮南公，以九江郡为封国。黄初三年，文帝晋升曹邕爵位为淮南王。黄初四年，又改封在陈国。黄初六年，又改封在邯郸。太和三年，曹邕去世，谥号为怀王。太和五年，明帝把任城王曹楷的儿子曹温过继给曹邕为后嗣。太和六年，明帝改封曹温在鲁阳。景初、正元、景元年间，连续增加食邑，合并之前，曹温共享有食邑四千四百户。

清河悼王曹贡，黄初三年受封为诸侯王。黄初四年，去世，谥号为悼王。没有子嗣。撤销封国。

广平哀王曹俨，黄初三年受封为诸侯王。黄初四年，去世，谥号为哀王。没有子嗣。撤销封国。

陈寿评论如下：魏室王公，徒有诸侯王享有封国的名义，并无社稷之实，皇帝对于诸侯王的防范犹如防贼，形同关押在监狱；享受的爵位不固定，时大时小，岁岁改变；骨肉之恩，几乎荡然无存，《诗经·常棣》之义，几乎被废。魏室制定制度，如此鄙陋，竟至于此！①

①袁子曰：魏国建立，在天下大乱之后，百姓人数锐减，不可能遵循古礼。于是，受封的诸侯王，只有地域名义，并无实际人口及财富。封国内，王官有老兵一百余人，以护卫封国。曹氏子孙虽有王侯之名，与匹夫几无差别。封国彼此间相隔千里，相互间无朝聘问礼，无会同之制。诸侯王游猎，不得超过三十里，朝廷又专门为诸侯王设置监国官员，随时监督。王侯若想成为布衣，也几乎成为奢望，既违背宗室享有藩国屏蔽之义，又失去亲戚骨肉之恩。

《魏氏春秋》记载：宗室曹冏上书："臣听说，古代的帝王，一定要建立同姓藩国，以明亲亲，还要建立异姓诸侯，以明贤贤。故《左传》讲'庸勋亲亲，昵近尊贤'；《尚书》讲：'克明俊德，以亲九族。'《诗经》云：'怀德维宁，宗子维城。'由此来看，非贤，无以兴功，非亲，无以辅治。亲亲之道，在于专用，否则，其势逐渐衰微；贤贤之道，在于偏任，否则，其弊即会劫夺。先圣知其然，故博求亲疏，兼而并用；近则有宗亲藩卫之固，远则有仁贤辅弼之助；盛则与宗亲、仁贤共享治理，衰则与宗亲、仁贤共守国土；安则与宗亲、仁贤共享其福，危则与宗亲、仁贤同担其祸。这样，才能安其国家，保其社稷，经历长久，可谓皇室本枝，百世延续。而今，魏室尊尊之法虽明，亲亲之道未备。《诗经》不云乎：'鹡鸰在原，兄弟急难。'以斯言之，说明兄弟相救于丧乱之际，同心于祸难之间，虽有阋墙之怨，不忘御侮之责。何则？忧患同体也。今则不然，对于宗室，或任而不重，或释而不任，一旦疆场报警，关门反叛，股肱不扶，腹心无卫。臣窃唯此，寝不安席，思献丹诚，贡策朱阙。谨撰写往事所闻，论叙成败。论述如下：

在往昔，夏、殷、周，历经数十世，而秦仅至二世，即告终亡。何则？三代之君，与天下共同拥有其民，故天下共同为王室分担其忧。秦王独裁，专制其民，故倾危而无人能救。与民众共享其乐者，人民必共担其忧；与民众同享安乐者，人民必共赴其难。先王知道独治不可能长久，故与诸侯共治天下；知道独守王室，不可能稳固，故与诸侯共享其福。兼亲疏而并用，参同异而并建。是以轻重足以相镇，亲疏足以相卫，宗亲仁贤兼顾，谋逆之路堵塞，叛逆之节不生。及至周室衰弱，齐桓、晋文率领诸侯，尊奉王室以礼；苞茅不贡，齐师伐楚；宋不城周，晋戮其宰。王纲弛而复张，诸侯傲而复肃。二位霸主之后，王室纲纪陵迟。吴、楚凭借长江天险，负固方城，虽然楚王向王室询问九鼎，仍然畏惧姬室宗亲，奸情散于胸怀，逆谋消于唇吻；这不正是信任亲戚，任用贤能，枝繁叶茂，深根固本的结果吗？自此之后，渐次进入诸侯争雄，诸侯相互间攻伐；吴国被越国吞并，晋国分为三家，鲁国被楚国灭国，郑国被韩国兼并。到了战国，姬氏诸侯越发衰弱，唯有燕国、卫国尚存，然而，皆为弱小之国，西边受到强秦的压迫，南边畏惧于齐、楚的强势，提心吊胆，忧惧灭亡，不能相恤。到了周赧王，周室宗亲被秦国降为庶人，枝干相互扶持，周赧王仅保有虚位，海内无主，长达四十余年。秦国占据形胜之地，驰骋谲诈之术，征伐函谷关以东，蚕食九国，至于始皇，遂兼并六国，拥有天下。旷日持久，用力若此，这不正是周室封建诸侯，根深蒂固，不容轻易拔除之制乎？《易经》曰：‘其亡其亡，系于苞桑。’周室之德，可谓当之矣。秦朝观察周室之弊，始皇认为，小国、弱国极易被侵夺，于是，废除五等爵位，改立郡县之制，废弃礼乐之教，专任繁苛之政；嬴氏子弟无尺寸封土，开国功臣无立锥领地，内无宗亲作为辅佐，外无诸侯作为藩卫，仁心不加于亲戚，惠泽不流于枝叶；譬犹芟刈股肱，独任心腹，浮舟江海，捐弃楫棹，旁观者为之寒心，始皇仍然以为，关中之固，金城千里，子孙帝王，可拥有万世之业，岂不谬哉！当时，淳于越谏言：‘臣听说，殷、周之王，封子弟功臣，享有天下一千余年。而今，陛下拥有海内，而子弟皆为匹夫，一旦有田常六卿之乱，皇室无宗亲辅弼，何以相救？事不师古，而能长久者，未所闻也。’始皇偏听偏信李斯，罢黜其议，至于身死之日，无所寄托，委任天下之重，交予凡夫之手，托付废立之命，出于奸臣之口，以至于令赵高之徒诛杀宗室。胡亥年少，专习刻薄之术，长遵凶父之业，不能改制易法，宠任兄弟，而效申不害、商鞅之法家，偏向赵高问计；自我幽闭于深宫，委政于谗贼，最终在望夷宫被害，祈求成为黔首，岂可得乎？遂遭郡国离心离德，众庶叛离，陈胜、吴广首倡义旗于前，刘邦、项羽乘势攻伐于后。假若始皇能采纳淳于之言，抑制李斯之念，封建国土，割裂州郡，分封子弟为诸侯，续封三代之后人，报答开国之元勋，士有常君，民有定主，枝叶相扶，首尾相用，即使子孙有失道之行，朝臣无商汤、周武之贤，奸臣谋逆未发，而身已遭屠戮。岂有区区之陈胜、项羽，二世即显得无所措手足？因此，高祖奋三尺之剑，驱赶乌合之众，五年之内，建立帝业。自从开天辟地以来，建立功勋，创立基业，未有像高祖这样容易。伐根深者难以为功，摧枯朽者却易为力，形势使然也。汉鉴于秦朝之失，分封子弟，及至诸吕擅权，图危刘氏，天下之所以肖然不动，百姓之所以不易其心，正是刘氏诸侯强大，盘根错节，东牟侯、朱虚侯受命于内，齐、代、吴、楚藩卫于外。如果高祖依然循亡秦之法，忽视先王之制，则天下传之于后世，非刘氏所有也。然而，高祖封侯建国，超过古制，地方大者，跨州兼郡，地方小者，连城数十，上下无别，权侔京室，此后，有吴、楚七国之乱。贾谊说：‘诸侯强盛，时间久了必然会有奸乱。欲使天下长治久安，在封建诸侯时，不如让诸侯小些，力量少些，海内形势，朝廷犹如大脑指挥手臂，手臂舞动手指，这样，臣下不会再有背叛之心，皇上不会再有诛伐之事。’文帝不听。及至景帝即位，误用晁错之言，仓促削去诸侯领土，使得亲者怨恨，疏者震恐，吴、楚首倡叛乱，五国从风。兆发于高帝，衅起于文、景，由于对诸侯的限制过于宽大，而又操之过急，削弱诸侯，不能达到目的。此所谓尾大不掉，树梢过大必折。尾同于体，犹或不从，况乎并非身体之尾，其可容易掉哉？武帝听从主父偃之计，颁布推恩令，从此以后，齐国分为七个诸侯，赵国分为六个诸侯，淮南分为三个诸侯，梁、代各分为五个诸侯，诸侯变得陵迟，子孙变得衰弱，仅享受衣食租税，不能干预政事，有些诸侯，由于酎金不足，甚至被夺去爵位，有些诸侯，因为没有后嗣，而封国断绝。到了成帝朝，王氏专擅朝政。刘向谏言：‘臣听说，皇室宗亲，犹如树之枝叶；枝叶落，则树干无所庇荫。而今，同姓疏远，太后母党专政，排挤宗室，孤弱公族，此非所以保社稷，固后嗣也。’谏言恳切，举了很多例子，成帝叹息不已，而不能重用刘向。到了哀帝、平帝时，异姓秉持朝廷，王莽借周公之名，谋田常之乱，稳坐高位，窃取天位，一朝而臣四海。汉室宗亲王侯，解印释绂，贡奉社稷，仍然担心不能成为新室臣妾，有人向王莽献上符命，歌颂王莽恩德，岂不哀哉！由斯言之，并非宗室子弟只忠孝于惠帝、文帝，而叛逆于哀帝、平帝，皆因为权轻势弱，不得不如此也。幸赖光武帝挺身而出，以不世之威，推翻王莽于已成，绍续汉嗣于既绝，这难道不是宗室子弟之力？可惜东汉并未借鉴秦之失，沿袭周室旧制，遵循藩王封国之法，而侥幸无疆之期。到了桓帝、灵帝时，阉竖执掌权柄，朝内无死难之臣，朝外无同忧之国，皇帝孤立于上，奸臣弄权于下，本末不能相御，身首不能相使。从此以后，天下鼎沸，奸凶并争，宗庙化为灰烬，宫室变为榛薮，居九州之地，身无所安处，悲夫！魏太祖武皇帝具有圣明之资，兼有神武之策，耻于王纲之废，悲悯汉室之覆，龙飞谯、沛，凤翔兖、豫，扫除凶逆，翦灭鲸鲵，迎接献帝于西京，定都许昌，德动天地，义感人神。汉氏奉承天命，禅让帝位与大魏。大魏之兴，于今已有二十四年矣，观五代之存亡，仍然不用其长策，睹前车之倾覆，不改后辙之亡迹；子弟诸侯王，享有空虚之地，君有不使之民，宗室窜于巷间，不闻邦国之政，权同匹夫，势齐凡庶；内无深根不拔之固，外无磐石宗盟之助，这绝非安社稷，为万世之业也。而且，如今的州牧、郡守，就是古代的方伯、诸侯，跨有千里之地，兼有军武之任，或比国数人，或兄弟并据；而宗室子弟，却无一人厕身其间，与相维持，这绝非强干弱枝，备万一之虞也。今之任用仁贤，或为名都之主，或为偏师之帅，而宗室有文才者，却仅限于小县之宰，有武略者，却仅置于百人之上，使得廉高之士，毕志于衡轭之内，才能之人，耻与非类为伍，这绝非劝进贤能，褒异宗室之礼。泉眼竭则水流涸，树根朽则枝叶枯；枝繁者护荫根部，枝落者树干变孤。因此，谚语说：‘百足之虫，死而不僵。’以其扶之者众也。此言虽小，可以喻大。而且，墉基不可仓促而成，威名不可一朝而立，皆因其有逐渐之势，建之有素。譬如说种树，树木长久，则深固其主根，树叶茂盛，则广茂其枝叶，若造次迁移于山林之中，种植于宫阙之内，虽然壅之以黑土，暖之以春日，仍然不能免于大树枯槁，更何况枝繁叶茂？大树犹如亲戚，土壤犹如士民，建置不久，则轻下慢上，平常尚且担心其叛离，危急之时，又将依赖谁？是以圣王安而不敢闲逸，以思虑危难，存而有所准备，以忧惧危亡。疾风猝然而至，无摧拔之忧，天下有剧变，无倾危之患。”曹冏是中常侍曹腾之史曹叔兴的后人，少帝的族祖父。当时，天子年幼，曹冏欲以此论述，尽力提醒曹爽，曹爽不肯采纳。

王卫二刘傅传第二十一

王粲（càn），字仲宣，山阳郡高平县人。曾祖父王龚，祖父王畅，都曾在汉朝廷担任过三公。[①]父亲王谦，曾担任何进大将军幕府长史。何进认为，王谦是名公的后人，欲与其结为姻亲，让王谦看自己的两个儿子，可任选一个做女婿。王谦以女儿有病为托辞，谢绝何进的好意。何进免去王谦的职务，王谦在家中去世。

①张璠著《汉纪》记载：王龚，字伯宗，有高名于天下。在顺帝朝，曾担任太尉。当初，山阳郡太守薛勤丧妻，不肯哭泣，将要殡殓，薛勤向亡妻告别："幸不为夭，复何恨哉？"王龚的妻子去世，王龚与几个儿子穿着平时的衣服，拿着丧杖，为妻子送葬，当时人认为不符合礼仪，讥讽二人。王畅，字叔茂，在东汉末年，享有八俊之名。在灵帝朝，曾担任司空，因为水灾，遭到免职。李膺被免职，返回故乡，二人在朝中直道而行，而不能容于权贵。天下以王畅、李膺为高士，各种危言危行的士人，皆推崇二人，愿意追随，唯恐不及。由于连年遭受灾异，朝中言事者皆认为，三公用非其人，应该换人，以应对天变，由王畅、李膺代替，则祯祥必至。因此二人被宫中宦竖痛恨，李膺被杀，王畅被废黜，在家中去世。

献帝西迁长安，王粲跟随献帝来到长安，左中郎将蔡邕见到王粲，颇为惊讶。当时，蔡邕以学问闻名，在朝廷受到重用，来访问的宾客，使车骑常挤满街巷。这一天，宾客满座，蔡邕听说王粲来了，鞋都顾不上穿，急忙出来迎接。王粲进来，年纪很轻，身体瘦弱，长得又矮小，一座客人皆惊。蔡邕说："这是王公的孙子，颇有雅才，我不如他。我家里的书籍文章，可以全部送予他。"十七岁时，王粲被司徒府征召，献帝下诏，拜王粲为黄门侍郎。看到长安陷入混乱，王粲不肯就职，前往荆州避乱，依附刘表。刘表看到王粲身体瘦弱，又不拘礼节，对王粲不太重视。[①]刘表去世。王粲劝刘表的儿子刘琮投降曹操。[②]曹操任命王粲为丞相府掾，赐爵关内侯。曹操在汉水之滨置酒设宴，王粲奉觞，向曹操祝贺："此前，袁绍在河北雄起，倚仗人多势众，欲兼并天下，然而，袁绍好贤而不能用，因此，在袁绍处的奇谋士人相继离去。刘表在荆楚雍容自保，坐观天下英雄成败，自以为可以效仿西伯（周文王）。士人在荆州避乱者，皆海内俊杰；刘表不能重用，故荆州危殆，无人辅佐。明公平定冀州之日，下车即整顿军队，招揽豪杰，予以重用，以此横行天下；及至明公平定江、汉，招引俊杰，安排在显要位置，使海内士人归心，望风而至，愿意辅佐明公，明公文武并用，英雄皆愿意效力，此乃三王之举。"此后，王粲改任幕府祭酒，参谋军事。魏建国初，曹操拜王粲为侍中。王粲博闻强识，有问必答。当时，原来的汉室礼仪已经废弃，准备制定新礼仪，王粲负责此事。[③]

①裴松之认为：貌寝，谓貌负其实也。通侻（tuó）者，简易也。

②张骘著《文士传》记载：王粲劝说刘琮："仆有愚计，愿向将军进献，可乎？"刘琮说："吾所愿闻也。"王粲说："天下大乱，豪杰并起，在仓促之际，强弱未分，因此，人各有异志。当此时，家家欲为帝王，人人欲为公侯。观古今之成败，能先看出事来，判明去向，则恒受其福。将军自我忖度，与曹公相比，如何？"刘琮不能回答。王粲又说："据王粲所知，曹公实乃人杰，有雄才大略，智谋超过世人，摧袁氏于官渡，驱孙权于江外，逐刘备于陇西，破乌丸于白登，其余叛逆，皆枭夷荡平，曹公用兵如神，不可胜计。今日之事，去就之分，昭然可见。将军能听王粲之计，卷甲倒戈，应天顺命，归附曹公，曹公必定重视将军。这样，即可保全家族宗庙，长享福祚，传之于后嗣，此万全之策。王粲遭逢乱世，流离失所，托命此州，蒙将军父子厚恩，不敢不尽言！"刘琮采纳王粲的谏言。

裴松之按：孙权此前与中原豪强维持和平，未曾交过兵，为何说"驱孙权于江外"？建安十三年，曹操才开始征伐荆州，刘备在此后数年，才进入蜀郡，刘备本人也从未曾到过关、陇。而在曹操征伐荆州这一年，便说逐刘备于陇西，其实错谬；而且，白登在平城，魏武帝从未到过，北征乌丸，与白登也相隔甚远，永不相遇。以此知道，张骘诈伪之辞，不觉其虚伪自露也。凡张骘虚伪妄作，不可胜数，如此类者，不可胜计。

③挚虞著《决疑要注》记载：东汉末年，天下大乱，绝无玉珮。魏国侍中王粲识得旧玉珮，开始制作。今日之玉珮，受法于王粲。

当初，王粲与人同行，看到路边有一通石碑，王粲读罢，有人问："卿能背诵吗？"王粲答："可以。"遂将碑文背诵一遍，不差一字。王粲看人下围棋，棋局突然散乱，王粲为其重新摆好。下棋者不信，用头巾盖住棋局，让王粲在另外的棋盘上重新摆出。与原来的棋局比较，不差一子。王粲博闻强识，类似之事甚多。王粲善于计算，能穷尽算术之理。王粲善于写文章，援笔而就，无所改动，当时人以为，王粲事先已经有所构思；然而，再重新构思，也不过如此。[①]王粲著作的诗、赋、论、议近六十篇。建安二十一年，王粲跟随曹操讨伐吴国。建安二十二年春天，王粲在征途中病逝，享年四十一岁。王粲有两个儿子，因为受到魏讽谋反案牵连，被杀。王粲的后嗣断绝。[②]

①《典略》记载：王粲才学甚高，辩论时，随机应变。钟繇、王朗等虽然在魏国担任卿相，至于朝廷奏议，有王粲在，皆搁笔，不敢接手。

②《文章志》记载：曹操当时正在汉中征战，听说王粲的儿子被杀，叹息道："孤若在，不会让仲宣不留下后嗣。"

当初，曹丕担任五官中郎将，与平原侯曹植一样，都喜欢文学。王粲与北海郡人徐幹（字伟长）、广陵郡人陈琳（字孔璋）、陈留郡人阮瑀（字元瑜）、汝南郡人应玚（字德琏）、东平郡人刘桢（字公幹）关系甚好。

徐幹曾经担任司空府祭酒，参谋军事，又担任五官中郎将曹丕的文学。[①]

①《先贤行状》记载：徐幹清玄体道，六行修备，博识洽闻，操翰成章，轻官忽禄，不耽世荣。建安年间，太祖特地旌命，令徐幹以有病休息，后又任命其为上艾县长，因为病重，徐幹没有赴任。

陈琳此前担任何进将军幕府主簿。何进欲诛杀宦官，何太后不听，何进向四方征召猛将，让他们率领军队，前来京城助威，欲以此胁迫太后。陈琳劝谏何进："《易经》讲：'即鹿无虞。'民谚有：'掩目捕雀。'小动物尚不能用欺骗得逞其计，更何况国家大事，怎么能用诈谋？而今，将军总揽朝纲，掌握兵要，龙骧虎步，高下在心；以此行事，无异于鼓洪炉而燎毛发。应当以迅雷不及掩耳之势，当机立断。将军违背经学，然而合乎道义，天人顺之。今将军释其利器，征召外面的兵力。大军聚拢，强者为雄，此所谓倒持干戈，授人以柄；功必不成，只能促成乱源。"何进听不进谏言，最终自取其祸。陈琳随后在冀州避难，袁绍令陈琳在身边，负责撰写文章。袁氏败亡，陈琳归附曹操。曹操问陈琳："此前，卿为袁本初写的檄文，可以把罪加在孤的身上，古人讲：'恶恶止于其身。'怎么能牵连到我的父亲和祖父？"陈琳谢罪，曹操爱惜陈琳有文才，没有再追究。

阮瑀年少时，跟随蔡邕学习。建安年间，都护将军曹洪欲令阮瑀任掌书记，阮瑀不肯俯就。曹操任命陈琳、阮瑀为司空府祭酒，参谋军事，负责起草文稿，[①]曹操的军国大事，需要撰写很多书信檄文，多出自陈琳、阮瑀之手。[②]陈琳改任门下督，阮瑀改任仓曹掾。

①《文士传》记载：曹操久闻阮瑀大名，征召阮瑀，阮瑀不肯应召，因逼迫，逃入山中。曹操命人烧山，阮瑀这才走出深山，被送至司空府。太祖当时征伐长安，大宴宾客，恼恨阮瑀不肯应召，让其坐在伎人之列。阮瑀善于解音，能鼓琴，遂抚弦而歌，歌辞曰："奕奕天门开，大魏应期运。青盖巡九州，在西东人怨。士为知己死，女为悦者玩。恩义苟敷畅，他人焉能乱？"为曲既捷，音色殊妙，当时，有许多官员在座，太祖大悦。

裴松之按：鱼氏著《典略》、挚虞著《文章志》都说阮瑀建安初年，托辞有病，逃避征召，不肯为曹洪所用。直到太祖征召，阮瑀投杖而起，并未逃入山中，也没有曹操焚山才走出之事。

《典略》还记载：太祖当初征伐荆州，让阮瑀写信给刘备，及至征伐马超，又让阮瑀写信给韩遂，这两封书信今皆在。到长安之前，韩遂等已败走，建安十六年，太祖才得以进入函谷关。张骘云：当初得到阮瑀时，太祖在长安，此处又错谬。建安十七年，阮瑀去世，建安十八年，献帝册封太祖为魏公，而云阮瑀歌舞辞称"大魏应期运"，越发知道其妄写。又其辞云："他人焉能乱。"了不成语。阮瑀的谈吐，绝不会这样。

②《典略》记载：陈琳作诸书及檄文，拟好草稿，呈上曹操。曹操此前苦于头风病，这一天，头风病又复发，躺在卧榻上读陈琳写的檄文，翕然而起，说："这篇檄文治好了我的病。"多次厚赏陈琳。曹操曾经让阮瑀写信给韩遂，当时，太祖正好骑马出外闲游，阮瑀跟随，就在马上起草稿，写罢呈上曹操。曹操揽笔，欲有所改定，而竟不能增损一字。

应玚、刘桢分别被曹操任命为丞相府掾。应玚改任平原侯中庶子，后来又担任五官中郎将曹丕的文学。[①]刘桢因为不敬罪，被判刑，服刑期满，继续担任官吏。[②]他们都曾经著作文章，有文赋数十篇存世。

①华峤著《汉书》记载：应玚的祖上应奉，字世叔。才思敏捷，善于讽诵，故世人称："应世叔读书，五行俱下。"应奉著作《后序》十余篇，是当时的大儒。汉桓帝延熹年间，应奉官至司隶校尉。儿子应劭，字仲远，同样博学多识，尤其好事，撰述《风俗通》等，有一百余篇，辞章虽然不够典雅，世人皆服其博闻。

《续汉书》记载：应劭著作《中汉辑叙》、《汉官仪》及《礼仪故事》，共计有十一种，一百三十六卷。朝廷制度，百官礼仪，之所以没有亡佚，因应劭记录完成。应劭官至泰山郡太守。应劭的弟弟应珣，字季瑜，曾担任司空府掾，是应玚的父亲。

②《文士传》记载：刘桢的父亲刘梁，字曼山，又名刘恭。年少时，刘梁有雅才，以文学才能著称，在野王县令任上去世。

《典略》记载：文帝曾经赐予刘桢廓落带，其后，老师去世，欲借取为老师画像，写信嘲讽刘桢："物因人而贵。在贱者之手，不御至尊之侧。今虽取之，勿嫌其不返还也。"刘桢回信："刘桢听说，荆山之璞，曜元后之宝；随侯之珠，烛众士之好；南垠之金，登窈窕之首；鼲貂之尾，缀侍臣之帻：此四宝，皆隐伏于朽石之下，潜藏于污泥之中，而扬光千载之上，发彩畴昔之外，并非一开始就到至尊手中。尊者所服，卑者所制；贵者所御，贱者所先。因此，夏屋初成，大匠先立于其下，嘉禾成熟，农夫先尝其米。恨刘桢所带，无他妙饰，若实殊异，尚可纳也。"刘桢辞章巧妙，皆如是，因此，刘桢的文章特别为诸公子所喜爱。此后，曹丕曾经宴请文学官员欢聚，酒酣耳热，命夫人甄氏出来拜见。座中客人皆伏在地上，只有刘桢平视。曹操听说后，收捕刘桢，以减死罪论处。

阮瑀在建安十七年去世。徐幹、陈琳、应玚、刘桢在建安二十二年去世。文帝写信给元城县令吴质："往年瘟疫暴发，亲人故旧多有因病去世者，其中，徐、陈、应、刘，一时间，相继病逝。观古今之文人，很多人不顾及小节，很少能以名节自立。而徐伟长独能够怀文抱质，恬淡寡欲，有箕山之志，可谓彬彬君子。伟长著《中论》二十余篇，辞义典雅，足以传于后人。应德琏常斐然有著述之意，其才学足以著作书籍，美志不遂，良可痛惜！陈孔璋文章写得很好，只是稍欠精炼。刘公幹文气豪放，只是稍欠紧凑。阮元瑜的书札，文采优美，书记翩翩，令人赏心悦目。王仲宣尤其善于辞赋，可惜身体羸弱，不能促其文势；至于所擅长之处，古人不能比拟。在往昔，伯牙绝弦破琴，因为再无钟子期欣赏，仲尼覆倒肉醢，因为子路丧于非命，痛惜知音之难遇，伤悼门人之莫逮。诸子虽然未及古人，也是一世之俊杰。"①

①《典论》记载：今之文人，指鲁国孔融、广陵郡人陈琳、山阳郡人王粲、北海国人徐幹、陈留郡人阮瑀、汝南郡人应玚、东平国人刘桢，此所谓七子，于学问无所遗漏，于辞章无所假借，都是驰骋骐骥于千里，俯仰齐足而并驰。王粲长于辞赋。徐幹时有逸气，然而，非王粲所能匹配也。譬如王粲写的初征、登楼、槐赋、征思，徐幹写的玄猿、漏卮、圆扇、橘赋，即使张衡、蔡邕，也不过如此，至于其他文章，未能称是。陈琳、阮瑀善于文章、书记，可谓当今之俊杰。应玚和而不壮；刘桢壮而不密。孔融体气高妙，有过人之处，然而不能持论，理不胜辞，至于杂以戏谑，及其所善，扬雄、班固之俦也。

还有颍川郡人邯郸淳，①繁（繁，音婆）钦，②陈留郡人路粹，③沛国人丁仪、丁廙，弘农郡人杨修，河内郡人荀纬等，皆颇有文才，而不在此七人之列。④

①《魏略》记载：邯郸淳又名邯郸竺，字子叔。博学有才华，善于苍、雅、虫、篆、许氏字体。初平年间，从三辅客居荆州。荆州内附，曹操平素久闻其名，召邯郸淳来见，甚敬异之。当时，五官中郎将曹丕的博延英儒，也久闻邯郸淳的大名，欲起用邯郸淳，令其在文学官属上任职。恰逢临菑侯曹植也想用邯郸淳，曹操让邯郸淳到曹植处。曹植当初见到邯郸淳，惊喜莫名，延请邯郸淳入座，不先与其交谈。当时，天气暑热，曹植招呼侍从取水，先洗澡，而后敷粉，再科头拍袒，胡舞五椎锻，跳丸击剑，吟诵俳优小说数千言，完毕，再问邯郸淳："邯郸生，怎么样？"之后，再重新更衣著帻，整理仪容，与邯郸淳谈论混元造化之端，品物区别之意，又谈论羲皇以来，贤圣名臣烈士优劣之差别，颂扬古今文章赋诔及当官政事宜所先后，讲论用武行兵倚伏之势。而后，曹植命庖厨宰杀，酒炙交至，座席默然，无人能与其抗衡。及至夜幕降临，馆舍沉沉，邯郸淳才离去，惊叹曹植的学识渊博，谓之天人。当时，嗣子还未确立。曹操有意于

曹植，邯郸淳也多次称赞曹植有才。因此，五官中郎将曹丕颇为不悦。黄初初年，文帝任命邯郸淳为博士，给事中。邯郸淳作《投壶赋》千余言，上奏文帝，文帝读了，认为奇妙，赐绢帛一千匹。

②《典略》记载：繁钦，字休伯，以文才，善于辩论，在年少时，就闻名于汝、颍之间。繁钦长于书记，又善于诗赋，写给太子的书信，记喉转意，率皆巧丽。繁欣担任丞相府主簿。建安二十三年，去世。

③《典略》记载：路粹，字文蔚，年少时，路粹跟随蔡邕学习。初平年间，路粹随侍献帝，迁都长安。建安初年，路粹以高才，与京兆人严像，受拜为尚书郎。严像兼有文武，出任扬州刺史。路粹担任将军幕府祭酒，参与军事，与陈琳、阮瑀等负责典记室。及至孔融有罪，曹操令路粹起草弹劾奏书，路粹秉承旨意，罗列孔融的罪名，其大略曰："此前，孔融在北海国担任国相，看到王室不宁，招合徒众，图谋不轨，说：'我是大圣人的后代，祖上在宋国，从宋国逃亡至鲁国。有天下者，为何一定是卯金刀？'又说："孔融身为九卿，不遵守朝廷礼仪，秃巾微行，唐突宫掖。又与白衣士人祢衡，言论放肆，祢衡与孔融相互吹捧。祢衡称孔融：'仲尼不死。'孔融称祢衡：'颜渊复生。'"弹劾孔融的罪名，诸如此类，还有很多。孔融被杀，世人看了路粹的弹劾奏章，无不嘉赏其才，而畏其笔端。建安十九年，路粹改任秘书令，跟随曹操至汉中，因为违反禁令，低价卖掉了（军中的）驴子，被杀。曹丕素来与路粹的关系很好，听到路粹的死讯，为之叹息。及至曹丕即帝位，特别征召路粹的儿子，拜为长史。

鱼豢曰：考察过往逝者，鲁仲连、邹阳之徒，援譬引类，以解缔结，诚彼时文辩之俊才也。今览王、繁、阮、陈、路诸人前后文章，亦何昔不若哉？其所以不论者，时移势易也。余又窃怪，这些俊杰士人为何没有受到重用，问大鸿胪卿韦仲将。仲将云："仲宣伤于肥戆，休伯不加检点，元瑜病于体弱，孔璋实在粗疏，文蔚性颇忿鸷，如是作为，非徒以蜡烛自我煎糜，其不高蹈，盖有原因矣。然君子不责备于一人，譬之朱漆，虽无桢幹，其为光泽，亦壮观也。"

④丁仪、丁廙、杨修的事迹，合并记录在《陈思王传》。荀勖著《文章叙录》记载：荀纬，字公高，年少时喜欢文学，建安年间，受到征召，在将军幕府担任府掾，参谋军事，并任魏太子中庶子，稍后升任散骑常侍、越骑校尉。荀纬黄初四年去世，享年四十二岁。

应玚的弟弟应璩，应璩的儿子应贞，都是以文章而显露才名。应璩官至侍中。咸熙年间，应贞担任相国府掾，参与军事。①

①《文章叙录》记载：应璩，字休琏，博学洽闻，好写文章，善为书记。文帝、明帝时，历任散骑常侍。齐王曹芳即位，应璩升任侍中、大将军府长史。曹爽秉政，多次违反制度，应璩写诗讽谏。其言辞然谐谑，切中时弊，世人多有传诵。后来，应璩担任侍中，负责著作，嘉平四年去世，追赠卫尉印绶。应贞，字吉甫，年少时以才学闻名，善于谈论。正始年间，夏侯玄声名势力正盛，应贞曾经在夏侯玄酒宴上作五言诗，夏侯玄赏玩之，举荐应贞为高第，历任显要职务。晋武帝担任抚军大将军时，召应贞参谋军事。晋室接受魏室禅让，应贞改任太子中庶子、散骑常侍，又以儒学与太尉荀顗制定新礼仪，诸事还未完成，泰始五年，应贞去世。应贞的弟弟应纯，应纯的儿子应绍，永嘉年间担任黄门侍郎，被司马越所杀。应纯的弟弟应秀，应秀的儿子应詹，

担任镇南大将军、江州刺史。

阮瑀的儿子阮籍，才思敏捷，文章华丽，为人倜傥不羁，行为放荡，恬淡寡欲，以庄周为楷模，官至步兵校尉。[①]

①阮籍，字嗣宗。《魏氏春秋》记载：阮籍为人旷达，倜傥不羁，不拘俗礼。性至孝，居丧期间，虽然不按照世俗，然而形销骨立，几乎毁容。兖州刺史王昶延请阮籍，与其相见，终日不得与言，王昶叹赏之，自以为不能测也。太尉蒋济听说后，征召阮籍，授予官职，后来，阮籍担任尚书郎、曹爽将军幕府参军，以有病回归乡里。一年后，曹爽被杀，太傅及大将军以阮籍曾经担任过曹爽的从事中郎，在廷议时，以其名高，欲显崇之，阮籍以世道多有变故，对于禄位、仕途皆看淡，又听说步兵校尉缺位，厨中多有美酒，军营中有人善于酿酒，奏请担任步兵校尉，在任上纵酒，昏睡不醒，遗漏职事。阮籍曾经登临广武涧，观看楚、汉古战场，叹息道："时无英雄，遂使竖子成名！"阮籍率意独驾，不由径路，车迹所穷，辄恸哭而返回。年少时，阮籍曾经游历苏门山，苏门山上有隐居者，不知姓名，有竹实数斛、臼杵而已。阮籍与其谈话，谈论太古无为之道，及至谈论五帝三王之义，苏门生萧然，似乎无所听闻。阮籍对之长啸，清韵响亮，苏门生逌（yōu）尔而笑。阮籍下山时，苏门生亦长啸，好似鸾凤之音。至是，阮籍假借苏门先生之宏论，以寄托情怀。其歌辞曰："日没不周西，月出丹渊中，阳精蔽不见，阴光代为雄。亭亭在须臾，厌厌将复隆。富贵俯仰间，贫贱何必终。"又叹息道："天地解兮六合开，星辰陨兮日月颓，我腾而上将何怀？"阮籍口中从不谈论他人的过失，而且自视甚高，故为礼法之士何曾等忌恨。大将军司马文王常容忍之，阮籍最后以寿终。儿子阮浑，字长成。《世语》记载：阮浑以闲淡寡欲，知名于京畿。担任太子中庶子。很早去世。

当时，还有谯郡人嵇康，文辞华美，喜欢谈论老、庄，特别追求奇谲异事，喜欢任侠。在景元年间，因为犯罪被杀。[①]

①嵇康，字叔夜。按《嵇氏家谱》记载：嵇康的父亲嵇昭，字子远，担任督军粮治书侍御史。哥哥嵇喜，字公穆，在晋朝曾担任扬州刺史、宗正。嵇喜为嵇康作传："家族世代勤修儒学，年少时，嵇康有俊才，旷迈不群，高亮任性，不修名誉，宽简而有大量。学习没有师传，博闻强识，长而喜欢老、庄，恬静无欲。性好服食丹药，曾经上山采药。善属文论，弹琴咏诗，自足于怀。以为神仙者，禀性自然，非积学所致。至于导养理论，以尽性命，若安期生、彭祖之寿，可以善求而得也；著《养生篇》。知自厚者，所以丧其所生，其求益者，必失其本性，超然豁达，遂放下世事，纵意于尘埃之表。撰录上古以来的圣贤，隐逸士人，遁心、遗名者，集为传记、赞颂，从混沌之初，至于管宁，共计有一百一十九人，盖求之于宇宙之内，而发乎千载之外者矣。故世人莫得而名焉。"

虞预著《晋书》记载：嵇康家本来姓奚，会稽郡人。先人从会稽迁至谯县，又迁至铚县，改为嵇氏，取"稽"字之上部，加上"山"，以为姓，盖以此志其本源也。一曰：铚有嵇山，家安在山侧，遂以此为姓氏。

《魏氏春秋》记载：嵇康寓居河内郡山阳县，与嵇康交游者，未曾见其喜怒之色。嵇康与陈留郡人阮籍、河内郡人山涛、河南郡人向秀、阮籍哥哥的儿子阮咸、琅琊郡人王戎、沛郡人刘伶，相与友善，游于竹林，号称竹林七贤。钟会受到大将军信任，听说嵇康的名字，前来造访。钟会是当时的名公子，以才学贵幸，乘肥马，衣轻裘，宾客随从如云。嵇康箕踞而坐，钟会至，不向其行礼。嵇康问钟会："何所闻而来？何所见而去？"钟会答："有所闻而来，有所见而去。"钟会深衔之。大将军欲征召嵇康。嵇康既有绝世之言，又加上侄子不善，避居河东郡，有人说嵇康避世。及至山涛被选为曹郎，举荐嵇康代替自己，嵇康写信拒绝，自以为不堪世俗，而非薄商汤、周武。大将军听说后大怒。当初，嵇康与东平国人吕昭的儿子吕巽及吕巽的弟弟吕安关系很好。恰逢吕巽奸淫吕安的妻子徐氏，又诬陷吕安不孝，被囚禁。吕安引嵇康为证人，嵇康义不负心，证明其事，吕安亦壮怀激烈，有济世之心。钟会劝大将军借此事诛杀二人，大将军随后诛杀吕安及嵇康。嵇康临刑，泰然自若，援琴而歌，既而叹息道："雅音从此绝矣！"当时人莫不哀悼之。当初，嵇康采药于汲郡共北山中，见隐者孙登。嵇康欲与其谈话，孙登默然不语。逾时将去，嵇康问："先生竟无言乎？"孙登答："子才多识寡，难乎免死于今世。"及至遭遇吕安之事，嵇康作诗自责："欲寡其过，谤议沸腾。性不伤物，频致怨憎。昔惭柳下，今愧孙登。内负宿心，外赧良朋。"嵇康所著文论，有六七万言，皆为世人所吟诵。

《嵇康别传》记载：孙登对嵇康讲："君性烈而才俊，其能免死乎？"称嵇康临终之言："袁孝尼曾经向我学习《广陵散》，我每次都固辞，不肯教他。《广陵散》从此绝矣！"与孙盛所记载不同。

又《晋阳秋》记载：嵇康见孙登，孙登对之长啸，逾时不言。嵇康辞别，问："先生竟无言乎？"孙登答："惜哉！"此二书皆孙盛所著述，而自为殊异如此。

《嵇康集目录》记载：孙登，字公和，不知何许人，无家属，在汲县北山土窟中居住。夏天编草为裳，冬天被发自覆。好读《易经》，弹琴，见者皆亲近之。每所止家，辄供给其衣服饮食，孙登得之，不辞让。

《世语》记载：毌丘俭造反，嵇康有出力，而且欲起兵响应，以此问山涛，山涛答："不可。"毌丘俭也随后失败。

裴松之按：本传云嵇康在景元年间坐某事被杀，干宝、孙盛、习凿齿诸书，皆云是正元二年，司马文王从乐嘉返回，杀嵇康、吕安。盖缘《世语》记载，嵇康欲举兵响应毌丘俭，因此说毌丘俭失败，就应该杀嵇康，其实不然。山涛被举荐为官员，欲推荐嵇康代替，嵇康写信拒绝，事情很明显。按山涛行状，山涛当初在景元二年被任命为吏部郎。景元与正元相距七八年，以山涛行状检验，如本传为审。又《钟会传》也记载：钟会担任司隶校尉时诛杀嵇康；钟会担任司隶校尉，是景元年间的事情。干宝云：吕安兄吕巽与钟会的关系很好，吕巽担任相国府掾，二人都有宠于司马文王，故诋毁吕安之罪。不久，景元四年，钟会、邓艾平定蜀国以后，司马文王才开始有相国位；如果吕巽担任相国府掾，诬陷吕安，怎么能在大败毌丘俭同一年杀嵇康、吕安？这又是干宝谬误，自相矛盾也。

嵇康的儿子嵇绍，字延祖，年少时，嵇绍已经是知名士人。山涛起用嵇绍，任命为秘书郎，称嵇绍平易简约，温文尔雅，有文思，又懂得音律，能够成大事。晋武帝说；"嵇绍如此，可以担任府丞，不可以担任郎吏。”遂任命显位。

《晋诸公赞》记载：嵇绍与山涛的儿子山简、弘农郡人杨准为好友，嵇绍最有忠正之情。以侍中跟随晋惠帝北伐成都王，王师败绩，百官皆走，唯有嵇绍独自护卫惠帝，死于惠帝侧。故累见褒赏，追赠太尉，谥号为忠穆公。

景初年间，下邳郡人桓威出身于寒门，孤弱无助，十八岁时，著作《浑舆经》，按照道家思想，表达自己的想法。担任齐王门下书佐、司徒府掾，后来担任安成县令。

吴质，济阴人，以文才被文帝所看重，官至振威将军，持符节，都督河北军事，受封为列侯。①

①《魏略》记载：吴质，字季重，以才学通达，被五官中郎将曹丕及诸侯所礼敬；吴质也善于处理曹丕兄弟间的关系，好似西汉成帝朝楼君卿与王氏五侯间的交往。及至河北平定，五官中郎将曹丕被确定为嗣子，吴质与刘桢等都在席上列坐。刘桢后来获罪，被遣送之际，吴质出任朝歌县长，又担任元城县令。再后来，吴质跟随曹操西征，太子曹丕在南边孟津小城，写信给吴质："季重无恙！路途虽远，官守有限，愿言之怀，良不可任。足下所治理地方偏僻，书问致简，益用增劳。每当念及昔日南皮之游，诚不可忘。足下既妙思六经，逍遥百氏，弹棋间设，终以博弈，高谈娱心，哀筝顺耳。驰骛北场，旅食南馆，浮甘瓜于清泉，沉朱李于寒水。皦日既没，继以朗月，同乘并载，以游后园，舆轮徐动，宾从无声，清风夜起，悲笳微吟，乐往哀来，凄然伤怀。余顾而言，兹乐难常，足下之徒，咸以为然。今果然分别，各在一方。元瑜长逝，化为异物，每一念及，何时可言？方今蕤宾纪辰，景风扇物，天气和暖，众果具繁。时驾而游，北遵河曲，从者鸣笳以启路，文学托乘于后车，节同时异，物是人非，我劳如何！今派遣骑士到邺城，故令其顺道路过。行矣，自爱！"建安二十三年，曹丕又写信给吴质："岁月易得，别来行复已有四年。三年不见，东山犹叹其远，况乃超过，思何可支？虽书疏往返，未足解其思念。往年瘟疫暴发，亲故大多遭灾离世，徐、陈、应、刘，一时俱病逝，痛何可言邪！昔日游处，行则同舆，止则接席，何尝须臾相失！每至觞酌流行，丝竹并奏，酒酣耳热，仰而赋诗。当此之时，忽然不自知乐何为也。谓百年己分，长共相保，何图数年之间，凋零略尽，言之伤怀。不久前编纂其遗文，集结为一集。观其姓名，已为鬼录，追思昔游，犹在心头，而此诸子化为粪壤，可复道哉！观古今之文人，大多不顾细行，鲜能以名节而立。而伟长独怀文抱质，恬淡寡欲，有箕山之志，可谓彬彬君子矣。著《中论》二十余篇，成一家之业，辞义典雅，足传于后世，此子为不朽矣。德琏常斐然有述作意，才学足以著书，美志不遂，良可痛惜。此间观览诸子之文，对之拭泪，既痛逝者，行自想念也。孔璋章表殊健，微为繁富。公幹有逸气，但未遒耳，至其五言诗，绝妙当时。元瑜书记翩翩，致足乐也。仲宣独自善于辞赋，可惜其体弱，不足以著述其文，至于所善，古人无以远过也。在往昔，伯牙绝弦于钟子期，仲尼覆醢于子路，愍知音之难遇，伤门人之莫逮也。诸子但为未及古人，自当一时之俊杰，今之存者已无几。后生可畏，来者难诬，然吾与足下不及见也。行年已长大，所怀万端，时有所虑，至乃通宵不瞑。何时复类昔日！已成老翁，但未白发满头耳。光武帝言：'年已三十，在军十年，所经历非一。'吾德虽不及，年与之

齐。以犬羊之质，披虎豹之皮，无众星之明，借日月之光，动见观瞻，何时易邪？恐怕永不复得为昔日游也。少壮当努力，年纪一过既往，何可攀缘？古人思秉烛夜游，良有以也。最近何以自娱？颇有所著述否？东望于邑，裁书叙心。”

裴松之认为：本传虽略载太子此书，美辞多被删落，今故摭取《魏略》所述，以备其文。太子曹丕即魏王位，又写信给吴质：“南皮之游，存者三人，烈祖龙飞，或将或侯。今唯吾子，栖迟下仕，从我游处，独不及门。瓶罄罍耻，能无怀愧。路不云远，今复相闻。”当初，曹真、曹休也与吴质等在渤海游处，当时，曹休、曹真以宗亲，并受封爵位，出为列将，吴质原来是丞相府长史。魏王认为吴质有望建功，故称赞二人，以抚慰。当初，吴质单身一人，尚未成家，年少时，在贵戚间遨游，不与乡里人沉浮。虽已出仕为官，本乡犹不认为吴质是名士。及至魏国拥有中原，文帝征召吴质，吴质与文帝在洛阳相会。到了洛阳，文帝拜吴质为北中郎将，封为列侯，令吴质持符节，统率幽州、并州军事，治所设在信都县。太和年间，吴质入朝。吴质自以为不被本郡所饶，对司徒董昭讲：“我欲溺乡里耳。”董昭答：“君且止，我年纪八十，不敢言老，为君溺攒也。”

《世语》记载：魏王出征，曹丕及临菑侯曹植曾经一起送至路侧。曹植称颂父亲功德，发言辞章华丽，左右瞩目，魏王曹操也很高兴。曹丕怅然若失，吴质耳语道：“魏王将行，流泪相送即可。”及至辞别，曹丕哭泣而拜，魏王及左右也唏嘘不已，于是，大家都认为，曹植辞章华丽，然而孝心不及曹丕。

《吴质别传》记载：文帝曾经召吴质和曹休一起欢会，命郭皇后出来见吴质等。文帝说：“卿仰视之。”对吴质亲近如此。黄初五年，吴质到京师朝觐，文帝下诏，上将军及特进位以下官员，皆到吴质住处，太官供给食具。酒酣耳热，吴质与大家尽欢。当时，上将军曹真肥胖，中领军朱铄消瘦，吴质召来俳优使说肥瘦。曹真身为贵人，耻于被戏弄，对吴质发怒：“卿欲以部曲戏弄我邪？”骠骑将军曹洪、轻车将军王忠说：“将军必欲使上将军穿肥大的衣服，即自宜为瘦。”曹真越发愤怒，拔刀瞋目，说：“俳优敢轻脱，吾斩之尔。”遂骂坐。吴质按剑，曰：“曹子丹，汝不过屠夫砧板上肉，吴质吞咽不摇喉，咀嚼不摇牙，何敢恃势骄横？”朱铄只好起身劝解：“陛下让我等来此与卿欢宴，大家高兴，乃至此邪！”吴质回身怒斥道：“朱铄，敢坏坐！”诸将军皆回到座位上。朱铄性情急躁，越发愤怒，也拔出剑来，砍向地面，遂罢宴而去。及至文帝驾崩，吴质思念文帝，作诗曰：“怆怆怀殷忧，殷忧不可居。徙倚不能坐，出入步踟蹰。念蒙圣主恩，荣爵与众殊。自谓永终身，志气甫当舒。何意中见弃，弃我归黄垆。茕茕靡所恃，泪下如连珠。随没无所益，身死名不书。慷慨自黾勉，庶几烈丈夫。”太和四年，吴质入朝，担任侍中。当时，司空陈群兼领尚书职事，明帝刚即位，吴质以辅弼大臣，关乎安危之本，对明帝盛赞司马懿：“骠骑将军司马懿，忠智至公，社稷之臣。陈群从容之士，非国相之才，处重任而不亲事。”明帝采纳谏言。第二天，明帝有诏，斥责陈群，而群臣认为司空不如长文，长文即陈群，此言不符合事实。吴质当年夏天去世。吴质先以怙威肆行，谥号为丑侯。吴质的儿子吴应上书，认为吴质被冤枉，到了正元年间，改谥号为威侯。吴应，字温舒，在晋朝担任尚书。吴应的儿子吴康，字子仲，在当时有名气，也担任大官。

卫觊，字伯儒，河东郡安邑县人。年少时，卫觊早熟，以才学著称。曹操征召卫觊，任命为司空府掾，后来担任茂陵县令、尚书郎。曹操征伐袁绍，刘表支持袁绍，关中诸将保持中立。益州牧刘璋与刘表有矛盾，卫觊以治书侍御史出使益州，令刘璋出兵，以牵制刘表。卫觊到了长安，道路不通，卫觊不能前行，遂留在长安，镇守关中。当时，关中周围有很多流民返回家乡，关中诸将多招募流民补充军队，卫觊写信给荀彧："关中实乃膏腴之地，连年遭受战乱，人民流入荆州者，有十余万家，听说本土恢复安定，皆有返回家乡的意愿。返回家乡者，不能自谋职业，诸将招募流民，补充军队。郡县贫弱，不能与之相争，拥兵自重者，越发骄横。一旦有变故发生，必定会有后顾之忧。食盐是国家的重要物资，自从丧乱以来，国家不能管理食盐买卖，应该按照旧制，设置使者，监理食盐买卖，以其税收，增加市场流动，用以购买犁具和耕牛。让归来的民众得以使用，加强农业生产，积蓄粮食，使关中成为富庶之地。远方的民众听说后，必定会日夜兼程，返回关中。再派司隶校尉治理关中，成为当地的主事者，诸将的兵力就会削弱，民众富裕，政府的财力也会日渐充实，此乃强本弱敌之计。"荀彧把卫觊的来信拿给曹操看。曹操采纳卫觊的谏言，派遣谒者仆射、监盐官、司隶校尉治理弘农郡。关中遂服从朝廷，曹操召卫觊返回，稍后，卫觊升任尚书。[①]魏建国初，曹操任命卫觊为侍中，与王粲共同制定法律、制度。曹丕即魏王位，卫觊改任尚书。不久，又在汉朝廷担任侍郎，劝谏献帝，盛赞禅让之义，为献帝起草文告，发布诏书。曹丕接受汉室禅让，登上帝位，卫觊又在魏朝廷担任尚书，受封为阳吉亭侯。

①《魏书》记载：当初，后汉国都迁徙至长安，台阁诸事散乱。自从献帝迁至许昌建都，朝廷纲纪才逐渐恢复，卫觊主持，将很多礼仪加以整理。当时，关西诸将，外虽怀附，内未可信。司隶校尉钟繇奏请，带领三千兵入关，对外声称讨伐张鲁，内心却有担负重任之意。曹操让荀彧向卫觊问计，卫觊认为："西方诸将，皆竖夫崛起，并无雄霸天下之意，苟安取乐，只顾眼前利益。而今国家厚加爵位封号，得其所志，没有大的变故，不用担心会有叛乱，宜为后图。若派兵进入关中，名义上是讨伐张鲁，张鲁在深山，道路不通，关中一定会疑心重重；一旦受到惊扰，地险众强，很难不成为后顾之忧！"荀彧把卫觊的想法告诉曹操。曹操当初同意，又想到钟繇毛遂自荐，担负重任，遂接受钟繇的建议。大军开进，关西随后叛乱，曹操亲自讨伐，才平定叛乱，死者上万人。太祖悔不听卫觊的建议，从此以后，更加看重卫觊。

明帝即位，封卫觊为閺（wén）乡侯，享受食邑三百户。卫觊上奏："九章法律，由古时传下来，按照法律，惩治犯罪，其法制意义微妙。担任百里的县长，皆应该懂得法律。刑法为国家命运之所系，私下议论者，并未重视；狱吏关乎刑狱判案，为百姓性命之所系，受到任用的官吏，职位卑下。此乃帝王行政之弊，很多问题，莫不出自于此。奏请设置法律博士，转相教授官员法律。"奏议得到批准。当时，百姓生活困乏，徭役沉重，卫觊上疏："改变人的性情，让百姓遵守法律，仅靠强迫命令不行，人臣言之既不易，人主受之也很难。而且，人皆愿意享受富贵，人所厌恶者是贫贱。然而，这四者是君王掌握的，君王爱之，可令其富贵，君王恶之，可令其贫贱；顺从君王旨意，爱之由来，悖逆君王旨意，恶之所生。因此，人臣争相顺从君王旨意，避免忤逆君王，除非杀身破家，也要顺从君王，谁愿意触犯君王，忤逆君王，甘冒忌讳，向君王进一言，献一策？愿陛下留意省察，臣下的真实想法才可以知道。而今，廷议者大多喜欢谄媚，取悦皇上，谈到朝政时，比喻陛下为尧舜，谈到征伐时，比喻东吴、西蜀为貍鼠。臣以为此乃大谬不然。在往昔，汉文帝时，诸侯王强大，贾谊多次劝谏文帝，认为天下处于危险。何况今天四海之内，分裂为三国，群贤竭尽努力，各为其主。其来降者，不肯说是弃邪归正，都说是陷于困窘，为形势所逼，这与战国时六国分治，又有何异！当今天下，千里无人烟，劫后遗民，苦不堪言，陛下不多加留意，那么民生凋敝，将难以复兴。按照礼制，天子的用器，必有金玉雕饰，饮食馐馔，必有八珍美味，至于凶荒之年，稍加减损御膳衣服。然而，奢靡无度，也要看世上财富是否丰厚。武皇帝时，后宫饮食不过一个肉菜，穿衣不用锦绣，褥垫不饰花边，器物不涂丹漆，所用皆考虑天下，遗福于子孙。此乃陛下所亲自经历。当今之务，应该君臣上下重视统筹，检查国库收入，量入为出。深思勾践富民之术，犹恐不及，尚方署建造的金银器物却日渐繁复，工程徭役日渐沉重，奢侈淫靡，日渐崇厚，国库的帑藏却日渐枯竭。在往昔，汉武帝追求神仙术，听说得到云端的甘露，伴以玉屑餐饮，可以长生不老，故矗立仙人掌，以承受高天之露。陛下通晓往事，聪明睿智，每当谈起这些，常作为笑谈。武帝求取甘露，尚且受到指责，陛下不求取甘露，却空设一尊承露盘；既无益于国事，又靡费钱财，愿陛下对这些有所醒悟，予以裁撤。"卫觊历经汉、魏，不时献上忠言，多类似这些。

卫觊接受明帝诏命，修订国史，又写作《魏官仪》，卫觊所著述的文章，有数十篇。卫觊喜欢古文、鸟篆、隶草，无所不精。建安末年，尚书右丞河南郡人潘勖，[①]黄初年间，散骑常侍河内郡人王象，与卫觊一样，以文章在当时展露名声。[②]卫觊去世，谥号为敬侯。嗣子卫瓘继承爵位。咸熙年间，卫瓘担任镇西将军。[③]

①《文章志》记载：潘勖，字元茂，当初名潘芝，后来为了避讳，改名潘勖。有人说潘勖在献帝时担任尚书郎，改任右丞。献帝下诏，以潘勖此前担任过二千石府曹，才思敏捷，博学兼通，熟悉旧的典章制度，敕令潘勖兼领本职，多次予以赏赐。建安二十年，潘勖改任东海国相。还未出发，又留在宫中担任尚书左丞。当年病逝，享年五十余岁。魏公九锡策命，就是潘勖所作。潘勖的儿子潘满，曾担任平原郡太守，以才学著称。

潘满的儿子潘尼，字正叔。《潘尼别传》记载：年少时，潘尼有雅才，文辞典雅。当初，接受州部征召，后来，以父亲年老，归家奉养。居家十余年，父亲去世，很晚才出仕。潘尼曾经赠陆机诗作，陆机回复，其中四句曰："猗欤潘生，世笃其藻，仰仪前文，丕隆祖考。"潘尼在太常任上去世。

潘尼的伯父潘岳，字安仁。《潘岳别传》记载：潘岳有美貌，姿容典雅，夙以才学闻名。其所著述，清绮绝伦，曾经担任黄门侍郎，被孙秀所杀。潘尼、潘岳文翰，都被当时人看重。

潘尼的侄子潘滔，字汤仲。《晋诸公赞》记载：潘滔以博学多才而闻名。永嘉末年，曾担任河南郡大尹，在任上遇害。

②王象事迹，参见《杨俊传》。

③《晋阳秋》记载：卫瓘，字伯玉，为官清廉，懂得名理，年少时被傅嘏所发现，弱冠时，担任尚书郎，历任内外职务，在晋朝担任尚书令、司空、太保，惠帝初年，在朝中辅政，被楚王司马玮所杀。

《世语》记载：卫瓘与右扶风人内史敦煌、索靖，都善于写草书。卫瓘的儿子卫恒，字巨山，曾担任黄门侍郎。卫恒的儿子卫玠，字叔宝，享有盛名，曾担任太子洗马，很早去世。

刘廙，字恭嗣，南阳郡安众县人。十岁时，刘廙在讲堂上玩耍，颍川郡人司马德操摸着刘廙的头，说："孺子，孺子，'黄中通理'，你懂得吗？"刘廙的哥哥刘望之在社会上享有名气，荆州牧刘表拜刘望之为幕府从事。而刘望之的两个朋友皆因为遭人谮毁，被刘表诛杀。刘望之以正言劝谏刘表，不合刘表的旨意，刘望之遂弃官回家。刘廙对哥哥刘望之讲："赵简子杀害鸣、犊，孔子走到黄河边，听说后，遂转身返回。[①]如今，哥哥既然不能效法柳下惠随波逐流，则应该效仿范蠡，弃官隐居于外。坐而待毙，自绝于权势，不可为也！"刘望之不听，不久遇害。刘廙恐惧，遂投奔扬州，[②]后来，刘廙归附曹操。曹操任命刘廙为丞相府掾，又改任五官中郎将曹丕的文学。曹丕很器重刘廙，命刘廙研习草书。刘廙写信回答："当初，臣以为，尊卑有别，是礼仪之本分。因此，臣谨守区区之节操，不敢研习草书。一定要谨奉严命，诚知将军谦恭之素养，并不看重尊卑贵贱者之差异，反而重视读书人，有此雅好，犹如郭隗不会被燕昭王轻视，九九算法表不会被齐桓公忽略，乐毅因此而效命于燕王，桓公因此而成就霸业。[③]臣愿抛弃匹夫之节操，成就巍巍之美德，愚臣虽然不敏，怎敢推辞？"魏建国初，刘廙担任黄门侍郎。

①刘向著《新序》记载：赵简子欲专横天下，对国相讲："赵国有犊犨，晋国有铎鸣，鲁国有孔丘，我杀此三人，可以王天下。"于是召来犊犨、铎鸣，向其问政，既而，将二人杀害。又派使者到鲁国礼聘孔子，在黄河上用肥牛肉迎接。使者对船上人讲："孔子上船，船行至河中激流处，杀之。"孔子到了黄河边，使者向孔子致礼，献上肥牛肉。孔子仰天而叹，曰："美哉黄河，洋洋乎，使丘不能渡过黄河者，命也夫！"子路上前问夫子："敢问此话怎讲？"孔子答："犊犨、铎鸣是晋国的贤大夫，赵简子还未得意时，倚恃二人，而后从政，及其得志，杀此二人。黄龙不返回涸泽，凤凰不离其罻（wèi）罗。刳胎焚林，则麒麟不至；覆巢破卵，则凤凰不

翔；竭泽而渔，则龟龙不见。鸟兽对于不仁之事还懂得回避，更何况孔丘乎？虎啸而山谷风起，龙兴而景云出现，击庭钟于外，黄钟响应于内。物类之相感，精神之相应，犹如山谷回音，影之随形，故君子伤悼，物伤其类。如今，赵简子已经杀了吾类，我为何还要自投罗网？”于是，孔子回车，没有上船渡河，转身返回。

②《刘廙别传》记载：刘廙在路上写信给刘表，称谢：“先父受到过分厚遇，有荣授之显，未有管仲、狐突、齐桓、晋文之烈，孤德殒命，精诚不遂。哥哥刘望之此前受到礼遇，既无堂构昭前之绩，中规不密，用坠祸辟。斯乃神明不祐，天降之灾。愧疚之负，哀号靡及。刘廙愚蠢浅陋，言行多违，担心有浸润三至之议。先父之爱幸已衰，刘望之责任犹存，必伤天慈既往之分，门户夷灭，取笑明哲。只好窜逃，永涉川路，即日到达庐江郡寻阳。在往昔，钟仪有南音之操，椒举有班荆之思，虽远犹迩，敢忘前施？”

《傅子》记载：刘表杀了刘望之，荆州士人皆人人自危。刘表的本心，寄希望于刘望之，因为觉得刘望之忤逆自己，加上有谗言谮毁，刘表再也不能容忍。刘表占据荆楚，不能以此而成功，未必不由此也。伯夷、叔齐忤逆武王而成名，丁公归顺高祖而受戮，二主之度量，远矣。若不能容人，扩其度量，唯褊心是从，难于容纳士民，蓄养贤者。

③《战国策》记载：有人以九九算章，求见齐桓公，桓公不肯接见。此人讲：“九九算章是小道术，而君能够接纳，那么，大于九九算章的贤者，还怕不来吗？”于是，桓公设庭燎之礼，接见此人。不久，隰朋从远方而来，齐桓公最终成为霸主。

曹操在长安，欲亲征西蜀，刘廙上疏：“圣人不以智慧而轻视俗人，王者不以常人而轻视谏言。故能够成功于千载，必能够以近观远，智虑周全，胜于独断专行，帝王不耻下问，博采众长，一定会让众人发表意见。皮带、弓弦，并非能言之物，圣贤借助皮带、弓弦，随时告诫自己。臣才能疏浅，知识浅薄，愿比作皮带、弓弦。在往昔，乐毅以弱燕攻破强齐，然而，却不能以精兵制服即墨，可见，有所作为者，即使弱者，也不容易战胜，不溃自乱者，即使强大，也会遭受败亡。殿下起兵以来，已经有三十余年，战无不胜，攻无不克。而今，殿下欲以海内之兵，百胜之威，制服东吴、西蜀。孙权负险于东吴，刘备不肯宾服于西蜀。南夷北狄，不敌冀州之勇士，孙权、刘备凭借的力量，远不如袁绍，但是，袁本初败亡，东吴、西蜀仍难以剿灭，并非殿下暗弱于今，智武不如昔，而是有所作为者，远非袁本初可比，不溃自乱者，也不像袁氏兄弟，此乃时移势易。文王攻伐崇侯，三次出征，没有攻下，归而修德，崇侯臣服。秦当年作为诸侯，所征必服，兼并天下后，东向称帝，匹夫大呼，秦室社稷坠毁，是因为始皇力毙于外，不恤民于内。臣担心，边寇并非六国，今世不乏人才，土崩之势未成，对此，殿下不可不察。天下之事，有重得，也有重失：势可得，我勉力为之，此重得；势不可得，我勉力为之，此重失。当今之计，不如勘察四方险阻，择其要害固守，精选天下战将，根据各方形势，调整部署，每年轮换。殿下可高枕无忧于广厦，潜思默想于治国；广植农桑，事从节约，这样治理十年，国富民强。”曹操还是进军，写信回复刘廙："非君当知臣，臣亦当知君。今欲使吾坐行西伯之德，恐非其人。"

魏讽谋反，刘廙的弟弟刘伟参与其中，按照连坐法，刘廙应该被诛杀。曹操下令："叔向不受弟弟羊舌虎犯法的牵连，按照古制。"特赦刘廙，没有问罪，[①]刘廙改任丞相府仓曹掾属。刘廙上疏谢恩："臣之罪，本应该连累宗族，祸及家族。臣遭逢乾坤之灵，正值时来运转，扬汤止沸，使臣没有被沸水煮烂；正可谓，起烟于寒灰之上，生华于已枯之木。万物葱茏，不敢答谢于天地，儿子不谢生身父母，臣只有效死命，难以用笔墨陈述。"[②]刘廙著书数十篇，与丁仪共同制定刑法，传之于后世。曹丕即魏王，拜刘廙为侍中，赐爵关内侯。黄初二年，刘廙去世。[③]刘廙没有子嗣。文帝以刘廙弟弟的儿子刘阜过继给刘廙，作为后嗣。[④]

①《刘廙别传》记载：当初，刘廙的弟弟刘伟与魏讽的关系很好，刘廙告诫弟弟："交友之德，在于得贤，不可不察。世人交友，择人不慎，务合党众，违背圣人交友之义，此非厚己辅仁之谓。我看魏讽，不修德行，专以鸠合为务，华而不实，此乃沽名钓誉之辈。卿要慎重，不可与其交往。"刘伟不听，故遭此难。

②《刘廙别传》记载：刘廙上表，谈论治国之道："在往昔，周室有乱臣十人，其中有妇人焉，九人而已，孔子称'人才难得，不是吗！'这说明贤者难得。更何况大乱之后，百姓凋敝，士人尚存者寥寥无几。股肱大臣，以及州郡主官，边方重任，虽然备有官员，亦未得人才。这并非选者之不用意，盖人才匮乏，使之然耳。况且长吏以下，群职小任，能皆简练，得其人才乎？其计莫如督察之法，而不应该反复免官、任官，往来不已，送迎交并，不可胜计。免官、任官之间，奸巧横生，对于其职事不省，为政者也因此不得久安，知道施惠于百姓，成绩不能归于己，而苟且之心，反而可免于责难，这样的官员，绝不会尽心于体恤百姓，而只会梦想于声誉，这些绝非朝廷为政之本意。今日，之所以被升职、降职者，或许近来颇以州郡之毁誉，听往来之浮辞耳。难道都是以事实而判断官员能否？官吏之所以为良吏，在于奉法守职，忧公如家，体恤民意。此三事，或州郡不便查问，迎往送来的官员，也多有所不安。而官吏被惩治不已，于治理虽然得计，其声誉未必为美；屈而从人，于治理虽然失计，其声誉未必遭毁。官吏皆知升职、降职的缘由，全在于此，怎么能不舍弃本该负起的责任，而敷衍塞责呢？让官吏皆愿意长久担任某职，让其展示才能。每年考查政绩，三年汇总，再予以升职、降职，以此政绩考查，作为常例，不得随意改动。政绩，考查户口人数是否增加，垦田数量是否增加，当地盗贼是否多发，民众叛逃是否很多，以此作为考绩标准。如此行事，则无能之吏，修名无益；有能之吏，无名也无损。法令一旦施行，即使没有部门监管，奸誉妄毁，可以消除。"谏言呈上，曹操看罢，很高兴。

③《刘廙别传》记载：刘廙享年四十二岁。

④按《刘氏家谱》记载：刘阜，字伯陵，曾担任陈留郡太守。刘阜的儿子刘乔，字仲彦。《晋阳秋》记载：刘乔有出仕之志，晋惠帝末年曾担任豫州刺史。刘乔后代皆担任显职，贵盛至今。

刘劭，字孔才，广平郡邯郸人。建安年间，刘劭担任计簿吏，前往许都上缴计簿。太史奏报献帝：“正月初一，应当有日食。”刘劭当时在尚书令荀彧处，在座者有数十人，有人说应该罢朝，有人说应该停止元旦典礼。刘劭说：“梓慎、裨灶是古代的良史，懂得占卜水火，在占卜时，算错了时间。《礼记》曰：诸侯朝觐天子，到达宫门，不能将礼仪进行完毕，有四种情况，日食是其中之一。然而，圣人制定制度，同样不会因为变异而废除朝觐之礼，因为有些灾异，或因为算错日子，出现谬误。”荀彧赞成刘劭的谏言。正月初一，依然举行朝觐之礼，太阳并没有出现日食。①

①晋朝永和年间，廷尉王彪之写信给扬州刺史殷浩：“太史上元日合朔，有议论者或有疑问，应该停止朝觐否？此前建元元年，也说元日合朔，庾车骑写信给刘孔才，刘孔才把信给在座者八人看。在当时，廷议时有人说刘孔才所论不符合礼仪，荀彧听信其言，这是荀彧一次失误。何者？按照礼制，诸侯朝觐天子，入门不得完成礼仪，废者有四：太庙失火，日食，皇后丧礼，雨淋湿朝服，失去仪容。一般来说，这四项事情所指，是说诸侯虽然已入门，有突然之灾异降临，不能完成朝觐之礼。并非为先有其事，而有史官碰巧推算，或发生错谬，故不预先废止朝觐之礼。三辰有灾，莫大于日食，史官告诫，而面无惧容，不修预防之礼，废止消灾之术，大飨华夷，君臣相庆，岂是将要处天灾，有意罪己？而且检验事实，合朔之仪，至尊在殿堂恭候，不听政事，冕服御坐门闼之制，与元旦朝会礼仪相异。自不得兼行，应当采取权宜之计。合朔之礼，并不轻于元旦之朝会。元旦朝会有可停止之事，合朔无可废朝觐之义。应该依照建元故事，停止元旦朝会。”殷浩采纳，竟然停止元旦朝会。

御史大夫郗虑征召刘劭，恰逢郗虑被免职，刘劭又改任太子舍人，转任秘书侍郎。黄初年间，刘劭担任尚书郎、散骑常侍。受诏整理五经典籍，分类修订，著作《皇览》。明帝即位，刘劭出任陈留郡太守，在任上推行教化，受到百姓赞誉。明帝征召刘劭，拜为骑都尉，与议郎庾嶷、荀诜等制定法令，制作《新律》十八篇，又著作《律略论》，改任散骑常侍。当时，据传说公孙渊接受孙权封的燕王称号，廷议者欲扣留公孙渊派来的计簿吏，派兵讨伐公孙渊，刘劭认为：“在往昔，袁尚兄弟归附公孙渊的父亲公孙康，公孙康斩杀袁尚兄弟，把首级送来，这是公孙渊的父亲效忠朝廷的表现。而且，所闻是虚是实，尚且有待查实。在古代，要服、荒服之地，如果不肯服从天子，天子修德，并不出兵讨伐，担心增加百姓的徭役。应该宽宥公孙渊，使其能改过自新。”后来，公孙渊果然斩杀孙权的使者张弥等人的首级，送来京师。刘劭曾经写作《赵都赋》，明帝很欣赏，诏令刘劭创作《许都赋》《洛都赋》。当时，明帝对外举兵讨伐，对内大肆营建宫室，刘劭创作二赋，借此讽谏。

青龙年间，吴军围困合肥，当时，东方的军吏正在休假，征东将军满宠上表朝廷，奏请出兵，同时召回休假的将士，大军会齐，反击吴军。朝臣在廷议时，刘劭认为：

“贼众刚刚围困合肥，气焰正盛。满宠以少量兵力镇守合肥，如果我军当即开进救援，不见得能制服吴军。满宠奏请朝廷派兵，等待援兵，并未有失。臣以为，可先派遣步兵五千，精骑三千，大军出发，大张旗鼓开进，以威武之势，震慑吴军。骑兵先到合肥，疏散其队列，多安排旌旗、战鼓，在合肥城下耀武扬威，引出吴军，而后断其归路，阻断粮道。吴军听说大军到来，骑兵断其后路，必然震恐不安，慌忙遁走，这样，不战可破贼寇。”明帝采纳谏言。魏军相继进抵合肥，吴军果然撤退。

明帝颁布诏书，广求贤才。散骑侍郎夏侯惠举荐刘劭：“臣注意到，散骑常侍刘劭，忠诚笃敬，深谋远虑，考虑问题周全，对于错综复杂的问题，广采博引，源流弘远，在群贤中，无论大小，都愿意思考刘劭提的谏言，加以斟酌。故务实之士皆佩服刘劭平和、良正，清静之士皆钦佩刘劭玄虚、退让，文学之士皆嘉赏刘劭思维缜密，法理之士皆赞佩刘劭分析精准，喜好思考之士皆了解刘劭深沉敦厚，文章之士皆爱惜刘劭著述丰富，制度之士皆尊重刘劭谋略深远，策略之士皆赞赏刘劭明思通微，凡此诸类优秀品质，刘劭皆取诸自身所长，臣在此仅举出其部分优点。臣多次听到刘劭谈论玄理，观察其笃论，浸润历年，服膺弥久，臣的确是为朝廷赞颂刘劭的奇才，器量非凡，认为像刘劭这样的人才，应该担任辅弼要职，备位机要，谋划于帏幄，使国运兴隆，实非世俗平常人才。愿陛下垂拱优游之听，让刘劭能够承清闲之欢，得以侍奉在陛下眼前，让德音上通，辉耀日新。”①

①裴松之认为：凡是相互称颂推荐，大多是溢美之辞，能不违背中正者很少。夏侯惠称刘劭“玄虚退让”以及“明思通微”，有些过分。

景初年间，刘劭接受诏命，著作《都官考课》。刘劭上疏：“对朝廷百官进行考功，这是王政之大要，然而，历代都未切实施行，是因为相关制度、具体操作多有缺失，官员是否有才干，很难加以分辨。陛下以上圣之宏略，愍王纲之颓废，思虑万端，鉴古知今，颁发明诏。臣蒙受皇恩，豁然旷达，得以启蒙，制定《都官考课》七十二条，又撰写《说略》一篇。臣学识浅陋，诚不足以表达圣意，著定典章。”刘劭认为，还应该制作礼乐，借此移风化俗，刘劭著作《乐论》十四篇，完成后，还未呈上，恰逢明帝驾崩，所有制度均未施行。正始年间，刘劭执经讲学，皇帝曹芳赐刘劭爵关内侯。刘劭撰述的文章，《法论》《人物志》之类，有一百余篇。刘劭去世，曹芳追赠刘劭光禄勋印绶。嗣子刘琳继承爵位。

与刘劭同时代的东海郡人缪袭，也颇有才学，有很多著述，官至尚书、光禄勋。①

①《先贤行状》记载：缪斐，字文雅。熟悉经传，事亲奉养笃孝，被征召，担任博士，六次受到三公府征召。汉献帝在长安时，公卿举荐缪斐，认为是名儒。当时，举荐缪斐，担任侍中，

缪斐并未俯就，缪斐是缪袭的父亲。

《文章志》记载：缪袭，字熙伯。受到御史大夫府征召，在魏国任职，历经四世皇帝。正始六年去世，享年六十岁。儿子缪悦，字孔怿，晋朝时担任光禄大夫。缪袭的孙子缪绍、缪播、缪徵、缪胤等，都担任显要职务。

缪袭的友人山阳郡人仲长统，东汉末年担任尚书郎，早逝，曾经著作《昌言》，文辞俊美，值得阅读。①

①缪袭为仲长统撰写《昌言表》称：仲长统，字公理，年少时，喜欢学习，广泛涉猎经书传记，赡于文辞，二十余岁，在青州、徐州、并州、冀州之间游学，与其交往者多惊讶其才学。并州刺史高幹素来尊敬名士，招揽四方游士，很多士人归附。仲长统拜谒高幹，高幹善待仲长统，向其咨询世事。仲长统对高幹讲："君有雄志而无雄才，好士而不能择人，此应该为君所深戒之。"高幹有雅量，但自以为是，并未采纳仲长统的谏言。仲长统离去，不久，高幹败亡。并州、冀州的士人，以此赞赏仲长统有先见之明。大司农常林与仲长统一起在上党郡，对我谈起过仲长统为人倜傥，敢于直言，不矜小节，每一任郡太守征召，辄称病，不肯俯就。仲长统有时沉默，有时又滔滔不绝，并无常态，当时人或认为仲长统是狂人。汉献帝在许都，尚书令荀彧负责枢机要务，喜欢与标新立异的士人交往，听说仲长统，启奏献帝，征召仲长统，任命为尚书郎。后来，缪斐为曹操参谋军事，又返回朝廷，担任尚书郎。延康元年，仲长统去世，享年四十余岁。仲长统说古论今，对世俗间的行事常愤怒叹息，著作论述，名字叫《昌言》，有二十四篇。

散骑常侍陈留郡人苏林、①光禄大夫京兆人韦诞、②乐安郡太守谯国人夏侯惠、③陈郡太守任城郡人孙该、④郎中令河东郡人杜挚等，也善于辞赋创作，很多辞赋留传于后世。⑤

①《魏略》记载：苏林，字孝友，博学多才，精通古今文字，凡经书传记文字有疑难之处，苏林都能予以解释。建安年间，苏林担任五官中郎将曹丕的文学，受到曹丕礼遇。黄初年间，担任博士，兼给事中。文帝著作《典论》，其中有有关苏林的章节。因为年老，苏林回到家养老，每当国家有大事，则会派人向苏林咨询，朝廷多次馈赠、赏赐苏林。苏林享年八十余岁，去世。

②《文章叙录》记载：韦诞，字仲将，是太仆韦端的儿子，有文才，善于写辞赋、文章。建安年间，担任郡上计吏，后来在朝中担任郎中，升任侍中，兼中书监，在光禄大夫任上退休，享年七十五岁，在家中去世。当初，邯郸淳、卫觊及韦诞都很善于书法，有名气。卫觊的孙子卫恒撰写《四体书势》，其序文曰："自秦朝使用篆书，焚烧先贤典籍，古文在世上绝迹。汉武帝时，鲁恭王毁坏孔子的旧宅，得到古文《尚书》《春秋》《论语》《孝经》，当时人已经不大懂得古文，谓之蝌蚪书，汉朝廷秘藏，很难见到。魏建国初，传授古文者，有邯郸淳，敬侯用蝌蚪

文书写邯郸淳教授的《尚书》，后来拿给邯郸淳看，而邯郸淳不能识别。到了正始年间，建立石碑，镌刻三字体石经，转相抄写，失去邯郸淳教授的书法，借用蝌蚪之名，遂有人仿效其书法。太康元年，汲县有百姓盗挖魏襄王的墓冢，得到策书十余万言。案敬侯所书，犹有仿佛。”敬侯就是卫觊。其序文谈及篆书，曰：“秦朝时，丞相李斯善于写篆书，诸名山上的石碑镌刻及铜人所铸铭文，都是李斯亲自书写。东汉章帝建初年间，右扶风人曹喜，年少时，惊异李斯书写的篆书，非常欣赏。邯郸淳向曹喜学习篆书，略懂得其中奥妙。韦诞又向邯郸淳学习，不及邯郸淳。太和年间，韦诞担任武都郡太守，以能书写篆书，留在宫中，补为侍中，魏氏铸造的宝器，上面的铭文，都是韦诞书写。汉末又有蔡邕，综合李斯、曹喜的篆书书法，结合古今书体，其精密简理，不如邯郸淳。”其序文还谈及隶书，已略见《武帝纪》。又说：“师宜官书写的是大字，邯郸淳书写的是小字。梁鹄说，邯郸淳得到次仲的书写方法，然而，梁鹄之用笔，尽其势矣。”其序文还谈及草书，曰：“汉建国后，开始有人书写草书，不知最早的作者姓名。到了东汉章帝时，齐国相杜度号称善于书写草书，用草书书写文章，后来又有崔瑗、崔寔也善于书写草书。杜氏结字很稳，然而草书的书体微瘦，崔氏甚得笔势，而结字稍疏。弘农郡人张伯英，结合诸位草书书法家，转精而巧妙。凡家中的衣帛，一定会在上面书写，反复练习，临池学书，池水尽墨黑。下笔必定有楷则，号称‘匆匆不暇草，寸纸不见遗’，至今世人还当作宝贝，韦仲将称张伯英为‘草圣’。伯英的弟弟文舒，仅次于伯英。还有姜孟颖、梁孔达、田彦和及韦仲将的学生，都做过伯英的学生，学习草书，有名于世，然而，都不如文舒。”

③夏侯惠，是夏侯渊的儿子。详情记载在《夏侯渊传》。

④《文章叙录》记载：孙该，字公达，好学不倦，二十岁时，担任上计掾，奉诏命在宫中担任郎中。著作《魏书》，改任博士、司徒府右长史，又回到官中著书。景元二年，在任上去世。

⑤《文章叙录》记载：杜挚，字德鲁，当初，杜挚向皇上献上《笳赋》，杜挚担任司徒府谋吏，参与军事。后来，被举荐为孝廉，担任郎中，升任校书郎。杜挚与毌丘俭是同乡，关系很好，杜挚写诗给毌丘俭，求仙人药一丸，欲借诗作向毌丘俭求助。其诗曰：“骐骥马不试，婆娑槽枥间。壮士志未伸，坎坷多辛酸。伊挚为媵臣，吕望身操竿；夷吾困商贩，甯戚对牛叹；食其处监门，淮阴饥不餐；买臣老负薪，妻畔呼不还，释之宦十年，位不增故官。才非八子伦，而与齐其患。无知不在此，袁盎未有言。被此笃病久，荣卫动不安，闻有韩众药，信来给一丸。”毌丘俭写诗回复：“凤鸟翔京邑，哀鸣有所思。才为圣世出，德音何不怡！八子未遭遇，今者遘明时。胡康出垄亩，杨伟无根基，飞腾冲云天，奋迅协光熙。骏骥骨法异，伯乐观知之，但当养羽翮，鸿举必有期。体无纤微疾，安用问良医？联翩轻栖集，还为燕雀嗤。韩众药虽良，或更不能治。悠悠千里情，薄言答嘉诗。信心感诸中，中实不在辞。”杜挚始终得不到升迁，在秘书郎任上去世。

《庐江何氏家传》记载：明帝时，有谯国人胡康，十五岁时，以异才被举荐到朝中，向朝廷陈述政事损益，请求试任剧县令。明帝诏令，特别召见。众人舆论翕然，胡康号称神童。明帝下诏，交付秘书，让胡康随便在宫中阅览典籍。明帝问秘书丞何祯：“胡康的才能如何？”何祯回答：“胡康虽然有才，品质不佳，必有祸败。”后来，胡康果然因过失，被遣送回家。

裴松之按：魏朝从卑微而登上显位，没有听说过有胡康此人；怀疑是孟康。孟康事迹参见

《杜恕传》，杨伟事迹参见《曹爽传》。

傅嘏，字兰石，北地郡泥阳县人，是西汉名将傅介子的后人。伯父傅巽，黄初年间，担任侍中，兼任尚书。[①]傅嘏二十岁时，已经是当时的知名士人，[②]司空陈群任命傅嘏为司空府掾。当时，散骑常侍刘劭制定《考功法》，交予三公府讨论。傅嘏诘难刘劭："人们常说，帝王制定法规，其内容宏博致远，圣道玄妙幽深，如果不是确有其才，则道学难以虚设，神而明之，在于其人。及至王道衰颓，制度不彰，微言既没，六经玷污。何则？道学弘博致远，而人才匮乏。刘劭制定的《考功法》，虽然欲追寻前代圣人，编纂对官员升降去留的法规，然而，旧时的制度已亡失殆尽。礼之所存，唯有周代典籍，京师外建立侯伯五等爵位，遵循上古时藩蔽京畿之九服制度，朝廷内设立三公、列卿、士大夫，负责六项职能，各诸侯藩国每年有常例朝贡，百官各司其职，有严格的规章，士农工商各务本业，故官员考绩有理可循，官员升降去留也容易操作。大魏继承百王末世，承秦、汉之余烈，制度规范，多有改易，无所借鉴。自建安以来，直至青龙年间，魏武帝拨乱反正，奠定皇祚根基，扫除凶逆，荡涤遗寇，旌旗漫卷，武事频繁，日不暇给。至于治理百姓，经略戎务，即以权力、法律并用，百官衙署，常常是军事、民事事务兼任，因时制宜，以应对政务戎机。以古代的制度应对今天的实务，事情繁杂，义理相殊，难以变通而施行。所以然者，古代制度适宜于当时的情况，却未必切合当今之实务，制定法律，首先应切合时务，否则不足以垂范后世。设立官员，分配职务，治理国家，管理百姓，这才是治理国家之本；循名考实，纠励成规，这只是治国理政之末端。总纲未举，而纠缠于细枝末节，国家治理的根本要务尚未确定，把官员的考核放在首位，臣担心，这样做，不足以判定贤愚，明辨是非之理。在往昔，先王选择贤才，一定会在乡间考查其品行，在庠序学校了解其学问，品行俱佳，谓之贤，道学修明，谓之能。乡间三老，向君王推荐贤士，君王以礼拜授职务，举荐贤者，出任官员，按照能力入朝任职，这是先王收揽天下英才之义。而今，九州之民汇聚在京城，并未有乡间三老的举荐，其选才任职，专门由有关部门负责。按照品行考查，实际能力未必符合任职要求，按照能力考查，德行未必令人满意，如此一来，考核官员，未必能人尽其才。综述帝王制定制度，选拔人才，治理国家，意义深远，难以尽述。"

①《傅子》记载：傅嘏的祖父傅睿，曾担任代郡太守。父亲傅允，曾担任黄门侍郎。

②《傅子》记载：当时，何晏以辩才在贵戚之间显露名声，邓飏喜欢变通，纠合徒党，在闾阎间博取名声，夏侯玄以贵臣儿子，年少时，即享有盛名，为之宗主，请求结交傅嘏，而傅嘏不肯结纳。傅嘏的友人荀粲有清识远心，然犹怪之，对傅嘏说："夏侯泰初是当今俊杰，虚心结交先生，合则好成，不合则怨至。二贤不睦，非国之利，此蔺相如所以下廉颇也。"傅嘏回答："夏侯泰初志大才疏，不过虚声吓人，并无实际才能。何平叔言远而情近，好辩而无

诚，此所谓以利口颠覆他国之人。邓玄茂有为，然而无终，对外博取名利，对内并无戒备，贵同恶异，多言而妒前；多言多衅，妒前无亲。我观察，此三人皆败德之人。远之犹恐祸至，况昵之乎？”

正始初年，傅嘏担任尚书郎，又改任黄门侍郎。当时，曹爽在朝中秉持朝政，何晏担任吏部尚书，傅嘏对曹爽的弟弟曹羲讲：“何平叔外表平静，而内藏邪佞，为人好利，不务正业。我担心，何平叔一定会蛊惑你的哥哥，仁人将会远离，朝政将会废弛。”何晏等遂与傅嘏产生怨恨，因为一些小事，免去傅嘏的官职。后来，傅嘏又从家中被起用，担任荥阳郡太守，傅嘏没有上任。太傅司马懿延请傅嘏担任从事中郎。曹爽被杀，傅嘏出任河南郡大尹，[①]傅嘏受召，返回朝廷，担任尚书。傅嘏认为：“秦朝废除五等爵位，改为设置郡守、县令，设官分职，与古代完全不同。汉、魏因循秦制，以至于今。然而，儒生学士都想在此基础上，错综以三代之礼，礼仪弘远广博，但并不适宜当前的时务，事与愿违，名实未符，故历代不能至于治理者，皆因为此事。欲大改官制设定，依照古代制度，首先应正本清源，而今，遭遇帝室多难，未可轻易改制。”

①《傅子》记载：河南郡大尹内掌帝都，外统京畿，兼顾选任古代六乡六遂之士人。其民众四方杂处，有很多豪门大族，商贾胡貊，天下各类人聚会，利之所聚，奸之所生。前河南郡大尹司马芝，举其纲纪太简，其后，继任大尹刘静，综其目又太密，其后，大尹李胜，毁常法以收一时之名声。傅嘏立司马氏之纲纪，裁刘氏之纲目，经纬其间，李氏所毁者，逐渐补齐。河南郡有七百个官吏，一半人非旧吏。河南民俗，五官掾功曹选择用人，皆选择乡党或本国人，不用异邦人，傅嘏各举其良善，兼而用之，官曹分职，而后按照等次考核。其治理以德教为本，持法有恒，简而不可犯，见理识情，狱讼不加鞭打，而得其实情。不为小惠，有所举荐，大有益于民事，皆隐其劣迹，若不由己出。故当时无赫赫之名，吏民久而久之，安定下来。

当时，廷议时有人谏言讨伐吴国，征南大将军王昶、征东将军胡遵、征南将军毌丘俭提出讨伐方略，意见各有不同。皇帝曹芳诏令傅嘏发表意见，傅嘏回答：“在往昔，吴王夫差欺凌齐国，战胜晋国，以武力威震中原诸侯，最终遭遇姑苏之败；齐闵王兼并领土，拓展疆域，辟地千里，最终被燕军颠覆，惨遭败亡之祸。有始未必一定有善终，古往今来，已经有无数事例为之证明。孙权自从大败关羽，兼并荆州后，志骄意满，变得凶残暴戾之极，是以宣文侯司马懿深建宏图大举之策。而今孙权已死，托孤于诸葛恪。如果诸葛恪能够矫正孙权的暴政，抛弃虐政，吴国百姓免受酷烈虐待，偷安江东，向百姓施以恩惠，对外对内都能够认真思考，与吏民同舟共济，即使不能善保终身，也足以延缓东吴的命运，偏安于长江以南。而廷议者，有些人欲泛舟径渡，横行江表；

有些人欲四路并进，攻其城垒；有些人欲在边郡大肆垦田拓荒，伺机而动，这些都是攻破贼寇之计。然而，自从与吴国开战以来，出入三载，并未有掩袭吴军的军事行动。吴贼之为寇，已经有六十年，吴国上下，君臣伪立，吉凶共患，又丧失其主帅，上下忧惧危亡之势，严阵以待，布置舰船于津要，修缮坚城，据险固守，我军横行江东之计，恐怕很难传来捷报。看来只有进军屯田，方为可行之计。军队驻扎在屯田民众的外围，吴军寇掠难以得逞；用屯垦的粮食，储备粮仓，不烦长途转运；伺机讨伐、袭击敌寇，无须长途奔袭，糜费军饷：此用兵之要务。在往昔，樊哙奏请吕后，以十万之众，横行匈奴，季布当面驳斥。而今，欲横渡长江，跋涉虏庭，就像樊哙一样。不如严明法令，操练士卒，穷尽策略于全胜之地，催马扬鞭，以剿灭残敌之余烬，这才是制胜的必然之策。”[①]后来，吴国大将诸葛恪攻破东关，乘胜对外声称欲挥军直指青州、徐州，朝廷为之戒备。朝臣在廷议时，傅嘏坚持认为：“淮海之地，并非贼寇胆敢轻易冒犯之地，而且，昔日孙权派遣吴军循海路而进，很多海船沉溺于海浪，几乎了无生还者，诸葛恪岂敢倾尽全部吴军，寄命于大海洪波，以图侥幸之功？[②]诸葛恪最多不过派遣偏师小将，熟悉水战者，乘海船溯流而上淮河，佯动于青州、徐州，诸葛恪则亲自带兵，指向淮南罢了。”后来，诸葛恪果然围困新城，没有攻下，随后撤军。

①司马彪著《战略》记载：傅嘏的对策，详情记载在《傅嘏传》，这里全部载录，以尽其全意。司马彪曰：嘉平四年四月，孙权去世。征南大将军王昶、征东将军胡遵、镇南将军毌丘俭等上表，奏请征伐吴国。朝廷以三征，交给朝臣廷议，下诏尚书傅嘏，傅嘏回答：“在往昔，吴王夫差欺凌齐国，战胜晋国，以武力威震中原诸侯，最终遭遇姑苏之败；齐闵王兼并领土，拓展疆域，辟地千里，最终被燕军颠覆，惨遭败亡之祸。有始未必一定有善终，古往今来，已经有无数事例为之证明。孙权自从大败关羽，兼并荆州后，志骄意满，变得凶残暴戾之极，祸难殃及胤嗣，是以宣文侯司马懿深建宏图大举之策。而今孙权已死，托孤于诸葛恪。如果诸葛恪能够矫正孙权的暴政，抛弃虐政，吴国百姓免受酷烈虐待，偷安江东，向百姓施以恩惠，对外对内都能够认真思考，与吏民同舟共济，民众免受酷烈，偷安新惠，即使不能善保终身，也足以延缓东吴的命运，偏安于长江以南。王昶等欲泛舟径渡，横行江表，收民略地，因粮于寇；有些人欲四路并进，攻其城垒，诱间携贰，待其崩坏；有些人欲在边郡大肆垦田拓荒，积谷观衅，伺机而动：凡此三者，皆为攻破贼寇之常计。然而，施之当机，则功成名立，苟不应节，必贻后患。自从与吴国开战以来，出入三载，并未有掩袭吴军的军事行动。贼寇丧失元帅，利存退守，若撰饰舟楫，罗船要津，坚城清野，以防备我军进攻，横行之计，殆难以看到成效。吴贼之为寇，已经有六十年，吴国上下，君臣伪立，吉凶共患，若诸葛恪蠲除其弊，天去其疾，崩溃之应，不可卒待。而今边境之守备，与贼寇距离相远，贼寇布设营寨，又持重密，间谍不行，耳目无闻。军队没有耳目，校察未详，举大军以临巨险。此为侥幸，以图成功，先战而后求胜，绝非全军之长策也。臣以为，只有进军屯田，方为可行之计。可诏令王昶、胡遵等，择地居险，审所错置，再诏令三军，一时前守。夺其肥沃土地，使还耕墝土，一也；兵出民表，寇钞不犯，二也；招怀近路，降

附日至，三也；营寨远设，间构不来，四也；贼退其守，营寨必浅，佃作易之，五也；坐食积谷，士不运输，六也；衅隙时闻，讨袭速决，七也：凡此七者，军事之急务。不占据，则贼可以擅便资，占据之，则利归于国，不可不察也。建造屯垒相逼迫，形势已交，智勇得陈，巧拙得用，策之而知得失之计，交战后，而知有余不足，贼虏之情伪，将焉所逃？夫以小敌大，则役烦力竭，以贫敌富，则敛重财匮。故：敌'逸能劳之，饱能饥之，'此之谓也。然后盛众厉兵，以震慑敌军，参惠倍赏以招降敌寇，多方广似，以困惑敌众。由不虞之道，以间其不戒；要不了三年，左提右挈，贼虏必将土崩瓦解，安受其弊，可坐以待毙，谋划得计也。在往昔，汉室一直受到匈奴袭扰，朝臣谋士，早朝晏罢，介胄之将，出兵征伐，搢绅之徒，咸言和亲，勇奋之士，思展搏噬。樊哙奏请吕后，以十万之众，横行匈奴，季布当面驳斥。李信认为，二十万秦军可以制服楚军，结果，秦军丧师辱国。而今，欲横渡长江，跋涉虏庭，就像樊哙一样。以陛下圣德，辅相忠贤，不如严明法令，操练士卒，穷尽策略于全胜之地，催马扬鞭，以剿灭残敌之余烬，这才是制胜的必然之策。故兵法讲：'屈人之兵，非战也；拔人之城，非攻也。'若抛弃庙胜必然之理，而欲行万一不全之路，愚臣诚所忧虑。看来只有进军屯田，方为可行。"当时，没有采纳傅嘏的谏言。当年十一月，皇帝曹芳下诏，王昶等征伐吴国。正始五年正月，诸葛恪率领吴军拒战，在东关大败魏军。

②《汉书·张汤传》记载：张汤当初担任小吏，卜卦为"乾没"，张汤与长安富商田甲、鱼翁叔的私交很好。服虔解释："'乾没'，用以猜成败。"如淳解释："得利为乾，失利为没。"

裴松之认为：服虔以"乾没"来猜成败，而不说乾没之义，于理仍没有解释清楚。如淳以得利为乾，又不甚了了，解释愚蠢！"乾"的训读应该是干燥的干。解释有所徼射，不计干燥，与沉没有关。

傅嘏常谈论一个人的才干与性情之间的关系，钟会将谈话集结为书籍，加以评论。①嘉平末年，齐王曹芳赐傅嘏爵关内侯。高贵乡公即位，晋升傅嘏爵位武乡亭侯。正元二年春天，毌丘俭、文钦叛乱。有人以为司马懿不宜亲自带兵前去镇压，可派遣太尉司马孚领军前去，只有傅嘏、王肃反对，劝谏司马懿亲自带兵镇压。司马懿遂带兵前去。②曹髦任命傅嘏为代理尚书仆射，跟随司马懿一起东进。毌丘俭、文钦兵败，傅嘏谏言有功。及至司马懿病逝，傅嘏与司马昭径直返回洛阳，司马昭遂开始在朝中辅政。详情记载在《钟会传》。③钟会因此而有骄矜之色，傅嘏告诫钟会："将军志向远大，然而，勋业很难造就，不可不慎重行事！"傅嘏以功劳，晋升爵位为阳乡侯，增加食邑六百户，合并之前，共享有食邑一千二百户。傅嘏当年去世，享年四十七岁，曹髦追赠太常印绶，谥号为元侯。④嗣子傅祗继承爵位。咸熙年间，建立五等爵位，以傅嘏在前朝的功劳，改封傅祗为泾原子爵。⑤

①《傅子》记载：傅嘏既达治好正，又有清理识要，喜欢谈论才能及性情，原本精微，鲜能及之。司隶校尉钟会年龄很小时，傅嘏以其明智，与其交往。

裴松之按：《傅子》前边说：傅嘏预料夏侯之必败，不与之交往，而这里又说与钟会的关系很好。愚以为，夏侯玄以名气太大，招致祸败，衅由外至；钟会以利益驱动，招致祸败，祸由已出。然而，夏侯之危兆难睹，钟氏之败形易见。傅嘏若了解夏侯必危，而不见钟会之将败，则为识有所蔽，难以言通；若皆知其不终，而情有彼此，是为厚薄，而由于爱憎，奚豫于成败哉？以爱憎为厚薄，又亏于雅体矣。《傅子》此论，非所以益傅嘏。

②《汉晋春秋》记载：傅嘏固劝司马懿一定要亲自带兵镇压，司马懿不听。傅嘏又危言劝谏："淮、楚的士兵精锐，毌丘俭等负力远斗，其锋锐不易抵挡。若诸将战事，一旦遭挫败，大势一去，司马公的大事去矣。"当时，司马懿刚割去眼睛里的瘤子，创口很大，听了傅嘏的劝谏，慨然而起，说："我将带病率领大军镇压。"

③《世语》记载：司马懿病得很厉害，把朝政交予傅嘏，傅嘏不敢接受。及至司马懿病逝，傅嘏秘不发丧，以司马懿有命令，召司马昭赶回许昌，统领司马懿的军队。

孙盛评论：晋司马宣王、司马景王、司马文王都担任过魏国相，权力相继承，王业基础巩固。岂蕞尔傅嘏所能参与其间？《世语》所言，绝非如此。

④《傅子》记载：当初，李丰与傅嘏是同一州人，年少时，都有显名，李丰很早担任大官，内外称之，傅嘏对此不以为然，对志同道合者讲："李丰饰伪而多疑，矜小失而昧于权力，若处庸庸者可以，如果担任机要之职，有明察者，李丰必死无疑。"李丰后来担任中书令，与夏侯玄一起罹祸，正如傅嘏所言。傅嘏从少年起，与冀州刺史裴徽、散骑常侍荀彪关系很好，裴徽、荀彪早逝。傅嘏又与镇北将军何曾、司空陈泰、尚书仆射荀颛、后将军钟毓的关系很好，相与处理朝廷政事，都是当时名臣。

⑤《晋诸公赞》记载：傅祗，字子庄，是傅嘏的小儿子。晋朝永嘉年间，官至司空。傅祗的儿子傅宣，字世弘。

《世语》称傅宣以公正而知名，位至御史中丞。傅宣的弟弟傅畅，字世道，担任秘书丞，在胡人作乱时，死于战乱。生前著有《晋诸公赞》及《晋公卿礼秩故事》。

陈寿评论如下：此前，文帝曹丕、陈王曹植以公子之尊，博学多识，所著文章，颇有文采，同声相应和者，有才之士，人才并列，唯有王粲等六人，最为有名。而王粲担任皇帝近臣，建立魏国的诸项制度，然而，王粲淡泊名利，崇尚道德风尚，不如徐幹为人纯粹。卫觊同样博闻强识，熟悉典故，辅佐皇帝，制定制度。刘劭博览群书，文质彬彬。刘廙以善于鉴别人才而闻名，傅嘏用自己的才学，达至显赫地位。①

①裴松之认为：傅嘏识人，有度量，可谓名士，的确是当时的名流。而此评论但云"用才达显"，既于题目为拙，也不足以显示傅嘏之美。

魏书二十二

桓二陈徐卫卢传第二十二

桓阶，字伯绪，长沙郡临湘县人。[①]桓阶曾担任郡府功曹，郡太守孙坚举荐桓阶为孝廉，担任尚书侍郎。桓阶的父亲去世，送回家乡，恰逢孙坚进攻刘表，死于战场，桓阶冒险来到刘表处，乞求迎回孙坚的灵柩，刘表被桓阶的义气所感动，把孙坚的灵柩交还桓阶。曹操与袁绍在官渡对峙期间，刘表举荆州之众，欲响应袁绍。桓阶劝说长沙郡太守张羡："举大事不从义理出发，很难保证成功。因此，齐桓公率领诸侯，尊奉周室，晋文公驱逐叔带，迎回周王。如今，袁绍反其道而行之，而刘州牧居然响应袁绍，这是自取其祸。明府欲建立功勋，全福远祸，一定要明白事理，不要追随刘表。"张羡问："那么，我怎么做好呢？"桓阶答："曹公军力虽弱，仗义而起，救朝廷于危难，奉王命而伐有罪，谁敢不服？而今，府君若举江南四郡，守卫三江，以待未来，届时可作为内应，这不也很好吗？"张羡说："你说得对。"张羡率领长沙郡及邻近三郡背叛刘表，派遣使者到曹操处联络，曹操大喜。此时，袁绍与曹操战事正酣，袁军始终不能南下，而刘表进攻张羡，张羡病逝，长沙城陷落，桓阶藏匿起来。不久，刘表任命桓阶为幕府从事祭酒，欲把妻子的妹妹蔡氏嫁给桓阶。桓阶表示自己已婚，婉言谢绝，之后，桓阶以有病告退。

①《魏书》记载：桓阶的祖父桓超，父亲桓胜，都曾担任过州郡官员。桓胜曾担任尚书，在南方颇有名气。

曹操收复荆州，听说桓阶为张羡设谋，颇为诧异，任命桓阶为丞相府掾、主簿，后改任赵郡太守。魏建国初，桓阶担任虎贲中郎将、侍中。当时，太子还未确立，而临菑侯曹植深受曹操宠爱。桓阶多次劝谏曹操，说曹丕有德，而且年龄最长，应该确立为储君，桓阶或当众规劝，或私下密议，前后多次，态度恳切。[①]毛玠、徐奕性情刚烈，为人正直，不结交私党，被西曹掾丁仪所排挤，丁仪多次谮毁二人，幸赖桓阶向曹操解释，二人才得以保全。桓阶以正言匡扶朝政，做了很多这样的事情。桓阶改任尚书，负责选拔官员。曹仁被关羽围困，曹操派遣徐晃解围，战事不利。曹操欲亲自南征，征询群臣的意见。大家都说："魏王不尽快解救，曹仁恐怕就完了。"唯有桓阶持反对意见："大王认为，曹仁等人足以判断形势吗？"答："是的。""大王担心他们二人不肯尽力吗？"曹操答："并不担心。""那么，大王为何要亲自南下救援呢？"曹操答："我担心贼虏太多，徐晃等恐怕顶不住。"桓阶说："而今，曹仁正处于关羽重围之中，死守不肯投降，大王路途遥远，曹仁确实形势危急。然而，曹仁身居万死之地，必有死战之心，既然决心死战，现在又有大军救援，大王以六军赴难，救援曹仁仍有余力，为何担心曹仁会失败，还要亲自前去？"曹操采纳桓阶的谏言，把军队驻扎在摩陂。关羽撤退。

①《魏书》记载，桓阶谏言："而今，太子仁冠诸子，名扬海内，仁孝达节，天下莫不知晓；大王以曹植问臣，臣颇感困惑。"曹操知道桓阶笃守正义，更加看重桓阶。

曹丕接受汉室禅让，登上帝位，桓阶改任尚书令，受封为高乡亭侯，兼侍中。桓阶患病，文帝亲自来探视，对桓阶讲："朕正要托付六尺之孤，寄天下之命于卿。卿还要勉力养病！"文帝改封桓阶为安乐乡侯，享受食邑六百户，又赐桓阶的三个儿子爵关内侯，桓祐因为是嗣子，没有受封，后来病故，又追赠桓祐爵关内侯。桓阶的病越发沉重，文帝派遣使者在床前拜桓阶为太常，桓阶去世，文帝为之流泪，赐谥号贞侯。儿子桓嘉继承爵位。文帝任命桓阶的弟弟桓纂为散骑侍郎，赐爵关内侯。桓嘉娶了升迁亭公主，嘉平年间，桓嘉在乐安郡太守任上，与吴军在东关大战，战事不利，死于阵中，谥号为壮侯。嗣子桓翊继承爵位。[①]

①《世语》记载：桓阶的孙子桓陵，字元徽，在晋武帝时享有名气，官至荥阳郡太守，在任上去世。

陈群，字长文，颍川郡许昌县人。祖父陈寔，父亲陈纪，叔父陈谌，都很有名气。[①]陈群还是儿童时，陈寔常感到陈群不同于常人，对族中老人讲："此儿必定能兴盛我们家族。"鲁国人孔融恃才傲物，年龄在陈纪、陈群之间，先与陈纪交为朋友，后与陈群结交，改拜陈纪为长辈，陈群由此而显名。刘备来到豫州，任命陈群为别驾。当时，陶谦病逝，徐州人迎接刘备，继任州牧，刘备欲前往，陈群劝说刘备："袁术的势力很强大，将军此去徐州任州牧，必定与袁术相争夺。吕布如果袭击将军的后方，将军即使得到徐州，却丢了豫州，事业一定不会成功。”刘备还是东行，与袁术大战。吕布果然袭击下邳，派兵援助袁术，大败刘备，刘备后悔没有采纳陈群的谏言。后来，刘备举荐陈群为茂才，担任柘县令，陈群没有上任，跟随父亲陈纪在徐州避难。吕布被曹操打败，曹操任命陈群为司空府西曹掾。当时，有人举荐乐安郡人王模、下邳郡人周逵，曹操一并征用。陈群密封交还征召二人的教令，认为王模、周逵品行恶劣，终归落败，曹操不听。后来，王模、周逵因为奸邪，被曹操所杀，曹操深感陈群有先见之明。陈群举荐广陵郡人陈矫、丹杨郡人戴乾，曹操录用二人。再后来，吴人反叛，戴乾以忠义死于叛乱，陈矫后来成为名臣，世人皆认为陈群识人。陈群担任萧县、赞县、长平县令，父亲去世，陈群辞去官职。又以司徒府掾，被举荐为高第，担任治书侍御史，改任丞相府掾，为曹操参谋军事。魏建国初，陈群改任御史中丞。

①陈寔，字仲弓，陈纪，字元方，陈谌，字季方。《魏书》记载：陈寔德冠当时，陈纪、陈谌在当时享有盛名。陈寔曾担任太丘县长，遭遇朋党案，被禁锢，在荆山隐居，远近士人以宗师看待。灵帝驾崩，何进辅政，引进天下名士，征召陈寔，欲拜为参军，陈寔以年老有病，不肯俯就。陈谌曾担任司空府掾，很早去世。陈纪历任平原国相、侍中、大鸿胪，著书数十篇，世人称其为陈子。陈寔去世，司空荀爽、太仆令韩融身穿缌麻，执子弟礼。四方来吊唁送葬者，有数千乘车辆，太原郡人郭泰等皆到家中吊唁。

《傅子》记载：陈寔去世，天下前来吊唁、送葬者有三万人，穿缞麻丧服者有上百人。

《先贤行状》记载：大将军何进派遣属官吊唁，赐谥号为文范先生。当时，陈寔、陈纪都享有高名，陈谌也配享，世人号称三君。每当宰府征召，三人皆在受征召之列，羔雁成群，丞掾交至。豫州百姓为陈寔、陈纪、陈谌画出图像纪念。

曹操欲恢复肉刑，下令：“孤希望能得到通晓法律的君子，博古通近，担任治理刑狱的官员！在往昔，大鸿胪陈纪认为，恢复肉刑，可以向犯罪者施以恩惠，指的是恢复肉刑的好处。御史中丞能解释你父亲这个观点吗？”陈群回答：“臣的父亲陈纪认为，汉初，文帝废除肉刑，以笞刑代替，本来以为施以仁义，然而被笞刑打死者更多，此所谓名轻而实重。刑名过轻，民众更容易犯法；笞刑实重，伤害的民众反而更多。《尚书》讲：‘唯敬五刑，以成三德。’《易经》解释：肉刑有劓刑、刖刑、灭趾刑等，用以辅政助教，惩治恶人。减少死刑，杀人者仍然要偿命，合乎古制；至于劓刑、刖刑、灭趾刑伤害人的肢体，割断人的肢体，还有髡刑，剪去人的头发，都不符合义理。如果使用古代刑罚，使淫乱的人受宫刑送入蚕室，偷盗的人受刖刑砍去双脚，则会减少淫乱、盗窃之恶行。周室制定三千条律令，虽然不能全部恢复，可以选择像上面几种，是当世之人所害怕的，先施行。汉代的法律对罪大恶极的人是不能施以仁义，其余死罪，改为肉刑。这样一来，适用的死刑与适用的肉刑，足以制止犯罪。现在，如果用笞打代替死刑，结果犯人被打死，这是重视人的肢体，而轻视人的生命。”当时，钟繇与陈群的意见相同，王朗及其他朝臣多认为不可行。曹操同意钟繇、陈群的意见，因为战事尚未停息，照顾大家的意见，暂且搁置。

陈群改任侍中，兼领丞相府东西曹掾。在朝中，陈群待人不分远近，重视名节，不以卑劣手段对付他人。曹丕还是太子时，对陈群很尊敬，以朋友之礼相待，常叹息：“孔子说：‘自从我有了颜回，门人越来越亲近。’”及至曹丕即魏王位，封陈群为昌武亭侯，改任尚书。魏国制定九品选官法，就是由陈群负责。及至曹丕接受汉室禅让，登上帝位，改任陈群为尚书仆射，兼侍中，升任尚书令，晋升爵位为颍乡侯。文帝讨伐孙权，进抵广陵，令陈群负责近卫军。文帝撤军返回，授予陈群符节，都督水军。文帝返回许都，任命陈群为镇军大将军，兼中护军、尚书。文帝患病，陈群与曹真、司马懿等，共同接受遗诏，辅佐少帝。明帝即位，晋升陈群爵位为颍阴侯，增加食邑五百户，合并之前，共享有食邑一千三百户，陈群与征东大将军曹休、中军大将军曹真、抚军大将军司马懿一起，开府建衙。不久，陈群改任司空，仍然兼领尚书职事。

当时，明帝刚刚亲政，陈群上疏：“《诗经》称：‘仪刑文王，万邦作孚。’还有：‘刑于寡妻，至于兄弟，以御于家邦。’治理国家的道理，由近及远，教化则会影响天下。自从天下大乱，干戈未息，百姓不懂得王化礼教，臣担心教化已衰颓得很厉害。陛下应当在魏国兴隆之时，继承二祖之宏业，天下盼望恢复大治，唯有崇德布化，施惠于黎庶，则兆民幸甚。还有，廷议时，朝臣随声附和，对施政中的是非判断，往往受到蒙蔽，这是国家治理中的大患。朝臣间若不和睦，则有朋党之弊，有朋党，则朝臣间的毁誉就会毫无原则可言，毁誉之声泛滥，真伪难以辨别，不可不有所戒备，以杜绝其源流。”太和年间，曹真上表，欲兵分几路，讨伐蜀国，从斜谷深入。陈群认为：“太祖此前从阳平关进攻张鲁，战前抢收豆子、麦子，以补充军粮，张鲁还未攻下，军粮已匮乏。而今既无军粮转运的预案，而且，斜谷道路阻险，一旦陷于困顿，大军进退两难，转运粮食，一定会遭到蜀军的截击，多留兵守备险要，则减损大量作战士兵，所有这些，不能不事先考虑周到。”明帝采纳陈群的建议。曹真又上表，从子午道进军。陈群又陈述从子午道进军的不便，同时，还陈述用兵、后勤支援方面的谋划。明帝下诏，按照陈群的奏议，再详细列出此次用兵的细节。曹真按照奏议进军。在进军途中，大雨一连下了数日，陈群认为，应该诏令曹真撤军，明帝同意。

后来，明帝的女儿曹淑病逝，明帝追封谥号为平原懿公主。陈群上疏：“人的生死，自有天命，人的存亡，自有定分。因此，圣人制定礼仪，或抑或致，以求适中。孔子对设在防地的父母合葬的坟墓，不加以整理，以俭朴为尚；延陵季子把去世的儿子葬在嬴、博之间，并未送回家乡。圣贤做事，以符合自然法则为准，垂范于后世，大德不逾越界限，所以，堪为天下师表。八岁的孩子，不幸夭亡，不举行丧礼，还未满月的孩子夭亡，以成人礼丧葬，还要穿上丧服，让满朝大臣身穿素衣，朝夕哭哀，自古以来，从未有此先例。皇上还要亲自去视察陵寝地，安排丧葬事宜。愿陛下放弃无益有损的做法，但听任群臣送葬，皇上的车驾就不要去了，此万国之至望。臣听说，皇上的车驾，还要亲临摩陂，再到许昌，二宫上下，全都要跟着皇上东行，举朝上下，莫不感到惊骇。有人甚至讲，陛下欲借此躲避衰运，有人讲陛下欲乘便到外边建造宫殿，人言人殊，舆论纷纷。臣以为，吉凶有命，祸福由人，在外面建造宫殿求安，未必有多少益处。若陛下一定要在外面建造宫殿，修缮金墉城的西宫即可，还有孟津的行宫，皆可作为暂时安身之处。无须让所有官员暴露在野外，影响时节蚕农之要务。而且，东吴、西蜀听到这样的传闻，还以为陛下将要驾崩。所有的费用，将不可计量。吉士贤者，遇到盛衰之事，处于安危之际，皆会泰然处之，信奉天命，并非要搬家以求得安宁，乡邑受到影响，不会有恐惧之心。况且帝王是万国之主，静则天下安，动则天下扰；动静行止，岂可轻易行事？”明帝不听。

青龙年间，明帝营建宫室，百姓耽误农时。陈群上疏：“禹帝接续唐尧、虞舜之盛世，仍然住在卑下的宫室，穿着朴素的衣服，更何况今天，天下遭逢丧乱之后，人民很少，比起汉文帝、景帝时，不过是一个大郡的人数。[①]加上边境有事，将士辛苦，如果有水旱灾害，国家将会陷入忧虑中。而且，东吴、西蜀未灭，社稷不安。陛下应该乘东吴、西蜀还未袭扰时，讲武劝农，做必要的准备。而今，陛下放下当务之急，忙于营建宫室，臣担心，百姓一旦陷于困苦，再加上边境有事，将何以应敌？昔日刘备从成都到白水，建造很多行宫，耗费人力物力，太祖知道，刘备这是在疲敝百姓。而今，陛下又大兴徭役，也是东吴、西蜀所愿见到者。当此安危之机，愿陛下醒悟。”明帝回复：“成就王业与营建宫室，应同时进行。灭贼以后，但当减轻边境守备，岂可再大兴徭役？因此，君的职务，与萧何当年相同。”陈群又谏言：“在往昔，汉高祖与项羽争夺天下，项羽败亡，咸阳宫室焚毁殆尽，所以，萧何才营建武库、太仓，皆为当时之要务，尽管如此，高祖仍然责备太过于华丽。而今，东吴、西蜀二虏未平，不宜与萧何相比。[②]而且，人在有欲望时，莫不有其借口，况且帝王做事，无人敢于违逆。此前欲拆毁武库，说不可以不拆毁；后来又重建，说不可以不重建。若这样下去，的确不是臣下的谏言能说服得了；若陛下稍加留意，幡然醒悟，也绝非臣下能力所及。汉明帝欲营建德阳殿，钟离意提出谏言，明帝采纳谏言，后来，明帝还是建了德阳殿；宫殿建成，明帝对群臣讲：‘钟离尚书若在，这座宫殿就建不成了。’帝王岂忌惮臣下的谏言！其实还是应为百姓着想。而今，臣不能稍微劝谏圣听，不及钟离意远矣。”明帝这才有所收敛。

①裴松之按：《汉书·地理志》记载：元始二年，天下户口数最盛，汝南郡是大郡，有三十余万户。在文帝、景帝时，也没有这么多。按《晋太康三年地记》记载，晋建国初，有户口数三百七十七万，吴国、蜀国户数不到这一半。以此言之，魏国虽然继承丧乱，禅位与晋，不会有大的变化。长文之言，于是为过。

②孙盛曰：《周礼》记载：天子的宫殿，有斫礲之制。然而，也有质文修饰的限制，与时俱进。汉继承周、秦之弊，应该坚持简约，何以崇饰宫室，显示奢侈于后嗣。汉武帝修建宫殿，千门万户，大兴徭役，岂没有耗费民力之谓邪？况且，魏国当时还有东吴、西蜀外敌，四海罹遭蹂躏，明帝讲述萧何，有些过分，以为此是令轨，岂不有惑于大道，而昧得失之辨？让百代之君眩于奢俭之中，何之由矣。《诗经》云："斯言之玷，不可为也。"其斯之谓也！

当初，曹操还在世时，刘廙因为弟弟陷于魏讽谋反案受到牵连，要被杀头。陈群向曹操谏言，曹操说："刘廙是一位名臣，我也想赦免他。"就恢复刘廙的职务。刘廙深深感谢陈群，陈群说："我谏言赦免君的死刑，是为了国家，并非为了私情；而且，赦免与否，自有明主决定，我又能起多大作用？"陈群心胸宽广，不伐其功，这种事情很多。青龙四年，陈群去世，谥号为靖侯。嗣子陈泰继承爵位。明帝追思陈群的功绩，划出陈群一部分食邑，封陈群的一个儿子为列侯。[①]

①《魏书》记载：陈群前后多次密封上奏，陈述朝政得失，每次上书言事，辄反复斟酌草稿，当时人及其子弟皆不知道其内容。有议论者讥讽陈群居位拱默，正始年间，皇帝下诏，陈列群臣上书，以作为名臣奏议，朝中百官才见到陈群的奏疏谏言，皆叹息不已。

《袁子》记载：有人说："原少府杨阜岂非忠臣？见人主之非，勃然而怒，触犯龙鳞，与人谈话，未尝不是这样，这难道不是所谓'王臣謇謇，匪躬之故'！"答："可谓直士，忠则吾不知也。仁者爱人。施与君，谓之忠，施与亲，谓之孝。忠孝本为一体。故仁爱之至，君亲有过，谏而不入，求之反复，不得已而言，不会令外人知道。今日作为人臣，见人主之失道，直诋其非，而播扬其恶，可谓直士，并非忠臣。原司空陈群则不然，其谈论终日，未尝言人主之非；上书数十次，而外人不知。君子称陈群才是一位真正的长者。"

陈泰，字玄伯。青龙年间，担任散骑侍郎。正始年间，改任游击将军，又改任并州刺史，兼振威将军，持符节，后来，担任护匈奴中郎将，陈泰怀柔夷狄，颇有威望。京师里的贵人，很多人寄钱物给陈泰，欲通过陈泰购买边郡的奴婢，陈泰把寄来的钱物挂在墙上，并不打开封口，及至陈泰受到征召，回朝担任尚书，将这些钱物全部归还给原主。嘉平初年，陈泰代替郭淮，担任雍州刺史，兼奋威将军。蜀国大将军姜维率领大军，背靠麹山，修筑两座城池，派牙门将句安、李歆等守卫，挑动羌胡等寇掠边郡。征西将军郭淮与陈泰谋划方略御敌，陈泰说："麹城虽然坚固，但距离蜀地遥远，沿途道路艰险，转运粮草不便。羌胡屡次遭姜维逼迫，大量征发徭役，必未肯归附姜维。如果围困麴城，进而攻取，可兵不血刃，攻下麴城；即使姜维有救，山道险阻，也绝非用兵之地。”郭淮采纳陈泰的建议，派陈泰率军讨伐蜀军护军徐质；南安郡太守邓艾等，进兵围困麴山二城，断其粮道及城外水源。句安等挑战，陈泰并不应战，麴城中将士陷入困窘，只好分享剩下的粮食，化雪为水，以拖延时间。姜维果然来救，从牛头山出兵，与陈泰对阵。陈泰说：“兵法贵在不战而屈人之兵。而今，我军截断牛头山，姜维没有退路，一定会被我军所擒。”陈泰敕令诸军，各自坚守壁垒，切勿与姜维接战，又派遣使者报告郭淮，欲亲自南渡白水，而后沿白水东进，让郭淮攻取牛头山，截断姜维的退路，欲一举擒获姜维，不仅是攻破句安等。郭淮按照陈泰的计策，率领诸军驻扎在洮水。姜维恐惧，遂撤军逃遁，句安等孤立无援，只好投降。

郭淮去世，陈泰代替郭淮，担任征西将军，持符节，统率雍州、凉州诸军。两年后，雍州刺史王经报告陈泰，说姜维、夏侯霸欲兵分三路，向祁山、石营、金城进军。王经请求进军，作为侧翼，令凉州军队进抵枹罕县，讨蜀护军进抵祁山。陈泰考虑，蜀军终不能三路并进，而且，用兵最忌讳分兵，凉州军队不宜出动，回复王经：“将军要了解蜀军的真实意图，确定其动向，而后，我军可以东西合进，一鼓聚歼。”当时，姜维等率领数万人进抵枹罕，直取狄道。陈泰敕令王经进驻狄道，等待大军会齐，再决定应敌之策。陈泰进抵陈仓。此时，王经所率领的军队在故关与蜀军接战，魏军战事不利，王经渡过洮水。陈泰以王经不能占领狄道，战事一定会有变故，遂派遣五营魏军，先行进军，陈泰率领诸军跟进。王经与姜维大战，魏军战败，王经率领一万余人退回，守卫狄道城，余众四散奔逃。姜维乘胜围困狄道。陈泰驻军上邽，分兵把守要冲，魏军星夜兼程。邓艾、胡奋、王秘军相继到来，大军会齐，陈泰当即与邓艾、王秘等分为三部，进抵陇西。邓艾等认为：“王经所率精兵在西部战败，蜀军贼势大盛，乘胜之兵，难以抵挡，而且，王经率领剩下的乌合之众，继败军之后，将士锐气顿消，陇西陷入动荡。古人有言：‘蝮蛇螫手，壮士解其腕。’孙子曰：‘兵有所不击，地有所不守。’这是小的损失，从大的方面来看，却能保证全局。而今陇西之困，超过蝮蛇螫手，狄道之地，并非不能守卫的问题。姜维率领的蜀军，应暂且避其锋芒，放弃狄道城，保全兵力，伺机而动，然后再进军，此计可以考虑。”陈泰讲：“姜维率领精兵锐卒，深入冒进，欲与我军在野外决战，以求一战而决出胜负。王经应当高壁深垒，首先挫其锐气。王经轻率与蜀军交战，使得蜀贼得计，大败而归，既而蜀军又围困狄道。如果姜维乘战胜之威，进兵东向，占据栎阳积谷的粮仓，分兵接受降众，招纳羌胡，向东争夺关、陇，传檄陇西四郡，这是我最担心的事情。而姜维以乘胜之兵，受挫于峻城之下，虽然有锐气之卒勠力死战，攻守之势相殊，客主不同。兵法云：‘修葺盾牌，制造攻城用的战车，须有三个月才行，堆积土山，也要三个月时间。’这绝非轻军冒进深入之敌，姜维运用谋略，仓促间获得小胜。然而，蜀军孤悬在外，粮草不继，这正是我军加速进军破贼之时，此所谓以迅雷不及掩耳之势，一定能获取胜利。洮水环绕蜀军，姜维等在里边攻城，我军占领高地，据有地利，犹如扼其颈项，蜀军只能不战而退，寇不可纵，蜀军围困狄道城，不可能持久，君等为何有退兵的想法？”陈泰遂进军，翻越高山峻岭，沿着小路潜行，夜晚进抵狄道东南高山上，陈泰命令军士举起火把，鸣响鼓角。狄道城中的将士，看见救兵已至，皆跃跃欲试。姜维原以为魏军救兵会齐才会赶来，猝然发现魏军救兵已至，以为魏军有奇谋良策，蜀军上下震恐。陈泰军从陇西出发，因为山道艰险，陈泰料定蜀军一定会设下埋伏。陈泰佯动，从南道进击，姜维果然三日前在中途设下埋伏。[①]陈泰率军潜行，突然出现在狄道南边。姜维沿着山路，急速进军，陈泰与姜维接战，姜维退军。凉州军从金城南边进抵沃干坂。陈泰与王经约定日期，共同截断姜维的退路，姜维等发现形势不妙，遂撤军遁逃，城中将士得救。王经叹息道：“粮食已经维持不了十天，如果救兵还未到，将全城覆没，雍州也将丧失。”陈泰慰劳将士，此前此后，在此驻扎的军队全部撤回，重新选派军队驻守，同时加固城防，陈泰返回，驻扎在上邽。

①裴松之按：此传云：“救兵应当会齐后，再行动，而姜维发现魏军猝然而至，谓有奇变，上下震恐。”此则救兵出于不意。若不知救至，何故伏兵深险，经过三日乎？设伏相伺，非不知之谓。此皆语病，不通也。

当初，陈泰听说王经被围，以雍州军将士素来团结，上下一心，加上城池坚固，绝非姜维能轻易攻取。陈泰上表，将会率领大军，星夜兼程，解围后即撤回。朝臣在廷议时，认为王经兵败，狄道城恐怕难以守住，姜维如果截断凉州的道路，兼并陇西四郡的民众，占据萧关、陇山之险，王经有可能全军覆没，陇西将会丢失。应该尽快调动大军，四路并进，讨伐蜀军。大将军司马昭说：“此前，诸葛亮常有此志，最后无功而回。事大谋远，非姜维所能胜任。而且，狄道城也绝非仓促间可以攻取，粮少为急，征西将军应该尽速救援，这是上策。”陈泰认为，每当一方有事，就会上下惊恐，扰动天下，故陈泰很少上奏，驿书传递，一日不过六百里。司马昭对荀颢讲：“玄伯沉着，勇敢果断，可以担当大任，救援将陷之城，而不求增加兵力，又很少上奏报警，一定能处理战事。担任都督大将，不就是这样吗！”

后来，朝廷征召陈泰，拜为尚书右仆射，负责选拔官员，兼侍中、光禄大夫。吴国大将孙峻出兵淮、泗。司马昭任命陈泰为镇军将军，授予符节，统率淮北军事，皇帝曹芳下诏，徐州监军以下，全部受陈泰节制。孙峻撤军，魏军撤回，陈泰改任左仆射。诸葛诞在寿春叛乱，司马昭率领六军，驻扎在丘头，陈泰总理尚书台阁。司马师、司马昭与陈泰的关系很好，沛国人武陔也与陈泰的关系很好。司马昭问武陔：“玄伯与其父亲司空陈群相比，如何？”武陔答：“玄伯学识渊博，为人高雅，以天下教化为己任，这一点不如陈群；陈泰明于法纪，为人简易，立功立事，这些方面，超过陈群。”陈泰前后以战功，增加食邑二千六百户，子弟中有一人受封为亭侯，二人受赐爵关内侯。景元元年，陈泰去世，朝廷追赠司空印绶，谥号为穆侯。[①]嗣子陈恂继承爵位。陈恂去世，没有子嗣。弟弟陈温继承爵位。咸熙年间，设立五等爵位，元帝曹奂以陈泰在前朝功勋卓著，改封陈温为慎子爵。[②]

①干宝著《晋纪》记载：高贵乡公被杀，司马文王大会朝臣，商议该如何善后。太常陈泰没有到，让舅舅荀顗参加朝会。荀顗回去，告诉陈泰廷议的结果，问其可否。陈泰答：“世人认为，你是陈泰的舅舅，其实舅舅还不如陈泰。”子弟内外都逼着陈泰表态，垂涕而入。司马文王又把陈泰召入曲室，对陈泰讲：“玄伯，卿看我该怎么办？”陈泰回答：“诛杀贾充，以谢天下。”司马文王说：“为我再想一想，还有其他的解决方法吗？”陈泰答：“陈泰只能提出这个建议，不知还有其他方法。”司马文王不再讲话。

《魏氏春秋》记载：皇帝驾崩，太傅司马孚、尚书右仆射陈泰抱着皇帝的尸体，大哭尽哀。当时，大将军来到禁中，陈泰看见大将军，哭声越发悲恸，大将军也对着陈泰悲泣，对陈泰讲：“玄伯，你看我该怎么办？”陈泰答：“只有斩杀贾充，才可以谢天下。”大将军沉思良久，说：“卿看看还有其他方法吗？”陈泰答：“臣不知其他方法。”遂呕血去世。

裴松之按：本传中陈泰不是太常，不知道干宝此言，所由知之。孙盛改陈泰的话，虽有小补，然而检验孙盛的话，明显有所改易，若非别有异闻，而以自己的意思揣度，多不如旧。大凡记言之体，应当让当事者言出其口。辞胜而违实，固君子所不取，更何况不能弥补，妄自揣测？按《博物记》记载：太丘县长陈寔、陈寔的儿子大鸿胪陈纪、陈纪的儿子司空陈群、陈群的儿子陈泰，四世人，在汉、魏二朝，皆享有盛名，而其德稍稍衰减。当时人为其语曰：“公惭卿，卿惭长。”

②按《陈氏家谱》记载：陈群的后人，名位逐渐式微。陈谌的孙子陈佐，官至青州刺史。陈佐的弟弟陈坦，官至廷尉。陈佐的儿子陈准，官至太尉，受封为广陵郡公。陈准的弟弟陈戴、陈徵及堂弟陈堪，并列大位。陈准的孙子陈逵，字林道，在江东享有盛名，担任西中郎将，去世后，追赠卫将军。

陈矫，字季弼，广陵郡东阳县人。在江东和东城避乱，拒绝孙策、袁术的任命，返回广陵郡。广陵郡太守陈登延请陈矫在郡府担任功曹，派陈矫出使许都，对陈矫讲：“许都眼下在议论，我还有何不足之处；足下亲自走一趟，回来后，赐以教诲。”陈矫返回，说：“在许都，听到远近议论，都认为明府骄矜自恃。”陈登说：“谈到闺门雍穆，有德有行，我敬重陈元方兄弟；若论渊清玉洁，有礼有法，我敬重华子鱼；若论谨奉修养，疾恶如仇，有识有义，我敬重赵元达；若论博闻强识，出类拔萃，我敬重孔文举；若论雄姿杰出，有王霸之略，我敬重刘玄德：我所敬重者如此之多，何骄矜之有！

其余者，不过琐琐之辈，何足道哉？”陈登志趣高雅，然而，敬重陈矫。

广陵郡人匡奇被孙权围困，陈登令陈矫向曹操求救。陈矫游说曹操：“鄙郡虽小，实乃形胜之地，若蒙曹公救援，使鄙郡作为外藩，则能挫败吴人之邪谋，使得徐州永保安稳之地，曹公威声远震，仁爱滂流，尚未降伏之国，将会望风景附，曹公崇德养威，此乃王霸之业。”曹操对陈矫的口才颇为叹赏，欲留下陈矫。陈矫推辞：“本郡正处于倒悬之势，在下为府君奔走，前来告急，纵无申包胥之效，岂敢忘记弘演报国忠君之义？”[①]曹操遂派兵救援，吴军撤退，陈登在小路多设伏兵，指挥军队追击，大破吴军。

①刘向著《新序》记载：齐桓公向卫国求婚，卫国不肯答应，而把女儿嫁予许国。卫国被狄人侵犯，齐桓公不救，以至于国灭君死。懿公的尸体被狄人所食，唯有肝脏在。懿公有一位大臣，名字叫弘演，出使返回，把肝脏置于腹中，说：“君为其内，臣为其外。”刳腹藏肝而死。齐桓公说：“卫国有这样的忠臣，若被灭国，寡人无德，亡无日矣！”于是，齐桓公派兵救援，恢复卫国，为卫国确定嗣君。

曹操任命陈矫为司空府掾，后来又改任相县令、征南大将军幕府长史，升任彭城郡、乐陵郡太守、魏郡西部都尉。曲周县有一位民众的父亲患病，杀牛祈祷，县里以宰杀耕牛，判处杀头示众。陈矫说：“这是一位孝子。”上表予以赦免。后来，陈矫改任魏郡太守。当时，魏郡监狱羁押上千名犯人，有的已经关押了好几年，陈矫以周礼有“三典”之制，汉法有“约法三章”，如今，按照犯罪轻重，忽略长久羁押之患，可谓施政荒谬。陈矫重新审理案卷，按照罪状，全部结案。大军东征，陈矫入朝担任丞相府掾。大军返回，陈矫重新回到魏郡，又改任丞相府西曹。陈矫跟随曹操征伐汉中，返回后，担任尚书。还未到达邺城，魏王曹操在洛阳驾崩，群臣拘于常礼，认为太子即位，应该有魏王诏命。陈矫说：“魏王在洛阳驾崩，天下震恐。太子应该暂且止哀，即刻即位，以维系远近之期望。而且，爱子在侧，若有变故发生，社稷就危险了。”随即安排官员，准备一应礼仪，在一日内办妥此事。第二天清晨，以王后诏令，太子即位，颁布大赦令，朝野焕然一新。魏王曹丕说：“陈季弼临大节，果断英明，超过常人，可谓俊杰。”曹丕接受汉室禅让，登上帝位，陈矫改任吏部尚书，受封为高陵亭侯，升任尚书令。明帝即位，晋升陈矫爵位为东乡侯，享受食邑六百户。明帝曾经到尚书台阁，陈矫跪问明帝：“陛下欲何为？”明帝答：“欲检查文书。”陈矫答：“这是臣的工作，非陛下所宜亲临。如果认为臣不称职，请就此黜退臣。陛下还是回去吧。”明帝惭愧，车驾返回。陈矫就是这样，谨奉职守。[①]陈矫兼任侍中、光禄大夫，又升任司徒。景初元年，陈矫去世，谥号为贞侯。[②]

①《世语》记载：刘晔以先到，受到宠幸，借机谮毁陈矫专权。陈矫恐惧，询问长子陈本，陈本不知该怎么办。次子陈骞答：“主上圣明，大人身为大臣，如果认为不受信任，不过辞职，不做官就是了。”后来又过了数日，文帝召见陈矫，陈矫又问二儿子，陈骞答：“陛下已经解开疑虑，所以才召见大人。”陈矫进宫，待了一整日，文帝说：“刘晔构陷君，朕已经知道了，朕了解君，不必担心。”赐予陈矫金子五饼，陈矫辞让。文帝说：“君以为这是小惠？君已经知道朕的心思，君的妻子未必释疑。”文帝忧虑社稷，问陈矫：“司马公忠正，是社稷之臣吗？”陈矫答：“司马公可谓朝廷之望臣；至于社稷之臣，不知也。”

②《魏氏春秋》记载：陈矫本来是刘氏的儿子，过继给舅舅为嗣子，又娶了本族的女子。徐宣常以此非议陈矫，廷议时讥刺陈矫。太祖赞赏陈矫有才，而且有肚量，欲维护陈矫，下令曰：“丧乱以来，风俗教化衰微，谤议之言，难以作为褒贬。建安五年以前，一切勿论。以后再有诽议者，以其罪罪之。”

嗣子陈本继承爵位，历任郡守、九卿。所任职务，皆能够按照纲纪，关注大事，下属各尽其能。陈本有统御才能。陈本不亲临小事，不读法律，却得到廷尉的称号，优于担任廷尉的司马岐等人，精通文理。陈本升任镇北将军，持符节，统率河北军事。陈本去世，嗣子陈粲继承爵位。陈本的弟弟陈骞，咸熙年间担任车骑将军。①

①按《晋书》记载：陈骞，字休渊，在晋朝是佐命大臣，官至太傅，受封为高平郡公。

当初，陈矫担任郡府功曹，出使经过泰山郡，郡太守东郡人薛悌对陈矫的能力颇为惊讶，愿与陈矫结为挚友，开玩笑说：“以郡吏身份，结交二千石郡府官员，犹如君主屈尊，陪臣下交游，怎么样？”薛悌后来改任魏郡太守，升任尚书令，都是陈矫担任过的职务。①

①《世语》记载：薛悌，字孝威。二十二岁时，从兖州从事升任泰山郡太守。当初，太祖平定冀州，让薛悌到东平国担任左右长史，后来担任中领军，认为薛悌忠贞，熟悉政事，为世上官吏的表率。

徐宣，字宝坚，广陵郡海西县人。徐宣在江东避乱，孙策任命薛宣职务，徐宣辞让，返回本郡。后来，徐宣与陈矫一起，在郡府负责纲纪，他们二人名声相当，而个人喜好不同，都被郡太守陈登所器重，与陈登一起归附曹操。海西县、淮浦县民众作乱，郡都尉卫弥、县令梁习夜晚逃到徐宣家，徐宣把他们送走，免遭祸患。曹操派遣督军扈质前来镇压叛乱，因为兵少，徘徊不前，不敢进军。徐宣暗中来见扈质，向其献计，示以形势，扈质随后进军，平定叛乱。曹操任命徐宣为司空府掾，改任东缗县、发干县令，升任齐郡太守，又入朝担任丞相府门下督，跟随曹操到寿春。恰逢马超叛乱，曹操大军西征，曹操对官属讲："如今，大军要远征，这里还未平定，恐怕会成为后顾之忧，要选一位清正廉洁、大公无私、具有大德之人，统领后方。"曹操任命徐宣为左护军，留下统领诸军。曹操返回，任命徐宣为丞相府东曹掾，改任魏郡太守。曹操在洛阳驾崩，群臣进入殿中哭泣致哀。有人说应该更换诸城守将，改用谯县、沛县的人。徐宣厉声喝道："如今，远近一统，群臣怀忠效节，何必一定要选谯县、沛县的人，使得宿卫忠臣寒心。"曹丕听说后，说："徐宣真可谓社稷之臣。"魏王曹丕接受汉室禅让，登上帝位，任命徐宣为御史中丞，赐爵关内侯，又改任城门校尉，旬月之间，又升任司隶校尉，又转任散骑常侍。徐宣跟随文帝至广陵，六军乘坐舟船，风浪骤起，文帝乘坐的大船颠簸，徐宣担心自己落在后面，乘风破浪向前，群臣没有比徐宣先到者。文帝深有感触，任命徐宣为尚书。

明帝即位，封徐宣为津阳亭侯，享受食邑二百户。中领军桓范举荐徐宣："臣听说，帝王使用人才，根据形势变化，授予职位，争夺天下时，以策略为先，天下安定后，以忠义为首。故晋文公采纳舅父咎犯之计，战胜楚军，战后重赏雍季，因为雍季的谏言，为长远考虑，[①]高祖采用陈平的计谋，而将后事托付于周勃。臣窃见，尚书徐宣，践行忠厚之德，秉持直亮之性；为人清雅，卓然独立，不拘世俗；坚持原则，难以撼动，有社稷之忠节；徐宣历任州郡职务，所在任上，皆有政绩。而今，仆射或缺，徐宣可以代行仆射职事；作为朝廷心腹，委以重任，无人比徐宣更为合适。"明帝遂任命徐宣为左仆射，后又兼任侍中、光禄大夫。明帝车驾巡幸许都，留下徐宣总理朝政。明帝返回，尚书台阁主事者呈上文书。明帝下诏："由我处理与仆射处理，又有何区别？"遂不肯处理。尚方令负责制造器物，出现问题，被捕入狱，死在狱中，徐宣上疏，认为刑罚太重，又谏言，营建宫殿，穷尽民力，明帝手诏，采纳谏言。徐宣讲："在古时，官员七十岁，有辞职退休的礼仪，臣今年已经六十八岁，请辞所任职务，回家休息。"徐宣以身体有病，请辞职务，明帝没有批准。青龙四年，徐宣在任上去世，留下遗嘱，布衣疏巾，装殓时穿平时的衣服。明帝下诏："徐宣身体力行，忠诚务实，为官清正廉洁，外方内直，在三朝历任高官，公正无私，有托孤寄命之节，可谓柱石大臣。朕常欲倚恃徐宣，作为台辅，还未来得及拜授三公，可惜大命不永！追赠车骑将军印绶，按照三公礼安葬。"赐谥号为贞侯。嗣子徐钦继承爵位。

①《吕氏春秋》记载：在往昔，晋文公将要与楚军在城濮大战，召咎犯问策："楚众我寡，将如何应敌？"咎犯回答："臣听说，繁礼之君，不厌于文，繁战之君，不厌于诈，国君应该采用诈谋。"文公把咎犯的话告诉雍季，雍季答："竭泽而渔，岂不能捕获塘中之鱼！然而，明年则无鱼。焚薮而田，岂不能捕获林中之兽！然而，明年则无兽。诈伪之道，虽今日可用，此后不可再用，非长久之术。"文公用咎犯之言，在城濮之战大败楚军。在赏赐时，反而让雍季接受上等赏赐。左右人不解，谏言道："城濮之功，是咎犯之谋。君用其言，战胜楚军，今日受赏，反

而落在后面，恐怕不行吧！”文公答：“雍季之言，百代之利；咎犯之言，一时之务。焉有一时之务，先百代之利？”

卫臻，字公振，陈留郡襄邑人。父亲卫兹，为人有大节，不肯接受三公府征召。曹操当初到陈留郡，卫兹说：“能够安天下者，必定是此人。”曹操也很看重卫兹，多次登门向卫兹咨询。卫兹跟随曹操讨伐董卓，在荥阳战死。曹操每次到陈留郡，都会派使者到卫兹墓地祭祀。[①]夏侯惇担任陈留郡太守，任命卫臻为计簿吏，夏侯惇让妻子在酒宴上出现，卫臻认为：“这是末世之俗，非礼仪之正。”夏侯惇大怒，把卫臻抓了起来，既而，又赦免卫臻。后来，卫臻担任汉朝廷黄门侍郎。东郡人朱越谋反，牵连到卫臻。曹操下令：“孤与卿的父亲共同举事，对卿也非常关照。当初，听到朱越谈起卿，我还不相信。及至得到荀令君的书信，更显示君的忠诚。”恰逢卫臻奉献帝诏命，聘娶曹操的女儿为贵人，曹操上表，留下卫臻，在丞相府参谋军事。追录卫臻父亲卫兹的旧功，赐卫臻爵关内侯，又改任卫臻为丞相府户曹掾。曹丕即魏王位，卫臻担任散骑常侍。及至曹丕接受汉室禅让，登上帝位，封卫臻为安国亭侯。当时，群臣齐声歌颂魏室圣德，多贬损汉室。卫臻却能阐明献帝禅让之义，称颂汉室美德。文帝多次对卫臻讲：“天下之珍物，我当与山阳公（献帝）共享之。”卫臻迁任尚书，又改任侍中兼吏部尚书。文帝巡幸广陵郡，卫臻代行中领军职事，跟随文帝。征东大将军曹休上表，得到俘虏的供词：“孙权已经到了濡须口。”卫臻说：“孙权依恃长江天险，不敢抗拒我军，这一定是畏惧魏军，散布的谣言。”经拷问俘虏，果然是守将诈言所编造。

①《先贤行状》记载：卫兹，字子许，为人处事，没有激辩诡诈之行，不羡慕流俗之名；思虑深远，谋略详备。接受车骑将军何苗征召，司徒杨彪又予以任命。董卓在朝中作乱，汉室倾覆，太祖来到陈留郡，当初与卫兹相见，遂结下同盟，商议武事。卫兹回答：“祸乱已经持续很久，非用军队，不能平息天下大乱。”卫兹说：“举兵讨伐，从现在就要谋划。”由此可见，卫兹谋划深远，懂得兴废之理，首先赞成太祖举兵。卫兹聚集军队三千人，跟随太祖进入荥阳，力战终日，战事不利，死于阵中。

《郭林宗传》记载：“卫兹弱冠时，与同郡人圈文生被人们称为有盛德。郭林宗与二人到集市上去，卫兹买东西，不问价钱，文生与商贩讨价还价，减价才买。郭林宗说：“子许少欲，文生多情，此二人不但是兄弟，堪为父子。”后来，文生以贪财，名誉受损，卫兹以谨守节操而闻名。

明帝即位，晋升卫臻爵位为康乡侯，后又改任右仆射，负责选举官员，仍兼任侍中。中护军蒋济写信给卫臻：“汉高祖擢拔逃犯为上将，周武王擢拔渔父为太师；布衣百姓，可以登上王公之位，何必谨守法律，经考试后才任用？”卫臻回信：“古人轻才智而重视人的品质，须考核政绩，而后决定升降去留；今天，先生把牧野之战时的周室与成王、康王时代相比较，把高祖斩蛇起义，夺取天下，与文帝、景帝时相比较，违背常规，选拔人才，如果现在仍照此办理，将使天下战乱不止。”诸葛亮进犯天水郡，卫臻上奏：“应该派遣奇兵进入大散关，断绝其粮道。”明帝拜卫臻为征蜀将军，授予符节，统领军事，卫臻到长安，诸葛亮退兵。卫臻返回，官复原职，兼光禄大夫。当时，明帝正在大肆营建宫殿，卫臻多次劝谏。及至殿中监擅自收捕兰台令史，卫臻上奏，调查此案。明帝下诏：“宫殿还未建成，这是朕关心的事情，卿为何要追究此事？”卫臻上疏：“按照古制，禁止官员干预其他任职官员，并非厌恶官员多事，而是因为这样做，所获益者小，带来的危害大。臣每每注意到校事官，对类似于这些事，臣常担心，官员超出职权范围，任意行事，会使得朝政受到影响。”诸葛亮出兵斜谷；征南将军上奏：“朱然等已经过了荆城。”卫臻说：“朱然是吴国的骁勇大将，一定是得到孙权命令，对外用兵，不过是摆一个姿态，牵制征南将军而已。”孙权果然诏令朱然进驻居巢，进攻合肥。明帝欲亲自东征，卫臻说：“孙权对外表示，此次用兵，响应诸葛亮，其实是在观望。而且，合肥城坚固，不足为虑。陛下不必亲征，以减少六军花费。”明帝到了寻阳，孙权已经退兵。

幽州刺史毌丘俭上疏：“陛下即位以来，未有可记录在史册的功绩。东吴、西蜀负险顽抗，还未能荡平，姑且可以让这些无用之军先平定辽东。”卫臻说：“毌丘俭所谏言，皆为战国时诸侯的小伎俩，非王者平定天下之谋划。吴国连年用兵，骚扰边境，我军最好按兵不动，修养士卒，无须反击东吴，让百姓疲惫。而且，公孙渊盘踞在辽东，有渤海阻拦，已经传承三代，对外安抚戎夷，对内加强战备，毌丘俭欲以偏军长驱深入辽东，朝至夕胜，臣深知，此乃一派胡言。”毌丘俭进军，果然失利。

卫臻升任司空、司徒。正始年间，齐王曹芳晋升卫臻爵位为长垣侯，享受食邑一千户，封卫臻的一个儿子为列侯。当初，曹操迟迟没有确立太子，很看重临菑侯曹植。丁仪等皆为曹植的党羽，劝卫臻多结交曹植，卫臻以大义拒绝。及至曹丕被立为太子，东海王曹霖受到曹丕宠爱，曹丕问卫臻：“平原侯曹霖如何？”卫臻只是称赞曹霖有美德，其他不再多言。曹爽辅政，派夏侯玄向卫臻转达旨意，欲让卫臻代理尚书令，及至曹爽为弟弟向卫臻的女儿求婚，两件事情，卫臻都没有答应，只是奏请辞职。齐王曹芳下诏：“在往昔，段干木在家中修养，义压强秦；留侯张良在家中颐养，不忘楚地战事。卿有良言嘉谋，望不吝赐教。”赐予卫臻宅邸一套，享受特进位，俸禄参照三公。卫臻去世，追赠太尉印绶，谥号为敬侯。嗣子卫烈继承爵位，咸熙年间，担任光禄勋。①

①裴松之按：旧事及《傅咸集》记载：卫烈在光禄勋任上去世。卫烈的两个弟弟卫京、卫

楷，皆担任二千石官员。卫楷的儿子卫权，字伯舆。晋朝大司马汝南王司马亮辅政，以卫权为尚书郎。傅咸写信给司马亮，信中讲："卫伯舆是贵妃哥哥的儿子，很有才华，应该安排在台阁，担任侍郎，然而，不能担任东宫官属。东宫官属，前有杨骏，堵塞贤者之路，今日有伯舆，再越过某人，担任侍郎。一犬吠形，群犬吠声，惧于群吠，遂至回听。"卫权为左思著《吴都赋》作叙，又作注，叙粗有文采，至于注，了无发明，可谓尘秽纸墨，无须传写。

卢毓，字子家，涿郡涿县人。父亲卢植，在东汉末年享有名气。①卢毓十岁时，成为孤儿，在当时，涿郡陷入战乱，两个哥哥在战乱中死去。当袁绍、公孙瓒交战时，幽州、冀州百姓陷于饥荒，卢毓奉养寡嫂及哥哥的遗孤，以品学兼优，受到当时人称赞。曹丕担任五官中郎将，召卢毓担任将军幕府贼曹掾。崔琰举荐卢毓为冀州府主簿。当时，战乱逐渐平息，各项制度正在草创，常有人加重对逃亡者的惩罚，判罚重罪还牵连到妻子、儿女。逃亡者的妻子白氏等，刚刚嫁到夫家，还未与丈夫见面，大理寺上奏，按照杀头示众罪惩处。卢毓反驳："女子之情，以嫁入夫家，二人相见而恩生，成为夫妇而义重。故《诗经》讲：'未见君子，我心伤悲；亦既见止，我心则夷。'还有，《礼记》讲：'还未在家庙中拜见公婆之妇，去世后，只能归葬女方的家族墓地，因为还未行夫妇之礼。'而今，白氏等还未见到丈夫，生有未见之悲，死有非妇之痛，大理寺官员谈论时，欲以死罪惩治，那么，与丈夫同屋而食，合卺之后，再加以何罪？而且，《礼记》还说：'从犯以轻罪论处。'意思是从犯之罪，以轻罪论处。还有，《尚书》讲：'与其冤杀无辜，宁可放过疑犯。'担心刑罚过重。如果认为白氏等已经接受聘礼，跨入夫家的大门，施以轻刑即可，判死刑太重。"曹操说："卢毓的观点是对的。而且引经据典，于法有据，连孤听了，都为之叹息。"从此以后，卢毓担任丞相府法曹议令掾，后改任西曹议令掾。

①《续汉书》记载：卢植，字子幹。年少时，卢植拜马融为老师，与郑玄是同门师友，卢植为人刚毅，有大节，常喟然叹息，有济世之志，不苟合取容，不应州郡征召。灵帝建宁年间，朝廷征召博士，卢植出任九江郡太守，以有病辞去职务。卢植生前著作《尚书章句》《礼记解诂》，逐渐升任侍中、尚书。张角黄巾军造反，灵帝拜卢植为北中郎将，征伐张角，战事不利，免官抵罪。不久，又担任尚书。张让劫持少帝，直奔小平津，卢植手握宝剑，怒斥张让等人，张让等皆放下兵器，垂泣谢罪，随后自杀。董卓廷议时，欲废除少帝，群臣无人敢站出来反对，只有卢植正言直谏，详情记载在《董卓传》。卢植以年老，告病退休，隐居在上谷郡军都山，初平三年去世。太祖北征柳城，经过涿郡，告诉郡太守："原北中郎将卢植，名著海内，学为儒宗，士人之楷模，实乃国之栋梁。在往昔，武王进入殷都，封商容之间，郑国大夫子产去世，仲尼悲泣。孤到此州，嘉赏卢植余风遗烈。《春秋》之义，贤者之后人，有异于常人。派遣府丞掾，整修卢植的坟墓，并致薄酒，以彰贤德。"卢植有四个儿子，卢毓最小。

魏建国初，卢毓担任吏部侍郎。曹丕接受汉室禅让，登上帝位，卢毓改任黄门侍郎，又出任济阴国相，梁郡、谯郡太守。文帝以谯郡为曹氏故乡，迁徙大量的移民，充实谯郡，开垦农田。谯郡的土地瘠薄，百姓生活困苦，卢毓同情百姓，上表将百姓迁至梁国，那里的土地肥沃。此议不合文帝的旨意，表面上虽然同意，内心对卢毓却有想法，此后贬谪卢毓，任命为睢阳郡典农校尉，让卢毓带领移民垦荒。卢毓心系百姓，亲自考察土地，为百姓选择适合居住的地方，以及适宜耕种的良田，百姓多赖卢毓关照。后来，卢毓升任安平郡、广平郡太守，在任上，给百姓带来恩惠和教化。

青龙二年，卢毓入朝担任侍中。此前，散骑常侍刘劭接受诏命，制定法律，还未完成。卢毓上疏，详细解释古今法律的意义，认为法律标准必须统一，绝不能模棱两可，使得奸吏得以任意操弄。及至侍中高堂隆多次以营建宫殿劝谏明帝，明帝不悦，卢毓进谏："臣听说，君明则臣直，古代的圣王，都担心听不到对过失的谏言，故设立敢谏之鼓，让近臣恪尽职守，这件事，臣等不如高堂隆。高堂隆是儒生，众人皆以为狂直，陛下还是要包容。"卢毓在职三年，对朝政多有谏言。明帝下诏："任命官职，量才录用，圣帝都认为是难事，官职一定要任用良吏，用良吏代替尸位素餐者。侍中卢毓禀性忠贞，坚守职责，心平体正，可谓经过考查，不懈于职务，是有功绩的良吏。任命卢毓为吏部尚书。"明帝让卢毓选择代替自己的人："选择一个像你这样的人即可。"卢毓举荐常侍郑冲，明帝说："文和，我了解他，再举荐一个我不熟悉的人。"卢毓又举荐阮武、孙邕，明帝选了孙邕。

此前，诸葛诞、邓飏等人博取名誉，当时有所谓四聪、八达之讥讽，明帝很讨厌，要举荐中书郎，明帝下诏："能否选人得当，在于卢生。选举不要让博取名誉者占位，犹如画饼充饥，可看不可吃。"卢毓回答："根据名声选拔，不能得到真正的人才，只能得到平庸之辈。平庸之辈畏惧圣教，仰慕善行，据此可以享有名声，这一点，不足以令人讨厌。愚臣既不能辨别人才，又主管选拔，只能遵循礼教，按照通常的标准选拔人才，只有在任职后，才能检验某人是否有才能。古人在选人时，首先听其言，再试以功。而今，对官员的考绩已经废除，只是以众人的毁誉作为对官员任职的看法，真伪混杂，虚实相蔽。"明帝采纳谏言，随即下诏，制定官员的考查制度。恰逢司徒缺位，卢毓举荐士人管宁，明帝不能用。要求卢毓再举荐其他人，卢毓回答："如果以敦厚、笃行，太中大夫韩暨可以；如果以坦率、正直，司隶校尉崔林可以；如果以坚贞、纯粹，太常常林可以。"明帝选择韩暨。卢毓评价人才及举荐人才，先考虑性情、品质，而后再考虑才能。黄门李丰曾经问卢毓，卢毓答："才能用以做事，才能大者，可以做大善事，才能小者，可以做小善事。而今称某人有才能，却不能做善事，是才能没有用在正确的地方。"李丰叹服卢毓的分析。

齐王曹芳即位，赐卢毓爵关内侯。当时，曹爽在朝中执掌朝政，欲树立同党，改任卢毓为尚书仆射，以侍中何晏代替卢毓。不久，又让卢毓改任廷尉，司隶校尉毕轨诬陷卢毓，卢毓被免职，朝中大臣多为卢毓鸣不平，曹爽又任命卢毓为光禄勋。曹爽等被收捕，太傅司马懿让卢毓代行司隶校尉职事，负责审理曹爽案。此后，卢毓又担任吏部尚书，兼奉车都尉，受封为高乐亭侯，又改任尚书仆射，仍负责选举官员，兼光禄大夫。高贵乡公即位，晋升卢毓爵位为梁乡侯。封卢毓的一个儿子为亭侯。毌丘俭叛乱，大将军司马景王亲自带兵镇压，卢毓在后方整饬纲纪，处理善后事宜，兼任侍中。正元三年，卢毓患病，辞去职务，又升任司空，卢毓坚决辞让，推荐骠骑将军王昶、光禄大夫王观、司隶校尉王祥。高贵乡公曹髦下诏，派使者授予卢毓印绶，晋升爵位为容城侯，享受食邑二千三百户。甘露二年，卢毓去世，谥号为成侯。孙子卢藩继承爵位。卢毓的儿子卢钦、卢珽，咸熙年间，卢钦担任尚书，卢珽担任泰山郡太守。①

①《世语》记载：卢钦，字子若，卢珽，字子笏。晋武帝泰始年间，卢钦担任尚书仆射，负责选拔官员，晋武帝咸宁四年去世，追赠卫将军，开设府衙。

虞预著《晋书》记载：卢钦年少时，享有名位，但不看重财利，为人清虚淡泊，谨修品行。同郡人张华，家中单薄，从小就是孤儿，不为乡邑人所知晓，唯卢钦欣赏张华。卢钦的儿子卢浮，字子云。

《晋诸公赞》记载：张华博闻强识，无所不知。卢浮为人开朗，学识渊博，对张华赞美不已，举荐张华，担任太子舍人，因为病疽，要做手术，张华被截断手，遂成为残废。朝廷器重，其在家中修养，担任国子监博士，又改任祭酒，永平年间，担任秘书监。卢珽及儿子卢皓、卢志并列尚书。卢志的儿子卢谌，字子谅。温峤上表称，卢谌为人淡泊，有文思。

《卢谌别传》记载：卢谌善于写文章。洛阳倾覆，卢谌北上投靠刘琨，刘琨任命卢谌为司空府从事中郎。刘琨败亡，卢谌归附段末波。晋元帝初年，多次征召卢谌，任命卢谌为散骑中书侍郎，卢谌不能南下。永和六年，卢谌在胡人中去世，子孙渡过长江。妖贼首领卢循，是卢谌的曾孙。

陈寿评论如下：桓阶能看清成败，可谓才识兼备。陈群重视名节，有清流之雅称；陈泰兼济天下，为人简易，继承家风。魏国诸项政事，皆归属尚书台阁，重内轻外，因此，先后有八位尚书，相当于古代官制六卿之任。陈、徐、卫、卢，久居其位，陈矫、徐宣为人刚直，可谓骨鲠之臣，卫臻、卢毓按照章程办事，借鉴古书而多有谏言，不负重任。

魏书二十三

和常杨杜赵裴传第二十三

和洽，字阳士，汝南郡西平县人。和洽被举荐为孝廉，大将军幕府征召，和洽不肯俯就。袁绍在冀州，派遣使者迎接汝南郡的士大夫。和洽却认为："冀州平原，土地平坦，人民强悍，如果英雄豪杰能利用其优势，可谓四战之地。袁本初以此为根本，势力将变得十分强大，然而，英雄豪杰，四方并起，本初未必能保全冀州。荆州刘表没有远大志向，喜欢结交士人，荆州土地多险阻，山区夷民贫弱，可以依靠。"和洽与亲戚朋友随后南下，依附刘表，刘表以上宾礼接待和洽。和洽说："我之所以不愿意追随本初，是为了躲避冀州之乱。刘表也是昏庸之主，不能过于亲近，时间久了，此地恐怕是危亡之地，①一定会有挑拨离间的是非小人。"和洽又南下，迁至武陵郡。

①裴松之按：《汉书·文帝纪》记载："阽于死亡。"《食货志》记载："阽危若是。"注："阽音盐，犹如屋檐，人太靠近屋檐，要防止堕落之物。"还有一解释，曰："临危曰阽。"

曹操收复荆州，任命和洽为丞相府掾。当时，毛玠、崔琰以忠正廉洁，在丞相府担任要职，他们负责选用官员，首先考虑廉洁、俭朴。和洽进言："天下大器，在于职位和选用人才，不能仅以俭朴作为选人用人的标准。为人俭朴，固然重要，过于强调，以此垂范可以，以此要求任何人，则会失去很多优秀人才。而今，朝臣在廷议时，官员穿着新衣，坐着好车，就有人认为这些官员不够廉洁；有些官员在官署，形貌不加修饰，穿破旧衣服，甚至残破不堪，却被认为是做官廉洁。致使有些士大夫故意污损衣服，藏匿平时乘用的车舆；朝廷大臣，有些亲自提着食具，进入官府，以示廉洁。朝廷崇尚教化，厉风化俗，贵在中庸，这样才能继往开来。而今，强调过于死板，用众人难以接受的行为规范，作为检验是否廉洁的标准，官员勉力而为，必然难以为继。古时候，向民众推行教化，务在考虑民情及社会上的人情世故。凡过激、矫饰的行为，都会有奸伪藏匿在其中。”①

①孙盛曰：在往昔，先王治理天下，考察民俗，推行教化，或质或文，因时而制宜，损益相互交替，至于车服礼秩、贵贱等差，也有统一规定。魏国继东汉末世之乱，风俗崇尚奢靡，诚宜仰思古制，训以约简，使奢不陵肆，俭足以符合礼，进无蜉蝣之讥讽，退免矫饰之讥刺；这样，才能达到治理的效果，颂声大作。矫枉过正，则巧伪滋生，以此训下，则民志险隘，并非圣王用以陶冶、教化民众的方法，推崇诚实，防止奸邪。和洽之言，才是中庸之道。

魏建国初，和洽担任侍中，后来，有人进谗言，诬陷毛玠诽谤曹操，曹操接见近臣时，谈起这些，非常生气。和洽极力解释，毛玠平素对己要求严格，进退都能遵循礼仪，请求调查核实其事。罢朝后，曹操下令：“而今，有言事者认为，毛玠不但诽谤孤，还为崔琰鸣不平。毛玠这样做，有损君臣恩义，妄自为死友抱怨，是可忍，孰不可忍！在往昔，萧何、曹参追随高祖起兵，二人出身微贱，为打下天下，建立了丰功伟绩。高祖每当处于困境，二人都会竭力襄助，始终表现恭顺，臣道益彰，所以，福祚延续后世。和洽作为侍中，要求核实诽谤之事，孤之所以不听，对此事还是想慎重。”和洽回答：“如果如言事者所言，毛玠的确罪孽深重，非天地所能覆载。臣绝不敢曲意解释法理，罔顾君臣之义，为毛玠讲话。毛玠从群臣中受到重用，特见擢拔，位在要职，历年从曹公获得恩宠。毛玠为人耿直，忠心报国，也为某些人所忌惮，臣以为，毛玠不会有诽谤行为。然而，人情难保不会有过失，所以要核查，以确保两方面所言真实。而今，圣恩垂顾，有含垢忍辱之仁，不忍心致毛玠于法理，更重要的是，如果不能判明曲直，对臣下妄加猜疑，将会从这件事开始。”曹操说：“所以不核实，还是想让毛玠及言事者两方面相安无事。”和洽回答：“毛玠如果真有诽谤之言，应当杀头示众；如果毛玠并无此事，言事者应该加上肆意诬陷大臣迷惑主上圣听的罪名；二者不加以核实，臣窃不安。”曹操说：“方今军事繁忙，安可因为有人妄言，便详加核实？狐射姑在朝堂上刺杀阳处父之事，愿作为君之告诫。”

曹操打败张鲁，和洽极力谏言，应该适时撤军，迁徙汉中的百姓，可节省守备、安民的费用。曹操未采纳谏言，其后迁徙百姓，不得不放弃汉中。和洽后来担任郎中令。曹丕接受汉室禅让，登上帝位，任命和洽为光禄勋，封为安城亭侯。明帝即位，晋升和洽爵位为西陵乡侯，享受食邑二百户。

太和年间，散骑常侍高堂隆上奏：“当下时风不至，颓废之气横生，一定是有关官员不能恪尽职守，以至于天时失去常理。”明帝下诏，表示谦逊，引咎自责，向朝臣征求谏言。和洽认为："丧乱之后，民众稀少，耕田数量减少，浮华不事生产的人多。国家以民为本，民众以食为命。故浪费一季的农业生产，就会丧失很多养育百姓的根本。先王重视减少靡费之损耗，专心于劝农。自春夏以来，民众疲于徭役，荒废农业生产，百姓舆论哗然，因此时风不至，未必不是由此引起。消解之术，莫大于节俭。太祖创立宏业，用于治理之费，供应军旅之用，吏民士人皆能够粮食供应充足，国家仓库储备、缣帛丰富，不将花费用于无用之宫殿，严禁奢华之虚耗，方今要务，固在减省徭役，减损不急之事务，省下的费用，作为军旅储备。三边守御，应该有充足的储备。料敌虚实，也在于养精蓄锐，豢养士人，安抚民众，谋划庙胜之算，明于攻取之略，真诚向群臣咨询，以求中正之道。如果谋划不在事前考虑清楚，轻视弱小之敌，多次动用军队，无目的地用兵，此所谓'悦武无震'，古人所告诫。"

和洽改任太常，在任上为官清廉，谨守简约，以至于出卖田宅，才能养活家人。明帝听说后，赐予和洽谷、帛。和洽去世，谥号为简侯。嗣子和离继承爵位。和离的弟弟和逌，有才气，为人性情豪爽，官至廷尉、礼部尚书。[①]

①《晋诸公赞》记载：和峤，字长舆，是和逌的儿子，年少时，和峤有名气，以为人雅重而著称。常仰慕舅舅夏侯玄的为人，厚自封植，卓然不群。从黄门侍郎升任中书令，改任尚书。愍怀太子初立，任命和峤为少保，加任散骑常侍。和峤家产丰厚，比拟王公，而性情至俭至吝。和峤的同父异母弟弟和郁，没有什么名气，和峤轻侮和郁，因而名誉受损。和峤在任上去世，皇帝赠光禄大夫印绶。和郁以为官公正，受人称赞，官至尚书令。

和洽同郡人许混，是许劭的儿子。为人清醇，善于鉴别人物，明帝时，担任尚书。[①]

①许劭，字子将，汝南郡人，《先贤传》记载：召陵县人谢子微，有高才，远见卓识，许劭十八岁时，叹息道："此人可谓稀世出众之伟人。"许劭当初在集市上看到卖帻巾的樊子昭，认为此人是俊杰，在牧牛人中发现虞永贤是人才，在乡闾之间，征召李淑，从鞍马之吏中擢拔郭子瑜，许劭盛赞杨孝祖，举荐和洽，这六人此后皆为贤士，可谓当世之令懿。其余中流士人，或从淹滞中提拔，或在童齿中发现，这些人，莫不是许劭慧眼识珠。凡许劭所鉴别的人才，都能有卓越的表现，不可胜计。许劭发现某人矫饰奸诈，也会贬抑其虚名，就像周代的单襄。许劭的族人许栩，沉溺于名利，后来官至司徒。举族莫不匍匐于许栩的门下，承风而驱，官以贿成，只有许劭不肯过其门。广陵郡人徐孟到汝南郡担任太守，听说许劭的高名，宴请许劭在郡府担任功曹。饕餮放流，洁士盈朝。袁绍出身于三公之家，有盛名，担任濮阳县长，弃官回家探亲，有副车从骑跟从，将要进入郡界，袁绍叹息道："我带着这样的舆服，怎敢去见许子将？"遂单车而归。许劭受三公府征召担任府掾，又受拜为鄢陵县令，被举荐为方正，皆不肯俯就。许劭前往江南避乱，所经历的郡县，必然有很多人追随，翔而后集。许劭在豫章郡去世，享年四十六岁。有儿子名字叫许混，显名于魏国。

常林，字伯槐，河内郡温县人。七岁时，常林父亲的朋友到家里做客，问常林："伯先在家吗？你为何不向客人下拜！"常林答："虽然应该向客人下拜，但客人到家，直呼父亲的字，何拜之有？"众人听说此事，称赞常林。[①]河内郡太守王匡起兵，讨伐董卓，派遣门生到属下县邑，调查吏民有何罪行，一旦核实，即行收捕，严刑拷打，令犯人缴纳钱谷赎罪，缴纳迟缓者，甚至夷灭其家族，以此显示威风。常林的叔父殴打过佃户，被门生告发，王匡大怒，即行收捕。家族人惶恐不安，不知该缴纳多少钱，又担心关押在监狱，不能施救。常林去见王匡同县人胡母彪，说："王府君以文武高才，统领河内郡。河内郡可谓表里河山，土地肥沃，士民殷富，士人中多有贤能者，可以选择任用。而今皇上幼冲，贼臣虎据朝廷，华夏为之震栗，正是英雄豪杰奋发用谋之秋。如果借用这些俊杰士人诛杀天下之贼，匡扶王室衰微，智者望风，响应者众。克定乱世，在于和睦士民，以此为根本，何战不能报捷！如果府君无此恩德，任意忽略该用的士人，覆亡之祸，瞬间将至，又怎能匡扶朝廷，立功立名？愿府君斟酌！"同时，解释叔父为何被拘押。胡母彪当即写信指责王匡，王匡赦免常林的叔父。常林来到上党郡避乱，在山间耕种。当时正值大旱，蝗虫肆虐，只有常林的田里获得丰收，常林招呼邻居，让他们分享收获。后来，常林依附原河间郡太守陈延，住在坞壁，防备盗寇。陈、冯二姓，都是冠冕之家，世家大族。河间郡太守张杨垂涎其妇女，贪婪其钱财。常林率领族人，为陈延出谋划策。坞堡被围六十余日，最终得以保全。

①《魏略》记载：年少时，常林家里贫困。虽然贫困，非自己亲自努力，不肯妄取他人的东西。常林秉性好学，东汉末年，常林作为儒生，带着经书，在田间耕作。其妻子为常林送饭，常林虽然生活在民间，夫妇相敬如宾。

并州刺史高幹上表，举荐常林为骑都尉，常林辞让，不肯接受。后来的并州刺史梁习举荐知名士人常林、杨俊、王凌、王象、荀纬，曹操全部任命为县长。常林担任南和县长，治理有政绩，被越级提拔为博陵郡太守、幽州刺史，所在任上，皆有政绩。曹丕担任五官中郎将时，常林担任幕府功曹。曹操西征，田银、苏伯反叛，幽州、冀州骚动不安。曹丕欲亲自讨伐，常林谏言："在往昔，臣在博陵郡担任太守，又在幽州担任刺史，贼人的形势，可以判断。北方的吏民，大多乐于安宁，厌恶战乱，归附接受教化已久，守善者多。田银、苏伯不过是犬羊相聚，智小谋大，不可能为害一方。而今大军正在远征，外部有强敌，将军为天下镇守后方，若轻举妄动，出兵讨伐贼寇，即使克敌获胜，也胜敌不武。"曹丕采纳常林的谏言，派部将前往讨伐，很快平定。

后来，常林出任平原郡太守、魏郡东部都尉，返回担任丞相府东曹掾。魏建国初，常林担任尚书。曹丕接受汉室禅让，登上帝位，常林改任少府，受封为乐阳亭侯，[①]又改任大司农。明帝即位，晋升常林爵位为高阳乡侯，改任光禄勋，兼任太常。司马懿认为，常林是同乡中德高望重的老人，每次见到常林，都要下拜。有人对常林讲："司马公位高权重，君应该阻止其下拜。"常林答："司马公率先垂范，敦睦长幼之叙，为后生做出表率。司马公位高权重，我并不畏惧权贵，司马公向我下拜，我为何要制止！"谏言者尴尬退下。[②]当时，众人认为，常林谨守节操，为人清高，欲推荐常林为三公，而常林常称自己病重，不堪此任，后来，常林受拜为光禄大夫。享年八十三岁，去世，追赠骠骑将军印绶，葬礼参照三公礼，谥号为贞侯。嗣子常旹（shí）继承爵位。常旹后来担任泰山郡太守，因犯罪被杀。常旹的弟弟常静继承爵位。[③]

①《魏略》记载：常林为官清廉，对属下严厉。少府寺与大鸿胪对门，当时，崔林担任大鸿胪。崔林为人，性情豪放阔达，与常林性情不同，多次听到常林打官吏，认为不妥。常林夜里打官吏，官吏忍不住疼痛，呼号连声，响彻夜空。第二天，崔林出门，与常林的车子相遇，调侃常林："听说卿担任廷尉，是吗？"常林不觉回答："没有啊。"崔林说："卿没有担任廷尉，为何昨夜毒打囚犯？"常林大惭，然而，仍然不能自止。

②《魏略》记载：当初，常林年少时，与司马京兆的关系很好。太傅每次见到常林，常要下拜。常林阻止："公的身份尊贵，不可这样做！"及至司徒缺位，太傅有意让常林补任。按《魏略》记载，与本传相反。裴松之认为：以常林的为人，不畏惧权贵，论其然否，认为本传为是。

③按《晋书》记载：诸葛诞谋反，大将军东征，常旹称病不肯随军出征，被司马文王正法。

《魏略》记载：以常林、吉茂、沐并、时苗四人，列为《清介传》。

吉茂，字叔畅，冯翊池阳县人，家族世代为当地大姓，吉茂喜欢读书，不耻恶衣恶食，而耻于一物之不知。建安初年，关中回复安宁，吉茂与右扶风人苏则进入武功南山，隐居精思数年。州部举荐吉茂为茂才，担任临汾县令，吉茂在任上，居官清静，吏民不忍心欺瞒。后来，吉茂改任武德侯中庶子。建安二十二年，因为其宗人吉本等起事，受到牵连，吉茂被收捕。当初，朝廷禁令，禁止内学及兵书，吉茂全都有，藏匿起来，不愿意送官。及至吉茂被收捕，不知道是何罪，对左右人讲："我坐罪，是因为藏书。"恰逢钟相国证明，吉茂、吉本已经出了五服，故得以不受牵连。后来，吉茂被任命为武陵郡太守，没有到任。又改任酂国相，因酂国被撤，又受拜为议郎。景初年间，吉茂病逝。自从吉茂勤修品行，从少年至老年，冬天则被裘，夏天则短褐，行走以步当车，吃饭则茨藿，役使妻子、儿子，家中一无所有 。别人或有馈赠，一概不接受。虽然吉茂并不以此认为自己高过世人，心里也常厌恶不义而贵且富者。此前，国家施行九品中正制，派使者奔赴各郡，选拔中正士人，差别从公卿以下，直至郎吏，都按照功德才能，授予官职。吉茂同郡人护羌校尉王琰，此前多次担任郡太守，在任上不认为是清官。王琰的儿子王嘉也在几个县担任过职务，被认为很平常。王嘉当时担任散骑侍郎，冯翊郡举荐王嘉为中正。王嘉认为，吉茂虽然被评为上等，然而才能低下，说吉茂"德优能少"。吉茂愠怒，说："痛乎，我像你们父子一样，穿戴冠冕，劫夺他人！"当初，吉茂一母同胞哥哥吉黄，在建安十二年，从三公府掾升任长陵县令。在当时，严禁县令擅离职守，吉黄听说司徒赵温去世，自以为是赵温的故吏，违背禁令，前去奔丧，被司隶校尉钟繇收捕，伏法被杀。吉茂当时还是白衣，在三辅享有清名，认为哥哥坐追义之罪，被杀，心中怨怒，不肯哭泣，到了岁终，钟繇举荐吉茂。有议论者认为，吉茂必不肯屈就，及至举荐令一到，吉茂随之就任，因此，当时人认为，吉茂畏惧钟繇，或认为吉茂是俊杰之士。

沐并，字德信，河间国人。年少时，沐并孤苦，袁绍父子在河北时，沐并担任官吏，享有盛名。为人有志向节操，曾经去姐姐家，姐姐为弟弟杀鸡炊黍，沐并不肯留下吃饭。然而，沐并为官公正，行事果断，不畏强权，曹操召沐并担任军谋掾。黄初年间，沐并担任成皋县令。校事官刘肇经过，派人招呼县吏，要求提供草料。当时，正碰上蝗灾、旱灾严重，官府没有储备。县吏没有提供，刘肇的随从进入沐并的县衙，大声斥骂县吏。沐并大怒，趿拉着鞋子，提刀而出，后边跟随很多吏卒，欲收捕刘肇。刘肇发觉，慌忙逃跑，把在成皋县的遭遇奏报文帝。文帝有诏："刘肇作为牧司得务吏属，沐并竟敢收捕绑缚，无所忌惮，自恃清名邪？"遂收捕沐并，欲杀之。最后，判决髡刑，减死罪一等，服刑完毕，重新担任官吏，这样，沐并被放散十余年。直到正始年间，沐并又重新担任三公府长史。当时，吴国派朱然、诸葛瑾围攻樊城，派遣水兵在岘山东砍伐木材，当兵的牂牁人在做饭，有先熟者招呼后熟者："一起来吃吧。"后熟者答："不敢。"招呼者问："你想做沐德信呀？"沐并的名声，竟然传到吴国。虽然来自华夏，不知道者以为是前世人。沐并担任长史八年，晚年出任济阴郡太守，被召回，受拜为议郎。沐并已经六十余岁，自思身体不行了，为后事预做准备，告诫儿子，要俭朴安葬："告诉沐云、沐仪等：作为礼制，生民开始受教育，百世崇尚中庸。故力行者，为君子，不务者，为小人，然而，非圣人不能从容践行。因此，富贵者，有骄奢之过，贫贱者，困于鄙陋，养生送死，苟窃非礼。由斯观之，阳虎品行高尚，暴露尸骨于荒野，桓魋用石椁埋葬，不如尽快让尸骸腐朽。这是指儒学拨乱反正、鸣鼓矫俗之义，并非穷尽理性，陶冶变化之论。若能从始至终，皆以天地为一区，万物为刍狗，深谙玄通，求形景之宗，同祸福之素，一死生之命，吾有慕于道矣。道之为物，唯恍唯忽，寿为欺魄，夭为凫没，身沦有无，与神消息，含悦阴阳，甘梦太极。奚以棺椁为牢，衣裳为缠？尸系地下，长幽桎梏，岂不哀哉！在往昔，庄周阔达，无所无不可；还有，在西汉，杨王孙裸体殡葬，贵不久容。到了末世，缘生怨死之徒，乃有含珠鳞柙，玉床象衽，杀人以殉；圹穴之内，锢以纻絮，藉以蜃炭，千载僵燥，托类神仙。于是大教颓废，竞于厚葬，谓庄子为放荡，以王孙为戮尸，岂不知，古代有衣薪之鬼，野外有狐狸食腐乎？吾以材质滓浊，污于清流。昔忝国恩，历任宰守，所在无效，代匠伤指，狼跋首尾，无以雪耻。如不可求，从吾所好。吾今年已过耳顺，奄忽无常，苟得获没，即以吾身像王孙一样安葬。上冀以赎市朝之逋罪，下以亲道化之灵祖。顾尔幼昏，未知臧否，若将逐俗，抑废吾志，私称从令，未必为孝；而犯魏颗听治之贤，尔等为弃父之命，谁或矜怜之！若死者有知，吾将尸视。"到了嘉平年间，沐并病重，临终前，又敕令儿子预先挖掘墓穴，一旦气绝，令二人抬着尸体，丢进墓穴，禁绝哭泣之声，阻止妇女之送，制止吊祭之宾，不设抟治粟米之奠。又告诫后人，对亡者，不得在宗庙祭祀，不得在墓旁植树。妻子、儿子皆遵守遗嘱。

时苗，字德胄，钜鹿郡人。年少时，时苗为人清白，疾恶如仇。建安年间，进入丞相府，后出任寿春县令，在任上令行禁止，教化风靡。扬州治所在寿春县，当时，蒋济担任治中。时苗初上任，前去拜谒蒋济，蒋济素来嗜酒，此时正好醉酒，不能见时苗。时苗恚恨，遂返回，刻木为人，署上名字，曰："酒徒蒋济。"置之墙下，旦夕射之。州郡虽然知道其行为不符合常理，然而，以其操行过人，也没有加罪。时苗又继续当官，乘坐薄板车，饮食简略。拉车的牛，是一头黄牸牛，盖的是布被。当官一年多，黄牛生下一只牛犊。及至离任，时苗留下牛犊，对主簿讲："接任县令时，并没有此牛犊，牛犊是在淮南生的。"县衙群吏讲："六畜不识父，自当随母。"时苗不听，当时人皆认为时苗做事情过激，然而也因此名闻天下。时苗返回京师，担任太官令，负责郡府中正，确定九品，叙人才不能宽，然而纪人之短，虽任职久远，衔之不置。譬如，时苗所痛恨的蒋济，出仕直至担任太尉，蒋济不以时苗此前毁己为嫌，时苗也不以蒋济尊贵，向蒋济屈意。时苗担任太官令数年，官员不肃而治。时苗升任典农中郎将。享年七十余岁，在正始年间病逝。

杨俊，字季才，河内郡获嘉县人。杨俊曾经在陈留郡向边让学习，边让很看重这个学生。杨俊认为天下将要大乱，乱兵四起，而河内郡又是四方通衢，一定会成为战场，遂扶老携幼躲进京县、密县的山中，同行者有一百余家。杨俊赈济贫困，与大家同甘共苦。杨俊的族人及故旧有六家被贼寇劫走，充当奴仆，杨俊花钱，把他们赎回来。当时，司马懿十六七岁，与杨俊相遇，杨俊说："此人绝非寻常之人。"司马朗已经有很高的名声，其族兄司马芝，众人还并不了解，杨俊说："司马芝的声望虽然不及司马朗，然而，司马芝比司马朗更加优秀。"杨俊辗转来到并州。同郡人王象，年少时，成为孤儿，为人做仆役，十七八岁时，主人让王象牧羊，而王象一边牧羊，一边读书，被主人发现后捶打。杨俊很同情王象，也很欣赏王象好学，花钱为他赎身，留在家中，还为他聘娶妻子，组织家庭，然后才与其告别。

曹操任命杨俊为曲梁县长，后来，杨俊担任丞相府掾，被举荐为茂才，担任安陵县令，升任南阳郡太守。在任上，杨俊推行教化，建立学校，受到吏民称赞，杨俊又改任征南将军幕府军师。魏建国初，杨俊担任中尉。曹操征伐汉中，魏讽在邺城反叛，杨俊主动到曹操驻跸地，自我弹劾，请求辞职，因为行事方正，又写信向太子曹丕辞别。曹丕心中不悦，说："杨中尉就这样离去，莫非太清高啦！"遂将杨俊降职为平原郡太守。曹丕接受汉室禅让，登上帝位，杨俊又在南阳郡担任太守。当时，王象担任散骑常侍，举荐杨俊："臣注意到南阳郡太守杨俊，操守清纯，履践忠肃，仁德足以育物，笃行足以动众，劝勉后进，诲人不倦，外宽内直，仁而有断。自从杨俊担任官职，所任职务，皆重视教化，率身垂范，此次担任南阳郡太守，恩德流惠，政绩卓著，邻郡县邑，扶老携幼迁至南阳郡者甚多。而今郡内经过杨俊治理，百姓享受安宁，杨俊在任上已经展示才能，应召回朝廷，在皇上身边效力，光大陛下之宏业。"

杨俊从少年起，直至年长，重视人伦亲情。同郡人审固、陈留郡人卫恂，出身于行伍，杨俊出资，帮助他们，二人相继成为优秀士人；后来，审固担任郡太守，卫恂担任侍御史，杨俊对人多有义行，善于识别人才，此类事情很多。当初，临菑侯曹植与杨俊的关系很好，曹操的继嗣还未确定，暗中征求群臣的意见。杨俊同时评价曹丕、曹植的长处，措辞从未有不当之处，没有偏袒哪一方，然而，杨俊特别看重曹植，为此，曹丕对杨俊怀恨在心。黄初三年，文帝巡幸宛城，因为街市上不丰足欢悦，发脾气收捕杨俊。尚书仆射司马懿，常侍王象、荀纬为杨俊求情，叩头至流血，文帝仍然怒气未息。杨俊说："我知道有罪。"遂自杀。众人对杨俊被冤枉致死，莫不感到痛心。[①]

①《世语》记载：杨俊有两个孙子：杨览，字公质，曾担任汝阴郡太守；杨猗，字公彦，曾担任尚书，是西晋东海王司马越的舅舅。杨览的儿子杨沈，字宣弘，曾担任散骑常侍。

《魏略》记载：王象，字羲伯。被杨俊提拔，果然有才志。建安年间，王象与同郡人荀纬等，被魏太子曹丕以礼相待。及至王粲、陈琳、阮瑀、路粹等去世，后起之秀中，只有王象才学最高。魏王曹丕接受汉室禅让，登上帝位，享有天下，拜王象为散骑侍郎，升任常侍，封为列侯。受诏撰写《皇览》，文帝令王象兼领秘书监。王象从延康元年开始撰集，数年而成，藏于秘府，共计有四十余部，每部有数十篇，合计有八百余万字。王象秉性仁和、敦厚，而且文采典雅，因此，京师人皆赞誉王象，称其为儒宗。文帝车驾南巡，还未到宛县，文帝有诏，朝中百官不得干预郡县政事。及至文帝车驾来到，宛县县令不知道有诏令，关闭集市。文帝听说后，忿然道："吾是寇邪？"收捕宛县县令和南阳郡太守杨俊。诏问尚书："汉明帝杀了几个二千石官员？"当时，王象看了诏文，知道杨俊必不能免死罪，在文帝面前叩头，直至流血竟面，奏请杨俊减死罪一等。文帝不答话，欲回到禁中，王象拉着文帝的衣服，文帝回头对王象讲："我知道杨俊与卿的关系很好。今日听卿，则是无我也。卿宁无杨俊邪？无我邪？"王象以文帝言语激切，只好缩回手。文帝遂进入禁中，判决杨俊死刑，然后才出来。王象自恨不能救杨俊，遂发病而死。

杜袭，字子绪，颍川郡定陵县人。曾祖父杜安，祖父杜根，在汉朝都是著名士人。[①]杜袭在荆州避乱，刘表以宾客礼接待杜袭。同郡人繁钦多次向刘表显示才能，杜袭告诫繁钦："我之所以与先生一起来荆州避乱，无非是想龙栖身于渊薮，凤凰待时而飞。哪里会认为刘州牧是拨乱反正之主，把荆州作为长久容身之地，委身托命于刘表？先生如果再这样卖弄才能，我们就很难做朋友。请从此告别！"繁钦慨然道："敬请接受劝告。"杜袭南下，来到长沙。

①《先贤行状》记载：杜安十岁时，在乡党中已经有盛名。十三岁时，杜安进入太学，号称神童。杜安作为知名士人，清高绝俗。洛阳令周纡多次来拜谒杜安，杜安避而不见。当时，贵戚皆仰慕杜安高行，多有写信给杜安者，杜安不打开信封，顾虑后患，凿开墙壁，把书信藏在里面。后来，有些写信的贵戚犯下重罪，朝廷抓捕与贵戚有来往者，官吏进入杜安的家，杜安打开墙壁，拿出书信，印封如故，当时人皆嘉赏杜安考虑问题长远。三公府征召，公车署特别派车征召，拜杜安为宛县县令。此前，宛县有报仇者，县令不忍心惩治，与报仇者一起逃亡。县里的豪强有告发藏匿者，藏匿者被捕。杜安深恶痛绝，到官后，将报仇者诛杀，尸首暴露在集市。杜安担心有关部门弹劾，遂自动辞职。后来，杜安又受到征召，担任巴郡太守，杜安在任上率身正

下，以礼化俗。因为有病，死在任上，告诫儿子，穿着平时的衣服薄敛，棺木不涂油漆，儿子亲自推着车子，回到家乡。州郡为此贤之，上表，镌刻墓碑于坟墓。杜根被举荐为孝廉，担任郎中。当时，和熹邓太后临朝称制，外戚在朝中擅权专制，安帝长大，仍然不能归政。杜根与同时的郎吏上书直谏，邓太后大怒，收捕杜根等，在殿上活活打死。被打者皆用缉囊包裹，在殿上扑倒在地。执法者以杜根品德高尚，一心为公，暗示行刑者手下留情。打死后，车子载着尸体，抛弃在城外，杜根以受刑较轻，不久苏醒，遂闭目不敢动。经过三日，才爬出来逃窜，在宜城山中做酒保，前后十五年，酒家知道杜根是一位贤者，常厚待杜根。邓太后驾崩，安帝以为杜根已经死了。以杜根等忠直，诏命天下，录用被杀者的子孙。杜根才离开酒家出来，被公车署征召，受拜为符节令。有人问杜根："在以往，你遭遇横祸，天下人都佩服你的忠勇气节，你的朋友也不少，为何要隐居在山里，自讨苦吃？"杜根答："我在民间隐居，又不是躲在荒山野外，无人烟处。我担心，猝然露面，又会连累到家里的亲人，想想还是算了吧。"杜根升任济阴郡太守，以德让施政，风俗改移。杜根享年七十八岁，以寿终，棺木不加油漆，以平时的衣服殡殓。当地新县长赴任，先到杜安、杜根的墓前祭祀。

建安初年，曹操迎接天子，迁至许昌建都。杜袭逃回颍川郡家乡，曹操任命杜袭为西鄂县长，西鄂县靠近南边，贼寇猖獗。当时，官吏将民众聚集在一起，守卫城郭，农民不能安心从事农业生产，田地变得荒芜，遂陷入饥困，郡县仓廪空虚。杜袭懂得向民众施以恩惠，让老弱百姓分散回家，稼穑务农，留下部分青壮年，加强战备，吏民对此安排，都感到喜悦。恰逢荆州派出步骑上万人，前来攻城，杜袭召集留守的吏民，共计有五十余人，与他们盟誓，有亲属在外者，欲出城保护，杜袭听任其便，大家叩头，愿意与县长共患难。于是，杜袭亲自弯弓射箭，投掷石头，与众人勠力守城。吏民感恩，都愿意拼死守城，临阵斩杀数百名敌寇，杜袭的部众有三十余人战死，只剩下十八人，全部受伤，敌寇攻入城内。杜袭率领残余吏民，突围出城，守城者死伤殆尽，无一人反叛。杜袭收拢离散的百姓，徒步行至摩陂营，吏民敬慕杜袭，很多人跟随而来。①

①《九州春秋》记载：建安六年，刘表进攻西鄂，西鄂县长杜子绪率领本县男女固守城池。当时，南阳郡府功曹柏孝长也在城中，听到攻城的声音，吓得躲在屋里，关闭门户，用被子蒙着头。敌寇攻打半日，才敢稍微露面。第二天天明，侧立而听。又过了二日，出门打探消息。又过了四五日，才背着盾牌，上城搏斗，对杜子绪讲："勇可习也。"

司隶校尉钟繇上表，拜杜袭为议郎，参与军事。荀彧又举荐杜袭，曹操任命杜袭为丞相府军祭酒。魏建国初，杜袭担任侍中，与王粲、和洽一样，受到重用。王粲博闻强识，因此，曹操外出游玩，多由王粲陪同，至于受到曹操敬重，不如和洽、杜袭。杜袭曾经被曹操接见，谈话至半夜。王粲性情急躁，为人好胜，坐起来说："不知曹公和杜袭谈些什么？"和洽笑着回答："天下事怎么能谈得完呢？卿白昼侍奉曹公，可矣，悒悒于此，欲夜晚也侍奉曹公？”后来，杜袭担任丞相府掾，跟随曹操至汉中，讨伐张鲁。曹操撤军返回，拜杜袭为驸马都尉，留守汉中，负责军事。杜袭在汉中抚恤百姓，百姓乐意服从杜袭，杜袭奉命把汉中的百姓迁至洛阳、邺城，有八万余人迁徙。夏侯渊被刘备斩杀，军中失去主帅，将士恐慌，不知所措。杜袭与张郃、郭淮统领诸军，当时，采取权宜之计，以张郃为主帅，统一众心，三军才安定下来。曹操东还，选择留守丞相府掾，镇守长安，主事者选的官员，大多有不合适的地方，曹操下令：“舍弃千里马不用，为何再到他处寻找？”遂选择杜袭，留守丞相府，驻守关中。

当时，将军许攸拥有的部众很多，不肯归附曹操，而且，对曹操出言不逊，曹操大怒，欲讨伐许攸。群臣劝谏：“可招降许攸，共同讨伐强敌。”曹操横刀于膝上，满脸怒气，不肯听从劝谏。杜袭进去，劝谏曹操，曹操用话先堵住杜袭的嘴：“吾意已决，卿勿复言。”杜袭讲：“如果殿下的想法是对的，臣愿意襄助殿下，促成此事；如果殿下的想法尚有欠妥之处，即使想法已定，也应该修正。殿下堵住臣的嘴巴，不让臣讲话，殿下怎么就不能让臣把话讲完呢？”曹操说：“许攸轻慢孤，怎么能置之不理？”杜袭问：“殿下认为许攸是何许人？”曹操答：“平常人罢了。”杜袭说：“只有贤者才了解贤者，只有圣人才了解圣人，平常人怎么能了解不平常的人？而今豺狼当道，何必对付一只狐狸？人们会认为，殿下这样做，是弃强攻弱，进取不为勇，退却不为仁。臣听说，千钧之弩，不为鼷鼠拨动机关，万石之钟，不用草棍敲响乐音，而今，区区许攸，何足劳神殿下动武？”曹操听罢，说：“你说得对。”遂厚遇许攸，许攸最终归附曹操。当时，夏侯尚与曹丕的关系很好，情意甚笃。杜袭认为夏侯尚并非益友，不足以当朋友相待，告诉曹操，曹丕不高兴，后来又追思杜袭的谏言。详情记载在《夏侯尚传》。杜袭外柔而内刚，凛然不可侵犯，多类似这些事情。

曹丕即魏王位，赐杜袭爵关内侯。及至曹丕接受汉室禅让，登上帝位，任命杜袭为督军粮御史，封为武平亭侯，又任命杜袭为督军粮执法，后来，拜杜袭为尚书。明帝即位，晋升杜袭爵位为平阳乡侯。诸葛亮指挥蜀军出秦川，大将军曹真统率大军，迎战诸葛亮，杜袭改任大将军幕府军师，文帝划出杜袭的一百户食邑，赐杜袭的哥哥杜基爵关内侯。曹真去世，司马懿代替曹真，担任大将军，再次任命杜袭为幕府军师，增加食邑三百户，合并之前，杜袭共享有食邑五百五十户。杜袭因为有病，被征召回朝，明帝拜杜袭为太中大夫。杜袭去世，明帝赠予少府印绶，谥号为定侯。嗣子杜会继承爵位。

赵俨，字伯然，颍川郡阳翟县人。赵俨在荆州避乱，与杜袭、繁钦共同拥有财产，三家合为一家。曹操当初迎接献帝，在许昌建都，赵俨对繁钦讲：“镇东将军曹操顺应世代，担负重任，必定能匡扶社稷，重振华夏，我知道今后的归宿了。”建安二年，赵俨二十七岁，扶老携幼，前来拜见曹操，曹操任命赵俨为朗陵县长，朗陵县有许多不守法度的豪强，无所畏惧。赵俨将其中最嚣张者，即行收捕，判为死刑。赵俨已经收捕罪犯，又上表奏请朝廷，予以释放，这样恩威并施，效果很好。当时，袁绍举兵南下，欲侵犯许都，先派遣使者，招诱豫州属下诸郡，诸郡大多接受袁绍的任命。只有阳安郡不肯屈服，而郡都尉李通正在登录百姓应缴纳的税赋。赵俨来见李通，说："而今，天下还未安定，很多郡反叛朝廷，愿意归附朝廷者，还要征缴绢绵，小人好乱乐祸，岂能没有怨恨！而且，远近对征缴多有疑虑，不能不慎重。"李通说："袁绍与大将军对峙，双方激战，附近郡县都已经背叛朝廷。如果绢绵征缴不上来，送往朝廷，旁观者一定会认为我左右观望，有所等待。"赵俨说："即使像君顾虑这些，也应该权衡轻重，稍微延缓征缴的时间，我来为君解除顾虑。"于是，赵俨写信给荀彧："如今，阳安郡正在征缴绢绵，送往朝廷，然而道路阻隔，途中多有危险，必然会招致贼寇抢掠。百姓生活困窘，邻近郡县多有反叛，一旦有事，将会引起动乱，此乃一方安危之急务。而且，阳安郡的百姓坚守忠贞，虽然身处险境，对朝廷并无二心。古人讲，对小善也要有所褒赏，这是对坚守大义者的鼓励。善于治国者，应该藏富于民。臣以为，国家应该垂顾安慰阳安郡的百姓，所征缴的绢绵，暂时退还他们。"荀彧回信："我已经禀报曹公，曹公很快会将公文下发到郡县，所征缴绢绵，全部返还百姓。"上下皆大欢喜，郡内很快安定下来。

赵俨被调入朝中，担任司空府掾、主簿。①当时，于禁驻扎在颍阴，乐进驻扎在阳翟，张辽驻扎在长社，诸将皆意气用事，互相间不能协调；曹操派赵俨都督三军，每当有事，晓谕诸将，之后，诸将改善关系。曹操讨伐荆州，令赵俨兼领章陵郡太守，又改任都督护军，督查于禁、张辽、张郃、朱灵、李典、路招、冯楷七军。之后，赵俨再次担任丞相府主簿，改任右扶风太守。曹操调出原韩遂、马超等部众五千余人，交予平难将军殷署等率领，以赵俨为关中护军，统率诸军。羌虏多次到关中寇掠，赵俨率领殷署等追击羌虏至新平，大败羌寇。有屯田客吕并自称将军，聚集同党，占据陈仓，赵俨率领殷署等镇压叛军，很快平定叛乱。

①《魏略》记载：曹操北拒袁绍，当时，远近无不私下里与袁绍暗通书信，愿归附袁绍者很多。赵俨与代理阳安郡太守李通共同治理，李通也欲派遣使者。赵俨为李通分析袁绍必败，李通这才没有派出使者。及至袁绍败走，太祖派人搜查袁绍的记室，唯不见李通的书信，曹操知道，这一定是赵俨劝谏所致，曹操说："这一定是赵伯然的功劳。"

裴松之按：《魏武纪》记载，曹操打败袁绍，发现许都很多人与袁绍互通书信，皆焚烧之。若故意派人搜查，知道没有意义，只是为了安抚人心而已。疑此语为不然。

当时，赵俨受命派遣一千二百名士兵，前往汉中郡驻守，由殷署负责督送。士兵们与家属告别，皆有忧色。殷署出发一日，赵俨担心路上会有变故发生，亲自追赶至斜谷口，慰劳出征的士兵，人人都关心到，又特别告诫殷署，返回后，暂时在雍州刺史张既的官舍住宿。殷署带领士兵，向前走了四十里，士兵果然哗变，赵俨不知道殷署此行是吉是凶，随身带领的一百五十名步骑，大多与哗变士兵相识，或有姻亲关系，听说士兵哗变，人人惊恐，遂穿上盔甲，拿着武器，躁动不安。赵俨欲再次返回，张既等认为："而今，本军营的战士已经出现骚乱，将军单身赶去，毫无益处，待情况明确后，再作计议。"赵俨答："虽然怀疑本营的战士与哗变者有共谋，现在要紧的是先行者已经哗变，先解决这个问题。哗变者中，一定会有犹豫不定者，不知道该何去何从，应该乘其犹豫时，尽快安抚。而且，身为主帅，遇事不能安绥，身受祸殃，这也是命里注定。"赵俨出发，走了三十里，停下来休息，放开战马，招呼随行士兵，向他们晓谕利害，言辞恳切。大家慷慨激昂道："生死当跟随护军，不敢有二心。"一直走到先出发的军营，士兵各自招呼有可能叛乱者八百余人，把他们先分散在原野，赵俨只将为首叛乱者收捕惩治，其余随从者，一概不问。郡县将叛乱者送来，赵俨也一律释放，剩余者相继来向赵俨自首。赵俨秘密禀告曹操："应该尽速派遣将军至大营，调集旧兵，镇守关中。"曹操派遣将军刘柱率领二千人，等待赵俨会齐，再出发，此事泄露，诸军营士兵惊恐不安，难以安定。赵俨对诸将讲："旧兵很少，东边的士兵还未到，诸军营躁动不安，一旦激起兵变，后果难料。趁着士兵仍然在犹豫，应早做决定。"遂宣布，只留下新兵温厚者一千人，镇守关中，其余全部遣返回家。赵俨又召见主事者，送上诸军营士兵的名册，按照家庭情况，分别对待。愿意留下者，坚定其信心，同心协力，其余应当遣送者，也不再轻举妄动，赵俨在一日之内，把返回者尽数遣送上路，将留下的一千人分布在各处。东部来的士兵很快到达，赵俨对留下者恩威并施，同时，调出一千人，令其返回东部，前后共送回二万余人。①

①孙盛曰：孙盛听说，治国以礼制，民非信不立。周成王不弃桐叶之言，晋文公不违伐原之誓，故能兴隆，置刑法而不用，建一匡之功。赵俨用计谋，留下一千人，让他们效命，同心协力，当初，虽为权变之计，也应该以信义结尾。兵威既集，而又逼着迁徙。信义丧矣，何以临民？

关羽在樊城围困征南将军曹仁。赵俨南下，以议郎身份参与军事，与平寇将军徐晃同行，到达曹仁处。关羽围困曹仁，攻打越发紧急，其他救兵还未到达。徐晃所率领的救兵不足以解围，而诸将督促徐晃尽快进兵解救。赵俨对诸将讲："如今，贼众围困非常紧，汉水暴涨，水势很大。我军兵力单薄，而曹仁在城中被围，双方难以协调破敌，如尽快解救，将会使得城内、城外都疲惫不堪。当今之务，不如让前军逼近包围圈，派遣间谍，向曹仁通风报信，使城内知道救兵已到，以此激励城内将士。估计北方援军不过十日就会到达，城内足以坚守。然后内外协同，一定能打败关羽。如果因为缓救而需要担责，我为诸将担此责任。"诸将闻言大喜，于是挖掘地道，用箭把书信送予曹仁，双方互通消息，北方援兵很快赶到，与关羽大战。关羽撤军，乘坐舟船占据沔水，襄阳仍然被隔断，道路不通，孙权逆袭关羽，夺取关羽的辎重，关羽听到后方兵败的消息，当即率领蜀军回撤。曹仁召集诸将计议，大家都说："如今，关羽形势危急，可以追击，一定能擒获关羽。"赵俨讲："孙权趁着关羽对外用兵之际，袭击关羽的后方，料想关羽一定会回兵救援，孙权担心我们抓住他们双方疲惫的机会打过来，因此向我方卑辞谦礼，以示意友好。乘衅因变，以观利钝。而今关羽已经势单力孤，更应该留下关羽，以作为孙权之害。如果深入追击，孙权则会改变主意，转而与关羽和解，将对我方不利。魏王对此一定会更加忧虑。"曹仁解除警戒。曹操听说关羽撤走，担心诸将在后面追赶，快马敕令曹仁，正如赵俨预料。

曹丕即魏王位，赵俨担任侍中。不久，曹丕拜赵俨为驸马都尉，兼领河东郡太守、典农中郎将。黄初三年，文帝赐赵俨爵关内侯。孙权侵犯魏国边境，征东大将军曹休率领五州兵马，抵御吴军，征召赵俨担任军师。孙权撤军，魏军撤回，赵俨受封为宜土亭侯，改任度支中郎将，升任尚书。赵俨跟随文帝讨伐吴国，魏军进抵广陵，文帝留下赵俨，担任征东大将军幕府军师。明帝即位，晋升赵俨爵位为都乡侯，享受食邑六百户，都督荆州军事，授予符节。恰逢赵俨患病，不能成行，又担任尚书，出京师都督豫州军事，改任大司马幕府军师，入朝担任大司农。齐王曹芳即位，诏令赵俨都督雍州、凉州军事，授予符节，改任征蜀将军，又升任征西将军，统率雍州、凉州的军队。正始四年，赵俨年老患病，奏请返回，又担任骠骑将军，[①]升任司空。赵俨去世，谥号为穆侯。嗣子赵亭继承爵位。当初，赵俨与同郡人辛毗、陈群、杜袭在朝中并列，是当时的知名士人，号称辛、陈、杜、赵。

①《魏略》记载：旧的故事讲，四次征伐，都有官厨财籍，转移之际，无不随军行动。而赵俨叉手上车，出发到霸上，忘记带常服的药物。雍州听说后，派人追赶，送上杂物药材数箱，赵俨笑着说："人讲话真的不容易，我偶然问一下所服的药物，何必要送来？"遂不取。

裴潜，字文行，河东郡闻喜县人。[①]裴潜在荆州避乱，刘表以贵宾礼相待。裴潜私下里对友人王粲、司马芝讲："刘州牧绝非霸王之才，只是想当一个西伯，像周文王一样，独霸一方，其败亡，早晚而已。"遂南下到了长沙。曹操收复荆州，召裴潜在丞相府参谋军事，后来，裴潜又担任三个县的县令，返回朝中，担任仓曹掾属。曹操问裴潜："卿此前与刘备在荆州，卿认为刘备的才能如何？"裴潜答："如果刘备在中原，可以成为乱世枭雄，但不能成为统一天下之主。趁着中原丧乱之际，刘备可以退守一隅，凭借险阻，成为一方霸主。"

①《魏略》记载：裴潜家族世代都是当地大姓。父亲裴茂，在灵帝朝出仕，历任县令、郡守、尚书。建安初年，裴茂奉使命，率领关中诸将，讨伐李傕有功，受封为列侯。年少时，裴潜不修细行，因此，常常被父亲责备。

当时，代郡大乱，曹操任命裴潜为代郡太守。乌丸王及其他首领，共有三人，各自称单于，控制代郡，前太守不能治理。曹操欲派遣精兵，帮助裴潜镇守代郡。裴潜推辞道："代郡户口人数众多，士马控弦，动辄可调动上万人。单于自知放纵日久，内心已不自安。多派兵去镇守，单于必定恐惧，反而会拥兵顽抗，少派兵，则单于不会忌惮。臣当以计解决乌丸，无须大兵压境，威慑乌丸。"裴潜遂单车赴代郡上任。乌丸单于又惊又喜。裴潜安抚乌丸。单于以下首领，皆脱帽行礼，送回此前掳掠的汉民妇女、器械、财物。裴潜经过调查，严惩与单于相互勾结的郡府官吏郝温、郭端等十余人，北部边郡受到震动，百姓向心归附。在代郡三年，裴潜调回，担任丞相理曹掾，曹操称赞裴潜治理代郡有功，裴潜答："裴潜虽然以宽仁治理百姓，对待诸胡，仍然使用严刑峻法，加以威慑。而今，接任代郡太守的人一定会认为裴潜用刑过严，而处理事务过于宽缓；乌丸素来骄横，用法过宽，则会失去威慑力，威慑力一旦失去，只能以刑法惩治，这样，争讼之事迭起。以代郡的形势来看，代郡还会反叛。"于是，曹操有些后悔过早调回裴潜。又过了几十日，三位乌丸单于反叛的消息传来，曹操派遣鄢陵侯曹彰，以骁骑将军身份，征伐乌丸。

裴潜出任沛国相，后又改任兖州刺史。曹操在摩陂驻扎，感叹裴潜治军严肃，特别予以赏赐。曹丕接受汉室禅让，登上帝位，裴潜入朝，担任散骑常侍，后又出任魏郡、颍川郡典农中郎将，可上奏、举荐，权力与郡国相当，从此以后，负责农事的官员晋升的道路畅通。裴潜改任荆州刺史，文帝赐裴潜爵关内侯。明帝即位，裴潜入朝，担任尚书。又出任河南郡大尹，调回朝中，改任太尉府军师、大司农，受封为清阳亭侯，享受食邑二百户。后进京任尚书令，在任上，裴潜上奏，确定官员职守，在职官员应各司其职，一旦有事，可以分清执事者应承担的责任，共计有一百五十余条。因为父亲去世，裴潜辞去官职，为父亲守孝，后来，裴潜受拜为光禄大夫。正始五年，裴潜去世，齐王曹芳追赠裴潜太常印绶，谥号为贞侯。[①]嗣子裴秀继承爵位。裴潜留下遗嘱，要求薄葬，墓中仅有一座棺床，几件瓦器，其余一无所设。裴秀，咸熙年间担任尚书仆射。[②]

①《魏略》记载：当时，远近都说，裴潜应当担任三公，恰好裴潜病亡。当初，裴潜自以为身份卑贱，母亲家里没有亲人，又不能被父亲赏识，就折节努力学习，以求出仕为官，谋求出路，虽然经历很多，始终严格要求自己。每当在外地做官，裴潜不带妻子、儿女，妻子在家中贫困，只好靠织藜芘养活家人。裴潜在兖州时，曾经制作一张胡床，及至离任，留下胡床，挂在柱子上。裴潜的父亲在京师，出入只坐薄軬车；几个弟弟在家乡种田，住茅草庐，常步行；家里

人无论大小，有时候并日而食；家教甚严，上下相互礼敬，就像西汉时的大臣石奋。裴潜严于律己，自魏国兴盛以来，很少有这样的官员。裴潜为人学识渊博，温文尔雅，然而，裴潜严于律己，却很少推荐贤士，故世人认为，裴潜洁身自好，并不顾及他人。

②《文章叙录》记载：裴秀，字季彦。知识渊博，为人通达，八岁时即能写文章，因此出名。大将军曹爽征召裴秀。裴秀为父亲服丧期满，把家中财产让与兄弟。二十五岁时，裴秀担任黄门侍郎。曹爽被杀，裴秀是曹爽的故吏，被免职。后来，裴秀担任卫国相，连续升任散骑常侍、尚书仆射令、光禄大夫。咸熙年间，晋文王建立五等爵位，诏命裴秀制定相关制度，封裴秀为广川侯。晋室接受曹魏禅让，裴秀升任左光禄大夫，改封为钜鹿公，又升任司空。裴秀生前著有《易及乐论》，画《地域图》十八幅，流传于世。《盟会图》及《典治官制》尚未完成。裴秀享年四十八岁，泰始七年去世，谥号为元公，配食晋室宗庙。小儿子裴頠，字逸民，继承爵位。

荀绰著《冀州记》记载：裴頠为人弘雅，有远见卓识，博学稽古，履行严整，年少时，就已经出名。裴頠历任太子中庶子、侍中、尚书。元康末年，裴頠担任尚书左仆射。赵王司马伦以裴頠有威望，忌惮他，心中厌恶，知道裴頠不会与贾氏同心，冤杀裴頠。

裴松之按：陆机著《惠帝起居注》记载“裴頠为人典雅，有远见卓识，是当朝知名士人”，又说：“裴頠，民之望也。”裴頠学识渊博，善于辩论，解答难题，曾经著述“崇有、贵无”二论，用以讥讽矫饰虚诞之弊，文辞精妙，为当世著名论述。儿子裴嵩，字道文。荀绰称裴嵩有其祖父、父亲的遗风。裴嵩担任中书郎，早逝。裴頠叔父的弟弟裴邈，字景声，有隽才，担任太傅司马越的从事中郎，持符节，监察中外军事。

裴潜的小弟弟裴徽，字文季，曾担任冀州刺史，有高识远见，善于谈话，言辞玄妙。详情见荀粲、傅嘏、王弼、管辂诸传记。裴徽的长子裴黎，字伯宗，又名裴演，曾经担任游击将军。次子裴康，字仲豫，曾经担任太子左卫率。次子裴楷，字叔则，曾经担任侍中中书令、光禄大夫，开府建衙。次子裴绰，字季舒，曾经担任黄门侍郎，早逝，追赠长水校尉印绶。裴康、裴楷、裴绰皆为名士，而裴楷的名气最大。

《晋诸公赞》记载：裴康有雅量，裴绰以明达为人所称道，年少时，裴楷与琅琊王戎都是府掾，因此而知名，钟会写信给大将军司马文王：“裴楷学识渊博，王戎为人简要。”文王当即征召裴楷，任命为府掾，历进显位。谢鲲著《乐广传》称裴楷隽朗，有识人之才，可谓当时独步士人。裴黎的儿子裴苞，曾经担任秦州刺史。裴康的儿子裴纯，曾经担任黄门侍郎。次子裴盾，曾经担任徐州刺史。次子裴郃，有才器，名望甚著，晋元帝担任安东将军时，裴郃担任幕府长史，侍中王旷写信给司马越：“裴郃在此，虽然不治事，然而，识量渊深广大，这里的人士皆敬仰裴郃。”次子裴廓，曾经担任中垒将军。裴楷的儿子裴瓒，曾经担任中书郎。次子裴宪，曾经担任豫州刺史。裴绰的儿子裴遐，曾经担任太傅府主簿。裴瓒、裴遐皆有盛名，早逝。

《晋诸公赞》称裴宪有雅识。

《魏略·列传》以徐福、严幹、李义、张既、游楚、梁习、赵俨、裴潜、韩宣、黄朗十人，共同编为一卷，张既、梁习、赵俨、裴潜四人各自有传，徐福的事迹参见《诸葛亮传》，游楚的事迹参见《张既传》。余下的韩宣等四人在后面附有传记。

严幹，字公仲，李义，字孝懿，都是冯翊东县人。冯翊东县过去没有冠冕家族，故二人都是贫寒之家，二人皆为人忠厚。中平末年，二人同龄，二十余岁，严幹喜欢击剑，李义乐意帮助有丧事的人家。左冯翊有几户大姓：桓、田、吉、郭及原侍中郑文信等，颇以二人诚实、忠厚，对二人的印象很好。恰逢三辅大乱，很多人家流离失所，而严幹、李义不离开家乡，与诸位知己朋友相沉浮，靠上山采樵维持生活。建安初年，关中恢复安宁。献帝诏命，分出冯翊西部数县，设置左内史郡，治所在高陵县；分出东部数县，设置为本郡，治所在临晋县。李义的县分在西部，李义对严幹讲："西部县的儿曹，不可与他们争坐席位，今当制作一张方床。"二人遂联合，同时出仕，在东郡担任右职。司隶校尉征召严幹，没有去。岁末，郡府举荐严幹为孝廉，李义担任上计掾。李义留在京师，担任平陵县令，改任冗从仆射，遂历任几个显职。直至魏国有十个郡的封土，曹操延请李义，任命为军祭酒，又担任魏国尚书左仆射。及至文帝即位，拜李义为谏议大夫、执金吾卫尉，在任上去世。李义的儿子李丰，字宣国，其事迹参见《夏侯玄传》。严幹被举荐为孝廉，担任蒲坂县令，有病，辞去官职。又被举荐为至孝，担任公车署司马令，被州部延请，接受朝廷诏命，担任议郎，返回参与州部政事。恰逢李丰建策，收捕高幹，曹操又追录李丰此前讨伐郭援有功，封李丰为武乡侯，改任弘农郡太守。及至马超反叛，严幹的弘农郡靠近马超，民众大多逃散。马超被打败，严幹改任汉阳郡太守，又改任益州刺史，因为道路不通，黄初年间，李丰改任五官中郎将。明帝时，严幹担任永安宫太仆，几年后去世。当初，李义以直言，对人推诚相待，故当时与陈群等人的关系很好。虽然李义没有其他才能，然而仕途还算顺利。严幹从天下大乱以后，开始折节追求学问，特别喜欢读《公羊春秋》。司隶校尉钟繇不喜欢《公羊春秋》，而喜欢《左氏春秋》，认为左氏当时在鲁国担任太官，而公羊当时不过是一个卖饼郎，故多次与严幹辩论，分析长短。钟繇为人机敏，善于辩论，而严幹口讷，不善言辞，辩论时张口结舌，无所应答。钟繇对严幹讲："公羊高最后还是被左丘明所折服。"严幹答："即使故吏被明使君所折服，公羊也未必肯。"

韩宣，字景然，渤海国人。韩宣长得个子矮小，建安年间，丞相府征召韩宣，任命为丞相府军谋掾，在邺城成为一名冗散官员。韩宣曾经在邺城出入宫殿，在东掖门内与临菑侯曹植相遇。当时，天刚下过雨，地面上有泥泞。韩宣欲避让曹植，有潦水，过不去，韩宣用扇子遮住脸，停留在道边。曹植嫌韩宣既不走，又不为礼，停下车子，令随从问韩宣是什么官，韩宣答："丞相府军谋掾。"曹植又问："军谋掾能冲撞列侯否？"韩宣答："春秋之义，君王的仆人即使身份卑微，也列于诸侯之上，没有听说宰士可以为下土向诸侯致礼。"曹植又问："即如所言，作为我父亲的属吏，见了其儿子，是否应该有礼？"韩宣答："按照礼制，臣、子一例，韩宣的年纪还长。"曹植知道再问下去，将会理屈词穷，只好让车子离去，把这件事告诉太子，让太子评理。黄初年间，韩宣担任尚书郎，曾经因为职务上的事情，应当在殿前受罚，已经绑缚，棍棒还未打在身上。文帝车辇经过，问："这是谁？"左右回答："尚书郎渤海国人韩宣。"文帝想起此前临菑侯曹植讲过的事情，有所醒悟，说："是子建路上碰到的韩宣吧！"特别予以原宥，解开绑缚。当时，天气大寒，韩宣刚才应当接受棍棒，预先脱下衣裤，把裈缠在脸上；及至得到宽宥，裈腰放不下来，慌慌忙忙离开。文帝目送韩宣离去，笑了，说："此人可谓瞻谛之士。"后来，韩宣出任清河郡、东郡太守。明帝时，韩宣担任尚书、大鸿胪，几年后去世。韩宣前后当官，在能否之间，韩宣总是以己恕人。当初，南阳郡人韩暨以年老有德，在韩宣之前担任大鸿胪，韩暨为人贤德，及至韩宣在此后也担任大鸿胪，原大鸿胪属吏为之语："大鸿胪，小鸿胪，前后治行曷相如。"按本志，韩宣名字不见闻，唯《魏略》有此传，而《世语》把韩宣列于名臣之列。

黄朗，字文达，沛郡人。为人通达、诚实。黄朗的父亲在本县担任隶卒，黄朗有感于此，下决心出外游学，从此以后，被方国及其他郡的士大夫以礼相待。黄朗与东平县大姓人家王惠阳为至交，王惠阳在黄朗的母亲床前下拜。黄朗开始出仕时，是黄初年间，在县里担任官吏，升任长安县令，恰逢母亲去世，没有赴任，又担任魏县令，升任襄城典农中郎将、涿郡太守。明帝时，黄朗在任上病逝。当初，黄朗担任县令，因为父亲的缘故，常忌讳不肯呼铃下伍伯，而呼其姓字，以至于伍伯愤怒，也终不肯与黄朗讲话。黄朗官至二千石郡府官员，王惠阳也历任长安令、酒泉郡太守。故当时人说，王惠阳外似粗疏，内心缜密，能不顾黄朗之本末，事黄朗的母亲犹如自己的母亲，为通家之好。

鱼豢曰：世人称君子之德，像龙一样，能屈能伸，以其善变也。在往昔，长安有一位市侩，名字叫刘仲始，有一次，被集市吏侮辱，非常愤怒，把尺子折断，遂发奋学习，研究学问，对于经学，研究很深，闻名海内。后来，以有道之士被征召，不肯任职，众人以为其清高。余以为，前世偶有此故事，而今，徐、严也有同样的故事，这些人，不就是像龙一样吗？一旦立下志向，怎么能看出他们今后的发展？李推至道，张工度主，韩见识异，黄能拔萃，各著根于石上，而垂阴乎千里，亦未为易也。游翁慷慨，展布腹心，全躯保郡，见延帝王，又放陆生，优游宴戏，亦一实也。梁、赵及裴，虽张、杨不足，至于检己，老而益明，亦难能可贵。

陈寿评论如下：和洽为人清正平和，有才干，常林坚守清纯，杨俊评论人物，为人侠义，杜袭为人温和，能识大体，赵俨刚毅不屈，坚守法度，裴潜忠贞平和，颇有才干，都是当时的良吏、美士。常林不追求三公高位，以大夫位告老退休，美矣哉！

魏书二十四

韩崔高孙王传第二十四

韩暨，字公至，南阳郡堵阳县人。[①]同县有豪强陈茂，诬陷韩暨的父亲和哥哥，几乎导致二人被杀。韩暨表面上没有说什么，仍在为他人干活，暗中积累钱财，结交死士，随后跟踪陈茂，将陈茂斩杀，把陈茂的首级放在父亲的坟墓前祭奠。从此以后，韩暨出名，被举荐为孝廉，司空府征召，韩暨不肯应召。后来，韩暨改换姓名，隐居在鲁阳县山区，山民聚集在一起，欲行抢掠。韩暨用尽家产，买来牛肉和酒，请山民的首领赴宴，为他们分析利害。山民受到感化，最终没有成为当地一害。韩暨谢绝袁术的邀请，迁至山都县的山里居住。荆州牧刘表以礼延请韩暨，韩暨逃遁，南下居住在孱陵县，所居之地，都能受到人们尊敬。刘表因韩暨拒绝，怨恨他。韩暨恐惧，后又应刘表招请，担任宜城县长。

①《楚国先贤传》记载：韩暨，是韩王信的后人。祖父韩术，曾担任河东郡太守。父亲韩纯，曾担任南郡太守。

曹操收复荆州，任命韩暨为丞相士曹属。后来被选任乐陵郡太守，改任监冶谒者。此前，冶炼金属，需要鼓风吹氧，要使用很多马作为动力，每冶炼一批矿石，要使用一百匹马；如果用人力，则用人更多；韩暨利用水流，提供动力，获得的功效，超过此前三倍。韩暨在任上七年，冶炼器械，完备充实。曹操制书褒奖韩暨，任命韩暨为司金都尉，职务仅次于九卿。曹丕接受汉室禅让，登上帝位，封韩暨为宜城亭侯。黄初七年，升任太常，明帝晋封韩暨为南乡亭侯，享受食邑二百户。

当时，魏国在洛阳新建国都，朝廷制度尚需制定，宗庙祭祀的神主及保存神主的石匣，都还存放在邺城。韩暨奏请明帝从邺城迎回四庙神主，建立洛阳宗庙，在一年四季祭祀，由皇上亲自供奉祭品，以此崇正明礼，同时，禁止民间过度祭祀，对祭祀多有匡正。韩暨在任上八年，以有病辞去职务。景初二年春天，明帝下诏："太中大夫韩暨，修养德行，率身垂范，志向高洁，年逾八十，仍坚守道义，可谓笃行君子，品德高尚，老而弥坚。任命韩暨为司徒。"当年夏天四月，韩暨去世，留下遗嘱，以平时穿的衣服殡殓，即时埋葬。谥号为恭侯。①嗣子韩肇继承爵位。韩肇去世，嗣子韩邦承爵继位。②

①《楚国先贤传》记载：韩暨临终前遗言："作为俗礼，崇尚奢靡，须示之以俭，俭则崇尚节制。前代送终，皆超过礼制，奢靡无度。若尔曹敬听吾言，殡殓时，就穿平时的衣服，以土埋葬即可，殡殓后及时下葬，陪葬使用瓦器，慎勿增加无益之物。"又上疏皇帝："臣生有益于民，死也不愿加害于民。况且，臣备位台司，在职日浅，未能宣扬圣德，以广益黎庶。臣寝疾弥留之际，奄即幽冥。方今百姓务农繁重，不宜再增加劳役，乞求陛下，不要令洛阳吏民供设丧具。臣担心，国家法典有常理，臣私愿不得伸展，谨冒以闻，唯蒙哀许。"明帝看了奏章，嗟叹不已，下诏："原司徒韩暨，积累德行，履行仁义，忠以立朝，至于黄发，直亮不亏。既登三公台辅，望获辅弼之助，如何奄忽，天命不永！曾参临没，易箦以礼；晏婴尚俭，遣车降制。今司徒知命，遗言恤民，必欲崇约，可谓善始善终。其丧礼所设，皆如故事，勿有所阙。特赐温明秘器，丧衣一套，五时朝服，玉具剑佩。"

②《楚国先贤传》记载：韩邦，字长林，年少时，笃学有才。晋武帝时，韩邦担任野王县令，有政绩，升任新城郡太守。因为举荐野王县故吏为新城郡计吏，坐罪，晋武帝大怒，诛杀韩邦。韩暨的次子韩繇，曾担任高阳郡太守。韩繇的儿子韩洪，曾担任侍御史。韩洪的儿子韩寿，字德真。

《晋诸公赞》记载：自韩暨以下，家族世代谨守家规，力求俭朴，韩寿能敦睦家风，为人忠厚。韩寿早年历任清职，晋惠帝即位，韩寿担任散骑常侍，代理河南郡大尹，病逝，受赠骠骑将军印绶。韩寿的妻子贾氏，是贾充的女儿，贾充没有子嗣，以韩寿的儿子韩谧为后嗣，韩谧弱冠，担任秘书监侍中，为人骄矜自恃，然而才能出众。小儿子韩蔚，也有才器，皆被赵王司马伦诛杀。韩氏遂绝后嗣。

崔林，字德儒，清河郡东武城县人。年少时，崔林成熟较晚，族人并不看好崔林，只有崔林的堂兄崔琰看重崔林。曹操平定冀州，任命崔林为邬县长，崔林家中贫困，无钱购置车马，只好步行到衙署办公。曹操征伐壶关，询问当地官吏谁的政绩最突出，并州刺史张陟举荐崔林，于是，曹操擢拔崔林为冀州部主簿，后改任丞相府别驾、丞相掾属。魏建国初，逐渐提升为御史中丞。

曹丕接受汉室禅让，登上帝位，拜崔林为尚书，又出任幽州刺史。北中郎将吴质统率河北军事，涿郡太守王雄对崔林的别驾说："吴中郎将为皇上所器重，是国家贵臣。中郎将持节统领军事，州郡官员莫不向其写信致敬，崔使君始终不和他通信。如果中郎将以边郡要塞没有修缮为借口诛杀卿，崔使君能保护卿吗？”别驾把这些话告诉崔林，崔林说：“州刺史对待官职，犹如对待旧鞋子，辞去官职，无非丢弃一双鞋子而已，为了官职，刺史会连累你吗？幽州与胡虏接壤，应该以静守安顿边疆，扰动他们则会引起叛逆之心，这将给国家带来北顾之忧，这才是施政要点。”崔林担任刺史，边郡贼寇息业；①因为不会巴结上司，崔林被贬为河间郡太守，朝廷有清谈之士，大多为崔林鸣不平。②

①按《王氏家谱》记载：王雄，字元伯，是太保王祥的族人。

《魏名臣奏》记载：安定郡太守孟达举荐王雄：“臣听说，明君以求贤为业，忠臣以进善为效，故《易经》讲：‘拔茅连茹。’《左传》曰：‘举尔所知。’臣不自量力，窃慕道义。臣此前以人乏，谬充备部职。涿郡太守王雄担任西部从事，与臣同僚。王雄天性善良，守节不移，果而有谋，在三县历任职务，政通人和。及至王雄担任近职，奉宣威恩，怀柔有术，清慎持法。臣往年出使，经过王雄任职的郡。王雄自陈，特蒙陛下拔擢之恩，常欲励节报恩，精心施政，思投命为效。王雄言辞恳切，情趣款恻。臣虽然愚昧，不识真伪，但也认为王雄才兼文武，有忠烈之节，逾越同辈。今涿郡有户口数三千，孤寡之家，掺杂其半，北部有守兵藩卫之固，诚不足以展示王雄的才智，施展其才干。臣蒙受朝廷厚恩，无以报国，不胜慺慺（lóu）浅见之情，谨冒陈闻。”皇帝下诏：“在往昔，萧何举荐韩信，邓禹引荐吴汉，唯贤者知贤也。王雄有胆有识，具有文武之姿，朕宿知之。今便以散骑之选，让王雄在朕的阙门下，发挥其才干，大展宏愿。天下之士人，欲受到提拔，皆要先担任散骑，然后出任州郡，此乃朕的意思。”王雄后来出任幽州刺史。儿子王浑，曾担任凉州刺史。次子王乂，曾担任平北将军。司徒安丰侯王戎，就是王浑的儿子。太尉武陵侯王衍、荆州刺史王澄，是王乂的儿子。

②《魏名臣奏》记载：侍中辛毗上奏：“在往昔，桓阶担任尚书令，认为崔林并非尚书人才，改任其为河间郡太守。”与此传不同。

崔林升任大鸿胪。龟兹王送侍子到洛阳朝觐、献贡，朝廷嘉赏龟兹王子远道而来，赏赐龟兹王的礼物非常丰厚。西域诸国各派遣侍子来洛阳朝觐，使者往来不绝，崔林担心，这些来的西域人，未必都是西域使者，或有一些较远的亲属，或胡商冒充，借交通使命，行商业获利，还能得到朝廷颁发的印绶，朝廷沿途护送，所花的费用很多。为此而劳苦百姓，获无益之事，再被夷狄耻笑，此前就有这样的事例。崔林移送公文，指示敦煌郡查验，并汇报前朝如何对待西域使者，制订接待标准。明帝即位，赐崔林爵关内侯，改任光禄勋、司隶校尉。崔林裁撤了所属各郡中非正途任命的冗员。在任上，崔林对属下以诚相待，为政简约，重视大政方针，离任后，受到人们思念。

散骑常侍刘劭制定《考功论》，以此考核百官。崔林建议：“按照《周官》记载，考核官员，有详细的条例，从周康王以下，王室衰弱，考查官员，取决于执掌权力之人。及至汉代末世，考功法失败，岂在于负责官员职责不明？方今正是军旅繁忙时，或有紧急情况猝然降临，只能在执行考功法时，兼顾内外，有所损益，并无一定之规，一旦规定过死，很难操作。而且，万目不张，仅举其纲，众毛不理，仅振其领，得不偿失。皋陶辅佐舜帝，制定法律，伊尹辅佐商汤，不仁者远离。五帝三王，未必法令统一，但都是以治乱理政为目的。《易经》讲：‘简单、容易操作，这是治理天下的要义。’太祖根据情况，制定相应法令，传下来，不患不遵循古制。臣以为，当今制度，不可为不严谨，唯在前后一致，统一标准。如果朝臣能像周室重臣仲山甫负起责任，谁敢不认真对待工作？”

景初元年，司徒、司空职务空缺，散骑侍郎孟康举荐崔林：“朝廷宰相，为天下官员士大夫所瞻仰，诚宜选择秉持忠正、品德高尚的贤士担任，足以成为海内士人师表。臣窃见，司隶校尉崔林，秉持自然之性，践行高雅操守。论其所长，可以比拟古人，论其忠直，不逊于史鱼之俦，崔林为官清廉，谨守俭约，可谓季文子之楷模。州牧郡守，崔林皆担任过，所任职务，皆有政绩，担任外司职务，万里肃清，崔林诚为台辅之妙器，衮职之良才。”此后，崔林担任司空，受封为安阳亭侯，享受食邑六百户。三公受封为列侯，从崔林开始。[①]不久，又晋升爵位为安阳乡侯。

①裴松之认为：汉朝封丞相为列侯，享受食邑，被荀悦所讥讽。魏国封三公为列侯，其失相同。

鲁国相上奏：“汉代建立孔子庙，褒成侯每年按时奉祀，士人在辟雍行礼，必定要祭祀先师孔子，由王家供给粮食，负责春秋两季祭祀。而今，宗圣侯奉祀祠庙，还未有诏命奉行祭祀之礼，应该由国家供给祭祀用的牲畜，由当地县长负责，尊孔子为万世师表。”明帝诏令三公府讨论此事，制定相应礼仪，博士傅祗以《春秋传》为依据，认为在祭祀典章中，孔子应该受到祭祀。宗圣侯足以继承断绝祭祀的世位，还可以彰显盛朝之德。至于广大孔子的言论，尊崇孔子的德行，应该按照鲁国相所建议。崔林认为：“宗圣侯奉诏命祭祀，不能说没有奉命祭祀的礼仪。周武王封黄帝、尧、舜的后裔，封立三位诸侯，夏禹、商汤，没有列于记载，故周室特别诏命，由其他官员祭祀。而今周公以上，一直到三皇，时代久远，奄忽无闻，不再祭祀，然而，祭祀的礼仪，《经》书有记载。如果仅祭祀孔子，是世代较近的缘故。诸侯国大夫的后人，受到无限祭祀，超过古代帝王，祭祀义理超过商汤、周武，可谓崇明报德，无须由他人负责祭祀非本族的圣人。”[①]

①裴松之认为：孟轲称宰我之辞：“以予观夫子，贤于唐尧虞舜远矣。”又曰：“生民以来，未有盛于孔子者也。”斯非通贤之格言，商较之定准乎！虽妙极则同，万圣犹一，然淳薄异时，质文殊用，或当时则荣，没则已焉，是以遗风所被，实有深浅。若论经纬天人，立言垂制，

百王莫之能违，彝伦资之以立，诚一人而已。周监二代，斯文为盛。然而于六经之道，未能精致。加上圣贤不兴，旷年五百，道化陵夷，宪章殆灭，若当时没有孔子修订，周代典籍几乎湮灭。能光明先王之道，以成万世之功，齐天地之无穷，等日月之光照，岂不有逾于群圣哉？崔林无史官司马迁洞察之诚，梅真慷慨之志，守其莛蓬之心，以塞明义，可谓不自量力。

明帝划出崔林一部分食邑，封崔林的一个儿子为列侯。正始五年，崔林去世，谥号为孝侯。嗣子崔述继承爵位。[①]

①《晋诸公赞》记载：崔述的弟弟崔随，在晋朝担任尚书仆射，为人通达。赵王司马伦篡位，令崔随参与其事。司马伦败亡，崔随随即被废黜，遭禁锢而亡。崔林的孙子崔玮，为人粗疏率性，官至太子右卫率。当初，崔林在士民中赏识擢拔同郡人王经，王经后来成为名士，世人以此称赞崔林。

高柔，字文惠，陈留郡圉县人。父亲高靖，曾担任蜀郡都尉。[①]高柔留在乡里，对乡邑人讲：“当今之世，英雄并起，陈留郡可谓四战之地。曹将军占据兖州，胸怀天下之志，不可能固守兖州。张府君先得志于陈留郡，我担心会有变故发生，欲与诸君避乱。”众人皆以为张邈与太祖的关系甚好，高柔年龄又小，对高柔的话，并未当回事。高柔的堂哥高幹，是袁绍的外甥，[②]在河北召请高柔，高柔举族依附高幹。恰逢高靖在蜀郡去世，当时，道路难行，兵匪肆虐，而高柔冒着危险，前往蜀郡迎丧，一路上备尝艰辛，无所不至，三年后返回。

①《陈留耆旧传》记载：高靖的高祖父高固，不肯在王莽新朝出仕为官，被淮阳郡太守迫害，以忠烈节操而闻名。高固的儿子高慎，字孝甫。为人敦厚，不尚浮华，有深沉之量。高慎抚育孤兄的五个儿子，恩义甚笃。琅琊国相何英赞赏其品行，把女儿嫁给高慎为妻。何英就是车骑将军何熙的父亲。高慎历任两个县的县令、东莱郡太守。年老病退回家，住在草屋蓬户，瓮缶无储。妻子对高慎讲：“君历任宰守，已经有多年，怎么不能留下一些积蓄，遗留给子孙？”高慎答：“我以谨慎守职，清廉为官，身为二千石官员，把这些遗留给子孙，还不够丰富吗？”儿子高式，笃孝，常尽力奉养父母。永初年间，螟虫、蝗虫肆虐为害，独不食高式的麦子，圉县县令周强以此异象，上表州郡。太守杨舜举荐高式为孝子，高式辞让，不肯出仕。后来，以孝廉，担任侍郎。次子高昌，高昌的弟弟高赐，都担任过刺史、郡守。高式的儿子高弘，被举荐为孝廉。高弘生下高靖。

②谢承著《后汉书》记载：高幹，字元才。志向远大，兼有文武之才。高幹的父亲高躬，曾担任蜀郡太守，祖父高赐，曾担任司隶校尉。按《陈留耆旧传》及谢承著《后汉书》记载：高幹应该是高柔的伯父，并非堂兄。未知何者为误。

曹操平定袁氏兄弟，任命高柔为菅县长。县里久闻高柔的大名，有数名奸吏，自动离职。高柔发出教令："在往昔，邴吉担任丞相，丞相府小吏有过错，尚且能够包容，何况县衙小吏又没有在我的任上犯有过失！召他们回来复位。"那些离职的官吏返回，相互勉励，最后都成为县里的良吏。高幹投降曹操，不久，又在并州反叛。高柔归附曹操，曹操欲通过某事诛杀高柔，任命高柔为刺奸令史；高柔在任上执法公平，狱中不滞留犯人，后来，又担任丞相仓曹属。[①]曹操欲派遣钟繇等讨伐张鲁，高柔劝谏，认为调动大军，西边有韩遂、马超，会认为是针对他们发兵，将会互相煽动反叛作乱，应该先安定三辅，待三辅安定后，汉中可以传檄而定。钟繇出大散关，韩遂、马超等果然反叛。

①《魏氏春秋》记载：高柔执法公平，夙兴夜寐，不敢懈怠，以至于抱膝捧着文书睡着了。太祖曾经夜晚微服出行，观察诸吏，看见高柔，心里不觉哀怜，轻轻解下裘衣，覆盖在高柔身上而去。此后，重用高柔。

魏建国初，高柔担任尚书郎，后改任丞相理曹掾，曹操下令："治理国家，安定百姓，重在教化，以礼仪为先。拨乱反正，颁布政令，以刑法为先。因此，舜帝流放四凶，皋陶负责治狱。汉高祖清除秦之苛法，萧何制定律令。理曹掾高柔为人正直，持法公平，熟悉法律，望恪尽职守！"鼓吹手宋金等在合肥逃亡，按照旧法，军中出征战士逃亡，要逮捕其妻子、儿女抵罪。曹操担心难以制止逃兵，欲加重处罚。宋金有母亲、妻子及两个弟弟，全部被捕，主事者上奏，判处杀头。高柔启奏："士卒在军中逃亡，确实可恨，然而，臣听说，逃亡者中，也有反悔者。臣愚以为，应该宽宥他们的妻子、儿女，一来可以令敌方不再信任他们，二来可以令其回心转意。如果完全按照法令，就会断绝其归路。加重处罚，臣还担心，军中士卒，看见一人逃亡，恐怕祸及自身，也会随之逃亡，不可能把他们全部都抓住杀掉。重刑并不能制止逃亡，只能让更多人逃亡。"曹操说："你说得对。"没有杀宋金的母亲、弟弟。类似情况，救了很多人。

高柔改任颍川郡太守，又调回丞相府，担任法曹掾。当时，曹操设置校事官，卢洪、赵达等负责监察群臣，高柔谏言："设官分职，各有职权范围。设置校事官，违背上级官员对下级官员信任的宗旨。让某些监察官根据个人好恶，擅自作威作福，应该制定相应制度。"曹操说："卿了解赵达等人，恐怕不如我。要能够监察、检举，处理各种违法之事，让贤人君子做这些事，则难以有所作为。在往昔，叔孙通向高祖推荐江洋大盗，为高祖立下大功，我也是借鉴这一点。"赵达等后来做尽了坏事，被告发，曹操杀了赵达等，以此向高柔道歉。

曹丕接受汉室禅让，登上帝位，任命高柔为治书侍御史，赐爵关内侯，又兼领治书执法。民间多有人诽谤朝廷，妖言惑众，文帝十分愤恨，一旦发现，对妖言惑众者格杀勿论，而且，对告发者给予奖赏。高柔上奏：“而今，妖言惑众者一旦被抓，必死无疑，告发者也因此获得奖赏。即使事实有出入，被告发者也无回头之路，又使得凶残狡诈之徒以诬陷他人为能事，这样做真的不能平息奸恶之事、减少争讼，走上治国安邦之路。在往昔，周公制作诰文，称颂殷商的祖宗，并不顾及小人之怨。在汉代，文帝废除妖言诽谤令。臣愚以为，应该废除妖言诽谤罪，停止执行告发他人的法令，以弘扬天父养育万物之仁慈。”文帝不听，相互诬告者越来越多。文帝这才下诏：“敢以诽谤罪诬告他人者，以所告罪名处罚。”这样，诬告之风才被制止。校事官刘慈等，自从黄初初年，有数年时间，负责检举吏民犯罪，人数达到上万，高柔奏请文帝，按照案情虚实，予以惩治；罪行小者，可以用罚金结案。黄初四年，高柔升任廷尉。

魏建国初，三公无事可做，很少参与政事。高柔上疏：“天地以四时为功，元首以辅弼兴治；成汤倚仗阿衡之辅佐，文、武二王凭借周旦、吕望之效力。在汉初，萧何、曹参相继担任宰相，辅佐朝政，二人是开国功臣，又是高祖的心腹大臣。这些都是明王圣主信任臣下，以及贤相良臣辅佐天子的例子。而今，三公作为陛下的辅弼大臣，都是国家的栋梁，为民众所瞻仰，设置三公，却没有让他们参与政事，遂各自休息养寿，很少有谏言进献，诚非朝廷重用大臣之义，大臣也不能指正朝政是否有缺失。在古代，刑政有疑问，就会令三公九卿在廷议时发表意见。从今以后，朝廷有疑问，或有刑狱大事，应该向三公咨询。三公在朔望之日上朝，在有紧急事务时，也可以召他们入朝议事，谈论得失，无论大小事，都有益于陛下广泛听取意见，弘扬教化。”文帝采纳谏言。

文帝以旧怨，欲枉法诛杀治书执法鲍勋，高柔坚持己见，不肯执行诏命。文帝大怒，召高柔到尚书台；再派使者到廷尉署，按照文帝旨意，将鲍勋拷打致死，鲍勋死后，才让高柔返回。

明帝即位，封高柔为延寿亭侯。当时，博士都要执业教学，教授经书，高柔上疏：“臣听说，遵循圣道，重视教学，是圣人的洪训；崇文重儒，是帝王执政的明义。在往昔，东汉末年，皇室衰微，礼乐崩坏，龙争虎斗，以战阵为要务，遂使得儒林群士隐居在林莽渊薮，不敢露面。太祖举兵，东征西讨，哀怜儒学之荒废，在拨乱反正之际，令郡县设立教官。文帝即位，推崇儒学教化之圣业，大兴辟雍学校的建立，州郡举行考试，天下士人，重新听到庠序学校的朗朗读书声，亲近俎豆之礼。陛下即位，聪明睿智，弘扬大道，光大先帝之宏业，即使夏启继承夏禹，周成王继承文、武，诚无以复加。然而，今天的博士，通晓经书，勤修品行，是从全国精选的人才，任职的时间有限，超不过县长的任期。臣以为这并非能崇尚儒术，激励教师，启发怠惰之人。孔子说：‘举善而教，不能则劝。’因此，楚元王礼敬申公，学生砥砺奋进，光武帝尊崇卓茂，搢绅竞相效仿。臣以为，作为博士，是道学之渊薮，六艺之所宗，应根据学问评定优劣，以相等之位尊崇之，推崇道学之精髓，以劝勉学者，弘扬教化。”明帝采纳谏言。

后来，明帝在洛阳大兴土木，建造宫殿，百姓不堪徭役沉重；明帝又在民间广采民女，充盈后宫；后宫的皇子接连夭折，明帝的继嗣一直未能保住。高柔上疏：“东吴、西蜀二虏狡猾，整军习武，窥视时机，谋动干戈，从未收手；臣以为，朝廷应该蓄养将士，缮治甲兵，以逸待劳。而今，陛下倾尽财力，大肆兴建宫殿，致使上下疲惫不堪；假若东吴、西蜀窥探虚实，串通合谋，联合进攻，将士将要舍身拒敌，百姓将要转输军粮，甚为不易。在往昔，汉文帝怜惜十家之财产，不肯营建一座露台，以供自己享乐；霍去病远虑匈奴之忧，不遑建造宅邸。何况今日所花费，绝非百金之资，所担忧，也绝非北方戎狄之患！臣以为，陛下可以先完成已开工之营建，作为朝廷朝觐宴飨之用。臣恳请送回营建宫殿的民工，让他们回到家乡，从事农业。待东吴、西蜀二国平定，再续建不迟。在往昔，轩辕黄帝有二十五子，传递福祚弥远；周室有姬姓诸侯四十国，历经年代久远。陛下聪明睿智，熟读经书，穷尽义理，最近皇子接连夭折，生皇子的吉兆，还未有感应。群臣的心，莫不为此忧虑不安。按照《周礼》，天子后宫的嫔妃，有一百二十人，嫔妃的礼仪，已经完备。臣窃闻，后宫嫔妃的数量，远远超出这个数字，然而圣嗣并不兴旺，可能也是这个原因。臣愚以为，可适当减少嫔妃的数量，精选贞淑女子，其余者，尽可以送回家去。陛下可以颐养精神，专静为宝。如此，则怀孕之征兆，可很快出现。”明帝答复：“朕知道卿忠诚，心向王室，总是直言不讳；如有其他谏言，可随时奏闻。”

当时，有关打猎的法律严厉。宜阳县典农刘龟悄悄在皇帝的禁苑里射杀一只野兔，典农府功曹张京到校事官员处告发。明帝隐去张京的名字，收捕刘龟。高柔上奏，愿知道告发者的名字，明帝大怒：“刘龟胆敢在皇家禁苑打猎，应当判处死刑。把刘龟押送至廷尉署，廷尉就应该亲自拷问，为何要请求知道告发者的名字，难道朕是随意收捕刘龟吗？”高柔说：“廷尉是天下法律的天平，怎么能以至尊喜怒，破坏法制？”又再次上奏，言辞恳切。明帝感悟，告诉告发者的名字是张京。高柔审讯，二人各获其罪。

按照当时的制度，官吏家要举行大丧，百日丧假后，才开始工作。司徒府官吏解弘遭遇父丧，因为军情紧急，解弘接受敕令，从军出发，解弘以有病为托辞。明帝大怒，下诏说：“你并非曾参、闵子骞，有何理由说因丧痛而生病？”诏令逮捕解弘，严加拷问。高柔看见解弘身体羸弱，上奏解释，希望宽宥解弘。明帝下诏说：“孝哉解弘也！宽宥其罪过。”

当初，公孙渊的哥哥公孙晃，替叔父公孙恭在宫中担任内侍，公孙渊还未反叛前，公孙晃多次上奏，告发此事。及至公孙渊谋逆，明帝不忍心公孙晃被连坐，将其斩首示众，欲在监狱里处死。高柔上疏：“《尚书》讲：‘因罪惩罚死刑，因德表彰善行。’

这是王法之规定。公孙晃及妻子、儿女，如果属于谋逆，诚应该枭首示众，勿使其再有后嗣。臣听说，公孙晃此前多次向朝廷表达忠心，告发公孙渊欲叛逆，虽然与公孙渊是同族，其用心可恕。孔子能体会司马牛之忧，祁奚为叔向之过申诉，在往昔，这些都传为美谈。臣以为，公孙晃有信义，而且事先有告发之功，应该赦免其死罪；如果公孙晃没有揭发公孙渊，作为族人，应当在市中问斩。而今，进不能赦免其命，退不能彰显其罪，关进监狱，令其自尽，四方知道此事者，恐怕会怀疑朝廷这样做的动机。”明帝不听，竟派遣使者带着毒酒，交予公孙晃及其妻子、儿女饮下，而后赐予棺、衣，在宅邸里殡殓。①

①孙盛曰：臣听说，五帝无诰誓之文，三王无盟祝之事，然而，盟誓文告，始自三季，质任之作，起于周微。贞夫之一，天地可动，机心内萌，鸥鸟不下。况且信义不足，焉能祈物之必附，猜生于自我，而望彼之必怀，何异挟冰求温，抱炭希凉者哉？而且，要功之伦，陵肆之类，莫不背情任计，昧利忘亲，纵怀慈孝之爱，或虑倾身之祸。是以周、郑交恶，汉高请羹，隗嚣捐子，马超背父，甚为残酷，如此之极，安在其因质委诚，取任永固哉？世主若能远览先王，对待邪恶之至道，近鉴狡肆，以查徇利之凶心，胜之以解网之仁，致之以来苏之惠，耀之以雷霆之威，施之以时雨之润，无须恭敬敛衽于一朝，咆哮屈膝于象魏矣。何必拘押亲族，以来其情，逼所爱幸，以制其命？苟不能然，而倚恃权术，笼之以计谋，检之以一切，虽览一室，而庶徽于四海，法生鄙局，冀或半之暂益，虽不得已用不忍之刑，以遂孥戮之罚，亦亵渎盟誓，由乎一人，云俾坠其师，无克遗育之言。岂得复引四罪不及之典，司马牛获宥之义？假若令任职者，皆不能保其父兄，辄有二三之言，曲哀其意，而全部活之，则助长人子危亲自存之悖谬。子弟即使作为人质，必无刑戮之忧，父兄虽然叛逆，终无剿灭之祸。不探明此术，非盛王之道，宜开张远义，蠲此近制，而陈法内之刑，以申一人之命，可谓心存小善，非王者之道。古者杀人，又有仁义存其间。刑之于狱，未为失也。

裴松之认为：辨章事理，贵在探究当时之宜，无所谓虚唱大言，而终归无用。浮诞之论，不切实际，犹如画魑魅之像，易于犬马之形。质任之兴，非仿近世，况三方鼎峙，辽东偏远，羁留其亲属，以防未然，不为非矣。高柔认为公孙晃有先言之善，宜蒙宽宥之心。而孙盛责备高柔不能开张远理，蠲此近制。不达此理，竟为何谓？若云猜防为非，质任宜废，是谓应大明先王之道，不预任者生死。公孙晃作为人质，历年已久，岂得于杀活之际，方论至理之源！是何异于丛棘既繁，事须判决，空论刑措之美，不闻当不当之实？其言迂腐，亦已甚矣。汉高祖事穷理迫，权以济亲，而总之残酷刑法，既已大有所诬。且自古以来，从未有子弟诬告父兄，以图全身保命者，自存悖谬，从未听闻。公孙晃以兄告发弟弟谋逆，而其事已经得到验证。谓公孙晃应该被杀，将以遏防。若言之亦死，不言亦死，岂不杜绝归善之心，失去刑法中正之道？比如赵括之母，以先请示赵王，获得赦免，钟会之兄，以密奏保全儿子，古今此类事情甚多，并不少见。公孙晃之前已有预言，事同此例，而独遇枉杀，良可哀哉！

当时，误杀皇家苑囿的麋鹿，要被处以死刑，财产罚没入官府，对检举揭发者，厚加赏赐。高柔上疏："圣王统御天下，莫不以重视农业为要务，崇尚俭朴为原则。这样，农业发展，粮食才能有积蓄，俭朴为尚，财富才会有积累，积累财富，储备粮食，都是为国家有忧患时做足准备。在古代，一夫不耕，就会有饥饿之忧；一妇不织，就会有寒冷之虑。近年来，百姓因承担徭役，耕田的人数在减少，加上近来又有禁猎令，群鹿骚扰，吞食禾苗，已经处处为害，造成的损失，难以估量。农民虽然尽力防范，力不从心。比如荥阳附近，周围数百里，连续数年，粮食生产受到影响，百姓活命的粮食，损失很大，实可哀伤。而今，天下能事生产者甚少，麋鹿损害庄稼的数量甚多。再加上有兵戎之事，一旦有凶年之灾，将何以应对！愿陛下留意先圣对农业的重视，哀怜百姓稼穑的艰难，体谅民间的苦衷，允许百姓捕杀麋鹿，撤销不得捕鹿的禁令。民众得以解脱，莫不愉悦。"①

①《魏名臣奏》记载：高柔上疏："臣深思，陛下之所以不愿意早点儿猎取麋鹿，诚欲使麋鹿繁衍，然后猎取，以作为军国之用。然而，臣窃以为，麋鹿而今但有日耗，终无获利。何以知之？禁苑之地广阔达一千余里，臣计算了下，大约苑囿老虎有六百，狼有五百，狐狸一万。假若老虎三日吃一头鹿，一虎一年吃一百二十头鹿，六百只老虎一年可吃七万二千头鹿。假若十只狼一日食一头鹿，五百只狼一年食一万八千头鹿。麋鹿产子，还未能行走，十只狐狸一日食一头小鹿，等到麋鹿能跑，需要一个月，一万只狐狸一个月可食幼鹿三万头。大凡一年食去十二万头。还有雕鹗所杀害，臣没有计算在内。以此推论，最终不会剩下多少，不如早日猎取为便。"

不久，护军营士兵窦礼私自走出军营，没有返回。军营以为窦礼已经逃亡，上表追捕，将窦礼的妻子盈、儿女，罚没入官府为奴婢。盈接连到州府鸣冤告状，无人肯过问此事。盈于是将诉状交到廷尉署。高柔问："你怎么知道丈夫不是逃亡？"盈垂泣回答："丈夫年少时，孤身一人，奉养一个老婆婆作为母亲，侍候她甚为恭谨，又怜惜儿女，照顾得无不周到，并非是轻薄子弟，不顾家室。"高柔再问："你的丈夫会不会与人结下冤仇？"盈回答："丈夫很善良，并未与人结下冤仇。"又问："你的丈夫是不是与人有钱财来往？"盈回答："丈夫曾经借钱给同营的士兵焦子文，焦一直不肯还钱。"当时，焦子文因为某事，被关押在监狱，高柔到监狱提审焦子文，问其犯了什么罪。在审问中，高柔又问："你曾经借过别人的钱吗？"焦子文答："自幼孤单，不敢向人借贷钱物。"高柔察言观色，遂问道："你此前借过窦礼的钱，为何说没有借过他人的钱？"焦子文惊讶，知道事情已经败露，回答时，语无伦次。高柔说："你已经杀了窦礼，要老实交代。"焦子文叩头认罪，交待杀害窦礼的经过及埋藏的地点。高柔派遣吏卒，根据焦子文的供述，挖出窦礼的尸体。明帝诏书，恢复盈母子为平民。颁布天下，以窦礼之案为戒。

高柔在廷尉任上二十三年，改任太常，十日后，升任司空，后转任司徒。太傅司马懿上奏，免去曹爽的职务，皇太后下诏，召高柔，授予符节，代行大将军职事，进驻曹爽的军营。太傅司马懿对高柔讲："君要当一个周勃。"曹爽被杀，高柔受封为万岁乡侯。高贵乡公曹髦即位，晋升高柔爵位为安国侯，改任太尉。常道乡公曹奂即位，增加高柔的食邑，合并之前，共享有食邑四千户，前后封高柔的两个儿子为亭侯。景元四年，高柔去世，享年九十岁，谥号为元侯。孙子高浑继承爵位。咸熙年间，建立五等爵位，以高柔在前朝建立的功勋，改封高浑为昌陆子爵。①

①《晋诸公赞》记载：高柔的长子高俊，曾担任大将军幕府掾，次子高诞，在三个州历任刺史，升任太仆。高诞为人率性，性情刚烈。次子高光，字宣茂，年少时，操持家业，熟悉法理，在晋武帝时担任黄沙御史，即过去的御史中丞，代理廷尉，后来正式担任廷尉。哥哥高诞与高光，操守相异，哥哥认为高光注重小节，常轻侮之，高光对待高诞，越发谨慎。高光在尚书令任上去世，被追赠司空印绶。

孙礼，字德达，涿郡容城县人。曹操平定幽州，征召孙礼，任命为司空军谋掾，参与军事。幽州刚刚遭遇战乱，孙礼与母亲失散，同郡人马台找到孙礼的母亲，孙礼把家产全部送予马台。马台后来犯法，被判为死刑，孙礼私下指示马台越狱自首，然后说："臣无逃亡之意。"径直到刺奸主簿温恢处自首。温恢赞许他们的行为，禀告曹操，各减死罪一等。

后来，孙礼担任河间郡丞，稍后升任荥阳郡都尉。鲁国山中，有贼寇数百人，据险顽抗，成为当地民众一害；曹操改任孙礼为鲁国相。孙礼到任后，拿出自己的俸禄，救济吏民，悬赏贼寇的首级，招降纳叛，让投降者作为内奸，鲁国很快恢复安宁。孙礼历任山阳郡、平原郡、平昌郡、琅琊郡太守。后来，孙礼跟随大司马曹休，在夹石讨伐吴国，孙礼向曹休谏言不可轻敌冒进，曹休不听，曹军遭大败。孙礼改任阳平郡太守，又入朝担任尚书。

明帝大肆修建宫殿，时气不和，粮食歉收。孙礼极力谏诤，劝谏明帝暂停修建宫殿，明帝下诏："敬纳卿的谏言，送回服徭役的民众。"当时，李惠负责工程，上奏明帝，暂缓执行诏命一个月，以完成在建工程。孙礼径直来到工地，宣布诏命，遣散民工，明帝称奇，肯定孙礼的做法，没有责备。

明帝在大石山狩猎，老虎扑向明帝的乘舆，孙礼当即投鞭下马，奋剑刺虎，明帝诏令孙礼上马。明帝驾崩前，任命曹爽为大将军，想到还应该有良臣辅佐，就让曹爽在床前接受遗诏，拜孙礼为大将军幕府长史，兼任散骑常侍。孙礼忠贞为国，不屈不挠，为人亢直，曹爽不方便行事，改任孙礼为扬州刺史，兼领伏波将军，赐爵关内侯。吴国大将全琮率领数万人侵犯扬州，当时，州里的士兵都在休假，在军营者寥寥无几。孙礼亲自率领卫兵，抵御吴军，在芍陂大战，从清晨至黄昏，将士死伤过半。孙礼不避危险，冲锋陷阵，战马多处受伤，孙礼亲自擂响战鼓，奋不顾身，吴军撤退。齐王曹芳诏书慰劳，赐孙礼绢帛七百匹。孙礼为战死者设祭哭丧，哀号之声发自内心，将绢帛全部送予战死者的家属，不留一匹。

孙礼接受朝廷征召，受拜为少府，又出任荆州刺史，改任冀州牧。太傅司马懿对孙礼讲："如今，清河郡、平原郡争夺地界，有八年之久，换了两个刺史，不能解决问题；虞国、芮国请文王帮助解决矛盾，你去后，要妥善解决地界纠纷。"孙礼答："争讼者以墓地作为证据，听讼者以逝去先人的协议作为证据，逝者不可能再出来证明，墓地或迁至高处，或者迁移，以避免仇雠。按照现有情况掌握，即使皋陶再世，也难以解决这样的矛盾。如果让他们停止争讼，应该以祖先受封为平原王时划分的地界判定。何必推古问故，以增加争讼的成本？在往昔，周成王以桐叶和叔虞开玩笑，周公以此为证，封叔虞在晋。而今，当年平原王封国的地图，仍收藏在档案库，此事马上能决断，何必要到州府判案？"司马懿说："你说得对。应当按照地图。"孙礼到任，按照地图，将边界土地划归平原郡。而曹爽相信清河郡的主张，下令说："地图不可用，应当参照此后的变化。"孙礼上疏："管仲辅佐齐桓公，其官职虽小，仍能夺去伯氏的封土骈邑，使其终身没有怨言。臣接受州牧之任，奉圣朝明图，勘验地界，地界上标明以王翁河为界；鄃县以马丹候为证，诈称以鸣犊河为地界。伪造证据，枉自讼诉，疑误台阁。臣听说，众口铄金，浮石沉木；三人成虎，慈母投杼。而今，二郡争地界，有八年之久，一朝判决，且有地图作证，可以追溯至原始证据。平原郡在两河间，向东有爵堤，爵堤在高唐县西南，所争地界在高唐县西北，相距二十里，可谓长叹息流涕者也。判案与地图相符，鄃县仍然不肯受诏，此臣软弱不能胜任，臣有何面目，尸禄素餐？"孙礼穿好朝服、朝靴，准备好车马，等候被贬谪。曹爽看了孙礼的奏章，大怒，弹劾孙礼对朝廷不敬，判刑五年。在家中闲居一年，朝中很多人为孙礼说情，孙礼又担任城门校尉。

当时，匈奴王刘靖的部众强盛，鲜卑多次抢掠边郡，朝廷任命孙礼为并州刺史，兼任振武将军，持符节，担任护匈奴中郎将。孙礼去见太傅司马懿，面有怒色，却不发一言。司马懿说："卿已经担任并州刺史，认为官小吗？还为划分地界的事情生气吗？今日赴任离别，为何不高兴？"孙礼说："司马公把孙礼看得那么心胸狭窄！孙礼虽然不德，岂能把官位、往事放在心里？本来想司马明公有伊尹、吕尚之风范，匡辅魏室，上报明帝之托孤，下建万世之勋业。而今，社稷将面临危殆，天下汹汹，这才是孙礼放不下的事情。"说罢热泪盈眶。司马懿说："别哭了，且忍不可忍之事。"曹爽被杀，孙礼调入朝中，担任司隶校尉，前后在七郡五州任职，皆有政绩。孙礼升任司空，受封为大利亭侯，享受食邑一百户。孙礼与卢毓同郡，年龄相仿，然而两人不睦，虽然各有长短，并驾齐驱。嘉平二年，孙礼去世，谥号为景侯。孙子孙元继承爵位。

王观，字伟台，东郡廪丘县人。年少时，王观成为孤儿，家里贫困，王观志向远大，曹操征召王观，任命为丞相文学掾，后出任高唐县、阳泉县、鄼县、任县令，所在县邑，皆政绩卓越。曹丕接受汉室禅让，登上帝位，王观入朝，担任尚书郎、廷尉监，后出任南阳郡、涿郡太守。涿郡北部靠近鲜卑，鲜卑多次入境抢掠，王观令边民十家以上，修筑壁垒居住，修建瞭望台警戒。当时，有些人家不愿意，王观向朝廷借调吏员，让他们回家说服家人，不限定回京时间，直至壁垒完成。于是，吏民相互帮助，不再等待观望，十几日就将壁垒修建完成。此后，有了守御的壁垒，鲜卑抢掠的事情相继平息。明帝即位，颁布诏书，让郡县列出繁难、中等、容易治理者上报。主事者欲上报涿郡为中等，王观告谕："涿郡靠近边郡，面临外寇，多次遭到鲜卑袭扰，为何不上报为繁难？"主事者说："如果上报为繁难，面临外寇，臣担心明府的儿子要送往京师充当人质。"王观说："作为府君，就是要为民承担责任。涿郡处于边陲繁难之地，边郡徭役，有诸多规定，也应该适当减免。岂能因太守一己私利，负一郡百姓？"遂上报涿郡为繁难，而后，王观送儿子到邺城。王观只有一个儿子，年龄还小，身体也差，王观以公忘私，竟至如此。王观为官清廉，率身垂范，生活俭朴，官属也以王观为榜样，莫不自勉自励。

明帝巡幸许昌，征召王观，任命为治书侍御史，负责尚书台阁昭狱。当时，明帝常有喜怒无常的时候，而王观并不阿意奉迎。太尉司马懿延请王观担任从事中郎，后又升任尚书，出任河南郡大尹，又改任少府。大将军曹爽派步兵校尉张达砍伐建造房屋的木材，还有很多私人用的物品，王观听说后，登记没收。少府负责尚方御府内收藏的宝物，曹爽等生活奢靡，多有需求，但是，忌惮王观守正不阿。曹爽改任王观为太仆。司马懿杀了曹爽，令王观代行中领军职事，驻扎在曹爽弟弟曹羲原来的军营，赐王观爵关内侯，重新担任尚书，兼领驸马都尉。高贵乡公曹髦即位，封王观为中乡亭侯。不久，又担任光禄大夫，改任右仆射。常道乡公曹奂即位，晋封王观爵位为阳乡侯，增加食邑一千户，合并之前，共享有食邑二千五百户。擢升王观为司空，王观坚决辞让，曹奂不许，派使者在王观家拜授印绶。王观在司空任上数日，上缴印绶，乘舆回到家乡，在家中去世，留下遗嘱，棺柩能容下尸骸即可，不要摆设冥器，不垒坟不种树。曹奂赐王观谥号肃侯。嗣子王悝继承爵位。咸熙年间，建立五等爵位，以王观在前朝功勋卓著，改封王悝为胶东子爵。

陈寿评论如下：韩暨在家中安贫乐道，推行教化，出任职务，受到众人赞誉；崔林生活简朴，有才能；高柔通晓法理；孙礼刚直不阿；王观为官清廉，坚守节操：皆担任过三公。韩暨年过八十，又从家中被起用；高柔在任上二十年，以元老结束仕途：相比较徐邈、常林，仍有负疚之处。

魏书二十五

辛毗杨阜高堂隆传第二十五

辛毗，字佐治，颍川郡阳翟县人。辛毗的祖先在建武年间，从陇西郡东迁至颍川郡。辛毗与哥哥辛评追随袁绍。曹操担任司空，征召辛毗，辛毗不肯从命。及至袁尚在平原郡攻打哥哥袁谭，袁谭派遣辛毗前去向曹操求和。[①]曹操将要讨伐荆州，驻扎在西平县。辛毗来见曹操，转达袁谭的意思，曹操大喜。过了几天，曹操还是想先平定荆州，等待袁谭、袁尚再自相残杀一下。有一天，曹操摆设酒宴，辛毗端详曹操的脸色，知道情况又有变化，告诉郭嘉。郭嘉问曹操，曹操对辛毗讲："袁谭可信吗？袁尚一定能被打败吗？"辛毗回答："明公无须再问是否可信，或其中是否有诈，只须判断目前的形势。袁氏兄弟相残，绝非他人能够从中离间，二人都认为天下可由自己决定。而今袁谭向明公求救，从中可知，袁谭不敌袁尚。袁显甫眼见袁显思已陷于危急之中，仍不能彻底降伏，说明袁尚也已经筋疲力尽。兵革战败于外，谋臣相斗于内，兄弟之间，殊死相拼，国土已一分为二；连年战争，介胄生满虮虱，加上旱灾、蝗灾，饥馑遍野，国库已无粮食储备，行路者无干粮充饥，天灾应于上，人事困于下，民众无论智愚，都知道河北早已成土崩瓦解之势，此乃上天要灭亡袁尚之时。兵法讲：有石城汤池，有带甲武士，百万之兵，而无粮食储备，也不能守城。而今曹公前去攻打邺城，袁尚不可能撤回去救援，邺城肯定难以保住。如果袁尚撤军，救援邺城，袁谭将会紧随其后。以明公之武威，应对穷途末路之袁尚，攻击疲惫困乏之寇，无异于疾风扫落叶。上天把袁尚交予明公，明公不攻打邺城，而讨伐荆州。荆州物产丰富，百姓乐业，国内并未有叛乱之征兆。仲虺有言：'攻取乱国，凌辱行将灭亡之国。'袁氏兄弟二人没有远虑，自相残杀，可谓乱国；居者无食，行者无粮，可谓亡国。河北朝不虑夕，百姓生命垂危，明公不去安绥，欲等待他年；他年若粮食丰收，袁氏兄弟醒悟过来，自知将要灭亡，重新修好，谨修善行，再要平定河北，就失去了用兵机会。而今，袁谭向明公求救，明公借机安抚之，利莫大焉。而且，四方要讨伐的贼寇，莫过于河北；河北平定，明公将会六军兴盛，天下震动。”曹操说：“你说得对。”于是，答应与袁谭联合，移军驻扎在黎阳。第二年，曹操攻打邺城，遂攻取邺城，上表拜辛毗为议郎。

①《英雄记》记载：袁谭、袁尚在城门外大战，袁谭战败，率领残兵向北窜逃。郭图劝说袁谭：“而今，将军国小兵少，粮食匮乏，势力大减，显甫杀来，久战，则不能敌。臣愚以为，可借曹公之力，迎战显甫。曹公率军来到，必先攻打邺城，显甫回军救援邺城。将军可引兵向西，邺城以北皆可以收入囊中。若显甫军败，其部众逃散，则可聚拢逃兵，再抗击曹公。曹公远道而来，粮饷不继，必然仓皇撤走。当此之际，赵国以北，皆可为我所拥有，足以与曹公抗衡。不然，大事不谐。”当初，袁谭并未采纳郭图的谏言，后来，也只好答应。袁谭问郭图：“谁可去联络曹公？”郭图答：“辛佐治可以担此重任。”袁谭遂派遣辛毗前去向曹公请降。

不久，曹操派遣都护曹洪平定下辩县，让辛毗和曹休一同参与军事，曹操下令：“在往昔，高祖贪财好色，而张良、陈平匡正其过失。今天，辛佐治、曹文烈肩上的担子不轻。”大军撤回，辛毗担任丞相长史。

曹丕接受汉室禅让，登上帝位，辛毗改任侍中，受赐爵关内侯。当时，文帝正在考虑改变历法制度。辛毗以魏氏继承虞舜、夏禹正统，应该顺天应民；至于商汤、周武，则是以战争伐殷，拥有天下，才改变历法制度。孔子说：“按照夏历授时。”《左氏传》讲：“夏历之数，奉行天正。”无须更改夏历，与之相左。文帝采纳谏言，不再考虑更改。

文帝欲迁徙冀州十万户百姓，充实河南郡。当时，连年蝗灾，百姓陷于饥困，群臣认为，这样仓促大量迁徙百姓，不妥，而文帝的主意已定。辛毗与朝臣求见文帝，文帝知道他们一定是为迁徙之事，就板着面孔，召见群臣，大家都不敢讲话。辛毗问：“陛下欲迁徙百姓，这个想法是怎么来的？”文帝答：“卿难道认为，迁徙百姓不对？”辛毗答：“臣诚以为不对。”文帝说：“朕不与卿共议此事。”辛毗说：“陛下不以臣不肖，作为近侍，安排在左右，厕身于谋议之臣，为何不能与臣共议！臣所言，并非为私，实为社稷考虑，为何拒绝臣的谏言！”文帝不答话，起身走入内廷；辛毗紧随其后，拽着文帝的衣袖，文帝奋力，挣脱衣袖，进入内廷，不再出来，过了很久，文帝走出来，说：“佐治，卿为何要这样逼我？”辛毗答：“今日迁徙百姓，既失去民心，又不能提供足够的粮食安抚百姓。”文帝答应迁徙一半。辛毗跟随文帝出外打猎，射杀野雉，文帝说：“射雉很好玩！”辛毗说：“对于陛下，是好玩，对于臣下、百姓，却是苦差事。”文帝听了，默然不语，以后很少再出去射猎。

上军大将军曹真在江陵讨伐朱然，辛毗担任军师。大军撤回，辛毗受封为广平亭侯。文帝欲调动大军，讨伐吴国，辛毗劝谏道："吴、楚的民众，凭借地势险阻，难以攻伐，朝廷道义兴隆，他们最后臣服；朝廷道义污秽，他们最先反叛，自古以来，吴、楚的民众就最难降伏，并非今日。而今，陛下享有福祚，拥有海内，不肯宾服者，还能坚持多久？在往昔，尉佗在南粤称帝，公孙子阳在蜀郡僭越帝号，并未坚持多久，或向朝廷称臣，或被剿灭。为何悖逆天道，不可能久全？朝廷具有大德，四海之内，无不臣服之。而今，天下刚刚安定，经过历年战乱，土地虽广，民众稀少。即使朝廷群臣算无遗策，大军出征，临战依然难以保证克敌制胜，况且，庙算之策或有缺失，陛下仓促对外用兵，臣实在看不出这样做的好处。先帝多次率领精锐，兵临长江，而不得不退军。而今，相对于过去，六军并未有多少增加，想要再调动更多兵力，绝非易事。当今之计，莫过于学习范蠡养民之政策，效法管仲寓军于民之改革，像赵充国一样，广泛施行屯田，以孔子之思维，用仁政怀柔敌国；十年之内，强壮者还未老去，孩童也已长大可以当兵，亿兆百姓，深明大义，将士奋勇，然后再对东吴用兵，将无往而不胜。"文帝问："按照卿的想法，要把贼虏留给子孙啦？"辛毗回答："在往昔，周文王把殷纣留给武王，是知道时机还未成熟。时机不成熟，文王会轻易用兵？"文帝决心伐吴，大军进抵长江，战事不利，只好撤军。

明帝即位，晋升辛毗爵位为颍乡侯，享受食邑三百户。当时，中书监刘放、中书令孙资受到明帝信任，在朝廷专权擅政，朝中大臣莫不与他们搞好关系，辛毗却拒绝与他们来往。辛毗的儿子辛敞劝谏父亲："而今，刘、孙用事，群臣皆阿谀奉承，大人也应该稍微改变些，和光同尘；否则，会有诽谤之言，伤害大人。"辛毗正色道："主上虽未必称得上聪明，也不会因暗昧，误听误判。君子立身，自有本末。即使与刘、孙不睦，大不了不作三公，有何危害？大丈夫焉能为三公高位，毁其志节？"冗从仆射毕轨上表："尚书仆射王思是一位老臣，恪尽职守，忠诚亮直，但智略不如辛毗，应该由辛毗代替王思，担任尚书仆射。"明帝就此事询问刘放、孙资，刘放、孙资答："陛下使用王思，正是看重王思的忠诚，不务虚名。辛毗确实为人亮直，然而性情刚烈而专断，对此，陛下不能不察。"明帝遂没有重用辛毗。辛毗改任卫尉。

明帝大肆修建宫殿，百姓苦于徭役，辛毗上疏："臣听说，诸葛亮讲武练兵，孙权在辽东购买良马，臣估计，他们仍欲与魏国争夺天下。陛下应有防患于未然的准备，古代圣王，皆有居安思危的举措，而今，陛下大肆营建宫殿，连年粮食歉收。《诗经》讲：'民亦劳止，迄可小康，惠此中原，以绥四方。'愿陛下为社稷多考虑。"明帝回复辛毗："东吴、西蜀二虏未灭，魏国营建宫室，直言敢谏者，正是立名之时。帝王的国都，营建宫殿，在民众劳苦的时候加紧修建，后世皇帝无须再增加宫殿规模，萧何当年为汉室规划宫殿时，提出过此方略。卿作为重臣，应该理解这些。"明帝又欲平整北芒山，令劳工在山上建造台观，这样，可以远眺孟津。辛毗劝谏：“天地之性，在于高低错落，陛下反其道而行之，既违背常理，又损耗人力，民众已经不堪徭役繁重。而且，黄河一旦泛滥，洪水为害，丘陵被铲平，将何以抵御洪灾？”明帝这才停止工程。[①]

①《魏略》记载：诸葛亮围困祁山，战事不利，引军撤退。张郃追击，被流矢射中，阵亡。明帝痛惜张郃阵亡，临朝时，叹息道：“蜀国未灭，而张郃先死，将如之奈何！”司空陈群答：“张郃确实是良将，为国家所倚重。”辛毗认为，张郃阵亡，虽然可惜，然而已死，不应当为此沮丧，毫无意义，反而对外示弱。辛毗对陈群讲：“陈公，你讲的这是什么话！建安末年，天下不可一日无武皇帝，及至汉室禅让，魏室拥有天下，文皇帝接受天命，登上帝位，黄初年间，也可谓不可一日无文皇帝，文帝驾崩，委弃天下，陛下即位。今国内所少，岂只有张郃？”陈群答：“诚如辛毗所言。”明帝笑着说：“陈公可谓善变。”

裴松之认为：拟人必于其伦，取譬宜引其类，故君子对于所言，不可苟且。辛毗欲阐释宏论，应当举像张辽这样的将军，怎么能因一将之死，拿魏室的祖宗做譬喻？辛毗不宜在这种场合讲这种话，有些过了，进言违其类，退而言之，也好似谄谀，辛毗为人刚烈，刚正之人，不宜有此。《魏略》既已难信，习氏又转载此言，窃谓斯人受诬不少。

青龙二年，诸葛亮率领蜀军从渭南出兵。此前，大将军司马懿多次奏请与诸葛亮交战，明帝没有批准。这一年，明帝担心不能制止司马懿用兵，任命辛毗为大将军幕府军师，授予符节；前线六军整肃，听命于辛毗调度，不敢犯禁。[①]诸葛亮去世，辛毗再次担任卫尉，在任上去世，谥号为肃侯。嗣子辛敞继承爵位，咸熙年间，辛敞担任河内郡太守。[②]

①《魏略》记载：司马宣王多次欲进攻蜀军，辛毗制止，司马宣王不听。司马宣王虽有出战之意，而每次都屈服于辛毗。

②《世语》记载：辛敞，字泰雍，官至卫尉。辛毗的女儿宪英，嫁给太常泰山郡人羊耽，外孙夏侯湛为其作传：“宪英聪明，有鉴别识人之才智。当初，文帝曹丕与陈思王争太子位，曹丕被立为太子，抱着辛毗的脖颈，高兴地说：‘辛君知道我有多高兴？’辛毗把此事告诉女儿宪英，宪英叹息道：‘太子是储君，代替君王奉祀宗庙。既然代替君王，不可不时时警惕；主持国政，不可不时时畏惧。被立为太子，应该警惕，反而高兴，何以能长久？魏室恐怕难以昌盛！’弟弟辛敞担任大将军曹爽幕府参军。司马宣王要杀曹爽，借曹爽外出狩猎，关闭城门。大将军幕府司马鲁芝率领曹爽幕府的士兵强行打开城门，出城赶赴曹爽处，招呼辛敞一起走。辛敞恐惧，问宪英：‘天子在外，太傅关闭城门，大家说将不利于国家，这件事该怎么处置？’宪英答：‘天下有不可知之事，然而，以吾忖度之，太傅不得不这样行事！明皇帝临驾崩前，握着太傅的手臂，将后事托付于太傅，此言犹在朝士之耳。而且，曹爽与太傅共同受托付之任，曹爽专权，行为骄奢，对王室不忠，于人道不直，太傅此举，恐怕要诛杀曹爽。’辛敞问：‘这件事就这样

处理？’宪英答：‘此乃必然结果！曹爽的才能，绝不是太傅的对手。’辛敞问：‘那么，辛敞只能无所作为？’宪英答：‘怎么能无所作为！作为臣下，谨守职责，人臣之大义。凡人在危难时，犹须抚恤之；为人执鞭，而弃其事，不祥，不能无所作为。且为人死，为人任，又是亲昵之职，从众可矣。’辛敞遂知道该如何处理。司马宣王果然诛杀曹爽。事情完了后，辛敞叹息道：‘我不如姐姐，几乎不能善其后。’及至钟会担任镇西将军，宪英对侄子羊祜讲：‘钟士季何故担任镇西将军？’羊祜答：‘钟士季将带兵，灭亡蜀国。’宪英说：‘钟会做事情，骄纵恣肆，绝非能久处他人之下，我担心钟会必有异志。’羊祜说：‘姑母勿多言。’其后，钟会延请宪英的儿子羊琇在将军幕府担任参军，宪英忧虑：‘他日见到钟会出兵，我只有为国家担忧。今日祸难将降临我家，此国、家大事，必不能不有所准备。’羊琇向司马文王坚辞职务，司马文王不听。宪英对羊琇讲：‘我儿去吧，千万谨慎！古代的君子，入则致孝于双亲，出则致节于国君，在职思其所任，在义思其所立，不要让父母为你忧虑。军旅之间，可以从容行事，唯仁恕为要！汝其慎之！’羊琇最终全身而退。宪英享年七十九岁，泰始五年去世。”

杨阜，字义山，天水郡冀县人。①杨阜以凉州从事，为州牧韦端出使许都，被任命为安定郡长史。返回后，关西诸将问杨阜，袁、曹在黄河岸边对峙，胜败如何？杨阜答：“袁公宽容而不能果断，好谋略而少于决断；不果断则无威，少决断则错失良机，今日袁公虽然强大，终不能成就大事。曹公有雄才大略，把握机会，坚决果断，决不会迟疑，法令统一，士兵精良，能破格任用人才，所任用之人，皆能够尽心竭力，曹公必定能成就大事。”州部从事并非杨阜喜欢的工作，后来，杨阜辞去官职。韦端被朝廷征召，担任太仆，其儿子韦康代理凉州刺史，任命杨阜为别驾。杨阜被举荐为孝廉，受丞相府征召，州部上表，留下杨阜，参谋军事。

①《魏略》记载：年少时，杨阜与同郡人尹奉（字次曾）、赵昂（字伟章）同时出名，伟章、次曾曾经与杨阜一起，担任凉州从事。

马超在渭南战败，退走陇西，在羌戎中勉力寻求生存。曹操追至安定郡，苏伯在河间郡叛乱，曹操引军返回。杨阜当时奉使命在曹操处，向曹操谏言：“马超有韩信、吕布之勇，甚得羌胡之心，西部州郡，皆畏惧马超。如果大军撤回，对马超无所防备，陇上诸郡，恐怕非国家所有。”曹操采纳杨阜的谏言，由于撤回匆忙，准备不足。马超率领羌戎首领，进攻陇上诸郡县，陇上郡县响应马超，只有冀城没有响应，与州部固守待援。马超已经兼并陇西各郡，张鲁又派遣大将杨昂援助马超，双方有一万余人，合力攻打冀城。杨阜率领士大夫及宗族子弟，能够当兵者，还有一千余人。杨阜令堂弟杨岳在城上布置偃月阵，与马超接战，从正月至八月，杨阜拒守不降，而救兵迟迟未至。州部派别驾阎温从水道潜出城求救，被马超截获斩杀，州刺史、郡太守顿时恐慌，有投降马超的想法。杨阜流着眼泪劝谏：“杨阜等率领父兄子弟，以义相助，有战死之心，绝无投降之意；田单守城，不过如此。放弃垂成之功，陷于不义之名，非杨阜所愿，杨阜愿以死守城。”说罢大哭。刺史、太守派人向马超请和，打开城门迎接马超。马超入城，在冀城羁押杨岳，派杨昂杀了刺史、太守。

杨阜内心有向马超报仇的想法，却一直找不到机会。不久，杨阜以妻子去世，请求马超准假，安葬妻子。杨阜的妻兄姜叙驻扎在历城。年少时，杨阜在姜叙家长大，见到姜叙的母亲及姜叙，诉说此前在冀城的遭遇，唏嘘哀泣。姜叙问：“为何要这样？”杨阜答：“守城没有结果，府君亡不能与之共死，有何面目在世上苟且偷生！马超背父叛君，虐杀州将，岂独杨阜忧愤，一州的士大夫皆蒙受耻辱。君拥有军队和权力，却无讨贼之心，这正是《春秋》所言赵盾有弑晋君之罪。马超虽然强大，毫无义理可言，内部有很多矛盾，很容易打败。”姜叙的母亲慨然作色，敕令姜叙按照杨阜的计议行事。计议定下，杨阜与家乡人姜隐、赵昂、尹奉、姚琼、孔信、武都人李俊、王灵等串联，定下讨伐马超的计划，杨阜派堂弟姜谟到冀城，告诉杨岳，并联合安定郡人梁宽、南安郡人赵衢、庞恭等。大家盟誓已毕，建安十七年九月，杨阜与姜叙在卤城起兵。马超听到杨阜起兵的消息，亲自带兵出城迎战。赵衢、梁宽等乘机释放杨岳，关闭冀城城门，杀了马超的妻子、儿女。马超袭击历城，擒获姜叙的母亲。姜叙的母亲怒骂道：“你这个背父的逆子，杀府君的恶贼，天地岂能容你，还不早点死，你还有何面目见人！”马超大怒，杀了姜叙的母亲。杨阜与马超大战，身受五处创伤，宗族子弟战死者有七人。马超兵败，南下投奔张鲁。

陇西平定后，曹操封赏讨伐马超的功臣，受封为列侯者有十一人，曹操赐杨阜爵关内侯。杨阜辞让：“杨阜在府君活着时，没有靖难之功，府君被杀，又不能有死节之效，于义，杨阜应当受到贬黜，于法，杨阜应当受到诛杀；马超未死，臣不敢接受爵禄。”曹操回复杨阜：“君与群贤共同建立大功，西部士人皆传为美谈。子贡辞让封赏，孔子认为，这是阻止行善之道。君剖心为国，还是要顺应国命。姜叙的母亲劝姜叙早日发兵，可谓明智，即使杨敞的妻子，也不过如此。贤哉，贤哉！良史记载，绝不让贤母湮没于尘埃。”①

①皇甫谧著《列女传》记载：姜叙的母亲，是天水郡姜伯奕的母亲。建安年间，马超攻打冀县，杀害凉州刺史韦康，州人深感凄怆，莫不怨愤。姜叙担任抚夷将军，率领军队，驻扎在历城。姜叙姑母的儿子杨阜，原来担任韦康的州部从事，带领十余人，皆属于马超，杨阜暗中与勇士串联，欲为韦康报仇，一直找不到机会。恰逢杨阜的妻子去世，杨阜向马超告假，回去安葬妻子，路过历城，来探望姜叙及其母亲，诉说韦康被害及冀中之难，相对悲泣良久。姜叙的家人也悲愤不已，姜叙的母亲说：“咄！伯奕，韦使君遇难，岂止一州之耻，也是你的耻辱，岂独义山哉？你无须管顾我，此事不能置之不理。人谁能不死？为国死难，此乃忠义之士。尽速准备，我做你的后盾，不会以余年拖累你。”母亲敕令姜叙与杨阜商议，许下诺言，分头派人告诉家乡人

尹奉、赵昂及安定郡人梁宽等，大家约定，姜叙先举兵，攻打马超，马超大怒，必亲自出城迎击姜叙，梁宽等则在城里关闭城门。大家盟誓已定，姜叙遂进兵攻入卤城，赵昂、尹奉守卫祁山。马超听说后，果然亲自领兵，出城迎战姜叙，梁宽等在城里遂关闭冀城城门，马超前后失据。欲退守卤城，姜叙守卫卤城。马超只好退至历城，历城见马超前来，以为姜叙撤军，又听说马超将退走汉中，故历城没有防备。及至马超进入历城，逮捕姜叙的母亲，母亲怒骂马超。马超被骂，大怒，随即杀了姜叙的母亲及其儿子，烧城而去。杨阜等知道历城惨状后，禀报曹操，曹操嘉赏姜叙的母亲忠义，手书教令，褒扬姜叙的母亲，详情如本传。

裴松之按：皇甫谧称杨阜是姜叙姑母的儿子，而本传云姜叙是杨阜的外兄，与今日的名称，内外不同。皇甫谧所著《列女传》称赵昂的妻子说：赵昂的妻子王异，是原益州刺史天水郡人赵伟璋的妻子，是王氏的女儿。赵昂（字伟璋）担任羌道县令，把王异留在西城。恰逢同郡人梁双造反，攻破西城，杀害王异的两个儿子。王异的女儿赵英，年仅六岁，与王异留在城中。王异看见两个儿子已死，又担心被梁双污辱，欲引刀自刎，对着女儿赵英叹息道："母亲身死，把你丢下来，谁能怙恃你！我听说，西施穿不洁之服，路人掩鼻，况且我的美貌，并非西施？"于是，用厕所里的粪便润湿麻衣，披在身上，很少吃东西，饿得瘦弱，自春至冬。梁双与州郡讲和，王异这才免于遭难。赵昂派遣吏士来接家人，距离府衙还有三十里，王异对女儿赵英讲："妇人无符信保傅，则不出房闱。昭姜沉流，伯姬待烧，每当母亲读到这些传记，心里常感叹其节操。今日我家遭逢乱世，不能死节，何以再见诸姑？之所以偷生不死，唯怜惜女儿年幼。今日官舍已近，母亲要离开你，去死矣。"遂饮毒药而绝。当时，恰好有解毒药的良药，掰开王异的口，灌进良药，过了很久才苏醒。建安年间，赵昂改任幕府参军，迁居冀县。恰逢马超攻打冀县，王异穿上战袍，辅佐赵昂守城，又把头上、身上佩戴的首饰、玉佩、黼黻摘下，用以奖赏守城战士。及至马超攻打紧急，城中陷于饥困，刺史韦康素来仁厚，哀愍吏民伤亡惨重，欲与马超讲和。赵昂劝谏不听，回家告诉妻子，王异说："君有诤臣，大夫有专权之义；专不为非也。焉知救兵不到关陇？当勉励守城士卒，全节致死，不可听从讲和之计。"赵昂返回，韦康已与马超讲和。马超背弃约定，杀害韦康，又劫持赵昂，把赵昂的嫡子赵月作为人质，羁押在南郑。欲强迫赵昂为己所用，然而，马超对赵昂并不信任。马超的妻子杨氏听说王异的节行，宴请王异，与王异欢宴终日。王异欲令赵昂受到马超信任，以济其谋，对杨氏讲："在往昔，管仲来到齐国，立下九合之功；由余投奔秦国，秦穆公称霸。方今社稷刚刚安定，治乱在于得人，凉州兵马，可以与中原争锋，不可不查。"杨氏深感王异之言，以为王异忠于自己，遂与王异结为友好，赵昂也得到马超信任。全功免祸，实乃王异之力。及至赵昂与杨阜等密谋讨伐马超，告诉王异："我们计谋已定，事必万全，当奈何儿子赵月？"王异厉声呵斥："忠义立于身，雪君父之耻，丧命不足为重，更何况一个儿子？像项托、颜渊，他们岂能活至百岁，贵在义存。"赵昂说："君说得对。"遂关闭城门，驱逐马超，马超投奔汉中，向张鲁借兵杀回。王异再次与赵昂保卫祁山，被马超围困，历经三十日，救兵来到才解围。马超最后杀了王异的儿子赵月。从冀城之难，再到祁山之围，赵昂出九奇策，王异皆参与。

曹操征伐汉中，任命杨阜为益州刺史。大军撤回，又拜杨阜为金城郡太守，杨阜还未赴任，又改任武都郡太守。武都郡靠近蜀汉，杨阜请求按照西汉年间龚遂治理民众的方法，安抚百姓。恰逢刘备派遣张飞、马超等，从沮道出兵，直扑下辩县，而当地氐人首领雷定等，率领七部一万余户反叛，响应刘备。曹操派遣都护曹洪抵御马超等，马超等退军。曹洪设置酒宴，大会功臣，令舞女穿着薄纱罗縠衣，在鼓上踏步起舞，一座人观看舞女表演，欢声笑语。唯有杨阜厉声指责曹洪："男女之别是国家之礼节，岂可在大庭广众面前，让诸将观看裸女的形体！即使夏桀、商纣之乱世，也不过如此。"遂拂袖起身告辞。曹洪立即停止舞女表演，请杨阜返回座位，一座人肃然起敬，忌惮杨阜。

及至刘备攻取汉中，大军直逼下辩城，曹操认为，武都郡孤悬在外，路途遥远，欲放弃，迁走当地的百姓，又担心吏民怀恋故土。杨阜素来有威信，曹操令杨阜负责迁徙武都郡汉民、氐人，安置在京兆、右扶风、天水郡，迁走一万余户，把武都郡府迁至小槐里县，百姓扶老携幼，跟随杨阜迁徙。杨阜在任上施政，只抓最重要的法度，不忍心欺压百姓。文帝问侍中刘晔等："武都郡太守是个怎样的人？"大家皆称颂杨阜有三公辅佐之节操。还未来得及重用杨阜，恰逢文帝驾崩。杨阜担任郡太守十余年，受朝廷征召，担任城门校尉。

杨阜常看到明帝戴着绣花帽，穿着缥绫做的短袖衣，杨阜问明帝："按照礼仪，皇上应该穿什么样的礼服？"明帝默然，没有回答，从此以后，不穿礼服，不见杨阜。

杨阜升任将作大匠。当时，明帝在洛阳大肆修建宫殿，从民间征发美女，以充斥后宫，还多次出外打猎。当年秋天，大雨倾盆，电闪雷鸣，很多鸟雀被杀死。杨阜上疏："臣听说，明主在上，群臣才敢畅所欲言。尧舜圣德，向大臣征求意见，鼓励谏言；夏禹勤政，建立功勋，然而营建的宫室鄙陋；成汤遭遇旱灾，将责任归咎于自身，深刻反省；周文王先让妻子做出榜样，以此垂范臣下，治理国家；汉文帝躬行节俭，身穿粗陋的丝袍：这些都能彰显圣王的美德，为后世所效法。臣愿陛下谨奉武皇帝开创的大业，谨守文皇帝善始善终的宏业，见贤思齐，向古代的圣王学习，治理好国家，警惕朝代末世才有的奢侈淫靡、放荡无忌的恶政。所谓善于治国者，务在俭约，重视民力；所谓恶于施政者，反映在从心所欲，触情而发。愿陛下深思往古圣王建国之初，为何能多施善政，及至到了朝代末世，昏庸的帝王，朝政日渐衰弱，最终灭亡。在近世，留意东汉末世之诸多变故，这些足以令陛下胆战心惊，不能不作为镜鉴。在以往，如果桓帝、灵帝不抛弃高祖之成法，崇尚文帝、景帝之俭约，太祖即使有神明之武功，又何以施展才能？陛下又岂能享有尊位？而今，东吴、西蜀还未平定，军旅在外征战，愿陛下三思，虑而后行，慎重对待自己的言行举止，以往事作为借鉴。这些谈起来，好似轻描淡写，但事关成败，国家兴亡。近来，大雨倾盆，多场暴雨，雷电也不正常，足以杀死鸟雀。天地神明，以帝王为子，施政如有不当，会以天灾示警。陛下应克己内省，这是圣人的告诫。愿陛下经常居安思危，防患于未然，审慎对待忧患之萌发，效法汉文帝释放惠帝后宫的美人，让她们回到家中嫁人；最近，各地选送小女子到宫中，这对陛下的圣德有损，此后应慎重。诸项工程营建，务从节俭。《尚书》讲：‘九族敦睦，协和万国。’在行事前，应该三思，以中正之道，精心思考，减省不必要的花费。东吴、西蜀一旦平定，届时上安下乐，九亲熙熙。如此一来，祖考欢喜，尧舜的丰功伟绩，难道还怕不能实现。而今，应首先取信于民，安定百姓，昭示远方。”

当时，雍丘王曹植因为屡遭贬抑，藩国至亲，法禁严峻，故杨阜又向明帝谏言对待皇室九族应该遵循的义理。明帝回复：“此间得到卿密封上奏，先称颂往古明王圣主，以讽谏当朝施政有误，谏辞恳切，款诚笃实。朕退思补过，愿接受谏言，努力补救，直至诸项政事改善。阅览卿的劝谏，朕嘉赏之。”

后来，杨阜升任少府。当时，大司马曹真讨伐蜀国，遇上大雨，大军不能前进。杨阜上疏：“在往昔，文王有赤乌之符瑞，仍然日不暇给，废寝忘食；武王有白鱼入舟之祥瑞，君臣脸色骤变。圣王得到吉祥嘉瑞，仍然心怀忧惧，更何况面对灾异，而不惊悚战栗？而今，东吴、西蜀尚未平定，上天屡降灾异，陛下应该深思，以精心施政作为应答，侧席而坐，考虑向远方示以仁德，对身边人以俭朴，率身垂范。最近，诸军伐蜀，刚刚开进，便有大雨之患，想到山路艰险，大军滞留，已有些时日。转运粮食辛苦，民众负担重，朝廷所费多，出师不利，一定会背离此次出兵的目的。《左传》讲：‘见可而进，知难而退，军之善政也。’让六军困顿于山谷之中，进无所略，退又不得，非主帅用兵之道。武王撤回伐殷大军，几年后，灭亡殷商，这是武王懂得天命还未应期。今年遇上凶年，粮食歉收，民众饥困，陛下应该颁发明诏，减损御膳、衣服，技巧珍玩之物，皆可罢省。在往昔，西汉郘信臣担任少府，天下太平，仍然奏请撤销宫中造的浮华之物；而今军用不足，陛下更应该减省用度。”明帝当即诏令诸军撤回。

后来，明帝诏令群臣廷议有哪些政策无益于百姓，杨阜认为：“治理天下，重在选用贤臣，国家兴盛，重在鼓励农业。舍弃贤臣，重用佞臣，这是忘却治国之本。大肆营建宫殿，堆高亭台楼榭，妨碍民众务农，这是危害农业之本。百工不专心于营造，竞相制作奇巧，以应和宫中欲求，这是伤害工匠之本。孔子讲：‘苛政猛于虎。’而今，安享尊位、墨守成规的官员，为政不懂得治理，以烦苛为政，这是扰乱治理之本。当今之务，在于去除四项恶政，诏令公卿郡国举荐贤良方正敦朴之士，加以选用，这是求贤的要务。”

杨阜又上疏，减少后宫美人尚未被明帝御幸者，释放出宫，杨阜召御府官吏询问后宫的美人有多少。官吏按照旧令，回答：“后宫的美人数是禁中秘密，不得泄露。”杨阜大怒，杖打官吏一百，指责官吏：“国家不与九卿为密，反与小吏为密？”明帝听说后，越发敬惮杨阜。

明帝的爱女曹淑，不满一周岁，夭折，明帝很难过，追封幼女为平原公主，在洛阳建立祠庙，葬在南陵，还要亲自送葬，杨阜上疏：“文皇帝、武宣皇后驾崩，陛下都没有送葬，这是重社稷，以备不虞之举。陛下为何要为一个抱在怀里的孩子，亲自送葬？”明帝不听。

明帝在许都建造新宫殿，又在洛阳大肆营建宫殿楼阁。杨阜上疏：“尧帝居住茅屋，万国安其居，禹帝宫殿简陋，天下乐其业；殷、周建造的明堂不过三尺高，宽度不过九张席子。古代的圣帝明王，并未把宫室建造得很华丽，耗尽百姓的财力。夏桀建造璇室、象廊；殷纣建造倾宫、鹿台，最终失去社稷；楚灵王建造章华台，身受其祸；始皇建造阿房宫，殃及其子，天下反叛，二世灭亡。不考虑民力，为满足耳目私欲，没有不亡国者。陛下应以尧、舜、禹、汤、文、武为榜样，以夏桀、殷纣、楚灵王、始皇为镜鉴。帝王高高在上，要借鉴前代君王的美德。帝王慎守天位，以承祖考，巍巍大业，居安思危，免于不慎而失去天下。不能夙夜敬止慎之，恭敬爱民，自暇自逸，只为宫殿台榭是否奢侈，装饰是否华丽，最后必然倾覆。《易经》讲：‘丰其屋，蔀其家，窥其户，阒其无人。’帝王以天下为家，这是指丰屋之祸，以至于家中无人。而今，东吴、西蜀二虏合纵，密谋危害王室，朝廷十万大军，东奔西走，边境无一日安宁；农夫荒废农事，民众面有饥色。陛下不以此为忧，大肆营建宫殿，不止不休。如果国亡，臣子可以免祸，臣就不再谏言；[①]君王作为元首，臣子为股肱，存亡一体，得失同之。《孝经》讲：‘天子有诤臣七人，即使无道，也不会失去天下。’臣驽钝卑怯，岂敢忘诤臣之义？臣言不够痛切，不足以感寤陛下。陛下不省察臣言，皇祖烈考之福祚，将坠落于地。即使臣身死，有补万一，臣死之日，犹生之年。谨叩棺沐浴，伏俟重诛。”奏书呈上，明帝受到感动，亲自写诏书，答复杨阜。每当朝臣廷议，杨阜常侃侃而谈，以治理天下为己任。多次谏诤，明帝不听，于是，杨阜屡次乞求辞去职务，明帝又不允许。杨阜去世，家无余财。孙子杨豹继承爵位。

①裴松之认为：忠至之道，以亡己为理。是以匡救君王之恶，不为身计。杨阜上表云：“如果国亡，臣可以免祸，臣就不再谏言。”此则发愤为己，岂为国哉？斯言也，岂不伤谠烈之义，为一表之病！

高堂隆，字升平，泰山郡平阳县人，是鲁国儒士高堂生的后人。年少时，高堂隆是一位儒生，泰山郡太守薛悌任命高堂生为郡府督邮。郡府督军与薛悌发生争执，喊着太守的名字，呵斥薛悌。高堂隆手按宝剑，怒斥督军：“在往昔，鲁定公受辱，孔子登上会盟台，诛杀齐国侍臣；赵王为秦王弹筝，相如逼迫秦王敲缶。作为臣子，竟然直呼府君的名字，为义理，臣不能不讨贼。”督军大惊失色，薛悌惊起，制止高堂隆。后来，高堂隆辞去官职，在济南郡避乱。

建安十八年，曹操召高堂隆，任命为丞相军议掾，参与军事。高堂隆改任历城侯曹徽的文学，转任历城国相。曹徽在曹操驾崩时没有哭泣，出外游猎驰骋；高堂隆以义劝谏，谨守辅导之节。黄初年间，高堂隆担任堂阳县长，被选为平原王曹叡的太傅。平原王曹叡即位为皇帝，这是明帝。任命高堂隆为给事中、博士、驸马都尉。明帝即位初，群臣有人认为应该举行宴会庆贺，高堂隆说："唐尧、虞舜驾崩，百姓悲痛，三年不听音乐，殷高宗深思治理，三年不言政事，是以圣王至德雍熙，光照四海。"高堂隆认为不应该举行宴会，明帝敬纳高堂隆的谏言。高堂隆改任陈留郡太守，治下有一位农民酉牧，七十余岁，品行高尚，高堂隆举荐其为郡府计曹掾；明帝嘉赏之，任命酉牧为郎中，以表示尊敬。明帝征召高堂隆，任命为散骑常侍，赐爵关内侯。①

①《魏略》记载：太史上奏，汉历有误，不能准确预报天时，应该进一步推断弦望朔晦，制作太和历。明帝以高堂隆学问渊博，又精于天文，诏令高堂隆负责，与尚书郎杨伟、太史待诏骆禄共同推断校正。杨伟、骆禄是太史，高堂隆按照旧历，再次上奏，争论数年，杨伟称骆禄发现有日食，而月晦不尽，高堂隆没有发现日食，而月晦尽，明帝下诏，按照太史的推断。高堂隆的意见没有采纳，远近都知道，高堂隆懂得天文、历法。

青龙年间，明帝在洛阳大肆营建宫殿，又西入函谷关，取回长安的大钟。高堂隆上疏："在往昔，周景王不效法文、武之明德，忽略周公旦制定之制度，铸造大钱，又制作大钟，单穆公劝谏景王，而景王不听，泠州鸠讽谏景王，景王不理，迷途不知返，周德日渐衰微，良史记录在史册，以此为后世借鉴。然而，今天的佞臣，喜欢以秦、汉的奢靡，蛊惑陛下的圣心，求取亡国不合法度之器物，徭役繁多，靡费国帑，以伤德政，非所以兴礼乐之和，保神明之休。"这一天，明帝临幸尚方署，高堂隆与卞兰跟随。明帝把高堂隆的表章拿给卞兰看，令卞兰诘难高堂隆："兴衰在于政事，与音乐又有何关系？教化之不明，难道是大钟之罪？"高堂隆答："礼、乐是治国安邦的根本。因此，舜帝制作韶乐，用洞箫吹奏九次，凤凰来仪，雷鼓六变，天神降临，施政以平和，刑狱减少，这是和合之音所致。新的淫乐奏响，殷纣王既而灭亡，大钟铸成，周景王既而衰败，存亡之道，都是渐进而至，怎么会与兴废没有关系？君王的一举一动，都会写进史书，这是古往今来必遵循之理，君王的做法，不符合礼仪，何以启示后人？圣王愿意听到臣下指正过失，故有箴规之言；忠臣愿意尽心竭力，坚守节操，故有尽忠不顾安危之义。"明帝认为说得对。

高堂隆升任侍中，仍然兼领太史令。崇华殿发生火灾，明帝下诏，询问高堂隆："这是什么灾祥？按照礼法，是否有祈福、禳灾的举措？"高堂隆答："灾异发生，古人都有明确的告诫，只有率身谨修德行，才可以战胜灾祥。《易传》讲：'上不俭，下不节，孽火烧其室。'又讲：'君高其台，天火为灾。'这说明人君醉心于营建宫殿、台榭，不知百姓疾苦，竭尽民力，故上天以旱灾告警，火灾从宫殿烧起。上天予以告诫，以此谴责陛下；陛下应该尊崇人道，回答上天之意。在往昔，殷商太戊帝的庭院，有桑树和榖树长得怪异，武丁遇到野鸡鸣叫着登上鼎耳，二位帝王看到灾变，均感到恐惧，潜心修德，三年后，远方夷人来朝贡，故号称中宗、高宗。这都是前代的明鉴。今天，按照过去的占卜，火灾的发生，皆以宫殿台榭为告诫。今天扩建宫殿的原因，是因为后宫的女子太多。陛下应该精选留下贞淑、有懿德的女子，按照周室制度，选取十二位嫔妃，其余者送回家去。这也是祖己告诫殷高宗，高宗之所以享有美称的原因。”明帝诏问高堂隆：“我听说，汉武帝时，柏梁台发生火灾，汉武帝大肆营建宫殿，以此厌胜火灾，这又该作何解释？”高堂隆回答：“臣听说，西京长安柏梁台发生火灾，越人巫觋建议，再建的宫殿要更加高大，以此厌胜灾祥，武帝因此建造建章宫，以厌胜火祥；这是越人巫觋所为，非圣贤之明训。《汉书·五行志》讲：‘柏梁台发生火灾，此后有江充借巫蛊诬陷卫太子之事。’如《五行志》所言，越人巫觋建议营建建章宫，并没有镇住凶灾。孔子说：‘灾异，告诫人的行为，阴阳之气相感应，以告诫人君。’因此，圣主目睹灾异发生，要反躬自省，退而修德，以消除灾祥。而今，陛下应罢省徭役。宫室之制，务从简约，内足以避风雨，外足以讲礼仪。清扫受灾之处，不在此再营建，莆草、嘉禾慢慢长出来，以报答陛下虔诚之德。岂可疲惫百姓，用尽百姓财力！这绝非招来祥瑞而安抚远方人民的举措。”明帝恢复修建崇华殿，当时，郡国传说有九条龙出现，故改殿名为九龙殿。

营建陵霄阙时，有鹊鸟在上面筑巢，明帝问高堂隆，高堂隆答：“《诗经》讲：‘维鹊有巢，维鸠居之。’今天兴建宫室，建起陵霄阙，鸟鹊在上面筑巢，这表明宫室未建成，陛下不得居住之象。天意表明，宫室未建成，将有他姓制御，此乃上天告诫。天道无亲，唯与善人，不可不防，不可不虑。夏、商的末世，皆是末代君王不钦敬上天之明命，只听信谗谄之佞臣，抛弃德行，纵情恣欲，故其灭亡也很快。太戊、武丁目睹灾异，感到恐惧，祗敬奉承上天告诫，故能成为中兴之主，事业勃兴。而今陛下如果停止繁重的徭役，以俭朴律己，奉行德政，按照帝王准则行事，消除普天之下的忧患，为亿兆百姓兴利除害，三王可四，五帝可六，岂止殷高宗转祸为福！臣备位心腹大臣，只要能辅佐陛下，繁祉圣躬，安存社稷，臣即使粉身碎骨，犹如臣再生之日。臣怎么敢忌惮忤逆，令陛下不闻至言？”于是，明帝脸色骤变，有所惊惧。

这一年，有彗星在大辰星座方向出现。高堂隆上疏：“凡帝王迁都，改建城邑，都要先定下天地社稷之位，以恭敬奉之。帝王营建宫室，也要先营建宗庙，厩库次之，居室为后。而今圜丘、方泽、南北郊、明堂、社稷，神位还未确定，宗庙还未按照礼制修建，陛下急于装饰居室，士民流离失所。外人都说，宫人的花费，与戎事开支、治国的费用，几乎相等。民不堪命，皆有怨言。《尚书》讲：‘上天的反应，来自民众的感受，上天的赏罚，来自民众的反应。’舆人制作颂辞，上天则会降临五福，民众愤怒嗟叹，上天则会降临六祸，意思是：上天的赏罚，根据民众的反应，顺应民心。因此，帝王亲临政务，在于安民为先，然后稽古制之教化，推导天地上下，自古及今，未尝不应验。用未经过彩绘的椽木，修建简陋的宫殿，唐尧、虞舜、大禹在这样的宫殿里，治理天下，垂范帝王风范；琼楼玉台，夏桀、殷纣住在这样的宫殿，治理天下，冒犯昊天威严，自取灭亡。今天，陛下营建的宫殿，已经违背礼法，还要改建九龙殿，装饰华丽，更超过此前。天上的彗星闪耀，从房宿、心宿方向划过，侵犯帝座，进而划过紫微星，这是皇天像对待爱子一样爱护陛下，是发出的警戒之象，从彗星的发出到结束，都是在尊位，殷勤郑重，欲以此令陛下醒悟；就像慈父恳切教训儿子，陛下也应以孝子之心，祗敬恭顺之礼，率先垂范，为天下人做出榜样，以昭示后世子孙，不宜忽略对待，再加重天怒。”

当时，国家多事，战事频繁，法律严苛。高堂隆上疏：“帝王开创基业，传递给子孙，一定要有圣明的决策；辅弼帝王，治理天下，同样要有良臣辅佐，用他们的才能建立功绩，安定天下。移风易俗，宣明教化，令四方同风向化，回首国内，德教光熙，九服慕义，固然，这绝非俗吏之所能。而今，有关官员只会纠缠于法律条文，不懂得引导民众走向大道，以苛刻刑罚治民，犯法者不断，风俗流弊，民众不能敦厚待人。陛下应该崇尚礼乐，在明堂召集群臣，修三雍、大射、养老之礼，营建郊庙，尊儒士，举逸民，表章制度，改正朔，易服色，布恺悌，尚俭朴，然后备礼，封禅泰山，归功于天地，使雅颂之声，盈于六合，缉熙之化，混于后嗣。这才是天下大治之美事，不朽之事业。而后，九州之内，陛下可揖让而治，还有何忧虑！不正其本而救其末，犹如整理丝线，反而越理越乱，绝非治国理政的要义。陛下可诏命朝廷公卿士大夫、通儒士人，制定法规，以作为范式。”

高堂隆又认为，改正朔，易服色，殊徽号，异器械，自古以来，帝王以此宣明政教，改变民俗，因此，夏商周三代，在春季的不同月份称王，以表明三统。于是，高堂隆结合旧的典章制度，上奏明帝，改纪元年号。明帝采纳谏言，改青龙五年春三月为景初元年孟夏四月，服色尚黄，祭祀牺牲用白色，归为地正。

高堂隆迁任光禄勋。明帝越发热衷于加高宫殿，雕饰露台馆阁，挖掘太行山上的石英，采掘谷城的纹石，在芳林园堆起景阳山，在太极殿以北营建昭阳殿，铸造黄龙、凤凰等祥瑞之兽，雕饰金墉、陵云台、陵霄阙。徭役繁重，服徭役者动辄万人，公卿以下直至太学生，莫不尽力，明帝亲自挖土，率身垂范。而辽东郡背叛朝廷，不再到京师朝觐。悼皇后去世。天气转阴，连绵雨不断，冀州发生水灾，淹没房屋、民宅。高堂隆上疏极谏：

人们常讲：“天地之大德曰生，圣人之大宝曰位；何以守位？曰：仁；何以聚人？曰：财。”士民，实乃国家之基石；谷帛，实乃士民之生命。谷帛非天地造化不育，非人力不成。因此，帝王耕种籍田，向民众垂范，借以劝农，皇后采桑纺线，用以制成衣服，所有这些，都是在诏告上帝，以虔诚的态度，愿上帝降下福祉。在往昔，唐尧帝时，正值阳九厄运，天下洪水滔天，尧帝诏命鲧治水，治水失败，大臣们又推举大禹，大禹随山伐木，前后经历二十二载。灾害之甚，莫过于此，力役之兴，莫久于此，然而，尧帝、舜帝君臣，南面而治。大禹设立九州，各地诸侯建立功勋，各有等差，君子小人，贡献物品，有九服九章。当今之世，并无尧舜时的大灾，陛下让公卿士大夫与百姓从事劳役，此事让四夷听到，绝非德音，记载于史册，绝非美名。在古代，诸侯、大夫，有国有家者，近取诸身，远取诸物，抚恤万民，因此说：“恺悌君子，民之父母。”而今上下困于劳役，疾病凶荒，耕稼者寡，饥馑者众，民无粮食，安度终岁；陛下应予以抚恤怜悯，救民众于饥困。

臣在古籍中读到，天人之际，未有不感应者。因此，古代的先哲圣王，畏惧上天明命，因循阴阳逆顺，兢兢业业，唯恐有所闪失。治理之道可见成效，德行与神灵契合，灾异发生，惧而修德，圣王未有不延续王朝，将福祚传于后嗣者。爰及朝代末世，君王昏昧，不再遵循先王良好的法度，不肯采纳正士直言，纵情恣欲，遂其情志，对于上天的告诫满不在乎，最后，未有不遭遇祸殃，直至社稷倾覆。

天道讲明，再以人道论之。六情五性，人人皆有，嗜欲廉贞，各居其一。情性活动，各种想法交汇于心。欲强质弱，则纵欲不止；精诚不制，则放纵无极。人情之所在，非好即美，美好之事物，尽力占有，非人力不能成功，非谷帛不能达成。情欲不受限制，人不堪其劳，物不能满足欲求。疲劳、欲求并至，祸乱就会产生。不割断情欲，永远难以满足。孔子说：“人无远虑，必有近忧。”由此看来，礼义之制，并非仅为限制情欲，是以远害而警醒。

如今，东吴、西蜀二贼，绝非偏远地方之小寇、聚集城邑之盗贼，而是割据一方，跨州连郡，拥有大量士众，僭号称帝，欲与中原争夺天下。如果有人告诉陛下，孙权、刘禅正在勤修德政，崇尚俭朴，轻省徭役，减免租赋，不制作供玩赏的器物，广泛征求耆老贤者，各项政事遵循礼法。陛下听到这些消息，能不警惕担心吴蜀有所作为，难以剿灭，为中原而忧虑？如果有人告诉陛下，吴、蜀二贼皆为无道之君，奢靡无度，以繁重的徭役，疲惫士民，赋敛沉重，征发无度，民众不堪其命，嗟叹之声日甚。陛下听到这样的消息，能不勃然愤怒，昏君蹂躏我华夏之民，而欲调动大军，尽快剿灭逆贼，同时，陛下岂不幸灾乐祸，昏君疲敝百姓，统一天下，不再是一件难事？真的是这样，陛下即可省心，考虑问题的角度也会不同。

始皇当年不筑道德之基，而筑阿房之宫，不忧萧墙之变，而重长城之役。当秦朝君臣沉醉于奢靡时，也在想着万世之业，让子孙后代拥有，岂能想到，有一天一个匹夫大呼一声就天下倾覆了呢？因此，臣以为，如果始皇知道其所作所为必将导致灭亡，就不会那样肆意妄为。问题是，亡国之君自以为不会灭亡，倒行逆施，最终走向灭亡；贤圣之君始终警惕，安不忘虞，国家却能保证不亡。在往昔，汉文帝称为贤君，躬行俭朴，施惠于百姓，贾谊依然提醒，认为天下正处于倒悬之势，可为痛哭者一，可为流涕者二，可为长叹息者三。更何况今天的天下，民生凋敝，民无隔夜之粮，国无终年之储，外有强敌，六军守边，宫中大兴土木，州郡骚动不安，如果有贼寇犯边的警讯，臣担心版筑之民，是否会投向敌方。

还有，将军、官员的俸禄，也在减少，对比往昔，只有五分之一；退休的官员，失去朝廷的恩赏，不应征缴的赋税，而今是正税的一半：这些强征的赋税，远多于以往，对于赏赐，恩赏少于往昔三分之一。国家的花费，常常入不敷出，像牛肉这样的小赋，也在催缴。由此推论，凡诸项花费，必有花费之处。再说官员的俸禄、赏赐、谷帛，是国君用以惠养吏民，让他们过上基本生活的，如果现在废除了，就是夺其生命。既得之，又失之，此乃生怨的根源。按照《周礼》，大府掌管九赋之财，供给九式之用，财赋收入，有一定之规，同样，财赋支出有相应规定，收入、支出相抵，各项开支足备。开支足备，再以各种贡献之余，以供君王玩好。内府需要支出，一定要有审计。而今陛下所与共坐廊庙者，治理天下，不是三公九卿，就是台阁近臣，皆为心腹，应该无所避讳。如果这些人看到赋敛的增加，不敢奏报，只是唯命是从，唯恐不能安守其位，只能是尸位素餐，徒具其名，绝非骨鲠之良臣。在往昔，丞相李斯教导秦二世："身为人主，不能纵情恣欲，这是把天下当作套在身上的桎梏。"二世遵其道而行之，秦国社稷倾覆，李斯也遭遇灭族的下场。司马迁认为，丞相不能正言极谏，此谓后世人的镜鉴。

奏书呈上，明帝看过，对中书监、中书令说："看了高堂隆的奏书，使朕恐惧万分！"

高堂隆病重，仍然口述上疏：

曾子有病，孟敬子前来探视。曾子说："鸟之将死，其鸣也哀；人之将死，其言也善。"臣患上重病，病情有增无减，常担心突然去世，臣的赤诚之心，再也无从表达。臣的赤诚之心，岂止似曾子所言，愿陛下稍微垂顾省察，幡然醒悟，改正以往的过错，振兴此后的事业，让神灵护佑，万民响应，远方慕义来归，神祇降福，玉衡曜精，三王可以比拟，五帝可以超越，而不是仅继体守文之君。

臣痛心世上的君王，莫不愿像尧、舜、汤、武，结果总是重蹈桀、纣、幽、厉的轨迹，世人莫不耻笑朝代末世君王昏昧，沦为亡国之君，并未践行虞、夏、殷、周之正途。悲夫！以陛下所为，所求与所致，犹如缘木求鱼，南辕北辙，一目了然，根本不可能得到。再看三代圣王拥有天下，圣贤相辅相成，经历数百年，尺土莫非其有，一民莫非其臣，万国咸宁，九州祥和；鹿台的黄金，巨桥的粟米，无所用之，依旧南面而立，君临天下，为何会这样！再看夏桀、商纣，倚恃武力，智足以拒谏，才足以饰非，谄谀佞臣得志，亭台楼阁遍布，淫乐是好，倡优是悦，制作靡靡之音，欣赏濮水桑林之乐。上天不肯眷顾，蓦然回首，宗庙已成废墟，被臣民夷灭，殷纣之首，悬于白旗，夏桀之命，亡于鸣条；天子之尊，归于商汤、周武，真可谓天命所归，归于明王。再看战国，天下烽烟燃遍，秦国兼并六国，始皇不修圣道，醉心于营建阿房，修筑长城，矜夸中原，威服百蛮，天下震竦，道路以目；始皇自以为本枝百叶，永垂洪晖，岂料想二世灭亡，社稷崩塌，变为尘埃？近代汉武，继承文帝、景帝留下的财富，外攘夷狄，内兴宫殿，十余年间，天下嚣然。武帝相信越人巫觋，怼天迁怒，营建建章宫，千门万户，最终招致江充巫蛊之祸，宫室乖离，太子殒命，父子相残，巫蛊灾殃之毒，祸及数代。

臣观察黄初年间，天兆已有告诫，怪异之鸟，在燕巢育雏，口爪胸赤，此乃魏室大异象，陛下应该提防鹰扬之臣，祸起萧墙之内。可选择诸王，让藩国掌握一定的军队，藩蔽王室，以成犄角之势，镇抚京畿，辅弼朝廷。在往昔，周室东迁洛邑，晋国、郑国是王室的倚靠，汉室吕氏之乱，实赖朱虚侯襄助，这些都是前代的明鉴。皇天无亲，唯德是辅。民众歌咏德政，朝代可延续很久，现在，下有怨言哀叹之声，更需要选贤任能。由此看来，天下之天下，并非陛下之独有。臣百病缠身，气力衰微，就要坐车出京师，返回故里，如果不久去世，臣的魂灵有知，自当结草以报。

明帝下诏：“先生清廉，堪比伯夷，正直犹如史鱼，忠心坚白，謇謇匪躬，怎能因微疾就要隐居，退身故里？在往昔，邴吉以阴德，病越而延寿。贡禹以守节，病重又治越，先生要勉强吃饭，精心调理，病很快就会好的。”高堂隆病逝，留下遗嘱，施行薄葬，用平时穿的衣服装殓。①

①习凿齿曰：高堂隆可谓忠臣。君侈每思谏其恶，将死不忘忧社稷，正辞动于昏主，明戒验于身后，謇谔足以励物，德音没而弥彰，可不谓忠且智乎！《诗经》讲：“听用我谋，庶无大悔。”又讲：“曾是莫听，大命以倾。”其高堂隆之谓也。

当初，太和年间，中护军蒋济上疏：“应该遵照古制，封禅泰山。”明帝下诏：“听了蒋济的谏言，令朕汗流浃背。”事情过去几年，又有人重提此事，明帝诏令高堂隆负责撰写封禅的礼仪。听说高堂隆去世，明帝叹息道："天不欲成吾事，高堂隆舍弃朕，还是先走了。"嗣子高堂琛继承爵位。

开始，在景初年间，明帝以苏林、秦静等大臣年纪渐老，担心没有人继承他们的学业。明帝下诏："在往昔，先圣去世，而他们的遗言余教依然留存于六经。六经的文章，特别强调'礼'的重要，不可以须臾离开'礼'。世俗背弃礼教，由来已久。故闵子骞讥讽原伯不学礼教，荀卿憎恶秦国，始皇焚书坑儒，儒学遭到废弃，礼仪的教化，该如何振兴？方今宿生中的宿儒，很多人年事已高，对于礼仪的教导，何以为继？在往昔，伏生年迈，汉文帝仍然派晁错去向伏生学习《尚书》；《穀梁春秋》后继乏人，汉宣帝诏命十位侍郎专门研习。精选有才能、讲解经义者三十人，跟随光禄勋高堂隆、散骑常侍苏林、博士秦静，学习四部经书（《诗经》《尚书》《易经》《春秋》）及三礼（《周礼》《礼记》《仪礼》），主事者设置教科、考试。西汉名臣夏侯胜有言：'士人最忌讳不懂经术，经术一旦贯通，在朝中摭取三公（青紫绶带），犹如在地上拾取草芥。'当今学者，有能精通经学之理，爵禄荣宠，不期而至。还不努力！"几年后，高堂隆等先后辞世，著名学者逐渐凋零。

当初，任城国人栈潜，在太祖时担任历县县令，都督守卫邺城。当时，曹丕还是太子，耽乐于畋猎，早出晚归。栈潜劝谏："王公设险，以巩固其国，都城的禁卫，用于防备不虞。《诗经·大雅》讲：'宗子维城，无俾城坏。'又讲：'犹之未远，是用大谏。'如果太子沉溺于畋猎，早出晚归，以一日射杀之娱乐，忘却无垠之灾祸，愚臣窃困惑之。"曹丕听了，心中不高兴，然而，从此以后，出外打猎的次数减少。黄初年间，文帝将要立郭贵妃为皇后，栈潜上疏谏言，详情记载在《后妃传》。在明帝朝，徭役繁多沉重，皇室宗亲遭到疏远，栈潜上疏："天生黎民，上天为他们安排君王，君王应该爱护百姓，养育黎民百姓，故天下分为四海，并非为了天子，裂土分疆，并非为了诸侯。从三皇开始，知道唐尧、虞舜，莫不以施惠于民为己任，治下的百姓，道德醇厚，和睦融洽，黎民百姓幸赖天子保护。夏商周三代衰微，天下传之于汉室，治世在减少，世道混乱在增多，从此以后，天下得不到很好治理。太祖聪明睿智，神武勃发，铲除暴乱，恢复纲纪，开创帝业。文帝接受汉室禅让，受天明命，恢宏皇基，践祚七载，每当领大事，未遑休息。陛下圣德，继承洪绪，应该崇尚安宁，与民休息。而今吴蜀割据一方，军队要远征戍守，一旦境外有事，则旌旗万里，六军骚动，水陆转运，百姓舍弃家业，为国家服徭役，国库日费千金。陛下还要大兴土木，营建宫殿，士民劳作不息，远方运来的松木，要从深山穷谷运出，还有怪石美玉，需要通过黄河、淮河转运，京畿之内，尽为甸服，要征缴槁秸铚粟，用以饲喂苑囿里的禽兽，苑囿盛产林莽之秽，布满鹿兔之薮；既伤害农业，茨棘又导致疾疫，民众的财产受损，上减和气，嘉禾不生。臣听说，周文王营建丰都，在筹划时，并不急于求成，百姓携子而来，不日而建成。周室扩建的灵沼、灵囿，与民众共享。而今，洛阳的宫殿崇尚奢靡，雕镂彩绘，穷尽工匠技巧，忘了有虞氏的宫室俭朴，思慕殷纣王的琼楼玉宇，皇家苑囿，圈地千里，举手投足，触碰罗网，华丽好似阿房，民工徭役超过乾溪台，臣担心，民力一旦用尽，百姓不堪其命。在往昔，秦室雄据殽山函谷之险，兼并天下，始皇自以为德高三皇，功兼五帝，欲将皇帝谥号按照数字排序，直至万世，结果仅到二世，土崩瓦解，社稷倾覆，二世愿做一个百姓而不可得，树枝摇动，主干已经连根拔起。圣王拥有天下，首先要克明俊德，贤者在位，能者在职，创立的功业，才能够兴亡；重用宗室，安危同忧，深根固本，诸侯作为藩臣，虽然历经盛衰，内外诸侯仍然辅助。在往昔，周成王年幼，还未能亲莅政事，有周公、吕尚、召公、毕公在左右辅佐。而今，陛下既无卫侯、康叔之监国，又没有周公、召公分陕地而治理。太子还未诞生，天下没有储君。愿陛下留心关塞防务，永保祖业太平安宁，海内幸甚。”后来，栈潜担任燕中尉，栈潜称身体有病，坚辞职务，最后在家中病逝。

陈寿评论如下：辛毗、杨阜，担任官职，公正无私，直言进谏，坚贞不屈，犹如西汉时的铮臣汲黯，高风亮节。高堂隆学养深厚，志在辅佐君王，借灾异向君王提出警示，言辞恳切，出于真诚，忠矣哉！及至魏国改变正朔，追溯曹氏先祖为虞舜，则超出其认知范围！

魏书二十六

满田牵郭传第二十六

满宠，字伯宁，山阳郡昌邑县人。十八岁时，满宠担任郡府督邮。当时，山阳郡人李朔等各自拥有军队，祸害黎民，郡太守令满宠纠察李朔等，李朔等请罪，不再骚扰百姓。满宠代理高平县令，高平县人张苞担任郡府督邮，贪污受贿，干扰县邑行政。满宠乘张苞回到家乡，住在传舍时，率领县衙吏卒逮捕张苞，严刑拷打，竟然将张苞打死，满宠遂弃官而去。

曹操到兖州，任命满宠为州部从事。及至曹操担任大将军，任命满宠在幕府担任西曹属，又出任许县令。当时，曹洪是曹氏宗室，有宾客在许县多次犯法，满宠收捕这些人。曹洪写信，向满宠求情，满宠不听。曹洪告诉曹操，曹操召见许县主事者，满宠知道曹操将会赦免罪犯，随即将这些宾客诛杀。曹操大喜道："处理政事不就应该像这样吗？"原汉朝太尉杨彪被逮捕，关押在许县监狱，尚书令荀彧、少府孔融等嘱咐满宠："仅录口供即可，切勿拷打。"满宠并不答复，仍然拷打审问。数日后，满宠求见曹操，满宠讲："杨彪经过拷打审问，并无其他供词。如果要诛杀，应该先宣布他的罪状；此人在海内享有名气，如果罪状不明，一定会令明公失去民望，窃为明公惋惜之。"曹操当天赦免杨彪。当初，荀彧、孔融听说满宠拷打杨彪，非常愤怒，及至满宠就此结案，都认为满宠办案办得不错。①

①裴松之认为：杨公积德之门，身为名臣，纵有愆负，犹宜保护，况淫刑所滥，而可加之楚掠乎？若理应拷讯，荀、孔二贤岂其妄有相请属哉？满宠以此为能，酷吏之用心耳。虽有后善，何解前虐？

当时，袁绍在黄河以北的势力很大，汝南郡又是袁绍的家乡，门生宾客遍布汝南郡属下县邑，这些人拥兵自重。曹操深感忧虑，任命满宠为汝南郡太守。满宠招募愿从命者五百人，攻下二十余个营垒，诱降尚未归附的首领，在座上杀了十余人，很快平定汝南郡，解救二万余户百姓，得到二千名士兵，令其回家乡务农。

建安十三年，满宠跟随曹操讨伐荆州。大军撤回，曹操留下满宠，代行奋威将军职事，驻扎在当阳县。孙权多次派兵在东部骚扰，曹操又召回满宠，任命为汝南郡太守，赐爵关内侯。关羽围困襄阳，满宠襄助征南将军曹仁，驻扎在樊城固守，左将军于禁率领七军，当时大雨倾盆，汉江水暴涨，关羽引水淹没曹军，于禁投降关羽。关羽急攻樊城，樊城进水，城墙有多处崩坏，众人大惊失色。有人对曹仁讲："今日之危局，非我等军力所能支撑。可趁着关羽包围圈尚未合拢，乘坐小船，连夜遁走，虽然丢失樊城，尚可以保全性命。"满宠谏言："山水下来，来去迅疾，看来不会持续很久。听说关羽派遣别将，已经到郏县城下，自许都以南，百姓皆惊慌，关羽之所以不敢大举进军，是担心我军抄其后路。如果就这样遁走，洪河以南，将不再为国家所有；君应该坚守，等待时机。"曹仁说："你说得对。"满宠将白马沉入河中，曹仁与全军将士盟誓。恰好徐晃等救兵赶到，满宠襄助曹仁，力战有功，关羽撤军。满宠晋封为安昌亭侯。曹丕即魏王位，任命满宠为扬武将军。满宠在江陵大败吴军有功，受拜为伏波将军，驻扎在新野县。大军南征，到达精湖，满宠率领诸军在前边，与吴军隔水对峙。满宠敕令诸将："今天晚上，风力甚疾，吴贼必然来袭，放火烧我军营，应该预作准备。"诸军皆保持警惕。半夜时分，吴军果然派出十批士兵，趁着夜色，来放火烧营，满宠突然出击打败了他们，战后，曹操晋升满宠爵位为南乡侯。黄初三年，文帝授予满宠符节、斧钺。黄初五年，文帝拜满宠为前将军。明帝即位，晋升满宠爵位为昌邑侯。太和二年，满宠兼领豫州刺史。太和三年春天，吴国投降者称吴国上下戒备森严，扬言欲渡过长江，到江北来，孙权欲亲自率军出征。满宠忖度孙权势必袭击西阳县，遂预作准备，孙权闻报，撤回吴军。到了秋天，明帝令曹休从庐江南下，进入合肥，令满宠向夏口移动。满宠上疏："曹休虽然聪明、果敢，但很少领兵作战，现在，他们要走的路线，背靠巢湖，旁边又是大江，易进难退，此乃用兵之绝地。如果大军进入无彊口，要特别小心谨慎，预作准备。"满宠的上表还未送达，曹休已经深入。吴军果然从无彊口截断夹石，断了曹休的退路。曹休战事不利，撤军。恰逢朱灵等从后面赶来救援曹休，与吴军接战。吴军大惊，遂撤军，曹休顺利撤回。当年，曹休去世，满宠以前将军代理都督，统率扬州军事。汝南郡军民思念满宠，扶老携幼，前来投奔满宠，不能制止。护军上表，欲杀为首者。明帝下诏，令满宠率领亲兵一千人跟随自己，其余者一无所问。太和四年，明帝拜满宠为征东将军。当年冬天，孙权扬言欲进攻合肥，满宠上表，征调兖州、豫州的军队，诸路大军并进，吴军很快撤军，明帝诏令满宠罢兵。满宠认为，吴军大举撤军，并非真实意图，这是佯装撤退，以迷惑魏军，很快就会乘虚而入，掩其不备，满宠上表，暂时不要罢兵。过了十余日，孙权果然率军杀来，到了合肥城下，无果而返。第二年，吴国将军孙布派人到扬州请降，信中讲："道路遥远，不能到达扬州，乞求派兵前来接应。"刺史王凌派人呈上孙布的书信，请求派兵马接应。满宠认为，这其中有诈，没有发兵，代替王凌写了一封回信，回复孙布："将军能分辨邪正，欲避祸就顺，去暴归道，颇为嘉赏。而今欲派兵接应，然而，派兵太少，不足以接应，派兵太多，则事情容易败露。请先按照预谋，以达成本志，临时有变化，再便宜行事。"恰逢满宠受召返回朝廷，临走前敕令幕府长史："如果王凌欲前往接应，切勿派兵给他。"王凌再三请求调兵，没有结果，只好派遣一名将领，率领步骑七百，前往接应。孙布趁着夜色掩击，魏军将领逃走，带去的七百人死伤过半。当初，满宠与王凌共事，关系不睦，王凌的党羽诋毁满宠老迈糊涂，因此，明帝征召满宠。满宠到了洛阳，明帝看到满宠气色很好，身体健康，见了一面，就让满宠回去。[①]满宠屡次上表，请求留在京师，明帝下诏回复："在往昔，廉颇为效命赵国，在使者面前勉强多食，马援老而弥坚，跨上战马，以显示还能出征，而今，君并未老，而自称已老，与廉颇、马援相比，又如何？君应该多想如何安定边境，惠此中原。"

①《世语》记载：王凌上表，说满宠衰迈，而且耽于酒乐，不可担负一方重任。明帝将要召满宠，给事中郭谋讲："满宠担任汝南郡太守、豫州刺史二十余年，可谓是有功勋的方伯。及至镇守淮南，吴国人忌惮。若不像上表所言，调回满宠，将会被东吴利用。可令其暂且还朝，询问任职情况，再做决定。"明帝从之。满宠返回后，进见明帝，饮酒至一石而不乱。明帝抚慰一番，送回满宠。

第二年，吴国将军陆逊向庐江移动，朝臣廷议时认为，应该迅速派兵支援庐江。满宠认为："庐江城虽小，将领优秀，士兵精良，守城足可以坚守一段时间。吴贼舍弃船只，走陆路二百里路赶来，后方空虚，没有后援，臣正想引诱吴军，而今先听任其急进，只恐怕要想退走就晚了。"满宠整军，转向杨宜口。吴军听闻魏军东下，随即连夜遁走。当时，孙权每年都来袭扰。青龙元年，满宠上疏："合肥城南临长江、巢湖，北边远离寿春，吴贼若围攻合肥，一定要依靠长江、巢湖的有利条件；我军若要巩固合肥，应当先攻破吴贼的大营，然后，围城的吴军即会解围。吴贼前往合肥甚易，而派兵接应甚难，应该把合肥城内的军队调出一部分，安排在城西三十里，有奇险可倚恃，再筑新城以固守，此计为引贼在平地作战，从而断其归路，对防守合肥甚为重要。"护军将军蒋济在廷议时谏言："既已向吴军示弱，而且望见吴贼烟火，自坏坚城，此为敌未攻而先自破。一旦走到这一步，吴军劫掠，将会无止无休，必须以淮北作为防守前线。"明帝未批准奏议。满宠再次上表："孙子讲，用兵，诡之道也。故能先示之以弱，表示不能，骄之以利，示之以惧。这就是用假象来引诱敌人。又讲：‘善于调动敌人者，示之以形。’今吴贼未至，而先把防线向后撤退，此所谓示之以形，而引诱敌方。引诱敌方远离水战，选择有利时机，待时而动，可一举获得战胜之功，边境由此可获得安宁。”尚书赵咨以满宠之策为优，明帝下诏，采纳满宠的谏言。当年，孙权亲自率领大军，欲围攻新城，因为新城远离长江，孙权在船上滞留二十日，不敢下船。满宠对诸将讲：“孙权知道我军移驻新城，一定在吴军中夸下海口，今大军来围攻新城，欲一举成功，虽不敢下船移至新城，但一定会上岸，耀武扬威一番，以显示兵力有余。”满宠暗中派出步骑六千人，埋伏在荫蔽处，以逸待劳。孙权果然上岸，炫耀武力，满宠伏兵骤起，截击孙权，斩杀数百人，还有吴军落水淹死。第二年，孙权亲自率领大军，号称十万，进抵合肥新城。满宠驰援新城，招募壮士数十人，以松树枝做成火把，灌上麻油，在上风处放火，烧毁吴军攻城的器具，射杀孙权弟弟的儿子孙泰，吴军大败而归。青龙三年春天，孙权派遣士兵数千，带着家眷在江北垦田。到了八月，满宠认为，稻子已经成熟，应该收获，男女布满田野，驻守的吴军离城远者有数百里，可以掩击。满宠派遣幕府长史统率三军循江东下，摧毁吴国的屯垦点，抢收稻谷，剩下的焚烧，而后撤军。明帝赞赏满宠的举措，此战所获，全部拿来犒赏将士。

景初二年，明帝认为，满宠确实已经年老，召回满宠，拜为太尉。满宠不治产业，家无余财。明帝下诏：“君在外统兵，专心忧公，有行父、祭遵之风范。赐田十顷，谷五百斛，钱二十万，以嘉赏君清廉忠诚俭朴之节。”满宠前后增加食邑，共享有九千六百户，明帝封了满宠的两个子孙为亭侯。正始三年，满宠去世，谥号为景侯。嗣子满伟继承爵位。满伟以谨守法度而闻名，官至卫尉。①

①《世语》记载：满伟，字公衡。满伟的儿子满长武，有满宠遗风，二十四岁时，担任大将军幕府掾。高贵乡公蒙难，满长武以府掾守卫在阊阖掖门，司马文王的弟弟安阳亭侯司马幹欲闯入宫中。司马幹的妃子是满伟的妹妹。满长武对司马幹讲：“此门近，公且来，无有入者，可从东掖门进入。”司马幹遂从之。文王问司马幹为何入宫迟缓，司马幹言其故。参军王羡却不得入，恨之。既而，王羡通过司马文王左右禀报司马文王，满府掾阻断宫门，不让人进入，弹劾满长武。寿春之役，满伟跟随司马文王至许都，以有病，不能再继续前进。儿子跟从，请求返回照顾父亲，司马文王批准，由此对满长武憎恨。遂收捕满长武，严刑拷打，满长武死于杖下，满伟被贬为庶人。当时人对父子二人被冤杀，议论纷纷。满伟弟弟的儿子满奋，晋元康年间，官至尚书令、司隶校尉。满宠、满伟、满长武、满奋，皆身高八尺。

荀绰著《冀州记》记载：满奋性格平静，善于识人。

《晋诸公赞》记载：满奋为人雅致，有满宠遗风。

田豫，字国让，渔阳郡雍奴县人。刘备投奔公孙瓒，田豫当时年少，向刘备自荐，刘备很惊讶。刘备担任豫州刺史，田豫以母亲年老，请求回去，刘备涕泣与田豫告别，说：“恨不能与君共成大事。”

公孙瓒派田豫代理东州县令，公孙瓒的部将王门背叛公孙瓒，为袁绍率领一万余人攻打公孙瓒。众人恐惧，欲投降。田豫登上城楼，对王门讲：“卿受到公孙瓒的厚遇，离开公孙瓒，想必是不得已而为之；今天返回作贼，才知卿是一位乱臣贼子。我虽然没有什么本事，然而，受人嘱托，守卫坚城，绝不会轻易送予人，我已经奉命守城，卿为何还不急急攻打？”王门听罢，顿感羞愧，引兵退去。公孙瓒虽然知道田豫善于用谋，但不能重用田豫。公孙瓒败亡，鲜于辅被国人推举为首领，代行渔阳郡太守职事，鲜于辅很欣赏田豫，任命田豫为郡府长史。当时，豪杰并起，鲜于辅不知所从。田豫对鲜于辅讲：“最终能安定天下者，一定是曹氏。应速速归命，否则，后祸不期而至。”鲜于辅听从田豫的建议，归附曹操，受到曹操重用。曹操召田豫，任命为丞相军谋掾，参谋军事，后又担任颍阴县、朗陵县令，升任弋阳郡太守，所在任上，有政绩。

鄢陵侯曹彰讨伐代郡，以田豫为鄢陵国相。曹彰驻扎在易水以北，敌寇埋伏的骑兵袭击曹彰，军队混乱，不知所措。田豫根据地形，将战车摆成圆阵，战士们在后面手持弓弩，在缝隙处设置疑兵。胡人不敢前进，遂撤退。曹军追击，大破敌寇，平定代郡，这其中，田豫献计很多。

田豫改任南阳郡太守。此前，南阳郡人侯音反叛，率领数千人在山中，沦为强盗，成为南阳郡的一大祸患。前太守收捕其党羽五百余人，上表奏请朝廷，全部判为死罪。田豫在监狱中检视关押的囚犯，晓谕道理，为他们指明改过之路，而后，打开枷锁，全部释放。囚犯跪在地上，向田豫叩头，愿意效命，随后反叛者相互传告，叛贼很快瓦解，郡内恢复平静。田豫将情况奏报，曹操大加赞赏。

文帝初年，北方戎狄强盛，不断袭扰边郡，文帝派田豫持符节，担任护乌丸校尉，牵招、解俊同时担任护鲜卑校尉。从高柳以东，秽貊以西，鲜卑有数十个部落，轲比能、弥加、素利割据鲜卑领地，各自统治一方；共同盟誓，谁也不能用马匹与中原互市贸易。田豫以戎狄联合，非中原之利，先将其分化瓦解，使其各自成为仇敌，相互攻伐。素利违背盟约，向官府输出一千匹马，受到轲比能攻击，于是向田豫求救。田豫担心鲜卑相互兼并，为害日甚，应采取救善讨恶的策略，向众戎狄表示信义。田豫率领精锐，深入胡虏腹地，胡人众多，在田豫前后骚扰，断绝田豫的归路。田豫不管不顾，继续进军，距离鲜卑王庭十余里，扎下营寨，收集牛马粪点燃，又从其他小路绕行。鲜卑看见烟火不断，以为田豫还在，遂离去，田豫走了数十里，鲜卑才发现。追赶田豫至马城，围困十重，田豫严阵以待，令军中司马竖起旌旗，鸣金擂鼓，命令步骑从南门出，鲜卑皆瞩目，奔赴南门。田豫率领精锐从北门出，擂响战鼓，全军振奋，两头并进，出其不意，鲜卑惊慌失措，遂瓦解，丢弃弓箭、战马，步行逃走，田豫追击二十余里，杀得鲜卑尸骸遍地。乌丸王骨进狡黠，不肯屈服，田豫出塞巡视，率领麾下一百余骑兵，深入乌丸部。乌丸王骨进迎拜，田豫命令左右将其斩杀，又向乌丸余众昭示骨进的罪恶。乌丸余众吓得不敢妄动，田豫又以骨进的弟弟代替骨进。从此以后，胡人胆战心惊，田豫威震塞外荒漠。有山贼高艾，率领部众数千人寇掠百姓，成为幽州、冀州的一害，田豫诱使鲜卑素利部斩杀高艾，将首级传送至京师。田豫受封为长乐亭侯。田豫担任护乌丸校尉九年，制服夷狄，制止其联合，分化强大、狡猾的夷狄部落。凡逃亡、为非作歹，为胡人出谋划策，不利于官府者，田豫都会予以惩治，使其无法继续施展凶残，聚族而居者，也处于不安状态。事业还未完成，幽州刺史王雄的党羽欲令王雄担任护乌丸校尉，诋毁田豫扰乱边疆，为国家横生事端。田豫改任汝南郡太守，兼任殄夷将军。

太和末年，公孙渊在辽东反叛，明帝欲讨伐公孙渊，又难以找到合适人选，中领军杨暨举荐田豫。[①]明帝派田豫以本官职统率青州诸军，授予符节，率领魏军前往讨伐。恰逢吴国派出使者与公孙渊联络，明帝以贼势强盛，而且渡海至辽东，下诏田豫撤军。田豫估计东吴的船只将要返回，年底风大浪急，船只渡海困难，向东边停靠，又没有海岸，一定会撤往成山头。成山头没有荫蔽船只的地方，田豫沿海岸而行，沿途观察地形，及至行驶到诸山岛，在险要之处设置拦截，派兵驻守。田豫进驻成山头，登上汉武帝曾经亲临过的楼观。东吴使者果然返回，途中遇上狂风，很多船只触礁沉没，破船随着海浪漂到岸边，无所遮蔽，田豫尽捕获其部众。当初，诸将嘲笑田豫在空地等候贼寇，及至大获全胜，又竞相出谋划策，请求入海钩取漂流的船只。田豫担心穷寇会垂死挣扎，没有答应。当初，田豫以太守都督青州诸军，青州刺史程喜心怀不满，在用兵之际，多次违抗命令。程喜知道明帝喜爱明珠，密封上奏："田豫虽然有战功，而禁令松弛，所缴获的器仗明珠金银甚多，分散在下面，没有收缴官府。"因此，田豫立下功劳，没有得到奖赏。

①裴松之按：杨暨，字休先，荥阳县人，其事迹见《刘晔传》。杨暨的儿子杨肇，在晋朝担任荆州刺史。山涛著《启事》称杨肇有才能。杨肇的儿子杨潭，字道元，次子杨歆，字公嗣。杨潭的儿子杨彧，字长文，次子杨经，字仲武，皆参见《潘岳集》。

后来，孙权率领吴军，号称十万，前来攻打新城，征东将军满宠欲率领诸军救援。田豫谏言："吴贼大举进攻，绝非为小利而来，欲攻打新城，以此作为诱饵，引诱我大军出战。应该听任吴军攻城，先挫伤其锐气，不要与其争锋。城坚不可摧，吴军一定会疲惫；乘其疲惫之际，然后反击，可大获全胜。如果吴贼看出我军的计划，必不敢再攻城，势将退走。如果我们进兵，正好落入敌军圈套。而且，大军出动，应当使敌军难以捉摸我军的动向，不应当墨守成规。”田豫上奏，陈述意见，明帝采纳。此时，吴军退走。后来，吴军再次袭扰，田豫抵御吴军，吴军退走。诸军夜晚惊扰，说：“吴军又来了！”田豫安卧不起，命令：“军中敢有乱动者，斩！”不久，军营恢复平静。

景初末年，明帝增加田豫食邑三百户，合并之前，共享有食邑五百户。正始初年，田豫持符节，改任护匈奴中郎将，兼振威将军，代理并州刺史。域外胡人久闻田豫的威名，相率前来贡献。并州保持安定，百姓安居。明帝征召田豫，拜为卫尉。田豫多次请求辞去职务，太傅司马懿认为田豫身体还好，上书明帝，不要准奏。田豫书信答复：“臣已经年过七十，而依然身居尊位，这就好像钟鸣漏尽，而夜行不止，可谓罪人。”遂坚称病重。明帝拜田豫为太中大夫，享受九卿俸禄。田豫享年八十二岁，病逝。嗣子田彭祖继承爵位。①

①《魏略》记载：田豫罢官，回到家乡，居住在魏县。恰逢汝南郡派遣健步前往征北将军处，深感田豫旧恩，前来拜望。田豫为其杀鸡炊黍，送健步至陌头，对健步讲：“我已经年老退休，还辛苦你来拜望。不能对你有任何帮助，奈何？”健步看到田豫家境贫寒，身体羸弱，不免心动，流涕而去，回去后，对故吏民谈起田豫的近况。汝南郡为田豫筹集物资，有绢帛数千匹，派人前来送予田豫，田豫一概不受。不久，田豫病逝，临终前，告诫妻子、儿子：“把我葬在西门豹祠庙旁。”妻子听了，有些为难，说：“西门豹是古代的神人，能葬在其祠庙旁吗？”田豫答：“西门豹所履行的善政，与我所做的一样，如果死而有灵，必会善待。”妻子只好听从。汝南郡人听闻田豫的死讯，莫不哀伤，为田豫绘出画像，还为田豫建立碑铭。

田豫为官清廉，居处俭朴，得到的赏赐，全部分发给将士。每当胡、狄馈送礼物，田豫都会造册，收藏在官府，从不带入家中；家里生活，异常贫乏，即使是异族人，对田豫的高风亮节，也都表示赞赏。①嘉平六年，齐王曹芳下诏，褒奖田豫，赐予其家属钱和谷物。详情记载在《徐邈传》。

①《魏略》记载：鲜卑素利等多次来拜谒田豫，把牛马送予田豫；田豫转送官府。胡人认为，此前所送予田豫的东西过于显露，不如送金子。于是，怀中揣着金子三十斤，对田豫讲：“愿回避左右，我有话要讲。”田豫从之，胡人跪下道：“我见公贫乏，故前后送予公牛马，公辄转送官府，今悄悄带着这些金子送予公，可以作为家用。”田豫用袖子受之，答谢其厚意。胡人走后，田豫全部拿出来，向众人展示，说明情况。于是，齐王曹芳下诏，褒奖田豫：“在往昔，魏绛开怀，以容纳戎人的馈赠，今卿举袖，以受狄人的金子，朕甚为嘉赏。”曹芳赐予田豫绢五百匹。田豫得到这些赏赐，分出一半，收藏在小府，后来，胡人再来，把这一半送予胡人。

牵招，字子经，安平郡观津县人。十几岁时，牵招拜同县人乐隐为老师，接受学业。后来，乐隐在车骑将军何苗幕府担任长史，牵招跟随老师到京师，完成学业。此时正值京师动乱，何苗、乐隐遇害，牵招与乐隐的门生史路等不惧兵刃，收殓乐隐的尸体，送棺柩返回。路上遇到贼寇抢劫，史路等四散逃走。贼寇欲劈开棺木，取走钉子，牵招流着眼泪，请求贼寇不要这样做。贼寇受到感动，放过牵招而去，牵招由此而知名。

冀州牧袁绍任命牵招为将军幕府督军从事，兼领乌丸突骑校尉。袁绍的门客触犯法令，牵招先斩后奏，袁绍很惊讶牵招竟然如此胆大，没有怪罪。袁绍去世，牵招又侍奉袁绍的儿子袁尚。建安九年，曹操围困邺城。袁尚派遣牵招至上党督促军粮，还未返回，袁尚败走，逃往中山。当时，袁尚的表兄高幹担任并州刺史，牵招以并州东边有恒山之险，西边有大河之固，拥兵五万，北上可抵御强胡，劝高幹迎接袁尚，二人同心协力，静观天下变化。高幹缺少才能，暗中又想加害牵招。牵招听说后，从小路逃走，道路阻隔，不能再追随袁尚，遂向东投奔曹操。曹操兼领冀州牧，任命牵招为从事。

曹操将要讨伐袁谭，柳城乌丸欲出动骑兵帮助袁谭。曹操认为，牵招此前曾经率领乌丸轻骑兵，就派遣牵招到柳城。牵招到了柳城，正值乌丸峭王整顿军纪，派五千骑兵前去援助袁谭。又有辽东郡太守公孙康自称平州牧，派遣使者韩忠带着单于印绶，前来授予峭王。峭王大会乌丸诸君长，韩忠也在座。峭王问牵招：“在以往，袁公自称接受天子诏命，任命我为单于；而今曹公又说，应该重新禀报天子，任命我为真单于；辽东也送来印绶。如此，谁是真正的正统？”牵招答：“在以往，袁公秉承皇帝旨意，按照制度，可以拜授单于；中间袁绍有过失，天子诏命曹公代之，曹公说应当禀报天子，重新任命你为真单于，这是对的。至于辽东，不过是朝廷下面的郡，怎么能擅自拜授印绶？”韩忠问：“我辽东郡在渤海以东，拥兵百万，又有夫余、秽貊为我所用；当今之势，强者为雄，曹操又岂能自以为是？”牵招呵斥韩忠：“曹公秉承忠诚公允，辅佐天子，讨伐逆贼，怀柔降伏贼寇，平定四海，汝君臣顽劣不化，而今倚恃险阻，地域遥远，违背王命，欲擅自拜授印绶，侮慢神器，正当遭受屠戮，岂敢轻慢诋毁大人？”牵招按住韩忠的头，往地上撞击，欲拔刀斩杀韩忠。峭王大惊，光着脚抱住牵招，请求饶恕韩忠，左右人皆大惊失色。牵招返回座位，为峭王等阐释成败之效、祸福所归。大家离席，跪伏在地上，敬受敕令，峭王拒绝辽东使者，撤回救援袁谭的骑兵。

曹操在南皮县斩杀袁谭，任命牵招为军谋掾，参谋军事，牵招跟随曹操讨伐乌丸。大军进抵柳城，曹操拜牵招为护乌丸校尉。返回邺城，辽东郡送来袁尚的首级，曹操令悬挂在马市，牵招目睹旧主的首级，非常悲伤，在袁尚的头颅下设祭。曹操感念牵招有义气，举荐牵招为茂才。牵招跟随曹操平定汉中，曹操撤军，留下牵招为中护军。事情处理完毕，牵招返回邺城，受拜为平虏校尉，率领军队，都督青州、徐州属下诸郡的军事，牵招进攻东莱县贼寇，斩杀其首领，东部恢复平静。

曹丕接受汉室禅让，登上帝位，拜牵招为护鲜卑校尉，持符节，驻扎在昌平。当时，边民四散流亡，分布在山野，有些叛逃至鲜卑，有上千户。牵招广施恩信，招诱流民返回家乡。建义中郎将公孙集等率领部众前来归附，牵招安排他们返回本郡。又怀柔安抚鲜卑首领素利、弥加等，有十余万户，令他们与边塞互通贸易。

魏军欲大举征伐吴国，文帝召牵招返回，回到京师，正值大军撤回，文帝拜牵招为右中郎将，出任雁门郡太守。雁门郡地处边陲，虽然布置有瞭望哨警戒设施，胡人仍然袭扰不断。牵招既教老百姓打仗的阵法，又上表朝廷，免除乌丸五百余家租调赋税，令乌丸人准备鞍马，派出去侦察胡人。胡虏每次侵犯边塞，牵招即率兵迎击，击退来敌，于是，边地吏民胆气日壮，荒野无虞。牵招又采用离间计，使胡虏间相互猜疑。鲜卑首领步度根、泄归泥等与轲比能有矛盾，率领部落三万余家来到雁门郡边塞，愿意归附。牵招敕令他们返回进攻轲比能，杀了轲比能的弟弟苴罗侯，和反叛的乌丸归义侯王同、王寄等，也结下怨仇。于是，牵招亲自出兵，率领泄归泥等，在云中故郡讨伐轲比能，大破敌寇。牵招招抚河西鲜卑附头等十余万家，修缮陉岭以北原上馆城，设置驻军，镇守内外鲜卑，夷虏无论大小，莫不归心向附，叛逃的诸乌丸部落，即使亲戚，也不敢藏匿，悉数收捕送来。于是，无论野外、边郡内外，不再有警讯，贼寇息业，恢复平静。牵招挑选有才识者，送到京师太学受业，返回后，再教授学生，数年间，庠序学校建立很多。郡府治所设在广武县，井水咸苦，民众要推车挑担，到很远的地方汲取河水，往返七里地。牵招测量地势，因山陵适宜处，凿开水源、修通渠道，引水流入城内，民众从中获益。

明帝即位，赐牵招爵关内侯。太和二年，护乌丸校尉田豫出塞，被轲比能围困在原马邑城，田豫移书向牵招求救。牵招当即整顿兵马，欲前去救援田豫。并州刺史按照旧例，禁止牵招出郡界前去救援，牵招拿出朝廷的符节，坚持救援，不拘泥于旧例限制。牵招上表，同时前往救援。牵招派骑兵，向田豫驰报军情，分析形势，言明将率领军队指向西北，直取胡虏巢穴，然后向东行进，会合消灭胡虏。檄书已到，田豫军跃跃欲试。牵招又将一份文书，故意丢弃在胡虏必经之路，胡虏恐惧，各自逃归巢穴。牵招军进抵原平城，鲜卑四散奔逃。轲比能率领大批骑兵前来，进抵原平州塞北。牵招秘密行军，堵截轲比能，大获全胜。牵招认为，蜀国诸葛亮多次出兵进犯，而轲比能又十分狡猾，双方能相互勾结，上表朝廷应早做防备，朝臣廷议时认为，双方距离遥远，不大相信。恰逢诸葛亮出兵祁山，果然派遣使者，前来联络轲比能。轲比能进抵原北地郡石城，与诸葛亮首尾相望。明帝下诏，召回牵招，诏令牵招乘机讨伐。当时，轲比能已经返回漠南，牵招与刺史毕轨商议："胡虏迁徙无常。如果劳师远征，则军队行动迟缓，难以追上。如果我军偷偷袭击，则山溪艰险，转运粮食、物资困难，难以达成秘密行动。可派兵守卫新兴、雁门二座军营，出兵驻扎在陉北，对外可以镇抚鲜卑，对内令驻扎的士兵屯田，储备粮食、物资，待到秋冬战马膘肥时，州郡合兵一处，乘势讨伐鲜卑，必定能大获全胜。”还未来得及布置，牵招病逝。牵招在雁门郡十二年，威风远播。其治理过的地方，民众赞扬，仅次于田豫，百姓追思牵招。渔阳郡人傅容在雁门郡也有政绩，牵招之后，在辽东建立功绩。

牵招的嗣子牵嘉继承爵位。次子牵弘，担任将军，勇猛无畏，有牵招遗风，担任陇西郡太守，跟随邓艾征伐蜀国有功，咸熙年间，担任振威护军。牵嘉与晋朝司徒李胤是同一个母亲，去世较早。[①]

①《晋书》记载：牵弘后来担任扬州、凉州刺史，以勇猛果敢死于边郡战事。牵嘉的儿子牵秀，字成叔。

荀绰著《冀州记》记载：牵秀有隽才，性格豪爽、任侠，有才气，弱冠时，有美名。太康年间，牵秀被卫瓘、崔洪、石崇等提携，从新安县令、博士升任司空府从事中郎。与晋武帝的舅舅黄门侍郎王恺相互间轻侮。王恺暗示司隶校尉荀恺，让中都官诬陷并弹劾牵秀，夜晚在路上搭载高平国守士田兴的妻子。牵秀随即上表，申诉被诬陷缘由，并揭露王恺的丑行，文辞激烈。当时，朝臣虽有多人证明，牵秀的名誉仍由此而受到损伤。后来，张华奏请，让牵秀担任幕府长史，稍后改任尚书。河间王任命牵秀为平北将军，授予符节，在冯翊，牵秀遇害。世人欣赏牵秀写的辞赋，为其过早去世感到惋惜。

郭淮，字伯济，太原郡阳曲县人。[①]建安年间，郭淮被举荐为孝廉，担任平原郡府丞。曹丕担任五官中郎将，召郭淮，任命为门下贼曹，改任丞相府兵曹议令史，郭淮跟随曹操征伐汉中。曹操返回，留下征西将军夏侯渊抵御刘备，以郭淮为夏侯渊将军幕府司马。夏侯渊与刘备大战，郭淮当时有病，没有出战。夏侯渊遇害，军中恐慌，郭淮收集散兵，推举荡寇将军张郃为军中主帅，诸营士兵安定下来。第二天，刘备欲渡过汉水进攻魏军。诸将计议，寡不敌众，刘备容易乘胜进攻，欲背靠汉水列阵以抗拒刘备。郭淮说：“这是向敌人示弱，不足以挫败敌人，非胜算也。不如远离汉水设阵，引诱敌军来攻我，待敌军半渡，而后我军出击，刘备可破。”于是，布置战阵，刘备心疑不敢渡河，郭淮等坚守营垒，显示并无撤退之意。郭淮将敌情奏闻曹操，曹操表示赞许，授予郭淮符节，再次任命郭淮为司马。曹丕即魏王位，赐郭淮爵关内侯，改任镇西将军幕府长史，代领征羌护军职事，掩护左将军张郃、冠军将军杨秋讨伐山贼郑甘、卢水反叛的胡人，逐一平定。关中开始安定，民众恢复生产。

①《郭氏家谱》记载：郭淮的祖父郭全，曾担任大司农；父亲郭缊，曾担任雁门郡太守。

黄初元年，郭淮奉使命祝贺曹丕接受汉室禅让，登上帝位，在前往京师的途中患病，因为路途较远，在途中稽留。及至群臣欢宴聚会，文帝正言厉色，指责郭淮：“在古时，大禹在涂山大会诸侯，防风氏最后来到，被大禹诛杀。而今，普天同庆，而卿到得最迟，该作何解释？”郭淮回答：“臣听说，五帝以德教化臣民，夏后氏政治衰败，用刑法治理百姓。今天臣遇上唐尧、虞舜之盛世，由此知道，臣可以免除防风氏被杀之命运。”文帝听了，很高兴，擢拔郭淮为代理雍州刺史，封为射阳亭侯。五年后，文帝正式任命郭淮为雍州刺史。安定郡羌人首领辟蹏（tí）反叛，郭淮率领军队镇压，辟蹏投降。每当有羌胡来降，郭淮都会派人先了解其亲属关系，男女有多少，年龄长幼；及至接见，对他们的情况已经做到胸中有数，询问非常详细，堪称神明。

太和二年，蜀国丞相诸葛亮出兵祁山，派遣将军马谡率军进抵街亭，高详驻扎在柳城。张郃进攻马谡，郭淮进攻高详，逐一攻破。郭淮又在枹罕打败陇西羌人首领唐蹏，明帝诏令郭淮兼领建威将军。太和五年，蜀军出兵卤城。当时，陇西缺乏粮食，朝臣在廷议时，欲从关中调运粮食，郭淮以恩威并施，抚恤羌胡，令其每家献出粮食，以此平衡粮价，满足军粮供应，郭淮改任扬武将军。青龙二年，诸葛亮出兵斜谷，率领蜀军在兰坑屯田。当时，司马懿驻扎在渭南，郭淮预测诸葛亮一定会争夺北原，应该向北原增兵，朝臣在廷议时，多认为不可能。郭淮讲：“如果诸葛亮渡过渭水，登上北原，既而连兵北山，隔断陇山道路，动摇汉民、夷众，此绝非国家之利。”司马懿同意郭淮的看法，郭淮遂把军队驻扎在北原。壕沟堡垒还未建成，蜀军已经进抵北原，郭淮迎击蜀军。此后数日，诸葛亮大军西行，诸将皆以为诸葛亮欲攻打西围，郭淮独认为这是诸葛亮布置疑兵，欲使魏军重心放在西边，而后攻打阳遂。当天夜晚，诸葛亮果然攻打阳遂，魏军已有准备，蜀军未能得逞。

正始元年，蜀国将军姜维出兵陇西。郭淮进军迎敌，追赶蜀军至彊中，姜维撤军，郭淮随后讨伐迷当羌等，安抚怀柔羌氐三千余帐落，令其向关中迁徙。郭淮升任左将军。凉州休屠胡人梁元碧等，率领胡人部落二千余家，归附雍州刺史。郭淮奏请朝廷，将休屠胡人安置在安定郡高平县，可以作为御敌屏障，此后，朝廷设置西州都尉。郭淮改任前将军，继续兼领雍州刺史。

正始五年，夏侯玄讨伐蜀国，郭淮都督诸军，担任前锋。郭淮暗自忖度形势对魏军不利，遂撤军退出，故没有受太大损失。返回后，齐王曹芳授予郭淮符节。正始八年，陇西郡、南安郡、金城郡、西平郡诸羌饿何、烧戈、伐同、蛾遮塞等相互勾结，起兵叛乱，围攻城邑，南下招引蜀军，凉州著名胡人治无戴再次反叛，响应叛羌。讨蜀护军夏侯霸率领诸军驻扎在为翅。郭淮军进抵狄道，大家都认为应该先平定枹罕，这样，对内可以惩治叛羌，对外可以挫败贼寇邪谋。郭淮判断，姜维一定会来攻打夏侯霸，遂率军进入沨中，转而南下接应夏侯霸。姜维果然攻打为翅，恰逢郭淮率领大军赶到，姜维撤退。郭淮进而讨伐叛羌，斩杀饿何、烧戈，投降归服者有万余帐落。正始九年，叛羌蛾遮塞等驻扎在河关、白土故城，依据黄河天险，抗拒魏国大军。郭淮移兵至黄河上游，暗中从下游渡过黄河，占据白土城，进攻叛羌，大败贼寇。叛羌首领治无戴围攻武威，家属留在西海郡。郭淮进军直扑西海，欲袭击羌人家属及后勤辎重，恰好治无戴返回，在龙夷之北，双方大战，郭淮大败贼寇。令居县叛羌驻守石头山以西，正好挡住大道，阻断了朝廷使者往来。郭淮回军路过时，讨伐叛羌，大破贼寇。姜维从石营出兵，经过强川，西迎治无戴，留下阴平郡太守廖化在成重山筑城，收拢战败的叛羌。郭淮欲分兵攻打。诸将认为，姜维西边与强胡相邻，廖化又据险而守，魏军分兵，兼顾两头，必定削弱兵势，进不能制服姜维，退不能攻取廖化，此计不妥，不如合兵一处，攻打西边，及至胡人、蜀军还未连接，断绝其联系，此乃攻伐交战之兵。郭淮解释："我军去攻打廖化，出其不意，姜维一定会狼顾其后方。在姜维率军赶来之前，我军一定能打败廖化，而且迫使姜维疲于奔命。我军不必远征西边，蜀军与胡人的勾结，就会分离，此一举可以获得两全之功。"于是，郭淮派遣夏侯霸等在沓中追击姜维，郭淮亲自率领诸军进攻廖化等。姜维果然率领蜀军前来驰援廖化，正如郭淮所料，蜀军大败。郭淮晋升爵位为都乡侯。

嘉平元年，郭淮升任征西将军，都督雍州、凉州军事。这一年，郭淮与雍州刺史陈泰商议，在翅上逼降蜀军牙门将句安等人。嘉平二年，齐王曹芳下诏："此前汉川之役，我军几乎全军覆没。郭淮临危不乱，挽救危局，其功绩已经记录在皇家档案。在萧关以西三十余年，郭淮对外征伐寇虏，对内安绥汉民、夷人。近年来，郭淮打败廖化，擒获句安，功绩卓著，朕甚为嘉赏。今拜郭淮为车骑将军、礼仪与三司相同，持符节，仍然都督雍州、凉州军事。"齐王曹芳晋升郭淮爵位为阳曲侯，享有食邑二千七百八十户，划出三百户，封郭淮的一个儿子为亭侯。①正元二年，郭淮去世，追赠大将军印绶，谥号为贞侯。嗣子郭统继承爵位。郭统官至荆州刺史，去世，嗣子郭正继位。咸熙年间，建立五等爵位，以郭淮在前朝的功勋，改封郭正为汾阳子爵。②

①《世语》记载：郭淮的妻子，是王凌的妹妹。王凌被杀，妹妹应该连坐，御史前来收捕。督将及羌胡首领数千人叩头，请郭淮上表留下妻子，郭淮没有听从。妻子上路，大家莫不流涕，人人扼腕叹息，欲劫夺郭淮的妻子。郭淮的五个儿子叩头流血，请求郭淮，郭淮不忍目视，命令左右追回妻子。于是，追赶者有数千骑，数日而回。郭淮写信给司马懿："五个儿子哀伤母亲将要被杀，不顾惜自身，救回母亲；如果没有母亲，就没有这五个儿子；没有这五个儿子，也就没有郭淮。郭淮命令儿子追回母亲，如果违反王法，郭淮应当伏罪，觐展在近。"看了书信，司马懿予以宽宥。

②《晋诸公赞》记载：郭淮的弟弟郭配，字仲南，享有盛名，官至城阳郡太守。裴秀、贾充皆愿意以郭配为女婿。儿子郭展，字泰舒，有器量、才干，历任职务，皆有政绩，在太仆任上去世。次弟郭豫，字泰宁，曾担任相国参军，也享有盛名，早逝。郭豫的女儿嫁给王衍。郭配的另一个弟弟郭镇，字季南，曾担任谒者仆射。郭镇的儿子郭奕，字泰业。《山涛启事》称郭奕为人

简约，有雅量，历任雍州刺史、尚书。

陈寿评论如下：满宠立下志向，为人刚毅，勇而有谋。田豫为官清廉，足智多谋，思路清晰。牵招秉持节义，壮怀激烈，功勋卓著。郭淮善于用谋，精到周详，扬名于凉州、雍州。然而，田豫官职仅限于州刺史，牵招始终担任郡守，都没有充分发挥其才能。

魏书二十七

徐胡二王传第二十七

徐邈，字景山，燕国蓟县人。曹操平定河朔，征召徐邈，任命为丞相军谋掾，参谋军事，后代理奉高县令，又调入丞相府，担任东曹议令史。魏建国初，徐邈担任尚书郎。当时禁酒，徐邈私自酿酒，喝得酩酊大醉。校事官赵达询问徐邈担任何职务，徐邈答："中圣人。"赵达报告曹操，曹操大怒。度辽将军鲜于辅进言："平日醉客把清酒称为'圣人'，把浊酒称为'贤人'，徐邈平时一贯谨慎，这是偶然醉酒后失言。"徐邈得以免刑。后来，徐邈代理陇西郡太守，改任南安郡太守。曹丕接受汉室禅让，登上帝位，徐邈历任谯国相、平阳郡及安平郡太守、颍川郡典农中郎将，所任职务，皆有政绩，文帝赐徐邈爵关内侯。文帝巡幸许昌，问徐邈："还当中圣人吗？"徐邈答："昔日，子反因醉酒误事，死于谷阳；御叔因醉酒，受到处罚。臣嗜酒如命，犹如二人，不愿自我惩罚，时常还喝一点。然而，宿瘤长得丑，而见于传记；臣因醉酒，还被皇上记得。"文帝听了大笑，对左右人讲："名不虚立。"改任徐邈为抚军大将军幕府军师。

明帝认为凉州遥远，南边与蜀国接壤，任命徐邈为凉州刺史，授予符节，兼领护羌校尉。徐邈到任，正值诸葛亮率军出兵祁山，陇山以西三郡反叛，徐邈派遣参军及金城郡太守等进攻南安叛贼，大败叛贼。河西地区少雨，因粮食缺少，常陷于困乏，徐邈上表，奏请修建武威、酒泉盐池，用盐与当地羌胡交换粮食，又组织民众开垦水田，招募贫民耕种，百姓因此而丰衣足食，国家仓库储存充盈。徐邈把满足州部军用后的余粮，用来交换金帛犬马，以供内地郡县消费。徐邈收缴民间私藏的武器，储存在武库。而后，建立学校，以仁义教化民众，移风易俗，禁止厚葬，杜绝过度祭祀，进善黜恶，当地风俗为之改变，百姓向心归附。西域商贩到内地经商贸易，远方胡人向朝廷贡献异物，这些都是徐邈的功劳。徐邈讨伐叛羌柯吾有功，受封为都亭侯，享受食邑三百户，兼领建威将军。徐邈与羌胡共事，不问小过；如果羌胡犯下大罪，先告诉其首领，让首领先予以惩治，如有应判处死刑者，则斩首示众，恩威并施，羌胡皆敬畏徐邈。徐邈将得到的赏赐，与将士们分享，同甘共苦，并不带入家中，妻子衣食不够，家中生活困乏。天子听说后嘉赏他，经常供给他家衣物。徐邈在西部镇压奸邪，严肃法纪，州郡肃清。

正始元年，徐邈调回朝廷，担任大司农，升任司隶校尉，朝中百官无不敬惮。因为某件公事，徐邈被免去官职，后又担任光禄大夫，数年后，徐邈升任司空，徐邈叹息道："三公统领百官，是为国家谋划长远的高位，如没有合适人选，可以暂缺，岂能让老弱病残忝列高位？"徐邈辞让，不肯接受三公位。嘉平元年，徐邈七十八岁，以光禄大夫在家中去世，朝廷以三公礼为徐邈下葬，谥号为穆侯。嗣子徐武继承爵位。嘉平六年，朝廷追思清廉、守义之士，齐王曹芳下诏："彰显贤能，表彰有德之士，此为历代圣王所重视；举荐善者，推行教化，受到孔子赞赏。原司空徐邈、征东将军胡质、卫尉田豫在前朝担任要职，侍奉四世君王，出任将军，统率兵马，入朝辅佐，维护朝纲，忠诚清廉，一心为公，忧国忘家，不经营产业，身死之后，家无余财，朕甚嘉赏之。赐予徐邈等家属谷二千斛，钱三十万，布告天下。"徐邈同郡人韩观，字曼游，有鉴别识人的才能，与徐邈齐名，在孙礼、卢毓前担任豫州刺史，治理地方有功绩，在任上去世。[①]卢钦著作书籍，称颂徐邈："徐公志行高远，为官清廉，才识渊博，精力充沛。徐邈行事为人，前后一贯，徐邈身处高位，而不狷介，清正廉洁，而不做作，才识渊博，而坚守信义，精力充沛，而宽以待人。圣人以清廉为难事，徐公始终践行，堪为一生。"有人问卢钦："徐公在武帝时，当时人认为徐公为人通达，自从到了凉州，以及返回京师，世人却认为徐公为人耿介，这是为何？"卢钦答："在以往，毛孝先、崔季珪等人担任要职，欣赏清廉寡欲的士人，在当时，很多人改换车服，追求高名，徐公始终不慕虚名，我行我素，因此，有些人认为徐公通达。近来天下崇尚奢侈浪费，人们又转为竞相效法，可是徐公坦然面对，始终自若，不与世俗苟同，故前日之通达，就是今日之耿介。这是世人迎合世俗，并无常态，而徐公一直未有变化。"

①《魏名臣奏》记载：黄门侍郎杜恕上表："韩观、王昶，重视信义，兼有治理才干，担任高官，不但三州。"

胡质，字文德，楚国寿春县人。年少时，胡质与蒋济、朱绩在江、淮间享有盛名，在州郡出仕为官。蒋济担任别驾，奉命出使，来见曹操。曹操问："胡通达，是位长者，难道没有子孙吗？"蒋济答："有儿子叫胡质，气质谋略，不如其父亲，至于做事情周详细致，则超过其父亲。”[①] 曹操当即征召胡质，任命为顿丘县令。县里的民众郭政，与其堂妹通奸，杀了堂妹夫程他，郡府官吏冯谅作为证人，被关押在监狱。郭政与堂妹至死不肯承认有奸情，冯谅受不了严刑拷打，只好自诬，反而被判为诬告。胡质到官，察言观色，再次审理此案，罪犯最终伏法。

①按《胡氏家谱》记载：胡通达又名胡敏，以方正受到征召。

胡质后来调入朝廷，担任丞相府东曹议令史，州部奏请朝廷，任命胡质为治中。将军张辽与护军武周有矛盾。张辽来见扬州刺史温恢，请求让胡质代替武周，胡质推辞，称身体有病。张辽出来对胡质讲：“我看中了君，有意推荐，君为何要辜负我的好意？”胡质答：“古人相交，索取多，知道对方并非贪婪，战场上逃走，知道其并非怯战，听到诽谤之言，并不轻易相信，故朋友间的友情，始终保持。武伯南身为儒雅之士，在以往，将军对他赞不绝口，现在因为一点小小的怨恨，构成嫌隙。更何况胡质才能浅薄，岂能始终得到将军欣赏？因此不敢在将军幕府任事。”张辽听罢，深有感触，与武周的矛盾，得以化解。[①]

①虞预著《晋书》记载：武周，字伯南，沛国竹邑人。官至光禄大夫。儿子武陔，字元夏。武陔及二弟武韶、武茂，年少时已经出名，有器量，虽然乡里的老人对他们并未看重。当时，同郡人刘公荣，善于识人，曾经到武周家拜访。武周对刘公荣讲：“卿有知人之明，我让三个儿子出来见卿，以卿的眼光，为他们鉴别高下，以效仿郭林宗、许劭之所，可乎？”刘公荣于是召来武陔兄弟，与他们谈话，观察他们的一举一动。而后，对武周讲：“君的三个儿子皆可以成为国士。元夏器量最优，有辅佐之才，可以出仕为宦，担任亚公。叔夏、季夏，官职变化在常伯、纳言之间。”年少时，武陔出仕为官，历任朝廷内外职务，泰始初年，担任吏部尚书，改任左仆射、右光禄大夫、开府建衙，礼仪等同三司，在任上去世。武陔在魏国担任大臣，本非佐命之数，心怀逊让，不得已而居位，故在官位上才干无所施展，夙夜谨奉恭敬而已，始终保持廉洁，当世人称为美谈。武韶历经二官署吏部郎。《山涛启事》称武韶为人清白，有诚意，最终担任散骑常侍。武茂官至侍中、尚书。颍川郡人荀恺，是晋宣帝的外孙，是世祖姑姑的儿子，自负身为贵戚，欲与武茂结交。武茂拒绝，始终不肯答应，由是见怒。元康元年，杨骏被杀。荀恺当时担任尚书仆射，以武茂是杨骏的姨弟，诬陷武茂是杨骏的党羽，遂被枉杀，众人为武茂蒙冤被杀哀痛。

曹操征召胡质，任命为丞相属官。黄初年间，胡质改任吏部侍郎，又出任常山郡太守，改任东莞郡太守。士人卢显被他人杀害，胡质说：“此士人并无仇人，妻子长得又年轻貌美，恐怕是因为此事而遇害！”胡质召见邻居家年轻人，书吏李若在被询问时神色慌张，胡质遂追问，观察其情状。李若不得不自首，罪犯得到惩罚。每当有军功赏赐，胡质都会把赏赐分送予众人，并不带入家中。在郡府任职九年，吏民安定，将士都服从命令。

胡质升任荆州刺史，兼领振威将军，受赐爵关内侯。吴国大将朱然围困樊城，胡质率领军队，轻装急进，前去救援。谋议者认为，吴军强盛，不可过于接近敌军，轻率挑战，胡质说："樊城墙矮小，守卫的士兵少，我军应当急速进军，救援樊城，否则，樊城就危险了。"于是带领军队逼进包围圈，樊城里的人才得到平安。胡质升任征东将军，持符节，都督青州、徐州军事，鼓励民众农耕，储备的粮食可供两年食用，胡质修建东征台，一边耕种一边守卫。又组织民众挖掘运河，通向诸郡，以便利舟楫运输，加强战备，随时待敌，沿海无战事。

胡质性情沉稳，内省自律，不以自己的志节去约束别人，所任职地方，常能获得人们思念。嘉平二年，胡质去世，家无余财，唯有朝廷赏赐的衣服及书箧而已。军师奏报朝廷，齐王曹芳追封胡质为阳陵亭侯，享受食邑一百户，谥号为贞侯。嗣子胡威继承爵位。嘉平六年，齐王曹芳诏书，褒奖胡质为官清廉，赐予其家属钱谷。详情记载在《徐邈传》。胡威，咸熙年间官至徐州刺史，[①]胡威政绩优异，历任三个郡的郡守，在所任职地方都留下清名。在安定郡任上去世。

①《晋阳秋》记载：胡威，字伯虎。年少时，胡威有志向，砥砺情操。胡质担任荆州刺史，胡威从京都回家省亲。由于家贫，无车马童仆，胡威亲自驱赶驴车赶路，拜见父亲，在家中停留十余日，告归。临辞别，胡质赐胡威绢帛一疋，作为路上的资费。胡威跪下，对父亲讲："大人清白，不知道怎么会有此绢帛？"胡质答："这是我的俸禄之余，故以此作为你路上的资费。"胡威接受父亲馈赠，辞归。每当在客舍休息，把驴放开吃草，自己取薪柴做饭，食毕，再继续赶路，来回都是这样。胡质帐下的都督，与胡威素不相识，先胡威上路，请假回家，暗中带着钱物，旅程一百余里，借口与胡威作伴，每当有事，则帮助胡威，又少进饮食，一直走了数百里。胡威怀疑，暗中诱问对方，才知道是父亲帐下的都督，于是，胡威把父亲赠送的绢帛送给都督作为答谢，并送走了他。后来因胡威写信告诉父亲，胡质杖打都督一百下，除去其吏名。其父子清廉，做人谨慎，竟达到如此程度。父子二人的声誉，受到大家称赞，父子都历任郡宰、州牧。晋武帝赐见，谈论边事，语及平生。晋武帝叹息胡威的父亲为官清廉，对胡威讲："卿的清廉与父亲的清廉，相比较，如何？"胡威回答："臣不如父亲。"武帝问："以何事证明卿不如父亲？"胡威回答："臣的父亲清廉，唯恐他人知道，臣的清廉，唯恐他人不知，因此，臣不如父亲远矣。"胡威官至前将军、青州刺史。太康元年，胡威去世，晋武帝追赠镇东将军印绶。胡威的弟弟胡罴，字季象，担任征南将军；胡威的儿子胡奕，字次孙，担任平东将军；都以为官清廉，而垂名后世。

王昶，字文舒，太原郡晋阳县人。[①]年少时，王昶与同郡人王凌已经享有盛名。王凌年长，王昶以兄事之。曹丕在东宫做太子时，王昶担任太子文学，改任中庶子。曹丕接受汉室禅让，登上帝位，王昶担任散骑侍郎，负责洛阳典农。当时，京畿的树木成林，王昶组织伐木，开辟为农田，劝勉百姓务农耕种，开垦的农田很多。王昶出任兖州刺史。明帝即位，王昶兼领扬烈将军，受赐爵关内侯。王昶虽然在外面任职，心里常挂念朝廷，认为魏国继承秦、汉之弊，法令烦琐严苛，如果再不改动国家法典，以恢复先王之遗风，而希望教化斐然，天下大治，是难以成功的。王昶著作《治论》，按照古制，其中有符合实际的法律，有二十余篇，又著作《兵书》十余篇，阐明奇正之效，[②] 青龙年间，王昶将所著《兵书》呈上明帝。

①按《王氏家谱》记载：王昶的伯父王柔，字叔优；王昶的父亲王泽，字季道。

《郭林宗传》记载：叔优年少时，季道听说郭林宗有知人之明，兄弟二人前去拜访郭林宗，请郭林宗辨识兄弟二人的才能及今后的发展方向，借以选择志向。郭林宗笑着说："卿二人皆可以成为二千石官员，虽然如此，叔优当以仕宦显名，季道宜以经术仕进，若违背才能，改变志向，恐怕不会成功。"叔优与季道从其言。叔优最终担任北中郎将，季道最终担任代郡太守。

②《孙子兵法》记载：兵以正合，以奇胜；奇正相生，若循环之无端。

王昶为侄儿及儿子起名字，皆本着谦虚、务实，从中可以窥见王昶的用意，因此，侄儿名字叫王默，字处静，王沈，字处道，儿子王浑，字玄冲，王深，字道冲。王昶写信，告诫他们：

作为人子，为子之道，莫大于安身处世；修养德行，最为重要，以此昭示于父母。此三者，人们皆知其善，而又重蹈危身破家，陷于灭亡之祸，这是为何？因为追随世俗，而非谨守道学。孝敬仁义，世人皆认为是百善之首，行之立之，才是做人的根本。孝敬则宗族和睦，仁义则乡党看重，此善行修成于内，名誉自然显示于外。人如果不能谨守善行，而背本逐末，陷于浮华不实，则会与狐朋狗友结为朋党；浮华有虚伪之累，朋党有彼此之患。此二者须时时警惕，昭然若明。而那些前赴后继，覆车者滋众，逐末者弥甚，皆由于困惑于名誉，暗昧于眼前。富贵声名，此乃人情所系，君子得而不受其累，这是为何？恶行不与道学同路。但患人知进，而不知退，知欲，而不知足，故有困辱之累，后悔之嗟叹。俗话讲："人不知足，则会失去所欲。"故知足者，得到者，常感到满足。纵览往事之成败，细察未来之吉凶，从未有追名逐利，欲望不知满足，而能保全自身，保全家族，永远享受福禄者。欲使你们立身修己，遵循儒学之教诲，践行道家之至言，故以玄默冲虚作为座右铭，欲使你们顾名思义，不敢违背。在古代，盘盂钟鼎，刻有铭文，几案手杖，刻有告诫，俯仰都能看到，坚持履行，则无过失；务在谆谆叮嘱，可不警戒哉！物速成则疾亡，晚成则善终。朝华之草，夕至凋落；松柏之茂，隆寒不衰。是以大雅君子，厌恶速成，时时警醒。就好像范匄回答秦客的问题，武子要打他，把他头上的簪笄折断，厌恶其抹杀他人的优点。[①]人有善行，却绝少自伐其功，人有才能，却绝少自矜其能；伐功，则掩盖他人的功绩，矜能，则凌辱他人的能力。掩盖他人功绩者，他人同样会诋毁此人；凌辱他人能力者，他人同样会凌辱此人。故三郤大夫在晋国最终遭到屠戮，王叔负罪于周室，不就是自矜其功，自伐其能，热衷于名誉，最终获咎吗？故君子不自矜其能，并非以此让人，而是厌恶此种行为掩盖了他人的能力。因此，能屈以为伸，能让以为得，能弱以为强，很少不能遂其志矣。所谓诋毁或称誉，都是爱恶之引起，祸福之渊薮，是以圣人尤其谨慎。孔子曰："吾之于人，毁谁誉谁；如有所誉，必有根据。"又曰："子贡喜欢褒贬他人。子贡，贤乎哉，我没有这种闲工夫。"以圣人之圣德，尚且如此，更何况庸庸之徒，随意毁誉他人？

在往昔，伏波将军马援告诫其侄子："在听到别人议论是非时，犹如听到父母的名字，只可耳闻，不可参与。"斯为谆谆告诫矣。[②]有人或诋毁自己，此时，应当退而自省。如果真的有可毁誉之处，则彼言为对；如果并无可毁誉之处，则彼言为妄。诋毁对者，无怨于彼，妄言无害于己，又何必回怼对方？而且，听到他人诋毁，从而愤怒，厌恶诋毁之言，而回怼他人，只会令人相互诋毁，越来越甚，不如静默而自思其过，修身律己。俗话讲："欲抵御寒冷，莫如多加衣服，欲阻止诽谤，莫如加强修养。"斯言信矣。如果与是非之人、凶险之人争论，面对面不可，更何况与其结怨？其危害深矣。对于虚伪之人，说话毫无根据，行为不知廉耻，其行为肤浅，尚可识别；然而世人仍会被此种人迷惑，不会视其言行是否有道理。近者如济阴郡人魏讽、山阳郡人曹伟，皆因倾尽奸邪处世，招致败亡，此种人以妖言惑众，挟持奸慝，煽动后生。即时刑以鈇钺，可为后世借鉴，受到他们影响者，随波逐流者，仍不乏其人。能不谨慎吗？[③]

至于山林隐士，像伯夷、叔齐之类，愤世嫉俗之人，宁可饿死首阳山，像介子推，宁可被火烧死在绵山，他们的德行能感动很多人，激贪励俗，然而圣人依然认为，此种做法并不可为，我也不赞同这样做。你们的先人，王氏家族可谓时代簪缨，唯仁义为誉，以慎独而著称，孝悌出于闺门，务学问与师友。我与时人共事，虽然各人出身不同，都有其长处。颍川郡人郭伯益，为人好礼，遇事通达，敏而有识。其做人宽宏大量，犹显不足，遇事喜欢计较；对其有利之人，重之如山，对其无利之人，忽之如草。我了解此人，与其关系亲昵，但不愿儿辈像他。[④]北海郡人徐伟长，不追求名气，不谋取不当之利，淡泊自守，唯道是务，对某人谋事评论对否，则引用古人所言，以表达其意见，对当世人，不会轻易褒贬。吾敬之重之，愿儿辈向他学习。东平郡人刘公幹，学问渊博，才学极好，为人正直，志向远大，然而性情不能平和，讲话缺乏顾忌，得失足以相补。吾爱之重之，不愿儿辈敬慕。[⑤]乐安郡人任昭先，为人敦厚，坚守道义，内敏而外恕，推人及己，谦恭礼让，处世不避位居低下，看似怯懦，然而见义勇为，在朝臣廷议时，敢于舍生忘死，提出忠谏。吾友之善之，愿儿辈们遵循其道。[⑥]如果再引申开来，诸如此类人物，还可以举出很多，汝等可择其善者而从之。至于财产，首先礼让九族，对于施舍，务在周济急困，或出或入，不忘存恤慰问老者，评议褒贬某人，并无贵贱之分，如果出仕为官，谨守忠诚节操，交往朋友，待人务求实际，处世戒骄戒淫，身处贫贱，切勿戚戚哀怨，进退皆能合乎时宜，行事之前，多加思考，如此而已。吾还有何忧虑？

①《国语》记载：范文子晚退朝，武子问："为何这么晚？"答："有秦客在朝中以隐喻诘难，大夫不能回答，我三次猜中隐喻。"武子大怒，曰："大夫并非不能，而是谦让你父兄。你这小孩子在朝中三次掩人于朝，我不在，晋国亡无日矣。"武子用手杖教训儿子，折断其头上的簪子。

裴松之按：回答秦客者，是范燮，此云范匄，盖误也。

②裴松之认为：马援的告诫，可谓至切之理，不刊之训。凡言人之过失，一般来讲，都是在家里窃窃私语，他人并未可知，是私下里的谈话。一旦事发，把私下里的谈话暴露于世，无论是善、是恶，都要引以为戒，谈论他人，更要警惕。马援告诫侄儿的同时，称赞龙伯高之美，提醒杜季良之恶，以此作为例子说明问题，季良最终落败。言之伤人，孰大于此？与其所诫，自相违伐。

③《世语》记载：黄初年间，孙权与魏国有信件往来。曹伟以白衣，坐船到江上，与孙权暗中互通书信来往，欲以此结交京师，被杀。

④郭伯益名奕，是郭嘉的儿子。

⑤裴松之认为文舒此言，模拟马文渊，明显言人之失。魏讽、曹伟，事陷恶逆，著以为诫，差无可尤。至于郭伯益、刘公幹，虽其人皆往，善恶有定；然既友之于昔，不宜毁之于今，而乃形之于翰墨，永传后世，对于旧交，则违久要之义，对于子孙，则扬人前世之恶。于夫鄙怀，深所不取。善乎东方朔之诫子，以首阳为拙，柳下为工，寄旨古人，无伤当时。仿之马、王，不亦远哉！

⑥任昭先原来的名字叫任嘏。《别传》记载：任嘏，乐安郡博昌县人。家族世代为大姓，夙智性成，故乡里人为之语："蒋氏翁，任氏童。"父亲任旐（zhào），字子旟（yú），以卓绝的品行著称。东汉末年，黄巾军骤起，天下饥荒，有人相食。贼寇流窜至博昌县，听说了旐姓字，相互间告诫："久闻任子旟，天下贤人。今日虽然作贼，岂可入其乡邪？"遂相率离去。由是声闻远近，州郡征召，举荐为孝廉，历任酸枣县、祝阿县令。任嘏八岁丧母，号泣不绝声，悲哀发自内心，同于成年人，故年幼时，以至性见称。十四岁，开始上学，疑不再问，三年中，能诵读五经，皆究其义，兼包群言，无不阅览，当时的学者称其为神童。遭遇天下大乱，任嘏家贫，靠卖鱼为生，碰上官府收缴鱼税，鱼价贵数倍，任嘏仍然不涨价。任嘏与人共买牲口，各雇八匹。后来，牲口家人来赎回，当时价值六十匹。共买者欲随时涨价取赎金，任嘏自取原价八匹。共买

者惭愧，亦取原价，还回多收的钱。与任嘏比邻而居者，擅自耕种任嘏的田地，达数十亩，有人来告诉任嘏，任嘏说："我同意借给他种。"耕者听说后，惭愧退还耕种的田地。邑中有人争讼，皆愿意找任嘏评理，然后双方和解。其子弟有不能和睦相处者，父兄都会私下教训："你们这样的行为，岂能让任君知道！"其礼教所感化，皆如此类。恰逢太祖创业，召海内至德士人，任嘏应召，被举荐，担任临菑侯曹植的中庶子、相国东曹属、尚书郎。文帝时，任嘏担任黄门侍郎。每次当任嘏进献忠言，辄手书谏言，藏在怀中，自在禁省，归书不封。文帝欣赏任嘏忠贞、为人谨慎，任嘏后来升任东郡、赵郡、河东郡太守，所在任上，风化大行，有遗风余教。任嘏为人淳粹恺悌，虚己若不足，恭敬如有畏。其修身履义，皆沉默潜行，不显其美，故当时人很少了解。任嘏生前著书三十八篇，有四万余言。任嘏去世后，故吏东郡人程威、赵国人刘固、河东郡人上官崇等，记录其事迹、行为及所著书，上奏朝廷。皇帝下诏，让秘书阁收藏，以贯群言。

青龙四年，明帝下诏："选拔有才智，文章写得好，谋划深远，料远若近，视昧而察，运筹于帷幄，策略不虚发，精研慎思，清修安静，恪尽职守，志在于为朝廷效力，不限年龄，不拘贵贱，卿校官员以上，各举荐一人。"太尉司马懿举荐王昶参加选拔。正始年间，王昶改任徐州刺史，受封为武观亭侯，又升任征南将军，持符节，都督荆州、豫州军事。王昶认为，国家保留军队，战事并无常胜之理；地形有险阻，守卫无常势。如今，军队驻扎在宛城，距离襄阳三百余里，军队过于分散，战船远在宣池，一旦有事，不能赶赴救援，王昶上表，把治所迁至新野县，为二州训练水军，劝勉百姓农桑，垦殖农田，粮食充盈。

嘉平初年，太傅司马懿杀了曹爽，向朝廷大臣询问施政得失。王昶陈述五事：其一，崇道笃学，抑制浮华，诏令公卿大夫，把子弟送入太学读书，在民间修建庠序学校；其二，用考试选拔人才，考试要有规则，无规矩不成方圆，官员晋升职务，仅凭空泛的议论，不能认定官员是否称职；其三，任职官员在位时间，要有一定的年限，根据政绩，予以奖励、晋职或赐爵；其四，控制官员数量，丰厚俸禄，鼓励官员知廉耻，不与百姓争利；其五，杜绝侈靡之风，倡导节俭，官员衣服有装饰，上下有别，储备粮食，鼓励百姓养畜、养蚕、织帛，引导民众返璞归真。齐王曹芳诏书，予以褒奖。既而诏命王昶编撰百官考功细则，王昶认为，在唐尧、虞舜时，对官员有考核提拔、罢黜，考核的规则并未传下来。周代有宰相官职，负责朝廷纲纪，对群臣考核，决定赏罚，也没有具体的规章。由此来看，圣主在任用贤能上是英明的，对官员的升降有个大致要求，具体执行则取决于负责官员，而自己总揽朝纲，据此对官员考核，有一个大概了解。王昶的谏言，大抵是这些。

嘉平二年，王昶上奏："孙权流放良臣，嫡庶纷争，我军可乘机讨伐东吴、西蜀；白帝城、夷陵之间，黔县、巫县、秭归、房陵皆在江北，汉民与夷人与新城地界靠近，可以袭取。"齐王曹芳派遣新城郡太守州泰袭击巫县、秭归、房陵，荆州刺史王基攻打夷陵，王昶攻打江陵，两岸用粗大的竹索编为桥梁，魏军渡过长江，进攻吴军。吴军退归南岸，开凿七条水道，拼力来攻。王昶令武士手持弓弩，万箭齐发，吴军大将施绩乘夜色逃归江陵，王昶追击，斩杀数百吴军。王昶欲引诱吴军至平地，再与吴军交战，先派遣五军，沿着大道撤回，吴军望见魏军撤退，大喜，王昶让战士穿上缴获的吴军铠甲，骑着缴获的战马，提着斩杀的首级，环城疾驰，激怒吴军，而后设置伏兵，等待吴军追击。施绩果然出城，双方大战，王昶大败吴军。施绩败走，王昶斩杀其部将钟离茂、许旻，缴获吴军的铠甲、旌旗、战鼓、珍宝、器仗，胜利而归。王基、州泰也有战功。齐王曹芳升任王昶为征南大将军，将军幕府仪同三公，晋升王昶爵位为京陵侯。毌丘俭、文钦谋反作乱，王昶率领军队镇压毌丘俭、文钦有功，齐王曹芳封王昶的两个儿子为亭侯、关内侯，拜王昶为骠骑将军。诸葛诞反叛，王昶占领夹石，威逼江陵，牵制施绩、全熙，使其不得东顾。诸葛诞被杀，齐王曹芳下诏："在往昔，孙膑救援赵国，直扑魏国大梁。王昶挥军西进，直逼江陵，壮大东征之势。"齐王增加王昶食邑一千户，合并之前，王昶共享有食邑四千七百户，升任司空，持符节，都督军事。甘露四年，王昶去世，谥号为穆侯。嗣子王浑继承爵位，咸熙年间，王浑担任越骑校尉。[①]

①按《晋书》记载：王浑自从担任越骑将军入晋，历任一方重任，平定吴国有功，有一个儿子受封为江陵侯，位至司徒。王浑的儿子王济，字武子，有隽才声望，曾担任河南郡大尹、太仆，早逝，追赠骠骑将军印绶。王浑的弟弟王深，曾担任冀州刺史。王深的弟弟王湛，字处冲，曾担任汝南郡太守。王湛的儿子王承，字安期，曾担任东海国内史。王承的儿子王述，字怀祖，曾担任尚书令、卫将军。王述的儿子王坦之，字文度，曾担任北中郎将，徐州、兖州刺史。王昶的几个儿子中，王湛的声誉最佳，而王承也自以为是名士，王述及王坦之并称于当世，王氏可谓盛矣。从王湛以下的事迹，参见《晋阳秋》。

王基，字伯舆，东莱郡曲城县人。年少时，王基成为孤儿，与叔父王翁生活在一起。王翁抚养王基，颇为尽心，王基也以笃孝闻名。十七岁时，郡府召王基，任命为郡府官吏，这并非王基所愿，随后辞去职务，前往琅琊郡游学。黄初年间，王基被举荐为孝廉，担任郎中。当时，青州刚刚平定，青州刺史王凌上表，延请王基，任命为别驾，后来，朝廷征召王基，任命为秘书郎，王凌奏请朝廷，让王基回到青州。不久，司徒王朗征召王基，王凌不放。王朗上书弹劾王凌："凡家臣中有优秀才能者，应该推荐给公卿宰辅，公卿有优秀人才，则应推荐给朝廷，这是古代诸侯应尽义务，此所谓贡士之礼。而今，州部羁留宿卫之臣、秘阁之吏，这是闻所未闻之事。"王凌仍然不肯送王基到朝廷来。王凌在青州享有美誉，全是王基辅佐的结果。大将军司马懿征召王基，还未到，即任命王基为中书侍郎。

明帝在洛阳大肆修建宫室，百姓徭役繁重，疲惫不堪。王基上疏："臣听说，古人以水比喻民众：‘水可载舟，亦可覆舟。’因此，位于民众之上者，不可不有所警惕。民众生活安逸，则主上忧虑减少，民众生活困苦，则主上忧虑增加，因此，先王居处简约，所营建的宫殿简陋，不至于徒生忧患。在往昔，颜渊以东野子驾驭马车为例，马力已经耗尽，仍然鞭打不止，借此比喻国家将要动乱。而今，百姓苦于徭役繁重，男女久别，有离旷之怨，愿陛下省察东野子鞭打马匹之弊，留意水可覆舟之喻，让奔马还未耗尽力气之前，稍微休息，节省民力，减轻徭役于乏困。在往昔，汉室拥有天下，在孝文帝时，唯有同姓诸侯，贾谊依然忧虑：‘好像一个人睡在柴堆上，靠近火种，火还没有燃起来，就认为是太平无事。’而今，东吴、西蜀寇贼未灭，在位猛将拥兵，如果过于限制，则无以应敌，时间长久，则将余患留予后人，正当盛明之世，不留心何以除患，如果子孙不争气，这将是社稷之忧。假如贾谊再世，一定会更为忧虑。”

散骑常侍王肃著作诸经传注解，以及有关朝廷的礼仪制度，修改郑玄对经传的解释，王基坚持郑玄的解释，常与王肃展开辩论。王基升任安平郡太守，因公事被免。大将军曹爽延请王基，担任将军幕府从事中郎，后又出任安丰郡太守。安丰郡靠近吴国，王基为政清明，施惠于民，颇有威信，王基加强战备，吴军不敢侵犯，王基兼领讨寇将军。吴国调动大军，集中在建业，扬言要攻打扬州，扬州刺史诸葛诞请王基预作谋划。王基说：“此前，孙权两次进攻合肥，一次进攻江夏，其后全琮出兵庐江，朱然寇掠襄阳，皆无功而返。而今，陆逊等老将已死，孙权年事已高，内无贤良辅佐，朝中无谋主襄助决策。孙权亲自率军出征，会担心国内变故骤起，成崩溃之势；如果派遣将领，旧将已死亡殆尽，新将还未培养成功。孙权此举，不过掩人耳目，修补矛盾，以求自保而已。”果然，孙权并未出兵。当时，曹爽把持朝政，风气败坏，王基著作《时要论》，借以讽谏。王基以有病，被召回，又从家中被起用，担任河南郡大尹，还未拜授职务，曹爽被杀，王基曾是曹爽的旧属，受到牵连，按照旧例被免职。

当年，王基担任尚书，又出任荆州刺史，兼领扬烈将军，跟随征南将军王昶进攻吴国。王基率领一支军队，在夷陵袭击步协，步协紧闭城门坚守。王基摆出一副进攻的架势，而后分兵攻取雄父把守的大粮仓，缴获吴军大米三十余万斛，俘虏安北将军谭正，招降数千百姓。既而，王基将招降的百姓迁徙，安置在夷陵县。齐王曹芳赐王基爵关内侯。王基又上表在上昶筑城，把江夏郡治所迁至上昶，以威逼夏口，如此，吴军不敢轻易渡江。在上昶，王基制定制度，整饬军垦，修建学校，南方军民称颂王基。当时，朝臣廷议欲讨伐吴国，齐王曹芳下诏，诏令王基筹划讨伐吴国事宜。王基回复：“军队调动，如果没有功效，则威名会受损，而且，还要靡费军饷，因此，必须有周全的计划，再采取行动。事先不能安排通过水路，准备军粮及水战的装备，即使在江中聚集军队，也未必能乘势渡过长江。而今，江陵有沮、漳两条河道，可以用来灌溉上千顷膏腴之田。安陆附近，有很多陂池湖泊。如果利用水陆收获，嘉赏农业丰收，充实军资，然后直指江陵、夷陵，分兵占领夏口，再顺着沮河、漳河，乘船载运粮食而下。吴贼发现我军有持久征战之势，抗拒天朝大军的意志即会崩溃，向慕王化者，就会增多。然后，我军联合蛮夷，攻其纵深，精兵锐卒，用以讨伐吴军精锐，一定能攻取夏口以上，江东之郡不难攻下。如此一来，东吴、西蜀将会隔断，二国不能联合，吴国只能臣服。否则，调动大军，未必能获利。”齐王曹芳停止讨伐。

司马师秉持朝政，王基写信告诫：“天下至为广大，朝政至为繁多，太师诚不可不兢兢业业，坐而待旦。志向端正，则众邪不生，遇事冷静，则众事不躁，思虑审定，则教令不烦，任用忠良，则远近归附。故知安绥远方之任在身，稳定众臣之志在心。许允、傅嘏、袁侃、崔赞都是当今名士，为人正直，秉承忠贞之志，并无散漫之心，可与他们共商政事。”司马师采纳王基的谏言。

高贵乡公曹髦即位，晋升王基爵位为常乐亭侯。毌丘俭、文钦谋反作乱，高贵乡公曹髦任命王基代理监军职事、授予符节，都督驻许都的魏军，王基与司马师在许昌会齐。司马师问：“君认为毌丘俭等人能谋大事吗？”王基答：“淮南的叛逆，并非吏民思乱，毌丘俭等煽惑众人反叛，威逼利诱，众人担心遭到杀戮，只是一群乌合之众。如果朝廷大军进逼，一定会土崩瓦解，毌丘俭、文钦作为首恶，不用很长时间，即可将头颅悬于军门。”司马师说：“你说得对。”命令王基担任前锋。朝臣廷议认为，毌丘俭、文钦善于用兵，为人剽悍，难以与其争锋。司马师令王基暂时驻留。王基认为：“毌丘俭等率领大军，足以深入内地，叛军久不进攻，是其诈谋已暴露无遗，众心沮丧。而今，朝廷大军若不大张旗鼓，显示威势，以迎合民望，却停止前进，驻军高垒，有怯懦畏惧之态，非用兵之势。如果叛军掳掠百姓，加上州郡的军人家属被叛贼羁押，军人更会离心；毌丘俭等所胁迫者，自知罪孽深重，不敢回到我方，这是错误地将士兵置之无用之地，反而成了奸宄可用之兵。吴寇借机挑衅，则淮南将非国家所有，谯、沛、汝、豫也会面临危殆，躁动不安，这会是平叛计策上的极大失误。我军应急速进军，占领南顿县，南顿县有大粮仓，储备粮食足够军人四十日用粮。抢先一步，固守坚城，储备粮食，从心理上压倒对方，这是平叛的关键。”王基多次恳请，司马师听任王基进至㶏水。王基抵达㶏水，再次谏言：“用兵，贵在神速，未听说延宕迟滞而能取胜。方今外有强寇，内有叛臣，若不当机立断，则战事深浅，难以预测。朝臣廷议者大多建议将军持重。将军持重是对，但停止进军，就不对了。行事持重，并非迟滞不前之谓，继续进军，令叛贼不可犯我。而今，固守坚城，守住壁垒，把积蓄的物资让与叛贼，从后方再转运军粮，甚为不妥。”司马师欲等诸军会齐，没有答应王基的请求。王基说：“将在外，君令有所不受。彼方获得粮食，占尽先机，我军获得粮食，占尽先机，一定要先于敌，占领南顿城。”遂进军占领南顿，毌丘俭等从项县进军，欲与王基争夺南顿，前进十余里，听说王基已经占领南顿，只好退守项县。当时，兖州刺史邓艾驻扎在乐嘉，毌丘俭派文钦率军袭击邓艾。王基发现叛军分兵，遂进军直逼项县，毌丘俭兵败。文钦等被镇压，王基升任镇南将军，都督豫州军事，兼领豫州刺史，晋升爵位为安乐乡侯。王基上疏，划出二百户，赐予叔父的儿子王乔爵关内侯，以报答叔父抚育之恩。朝廷有诏，批准奏请。

诸葛诞谋反，王基以本职代领镇东将军，都督扬州、豫州军事。当时，大军集中在项县，由于叛军精锐，司马师令王基暂时坚守营垒。王基多次奏请进军讨伐。恰逢吴国派遣朱异来救援诸葛诞，大军驻扎在安城。王基接受命令，率领诸军转移至北山，王基对诸将讲："而今，围困叛军的壁垒，越发坚固，兵马集中在一起，精修守备，以逸待劳，防止叛军逃逸，如果转移兵力，守卫北山险固，叛军放纵，即使有智谋者，也不能善其后。"遂决定按照实际情况处置，王基上疏："而今，我军与叛军对峙，军心稳固，应当不动如山。如转移至北山依据险固，将会人心动摇，对于大势有损。诸军深沟高垒，众志成城，不可摇动，此则统兵之要。"奏书呈上，司马师回复，按照部署执行。大将军司马昭进驻丘头，分出部分兵力围困安城，各自统率所部。王基统率城东城南二十六军，司马昭敕令诸军，进入镇南将军所辖地界，不得随意指令调遣。城中粮食将尽，昼夜攻打壁垒，王基依托壁垒反击，最终攻取寿春。寿春城破，司马昭写信给王基："当初，廷议者云云，请求转移者甚众，当时，我还未亲临前线，也认为应该转移。将军深谋远虑，懂得利害关系，独自坚守，上违诏命，下拒众议，最终制服叛贼，擒获贼首，即使古人用兵，也不过如此。"司马昭欲派遣诸将轻兵深入，招纳迎接唐咨等人的亲属子弟，趁吴国动乱，彻底颠覆吴国。王基劝谏："此前，诸葛恪乘东关之胜，竭尽江东之兵，以围困新城，新城不能攻取，吴军死伤大半。姜维趁洮上之胜利，轻兵深入，粮饷不能接济，最后覆军上邽。大捷之后，最容易轻敌，轻敌则虑难不深。而今，吴贼新败于外，内患重重，尚未消弭，此时正是吴国上下整修武备、设谋防备之时。我军出征已超过一年，人有归志，已经斩杀俘虏敌军十万，叛军罪人已被抓获，自从历代征伐以来，还未有此先例，我军损失甚少，克敌制胜。武皇帝在官渡之战打败袁绍，自以为所获已多，不再追击，是担心军威受挫。"司马昭停止用兵。由于淮南初定，王基改任征东将军，都督扬州军事，晋升爵位为东武侯。王基上疏，坚决辞让，不肯接受爵位，把军功归于部属，这样，将军幕府长史、司马有七人受封为列侯。

这一年，王基的母亲病逝，高贵乡公曹髦下诏，暂不公开王基母亲的死讯，迎回王基的父亲王豹的棺柩，与母亲在洛阳合葬，追赠王豹为北海郡太守。甘露四年，王基改任征南将军，都督荆州军事。常道乡公曹奂即位，增加王基食邑一千户，合并之前，共享有食邑五千七百户。王基的两个儿子先后受封为亭侯、关内侯。

景元二年，襄阳郡太守上表，吴国将军邓由等欲归附魏国，王基领受诏命，趁此机会，进攻江南。王基怀疑邓由投降有诈，派快马通过驿站，陈述见解。王基说："嘉平以来，多次有内乱发生，当今之务，在于安定社稷，安绥百姓，不宜兴师动众，以求外利。”司马昭回复：“凡处事者，大多委曲求全，顺应势事，很少能坚持己见，按照实际情况处理问题。诚感卿忠诚，每次看了卿的谏言，都会敬纳，依照谏言执行。”后来，邓由等果然并非真心来降。①

①司马彪著《战略》记载得比本传更为详细。曰：“景元二年春三月，襄阳郡太守胡烈上表：‘吴贼邓由、李光等，同谋十八屯，欲来归化，派遣将领张吴、邓生，一起送来人质。克期欲令郡军临江迎接。’大将军司马文王启闻。诏令征南将军王基率领诸军，派胡烈率领万人，径直通过沮水、荆州、义阳，南屯宜城，承书夙发。若邓由等如期来到，便当借此震荡江东。王基怀疑贼人诈降，诱致官兵，驰驿马劝止司马文王，说邓由等有可疑之状：‘且当澄清，未宜举重兵深入接应。’又曰：‘夷陵东道，当由车御，至赤岸才能上船，渡过沮水，西行当出箭溪口，才有平原，皆山路险隘，竹木丛林，有许多要害，弩马不能用力。而今，我军筋角弩弱，水潦方降，舍盛农之务，徼难必之利，此事至危也。在往昔，子午之役，兵行数百里，正值下连绵雨，桥阁损坏，后来，军粮腐坏，前军困乏。姜维深入，缺少辎重，士众饥饿，覆军上邽。文钦、唐咨，举吴国重兵，昧利寿春，身没不返。此皆近事之鉴戒。嘉平以来，多次有内乱。当今之宜，当安定社稷，抚慰上下，力农务本，怀柔百姓，未宜动众，以求外利。得之未足为多，失之损伤威重。’司马文王多次得到王基奏书，也开始怀疑。不久，敕令诸军已上路者，暂且停在所在地，等待此后节度。王基又谏言司马文王：‘在往昔，汉高祖采纳郦食其的谏言，欲封六国，由于张良的劝阻，而销毁刻制好的印绶。王基谋虑短浅，诚不及留侯张良，也担心襄阳有郦食其的谬误。’司马文王于是撤销进军命令，后来，邓由等人果然不降。”

这一年，王基去世，追赠司空印绶，谥号为景侯。嗣子王徽继承爵位，王徽去世得早。咸熙年间，朝廷建立五等爵位，以王基在前朝的功勋，续封王基的孙子王廙，以东武侯剩下的食邑，赐王基的一个儿子爵关内侯。晋室接受曹氏禅让，登上帝位，晋武帝下诏：“原司空王基品德高尚，功勋卓著，注重修身，为官清廉，生前不经营产业，长期担任要职，家无余财，去世后，品行越显高尚，足以勉励俗人。以奴婢二人，赐予其家属。”

陈寿评论如下：徐邈为官清廉，儒学弘博，胡质谨守职责，在任忠贞，王昶宽宏识度，王基学业精当，恪尽职守，都是掌握一方的军事统帅，功勋卓著。可谓国之良臣，当时名士。

白话三國志

【通译本】

下

［西晋］陈寿 撰

［南朝宋］裴松之 注

程新发 译

天地出版社 | TIANDI PRESS

目录

上册

【魏书】

下　册

【蜀书】

【吴书】

魏书二十八

王毌丘诸葛邓钟传二十八

王凌，字彦云，太原郡祁县人。叔父王允，在东汉末年曾担任司徒，诛杀董卓。董卓部将李傕、郭汜等为董卓报仇，攻入长安，杀了王允，夷灭其家属。王凌及哥哥王晨，当时年少，翻过城墙，逃出长安，随后亡命逃归乡里。王凌被举荐为孝廉，担任发干县长，[①] 逐渐升任中山郡太守，在任上有政绩，曹操召王凌，任命为丞相属。

①《魏略》记载：王凌担任县长，因为犯事，被判髡刑五年，在道上扫除。当时，太祖的车子经过，问这是哪个刑徒，左右回答。太祖说："这是子师哥哥的儿子，所犯之事也是为了公事。"于是做主，任命王凌为骁骑主簿。

曹丕接受汉室禅让，登上帝位，拜王凌为散骑常侍，出任兖州刺史，与张辽等率军至广陵，讨伐孙权。大军进抵长江边，夜晚刮大风，吴将吕范等人的战船漂向北岸。王凌与诸将士乘机截获吴军战船，斩杀捕获吴军，缴获战船，立下战功，受封为宜城亭侯，兼领建武将军，改任青州刺史。当时，海滨一带，在国家动乱之后，法令制度没有得到整治。王凌发布政令，施以教化，赏善罚恶，纲纪严明，百姓称颂声不绝于耳。后来，王凌跟随曹休讨伐吴国，在夹石与吴军相遇，魏军战事不利，王凌力战，突破重围，曹休最终脱离危险。王凌改任扬州、豫州刺史，受到军民拥护。当初，王凌到豫州上任，旌表先贤，访问还未显达的士人，各方面的治理，都有相应措施，政绩显著。王凌与司马朗、贾逵的关系很好，及至在兖州、豫州任职，继二人之后，留下政绩。正始初年，王凌担任征东将军，持符节，都督扬州军事。正始二年，吴国大将全琮率领数万人寇掠芍陂，王凌率领诸军迎击，与吴军对峙，力战数日，吴军退走。王凌受封为南乡侯，享受食邑一千三百五十户，升任车骑将军，将军幕府礼仪与三公相同。

当时，王凌的外甥令狐愚以才能担任兖州刺史，驻扎在平阿。舅甥共同掌握军队，专擅淮南重任。王凌升任司空。司马懿诛杀曹爽，王凌升任太尉，持符节。王凌、令狐愚私下计议，认为齐王曹芳不能胜任天子，楚王曹彪年长，而且有才能，欲迎立曹彪在许昌建都。嘉平元年九月，令狐愚派遣部将张式至白马，与曹彪互通信息。王凌又派遣门客劳精到洛阳，告诉儿子王广。王广讲："废立大事，切勿成为祸首。"①当年十一月，令狐愚再次派遣张式去见曹彪，还未返回，令狐愚病死。②嘉平二年，荧惑星停留在南斗，王凌说："斗中有星，当有突然富贵者。"③嘉平三年春天，吴军堵塞涂水。王凌欲借此发难，王凌严令诸军，待命出征，上表奏请讨伐吴国；齐王曹芳回复，没有批准。王凌仍暗中准备，派遣将军杨弘将废立之事告诉兖州刺史黄华，黄华、杨弘连名禀告太傅司马懿。司马懿率领中军，从水路讨伐王凌，先下赦免令，赦免王凌死罪，又派尚书王广东行，带着书信晓谕王凌，大军进抵百尺，威逼王凌。王凌自知势穷力竭，乘船单人出来迎接司马懿，派遣掾史王彧谢罪，送上印绶、符节、斧钺。大军进抵丘头，王凌反绑双手，站在水边请罪。司马懿奉诏命，派遣主簿解开王凌的绑缚，接见王凌，加以安抚，归还印绶、符节、斧钺，派遣步骑六百人，送王凌返回京师。王凌走到项县，服毒药自杀。④司马懿进入寿春。张式等自首请罪，司马懿穷究谋反案，曹彪被赐死，受到此案牵连者，一律被夷灭三族。⑤朝臣在廷议时，都认为，按照《春秋》大义，齐国大夫崔杼、郑国公子归生，都被追加刑罚，斫破棺木，剖棺戮尸，陈列尸体，在典籍中有记载。王凌、令狐愚犯谋逆罪，应该按照典章执行。于是，挖开王凌、令狐愚的墓冢，剖开棺木，在附近集市暴露尸体三日，焚烧其印绶、朝服，把尸体直接丢入土中埋葬。⑥齐王曹芳晋升杨弘、黄华爵位为乡侯。王广有志气，注重品行修养，死时年仅四十余岁。⑦

①《汉晋春秋》记载：王凌、令狐愚密谋，以皇帝年幼，受制于强臣，不堪作为魏国君主，楚王曹彪年长，而且有能力，欲迎立曹彪，以振兴曹氏。王凌派人告诉王广，王广答："凡举大事者，一定要顺乎人情。而今，曹爽在朝中秉政，为人骄奢，失去民心，何平叔虚身守位，不理政事，丁、毕、桓、邓虽然有宿望，专竞于世。加上变易朝廷法典，政令多次更改，所存虽高，而事不下接，民众已经习惯于旧制，众人未必肯响应。故虽然权倾四海，声震天下，同日斩戮，名士减半，而百姓安之，无人为之悲哀，失去民望也。而今，司马懿虽然计谋难以估量，在朝中任事未必有逆志，而擢拔任用贤能，广树胜己，修先朝之政令，副众心之所望。曹爽所为恶政，司马懿并不急于改定，夙夜匪懈，以恤民为先。父子兄弟，掌握兵权，恐怕难以成功。"王凌不听。

裴松之认为：如此言之论，皆前史所不载，而犹出自习氏。且制言法体不似于昔，怀疑这是习凿齿所编造。

②《魏书》记载：令狐愚，字公浩，原来叫令狐浚，黄初年间，担任和戎护军。护乌丸校尉田豫讨伐胡人有功，稍微有些违反节度，令狐愚以军法惩治。文帝大怒，收捕令狐愚，免官抵罪，文帝下诏："令狐浚何其愚蠢！"遂以令狐愚改名。正始年间，令狐愚担任曹爽将军幕府长史，后出任兖州刺史。

《魏略》记载：令狐愚听说楚王曹彪有智有勇。当初，东郡有谣言："白马河出妖马，夜过官牧嘶鸣，众马皆应，第二日见其迹，大如斛，行数里，还入河中。"又有谣言："白马平素在西南奔驰，谁乘者，朱虎骑。"楚王小名朱虎，故令狐愚与王凌阴谋立楚王。先派人通知楚王："使君谢大王，天下事不可知，愿大王自爱！"曹彪明白他们的意思，答应："谢使君，知道厚意。"

③《魏略》记载：王凌听说东平县百姓浩详懂得星象，召来咨询。浩详怀疑王凌有所挟持，欲顺着王凌的意思，不说吴国当有死丧，而说这是淮南、楚国分野，而今，吴、楚同一分野，当有王者兴。故王凌遂下定决心。

④《魏略》记载：王凌写信给太傅："猝然听闻大军到来，已经在百尺之遥，臣虽然知道命穷力竭，迟于相见，身首分离，不以为恨。前后派遣使者，有书信未得汇报，企踵西望，无物以譬。昨天送去书信，便乘船来相迎，住宿在丘头，清晨来到浦口，奉命开启赦免诏书，又知道二十三日的情况，累纸诲示，闻命惊愕，五内失守，不知何地可以自处？仆久忝朝恩，历试无数，统御戎马，董齐东夏，事有缺废，中心犯义，罪在三百，妻子同命，无所祷矣。不图圣恩天覆地载，横蒙宽宥，复睹日月。亡甥令狐愚携群小之惑言，仆即时呵斥，使不得再讲此话。既然此事已人人皆知，神明所鉴，非事无隐瞒，最终败露，知此枭首灭族之罪。生我者父母，活我者司马公。"又重申："臣身陷刑罪，谬蒙宽宥。今派遣掾史送上印绶，不久，当如诏书，自缚归命。虽明公私下同情，国法有分。"及至王凌来到，如书信所示。太傅派人解开绑缚。王凌既蒙赦免，加怙旧好，不复自疑，径自乘小船来见太傅。太傅派人迎接，船留在淮水中，相去十余丈。王凌知道，司马懿见外，远远地对太傅喊："卿直以折简召我，我当敢不至邪？为何引军来！"太傅答："以卿非肯逐折简者故也。"王凌答："卿负我！"太傅答："我宁负卿，不负国家。"遂派人送来毒药。王凌自知罪重，试着索要棺钉，以观太傅之意，太傅派人送棺钉给王凌。王凌走到项城，夜里呼唤掾属，与他们诀别："享年八十岁，身死名灭！"遂自杀。

干宝著《晋纪》记载：王凌走到项城，看见贾逵祠在项水侧，王凌大呼："贾梁道，王凌固忠于魏室之社稷，唯尔有灵，知之。"这一年八月，太傅有病，梦见王凌、贾逵变为疠鬼，甚恶之，不久去世。

⑤《魏略》记载：山阳郡人单固，字恭夏，为人有器量。正始年间，兖州刺史令狐愚与单固的父亲单伯龙关系很好，征召单固，欲任命为别驾。单固不愿意担任州吏，以有病辞让。令狐愚礼意越厚，单固仍不肯答应。单固的母亲夏侯氏对单固讲："使君与你的父亲关系很好，故任命你职务，你也应该考虑出仕，可以前去。"单固不得已，只好赴任，与兼治中从事杨康成为令狐愚的心腹。后来，令狐愚与王凌密谋，杨康、单固皆知道此事。恰逢令狐愚患病，杨康应司徒府征召，前去洛阳，单固以有病，辞去职务。杨康在京师揭发此事，太傅遂率领军队，前来收捕王凌，到了寿春，单固来见太傅，太傅问："卿知道此事，为何不报告？"单固回答不知。太傅说："且放下近事。问卿，令狐愚欲谋反，是吗？"单固又说没有此事。而杨康已经告发，此

事遂与单固有牵连。司马懿收捕单固及其家属，关押在廷尉署监狱，拷打审问数十次，单固坚持说不知道。太傅录下杨康的供词，与单固的供词对比，再次诘问单固。单固理屈词穷，骂杨康："老庸才，既负使君，又灭我族，我看你能活多久！"案情坐实，奏报朝廷，须先报廷尉，廷尉以单固是旧友，听其与母亲妻子、儿女相见。单固看见母亲，不敢仰视，母亲知其惭愧，喊着单固的字，对单固讲："恭夏，你本来不愿意出仕，到州郡任职，是我强劝你去。你作为官吏，遇上这种事，也只能伏罪。从此以后，门户将衰微，我无恨也。你还有什么想法，告诉我。"单固终不肯仰视，又不肯讲话，直至被杀。当初，杨康自以为揭发谋反，能得到宽宥，还能得到封侯、赏赐，后来以供词漏洞很多，也被杀，临刑前，二人一起出狱，单固骂杨康："老奴，你死就死吧，把我也牵连上。若令死者有知，你还有何面目在地下见面。"

⑥干宝著《晋纪》记载：兖州武吏东平县人马隆，自称是令狐愚的门客，拿出自己的钱，重新殡殓、埋葬，为其服丧三年，种植松柏。一州之士人惭愧。

⑦《魏氏春秋》记载：王广，字公渊。弟弟王飞枭、王金虎，都有才能，武艺过人。太傅曾经从容问蒋济，蒋济答："王凌文武兼备，当今无双。王广有志气，有其父亲遗风。"回去后，蒋济为自己讲过的话后悔，告诉亲近者："我这些话，会夷灭他人的家族。"

《魏末传》记载：王凌的小儿子，字明山，也是知名士人，善于书法，多才多艺，他人得到其书法，皆以为法式。明山逃往太原，被追兵追上，当时，有飞鸟麋集在桑树上，随枝低卬，举弓射之即倒，追兵乃止，不复进。明山投奔亲家，亲家告诉官吏，遂被捕。

毌丘俭，字仲恭，河东郡闻喜县人。父亲毌丘兴，黄初年间，担任武威郡太守，讨伐叛羌，怀柔夷狄，开发河西地区，名声仅次于金城郡太守苏则。毌丘兴讨伐贼寇张进及叛胡有功，受封为高阳乡侯。[①]后来，毌丘兴入朝，担任将作大匠。毌丘俭继承父亲的爵位，担任平原侯曹叡的文学。明帝曹叡即位，毌丘俭担任尚书郎，又升任羽林监，以东宫旧臣受到明帝信任，出任洛阳典农。当时，朝廷征调农民，在洛阳大肆营建宫室，毌丘俭上疏："臣愚以为，天下所急之务，在于剿灭东吴、西蜀二贼，所应重视者，在于穿衣吃饭。东吴、西蜀二贼不灭，士民挨冻、受饿，即使宫殿建得再宏伟壮丽，又有何益处！"毌丘俭升任荆州刺史。

①《魏名臣奏》记载：雍州刺史张既上表："河西地处偏远，丧乱弥久，武威郡在河西诸郡要冲，可谓辖咽喉之要地，加上汉民羌夷杂处，多次爆发兵乱。兼领太守毌丘兴到职，对内抚恤吏民，对外怀柔羌胡，官吏听命，羌胡内附，效果明显。黄华、张进当初谋乱，煽动左右，毌丘兴为官忠烈，意气风发，临危不惧，对守边将校汉民、羌夷陈说祸福，言则涕泣。当时，有男女上万口，都心怀感激，形毁发乱，誓死愿与太守同心，皆愿意效命，保卫边郡。毌丘兴很快率领精兵，直逼张掖郡，救援兼任太守杜通、西海郡太守张睦。张掖郡番和县、骊靬县二县吏民，以及各郡杂胡弃恶从善，愿意追随毌丘兴，毌丘兴安抚一番，让他们安心种田。毌丘兴所任职务，皆能够尽心竭力，确实国家良吏。殿下即位，留心万机，苟有毫毛之善，必有赏录，臣奏请陛下，颁发圣旨，指陈其事。"

青龙年间，明帝欲讨伐辽东，认为毌丘俭有才干，善运用谋略，改任毌丘俭为幽州刺史，兼领度辽将军，授予符节，又兼领护乌丸校尉，都督幽州军事，进抵襄平，驻扎在辽隧。右北平郡乌丸单于寇娄敦、辽西郡乌丸都督率领众胡人首领护留等人，包括此前跟随袁尚投奔辽东者，带领部属五千余人投降。寇娄敦派遣弟弟阿罗槃等，前往京师朝贡，明帝封乌丸首领二十余人为侯、王，赐予乘舆战马彩缯，多少不等。公孙渊谋逆，与毌丘俭大战，战事不利，引军撤退。第二年，明帝派遣太尉司马懿率领中军及毌丘俭等，有数万军队，讨伐公孙渊，平定辽东。毌丘俭以战功晋升爵位为安邑侯，享受食邑三千九百户。

正始年间，毌丘俭以高句丽多次反叛，入侵边郡，率领诸军步骑一万人，从玄菟郡出兵，分多路讨伐高句丽。高句丽王宫率领步骑二万，进军沸流水，双方在梁口大战，宫多次战败，逃走。毌丘俭束马悬车，登上丸都高原，在高句丽都城屠城，斩杀、俘虏数千人。高句丽的沛者名叫得来，多次劝谏高句丽王宫，[①]高句丽王宫不肯采纳谏言。得来叹息道："马上就要看见，此地将会生出蓬蒿。"遂不食而死，举国钦佩得来。毌丘俭令诸军不得损毁其坟墓，不得砍伐周围树木，俘虏其妻子、儿女，一律释放。高句丽王宫带着妻子、儿女逃窜。毌丘俭引军凯旋。正始六年，毌丘俭再次讨伐高句丽，宫投奔买沟。毌丘俭派遣玄菟郡太守王颀追击，[②]大军经过沃沮，前进一千余里，直抵肃慎族南界，刻石纪功，在乌丸山不耐城矗立碑刻。诸军共计斩杀、俘虏八千余人，论功行赏，受封为列侯者有一百余人。毌丘俭在当地穿山挖渠，灌溉农田，民众获得水利。

①裴松之按：《东夷传》记载，沛者，高句丽国官名。

②《世语》记载：王颀，字孔硕，东莱郡人，晋朝永嘉年间，大贼王弥是王颀的孙子。

毌丘俭升任左将军，持符节，都督豫州军事，兼领豫州刺史，改任镇南将军。诸葛诞在东关大战，战事不利，齐王曹芳诏令诸葛诞、毌丘俭调换。诸葛诞担任镇南将军，统率豫州军事。毌丘俭担任镇东将军，统率扬州军事。吴国太傅诸葛恪围困合肥新城，毌丘俭与文钦抵御吴军，太尉司马孚率领中军东进解围，诸葛恪退走。

当初，毌丘俭与夏侯玄、李丰等人的关系很好。扬州刺史前将军文钦，与曹爽是同乡，骁勇善战，为人粗犷，多次立下战功，喜欢夸大战果，扩大俘虏数量，借以邀功请赏，却又大多不被认可，因此怨恨很多。毌丘俭有心机，厚遇文钦，二人关系融洽。文钦也很感激毌丘俭，有知遇之恩，倾心相待。正元二年正月，有彗星在天空划过，长达数十丈，在西北方向遮住天空，落在吴、楚分野。毌丘俭、文钦很高兴，以为这是祥瑞之兆，矫制太后诏命，列出大将军司马师的罪状，传送至诸郡国，举兵造反。胁迫淮南将领、郡守，分驻在各地者，以及吏民，无论老少，皆强迫进入寿春城，在寿春城西边筑坛盟誓，歃血同盟，遂起兵造反，又分出老弱守城，毌丘俭、文钦亲自率领五六万人，渡过淮河，向西直抵项县。毌丘俭在项县坚守，文钦在城外游击。①

①毌丘俭、文钦等上表："原相国司马懿，匡辅魏室，历事忠贞，故烈祖明皇帝授以寄托之任。司马懿勠力尽节，以宁华夏。又以齐王聪明，无有秽德，乃尽心竭力辅佐皇上，天下赖之。司马懿欲讨灭东吴、西蜀二虏，以安定宇内，始分军粮，克时同举，未成而薨。齐王以司马懿有辅己之功，遂令司马师继承司马懿职务，统领大军，委以大事。而司马师以盛年在职，无疾托病，坐拥强兵，没有人臣礼，朝臣非之，义士讥之，天下所闻，其罪一也。司马懿造计取贼，多舂军粮，克期有日。司马师担任大臣，当除国难，又为人子，当完成父业。哀声未绝，而便罢息，为臣不忠，为子不孝，其罪二也。贼退过东关，坐自起众，三征同进，丧众败绩，历年军实，一旦而尽，致使贼来，天下骚动，死伤流离，其罪三也。贼举国悉众，号称五十万，直指寿春，图谋洛阳，恰逢太尉司马孚与臣等建策，堵住险要，不与吴贼争锋，返回固守新城。淮南将士，冲锋履刃，昼夜坚守，勤瘁百日，死者涂地，自魏国有军事以来，为难苦甚，莫过于此。而司马师遂意自由，不论封赏，权势自在，无所领录，其罪四也。原中书令李丰等，以司马师无人臣礼，欲奏议退之。司马师知道后，请李丰，当晚杀害，载尸埋棺。李丰等身为朝廷大臣、帝王心腹，司马师擅加酷暴，死无罪名，司马师目中无君，其罪五也。司马懿每次叹息，齐王自堪人主，君臣之义已定。奉事以来十五年，始欲归政，按行武库，诏问禁兵不得妄出。司马师自知奸慝，人神所不祐，矫诏废黜君主，加之以罪。司马孚是司马师的叔父，性甚仁孝，追送齐王，悲不自禁。群臣皆怒，而司马师怀忍，不顾大义，其罪六也。又原光禄大夫张缉，无罪而诛，夷灭其妻子、儿女，祸及母后，逼恐至尊，强迫催促遣送，届时群臣哀痛，莫不伤悲；而司马师称庆，反以欢喜，其罪七也。陛下践祚，聪明神武，事经圣心，欲崇省约，天下闻之，莫不欢庆；而司马师不自改悔、修复臣礼，而征兵募士，毁坏宫内，列侯自卫。陛下即阼，初不朝覲。陛下欲临幸司马师的府邸，以探视其疾，司马师拒绝，让人不要通报，不奉法度，其罪八也。近者领军许允当为镇北将军，以厨钱给赐，而司马师弹劾加罪，虽云流放，道路饿杀，天下闻之，莫不哀伤，其罪九也。三方之守备，一朝缺废，多选精兵，以自营卫，五营领兵，缺而不补，多载器杖，充聚本营，天下所闻，人怀怨愤，讹言盈路，以疑海内，其罪十也。司马师多休守兵，以占高第，以空虚四表，欲擅强势，以逞奸心，募取屯田，加其赏赐，阻兵安忍，坏乱旧法。合聚诸藩王公以著邺城，欲悉诛杀之，一旦举事废主。天不长恶，使目肿不成，其罪十一也。臣等先人皆追随太祖武皇帝征讨凶暴，获成大功，与高祖文皇帝即受汉室禅让，开国承家，犹尧舜相传。臣与安丰侯护军郑翼、庐江郡护军吕宣、太守张休、淮南郡太守丁尊、督守合肥护军王休等商议，各以累世蒙受皇恩，千载风尘，思尽躯命，以全社稷安主为效。斯义苟立，虽焚妻子，吞炭漆身，死而不恨。按照司马师之罪，宜加大辟，以彰奸慝。春秋之义，一世为善，十世宥之。司马懿有大功，海内所书，依古典议，废黜司马师，以侯位回到府邸休息。司马师的弟弟司马昭，忠肃宽明，乐善好士，有高世君子之度，忠诚为国，不与司马师相同。臣等碎首所保，可以代替司马师，辅导圣躬。太尉司马孚，忠孝小心，所宜爱宠，授以太保、太傅之位。护军散骑常侍司马望，忠公亲事，当官称能，远迎乘舆，有宿卫之功，可担任中领军。春秋之义，大义灭亲，故周公诛杀弟弟，石碏屠戮儿子，季友鸩杀哥哥，上为国计，下全宗族。殛鲧用禹，圣人明典，古

今所称。奏请陛下，发下臣等所奏，朝堂群臣廷议。臣言当道，让司马师逊位以避贤者，罢兵去备，如三皇旧法，则天下协同。若司马师负势恃众，不肯自退，臣等将率领诸将所领兵马，昼夜兼行，唯命是授。臣等今日所奏，唯欲使大魏永存，使陛下得以行使君意，远绝亡之祸，百姓安全，六合一体，使忠臣义士，不愧于三皇五帝耳。臣恐怕兵起，天下扰乱，臣辄上事，移三征及州郡国典农，各安慰所部吏民，不得妄动，谨具以状闻。唯陛下爱惜身体，养护精神，明虑危害，以宁海内。司马师专权用势，赏罚自由，闻臣等举众，必下诏禁绝关津，使驿书不通，擅复征调，有所收捕。此乃司马师诏命，非陛下诏书，在所皆不得执行。臣等路途遥远，担心文书不能通报，辄临时赏罚，以便宜从事，须确定上表。"

大将军司马师统率朝廷和地方诸军讨伐叛逆，又派诸葛诞率领豫州诸军，从安风津攻取寿春，征东将军胡遵率领青州、徐州诸军，从谯县、宋国之间出兵，断绝其退路。大将军司马师驻扎在汝阳，派监军王基都督前锋诸军，占领南顿县待命。命令诸军坚壁清野，暂不与叛军交锋。毌丘俭、文钦进不能解决战斗，退又担心寿春被袭击，退路断绝，计穷力竭，不知该如何是好。淮南将士的家属都在淮河以北，众心涣散，投降者很多，只有淮南新归附的农民可以为毌丘俭所用。大将军司马师派遣兖州刺史邓艾，率领泰山郡诸军一万余人，进抵乐嘉县，向毌丘俭示弱，以引诱叛军，大将军司马师沿着洙河赶来。文钦茫然不知，果然趁着夜色，欲袭击邓艾等，恰好天明，看见朝廷大军兵马甚多，遂撤退。[①]大将军司马师令骁勇骑兵乘胜追击，大败文钦，文钦逃走。这一天，毌丘俭听说文钦战败，因为恐惧，趁着夜色逃走，叛军溃散。及至毌丘俭逃到慎县，身边人马不断逃离，毌丘俭与小弟毌丘秀、孙子毌丘重藏在水边的草丛中。安风津都尉属下百姓张属射杀毌丘俭，将其首级传送至京师。张属受封为列侯。毌丘秀、毌丘重逃入吴国。将士凡被毌丘俭、文钦胁迫造反者，全部投降。[②]

①《魏氏春秋》记载：文钦的二儿子文俶，小名文鸯，年龄尚幼，勇力过人，对文钦讲："乘司马师还未站稳，击之可破。"于是分为二队，夜晚夹攻司马师。文俶率领壮士先到，大呼大将军，军中震恐。文钦滞后，没有接应。此时天明，文俶撤退，文钦亦撤退。

《魏末传》记载：殿中人姓尹，字大目，年幼时，是曹氏的家奴，常侍奉在文帝身边，大将军将要进军。大目知道大将军一只眼睛已突出，启禀："文钦本来是明公的心腹，但是被他人所误，而且，又是天子的乡里人。大目此前为文钦所信任，恳请明公，前去向文钦解释利害关系，令文钦回心转意，与明公恢复旧好。"大将军听任大目单身前去，骑着快马，身披铠甲，追上文钦，遥相与文钦谈话。大目心里实际上是为了曹氏，谬言："君侯何苦不能再忍耐数日！"欲使文钦理解其意思。文钦不能理解，厉声大骂大目："你是先帝的家人，不念报恩，反而与司马师谋逆；不顾上天，天不祐汝！"令人张弓搭箭，欲射大目，大目涕泣道："世事败矣，好自为之吧。"

②文钦写信给郭淮："大将军昭伯与太傅俱受顾命，登床把臂，托付天下，此远近皆知。

后以势利，乃绝其祭祀，及其亲党，皆一时之俊，可为痛心，奈何奈何！公侯倚恃与大司马公恩亲分著，义贯金石，当此之时，想益毒痛，有不可堪也。王太尉嫌其专擅朝政，暗中欲举兵，事竟不捷，复受诛杀，夷灭家族，害及楚王，想甚追恨。太傅既亡，然其子司马师继承父业，肆其暴虐，日月滋甚，放主弑后，诛戮忠良，包藏祸心，遂至篡弑。是可忍，孰不可忍？文钦以名义大故，事君有节，忠愤内发，废寝忘食，无所顾忌。恰逢毌丘子邦自与父亲书信，腾说公侯，尽事主之义，欲奋白发，同符太公，唯须东问，影响相应，闻问之日，能不慷慨！是以不顾妻孥之痛，即与毌丘镇东将军举义兵三万余人，西趋京师，欲扶持王室，扫除奸逆，企踵西望，不得声问，鲁望高子，不足喻急。当仁不让，况救君之难，度道远艰，故不果期要耳。然而，同舟共济，安危势同，祸痛已连，非言饰所解，自公侯所明也。共事曹氏，积信魏朝，行道之人，皆所知见。然在朝之士，冒利偷生，烈士所耻，公侯所贱，贾竖所不忍为也，况当涂之士邪？大军屯住项城，小人以闰月十六日进兵，就在乐嘉城举行誓师大会，讨伐司马师，司马师的徒众瞬时崩溃，其所斩获，不复訾原，但当长驱直入，径直杀向京师，而流言先至，毌丘俭不复详之，更为小人所误，诸军就这样瓦解。毌丘俭逃走，追寻释解，无所追及。小人返回项城，遇到王基等十二军，追寻毌丘俭，进兵讨伐，即时克敌，大获全胜，后嗣何人祭祀？孤军粱昌，进退失据，退回寿春，寿春城破，再次逃走，狼狈不堪，无复他计，唯当归命大吴，借兵乞食，效法伍子胥耳。不若仆隶，如何快心，复君之仇，永使曹氏少享血食，此亦大国之所护佑之念也。想公侯不使程婴、杵臼擅名于前代，而使大魏独无鹰扬之士与？今大吴敦崇大义，深见愍悼。然仆于国大分连接，远同一势，日欲俱举，瓜分中原，不愿偏取以为己有。公侯必欲共忍帅胸，宜广大势，恐怕秦川之卒，不可孤举。今者之计，宜屈己伸人，托命归汉，东西俱举尔，乃可克定司马师党徒。深思鄙言，若愚计可从，宜使汉军克制期要，使六合校考，与周公、召公同封，以托付儿孙。此亦非小事也，大丈夫宁处其落落，是以远呈忠心，时望嘉应。”当时，郭淮已经去世，文钦还不知道，故有此书。

《世语》记载：毌丘俭被杀，党徒还有七百余人，传侍御史杜友审理谋反案，唯惩治首事者十人，其余皆释放。杜友，字季子，东郡人，在晋朝出仕，担任冀州刺史、河南郡大尹。儿子杜默，字世玄，历任吏部侍郎、卫尉。

毌丘俭的嗣子毌丘甸担任治书侍御史，此前，知道毌丘俭欲密谋造反，私自带着家属逃往新安县的灵山上。司马师另外派军队攻下灵山，夷灭毌丘俭三族。①

①《世语》记载：毌丘甸，字子邦，有名于京师。齐王曹芳被废黜，毌丘甸对毌丘俭讲：“大人居方岳重任，国家倾覆，而晏然自守，将受四海之责备。”毌丘俭然之。大将军司马师恶其为人。及至毌丘俭起兵，问屈颟（rán）所在，云不来，无能为也。毌丘俭初起兵，派遣儿子毌丘宗等四人进入吴国。太康年间，吴国平定，毌丘宗兄弟皆返回中原。毌丘宗，字子仁，有毌丘俭的遗风，官至零陵郡太守。毌丘宗的儿子毌丘奥，曾担任巴东监军、益州刺史。

习凿齿曰：毌丘俭感念明帝之顾命，故发起此役。君子认为，毌丘俭虽然谋事不成，可谓忠臣。竭尽忠诚志节，赴义者，舍我其谁，成之与败者时也，我苟无时，成何可必乎？忘我而不自必，乃所以为忠也。古人有言：“死者复生，生者无愧。”毌丘俭，可谓无愧。

文钦逃入吴国，吴国任命文钦为都护，授予符节，拜文钦为镇北大将军、幽州牧，封为谯侯。①

①文钦投降吴国，上表："禀命不幸，常隶魏国，两绝于天。虽侧伏偏隅，自知无路。司马师滔天罪行，谋逆废害二主，辛、癸、高、莽，恶不足喻。文钦累世蒙受魏室厚恩，乌鸟之情，窃怀愤踊，在三之义，期于弊仆。前与毌丘俭、郭淮等举义兵，当共同讨伐司马师，扫除凶孽，诚臣慺慺之情，无奈被所执。智虑浅薄，微节不骋，进无所依，悲痛切心。退唯不能扶翼本朝，抱愧俯仰，靡所自厝。冒缘古义，固有所归，庶假天威，得展万一，僵仆之日，亦所不恨。辄相率领诸将，归命圣化，惭偷苟生，非辞所陈。谨上缴所受魏国符节、前将军、山桑侯印绶。临表惶惑，伏须罪诛。"

《魏书》记载：文钦，字仲若，谯郡人。父亲文稷，建安年间，担任骑将，作战勇猛，有武艺。年少时，文钦以名将的儿子，以武艺见称。魏讽谋反，文钦坐罪，与魏讽供词相连，及至被捕下狱，被笞打数百下，将要被打死，太祖以文稷的缘故，赦免文钦。太和年间，文钦担任五营校督，出任牙门将。文钦性情刚暴，对人无礼，所在任上倨傲陵上，不奉国法，辄见弹劾，明帝贬抑之。后来，文钦再次担任淮南牙门将，改任庐江郡太守、鹰扬将军。王凌弹劾文钦贪污，为人残暴，不宜镇守边郡，奏请免官抵罪，由是文钦被召回。曹爽以文钦为同乡，对他甚厚，善待之，不治文钦的罪。又派遣文钦返回庐江郡，兼领冠军将军，贵宠超过此前。文钦因此更加骄纵，喜欢自矜其能，自伐其功，以勇猛凌驾他人之上，在三军颇有虚名。曹爽被杀，司马懿晋升文钦为前将军，以安其心，后来，文钦又代替诸葛诞担任扬州刺史。自从曹爽被杀，文钦内心恐惧，与诸葛诞相恶，无所与谋。恰逢诸葛诞失去兵权，毌丘俭前来，暗中与文钦共谋。文钦战败逃走，昼伏夜行，追兵没有追上，遂得以进入吴国，孙峻厚待文钦。文钦虽然在他国，不能屈节在他人之下，吕据、朱异等吴国诸将军皆憎恶文钦，只有孙峻常厚遇文钦。

诸葛诞，字公休，琅琊郡阳都县人，是西汉诤臣诸葛丰的后人。当初，诸葛诞以尚书郎，出任荥阳县令，①后来，诸葛诞调入朝中，担任吏部侍郎。他人有所请托，诸葛诞总是公布请托，同时录用其请托的人，被录用者是否称职，则由大家公议，讨论其施政得失，以作为褒贬，从此以后，群臣在请托时，莫不慎重开口。诸葛诞多次升迁，担任御史中丞、尚书，与夏侯玄、邓飏等人的关系很好，在朝廷享有盛名，京师为之翕然。言事者以诸葛诞、邓飏等人浮华，博取名誉，认为不可委以重任。明帝知道后，厌恶诸葛诞，罢免他的职务。②恰逢明帝驾崩，正始初年，夏侯玄等在朝中担任要职，再次举荐诸葛诞为御史中丞、尚书，后出任扬州刺史，兼领昭武将军。

①《魏氏春秋》记载：诸葛诞担任侍郎，与仆射杜畿在陶河上试船，遭遇风暴，船沉没，杜畿与诸葛诞一起落入水中。虎贲勇士游泳来救诸葛诞，诸葛诞说："先救杜侯。"诸葛诞漂到岸边，昏迷很久，才慢慢苏醒。

②《世语》记载：当时，当世俊士散骑常侍夏侯玄、尚书诸葛诞、邓飏之徒，共相吹捧，以

夏侯玄、畴四人为四聪，诸葛诞、备八人为八达，中书监刘放的儿子刘熙、孙资的儿子孙密、吏部尚书卫臻的儿子卫烈三人，都不能与之相比，以父亲的权势，占据高位，被比喻为三豫，共计十五人。明帝以这些人浮华，皆免去官职，禁锢。

王凌阴谋造反，太傅司马懿暗中率领军队讨伐，以诸葛诞为镇东将军，授予符节，统率扬州军事，封为山阳亭侯。诸葛恪兴兵攻打东关，司马懿派遣诸葛诞，率领诸军反击，与吴军作战，战事不利。诸葛诞撤回，改任镇南将军。

后来，毌丘俭、文钦造反，派遣使者来见诸葛诞，欲令诸葛诞率领豫州士民响应。诸葛诞斩杀来使，布告天下，令众人知道毌丘俭、文钦是叛逆。大将军司马师东征，令诸葛诞率领豫州诸军，从安风津渡河，直指寿春。毌丘俭、文钦兵败，诸葛诞首先到达寿春。寿春城有十余万口，听说毌丘俭、文钦兵败逃走，担心被杀，大家打开城门，蜂拥而出，在山林湖沼间流亡，有些人逃往吴国。因为诸葛诞长期在淮南任职，齐王曹芳再次拜诸葛诞为镇东大将军，将军幕府享有礼仪与三公府相同，都督扬州军事。吴国大将孙峻、吕据、留赞等听说淮南动乱，恰逢文钦投奔吴国，率领众将与文钦返回寿春；当时，诸葛诞率领诸军已经先期到达寿春，寿春城不可能再被攻破，吴军撤军。诸葛诞派遣将军蒋班追击，斩杀留赞，传送其首级至洛阳，缴获其印绶、符节。诸葛诞受封为高平侯，享有食邑三千五百户，改任征东大将军。

诸葛诞与夏侯玄、邓飏等关系甚好，又看到王凌、毌丘俭因为造反被夷灭三族，心中恐惧，常担心不能自保，诸葛诞拿出全部钱财，接济部下，以结众心，厚遇亲信及扬州任侠者数千人，作为敢死之士。①甘露元年冬天，吴军欲攻打徐堨，朝廷估计诸葛诞所率领的兵马足以对付吴军，但诸葛诞却奏请朝廷，再派十万人守卫寿春，又奏请在临淮筑城，以防备吴军，内心已有控制淮南的想法。朝廷察觉到诸葛诞有自保的想法，以诸葛诞是旧臣，欲召他返回京师。甘露二年五月，征召诸葛诞，拜为司空。诸葛诞接到诏书，内心越发恐惧，遂造反。诸葛诞会集诸将，亲自带兵攻打扬州，杀了扬州刺史乐綝。②诸葛诞又聚集淮南及淮北诸郡县屯田的士兵，大约有十余万，扬州新归附的能够当兵者，还有四五万，准备足够一年食用的粮食，紧闭城门自守。诸葛诞派遣幕府长史吴纲，带着小儿子诸葛靓到吴国求救。③吴国人大喜，派遣将军全怿、全端、唐咨、王祚等，率领三万军队，暗中与文钦一起，来救援诸葛诞。任命诸葛诞为左都护，授予符节，兼领大司徒、骠骑将军、青州牧，封为寿春侯。当时，镇南将军王基刚到，率领诸军围困寿春，包围圈还未合拢。唐咨、文钦等从城东北，借着山势险要，率领吴军突入城中。

①《魏书》记载：诸葛诞赏赐过度。有犯死罪者，违反制度，让其活命。

②《世语》记载：司马文王秉持朝政，长史贾充认为宜派遣参佐慰劳四征，于是派遣贾充至

寿春。贾充返回，启禀司马文王："诸葛诞在扬州，有威名，民望所归。今日征召，必不肯来，祸小事浅；不征召，事迟祸大。"司马师上表，任命诸葛诞为司空。诏书到达，诸葛诞说："我担任三公，当在王文舒后，今日任命为司空，不派遣使者健步赍书，将兵权交付乐綝，此必乐綝所为。"诸葛诞率领左右数百人，到达扬州，扬州人欲关闭城门，诸葛诞呵斥道："卿非我故吏邪！"径直进入扬州城，乐綝逃上城楼，被诸葛诞斩杀。

《魏末传》记载：贾充与诸葛诞相见，谈论时事，借机对诸葛诞讲："洛阳的贤者，皆愿意司马氏禅代曹氏，君也知道。君认为此事可行？"诸葛诞疾言厉色，说："卿难道不是贾豫州的儿子？世受魏室厚恩，如何能负国，欲以魏室禅让他人？非吾所忍闻。若洛阳有难，吾当死之。"贾充默然。诸葛诞既被征召，请诸牙门将置酒宴饮，招呼牙门从兵，皆赐酒令醉，对众人讲："此前率领千人，铠仗始成，欲以击贼，今当返回洛阳，不复得用，欲暂时出兵，将见人游戏，须臾返回；诸君且止。"诸葛诞命令将士七百人擂鼓出营。乐綝听说后，关闭州府大门。诸葛诞到达南门，对外宣称："当返回洛阳，暂时出兵游戏，扬州何以关闭大门，以见防备？"诸葛诞前进至东门，东门也关闭，诸葛诞命令士兵爬城墙攻破城门，州里的士兵惊慌逃走，诸葛诞顺风放火，焚烧扬州府库，随后，杀了乐綝。诸葛诞上表："臣领受国家重任，在东部统兵。扬州刺史乐綝专使奸诈，说臣与吴国勾结，又说有诏，当代替臣的职务，无状日久。臣谨奉国命，以死自立，终无异端。忿恨乐綝不忠，臣率领步骑七百人，在这个月六日，讨伐乐綝，即日斩首，将乐綝的首级通过驿马传送至洛阳。若圣朝明示臣，臣即魏臣；若圣朝不能明示臣，臣即吴臣。不胜发愤之日，谨拜表陈愚，悲感泣血，哽咽断绝，不知所言，乞朝廷察臣至诚。"

裴松之认为：《魏末传》记载都很鄙陋。怀疑诸葛诞上表，陈述衷曲，不至于此。

③《世语》记载：黄初末年，吴国人挖掘长沙王吴芮的墓冢，用其墓砖，在临湘为孙坚建立祠庙。吴芮容貌如生，衣服不朽。后来挖掘者见到吴纲，曰："君非常像长沙王吴芮，只是稍微矮些。"吴纲瞿然，问："那是先祖，君何由见之？"挖掘者坦白其事，吴纲问："重新安葬否？"回答："很快就重新安葬。"自吴芮去世，至墓冢被挖掘，间隔四百余年，吴纲是吴芮的十六世孙。

当年六月，齐王曹芳御驾东征，进抵项县。大将军司马昭率领内外诸军二十六万，进抵临淮，讨伐诸葛诞。大将军驻扎在丘头。派王基及安东将军陈骞等，四面合围，内外两层，壁垒、沟堑陡峭。又派监军石苞、兖州刺史州泰等，选调精兵锐卒，作为游击，以防备外寇。文钦等多次冲击重围，被迎头痛击。吴将朱异两次率领大军，欲救出诸葛诞等，吴军渡过黎浆水，州泰等人迎战，每次都挫败吴军。吴军大将孙綝以朱异临战怯懦，大怒，将其诛杀。城中粮食逐渐耗尽，外边救兵不至，众人无所依恃。将军蒋班、焦彝都是诸葛诞的心腹爪牙，参谋军事，此时也背弃诸葛诞，翻过城墙投降大将军。[①]大将军司马昭行使反间计，以奇计说动全怿等，全怿等率领数千人打开城门出城。城中震恐，不知该怎么办。

①《汉晋春秋》记载：蒋班、焦彝对诸葛诞讲："朱异等以吴国大军来，而不能进城，孙

綝杀了朱异，返回江东，外以发兵为名，内实坐观成败，吴军撤军，显而易见。今宜趁着众心尚固，士卒用命，并力死战，攻其一面，即便不能克敌，犹可有保全者。”文钦说：“江东谋取战胜北方久矣，从未有战胜北方者。况且公今日举十万之众内附，而文钦与全端等皆同居死地，父子兄弟尽在江东，即便孙綝不欲，主上及其亲戚肯听吗？且中原没有一年无事，军民皆疲惫，今日我守一年，势力已成，异图生心，变故将起，以往推今，可计日而望也。”蒋班、焦彝固劝之，文钦大怒，而诸葛诞欲杀蒋班。二人恐惧，且知道诸葛诞必败，十一月，二人相携而降。

甘露三年正月，诸葛诞、文钦、唐咨等大量准备进攻的器械，不分昼夜，前后五六日进攻南面的围城军队，欲突围出去。[①]围城诸军，从壁垒上居高临下，用发石车投掷石头、火箭，烧毁进攻器具，石头、箭矢如雨点般落下，死伤者狼藉，覆盖地面，鲜血流满沟堑，只好退回城中，城内粮食将要耗尽，出城投降者有数万人。文钦欲放出所有的北方人，以节省粮食，与吴国人坚守，诸葛诞不听，由此，二人产生矛盾。文钦平素与诸葛诞就有矛盾，此次因为诸葛诞造反，二人走到了一起，事情紧急，双方的猜忌更重。文钦来见诸葛诞商议事情，诸葛诞杀了文钦。文钦的儿子文鸯及文虎，率领军队在小城中，听说文钦被杀，遂率领军队赶来，然而士兵不为二人所用。文鸯、文虎只好单骑逃走，从城中冲出去，投降大将军。军吏请求诛杀二人，大将军下令：“文钦叛逆之罪，罪不容诛，其儿子固应当伏罪受戮，然而，文鸯、文虎走投无路，归命投降，而且，寿春城还未攻破，杀了二人，更会坚定叛军守城之心。”赦免了文鸯、文虎，派二人率领数百骑兵巡城，对城内喊话：“文钦之子尚且不会被杀，其余者有何畏惧？”司马昭上表，拜文鸯、文虎为将军，赐二人爵关内侯。城内且喜且惧，又每天挨饿，诸葛诞、唐咨等智穷力竭。大将军亲自到围城处，四面发起进攻，同时战鼓齐鸣，喊杀声震天，士兵们奋勇登城，城内人不敢妄动。诸葛诞情急之下，单骑率领麾下，从小城门冲出。大将军幕府司马胡奋率兵迎击，斩杀诸葛诞，传送首级至洛阳，夷灭诸葛诞三族。诸葛诞麾下还有数百人，拒不投降，全部被杀，大家说：“为诸葛公而死，死无所恨。”诸葛诞竟然如此得人心。[②]唐咨、王祚及诸裨将皆背缚双手，前来投降，吴军投降者，有一万多人，缴获的器械、武器、辎重，堆积如山。

①《汉晋春秋》记载：文钦曰：“蒋班、焦彝以为我不能突围出去，全端、全怿又率众投降，此正是敌方无备之时，可以一战。”诸葛诞及唐咨等皆以为然，遂共同率领部众突围。

②干宝著《晋纪》记载：数百人拱手排列，每斩一人，辄劝降之，竟无人肯投降，直至全部被杀，当时人比喻为田横五百士。吴将于诠曰：“大丈夫受命其主，以兵救人，既不能克，又束手被擒，吾不取也。”遂脱下甲胄，冲入敌阵，被杀。

当初，寿春城被围，谋议者大多认为应该猛攻，大将军司马文王认为：“寿春城坚固，而且城内守军众多，强攻寿春，必然会消耗军力，如果再有外寇来救，内外受敌，此乃危险之道。而今，三位叛贼相聚于孤城，上天或许是想让他们一同就戮，我们应该计议妥当，全力剿灭叛贼，可暂且围困，坐待时机，克敌制胜。”诸葛诞从甘露二年五月造反，甘露三年二月被杀。司马昭率领大军镇压，六军按兵不动，深沟高垒，而诸葛诞坐守困城，竟然无须进攻，最终自取灭亡。[①]及至寿春城破，谋议者又建议，淮南多次造反谋逆，吴军的家属都在江南，不能释放回去，应该全部坑杀。大将军司马昭认为，古人用兵，保全国家为上，诛杀首恶即可。吴军就算是逃回江南，也显示出中原朝廷之宽宏大度。一个也没有杀，分散安置在三河附近各郡。

①干宝著《晋纪》记载：当初，寿春每年雨季，淮水暴涨，常淹没城邑。故司马文王修筑围墙时，诸葛诞笑道："不用进攻，这是自取败绩。"及至大军发起进攻，干旱逾年。寿春城被攻陷，整整一日大雨，围墙全部被雨毁。诸葛诞的儿子诸葛靓，字仲思，吴国平定，返回晋朝。诸葛靓的儿子诸葛恢，字道明，官至尚书令，去世后，追赠左光禄大夫，开府建衙。

唐咨原来是利城郡人。黄初年间，利城郡造反，杀了郡太守徐箕，推举唐咨为首领。文帝派遣各路大军镇压，唐咨逃走，从海路逃往吴国，官至左将军，受封为列侯、持符节。诸葛诞、文钦被杀，唐咨也被生擒，三位叛逆，被一网打尽，天下人心大快。[①]齐王曹芳拜唐咨为安远将军，其余裨将，一律授予职务，吴军投降者心悦诚服。江南受到震动，也没有杀他们的家人。淮南受到诸葛诞胁迫造反的官吏、士民，只斩杀首恶，其余全部赦免。司马昭听任文鸯、文虎收殓父亲文钦的尸骸，拨给牛车，护送灵柩返回家族墓地安葬。[②]

①《傅子》记载：宋建椎牛祝祷，最终自焚而亡。文钦每日祭祀，向上天祷告，被人斩首。诸葛诞夫妇聚合神巫祈祷，淫祀求福，伏尸淮南，举族被夷灭。此天下所共见，足以为明鉴。

②习凿齿曰：从此以后，天下畏威怀德矣。君子认为，司马大将军镇压反叛获胜，可谓以德攻破寿春。建业者异矣，各有所尚，而不能兼并。故穷兵黩武之雄，毙于不仁，存义抚恤之国，丧于懦退，今一征而擒获三叛，俘虏吴国大批军队，席卷淮浦，捕获、斩杀十万，可谓壮矣。还未来得及安坐，丧失王基之功，惠及吴人，结异类之情，司马昭听任文鸯安葬父亲文钦，忘却畴昔之恨，不追究诸葛诞之叛众，使扬士怀愧，功高而人乐其成，业广而敌怀其德，武昭既敷，文算又洽，推此道也，天下其孰能当之哉？丧失王基，详情见《王基传》。

文鸯又名文俶。《晋诸公赞》记载，文俶后来担任将军，大破凉州贼虏，名闻天下。太康年间，担任东夷校尉，持符节。应当赴任，入朝辞别晋武帝，晋武帝见到文俶，心中厌恶，又以其他事，免去文俶的职务。东安公司马繇，是诸葛诞的外孙，欲杀文俶，因为诛杀杨骏，诬陷文俶谋逆，遂夷灭其三族。

邓艾，字士载，义阳郡棘阳县人。年少时，邓艾成为孤儿，曹操收复荆州，邓艾迁至汝南郡，为一位农民牧养牛犊。十二岁时，跟随母亲迁至颍川郡，邓艾读原太丘县长陈寔的碑文，碑文上写道：“文为世范，行为士则。”邓艾遂改名字为“范”，字士则。后来宗族有人与邓艾名字相同，又改回原来的名字。邓艾担任郡府都尉学士，因为口吃，不能做文吏，担任稻田守的丛草吏。同郡人有个官吏的父亲，可怜邓艾家庭贫困，对邓艾的生活帮助很大，邓艾当初并不言谢。每次看见高山大湖，邓艾总是会规划测度，指点军营驻守之处，当时人多嘲笑邓艾。后来，邓艾担任典农都尉的纲纪，又担任上计吏，有机会见到太尉司马懿。司马懿很惊讶邓艾的才干，任命他为司马府掾，[①]升任尚书郎。

①《世语》记载：年少时，邓艾是襄城县典农部的百姓，与石苞年龄都是十二三岁。谒者阳翟县人郭玄信，是晋武帝监军郭诞元奕的儿子。建安年间，少府吉本在许都起兵，郭玄信坐罪，在家中被抓，从典农司马求人驾车，以邓艾、石苞为御手，驾车行十余里，与他们谈话，很高兴，称二人皆可以担任佐相。邓艾后来担任典农功曹，奉使拜谒司马宣王，由此认识，遂被拔擢。

当时，朝廷欲扩大开垦良田，以增加粮食储备，为平定贼寇做好准备，派邓艾巡视陈县、项县，东至寿春。邓艾认为：“田地肥沃，而水源缺少，不足以尽地利，应该开凿河渠，用以引水灌溉，既可以积蓄军粮，还可以开通漕运。”邓艾著作《济河论》，以阐释自己的观点。又认为：“在往昔，魏武帝大破黄巾军，因为施行屯田，在许都积蓄粮食，以此制服四方。而今，三边已定，战事仅在淮南延续，每当大军出征，转运粮草的士兵，超过用兵人数一半，花费巨大，成为用兵的最大困难。陈县、蔡县之间，土地肥沃，地势低下，可以种植稻米，以减少许都附近的稻田，引水东下，令淮北驻扎二万人，淮南驻扎三万人，十分之二的人，施行轮换，这样，常有四万人驻扎，一边屯田，一边驻守。水量充足，可以收获三倍于西边的稻米，除去各种费用，每年可上缴五百万斛，以作为军资。六七年间，在淮上可以积蓄三千万斛，这些粮食足够十万之众五年食用。以此讨伐东吴，军队无往而不胜。”司马懿很欣赏邓艾的谏言，邓艾每次提出谏言，司马懿总会认真考虑。正始二年，朝廷挖掘广漕渠，东南方向有战事，大军出动，泛舟而下，直抵江、淮，粮食储备充足，同时消除了水患，这是邓艾谏言的结果。

邓艾被调出京师，为征西将军郭淮参谋军事，又改任南安郡太守。嘉平元年，邓艾与征西将军郭淮一起，迎战蜀国偏将军姜维。姜维撤退，郭淮欲乘机西进，镇压叛羌。邓艾说：“蜀贼离去不远，随时可能返回，应该分出部分兵力，以备不虞。”于是，郭淮留下邓艾，在白水以北驻守。三日后，姜维派遣廖化从白水南岸面对着邓艾扎下营帐。邓艾对诸将讲：“姜维今天突然返回，我军人数很少，按照兵法，敌军应当渡河过来而不会架桥。这是姜维让廖化牵制我军，令我军不得撤回。姜维一定会亲自向东袭取洮城。”洮城在白水以北，距离邓艾的军营六十里。邓艾连夜行军至洮城，姜维果然在这里渡河，而邓艾已经先到，占据洮城，邓艾遂得以不败。邓艾受赐爵关内侯，兼领讨寇将军，后来，邓艾改任城阳郡太守。

当时，并州右贤王刘豹率领匈奴各部，会聚在一起，邓艾上书谏言：“戎狄兽心，不能以道义劝其亲附，戎狄强盛时，则侵犯边郡，戎狄羸弱时，则内附朝廷，故周宣王有猃狁之犯境，汉高祖有平城之围困。每当匈奴强盛时，都会成为忧患。单于在塞外，不能牵制和长久安抚。可用利益引诱，召单于前来，到京师入侍。这样，羌夷不能统一，分散无主，因为单于在内，万里臣服。而今单于之尊日渐衰弱，塞外的土地受到胡虏威胁，对待胡虏，不可不谨慎对待。听说刘豹部有叛离的胡人，可借此将他们分割为二国，以分化其势力。去卑功显前朝，而嗣子不能继承基业，应该为去卑的儿子加封号，令其居住在雁门关。分离他们的国家，使之变为弱寇，追录旧勋，此乃御边之长策。”又谏言：“羌胡与汉民杂居一地，应该将他们逐步迁出，使其居住在汉民以外，施以礼义廉耻教化，杜塞奸宄之路。”大将军司马懿刚刚辅政，采纳邓艾的谏言。邓艾改任汝南郡太守，邓艾刚一上任，就寻找当年厚遇自己的官吏父亲，其已去世多时，邓艾派遣官员前去祭祀，又重重馈送官吏的母亲，举荐其一个儿子，在郡府担任计吏。邓艾在任上，开垦农田，军民丰衣足食。

诸葛恪围困合肥新城，没有攻下，撤军。邓艾对司马师讲：“孙权已经去世，吴国大臣还未亲附新君，吴国的世族大姓都有自己的军队，倚仗军队，足以违抗新君。诸葛恪刚刚秉持吴国朝政，对内不把吴主放在眼里，不考虑安抚上下臣民，以巩固根基，却急于对外用兵，役使百姓，举全国之兵，困顿于坚城之下，死者达万数，载祸而归，此乃诸葛恪获罪之日。在往昔，伍子胥、吴起、商鞅、乐毅皆受到国君的信任，随着国君去世，随之败亡。更何况诸葛恪并没有四位贤者的才能，诸葛恪不考虑面临的大患，其败亡指日可待。”诸葛恪回到吴国，果然被杀。邓艾升任兖州刺史，兼领振威将军。邓艾上书谏言：“国家之所急，唯有农业与战事，国家富强则兵强，兵强，战事则必胜。农业是胜利之本。孔子讲：‘足食足兵。’把粮食放在兵事前边。朝廷没有设立爵位及奖励，那么百姓就不会踊跃地积蓄粮食和财富。而今，把考核官员政绩的奖赏，放在积蓄粮食，富民为要，世上浮华之徒，交游之路，就会被杜绝，奢靡之风就会禁绝。”

高贵乡公曹髦即位，晋升邓艾爵位为方城亭侯。毌丘俭谋反作乱，派遣信使骑快马带来书信，迷惑众人，邓艾将来使斩杀，随后日夜兼程，率军进抵乐嘉城，修建浮桥。司马师率军赶到，占领乐嘉城。文钦此后率领大军在乐嘉城下兵败，邓艾追击文钦至丘头。文钦投奔吴国。吴国大将军孙峻等率领吴军，号称十万众，将要渡过长江，镇东将军诸葛诞派遣邓艾占领肥阳，邓艾认为，肥阳距离吴军太远，并非要害之地，率军移驻附亭，派遣泰山郡太守诸葛绪等在黎浆迎战吴军，吴军退走。邓艾受拜为长水校尉，以打败文钦等功劳，受封为方城乡侯，代行安西将军职事。邓艾在狄道为雍州刺史王经解围，姜维退守钟提，于是朝廷任命邓艾为安西将军，授予符节，兼领护东羌校尉。朝臣廷议时认为，姜维势穷力竭，不敢出兵。邓艾说："我军洮西之败，并非小失利；破军杀将，仓廪空虚，百姓流离，几乎陷于危亡。而今按照兵法来讲，彼有乘胜之势，我有虚弱之实，一也。彼上下将士熟悉，武器精良，我军将领更换频繁，士兵刚刚召集，兵器装备还未完备，二也。彼以战船行驶，我以陆军步行，劳逸不同，三也。狄道、陇西、南安、祁山，各处都应派出兵力守备，彼攻打一处，我分为四处，四也。从南安、陇西，需要从羌人处征粮，从祁山进军，有成熟的麦子上千顷，可以为蜀军所用，五也。蜀贼有狡黠之伎俩，一定会再次来攻。"不久，姜维果然从祁山出兵，听说邓艾已经有所准备，姜维回军，从董亭直取南安，邓艾占据武城山，与姜维对峙。姜维与邓艾争夺险要，蜀军战事不利，当天夜晚，蜀军渡过渭水东行，沿着山道直取上邽，邓艾与姜维在段谷大战，大败蜀军。甘露元年，高贵乡公曹髦下诏："逆贼姜维连年用兵，汉民、夷人骚动不安，陇西不得安宁。邓艾筹划有方，忠勇善战，斩杀蜀将十余人，歼灭蜀军上千；我军威震巴、蜀，武声扬于江、岷。拜邓艾为镇西将军、都督陇西军事，晋升为邓侯。划出五百户，封邓艾的儿子邓忠为亭侯。"甘露二年，邓艾在长城挡住姜维，姜维退军。邓艾升任征西将军，前后增加食邑，共享有食邑六千六百户。景元三年，邓艾在侯和大败姜维，姜维退守沓中。景元四年秋天，曹奂诏令，诸军讨伐蜀国，大将军司马昭统一指挥，派邓艾牵制姜维；雍州刺史诸葛绪截击姜维，迫使姜维不能退回蜀国。邓艾派遣天水郡太守王颀等直捣姜维大营，陇西郡太守牵弘等在前边堵截姜维，金城郡太守杨欣等进军甘松山。姜维听到钟会率领诸军攻入汉中，引军撤退。杨欣等追击姜维至强川口，双方大战，姜维败走。姜维听说诸葛绪已经在前边堵截，通道截断，驻扎在桥头，遂从孔函谷退入北道，欲从诸葛绪后面绕过去。诸葛绪闻报，后撤三十里。姜维进入北道三十余里，获知诸葛绪退军，遂引军返回，从桥头通过，诸葛绪急忙堵截姜维，晚了一天，没有赶上。姜维率领蜀军，向东撤退，退守剑阁。钟会攻打姜维，始终不能攻克剑阁。邓艾上书："而今蜀贼兵锋已经摧折，我军应乘胜追击，从阴平抄小路经过汉德阳亭，直扑涪城，出剑阁向西一百里，距离成都三百里，用奇兵直捣蜀国心脏。剑阁守备，必定会回军救援涪城，钟会可循着山路前进；剑阁之军不回军救援，涪城的兵力难以自保。兵法讲：'攻其无备，出其不意。'我军掩其空虚，破之必矣。"

当年冬天十月，邓艾从阴平道穿行，在荒无人烟的绝地前进七百余里，凿山打通道路，沿途修建桥梁、栈道。山高谷深，非常危险，而且粮食转运困难，几乎陷于绝境。

邓艾用毛毡裹住身体，从山上滚落下来。将士们攀缘陡峭的山崖，鱼贯而入。邓艾军先期抵达江由，蜀军守将马邈投降。蜀国卫将军诸葛瞻从涪城撤回绵竹，严阵以待，等候邓艾。邓艾命令儿子惠唐亭侯邓忠等，从西边杀出，命令幕府司马师纂等从东边杀出。邓忠、师纂战事不利，撤回，说："蜀贼难以攻克。"邓艾大怒，说："存亡之际，在此一举，怎么能说难以攻克？"大声呵斥邓忠、师纂等，欲斩杀二人。邓忠、师纂骑马疾驰回去，率军再战，大败诸葛瞻，斩杀诸葛瞻及尚书张遵等，魏军进抵洛城。刘禅派使者，捧着皇帝玺印、绶带，还有亲笔降书，向邓艾请降。

邓艾进入成都，刘禅率领太子、诸侯王及群臣六十余人，背缚双手，用车子载着棺材，来到邓艾的军门前，邓艾手持符节，命令解开绑缚，焚烧棺材，接受蜀国君臣投降，予以宽宥。邓艾严格管束手下将士，不许掳掠蜀国百姓，安抚投降归附者，令其恢复旧业，蜀人为之称颂。邓艾按照东汉大将军邓禹的做法，按照朝廷旨意，令刘禅代行骠骑将军职事，任命蜀国太子为奉车都尉，任命诸侯王为驸马都尉。蜀国群臣按照原职务高低，拜授官职，或在邓艾将军幕府担任官属。邓艾让师纂暂领益州刺史，陇西郡太守牵弘等暂领蜀国诸郡的政务。邓艾在绵竹修筑高台，以作为京观，用以表彰军功。魏军士卒有战死者，与蜀国士兵一样埋葬。邓艾自矜其功，对蜀国士大夫讲："诸君幸赖遇上了我，故得以有今日。若遇上吴汉之辈，已经横遭殄灭矣。"又讲："姜维当然是一世雄杰，遇上我，也只能智穷力竭。"有见识者听了，不免一笑。

景元四年十二月，常道乡公曹奂下诏："邓艾耀武扬威，奋勇杀敌，深入虏庭，斩将搴旗，枭其鲸鲵，使僭越帝号之主，稽首系颈投降，多年未诛杀之罪犯，一朝而平定。兵不逾时，战不终日，大军席卷残敌，荡平巴蜀。即使白起攻破强楚，韩信战胜强赵，吴汉剿灭公孙述，周亚夫平定七国叛乱，也不过如此，计功论美，不足比拟。拜邓艾为太尉，增加食邑二万户，封两个儿子为亭侯，各享受食邑一千户。"[①]邓艾对司马昭讲："用兵有先声夺人，而后实战擒敌，如今，我军应趁着平定蜀国之势，讨伐吴国，吴国震恐，大军将以席卷之势，灭亡吴国。然而大举用兵之后，将士疲惫，不可立即动武，暂且休息，暂缓出击；在陇西留下士兵二万，在蜀地留下士兵二万，煮盐冶铁，为军事、农事做好准备，建造舟船，顺江流而下，然后发布告谕，向东吴晓谕利害，东吴一旦归化，可不用大军征剿，即可奠定东吴战事。当下之计，宜厚遇刘禅以及东吴的孙休，安绥士民，以招诱远方来归，若当即送刘禅到京师，吴国会认为这是在流放刘禅，东吴向化之心，则会疑虑重重，诱导难以成功。暂且留下刘禅，在成都待一段时间，待到来年秋冬，届时东吴想已平定。臣以为，可封刘禅为扶风王，赏赐一些钱，供其左右人使用。右扶风有董卓建造的郿坞，作为刘禅的宫舍。再封刘禅的儿子为公爵、侯爵，食邑在右扶风郡内县邑，以显示归命之宠。开放广陵郡、城阳郡，用以接待吴国归降之人，东吴将会畏威怀德，望风而归。"司马昭派监军卫瓘告谕邓艾："行事须事先奏报，不得擅自行事。”邓艾回复：“臣受命西征，谨奉皇上旨意，授命之际，首恶归服；至于按照皇上旨意，按照制度拜授原蜀国官员职务，以安绥投降人员，臣以为，这样做符合权宜之计。而今，原蜀国举众归命，地尽南海，东接吴会，朝廷应早日安定天下。倘若等候朝廷颁发诏命，往返路程，迁延岁月。《春秋》之义，大夫出疆，有可安社稷、利国家之举措，可专而行之。而今，东吴还未宾服；其势力与蜀地相连，不可拘泥于常法，坐失良机。兵法讲，进不求名，退不避罪，邓艾虽无古人之气节，绝不会因避嫌，做出有损国家的事情。”钟会、胡烈、师纂等都说邓艾的行为悖逆朝廷旨意，还说，邓艾在军中与下属歃血为盟。常道乡公曹奂诏令，用槛车押送邓艾回京。②

①袁子曰：诸葛亮重视用兵，反复出兵征伐魏国，因为诸葛亮知道，小国弱民，难以久存。而今魏国一举灭掉蜀国，多年征伐，从未有此次之迅速。邓艾用一万兵力，冒进江由危途，钟会以二十万众，被堵在剑阁，不能前进，三军将士已经困乏，邓艾虽然是战胜之将，克敌制胜，迫使刘禅数日之内，不战而降，二将之军队，没有同步。战胜之功，竟如此艰难。魏国前有寿春之役，后有灭蜀之劳，百姓贫困，仓廪空虚，故小国之虑，在于即时立功以自存，大国之虑，在于战胜之后而力竭，战胜之后，正是戒惧之时。

②《魏氏春秋》记载：邓艾仰天长叹：“邓艾实为忠臣，竟然落得如此下场！白起的惨祸，又在今日再现。”

邓艾父子被打入囚车，钟会抵达成都，先送走邓艾，而后乘机谋反。在兵乱中，钟会被杀，邓艾原来军营的将士，追上邓艾的囚车，放出邓艾，迎回本营。卫瓘派遣田续等讨伐邓艾，在绵竹西边相遇，斩杀邓艾。邓艾的儿子邓忠与邓艾一起遇害，邓艾的其他儿子，在洛阳者全部被杀，邓艾的妻子及孙子被流放至西域。①

①《汉晋春秋》记载：当初，邓艾攻下江由，因为田续延宕，不能进兵，欲斩杀田续，既而赦免。及至卫瓘派遣田续，对田续讲：“可以报江由之耻。”杜预对大家说：“伯玉其不免乎！身为名士，名位已高，既无德音，又不能御下以正，是小人，而乘君子之器，将何以担负其责乎？”卫瓘听说后，不俟驾而谢。

《世语》记载：师纂与邓艾同时遇害。师纂性情急躁，寡恩少德，死之日，体无完肤。

当初，邓艾将要讨伐蜀国，梦见坐在高山上，山涧有流水，邓艾向殄虏护军爰邵咨询。爰邵回答：“按照《易经》解卦，山上有流水曰‘蹇’。‘蹇’爻解释：‘蹇利西南，不利东北。’孔子曰：‘蹇利西南，往而有功；不利东北，其道穷途。’此次将军一定能平定蜀国，但是，恐怕不能活着回来！”邓艾听了，默然不乐。①

①荀绰著《冀州记》记载：爰邵起自能吏，位至卫尉。长子爰翰，曾担任河东郡太守。二儿

子爰敞，曾担任大司农。小儿子爰倩，字君幼，为人宽厚，有器量，勤政守职，历任冀州刺史、太子右卫率。爰翰的儿子俞，字世都，为官忠贞、廉洁，长于议论，尊崇公孙龙之辩辞，喜欢谈微理。年轻时，有能吏之名，受太尉府征召，逐渐升任显位，官至侍中、中书令，升任中书监。

裴松之按：《蹇卦》彖辞云："蹇利西南，往得中也。"不云："有功。"下边才是："利见大人，往有功也。"

泰始元年，晋室接受曹氏禅让，晋武帝即位，下诏："在以往，太尉王凌谋议废黜齐王曹芳，王凌也不足以守住其位。征西将军邓艾，自矜战功，失去臣节，确实应该处以死刑。然而邓艾接到朝廷的诏书，随即制止手下将士动武，遣散众将士，束手待擒，接受治罪，比起那些为了求生，起兵作恶者，还是有很大不同。而今颁布大赦令，邓艾的家属可以返回内地，如果没有子孙，则听任其家属确立后嗣，令后嗣祭祀宗庙不绝。"泰始三年，议郎段灼上疏，为邓艾鸣冤："邓艾心怀忠诚，蒙受谋反之恶名，平定巴蜀，而被夷灭家族，臣私下甚为哀悼之。惜哉，邓艾竟以谋反罪被杀！邓艾性情刚烈，行事急躁，容易冒犯雅俗之人，不能与同僚协调，故无人肯为邓艾鸣冤。臣敢言，邓艾绝不会有谋反之邪谋。昔日，姜维有阻断陇西之志，邓艾整修武备，严阵以待，积蓄粮食，训练士卒。正值年景不好，天气大旱，邓艾为了播下种子，身披乌衣，手执耒耜，率领将士垦田。将士受到鼓舞，莫不尽心尽力。邓艾持朝廷颁授的符节，守卫西陲，所统领的士兵，有上万人，身为将军，率身垂范，从事仆役之类的劳作，若非坚守臣节，忠心为国，孰能如此？故落门、段谷之役，邓艾率领士兵，以少胜众，摧破强敌。先帝知道邓艾可委以重任，因此，庙胜之算，将伐蜀之任委于邓艾，授以长策。邓艾接受任命，舍身忘家，束马悬车，投身于死地，勇气凌云，士众效力，使得刘禅君臣背缚来降，叉手屈膝。邓艾功成名就，应当书之于竹帛，传福祚于万世。七十岁的老翁，又有何求！邓艾诚心倚恃朝廷养育之恩，心无杂念，矫制诏命，按照制度，以权宜之计，安定社稷；虽然违背常科，也符合古义，以邓艾当初的想法，适当定罪，也可以廷议。钟会嫉妒邓艾的威名，构陷邓艾，遂陷邓艾于囚笼。忠而受诛，信而见疑，邓艾头颅悬于马市，几个儿子同时遇害，见之者垂泣，闻之者叹息。陛下龙兴，弘扬大度，为被猜忌者释罪，对受到诛杀之臣的家属，不拘一格，擢拔叙用。在往昔，秦民哀怜白起无罪，死得冤枉，吴人悲伤伍子胥被冤杀沉江，为他们建立祠庙，四时祭祀。而今，天下臣民为邓艾屈死，伤悼不已，痛惜忠臣死得冤枉，也类似这种情况。臣以为，邓艾身首分离，抛尸于荒野，应该予以收殓，重新安葬，归还其家属田宅。以平蜀之功，续封其子孙，对阖棺之功臣，拟定谥号，令英雄死无余恨。赦免冤魂于黄泉，兼收信义于后世，葬一人，而天下倾慕您的德行，埋一魂，而天下归附您的仁义，所行之事虽少，欢悦者众矣。"泰始九年，晋武帝下诏："邓艾建立功勋，接受罪责，不逃避刑罚，子孙仍然为庶民，朕常哀愍之。任命其嫡孙邓朗为郎中。"

邓艾西征时，修筑很多关隘要塞，建起城坞。泰始年间，羌人叛乱，几次杀害凉州刺史，凉州道路阻断。吏民得以存活者，多赖邓艾修筑的城坞。[①]

①《世语》记载：咸宁年间，积射将军樊震担任西戎牙门将，向晋武帝辞行，晋武帝问樊震如何用兵，樊震自陈，曾经在邓艾伐蜀时，担任帐下将军，晋武帝询问邓艾的事迹，樊震详述邓艾对朝廷的忠诚，言罢流涕。晋武帝当初任命邓艾的孙子邓朗为丹水县令，此后改任定陵县令。次孙邓千秋有名望，接受光禄大夫王戎征召，担任府掾。永嘉年间，邓朗担任新都郡太守，还未到任，住在襄阳，因为失火，邓朗及母亲妻子全家被火烧死，只有儿子邓韬、邓行得以免祸。邓千秋此前去世，二儿子也被烧死。

邓艾的同乡同辈、南阳郡人州泰，热衷于建功立业，善于用兵，官至征虏将军，持符节，都督江南军事。景元二年去世，追赠卫将军印绶，谥号为壮侯。[①]

①《世语》记载：当初，荆州刺史裴潜任命州泰为从事，司马宣王镇守宛城，裴潜多次派遣州泰去见司马宣王，由此被司马宣王认识。及至征伐孟达，州泰担任向导，司马懿遂提拔州泰。州泰先后丧父考、母妣、祖父，有九年居丧，司马宣王留下位置，等待州泰，州泰回来，仅三十六日，擢拔为新城郡太守。司马宣王专门为州泰设宴聚会，派尚书钟繇征调州泰：“君脱下褐衣，荣登宰府，仅三十六日，坐拥麾盖，拥有兵马，担任大郡太守；乞儿乘小车，一何驶乎？”州泰答：“诚有此事。君作为名公之子，年少时，有文采，故担任吏职；猕猴骑土牛，又何迟也！”众宾客听了，大笑不止。后来，州泰历任兖州、豫州刺史，所在任上，皆有政绩。

钟会，字士季，颍川郡长社县人，是太傅钟繇的小儿子。年少时，钟会早熟，为人聪明。[①]中护军蒋济曾经著文论，说：“观察人的眸子，足以知人。”钟会五岁时，钟繇让钟会去见蒋济，蒋济看了看钟会，颇为诧异，说：“非常人也。”及至钟会长大成人，会各种才艺，对于名理尤其精通，读书学习，夜以继日，因此，有很好的声誉。正始年间，钟会担任秘书郎，升任尚书、中书侍郎。[②]高贵乡公曹髦即位，赐钟会爵关内侯。

①钟会为其母亲作传记：“夫人张氏，字昌蒲，太原郡兹氏县人，太傅定陵成侯之命妇。家族世代有人担任二千石官员。年少时，夫人丧父母，嫁到成侯家，修身正行，非礼不动，为上下所称颂。贵妾孙氏，摄嫡专家，心害其贤，多次谗言，毁伤无所不至。孙氏善辩，讲话有智巧，言足以饰非，竟不能伤害也。及至夫人妊娠，孙氏更加嫉妒，把药放置在食中，夫人食后，感觉味道不对，吐出，眩瞑数日。有人说：‘何不向公言之？’夫人答：‘嫡庶相害，破家危国，古今以此为鉴戒。假如公信我，众谁能证明其事？彼以心度我，谓我必言，固将先我；事由彼发，顾不快耶！’遂称疾不见。孙氏果然对成侯讲：‘妾欲其得男，故饮以得男之药，反谓毒药！’

成侯说：‘得男药佳事，暗放在食中与人，非人情也。’遂审讯侍者，侍者招供，孙氏由是服罪，被赶出家门。成侯问夫人为何不言，夫人言其故，成侯大惊，益以此贤之。黄初六年，生下钟会，恩宠越隆。成侯既赶走孙氏，更纳正嫡贾氏。”

裴松之按：钟繇在当时老矣，方纳正室。一般来说，《礼记》所说的宗子，虽然七十，无无主妇之义。

《魏氏春秋》记载：钟会的母亲见宠于钟繇，钟繇为之出其夫人。卞太后为夫人讲情，文帝下诏，钟繇与夫人复婚。钟繇恚愤，欲引鸩自杀，没有成功，餐椒致噤，文帝乃止。

②《世语》记载：司马师让中书令虞松制作表章，二次呈递，都不合司马师的意思，让虞松再修改。过了很久，虞松竭尽思虑，改不出来，非常烦恼，形于颜色。钟会察其有忧虑，问虞松，虞松据实回答。钟会取来一看，为表章改定五字。虞松心悦诚服，呈递司马师，司马师问："不当尔邪，这是谁改定的？"虞松答："钟会。正准备向明公推荐，正好明公见问，不敢掩饰其能。"司马师说："如此，可大用，可令钟会来见。"钟会问虞松，司马师有什么特点，虞松答："博学明识，无所不贯通。"钟会谢绝宾客，精思十日，第二天清晨，来见司马师，直至鼓声二遍，钟会才出府。出府后，司马师拊手叹息："此真王佐之材！"

虞松，字叔茂，陈留郡人，是九江郡太守边让的外孙。弱冠时，虞松显露才华，跟随司马宣王征伐辽东，司马宣王命令虞松制作檄文，及至破贼，张贴文书。虞松跟随司马宣王撤军，司马宣王任命虞松为府掾，当时，虞松年仅二十四岁，改任中书郎，官至郡太守。虞松的儿子虞濬，字显弘，在晋朝担任廷尉。

裴松之认为：钟会是名公的儿子，声誉卓著，弱冠登朝，已历任显位，司马景王担任丞相时，何以不相识，而要等待为虞松改定表章，然后才得以引见？设使此前不认识，但见五字，便知可大用，虽圣人其犹病也，更何况司马景王？

毌丘俭谋反作乱，大将军司马师东征，钟会跟随司马师，掌管军中机要，卫将军司马昭担任后卫。司马师在许昌去世，司马昭既而统率六军，钟会与司马昭在帷幄中商讨军事。当时，高贵乡公曹髦下诏，敕令尚书傅嘏，以东南刚刚安定，暂且留下卫将军司马昭驻扎在许都，以作为内外之援，敕令傅嘏率领诸军返回。钟会与傅嘏密谋，让傅嘏上表朝廷，拜司马昭为大将军，而后，傅嘏率领大军，与司马昭一起出发，返回洛水南岸驻扎。高贵乡公曹髦只好拜司马昭为大将军，辅佐朝政，钟会改任黄门侍郎，受封为东武亭侯，享受食邑三百户。

甘露二年，高贵乡公曹髦征召诸葛诞，拜为司空，当时，钟会居丧在家，钟会预料诸葛诞一定不会从命，骑快马疾驰禀告司马昭。司马昭以任命书已经发出，不宜再追回更改。① 及至诸葛诞反叛，高贵乡公曹髦御驾亲征，驻扎在项县，司马昭进抵寿春，钟会跟随司马昭。

①钟会当时遭逢生母病逝，居丧在家。其为母亲作传记，曰："夫人秉性矜严，明于教训，钟会在童稚时，勤见教诲。钟会四岁时，母亲开始教授《孝经》，七岁时，可以诵读《论语》，

八岁时，开始诵读《诗经》，十岁时，开始诵读《尚书》，十一岁时，开始诵读《易经》，十二岁时，开始诵读《春秋左氏传》《国语》，十三岁时，开始诵读《周礼》《礼记》，十四岁时，开始诵读父亲成侯著的《易记》，十五岁时，母亲让钟会入太学，向四方来的学者，求教奇文异训。母亲对钟会讲：'学猥则倦，倦则意怠；吾担心汝之意怠，故以渐训汝，今可以独学矣。'母亲雅好书籍，涉猎各种书籍，特别喜欢《易经》《老子》，每当读到《易经》，孔子说鸣鹤在阴、劳谦君子、藉用白茅、不出户庭之义，则让钟会反复诵读，母亲说：'《易经》有三百余爻，仲尼特别解说此者，以谦恭慎密，枢机之发，行己至要，荣身所由缘故，顺斯术已往，足为君子矣。'正始八年，钟会担任尚书郎，夫人拉着钟会的手，教诲钟会：'汝弱冠见叙，人情不能不自足，损在其中矣，勉思其戒！'在当时，大将军曹爽专擅朝政，每日纵酒沉醉，钟会的哥哥侍中钟毓侍宴回来，谈起此事。夫人说：'乐则乐矣，然难以久长。居上不骄，制节谨度，然后，无危溢之患。而今，骄奢、僭越若此，非长守富贵之道。'嘉平元年，皇帝车驾前去祭祀高平陵，钟会担任中书郎，跟随皇帝。相国宣文侯举兵，众人恐惧，而夫人泰然自若。中书令刘放、侍郎卫瓘、夏侯和等家皆奇怪，问：'夫人一子在危难之中，何以无忧？'夫人答：'大将军骄奢、僭越无度，吾常疑其不能安保终身。太傅义不危国，必为大将军举耳。吾儿在帝侧，何忧？闻且出兵，无他重器，其势必不久战。'果如其言，一时间，众人皆以为夫人明察。钟会历任机要十余年，为司马氏参政，出谋划策。夫人对钟会讲：'在往昔，范氏少子为赵简子设谋，征伐郑国，事从民悦，可谓功矣。然而，其母亲依然认为，乘伪作诈，末业鄙事，必不能长久。其见识深远，非近人所言，吾常乐其为人。汝居心正，吾知免罪矣。但当修所志，以辅益时化，不忝先人。常言道，人谁能皆体自然，但力行不倦，抑亦其次。虽接鄙贱，必以言信。取与之间，分画分明。'有人问：'此无乃小事乎？'夫人答：'君子之行，皆积小，以致远大，若以小善为无益，而不为，此乃小人之事耳。希望慕大事者，吾所不好。'钟会从幼年起，衣不过青绀，亲自料理家事，自知恭俭。钟会见得思义，临财必让。钟会前后接受赐钱绢帛达数百万计，夫人全部拿出，供公家使用，一无所取。夫人享年五十九岁，甘露二年二月，夫人得暴病，去世。下葬时，天子有手诏，命大将军高都侯厚加赗赠，丧事无论花费多少，全部由官府供给。有议论者认为，公侯有夫人，有世妇，有妻，有妾，所谓命妇也。按照《春秋》成风、定姒之义，宜崇典礼，不得总称妾名，于是，称成侯命妇。殡葬之事，有取于古制，礼也。"

当初，吴国大将全琮与孙权有姻亲，是孙权最信任的重臣，全琮的儿子全怿，孙子全静，侄子全端、全翩、全缉等，都领兵救援诸葛诞。全怿的侄子全辉、全仪留在建业，与其家族某人因为某事而争讼，带着母亲，率领部众数十家，渡过长江，投奔司马昭。钟会献上计策，暗中为全辉、全仪写信，派全辉、全仪的亲信带上书信，潜入城中，告诉全怿等，说吴国正在怨恨全怿等不能攻取寿春，欲杀尽攻城诸将的家属，故逃出来归顺魏国。全怿等恐惧，遂率领所部，打开东城门出降，得到封赏，城中守军因此分崩离析。寿春城破，钟会的计谋发挥了作用，建立大功，更加受到司马昭信任，当时人称钟会为张良。大军撤回，升迁钟会为太仆，钟会坚决辞让，不肯就位。以中郎在大将军幕府负责秘书工作，成为司马昭的心腹。以讨伐诸葛诞有功，钟会晋升爵位为陈侯，钟会多次谦让。皇帝下诏：“钟会在大将军幕府，负责军事，参与计谋，料敌制胜，有出谋献策的功劳，而钟会推让赏赐，言辞恳切，前后多次，志不可夺。建立功劳，不居功自傲，为古人所重，听任钟会坚辞之意，以成全其德。”钟会改任司隶校尉。虽然在外朝任职，朝廷的大政方针，对官员的奖赏惩罚，钟会都会参与意见。嵇康等被杀，也是钟会的建议。

司马昭以蜀国大将姜维多次袭扰陇西，预料蜀国这样下去，一定会国力疲惫，财政匮乏，欲大举出兵，兼并蜀国。只有钟会支持，认为讨伐蜀国完全可行，并且参与谋划，测量地形，考察蜀国形势的变化。景元三年冬天，朝廷任命钟会为镇西将军，持符节，都督关中军事。司马昭敕令青州、徐州、兖州、豫州、荆州、扬州建造战船，又敕令唐咨建造大海船，对外宣布，将要讨伐吴国。景元四年秋天，常道乡公曹奂下诏，诏令邓艾、诸葛绪各统率大军三万，邓艾直取甘松、沓中，牵制姜维，诸葛绪直取武街、桥头，断绝姜维的退路。钟会统率十万余众，分道从斜谷、骆谷攻入。钟会命令牙门将军许仪在前边开路，钟会在后边跟进，在一座桥上，桥面塌陷，马足陷入桥面，钟会诛杀许仪。许仪是许褚的儿子，有功于王室，也没有得到宽宥。诸军将领听说后，莫不感到震恐。蜀国命令前方要塞坚守不战，退回汉、乐二城坚守。魏兴郡太守刘钦直取子午谷，诸军将领数路并进，进抵汉中。蜀国监军王含守卫乐城，护军蒋斌守卫汉城，各自率领五千人。钟会派遣护军荀恺、前将军李辅，各自率领一万人，荀恺围困汉城，李辅围困乐城。钟会率领大军长驱直入，西出阳安口，派人祭祀诸葛亮的坟墓。派护军胡烈等在前边开路，攻破关城，缴获库藏的粮食、物资。姜维从沓中撤军，进抵阴平，聚集部众，欲奔赴关城。还未到达，听说关城已经城破，遂退回白水，与蜀将张翼、廖化等共同守卫剑阁，以抗拒钟会。钟会发布檄文，告谕蜀国将领吏民，檄文如下：

在以往，汉室福祚衰微，天下分崩离析，生民之命，陷于泯灭。太祖武皇帝神武英明，拨乱反正，拯救华夏之将坠，救我生民于危亡。高祖文皇帝应天顺民，接受汉室禅让，登上帝位。烈祖明皇帝奕世重光，拓展宏业。然而江山之外，依然有异政殊俗，率土之滨，齐民还未蒙受王化，此三祖所以念念不忘，留下遗恨。而今，主上圣德钦明，绍续前代盛绪，宰辅忠诚明允，劬劳勤政于王室，布政垂惠，万邦协和，施恩德与百蛮，肃慎远道来贡献。圣主哀悼彼巴蜀独自遭受蹂躏，怜悯巴蜀百姓劳役未已。是以诏命将军，率领六师，恭行天罚，征西将军、雍州刺史、镇西大将军率领各路大军，五路并进。古人之用兵，以仁为本，以义治之；王者之师，有征无战；故虞舜帝舞干戚，而征服有苗氏，周武王伐纣克殷，有散财、发廪、表闾之义。而今，镇西大将军奉天子诏命，统率大军，先发布文告，告谕巴蜀百姓，大军前来，以解救苍生之命，并非穷兵黩武，血染沙场，以畅快一时之征战，故略陈巴蜀目前安危之要，敬听告谕之善言。

益州先主刘备以命世英豪，兴兵朔野，曾经受困于冀州、徐州之郊野，受制于袁绍、吕布之掌心，太祖施以拯救、援助，与其结为友好。中途变更，二人背离，遂弃同异路，诸葛孔明多次窥视秦川，姜伯约屡次出兵陇西，侵犯我边境，驱赶我羌、氐，因国家多有变故，未遑修葺甲兵，行九征之伐。而今边境乂清，域内无事，蓄力待时，大军压境，巴蜀仅有一州之众，分兵多处守备，难以抵御天下之师。段谷、侯和之战，蜀军已经挫伤锐气，难以抗拒堂堂雄师。近年以来，蜀地几无宁岁，徭役征夫疲惫，难以抗拒，民心归附。此皆诸贤所亲见。在古代，蜀相陈壮被秦军俘虏，公孙述授首于汉光武帝，九州之险阻，绝非一姓所拥有，此皆诸贤所详闻。明者见危于无形，智者避祸于未萌，是以微子离开商都，最终做了周室的嘉宾，陈平背弃项羽，为汉高祖建立殊勋。岂有偏安一隅，饮下鸩毒，怀禄而不变哉？而今国朝隆天覆之恩，宰辅弘宽恕之德，先惠后诛，好生恶杀。在以往，吴将孙壹举众内附，受命担任上卿，宠秩殊异。文钦、唐咨身为国家大害，背叛君主之逆贼，回来后，仍然担任将军。唐咨受困，走投无路被擒获，文钦两个儿子投降，皆拜为将军，封为列侯；唐咨还参与国事。孙壹等穷途末路，归顺朝廷，得到极大恩宠，更何况巴蜀的贤者能够见机行事，做出明智选择！诚能借鉴成败，邈然遁迹，追寻微子之途，错身陈平之轨，则福同古人，余庆传于后裔，百姓士民，安享旧业，农民不易田亩，集市不改商贸，远离累卵之危，接受永安之福，岂不美哉！如果仍打算偷安旦夕，迷途而不知返，大兵一到，玉石俱焚，虽欲悔之，亦已晚矣。其选择利害，自求多福，各具宣布，咸使闻知。

邓艾追击姜维至阴平，挑选精锐士卒，欲从德阳县攻入江由，从东边的儋道直抵绵竹，而后直取成都，与诸葛绪同时进军。诸葛绪以本部接受诏命，截击姜维，向西进军，并非原来的诏命，进军直抵白水，与钟会会齐。钟会派遣将军田章等，从剑阁西边开进，直指江由，还未到达，距离江由一百里，田章先打败蜀军伏兵三千余人，邓艾令田章先攻占江由。邓艾则长驱直入，一往无前。钟会与诸葛绪率军指向剑阁，钟会欲专断用兵，密报诸葛绪畏缩不前，诸葛绪被打入囚车，押送回京师。两路大军皆归钟会指挥，[①]钟会进攻剑阁，战事不利，引军撤退，蜀军据险坚守。邓艾进抵绵竹，与蜀军大战，斩杀诸葛瞻。姜维等听说诸葛瞻已经战败，率领余众向东进入巴郡。钟会遂进军直抵涪县，派遣胡烈、田续、庞会等追击姜维。邓艾进军，直指成都，刘禅向邓艾投降，又派遣使者敕令姜维等向钟会投降。姜维来到广汉郡郪县，命令士兵放下武器，将符节、印绶上缴胡烈，而后，率领蜀军从东道来向钟会投降。钟会上奏："贼人姜维、张翼、廖化、董厥等亡命遁走，欲直奔成都。臣派遣司马夏侯咸、护军胡烈等，经由剑阁，出新都、大渡河，截断他们的退路，参军爰彭、将军句安等紧追不舍，参军皇甫闿、将军王买等从涪南出兵，截击其腹部，臣据守涪县，为东西后援。姜维等所率领的步骑四五万带甲武士，一时间，塞满山谷，数百里长，首尾相顾，凭恃其人多势众，正沿路向西逃窜。臣敕令夏侯咸、皇甫闿等，令其分兵占据险要，广张罗网，南边堵住姜维遁走吴国之道路，西边堵住其返回成都之企图，北边断绝其翻越高山之险径，大军四面云集，首尾并进，蹊路断绝，走投无路。臣又手书，告谕姜维，劝其投降，向姜维等开启生路，群寇在大军威逼下，已知穷途末路，命穷数尽，遂解甲投戈，背缚向我军投降，我军缴获敌军印绶上万，物资器材，堆积如山。在往昔，舜帝舞干戚，有苗氏跪拜臣服；牧野周武之战，殷商军队倒戈：有征无战，此乃帝王之盛业。全国为上，破国次之；全军为上，破军次之：此乃用兵之经典。陛下圣德，可与前代圣王比拟，辅臣忠诚贤明，效法周公旦，以仁义安抚众生，以正义之师，讨伐不臣，殊俗向化，无人不向心归附，师不逾时，兵不血刃，万里同风，九州共沐。臣谨奉诏命，向蜀国君臣宣读诏书，施以恩典，恢复其社稷，安绥其百姓，减免其赋税，减少其徭役，以仁德之礼仪，改变其风俗，以法律之轨仪，改变其苛政，百姓欢欣，人怀安宁，王师奏唱凯歌，仁义无以复加。"钟会命令魏军士兵不得抢掠、骚扰蜀人，躬身对待蜀地士民，招诱民众归附，虚心对待蜀国官员，与姜维的关系很好。[②] 当年十二月，常道乡公曹奂下诏："钟会率领王师，所向披靡，摧枯拉朽，前无强敌，攻克众城，网罗逃逸。蜀国之君臣，背缚归命，谋无遗策，举无废功。蜀国投降或诛杀者，动辄万计，全军克敌制胜，可谓有征无战。开拓平定西夏，方隅清晏。拜钟会为司徒，晋升爵位为县侯，增加食邑一万户。封钟会的两个儿子为亭侯，各享受食邑一千户。"

①按照《百官名》：诸葛绪入晋，担任太常、崇礼门卫尉。儿子诸葛冲，担任廷尉。

荀绰著《兖州记》记载：诸葛冲的儿子诸葛铨，字德林，诸葛玫，字仁林，皆为知名显达士人。诸葛铨，曾担任兖州刺史。诸葛玫，曾担任侍中、御史中丞。

②《世语》记载：夏侯霸投奔蜀国，蜀国朝廷问："司马公有何德何能？"夏侯霸答："自当作家门。"又问："京师俊士如何？"答："有钟士季，此人掌管朝政，吴、蜀之忧也。"

《汉晋春秋》记载：当初，夏侯霸投降蜀国，姜维问夏侯霸："司马懿既得彼政，当复有征伐之志？"夏侯霸回答："司马懿正在营立家门，未遑外事。有钟士季，其贤者虽少，终为吴、蜀之忧，然而非常之人，亦不能用也。"此后十五年，钟会灭亡蜀国。

按照习凿齿此言，并非出自他书，故采用《世语》而附益。

钟会早有异志，因为邓艾接受诏命，有专断权力，钟会密报朝廷，说邓艾有谋反迹象，[①]于是，常道乡公曹奂诏令，将邓艾打入囚车，押送至京师。司马昭担心邓艾不肯从命，敕令钟会迅速进军，进抵成都，监军卫瓘在钟会前边开路，以司马昭手令，向邓艾宣谕，邓艾所率领的军队全部放下武器，而后收捕邓艾，打入囚车。钟会所忌惮者，只有邓艾，邓艾被擒拿，钟会随即进入成都，独自统领征西大军，威震西蜀。钟会自以为功高盖世，不可久居于人之下，加上征西大军有很多猛将锐卒，都在自己统辖之下，遂密谋造反。钟会欲派姜维等率领原蜀军出斜谷，钟会亲自率领大军，随后跟进。大军在长安会齐，再令骑兵从陆路进军，步兵从水路沿着渭河，进入黄河，顺流而下，钟会认为，五日即可到达孟津，与骑兵在洛阳会齐，一旦成功，天下可定。钟会得到司马昭寄来的书信，信中讲："担心邓艾不肯就范，特派遣中护军贾充率领步骑一万人，从小路进入斜谷，驻扎在乐城，我将亲自率领十万士卒，驻扎在长安，很快就会与你相见。"钟会得到书信，顿感惊讶，对亲信讲："只是逮捕邓艾，相国知道我能单独完成此事；而今派来大军，一定是发现我有异志，应当尽速发兵。事成以后，可以获得天下；谋事不成，退守蜀汉，割据一方，不失重新做一个刘备。我自从淮南用兵，算无遗策，四海所共知。我有此才能，安可归附谁！"钟会在景元五年正月十五日到达成都，第二天，钟会延请护军、郡守、牙门骑督以上将领，以及原蜀国官员，在蜀国朝堂上，为太后发丧。钟会矫制太后遗诏，诏命钟会起兵，废黜司马昭，钟会将遗诏展示给座上众人，让他们讨论决定，并在盟誓上签字画押，既而，钟会命令亲信代替众将领率领诸军。钟会将延请来的官员，关押在益州诸曹官署的屋中，紧闭城门、宫门，派兵严加把守。钟会帐下的督军丘建，原来是胡烈的部下，胡烈把丘建推荐给司马昭，钟会请求司马昭把丘建留在身边，担任督军，非常信任。丘建哀怜胡烈被关押在屋子里，请求钟会，让一位亲兵为胡烈送饮食，各位牙门将领也随例安排一名亲兵。胡烈欺骗亲兵，带一封书信给他们的儿子，信中讲："丘建密报，钟会已经挖掘大坑，准备数千条白棒，欲招呼外边的士兵进入，每人赐一顶白帽子，拜为散将，而后用白棒子，把所有被关押的将领打死，丢弃在坑中。"各位牙门将领的亲兵纷纷传说，一夜间，相互转告，大家都知道了。有人对钟会讲："应该把牙门以上的骑督全部杀尽。"钟会犹豫不决。十八日日中时分，胡烈属下的士兵，与胡烈儿子率领的士兵，擂响战鼓，冲出营门，各军营的士兵不约而同，擂响战鼓，杀出军营，没有人率领，争先恐后冲进成都城。当时，钟会正在给姜维发铠甲、武器，有人报告外面有汹汹喊杀声，好似城中失火，很快，又有人报告，士兵冲进城内。钟会大惊，对姜维讲："士兵来势凶猛，欲谋反作乱，怎么办？"姜维答："坚决镇压。"钟会派兵，欲杀尽关押的牙门将领及新任命的郡守，里面的人用柱子死死顶住大门，士兵用斧子猛斫大门，不能斫破。须臾间，城门外的士兵攀附梯子，登上城墙，杀入城内，有人焚烧城里的房屋，士兵们好似蚂蚁一般，在城里横冲直撞，箭矢如雨点般落下，牙门将领、郡守各自爬上屋顶，逃出关押的房屋，与其属下士兵会合。姜维率领钟会身边的亲兵，奋力作战，亲手杀了五六人，众人乱刀齐下，砍杀姜维，又争先恐后杀了钟会。钟会死时，年仅四十岁，在战乱中死去的将士有数百人。[②]

①《世语》记载：钟会善于模仿他人字体，在剑阁要邓艾上表章自陈其事，而后，改动邓艾的表章，令辞悖逆、傲慢，有很多自矜、自伐的言辞。又销毁司马文王的报书，模仿司马文王的字体，以迷惑邓艾。

②《晋诸公赞》记载：胡烈的儿子名叫胡渊，字世元，是胡遵的孙子。胡遵，安定郡人，以才兼文武，累任藩镇要职，官至车骑将军。儿子胡奋，字玄威，历任一方要职，女儿是晋武帝的贵人，得到晋武帝宠幸。太康年间，晋武帝任命胡奋为尚书仆射，兼领镇军大将军，开府建衙。弟弟胡广，字宣祖，曾担任少府。次子胡烈，字玄武，曾担任秦州刺史。次子胡岐，字玄嶷，曾担任并州刺史。胡广的儿子胡喜，曾担任凉州刺史。胡渊，小字鹞鸱，当时年仅十八岁，杀了钟会，救下父亲，名震远近。后来，赵王司马伦篡位，三王兴义兵，司马伦派胡渊与张泓率军抵御齐王，屡次大败齐军。恰逢成都被攻破，胡渊归降，被杀。

当初，邓艾担任太尉，钟会担任司徒，都持有符节，像过去一样，统率诸军，也都没有来得及获得封赏，这次动乱之后，相继毙命。钟会的哥哥钟毓，在景元四年冬天去世，钟会没有得到消息。钟会哥哥的儿子钟邕，当时在钟会身边，同时遇害，钟会抚养的大哥的几个儿子钟毅、钟峻、钟辿等被捕入狱，被判决处死。司马昭上表天子，天子下诏："钟峻等人的祖父钟繇，三祖之世，位极台司，佐命朝廷，立下功勋，飨食庙堂。父亲钟毓，历职内外职务，皆有政绩。在往昔，楚王追思子文之治，不灭斗氏之祭祀。晋侯追录成宣之忠，存恤赵氏之后嗣。因为钟会、钟邕之罪，而断绝钟繇、钟毓之宗庙祭祀，吾深感哀愍！钟峻、钟辿兄弟，特别予以宽宥，有官爵者，恢复官爵。唯钟毅及钟邕，已经伏法。"有人说，钟毓曾经密报司马昭，说钟会拥有的权力太大，率领大军，难保不会谋反叛逆，不可以授予专任，这才赦免钟峻等。[①]

①《汉晋春秋》记载：司马文王欣赏钟毓忠诚亮直，笑着回答钟毓："若如卿言，必不以罪连累家族。"

当初，司马昭欲派遣钟会伐蜀，西曹掾邵悌求见司马昭，说："而今，朝廷派遣钟会率领十余万众，讨伐蜀国，臣愚以为，如此重任，不宜委任钟会一人，还应再派其他人协助。"司马昭笑道："我怎么会不明白这一点？蜀国为天下之大患，百姓不得安宁，我今天讨伐蜀国，此战必胜，犹如掌握在掌心，众人皆言蜀国不可伐，难以轻易取胜。人心怯懦，则智勇难以发挥作用，难以发挥作用而强派他人讨伐，只能被敌人所擒。只有钟会与我的意见一致，而今，派遣钟会伐蜀，必定能平定蜀国。灭蜀之后，如卿所忧虑，怎样处理才好？凡败军之将，不可以言勇，亡国之大夫，不可以图存，这是已经胆破心寒。如果蜀国被灭，蜀国遗民震恐，不足与其共谋大事；中原将士各自思归，不肯再参与钟会谋反。如果钟会作恶，只能自取灭亡，遭到灭族的下场。卿无须忧虑，但莫使他人闻知。”及至钟会密报司马昭，邓艾图谋不轨，司马昭欲亲自率军西进，邵悌又谏言：“钟会所统率的军队，多于邓艾五六倍，可敕令钟会逮捕邓艾，司马公无须亲自出征。”司马昭答：“卿忘却此前所言，怎么又谏言我无须亲征？即使如此，此话切不可外传。我当以信义待人，但人不当负我，我岂可先于他人，心生疑窦！近些时，贾护军问我：‘对钟会是否有怀疑？’我回答：‘如今，派遣卿领兵出征，能对卿再疑虑重重？’贾护军无言以对。我到了长安，事情自然会有分晓。”大军进抵长安，钟会被杀，正如司马昭所料。①

①按照《咸熙元年百官名》：邵悌，字元伯，阳平县人。

《汉晋春秋》记载：司马文王听说钟会的幕府功曹向雄收葬钟会，司马文王召向雄责问：“往者王经之死，卿哭于东市，我没有查问，今钟会身为叛逆，卿又为其收葬，若复相容，其如王法何！”向雄回答：“在往昔，先王掩埋骨骼，仁流朽骨，在当时，岂先卜其功罪，而后收葬？今晋王诛杀既加，于法已备，向雄感义而收葬钟会，从义理来讲，并无缺失。法立于上，教化弘于下，以此训物，向雄认为，可矣！何必令向雄背死违生，立于今世。殿下雠对枯骨，捐之荒野，百岁之后，为臧获所笑，岂仁贤所能掩盖？”司马文王听罢，心情释然，与向雄宴谈后，送向雄回去。

习凿齿曰：向伯茂可谓勇于蹈义，哭王经而哀感市人，葬钟会而义动明主，彼皆忠烈奋勇，知死而往，非存生也。况且，假使王经、钟会处世，或身处危难，而有不赴难者乎？故寻其奉死之心，可以见事生之义，览其忠贞之节，足以愧背义之士。司马文王加礼而送，可谓明达。

钟会曾经评论《易经》记载：“无玄体，才性同异。”及至钟会被杀，在钟会家搜出二十篇文章，名曰《道论》，内容有关刑名法学，其文章风格符合钟会。当初，钟会二十岁时，与山阳郡人王弼齐名。王弼喜欢谈论儒道，口才极好，可谓雄辩大家，为《易经》《老子》作注，后来担任尚书郎，二十余岁，不幸早夭。①

①王弼，字辅嗣。何劭为其作传记：王弼幼年即显示出聪慧，十几岁时，研究《老子》，通读《老子》，能辨识其言。父亲王业，曾担任尚书郎。当时，裴徽担任吏部侍郎，王弼还未行加冠礼，前去拜谒。裴徽见一面，而异之，问王弼：“无者诚万物之所资，然而，圣人莫肯致言，《老子》申之，无已者何？”王弼答：“圣人体无，无又不可以训，故不说也。《老子》是有者也，故恒言无所不足。”不久，傅嘏也知道了王弼。在当时，何晏担任吏部尚书，对王弼的学识颇为诧异，叹息道：“仲尼称后生可畏，像这样的才子，可与其谈论天人之际！”正始年间，黄门侍郎缺位。何晏既举荐贾充、裴秀、朱整，又准备用王弼。当时，丁谧与何晏争衡，把高邑人

王黎推荐给曹爽，曹爽用王黎。于是，何晏让王弼补任台阁侍郎。刚上任，王弼觐见曹爽，向曹爽致礼，曹爽屏退左右，与王弼谈论道学，时间不知不觉过去，曹爽因此欣赏王弼。当时，曹爽专擅朝政，曹爽的党徒相互举荐，王弼虽然是通才，却不慕高名。不久，王黎病亡，曹爽用王沈代替王黎，王弼仍不能在曹爽门下，何晏为之叹息。王弼在台阁日子尚浅，事功亦雅，这并非王弼所长，也不被众人留意。淮南郡人刘陶善于谈论纵横，被当时人推崇。每次与王弼谈话，常佩服不已。王弼可谓天才，学识渊博，当其所得，莫能夺也。王弼性情和善，乐游宴，解音律，善投壶。其论道傅会文辞，不如何晏，对自然的解释，超过何晏，王弼以所长，常嗤笑他人，被士人君子所诟病。王弼与钟会的关系很好，钟会议论，以简练为尚，然而，钟会欣赏王弼的高雅。何晏以为圣人无喜怒哀乐，其论甚精，钟会赞成。王弼则见解不同，王弼认为，圣人茂于人者，神明也，同于人者，五情也，神明茂，故能体冲和以通无，五情同，故不能无哀乐以应物，然而圣人之情，应物而无累于物。今以其无累，便谓不复应物，失之多矣。王弼为《易经》作注，颍川郡人荀融诘难王弼所著《大衍义》。王弼向其解释，写信以戏之："明足以寻极幽微，而不能去其自然之性。颜子之量，孔父之所预注，然而，遇之不能无乐，丧之不能无哀。又常狭斯人，认为不能以情从理，而今乃知，自然之不可革。足下之量，虽已定乎胸怀，然而隔逾旬朔，何其相思之多乎？故知孔子之于颜回，可以无大过矣。"王弼为《老子》作注，进行解释，致有理统。王弼著《道略论》，注解《易经》，往往有高雅精辟之言。太原郡人王济好清谈，不欣赏《老子》《庄子》，常说："看见王弼为《易经》作注，所悟者多。"然而，王弼为人肤浅，不懂得人情世故，当初，王弼与王黎、荀融的关系很好，王黎夺其黄门侍郎，于是，王弼恨王黎，与荀融的关系也不终。正始十年，曹爽被废黜，王弼以公事被免职。当年秋天，染上瘟疫，病亡，年仅二十四岁，无子，绝嗣。王弼死后，司马景王听说此事，嗟叹不已，为其过早去世感到惋惜。

孙盛曰：《易经》作为经书，义理如神，非天下之至精，何经书能与其相比？世人为《易经》作注，皆妄语。更何况王弼以附会之辞，欲笼统玄旨？其叙述浮华，丽辞溢目，《易经》有关阴阳，玄妙无穷，至于六爻，群象所效，假以日月，五气相推，王弼弃置一旁，即使有许多解释。虽有可观者，恐将背离大道。

《博物记》记载：当初，王粲与族兄王凯一起在荆州避乱，刘表欲把女儿嫁给王粲为妻，又嫌其相貌丑陋，而且率意用性，认为王凯的风貌甚佳，最后，把女儿嫁给王凯。王凯生下王业，王业即刘表的外孙。蔡邕有藏书近万卷，东汉末年，蔡邕载了数车书籍，送予王粲，王粲死后，相国府掾魏讽谋反，王粲的儿子参与其中，被杀，蔡邕送予王粲的书籍，皆归于王业。王业，字长绪，官至谒者仆射。儿子王宏，字正宗，曾担任司隶校尉。王宏，是王弼的哥哥。

《魏氏春秋》记载：文帝既然杀了王粲的两个儿子，又以王业作为王粲的后嗣。

陈寿评论如下：王凌有气节，品行高尚，毌丘俭有才能，卓尔不群，诸葛诞享有威望，为人刚毅，钟会有计谋，精明能干，都是当时的知名士人，荣登高位，而且，胸怀大志，然而，这些人不识时务，不惧仕途危险，趁着机会，谋反作乱，最终导致宗族夷灭，岂不谬邪！邓艾身手敏捷，勇敢果断，立功立事，然而，暗昧于防范他人，败亡于旋踵之间，能预测诸葛恪的下场，却不能自度其身，这正是古人讲的："眼睛看不见睫毛。”①

①《史记》记载：越王无疆与中原争强，在楚威王时，越国北伐齐国，齐威王派人对越王讲，越王不肯采纳。齐国使者说：“幸而，越国还未灭亡。吾不贵其用智之如目，目能看见毫毛，而不能自见其睫毛。今越王知晋国之失计，而不自知越王之过失，是眼睛看不见睫毛也。”

魏书二十九

方技传第二十九

华佗，字元化，沛国谯县人，又名华旉（fū）。[①]华佗曾经在徐州游学，兼通经术、医术。沛国相陈珪举荐华佗为孝廉，太尉黄琬征召，华佗一概谢绝。华佗通晓养生之术，年近百岁，依然鹤发童颜，世人称华佗为神仙。华佗精通方剂学，为人治病，开的药方，不过几味药，用心计算，不用称量，药材使用的分量分毫不差。药剂煎制好后便能饮，华佗告诉病人每次饮多少，按照华佗的嘱咐，药吃下去，病很快就会痊愈。华佗用灸治疗病人，不过一两处穴位，每处不过七八灸，灸到病除。如果扎针，也不过一两处，华佗下针时说："进针稍许，当进针感到酸麻时，即告诉我。"病者说："已到酸麻处。"话声一落，华佗随即拔出针来，病也很快见好。如果疾病隐伏在内脏，针药不能到位，需要用手术治疗，华佗就会让病人先用酒服下"麻沸散"，须臾间，病人麻醉，不省人事，而后华佗剖开腹背，用手术刀割去病灶。如果病人的病灶在肠子上，则将肠子截断清洗，除去疾患、秽物，再将肠胃、腹部缝合，敷上神奇的药膏，四五日即可痊愈，病人感觉不到痛苦，不会有特别的难受感觉，一月之内，病人就痊愈了。

①裴松之按：古"敷"字与"尃"相似，写书者多不能区别。华佗，字元化，其名字应该为旉。

原甘陵国相夫人怀孕六个月，腹中疼痛，躁动不安，华佗诊视其脉络，说："胎已经死在腹中。"让人用手探摸腹部，胎儿的位置，在左边为男，在右边为女。探摸的人说："在左边。"华佗用汤药打下死胎，果然是男形，夫人很快痊愈。

县吏尹世四肢麻痹，痛苦不堪，口中干燥，不想听到人声，小便不通畅。华佗说：“试着吃些热食，等到出汗，病即可痊愈；如果不出汗，三日后将死。”家里做了热食吃下去，汗没有发出来，华佗说：“元气在体内已经耗尽，将会啼泣而亡。”果然，像华佗讲的一样。

郡府吏倪寻、李延住在一起，都说头痛发热，病症相同。华佗说：“倪寻服药后应当下泄，李延服药后应当发汗。”有人诘问为何治疗的结果各异，华佗解释：“倪寻外实，李延内实，故服药后结果不同。”华佗为各人配药服用，第二天清晨，二人就可以起床了。

盐渎县人严昕与数人等候华佗，华佗回来，对严昕讲：“君身上是否欠佳？”严昕回答：“和平常一样。”华佗说：“君有急病，脸上可以看出病相，切勿多饮酒。”坐了一阵子，众人回去，才走了数里，严昕感觉头晕，从车上栽下来，其他人扶起严昕，用车子送回家，当天夜晚，严昕病死。

原郡府督邮顿子献得病，已经痊愈，来请华佗诊脉，华佗说：“身体尚虚，病还未彻底好，切勿过劳，忌行房事，与妻子行房事即死。临死前，舌头会吐出数寸。”其妻子听说他的病已经痊愈，从百里以外来省亲，夜里留下同宿行房，过了三日，再次发病去世，正如华佗所言。

郡府督邮徐毅得病，华佗前去探视。徐毅对华佗讲：“昨天让医曹吏刘租用针刺胃部治疗，此后便咳嗽不止，欲睡卧，辗转反侧。”华佗答：“针刺没有扎中胃部，误扎中肝部，饮食会逐日减少，过五日，就再难以施救。”正如华佗所言。

东阳郡人陈叔山的小儿子二岁得病，腹泻时，常哭闹不止，日渐消瘦。陈叔山前来向华佗咨询，华佗答：“其母亲怀上这个孩子时，阳气应该在腹内滋养，儿子出生后，母亲的乳汁虚寒，婴儿从母乳中吸进寒气，故婴儿患病，不时哭泣。”华佗给了他用四种药物制成的女宛丸，妻子服药十日后，药到病除。

彭城王夫人夜晚上厕所，被毒虫蜇伤手，呻吟不止。华佗令其将一种汤药烧热，把手浸入其中，很快可以安睡，其他人多次为其更换汤药，使汤药保持温度，天明后，炎症已经消除。

军吏梅平得病，被除名回家，家住在广陵郡，离家还有二百里，住在亲戚家。此时，华佗路过其亲戚家，主人请华佗诊视梅平，华佗对梅平讲：“君早日见我，可不至于此。而今病情已重，赶快回家去，还可以与家人见面，五日后，病亡。”梅平很快赶回家，如华佗所言。

有一次，华佗行在路上，看见一位病人上腹壅堵饱满，很想吃东西却难以下咽，家人用车子载着，想去找医生就诊。华佗听到病人的呻吟，停下车子诊视，对病人讲：“刚才我来的路上，有一个卖炊饼的人家，腌制的蒜齑水很酸，可以取三升酸水饮之，病很快就会好。”按照华佗的吩咐，病人很快吐出一条蛇，悬挂在车边，欲来感谢华佗。华佗还未到家，小儿在门前戏耍，看见来客，相互问道：“一定是看到了我父亲，车边悬挂的蛇可以为证。”病人走进去坐下，看见华佗家北边的墙壁上悬挂几十条这样的蛇。

有一位郡太守病得很重，时间已经很久，华佗认为，可以用急怒攻心治越此病。华佗接受了病人的很多钱财，但迟迟不肯下药。过了不久，又丢下病人离去，还留下一封书信，把郡太守辱骂一通。太守勃然大怒，令人追杀华佗，郡太守的儿子知道，嘱咐属下不要追杀，郡太守盛怒之下，呕吐数升黑血，病随之痊愈。

还有一位士大夫患有重病，前来华佗处求医问诊。华佗说：“君的病根很深，应该剖开肚腹治疗。然而，君的寿命还有十年，这个病不会死人。忍住病痛，十年后寿终正寝，没必要忍受剖腹挖肠的痛苦。”患者不堪痛苦，一定要华佗治好此病，华佗遂下手治疗，不久痊愈，十年后去世。

广陵郡太守陈登忽然胸中烦闷、堵塞，面红耳赤，不能吃东西。华佗为其诊脉，说：“府君的胃中有虫，在胃中结成内疽，这是吃了生肉所致。”华佗熬制二升药汤，分两次让病人服下，过了不久，太守吐出三升虫子，头部红色，仍然在蠕动，半身犹如生鱼片，太守的病随即痊愈。华佗告诉太守：“此病过三年后，还会复发，到时遇到良医，还可获救。”三年过后，再次发病，华佗已经去世，太守病死。

曹操听说华佗是神医，召华佗来诊病，留在身边，随时伺候。曹操常患头风病，一旦患病，头晕目眩，华佗用针灸治疗，手到病除。①

①《华佗别传》记载：一人有病，两脚躄（bì），不能行，用车子拉来诊病，华佗望见，说：“已经过针灸、服药，无须再看脉。”让病人解开衣服，在背部穴位点上数十处，相距或一寸，或五寸，纵斜不同。告诉助手，在此穴位处各艾灸十壮，艾灸创越即可。此后艾灸处夹脊一寸，上下端很均匀，如引绳。

有一位李将军，妻子患病，召华佗来诊视。华佗说：“怀孕生产，伤了身子，胎儿还未下。”将军承认：“妻子的确怀孕生产，伤了身子，但是胎儿已经生下。”华佗说：“脉象证明，胎儿还未下。”将军不相信。妻子稍微好了些，过了一百余日，又有胎动，再次叫来华佗。华佗说：“脉象与此前一样，这是双胞胎，先生下一个孩子后，流血过多。后一个孩子没有生下，母亲没有察觉，接生婆也没有发现，没有继续接生，因此没有产下。胎儿死在腹中，血脉不能滋养，胎儿必定干枯而附在母亲的脊背上，所以，母亲脊背疼痛。这次服下一剂汤药，再辅以针灸，死胎就会下去。”于是华佗用针灸治疗，同时让产妇喝下药汤。产妇欲生产，而产道不通。华佗说：“死胎干燥，很难自动产出，应该叫人把它取出来。”果然有一男婴死胎，已经现出人形，颜色发黑，身长一尺多。

华佗诊病的绝技，大多类似这些。然而，华佗本来是读书人，以医术见长，心中常有懊悔之意。曹操事必躬亲，后来患上重病，令人请华佗来诊视。华佗说："此病在短时间内难以治越，必须不间断地治疗才能见功效，所以要拖延时日。"华佗长久离家，思念家人，欲归家省亲，佯称："最近得到家书，正欲回去探亲，很快回来。"回家后，华佗又以妻子有病，多次延期。曹操多次写信催促，又敕令郡县督促。华佗自恃有本领，厌恶混迹于官场，依然延宕不归。曹操大怒，派人前去查验真伪，如果华佗的妻子真的有病，赐予小豆四十斛，再宽限时日；如果华佗撒谎，即可将其收捕、遣送。结果，华佗被捕入狱，关押在许都监狱，受到严刑拷问，华佗只好伏罪。荀彧向曹操求情："华佗的医术很高明，为人治病，人命关天，应该宽宥华佗。"曹操说："无须担心，天下难道没有此类鼠辈？"遂将华佗羁押在监狱，拷打致死。临死前，华佗取出一卷书，交给狱吏，说："此书可以救治病人。"狱吏害怕犯法，不敢接受，华佗也不勉强，要来火种，将医书焚烧。华佗死后，曹操的头风病并未见好。曹操说："华佗能够治越此病。但此小人把病留在我身上，欲以此要挟我，我若不杀此竖子，终不会为我断绝病根。"及至后来，曹操的爱子曹仓舒患上重病，曹操叹息道："很后悔杀了华佗，令此儿不得活也。"

当初，军吏李成常苦于咳嗽，昼夜不能睡觉，有时还吐出脓血，请华佗诊视。华佗说："君的病，在肠道壅塞，咳嗽吐出的东西，并非从肺中咳出。为君配制药面两钱，君服下后，当吐出二升脓血，而后病越，要注意保养身体，一个月后，可稍微起床活动，好自为之，一年后，病体可痊愈。十八年后，还会发作一次，服下此药面，会再次痊愈。如果得不到此药面，就会病死。"华佗给了李成两钱药面，李成拿着药面回去。过了五六年，亲戚中有人患病，与李成一样，请求李成："卿如今已经强健，我病得快要死了，怎么能忍心，藏着妙药，不让我服用，[①]难道要看着我病死？先借给我服用，我病越后，再为卿从华佗处索要此药。"李成把药面给了亲戚。为此，李成专程到谯县，恰好华佗被收捕，仓促间，李成不忍心再向华佗提起求药的事情。又过了十八年，李成的病复发，无药可救，最终病死。[②]

①裴松之按：古语以藏为去。

②《华佗别传》记载：有人在青龙年间来见山阳郡太守广陵郡人刘景宗，刘景宗说，汉灵帝中平年间，多次见到华佗，其治病与号脉，非常灵验，犹如神助。琅琊郡人刘勋担任河内郡太守，有一个女儿，二十岁左右，左膝后面生疮，痒而不痛。疮痊愈数十日，又复发，如此七八年，请华佗来诊视，华佗说："这很容易治。用些稻糠，还有黄色犬一只，好马二匹。"用绳子系住犬的脖颈，让马牵着犬走，马不停地走，中间二匹马轮换，让马走三十余里，直到犬不能再走，让人拖着继续走，再走五十里。用稻糠熬成药，让女儿饮下，女儿安卧，不省人事。再用大

刀劈开犬腹近后脚处，在劈开之处，对着疮口，距离二三寸。停下来不一会儿，有像蛇者，从疮中爬出，用铁锥横贯蛇头。蛇在皮中蠕动，须臾不动，牵出，长三尺许，是蛇，但是有眼，没有瞳子，而且逆鳞。用膏散缚在疮口上，七日痊愈。又有人苦于头眩晕，头不能抬，目不能视，已经好几年。华佗让病人解开衣服，倒悬，让头离地一二寸，用布浸湿，擦拭身体，周围擦遍，再诊视诸脉，尽出五色。华佗令弟子数人用铍刀割开脉，五色血尽，显示赤血，而后解下，用膏药涂抹，用被子覆盖，汗从身子周围冒出，饮下亭历犬血散，很快痊愈。又有妇人，长期有病，已经有数年，世人都说是寒热病。冬天十一月，华佗令妇人坐在石槽中，第二天早晨，用寒水浇灌，直到水槽满百次。经过七八次，患者浑身战栗，欲死不死，灌者恐惧，欲停止。华佗令满数。将至八十灌，热气才蒸出，嚣嚣高二三尺。满百灌，华佗让病人躺在火温床上，盖上厚被子，很久汗才全部出来，往身上扑粉，汗收干后，很快痊愈。又有人有病，腹中好似刀割，十余日间，鬓毛、眉毛脱落。华佗说："是脾脏半腐，可刳腹治疗。"华佗让病人饮药，而后令其躺下，剖开肚子，在腹中探视，脾脏果然有一半腐坏。用刀切去腐烂的脾脏，刮去恶肉，用膏药涂抹疮口，饮下药汤，一百日后，病人痊愈。

广陵郡人吴普、彭城人樊阿跟随华佗学医。吴普按照华佗教的医术，为病人诊病，治好许多患者。华佗生前对吴普讲："人体需要运动，但不可过度。身体运动，可以帮助消化谷气，血脉流通，这样，就不容易生病，犹如关门的枢纽，经常活动，就不会腐朽。因此，古代的仙人，注重气体导引，导引术犹如黑熊攀登，鹰隼前后顾盼，俯仰牵引身体，活动关节，柔韧肢体，学会导引术，可以获得长生。我编了一套导引术，名字叫'五禽戏'：一曰虎戏，二曰鹿戏，三曰熊戏，四曰猿戏，五曰鸟戏。学会后，可用以活动手足，驱除疾病。身体如果不舒服，就做一套五禽戏，出一身汗，神清气爽，再敷上药粉，用以收汗。长此以往，身体轻便自如，胃口大开。"吴普按照华佗的指导，练习五禽戏，享寿九十余岁，耳聪目明，牙齿完整坚实。樊阿善于针灸术。医生说，背部及胸腹之间，不可以随意下针，即使下针，也不能超过四分，樊阿却在背部下针，深达一二寸，在胸脯的空隙处，下针深达五六寸，病人经过治疗，针到病除。樊阿跟随华佗学习医术，向华佗求取服食后有益于健康的药方，华佗传授他漆叶青黏（nián）散：漆叶碎末一升，青粘十四两，按照比例，配成药方，长久服用，可以去除寄生虫，有利于五脏六腑，身体轻盈强健，头发乌黑。樊阿按照老师的指导，配制药方，寿命有一百余岁。漆叶随处可以找到。青黏生长在丰邑、沛县、彭城及朝歌一带。①

①《华佗别传》记载：青黏，又名地节，又名黄芝，主理五藏，益精气。有一人误入深山，迷路，看见仙人服之，回来告诉华佗。华佗以为是良药，告诉樊阿，樊阿秘而不宣。亲近的人发现樊阿长寿，气力旺盛，感到奇怪，问樊阿所服，因为酒醉，樊阿将药方告诉他人。此法开始流传，很多人服用，有很大效果。

文帝著《典论》里边谈到郤俭等事："颍川郡人郤俭能辟谷，吃伏苓饼。甘陵郡人甘始善于行气，老有少容。庐江郡人左慈懂得补导之术。这些人都做过军吏。当初，郤俭来到京师，市上买卖的伏苓价暴涨数倍。议郎安平郡人李覃学习辟谷术，吃伏苓饼，饮寒水，中间泻肚子，几乎丧命。后甘始来，众人无不鸱视狼顾，学习呼吸吐纳。军谋祭酒弘农郡人董芬做得太过分，出现差错，气闭不通，很久才苏醒。左慈到来，又有人向其学习补导术，有寺人严峻，来向其学习导引术。阉竖其实不能学习此术，人之逐声，乃至于是。光和年间，北海王和平也喜欢道术，自以为成仙。济南郡人孙邕少时向其学习，跟随其到京师。恰逢王和平病死，孙邕将其葬在东陶，留下书一百余卷，药数囊，全部送入墓葬。后来，弟子夏荣言其尸解。孙邕至今后悔没有取走宝书仙药。刘向迷惑于《鸿宝》之说，君游眩于子政之言，古今愚谬，岂仅一人哉！”

东阿王曹植著《辩道论》记载：“世上有方士，吾王全部召到京师来，甘陵郡有甘始，庐江郡有左慈，阳城郡有郤俭。当初都说能行气导引，左慈懂得房中术，郤俭善于辟谷，都号称三百岁。最后都集中在魏国，诚恐斯人之徒，接奸宄以欺众，行妖慝以惑民，岂能看到神仙于瀛洲，求安期生于海岛，释金辂而履云舆，弃六骥而驾飞龙？自家诸侯王与太子及我兄弟几个人，都当作是笑谈，根本不相信。然而，有些人依然认为，知上遇之有恒，奉不过于员吏，赏不加于无功，海岛难得而游，六黻难得而佩，终不敢进虚诞之言，出非常之语。我曾经尝试郤俭的辟谷，绝谷百日，躬身与其在一起睡觉，行步起居，如同平常人。人不食七日则死，而郤俭也是如此。然而，不必迷信于益寿，可以疗疾，不怕饥饿罢了。左慈善修房中术，差点儿要了命，自非有志至精，不要尝试。甘始，老而有少容，自我吹牛，术士都佩服得很。然而，甘始辞繁寡实，都是一些奇谈怪论。我常在他身边，曾经单独和他谈话，问其所行，温颜以诱之，美辞以导之，他才告诉我：‘我的老师姓韩，字世雄，我曾经与老师在南海冶炼金属，前后多次，把数万斤金投掷于海。’又说：‘梁国时，西域有胡人来贡献香罽（jì）、腰带、割玉刀，当时后悔没有要。’又说：‘车师之西某国。儿子出生，割开背部，拿出脾脏，欲其食少而弩行。’又说：‘取鲤鱼五寸一双，合在一起煮药，在沸水中投入膏剂，有药者奋尾鼓鳃，游动沉浮，有若处于深渊，其中一尾已熟，可以吃。’我有时问他：‘你说的这些话，能不能试一试？’答：‘这种药距离此地上万里，还要出塞；不亲自去，取不来。’言不尽于此，总而言之，很难得到，故粗举其怪异者。甘始如果遇到秦始皇、汉武帝，就是徐市、栾大这一类的人物。”

杜夔，字公良，河南郡人。杜夔以善于音乐，担任宫中雅乐侍郎，中平五年，因为有病，辞去官职。州郡、司徒府以礼征召杜夔，杜夔看到天下陷于混乱，逃往荆州避乱。荆州牧刘表令杜夔与孟曜用汉室君主欣赏的雅乐演奏，刘表当庭观看，杜夔劝谏：“而今，将军欣赏为天子演奏的雅乐，当庭表演，不认为这样做不妥吗？”刘表采纳杜夔的谏言，没有让其继续表演。后来，刘表的儿子刘琮投降曹操，曹操任命杜夔为幕府参军祭酒，负责太庙雅乐之事，命令杜夔继续创制新的雅乐。

杜夔善于钟律，聪明过人，丝竹八音，无所不能，只有歌舞非其所长。当时，散骑侍郎邓静、尹齐善于吟诵雅乐，歌师尹胡能够吟唱宗庙郊祀之雅乐，舞师冯肃、服养通晓前代诸般乐舞，杜夔兼收并蓄，总揽其精华，时代远的参考古代经书，时代较近的选择典章故书，教授讲习，训练彩排，制备各种乐器，恢复前代的古乐，杜夔功莫大焉。

黄初年间，杜夔担任太乐令、协律都尉。汉代铸钟工匠柴玉手艺灵巧，构思精妙，很多乐器都是柴玉制作，也为当时的达官贵人所欣赏。杜夔令柴玉铸造铜钟，其声律清浊大多不符合法式，只好毁弃，多次改制，都不能成功。柴玉很失望，对杜夔说，清浊可以任意，颇有些不耐烦的意思。杜夔、柴玉又向曹操相互间告状，曹操令取来铸造的铜钟，反复敲打试听，最后认为，杜夔的意见是对的，否定柴玉铸造的铜钟，于是，惩治柴玉及他的几个儿子，贬为养马士。文帝很欣赏柴玉，又诏令杜夔与左騆等在宾客面前吹笙鼓琴，杜夔显示出为难的神色，文帝心中不高兴。又以其他事，关押杜夔，令左騆等在狱中向杜夔学习，杜夔自以为研究的是雅乐，担任负责音乐的官员是有资本的，心中依然不满，后遭到罢黜，直至去世。

杜夔的学生河南郡人邵登、张泰、桑馥先后担任太乐丞，下邳郡人陈颃担任司律中郎将。从左延年以下等人，虽然精通音乐，仅善于演奏郑声，在研究古音、恢复雅乐方面，不如杜夔。①

①当时，有右扶风人马钧，巧思绝世。傅玄为其作序："马先生，天下之名巧也，年少时，游历豫州，不自知其为巧匠。当此之时，言不及巧，焉可言知乎？身为博士，马钧居处贫困，思考改变绫机，不言而世人知其巧矣。旧绫机五十综者五十蹑，六十综者六十蹑，先生患其丧功费日，皆改易为十二蹑。其奇文异变，因感而作者，犹自然之成形，阴阳之无穷，此轮扁之对，不可以言言者，又焉可以言校也。马钧担任给事中，与常侍高堂隆、骁骑将军秦朗在朝臣廷议时争论，谈及指南车，二人都说古代没有指南车，传记所言为虚妄。先生说：'古代有指南车，不动脑筋，何远之有！'二子相互哂笑：'先生名钧，字德衡，钧者器之模，衡者，用以定物之轻重；轻重无准，而莫不模哉！'先生说：'讲这些废话，没有用，不如试之，看看效果。'于是二子遂将此事奏报明帝，明帝下诏，诏令先生制作，指南车制成。此一异也，又不可以言者也，从此以后，天下人服其构思巧妙。马钧居住在京都，城内有地，可以开辟为菜园，但患无水浇灌，马钧制作翻车，令儿童踩动，灌水自动，更入更出，其巧妙、功效百倍于常。此二异也。其后有上百人模仿，能设而不能动。明帝以此问先生：'可动否？'回答：'可动。'明帝问：'其灵巧还可以增加吗？'答：'可以。'马钧受诏制作。用大木材制作构架，使其形状像车轮，平地摆设，水流在下面推动。马钧还设计女乐跳舞，木人击鼓吹箫；制作山岳，令木人跳丸掷剑，攀缘绳索倒立，出入自如；制作百官行署，舂磨斗鸡，变化莫测。此三异也。先生看见诸葛亮制作的连弩，说：'巧则巧矣，未尽善也。'自认为制作连弩，可令连弩功效增加五倍。又认为发石车还有待改进，敌人在楼边悬挂湿牛皮，中之则堕，石不能连续而至。马钧欲制作一个大轮，悬挂大石数十，以机械带动轮子为常式，斩断悬索，大石飞击敌城，首尾衔接。马钧曾经试着用车轮悬挂瓴甓数十个，可以飞出数百步。有一个姓裴的人，是一位上国士人，精通理学，听说后，哂笑马钧，裴子诘难马钧，马钧口讷，不能反驳。裴子自以为难倒马钧，言之不已。傅子对裴子讲：'子所长者言也，所短者巧也。马氏所长者巧也，所短者言也。以子所长，击彼所短，则不得不屈。以子所短，难彼所长，则必有所不解者矣。灵巧，天下之微事，有所不解而难之不已，其相击刺，必已远矣。心乖于内，口屈于外，此马氏所以不能反驳也。'傅子见安乡

侯，谈到裴子之论，安乡侯又与裴子的观点相同。傅子曰：‘圣人具体备物，取人不以一揆也：有以神取之者，有以言取之者，有以事取之者。有以神取之者，不言而诚心先达，德行颜渊之伦是也。以言取之者，以辩论是非言语，宰我、子贡是也。以事取之者，若政事冉有、季路，文学子游、子夏。虽圣人之明尽物，如有所用，必有所试，然则试冉有、季路以政，试子游、子夏以学。子游、子夏犹然，况自此而降者乎！何者？悬言物理，不可以言尽，施之于事，言之难尽，而试之易知也。今若马氏所欲作者，国之精器，军之要用。费十寻之木，劳二人之力，不经时而是非定。难试易验之事，而轻以言抑人异能，此犹以己智任天下之事，不易其道，以御难尽之物，此所以多废也。马氏所作，因变而得是，则初所言者，不皆是矣。其不皆是，因不用之，是不世之巧无由出也。同情者相妒，同事者相害，中人所不能免也。故君子不以人害人，必以考试为衡石；废衡石而不用，此美玉所以见诬为石，荆和所以抱璞而哭也。’于是，安乡侯醒悟，遂告诉武安侯，武安侯不以为然，没有检验。此既易试之事，而且，马氏巧名已定，犹忽略而不察，况幽深之才，无名之璞乎？后来之君子，其鉴之哉！马先生之灵巧，虽古代公输般、墨翟、王尔，近世汉代的张衡，也不能超过。公输般、墨翟皆见用于时，乃有益于世。张衡担任侍中，马先生虽给事中，都没有担任工官，巧无益于世。用人不当其才，闻贤不试以事，良可恨也。”裴子，即裴秀。安乡侯，即曹羲。武安侯，即曹爽。

朱建平，沛国人。精通相面术，在闾巷内，为百姓相面，很灵验。曹操受封为魏公，听说后，征召朱建平，拜为侍郎。曹丕担任五官中郎将，宴会宾客，在座的客人有三十余人，曹丕向朱建平咨询自己有多少年的寿命，又令朱建平为在座的客人相面。朱建平说：“将军应该享寿八十岁，在四十岁时，会有小困厄，愿将军谨慎。”又对夏侯威讲：“君在四十九岁时，担任州牧，然而将有困厄，困厄如果顺利过去，可享寿七十岁，位至三公。”又对应璩讲：“君六十二岁时，位至侍中，然而会有困厄，此前一年，君会看见一条大白狗，而旁边的人看不见。”又对曹彪讲：“君据有藩国，在五十七岁时，应当遭受兵灾，要小心提防。”

当初，颍川郡人荀攸、钟繇，二人的关系很好。荀攸先去世，儿子年幼。钟繇替荀攸料理家事，欲将荀攸的小妾改嫁。在写给他人的信中讲：“我与公达曾请求朱建平相面，朱建平说：‘荀君虽然年少，然而，他去世后的家事，将会交由钟君料理。’我当时听了，开玩笑：‘只不过将荀君的侍妾阿骛改嫁而已。’谁料想，一语成谶，荀卿竟然在前面去世，一句戏言，真的要成真了！今天欲改嫁阿骛，令其有一个好的归处。回想起来建平相面术之妙算，即使唐举、许负，也难以与建平相比！”

黄初七年，文帝四十岁，被疾病所困，对左右人讲：“建平所言八十，是指昼夜啊，我恐怕要完了。”不久，文帝驾崩。夏侯威担任兖州刺史，四十九岁时，十二月上旬得病，想起建平的话，自料必死无疑，预先安排好遗嘱及送终的一应东西，要求按照遗嘱办丧事。到了下旬，身体转好，接近于康复。过了三十日，下午太阳偏西，请家中负责纲纪的大吏摆设酒宴，说：“折磨我的疾病日渐痊愈，明日鸡鸣时，我就五十岁了，建平之告诫，真的要过去了。”夏侯威送走客人，刚一合上眼睛，疾病发作，到了夜半时分，病逝。应璩六十一岁担任侍中，在宫中值班，突然看见一条白狗，问及众人，大家都说没有看见。于是，应璩多次聚会、宴宾，并且经常出游，在野外观赏田间，或宴饮自娱，过了一年，六十三岁，去世。曹彪受封为楚王，五十七岁时，与王凌密谋叛乱，被赐死。凡上面所提到的数人，无不与建平当年相面时预测的结果一样，不能一一列举，故略记几件事情为证。只有司空王昶、征北将军程喜、中领军王肃，预言与实际不符。王肃六十二岁时，病重，众医生都认为难以痊愈。王肃夫人问有何遗言，王肃答：“建平为我相面，说我可以活过七十，位至三公，这些都还没有达到，有什么可忧虑的！”说罢此话，王肃还是病逝。

朱建平还善于相马。文帝将出行，令人牵马来，马匹从外面进来，建平在路上巧遇，说：“我看此马之相，今日必死矣。”文帝将要骑马，马闻到文帝衣服上的香味，受惊，咬文帝的膝盖，文帝大怒，当场命人杀了此马。黄初年间，朱建平去世。

周宣，字孔和，乐安郡人，曾担任郡府小吏。郡太守杨沛梦到有一人讲：“八月一日曹公会来，一定会送予君一根拐杖，并且饮以药酒。”杨沛让周宣解梦。当时，黄巾军骤起，周宣解梦道：“拐杖用于帮助弱者行路，药酒用于为人治病，八月一日，黄巾军一定会被剿灭。”到了这一天，黄巾军果然被剿灭。

后来，东平郡人刘桢梦见有一条长蛇，长了四只脚，穴居在大门中，刘桢让周宣解梦，周宣解梦道：“此梦有关国家大事，并非君家中之事。应当有做贼的女子被杀。”不久，姓郑、姓姜的女贼被逐一平定，因为蛇是女子的征兆，而蛇又长有脚，非蛇之应有。

文帝问周宣：“我梦见宫殿上有两片屋瓦堕地，化为两只鸳鸯，此梦作何解释？”周宣答：“后宫当有暴死者。”文帝说：“我诈卿耳！”周宣回答：“做梦者，意念耳，苟以语言示形，便可占卜吉凶。”话还未讲完，黄门令上奏，后宫中有人相互杀害。不久，文帝再次问周宣：“我昨夜梦见有青气从地上升上天空。”周宣解梦道：“天下当有贵女子冤死。”当时，文帝已经派出使者，带着玺书，赐甄后自尽，听罢周宣解梦，懊悔不已，又派人去追回使者，但已经来不及。文帝再次问周宣：“我梦见磨铜钱上的花纹，欲令花纹消失，反而更加清楚，此梦又该作何解释？”周宣怅然，没有回答。文帝又问，周宣答道：“此乃陛下家中的事务，虽然陛下意欲达到目的，而太后不允许，是以欲磨灭钱纹，反而更加清楚。”当时，文帝欲加罪弟弟曹植，迫于太后的压力，只是贬去曹植的封爵。文帝任命周宣为中郎，隶属太史令。

曾经有人问周宣：“我昨夜梦见草扎的狗，此梦该作何解释？”周宣回答：“君欲吃美食耳！”不久，此人出行，果然遇到丰盛的美餐。后来，此人又问周宣：“昨夜又梦见草扎的狗，这又该作何解释？”周宣答：“君恐怕要从车上摔下来，折断脚踝，当谨慎。”不久，果然如周宣所言。后来，此人又问周宣：“昨夜又梦见草扎的狗，这又该作何解释？”周宣答：“君的家里将要失火，要小心火烛。”不久，此人家里失火。此人对周宣讲：“前后三次试君，梦的结果皆不同。我以未梦而试君，看君如何解梦，为何都很灵验？”周宣答：“此神灵感动君，以梦言告诉君，故君遇到的情况，与真梦无异。”此人又问周宣：“三次梦见草扎的狗，其占卜的结果却不同，又是为何？”周宣答：“草扎的狗，是用来祭神之物。故君第一次做梦，应该吃祭祀后留下的祭品。祭祀完毕，草扎的狗就要被车轮碾轧，故在君的梦中出现，应该堕车折断脚踝。草扎的狗被车轮碾轧之后，就会用来作柴火，故最后一个梦，是警示将要失火。”周宣解梦，这样的事例很多，十有八九准确，世人把周宣的解梦与朱建平的相面术相比较。其余的解梦，在此不一一列举。明帝末年，周宣去世。

管辂，字公明，平原郡人。管辂相貌丑陋，仪表粗俗，而且嗜酒，无论饮酒、吃饭、开玩笑，不看对象，无所顾忌，故世人多爱之，然而并不敬之。①

①《管辂别传》记载：八九岁时，管辂便喜欢仰望星空，见人辄问人名字，夜不肯寐。父母常禁止，犹不可止。管辂自言：“我年龄虽小，然而，我的眼睛喜欢观察天文。”管辂常说：“家鸡野鹄，尚且知道时间，况于人乎？”管辂与邻居小儿在土壤中共戏，辄画地比作天文或日月星辰。每当答言说事，话语与常人不同，宿学耆老不能辩驳，都知道管辂应当是大异之才。及至管辂长大成人，熟读《周易》，仰观、风角、占、相之道，无不精通。管辂长得体形肥胖，心宽体胖；多所含受，憎己不仇，爱己不褒，每每以德报怨。管辂常说：“忠孝信义，人之根本，不可不厚；廉介细直，士之浮饰，不足为务。”管辂自言：“知我者稀，则我贵矣，安能断江、汉之流，为激石之清？乐与季主论道，不欲与渔父同舟，此吾志也。”管辂事父母笃孝，恺悌兄弟，顺爱士友，仁义皆发自内心，终无所缺。臧否士人，士人对其所言，皆佩服。管辂的父亲担任琅邪郡即丘县长，当时，管辂十五岁，来到官舍读书，学习《诗经》《论语》《易经》，开发智慧，下笔如神，辞义斐然。在当时，黉上有远方及国内来的儒生四百余人，皆佩服管辂的才艺。琅邪郡太守单子春为人文雅，有器量，听说管辂是一位黉上俊才，欲见管辂，管辂的父亲随即让管辂去拜访太守。太守大会宾客，有一百余人，座上有能言之士，管辂问太守单子春：“府君可谓名士，加上有雄贵之姿，管辂年少，胆识未刚，若欲令管辂相视，惧失精神，请先饮三升清酒，然后言之。”子春大喜，便酌三升清酒，让管辂独自饮下。酒尽之后，管辂问子春：“今日欲与管辂为对者，若府君四坐之士邪？”子春答：“吾欲亲自与卿比试高低。”管辂说：“我刚开始读《诗经》《论语》《易经》，学问尚浅，未能上引圣人之道，陈秦、汉之事，但欲谈论金木水火土鬼神之情事。”子春问：“此事最难，而卿反以为易？”于是管辂大谈经论之端，涉及阴阳，文采斐然，枝叶横生，少引圣籍，多发天然。子春及众士人共同攻诘，论难蜂起，而管辂来者不拒，人人应答，言皆有余，至日向暮，忘记酒食。子春对众人讲：“此少年确有才器，听其言论，正似司马相如游猎之赋，何其磊落雄壮，精神焕发，必能明天文地理变化之数，不虚有此表。”于是管辂在徐州出名，号称神童。

管辂的父亲负责水利漕运，有漕运百姓郭恩兄弟三人得了一种怪病，脚不能行走，请管辂卜筮，找出原因。管辂说：“卦象中有君的家族坟墓，墓中有女鬼，并非君的伯母，应当是叔母。在往昔，饥荒之时，应当有贪图其家中数升米者，把她推入井中，她在井中呼救，此人又将一块大石头推下井去，砸破她的头颅，孤魂冤痛，自诉于上天。”于是，郭恩涕泣服罪。①

①《管辂别传》记载：利漕民郭恩，字义博，有学问，善于《周易》《春秋》，还能仰观天文。管辂跟随义博学习《易经》，数十日后，管辂便领会，运用《易经》超过老师。从此以后，管辂分蓍算卦，思维精妙，在黉上为诸生占卜疾病、死亡、贫富、丧衰，无不灵验，众人莫不奇怪，谓管辂为神人。管辂又跟随义博学习仰观天文，三十日通夜不眠，对义博讲：“君但告诉我墟落位置罢了，至于推算命运，谈论灾异，这些都出自我的天分。”学习不到一年，义博反而要向管辂询问《易经》及天文。义博每当听管辂谈话，对比自身，未尝不感慨。义博自言：“听君谈论至论时，忘记我有重病，明暗之不相逮，相距何其远也！”义博设主人位，独自请管辂赴宴，告诉管辂自己如何辛苦，义博说：“兄弟三人都得了跛脚病，不知何故？试着为我们算卦，知其所由。若有咎殃，天道会赦免人，当为我祈福于神明，勿有所爱。兄弟能正常行路，犹如再生。”管辂于是算卦，还未算出结果。恰逢天色已晚，因而留宿，到了半夜，管辂对义博讲：“我已经算出卦意。”既而，告诉义博结果，义博悲涕，泪沾湿衣襟，说：“皇汉末年，确实有其事。君不说出主人，避讳也。我不得言，礼也。兄弟跛行有三十余年，脚如痉挛，不可复治，但愿不会祸及子孙。”管辂说：“火形不绝，水形无余，不会殃及后人。”

广平郡人刘奉林的妻子患病，已经买了棺材、葬器。当时是正月，请管辂占卜，管辂说：“她应该在八月辛卯日中时命绝。”刘奉林说：“不一定吧，妻子的病逐渐好转。”到了秋天，再次发病，正如管辂所言。①

①《管辂别传》记载：鲍子春担任列人县令，思维敏捷，通晓事理，与管辂相见，说：“听说君为刘奉林占卜妻子死亡之日，何其玄妙，试着为我讲讲其中的道理。”管辂按照爻象之旨，作出解释，论说变化之义，若规圆矩方，无不合理。子春自称：“我年少时，喜欢谭氏《易经》，还喜欢分蓍卜卦，可谓盲者欲视黑白，聋者欲听清浊，下了很大功夫，而无收获。听君讲解后，自视学问，真可谓昏聩也。”

管辂去拜谒安平郡太守王基，王基令管辂算卦，管辂说：“应当有一位贱妇人，生下一个男孩儿，男孩儿落地，走入灶中烧死。还有，床上应当有一条大蛇，口中衔笔，大人小孩儿都看到了，须臾间，大蛇离去。又有一只乌鸦飞进室内，与燕子打斗，燕子被啄死，乌鸦飞去。有此三件怪事。”王基听罢大惊，问其吉凶。管辂答：“只是因为这间客舍历经久远，魑魅魍魉为怪。男孩儿生下便会走，并非能自己走，这是有火精妖宋无忌将其带入灶中。大蛇口中衔笔，这是因为有一个老书佐死后成精。乌鸦与燕子打斗，这是有一只老铃下变化成精。而今卦象中见其形象，而不见其凶象，知道这并非妖精危害之征兆，可不必担忧。”后来，果然没有妖患。[①]

①《管辂别传》记载：王基与管辂一起谈论《易经》，一连数日，非常高兴，对管辂讲：“与君一席倾谈，确实知道君善卜，谈吐清雅。君可谓异才，应当记录在竹帛。”管辂为王基卜卦，知道其无咎，因而对王基讲：“在往昔，殷高宗的鼎耳，并非雉所停留之地，殷室的阶庭，并非异木所生，而野鸟一鸲，武丁修德，成为高宗，桑穀暂生，太戊修德，殷室复兴。君王懂得这三事为不祥之兆，愿府君谨修德行，施惠于民，切勿以知道神灵而漠视上天真诚。”

当时，信都县令家的妇女惊恐，相继得病，县令请管辂来卜筮。管辂答：“君的宅邸北堂西头，有两位死去的男子，一位男子手持长矛，一位男子手持弓箭，头在墙壁里，脚在墙壁外。持矛者主刺头，故病人头痛，不能抬起头。持弓箭者主射胸腹，故病人心中疼痛，不能饮食。这两个死鬼白昼游荡，夜晚来折磨病人，故使得妇女惊恐。”于是，县令挖开地面，挖掘出骸骨，家中病人痊愈。[①]

①《管辂别传》记载：王基当即派信都县令挖掘其室中，入地八尺，果然发现两座棺木，一棺中有矛，一棺中有角弓及箭，箭已经久远，箭杆皆已朽烂，但有铁箭头完整。随即把骸骨迁走，距离城十里埋葬，宅邸再无妇人患病。王基说：“我年少时，喜欢读《易经》，赏玩已久，不懂得神明之数，其玄妙如此。”便跟从管辂学习《易经》，推论天文。管辂每次推导变化之象，演算吉凶之兆，未尝不纤微委曲，尽其所玄妙。王基说：“当初听闻君谈论这些，如何可知，最终仍然纷乱，看来，此术来自天授，非人力。”于是收藏《周易》，不再费神费力，也不再学习卜筮之事。管辂同乡人名字叫乃太原，问管辂：“君以往为王府君谈论怪异之事，说老书佐是蛇精，老铃下为乌精，这些都显示出人形，何幻化成微贱？既而显示爻象，出于君的意外吗？”管辂答：“苟非性与天道，何由背爻象，而任心胸者乎？万物之化，无有常形，人之变异，无有常体，或大为小，或小为大，固无优劣。万物之幻化，一例之道。是以夏鲧，是天子之父，赵王如意，是汉高祖之子，而鲧为黄熊，如意为苍狗，斯亦至尊之位，而为黔喙之类。况蛇精者协辰巳之位，乌精者栖太阳之精，此乃腾黑之明象，白日之流景，如书佐、铃下，各以微躯，幻化为蛇、乌，不亦过乎！”

清河县人王经辞官回家，管辂与其相见。王经说：“最近有一件怪事，想起来就烦恼，烦君为我算上一卦。”卦成，管辂说：“爻辞说明吉利，不是凶怪。君有一天夜晚在堂屋前，有一流光，好似燕雀，飞入君的怀中，殷殷有声，君惶恐不安，解开衣服，仔细搜寻，又招呼妇人来帮助搜寻，想找出东西来。”王经大笑，说：“实如君言。”管辂说：“爻辞吉利，这是升官的征兆，很快就会有佳音。”不久，王经升任江夏郡太守。[①]

①《管辂别传》记载：王经欲让管辂占卜，有诘难之意，管辂笑而责怪："君侯实乃州里达人，何言之鄙！在往昔，司马季主有言，占卜者必法天地，象四时，顺仁义。伏羲制作八卦，周文王演绎三百八十四爻，天下大治。有病者，听了卦言，或者痊愈，将死之人，或者存活，有祸患者，或者免祸，有事者，或者成功，嫁女娶妻者，或者子女繁衍，岂只值数千钱？以此推论，实乃急务也。苟道学之明，圣贤也有失误，况我等小人，敢以此诘难！"彦纬敛手谢过管辂："刚才戏言而已。"于是管辂为其卜卦，其卦言皆灵验。王经每当谈到管辂，认为管辂得龙云之精，能养和通幽，非徒然碰巧瞎蒙而已。

管辂曾经到郭恩家，有一只斑鸠飞来，落在梁上头，鸣叫声非常悲哀。管辂说："应当有一位老公公从东方来，带着一头小猪，一壶酒。主人虽然高兴，还会有小事故。"第二天，果然有客人来，和管辂预测的一样。郭恩劝客人饮酒要节制，还要戒肉，小心火烛，郭恩射杀一只鸡，箭从树枝间反弹回来，射中家中几岁女孩子的手，流血不止，家人惊恐。[①]

①《管辂别传》记载：义博跟从管辂学习鸟鸣之候，管辂说：君虽然好此道，然而天分不够，又不解音律，恐难为师。管辂为义博解释八风之变，五音之数，以律吕为众鸟之商，六甲为时日之端，反复谴曲，出入无穷。义博默然静思，劳神费力数日，终无所得。义博说："才不出位，难以追征于此。"遂止。

管辂到安德县令刘长仁的家里，有一只喜鹊在阁楼上鸣叫，声音急促。管辂说："喜鹊说，东北方向有妇女，昨天杀害其丈夫，连累西边邻人的丈夫离娄，不到太阳落山时，告状的人就会来了。"就在太阳要落山时，果然有东北方向的民户来报案，邻里妇女亲手杀了丈夫，谎称西边邻人的丈夫与其丈夫有仇，来家里杀了其丈夫。[①]

①《管辂别传》记载：渤海郡人刘长仁有辩才，当初，听说管辂能懂得鸟鸣，后来每次见管辂，就诘难管辂，说："生民之音曰言，鸟兽之声曰鸣，故言者则有知之贵灵，鸣者则无知之贱名，何由以鸟鸣为语，乱神明之所异？孔子曰：'吾不与鸟兽同群。'明其贱也。"管辂回答："天虽有大象而不能言，故运星精于上，流神明于下，验风云以表异，役鸟兽以通灵。表异者必有浮沉之候，通灵者必有宫商之应，是以宋襄公失德，六鹢并退，伯姬将焚，鸟唱其灾，四国未火，融风已发，赤鸟夹日，祸殃在荆楚。此乃上天所使，自然之明符。考之律吕，则音声有本；求之人事，则吉凶不失。往昔在秦祖，以功受封，葛卢听音，著述在《春秋》，斯皆典谟之实，非圣贤之虚名。殷商之将兴，来自一燕卵。周文王受命，来自丹乌衔书，此乃圣人之灵祥，周室之福祚，何贱之有？鸟鸣之听，精在鹑火星，妙在八神，自非斯伦，犹子路之于死生也。"长仁言："君辞虽茂，华而不实，未敢之信。"须臾有鸣鹊之验，长仁才服气。

管轲到列人县典农校尉王弘直家不久，有一股旋风，高三尺余，从西面吹来，在庭院中幢幢回转，忽起忽落，过了很久才停止。王弘直问管辂，管辂答："东方应该有骑马的官吏来报信，恐怕父亲要哭儿子了，怎么办？"第二天，胶东有一名吏员果然来说，王弘直的儿子死了。王弘直问其原因，管辂答："这一日是乙卯，是长子之候。树叶落于申时，北斗指向建申，申破寅（申配秋，主杀；寅配春，主生），死丧之候。日至午时，而旋风不止，午时属马，是马要来的征候。离爻为文章，这是吏员之征候。申未属虎，虎为大人，这是父亲之征候。"有一只雄野鸡飞来，落在王弘直官府内挂铃的柱子头上，王弘直顿时感到不安，令管辂再算一卦，管辂说："到了五月，府君必然升官。"当时是三月，到了五月，王弘直果然升任渤海郡太守。[①]

①《管辂别传》记载：管辂又说："风以时动，爻以象应，时者神之驱使，象者时之形表，一时其道，不足为难。"王弘直也有大学问，有道术，皆不能精，问管辂："风之推变，乃可尔乎？"管辂答："此但风之毛发，何足为异？若天上星宿不守，众神乱行，八风横起，怒气电飞，山崩石飞，树木摧折，扬尘万里，仰不见天，鸟兽逃窜，兆民惊骇，于是使梓慎之徒，登上高台，望风气，分灾异，刻期日，然后知神思遐幽，灵风可惧。"

馆陶县令诸葛原升任新兴郡太守，管辂前去饯行，宾客们到齐了。诸葛原亲自起身，取来燕卵、蜂窠、蜘蛛，放在容器中，让管辂猜测。占卜完毕，管辂说："此一物，含气须变，依乎宇堂，雄雌以形，翅翼舒张，这是燕卵。第二物，家室倒悬，门户众多，藏精育毒，得秋乃化，这是蜂窠。第三物，觳觫长足，吐丝成罗，寻网求食，利在昏夜，这是蜘蛛。"举坐皆惊讶，欢喜不已。[①]

①《管辂别传》记载：诸葛原，字景春，是一名学士，喜欢卜筮，多次与管辂一起射覆，不能穷究其理。景春与管辂有荣辱之分，因为管辂前来饯行，大有高谈阔论之客。诸人多听说管辂善卜、仰观天文，不知其有大异之才，于是，先与管辂谈论圣人著作之原委，又畅叙五帝、三王受命之符瑞。管辂向景春解释其玄妙，遂布置战地，示以不固，藏匿孤虚，以待来攻。景春奔北，军师摧衄，自言吾睹卿旌旗，城池已坏。其欲战之士，在此鸣响鼓角，举起云梯，弓弩大张，牙旗雨集。然后登城，耀武扬威，开门受敌，上论五帝，如江河湖海，下论三王，如翩如翰；其英者若春华之俱发，其攻者若秋风之落叶。听者眩惑，不达其义，言者收声，莫不心服，即使白起坑杀赵卒，项羽攻杀汉军，塞断濉水，无以比拟。在当时，客人皆欲面缚衔璧，求束手于军鼓之下。管辂犹总干山立，未便许之。到了第二天，离别之际，然后有腹心，畅谈始终。一时海内俊士，八九人矣。蔡元才在朋友中最有清才，在众人中言："原来听说卿制作狗，何意为龙？"管辂答："潜阳未变，非卿所知，焉有狗耳，得闻龙声乎！"景春说："今日当远别，后会何期？且再共一射覆。"管辂占卜，皆射中。景春大笑："卿为我论此卦意，纾解我心中疑惑。"管辂为景春开爻散理，分赋形象，言徵辞合，妙不可述。景春及众客人莫不欢悦，听罢解

释，美不胜言，远超过射覆之乐。景春与管辂辞别，告诫管辂二事，说：“卿喜欢饮酒，量虽温克，然不可保，宁当节之。卿有水镜之才，所见者妙，仰观虽神，祸如膏火，不可不慎。卿持有睿智之才，游于云汉之闻，不忧不富贵。”管辂说：“酒不可极，才不可尽，吾欲持酒以礼，持才以愚，何患之有？”

管辂的族兄管孝国居住在斥丘县，管辂到族兄家里去，跟随族兄与二位客人相会。客人走后，管辂对管孝国讲：“此二人的天庭及口耳之间，皆有凶气，异变骤起，双魂无宅，[①]流魂于海，骨归于家，过些时，二人必死无疑。”又过了数十日，二人饮酒大醉，夜里共乘坐一辆牛车，牛受惊，狂奔下车道，掉入漳河，二人溺死。

①《管辂别传》记载：管辂又说：“厚味实乃腊毒，天精幽夕，坎为棺椁，兑为丧车。”

在当时，管辂的邻里，夜不闭户，没有偷盗者。清河郡太守华表召请管辂，任命为郡府文学掾。安平郡人赵孔曜向冀州刺史裴徽举荐管辂，说：“管轲雅性宽宏，与世无争，仰观天文，则如同古人甘公、石申，俯览《周易》，则好似司马季主。而今，明使君正在寻求深藏渊薮的潜龙，留心九方皋辨识的骏马，管轲应该承蒙阴和之应，得到展翅飞翔之时。”裴徽于是任命管辂为文学从事，管辂被引来相见，裴徽对管辂很欣赏。冀州部治所迁至钜鹿县，管辂改任治中别驾。

当初，管辂应州部召请，与弟弟管季儒同乘一辆车，行至武城县西，管辂自己占卜吉凶，算了一卦，对弟弟说：“当在故城中见到三只狸猫，你将因此而显达。”车子走到河西故城角，看见三只狸猫蹲在城边，兄弟二人很高兴。正始九年，管季儒被举荐为秀才。[①]

①《管辂别传》记载：管辂被华清河征召，担任北黉文学，一时间，士友无不惊叹、羡慕。安平县人赵孔曜为人聪明，颇有见识，与管辂有管鲍之友谊，故从发干县来，在黉上与管辂相见，说：“卿腹中饱学，故时死人半，今生人无双，当去俗腾飞，翱翔昊苍，为何在此？听说卿的消息，我食不甘味。冀州裴使君才理清明，能释玄虚，每当谈论《易经》《老子》《庄子》之道，未尝不注精于严、瞿之徒。有眷顾我的意思，能相明信者。今日当过去，为卿陈述感虎开石之诚。”管辂答：“我并非四渊之龙，安能使白日变阴？卿若能动东风，兴朝云，吾志所不让也。”于是，遂来到冀州，拜见裴使君。使君问：“君的脸上颜色为何稍减于故？”孔曜答：“体中无药石之疾，然而，见清河郡内有一骐骥，被拘禁在后厩数年，距离王良、伯乐一百八十里，不得骋天骨，起风尘，因此憔悴。”使君问：“今骐骥何在？”孔曜言：“平原郡人管辂，字公明，今年三十六岁，雅性宽大，与世无争，可谓雄士。仰观天文，则能同妙甘公、石申，俯览《周易》，则能思齐季主，游步道术，开神无穷，可谓英士。抱荆山之璞，怀夜光之宝，为清河郡所录，任命为北黉文学，可为痛心疾首。使君方欲流精九皋，垂神幽薮，欲令明主不独治，

逸才不久滞，高风遐被，莫不草靡，宜使管辂特蒙阴和之应，得及羽仪之时，必能翼宣隆化，扬声九围。”裴使君听闻此言，感慨道：“何乃尔邪！虽然在大州，未见过有异才，可以释人郁闷，思还京师，得共论道，况且草间自有清妙之才？如此，便相为取之，莫使骐骥变成凡马，荆山变成凡石。”随即发下檄文，召请管辂，任命为文学从事。一见面，二人倾谈终日，不知疲倦。当时，天气炎热，移床在庭前树下，直至鸡鸣向晨，然后才告别。及至再次相见，官辂改任钜鹿郡从事。三次相见，管辂改任治中。四次相见，官辂改任别驾。当年十月，管辂被举荐为秀才。管辂辞别裴使君，使君说：“何、邓二尚书，有经国才略，于物理无不精研。何尚书神明精微，言皆巧妙，巧妙之志，殆破秋毫，君当慎重！自言不解《易经》九事，必当以相问。比至洛邑，宜善精其理。”管辂答：“何尚书若有如此巧妙，以攻难之才，游形之表，未入于神。入神者，当步天元，推阴阳，探玄虚，极幽明，然后，览道无穷，未暇细言。若欲差次《老子》《庄子》，而参爻、象，爱微辩，而兴浮藻，可谓射侯之巧，非能破秋毫之妙。若九事皆至义理，不足劳思。若阴阳者，精之以久。管辂去之后，在朝会时，会有时刑大风，风必摧折树木。若发于乾位，必有天威，不足于共清谈。”

十二月二十八日，吏部尚书何晏宴请管辂，邓飏当时在何晏府上。何晏向管辂请教：“听说君占卜之术玄妙，试为我占上一卦，看我的官位是否能到达三公？”又问：“连日梦见青蝇数十头，飞到鼻子上，驱之不肯去，是何缘故？”管辂答：“飞鸮，被称为天下之贱鸟，及至在桑树林食桑葚，则发出好听的鸣叫，更何况管辂心非草木，敢不尽忠？在往昔，舜帝有八元、八凯，辅佐舜帝，广施恩惠，民众祥和，周公旦辅佐成王，坐而待旦，周室故能流光六合，万国咸宁。此乃践行正道，享有福祚，并非卜筮所昭明。而今，君侯的位置重如山岳，威势迅若雷电，然而，君侯怀德者鲜，畏威者众，这绝非小心谨慎，多福之寿。再有，君的鼻梁为艮象，此乃天中之山，[①]高而不危，此所以长而守贵。青蝇臭恶，集中在鼻梁之上。官位高者，容易颠覆，为人轻佻而富贵者，容易败亡，对此不可不查，满盈之数，盛衰之期。山在地中曰谦，雷在天上曰壮；谦则裒（póu）多益寡，壮则非礼不履。从未有损己而不光大，行非而不伤败。愿君侯上追文王六爻之旨，下思孔子彖象之义，然后，三公之位可待，青蝇可驱。”邓飏说：“此老生常谈罢了。”管辂答：“老生见于不生，常谈见于不谈。”何晏说：“过年后再见面吧。”[②]管辂回到邑中住所，把这些话告诉舅舅，舅舅责备管辂说话太直。管辂答：“与死人讲话，有何畏惧？”舅舅大怒，说管辂狂悖。嘉平元年正月初一，刮起西北风，尘埃遮天蔽日，十余日后，听说何晏、邓飏被杀，这以后，舅舅对管辂才心悦诚服。[③]

①裴松之按：相书曰：鼻梁之所在为天中。鼻梁有山象，故曰“天中之山”。

②《管辂别传》记载：管辂被何晏宴请，一起谈论《易经》九事，九事皆明。何晏说：“君论阴阳，举世无双。”当时，邓飏与何晏共坐，邓飏说：“君认为善于《易经》，而谈话之初，却言不及《易经》中的辞义，何故？”管辂应声回答：“善于《易经》者，不谈论《易经》。”

何晏含笑而赞之："可谓要言不烦。"请管辂为其卜卦。管辂既而向何晏提出告诫，何晏谢之，曰："知几其神乎，古人以为难；交疏而吐其诚，今人以为难。今君见一面，而尽二难之道，可谓明德唯馨。《诗经》不云乎：'中心藏之，何日忘之！'"

③《管辂别传》记载：舅舅夏大夫问管辂："前次见何晏、邓飏时，已看见有凶气未？"管辂答："与罹祸之人相会，然后，知其神明交错；与吉人相会，知其圣贤求精之妙。邓飏之行步，筋不束骨，脉不制肉，起立倾倚，若无手足，此谓之鬼躁。何晏之注视，魂不守宅，血不华色，精爽烟浮，容若槁木，此谓之鬼幽。故鬼躁者，为风所收，鬼幽者，为火所烧，自然之符，不可以掩蔽。"管辂后来因得休息，裴使君问："何平叔可谓一代才名，其实何如？"管辂答："其才能若盆盎之水，所见者清，所不见者浊。神在广博，志不务学，不能成才。欲以盆盎之水，求一山之形，形不可得，则智由此惑。故说《老子》《庄子》，巧而多华，说《易经》生义，美而多伪；华则道浮，伪则神虚；得上才，则浅而流绝，得中才，则游精而独出，管辂认为，何晏可谓少功之才。"裴使君说："诚如此论。我多次与何平叔共同谈论《老子》《庄子》《易经》，常觉得其辞妙于理，不能折服。又当时人从俗，皆归服何平叔，益令不甚了了。相见得清言，然后灼灼耳。"

当初，管辂拜谒魏郡太守钟毓，共同探讨《易经》义理，管辂说："占卜可以知道君的生死之日。"钟毓请管辂占卜其出生日月，管辂说得分毫不差。钟毓大为吃惊，说："君真的是可畏。人死由命，付于上天，不能付于君。"遂不再让管辂占卜。钟毓问管辂："天下会太平吗？"管辂答："方今天下，至四九，龙跃天空，利见大人，神武英明，有所建树，王道昌盛，何忧不能太平？"钟毓不明白管辂的意思，不久，曹爽等被杀，这才醒悟。①

①《管辂别传》记载：魏郡太守钟毓，清逸有才华，诘难管辂《易经》二十余事，自以为诘难之至精。管辂应声答问，言无淤滞，分张爻象，义皆殊妙。钟毓当即向管辂称谢。管辂占卜，知道钟毓出生日月，钟毓愕然："圣人运神通化，连属事物，何以聪明乃尔！"管辂答："幽明同化，死生一道，悠悠太极，终而复始。文王殒命，不以为忧，仲尼曳杖，不以为惧，绪烦蓍筮，宜尽其意。"钟毓说："生者好事，死者恶事，哀乐之分，吾所不能齐，且以付天，不以付君。"石苞担任邺县典农，与管辂相见，问："听说君乡里翟文耀能够隐形，其事可信乎？"管辂答："此但阴阳蔽匿之数，苟得其数，则四岳可藏，河海可逃。况且七尺之形，游变化之内，散云雾以幽身，布金水以灭迹，术足数成，不足为难。"石苞说："欲闻其妙，君且善论其数。"管辂答："物不精不为神，数不妙不为术，故精者神之所合，妙者智之所遇，合之几微，可以性通，难以言论。故鲁班不谈论手艺，离朱不谈论目视。非言之难，孔子曰：'书不尽言。'言之细也，'言不尽意'，意之微也，斯皆神妙之谓。请举其大体以检验之。白日登天，运景万里，无物不照，及其入地，一炭之光，不可得见。三五盈月，清耀烛夜，可以远望，及其在昼，明不如镜。今逃日月者，必阴阳之数，阴阳之数，通于万类，鸟兽犹化，况于人乎！得数者妙，得神者灵，非徒生者有验，死亦有徵。是以杜伯乘火气，以流精，彭生托水变，以立形。

是故生者能出亦能入，死者能显亦能幽，此物之精气，化之游魂，人鬼相感，数使之然。”石苞问：“目见阴阳之理，不过于君，君何以不隐？”管辂答：“陵虚之鸟，爱其清高，无视江、汉之鱼；渊沼之鱼，乐其濡湿，不易腾风之鸟：由性异而分不同。仆自欲正身以明道，直已以亲义，见数不以为异，知术不以为奇，夙夜研讨，孳孳温故，而素隐行怪，未暇斯务。”

平原郡太守刘邠取出装印绶的盒子及山鸡毛，放置在容器中，请管辂占卜。管辂说：“内方外圆，五色成文，含宝守信，出则有章，此印盒也。高岳岩岩，有鸟朱身，羽翼玄黄，鸣不失晨，此山鸡毛也。”刘邠说：“这是郡府官舍，一直有妖怪出现，令人恐怖，是什么原因？”管辂答：“或许是因为东汉末年，天下大乱，兵马扰攘，军尸流血，污染山丘，故而在黄昏时分，多有鬼怪现形。明府德高望重，自有上天护佑，愿安享百禄，以光大恩宠。”①

①《管辂别传》记载：平原郡太守刘邠，字令元，为人清和，有思辩之才，喜欢《易经》而不能精。与管辂相见，非常高兴，告诉管辂，曾经为《易经》作注，很快就要完成。管辂说：“今明府欲劳不世之神，经纬大道，诚富美之秋。然管辂认为，为《易经》作注之急，急于水火；水火之难，登时之验，《易经》之清浊，延于万代，不可不先定其神，而后垂明思。自旦至今，听采圣论，未有《易经》之一分，《易经》安可注也！管辂不解古之圣人，何以处乾位于西北，坤位于西南。乾坤者，天地之象，然而天地至大，为神明君父，覆载万物，生长无首，何以安处二位，与六卦同列？乾之象彖卦曰：‘大哉乾元，万物资始，乃统天。’统者，属也，尊莫大焉，何由有别位？”刘邠按照《易经》系词，诸项为之理，以为注解，不得其要。管辂应声诘难，事皆穷究义理。管辂说：“乾坤，《易经》之祖宗，变化之根源，今明府论清浊者有疑，疑则无神，恐怕并非为《易经》作注之符。”管辂于是为刘邠讲解八卦之道及爻象之精，议论开阔，众化相连。刘邠所注解，皆以为妙，所不注解，皆以为神。刘邠自我辩解：“我为《易经》作注八年，竭尽思虑，劳神费心，历经数载，不得安宁，认为已经得到至论，这才知道不及《易经》。不爱久劳，喜承雅言，如此相为高枕偃息矣。”刘邠欲跟从管辂学习射覆，管辂回答：“今明府以虚神，注解《易经》，亦宜绝思于灵蓍。灵蓍，二仪之明数，阴阳之幽契，施之于道，则定天下吉凶，用之于术，则收天下纤豪。纤微之数，未可以为《易经》。”刘邠说：“我认为，术可谓《易经》之近数，欲求其端。若如此论，何事于斯？”刘邠挽留管辂五日，不顾及公事，但与管辂清谈。刘邠自以为：“多次与何平叔谈论《易经》《老子》《庄子》之道，至于精神遐流，与化周旋，清若金水，郁若山林，依然不可以与君相比。”刘邠又说：“这一座郡府官舍，一直有妖怪，妖怪多变，变化无常，使人恐惧，君应该有办法解释此数，其理何由。”管辂答：“此郡之所以叫平原郡，原本有平原，山无木石，与地自然；含阴不能吐云，含阳不能激风，阴阳虽弱，犹有微神；微神不真，多聚凶奸，以类相求，魍魉成群。或因汉末，兵马扰攘，军尸流血，污染丘岳，强魂相感，变化无常，故在黄昏夜暗之时，多有妖怪出现，变化无常形。在往昔，夏禹文明，不怪异于黄龙，周武王信时，不迷惑于暴风，今明府道德高尚，神不惧妖，自有上天护佑，吉无不利，愿安享百禄，以光大恩宠。”刘邠说：“听雅论，为近其理，每当

有妖怪变化，辄听到鼓角声音，或见到弓剑形象。以土山之精，伯有之魂，实能合会，干犯明灵。”刘邠问管辂：“《易经》言：刚健笃实，辉光日新，斯为同或不同？”管辂答：“不同之名，朝旦为辉，日中为光。”

《晋诸公赞》记载：刘邠本名叫刘炎，犯晋太子讳，改为刘邠。官至太子仆射。儿子刘粹，字纯嘏，曾担任侍中。次子刘宏，字终嘏，曾担任太常。次子刘汉，字仲嘏，曾担任光禄大夫。刘汉为官清廉，有识人之明，名声仅次于乐广。刘宏的儿子刘咸，曾担任徐州刺史。次子刘耽，曾担任晋陵内史。刘耽的儿子刘恢，字真长，曾在丹杨郡担任大尹，为中兴名士。

清河县令徐季龙让人打猎，令管辂占卜其获得的猎物。管辂说：“猎获小兽，但不是可食的飞禽，虽然有爪牙，但微弱不刚硬，虽然有纹理，但多而不鲜明，非虎非雉，其名曰狸。”猎人晚上归来，果然如管辂所言。徐季龙取出十三件物品，放置在大柜子里，让管辂射覆，说：“这柜子里藉藉有十三种物品。”管轲先猜出鸡蛋，后猜出蚕蛹，就一一叫出名字，只是把梳子说成了篦子。①

①《管辂别传》记载：清河县令徐季龙，字开明，有才思。与管辂相见，在一起谈论，龙动则景云起，虎啸则谷风至，以为火星者龙，参星者虎，火星出则云应，参星出则风到，此乃阴阳之感化，非龙虎之所致。管辂说：“论难当先审其本，然后求其理，理失则机谬，机谬则荣辱之主。若以参星为虎，谷风更为寒霜之风，寒霜之风，非东风之名。是以龙者阳精，以潜为阴，幽灵上通，和气感神，二物相扶，故能兴云。虎，阴精而居于阳，依木长啸，动于巽林，二气相感，故能运风，就像磁石取铁，不见其神，而金自来，有征应以相感。况且，龙有潜飞之化，虎有纹饰之变，招云召风，何足为疑？”季龙说：“龙在深渊，不过一井之底，虎之悲啸，不过百步之中，形气浅弱，所通者近，何能言景云而驰东风？”管辂答：“君不见，阴阳燧在掌握，形不出手，上引太阳之火，下引太阴之水，嘘吸之间，烟景以集。苟精气相感，县象应乎二燧；苟不相感，则二女同居，志不相得。自然之道，没有远近。”季龙问：“世上谈论军事，则感鸡雉先鸣，其道理何由？复有他占，唯在鸡雉而已？”管辂答：“贵人有事，其应在天，在天则日月星辰。兵动民忧，其应在物，在物则山林鸟兽。鸡者兑卦之畜，金者兵甲之精，雉者离卦之鸟，兽者武事之神，故太白金星扬辉，则鸡鸣，荧惑星流行，则雉惊，各感数而动。兵，又谓之神道，布在六甲，六甲推移，其占无常。是以晋柩牛呴，果然有西军，鸿嘉石鼓，鸣响则有兵，不专近在于鸡雉。”季龙问：“鲁昭公八年，有石言于晋，师旷认为，作事不合时宜，怨言动于民众，则有非言之物而言，于义理，为合不？”管辂答：“晋平公奢靡，崇饰宫室，斩伐林木，残破金石，民力既尽，怨及山泽，神痛人感，二精并作，金石同气，则兑卦为口舌，口舌之妖，动于灵石。《洪范五行传》讲：轻百姓，饰城郭，则金不从革，此之谓也。”季龙钦敬管辂，挽留他住在官府数日。管辂占猎既验，季龙问：“君虽然神妙，但不多藏物，何能皆得之？”管辂答：“我与天地参神，蓍龟通灵，抱日月而游杳冥，极变化而览未然，况兹近物，能蔽聪明？”季龙大笑：“君既然不谦逊，又念穷在近。”管辂答：“君尚未识谦言，焉能论道？天地者，则乾坤之卦，蓍龟者，则卜筮之数，日月者，离坎之象，变化者，阴阳之爻，杳冥者，神化之源，

未然者，则幽冥之先，此皆《周易》之纲纪，何仆之不谦逊？”季龙于是取十三种物，欲以此诘难管辂，管辂射之皆中。季龙叹息道：“作者之谓圣，述者之谓明，岂此之谓乎！”

管辂随军队西行，经过毌丘俭祖坟的墓地旁，管辂倚树哀吟，神情不乐。有人问其原因，管辂答：“林木虽茂盛，无形可久；碑诔虽可观，无后可守。玄武藏头，苍龙无足，白虎衔尸，朱雀悲哭，四危以备，法当灭族。不过二年，其应至矣。”结果正如管辂所言。后来，管辂休假，前去拜谒清河郡倪太守。当时天旱，倪太守向管辂咨询何时可下雨，管辂答：“今天夜间下雨。”这一天，太阳高照，万里无云，白天毫无下雨的迹象，郡府丞及清河县令当时都在座，说不会下雨。到了夜晚鼓响一更时，星星月亮被乌云遮住，风云骤起，竟然下了一场透雨。于是，倪太守盛情款待客人，与管辂欢乐庆贺。①

①《管辂别传》记载：管辂与倪太守在清河郡相见，很快到了雨季，倪太守还不信。管辂说：“造化之所以为神，不疾而速，不行而至。十六日壬子，直满，毕星中已有水气，水气发出，动于卯辰，此必至之应。而且，上天昨夜檄召五星，宣布星符，敕令东井宿，告命南箕，使其召雷公、电母、风伯、雨师，群岳吐阴，众川激精，云汉垂泽，蛟龙含灵，烨烨朱电，吐咀杳冥，殷殷雷声，嘘吸雨灵，习习谷风，六合皆同，咳唾之间，品物流形。天有常期，道有自然，不足为难。”倪太守说：“言高信寡，相为担忧。”于是挽留管辂，又请来府丞及清河县令。如果当天夜晚下雨，当吃二百斤犊肉，若不下雨，当住十日。管辂答：“言念费损！”到了太阳向暮，了无云气，众人嗤笑管辂。管辂说：“树上已经有少女微风，树间又有阴鸟和鸣。又有少男风起，众鸟和翔，其应至矣。”须臾，果然有艮风鸣鸟。太阳还未下山，东南方向已经有山云楼起。黄昏后，雷声动天。到一更鼓敲响，星月皆没，风云并兴，玄气四合，大雨倾盆。倪太守对管辂言：“误中耳，不为神也。”管辂说：“误中与天期，不亦工乎！”

正元二年，弟弟管辰对管辂说：“大将军待君之意甚厚，君应当富贵吗？”管辂长叹道：“我自己知道有何等分量，只是上天给予我才能、聪明，但不与我年寿，恐怕只有四十七八岁的寿命，看不到女儿出嫁，儿子娶妇。若能免除此一灾厄，我欲担任洛阳令，在我治下，可以使得百姓路不拾遗，枹鼓不鸣。但是，恐怕上天会令我到泰山去治理鬼魂，不能再治理活人，奈何！”管辰问其缘故，管辂答：“我额上没有生骨，眼中没有守精，鼻上没有梁柱，脚上没有天根，背上没有三甲，腹中没有三壬，这些都是不能享寿之征兆。而且，我的本命在寅时，加上月食夜里出生。天有常数，不可违逆，只是人们不知道罢了。我前后为应当死者占卜，已经超过一百人，几乎没有差错。”这一年八月，管辂担任少府丞。第二年二月，去世，享年四十八岁。①

①《管辂别传》记载：管辂有明才，遭朱阳之运，在当时，名势煊赫，若火猛风疾。当涂

之士人，莫不枝附叶连。宾客如云，无论多少人，管辂皆为他们准备酒宴，宾无贵贱，待之以礼。京城纷纷，非徒归其名势而已，然而，管辂亦怀其仁德。管辂向不夭命，管辂之荣华，非世人所能测。弟弟管辰曾经欲跟从管辂学习占卜，以及仰观天文之事，管辂说："卿不可教导。占卜术非至精不能见其数，非至妙不能睹其道，《孝经》《诗经》《论语》，足为三公，无用知之也。"于是遂不再请求。子弟不能传其术。管辰叙说："晋、魏之士人，看见管辂的道术神妙，占候无错，以为管辂有隐书或象甲之数。管辰每次观看管辂收藏的书传，只有《易林》《风角》《鸟鸣》《仰观星书》三十余卷，世人所共有。然而，管辂独自住在少府官舍，没有家人子弟随从，其去世之际，有好奇没有人哀丧管辂的人，偷盗管辂的藏书，也只有《易林》《风角》《鸟鸣》而已。术数家有一百数十家，其著述的书籍，有数千卷，书并不少。然而，世上鲜有名人，皆因为无才，并非因为无书。裴冀州、何晏、邓飏二尚书及乡里人刘太常、颍川兄弟二人，都说管辂是禀赋，天授其才，明阴阳之道，吉凶之情，一得其源，遂涉其流，亦不为难，常佩服不已。管辂自称，与此五君子有共同语言，令人精神焕发，昏不暇寐。自此以下，则白日欲寝矣。又自称当世无所愿，只希望与鲁梓慎、郑裨灶、晋卜偃、宋子韦、楚甘公、魏石申共登灵台，披神图，步三光，明灾异，运蓍龟，决狐疑，无所复恨。管辰不以浅陋，得因兄弟之亲，多次向管辂咨询，谈论占卜术。至于辨识人物，分析臧否，说近义，弹曲直，拙而不工。犹如敷皇、羲之典，扬文、孔之辞，周流五曜，经纬三度，口满声溢，微言风集，若仰眺飞鸿，漂漂兮景没，若俯临深溪，杳杳兮精绝；逼以攻难，而失其端，欲受学求道，寻以迷惑，无不扼腕椎指，追响长叹。在往昔，京房虽然善于占卜及风律占候，最终，仍不免身遭横祸，而管辂自知，四十八岁当亡，可谓明哲相殊。还有，京房目睹谗谗之党，耳听青蝇之声，向元帝面谏不从，仕途上道路纷纭。管辂身处魏、晋之际，藏智以朴，卷舒有时，妙不见求，愚不见遗，可谓知几相邈。京房上不量万乘之主，下不避谄佞之臣，欲以天文、《洪范》，利国利身，最终受困而不能用，陷于大辟之刑，可谓枯龟之余智，膏烛之末景，岂不哀哉！世人多以管辂比喻京房，管辰对此不能认同。至于仰观星象，俯定吉凶，远期不失年岁，近期不失日月，星辰以甘氏、石氏《星经》之妙，不可比拟。射覆名物，见术流速，东方朔不能超过。观骨形而审贵贱，览形色而知生死，许负、唐举不过如此。若谈到疏风气而探微候，听鸟鸣而识神机，亦一代之奇人。如果管辂官位显达，担任宰相，膏腴流于明世，华曜列乎竹帛，使幽验皆举，秘言不遗，千载之后，有道者必信而贵之，无道者必疑而怪之；信者以妙过真，妙与神合者，得神无所困惑也。只恨管辂才长命短，道贵时贱，亲贤遐潜，不宣于良史，而为鄙弟所见追述，既自暗浊，又从来久远，所载占卜之事，虽不识本卦，摭拾残余，十得二焉。至于仰观灵曜，谈说魏、晋兴衰，以及五运浮沉，兵革灾异，十不收一。无源何以成河？无根何以垂荣？虽然秋菊可采，不及春华，临文慷慨，伏用哀惭。将来君子，幸以高明求其义焉。在以往，孟荆州为列人典农，曾经问亡兄，在往昔，东方朔射覆得何卦，正知守宫、蜥蜴二物。亡兄于此为安卦生象，辞喻交错，微义豪起，变化相推，会于辰巳，分别龙蛇，各使有理。言绝之后，孟荆州长叹息：'吾闻君论，精神腾跃，殆欲飞散，何其汪汪，乃至于斯邪！'"

裴松之按：管辰所称同乡刘太常，就是刘寔。管辰撰写《管辂传》，刘寔当时担任太常，颍川是刘寔的弟弟刘智。刘寔、刘智并列，以儒学闻名，无能言之。《世语》记载：刘寔学识渊博，善于辩论，犹不足以并列裴、何之流。又按管辂自己说"本命在寅"，管辂生于建安十五年。死于正始九年，应该享年三十九岁，而《管辂传》记载为三十六岁，以正元三年去世，也应该是四十七岁，《管辂传》记载为四十八岁，皆为不相应。近世有阎续伯，名缵，该微通物，有良史遗风，为天下补缀遗脱，敢以所闻列于篇左。皆从受之于大人先哲，足以取信，以免虚诬之讥讽。曾在管辰所著《管辂传》中提到刘太常，曰："管辂开始出名，由于为邻妇卜亡牛，说应当在西面穷墙中，悬头向上。教妇人令视诸丘冢中，果然得到走失的牛。妇人因为藏自己的牛，告官案验，才知道管辂以占卜术得知，故裴冀州遂知道管辂此人。"又云："路中小人丢失妻子，管辂为其占卜，教他在第二天清晨，在东阳城门中等候一个担豚人，牵与共斗。具如其言，豚逃走，大家共追之。豚进入有人居住的屋舍，砸破主人的大瓮，妇人从瓮中走出来。"刘侯谈论此类事情甚多，管辰所载，才十分之一二。刘侯云："管辰，孝廉之才。"中书令史纪玄龙，是管辂的同乡，云："管辂在田舍，曾经等候一位远邻，主人家多次失火。管辂占卜，教主人明日在南陌上等候，到时会有一位角巾书生，驾着黑牛旧车，一定要拦住他，为其设宾主之礼，此人能消除火灾。主人听从管辂的告诫。书生有急事求去，不听，遂留下来住宿，书生不安，以为要图谋自己。主人罢入，书生手拿一把刀出门，倚着两积薪之间，侧立假寐。欻（chuā），有一小物径直冲到前边来，像一只野兽，手中持火，以口吹之。书生大惊，举刀砍去，正好砍断腰，视之，原来是狐狸。从此以后，主人家不再有火灾。"前长广郡太守陈承祐亲耳听到城门校尉华长骏告诉他："此前，我父亲担任清河郡太守时，召管辂担任郡府小吏，我与管辂是发小，后来又是乡里人，遂加恩意，常与管辂同车周旋，知道很多关于管辂的事情。说的这些事情都很灵验，三倍于《管辂传》。管辰既才识不够，而且年龄还小，又多在田舍里，故很多事情都不知道。管辰出仕做官，官至州主簿、从事，晋武帝太康初年去世。"华长骏又说："管辂占卜，并非全部都能言中，十得七八，华长骏问其何故，管辂答：'理无差错，来占卜者或言不足以告诉全部事实，故有这样的结果。'华城门夫人，是魏国原司空涿郡人卢公的女儿，得病，多年不越。华家当时住在西城下南缠里中，三厩在其东南。管辂占卜，应当有大师从东方来，自言能治病，就听任其治病，必得其力。后来，没过多久，有南征厩吏驺氏，充当甲卒，来拜谒卢公，自称能治女郎的病。卢公随即上表，请留下来，特别派儿子带去治疗华氏的疾病，当初用散药，后来用药丸，很快见效，卢公随后上奏任命驺氏，以补太医。"又说："跟随管辂的父亲在利漕时，有治下屯民捕鹿者，其清晨从外边返回，看见毛血，有人从取鹿处，来到厩舍，告诉管辂，管辂为其卜卦，告诉他：'这是有盗贼，是你住的东巷中第三家。你径直到他的门前，等到无人时，取一片瓦，悄悄放置在碓屋东头第七椽，以瓦著下，不超过明日中吃饭时，他就会自动送回偷盗的鹿。'当天夜晚，盗者父亲有病，头痛，发烧烦躁，此人来请管辂占卜。管辂问他是否偷鹿，盗者承认。管辂令其担着皮肉，悄悄放回原处，父亲的病当日自越。又教鹿主前去取回。再告诉其像此前一样，把椽上的瓦丢掉。盗者父亲的病马上痊愈。还有，都尉治内史有失物者，管辂让其第二天清晨在寺门外观看，会碰到一个人，指天画地，举手四向，就能得到失去的物品。当天晚上，果然在原处获得。"

陈寿评论如下：华佗的医术，杜夔的雅乐，朱建平的相术，周宣的相梦，管辂的占卜，真可谓玄妙无穷，高深莫测，非常人能领会其玄妙。在往昔，司马迁著《史记》，为扁鹊、仓公、日者作传，用以广异闻，传奇事。故记录以上诸位神奇人物。

魏书三十

乌丸鲜卑东夷传第三十

《尚书》记载："蛮夷猾夏。"《诗经》记载："猃狁嚣张。"蛮夷危害华夏，可谓时间久远。秦、汉以来，匈奴长久成为中原的祸害。孝武帝虽然以武力，对外攘除四夷，东部平定两越、朝鲜，西部讨伐贰师、大宛，开凿邛夷、苲夷、夜郎的通道，然而，这些地区大多还在荒服以外，对中原并未能构成真正的威胁。匈奴铁骑靠近边郡，可以威逼华夏，胡人骑兵南下，中原会三面受敌，武帝派遣卫青、霍去病二位猛将，深入荒漠，多次北伐匈奴，穷追单于，夺取原匈奴的丰饶放牧之地。后来匈奴居守边疆向汉朝称臣，逐渐衰弱下去。建安年间，南单于呼厨泉入朝，被曹操强留在洛阳，服侍朝廷，又派右贤王留在南匈奴，安抚其国民，在当时，匈奴恭顺，彻底臣服，超过西汉年间。然而，乌丸、鲜卑却变得强盛起来，成为祸害中华的乱源，中原多事，不遑对外征伐，鲜卑故得以侵夺漠南土地，寇掠边郡城邑，杀害抢掠人民，北部郡县深受其侵害。袁绍兼并河北，招抚东北三郡乌丸，授予乌丸首领名王称号，收编其精锐骑兵。其后，袁尚、袁熙又逃往乌丸蹋顿单于处，向其求助。蹋顿骁勇善战，边郡长老皆把蹋顿比作冒顿单于，乌丸恃其距离朝廷遥远，敢于接纳中原亡命之人，遂称雄百蛮。曹操率领大军北伐，出其不意，一战而平定蹋顿，夷狄慑服，中原军队威震朔北。此后，曹操引导乌丸余众，跟随魏军征伐，边民得以喘息。此后，鲜卑首领轲比能制服北方夷狄，占据匈奴故地，从云中郡、五原郡以东，直抵辽水，都被鲜卑王庭管辖。鲜卑多次侵犯边郡，抢掠百姓，幽州、并州苦不堪言。田豫有马城之围，毕轨有陉北之败。青龙年间，明帝听信王雄，派遣剑客刺杀轲比能。此后，鲜卑分崩离析，相互攻伐，强者远遁，弱者请服。从此以后，边陲稍微安宁，漠南战事减少，虽然鲜卑还时有抢掠、偷盗之事发生，夷狄已经不能联合对华夏构成威胁。乌丸、鲜卑就是古人讲的“东胡”。其风俗习惯，往古的事情，已经在《后汉书》有记载。此处仅列举汉末魏初以来的史实，以备了解四夷的变化。[①]

①《魏书》记载：乌丸，又名东胡。汉初，匈奴冒顿灭其国，余部退守乌丸山，因以山为名称。乌丸人善于骑射，逐水草放牧，居无常处，以穹庐为宅，门皆东向。白天弋猎禽兽，食肉饮酪，以裘皮为衣，贵少贱老，其性情剽悍，怒则杀其父兄，而不敢杀害其母亲，因为母亲有家族可以保护，父兄是自己本族人，无人肯站出来报仇。乌丸常推举勇敢健壮，能为族人协调因争讼而相互侵犯，评判是非者为大人，小的邑落有小帅，这些首领或小帅不能世袭。数百千个帐落组成一个大部落，大人有权威，刻木为信，邑落传递，没有文字，部众不敢违抗。姓氏不固定，以大人强壮者为姓。大人以下，各自帐落自由放牧，治理产业，没有徭役。男女青年嫁娶，先私通，男方将女方带回家，或半年一百日，然后派媒人向女方家送去马牛羊，作为聘娶之礼。男方跟随妻子回到女方家，在妻子的家里，无尊卑位序，清晨起来皆拜太阳，而不拜其父母。丈夫为妻子家做活二年，妻子家则馈送丰厚的嫁妆，把夫妻送回夫家，居处的财物，随妻子带走。乌丸的风俗，妇人在家中的地位较高，对外战斗时，以男方为主。父子男女，相对蹲踞，男子髡头，以为方便。妇人到出嫁时，开始养发，分出发髻，戴上句决，用金碧作为发饰，好像中原妇人头上戴的金簪或步摇。父兄死后，男子可以娶后母或嫂子；若没有娶嫂子，儿子以亲近关系，依次呼伯母、叔母，妻子改嫁，死后依然与原来的丈夫合葬。乌丸的风俗，按照鸟兽怀孕、哺乳，辨别一年四季，耕种的时间，按照布谷鸟鸣叫为准。乌丸的地面，可以种植青穄、东墙，东墙长得好像蓬草，其子实像葵花子，十月成熟。东墙能用来酿制白酒，乌丸人不会制作酒曲，需要从中原进口酒曲。乌丸的成年人，都会制作弓矢、马鞍、马勒，锻打金属，制作兵器，女子能刺韦，制作文绣，编织缕毡。乌丸人有病，懂得用艾灸，或把石头烧热，在病痛处自熨，或把地面烧热，躺卧在上面，或在病痛处，用刀子割开放血，或向天地山川之神祈祷，没有针药治疗。乌丸人尊重战死者，殡殓尸体，有棺木，对阵亡、病死者哭哀，下葬时歌舞相送。在家养一只肥犬，用彩绳牵引，同亡者所乘用的马匹、衣物、生时穿戴的服饰一起焚烧送葬。特别嘱托肥犬，保护死者神灵归于赤山。赤山在辽东西北数千里，就像中原人死后，灵魂归于泰山神。到了下葬日，死者的亲属、旧属坐在一起，牵着犬马，排好位置，或歌或哭，把肉掷与肥犬。有两个巫师口颂咒文，让死者的灵魂早日回归，历经险阻，到达赤山，勿令恶鬼阻拦，然后杀犬马，焚烧衣物。乌丸人敬祀鬼神，祭祀天地日月星辰山川，先大人有英名者，也用牛羊祭祀，祭祀完毕，祭祀的物品皆焚烧。饮食前先祈祷。乌丸人约法，违背大人命令者，判处死罪，偷盗不至于死罪。乌丸人相互残杀，由部落自行处置，如处置仍不能制止，大人出面，有罪者把家里的牛羊拿出来，可以赎免死罪，处理结束。杀父兄者无罪。逃亡叛变被大人捕获，其他部落不得收留，皆驱赶至荒凉的地方。这些地方无山，有沙漠、流水、草木，多蝮蛇，在丁令的西南，乌孙的东北，以此困住逃亡者。自从乌丸被匈奴攻破，乌丸人变得孤弱，臣服于匈奴，每年要向匈奴贡献牛马羊，过时不贡献，匈奴就会来掳获其妻子。到了匈奴壹衍鞮单于时，乌丸变得强大，挖掘匈奴单于的墓冢，以报冒顿之仇。壹衍鞮单于大怒，调动二万骑兵，攻打乌丸。大将军霍光听说后，派遣度辽将军范明友，率领三万骑兵出辽东，追击匈奴。及至范明友赶到，匈奴已经撤回。乌丸刚被匈奴

蹂躏，汉军乘其衰弱，又再次攻打乌丸，斩首六千余级，擒获三位乌丸王带回。后来，乌丸多次侵犯边塞，范明友辄出兵讨伐。到了王莽末年，乌丸与匈奴在边郡为寇。光武帝平定天下，派遣伏波将军马援率领三千骑兵，从五原郡出塞征伐，战事不利，杀马一千余匹。乌丸变得强盛，反击匈奴，匈奴迁徙千里，漠南变得荒无人烟。建武二十五年，乌丸大人郝旦等，率领九千余人，来到塞下，请求到京师朝觐天子，光武帝封乌丸首领为侯王者，有八十余人，让乌丸迁居塞内，分布在辽东郡属国、辽西郡、右北平郡、渔阳郡、广阳郡、上谷郡、代郡、雁门郡、太原郡、朔方郡的郡界安置，招来乌丸人，向他们供给衣食，朝廷又设置校尉，以管护乌丸事务，乌丸在边郡为汉军守备，打击匈奴、鲜卑。到了永平年间，渔阳郡乌丸大人钦志贲率领部众反叛，乌丸随后成为边害，辽东郡太守祭肜招募刺客，杀了钦志贲，大败乌丸。在安帝朝，渔阳郡、右北平郡、雁门郡乌丸率众王无何等，与鲜卑、匈奴联合，寇掠代郡、上谷郡、涿郡、五原郡，朝廷派大司农何熙兼领车骑将军，率领左右羽林五营武士，征调沿边七个郡的黎阳营兵，共计二万人反击。南匈奴投降，鲜卑、乌丸退出塞外。此后，乌丸稍微亲附汉朝，朝廷拜乌丸大人戎末廆为都尉。到了顺帝朝，戎末廆率将王侯咄归、去延等，跟从乌丸校尉耿晔出塞进攻鲜卑，撤军后，朝廷拜乌丸首领为率众王，赏赐束帛。

东汉末年，辽西郡乌丸首领丘力居聚集五千余帐落，上谷郡乌丸首领难楼聚集九千余帐落，各自称王，而辽东郡属国乌丸首领苏仆延，聚集一千余帐落，自称峭王，右北平郡乌丸首领乌延，聚集八百余帐落，自称汗鲁王，这些乌丸首领，皆善于用计谋，勇猛善战。中山郡太守张纯谋反叛乱，投奔丘力居，自称“弥天安定王”，成为东北三郡乌丸的元帅，率领乌丸寇掠青州、徐州、幽州、冀州四州，杀害边郡吏民。灵帝末年，刘虞担任幽州牧，招募胡人，斩杀张纯首级，北部州郡恢复安宁。后来，丘力居病死，儿子楼班年龄还小，侄子蹋顿有谋略，作战勇敢，代替楼班，成为乌丸首领，统领乌丸三王，乌丸部众皆服从其命令。袁绍与公孙瓒大战，双方对峙，难以决出胜负，蹋顿派遣使者，请求与袁绍和亲，帮助袁绍进攻公孙瓒，袁绍大败公孙瓒。袁绍遂矫制诏命，赏赐蹋顿、峭王、汗鲁王印绶，拜他们为乌丸单于。①

①《英雄记》记载：袁绍派遣使者，拜乌丸三王为单于，皆送予安车、华盖、羽旄、黄屋、左纛。袁绍颁发版文：“派使者，持符节，大将军都督幽州、青州、并州兼领冀州牧阮乡侯袁绍，按照朝廷制度，诏令辽东属国率众王颁下，乌丸辽西率众王蹋顿、右北平率众王汗卢维：尔等祖先，仰慕汉朝德义，款塞内附，向北抵御玁狁，向东抵御秽貊，为汉朝世代守卫北部边陲，为百姓保障安宁，虽然有时掳掠，朝廷命将征伐，惩治罪犯，率不旋时，很快改悔，方外之夷，有聪慧者。当初有千夫长、百夫长，以作为统领，悉心率领部众，为国家建立功勋，稍后，领受朝廷颁发王侯印绶。自从我王室近年多变故，公孙瓒作乱，残夷厥土之君，以侮天慢主，是以四海之内，操持干戈，以卫社稷。三王奋勇，同仇敌忾，为国靖难，率领控弦武士与汉军互为表里，表现忠孝，朝廷嘉赏。然而虎兕长蛇，相随塞路，王官爵命，否而无闻。有勋不赏，俾勤者怠。今派遣代行谒者杨林，带着单于玺绶车服，赐予乌丸单于。望安抚各部落，教以谨慎，无使

作凶作慝，作为百蛮之长，世代祭祀。切勿犯下过错，泯灭尔禄，丧于乃庸，可不勉乎！乌丸单于都护部众，左右单于受其节度，其他按照旧例。”

后来，楼班长大成人，峭王率领其部众尊奉楼班为单于，蹋顿为王。然而，出谋划策，大多还是要靠蹋顿。广阳郡人阎柔，年少时，曾经在乌丸、鲜卑流落，被乌丸、鲜卑部落所信任。阎柔利用鲜卑部众，杀了汉朝的护乌丸校尉邢举，取而代之，袁绍就势安抚阎柔，让阎柔安抚北部边郡。后来，袁尚逃亡，投奔蹋顿，凭借乌丸的兵力，欲重新占据冀州。曹操平定河北，阎柔率领鲜卑、乌丸归附曹操，曹操任命阎柔为护乌丸校尉，仍然授予汉朝的符节，治所设在广宁。建安十一年，曹操亲自征伐在柳城的蹋顿单于，率领大军，从小路秘密进军，前进不到一百余里，被乌丸发现。袁尚与蹋顿率领部众在凡城迎战，乌丸兵马甚多。曹操登高观察乌丸的军阵，暂时停止进攻，及至乌丸骚动不安，大军一举击破其部众，临阵斩杀蹋顿首级，战死者横尸荒野。速附丸、楼班、乌延等逃往辽东，辽东郡太守将其全部斩杀，将首级送往曹操处。其余众崩溃，全部投降。包括幽州、并州阎柔所统领的乌丸一万余帐户，全部迁入内地，曹操将他们安置在中原，各部首领侯王大人，率领其余众跟随曹操征伐。从此以后，东北三郡乌丸骑兵，成为曹操属下的劲旅。①

①《魏略》记载：景初元年秋天，明帝派遣幽州刺史毌丘俭率领大军讨伐辽东。右北平郡乌丸单于寇娄敦、辽西郡乌丸都督，率领众王护留叶，此前，随着袁尚投奔辽西，听说毌丘俭率领大军杀到，率领余众五千余人投降。寇娄敦派遣弟弟阿罗槃等前往京师朝觐，明帝封乌丸首领三十余人为王，赐舆马彩缯，多少不等。

鲜卑①步度根被拥立为首领，鲜卑部落越发衰弱，其二哥扶罗韩被数万部众拥立为首领。建安年间，曹操平定幽州，步度根与轲比能等通过护乌丸校尉阎柔向朝廷贡献。后来，代郡乌丸能臣氐等反叛，请求依附扶罗韩，扶罗韩率领一万余骑兵迎接。到了桑乾，能臣氐等商议，认为扶罗韩所部禁令松弛，担心难以成气候，又派人与轲比能联系。轲比能率领一万余骑兵，来与能臣氐见面，共同盟誓。轲比能在会盟大会上杀了扶罗韩，扶罗韩的儿子泄归泥及部众全部被轲比能收编。轲比能自以为杀了泄归泥的父亲，对泄归泥予以优待。步度根因此而怨恨轲比能。曹丕接受汉室禅让，登上帝位，任命田豫为护乌丸校尉，持符节，管理乌丸事务，同时管理鲜卑，治所设在昌平。步度根派人献上良马，文帝拜步度根为王。后来，步度根多次与轲比能相互攻击，步度根部众稍微衰弱，率领其余众一万余帐落依附太原郡、雁门郡以自保。步度根派人与泄归泥联系，说："你的父亲被轲比能所杀害，你不想着报仇，反而追随仇家。轲比能虽然厚待你，最后还是要杀你。不如来归附我，我与你是骨肉至亲，你岂能与仇人为伍？"于是，泄归泥率领其部众逃走，归附步度根，轲比能没有追上泄归泥。黄初五年，步度根前往洛阳贡献，文帝厚加赏赐，此后，步度根一心为魏国守边，不再侵害边郡，而轲比能部众变得日渐强盛。明帝即位，采取安绥戎狄的政策，休养生息，对戎狄两部实施羁縻。青龙元年，轲比能引诱步度根，与其和亲，于是，步度根率领泄归泥及其部众全部归附轲比能，双方寇掠并州，杀害抢掠边民。明帝派遣骁骑将军秦朗征剿鲜卑，泄归泥背叛轲比能，率领其部众投降，受拜为归义王，明帝赐予幢麾、曲盖、鼓吹，仍然留在并州。步度根被轲比能诛杀。

①《魏书》记载：鲜卑也是东胡一部分，原来住在鲜卑山，因山名号称鲜卑。其言语习俗与乌丸相同。鲜卑山东接辽水，西边与西域接壤。鲜卑常在春季三月举行大会，在水上作乐，嫁女娶妇，髡头宴饮。鲜卑居住的地方，野兽异于中原，有野马、羱羊、端牛。端牛角可以用来制弓，世人称之为角端。还有貂、豽、鼲子，皮毛柔软，故天下以此制成裘皮。鲜卑自从被冒顿攻破，远窜至辽东塞外，不与其他国家争衡，也没有与汉朝通使往来，然而，鲜卑与乌丸靠近。到了光武年间，南北单于相互攻伐，匈奴损耗极大，鲜卑却变得日渐强盛。建武三十年，鲜卑大人于仇贲率领族人，前来京师朝贡，光武帝封于仇贲为王。永平年间，祭彤担任辽东郡太守，引诱鲜卑，予以厚赏，令鲜卑斩杀反叛的乌丸首领钦志贲等，于是，鲜卑从敦煌郡、酒泉郡以东，各部落大人，皆到辽东郡领受赏赐，青州、徐州两个州，负责安抚鲜卑，每年赏赐二亿七千万钱，以作为常数。在和帝朝，鲜卑大都护校尉廆率领部众，跟从护乌丸校尉任尚，进攻反叛者，和帝封校尉廆为率众王。殇帝延平年间，鲜卑在东边进入汉朝边塞，杀了渔阳郡太守张显。在安帝朝，鲜卑大人燕荔阳到京师朝觐，安帝赐鲜卑王印绶，赤车参驾，归护乌丸校尉管辖，治所在宁城。汉人与胡人互市贸易，修筑南北两座官府，接受鲜卑部落人民一百二十部。再后来，鲜卑或叛、或降，或与匈奴、乌丸相互攻击。安帝末年，朝廷征调沿边各郡步骑二万余人，在边郡要塞驻扎。后来，八九千鲜卑骑兵冲进代郡及马城要塞，杀害县长、县吏，朝廷派遣度辽将军邓遵、中郎将马续出塞反击，大败鲜卑。鲜卑大人乌伦、其至鞬等七千余人，到邓遵处投降，安帝封乌伦为王，封其至鞬为侯，赏赐彩帛。邓遵撤军后，其至鞬再次反叛，在马城围攻护乌丸校尉，度辽将军耿夔及幽州刺史解救护乌丸校尉。在当时，其至鞬变得强盛，有控弦骑兵数万人，多次侵入塞内，与五原郡胡人攻打匈奴南单于，杀了左奥鞬日逐王。在顺帝朝，鲜卑再次入侵边塞，杀害代郡太守。顺帝派遣黎阳营兵驻扎在中山，沿边各郡派军队驻扎在塞下，朝廷征调五营弩帅，令训练战士，南单于率领步骑一万余人，帮助汉军反击鲜卑。后来，护乌丸校尉耿晔率领率众王，出塞迎战鲜卑，斩杀鲜卑首领，于是，鲜卑三万余帐落，向辽东郡投降。匈奴北单于遁逃后，还剩下十余万帐落在辽东郡定居，皆自称鲜卑人。投鹿侯在匈奴从军三年，其妻子在家里，生下一个儿子。投鹿侯返回家，知道妻子偷情，欲杀掉妻子生的儿子。妻子狡辩："白天听到雷震声，仰天注视，有雷电落入口中，遂吞下，而后有了身孕，十月生产，此子一定有灵异，且让他长大。"投鹿侯坚决不信。于是妻子告诉娘家人，让他们帮助养活儿子，起名字叫檀石槐。檀石槐长大后，勇敢健硕，智略超群，十四五岁时，其他部落大人卜贲邑抢夺其外公家的牛羊，檀石槐策马扬鞭，追赶抢夺者，所向无敌，将抢走的牛羊全部追回。由是部落敬畏檀石槐，檀石槐

行使法令，为众人评判曲直，无人敢冒犯，遂推举檀石槐为大人。檀石槐即位，把王庭建于高柳以北三百余里弹汗山啜仇水上，东西各部落大人皆归附檀石槐。檀石槐的兵马强盛，遂南下寇掠汉朝边郡，北上抵御丁令，东边抵御夫余，西边追击乌孙，占领匈奴窜逃后留下的土地，东西达一万二千余里，南北有七千余里，鲜卑网罗山川、水泽、盐池，变得富饶。汉朝深以为患，在桓帝朝，桓帝派护匈奴中郎将张奂征伐鲜卑，战事不利。桓帝又派遣使者带上印绶，封檀石槐为王，欲与鲜卑和亲。檀石槐拒不接受，对边郡的寇掠越来越多。檀石槐将鲜卑分为东中西三部。从右北平郡以东至辽，东接夫余、秽貊为东部，有二十余部落，其大人称弥加、阙机、素利、槐头。从右北平郡以西至上谷郡为中部，有十余部落，其大人称柯最、阙居、慕容等，皆为大帅。从上谷郡以西至敦煌郡，西接乌孙为西部，有二十余部落，其大人称置鞬落罗、日律推演、宴荔游等，皆为大帅，全部归属檀石槐节制。到了灵帝朝，鲜卑大肆寇掠幽州、并州。沿边各郡，没有一年不被鲜卑蹂躏。熹平六年，灵帝派遣护乌丸校尉夏育，破鲜卑中郎将田晏，护匈奴中郎将臧旻与南单于，从雁门郡要塞出兵，三路并进，前进二千余里，征伐鲜卑。檀石槐率领部众迎战汉军，臧旻等败走，汉军生还者仅剩下十分之一。鲜卑部众日渐增多，种田养畜射猎，不足以满足生活需要。后来，檀石槐巡行乌侯秦水，广袤数百里，水波浩淼，水中有鱼，而不能捕获，听说汗人善于捕鱼，于是，檀石槐向东进攻汗国，捕获一千余家，迁徙至乌侯秦水上，令其捕鱼，以资助粮食不足。直到今日，乌侯秦水上仍然有汗人数百户。檀石槐四十五岁病死，儿子和连即位。和连的能力远不如其父亲，而且贪婪、淫荡，处理部落矛盾断案不公，众叛亲离，逃离者过半。灵帝末年，鲜卑多次寇掠边郡，攻打北地郡，北地郡百姓善于用弓弩者，射中和连，当场射杀。和连的儿子骞曼还小，哥哥的儿子魁头代替即位。魁头即位后，骞曼长大成人，与魁头争夺权力，鲜卑遂分散。魁头去世，弟弟步度根即位。自从檀石槐死后，诸大人开始世袭制。

轲比能本来属于小种鲜卑，以作战勇猛，持法公平，不贪恋财物，被众人推举为首领。鲜卑部落靠近边塞，自从袁绍占据河北，中原有很多人叛逃归附轲比能，指导鲜卑人制作兵器、铠甲、盾牌，也指导他们学习文字。故轲比能驾驭其部众，模仿中原，出入打猎，建立旌旗仪仗，作战时，以击鼓节奏为进退。建安年间，轲比能通过阎柔向朝廷贡献。曹操西征关中，田银在河间郡反叛，轲比能率领三千骑兵，跟随阎柔打败田银。后来，代郡乌丸反叛，轲比能帮助乌丸寇掠边郡，曹操任命鄢陵侯曹彰为骁骑将军，北伐鲜卑，大败鲜卑。轲比能逃往塞外，后来，轲比能再次向朝廷贡献。延康初年，轲比能派遣使者，到洛阳献上马匹，文帝也随后立轲比能为附义王。黄初二年，轲比能释放羁押在鲜卑的魏国人五百余家返回代郡。第二年，轲比能率领其部落百姓及代郡乌丸修武卢等三千余骑兵，驱赶牛马七万余头，与汉人互市贸易，遣返魏国人一千余家，返回上谷郡。轲比能与东部鲜卑首领素利及步度根三部争斗，相互攻击。田豫为他们讲和，令他们不得相互侵犯。黄初五年，轲比能再次进攻素利，田豫率领轻骑兵，径直进攻轲比能的后方。轲比能派其他小首领琐奴迎战田豫，田豫进剿，大败鲜卑，从此以后，轲比能怀有二心，写信给辅国将军鲜于辅："我们夷狄不识文字，原护乌丸校尉阎柔向天子保举我等。我与素利结下仇恨，往年相互攻击，而田校尉帮助素利。我派琐奴前往迎战，听说使君来，随即令琐奴引军撤退。步度根多次抢掠我们，又杀害我的弟弟，反而诬陷我抢掠边郡。我们夷狄虽然不懂得礼义，然而兄弟子孙接受天子的印绶，牛马尚知水草丰美，更何况我们是人，也有人心！请将军向天子为我们讲情。”鲜于辅得到轲比能的书信，奏报文帝，文帝再次令田豫安抚鲜卑。轲比能的部众越发强盛，有控弦骑兵十余万。每次寇掠，缴获财物，都平均分配，当着部众的面，一次分配完毕，无所遗留，因此，得到部众拼死效命，其余部落首领，皆敬惮轲比能，然而，轲比能仍比不上檀石槐。

太和二年，田豫派遣翻译夏舍到轲比能女婿郁筑鞬处，夏舍被郁筑鞬杀害。当年秋天，田豫率领西部鲜卑蒲头、泄归泥出塞，讨伐郁筑鞬，大败郁筑鞬，撤军返回马城，轲比能亲自率领三万骑兵，围困田豫七日。上谷郡太守阎志是阎柔的弟弟，平素被鲜卑人所信任。阎志前往轲比能处，向其晓谕道理，轲比能解围而去。后来，幽州刺史王雄兼领护乌丸校尉，向鲜卑施以恩信。轲比能多次叩关入塞，来到州部贡献。青龙元年，轲比能诱降步度根，与其共同反叛并州刺史毕轨，轲比能与步度根和亲，率领一万骑兵，在陉北迎来步度根的家属。并州刺史毕轨派遣将军苏尚、董弼等进攻鲜卑，轲比能派遣儿子率领骑兵与苏尚等在楼烦大战，在战阵中斩杀苏尚、董弼。青龙三年，王雄派遣勇士韩龙刺杀轲比能，立轲比能的弟弟为鲜卑首领。

素利、弥加、厥机等都是鲜卑的首领，盘踞在辽西郡、右北平郡、渔阳郡塞外，由于距离遥远，还未成为边患，然而，其鲜卑族人数多于轲比能。建安年间，通过阎柔向朝廷贡献，与汉人互通贸易，曹操上表，把他们全部封为王。厥机去世，又立了儿子沙末汗为亲汉王，延康初年，鲜卑诸王各自派遣使者，向朝廷贡献马匹。文帝立素利、弥加为归义王。素利与轲比能相互攻击。太和二年，素利去世，儿子还小，众人拥立其弟弟成律归为王，统领其部众。

《尚书》记载：“向东直抵海滨，向西直抵流沙。”这是远古圣王划分域内、域外，海滨、流沙仍属于九服之内，对此有一个大概了解。然而绝域之外荒凉，需要多重翻译，绝非中原华夏人士的足迹可以轻易到达，也从未有人去刻意了解那里的风土人情。从虞舜帝到周代，西戎向中原王朝不断进贡白玉环，东夷肃慎族贡献楛木制成的箭矢，都是历经数世，才能来一次，其距离遥远，可见一斑。及至汉武帝派遣张骞出使西域，探查黄河源头，经历西域诸国，朝廷遂在西域设置都护，统领西域胡人事务，之后，中原人对西域的了解不断增加，故史官得以详细记载。魏国兴起，朝廷出使官员，虽然不能把西域全部走遍，大国龟兹、于寘、康居、乌孙、疏勒、月氏、鄯善、车师等，每年还要到朝廷贡献，仿照汉朝旧例。公孙渊祖父三代盘踞在辽东，天子认为，辽东也是绝域，将其视为域外，就把海外的事务委托给他遂隔断了与东夷的联系，东夷也不再与华夏通使。景初年间，大军征剿，诛杀公孙渊，朝廷又秘密进军渡过大海，收复乐浪郡、带方郡，此后，域外晏然，东夷臣服。高句丽反叛，朝廷又派遣偏师讨伐高句丽，追亡逐北，跨越乌丸、骨都，经过沃沮，蹂躏肃慎王庭，大军东临大海。听老人们讲，那里有面貌奇特之人，居住在靠近太阳升起的地方，朝廷官员周游诸国，了解其国土大小、风土人情，各自有名号，可以详细记录。虽然是夷狄之邦，仍然使用俎豆等礼器。中原失去的礼仪，在四夷可以见到，这是孔子讲过的，可信。故撰写这些国家，增进了解，用以接续前代史书未记载的地方。

夫余在长城以北，距离玄菟郡有上千里，南边与高句丽，东边与挹娄，西边与鲜卑接壤，北边有弱水，领土面积有方圆二千里。人口户数有八万，其民众都是土族，国内建有宫室、仓库、牢狱，多山陵、广泽，在东夷，夫余最平坦。夫余土地上种植五谷，不出产五果。其人民身材高大，坚强勇敢，为人敦厚善良，不寇掠。国家有君王，以六畜作为官员的名称，有马加、牛加、猪加、狗加、大使、大使者、使者。部落有豪强，豪强名下的百姓皆为奴仆。官员分别管理四方，豪强势力大者，有数千家奴仆，势力小者有数百家。饮食用具，皆使用俎豆，大家聚集在一起宴饮，相互间敬酒，洗爵后再敬酒，相互间揖让，前后行走有次序。以殷历正月为岁首，举行祭天，国中举行大会，民众连日饮食歌舞，名曰迎鼓，在这个时间，断决刑狱，释放囚犯。在国内，人们崇尚白色，喜欢穿白色的衣服，袍、裤、鞋用皮革制成。出国的人，穿缯绣锦罽，大人物还要加上狐狸、狖白、黑貂制成的裘皮，用金银装饰帽子。翻译传达双方意思，皆跪拜，手据地窃窃私语。用刑严峻，杀人者死，罚没其家人为奴婢。盗一罚十二。男女淫媾，妇人妒忌，皆杀之。尤其憎恨妒忌，已经被杀，还要将尸体丢弃在山上，直至腐烂。女家欲要回尸体，需要上缴牛马，才能把尸体运回去安葬。哥哥死了可以娶嫂子为妻，与匈奴的习俗相同。其国民善于饲养牲畜，出产名马、赤玉、貂狖、美珠。珠大者形似酸枣。以弓矢刀矛为兵器，家家自备铠甲、武器。国中的耆年老人，传说是古代逃出中原的流亡者。建造城栅为圆形，好似牢狱。人们行路，无论昼夜，老幼都喜欢唱歌，每天歌声不断。有军事活动时要祭天，杀牛观察牛蹄的方向，以此占卜吉凶，牛蹄打开者为凶，牛蹄闭合者为吉。有敌人来，官员要亲自带领作战，民户都要供应粮食、饮料。战死者，夏天用冰防腐。杀家中的奴仆殉葬，多者上百人。施行厚葬，有椁无棺。①

①《魏略》记载：其风俗停丧五月，以久为荣。其祭品，有生有熟。丧主不想尽快埋葬，他人强迫，还要争执，以此为礼节。居丧时，男女皆穿纯白色的衣服，妇人著布面巾，去环佩，大体与中原相仿佛。

夫余本来属于玄菟郡。东汉末年，公孙度在渤海以东称雄，威慑域外夷人，夫余王尉仇台归属辽东郡。当时，高句丽、鲜卑强大，公孙度以夫余在二者之间，把宗室女子嫁予尉仇台。尉仇台去世，简位居即位，没有嫡子，有庶生儿子麻余。简位居去世，官员们共同拥立麻余。官员牛加哥哥的儿子叫位居，担任大使，位居轻财好施，国人愿意归附，年年派遣使者到京师贡献。正始年间，幽州刺史毌丘俭讨伐高句丽，派遣玄菟郡太守王颀前往夫余，位居派遣大加郊迎使者，供应军粮。位居叔父牛加有二心，位居杀了叔父父子，没收其财物，派遣使者登记清单，送交玄菟郡府。按照夫余的旧俗，水旱灾害，或五谷不熟，则归咎于国王，或替换国王，或杀掉国王。麻余死后，其儿子依虑年仅六岁，被拥立为国王。在东汉，夫余王丧葬用的玉匣，常由朝廷预先制造，交付玄菟郡，夫余王死后，即迎取玉匣安葬。公孙渊被杀，玄菟郡库存有玉匣一具。而今，夫余国仓库里依然有玉璧、玉珪、玉瓒，这是数代人留下的宝物，是他们的传世之宝，夫余国耆年老人说，这是前代朝廷的赏赐。[①] 朝廷赐予的印文是“濊王之印”，夫余国有旧城，名字叫濊城，大概本来是秽貊之地，夫余王占据，自称“亡人”，抑或有其根据。[②]

①《魏略》记载：夫余国殷富，自先世以来，未曾遭到破坏。

②《魏略》记载：旧志有记载，在往昔，北方有高离国，其国王侍婢有身孕，国王欲杀之，侍婢狡辩：“有气体如鸡子大小，落下，我因此而有身孕。”后来生下儿子，国王把婴儿丢弃在猪圈中，猪以口气嘘之，又丢弃在马厩，马也用口气嘘之，婴儿得以不死。国王怀疑婴儿为上天之子，令婴儿母亲抱回去抚养，起名字叫东明，长大后，国王常令东明牧马。东明善射，国王担心其争夺王位，欲杀东明。东明逃走，南下至施掩水，用弓击打水面，鱼鳖浮上来架成桥，东明得以渡河，鱼鳖才解散，追兵不能渡河。东明因此得到国王夫余的领地。

高句丽在辽东郡以东一千里，南边与朝鲜、秽貊，东边与沃沮，北边与夫余接壤。都城在丸都山下，领土面积有方圆二千里，有户口数三万。国中有很多大山深谷，没有平原湖泊。沿山谷建立民居，饮用山涧的流水。没有良田，虽然努力耕作，却不足以填饱肚子。其风俗重视节约粮食，喜欢建造宫室，在所居住的左右建立大屋，祭祀鬼神，还祭祀灵星、社稷。高句丽人性情凶狠、急躁，喜欢抢掠。其国家有国王，其官员有相加、对卢、沛者、古雏加、主簿、优台丞、使者、皂衣先人，分出尊卑，有等级差别。按照东夷旧闻，认为高句丽属于夫余分支，其言语习惯大多与夫余相同，其性情、衣服穿着有一些区别。高句丽原来有五个部族，有涓奴部、绝奴部、顺奴部、灌奴部、桂娄部。最早由涓奴部为国王，后来稍微衰弱，如今，由桂娄部取代。东汉朝廷赐予高句丽鼓吹艺人，常从玄菟郡接受朝廷赐予的朝服衣帽，高句丽令官员管理国民户籍名册。后来，高句丽人逐渐骄纵恣肆，不再到玄菟郡接受指令，玄菟郡在东界筑起小城，把朝服衣帽暂存在里边，高句丽人每年按时来取，如今，胡人仍然称此城为“帻沟溇”。沟溇者，是高句丽的叫法。高句丽设置官吏，有“对卢”，则不设置“沛者”，有“沛者”，则不设置“对卢”。高句丽的宗室，凡担任“大加”者，皆称呼“古雏加”。涓奴部原来是高句丽国王，如今虽然不再担任国王，世袭首领，也可以称呼“古雏加”，还可以建立宗庙，祭祀灵星、社稷。绝奴部世代与国王通婚，可以加上“古雏”称号。诸大加也可以自行设置使者，穿皂衣的先人，任职者要把姓名报送国王，犹如中原地区诸侯卿大夫的家臣，在一起聚会时，起立坐下，不得与国王的使者、穿皂衣的先人享有同等地位。高句丽国中的豪门大户不事耕作，坐享其成者有一万余人，普通百姓要远途送来米粮鱼盐，供他们享用。其国民喜欢歌舞，国中的村落，男女聚集在一起，日夜歌舞，相互间对歌嬉戏。不建立大仓库，每家有自己的小仓库，名字叫“桴京”。高句丽人喜欢清洁，喜欢酿酒贮藏。跪拜时，单腿跪拜，这与夫余不一样，行路时疾行。在十月祭天，国中举行大会，名字叫“东盟”。官员聚会，穿着锦绣衣服，皆以金银作为装饰。大加主簿头戴冠帻，如果冠帻不够，小加就戴折风，形状好似皮弁。其国中东边有一个大洞穴，名字叫“隧穴”，十月国中举行大会，迎接隧神返回，在高句丽东边举行祭祀，把木雕的隧神供奉在神座上。国中没有牢狱，如果有人犯罪，诸加举行评议，罪重者杀头，将妻子罚没为奴婢。其风俗在缔结婚姻时，以言语约定，女方家在大屋后面建造小屋，叫作婿屋，夫婿晚上到女方户外，报上姓名跪拜，乞求与女方同宿，如是者再三，女方父母同意了，就听任二人在小屋中歇宿，这以后夫妻开始积累钱帛，直至生下儿子长大，男方再带着妻子、儿女回到自己家。其风俗喜奢侈。男女嫁娶，即开始制作送终的衣服。崇尚厚葬，金银钱币，全部用在丧葬上，垒石为封土，旁边种上成行的松柏。饲养的马匹矮小，善于登山。国人很有力气，熟悉战斗，沃沮、东濊皆臣服于高句丽。还有小水貊分支。高句丽建立国家，沿着大河而居，西安平县北边有一条小河，向南流入大海，高句丽分支沿着小河建立国家，因此叫小水貊，出产良弓，就是所谓的“貊弓”。

王莽初年，王莽征发高句丽的士兵讨伐胡人，高句丽人不愿意出征，王莽逼迫高句丽人出征，很多人逃出塞外，沦为强盗。辽西郡大尹田谭追击逃亡者，被高句丽人杀害。州郡县邑归咎于高句丽侯驺，严尤上奏：“貊人犯法，并非高句丽侯驺的罪过，应该予以安抚。将其治罪，恐怕会引起高句丽人造反。”王莽不听，诏令严尤追杀叛逃者。严尤诱骗高句丽侯驺前来，将其斩杀，传送首级至长安。王莽大喜，遂布告天下，将高句丽更名为下句丽。高句丽王贬为侯，东汉光武帝八年，高句丽王派遣使者前来朝贡，又开始称王。

在东汉殇帝、安帝年间，高句丽王宫多次寇掠辽东郡，祸及玄菟郡。辽东郡太守蔡风、玄菟郡太守姚光以宫为边郡的大害，兴兵讨伐。宫诈降，乞求讲和，二郡暂缓进兵。宫秘密派遣军队进攻玄菟郡，焚烧候城县，攻入辽隧县，杀害吏民。后来，宫再次侵犯辽东郡，郡太守蔡风轻敌，率领汉军将士追剿，全军覆没。

宫死后，儿子伯固即位。在顺帝、桓帝年间，高句丽再次侵犯辽东郡，寇掠新安县、居乡县，又攻打西安平县，在途中杀害带方县令，抢走乐浪郡太守的妻子。灵帝建宁二年，玄菟郡太守耿临讨伐高句丽，斩杀数百人，伯固投降，归属于辽东郡。熹平年间，伯固乞求归属于玄菟郡。公孙度在渤海以东称雄，伯固派遣大加优居、主簿然人等协助公孙度进攻富山贼，大破贼寇。

伯固去世，有两个儿子，长子拔奇，小儿子伊夷模。拔奇不肖，国人拥立伊夷模为国王。自从伯固多次寇掠辽东郡，又接受逃亡的胡人五百余家。建安年间，公孙康出兵进攻高句丽，攻破其国都，焚烧城邑。拔奇怨恨身为兄长，不得立为国王，与涓奴加各率领百姓三万余人，向公孙康投降，返回住在沸流河。投降的胡人也背叛伊夷模，伊夷模重新建立新国，就是今日所在的地方。拔奇遂迁往辽东，有儿子留在高句丽国，就是现在的古雏加駮位居。其后，高句丽再次进攻玄菟郡，玄菟郡与辽东郡合击高句丽，大败贼寇。

伊夷模没有儿子，与一位灌奴部的女子私通，生下儿子名叫位宫。伊夷模去世，位宫即位为国王，就是今天的高句丽王宫。其曾祖父名字也叫宫，宫生下来就能睁开眼睛看东西，其国人厌恶，及至长大，果然凶狠暴戾，多次对外抢掠，国家日渐败落。如今新王生下来，也能够睁开眼睛视人。高句丽认为与其曾祖父相似，以为是祖父托生，故称呼其名字为位宫。位宫勇敢，有力气，骑马上下如飞，精于骑射。景初二年，太尉司马懿率领军队讨伐公孙渊，位宫派遣主簿大加率领数千人助战。正始三年，位宫寇掠西安平县，正始五年，被幽州刺史毌丘俭打败。详情记载在《毌丘俭传》。

东沃沮在高句丽盖马大山的东边，濒临大海。其地形东北狭窄，西南狭长，领土面积方圆千里，北边与挹娄、夫余，南边与秽貊接壤。有户口数五千，没有大君王，世代居住的村落，各自有首领。其语言与高句丽大致相同，会有一些小差异。西汉初年，燕国逃亡者卫满在朝鲜称王，当时，沃沮人都臣服于卫满。汉武帝元封二年，汉军讨伐朝鲜，杀了卫满的孙子卫右渠，将其领地分为四郡，以沃沮城为玄菟郡。后来被夷貊侵犯，汉朝将郡治所迁至高句丽西北，就是今天的玄菟郡旧府。沃沮仍隶属于乐浪郡。汉朝以其领土辽阔，在单单大岭的东边，分置东部都尉，治所在不耐城，管辖东边七个县，当时，沃沮已经设置为县。东汉建武六年，收缩边郡，都尉官职从此撤销。其后，以其县治首领为县侯，不耐、华丽、沃沮诸县都设置为侯国。夷狄相互间攻伐，只有不耐濊侯仍然设置功曹、主簿诸曹，其功能皆由濊民负责。沃沮诸村落首领自称三老，仍然是原县国的规制。沃沮因国家小，蜷缩于大国之间，于是只得臣服于高句丽。高句丽再次将其首领任命为使者，令其负责管理，又派大加负责征缴租税、貊布、鱼、盐，海中捕获的各种可食的东西，千里运输上缴高句丽，还要送美女作为婢妾，高句丽待他们如奴仆。

沃沮的土地肥美，背山面海，适宜种植五谷，沃沮人善于种田。人民性情敦厚、质朴、勇敢，身体强壮，牛马很少，作战时持长矛步战。饮食居处，衣服礼节，类似于高句丽。[①]其丧葬习俗，制作大木椁，长十余丈，打开一头当作门户。新死者暂时埋葬，等到尸体腐烂，皮肉已经朽烂，取出骨头放置在椁中。举家共享一椁，刻制木头人，好似生前的形状，木偶与死者人数相等。又制作瓦鬲，把米放置在其中，按照顺序悬挂在椁的门户边。

①《魏略》记载：沃沮人的风俗，男女婚嫁，女子年满十岁，许配人家。女婿来到家里迎接，长大后才婚配。及至长大成人，妻子返回娘家。女方家向男方索要嫁女钱，交钱后，再还给女婿。

毌丘俭讨伐高句丽，高句丽王宫逃往沃沮，毌丘俭遂进攻沃沮。沃沮城邑被扫荡，毌丘俭斩杀俘虏三千余人，宫逃往北沃沮。北沃沮又名置沟娄，距离南沃沮八百余里，其风俗南北相同，与挹娄接壤。挹娄人喜欢乘船抢掠，北沃沮很害怕挹娄人，夏天住在山里的洞穴里，防备挹娄人，冬天天气寒冷，冰天雪地，航道不通，沃沮人才敢回到村落中居住。王颀另外派一支军队，讨伐高句丽王宫，大军追至北沃沮东界。问当地的老年人："海东还有人吗？"听老人讲，北沃沮国人曾经乘船捕鱼，遭遇大风，一连吹了数十日，渔船漂向东边，来到一座海岛，岛上有人，言语不通，其风俗常在七月间取童女沉入大海。还说有一个国家，也在海中，只有女人，没有男人。又说得到一件布衣，从海面上浮来，衣服的大小好似中等身材，两只袖子长三丈。又得到一艘破船，随海流冲到海岸边，有一个人，脖项后还有一副面孔，还活着，与其讲话，言语不通，不吃东西，很快就死了。其地域在沃沮东边的大海中。

挹娄在夫余东北一千余里，濒临大海，南边与北沃沮接壤，不知道其北边可以到哪里。其土地多高山险阻。其人民长得很像夫余人，言语与夫余、高句丽人不同。种植五谷，有牛、马、麻布。人民大多勇敢有力。没有大君长，邑落各有其大人。住在山林间，常穴居，大户人家的洞穴深达九张梯子，洞穴越多越好，这个地方气候寒冷，比夫余还冷。其风俗喜欢养猪，食猪肉，衣猪皮。冬天用猪油膏涂抹在身上，厚达数分，以抵御风寒。夏天则赤裸身子，用一尺布遮住前后阴处，以此遮羞。其人民不爱清洁，厕所建在屋中央，人围绕着厕所居住。用的弓长四尺，弓力像弩一样有力，用楛木做成箭矢，长一尺八寸，用青石做成箭镞，古代的肃慎族就在这里。挹娄人善射，射人可以射中眼睛。箭矢有剧毒，人被射中，当即死亡。当地出产赤玉、貂裘，今天所谓的挹娄貂裘就是这里出产。自从汉建国以来，臣服于夫余，夫余人责令其缴纳繁重的赋税，黄初年间，挹娄人造反。夫余人多次镇压，其人民虽少，倚靠山险，邻国人畏惧挹娄人的毒箭矢，也不能将其制服。其国民乘船抢掠，成为邻国一患。东夷人的饮食，皆使用俎豆，只有挹娄人不用，其风俗不受羁绊，最不守规矩。

濊夷的南边与辰韩接壤，北边与高句丽、沃沮接壤，东边濒临大海，今天朝鲜的东边，是他们的领地。有户口数二万。在往昔，殷商王子箕子来到朝鲜，制定八条教令，约束人民，其风俗整肃，夜不闭户，人民耻于为盗。其后经历四十余世，朝鲜侯准僭越王号，称王。陈胜等起兵造反，天下叛秦，燕、齐、赵的民众为躲避战乱，逃往朝鲜者有数万人。燕国人卫满，把头发梳成锥形，换上夷人的衣服，来到朝鲜，自称王。汉武帝灭亡朝鲜，将其领土划分为四个郡。从此以后，胡、汉有了些许差别。原来没有大君长，自从汉朝建立郡县后，其官职有了侯邑君、三老，负责治理百姓。当地老人自称与高句丽同种。其人民秉性敦厚、朴实，很少嗜好贪欲，懂得廉耻，不肯向人乞求。语言、风俗、禁忌，与高句丽大致相同，衣服有差异。男女穿的衣服，都是圆领子，男子在衣服上缀有银花，大小有数寸，以作为装饰。从单单大岭以西属于乐浪，大岭以东有七个县，属于都尉管辖，两部分百姓都是濊夷。后来，撤销都尉，朝廷封濊夷领袖为侯，今天的不耐濊，都是其种族。东汉末年，又臣服于高句丽。其风俗重视山川，山川各有其归属，不得妄自侵夺。同姓不能结婚。有很多忌讳，人患疾病或死亡，则拆毁旧的住宅，重新建造新居。出产麻布，用蚕桑制作绵帛。清晨观察星宿，预知一年的收成，是丰、是歉。不把珠玉当作宝贝。常在十月祭天，昼夜饮酒歌舞，称之为舞天，还祭祀老虎，认为虎是神。其村落相互侵犯，处罚有责任的一方，罚没牲畜牛马，称之为责祸。杀人者抵命。很少有盗贼。作战用长矛，长三丈，数人手持之步战。乐浪郡檀弓就是此地出产。其海中出产班鱼皮，陆地上有很多文豹，还有果下马，汉桓帝时，向朝廷进贡。①

①裴松之按：果下马高三尺，骑马可以在果树下行走，故称之果下马。见《博物志》《魏都赋》。

正始六年，乐浪郡太守刘茂、带方郡太守弓遵率领东濊夷人臣服于高句丽，朝廷兴师讨伐，不耐侯等举城邑投降。正始八年，东濊夷到京师朝贡，齐王曹芳下诏，再次拜不耐为濊王。东濊夷与汉民杂居，每年四季到郡府拜谒太守。乐浪郡、带方郡有军队驻扎，向东濊夷人征缴赋税，役使徭役，与汉民一样对待。

韩国在带方郡的南边，东西以大海为界，南边与倭人隔海相望，领土面积方圆有四千里。韩人分为三种，一曰马韩，二曰辰韩，三曰弁韩。辰韩者，古代叫辰国。马韩在西边。其人民为土族，种植土地，懂得养蚕植桑，会制作绵布。各自有首领，大首领自称“臣智”，其次为“邑借”，其人民分散居住在山海间，没有城郭。有爰襄国、牟水国、桑外国、小石索国、大石索国、优休牟涿国、臣濆沽国、伯济国、速卢不斯国、日华国、古诞者国、古离国、怒蓝国、月支国、咨离牟卢国、素谓乾国、古爰国、莫卢国、卑离国、占离卑国、臣衅国、支侵国、狗卢国、卑弥国、监奚卑离国、古蒲国、致利鞠国、冉路国、儿林国、驷卢国、内卑离国、感奚国、万卢国、辟卑离国、臼斯乌旦国、一离国、不弥国、支半国、狗素国、捷卢国、牟卢卑离国、臣苏涂国、莫卢国、古腊国、临素半国、臣云新国、如来卑离国、楚山涂卑离国、一难国、狗奚国、不云国、不斯濆邪国、爰池国、乾马国、楚离国，大概有五十余国。大国有百姓一万余家，小国有数千家，总计有十余万户。辰王的治所在月支国。臣智抑或叫加优呼臣，也叫遣支报安邪踧支濆臣，离儿不例拘邪秦支廉等称号。其官员有魏率善、邑君、归义侯、中郎将、都尉、伯长。

侯淮僭越王号，自称王，被燕国人卫满驱赶，侵夺其土地，①朝鲜王淮带着身边的宫人，渡过大海，居住在韩，自称韩王。②其后嗣灭绝，今天的韩人，还有人奉祀朝鲜王的祠庙。西汉时，此地属于乐浪郡，四季向朝廷进贡。③

①《魏略》记载：商代末年，箕子的后人朝鲜侯，看见周室衰落，燕国自尊为王，欲向东拓展土地。朝鲜侯也自称王，兴兵袭击燕国，以尊奉周室。朝鲜大夫劝谏国王，乃止。国王以礼劝说燕国，燕国停止向朝鲜用兵，不再进攻朝鲜。后来，朝鲜王的子孙逐渐骄纵，袭扰燕国，燕王派遣大将秦开攻打朝鲜，获取其土地二千余里，边界至满番汗，朝鲜变得越发衰弱。及至秦国兼并天下，派蒙恬修筑长城，直抵辽东。当时，朝鲜王否在位，畏惧秦军攻打，臣服于秦国，但不肯到京师朝觐。否死后，儿子淮即位。又经过二十余年，陈、项起义，天下大乱，燕国、齐国、赵国的民众为躲避战乱，很多人逃往朝鲜，朝鲜王淮把他们安置在西边。及至汉高祖立卢绾为燕王，朝鲜与燕国以浿水为边界。卢绾造反，逃入匈奴，燕国人卫满亡命窜逃，穿上胡服，向东渡过浿水，向朝鲜王淮投降，说服淮，在朝鲜的西界居住，收拢中原亡命在此的百姓，作为朝鲜藩屏。淮相信卫满，拜卫满为博士，赐予玉圭，封卫满上百里土地，令其守卫西部边界。卫满招诱逃亡在朝鲜的中原人，部众越来越多，卫满派人告诉朝鲜王淮，诈称汉军分十路大军杀来，请求入宫宿卫，随后攻打朝鲜王淮。淮与卫满大战，战事不利。

②《魏略》记载：卫满的儿子及亲属留在国内者，改姓韩氏。朝鲜王淮在海岛上，不再与朝鲜往来。

③《魏略》记载：当初，卫右渠还未被汉军攻破，朝鲜相历溪卿劝谏朝鲜王，卫右渠不肯采纳，东边的辰国，当时有居民追随卫右渠者有二千余户。辰国也与朝鲜一样，向朝廷贡献，不与朝鲜往来。到了王莽地皇年间，廉斯鑡在辰韩担任将军，听说乐浪的土地肥沃，人民富裕，逃亡来降，从邑落出来，看见田中有一位男子驱雀，其语言并非韩人。问这位男子，男子答：“我等是汉人，名字叫户来，我等有一千五百人在此地砍伐树木，被韩人击败，断发为奴，已经有三年。”廉斯鑡说：“我准备投降汉朝乐浪郡，你们愿意随我一起去吗？”户来说：“愿意。”廉斯鑡于是派户来前往含资县禀报，县衙禀报郡府，郡府即以廉斯鑡为翻译，从芩中乘大船进入辰

韩，接受投降。投降者共计有上千人，其余五百人已死亡。廉斯鑡当时晓谕辰韩：“你们归还五百人。若不归还，乐浪郡将派遣一万军队，乘船来攻打你们。”辰韩答：“五百人已死，我们愿意赔偿。”于是辰韩出了一万五千人，弁韩布一万五千匹，廉斯鑡收缴了这些赔偿。郡府表彰廉斯鑡，赐予冠帻、田宅，子孙数世兴旺，到了安帝延光四年，免缴赋税。

桓帝、灵帝年间，韩濊夷变得强盛，有很多民众拥入韩国，郡县不能制止。建安年间，公孙康分出屯有县以南的荒地，设置为带方郡，派遣公孙模、张敞等招集流亡在此地的汉民，兴兵讨伐韩濊夷，流亡在此地的汉民，有些回到汉地，从此以后，倭、韩夷属于带方郡。景初年间，明帝秘密派遣带方郡太守刘昕、乐浪郡太守鲜于嗣渡过大海，平定带方郡、乐浪郡，向韩国臣智赐予邑君印绶，其次授予邑长印绶。韩人的风俗，喜欢穿着朝服，头戴冠冕，普通百姓到郡府进贡，都会讨要朝服、冠冕，私自穿戴朝服冠冕，佩带印绶者有一千余人。州部从事吴林以乐浪郡原来管辖韩国，分出辰韩八个小国，归属于乐浪郡，官吏在翻译命令时有误，臣智不满，激起韩人愤怒，攻打带方郡崎离营。当时，带方郡太守弓遵、乐浪郡太守刘茂出兵镇压，弓遵战死，带方郡、乐浪郡遂灭亡韩国。

马韩人的风俗，缺少法律纲纪约束，国家虽然有首领，但邑落分散，不能有效治理。没有跪拜礼仪。居处建造草屋或土室，形状好似墓冢，其门户开在上面，举家共住一土室，不分男女长幼，共处其中。其丧葬有椁无棺，不懂得使用牛马，牛马多用来为死人送葬。以璎珠为财宝，缝缀在衣服上作为装饰，或悬挂在脖颈上，垂吊在耳垂上，不以金银锦绣为珍宝。其人民勇敢尚武，身体强壮，头发盘成发髻，不戴头巾，好似炅兵，身穿布袍，脚上穿着微跷的皮革鞋子。其国中有劳役或官府组织徭役，修筑城郭，那些年轻的壮汉，都在自己脊背的皮肤上开一个洞，用大绳子穿过去，再用一丈长的木头插在上面，通日呼喊着劳作，不感到疼痛，既以此勤勉劳作，又以此显示自己健壮。马韩人在五月播下种子，祭祀鬼神，举行聚会，唱歌跳舞，昼夜饮酒，无休无止。其舞蹈由数十人起舞，脚踏地面，步伐整齐，手足并用，节奏好似铎舞。十月农田收获，再举行一次歌舞。马韩人迷信鬼神，每国都有一人负责主祭天神，号称天君。每国都有一个特别邑落，称为苏涂，在邑落里矗立一根大木头，上面悬挂铃鼓，用以敬事鬼神。逃亡者逃到邑落中，不再回去，好在这里作盗贼。他们建立苏涂的用意，就像佛教徒的浮屠，对待善恶的态度，有差异。北方靠近边郡的国家，稍微懂得汉地的礼仪，距离较远者，就像是囚徒奴婢相聚。没有什么珍宝。禽兽草木大致与中原相同。出产大栗子，形状像梨。还出产细尾鸡，其尾巴长五尺余。男子常在身上文身。还有州胡夷，在马韩西边大海岛上，这些胡人身材长得矮小，言语与马韩人不同，像鲜卑人一样剃去头发，只穿着皮革制成的衣服，喜欢养牛、养猪，穿着的衣服有上衣无下衣，与裸体差不多。乘船往来，与马韩人通商贸易。

辰韩在马韩的东边，老人世代传说，自称他们的先人是中原人，在古代为逃避秦朝的苦役，来到韩国，马韩割去东边的土地，供他们定居。他们建有城栅。其语言与马韩不同，叫国家为邦，称弓为弧，称贼为寇，行酒为行觞。相呼之间称“徒”，好像秦人的称呼，与燕、齐称呼物体的名称相同。他们把乐浪郡人称为阿残；东方人称为“我为啊”，说乐浪郡人是他们原来杀戮后剩下的人。今天也有人称呼他们为“秦韩”。当初有六国，后来渐渐分为十二国。

弁辰有十二国，还有一些小的邑落，各自有首领，大者名字叫“臣智”，其次叫“险侧”，其次叫“樊濊”，其次叫“杀奚”，其次叫“邑借”。有已柢国、不斯国、弁辰弥离弥冻国、弁辰接涂国、勤耆国、难弥离弥冻国、弁辰古资弥冻国、弁辰古淳是国、冉奚国、弁辰半路国、弁辰乐奴国、军弥国、弁辰弥乌邪马国、如湛国、弁辰甘路国、户路国、州鲜国、马延国、弁辰狗邪国、弁辰走漕马国、弁辰安邪国、弁辰渎卢国、斯卢国、优由国。弁韩、辰韩，共计有二十四国，大国有四五千家，小国有六七百家，总计有四五万户。其中十二国臣服于辰王。辰王常由马韩人担任，世代相传。辰韩人不得自立为王。[①]辰韩的土地肥美，适宜种植五谷及稻米，懂得蚕桑，制作缣布，使用牛马驾车、乘骑。婚嫁礼俗，男女有别。用大鸟的羽毛送葬，其意欲使死者飞上天。[②]辰韩国出产铁，韩人、濊人、倭人皆从辰韩购买铁器。市场上买卖，可用铁器作为货币，好像中原用钱币，还向乐浪郡、带方郡供应铁器。其风俗喜欢歌舞、饮酒。喜欢鼓瑟，瑟的形状好似筑，弹拨曲调。儿子出生，用石头当作枕头，欲使其后脑勺扁平。今天，辰韩人的后脑勺大多扁平。男女像倭人一样，在身上文身。善于步战，兵器与马韩相同。其风俗习惯，行路者在路上相遇，一方停住脚步，让对方先行。

①《魏略》记载：这些人为流亡之人，被马韩收留。

②《魏略》记载：辰韩国建造房屋，把树木砍倒，截断成一段段的圆木，把圆木搭起来，建成房屋，好像牢狱一样。

弁辰与辰韩杂居，也建有城郭。衣服居处与辰韩相同。语言、习俗相近，祭祀鬼神有差异，灶台垒在屋子的西边。弁韩的渎卢国与倭人隔海相望。十二个国家有国王，弁韩人身材高大。衣服清洁，蓄有长发。制作广幅细布。法规、风俗严峻。

倭人在带方郡东南方向大海中，在岛上，靠山建造城邑。原来有一百多个国家，东汉时，有些国家到朝廷朝觐皇帝，如今，通过翻译派使者往来，还有三十余国。从带方郡到倭国，沿着海岸航行，航船经过韩国，向南航行，再向东航行，到达倭国的北海岸狗邪韩国，距离七千余里，还要先渡过一个海峡，航行一千余里，到达对马国。对马国的大官员叫卑狗，副官员叫卑奴母离。所居海岛是一个绝岛，岛国面积有四百余里，地形险要，岛上多深林，岛上的道路好似鹿走过的小径。有一千余户人家，没有良田，主要靠捕食海鲜，乘船向南北岛屿购买粮食。南下航行，再经过一处海面，有一千余里，名字叫瀚海，到达一个大岛国，大岛国上官员的名称也叫卑狗，副官员叫卑奴母离。岛国面积有三百里，岛上有很多竹木丛林，岛民有三千多家，有一些田地，依靠耕田不足以满足粮食需要，也要向南北岛屿购买粮食。航行经过一处海面，有一千余里，到达末卢国，岛上居民有四千余户，依山靠海生活，岛上的草木茂盛，行路看不见前面的人。主要捕食鳆鱼，无论海水深浅，都是潜入海中捕获。向东南航行五百里，到达伊都国，岛上官员的名称叫尔支，副官员叫泄谟觚、柄渠觚。岛上居民有一千余户，岛上世代有王，皆臣服于女王国，带方郡派使者前来，在岛上常驻。再向东南航行，到达奴国，有一百里，岛上官员的名称叫兕马觚，副官员叫卑奴母离，岛上居民有二万余户。向东航行到达不弥国，有一百里，岛上官员的名称叫多模，副官员叫卑奴母离，岛上居民有一千余户。再向南航行到达投马国，航行二十日，岛上官员的名称叫弥弥，副官员叫弥弥那利，岛上居民大约有五万余户。再向南航行到达邪马壹国，这座大岛是女王的国都，航行十日，再在岛上行路，还要走一个月。岛上的官员有伊支马，次者叫弥马升，再次者叫弥马获支，再次者叫奴佳鞮，岛上居民大约有七万余户。从女王国向北航行，岛上民户的数量及道路里程可以知道大略，旁边的海岛国家太远，不了解其情况。还有斯马国、已百支国、伊邪国、都支国、弥奴国、好古都国、不呼国、姐奴国、对苏国、苏奴国、呼邑国、华奴苏奴国、鬼国、为吾国、鬼奴国、邪马国、躬臣国、巴利国、支唯国、乌奴国、奴国，到此，就是女王管辖的所有海岛国家了。其南边有狗奴国，男子担任国王，其官员有狗古智卑狗，不属于女王管辖。从带方郡到女王国，航路有一万二千余里。

倭国男子无论老少，皆黥面文身。自古以来，倭国就派遣使者前来中原朝贡，使者自称大夫。夏后氏少康帝的儿子受封在会稽，断发文身，以此避免蛟龙伤害。今天的倭国渔民，喜欢潜入海中，捕捞鱼蛤，在身上文身，也是防止大鱼袭击，后来的文身，比较重视花纹。诸国文身有差异，或在左边，或在右边，或大或小，尊卑也有一定差异。从中原到倭国的位置，在会稽郡、东冶郡的东边。倭国人的风俗不喜奢华，男子在头上盘发髻，用木绵布扎头。其衣服横幅围在腰上，在结束处连接，没有缝制。妇人披发，发髻弯曲，制作衣服好像床单中间穿孔，头从孔中穿过。种植稻米、纻麻、蚕桑、缉绩，出产细纻、缣绵。倭国土地上没有牛马虎豹羊鹊鸟。使用的兵器是矛、盾、木弓。木弓下边短，上边长，竹箭用铁镞或骨镞，所有这些，与儋耳郡、朱崖郡不同。倭国的土地温暖，冬夏食生菜，人皆光脚行路。有屋室，父母兄弟分开睡卧，用朱丹涂抹身体，好像中原人用粉扑。饮食使用笾豆，用手抓饭吃。倭国人死后，有棺无椁，以封土作为墓冢。死后停丧十余日，家里人不食肉，丧主哭泣，其他人歌舞饮酒。丧葬完毕，举家到水中沐浴，好像中原人沐浴。倭国人派使者渡海到中原来，经常派同一个人，此人不梳头，不清除身上的虮、虱，衣服肮脏，不食肉，不亲近妇人，好似居丧，倭国人称其为“持衰”。如果使者一路平安，倭国人会照看此人的家人及财物；如果使者途中患病，或遇到不幸，便杀了他，称持衰不谨慎。倭国出产珍珠、青玉。山上有丹砂，树木有柟、杼、豫樟、楺枥、投橿、乌号、枫香，竹子有筱簳、桃支。还有姜、橘、椒、蘘荷，倭国人不知这些可以用来调味。倭国还有狝猴、黑雉。倭国人的风俗，出外办事情，欲有所作为，要烧灼骨头占卜，以占吉凶，先告诉所占卜的事情，用辞好像中原人用龟甲占卜，观察火焚烧后骨头上的裂纹，预测吉凶。众人聚会坐起，父子男女没有尊卑位序，倭国人嗜酒。[①]遇见大人或受尊敬者，两手举起拍击，相当于跪拜。倭国人的寿命，有些可以活到百岁，或八九十岁。其风俗，国中的首领，有四五个妻子，一般百姓也有二三个妻子。妇人不淫乱，不妒忌。倭国人不盗窃，很少争讼。如果有人犯法，轻者罚没其妻子，重者灭其门户。至于宗族尊卑，也有差别、位序，足以令人臣服。征缴租赋。建有府库，各国都建有集市，互通有无，由大倭负责管理。从女王国向北行，特别设置一位大率，负责督察诸国，诸国皆畏惮。大率的治所设在伊都国，在国中的身份，好似中原的州部刺史。女王派遣使者到京都、带方郡、诸韩国，带方郡使者出使倭国，都要在临津关查验，把传送的文书及上国赏赐、馈赠的物品交给女王，不得有丝毫差错。普通百姓与大人在路上相遇，会慌张地躲进草丛。向大人讲话，说事情，或蹲或跪，两手据地，以表示恭敬。回答“噫”，好似中原人说“诺”。

①《魏略》记载：倭国人的风俗，不知道正月，不知道有四季节气，但是，也在春天春耕，在秋天秋收，以此为纪年。

倭国原来也是男子为国王，经过七八十年，倭国内乱，相互攻打，经年不息，于是，共同拥立一位女子为国王，号称卑弥呼，女王能与鬼神打交道，能迷惑众人，年岁很大，没有夫婿，有弟弟辅佐治国。自从担任女王，很少有人见到。有上千个婢女侍候，只有一名男子传递饮食，向外界传递消息。居住的宫室楼观，城栅严密，有人手持兵器守卫。

从女王国向东航行，渡过大海一千余里，还有国家，都是倭种。还有侏儒国，在南边，人的身高只有三四尺高，距离女王国四千余里。还有裸国、黑齿国，在其东南方向，船在大海航行一年，可以到达。考察倭国人居住的地方，都在大海中的岛屿上，或隔开，或连接，方圆可达五千余里。

景初二年六月，倭国女王派遣大夫难升米等来到带方郡，请求向天子朝贡，太守刘夏派遣官吏把他们送到京师。当年十二月，明帝诏书，答复倭国女王："制诏书予亲魏倭王卑弥呼：带方郡太守刘夏派使者送来你国大夫难升米、次使都市牛利，谨收到汝所贡献男奴隶四人，女奴隶六人，班布二匹二丈。你所在国遥远，派遣使者贡献，是你之忠孝，我甚怜爱你。今以你为亲魏倭王，授予金印紫绶，封装交付带方郡太守授予你。望安抚倭国人，勉励倭国人孝顺。你派来的使者难升米、都市牛利，远涉重洋，路途劳顿，已经拜难升米为率善中郎将，拜都市牛利为率善校尉，授予银印青绶，引见后，慰劳赏赐，送回。现将绛地交龙锦五匹、[①]绛地绉粟罽十张、蒨绛五十匹、绀青五十匹，回赠你国。又特别赐予你绀地句文锦三匹、细班华罽五张、白绢五十匹、黄金八两、五尺刀二口、铜镜一百枚、珍珠、铅丹各五十斤，皆封装，交付难升米、都市牛利带回，请查收。将这些赏赐展示给你们国人，让他们知道，中原怜爱你们，故郑重赏赐你们好物。"

①裴松之认为："地"应为"绨"，汉文帝穿着皂衣，就是弋绨。此字不用，非魏朝之失，是写传者的失误。

正始元年，带方郡太守弓遵派遣建忠校尉梯俊等，奉诏书携带印绶前往倭国，拜倭国女王为倭王，并带去诏书，赏赐金、帛、锦罽、刀、镜、杂物，倭国女王通过使者上表，答谢恩赏。正始四年，倭王再次派遣使者大夫伊声耆、掖邪狗等八人，向朝廷贡献奴隶、倭锦、绛青缣、绵衣、帛布、丹木、𤝔、短弓矢。掖邪狗等人全部被朝廷拜为率善中郎将，授予印绶。正始六年，齐王曹芳下诏，赐予倭国人难升米黄幢盖，交付带方郡太守授予。正始八年，带方郡太守王颀到任。倭国女王卑弥呼与狗奴国男王卑弥弓呼不睦，派遣倭国人载斯、乌越等，前来带方郡，投诉遭狗奴国攻击。带方郡太守派遣塞曹掾张政等，带着诏书、黄幢盖，借拜授难升米的机会发布檄文，告谕倭国女王及狗奴国王。倭国女王卑弥呼去世，其国人为其建造一座很大的墓冢，直径有一百余步，殉葬的奴婢有一百余人。重新拥立男王，国中不服，相互残杀，混战中被杀死者有一千余人。重新拥立卑弥呼的族女壹与，年龄十三岁，倭国安定下来。张政等发布檄文，告谕壹与，壹与派遣倭国大夫率善中郎将掖邪狗等二十人，护送张政等返回带方郡，顺便到京师朝觐，献上男女奴隶三十人，贡献白珠五千颗，孔青大珍珠二枚，彩色纹杂锦二十匹。

陈寿评论如下：《史记》《汉书》有朝鲜、两越传，《后汉书》有西羌传。曹魏时，匈奴衰弱，又有乌丸、鲜卑、东夷兴起，通过翻译与中原通使，记述这些史实，可谓世事变化多端！[①]

①《魏略·西戎传》记载：氐人有王，历史久远。自从汉朝开辟益州，设置武都郡，武都郡的氐人分散在山谷间，或在福禄，或在汧、陇附近。氐人并非一种，他们都自称是槃瓠的后人，或号称青氐，或号称白氐，或号称蚺氐，犹如昆虫，居住在中原，人们按照他们的服色命名。氐人相互间自称盍稚，各自有王侯，有很多氐人首领，在中原王朝接受封号。建安年间，兴国氐王阿贵、白项氐王千万，都有帐落一万余户，建安十六年，氐人跟从马超作乱。马超被打败，阿贵被夏侯渊剿灭，成千上万的氐人向西南进入蜀地，不能一起去者，皆投降魏军。国家把氐人分别安置在很多地方，安置在右扶风、美阳，称之为安夷、抚夷二部，由护军负责管护。氐人本性善良，留在天水郡、南安郡的氐人，由广魏郡管辖。氐人的风俗，语言与羌胡不同，各自有姓氏，姓氏与中原的姓氏相同。氐人穿的衣服，喜欢青绛色。氐人会织布，会种田，饲养豕牛马驴骡。氐人嫁女，新娘穿的嫁衣边缘很好看，衣服边缘的纹饰，与羌人相似，边幅好似中原人穿的袍边幅。氐人习惯于编发辫。大多氐人能懂中原人的语言，与中原人杂居，相处很久。氐人回到自己部落，讲本民族氐语。嫁娶与羌人有相似之处，一般来讲，昔日的氐人，也叫西戎，生活在街县、冀县、豲道县。今天，氐人隶属于郡国，原来的氐人王侯，依然在部落作首领。武都郡的阴平街附近，还有一万余帐落的氐人。赀虏，原来是匈奴人，匈奴叫奴婢为赀。建武年间，匈奴变得衰落，不再蓄养奴婢，把原来的奴婢安置在金城郡、武威郡、酒泉郡北边的黑水、西河附近，这些匈奴人逐水草，放牧牲畜，有时会在凉州抢掠，部落人口增加，达到数万，不再与东部鲜卑联合。其族人并非一种，有大胡，有丁令，很多人与羌人杂处，这些匈奴原来是逃亡的奴婢。汉、魏之际，匈奴大首领有檀柘，檀柘死后，其分支南边靠近广魏郡、令居郡，又有首领秃瑰来多次叛乱，被凉州镇压。今天有劭提，或降、或遁，成为西部旅途上的边患。

敦煌郡靠近西域，地处祁连山边缘，从婼羌向西，直至葱岭，有数千里，其间有月氏余部葱茈羌、白马羌、黄牛羌，各自有首领，北边与西域诸国接壤，不知其分布区域有多大。据传闻，黄牛羌，分为多个部落，女子怀孕六个月即生孩子，南边与白马羌相邻。汉武帝打通西域时，当时有三十六国，后来分为五十余国。从建武以来，西域诸国相互吞并，今天有二十个国家。从敦煌玉门关出去，进入西域，以前有两条通道，今天有三条通道。从玉门关出去，经过婼羌转向西，翻越葱岭，经过悬渡，进入大月氏，这是南道。从玉门关出去，到达都护井，转向三陇沙北边，再经过居卢仓，从沙西井转向西北，经过白龙堆，到达故楼兰城，再转向西，到达龟兹，再到葱岭，这是中道。从玉门关出去，向西北走，经过横坑，到达三陇沙及白龙堆，再从五船北向前行，到达车师界，这里是戊己校尉的治所高昌国，转向西行，进入中道，到达龟兹，这是一条新道。凡到西域者，《汉书》《后汉书》都已有详细记载，这里故略记。南道向西行，有且志国、小宛国、精绝国、楼兰国，这些小国，皆臣属于鄯善国。戎卢国、扜弥国、渠勒国、皮山国，这些小国臣属于于寘国。罽宾国、大夏国、高附国、天竺国，这些国家臣属于大月氏国。

临儿国，印度的《浮屠经》记载：临儿国的国王生下浮屠。浮屠，是临儿国的太子。父亲名字叫屑头邪，母亲名字叫莫邪。浮屠身穿黄色衣，头发如青丝，乳上有青毛，像一只赤铜色蛉虫。当初，莫邪梦见白象而怀孕，及至生产，婴儿从母亲的左肋生出，生下后有结，下地后能行七步。此国在天竺城中。天竺国有神人，名字叫沙律。汉哀帝元寿元年，博士弟子景卢受大月氏王使者伊存口授《浮屠经》，详细解释浮屠。《浮屠经》所记载临蒲塞、桑门、伯闻、疏问、白疏间、比丘、晨门，都是浮屠的弟子名字。《浮屠经》记载的内容，与中原的《老子经》相类似，一般人认为，老子西出函谷关，经过西域，到达天竺，教导胡人。浮屠是老子的弟子，老子共有弟子二十九人，不再详载，略之。

车离国又名礼唯特，国王名字又叫沛隶王，在天竺东南三千余里，车离国地势卑下，暑热潮湿。车离国的首都在沙奇城，有别城数十座，车离国人民怯懦，大月氏、天竺国征服车离国。车离国东西南北有数千里，人民男女皆高一丈八尺，乘象、骑骆驼作战，大月氏役使车离国，向他们征缴税赋。

盘越国王又名汉越王，在天竺东南数千里，与益州部相近，盘越国的人民个子较矮小，与中原人大致相同，蜀地商人到过那里。从南道一直向西走，再转向东南就到头了。

从中道走，西行至尉梨国、危须国、山王国，这些小国皆臣服于焉耆国，姑墨国、温宿国、尉头国皆臣服于龟兹国。桢中原、莎车国、竭石国、渠沙国、西夜国、依耐国、满犁国、亿若国、榆令国、捐毒国、休修国、琴国皆臣服于疏勒国。自此向西走，还有大宛国、安息国、条支国、乌弋国。乌弋国又名排特国，此四国在西边，不臣服于任何国家，也不向任何国家缴纳赋税。前代人误以为条支国在大秦的西边，今天看来，其实在东边。前代以为条支国强大于安息国，实际上，其臣服于安息国，号称安息西界。前代以为弱水在条支国的西边，实际上，弱水在大秦的西边。前代以为从条支向西行二百余日，今天看来，要从大秦西边走，靠近太阳下山的地方进入。

大秦国又名犁靬，在安息、条支西边的大海以西，在安息界安谷城乘船，直抵海西，遇上顺风，两个月就可以到达大秦国，遇上逆风或许要一年，无风或许要三年。大秦国在海西，故俗称海西国。有河水流出大秦国，西边有大海。海西国有迟散城，从国都下行，向北走到乌丹城，在城西南有一条大河，乘船一日可渡过。西南有一条大河，一日可渡过。大秦国有三个大都，从安谷城陆路一直北行，到海北，一直西行到海西，一直南行，经过乌迟散城，渡过一条大河，乘船一日可渡过。周回绕海，坐船渡过大海，需要六日可以到达大秦国。大秦国有小城邑四百余座，东西南北达数千里。大秦国王的首都靠近河、海，用石头建造城郭。大秦土地上有松、柏、槐、梓、竹、苇、杨柳、梧桐、百草。大秦的民俗，百姓种田，种植五谷，牲畜有马、骡、驴、骆驼。大秦人养殖桑蚕。大秦民俗有很多奇幻的表演，譬如口中吐火，自缚自解，跳十二丸，非常灵巧。大秦国没有固定的国王，国中有灾异，重新立贤人为国王，原来的国王流放，国王不敢有怨言。大秦国人长得高大，模样端正，好像中原人穿胡服。自称原来是中原的一部分，常欲通使中原，安息国贪图贸易利益，不让大秦人经过。大秦国人能写胡书。大秦国的制度，公私宫室，都是重重叠叠的房屋，国王出行，有旌旗，有人击鼓，坐着白盖小车，邮驿亭传的设置，和中原一样。从安息国绕过海北到达大秦国，人民相属，十里一亭，三十里一置，途中没有盗贼。但是有猛虎、狮子，行路者不得不成群结队。大秦国设置数十个小王，大秦王直接统辖的城周围，有一百余里，有官曹文书。大秦王有五个宫殿，一个宫殿相去十里，大秦王平日在一个宫殿听政事，到日暮在宫殿休息一宿，第二日再到另一个宫殿，每五日轮换一圈。大秦国设置三十六将，每当议事时，一个将军不到就不能议事。大秦王出行，常让一名随从持一个书囊，有上书言事者，把上书投进囊中，回到宫殿，再予以处理。大秦国用水晶制成宫殿的柱子及器物。大秦人会制作弓矢。其属下分为很多小国王，曰泽散王，曰驴分王，曰且兰王，曰贤督王，曰汜复王，曰于罗王，还有一些小王国，很多，不能一一列举。大秦国出产细絺。大秦人制作金银钱，金钱一枚当银钱十枚。大秦人织成细布，据说用水羊毳毛，名曰海西布。大秦国的六畜，皆出自水中，有人说，并非只用羊毛，也用木皮或野茧丝制作，织成氍毹（qú shū）、毾㲪（tà dēng）、罽帐之类，制作精良，色彩鲜艳，在海东诸国都能制作。又常向中原购买蚕丝，制作成胡绫，故多次与安息诸国在海中交易。海水苦不可食，故往来者很少到过中原。山中出产九色次玉石，一曰青，二曰赤，三曰黄，四曰白，五曰黑，六曰绿，七曰紫，八曰红，九曰绀。而今，伊吾山中有九色石，就是这种玉石。阳嘉三年，疏勒王臣槃贡献海西青石、金带各一。今天的西域旧地图叫作罽宾、条支诸国，出产琦石，就是次一等的美玉。大秦国出产金、银、铜、铁、铅、锡、神龟、白马、朱髦、骇鸡犀、玳瑁、玄熊、赤螭、辟毒鼠、大贝、车渠、玛瑙、南金、翠爵、羽翮、象牙、符采玉、明月珠、夜光珠、真白珠、琥珀、珊瑚、赤白黑绿黄青绀缥红紫十种流离、璆琳、琅玕、水精、玫瑰、雄黄、雌黄、碧、五色玉、黄白黑绿紫红绛绀金黄缥留黄十种毾㲪、五色氍毹、五色九色首下毾㲪、金缕绣、杂色绫、金涂布、绯持布、发陆布、绯持渠布、火浣布、阿罗得布、巴则布、度代布、温宿布、五色桃布、绛地金织帐、五色斗帐、一微木、二苏合、狄提、迷迷、兜纳、白附子、薰陆、郁金、芸胶、薰草木十二种香。大秦国的道路，既可以从海北陆上通过，又可以循海路南下，与交趾七郡外夷相比，还有水路通益州、永昌，因此，永昌多出产异物。前代只知道有水路，不知道还有陆路，其大略如此，大秦国人民户数不能详细统计。从葱岭向西行，大秦国最大，设置诸小王最多，故记载其中大国。

泽散王属于大秦国，泽散国的首都在海中央，北边至驴分，坐船行半年，风大时一个月即可以到达，与安息国的安谷城相近，西南到大秦，距离国都，不知道里数。驴分王臣属于大秦，其首都距离大秦首都二千里。从驴分城西行到大秦，渡过大海，有飞桥，长二百三十里，从海路走，向西南行，绕过海路可直接向西行。且兰王臣属于大秦国。从思陶国南下，渡过大河，一直向西行，到且兰国，有三千里。有路从河南行，再向西行，从且兰向西行，到汜复国，有六百里。南道有汜复国，西南有贤督国。从且兰、汜复南下，有积石山，积石山南边有大海，出产珊瑚、珍珠。且兰、汜复、斯宾阿蛮北边有一座大山，东西走向。大秦国、海西东边各有一座大山，皆南北走向。贤督王臣属于大秦，其首都东北距离汜复国有六百里。汜复王臣属于大秦国，其首都东北距离于罗国有三百四十里，要渡过大海。于罗国臣属于大秦，其首都在汜复国的东北边，要渡过一条大河，从于罗国东北向前行，还要渡过一条大河，斯罗国的东北，又要渡过一条大河。斯罗国臣属于安息国，与大秦国接壤。大秦国西边是海，海西边有河，河西南向北行有大山，西边是赤水，赤水西边有白玉山，白玉山上有西王母，西王母西边是流沙，流沙西边有大夏国、坚沙国、属繇国、月氏国，四国西边有黑水，这是传闻西边的最远处。

北新道向西行，可到达东且弥国、西且弥国、单桓国、毕陆国、蒲陆国、乌贪国，皆臣属于车师后部王。车师后部王的首都在赖城，魏国赐予车师后部王壹多杂印绶，代理魏国侍中，号称大都尉，接受魏王颁授的印绶。转向西北，是乌孙、康居国，车师国人口无增损。北乌伊别国在康居北边，有柳国、岩国、奄蔡国（又名阿兰国），与康居国的民俗相同。西边与大秦国，东南与康居国接壤。这些国家多产名貂，人民逐水草，放牧牲畜，靠近大水泽，此前臣属于康居国，受康居国羁縻，而今不再臣属于康居国。

呼得国在葱岭的北边，乌孙的西北边，康居国的东北边，国内能当兵者有一万余人，逐水草放牧，出产良马，还有貂。坚昆国在康居的西北边，能当兵者有三万人，逐水草放牧牲畜，也有貂，出产良马。丁令国在康居的北边，能当兵者有六万人，逐水草放牧牲畜，出产鼠皮，还有白昆子、青昆子皮。以上三国，坚昆位于中央，距离匈奴单于王庭安习水有七千里，南边距离车师六国有五千里，西南距离康居边界有三千里，西边距离康居首都有八千里。有人认为，丁令人就是匈奴北部的丁令，而北丁令在乌孙国的西边，与其种族有相似处。还有，匈奴北边有浑窳国、屈射国、丁令国、隔昆国、新梨国，北海南边也有丁令，并非乌孙西边的丁令。乌孙国老人说，北丁令有马胫国，其人说话的声音好似雁鹜，从膝盖以上的身子、头颅，和人一样，膝盖以下生毛发，也叫马胫人、马蹄人，骑马没有马鞍，骏马驰奔，其国民勇敢善战。短人国在康居国的西北边，男女皆身高三尺，人数众多，距离奄蔡诸国很远。康居国的老人传说，常有商人到此国，距离康居国有一万余里。

鱼豢评论：俗人认为，池子之鱼，不知江海之大，浮游之物，不知四季之气，是何缘故？以其所在者小，生命之短。余今阅览域外夷人、大秦诸国，就好像幼童刚刚发蒙，理解邹衍所推论，《周易》《太玄》所揣测！这就好像牛蹄印中的浅水，如没有彭祖的寿命，无缘乘长风以远游，骑千里马而奔驰，但劳眺乎三辰，而飞思乎八荒。

【蜀书】

蜀书一

刘二牧传第一

刘焉，字君郎，江夏郡竟陵县人，是西汉鲁恭王刘馀的后裔，章帝元和年间，刘焉的祖上受封为竟陵侯，支庶在竟陵安家。年少时，刘焉在州郡出仕为官，以刘氏宗室受拜为中郎，后来，因为老师祝公去世，刘焉辞去官职，为老师服丧。[①]刘焉居住在阳城山，研讨学问，教授学生，被举荐为贤良方正，受司徒府征召，先后担任洛阳令、冀州刺史、南阳郡太守、宗正、太常。刘焉目睹灵帝朝政治腐败，朝纲失序，王室多有变故，刘焉向朝廷谏言："州部刺史、郡太守，贪污贿赂，盘剥百姓，天下百姓离心离德，叛乱不断发生。朝廷应该选择为官清廉的重臣，任命为州牧方伯，以安定华夏。"刘焉奏请，出任交趾牧，欲借此躲避中原混乱。奏议还未批准，侍中广汉郡人董扶私下对刘焉讲："京师恐怕要大乱，益州分野有天子气。"刘焉听了董扶的话，又想改任在益州。恰逢益州刺史郤俭因赋敛过重，用重税盘剥百姓，招致民怨，有关郤俭的谣言到处传播。[②]还有，并州人杀了刺史张壹，凉州人杀了刺史耿鄙，刘焉的谏言被灵帝采纳。刘焉出任监军使者，兼领益州牧，受封为阳城侯，到达益州后，刘焉奉命收捕郤俭治罪。[③]董扶奏请朝廷，担任蜀郡西部属国都尉，加上太仓令巴郡西部人赵韪离任，二人同时出发。[④]

①裴松之按：祝公，即司徒祝恬。

②郤俭，字正祖。

③《续汉书》记载：当时，朝廷任命刘虞为幽州牧，刘焉为益州牧，刘表为荆州牧，贾琮为冀州牧。刘虞等人皆海内有清名的士人，或从列卿、尚书位，被选任州牧方伯，各自仍享有原来的俸禄，担任要职。按照旧典：传车随侍，车上帷幕为赤红色。

裴松之按：灵帝驾崩，义军骤起，孙坚杀了荆州刺史王叡，然后，刘表担任荆州牧，并非与刘焉同时赴任。

《汉灵帝纪》记载：灵帝召见刘焉，向刘焉面授方略，予以赏赐，敕令刘焉担任益州刺史。前刺史刘隽、郤俭皆贪婪、残忍，声名狼藉，百姓贫苦无助，嗟叹之声，遍布民间。刘焉到任，灵帝诏命收捕贪官，勿令其漏网，严格执法，安抚百姓，切勿使痈疽突然溃破，又节外生枝，造成动乱。刘焉受命西行，因为道路不通，暂时滞留在荆州东界。

④陈寿著《益部耆旧传》记载：董扶，字茂安，年少时，跟从老师学习，熟读经书，尤其是欧阳氏《尚书》，又向受聘士人杨厚学习，研究图谶，后来到京师，在太学游学，回到家乡教授学生，有弟子从远方来。永康元年，天上出现日食，汉桓帝下诏，举荐贤良方正士人，回答策问，就朝廷施政得失提出谏言。左冯翊赵谦等举荐董扶，董扶以身体有病没有应召，在长安密封上书言事，而后，赵谦称病回家。宰府十次征召，公车署三次征召，赵谦又被举荐为贤良方正、博士、有道之士，赵谦不肯应召，在当时享有盛名。大将军何进上表举荐董扶："董扶有孔子弟子子游、子夏的美德，具备焦、董治理的才能。而今，并州、凉州骚乱，西戎蠢蠢欲动，朝廷宜敕令公车署征召，以优厚礼遇，向董扶咨询安绥地方的良策。"于是，灵帝征召董扶，拜为侍中。在朝中，董扶被称为儒宗，受到敬重。董扶奏请到蜀郡担任属国都尉。董扶上任一年，灵帝驾崩，天下陷于大乱。后来，董扶辞去官职，在家中去世，享年八十二岁。当初，董扶经学渊博，议论恣肆，无人能抗辩，在益州享有盛名，号称至止，敢讲别人不敢讲的话，董扶所到之处，议论便停止。后来，蜀国丞相诸葛亮问秦宓，董扶有何特长，秦宓答："董扶敢褒秋毫之善，贬纤芥之恶。"

当时，益州逆贼马相、赵祇等在绵竹县自称黄巾军，聚集被徭役压迫的百姓，一二日间，获得数千人，乱民先杀害绵竹县令李升，吏民聚集在一起，发展至一万余人，攻破雒县，攻打益州，杀了郤俭，乱民又拥入蜀郡、犍为郡，旬月之间，颠覆三郡，相互间自称天子，各有部众上万人。州部从事贾龙率领家兵数百人，在犍为郡东界收集吏民，得到一千余人，攻打马相等，数日间，打败马相，州界恢复平静。贾龙挑选吏卒，迎接刘焉。刘焉把治所迁至绵竹，招降纳叛，施行宽大政策，向民众施以恩惠，暗中另有图谋。张鲁的母亲当初以鬼道，而且长得美丽，常来往于刘焉家，故刘焉任命张鲁为督义司马，驻扎在汉中。张鲁断绝山谷中的栈道，杀害朝廷派来的使者。刘焉上书，说米贼阻断道路，不能通行，又假托其他事，杀了益州的豪强王咸、李权等十余人，以此树立威信。[①]犍为郡太守任岐及贾龙因此而反抗刘焉，攻打刘焉，刘焉打败并杀了任岐、贾龙。[②]

①《益部耆旧杂记》记载：李权，字伯豫，曾担任临邛县长。儿子李福。其事迹参见犍为郡人杨戏著《辅臣赞》。

②《英雄记》记载：刘焉起兵，没有与天下豪杰讨伐董卓，而是拥兵自保。犍为郡太守任岐自称将军，与从事陈超举兵进攻刘焉，刘焉打败任岐。董卓派司徒赵谦率领军队前往益州，说

动校尉贾龙，劝其引兵反击刘焉，刘焉从青羌出击，与贾龙交战，杀了贾龙。任岐、贾龙都是蜀郡人。

刘焉在益州志得意满，逐渐站稳脚跟，又制造乘舆车辆一千余乘。荆州牧刘表上表朝廷，说刘焉在益州，有孔子的学生子夏在西河郡自比圣人的言论。当时，刘焉的儿子刘范担任左中郎将，刘诞担任治书御史，刘璋担任奉车都尉，跟随在献帝身边，迁往长安，①三儿子别部司马刘瑁跟在刘焉身边。献帝派刘璋晓谕刘焉，刘焉留下刘璋，不让他返回长安。②征西将军马腾在郿县反叛，李傕控制朝廷，刘焉及刘范与马腾勾结，引兵袭击长安。刘范的阴谋败露，逃往槐里县，马腾兵败，退回凉州，刘范不久被杀，李傕收捕刘诞，处以死刑。③议郎河南郡人庞羲与刘焉是姻亲，派人把刘焉的几个孙子送往蜀郡。当时，绵竹城发生火灾，刘焉的车辆、器具焚烧殆尽，大火延及民家。刘焉只好把治所迁至成都，刘焉痛失爱子，又受到妖火肆虐，兴平元年，刘焉背上的痈疽发作，病逝。州部大吏赵韪等看到刘璋性情温和，为人仁慈，拥立刘璋为益州刺史，献帝颁发诏书，任命刘璋兼领监军使者，担任益州牧。刘璋任命赵韪为征东中郎将，率领部众，进攻刘表。④

①《英雄记》记载：刘范的父亲刘焉担任益州牧，董卓征调，不肯奉调，董卓收捕刘范兄弟三人，戴上刑具，把他们关押在郿坞，在牢狱中折磨。

②《典略》记载：当时，刘璋担任奉车都尉，留在长安，刘焉托病，召刘璋回来，刘璋也上表，奏请省亲，刘焉遂留下刘璋，不让他回去。

③《英雄记》记载：刘范从长安逃往马腾的军营，向刘焉借兵。刘焉派校尉孙肇率领军队前来相助，在长安被李傕打败。

④《英雄记》记载：刘焉去世，儿子刘璋代替刘焉，担任益州刺史。此时，李傕等人在长安拜颍川郡人扈瑁为益州刺史，扈瑁进入汉中。荆州别驾刘阖，刘璋的部将沈弥、娄发、甘宁造反，进攻刘璋，战事不利，归附荆州。刘璋派赵韪进攻荆州，驻扎在朐䏰。刘璋无能，下面的人伺机造反。

刘璋，字季玉，继承刘焉的益州牧职务。张鲁此时掌握重兵，骄纵恣肆，不肯再服从刘璋，刘璋杀了张鲁的母亲及弟弟，二人遂为仇敌。刘璋多次派遣庞羲等攻打张鲁，被张鲁打败。张鲁的部众多为巴西郡人，故刘璋任命庞羲为巴西郡太守，领兵抵御张鲁。①后来，庞羲与刘璋有矛盾，赵韪领兵，反叛刘璋，部众离散，赵韪被杀，这些全是因为刘璋施政不明，又轻信他人之故。②刘璋听说曹公收复荆州，平定汉中，派遣河内郡人阴溥向曹公致礼。曹公上表，加封刘璋为振威将军，任命刘璋的哥哥刘瑁为平寇将军。刘瑁有疯癫病，病故。③刘璋再次派别驾从事蜀郡人张肃，率领蜀军三百人，还有一些御用物品，送予曹公，曹公拜张肃为广汉郡太守。刘璋又派别驾张松到曹公处，当时，曹公已经收复荆州，赶走先主刘备，不肯重用张松，张松心中怨恨。恰逢曹军在赤壁之战中战事不利，加上疫病流行，很多战士病死。张松返回，诋毁曹公，劝刘璋与曹公断绝关系，[④]张松劝说刘璋："刘豫州与使君可谓刘氏肺腑至亲，可与刘备取得联系。"刘璋采纳张松的谏言，派遣法正去联系刘备，不久，刘璋又派法正和孟达送给刘备数千蜀军，帮助刘备。法正返回，张松再次劝说刘璋："如今，益州的将军庞羲、李异等，皆恃功骄横，皆有叛变的意图，如果得不到刘豫州帮助，敌军攻其外，叛军攻其内，这是君侯必亡之道。"刘璋再次采纳张松的谏言，派遣法正去请刘备。刘璋的主簿黄权向刘璋分析，如果请刘备入蜀将有何利害，州部从事广汉郡人王累，把身体倒悬在成都城门上，以死谏诤，刘璋不理，敕令迎接刘备入蜀。刘备所到之处，敕令地方供应物资，犹如宾至如归。刘备到了江州，从北边顺着垫江水路，进抵涪城，距离成都还有三百六十里，这一年是建安十六年。刘璋率领步骑三万人，乘坐的车辆，帐幔在阳光下闪耀着光彩，与刘备会面；刘备率领将士，来见刘璋，双方欢宴一百余日。刘璋全力资助刘备，让刘备讨伐张鲁，而后二人分手。[⑤]

①《英雄记》记载：庞羲与刘璋有旧交，又救护刘璋的几个儿子，幸免于难，因此，刘璋很感激庞羲，任命庞羲为巴西郡太守，庞羲遂掌握兵权。

②《英雄记》记载：当初，南阳郡、三辅的百姓流亡，有数万家拥入益州，刘璋收留这些百姓，编为军队，号称东州兵。刘璋性情宽厚、柔弱，没有威望，东州人侵犯当地百姓的利益，刘璋不能禁止，政令多有缺失，益州人颇有怨言。赵韪平素能获得人心，刘璋委任赵韪重任。赵韪借民怨，密谋背叛刘璋，用重金贿赂，与荆州讲和，又私下结交益州大姓，与他们共同举兵，回军进攻刘璋。蜀郡、广汉郡、犍为郡响应赵韪。刘璋只好回到成都坚守，东州人畏惧赵韪，同心协力帮助刘璋守城，与赵韪殊死拼杀，刘璋借东州兵镇压造反者，在江州进攻赵韪。赵韪的部将庞乐、李异反叛，进攻赵韪，斩杀赵韪。

《汉献帝春秋》记载：朝廷听说益州骚乱，派遣五官中郎将牛亶担任益州刺史；征召刘璋，拜为列卿，刘璋不肯听命。

③裴松之按：魏台请教"物故"的意思，高堂隆回答："听老师解释：物，无也；故，事也；意思是，无复所能于事也。"

④《汉晋春秋》记载：张松见到曹公，曹公自矜，对张松无礼，不肯重用张松。张松回来后，劝说刘璋断绝与曹公的联系。

习凿齿曰：在往昔，齐桓公自矜其功，九国诸侯叛离，曹公自伐武功，致使天下三分，曹公南征北战数十年，弃全功于俯仰之间，岂不可惜！是以君子劳谦日昃，仍然以礼对待下人，功高位尊，仍然对士人表示谦让，权势很大，仍然以谦卑谨守其位。情近于物，故位虽贵而人不厌其重；德洽群生，故业虽广而天下越欢欣。这样，才能永保富贵，守住功业，隆显当时，传福百世，何骄矜之有哉！君子因此知道曹操为何不能兼并天下。

⑤《吴书》记载：刘璋送去二十万斛米，一千匹战马，一千乘车辆，外加缯絮锦帛，用以资

助刘备。

第二年，刘备进抵葭萌关，回军南下，进攻刘璋，所向披靡。建安十九年，刘备进抵成都城下，围城数十日，城中还有精兵三万，谷帛还可以支撑一年，吏民请战，欲与刘备决一死战。刘璋说："刘璋父子在益州二十余年，并无恩惠施与百姓。百姓攻伐，征战三年，尸骸遍布荒野，此次还是因为刘璋的缘故，刘璋何以心安！"遂开城向刘备投降，群臣莫不痛哭流涕。刘备把刘璋迁至南郡公安县，将刘璋的财物及原佩带的振威将军印绶，全部交由刘璋带走。孙权杀了关羽，攻取荆州，孙权上表朝廷，仍然任命刘璋为益州牧，把治所迁至秭归。刘璋去世，益州南中的豪杰雍闿占据益郡，反叛刘备，归附吴国。孙权又上表朝廷，任命刘璋的儿子刘阐为益州刺史，治所设在交州、益州的交界处。丞相诸葛亮平定南方，刘阐归附吴国，担任御史中丞。[①]当初，刘璋的长子刘循娶妻子，妻子是庞羲的女儿。刘备占领蜀地，庞羲担任左将军司马，刘璋离开成都时，听从庞羲的劝告，留下刘循，刘备任命刘循为奉车中郎将。从此以后，刘璋两个儿子的后人，分别留在吴国、蜀国。

①《吴书》记载：刘阐又名刘纬，为人谦恭，恪守礼仪，轻财好义，有谦让之风，后来，在家中病逝。

陈寿评论如下：在往昔，魏豹听了许负的卦言，娶薄姬为妃，[①]刘歆看了图谶，改变名字（刘歆原来叫刘秀），最终，二人均不得善终，卦验应在二位皇帝（汉高祖、汉世祖）身上。此谓神明不可虚求，天命不可妄想，此乃必然之应。刘焉听了董扶的劝告，心中有想法，奏请担任益州牧，听了相面者的话，与吴氏联姻，僭越礼制，制造舆服，图谋神器，可谓痴迷不悟。刘璋绝非豪杰，在乱世中占有益州，负财致寇，自然之理，最终，还是被人夺走益州，也并非不幸。[②]

①孔衍著《汉魏春秋》记载：许负是河内郡温县的一位妇人，汉高祖时，受封为明雌亭侯。

裴松之认为：今天，东部人仍然称呼母亲为负。孔衍认为：许负是一位妇人，以此为根据。然而，汉高祖当时封的列侯，并没有乡亭之类的爵位，怀疑此封是后人猜测。

②张璠曰：刘璋懦弱，然而，刘璋谨守善言，可谓宋襄公、徐偃王之类的人物，并非无道之主。张松、法正，于君臣之义，不守义理，委名附质，进不向君主分析形势，却像韩嵩说服刘表；退不告绝、奔命逃亡，这一点，又像陈平、韩信离开项羽，归命高祖，两端携贰，为臣不忠，罪之次也。

蜀书二

先主传第二

先主姓刘，名讳备，字玄德，涿郡涿县人，是汉景帝的儿子中山靖王刘胜的后人。刘胜的儿子刘贞，元狩六年，受封在涿县为陆城亭侯，因为献祭的酎金不足，失去侯爵，既而在涿县安家。①先主的祖父刘雄，父亲刘弘，在州郡出仕为官，刘雄被举荐为孝廉，在东郡担任范县令。

①《典略》记载：刘备是临邑侯刘复的支属。

年少时，刘备的父亲去世，与母亲一起生活，靠织席贩履为业，谋持生活。刘备家的院子东南角篱笆旁，有一株桑树，高五丈余，遥望树冠重叠，犹如车盖，往来者奇怪，此树长得非凡，有人说这里应该出贵人。①年少时，刘备与族里的小儿们在树下玩耍，说："我一定会乘坐这种羽盖车。"叔父刘子敬对刘备讲："你不要胡说八道，会灭族的！"十五岁时，刘备的母亲送刘备上学，与同族人刘德然、辽西郡人公孙瓒，拜原九江郡太守同郡人卢植为老师。刘德然的父亲刘元起资助刘备，与德然的生活费相同。刘元起的妻子说："各自都有家，能长期供给吗？"刘元起说："我族中的这个孩子，绝非常人可比。"公孙瓒与刘备的关系很好。公孙瓒年长，刘备以兄长事之。刘备不太喜欢读书，而喜欢玩赏狗马、音乐，穿漂亮衣服。刘备身高七尺五寸，双手下垂，可触及膝盖，头颅回顾，可看到耳朵，刘备不太喜欢讲话，对普通人态度和善，喜怒不形于色，喜欢结交豪侠，年少者，很多豪杰与刘备结为好友。中山国大商人张世平、苏双等，有家产千金，在涿郡、中山国贩马，见了刘备，认为刘备绝非常人，送给刘备很多钱。刘备用这些钱聚集徒众。

①《汉晋春秋》记载：涿郡人李定云："此家必出贵人。"

灵帝末年，黄巾军骤起，州郡各自发兵镇压黄巾军，刘备率领其部属，跟随校尉邹靖讨伐黄巾军有功，被任命为安喜县尉。[①]郡府督邮因为公事，到安喜县巡视，刘备拜谒，督邮没有接见，刘备径直闯入县衙，绑缚督邮，杖打二百下，解下系印的绶带，套在督邮的脖子上，把督邮绑缚在拴马桩上，弃官亡命。[②]不久，大将军何进派遣都尉毌丘毅到丹杨郡招募新兵，刘备与其同行，到了下邳县，遇上贼寇，刘备奋力拼杀，讨贼有功，被任命为下密县丞，不久，刘备辞去官职，又担任高唐县尉，升任县令。[③]高唐县被黄巾军攻破，刘备投奔中郎将公孙瓒，公孙瓒上表，任命刘备为幕府别部司马，派刘备与青州刺史田楷抵御冀州牧袁绍。刘备立下战功，代理平原县令，又兼领平原国相。郡中人刘平素来轻视刘备，耻于担任刘备的下属，派刺客刺杀刘备。刺客不忍心下手，告诉刘备，而后亡命。刘备在平原国甚得人心。[④]

①《典略》记载：平原郡人刘子平发现刘备勇敢，有谋略，当时，张纯反叛，朝廷诏命青州，派遣从事率领大军讨伐张纯，路过平原郡，刘子平向从事推荐刘备，刘备遂从军，跟随从事，在野战中与贼寇交锋，刘备受伤，佯装死亡，贼人去后，部属用车子载着刘备运回，得以免死。后来，刘备以军功，担任中山国安喜县尉。

②《典略》记载：州郡奉诏书，有军功者担任县长、县吏，要从中淘汰一部分，刘备怀疑自己有可能被淘汰。督邮来到安喜县，要遣送刘备，刘备早已有所准备，听说督邮在传舍，刘备求见督邮，督邮称病，不肯见，刘备恨之，回到治所，率领吏卒来到传舍，冲进大门，说："我受府君密令，收捕督邮。"遂在床上拽下督邮，绑缚起来，将要出县界，解下印绶，系在督邮的脖颈上，绑缚在树上，用鞭子抽打一百下，刘备欲杀督邮，督邮哀求，这才释放。

③《英雄记》记载：灵帝末年，刘备曾经在京师，与曹公一起返回沛国，招募士兵。恰逢灵帝驾崩，天下大乱，刘备也举兵，跟随豪杰讨伐董卓。

④《魏书》记载：刘平结交门客，欲刺杀刘备，刘备不知道，对待刺客甚厚，刺客告诉刘备此行的目的，而后离去。在当时，人民陷于饥困，聚集起来，拦路抢劫。刘备对外抵御寇难，对内鼓励生产，积累财源，礼贤下士，与士人同席而坐，同簋而食，无所区别。众人多愿意归附刘备。

袁绍攻打公孙瓒，刘备与田楷同行，在东部驻扎在齐地。曹公讨伐徐州，徐州牧陶谦派遣使者向田楷告急，田楷与刘备前来救援。当时，刘备已经有士兵一千人，外加幽州的乌丸杂胡骑兵，又捕获饥民数千人。刘备进抵徐州，陶谦又为刘备增加四千丹杨兵，刘备遂离开田楷，归附陶谦。陶谦上表，任命刘备为豫州刺史，驻扎在小沛。陶谦患上重病，生命垂危，对别驾麋竺讲："非刘备不能安定徐州。"陶谦病逝，麋竺率领徐州百姓迎接刘备，刘备谦让，声称不敢当此重任。下邳县人陈登对刘备讲："如今，汉室衰微，海内倾覆，立功立事，就在今日。徐州殷富，有户口数上百万，欲委屈使君，主持徐州政事。"刘备答："袁公路近在寿春，袁术的家族，在朝中四世五公，海内士人，众望所归，君可把徐州托付于袁术。"陈登说："袁公路骄纵自负，绝非治乱之主。如今，欲为使君招集步骑十万，上可以匡扶朝廷，安抚百姓，成就五霸之业，下可以割地保民，建立功勋，留名于青史。如果使君不答应，陈登也不敢再听命于使君。"北海国相孔融对刘备讲："袁公路岂是忧国忘家之人？不过冢中枯骨，何足介意。今日之事，百姓皆愿意归附，天与不取，以后将追悔莫及。"刘备遂兼领徐州牧。[①]袁术进攻刘备，刘备在盱眙、淮阴迎战袁术。曹公上表，任命刘备为镇东将军，封为宜城亭侯，这一年是建安元年。刘备与袁术对峙几个月，吕布趁着双方对峙，攻取下邳。下邳守将曹豹背叛刘备，暗中迎接吕布。吕布俘虏刘备的妻子，刘备只好率军移至海西。[②]杨奉、韩暹在徐州、扬州之间寇掠，刘备截击杨奉、韩暹，斩杀二人。刘备向吕布请求讲和，吕布送还刘备的妻子。刘备派关羽驻守下邳。

①《献帝春秋》记载：陈登等派遣使者到袁绍处，说："天降灾难，祸臻鄙州，州将殂殒，生民无主，百姓担心，奸雄一旦趁徐州疲敝，以贻盟主日昃之忧，遂共同敬奉原平原国相刘备府君作为徐州宗主，可以使百姓知有所归。而今，寇难纵横，不遑释甲，谨派遣下吏，前来禀告执事。"袁绍答："刘玄德为人弘雅，谨守信义，今徐州百姓愿意拥戴，诚副所望。"

②《英雄记》记载：刘备留下张飞驻守下邳，引兵与袁术在淮阴石亭大战，互有胜负。陶谦原来的部将曹豹在下邳，张飞欲杀之，曹豹坚守在军营，派人招来吕布。吕布攻取下邳，张飞败走。刘备听说后，引军撤回，进抵下邳，刘备军溃散，刘备收拾剩下的士卒，向东攻取广陵，与袁术再战，又战败。

刘备回到小沛，[①]刘备又聚集起一万余人，吕布心存忌惮，亲自领兵，进攻刘备，刘备战败，投奔曹公。曹公厚遇刘备，任命刘备为豫州牧。刘备欲前往小沛，收集打散的士卒，曹公供给刘备军粮，还为刘备增加兵力，让刘备东进，攻打吕布。吕布派遣高顺迎战刘备，曹公派遣夏侯惇前来助战，刘备战事不利，被高顺打败，高顺再次俘虏刘备的妻子，送予吕布。曹公亲自东征，[②]曹公帮助刘备，在下邳围困吕布，生擒吕布。刘备再次与妻子见面，跟随曹公返回许都。曹公上表，拜刘备为左将军，对刘备礼遇甚厚，出则同舆，坐则同席。袁术欲经过徐州，北上与袁绍联合，曹公派遣刘备率领朱灵、路招截击袁术。大军还未到达，袁术病死。

①《英雄记》记载：刘备在广陵驻军，陷于饥困，军队困守在广陵，吏士大小，自相抢掠，

穷愁无路，欲返回小沛，刘备派属下官吏向吕布请降。吕布令刘备返回徐州，欲与刘备联合，进攻袁术。吕布把刘备的车马童仆，还有刘备的妻子、部众的家属送回泗水上，军中一片欢乐。

《魏书》记载：诸将对吕布讲："刘备实乃反复小人，难以豢养，应当及早图之。"吕布不听，把这些话告诉刘备。刘备心中不安，请求自谋生路，派人请求吕布，愿意驻扎在小沛，吕布答应。

②《英雄记》记载：建安三年春天，吕布派人带着金子，欲到河内郡买马，被刘备的士兵抢劫。吕布因此派遣中郎将高顺、北地郡太守张辽等攻打刘备，九月，攻破沛城，刘备单身逃走，吕布擒获刘备的妻子。十月，曹公亲自征伐吕布，刘备在梁国界与曹公相遇，遂跟随曹公一起东征。

刘备未出兵时，献帝的妻舅车骑将军董承[①]接受献帝的衣带诏，欲诛杀曹公。刘备参与其中，还未来得及动手，当时，曹公从容对刘备讲："如今天下英雄，唯使君与操耳。本初之辈，不足挂齿。"刘备在酒宴上，与曹公宴饮，正在夹菜，听了此话，吓得手中的汤勺、筷子掉在地上。[②]刘备遂与董承及长水校尉种辑、将军吴子兰、王子服等商议。此时，曹公派刘备出兵，还未出动。后来，衣带诏之事被曹公发觉，董承等被诛杀。[③]

①裴松之按：董承，是汉灵帝的母亲董太后的侄子，也是献帝的老丈人。古时候，没有丈人的称谓，因此，称之为"妻舅"。

②《华阳国志》记载：当时，天上打雷，刘备借机对曹操讲："圣人云'迅雷风烈必变'，的确如此。雷震之威，竟然至于此！"

③《献帝起居注》记载：董承等与刘备密谋，还未暴露，而刘备领兵出征。董承对王子服讲："郭多有数百士兵，打败李傕数万人，就看足下能否与我齐心协力！在往昔，吕不韦作为商人，借子楚之力，成为秦国相，今天，我与先生也可以效法。"王子服答："臣恐惧，不敢当此重任，而且兵太少。"董承说："举事以后，就可以获得曹公的士兵，还有什么忧虑？"王子服说："而今京师还有担此重任的吗？"董承答："长水校尉种辑、议郎吴硕是我的心腹，可以成大事。"遂定下计谋。

刘备回到下邳。朱灵等撤军，刘备杀了徐州刺史车胄，留下关羽镇守下邳，自己回到小沛。[①]东海郡人昌霸反叛，很多郡县背叛曹公，倒向刘备，刘备拥有部众数万，派遣孙乾与袁绍联合。曹公派遣刘岱、王忠进攻刘备，战事不利。建安五年，曹公亲自率领大军，东征讨伐刘备，刘备大败。[②]曹公收编刘备的余众，俘虏刘备的妻子，擒获关羽，胜利而归。

①胡冲著《吴历》记载：曹公多次派遣亲信，暗中窥视诸将与宾客私下聚会宴饮，借机告

发，予以惩治。刘备当时紧闭大门，带领人种植芜菁，曹公派人窥视。来人走后，刘备对张飞、关羽讲："吾岂肯种植蔬菜？曹公多有疑心，不能再留。"当夜打开后栅栏，与张飞等轻骑逃走，所得到的赏赐及衣服，全部留下，前往小沛整顿兵力。

裴松之按：魏武帝派遣先主率领诸将截击袁术，郭嘉等劝阻，魏武帝不听，此事显然并非因为种菜，遁逃而去。如胡冲所言，何其乖谬之甚！

②《魏书》记载：当时，曹公将在官渡与袁绍对峙，留下诸将驻扎在官渡，亲自率领精兵讨伐刘备。刘备当初认为，曹公与袁绍大军对峙，不可能再顾及东面，侦察骑兵猝然而至，报告曹公亲自率领大军前来。刘备大惊失色，然而，依然不肯相信，又亲自率领数十骑，出城观察曹公的大军，看见旌旗蔽野，刘备遂弃众逃走。

刘备败走青州。青州刺史是袁谭，刘备此前举荐袁谭为茂才，袁谭亲自率领步骑，前来迎接刘备。刘备跟随袁谭到了平原郡，袁谭派使者骑快马疾驰报告袁绍。袁绍派遣将领，在路上迎接刘备，距离邺城二百里，袁绍与刘备相见。[①]在邺城，刘备驻留一个月，刘备被打散的士卒逐渐又汇聚在刘备身边。曹公与袁绍在官渡对峙，汝南郡黄巾军刘辟等背叛曹公，响应袁绍。袁绍派遣刘备与刘辟等，率领军队攻打许都附近的县邑。关羽逃离曹公，重新回到刘备身边。曹公派遣曹仁率领大军进攻刘备，刘备归还袁绍的军队，准备离开袁绍，劝说袁绍向南联合荆州牧刘表。袁绍派遣刘备率领本部兵马，进抵汝南郡，与黄巾军首领龚都等会合，双方有数千人马。曹公派遣蔡阳进攻刘备，被刘备斩杀。

①《魏书》记载：刘备归附袁绍，袁绍父子倾心敬重刘备。

曹公在官渡大败袁绍，随后亲自率领大军南下，进攻刘备。刘备派遣麋竺、孙乾与刘表联络，刘表亲自在郊外迎接，以上宾礼接待刘备，为刘备增加兵力，让刘备驻扎在新野。荆州豪杰归附刘备者，日渐增多，刘表心存忌惮，暗中布置，以提防刘备。[①]刘表派刘备在博望坡抵御夏侯惇、于禁。刘备设下伏兵，一天早晨，刘备烧毁驻扎的营地，佯装遁逃，夏侯惇等追击，被伏兵打败。

①《九州春秋》记载：刘备住在荆州数年，与刘表在一起闲聊，起身如厕，看到髀肉增多，慨然流涕。刘备返回后坐下，刘表奇怪，问刘备，刘备答："这么多年来，我一直身不离马鞍，髀肉已经消失。而今不再骑马，髀肉增多。日月如梭，老之将至，而功业迟迟未立，是以悲哀。"

《世语》记载：刘备驻扎在樊城，刘表以礼相待，然而，忌惮刘备，并不十分信任。刘表曾经请刘备赴宴，蒯越、蔡瑁借机欲杀害刘备，刘备察觉，佯装如厕，悄悄溜出刘表的府邸，骑上快马，名字叫"的卢"，刘备骑上的卢疾走，坠落在襄阳城西的檀溪水中，在水中受困，拼命挣扎，不能逃离。刘备惶急中大喊："的卢，的卢，今日困厄，当努力！"的卢一跃三丈，遂脱离险境，刘备乘坐木排渡过檀溪河，木排行至中流，而追兵已至，谎称刘表派来，问刘备："为何离去！"

孙盛曰：此不然之言。刘备当时在刘表处，身为羁旅之客，客主势力悬殊，如果有此变，岂能终刘表之世，二人没有变衅发生？此皆世俗妄说，并非事实。

建安十二年，曹公北上征伐乌丸，刘备劝说刘表袭击许都，刘表不敢，故未采纳刘备的谏言。①曹公南下讨伐刘表，此间刘表病逝，②儿子刘琮继任荆州牧，派遣使者，向曹公请降。刘备驻扎在樊城，不知道曹公率领大军猝然而至，曹军进抵宛城，刘备才知道，遂率领部众逃遁，经过襄阳，诸葛亮劝说刘备进攻刘琮，夺取荆州。刘备说："我不忍心。"③刘备经过州部，停住兵马，呼喊刘琮，刘琮心中有愧，不敢回话。刘琮身边人及荆州人，很多人归附刘备。④刘备行至当阳县，跟随刘备者，仍有十余万人，辎重车辆有数千辆，日行十余里，刘备派遣关羽，乘坐战船数百艘，先期抵达江陵。有人对刘备讲："应该尽快进军，守住江陵，如今，我们虽然拥有很多百姓，奈何能披甲战斗者很少，如果曹公大军追上，如何抵抗？"刘备答："举大事者，一定要以百姓为本，如今，百姓追随我，我怎么能忍心抛弃他们！"⑤

①《汉晋春秋》记载：曹公从柳城返回，刘表对刘备讲："不用君言，故失去此次机会。"刘备答："而今天下分裂，干戈不断，机会还会有，岂有终极乎？若能应之于后者，此次未足为恨。"

②《英雄记》记载：刘表有病，上表推荐刘备代理荆州刺史。

《魏书》记载：刘表病危，向刘备托付后事，对刘备讲："我的两个儿子不才，诸将皆已凋零，我死之后，卿可摄理荆州。"刘备答："诸子可谓贤者，君无须担心，但专心养病。"有人劝刘备按照刘表的嘱托行事，刘备答："他人待我甚厚，今日从其言，人必以为我为人浅薄，不忍心也。"

裴松之认为：刘表夫妻素来宠爱刘琮，舍弃嫡子，立庶子为嗣子，计划早已有安排，无缘在临终时举荆州，以授刘备，此亦不然之言。

③孔衍著《汉魏春秋》记载：刘琮乞降，不敢告诉刘备。刘备也不知道，过了很久，刘备才发觉，派遣亲信问刘琮。刘琮令宋忠到刘备处，宣告旨意。当时，曹公已经进抵宛城，刘备大吃一惊，对宋忠讲："卿诸人竟然这样行事，不早些告诉我，而今大祸已至，方才告诉我，不亦太晚乎！"刘备引刀指向宋忠："今日砍断卿的头颅，不足以泄恨，也耻于大丈夫在临别时还要杀卿辈！"放宋忠回去，刘备招呼部将商议。有人劝刘备劫持刘琮及荆州吏士，径直南下，攻取江陵，刘备答："刘荆州临死前，向我托付遗孤，背信弃义，吾不愿为，死后还有何面目，再去见刘荆州！"

④《典略》记载：刘备经过刘表的坟墓，涕泣而去。

⑤习凿齿曰：刘备虽然颠沛流离，遇上无数的艰难险阻，而信义著明；大势所逼，面临危

殆，讲话始终不失道义。追述景升之遗嘱，情动三军；眷恋赴义之士，众人愿与刘备赴难。观察刘备的所作所为，就能明白，刘备能团结人，岂仅投醪抚寒含蓼问疾而已！最终，刘备能创立大业，不亦宜乎！

曹公以江陵有军队、物资，担心被刘备所拥有，放下辎重，命令轻军疾驰，抵达襄阳。听说刘备已经过去，曹公率领轻骑兵五千人，在后面紧追不舍，一日一夜，行军三百余里，及至进抵当阳县长坂坡。刘备扔下妻儿，与诸葛亮、张飞、赵云等数十人骑上快马，慌忙逃走，曹公俘虏其部众，缴获其辎重甚多。刘备从近路直奔汉津，与关羽的战船会合，渡过沔水，遇到刘表的长子江夏郡太守刘琦，率领部众一万余人，来到夏口。刘备派遣诸葛亮前往江南，与孙权联络，[①]孙权派遣周瑜、程普等，率领水军数万，与刘备合力抗曹，[②]孙、刘联合，与曹公在赤壁大战，大败曹公，焚烧曹公的舟船。刘备与吴军水陆并进，追至南郡，当时瘟疫暴发，北军有很多人患上瘟疫死亡，曹公只好撤军。[③]

①《江表传》记载：孙权派遣鲁肃前来凭吊刘表，慰问刘表的两个儿子，并令鲁肃与刘备联络。鲁肃还未到，曹公已经渡过汉水。鲁肃继续前进，与刘备在当阳相遇，鲁肃向刘备转达孙权的旨意，谈论天下大势，非常诚恳。鲁肃问刘备："豫州今欲何往？"刘备答："与苍梧郡太守吴巨有旧谊，欲前往投奔吴巨。"鲁肃说："孙讨虏聪明，为人仁慈，敬贤礼士，可谓江东英豪，贤者士大夫多愿意归附，孙权已经据有六郡，兵精粮多，足以谋成大事。今为使君计，不如派遣心腹到江东，与孙权结为联盟，双方联合，共同创建大业。而云投奔吴巨，吴巨不过庸人，而且地处偏远，中途将会被他人兼并，岂足托付？"刘备大喜，遂进驻鄂县，当即派遣诸葛亮跟随鲁肃前往孙权处，双方结为同盟。

②《江表传》记载：刘备按照鲁肃的计议，率军进驻鄂县的樊口。诸葛亮去见孙权，还未返回，刘备听说曹公率领大军南下，越发恐惧，当日派遣巡逻士兵，沿江观望孙权的水军。士兵望见周瑜的大船，骑快马返回报告刘备，刘备问："何以知道并非青州、徐州的曹军？"士兵回答："从船的形状可知。"刘备派人慰劳周瑜。周瑜说："身负军任，不能停留，玄德若能屈尊，诚副其所望。"刘备对关羽、张飞讲："彼欲招请我，我今日已经与江东结为联盟，如果不去，非同盟之意。"刘备乘坐小船来见周瑜，问："而今，将军抗拒曹公，深为得计。将军率领的战士有多少？"周瑜答："有三万。"刘备说："还是太少。"周瑜说："此足以拒敌，刘豫州但观看周瑜破曹。"刘备欲招呼鲁肃一起共商大计，周瑜答："受命不得妄自招请，如果刘豫州欲见子敬，可亲自前去。而且，孔明已经过江东，不用三两日，就可以见面。"刘备虽然敬佩周瑜的豪言，心中依然怀疑周瑜是否能打败曹军，故差池在后，率领二千人与关羽、张飞一起过江，不肯归周瑜指挥，以作为进退之计。

孙盛曰：刘备雄才大略，处必亡之地，向东吴告急，而且慌慌张张地渡过大江，请求帮助，不应再顾盼江渚，重怀进退之计。《江表传》之言，应该是吴国人欲专美周瑜之辞。

③《江表传》记载：周瑜担任南郡太守，分出南岸一部分土地，留给刘备驻扎军队。刘备在

油江口另外设立军营，改名称为公安县。刘表的士兵在北军者，有很多人背叛，来投奔刘备。刘备以周瑜所给的土地太少，不足以安置军队和民众，又向孙权借荆州数郡。

刘备上表，举荐刘琦为荆州刺史，随后率领大军南下，攻占江南四郡。武陵郡太守金旋、长沙郡太守韩玄、桂阳郡太守赵范、零陵郡太守刘度投降。[①]庐江郡人雷绪率领部众数万人，归附刘备。刘琦病死，刘琦属下推举刘备为荆州牧，治所设在公安县。孙权心存忌惮，把妹妹嫁给刘备，以巩固双方联盟。刘备来到京口，会见孙权，与妻子新婚燕尔，感情绸缪。[②]孙权派遣使者，前来游说刘备，欲与刘备共同攻取蜀地，刘备部下有人认为，应该答应孙权，吴国终不能越过荆州攻取蜀地，蜀地可以据为己有。荆州主簿殷观谏言："如果为吴国充当先驱，进不能攻克蜀地，退则为吴国留下可乘之机，君侯大事去矣。可暂且答应孙权征伐蜀地，既而解释，新占领诸郡还未安定，不可轻举妄动，东吴决不能越过我们独取蜀地。如此进退之计，可兼收吴、蜀两利。"刘备采纳谏言，孙权果然放弃计划。刘备提拔殷观为别驾从事。[③]

①《三辅决录注》记载：金旋，字元机，京兆人，历任黄门侍郎、汉阳郡太守，受朝廷征召，担任议郎，升任中郎将，兼领武陵郡太守，被刘备攻打，死在战场。儿子金祎，详情记载在《魏武本纪》。

②《山阳公载记》记载：刘备返回，对身边人讲："车骑将军孙权，长上短下，心怀叵测，我不能再见此人。"刘备昼夜兼行。

裴松之按：《魏书》记载刘备与孙权的谈话，与《蜀志》记载诸葛亮与孙权的谈话相同，不在赤壁大战。破魏军之前，刘备还未与孙权相见，不可能有此记载。故知《蜀志》为是。

③《献帝春秋》记载：孙权欲与刘备共同攻取蜀地，派遣使者通报刘备："米贼张鲁盘踞在巴郡、汉中郡，为曹操充当耳目，窥伺益州。刘璋不武，不能自守。如果曹操获得蜀地，则荆州危险。而今，孤欲先攻取刘璋，再讨伐张鲁，首尾相接，一统吴、楚，即使有十个曹操，无须担忧。"刘备欲自己占领蜀地，拒绝孙权："益州民众富裕，兵力强盛，而且蜀地险阻，刘璋虽然暗弱，足以自守。张鲁虚伪，未必肯忠于曹操。而今，出兵攻取蜀、汉，需要万里转运粮草，欲克敌制胜，大举成功，恐怕很难，若此战不胜，吴起不能定其规，孙武不能善其事。曹操虽然心怀叵测，目无朝廷，仍然有奉主之名，廷议者看到曹操失利于赤壁，以为曹操受挫，不复再有远志。曹操三分天下有其二，欲饮马于沧海，观兵于吴会，岂肯坐守成败，以待终老？孙、刘同盟，无故自相攻伐，将为曹操提供出兵的机会，若敌寇承其空隙，这绝非深谋远虑。"孙权不听，派遣孙瑜率领水军驻扎在夏口。刘备不让吴军通过，对孙瑜讲："将军欲能攻取蜀地，我当披发入山，不失信于天下。"刘备派关羽驻扎在江陵，派张飞驻扎在秭归，派诸葛亮占据南郡，刘备亲自驻扎在孱陵。孙权知道刘备的用意，召孙瑜撤军返回。

建安十六年，益州牧刘璋听说曹公将派遣钟繇等率领大军讨伐汉中郡张鲁，顿时恐慌。别驾从事蜀郡人张松劝说刘璋："曹公军势强盛，无敌于天下，如果收服张鲁，借张鲁拥有的财富，攻取蜀地，谁能抵挡？”刘璋说：“我也正在为此事忧虑，不知该如何是好。”张松说：“刘豫州与主公同为宗室，也是曹公的大敌，善于用兵，如果让刘使君讨伐张鲁，张鲁必败无疑。张鲁失败，则益州强大，曹公虽来，无可奈何。”刘璋同意张松的见解，派遣法正率领四千人前去迎接刘备，前后送予刘备的军用物资多达亿计。法正向刘备献上攻取益州之计。[①]刘备留下诸葛亮、关羽等巩固荆州，亲自率领步兵数万，进军益州。大军进抵涪城，刘璋亲自从成都赶来，迎接刘备，二人相见甚欢。张松令法正禀告刘备，加上谋士庞统劝说，欲在二人会面时袭击刘璋。刘备说：“这是大事，绝不可草率行事。”刘璋上表，举荐刘备代行大司马职事，兼领司隶校尉；刘备也上表，举荐刘璋代行镇西大将军职事，兼领益州牧。刘璋为刘备增加兵力，让刘备进攻张鲁，又令刘备都督白水军。刘备合并蜀军，共计有三万人马，车甲器械军用物资充足。同一年，刘璋返回成都。刘备北上进抵葭萌关，还未讨伐张鲁，欲在蜀地树立恩信，施惠于百姓，以笼络蜀地民心。

①《吴书》记载：刘备此前见到张松，后来得到法正，皆以恩意相待，极尽殷勤。通过二人，询问蜀地的情况，地形地貌，兵器府库，人马多少，以及诸险峻要害，距离远近，张松等详细告诉刘备，又画出地图，详细描述蜀地的山川地貌，刘备因此了解益州的虚实。

第二年，曹公讨伐孙权，孙权向刘备求救。刘备派遣使者禀告刘璋：“曹公讨伐东吴，东吴现在陷于危急。孙氏与孤唇齿相依，而且，乐进在青泥关与关羽对峙，如今，孤不去解救关羽，乐进必定大败关羽，转而侵犯益州，其危险远大于张鲁。张鲁不过是守成之贼，不足以挂虑。”刘备向刘璋请求拨付一万军队及军用物资，欲率领军队东进，救援关羽。刘璋仅答应拨付四千军队，其余需要的物资，也仅答应拨付一半。[①]张松写信给刘备、法正：“如今，欲举大事，唾手可得，为何要放弃益州，就此离去？！”张松的哥哥广汉郡太守张肃担心受到张松牵连，报告刘璋。刘璋随即收捕张松，诛杀张松，刘璋、刘备之间的矛盾遂公开化。[②]刘璋敕令守关诸将，不要再将文书送予刘备。刘备大怒，召来刘璋的白水关督军杨怀，责备其无礼，将其诛杀，随后派遣黄忠、卓膺率领军队，进攻刘璋。刘备率领大军，进抵白水关，将守关诸将及士卒包括其妻子拘押，而后，刘备引军与黄忠、卓膺等进抵涪城，占据涪城。刘璋派遣刘璝、冷苞、张任、邓贤等在涪县阻击刘备，[③]结果被刘备逐一打败，退守绵竹。刘璋又派遣李严统率绵竹诸军，李严率领众将领投降刘备，刘备的军队越发强大，刘备派遣诸将分别平定各县邑。诸葛亮、张飞、赵云等率领军队，溯江而上，平定白帝城、江州、江阳。刘备留下关羽镇守荆州，继续进军，围困雒城，当时，刘璋的儿子刘循镇守雒城，刘备攻打雒城，战事持续一年。

①《魏书》记载：刘备借机激怒其部众："我为益州征伐强敌，军队竭尽全力，疲惫不堪，不遑宁居；而今，刘璋有大量的帑藏，却吝啬用以奖赏军功，还希望士大夫为其出力效命，能行吗？！"

②《益部耆旧杂记》记载：张肃有威仪，容貌魁伟。张松长得矮小，为人放荡，不能谨守节操，然而，张松有识人断物之才能，遇事果断，颇有才干。刘璋派遣张松联络曹公，曹公对张松无礼；曹公的主簿杨修对张松颇为器重，向曹公推荐，曹公不肯以礼相待。杨修以曹公所撰写的兵书展示给张松，张松在宴饮之间，通读一遍，便能背诵，杨修因此更加看重张松。

③《益部耆旧杂记》记载：张任，蜀郡人，家中世代贫寒。年少时，张任勇敢无畏，有胆气，有志向，出仕州部，担任从事。

建安十九年夏天，雒城被攻破，[①]刘备随后进军，围困成都，经过数十日围城，刘璋献出成都，投降刘备。[②]蜀地物产丰富，百姓丰衣足食，生活安逸，刘备设置酒宴，犒赏全军将士，取出成都城里的金银财宝，分赏给将士，归还借贷百姓的谷帛。刘备兼领益州牧，诸葛亮担任股肱大臣，法正担任幕僚，参与军事，关羽、张飞、马超都是虎贲猛将，许靖、麋竺、简雍担任幕僚。董和、黄权、李严等原来是刘璋的近臣，为刘璋所重用，吴壹、费观等又与刘璋有姻亲，彭羕被刘璋疏远，刘巴此前被刘备所痛恨，有宿怨，此时，全部受到刘备重用，位置显赫，刘备尽量发挥他们的才干。有志之士，莫不踊跃。

①《益部耆旧杂记》记载：刘璋派遣张任、刘璝率领精兵，在涪陵抵御先主，被先主打败，张任、刘璝退军，与刘璋的儿子刘循守卫雒城。张任勒兵，出城守卫雁桥，迎战先主，再次战败，被先主擒获。先主听说张任忠诚，作战勇敢，令张任命令蜀军投降，张任厉声喝道："老臣终不肯再事二主。"先主只好杀了张任。先主叹惜不已。

②《傅子》记载：当初，刘备进军蜀地，丞相府掾赵戬讲："刘备能达成所愿？刘备拙于用兵，逢战必败，奔亡无暇，何以再图谋蜀地？蜀地偏狭，区域有限，然而，蜀地有四塞险固，可谓独守之国，难以兼并。"征士傅幹讲："刘备为人宽仁，用人有度，能赢得他人为其效死力。诸葛亮通达，见事知变，为人公正，善于用谋，可以担任刘备的丞相；张飞、关羽作战勇敢，而且讲义气，皆为万人敌的将军，作为刘备的大将：此三人，皆为人杰。以刘备的谋略，再加上有三杰辅佐，为何不能达成所愿？"

《典略》记载：赵戬，字叔茂，京兆长陵县人。为人质朴好学，言必称《诗经》《尚书》，无论亲疏，对人有爱恤之心。受三公府征召，赵戬担任尚书选部侍郎。董卓因私心，欲派人充任台阁，赵戬拒绝，不听。董卓大怒，召赵戬，欲杀之，旁观者皆为赵戬担心，而赵戬泰然自若，径直来见董卓，引经据典，正言解释，陈说是非，董卓虽然凶残暴戾，听罢赵戬的解释，也只好作罢，改任赵戬为平陵县令。王允在长安被李傕杀害，没有人敢靠近尸首，赵戬弃去官职，为王允收殓。三辅陷于大乱，赵戬客居荆州，刘表以宾客礼善待赵戬。曹公平定荆州，握着赵戬的手，说："相见恨晚！"任命赵戬为丞相府掾。后来，赵戬升任五官中郎将曹丕的司马，又担任相国钟繇的长史，享年六十余岁，去世。

建安二十年，孙权以刘备已经攻占益州，派使者向刘备祝贺，同时索要荆州。刘备答："等到攻取凉州，再归还荆州。"孙权听了使者汇报，非常愤怒，派遣吕蒙袭击并攻取长沙郡、零陵郡、桂阳郡。刘备率领五万大军，攻取公安县，令关羽进入益阳。这一年，曹公平定汉中，张鲁逃往巴西。刘备闻报，又与孙权讲和，分出荆州的江夏郡、长沙郡、桂阳郡归属于东吴，南郡、零陵郡、武陵郡仍然属于刘备。刘备引军，撤退回江州，派遣黄权率领军队迎接张鲁，张鲁已经投降曹公。曹公派遣夏侯渊、张郃驻扎在汉中，多次侵犯巴郡。刘备令张飞率领大军，进抵宕渠，与张郃等在瓦口大战，大败张郃等，张郃收兵，退回南郑。刘备撤军，返回成都。

建安二十三年，刘备率领诸将进兵汉中。又派遣将军吴兰、雷铜等攻入武都，皆被曹军所败。刘备驻扎在阳平关，与夏侯渊、张郃等对峙。

建安二十四年春天，刘备从阳平关南下，渡过沔水，沿着山边，慢慢推进，在定军山，依据山势，设置军营。夏侯渊率领魏军前来争夺地利。刘备命令黄忠登上高坡，擂响战鼓助阵，蜀军与夏侯渊大战，大败夏侯渊，斩杀夏侯渊及曹公委派的益州刺史赵颙等。曹公亲自从长安率领大军，前来讨伐刘备。刘备推断曹公的兵势，说："曹公虽然亲自率领大军赶来，也不会有大的作为，我一定会攻取汉川。"及至曹公大军赶到，刘备率领蜀军拒险而守，始终不与曹公正面交锋，一连数月，曹军战事不利，逃亡者日渐增多。到了夏天，曹公只好引军撤退，刘备遂占领汉中，派遣刘封、孟达、李平等在上庸攻打申耽。

当年秋天，群臣拥立刘备为汉中王，上表汉献帝："平西将军都亭侯臣马超、左将军领长史兼镇军将军臣许靖、营司马臣庞羲、议曹从事中郎军议中郎将臣射援、[①]军师将军臣诸葛亮、荡寇将军汉寿亭侯臣关羽、征虏将军新亭侯臣张飞、征西将军臣黄忠、镇远将军臣赖恭、扬武将军臣法正、兴业将军臣李严等一百二十人上奏：在往昔，唐尧身为至圣帝王，四凶在朝廷逞其凶狂，周成王身为仁贤帝王，诸侯仍然有四位发难，高后临朝称制，诸吕窃夺帝命，孝昭帝幼冲，上官桀谋反叛逆，这些逆贼，凭借世代受到王室宠幸，篡夺朝廷大权，穷凶极恶，几乎颠覆社稷，令王室蒙受灾难。若非虞舜、周公、朱虚侯刘章、博陆侯霍光，不能制服这些逆贼，逆贼或被流放，或被诛杀，天下归于安宁。伏唯陛下英姿勃发，有圣德之资质，统理万邦，遭逢厄运不造之艰。董卓在朝中发难，颠覆京畿，曹操延续祸难，窃据天衡；皇后、太子，皆被曹操杀害，曹操祸乱天下，蹂躏黎民，摧毁祠庙。令陛下长久蒙尘，陷于忧困，偏处虚邑。当今天下，人神无主，隔绝王命，厌昧皇极，群雄逐鹿，欲盗取神器。左将军领司隶校尉，豫州、荆州、益州三州牧宜城亭侯刘备，接受朝廷封爵，志在输诚，以殉国难。目睹曹操凶残，赫然奋发，与车骑将军董承同谋，欲诛杀曹操，安定国家，恢复旧都。然而，董承谋事不密，令曹操游魂为恶，荼毒海内。臣等常担心王室有阎乐之祸，或有定安之变，[2]夙夜惴惴不安，战栗悚惧。在往昔，《尚书·虞书》记载，舜帝敦睦九族，周室借鉴夏、商二代教训，封建同姓诸侯，《诗经》肯定要义，周室绵延长久。汉兴之初，封建诸侯，割疆裂土，尊崇刘氏诸侯，以此挫败诸吕之难，成就太宗之基。臣等以刘备为刘氏肺腑，宗室藩国子孙，心存国家，志在消弭祸乱。自从曹操受挫于汉中，海内英雄莫不望风蚁附，刘备爵号不显，九锡未加，安能镇守社稷，光昭万世！臣等谨奉诏命在外，礼仪断绝。在往昔，河西郡太守梁统等正值汉室中兴，限于山河阻隔，官位相同，不能相互统率，推举窦融为元帅，最终建立功勋，摧毁隗嚣。当今天下，社稷蒙难，形势危于陇、蜀。曹操欲吞并天下，对内残害朝廷忠臣，朝廷有萧墙之祸，御侮之军未建，可为寒心。臣等依照旧典，奏请封刘备为汉中王，拜为大司马，统领六军，集合同盟，扫灭凶逆。以汉中郡、巴郡、蜀郡、广汉郡、犍为郡为汉中原，所设衙署，按照汉初诸侯王旧典。此乃权宜之计，苟利社稷，专之可也。待功成事立，臣等退伏矫诏之罪，虽死无恨。”群臣遂在沔阳设立坛场，布置军阵，百姓观看，群臣陪侍，诵读奏章完毕，刘备戴上汉中王冠。

①《三辅决录注》记载：射援，字文雄，右扶风人。其先人本来姓谢，与北地郡诸谢是同一宗族。始祖谢服担任将军，出征，天子以谢服并非好名字，改为射，子孙遂以“射”为姓氏。哥哥射坚，字文固，年少时，有美名，受三公府征召，担任黄门侍郎。献帝初年，三辅陷于饥荒，射坚辞去官职，与弟弟射援南下入蜀，依附刘璋，刘璋任命射坚为长史。刘备代替刘璋，统治蜀地，任命射坚先后担任广汉郡、蜀郡太守。射援年少时有名气，太尉皇甫嵩很欣赏射援的才气，把女儿嫁给射援为妻，丞相诸葛亮任命射援为祭酒，改任从事中郎，在官任上去世。

②赵高派阎乐杀害二世皇帝。王莽废除孺子，自立为定安公。

刘备上奏汉献帝：“臣以备位之才，承受上将军之任，都督三军，谨奉陛下诏命，在外征战，不能扫除贼寇，匡扶王室，长久目睹陛下圣教衰微，六合之内，否而未泰，辗转反侧，夜不能寐，痛心疾首。在以往，董卓为王室元凶，从此群凶肆虐，纵横天下，荼毒海内。幸赖陛下圣德威灵，人神回应，或忠义奋发讨贼，或上天降罚除恶，暴虐逆贼先后伏诛，冰消瓦解。唯曹操肆虐朝堂，久未翦除，专擅国政，恣心作乱。臣昔日与车骑将军董承密谋，刺杀曹操，行事不密，董承被害，臣流离失所，颠沛失据，忠义不得实现。遂使得曹操穷凶极恶，皇后惨遭杀戮，皇子惨遭鸩害。臣集合同盟，志在奋力抗曹，然而懦弱不武，历年未效。常担心一旦殒没，辜负国恩，臣寤寐长叹，朝夕砥砺。而今臣及群僚认为，在往昔，《尚书·虞书》记载：舜帝敦睦九族，有贤明辅臣辅佐，[1]五帝虽有损益，此道不废。周室借鉴夏、商二代教训，封建姬姓诸侯，实赖晋、郑辅弼之福，王室中兴。高祖龙兴，尊崇刘氏子弟为诸侯，封建刘氏九位诸侯，诛杀诸吕反贼，以安定刘氏大宗。而今曹操恶直丑正，有党徒追随，包藏祸心，篡权盗国，显露无遗。然而宗室衰弱，帝族无位，斟酌古人之举措，依照权宜之计，群僚上奏陛下，尊臣为大司马汉中王。臣伏身自我三省，蒙受国家厚恩，担负重任，虽努力奋斗，还未见成效，所任职已嫌过分，不宜再增高职位，以加重臣之罪，受人讥谤。群僚见逼，臣以义为重，退而深思，唯贼臣还未枭首，国难尚未清除，宗庙颓废，社稷将坠，臣深深自责，有碎首报国之责。如应权变之计，为国靖难，以安宁圣朝，即使臣赴汤蹈火，在所不辞，岂谨守常规，以防后悔。臣顺从众议，拜受印玺，以崇尚国威。仰唯爵号，位高宠厚，俯思报效，忧深责重，惊恐不安，如临深渊，如履薄冰。臣将尽力输诚，鼓舞六师，率领众士，应天顺时，讨伐凶逆，以恢复社稷，以报效朝廷，谨拜奏章，通过驿马，上缴所领左将军、宜城亭侯印绶。”而后，刘备返回成都，把王都设在成都。擢拔魏延为都督，镇守汉中。②当时，关羽攻打曹仁，在樊城擒获于禁。很快，孙权袭击荆州，又杀了关羽，攻取荆州。

①《郑玄注》解释：庶，众也；励，作也；叙，次序也。序九族而亲之，以众明为羽翼之臣。

②《典略》记载：刘备建造传舍，修筑亭障，从成都至白水关，有四百余处。

建安二十五年，魏文帝曹丕接受汉室禅让，登上帝位，改纪元为黄初元年。有人传闻说汉献帝已经被曹丕杀害，刘备为献帝发丧，穿上孝服，追尊献帝谥号为孝愍皇帝。此后，蜀国各地上奏汉中王，有吉祥嘉瑞显现，日月相属，议郎阳泉侯刘豹、青衣侯向举、偏将军张裔、黄权、大司马府掾史殷纯、益州别驾从事赵莋、治中从事杨洪、从事祭酒何宗、议曹从事杜琼、劝学从事张爽、尹默、谯周等上奏：“臣听说，《河图》《洛书》和五经记载的谶纬，孔子亲自甄别，效验遥远。谨按《洛书·甄曜度》所言：‘赤三日德昌，九世会备，合为帝际。’《洛书·宝号命》所言：‘天度帝道备称皇，以统握契，百成不败。’《洛书·录运期》所言：‘九侯七杰争命民炊骸，道路籍籍履人头，谁使主者玄且来。’《孝经·钩命决录》所言：‘帝三建九会备。’臣下的父辈未亡时，都说西南方有黄气出现，矗立高达数丈，已经有几年，时有庆云祥风从北斗下来回应，此为异常祥瑞。建安二十二年，又有瑞气似旗帜，从西延伸至东，在中天运行，《河图》《洛书》讲：‘必有天子出其方。’这一年，太白金星、火星、土星，跟随岁星。近代汉室初兴，五星跟随岁星；岁星主义，汉室在西方，这是义之方位，故汉室历代帝王，常以岁星对应人主。有圣主起于益州，以中兴汉室。汉献帝还在时，群臣不敢泄露机密。最近，火星追随岁星，在胃宿、昴宿、毕宿；昴宿、毕宿为天纲，

《经》书讲：‘帝星处之，众邪消亡。’圣讳已显现，推论经过检验，与符命吻合，不止一次。臣听说，圣王出现，在天象前面，天不违人道，如在天象后面，则尊奉天时，顺天应命，与神灵契合。愿大王应天顺民，即帝位，弘扬圣业，以安定海内。”

太傅许靖、安汉将军麋竺、军师将军诸葛亮、太常赖恭、光禄勋黄权、少府王谋等上奏：“曹丕篡汉，弑杀汉帝，湮灭汉室，窃据神器，胁迫忠良，残酷无道。人神愤怒，思念刘氏。而今上无天子，海内惶惶，无所仰仗。群臣前后上书者，已有八百余人，都在引述符瑞，图谶明徵。在此间，黄龙在武阳赤水出现，九日消失。《孝经·援神契》讲：‘德至渊泉则黄龙出现。’龙者，君之象。《易经·乾卦》九五也说：‘飞龙在天。’大王应当龙升，登上帝位。此前，关羽围困樊城、襄阳，襄阳男子张嘉、王休献上玉玺，玉玺落入汉水，伏于深渊，晖景烛耀，灵光彻天。汉朝，是高祖起兵，统一天下的国号，大王继承先帝轨迹，在汉中兴起。而今，天子的玉玺神光再出现，玉玺在襄阳，是汉水的下游，表明大王继承天子位，瑞命符应，非人力所致。在往昔，周武王伐纣，有乌鸦、鲤鱼之祥瑞，可谓佳美。高祖、世祖二祖接受天命，《河图》《洛书》有注明，可作为验徵。而今上天告知祥瑞，群儒英俊，进献《河图》《洛书》之记载，孔子生前有谶言、传记，所有条件，均已具备。大王出自孝景帝中山靖王之贵胄，本支百世，乾祇降临福祚，圣姿英硕，神武在躬，仁覆积德，爱人好士，四方归心。考察《灵图》，阐释谶纬，神明之表，名讳昭著。大王应即帝位，继承二祖宏业，绍嗣昭穆位序，天下幸甚。臣等谨与博士许慈、议郎孟光，议定礼仪，选择吉日，大王上皇帝尊号。”刘备在成都武担山的南麓即皇帝位。①刘备制作诏书文告：“唯建安二十六年四月丙午，皇帝刘备敢用玄牡，昭告皇天上帝后土神祇：汉室拥有天下，历数无疆。在以往，王莽篡汉，盗取帝位，光武震怒，诛杀王莽，恢复社稷。而今，曹操倚仗威势，拥兵自重，残杀皇后，罪恶滔天，罔顾天威。曹操孽子曹丕，原本凶逆，窃取神器。群臣将士认为，汉室社稷将要倾覆，刘备应挺身而出，继承高帝、光武二位圣祖，躬行天罚。刘备思忖缺乏帝德，担心忝列帝位。向庶民咨询，向蛮夷君长询问，大家都说：‘天命不可不应，祖业不可缺失，四海不可一日无主。’率土之滨仰望，在于刘备一人。刘备畏惧上天明命，担心汉祚将湮没于尘埃，谨选择吉日，与百僚登上祭坛，接受皇帝玺印绶带。焚烧瘗埋祭礼，向天神祷告，唯神灵飨祚于汉家，永绥四海！”②

①《蜀本纪》记载：武都郡有男子化为女子，姿容美貌，其实山精。蜀王娶女子为妻，不习水土，患上疾病，欲归国，蜀王挽留，不久去世。蜀王征发蜀卒到武都担土，在成都城郭安葬，墓地覆盖数亩，墓高十丈，号称武担。

裴松之按：武担，山名，在成都西北方向，一般来讲，乾位在西北方，在此地登上帝位。

②《魏书》记载：刘备听说魏王曹操去世，派遣府掾韩冉奉书吊唁，并送上赙赠之礼。文帝恶其因丧求好，敕令荆州刺史斩杀韩冉，断绝使命。

《典略》记载：刘备派遣军谋掾韩冉带着文书，前来吊唁，并且贡献蜀锦。韩冉称病，住在上庸。上庸送上文书，恰逢曹丕接受禅让，登上帝位，有诏报答，以礼引韩冉到洛阳。刘备得到报书，遂称帝。

章武元年夏天四月，刘备颁布大赦令，改纪元为章武元年，拜诸葛亮为丞相，拜许靖为司徒，设置百官，建立宗庙，祫祭高皇帝以下诸皇帝。[①]当年五月，先主立吴氏为皇后，立儿子刘禅为皇太子。六月，立儿子刘永为鲁王，立刘理为梁王。车骑将军张飞被身边人杀害。当初，刘备对于孙权袭击杀了关羽，异常愤恨，准备东征，当年秋天七月，先主率领诸军讨伐吴国。孙权派遣使者，送来书信求和，先主盛怒之下，没有答应。吴国将军陆议、李异、刘阿等驻扎在巫县、秭归。蜀国将军吴班、冯习在巫县攻破李异等，蜀军进抵秭归，武陵五溪蛮夷派遣使者，请求先主出兵，安定地方。

①裴松之认为：先主虽说出自汉景帝一脉，而世数悠远，昭穆难明，既然绍继汉祚，不知以何帝为元祖，建立亲庙。在当时，英贤作辅，儒生在官，宗庙制度，必有宪章，而载记缺略，良可恨哉！

章武二年春天正月，先主率领大军，返回秭归，蜀国将军吴班、陈式率领水军，驻扎在夷陵夹江两岸。当年二月，先主率领诸将从秭归进军，翻山越岭，在夷道猇亭，从佷（héng）山打通武陵道路，派遣侍中马良安抚五溪蛮夷，蛮夷相率响应蜀军。镇北将军黄权统率江北诸军，与吴军在夷陵对峙。当年夏天六月，有黄气在秭归出现，长达十余里，宽约数十丈。又经过十余日，吴国将军陆议在猇亭大败蜀军，蜀国将军冯习、张南等全军覆没。刘备从猇亭退回秭归，收拢四散逃亡的蜀军，舍弃舟船巨舫，由陆路退回鱼复县，改鱼复县为永安县。吴国派遣将军李异、刘阿等追击蜀军，驻扎在南山。当年秋天八月，吴军收兵，退回巫县。蜀国司徒许靖去世。当年冬天十月，先主诏命诸葛亮在成都南北郊营建祭坛。孙权听说刘备住在白帝城，异常恐惧，派遣使者请求讲和。刘备答应讲和，派遣太中大夫宗玮到吴国复命。当年冬天十二月，汉嘉郡太守黄元听说先主重病不豫，举兵据险坚守。

章武三年春天二月，丞相诸葛亮从成都来到永安县。三月，黄元进兵攻打临邛县。先主派遣将军陈曶（hù）讨伐黄元，黄元战败，顺长江乘船东下，被其亲兵生擒，绑缚至成都，被诛杀。先主病情越发沉重，向丞相诸葛亮托孤，任命尚书令李严辅助。当年夏天四月癸巳日，先主在永安宫驾崩，享年六十三岁。[①]

①《诸葛亮集》记载：先主遗诏，敕令后主："朕当初患病，只是下痢疾，后来转为其他杂病，恐怕难以痊愈。人五十岁不称夭寿，朕已经享年六十余岁，有何遗恨，无须伤悲，但以卿兄

弟为念。射君到，说丞相感叹卿有智慧、雅量，学习有很大进步，超过我的期望，如果能这样，吾复何忧！勉之，勉之！勿以恶小而为之，勿以善小而不为。唯贤唯德，能服于人。汝父德薄，勿效之。可读《汉书》《礼记》，闲暇时，历观诸子及《六韬》《商君书》，益人意智。听说丞相为你写《申子》《韩子》《管子》《六韬》一遍，已完成，还未送来，途中遗失，可自求丞相重新誊写。”先主临终时，呼喊鲁王，与之语：“吾亡之后，汝兄弟要以父亲事丞相，令卿与丞相共事始终。”

丞相诸葛亮上奏后主刘禅：“伏唯大行皇帝建立仁德，泽被无疆，昊天不愍，患上重疾，弥留之际，本月二十四日，溘然离世，臣妾哀号痛哭，若丧考妣。既而顾念遗诏，国事唯有大宗，服丧期间，动容损益；百官发哀，满三日后，除去丧服，到安葬时，再按照葬礼举丧；各郡国太守、国相、都尉、县令、县长，三日后，可除去丧服。臣诸葛亮亲受先帝敕令，谆谆告诫，敬畏神灵，不敢有违。臣奏请陛下宣示臣下执行。”当年五月，梓宫从永安运回成都，尊先主谥号为昭烈皇帝。当年秋天八月，葬于惠陵。①

①葛洪著《神仙传》记载：仙人李意其，蜀人。传说此人是汉文帝时的人。先主欲讨伐吴国，派人请来李意其，向其咨询。李意其到，先主以礼相待，向其询问吉凶。李意其不答，而求纸笔，画出兵马器仗数十张纸，又一一用手撕毁，又画一个大人，掘地埋之，而后，径直走了。先主看了，心中不乐。自从蜀军出兵，征伐吴国，大败而归，先主忧愤，终于发病去世，众人才知其意。李意其画大人，而后埋之，指的是先主去世。

陈寿评论如下：先主恢宏大度，性格坚毅，为人宽厚，知人待士，有高祖遗风，有英雄才器。先主临终时，举蜀国向诸葛亮托孤，心中并无杂念，君臣皆出于公心，为古今之表率。先主机智，有权谋、才智，但不如魏武帝曹操，而且，蜀国地处偏僻，地域狭小。先主依然百折不挠，终不肯臣服于魏，抑或先主揆度曹操气度，必不肯接纳，并非仅为争夺帝位，且以免受伤害。

蜀书三

后主传第三

后主，名讳禅，字公嗣，是刘备的嫡生儿子。建安二十四年，刘备自封为汉中王，立刘禅为王太子。及至刘备建立蜀国，即位为皇帝，册封刘禅："唯章武元年五月辛巳，皇帝诏曰：太子刘禅，朕遭遇汉室国祚艰难，贼臣篡位，社稷无主，社会贤达，文武百官，以上天明命，由朕继承汉室大宗。今以刘禅为皇太子，奉祀宗庙，祇敬社稷。派使者持符节，拜诸葛亮为丞相，接受印绶，作为太子师傅，太子须敬听师傅教导，行事须以三善皆得，可不勉与！"① 章武三年夏天四月，先主在永安宫驾崩。当年五月，后主刘禅在成都即位，即位时，十七岁。尊皇后为皇太后，大赦天下，改纪元为建兴元年。这一年，是魏国黄初四年。②

①《礼记》曰：行一物而三善者，唯嗣子而已，行父子之道，君臣之义，长幼之节。郑玄解释：物即行事也。

②《魏略》记载：当初，刘备驻扎在小沛，没想到曹公大军猝然而至，慌忙间，抛弃家属，后来，刘备投奔荆州，当年，刘禅仅几岁，遂藏匿，既而跟随流亡者西入汉中，被人所卖。直到建安十六年，关中残破，大乱，右扶风人刘括在汉中避乱，买下刘禅，经询问，知道是良家子弟，遂收为养子，还为刘禅娶了妻子，生下一个儿子。当初，刘禅与刘备走失时，还记得父亲的字是玄德。舍人中有姓简者，及至刘备获取益州，简氏担任将军，刘备派遣简氏到汉中，住在府邸。刘禅前来拜谒简氏，简氏与刘禅谈话，经过问讯，事情皆符合。简氏大喜，告诉张鲁，张鲁为刘禅洗沐，送往益州，刘备立刘禅为太子。当初，刘备任命诸葛亮为太子太傅，及至刘禅即位，拜诸葛亮为丞相，委以朝中政事，刘禅对诸葛亮讲："朝政由葛氏担任，祭祀则由寡人。"诸葛亮也以刘禅不熟悉政事，遂总理内外。

裴松之按：《二主妃子传》记载："后主生于荆州。"《后主传》记载刘禅即位时，年龄十七岁，则建安十二年生人。建安十三年，刘备在长坂坡大败，抛弃妻子、儿子，慌忙窜逃，《赵云传》记载："赵云身抱弱子，突围而出。"这就是后主。如此说来，刘备与刘禅并未走失。还有，诸葛亮以刘禅即位第二年兼领益州牧，这一年，诸葛亮写信给主簿杜微："陛下今年十八岁。"与《刘禅传》相呼应，按理应该并非虚构，而鱼豢云刘备败于小沛，刘禅在这一年出生，及至刘禅逃往荆州，能知道父亲的字为"玄德"，按此推算，应该有五六岁。刘备在小沛之战兵败，这是建安五年，到刘禅即位，首尾二十四年，刘禅应该过了三十岁。以此推论，不符合情理。此则《魏略》之妄说，竟至二百余言，错谬也！又按，诸书记载，包括《诸葛亮集》，诸葛亮也从未当过太子太傅。

建兴元年夏天，牂牁郡太守朱褒举兵反叛。①此前，益州郡有大姓雍闿反叛，逼迫太守张裔逃往吴国，雍闿占领益州郡，不向蜀国朝廷称臣，越巂（xī）郡夷王高定也跟着反叛。这一年，后主刘禅立张氏为皇后。诸葛亮派遣尚书邓芝与吴国改善关系，吴王孙权与蜀国讲和，通使聘问，双方和好。

①《魏氏春秋》记载：当初，益州从事常房巡视州部，听说朱褒心怀异志，遂收捕郡府主簿审问，杀了主簿。朱褒大怒，杀了常房，反而诬告常房欲谋反。诸葛亮杀了常房的几个儿子，流放其四弟于越巂郡，欲以安抚。朱褒依然不知悔改，遂在该郡反叛，响应雍闿。

裴松之按：认为常房被朱褒所诬陷，可以从执政的事情中监察、澄清，诸葛亮怎能妄杀无辜，以悦奸慝？斯殆妄谬矣！

建兴二年春天，诸葛亮劝勉农民重视农业生产，闭关自守，让百姓休养生息。

建兴三年春天三月，丞相诸葛亮南征，平定四郡，四郡平定后，改益州郡为建宁郡，分出建宁郡一部分，加上永昌郡一部分，设置云南郡，又分出建宁郡一部分，加上牂牁郡一部分，设置兴古郡。十二月，诸葛亮返回成都。

建兴四年春天，都护李严从永安郡返回，住在江州，修筑大城。①

①就是今天的巴郡故城。

建兴五年春天，丞相诸葛亮出兵，驻扎在汉中，在沔水以北的阳平、石马扎营。①

①《诸葛亮集》记载：建兴五年三月，刘禅下诏："朕听说，天地之道，仁义为福，淫荡为祸；积善者昌盛，积恶者丧乱，此乃古今之常理。商汤、周武谨修仁德，而王天下，夏桀、殷纣残酷暴虐，而亡天下。在往昔，汉室福祚中途衰微，网漏凶慝，董卓作难，震荡京畿。曹操阶祸，窃据天衡，残剥海内，怀无君之心。儿子曹丕孤竖，谋乱寻逆，窃取神器，更姓改物，逞其

凶残。当此时，皇极幽昧，天下无主，我汉室帝命陨损于下。昭烈皇帝具有明叡之德，兼有文武之才，响应乾坤之运，出身平民，为国靖难，经营四方，人神同谋，百姓与能。兆民欢欣，并力拥戴。先帝顺应符谶，建位易号，丕承天序，补弊兴衰，存复刘氏祖业，膺诞皇纲，不坠于地。万国未定，早世遐殂。朕以幼冲，继统鸿基，未习太保、太傅之训，而肩负祖宗之任。六合壅否，社稷不建，永唯所以，念在匡扶，光载前绪，未有施救，朕甚恐惧焉。是以夙兴夜寐，不敢自我放逸，每从菲薄，以益国用，劝分稼穑，以阜民财，授方任能，以参其听，断私降意，以养将士。欲奋剑长驱，指讨凶逆，朱旗未举，而曹丕已丧命，斯所谓不燃我薪而自焚。残类余丑，又支天祸，恣肆睢河、洛水，阻兵未弭。诸葛丞相弘毅忠诚，忘身忧国，先帝以天下相托付，丞相勖勉勤力，辅佐朕躬。今授命诸葛丞相以旄钺之重，交付丞相以专命之权，统领步骑二十万，都督元戎，躬行天罚，除患宁乱，克复旧都，再次征伐。在往昔，项籍统领强众，跨州兼郡，所务者大，然而，最终败于垓下，死于东城，宗族焚灭，被千载人耻笑，皆因不能以义行事，陵上虐下。今曹贼效尤，天人所怨，奉时宜速，凭借炎精祖宗威灵相助之福，我军将所向无敌，攻伐必克。吴王孙权同恤忧患，潜军合谋，犄角其后。凉州诸王各派月支、康居胡侯支富、康植等二十余人，领受节度，大军北伐，便欲率领兵马，奋戈前驱。天命既集，人事又至，师贞势并，必定所向披靡。王者之兵，有征无战，尊而有义，莫能抵抗，故鸣条之役，兵不血刃，牧野之师，商军倒戈。今旍麾首路，其所经至，亦不欲穷兵黩武。有能弃邪归正，箪食壶浆以迎王师者，国有常典，封宠大小，各有品限。及魏之宗族、支叶、中外，有能规避利害，审时度势，看清逆顺之数，来投降者，皆恢复原职。在往昔，辅果绝亲于智氏，而蒙保全宗族之福，微子去殷，项伯归汉，皆享受茅土之封赏，此前世之明验。若仍然执迷不悟，帮助乱贼，不听王命，将戮及妻孥，勿有宽宥。广宣恩威，贷其元帅，吊民伐罪。其他如诏书律令，丞相宣告于天下，使称朕意。”

建兴六年春天，诸葛亮亲自领兵，攻打祁山，蜀军战事不利。当年冬天，诸葛亮再次从大散关出兵，围困陈仓，军中粮草将要耗尽，退兵。魏国将军王双率领魏军追赶，诸葛亮与王双大战，斩杀王双，撤回汉中。

建兴七年春天，诸葛亮派遣陈式攻打武都、阴平，随后平定二郡。当年冬天，诸葛亮将大营迁至终南山下平原，修筑汉城、乐城。这一年，孙权称帝，与蜀国结盟，二国约定，共同平分天下。

建兴八年秋天，魏国派遣司马懿从西城出兵，张郃从子午道出兵，曹真从斜谷出兵，欲攻打汉中。丞相诸葛亮在城固、赤坂严阵以待，当时，大雨倾盆，道路阻断，曹真等撤军。这一年，魏延在阳溪攻破魏国雍州刺史郭淮。后主改封鲁王刘永为甘陵王，改封梁王刘理为安平王，因为鲁国、梁国靠近吴国边界。

建兴九年春天二月，诸葛亮再次出兵，围困祁山，此次，诸葛亮用木牛转运军粮。魏国司马懿、张郃领兵来救祁山。当年夏天六月，诸葛亮军粮将要耗尽，退军，张郃追至青封，与诸葛亮交战，被箭射死。当年秋天八月，都护李平被废黜，流放至梓潼郡。[①]

①《汉晋春秋》记载：建兴九年冬天十月，江阳到江州，有飞鸟从江南飞过江北，不能抵达，落水死亡者有上千只。

建兴十年，诸葛亮在黄沙休整士卒，施行屯田，制作木牛流马，训练士卒，讲习武艺。

建兴十一年冬天，诸葛亮派遣各路大军，随军转运军粮，在斜谷口驻扎，修建仓储。这一年，南夷刘胄反叛，将军马忠平定叛乱。

建兴十二年春天二月，诸葛亮从斜谷出兵，用流马运输军粮。当年秋天八月，诸葛亮在渭水之滨病逝。征西大将军魏延与丞相府长史杨仪不睦，为争夺军权，二人举兵，相互攻打，魏延败走；杨仪斩杀魏延，而后，杨仪率领蜀军撤回成都。后主大赦天下，拜左将军吴壹为车骑将军，授予符节，镇守汉中，拜丞相府留守长史蒋琬为尚书令，总理国家政事。

建兴十三年春天正月，中军师杨仪被废黜，流放至汉嘉郡。当年夏天四月，后主晋升蒋琬为大将军。

建兴十四年夏天四月，后主巡幸湔县，[①]登上观坂，观察岷江水，逗留十日，返回成都。后主将武都氐王苻健及氐民四百余户迁至广都郡。

①裴松之按：湔（jiǎn），县名，属于蜀郡。

建兴十五年夏天六月，皇后张氏去世。

延熙元年春天正月，后主立张氏的妹妹为皇后。颁布大赦令，更改纪元年号为延熙。立儿子刘璿为太子，立儿子刘瑶为安定王。当年冬天十一月，大将军蒋琬领兵，驻扎在汉中。

延熙二年春天三月，后主拜蒋琬为大司马。

延熙三年春天，后主令越嶲郡太守张嶷平定越嶲郡。

延熙四年冬天十月，尚书令费祎抵达汉中，与蒋琬商讨军国大事，岁末，返回成都。

延熙五年春天正月，监军姜维统率偏军，从汉中返回，驻扎在涪县。

延熙六年冬天十月，大司马蒋琬从汉中返回，住在涪县。十一月，后主颁布大赦令，拜尚书令费祎为大将军。

延熙七年闰月，魏国大将军曹爽、夏侯玄等进攻汉中，蜀国镇北大将军王平在兴势山抵御魏军，大将军费祎统率诸军，驰援王平，魏军撤退。当年夏天四月，安平王刘理去世。当年秋天九月，费祎返回成都。

延熙八年秋天八月，皇太后去世。十二月，大将军费祎抵达汉中，巡视各营垒守备。

延熙九年夏天六月，费祎返回成都。当年秋天，后主颁布大赦令。当年冬天十一月，大司马蒋琬去世。①

①《魏略》记载：蒋琬去世，刘禅开始亲理政事。

延熙十年，凉州胡王白虎文、治无戴等率领部众投降蜀国，卫将军姜维迎接投降胡人，加以安抚，将他们安置在繁县。这一年，汶山郡平康县夷人反叛，姜维领兵镇压，逐一平定。

延熙十一年夏天五月，大将军费祎出兵，驻扎在汉中。当年秋天，涪陵属国夷人反叛，车骑将军邓芝领兵镇压，逐一平定。

延熙十二年春天正月，魏国诛杀大将军曹爽等，右将军夏侯霸投降蜀国。当年夏天四月，后主颁布大赦令。当年秋天，卫将军姜维出兵，攻打雍州，战事不利，撤军。将军句安、李韶投降魏国。

延熙十三年，姜维再次从西平出兵，战事不利，撤军。

延熙十四年夏天，大将军费祎返回成都。当年冬天，费祎北上，驻扎在汉寿县。后主颁布大赦令。

延熙十五年，吴王孙权去世。蜀国后主立儿子刘琮为西河王。

延熙十六年春天正月，大将军费祎在汉寿县被魏国投降者郭循杀害。当年夏天四月，卫将军姜维率领部众，围困南安县，战事不利，撤军。

延熙十七年春天正月，姜维返回成都。后主颁布大赦令。当年夏天六月，姜维再次率领蜀军，出兵陇西。当年冬天，攻取狄道、河关、临洮三县，将其民众迁至绵竹、繁县安置。

延熙十八年春天，姜维返回成都。当年夏天，姜维再次率领蜀军，出兵狄道，与魏国雍州刺史王经在洮水西边大战，大败魏军。王经退守狄道城，姜维后撤，驻扎在钟题。

延熙十九年春天，后主拜姜维为大将军，统率各路兵马，与镇西将军胡济在上邽县会师，胡济失约，没有来。当年秋天八月，在上邽城，姜维被魏国大将军邓艾打败。姜维撤军，撤回成都。这一年，后主立儿子刘瓒为新平王。颁布大赦令。

延熙二十年，姜维获知魏国大将军诸葛诞在寿春反叛，姜维再次率领蜀军，从骆谷出兵，进抵芒水。这一年，后主颁布大赦令。

景耀元年，姜维返回成都。史官禀报，景星出现，后主颁布大赦令，更改纪元年号为景耀。宦官黄皓在朝中专权。吴国大将军孙綝废黜吴王孙亮，拥立琅琊王孙休为吴王。

景耀二年夏天六月，后主立儿子刘谌为北地王，立刘恂为新兴王，立刘虔为上党王。

景耀三年秋天九月，后主追赐已故将军关羽、张飞、马超、庞统、黄忠谥号。

景耀四年春天三月，后主追赐已故将军赵云谥号。当年冬天十月，后主颁布大赦令。

景耀五年春天正月，西河王刘琮去世。这一年，姜维再次率领蜀军，出兵侯和，被邓艾打败，姜维撤回沓中。

景耀六年夏天，魏国大肆举兵，征西将军邓艾、镇西将军钟会、雍州刺史诸葛绪多路并进，进攻蜀国。后主派遣左右车骑将军张翼、廖化、辅国大将军董厥等，抵御魏军。后主颁布大赦令，更改纪元年号为炎兴。当年冬天，邓艾在绵竹攻破卫将军诸葛瞻。后主采纳光禄大夫谯周的建议，举国向邓艾投降，奉上降书："因为有江、汉阻隔，路途遥远，偏安蜀地，负隅顽抗于一隅，冒犯天威，历经数载，与京畿阻隔万里。每当想到黄初年间，文皇帝诏命虎牙将军鲜于辅宣示温密诏令，重申三好之恩，开启门户，大义凛然，然而，臣德行鄙陋，窃恋遗绪，俯仰经年，未曾谨奉大教。天威震怒，人神归德，惊骇王师出征，神武所向，敢不洗心革面，顺从天命！臣已经敕令诸将军投戈释甲，将官府帑藏封存，一无所毁。百姓遍布郊野，稻米还未收割，以俟君王之惠，以保元元之命。伏唯大魏布德施化，宰辅犹如伊尹、周公，定能包容亡国之人，抚恤安慰。谨派私署侍中张绍、光禄大夫谯周、驸马都尉邓良，奉上印绶，请命告诚，敬输忠孝，存亡敕赐，唯所裁之。臣的棺榇摆在近旁，不敢有任何要求。"这一天，北地王刘谌伤悼蜀国灭亡，先杀妻子，而后自杀。[①]张绍、邓良与邓艾在雒县会面。邓艾得到后主的降书，大喜，随即回复，[②]邓艾先命令张绍、邓良返回成都。邓艾进抵成都城北，后主用车子载着棺木，自我绑缚，来到邓艾军营。邓艾为后主解开绑缚，焚烧棺木，延请后主相见。[③]邓艾秉承魏国皇帝旨意，拜后主为骠骑将军。蜀国诸将军，全部遵照后主敕令，放下武器，投降邓艾。邓艾让后主仍然住在故宫，前往造访。蜀国的物资、财产尚未启运，第二年春天正月，邓艾被捕。钟会从涪城进入成都，既而，钟会在成都谋反作乱，钟会被杀，驻蜀地军队开始抢掠，死伤狼藉，经过数日，才安定下来。

①《汉晋春秋》记载：后主接受谯周投降的建议，北地王刘谌大怒："如果计穷力竭，祸败必至，君臣父子，应该背城一战，与社稷共存亡，还可以到地下面见先帝。"后主不肯采纳，遂

送走玺印、绶带。这一天，刘谌在昭烈庙痛哭，先杀妻子，而后自杀，身边人无不为之悲泣。

②王隐著《蜀记》记载：邓艾回复："王纲失道，群英并起，龙虎相争，终归真主，此乃天命去就之理。自古圣帝，爰逮汉、魏，受命而称王者，莫不在乎中土。黄河出图，洛河出书，圣人则之，以兴宏业，莫不由此，违背此理，未有不颠覆者。隗嚣凭恃陇西而亡，公孙述占据蜀地而灭，此皆前世覆车之鉴。圣上明哲，宰相忠贤，愿比隆黄轩，侔功前代。衔命来征，思闻嘉响，果烦来使，告以德音，此非人事，实乃天启助力！在往昔，微子归周，待为上宾，君子豹变，义存《大易》，来辞谦冲，以礼舆榇，皆前哲归命之典。全国为上，破国次之，自非通明贤达，何以见王者之义！"刘禅又派遣太常张峻、益州别驾汝超领受节度，派遣太仆蒋显奉命敕令姜维。又派遣尚书郎李虎送去官员、百姓计簿，共计有户口数二十八万，男女人口数九十四万，带甲战士十万零二千，官吏四万，有稻米四十余万斛，金银各有二千斤，锦绮彩绢各有二十万匹，其他物资，多少不等。

③《晋诸公赞》记载：刘禅乘坐骡车，前来见邓艾，没有行亡国之礼。

后主举家东迁，来到洛阳，魏元帝曹奂策命："唯景元五年三月丁亥。皇帝亲临大殿，派太常奉命赐刘禅为安乐县公。呜呼，刘禅，走近些，听朕诏命！人们常讲，统天载物，以咸宁为大，拥有天下，以时雍为盛。故孕育群生者，是君王为人之理，顺应天命，乃坤元之义。上下交互通畅，则万物协和，庶民获得安宁。在以往，汉室失去福祚，六合震恐。我太祖武皇帝奉天承运，龙兴之际，弘济八极，是以应天顺民，拥有华夏。在当时，你的父考因群雄逐鹿，龙翔虎争，九服不得安静，乘机偏安一隅，占据庸州、蜀地，遂使得西部一隅成为绝地，方外阻隔。从此以后，干戈不断，元元之民，不得保全性命，时间延续长达六十年。朕秉承祖考遗志，志在绥服四海，率土之滨，同为一家，故整饬六师，耀武扬威于梁州、益州。公恢宏大度，崇尚德行，深明大义，不忌惮屈身委质，以爱民全国为尚，回心转意，临机应变，履行思顺之言，以享左右无疆之福，岂不思虑深远！朕赐予君公爵，长飨显禄，考察前代圣训，开国胙土，遵奉旧典，赐予君黑土，以白茅包裹，永远作为魏国的藩臣，努力吧！公要祇敬服从朕的诏命，恪守善心，以永享显烈。"后主享受食邑一万户，接受赏赐绢帛一万匹，享有奴婢一百人，其他物资，多少不等。子孙有三人担任都尉，受封为列侯者，有五十余人。尚书令樊建、侍中张绍、光禄大夫谯周、秘书令郤正、殿中督张通，同时受封为列侯。[①]泰始七年，安乐公在洛阳去世。[②]

①《汉晋春秋》记载：司马文王设宴，招待刘禅，在宴会上，令原蜀国女子表演歌舞，陪侍酒宴的蜀国旧臣，莫不掩面凄怆，而刘禅却喜笑颜开。司马文王对贾充讲："人之无情，竟能如此！即使有诸葛亮辅佐，尚且不能保全蜀国，更何况姜维？"贾充答："不这样，殿下怎么能兼并蜀国。"又有一天，司马文王问刘禅："还思念蜀国吗？"刘禅答："此间乐，不思蜀。"郤正听说后，来见刘禅，说："如果司马文王再问，应该悲泣，回答：'先人的坟墓远在陇、蜀，

此心西悲，无日不思。’而后闭上眼睛。”不久，司马文王又问同一个问题，刘禅按照郤正教的回答，司马文王说：“怎么回答的像是郤正教的话呢！”刘禅吃惊地看着司马文王，说：“是啊，是这样。”左右皆笑。

②《蜀记》记载：刘禅的谥号为思公，儿子刘恂继承爵位。

陈寿评论如下：后主委任贤相诸葛亮，自己作为循理之君，因受到阉竖迷惑，最终成为昏庸之主，经传讲：“素丝无常，唯所染之。”可谓至理名言！按照礼制，国君即位，第二年改纪元，章武三年，改纪元为建兴，考察古代改纪元的意义，此次更改，违背常理。而且，蜀国不设置史官，无人记载历史，很多史实被遗漏，发生的灾异，也没有记录。丞相诸葛亮虽然事必躬亲，劬劳尽力，通晓政务，诸如此类，依然有缺憾。诸葛亮在世时，十二年没有改纪元，多次率领大军出征，不颁布大赦令，不也是因为权宜之计！诸葛亮病逝，各项制度遂遭到破坏，官员优劣，非常明显。①

①《华阳国志》记载：诸葛亮任丞相时，有人说，诸葛公吝惜大赦令，诸葛亮答：“治世以大德，不以小惠。在前朝，匡衡、吴汉不愿朝廷频繁颁布大赦令。先帝也说过：我在陈元方、郑康成之间周旋，每次见到启事，熟悉治乱之道，从来不言大赦。如果像刘景升、季玉父子，年年颁布大赦令，对于治乱，又有何益处！”

裴松之认为：“大赦令不妄行颁布”诚为可贵，至于“纪元不改”，未必妥当。建武、建安的年号，经历多年，一直未改，没有听说过前代史书对此有何美誉。“经载十二”，又何足道哉？或许有其他想法，不了解原委！诸葛亮去世，延熙年号，超过二十年，“兹制渐亏”，事情又不尽然。

蜀书四

二主妃子传第四

先主甘皇后，沛县人。先主刘备担任豫州刺史，住在小沛，纳甘夫人为侍妾。先主几次丧妻，甘夫人主持内务，跟随先主颠沛流离，在荆州，生下后主刘禅。正值曹公率领大军追击先主，在当阳县长坂坡，先主陷于困境，情况危急，先主抛下甘夫人及刘禅，多赖赵云救护，才免于罹祸。甘皇后去世，葬在南郡。章武二年，刘备追尊甘夫人为皇后，谥号为皇思夫人，迁葬于蜀郡，棺柩还未运到，先主刘备驾崩。丞相诸葛亮上奏："皇思夫人履行仁义，贞淑谨慎。大行皇帝昔日担任上将，娶皇思夫人为嫔妃，生育圣躬，大命不融。大行皇帝在世时，笃义垂恩，思念皇思夫人灵柩仍在远方，灵魂漂泊，无所依归，特派使者奉迎。恰逢大行皇帝驾崩，今皇思夫人灵柩已经运到，梓宫在路上，陵园将要建成，安厝有期。臣与太常臣赖恭等商议：《礼记》讲：'立爱自亲始，教民孝也；立敬自长始，教民顺也。'不忘却亲人，由此所生。春秋之义，母以子贵。在往昔，高皇帝追尊太上昭灵夫人为昭灵皇后，孝和皇帝改葬母亲梁贵人，尊谥号为恭怀皇后，孝愍皇帝改葬母亲王夫人，尊谥号为灵怀皇后。皇思夫人应该享有尊号，以慰寒泉之思，臣与赖恭等按照谥法，尊夫人为昭烈皇后。《诗经》讲：'谷则异室，死则同穴。'①昭烈皇后应该与大行皇帝合葬，臣奏请太尉祭告宗庙，布告天下，具体礼仪，另外启奏。"后主制诏书，准奏。

①《礼制》云：上古没有合葬之制，中古以后，才有此葬礼。

先主穆皇后，陈留郡人。穆皇后的哥哥吴壹，年少时丧父，吴壹的父亲平素与刘焉有旧谊，举家跟随刘焉入蜀。刘焉怀有异志，听说相面者为穆皇后相过面，说其有大贵之相。当时，刘焉的儿子刘瑁跟随在身边，刘焉为刘瑁聘娶穆夫人。刘瑁去世，穆夫人寡居。刘备平定益州，孙夫人此时已经返回吴国，[1]群臣劝刘备聘娶穆夫人，刘备因为与刘瑁同族，有些犹豫，法正进言："如果论亲疏，比起晋文公与侄子子圉，又如何？"于是，刘备纳娶穆氏为夫人。[2]建安二十四年，刘备立穆氏为汉中王后。章武元年夏天五月，刘备制策书："朕奉承天命，登上尊位，君临万国。今天，立王后为皇后，派遣使者，持符节，丞相诸葛亮授予皇后玺印、绶带，奉祀宗庙，母仪天下，皇后敬之哉！"建兴元年五月，后主即位，尊穆皇后为皇太后，居住的宫殿改称长乐宫。吴壹官至车骑将军，受封为县侯。延熙八年，穆皇后去世，与先主刘备在惠陵合葬。[3]

①《汉晋春秋》记载：先主进入益州，吴国派人来接孙夫人。夫人欲带走太子，返回东吴，诸葛亮派赵云勒兵断江，截下太子，太子刘禅才未被带走。

②习凿齿曰：婚姻是人伦关系的另一个开端，王化之本，匹夫尚不可以无礼，更何况人君？晋文公废礼行权，以成就其伟业，因此，子犯说：有求于人，必先从之，将要夺其国，更何况其妻子，并非无故而违背礼教。先主并无权事之逼，法正引前事作为譬喻，并非引导其君以尧舜之道。先主听从，过矣。

③孙盛著《蜀世谱》记载：吴壹的孙子吴乔，被困在李雄处三十年，不肯向李雄屈服。

后主敬哀皇后，是车骑将军张飞的长女，章武元年，后主刘禅纳张氏为嫔妃。建兴元年，刘禅立张氏为皇后。建兴十五年，张皇后去世，葬在南陵。

后主张皇后，这是前皇后敬哀皇后的妹妹。建兴十五年，张氏进入宫中，被封为贵人。延熙元年春天正月，后主刘禅制策书："朕继承宏业，君临天下，奉祀宗庙社稷。今以贵人为皇后，诏令代行丞相职事左将军向朗，持符节，授予张氏玺印、绶带。勉修中馈，恪尽妇德，禋祀宗庙，皇后其敬之哉！"咸熙元年，张皇后跟随后主迁至洛阳。[1]

①《汉晋春秋》记载：魏国将蜀国后宫的女子赐予诸将无妻子者，李昭仪曰："我不能再事二三丈夫，蒙受屈辱。"遂自杀。

刘永，字公寿，这是先主的儿子，是后主刘禅的庶弟。章武元年六月，先主刘备诏命司徒许靖，立刘永为鲁王，策书讲："小子刘永，接受青土。朕继承天序，统领宏业，谨奉稽古，为尔封建国家，封于东土，此地有龟山、蒙山，世代作为藩国，辅弼皇室。呜呼，恭敬领受朕的诏命！作为鲁国，古人讲，一变而适道，风化存焉。鲁人好德，世人为之称颂。鲁王要秉心率礼，安绥尔士民，虔诚祭祀，其戒之哉！"建兴八年，后主刘禅改封刘永为甘陵王。当初，刘永憎恶宦官黄皓，黄皓受到后主信任，在宫中专权，向后主谮毁刘永，后主对刘永稍微有些疏远，长达十余年，鲁王不能到宫中朝见。咸熙元年，刘永跟随后主东迁至洛阳，担任奉车都尉，受封为乡侯。

刘理，字奉孝，也是后主刘禅的庶弟，与刘永是同父异母兄弟。章武元年六月，先主刘备诏命司徒许靖，立刘理为梁王，策书讲："小子刘理，朕继承汉室大宗，祗敬顺从天命，谨修典章制度，为尔在东方建立封国，作为汉室藩国，辅弼皇室。梁国领土，是京畿之外的邦国，民众尚未接受教化，治理国家，应该导之以礼，尽心竭力，安抚保护黎民，永远享受封国，梁王敬之哉！"建兴八年，后主刘禅改封刘理为安平王。延熙七年，刘理去世，谥号为悼王。嗣子刘胤继承王位，延熙十九年去世，谥号为哀王。嗣子刘承继承王位，延熙二十年去世，谥号为殇王。景耀四年，后主刘禅下诏："安平王为先帝所立，建立封国。三世早夭，国嗣断绝，朕非常伤悼。以武邑侯刘辑继承王位。"刘辑是刘理的儿子，咸熙元年，跟随后主东迁至洛阳，担任奉车都尉，受封为乡侯。

后主的太子刘璿（xuán），字文衡。刘璿的母亲王贵人，原来是敬哀张皇后的近侍。延熙元年正月，后主刘禅制策书："在往昔，帝王继承帝位，确立后嗣，作为国家储君，此乃古今常道。今以刘璿为皇太子，昭显祖宗之威德，诏命使者，代行丞相职事左将军向朗，持符节，授予太子印绶。勉修德行，祗敬恪守道义，学习典章礼仪，尊敬师傅，斟酌善言，早日成才，太子要修德，常以此自我勉励！"当时，刘璿年仅十五岁。景耀六年冬天，蜀国灭亡。咸熙元年正月，钟会在成都谋反作乱，刘璿被乱兵杀害。①

①孙盛著《蜀世谱》记载：刘璿的弟弟有刘瑶、刘琮、刘瓒、刘谌、刘恂、刘璩六人。蜀国灭亡，刘谌自杀，其余几人，皆内迁洛阳。永嘉大乱，刘氏子孙几乎全部被杀。只有刘永的孙子刘玄返回蜀地，李雄在蜀地建立成汉，封刘玄为安乐公，作为刘禅的后嗣。东晋穆帝永和三年，桓温讨伐成汉皇帝李势，参军孙盛参与军事，在成都看见刘玄。

陈寿评论如下：《易经》讲：有夫妇，而后有父子，这是人伦关系大礼的另一个开端，夫妇恩情之笃，无以复加。故记录蜀国皇后，以研究蜀国政体。

蜀书五

诸葛亮传第五

诸葛亮，字孔明，琅琊郡阳都县人，是西汉司隶校尉诸葛丰的后裔。父亲诸葛珪，字君贡，东汉末年，担任泰山郡府丞。诸葛亮很早就失去父亲，叔父诸葛玄被袁术任命为豫章郡太守，诸葛玄带着诸葛亮及诸葛亮的弟弟诸葛均上任。汉朝廷任命朱皓代替诸葛玄为豫章郡太守。诸葛玄平素与荆州牧刘表有旧交情，前去依附刘表。[①]诸葛玄去世，诸葛亮此后就留在荆州，躬耕陇亩，喜欢《梁父吟》。[②]诸葛亮身高八尺，常自比管仲、乐毅，当时人并未看重诸葛亮，只有博陵县人崔州平、颍川郡人徐庶（字元直）与诸葛亮交往甚多，关系甚好，他们相信诸葛亮的才能。[③]

①《献帝春秋》记载：当初，豫章郡太守周术病逝，刘表上表朝廷，任命诸葛玄为豫章郡太守，治所在南昌。朝廷听说周术病逝，派遣朱皓代替诸葛玄担任豫章郡太守。朱皓从扬州刺史刘繇处借兵，进攻诸葛玄，诸葛玄退守西城，朱皓进入南昌。建安二年正月，西城民众造反，杀了诸葛玄，把首级送给刘繇。此书所云，与本传不同。

②《汉晋春秋》记载：诸葛亮把家安在南阳郡邓县，在襄阳城西二十里，号称隆中。

③按《崔氏家谱》记载：崔州平，是东汉太尉崔烈的儿子，崔均的弟弟。

《魏略》记载：诸葛亮住在荆州，建安初年，诸葛亮与颍川郡人石广元、徐元直、汝南郡人孟公威等一起游学，三人关系亲密，常在一起畅谈天下大势，诸葛亮见解独具一格。每当晨夜，诸葛亮从容坐起，抱膝长啸，对三人讲：“卿三人出仕为官，进可至州部刺史、郡太守。”三人问其所至，诸葛亮笑而不答。后来孟公威思念家乡，欲北归，诸葛亮对孟公威讲：“中原士大夫甚多，君子遨游，何必一定要返回故乡！”

裴松之认为：《魏略》此言，认为诸葛亮为公威计，可也，若认为兼为己言，可谓未达其志。老子说：知人者智，自知者明，凡在贤达之列，固必兼而有之。以诸葛亮之卓识，岂不能自审其才智？诸葛亮高吟俟时，情见乎其言论，志气所存，既已定于初始。若使诸葛亮游步中原，骋其龙光，有再多士人，焉能埋没！诸葛亮若委质魏氏，展示其才器，诚非陈长文、司马仲达所能比拟，更何况其余！诸葛亮不患功业不就，道之不行，志向恢宏宇宙，而终不北向，盖因皇权以下移，汉祚将倾覆，诸葛亮这才赞誉众豪杰，欲振兴汉室衰微，以兴灭继绝、克己复礼为己任。岂能以区区利益，而困守偏僻之地！此司马相如所谓鹍鹏已翔于辽廓，而罗网者，犹视于薮泽者矣。孟公威名建，在魏国也是贵达之士。

刘备当时驻扎在新野，徐庶来见刘备，刘备很看重徐庶，徐庶对刘备讲："诸葛孔明，人称卧龙，将军愿见此人否？"[①]刘备说："请君带来相见。"徐庶答："此人绝不肯俯就被招来见面。如果将军要见卧龙，应屈尊登门，亲自拜访此人。"于是，刘备去拜谒诸葛亮，先后三次，才见到诸葛亮。刘备屏退身边人，对诸葛亮讲："汉室倾覆，奸臣弄权，窃据朝纲，主上蒙尘。孤不度德量力，欲为天下伸张大义，然而，孤才智疏浅，多次遭受挫折，以至于直至今日，一事无成。孤依然志犹未尽，请君思考，有何计可献？"诸葛亮答："自从董卓祸乱朝纲，天下群雄并起，称霸一方，跨州连郡者，不可胜数。曹操与袁绍相比，名望既小，且兵力较弱，然而曹操打败袁绍，以弱胜强，并非仅凭天时，更有人谋。而今，曹操已拥有百万之众，挟天子以令诸侯，此诚不可与之争锋。孙权占据江东，已经历三世，有长江天险，士民亲附，还有贤能之士为其所用，此可以作为外援，将军不可图谋江东。荆州北据汉水、沔水，有长江直通南海，东可接吴会，西可通巴蜀，此地可作为将军用武之地，荆州牧刘表力不能守，此乃上天资助将军，将军有意乎？益州险阻，关塞阻隔，有沃野千里，可谓天府之国，高祖借益州之富饶，成就帝业。刘璋昏庸、懦弱，张鲁在汉中，民众殷富，而不懂得存恤，有智能之士也企盼遭遇明君。将军是帝室之胄，信义传于四海，思贤若渴，总揽英雄，如果占领荆州、益州，在险隘之地据险而守，西和诸戎，南安夷越，对外结交孙权，对内修明政治，整饬法律；一旦天下有变，将军可命令一上将率领荆州军队，直指宛县、洛阳，将军则率领益州之众，从秦川出兵，百姓焉能不箪食壶浆，以迎将军？诚如是，霸业可成，汉室可复兴。"刘备说："先生分析得好！"刘备与诸葛亮结为挚友，对诸葛亮倍加信任。关羽、张飞不以为然，刘备解释："孤有孔明，犹如鱼之得水。愿诸君勿再言。"关羽、张飞这才不作声。[②]

①《襄阳记》记载：刘备向司马德操咨询天下大势。司马德操说："儒生俗士，岂识天下大势？识时务者为俊杰。此间有伏龙、凤雏。"刘备问谁是伏龙、凤雏，答："诸葛孔明、庞士元。"

②《魏略》记载：刘备驻扎在樊城。当时，曹公平定河北，诸葛亮知道，荆州早晚会面对曹公南下，刘表性情舒缓，不懂得用兵。诸葛亮北上来见刘备，刘备与诸葛亮并非旧交，又见诸

葛亮年少，以儒生相待。众人坐下来谈事，宾客皆散去，唯诸葛亮留下，刘备也不问其有何言。刘备喜欢编结，有人送刘备一把牦牛尾，刘备编辫子。诸葛亮向刘备进言："明将军应当有远大志向，岂能醉心于编结牦牛尾！"刘备听了此话，知道诸葛亮非等闲之辈，放下牦牛尾，回答："君此言何意？！愿闻其详，编牦牛尾，我聊以忘忧。"诸葛亮谏言："将军忖度镇南将军刘表与曹公相比，德能如何？"刘备答："远不如曹公。"诸葛亮又问："将军自我忖度，与曹公相比，如何？"刘备答："也不如曹公。"诸葛亮说："今日，诸公皆不如曹公，将军手下军士，不过数千人，以此应敌，岂能毫无对策！"刘备问："我正在为此事发愁，如何是好？"诸葛亮答："今荆州并非缺少人才，登记在户籍的百姓不多，平时徭役，征调百姓繁重，人心不悦；将军可向刘表谏言，令荆州凡外来游民，皆自报户籍，落实人口，这样再征调徭役，对百姓都有利。"刘备从其计，故刘备的部众也随之增多。刘备由此知道诸葛亮有雄才大略，以上宾礼相待。《九州春秋》所言也如此。

裴松之认为：诸葛亮向刘禅上表："先帝不以臣卑鄙，猥自枉屈，三顾臣于草庐之中，谘臣以当世之事。"并非诸葛亮先拜谒刘备，此事已明矣。虽传闻见异，各生彼此，然而，乖背若是，也的确错谬。

刘表的长子刘琦对诸葛亮很尊重。刘表听信后妻之言，喜欢小儿子刘琮，疏远刘琦。刘琦每次向诸葛亮请教自保之术，诸葛亮都会拒绝，没有为刘琦策划。于是，刘琦带着诸葛亮在后花园游玩，二人上了一座高楼，宴饮之间，刘琦令人撤去梯子，对诸葛亮讲："今日上不至天，下不至地，言出先生之口，入于刘琦之耳，可以讲了吗？"诸葛亮答："君不见，申生在内而危，重耳在外而安？"刘琦顿时醒悟，遂暗中留意，恰逢黄祖病逝，刘琦抓住机会，请求父亲，出任江夏郡太守。此后，刘表病逝，刘琮听到曹公南下讨伐荆州的消息，派遣使者向曹公请降。刘备在樊城，听说刘琮投降，曹公率领大军南下，刘备只好带着诸葛亮与徐庶向南退走，被曹公追上，刘备大败，徐庶的母亲被曹公俘虏。徐庶向刘备辞别，指着心口，发誓："本欲与将军共谋王霸之业，以此方寸之心发誓。现在老母已在曹操手中，方寸大乱，无益于再谋大事，请从此告别。"徐庶前去拜谒曹公。①

①《魏略》记载：徐庶原来名叫徐福，是家中独子，年少时，喜欢任侠，学习击剑。中平年间，徐庶为人报仇，用白垩粉涂面，披发逃亡，被官吏追捕，问其姓字，闭口不言，官吏在车上立一根柱子，把徐庶绑缚在柱子上，击鼓令集市上的人辨认，无人敢站出来指认，徐庶的同党劫夺徐庶，徐庶这才逃脱。徐庶感激，从此以后，丢弃刀戟，改换疏巾单衣，折节研究学问。当初到学校，学校的学生听说徐庶此前做过贼，不肯与其讲话。徐庶卑躬屈膝，每天早晨起床，洒扫庭除，先领会老师意思，听讲经学，专心致志，研习学业，义理精熟。此后，徐庶与同郡人石韬的关系很好。初平年间，中原乱兵骤起，徐庶与石韬南下，客居荆州，在荆州，又与诸葛亮的关系很好。及至荆州归附曹操，孔明（诸葛亮）跟随刘备南征北战，徐庶与石韬北上。黄初年间，石韬历任郡太守、典农校尉，徐庶官至右中郎将、御史中丞。明帝太和年间，诸葛亮出兵陇西，

听说徐元直、石广元仕途不顺，叹息："魏国有很多士人！为何此二人得不到重用？"徐庶来到曹营很多年，病逝，在彭城有其碑刻，今日尚存。

刘备到了夏口，诸葛亮说："情况紧急，请让我带着使命，前去向孙将军求救。"当时，孙权占据江东，拥兵自重。孙权在柴桑，观望曹、刘胜败，诸葛亮劝说孙权："如今海内大乱，将军起兵，占据江东，刘豫州也有很多徒众，驻扎在汉水以南，与曹操争夺天下。曹操扫灭群雄，中原已大致平定，既而收复荆州，威震四海。英雄可谓无用武之地，刘豫州遁逃至此。将军也应量力而行。如果将军以吴、越之众，与曹操抗衡，不如与其绝交；如果不能，将军可放下武器，束甲投降，北面事之！将军外托服从之名，内怀犹豫之计，情况紧急，不能决断，曹公率领大军，渡过长江，大祸将至，不会再有几日！"孙权问："如君所言，刘豫州何不先俯首投降？"诸葛亮答："田横是齐国壮士，依然坚守道义，不肯忍受屈辱，更何况刘豫州是王室贵胄，盖世英才，被众士人所敬仰，犹如河流归海，情况不济，此乃天命，岂能甘心臣服于曹操！"孙权听罢，勃然大怒："我同样不能举全吴之地，十万之众，受制于人。我的决心已定！并非仅刘豫州可以对抗曹操，不过，刘豫州新败，能躲过此难吗？"诸葛亮答："刘豫州兵败于长坂，战士已经逃归，还有关羽的水军，精兵不止万人，刘琦的江夏战士，也不下万人。曹操虽然人多势众，远道而来，必然疲惫，追赶刘豫州，轻骑一日一夜，不过三百里，此所谓'强弩之末，势不能穿鲁缟'。正是兵法所忌'必挫败上将军'。北方战士，不习水战；荆州的士民归附曹操，这是受到曹军强势压迫，并非心甘情愿。将军若能命令猛将，率领数万精兵，与刘豫州同心协力，破曹军必矣。曹操军败，一定会北撤，这样，荆州、东吴将会变得强大，可形成鼎足之势。成败之机，在于今日。"孙权听罢分析，大喜，当即派周瑜、程普、鲁肃等率领三万水军，命令鲁肃前去拜谒刘备，双方合力，抗拒曹公。[①]曹公在赤壁大败，引军撤回邺城。先主刘备遂攻下江南四郡，任命诸葛亮为军师中郎将，都督零陵郡、桂阳郡、长沙郡三郡，征调赋税，充实军备。[②]

①《袁子》记载：张子布向孙权举荐诸葛亮，诸葛亮不肯留下。有人问其原因，诸葛亮答："孙将军可谓人主，然而，观察孙将军气度，能贤诸葛亮，但不能尽用诸葛亮，因此，我不愿留下。"

裴松之认为：袁孝尼著文立论，非常看重诸葛亮的为人，至如此言，则失之远矣。观察诸葛亮君臣相遇，可谓希世一时，终始以分，谁能离间？怎么会中违断金，甫怀择主，即使孙权尽诸葛亮之才能，重用诸葛亮，便当幡然去就？葛生行己，岂其然哉！关羽被曹公擒获，礼遇关羽甚厚，可谓尽其用矣，关羽依然义不背本，难道说孔明还不如云长？！

②《零陵先贤传》记载：诸葛亮当时在临烝。

建安十六年，益州牧刘璋派法正来迎接刘备，令刘备进攻张鲁。诸葛亮与关羽镇守荆州，此时，刘备从葭萌关回军，进攻刘璋，诸葛亮与张飞、赵云等率领大军，溯长江而上，沿途分头平定沿江郡县，与刘备一起围困成都。成都平定，刘备拜诸葛亮为军师将军，总理左将军府事务。刘备对外用兵，诸葛亮镇守成都，保证刘备的军粮供应及兵员补充。建安二十六年，群臣劝刘备登上帝位，刘备没有答应，诸葛亮劝说刘备："在往昔，吴汉、耿弇等劝说刘秀即帝位，刘秀辞让，前后数次，耿纯进言：'天下英雄喁喁，皆有所期望。如果不能听从众人劝谏，士大夫各归其地，追随新主公，就不会再追随公打天下啦。'刘秀深感耿纯的谏言恳切，遂答应登上帝位。而今，曹氏篡汉，天下无主，大王本来就是刘氏苗裔，乱世群雄并起，今天大王即帝位，正当其时。士大夫追随大王已久，辛苦劳累，也期望借尺寸之功，得到回报，正如耿纯所言。"这样，刘备答应，登上帝位，颁发策书，拜诸葛亮为丞相："朕遭遇汉室多难，继承大宗，兢兢业业，不敢有丝毫懈怠，时刻想着安抚百姓，担心未能达成所愿。呜呼！丞相诸葛亮了解朕的心意，孜孜不倦，辅弼朕躬，襄助汉室复兴，以仁德施惠于天下，君其勖勉哉！"诸葛亮以丞相兼领尚书职事，持符节。张飞去世，诸葛亮兼领司隶校尉。①

①《蜀记》记载：晋建国初，右扶风人王骏镇守关中，司马高平县人刘宝、长史荥阳县人桓隰，朝廷群臣、士大夫评论诸葛亮，在当时，评论者多讥讽诸葛亮，托身非所，劳苦蜀民，力小谋大，不能度德量力。金城郡人郭冲却认为诸葛亮智略超群，超过管仲、晏婴，功业未济，评论者困惑，诸葛亮有五事隐没，不闻于世，刘宝等大可不必无端指责。右扶风人王骏慨然赞赏郭冲的意见。

裴松之认为：诸葛亮的美德，诚所愿闻，然而，郭冲的意见，仍然有可疑之处，谨随事难之如下：

其一事曰：诸葛亮刑法严峻，刻剥百姓，从君子到小人，都心怀怨恨，法正劝谏："在往昔，高祖入关，约法三章，秦民感受其德，今君借朝廷权威，占据一州，刚刚建国，还未向百姓施以恩惠；而且客主之义，应该俯身降下，愿君缓刑弛禁，以安抚百姓。"诸葛亮答："君知其一，不知其二。秦以无道，以苛政对待民众，招致民众怨恨，匹夫大呼，天下土崩。高祖以约法三章，施惠于民众。刘璋为政暗弱，自刘焉以来，对待百姓有累世之恩，刑法松弛，直至刘璋，德政不举，威刑不肃。蜀地人士，专权自恣，君臣之道，渐以陵替；宠之以位，位极则贱，顺之以恩，恩竭则慢。所以致弊，实由于此。吾今威之以法，法行则知恩，限之以爵，爵加则知荣；荣恩并济，上下有节。为治之要，于斯而著。"对此存疑：法正在刘主之前已死，今称法正劝谏，刘主还在。诸葛亮担任股肱大臣，事归元首，刘主在世时，诸葛亮还未兼领益州牧，庆赏刑政，并不由已出。按照郭冲所述诸葛亮的回答，认为自己有能力专擅蜀国政事，则有违人臣相处之理。以诸葛亮谦逊克己之秉性，绝不可能这样做。又云，诸葛亮刑法峻急，刻剥百姓，未曾闻善政，以刻剥为称呼。

其二事曰：曹公派遣刺客来见刘备，刚刚见面，就开始讨论伐魏，畅谈天下形势，很符合刘备的想法。刺客稍微向前，靠近刘备，还未得手，此时，诸葛亮进来，刺客神色顿时惊慌。诸葛亮即时察觉，知道此人绝非普通人。很快，刺客要去如厕，刘备对诸葛亮讲："刚才得到一名奇士，正要向君介绍，足以助君。"诸葛亮问其所在，刘备答："就是刚才如厕者。"诸葛亮徐徐叹息："我观察客人神色慌张，似有不可言之恐惧，眼睛下视，心神不定，此可谓奸形外漏，邪心内藏，一定是曹氏的刺客。"遂派人追捕，刺客已经越墙逃走。对此存疑：凡为刺客，一定会像暴虎冯河，死而无悔。刘主也有知人之明，怎么会受此客人迷惑，而且认为此客人一定是奇士，还对诸葛亮讲："足以助君。"也就是说，是像诸葛亮一类的人才。如果是像诸葛亮一类的人才，鲜有人愿意去做刺客，当时，刘主也应该珍惜其才，必不会投之于死地。而且若此人不死，也应该在魏国显达，此人是谁呢？何以寂寞而无闻！

章武三年春天，刘备在永安病危，从成都召来诸葛亮，向诸葛亮托付后事，刘备对诸葛亮讲："君的才干十倍于曹丕，一定能安绥国家，完成朕的大业。若嗣子可以辅佐，则辅佐；如其不才，君可取而代之。"诸葛亮顿时泪流满面，涕泣道："臣只敢竭尽股肱之力，效命忠贞之节，以死报答陛下的厚恩！"先主写下诏书，敕令后主："汝与丞相共事，事丞相犹如事父。"①建兴元年，后主刘禅封诸葛亮为武乡侯，开设丞相府，总理国事，不久，又拜诸葛亮为益州牧。政事无论大小，皆由诸葛亮决断。南中诸郡，相继叛乱，诸葛亮以蜀国新近遭遇大丧，故未敢轻易用兵，特派遣使者，向吴国行聘问之礼，与吴国重新修好，结成同盟。②

①孙盛曰：杖道扶义，体存信顺，然后才能匡扶君主，以济其功，最终奠定大业。俗话讲：弈棋者举棋不定，犹不能战胜对手，更何况量君是否有才，如果心存异志，二三其节，能够征服强邻，囊括四海？刘备临终前，向诸葛亮托孤，将蜀国之希望，遗命于诸葛亮，能没有考虑吗？世人或有人认为，刘备欲以委托之诚意，借以观察蜀人之志。君子曰，不然，刘备之所以寄重任于贤臣，则无须若斯人之诲，如嘱托非其人，不等于开启篡逆之途？是以古人临终前，向大臣寄托顾命，必定有话嘱托；诡伪之辞，绝非托孤之意。幸而后主刘禅暗弱，并无猜忌之心，诸葛亮具有谋略，足以检视朝廷怀有异端之臣，故使朝廷异同之心，不会由己引起。否则，一旦朝臣顿生疑惑，兴起不逞之衅，刘备将重任托付，不亦惑哉！

②《诸葛亮集》记载：这一年，魏国司徒华歆、司空王朗、尚书令陈群、太史令许芝、谒者仆射诸葛璋各写信给诸葛亮，向诸葛亮陈述天命，以及人事难违，欲令诸葛亮举国向魏国称藩。诸葛亮没有回复，而是义正词严："在往昔，楚汉相争，项羽称霸，兴起不由仁德，虽然楚国占有华夏，秉持帝王之势，很快被高祖剿灭，项羽死于非命，此当引为后世永戒。魏国不能明鉴于史，而今欲重蹈覆辙；免身为幸，戒在子孙。二三子各以耆艾老人之年齿，承伪朝之指使，而送上书信，有若崇、竦称颂王莽之功，也将沦为元祸之首，难免葬身无地！在往昔，世祖创立基业，因循旧基，奋起羸卒数千，摧毁王莽强旅，有四十余万众在昆阳之郊，灰飞烟灭。掌握道义，讨伐逆贼，不在于众寡。及至曹孟德，以其谲胜之力，举数十万之众，救张郃于阳平，势穷虑竭，仅能脱身，辱其锋锐之众，丧失汉中之地，众人深知，神器不可妄夺。孟德返回不久，感

毒而死。子桓淫逸，继之以篡位。纵使二三子多逞苏秦、张仪诡辩之辞，奉上驩兜滔天之说，欲以谰言，诬毁唐尧、虞舜，曲解大禹、后稷，此所谓陈词滥调，徒丧文藻，烦劳翰墨矣，君子之所不愿为。还有，用兵之诫律：'万人必死，横行天下。'在往昔，轩辕氏整顿数万虎贲勇士，制衡四方，平定海内，更何况蜀国有数十万之众，正道直行，面对有罪，岂能无视，此仁义之师！"

建兴三年春天，诸葛亮率领大军南征，[①]当年秋天，将南方蛮夷逐一平定。之后，军需物资，很多需要由南中供给，国家日渐富饶，[②]诸葛亮治军讲武，等待时机，准备对中原用兵。建兴五年，诸葛亮率领蜀国将士北上，驻扎在汉中，临出发前，诸葛亮上疏后主：

先帝创业未半，而中道崩殂，今天下三分，益州疲弊，此诚危急存亡之秋也。然侍卫之臣不懈于内，忠志之士忘身于外者，盖追先帝之殊遇，欲报之于陛下也。诚宜开张圣听，以光先帝遗德，恢宏志士之气，不宜妄自菲薄，引喻失义，以塞忠谏之路也。宫中府中俱为一体，陟罚臧否，不宜异同。若有作奸犯科及为忠善者，宜付有司论其刑赏，以昭陛下平明之理，不宜偏私，使内外异法也。侍中、侍郎郭攸之、费祎、董允等，此皆良实，志虑忠纯，是以先帝简拔以遗陛下。愚以为宫中之事，事无大小，悉以咨之，然后施行，必能裨补阙漏，有所广益。将军向宠，性行淑均，晓畅军事，试用于昔日，先帝称之曰能，是以众议举向宠为都督。愚以为营中之事，悉以咨之，必能使行阵和睦，优劣得所。亲贤臣，远小人，此先汉所以兴隆也；亲小人，远贤臣，此后汉所以倾颓也。先帝在时，每与臣论此事，未尝不叹息痛恨于桓、灵也。侍中、尚书、长史、参军，此悉贞良死节之臣，愿陛下亲之信之，则汉室之隆，可计日而待也。

臣本布衣，躬耕于南阳，苟全性命于乱世，不求闻达于诸侯。先帝不以臣卑鄙，猥自枉屈，三顾臣于草庐之中，谘臣以当世之事，由是感激，遂许先帝以驱驰。后值倾覆，受任于败军之际，奉命于危难之间，尔来二十有一年矣。[③]先帝知臣谨慎，故临驾崩前，寄臣以大事也。受命以来，夙夜忧叹，恐托付不效，以伤先帝之明，故五月渡泸，深入不毛。[④]今南方已定，兵甲已足，当奖率三军，北定中原，庶竭驽钝，攘除奸凶，兴复汉室，还于旧都。此臣所以报先帝，而忠陛下之职分也。

至于斟酌损益，进忠尽言，则郭攸之、费祎、董允之任也。愿陛下托臣以讨贼兴复之效；不效，则治臣之罪，以告先帝之灵。若无兴德之言，则责郭攸之、费祎、董允等之慢，以彰其咎。陛下亦宜自谋，以谘诹善道，察纳雅言，深追先帝遗诏。臣不胜受恩感激，今当远离，临表涕零，不知所言。"

诸葛亮随后出征，驻扎在沔阳。⑤

①后主颁诏，赐诸葛亮金铁钺一具，曲盖一柄，前后羽葆鼓吹各一部，虎贲武士六十人。详情记载在《诸葛亮集》。

②《汉晋春秋》记载：诸葛亮到达南中，所战必捷。诸葛亮听说孟获被夷人、汉民所敬服，诸葛亮擒获孟获，在汉军营地，诸葛亮让孟获观看汉军的军营、战阵，问孟获："此军阵如何？"孟获回答："此前不知汉军虚实，故战败。今日蒙丞相所赐，得以观看汉军营地、战阵，若只如此，一定能打败汉军。"诸葛亮微笑，释放孟获，令其再战，七纵七擒，诸葛亮再要释放孟获。孟获不愿再战，说："诸葛公，汉军真乃天威也，南人不敢再叛。"诸葛亮遂进军至滇池。南中得以平定，诸葛亮召集夷人首领，分别委以重任。有人劝谏诸葛亮，诸葛亮回答："若留下汉官治理，则要留兵，留兵多，则无法供应粮食，一不易；加上夷人刚刚受到重创，父兄在战场上死伤，留下汉官而不留下士兵，必然酿成后患，二不易；而且，夷人多次有反叛之罪，自身疑虑重重，如果留下汉官治理，终不肯相信，三不易；今日我要想不留下汉官治理，也不留兵保护，不运送粮食供应，只需要粗设纲纪，夷人、汉民即可相安往事。"

③裴松之按：刘备于建安十三年兵败，派遣诸葛亮出使吴国，诸葛亮于建兴五年上表北伐，自从汉室倾覆至此，整整二十年。然而，刘备当初与诸葛亮相遇，在败军之前一年。

④《汉书·地理志》记载：泸唯水出自牂牁郡句町县。

⑤郭冲记录三事：诸葛亮驻扎在阳平，派遣魏延率领大军东下，诸葛亮仅留下一万人守城。司马懿率领二十万众，抵御诸葛亮，结果与魏延军错道而行，径直进抵距离诸葛亮驻扎的阳平城六十里处，侦察部队禀报司马懿，诸葛亮在城中守城的兵力很弱。此时，诸葛亮已经发现司马懿猝然而至，两军很快将迎面对阵，欲召回魏延率领的大军，魏延出发已远，再派人循迹追回，显然已经来不及，城中守城的将士顿时惊慌，不知该如何是好。诸葛亮依然保持镇静，泰然自若，指挥若定。诸葛亮敕令军中，皆偃旗息鼓，不得妄自走出营帐，又令打开阳平城四座城门，命令人在城门口洒水扫地。司马懿常说诸葛亮谨慎持重，突然见蜀军摆出示弱的架势，怀疑阳平城已有埋伏，急忙引军北撤。第二天吃饭时，诸葛亮对参佐拊手大笑，说："司马懿一定以为我故意示弱，暗中埋伏有军队，循山路遁走。"巡视哨兵回来报告，正如诸葛亮所料。司马懿后来知道实情，深以为恨。对此存疑：按阳平城在汉中，诸葛亮当初驻扎在阳平。在当时，司马懿担任荆州都督，镇守宛城，直至曹真死后，才开始与诸葛亮在关中抗衡。魏国派遣司马懿从宛城出发，率领大军经由西城伐蜀，正值雨季，大军滞留在途中，不得不撤回。在此前后，从未在阳平与蜀军交兵。即使如郭冲所言，司马懿率领二十万众，既然已经知道诸葛亮兵少力弱，怎么还会怀疑其有伏兵？此时，司马懿正可设防，严阵以待，何至于慌忙撤走？按《魏延传》记载："魏延每次跟随诸葛亮出兵，欲请求率领一万精兵，与诸葛亮分道出击，在潼关会合，诸葛亮坚决制止，不允许魏延冒险；魏延常说诸葛亮过于谨慎，叹息自己的才能，得不到充分发挥。"诸葛亮连一万人尚且不肯拨付魏延，另外出兵，岂能如郭冲所言，让魏延率领重兵在前，自己以轻弱之众，自守阳平城？而且，郭冲与扶风王所言，彰显司马懿用兵之短，对其儿子毁伤父亲，理所不容，而云"扶风王慨然赞成郭冲之言"，故知此书所列举，皆虚妄。

建兴六年春天，诸葛亮虚张声势，从斜谷出兵，欲攻取郿县，派赵云、邓芝布置疑兵，占据箕谷，魏国大将军曹真举兵迎敌。诸葛亮亲自率领大军，攻下祁山，军容整肃，号令严明，赏罚必信，南安郡、天水郡、安定郡背叛魏国，响应诸葛亮，关中受到震动。①魏明帝御驾亲征，坐镇长安，诏令张郃迎战诸葛亮，诸葛亮派马谡统率诸军，担任前锋，与张郃在街亭大战。马谡违背诸葛亮的部署，举措失当，被张郃打败。诸葛亮只好把西县一千余家百姓迁走，撤回汉中，②诸葛亮诛杀马谡，向众将谢罪，上疏："臣以薄弱之才，窃据尊位，领受诏命，秉持旄钺，以激励三军，不能严肃军法，遵章办事，临事而惧，至有街亭违命之败，箕谷不戒之失，责任在臣，授任无方。臣不能识人，遇事多有暗昧，《春秋》之义，兵败须有将帅承担责任，臣不能推卸罪责。奏请领受罪过，自贬三级，以儆效尤。"后主刘禅拜诸葛亮为右将军，代行丞相职事，所任职责，仍和此前一样，总理朝政。③

①《魏略》记载：当初，国家以蜀中只有刘备。刘备既死，数年寂然无声，是以毫无防备；突然听说诸葛亮出兵，朝野恐惧，陇西、祁山尤其恐慌，故三郡同时响应诸葛亮。

②郭冲记录四事：诸葛亮出兵祁山，陇西、南安二郡响应诸葛亮，投降蜀国，诸葛亮围困天水，攻取冀城，俘虏姜维，掳掠百姓士民数千人，返回蜀国。蜀国上下皆向诸葛亮道贺，诸葛亮愀然变色，面有戚容，谢曰："普天之下，莫非汉民，国家威力未举，使百姓困于豺狼之吻。一夫有死，皆诸葛亮之罪，以此相贺，能不为愧。"于是，蜀人知道诸葛亮有吞魏之志，并非为拓展土地而已。对此存疑：诸葛亮有吞魏之志已久，并非始于此，众人才知。而且，此次诸葛亮率军出征，并不成功，死伤甚多，叛离者众，三郡归降，最终仍不能为蜀国所拥有。姜维，天水一匹夫耳，擒获姜维，于魏国又有何损失？攻取西县，掳获千家，不能弥补街亭之败，又何以为功，蜀人相贺？

③《汉晋春秋》记载：有人劝诸葛亮再次出兵，诸葛亮答："大军在祁山、箕谷，数量皆多于贼，而不能破贼，反而为贼所破，此败不在于兵少，而在于用人。今后欲减兵省将，明罚思过，斟酌变通之道；若不能取胜，即使兵力再多，又有何益！自今以后，诸将要有忠心报国之念，但勤攻吾之缺失，则大事可定，贼可击破，功可跷足而待。"于是，诸葛亮经常考察将士之劳，甄别烈士壮勇之迹，引咎自责，向朝廷内外宣布此次用兵之误，砥砺将士，讲军习武，以为后图，戎士操练，民忘其败。诸葛亮听说孙权打败曹休，魏军东下，关中虚弱。十一月，诸葛亮上奏："先帝生前发誓，汉、贼不两立，王业不偏安，故委托臣讨贼。以先帝之明察，忖度臣之才智，故知臣伐贼能力尚弱，而敌军强大；然而不伐贼，王业亦亡，是以坐以待毙，还是主动出击，讨伐贼寇？因此，先帝托付臣以重任，而无所怀疑。臣受命之日，寝不安席，食不甘味，思虑如何北伐，在此之前，宜先率军南下，故五月渡过泸水，深入不毛之地，并日而食。臣并非不爱惜身体，想到王业不能偏安于蜀地，故敢冒危险之途，以实现先帝之遗志，廷议者认为，南征并非稳妥之计。而今，魏贼已疲惫于西，又困顿于东，按照兵法，正可趁着魏贼疲惫之际，出兵讨伐。臣谨陈述其事如下：高帝明并日月，谋臣智略深远，然而，高祖为平定天下，依然涉险犯难，屡败屡战，危而后安。如今，陛下才智远不如高帝，谋臣更不如张良、陈平，而欲以智谋取

胜，坐定天下，此臣之未解一也。刘繇、王朗各占据州郡，坐而论道，动引圣人，群臣满腹狐疑，众难塞胸，今年不战，明年不征，使得孙策坐大，遂吞并江东，此臣之未解二也。曹操智略远超众人，其用兵如神，犹如孙膑、吴起，然而，依然受困于南阳，履险于乌巢，危殆于祁连，受逼于黎阳，几次兵败北山，几乎死于潼关，最后转败为胜，谋取成功，况且，臣才能微弱，欲以不冒危险而安定天下，此臣之未解三也。曹操五次攻打昌霸未下，四次越过巢湖不成，任用李服，而李服图谋之，委任夏侯，而夏侯败亡，先帝每次称赞曹操为能，犹有此失，况且臣才能驽下，焉能必胜？此臣之未解四也。自从臣到达汉中，此间又过去数年，蜀军大将已丧失赵云、阳群、马玉、阎芝、丁立、白寿、刘郃、邓铜等，再加上曲长、屯将七十余人，能担任先锋大将者，乏善可陈。突将、无前、賨叟、青羌、散骑、武骑有一千余人，此皆数十年之内所纠合的四方精锐，并非一州所有，若再经过数年，则将损失三分之二，将何以图贼？此臣之未解五也。如今，民穷兵疲，而大事未可停息，大事未可停息，则住与行，劳费相等，若不在今日图之，欲以一州之地，与贼持久抗衡，此臣之未解六也。天下难平者，事也。在往昔，先帝败于荆楚，在当时，曹操拊手称道，以为天下将可以平定。然而，先帝东连吴、越，西取巴、蜀，举兵北伐，夏侯授首，此曹操之失计，而汉室之事将成也。既而，吴国背弃盟约，关羽战败，秭归蹉跌，曹丕称帝。凡诸事始料未及，很难预见。臣只能鞠躬尽瘁，死而后已，至于成败利钝，非臣之才智所能逆料。”此后，又有大散关之役。此表，《诸葛亮集》没有记载，出自张俨所著《默记》。

当年冬天，诸葛亮再次从大散关出兵，围困陈仓，曹真迎战，诸葛亮的军粮即将耗尽，只好撤军。魏国大将王双率领骑兵追赶，与诸葛亮大战，被诸葛亮打败，死于阵中。建兴七年，诸葛亮派遣陈式攻打武都郡、阴平郡。魏国雍州刺史郭淮率领驻军欲攻击陈式，诸葛亮亲自领兵，进抵建威，郭淮退军，诸葛亮遂平定武都郡、阴平郡。后主颁发诏书，策命诸葛亮：“街亭之役，罪责应由马谡来负，而君引咎自责，自我贬抑，朕难以违背君的旨意，听任君承担罪责。上一年出兵，丞相耀武扬威，斩杀王双；今年出兵，魏将郭淮战败遁走；丞相降伏氐、羌，收复二郡，威镇凶残，功勋卓著。方今天下动乱，元恶尚未枭首，君承受大任，为国事劳苦奔走，长久自我贬抑，甚为不妥，这绝非弘扬圣德。今恢复君的丞相职务，请君不要再辞让。”①

①《汉晋春秋》记载：这一年，孙权自封尊号，吴国群臣以东吴、西蜀并尊二帝，来向蜀国禀告。朝臣廷议者皆认为，与吴国外交，毫无益处，而且名称国体不顺，应该向吴国表明正义，断绝其结盟之意。诸葛亮认为：“孙权有僭越谋逆之心已久，国家之所以忽略其衅情，以求作为犄角之外援。如果加以拒绝，吴国仇我必深，便当移兵东伐，与之角力，须兼并其领土，再议讨伐中原。吴国贤才尚多，将相效命，未可一朝平定。两国顿兵相持，坐而待老，而使得北贼得计，此绝非谋算之上策也。在往昔，孝文帝向匈奴卑辞送礼，先帝与吴国结盟，皆为权宜之计，应权通变，弘思深远，并非匹夫之一时激愤所能为。今廷议者认为，孙权意在鼎足之势，不能并力御敌，而且志得意满，无上岸之心，按照此推论，皆似是而非。何者？其智力不侔，故限江自保；孙权不能越过长江，犹如魏贼不能渡过汉水，并非力有余而有利不取。如果出动大军讨伐，

彼当分裂其地以为后规，下策宜当略民广境，示武于内，并非端坐困守者也。若就其不动而和睦于我，我之北伐，无东顾之忧，河南之众不得尽西，此之为利，亦已深矣。孙权僭越之罪，未宜著明。”于是，诸葛亮派遣卫尉陈震向孙权祝贺正名。

建兴九年，诸葛亮再次从祁山出兵，用木牛运输军粮，[①]蜀军粮草将要耗尽，继续退军，退军途中，与魏国大将张郃接战，射杀张郃。[②]建兴十二年春天，诸葛亮率领大军，从斜谷出兵，此次出征，用流马运输军粮，蜀军占据武功县五丈原，与司马懿在渭水南岸对峙。诸葛亮常担心军粮接济不上，致使壮志未酬，因此，此次出兵，诸葛亮分出部分兵力，在五丈原屯田，作为屯垦基地。军垦的士兵，夹杂在渭水之滨的居民中间，与当地百姓相安无事，军垦不扰乱民众种田。[③]双方相持一百余日。当年八月，诸葛亮的病情日渐沉重，最终在军中病逝，享年五十四岁。[④]蜀军有序撤军，司马懿赶来，巡视蜀军的营地、堡垒壕堑，感叹道：“诸葛亮真乃天下奇才也！”[⑤]

①《汉晋春秋》记载：诸葛亮围困祁山，招鲜卑轲比能助力，轲比能等率军至北地郡石城，响应诸葛亮。在当时，魏国大司马曹真有病，司马宣王从荆州入朝，魏明帝指示：“西方军情紧急，非君不能担此重任。”明帝派遣司马宣王西进，驻扎在长安，都督张郃、费曜、戴陵、郭淮等。司马宣王派费曜、戴陵留下精兵四千，守卫上邽，率领其余大军深入，西进救援祁山。张郃欲分兵驻守雍县、郿县，司马宣王说：“我料定前军能够独自御敌，将军之言是也；如果前军不能御敌，而分为前后两部，就像楚国分为三军，最后被黥布所败。”遂进兵。诸葛亮分兵拒敌，在上邽迎战司马宣王。郭淮、费曜等截击诸葛亮，被诸葛亮打败，蜀军急忙收割当地种植的小麦，在上邽东边与司马宣王相遇，诸葛亮迅速收拢兵力，依险据守，两军对峙，不得交战，诸葛亮引军，缓缓撤退。司马宣王寻思诸葛亮将在卤城驻守。张郃说：“彼远道来攻我，欲请战而不得，我军利在不战，可以延长时间，待敌方粮食匮乏，再克敌制胜。祁山知道大军已经迫近，人情自固，无须驻扎此地，可分出奇兵，在蜀军后方出现。不进军追敌，又不敢迫近，将坐失民望。如今，诸葛亮军粮已经匮乏，应该采取行动。”司马宣王不听，继续尾随诸葛亮，魏军进抵卤城，登上高坡扎营，挖掘壕沟，不肯与蜀军接战。贾栩、魏平多次请战，而且说：“公畏惧蜀军如虎，奈何将被天下人耻笑！”司马宣王依然坚持战略部署。诸将不停地请战，五月辛巳，司马宣王派张郃在南围攻打蜀军无当监何平，司马宣王亲自从中路迎战诸葛亮。诸葛亮派魏延、高翔、吴班出阵，大败魏军，擒获、斩杀三千余人，缴获铠甲五千余领，角弩三千一百张，司马宣王退军，固守军营不出。

②郭冲五事曰：魏明帝亲自征伐蜀国，临幸长安，派遣司马宣王都督张郃等将军，雍州、凉州劲旅有三十余万，暗中调动急进，窥伺剑阁。诸葛亮当时在祁山，旌旗蔽野，利器精锐，守住险要，十二万轮换，在者八万。当时，魏军布阵，蜀军士兵轮换，军中参佐都认为贼众军势强盛，非大军不能制敌，宜用权宜之计，停止轮换士兵一个月，以加强军威，壮大声势。诸葛亮说：“我统率大军出征，以信义为本，一旦失信，后果难料，此乃古人所重视；应离去者，尽快整理行装，待日期一到，即可回家，勿令妻子在家鹤望久盼，虽临阵杀敌，征战之难，信义决不

可废。”诸葛亮催促管事者，安排轮换士兵尽快离去。于是，离去者深受感动，皆愿意留下，与魏军再决一死战，留下者皆踊跃，跃跃欲试出战应敌，愿意效死命。士兵相互间鼓励：“诸葛公之恩，死亦难报。”临战之日，莫不拔刀，奋勇向前，以一当十，遂斩杀张郃，逼退司马宣王，一战获胜，此信义之效也。对此存疑：裴松之按：诸葛亮此前出祁山，魏明帝亲自到长安，此年并未亲自来。而且，诸葛亮大军在关、陇，魏军岂能越过诸葛亮，径直杀向剑阁？诸葛亮既然在战场，本来并无长久驻守之意，而让军中士兵轮换，返回蜀地，皆非经通之言。孙盛、习凿齿搜求异同，罔有所遗，并未载录郭冲所言，知其乖谬多矣。

③《汉晋春秋》记载：自从抵达战场，诸葛亮多次向司马懿挑战。司马懿也上表朝廷，向明帝请战。明帝派遣卫尉辛毗持符节，制止司马懿出战。姜维对诸葛亮讲：“辛佐治持符节来到，魏贼不敢再出战。”诸葛亮答：“司马懿本来就无出战之意，之所以固请出战，是以向众将显示有用武之心。将在外，君命有所不受，辛佐治持符节，岂能制止司马懿，司马懿又何必千里向朝廷请战！”

《魏氏春秋》记载：诸葛亮派使者来，司马懿询问诸葛亮的睡眠、饮食，以及生活方面的小事，从来不问戎事。使者回答：“诸葛公夙兴夜寐，对士兵责罚棍打二十以上，皆亲自阅览表章；每日饮食，不到数升。”司马宣王说：“诸葛亮如此劳累，将要累死矣。”

④《魏书》记载：诸葛亮粮尽势穷，忧恚呕血，蜀军一个晚上把军营焚烧遁走，进入山谷，诸葛亮在途中再次发病，病逝。

《汉晋春秋》记载：诸葛亮在郭氏坞病逝。

《晋阳秋》记载：有流星赤红，而且有芒角，自东北向西南方向划过，落入诸葛亮的军营，三次落下，从大到小。不久，诸葛亮病逝。

裴松之认为：诸葛亮在渭水之滨，司马懿畏惧，与蜀军对峙，畏首畏尾，胜负之形，未可预料，而云诸葛亮呕血，皆因为诸葛亮病逝军中，而自相夸大其事。以孔明之谋略，岂能为仲达而呕血？及至刘琨丧师败绩，写信给晋元帝也说：“诸葛亮军败，呕血而死。”此则引虚记以为实言。又说诸葛亮进入山谷才病逝，因为蜀军进入山谷，才开始发丧。

⑤《汉晋春秋》记载：杨仪等整军出营，百姓奔走相告，禀报司马懿，司马懿追赶蜀军。姜维令杨仪率军返回，鸣鼓再战，蜀军指向司马懿，司马懿慌忙退军，不敢逼近。于是，杨仪重整旗鼓撤军，进入山谷，然后发丧。司马懿也随后撤军，百姓为之嘲讽：“死诸葛吓走生仲达。”有人将此话转告司马懿，司马懿自我解嘲：“我能料生，不能料死也。”

诸葛亮临死前，留下遗命，葬在汉中定军山，因山起坟，墓冢仅能容下棺木即可，殡殓以平时所穿的衣服，不用任何器物陪葬。后主诏命：“君兼有文武之资，明察秋毫，忠贞不贰，接受先帝遗诏，托孤之命，匡辅朕躬，兴微继绝，志存靖乱；整饬六师，无岁不征，神武赫然，威镇八荒，将要建立殊功于季汉，仿照伊尹、周公之巨勋。天不佑君，功业未就，身患重病，遘（gòu）疾殒命！朕异常伤悼，肝心若裂。夫崇德序功，纪行命谥，可以光昭将来，刊载不朽。今派使臣持符节，左中郎将杜琼，赠君丞相武乡侯印绶，赐君谥号为忠武侯。魂魄有灵，嘉兹宠荣。呜呼哀哉！呜呼哀哉！”

当初，诸葛亮上表后主："臣在成都有桑树八百株，有薄田十五顷，臣的子弟衣食皆仰仗这些，自有余饶。至于臣在外边任职，并无别的收益，随身衣食，皆倚仗于官府，并无另外经营产业，以增加臣的家产。臣死之日，决不使内有余帛，外有赢财，以负陛下。"及至病逝，如其所言。

诸葛亮擅长于巧思谋划，改造连弩，制造木牛流马，这些都是诸葛亮的发明；诸葛亮运用兵法，布置八阵图，皆能出神入化。[①]诸葛亮生前的言论、著书、奏文，很多文章，文采蕴藉，颇为可观，编为一集。

①《魏氏春秋》记载：诸葛亮制作八务、七戒、六恐、五惧，皆有典章，以此训练、激励将士。诸葛亮还制作连弩，谓之元戎，以铁为矢，矢长八寸，一弩有十矢，连续发射。

《诸葛亮集》记载：制作木牛流马法："木牛，方腹曲头，一脚四足，头入领中，舌著于腹。载多而行少，宜可大用，不可小使；独行者数十里，群行者二十里。曲者为牛头，双者为牛脚，横者为牛领，转者为牛足，覆者为牛背，方者为牛腹，垂者为牛舌，曲者为牛肋，刻者为牛齿，立者为牛角，细者为牛鞅，摄者为牛鞦轴。牛仰双辕，人行六尺，牛行四步。载一年需用粮食，日行二十里，人不太劳累。流马尺寸数，肋长三尺五寸，宽三寸，厚二寸二分，左右相同。前轴孔，分墨距离头四寸，径中二寸。前脚孔，分墨二寸，距离前轴孔，四寸五分，宽一寸。前杠孔距离前脚孔，分墨二寸七分，孔长二寸，宽一寸。后轴孔距离前杠，分墨一尺五分，大小与前边相同。后脚孔，分墨距离后轴孔，三寸五分，大小与前边相同。后杠孔距离后脚孔，分墨二寸七分，后载剋距离后杠孔，分墨四寸五分。前杠长一尺八寸，宽二寸，厚一寸五分。后杠与等版方囊二枚，厚八分，长二尺七寸，高一尺六寸五分，宽一尺六寸，每枚驮载米二斛三斗。从上杠孔距离肋下七寸，前后相同。上杠孔距离下杠孔，分墨一尺三寸，孔长一寸五分，宽七分，八孔同。前后四脚，宽二寸，厚一寸五分。形制如马象，靬长四寸，径面四寸三分。孔径中，三脚杠，长二尺一寸，宽一寸五分，厚一寸四分，同杠耳。"

景耀六年春天，后主下诏，为诸葛亮在沔阳建立祠庙。[①]当年秋天，魏国镇西将军钟会征伐蜀国，大军进抵汉川，钟会在诸葛亮祠庙举行祭祀，令军士不得在诸葛亮墓址附近放牧樵采。诸葛亮的弟弟诸葛均，官至长水校尉。诸葛亮的嗣子诸葛瞻，继承爵位。[②]

①《襄阳记》记载：诸葛亮病逝，蜀地所有郡县奏请为诸葛亮建立祠庙，群臣廷议时，后主以礼制有规定，不听，百姓按照时节，在道旁小路上私下祭祀。朝廷言事者，有人认为，可听任百姓为诸葛亮在成都建立祠庙，后主依然不听。步兵校尉习隆、中书郎向充等共同上表："臣听说，周人怀召伯之德，甘棠树为之不伐；越王思念范蠡之功，铸金以存其像。自从汉兴以来，小善小德之臣，皆画出图形，甚至建立祠庙。况且，诸葛亮德范遐迩，勋盖季世，王室之所以尚未崩坏，实赖诸葛丞相所匡扶，蒸尝止于私门，庙像缺而未立，使得百姓在闾巷祭祀，戎夷野祀，这绝非存德念功，追述大臣功勋之举。而今，尽顺民心，则渎而无典，在京师建立祠庙，又逼近

皇室宗庙，此圣怀所以犹疑未决。臣愚以为，可以就近，在诸葛亮墓旁，在沔阳建立祠庙，可以让亲属按时祭祀，凡诸葛丞相的旧臣故吏，欲奉祀丞相者，皆限制在祠庙祭祀。禁绝私祀，以崇正礼。”这样，后主才听从谏言，准奏。

②《襄阳记》记载：黄承彦，为人豪爽狭义，是沔南的名士，对诸葛孔明讲：“听说君择妇；老身有一位丑女，黄头黑面，然而，老夫此女，才堪相配。”孔明许婚，女方当即用车送来。当时人以此作为笑谈，乡里人编出歌谣：“莫作孔明择妇，只得阿承丑女。”

诸葛亮选集目录

开府作牧第一　权制第二　南征第三　北出第四

计算第五　训厉第六　综覈上第七　综覈下第八

杂言上第九　杂言下第十　贵和第十一　兵要第十二

传运第十三　与孙权书第十四　与诸葛瑾书第十五　与孟达书第十六

废李平第十七　法检上第十八　法检下第十九　科令上第二十

科令下第二十一　军令上第二十二　军令中第二十三　军令下第二十四

以上二十四篇，共计十万四千一百一十二字。

（注：以下五段文字，为陈寿对诸葛亮的评价。）

陈寿等向晋帝奏言说：我此前在蜀国担任著作郎，侍中兼中书监济北侯荀勖，中书令关内侯和峤上奏，朝廷诏令我们考订原蜀国丞相诸葛亮的事迹。诸葛亮辅佐危亡之国，凭借蜀地险阻，不肯臣服于朝廷，然而，朝廷还是要保存诸葛亮的论述、事迹，担心诸葛亮的善行、论述有所遗失，此乃大晋光明至德，泽被无疆，自古以来，未曾有过这样的善举。我删除重复，分门别类，选出二十四篇，篇名如上。

从少年起，诸葛亮即显示出超凡的才智，可谓英雄盖世。诸葛亮身高八尺，容貌魁伟，时人对诸葛亮的才智，常惊异之。东汉末年，遭逢天下大乱，诸葛亮跟随叔父诸葛玄在荆州避乱，躬耕于垄亩，不求闻达于世。在当时，左将军刘备以诸葛亮的优秀品质及卓越才能，三顾茅庐，延请诸葛亮出山辅佐；诸葛亮深感刘备雄姿英发，实乃当今英豪，遂解带输诚，厚相结纳。及至魏武帝曹操南征荆楚，刘琮举荆州向曹操投降，刘备顿时失去倚恃之地，势单力孤，陷于窘境，面临无立锥之地。诸葛亮出山时，年仅二十七岁，向刘备建言，献出奇策，联络孙权，于是，诸葛亮出使江东，求援吴会。孙权原来就敬佩刘备，又目睹诸葛亮为人文雅，有雄才大略，很敬重诸葛亮，随即派兵三万，以襄助刘备。刘备这才得以与魏武帝抗衡，最终，孙刘联合，大败曹军，乘胜追击，连战连捷，刘备遂平定江南，占领四郡。既而，刘备又西取益州，益州平定，刘备拜诸葛亮为军师将军。刘备自封尊号，登上帝位，拜诸葛亮为丞相，兼领尚书职事。及至刘备崩殂，嗣子幼弱，事无巨细，皆由诸葛亮在朝中专断。从此以后，诸葛亮对外联合东吴，对内平定南越，建立法规，有章有度，整饬军队，建造器械，设计木牛流马，技艺精巧，物究穷极，科教严明，赏罚必信，无恶不惩，无善不显。至于朝廷官吏，不容奸邪，群臣恪尽职守，人尽怀砥砺之道，蜀地变得道不拾遗，强不侵弱，风化肃然。

诸葛亮平生所愿，进欲龙骧虎视，囊括四海，退欲纵马驰骋，效力边陲，震荡宇内。诸葛亮自以为，担心到死那一天，依然不能达成所愿，逐鹿中原、抗衡上国。蜀国力小地狭，君臣岂能坐而待毙，诸葛亮遂用兵不辍，屡次向外展示武力。然而，诸葛亮的才能，以治理戎事为长，以出奇制胜为短；治理民众的才干，远超过战略谋划。诸葛亮面对的强敌，或为人中豪杰，加上两国兵力悬殊，攻守异势，虽连年出兵征伐，未能有克敌制胜之效。在往昔，萧何推荐韩信，管仲举荐王子城父，皆能忖度本人之长处，不能兼而有之。诸葛亮的才智，在于施政，治国理政，或有管仲、萧何的才干，奈何蜀国并未有城父、韩信这样的名将，故恢复汉室的功业，最终落败，岂能看作大义不及？实乃天命有归，不可以力争。

青龙二年春天，诸葛亮率领蜀军出兵武功，分出部分兵力屯田，作为长久驻守基地。当年秋天，诸葛亮在军中病逝，黎民追思诸葛亮，称颂诸葛亮为汉室复兴，鞠躬尽瘁，死而后已。至今梁州、益州的民众，依然描述诸葛亮治蜀及出兵征伐的故事，言犹在耳，即使《诗经·甘棠》歌咏召公，郑人歌颂子产，也无法与之相比。孟轲云：“以逸道使民，虽劳不怨；以生道杀人，虽死不忿。”信矣！评议者或责难诸葛亮文采不够艳丽，过于烦琐，谆谆嘱咐。臣愚以为，皋陶作为大贤，周公作为大圣，考察《尚书》，皋陶之《典谟》，文采典雅，周公之《文诰》烦琐而详细。为何？皋陶与舜帝、大禹商议，周公与群臣盟誓。诸葛亮文辞所及，皆为一般士人，故其文章所指，不得过于典雅，然而谆谆嘱咐，声教遗言，皆经过检验，综合各项事务，皆出于公心，形之于文墨，令人详知其旨意，有补于当世。

伏唯陛下追随古代圣人，胸怀宽广，无所忌讳，即使是敌国诽谤之言，都能够详加整理，无所隐讳，真可谓阐明天下统一之道。谨记录以上著作。臣陈寿诚惶诚恐，顿首，死罪。泰始十年二月一日癸巳，平阳侯国相臣陈寿呈上。

诸葛乔，字伯松，是诸葛亮哥哥诸葛瑾第二个儿子，原来字仲慎。与其兄诸葛元逊在当时都享有名气，评议者认为，诸葛乔的才能不及其兄长，品行超过其兄长。当初，诸葛亮没有儿子，向哥哥请求，以诸葛乔作为后嗣，诸葛瑾启禀孙权，派诸葛乔前往西蜀，诸葛亮以诸葛乔为自己的適子，故改易其字为伯松。后主拜诸葛乔为驸马都尉，跟随诸葛亮至汉中。[①]诸葛乔享年二十五岁，建兴六年去世。嗣子诸葛攀，官至代理护军、翊武将军，早逝。诸葛恪在吴国被杀，子孙被杀尽，诸葛亮又有了亲生儿子，故让诸葛攀返回东吴，作为诸葛瑾的后嗣。

①诸葛亮写信给哥哥诸葛瑾："诸葛乔本来应当返回成都，今诸将子弟皆要从军或运送粮草，弟想到，作为蜀国丞相，更应该与众人同甘共苦，荣辱与共。今派诸葛乔率领五六百兵，与诸将子弟在山谷中服役。"此书信见《诸葛亮集》。

诸葛瞻，字思远。建兴十二年，诸葛亮出兵武功，写信给哥哥诸葛瑾："诸葛瞻今年八岁，聪慧可爱，我嫌其过早成熟，担心不会成为重器。"诸葛瞻十七岁娶公主，受拜为骑都尉。第二年，担任羽林中郎将，改任射声校尉、侍中、尚书仆射，加军师将军。诸葛瞻擅长书画，记忆力过人，蜀人追思诸葛亮，常称赞诸葛瞻才思敏捷。每当朝廷有善政或佳闻，即使非诸葛瞻所建言，百姓也会转相传说："这是葛侯所为。"是以美声溢誉，有过其实。景耀四年，诸葛瞻代理都护卫将军，与辅国大将军南乡侯董厥兼领尚书职事。景耀六年冬天，魏征西将军邓艾征伐蜀国，从阴平由景谷道深入。诸葛瞻都督诸军，在涪城驻扎，前锋被邓艾打败，撤回，驻扎在绵竹。邓艾派遣信使劝诱诸葛瞻："如果肯投降，将上表封你为琅琊王。"诸葛瞻大怒，斩杀邓艾的来使，与魏军大战，蜀军战败，诸葛瞻死于阵中，死时年仅三十七岁，众军士逃散，邓艾长驱直入，直抵成都。诸葛瞻的长子诸葛尚，与诸葛瞻一起战死。[①]次子诸葛京、诸葛攀的儿子诸葛显等，咸熙元年内迁至河东郡。[②]

①干宝曰：诸葛瞻智不足以扶危济困，勇不足以抗拒强敌，而能够不负国家，内心坚守父志，忠孝并存。

《华阳国志》记载：诸葛尚叹息道："父子蒙受国家厚恩，不早日斩杀黄皓，以至于国家颓败，生又何为！"驰骋于阵中，与魏军死战，被杀。

②按《诸葛氏谱》记载：诸葛京，字行宗。

《晋武帝泰始起居注》记载：晋武帝下诏："诸葛亮在蜀国，竭尽心力，其儿子诸葛瞻面临危难，守义死节，天下之善者。诸葛亮的孙子诸葛京，按照才能，任命为署吏。"后来，诸葛京升任郿县县令。

尚书仆射山涛著《启事》记载："郿县县令诸葛京，其祖父诸葛亮，遭逢汉末乱世，西蜀与朝廷分隔，父子在蜀国，虽然不达天命，祖父诸葛亮尽心竭力，治理蜀民。诸葛京在郿县任上，治理民众，卓有成效，臣以为，应该补任诸葛京为东宫舍人，以表明朝廷重视贤者，以副梁、益之论。"诸葛京官至江州刺史。

董厥，丞相诸葛亮在世时，担任丞相府令史，诸葛亮称赞董厥："董令史，可谓良士。每当与其谈话，董令史思维缜密，答问恰当。"董厥改任主簿。诸葛亮病逝后，董厥升任尚书仆射，代替陈祗，升任尚书令，既而升任大将军，台阁职事交由义阳县人樊建代替。[①]延熙十四年，樊建以校尉出使吴国，正值孙权病重，不能亲自接见樊建。孙权问诸葛恪："樊建比起宗预，如何？"诸葛恪回答："才能不及宗预，儒雅过之。"后来，樊建担任侍中，代理尚书令。自从诸葛瞻、董厥、樊建统领西蜀政事，姜维常年在外征战，宦官黄皓窃取中枢权柄，众人迁就黄皓，不能匡正朝纲，[②]然而，樊建决不肯与黄皓往来。蜀国被灭第二年春天，董厥、樊建来到京师，二人在相国府担任参军，当年秋天，二人兼领散骑常侍，返回蜀郡，代表朝廷慰问蜀地百姓。[③]

①按《晋百官表》记载：董厥，字龚袭，义阳县人。樊建，字长元。

②孙盛著《异同记》记载：诸葛瞻、董厥等以姜维好战，徒劳无功，国内疲敝，宜上表后主，召姜维返回，担任益州刺史，夺其兵权；蜀国官员依然由诸葛瞻上表，奏请以阎宇代替姜维。东晋穆帝永和三年，蜀国史官常璩说，蜀郡老人们讲："陈寿曾经担任诸葛瞻的属吏，被诸葛瞻所羞辱，故借此事，归恶黄皓，而侈言诸葛瞻不能匡扶朝政。"

③《汉晋春秋》记载：樊建担任给事中，晋武帝问诸葛亮如何治国，樊建回答："闻恶必改，不矜其功，赏罚必信，足以感动神明。"晋武帝说："善哉！如果我能得到此人辅佐，岂有今日之辛苦！"樊建稽首，说："臣窃闻，天下人评论，皆认为邓艾受到极大冤枉，陛下知而不理，此岂冯唐所言：'即使得到廉颇、李牧，也不能重用。'"晋武帝笑了，说："我明白了，卿的谏言，促使我反省此事。"于是，颁发诏命，为邓艾平反。

陈寿评论如下：诸葛亮担任蜀国丞相，尽心竭力，辅佐朝廷，安抚百姓，在西蜀建立礼仪制度，裁撤冗官，根据德能授予权力，对任职官员开诚布公；对忠于职守，有益于国家者，虽仇必赏，对于罔顾国法，消极怠政者，虽亲必罚；对于已认识错误，愿意改正，情有可原者，罪行虽重，也会给予出路；以巧言诈伪，矫饰游辞者，罪行虽轻，必严厉惩治；有善行，无微而不赏，有恶行，无纤而不贬；政务庶事，力求简易，循理务实；按照官员政绩，考查官员，循名责实；对以虚伪行事者，不屑一顾；在诸葛亮治理下，蜀国境内，人人敬畏法律，赞成诸葛亮的施政举措，刑法虽严峻，无怨恨者，以其用心平和，劝诫于明处。诸葛亮可谓治国之良才，即使管仲、萧何，不过如此。然而，诸葛亮连年用兵，征伐魏国，终未能成功，在用兵谋略上，并非其所长！[①]

①《袁子》记载：有人问，诸葛亮何许人也，袁子答：张飞、关羽与刘备同时起兵，是刘备的心腹干将，然而，他们都是武将。刘备晚年得到诸葛亮，拜诸葛亮为丞相，群臣心悦诚服，刘备给予充分信任，诸葛亮为刘备建言献策，举足轻重。及至诸葛亮接受遗嘱，辅佐六尺遗孤，摄理一国政务，服侍凡庸之君，专断大权而不失礼，行君事而国人不疑，所行所为，受到君臣百姓真心拥戴。行法严，国人悦服，民尽力，上下不怨。及至出兵征伐，进入战地，严禁掳掠，樵采、放牧者，依然如故，犹如在家园。诸葛亮用兵，行止如山，进退如风，兵出之日，天下震动，而人心并不惊慌，受到扰动。诸葛亮去世，已有数十年，国人依然歌颂，思念伟人圣德，犹

如周人思念召公。孔子曰："雍也可使南面。"诸葛亮堪配此德。有人问，诸葛亮出兵陇西，南安郡、天水郡、安定郡三郡百姓背叛魏国，响应蜀军，如果诸葛亮急速进兵，陇西三郡将非魏国所有，而诸葛亮缓缓进军；既而魏军官兵登上陇山，三郡又被收复，诸葛亮并无尺寸之功，失此机遇，何也？袁子答：蜀军精锐，然而良将缺乏，诸葛亮用兵，并不知魏军强弱，是以疑而尝试之；而且大举用兵，不求近功，因此，并不急于进军。问：何以知道诸葛亮疑而不决？袁子答：出兵迟缓，步步为营，屯营重复，三郡响应诸葛丞相，并未进兵助战，诸葛亮勇而能斗，三郡却不能尽速出兵，此其疑徵也。问：何以知诸葛亮勇而能斗？袁子答：诸葛亮驻扎在街亭，前军大败，诸葛亮驻地距离仅数里，却并未出兵救援；官兵相接，蜀军仍徐徐后撤，此其勇也。诸葛亮行军，安静而稳重；安静则易动，稳重则知进退。诸葛亮法令严明，赏罚必信，蜀军士卒皆肯用命，赴险而不顾，此所以能斗也。问：诸葛亮率领数万之众，其所兴造，若数十万之功，是其奇者也。蜀军所至，营垒、井灶、厕所、藩篱、障碍，皆按照规制建造，一月后退军，离去后皆恢复原状，犹如初始，劳神费力，而徒为饰好，何也？袁子答：蜀人为人随意，诸葛亮故以谨严处之。问：何以知其谨严？袁子答：诸葛亮治实而不治名，志大而所欲远，并非仅求近功速效。问：诸葛亮整修官府、官员宿舍、桥梁、道路，这些并非急务，何也？袁子答：蜀国小，贤才少，故欲令官员享有尊严。诸葛亮治蜀，开辟田畴，充实仓廪，器械精良，储蓄充足，朝廷聚会，不崇尚华丽，路上行人无醉汉。治理在于根本，本立故而末治，有余力，而后触及小事，此所以劝其功效。问：先生评论诸葛亮，则有验证。以诸葛亮的才能，却功效甚微，何也？袁子答：诸葛亮，治理以务本为尚，诸葛亮用兵，善于应变，并非其所长，故不敢用其短。问：然而，我等皆赞美诸葛亮，何也？袁子答：此固贤者之远矣，安可以备体责也？能知所短而不用，此贤者之大也；知所短则知所长。前识与言而不中，诸葛亮之所以不用，此吾之所谓可也。

吴国大鸿胪张俨所著《默记》，其中《述佐篇》评论诸葛亮与司马宣王这一段：汉朝倾覆，天下崩坏，豪杰之士，竞相谋取神器。魏氏占据中原，跨州连郡，刘氏占据益州，以武力称雄海内，为一世霸主。诸葛亮、司马懿二国相，遭逢际会，托身于明主，或收功于西蜀，或侧身于伊洛。曹丕、刘备驾崩，后嗣继统，各自领受太保之任，辅佐幼主，不负然诺之诚，亦一国之宗臣，霸王之贤佐。历查前世，以观近事，二贤孰优孰劣，可得而详之。孔明起于巴、蜀，治理一州之土，相较于大国，其战士人民，仅有天下九分之一，而以贡礼，联络东吴，对抗北敌，使西蜀一国，耕战有序，刑法整齐，征调步卒数万，长驱直入祁山，慨然有志，饮马黄河、洛水。仲达据西蜀十倍之地，倚仗兼并之众，雄据坚城，坐拥精锐，却无擒敌之意，仅务自我保全，使西蜀孔明自来自去。假若此人不亡，终其志愿，连年运筹谋划，刻日兴兵讨伐，则凉州、雍州不解甲，中原不释鞍，胜负之势，亦已决矣。在往昔，子产治理郑国，诸侯不敢加兵侵犯，蜀国丞相可谓有子产之能。相较于司马懿，不亦优乎！有人说，兵者凶器，战者危事，有国者不务保境安民，安绥百姓，而醉心于开辟土地，征伐天下，未为得计。诸葛丞相诚有匡佐之才，然处于孤绝之地，战士不满五万，自可闭关守险，君臣无事。然而，诸葛丞相空劳师旅，无岁不征伐，未能兼并咫尺之地，创建帝王之基，而使得国内疲于用兵，西蜀百姓苦其徭役。魏国司马懿才能堪用，兵多将广，未可轻易征服，量敌而进，兵家所慎；若诸葛丞相胸有成竹，必有克敌制胜之策，然并未见卓然之功效，若无克敌制胜之策，徒劳无功，则非明哲之选择，海内如何归心向义，余窃有疑问，愿闻该如何解释。回答：人们常讲：商汤以七十里、文王以一百里，最终拥有天下，皆以征伐，而奠定大功。揖让而登王位者，只有虞舜、夏禹。而今，蜀、魏为敌国，势不两立，各自为王，自曹操、刘备以来，强弱之势，已悬殊可见，刘备依然出兵阳平，斩杀夏侯渊。关羽围攻襄阳，制服曹仁，生擒于禁，在当时，北边曹公上下忧惧，孟德亲自率军出南阳，乐进、徐晃等并力来救，围困不能当即解除，故蒋子通言，曹公彼时有迁许都、渡黄河之念。恰逢东吴袭取南郡，关羽才兵败，解除襄阳之围困。刘玄德与曹孟德，智力多寡，士众悬殊，用兵行军之道，不可同日而语，犹能以勇力取胜，当时，还没有东吴联盟，构成犄角之势。而今，司马仲达之才，远不如孔明，按照形势判断，异于曩日，玄德尚能与孟德抗衡，孔明为何不能出兵，图谋敌国？在往昔，乐毅以弱燕，兼领五国之众，长驱直入强齐，攻下七十余城。今日蜀汉之兵卒，并不少于燕军，君臣互信，强于乐毅、燕王，加上东吴、西蜀已成唇齿相依之势，东西相应，首尾如蛇，形势所逼，难道不如五国之众，何惮于魏而怯于战？兵贵在奇胜，制敌以智，土地广狭，人马多少，未可偏恃。余观西蜀治国之体，孔明施政得当，法令整肃，遗教在后，及其辞意恳切，陈述进取之谋，忠言謇謇，义形于主，虽古之管仲、晏婴，何以复加？

《蜀记》记载：晋惠帝永兴年间，镇南将军刘弘到隆中，参观诸葛亮的故居，矗立碑刻，为闾巷树表，命太傅府掾犍为郡人李兴撰写碑文："天子命我，于沔之阳，听鼓鼙而永思，庶先哲之遗光，登隆山以远望，轼诸葛之故乡。盖神物应机，大器无方，通人靡滞，大德不常。故谷风发而驺虞啸，云雷升而潜鳞骧；挚解褐于三聘，尼得招而褰裳，管豹变于受命，贡感激以回庄，异徐生之摘宝，释卧龙于深藏，伟刘氏之倾盖，嘉吾子之周行。夫有知己之主，则有竭命之良，固所以三分我汉鼎，跨带我边荒，抗衡我北面，驰骋我魏疆者也。英哉吾子，独含天灵。岂神之祇，岂人之精？何思之深，何德之清！异世通梦，恨不同生。推子八阵，不在孙、吴，木牛之奇，则非般模，神弩之功，一何微妙！千井齐甃（zhòu），又何秘要！昔在颠、夭，有名无迹，孰若吾侪，良筹妙画？臧文既没，以言见称，又未若子，言行并徵。夷吾反坫，乐毅不终，奚比于尔，明哲守冲。临终受寄，让过许由，负扆（yǐ）莅事，民言不流。刑中于郑，教美于鲁，蜀民知耻，河、渭安堵。匪皋则伊，宁彼管、晏，岂徒圣宣，慷慨屡叹！昔尔之隐，卜唯此宅，仁智所处，能无规廓。日居月诸，时殒其夕，谁能不殁，贵有遗格。唯子之勋，移风来世，咏歌余典，懦夫将厉。遐哉邈矣，厥规卓矣，凡若吾子，难可究已。畴昔之乖，万里殊途；今我来思，觌尔故墟。汉高归魂于丰、沛，太公五世而返周，想魍魉以仿佛，冀影响之有余。魂而有灵，岂其识诸！"

王隐著《晋书》记载：李兴，是李密的儿子，又名李安。

蜀书六

关张马黄赵传第六

关羽，字云长，原来字长生，河东郡解县人，因为犯事，亡命出逃至涿郡。刘备在乡里聚集徒众，关羽与张飞前来报名，皆愿意为刘备效命，抵御外侮。刘备担任平原国相，以关羽、张飞为别部司马，分别统领一支军队。刘备与二人寝则同床，恩若兄弟。在稠人广众面前，刘备安然而坐，二人侍立在刘备两边，终日不感到疲倦，二人追随刘备，南征北战，不避艰险。①刘备袭击并杀了徐州刺史车胄，令关羽驻守下邳城，兼行太守职事，②刘备返回小沛。

①《蜀记》记载：曹公与刘备在下邳围攻吕布，关羽启禀曹公：吕布派遣秦宜禄出城求救，祈求攻破下邳城后，娶其妻子，曹公当即答应。临到破城，关羽又再次启禀曹公。曹公怀疑女子有异色，派人先送过来看，结果自己留下，关羽内心不安。此与《魏氏春秋》所说无异。

②《魏书》记载：关羽兼领徐州刺史。

建安五年，曹公东征，刘备投奔袁绍。曹公擒获关羽，归来后，拜关羽为偏将军，待关羽甚厚。袁绍派遣大将颜良在白马进攻东郡太守刘延，曹公派张辽与关羽担任先锋，迎战颜良。关羽远远望见颜良在麾盖下，关羽挥刀策马，万人军中，斩杀颜良，割下颜良的头颅，骑马返回军营，袁绍手下的将领无人敢出阵抵挡，关羽解了白马之围。曹公上表，封关羽为汉寿亭侯。当初，曹公很看重关羽的为人，仔细考察关羽，发现关羽并无久留曹营之意，曹公对张辽说：“卿试着以友情再询问一下。”张辽来问关羽，关羽叹息道：“我当然知道曹公待我甚厚，然而，我蒙受刘将军厚恩，发誓与其同生共死，不愿意背弃。我终究不会长久留在曹营，不过，我会立下战功，报效曹公，而后再离去。”张辽把关羽讲的话禀报曹公，曹公被关羽的义气所感动。[①]及至关羽斩杀颜良，曹公知道，关羽一定会离去，依然厚加赏赐。关羽将曹公的赏赐全部封存，留下一封书信，向曹公告辞，而后直奔在袁军中的刘备。曹公身边的将军欲追赶关羽，曹公说：“彼各为其主，不要再追了。”[②]

①《傅子》记载：张辽欲报告曹操，又担心曹操杀了关羽；如果不报告，又非事君之理，张辽叹息：“曹公，君父也；关羽，兄弟耳。”遂报告曹公。曹操说：“事君不忘其本，真乃天下义士。君忖度关羽，何时离开？”张辽说：“关羽蒙受曹公厚恩，必立功报效曹公后才会走。”

②裴松之认为：曹公知道关羽不肯留下，内心嘉赏其志，关羽离去，并未派追兵追赶，以成其义，若非有王霸之志，焉能如此？这确实是曹公的美德。

关羽跟随刘备，投奔刘表。刘表病逝，曹公收复荆州，刘备从樊城出发，准备南下渡过长江，先派遣关羽乘船，率领数百艘战船，在江陵会师。曹公追至当阳县长坂坡，刘备从小路骑马疾驰，赶往汉津，与关羽的战船相会，一起来到夏口。[①]孙权派遣军队，襄助刘备抗拒曹公，孙刘合力，在赤壁大败曹公，曹公引军撤退。刘备收复江南四郡，论功行赏，任命关羽为襄阳郡太守，兼领荡寇将军，驻扎在江北。刘备西进平定益州，拜关羽为都督，统领荆州军事。关羽听说马超来降，关羽此前并不认识马超，写信给诸葛亮，问马超的武艺，谁可以与其相比。诸葛亮知道关羽性情好强，写信回复：“孟起兼有文武之才，英雄气概，超过常人，可谓一世雄杰；然而不过黥布、彭越之辈，应当与翼德并驾齐驱，不如美髯公绝类逸群。”关羽有一副美须髯，因此，诸葛亮夸奖关羽为美髯公。关羽看了书信，大喜，展示给宾客看。

①《蜀记》记载：当初，刘备在许都，与曹公一起行猎。围猎时，众人散开，关羽劝刘备杀了曹公，刘备没有听从。及至在夏口，战船在江上飘摇，关羽愤怒道：“往日行猎时，如果能听从关羽的劝告，可无今日之困。”刘备回答：“在当时，也是为国家考虑；若天道辅正，安知此不为福邪！”

裴松之认为：刘备与董承共谋，欲诛杀曹公，后来败露，董承被杀，事情不谐。如果刘备为国家怜惜曹公，怎么会讲此话！关羽如果有此劝谏，而刘备不肯听从，以曹公的心腹亲戚，在身边者甚多，事情一旦泄密，非造次所行；曹公即使可杀，自身终不免遇害，故依计而行，何惜之有！既往之事，故托为雅言耳。

关羽曾经被流箭射中臂膀，贯穿其左臂，后来创伤虽然痊愈，每当阴雨天，手臂骨头常常隐隐作痛，医生说：“箭镞有毒，毒深入骨头，只能割破臂膀，刮骨疗毒，然后，此患可除。”关羽伸出左臂，令医生刮骨疗毒。当时，关羽请某将军对面饮酒，左臂鲜血直流，装满容器，而关羽啖肉引酒，谈笑自若。

建安二十四年，刘备自封汉中王，拜关羽为前将军，授予符节、斧钺。这一年，关羽率领部众在樊城围困曹仁。曹公派遣于禁援救曹仁。当年秋天，大雨倾盆，汉水暴涨，于禁所率领七军皆被大水淹没，于禁只好向关羽投降，关羽斩杀不肯投降的庞德。梁县、郏县、陆浑的群寇，有的接受关羽授予的印绶、封号，成为关羽的部众，一时间，关羽威震华夏。曹公与众将领商议，欲迁移许都，以避关羽锋芒，司马懿、蒋济认为，关羽虽然得志于一时，孙权一定不会坐视不理。可以派人劝说孙权，偷袭关羽的后方，向孙权做出许诺，割让江南诸郡，以封赏孙权，这样，樊城就可以解围。曹公采纳建议。在此之前，孙权派遣使者，为儿子求娶关羽的女儿，关羽辱骂孙权的使者，不肯联姻，孙权大怒。[①]此外，南郡太守麋芳驻扎在江陵，将军傅士仁驻扎在公安县，他们都认为关羽对他们轻慢无礼，轻视他们。自从关羽出兵进攻曹军，麋芳、傅士仁负责为关羽供应军用物资，并未悉数按照要求拨付。关羽声称："待我回军后，必惩治二人。"麋芳、傅士仁心中恐惧。于是，孙权暗中诱降麋芳、傅士仁，麋芳、傅士仁派人悄悄迎接吴军。而曹公又派遣将军徐晃援救曹仁，[②]关羽此战受挫，战事不利，引军撤退。而孙权已经占领江陵，俘虏关羽军中将士的妻子、儿女，关羽大军随即崩溃。孙权派遣将军逆袭关羽，擒获关羽及其儿子，在临沮斩杀关羽及其儿子关平。[③]

①《典略》记载：关羽围困樊城，孙权派遣使者商谈援助之事，敕令使者切勿速进，又派遣主簿先向关羽传达使命。关羽愤怒其来迟，加上擒获曹军的大将于禁等，怒骂曰："鼠辈焉敢如此，若关羽攻取樊城，吾不能灭汝邪！"孙权听说后，知道关羽轻视吴军，佯装写信给关羽谢罪，许诺关羽将亲自前来拜见。裴松之认为：荆、吴虽然外表联合，内心相互猜忌、防范，故孙权暗中袭击关羽，派遣大军，秘密行动。按照《吕蒙传》记载："吕蒙在大船中暗藏精兵，令白衣人摇橹，穿着商贾衣服。"以此言之，关羽并不求助于孙权，孙权必不告诉关羽当往。若许诺相援助，何故匿其形迹？

②《蜀记》记载：关羽与徐晃的关系甚好，二人在马上遥相话语，但说平生之事，并不谈及军事。须臾，徐晃在马上宣读命令："能获得关云长人头者，赏赐千金。"关羽闻言大惊，对徐晃讲："大哥，这是何言！"徐晃答："此乃国家大事。"

③《蜀记》记载：孙权派遣将军袭击关羽，擒获关羽及其儿子关平。孙权欲赦免关羽，以对付刘备、曹操，身边人讲："狼子不可养，以后必定会成为祸患。曹公没有即时杀掉关羽，自取其祸，甚至准备迁都。今天岂能再赦免关羽！"孙权遂诛杀关羽。

裴松之按：《吴书》记载：孙权派遣将军潘璋截断关羽的退路，关羽被擒，当即被杀，而且，临沮距离江陵二三百里，岂不在当时就杀关羽，还议其生死乎？又云"孙权欲赦免关羽，以对付刘备、曹操"，这绝对不可能，可以堵住智者之口。

《吴历》记载：孙权把关羽的首级送予曹公，而后，以诸侯礼埋葬关羽的尸骸。

先主刘备追赠关羽谥号为壮缪侯。[①]儿子关兴继承爵位。关兴，字安国，年少时有很好的名声，丞相诸葛亮很器重关兴。二十岁时，关兴担任侍中、中监军，几年后，去世。嗣子关统继承爵位，娶了公主，官至虎贲中郎将，去世，没有子嗣，以关兴的庶出儿子关彝继承爵位。[②]

①《蜀记》记载：当初，关羽出兵围困樊城，梦见猪啃啮其足，对儿子关平讲："我今年衰运，恐怕躲不过去！"

《江表传》记载：关羽喜欢读《左传》，讽诵《左传》，朗朗上口。

②《蜀记》记载：庞德的儿子庞会，跟随钟会、邓艾伐蜀，蜀国灭亡，庞会夷灭关氏家族。

张飞，字益德，涿郡人，年轻时与关羽一起，侍奉刘备。关羽年长数岁，张飞以兄长事之。刘备跟随曹公攻破白门楼，擒获并斩杀吕布，随后返回许都，曹公拜张飞为中郎将。刘备背叛曹公，依附袁绍、刘表。刘表病逝，曹公收复荆州，刘备窜逃，欲逃往江南。曹公追击刘备，一日一夜，在当阳县长坂坡，曹军追兵已至，刘备慌乱中，抛弃妻子、儿女逃走，令张飞率领二十名骑兵断后。张飞占据水边，拆毁当阳桥，骑在马上，瞋目横矛，大声喝道："张翼德在此，谁敢来决一死战！"曹军中竟无一人敢于靠近，刘备遂得以逃脱。赤壁之战后，刘备平定江南四郡，任命张飞为宜都郡太守，拜为征虏将军，封为新亭侯，后来，又改任南郡太守。刘备率领大军进入益州，回军进攻刘璋，张飞与诸葛亮等溯江而上，分路平定沿江郡县。大军进抵江州，打败刘璋的部将巴郡太守严颜，生擒严颜。张飞呵斥严颜："大军已到，为何不降，还敢拒战？"严颜答："卿等无礼，侵夺我益州，我益州只有断头将军，没有投降将军。"张飞大怒，令左右牵下去砍头，严颜脸色不变，说："砍头便砍头，发什么火啊！"张飞欣赏严颜临危不惧，释放严颜，待为宾客。[①]张飞率领大军，所到之处，攻无不克，与刘备在成都会师。益州平定，刘备赐诸葛亮、法正、张飞及关羽每人五百斤黄金，一千斤白银，五千万钱，一千匹蜀锦，其余将领，受到赏赐，多少不等，刘备命张飞兼领巴西郡太守。

①《华阳国志》记载：当初，刘备进入蜀地，到了巴郡，严颜拊胸叹息："此所谓独坐穷山，放虎而自卫！"

曹公收服张鲁，留下夏侯渊、张郃镇守汉川。张郃另外率领一支军队，攻下巴西郡，迁徙巴西郡的民众至汉中，张郃进军宕渠、蒙头、荡石，与张飞对峙五十余日。张飞率领精兵一万余人，从另外一条道路截击张郃军，双方大战，山道狭窄，前后不得相救，张飞大败张郃。张郃弃马，攀缘高山，与麾下十余人从小路逃走，引军撤回南郑，巴西郡被张飞夺回。刘备自封为汉中王，拜张飞为右将军、授予符节。章武元年，张飞改任车骑将军，兼领司隶校尉，受封为西乡侯，汉中王刘备策书："朕继承汉室大宗，谨奉宏业，清除残贼，为国靖难，尚未获得全功。而今贼寇为害，民众横遭涂炭，思念汉室之士，延颈鹤望。朕同样怛然忧虑，坐不安席，食不甘味，整军习武，发诰盟誓，朕将代天实施讨伐。以君之忠诚勇武，比拟召虎，名声遐迩，故特别委以重任，晋升高爵，兼领司隶校尉。愿君弘扬天威，以德怀柔镇服，以刑讨伐叛逆，称朕意焉。《诗经》不云乎，'匪疚匪棘，王国来极。肇敏戎功，用锡尔祉。'可不勉欤！"

当初，张飞作战勇猛，仅次于关羽，魏国谋臣程昱等称颂关羽、张飞为"万人敌"。关羽善待士卒，而骄于士大夫，张飞敬爱君子，而不恤小人。刘备常告诫张飞："卿刑杀太过分，又经常鞭打军中的健儿，同时又让这些人在身边侍候，这是自取其祸。"张飞依然我行我素。刘备讨伐吴国，诏令张飞率领一万人从阆中出发，与刘备在江州会师。临出发前，张飞帐下的将军张达、范强杀害张飞，带着张飞的头颅，顺江而下，投降孙权。张飞大营都督上表奏报刘备，刘备听说张飞大营都督有表呈上，说："哎呀！张飞死矣。"刘备追赐张飞谥号为桓侯。长子张苞，早逝。次子张绍继承爵位，官至侍中兼尚书仆射。张苞的儿子张遵担任尚书，跟随诸葛瞻在绵竹与邓艾大战，死于战场。

马超，字孟起，右扶风茂陵县人。马超的父亲马腾，灵帝末年，与边章、韩遂等在西部凉州起事。初平三年，韩遂、马腾率领部众来到长安。汉廷任命韩遂为镇西将军，令韩遂返回金城郡，任命马腾为征西将军，令马腾驻扎在郿县。后来，马腾带兵袭击长安，战事不利，败走，退回凉州。司隶校尉钟繇镇守关中，向韩遂、马腾移送公文，分析利害祸福。马腾派遣马超跟随钟繇在平阳讨伐郭援、高幹，马超的部将庞德亲手斩获郭援首级。后来，马腾与韩遂不和，请求返回许都。于是，献帝征召马腾，拜为卫尉，任命马超为偏将军，封为都亭侯，率领马腾的部众。①

①《典略》记载：马腾，字寿成，是马援的后人。在桓帝朝，马腾的父亲（字子硕），担任天水郡兰干县尉，后来失去官职，因此，留在陇西，与羌人杂居，因为家中贫困，无钱娶妻，娶了羌人的女儿，生下马腾。年少时，马腾家贫，没有产业，常从彰山砍伐木材，运到城市贩卖，以此作为生活来源。马腾身高八尺余，身材高大，相貌雄伟，性情敦厚，人多敬爱之。灵帝末年，凉州刺史耿鄙担任信奸吏，凉州百姓王国等与氐、羌起事反叛。州郡在百姓中招募勇猛、勇于效力者，讨伐叛贼。马腾受到招募，州郡对马腾颇为欣赏，任命马腾为郡府从事，率领部众，讨贼有功，拜马腾为军司马，后来又以军功，升任偏将军、征西将军，驻扎在汧、陇之间。初平年间，马腾受拜为征东将军。在当时，西部州郡缺少粮食，马腾向朝廷上表，陈述军粮匮乏，奏请到池阳县就食，马腾驻扎在长平岸头。将军王承等担心马腾会妨害自己的利益，进攻马腾。当时，马腾并无防备，被打败，向西逃走。恰逢三辅陷于战乱，马腾不再返回陇西，与镇西将军韩

遂结为异姓兄弟，二人关系极好，后又因为部下相互侵犯，二人成为仇敌，马腾攻打韩遂，韩遂败走，聚集部众反击马腾，杀了马腾的妻子，双方兵连祸结，连年交战，不能解开。建安初年，国家纲纪废弛，献帝派司隶校尉钟繇、凉州牧韦端为二人和解。朝廷征召马腾，驻扎在槐里，改任前将军，授予符节，封为槐里侯，在北部防御胡寇，向东防备白骑贼寇。马腾礼敬士人，招贤进士，抚恤、救济民众，三辅百姓拥戴马腾。建安十三年，朝廷征召马腾，拜为卫尉，马腾自视年老，入朝宿卫。当初，曹公担任丞相，征召马腾的长子马超，马超不肯俯就。后来，马超担任司隶校尉、督军从事，讨伐郭援，被流箭射中，马超包裹创伤再战，大败并斩杀郭援。献帝下诏，拜马超为徐州刺史，后又拜为谏议大夫。及至马腾入朝，献帝下诏，拜马超为偏将军，让马超率领马腾的军队。又拜马超的弟弟马休为奉车都尉，拜马休的弟弟马铁为骑都尉，将其家属全部迁至邺城，只有马超留在三辅。

马超率领大军，与韩遂合纵联合，及至马超与杨秋、李堪、成宜等联合，率领大军，进抵潼关。曹公与韩遂、马超单人匹马，在阵前对话，马超自负其勇猛无畏，暗中驰马向前，欲擒获曹公，曹公身边的大将许褚瞋目而视，马超勒住马缰，不敢再轻举妄动。曹公用贾诩的计策，离间马超、韩遂，使二人相互猜疑，之后，曹军大败马超。[①] 马超退走西部，联合羌戎，守境以求自保。曹公追至安定郡，恰逢北方有战事，引军东归。杨阜劝说曹公："马超有韩信、吕布之勇，甚得羌胡之心。如果大军撤回，不严加防备，陇上诸郡恐怕非国家所有。"马超果然率领羌戎进攻陇西郡县，陇西郡县响应马超，杀了凉州刺史韦康。马超占据冀城，收编韦康的部众，自称征西将军，兼领并州牧，统领凉州军事。韦康故吏杨阜、姜叙、梁宽、赵衢等合谋袭击马超。杨阜、姜叙在卤城起兵，马超出兵进攻杨阜等，战事不利；梁宽、赵衢紧闭冀县城门，马超不能返回城中，进退失据，只好狼狈逃窜，投奔汉中，依附张鲁。张鲁不信任马超，不与马超商议大事，马超心中郁郁不乐，听说刘备在成都围困刘璋，马超暗中写信，向刘备请降。[②]

①《山阳公载记》记载：当初，曹军在蒲坂，欲西渡黄河，马超对韩遂讲："应该在渭河北岸抗拒曹军，不过二十日。河东粮食耗尽，曹军必然败走。"韩遂答："可听令曹军先渡河，待曹军半渡，出兵打击，可大获全胜！"马超的计谋未能实现。曹公听说后："马儿不死，吾死无葬身之地。"

②《典略》记载：建安十六年，马超与关中诸将侯选、程银、李堪、张横、梁兴、成宜、马玩、杨秋、韩遂等，共计十部人马，一起造反，有部众十万，共同占据黄河、潼关，军阵连营。这一年，曹公西征，与马超等在黄河、渭水之间大战，马超等败走。马超逃往安定郡，投奔凉州。朝廷下诏西部民众收捕夷灭马超的家属。马超再次败于陇上，后来投奔汉中，张鲁拜马超为都讲祭酒，欲把女儿嫁给马超，有人劝谏张鲁："此人如此不爱惜亲人，焉能爱护他人？"张鲁这才作罢。当初，马超还未反叛时，马超小妾的一个叫种的弟弟留在三辅，及至马超兵败，种先

进入汉中。正月初一，种向马超祝酒，马超捶胸顿足，口吐鲜血：“我阖门一百余人，一日内殒命，如今，仅有二人相贺？”后来，马超多次向张鲁借兵，欲北取凉州，张鲁派遣军队，跟随马超前往凉州，马超战事不利。而且，张鲁的部将杨白等欲暗害马超，马超从武都逃入氐中，转而投奔蜀地。这一年，是建安十九年。

刘备派人迎接马超，马超率领部众，径直来到成都城下。城中震恐，刘璋随后稽首投降刘备，[①]刘备任命马超为平西将军，统领临沮军事，仍享有此前受封的都亭侯爵位。[②]刘备自封汉中王，拜马超为左将军，授予符节。章武元年，马超改任骠骑将军，兼领凉州牧，晋升爵位为斄乡侯，刘备策书：“朕以不德，登上至尊，奉祀宗庙。曹操父子，获罪于天，朕心中惨怛，痛心疾首。海内怨愤，归正返本，包括氐、羌，率服汉室，胡人敬慕汉室德义。以君取信于北方土族，威武昭明，授予君重任，弘扬虓虎之勇，统辖万里，关心民众疾苦。向民众宣示朝廷恩德，怀德迩远，谨慎赏罚，以笃诚效忠汉室，面对天下之人。”章武二年，马超去世，享年四十七岁。临终时，马超上疏：“臣的家族有二百余人，被曹孟德全部杀尽，只有堂弟马岱，作为宗族血食之继承人，托付于陛下，马超再无他言。”刘备追赐马超谥号为威侯，嗣子马承继承爵位。马岱官至平北将军，晋升爵位为陈仓侯。马超的女儿嫁给安平王刘理。[③]

①《典略》记载：刘备听说马超来投奔，大喜：“我可以获得益州啦。”刘备派人迎接马超，把大量兵器、物资供应马超。马超来到，令部将引军驻扎在城北，马超来后不到十天，成都城破，刘璋投降。

②《山阳公载记》记载：马超看到刘备待自己甚厚，与刘备讲话，直呼刘备的名字，关羽大怒，请求杀了马超。刘备说：“此人走上穷途，前来投奔我，卿等发怒，以呼我字而杀之，何以招揽天下英雄！”张飞说：“如是，当示之以礼。”第二日大会，刘备请马超进来，关羽、张飞并立在刘备身旁，杖刀侍立，马超环顾座席，不见关羽、张飞，而见二人侍立在刘备两旁，不觉大惊，从此以后，不敢再直呼刘备的名字。第二天，马超叹息道：“我今天才知道为何总是失败。投奔他人，却直呼人主的字，几乎被关羽、张飞所杀。”从此以后，马超敬事刘备。

裴松之认为：马超以穷途末路，归附刘备，接受爵位，何敢傲慢，而直呼刘备的字？而且，刘备入蜀，留下关羽镇守荆州，关羽并不在益州。因此才有关羽听说马超归降，写信问诸葛亮“马超的才能，可与谁相比”之类的话。不知道此书所云，出自何处。关羽焉得与张飞并立在刘备两旁？凡人行事，皆谓其可，知其不可，则不行矣。马超如果直呼刘备的字，即使从道理上讲，也并无不妥。即使关羽请求杀马超，马超也不应该得知，但见二将军并立在刘备两旁，怎么就会知道是因为直呼刘备的字，还说几乎被关、张所杀？言不尽理，简直荒谬。袁暐、乐资等所记载，秽杂错谬，像此类言论，不可胜数。

③《典略》记载：当初，马超入蜀，其小妾董氏及儿子马秋留在张鲁处。张鲁投降曹公，曹公俘虏马超的家眷，把董氏赐予阎圃，把马秋还给张鲁，张鲁亲手杀了马秋。

黄忠，字汉升，南阳郡人。荆州牧刘表任命黄忠为中郎将，与刘表的侄子刘磐共同镇守长沙郡攸县。及至曹公收复荆州，黄忠代行裨将军职事，依然负责守卫长沙，隶属于长沙郡太守韩玄。赤壁之战后，刘备南下平定江南四郡，黄忠归附刘备，跟随刘备入蜀。在葭萌关，黄忠受命攻打刘璋，黄忠在军中常冲锋陷阵，勇冠三军。益州平定后，刘备拜黄忠为讨虏将军。建安二十四年，在汉中郡定军山，黄忠与夏侯渊交战，当时，夏侯渊率领曹军精锐，黄忠进攻曹军，率领士卒，奋勇冲杀，金鼓震天，喊杀声响彻山谷，在阵前，黄忠奋力斩杀夏侯渊，曹军大败。之后，黄忠改任征西将军。这一年，刘备自封为汉中王，欲任命黄忠为后将军，诸葛亮劝说刘备："黄忠的名望，无法与关羽、马超并列。而今令黄忠与关羽、张飞、马超同为上将军。马超、张飞就在近处，亲眼看见黄忠的战功，尚可理解；关羽听说后，肯定不会高兴，恐怕要节外生枝！"刘备说："我知道如何处理。"黄忠与关羽等同为上将军，刘备赐黄忠爵关内侯。第二年，黄忠去世，刘备追封谥号为刚侯。嗣子黄叙继承爵位，早逝，没有后嗣。

赵云，字子龙，常山郡真定县人。赵云原来是公孙瓒的部下，公孙瓒派刘备为田楷抵挡袁绍。赵云跟随刘备，为刘备率领骑兵部队。[①]及至刘备在当阳县长坂坡被曹军穷追，抛弃妻儿，仓皇向南逃窜，赵云抱着刘备的幼子（即后来的后主刘禅），同时保护甘夫人（即后主刘禅的母亲），得以脱离险境，赵云改任牙门将军。刘备进入蜀地，赵云留在荆州。[②]

①《赵云别传》记载：赵云身高八尺，相貌魁伟、雄壮，被郡府举荐，赵云率领义从军到公孙瓒处。当时，袁绍兼领冀州牧，公孙瓒担心幽州人追随袁绍，很高兴赵云来归附，和赵云开玩笑："听说冀州人皆愿意归附袁氏，君为何回心转意，迷而知返？"赵云回答："天下汹汹，未知孰是，民众有倒悬之困厄。鄙州议论，追随仁政所在，为此忽略袁公，而私归将军。"赵云跟随公孙瓒征讨。当时，先主也依附公孙瓒，每次接待赵云，赵云常感到刘备有仁义，愿意结交刘备。赵云的哥哥去世，赵云辞别公孙瓒，暂时归家。刘备知道，赵云此去，将不再回来，握手告别。赵云向刘备告辞："终不肯背德。"刘备后来依附袁绍，赵云与刘备在邺城相会。刘备与赵云同床而眠，暗中派遣赵云招募士兵，得到数百人，自称是刘将军的部众，袁绍并不知道。这些人跟随刘备到荆州。

②《赵云别传》记载：当初，先主战败，有人说赵云已经北去，先主以手执戟，投向此人，说："子龙绝不会弃我而去。"不久，赵云来到，跟随刘备平定江南四郡，受拜为偏将军，代替赵范，兼领桂阳郡太守。赵范的寡嫂樊氏，有天姿国色，赵范欲把嫂子改嫁赵云。赵云推辞："与卿是同姓，卿兄即我兄。"固辞，没有答应婚姻。当时，有人劝赵云纳娶，赵云说："赵范被迫而降，内心不可测；天下女子不少，何患无妻。"遂不肯娶赵范的嫂子。赵范后来逃走，赵云心中并无芥蒂。在此之前，赵云与夏侯惇在博望坡大战，生擒夏侯兰。夏侯兰与赵云是同乡，从小两人就认识，赵云请求先主赦免，举荐夏侯兰，认为夏侯兰熟悉法律，刘备任命夏侯兰为军正。赵云并不把夏侯兰留在身边，赵云谨慎，考虑问题长远，皆类似这些。刘备进入益州，赵云

在荆州担任留营司马。当时，刘备的孙夫人是孙权的妹妹，为人骄横，多次带领吴国军人纵横恣肆，不守法律。刘备认为，赵云为人谨严，必定能整肃法律，特别任命赵云负责掌管内事。孙权听说刘备西征，派大船来接妹妹，孙夫人欲带着后主返回吴国，赵云与张飞勒兵截江，带着后主返回。

刘备从葭萌关回军，进攻刘璋，召诸葛亮入蜀。诸葛亮率领赵云、张飞等，溯江西进，沿途平定沿江郡县。大军进抵江州，刘备令赵云另外率领一支军队，从岷江直趋江阳，与诸葛亮在成都会师。成都平定后，刘备任命赵云为翊军将军。①建兴元年，赵云担任中护军、征南将军，受封为永昌亭侯，改任镇东将军。建兴五年，赵云跟随诸葛亮驻扎在汉中。第二年，诸葛亮出兵，对外声称，蜀军将要从斜谷出兵，曹真派遣大军阻拦。诸葛亮令赵云与邓芝迎战魏军，诸葛亮亲自率领大军，攻打祁山。赵云、邓芝的兵力弱小，敌军强大，在箕谷双方接战，蜀军战事不利，赵云收集余众，固守营垒，没有遭受大的损失。撤军后，赵云被贬为镇军将军。②

①《赵云别传》记载：益州平定，当时，诸将商议，欲将成都的房屋及城外的田园桑地分赐给诸将。赵云反驳："霍去病以匈奴未灭，何以家为。而今，国贼绝非匈奴可比，眼下还不能求安。等到天下安定，各人返回桑梓，在家乡躬耕垄亩，再考虑桑田不迟。益州人民刚刚经历战祸，田宅应该归还他们，令其安居乐业，然后才可以服徭役，征调赋税，民众也才愿意接受教化。"刘备听从谏言。夏侯渊战败被杀，曹公与刘备争夺汉中，运送大米到北山下，有数千万囊。黄忠认为可夺取曹军的粮食，赵云率领军队，跟随黄忠抢夺军粮。黄忠过了很久，还没有返回，赵云率领数十名轻骑兵，冲进包围圈，救出黄忠等人。正值曹公率领大军赶到，赵云被曹军前锋攻击，双方大战，直至曹公大军赶到，为形势所迫，赵云奋不顾身，冲出敌阵，且战且退。曹军暂时受挫，包围圈又合拢，赵云陷入敌阵，奋勇冲杀，突破重围。部将张著受了重伤，赵云再次骑马返回，接出张著。曹军追赶赵云至军营外，此时，沔阳县长张翼在赵云军营内，张翼欲闭门坚守，赵云进入军营，当即打开营门，偃旗息鼓。曹军怀疑赵云在军营中有埋伏，遂撤军。赵云擂响战鼓，鼓声震天，从军营中杀出，用戎弩在后面射击曹军，曹军惊恐，自相践踏，堕入汉水中，淹死者甚多。刘备第二天来到赵云的大营，环视昨天的战场，说："赵子龙一身是胆。"刘备举行酒宴，以乐舞助兴，众将领欢宴至黄昏，军中皆称赵云为虎威将军。孙权袭击荆州，先主大怒，欲讨伐孙权。赵云劝谏："当今国贼是曹氏，并非孙权，应该先灭魏，则吴国自然会臣服。曹操虽死，儿子曹丕篡夺汉室帝位，应该顺应众心，早日攻取关中，占据黄河、渭水上游，以讨伐凶逆，关东义士，一定会携带粮草，策马扬鞭，迎接王师。不应该搁置曹魏不顾，先与吴国交战；兵势一旦展开，再想收拢，恐怕不易。"先主不听，率领蜀军东征，留下赵云镇守江州。先主在秭归军事失利，赵云进军至永安，吴军撤退。

②《赵云别传》记载：诸葛亮问："街亭军撤退，军中将士皆走失，不能相顾，箕谷军撤退，将士却能够全身而退，何故？"邓芝答："赵云亲自断后，军中物资什物，并无所弃，将士无缘走散。"赵云军中还有很多军资余绢，诸葛亮让赵云分赐给将士，赵云答："战事不利，为

何赏赐？请将物资清点，全部送入赤岸府库，等到冬天十月，再拿出来赐给军中将士。”诸葛亮很欣赏赵云的建议。

建兴七年，赵云去世，后主追赠赵云谥号为顺平侯。

当初，刘备在世时，只有法正被追赠谥号；后主刘禅即位，诸葛亮功高盖世，蒋琬、费祎肩负国家重任，去世后，皆被追赠谥号；陈祗受到后主宠幸、厚遇，特别予以褒奖，追赠谥号，夏侯霸从魏国远道来归，投降蜀国，故得以追赠谥号；关羽、张飞、马超、庞统、黄忠及赵云，都被追赠谥号，在当时，被认为是荣耀之事。①赵云的嗣子赵统继承爵位，官至虎贲中郎将、督行领军。次子赵广，担任牙门将，跟随姜维在沓中屯田，战死在沙场。

①《赵云别传》记载：后主诏命：“在往昔，赵云追随先帝，功德茂盛，军功卓著。朕以幼冲，人生旅途艰难，幸赖赵云救护，倚恃忠顺，济于危难。谥号用以追述元勋事迹，朝臣廷议赵云谥号。”大将军姜维等议，认为赵云此前追随先帝，功勋卓著，率领大军出征，经营天下，遵奉法度，功效可书。在当阳之役，赵云义贯金石，忠诚护卫主上，君念其赏，礼以厚下，臣忘其死。死者有知，足以不朽；生者感恩，足以殒身。谨按照谥法，柔贤慈惠曰顺，执事有班曰平，克定祸乱曰平，赐予赵云谥号为顺平侯。

陈寿评论如下：关羽、张飞被当时人称为万人敌，可谓虎臣。关羽知恩图报，以斩杀颜良报效曹公，张飞义释严颜，都有国士之风。然而，关羽刚愎自用，自矜其功，张飞对待手下将士残暴寡恩，是其所短，最终遭人杀害，可谓报应。马超凭借西部羌氐帮助，自负其勇，马氏家族横遭灭族，惜哉！能在困厄中奋斗，以安泰终其一生，不是更好吗？！黄忠、赵云威武雄壮，堪为爪牙之臣，属于灌婴、滕公夏侯婴之类的英雄！

蜀书七

庞统法正传第七

庞统，字士元，襄阳人。年少时，庞统为人质朴，并没有人特别看重庞统。颍川郡人司马徽有知人之明，为人高雅，庞统二十岁时，去见司马徽，司马徽采桑，坐在树上，让庞统坐在树下，二人交谈，从早至晚，不知疲倦。司马徽对庞统的谈吐颇为惊讶，称庞统在南部州郡中，可谓士人之冠，从此以后，庞统显露名声。①后来，襄阳郡府任命庞统为功曹。庞统喜欢评价人物，对士人多有赞誉之辞。每当庞统评价某位士人，赞扬之辞多有些过分，当时人感到奇怪，问庞统，庞统回答："当今天下大乱，儒雅之道废弃，善人少，恶人多。应该振兴社会风俗，崇尚儒雅之道，不赞美士人的德行，士人的名声不足以令人仰慕，不足以仰慕，则愿意为善者少。而今，通过赞美十个士人，能让五个人向善，赞美之功，仍能获得其半，这样就可以促进世人向善，让有志者学会自我勉励，不也很好吗？"吴国大将周瑜襄助刘备，打败曹操。此后，刘备攻取江南四郡，任命庞统为代理南郡太守。周瑜去世，庞统护送周瑜的灵柩返回东吴安葬，吴国人大多听说过庞统。及至庞统西行返回，很多人聚在昌门送行，陆绩、顾劭、全琮都在。庞统说："陆先生可谓驽马，仍有奋进之力，顾先生可谓驽牛，仍能负重致远。"②庞统对全琮讲："卿喜欢通过施与，仰慕名声，就好像汝南郡人樊子昭。③虽然智力有限，也能作为一时之美事。"陆绩、顾劭对庞统讲："等到天下太平，当与卿共同成为治理四海之士。"众人与庞统结为至交，而后告辞。

①《襄阳记》记载：诸葛孔明号称卧龙，庞士元号称凤雏，司马德操号称水镜，皆庞德公之语。庞德公，襄阳人。孔明每次到其家中，独自拜在床下，当初，庞德公并不制止。司马德操

曾经拜访庞德公，渡过沔水，去祭扫先人的坟墓，德操径直进入庞德公的内室，招呼庞德公的妻子，让她快些做黍饭："徐元直一向说有客人来，就我与庞公谈话。"庞德公的妻子在堂下陈设桌子，摆设一应器具。很快，庞德公返回，走进屋子，不知今天的客人是何人。司马德操年龄小庞德公十岁，因此以兄长事庞德公，称呼"庞公"，故世人认为，庞公就是庞德公的名字，并非其事。庞德公的儿子叫庞山民，也很有名气，娶诸葛孔明的小姐姐，在魏国担任黄门吏部侍郎，早逝。儿子庞涣，字世文，晋武帝太康年间，担任牂牁郡太守。庞统是庞德公的侄子，年少时，没有人看重庞统，唯庞德公看重庞统，十八岁时，庞德公让庞统去见司马德操。司马德操与庞统一席倾谈，既而感慨："德公诚能识人，此人实有盛德。"

②张勃著《吴录》记载：有人问庞统："如你所见，陆子为优吗？"庞统答："驽马虽精，可供一人骑乘。驽牛一日行三百里，所载岂止一人之重！"顾劭就在庞统的屋子里同宿，二人谈话，顾劭问："卿善于识人，吾与卿相比，如何？"庞统答："陶冶世俗，甄别人物，吾不及卿；若论帝王之策，招揽隐居士人，吾似有一日之长。"顾劭赞赏庞统的评价，对庞统更加钦敬。

③蒋济著《万机论》记载，许子将褒贬，不够公平，赞赏樊子昭，而贬抑许文休。刘晔说："樊子昭出身于商人，年龄已至耳顺，退能守静，进能不苟。"蒋济答："樊子昭诚能长幼完美，然而，观察其相貌，树颊胲，吐唇吻，这一点，不如许文休远矣。"胲音改。

刘备统领荆州，庞统以幕府从事，代理耒阳县令，在县衙不处理政事，被免去官职。吴国大将鲁肃写信给刘备："庞士元绝非百里之才，让其担任治中、别驾，才能充分展示其才能。"诸葛亮也向刘备推荐庞统，刘备接见庞统，与其深谈一次，颇为器重，任命庞统为治中从事。[①]刘备厚遇庞统，仅次于诸葛亮，庞统与诸葛亮一起，并列军师中郎将。[②]诸葛亮留守荆州。庞统跟随刘备入蜀。

①《江表传》记载：先主与庞统谈话，问："卿担任周公瑾的幕府功曹，孤到吴国，听说此人有密谋，劝孙仲谋强留孤，有这事吗？在君为君，卿不要隐瞒。"庞统答："有这事。"刘备叹息道："孤当时情况危急，当有所求，故不得不前去见孙权，几乎被周瑜暗算！天下智谋之士，所见略同。当时，孔明劝孤不要去，孔明的意见很对，也在为孤担心。孤以为孙仲谋所防备，应该是北军曹操，以孤作为外援，故对孙权毫无防备。这次去，可谓冒了很大风险，绝非万全之策。"

②《九州春秋》记载：庞统劝说刘备："荆州经过战乱，已经残破，著名士人几乎流散殆尽，东吴有孙权，北边有曹氏，如果要建立鼎足之势，在荆州很难得志。如今，益州国富民强，有户口数上百万，四部兵马，全部具备，所需要的物资，无须外界供应。可借益州之地，以完成大业。"刘备说："当今天下，与我成为水火之势者，只有曹操，曹操急于平定天下，我以宽缓图之；曹操以残暴对待士人，我以仁义相待；曹操以诡谲谋取成功，我以忠诚正直；我的行事方式，与曹操相反而行，事业可成。而今，我若以小利，失信于天下，此吾所不取。"庞统说："权变之计，绝非一道所能达成。兼并弱者，攻伐愚昧，此乃五霸行事。逆取顺守，报之以义，

事成之后，封以大国，何负于信？今日不取，终为他人所取。”刘备遂西行。

益州牧刘璋与刘备在涪城会面，庞统向刘备献策：“今天可趁二人会面之机，逮捕刘璋，不费一兵一卒之劳，将军稳坐益州牧，奠定一州。”刘备答：“刚刚进入他人之国，恩信还未确立，这样行事，不可为。”刘璋返回成都，刘备为刘璋北伐汉中，庞统再次劝告刘备：“将军应暗中挑选精兵，日夜兼程，径直袭取成都；刘璋既不能武，又毫无戒备，大军猝然而至，一举夺取成都，此乃上策。杨怀、高沛，都是刘璋手下的名将，手中各掌握有精兵，占据要塞，听说他们多次写信劝谏刘璋，要刘璋打发将军返回荆州。将军可乘此机会，进军成都，在还未行事前，派人先告知，就说荆州有急事，欲返回救援，并让全军整理行装，对外做出有回归的模样；此二人既敬服将军之英名，又高兴看到将军将要离去，估计一定会轻骑来见，将军乘机逮捕二人，而后进兵，收编其军队，再指向成都，此乃中策。如果退回白帝城，既而带着军队返回荆州，然后，徐而图之，谋取益州，此乃下策。将军犹豫不决，又不肯即刻离去，将会招致大祸，不可久拖不决。”刘备采纳庞统的中策，当即斩杀杨怀、高沛，回军杀向成都，所过之处，大军攻无不克。进抵涪城，刘备大会诸将，置酒欢宴，刘备对庞统讲：“今日之宴会，可谓令人高兴至极。”庞统答：“伐人之国，以此为乐，非仁者用兵之道。”刘备有些醉意，不禁大怒：“武王伐纣克殷，前歌而后舞，难道非仁者邪？卿所言不当，赶快起身，出去！”庞统起身，慢慢退出酒宴。刘备此时感到后悔，请庞统回座。庞统重新坐下，并不谢恩，饮食自若。刘备问庞统：“刚才所言，是谁的过失？”庞统答：“君臣俱有过失。”刘备听罢，大笑，酒宴继续进行。①

①习凿齿曰：以霸王之道，图谋天下，必以仁义作为谋事之本，倚仗信义，顺应天命以为宗，一物不俱备，则其道乖谬。而今，刘备通过袭击，夺取刘璋的益州，所谓以权变，以完成大业，负信背义，违背常理，德义俱欠缺，虽功业兴隆，也大伤其德，犹如砍断手臂，而保全躯体，何乐之有？庞统担心其策划泄密，知道刘备会有所醒悟，故在众人酒宴上，匡正刘备的过失，而不修常谦之道，矫饰其言辞，有些过当，其实仍是蹇谔之风。君上有所失，而能即时匡正，是臣下尽责；采纳谏言，而不坚持己见，是主上从其理；有臣下尽责，则陛隆堂高，主上从其理，则群策毕举；一言而三善兼明，借此谏言，义彰百代，可谓达乎大体。若顾念小失，废其大义，骄矜过分之言，自绝于远谋之略，能成就大事者，未之有也。

裴松之认为：庞统为刘备策划袭击刘璋，计谋虽出自庞统，然而违义成功，也是通过诡谲之道，心中既有愧疚之感，加上酒宴欢乐，可谓自戢，故听到刘备称乐之言，不觉率尔劝谏。刘备酣宴失时，事同乐祸，自比武王，曾无愧色，此刘备有非，庞统无失，其云“君臣俱有过失”，盖分谤之辞。习氏所论，虽大旨无乖，然推演之论，近为流宕。

刘备围攻雒县，庞统率领众人攻城，被流箭射中，伤重不治，死于战场，死时年仅三十六岁。刘备痛惜不已，谈起庞统，就会流泪不止。刘备拜庞统的父亲为议郎，后改任谏议大夫，诸葛亮亲自拜授官职。刘备又追赐庞统爵关内侯，谥号为靖侯。庞统的嗣子庞宏，字巨师，为人耿直，善于评价他人，臧否对错，轻视尚书令陈祇，受到陈祇压制，在涪陵郡太守任上去世。庞统的弟弟庞林，以荆州治中从事，为镇北将军黄权参谋军事，讨伐东吴，战事不利，蜀军大败，庞林跟随黄权入魏，魏国封庞林为列侯，官至钜鹿郡太守。[①]

①《襄阳记》记载：庞林的妻子，是同郡人习祯的妹妹。习祯的事迹，参见杨戏著《辅臣赞》。曹公平定荆州，庞林的妻子与庞林分开，独自守在家中，抚养弱女十余年，后来，庞林跟随黄权投降魏国，夫妻二人才又团聚。魏文帝听说此事，称赞庞林的妻子贤德，赐予床帐、衣服，以彰显其节义。

法正，字孝直，右扶风郿县人。祖父法真，担任官职，清廉正直。[①]建安初年，天下陷于饥荒，法正与同郡人孟达入蜀，依附刘璋，过了很久，才被任命为新都县令，后来，刘璋征召法正，任命为幕府代理军议校尉。法正得不到重用，又被侨居蜀地的同乡人诋毁，说法正为人无行，法正郁郁不乐，在刘璋处不能得志。益州别驾张松与法正的关系很好，二人私下里认为刘璋不足以辅佐，常暗中叹息。张松去荆州拜见曹公返回，劝谏刘璋拒绝曹公，与刘备结盟。刘璋问："谁可以担任使者？"张松举荐法正，法正当初辞让，后来经过劝说，不得已，只好去见刘备，回来后，对张松讲刘备有雄才大略，二人密谋，立下誓言，愿意共同辅佐刘备，于是寻找机会。刘璋听说曹公欲派遣部将讨伐张鲁，内心恐惧，张松遂劝说刘璋迎接刘备入蜀，借刘备之力，讨伐张鲁，刘璋令法正带着使命，去迎接刘备。法正向刘备传达刘璋的旨意，又暗中向刘备献策："以将军之英明，趁着刘州牧懦弱无能；张松可谓益州英才，担任刘璋的心腹臣僚，可以作为内应，襄助将军；将军凭借益州之殷富，倚仗天府之险阻，成就一番大业，此事可成，易如反掌。"刘备采纳法正的谏言，溯江西行，与刘璋在涪城会面。此后，刘备北上葭萌关，既而南下，夺取刘璋的益州。

①《三辅决录注》记载：法真，字高卿，年少时，法真熟读《五经》，兼通谶纬，学无常师，名有高才。法真戴着幅巾，去见右扶风郡太守，郡太守问："哀公虽然不肖，犹如臣之仲尼，柳下惠不离父母之邦，欲令君屈尊，任命君为郡府功曹，如何？"法真答："以明府对在下有礼，故在下愿意四时朝觐，若明府欲任命法真为官吏，法真将躲在北山之北，南山之南。"右扶风郡太守遂不再任命法真为郡府官吏。当初，法真还未行过成人礼，父亲在南郡，法真步行前往南郡，去看望父亲，看望父亲罢，欲辞别，父亲留法真过完元旦再走，让法真观察郡府官吏聚会。聚会者有数百人，法真从窗中窥视与父亲谈话者。谈话完毕，父亲问法真："哪位官吏最为

贤能？”法真答：“郡府曹掾胡广有公卿之量。”其后，胡广果然在朝中历任九卿三公，世人以此佩服法真能够识人。法真多次被朝廷征召，皆不肯俯就，友人郭正等赞美法真，号称玄德先生。法真享年八十九岁，灵帝中平五年去世。法正的父亲法衍，字季谋，曾担任司徒府掾、廷尉左监。

郑度劝说刘璋：[①]“左将军刘备孤军深入，袭击成都，刘备兵不满一万，益州士众还未亲附，刘备只能在野外筹备粮食，缺少后勤辎重。对付刘备，可以尽力驱赶巴西郡、梓潼郡的民众，迁至涪水以西，坚壁清野，把沿途仓廪的粮食全部焚烧，而后高墙深沟，静待刘备攻击。刘备来到，向我军挑战，拒不迎战，刘备没有粮食支持，不可能持久，用不了百日，必定撤军退走。而后我军追击，则一定能擒获刘备。”刘备知道后，非常痛恨郑度，问法正。法正答：“刘璋终不会采纳郑度的谏言，不必忧虑。”刘璋果然如法正所言，对群臣讲：“我听说拒敌以安民，没有听说扰动民众，而能拒敌。”刘璋罢黜郑度，没有采纳他的谏言。及至刘备围困雒城，法正写信给刘璋：“法正本身没有什么才能，而今，州牧与刘使君的结盟已经被破坏，臣担心州牧身边的人不明事理，一定会将罪责归咎于臣，臣蒙受耻辱，断送性命，连累执事者受辱，是以损身于外，不敢返回成都复命。臣还担心，圣听厌恶臣的恶名，中间又无人传递信息，致以敬意，顾念往昔州牧知遇之恩，臣瞻望州牧，惆怅不已。然而，臣此前此后披露心腹，从始至终，实不敢隐藏私情，言不尽意。臣愚昧无知，精诚不惑，以致于此。而今国事已危，祸殃在即，受辱之臣，捐躯于外，言辞足以令人憎恶，仍然披肝沥胆，以尽余忠。刘将军的本意，法正有所了解，实为区区，不愿意令州牧误会，最终导致这样的结果。州牧身边的人，不会理解英雄处事的道理，认为违背信义，亵渎盟誓，专以意气用事。随着时间过去，州牧听信顺耳之言，习惯悦目之声，佞臣阿谀奉承，不懂得深谋远虑，为国家大事深思熟虑。事情已发展到今天的地步，州牧如不能判断强弱之势，认为刘将军孤军深入，又无粮食储备，欲以多击少，旷日持久，与刘将军相持，臣担心，从白水关至此，刘将军率领大军，所向披靡，州牧的离宫别馆，已渐颓废。雒城虽有上万兵力，皆疲惫之卒，败军之将，欲与刘将军争一日之雄，两军兵势，难以比拟。如果相持日久，等待刘将军粮食匮乏，而今，刘将军的营地已经巩固，粮食储备已经充足。州牧的领土却在日渐缩小，百姓日渐疲困，州牧的怨敌会日渐增多，所需物资，因路途遥远，将难以供给。以愚臣之见，州牧将会势穷力竭，不能再长久维持。空守成都危城，下场会更加难堪，近日，张翼德率领数万之众，已经平定巴东，进入犍为郡，兵锋所指，平定资中、德阳，三路并进，州牧将如何应对？为州牧出谋划策者，一定会认为张翼德孤军深入，又无粮草接济，转运路途遥远，难以为继，兵力损失，无法补充。如今荆州道路已经打通，张翼德以数十倍兵力，再加上车骑将军孙权，派遣弟弟及李异、甘宁等作为张翼德的后援。州牧再要争客主之势，以益州土地辽阔，作为取胜资本，益州原有的巴东郡、广汉郡、犍为郡，已经丢失过半，巴西一郡，也将非州牧所有。臣估计，益州倚仗的只剩下蜀郡，蜀郡也遭到侵夺，三分失去二分，吏民疲困，乘机作乱者，十户有八户；敌军远途来攻，百姓不堪徭役，敌军一旦迫近，则很快就会易主。广汉郡诸县就是明证。鱼复县与关头，是益州的祸福之门，二门洞开，坚城俱下，诸军相继兵败，将士逃亡殆尽。敌军数路并进，已经深入心腹，州牧坐守城都、雒城，存亡之势，昭然可见。从大局看，再要对外用兵，已很难取胜，其余细节，难以尽述。以法正之愚见，也知道此事不可以持久，更何况州牧身边，有如此多智谋士人，难道看不出这其中的成败利钝？旦夕间，仍心存侥幸，求容取媚，不虑远图，不肯尽心竭力，献出良计。如果事穷势迫，图谋各自逃生，重新选择主公，另投门户，辗转反复，与今天的想法迥异，不会为州牧效死力。州牧家门也会受到连累。法正获不忠之谤，内心依然认为，不负州牧圣德，顾念义理，实感痛心。刘将军从始至终，仁心依依，不忘旧情，绝无薄情寡义之念。臣以为，州牧应该权变，以保证家室富贵尊荣。”

①《华阳国志》记载：郑度，广汉郡人，担任州部从事。

建安十九年，刘备大军进抵成都，刘璋属下的蜀郡太守许靖翻过城墙，欲投降刘备，被人发觉，没有成功。刘璋以成都危亡，迫在眉睫，没有杀许靖。刘璋投降后，刘备以此看不起许靖，不肯重用。法正劝说刘备：“天下有人获得虚荣，并无其实，许靖就是这样的人。主公刚创立大业，不可能逐户解释，许靖享有虚名，传扬于四海，如果对其不能以礼相待，天下士人会认为主公轻贱贤士。还是稍加礼敬为是，以此向远近士人显示主公有爱才之心，犹如当年燕昭王礼遇郭隗。”刘备厚待许靖。[①]刘备任命法正为蜀郡太守，拜为扬武将军，负责卫戍，对内作为刘备的参谋，参与军事。法正在任上，对过去的同事，一餐之德，都会施以报答，睚眦之怨，也会施以报复，擅自杀了几个诽谤过自己的人。有人对诸葛亮讲：“法正担任蜀郡太守，太过骄横，将军应该禀告主公，对其有所限制。”诸葛亮答：“主公在公安县时，北边畏惧曹公之势，东边忌惮孙权之威，近者，在肘腋之下，又害怕孙夫人生出变故；在当时，主公进退失据，狼顾左右，法孝直作为主公的辅翼，令主公翻然翱翔，不可复制，如何禁止法正，使其不得任意行事！”当初，孙权把妹妹嫁给刘备，孙夫人才思敏捷，为人刚毅，有哥哥孙策、孙权的风范，身边有侍婢一百余人，皆手持利刃，侍立在孙夫人身旁，刘备每次进入卧室，心中常惴惴不安；诸葛亮知道刘备雅爱法正，予以特别信任，故这样讲。[②]

①孙盛曰：礼贤崇德，为邦国之要义，封墓式闾，乃周武王之令轨，圣王身体力行，表彰贤德，尊崇贤士，然后，可以延揽四海，征服群黎。苟非其人，道不虚行。许靖处室，则友人与

其不睦，出身为官，则受位非其所能，口言信义，则履险改易其心，议论识人，遇事则为衅首，可是许靖仍然受到宠幸，对此有感言者乎？若对这样的虚浮士人予以尊崇，苟安取荣，则秉持忠贞，仗义之士，将何以礼遇？正务眩惑之术，违逆贵尚之风，以郭隗相譬喻，不伦不类。

裴松之认为：郭隗并非贤者，只是以权宜之计，燕昭王予以宠幸，更何况文休有名士之誉，天下谓之英才，虽然晚节不保，微有瑕疵，而事不彰显，若不以礼相待，何以释远近之困惑？法正以许靖譬喻郭隗，颇为不当，而孙盛以封墓式闾诘难，何其迂腐！那么，燕昭王礼敬郭隗为非，刘备又当何解释？至于与友人不睦，失之由在子将，按照蒋济之论，知道并非文休之错。孙盛讥讽其受位非所能，指的是在董卓手下做官。董卓当初在朝中秉政，擢拔俊贤，受其册封爵位官职者，比比皆是。文休被选任为蜀郡太守，在董卓未进京以前，后来，文休又担任御史中丞，并不为超越。以此贬抑文休，则荀爽、陈纪之辈，皆应该受到摈弃。

②孙盛曰：威福自下，实为亡家害国之道，刑纵于宠，实为毁政乱理之源，怎么能以功臣自居，而如此蛮横无理。刘备竟然让嬖幸操持其国柄？故颠颉虽勤，不免违命之刑，杨干虽亲，犹加乱行之戮，岂不爱王法宪政故也。诸葛氏之言，在此不合乎刑政之理。

建安二十二年，法正劝说刘备：“曹操一举而逼降张鲁，平定汉中，并未乘势图谋巴、蜀，仅留下夏侯渊、张郃驻守汉中，自身随即北返，此绝非其智力不逮，或力量不够，一定是内部仍有忧患，不得不如此行事。而今，度量夏侯渊、张郃的才能，难以独当一面，守住汉中，肩负国家统率一方的重任，主公可大举进兵，收复汉中，一定能克敌制胜。收复汉中后，主公即可借汉中地利，布置士兵屯垦，积蓄粮食，静观时局变化，而后伺机出兵，上可以打败寇敌，尊崇王室，中可以蚕食雍州、凉州，拓展领土，下可以固守要害，作为长久之策。此乃上天赐予主公的机会，机不可失。”刘备很赞赏法正的分析，遂率领诸将向汉中进军，法正跟随大军行动。建安二十四年，刘备从阳平关南下，渡过沔水，沿着山路，大军急速前进，进抵定军山，依据山势，设立军营。夏侯渊率领曹军，前来争夺地利。法正谏言：“可以出击。”刘备命令黄忠登上高坡，擂响战鼓，蜀军发起进攻，大败曹军，斩杀夏侯渊。曹公亲自率领大军西征，听说此前法正为刘备设谋，曹公说：“我原来就认为玄德绝不可能这样用兵，一定是有人为其设谋。”①

①裴松之认为：汉中郡对于蜀国，犹如唇齿关系。刘先主的智慧，岂能想不到这些？此计策还未展开前，法正首先谏言，刘备听用法正嘉谋，以成就功业。刘备作为雄霸一方的英雄，谁不知道？魏武帝以为是有人为刘备设谋，也太小看刘备！这不过是羞愤之余辞，并非曹公心中的真实想法。

刘备自封为汉中王，任命法正为尚书令，拜为护军将军。第二年，法正去世，享年四十五岁。刘备为法正过早去世痛惜不已，一连数日，为法正悲泣，赐法正谥号为翼侯，赐法正的儿子法邈爵关内侯，法邈官至奉车都尉、汉阳郡太守。诸葛亮与法正，虽二人所好不同，为国家利益，二人仍能同舟共济。诸葛亮对法正以奇正妙术为刘备献计，常感到惊讶。刘备即皇帝位，欲东征孙权，为关羽报仇，群臣多次劝谏，刘备一概不听。章武二年，蜀军大败，刘备退回白帝城。诸葛亮叹息道："若法孝直在，一定能阻止主公出兵伐吴，令主公不复东行；即使东行，也不至于陷入危险。"①

①先主与曹公相争，势有不便，有人谏言先主退兵，先主大怒，不肯退，无人再敢讲话。当时，箭矢如雨点般落下，法正走到先主面前，先主说："孝直当避箭。"法正答："明公亲自面对箭矢，更何况小人？"先主这才说："孝直，吾与汝一起撤军。"遂退兵。

陈寿评论如下：庞统喜欢评价人物，考虑问题深谋远虑，经学高深，在当时，是荆楚的高士。法正预见成败，有奇计妙策，然而，不能以品德，谨修品行，被人们称道。与魏国群臣相比较，庞统与荀彧，堪为仲叔，法正与程昱、郭嘉等相类似？

蜀书八

许麋孙简伊秦传第八

许靖，字文休，汝南郡平舆县人。年轻时，许靖与堂弟许劭都是知名士人，喜欢评价、褒贬人物，但是，二人关系不睦。许劭担任郡府功曹，排挤许靖，不让其参与政事，许靖用马拉磨，以此维持生活。颍川郡人刘翊担任汝南郡太守，举荐许靖为郡府计簿吏，经过考查，又举荐许靖为孝廉。许靖在朝中担任尚书郎，负责选举官员。灵帝驾崩，董卓把持朝政，任命汉阳郡人周毖为吏部尚书，与许靖共同负责选举天下贤士，淘汰颟顸无能的官员，发现淤滞在民间的士人，二人选用颍川郡人荀爽、韩融、陈纪等，这些人相继在朝中担任公卿，或出任郡太守。董卓上表，拜尚书韩馥为冀州牧，拜侍中刘岱为兖州刺史，拜颍川郡人张咨为南阳郡太守，拜陈留郡人孔伷为豫州刺史，拜东郡人张邈为陈留郡太守。而许靖此后也改任巴郡太守，许靖没有上任，又在朝中改任御史中丞。韩馥等到任，各自在所在州郡举兵，大军直指京师，欲诛杀董卓。董卓大怒，对周毖讲："诸君向我谏言，应当选拔重用良士，董卓听从君的谏言，不想违背天下士人的心愿。而诸君所选用的人，到官之日，竟然反过来，欲谋害董卓。董卓何曾有负诸君！"董卓怒斥，令人将周毖牵出去，在大殿外将周毖诛杀。许靖的堂兄陈国相许玚又与孔伷合谋，反叛董卓，许靖害怕受到牵连，被董卓杀害，投奔孔伷。[①]孔伷去世，许靖又依附扬州刺史陈祎。陈祎去世，吴郡都尉许贡、会稽郡太守王朗过去与许靖有旧谊，许靖又前去投奔王朗。在王朗处，许靖收容抚恤亲朋故旧，救济、赡养很多人，皆出于仁厚之心。

①《蜀记》记载：许靖后来上表："党同伐异，逆贼求生，情所不忍；守官自危，死不成

义。窃念古人面临危险，以诡谲行事，以权变之术，济其道义。”

孙策渡过长江，江东有很多人逃往交州，以躲避战乱，许靖独自坐在江岸边，先让大船载走依附他的人，无论亲疏，都坐船走了，许靖这才登船离开，当时看见者，莫不为之叹息。及至许靖抵达交趾郡，交趾郡太守士燮厚遇许靖，以礼相待。陈国人袁徽也在交州避难，袁徽写信给尚书令荀彧：“许文休可谓天下英才，是一位伟丈夫，其足智多谋，足以参与朝廷大事。自从天下丧乱以来，许文休与士人相随，每当遇到紧急事情时，常能与众人患难与共，先人后己，九族中的亲人，同样忍饥受寒，文休能以礼仪纲常对待同人，文休宽恕仁厚，为人恻隐，这样的事例有很多，不能一一列举。”钜鹿郡人张翔[1]奉君王之命，出使交州，招募许靖，欲与许靖盟誓，许靖拒绝，没有答应。许靖写信给曹公：

当今之世，天下陷于动乱，祸灾接连发生，臣驽钝胆怯，在交州苟安偷生，流窜于蛮貊，已有十年，对中原的吉凶，不闻不问，漠视礼仪荒废。昔日，臣在会稽郡，得到曹公书信，言辞款洽，臣铭记在心，长久不能忘记。迫于袁术矫制诏命，残害黎民，蛊惑谋逆，道路阻塞，臣虽然思念北方，欲踏上归途，又犹豫不决。正道难行，袁术军队猖獗，会稽郡陷落，景兴失据，三江五湖，皆为贼虏所据。时局维艰，无所控告。臣只能与袁沛、邓子孝等，浮渡沧海，南至交州。经历东瓯、闽、越之国，行程万里，不见汉人居住之地，漂泊在江湖，衣食断绝，茹草充饥，路上饿殍，随处可见，死者大半。及至臣来到南海，与当地郡守倪孝德相见，才知道足下奋发忠义之志，整饬元戎，西迎皇帝御驾，荡平中原。多承此间问候，且喜且悲，臣当即与袁沛及徐元贤整理行装，欲北上返回荆州。恰好苍梧郡府属下县邑夷人、越人叛乱，叛贼蜂起，州府又遭到颠覆，道路又被阻断，徐元贤在战乱中被害，家中老弱同时遇难。许靖只好沿着江河，乘船上行五千余里，途中又遭遇瘟疫，伯母殒命，连同一起随行者，包括诸家妻子、儿女，几乎死亡殆尽。幸存者相互扶持，辗转来到此郡，总计此次遭遇兵乱，遇害及病亡者，十人仅剩下一二。乱世之中，生民之艰难，难以尽言，辛苦备至，岂可具陈！[2]臣担心最终颠仆，永远成为亡命之徒，客死他乡，忧瘁惨怛，废寝忘食。臣欲跟随奉朝贡使，自获解脱，最终归死阙庭，而荆州水陆不通，交州驿使断绝。欲前往益州，路上山路险峻，关防严密，新旧官员，一概不得出入。此前曾经请交趾郡太守士威彦，以深情拜托益州兄弟，许靖又亲自写信，辞意恳切，苦苦哀求，而回复寥寥，了无音信。臣虽然瞻仰光灵，延颈企盼，奈何身无双翼，又如何抵达？

臣知道，圣主允明，授予足下专征之任，凡中原叛逆，皆逐一荡平，臣思忖，意欲竞争者，已经向心归附，顺从依附者，已经同心一德。张子云昔日在京师，志在匡扶王室，而今濒临荒域，不得参与本朝政事，也是国家之藩镇，足下之外援。[③]如果荆楚归于和平，王化恩泽南方，足下可命令子云殷勤照护，令臣得以借道，由荆州出发，不然，也可以向益州兄弟打招呼，使其能够接纳。倘若假以天年，臣得以免祸，归死于中原，解除逋逃之累，臣泯躯九泉，将复何恨！然而时有险易，事有利钝，人命无常，殒命不达者，臣将永衔罪责，埋葬于荒蛮之地。

在往昔，营丘吕望辅弼周室，杖钺专征，博陆侯霍光辅佐汉室，虎贲警跸。[④]今日足下扶危济困，可谓国家柱石，秉持太公望之任，兼有霍光之职。五侯九伯，统御在手，从古至今，人臣之尊，还都不如足下。爵高者忧深，禄厚者责重，足下享有爵高之任，担当责重之职，言出于口，即为赏罚，意之所存，便为祸福。行事之得道，则社稷安宁；行事之失道，则四方骚乱。国家安危，在于足下；百姓之命，悬于执事。从华夏到夷狄，颙颙瞩望。足下担此重任，岂能不远览典籍，顾念废兴之由，荣辱之机，弃忘旧恶，宽待群臣，审量五材，为官择人？足下苟得其人，虽仇必举；苟非其人，虽亲不授。以此安定社稷，扶危济困于下民，事立功成，足下将会系雅音于管弦，勒勋名于金石，愿足下勉之！为国家自重，为民众自爱。

张翔恨许靖不肯与自己结交，搜出许靖的书信，还有上疏，全部投于水中。

①《万机论》记载：张翔，字元凤。

②裴松之认为：孔子称：“贤者避世，其次避地。”一般来讲，首先要认识安危之地，明白去就之所。许靖羁客会稽郡，作为闾阎之士，孙策东渡长江，于许靖又有何干？而泛舟江湖，远赴万里之南海，闯入疫疠之乡，致使老弱惨遭涂炭，罹遭祸患，可谓自取其祸灾。像这样的谋臣，难以言智。假若能安时处顺，就住在吴、越，与张昭、张纮之俦，同保元吉，又怎样？

③张子云名字叫张津，南阳郡人，担任交州刺史。参见《吴志》。

④《汉书·霍光传》记载：“霍光出身羽林郎，武帝驾崩，担任大将军，辅佐汉昭帝，在出宫的路上称警跸。”未详虎贲所出。

后来，刘璋派遣使者邀请许靖，许靖入蜀。刘璋任命许靖为巴郡、广汉郡太守。南阳郡人宋仲子在荆州写信给蜀郡太守王商：“文休为人倜傥，文章典雅，可谓当世之茂才，足下当以此人为指南。”[①]建安十六年，许靖改任蜀郡太守。[②]建安十九年，刘备平定蜀地，任命许靖为左将军幕府长史。刘备自封为汉中王，拜许靖为太傅。及至刘备登上帝位，颁发策书：“朕获奉宏业，君临万国，夙兴夜寐，惶惶不安，担心不能安绥天下，不能令百姓亲附。五品人伦不能和睦，任命许靖为司徒，请君以五教治理民众，施政在宽。君其勖勉哉！秉德无怠，称朕意焉。”

①《益州耆旧传》记载：王商，字文表，广汉郡人，以学问著称，在州里享有盛誉。刘璋任命王商为州部治中从事。当时，通往中原的道路阻断，州牧就像战国时的诸侯，刘璋性情懦弱，对人又常有猜忌心，不能信任大臣。王商曾经劝谏刘璋，刘璋有所感悟。韩遂与马腾在关中作乱，多次与刘璋的父亲刘焉通信，直到马腾的儿子马超与刘璋联系，马超有联络蜀地之意。王商对刘璋讲：“马超勇而不仁，见到利益，即忘记仁义，不能把马超当作唇齿，相互倚恃。老子讲：‘国之利器，不可以示之于人。’如今，益州士美民丰，有各种物产，像马超这样的狡黠之徒，皆欲一朝拥有，马超之所以西望，一定是有所图谋。若与马超联络，引以为外援，就好比养虎遗患，很难有好的结果。”刘璋采纳谏言，拒绝马超。荆州牧刘表，还有儒士宋忠，都知道王商的大名，写信给王商，畅叙友情，颇为殷勤。许靖号称喜欢臧否人物，来到蜀地，见到王商，称赞道：“如果王商生在华夏中原，即使王景兴，也不过如此。”刘璋任命王商为蜀郡太守。成都人禽坚有至孝之行，王商旌表其墓冢，追赠禽坚为孝廉。又为贤士严君平、李弘建立祠庙，制作碑铭，以旌表先贤。王商建立学校，劝民稼穑，百姓得到很多利益。王商担任蜀郡太守十年，在任上去世，许靖继任太守。

②《山阳公载记》记载：建安十七年，汉献帝立皇子刘熙为济阴王，立刘懿为山阳王，立刘敦为东海王。许靖听说后，认为：“《易经》讲：‘将欲歙之，必固张之；将欲取之，必固与之。’这是指曹孟德啊！”

许靖已经年逾七十岁，依然爱惜人才，努力奖掖后起之秀，平时，许靖喜欢清谈，乐而忘忧。丞相诸葛亮等对许靖很尊敬。章武二年，许靖去世。长子许钦，在许靖之前去世。许钦的嗣子许游，景耀年间，担任尚书。当初，许靖以兄长礼，敬事颍川郡人陈纪，与陈郡人袁涣、平原郡人华歆、东海郡人王朗等关系很好，华歆、王朗及陈纪的儿子陈群，在魏建国初，担任三公，作为辅弼大臣，他们写信给许靖，重叙旧谊，情义甚笃，双方书信来往很多，此处不再赘述。[①]

①《魏略》记载：王朗写信给许靖：“文休足下：喜获先生平安无恙，甚善甚善。岂料想与先生阔别，达三十余年，而无再见之缘！诗人比喻，一日之别，犹如三秋，岂想到与先生分别，悠悠岁月，已经过去这么多年！自从与先生分别，若非沉浮于尘世，其间或许还有见面的机会。而今而后，在下居升平之京师，攀附于飞龙之圣主；吾侪同辈，大多已经谢世，熟人略尽，幸得以与足下依然身为遗种老叟，然而，也相去数千里，加上有邅（zhān）蹇阻隔，时有消息传来，托旧情于思念，眇眇异处，与旷世无异也。往者在下跟随大军，来到荆州，见到邓子孝、桓元将，略知足下的动静，说先生现在益州，执掌要事，担任郡太守，君一向注重品行修养，循规蹈矩，老而不堕。还记得当时随侍魏武帝，担任宿卫，在江陵刘景升听事时，与足下共论时事于通宵，拳拳饥渴，诚无已也。自天子在东宫，及至即位，每当大会群贤，议论天下髦隽之士，依然见在者，岂独人才已尽，易为英杰，名士鲜有，易取最优！故在下猥以原壤之朽质，感孔子之情

听；每当谈到足下，皆以为群英之首，岂其留意，乃复过于前世。《尚书》曰：‘人唯求旧。’《易经》曰：‘同声相应，同气相求。’刘将军之与大魏，兼而两之，总此二义。前世邂逅，以同为睽，并非魏武帝之旨意；顷者蹉跌，其泰而否，亦非足下之旨意。深思《尚书》《易经》之义，利结分于宿好，故派遣降者，送上吴国所献名马、貂、罽，切勿嫌弃。道路刚刚开通，得以与足下重叙旧谊，以达问候。久阔情愫，非笔墨所能尽述，想到足下也会有同样的思念。今者，足下儿女还有几人？年龄有几何？仆连续失去一男一女，今日还有二男：大儿名叫王肃，年龄二十九岁，在会稽郡出生；小儿才一岁多。临书怆恨，有怀缅然。”

又写信：“还记得吗？《尚书》有‘受终于文祖’之言。《论语》有‘历数在躬，允执其中’之言。在下岂自得意于老耄之年齿，正值天命所归，受命于圣主之会，亲见三让之弘辞，观看众瑞之总集，目睹升堂穆穆之盛礼，瞻仰燔燎焜曜之青烟；在当时，在下飘飘忽忽，自以为身处唐尧、虞舜盛世，游于紫微天庭。慨然叹息，不能携足下之手，共列于二十二圣贤之数，以聆听有唐氏‘钦哉’之诏命。先生虽然在西蜀裔土，想必也在极目远眺，回望中原，侧耳聆听，延颈鹤立也。在往昔，汝南郡人陈公，当初拜见，不似往常，谦让上卿位于李元礼，以此推让；吾也应退身，以避先生，逊让其位。这样，或许可得避让贤者，以窃取谦逊之名，然后绶带委质，悠游畅叙于平、勃之间，与先生共叙以往避居江南之艰辛，而后，乐酒欢宴，高谈大噱，亦足以遗忘忧愁，忘却老之将至。捉笔陈情，随以喜笑。”

又写信：“前年夏天有书信，然而未送达，今日又再写书信，并致前问。皇帝既深悼刘将军之早逝，哀愍其孤儿之不易，又怜惜足下与孔明等士人相类之徒，沉溺于羌夷异种之间，永与华夏隔绝，而无朝聘中原之期缘，瞻晞（xī）故土桑梓之望，故复运慈念，而劳仁心，重下明诏，以发德音，申敕王朗等人，重写书信，寄与足下等。以足下之聪明，揆度殷勤之圣意，亦足以感悟海岱之所常在，知百川之所宜注入大海。在往昔，伊尹去夏而就殷，陈平违楚而归汉，犹曜德于阿衡，著功于宰相。若足下能辅弼他人之遗孤，笃定他人之犹豫，除去非常之伪号，事受命之大魏，客主兼不世之荣名，上下蒙不朽之荣耀，功与事并，声与勋著，考其勋绩，足以超越伊尹、吕尚矣。既承皇帝圣旨，且服怀旧之心，情不能已。若不言足下之所能，陈足下之所见，则无以宣明诏命，弘扬光大圣恩，畅叙昔日梦想之思。若天启众心，先生开导蜀地之意，诚此意有携手之期。若险路未夷，先生谋划不从，则惧声问或否，复面何由！前后二书，每当言及此事，莫不恻然动情于怀。足下周游江湖，以暨南海，历观夷俗，可谓遍矣；想先生之心，结思华夏，可谓深矣。为身择居，犹愿中土；为主择安，岂能不系意于京师，而持疑于荒裔？详思愚言，速示回报。”

麋竺，字子仲，东海郡朐县人。麋竺的祖上世代经商，有童仆上万人，资产达数亿。[①]后来，徐州牧陶谦延请麋竺，任命为别驾从事。陶谦去世，麋竺奉陶谦遗命，到小沛迎接刘备继任徐州牧。建安元年，吕布趁着刘备离开小沛迎战袁术大军，袭击下邳，俘虏了刘备的妻子。刘备辗转来到广陵郡海西县，麋竺把妹妹嫁给刘备为夫人，嫁妆附带童仆二千人，以及大量的金银钱币，作为刘备的军资，尽力帮助刘备。当时，刘备极度困乏，依赖这些资金，得以复兴。后来，曹公上表，任命麋竺代理嬴郡太守，[②]麋竺的弟弟麋芳，担任彭城国相，二人辞去官职，追随刘备四处颠簸。刘备欲投奔荆州牧刘表，派遣麋竺先与刘表联络，任命麋竺为左将军从事中郎。赤壁之战后，刘备占领江南四郡，既而又攻占益州，刘备拜麋竺为安汉将军，职务在军师将军之上。麋竺为人雍容典雅，秉性仁厚，担任官职，处理政事，并非其长处。因此，刘备待之以上宾礼，没有让麋竺处理具体政务，然而，对麋竺的赏赐，非常优厚，无人能与之相比。

①《搜神记》记载：麋竺曾经从洛阳返回，距离家乡还有数十里，在路旁看见一位妇人，请求麋竺搭载。车子行进有数里地，妇人谢去，对麋竺讲："我乃天使也，当往焚烧东海郡人麋竺的家，感念君载我一路，故以相告。"麋竺因私请之，妇人讲："不得不烧。如此，君可快些回去，我当缓行，日中大火当燃烧。"麋竺赶忙回家，很快搬出家中的财物，日中而火发。

②《曹公集》记载：曹公上表："泰山郡界广阔，旧人中有很多轻率、彪悍之徒，考虑权宜之计，可分出五个县，设立嬴郡，挑选清廉官员，任命为郡守。偏将军麋竺，素来为官忠贞，文武昭烈，奏请任命麋竺暂领嬴郡太守，以安抚吏民。"

麋芳担任南郡太守，与关羽共事，私下里却怀有二心，背叛关羽，投降孙权，致使关羽覆亡。麋竺背缚双手，向刘备请罪，刘备加以安抚，以兄弟有罪，不相牵连，始终对麋竺信任。麋竺又愧又恨，不久发病，一年后病逝。嗣子麋威，官至虎贲中郎将。麋威的儿子麋照，担任虎骑监军。从麋竺到麋照，皆熟悉弓马技艺，善于骑马射箭。

孙乾，字公祐，北海国人。刘备兼领徐州牧，任命孙乾为幕府从事，[①]后来，孙乾追随刘备，四处奔波。刘备背叛曹公，派遣孙乾联络袁绍，又欲投奔荆州牧刘表，孙乾与麋竺出使荆州，按照刘备的旨意，完成任务。后来，刘表写信给袁尚，劝其兄弟解除纷争："每当与刘左将军、孙公祐谈起此事，未尝不痛心疾首，相对而悲伤。"从信中可以看出孙乾在刘表心中的地位。刘备从刘璋手中夺走益州，孙乾由从事中郎升任秉忠将军，其位置仅次于麋竺，与简雍相同。不久，孙乾去世。

①《郑玄传》记载：郑玄向州部举荐孙乾，孙乾被任命为官吏，此乃郑玄举荐之力。

简雍，字宪和，涿郡人。年轻时，简雍与刘表有旧谊，后来追随刘备，四处奔波。刘备投奔荆州牧刘表，简雍与麋竺、孙乾同时担任从事中郎，常为刘备充当说客，往来完成使命。刘备进入益州，刘璋看到简雍，非常欣赏。后来，刘备围困成都，派遣简雍去说服刘璋，刘璋与简雍同乘一辆车，出城投降。刘备拜简雍为昭德将军。简雍为人随意，悠然自得，性情倨傲，行事简慢，不懂得自我约束，在刘备的座席上，简雍也能箕踞，倾倚着靠枕，一点不注重威仪，自我放纵；从诸葛亮以下官员，只有简雍敢独自享用一榻，睡在榻上，头枕着枕头，与别人谈话，毫无顾忌。当时，天气大旱，刘备禁止酿酒，有酿酒者，处以重罚。有官吏在别人家找出酿酒的器具，刘备身边谏言者认为，应该与酿酒者一样，处以重罚。简雍与刘备出游，看见一对男女走在路上，简雍对刘备讲："这对男女欲行淫，为何不将他们抓起来？"刘备问："卿何以知道？"简雍回答："他们都带有淫具，与那些有酿酒器具者又有何区别！"刘备听了，不免失笑，遂赦免家中有酿酒器具者。简雍的滑稽，皆如此类。①

①有人说：简雍原本姓耿，幽州人说话，把耿说成简，随语音而改变。

伊籍，字机伯，山阳郡人。年轻时，伊籍依附本郡人镇南将军刘表。刘备前往荆州，投奔荆州牧刘表，伊籍常与刘备往来，向刘备自我推荐，表现其才能。刘表病逝，伊籍追随刘备南下，赤壁之战，孙刘联合，打败曹公，刘备渡过长江，收复江南四郡，伊籍始终跟随在刘备身边，后又跟随刘备进入益州。刘备平定益州，任命伊籍为左将军幕府从事中郎，厚遇伊籍仅次于简雍、孙乾等。刘备派伊籍出使江东，联络孙权，孙权听说伊籍的口才很好，欲诘难伊籍。伊籍拜谒孙权，孙权问："为无道之君，烦劳诸事乎？"伊籍回答："一拜一起，不足以为劳。"伊籍的机敏，皆如此类，孙权对伊籍的辩才颇为惊讶。后来，伊籍担任昭文将军，与诸葛亮、法正、刘巴、李严共同制定《蜀科》；《蜀科》的制定，来自五人。

秦宓，字子敕，广汉郡绵竹人。年轻时，秦宓勤学好问，有才能，州郡征召秦宓，秦宓称病，不肯应召。秦宓写信给益州牧刘焉，推荐儒士任定祖："在往昔，百里奚、蹇叔都是耆艾老臣，为秦穆公定策，甘罗、子奇年龄弱冠，立下殊功，《尚书》称颂黄发老臣，孔子整理《易经》，称赞颜渊。选拔贤士，任用能臣，不应该拘泥年长或年幼，这些皆有明证。一向以来，海内举荐贤士，多从英俊士人考虑，对于旧臣，却多有遗忘。众人对此议论纷纷，无论持异议者或赞同者，各持一端，这样用人，只能在承平世界，绝非在乱世，只考虑翔步青云者，这不是用人之急务。欲挽救危局，救危济困，安抚乱世，应该从修身律己出发，还要加上能力。安定天下者，选人用人，要多考虑超凡脱俗，有卓越才能者，这些人或惊世骇俗，耸动邻国，震惊四方，然而，建言施策，上当天心，下合人意。天人既和，主公自我反省，才不会感到内疚，即使有凶乱之祸，又有何忧惧！在往昔，楚国叶公好龙，神龙下凡，叶公的所谓好龙，原形毕露，这样的人，怎么能面对真龙？而今，有处士任安，秉承仁义，正道直行，其名气传遍四方，如令被举荐，一州人佩服。商汤重用伊尹，不仁者远离，何武举荐楚人二龚，双贤著名于竹帛，欲有寻常之高名士人，却忽略万仞嵩山之英才，乐见装模作样之修饰，却忘却志在天下之荣光，应借鉴圣人，对此不能不重视。凿破顽石，才能找寻玉璧，剖开蚌壳，才能探求蚌珠，随侯珠、和氏璧也才会昭然若现，有如皎皎日月，对待士人同样如此，复何疑哉！诚知白昼不点蜡烛，因为有太阳余光，臣愚情区区，略陈己见。”①

①《益部耆旧传》记载：任安，广汉郡人。年少时，任安侍奉聘士杨厚，穷究典籍，游览京师，返回家乡，教书授徒，与董扶以才学齐名。郡府延请任安，任命为功曹，州辟又任命任安为治中别驾，任安终不肯长久为官。任安被举荐为孝廉、茂才，太尉征召，担任博士，公车署征召，任安称病，不肯俯就。州牧刘焉上表，举荐任安：味精道度，厉节高邈，揆度任安的器量，实乃国之元宝，应该放在辅弼之任，以消解朝廷非常之咎。只有朝廷用玄纁之礼，才能召请这样的贤士。王途阻隔，遂无聘任之命。任安享年七十九岁，建安七年去世，门人仰慕任安，为其建立碑铭。后来，丞相诸葛亮问秦宓、任安有何才能，秦宓答：“记人之善行，忘人之过失。”

刘璋担任益州牧，秦宓同郡人王商在州部担任治中从事，写信给秦宓：“贫贱困苦，何时才得以终身！卞和衒玉以耀世，应该适时出仕，与州牧相见。”秦宓回复：“在往昔，尧帝厚遇许由，并非不肯礼遇，许由依然洗耳；楚王聘请庄周，并非没有尽礼，庄周手持钓竿，不管不顾。《易经》讲：‘确乎其不可拔。’先生为何痴迷不悟？以国君之贤，先生作为良辅，不同样能建立萧何、张良之功，并非不能尽其智。仆得以躬耕陇亩，诵读颜氏箪瓢之饮，吟咏原宪蓬门陋户，不时翱翔于林泽，与长沮、桀溺等人为伍，聆听玄猿之悲吟，观察鹤鸣于九皋，安身为乐，无忧为福，身处空虚之名，安居不灵之龟，知我者希，达人知命。这正是仆得志之秋，何苦于戚戚怀才不遇之忧！”后来，王商为严君平、李弘建立祠庙，秦宓写信给王商：“因疾病困扰，久不联系，刚刚获知足下为严君平、李弘建立祠庙，可谓惺惺相惜。仆阅览严君平的文章，冠盖天下，许由、伯夷逃逸藏匿，山岳不移，扬雄为之叹息，此乃士人有自知之明。假若李仲元没有读过《法言》，扬雄的盛名，或许湮没于尘埃，因其并无虎豹之纹，攀龙附凤之意。扬子云潜心著述，有补于世，身处浊世之中，孑然独立，行为参照圣师，至今海内，仍然吟咏其华章。邦国有斯人，可谓光耀四海，仆不解，为何先生忘却，不为其建立祠堂。蜀地本来无学士，汉初文翁派遣司马相如等到长安学习七经，返回教育吏民，蜀地的学者，这才与齐、鲁相比埒。《汉书·地理志》记载：‘文翁倡其教，相如为之师。’汉家得士人，兴盛于当时；董仲舒的门人不懂得封禅礼仪，司马相如为武帝制其礼。能够制礼造乐，移风易俗，这正是礼制之教化，有益于世人！即使有王孙鄙视丧礼之累，司马相如依然值得肯定，孔子称赞齐桓公称霸，《公羊春秋》赞美叔术之谦让。仆亦赞赏司马长卿之教化，应该为其建立祠堂，刻制碑铭。”

此前，李权从秦宓处借《战国策》阅读，秦宓说：“战国纵横，诸侯纷争，读此书有何用？”李权答：“仲尼、严君平，博览群书，最终著作《春秋》《指归》，海纳百川，以江河汇流成其大，君子博览群书，以博闻强识为其德。”秦宓回复：“读书并非仅读历史记载，或圣人传下的典籍，孔子并不认为这种死读书有何益处；道学虚无自然，严君平并不固守《周易》。海纳百川，受淤泥污染，每岁都会荡涤干净；君子博闻强识，非礼不视。战国崇尚张仪、苏秦颠覆他国之术，杀人自生，亡人自存，此为经学所忌。孔子发愤著作《春秋》，强调中庸，守正不阿，又著作《孝经》，倡导德行，意在防微杜渐，对人的欲望要有所抑制，这是老庄哲学所强调，杜绝祸言未萌之时，值得相信！成汤大圣，在野外看见游鱼，有畋猎不加限制的感叹，鲁定公可谓贤君，观看女乐，而放弃朝政，[①]若此辈，岂可胜计。道法曰：'不见所欲，使心不乱。'是故天地贞观，日月贞明；其直如矢，君子所履。《洪范》解释灾异，从人的谈话及形貌着手，更何况战国崇尚诡谲权术！"

①裴松之按：古书记载：鲁定公乏善可称。秦宓谓之贤君，可谓学问肤浅，还未达旨。

有人对秦宓讲："足下欲自比巢父、许由、商山四皓，何故在文章中驰骋文采，夸耀瑰丽？"秦宓答："仆的文章，不能尽其言，所言又不能尽其意，有何文采之驰骋！在往昔，孔子三次见鲁哀公，将谈话集成七卷，正说明贤者不可嘿嘿无语。[①]接舆且行且歌，论者以光篇；渔父咏叹沧浪，贤者以耀章。此二人，并非有欲于当时。虎生而纹炳，凤生而五色，岂以五采自饰描画？天性自然也。盖《河图》《洛书》由文而兴，儒家六经由文而起，君子崇尚文德，辞藻华丽，又有何妨！以仆之愚昧，犹耻于革子成之误，更何况贤于己者乎！"[②]

①刘向著《七略》记载：孔子三次见鲁哀公，著作《三朝记》七篇，参见《大戴礼》。裴松之按：《中经部》有《孔子三朝》八卷，一卷目录，余者所谓七篇。

②裴松之按：《论语》讲的是"棘子成"，并非"革子成"。子成曰："君子质而已矣，何以文为！"屈于子贡之言，故谓之误解。

刘备平定益州，广汉郡太守夏侯纂延请秦宓，任命为师友祭酒，兼领五官中郎将幕府掾，号称仲父。秦宓称病，躺卧在家里，夏侯纂带领郡府功曹古朴、主簿王普，携带美味佳肴，到秦宓的府中探视，秦宓仍然躺在床上。夏侯纂问古朴："益州的养生方法，的确与其他州不同，不知益州的士人与其他州相比，又如何？"古朴回答："从秦汉以来，益州享有爵位者，或许不如其他州，至于著作等身，可为世人表率，不输于其他州。严君平读黄、老，而著作《指归》，扬雄读《易经》，而著作《太玄》，读《论语》，而著作《法言》，司马相如为武帝封禅泰山，著作文章，这些都已经为天下士人所知。"夏侯纂问："仲父何如？"秦宓用手版敲打面颊，回答："愿明府勿以仲父之称呼加于小民身上，小民愿为明府略陈述本纪。蜀地有汶阜之山，长江出自蜀中腹地，帝王以蜀地昌盛，神灵以蜀地建福，故蜀地沃野千里。[①]淮、济四渎，长江为其首，此其一也。大禹从石纽诞生，就在今天的汶山郡。[②]在往昔，尧帝遭遇洪水，诏命鲧治水，治水无效，大禹继承父志，疏浚江河，向东注入大海，为民除害，自有生民以来，功绩莫如大禹者，此其二也。天帝之分野，位于房宿、心宿之分野，为理民之星宿；参宿、伐星为行政之星宿，对应益州之分野，三皇乘坐祇车出谷口，就是今天的斜谷。[③]这些即是鄙州之阡陌，明府以雅意谈起这些，与天下其他州相比，又如何？”于是，夏侯纂犹豫，无言回答。

①《河图括地象》记载：岷山之地，上为东井络，帝王在此大会诸侯，而帝业昌盛，神以建福，上为天井。

左思著《蜀都赋》曰：远则岷山之精，上为井络，天地运期，大会诸侯而昌盛，景福肸蚃（xī xiǎng）而兴作。

②《帝王世纪》记载：鲧娶有莘氏的女儿，名字叫志，因此而修身律己。鲧上山寻路，看见有流星贯穿昴宿，梦接意感，又吞下神珠，臆圮胸坼，在石纽生下大禹。

谯周著《蜀本纪》记载：大禹原来是汶山郡广柔县人，生于石纽，其地名叫刳儿坪，参见《世帝纪》。

③《蜀记》记载：三皇乘坐祇车出谷口。不知道秦宓为何说是斜谷。

益州部召请秦宓，任命为州部从事祭酒。刘备登上帝位，欲东征吴国，秦宓向刘备陈述天时地利，认为此次远征，蜀军必然失利，刘备将秦宓逮捕，幽禁起来，后来又赦免出狱。建兴二年，丞相诸葛亮兼领益州牧，擢拔秦宓，任命为丞相府别驾，不久，又拜秦宓为左中郎将、长水校尉。吴国派遣使者张温前来蜀国聘问，诸葛亮为吴国使者饯行，百官皆参与。众人聚集在宴席上，偏偏秦宓未赴宴，诸葛亮多次派人催促，张温问：“秦宓是何人？”诸葛亮答：“益州学士。”及至秦宓来到，张温问：“君是学者吗？”秦宓答：“在蜀地，五尺童子皆向学问道，更何况小人！”张温再问：“天有头乎？”秦宓答：“有。”张温问：“在何方？”秦宓答：“在西方。《诗经》云：‘乃眷西顾。’以此推论，头在西方。”张温问：“天有耳乎？”秦宓答：“天位于高处而听卑，《诗经》云：‘鹤鸣于九皋，声闻于天。’若其无耳，何以听之？”张温再问：“天有足乎？”秦宓答：“有。《诗经》云：‘天步艰难，之子不犹。’若天无足，何以步行？”张温再问：“天有姓乎？”秦宓答：“有。”张温问：“何姓？”秦宓答：“姓刘。”张温又问：“君何以知之？”秦宓答：“天子姓刘，故以此知之。”张温又问：“日生于东乎？”秦宓答：“日虽生于东，而落于西。”秦宓回答，犹如山谷回音，应声而出，张温佩服不已。秦宓的文辩，皆如此类。后来，秦宓改任大司农，建兴四年去世。当初，秦宓阅读帝王谱系，五帝皆为一族，秦宓认为不会是这样的。秦宓又论述帝王称霸豢养飞龙之说，认为有道理。谯允南年轻时多次登门造访，向秦宓请教，记录在《春秋然否论》，其文章很长，不再载录。

陈寿评论如下：许靖享有盛名，以敦厚笃仁著称，又以喜欢评价人物出名，虽然行事为人并非全部合乎儒家规范，蒋济认为许靖“大体上说，可谓有廊庙之才”。[①]麋竺、孙乾、简雍、伊籍，皆为雍容大度之士人，有儒雅风范，被世人称誉。秦宓当初仰慕隐士高行，然而，并无大智若愚之实。口才答辩有余，文章言辞华美，在当时，秦宓可谓蜀地高士。

①《万机论》中，许子将说：许文休，从大体上讲，可谓有廊庙之才，许子将（许劭）贬低许靖。若评价不高，是不明也；诚令知之，许靖实乃善人也。

蜀书九

董刘马陈董吕传第九

董和，字幼宰，南郡枝江县人，董和的祖先原来在巴郡江州。东汉末年，董和率领族人西迁，益州牧刘璋任命董和相继担任牛鞞县长、江原县长、成都令。蜀地民众生活殷实，家家富裕，风俗讲究奢侈，商人之家，穿戴模仿王侯，华服玉食，婚姻、葬礼，可以倾家荡产。董和率身垂范，强调节俭，穿戴朴素，以蔬菜下饭，禁止奢侈淫靡，僭越制度。董和制定法规，所在任上，强调移风易俗，民众服从教化，弃恶向善，敬畏法规，不敢轻易触犯法律。然而，县里的豪强忌惮董和执法过于严厉，游说刘璋改任董和为巴东属国都尉。成都的吏民，无论老弱，相扶相携，挽留董和者有数千人，刘璋让董和留任二年，后改任益州郡太守。董和治理益州郡，仍然强调俭朴、简约。与蛮夷打交道，董和能够推诚相待，受到南方夷人、汉民的爱戴、信任。

刘备平定蜀地，征召董和，拜为掌军中郎将，与军师将军诸葛亮共同署理左将军大司马幕府，参与意见、决策，二人合作得很好。董和担任要职，居官食禄，对外管理蛮夷事务，对内掌握中枢机要，二十余年，去世后，家中没有一石米的积蓄。后来，诸葛亮担任丞相，多次与群臣谈起董和："丞相府参与署理政事者，重在集思广益。如果为了避嫌，而不能相互切磋，或违背初衷，就会使政事遭受损失。政事经过大家反复磋商，才能有最佳效果，丢弃敝屣，获得珠玉。大家若不能尽其所言，仅有徐元直坚持己见，不受外界干扰，还有董幼宰，参与署理政事七年，对政事言无不尽，反复十次，有想法依然禀告。能像元直一样，哪怕做到十分之一，像幼宰一样，对政事反复斟酌，忠心于国，诸葛亮可以减少很多过失。"又说："此前，刚刚与崔州平交往，从州平处听闻得失，又与元直交往，听其教诲，又与幼宰共事，每次谈话，言无不尽，又与胡伟度共事，多次聆听谏言；我虽然姿性鄙陋，不能全部采纳，然而此四位君子，始终交好如初，足以证明，他们不吝于直言。”诸葛亮追思董和，感情如此真挚。[①]

①伟度，姓胡，名济，义阳人，曾担任诸葛亮丞相府主簿，有忠贞之名，故见褒扬。诸葛亮去世，胡济担任中典军，统领诸军，受封为成阳亭侯，改任中监军前将军，都督汉中郡，持符节，兼领兖州刺史，官至右骠骑将军。胡济的弟弟胡博，历任长水校尉、尚书。

刘巴，字子初，零陵郡烝阳县人。年轻时就是知名士人，[①]荆州牧刘表多次征召刘巴，一直到举荐刘巴为茂才，刘巴谢绝。刘表去世，曹公收复荆州。刘巴逃往江南，荆楚的士人，很多人追随刘备，刘巴北上去见曹公，曹公任命刘巴为丞相府掾，令刘巴招降长沙郡、零陵郡、桂阳郡。[②]刘备进兵，占领江南三郡，刘巴不能回去复命，遂远遁交趾郡，[③]刘备深感遗憾。

①《零陵先贤传》记载：刘巴的祖父刘曜，曾担任苍梧郡太守，父亲刘祥，曾担任江夏郡太守、荡寇将军。当时，孙坚举兵讨伐董卓，以南阳郡太守张咨不肯供给军粮，杀了张咨。刘祥与孙坚同心，南阳郡士民由此怨恨刘祥，举兵攻打刘祥，刘祥战事不利，败亡。刘表也不喜欢刘祥，遂拘捕刘巴，欲诛杀刘巴，刘祥原来的亲信密诈刘巴说：“刘州牧欲加以迫害，可相随逃跑。”如此再三，刘巴不为所动，以实情禀告刘表，刘表才没有杀刘巴。十八岁时，刘巴在郡府担任户曹史主记主簿。刘备欲派周不疑向刘巴学习，刘巴答：“此前，臣在荆州北部游学，经常拜谒师门，勤记勤问，不足以纪名。臣内无杨朱守静之术，外无墨翟务时之风，犹如天上南方箕宿，虚而不用。足下赐书，欲令贤甥摧鸾凤之艳，游燕雀之宇，臣将何以启发教诲？臣惭愧于‘有若无，实若虚’，何以堪任！”

②《零陵先贤传》记载：赤壁之战，曹公在乌林大败，撤军退往北方，欲派遣桓阶出使，桓阶辞让，认为不如刘巴。刘巴对曹公讲：“刘备占据荆州，不可轻敌。”曹公答：“刘备如果有所图谋，孤将以六军相待。”

③《零陵先贤传》记载：刘巴前往零陵郡，谋事不成，欲前往交州，再寻找道路返回京师。当时，诸葛亮在临烝，刘巴写信给诸葛亮：“乘危历险，到达交州，仍然是思义之民，自忖与众人依然有承天之心，顺物之性。刘豫州非余身所能劝动。如果道穷数尽，在下将托命于沧海，不再回顾荆州。”诸葛亮写信回复：“刘公雄才大略，可谓盖世英雄，占据荆土，天下士人莫不归德，天下士人去就，已可知矣。足下欲有何为？”刘巴答：“受命而来，不能完成使命，应当回去，这就是在下的想法。足下有何言！”

刘巴后来从交趾郡来到蜀地。[①]不久，刘备平定益州，刘巴向刘备谢罪，刘备并未加罪刘巴。[②]诸葛孔明多次称赞并举荐刘巴，刘备任命刘巴为左将军幕府西曹掾。[③]建安二十四年，刘备自封为汉中王，刘巴担任尚书，后来，又代替法正，担任尚书令。刘巴为官清正廉洁，率身垂范，不为家人治理产业，加上归附刘备并非原来的心愿，担心受到刘备猜忌，刘巴抱定恭默守静，退无私交，非公事不肯随便讲话。[④]刘备登上帝位，昭告皇天后土神祇，颁发各种文诰、策命，皆由刘巴撰写。章武二年，刘巴去世，去世后，魏国尚书仆射陈群写信给丞相诸葛亮，打听刘巴的消息，称呼刘巴为“刘君子初”，非常敬重。[⑤]

①《零陵先贤传》记载：刘巴进入交趾郡，改姓张。与交趾郡太守士燮计议不合，转由牂牁道返回，被益州郡羁押，太守欲杀刘巴。郡府主簿讲：“此士人非寻常之人，不能杀。”主簿请求亲自送刘巴到益州，去见益州牧刘璋，刘璋的父亲刘焉此前被刘巴的父亲刘祥举荐为孝廉，看到刘巴，惊喜莫名，每当有大事，都会向刘巴咨询。

裴松之按：刘焉在汉灵帝时已经是宗正、太常，出任益州牧，刘祥当初在孙坚占据长沙时担任江夏郡太守，不可能举荐刘焉为孝廉，此事很明显。

②《零陵先贤传》记载：刘璋派遣法正迎接刘备，刘巴劝谏刘璋：“刘备可谓当世英雄，入蜀必为祸害，不能迎接刘备。”刘备入蜀，刘巴再次劝谏刘璋：“如果令刘备讨伐张鲁，这是放虎归山。”刘璋不听。刘巴遂闭门称病。刘备攻打成都，命令军中：“有伤害刘巴者，诛灭三族。”及至得到刘巴，刘备非常高兴。

③《零陵先贤传》记载：张飞曾经在刘巴处住宿，刘巴不肯与张飞讲话，张飞很生气。诸葛亮对刘巴讲：“张飞虽然是武将，敬慕足下。主公今天正在整合文武，以完成大业；足下虽然天性高亮，也应该稍微曲意待人。”刘巴答：“大丈夫处世，应当交四海英雄，如何与武人共语？”刘备听说后，大怒：“孤欲平定天下，而刘巴当年专门捣乱。这次刘巴欲返回北方，假道于蜀地，能够为孤做些什么？”刘备又说：“子初才智过人，依附孤，可以委任刘巴以职务，并非孤不能委任。”诸葛亮也说：“运筹于帷幄之中，吾不如子初远矣！若论提枹鼓，会军门，鼓舞百姓奋勇作战，当与人共议之。”当初，攻打刘璋，刘备与众将士约定：“若事情成功，成都府库的财物，孤不会干预大家获取。”及至攻取成都，众将士皆放下干戈，奔赴成都的仓库，竞相获取财物。结果，造成军用不足，刘备颇为忧虑。刘巴谏言：“这很容易，主公可以铸造钱币，一枚钱币值百枚旧钱，平抑物价，令官吏在市场上负责兑换。”刘备采纳谏言，数月之间，府库充实。

④《零陵先贤传》记载：在当时，中原人的想法并未统一，听说刘备在蜀郡，四方延颈企盼。刘备锐意进取，后来欲即皇帝位，刘巴认为，如此行事，则会向天下人显示，心胸不够宽广，且宜徐徐缓之。刘巴与主簿雍茂劝谏刘备，刘备以其他事杀了雍茂，由是，其他人不敢再讲话，远人不复来归。

⑤《零陵先贤传》记载：辅吴将军张昭曾经对孙权评价刘巴偏狭，不应当拒绝张飞太甚。孙权说：“若令子初随着世人沉浮，取悦于玄德，交非其人，何足以称为高士？”

马良，字季常，襄阳郡宜城县人。马良兄弟五人，都很有才气，乡间有民谚：“马氏五常，白眉最良。”马良的眉毛中有白毛，故以此称呼。刘备兼领荆州牧，任命马良为从事。及至刘备入蜀，诸葛亮也随后前往蜀地，马良留在荆州，马良写信给诸葛亮："听说雒城已经攻破，此乃上天赐福予汉室。尊兄应期赞世，配业光国，此征兆已经显现。[①]尊兄善于权变，深谋远虑，贵于审时度势，明于遴选人才，此时正当其时。如果能和光悦远，迈德边疆，使得蛮夷听命于朝，教化服从于道，齐高雅之音，正郑、卫之声，有利于治世，不相夺于人伦，此乃管弦之至治，伯牙、师旷之声调。虽非钟子期，敢不击节赞叹！"刘备征召马良，拜为左将军幕府掾。

①裴松之认为：马良与诸葛亮结为兄弟，二人关系亲密；诸葛亮年长，故马良称呼诸葛亮为尊兄。

后来，刘备派遣马良出使吴国，马良对诸葛亮讲："今日秉承国命，和睦吴、蜀二国，幸将马良介绍于孙将军。"诸葛亮答："君试之亲自为文。"马良随即起草国书："寡君派遣丞相府掾马良，向吴国通使问好，以绍续昆吾、豕韦之殊勋。其人乃蜀国良士，原荆楚之士人，虽鲜于言谈之才华，却有尽职之美誉，愿屈尊接纳，以安慰其完成使命。"孙权以礼接待马良。

刘备登上帝位，任命马良为侍中。及至刘备东征吴国，派遣马良前往武陵郡，招降五溪蛮夷，蛮夷首领愿接受刘备的官印、封号，马良按照刘备旨意，完成使命。之后刘备在夷陵惨遭败绩，马良在军中不幸遇难。刘备拜马良的儿子马秉为骑都尉。

马良的弟弟马谡，字幼常，以荆州从事，跟随刘备入蜀，相继担任绵竹县令、成都令、越巂郡太守。马谡才器过人，喜欢谈论军事，丞相诸葛亮深为倚重。然而，刘备临去世前，嘱咐诸葛亮："马谡言过其实，不可大用，君要谨慎察之！"诸葛亮并未这样看，任命马谡为参军，每次与马谡讨论军事，从白天至夜晚。[①]

①《襄阳记》记载：建兴三年，诸葛亮征伐南中，马谡送行数十里。诸葛亮说："虽然与君共事多年，今日可赐予良谋。"马谡回答："南中恃其险远，不服王化已久，即使今日攻破，明日又会反叛。如今，公率领国内北伐大军精锐，先用以平定南方叛乱逆贼。南方蛮夷知道官军后方空虚，其叛乱会很快蔓延。若殄灭叛乱，以消除后患，既非仁者之情，且又难以仓促间完成剿灭。用兵之道，攻心为上，攻城为下，心战为上，兵战为下，愿公降服蛮夷之心。"诸葛亮采纳马谡的建议，赦免孟获，镇服南方。直至诸葛亮去世，南方不再反叛。

建兴六年，诸葛亮出兵，进攻祁山，当时，军中还有老将魏延、吴壹等，大家都认为，应该在他们中间，选择一位担任先锋，诸葛亮力排众议，选拔马谡，令马谡率领大军，担任前锋，与魏国大将张郃在街亭大战，马谡被张郃大败，蜀军士卒逃散。诸葛亮进无所据，只好退军，撤回汉中。马谡入狱，判处死刑，诸葛亮为处死马谡，流泪涕泣。马良死时，年仅三十六岁，马谡死时，年仅三十九岁。[①]

①《襄阳记》记载：临死前，马谡写信给诸葛亮："明公视马谡如子，马谡视明公如父，愿借鉴虞舜诛杀鲧，以兴大禹之义，使平生之交，不亏于此，马谡虽死，无恨于黄泉。"在当时，蜀军十万之众，莫不为马谡被杀流泪。诸葛亮亲自临祭，待其遗孤若亲生子女。蒋琬后来到汉中，对诸葛亮讲："在往昔，楚王杀大将子玉得臣，晋文公为之大喜，可知诛杀大将，不能不慎重。天下还未平定，先诛杀智谋士人，岂不可惜！"诸葛亮流着眼泪，说："孙武之所以能制胜于天下，在于军法严明。杨干乱法，魏绛诛杀其仆人。四海分裂，两国交兵，刚刚开始，若废止军法，何以讨贼！"

习凿齿曰：诸葛亮之所以不能兼并上国，使用人才不当，也是其中之一！晋国人矫正荀林父之弊，其后兴旺，故废法而收功；楚成王不明白得臣对他的重要作用，所以杀了他，导致了失败。今蜀国偏居一隅，国中士人少于上国，而杀其俊杰，退用驽下，明法胜才，不师三败之道，将何以成就大业，不亦难乎！而且，先主生前告诫，马谡不可大用，岂不知道其非战将之才？诸葛亮接受告诫，而不获教训，表明处理马谡很难。作为宰辅，欲大收人物之力，而不度量才能，委以重任，随器付业；诸葛亮知之大过，则违背明主之告诫，裁之失中，又诛杀有益之人，很难说诸葛亮为智者也。

陈震，字孝起，南阳郡人。刘备兼领荆州牧，任命陈震为从事，管理荆州属下郡县事务，陈震跟随刘备入蜀。蜀地平定，陈震担任蜀郡北部都尉，刘备改易蜀郡名称为汶山郡，陈震担任太守，改任犍为郡太守。建兴三年，陈震回到成都，担任尚书，升任尚书令，奉命出使吴国。建兴七年，孙权称帝，后主刘禅任命陈震为卫尉，出使吴国，祝贺孙权登基称帝，诸葛亮写信给兄长诸葛瑾："陈孝起秉赋忠贞之性，老而弥坚，此次令其出使吴国，调整吴蜀关系，使两国和睦相处，有可贵之处。"陈震进入吴国，对守关官员讲："东吴之与西蜀，使者往来不绝，冠盖相望，申盟旧好，使两国关系日新月异。东吴君王应该保有福祚，告祭接受符命，划分疆土，天下响应，各有所归。当此时，吴蜀两国更应该同心讨贼，何愁魏贼不能剿灭！西蜀君臣，引领欣喜祝贺。陈震不才，得以充任下国使者，奉命出使聘问叙好，踏入吴国边境，不禁踊跃，有宾至如归之感。范献子当年到鲁国，触犯鲁国的忌讳，《春秋》为此而讥讽。望吴国随时告知，使蜀国使者能顺利完成使命。即日起，使者将高悬旗帜，诏告众人，与东吴各自约誓。使者将顺江流而下，大船迅疾，吴蜀两国法律异制，使者担心或许会有不周到之处，幸即时教诲，示其所宜。"陈震到达武昌，孙权与陈震登坛盟誓，歃血为盟，吴蜀两国平分天下：以徐州、豫州、幽州、青州属于吴国，以并州、凉州、冀州、兖州属于蜀国，其司州官员及领土，以函谷关为界。陈震返回，受封为城阳亭侯。建兴九年，都护李平因为诬陷他人获罪，被废黜；诸葛亮写信给长史蒋琬、侍中董允："陈孝起此前出使吴国，对我说李正方腹中有鳞甲，乡党皆认为此人不可亲近。我认为虽有鳞甲，但不会触犯法律，不料想会有苏秦、张仪之事，实出于不意。可使陈孝起知道。”建兴十三年，陈震去世。嗣子陈济继承爵位。

董允，字休昭，是掌军中郎将董和的儿子。刘备立刘禅为太子，董允被选为太子家舍人，改任太子洗马。后主刘禅即位，董允改任黄门侍郎。丞相诸葛亮将要北征，驻扎在汉中，考虑到后主刘禅年纪太轻，难以辨别忠奸，诸葛亮认为董允一心为公，处事公平，欲委以重任，负责宫中之事。诸葛亮上疏：“侍中郭攸之、费祎、侍郎董允等，皆为先帝擢拔，以辅佐陛下，至于斟酌规益，进献忠言，则其责任也。臣愚以为，宫中之事，无论大小，悉以向他们咨询，必能裨补缺漏，有所广益。若无兴德之言，则惩治董允等，以彰显其失职之罪。”诸葛亮不久延请费祎担任参军，董允改任侍中，兼领虎贲中郎将，负责宫中宿卫。郭攸之秉性和顺，仅为备员。[①]朝中提出谏言或采纳谏言，全部由董允负责。董允处理事情缜密，在宫中防止官员僭越礼制，极尽匡扶矫正时弊之任。后主欲采选更多宫女，以充实后宫，董允认为，在古代，天子的后妃人数，不超过十二人，如今，后宫嫔嫱已经完备，不宜再增加人数，始终不肯执行诏命。后主刘禅忌惮董允的严厉。尚书令蒋琬兼领益州刺史，上疏推崇费祎及董允，又上表：“董允负责宫中内侍数年，辅弼王室，宜赐爵位封土，以褒扬董允的勋劳。”董允坚决辞让，不肯接受。后主刘禅日渐长大，开始宠幸宦官黄皓。黄皓乘机谄媚，以佞巧误导刘禅，欲干预朝中政事。董允上朝，以正言匡扶后主刘禅，下朝多次谴责黄皓，正言厉色。黄皓畏惧董允，不敢再为非作歹。董允在世期间，黄皓在宫中的位置，始终不过黄门丞。

①《楚国先贤传》记载：郭攸之，南阳郡人，以才器在当时知名。

董允曾经与尚书令费祎、中典军胡济等，共同约定日期，出外游宴。车驾已经准备好，郎中襄阳人董恢前来拜谒董允，表达敬意。董恢年轻，官职很低，来见董允，董允遂中止出游，董恢犹豫，请求告辞。董允不许，说：“原来准备出去，是欲与同好出外游玩，今日君屈身登门，正好可以谈谈阔别后的见闻，舍弃这样的交谈，去参加游宴，没有意思。”董允让人解下骖马，费祎等也停下车子，不再出去游宴。董允礼贤下士，就是这样待人。[①]延熙六年，董允兼领辅国将军。延熙七年，董允以侍中代理尚书令，担任大将军费祎的副手。延熙九年，董允去世。[②]

①《襄阳记》记载：董恢，字休绪，襄阳人，入蜀，以宣信中郎副使，跟随费祎出使吴国。孙权在酒宴上大醉，问费祎：“杨仪、魏延，皆牧竖小人，以鸡鸣狗盗之才，有益于西蜀政务，既然已经担任要职，权势不轻，若一朝没有诸葛亮，必为祸首。诸君昏聩，从不考虑如何提防，这就是所谓的为子孙的将来作好安排吗？”费祎听罢，顿时愕然，四顾在座客人，不知该如何回答。董恢目视费祎，小声讲：“可告诉孙权，杨仪、魏延不睦，只是因为私怨，并无黥布、韩

信难以驾驭之心。而今，东吴、西蜀正当联合，扫除魏贼，将华夏混为一统。功以才成，业由才广，若舍此贤才不用，仅考虑预防后患，是为了防备江上的风波而废弃舟楫，并非谋长远之计。”孙权听罢大笑。诸葛亮听说后，认为董恢懂得如何在外交场合回话。不到三日，任命董恢为丞相府官属，升任巴郡太守。

裴松之按：《汉晋春秋》也记载了这个故事，不是董恢所教，辞语也稍有不同，此二书，皆出自习氏，而不同若此。本传云：“董恢年少官微。”若董恢已经担任丞相府属官，出任巴郡太守，则官职不小。以此怀疑习氏之言为不审稿所致。

②《华阳国志》记载：当时，蜀国人以诸葛亮、蒋琬、费祎及董允为四相，又名四英。

陈祗代替董允担任侍中，与黄皓互为表里，黄皓开始干预朝中政事。陈祗死后，黄皓从黄门令升任中常侍、奉车都尉，操弄权柄，终于导致蜀国灭亡，蜀国人莫不追思董允。及至邓艾到达成都，听说黄皓邪佞，为人阴险，收捕黄皓，欲诛杀黄皓，而黄皓厚赂邓艾的左右，才得以免死。

陈祗，字奉宗，汝南郡人，是许靖哥哥的外孙。年少时，陈祗的父亲去世，陈祗在许靖家长大。二十岁时，陈祗享有名气，稍后升任选曹郎。陈祗为人矜严，有威仪，熟悉多种技艺，懂得各种数术，费祎颇为诧异，故越级提拔陈祗，继董允之后，陈祗担任宫中内侍。吕乂去世，陈祗又以侍中，代理尚书令，兼任镇军将军。大将军姜维虽然职务在陈祗之上，然而姜维常率领大军，在外驻守，很少亲理朝政。陈祗对上奉承后主刘禅的旨意，对下勾结阉竖，深受刘禅信任，权力重过姜维。景耀元年，陈祗去世，后主刘禅非常惋惜，谈起陈祗就流泪，刘禅下诏：“陈祗统领宫中事务十二年，以柔顺嘉美，处理宫中事务，干练有才，符合义礼，政绩卓著。可惜寿命不长，朕甚为哀悼。生前有美德，去世则须加美谥，赐予陈祗谥号为忠侯。”刘禅赐陈祗的嗣子陈粲爵关内侯，提拔陈祗的次子陈裕为黄门侍郎。自从陈祗受到宠幸，后主刘禅追怨董允日甚一日，认为董允轻视自己，这也是陈祗献媚后主，黄皓构陷董允，不断离间的结果。董允的孙子董宏，晋朝时担任巴西郡太守。[①]

①裴松之认为：陈群的儿子陈泰，陆逊的儿子陆抗，皆以儿子继承父业，不另外注明姓氏，包括王肃、杜恕、张承、顾劭等人，莫不是这样，唯独董允不是这样，未详其意，当以董允名位甚重，其事迹超过父亲？夏侯玄、陈表并有骍角之美，而如陈泰者，《魏书》总名此卷为《诸夏侯曹传》，不再稍加品藻。陈武与陈表都担任偏将军，以官位不相超过的原因。

吕乂，字季阳，南阳郡人。父亲吕常，护送原益州牧刘焉入蜀，正值献帝在长安陷于困厄，道路阻断，不能返回内地。年少时，吕乂的父亲去世，吕乂喜欢读书、鼓琴。当初，刘备平定益州，设置盐府校尉，征缴盐铁税利，后来，校尉王连延请吕乂及南阳郡人杜祺、南乡人刘幹等，在盐府担任典曹都尉。吕乂改任新都县、绵竹县令，为人有恻隐之心，怜悯抚恤百姓，受到百姓称赞，是益州属下诸县邑治理最好的官员。吕乂升任巴西郡太守。丞相诸葛亮连年出兵征伐，调动诸郡兵员，很多郡不肯调出，吕乂征兵五千人，前往诸葛亮大营报到，吕乂通过安抚战士家属，晓谕道理，严格检查诸项制度，没有逃兵返回家乡。吕乂改任汉中郡太守，兼领督农职事，为诸葛亮供应军粮。诸葛亮去世后，吕乂升任广汉郡、蜀郡太守。蜀地的大都会成都，户口人数众多，而且，诸葛亮去世后，军中士卒，很多人逃亡，或冒名顶替，作奸犯科的事情逐渐增多。吕乂在任上，制定禁令，晓谕百姓，数年后，逃亡在外者，或脱离户籍，又返回登记户籍，有一万余人。后来，吕乂入朝担任尚书，代替董允，担任尚书令，对朝中的诸项公事，吕乂从不耽搁，门前无宾客滞留的车辆。吕乂历任内外职务，廉洁自律，笃行简约，谦恭待人，讲话谨慎，为政简而不烦，号称清廉、能吏；然而，吕乂执法严厉，喜欢用俗吏，引用法律条文，虽然吕乂身居高位，名声反而不如在郡县任职那么好。延熙十四年，吕乂病逝。嗣子吕辰，景耀年间担任成都令。吕辰的弟弟吕雅，担任谒者。吕雅为官清廉，处事严厉，有文才，著述《格论》十五篇。

杜祺历任郡太守、监军大将军幕府司马，刘幹官至巴西郡太守，都与吕乂的关系很好，也是当时的名臣，然而，为官俭朴、守法，不如吕乂。

陈寿评论如下：董和践行《诗经·召南·羔羊》之情操，刘巴有清廉、能吏之美誉，马良为官忠贞，被称为贤士，陈震恪尽职守，老而弥坚，为人笃敬，董允匡扶后主，义形于色，皆为蜀国的良臣。吕乂在郡县任职，受到一致好评，担任朝廷官员，名誉有所损伤，就像黄霸、薛宣等人。

蜀书十

刘彭廖李刘魏杨传第十

刘封，是罗侯寇氏的儿子，长沙郡刘氏的外甥。刘备到了荆州，没有子嗣，把刘封认为养子。及至刘备入蜀，从葭萌关回军，进攻刘璋，刘封当时二十余岁，武艺高强，力气过人，率领军队与诸葛亮、张飞等溯长江而上，大军所向披靡，攻无不克。益州平定，刘备任命刘封为副军中郎将。

当初，刘璋派遣右扶风人孟达作为法正的副手，各自率领二千人，迎接刘备入蜀，刘备命令孟达率领部众，留下来驻守江陵。蜀地平定，刘备任命孟达为宜都郡太守。建安二十四年，刘备命令孟达从秭归北上，攻打房陵，房陵郡太守蒯祺被孟达的军队打败、斩杀。孟达欲进攻上庸，刘备担心孟达难以独任，派刘封从汉中乘船，沿着沔水顺水而下，同时，指挥孟达的军队，与孟达在上庸会合。上庸郡太守申耽举郡投降，把妻子及宗族送往成都作为人质。刘备拜申耽为征北将军，兼领上庸郡太守，封为员乡侯，拜申耽的弟弟申仪为建信将军，任命为西城郡太守，改任刘封为副军将军。关羽被困在樊城、襄阳，联络刘封、孟达，令其发兵救援。刘封、孟达推辞，说上雍郡刚刚归附，不宜调动军队，不肯派兵救援。最终，关羽兵败、被杀，刘备为此痛恨二人。加上刘封与孟达争执，二人不睦，刘封又夺去孟达军中的鼓吹乐器。孟达害怕因为不救关羽而获罪，又恨刘封欺人太甚，遂上表，向刘备告辞，率领所部，投降魏国。[①]魏文帝很欣赏孟达，孟达长得威武高大，文帝任命孟达为散骑常侍、建武将军，封为平阳亭侯，又合并房陵郡、上庸郡、西城郡，设置新城郡，任命孟达为将军，兼领新城郡太守，派遣征南将军夏侯尚、右将军徐晃与孟达袭击刘封。孟达写信给刘封：

古人有言："疏不间亲，远不间近。"此谓上明下直，谗佞不行。在威权君主、贤父慈亲面前，依然有忠臣建立功勋，罹遭惨祸，孝子怀仁，陷于危难。古代贤者如文仲、商鞅、白起、孝己、伯奇，皆此类人物。为何会这样？并非骨肉容易被人离间，亲人愿意看到祸患。或因为恩宠转移，爱意改变，也有的因为谗佞挑拨，招致这样的结果，即使忠臣也不能改变君主之意，孝子也不能改变父亲的观念。威势所逼，亲人转而变为仇人，更何况并非亲人！申生、卫伋、御寇、楚建秉赋忠贞义气，本来作为后嗣，应该立于正位，尚且有如此祸殃。而今，足下与汉中王已经成陌路之人，并非亲生骨肉，足下又掌握兵权，义非君臣，足下依然处于上位，率军征伐，则有偏任之重，领军驻守，则有将军之号，远近闻名。自从汉中王立阿斗为太子，有识之士，莫不为之寒心。如果申生能听从子舆之言，还能成为太伯，远涉他方；卫伋能听从弟弟之谋，绝无后来，使父亲遭受讥讽。齐国小白出奔，回国成为霸主；重耳逾墙逃走，回国成为晋君。这些事例，可作为借鉴，并非今日才有。

人的智慧，贵在于免祸，聪明睿智，仆揆度汉中王已经虑定于内，疑生于外；虑定，则内心已经有定见，疑生，则君心中应该有恐惧，乱祸之兴起，很少不由废立之事引起。私怨人情，足下不能不见，仆担心汉中王身边的人，一定有人在挑拨离间。然而，疑心已经构成，怨意已有所闻，祸殃一触即发。足下在远方，尚可苟延残喘，如果汉中王派大军开进，足下前后失据，狼狈窜逃，仆窃以为足下将陷于危亡。在往昔，微子离开殷商，智果告别家族，离难避祸，尚且如此。[②]而今，足下离开父母，作为汉中王的后嗣，按照礼制，非礼；明知祸殃将至，滞留不肯离去，非智；看见正道不行，反而疑虑重重，非义。足下自称大丈夫，有此三者，还有何所贵？以足下的才能，舍弃官职东来，作为罗侯继嗣，不为背亲；北面事君，以正纲纪，不为弃旧；怒不致乱，以免身亡，不为徒行。加上陛下新近接受汉室禅让，虚心侧席，以德怀远，如果足下幡然醒悟，决心归附，非但与仆同为大臣，接受三百户封爵，继承罗国，而且足下还可以剖符，占据大邦为封邑，作为始封之君。陛下的大军，金鼓鸣响，将把国都迁至宛城，靠近邓县；若东吴、西蜀二敌不能平定，大军无撤回之期，足下正可以趁此机会，早定良计。《易经》云："利见大人。"《诗经》云："自求多福。"足下可以采取行动。愿足下勉之，无使狐突闭门不出。

刘封不听孟达的劝谏。

①《魏略》记载：孟达向先主上表告辞："殿下将建立伊尹、吕尚之功，追寻齐桓、晋文

之绩，大业草创，凭借东吴、荆楚之势力，加上有为之士，皆愿意向风归附。臣担任职务以来，过失山积，臣也有自知之明，况于殿下！今王朝正在兴盛之际，英俊麇集，臣内无辅佐之才，外无将领之能，位列功臣，深感惭愧。臣听说，范蠡从微细中辨明去就，泛舟五湖；咎犯谢罪于晋侯，逡巡河上。正当风云际会之际，臣乞身请命告辞。何则？欲洁身自好，懂得去就之理。况且臣鄙陋，并无元功巨勋，自系于时，臣窃慕先贤，早思远耻。在往昔，申生至孝，见疑于亲人，子胥至忠，见诛于国君，蒙恬拓境，而身受大刑，乐毅破齐，而惨遭谗佞，臣每当读到这些，未尝不慷慨流泪，而臣亲临其事，更加伤悲。何者？荆州被东吴夺去，关羽被杀，大臣失节，百无一还。唯臣寻事，亲自致房陵、上庸，而复请命乞身，自放于外。伏想殿下圣恩感悟，哀愍臣之心情，悲悼臣之举动。臣诚为小人，不能始终事主，知而为之，敢谓非罪！臣每当听到，交绝无恶声，去臣无怨辞，臣此前也奉教于君子，愿君王勉之。”

②《国语》记载：智宣子将以智瑶为后嗣，智果说：“不如选择智宵。”智宣子说：“智宵为人狠毒。”智果回答：“智宵为人狠毒在表面，智瑶为人贤，有五大长处，但有一个短处。这五大长处：长相俊美，美须飘飘；射箭、驾驭熟练，孔武有力；多才多艺，身手不凡；文章华美，辩论机智；性情强毅，处事果断。然而，智瑶的短处，在于为人不仁。智瑶有这五大长处，则会容易欺凌他人，因为其为人不仁，谁又能容忍智瑶！如果立智瑶为后嗣，智氏将会灭亡。”智宣子不听。于是，智果向太史氏请求，脱离智氏家族，另外建立辅氏。及至智氏灭亡，唯有辅氏家族延续。

申仪背叛刘封，刘封败回成都。申耽投降魏国，魏文帝令申耽代理怀集将军，带兵驻扎在南阳郡，任命申仪为魏兴郡太守，封为员乡侯，驻扎在洵口。①刘封到了成都，刘备责备刘封欺凌孟达，逼迫孟达投降魏国，又不肯援救关羽。诸葛亮认为，刘封性情刚烈，改朝换代，终难以控制刘封，劝刘备乘机诛杀刘封，刘备赐刘封自杀，令其自裁。刘封叹息道：“恨不听孟子度的谏言！”因为刘封自杀，刘备也流下眼泪。孟达原来字子敬，因为避刘备叔父刘敬的名讳，改为子度。②

①《魏略》记载：申仪的哥哥名叫申耽，字义举。当初，在西平、上庸之间，申耽聚集徒众数千家，后来与张鲁勾结，又派遣使者拜谒曹公，曹公加封申耽尊号为将军，令申耽暂领上庸郡都尉。建安末年，申耽被蜀国攻打，以上庸郡西属刘备。黄初年间，申仪在两地间来回，魏文帝诏令，以申仪哥哥申耽原来的封号加授给申仪，拜申仪为魏兴郡太守，封为列侯。太和年间，申仪与孟达不睦，多次上书，告发孟达怀有二心，及至孟达反叛，申仪断绝蜀道，使得蜀军救兵不能通过。孟达死后，申仪前来宛城，拜见司马宣王，司马宣王劝申仪来朝。申仪到达京师，明帝下诏，改拜申仪为楼船将军，按照礼制，可以奏请朝廷。

②刘封的儿子刘林，担任牙门将，咸熙元年，移居河东郡。孟达的儿子孟兴，担任议督军，这一年，返回右扶风。

彭羕，字永年，广汉郡人。彭羕身高八尺，相貌魁伟，生性骄傲，做事情轻率而随意，常常有所疏忽，但很敬重同郡人秦子敕，把秦子敕推荐给广汉郡太守许靖："在往昔，殷高宗在梦里见到傅说，周文王在渭水北岸访求吕尚，到了汉高祖，从布衣擢拔审食其，此乃帝王之所以事业兴盛，统一天下，建立功勋。而今明府稽古皇极，允执神灵，谨守公刘之德，践行召公之惠。《诗经·清庙》之作，在此时开始，褒贬之义，在此时兴起，然而，六翮羽翼还未详备。臣注意到，处士绵竹县人秦宓（奉子敕），具有仲山甫之德，兼有隽不疑之直，枕石漱流，吟咏缊袍，偃息于仁义之途，恬淡于浩然之域，高风亮节，守真不亏，即使古人潜行隐踪，蔑视冠冕，也不过如此。如果明府能招揽此人，必有忠诚正直、光明磊落之誉，此乃丰功伟绩，建立功勋之良机，然后，明府的功绩将刊载于王府，声誉将传之于后世，不亦美哉！"

彭羕在州部出仕，不过是书佐，后来又有人向刘璋诬告、毁谤彭羕，刘璋判彭羕髡钳刑，彭羕沦为刑徒。恰逢刘备入蜀，溯长江而上，彭羕欲向刘备谏言，前去谒见庞统。庞统与彭羕并非故人，又恰好有宾客在座，彭羕径直登上庞统的卧榻，对庞统讲："待卿与客人谈罢，当与卿交谈。"庞统的客人遂告辞，庞统让彭羕坐在身边，彭羕又向庞统讨要食物，吃完后，二人开始谈话，庞统留彭羕住了两个晚上，二人竟日倾谈。庞统大为赞赏，而法正早就了解彭羕，二人遂向刘备举荐彭羕。刘备对彭羕也颇为欣赏，多次令彭羕参与军事，指导诸将，彭羕做得很好，刘备对彭羕日益信任。成都平定，刘备兼领益州牧，擢拔彭羕为治中从事。彭羕起于布衣，一夜之间，官位高于益州士人，不免有些嚣张，形于颜色，自矜获得刘备的厚遇，越发不知所以然。诸葛亮虽然外表接纳彭羕，内心对彭羕并不感冒。背地里多次告诉刘备，彭羕心广志大，难以保证忠心耿耿。刘备尊敬、信任诸葛亮，加上观察彭羕的行事为人，对彭羕日渐疏远，外放彭羕为江阳郡太守。

彭羕听说要被外放，心中不乐，前去拜谒马超。马超问彭羕："卿具有才识，可谓出类拔萃，主公相待甚重，说卿应当与孔明、法孝直并驾齐驱，怎么会被外放，担任小郡太守，令人失望？"彭羕答："老家伙糊涂昏聩，说什么好呢！"[①]彭羕又对马超讲："将军在外驻守，我为将军在内谋划，天下不难平定。"马超羁旅在外，归附刘备，心中常有危机之感，听了彭羕这样讲话，大惊失色，默然不语。彭羕走后，马超上表，把彭羕讲的话一五一十报告刘备，于是，彭羕被有关部门收捕治罪。

①扬雄著《方言》解释：悈、鲵、乾、都、耇、革，老也。郭璞作注解：老人的皮肤、毛发枯萎憔悴。

裴松之认为：皮去毛曰革。古者以革为兵，故语称兵革，革犹兵也。彭羕骂刘备为老革，意思是老兵也。

彭羕在狱中，写信给诸葛亮："仆昔日服侍诸侯，认为曹操为人暴虐，孙权无道，能够振兴衰世，唯有主公有霸王之才，可以与其共谋大事，振兴宏业，以完成天下大治，故言语轻率，不时有奋然轻举之志。恰逢明公来到西蜀，仆通过法孝直推荐，庞统斟酌其间，遂得以在葭萌关拜谒明公，仆与明公抵足畅谈，谈论治世之要义，讲论霸王之要务，建言谋取益州之策，明公也曾深思熟虑，明确制定方略，当时，对仆的谏言颇为欣赏，遂一举大事可成。仆在原益州不过是凡庸之士，常担心触碰法网，幸得以风云际会，时局动荡，求君得君，志行名显，故从布衣之中，被擢拔为国士，窃位于茂才。待遇之厚，莫过于此。①彭羕一朝狂悖，自求菹醢之罪，成为不忠不义之鬼！先民有言，左手据天下之图，右手自刎咽喉，愚夫不可为也。况且仆有别于愚夫！仆之所以有怨望，还是不自量力，窃以为首先倡导振兴西蜀事业，但有外放江阳郡之怪论，不解主公之意，情绪激动，加上醉酒，脱口妄称'老'字。此仆之下愚，思虑浅薄所致。主公其实并未老，而且，大丈夫立功立业，岂在于老少，西伯九十岁，仍然有图谋天下之志，负我慈父，罪该万死。至于内外之言，欲令马孟起立功于北州，为主公效命，共同讨伐曹操，岂敢有他志邪？马孟起举报仆，仆不敢否认，但不分辨其中深意，令人痛心。昔日，仆与庞统共同盟誓相约，愿效犬马之劳，尽心于主公之事业，追慕古人，记载功勋于竹帛。庞统不幸早逝，仆取祸于妄言。自我堕落，仆还能怨谁？！明公实乃当世伊尹、吕尚，善于与主公谋划大事，济其大业早成。天明地察，神祇有灵，夫复何言！只是想让明公知道仆的真心。行矣努力，自爱，自爱！"彭羕被判处死刑，死时年仅三十七岁。

①裴松之认为"分子之厚"，彭羕称刘主把分给儿子的厚恩施与自己，故其书信后边讲："负我慈父，罪有百死。"

廖立，字公渊，武陵郡临沅县人。刘备兼领荆州牧，任命廖立为从事，当时，廖立还不到三十岁，又被提拔为长沙郡太守。刘备入蜀，诸葛亮镇守荆州，孙权派遣使者向诸葛亮问好，随便问士人中谁可以与诸葛亮共同治理荆州，诸葛亮回答："庞统、廖立是楚地良才，可以襄助，振兴事业。"建安二十年，孙权派遣吕蒙袭击荆州南部三郡，廖立脱身逃走，前往益州，投奔刘备。刘备平素了解廖立，以礼相待，并未责备廖立临阵脱逃，又任命廖立为巴郡太守。建安二十四年，刘备自封为汉中王，征召廖立，拜为侍中。后主刘禅即位，廖立改任长水校尉。

廖立原来以为以自己的才能、名望，应该仅次于诸葛亮，如今却在李严等人之下，心中怏怏不乐。后来，丞相府掾李郃、蒋琬来家中拜望，廖立与他们计议："大军将要远征，卿等最好要学会处事。在往昔，先帝没有攻取汉中郡，而是与东吴争夺江南三郡，最终三郡又落于东吴手中，徒劳无功，致使将士疲惫，无功而返。既然失去汉中，曹操派遣夏侯渊、张郃深入巴郡，几乎丧失一州。后来又去攻打汉中，致使关羽在樊城丧命，全军覆没，上庸失败，最终还是失去荆州。这也是关羽自恃其勇，用兵毫无章法，仅凭意气用事，故先帝前后多次丧师失地。向朗、文恭，不过凡俗之人。文恭担任治中，目无纲纪；向朗昔日奉承马良兄弟，自以为是圣人，而今担任丞相府长史，只是奉法办事而已。中郎郭演长，不过随声附和，也担任侍中。不足以与这些人共谋大事。而今西蜀衰弱，陛下欲重用此三人，甚不以为然。王连不过庸俗之辈，为人苟且贪婪，徒使百姓疲惫，以至于今日。”李郃、蒋琬将廖立的话告诉诸葛亮。诸葛亮上表，弹劾廖立：“长水校尉廖立，妄自尊大，臧否朝中群士，公然妄言国家不能任用贤达，仅信任俗吏，又妄言率领万人的将军都是小孩子；诽谤先帝，毁誉众臣。有人讲，国家军队简练，部署分明，廖立举头望天，愤然作色：‘何足道哉！’像这样的事例，不可胜数。羊群中有害群之羊，则危害群羊，必将剔除，更何况廖立身居高位，中等以下之人，何以辨别真伪？”[①] 于是，后主刘禅废黜廖立，贬为平民，流放至汶山郡。廖立在汶山郡与妻子、儿女躬耕陇亩，以此谋生，听说诸葛亮去世，廖立垂泪叹息：“我将终身成为左衽之人！”后来，监军姜维率领偏军，经过汶山郡，拜谒廖立，称赞廖立意气不衰，谈吐自若。廖立最终在流放地去世。妻子、儿女返回成都。

①《诸葛亮集》有诸葛亮的上表：“廖立侍奉先帝，无忠孝之心，镇守长沙，则开门揖盗，迎接敌寇，担任巴郡太守，则见不得人的卑劣之事，跟随大将军，则诽谤讥刺，侍奉梓宫，则在梓宫之侧，挟刀断人头颅。陛下即位后，普遍增加官员职务，廖立随后自比为将军，当着臣的面说：‘我怎么不能忝列诸将军中？丞相为何不能上表，拜我为卿士，为何把我放在五校？’臣答：‘将军担负征战重任。至于卿，按照能力，正方也没有被拜为卿。君还是在五校比较合适。’自此之后，廖立怏怏不乐，怀恨在心。”后主下诏：“三苗乱政，有虞氏流放，予以宽宥，廖立狂妄，朕不忍加刑，流放廖立至不毛之地。”

李严，字正方，南阳郡人。年轻时，李严在郡府担任小吏，以才能受到世人称赞。荆州牧刘表派使者巡视属下郡县。曹公收复荆州时，李严担任秭归县令，此后西行至蜀地，刘璋任命李严为成都令，李严再次显示自已的施政才能。建安十八年，李严在蜀地担任护军，刘璋令李严在绵竹阻挡刘备，李严率领部众向刘备投降，刘备拜李严为裨将军。刘备平定成都，任命李严为犍为郡太守，拜李严为兴业将军。建安二十三年，贼寇马秦、高胜等在郪县起事，聚众数万人，攻打资中县。当时，刘备在汉中，李严没有向刘备要兵，只是率领本郡战士五千人讨伐叛贼，斩杀马秦、高胜等贼首，其余党土崩瓦解，李严将其全部恢复民籍。此外，越嶲郡蛮夷首领高定，率领部众围困新道县，李严疾驰前往救援，贼寇被打败，退走。刘备加封李严为辅汉将军，仍然兼领犍为郡太守。

章武二年，刘备征召李严到永安宫，拜李严为尚书令。章武三年，刘备病重，李严与诸葛亮同时接受先主刘备的遗诏，辅佐少主刘禅。李严担任中都护，统领内外军事，留在永安郡镇守。建兴元年，李严受封为都乡侯，持符节，加光禄勋。建兴四年，李严改任前将军。诸葛亮欲出兵汉中，李严在后方留守，主持各项政务，移居江州，留下护军陈到驻扎在永安郡，仍然归李严统辖。李严写信给孟达："我与孔明同时接受遗诏，忧深责重，很想得到良才辅佐。"诸葛亮也写信给孟达："部署分配如流水，取舍之间无阻碍，李正方有这样的才能。"从中可以看出诸葛亮对李严的重视程度。[①]建兴八年，李严改任骠骑将军。因为曹真兵分三路，欲进攻汉川，诸葛亮命令李严率领二万人赶赴汉中。诸葛亮上表，推荐李严的儿子李丰为江州都督，统率军队，主持李严走后的工作。第二年，诸葛亮将要出兵伐魏，命令李严以中都护署理丞相府政务。李严改名为李平。

①《诸葛亮集》记载：李严写信给诸葛亮，劝诸葛亮接受九锡，晋爵称王。诸葛亮回信答复："吾与足下相知已久，还不能相互了解！足下正当教诲在下，以弘扬国家圣德，戒之勿拘泥之义，是以不能默然无语。吾本东方下士，被先帝误用，位极人臣，禄赐百亿，今日讨贼未效，知己未答，而欲受宠齐、晋，妄自尊大，非其义也。假若灭魏斩杀曹叡，陛下返回中原，与诸子同时受拜，虽十命可受，况于九邪！"

建兴九年春天，诸葛亮率领大军，驻扎在祁山，李平负责转运军粮。秋夏之际，正值阴雨连绵，转运军粮不能按时到达，李平派遣参军狐忠、督军成藩，传达后主圣旨，要求诸葛亮撤军，诸葛亮按照诏令撤军。当李平听说大军真的撤回来，佯装惊讶，说："军粮充足，为何要匆忙撤回？"欲以此推卸没有完成转运任务责任，同时彰显诸葛亮不能进兵之过，李平又上表后主，说："蜀军暂时撤回，欲以此诱惑贼人，与魏军再战。"诸葛亮拿出李平前后亲笔写的书信对证，又陈述事情本末，李平理屈词穷，无言以对，俯首认罪。于是，诸葛亮上表，弹劾李平："自从先帝驾崩，李平在后方主持朝政，喜欢以小恩小惠迷惑众人，安身求名，不能为国家分忧。臣此次北伐出征，欲令李平率军镇守汉中，李平施展诡计，并未有来意，反而奏请自领五郡，担任巴州刺史。去年臣欲出兵西征，欲令李平都督汉中，李平说司马懿等开府，征召僚属。臣知道李平鄙陋，欲借臣西征之际，逼迫臣，从中获取好处，因此，臣上表，推荐李平的儿子李丰都督江州，给予优厚待遇，以应一时之急务。李平到达之日，臣将诸政事都托付李平，群臣上下皆怪臣待李平太厚。目前以大事未定，汉室倾危，指责李平之短，不如褒奖，暂时迁就李平。然而，臣原以为李平不过求荣谋利而已，不料想李平竟然如此颠倒黑白。如果这种事情再延误下去，将招致祸败，这是臣不敏，用人不当所致，言多增咎。"[①]后主刘禅废黜李平，贬为平民，流放至梓潼郡。[②]建兴十二年，李平听到诸葛亮去世的消息，发病而死。李平常盼着诸葛亮能再次起用自己，估计后来之人不会再用，故因诸葛亮去世激愤不已。[③]李丰官至朱提郡太守。[④]

①诸葛亮书写公文，呈上尚书："李平身为大臣，受恩过重，不思怀忠报恩，横生事端，不顾国家危难，迷罔上下，论狱弃科，导人为奸，情狭志狂，目无天地。李平自度奸情暴露，嫌疑之心遂生，听说大军将至，西向托病，返回沮、漳，大军到达沮县，又返回江阳，李平的参军狐忠劝谏李平，李平才停止。而今曹叡篡贼未灭，社稷多难，国事唯在和衷共济，可以出兵获捷，不可包涵罪恶，以危及大业。臣与代行中军师车骑将军都乡侯臣刘琰，使持符节前军师征西大将军领凉州刺史南郑侯臣魏延、前将军都亭侯臣袁綝、左将军兼领荆州刺史高阳乡侯臣吴壹、督前部右将军玄乡侯臣高翔、督后部后将军安乐亭侯臣吴班、暂领长史绥军将军臣杨仪、督左部行中监军扬武将军臣邓芝、代行前监军征南将军臣刘巴、代行中护军偏将军臣费祎、代行前护军偏将军汉成亭侯臣许允、代行左护军笃信中郎将臣丁咸、代行右护军偏将军臣刘敏、代行护军征南将军当阳亭侯臣姜维、代行中典军讨虏将军臣上官雝、代行中参军昭武中郎将臣胡济、代行参军建义将军臣阎晏、代行参军偏将军臣爨习、代行参军裨将军臣杜义、代行参军武略中郎将臣杜祺、代行参军绥戎都尉盛勃、暂领从事中郎武略中郎将臣樊岐等，共同商议，解除李平的职务，免去其官禄、符节令传、印绶、符策，剥夺其爵土。"

②诸葛亮又教导李平的儿子李丰："吾与君父子，勠力维护汉室，此神明共鉴，非但平常人知之。吾上表，令君的父亲负责汉中政务，委托君镇守东关，未曾与人商议。原以为至心感动，终始可保，岂料中途竟然出现这样的变故！在往昔，楚卿屡次遭受贬黜，又重新受到重用，思道则福，以应自然之数。愿君宽慰都护，勤追思此前过错。今日虽然解任，形业失故，还有奴婢宾客一百数十人，君以中郎参军，担任要职，方之气类，犹为上家。假若都护思负一意，君与公琰推心相待，否可复通，逝可复还。详思我的告诫，明白我的心意，临书长叹，涕泣而已。"

③习凿齿曰：在往昔，管仲夺去伯氏骈邑三百户，至死而无怨言，圣人以为难事。诸葛亮对廖立被贬，垂泪不已，李平最后未被启用，直至病死流亡地，却毫无怨言！水至平而邪者取法，镜至明而丑者无怒，水、镜之所以能穷物而无怨，以其无私也。水、镜无私，犹以免谤，况大人君子怀乐生之心，流矜恕之德，法行于不可不用，刑加乎自犯之罪，爵之而非私，诛之而不怒，天下有不服者乎！诸葛亮可谓能用刑矣，自秦、汉以来，未有之也。

④苏林著《汉书音义》注解：朱音铢；提音如北方人称呼"匕"，曰提也。

刘琰，字威硕，鲁国人。刘备在豫州时，任命刘琰为从事，以其姓刘，风流蕴藉，善于谈论，厚遇刘琰，刘琰追随刘备四处奔波，常负责接待宾客。刘备平定益州，任命刘琰为固陵郡太守。后主刘禅即位，封刘琰为都乡侯，刘琰在朝中的位置，在李严以下，担任卫尉中军师后将军，后改任车骑将军。然而，刘琰不参与朝廷政事，只是领兵一千余人，跟随在丞相诸葛亮身边参谋意见而已。车服饮食，刘琰可谓奢靡无度，仅侍婢就有数十人，皆能够歌舞奏乐，刘琰又教她们诵读《鲁灵光殿赋》。建兴十年，刘琰与前军师魏延不和，其诋毁魏延的话，荒诞无稽，为此，诸葛亮叱责刘琰。刘琰写信给诸葛亮谢罪："刘琰为人不踏实，操行鄙陋，加上有嗜酒贪杯的毛病，自从先帝以来，众人议论纷纭，几乎将臣压垮。承蒙明公看到臣一心为国，原谅臣身上的恶行，维护扶持，致使臣得到这样的禄位，以至于才有了今日。此间，臣时有醉酒，言辞多有错谬，明公慈悲，怀恩忍耐，没有将臣交予法官惩治，使臣得以保身全命。臣一定要克己反省，改过自新，向神灵盟誓；臣再不为国效命，则无颜活在世间。”此后，诸葛亮让刘琰返回成都，没有贬低官职。

刘琰在官场失意，神情恍惚。建兴十二年正月，刘琰的妻子胡氏入宫向太后祝贺新年，太后特别诏命留下胡氏，在宫中住了一个月，才放胡氏出宫。胡氏有美色，刘琰怀疑胡氏与后主刘禅私通，叫来行刑的狱卒，抽打胡氏耳光，还用鞋底抽打胡氏，而后抛弃胡氏，将其赶走。胡氏控告刘琰虐待，刘琰被捕入狱。有关官员按照法律治罪：“官吏绝非挝妻之人，人脸绝非受履之地。”刘琰被判处死刑，杀头示众。从此以后，大臣的妻子、母亲入宫朝贺的制度被撤销。

魏延，字文长，义阳县人。率领部众跟随刘备入蜀，多次建立战功，升任牙门将军。刘备自封为汉中王，将国都迁至成都，需要有威望的大将镇守汉川，众将皆以为一定是张飞，张飞心中也早已做好准备。刘备却提拔魏延为统率汉中的镇远将军，兼领汉中郡太守，全军震惊。刘备大会群臣，问魏延：“今天委以卿重任，卿居于如此高位，有何话可讲？”魏延答：“曹操如果举天下之卒前来，当为大王抵御；魏军偏将率十万之众前来，当为大王歼灭。”刘备点头称善，众人也认为魏延语言豪迈，堪当大任。刘备登上帝位，拜魏延为镇北将军，建兴元年，魏延受封为都亭侯。建兴五年，诸葛亮驻扎在汉中，再次以魏延率领蜀军前部，兼任丞相府司马、凉州刺史，建兴八年，诸葛亮派魏延西入羌中，魏国后将军费瑶、雍州刺史郭淮与魏延在阳溪大战，魏延大败郭淮等，升任前军师、征西大将军，授予符节，晋升爵位为南郑侯。

魏延每次跟随诸葛亮出兵，总是向诸葛亮请兵，愿率领一万人，与诸葛亮分路出击，在潼关会师，犹如当年韩信故事，诸葛亮制止魏延的谋划，没有分兵。魏延常说诸葛亮胆怯，叹息自己的才能得不到发挥。①魏延善待士卒，加上作战勇敢，勇猛过人，自视甚高，当时，蜀国朝廷众臣皆谦让魏延。只有杨仪不肯迁就，魏延为此常愤愤不平，二人犹如水火，互不相让。建兴十二年，诸葛亮出兵北谷口，魏延担任前锋。距离诸葛亮的大营有十里，魏延晚上做梦，梦见头上长角，让赵直为自己占梦，赵直欺骗魏延，说：“麒麟头上有角而不用，此梦意味着不战而破灭敌军之象。”之后，赵直告诉他人：“角之为字，刀下用也；头上用刀，其凶甚矣。”

①《魏略》记载：夏侯楙担任安西将军，镇守长安，诸葛亮在南郑与群臣计议，魏延说：“听说夏侯楙年少，是魏主的女婿，怯而无谋。如果丞相能让魏延领精兵五千，负粮五千，直接从褒中出兵，循秦岭而东，再从子午道向北，不过十日，即可到达长安。夏侯楙听说魏延倏然而

至，必乘船逃走。长安唯剩下御史、京兆太守，黄门邸阁与散民之谷，足以满足军用。比之东方相会合，只需二十余日，明公从斜谷领兵上来，也很快会到达。如此一来，我军可一举平定咸阳以西。”诸葛亮认为此计太过于冒险，不如从平坦之路进军，稳取陇西，此谋划十拿九稳，可保无虞，故没有采用魏延的计策。

当年秋天，诸葛亮病危，暗中与丞相府长史杨仪、司马费祎、护军姜维等商议，安排后事，一旦蜀军撤军，令魏延断后，姜维次之；如果魏延不能从命，大军可自行出发。诸葛亮病逝，秘不发丧，杨仪令费祎前往魏延处，探听魏延有何想法。魏延说：“丞相虽然去世，还有我在。丞相府的官属，可以护送灵柩返回安葬，我将亲自率领诸军击贼，怎么能以一人之死，而废天下大事？而且，魏延是何等样人，岂能被杨仪指挥，为杨仪断后！”于是，魏延与费祎商议，安排蜀军后撤以及留守部队，令费祎手书，与魏延一起署名，布告蜀军诸将。费祎欺骗魏延：“为君设想，应当先返回向杨长史处解释，杨长史是文吏，不懂得军事，一点不敢违命。”费祎出门，骑上马，疾驰而去，魏延望着费祎的背影，有些后悔，欲追赶，已经来不及。魏延派人窥探杨仪等人的行动，看到杨仪等已准备好按照诸葛亮的遗嘱后撤，诸营开拔，引军撤退。魏延勃然大怒，抢在杨仪的前面，率领所部堵住南归的道路，所过之处，烧毁栈道。魏延、杨仪各自指斥对方谋逆，一日之中，送往成都的羽檄，奔驰在路上。后主刘禅向侍中董允、丞相府留守长史蒋琬咨询，蒋琬、董允支持杨仪，怀疑魏延谋逆。杨仪等劈山开路，日夜兼行，在魏延的后面继续撤军。魏延先期抵达南谷口，派遣军队逆袭杨仪等人，杨仪等命令何平在前面抵御魏延。何平呵斥魏延阻塞归途：“诸葛公病逝军中，尸骨未寒，汝辈竟敢造反！”魏延手下的士兵知道魏延理屈，不肯再为魏延卖命，军队溃散。魏延独自与儿子数人逃亡，逃往汉中。杨仪派遣马岱追杀魏延，马岱将魏延斩首，并把首级送交杨仪，杨仪起身，用脚踩着魏延的头颅，骂道：“庸奴！还能作恶不？”随后，杨仪夷灭魏延三族。当初，蒋琬率领宫中宿卫，北上救援杨仪，走了数十里，魏延被杀的消息传来，蒋琬只好撤回近卫军。大家分析，魏延没有北上投降魏军，而是南下阻挡蜀军的归途，其真实想法，还是为铲除杨仪等。平日诸将的看法就有不同，大家在议论时，都说魏延应该代替诸葛亮率领蜀军。魏延的本意也是如此，并非要反叛。①

①《魏略》记载：诸葛亮病重，对魏延等人讲：“我死之后，但谨慎自守，慎勿争执。”令魏延摄行后事，秘密送灵柩回去。魏延秘而不宣，行至褒路口，开始发丧。诸葛亮幕府长史杨仪一向与魏延不和，看见魏延摄理军事，担心被魏延所害，于是扬言魏延欲举众北附，率领其部众攻打魏延。魏延本无此心，不战而军队败走，追而杀之。裴松之认为：此盖敌国传闻之言，无须与本传争审。

杨仪，字威公，襄阳人。建安年间，杨仪担任荆州刺史傅群的主簿，后背叛傅群，投靠襄阳郡太守关羽。关羽任命杨仪为功曹，派遣杨仪奉使命西行巴蜀，向刘备汇报。刘备与杨仪谈论军国大事及用兵策略、施政得失，刘备听了杨仪的分析，大喜，任命杨仪为左将军幕府兵曹掾。及至刘备自封为汉中王，擢拔杨仪为尚书。刘备登上帝位，东征吴国，杨仪与尚书令刘巴不睦，被贬谪至远方，担任弘农郡太守。建兴三年，丞相诸葛亮任命杨仪为丞相府参军，署理丞相府政事，诸葛亮将要南征。建兴五年，杨仪跟随诸葛亮，驻扎在汉中。建兴八年，杨仪改任丞相府长史，兼领绥军将军。诸葛亮多次用兵，杨仪参与谋划、部署，筹备军粮，杨仪不假思索，就能筹措完毕军粮。军队的调度，也由杨仪经办。诸葛亮很欣赏杨仪的才干，又赞赏魏延的骁勇善战，常惋惜二人关系不睦，不忍有所偏废。建兴十二年，杨仪跟随诸葛亮出征，驻扎在谷口。诸葛亮在前线病逝。杨仪率领蜀军撤回，又诛杀魏延，自以为功劳很大，应该继诸葛亮之后秉持朝政，让都尉赵正用《周易》为其占卜，卜得的卦象为《家人》，杨仪默然不语，心中不乐。而诸葛亮生前已经在杨仪背后评价过杨仪，认为杨仪狂狷，性格偏狭，不能容人，意思让蒋琬代替自己，蒋琬随后担任尚书令、益州刺史。杨仪返回，后主刘禅拜杨仪为中军师，并无具体事务，闲处而已。

当初，杨仪担任刘备的尚书，蒋琬担任尚书郎，后来，二人虽然都担任丞相府参军长史，杨仪常跟随诸葛亮出征，担负的责任重大，杨仪自以为比蒋琬年长，任职又比蒋琬早，才能更是超过蒋琬，于是，心中愤愤不平，形于声色，哀叹之意，发于五内。当时人畏惧，认为杨仪言语失当，不敢与杨仪交往，只有后军师费祎时常到杨仪家中探视，抚慰一番。杨仪在费祎面前发泄怨言，讲了很多不满的话，还对费祎讲："此前，丞相去世时，我如果举兵投降魏国，怎么会落到今天这种地步！真令人追悔莫及。"费祎揭发杨仪，把杨仪讲的话秘密上表后主。建兴十三年，后主刘禅废黜杨仪为平民，流放至汉嘉郡。杨仪到达流放地，又上书诽谤朝廷，言辞激烈，后主遂下诏，令汉嘉郡收捕杨仪。杨仪自杀，妻子、儿女返回成都。①

①《楚国先贤传》记载：杨仪的哥哥杨虑，字威方。年少时，杨虑有德行，为江南士人冠冕。州郡以礼召请，诸公征召、聘用，杨虑皆不肯俯就。杨虑十七岁早逝，乡里人号称德行杨君。

陈寿评论如下：刘封身处嫌疑之位，而不懂得自我防范，陷于困厄，难以自保。彭羕、廖立以才能得到擢拔任用，李严以才干而显达，魏延以勇敢担负重任，杨仪以官职显示才能，刘琰以同姓出仕为官，都是位高权重的蜀国大臣。观察他们的行事为人，以及遇事后的应对，循其轨迹，都有招灾惹祸的缘由，可谓咎由自取。

蜀书十一

霍王向张杨费传第十一

霍峻，字仲邈，南郡枝江县人。哥哥霍笃，在乡里聚集部众数百人，欲举大事。霍笃去世，荆州牧刘表令霍峻统领哥哥的部众。刘表去世，霍峻率领部众归附刘备，刘备任命霍峻为中郎将。刘备从葭萌关回军，袭击刘璋，留下霍峻镇守葭萌关。张鲁派遣部将杨帛招诱霍峻投降，希望与其共同守关，霍峻答："小人头可得，城不可得。"杨帛悻悻而去。后来，刘璋的部将扶禁、向存等率领一万余人，沿着阆水而上，围攻霍峻，长达一年，不能攻下葭萌城。霍峻城中的士兵仅剩下数百人，霍峻趁着扶禁等松懈之际，挑选精锐出击，大败扶禁等，斩获向存的首级。刘备平定蜀地，赞赏霍峻的功劳，分出广汉郡一部分，设立梓潼郡，任命霍峻为梓潼郡太守，兼领裨将军。霍峻在太守任上三年，四十岁去世，送回成都安葬。刘备很悲恸，深感惋惜，下诏诸葛亮："霍峻是一位优秀人才，加上对国家有功，要举行酹（lèi）祭。"刘备亲自率领群臣，祭祀霍峻，还在霍峻的墓地歇宿，当时人以此为荣。

儿子霍弋，字绍先，刘备末年，霍弋担任太子舍人。后主刘禅即位，任命霍弋为谒者。丞相诸葛亮北伐，驻扎在汉中，延请霍弋，任命为丞相府记室，让霍弋与其侄子诸葛乔交游，结为好友。诸葛亮病逝，霍弋担任黄门侍郎。后主刘禅立刘璿为太子，任命霍弋为太子中庶子，刘璿喜欢骑射，出入东宫毫无节制，霍弋援引古籍经典，苦心劝谏，甚得劝说商议的规矩。后来，霍弋担任参军、庲降屯副贰都督，又改任护军，兼领太子中庶子。当时，永昌郡蛮夷负险顽抗，不肯归附，多次寇掠地方，成为一害，后主刘禅令霍弋代理永昌郡太守，率领偏军讨伐，斩杀蛮夷首领，捣毁其居住的邑落，永昌郡恢复平静。霍弋改任监军、翊军将军，兼领建宁郡太守，返回后负责南郡事务。景耀六年，后主刘禅晋升霍弋为安南将军。这一年，蜀国被魏国灭国。霍弋与巴东领军襄阳人罗宪各自保全一方，举兵内附，仍然担任此前的职务，受到特别优待。[①]

①《汉晋春秋》记载：霍弋听说魏军到来，霍弋欲赶往成都，后主以御敌之策已定，不听。及至成都不能固守，霍弋素服号哭三日。诸将都劝霍弋赶快投降，霍弋说："而今道路阻隔，不知道主上的安危，是吉是凶，绝不可苟且。若主上与魏国讲和，以礼相待，则保境而降，到时也不晚。若万一蒙受羞辱，吾将以死拒之，何论迟速！"得到后主东迁的讯息，霍弋才率领六郡守将上表："臣听说，人生有三件事很重要，自始至终，要事之如一，若危难发生，则应献出生命。而今，臣的国家败亡，国君归附，守死无所，是以委质，不敢有二心。"晋文宣王很欣赏霍弋的忠心，拜霍弋为南中都督，仍然负责南中。后来，又派遣霍弋率领军队救援吕兴，平定交趾郡、日南郡、九真郡三郡，因为战功，封霍弋为列侯，加赐称号以尊崇。霍弋的孙子霍彪，担任晋朝越嶲郡太守。

《襄阳记》记载：罗宪，字令则。父亲罗蒙，在蜀地避难，官至广汉郡太守。年少时，罗宪因为才学而知名，十三岁时，罗宪就能写文章。后主刘禅立为太子，罗宪担任太子舍人，改任太子中庶子、尚书吏部侍郎，以宣信校尉，两次出使吴国，吴人对罗宪很欣赏。当时，黄皓在朝中干预朝政，有很多朝臣阿谀黄皓，罗宪坚持立场，守正不阿，黄皓嫉恨罗宪，奏请后主，贬谪罗宪为巴东郡太守。当时，右大将军阎宇都督巴东，担任领军，后主让罗宪担任阎宇的副手。魏军讨伐蜀国，后主召阎宇返回，拨付罗宪二千人，令罗宪守卫永安城。不久，听说成都败亡，永安城中骚动，江边的吏长皆弃城逃走，罗宪斩杀传播成都动乱者一人，百姓这才安定下来。得到后主投降魏军的消息，罗宪率领所部，驻留都亭三日。吴国听说蜀国情况紧急，发兵西进，表面救援蜀国，其实欲借机袭击罗宪。罗宪说："本朝倾覆，东吴与西蜀原来互为唇齿，不能抚恤我国臣民，反而借机取利，背弃盟约。而今，汉室灭亡，吴国又能维持多久，我怎么能做吴国的降虏！"罗宪修筑城墙，整理武器，据城坚守，与守城将士盟誓，以节义激励斗志，众将士莫不用命。吴国听说钟会、邓艾先后被杀，蜀地变得无主，遂有兼并蜀国的想法，由于巴东坚守，吴军不能通过，吴国命令将军步协率领大军向西。罗宪临江拒守，用箭矢射向吴军，罗宪不能抵御，又派遣参军杨宗突围，向北突出重围，向安东将军陈骞告急，又命人送走文武印绶，派儿子前去拜谒晋王。步协攻城，罗宪出城与吴军交战，大破吴军。孙休大怒，再次派遣陆抗等，率领吴军三万人，增加吴军的兵力，包围罗宪。罗宪被围困六个月，救兵不至，城中将士大半人患上疾病。有人劝说罗宪逃走，罗宪答："将军守城，作为人主，被百姓所仰视，危不能安，紧急时就弃城逃走，此君子所不为，我的命就留在此地。"陈骞禀告晋王，晋王派遣荆州刺史胡烈前来救援罗宪，陆抗等撤退。晋王司马昭委任罗宪，拜罗宪为凌江将军，封为万年亭侯。恰逢武陵郡四县举众叛吴，又任命罗宪为武陵郡太守，兼领巴东监军，泰始元年，改封罗宪为西鄂县侯。罗宪把妻儿送往洛阳，晋武帝司马炎任命罗宪的儿子罗袭为给事中。泰始三年冬天，罗宪入朝，升任冠军将军、持符节。泰始四年三月，罗宪跟随晋武帝在华林园享宴，晋武帝诏问蜀国的大臣子弟，后来，问到蜀国先辈受到重用者，罗宪举荐蜀郡人常忌、杜轸、寿良，巴西郡人陈寿，南郡人高轨，南阳郡人吕雅、许国，江夏郡人费恭，琅琊郡人诸葛京，汝南郡人陈裕。此后，这些人皆被晋武帝任用，在晋朝显露名声。罗宪返回，袭取吴国的巫城，向晋武帝谏言，献上讨伐吴国的策略。罗宪为人正直，礼敬士人，轻财好义，不治产业。泰始六年，罗宪去世，晋武帝赐予安南将军印绶，谥号为烈侯。嗣子罗袭，在凌江将军手下任职，早逝，追赠为广汉郡太守。罗袭的儿子罗徽，担任顺阳国内史，永嘉五年被顺阳王司马如杀害。此处作“献”，名字与本传不同，未详孰是。

王连，字文仪，南阳郡人。刘璋担任益州牧，任命王连为梓潼县令。刘备在葭萌关起事，回军进攻刘璋，王连关闭城门，不肯投降刘备，刘备感念王连有义气，并不逼迫王连投降。及至成都平定，刘备任命王连为什邡县令，改任广都县令，所在任上，均有政绩，又改任司盐校尉。王连发现盐铁的利益收入很多，对国家财政至关重要，于是，调派良吏，任命为属下，像吕乂、杜祺、刘幹等，后来都成为大官，皆由于王连的提拔。王连改任蜀郡太守，又兼领兴业将军，仍然负责盐铁事务。建兴元年，王连担任屯骑校尉，兼领丞相府长史，受封为平阳亭侯。当时，南方诸郡依然不肯归附，诸葛亮将要亲自率领大军南征，王连劝谏：“南方是不毛之地，疫疠之乡，不宜以一国之首辅，冒险南行。”诸葛亮考虑蜀国将领的才干皆不如自己，决心亲自率军南征，由于王连谏言恳切，也犹豫了很久。不久，王连去世，嗣子王山继承爵位，官至江阳郡太守。

向朗，字巨达，襄阳郡宜城县人。[①]荆州牧刘表任命向朗为临沮县长。刘表病逝，向朗归附刘备。赤壁之战后，刘备平定江南四郡，令向朗负责秭归、夷道、巫山、夷陵四县的军政事务。蜀地平定，刘备任命向朗为巴西郡太守，不久，向郎改任牂牁郡太守，又改任房陵郡太守。后主刘禅即位，向朗担任步兵校尉，继王连之后，向朗兼领丞相府长史。丞相诸葛亮率领大军南征，向朗留在丞相府，负责后方政务。建兴五年，向朗跟随诸葛亮，驻扎在汉中。向朗与马谡的关系很好，马谡兵败逃走，向朗知情不报，诸葛亮为此对向朗不满，撤销向朗的职务，返回成都。数年后，向朗又担任光禄勋，诸葛亮病逝，向朗改任左将军，追述此前的功劳，后主刘禅封向朗为显明亭侯，享受特进位。年轻时，向朗虽然涉猎文学，然而不熟悉经学典籍，以能吏见称。自从被免去丞相府长史职务，向朗优游世间，没有担任职务达三十年，[②]向朗开始潜心钻研典籍，孜孜不倦，年逾八十岁，仍然亲自校订典籍，刊定谬误，积累的研究论文，在蜀国最多。向朗开门接待宾客，劝诱后进，总是讲论古典经义，不涉及时事，以此见称。上至执政官员，下及童稚少年，皆敬重向朗。延熙十年，向朗去世。[③]嗣子向条继承爵位，景耀年间，向条担任御史中丞。[④]

①《襄阳记》记载：年少时，向朗拜司马德操为老师，与徐元直、韩德高、庞士元的关系甚好。

②裴松之按：向朗受到马谡案牵连，被免去丞相府长史职务，这是建兴六年的事情。向朗在

延熙十年去世，整二十年，此处言“三十年”，一字之误。

③《襄阳记》记载：向朗临终前，告诫儿子：“《左传》记载：军队征战，在和不在众，此话意思是，天地和，则万物生，君臣和，则国家平，九族和，动得所求，静得所安，是以圣人强调‘和’的重要，以存以亡。我是荆楚的小人物，早年几乎早夭丧命，多赖二哥收养，我的性情随和，不因为利益爵禄而堕落。今日只是家中贫困，并非人生的大患，唯‘和’为贵，汝其勉之！”

④《襄阳记》曰：向条，字文豹，博学多识，入晋后，担任江阳郡太守、南中军司马。

向朗哥哥的儿子向宠，刘备在世时，担任牙门将，蜀军秭归之败，向宠军营完好无损。建兴元年，向宠受封为都亭侯，后来担任中部都尉，负责宫中宿卫。诸葛亮将要出兵北伐，上表后主刘禅：“将军向宠，性行淑均，通晓军事，在昔日试用，先帝称向宠为能臣，是以众人讨论时，举荐向宠为都督。臣愚以为，军中之事，可以向向宠咨询，必能使将军之间和睦，优劣得其所在。”向宠改任中领军。延熙三年，向宠率军征剿汉嘉郡蛮夷，不幸遇害。向宠的弟弟向充，历任射声校尉、尚书。①

①《襄阳记》记载：魏元帝咸熙元年六月，镇西将军卫瓘进抵成都，得到一枚玉璧、一枚玉印，文字好像“成信”，魏人宣示百官，藏于相国府。向充知道后，说：“我听说，谯周生前有言，先帝名讳备，其训‘具’，后主名讳禅，其训‘授’，依此而言，刘氏已具备，当授予人。今日，中抚军名‘炎’，蜀汉纪年终于‘炎兴’，瑞玉出自成都，收藏于相国府，此乃天意。”这一年，向充受拜为梓潼郡太守，第二年十二月，晋武帝即位，于是乎，炎兴成为征兆。孙盛曰：在往昔，公孙述自以为起于成都，号称成氏，二玉之文，可能是公孙述所作！

张裔，字君嗣，蜀郡成都人。张裔研究《公羊春秋》，涉猎《史记》《汉书》。汝南郡人许文休（许靖）入蜀，认为张裔精明能干，做事敏捷，是中原人钟元常之类的人物。刘璋担任益州牧，张裔被举荐为孝廉，担任鱼复县长，又担任益州部从事，兼领幕府帐下司马。张飞从荆州沿着垫江入蜀，刘璋交给张裔军队，令张裔在德阳陌下抵御张飞。张裔战败，返回成都，奉刘璋使命，前去见刘备，刘备答应以礼对待刘璋，妥善安抚益州的民众，张裔返回，打开成都城门。刘备任命张裔为巴郡太守，后来，张裔又担任司金中郎将，负责制造农具及战争所用的器具。此前，益州郡人杀害太守正昂，当地耆老雍闿对南部民众有恩信，派出使者四处往来，与孙权勾通。刘备任命张裔为益州郡太守，张裔径直赶往任所。雍闿不肯再臣服于刘备，假借鬼神，说：“张府君如葫芦做的壶，外面虽然有光泽，里面粗鄙不堪，不足以杀他，绑缚起来，交予东吴。”于是，把张裔送给孙权。

刘备病逝，诸葛亮派遣邓芝出使吴国，诸葛亮令邓芝完成使命后，可向孙权请求迎回张裔。至此，张裔在吴国已经有数年，到处流亡、藏匿，孙权并不了解张裔，答应邓芝，送回张裔。张裔将要离开吴国，孙权召见，问张裔："蜀地有卓氏寡妇，与司马相如私奔，贵地风俗怎么会是这样？"张裔回答："愚以为，卓氏之寡妇，犹贤于朱买臣之妻。"孙权又问张裔："君此次回去，必定会在西蜀受到重用，不会再做田间的耕夫，居住在闾里，君将何以报答我？"张裔答："张裔负罪而归，将交给有关官员治罪。若张裔蒙受侥幸，得以保全首级，五十八岁之前，是父母给的年龄，自此之后，是大王的恩赐。"孙权与张裔言谈甚欢，有想重用张裔的意思。张裔出了殿堂，深感后悔没有在孙权面前表现得愚笨，当即上船离开，兼程而行。孙权果然派人在后面追赶，张裔已经进入永安界数十里，追者没有追上。

张裔回到成都，丞相诸葛亮任命张裔为参军，负责丞相府事务，又兼领益州治中从事。诸葛亮出兵，驻扎在汉中，张裔以射声校尉，兼领丞相府留守长史，张裔常称颂诸葛亮："诸葛公赏不遗远，罚不阿近，爵不可以无功获得，刑不因贵势而免去，这就是蜀地，无论贤愚，皆愿意舍身效力的缘故。"第二年，张裔北上来到诸葛亮大营商议事情，送行者有数百人，车辆塞满道路，张裔写信给关系好的人："近来远涉汉中，行前昼夜接待宾客，不能休息，人们尊敬的是丞相府长史，作为大男子张君，忝列此职务，疲倦得要死。"其谈吐机智幽默，大多类似这些。[①]年轻时，张裔与犍为郡人杨恭的关系很好，杨恭去世得早，留下遗孤，才几岁，张裔收养这个孩子，与其分屋而居，张裔敬事杨恭的母亲，犹如自己的母亲。杨恭的儿子杨息长大成人，张裔又为其聘娶妻子，购买田宅产业，使其可以自立门户。张裔抚恤故旧，赈济族中的贫困者，有很多这样的义行。后来，张裔担任辅汉将军，仍然兼领丞相府长史。建兴八年，张裔去世。嗣子张毣（mù）继承爵位，张毣历任三个郡的太守，兼领监军。张毣的弟弟张郁，担任太子中庶子。

①裴松之认为：谈话贵于机敏，写书可容留意。而今，借写书之技巧，用以加强谈话之机敏，非其理也。

杨洪，字季休，犍为郡武阳县人。刘璋担任益州牧时，杨洪在几个郡担任官吏。刘备平定蜀地，太守李严任命杨洪为功曹。李严欲迁移郡治所的衙署，杨洪固谏，李严不听，杨洪辞去功曹职务，请求引退。李严欲向州部推荐杨洪，任命杨洪为蜀郡从事。刘备与曹操争夺汉中，发送告急文书，征调军队，军师将军诸葛亮问杨洪，杨洪答："汉中是益州的咽喉，存亡之地，若无汉中，则无蜀国，此乃家门之祸。而今最重要的事，是男子应当从军，女子应当转运，发兵有何疑虑？"当时，蜀郡太守法正在跟随刘备出征，诸葛亮于是上表，推荐杨洪代理蜀郡太守，杨洪在任上诸项政事做得很好，正式担任蜀郡太守。不久，杨洪改任益州治中从事。

刘备登上帝位，出兵征伐吴国，战事不利，退兵住在永安。汉嘉郡太守黄元平素被诸葛亮所厌恶，听说先主刘备患上重病，担心会有后患，遂举郡造反，焚烧临邛城。当时，诸葛亮东行，去探望刘备的疾病，成都无人留守，因此，黄元更加无所忌惮。杨洪当即启奏太子刘禅，派遣其亲兵，命令将军陈曶、郑绰镇压黄元。众人认为，黄元如果不包围成都，一定会经过越嶲郡，占据南中，杨洪说："黄元素来残暴凶狠，对百姓并无恩信，怎么能想到这些？不过是乘水东下，待到主上平安，黄元一定会背缚前来受死；如果黄元有异志，则会投奔东吴，以求活命。敕令陈曶、郑绰，但在南安峡口堵住黄元即可。"陈曶、郑绰按照杨洪的指示，果然生擒黄元。建兴元年，杨洪受赐爵关内侯，再次担任蜀郡太守，受拜为忠节将军，后来，杨洪又担任越骑校尉，兼领蜀郡太守。

建兴五年，丞相诸葛亮北伐，驻扎在汉中，欲任命张裔为丞相府留守长史，征询杨洪的意见。杨洪回答："张裔天资聪明，遇事明察，擅长处理复杂问题，张裔的才能，的确可以胜任，然而，张裔心胸偏狭，恐怕不可以专任，不如留向朗。向郎忠贞，不会以虚伪行事，张裔可跟随丞相北伐，展示他的才能，这样，两方面都好。"年轻时，张裔与杨洪的关系很好。张裔在吴国流亡时，杨洪在张裔的家乡郡担任官员，张裔的儿子张郁在郡府担任小吏，因为一些小过错，遭到责罚，杨洪并未宽宥。张裔后来知道此事，深以为恨，与杨洪的关系有些疏远。及至杨洪看到诸葛亮出征，便来到张裔的住所，杨洪把他对诸葛亮的谏言，一五一十地告诉张裔。张裔回答杨洪："诸葛公留我在后方，明府不能阻止。"当时，有人怀疑杨洪欲自己做丞相府长史，也有人怀疑杨洪知道张裔与自己有矛盾，不愿意让张裔主持后方事务。后来，张裔与司盐校尉岑述不和，以至于忿恨。诸葛亮写信给张裔："君昔日在陌下，遭受败绩，我为君担心，食不甘味；后来，君流窜于南海，我听说后，为之叹息，寝不安席；及至君返回西蜀，托付君以大任，共同辅佐王室，自以为与君有古人之交情。然而，交友之道，举荐仇人以益国家，割舍骨肉以明忠贞，朋友之间，无须相谢，更何况我把司盐校尉委任于岑元俭，而君不能容忍？"议论者这才知道杨洪大公无私。

年少时，杨洪不喜欢学问，但是，待人真诚，为官清廉，忧公如家，服侍继母，非常孝顺。建兴六年，杨洪在任上去世。当初，杨洪曾担任李严的郡府功曹，李严还未去犍为郡担任太守，杨洪已经是蜀郡太守。杨洪推荐门下书佐何祗，认为此人有才干，善于谋划，举荐何祗为郡府官吏，数年后，何祗担任广汉郡太守，当时，杨洪还在蜀郡太守任上。因此，西蜀士人皆佩服诸葛亮能够人尽其才。①

①《益部耆旧传杂记》记载：每次朝会，何祗挨着杨洪坐。杨洪嘲讽何祗，问："君的马怎么驾车？"何祗答："吏员的马不敢驾车，因为明府还没有加鞭。"众人传之，以为笑话。

何祗，字君肃，年少时，何祗家里贫寒，待人宽厚，为人通达，何祗的体形壮硕，吃得又多，喜欢女色，不能节俭度日，故当时人很少看重何祗。何祗曾经梦见井中长出桑树，以此向占梦者赵直咨询，赵直答："桑树并非井中之物，应当是移植；然而，桑字四十下八，君的寿命恐怕不会超过四十八岁。"何祗笑着说："能活到四十八岁，足矣。"当初，何祗在郡府任职，后来，担任督军从事。当时，诸葛亮用法严峻，听人说何祗喜欢游戏，生活放纵，不能谨守职责，曾经想要何祗到监狱检录罪犯，众人都为何祗担心。何祗知道后，夜晚大张灯火，来到监狱，了解罪犯的案由。诸葛亮早晨前往监狱了解情况，何祗已经全部检录完毕，答对所问，无所凝滞，诸葛亮颇感诧异，宽宥何祗，补为成都令，当时，郫县县令缺位，诸葛亮又让何祗兼任两个县的县令。两个县的户口人数很多，而且都靠近成都，有很多奸人，行为污秽，每当夜深人静时，人们熟睡，何祗收捕奸人，总有捕获，众人皆畏惧何祗，认为何祗神通广大，有人以为何祗有什么法术，无人敢欺瞒他。何祗让人报账，何祗边听边用心记，不差分毫，其精明如此。汶山郡的夷人躁动不安，诸葛亮改任何祗为汶山郡太守，汉民、夷人皆服从治理。何祗又改任广汉郡太守。后来，夷人反叛，大家说："除非前府君来，才能安定汶山郡！"在当时，很难让何祗再回去，只好提拔何祗的族人代替，汶山郡才得以安宁。何祗改任犍为郡太守，享年四十八岁，去世，正如赵直所言。后来，有广汉郡人王离，字伯元，也因为有才干，担任督军从事，执法公平，稍后升迁，在何祗之后担任犍为郡太守，在任上有政绩，虽然聪明不及何祗，文采超过何祗。

费诗，字公举，犍为郡南安县人。刘璋担任益州牧时，费诗担任绵竹县令，刘备进攻绵竹，费诗举城投降。成都平定，刘备兼领益州牧，任命费诗为督军从事，后改任牂牁郡太守，又返回成都，担任州前部司马。刘备自封为汉中王，派遣费诗前往荆州，拜关羽为前将军，关羽听说黄忠担任后将军，大怒，说："大丈夫终不能与老兵同列！"不肯受拜。费诗劝谏关羽："建立王业者，所使用的人才，绝非一端。在往昔，萧何、曹参与高祖是同乡，年少时，已经是至亲故旧，陈平、韩信都是楚国亡命之将，来到汉营，论其位序，韩信居上，没有听说萧何、曹参因此而抱怨。今日汉中王以一次战功尊崇黄汉升，然而情意之轻重，怎么能与君侯相比！而且，汉中王与君侯，犹如一体，同舟共济，祸福共享，臣愚以为，君侯不宜计较将军之高下，爵禄之多少。仆只是一介使者，奉命传达，君侯不受拜将军称号，臣若就此返回，惋惜君侯这样行事，恐怕会有后悔之日！"关羽听罢，颇为感悟，随即受拜。

后来，群臣商议推举汉中王刘备登上帝位，费诗上疏："殿下以曹操父子逼迫汉室君主，篡夺权位，故此羁旅万里，纠合将士，欲率领大军讨贼。而今大敌未克，殿下先登上帝位，恐怕人心困惑。在往昔，高祖与楚王约定，先攻破秦地者为王。及至高祖占领咸阳，俘虏子婴，仍然心怀谦让，更何况，今日殿下还未走出门庭，便欲登上帝位！臣愚以为，殿下这种做法不可取。"因为此事，费诗忤逆了刘备，被贬为永昌郡从事。[①]建兴三年，费诗跟随诸葛亮南下征伐蛮夷，回到汉阳县，降者李鸿来拜见诸葛亮，诸葛亮接见李鸿，当时，蒋琬与费诗在座。李鸿说："近来经过孟达的住所，正好遇见王冲从南方来，谈起以往孟达的去就，明公切齿痛恨，欲诛杀孟达的妻子，幸亏先主没有听从。孟达说：‘诸葛丞相看问题全面，绝不会这样行事。’完全不相信王冲的话，孟达与我都很敬仰明公，故大家都不再讲话。”诸葛亮对蒋琬、费诗讲：“返回成都，我应当写封信给子度，解释一下。”费诗答：“孟达这小子，昔日侍奉振威将军就不能忠心耿耿，后来又背叛先主，此等反复小人，何足写信！”诸葛亮默然不语。诸葛亮欲劝诱孟达，作为外援，此后还是写了一封信：“往年南征，年底返回，恰好与李鸿在汉阳会面，得知你的消息，慨然叹息，想到君平生之志，难道仅为徒具空名，享有荣誉，看重背离！呜呼孟子，我知道，这其实是刘封欺凌足下，以至于损害先主善待士人之义。加上李鸿进言，说王冲捏造谗言，说足下能猜度我的心意，不会听信王冲的谗言。借此信表明心志，追思平生之欢好，依依东望，故写信问候。”孟达得到诸葛亮的书信，多次与诸葛亮联络，在信中，孟达欲背叛魏国。魏国派遣司马懿镇压孟达并斩杀孟达。诸葛亮也以孟达并无诚意，并未出兵救援。蒋琬秉持朝政，任命费诗为谏议大夫，费诗在家中去世。

①习凿齿曰：创立大业之君，须待天下安定后，再考虑登上帝位，篡统之主，则想尽速登基，以维系众心，因此，晋惠公早晨做了俘虏，子圉晚上就想即位；更始帝还在，光武帝就要称帝，难道说忘主徼利，还是为了社稷之故？而今，先主纠合将士，将要出发讨贼。贼势强大，献帝丧失国祚，高祖、世祖之庙，绝而不祀，苟非亲贤，孰能绍此？嗣祖配天，非咸阳之譬，杖正讨逆，何推让之有？在当时，如果不能速尊有德，以奉大统，促使民众欣然归向正途，目睹旧物，让顺者齐心，附逆者畏惧，可谓困惑。无论何种方式，适宜即可！

裴松之认为：习凿齿的议论，唯此论最善。

王冲，广汉郡人。王冲担任牙门将，隶属江州督李严。被李严嫉恨，王冲畏罪，投降魏国。魏国任命王冲为乐陵郡太守。①

①孙盛著《蜀世谱》记载：费诗的儿子费立，在晋朝担任散骑常侍。从此以后，益州诸费氏有名望者，大多是费诗的后人。

陈寿评论如下：霍峻坚守孤城，不肯投降，王连保持节操，矢志不移，向朗好学不倦，张裔为人敏捷，随机应变，杨洪忠心为公，费诗率意直言，皆有可记载之事。以先主刘备之恢宏大度，诸葛亮之执法严明，费诗敢于直言，仕途依然坎坷，更何况昏庸的后主刘禅！

蜀书十二

杜周杜许孟来尹李谯郤传第十二

杜微，字国辅，梓潼郡涪县人。年少时，杜微在广汉郡任安县接受学业。刘璋征召杜微，任命为从事，杜微以有病，辞去官职。及至刘备平定蜀地，杜微常称自己的耳聋，闭门不出。建兴二年，丞相诸葛亮兼领益州牧，选拔官员，都是精心挑选的高尚士人，诸葛亮任命秦宓为别驾，任命五梁为功曹，任命杜微为主簿。杜微坚决辞让，诸葛亮派车，接来杜微。杜微来到后，诸葛亮亲自接见，杜微称谢。诸葛亮当初以为，杜微的耳朵聋，听不清别人讲话，在座上用笔与杜微笔谈："在下听说君品行高尚，在下求贤若渴，由于清浊异流，无缘向君咨询。王元泰、李伯仁、王文仪、杨季休、丁君幹、李永南兄弟、文仲宝等，常向我谈起君，君志存高远，只相见恨晚。在下德能浅薄，统领益州，德薄任重，为此常忧虑不安。陛下今年刚刚十八岁，天资聪颖，为人仁慈，爱惜人才，礼贤下士。天下士人莫不思慕汉室，在下欲与君顺天应民，辅佐明主，以振兴汉室中兴之功，记录勋绩于竹帛。足下认为，贤愚不能相与共谋，故自我隔绝，谨守劳苦，不愿屈尊俯就。"杜微自称年老有病，请求回去，诸葛亮又提笔写道："曹丕篡汉，弑杀汉室皇帝，自立为帝，犹如土龙刍狗，享有名誉。在下欲与群贤揭露其邪伪，以正道殄灭魏氏。在下奇怪，君尚未对在下有所教诲，便欲求归山野。曹丕最近大兴劳役，欲以大军侵犯东吴、荆楚。而今，趁着曹丕事务繁多，暂且闭境劝农，以积蓄财物，整饬甲兵，等待曹丕伐吴受挫，蜀国将兴兵讨伐，这样，可以使得兵不战，民不劳，而后奠定天下。君应当以德辅佐，并不要求君参与军事，何以汲汲恳求，欲回家休息！"其对杜微的敬重，非常诚恳。此后，诸葛亮拜杜微为谏议大夫，以满足其志向。

五梁，字德山，犍为郡南安县人，以勤修儒学、坚守节操而闻名。五梁当初担任议郎，升任谏议大夫，又受拜为五官中郎将。

周群，字仲直，巴西郡阆中县人。父亲周舒，字叔布，年少时，周舒向广汉郡人杨厚学习经术。周舒的名声仅次于董扶、任安，多次受到朝廷征召，周舒不肯应召。有人问周舒："《春秋谶》曰，代汉者当涂高，此话该怎样解释？"周舒回答："当涂高者，魏也。"乡里的学者，私下里传播周舒讲的话。年少时，周群接受父亲教育，学习经术，专心于占候。周群在庭院里建造小楼，家里有很多童仆，周群常令童仆在夜晚登上小楼，观察天象是否发现有异象，一旦发现，即刻报告周群，周群再亲自上楼观察，无论昼夜。因此，一旦天象出现异常，周群无不详知，很多事情，也被周群言中。益州牧刘璋征召周群，拜为师友从事。[①]先主平定蜀地，任命周群担任儒林校尉。先主欲与曹公争夺汉中，向周群咨询，周群答："将军应当夺取汉中，但是不能获得汉中的百姓。如果只派出偏军，战事一定会失利，当戒之慎之！"当时，益州后部司马蜀郡人张裕也懂得占候，而且很聪明，在周群之上，[②]张裕劝谏刘备："不可与曹操争夺汉中，蜀军将会出师不利。"刘备没有采纳张裕的谏言，果然，刘备获得汉中，却失去汉中的百姓。刘备派遣将军吴兰、雷铜等攻入武都，二人阵亡，没有返回，与周群预言的相同。此后，周群被举荐为茂才。

①《续汉书》记载：建安七年，越巂郡有男子变化为女子，当时，众人传说，哀帝时也有此异象，这是改朝换代的征兆。建安二十五年，献帝禅让帝位，接受魏室封的山阳公。建安十二年十月，有彗星出现在鹑尾宿，这是荆州分野，众人认为，荆州牧将要病死，失去荆州。第二年秋天，刘表去世，曹公平定荆州。建安十七年十二月，彗星出现在五诸侯星附近，众人认为，西方占据土地者，将会失去领土。在当时，刘璋占据益州，张鲁占据汉中，韩遂占据凉州，宋建占据枹罕。第二年冬天，曹公派偏将进攻凉州。建安十九年，擒获宋建，韩遂逃往羌中，被杀。这一年秋天，刘璋失去益州。建安二十年秋天，曹公进攻汉中，张鲁投降。

②张裕，字南和。

张裕私下里对人讲："在庚子这一年，天下将改朝换代，刘氏福祚将尽。主公担任益州牧，九年之后，寅卯之间，益州将被人夺去。"有人把张裕的话告诉刘备。当初，刘备与刘璋在涪城会面时，张裕担任刘璋的从事，侍坐在旁边。张裕的胡须很多，刘备开玩笑："此前，我在涿县，有很多姓毛的人，东西南北皆有人姓毛，涿县县令称：'诸毛氏围绕涿县居住！'"张裕当即回答："在往昔，有一个人担任上党郡潞县长，后改任涿县县令，辞官还家，当时有人写信给他，欲署名潞县，则少了涿县，欲署名涿县，则少了潞县，后来干脆署名，曰：'潞涿君。'"刘备没有胡须，故张裕以此回应刘备。刘备常嫉恨张裕出言不逊，加上对张裕泄露宫中谈话，于是，刘备以张裕曾经劝谏不要争夺汉中，结果并不如张裕所言，将张裕逮捕入狱，欲诛杀张裕。诸葛亮上表，为张裕求情，刘备回答：“芳草、兰草生长在山道上，不得不铲除。”张裕被杀头示众。后来，曹魏称帝，刘备去世，正如张裕预言的那样。张裕还懂得相面术，每当举起镜子，观看自己的面相，张裕就知道会受刑而死，常把镜子摔在地上。

周群死后，儿子周巨继承他的占候术。

杜琼，字伯瑜，蜀郡成都人。年少时，杜琼跟随任安学习，精通任安的学术。刘璋担任益州牧，任命杜琼为从事。刘备平定益州，兼领益州牧，任命杜琼为议曹从事。后主刘禅即位，拜杜琼为谏议大夫，改任左中郎将、大鸿胪、太常。杜琼为人寡言少语，阖门自守，不与世人谈论时事。蒋琬、费祎很器重杜琼。杜琼虽然学业精深，观察天文，却不发表议论。后来，后辈儒生谯周常向杜琼咨询看法，杜琼回答：“欲学会此术甚难，要亲自实践，经常观察，辨识其形状、颜色，还不能轻信他人。昼夜观察，非常辛苦，然后才能知晓，还常要担心会泄露天机，不如不知道，因此，我都不想再观察。”谯周再问：“在往昔，周徵君认为，‘当涂高者，魏也。’这句话是什么意思？”杜琼答：“所谓‘魏’，这是指宫阙的名字，所谓‘当涂高’，这是圣人取此类而言。”杜琼又问谯周：“这难道有什么奇怪？”谯周答：“不解也。”杜琼又说：“在古代，官职的名称不言曹；从汉代以来，官职的名称都要加一个‘曹’字，官吏言‘属曹’，吏卒言‘侍曹’，此乃天意。”杜琼享年八十余岁，延熙十三年去世。生前著有韩氏《诗经》章句十余万言，杜琼的学术，并未传授给几个儿子，谶纬学没有继承者。谯周根据杜琼的学说，触类旁通，发表观点：“《春秋传》记载，晋穆侯为太子起名叫‘仇’，为太子的弟弟起名叫‘成师’。大夫师服说：‘奇怪，君主这样给儿子起名字！嘉偶曰‘妃’，怨偶曰‘仇’，而今，国君为太子起名字叫‘仇’，为太子的弟弟起名字叫‘成师’，从一开始，就预示有乱兆，哥哥要被弟弟取代吗？’后来，果然如师服所言。及至汉灵帝，灵帝的两个儿子被叫作‘史侯’‘董侯’，二人先后即位为皇帝（少帝、献帝），后皆被免为诸侯，与师服预言相类似。先主名讳‘备’，按照字词的训读，后主名讳‘禅’，‘禅’的训读意思为‘禅位’，这么说来，刘氏将要禅位于某姓氏，把帝位‘禅位’予他姓；其意义超过晋穆侯和灵帝的两个儿子。”后来，宦官黄皓在朝中弄权，景耀五年，宫中长的大树无故折断，谯周为此而忧虑，无法对人解释其征兆，就在柱子上书写一行字：“众而大，期之会，具而授，若何复？”意思是说：“曹”的含意是众，“魏”的含意是大，众且大，天下将归于统一。刘氏虽然称帝，还是要让出帝位，怎么可能立国？蜀国灭亡，证明谯周的预言。谯周说：“这些虽然已有推论，然而究其原因，还是依据杜君之辞推导出来，并无神思独创之异义。”

许慈，字仁笃，南阳郡人。向刘熙学习，精通郑氏学，攻读《易经》《尚书》《三礼》《毛诗》《论语》。建安年间，许慈与许靖等从交州入蜀。当时，还有魏郡人胡潜（字公兴），不知为何也在益州。胡潜虽然学识不太渊博，然而博闻强识，对于祖宗留下的礼仪制度，丧礼五服等礼教，可谓了如指掌，举手可以引用。刘备平定蜀地，正值天下陷于丧乱已经持续多年，各种学校荒废，刘备令人搜集典籍，淘汰鄙陋的学说，任命许慈、胡潜为学士，令许慈与孟光、来敏等负责旧的典章礼仪整理。各项政事均在草创，有很多疑议，许慈、胡潜相互诘难，多有纷争，二人辩论，常形于声色；书籍有无，双方并不相互借阅，有时指斥对方，激愤时，竟然拳脚相向，令人侧目。二人自矜精通学术，排斥异己，竟至于此。刘备对二人不能共事颇为忧虑，在大会群臣时，刘备令艺人扮作二人的模样，模仿他们争吵的样子，酒酣耳热，鼓乐喧阗，以此作为游戏，当初，二人以典籍辞义相互诘难，既而以刀杖相对，刘备欲以此游戏，感化二人。胡潜先去世，许慈在后主刘禅时升任大长秋，在任上去世。[①]儿子许勋继承许慈的学业，担任博士。

①孙盛曰：蜀国缺乏人才，故许慈、胡潜等在列传中都有传记。

孟光，字孝裕，河南郡洛阳人，是东汉太尉孟郁的族人。[①]灵帝末年，孟光担任讲部吏。献帝迁都长安，孟光逃入蜀地，刘焉父子以宾客礼相待。孟光博闻强识，精通辨识古物，无书不读，尤其锐意攻读三史，对汉家保存的经典尤其熟悉。喜欢《公羊春秋》，讥讽《左传》，每当与来敏争执这两部书籍，孟光常喋喋不休。刘备平定益州，拜孟光为议郎，与许慈等共同掌握典章制度。后主刘禅即位，孟光担任符节令、屯骑校尉、长乐宫少府，改任大司农。延熙九年秋天，后主刘禅颁布大赦令，孟光当着群臣的面，指责大将军费祎：“所谓‘大赦’，好似物体枯萎，绝非圣明世道所宜有。世道沦落衰微至极，不得已而用之，然后再权变而行之。而今，主上贤明仁圣，百官称职，有何旦夕之虑，倒悬之难，而多次施行非常之恩，以施惠于奸宄恶徒？再有，鹰隼开始搏击，却要原宥罪恶之人，上犯天时，下违人理。老夫耄耋之年，可谓老朽，不识大体，窃以为这种‘大赦’难以持久，君侯具有令人瞻仰之美德，所期望就是用‘大赦’来展示？”费祎只是表示歉意，显出惴惴不安的样子。孟光不顾情面，指责他人，大多类似这些，因此，朝中掌权的重臣，心里并不喜欢孟光，孟光的爵位，也迟迟不能晋升；每次孟光在廷议时，直言不讳地指责他人，都会被大家所厌恶。太常广汉郡人镡承、[②]光禄勋河东郡人裴儁等，年龄、资历都在孟光后面，却身处高位，官职在孟光上面，也是因为孟光好争执的缘故。[③]

①《续汉书》记载：孟郁，是中常侍孟贲的弟弟。

②《华阳国志》记载：镡承，字公文，历任郡太守、少府。

③傅畅著《裴氏家记》记载：裴儁，字奉先，是魏国尚书令裴潜的弟弟。裴儁的姐夫担任蜀中长史，裴儁送行，当时，裴儁年仅十余岁，正碰上汉末大乱，不能返回。及至长大后，成为

知名士人，被蜀国所倚重。裴儁的儿子裴越，字令绪，在蜀国担任督军。蜀国败亡，裴越迁至洛阳，受拜为议郎。

后进文士秘书郎郤正多次向孟光请教学问，孟光问郤正，太子最近读什么书，以及太子的爱好、禀赋，郤正回答："太子侍奉亲人虔诚、恭敬，夙夜匪懈，有古代世子之风；对待群臣，举止多表现出仁恕。"孟光说："如君所言，都是平常人家应该具备的品德；我今天要问的，是想知道太子的谋略、权变、智慧如何。"郤正答："遵奉世子之道，在于秉承父志，竭力使双亲满意，既不能妄自有所作为，而且智慧谋略也只能隐藏于胸中，权变只能应时而发，这些东西有无，焉可预先显露？"孟光知道，郤正为人谨慎，不敢肆意乱谈，于是说："我喜欢直言，无所回避，每当指斥朝政的弊端，常被世人所讥讽；我知道，君心中也不会喜欢我这样直言不讳，所以君的解释，很有分寸。而今天下尚未统一，君主的智慧很重要，人的智慧虽然是自然形成，然而也可以通过后天努力。辅导太子读书，我等须竭尽全力，帮助太子掌握知识，随时回答太子的提问，而不要像傅士那样，回答策问，通过考试，以谋求爵位，此乃当务之急。"郤正知道，孟光知道自己的毛病。后来，孟光还是为某事被免官，享年九十余岁，去世。

来敏，字敬达，义阳郡新野县人，是东汉初年大将来歙的后人。父亲来艳，曾担任东汉朝廷司空。[①]东汉末年，天下大乱，来敏跟随姐夫前往荆州避乱，姐夫黄琬是刘璋祖母的侄子，故刘璋派人来接黄琬的妻子，来敏跟随姐姐一家，来到蜀地，成为刘璋的座上宾。来敏博览群书，熟悉《左氏春秋》，尤其精通《三仓》《尔雅》训诂，喜欢文字校正。刘备平定益州，任命来敏为典学校尉，及至刘备立刘禅为太子，任命来敏为太子家令。后主刘禅即位，来敏担任虎贲中郎将。丞相诸葛亮出兵伐魏，驻扎在汉中，延请来敏担任军祭酒、辅军将军，因为某事，来敏被免职。[②]诸葛亮去世，来敏返回成都，担任大长秋，被免职，后来，又担任光禄大夫，再次因罪被罢黜。来敏前后多次遭到免职、罢黜，都是因为说话不懂得忌讳，信口开河，行为举止违背常礼。当时，孟光在中枢机要任职，也是因为说话不谨慎，喜欢评议时政，相对来敏来说，还要好一些，二人都是耆老学士，受到世人尊敬。来敏来自荆楚的大族，担任过东宫旧臣，特别受到后主优待，因此，每次被罢黜，不久又被起用。后来，来敏担任执慎将军，后主欲以官职名让来敏讲话稍微慎重些，自我警惕。来敏享年九十七岁，景耀年间去世。儿子来忠，是一位熟读经书的学者，有来敏的遗风，与尚书向充等全力辅助大将军姜维。姜维待来忠很好，任命来忠为幕府参军。

①华峤著《后汉书》记载：来艳好学，礼贤下士，开馆教授学生。年少时，来艳历任显位，灵帝时，来艳官至司空。

②《诸葛亮集》记载：诸葛亮教令："将军来敏对上级发牢骚：'新人有何功何德，把我的

荣誉、职务夺去，交予新人？大家憎恶我，是什么意思？’来敏年老狂悖，有此怨言。在往昔，成都初定，议者认为，来敏乱群，先帝以益州刚刚安定，故包容来敏，只是没有以礼任命职务。后来，刘子初被选为太子家令，先帝虽然心中不乐，也不忍心拒绝。后主即位，臣不善于识人，擢拔来敏为将军祭酒，违背议者的意见，违背先帝对来敏的看法，臣自以为，来敏敦厉薄俗，帅之以义。直至今日，来敏仍不能改变旧习，谨上表免去来敏的职位，令来敏闭门思过。”

尹默，字思潜，梓潼郡涪县人。益州的学者，大多重视今文经学，但不重视章句解释，尹默知道，益州的学者对经学还不是很精通，尹默远游荆州，跟随司马德操、宋仲子等学习古文经学，精通诸经史，又专门研究《左氏春秋》，从刘歆对经学的注解，到郑众、贾逵父子、陈元方、服虔的注解，尹默莫不涉猎，认真诵读，但不会照本宣科。刘备平定益州，兼领益州牧，任命尹默为劝学从事，及至刘备确立太子，又任命尹默为仆射，教授太子《左氏传》。后主刘禅即位，拜尹默为谏议大夫。丞相诸葛亮驻扎在汉中，延请尹默，拜为军祭酒。诸葛亮病逝，尹默返回成都，担任太中大夫，在任上去世。儿子尹宗继承尹默的学术，担任博士。①

①宋仲子的后人在魏。

《魏略》记载：其子与魏讽谋反，被杀。魏太子答王朗书：“在往昔，石厚与州吁交游，父亲石碏知道石厚会参与谋乱；韩子与田苏的关系很好，穆子知道韩子好仁：故君子游必有方，居必就士，的确如此。嗟乎！宋忠无石碏的先见之明，老年又罹此惨祸。而今，愿行灭亲之诛，立纯臣之节，尚可得邪！”

李譔（zhuàn），字钦仲，梓潼郡涪县人。父亲李仁，字德贤，与同县人尹默一起在荆州游学，跟随司马徽、宋忠等学习经学。李譔继承父亲的学业，又跟随尹默，研讨经学义理，五经、诸子，无不涉猎，李譔特别喜欢技艺，在算术、卜数、医药、弓弩、机械等技艺方面，下了一番苦功夫。当初，李譔担任州部书佐、尚书令史。延熙元年，后主刘禅被立为太子，刘备任命李譔为太子中庶子，改任仆射，又改任中散大夫、右中郎将，仍然负责教授太子。太子刘禅喜欢李譔的讲学博闻强识，二人相处得很好。然而，李譔为人轻佻，喜欢戏弄他人，故当时人也不尊重李譔。李譔注解古文《易经》、《尚书》、毛氏《诗经》、《三礼》、《左氏传》、扬雄的《太玄》，亲自著述《指归》，皆按照贾逵、马融的著述体例，与郑玄的注释不同。李譔与王肃相距遥远，从未见过王肃的注释，然而，二人的注释多有相同之处。景耀年间，李譔去世。当时，汉中人陈术（字申伯），也是博学多闻，著述《释问》七篇、《益部耆旧传》及《志》，曾在三个郡担任太守。

谯周，字允南，巴西郡西充国人。父亲谯岍（biàn），字荣始，专攻《尚书》，兼通诸经及图谶、经纬。州郡延请，谯岍不肯应召，州部任命谯岍为师友从事。谯周幼年丧父，与母亲、哥哥一起生活。及至谯周长大成人，沉溺于学习典籍，虽然家中贫困，从未过问产业，每天诵读典籍，读到得意之处，独自欣然窃笑，以至于废寝忘食。谯周研读《六经》，尤其擅长书札，也通晓天文，但并未过多留意；诸子文章如果不是特别关注，也不会全部阅读。谯周身高八尺，外貌朴素无华，待人真诚，不加修饰，不善于在众人面前侃侃而谈，然而，谯周博闻强识，思维敏捷。

建兴年间，丞相诸葛亮兼领益州牧，任命谯周为劝学从事。[1]诸葛亮在军中病逝，谯周在家里听说后，随即动身，前去奔丧，不久，后主刘禅有诏书，禁止奔丧，谯周因为动身得早，到达丧葬处。大将军蒋琬兼领益州刺史，改任谯周为典学从事，总领益州学者。

①《蜀记》记载：谯周初次见到诸葛亮，左右皆笑。谯周出来后，有关官员请求惩治笑者，诸葛亮说："孤尚不能忍，何况左右乎！"

后主刘禅确立太子，任命谯周为仆射，改任太子家令。当时，后主刘禅喜欢出外游玩，还增加了宫中的声乐。谯周上疏劝谏："在往昔，王莽篡汉夺位，招致败亡，天下豪杰并起，跨州连郡，有些豪杰乘机窥视神器，在当时，智者贤士思望所归，未必以某人势力强大，但唯其德行之厚薄。因此，更始帝、公孙述虽然拥有大批追随者，人多势众，然而，这些君主纵情恣欲，政绩乏善可陈，只关注游猎饮食，不体恤百姓。世祖攻入河北，冯异等劝谏世祖：'将军应该行他人所不能为者。'世祖当即清理冤案，节俭饮食，谨守法度，故河北州郡，歌颂之声不断，威望传遍四方。将军邓禹从南阳来追随世祖，吴汉、寇恂从未见过世祖，遥闻世祖德行，遂以权变之计，举渔阳郡、上谷郡轻骑兵，在广阿县迎接世祖。其余豪杰，望风慕德者，像邳肜、耿纯、刘植等，相继来到世祖身边，至于抱病抬棺，扶老携幼追随者，不可胜数，世祖故能以弱胜强，斩杀王郎，吞并铜马，摧毁赤眉，最终成就帝业。及至世祖在洛阳定都，偶然出宫游玩，车驾已经备好，铫期谏言：'天下尚未安定，臣不愿陛下微服出宫游玩。'世祖听从谏言，当即回宫。及至世祖征伐隗嚣，颍川郡贼寇蜂起，世祖返回洛阳，派遣寇恂征剿贼寇，寇恂说：'颍川郡贼寇以为陛下远征，故乘机谋乱，未知陛下已经返回，恐怕不肯投降；陛下应御驾亲征，颍川贼寇一定会投降。'世祖遂亲临颍川郡，果然如寇恂所言。因此说不是急务，欲微服出游而不敢，面临急务，欲安处京师而不可，故帝王欲行善政，就应像世祖一样！经传讲：'百姓不会徒然归附。'诚以帝王秉持仁德，率身垂范。而今，汉室遭逢厄运，天下已经三分，正是雄辩之士，思慕追随圣王之时。陛下天资仁孝，居丧已经超过三年，谈起先帝，仍然流泪不止，即使曾参、闵子骞也不过如此。陛下敬贤乐士，委以重任，群臣恪尽职守，超过周代成康年间。故国内团结一心，官员无论大小，皆勠力尽忠，臣不能一一列举。然而臣依然有想法，愿陛下施惠于百姓，做到他人所不能为者。牵引大车，负载重物，在于用力时，最怕用力不均，攻坚克难，最怕用计策时，不够周到，奉祀宗庙，并非仅为求得神灵护佑，而是为了率民尊上。至于四季祭祀，陛下或有时不能亲临，对于池苑观赏，陛下却兴致高昂，臣愚昧，考虑不周，为此而不安。官员责任在身，无闲暇纵情享乐，先帝遗志，庙堂还未建成，诚非尽情享乐之时。愿陛下减省宫中娱乐，减少后宫嫔妃数量，谨修先帝重视的惠民政策，为子孙节俭，做出垂范。”谯周改任中散大夫，仍然教授太子。

当时，蜀军频繁出征，百姓生活凋敝，谯周与尚书令陈祗谈论用兵的害处，退而著述，书名为《仇国论》。其中有：“‘因余’之国甚小，‘肇建’之国甚大，两国人相争，互为仇敌。因余之国有高贤卿，问伏愚子：‘如今国事未定，上下劳心，往古之事，能以弱胜强者，其术何如？’伏愚子答：‘我听说，身处大国，无忧患者，恒多慢，身处小国，有忧患者，恒思善；多慢则会生乱，思善则会生治，这是理之常数。故周文王抚恤黎民，以少胜多，勾践抚恤民众，以弱胜强，这就是治国之术。’贤卿说：‘在往昔，项王强大，汉王弱小，双方对峙，战争不止，无一日宁息，最后，项王与汉王约定，划分鸿沟为界，各自罢兵归去，让民众得到休息；张良认为，天下民志已定，难以撼动，汉王遂调集军队，穷追项王，最终致项王于死命，难道一定要以文王的仁政行事？肇建之国如今瘟疫流行，我欲乘其疲敝，攻其边陲，增加其困难，最终灭其国。’伏愚子答：‘殷商、周室争夺天下，王侯世代安享尊荣，君臣之位，已经稳固，民众习惯于所专之艺；大树根深，难以拔除，民众安居，难以迁徙。在此时，即使有汉高祖再世，岂能扬鞭策马，仗剑在手，而夺取天下？秦国取消五等爵位，改为郡县制，民众被徭役压得喘不过气，天下呈现土崩之势，秦末动乱，或一年一改主，或一月一易公，鸟惊兽骇，天下民众，不知所从。豪强争雄，虎裂狼分，势力强大者获胜，行动迟缓者见吞。而今，我国与肇建国皆传国易世已久，既非秦末鼎沸之时，却有六国割据吞并之势，故可以效法文王，难以成为高祖。民众疲劳，骚动之兆萌生，上慢下暴，瓦解之势形成。民谚讲：‘凭侥幸尝试，多次失败，不如审时度势，待机而动。’因此，智者不为小利转移目标，不为意念似是而非改易方向。时至而后动，命数符合而后发，商汤、周武之师不二次征战，最终克敌制胜，就是重视民众劳苦，等待时机，而拥有天下。如果一味穷兵黩武，劳师远征，土崩之势形成，只能遭受祸殃，即使智者，也难以谋求长远。仗着出奇制胜，纵横沙场，出入无间，冲波截辙，超谷越山，不用舟楫，而欲渡盟津者，我等愚笨之人，实所不及。’”

后来，谯周改任光禄大夫，位列九卿之末。谯周虽然不参与政事，但以儒学品行受到礼遇，经常会有人向谯周咨询时政得失，谯周以经学回答，后来有好事者，也常向谯周请教。

景耀六年冬天，魏国大将军邓艾攻克江由，率领魏军长驱直入。蜀国君臣原以为魏军不会到来，并未做准备，及至听说邓艾已经攻下阴平，百姓惶恐不安，逃入深山，官府不能制止。后主刘禅令群臣廷议，群臣无计可施。有人认为，西蜀与东吴，原本为邻国，和睦相处，可以投奔吴国；还有人认为，南中依然有七郡，凭借险阻顽抗，仍可以自保，可以逃往南中。谯周却认为："自古以来，未有寄居他国做天子者，如果寄居吴国，只能是臣服。治理没有差异，只能是大国吞并小国，这是天道之数，自然之理。由此看来，魏国将吞并吴国，吴国不可能兼并魏国。与其以小国向吴国称臣，不如直接向大国称臣，蒙受两次耻辱，何不只忍受一次？如果投奔南中，应该及早谋划，还有成功的希望；如今大敌当前，祸败降临，群小之心，有谁能靠得住？恐怕动身之日，就有不可预测之变故，哪里还能到达南中！"群臣有人诘难谯周："邓艾距离成都已经不远，恐怕不会受降，到时该怎么办？"谯周答："东吴还未宾服，形势迫使邓艾不得不受降，受降之后，不得不礼遇。如果陛下投降魏国，魏国不裂土封陛下，谯周愿挺身前往京师，以古人之道义，为陛下争之。"群臣无人能驳倒谯周。

后主刘禅依然犹豫是否逃往南中，谯周上疏："有人说，陛下以北兵深入蜀国，有前往南中的想法，臣愚以为不可。为何？南方是蛮夷之地，平时无所供献，还多次反叛，自从诸葛丞相南征，以兵势威逼，势穷力竭，才不得不臣服。后来也提供赋敛，也肯派兵支援，然而已结下仇怨，此乃忧国之人。今天以势穷，无奈前往南中避难，臣担心他们还会反叛，一也。北兵侵入蜀国，非但仅攻取蜀国而已，如果奔南中而去，一定会趁着君臣人穷势衰，穷追不已，二也。如果陛下到南中，对外需要拒敌，对内需要供给，费用庞大，其汉民无力供给，只能从蛮夷搜刮，蛮夷受到盘剥，势必反叛，三也。在往昔，王郎在邯郸僭越帝号，当时，世祖还在信都，受王郎逼迫，欲撤军返回关中。邳彤劝谏：'明公西去，邯郸的吏民绝不肯舍弃父母，背离故乡，千里追随明公，恐怕很多人会叛逃。'世祖听从谏言，遂全力以赴，攻破邯郸。而今北兵已至，陛下南行，诚恐邳彤所言，还会应验，四也。愿陛下早下决心，可以获得封爵、国土；如果一定要去南中，势穷力竭，最后臣服，其祸必深。《易经》曰：'亢之为言，知得而不知丧，知存而不知亡；知得失存亡，而不失其正者，其唯圣人乎！'意思是说，圣人知道天命，不一味固执己见。因此，尧舜以儿子不良，知道天命自有天授，故不勉强传位；儿子不肖，祸殃还未降临，应该授予贤者，况且今天大祸已至！微子是殷纣王的长兄，背缚衔璧，归附武王，难道他愿意这样做？是不得已而为之。"后主刘禅采纳谯周的谏言。刘氏没有被灭族，一国免受战祸，这是谯周谏言的结果。[①]

①孙绰评论：谯周劝说后主投降魏军，可乎？曰：自身作为天子，而乞降请命，何耻辱之深

乎！为社稷死，则死之，为社稷亡，则亡之。先君正告后主，魏国篡夺汉室之位，誓言汉贼不两立。推过于父，俯首而事仇敌，可谓苟且存身，难道是正道吗？

孙盛曰：《春秋》之义，国君为社稷而死，卿大夫为权位而亡，更何况自称天子，岂可辱没先人！谯周劝谏万乘之君，偷生苟活，亡礼希利，要冀微荣，困惑矣。且以事势言之，理有未尽。何者？刘禅虽然是庸主，并无桀、纣之酷虐，蜀国战事虽屡败，并未有土崩之动乱，纵不能君臣固守，背城借一，自可退守东鄙，以思后图。在当时，罗宪以重兵占据白帝城，霍弋以强卒镇守夜郎。蜀国地形险狭，山水峻隔，绝巘激湍，非步兵所能涉。假若悉取舟楫，保据江州，征兵南中，乞师东吴，如此，则姜维、廖化五将，自然云从，吴国三师承命电赴，怎么会投寄无所，而忧虑必亡邪？魏军之来，褰国大举，欲追则舟楫靡资，欲留则师老兵疲。而且屈伸有会，情势迭起，徐因思奋之民，以攻骄惰之卒，此越王之所以败阖闾，田单之所以摧骑劫，何为匆匆，遽自囚虏，下坚壁于敌人，致斫石之至恨？诸葛丞相生前有言：“事之不济则已耳，安能复为之下！”壮哉斯言，可以立懦夫之志矣。观察古代，燕、齐、荆、越之败，或国覆主灭，或鱼悬鸟窜，终能建功立事，恢复社稷，岂曰天助，亦抑人谋也。向使怀苟存之计，采纳谯周之言，何邦基之能构，令名之可获哉？刘禅既暗昧之主，谯周实驽钝之臣，对比申包胥、田单、范蠡、大夫文种，不亦远乎！

当时，司马昭依然担任魏国相，以谯周有举蜀国投降之功，封谯周为阳城亭侯。又发出文告，征召谯周，谯周上路，走到汉中，身患重病，不能再走。咸熙二年夏天，巴郡人文立从洛阳返回蜀地，顺路来看望谯周。谯周在谈话时，在书版上随手写下几个字，拿给文立看：“典午忽兮，月酉没兮。”典午者，指的是司马氏，月酉者，指的是八月，到了八月，司马昭果然去世。[①]晋室接受曹氏禅让，晋武帝登上帝位，多次下诏，诏令谯周所在地的官府，送谯周到京师来。谯周抱病乘车，来到洛阳，泰始三年，抵达洛阳，因为病重，不能起床，晋武帝派人在床前，拜谯周为骑都尉，谯周上书自我陈述，无功受封，请求归还爵位、食邑，晋武帝不听。

①《华阳国志》记载：文立，字广休，年轻时，文立学习毛氏《诗经》、《三礼》，兼通儒学典籍。刺史费祎任命文立为从事，入官担任尚书郎，又担任费祎大将军幕府东曹掾，升任尚书。蜀国被魏国兼并，设立梁州，文立担任首任别驾从事，被举荐为秀才。晋武帝泰始二年，文立受拜为济阴郡太守，改任太子中庶子。文立上疏：“原蜀国大官及尽忠死事者的子孙，虽然在郡国任职，其中或有不才，沦为平民者多。还有诸葛亮、蒋琬、费祎等人的子孙，在中原京畿流浪，陛下应该量才录用，以安抚巴、蜀之心，以倾吴人之望。”晋武帝采纳谏言。文立改任散骑常侍，对朝政得失提出过很多谏言，多被采纳。稍后，文立担任卫尉，晋朝官员认为，文立知识渊博，服其文雅，是当时的名臣，咸宁末年去世。文立生前的奏章诗赋论颂，共计有数十篇。

泰始五年，陈寿我曾经担任巴西郡府中正，入朝禀报政事，而后，奏请回家省亲，临别前，与谯周话别。谯周告诉我：“在往昔，孔子享寿七十二岁，刘向、扬雄享寿七十一岁，我今年已经过了七十岁，仰慕孔子遗风，可与刘向、扬雄同轨，恐怕不出后年，就会去世，不能再相见啦。”我怀疑，谯周以术数推算自己的寿命，借孔子等圣贤，推算自己的死期。泰始六年秋天，谯周担任散骑常侍，因为病重，没有接受职位，到了冬天，果然去世。[①]谯周生前所著述的文章，撰写勘定《法训》《五经论》《古史考》等，有一百余篇。[②]谯周有三个儿子，谯熙、谯贤、谯同。最小的儿子谯同，继承谯周的学术，以忠贞笃信作为原则，被举荐为孝廉，担任锡县令、东宫洗马。蜀国投降，谯同受到朝廷征召，没有应召。[③]

①《晋阳秋》记载：晋武帝诏书：“朕甚哀悼之，赐谯周朝服一套，衣服一袭，钱十五万。”谯周不让儿子谯熙上书，临终前，嘱咐谯熙：“长久卧病不起，未曾入朝觐见，如果朝廷赐予朝服衣物，切勿加在身上。当送回家族墓地，道路艰险，行路艰难，预先制作轻棺。殡敛已毕，送还朝廷的赏赐。”晋武帝下诏，再把衣服送还，赏赐棺椁钱。

②《益部耆旧传》记载：益州刺史董荣在州部绘出谯周的图像，挂在州里的学校，命从事李通制作辞颂：“抑抑谯侯，好古述儒，宝道怀真，鉴世盈虚，雅名美迹，终始是书。我后钦贤，无言不誉，攀诸前哲，丹青是图。嗟尔来叶，鉴兹显模。”

③谯周的长子谯熙。谯熙的儿子谯秀，字元彦。《晋阳秋》记载：谯秀秉性清静，不在世上滥交朋友，西晋末年，谯秀知道天下将要大乱，预先隔断人事，堂兄弟及亲属皆不愿相见。州郡征召，及至李雄在蜀地建立成汉，用安车征召谯秀，还有李雄的叔父李骧、李骧的儿子李寿征召，皆不肯应召。谯秀常戴着鹿皮冠，在山坡薮泽旁躬耕垄亩。永和三年，安西将军桓温平定蜀地，上表举荐谯秀：“臣听说，大朴既亏，则高尚之士显现；道丧时昏，则忠贞之义彰显。故有洗耳投渊之事，以振兴玄邈之风，也有秉心矫迹，以敦厚在三之节。是以上代圣君，莫不崇重斯轨，用以笃俗训民，静一流竞。大晋顺应祥瑞符兆，统御天下，运无常通，时有命蹇，神州沦为丘墟，三方变成圮裂，《兔罝》绝响于中林，《白驹》无闻于空谷，斯有识之士，闻之悲悼惨怛，大雅之士目睹，唯有叹息。陛下圣德隆厚，继承大位，正当恢复天绪。臣此前奉命出征，在西蜀荡平逆贼，鲸鲵悬首，既而宣示王化；臣访问西蜀老人，搜寻隐居士人，在后羿、寒浞之墟，寻找武罗那样的隐士，在亡齐之境，寻觅王蠋那样的烈士。臣听说，巴西人谯秀，秉持忠贞之操守，抱德隐居田园，扬清渭波。在当时，皇极蒙尘遘难，正值正道消弭，百姓颠沛流离，处于世道维艰，中华有顾瞻之哀，幽谷无迁乔之望；凶命屡招，奸邪威逼，谯秀身寄虎吻，危同朝露，依然能抗节玉立，誓不投降伪蜀，杜门谢客，潜踪隐迹，不事伪庭，进免龚胜亡身之祸，退无薛方诡对之讥；即使园、绮之栖商、洛，管宁之默辽海，方之于秀，殆无以过。而今在西蜀，仍传为美谈。旌德礼贤，化道之所先，崇表殊节，圣哲之上务。方今六合尚未统一，豺狼当道，遗民偷安，义声不闻，陛下应鼓励道义之徒，以敦睦流遁之弊。若谯秀能接受薄帛之征召，足以镇静颓丧之风气，矫正喧嚣之恶俗；幽遐仰流，九服知化。”及至萧敬叛乱，百姓在宕渠县山川中避难，乡人宗族依附谯秀者，有上百家。谯秀已经年过八十岁，众人以其笃老，欲代替谯秀负担，谯秀拒绝道：“各家都有老弱，当先营救。我的气力足以维持，不以垂朽之年，拖累诸

君。”又过了十余年，谯秀在家中去世。

郤正，字令先，河南郡偃师县人。祖父郤俭，灵帝末年，担任益州刺史，被贼寇杀害，当时，天下陷于大乱，因此，郤正的父亲郤揖留在了蜀地。郤揖在孟达将军幕府担任都督，跟随孟达投降魏国，担任魏国中书令史。郤正原来叫郤纂，年少时，郤正的父亲死在魏国，母亲改嫁，郤正留在蜀国，变得形单影只，茕茕孑立，然而，郤正安贫乐道，喜欢读书学习，博览古代典籍。二十岁时，郤正善于写文章，入朝担任秘书吏，改任令史、郎官，升任中书令。郤正淡泊名利，专心于著述，自从司马相如、王褒、扬雄、班固、傅毅、张衡、蔡邕之后，留下很多美文，辞赋典雅，及至当世，凡有美文善论，只要在益州能找到，郤正都会努力钻研学习，无不一一阅览。自从郤正在内朝任职，与宦官黄皓朝夕相见，共事始终，前后三十年，黄皓从卑微至尊贵，在朝中操弄权柄，郤正既不为黄皓所喜欢，也不为黄皓所憎恶，官职不过六百石，免于遭到黄皓迫害。

郤正效法先贤，借文章抒发志向，起名字叫《释讥》，其文章模仿崔骃撰写的《达旨》。其辞曰：

或许有人会讥讽我，说："听说历史上的成功人士，都是人事与天时相辅相成，名气与功绩相偕相和，然后名成事立，这是前代哲人之急务。创立制度，制定规范，若非遇上天时，难以成功，欲流芳后世，非建立功业不可，名气与功业并存，人事也须等待天时，方能成功，身死名灭，为君子所耻。是以达人知命，精研道学，探赜幽微，观察天运符瑞，考察人事盛衰，善辩者，驰骋于游说，善谋者，学会机敏达变，多谋演绎其韬略，能武奋勇其神威，云合雾集，风激电闪，量时揆宜，取用世人之资，能屈能伸，存公忽私，虽然曲尺，伸展自如，最终发扬光大，尽显其才能。而今三国鼎足而立，九州还未统一，悠悠四海，遭受祸殃，嗟叹道义之壅塞，哀悯民生之凋敝，正是圣贤拯救天下之秋，烈士建立功名之时。我等以高朗之才，珪璋之质，博览群书，留心道学，无远不致，无幽不探；挺身取命，探索幽微，踌躇宫廷，执掌大权，九次考绩，矢志不移，有入无出，[①]究古今之真伪，计时务之得失。若能献上一策，偶进一言，尽职守责，慰此劳绩，未能输竭尽忠，尽沥肺腑，排方入直，施惠于黎民，俾我等鄙陋之人，亦有耳闻。如果绥衡缓辔，回轨易途，舆安驾肆，踏上坦途，审湍流以渡河，要夷庚之赫忧，播秋兰以芳世，副我等之理想，不亦盛乎！"

我听罢，叹息道："呜呼，像你说的，有那么好吗？人心不同，好似千人千面。先生穿着华丽，既美且艳，管窥蠡测，墨守成规，谈论海内之疆界，徒言万事之练达。”

此人反驳，侃侃而谈：“这是什么话！这是什么话！”

我应声而答：“虞帝以阿谀为警戒，孔圣以悦己为忧虑，如先生所言，我应该深思，请听我的想法，为你解释。在往古，鸿荒世界，蒙昧肇初，三皇顺应天箓，五帝继承符命，直至夏、商，这些都记录在古代典籍。周室衰微，礼崩乐坏，五霸辅佐王室，秦国崇尚法家，残酷暴虐，吞并六国。在当时，纵横之士崛起，阴谋诡计横行，奇邪蜂动，诈谋萌生；饰真以应对欺诈，挟邪以谋取荣誉，以诡道要挟固宠，以鬻技自矜其功；背正崇邪，弃直就佞，忠贞无定分，义理无常数。故商鞅变法，穷凶极恶，视为正途；李斯抛弃义理，最终落败，大奸铸成；吕不韦贪得无厌，遭夷灭宗族；韩非雄辩立身，身陷囹圄。为何有这样的结果？皆为利欲熏心，荣宠耀目，赫赫龙章，铄铄车服，侥幸获得，归途坎坷。荒淫糜烂，纵情恣欲，和鸾未调，而身陷覆辙，华屋未享，而栋梁摧折。天收其精，地缩其泽，世人吊其躬，鬼神触其额。初登高冈，终陨沟壑，朝润荣华，夕为枯魄。是以贤者君子，莫不谨慎思虑，畏彼获咎，超然高举，宁曳尾于途，避浊世之誉。难道贤者君子轻慢君主，怠慢士民，漠视时务？皆因为《易经》告诫：行止之戒！《诗经》有靖恭之叹！此乃上天神灵聆听，而道学使之然也。

“自我大汉兴起，应天顺民，政治盛隆，犹如阳春三月，春光明媚，俯查《易·坤》之典，仰视《易·乾》之文，播撒皇泽，施惠于民，弘扬教化，移风化俗，君臣谨守法度，恪尽职守；主上垂拱，打开四听之门，臣下尽责，有匡扶社稷之心，士人无虚荣浮华之宠，民众有坚守德义之行，粲乎亹亹，崇尚忠贞。道路有坑洼，物体有兴衰，声音有寂寥，光线有暗昧。盛阳否于素秋，玄阴抑于孟春，太阳西沉，月亮升起，运气隐去，光耀褪色。冲帝、质帝短命早夭，桓帝、灵帝荒淫无度，帝业颓废，英雄崛起，豪杰盖世，家持殊议，人怀异计，故纵横者，滥施诡计，诈谋者，逞其凶狂。

“今天，朝纲建立，德政树于西蜀，彰显祖宗之宏规，封赏士人之高爵，教化民众以五教，感化民众以九德，恭肃祗敬以明祀，辅佐圣君以皇道。天下三分，尚未统一，诈伪者屡现，圣人告诫，贪渎者戒绝；君臣协力同心于朝政，黎民欢欣鼓舞于四野，行事符合规范，静处谨守法则。人才济济，犹如元凯之人伦，有过必究，犹如颜渊之仁厚，士人侃侃而谈，建言献策，冉有、子路之治理，鹰扬鸷翔，伊尹、吕望之事功；总揽群士之谋略，蕴含薛公之三策，采纳张良、陈平之计谋，故征召贤士以济世，援引英杰而不辍，岂有余暇，在建功之际，营建宫室！

“我等不才，在朝中供职数十载，托身于天朝，心中有倚恃。乐沧海之深广，叹嵩岳之高耸，闻孔子赞颂子夏，叹乡校获益匪浅。彼晏婴之和羹，但求和而不同，进言可否，在明主选择；故蒙昧贸然，聆听瞽人劝谏，时有所获，譬如王室之史官，采集民谣于闾巷，聆听牧童，歌谣于牛背，增加见闻，广纳民意，打开四聪之门。有合理之处，也会以暗协明，进应灵符；如背道而驰，自我常分，退守己愚。进退任性，不矫不诬，循性乐天，何有遗恨？这正是既入不出，有而若无。叹屈原过于清醒，耻渔父沉溺世俗，困柳下惠卑躬屈膝，伯夷、叔齐过于偏狭。合和不以为得，违逆不以为失，得不舍弃志向，失不惨怛悲泣；不以超过他人，左顾右盼，不以落后他人，忧虑徘徊，不邀功请赏以自誉，不惧怕获咎而担责。何责不能担待？何功值得顾恤？何官不能放弃？何禄不能舍弃？九次考绩，矢志不移，这就是我的信念。

"而今，朝中高士犹如山积，俊杰成群，犹如鱼潜于海，鸟翔于林，游禽逝去，不会为之稀少，鲂鱼群集，不会为之繁多。况且太阳在唐尧时也会幽暗，月亮在殷纣时也会出现。大禹祈祷于阳盱，洪灾安息；商汤祈祷于桑林，甘露降临。②行止自有道理，启闭自有限期。尊师留下遗训，不怨天尤人，谨奉天命，谦恭自律，又有何言？辞穷路断，将回归初心，述坟典之流芳，觅孔子之遗艺，述微言之大义，以存恤大道，效法先圣之轨迹，制定礼仪，赞赏叔肸（bì）之优游，嘉美疏广叔侄之辞职，收放自如，退隐林下，养浩然正气，悠游世界，自得于清贫恬静，免受祸殃而懊悔，顾盼心态，尚未安宁，担心穷途之淤滞，追求显达而激愤，恣肆怀中抱负以告誓。在往昔，九方皋相天下名马，精于考察神态，秦牙相马，精于考察骨架；③薛烛辨识宝剑，赞美有加，④瓠梁拨动琴弦，好似流水之声；⑤孟尝君豢养鸡鸣狗盗之徒，危难时出手相救，⑥楚客人潜行隐踪，盗窃齐将军，而保全楚国；⑦雍门周援琴，游说孟尝君，⑧韩哀驾车而驰名；⑨卢敖求仙翱翔于玄阙，若隐士竦身一跃于清云。⑩我等实不能与以上诸子相比，故沉默静守而自宁。"

①《尚书》曰：三年考绩，三次考绩决定官员升降去留。九考则有二十七年。

②《淮南子》记载：大禹治水，以自身向阳盱之河祈祷，商汤苦旱，以自身向桑林之野祈祷，圣人之忧民，如此显明。

《吕氏春秋》记载：在往昔，殷汤推翻夏桀，天下大旱，三年不收，商汤以自身向桑林祈祷："余一人有罪，切勿连累万方，万方有罪，在余一人，无以一人之不敏，使上天毁伤万民之性命。"商汤剪去头发，剪去指甲，以自身作为牺牲，向上帝祈福。民众喜悦。大雨骤至。

③《淮南子》记载：秦穆公问伯乐："先生已经年老，像先生这样的相马者，还有谁？"伯乐答："相良马，重在相其筋骨。若相天马，若灭若没，若失若亡，像这样的天马，绝尘而去。臣的儿子都是下等人才，可以相良马，不可以相天马。相天马，臣有一个朋友，与臣的关系很好，在山上砍柴伐薪，名字叫九方堙，此人相马，绝非臣之下，可请来相见。"穆公召见九方堙，请九方堙寻找天马，三月而返，九方堙报告穆公："已得到天马，在沙丘。"穆公问："什

么样的马？”九方堙回答：“牝而黄。”穆公派人前往沙丘取回天马，一看，却是牡而骊。穆公很不高兴，召伯乐质问：“错了，先生推荐的相马者找到的天马，是牝是牡都不清楚，又怎么能知道是天马？”伯乐喟然叹息：“相马竟然达到如此程度！这是臣不如九方堙千万分之一呀。九方堙所相的天马，可谓天机，得其精而忘其粗，在其内而忘其外，见其所见，而不见其所不见，视其所视，而遗其所不视，像九方堙这样的相马者，才是真正的善于相马。”天马送来，经过检验，果然是天下良马。

《淮南子》记载：伯乐、寒风、秦牙、葛青，相马的重点各有不同，其相马的特点，精专其一；九方堙相马，观察马的精髓，秦牙相马，观察马的体形。

④《越绝书》记载：在往昔，越王勾践有五把宝剑，闻名于天下。有客人善于相剑，名字叫薛烛，越王召见薛烛，问：“我有五把宝剑，请君评价。”勾践命人取来豪曹、臣阙，薛烛看了，答：“皆非宝剑。”又取来纯钩、湛卢，薛烛说：“观察这两把宝剑的锋锐，其寒光闪闪，如列宿之行，观察宝剑的寒光，浑浑如水波将溢于钱塘，观察宝剑的纹饰，涣涣如冰溶解，此所谓纯钩宝剑？”勾践答：“是的。”勾践问：“客人看这把宝剑的价值，有集市之乡邑三座，有骏马千匹，有千户之都二个，可以配这把宝剑吗？”薛烛答：“不配。锻造此剑时，赤堇之山破，而出锡，若邪之溪涸，而出铜，雨师洒扫，雷公击鼓，太一下观，天精下之，欧冶借天之精，倾尽其技巧，锻造这两把宝剑，一曰纯钩，二曰湛卢。而今，赤堇之山已合拢，若邪之溪水已深不可测，欧冶子已死，即使倾城量金，珠玉竭河，也不能再锻造这样一把宝剑。有集市之乡邑三座，有骏马千匹，有千户之都二个，何足配此两把宝剑！”

⑤《淮南子》记载：瓠巴鼓瑟，鲟鱼听音。又记载：瓠梁之歌可随唱，然而，歌者不可模仿。

⑥裴松之曰：按照此说法，孟尝君田文有一位座下宾，在孟尝君遇到困厄时，能扮作鸡鸣声，帮助孟尝君解除困厄。凡作鸡鸣声，必先拊髀，以仿效公鸡扇动双翼。

⑦《淮南子》记载：楚国将军子发喜欢访求有技能之士。楚国有善于偷盗者，来见将军，说：“听说君访求有技能之士，臣善于偷窃，愿以偷技，充当将军手下的士卒。”子发听罢，衣不及带，冠不暇正，出来见而礼之。左右谏言：“善偷窃，不过是天下小偷，将军为何以礼相待？”将军答：“此技能非左右所能学会。”后来，没有过多久，齐国兴兵伐楚。子发率领大军抵御齐军，结果三次败北。楚国贤大夫想尽各种计策，全军将士奋力作战，而齐军越发强盛，越战越勇。于是，这位善于偷窃的士卒进来禀报：“臣有薄技，愿为将军试一下。”将军答：“可以。”善偷者当夜出营，解下齐国将军的蚊帐，献给子发。子发派人送还，告诉齐国将军：“有一位砍柴者，得到将军的蚊帐，特派使者送还。”第二天，偷窃者又偷走齐国将军的枕头，子发又派人送还。又过了一天，偷窃者偷走了齐国将军的发簪，子发又派人送还。齐国将军越来越害怕，与军中吏士商议：“今日再不走，楚军恐怕就要来偷我的头颅啦！”齐军随即撤军班师。

⑧桓谭著《新论》记载：雍门周以鼓琴求见孟尝君，孟尝君问：“先生鼓琴，能让田文悲哀吗？”雍门周答：“臣之所以能让人悲哀的原因，是因为先贵而后贱，昔日富而今日贫，孤独于穷巷，不结交四邻；身材高妙，怀质抱真，遭谗言谮毁，结怨而不受信任；与女子交欢而结爱，生离死别，远赴异国，无相见之期；幼年无父母，壮年无妻儿，出以野泽为邻，入住岩穴为家，困于朝夕，无所借贷：像这些人，但闻飞鸟之啼鸣，秋风之呼号，则会伤心落泪，臣一旦为这样

的人鼓琴，就会叹息不止，没有不凄恻而流涕者也。今天，像足下这样，居住广厦高堂，连闼洞房，下罗帷，来清风；倡优在前，谄谀侍侧，扬激楚，舞郑妾，流声以娱耳，练色以淫目；水戏则舫龙舟，建羽旗，鼓钓于不测之渊；野游则登平原，驰广囿，强弩射下高鸟，勇士格斗猛兽；置酒欢乐，沉醉忘归：在这种时候，视天地不过一弹指尔，虽有善鼓琴者，不能感动足下。”孟尝君答：“的确如此！”雍门周说：“然而，臣还是认为，足下有常悲之事。争执东帝、西帝，而困于秦国者，是君也，联合五国而伐楚者，又是君也。天下未尝无事，不是合纵，就是连横；合纵成，则楚王为盟约之长，连横成，则秦王为诸侯之帝。以秦、楚之强盛，而回报君的食邑薛邑，就好像磨快利斧，砍伐蘑菇，有识之士，莫不为足下寒心。天道不常盛，寒暑有变化，千秋万岁之后，宗庙必不会再享有血食；高台既已倾颓，曲池又已填平，坟墓生出荆棘，狐狸穴于其中，游儿牧竖踯躅其足，而在坟墓上歌唱：‘孟尝君之尊贵，也还是要埋于此坟墓！’”于是，孟尝君喟然叹息，涕泪顺着脸颊，流淌下来。雍门周引琴而鼓之，徐动宫徵，叩动角羽，终而成曲，孟尝君唏嘘而歌之：“先生鼓琴，令薛文在此犹如亡国之人。”

⑨《吕氏春秋》记载：韩哀担任御手。

王褒著《圣主得贤臣颂》记载：用庸人驾驭驽马，即使勒伤马嘴，折断皮鞭，也不能让马跑得更快，庸人还会累得气喘吁吁，人困马乏。如果让王良执鞭，良马驾车，韩哀造车，骏马奔驰，好似风驰电掣，跨州过府，瞬间而过，快如闪电，疾如飙风，周流八极，行万里而一息。何其豪迈？人与马，相得益彰。

⑩《淮南子》记载：卢敖在北海游玩，经乎太阴，入乎玄阙，至于蒙毂之上，看见一位隐士，深目而玄准，戾颈而鸢肩，丰上而杀下，轩轩然，正在迎风而舞，回头看见卢敖，慢慢放下手臂，慌忙逃到碑下。卢敖低头凝视，此隐士已经蜷缩在龟壳下，正在吃梨。卢敖对隐士讲：“我是卢敖，离群索居，穷观于六合之外，这正是卢敖的爱好！卢敖幼而好游，长不喻解，周行四极，唯北阴还没有看到，今天目睹夫子在这里，先生可以与卢敖交游吗？”隐士粲然而笑，答：“嘻乎！先生是中原子民，怎么能从远方来到此地？此地光乎日月而戴列星，阴阳之所行，四时之所生，可谓不名之地，荒原野僻。像我南游罔罠（làng）之野，北息沈墨之乡，西穷冥冥之党，东贯鸿蒙之光，此地，下无地而上无天，听而无闻，视而则眴，此地之外，还有沉沉之汜，其余一举而千万里，我还没有走那么远。今天先生游乐至此，就说已经穷观所有，岂不知更有远哉！先生今天来到这里，我将与汗漫相期于九垓之上，我不可以长久在此。”此隐士举臂而竦身，跳入云中。卢敖仰头而视，不见踪影，说：“我比起这位夫子，犹如黄鹄之与壤虫，终日行，不离咫尺，自以为遥远，不亦悲哉！”

景耀六年，后主刘禅采纳谯周的谏言，派遣使者向邓艾请降，投降文书就是郤正写的。第二年正月，钟会在成都谋反作乱，后主刘禅已经东行，来到洛阳，当时，上路时纷纷攘攘，行动仓促，蜀国大臣没有跟随者，只有郤正及殿中都督汝南郡人张通跟随后主刘禅，抛弃妻子、儿女，单身跟随后主，在身边随侍。后主刘禅依赖郤正随时提醒，在洛阳的一举一动没有闪失，刘禅慨然叹息，恨自己此前太不了解郤正。当时人议论，皆称赞郤正。晋武帝赐郤正爵关内侯。泰始年间，郤正担任安阳县令，升任巴西郡太守。泰始八年，晋武帝下诏：“郤正此前在成都，虽然颠沛流离，仍然坚守道义，矢志不移，不肯违背志向，及至受到重用，恪尽职守，尽心守责，有治理之功绩，任命郤正为巴西郡太守。”咸宁四年，郤正去世。郤正生前著述的诗、论、赋等，有一百篇。

陈寿评论如下：杜微修身养性，隐退僻静处，不愿意出仕为官，可谓有伯夷、商山四皓之遗风。周群占卜天象，得到验证，杜琼沉默寡言，处事缜密，可谓儒士中的佼佼者。许慈、孟光、来敏、李譔，可谓博学多识之士人，尹默精通《左氏春秋》，虽然以上诸子没有以德行、学业，被当时人所称道，但确实是一代学宗。谯周的文章，文辞华美，学识渊博，是当时的硕儒，有董仲舒、扬雄之风范；郤正著文，文辞灿烂，有张衡、蔡邕之遗风，而且行事方正，堪为君子之楷模。二位贤士在晋国的事迹较少，而在蜀国的事迹较多，故著录此篇。①

①张璠认为：谯周所陈述降魏之策，谯周已经看出来，刘禅懦弱，心无害人之念，故得以成功。如果遇上肆忿之人，即使没有其他想法，也会认为谯周寡廉鲜耻，或发怒诛杀谯周，以立一时之威，快其斯须之意，此亦夷灭之祸。

蜀书十三

黄李吕马王张传第十三

黄权，字公衡，巴西郡阆中县人。年轻时，黄权在郡府担任官吏，州牧刘璋征召，任命黄权为主簿，当时，别驾张松建议，应该迎接刘备入蜀，从而令刘备讨伐张鲁。黄权劝谏刘璋："左将军刘备有骁勇之名，今日请来，欲以部曲对待，刘将军一定会心中不满，欲以宾客礼对待，则一国不容二主。如果宾客有泰山之安，主人就会有累卵之危。建议主公还是关闭边境，以待河清之日。"刘璋不听，还是派遣使者迎接刘备，又让黄权出任广汉县长。及至刘备袭击刘璋，占据益州，派部将攻占益州属下郡县，各郡县望风披靡，莫不举城投降，只有黄权紧闭城门坚守，拒不投降，直到刘璋完全臣服于刘备，这才到刘备处投降。刘备令黄权代理偏将军。[①]及至曹公攻破张鲁，张鲁败走，逃入巴中，黄权向刘备谏言："将军失去汉中，益州三巴也会不保，这就好像割去蜀地的臂膀。"于是，刘备任命黄权为护军，率领诸将迎接张鲁。此时，张鲁已经返回南郑，投降曹公，刘备随后打败杜濩、朴胡，杀了夏侯渊，攻占汉中，这些全赖黄权在其中出谋划策。

①徐众评价：黄权向刘璋提出忠谏，又紧闭城门坚守，可谓有事君之礼。武王下车，封比干之墓，表商容之闾，用以表彰忠贤之士，明示所贵之旨。先主任命黄权为将军，善矣，然而待遇还是太薄，还未足以彰显忠义之节，达到劝人向善之心。

刘备自封为汉中王，依然兼领益州牧，任命黄权为治中从事。及至刘备登上帝位，将要东伐吴国，黄权极力劝谏："吴人强悍，善于水战，加上长江水急浪涌，战船顺流而下，进易退难，臣奏请担任先锋，先尝试与贼寇接战，陛下在后方，先坐镇观战。"

刘备不听，任命黄权为镇北将军，率领江北诸军，以防备魏军，刘备亲自征伐江南。及至吴国将军陆议溯江而上，围困蜀军，南岸的蜀军大败，刘备撤军，道路又被吴军截断，黄权不能返回蜀国，故率领部将投降魏国。有关官员执法，奏请收捕黄权的妻子。刘备说："孤有负黄权，没有听黄权的劝谏，黄权并未负孤。"其依然善待黄权的家眷。[①]

①裴松之认为：汉武帝采信虚妄之言，夷灭李陵全家，刘备拒绝司法官员谏言，宽宥黄权的家人，二主得失，悬殊甚远。《诗经》曰"乐只君子，保艾尔后"，说的就是刘备。

魏文帝问黄权："君舍逆归顺，欲效仿陈平、韩信吗？"黄权答："臣蒙受刘主公厚恩，投降魏国，实乃不得已而为之。返回蜀国无路，只能归命魏国。败军之将，得以免死为幸，谈不上效法古人！"文帝赞赏黄权，拜黄权为镇南将军，封为育阳侯，兼任侍中，令黄权陪乘。蜀国投降者有人说，刘备已经杀了黄权的妻子、儿女，黄权深知，这只是妄言，并没有为妻子发丧，[①]后来查实，果然如黄权所料。及至先主刘备病逝的消息传来，魏国群臣皆向黄权祝贺，黄权并不为此而高兴。文帝观察到黄权的忠肝义胆，欲试探黄权，派遣身边侍者，诏令黄权来见，黄权还未到，文帝又多次派人催促，侍者的马匹来往奔驰，相望于道，将军幕府官属莫不胆战心惊，黄权却泰然自若，举止不变。后来，黄权兼领益州刺史，治所在河南郡。大将军司马懿很器重黄权，问黄权："像卿这样的，蜀中还有多少人？"黄权笑而回答："没想到明公如此看重黄权！"司马懿写信给诸葛亮："黄公衡可谓爽快之士，每当坐下来，谈起足下，常称颂不已，赞不绝口。"景初三年，蜀国延熙二年，黄权改任车骑将军，府衙礼仪与三公府相同。[②]第二年，黄权去世，谥号为景侯。嗣子黄邕继承爵位。黄邕无子嗣，去世，食邑断绝。

①《汉魏春秋》记载：魏文帝诏令发丧，黄权答："臣与刘备、诸葛亮推诚相待，臣的本志已明，疑惑并未证实，请须后问。"

②《蜀记》记载：魏明帝问黄权："天下鼎立，当以何地为正？"黄权回答："当以天文为正。在以往，荧惑星驻守在心宿，文皇帝驾崩，东吴、西蜀二主平安，这就是征象。"

黄权留在蜀国的儿子黄崇，担任尚书郎，跟随卫将军诸葛瞻抵御邓艾。在涪县，诸葛瞻徘徊不前，黄崇多次劝说诸葛瞻，应该尽快进军，占据险要，不要令敌方进入平原。诸葛瞻犹豫不决，没有采纳黄崇的谏言，黄崇急得流下眼泪。邓艾长驱直入，诸葛瞻边战边退，退至绵竹，黄崇激励军士，抱定必死之心，在战场上被杀。

李恢，字德昂，建宁郡俞元县人。李恢曾经担任郡府督邮，李恢的姑夫爨（cuàn）

习担任建伶县令，有违法之事，李恢受到牵连，被免官。太守董和以爨习是地方上的大姓，把案子压了下来。[①]后来，又把李恢推荐给州部，李恢还在途中，没有到任，就听说刘备已从葭萌关回军进攻刘璋。李恢知道刘璋必败，刘备一定能在蜀地站稳脚跟，佯称是郡府使者，北上迎接刘备，在绵竹遇见刘备。刘备很高兴，李恢跟随刘备到了雒城，刘备派遣李恢到汉中，与马超联系，马超此后投奔刘备。成都平定，刘备兼领益州牧，任命李恢为功曹、书佐、主簿。后来，李恢被逃亡者诬告，说李恢欲谋反，有关官员逮捕李恢，刘备知道李恢不会谋反，改任李恢为别驾从事。章武元年，庲降郡都督邓方去世，刘备问李恢："谁可以代替邓方？"李恢答："人的才能，各有长短，孔子讲：'使用人才，要根据其能力。'明主在上，臣下只能尽力，就像西汉年间平定先零羌叛乱的将军赵充国谏言：'不如老臣亲自出马。'臣窃不自量力，愿殿下省察。"刘备听罢，笑了，说："孤的本意，也在卿的身上。"刘备任命李恢为庲降郡都督，授予符节，兼领交州刺史，治所设在平夷县。[②]

①《华阳国志》记载：爨习后来官至领军。

②裴松之曾经问过蜀地人，蜀地人讲，庲降郡距离蜀地二千余里，当时，还没有宁州，号称南中，设立郡都督，负责蛮夷事务。晋朝泰始年间，又分出宁州。

先主刘备去世，高定在越嶲郡猖乱，雍闿在建宁郡骄横，朱褒在牂牁郡反叛。丞相诸葛亮南下征伐，先从越嶲郡开始，李恢按照用兵方略，率领军队进军建宁郡。建宁郡属下县邑纠合在一起，把李恢围困在昆明。当时，李恢率领的军队少于敌方一半，又没有诸葛亮的消息，李恢欺骗南中人："官军粮食将要耗尽，欲撤军，军中很多士卒久离家乡，今日得以返回，但不能北上，欲与汝等商议，以诚相告。"南中人相信，围困稍微解开。李恢抓住机会，率军出击，大败蛮夷贼寇，追亡逐北，向南一直追至槃江，东边靠近牂牁郡，与诸葛亮遥相呼应。南中平定，评议战功，李恢的战功很多，受封为汉兴亭侯，兼领安汉将军。汉军撤回，南方蛮夷再次反叛，杀害镇守汉将。李恢率军前往征剿，诛杀首恶，将南中蛮夷首领迁至成都安置，在出叟、濮耕征缴赋税，搜集耕牛、战马、金银、犀革，以补充军资，军用花费大为缓解。

建兴七年，因交州属于吴国，后主免去李恢的刺史职务，代领建宁郡太守，李恢返回建宁郡，又移居汉中，建兴九年，李恢去世。嗣子李遗继承爵位。李恢弟弟的儿子李球曾担任羽林右部督，跟随诸葛瞻抵御邓艾，战死在战场，葬于绵竹。

吕凯，字季平、永昌郡不韦县人。[①]吕凯曾担任永昌郡五官掾功曹，当时，雍闿听说先主刘备在永安去世，越发骄横。都护李严写信给雍闿，用了六张纸，向其晓谕利害，雍闿用一张纸回信："人们常说，天无二日，国无二主，而今天下鼎立，正朔就有三个，确实令远人困惑，不知所归。”其桀骜不驯，竟达到如此程度。后来，雍闿投降吴国，吴国任命雍闿为永昌郡太守。永昌在益州郡的西边，崇山峻岭，道路阻隔，与蜀郡没有联系，郡太守改换，吕凯与郡府丞蜀郡人王伉率领永昌郡吏民，关闭进出永昌的道路。雍闿多次向永昌郡移送公文，发号施令。吕凯以檄文回答：“上天降下祸患，天下大乱，奸雄乘机并起，致使民众陷于水深火热，民众愤恨，万国悲悼，无论老少，莫不竭尽忠诚，愿肝脑涂地，为国靖难。将军世代蒙受汉室厚恩，更应该躬身垂范，聚集部众，率先为国赴难，上可报效国家，下勿有负先人，功绩载于竹帛，美名传于后世。为何要向吴越投降，背弃汉室，臣服于乱贼？在往昔，舜帝勤于民事，殒命于苍梧，《尚书》记载，传诵千年，流芳千古。臣一旦死于江浦，又有何可悲！文王、武王接受天命，周室拥有天下，直至成王，天下归于太平。先帝龙兴，海内望风归附，辅佐大臣聪明睿智，忠心耿耿。将军不能目睹盛衰之纪，成败之符，就像野火焚烧荒原，却要脚蹈河上浮冰，一旦大火融化，将军将何以存身？在以往，将军的先君雍侯，即使有怨言，依然享受爵位，窦融懂得天下兴衰之理，归附世祖，他们皆流芳于后世，受到人们称颂。诸葛丞相英才勃发，明察善辨，谋略深远，接受先帝遗诏，辅佐幼孤，竭力振兴汉室，与众臣无所猜忌，载录功绩，从未忘却。将军若能幡然悔悟，迷途知返，则古代贤士不难追赶，将军在异国小邦，又怎么安心！人们常讲，楚国不能恭敬侍奉王室，齐桓公出师讨伐，予以谴责，夫差僭越王号，晋人不肯尊夫差为霸主，更何况将军臣服于东吴，谁愿意追随？按照古人道义，藩臣不可越境与其他诸侯来往，将军多次有书信传来，并无回信。从将军书信中，承蒙告示，臣发愤忘食，故略述所怀，愿将军明察。”吕凯恩威并施，被永昌郡吏民所信任，故能保全节操。

①孙盛著《蜀世谱》记载：当初，秦始皇把吕不韦的子弟、宗族流放至蜀郡、汉中。汉武帝时，开辟西南夷，设置郡县，迁徙吕氏后裔补充，因此叫“不韦县”。

及至诸葛丞相南征，讨伐雍闿，大军出发，雍闿被部下高定的部属斩杀。诸葛亮到达南方，上表后主：“永昌郡官员吕凯、郡府丞王伉等，忠贞为国，坚守绝域，长达十余年，雍闿、高定逼迫吕凯投降，在威逼利诱下，吕凯等坚守道义，不为所动。臣没有想到永昌郡民风如此敦厚，坚韧不拔！”后主刘禅任命吕凯为云南郡太守，封为阳迁亭侯。后来，吕凯被叛乱的夷人杀害，嗣子吕祥继承爵位。王伉受封为亭侯，继任永昌郡太守。①

①《蜀世谱》记载：蜀国灭亡，吕祥担任晋朝南夷校尉，吕祥的儿子及孙子世代担任永昌郡太守。李雄在蜀地建立国家，攻破宁州，吕氏不肯投降，举郡固守。王伉等同样坚守节操。

马忠，字德信，巴西郡阆中县人。年少时，马忠在外祖父家长大，马忠随外祖父的姓，姓狐，名笃，后来改回本姓，名忠。马忠曾担任郡府小吏，建安末年，被举荐为孝廉，担任汉昌县长。刘备征伐东吴，在猇亭惨遭败绩，巴西郡太守阎芝征调兵力五千余人，补充蜀军损失，派遣马忠送往刘备处。先主刘备返回永安，看见马忠，与其交谈，对尚书令刘巴讲："虽然失去黄权，这次又得到狐笃，这说明，世上不乏贤者。"建兴元年，诸葛丞相开府建衙，任命马忠为门下督。建兴三年，诸葛亮南征，拜马忠为牂牁郡太守。牂牁郡丞朱褒反叛，马忠平定叛乱，抚恤百姓，享有很高的威信。建兴八年，诸葛亮征召马忠，拜为丞相府参军，协助丞相府副长史蒋琬，留在丞相府署理政事，同时兼领益州治中从事。第二年，诸葛亮出兵祁山，马忠来到诸葛亮的大营，协助处理军务。大军撤回，马忠都督将军张嶷等讨伐汶山郡叛羌。建兴十一年，南部蛮夷首领刘胄反叛，祸乱南部几个郡。诸葛亮征召庲降郡都督张翼返回，以马忠代替张翼。马忠斩杀刘胄，平定南中，之后，马忠兼领监军奋威将军，受封为博阳亭侯。当初，建宁郡人杀害建宁郡太守正昂，又劫持郡太守张裔到吴国，原都督治所在平夷县。马忠上任，把治所迁至味县，与蛮夷杂处。越巂郡失去领地，马忠率领越巂郡太守张嶷恢复越巂郡领地，此后，马忠受拜为安南将军，晋升爵位为彭乡亭侯。延熙五年，马忠返回朝廷，又来到汉中，拜见大司马蒋琬，向蒋琬宣读圣旨，拜蒋琬为镇南大将军。延熙七年春天，大将军费祎北上抵御魏军，留下马忠驻扎在成都，总理尚书事务。费祎回来，马忠返回南方。延熙十二年，马忠去世，嗣子马修继承爵位。①

①马修的弟弟马恢，马恢的儿子马义，在晋朝先后担任建宁郡太守。

马忠为人忠厚，能够容人，受到他人调侃，只是哈哈一笑，并不会怒形于色。然而，马忠处理政事果断，恩威并施，蛮夷既敬畏又爱戴。及至马忠去世，很多蛮夷来到停放棺柩的大庭举哀，流泪直至哀号，为马忠建立祠庙，年年祭祀，直至今日。

张表是西蜀的名士，为人有清名，超过马忠。阎宇，建立功劳，颇有才干，做事勤勉努力，继马忠之后担任郡太守，享有威望，在任上有政绩，然而，二人都不如马忠。①

①《益部耆旧传》记载：张表是张肃的儿子。

《华阳国志》记载：张表是张松的儿子，其生卒年月未详。阎宇，字文平，南郡人。

王平，字子均，巴西郡宕渠县人。早年，王平在外祖父家长大，姓何，后来改回本姓，姓王。王平跟随杜濩、朴胡前往洛阳，担任代理校尉，跟随曹公征伐汉中，后来投降刘备，受拜为牙门将、裨将军。建兴六年，王平归属参军马谡指挥，担任先锋。马谡舍弃水源，率领大军驻扎在山上，举措失当，王平多次劝谏，马谡不肯采纳谏言，在街亭，曹军大败马谡。马谡的部众四散逃亡，只有王平率领一千人鸣金擂鼓，坚守营垒，魏国大将张郃怀疑蜀军有伏兵，没有再逼近。王平率领部众，缓缓收拢打散的诸营士兵，率领蜀军将士撤回。丞相诸葛亮诛杀马谡及将军张休、李盛，夺去将军黄袭等人的兵权，王平受到表彰，受拜为参军，统领五部兵马，继续率领原来的军队，晋升为讨寇将军，受封为亭侯。建兴九年，诸葛亮围困祁山，王平率领蜀军镇守南面。魏国大将军司马懿攻打诸葛亮，张郃攻打王平，王平坚守营垒，岿然不动，张郃不能攻克蜀军营垒。建兴十二年，诸葛亮在武功去世，蜀军撤退，魏延与杨仪有矛盾，被杨仪设计诛杀，这其中有王平的功劳。后来，王平升任后典军、安汉将军，协助车骑将军吴壹驻扎在汉中，兼领汉中郡太守。建兴十五年，王平晋升爵位为安汉侯，代替吴壹统率汉中军事。延熙元年，大将军蒋琬驻扎在沔阳，王平担任前护军，协助署理大将军幕府事务。延熙六年，蒋琬返回，驻扎在涪城，后主拜王平为前监军、镇北大将军，统领汉中军政。

延熙七年春天，魏国大将军曹爽率领步骑十余万进抵汉川，前锋直抵骆谷。当时，汉中守军不满三万，众将领大惊。有人说："如今，力不足以拒敌，应当退兵，固守汉城、乐城，一旦曹军进攻，可以暂且让其深入，用不了多久，涪城的军队就会来救援阳平关。"王平说："不行。汉中距离涪城有将近一千里。曹军一旦攻破阳平关，将会得势，蜀军将会更加困难。而今应该首先派遣刘护军、杜参军占领兴势山，王平作为后援，阻挡曹军；如果曹军分多路向黄金进攻，王平将率领一千人，亲自拒敌，用不了多久，涪城的军队赶来，此计方为上策。"只有护军刘敏与王平的意见相同，随即采取行动。涪城诸军及大将军费祎从成都相继赶来，魏军撤退，正如王平预料的那样。当时，邓芝在东边，马忠在南边，王平在北部边境，皆有显赫的名声及战功。

王平在军旅中长大，识字不多，所认识的字不过十几个，发布命令，依靠向他人口授，写出的文章、书信，莫不顺理成章，皆有其道理。王平令人为自己读《史记》《汉书》中的本纪、传记，听完后，能明白其中大义，往往在谈论时，不会偏离所谈话题。王平谨守法度，不喜欢开无谓的玩笑，从早到晚，可以端坐终日，模样文质彬彬，没有丝毫武将之姿态，然而，王平性情偏狭、多疑，为人不够持重，因此，名声受损。延熙十一年，王平去世，嗣子王训继承爵位。

当初，王平同郡汉昌县人句扶为人忠贞、勇敢、宽厚，多次建立战功，功名爵位仅次于王平，官至左将军，受封为宕渠侯。①

①《华阳国志》记载：张翼、廖化并列大将军，当时人称："前有王、句，后有张、廖。"

张嶷，字伯岐，巴郡南充国人。①二十岁时，张嶷在县里担任功曹。刘备平定蜀地，有山贼攻打县城，县长弃家逃亡，张嶷甘冒危险，带着县长的夫人逃出险境，夫人得以免死。由此，张嶷显露名声，州部征召张嶷，拜为从事。当时，郡内有士人龚禄、姚伷，位居二千石官员，声名显赫，与张嶷的关系很好。建兴五年，丞相诸葛亮北伐，驻扎在汉中，广汉、绵竹的山贼张慕等，盗抢军用物资，劫掠吏民，张嶷以都尉率领军队征剿。张嶷考虑到这些山贼是一群乌合之众，大军出动，将会作鸟兽散，难以擒获，诈称要与张慕和亲，约定日期，置酒款待。酒酣耳热，张嶷指挥左右，斩杀张慕等五十余人，山贼首领被一鼓全歼。张嶷乘胜清剿其余众，旬日之间，全部剿灭。后来，张嶷有病，被疾病所困，家里一向清贫，广汉郡太守蜀郡人何祗为人厚道，通达人情，张嶷与何祗很少有来往，张嶷亲自坐车，前去拜谒何祗，请求何祗帮助，治疗疾病。何祗倾尽家产相助张嶷治疗疾病，经过数年，疾病才痊愈。人们常说，信义之交，应该如此。张嶷受拜为牙门将，隶属于马忠，率领大军北上，讨伐汶山郡叛羌，在南中平定四郡蛮夷，张嶷在平叛中，皆有克敌战胜之功。②建兴十四年，武都郡氐王苻健向蜀军投降，张嶷派遣将军张尉前往迎接苻健，日期已过，苻健还未到来，大将军蒋琬颇感忧虑。张嶷平静地说："苻健求降心切，绝不会再有其他变故，听说符健的弟弟狡黠，夷狄不可能有同样的功劳，这其中，有些人会有乖离的想法，时间会有些延宕。"过了数日，再问，已经来到，苻健的弟弟率领四百户投降魏军，苻健依然投降蜀军。

①《益部耆旧传》记载：张嶷出身孤儿，家庭卑微，张嶷年少时，有志向，壮怀激烈。

②《益部耆旧传》记载：张嶷领兵三百人，跟随马忠讨伐叛羌。还有数营在前边，大军进抵他里邑，邑的治所在高峻，张嶷顺着山势，上行四五里，扎下营寨。羌人在要隘处建造石门，在门上架床，把大石头放在上边，有经过者，用大石头砸下来，进攻者被砸得头破血流。张嶷忖度不能这样进攻，派遣翻译告知羌人："你们汶山羌人反叛，伤害善良的百姓，天子诏命本将讨伐恶贼。如果你等能稽颡投降，将会供给你们粮食，永享福禄，超过你们占山为寇百倍。若继续顽抗，不肯投降，大兵将予以剿灭，雷击电下，到时将追悔莫及，毫无益处。"羌人首领听了命令，下山来拜见张嶷，张嶷供应羌人部分粮食，继续进军。大军讨伐其余叛羌，剩余的叛羌听说他里邑已经投降，皆惊恐万分，或迎接大军投降，或逃窜进山谷，张嶷大军进攻，大获全胜。后来，南夷刘胄反叛，后主诏命马忠为都督，率领庲人投降者讨伐刘胄，张嶷担任副将，战斗中常担任先锋，斩杀刘胄。平定南夷后，牂牁郡兴古獠人又反叛，马忠令张嶷率领诸营士兵前往征剿，张嶷先对羌人招降，得到二千人，全部集中在汉中。

自从丞相诸葛亮讨伐高定之后，越巂郡的蛮夷又多次反叛，杀害越巂郡太守龚禄、焦璜，此后，新的郡太守不敢再上任，只好把治所暂时迁至安上县，距离郡治所有八百余里，越巂郡府徒有其名。当时，朝臣廷议时，有大臣认为，官员应该住在旧的郡治所，后主任命张嶷为越嶲郡太守，张嶷带着随从，前往越嶲郡上任，向蛮夷施以恩信，蛮夷相率臣服，叛逆者有很多前来归降。北部捉马蛮夷最为骁勇，不肯服从郡府节制，张嶷率领军队征剿，生擒首领魏狼，又将其释放，善言告谕，令其回去招抚其部众。张嶷又上表，拜魏狼为邑侯，其部落有三千余户，逐渐安定下来，服从教化。其他蛮夷听说后，也相继臣服，张嶷以安抚蛮夷有功，受赐爵关内侯。

苏祁邑的君王冬逢、冬逢的弟弟隗渠等，已经投降，又再次反叛。张嶷诛杀冬逢。冬逢的妻子，是旄牛王的女儿，张嶷用计赦免其妻子。隗渠逃入西部。隗渠勇敢，为人剽悍，被蛮夷诸部落所忌惮，隗渠派亲信二人向张嶷诈降，实际是想打探消息，被张嶷察觉，行使反间计，许以重赏，二人合谋杀了隗渠。隗渠死后，蛮夷诸部落安定下来。还有，斯都县有一位年迈的首领李求承，在以往，亲手杀了越嶲郡太守龚禄，张嶷悬赏捕获李求承，历数其犯下的罪行，将其诛杀。

张嶷上任初看到原郡府治所城墙倒塌，在治所附近修了一座小坞。在任上三年，张嶷返回原郡府治所，修缮城郭，蛮夷部落男女莫不尽力，前来参加修城。

定莋、台登、卑水三县距离郡府治所有三百余里，原来出产盐铁及生漆，被蛮夷长期占有，享有利益。张嶷率领军队夺取这三个县，安排县长、县吏。张嶷来到定莋县，定莋县蛮夷首领狼岑，是槃木王的舅舅，被蛮夷所信任，对张嶷从他们手中夺走盐铁、生漆的利益，十分忿恨，不肯前来拜谒。张嶷派出壮士数十人，直接收捕狼岑，鞭打后，将其斩杀，把尸体还给蛮夷，厚加赏赐，向他们晓谕狼岑的罪恶，并且说："不得妄动，否则将殄灭尔等！"蛮夷背缚双手，来向张嶷请罪。张嶷杀牛设宴，招待他们，恩威并施，重视恩信，张嶷获得了盐铁收益，越嶲郡的财源充足。

汉嘉郡的牦牛蛮夷有四千余户，其头领名字叫狼路，欲为姑父冬逢报仇，派遣叔父狼离率领冬逢的部众来了解情况。张嶷派遣亲信，带上牛酒，犒劳赏赐，又令狼离的姐姐接来冬逢的妻子，向狼离晓谕利害。狼离接受了赏赐，又看到姐姐，姐弟二人见面，非常高兴，遂率领部下将领拜谒张嶷，张嶷厚加赏赐，把他们送走。从此以后，牦牛蛮夷不再成为边患。

汉嘉郡原来有条旧路，经过牦牛蛮夷居住的地方，可以通向成都，道路平整，路途又近；自从旄牛蛮夷阻断道路，已经有一百余年，只好从安上县经过，既危险，路途又远。张嶷派遣身边亲信，带着货币说服牦牛蛮夷，打通道路，又令狼路的姐姐向他们晓谕旨意，狼路率领兄弟、妻子前来拜谒张嶷，张嶷与他们共同盟誓，开通旧路，上千里道路，得以肃清，恢复自古以来的邮亭、驿站。张嶷上表，封狼路为牦牛昫毗王，牦牛蛮夷派遣使者，通过这条道朝贡。后主刘禅拜张嶷为抚戎将军，仍然兼领汉嘉郡太守。

张嶷初次见到费祎担任大将军，发现费祎率性，为人泛爱，对待新归附者太过于信任，张嶷写信告诫费祎："在往昔，岑彭率领大军，来歙持符节出使，都被刺客杀害，今天，将军位尊权重，应该以前事为借鉴，稍微有些警惕。"后来，费祎果然被魏国投降者郭修所杀害。

吴国太傅诸葛恪刚刚挫败魏军，随后大肆举兵，欲攻打蜀国。侍中诸葛瞻是丞相诸葛亮的儿子，诸葛恪的堂弟，张嶷写信给诸葛瞻："东吴君主刚刚驾崩，少帝年幼，太傅接受托孤之重，谈何容易！以周公之才华，又是成王的叔叔，还有管、蔡之乱，流言之变；霍光接受托孤重任，也有燕王、盖公主、上官桀谋逆之乱，幸赖成王、昭帝之明察，才免于祸难。昔日听说东吴君主杀人或赏罚，不信任臣下，孙权在病情垂危时，召请太傅，向太傅嘱托后事，要谨慎为上。还有，吴、楚之人，性情剽悍、轻率，这些都在史书中有记载，太傅离开少主，践踏敌国，恐怕不是良计，为今后长远谋划。虽说东吴的朝纲、法纪肃然，君臣上下和睦，百有一失，聪明者，难道对此不该有所疑虑？取往古经验看待今天，今日之世就是往古之世，若非郎君向东吴太傅进忠言，谁又能进此忠言！太傅诸葛恪应该回军，重视农业生产，以仁德施惠于民众，数年之后，东吴、西蜀并举，灭亡曹魏，实为不晚，愿君侯详察。"诸葛恪因为用兵失败，加上为政骄横，被灭族。张嶷有远见卓识，有很多这样的例子。

张嶷担任越嶲郡太守十五年，以清明治理民众，百姓安宁。张嶷多次乞求调任，后主刘禅征召张嶷，返回成都。越嶲郡蛮夷、百姓感恩张嶷，扶着车毂，涕泪交流，张嶷经过牦牛邑，邑君背负着婴儿，前来迎接张嶷，一直送到蜀郡界，其部将跟随张嶷来到成都朝贡者，有一百余人。张嶷到了成都，受拜为荡寇将军，老而弥坚，壮怀激烈，士人多尊敬张嶷，然而张嶷性情随意，缺少礼仪，士人又以此讥讽张嶷，①这一年是延熙十七年。魏国狄道长李简写书信请降，卫将军姜维率领张嶷等，在李简的襄助下，出兵陇西。②大军到了狄道，李简率领吏民出城迎接蜀军。蜀军前锋与魏军大将徐质交锋，张嶷在阵中战死，然而其部众杀伤的魏军多过一倍。张嶷阵亡，张嶷的长子张瑛受封为西乡侯，次子张护雄继承张嶷的爵位。南方越嶲郡的蛮夷、汉民听说张嶷的死讯，无不为之悲泣，为张嶷建立祠庙，四时无论水旱，都会在祠庙祭祀。③

①《益部耆旧传》记载：车骑将军夏侯霸对张嶷讲："虽与足下关系疏远，然而托心如旧，谨以此表明心意。"张嶷回答："我并不了解将军，将军也不了解我，大道在彼，何云托心！愿三年之后，再讲此话。"有识之士以为美谈。

②《益部耆旧传》记载：张嶷患有风湿病，回到成都，病情越发严重，要扶着拐杖，才能站起来行走。李简请降，众官员怀疑，犹豫不定，张嶷认为，一定会投降。姜维出兵，当时，有议论者认为，张嶷刚返回，腿部有风湿病，不能在军中效命，张嶷自告奋勇，愿效力中原，面对敌寇。临出发前，张嶷向后主告辞："臣应当在圣明身边宿卫，受恩过重，加上疾病缠身，常担心一朝陨没，辜负圣恩。天不违愿，得以参与戎事。如果凉州平定，臣愿意担任藩表守将；若未能

获捷，臣将杀身以报。”后主慨然，为之流泪。

③《益部耆旧传》记载：我观察张嶷的仪表、相貌、辞令，并没有超过常人之处，然而其策略，足以撼动众人，张嶷勇敢果断，足以立威，身为大臣，有忠诚之节，处事有亮直之风，动必考虑法典，后主对张嶷敬爱。虽古代之贤士，何以比拟！《蜀世谱》记载：张嶷的孙子张奕，在晋朝担任梁州刺史。

陈寿评论如下：黄权恢宏雅思，李恢刚正不阿，吕凯守节不移，马忠勇敢坚毅，[①]王平忠勇，治军整肃，张嶷明断，遇事巧思，以个人所长，展示功绩，建立殊勋，恰逢时机。

①《尚书》记载：扰而毅。郑玄注：扰，驯也。果敢曰毅。

蜀书十四

蒋琬费祎姜维传第十四

蒋琬，字公琰，零陵郡湘乡县人。年轻时，蒋琬与表弟泉陵县人刘敏是知名士人。蒋琬以州部书佐，追随刘备入蜀，担任广都县长。刘备曾经外出视察，驾临广都县，注意到蒋琬对县衙的公事不闻不问，还常常醉酒，喝得酩酊大醉，刘备大怒，欲加罪并诛杀蒋琬。军师将军诸葛亮为蒋琬求情："蒋琬有辅佐社稷之才，绝非百里之用。蒋琬为政，以安民为本，不以修饰为要，愿主公再考察。"刘备尊敬诸葛亮，没有再加罪，仓促间，只是免去蒋琬的官职。蒋琬被查究，夜晚做梦，梦见一个牛头在门前，鲜血淋漓，心里感到恐惧，问占梦者赵直。赵直解梦："看见血，此事已分明。牛角及牛鼻，就是'公'字之象，君将来的位置，一定能做到三公，这是大吉之兆象。"不久，蒋琬被任命为什邡县令。刘备自封为汉中王，蒋琬入朝，担任尚书郎。建兴元年，丞相诸葛亮开府建衙，任命蒋琬为东曹掾。蒋琬被举荐为茂才，他坚决辞让，推荐刘邕、阴化、庞延、廖淳，诸葛亮开导蒋琬："君离开亲朋故旧，来到巴蜀，担任官职，为百姓谋取利益，众人既不能明其心迹，远近又不解其意。君应当在任上显示才干，立功立业，以此表明朝廷选官任职之慎重。"诸葛亮改任蒋琬为丞相府参军。建兴五年，诸葛亮驻扎在汉中，蒋琬与丞相府长史张裔留守成都丞相府，主持政事。建兴八年，蒋琬代替张裔，担任丞相府长史，兼领抚军将军。诸葛亮多次用兵，对外征战，蒋琬为出征大军提供军粮，补充兵员。诸葛亮常说："公琰忠贞，志向远大，应当与我共同襄助王霸事业。"诸葛亮密封上表后主，说："臣如果遭遇不幸，后事宜托付于蒋琬。"

诸葛亮病逝军中，后主刘禅任命蒋琬为尚书令，不久，又代行都护职事，持符节，兼任益州刺史，改任大将军，仍然兼领尚书职事，受封为安阳亭侯。当时，蜀国刚刚失去主帅，内外恐惧。蒋琬在朝中秉政，可谓出乎其类，拔乎其萃，位居群臣之上，既无悲戚之哀容，又无欢喜之颜色，举止神态，仍和平时一样，因此，众人皆佩服蒋琬遇事沉着。延熙元年，后主刘禅下诏蒋琬："寇难尚未消弭，曹叡骄横，逞其凶狂，辽东三郡苦其暴虐，相互勾结，欲摆脱曹魏的控制。曹叡大兴徭役，举兵攻伐。犹如昔日秦朝之败亡，陈胜、吴广首先发难，今日恐怕还会有此变故，可谓天时。君应该整饬军队，率领大军，驻扎在汉中，观察吴国的一举一动，东吴、西蜀互为犄角，趁着曹魏动荡之际，伺机讨伐。"又诏命蒋琬开府建衙，第二年，蒋琬兼任大司马。

东曹掾杨戏为人简慢，做事情疏略，蒋琬与其谈话，杨戏有时并不答应。有人从中挑拨离间，对蒋琬讲："公与杨戏谈话，杨戏佯装听不见，不予回答，杨戏侮慢将军，太过分了！"蒋琬答："人心不同，千人千面；当面阿谀，背后诋毁，此乃古人所告诫。杨戏欲赞同我的意见，并非其本意，欲反对我的意见，又显示对我不恭敬，是以沉默应对，这是杨戏的长处。"督农杨敏曾经诋毁蒋琬做事情昏聩，不如前任。有人把这些话告诉蒋琬，主事者请求惩治杨敏，蒋琬答："我的确不如前任，不必追究。"主事者并未听蒋琬的话而不再追究，又请求诘问杨敏，为何说大将军昏聩。蒋琬回答："既然说我不如前任，也就是说我做事情的确有不合理之处，做事情不合理，就是昏聩。又何必质问？"后来，杨敏因为某事犯法，被关押在监狱，众人认为，这一次杨敏必死无疑，蒋琬毫无芥蒂，免去其重罪。蒋琬的好恶及为人厚道，皆如此类。

蒋琬认为，此前，诸葛亮多次用兵，窥视秦川，因为道路险阻，转运困难，最终没有成功，不如乘水势东下，因此造了很多舟船，欲沿着汉水、沔水而下，袭击魏兴、上庸。恰逢蒋琬旧病复发，未能按照原计划出兵。众人皆以为，如果真的出兵，也不能克敌制胜，加上道路险阻，出兵绝非良策。于是，后主刘禅派遣尚书令费祎、中监军姜维等向蒋琬晓谕旨意。蒋琬接受诏命，上疏后主："为陛下解除危难，这是臣的职责所系。自从臣奉诏命到汉中，已经六年，臣既暗弱无能，又加上重病缠身，谋划无方，夙兴夜寐，惨怛忧虑。而今曹魏兼并九州，根深蒂固，平定天下，绝非易事。若东吴、西蜀合力抗魏，互为犄角，即使未能达成夙愿，也能分裂曹魏，蚕食其国土，摧毁其党羽。然而东吴摇摆不定，使得我军进退维谷，俯仰困难，臣每当念及此，常常废寝忘食。臣与费祎等商议，以凉州胡人所据关塞为险要，进退皆有物资供应，此乃曹魏所重视；而且，西部羌胡，心中仍思念汉德，盼望王师如渴，昔日我偏军攻入羌人领地，郭淮大败，斟酌西凉之重要，应为诸戎事之首要，陛下应任命姜维为凉州刺史。如果姜维出征西行，与曹魏相持于河西，臣当率领大军作为姜维后援。而今，涪城水陆交通，四通八达，可以应急，如果东北方有事，赴之不难。"至此，蒋琬撤军，返回驻扎在涪城。此后，蒋琬病情越发沉重，建兴九年去世，谥号为"恭"。

嗣子蒋斌继承爵位，担任绥武将军、汉城护军。魏国大将军钟会率领大军讨伐蜀国，进抵汉城，写信给蒋斌："巴蜀贤士聪明智慧，能文善武者甚多。至于足下、诸葛思远这样的人才，犹如草木，我等可谓意气相投。桑梓之敬，乃古今所崇尚之美德。此次西征，我欲奉礼瞻仰尊大人公侯之墓，届时当洒扫坟茔，奉祠致敬。愿告其所在！"蒋斌回信："获知君把在下引为同类，臭味相投，情义眷眷，雅意诚恳，在下岂敢拒绝盛意。父考昔日遭遇疾疫，病逝于涪县，占卜选择吉地，在涪县安葬。在下知道君西行，欲屈驾到父考坟墓前祭奠，视同足下的父亲，此乃颜渊之仁，闻命怆然，以增情思。"钟会得到蒋斌的回信，赞叹不已，明白蒋斌的心意，遂进抵涪城，如其书信所言。

后主刘禅投降邓艾，蒋斌在涪城与钟会见面，钟会以朋友礼对待蒋斌。蒋斌跟随钟会来到成都，钟会在谋反时，蒋斌也在混乱中被杀。蒋斌的弟弟蒋显，担任太子仆射，钟会很欣赏蒋显的才能、学问，蒋显与蒋斌同时遇害。

刘敏，曾担任左护军、扬威将军，与镇北大将军王平一起，镇守汉中。魏国派遣大将军曹爽讨伐，蜀国廷议时，有大臣认为，蜀军只可坚守，不可出城御敌，这样，敌军就会知难而退。刘敏认为，男女遍布田野，农民种植的稻谷还未收割完毕，如果听任敌方攻入，则蜀国大事去矣，遂率领所部，与王平占领兴势山，布置很多旗帜，绵延一百余里。恰逢大将军费祎从成都赶到，魏军撤退，刘敏以有功受封为云亭侯。

费祎，字文伟，江夏郡鄳（méng）县人。年少时，费祎的父亲去世，费祎成为孤儿，跟随族中的伯父伯仁生活。伯仁的姑姑是益州牧刘璋的母亲。刘璋派遣使者迎接伯仁，伯仁带着费祎前往蜀地，费祎在成都游学。恰逢刘备平定蜀地，费祎遂留在益州，其学问与汝南郡人许叔龙、南郡人董允齐名。当时，许靖的儿子去世，董允与费祎欲前去参加葬礼。董允先告诉父亲董和，请求派车，董和派遣一辆侍从用的鹿车给他们。董允面有难色，费祎却从前面先上了鹿车。及至抵达丧葬地，诸葛亮及朝中诸贵人已先到，车辆豪华，董允显得神色不安，而费祎却泰然自若。驾车的人回去后，董和问葬礼上的情况，知道费祎不为富贵所动，对董允讲："我常想，你的才能、学问与文伟不相上下，而今而后，我想你恐怕不如文伟。"

先主刘备确立太子，费祎与董允担任太子舍人，改任中庶子。后主刘禅即位，费祎担任黄门侍郎。丞相诸葛亮南征返回，群臣在数十里外迎接，很多人年龄、地位都在费祎之上，而诸葛亮特别让费祎同乘一辆车，自此后，众人对费祎莫不另眼相看。诸葛亮刚从南方归来，即任命费祎为昭信校尉，出使吴国。孙权为人滑稽，又喜欢开一些无谓的玩笑，诸葛恪、羊衜（dào）等东吴大臣才思敏捷，口才犀利，谈话时，轮番向费祎发难，费祎按照义理，有问必答，据理为蜀国争取利益，始终不向吴国君臣屈服。① 孙权对费祎很器重，孙权讲："君可谓天下贤士，具有淑德，一定会在蜀国担任股肱大臣，恐怕不能多次来往于吴国。"② 费祎出使返回，升任侍中。诸葛亮北伐，驻扎在汉中，延请费祎在幕府担任参军。费祎奉命出使，频频来往于吴国，传达旨意。建兴八年，费祎改任中护军，又担任大司马。正值军师魏延与长史杨仪交恶，二人在一起，总是唇枪舌剑，争论不休，有一次，魏延拔出佩剑，在杨仪面前比画，杨仪气得涕泪交流。费祎坐在二人中间，极力劝解，化解矛盾，晓谕道理，诸葛亮在世时，魏延、杨仪都受到诸葛亮重用，这其中，费祎居中调停，有匡扶之力。诸葛亮去世，费祎担任后军师。不久，代替蒋琬担任尚书令。③蒋琬从汉中返回涪城，费祎改任大将军，兼领尚书职事。

①《费祎别传》记载：孙权经常会酿制些好酒，招待费祎，看着费祎醉酒，然后向费祎询问蜀国的政事，谈论当今之世务，辞语多有诘难之意。费祎辞谢已醉，退而撰写答问，逐条回答，无所遗漏。

②《费祎别传》记载：孙权把身上常佩带的宝刀赠予费祎，费祎回答："臣以不才，何以堪明命？而且，宝刀用以讨伐不臣，禁暴止乱，但愿大王勉力，立功立业，共同辅佐汉室，臣虽暗昧，终不负东顾。"

③《费祎别传》记载：当时，蜀国戎事繁多，公务繁忙，费祎的辨识能力过人，每当阅览公文，举目略视，已究其旨意，其速度数倍于人，而且，始终不忘。常在朝会吃饭时听官吏汇报政事，其间还接待宾客，饮食嬉戏，加上博弈，每次尽人之欢，事亦不废。董允代替费祎，担任尚书令，欲像费祎一样处理政务，旬日之间，政事多有淤滞。董允为此常叹息："人的才能相距如此之远，这绝非我的能力所及。听事终日，没有闲暇之时。"

延熙七年，魏军抵近兴势山，费祎持符节，率领大军迎敌。光禄大夫来敏来到费祎处，向费祎道别，请求与费祎下一盘围棋。当时，传递军情的羽檄来往不断。军人、战马列阵等候，战车蓄势待发，费祎与来敏在棋桌前，专心对弈，毫无倦怠之意。来敏说："刚才与君弈棋，不过试探君耳！君的确是一位将才，沉稳干练，必能挫败贼寇。"费祎面对来敌，沉着应战，魏军撤退，费祎受封为成乡侯。①蒋琬辞让州部职事，费祎兼领益州刺史。费祎主持国事，与蒋琬大致相同。②延熙十一年，费祎领军出征，驻扎在汉中。从蒋琬到费祎，虽然在外领兵，后主刘禅凡遇到庆贺、赏赐、刑罚、决断，都会向他们征询意见，然后才颁布诏令，对他们很信任。延熙十四年夏天，费祎返回成都，成都有望气者说，成都不会有宰相位，到了冬天，费祎再次北上，驻扎在汉寿县。延熙十五年，后主刘禅诏命费祎，开府建衙。延熙十六年，在岁首，朝廷举行聚会，魏国投降者郭修在座。费祎畅饮，有些醉意，被郭修乘机杀害，死后谥号为敬侯。嗣子费承继承爵位，担任黄门侍郎。费承的弟弟费恭，娶了公主。③费祎的长女嫁给太子刘璿为妃子。

①殷基著《通语》记载：司马懿诛杀曹爽，费祎设甲乙论，评论其是非。甲认为：曹爽兄

弟实乃平庸之辈，都是以宗室子弟，受先帝嘱托，担任顾命大臣，却骄奢淫逸，僭越制度，加上交往非其人，私下树立朋党，密谋乱国。司马懿奋而将其诛杀，一朝殄尽，此所谓称其任，副民望。乙认为：司马懿感到曹仲对付自己，已经应接不暇，与曹爽又有何相干？事势不专，以此阴成瑕疵。当初，并无忠言相告，侃侃之训，乘其不备，一朝屠戮，岂大人经略国家，笃领本职之事乎！如果曹爽真的有谋主之心，大逆不道，发兵之日，明帝岂能把曹芳托付给曹爽兄弟。司马懿父子从此以后，闭门举兵，蹙额面对曹芳，必无安宁之日，忠臣为君深谋远虑，能这样做吗？以此推论，很明显，曹爽并无大恶。如果司马懿认为曹爽奢靡、僭越，欲废黜，或用刑，都可以，夷灭其全家，背上不义之名，断绝子丹的血食，包括何晏的儿子还是魏室的亲外甥，也同时被杀，实为僭越，滥杀无辜。

②《费祎别传》记载：费祎秉性谦逊、朴素，家中不积余财。费祎的儿子皆穿布衣，平时素食，出入没有车骑随从，无异于普通人。

③《费祎别传》记载：费恭担任尚书郎，在当时显露名声，早逝。

姜维，字伯约，天水郡冀县人。年少时，姜维的父亲去世，与母亲一起生活。姜维喜欢郑氏学，[①]后来，姜维出仕做官，在郡府担任上计簿掾，州部征召，任命姜维为从事。姜维的父亲姜冏曾担任郡府功曹，当时，正值羌戎叛乱，姜冏挺身而出，保护郡太守，战死在沙场，姜维受赐，担任中郎，参与天水郡军事。建兴六年，丞相诸葛亮出兵祁山，当时，天水郡太守在外巡视，姜维及功曹梁绪、主簿尹赏、主记梁虔等跟随太守。太守听说蜀军已经杀到，天水郡属下县邑纷纷响应，怀疑姜维等有异心，连夜逃往上邽县。姜维等发现太守已经远遁，来不及追赶，到了上邽城，城门紧闭，不肯放姜维等进去。姜维相率返回冀城，冀城也不肯接纳姜维。姜维只好来见诸葛亮。恰逢马谡在街亭战败，诸葛亮攻取西县，带着西县百姓一千余家及姜维等，撤军返回，因此，姜维与母亲断了联系。[②]诸葛亮任命姜维为仓曹掾，兼领奉义将军，封为当阳亭侯，这一年，姜维二十七岁。诸葛亮写信给丞相府留守长史张裔、参军蒋琬："姜伯约忠贞，任职勤勉，思维缜密，明于时事，考察伯约的品行，我看李邵、马良等人不如伯约。伯约此人，可谓凉州的贤士。"又说："须先让伯约训练虎贲步兵五六千人。姜伯约对军事很感兴趣，聪明睿智，既有胆义，又精通用兵之道。此人心存汉室，加上才能在他人之上，等伯约训练士兵完毕，把他带到宫中，觐见主上。"[③]之后，姜维在蜀国升任中监军、征西将军。

①《傅子》记载：姜维为人，喜欢功名，私下豢养敢死之士，不修布衣之业。

②《魏略》记载：天水郡太守马遵率领姜维及官属，跟随雍州刺史郭淮，从西县到洛门，依次而行，听说诸葛亮已到祁山，郭淮对马遵讲："看来蜀军来者不善！"郭淮骑马向东返回上邽县。马遵想到郡府治所冀县在西边偏远，又担心吏民作乱，跟随郭淮同去上邽。当时，姜维对马遵讲："明府应当返回冀县。"马遵对姜维等讲："卿等皆不可相信，都是乱贼。"遂各自分

手。姜维不知道马遵何意，姜维的家在冀县，遂与郡吏上官子修等返回冀县。冀县吏民看到姜维等人，大喜过望，推举姜维和上官子修来见诸葛亮。二人不得已，一起来见诸葛亮。诸葛亮看见二人，大喜，不久，派遣姜维到冀县安抚众人，诸葛亮前锋被张郃、费繇等打败，诸葛亮只好撤军，带着姜维等撤回汉中。姜维不能回家，遂入蜀。魏军攻打冀县，俘虏姜维的母亲、妻儿，也知道姜维本无叛逃之意，故没有惩治姜维的家人，只是取保候审。此语与本传不同。

③孙盛著《杂记》记载：当初，姜维来见诸葛亮，与母亲失去联系，后来得到母亲的来信，令其回去。姜维说："良田百顷，不在一亩，但有远志，不在当归。"

建兴十二年，诸葛亮去世，姜维返回成都，担任右监军、辅汉将军，统领诸军，晋升爵位为平襄侯。延熙元年，姜维跟随大将军蒋琬驻扎在汉中，蒋琬升任大司马，姜维担任幕府司马，姜维多次率领偏军西征。延熙六年，姜维改任镇西大将军，兼领凉州刺史。延熙十年，姜维改任卫将军，与大将军费祎共同兼领尚书职事。这一年，汶山郡平康县的蛮夷反叛，姜维率领大军平叛。姜维率领蜀军，出陇西、南安、金城，与魏国大将军郭淮、夏侯霸等在洮西大战。胡人首领治无戴等举部投降，姜维带领胡人撤军，将胡人妥善安置。延熙十二年，后主刘禅授予姜维符节，姜维再次出兵西平，蜀军战事不利，撤军。姜维自信熟悉西部蛮夷事务，了解他们的风俗习惯，加上自负其才能、武略，欲诱降诸羌胡，以作为蜀军侧翼，姜维声称，这样一来，可以阻断陇山以西，为蜀国所有。每次领兵出征，大举进攻魏军，费祎常限制姜维，拨给姜维的兵力不超过一万人。①

①《汉晋春秋》记载：费祎对姜维讲："我等不如丞相远矣，丞相尚且不能平定中原，更何况我等！不如保国治民，敬守社稷，至于平定华夏，等待时机成熟，不要把希望放在侥幸成功上，如果不得志，悔之晚矣。"

延熙十六年春天，费祎去世。当年夏天，姜维率领数万蜀军出兵石营，经过董亭，围攻南安，魏国雍州刺史陈泰前来解围，进抵洛门，姜维军粮耗尽，撤军。第二年，姜维都督内外军事，再次率领蜀军出陇西，狄道县长李简举城投降姜维。姜维进军围困襄武，与魏将徐质正面交锋，斩杀徐质，大败魏军，魏军败退。姜维乘胜攻下数座城池，攻取河关、狄道、临洮三县，带领三县百姓撤军。延熙十八年，姜维再次与车骑将军夏侯霸等出兵狄道，在洮西大败魏国雍州刺史王经，王经部众战死者有数万。王经退守狄道城，姜维围困狄道。魏国征西将军陈泰进兵，为狄道解围，姜维撤军，驻扎在钟题。

延熙十九年春天，后主刘禅拜姜维为大将军。姜维再次整顿人马，与镇西大将军胡济相约，在上邽会师，胡济失约，没有到达上邽，姜维在段谷被魏国大将邓艾打败，蜀军四散逃亡，死者甚众。众人由此怨恨姜维，而陇山以西已经骚动不安。姜维向后主谢罪，引咎自责，奏请贬去职务，降低封爵，降为后将军，代行大将军职事。

延熙二十年，魏国征东大将军诸葛诞在淮南反叛，魏国不得不调出驻扎在关中的兵力，东下镇压反叛。姜维欲乘机攻入秦川，再次率领数万人出骆谷，直取沈岭。当时，长城储存的军粮很多，而守卫的兵力很少，听说姜维率领大军杀到，众人皆惊恐不安。魏国大将军司马望带兵抵御姜维，邓艾也从陇西赶来，魏军驻扎在长城。姜维进抵芒水，倚山为营。司马望、邓艾沿着渭河扎营，姜维多次挑战，司马望、邓艾拒不应战。景耀元年，姜维听说诸葛诞兵败，随后撤回蜀军，返回成都，再次受拜为大将军。

当初，先主刘备留下魏延，镇守汉中，魏延以充足的兵力坚守营垒，抵御外敌，敌方来攻，很难取胜。直到兴势山之役，王平抵御曹爽，都是按照这种制敌方略。姜维认为，交错固守营垒，虽然符合《周易》的“重门”之义，然而，只可御敌，不能获取胜利，不如得知敌人来犯，蜀军诸营聚集兵力，储存粮草，退守汉城、乐城，使敌人不能攻入平原地带，而且，蜀军还可以重关据守，以抵御强敌。一旦面临战事，可令小部队袭击敌人，直捣空虚。敌方攻打险关，不能取胜，野外又不能获取粮草，千里转运，一定会疲惫不堪。等到魏军撤军之日，蜀军可倾城出动，与游击部队联合打击，这才是克敌制胜的良策。姜维令都督汉中将军胡济退守汉寿城，监军王含退守乐城，护军蒋斌退守汉城，又在西安、建威、武卫、石门、武城、建昌、临远建立防御工事。

景耀五年，姜维率领蜀军，驻扎在汉城、侯和，被邓艾打败，姜维撤军，驻扎在沓中。姜维原来是魏国人，羁旅蜀国，多年征战，功绩不佳，而宫中宦官黄皓等在宫中擅权，干预朝政，右大将军阎宇与黄皓狼狈为奸，黄皓暗中诋毁姜维，欲由阎宇取而代之。姜维对此早有疑心，内心惶恐，不愿意就此返回成都。[①]景耀六年，姜维向后主刘禅上表：“听说钟会在关中整顿兵马，欲进攻蜀国，朝廷应该派遣张翼、廖化，率领军队，分别守卫阳安关口、阴平桥头，以防未然之事发生。”黄皓召巫师占卜，说魏军绝不会来，奏请后主刘禅搁置姜维的上表，朝廷群臣此时还被蒙在鼓中。及至钟会率领大军进抵骆谷，邓艾率领大军进抵沓中，后主刘禅这才派遣右车骑将军廖化率领蜀军，前往沓中支援姜维，派遣左车骑将军张翼、辅国大将军董厥等，驻扎在阳安关口，以作为诸军后援。及至蜀军赶到阴平，听说魏国将军诸葛绪出兵建威，遂驻扎下来，以应对来犯之敌。一个月后，姜维被邓艾打败，撤军退守阴平。钟会围困汉城、乐城，派遣部将进攻阳安关，蒋舒开城投降，傅佥与魏军厮杀，死于战场。[②]钟会进攻乐城，不能取胜，听说阳安关城已经攻下，遂从阳安关长驱直入。张翼、董厥刚到汉寿县，姜维、廖化随后放弃阴平，率军后撤，与张翼、董厥会合，一起退守剑阁，在剑阁险关固守，抵御钟会。钟会写信给姜维：“公侯以文武之德，胸怀超越世人之略，在巴蜀、汉中屡建战功，声闻华夏，远近莫不归心仰慕。在下每当想起往日，曾经与君共同接受大魏的教化，在下与君的情意，可谓吴国季札、郑国子产，旧友相逢，能否重叙旧好？”姜维没有回信，加强守备，严守剑阁险关。钟会不能攻破剑阁，粮草转运又路途遥远，钟会与诸将商议，准备撤军。

①《华阳国志》记载：姜维痛恨黄皓擅权，惑乱朝纲，启奏后主，欲诛杀黄皓。后主说："黄皓不过是位趋走小臣，以往董允对黄皓切齿痛恨，我也常恨之，君何足介意！"姜维见黄皓枝附叶连，担心失言，被黄皓谗言谋害，遂逊让，辞别后主出宫。后主敕令黄皓到姜维处谢罪。姜维通过黄皓，奏请在沓中屯垦种麦，以避内祸。

②《汉晋春秋》记载：蒋舒将要出城投降，对傅佥诡辩："今魏贼到来，不进攻魏贼，闭城自守，绝非良计。"傅佥答："我等受命，守卫阳安关城，能保全关城，即为全功，如果违命出战，一旦战败，将丧师辱国，战死也无益。"蒋舒答："将军以守城作为全功，我以出城应敌，克敌制胜为功，请各行其志。"遂率领部众出城。傅佥听任其出城迎战，蒋舒进抵阴平，遂投降胡烈。胡烈乘虚袭击关城，傅佥与魏军拼杀，战死，魏军称傅佥为义士。

《蜀记》记载：蒋舒担任武兴都督，在任上没有可供称颂的政绩。后主刘禅命人代替蒋舒，留下蒋舒襄助汉中守卫。蒋舒怀恨在心，故出城投降。

而邓艾从阴平沿着景谷山道深入，在绵竹，邓艾大败诸葛瞻。后主刘禅此时不得不向邓艾请降，邓艾在钟会之前攻占成都。姜维等当初听说诸葛瞻大败，又听说后主刘禅欲固守成都，还有人说刘禅欲向东撤退，依附吴国，又有人说刘禅欲南下，进入建宁。于是，姜维引军由广汉、郪道撤军，以探明虚实。不久，后主刘禅敕令姜维放下武器，前往涪城钟会军前，向钟会投降，蜀军将士愤怒，拔刀砍石。①

①干宝著《晋纪》记载：钟会对姜维讲："来何迟也？"姜维正言厉色，流着眼泪说："今日来见，还是太迅速了！"钟会甚奇之。

钟会厚遇姜维等人，又将象征权力的印绶、符节等物归还姜维。钟会出行，与姜维同乘一辆车，坐则同席，钟会对幕府长史杜预讲："伯约与中原的名士相比，即使诸葛诞、夏侯玄，也难以比拟。"①钟会与邓艾的矛盾很深，欲构陷邓艾造反，逮捕邓艾，把邓艾打入囚车，送回洛阳，随后，钟会与姜维等来到成都，自称益州牧，有背叛魏国的异志。②钟会授予姜维五万兵力，令姜维担任前锋。魏国征蜀将士愤怒异常，杀了钟会与姜维，姜维的妻子、儿女在兵乱中全部遇害。③

①《世语》记载：当时，蜀国官属皆天下俊杰，没有人超过姜维。

②《汉晋春秋》记载：钟会阴怀谋逆之志，姜维知道钟会有异志，认为可以利用，借此机会谋乱，恢复蜀国社稷，于是劝说钟会："听说君从淮南用兵以来，算无遗策，晋国如今昌盛，皆君之功劳。而今，君又平定蜀国，威望震动朝野，民高其功，主畏其谋，欲以此平安回去！韩信

不背叛汉室于扰攘，天下平定后，却遭受高祖猜疑，大夫文种不肯听从范蠡，悠游于五湖，最终伏剑而死，这些故事，岂能解释为主暗臣愚？还是利害关系，才会有这样的结果。今日，君大功已经建立，大德已经昭显，何不效法陶朱公，泛舟江湖，绝其踪迹，全功保命，登上峨嵋之岭，像赤松子一样，悠游江湖？”钟会答：“君言远矣，我不能这样行事，为今之道，未必会有这样的结果。”姜维说：“但愿如此，君的智力超群，无须老夫多言。”于是二人关系甚好。

《华阳国志》记载：姜维劝谏钟会，诛杀北方来的将军，姜维认为，这些将军被杀，即可斩杀钟会，而后，坑杀魏军士卒，恢复蜀国社稷，姜维写密信给后主：“愿陛下忍耐数日之辱，臣欲使社稷危而复安，日月幽而复明。”

孙盛著《晋阳秋》记载：永和初年，孙盛跟随安西将军平定蜀地，会见蜀地的老人，谈到姜维投降之后，又写密信给刘禅，上表陈情，佯装服侍钟会，欲借机诛杀钟会，重新恢复蜀国社稷，钟会遇事不能明察，最终被魏军将领诛杀，蜀人至今为之叹息。孙盛认为：古人云：没有陷于所困，而自困焉，最后必然受辱，没有能力占有，而妄图占有，最后必然遇险，既受辱又遇险，死期将近，姜维的结局就是这样！邓艾攻入江由，带来的士众很少，姜维进不能奋力杀敌，在绵竹抗拒邓艾，退不能率领五将，据城保卫后主，考虑如何保全蜀国，却在逆顺之间反复，违背常理，希冀获取难以成功的机会。姜维以衰弱之蜀国，多次用兵于三秦，已经灭亡的蜀国，仍寄希望于侥幸之功，岂不昏聩！

裴松之认为：孙盛的讥讽，对于姜维来说，有些不妥。在当时，钟会大军被困于剑阁，姜维与诸将在剑阁固守拒敌，钟会不能前进，已经有退兵之意，保全蜀国之功，几乎已能建立。但是，邓艾出奇兵，从诡道傍而入，在后方突然出现，诸葛瞻败亡，成都已经不攻自溃。姜维如果回军救援，则会腹背受敌。当时的形势，岂能容姜维两边兼顾？责备姜维不能在绵竹抗击魏军，保卫后主，绝非理由。钟会欲坑杀尽魏国将军，以举大事，授予姜维重兵，命令姜维为前锋。如果钟会计谋得逞，魏国将领将会被全部诛杀，兵事就会落在姜维手中，而后，姜维诛杀钟会，恢复蜀国，并不为难事。功成于常理之外，这才叫出奇制胜，不能以功败垂成，就认为姜维狂妄无知。即使田单用计，如果被识破，没有成功，能说田单愚不可及？！

③《世语》记载：姜维死后，被剖开肚子，胆如升大。

郤正著述，评论姜维：“姜伯约身据上将之重任，位于群臣之上，居住的宅邸简陋，家中无余财，侧室无媵妾之奢华，后庭无声乐之娱乐，衣服供应，舆马设施，日常饮食，不奢不侈，从官府得到的俸禄，随手用尽；观察姜维如此廉洁，并非为了激贪厉浊，抑情自割，正可谓君子风范，以生活需求为满足，并无奢望欲求。平常人在议论英雄时，常称誉成功者，毁誉失败者，扶高抑下，在谈到姜维时，都说姜维谋事不密，不该如此行事，最终导致身死名灭，还连累家族被杀，以此贬低姜维，不去分析事情的原委，异乎《春秋》褒贬之义。姜维乐学不倦，清廉正直，生活俭朴，仅就此，即可谓一世楷模。”[①]

①孙盛曰：异哉，郤氏之论！士人虽有百行，操业各有不同，至于忠孝节义，仍为百行之

冠。姜维策名魏室，投降蜀国，违君徇利，不可谓忠；捐亲苟免，不可谓孝；加害于旧邦，不可谓义；败不殉节而死，不可谓节；而且，姜维德政未敷，疲惫民众，居御侮之任，致敌攻破蜀国，对于智勇者来讲，不值一提：凡此六项，姜维无一可称赞。姜维就是魏国的逃犯，亡国之乱相，至于谈到人的仪表，或可迷惑众人。即使姜维喜欢读书，为官清廉，与盗者分享财物，又有何区别，又怎么能与程、郑降阶之善相提并论？

裴松之认为：郤正此论，取其可称者，不认为姜维始终行事皆有做人的原则。所云“一时仪表”，只有好学与俭朴。本传及《魏略》都认为：姜维本无反叛之心，以情势所逼，不得不降蜀。孙盛所讥讽、贬谪，唯可指责姜维背离母亲。其余评价，则太过分，又岂能以此诘难郤正！

当年，与姜维一起投降蜀国的陇西人梁绪在蜀国官至大鸿胪，尹赏官至执金吾，梁虔官至大长秋，都在蜀国灭亡之前，相继去世。

陈寿评论如下：蒋琬为人方正，在任上有威严，费祎为人宽厚，有博爱之心，他们继承诸葛亮的遗志，遵循旧章，因循沿袭，没有大的改动，蜀国边境安宁，如果蜀国君臣上下同心协力，可暂保无虞，然而，蜀国太小，无论怎样努力，都难保偏安一隅，以静制动，只能看作苟安之策。[①]姜维有文武之才，从少年起，就立下远大志向，立功立名，投降诸葛亮后，率领蜀军，多次用兵，谋划难以周全，最终蜀国灭亡，伯约殒命。老子说：“治大国者，如烹小鲜。”更何况蕞尔小国，能这样反复用兵？[②]

①裴松之认为：蒋琬、费祎担任国相，始终遵循诸葛丞相的法度，未尝妄动邀功，有所亏欠，对外削弱骆谷之师，对内苟安图存，以保暂时安宁，治小国之宜，居静之理，何以此为过！今讥讽其未尽其能，而不著其事，故使阅览者不知所谓也。

②干宝曰：姜维担任蜀国相，国亡君主受辱，不能就此殒命，却死于钟会之乱，惜哉！非死国之难，而死于动乱之难。是以古代的烈士，见危受命，投节如归，并非不爱惜性命，固知性命不在长短，而担心不得其所也。

蜀书十五

邓张宗杨传第十五

邓芝，字伯苗，义阳郡新野县人，是东汉初年司徒邓禹的后人。东汉末年，邓芝入蜀，并未受到礼遇，当时，益州部从事张裕善于相面，邓芝请张裕为自己相面，张裕对邓芝讲："君年过七十岁，可以位至大将军，受封为列侯。"邓芝听说巴西郡太守庞羲礼贤下士，就前往巴西郡依附庞羲。刘备平定益州，邓芝担任郫县邸阁督。刘备出成都，巡行属下县邑，抵达郫县，与邓芝一席恳谈，对邓芝的见解、才华颇为欣赏，擢拔邓芝为郫县县令，后又升任广汉郡太守。邓芝所在任上，清正廉明，有政绩，调入朝中，担任尚书。

刘备在永安城去世。此前，吴王孙权请求与蜀国讲和，先主刘备多次派遣宋玮、费祎等回访吴国。丞相诸葛亮担心，孙权听说刘备去世，会另有其他图谋，一时还没有应对的策略。邓芝来见诸葛亮，说："如今，主上幼弱，刚刚即位，应该派遣大使，与吴国通使问好。"诸葛亮回答："我也在考虑这个问题，一直未找到合适人选，今日找到了。"邓芝问，此人是谁？诸葛亮答："就是使君。"诸葛亮派邓芝前往吴国，通使修好。孙权果然心存狐疑，并未马上接见邓芝，邓芝上表，请求面见孙权，邓芝说："臣此次来通使问好，也是为了吴国，并非仅为了蜀国。"于是，孙权接见邓芝，对邓芝说："孤诚愿与蜀国讲和，但担心蜀国君主年幼，蜀国很小，势单力薄，被魏国虎视眈眈，难以自我保全，因此而犹豫。"邓芝回答："东吴、西蜀二国，拥有四州之地，大王实乃命世之英雄，诸葛亮也是一世之雄杰。蜀国地势，有重重险阻之固，吴国有三江之天险，结合两国的长处，可以互为唇齿，相互扶持，进可以兼并天下，退可以鼎足而立，此乃自然之理。大王如今若向魏国屈服，魏国必然会要求大王入朝，或派太子到魏国都城充当人质，侍奉魏国君主。如果大王不能从命，则魏国会派出军队，讨伐大王叛逆。蜀国则不同，可以顺江流而下，见机行事，蚕食吴国，江南之地，就不能再为大王所有。”孙权默然良久，说：“君的分析是对的。”遂与魏国绝交，与蜀国结盟，又派遣张温回访蜀国。蜀国再次令邓芝出使吴国，孙权接见邓芝，说：“如果天下太平，二国君主分而治之，不亦乐乎！”邓芝回答：“天无二日，国无二主，如果能够兼并魏国，大王并没有决断天命之能力，到那时，两国君主将会各展示其德能，两国臣子则竭尽其忠诚，将军擂响战鼓，通过战争，解决天下归属。”孙权大笑道：“君之话语可谓诚恳，其结局当然是这样！”孙权写信给诸葛亮，说：“丁厷出使吴国，说话掞张，[①]阴化出使吴国，辞不尽意；能够使两国结为同盟者，唯有使者邓芝。”及至诸葛亮率领蜀军北伐，驻扎在汉中，任命邓芝为中监军、扬武将军。诸葛亮在军中病逝，邓芝改任前军师、前将军，兼领兖州刺史，受封为阳武亭侯，不久，又担任江州都督。孙权多次写信，与邓芝书信来往，馈赠礼物，礼遇优渥。延熙六年，邓芝改任车骑将军，此后，又持符节，总领武事。延熙十一年，涪陵属国蛮夷起兵，杀害都尉，谋反作乱，邓芝率领军队前往镇压，斩杀蛮夷首领，百姓很快安宁下来，[②]延熙十四年，邓芝去世。

①掞音夷反，或作艳。裴松之按：《汉书·礼乐志》记载“长离前掞光耀明”。左思著《蜀都赋》曰“摛藻掞天庭”。孙权常说丁厷之言多浮华艳辞。

②《华阳国志》记载：邓芝征伐涪陵，看见有玄猿在山上攀缘。邓芝喜欢弓弩技艺，遂张弓搭箭，射中猿猴。猿猴拔出箭来，用木叶塞住创口。邓芝说：“哎呀，我违逆万物之性，恐怕命不长久，很快要死啦！”还有一说：邓芝看见猿猴抱着幼崽在树上，引弓弩射之，射中母猿，其幼崽为母猿拔去箭矢，用木叶塞住创口。邓芝叹息一声，把弓弩投入水中，自己知道恐怕命不长久，当死。

邓芝担任将军二十余年，关心士卒，赏罚分明，自身的衣食花费，全部来自俸禄，生活俭朴，从未考虑过积蓄家产，妻子、儿女不免忍受饥寒，邓芝去世，家无余财。邓芝性情刚毅，为人处世简约，不掩饰脾气，有时会意气用事，因此，不能与士大夫之类和睦相处。对当时人，邓芝很少有崇敬者，然而，对姜维却另眼看待。嗣子邓良继承爵位，景耀年间，担任尚书左选郎，在晋朝担任广汉郡太守。

张翼，字伯恭，犍为郡武阳县人。张翼的高祖父张浩，在东汉曾经担任司空，曾祖父张纲，曾经担任广陵郡太守，皆有政绩。[①]刘备平定益州，兼领益州牧，张翼担任书佐。建安末年，张翼被举荐为孝廉，担任江阳县长，改任涪陵县令，升任梓潼郡太守，又改任广汉郡、蜀郡太守。建兴九年，张翼担任庲降郡都督、绥南中郎将。张翼为人处事，执法严厉，不能获得蛮夷的欢心。有当地老人刘胄率领百姓造反，张翼举兵讨伐。刘胄还未平定，张翼被朝廷征召，返回成都，部下皆以为，应该尽快返回请罪，张翼说："不然。我以蛮夷蠢蠢欲动，不称职而被召回，代替我的人，还未到任，我现在又面临战事，需要向前方运送粮食，积蓄粮谷，作为平定反贼的物资，岂能因遭到贬黜，放弃国家当务之急？"张翼继续征剿，毫不懈怠，直至接任的官员到职，张翼这才离开。马忠在张翼平叛的基础上，组织平叛，剿灭刘胄，丞相诸葛亮听说此事后，赞赏张翼以大局为重。诸葛亮率领蜀军，出兵武功，任命张翼为前军都督，兼领右扶风太守。诸葛亮去世，张翼担任前领军，朝廷追述此前征剿刘胄的功劳，赐张翼爵关内侯。延熙元年，张翼入朝，担任尚书，升任建威都督，持符节，晋升为都亭侯，受拜担任征西大将军。

①《益部耆旧传》记载：张浩，字叔明，研究音律、《春秋》，在京师游学，与广汉郡人镡粲、汉中郡人李郃、蜀郡人张霸结为好友，关系很好。大将军邓骘征召张浩，稍后担任尚书仆射，出任彭城国相，张浩举荐隐士闾丘邈等，又受到朝廷征召，张浩担任廷尉。延光三年，安帝诏令大臣廷议，欲废黜太子，只有张浩与太常桓焉、太仆来历在廷议时，极力谏诤不可。顺帝即位初，拜张浩为司空，享年八十三岁，去世。

《续汉书》记载：张纲，字文纪，年少时，张纲以朝廷三公的儿子，熟读经书，谨修品行，被举荐为孝廉，张纲不肯任职；司徒府征召，张纲以考试优秀，担任侍御史。汉安元年，张纲受拜为光禄大夫，与侍中杜乔等八人同日受诏，持符节，分头出使，巡行天下，查办贪官污吏，举荐廉吏。墨绶官员有罪，可以当即收捕，刺史二千石以上官员，通过驿站上表奏闻，可以收捕。张纲为官忠贞、清廉，施惠于民，名振郡国，号称八俊。当时，大将军梁冀侵害百姓，杜乔等七人奉诏命出使，巡行天下，张纲把车轮埋在洛阳都亭，没有下去，张纲说："豺狼当道，安问狐狸？"随后上书："大将军梁冀、河南郡大尹梁不疑，倚恃外戚身份，蒙受国家厚恩，以刍荛之姿，安居太阿、太保之位，不能宣扬五教，辅佐圣朝，专门行使邪谋，好似封豕长蛇，为官贪婪，醉心于奇珍异宝，在朝中骄纵恣肆，结交朋党，诬陷忠良，诚天威所不能赦免，应处以大辟之刑。谨条奏梁冀、梁不疑，目无君主等十五件罪行如下，所有这些罪行，皆忠臣所切齿痛恨。"奏书呈上，京师震悚。当时，梁冀的妹妹是顺帝的皇后，内宠方盛，梁冀兄弟的权势，超过皇帝。顺帝知道张纲的上奏都是事实，然而，还是不想惩治梁冀，梁冀却痛恨张纲。恰逢广陵郡贼寇张婴等率领部众数万人，杀害州部刺史、郡府二千石官员，梁冀欲陷害张纲，暗示尚书，由朝廷任命张纲为广陵郡太守。梁冀认为，张纲若不被张婴所杀，也会以征剿不力，以法惩治张纲。此前的太守赴任，多请示带领兵员，及至张纲担任太守，顺帝诏问要带多少兵马，张纲回答，不用兵马，单车赴任。张纲径直来到张婴的壁垒大门，向张婴晓谕朝廷恩信，示以祸福。张婴等惊慌、恐惧，欲紧闭大门逃走。张纲又在门外支开郡府的吏兵，只留下亲信十余人，写信给当地老人，平素受到张婴信任者，请张婴来郡府相见，并向老人解释，将向张婴示以朝廷恩信，请他们转告张婴。张婴看到张纲确实有诚意，来见张纲。张纲延请张婴坐在上座，向张婴询问当地百姓疾苦，二人致礼完毕，张纲对张婴讲："此前在任的二千石官员，贪得无厌，残酷暴虐，郡县距离京师遥远，天子并不能了解下边的情况，致使百姓心怀怨恨，聚集在一起，举旗声讨。二千石官员确实有罪，然而擅自杀害朝廷命官，也不符合义理。忠臣不以欺君而自荣，孝子不以损父而求福，如今，皇上圣明，欲以文德招抚，派来新太守，用爵位、俸禄安抚，并无意用刑罚惩治，这正是转祸为福之时。如果君等仍置之不理，继续顽抗，一旦天子震怒，派大军前来镇压，岂不是玉石俱焚？愿君看清形势，分清利害，何去何从，请诸位深思。”张婴听完劝解，涕泪交流，说：“我等蛮荒之人，此前多次被二千石郡府官员所欺压，才不得不聚集起来，只为谋求一条生路。明府仁及草木，张婴等才有重获新生之日。我等已经陷于不义，心中依然担心，一旦投降，不免被杀。”张纲说：“怎么可能呢？！以天地为证，以日月为明，投降后还应当封赏爵位，何祸之有？”张婴说：“如果能赦免其罪，得以保全性命，当回家躬耕垄亩，张婴等将感恩戴德，没齿不忘，爵禄并非张婴等所望。”张婴虽然沦为大贼，行事狂暴，自以为必死，及至得到张纲的诺言，豁然开朗，告别回营。第二天，张婴率领所部一万余人，与妻子背缚双手，前来向张纲投降。张纲解开绑缚，予以抚慰，对张婴讲：“卿等一旦解散，无须顾虑，我当条奏皇上，报上姓名，必定有封赏。”张婴说：“只求返回本业，不愿再以秽名玷污明君。”张纲以其至诚，按照他们的意愿，亲自为张婴他们安排住宅、田园。张婴等人的子弟，愿意充当官吏者，量才录用，欲成为百姓者，劝诱其勤农务桑，当地农业丰收，南部州郡恢复平静。论功行赏，张纲应当受封为列侯，由于被梁冀所阻挠，没有享受列侯位。顺帝嘉赏张纲的功劳，欲征用张纲。张婴等上书，乞求留下张纲，再在郡府担任太守二年。建康元年，张纲在任上病逝，年仅三十六岁。张婴等三百余人，皆缞绖衰杖，护送张纲的灵柩，返回洛阳，葬礼完毕，又为张纲建起祠庙，四时祭祀，思慕张纲，如丧考妣。顺帝追念不已，下诏予以褒奖，任命张纲的一个儿子为侍郎。

延熙十八年，张翼与卫将军姜维返回成都。姜维原计划再次出兵，在廷议时，只有张翼反对，张翼认为，蜀国是小国，连年征战，兵民疲惫，不宜再穷兵黩武。姜维不听，率领张翼等出征，任命张翼为镇南大将军。姜维进抵狄道，大败魏国雍州刺史王经，王经的部众，死于洮水者有上万人。张翼说：“可以就此停止，不宜再继续用兵，再用兵，恐怕会前功尽弃。”姜维大怒，说：“此议实乃画蛇添足。”姜维随后在狄道围困王经，坚城难以攻克。自从张翼反对姜维用兵，姜维对张翼就不满，然而，姜维还是带领张翼出征，张翼不得已，也只好随大军行动。景耀二年，张翼改任左车骑将军，兼领冀州刺史。景耀六年，张翼与姜维坚守剑阁，一起在涪城向钟会投降。第二年正月，张翼跟随钟会来到成都，钟会谋反作乱，乱兵骤起，张翼被乱兵杀害。①

①《华阳国志》记载：张翼的儿子张微，笃志好学，官至广汉郡太守。

宗预，字德艳，南阳郡安众县人。建安年间，宗预跟随张飞入蜀。建兴初年，诸葛丞相任命宗预为丞相府主簿，改任参军右中郎将。及至诸葛亮去世，吴国担心魏国会趁着蜀国举办国丧讨伐蜀国，在巴丘增加驻军一万，一来可以救援蜀国，二来可以借机瓜分蜀国。蜀国听说后，也增加永安的守备，以预防不测之变故。宗预奉命出使吴国，孙权问宗预："东吴与西蜀，犹如一家人，孤听说，西蜀增加白帝城的守备，这是为何？"宗预答："臣以为，东吴在巴丘驻兵，西蜀在白帝城增加兵力，都是因为形势所迫，此事不足以相问。"孙权大笑，赞赏宗预不卑不亢，以宾客礼相待，礼遇仅次于邓芝、费祎。宗预返回，担任侍中，改任尚书。延熙十年，宗预担任屯骑校尉。当时，车骑将军邓芝从江州返回，朝见后主刘禅，邓芝对宗预说："按照礼制，六十岁的老人不再服兵役，而卿依然带兵，这是为何？"宗预回答："卿七十岁还未交出兵权，我六十岁为何不能带兵？"[①]邓芝秉性孤傲，从大将军费祎以下朝廷官员，皆避让邓芝，而宗预不向邓芝屈身施礼。宗预再次出使吴国，孙权握着宗预的手，涕泪交流，与宗预话别："君每次衔命，前来吴国通使，欲结二国盟好。而今，君的年龄已老，孤也日渐衰迈，恐怕今后不能再相见啦！"孙权馈送宗预大珠一斛，[②]宗预返回，改任后将军、永安都督，又担任征西大将军，后主赐宗预爵关内侯。景耀元年，宗预病重，返回成都。之后，宗预改任镇军大将军，兼领兖州刺史。当时，都护诸葛瞻总理朝中政事，廖化来拜谒宗预，欲与宗预前去拜谒诸葛瞻。宗预讲："我等已经年逾七十岁，窃以为已过耄耋之年，所苟活者，但少一死耳，何求于年少辈，而屑屑登门造访？"遂不肯去。

①裴松之认为：邓芝以年纪还未衰老，是不顾自己已身体衰迈。然而，以此言回答邓芝，触犯他人的忌讳。载于书籍，近似烦文。

②《吴历》记载：宗预临别，对孙权讲："蜀国偏狭，虽然与东吴是邻国，东吴、西蜀相互倚恃，东吴不可无西蜀，西蜀不可无东吴，君臣相互依赖，愿陛下身体安康。"又自我解释："臣已年老，而且多病，恐怕今后不能再觐见圣颜。"

孙盛曰：帝王之安享尊位，唯在于坚守道义，坚守道义，虽小国，亦可拥有天下，殷、周是也。若凭借诈力谋取，即使强大，也必遭败亡，秦、项是也。更何况地处偏僻之地，倚恃山水之固，而欲纵横万里，能倚恃这样的资本？在往昔，九国建立合纵，秦人最终仍兼并天下；隗嚣、公孙述联合，相互扶持，光武帝最终兼并陇西、蜀郡。以九国之强大，以陇西、汉中之辽阔，不能相互援救，坐观横遭屠戮、颠覆。何者？道德之基础不稳固，强弱之心，不能始终如一。因此说"东吴不可无西蜀，西蜀不可无东吴"此话实乃谄谀！

廖化，字元俭，原来的名字叫廖淳，襄阳人。廖化曾经担任前将军关羽幕府的主簿，关羽败亡，廖化来到吴国，思念先主刘备，诈死，当时人信以为真，廖化随后带上老母，星夜兼程，西归蜀国。恰逢先主刘备东征吴国，在秭归遇上刘备。刘备大喜，任命廖化为宜都郡太守。先主刘备去世，廖化担任丞相府参军，后又担任广武都督，稍后升任右车骑将军，持符节，兼领并州刺史，受封为中乡侯，廖化以勇猛果敢闻名。官位与张翼一样，在宗预之上。[①]

①《汉晋春秋》记载：景耀五年，姜维率领部众，出兵狄道，廖化说：“‘兵不训练，出兵征伐，犹如自焚’，这指的是伯约。智谋不能超过敌方，而兵力又少于敌寇，用兵不止，何以能保证国家安危？《诗经》讲‘不自我先，不自我后’，指的就是今日之事。”

咸熙元年春天，廖化、宗预随着蜀国的灭亡，迁移至洛阳，在途中病逝。

杨戏，字文然，犍为郡武阳县人。年少时，杨戏与巴西郡人程祁（字公弘）、巴郡人杨汰（字季儒）、蜀郡人张表（字伯达），都是知名士人。杨戏常推举程祁为名士之首，丞相诸葛亮对杨戏很欣赏。杨戏二十余岁，从州部书佐升任督军从事，负责刑狱事务，审狱断案，号称公平，丞相府征召杨戏，任命为主簿。诸葛亮去世，杨戏担任尚书右选部郎，刺史蒋琬延请杨戏，任命为治中从事掾。蒋琬以大将军职务，开府建衙，又任命杨戏为东曹掾，改任南中郎参军，又担任庲降郡都督的副手，兼领建宁郡太守，因为有病，杨戏返回成都，担任护军监军，又出任梓潼郡太守，入朝担任射声校尉，所在任上，杨戏都能够做到清正廉洁，不过多烦扰百姓。延熙二十年，杨戏跟随大将军姜维出征，大军进抵芒水。杨戏一向不服姜维，酒后谈笑，话中带有讥讽之意。姜维外宽而内忌，此事令姜维很难堪，大军撤回，有关官员秉承姜维旨意，弹劾杨戏，贬为庶人。景耀四年，杨戏去世。

杨戏虽然为人简慢，言语粗疏，但从未用甜言蜜语阿谀过某人，对于人情世故，杨戏从未以虚情假意敷衍过人。杨戏写的书信、公文，很少写满一张纸。然而，杨戏注重友谊，对亲朋故旧推诚相待。杨戏与巴西郡人韩俨、黎韬在年少时关系就很好，后来，韩俨患有痼疾，不能被任用，出仕为官，黎韬品行不佳，被免去官职，杨戏拿出俸禄，资助二人，仍像当年一样，关系友好。还有，当时人认为谯周没有济世之才，不太敬重谯周，只有杨戏敬重，杨戏曾经说：“我等后辈人，终不如长者。”有识之士称赞杨戏。

张表有威仪，注重仪表、风度，当初，张表的名声、地位与杨戏相当，后来，张表官至尚书、督庲降郡后将军，先于杨戏去世。程祁、杨汰去世得较早。①

①杨戏同县人后进士人李密，字令伯。《华阳国志》记载：李密的祖父李光，曾担任朱提郡太守。父亲早亡。母亲何氏，重新嫁人。李密由祖母抚养长大。李密精研《春秋左氏传》，博览群书，触类旁通，为人机敏。李密对祖母笃孝，以孝闻名，侍候祖母疾病，非常周到，泣涕侧息，夜不解带，膳食汤药，一定要亲自尝过，才让祖母服用。郡府征召，李密不肯应召，州部征召，任命李密为从事尚书郎，大将军任命李密为主簿、太子洗马，李密奉诏命出使吴国，吴主问蜀国人马有多少，李密回答：“官用有余，兵用自足。”吴主与群臣泛论经学道义，谈到宁可为人弟，李密则说：“愿为人兄。”吴主问：“为何愿为人兄？”李密答：“为人兄，供养父母之日长久。”吴主及群臣皆赞赏李密。蜀国平定，征西将军邓艾听说李密的大名，延请李密，任命

为主簿，及至发出公文招请，欲与李密相见，李密不肯来见。李密以祖母年老，专心奉养祖母为托辞。晋武帝立太子，征召李密，任命李密为太子洗马，多次颁发诏书，令郡县催促李密上路，李密只好上书陈情："臣以险衅，夙遭闵凶，生下仅六个月大，慈父去世，年龄才四岁，舅舅逼迫母亲改嫁。臣的祖母刘氏，哀愍臣年幼孤弱，亲自抚养。臣年少时身体多病，九岁还不能行走，孤苦伶仃，直到长大成人，臣既无叔伯，又无兄弟，门衰祚薄，很晚才娶妻生子。臣外无建功强盛之亲戚，内无应门五尺之孩童，茕茕孑立，形影相吊。臣的祖母刘氏一直身患疾病，常卧病在床，依靠臣侍奉汤药，未曾离开半步。臣愿侍奉圣朝，沐浴清化，前太守臣逵举荐臣为孝廉，后来，州刺史臣荣又举荐臣为秀才，臣以供养祖母无人，辞不赴命。陛下诏书颁发，拜臣为郎中，臣蒙受国恩，担任太子洗马，臣以微贱，应当侍奉东宫，非臣陨首所能报答。臣上表具闻，辞让暂不能就职。诏书多次催促，责备臣怠慢，郡县逼迫，催促臣上路，州司临门，急于星火。臣欲奉诏命，疾驰赶往京师，奈何臣的祖母刘氏病情日益沉重，苟顺私情，使得臣不能尽快上任，臣之进退，实为狼狈。伏唯圣朝以孝治天下，凡是耄耋老人，犹蒙哀愍，更何况臣孤苦，予以特别恩惠？臣年少时，出仕伪朝，历任郎署，本来希望仕途通达，不矜名节。而今，臣实乃亡国贱俘，至微至贱，猥蒙擢拔，宠命优渥，岂敢盘桓，延宕时日，有所希冀？但以刘氏日薄西山，气息奄奄，人命危浅，朝不虑夕。臣无祖母，无以至今日，祖母无臣，无以终余年，母孙二人，更加相依为命，是以区区不敢废远。臣今年四十四岁，祖母刘氏今年九十六岁，臣尽节于陛下之日，来日方长，报答刘氏之日，却来日无多。乌鸟私情，愿乞奉养祖母送终。臣之辛苦，不仅蜀地士民及二州牧伯所亲眼看见，皇天后土，实所共鉴。愿陛下矜愍愚诚，聆听臣的微志，祖母刘氏可侥幸存活，安享余年。臣生当陨首，死当结草，臣不胜犬马怖惧之情！"武帝读了李密的上表，说："李密果然不虚有其名。"嘉赏李密的诚恳、殷殷之情，赐予李密奴婢二人，诏令郡县供养李密祖母的膳食。及至祖母去世，服丧完毕，李密从尚书郎升任河内郡温县县令，教化严明。中山王每当路过温县，必责求供给，温县吏民患之。至李密到任上，李密治理百姓，颇有政绩，中山王司经过温县，欲向李密征调草料、薪柴，李密写信回复，援引高祖返乡，来到沛县，沛县无论老幼，桑梓之供，一无烦扰，李密说："明王仁孝，遵守规则，动静皆以礼仪为先，本国望风，且歌且舞，欲求琐碎之物，臣不敢闻命。"从此以后，诸侯王经过，不再烦扰。陇西王司马子舒非常敬重李密，权贵家族忌惮李密公正。李密离开温县，担任州部大中正，李密为人方正，不曲意阿附权势。后来，得罪荀勖、张华，被贬为汉中郡太守，诸侯王多认为李密被冤枉。一年后，李密辞去官职，享年六十四岁，去世。生前著《述理论》十篇，安东将军胡熊与皇甫士安很看重李密的学问。

延熙四年，杨戏著作《季汉辅臣赞》，文章中赞颂的西蜀名臣，如今多载于《蜀书》，将其赞辞记录在下面。自此以后，再有去世者，不再追加谥号，因此，有应为其记传而没有见于文章者。杨戏撰写赞辞，《蜀书》未作传记者，我陈寿都在赞辞下面给予注释，让读者对其有一个大概了解。

在往昔，文王以德行，受到歌颂，武王伐纣克殷，受到赞颂，凡受命于天的帝主，皆会以道德立身，率身垂范，并非一时兴起，从创业开基时，就严格要求自己，后世帝王发扬光大。我大汉中兴，直至东汉末年，王纲废弛，权柄下移，群雄并起，烽烟遍地，生民惨遭涂炭。在当时，世主感叹道德沦丧，深感忧虑，从燕、代起兵，就仁声卓著，义军行至齐、鲁，英名传播，远近知晓，寄居荆、郢，君臣上下，同心同德，顾援吴、越，贤愚仰望，奋威巴、蜀，万里整肃，挥师庸、汉，贼寇敛迹，故能继承高祖之肇端，恢复汉室之宗祀。然而，奸凶猖獗，天兵未加，犹如孟津会师，还需鸣条之战。天命有常，奄忽不豫。天下还未统一，万国融为一家，在当时，俊杰相辅相成，同心协力，圣德博洽，天下归心，西蜀人才济济，巍巍可观。此章记述道德、仁风，以供后人阅览。其辞曰：

皇帝遗植，爰滋八方，别自中山，灵精是钟，顺期挺生，杰起龙骧。始于燕、代，伯豫君荆，吴、越凭赖，望风请盟，挟巴跨蜀，庸、汉以并。乾坤复秩，宗祀唯宁，蹑基履迹，播德芳声。华夏思美，西伯其音，开庆来世，历载攸兴。——赞昭烈皇帝

忠武英高，献策江滨，攀吴连蜀，权我世真。受遗阿衡，整武齐文，敷陈德教，理物移风，贤愚竞心，佥忘其身。诞静邦内，四裔以绥，屡临敌庭，实耀其威，研精大国，恨于未夷。——赞诸葛丞相

司徒清风，是咨是臧，识爱人伦，孔音锵锵。——赞许司徒

关、张赳赳，出身匡世，扶翼携上，雄壮虎烈。藩屏左右，翻飞电发，济于艰难，赞主洪业，侔迹韩、耿，齐声双德。交待无礼，并致奸慝，悼唯轻虑，陨身匡国。——赞关云长、张翼德

骠骑奋起，连横合纵，首事三秦，保据河、潼。宗计于朝，或异或同，敌以乘衅，家破军亡。乖道反德，托风攀龙。——赞马孟起

翼侯良谋，料世兴衰，委质于主，是训是谘，暂思经算，睹事知机。——赞法孝直

军师美至，雅气晔晔，致命明主，忠情发臆，唯此义宗，亡身报德。——赞庞士元

将军敦壮，摧峰登难，立功立事，于时之干。——赞黄汉升

掌军清节，亢然恒常，谠言唯司，民思其纲。——赞董幼宰

安远强志，允休允烈，轻财果壮，当难不惑，以少御多，殊方保业。——赞邓孔山

邓孔山，名方，南郡人。当初以荆州从事，跟随先主刘备入蜀。蜀地平定，邓方担任犍为郡属国都尉，因而改易郡名，升任朱提郡太守，改任安远将军、庲降郡都督，治所设在南昌县，章武二年，邓方去世。缺少其生平资料，故没有为其作传。

扬威才干，唏嘘文武，当官理任，衎衎辩举，图殖财施，有义有叙。——赞费宾伯

费宾伯，名观，江夏郡鄳县人。刘璋的母亲，是费观的本族姑姑，刘璋把女儿嫁给费观。建安十八年，费观担任李严的幕府参军，在绵竹抵御先主刘备入蜀，与李严一起投降刘备，刘备平定益州，拜费观为裨将军，后来，改任巴郡太守、江州都督，建兴元年，费观受封为都亭侯，兼领振威将军。费观善于与人交往，都护李严性情高傲，为

人矜持，护军辅匡等年纪、地位与李严相近，李严与他们搞不好关系；费观年龄小李严二十余岁，与李严的关系很好，成为忘年交。费观三十七岁去世。缺少其生平事迹，故没有为其作传。

屯骑主旧，固节不移，既就初命，尽心世规，军资所恃，是辨是裨。——赞王文仪

尚书清尚，敕行整身，抗志存义，味览典文，倚其高风，好侔古人。——赞刘子初

安汉雍容，或婚或宾，见礼当时，是谓循臣。——赞麋子仲

少府修慎，鸿胪明真，谏议隐行，儒林天文。宣班大化，或首或林。——赞王元泰、何彦英、杜辅国、周仲直

王元泰，名谋，汉嘉郡人。王谋注重品行修养。刘璋担任益州牧，王谋担任巴郡太守，后来，又担任益州部治中从事。先主刘备平定益州，兼领益州牧，任命王谋为别驾。先主自封为汉中王，任命荆楚名士零陵郡人赖恭为太常，南阳郡人黄柱为光禄勋，任命王谋为少府。建兴初年，后主赐王谋爵关内侯，后来，王谋代替赖恭，担任太常。赖恭、黄柱、王谋的生平事迹，缺少资料，故没有为他们作传。赖恭的儿子赖厷，曾担任丞相府西曹令史，跟随诸葛亮驻扎在汉中，很早去世，诸葛亮颇为惋惜，写信给丞相府留守长史参军张裔、蒋琬：“令史赖厷去世，丞相府掾属杨颙也去世，朝中良臣损失很大。”杨颙，荆州人。大将军蒋琬曾经问张休：“汉嘉郡前辈有王元泰，而今，谁可继王元泰之后，担负重任？”张休回答：“至于王元泰，州里再无像此人者，更何况鄙郡！”可见王元泰受到世人尊重。①

①《襄阳记》记载：杨颙，字子昭，是杨仪的族人。进入蜀地，担任巴郡太守，又在诸葛丞相府担任主簿。诸葛亮亲自检查计簿，杨颙直闯入府中，向诸葛亮谏言：“国家治理，自有法理，上下不可越位，请明公率身垂范。今日，自然有人耕田稼穑，有奴婢洒扫炊饭，就像公鸡清晨打鸣，家犬狂吠御盗，犍牛负重拉车，骏马载人远涉，各行各业负责的事务不同。官民无所旷业，所求皆足，明公自可以雍容高枕，饮食而已。明公一旦诸事都要事必躬亲，欲以自身之力，负担所有政务，不仅不能担负起重任，也会竭尽体力，为此琐碎事务，形疲神困，结果还不一定就好。以他们的智慧，难道就不如奴婢鸡狗吗？这样做，也会失去为一家之主的常法。古人讲：坐而论道者，称为三公，行而做事者，称为士大夫。在西汉，丞相邴吉出丞相府，路上看见有行人因斗殴，致人死命，不管不顾，而看到有犍牛喘气，止步询问，担心的是使节不调，认为这才是宰相职责所系。陈平不知道钱谷之数，理直气壮地回答文帝：自有主事者负责。这样任职的宰相，才是明白事理，懂得世上万事各有其分工。明公担任宰辅，以治理国家为要务，却要亲自检查计簿，汗流浃背，不觉得辛苦吗？！”诸葛亮谢之。后来，杨颙担任丞相府东曹属，负责选举官员。杨颙去世，诸葛亮为之垂泣三日。

何彦英，名宗，蜀郡郫县人。何宗拜广汉郡人任安为老师，继承任安的学术，与杜琼是同一个老师，其名气超过杜琼。刘璋担任益州牧，何宗担任犍为郡太守。先主平

定益州，兼领益州牧，任命何宗为从事祭酒。后来，何宗援引图谶，劝谏先主上皇帝尊号。刘备登上皇帝位，改任何宗为大鸿胪。建兴年间，何宗去世。缺少其生平事迹，故没有为其作传。儿子何双，字汉偶，为人滑稽，谈笑风生，有淳于髡、东方朔之风范，曾担任双柏县长，去世较早。

车骑高劲，唯其泛爱，以弱制强，不陷危坠。——赞吴子远

吴子远，名壹，陈留郡人，跟随刘焉入蜀。刘璋担任益州牧，吴壹担任中郎将，率领军队在涪城抵御刘备入蜀，后来，投降刘备。先主刘备平定益州，任命吴壹为护军、讨逆将军，先主还娶了吴壹的妹妹为夫人。章武元年，吴壹担任关中都督。建兴八年，吴壹与魏延率领蜀军攻入南安，大败魏国将军费瑶，受封为亭侯，后晋升爵位为高阳乡侯，改任左将军。建兴十二年，丞相诸葛亮去世，后主刘禅拜吴壹为汉中都督、车骑将军，授予符节，兼领雍州刺史，晋升爵位为济阳侯。建兴十五年，吴壹去世。缺少其生平事迹，故没有为其作传。吴壹的族弟吴班，字元雄，是东汉末年大将军何进将军幕府官属吴匡的儿子。吴班以豪侠闻名，官位与吴壹相当。先主在世时，吴班担任领军。后主刘禅即位，吴班升任骠骑将军，持符节，受封为绵竹侯。

安汉宰南，奋击旧乡，翦除芜秽，唯刑以张，广迁蛮、濮，国用用强。——赞李德昂

辅汉唯聪，既机且惠，因言远思，切问近对，赞时休美，和我业世。——赞张君嗣

镇北敏思，筹划有方，导师禳秽，遂事成章。偏任东隅，末命不祥，哀悲本志，放流殊疆。——赞黄公衡

越骑唯忠，厉志自祗，职于内外，念公忘私。——赞杨季休

征南厚重，征西忠克，统时选士，猛将之烈。——赞赵子龙、陈叔至

陈叔至，名到，汝南郡人。陈到从豫州开始，就追随刘备，名气、地位接近赵云，都是以忠诚、勇敢而闻名。建兴初年，陈到官至永安都督、征西将军，受封为亭侯。

镇南粗强，监军尚笃，并豫戎任，任自封裔。——赞辅元弼、刘南和

辅元弼，名匡，襄阳人。辅匡跟随先主刘备入蜀，益州平定，辅匡担任巴郡太守，建兴年间，改任镇南将军，兼领右将军，受封为中乡侯。刘南和，名邕，义阳郡人，跟随先主刘备入蜀。益州平定，刘邕担任江阳郡太守，建兴年间，升任监军、后将军，受赐爵关内侯。刘邕去世，嗣子刘式继承爵位。小儿子刘武，有文学才能，与樊建齐名，官至尚书。

司农性才，敷述允章，藻丽辞理，斐斐有光。——赞秦子敕

正方受遗，豫闻后纲，不陈不佥，造此异端，斥逐当时，任业以丧。——赞李正方

文长刚粗，临难受命，折冲外御，镇保国境。不协不和，忘节言乱，疾终惜始，实唯厥性。——赞魏文长

威公狷狭，取异众人；闲则及理，逼则伤侵，舍顺入凶，《大易》之云。——赞杨威公

季常良实，文经勤类，士元言规，处仁闻计，孔休、文祥，或才或臧，播播述志，楚之兰芳。——赞马季常、卫文经、韩士元、张处仁、殷孔休、习文祥

卫文经、韩士元，缺少其名字及生平事迹、出生郡县。张处仁原名张存，南阳郡人，以荆州从事，跟随先主刘备入蜀，大军南下，抵达雒县，刘备任命张存为广汉郡太守。张存一向不服庞统，庞统中箭身亡，先主刘备赞赏庞统，为庞统过早去世叹息不已，张存说："庞统虽然为主公尽忠，不幸过早去世，的确可惜，然而，主公这样悲伤，有违大雅之义。"刘备大怒，说："庞统杀身成仁，为何还要在他去世后恶意诽谤？"刘备免去张存的职务，不久，张存病逝，缺少其生平事迹，故没有为其作传。

殷孔休，名观，曾担任荆州主簿别驾从事，详情记载在《先主传》，不知其出生郡县。习文祥，名祯，襄阳人。习祯跟随先主刘备入蜀，历任雒县县令、郫县县令，升任广汉郡太守，缺少其生平事迹。儿子习忠，官至尚书郎。①

①《襄阳记》记载：习祯为人风流倜傥，善于讲话，其名气仅次于庞统，在马良之上。儿子习忠也很有名气。习忠的另一个儿子习隆，官至步兵校尉、掌校秘书。

国山休风，永南耽思；盛衡、承伯，言藏言时；孙德果锐，伟南笃常；德绪、义强，志壮气刚。济济修志，蜀之芬香。——赞王国山、李永南、马盛衡、马承伯、李孙德、李伟南，龚德绪、王义强

王国山，名甫，广汉郡郪县人。王甫喜欢评价人物，刘璋担任益州牧，王甫担任益州部书佐。先主刘备平定益州，王甫担任绵竹县令，升任荆州议曹从事，跟随先主征伐吴国，蜀军在秭归兵败，王甫在乱军中遇害。儿子王祐，有父亲的遗风，官至尚书右选郎。

李永南，名邵，广汉郡郪县人。先主刘备平定益州，李邵担任益州书佐从事。建兴元年，丞相诸葛亮任命李邵为丞相府西曹掾。诸葛亮南征，留下李邵，担任治中从事，当年，李邵去世。①

①《华阳国志》记载：李邵的哥哥李邈，字汉南，刘璋担任益州牧，李邈担任牛鞞县长。先主兼领益州牧，李邈担任幕府从事，元旦日，先主命李邈行酒。李邈觐见先主，责备道："振威将军与刘将军一样，是汉室宗室，是朝廷的肺腑大臣，朝廷委以重任，讨伐贼寇，元功未效，被刘将军夺去益州。李邈以将军之位，帮助刘将军夺取鄙州，甚为不妥。"先主问："知道不妥，为何不帮助振威将军？"李邈答："非不敢也，力不足耳。"有关官员要杀李邈，诸葛亮为李邈求情，得以免死。不久，李邈担任犍为郡太守、丞相府参军、安汉将军。建兴六年，诸葛亮西

征。马谡在前方被魏军打败，诸葛亮要杀马谡，李邈谏言："秦穆公赦免孟明视，最后在西戎称霸，楚王诛杀将军子玉得臣，二世不终。"李邈的谏言，不合诸葛亮的旨意，被遣返成都。建兴十二年，诸葛亮去世，后主刘禅素服为丞相诸葛亮发丧三日，李邈上疏："吕禄、霍禹未必有谋逆之心，孝宣帝也并非滥杀大臣之君，而是畏惧大臣在朝中咄咄逼人。皇帝畏惧大臣，大臣遭到忌惮，故邪谋萌生。诸葛亮身为丞相，手握重兵，狼顾虎视，古人讲：这是五大不在边。臣常常为陛下担心。如今，诸葛亮去世，刘氏江山得以保全，西戎得以平息，大小为庆。"后主大怒，逮捕李邈，处死。

马盛衡，名勋，马承伯，名齐，巴西郡阆中县人。刘璋担任益州牧，马勋担任益州部书佐，先主刘备平定益州，任命马勋为左将军幕府官属，改任州部别驾从事，在任上去世。马齐原来在巴西郡太守张飞将军幕府担任功曹，张飞把马齐推荐给刘备，担任尚书郎。建兴年间，马齐在丞相府担任府掾，改任广汉郡太守，再次在张飞将军幕府担任参军。诸葛亮去世，马齐担任尚书。马勋、马齐很有才干，在任上展现能力，在州部的威信不如姚伷。姚伷，字子绪，阆中人。先主刘备平定益州，任命姚伷为功曹书佐。建兴元年，姚伷担任广汉郡太守。丞相诸葛亮北伐，驻扎在汉中，任命姚伷为丞相府掾。姚伷多次推荐文武之士，诸葛亮称赞姚伷："为臣忠诚，莫大于举荐人才，举荐人才，莫重于各显其能；姚掾有刚柔兼济的优点，又举荐文武之才，为我所用，可谓为人博雅，愿府掾都向姚伷学习，不要辜负我的期望。"姚伷改任参军。诸葛亮去世，姚伷升任尚书仆射。当时人敬佩姚伷忠诚，为人笃信。延熙五年，姚伷去世。安排在这篇赞文后。

李孙德，名福，梓潼郡涪县人。先主刘备平定益州，任命李福为书佐、西充国县长、成都令。建兴元年，李福改任巴西郡太守，又担任江州都督、扬威将军，入朝担任尚书仆射，受封为平阳亭侯。延熙初年，大将军蒋琬率领大军，出兵汉中，李福以前监军兼领司马，在任上去世。①

①《益部耆旧杂记》记载：诸葛亮在武功病危，后主刘禅派遣李福前去探视，就近向诸葛亮咨询国事。李福前往武功，同时宣读圣旨，聆听诸葛亮嘱托，辞别后，走了数日，突然想起来还有事情未尽其意，骑马疾驰返回，又来见诸葛亮。诸葛亮对李福讲："孤知道君返回之意。近日所言，谈了一整天，仍然还有话没有尽意，一定会再来。君所问，是关于公琰是否合适。"李福谢道："前次谈话，确实有事情还未问到，明公百年之后，有谁可担当大任，故疾驰返回。恳请诸葛公再讲详细些，蒋琬之后，谁可担当大任？"诸葛亮答："文伟可以。"又问文伟之后，诸葛亮没有再回答。李福返回成都，向后主汇报。李福为人精明能干，博闻强识，处事果断，敏于从政。儿子李骧，字叔龙，很有名气，官至尚书郎、广汉郡太守。

李伟南，名朝，是李永南的哥哥。李朝曾担任郡府功曹，被举荐为孝廉，担任临邛县令，又担任别驾从事，跟随先主刘备东征吴国，章武二年，在永安去世。[①]

①《益部耆旧杂记》记载：李朝还有一个弟弟，早逝，很有名望，当时人称李氏三龙。《华阳国志》记载：群臣劝先主自封为汉中王；劝进文章就是由李朝撰写。

裴松之按：《益州耆旧杂记》以李朝、李邵及早亡者为三龙。李邈为人狂狷率直，不在此数。

龚德绪，名禄，巴西郡安汉县人。先主刘备平定益州，龚禄担任从事、牙门将。建兴三年，龚禄担任越嶲郡太守，跟随丞相诸葛亮南征，被蛮夷杀害，死时年仅三十一岁。弟弟龚衡，景耀年间担任领军。王义强，名士，广汉郡郪县人，是王国山的堂兄。王士跟随刘备入蜀，被举荐为孝廉，担任符节县长，改任牙门将，后来担任宕渠郡太守，改任犍为郡太守。诸葛丞相南征，王士改任益州郡太守，将要南行，被蛮夷杀害。

休元轻寇，损时致害，文进奋身，同此颠沛，患生一人，至于弘大。——赞冯休元、张文进

冯休元，名习，南郡人。跟随先主刘备入蜀。先主东征吴国，任命冯习为领军，都督诸军，在猇亭被吴军打败。

张文进，名南，从荆州跟随先主刘备入蜀，跟随先主征伐吴国，与冯习一起战死。当时，还有义阳郡人傅肜，先主撤军，傅肜断后，率领的士卒死亡殆尽，吴国将军命令傅肜投降，傅肜大骂："吴狗！岂有汉将军投降！"在阵中战死。儿子傅佥担任左中郎，升任关中都督，景耀六年，傅佥临危受命。评论者赞赏父子二人为国尽忠。[①]

①《蜀记》记载：晋武帝诏书："蜀国将军傅佥，此前在关城，抗拒官军，誓死不降。傅佥的父亲傅肜，此前征伐吴国，为刘备战死在沙场。为君效死，可谓天下一善，岂由彼此而加以区别？"傅佥的后人傅著、傅募，被罚没入奚官，后赦免为庶人。

江阳刚烈，立节明君，兵合遇寇，不屈其身，单夫只役，殒命于军。——赞程季然

程季然，名畿，巴西郡阆中县人。刘璋担任益州牧，程畿担任汉昌县长。汉昌县有蛮夷賨人，作战勇敢，性情刚烈，在往昔，高祖曾借助賨人平定关中。巴西郡太守庞羲认为，天下扰攘，郡中应该有武备，召集賨人，训练为军队。有人向刘璋进谗言，说庞羲欲造反，刘璋居然相信，对庞羲心存猜忌。庞羲知道后很害怕，遂谋划自保，先派遣程畿的儿子程郁向属下县邑传达旨意，令他们派兵保护自己。程畿回复："府君训练军队，本来就不是为了反叛，虽然遭人诬陷，府君还是要显示忠诚；如果因谗言而心怀恐惧，导致心存异志，这绝非程畿希望看到的。"程畿敕令儿子程郁："我蒙受州牧厚恩，应当为州牧尽节。你是郡府的官吏，应当为太守效力，不要因为我的缘故怀有异

志。”庞羲派人告诉程畿：“你的儿子在郡府不服从太守，恐怕家人要遭受祸殃！”程畿回复：“在往昔，乐羊担任魏国将军，为国君尽忠，不怕饮儿子被杀后煮成的肉羹，并非父子无恩，是大义使然。而今，即使要我饮儿子肉煮成的肉羹，我也会饮。”庞羲知道程畿终不肯为自己所用，于是，庞羲向刘璋谢罪，解释训练武备的原委及前后经过。刘璋听说程畿因为此事劝谏庞羲，任命程畿为江阳郡太守。先主刘备兼领益州牧，任命程畿为从事祭酒。程畿跟随刘备征伐吴国，蜀军战事不利，惨遭败绩，沿江撤回，有人告诉程畿：“后面追兵已至，将军可下船，轻装逃走，可以免祸。”程畿答：“我在军中，从未面对敌人逃走，更何况跟随天子，怎么能遇到危险就逃走！”追兵追上程畿，程畿手持长戟，与吴军力战，吴军战船有被击沉者。追兵越来越多，全力进攻程畿，程畿战死在江中。

公弘后生，卓尔奇精，夭命二十，悼恨未呈。——赞程公弘

程公弘，名祁，是程畿的儿子。

古之奔臣，礼有来逼，怨兴司官，不顾大德。靡有匡救，倍成奔北，自绝于人，作笑二国。——赞糜芳、士仁、郝普、潘濬

糜芳，字子方，东海郡人，曾担任南郡太守。士仁，字君义，广阳郡人，曾担任将军，驻扎在公安县，隶属于关羽；与关羽有矛盾，背叛蜀国，迎接吴军。郝普，字子太，义阳郡人。先主刘备从荆州入蜀，任命郝普为零陵郡太守，郝普被吴国将军吕蒙欺骗，开城投降。潘濬，字承明，武陵郡人。先主刘备入蜀，任命潘濬为荆州治中，负责荆州的政事，潘濬与关羽不睦。孙权袭击关羽，潘濬投降吴国。郝普在吴国官至廷尉，潘濬在吴国官至太常，受封为列侯。①

①《益部耆旧杂记》记载：王嗣、常播、卫继三人，都是刘备在蜀地称王时的旧人，故记录于本篇。

王嗣，字承宗，犍为郡资中县人。后主延熙年间，王嗣以品德优秀，被举荐为孝廉，担任西安围都督、汶山郡太守，加安远将军，负责安抚羌胡，羌胡归服，包括素来怙恶不悛者，皆来归降，王嗣以恩信对待羌胡，当时，北部边境恢复平静。大将军姜维出兵北伐，羌胡贡献的马牛羊毡毦（ěr）及粮食，充作军粮，蜀国多依赖羌胡的供应。王嗣改任镇军将军，兼领郡府政事。后来，王嗣跟随姜维北伐，被流箭射伤，数月后去世。羌胡参加会葬，来送葬者有数千人，号啕哭泣。王嗣为人敦厚，以信义受到众人敬爱。王嗣的儿子及孙子，羌胡对待他们，犹如亲骨肉，结为兄弟，王嗣留下的恩信，竟至于此。

常播，字文平，蜀郡江原县人。常播担任县主簿功曹。县长广都郡人朱游，建兴十五年被上级官员诬陷，以贪污官仓粮食，按照重罪论处。常播为县长申辩，受到棍棒数千下毒打，肌肤糜烂，惨不忍睹，辗转三所监狱，被关押二年多。每次拷打，狱吏先要验问，常播拒不回答，只是说：“但按照刑罚，无须多问！”其始终不屈不挠，事情最终查清楚，县长免受刑戮。当时，只有主簿杨玩证明其事，与常播的供词相同。众人皆赞赏常播为县长申冤，舍生忘死，忠义节烈。

常播被举荐为孝廉，担任郪县长，享年五十余岁去世，其事迹记载在《旧德传》，后来的县令颍川郡人赵敦为常播绘出图像，加上赞颂。

卫继，字子业，汉嘉郡严道人。兄弟五人。卫继的父亲在县里担任功曹，卫继还是儿童时，与兄弟随父亲在大庭游戏，县长成都人张君没有儿子，多次让功曹喊孩子来逗玩，非常怜爱。张君在言辞中，有收养卫继的意思，功曹当即答应，张君遂收为养子。卫继聪明机敏，学识渊博，在州郡出仕，历任职务，以清廉著称。其余兄弟四人，没有一个人为人不堪，父亲常说自己衰老，张明府将会兴盛。当时，法律禁止以异姓为后嗣，故恢复为卫氏。卫继多次升迁，担任奉车都尉、尚书，卫继为人笃信、忠厚，受到众人敬重。钟会之乱，在成都遇害。

陈寿评论如下：邓芝坚贞不屈，为人诚信，公而忘私，张翼抗争姜维，宗预不惧孙权，都有可称道之处。杨戏放荡不羁，卓尔不群，然而，杨戏智谋有余，气量不够，最终罹遭免职。

【吴书】

吴书一

孙破虏讨逆传第一

孙坚，字文台，吴郡富春县人，据说，孙坚是孙武的后人。[①]年少时，孙坚担任县吏，十七岁时，与父亲乘船载运货物至钱唐，途中碰上海贼胡玉等从匏里上岸，抢劫商人的财物，正在岸上瓜分，过往旅客停下来，船不敢再向前开进。孙坚对父亲讲："此贼可击，请让儿子前去痛击海贼。"父亲说："这绝非你一个人能对付得了。"孙坚持刀上岸，用手向东向西指挥，好像在指挥部众围上来包围海贼。海贼看见孙坚，以为官兵前来追捕，丢下财物，四散逃走。孙坚追赶，斩杀一名海贼，提着首级返回，父亲见状大惊。从此以后，孙坚以勇敢无畏而闻名，郡府召见孙坚，任命为代理都尉。会稽郡妖贼许昌在句章县起兵，自称阳明皇帝，[②]与儿子许韶煽动周围县邑，聚集徒众上万人。孙坚以郡府司马，招募当地精壮，得到一千余人，与州郡合力，镇压妖贼许昌。这一年，是灵帝熹平元年。州部刺史臧旻上奏朝廷，报上立功的名单，为孙坚请功，灵帝诏书，任命孙坚为盐渎县丞，数年后，改任盱眙县丞，又改任下邳县丞。[③]

①《吴书》记载：孙坚家族世代在吴地出仕做官，家在富春，家族墓地葬于城东，常有光怪陆离的颜色，五颜六色，好像是云气，上升至天空，绵延数里。众人皆前往观看，颇感奇怪。老人们讲："这绝非平常气色，孙氏家族恐怕要兴旺！"及至母亲怀孕，生下孙坚，梦见肠子流了出来，绕过吴昌门，梦醒后很害怕，告诉邻家母亲。邻家母亲说："怎么知道这不是吉兆。"孙坚出生时，相貌非凡，长大后，性情豁达，喜欢奇技。

②《灵帝纪》记载：许昌对外宣称，其父亲曾经担任过越王。

③《江表传》记载：孙坚在三个县担任职务，所在任上皆有政绩，吏民愿意亲附。乡里故旧，好事少年，常有数百人与孙坚往来，孙坚接待宾客，抚养幼孤，就像是子弟。

灵帝中平元年，黄巾军首领张角在魏郡起兵，此前，张角佯称有神灵护佑，派遣八名使者，向天下传播太平道，暗中煽动，将纪元改为“黄天泰平”。三月甲子日，三十六方同时起兵，响应张角，黄巾军焚烧郡县衙门，杀害朝廷官员。①灵帝派遣车骑将军皇甫嵩、中郎将朱儁率领大军镇压。朱儁上表，延请孙坚担任佐军司马，乡里的少年，凡追随孙坚者，都在下邳跟随孙坚从军。孙坚又招募商人及淮、泗的精兵，共计有一千人，跟随朱儁奋力拼杀，剿灭黄巾军，所向披靡。②汝南郡、颍川郡的黄巾军贼寇穷途末路，退守宛城。孙坚率领部众，独当一面，率先登城，攻入宛城，部众争先恐后跟进，大败黄巾军。朱儁将战场的情况据实上报，拜孙坚为别部司马。③

①《献帝春秋》记载：张角自称天公将军，张角的弟弟张宝自称地公将军，张宝的弟弟张梁自称人公将军。

②《吴书》记载：孙坚乘胜，轻敌冒进，在西华县失利。孙坚受了重伤，堕下马来，躺卧在草丛里。部众分散，不知道孙坚在哪里。孙坚骑的青骢马跑回军营，踣地嘶鸣，将士们跟随着青骢马，在草丛中找到孙坚。孙坚返回军营十余日，创伤稍微痊愈，再次出营作战。

③《续汉书》记载：朱儁，字公伟，会稽郡人，年少时，朱儁好学，担任郡府功曹，经察举孝廉，被举荐为进士。汉灵帝以朱儁讨伐黄巾军有功，拜朱儁为车骑将军，升任河南郡大尹。董卓看见朱儁，对朱儁表面亲近，内心忌惮，朱儁也暗中防备董卓。函谷关以东义兵骤起，董卓在廷议时，提出迁都长安，朱儁坚决反对。董卓忌惮朱儁，然而知道朱儁是名将，上表拜朱儁为太仆，作为自己的副手。朱儁不肯受拜职务，同时进言：“国都不宜迁徙，一旦迁徙，必然会导致天下人失望，崤山以东，将会离心离德，酿成祸乱，臣看不出迁都有何好处。”有关官员诘问朱儁：“召君受拜，君拒绝接受太仆职务，朝臣不应该过问迁都之事，君却极力反对，为何？”朱儁答：“太仆可谓副相国，绝非臣力所能及。迁都并非当下急务，臣为朝廷担心。虽然词不达意，臣只能尽心谏言，这是臣的职责所系。”有关官员问：“迁都之事，还未提上日程，即使有此事，朝廷也还未颁布诏命，君何以知道？”朱儁答：“相国董卓亲口告诉臣，臣亲耳所闻。”有关官员不能折服朱儁，朝廷大臣多赞赏朱儁能仗义执言。后来，朱儁升任太尉。李傕、郭汜攻破长安，胁迫朝廷，在长安相互厮杀，劫持天子及朝廷公卿作为人质，朱儁性情刚烈，不久发病身亡。

边章、韩遂在凉州谋反作乱。中郎将董卓讨伐边章等，无功而返。灵帝中平三年，灵帝派遣司空张温代领车骑将军，西征讨伐边章等。张温上表，奏请征调孙坚参谋军事，驻扎在长安。张温以皇帝诏书，召见董卓，董卓过了很久，姗姗来迟。张温指责董卓，董卓桀骜不驯。孙坚当时在座，上前对张温耳语道：“董卓桀骜不驯，不肯服罪，而且口出狂言，应该以不奉军令，摆列军阵，将董卓诛杀。”张温说：“董卓在陇蜀之间，享有威名，今日斩杀董卓，西行征剿，将无所依赖。”孙坚说：“明公率领朝廷大军，威震天下，为何要依赖董卓？臣观察董卓的所言所行，不肯服从明公，轻慢上级，无礼至极，一罪也。边章、韩遂骄横跋扈，已经有数年，明公应当尽快进军，讨伐叛逆，董卓妄言不可，延误军机，迷惑众人，二罪也。董卓接受任命，毫无战功可言，明公召董卓来见，董卓趾高气扬，桀骜不驯，三罪也。古代的名将，持符节、斧钺，受命统领部众，没有不斩杀违抗军命者以此树立权威，譬如穰苴斩杀庄贾，魏绛斩杀杨干。今天明公垂意于董卓，不当即将其诛杀，明公的威望有所损失，不应该这样行事。”张温不忍心，只是说：“君暂且下去，董卓将会有疑心，担心有人害他。”孙坚借故离去。边章、韩遂听说朝廷大军很快就要到来，部众纷纷逃散，或向张温乞降，大军凯旋。朝臣廷议时，有人认为，此次出征，并未接触敌人，不能论功行赏，然而，听说孙坚历数董卓的三条罪状，力劝张温诛杀董卓，未能如愿，朝臣莫不叹息。灵帝拜孙坚为议郎。当时，长沙郡贼寇首领区星自称将军，有部众一万余人，攻打城邑，灵帝任命孙坚为长沙郡太守。孙坚到任，率领将士，巧施平叛方略，旬月间，大败区星等贼寇。①周朝、郭石率领徒众，在零陵郡、桂阳郡乘机作乱，与区星遥相呼应。孙坚越过郡界，讨伐乱贼，三个郡很快恢复平静。朝廷追记孙坚此前的功劳，封孙坚为乌程侯。②

①《魏书》记载：孙坚到达郡府，长沙郡慑服，孙坚在郡府任用良吏，敕令官属：“谨守职责，以善政对待民众，治事官员，诸曹文书，按照制度行事，以讨伐贼寇，报答太守。”

②《吴录》记载：当时，庐江郡太守陆康的侄儿担任宜春县长，被贼寇攻打，派遣使者向孙坚求救。孙坚整装待发，准备救援。郡府主簿进谏，不能越过郡界，孙坚回答：“太守无文德，以征伐为功，越界讨伐贼寇，以保全地方。即使因此而获罪，何愧于辖区百姓？”遂进兵前往救援，贼寇闻讯逃走。

灵帝驾崩，董卓专擅朝政，在京城肆意妄为。崤山以东州郡举义兵，欲讨伐董卓。①孙坚遂在长沙举兵。荆州刺史王叡一向对孙坚无礼，孙坚路过荆州，杀了王叡。②及至进抵南阳，孙坚的部众已经扩充至数万。南阳郡太守张咨听说孙坚率领大军来到，泰然自若。③孙坚杀牛摆设酒宴，请张咨赴宴，第二天，张咨答谢，宴请孙坚。酒酣耳热，长沙郡主簿进来报告孙坚：“前锋移驻南阳，道路残破不堪，没有修路，军用物资供应不足，请收捕南阳郡府主簿，追究责任。”张咨大为恐慌，欲离开，孙坚的士兵已经把郡府包围。很快，长沙郡主簿又进来报告：“南阳郡太守稽留义兵，使得义军不能及时讨伐贼寇，请收捕南阳郡太守，按照军法行事。”孙坚命令将张咨从郡府牵出来，在军门斩首。南阳郡士民震恐，无论孙坚再提出任何要求，不敢不答应。④孙坚率领大军进抵鲁阳县，与袁术相见。袁术上表，拜孙坚为破虏将军，兼领豫州刺史。孙坚在鲁阳城整顿军队，大军将要开进，讨伐董卓，孙坚派遣幕府长史公仇称率领一支军队，返回豫州，督促军粮。孙坚又在鲁阳城东门外设置帷帐，摆设酒宴，为公仇称饯行，官属坐在帐下。董卓派出步骑数万人，前来迎战孙坚，有数十名轻骑兵先期赶到。孙坚在酒宴上行酒谈笑，泰然自若，敕令部属严阵以待，不得轻举妄动。后来，董卓的骑兵越来越多，孙坚这才缓缓起身，带领众人进城，孙坚对左右人讲："刚才孙坚之所以没有马上起身，是担心士兵慌乱，前后拥挤，自相踩踏，诸君反而不能进城。"董卓的军队看见孙坚的军队军容严整，不敢攻城，遂撤军。⑤孙坚移驻梁县东，很快被董卓的军队包围，孙坚与数十名骑兵突破重围。孙坚常戴一顶赤红色的头巾，取下头巾，让亲信祖茂戴上。董卓的骑兵争先恐后追赶祖茂，孙坚从小路脱身。祖茂被追，穷途末路，跳下马来，把头巾系在墓冢间被烧过的柱子上，自己伏在草丛中。董卓的骑兵远远望见，把柱子围了数重，走近一看，发现是柱子，这才撤军。孙坚整顿人马，在阳人聚与董卓军大战，大败董卓军，斩杀都督华雄。在当时，有人挑拨孙坚与袁术的关系，袁术心存疑虑，不再向孙坚运输军粮。⑥阳人聚距离鲁阳县有一百余里，孙坚连夜骑马去见袁术，用算筹在地上描画地图，向袁术分析当下形势，孙坚说："在下之所以奋不顾身，上为国家讨贼，下为将军家报仇。孙坚与董卓并非有刻骨仇恨，而将军受到谗言蛊惑，对在下竟然疑虑重重！"⑦袁术受到感动，在孙坚面前忸怩不安，随即调拨军粮。孙坚返回驻地，董卓忌惮孙坚勇猛善战，派遣将军李傕等向孙坚求和，欲与孙坚结为姻亲，还要孙坚开列出子弟的名字，任命他们为州部刺史、郡守，还许诺孙坚，一定会委以重任。孙坚回答："董卓谋反，逆天背德，倾覆王室，不夷灭董卓的三族，悬挂其首级以昭示四海，吾死不瞑目，岂能与董卓谈什么姻亲？"孙坚率军进抵大谷，距离洛阳九十里。⑧董卓被迫无奈，困于形势，逼迫皇上迁都长安，西入函谷关，而后焚烧洛阳。孙坚指挥军队攻入洛阳，修葺被董卓挖开的皇陵，填埋被董卓挖开的墓圹。⑨修葺完毕，孙坚引军离开洛阳，驻扎在鲁阳县。⑩

①《江表传》记载：孙坚听说后，拊膺叹息："张公此前若能听从我的谏言，朝廷今天不会遭此大难。"

②按《王氏家谱》记载：王叡，字通耀，是晋朝太保王祥的伯父。

《吴录》记载：当初，王叡与孙坚共同进攻零陵郡、桂阳郡贼寇，因为孙坚是武将，王叡对孙坚颇为轻视。及至王叡举兵，欲讨伐董卓，王叡平素与武陵郡太守曹寅的关系不好，王叡扬言要杀曹寅。曹寅恐惧，诈称有敌情，派使者光禄大夫温毅送去檄文，调动孙坚的军队，控诉王叡的罪行，令孙坚收捕王叡，而后呈报朝廷。孙坚接到檄文，遂率领军队袭击王叡。王叡听说孙坚率领军队赶来，登楼观望，派遣官吏问孙坚欲有何为，孙坚前部回答："士兵久战劳苦，所得到的赏赐，不足以添加衣服，前来向使君请求，增加赏赐。"王叡问："刺史岂有吝啬？"便打开仓库，让他们进去查看是否还有遗留。大军进抵城楼下，当王叡看到孙坚，大惊失色道："兵员自己求赏，孙府君怎么会在这里？"孙坚答："接受檄文命令，诛杀使君。"王叡问："我有何罪？"孙坚答："在下不知。"王叡走投无路，刮下金子，吞下而死。

③《英雄记》记载：张咨，字子议，颍川郡太守，也是知名士人。

《献帝春秋》记载：袁术上表，推荐孙坚代理中郎将。孙坚到达南阳，投送檄文，向南阳郡太守求借军粮。张咨询问执法官员是否可以借调些军粮。执法官员答：“孙坚是邻郡二千石官员，不应该跨郡征调粮食。”张咨遂没有调拨粮食。

④《吴历》记载：当初，孙坚率领大军，到达南阳，张咨既不给军粮，又不肯见孙坚。孙坚欲进兵，担心留有后患，诈称得了急病，全军惶恐，招来巫医，向山川神祈祷。孙坚又派遣亲信，向张咨游说，说孙坚病重，被困在此地，欲把军队交予张咨。张咨听罢，有些贪心，想要孙坚的军队，随即率领五六百步骑，前来军营，探视孙坚。孙坚躺卧在床上，与张咨相见。突然，孙坚从床上跃起，拔出利剑，怒骂张咨，命人把张咨推出去斩杀。此内容与本传不同。

⑤《英雄记》记载：当初，孙坚讨伐董卓，进抵梁县阳人聚。董卓派遣五千步骑兵迎战孙坚，陈郡太守胡轸担任大督护，吕布担任骑都督，其余步骑将校也很多。胡轸，字文才，性情急躁，对外宣称：“此次用兵，一定要斩杀一名青绶官员，以壮军威。”诸将听罢，不以为然。大军进抵广成聚，距离阳人聚还有数十里。太阳落山，士兵疲惫，应当停止进兵，暂且休息，行前又受到董卓指示，在广成聚宿营，秣马饮食，准备当夜进军，拂晓时攻城。诸将厌恶又忌惮胡轸，欲借孙坚挫败胡轸。吕布等扬言：“阳人聚的贼寇已经撤走，应当追击，不然将会失去战机。”遂连夜进军。阳人聚城中守备甚严，不可能再掩袭。在当时，士兵们又饥又渴，人马疲惫，而且夜晚赶到，又没有修筑堑壕壁垒。刚解开盔甲休息，又听到吕布扬言，相互惊扰，说：“城中贼杀出来了。”军中士卒慌乱奔走，丢弃盔甲、鞍马，逃散十余里，直到确定并没有贼寇追赶，才停住脚步。此时天色已大亮，士兵们又返回，拾取兵器，欲进攻阳人聚。阳人聚城坚固，城周围堑壕很深，胡轸等难以攻打，只好撤军。

⑥《江表传》记载：有人对袁术讲：“孙坚如果得到洛邑，将难以制服，这就好像除去恶狼，又放出猛虎。”故袁术对孙坚的猜忌心很重。

⑦《江表传》记载：孙坚说：“在下立下战功，捷报频传，然而军粮得不到及时供应，此吴起之所以悲泣于西河，乐毅之所以遗恨于垂成。愿将军深思。”

⑧《山阳公载记》记载：董卓对长史刘艾讲：“关东军多次战败，皆畏惧孤，不可能再有所作为。只有孙坚一意孤行，颇能用兵，告诫诸将，应当小心谨慎。此前，孤与周慎西征，周慎在金城围攻边章、韩遂。孤告诉张温，请求其率领诸将慎重应敌，把军队靠后驻扎，张温不听。孤当时上奏朝廷，分析形势，知道张温肯定不能克敌制胜。台阁依然保存孤的奏章。朝廷还未颁发诏命，张温又派孤讨伐先零叛羌，以为西部可一举荡平。孤深知此举不可行，而又不能阻止张温，只好执行命令，留下别部司马刘靖率领步骑四千人驻扎在安定郡，以作为后援。叛羌撤回，欲截断孤的退路，孤稍微接触叛羌，随即离开，担心安定郡有叛羌。贼虏担心安定郡有汉军数万人，不知道只有刘靖的四千人马。当时，孤又奉上奏章，奏报边郡战况。孙坚跟随周慎，请求周慎拨付一万人马，进攻金城郡，建议周慎率领二万人马，作为后援。边章、韩遂城中缺乏粮食，需要从外边运输，但是，又畏惧汉军，不敢轻易与孙坚接战，而孙坚率领的军队，足以断其粮道，儿曹走投无路，将不得不退回羌谷，凉州即可平定。张温既不能用孤，周慎也不能用孙坚，周慎亲自攻打金城，摧毁金城的外垣，派骑兵向张温通报，自以为旦夕间即可攻破金城，张温当时也自以为得计。渡辽儿果然截断蔡园退路，周慎慌忙间丢弃辎重，仓皇撤退，果然如孤所料。

朝廷以此封孤为都乡侯，孙坚受拜为佐军司马，英雄所见略同，孙坚的确可以担负重任。”刘艾说：“孙坚虽然当时见计，恐怕还是不如李傕、郭汜。臣听说在美阳亭北，孙坚率领一千骑步，与贼虏交战，几乎被杀，丢失印绶，此战证明，孙坚不能算是善战。”董卓说：“孙坚当时率领的是乌合之众，兵不如贼虏精锐，而且战事都会有利钝。现在且论崤山以东形势，恐怕不能终止。”刘艾说：“崤山以东诸将，驱赶百姓，以为可以抢掠，其兵锋不如人，坚甲、利刃、强弩之用也不如人，岂能长久维持？”董卓说：“你说得对，只要能斩杀袁绍、袁术、刘表、孙坚，天下自然臣服于孤。”

⑨《江表传》记载：旧京洛阳变得空旷无人，数百里内看不到烟火。孙坚首先入城，目睹此情此景，不禁惆怅流泪。

《吴书》记载：孙坚进入洛阳，率领士兵清扫汉室宗庙，以太牢礼祭祀祠庙。孙坚军驻扎在城南甄官井旁，清晨有五色气从井中冒出，军营战士吃惊，没有人再敢汲水。孙坚令人下到井中，获得汉室传国玉玺，上面有篆文：“受命于天，既寿永昌。”玉玺方形四寸，上面有五龙交纽，有一角残缺。此前，黄门宦官张让等作乱，劫持天子出逃，众宦官分散，掌玉玺的宦官把玉玺投入井中。

《山阳公载记》记载：袁术将要僭越帝号，听说孙坚获得传国玉玺，于是拘押孙坚的夫人，逼迫孙坚交出玉玺。

《江表传》记载：按《汉献帝起居注》记载：“天子从黄河边上返回宫中，在台阁仍然有六枚玉玺。”还有，太康初年，孙皓送来六枚金玺，并没有玉玺，可能这是误传。

虞喜著《志林》记载：天子有六枚玺印，印文曰：“皇帝之玺”“皇帝行玺”“皇帝信玺”“天子之玺”“天子行玺”“天子信玺”。此六枚玺印所封事异，故文字不同。《献帝起居注》记载：“皇帝从黄河边返回宫中，在台阁还有六枚玉玺。”此之谓也。传国玉玺，是汉高祖所佩带的秦皇帝玉玺，世代相传，号称传国玉玺。按传国玉玺不在六玺之数，安得总其说乎？应氏著《汉官》、皇甫著《世纪》其中都谈到六玺，文义皆符合。汉室宫廷传国玉玺，印文曰：“受命于天，既寿且康。”“且康”“永昌”，二字为错，未知两家何者为是。金玉之精，皆有灵光，加上神器秘宝，辉耀益彰，盖一代之奇观，将来之异闻，而以不解之故，强谓之伪，不亦谬乎！陈寿著《破虏传》也排除此说，俱迷惑于《献帝起居注》，不知六玺名字相殊，与传国玉玺一起，共计有七枚印玺。吴国时，不能刻制玉玺，故天子用金子铸造玺印。印玺虽然用金子铸造，印文无异。吴国投降，护送印玺者送上天子六枚印玺，此前所得到的玉玺，是古人遗留的玉玺，不可再施用。天子之玺，今以有无为难事，不通其义者耳。

裴松之认为：孙坚在举义兵的过程中，最有忠烈之名，如果得到汉室神器，而藏匿不讲，此为阴怀异志，岂所谓忠臣者乎？吴国历史欲以此为国之荣耀，岂不知对孙坚的美德有所损害。如果真的是这样，孙坚把玉玺传之于子孙，纵非六玺之数，一定要有非常之人才能隐藏，孙皓举国投降，不能仅送六枚金玺，而隐藏传国玉玺。帝王受命于天，奚取于归命之堂，若如虞喜所言，此传国玉玺至今依然在孙氏家中收藏。匹夫怀璧，犹谓有罪，更何况传国玉玺！

⑩《吴录》记载：当时，函谷关以东州郡，都在相互兼并，以扩充势力。袁绍派遣会稽郡人周喁，担任豫州刺史，欲袭取豫州。孙坚慨然叹息：“众豪杰同时举义兵，为的是挽救社稷，最终功败垂成，竟然走到这一步，我还能与谁勠力奋战！”说罢，眼泪夺眶而出。周喁，字仁明，

是周昕的弟弟。

《会稽典录》记载：当初，曹公举义兵，派人来邀请周喁，周喁聚集部众，有二千人，跟随曹公出征，担任军师。后来与孙坚争夺豫州，屡战屡败，战事不利。恰逢二哥九江郡太守周昂被袁术攻打，周喁前去助战，被袁术打败，返回乡里，被许贡杀害。

献帝初平三年，袁术派孙坚讨伐荆州，进攻刘表。刘表派遣黄祖，在樊城、邓县之间迎战孙坚。孙坚打败黄祖，一路追击，渡过汉水，围困襄阳。孙坚单骑上了岘山，被黄祖的军士用箭射死。[①]孙坚哥哥的儿子孙贲，率领孙坚的部众，投奔袁术，袁术上表，任命孙贲为豫州刺史。

①《典略》记载：孙坚率领部众攻打刘表，刘表紧闭城门，夜晚派遣部将黄祖潜出城门，调动兵力。黄祖率领救兵返回，孙坚迎战黄祖。黄祖败走，连夜窜逃于岘山。孙坚乘胜追击，黄祖的部下从竹林树丛中用暗箭袭击孙坚，射杀孙坚。

《吴录》记载：孙坚死时，年仅三十七岁。

《英雄记》记载：孙坚在初平四年正月七日去世。

又说：刘表的部将吕公率领士兵沿着山路伏击孙坚，孙坚轻骑，寻着山路追杀吕公。吕公的士兵推下石头，砸中孙坚的头颅，当时脑浆流出，倒地而亡。其记载不同于本传。

孙坚有四个儿子：孙策、孙权、孙翊、孙匡。孙权后来登上皇位，追尊孙坚谥号为武烈皇帝。[①]

①《吴录》记载：孙权尊孙坚祠庙为始祖庙，陵墓曰高陵。

《志林》记载：孙坚有五个儿子：孙策、孙权、孙翊、孙匡，皆吴氏所生；小儿子孙朗，是庶妾所生，又名孙仁。

孙策，字伯符。当初，孙坚举义兵，孙策带着母亲迁至舒县，与周瑜结为好友，与士大夫们多有交往，在江、淮之间，士人皆愿意归附孙策。[①]孙坚去世，孙策迎回孙坚的尸骸，在曲阿县安葬。而后，孙策率军渡过长江，驻扎在江都。[②]

①《江表传》记载：孙坚因为朱儁上表推荐，担任佐军司马，把家眷留在寿春。孙策当年十余岁，已经结交很多知名士人，声誉远播。有一位士人名字叫周瑜，与孙策同年，也是雄姿英发，听说孙策的名声，从舒县赶来，拜访孙策。二人结为好友，义同断金，周瑜劝孙策迁居舒城，孙策听从建议。

②《魏书》记载：孙策应该继承爵位，让与弟弟孙匡。

徐州牧陶谦忌惮孙策。孙策的舅舅吴景当时担任丹杨郡太守，孙策用车子载着母亲，迁至曲阿县，与吕范、孙河前去投奔吴景，顺路招募数百士兵。献帝兴平元年，孙策跟随袁术，袁术对孙策的才能颇为欣赏，将孙坚原来的部属交还给孙策。[①]汉朝廷太傅马日磾，持符节，奉诏命巡视，安抚函谷关以东州郡，在寿春，以礼召见孙策。马日磾上表，拜孙策为怀义校尉，袁术的大将乔蕤、张勋非常敬慕孙策。袁术常叹息："如果袁术有像孙郎这样的儿子，死无所恨！"孙策手下的骑士有罪，逃入袁术的大营，隐藏在马厩内。孙策派人，将其抓获斩首，事后，孙策向袁术谢罪。袁术说："士兵叛逃，应当惩治，为何要谢罪？"从此以后，军中皆敬畏孙策。当初，袁术答应任命孙策为九江郡太守，既而又改用丹杨郡人陈纪。后来，袁术欲攻打徐州，从庐江郡太守陆康处借三万斛大米。陆康不肯借，袁术大怒。此前，孙策曾经拜谒陆康，陆康不肯见，只是派主簿敷衍孙策，为此，孙策怀恨在心。袁术派遣孙策攻打陆康，对孙策讲："此前错用陈纪，每次想起，常恨自己不能识人，用人不当。而今，如果卿擒获陆康，庐江郡就属于卿所有。"孙策攻打陆康，攻取庐江郡，袁术又任命其属下官吏刘勋为庐江郡太守，孙策越发失望。此前，刘繇担任扬州刺史，州部原来的治所在寿春。寿春已经被袁术占有，刘繇只好渡过长江，把治所改设在曲阿。当时，吴景在丹杨郡，孙策的堂兄孙贲担任丹杨郡都尉，刘繇到了曲阿，把吴景及孙贲全部赶走。吴景、孙贲含恨退至历阳。刘繇又派遣樊能、于麋东进，驻扎在横江津，张英驻扎在当利口，以此防备袁术。袁术任命原来的部属琅琊郡人惠衢为扬州刺史，又任命吴景为督军中郎将，与孙贲一起，率领军队进攻张英等，战争持续数年，不能解决战事。孙策劝说袁术，恳求派自己协助吴景等，平定江东。[②]袁术上表，任命孙策为折冲校尉，代理殄寇将军，孙策仅有一千余人，战马数十匹，加上宾客，愿意追随孙策者，还有数百人。孙策进抵历阳，已经扩充部众至五六千人。孙策此前将母亲从曲阿迁至历阳，又将母亲迁至阜陵，渡过长江后，孙策转战各地，所向披靡，无人能抵挡孙策，孙策的军纪严明，部属不敢骚扰百姓，百姓感恩孙策。[③]

①《吴历》记载：当初，孙策在江都时，张纮的母亲去世，张纮在家居丧。孙策多次拜谒张纮，就天下大势向张纮咨询："而今，汉室福祚中道衰微，天下扰攘，英雄豪杰并起，各自拥兵自重，以谋取私利，没有能扶危济困者。先君与袁氏共同起兵，打败董卓，功业未遂，最终被黄祖所害。孙策虽然暗昧、幼稚，依然有微志，欲从袁扬州处，借回先君留下的士卒，到丹杨郡依附舅氏，收集散落在民间的士兵，向东渡过长江，占据吴会，报仇雪恨，作为朝廷外藩。君以为如何？"张纮答："在下才学疏浅，正在居丧期间，并无奇计妙策，可奉献予足下。"孙策说："君高名远播，远近皆知。今日之事，在下向君请教，请不要借故推托，以副高山之望？如果微志得以施展，血仇得报，此乃君之勋劳，孙策决不敢忘记。"既而涕泣横流，颜色不变。张纮看到孙策壮志迸发，发自内心，辞令慷慨，受到感动，回答孙策："在往昔，周室衰弱，王纲陵

迟，齐、晋称霸，维护王室，诸侯按时朝贡。而今，将军欲继承王霸之业，有骁勇善战之威名，如果投奔丹杨，收兵吴会，则荆州、扬州可合二为一。这样，将军既可报杀父之仇，占据江东，奋起武德，清除群秽，还可匡辅汉室，功业侔于齐桓、晋文，岂仅外藩而已？方今天下大乱，此乃多事之秋，如果将军功成业就，当与同好一起南渡。”孙策说：“一旦像君分析的那样，达成所愿，有永固之分，今日便当行事，把老母弱弟托付于君，孙策不再有后顾之忧。”

《江表传》记载：孙策径直到寿春去见袁术，面对袁术，涕泣而言：“亡父此前在长沙起兵，讨伐董卓，与明使君会师于南阳，同盟结好，不幸遇难，勋业不终。孙策感悟先人旧恩，欲自凭结，愿明使君垂察孙策的诚意。”袁术很欣赏孙策，然而，并未马上归还孙策留下的士卒。袁术对孙策讲：“孤当初重用贵舅，任命为丹杨郡太守，贤侄可跟随伯阳，先担任都尉，丹杨郡可谓有精兵之地，先返回丹杨，招募士兵。”孙策遂前往丹杨郡，依附舅舅，得到数百人，被泾县大帅祖郎袭击，孙策陷于危殆，几乎丧命，于是，再次来见袁术，袁术把孙坚留下的一千余士兵归还孙策。

②《江表传》记载：孙策劝说袁术：“家父有旧恩在江东，愿襄助舅舅讨伐横江，攻取横江，可以在本土招募士兵，如果获得三万士兵，将辅佐明使君匡扶汉室。”袁术知道，由于自己失信，孙策心中有恨意。袁术想，刘繇盘踞在曲阿，王朗在会稽，自以为孙策未必能平定江东，故答应孙策。

③《江表传》记载：孙策渡过长江，攻打刘繇的牛渚营，缴获邸阁的粮食、战具，这一年是兴平二年。当时，彭城国相薛礼、下邳国相笮融依附刘繇，尊刘繇为盟主，薛礼驻扎在秣陵城，笮融驻扎在秣陵县南。孙策先攻打笮融，笮融出城应战，孙策斩杀笮融五百余人，笮融慌忙退军，紧闭城门，不敢妄动。孙策又渡江攻打薛礼，薛礼从城中突围逃走。樊能、于麋等聚集部众，夺回牛渚营。孙策听说后方有事，遂返回攻打樊能等，俘虏男女一万余人。孙策继续攻打笮融，被流矢射中，伤了大腿，不能骑马，孙策乘坐车子返还牛渚营。有人叛变，告诉笮融：“孙郎被箭射死。”笮融大喜，随即派遣部将于兹进攻孙策军。孙策派遣步骑数百人挑战，又在后方设下埋伏。贼人出击，双方还未交战，孙策佯装败走，贼人追入埋伏圈，孙策大破敌军，斩杀一千余人。孙策乘势进军至于兹军营外，令左右大呼：“孙郎在此！”贼人顿时恐慌，连夜遁走。笮融听说孙策还在，只好加深壕沟，加高壁垒，修缮武器。孙策看到笮融的驻扎地地势险固，撤军回去，在海陵攻破刘繇的部将，又转攻湖熟、江乘，逐一攻下。

孙策长相俊美，谈笑自若，性情豁达，善于听取谏言，不拘一格使用人才，士人凡与孙策接触者，莫不尽心竭力，愿意为孙策所用。刘繇弃军逃走，江东诸郡守将皆弃城逃走。①吴郡人严白虎等，各有部众上万人，分别驻扎在各处。吴景等欲先进攻严白虎，及至大军进抵会稽郡。孙策说：“严白虎等群寇，并非有大志，这些贼寇，可一战而擒。”孙策引兵渡过浙江，占据会稽，在东冶县屠城，而后，进攻严白虎等。②孙策更换旧官吏，自任命为会稽郡太守，又任命吴景为丹杨郡太守，任命孙贲为豫章郡太守；分出豫章一部分，设立庐陵郡，任命孙贲的弟弟孙辅为庐陵郡太守，任命丹杨郡人朱治为吴郡太守。任命彭城人张昭，广陵郡人张纮、秦松、陈端等为谋士。③此时，袁术已经僭越帝号，孙策写信，痛斥袁术，与袁术断绝关系。[④]曹公上表，任命孙策为讨逆将军，封为吴侯。[⑤]后来，袁术谋逆失败，最终病死，长史杨弘、大将张勋等，率领剩余部众，欲投奔孙策。庐江郡太守刘勋截击杨弘等，将其全部俘虏，收缴其财宝，凯旋。孙策知道后，佯称与刘勋结成联盟。刘勋刚刚捕获袁术的余众，当时，豫章郡上缭县刘氏宗室仍有一万余家居住在江东，孙策劝刘勋攻取上缭县。刘勋遂领军出动，孙策轻装急进，连夜袭击庐江郡，刘勋留在庐江郡的部众全部投降，最后，刘勋与麾下仅剩下数百人，投奔曹公。[⑥]当时，袁绍在黄河以北，兵力强盛，孙策兼并江东，曹公再也没有余力应对孙策，孙策得以在江东逞雄，曹公暂且以好言抚慰孙策。[⑦]曹操把弟弟的女儿嫁给孙策的小弟孙匡，又为儿子曹章聘娶孙贲的女儿，又任命孙策的弟弟孙权、孙翊职务，还命令扬州刺史严象举荐孙权为茂才。

①《江表传》记载：孙策年少，虽然有将军名号，士民依然称呼孙策为孙郎。百姓听说孙郎来了，有些吓得失魂落魄，县长丢下城郭，隐伏在山中草丛间。孙策率领军队，所过之处，严令军士不得掳掠，百姓的鸡犬菜地，一无所犯，民心大悦，竞相用牛酒慰劳孙策。刘繇败走，孙策进入曲阿，赏赐、慰劳将士，派遣部将陈宝前往阜陵迎接母亲和弟弟，发布告示安民，告诉属下县邑："刘繇、笮融等原部属来降者，全部免罪；愿意从军者，一旦身在军旅，免除家中的徭役、赋税；不愿意从军者，也不勉强。"旬日之间，四方云集，孙策得到精兵二万余人，马一千余匹，孙策威震江东，形势转盛。

②《吴录》记载：在当时，有乌程县人邹他、钱铜及前合浦郡太守嘉兴人王晟等，率领部众一万余人，或数千人，引军袭击孙策，皆被孙策打败。孙策的母亲吴氏讲："王晟与你的父亲有升堂见妻之旧谊，而今，他的儿子、兄弟都已经被杀，只剩下一位老翁，何足忌惮？"孙策这才放过王晟，其余被打败者，皆灭族。孙策亲自率军，讨伐严白虎，严白虎在高墙壁垒中固守，又让其弟弟严白舆前来，请求与孙策讲和。孙策答应讲和。严白虎派严白舆，请求与孙策单独会面，订立盟约。二人会面，孙策拔出利刃，砍在座席上，严白舆吓得身体晃动，孙策笑道："听说卿能够坐而跃起，异常敏捷，只是和卿开个玩笑！"严白舆说："我看见刀刃才会这样。"孙策知道其不能再有所为，把手中的短戟猛地砍向严白舆，严白舆当场被杀。严白舆有勇力，严白虎的部众知道严白舆被杀，非常恐惧。孙策随即进攻，大败严白虎。严白虎只好投奔余杭，在贼虏中依附许昭。程普请求进攻许昭，孙策说："许昭对旧君有义气，对故友有诚意，此人有丈夫之志。"没有进攻许昭。

裴松之按：许昭对旧君有义气，指的是曾经救援盛宪，详情见后注。对故友有诚意，指的是收留严白虎。

③《江表传》记载：孙策派遣奉正都尉刘由、五官掾高承奉奏章前往许都，贡献方物。

④《吴录》记载：孙策派张纮上书："上天有司过之星，圣王矗立敢谏之鼓，设置非谬之备，征求箴阙之言，何哉？凡有所长，必有所短。去年冬天以来，听说有大计，无不悚惧；旋知供备贡献，万夫解惑。最近又听说有建议，欲追遵前图，即事之期，便有定月。益使怃然，想是流妄；设其必尔，民何所望？此前举义兵，天下士人莫不响应，因为董卓擅权废立，杀害太后、

弘农王，荼毒宫人，发掘皇帝园陵，残暴无道至极，因此，崤山以东州郡豪杰，闻声慕义，响应讨贼。神武远振，董卓遂在长安毙命。元恶枭首，幼主东顾洛阳旧都，太保、太傅宣示诏命，欲令诸军振旅，然而，河北袁绍通谋黑山贼，曹操荼毒徐州，刘表称乱荆州，公孙瓒祸乱幽州，刘繇在江东祸乱，刘备在淮隅争雄，是以未有人愿意奉承诏命，维护王室。而今，刘备、刘繇既已远窜，曹操等陷于饥馁，正当与天下共谋，以诛灭丑类。舍而不图，有自取之志，非海内所望，一也。在往昔，成汤讨伐夏桀，称有夏氏有罪；武王讨伐商纣，称殷纣王罪责难逃。此二王，虽有圣德，宜当君世；如果不遭逢其时，也不能建立功业。幼主并非有恶于天下，徒以年龄幼小，受到强臣胁迫，无过而被逼，并不符合商汤、周武之事，二也。董卓虽然狂妄、狡黠，只是妄自废立，并未篡夺皇位，而天下听闻董卓暴虐，莫不攘臂奋拳，同心协力，讨伐董卓，以中原希战之兵，抵御边郡强悍之虏，所以斯须游魂也。今四方之人，皆玩敌而便战斗矣，可得而胜者，以彼乱而我治，彼逆而我顺也。见当世之纷乱，欲大举以临之，適足趣祸，三也。天下神器，不可妄取，必须天赞与人力也。殷汤有白鸠之祥，周武有赤乌之瑞，汉高有星聚之符，世祖有神光之徵，皆因民众受困于桀、纣之恶政，苦于秦皇、王莽之徭役，故能芟去无道，致成其志。而今，天下并非患于幼主，未见受命之应验，而欲一旦猝然登临尊号，未之或有，四也。天子之贵，四海之富，谁不欲享有？义不可，势不得耳。陈胜、项籍、王莽、公孙述之徒，皆南面称孤，莫之能济。帝王之位，不可觊觎，五也。幼主岐嶷，若除其逼，去其鲠，必成中兴之业。夫致主于周成王之盛，愿受周公旦、召公奭之美，此诚所望于尊明也。纵使幼主有其他改异，也应该推举宗室之谱属，讨论近亲之贤良，以绍续刘氏之圣统，以巩固汉室之宗庙。皆所以书功金石，图形丹青，流庆无穷，垂声管弦。舍而不为，为其难者，想明明之素，必所不忍，六也。袁氏五世为相，权之重，势之盛，天下莫得而比焉。忠贞者必曰宜夙夜思唯，所以扶国家之困，念社稷之危，以奉祖考之志，以报汉室之恩。岂能忽视履道之节，而强进取之欲，将曰天下之人，非家吏则门生也，孰不从我？四方之敌非吾匹则吾役也，谁能违我？盍乘累世之势，起而取之哉？二者殊数，不可不详察，七也。所贵于圣哲者，以其审于机宜，慎于举措。若难图之事，难保之势，以激群敌之气，以生众人之心，公义故不可，私计又不利，明哲不处，八也。世人多迷惑于图纬，而牵强附会，比合文字以悦所事，苟以阿上惑众，终有后悔者，自往迄今，未尝没有，不可不深思熟虑，九也。九者，尊明所见之余耳，庶备起予，补所遗忘。忠言逆耳，幸留神听！”《典略》记载，此文实乃张昭之辞。裴松之认为：张昭虽然名重当时，然而，不如张纮的文章，此文章必定是张纮所作。

⑤《江表传》记载：建安二年夏天，汉献帝派遣议郎王誧奉戊辰诏书：“董卓谋逆，祸乱朝纲，凶国害民。先将军孙坚志在平乱讨逆，雅意未遂，厥美著闻。孙策尊奉善道，求福不回。今任命孙策为骑都尉，继承爵位乌程侯，兼领会稽郡太守。”又下诏：“原左将军袁术不顾朝恩，坐谋凶逆，造合虚伪，欲借着兵乱之际，欺骗百姓，当初听闻此事，还以为不然。直到使者持符节、平东将军兼徐州牧、温侯吕布上书，才知道袁术造谣惑众，图谋妖妄。袁术鸱枭之性，遂其无道，修建王宫，设置官署公卿，郊天祀地，残民害物，为祸深酷。吕布前后上策，心在本朝，欲讨伐袁术，为国效忠，乞加显异。朝廷悬赏俟功，唯勤是用，故便宠授，承袭前邑，重以大郡，荣耀兼至，正是孙策输力竭命之秋。诏令孙策与吕布及代行吴郡太守安东将军陈瑀，勠力一心，同时讨伐袁术。”孙策统领兵马，只是以骑都尉兼领郡太守，认为职务太小，欲再获得将军

称号，派人暗示王誧，王誧按照制度，借策书之名，任命孙策为汉将军。在当时，陈瑀驻扎在海西，孙策奉诏命，整顿军队，纪律严明，与吕布、陈瑀遥相呼应。孙策率军进抵钱塘，陈瑀欲袭击孙策，派遣都尉万演等渡过长江，使者持印绶符传三十余枚，授予丹杨、宣城、泾县、陵阳、始安、黟县、歙县诸险要大县贼人大帅祖郎、焦已，以及吴郡乌程县人严白虎等人，令其作为内应，伺机等候孙策出发，欲攻取孙策掌握的诸郡。孙策发觉，派遣吕范、徐逸在海西攻打陈瑀，大败陈瑀，擒获陈瑀及其妻儿，俘虏手下吏士四千人。

《山阳公载记》记载：陈瑀单骑败走冀州，归附袁绍，袁绍任命陈瑀为故安郡都尉。

《吴录》记载：孙策上表谢恩："臣以鄙陋，身处边陲。陛下广播高泽，不遗细节，诏命臣继承父亲的乌程侯爵位，兼领大郡太守。臣仰荣顾宠，惭愧不堪此任。兴平二年十二月二十日，臣在吴郡曲阿县缴获袁术所呈递的表章，任命臣代行殄寇将军职事；及至得到陛下诏书，才知道袁术狡诈，擅自做主。虽然任命已经作废，臣依然悚惧。臣年龄十七岁，失去父亲怙恃，担心有不任堂构之鄙，以忝析薪之戒，臣诚无霍去病十八岁建功之功绩，也没有世祖列将弱冠以辅佐帝命。臣刚刚领兵，年龄尚未弱冠，臣虽驽钝不武，然而，臣依然愿竭尽微命。唯袁术狂妄，为恶深重。臣凭借威灵，奉诏伐罪，庶必献捷，以报所受。"

裴松之按：本传云：孙坚在初平三年去世，孙策在建安五年去世，孙策死时年仅二十六岁，计算孙坚死亡的时间，孙策应该是十八岁，而此表云十七岁，年龄不符。张璠著《汉纪》及《吴历》都是说孙坚初平二年去世，在此处，本传应该是误写。

《江表传》记载：建安三年，孙策又派遣使者向朝廷贡献方物，比建安元年所贡献的物品加倍。这一年，献帝制策书，改拜孙策为讨逆将军，改封为吴侯。

⑥《江表传》记载：孙策得到献帝敕令，与司空曹公、卫将军董承、益州牧刘璋等合力讨伐袁术、刘表。大军整肃，正当出发之际，袁术病逝，袁术的堂弟袁胤、女婿黄猗等畏惧曹公，不敢固守寿春，抬着袁术的棺柩，带着袁术的妻子及部下家属，到刘勋驻扎的皖城就食。刘勋的粮食很少，无力相助，派遣堂弟刘偕向豫章郡太守华歆求借粮食。华歆的地面，产粮一向很少，又派遣官吏带着刘偕到海昏县、上缭县求助，让刘氏宗亲首领借出三万斛大米给刘偕。刘偕来往数月，最终才得到数千斛大米。刘偕向刘勋报告，具说情状，让刘勋亲自来取。刘勋得到刘偕的书信，派军队悄悄进抵海昏县。宗亲首领获知消息，坚壁清野，窜逃藏匿，刘勋一无所获。当时，孙策西征讨伐黄祖，进抵石城，太守刘勋亲自来到海昏县，孙策随即派出堂兄孙贲、孙辅，率领八千人在彭泽等候刘勋，孙策与周瑜率领二万人奔袭皖城，攻克皖城，缴获袁术遗留的百工及鼓吹，俘虏其部属三万余人，包括袁术、刘勋的妻子、儿女。刘表任命汝南郡人李术为庐江郡太守，交给李术三千士兵，用以守卫皖城，全部被孙策俘虏，带回东吴。孙贲、孙辅又在彭泽大败刘勋。刘勋败走楚江，从寻阳徒步走到置马亭，听说孙策已经攻克皖城，只好投奔西塞。刘勋到达沂县，修建壁垒固守，向刘表告急，向黄祖求救。黄祖派遣太子黄射率领水军五千人，前来救助刘勋。孙策再次进攻黄射，大败刘勋。刘勋与刘偕只好北上归附曹公，黄射也落荒逃走。孙策俘虏刘勋的败兵二千余人，缴获黄射的战船上千艘，孙策遂进抵夏口，攻打黄祖。当时，刘表派遣侄儿刘虎、南阳郡人韩晞率领五千长矛军，前来助阵，作为黄祖的前锋。孙策与援军大战，大败援军。

《吴录》记载：孙策上表："臣讨伐黄祖，在十二月八日到达黄祖所驻扎的沙羡县。刘表派遣部将帮助黄祖，来攻打臣。臣在十一日清晨率领所部，其中有兼领江夏郡太守行建威中郎将周瑜、兼领桂阳郡太守行征虏中郎将吕范、兼领零陵郡太守代行荡寇中郎将程普、代行奉业校尉孙权、代行先登校尉韩当、代行武锋校尉黄盖等，多路并进。将士们身跨战马，布设战阵，擂响战鼓，全军踊跃。将士们奋力杀敌，勇气百倍，心精意果，各竞用命。越渡重堑，迅疾若飞。火放上风，兵激烟下，弓弩齐发，流矢如雨，日加辰时，黄祖已经溃败。锋刃所加，猋火所焚，前无生寇，唯黄祖窜逃。俘虏其妻儿男女七人，斩杀刘虎、韩晞以下二万余人，其投水溺亡者有一万余人，缴获战船六千余艘，财物山积。虽然未擒获刘表，黄祖素来狡猾，作为刘表心腹，为刘表充当爪牙，刘表为之嚣张，依赖黄祖帮助，而黄祖部下的家属，扫地无余，刘表孤特之虏，变成行尸走肉。诚皆圣朝神武远振，臣讨伐有罪，得效微勤。”

⑦《吴历》记载：曹公听说孙策已经平定江南，心中颇感为难，常呼：“猘儿难与其争锋。”

建安五年，曹公与袁绍在官渡对峙，孙策欲偷袭许都，迎接献帝，[①]孙策秘密训练士兵，部署手下将领。还未出发，孙策被原吴郡太守许贡的门客刺杀。此前，孙策杀了许贡，许贡的小儿子与门客亡命在逃，藏匿在江边。孙策单骑出行，与刺客猝然相遇，刺客刺伤孙策。[②]孙策的创伤很重，孙策召请张昭等人，向他们托付后事：“中原陷于大乱，以吴、越之众，三江之固，足以静观天下形势变化。公等要善待我的弟弟！”孙策又招呼孙权，让孙权佩上印绶，对孙权讲：“举江东之众，决战于两军之间，与天下英雄争衡，卿不如我；举贤任能，让他们各尽其心，以保卫江东，我不如卿。”当天夜晚，孙策去世，享年二十六岁。[③]

①《吴录》记载：当时有一位名士高岱，在余姚县隐居，孙策派使者会稽郡府丞陆昭，迎接高岱，孙策虚己待客，以礼对待高岱，听说高岱熟悉《左传》，孙策在高岱面前诵读《左传》，以此与高岱攀谈。有人对孙策讲：“高岱以将军英雄神武，认为将军并没有文学之才，若与高岱谈论《左传》，有些地方回答不知道，恐怕言语有失。”又对高岱讲：“孙将军为人，厌恶超过自己者，若孙策向君问《左传》，君应该说不知道，这才符合孙将军的意思。如果为孙将军解释《左传》，恐怕就危险了。”高岱以为然，及至与孙策谈论《左传》，常常回答不知道。孙策大怒，以为轻视自己，遂囚禁高岱。高岱的朋友，还有很多当时的知名士人，坐在露天，为高岱求情。孙策登上高楼，看见闾巷中挤满了人，孙策心里更加厌恶，认为高岱收买人心，遂杀了高岱。高岱，字孔文，吴郡人，非常聪明，为人通达，轻财好义，其友人都是当时的名士，只是还未出仕做官，有八名著名的友人，皆世上的名士。吴郡太守盛宪任命高岱为上计簿吏，又举荐高岱为孝廉。许贡来到吴郡，继任太守，高岱将盛宪隐藏在许昭家避难，还向陶谦求救。陶谦并未施救，高岱憔悴泣血，水浆不肯入口。陶谦受到感动，认为高岱为人忠诚，有申包胥之义，答应出兵救援，写信给许贡。高岱得到陶谦的书信才回去，许贡已经囚禁了高岱的母亲。吴郡人无论老少，都很恐慌，认为许贡有宿怨，一定会加害高岱。高岱说，在君则为君，而且母亲在牢狱，应该先去探视母亲，若能觐见许贡，事情或可以得到解决。高岱先写信给许贡，自陈衷情，许贡

与高岱相见，发现高岱才识敏捷，又向许贡一再谢罪，许贡释放了高岱的母亲。高岱在见许贡之前，告诉友人张允、沈晤（mín），让他们为自己先准备好舟船，高岱知道许贡一定会反悔，会派人追赶自己。母亲一出狱，高岱便带着母亲乘坐舟船，从水路逃走。许贡很快派人追赶，令追赶者若追上船只，就在江上斩杀高岱，如果没有追上，就算了。追赶者走错水路，高岱才得以免死。高岱被孙策杀时，年仅三十余岁。

《江表传》记载：当时，有道士琅琊郡人于吉，当初在东方寄居，来往于吴郡，建立学舍，焚香诵读道书，制作符水，为人治病，吴会人多跟随他。孙策曾经在吴郡城门楼上，集合诸将、宾客，于吉盛装，拿着小函，上面有漆画，起名字叫仙人铧，漫步走到楼下。诸将、宾客有三分之二下楼，迎拜于吉，负责招待宾客的官吏大声制止，不能阻挡宾客下楼。孙策当即命令收捕于吉。那些随从的人让家中的妇女来见孙策的母亲，请求老人家救于吉。母亲对孙策讲："于先生也曾经帮助军队祈福，有医术，救护将士，不能杀。"孙策答："此贼妖妄，能以幻术迷惑众人，使得诸将不顾君臣之礼，丢下孙策下楼迎拜，不可不除。"诸将联名写信，向孙策解释，祈求孙策赦免于吉，孙策说："在往昔，南阳郡人张津担任交州刺史，舍弃前圣典训，废弃汉家法律，头上戴着绛色帕头，鼓琴烧香，诵读邪俗道书，声称以此帮助教化，结果被南夷人所杀。根本就是妖言惑众，毫无益处，诸君还没有醒悟。今天此妖贼又在诵读鬼箓，无须再耗费纸笔。"其催促赶快斩杀于吉，把首级悬挂在集市。那些随从的人还是认为于吉没有死，说于吉已经尸解成仙，又在于吉的头颅下祀福。

《志林》记载：顺帝时，琅琊郡人宫崇来到京师，奉上于吉在曲阳泉水得到的神书，神书白色素纸，朱红色书边，号称《太平青领道》，有一百余卷。从顺帝朝到建安年间，有五六十年，有人说于吉已经近百岁，年在耄悼，礼不加刑。还有，天子巡狩，访问百年老人，接见这些老人，对他们礼敬有加，表示亲爱，此乃圣王之至教。于吉罪不该死，孙策滥施酷刑，冤杀于吉，这些绝非为美事。虞喜考证桓王孙策去世，是在建安五年四月四日。在当时，曹操、袁绍在官渡对峙，尚未决出胜负。按夏侯元让写信给石威则，袁绍被打败，曹操缴获袁绍的来往书信，信中讲："授予孙贲以长沙郡太守，张津占据零陵郡、桂阳郡。"此信的意思是桓王孙策在之前已经去世，张津在之后去世，不得相让，指的是张津之死。

裴松之按：太康八年，广州大中正王范上缴《交州、广州二州春秋》。建安六年，张津担任交州牧。《江表传》的内容，不如《志林》的内容详细。

《搜神记》记载：孙策欲渡江袭击许都，与于吉同行。当时天气大旱，驻扎地稻禾枯焦。孙策催促将士们尽快上船，亲自在江边督促大家，看见将吏们有很多人围在于吉的身边，孙策因此被激怒，说："我还不如于吉，这么多人围着于吉？"当即命人收捕于吉。于吉被押来，孙策厉声呵斥："天旱不下雨，道路艰涩难行，时雨不至，故早日出发，而卿不能同甘共苦，安坐在船上，装神弄鬼，蛊惑我的军队，今日要予以严惩。"令人把于吉绑缚，扔在地上暴晒，令于吉求雨，若能感动上天，日中落雨，就赦免于吉，不能，就斩首。很快，天上云气上蒸，乌云密布，不到日中，大雨倾盆而下，溪涧盈满。将士们喜悦，都认为于吉可以被宽宥，又前来向于吉祝贺。孙策当即杀了于吉。将士们为于吉被杀，莫不哀悼，共同收藏于吉的尸体。这天夜晚，忽然浓云迷雾；第二天清晨再看，于吉的尸体已经不知所终。

按《江表传》《搜神记》记载，于吉的事迹，略有不同，未详孰是。

②《江表传》记载：广陵郡太守陈登的治所在射阳县，陈登即陈瑀堂哥的儿子。孙策此前西征，陈登暗中派遣信使，把印绶授予严白虎的余党，让他们谋害孙策，以报陈瑀被打败的耻辱。孙策归来，再次讨伐陈登。大军到了丹徒县，须等待军粮运来。孙策西行狩猎，率领步骑数人。孙策快马追逐野鹿，孙策骑的马是一匹宝马，跑得很快，随从没有一个跟上来。当初，吴郡太守许贡上表汉献帝："孙策可谓枭雄，与项籍相似，朝廷应该贵宠孙策，召孙策到京师。若孙策得到诏命，将不得不来，把孙策放在外边，否则会成为大患。"孙策的候吏缴获许贡的奏章，交给孙策。孙策请许贡前来相见，以此斥责许贡。许贡无言以对，孙策当即命令武士绞杀许贡。许贡的门客潜藏在民间，欲为许贡报仇。狩猎这一天，有三人埋伏，这三人就是许贡的门客。孙策问："尔等何人？"回答："是韩当的兵，在此射鹿。"孙策说："当兵的，我都认识，从未见过汝等。"孙策张弓搭箭，射向一人，应弦而倒。其余二人惶恐间，举弓射向孙策，射中孙策的面颊。后边的骑兵很快赶到，斩杀刺客。

《九州春秋》记载：孙策听说曹公北伐柳城，遂调动江南的军队，自称大司马，将要北伐，袭击许都，孙策恃其骁勇，行路不加防备，故遭遇惨祸罹难，死于非命。

孙盛著《异同评》说：凡这些书籍记载，各有所失。孙策虽然在江东横行，占据六郡，然而，黄祖在长江上游，陈登卡在其心腹，而且，江东的地方势力强盛，还未全部归附孙策，曹操、袁绍龙翔虎争，势倾山海，孙策岂能调动军队，有余暇远征汝、颍，把献帝迁至吴、越？这都是庸人所见，更何况孙策达于时事？又按：袁绍在建安五年进抵黎阳，孙策在四月遇害，而志书云孙策听说曹公与袁绍在官渡对峙，错谬很多。孙策讨伐陈登之言，实有证据。

又《江表传》记载：孙策认识韩当的军士，疑此为诈，便射杀一人。三军将士或有新归附者，孙策身为大将，何能全部认识？以所不认识，便射杀之，绝非有其理，还有，孙策在建安五年被杀，柳城之役发生在建安十二年，《九州春秋》记载，错谬甚多。

裴松之按：《傅子》云曹公征伐柳城，孙策准备袭击许都。像这样的记述，何其荒谬！然而，孙盛所讥讽，未为悉是。黄祖当初被孙策打败，魂气未散，而且，刘表君臣本来就没有兼并之意，虽然在长江上游，怎么会想到吴会？孙策此举，理应先图谋陈登，但是举兵所向，不只陈登而已。在当时，强宗骁帅，祖郎、严虎之徒，均已经被剿灭殆尽，剩余的山区越人，何足挂虑？然而孙策的谋划，未可谓之不暇。若孙策得志，大权在手，淮、泗之间，所在皆可以建立国家，何必一定要在江东，孙策应当把献帝迁至扬、越吗？按《魏武纪》记载，魏武帝在建安四年，已经出兵，驻扎在官渡，孙策未死之前，曹公很长时间与袁绍交兵，《国志》所云，可谓荒谬。许贡的门客，都是无名小卒，而能感识恩遇，临义忘生，猝然奋发，有侔古人之烈士。《诗经》云："君子有徽猷，小人与属。"许贡的门客有此称谓。

③《吴历》记载：孙策被箭射伤，医生说可以医治，伤好后当好好养护，百日勿动。孙策引镜自照，对左右讲："面貌如此，尚可再建立功业？"孙策不免激愤，创口裂开，当夜去世。

《搜神记》记载：孙策杀了于吉，每当独坐时，仿佛看见于吉在左右，非常厌恶，颇有些失常。后来，孙策的创伤治疗得差不多了，引镜自照，在镜中又看见于吉，顾而弗见，如是再三，孙策扑镜大叫，创口崩裂，须臾而死。

孙权称帝，追尊孙策谥号为长沙桓王，封孙策的儿子孙绍为吴侯，后又改封为上虞侯。孙绍去世，嗣子孙奉继承爵位。在孙皓时，有歌谣说，孙奉应该即位为皇帝，孙皓处死孙奉。

陈寿评论如下：孙坚勇猛无畏，性情刚毅，出身寒微，最终发迹。孙坚劝说张温诛杀董卓，修葺洛阳被挖掘的皇陵，有忠臣义士之气概。孙策英气勃发，可谓当世俊杰，勇猛善战，冠世英雄。孙策出奇取胜，奠定江东基业，志在光复华夏。然而，孙策做事情还是轻率，为人急躁，最终被刺客杀害，殒命于意外。然而，孙策割据江东，奠定的基业，为孙权日后的发展打下基础，孙权追尊孙策谥号，尊崇尚有欠缺，封其儿子为侯爵，于义仍有不足。①

①孙盛曰：孙氏兄弟皆智略超群。创立基业，立事立功，这是孙策跨越江东的功劳，在临终之日，孙策向弟弟孙权托付后事。意气之间，犹有刎颈之交，更何况天伦之笃爱，豪达之英鉴，岂吝名号于既往，违情本之至实哉？抑将远思盈虚之数，而慎其名器者乎？正本定名，此乃国之大防；杜绝疑忌，消除叛衅之良谋。是故鲁隐公矜义，终致羽父之祸；宋宣公怀仁，卒有殇公之哀。皆因为心存小善，而不懂得经纶之图；求誉当年，而不思贻厥之谋，可谓轻千乘之国，蹈道则未也。孙氏在天下扰攘之际，得以奋其纵横之志，功业并非积德之基，国邦并无磐石之固，一旦形势允许，则福祚可终，如果情乖意乱，则祸灾尘起，安可不防微于未兆，虑难于将来？壮哉！孙策为首事之君，是吴国开国之主；将相在列，皆是孙策的旧属，孙策的嗣子幼弱、顽劣，析薪弗荷，奉之则鲁桓、田市之难作，崇之则与夷、子冯之祸兴。是以正名定本，使贵贱殊邈，然后国无陵肆之难，后嗣无猜忌之嫌，群情绝异端之论，不逞觊觎之心；于情虽违，于事虽俭，至于囊括远图之志，永保维城，可谓为之于其未有，治之于其未乱者也。陈寿的评论，并无触及要点！

吴书二

吴主传第二

孙权，字仲谋。长兄孙策平定江南诸郡，当时，孙权年仅十五岁，担任阳羡县长。①郡府举荐孙权为孝廉，州部举荐孙权为茂才，孙权代理奉义校尉。朝廷以孙策在江南任职，派遣使者刘琬为孙策增加锡命。刘琬对人讲："我观察孙氏兄弟，虽然各有才气，聪明睿智，丰神秀骨，然而，福祚皆难以持久。只有孙策的二弟孙权，形貌伟岸，骨相不凡，有大贵人之象，年龄最为长寿，你们等着瞧吧。"

①《江表传》记载：孙坚担任下邳县丞时，孙权出生，孙权的面相，方颐大口，双目炯炯有神，孙坚颇为奇异，认为这个孩子有贵相。及至孙坚去世，孙策在江东起事，孙权常跟随在孙策身边。孙权为人宽宏大量，性情疏朗，仁厚而多智，喜欢与侠客交往，豢养士人，从一开始就享有名气，可与父兄相比埒。每当孙权参与孙策的军事行动，孙策对孙权的建议都颇为诧异，自以为不如孙权。在飨宴宾客时，孙策常对孙权讲："这些君子，将来都是你手下的将军。"

建安四年，孙权跟随孙策讨伐庐江郡太守刘勋，打败刘勋，进而在沙羡讨伐黄祖。

建安五年，孙策去世，临终前，把军国大权交予孙权，孙权悲戚不已，孙策的幕府长史张昭对孙权讲："孝廉，此时是哭的时候吗？在古时，周公制定礼法，儿子伯禽并未执行，并非违背父命，是当时的情况确实不允许。②更何况今天奸宄弄权，天下逐鹿中原，豺狼当道，如果将军欲哀悼兄长，顾及服丧之礼，这就好像开门揖盗，这不叫作仁义之举。"张昭当即为孙权脱下丧服，扶着孙权骑上马背，让孙权出来巡视军队。在当时，孙策仅打下会稽郡、吴郡、丹杨郡、豫章郡、庐陵郡，这些郡的深山里，还有很多越人尚未臣服，天下的英雄豪杰散布在州郡，其中有很多来自中原的士人，在东吴寄居，以安危去就为念，随时都有离开的可能，孙权当时的情况，并未建立君臣名分。张昭、周瑜等认为，可以与孙权共谋大业，故委身侍奉孙权。曹公上表，任命孙权为讨虏将军，兼领会稽郡太守，治所设在吴县，又派丞相府丞来到会稽郡，传达献帝的诏命。孙权以师傅之礼，礼敬张昭，拜周瑜、程普、吕范等为军中将帅。而后，孙权招揽江东的英雄豪杰，聘请名士，鲁肃、诸葛瑾等拜在孙权的门下。孙权又分派诸将，前往山中镇抚越人，讨伐不肯从命者。②

①裴松之按：《礼记》记载：曾子问子夏："三年之丧，金革之事不能参与，是礼法规定吗？有违反者吗？"孔子答："我听老人们讲，在往昔，鲁公伯禽就有违反。"郑玄注解："周人在举丧时，不能参与戎事。当时，有徐戎发难，伯禽停止举丧，出兵征剿，是勤于王事。"张昭所云"伯禽不得不出师"指的就是这件事。

②《江表传》记载：当初，孙策上表，任命李术为庐江郡太守，孙策去世，李术不肯交出权力，接纳很多逃亡的罪犯。孙权写信给李术，晓谕道理，请李术交出罪犯，李术上报："有德见归，无德见叛，不应该交还。"孙权大怒，把这些情况禀报曹公："严刺史此前为明公所用，又是州部举荐的将军，而李术凶残暴戾，轻视朝廷纲纪，残害州部官员，骄横恣肆，滥施无道，宜尽快剿灭李术，惩治丑类。今在下欲讨伐李术，进为朝廷扫除鲸鲵，退为举荐的将军报仇雪恨，此天下达义之举。臣夙兴夜寐，思考良策，谋划方略。李术必定惊恐，担心被杀，会诡辩其说，以求脱罪。明公位居阿衡之任，为海内所瞻仰，愿敕令执事官员，切勿听信李术。"这一年，孙权在皖城举兵攻打李术。李术紧闭城门坚守，向曹公求救。曹公并未救援。李术粮食耗尽，城中的妇女靠吞食泥丸充饥。孙权攻破城池，屠戮其城，斩杀李术首级，迁徙其部众三万余人。

建安七年，孙权的生母吴氏去世。

建安八年，孙权西行，讨伐黄祖，大败黄祖的水军，还未攻下黄祖占领的城池，后方的山贼蠢蠢欲动。孙权只好撤军，经过豫章郡，命令吕范平定鄱阳县，命令程普讨伐乐安县，命令太史慈兼领海昏县令，韩当、周泰、吕蒙等兼任县令、县长。

建安九年，孙权的弟弟丹杨郡太守孙翊被身边人杀害，孙权以堂兄孙瑜代替孙翊，担任丹杨郡太守。①

①《吴录》记载：在当时，孙权大会群臣，沈友在当时妄言是非，孙权令人扶出，有人对沈友讲："有人告发，说卿欲造反。"沈友知道不能脱罪，就说："皇上在许都，目中无君的人才是造反者！"孙权杀了沈友。沈友，字子正，吴郡人。十一岁时，华歆巡行属下县邑，考察风俗，见到沈友，颇为欣赏，喊沈友："沈郎，可登上车谈话否？"沈友逡巡，对华歆讲："君子问好，在会宴时以礼相待。而今，仁义陵迟，圣道毁弃，先生衔命，将以裨补先王之教，整齐风俗。然而，先生轻脱威仪，犹如负薪救火，无疑使得火焰更加旺盛！"华歆惭愧，说："自从桓帝、灵帝以来，虽然世上有很多英俊士人，未有像幼童这样讲话。"沈友弱冠时，已经以博学

而闻名，对经学已经贯通，善于文辞，兼好武事，为《孙子兵法》作注，口才很好，善于辩论，每当沈友出现，众人皆默然不语，无人能与沈友抗衡，都说沈友的文章写得好，下笔之妙，口舌之利，刀法之精，三者皆超过常人。孙权以礼聘请，沈友来到，与孙权谈论王霸之道及当时的急务，孙权屏神敛息，对沈友很尊敬。沈友向孙权谏言，应该兼并荆州，孙权采纳。沈友在廷议时正色谏言，清议峻厉，被庸臣所谮毁，诬陷其谋反。孙权也以沈友终不肯为自己所用，故杀害沈友，沈友死时，年仅二十九岁。

建安十年，孙权派遣贺齐讨伐上饶，分出上饶一部分，设立建平县。

建安十二年，孙权再次西征黄祖，俘虏其人民，而后撤军。

建安十三年春天，孙权再次征伐黄祖，黄祖先派遣水军抵御孙权，都尉吕蒙攻破黄祖的前锋，凌统、董袭等率领精锐，猛攻黄祖，城破后，吴军开始屠城。黄祖仓皇遁逃，骑士冯则追上黄祖斩杀，枭其首级，俘虏其男女数万口。这一年，孙权派遣贺齐讨伐黟县、歙县，分出歙县一部分，设立始新县、新定县、[①]犁阳县、休阳县，[②]以六县设立新都郡。荆州牧刘表病逝，鲁肃恳请孙权先向刘表的两个儿子吊丧，同时，观察荆州有何变故。鲁肃还未到，曹公已经兵临荆州，刘表的小儿子刘琮举荆州投降曹公。刘备欲南下渡过长江，鲁肃与刘备相见，传达孙权的旨意，为刘备陈述成败利害。刘备遂进军，驻扎在夏口，派诸葛亮回访孙权，孙权派遣周瑜、程普等率领大军出动。在当时，曹公刚获得刘表的大批军队，军势强盛，江东谏言者皆望风披靡，很多人劝说孙权向曹军投降。[③]只有周瑜、鲁肃持反对意见，主张抗拒曹军，与孙权的想法相同。周瑜、程普担任左右都督，各自率领上万人，与刘备合力抗曹，在赤壁与曹军对峙，大败曹公的水军。曹公焚烧其剩余的战船，引军撤退，再加上曹军士卒遭遇瘟疫，死者大半。刘备、周瑜穷追猛打，追至南郡，曹公继续北撤，留下曹仁、徐晃驻守在江陵，命令乐进驻守襄阳。当时，甘宁在夷陵驻扎，被曹仁围困，孙权采用吕蒙的计策，留下凌统抵御曹仁，用剩下的一半兵力援救甘宁，援军大获全胜，撤回。孙权亲自率领大军，围困合肥，派张昭攻打九江郡当涂县。张昭出兵不利，孙权攻打合肥一个月，不能攻下合肥。曹公从荆州撤回，派遣张喜率领骑兵驰援合肥，还未到达，孙权撤军。

①《吴录》记载：晋朝改新定县为遂安县。

②《吴录》记载：晋朝改休阳县为海宁县。

③《江表传》记载：曹公写信给孙权："近来奉旨伐罪，大军南下，所向披靡，刘琮束手归降。而今，孤有水军八十万众，将与将军在吴地会猎。"孙权得到曹公的书信，拿给群臣看，大家莫不震惊，脸色骤变。

建安十四年，周瑜、曹仁对峙一年多，双方战死者很多。曹仁放弃江陵撤走。孙权任命周瑜为南郡太守。刘备上表朝廷，孙权代领车骑将军职事，兼领徐州牧。刘备兼领荆州牧，治所设在公安县。

建安十五年，孙权分出豫章郡一部分，设立鄱阳郡；分出长沙郡一部分，设立汉昌郡，任命鲁肃为汉昌郡太守，治所设在陆口。

建安十六年，孙权将东吴治所迁至秣陵。第二年，修建石头城，将秣陵改为建业。听说曹公将再次南下，孙权修建濡须坞。

建安十八年正月，曹公攻打濡须，孙权与曹军对峙一个多月。曹公遥望孙权的水军，叹息其军队严整，随后撤军。[①]当初，曹公担心长江以北的郡县会遭到孙权抢掠，命令百姓内迁。百姓听到内迁的命令，惊慌失措，从庐江郡、九江郡、蕲春、广陵，大约有十余万户居民渡过长江，长江以西遂变得空旷无人，合肥以南，仅剩下皖城。

①《吴历》记载：曹公出濡须，制造很多油船，夜晚在江上航渡，来到一个沙洲上。孙权派出水军包围，俘虏曹军三千余人，被江水溺毙者还有数千人。孙权多次挑战曹公，曹公坚守不出。孙权亲自率军前来，乘坐轻船，从濡须口进入曹公军营。诸将皆以为是来挑战，欲反击。曹公说："这一定是孙权想要亲自观察我的军容。"曹公遂敕令军中，严阵以待，不得妄发弩箭。孙权的战船行驶五六里，返还时，船上鼓吹齐鸣。曹公注视孙权的战船，军伍器仗严整，喟然叹息："生子当如孙仲谋，刘景升之子，犹如犬豚耳！"孙权写信给曹公："春水正在上涨，明公宜尽快退军。"另外附上一信："足下不死，孤不得安。"曹公对诸将讲："孙权不欺孤。"曹公撤军。

《魏略》记载：孙权乘坐战船，前来观察曹公的军营，曹公令弓弩乱发，箭矢射在船上，船偏重，将要倾覆，孙权掉过船头，让另一面继续受箭，箭矢射在船上，船恢复平衡，孙权掉头回去。

建安十九年五月，孙权攻打皖城。闰五月，攻克皖城，擒获庐江郡太守朱光及参军董和，还俘虏男女数万人。这一年，刘备平定蜀地。孙权认为，刘备已经获得益州，令诸葛瑾去见刘备，欲要回荆州属下诸郡。刘备没有答应，说："我正要平定凉州，等到凉州平定，再把荆州全部归还给东吴。"孙权说："这是托辞，借了荆州不还，以虚辞敷衍，欲拖延时间。"遂安排荆州南部三个郡的官员，关羽将他们全部赶走。孙权勃然大怒，派遣吕蒙指挥鲜于丹、徐忠、孙规等，率领二万人马，攻取长沙郡、零陵郡、桂阳郡三郡，派遣鲁肃率领一万人驻扎在巴丘，[①]抵御关羽。孙权驻扎在陆口，统一调动军队。吕蒙大军杀到，长沙郡、桂阳郡二郡皆臣服于东吴，只有零陵郡太守郝普不肯投降。恰逢刘备来到公安县，派关羽率领三万人马，进抵益阳，孙权召回吕蒙等，援助鲁肃。吕蒙派人诱降郝普，郝普投降，东吴收复长沙郡、桂阳郡、零陵郡三郡，引军撤回，吕蒙与孙皎、潘璋加上鲁肃的兵力，合力并进，在益阳与关羽对峙。双方还未开战，恰逢曹公率领大军进抵汉中，刘备担心失去益州，派使者向孙权求和。孙权令诸葛瑾回访，双方缔结盟约，恢复和好，分出荆州的长沙郡、江夏郡、桂阳郡，以及长江以东，属于孙权，荆州的南郡、零陵郡、武陵郡，以及长江以西，属于刘备。刘备撤军返回，而曹公已经撤军。孙权从陆口返回建业，再次进攻合肥。合肥城没有攻下，孙权撤军。东吴大军踏上归途，孙权与凌统、甘宁等在逍遥津以北，被魏国大将张辽袭击，凌统等拼命保护孙权，孙权骑着骏马，穿过逍遥津的板桥，侥幸脱险。②

①巴丘今日叫巴陵。

②《献帝春秋》记载：张辽问吴国投降者："刚才有紫髯将军，上长下短，骑马善射，这是谁？"吴人投降者回答："这是孙会稽将军。"张辽及乐进相遇，后悔没有早些知道，可以擒获孙权，全军为此叹恨不已。

《江表传》记载：孙权骑着骏马，上了津桥，桥南的木板已经撤去，有一丈多没有木板。谷利在孙权的马后，让孙权紧抓住马鞍，控制好骏马，谷利在后面猛地加鞭，以助马势，孙权的骏马遂跳跃过去。孙权得以脱身，当即拜谷利为都亭侯。谷利，原来担任左右给使，以谨慎正直，在孙权身边担任近监，谷利忠诚，遇事果断，为人襟怀坦白，言不苟且，孙权很信任。

建安二十一年冬天，曹公驻扎在居巢，随后攻打濡须。

建安二十二年春天，孙权令都尉徐详到曹公处请降，曹公回复孙权，双方互派使者，重新修好，举行盟誓，结为姻亲。

建安二十三年十月，孙权来到吴郡，在庱亭骑马亲自射虎。马被老虎咬伤，孙权手持双戟刺向老虎，老虎受伤后退下，侍从张世用戈猛击，捕获老虎。

建安二十四年，关羽在襄阳围困曹仁，曹公派遣左将军于禁救援。恰逢汉江水暴涨，关羽使用水军，乘坐战船围困于禁大营，俘虏于禁等将领及步骑三万人，送回江陵，襄阳城仍未攻克。孙权忌惮关羽，欲讨伐关羽，表面上为自己表功，写信给曹公，请求讨伐关羽，以此报效曹公。曹公欲令关羽与孙权相斗，双方对峙，以利魏国，通过驿站，骑快马把孙权送来的书信送给曹仁，令曹仁用弩箭把书信射给关羽。关羽犹豫徘徊，未能及时撤军。闰月，孙权讨伐关羽，先派遣吕蒙袭击公安县，擒获关羽手下的将军士仁。而后，吕蒙进抵南郡，南郡太守麋芳献城投降。吕蒙占领江陵，抚慰留在江陵的关羽军中将士的家属，从拘押处释放于禁。陆逊率领另一支大军，攻取宜都，又攻取秭归、枝江、夷道，回军驻扎在夷陵，守住峡口，以防备刘备率领蜀军救援。关羽撤回当阳县，西行守卫麦城。孙权派人诱降关羽。关羽诈降，在城上矗立旗幡及假人，而后悄悄逃走，关羽手下的士兵此时一哄而散，仅剩下十几名骑兵。孙权派朱然、潘璋在小路上设伏。当年十二月，潘璋的幕府司马马忠，在章乡生擒关羽及其儿子关平、都督赵累等将领，东吴遂完全平定荆州。这一年发生大瘟疫，孙权免去荆州百姓的赋税。曹公上表，任命孙权为骠骑将军，授予符节，兼领荆州牧，封为南昌侯。孙权派遣校尉梁寓向献帝朝贡，令王惇购买战马，又把庐江郡太守朱光等送回北方。①

①《魏略》记载：梁寓，字孔儒，吴县人。孙权派遣梁寓前去拜谒曹公，曹公乘机任命梁寓为丞相府掾，又把梁寓送回江南。

建安二十五年春天正月，曹公去世，太子曹丕即位为汉丞相、魏王，更改纪元年号为延康。当年秋天，魏国将军梅敷派遣张俭求见孙权，愿意归附东吴。南阳郡阴县、酂县、筑阳县、山都县、中庐县，有五千余家百姓归附东吴。当年冬天，魏王曹丕接受汉室禅让，登上帝位，改纪元为黄初。黄初二年四月，刘备在蜀地称帝。①孙权从公安县来到鄂城，改鄂城名称为武昌，把东吴的国都设在武昌，以武昌、下雉、寻阳、阳新、柴桑、沙羡六县，设置为武昌郡。当年五月，建业人上报，有甘露降落。当年八月，孙权在武昌建城，下令诸将："存不忘亡，安必虑危，这是古人的告诫。在往昔，隽不疑作为汉室名臣，在太平之世，仍然刀剑不离身，人们常讲，君子之于武备，不可以须臾忘记。况且今天的东吴靠近豺狼，岂可轻视武备，漠视非常之变故？最近，孤听说诸将出门，为表示谦逊、简约，没有随从、士兵跟随，这就没有戒备之心，要爱惜自身，才能创立功名，同时也是让君亲安心，难道遇上危险，蒙受羞辱才觉悟？一定要有警惕，从大处着想，以符合孤意。"自从魏文帝即位，孙权派使者向魏国自称藩臣，又把于禁等魏国大将送回。当年十一月，魏文帝策命孙权："人们常讲，圣王建立礼法，以德行设置爵位，以功勋增加俸禄；功大者，俸禄丰厚，德盛者，爵位崇高。故周公旦有辅佐成王之功勋，姜太公有鹰扬之武功，周室为他们建立封国，赏赐各种礼器，用以表彰元功，有别于其他贤臣。近世，汉高祖接受天命，分裂疆土，封赏八位异姓诸侯王，成为前世传诵的嘉美之事，为后世帝王所效仿。朕以不德，奉天承运，革命创制，君临万国，秉持天机，思考如何向前代圣王学习，坐而待旦，废寝忘食。唯君天资聪明，忠贞明察，可谓命世之臣，洞察历法之数，王道废兴之理，派遣使者，渡过潜水、汉水。②望风影附，远途呈递疏文，自称藩臣，同时送上丝麻等南方的贡品，护送原魏国大将返回本朝，忠贞发自内心，款诚昭显，信誉犹如金石，义盖山河，朕甚为嘉赏。今封君为吴王，派使者太常高平侯邢贞，持符节，授予君玺印、绶带、策书、金虎符第一至第五、左竹使符节第一至第十，以大将军职务，持符节，都督交州，兼领荆州牧职事，赐君青土，裹以白茅，秉承朕命，治理东夏。上缴原有的骠骑将军南昌侯印绶、符节、策书。今又加君九锡，敬听此后诏命。以君安绥东南，纲纪江东，抚恤江东汉民、夷民，没有二心，再赐予君大辂车、戎辂车各一，玄马、牡马各四匹。君重视积蓄财物，劝农稼穑，仓库充盈，再赐予君衮冕之服，配套的赤靴。君化民以德，礼教兴盛，再赐予君轩悬之乐器。君倡导美风化俗，怀柔百越，再赐予君朱红色的宫殿。君运筹谋划，唯才是举，任用贤者，再赐予君有多重台阶的高大宫殿。君忠勇奋发，清除奸慝，再赐予君虎贲勇士一百人。君军威豪迈，宣力荆南，剿灭凶残，罪人获咎，再赐予君𫓧钺各一。君文和于内，武信于外，再赐予君彤弓一、彤矢百、玈弓十、玈矢千。君以忠肃为基，恭俭为德，再赐予君美酒一卣，还有配套的玉勺。钦哉！敬敷训典，以服从朕命，勖勉尽力，辅佐国家，永远保持光荣。”③这一年，刘备率领蜀军，讨伐吴国，蜀军进抵巫山、秭归，派遣使者引诱武陵蛮夷，授予印绶、符节，许诺将予以封赏。诸县蛮夷及五溪夷民反叛东吴，归附蜀国。孙权任命陆逊为都督，统率朱然、潘璋等，率领大军抵御刘备，派遣都尉赵咨出使魏国。魏文帝问：“吴王是怎样一位君主？”赵咨回答：“吴王聪明睿智，为人注重仁义，可谓有雄才大略。”文帝再问赵咨有何证明，赵咨答：“在诸多平凡人中，吴主重用鲁肃，证明其聪明；在行武中，擢拔重用吕蒙，证明其睿智；擒获于禁而没有加害，证明其仁义；攻取荆州而兵不血刃，证明其明智；占据三州，虎视天下，证明其雄才大略；吴主屈身于陛下，证明其深谋远虑。”④文帝欲封孙权的儿子孙登，孙权以孙登年龄尚幼，上书请辞封爵，孙权又派遣西曹掾沈珩前来表达谢意，并贡献方物。⑤文帝立孙登为吴王太子。⑥

①《魏略》记载：孙权听说魏文帝接受汉室禅让，登上帝位，刘备在蜀地称帝，召来观察星象者询问，确定星宿分野中星气如何，遂有僭越帝位的想法。孙权又以位次尚少，无以威众，欲采用先卑后踞之计，为卑则可以假宠，后踞则必致讨伐，致讨伐然后可以怒众，众怒然后可以自大，故断绝与西蜀的交往，而专事魏国。

②《禹贡》记载：沱江、潜江的发源地，注释：“江水来自沱县为沱江，汇入汉水为潜江。”

③《江表传》记载：孙权大会群臣，在廷议时，有大臣认为，应该称上将军、九州伯，不应该接受魏国封号。孙权答：“九州伯，自古以来，从未听说。在往昔，沛公也接受项羽封的汉王，这只是权宜之计，有何损伤？”遂接受。

孙盛曰：“在往昔，伯夷、叔齐不肯屈服于周室，鲁仲连不愿意成为秦民。以匹夫之志，怀抱仁义，更何况列国之君，三分天下，可二三其节，或臣或否？余观东吴、西蜀，皆自称侍奉汉室，至于汉室被魏取代，不能固守臣节，君子是以知道东吴、西蜀后代不能昌盛，最终被大国吞并。如果孙权能听从群臣之议，终身称汉将，岂不义悲六合，仁感百世！”

④《吴书》记载：赵咨，字德度，南阳郡人，博闻强识，应对敏捷，孙权成为吴王，擢拔赵咨为中大夫，赵咨出使魏国。魏文帝很欣赏，诘问赵咨：“吴王有学问吗？”赵咨答：“吴王有战船浮江万艘，有带甲武士百万，选贤任能，志存经略，虽有闲暇，博览书传历史，藉采奇异，不像诸儒生仅寻章摘句而已。”魏文帝再问：“吴国可征伐否？”赵咨回答：“大国有征伐之兵，小国亦有备御之道。”文帝又问：“东吴会因魏国而感到为难吗？”赵咨答：“吴主有带

甲武士百万，江、汉为池，为何要为难？”文帝又问：“吴国像大夫这样者有几人？”赵咨答：“聪明通达者有八九十人，像臣这样，车载斗量，不可胜数。”赵咨多次出使魏国，魏人敬佩赵咨的口才。孙权听说后，嘉赏赵咨，拜赵咨为骑都尉。赵咨说：“臣观察北方，终不能固守盟约，今日之计，东吴朝廷继承汉室四百年福祚，应东南之运，宜更改纪元，端正服色，以应天顺民。”孙权采纳谏言。

⑤《吴书》记载：沈珩，字仲山，吴郡人，年少时，沈珩熟悉经典，尤其熟读《春秋》内传、外传。孙权以沈珩有智谋，善于应对，令沈珩出使魏国。魏文帝问：“东吴会担心魏国东向吗？”沈珩答：“不会。”文帝问：“君何以知道？”答：“吴主相信魏国信守盟约，言归于好，是以不会担心。若魏国背弃盟约，东吴自有准备。”文帝又问：“久闻东吴太子要来，是真的吗？”沈珩答：“臣在东吴，东吴朝会时，臣无不参与，飨宴时，臣无不参加，像东吴太子之议，从未听说过。”文帝嘉赏沈珩的应对，令人引沈珩走近，谈话终日，沈珩随口应答，无所屈服。沈珩还向孙权谏言：“臣曾经向侍中刘晔咨询，多次为贼设计奸谋，终不会长久。臣听说，兵家旧典，不恃敌之不犯我，恃我之不可犯，今日为朝廷考虑，且当减省其他事役，唯务农桑，以充实军资；修缮舟车，增加战备，令东吴物资充盈；抚养士民，使其各得其所；招揽英俊，奖励战士，则天下可图。”以奉使称职，孙权封沈珩为永安乡侯，官至少府。

⑥《江表传》记载：这一年，魏文帝派遣使者向东吴征求雀头香、大贝、明珠、象牙、犀角、玳瑁、孔雀、翡翠、斗鸭、长鸣鸡。东吴群臣上奏：“荆、扬二州，对魏国进贡有常典，魏国所征求珍玩之物，非礼也，切勿送予。”孙权说：“在往昔，惠施尊齐侯为王，有客人诘难惠施：‘公之学问，舍弃尊严，却要尊齐侯为王，何其颠倒？’惠子答：‘有这样一个人，欲击打爱子的头颅，就用石头代替，爱子的头颅重要，石头无所谓，以轻代重，为何不可以？’一旦西北有事，江东的百姓，倚恃君王为命，难道不是我的爱子？彼所求者，对于我来说，不过瓦石，孤有何可惜？彼在晦暗之中，而所求若此，岂可与彼言礼！”把魏国征求的东西全部送去。

黄武元年春天正月，陆逊率领吴国将军宋谦等攻打蜀国五座军营，逐一攻破，斩杀其守将。三月，鄱阳县人报告，有黄龙出现。蜀军分兵，据守险要，前后驻扎营盘有五十余座，陆逊根据敌情，按照轻重缓急，派兵应敌，从正月至闰三月，大败蜀军，临阵斩杀及投降的蜀军有数万人。刘备仓皇窜逃，仅以身免。①

①《吴历》记载：孙权派使者向魏国聘问，上报大败刘备的战果，缴获西蜀印绶及斩杀首级、所得土地，并上表报功，将吏应该接受功勋者，应该加赏爵位者。文帝回复使者，赏赐鼲子裘皮、明光铠甲、骓马，又以素书写作《典论》及诗赋，赐予孙权。

《魏书》记载：文帝下诏答复：“刘备老虏，藏身边窟，越险深入吴境，旷日持久，内迫疲惫，外困智力，故见身于鸡头，分兵拟西陵，其计不过是重蹈前迹，以摇动江东。根还未着地，已经摧折其枝干，虽然还没有刳刘备五脏，使其身首分离，刘备属下被斩杀、被俘虏或投降者，亦足以使贼虏部众恐惧。在往昔，吴汉先烧荆门，后攻打夷陵，公孙子阳无所逃离，只能伏法就死；来歙当初袭击略阳，光武帝很高兴，知道隗嚣再也不能施展诡计。今日讨伐刘备丑虏，正似其事。将军勉力，建立功勋，务必大获全胜。”

当初，孙权向魏国佯称藩臣，内心却另有企图。魏国欲派遣侍中辛毗、尚书桓阶前来东吴通使问好，与孙权结盟，并征召孙权的太子前来魏国京师，侍奉文帝，孙权坚决拒绝，不肯接纳使者。当年秋天九月，魏文帝诏命曹休、张辽、臧霸从洞口出兵，曹仁从濡须出兵，曹真、夏侯尚、张郃、徐晃围困南郡。孙权派遣吕范等统率五军，以水军抵御曹休等，诸葛瑾、潘璋、杨粲援救南郡，朱桓在濡须统率众将领抵御曹仁。当时，扬、越山区的蛮夷，大多还未归附，内忧还未解除，因此，孙权卑辞谦礼，向魏文帝上书，请求悔罪："如果罪行难以免除，不能得到陛下赦免，臣当奉还土地、人民，乞求寄命于交州，以终余年。"文帝回复："君生于天下扰攘之际，原本有纵横天下之志，降身侍奉朝廷，以享福祚。自君接受策命以来，贡献不断，使者途中遥相瞩望。讨伐刘备有功，朝廷企盼君能功到事成。埋而掘之，古人所耻。[①]朕与君之间，大义已定，为何劳师远征，兵临江汉？廊庙之议，王者不得自专；三公上疏，君有过失，皆有其原委。朕以不明察，虽然有曾参之母相信谣言，投下机杼之疑，仍然希望，这些都是谣言，不可轻信。不轻信谣言，才是国家之福。故先派遣使者犒劳君，又派遣尚书、侍中践行前言，望君早日送来侍子，侍奉皇帝。君百般狡辩，不愿送太子来，廷议者不能不有所议论。[②]还有，前都尉浩周劝君送来太子，这是朝臣在廷议时共同的意见，以此测试君的真诚，君却百般推辞，外引隗嚣送来儿子侍奉光武帝，不得善终，内喻像窦融一样坚守忠贞，如此这般。时移势易，人各有异心。浩周返回，亲口告诉朕君的想法，这更使得朝臣在廷议时增加对君的怀疑，考察事情之本末，无所依据，故朕只好采纳群臣的意见。今日，君反省上述此事，款诚深至，心用慨然，凄怆动容。朕即日下诏，敕令诸军，只能深沟高垒，不得妄进。如果君下定决心以效忠节，以解疑议，就早些送来太子孙登到京师朝觐，早上到达，晚上就可以撤回军队。此言谓之真诚，有如长江！"[③]孙权遂更改纪元，派出大军，临江拒守。当年冬天十一月，江上刮起大风，吕范等率领的士兵，溺死在江中者有数千人，剩余的军队撤回江南。曹休派遣臧霸率领轻战船五百、敢死战士一万，袭击徐陵，焚烧攻城车，斩杀吴军数千人。东吴将军全琮、徐盛追杀魏将尹卢，斩杀、俘虏数百人。当年十二月，孙权派遣使者太中大夫郑泉在白帝城向刘备通使问好，双方恢复往来。[④]然而，孙权依然与魏国保持往来，直至两年后，双方才断绝关系。这一年，孙权更改夷陵为西陵。

①《国语》记载：野狸埋藏猎物，又重新挖出，是以无功。

②《魏略》记载：魏国三公上奏："臣听说，树枝大者伤害树心，尾大者不掉，此乃国家必须谨慎对待。在往昔，汉继承秦朝之弊，天下新定，大国之王，臣节未尽，以萧何、张良之谋，没有备录，致使六位异姓诸侯王先后反叛，高祖只好逐一讨伐，戎车不辍。文帝、景帝守成之君，忘战已久，骄纵吴、楚，养虺成蛇，成为社稷大忧。前事不忘，后事之师。吴王孙权，幼竖小子，无尺寸之功，遭遇兵乱，继承父兄之绪，很少蒙受翼卵煦伏之恩，长含鸱枭反逆之性，

背弃天道，罪恶昭彰。又与关羽相互窥伺，逐利见便，以要挟为卑辞。先帝深知孙权奸诈，以求利用，在当时，因为于禁败于大水，臣等本应当讨伐关羽，先帝将此事委托孙权。先帝委裘下席，孙权不能尽心，诚在恻怛。陛下因为大丧，寡弱王室，希望委托董桃传递先帝遗命，趁着还未报功，孙权欲擅取襄阳，及至被驱逐，重新折节。孙权的邪辟之态，巧言如流，虽多次派遣使者，送回于禁等，内心包含隗嚣顾望之奸，对外又希望缓受诛灭，以全力对付蜀贼。圣朝有弘雅之量，不忍心讨伐孙权，优而赦免，与之更新，让孙权割地称王，南面称孤，兼官累位，礼备九命，送去名马百驷，以成其势，光宠显赫，古今无二。孙权为犬羊之姿，横披虎豹之皮，不思靖力致死之义，以报无量不世之恩。臣每次见到陛下发下的孙权前后奏章，都相信孙权，以愚意采察孙权的旨意，自以阻带江湖，负隅顽抗，狃忕（shì）累世，诈伪成功，上有尉佗、英布之计，下诵伍被倔强之辞，终非不侵不叛之臣。臣以为，晁错不献削弱王侯之谋，则七国连横，祸久而事大；蒯通没有袭历下之策，则田横自虑罪深孽重。臣谨考证《周礼》九伐之法，以铲平孙权恶贼，逆节萌生，可见有罪行十五。在往昔，九黎乱德，黄帝加诛；项羽罪十，汉高祖不舍。孙权所犯罪行明白，非仁恩所养，宇宙所容。臣奏请罢免孙权的官职，大鸿胪削去孙权的爵土，逮捕治罪。敢有不从，移兵讨伐，以明国典好恶之常，以静三州元元之苦。”其罪行十五条，文多不载。

③《魏略》记载：浩周，字孔异，上党郡人。建安年间，出仕为官，担任萧县县令，官至徐州刺史。后来在于禁军担任领护，于禁全军覆没，被关羽擒获。孙权袭击关羽，同时擒获浩周，对浩周甚为有礼。及至曹丕即魏王位，孙权让浩周写信给魏王曹丕：“此前讨伐关羽，擒获于将军，即日告诉先王，应当遣送回去。此乃奉款之心，不言而发。先王未深加留意，而认为孙权从中另外有异图，愚情慺慺，用未果决。遂值先王委离国祚，殿下继承大统，下情始通。公私契阔，未详备举，是令本誓未即昭显。梁寓传命，委曲求全，深知殿下以为意望。孙权之赤心，不敢有他，愿垂明恕，保孙权所执之事。谨派遣浩周、东里衮，至情至实，皆浩周等所具。”又言：“孙权本性浅薄，文武不昭，此前，继承父兄成军之绪，得以为先王所见奖饰，遂因国恩，抚绥东土。中间寡虑，庶事不明，畏威忘德，以取重戾。先王恩德仁厚，不忍抛弃，既释其宿罪，且开明信。虽致命虏廷，擒获关羽，枭其首级，功效浅薄，未报万一。事业未竟，先王离世。殿下践阼，威仁流迈，孙权私惧情愿，未蒙昭察。梁寓来到，具知殿下不愿疏远，必欲安抚，追本先绪。孙权得知此意，欣然踊跃，心开目明，不胜其庆。孙权世受宠遇，分义深笃，今日之事，永执一心，唯察慺慺之情，重垂含覆。”又言：“先王以孙权推诚已验，大军当撤回，故让臣担任合肥太守，著南北之信，令孙权长驱，不复后顾。近得守将周泰、全琮等言事，上个月六日，有马步战士七百，径直来到横江，又听说都督马和率领四百军士进抵居巢，全琮等听说有兵马渡江，观察时，被兵马袭击，临时交锋，大相杀伤。卒得此问，情用恐惧。孙权实在路远，不预先闻知，因为敕令无所闻，敢谢其罪。又听说张征东、朱横海今日返回合肥，先王盟要，由来已久，且孙权自度未获罪衅，不审今日者何事以引起，牵军远征？事业未就，甫当为国讨贼刘备，重闻斯问，深使失图。凡远人所恃，在于明信，愿殿下克卒前分，开示坦然，使孙权誓命，得卒本规。凡所愿言，浩周等所当传递。”当初，东里衮担任于禁军司马，此前与浩周同时被吴军擒获，又同时被释放，文帝有诏，召见他们。文帝问浩周等，浩周认为孙权一定会臣服，东里衮认为不一定臣服。文帝相信浩周所言，认为浩周了解孙权。这一年冬天，魏王接受汉

室禅让，派遣使者任命孙权为吴王，诏令浩周与使者一起前往江东，传达诏命。浩周传达诏命完毕，有一次，参加孙权的私宴，对孙权讲："陛下不相信大王会遣送儿子入侍，浩周以阖门百口为大王保证。"孙权喊着浩周的字，对浩周讲："浩孔异，卿举家百口为我保证，我还有什么话好讲？"说罢流涕沾襟。及至与浩周告别，又指天为誓。浩周返回后，孙权并未派遣儿子，而是以种种托辞，文帝久留其使者。到了八月，孙权上书谢恩，又写信给浩周："自从道路开通，不忘修好。既新奉国命，加上了解君的起居，如果归向河北，故使情问，不获果至。想念之劳，曷云其已。孤以愚暗，分信不昭，中间获罪，以取弃绝，幸蒙国恩，复见宽宥，幸喜与君克卒本图。《左传》不云乎：虽不能始，善终可也。"又说："此前，君前来，欲令臣派遣儿子入侍，在当时，臣倾心喜欢，以奉承王命，徒以儿子孙登年幼，欲再等几年。而赤情未蒙昭信，遂见谴责，常为此感到惭愧。自从臣蒙受国恩，复加开导，忘其前愆，取其后效，幸喜得以此，寻竟本誓。此前已经有上表，具说派遣儿子之意，想君如果返回，已知道也。"又说："今日儿子当入侍，而儿子还未有妃耦，此前，君念念不忘，以为可以与魏国宗室联姻，譬如夏侯氏，虽然中间自弃，常奉戢在心。当垂宿念，为之先后，使臣得以攀龙附骥，永自固定。其为分惠，岂有量哉！如是，臣欲派遣孙长绪与小儿一起赴京师朝觐，奉行礼聘，成之在君。"又说："小儿年龄尚幼，加上教训不足，想到将与儿子告别，为之缅然，父子恩情，岂有已邪！又欲派遣张子布与儿子一起，辅导儿子。孤性情无奈，凡所欲为，今尽显露无遗。唯恐赤心不先畅达，是以具为君说之，宜明所以。"于是，文帝下诏："孙权此前面对浩周，自陈不敢自远，乐意委质，永远作为外藩，又前后辞旨，头尾击地，此鼠子自知，不能保尔江东之地。今又写信给浩周，请以十二月派遣儿子，又欲派遣孙长绪、张子布跟随儿子前来，彼二人，皆孙权股肱心腹之臣。又欲为儿子在京师求妇聘娶，此孙权无异心之明效也。"文帝既相信孙权的甜言蜜语，而且，认为浩周所言，已经得到孙权真心实意的回应，然而，孙权只是以虚辞敷衍，始终没有派遣儿子之意。自此之后，文帝既彰显孙权之罪，浩周也被疏远，终身不再重用。

④《江表传》记载：孙权说："近日得到玄德书信，深感引咎自责，请求恢复旧好。此前之所以名西为蜀，以汉帝尚存故耳，而今汉室已经被曹魏篡夺，汉室已废，自可名为汉中王。"

《吴书》记载：郑泉，字文渊，陈郡人。学识渊博，有奇志，性好嗜酒，郑泉闲居时，常说："愿得美酒满五百斛船，以四时甘脆，放置两头，反复饮之，疲惫即住，而啖肴膳。酒有斗升减，随即加添之，不亦快乐乎！"孙权任命郑泉为郎中，曾经对郑泉讲："卿喜欢在众人面前谏诤，有些失去礼敬，难道不畏惧龙鳞？"郑泉回答："臣听说，君明臣直，今日正值朝廷上下无讳，实恃洪恩，不畏龙鳞。"后来郑泉侍宴，孙权威胁郑泉，令人牵出去，交予有关官员治罪。郑泉临出宫，不断回头张望，孙权让人把郑泉再牵回，笑着问："卿言不畏龙鳞，何以临出宫而回头顾盼？"郑泉回答："实侍厚恩覆载，知无死忧，至当出宫，感唯威灵，不能不顾盼耳。"郑泉出使蜀国，刘备问："吴王何以不回复我的书信，是否因为我还未正名，不宜回复？"郑泉答："曹操父子欺凌汉室，最终，篡夺皇帝之位。殿下既然是刘氏宗室，有维城之责，没有荷戈执殳，为海内率先赴敌，只是自称名号，未合天下之议，是以寡君未回复书信。"刘备听罢，颇感惭愧。郑泉临去世前，对同僚讲："一定要把我葬在陶家之侧，百岁之后，化而成土，幸见陶土冶为酒壶，实获我心矣。"

黄武二年春天正月，曹真分出部分军队，占领长江位于江陵的一片沙洲。这个月，孙权在江夏修筑城墙。更改四分历法，改用乾象历法。[①]黄武二年三月，曹仁派遣将军常彫（diāo）等，率领五千精兵，乘坐油船，凌晨从长江中的沙洲进抵濡须。曹仁的儿子曹泰猛攻吴国将军朱桓，朱桓奋力抵抗，派遣将军严圭等，打败常彫等魏军。这个月，魏军撤退。当年夏天四月，吴国群臣劝说孙权称帝，孙权不肯。[②]刘备在白帝城驾崩。[③]当年五月，曲阿县人称天上降下甘露。此前，驻扎在戏口的守将晋宗杀了将军王直，率领部众投降魏国，魏国任命晋宗为蕲春郡太守，晋宗率领军队，多次侵犯吴国边境。当年六月，孙权命令将军贺齐统领麋芳、刘邵等，袭击蕲春，刘邵等生擒晋宗。当年冬天十一月，蜀国派中郎将邓芝作为使者，前来吴国通使问好。[④]

①《江表传》记载：孙权推五德之运，认为应用土德，不能在辰腊祭祀祖宗。

《志林》记载：土德以辰腊，得其数矣。土德盛于戌，而以不能祭祀祖宗，其义非也。土德生于未，故未为坤初。是以月令：建未之月，祭祀黄精于郊，祖宗用其盛。今祖宗用其始，岂应运乎？

②《江表传》记载：孙权辞让道："汉家堙替，不能存救亡之心，有何心思，竟而称帝？"群臣称天命符瑞，多次请求孙权上尊号。孙权未允许，对众将相讲："往年，孤以玄德在西蜀，故先命令陆逊选择众将领，严阵以待。听说北魏欲以此帮助孤，孤内心嫌其有挟持之意，因此不接受其拜官授爵，是相折辱，而使得曹魏尽速发难，便当与西蜀俱进，二处受敌，于孤为剧，故自我压抑，屈就曹魏封王。委屈之意，诸君似乎还未明白，今日故作此解释。"

③《吴书》记载：孙权派遣立信都尉冯熙到蜀国吊唁、聘问。冯熙，字子柔，颍川郡人，是冯异的后人。孙权担任车骑将军，冯熙担任幕府东曹掾，出使蜀国返回，担任中大夫。后来，冯熙出使魏国，文帝问："吴王如果欲修旧好，应该陈兵江关，警惕巴蜀。朕却听说东吴又派遣使者与西蜀修好，必有变故。"冯熙答："臣听说，西蜀派使者来报丧，同时，东吴派人前去吊唁、聘问，且以此观察西蜀，并非有预谋。"文帝又问："听说吴国连年旱灾，农业损失很大，以大夫之明察，观察东吴的情况，怎样？"冯熙回答："吴王为人聪明，善于应对变故，赋敛、徭役，施政措施，每事必问，训练军旅，亲贤爱士，赏不择怨仇，罚必加有罪，臣下皆感恩怀德，唯忠与义。东吴有带甲武士百万，谷帛如山，稻田沃野，民无饥年，所谓金城汤池，富强之国。以臣观察，轻重之分，未可量也。"文帝听了，心中不高兴，认为陈群与冯熙同郡，令陈群诱降冯熙，以重利诱惑。冯熙不肯回复。文帝派人送冯熙至摩陂，欲让冯熙受些苦。后来又召回，还未到，冯熙担心文帝逼迫，不肯从命，必定会危及自身，有辱使命，引刀自刺。御者发觉，救下冯熙，没有死成。孙权听说后，垂涕道："此与苏武何异？"最终，冯熙死于魏国。

④《吴历》记载：蜀国送来战马二百匹，锦帛千端，还有蜀地的方物。自此之后，聘问使者相互往来，成为常例。吴国也向西蜀送上东吴的方物，以答谢蜀国厚意。

黄武三年夏天，孙权派遣辅义中郎将张温回访蜀国。当年秋天八月，孙权颁布大赦令。九月，魏文帝出兵广陵，眺望大江，说："东吴有人才，未可轻易图谋。"文帝撤军。[①]

①干宝著《晋纪》记载：魏文帝进抵广陵，吴国人很恐惧，临江建造疑城，从石头城直到江乘，车以木桢，衣以苇席，外面加上彩饰，一夕而成。魏军从长江西边望去，甚为忌惮，遂撤军。孙权令赵达运算，赵达说："曹丕撤军，尽管如此，吴国的衰运，也在庚子年。"孙权问："还有多少年？"赵达屈指计算，答："还有五十八年。"孙权说："今日之忧，无暇顾及长远，这是子孙的事情。"

《吴录》记载：这一年，蜀国后主又派遣邓芝来东吴聘问，加强盟好。孙权对邓芝讲："山民作乱，江边守兵很多撤回，我担心曹丕趁着江东空虚，又玩弄什么诡计，反而迎来西蜀求和。议者认为，内部自顾不暇，幸而有西蜀求和，对于我有利，应该与魏国通使，以此向曹魏解释。担心西蜀不能明白孤的赤心，反而会有所怀疑。孤的土地向外延伸，间隙万端，长江巨海，皆可以当作防线。曹丕观衅而动，唯不见便利，宁得忘此，复有他图。"

黄武四年夏天五月，丞相孙邵去世。[①]六月，孙权任命太常顾雍为丞相。[②]皖口有人传说，有一棵树长出连理枝。当年冬天十二月，鄱阳贼寇彭绮自称将军，攻打几个县邑，有部众数万人。这一年，多地发生地震。[③]

①《吴录》记载：孙邵，字长绪，北海国人，身高八尺。曾经担任北海国相孔融的功曹，孔融称孙邵"廊庙之才"。从刘繇盘踞江东，到孙权继承父兄创立的基业，统领江东诸事，孙邵多次向孙权陈述谏言，认为应该向曹魏纳贡、通使聘问，孙权听从谏言。拜孙邵为庐江郡太守，改任车骑长史。黄武初年，孙邵担任丞相，兼领威远将军，受封为阳羡侯。张温、暨艳上奏言事，孙邵请罪，辞去职务，孙权令孙邵官复原职，孙邵享年六十三岁，去世。

《志林》记载：吴国创立基业，孙邵是第一位丞相，吴史无其传记，令人感到奇怪。曾经问刘声叔。声叔是一位博物君子，声叔答："推其名位，自然应该立传。项竣、吴孚当时都有传注，因为孙邵与张惠恕的关系不睦。后来，韦氏写作史书，他是张惠恕的党徒，故不见为孙邵书传。"

②《吴书》记载：孙权任命尚书令陈化为太常。陈化，字元耀，汝南郡人，博览群书，性情刚毅，身高七尺九寸，为人雅致，有威容。以郎中令身份出使魏国，魏文帝因为刚刚参加酒宴，酒酣耳热，诘问陈化："东吴、曹魏对峙，谁将平定海内？"陈化回答："《易经》讲：帝出乎震卦，加上臣听说先哲知命，旧的说法紫盖黄旗，运数在东南。"文帝问："在往昔，文王以西伯王天下，怎么会在东边？"陈化答："周室当初的基业，太伯在东边，是以文王可以在西边兴盛。"文帝笑了，无法诘难，然而心中仍然佩服陈化的答问。陈化出使完毕，应当回去，文帝送给陈化的礼物甚厚。孙权以陈化奉命出使，光耀国家，拜陈化为犍为郡太守，可以设置官属。不久，陈化改任太常，兼任尚书令。陈化在朝中，以正直辅佐朝政，教导子弟切勿经营田业，切勿治理家产，仰官廪禄，不要与百姓争利。妻子早亡，陈化以古代先贤为鉴，不再娶妻。孙权听说后，更加敬佩，以陈化还是壮年，敕令宗正，把孙氏宗室的女儿嫁给陈化，陈化固辞身体有病，

孙权不违其志。陈化七十岁过后，上疏乞骸骨，隐退章安县，在家中去世。长子陈炽，字公熙，年少时，有志向，重视节操，懂得计算。卫将军全琮上表，称陈炽可以担任大将军，陈炽接受征召，在来京的途中去世。

③《吴录》记载；这一年冬天，魏文帝到达广陵，临江观兵，魏军此次出征，有十余万人，旌旗招展数百里，有渡江之志。孙权严防死守。当时，天气大寒，结冰，战船不能过江。文帝见波涛汹涌，叹息道："嗟乎！这是上天要隔断南北！"遂返回。孙韶又派遣部将高寿等，率领敢死之士五百人在小路夜袭，文帝大惊，高寿等缴获文帝的副车羽盖，撤回。

黄武五年春天，孙权诏令："军队征战日久，很多民众不得不离开土地，不能从事农业生产，父子、夫妇也不能相互照顾，孤甚为怜悯。而今，北方贼虏已经撤退，边境暂无战事，命令州郡，对民众施以宽大政策，以利休养生息。"在当时，陆逊驻扎的地区缺少粮食，上表奏请，率领军队开垦农田。孙权回复："此议甚好。而今，孤父子亲自耕种农田，驾车的八头牛，可以编为四组，用以犁地，虽然农事不及古人，也愿与民众一样，担负起生产责任。"当年秋天七月，孙权听说魏文帝驾崩，遂出兵江夏，围困石阳，没有战果，撤军。苍梧郡报告，有凤凰出现。孙权分出三个郡的十个山区县，设置东安郡，[①]孙权任命全琮为东安郡太守，征剿山中的越人。当年冬天十月，陆逊上疏，力陈对国家有利的政策，劝谏孙权要向百姓普施恩惠，减缓刑罚，宽免税赋，暂停人口税。又说："臣尽忠之言，难以详细陈述，请求容许小臣，可以随时奏闻。"孙权回复："帝王设置法令，用以除恶防邪，儆戒未然，焉得不用刑罚，以威慑小人？此为先有法令，而后予以惩治，不欲使人有意犯法，不知所以然耳。君认为，刑罚太重，孤也知道这其中的利弊，但也是不得已而为之。今承蒙来意，当令朝臣廷议，务必在可减免者中，选择施行。而且，近来朝臣有守规矩之谏言，亲戚有补缺失之箴言，这些都是匡扶君主、纠正君主的过失，以表明忠信。《尚书》记载：'予违汝弼，汝无面从。'孤岂不乐意忠言，以弥补自身不足？然而，《尚书》又说：'不敢极陈。'又何得为忠臣告诫？若小臣之中，有可任用者，孤怎么能以人废言，而不采用？对待谄媚取容，虽然暗昧，也有所明识。至于征调兵员，增加徭役，因为天下尚未安定，事情很多，不得已而为之。如果徒守江东，修德宽政，兵力仅考虑自用，足矣，要那么多兵，又有何用？然而，坐守江东，可谓短视。若不预先征调兵员，增加徭役，恐怕临时要用，没有可用之兵。孤与君名分已定，从义理上讲，荣辱与共，君上表，说不敢随众附和，以保全自身，苟免获罪，这也是孤真心期望君的地方。"孙权诏令有关官员，整理现有法律，诏令郎中褚逢，带着整理好的法律，送给陆逊及诸葛瑾，凡有不妥之处，都可以谏言，再予以增减。这一年，孙权分出交州一部分，设置广州，不久，又划归交州。[②]

①《吴录》记载：东安郡治所在富春县。

②《江表传》记载：孙权在武昌建造大船，名为长安，在钓台圻试船。当时，狂风大作，谷利令舵工开向樊口。孙权说：“掉转船头，开向罗州。”谷利拔出刀来，指向舵工，说：“不开向樊口，斩。”船工随即掉转船舵，驶入樊口，狂风越发猛烈，船不能向前行，只好返回。孙权问：“阿利害怕水，竟然这么胆怯？”谷利跪下道：“大王是万乘之主，在不测之水乘船，游戏于猛浪之中，大船楼甚高，瞬间有颠覆的危险，真要有变故发生，奈何社稷？因此谷利才敢以死相争。”孙权更加看重谷利，自此以后，不再喊名，常称呼“谷”。

黄武六年春天正月，东吴诸将擒获彭绮。闰正月，韩当的儿子韩综率领部众，投降魏国。

黄武七年春天三月，孙权封儿子孙虑为建昌侯，撤销东安郡。当年夏天五月，鄱阳郡太守周鲂佯称背叛吴国，诱骗魏国大将曹休。当年秋天八月，孙权来到皖口，派将军陆逊率领诸将，在石亭大败曹休。大司马吕范去世。这一年，孙权改合浦郡为珠官郡。①

①《江表传》记载：这一年，将军翟丹叛吴，投降魏国。孙权担心诸将畏罪逃亡，下令：“自今以后，诸将有重罪三次，然后再议罪。”

黄龙元年春天，公卿百官劝谏孙权称帝。当年夏天四月，夏口、武昌上报，有黄龙、凤凰出现。丙申日，孙权在南郊即皇帝位，①即位当天，孙权颁布大赦令，更改纪元年号，追尊父亲破虏将军孙坚为武烈皇帝，母亲吴氏为武烈皇后，追尊哥哥讨逆将军孙策为长沙桓王，立王太子孙登为皇太子。朝中文官、武将一律晋升爵位，厚加赏赐。当初，兴平年间，吴中有童谣唱道：“黄金车，班兰耳，闿昌门，出天子。”②当年五月，孙权派校尉张刚、管笃出使辽东。六月，蜀国派遣卫尉陈震向孙权道贺，荣登帝位。孙权与蜀国平分天下，豫州、青州、徐州、幽州属于吴国，兖州、冀州、并州、凉州属于蜀国，双方各自管理边界，以函谷关为界，双方订立盟约：“上天降下丧乱，皇室朝纲失序，逆臣乘机祸乱，窃夺国柄，始于董卓，终于曹操，穷凶极恶，以颠覆四海为能事，致使九州分裂，普天之下，不能统一，人神怨愤，民众流离失所。及至曹操的儿子曹丕，可谓桀逆遗丑，凶残暴虐，谋逆篡夺帝位，而曹叡丑类，追寻曹丕凶迹，阻兵盗土，未伏罪诛。在往昔，共工祸乱天下，高辛帝出兵讨伐，三苗蹂躏百姓，虞舜帝出兵征伐。今日殄灭曹叡，擒获其奸党，除非蜀汉与东吴，谁能担负此重任？讨伐恶贼，翦除暴虐，必先声讨其罪，宜先分割其制，夺取其领土，使得士民之心，各有所归。因此，春秋时，晋侯讨伐卫国，先分其田地，以赠送宋人，斯其大义。而且，古人欲建立大业，必先盟誓，故《周礼》有专司盟誓的官员，《尚书》有布告盟誓的文章，蜀汉之与东吴，虽然相互信任，发自内心，然而分疆裂土，也应该订立盟约。诸葛丞相德威远著，辅佐蜀国幼君，领兵征伐在外，信义撼动阴阳，诚义感动天地，与东吴多次结盟，开诚布公，约定誓言，使东吴、西蜀士民共同闻知。故设立祭坛，斩杀牺牲，昭告神明，再次歃血为盟，将盟誓文档收藏于天府。天高听下，灵威棐谌，司慎司盟，群神群祀，莫不光临祭坛。自今日起，蜀汉、东吴既盟誓之后，勠力同心，共同讨伐魏贼，救危济困，抚恤民众，分灾共庆，好恶齐之，绝无二心。若有危害蜀汉者，则东吴讨伐之；若有危害东吴者，则蜀汉讨伐之。各自守卫疆土，相互不侵犯。传之后世，克终若始。所订立的盟约，皆载入史册。信义之言，不加修饰，两国真心结盟，通使友好。如有违背盟约者，为对方制造祸端，怀有二心，不能协调，怠慢天命，明神上帝将会降下祸灾，山川百神将会降下灾难，使其军队丧师辱国，不再享有国祚福佑。上天诸神，其明鉴之！”当年秋天九月，孙权从武昌迁都，在建业建立国都，仍然用原来的官府，不再建造新公馆，孙权征召上大将军陆逊，辅佐太子孙登，继续执掌旧都武昌诸项事务。

①《吴录》记载孙权祭天文告：“皇帝臣孙权敢用玄牡，昭告皇皇后帝：汉室享国二十四世，历年四百三十四年，行气数终，禄祚运尽，普天弛绝，率土分崩。孽臣曹丕篡夺神器，丕子曹叡继世作慝，淫名乱制。孙权生于东南，遭逢期运，承乾秉戎，志在平定乱世，奉辞行罚，举足为民。群臣将相，州郡百城，执事之人，皆认为天意已抛弃圣汉，汉室已绝祀于天，皇位空虚，郊祀无主。休徵嘉瑞，前后臻至，历数在躬，不得不受。孙权畏惧天命，不敢不从，谨选择元日，登坛燎祭，即皇帝位。唯尔有神飨之，左右有吴，永享天禄。”

②昌门，这是吴中的西郭门，这是当年夫差建造。

黄龙二年春天正月，魏军修建合肥新城。孙权下诏，设立都讲、祭酒，负责教导、督查诸皇子的学习，派遣将军卫温、诸葛直，率领带甲武士一万人，渡过大海，访求夷洲及亶洲。亶洲在海中，有老人传说，当年秦始皇派遣方士徐福带领童男童女数千人入海，求取蓬莱神山上的仙药，到了亶洲，留下来。留下的人世代相传，已经有数万家，岛上的人民，有时会到会稽郡购买布匹，会稽郡东部诸县的人民出海，也曾有遭遇大风海难者，漂流到亶洲岛。亶洲距离遥远，一般人到不了那里，但是，此次出兵，捕获数千夷洲人返回。

黄龙三年春天二月，孙权派遣太常潘濬，率领五万军人，讨伐武陵蛮夷。卫温、诸葛直皆因为违背诏命，办事不力，被捕入狱，被诛杀。当年夏天，在野外有野蚕结出蚕茧，大如鸟卵。在拳县郊外，有野稻谷长出，孙权改拳县为禾兴县。中郎将孙布诈降，以诱骗魏将王凌，王凌率领军队迎接孙布。当年冬天十月，孙权派出大军，埋伏在阜陵，等待魏军，王凌察觉，及时撤军。会稽郡南始平县报告，今年稻谷丰收。当年十二月丁卯日，孙权颁布大赦令，第二年，更改纪元年号。

嘉禾元年春天正月，建昌侯孙虑去世。三月，孙权派遣将军周贺、校尉裴潜乘坐大船，渡海到辽东。当年秋天九月，魏国将军田豫截击吴军，在成山头斩杀周贺。当年冬天十月，辽东郡太守公孙渊派遣校尉宿舒、阆中县令孙综，向孙权称藩，并献上貂皮、马匹。孙权大喜，晋升公孙渊的爵位。①

①《江表传》记载：这一年冬天，群臣以孙权还未举行郊祀，奏议："不久前，嘉瑞屡次降临，远国慕义，天意人事，前后备集，应该举行郊祀，以承天意。"孙权问："郊祀是在中原举行，而今举行郊祀，非其所在，合适吗？"群臣再次奏议："普天之下，莫非王土；王者以天下为家。在往昔，周文王、周武王在酆、镐郊祀，并非一定要在中原。"孙权问："武王伐纣，在镐京即位，郊祀就在镐京。文王并未成为天子，在酆都郊祀，这些典籍有记载吗？"群臣再次上书："臣等在《汉书·郊祀志》读过，匡衡上奏，迁徙甘泉、河东的祭祀，在长安举行郊祀，就提到文王在酆都郊祀。"孙权说："文王秉性谦让，身处诸侯之位，明确不能郊祀。《经传》无明文记载，匡衡以俗儒劝说，并非典籍正义，不可用。"

《志林》记载：吴王批驳郊祀之奏议，追贬匡衡，谓之俗儒。凡朝见的大臣，莫不慨然以为，统尽物理，达于事宜。至于考察典籍，并不通顺。毛氏之说："尧见天意，在邰地生下后稷，故国家在邰建立国都，诏命祭祀上天。"故《诗经》有："后稷肇祀，庶无罪悔，以迄于今。"意思是说，自后稷以来，皆得以祭祀上天，就像鲁国人郊祀。是以《棫朴》记载：有积燎之薪柴，举行祭祀。文王在酆都郊祀，《经》书有明文记载，匡衡岂是俗儒，而冤枉匡衡？文王虽然未能成为天子，然而，三分天下，周室有其二，文王讨伐崇侯，征剿黎人，祖伊奔走，向纣王禀报。上天抛弃殷室，眷顾西周，太伯三次谦让，不肯即位，周室最终拥有天下。文王作为周王，于义何疑？然而匡衡的奏议，也有所未尽。按照汉武帝在甘泉、汾阴建立祠庙，皆出于方士之言，并非根据经典。方士认为，甘泉、汾阴是黄帝当年祭天地的地方，故孝武帝沿用，建立两座祠庙、祭坛。汉室首都在长安，甘泉在北边，意思是说就乾位，匡衡说："武帝在甘泉宫休息，在甘泉宫的南宫祭祀。"此即谬误。在汾阴汾水东岸的圜丘祭祀，叫作"泽中"，匡衡说"东之少阳"失其本意。这里指的是吴国的事情，与传记没有关联，恨无辨正之辞，故矫正。脽，音谁，见《汉书·音义》。

嘉禾二年春天正月，孙权下诏："朕以不德，接受天命，登上帝位，夙兴夜寐，战战兢兢，难以安宁。朕思考该如何平定祸乱，救济黎民百姓，上答神祇，下慰民望。因此，朕眷眷之心，慕求俊杰，愿与贤士们共同努力，安定海内，志在同心协力，与之偕老。而今，持符节都督幽州兼领青州牧辽东郡太守燕王，久受贼虏胁迫，隔绝在一方，虽然心念吴国，奈何道路遥远。而今奉承天命，派遣二位使者前来，款诚表露，献上殷勤，朕得到此嘉文，何等喜悦！即使商汤遇上伊尹，周文王喜获吕望，世祖平定天下，先获得河西窦融襄助，方今之日，有过之而无不及。普天一统，从此安定。《尚书》不是讲吗：'一人有庆，兆民赖之。'大赦天下，与百姓更始，诏命吴国属下州郡，让大家闻知喜讯。特别诏命燕国，奉旨宣读诏书，令普天之下，率土之滨，都听到这个喜讯。”当年三月，孙权派人护送宿舒、孙综返回辽东，又派太常张弥、执金吾许晏、将军贺达等作为东吴使者，率领一万人，带上金玉珍珠宝货，九锡礼器，渡过大海，颁授公孙渊。[①]吴国满朝大臣，从丞相顾雍以下，都劝谏孙权，认为公孙渊的话不可轻信，而孙权给予公孙渊的礼物，又太过于丰厚，可以派遣数百名士兵，护送宿舒、孙综返回，孙权一概不听。[②]公孙渊果然诛杀张弥等，还把首级送给魏国，没收了吴军带去的全部物资。孙权大怒，欲亲自率领大军征伐公孙渊，[③]尚书仆射薛综等极力劝谏，这才作罢。这一年，孙权派兵进攻合肥新城，派遣将军全琮征伐六安，两处战事，都不利，吴军撤军。[④]

①《江表传》记载：孙权诏文：“原魏国使者持符节车骑将军辽东郡太守平乐侯：天地失序，皇极不建，元恶大憝（duì），作害于民，海内分崩，群生堙灭，虽周余黎民，靡有孑遗，方今之日，祸乱越发加重。朕接受历数，君临万国，夙夜不息，战战兢兢，念在弭难，如履薄冰，罔知救济。是以把旄仗钺，翦除凶逆，自东徂西，靡遑宁处，苟力所及，民无灾害。虽然贼虏遗种，未伏辜诛杀，犹如系囚于枯木，待时而毙。唯将军天姿雄健，兼包文武，观时睹变，审明去就，逾越险阻，显示赤心，肇建大计，为天下先，元勋功绩，侔于古人。虽昔日窦融背弃陇西，占领河西，襄助光武，平定天下，休名美实，岂能比拟？钦嘉雅尚，朕实欣喜。自古圣帝明王，建化垂统，以爵褒德，以禄报功；功大者禄厚，德盛者礼崇。故周公有辅佐之劳，太师有鹰扬之功，并启封土，兼受备物。今将军规万年之计，建不世之功，绝僭逆之虏，顺天人之肃，济成洪业，功德无与伦比，齐鲁之事，奚足言哉！《诗经》不是讲吗：‘无言不雠，无德不报。’今以幽州、青州二州十七郡一百七十县，封君为燕王，令持符节代理太常张弥授予君玺绶策书、金虎符第一至第五、竹使符第一至第十。赐君玄土，用白茅包裹，爰契尔龟，用锡冢社。一旦有戎事，统领兵马，以大将军曲盖麾幢，都督幽州、青州，辽东郡太守如故。今加君九锡，其敬听诏命。以君三世相继承，保绥一方，宁集四郡，训及异俗，民夷安业，无或携贰，是用赐君大辂车、戎辂车、玄牡二驷。君务在劝农稼穑，仓库充盈，官民俱丰，是用赐君衮冕之服，赤舄副焉。君正化以德，敬下以礼，敦义崇谦，内外咸和，是用赐君轩悬之礼乐。君宣导休风，怀保边远，远人回面，莫不影附，是用赐君朱色宫殿居住，君运其才略，官方任贤，显直错枉，群善必举，是用赐君虎贲勇士一百人。君戎马整齐，威震远方，纠虔天刑，彰厥有罪，是用赐君铁钺各一。君文和于内，武信于外，擒讨逆节，折冲掩难，是用赐君彤弓一具、彤矢百枝、玈弓十具、玈矢千枝。君忠勤有效，温恭为德，明允笃诚，感于朕心，是用赐君秬鬯一卣，珪瓒副焉。钦哉！敬兹训典，寅亮天工，相我国家，永终尔休。”

②裴松之认为：孙权刚愎自用，不采纳群臣的谏言，相信公孙渊，并非有攻伐之意，重复之虑。宣达赐命，乃用万人，为何不爱惜其民，昏虐之甚？此次封赏，非唯暗昧，实为无道。

③《江表传》记载：孙权大怒，说：“朕年纪六十岁，世事难料，靡所不尝，近为鼠子所戏弄，令人气涌如山。不斩杀鼠子头颅，掷于沧海，无颜复临万国。就令颠沛，不以为恨。”

④《吴书》记载：当初，张弥、许晏等到达襄平，有官属随从四百余人。公孙渊欲图谋张

弥、许晏，先分其部众，安置在辽东诸县，把中使秦旦、张群、杜德、黄疆等，还有吏兵六十人，安置在玄菟郡。玄菟郡在辽东北部，相距二百里，郡太守王赞率领二百民户，加上负重者，有三四百人。秦旦等皆住在民户家，仰其饮食。有四十余日，秦旦与黄疆等商议："我们远辱国命，不顾自身安危，来到此地，与死亡何异？今观此郡，形势甚弱。若我们同心协力，焚烧其城郭，屠杀其官吏，为国家洗雪耻辱，然后伏死，足以无恨。岂能偷生苟活在此，像囚虏一样，行吗？"黄疆等同意。于是暗中策划，准备在八月十九日夜晚起事。这一天日中时，被部中张松报告，王赞聚集士众，紧闭城门。秦旦、张群、杜德、黄疆等翻过城墙，四处逃窜。当时，张群病疽，膝盖疼痛难忍，赶不上大家，杜德扶着张群，跟着众人一起跑，山谷崎岖，一直走了六七百里，张群越发行动困难，不能再向前进，卧倒在草丛，杜德与张群相守悲泣。张群说："我不幸病疽，膝盖痛得要死，死亡无日，卿等宜赶快离开，还有希望。空自相守，都死在穷山恶谷，有何益处？"杜德说："万里颠沛流离，死生共命，不忍相弃。"于是，推让秦旦、黄疆，让他们先走，杜德独自留下守护张群，采摘野菜野果充饥。秦旦、黄疆走后数日，到达高句丽，向高句丽王宫及其主簿宣读诏书，告诉他们，带来的赏赐被辽东郡夺去。宫等人大喜，随即受诏，派人跟随秦旦返回，迎接张群、杜德。这一年，宫派遣皂衣二十五人，护送秦旦等返回吴国，向吴王上表称臣，进贡貂皮一千件，鹖鸡皮十具。秦旦等见了孙权，悲喜交集，情不能自禁。孙权感叹，将出使的人员全部拜为校尉。下一年，孙权又派遣使者谢宏、中书陈恂，拜高句丽王宫为单于，加赐衣物珍宝。陈恂等到了安平口，先派遣校尉陈奉前去见高句丽王宫，而宫受到魏国幽州刺史指示，令宫对待吴国使者无须尽礼，让他们自己安排饮食。陈奉听说后，遂返回。宫派遣主簿笮咨、带固等出安平口，与谢宏相见。谢宏当即绑缚三十余位高句丽人作为人质，宫谢罪，献上数百匹马。谢宏派遣笮咨、带固奉诏书，赐予高句丽王宫钱物。在当时，谢宏的船很小，载上八十匹马返回。

嘉禾三年春天正月，孙权下诏："用兵长久不辍，民众疲惫于徭役，年岁不登。应该宽宥在逃罪犯，不再审理。"当年夏天五月，孙权派遣陆逊、诸葛瑾等，驻扎在江夏、沔口，孙韶、张承等进兵广陵郡、淮阳郡，孙权亲自率领大军，围困合肥新城。当时，蜀国丞相诸葛亮率领大军，从武功出兵伐魏，孙权认为魏明帝不可能派兵远征。然而，魏明帝派遣大军，襄助司马懿，抵御诸葛亮，魏明帝亲自率领水军，东征吴国，还未到达寿春，孙权撤军，孙韶也撤军。当年秋天八月，孙权任命诸葛恪为丹杨郡太守，讨伐住在山中的越人。九月朔日，严霜冻伤稻谷。当年冬天十一月，太常潘濬平定武陵蛮夷，战事结束，潘濬撤回武昌。孙权下诏，恢复曲阿县为云阳县，恢复丹徒县为武进县。庐陵贼寇李桓、罗厉等谋反作乱。

嘉禾四年夏天，孙权派遣吕岱讨伐李桓等。当年秋天七月，下冰雹。魏国派使者，用马匹向吴国交换珠玑、翡翠、玳瑁，孙权说："这些东西，孤都不用，可以用来换取战马，为何不能交易？"

嘉禾五年春天，吴国铸造大钱，以一枚当五百文。孙权下诏，诏令吴国吏民贡献铜，按照铜的价值换取钱币。孙权设置盗铸假钱罪。当年二月，武昌报告，有甘露降临礼宾殿。辅吴将军张昭去世。中郎将吾粲擒获李桓，将军唐咨擒获罗厉。从去年十月开始天旱，一直不下雨，直至夏天。当年冬天十月，有彗星出现在东方。鄱阳郡贼寇彭旦等作乱。

嘉禾六年春天正月，孙权下诏："按照古制，三年居丧，这是天下人必须遵循的制度，人情极哀痛之事；贤者割哀，须遵从丧礼，不肖者勉力，也须遵从丧礼。世道清明，上下无事，君子不夺他人丧礼之情，故三年不烦扰孝子。至于有事，则减损丧礼，以权宜之计变通，大臣穿着缞绖丧服，出来处理政事。故圣人制定礼法，有礼法而不根据情况权变，也不行。遭遇丧痛，不能奔丧，绝非古制，根据具体情况权变，宽宥违制者，以义断恩。此前设立法律，官吏在职，奔丧时须有所交代，故意犯禁者，要及时纠察，并未严格执行，犹如废止。现在诸事繁多，国家多难，凡在职官员，都要恪尽职守，先公后私，绝对不允许不遵守制度的情况出现。内外群臣，对此法令再做讨论，务令法令便于实施，有可操作性。"顾谭奏议，认为："对于官员奔丧，朝廷有制度规定，法律过轻，不足以禁止孝子之情，法律过重，又不应是死刑之罪，以严刑对待，违背常理，夺情者很少。偶然有违反者，以刑罚惩治，恩所不忍，减其刑，则法废不行。臣愚以为，官员在远方任职，不告而别，不能即时告假，可以参照选任制度执行，若有意违反，可以判处死罪。官员不再有废职之负疚，孝子不再获犯罪之重刑。"将军胡综奏议："服丧的礼制，虽然有制度规定，如果不根据情况加以变通，难以施行。现在戎事繁多，军事、政事都要考虑，官员遭遇丧事，知道有禁令，公然违反，也是顾念亲人丧葬，不能奔丧，将会抱憾终生，因此不会考虑，为臣而犯禁令之罪，这也是处罚太轻所致。忠节在国，孝道立家，出仕为臣，焉得兼顾？故为忠臣，不能兼为孝子。制定律令，包括死罪，如胆敢违反，就是有罪，不能赦免。以杀止杀，行之一人，其后必绝。"丞相顾雍奏议，认为可以施行死刑。之后不久，吴县县令孟宗的母亲去世，孟宗回去奔丧，很快被抓捕，囚禁在武昌，听候判刑。陆逊向孙权求情，说吴县县令品行优良，请求减免死刑，减罪一等，后来者，不得以此为例，从此以后，法令得到执行。当年二月，陆逊讨伐彭旦，这一年，叛贼逐一平定。冬天十月，孙权派遣卫将军全琮袭击六安，没有攻克。诸葛恪平定山上的越贼，战事已毕，北上驻扎在庐江。

赤乌元年春天，孙权铸造大钱，一枚当一千文。夏天，吕岱讨伐庐陵贼寇，平定叛乱，返回陆口。当年秋天八月，武昌报告，有麒麟出现。有关官员奏请，麒麟象征着太平盛世，一定要改纪元。孙权下诏："最近有赤乌翔集在殿前，这是朕亲眼所见，如果神灵以此为嘉祥，更改纪元，改为赤乌元年。"群臣上奏："在往昔，武王伐纣，有赤乌等祥瑞，君臣皆看到，周室拥有天下，圣人在史册有记录。陛下以近事为例，的确是嘉祥，而且，陛下亲眼所见。"于是，孙权更改纪元。步夫人去世，孙权追赠夫人为皇后。当初，孙权很信任校事官吕壹，吕壹残暴，执法严酷。太子孙登多次劝谏，孙权不肯采纳谏言，大臣也不敢讲话。后来，吕壹被人揭发谋反，伏罪被杀，孙权引咎自责，诏令中书郎袁礼向大将们道谢，又询问对当前政事的意见。袁礼返回，孙权又下诏，多次责备诸葛瑾、步骘、朱然、吕岱等："袁礼返回，说他与子瑜、子山、义封、定公相见，以当前时事，轻重缓急，奏闻谏言，孤向诸位征询意见，大家认为，不负责民事，不肯发表意见，把责任推给伯言、承明。伯言、承明见了袁礼，涕泣悲哀，言辞中透露出危机感，甚至有危殆的感觉，怀有不安之心。孤听到这些，不禁怅然，深深自责，为何有此咄咄怪事。为什么？唯有圣人才没有过失，聪明者不过是早日察觉。人的举措，岂能全部合理，只是固执己见罢了，挫伤众人谏言的真诚，仍不自觉，故诸君有疑难情绪；否则，是什么缘故，以至于此？自从孤执掌军国大事五十年，所征缴的赋敛，征发的徭役，皆来自百姓。天下尚未安定，孽贼依然存在，士民辛苦，孤心里很清楚。然而，烦劳百姓，是不得已而为之。与诸君共事，从少年直至老年，头发已经花白，孤以为，开诚布公，表里信义，公私分明，足以相互信任。孤希望众臣直言进谏，不负朕的期望；孤衷心希望大家拾遗补阙。在往昔，卫武公年过花甲，依然壮怀激烈，访求辅臣，自省过失。[①]就连布衣百姓交往，相互间也要甘苦与共，分成好合，能污垢不异。今日孤与诸君共事，虽有君臣之义，犹如骨肉，毫不为过。荣福共享，祸难共担。忠不匿情，智无遗计，事关大是大非，诸君岂能从容对待！同船共济，谁能独善其身？齐桓公作为诸侯霸主，有善举，管子未尝不赞叹，有过失，管子未尝不直谏，谏言不能采纳，则继续谏言。而今，孤自省无桓公之德，而诸君谏言，还不能开口直言，就已经犹豫、徘徊。以此言之，孤与齐桓公相比，已有纳谏之意，未知诸君与管子相比，又有何想法？久不相见，以上所言，当作笑谈。朕与诸君共定大业，统一天下，谁能挺身而出？当前军国大事，要有所损益，孤乐闻异议，匡正不足。"

①《江表传》记载：孙权又说："天下无纯白之狐，而有纯白之裘皮，众人很喜欢白色裘皮。以駮致纯，不也可以吗？能用众力，则无敌于天下；能用众智，则无畏于圣人。"

赤乌二年春天[①]三月，孙权又派遣使者羊衜、郑胄、将军孙怡前往辽东，进攻魏国守将张持、高虑等，俘虏很多男女百姓带回。[②]零陵郡报告，有甘露降临。当年夏天五月，修建沙羡城。当年冬天十月，将军蒋秘南下讨伐蛮夷贼寇。蒋秘的部下，都督廖式杀了临贺郡太守严纲等，自称平南将军，与弟弟廖潜攻打零陵郡、桂阳郡，其影响波及交州、苍梧、郁林诸郡，有数万人发动叛乱。孙权派遣将军吕岱、唐咨前往镇压，一年多才将叛乱平定。

①《江表传》记载：孙权正月诏文："郎吏是宫中宿卫之臣，古代的命士。在此间，所用非其人。自今日起，选择三署，皆按照四科考试，不得以虚辞敷衍。"

②《文士传》记载：郑胄，字敬先，沛国人。父亲郑札，学识渊博，孙权担任骠骑将军时，任命郑札为幕府从事中郎，与张昭、孙邵共同制定朝廷礼仪。郑胄是其小儿子，有文武才干，年少时，郑胄是知名士人，被举荐为贤良，稍后升任建安郡太守。吕壹的宾客在建安郡犯法，郑胄收捕，关押在监狱，严刑拷打。吕壹怀恨在心，后来，暗中谮毁郑胄。孙权大怒，召郑胄返回，潘濬、陈表为郑胄求请，获得释放。孙权又拜郑胄为宣信校尉，前去救援公孙渊，又被魏军打败，返回后改任执金吾。儿子郑丰，字曼季，有文学才能，谨守操行，与陆云的关系很好，与陆云有诗词来往，司空张华征召，未应召，去世。

裴松之听说，孙怡是东州人，并非孙权的族人。

赤乌三年春天正月，孙权下诏："人们常说，君王没有民众不称其为君王，民众没有粮食不能生存。近些年，民众要负担很多徭役，加上连年水旱灾害频发，粮食生产受损，还有些官吏不能善待民众，侵夺农时，以至于民众陷于饥困。从今以后，督军、郡守要从严查处违法事件，在农民从事农桑时，以徭役之事烦扰民众者，要将监察的结果上报。"当年夏天四月，孙权颁布大赦令，诏令诸郡县修建城郭，建起谯楼，开凿护城河、壕沟，以防备贼寇。当年冬天十一月，民众陷于饥困，孙权下诏，开放粮仓，赈济贫穷百姓。

赤乌四年春天正月，下大雪，平地雪深三尺，鸟兽冻死很多。当年夏天四月，孙权派遣卫将军全琮攻打淮南，挖开芍陂放水，焚烧安城县的衙门、库房，将其人民俘虏带回。威北将军诸葛恪攻打六安。全琮与魏将王凌在芍陂大战，中郎将秦晃等十余人战死。车骑将军朱然围困樊城，大将军诸葛瑾攻取柤中。[①]五月，太子孙登去世。这个月，魏国太傅司马懿救援樊城。六月，吴军撤回。闰六月，大将军诸葛瑾去世。当年秋天八月，陆逊修建邾县城墙。

①《汉晋春秋》记载：零陵郡太守殷礼对孙权讲："今天弃曹氏，丧诛累见，虎争之际而幼童莅事。陛下亲自御戎，取乱侮亡，宜涤荆州、扬州之地，举强羸之数，使强者执戟，羸者转运，西命益州军于陇西，授予诸葛瑾、朱然大军，指事襄阳陆逊、朱桓，另外征伐寿春，大驾入淮阳，历青州、徐州。襄阳、寿春困于强敌，长安以西，魏军务在对付蜀军，许都、洛邑之众势必分崩离析；犄角瓦解，民必内应，将帅对向，或失便宜；一军败绩，则三军离心，便当秣马脂车，陵蹈城邑，乘胜逐北，以定华夏。若不悉军动众，循前轻举，则不足大用，易于屡退。民疲威消，时往力竭，绝非出兵之策。"孙权不能采纳。

赤乌五年春天正月，孙权立儿子孙和为太子，颁布大赦令，更改纪元年号禾兴为嘉兴。百官上奏，立皇后及四位诸侯王，孙权下诏："如今，天下尚未安定，民众非常辛苦，有功者还未登录封赏，饥寒者尚未抚恤赈济，分封土地，令子弟富足，授予爵位，令妃妾娇宠，孤认为不妥。请放弃此议。”当年三月，海盐县报告，有黄龙出现。当年夏天四月，孙权诏令，严禁贡献方物，减少太官供应的御膳。当年秋天七月，孙权派遣将军聂友、校尉陆凯，率领三万军人，讨伐珠崖郡、儋耳郡。这一年发生大瘟疫，有关官员奏请，立皇后及诸侯王。八月，孙权立儿子孙霸为鲁王。

赤乌六年春天正月，新都报告，有白虎出现。诸葛恪讨伐六安，攻陷魏将谢顺的军营，将六安的百姓俘虏带回。当年冬天十一月，丞相顾雍去世。十二月，扶南王范旃派遣使者，向孙权献上乐人及方物。这一年，司马懿率领大军，进抵舒城，诸葛恪从皖城撤至柴桑。

赤乌七年春天正月，孙权拜大将军陆逊为丞相。当年秋天，宛陵县报告，有嘉禾生长。这一年，步骘、朱然等上疏：“从蜀国返回者，都说蜀国背弃盟约，与魏国交往，建造很多舟船，修缮城郭。还有，蒋琬镇守汉中，听说司马懿要南征，不乘机出兵，支持吴国，成为犄角之势，反而放弃汉中，撤军返回成都。事情已显露无遗，不应再有所犹疑，应早做准备。”孙权揆度蜀国不会如此薄情，孙权说：“我们待蜀国不薄，聘享问礼，共同盟誓，并未负蜀国，为何要这样做？而且，司马懿领兵到舒县，仅十余日便撤回，蜀国远在万里，何以知道东吴形势紧急，而出兵支持吴国？在往昔，魏军欲攻打汉中，在此期间，我军开始军事戒备，也没有轻举妄动，听说魏军撤回，我军停止进一步行动，蜀国会因此对我们怀疑？而且，人家治理国家，建造舟船，修缮城郭，为何不能加强战备？此间治军，难道也是为了抵御蜀国？对于谣言，不要轻易相信，朕以身家性命，向诸君保证。”蜀国并没有军事行动，正如孙权所料。[①]

①《江表传》记载：孙权诏命：“都督将领叛逃，家属受到牵连，杀他们的妻儿，使得妻子失去丈夫，儿子失去父亲，甚伤义理，自今以后，勿杀。”

赤乌八年春天二月，丞相陆逊去世。当年夏天，天上响雷，震坏宫门的柱子，又雷击南津大桥的楹梁。茶陵县的洪水溢出河岸，淹没居民二百余家。当年秋天七月，将军马茂等谋逆，被夷灭三族。[①]八月，孙权颁布大赦令，派遣校尉陈勋率领屯田部队及工匠三万人，开凿句容直道，从小其到云阳县西城，便利百姓互通贸易，建造囤积物资的仓库。

①《吴历》记载：马茂原来担任淮南郡钟离县长，因为王凌丢下他，叛归吴国，吴国任命马茂为征西将军、九江郡太守、外部都督，封为列侯，马茂率领一千士兵。马茂多次出入苑中，与公卿诸将射猎。马茂与兼符节令朱贞、无难都督虞钦、牙门将朱志等合计，等候孙权在苑中，公卿诸将在门外还未进入，令朱贞持符节称诏，然后劫持孙权；马茂引军入苑中袭击，分头占据官

中及石头坞，派人报告魏国。事情败露，皆被灭族。

赤乌九年春天二月，车骑将军朱然征伐魏国柤中，斩杀、俘虏一千余人。当年夏天四月，武昌报告，有甘露降临。当年秋天九月，孙权拜骠骑将军步骘为丞相，拜车骑将军朱然为左大司马，拜卫将军全琮为右大司马，拜镇南将军吕岱为上大将军，拜威北将军诸葛恪为大将军。①

①《江表传》记载：这一年，孙权下诏："谢宏往日奏请铸造大钱，说这样可以方便流通，故听之。近日听说民众认为不方便，撤销铸造大钱，把熔化的铜用以铸造器物，官府不再征调。私家有铜者，敕令可以输送或收藏，按照价值，兑换钱币，勿有所枉。"

赤乌十年春天正月，右大司马全琮去世。①二月，孙权移居南宫。三月，改建的太初宫完工，诸将及州郡增派官吏，义务参加劳动。②当年夏天五月，丞相步骘去世。当年冬天十月，孙权颁布大赦死刑令。

①《江表传》记载：这一年，孙权让诸葛壹佯装叛变，诱惑诸葛诞，诸葛诞率领步骑一万人，在高山迎接诸葛壹。孙权出涂中，进抵高山，埋伏军队，以等待诸葛诞。诸葛诞察觉，撤军。

②《江表传》记载：孙权诏文："建业宫是朕从京城迁来，所建造的将军府邸，梁柱很细，皆已经腐朽，常担心倒塌。而今还没有迁回西边，可将武昌宫的木材砖瓦运来，加以修缮。"有关官员奏请："武昌宫已经有二十八年，恐怕不堪再用，应该诏命所在地重新采伐木材。"孙权说："大禹以卑宫为美，而今军事未已，所在地赋敛很多，若重新采伐木材，将会损害农桑。搬运武昌宫的木材、砖瓦，可以使用。"

赤乌十一年春天正月，朱然修建江陵城墙。二月，多地发生地震。①三月，太初宫建成。当年夏天四月，天上下冰雹，云阳报告，有黄龙出现。五月，鄱阳县报告，有白虎出现，没有伤害百姓。②孙权下诏："在古时，圣王积德行善，谨修德行，才拥有天下，故符瑞嘉应，用以表彰德行。朕以不明，何以获此尊荣？《尚书》讲：'虽休勿休。'公卿百官要谨奉职守，以匡正朕的不足。"

①《江表传》记载：孙权诏文："朕以寡德，过奉先祀，莅事不聪，获谴神祇，夙夜祗敬戒惧，若不终日。群臣要各自励精图治，发现朕的过失，多提谏言，勿有所讳。"

②《瑞应图》记载：白虎出现，表示仁德，王者不暴虐，则仁虎不加害。

赤乌十二年春天三月，左大司马朱然去世。四月，有两只乌鸦衔着喜鹊坠落在东馆。丙寅日，骠骑将军朱据兼领丞相职事，孙权焚烧喜鹊，用以祭祀。[①]

①《吴录》记载：六月戊戌，宝鼎在临平湖出水。八月癸丑日，白鸠在章安县出现。

赤乌十三年夏天五月，日至，荧惑星进入南斗，当年秋天七月，荧惑星侵犯北斗魁宿第二星，向东运行。八月，丹杨郡、句容郡及故鄣郡、宁国郡几座高山崩塌，洪水溢出堤岸。孙权下诏，免除百姓拖欠的赋税，向受灾百姓借贷种子、粮食。孙权废黜太子孙和，贬谪至故鄣郡。赐鲁王孙霸自杀。当年冬天十月，魏国将军文钦佯称背叛魏国，诱骗吴国将军朱异，孙权派遣吕据代替朱异，迎接文钦。朱异等老成持重，沉着应对文钦，文钦不敢前来。当年十一月，孙权立儿子孙亮为太子，又派遣大军十万人，修建堂邑的涂塘水坝，淹没北边的大道。当年十二月，魏国大将军王昶围困南郡，荆州刺史王基攻打西陵，孙权派遣将军戴烈、陆凯迎战，魏军撤回。[①]这一年，有神人授书，告诉孙权更改纪元年号，立皇后。

①庾阐著《扬都赋》注记载：烽火就是把火炬放置在山头，沿江皆可以相望，或达一百里，或达五十里、三十里，敌寇至，则举烽火以相告，一夕可行万里。孙权当时在晚上于西陵举火，擂响大鼓三遍，到达吴郡南沙。

太元元年夏天五月，孙权立潘氏为皇后，颁布大赦令，更改纪元年号为太元。当初，临海郡罗阳县有一位神人，自称王表。[①]在民间活动，语言、饮食与常人无异，然而，看不见其形体，还有一位婢女，名字叫纺绩。这个月，孙权派遣中书郎李崇带着辅国将军罗阳王印绶，迎接王表。王表跟随李崇出行，与李崇及所在郡的太守、县令、县长交谈，李崇等无以辩驳，二人所经历的山川，王表派遣其婢女与其神灵沟通。当年秋天七月，李崇与王表来到国都，孙权在苍龙门外为王表建立宅邸，多次派近臣送来酒食。王表预言水灾、天旱等事，往往有灵验。[②]当年秋天八月朔日，刮飓风，江海巨浪翻腾，平地水深八尺，吴国埋葬孙坚的高陵墓区松柏被连根拔起，丹杨郡南城门坠落。当年冬天十一月，孙权颁布大赦令。孙权从南郊祭祀返回，患上重病。[③]十二月，用驿站的快马，召回大将军诸葛恪，孙权拜诸葛恪为太子太傅，下诏减少徭役，减免民众的赋税，撤销造成百姓痛苦的法令。

①《吴录》记载：罗阳就是今天的安固县。

②孙盛曰：孙盛听说，国将兴，听于民；国将亡，听于神。孙权年老志衰，谗臣在侧，废適立庶，以妾为妻，可谓德行多亏。而佞臣伪设符命，求福妖邪，将亡之兆，不亦明显乎！

③《吴录》记载：孙权患上脑溢血。

太元二年春天正月，孙权立原太子孙和为南阳王，移居长沙；立儿子孙奋为齐王，移居武昌；立儿子孙休为琅琊王，移居虎林。当年二月，孙权颁布大赦令，更改纪元年号为神凤。皇后潘氏去世。吴国将领、官员多次到王表处祈福，王表逃走。当年夏天四月，孙权去世，享年七十一岁，谥号为大皇帝。当年秋天七月，在蒋陵下葬。[①]

①傅子曰：孙策为人英明果断，勇冠天下，因为父亲孙坚战死，孙策年少时，就率领父亲留下的部众，为父亲报仇，转战千里，占有江南，诛杀江南的豪杰，威行邻国。及至孙权继承父兄创立的大业，有张子布作为腹心，有陆议、诸葛瑾、步骘作为股肱大臣，有吕范、朱然作为将军爪牙，分任授职，等待机会，兵不妄动，故战事很少失败，江南安定。

陈寿评论如下：孙权能够忍辱负重，在位时，任用贤才辅佐，虚心纳谏，有勾践之奇才，实乃东汉末年的英雄豪杰。倚仗父兄建立的基业，占据江东，建立三分天下的伟业。然而，孙权性情猜忌，到了晚年，更加多疑，妄行杀戮。加上听信谗言，肆意妄为，致使太子被废，儿子被杀，[①]此所谓《诗经》告诫，为子孙谋划长远，犹如燕子用羽翼保护幼雏！后代子孙变得凋零，最终导致亡国，这恐怕也是原因之一。[②]

①马融注《尚书》记载：殄的意思，绝也，绝君子之行。

②裴松之认为：孙权废黜无罪之子，虽为乱兆，然而国家的倾覆，还是由于暴君孙皓。如果孙权不废黜孙和，孙皓作为传世適子，最终还是会亡国，有何差别？此则丧国由于昏聩暴虐，不在于废黜。如果孙亮能够保持国祚，孙休不早死，则孙皓不得立。孙皓没有即位，吴国不会这么快灭亡。

吴书三

三嗣主纪第三

孙亮，字子明，是孙权的小儿子。孙权年事已高，而孙亮依然年少，故对孙亮格外留意。孙亮的姐姐全公主曾经谮毁太子孙和及太子的母亲，为此心里常忐忑不安，按照孙权的意思，欲巴结孙亮，多次称赞全尚的女儿，劝孙亮娶为妻子。赤乌十三年，孙和被废黜，孙权遂立孙亮为太子，以全氏为太子妃。

太元元年夏天，孙亮的母亲潘氏被立为皇后。当年冬天，孙权病重，征召大将军诸葛恪，任命为太子太傅，任命会稽郡太守滕胤为太常，二人接受诏命，辅佐太子。第二年四月，孙权去世，太子即位，颁布大赦令，更改纪元年号。这一年，是魏国嘉平四年。

建兴元年闰月，孙亮拜诸葛恪为太傅，拜滕胤为卫将军，兼领尚书职事，拜上大将军吕岱为大司马，朝中文武官员在位者，皆晋升爵位，分别给予赏赐，没有实权的官员也增加品级。当年冬天十月，太傅诸葛恪率领大军，修建巢湖大堤，修建东兴城墙，派将军全端守卫西城，派都尉留略守卫东城。十二月朔丙申，狂风大作，雷电交加，魏国派遣将军诸葛诞、胡遵等，率领步骑七万人，围困东兴城，派遣将军王昶攻打南郡，派遣毌丘俭率领大军，直指武昌。甲寅日，诸葛恪以大军拒敌。戊午日，吴军进抵东兴，双方交战，吴军大败魏军，斩杀魏国将军韩综、桓嘉等。这个月，雷雨成灾，雷电击毁武昌的端门；吴国重新建造端门，雷电又再次击毁内殿。①

①裴松之按：赤乌十年，孙权下诏搬运武昌宫的木材、砖瓦，用以修缮建康宫，此宫也有端门、内殿。

《吴录》记载：诸葛恪有迁都之意，重新建起武昌宫。而今所受灾者，是诸葛恪建造。

建兴二年春天正月丙寅日，孙亮立全氏为皇后，颁布大赦令。庚午日，王昶等率领魏军撤军。二月，吴军从东兴撤回，孙亮对将军们大行封赏。三月，诸葛恪率领吴军讨伐魏国。当年夏天四月，围困合肥新城，由于暴发大瘟疫，兵卒死者大半。当年秋天八月，诸葛恪引军撤回。当年冬天十月，孙亮大摆酒宴。武卫将军孙峻埋伏士兵，在大殿杀了诸葛恪。随后，孙亮颁布大赦令，拜孙峻为丞相，封为富春侯。当年十一月，有五只大鸟在春申涧出现，孙亮更改纪元年号，改明年为五凤元年。

五凤元年夏天，发大水。当年秋天，吴侯孙英阴谋刺杀孙峻，被发觉，孙英自杀。当年冬天十一月，流星雨在斗宿、牛宿方向出现。[1]

①《江表传》记载：这一年，交趾有野生稻被培育为稻米。

五凤二年春天正月，魏国镇东大将军毌丘俭、前将军文钦率领淮南驻军西征，随即发动叛乱，在乐嘉与前来镇压的魏军大战。闰元月壬辰日，孙峻及骠骑将军吕据、左将军留赞率领吴军袭击寿春，援助魏国叛将，吴军进抵东兴，听说文钦等已经被司马懿打败。壬寅日，吴军进抵橐皋，文钦前来向孙峻投降，淮南余众还有数万人前来投奔吴国。魏国将军诸葛诞进入寿春，孙峻引军撤退。二月，孙峻与魏国将军曹珍在高亭相遇，双方大战，曹珍战败。在菰陂，留赞被诸葛诞的部将蒋班打败，留赞及将军孙楞、蒋修等皆战死。三月，孙亮派遣镇南将军朱异袭击安丰，战事不利。当年秋天七月，将军孙仪、张怡、林恂等欲谋杀孙峻，被发觉，孙仪自杀，林恂等伏罪被杀。阳羡县离里山有大石头自动矗立起来。孙亮派卫尉冯朝修筑广陵城，拜将军吴穰为广陵郡太守，拜留略为东海郡太守。这一年大旱。十二月，孙亮修建太庙，拜冯朝为监军使者，统领徐州诸军事，民众陷于饥困，军士怨声载道，很多人叛逃。

太平元年春天[1]二月朔，建业发生火灾。孙峻采用征北大将军文钦的计策，将要征伐魏国。八月，孙峻先派遣文钦及骠骑将军吕据、车骑将军刘纂、镇南将军朱异、前将军唐咨，率领吴军从江都进入淮、泗。九月丁亥日，孙峻去世，孙亮任命堂弟偏将军孙綝为侍中、武卫将军，兼领内外军事，召回吕据等。吕据听说孙綝代替孙峻掌管军事，勃然大怒。己丑日，大司马吕岱去世。壬辰日，太白金星侵犯南斗宿。吕据、文钦、唐咨等上表，推荐卫将军滕胤为丞相，孙綝不听。癸卯日，孙綝再次任命滕胤为大司马，代替吕岱驻守武昌。吕据引兵撤回，欲讨伐孙綝。孙綝派遣使者，以皇帝诏书告谕文钦、唐咨等，诏命他们逮捕吕据。当年冬天十月丁未日，孙綝派遣孙宪及丁奉、施宽等，动用水军在江都阻击吕据，又派遣将军刘丞率领步骑攻打滕胤。滕胤兵败，被夷灭家族。己酉日，孙亮颁布大赦令，更改纪元。辛亥日，在新州擒获吕据。十一月，孙亮拜孙綝为大将军、授予符节，封为永康侯。孙宪与将军王惇阴谋刺杀孙綝，事情被察觉，孙綝杀了王惇，逼迫孙宪自杀。十二月，孙綝派五官中郎将刁玄向蜀国通报吴国的变故。

①《吴历》记载：正月，孙亮为孙权建立祠庙，称太祖庙。

太平二年春天二月甲寅日，下大雨，雷电交加。乙卯日，下大雪，大寒。孙亮分出长沙郡东部，设置为湘东郡，分出长沙郡西部，设置为衡阳郡，分出会稽郡东部，设置为临海郡，分出豫章郡东部，设置为临川郡。当年夏天四月，孙亮亲临大殿，颁布大赦令，开始亲理政事。孙綝的上表及奏文，多次遭到孙亮诘难，还有，孙亮挑选子弟兵，年龄在十八岁以下十五岁以上，得到三千余人，又挑选军中大将的子弟中年少而且勇敢者，任命为将帅。孙亮说："我建立这支军队，欲与你们同时成长。"这些子弟兵每日在苑中操练。①

①《吴历》记载：孙亮多次到中书省，了解孙权当年的旧事，问左右侍臣："先帝多次制定政策，而今大将军负责朝政，只是令我颁发诏书！"孙亮后来出西苑，正在吃生梅，令黄门从官中取来蜜，欲蜜渍青梅，蜜中有老鼠屎，孙亮诘问藏吏，藏吏叩头。孙亮问："黄门从你那里取来的蜜吗？"藏吏答："是的，但是，臣不敢交予他。"黄门不服，侍中刁玄、张邠启奏："黄门、藏吏供词不同，请交予狱吏审问。"孙亮说："这很容易查清楚。"令砸开鼠屎，屎里干燥。孙亮大笑，对刁玄、张邠讲："若老鼠屎先在蜜中，内外都应该浸透，现在看见外面湿，里面干燥，一定是黄门所为。"黄门服罪，左右莫不惊悚。

《江表传》记载：孙亮令黄门用银碗及碗盖，从官中藏吏处，取交州贡献的甘蔗饧。黄门恨藏吏，把鼠屎投入饧中，奏报皇帝，称藏吏不谨慎。孙亮诏令藏吏持饧器进来，问："此碗带有盖，外面有包裹，无缘有此老鼠屎，黄门与你有仇恨吗？"藏吏叩头答："黄门曾经向我求官中的莞席，莞席有数，不敢给予。"孙亮说："一定是这样。"再次问黄门，黄门伏罪。孙亮当即命人在面前对黄门用刑，加髡刑、鞭打，交予外署审理。

裴松之认为：老鼠屎是新的，内外也会浸透。黄门取新屎，无以从中判明黄门奸邪，碰巧老鼠屎里面干燥，故以此说明孙亮聪明智慧。对比《吴历》所言，不如《江表传》为实。

五月，魏国征东大将军诸葛诞率领淮南军队保卫寿春城，同时，诸葛诞派遣将军朱成，向吴国自称藩臣，上疏，又派遣儿子诸葛靓、长史吴纲及诸牙门子弟，前往吴国充当人质。六月，孙亮派文钦、唐咨、全端等，率领步骑三万人，起来救援诸葛诞。朱异从虎林率领部众袭击夏口，夏口都督孙壹投奔魏国。当年秋天七月，孙綝率领部众营救寿春，进抵镬里，朱异从夏口赶来，孙綝令朱异担任前部都督，与丁奉等率领精兵五万，解寿春之围。八月，会稽郡南部反叛，杀害郡都尉。鄱阳郡、新都郡民众叛乱，廷尉丁密、步兵校尉郑胄、将军钟离牧率领大军镇压。朱异以军中战士缺少军粮，引军撤回，孙綝大怒，九月朔己巳，孙綝在镬里杀了朱异。辛未日，孙綝从镬里返回建业。甲申日，孙亮颁布大赦令。十一月，全绪的儿子全祎、全仪带着母亲，投奔魏国。十二月，全端、全怿等从寿春城投奔司马昭。

太平三年春天正月，诸葛诞杀了文钦。三月，司马昭攻克寿春，诸葛诞及身边人战死，将吏以下，皆投降司马昭。当年秋天七月，孙亮封原齐王孙奋为章安侯，下诏州郡，为建造宫廷，征发徭役，砍伐木材。从八月起，天空阴沉，却不下雨，达四十余日。孙亮以孙綝专横跋扈，与太常全尚、将军刘丞密谋，欲诛杀孙綝。九月戊午日，孙綝派兵逮捕全尚，派遣弟弟孙恩在苍龙门外攻杀刘丞，而后，孙綝召集大臣，在宫殿大门聚会，废黜孙亮为会稽王，孙亮当年十六岁。

孙休，字子烈，是孙权的第六个儿子。十三岁时，孙休跟随中书郎射慈、郎中盛冲学习。太元二年正月，受封为琅琊王，居住在虎林。四月，孙权去世，孙休的弟弟孙亮继承大宗，诸葛恪在朝中秉政，不想让诸侯王居住在沿江驻守兵马的地方，迁徙孙休至丹杨郡。丹杨郡太守李衡多次因为小事冒犯孙休，孙休上书，乞求迁至其他郡，孙亮下诏，迁至会稽郡。孙休在会稽郡居住数年，夜里梦见乘着飞龙上天，神龙见首不见尾，醒来后很诧异。孙亮被废，己未日，孙綝派宗正孙楷与中书郎董朝迎接孙休。孙休当初听到要登基为皇帝，心存疑虑，孙楷、董朝详细告诉孙綝等为何要奉迎孙休的原委，留宿一日二夜，而后出发。十月戊寅日，行至曲阿，有一位老翁求见孙休，叩头说："事久生变，天下喁喁，愿陛下尽快行动。"孙休认为老人说得对，当天进抵布塞亭。武卫将军孙恩代行丞相职事，率领百官，带着皇帝乘坐的法驾，在永昌亭迎接孙休，修筑行宫，以武帐作为便殿，设置御座。己卯日，孙休来到，望见便殿，遂停止行进，派孙楷先去见孙恩。孙楷返回，孙休乘坐辇车，继续前进，群臣向孙休再拜称臣。孙休登上便殿，表示谦让，并未马上坐在御座上，而是进入东厢房休息。户曹、尚书前来，站立在台阶下，向孙休诵读赞辞，丞相奉上玉玺、符节。孙休三次谦让，群臣三次奏请。孙休说："将军、丞相、诸侯都推举寡人，寡人不敢不接受玺印、符节。"群臣按照班次奉迎孙休，孙休再次登上乘舆，百官陪侍在车旁，孙綝率领士兵一千人，在郊外迎接，在道路一侧下拜，孙休下车答拜。即日起，孙休正式登上帝位，颁布大赦令，更改纪元。这一年，是魏国甘露三年。

永安元年冬天十月壬午日，孙休下诏："褒赏功德，这是古今通义。拜大将军孙綝为丞相、荆州牧，增加食邑五个县。拜武卫将军孙恩为御史大夫、卫将军、中军督，封为县侯。拜威远将军孙据为右将军，封为县侯。拜偏将军孙幹为杂号将军，封为亭侯。长水校尉张布辅导朕，辛苦备至，拜张布为辅义将军，封为永康侯。董朝亲自奉迎朕登基，封董朝为乡侯。”又下诏：“丹杨郡太守李衡，因为往事嫌疑，自首请罪，被关押在有关部门。在古时，管仲射中齐桓公的带钩，宦官斩断晋文公的衣袖，之后，桓公拜管仲为国相，文公重用宦官，二人为国君效力，遣送李衡返回丹杨郡，恢复职务，勿令李衡再有疑惧。”[①]己丑日，孙休封孙皓为乌程侯，封孙皓的弟弟孙德为钱唐侯，封孙谦为永安侯。[②]

①《襄阳记》记载：李衡，字叔平，原来是襄阳郡士卒家的子弟，东汉末年入吴，成为武昌庶民，听说羊衜善于鉴别人物，前去咨询，羊衜说：“现在是多事之秋，尚书具有曹郎才干。”在当时，校事官吕壹操弄朝中权柄，大臣畏惧，不敢讲话，羊衜说：“非李衡不能制服吕壹。”举荐李衡为侍郎。孙权召见，李衡向孙权揭发吕壹做的坏事，有数千言，孙权面有愧色。几个月后来，吕壹被杀，李衡在朝中开始受到重用。后来，李衡担任诸葛恪的幕府司马，负责诸葛恪幕府中的事务。诸葛恪被杀，李衡请求出任丹杨郡太守。当时，孙休在丹杨郡，李衡多次以法律惩治过孙休。李衡的妻子习氏每次劝谏李衡，李衡不听。孙休即位，李衡恐惧，对妻子讲：“不用卿言，以至于此。”欲投奔魏国。妻子说：“不可。君本来是庶民，先帝擢拔重用。过去虽然对孙休无礼，如果心中不安，叛逃以求活命，北归魏国，还有何面目，再去见中原人？”李衡问：“这该如何是好？”妻子答：“琅琊王孙休素来喜欢慕名，正在向天下展示善意，终不会因为私怨杀害君，这一点很明显。夫君可自己走进监狱，上表罗列此前的罪过，奏请皇帝惩处。如此，孙休反而会饶恕夫君，甚至委以重任，不仅仅是活命而已。”李衡听从妻子的劝告，果然无事，孙休又任命李衡为威远将军，授予棨戟。李衡每次欲治理家产，妻子都不听，后来，李衡派遣十位客人在武陵龙阳汜洲上，建造住宅，种植柑橘一千株。临死前，敕令儿子：“你们的母亲不希望我治理家产，故家里贫穷如是。然而，我在州里还有一千株柑橘树，不愁衣食，你们每年上缴赋税一匹绢，剩下的足够家用。”李衡去世后二十余日，儿子把父亲的嘱托告诉母亲，母亲讲：“这岂是种植柑橘，你们家有十户客人，离去七八年，一定是为你们父亲建造宅邸。你们父亲生前常讲，太史公著述《史记》，言：‘江陵有一千株柑橘树，获得的收益，足以抵得上受封列侯。’我回答：‘人但患无德义，不患不富裕，若富贵后，还能甘受清贫，固然好。要这些财富又有何用！’”吴国末年，李衡种的柑橘成熟，每年可换取绢数千匹，家道殷富。晋朝咸康年间，其宅邸及种植的柑橘树还在。

②《江表传》记载：群臣上奏，立皇后、太子，孙休下诏：“朕以寡德，奉承宏业，即位时间日浅，恩泽未敷，为后妃加上尊号，为嗣子确立太子位，非急事也。”有关官员又固请，孙休谦逊，不许。

十一月甲午日，大风旋转，连续数日，浓雾漫天。孙綝一家，有五人受封为列侯，掌握着宫内外禁军，权倾人主，在朝堂上向吴主陈述，孙休皆恭敬接受，无丝毫违逆，孙綝更加肆无忌惮。孙休担心会有变故，多次赏赐孙綝。丙申日，孙休下诏：“大将军忠心为国，首先倡议，决定废立，以安定社稷，朝廷内外卿士，皆赞赏大将军，大将军兼有勋劳。在往昔，霍光定计，决定废立，朝廷百官同心协力，汉宣帝即位，大将军的功勋与霍光相同。按照此前定策，拥立朕即位的官员名单，以前代旧例，晋升或拜授爵位，予以颁布。”戊戌日，孙休下诏：“大将军执掌朝廷内外军事，事情繁多，增卫将军、御史大夫孙恩为侍中，与大将军分担朝廷事务。”壬子日，孙休下诏：“诸官吏家有五人，有三人要服役，父兄在军队服役，子弟在郡县服役，按照规定，还要缴纳稻米赋税，随军出征或服役，至于家事，则无从料理，朕对此甚为同情。家中有五人，其中三人服兵役或徭役，听任父兄欲留在军中者，一人即可，免除应缴的赋税稻米，不再服徭役。”又说：“凡在永昌亭奉迎朕即位的将军、吏卒，皆增加爵位品级一级。”不久，孙休听说孙綝有谋逆，暗中与张布商议对策。十二月戊辰腊日，百官朝贺，公卿升殿，孙休诏令，武士当即绑缚孙綝，孙綝当日伏罪被杀。己巳日，孙休下诏，以左将军张布诛杀奸臣有功，任命张布为中军督，封张布的弟弟张惇为都亭侯，领兵三百人，任命张惇的弟弟张恂为校尉。

孙休下诏：“在古代，圣王建立国家，重视学校教育，移风化俗，整顿世道人心，为盛时培养人才。自建兴以来，多以变故，吏民以眼前的事务为急务，去本就末，不能遵循古道。所崇尚的风俗，不够淳厚，伤风败俗。按照古代圣贤的做法，设置学官，设立五经博士，考核选取士人，增加俸禄，在职官员及将军家中的子弟，有志好学者，令其专心学业。每年考试一次，按照成绩，予以封赏。获得荣誉者，令人羡慕，羡慕其封赏，以此促进王化，整理风俗。”

永安二年春天正月，天上打雷闪电。三月，孙休在朝中设置九卿，下诏：“朕以不德，托位于王、公之上，夙兴夜寐，战战兢兢，废寝忘食。朕欲偃武修文，崇尚风俗教化，让士民瞻仰荣誉之士，还要重视农桑。管子说：‘仓廪实，知礼节；衣食足，知荣辱。’一夫不耕，就会有人挨饿，一妇不织，就会有人受寒；饥寒冻馁，民众不抱怨，从未有过。近年来，州郡的吏民及军营的士兵，违背此道，或浮船长江，或商贾运作，良田荒废，粮食减少，欲令天下安宁，能行吗？而且，农田的赋敛租税过重，农民种田，利益微薄，才有这种现象！朝廷欲号召百姓开垦农田，减轻赋税，按照农田肥瘦征缴赋税，让农民得到实惠，无论吏民，都能得到利益，家给人足，每户百姓有能力赡养家人，有财力供养，爱护生命，重视法律，不再有作奸犯科之事。刑罚也会相应减少，风俗得到整顿。群臣忠贤，尽心守责，虽然上古时的盛世，未必能看到，汉文帝时的升平，或许能达到。能达到升平，君臣俱荣，达不到，君臣受辱，国力减损，又怎能俯仰随意？公卿尚书，可以讨论，务必拿出措施。田桑时节已到，不要耽误农时。事情确定，即可施行，称朕意焉。”

永安三年春天三月，西陵郡报告，有赤乌出现。当年秋天，孙休采纳都尉严密的建议，修建浦里塘。会稽郡有歌谣，会稽王孙亮将返回都城，即位为天子，孙亮王宫的人告发孙亮，让巫师祷告，对朝廷不满。有关官员奏请，贬黜孙亮为候官侯，遣送回封国。孙亮在途中自杀，负责护送的官员伏罪被杀。[①]孙休分出会稽郡南部，设置建安郡，分出宜都郡一部分，设置建平郡。[②]

①《吴录》记载：有人说，孙休被鸩杀。晋太康年间，吴国原少府丹杨郡人戴颙迎接孙亮的棺柩，葬在赖乡。

②《吴历》记载：这一年，在建德县获得大鼎。

永安四年夏天五月，下大雨，泉水喷涌，河道溢满。当年秋天八月，孙休派遣光禄大夫周奕、石伟巡行郡县，考察风俗，考查官员是否称职、清廉，百姓是否有疾苦，作为官员提拔的依据。[①]九月，布山县报告，有白龙出现。这一年，安吴县的百姓陈焦死亡，埋葬，六日后又复活，从坟墓中爬出。

①《楚国先贤传》记载：石伟，字公操，南郡人。年少时，石伟好学，谨修节操，介然独立，有不可夺之志，被举荐为茂才、贤良方正，不肯屈就。孙休即位，征召石伟，多次升迁，官至光禄勋。及至孙皓即位，朝政昏乱，石伟以年老有痼疾，乞求辞职，被拜为光禄大夫。吴国平定，建威将军王戎拜谒石伟。太康二年，晋武帝下诏："吴国原光禄大夫石伟，秉志清高，皓首不渝，虽然身处乱世，廉节可纪。石伟年纪衰迈，不堪远涉，拜为议郎，增加俸禄为二千石，享受终身。"石伟佯装疯狂，眼盲，不肯接受爵位。他享年八十三岁，于太熙元年去世。

永安五年春天二月，白虎门北楼发生火灾。当年秋天七月，始新县报告，有黄龙出现。八月壬午日，大雨倾盆，雷电交加，泉水涌出。乙酉日，孙休立朱氏为皇后。戊子日，立儿子孙𩅦（wān）为太子，颁布大赦令。[①]当年冬天十月，孙休拜卫将军濮阳兴为丞相，拜廷尉丁密、光禄勋孟宗为左右御史大夫。孙休认为，丞相濮阳兴及左将军张布对自己有旧恩，委以重任，张布负责宫内尚书，濮阳兴负责军国大事。孙休锐意于进取，攻读古典书籍，阅览百家经典，还喜欢射杀野雉，春夏之际，孙休常晨出夜归，只有这个时候，才肯放下书本。孙休欲与博士祭酒韦曜、博士盛冲讨论经学道义，韦曜、盛冲一向说话耿直。张布担心，他们进入宫中侍讲，会揭发他人暗中做下的坏事，致使自己不能专权，因此，张布散步妄言，矫饰说辞，阻止孙休接近这些儒生。孙休回答："孤涉猎各种经学，遍览群书，从书中所见例子也不少；明君暗主，奸臣贼子，古今贤愚，成败之事，无不浏览。而今韦曜等人入宫，孤但与他们讨论学问，并非仅跟从韦曜等接受学业。即使如此，又有何损？君不过以为韦曜等会向孤揭发臣下的奸邪之事，因为此事不想让他们入宫。这些事情，孤心中已有准备，无须韦曜等揭发，孤自然会考虑。这些都无所妨碍，君的顾虑有些过分。"张布接受诏命，只好认错，又进一步诡辩，担心儒生干预政事。孙休回答："书籍中的事情，其实在于人的理解，只患人理解不到位，理解到位，则不会有伤害。书籍本身，无所为是非，君以为不宜与儒生讨论书籍，担心孤会受到影响。关于政务及学问，各有其特点，并不相妨碍。不要因为君今日负责政事，再重复孙綝对孤做过的事情，这样不好。”张布只好叩头认罪，孙休继续说：“孤不过是让你明白领悟，何至于叩头！像君这样忠诚，远近皆知。在以往，我们君臣感情甚笃，所以，今日孤才登上巍巍国君之位。《诗经》讲：‘靡不有初，鲜克有终。’有一个好的结尾，确实很难，愿君坚持始终。”当初，孙休还是诸侯王时，张布担任左右将都督，一直受到孙休信任，及至孙休即位，更加信任张布，诏令张布专擅国政，张布在任上有无礼行为，忌惮他人议论自己的过失，又担心遭到韦曜、盛冲弹劾，故有猜忌之心。孙休虽然知道张布的用心，心里不高兴，也担心张布心存疑虑，按照张布的意思，废弃经学讨论，不再让盛冲等人入宫侍讲。这一年，孙休派遣察战到交趾郡征调孔雀、大猪。②

①《吴录》记载：孙休诏书：“人有名字，用以相互区别，长者有字，忌惮被人称名。按照礼制，名字，欲令人难犯易避，五十岁称伯仲，古代或以一个字作名字。今人竞相取好字，作为名字，还要令其相配，所行不副。以‘瞽’字，为眼睛明亮者起名字，孤曾经感觉好笑。或师友父兄为人取名字，或自己取名字；师友尚可，父兄犹非，自为者，最不谦逊。孤今日为四个男儿起名字：太子名字叫孙𩅦（wān），音如湖水湾澳之湾，字䨝（qì），䨝音如迄今之迄；次子名字叫孙𩃙（gōng），𩃙音如兕觥之觥，字𩇐，音如玄礥（xián）首之礥；次子名字叫孙𥁚（mǎng），𥁚音如草莽之莽，字昷（jǔ），昷音如举物之举；次子名字叫孙𡠆（bǎo），音如褒衣下宽大之褒，字𡣷（yǒng），音如有所拥持之拥。这些名字都不与世间所用的名字相同，故抄录旧文，寻找合用者。文字有八体损益，因事而生，今创造此名字，既不相配，而且字又单一，庶易弃避，普告天下，使大家闻知。”裴松之认为：《左传》称：“名以制义，义以出礼，礼以体政，政以正民。是以政成而民听，易则生乱。”斯言之作，岂虚也哉！孙休欲令他人难犯名字，何患无名，生造无况之字，又制造不典之音，违背明诰于前修，垂嗤騃（sì）于后代，不亦异乎！是以坟土未干，而妻儿夷灭。师服之言，于是乎证明。

②裴松之按：察战是吴国官名，今天扬都仍然有察战巷。

永安六年夏天四月，泉陵报告，有黄龙出现。五月，交趾郡官员吕兴等反叛，杀了郡太守孙谞。孙谞此前征调一千多名手艺工人，送往建业，察战来到交趾后，吕兴担心察战会再次征调，吕兴等人煽动民众及士兵叛乱，还招诱交趾蛮夷，一起造反。当年冬天十月，蜀国因魏国讨伐蜀国，派使者前来告知。癸未日，建业小石城发生火灾，烧毁西南达一百八十余丈。甲申日，孙休派大将军丁奉率领诸军，进攻魏国的寿春，将军留平率领一支军队，前去南郡与施绩会合，商议如何出兵，将军丁封、孙异从沔中出兵，所有军事行动，都是为了援助蜀国。蜀国后主刘禅投降魏国的消息传来，吴国这才停止下一步的行动。吕兴杀了交趾郡太守孙谞，派使者前往魏国，请求魏国朝廷任命自己为太守，并派出援军援助自己。丞相濮阳兴建议，征调屯田民众一万人，编练成军。孙休分出武陵郡一部分，设置天门郡。①

①《吴历》记载：这一年，有青龙在长沙出现，有白燕在慈湖出现，有赤雀在豫章郡出现。

永安七年春天正月，孙休颁布大赦令。二月，镇军将军陆抗、抚军将军步协、征西将军留平、建平郡太守盛曼，率领军队围困蜀国巴东郡守将罗宪。当年夏天四月，魏国将军、新归附的都督王稚跨海进入句章县，掳掠当地官吏的财物及男女二百余人。将军孙越缴获王稚一条船，俘虏三十人。当年秋天七月，海贼攻破海盐县，杀害司盐校尉骆秀。孙休派中书郎刘川出兵庐陵郡。豫章郡百姓张节等造反作乱，有部众上万人。魏国派将军胡烈率领步骑二万人，入侵西陵，以救援罗宪，陆抗等引军撤退。孙休又分出交州一部分，设置广州。壬午日，孙休颁布大赦令。癸未日，孙休去世，①享年三十岁，谥号为景皇帝。②

①《江表传》记载：孙休病重，口不能言，手书呼叫丞相濮阳兴入内，令太子孙𩅦出来拜见。孙休握着濮阳兴的臂膀，手指孙𩅦，殷殷嘱托。

②葛洪著《抱朴子》记载：吴景帝时，戍卫将士在广陵挖掘墓冢，取出墓砖，用以建筑城墙，墓砖很多损坏。发掘一座大墓，墓内有重阁，有门扇，皆可以转动、开闭，四周为徼道，可以通车，其高度可以乘马。还有铸铜人数十枚，身高五尺，皆身穿大冠朱衣，执剑列侍在灵座旁，铜人背后的石壁，皆刻写有文字，文字讲：这是殿中将军，或侍郎、常侍。好像是公主的墓冢。斫破其棺木，棺中有人，头发已斑白，衣冠鲜明，面色如生人。棺中有云母，厚一尺许，用白玉璧三十枚，缝缀在尸身衣服上。士兵抬出死人，倚靠着墓冢壁。有一枚玉，长一尺许，形似冬瓜，从死尸的怀中掉出，坠落地上。尸体两耳及鼻孔中皆有黄金，像枣一样大。这就是骸骨，有宝物在尸身上，是其不朽的缘故。

孙皓，字元宗，这是孙权的孙子，孙和的儿子，又名孙彭祖，字皓宗。孙休即位，封孙皓为乌程侯，送回封国。西湖百姓景养为孙皓相面，认为孙皓将会大福大贵，孙皓心中暗喜，不敢外泄。孙休去世，当时，蜀国刚灭亡，交趾郡又相继反叛，国内震恐，皆希望即位的君主是一位年长者。左典军万彧此前担任乌程县令，与孙皓的关系很好，称颂孙皓有才能、见识，明察善断，与长沙桓王孙策相似，加上孙皓好学，谨守法度，万彧多次向丞相濮阳兴、左将军张布谏言。濮阳兴、张布向孙休的妃子朱太后谏言，以孙皓为继嗣。朱太后说："我是寡妇人家，怎么懂得社稷安危！只要吴国不受损失，宗庙有人祭祀即可。"于是，迎立孙皓即位，当时，孙皓二十三岁，更改纪元，颁布大赦令。这一年，是魏国咸熙元年。

元兴元年八月，孙皓拜上大将军施绩、大将军丁奉为左右大司马，拜张布为骠骑将军，兼任侍中，其他官员或晋升、或奖赏，一律按照旧例。九月，孙皓贬朱太后为景皇后，追谥父亲孙和为文皇帝，尊母亲何夫人为太后。十月，孙皓封孙休的太子孙𩅦为豫章王，二儿子为汝南王，三儿子为梁王，四儿子为陈王，孙皓立滕氏为皇后。①孙皓即位，志得意满，遂暴露出凶残狠毒的本性，有很多忌讳，喜欢酒色，大小官员顿时失望。濮阳兴、张布深感后悔。有人向孙皓谮毁濮阳兴、张布，十一月，孙皓诛杀濮阳兴、张布。十二月，孙休在定陵下葬。孙皓封皇后的父亲滕牧为高密侯，②封舅舅何洪等三人为列侯。这一年，魏国设置交趾郡，任命太守前往交趾郡上任。司马昭担任魏国丞相，派遣此前在寿春献城投降的吴国降将徐绍、孙彧，领受诏命，带着公文，前来吴国，向孙皓陈述大势所趋，吴国应该向魏国臣服，等等，劝喻孙皓。③

①《江表传》记载：孙皓刚即位，颁发诏命，抚恤士民，打开仓廪，赈济贫困，把宫中的女子送出宫廷，以婚配无妻者，在苑囿饲养的禽兽，全部释放。当时人翕然，皆称孙皓为明主。

②《吴历》记载：滕牧原名叫滕密，避丁密的讳，改名滕牧，丁密避滕牧的讳，改名为丁固。

③《汉晋春秋》记载：晋文王写信给孙皓："圣人称：有君臣，然后有上下礼义，是故大必字小，小必事大，然后上下安服，群生得以所在。到了朝代末世，纯德既毁，剿民之命，是以豪强争夺，违背礼顺之至理，仁者也无可奈何。而今，主上圣明，仁德覆载无外，仆备位宰辅，为国家担负重任。唯华夏分裂，方隅隔绝，达六十余载，金革亟动，无年不征战，尸骨暴露荒野，困悴罔定，每当念及此，莫不哀伤悲悼。仆坐以待旦，将欲止戈兴仁，为百姓请命，故分命偏师，平定蜀汉，役未经年，全军大捷，兼并西蜀。在当时，猛将谋夫，朝臣庶士，都认为奉天时之宜，借着出征大军，凭借吞敌之势，应该回旗东指，以临东吴。舟师泛江，顺流而下，陆军南辕，取径四郡，兼有成都之器械，运输巴汉之粟米，然后，以中军整旅，三方云会，未及浃辰，可使江表荡平，南夏顺轨。然而，国朝深唯伐蜀之举，虽有靖难之功，亦哀悼蜀民独罹其兵燹，战于绵竹者，从元帅以下，并受屠戮，伏尸蔽地，血流丹野。一之于前，犹追恨不已，况重施屠戮于后？是故旋师按甲，思与南邦共全百姓之命。料力忖势，度资量险，远考古人废兴之理，近鉴西蜀安危之效，隆德保祚，去危即顺，屈己以宁四海，才是贤圣之高致；履危偷安，陨德覆祚，而不称于后世者，非智者所为也。而今朝廷派遣徐绍、孙彧献上书信，以喻情怀，若书信到达御前，愿稍加留意，思虑万千，结欢弭兵，共为一家，施惠于吴会，遍及中土，岂不安泰！此司马昭真心大愿，敢不承受。若不获命，则普天之下，率土之滨，期于大同，虽重现干戈，固不获已也。"

甘露元年三月，孙皓派遣使者跟随徐绍、孙彧返回，回复司马昭："知道君以高世之才，处于宰辅之任，勤于国君辅导之功，辛苦备至。孤以不德，继承吴国大宗之绪，也在想如何与贤良共谋济世之道，由于两国相阻隔，还未有接触机会，孤已经知道君的善意，深为感动。今派遣光禄大夫纪陟、五官中郎将弘璆，向君宣明孤的谢意。”[①]徐绍行至濡须，孙皓又派人召回徐绍，将其诛杀，并将其家属流放至建安，因为有人讲徐绍极力赞美魏国朝廷。当年夏天四月，蒋陵报告，有甘露降临，孙皓更改纪元，颁布大赦令。当年秋天七月，孙皓逼死景皇后朱氏，不在正殿举办丧事，改在苑中的一个小屋内治丧，众人知道，朱氏并非患疾病而死，莫不为朱氏突然去世悲戚不已。孙皓又把孙休的四个儿子送往吴县小城，不久，又派人追杀两个大一点的儿子。九月，孙皓听从西陵都督步阐的建议，迁都武昌，御史大夫丁固、右将军诸葛靓守卫建业。纪陟、弘璆前往洛阳，恰逢晋文帝司马昭病逝，十一月，二人被遣返。孙皓来到武昌，又颁布大赦令。孙皓分出零陵郡南部，设置为始安郡，分出桂阳郡南部，设置始兴郡。十二月，晋室司马炎接受曹魏禅让，登上帝位。

①《江表传》记载：孙皓的书信，两头言白，称名而不著姓。

《吴录》记载：纪陟，字子上，丹杨郡人。当初担任中书郎，孙峻派纪陟出使，诘问南阳王孙和，令其自尽。纪陟暗中让孙和以正言回复，孙峻大怒。纪陟恐惧，闭门不出。孙休执政时，纪陟的父亲纪亮担任尚书令，纪陟担任中书令，每次朝会，孙峻诏令，用屏风把座位隔开。纪陟出任豫章郡太守。

干宝著《晋纪》记载：纪陟、弘璆奉命出使魏国，入境先问忌讳，入国先问风俗。寿春将军王布向纪陟演示兵马骑射，既而问纪陟：“吴国的君子也懂得骑射吗？”纪陟答：“这是军人骑士所熟悉的技艺，君子士大夫不以此为意。”王布听罢，面露惭愧。后来，司马文王接见纪陟，以宾客礼，询问纪陟：“大夫来时，吴王情况如何？”纪陟回答：“臣来时，皇帝临轩，百官陪位，御膳无恙。”司马文王设宴招待纪陟，百官陪侍，让礼宾官告诉纪陟：“某者是安乐公，某者是匈奴单于。”纪陟说：“西蜀失国，为君王所礼敬，位同三代，莫不感义，匈奴是边塞难羁之国，君王怀之，让单于在客位就座，此诚恩威远著。”司马昭又问：“吴国的守备如何？”回答：“从西陵直至江都，守备达五千七百里。”司马昭又问：“距离遥远，守备恐怕很难巩固？”纪陟回答：“疆界距离虽远，而其险要，所谓必争之地，不过三四处。人虽有八尺之躯，靡不受患，其防护风寒，也就是数处。”司马文王称赞答得好，以礼厚遇纪陟。

裴松之认为：人有八尺之躯，靡不受患，防护风寒，岂只有数处？这样譬喻，未足称能。若譬喻金城万雉，所要防护者，四门而已。纪陟这样回答，不是更好？

《吴录》记载：孙皓以其叔父中凡与孙和案有关联者，把他们的家属，全部流放至东冶，只有纪陟，因为暗中告诉孙和，向朝廷申诉，特别封纪陟的儿子纪孚为都亭侯。纪孚的弟弟纪瞻，字思远，入仕晋朝，担任骠骑将军。弘璆，曲阿人，是弘咨的孙子，是孙权的外甥。弘璆后来官至中书令、太子少傅。

宝鼎元年正月，孙皓派遣大鸿胪张俨、五官中郎将丁忠吊唁晋文帝司马昭。在二人返回的途中，张俨病死。[①]丁忠劝说孙皓：“北方守战之具不足，弋阳可袭击，可派兵袭取弋阳。”孙皓征询群臣的意见，镇西大将军陆凯讲：“兵事，实乃不得已而用之，自从三国鼎立以来，相互讨伐，无一年安宁。而今，强敌刚刚兼并西蜀，土地有很大扩张，魏国派遣使者前来谋求亲善，欲暂且息兵，不要以为魏国有求于我。魏国军力比东吴要强大得多，而吴国出兵袭击魏国，以求侥幸取胜，未必见得有利。”车骑将军刘纂讲：“天生五才（金木水火土），谁能去掉兵事？谲诈相用，由来已久。若魏国防御有缺失，又怎能放弃机会？可以先派遣间谍，探听虚实。”孙皓心里赞同刘纂的意见，然而，蜀国刚刚灭亡，故不敢贸然采取行动，吴国还是与晋国断绝了联系。八月，武昌报告，获得一座大鼎，孙皓更改纪元，颁布大赦令。孙皓拜陆凯为左丞相，拜常侍万彧为右丞相。当年冬天十月，永安郡山贼施但等，聚集数千人，[②]劫持孙皓的同父异母弟弟永安侯孙谦，离开乌程县，还盗取孙和陵寝庙里的鼓吹乐器、仪仗。及至施但走到建业，已经有徒众一万余人。丁固、诸葛靓在牛屯迎击施但，双方大战，施但败走。丁固俘虏孙谦，孙谦自杀。[③]孙皓分出会稽郡一部分，设置东阳郡，分出吴郡、丹杨郡一部分，设置吴兴郡。[④]在零陵郡北部，又设置邵陵郡。十二月，孙皓迁都建业，卫将军滕牧留下来镇守武昌。

①《吴录》记载：张俨，字子节，吴县人。弱冠时，张俨已经是知名士人，历任显位，以博闻强识，受拜为大鸿胪。张俨出使晋国，孙皓对张俨讲：“今南北通使问好，以君有出使他国的才能，故委屈君出使魏国。”张俨回答：“皇皇者华，蒙其荣耀，无古人称誉之美，磨砺锋锷，思不辱命。”张俨到了魏国，车骑将军贾充、尚书令裴秀、侍中荀勖等，欲傲视张俨，以张俨所不知道的事情诘难张俨，不能屈服，尚书仆射羊祜、尚书何桢与张俨结为缟带之友。

②《吴录》记载：永安即今天的武康县。

③《汉晋春秋》记载：当初，望气者云，荆州有王气，会对扬州有影响，对建业宫不利，故孙皓迁都武昌，派遣使者发掘荆州有名的世族大姓墓冢，与山冈相连接者，以厌胜邪气。及至孙皓听到造反的消息，自以为迁徙得计，派出数百人，敲锣打鼓进入建业，杀了施但的妻子，还说天子派荆州兵来攻打扬州贼，以厌胜邪气。

④孙皓下诏：“古者分封建国，用以褒赏贤能，广树藩屏。秦国废弃五等爵位，划分天下为三十六郡，汉室初兴，分封诸侯达一百多位，因时制宜，并无常数。今日的吴郡阳羡县、永安县、余杭县、临水县及丹杨郡的故鄣县、安吉县、原乡县、于潜县，地势水流方便，河水注入乌程，宜设立为郡，以镇守山越，且以此郡藩卫明陵，奉承大祭，不亦可乎！分出此九县，设置吴兴郡，治所在乌程县。”

宝鼎二年春天，孙皓颁布大赦令。右丞相万彧从巴丘返回建业。当年夏天六月，孙皓修建显明宫，[①]当年冬天十二月，孙皓移居显明宫。这一年，孙皓又分出豫章郡、庐陵郡、长沙郡一部分，设置安成郡。

①《太康三年地记》记载：吴国有太初宫，方圆三百丈，是孙权建造。昭明宫方圆五百丈，是孙皓建造。因为避晋室忌讳，故改名显明宫。

《吴历》记载：显明宫在太初宫的东边。

《江表传》记载：孙皓营建新宫，二千石以下官员都要进山，督促砍伐木材。又破坏诸军营，大肆扩充苑囿，建起土山楼观，穷尽技巧，劳役花费达亿万计。陆凯劝谏，孙皓不听。

宝鼎三年春天二月，孙皓拜左右御史大夫丁固、孟仁为司徒、司空。①当年秋天九月，孙皓出兵东关，丁奉进抵合肥。这一年，孙皓派遣交州刺史刘俊、前部都督修则等进兵交趾郡，被晋国将军毛炅等打败，二位将军战死，兵众逃亡，返回合浦。

①《吴书》记载：当初，丁固担任尚书，梦中看到松树长在腹上，丁固对人讲："松字十八公，此后十八岁，我要成为三公！"最终如梦所言。

建衡元年春天正月，孙皓立儿子孙瑾为太子，又立了淮阳王、东平王。当年冬天十月，孙皓更改纪元，颁布大赦令。十一月，左丞相陆凯去世。孙皓派遣监军虞汜、威南将军薛珝、苍梧郡太守陶璜从荆州出兵，监军李勖、督军徐存从建安郡，乘船经海路出兵，在合浦会齐，进攻交趾郡。

建衡二年春天，万彧返回建业。李勖以建安道路不通，杀了向导将军冯斐，引军撤回。三月，天火焚烧一万余家，死者有七百人。当年夏天四月，左大司马施绩去世。殿中列将何定说："少府李勖冤杀冯斐，擅自撤军返回。"李勖、徐存及其家属伏罪被杀。当年秋天九月，何定率领五千人到夏口狩猎。都督孙秀投奔晋国。这一年，孙皓颁布大赦令。

建衡三年春天正月三十日，孙皓率领大队人马，前往华里，孙皓的母亲及宫中妃妾随行，东观令华覈等极力劝阻，孙皓这才返回。①这一年，虞汜、陶璜攻破交趾郡，杀了晋国任命的太守、将军，九真郡、日南郡全部被吴军夺回。②孙皓颁布大赦令，划出交趾郡一部分，设置新昌郡。将军们攻破扶严，孙皓设置武平郡。孙皓拜武昌都督范慎为太尉。右大司马丁奉、司空孟仁去世。③西苑报告，有凤凰翔集，孙皓更改纪元。

①《江表传》记载：当初，丹杨郡人刁玄出使蜀国，与司马徽、刘廙谈论命运及历数。刁玄诈增古文，以诳骗国人："黄旗紫盖见于东南，最终享有天下者，是荆州、扬州的君主！"又获得中原投降者，说寿春城下有童谣："吴国天子当上位。"孙皓听说后，大喜："这是天命。"孙皓随即用车子载着母亲、妻子及后宫美女数千人，从牛渚陆路西行，说青盖车要入洛阳，以顺应天命。途中遇上大雪，道路损毁，士兵披甲持仗，上百人共拉一辆车，因为寒冷，死亡者很多。士兵不堪忍受，都说："如果遇上敌人，便当倒戈。"孙皓听说后，才返回。

②《汉晋春秋》记载：当初，霍弋派遣杨稷、毛炅等戍守交趾郡，与他们盟誓："若敌人围

城，未满百日而投降者，诛杀家属；若过百日，城陷落，刺史领受其罪。”杨稷等人日期未满，粮食已尽，向陶璜乞降，陶璜不许，又供应粮食，逼迫他们坚守。吴国人劝谏，陶璜说：“霍弋已死，不会再有人来，可待其粮食用尽，然后再受降，这样，使对方不会因为投降牵连家属，而我以义受降，对内教育我国民众，对外怀柔敌国，不亦可乎！”杨稷、毛炅粮食耗尽，救兵仍然不至，陶璜受降。

《华阳国志》记载：杨稷，犍为郡人。毛炅，建宁县人。杨稷等人城中的粮食耗尽，死亡者过半，将军王约投降，吴军得以入城，擒获杨稷、毛炅，皆囚禁。孙皓派人送杨稷返回魏国，杨稷走到合浦，呕血而死。晋国追赠杨稷为交州刺史。当初，毛炅与吴军作战，杀了前部都督修则。陶璜等以毛炅勇敢，不屈不挠，欲赦免毛炅。修则的儿子修允坚决请求诛杀毛炅，毛炅也不向陶璜等屈服，陶璜等大怒，当面绑缚毛炅，诘问：“晋贼！”毛炅厉声喝道：“吴狗，你说谁是贼？”吴国人剖开毛炅的肚子，修允割去毛炅的心肝，大骂：“看你还能做贼？”毛炅至死，大骂不止：“若能斩杀孙皓，你们父亲都是死狗！”修允斩杀毛炅。晋武帝听说后，哀矜毛炅，随即下诏，诏令毛炅的长子继承父亲的爵位，其余三子皆赐爵关内侯。此处与《汉晋春秋》所说不同。

③《吴录》记载：孟仁，字恭武，江夏郡人，原名孟宗，避孙皓的字，改为此名。年少时，孟仁跟随南阳郡人李肃学习。孟仁的母亲为孟仁缝制厚褥大被，有人问其故，母亲答：“小儿无德，招待客人，学者大多贫困，故为小儿缝制大被，这样可以让小儿与同气相求者多有来往。”孟仁读书到深夜，仍然不知疲倦，李肃感到奇怪，说：“卿真是宰相之器。”当初，孟仁担任骠骑将军朱据的军吏，把母亲带在身边。孟仁不得志，夜晚下雨，屋子漏雨，孟仁起床涕泣，对母亲致歉。母亲说：“我儿应该自勉，何以悲泣？”朱据稍微知道孟仁的情况，任命孟仁为监池司马。孟仁自己结网，亲自捕鱼，制作鱼鲊，送给母亲吃，母亲把鱼鲊又送还孟仁，说：“你担任鱼官，送鱼鲊来给母亲吃，还怎么避嫌。”孟仁改任吴县县令。当时，官员皆不得带家眷，每当孟仁得到应季的食物，就会寄送给母亲，常不愿先食。听说母亲去世，孟仁违反禁令，辞去官职，回家守孝，详情记载在孙权传记中。孙权特别为孟仁减死罪一等，再次任命孟仁为官员，优遇孟仁。

《楚国先贤传》记载：孟仁的母亲喜欢吃竹笋，冬天，竹笋出土的季节将至。当时，竹笋还未长出，孟仁进入竹林哀叹，竹笋此时为孟仁出土，孟仁把竹笋送给母亲，大家都认为这是孟仁至孝所致。孟仁多次升迁，官至光禄勋，最终担任三公。

凤凰元年秋天八月，孙皓征召西陵都督步阐。布阐不肯应召，举城投降晋国。孙皓派遣乐乡侯、都督陆抗围攻并擒获步阐，步阐手下的部众全部投降。步阐及其共谋者有数十人，皆被夷灭三族。孙皓颁布大赦令。这一年，右丞相万彧被孙皓谴责，忧惧致死，孙皓把万彧的子弟流放至庐陵。①何定奸邪，污秽之事被人揭发，伏罪被杀。孙皓以何定的罪恶类似于张布，更改何定的名字叫何布。②

①《江表传》记载：当初，孙皓在华里游玩，万彧与丁奉、留平密谋：“陛下此行不急，

若到达华里，迟迟不归，社稷事情重大，将不得不回去。”此语泄露。孙皓知道后，以万彧等都是旧臣，暂且忍耐，然而内心忌恨。后来，在酒宴上，孙皓以毒酒逼迫万彧饮下，又让劝酒人私下减量。孙皓还以毒酒逼迫留平饮下，留平察觉，服其他药以解毒，得以不死。万彧知道后，自杀。留平忧愤，一个月后，也自杀。

②《江表传》记载：何定，汝南郡人，原来在孙权身边侍候，后来，出宫补任官吏。何定谄媚邪佞，自以为是先帝的旧臣，请求返回宫中担任内侍，孙皓任命何定为楼下都尉，负责酤酒籴粮事务，何定作威作福。孙皓信任何定，委以诸事。何定为儿子求娶少府李勖的女儿，李勖不肯。何定挟怨，向孙皓谮毁李勖，孙皓诛杀李勖全家，连婴儿都不肯放过，还焚烧尸体。何定又让诸将各自贡献良犬，从千里以外搜求，一犬价值数千匹绢。御犬附带装具，价值一万钱。一犬配带一兵，饲养猎犬用以捕兔，供应厨房，所获野兔不多。吴国人把朝政混乱归罪于何定，孙皓认为何定忠诚、勤快，赐何定列侯爵。

《吴历》记载：中书郎奚熙谮毁宛陵县令贺惠。贺惠是贺劭的弟弟。孙皓派遣使者徐粲审问贺惠，奚熙又谮毁徐粲袒护贺惠，没有当即判决。孙皓又派遣使者在宛陵斩杀徐粲，收捕贺惠，此时，孙皓颁布大赦令，贺惠才得以免死。

凤凰二年春天三月，孙皓拜陆抗为大司马。司徒丁固去世。当年秋天九月，孙皓改封淮阳王为鲁王，改封东平王为齐王，又封了陈留王、章陵王等九位诸侯王，共计有十一位诸侯王，每位诸侯王掌握三千兵力，孙皓颁布大赦令。孙皓的爱妾时常让人在市场里抢夺百姓的财物，司市中郎将陈声是孙皓的幸臣，依恃孙皓的恩宠，将抢夺者绳之以法。爱妾向孙皓谮毁陈声，孙皓大怒，借其他事情，用烧红的锯条，锯断陈声的人头，把尸身丢弃在四望山下。这一年，太尉范慎去世。

凤凰三年，会稽郡有谣言，说章安侯孙奋将要即位为天子。临海郡太守奚熙与会稽郡太守郭诞互通信息，非议国政。郭诞把奚熙的来信奏报孙皓，没有奏报谣言之事，郭诞被贬黜至建安造船。①孙皓派遣三郡都督何植收捕奚熙，奚熙发兵自卫，断绝海路。奚熙的部将杀了奚熙，把首级送往建业，孙皓夷灭奚熙三族。当年秋天七月，孙皓派遣使者二十五人分头巡行州郡，查处叛逃人员。大司马陆抗去世。从更改纪元至今，连年发生大瘟疫。孙皓分出郁林郡一部分，设置桂林郡。

①《会稽邵氏家传》记载：邵畴，字温伯，在当时，邵畴担任郭诞的功曹。郭诞被收捕，惶急间，无以自我申辩。邵畴谏言：“邵畴今日在此，邵畴知道此事，明府何必担忧？”遂拜谒主办官员，自污，说不知道是谣言，事情是因己，并非府君之罪。主办官员呈上邵畴的供词，孙皓更加愤怒。邵畴担心郭诞终不会被免去死罪，遂自杀以证明。临死前，写下供词：“邵畴生长于边陲，不懂得道理，得以出仕，厕身在本郡任职，逾越职位，位至功曹，不能宣扬圣化，养之以福。今谣言横兴，干扰国家法纪，邵畴以窃窃之语，本非事实，虽然家中有人传说，不足为虑。天下重器，此乃匹夫横议，疾其丑声，不忍闻见，欲含垢藏疾，没有彰显于翰笔，镇躁归静，使之自息。愚心勤勤，每执斯旨，故郭诞屈打成招，默认有罪。此之为罪孽，实由于邵畴。邵畴不

敢逃避死罪，归罪有司，唯乞天鉴，特垂察明。”主办官员收殓邵畴的尸体，将供词奏报孙皓，孙皓这才赦免郭诞的死刑，送到建安造船。邵畴死时，年仅四十岁。孙皓嘉赏邵畴有节义，下诏郡县画其图像，供在庙堂。

天册元年，吴郡报告，挖掘地面得到银子，长一尺，宽三分，上面刻有年月字迹，孙皓颁布大赦令，更改纪元。

天玺元年，吴郡报告，临平湖从东汉末年以来，被杂草污物堵塞，如今疏通。老人们传说，此湖堵塞，是由于天下大乱，此湖疏通，是由于天下将要太平。还有，在湖边得到一个石匣，里边有小石头，青白色，长四寸，宽二寸余，上面刻有皇帝字样，孙皓更改纪元，颁布大赦令。会稽郡太守车浚、湘东郡太守张咏没有向朝廷上缴人口税，在郡府被朝廷派来的人诛杀，还把首级送往诸郡展示。[①]当年秋天八月，京口都督孙楷投降晋国。鄱阳郡报告，历阳山上的石头显示出纹理，形成字样，共有二十个字：“楚九州渚，吴九州都，扬州士，作天子，四世治，太平始。”[②]还有，吴兴郡阳羡山上有一座大石窟，长十余丈，名字叫石室，吴兴郡上表，称这是大祥瑞。孙皓派遣司徒董朝、太常周处到阳羡县，封禅此山为国山。孙皓更改纪元，颁布大赦令，以符合大石头上的祥瑞文字。

①《江表传》记载：车浚在任上，公而忘私，为官清廉，当时，正值会稽郡旱灾，民众没有隔宿之粮，车浚上表奏请赈灾。孙皓认为，车浚欲向民众树立私恩，派人枭其首级。还有，尚书熊睦看到孙皓残暴，稍微有所劝谏，孙皓派人用刀环打死熊睦，打得体无完肤。

②《江表传》记载：历阳县有大石山临水，高一百丈，周围有三十丈，有七洞骈罗，大石洞中颜色赤黄，与本体不一样，俗语相传，说这是石印。又说，石印封发，天下当太平。下边有祭祀的房屋，巫祝说：石印是三郎神。当时，历阳县长上表，奏报有石印，孙皓派遣使者以太牢礼，祭祀历山。按照巫祝的话，石印三郎说：“天下当太平。”使者制作高梯，上去看印文，诈称在大石上看到用朱书写的二十字，返回奏报孙皓。孙皓大喜，说：“吴国应当为九州作都、作渚乎！从大皇帝到孤，已经有四世，太平之主，非孤复谁？”孙皓又派遣使者，授予印绶，拜三郎神为王，又刻石立碑，褒扬灵德，以答谢祥瑞。

天纪元年夏天，夏口都督孙慎出兵江夏郡、汝南郡，烧杀抢掠，祸害百姓。当初，负责牵马的骑吏张俶，多次向孙皓告密，升任司直中郎将，受封为列侯，受到孙皓宠信，这一年，张俶做的坏事被他人揭发，伏罪被杀。[①]

①《江表传》记载：张俶的父亲曾经担任会稽郡山阴县隶卒，知道张俶不良，上表朝廷：“若任用张俶为司直，有罪，乞求不坐罪。”孙皓答应。张俶上表，设立负责弹劾的官吏二十位，专门纠查不法官员，于是爱恶相攻，相互诬告。弹劾承言，收捕囹圄，听讼失理，狱以贿

成。人民穷困，无所措手足。张俶骄奢淫逸，贪得无厌，娶小妾就有三十余人，滥杀无辜，众奸并发，父子都被车裂。

天纪二年秋天七月，孙皓又立了成纪王、宣威王等十一个诸侯王，每位诸侯王配备三千士兵，颁布大赦令。

天纪三年夏天，郭马反叛。郭马原来是合浦郡太守修允的部属，掌管军队。修允改任桂林郡太守，途中患病，住在广州，先派遣郭马率领五百士兵至桂林郡，安抚南方蛮夷。修允在广州病死，士兵应该安置在合浦郡、桂林郡，郭马等率领的士兵，都是多少代的旧军人，不愿意离开。孙皓核实广州的户口人数，郭马遂与部下何典、王族、吴述、殷兴等煽动士兵、百姓，聚集很多人，杀了广州都督虞授。郭马自封都督，负责交趾、广州的军事，兼领安南将军，殷兴自封广州刺史，王述自封南海郡太守。何典攻打苍梧，王族攻打始兴。[①]当年八月，孙皓拜军师张悌为丞相，拜牛渚都督何植为司徒，拜执金吾滕循为司空，还未上任，又任命滕循为镇南将军，授予符节，兼领广州牧，率领一万人从东道出发，讨伐郭马，与王族在始兴相遇，不能前进。郭马杀了南海郡太守刘略，驱逐广州刺史徐旗。孙皓又派遣徐陵都督陶濬率领七千人，从西道出发，诏命交州牧陶璜，率领所属将士及合浦郡、郁林郡的地方军队，与东西两路会齐，共同讨伐郭马。

①《汉晋春秋》记载：此前，吴国有解释谶言者："吴国之败，兵起南裔，亡吴者公孙。"孙皓听说后，文武职位，直至卒伍，凡有姓公孙者，皆流放至广州，不准停留在江边。孙皓听说郭马造反，很害怕，说："这是天亡我也。"

有鬼目菜在工人黄耇家的庭院长出，攀附着枣树，长一丈多，茎宽四寸，厚三分。还有，在工人吴平家的庭院长出买菜，高四尺，厚三分，形状好似枇杷，上面宽一尺八寸，下面的茎宽五寸，两边的叶子是绿色。东观查阅图籍，把鬼目菜当作灵芝草，把买菜当作平虑草，孙皓任命黄耇为侍芝郎，任命吴平为平虑郎，皆授予银印青绶。

当年冬天，晋武帝诏命镇东大将军司马伷进军涂中，诏命安东将军王浑、扬州刺史周浚进军牛渚，诏命建威将军王戎进军武昌，诏命平南将军胡奋进军夏口，诏命镇南将军杜预进军江陵，诏命龙骧将军王濬、广武将军唐彬乘坐战船，沿着长江东下，拜太尉贾充为大都督，可以根据情况，在前方根据情况处理军事，尽力发挥各路将军的优势。陶濬进抵武昌，听说北军大举进攻，遂留在武昌，不再前往广州。

当初，孙皓每当举行宴会，招待群臣，都要一醉方休。孙皓设置黄门郎十人，不让他们饮酒，终日侍立在侧，作为司过官吏。罢宴之后，各自奏报酒宴中官员的过失，譬如斜视孙皓一次，出言不逊，等等，都要一一举报。大者用重刑伺候，小者以所谓罪名惩罚。后宫有美女数千人，孙皓仍然派人到民间搜求美女。孙皓又将河水引入后宫，宫女中有不合意者，孙皓就随意杀掉，抛入水中，让河水带走。孙皓甚至令人剥去罪人的脸面，凿瞎罪人的眼睛。岑昬为人阴险、谄谀，受到孙皓的信任，位列九卿，喜欢大肆征发徭役，百姓不堪徭役之苦。因此，上下离心离德，都不愿意再为孙皓效力，因为孙皓罪恶多端，令百姓不堪忍受。[①]

①吴国平定后，晋国侍中庾峻等询问孙皓的侍中李仁："听说吴主剥去人的面皮，刖去人足，有这种事吗？"李仁回答："这种控诉有些过了。君子厌恶下流之罪恶，天下人将这种罪恶，往往归于恶人。这种事情，信之则有，不足为怪。在往昔，唐尧、虞舜施行五刑，三代有七辟之罪，肉刑制度，并未有人认为残酷。孙皓身为一国之君主，秉持生死之权柄，罪人陷于法律，加以惩治，何足为怪！受到尧帝诛杀者，不能无怨言，受到夏桀赏赐者，不能无羡慕，这也是人之常情。"又问："都说归命侯孙皓厌恶他人横目注视，挖去他人的眼睛，有这种事情吗？"李仁回答："没有这种事，这也是传闻者所传谬言。《曲礼》讲：目视天子，由衣袷（jiá）以下，目视诸侯，由面颐以下，目视大夫，由衡以下，目视士人则平视，人的眼睛目视在五步之内；视君上于衡则为傲，视君下于带则为忧，目视旁边则为邪。以礼目视，表示瞻仰，高下不可不慎，更何况人君？视人君面相，则为忤逆，因此，这是礼制所说的傲慢；傲慢则无礼，无礼则不臣，不臣则有罪，犯罪则陷于不测之刑。正因为有礼制规定，有何不对？"凡李仁所回答，庾峻等认为回答得很好，文字很多，不再详细记载。

天纪四年春天，孙皓又立了中山王、代王等十一个诸侯王，颁布大赦令。王濬、唐彬率领晋军，所到之处，吴军土崩瓦解，无人愿意抵抗。杜预斩杀江陵都督伍延，王浑斩杀丞相张悌、丹杨郡太守沈莹等，晋军所向披靡，攻无不克。[①]

①干宝著《晋纪》记载：吴国丞相军师张悌、护军孙震、丹杨郡太守沈莹率领部众三万人渡江，在杨荷桥围困成阳都尉张乔，张乔仅有七千人，关闭栅门坚守，后来，举白旗请求投降。吴国副军师诸葛靓欲屠杀降军，张悌说："强敌在前，不宜先顾及这些小地方；而且，杀降不祥。"诸葛靓说："此等投降者，因为救兵未至，而且力量太小，故佯装投降，以麻痹我军，并非真的甘心情愿。趁着现在他们已经没有勇气再打下去，全部坑杀之，可以激励三军勇气。若留下他们，继续前进，必定会成为后患。"张悌不听，安抚一番，随后继续前进，与讨吴护军张翰、扬州刺史周浚，摆列战阵，相持不下。沈莹率领丹杨郡精锐五千人，手持短刀、盾牌，号称青巾兵，前后多次攻陷晋军阵营，于是，猛冲淮南军，三次冲杀，淮南军纹丝不动。吴军稍微退后，引起混乱，薛胜、蒋班趁着吴军混乱，发起进攻，吴军因此土崩，将帅不能制止，张乔又从后面出击，在坂桥大败吴军，擒获张悌、孙震、沈莹等。

《襄阳记》记载：张悌，字巨先，襄阳人，年少时，张悌有名气，孙休当时担任屯骑校尉。魏国讨伐蜀国，吴国人问张悌："司马氏掌控魏国朝政以来，多次在朝中发难，智力虽然超群，百姓未必肯服。今又竭尽全力，远征巴蜀，兵劳民疲，不知抚恤，一旦败于不暇，谁能救援？在往昔，夫差讨伐齐国，并非不能取胜，之所以败亡，不顾越国会袭击后方，更何况司马氏远征蜀国！”张悌答：“不然。曹操虽然功盖中原，威震四海，崇尚诈术，征伐无已，民畏其威，而不怀其德。曹丕、曹叡继承大业，继续施以残暴，曹叡大肆修建宫室，对外畏惧西蜀，东西驰驱，没有一年获得安宁，曹魏失去民心，为时已久。司马懿父子，自从掌握曹魏朝廷的权柄，累世建有大功，除其烦苛，布其恩惠，虽然是曹魏的辅弼大臣，担任其谋主，然而补救其弊政，民心所归，已有很长时间。故淮南三叛，朝中大臣，对此并不担心，曹髦去世，四方并未受到扰动，司马昭摧毁坚敌，犹如摧枯拉朽，扫荡异寇，视同易如反掌，选贤任能，各尽其心，非智勇过人，谁能做到这一点？司马氏威武张扬，已经巩固根本，群臣率服，奸计得逞。今蜀国阉宦专擅朝政，国无政令，姜维穷兵黩武，民劳卒疲，对外用兵，不修守备。彼强弱不同，智算亦胜，因危而伐，将会攻无不克！若其不能攻克，不过无功而已，终不会有败北之忧、覆军之虑，为何不可讨伐？在往昔，楚剑利而秦昭公恐惧，孟明用而晋国人忧虑，彼之得志，此乃我之大患。”吴国人笑话其言语过于狂妄，蜀国果然投降魏国。晋军接下来讨伐吴国，孙皓派张悌指挥沈莹、诸葛靓，率领三万大军，渡江迎战。吴军进抵牛渚，沈莹讲：“晋军训练水军，相对于蜀国，时间要长得多，今举全国之众，大举讨伐吴国，万里同心协力，一定会率领益州之众，浮江而下。我军上游的军队，没有戒备，名将皆死，年少者担当重任，恐怕沿江诸城难以抵御晋军。晋国的水军，一定会进抵此地！应该尽早积蓄兵力，严阵以待，拼死一战。若能打败晋军，长江以西，自然可保证无事，上游即使受损，还可以夺回来。如今渡江迎战晋军，胜不可保卫领土，一旦遭受挫败，则大事去矣。”张悌答：“吴国将要灭亡，愚贤都看得清楚，并非今日之战。我担心，西蜀的兵力顺江而下，众心一定会恐惧，士气难以恢复。今日渡江作战，可以用决战，力争胜利。如果失败，则与社稷共存亡，无所遗恨。若能克敌制胜，则北敌窜逃，兵势将会增加万倍，乘战胜之威，再向上游开进，在长江中游截击西蜀军队，不担忧不破。若按照先生的计谋行事，恐怕大势已去，与其坐而等待敌军杀到，君臣投降，没有一人为国死难，不如拼死一战，不会觉得耻辱！”遂渡江迎战，吴军大败。诸葛靓与五六百人败走，派人过来迎接张悌，张悌不肯走，诸葛靓亲自硬拉着张悌走，对张悌讲：“巨先，天下存亡，自有大数，岂卿一人知道，为何要自寻死路？”张悌垂泪流涕，说：“仲思，今日就是我的死日。在我作儿童时，便被卿家丞相所提拔，常担心不能死得其所，有负名贤垂顾。今日以身徇社稷，为何要逃遁？别硬拉着我。”诸葛靓流着眼泪放手，离开一百余步，看见张悌被晋军所杀。

《吴录》记载：张悌年少时就已经知名，及至担任要职，很少迎合世俗，只是管好身边的事，常被清谈之士讥讽。

《搜神记》记载：临海郡松阳县人柳荣跟随张悌到杨府，柳荣病死在船中，已经有二日，当时，吴军已经上岸，没有人管柳荣，运到岸上埋葬，忽然有人大喊：“有人绑缚军师！有人绑缚军师！”声音激昂，柳荣遂又活了过来。有人问柳荣，柳荣回答：“在天上北斗门下，忽然看见有人绑缚张悌，心中愕然，不觉大喊：‘为什么要绑缚张军师？’”门下人怒斥柳荣，把柳荣赶了出去。柳荣离开，感到恐惧，口中仍然有余声发出。这一天，张悌战死在战场。柳荣在晋元帝时还活着。

当年三月丙寅日，在建业宫，孙皓身边的近侍数百人叩头，奏请孙皓诛杀岑昏，孙皓惶恐不安，批准奏请。[①]

①干宝著《晋纪》记载：孙皓殿中有近侍数百人，叩头奏请孙皓："北军日益迫近，而吴军兵不举刃，陛下将怎么办？"孙皓问："为何会这样？"答："因为岑昏的缘故。"孙皓自言自语："如果是这样，只能以此奴向百姓谢罪。"众人齐声说："唯！"遂站起来，收捕岑昏。孙皓命人骑驿站快马追回岑昏，岑昏已经被杀。

戊辰日，陶濬从武昌返回，孙皓当即召见，询问水军的情况，陶濬回答："晋军从蜀地来的船只很小，如果我军用二万兵力，乘坐大船，与晋军水战，一定能打败晋军。"孙皓诏令，集合吴军，授予陶濬符节、斧钺，第二天出发，当天夜晚，集合起来的吴军全部逃走。王濬率领晋军，顺江而下，将要到达建业，司马伷、王浑也逼近建业。孙皓采用光禄勋薛莹、中书令胡冲等人的谏言，分别派出使者，向王濬、司马伷、王浑献上降书，说："在往昔，汉室失去福祚，九州分裂，臣的先君因时权变，占据江南，此后，凭借长江天险，山川阻隔，与魏国对峙。而今，大晋龙兴，德政覆盖四海。臣糊涂，苟且偷安于一隅，不能谨奉天命。烦劳六军，战车驰骋，远临江渚，举国震恐，臣蹉跎时日，以至于今。臣深感天朝含弘光大，谨派遣私署太常张夔等，奉上所佩带的印绶，屈膝请命，愿陛下垂信纳降，以挽救江南黎民。"[①]

①《江表传》记载：孙皓看到将要亡国，写信给舅舅何植："此前，大皇帝以神武之策，奋起三千士卒，割据江南，席卷交州、广州，开拓洪基，欲将福祚传至万世。传至孤，由于孤不德，继承帝位，不能安抚黎民，朝政多有缺失，以违天度。暗昧之变，反谓之祥，致使南蛮逆乱，征伐未克。听说晋军讨伐，远征吴国，大军临江，庶民劳瘁，众皆疲惫，张悌渡江死战不退，丧失军队过半。孤甚为惭愧、惆怅，于今不知如何是好。得到陶濬上表，说武昌以西皆不能守卫。不能守卫，并非粮食不足，并非城池不固，皆因为士兵不愿意再战。士兵不愿意再战，岂能怨恨士兵？这是孤之罪也。天文悬变于上，士民愤慨于下，观察时事改变，危如累卵，吴国福祚终讫，怎么会有这样的结局！并非天亡吴，这是孤的责任。瞑目黄壤，孤还有何颜面，去见四帝！公其勖勉，请献上主意，飞笔以闻。"孙皓又写下遗书给群臣："孤以不德，忝继先轨。在皇帝位多年，政教凶勃，遂令百姓久困涂炭，致使一朝归命有道，社稷倾覆，宗庙无主，惭愧山积，孤有余罪。自唯空薄，过偷尊号，才琐质秽，任重王公，故《周易》有折鼎之诫，诗人有彼其之讥。自孤即位以来，久居宫室，仍然漠视朝政荒废，没有具体措施纠正，思虑失中，多所荒谬。身边小人，借机滥施酷虐，虐毒横流，忠顺被害。孤暗昧不觉，寻其壅蔽，孤辜负诸君，事已难图，覆水不可收。而今，大晋平定四海，劳心费力，务在擢拔贤能，正是英俊施展才能之秋。管仲有射钩之仇，桓公重用之，张良、陈平去楚，归汉为重臣，舍乱就理，并非不忠。莫以移朝改朔，用损厥志。嘉勖休尚，爱敬动静。夫复何言，投笔而已！"

壬申日，王濬率领晋军，最先攻入建业，接受孙皓投降，解下孙皓的绑缚，焚烧孙皓随身带来的棺材，延请孙皓，二人相见。[①]司马伷以孙皓先将皇帝印绶上缴给自己，派遣使者护送孙皓。孙皓举家西迁，太康元年五月丁亥日，孙皓来到京师。四月甲申日，晋武帝司马炎下诏："孙皓穷途末路，归降圣朝，此前已经有诏命，赦免孙皓的死罪，今天孙皓来到京师，朕仍然哀悯孙皓失国，赐孙皓尊号为归命侯。赐孙皓衣服、车辆，良田三十顷，每年赐谷米五千斛，钱五十万，绢五百匹，绵五百斤。"司马炎拜孙皓的太子孙瑾为中郎，几个受封为诸侯王的儿子，一律拜为郎中。[②]晋武帝太康五年，孙皓在洛阳去世。[③]

①《晋阳秋》记载：王濬收缴吴国图籍，共计有四州，四十三郡，三百一十三县，有户口五十二万三千户，官吏三万二千人，士兵二十三万，男女人口合计二百三十万人，稻谷二百八十万斛，舟船五千余艘，后宫女子五千余人。

②《搜神记》记载：吴国以草创之国，信不坚固，边屯守将，皆以妻子、儿子为人质，名曰"保质"。童子少年，以同类相与游嬉者，每日有数十人。永安二年三月，有一异儿，身高四尺余，年龄或有六七岁，穿着青衣，来与群儿游戏，诸小儿都不认识，皆问："你是谁家的小儿，今日忽然来到这里？"此小儿回答："见到你们在游戏，故来参与。"仔细观察此小儿，眼有光芒，爚爚外射。诸小儿畏惧，重新问此小儿其故。小儿回答："你们害怕我吗？我非人，我是荧惑星，来告诉你们：'三公鉏，司马如。'"诸小儿大惊，慌忙奔走告诉大人，大人赶来观看小儿。此小儿说："我要走啦！"竦身而跃，很快化为无形。仰面视之，就像有一匹白练，慢慢升上天空。大人来时，还能看见，飘飘然，越来越高，很快就无影无踪。当时，吴国朝政峻急，没有人敢宣扬此事。又过了五年，蜀国灭亡，又过了六年，晋朝建立，至此，吴国很快灭亡，司马氏统一天下。

干宝著《晋纪》记载：王濬在蜀地建造战船，吾彦从江中捞起顺流而下的木板，奏报孙皓："晋国一定有攻打吴国的计划，应该尽快增加建平的军队。建平不能攻下，晋军终不敢渡过长江。"孙皓不听。陆抗打败步阐，孙皓才有些紧张，诏令尚广卜筮，谁将兼并天下，遇《同人》之《颐》，尚广回答："大吉。庚子年，青盖当入洛阳。"故孙皓不修德政，一直有窥视上国之志。投降这一年，是庚子年。

③《吴录》记载：孙皓在太康四年十二月去世，死时年仅四十二岁，葬在河南县界。

陈寿评论如下：孙亮年龄很小即位，身边没有贤臣辅佐，在位的时间很短，吴国衰败，已经呈必然之势。孙休以旧恩，重用濮阳兴、张布，不能选贤任能，擢拔良士，改弦更张，虽然孙休好学，对人友善，然而对于救亡图存，挽救吴国颓势，又有何益？孙休让遭到废黜的孙亮不得善终，兄弟情义，做得太过分。孙皓即位，滥施淫威，用刑残酷，在孙皓的残暴统治下，很多大臣惨遭流放，死于非命者，不计其数，使得群臣人人惊恐，每天惴惴不安，有朝不保夕的感觉。孙皓迷信巫祝、荧惑星，醉心于祥瑞，以为借助祥瑞，就能迎来福佑。在往昔，舜帝、禹帝躬身稼穑，有至圣之德，仍然会向群臣征求谏言，担心辜负天下，听到谏言，常喜形于色。更何况孙皓禀性凶残，肆意妄行，忠谏者被杀，谗谀者受赏，穷奢极欲，荼毒百姓，应该将其腰斩，以谢江南百姓。但是，蒙受不死之诏，还受封为归命侯，莫不是先人旷世之恩，享受恩泽！[①]

①孙盛曰：古代之有君王，所以司牧群黎，故必仰协乾坤，覆焘万物；若乃淫虐是纵，酷被群生，则天殛之，剿绝其福祚，夺其南面之尊位，加其独夫之戮。是故商汤、周武抗钺，不犯不顺之讥；汉高帝奋剑，而无失节之议。何者？诚四海之酷仇，而人神之所摒弃故也。况且孙皓罪为逋寇，虐过辛、癸，枭首素旗，犹不足以谢冤魂，洿室荐社，未足以纪暴迹，而乃优以显命，宠锡仍加，岂龚行天罚，吊民伐罪之义？是以知僭逆之罪不惩，而凶酷之莫戒。《诗经》讲："取彼谮人，投畀豺虎。"聊谮人犹然，矧僭虐乎？且神旗电扫，兵临伪窟，理穷势迫，然后请命，不赦之罪既彰，三驱之义又塞，极之权道，亦无取焉。

陆机著《辨亡论》评论吴国为何灭亡，其上篇曰："在往昔，汉室失其统御，奸臣窃命，祸乱京畿，毒遍宇内，皇纲废弛，王室遂卑。于是，群雄蜂起，义兵四合，吴国武烈皇帝慷慨举兵，电发荆南，权略纷纭，忠勇伯世。威棱则夷羿震荡，兵交则丑虏授馘，遂扫清宗祊，蒸禋皇祖。在当时，云兴之将带州，飙起之师跨邑，哮阚之群风驱，熊罴之族雾集，虽兵以义合，同盟戮力，然而，皆包藏祸心，阻兵怙乱，或师无谋略，丧威稔寇，忠规武节，未有若此其著者也。武烈皇帝去世，长沙桓王孙策逸才命世。弱冠秀发，招揽遗老，与之共建大业。神兵东渡长江，奋寡犯众，攻无坚城之将，战无交锋之虏。诛叛柔服而江外底定，饬法修师而威德翕赫，宾礼名贤而张昭为之雄，交御豪俊而周瑜为之杰。彼二君子，皆弘敏而多奇，雅达而聪哲，故同方者以类附，等契者以气集，而江东盖多士人矣。将北伐诸华，诛鉏干纪，旋皇舆于夷庚，反帝座于紫闼，挟天子以令诸侯，清天步而归旧物。戎车既次，群凶侧目，大业未就，中途殒命。将军政大权交予我大皇帝孙权，以奇踪袭于逸轨，叡心发乎令图，从政咨于故实，播宪稽乎遗风，而加之以笃固，申之以节俭，畴咨俊茂，好谋善断，东帛旅于丘园，旌命交于涂巷。故豪彦寻声而响臻，志士希光而影骛，异人辐辏，猛士如林。于是，张昭担任师傅，周瑜、陆公、鲁肃、吕蒙之畴，皆成为心腹，出任股肱之臣；甘宁、凌统、程普、贺齐、朱桓、朱然之徒奋其威，韩当、潘璋、黄盖、蒋钦、周泰之属宣其力；风雅则诸葛瑾、张承、步骘以声名光国，政事则顾雍、潘濬、吕范、吕岱以才器任职，奇伟则虞翻、陆绩、张温、张惇以讽议举正，奉使则赵咨、沈珩以机敏延誉，术数则吴范、赵达以禨祥协德，董袭、陈武杀身以卫主，骆统、刘基强谏以补过，谋无失算，举无遗策。故能割据山川，跨制荆州、吴越，而与天下争衡。魏氏尝凭借战胜之威，率领百万之师，浮邓塞之舟，下汉阴之众，羽楫万计，龙跃顺流，锐骑千旅，虎步原隰，谋臣盈室，武将连衡，喟然有吞江汉之志，统一宇宙之气。周瑜驱我偏师，黜之赤壁，丧旗乱辙，仅以身免，收迹远遁。汉王亦凭借帝王之尊号，率领巴蜀、汉中之民，乘危骋变，结垒千里，发誓报关羽之仇，图谋收湘西之地。陆逊挫败蜀军于西陵，刘备覆师败绩，困而后济，绝命永安。续以濡须之寇，临川摧锐，蓬笼之战，孑轮不反。由是二国之将，丧气摧锋，势衄财匮，而吴国藐然乘其弊，故魏人请好，西蜀乞盟，遂跻天号，鼎峙而立。吴军西屠庸蜀之郊，北裂淮汉之涘，东苞百越之地，南括群蛮之表。于是，讲八代之礼，蒐三王之乐，告类上帝，拱揖群后。虎臣毅卒，循江而守，长戟劲铩，望飙而奋。庶尹尽规于上，四民展业于下，化协殊裔，风衍遐圻。乃俾一介行人，巡抚外域，臣象骏逸，扰于外闲，明珠瑰宝，辉于内府，珍瑰重迹而至，奇玩应响而赴，輶轩骋于南荒，冲輣息于朔野，齐民免干戈之患，戎马无晨服之虞，而帝业巩固矣。大皇帝去世，幼主即位，奸回肆虐。景皇聿兴，虔修遗宪，政无大阙，可谓守文之良主。降及归命之初，典刑未灭，故老犹存。大司马陆逊以文武熙朝，左丞相陆凯以謇谔尽规，而施绩、范慎以威重显，丁奉、钟离斐以武毅称，孟宗、丁固之徒为公卿，楼玄、贺劭之属掌握机密要事，元首虽病，股肱大臣犹良。爰及末叶，群公既丧，然后，黔首有瓦解之志，皇家有土崩之衅，历命应化而微，王师蹑运而发，卒散于战争，民奔于城邑，城池无藩篱之固，山川无沟阜之势，非有公输班云梯之械，智伯灌激之害，楚子筑室之围，燕人济西之队，军未浃辰而社稷危殆。虽忠臣奋发，烈士死节，将如何挽救哉？曹、刘之将非一世之选，向时之师无曩日之众，战守之道抑有前符，险阻之利俄然未改，而成败贸理，古今诡趣，何哉？彼此之化殊，授任之才异也。”

其下篇曰：“在往昔，三国之王，魏人据中夏，汉氏有岷山、益州，吴国制荆州、扬州，而有交州、广州。曹氏虽功济华夏，虐亦深矣，其民怨矣。刘公因险饰智，功已薄矣，其俗陋矣。吴桓王奠基江东以武，太祖成就功勋以德，聪明睿达，懿度深远。其求贤如不及，恤民如稚子，接士尽盛德之容，亲仁罄丹府之爱。拔擢吕蒙于戎行，辨识潘濬于系虏。推诚信士，不恤人之我欺；量能授器，不患权之我逼。执鞭鞠躬，以重陆公之威；悉委武卫，以济周瑜之师。卑宫菲食，以丰功臣之赏；披怀虚己，以纳谟士之算。故见鲁肃一面而托付，士燮蒙险而效命。高张公之德而省游田之娱，贤诸葛之言而割情欲之欢，感陆公之规而除刑政之烦，奇刘基之议而作三爵之誓，屏气跼蹐以伺子明之疾，分滋损甘以育凌统之孤，登坛慷慨归鲁肃之功，削投恶言信子瑜之节。是以忠臣竞尽其谋，志士咸得肆力，洪规远略，固不厌区区者也。故百官苟合，庶务未遑。当初建都于建业，群臣请备礼仪，天子辞而不许，曰：‘天下其谓朕何！’宫室舆服，盖慊如也。爰及中叶，天人之分既定，百度之缺粗修，虽醲化懿纲，未齿乎上代，抑其体国经民之具，亦足以为政。地方几万里，带甲将士百万，其野沃，其民练，其财丰，其器利，东负沧海，西阻险塞，长江制其区宇，峻山带其封域，国家之利，未见有弘于兹者矣。借使中才守之以道，善人御之有术，敦率遗宪，勤民谨政，循定策，守常险，则可以长世永年，未有危亡之患。有人说，吴、蜀唇齿之国，蜀国灭，则吴国亡，理则然矣，即使蜀国藩援之与国，也并非吴人之存亡也。何则？其郊境之接，重山积险，陆无长毂之径；川厄流迅，水有惊波之险。虽有锐师百万，启行不过千夫；轴舻千里，前驱不过百舰。故刘氏之攻伐，陆公比喻为长蛇，其势然也。昔日蜀国初亡，朝臣异谋，或欲积石以险其流，或欲机械以御其变。天子总群议，而咨询大司马陆抗，陆抗以四渎天地，之所以节宣其气，固无可遏之理，而机械则彼我之所共，彼若弃长技以就所屈，则荆州、扬州而争舟楫之用，是天赞助我也，将谨守峡口以待擒获耳。逮步阐之乱，凭保城以延强寇，重资币以诱群蛮。在当时，大邦之众，云翔电发，悬旌江介，筑垒遵渚，襟带要害，以止吴人向西，而巴蜀、汉中舟师，沿江东下。陆公以偏师三万，北据东坑，深沟高垒，按甲养威。反虏踠迹待戮，而不敢北窥生路，强寇败绩宵遁，丧师大半，分命锐师五千，西御水军，东西同捷，献俘万计。信哉贤人之谋，岂欺我哉！自是烽燧罕警，封域寡虞。陆抗去世而潜谋兆，吴国衅深而六师骇。太康之役，众未盛乎曩日之师，广州之乱，祸有越乎向时之难，而邦家颠覆，宗庙为墟。呜呼！人之云亡，邦国殄瘁，不其然与！《易经》讲：‘汤武革命顺乎天。’《太玄经》讲：‘乱不极则治不形。’言帝王之因天时。古人有言：‘天时不如地利。’

《易经》讲：‘王侯设险以守其国。’言为国之恃险也。又讲：‘地利不如人和。’ ‘在德不在险。’言守险之由人也。吴国之兴起，参而由焉，孙卿所谓合其参者也。及其灭亡，恃险而已，又孙卿所谓舍其参者也。四州之氓，非无众也，大江之南，非乏俊也，山川之险易守，劲利之器易用，先政之业易循，功不兴而祸遘者，何哉？所以用之者失也。故先王达经国之长规，审存亡之至数，恭己以安百姓，敦惠以致人和，宽冲以诱俊乂之谋，慈和以结士民之爱。是以其安也，则黎元与之同庆；及其危也，则兆庶与之共患。安与众同庆，其危不可得也；危与民共患，其难不足恤也。夫然，故能保其社稷而固守其土，《麦秀》无悲殷之思，《黍离》无愍周之感。”

吴书四

刘繇太史慈士燮传第四

刘繇，字正礼，东莱郡牟平县人。西汉齐孝王刘将闾的小儿子，受封为牟平侯，后世子孙即在牟平安家。刘繇的伯父刘宠，在东汉担任太尉。①刘繇的哥哥刘岱，字公山，历任侍中、兖州刺史。②

①《续汉书》记载：刘繇的祖父刘本，跟随老师，学习经书，博览群书，号称通儒。被举荐为贤良方正，担任般县长，在任上去世。刘宠，字祖荣，跟随父亲，学习经书，以熟读经书，谨修品行，被举荐为孝廉，光禄大夫察举四行士人，刘宠担任东平陵县令，在任上视事数年，以母亲有病，辞去官职，百姓士民皆拦着车舆，充塞道路，车不能前进，刘宠在亭舍休息，夜晚身穿便服，悄悄地潜出县界，回到家中，伺候母亲。后来，刘宠受到大将军幕府征召，稍后担任会稽郡太守，刘宠爱护百姓，率身垂范，郡中大治。刘宠被召入朝中，担任将作大匠。山阴县民距离治所有数十里，有若邪山，五六个住在山谷间的老翁，年皆七八十岁，听说刘宠离任，相率来送刘宠，每人带了一百枚钱。刘宠接见老翁，抚慰一番，问道："老父为何要这么辛苦，远道而来？"众人回答："我们是山谷中的鄙陋老人，有生以来，从未到过郡县。此前，官吏经常来征缴赋税，夜晚民间常狗吠声不断，竟夕不得安宁。自从明府上任以来，狗不夜吠，官吏很少再来烦扰民众，我们年老，有这么好的官员，接受教化，近日听说府君要离任，弃我们而去，故勉力来送。"刘宠感谢老人们，从每人手中选取一枚大钱，故会稽郡号称刘宠为取一钱太守，刘宠在百姓的心中，就是这样的清廉太守。刘宠前后在两个郡担任太守，八次担任朝廷九卿，四次担任三公，家中不治理产业，没有贵重器物，饮食简单，穿着平常衣服，乘坐的车马简陋，号称窭陋官员。刘宠三次辞去宰相位，回到家乡，又重新被朝廷征召，往来京师，在途中悄悄经过，行人不知道刘宠是朝廷大官。有一次，刘宠在一个亭舍休息，亭吏阻止，说："整顿传舍，以等待刘公，这里不能休息。"刘宠于是离开，其廉洁、简约，此类事情很多。刘宠在家中以年老病逝。

②《续汉书》记载：刘繇的父亲刘舆，又名刘方，曾担任山阳郡太守。刘岱、刘繇皆为俊才士人。

《英雄记》称刘岱孝悌仁恕，虚己爱人。

十九岁时，刘繇的叔父刘韪被贼寇劫持，刘繇运用智慧，救回叔父，从此显露名声，被举荐为孝廉，担任郎中，后担任下邑县长。当时，郡太守向刘繇请托，照顾其亲属，刘繇弃官而去。州部征召刘繇，分管济南国，济南国相是中常侍的儿子，为人贪婪，不能谨守法纪，刘繇奏请朝廷，将其免官。平原郡人陶丘洪举荐刘繇，欲令州部刺史举荐刘繇为茂才。刺史说："前年举荐了公山，为何又要举荐正礼？"陶丘洪说："明使君任用公山于前，擢拔正礼于后，这正所谓驾御二龙驹于长途，驰骋骐骥于千里行程，这不是很好吗？"恰好刘繇又被征召，担任司空府掾，后又担任侍御史，刘繇没有就任，逃往淮浦避乱，献帝诏书，任命刘繇为扬州刺史。当时，袁术在淮南，刘繇畏惧袁术，不敢赴任，欲南下渡过长江，吴景、孙贲在曲阿县迎接刘繇。袁术后来僭越谋逆，自称皇帝，占据很多郡县。刘繇派遣樊能、张英，驻扎在江边，抵御袁术。因为吴景、孙贲是袁术任命的官员，刘繇被迫把他们赶走。于是，袁术又任命扬州刺史，与吴景、孙贲合力进攻张英、樊能等，一年多，战事不能结束。献帝诏命，拜刘繇为州牧，兼领振武将军，刘繇率领数万人。孙策东渡长江，打败张英、樊能等。刘繇仓皇遁逃，逃往丹徒，[①]刘繇溯长江而上，退守豫章郡，驻扎在彭泽。笮融先期赶到，杀了豫章郡太守朱皓，[②]进驻豫章郡。刘繇领兵，讨伐笮融，被笮融打败，刘繇重新整合豫章郡属下县邑，攻打笮融。笮融败走，逃入深山，被山民斩杀。不久，刘繇病逝，享年四十二岁。

①袁宏著《汉纪》记载：刘繇将要去会稽，许子将说："会稽郡殷富，孙策早就垂涎会稽郡，府君最好在海滨躲避，不要前往会稽郡。府君可以前往豫章郡，北连豫壤，西接荆州。若府君聚集吏民，派遣使者向朝廷贡献，与曹公取得联系，虽然袁术在途中会有劫掠，此人豺狼本性，势不可能长久。足下接受王命，曹孟德、刘景升一定会派兵来救援。"刘繇听从谏言。

②《献帝春秋》记载：这一年，刘繇驻扎在彭泽，派笮融帮助朱皓征伐刘表所任命的郡太守诸葛玄。许子将对刘繇讲："笮融出兵，名不正，言不顺。朱文明以善政、信义对待民众，要提防笮融。"笮融来到，果然杀了朱皓，代领郡太守。

笮融，丹杨郡人。当初，笮融聚众数百人，前去依附徐州牧陶谦。陶谦派笮融负责广陵郡、下邳郡、彭城国的漕运，笮融为人放纵，擅自杀伐，截留这三个郡的税赋收入，还用大量的钱建造佛寺，用铜铸造佛像，用黄金为佛像鎏金，佛像穿着锦绣衣裳，佛殿顶端有铜槃九重，下面为重楼殿阁，可以容纳三千余人，和尚们在佛殿里面诵读佛经，笮融令下邳郡的百姓及邻郡的百姓，凡好佛者，都来听诵经文，接受佛道，以此免除徭役，招徕百姓，由此，远近前来拜佛者，有五千余户人家。每当佛寺浴佛，笮融就会摆设酒饭，沿路摆满座席，长达数十里，百姓来观佛及就食者，有上万人，耗费数以亿计。曹公攻打陶谦，徐州骚动，笮融把男女上万人口，马三千匹，带往广陵郡，广陵郡太守赵昱以宾客礼对待笮融。此前，彭城国相薛礼被陶谦所逼迫，驻扎在秣陵。笮融看到广陵郡的人民众多，在酒宴上，趁着酒酣耳热，杀了赵昱，而后纵兵，大肆抢掠，满载而去。路过秣陵，又杀了薛礼，之后又杀了朱皓。

后来，孙策西进，攻打江夏，回军时路过豫章郡，为刘繇殡殓，安葬刘繇，善待刘繇的家眷。王朗写信给孙策："刘正礼昔日刚到扬州，还未能向将军表达敬意，正礼实际上依赖将军，才能够渡过长江，建立治所，有了安身之处。来到将军的领地，正礼感激不尽，真情发自内心。后来，因为袁术的缘故，正礼与将军有了隔阂。原来的盟友，转而变为仇敌，正礼的本意，绝非所愿。正礼原本想安定下来，与将军捐弃前嫌，重归旧好。然而一旦分离，再难以重叙旧情，刘正礼奄忽病逝，令人哀伤，徒增叹息！在下知道将军为人敦厚，鄙薄忘恩负义之人，常能以德报怨，抚恤孤寡，哀怜亡者，愿将军捐弃前嫌，保全六尺遗孤，诚感将军情意厚重，美名传扬。在往昔，鲁国人虽然对齐国有怨言，并不废弃居丧之礼，《春秋》为此赞美，认为鲁国崇尚礼仪，这正是良史之所以记录，乡校之所以感叹。正礼的嗣子，一向重视节操，怀有远大志向，想必将军会有不同于常人的礼遇。将军的威德盛行，施与恩惠，不亦美哉！"

刘繇的长子刘基，字敬舆，年龄十四岁，在家中为刘繇居丧，极尽哀思，符合礼仪，刘繇的故吏，馈送物品，刘基一概谢绝。[①]刘基姿容美好，孙权对刘基很尊敬。孙权担任骠骑将军，任命刘基为幕府东曹掾，又拜为辅义校尉、建忠中郎将。孙权即位为吴王，改任刘基为大司农。孙权曾经举行酒宴，骑都尉虞翻醉酒，当场忤逆孙权，孙权愤恨，欲杀掉虞翻。在当时，孙权怒气冲天，由于刘基的劝谏，虞翻才得以免死。大暑时，孙权在船中举行酒宴，船楼上下起雷雨，孙权用伞盖遮住自己，又命令用伞盖遮住刘基，其余者得不到这样的礼遇，由此可见孙权对刘基的尊敬，刘基改任郎中令。孙权称帝，刘基改任光禄勋，兼领尚书职事。刘基四十九岁去世。后来，孙权为儿子孙霸聘娶刘基的一个女儿，赐予刘基家眷第一区一套宅邸，在每年的四季，赏赐刘基的家眷，与全尚、张乘相同。刘基的两个弟弟刘铄、刘尚，都担任骑都尉。

①《吴书》记载：刘基多难，年龄尚幼，家道中落，生活困苦，饱尝生活的艰辛，从不为此而悲戚。与几个弟弟一起居住，晚睡早起，妻妾很少能见面。几个弟弟敬惮哥哥，事之若父。刘基不妄交朋友，门前无杂乱宾客。

太史慈，字子义，东莱郡黄县人。太史慈从小好学，长大后，太史慈出仕做官，担任郡府奏曹。东莱郡太守与青州刺史有矛盾，难以分清是非曲直，以先向朝廷奏闻者为有利。当时，青州刺史的奏章已经送走，郡太守担心落后，寻找谁可以向朝廷呈送文书。太史慈二十一岁，被选中，太史慈星夜兼程，到了洛阳，拜谒公门，看见青州的官吏正在请求放行。太史慈问："君欲呈递奏章吗？"官吏答："是的。"太史慈再问："奏章在吗？"答："在车上。"太史慈说："奏章题署是非有错误？拿来看一下。"官吏并不知道太史慈是东莱郡派来的人，取出奏章。太史慈从怀中取出刀来，将奏章割破。官吏跳着脚大喊："有人把我的奏章割破！"太史慈把官吏引进车中，对官吏讲："如果使君不把奏章拿给我看，我也不会把使君的奏章毁坏，我们之间的祸福相同，我不会独自受到惩罚。为何我们二人不能悄悄逃走，这样还可以死里求生，别把事情弄得太绝，免得大家都倒霉。"官吏问："君为郡太守毁了我的奏章，已经成功，为何还要逃走？"太史慈答："当初是受到郡太守派遣，只是来到京师，看看奏章是否已经呈递。我用力太过，毁了使君的奏章。这样回去，也恐怕太守责罚，故愿意与你一起逃走。"官吏同意太史慈的意见，二人一起逃走。太史慈与官吏离开洛阳，找机会又返回，呈上郡府的奏章。青州部听说此事，又派人呈递奏章，有关官员以规章制度规定，不再受理。青州部吃了大亏，太史慈从此出名，被青州部所嫉恨，太史慈担心受到迫害，逃往辽东避祸。

北海国相孔融听说此事，颇为诧异，多次派人讯问太史慈的母亲，并送来薪饷、礼物。当时，孔融以黄巾军残暴，出兵驻扎在都昌城，被黄巾军管亥部围困。太史慈从辽东返回，母亲告诉太史慈："你与孔北海从未见过面，自从你逃走后，孔北海多次抚恤慰问我，超过故旧亲朋，今天，孔北海被贼寇围困，你应该去救援。"太史慈在家停留三日，步行径直到了都昌县。当时，黄巾军的围困还不是很密，太史慈在夜间入城，来见孔融，太史慈向孔融请兵，欲出城御敌。孔融不听，欲等待外面的援兵。援军迟迟不到，黄巾军的围困越来越紧。孔融欲向平原国相刘备告急，城中人都不敢冲出城去，太史慈自告奋勇，愿意前去。孔融说："如今，贼寇围困甚紧，众人皆言不可行，卿意虽然豪迈，奈何实在太难了！"太史慈答："此前，府君倾心照顾我的老母，老母感恩，派遣太史慈前来为府君赴难，只要有用得到在下的地方，太史慈绝不敢推辞。而今众人皆言不可行，太史慈也认为冲出城去，请求援兵很难，这样，岂不辜负府君爱顾之义，还有老母派遣太史慈赴难之意？事已紧急，愿府君勿疑。"孔融答应太史慈的请求。太史慈准备好行装，早早吃了早餐，天一亮，太史慈跨上战马，带上弓箭，带领两名随从骑兵，各自带上一个箭靶，开门冲出都昌城。城外围困的黄巾军莫不惊讶，围困的兵马闪开。太史慈骑马至城下堑壕，把箭靶矗立起来，发箭射向箭靶，而后，径直回到城中。第二天清晨，依然如此，围困的黄巾军或起或卧，太史慈矗立起箭靶，射箭完毕，又回到城中。第三天清晨，依然如此，这一次，黄巾军不再起身，于是，太史慈跨上战马，扬鞭疾驰，突破重围，扬长而去。及至黄巾军醒悟，太史慈已经突破重围，又射杀数人，挡路者皆应弦而倒，没有人再敢追赶。太史慈到了平原国，劝说国相刘备："太史慈是东莱郡的一名鄙陋百姓，与孔北海并非骨肉至亲，也没有乡党之谊，只是因为志向相同，有分灾共患之义。而今管亥暴乱，孔北海被围，孤立无援，危在旦夕。孔北海认为君有仁义之名，能够在危难中解救他人，故孔北海以区区之性命，延颈企盼国相救援，派太史慈冒着危险，突破重围，从万死之中，把北海国百姓的性命托付于君，愿君能够相助。"刘备收敛笑容，回答："孔北海竟然还知道有刘备！"随即派遣精兵三千人，跟随太史慈，前来救援孔融。黄巾军听到救兵杀到，遂解围散去。孔融获得救援，从危难中脱险，更加看重太史慈，说："卿是我的忘年挚友。"解围后，太史慈随即返回，告诉母亲，母亲说："我很高兴你能报答孔北海。"

扬州刺史刘繇与太史慈是同郡人，太史慈从辽东郡返回，未能见到刘繇，又渡过长江，到曲阿县来见刘繇，还未到达，恰逢孙策渡江。有人劝说刘繇可以拜太史慈为大将军，刘繇说："我如果任用子义为大将军，岂不是被许劭所笑话？"刘繇只是令太史慈侦察孙策渡江的人数有多少。有一次，太史慈与一名骑士与孙策猝然相遇。孙策有随从骑士十三名，都是韩当、宋谦、黄盖一类的勇士。太史慈策马向前，与孙策搏斗，二人迎面厮杀。孙策刺中太史慈的战马，又获取太史慈背上的短戟，太史慈同样获得孙策的头盔，二人纠缠在一起。此时，双方的骑兵赶来助阵，太史慈与孙策这才解开。

太史慈原打算与刘繇投奔豫章郡，后来，太史慈逃往芜湖，占据一座大山，自称丹杨郡太守。当时，孙策已经平定宣城以东，只有泾县以西六县还未臣服。太史慈领兵进驻泾县，设置郡府，四周山上的越人百姓皆愿意归附太史慈。孙策亲自率军前来攻打，太史慈被擒。孙策当即解开绑缚，握着太史慈的手，问："你还记得我们在神亭相斗时的情况吗？如果卿当时擒获我，卿会怎样处置？"太史慈答："很难说。"孙策大笑道："今日开创江东事业，当与卿共同奋斗。"[①]孙策当即拜太史慈为门下都督，返回吴郡，授予太史慈兵权，又拜太史慈为折冲中郎将。后来，刘繇在豫章郡病逝，留下部众一万余人，不知所归，孙策命太史慈前去安抚。[②]孙策身边的人认为："太史慈这一走，恐怕不会再回来了。"孙策说："子义舍弃我，还能与谁共谋大业？"孙策在昌门外为太史慈饯行，握着太史慈的手话别："何时返回？"太史慈答："不过六十日。"果然，太史慈如期返回。[③]

①《吴历》记载：太史慈在神亭战败，被孙策擒获。孙策久闻太史慈的大名，当即命令解开绑缚，请来相见，向太史慈询问攻战之术。太史慈答："破军之将，不足与将军谈论大事。"孙策说："在往昔，韩信定计于广武君，今天孙策决疑于仁者，君为何辞让？"太史慈答："州军新败，士卒离心，一旦分散，很难再聚合；在下愿出城向他们宣示恩义，恐怕不符合尊意。"孙策长跪答谢："此诚本人心中所愿。明日中午，望君返回。"诸将皆怀疑，孙策说："太史子乃

义士，青州名士，以信义为重，绝不会欺骗孙策。”第二天，孙策摆设酒宴，飨宴诸将，酒食都已摆好，立竿测视日影。日中时，太史慈赶到，孙策大喜，与太史慈谈论军事。

裴松之按：《吴历》记载太史慈在神亭战败，被孙策擒获，其内容与本传大异，疑为谬误。

《江表传》记载：孙策问太史慈："听说卿昔日为郡太守劫夺州的奏章，为孔文举赴难，请刘玄德救援，这些都是烈士义举，可谓天下智士，但所托付未得其人。射钩斩袪，古人认为，仁君不嫌。孤是卿的知己，卿切勿担心，在孤这里不会不如意。”出来后又说："龙欲腾飞云翥，先卷曲犹如曲尺。"

②《江表传》记载：孙策对太史慈讲："刘州牧此前责令我为袁氏攻打庐江，其意颇猥琐，理义不足。何者？先君手下有士兵数千人，尽在袁公路处。孤志在立功立事，不得不屈意侍奉袁公路，向袁术索求父亲的士兵，两次去，才得到一千余人。袁术仍然令孤攻打庐江郡，当时为时事所迫，不得不为袁术出征。但其后袁术不遵臣节，僭越称帝，自暴自弃，做邪恶僭越之事，他人劝谏，不听。大丈夫以义交往，苟有大变故，不得不离去，孤与袁术相交，请求兵员，及至断绝交往，前后本末，就是这些。今日刘繇病逝，恨不能在刘繇在世时，与其共进退。而今，刘繇的儿子在豫章郡，不知华子鱼对待刘繇的儿子怎样，刘繇的旧部官属现在依附于谁？卿与刘繇是同州人，昔日又担任刘繇的从事，是否能去看望一下刘繇的儿子，并向刘繇的旧属宣示孤的意思？旧属愿意归附，就带着他们一起来，不愿意来，就代孤予以安抚。同时观察子鱼在州牧位上如何治理百姓，看看庐陵、鄱阳的人民是否愿意亲附。卿的手下士兵，需要带多少去，卿可随意。”太史慈回答："太史慈有不赦之罪，将军度量可与齐桓、晋文相比，对在下的礼遇，远超过在下的期望。古人讲：报生以死，期于尽节，死而后已。而今暂且息兵，无须带太多的兵，率领数十人，足以往还。"

③《江表传》记载：孙策当初派遣太史慈，议论者纷纭，认为太史慈不可信，有人说，华子鱼在州部，恐怕会留下太史慈，为其筹划良策，有人怀疑太史慈西行，归附黄祖，借路返回北方，很多人说，派遣太史慈前去，绝非良计。孙策说："诸君说得不对，孤认真考虑过。太史子义为人有勇气，有胆略，然而，绝非纵横之人。其心中有士人的节操，遵循道义，重视承诺，一旦以诚心答应知己，虽死不会相负，诸君无须担忧。”太史慈从豫章郡返回，议论者才信服。太史慈见到孙策，说："华子鱼诚有良德，然而，绝非有长远谋划，没有远大志向，不过守成而已。丹杨郡人僮芝擅自领庐陵郡政事，诈称收到诏书，担任太守。鄱阳郡乱民首领另外建立统率部，率领兵众守卫郡界，不接受子鱼所派遣的县长，还说：'我们已经成立郡府，等待朝廷派遣真太守来，当迎接朝廷派来的太守。'华歆不但不能任命庐陵郡、鄱阳郡，就是近处的海昏县，有上缭壁，有五六千家聚集在一起，建立军队，只是缴纳租税布匹给郡府，征调一个人都不可得，华歆也只能徒唤奈何。”孙策拊掌大笑，遂有兼并之志。不久，孙策平定豫章郡。

刘表的侄子刘磐，骁勇善战，多次寇掠艾县、西安等地。孙策分出海昏县、建昌县及周围的六个县，设置建昌郡，拜太史慈为建昌郡都尉，治所设在海昏县，同时督察诸将领，抵御刘磐。刘磐此后不敢再袭扰下边县邑。

太史慈身高七尺七寸，美须髯，猿臂善射，箭不虚发。太史慈曾经跟随孙策，讨伐麻屯、保屯贼寇，贼寇在屯聚里站在高楼上大声叫骂，还手扶着栏杆挑衅，太史慈引弓搭箭，箭矢贯穿扶着栏杆的手掌，屯聚以外有上万人，莫不叫好，赞叹太史慈神箭。曹公听说太史慈，写了一封信给太史慈，用竹箧封装好，太史慈打开竹箧，信中并无一字，而竹箧里装满了当归。孙权统领江东军政大权后，以太史慈能够制服刘磐，委任太史慈负责南方军政事务。太史慈享年四十一岁，建安十一年去世。[①]儿子太史享，官至越骑校尉。[②]

①《吴书》记载：太史慈临去世前，叹息道："大丈夫生在世间，当佩带七尺剑，登上天子台阶，担任朝臣。而今所志还未达成，奈何而死乎！"孙权甚为哀悼，可惜太史慈去世得太早。

②《吴书》记载：太史享，字元复，历任尚书、吴郡太守。

士燮，字威彦，苍梧郡广信县人。士燮的祖先原来是鲁国汶阳县人，在王莽末年，天下大乱，祖先来到交州避乱。六世传至士燮的父亲士赐，在桓帝朝，担任日南郡太守。年少时，士燮在京师游学，拜颍川郡人刘子奇为老师，学习《左氏春秋》。被举荐为孝廉，补任尚书郎，因为某件公事，被免去官职。父亲士赐去世，士燮服丧期满，被举荐为茂才，担任巫县县令，后升任交趾郡太守。

弟弟士壹，当初担任郡府督邮。交州刺史丁宫受到朝廷征召，返回京师，士壹服侍刺史，一路上照顾，辛苦备至，丁宫很受感动，临别时，对士壹讲："如果刺史有幸担任朝廷三公，一定会征用你。"后来，丁宫担任司徒，征召士壹。及至士壹来到京师，丁宫已经被免职，黄琬代替丁宫担任司徒，对士壹依然以礼相待。董卓在朝中作乱，士壹逃归乡里。[①]交州刺史朱符被蛮夷贼寇杀害，交州属下郡县陷入混乱。士燮上表，推荐士壹暂时代理合浦郡太守，二弟徐闻县令士䵋（yǐ）暂时代理九真郡太守，士䵋的弟弟士武，暂时代理南海郡太守。

①《吴书》记载：黄琬被董卓迫害，士壹尽心于黄琬，对外早就有名声传闻。董卓厌恶，颁发教令："司徒府掾士壹，不得任用。"故历年士壹不能升迁。董卓离开洛阳，进入函谷关，士壹逃归乡里。

士燮宽容厚道，为人谦逊，礼贤下士，中原的士人来到交州避乱，往往依附士燮，士燮前后接待上百人。士燮倾心研究《春秋》，为《春秋》作注。陈国人袁徽在写给尚书令荀彧的信中讲："交趾郡士府君学问渊博，而且善于理政，身处乱世之中，能够保全一郡，二十余年，疆域内没有战事，民众没有失业，羁旅在南方的士人，皆蒙受士燮的恩惠，得以保全，即使窦融当年保全河西，也不过如此！士燮在处理政事后，如稍有闲暇，就会研习经书，对于《春秋左氏传》，士燮尤其精通，我多次向士燮请教《左传》中的疑问，士燮都能够引经据典，皆有师传，解释缜密。士燮还精研《尚书》，兼通古今文本，解释经书大义，颇为详细。听说京师的儒生，对于《尚书》古文、今文之学问，多有争执，士燮欲就《左氏春秋传》《尚书》的理解、注释，以及经学大义的解读，逐条呈上。”士燮的学问受到当时学者们的称赞。

士燮兄弟并列州郡官员，雄霸交州，又在万里以外，偏居一隅，其威风、尊严，无人能与之相比，出入皆鸣钟响磬，各种仪仗齐备，笳箫鼓吹，车骑满道，蛮夷在车毂两旁焚烧香烛，常常有数十人。妻妾也能乘坐辎车，子弟有随从骑兵，当时，其兄弟享有的尊贵，震服百蛮，即使赵佗当年在南粤称王，也远远不及。①士武首先病逝。

①葛洪著《神仙传》记载：士燮曾经患病，已经死去，过了三日，仙人董奉拿出一丸药，让士燮服下，以水含之，捧其头摇晃，慢慢融化，很快，士燮张开双目，手脚开始活动，颜色逐渐恢复，半日即能起坐，四日即能讲话，恢复常态。董奉，字君异，候官县人。

朱符死后，献帝派遣张津担任交州刺史，张津后来被其部将区景杀害，荆州牧刘表又派遣零陵郡人赖恭代替张津，担任交州刺史。当时，苍梧郡太守史璜去世，刘表又派遣吴巨代替，担任苍梧郡太守，与赖恭同时上任。献帝听说张津已经去世，赐士燮玺书：“交州位于南方绝域，南边靠近珠江、南海，朝廷的恩德难以宣示，下边的忠义遭到壅塞，朕知道逆贼刘表又派遣赖恭窥视南方，今以士燮为绥南中郎将，都督交州所属七郡，仍然兼领交趾郡太守。”后来，士燮派遣府掾张旻带着贡礼，前往京师。当时，天下大乱，道路阻隔，而士燮没有放弃责任，仍然向朝廷进贡，献帝特别下诏，拜士燮为安远将军，封为龙度亭侯。

后来，吴巨与赖恭不睦，举兵驱逐赖恭，赖恭逃回零陵。建安十五年，孙权派遣步骘，担任交州刺史。步骘上任，士燮率领兄弟听命于步骘，受其节度。而吴巨心怀异志，步骘斩杀吴巨。孙权提拔士燮为左将军。建安末年，士燮派遣儿子士廞到京师许都充当人质，孙权截留士廞，任命为武昌郡太守，士燮、士壹的儿子凡留在南方者，孙权都拜为中郎将。士燮又诱导益州大姓雍闿等，率领郡里的人民，归附东吴，孙权更加高兴，遂予以褒奖，提拔士燮为卫将军，封为龙编侯。弟弟士壹受拜为偏将军，受封为都乡侯。士燮每次派遣使者来见孙权，都会进献各种香料、细葛布，数量上千，还有明珠、大贝、琉璃、翡翠、玳瑁、犀、象等珍品，各种奇珍异果，香蕉、椰子、龙眼之类，每年都会送来。士壹还贡献数百匹良马。孙权每次写信，同时厚加赏赐，以此安慰士燮兄弟。士燮在交趾郡四十余年，黄武五年去世，享年九十岁。

孙权以交趾郡孤悬在外，路途遥远，又分出合浦以北，设置广州，任命吕岱为广州刺史；分出交趾郡以南，设置为交州，任命戴良为刺史，又派遣陈时，接替士燮担任交趾郡太守。吕岱留在南海，戴良与陈时一起，一直走到合浦，而士燮的儿子士徽自领交趾郡太守，调动族中的亲兵，阻拦戴良。戴良留在合浦。交趾郡人桓邻，是士燮提拔的官吏，向士徽叩头劝谏派使者迎接戴良上任，士徽大怒，用鞭子抽打桓邻，结果打死桓邻。桓邻的哥哥桓治，儿子桓发集合族中的亲兵，攻打士徽，士徽关闭城门，固守交趾城，桓治等攻打数月，不能攻下，双方讲和，各自罢兵。吕岱接受孙权的命令，诛杀士徽，吕岱从广州出发，率领军队昼夜兼程，经过合浦，与戴良一起，率军前进。士壹的儿子中郎将士匡与吕岱有旧交情，吕岱任命士匡为师友从事，先写信给交趾郡，告谕其民众祸福，又派遣士匡来见士徽，令其服罪投降，虽然失去郡太守职务，仍可以保全性命。吕岱紧随士匡之后到达，士徽的哥哥士祗，弟弟士幹、士颂等六人，肉袒出城请降，迎接吕岱。吕岱令他们穿上衣服，众人走进郡府。第二天清晨，布置好帷帐，吕岱请士徽兄弟依次进来相见，宾客满座。吕岱站起身来，拿出符节，宣读诏书，历数士徽的罪行，左右人随即绑缚士徽及其兄弟出去，当即诛杀，将首级传送至武昌。[①]士壹、士䵋、士匡后来被释放，孙权宽宥他们，包括士燮充当人质的儿子士廞，都被贬为庶人。几年后，士壹、士䵋又以其他罪名被杀。士燮病逝，没有后嗣，妻子寡居，孙权下诏，由地方官员每月供给俸米，赐钱四十万。

①孙盛曰：柔远能迩，莫善于信；保大定功，莫善于义。故齐桓公创立霸业，德行彰显于柯邑会盟；晋文公成为霸主，义行彰显于攻伐中原。齐桓公能九合一匡，世主夏盟，令问长世，贻范百王。吕岱把士匡作为师友，派出使者通信、盟誓，士徽兄弟肉袒出降，推心委命，吕岱反而将他们诛灭，以此邀功，君子从这一点就能看出，孙权不可能有远谋，吕氏的福祚也不会延续。

陈寿评论如下：刘繇砥砺品行，声望很高，喜欢评价人物，在天下大乱时，世道扰攘，在万里之外，刘繇占据一方疆土，治理地方，并非其所长。太史慈笃守信义，为人刚烈，有古人之风范。士燮在南越担任太守，优游于世间，到了儿子辈，处事不谨慎，陷于灾祸，皆为庸才，凭借险阻，享有富贵，大概就是这样吧。

吴书五

妃嫔传第五

破虏将军孙坚吴夫人，是吴主孙权的母亲，原来是吴县人，后来迁至钱唐县，幼年时，吴夫人失去双亲，与弟弟吴景一起生活。孙坚听说吴氏才貌俱佳，欲娶为夫人。吴氏的亲戚嫌孙坚狡黠，拒绝孙坚纳聘，孙坚深以为恨。夫人对亲戚讲："为何因为一女子，而让家族蒙受灾祸？如果妾有不测，这也是命里注定。"于是，吴夫人自己做主，与孙坚结婚，生下四男一女。①

①《搜神记》记载：当初，夫人怀孕，梦见有月亮入怀，既而生下孙策。及至怀上孙权，又梦到太阳入怀，吴夫人告诉孙坚："昔日妊娠，怀上孙策，梦见月亮入怀，今日又梦见太阳入怀，何也？"孙坚答："日月者，阴阳之精，极贵之象，我的子孙将会兴旺！"

吴景此后追随孙坚，南征北战，立下战功，受拜为骑都尉。袁术上表，任命吴景为丹杨郡代理太守，讨伐原丹杨郡太守周昕，占据丹杨郡。孙策与孙河、吕范前来依附吴景，众人合力讨伐泾县山区的贼寇祖郎，祖郎败走。此后吴景受到刘繇压迫，只好北上，依附袁术，袁术任命吴景为督军中郎将，与孙贲在横江共同讨伐樊能、于麋，又在秣陵进攻笮融、薛礼。当时，孙策在牛渚受到重创，已投降的贼寇再次反叛，吴景攻打贼寇，全部剿灭。吴景跟随孙策讨伐刘繇，刘繇投奔豫章郡，孙策派遣吴景、孙贲到寿春，向袁术报告。袁术正在与刘备争夺徐州，遂任命吴景为广陵郡太守。袁术后来僭越帝号，孙策写信，劝喻袁术，袁术不予理睬，孙策遂阻断江津，不再与袁术往来，同时派人通知吴景。吴景随即交还广陵郡太守印绶，东渡长江，孙策重新任命吴景为丹杨郡太守。献帝派遣议郎王誧（pǔ）巡行江南，上表拜吴景为扬武将军，仍然担任丹杨郡太守。

孙权以少年，继承父兄创立的基业，吴夫人襄助孙权，处理军国大事，颇有见解。[①]建安七年，吴夫人患上重病，临去世前，召见张昭等，嘱托后事，与孙坚在高陵合葬。[②]

①《会稽典录》记载：魏腾担任孙策的功曹，因为忤逆孙策的旨意，遭到遣送，孙策将要杀魏腾，士大夫皆恐惧，无人敢站出来讲话。吴夫人倚着井栏，对孙策讲：“你刚刚在江南站稳脚跟，很多事情还有待处理，此时正是优贤礼士，舍过录功的时候。魏功曹在你身边很守规矩，你今日杀了他，明日其他士人就会背离你逃走。我不忍心看见你大祸将临，先投入此井中。”孙策听罢大惊，急忙释放魏腾。夫人智略超群，皆如此类。

②《志林》记载：按照会稽贡举簿，建安十二年到十三年缺失，没有被举荐者，恐怕是府君遭到骚扰，吴夫人在建安十二年去世。建安八年、九年，皆有士人被举荐，这很分明。

建安八年，吴景在任上去世，嗣子吴奋被授以兵权，担任将军，受封为新亭侯，在任上去世。[①]嗣子吴安继承爵位，吴安因牵连进鲁王孙霸案，被赐死。吴奋的弟弟吴祺继承爵位，[②]受封为都亭侯，在任上去世。嗣子吴纂继承爵位。吴纂的妻子即滕胤的女儿，滕胤被杀时，一起遇害。

①《吴书》记载：孙权讨伐荆州，拜吴奋为吴郡都督，以镇守东方。

②《吴书》记载：吴祺与张温、顾谭的关系很好，孙权令吴祺负责审狱判案之事。

吴主孙权谢夫人，会稽郡山阴县人。父亲谢煚（jiǒng），曾在东汉朝廷担任尚书郎、徐县令。[①]孙权的母亲吴夫人，为孙权聘娶谢煚的女儿，成为孙权的妃子，孙权对谢夫人宠爱有加。后来，孙权又纳娶姑母的孙女徐氏，欲令谢夫人让位，谢夫人不肯，从此以后，谢夫人失去孙权的宠爱，很早去世。又过了十余年，谢夫人的弟弟谢承受拜为五官中郎将，稍后担任长沙郡东部都尉、武陵郡太守，撰写《后汉书》一百余卷。[②]

①谢煚的儿子谢承，撰写《后汉书》，幼年时，谢煚以仁孝行为，为人通达，显示其才能。谢煚的弟弟谢贞，谨守法度，笃学尚义，被举荐为孝廉，担任建昌县长，在任上去世。

②《会稽典录》记载：谢承，字伟平，博学洽闻，所见到的事物，终身不忘。儿子谢崇，担任扬威将军，谢崇的弟弟谢勖，担任吴郡太守，都有名气。

吴主孙权徐夫人，吴郡富春县人。祖父徐真，与孙权的父亲孙坚关系很好，孙坚把妹妹嫁给徐真为妻，生下徐琨。年少时，徐琨在州郡出仕为官，东汉末年，天下大乱，徐琨辞去官职，追随孙坚南征北战，立下战功，受拜为偏将军。孙坚去世，徐琨又跟随孙策在横江讨伐樊能、于麋等，在当利口进攻张英，当时，船只很少，徐琨驻军，寻找船只。徐琨的母亲在军中，对徐琨讲："恐怕州部会征调大量水军来袭击我们，到那时，你将会陷于被动，怎么能把军队驻扎在这里？应该多砍伐些芦苇，编制成大筏，借以渡江。"[①]徐琨当即报告孙策，孙策立即采取行动，全军顺利渡江，大败张英，赶走笮融、刘繇，奠定江东事业。孙策上表，任命徐琨为丹杨郡代理太守，恰逢吴景辞去广陵郡太守职务，来到江东，吴景担任丹杨郡太守，[②]徐琨以督军中郎将，率领军队，跟随孙策攻破庐江郡太守李术，受封为广德侯，改任平虏将军。后来，徐琨跟随孙策讨伐黄祖，被流箭射中，伤重不治，去世。

①泭音敷。郭璞注《方言》曰："泭，水中大筏也。"

②《江表传》记载：当初，袁术派遣堂弟袁胤担任丹杨郡太守，孙策令徐琨讨伐袁胤，取而代之。恰逢吴景返回，孙策以吴景此前担任丹杨郡太守，为人宽厚，甚得民心，吏民思念，徐琨手下的士兵很多，孙策嫌其兵权太重，而且正在征伐，需要用徐琨的部众，于是起用吴景，召徐琨返回吴郡。

徐琨生下徐夫人，当初，徐琨把徐夫人许配给同郡人陆尚。陆尚早逝，孙权担任讨虏将军，在吴郡征战，聘娶徐夫人为妃，要徐夫人像生母一样抚养儿子孙登。后来，孙权离开吴郡，以徐夫人妒忌，废黜徐夫人，留在吴郡。又过了十余年，孙权成为吴王，及至登上帝位，立孙登为太子，群臣奏请，立徐夫人为皇后，孙权本意在步氏身上，没有同意。后来，徐夫人病逝。哥哥徐矫继承父亲徐琨的侯爵，讨伐平定山区越人，受拜为偏将军，先于徐夫人去世，没有子嗣。弟弟徐祚继承爵位，也是以战功，受拜为芜湖都督、平魏将军。

吴主孙权步夫人，临淮郡淮阴县人，与丞相步骘是同族人。东汉末年，步夫人的母亲携带女儿，将要移居庐江郡，庐江郡被孙策攻破，家人又东渡长江，步夫人以容貌美丽，受到孙权宠幸，冠于后庭。步夫人生下两个女儿，长女名叫鲁班，字大虎，此前许配给周瑜的儿子周循，后来又改嫁全琮；小女儿名鲁育，字小虎，此前许配给朱据，后来又嫁给刘纂。[①]

①《吴历》记载：刘纂先娶孙权的二女儿，早逝，故又以鲁育为继室。

步夫人在后宫不妒忌，多次向孙权推荐嫔妃侍寝，故能长久得到宠爱，侍寝孙权。孙权成为吴王及至后来登上帝位，意欲立步夫人为皇后，而朝中群臣在廷议时，认为应该立徐氏，孙权不同意，事情僵持在那里，长达十余年，然而，后宫皆称步夫人为皇后，亲戚上疏，则称中宫。及至步夫人去世，臣下按照孙权的旨意，奏请追尊步夫人尊号，孙权赠予印绶，策命："赤乌元年闰月戊子，皇帝诏曰：呜呼皇后，辅佐朕，共同奉祀天地。虔诚恭敬，夙兴夜寐，与朕分担辛劳。总领后宫嫔妃，整饬教令，遵循礼仪。宽容仁慈贤惠，有淑懿之德。百姓、朝臣仰望，远近归心。朕以世道艰难，尚未平定，统一天下，皇后禀赋儒雅，常怀谦让之心，是以未能拜授名号。朕以为皇后福寿绵长，将与朕共同享受福祚。不料想奄忽间，皇后大命终止。朕窃恨拜封皇后之意，未能及早昭显，伤悼皇后崩殂早逝，不终天年。朕哀愍悼思之情，痛于厥心。今派丞相醴陵亭侯顾雍，作为使者，持符节，奉诏书册封皇后尊号，配食皇太后。魂魄有灵，享受宠荣。呜呼哀哉！"步夫人葬在蒋陵。

吴主孙权王夫人，琅琊郡人。[①]王夫人因被选入后宫，黄武年间，受到孙权宠幸，生下儿子孙和，得到孙权的宠爱，王夫人仅次于步夫人。步夫人去世后，孙和被立为太子，孙权将要立王夫人为皇后，而全公主素来憎恨王夫人，谮毁王夫人。及至孙权患上重病，公主说，王夫人面带喜色，因此，孙权很生气，怒斥王夫人，王夫人忧愤而死。孙和的儿子孙皓登上帝位，追尊王夫人为大懿皇后，封王夫人的三个弟弟为列侯。

①《吴书》记载：王夫人父亲叫王卢九。

吴主孙权王夫人，南阳郡人，也因被选入后宫，嘉禾年间，受到孙权宠幸，生下儿子孙休。及至孙和被立为太子，孙和的母亲在后宫贵重，后宫诸姬妾受到宠幸者，皆被赶出后宫，居住在京师外。王夫人居住在公安县，去世后，葬在公安县。孙休即位，派遣使者追尊母亲为敬怀皇后，改葬在敬陵。王夫人没有其他亲人，孙休封母亲的同父异母兄弟王文雍为亭侯。

吴主孙权潘夫人，会稽郡句章县人。潘夫人的父亲担任官吏，因为犯法，被处死。夫人与姐姐被罚没入织室，孙权碰巧见到潘夫人，惊异夫人的美貌，遂召入后宫。潘夫人受到孙权宠幸，妊娠，梦见有神仙把龙头授予自己，自己用围裙裹住，随后生下孙亮。赤乌十三年，孙亮被立为太子，潘夫人奏请出嫁姐姐，孙权准奏。第二年，孙权立潘夫人为皇后。潘夫人生性妒忌，虽然容貌美丽，自始至终，谮害袁夫人等后宫夫人。[①]孙权身体不虞，潘夫人派人询问中书令孙弘当年吕后如何临朝称制。潘夫人伺候病中的孙权，非常疲劳，因此患上重病，后宫的女子在潘夫人昏睡时，将其缢死，又佯称潘夫人得了急病而死。后来，事情败露，有六七人受到牵连，被处死。孙权不久去世，潘夫人与孙权在蒋陵合葬。孙亮即位，拜潘夫人的姐夫谭绍为骑都尉，授予兵权。孙亮被废黜，谭绍与家属被遣送回家乡庐陵郡。

①《吴录》记载：袁夫人是袁术的女儿，有节行，无子嗣。孙权多次以其他姬妾生的儿子，

令袁夫人抚养，袁夫人一直没有生育。及至步夫人去世，孙权欲立袁夫人。夫人自称没有儿子，固辞不受。

孙亮全夫人，是全尚的女儿。堂祖母全公主喜爱她，每次入宫觐见孙权，都会带着她。及至潘夫人母子受到孙权宠幸，全公主自以为与孙和的母亲有矛盾，劝孙权为潘夫人的儿子聘娶她，孙亮此后被立为继嗣。潘夫人被立为皇后，孙权任命全尚为城门校尉，封为都亭侯，代替滕胤，担任太常，受拜为卫将军，晋封为永平侯，兼领尚书职事。当时，全氏受封为列侯者有五人，都被授予兵权，率领兵马，其余全氏则担任侍郎、骑都尉，在宫中宿卫，自从吴国兴起，外戚受到尊崇，无人能超过全氏。及至魏国大将诸葛诞举寿春投降吴国，全怿、全端、全祎、全仪等却在此时投降魏国，全熙阴谋败露，被杀，从此以后，全氏衰落。恰逢孙綝废黜孙亮为会稽王，后来又贬为候官侯，全夫人跟随孙亮来到封国，居住在候官国，全尚把家属迁至零陵郡，后来，又被孙綝追杀。①

①《吴录》记载：孙亮的妻子聪慧，善解人意，有姿色，居住在候官县，吴国平定才归来，永宁年间去世。

孙休朱夫人，是朱据的女儿，孙休的姐姐朱公主所生。①赤乌末年，孙权为孙休聘娶朱夫人为妃。孙休被立为琅琊王，朱夫人跟随孙休住在丹杨郡。建兴年间，孙峻在朝中专权，公族皆感到忧虑。全尚的妻子即孙峻的姐姐，靠着全公主护佑，家属免遭祸殃。当初，孙和被立为太子时，全公主谮毁王夫人，欲废黜太子，立鲁王为太子，朱公主不听，从此以后，二人有矛盾。五凤年间，孙仪阴谋诛杀孙峻，事情被察觉，孙仪被杀。全公主谗言朱公主与孙仪合谋，孙峻冤杀朱公主。孙休害怕，把朱夫人送回建业，临行时，孙休握着朱夫人的手，涕泣而别。朱夫人到了建业，孙峻又把朱夫人送回孙休身边。太平年间，孙亮知道朱公主是受到全公主谮言所害，问全公主为何谮毁朱公主，全公主害怕，说："我其实并不知道，都是朱据的两个儿子朱熊、朱损告诉我的。"孙亮杀了朱熊、朱损。朱损的妻子是孙峻的妹妹，孙綝越发忌惮孙亮，又废黜孙亮，拥立孙休为皇帝。永安五年，孙休立朱夫人为皇后。孙休去世，群臣尊朱夫人为皇太后。孙皓即位一个月，贬朱夫人为景皇后，居住的宫殿改称安定宫。甘露元年七月，朱夫人被孙皓逼死，与孙休在定陵合葬。②

①裴松之认为：孙休的妻子就是其外甥女，犹如汉初孝惠帝。荀悦讥讽此事，故不再叙述。

②《搜神记》记载：孙峻杀了朱公主，葬在石子冈。孙皓即位，欲改葬朱公主。墓冢相错，不能识别，而宫人颇认识公主死时所穿的衣服，让两位巫婆各住一处，以伺其魂灵，让巫婆辨

识，不得靠近。过了很久，二人都说：见到一女子三十余岁，头上著青锦束头，紫白袷裳，丹绨丝履，从石子冈走上半山冈，以手扶膝，长叹息，稍微停留片刻，进了一座墓冢，便停住，徘徊良久，忽然不见。二人之言，不谋而合，于是打开墓冢，衣服如是。

孙和何姬，丹杨郡句容县人。父亲孙遂，本来是骑士。孙权曾经巡游各个军营，何姬正好在路旁观看，孙权看见何姬，惊异何姬的美貌，命令宦者召何姬入宫，赐予儿子孙和。何姬生下一个男孩儿，孙权很喜欢，起名字叫孙彭祖，就是孙皓。太子孙和被废黜，后来又被贬为南阳王，居住在长沙。孙亮即位，孙峻辅政。孙峻平素巴结全公主，全公主与孙和的母亲有矛盾，劝孙峻把孙和迁至新都，又派遣使者赐死，嫡妃张氏也自杀。何姬说："如果跟着一起死，谁来抚养孤儿？"遂抚育孙皓及其三个弟弟长大成人。孙皓即位，尊孙和为昭献皇帝，[①]何姬被尊为昭献皇后，居住的宫殿改称升平宫，一个月后，又进位为皇太后。孙皓封弟弟孙洪为永平侯，孙蒋为溧阳侯，孙植为宣城侯。孙洪去世，嗣子孙邈继承爵位，担任武陵监军，被晋军所杀。孙植官至大司徒。吴国末年，政治混乱，何氏骄奢淫逸，僭越制度，其子弟在民间骄横恣肆，百姓深受其害。故百姓传言"孙皓已经死了很久，当今皇帝是何氏的儿子"，等等。[②]

①《吴录》记载：孙皓当初尊孙和为昭献皇帝，不久又改称文皇帝。

②《江表传》记载：孙皓纳张布的女儿为美人，宠爱张美人，孙皓问："你的父亲何在？"答："被贼人杀害。"孙皓大怒，棒杀张夫人。后来，又思念张夫人的美貌，让工匠刻制一个木人，当作美人的形象，放置在座位旁。问左右："张布还有女儿吗？"答："张布的大女儿嫁给原卫尉冯朝的儿子冯纯。"孙皓当即夺去冯纯的妻子入宫，非常宠幸，立为左夫人，昼夜与夫人房事、宴饮，不听朝政，令尚方署用金子制作华燧、步摇、假髻上千个。令宫人戴在头上相扑，朝成夕败，辄重新制作，工匠借机偷盗，府藏空虚。恰逢夫人病死，孙皓哀痛思念，葬在苑中，建造很大一个墓冢，令工匠雕刻柏木，制作木人，放置在墓冢，作为卫兵，用金银珍玩送葬，不可胜计。下葬之后，孙皓在宫内治丧，半年不出宫。国人见丧葬太过奢靡，都说孙皓已死，所葬者就是孙皓。孙皓的舅子何都的面貌状似孙皓，说何都代替孙皓。临海郡太守奚熙相信谣言，举兵返回，欲诛杀何都，何都的叔父何植当时担任备海都督，杀了奚熙，夷灭其三族，谣言才平息，而人心依然疑惑。

孙皓滕夫人，这是原太常滕胤族人的女儿。滕胤被夷灭家族，夫人的父亲滕牧，也被流放至边郡，孙休即位，颁布大赦令，才得以返回都城，孙休拜滕牧为五官中郎。孙皓受封为乌程侯，聘娶滕牧的女儿为妃子。孙皓即位，立滕夫人为皇后，封滕牧为高密侯，拜为卫将军，兼领尚书职事。后来，朝中的士大夫认为滕牧是外戚，推举滕牧出面，向孙皓提出谏言。在当时，滕夫人受到的宠爱在减少，孙皓听了谏言，心中不高兴，孙皓的母亲何太后常帮助滕夫人。宫中太史谏言，按照时运、历法，皇后不可轻易改变，孙皓相信巫觋，故没有废黜滕夫人的皇后位，皇后在升平宫服侍何太后。滕牧被安排到苍梧郡居住，虽然没有被褫夺爵位，其实已经受到贬黜，滕牧在途中恐惧、忧虑，病死在途中。长秋宫的官属，不过是备员而已，皇后只是在朝贺、上表、奏疏时才露面。孙皓宠幸的后宫姬妾，佩带皇后玺印者很多。[①]天纪四年，滕夫人跟随孙皓迁至洛阳。

①《江表传》记载：孙皓又让黄门巡行州郡，选取将军、官员的女儿。二千石大臣的女儿，每年都要报名，十五六岁的，都要过目，过目看不上，才能出嫁。后宫有上千美女，孙皓任意淫媾，采选美女。

陈寿评论如下：《易经》讲："端正家风，天下安定。"《诗经》讲："刑于寡妻，至于兄弟，以御于家邦。"诚哉斯言，的确如此！远观齐桓公，近察孙权，皆为有识之士，有知人之明，皆为人中豪杰，怀有远大志向，然而嫡庶不分，闺房紊乱，贻笑古今，祸及后嗣。由此看来，唯以道义为心、平和为念，才能避免灾祸！

吴书六

宗室传第六

孙静，字幼台，是孙坚的小弟。孙坚举兵起事，孙静聚集乡党及宗室五六百人作为后援，众人皆愿意归附。孙策攻破刘繇，平定属下县邑，又进攻会稽郡，派人去请孙静，孙静带着家眷与孙策在钱唐相会。当时，郡太守王朗在固陵县固守顽抗，孙策多次与王朗进行水战，不能取胜。孙静向孙策献计："王朗负隅顽抗，坚守城池，难以很快攻克。查渎在南边，距离会稽郡有数十里，是通向会稽郡的要道，应该先攻占查渎，占据会稽郡的后方，此所谓攻其不备、出其不意。我愿意亲自率领军队作为前锋，一定能攻破查渎。"孙策说："你说得对。"于是，孙策诈传命令，令军中："近日连续降雨，致使河水混浊，士兵喝了脏水，很多人腹痛，命令立即准备几百口大缸，澄清饮水。"到了黄昏日暮时分，孙策把水缸排列起来，在水缸中点燃火烛，欺骗王朗，而后分出部分军队，连夜奔袭查渎，袭击高迁屯。[①]王朗大吃一惊，派遣原丹杨郡太守周昕等率领军队前来迎战。孙策打败周昕等，将其斩杀，随后平定会稽郡。[②]孙策上表，拜孙静为奋武校尉，欲授予重任，孙静留恋故乡的祖坟、宗族，不愿意出仕做官，请求留守后方。孙策答应了。孙策去世后，孙权统领军政大权，任命孙静为昭义中郎将，孙静在家乡去世。孙静有五个儿子，孙暠、孙瑜、孙皎、孙奂、孙谦。孙暠有三个儿子：孙绰、孙超、孙恭。孙超担任偏将军。孙恭生下孙峻。孙绰生下孙綝。

①裴松之按：今永兴县有高迁桥。

②《会稽典录》记载：周昕，字大明。年少时，周昕在京师游学，跟随太傅陈蕃学习，博览群书，尤其善于风角、占卜，善于推导灾异；受太尉府征召，被举荐为高第，稍后升任丹杨郡太守。曹公起兵，周昕前后派遣士兵一万余人，襄助曹公征伐。袁术在淮南时，周昕憎恶袁术荒淫

暴虐，不与袁术联系。

《献帝春秋》记载：袁术派遣吴景攻打周昕，久攻不克，吴景对百姓讲，敢听从周昕者，死罪不赦。周昕说："我为官不德，百姓又有何罪？"遂解散兵员，送回本郡。

孙瑜，字仲异，以恭义校尉，领兵作战。当时，孙氏的门客，还有众将领，有很多是江西人，孙瑜虚心纳谏，安抚众人，甚得众人欢心。建安九年，孙瑜代理丹杨郡太守，众人多愿意归附，有一万余人。孙瑜后来兼领绥远将军。建安十一年，孙瑜与周瑜共同讨伐麻屯、保屯，逐一攻破。之后，孙瑜跟随孙权，在濡须抵御曹公，孙权欲出兵交战，孙瑜劝说孙权应该慎重，孙权不听，吴军出战，果然战事不利。孙瑜改任奋威将军，仍然兼领郡太守，把将军幕府从溧阳迁去驻守牛渚。孙瑜任命永安人饶助为襄安县长，任命无锡人颜连为居巢县长，令二人招诱、接纳庐江郡、九江郡的百姓，百姓得到安抚。济阴郡人马普好古笃学，孙瑜以厚礼相待，让将军幕府和郡府官吏的子弟数百人跟随马普学习，接受学业，又设立学官，负责祭祀、礼仪、讲学。在当时，诸将皆以军务为要事，而孙瑜在军务之外，喜欢经学典籍，虽然身在军旅，却常常传出诵读声。孙瑜享年三十九岁，建安二十年去世。孙瑜有五个儿子：孙弥、孙熙、孙耀、孙曼、孙纮。孙曼官至将军，受封为列侯。

孙皎，字叔朗，当初，孙皎担任护军校尉，率领部众二千余人。当时，曹公多次出兵濡须，孙皎每次都会带兵迎敌，所率领的士兵，号称精锐。后来，孙皎升任都护征虏将军，代替程普，负责守卫夏口。黄盖及哥哥孙瑜去世，孙皎又兼领他们的军队。受封为列侯，享受沙羡、云杜、南新市、竟陵四县食邑，可以自行设置官吏。孙皎轻财好义，善于结交士人，与诸葛瑾的关系很好，孙皎委托庐江郡人刘靖提醒自己在施政中有哪些过失，委托江夏郡人李允帮助处理政事，委托广陵郡人吴硕、河南郡人张梁帮助处理军事，孙皎倾心以礼相待，众人莫不尽心竭力。孙皎曾经派遣侦察人员，侦察人员俘虏魏国边界将领的美女，送予孙皎，孙皎为她们更换衣服，又把她们送回家去，孙皎下令："而今，要诛杀的是曹氏，百姓又有何罪？自今以后，不得袭击老弱妇孺。"因此，江淮间多有归附者。孙皎因为某件小事，与甘宁争执，有人劝谏甘宁，甘宁说："主公对待东吴臣子，应该同等相待，征虏将军孙皎虽然是公子，岂能做欺侮人的事情！我有幸遇上明主，一定会输诚效命，以报上天，诚不能随波逐流，委曲求全。"孙权听说后，写信给孙皎："自从我们与北方为敌，已过去十年，当初，双方相持时，我们年纪还小，而今已到了三十岁。孔子说'三十而立'，并非只是记载在五经。孤授予卿精兵，委以重任，都护诸将于千里以外，欲像楚王任用昭奚恤，扬威于北方战场，并非让卿在高位上逞其私志。近来听说卿与甘兴霸饮酒，因为酒醉而发怒，欺侮他人，甘兴霸请求隶属于吕蒙。甘兴霸虽然为人狂狷、豪放，有不尽如人意的地方，然而，也是一位顶天立地的大丈夫。我赞赏甘兴霸，并非私意、偏爱。我信任甘兴霸，卿疏远甘将军，对其憎恨；卿所作所为与我的想法相距甚远，这怎么行？卿应该为人谨慎，敬重他人，谨言慎行，这样才能统领部下；卿要有容人之量，爱护他人，才能获得众人拥戴。二者做得不好，怎么能统率将士，抵御贼寇，在远方效命，救危济难？卿已长大成人，担负重任，上有远方瞻望之视，下有部曲朝夕从事，怎么能恣意妄为，盛怒不息？人谁能无过，贵其能改，卿应该追思前愆，引咎自责。今烦诸葛子瑜向卿传达我的旨意。临书凄怆，心悲泪下。”孙皎看了书信，上疏称谢，遂主动与甘宁结为好友。后来，吕蒙袭击南郡，孙权欲令孙皎与吕蒙分别担任左右大都督，吕蒙谏言：“如果至尊认为征虏将军可以，那么，就重用征虏将军；认为吕蒙可以，那么，就予以信任。昔日周瑜、程普担任左右大都督，共同攻打江陵，虽然由周瑜决定，程普自恃是老将，而且也是都督，二人不睦，几乎误了国家大事，此可以当作前事之鉴。”孙权顿时醒悟，谢过吕蒙：“任命卿为大都督，任命孙皎为后续部队将军。”吕蒙擒获关羽，平定荆州，孙皎也有功劳。建安二十四年，孙皎去世。孙权追念孙皎此前的功劳，封孙皎的儿子孙胤为丹杨侯。孙胤去世，没有子嗣。弟弟孙晞继承爵位，手握兵权，因为有罪，自杀，封国被撤销。弟弟孙咨、孙弥、孙仪皆担任将军，受封为列侯。孙咨担任羽林军都督，孙仪担任无难都督。孙咨被滕胤所杀，孙仪被孙峻所杀。

孙奂，字季明。哥哥孙皎去世，孙奂代替哥哥，统领哥哥的部下，以扬武中郎将，兼领江夏郡太守。在任上视事一年，按照孙皎的行事方式，以礼对待刘靖、李允、吴硕、张梁及江夏郡人间举等，虚心纳谏。孙奂对突发事件，反应不够灵敏，但处理政务却很称职，为军民所称道。黄武五年，孙权攻打石阳，孙奂以地方官员，派所部将军鲜于丹率领五千人，首先截断淮河水道，亲自指挥吴硕、张梁，率领军队五千人，担任前锋，逼降高城，擒获三位将军。大军撤回，孙权诏令孙奂在前边停止前进，检阅孙奂的军队，看到孙奂的军队军容整齐，孙权感叹道：“当初，我很担心孙奂迟钝，今日看到孙奂治军，诸将很少能超过他，我不再担忧。”孙权拜孙奂为扬威将军，封为沙羡侯。吴硕、张梁担任裨将，受赐爵关内侯。①孙奂也喜欢与儒生交往，还督促部属的子弟努力学习，后来，这些子弟出仕为官，担任朝廷官员者有数十人。孙奂享年四十岁，嘉禾三年去世。嗣子孙承继承爵位，以昭武中郎将，统领孙奂的军队，兼领郡太守。赤乌六年去世，没有子嗣，孙承的庶出弟弟孙壹奉祀宗庙，继承祖业，担任将军。孙峻诛杀诸葛恪，孙壹与全熙、施绩攻打诸葛恪的弟弟公安都督诸葛融，诸葛融自杀。孙壹跟随镇南将军，担任镇军将军，持符节，负责守卫夏口。及至孙綝诛杀滕胤、吕据，吕据、滕胤是孙壹的妹夫，孙壹的弟弟孙封又知道滕胤、吕据的阴谋，孙封自杀。孙綝派遣朱异偷袭孙壹。朱异到了武昌，孙壹知道朱异是为自己而来，率领部众一千余人，携带滕胤的妻子，投奔魏国。魏国任命孙壹为车骑将军，将军幕府的礼仪，参照三公，封为吴侯，并把原曹魏旧主曹芳的贵人邢氏嫁给孙壹为妻。邢氏长得美貌，但是性情妒忌，下人不堪忍受虐待，杀了邢氏，连同孙壹一起杀害。孙壹投奔魏国三年，不幸被下人杀害。

①《江表传》记载：当初，孙权在武昌，欲迁回建业建都，又担心这一段长江水道距离二千里，一旦有警讯，难以救援，犹豫不定。及至到了夏口，在坞中大会文武官员商议此事，孙权下诏："诸将军、官员切勿忌讳职务大小，有什么想法，请为国家献上忠言。"诸将或谏言在夏口建立栅栏，或谏言在长江设置铁链，锁住大江，这些举措似乎都有不如意的地方。当时，张梁还是小将，并不知名，越席谏言："臣听说，香饵引来枭鱼，重币购来勇士，而今，应该明确赏罚，派遣将领进入沔水，与敌军争夺地利，一旦形势有利于我，彼不敢轻举妄动。即使武昌只有精兵一万，交付有谋略者担任将军，军队整肃。一旦有警讯，应声赴敌。建造甘水城，准备数千艘轻型战舰，随时调用，作为武备。这样，即使开门迎敌，敌军也不敢轻易来犯。"孙权认为张梁的计策最为稳妥，当场越级提拔张梁。后来，又以战功拜张梁为沔中都督。

孙贲，字伯阳。父亲孙羌，字圣台，是孙坚的同父异母哥哥。孙贲早年丧母，弟弟孙辅还是一个婴孩，孙贲亲自抚养，非常友爱。孙贲此后担任郡府督邮、代理县长。孙坚在长沙举义兵，孙贲辞去官职，跟随孙坚南征北战。孙坚去世，孙贲继续统率孙坚的余众，护送灵柩返回。后来，袁术迁至寿春，孙贲又依附袁术。袁术的堂兄袁绍任命会稽郡人周昂为九江郡太守，袁绍与袁术不和，袁术派遣孙贲攻破周昂的郡府治所阴陵县。袁术上表，任命孙贲代理豫州刺史，改任丹杨郡都尉，代理征虏将军，讨伐平定山区越人。孙贲被扬州刺史刘繇所逼迫，率领部众，返回驻扎地历阳。不久，袁术又派孙贲与吴景共同进攻樊能、张英等，未能取胜。及至孙策东渡长江，帮助孙贲、吴景攻破张英、樊能等，随后进攻刘繇。刘繇败走豫章郡。孙策派遣孙贲、吴景返回寿春，报告袁术，正值袁术僭越帝号，设置百官，袁术任命孙贲为九江郡太守。孙贲没有上任，丢下妻子、儿女，返回江南。[①]当时，孙策已经平定吴郡、会稽郡，孙贲与孙策共同讨伐庐江郡太守刘勋、江夏郡太守黄祖，大军转战期间，听说刘繇病死，遂进军平定豫章郡，孙策上表，任命孙贲代理豫章郡太守，[②]后来，孙贲受封为都亭侯。建安十三年，献帝的使者刘隐奉诏命拜孙贲为征虏将军，兼领郡太守，在太守任上十一年，去世。嗣子孙邻继承爵位。

①《江表传》记载：袁术命令吴景守卫广陵，孙策的族兄孙香也被袁术重用，担任汝南郡太守，袁术令孙贲担任将军，在寿春领兵。孙策写信给吴景等："如今征伐江东，未知诸君意欲何向？"吴景随即放弃职务归来，孙贲因为受困，不能返回，后来，孙香也以道路遥远，不能回来。

《吴书》记载：孙香，字文阳。孙香的父亲孙孺，字仲孺，是孙坚的堂弟，在郡府担任主簿功曹。孙香跟随孙坚征伐有功，受拜为郎中。后来被袁术重用，拜为征南将军，死于寿春。

②《江表传》记载：当时，丹杨郡人僮芝自任庐陵郡太守，孙策留下孙贲的弟弟孙辅领兵，驻扎在南昌，孙策对孙贲讲："兄驻扎在豫章，这是扼住僮芝咽喉的要地，把守住其门户。但当伺其机会，以便行事，同时命令国仪领兵前进，令周公瑾作为外援，一举可定。"后来，孙贲听说僮芝有病，随即实施孙策的计划。周瑜到了巴丘，孙辅得以进驻庐陵郡。

孙邻当时年仅九岁，代理豫章郡太守，晋升爵位为都乡侯。① 在郡太守任上近二十年，讨伐平定叛贼，功绩卓著。孙邻奉诏命返回武昌，担任绕帐都督。当时，太常潘濬掌管荆州，重安县长陈留郡人舒燮有罪，被捕入狱，潘濬对判处舒燮有误，舒燮将要受到惩处。议事者很多人为舒燮求情，潘濬仍然不肯宽宥舒燮。孙邻对潘濬讲："舒伯膺兄弟争相赴死，可谓海内义士，传为美谈，仲膺又有维护吴国的旧情。而今君杀了他的子弟，如果天下统一，皇帝坐着青盖车子到北方巡视，中州士人一定会问仲膺的继嗣怎样，回答者说潘承明杀了舒燮，你觉得该怎么解释？"潘濬这才释意，免除舒燮的死刑。② 孙邻改任夏口沔中都督，兼领威远将军，所任职务，都很称职。赤乌十二年，孙邻去世。嗣子孙苗继承爵位。孙苗的弟弟孙旅及叔父孙安、孙熙、孙绩，皆位至高官。③

①《吴书》记载：孙邻，字公达，为人典雅，遇事机敏，幼年时，有很好的声誉。

②《博物志》记载：舒仲膺，名邵。当初，舒伯膺的亲友被人杀害，舒仲膺为其报仇。谋事不密，被发觉，兄弟争相赴死，皆得以免死。袁术时，舒邵担任阜陵县长。详情记载在《江表传》。

③《吴历》记载：孙邻还有一个儿子叫孙述，担任武昌都督，负责荆州事务。孙震，担任无难都督。孙谐，担任城门校尉。孙歆，担任乐乡都督。孙震后来抵御晋军，与张悌一起战死于战场。孙贲的曾孙孙惠，字德施。

《孙惠别传》记载：孙惠好学，有才智，晋惠帝永宁元年，前去救援齐王司马冏，以功劳受封为晋兴侯，担任大司马府贼曹掾属。司马冏骄矜僭越，生活奢侈，众人对司马冏颇感失望。孙惠向司马冏献言，讽谏有五难、四不可，劝司马冏让出权力，归还藩国，退隐青岱，言辞恳切。司马冏不听，不久，司马冏败亡。成都王司马颖召孙惠，任命为大将军幕府参军。在当时，司马颖在长沙有事，任命陆机为前锋都督。孙惠与陆机在家乡关系很好，担忧陆机会因此而招祸，对陆机讲："子盍把都督位让与王粹，如何？"陆机答："司马颖将会认为我避贼，首鼠两端，更加要迫害我。"陆机不久被杀，二弟陆云、陆耽也被杀，孙惠很伤心。永兴元年，皇帝御驾巡幸邺城，司空东海王司马越在下邳治兵，孙惠写信给司马越，隐去姓名，自称南岳逸民秦秘之，向司马越献上勤王匡世的策略，辞义甚美。司马越看罢书信，在通衢大道招贴榜文，招募写信的人。孙惠这才出来相见，司马越当即任命孙惠为记室参军，专掌文书，参与谋议。每次撰写檄文，司马越都会派人骑驿马催促孙惠来见，孙惠应命立成，皆有辞旨。孙惠多次升迁，担任显职，后来，孙惠担任广武将军、安丰内史。享年四十七岁，去世。孙惠留下文翰有数十篇。

孙辅，字国仪，是孙贲的弟弟，以扬武校尉，辅佐孙策平定三郡。孙策讨伐丹杨郡七县，派遣孙辅驻扎在西边历阳县，以防备袁术，还负责招诱流民，收拢被打散的士卒。孙辅跟随孙策讨伐陵阳，生擒祖郎等。①孙策西进，奔袭庐江郡太守刘勋，孙辅随从，在阵中身先士卒，有战功。孙策拜孙辅为庐陵郡太守，安抚属下县邑，设置县长、县吏。孙辅改任平南将军，持符节，兼领交州刺史。此后，孙辅暗中派遣使者与曹公联系，事情被察觉，孙权幽禁孙辅。②几年后，孙辅去世。儿子孙兴、孙昭、孙伟、孙昕，皆担任高官。

①《江表传》记载：孙策平定江东，驱逐袁胤。袁术怨恨孙策，暗中派遣使者带着印绶，交予丹杨郡大帅陵阳郡人祖郎等，让祖郎挑动山区越人造反，聚集部众，共同攻打孙策。孙策亲自率领将士讨伐祖郎，生擒祖郎。孙策对祖郎讲："你昔日袭击孤，砍坏孤的马鞍，而今，又建立军队，起兵造反。孤放弃宿恨，唯取能用，与天下英雄共谋大事，愿意用你，你不要害怕。"祖郎叩头谢罪。孙策当即命令除去祖郎的刑具，赐予衣服，任命祖郎为门下贼曹。及至大军返回，祖郎与太史慈在前边引导孙策，人以为荣。

②《典略》记载：孙辅担心孙权不能保守江东，趁着孙权出行东冶县，派人带着书信，前往曹公处。此人告发孙辅，孙权返回，佯装不知，与张昭共同召见孙辅，孙权对孙辅讲："兄厌恶欢乐，暗中与他人通信？"孙辅回答没有此事。孙权把书信交给张昭，张昭又交给孙辅，孙辅惭愧，无言以对。孙权遂斩杀孙辅的左右亲信，分出其部众，把孙辅调往东边。

孙翊，字叔弼，是孙权的弟弟，孙翊骁勇善战，为人勇敢，处事果断，有哥哥孙策的遗风。郡太守朱治举荐孙翊为孝廉，受到汉朝廷司空府征召。①建安八年，孙翊以偏将军兼领丹杨郡太守，年仅二十岁。后来，孙翊被随从边鸿杀害，边鸿也被诛杀。②

①《典略》记载：孙翊，又名孙俨，禀性与孙策相似。孙策临去世前，张昭等谏言孙策，应当把兵权授予孙俨，而孙策招呼孙权，佩以印绶，把军国大权交予孙权。

②《吴历》记载：孙翊的妻子徐氏有节操，与妫览等的事迹相同，故列于后边的《孙韶传》。

孙翊的儿子孙松担任射声校尉，受封为都乡侯。①黄龙三年，孙松去世。蜀国丞相诸葛亮写信给哥哥诸葛瑾，信中讲："哥哥接受东吴朝廷的厚恩，对子弟辈也很好。孙子乔是一位良士，对于其早逝，不免令人凄怆。看见孙松送予我的器物，不禁流泪。"诸葛亮这样追悼孙松，是因为诸葛亮的养子诸葛乔曾经向诸葛亮介绍过孙松。

①《吴录》记载：孙松善于与人交往，轻财好义。镇守巴丘，多次向陆逊谏言得失。曾经有

小过，陆逊当面斥责孙松，孙松有不平之意，陆逊观察其貌，向孙松解释："君不过听了一些逆耳之言，不以某鄙陋，多次来访，是以按照君的来意，进谏忠言，君便脸色骤变，何也？"孙松笑着回答："在下属于自忿而已，岂有其他想法！"

孙匡，字季佐，是孙翊的弟弟。孙匡被举荐为孝廉、茂才，还未经试用，去世，当时，年仅二十余岁。①儿子孙泰，是曹氏的外甥，担任长水校尉。嘉禾三年，孙泰跟随孙权围困新城，被流箭射杀。孙泰的儿子孙秀担任前将军、夏口都督。孙秀是公室至亲，在外掌握重兵，遭到孙皓猜忌。建衡二年，孙皓派遣何定率领五千人到夏口狩猎。此前，民间有传言，说孙秀将要被人暗算，何定远途来到夏口狩猎，孙秀大吃一惊，连夜带着妻子及亲兵数百人，投奔晋国。晋国任命孙秀为骠骑将军，享有三公礼仪，受封为会稽公。②

①《江表传》记载：曹休出洞口，吕范率领吴军抵御。当时，孙匡担任定武中郎将，违反吕范的命令，放火烧曹军，损失大量的芦苇，造成军用匮乏，吕范当即把孙匡押送回吴郡。孙权把孙匡改为丁氏，禁锢终身。

裴松之按：本传记载："孙匡未经过试用，去世，当时年仅二十余岁。"而《江表传》记载，吕范在洞口，孙匡担任定武中郎将。既为定武中郎将，则并非未被试用。而且，孙坚在初平二年去世，洞口之役在黄初三年，孙坚去世至此，已经有三十一年，孙匡当时若还在，本传不得云孙匡去世时年仅二十余岁。这里应该是孙权的另外一个弟弟孙朗，《江表传》误以为是孙匡。孙朗的名位，参见《三朝录》及虞喜著《志林》。

②《江表传》记载：孙皓大怒，改孙秀的姓氏为"厉"。

干宝著《晋纪》记载：孙秀在晋朝，听说孙皓投降，群臣庆贺，孙秀称病，没有参加，南向流泪道："在以往讨逆时，我年仅弱冠，以一校尉，创立功业，而今，后主举江南而投降，宗庙山陵，从此成为废墟。悠悠苍天，此何人哉！"朝廷赞美孙秀。

《晋诸公赞》记载：吴国平定，孙秀降为伏波将军，开府如故。永宁年间去世，追赠骠骑将军印绶、开府。儿子孙俭，字仲节，担任给事中。

孙韶，字公礼。伯父孙河，字伯海，本来姓俞，也是吴郡人。孙策很喜欢孙河，赐姓为孙，列于孙氏属籍。①后来，孙韶担任将军，驻扎在京城。

①《吴书》记载：孙河是孙坚的族中子弟，过继给后姑俞氏，后来恢复姓氏为孙。孙河秉性忠直，讷于言，敏于行，有才干，做事勤快。年少时，孙河跟随孙坚征伐，常担任前锋，后来率领亲兵，负责内事，孙坚以心腹对待孙河。孙河跟随孙策平定吴郡、会稽郡，跟随孙权讨伐李术，李术被打败，孙河受拜为威寇中郎将，兼领庐江郡太守。

当初，孙权杀了吴郡太守盛宪，[①]盛宪原来举荐的孝廉妫览、戴员藏匿在山中，孙翊担任丹杨郡太守，对他们以礼相待，任命妫览为大都督府督兵，戴员担任郡府丞。及至孙翊遇害，孙河骑上快马，疾驰至宛陵，责骂妫览、戴员，认为他们没有尽到责任，致使奸贼得逞。二人商议道："伯海与将军孙翊的关系疏远，怒斥我们，竟然如此凶狠。如果讨虏将军孙权来了，我们恐怕连命都没了。"随后杀了孙河，派人北上迎来魏国扬州刺史刘馥，令其驻扎在历阳，二人欲举丹杨郡投降魏军。恰逢孙翊的帐下徐元、孙高、傅婴等发觉，杀了妫览、戴员，二人阴谋没有得逞。[②]

①《会稽典录》记载：盛宪，字孝章，为人典雅，很有才器，被举荐为孝廉，补任尚书郎，稍后升任吴郡太守，以有病辞去官职。孙策平定吴郡、会稽郡，诛杀当地豪强，盛宪有高名，孙策颇为忌惮。当初，盛宪与少府孔融的关系很好，孔融担心盛宪不能免祸，写信给曹公："岁月不居，时节如流，五十余年，倏忽而过。明公为始满，孔融又过了二岁，海内知己，很多已经凋零，唯会稽郡人盛孝章还在。其人受困于孙氏，妻孥湮没，单身一人，茕茕孑立，形影相吊，孤苦伶仃，若忧愁能伤人，臣担心盛宪不得永年。《春秋传》讲：'诸侯有相灭亡者，桓公不能救，则桓公耻之。'而今孝章可谓大丈夫之雄，天下士人皆钦佩孝章，而孝章身不免于幽禁，命不期于旦夕，是吾祖不当再论损益之友，而朱穆之所以绝交也。曹公诚能派出一名使者，骑上快马，加上咫尺之书，则孝章可以北返，朋友之道可以弘扬。今天的少年，大多喜欢诽谤前辈，或者讥讽常人。孝章此人，本来有天下大名，九牧之民都为孝章之行所赞叹。燕国国君买骏马之骨，并非欲以驰骋万里，是为了招贤纳士。曹公匡扶汉室，宗庙绝祀，又将其扶持，扶持之术，实须得到贤者辅佐。珠玉无胫而自至，因为人们都喜欢珠玉，更何况贤者有手有足？燕昭王修筑高台，以尊崇郭隗，郭隗虽然是小才，而遭逢君王大遇，竟能阐释明主之至心，故乐毅从魏国前往燕国，剧辛从赵国前往燕国，邹衍从齐国前往燕国。如果郭隗倒悬，而燕王不肯解救，临水将要溺死，而燕王不肯施救，则士人也会高翔远引，不会再有人北望燕国之路。凡引这些例子，都是曹公所知，而再次援引，愿曹公崇笃斯义，上表朝廷，不再逐一细说。"由是，曹公征召盛宪，拜为骑都尉。制命还未到达，盛宪被孙权杀害。儿子盛匡投奔魏国，官至征东司马。

②《吴历》记载：妫览、戴员亲近边洪等人，多次被孙翊所为难，常欲叛逆，因为吴主出征，遂得以实施其奸计。当时，诸县长一起来见孙翊，孙翊以其妻子徐氏懂得占卜，孙翊入室，告诉徐氏："我明日要为县长们作主人，卿试着为我占卜。"徐氏答："卜卦之日不佳，须等待异日。"孙翊以县长来了很久，要很快送他们走，大会宴请宾客。孙翊出入常带着刀，此次有些醉意，空手送客，边洪从后边砍杀孙翊，郡中大乱，无人能救孙翊，孙翊被边洪杀害，边洪逃入深山。徐氏悬赏追捕边洪，当天夜晚擒获，妫览、戴员把罪归于边洪，杀了边洪。诸将都知道是妫览、戴员所为，而力不能制止。妫览入居将军府，悉取孙翊的妃妾及左右侍御，还想娶徐氏。担心徐氏不同意，反而见害，欺骗徐氏："请求夫人在晦日设祭，除去丧服。"当时月亮高悬，妫览听到祭祀完毕。徐氏秘密派遣亲信，告诉孙翊的亲信旧将孙高、傅婴等，说："妫览已经掳掠婢妾，今又欲逼迫我，之所以佯装答应，是为了麻痹其意，以免取祸。我有微计，愿二君相救。"孙高、傅婴涕泣答应："受府君厚恩，之所以没有当即死难，以为死也无益，欲思考计

谋，计谋还未想好，未敢告诉夫人。今日之事，也是我们夙夜所怀。”秘密招来孙翊豢养的门客二十余人，按照徐氏的意思，与他们商议，共同盟誓。到了晦日，设祭，徐氏哭泣尽哀完毕，除去丧服，薰香沐浴，到另外一座房子更衣，放下帏帐，言笑欢悦，显示并无戚容。府内大小凄怆，奇怪徐氏为何会这样。妫览暗中观察，没有人怀疑。徐氏招呼孙高、傅婴与诸婢女进到户内，派人报告妫览，说已经除去丧服，唯府君敕命。妫览盛意入室，徐氏出来拜见。妫览正要回拜，徐氏大呼：“二君何在！”孙高、傅婴冲出来，一起杀了妫览，其他人就在外边杀了戴员。夫人重新穿上缞绖丧服，把妫览、戴员的首级放在孙翊的墓前，祭奠亡灵。全军震骇，认为徐氏此计可谓神异。吴主赶到，把妫览、戴员的家眷包括其余党全部灭族，擢拔孙高、傅婴为牙门将领，其余皆加赐金帛，光耀其门户。

十七岁时，孙韶接受孙河留下的部众，修缮京城，建起谯楼，整修攻防器械，准备御敌。孙权听到动乱的消息，从椒丘返回，途经丹杨郡，很快稳定局势，孙权引军返回吴郡。夜晚进抵京城，扎下营寨，试着进攻京城，欲试探孙韶的守备。此时，孙韶的士兵皆登上城顶，发出警报，人声嘈杂，对城外形成威慑，孙权派人晓谕城中，很快安定下来。第二天，孙权召见孙韶，非常器重，当即拜孙韶为承烈校尉，率领孙河的军队，以曲阿、丹徒二县作为孙韶的食邑，可以自行设置县长、县吏，就像过去对待孙河那样。后来，孙韶担任广陵郡太守，兼领偏将军。孙权成为吴王，改任孙韶为扬威将军，封为建德侯。孙权登上帝位，拜孙韶为镇北将军。孙韶担任边将数十年，善待士卒，士卒也愿意为孙韶效命。孙韶时刻保持警惕，常向远方派出侦探，预先了解魏军的情况及动静，预做准备，因此，很少有失利的情况。青州、徐州、汝州、沛国的百姓，很多人前来江东，归附孙韶，淮南、沿江一带驻扎的魏军，纷纷向后撤退，徐州、泗水、长江、淮河一带，没有驻守之地各有几百里。自从孙权西征，将都城迁往武昌，孙韶有十余年没有觐见孙权。孙权返回建业，才开始朝觐。孙权询问青州、徐州的驻军情况，各驻屯要点，距离远近及人马众寡，魏军将帅的姓名，孙韶了解得一清二楚，有问必答。孙韶身高八尺，仪表英俊，举止文雅。孙权很高兴，说：“我很久没有看到公礼，没有想到进步这么大。”随后命令孙韶兼领幽州牧，授予符节。赤乌四年，孙韶去世。嗣子孙越继承爵位，官至右将军。孙越的哥哥孙楷官至武卫大将军，受封为临成侯，代替孙越，担任京下都督。孙楷的弟弟孙异官至领军将军，孙奕官至孙氏宗正卿，孙恢官至武陵郡太守。天玺元年，孙皓征召孙楷，拜为宫下镇骠骑将军。当初，永安贼寇施但等劫持孙皓的弟弟孙谦，袭击建业，有人揭发孙楷首鼠两端，不肯即刻出兵讨贼，为此，孙皓多次谴责、诘问孙楷。孙楷惶恐不已，此次又突然受到征召，遂带着妻子、儿女、亲兵数百人，投奔晋国，晋国任命孙楷为车骑将军，封为丹杨侯。[①]

①《晋诸公赞》记载：吴国平定，孙楷降为渡辽将军，永安元年去世。

《吴录》记载：孙楷处事，谨严不如孙秀，而在人间知名，超过孙秀。

孙桓，字叔武，是孙河的儿子。①二十五岁时，孙权拜孙桓为安东中郎将，与陆逊共同抵御刘备。蜀军人数众多，弥山盈谷，孙桓在战场上挥刀拼杀，与陆逊奋力抵御蜀军，刘备败走。孙桓截断上夔门的道路，扼守其必经通道。刘备翻越高山，这才脱险，仅得以身免，刘备愤恨，叹息道："我昔日初到京城，孙桓还是个小孩子，今日竟然逼迫孤陷入如此窘境！"孙桓以战功，受拜为建武将军，受封为丹徒侯，在长江下游，负责牛渚防务，孙桓建造横江坞堡，在任上病逝。②

①《吴书》记载：孙河有四个儿子。长子孙助，担任曲阿县长。次子孙谊，担任海盐县长。两个都早逝。次子孙桓，仪表端庄，为人聪明，性格爽朗，博学强记，在众人议论时，应对自如，孙权常称赞孙桓是宗室里的颜渊，擢拔孙桓为武卫都尉。在华容道跟随孙权讨伐关羽，诱降关羽的余党，得到五千人，牛马、器械甚多。

②《吴书》记载：孙桓的弟弟孙俊，字叔英，为人恢宏大度，有文武才略，担任定武中郎将，驻扎在薄落，赤乌十三年去世。长子孙建继承爵位，担任平虏将军。小儿子孙慎，担任镇南将军。孙慎的儿子孙丞，字显世。

《文士传》记载：孙丞好学，会写文章，写作《萤火赋》，流传于世，担任黄门侍郎，与顾荣担任近侍。归命侯孙皓的近侍很多人有罪孽，只有顾荣、孙丞洁身自好，得以保全。孙皓常让二人记事，孙丞有问必答，孙皓下诏："自今以后，用侍郎就应该像宗室孙丞、顾荣这样的人。"吴国平定，孙丞来到洛阳，担任范阳郡涿县县令，在任上有政绩。晋惠帝永安年间，陆机担任成都王司马颖的大都督，延请孙丞为幕府司马，与陆机同时遇害。

陈寿评论如下：古人讲，亲近亲人，施恩惠与有情义的人，这是古今通理。宗族子弟，维护京城，《诗经》称道。孙氏子弟，有些开创基业，有些镇守边陲，皆能够担当大任，不曾辜负其公族身份，故详细记述。

吴书七

张顾诸葛步传第七

张昭，字子布，彭城人。年少时，张昭喜欢学习，善于写隶书，跟随白侯子安学习《左氏春秋》，博览群书，与琅琊郡人赵昱、东海国人王朗都是当时的知名士人，关系很好。二十岁时，张昭被举荐为孝廉，没有担任职务，喜欢与王朗等一起，评价过往的君王，以及治理天下的事迹，州里的有才之士陈琳等也喜欢谈论时事，认为张昭的评价很中肯。[①]州部刺史陶谦举荐张昭为茂才，张昭不肯出仕做官，陶谦认为张昭轻视自己，逮捕张昭。赵昱竭尽全力，营救张昭，才得以免祸。东汉末年，天下大乱，徐州的士民很多人逃往扬州避难，张昭也随着众人南下，渡过长江。孙策在江东创立基业，任命张昭为幕府长史、抚军中郎将，还让张昭到堂上拜见自己的母亲，对待张昭好像是对待多年的朋友，对于军国大事，孙策推心置腹，皆让张昭参与。[②]张昭每次得到北方士大夫的书信，其中有颂扬张昭的词句，张昭都会遮掩，不愿意让人看到，但又怕遭人怀疑其中有不可告人的秘密，展示给他人，又觉得不妥，左右为难。孙策听说后，笑道："在往昔，管仲在齐国担任国相，齐桓公开口仲父，闭口仲父，而桓公在管仲辅佐下，最后成为霸主。今天，子布作为我的贤士，受到重用，创建王霸事业，不也同样会应在我的身上！"

①当时，汝南郡府主簿应劭认为：谈论过往的君王时，应该有所避讳，议论者对此多有看法，互有异同，详情记载在《风俗通》。张昭著述，阐释自己的观点："有客人来，看到大国有议论者，士君子议论，从建武以来，谈到过往君王的名讳，有五十六位，客人认为，后生不可妄议君王。按照经论，譬喻行事，义高辞丽，甚可仰慕。臣愚意浅陋，对此看法，颇有疑义。乾坤剖分，万物定形，这就有了君臣父子名分。故圣人顺天之性，制定礼仪，对君王应该表示尊敬。

有三项要义，君实食之；在丧之哀，君亲临之；厚莫重焉，恩莫大焉。诚臣子应该有所尊敬，万夫应有所倚恃，焉得评议相同？然而，亲亲之礼，随时间过去，也会有所递减，尊尊之礼，随时间过去，也会有所放言。故礼服之制，上不尽高祖，下不尽玄孙。《左传》记载：亲属四世，在举丧时穿缌麻丧服，这是对丧服的规定；五世之外，则不再穿丧服，这是对同姓而言；六世的亲属关系，已经不复存在。还有，《曲礼》记载：有不逮之事，议论时，则无所避讳，不加避讳，则名称之谓，已经属于义理不存，不拘于礼节，更何况往古的君王，有五十六代！郑子会盟，季友来归，不称其名，以字相称呼，当时，鲁国人赞赏其做法。为何臣子要为君父避讳？周穆王避讳期已满，到了周定王时，周室有王孙姬满，担任大夫，是臣子辅佐君王。周厉王避讳“胡”，到了周庄王，儿子名胡，世上名胡的人还有很多。如果讨论这些事情，相类似的例子还有很多，经书已经有明文记载，经传也有明确解释。至于进退攻守，损兵折将，垂示百世，永远不会因为避讳，而认为有什么不对。而今，应劭认为，对上应该尊重旧君之名，下边对此并不完全认同，只能说此事存疑。《曲礼》记载：疑事无验证，可以从上下取证，缺乏义理依据，可以从文辞辨析，提倡这种做法，于义理并没有依据，怎么向世人解释？若将此论作为定论，只能徒费笔墨，增加争论，过辞在前，悔意何追！”

②《吴书》记载：孙策得到张昭，很高兴，对张昭讲：“而今四方有事，应该尊重贤士，我对于先生，彼此间可以推诚相待。”孙策任命张昭为校尉，待之以师友之礼。

临终前，孙策把弟弟孙权托付给张昭，张昭率领群臣拥立孙权即位，尽心辅佐。[①]张昭上表献帝，向东吴属下县邑发布文告，将军幕府内外将校，一律谨守职责。孙权由于哀伤过度，还未能视事，张昭对孙权讲：“作为人主后继者，最重要的，是要能肩负起先辈的事业，使其发扬光大，最终完成圣业。方今天下陷于混乱，海内鼎沸，群盗满山，孝廉岂能伏身哀戚，像匹夫一样，只顾发泄情绪？”张昭扶着孙权跨上战马，东吴军队，此时排列战阵迎候。从此以后，众人心中清楚，东吴已经有了归属。张昭在将军幕府担任长史，像往常一样，总理军国大事。[②]后来，刘备上表献帝，令孙权代行车骑将军职事，张昭担任军师。孙权喜欢出外狩猎，骑着战马，弯弓射虎，有一次，老虎扑向孙权，虎爪抓住战马的马鞍。张昭脸色骤变，事后，张昭向孙权谏言：“将军怎么能这样？作为人君，要有驾御群雄的能力，驱使群贤，为自己效力，岂能像勇士一样，驰逐原野，追逐猛兽？如果一旦有不测发生，岂不为天下人所耻笑？”孙权谢过张昭：“在下年少，考虑事情不周，以此令君感到忧虑。”然而，孙权仍然不能自已，还造了射虎车，上面开出方孔，四周围有栏杆，没有车盖，一个人驾驶，在车中射杀老虎。有一次，一只离群的猛虎扑向射虎车，孙权在车中搏击老虎，以此为乐。张昭多次劝谏，孙权听了，笑而不答。魏国黄初二年，曹丕派遣使者邢贞拜孙权为吴王。邢贞进入阙门，不肯下车。张昭对邢贞讲：“拜见大王，不能无礼，不能无法。君若胆敢妄自尊大，蔑视江南微弱，此间难道没有方寸利刃伺候！”邢贞听罢，慌忙下车。孙权拜张昭为绥远将军，封为由拳侯。[③]孙权在武昌，在钓鱼台上娱乐，举杯豪饮，酩酊大醉。孙权让人把酒水洒向群臣，说："今日酣饮，只有醉倒在台上，才能停止。"张昭面容严肃，坐在那里，一言不发，不久，张昭走出来，坐在车上。孙权派人招呼张昭进去，问张昭："与大家饮酒作乐，公为何要发怒？"张昭答："在往昔，殷纣建造酒池，作长夜宴饮，当时，大家都以为这是行乐，不以为这是作恶。"孙权默然不语，面有惭色，遂罢酒。当初，孙权准备设置丞相，众人皆以为非张昭莫属。孙权说："方今多事，职权分配，责任重大，要全面考虑，并非一定要优中选优。"后来，孙邵去世，百官再次推荐张昭，孙权说："难道孤尊敬子布，就一定要拜子布为丞相？丞相事情烦琐，总领百官，子布性情刚烈，所言不从，就会怨怒，陡然而起，并非担任此职的合适人选。"孙权拜顾雍为丞相。

①《吴历》记载：孙策对张昭讲："若仲谋不能任事，君可代行职事。江东之事若不能成功，君可缓步西归，无须有任何忧虑。"

②《吴书》记载：当时，天下四分五裂，擅自发布命令的豪杰，比比皆是。孙策莅事的时间很短，恩泽还未施与百姓，一旦出现问题，士民将会狼狈不堪，大家对孙权的看法，颇有异同。及至张昭辅政，安绥百姓，寄居江东的北方士人，才逐渐安下心来。孙权每次出征，留下张昭镇守，兼领将军幕府诸项事务。后来，黄巾军再次蜂起，张昭剿灭黄巾军。孙权征伐合肥，命张昭另外讨伐匡琦，又指挥诸将，在南城攻破豫章郡贼首周凤等。自此之后，孙权很少再设立将帅，张昭常随侍在左右，为孙权出谋划策。孙权以张昭为旧臣，礼遇甚厚。

③《吴录》记载：张昭与孙绍、滕胤、郑礼等，参考周室、汉室的礼仪，制定吴国上朝的礼仪。

孙权登上帝位，张昭以年老有病，奏请辞去所任职务及负责的事务。[①]孙权又拜张昭为辅吴将军，官位仅次于三公，改封为娄侯，享受食邑一万户。张昭在宅邸无事可做，于是为《春秋左氏传》作注，以及撰写《论语注》。孙权曾经问卫尉严畯："还记得幼时读过的书吗？"严畯背诵《孝经·仲尼居》。张昭说："严畯鄙陋书生，臣请为陛下诵读。"于是背诵"君子之事上"这一章。人们认为，张昭懂得如何引导君主。

①《江表传》记载：孙权即位为皇帝，宴请百官，在讨论功劳时，把功劳归功于周瑜。张昭举起笏板，欲褒扬周瑜的功劳，还未来得及开口，孙权说："如果用张公之计，今日恐怕就不能在此飨宴。"张昭很惭愧，伏地流汗。张昭忠謇亮直，有大臣气节，孙权很敬重张昭，之所以没有拜张昭为丞相，以昔日张昭主张，与周瑜、鲁肃等建议抗拒曹公相悖。

裴松之认为：张昭劝孙权迎接曹公，心里所思所想，岂不为江东考虑得更为长远？张昭扬休正色，委质孙氏，诚以厄运初遘，涂炭方始，从孙策到孙权，才略足辅，是以竭尽忠诚，匡弼英主，以成就其大业。对上作为藩国，以辅佐汉室，对下安境保民，以保全东吴，鼎峙之计，并非张昭本志。曹公仗顺而起，功以义立，冀以廓清华夏，荡平荆郢，大定之机，在于此会。若使张昭奏议获从，则六合为一，岂有兵连祸结，遂为战国之弊！虽无功于孙氏，有大功于天下。在往昔，窦融归汉，与国升降；张鲁降魏，赏延于世。更何况孙权举全吴望风顺服，宠灵之厚，其可测量！然而张昭为人设谋，即使不忠，也有正议！

张昭每次入朝，讲话时，都是面孔端庄，义形于色，有一次，张昭因为直言，忤逆了孙权，一度不再相见。后来蜀国来使称颂蜀国治理之嘉美，群臣不能回答，孙权叹息道："如果张公在座，岂不当面折服蜀国使者，或令其无言以对，怎么能让蜀国使者骄矜自夸？"第二天，孙权派遣侍中前来慰问张昭，请张昭到宫中见面。张昭来到宫中，觐见孙权，避席称谢，孙权慌忙挺直身子，向张昭回礼。张昭坐下后，望着孙权，说："在以往，太后、桓王没有将老臣托付于陛下，而是将陛下托付于老臣，因此，老臣常想着如何尽忠守节，以报答先王知遇之恩，即使老臣身死之后，也有可称颂的事迹，然而老臣意虑短浅，多次违逆陛下旨意，自以为会受到陛下冷落，长弃沟壑，没有想到还能蒙受陛下召见，得以侍奉帷幄。然而老臣愚心之所以事国，志在效忠，有益于朝政，为此毕命而已。如果让老臣变心易虑，以苟且取荣，此老臣所不能也。"孙权表示谢意。

孙权以公孙渊向吴国称藩，派遣张弥、许晏到辽东，拜公孙渊为燕王，张昭谏言："公孙渊背叛魏国，是担心魏国讨伐，远来向吴国求援，并非有归顺的意愿。如果公孙渊中途改弦易辙，欲向魏国表明忠心，派去的两位使者恐怕就回不来了，这样岂不是让天下人笑话？"孙权与张昭争执，相持不下，张昭辞意恳切，孙权不免有些难堪，手拍桌案，扶着刀柄说："吴国士人入宫则拜孤，出宫则拜君，孤尊敬君，也做到了仁至义尽，而君多次当着众人的面忤逆孤，孤岂能一忍再忍！"张昭熟视孙权良久，说："老臣虽然知道谏言不被采纳，然而老臣竭尽愚忠，还是要讲。一想到太后临驾崩前，在床上嘱托老臣，留下遗诏，顾命之言，依然在老臣耳边回响。"说罢，张昭涕泗交流。孙权掷刀于地，与张昭相对而坐，悲泣不止。然而，孙权还是派张弥、许晏前往辽东。张昭气愤不已，知道言而无用，遂称病，不肯再上朝。孙权心中有恨，命人用土堵住张昭的大门，张昭又在大门内用土封堵。公孙渊果然杀了张弥、许晏。孙权知道结果后，多次派人慰问张昭，张昭固执，不肯走出大门。有一次，孙权外出，路过张昭的宅邸，派人招呼张昭，张昭称自己病重。孙权一时气急，命人焚烧张昭的大门，欲以此恐吓张昭，张昭干脆关闭门户。孙权慌忙令人熄灭火焰，伫立在门外良久，张昭的几个儿子扶着张昭起床，孙权用车子载着张昭，返回宫中，向张昭深表自责。张昭不得已，又开始参加朝会。①

①习凿齿曰：张昭这就有些不臣了！作为人臣，三谏不从，则侧身而退，身苟不绝，何忿怼如此？且秦穆公违谏，最终称霸西戎，晋文公暂怒，终成大业。遗誓以悔过见录，狐偃无怨绝

之辞，君臣道泰，上下俱荣。而今，孙权悔往事之非，而求张昭，后益回虑降心，不远而复，是其善也。张昭作为人臣，不度孙权得道，匡其后失，夙夜匪懈，以延来誉，乃追忿不用，归罪于君，闭户拒命，坐待焚灭，岂不悖谬哉！

张昭姿容矜严，不怒自威，孙权常说："孤与张公谈话，不敢妄自胡言。"东吴吏民谈到张昭，莫不敬畏。张昭享年八十一岁，嘉禾五年去世。张昭留下遗言，用幅巾束发，穿平时的衣服，用一般的棺木，殡殓时穿常服。孙权素服亲临家中凭吊，赐谥号为文侯。[①]长子张承已经受封为列侯，小儿子张休继承爵位。

①《典略》记载：余以往听说，刘荆州曾亲自写信，欲送予孙伯符，以示祢正平，祢正平嗤笑，说："如是，欲使孙策帐下小儿辈读之，将使张子布见乎？"如祢正平所言，张子布确实有高才？虽然，犹自典雅蕴藉，不可无笔迹。加上听说吴中称颂张昭为仲父，如此，其人信一时之良才，恨其不与嵩岳等资，而乃播殖于会稽。

张昭弟弟的儿子张奋年龄二十岁，制造攻城车，被步骘所推荐。张昭不喜欢张奋做这种事，说："你还年轻，何必要委身于军旅？"张奋回答："在往昔，童汪死于国难，子奇治理阿城，张奋虽然年轻，没有什么才能，然而有志不在年少。"此后，张奋领兵，担任将军，多次建立战功，官至平州都督，受封为乐乡亭侯。

张承，字仲嗣，年少时，以才学闻名，与诸葛瑾、步骘、严畯关系很好。孙权担任骠骑将军，任命张承为幕府西曹掾，又担任长沙郡西部都尉。张承讨伐平定山寇，获得精兵一万五千人。后来，张承担任濡须都督、奋威将军，受封为都乡侯，率领部众五千人。张承为人坚毅，忠诚耿直，能够甄别人物，提拔彭城人蔡款，提拔孤弱幼童南阳郡人谢景，二人后来成为国士，蔡款官至卫尉，谢景官至豫章郡太守。[①]诸葛恪年少时，英才勃发，众人对诸葛恪颇为欣赏，张承预言，最终祸败诸葛氏者，就是诸葛恪。张承勉力进取，笃于物类，凡有才学的士人，张承无不登门造访。张承享年六十七岁，赤乌七年去世，谥号为定侯。儿子张震继承爵位。当初，张承丧妻，张昭欲为张承聘娶诸葛瑾的女儿，张承以与诸葛瑾关系很好，颇有些为难，孙权听说后，出面劝张承聘娶，张承遂成为诸葛瑾的女婿。[②]婚后生下一个女儿，孙权为儿子孙和聘娶。孙权多次令孙和一定要礼敬岳丈张承，执女婿之礼。张震在诸葛恪被杀时，也同时遇难。

①《吴录》记载：蔡款，字文德，历任内外官职，以清廉、忠贞显名于当时。后来，担任卫尉，兼领中书令，受封为留侯。有两个儿子，蔡条、蔡机。蔡条在孙皓时官至尚书令、太子少傅。蔡机担任临川郡太守。谢景详情参见《孙登传》。

②裴松之按：张承与诸葛瑾在赤乌年间去世，这样算来，张承比诸葛瑾小四岁。

张休，字叔嗣，二十岁时，张休与诸葛恪、顾谭等作为太子孙登的幕僚、好友，为孙登讲授《汉书》。[①]张休从中庶子改任右弼都尉。孙权常出外狩猎，直至日暮才归，张休上疏劝谏孙权，孙权对张休的忠心表示嘉赏，把上疏展示给张昭看。及至孙登去世，张休担任侍中，受拜为羽林都督，兼领三典军事，改任扬武将军。张休被鲁王孙霸的朋党所谮毁，与顾谭、顾承因为芍陂论功之事，张休、顾承与典军陈恂互通情报，虚报军功，结果一起被流放至交州。中书令孙弘奸佞巧伪，张休对其一向瞧不起，[②]孙弘乘机诬陷张休，孙权下诏，赐张休自杀，死时年仅四十一岁。

①《吴书》记载：张休侍讲《汉书》，摘录文义，分别事物，有条有理。每次升堂宴饮，酒酣耳热，奏响礼乐，孙登辄屈尊，与大家同欢乐。张休为人豁达，孙登甚爱之，常在左右。

②《吴录》记载：孙弘，会稽郡人。

顾雍，字元叹，吴郡吴县人。[①]蔡伯喈从朔方返回，曾经在吴县避难，顾雍跟随蔡邕学习弹琴及书法。[②]受到州郡举荐，顾雍二十岁时担任合肥县长，后来改任娄县、曲阿县、上虞县长，在任上皆有政绩。孙权兼领会稽郡太守，没有在郡府处理政事，任命顾雍为郡府丞，代替孙权处理政事，顾雍清除会稽郡的贼寇，郡界恢复宁静，吏民皆服从治理。数年后，顾雍入朝担任左司马。孙权成为吴王，顾雍升任大理寺奉常，兼领尚书令，受封为阳遂乡侯。顾雍受封为列侯，返回大理寺，家人还不知情，后来知道，莫不感到惊讶。

①《吴录》记载：顾雍的曾祖父顾奉，字季鸿，曾担任颍川郡太守。

②《江表传》记载：顾雍跟随蔡伯喈学习，专一清静，敏而易教。蔡伯喈非常诧异，对顾雍讲："卿必能成才，今以吾名与卿。"故顾雍与蔡伯喈的名字同音，由此也。

《吴录》记载：顾雍，字元叹，据说被蔡邕欣赏，因此，用蔡邕的名字同音字。

黄武四年，顾雍到吴县迎接母亲，回来后，孙权亲临家中道贺，在大厅拜见顾雍的母亲，朝中的公卿大臣群集毕会，后来，太子又亲自来拜望。顾雍不饮酒，寡言少语，举止适当。孙权曾经叹息道："顾君不言，言必有中。"在大家宴饮欢乐时，身边人担心会酒后失礼，被顾雍察觉，因此不敢尽情欢乐。孙权也说："顾公在座，使人不乐。"对顾雍的敬畏，可见一斑。这一年，顾雍改任太常，晋封爵位为醴陵侯，代替孙邵，担任丞相，兼领尚书职事。顾雍选用的文武官员，都能够人尽其才，心中并无偏见。当时，顾雍经常下到民间，了解民情民意，对政事有所裨益，顾雍会奏报孙权，如果谏言得到采纳，则将功劳归于孙权，不被采纳，也终不外泄。孙权因此更加敬重顾雍。然而，在朝堂上陈述己见，顾雍面色严肃，虽然语气柔和，却义正词严。孙权曾经向群臣询问施政得失，张昭就所见所闻，直陈己见，认为法令过多，过于繁苛，刑罚太重，应有所减轻。孙权听罢，默然不语，又问顾雍："君以为如何？"顾雍答："臣之所闻，亦如张昭所陈述。"于是，孙权按照廷议，考虑减轻刑罚。①后来，吕壹、秦博担任中书，掌管诸官府及州郡呈报的文书。吕壹等作威作福，制定酒类专卖，对采矿、山林监管，增加税利的措施，检举偷漏税，纤细罪过，都要严办，既而又以重案，诬陷他人，诋毁大臣，陷害无辜，顾雍等大臣也都受到举报，被孙权谴责。后来，吕壹的罪恶被人揭发，收捕关押在廷尉署监狱。顾雍负责审案，吕壹在监狱里与顾雍见面，顾雍和颜悦色，审问案情，临走时，又对吕壹讲："君心里还有想说的话吗？"吕壹叩头，无话可说。当时，尚书郎怀叙当面辱骂吕壹，顾雍责备怀叙："国家自有法律，何必这样！"②

①《江表传》记载：孙权常令中书郎前去拜谒顾雍，有所咨询。若合顾雍之意，事可施行，孙权施政，即与顾雍相反复，究而论之，还专门为顾雍设酒食。如不合意，顾雍即正色改容，默然不语，无所奏言，即告退。孙权说："顾公欢悦，是事合宜；其不言者，是事未平，孤当重新考虑。"由此可见对顾雍的尊敬、信任。江边诸将，各欲立功自效，有很多奏言，欲借机会，掩袭魏军。孙权咨询顾雍，顾雍答："臣听说，兵法戒于小利，此等奏言，皆欲邀功名为其自身，并非为国家，陛下宜禁止。苟不足以耀武扬威，陛下不宜听。"孙权接受谏言。军国得失，行事可否，自非面见，口未尝言。

②《江表传》记载：孙权嫁侄女，嫁给顾氏的外甥，宴请顾雍父子及孙子顾谭，顾谭当时担任选曹尚书，在朝中尊贵。这一天，孙权很高兴。顾谭醉酒，三次起来跳舞，乐而不疲。顾雍内心愠怒。第二天，召来顾谭，呵责顾谭："君王以含垢为德，臣下以恭谨为节。在往昔，萧何、吴汉立下大功，萧何每次见高帝，似不能言；吴汉侍奉光武帝，也是恪尽职守，忠贞为国。你对于国家，有什么汗马功劳，有可记述的事迹？不过因为门户之资，遂见宠任，何必跳起舞来，无休无止？虽然是酒后，恃恩忘敬，也应该是谦虚不足。有损吾家者，一定是你。"顾雍背对着孙子顾谭，向着墙壁睡卧，顾谭站立在那里，经过一个时辰，才让顾谭走。

徐众评论：顾雍不以吕壹见毁之故，而和颜悦色，此乃长者风范。然而开导吕壹，临走时还问有何话可讲，这种做法不对。吕壹为人奸邪，祸乱朝纲，谮毁忠贤，吴国人为之寒心，自太子孙登、陆逊以下，切谏不能得，是以潘濬欲亲手杀了吕壹，以除国患，疾恶如仇，义形于色。而今顾雍却问吕壹还有何话可讲，若吕壹大呼冤枉，不再审理，则非录狱本旨；若记下吕壹的辩词，吴主以尊敬丞相，而原谅吕壹，伯言、承明不该愤慨不已吗？怀叙本无私怨，无所为嫌，故詈骂之，疾恶如仇，恶不仁者，其为仁也。季武子去世，曾点斜倚着季武子的门框而歌；子皙犯下重罪，子产催促其自杀。以此看来，顾雍不应该责备怀叙。

顾雍担任丞相十九年，享年七十六岁，赤乌六年去世。刚患病时，孙权令太医赵泉来诊视，孙权又拜顾雍的小儿子顾济为骑都尉。顾雍听说后，悲泣道："赵泉善于判断人的生死，看来我的病是治不好了，故皇上欲在我生前，让我目睹顾济被拜授官职。”顾雍去世，孙权身穿素服，亲临吊唁，赐谥号肃侯。长子顾邵早逝，次子顾裕有痼疾，小儿子顾济继承爵位，没有子嗣，爵位断绝。永安元年，景帝孙休下诏：“已故丞相顾雍，为人至德，为官忠诚，以礼辅佐国家，而侯爵因为后嗣断绝，无人继承，朕甚为哀愍。以顾雍的次子顾裕继承爵位，为醴陵侯，以此表明朝廷重视勋臣。”①

①《吴录》记载：顾裕又名顾穆，在宜都郡太守任上去世。顾裕的儿子是顾荣。

《晋书》记载：顾荣，字彦先，是东南名士，在吴国担任黄门侍郎，在晋朝历任显位。晋元帝司马睿当初驻守江东，任命顾荣为军司马，礼遇甚重。顾荣去世，司马睿上表，赠顾荣侍中、骠骑将军印绶，礼仪等同三司。顾荣哥哥的儿子顾禺，字孟著，年少时有名望，担任散骑侍郎，早逝。

《吴书》记载：顾雍母亲的弟弟叫徽，字子叹，年少时游学，有口才。孙权统领江东诸事，听说徽有才辩，召徽任命为主簿。徽曾经跟随孙权出行，看见营军把一名男子带到市中行刑，问此人有何罪，答盗窃一百钱，徽先制止行刑，而后，骑马来到阙门，启奏：“方今畜养士众，以准备讨伐北虏，臣看这个士兵身体健壮，而且，所盗窃的钱很少，愚臣请求哀怜这名军人，予以宽宥。”孙权听罢，准奏，嘉赏徽。徽改任东曹掾。有人传说曹公欲东进伐吴，孙权对徽讲：“卿是孤的心腹，而今有传言说，曹孟德心怀异志，难以揣测，卿为我出使，走一趟。”孙权拜徽为辅义都尉，北上与曹公相见。曹公询问吴国境内的情况，徽应对自如，还说江东粮食大丰收，山薮隐藏的贼寇，皆向慕教化，成为良民，还愿意出山当兵。曹公笑道：“孤与孙将军结成姻亲，共辅汉室，义同一家，君为何讲这些？”徽答：“正因为明公与吴主义如磐石，休戚与共，必欲了解江东的情况，所以谈起这些。”曹公厚待徽，送回。孙权问此行如何，徽答：“敌国隐情，很难探测。然而徽暗中打听，曹公正与袁谭在河北相争，并未有图谋江东之意。”孙权拜徽为巴东郡太守，欲重用，徽不幸去世。儿子裕，字季则，年少时知名，官至镇东将军。顾雍的族人顾悌，字子通，以孝悌清廉，闻名于乡里。十五岁时，顾悌担任郡府官吏，后来担任郎中，升任偏将军。孙权末年，嫡庶不分，顾悌多次与骠骑将军朱据向孙权陈述祸福，言辞恳切，朝廷忌惮。顾悌对待妻子有礼，由于顾悌常很晚才回家，清晨很早就离家，与妻子很少在家中相见。有一次患重病，妻子去探视顾悌，顾悌命左右扶起，戴上冠帻，起来应对妻子，让妻子赶快回家。顾悌为官忠贞，洁身自好，对工作一丝不苟。顾悌的父亲顾向历任四县县令，年老退休，顾悌每次得到父亲的书信，常先洒扫，整理衣服，摆设几案，再打开书信，跪拜捧读，每句应诺，读毕，再拜。如果父亲患有疾病，顾悌则临书垂涕，声语哽咽。父亲以寿终，有五日，顾悌饮浆不入口。孙权为顾悌制作一袭布衣，皆用绵絮套入，强令顾悌除去孝服。顾悌虽然以公议自割孝情，仍然以见不到父丧，在墙上画出棺柩，设神座于下，常对之哭泣跪拜，服丧未满，去世。顾悌有四个儿子：顾彦、顾礼、顾谦、顾祕。顾秘，曾担任晋朝交州刺史。顾祕的儿子顾众，曾担任尚书仆射。

顾邵，字孝则，博览儒学经典，喜欢评论人物。年少时，顾邵与舅舅陆绩齐名，而陆逊、张敦、卜静等都不如顾邵。[①]从州郡到各地的文人雅士，都来与顾邵相见，或者倾心交谈，而后辞别，或者结交为好友，再辞别，顾邵的名声，远近皆闻。孙权把孙策的女儿许配给顾邵。结婚当年，顾邵二十七岁，刚出仕为官，就担任豫章郡太守。顾邵上任，下车伊始，先去拜祭先贤徐孺子之墓，对其后人礼遇优渥；禁止当地不符合礼制的过度祭祀。郡府小吏资质优良者，则令他们就学，从中选出品学兼优者，擢拔为郡府官职，举善如流，劝勉后进，郡中教化风行。当初，钱唐县人丁谞出身于行伍，阳羡县人张秉生于庶民之家，乌程县人吴粲、云阳县人殷礼出身微贱，顾邵都逐一擢拔任用，并且结为好友，为他们建立声誉。张秉家中遭遇大丧，顾邵亲自为其制备缞绖丧服。顾邵将要改任豫章郡太守，车子在路边就要起程，正值张秉患病，当时送行者有上百人，顾邵辞谢宾客，说："张仲节有病，故不能来辞别，恨不能与其相见，诸君暂且等候，待我去与其告别。"顾邵留意关心贫寒之士，只要有善行所在，都会如此对待。后来，丁谞官至典军中郎，张秉官至云阳郡太守，殷礼官至零陵郡太守，[②]吴粲官至太子少傅。世人都认为，顾邵能够知人善任。在豫章郡五年，顾邵在任上去世，有儿子顾谭、顾承。

①《吴录》记载：张敦，字叔方，卜静，字玄风，都是吴郡人。张敦学问渊博，品行高尚，淡泊清虚，善于文辞。孙权任命张敦为车骑将军，后来，张敦担任西曹掾，改任主簿，出任海昏县令，在任上推行教化，施惠于民，三十二岁去世。卜静在剡县令任上去世。

②殷礼的儿子殷基所著《通语》记载：殷礼，字德嗣，年幼时，不喜欢玩耍，记忆力过人。后来，殷礼担任郡府官吏，十九岁时，代理吴县丞。孙权成为吴王，任命殷礼为郎中。殷礼与张温出使蜀国，诸葛亮赞叹不已。稍后，殷礼升任零陵郡太守，在任上去世。

《文士传》记载：殷礼的儿子殷基，担任无难都督，以才学闻名，著作《通语》数十篇。有三个儿子。殷巨，字元大，有才器，当初，殷巨担任偏将军，带领家眷、部属，在夏口筑城，吴国平定，殷巨担任苍梧郡太守。小儿子殷祐，字庆元，曾担任吴郡太守。

顾谭，字子默，二十岁时，顾谭与诸葛恪等成为太子四友，从中庶子改任辅正都尉。[①]赤乌年间，顾谭代替诸葛恪，担任左节度使。[②]每当检查簿书，顾谭从未使用算筹，仅凭心算，就能发现簿记中的错误、疑难，属下官吏佩服不已。顾谭兼任奉车都尉。薛综担任选曹尚书，坚持让与顾谭，薛综说："顾谭心思缜密，观察事物细微，才华照人，德孚众望，诚非愚臣所能比拟。"后来，顾谭代替薛综，担任选曹尚书。祖父顾雍去世几个月，顾谭受拜为太常，代替顾雍兼领尚书职事。当时，鲁王孙霸受到宠幸，与太子孙和并驾齐驱，顾谭上疏："臣听说，有国有家者，从一开始，就要确定嫡庶，以此表明尊卑之礼，使得嫡庶之间高下有别，等级分明，这样，骨肉之间，才会有恩义产生，对嗣位没有非分觊觎之想。在往昔，贾谊向文帝条陈治安之计，纵论诸侯之势，认为诸侯王的势力太强大，虽然是刘氏宗亲，也会有谋逆之行，诸侯的势力小，非刘氏享有封爵，也能安享福祚。故淮南王虽然是文帝的亲弟弟，也不能终享封国，失之于势力太强大；吴芮虽然是异姓诸侯王，后嗣几代人享有长沙国，得之于势力很小。在往昔，汉文帝让慎夫人与皇后同席而坐，袁盎撤去慎夫人的座席，文帝为此而面有愠色，及至袁盎向文帝解释礼仪，举人彘之祸为例，文帝这才释然，慎夫人也顿然醒悟。而今臣所陈述，并非有所偏爱，诚欲以安太子，也有利于鲁王。”从此以后，孙霸与顾谭有了裂隙。当时，长公主的夫婿卫将军全琮的儿子全寄是孙霸的宾客，全寄素来邪僻，顾谭对全寄不齿。此前，顾谭的弟弟顾承与张休出兵北征寿春，全琮当时担任大都督，与魏将王凌在芍陂大战，战事不利，魏军乘胜围歼五营将秦晃，张休、顾承奋力迎战，最终挡住魏军的攻势。当时，全琮的儿子全绪、全端也在军中担任将领，趁着魏军退却，发动进攻，王凌军因此而撤退。朝廷论功行赏，认为挡住魏军的进攻，功劳最大，逼退敌军，功劳较小，张休、顾承被晋升为杂号将军，全绪、全端升任裨将。全寄父子为此愤愤不平，共同构陷顾谭。③顾谭被流放至交州，在流放地，顾谭发愤著书，著述《新言》二十篇。借《知难篇》为自身伤悼。顾谭被流放二年，四十二岁，在交趾去世。

①陆机为顾谭作传记：宣太子在东宫正位，天子强调要用正义训导，精选俊杰士人在太子身边讲学。当时，四方俊杰云集，太傅诸葛恪等雄才大略，顾谭以清廉雅识，出类拔萃，特别受到重视。太尉范慎、谢景、羊徽的学生，都是优秀士人，然而，都在顾谭之下。

②《吴书》记载：顾谭当初在官府任职，上疏言事，孙权停下饭食，连声称好，认为顾谭超过徐详。顾谭雅性高亮，不修意气，以此被人称颂。孙权鉴别人的才能，对待士人待遇甚厚，顾谭多次得到赏赐，孙权还多次召见顾谭。

③《吴录》记载：全琮父子屡次进言，芍陂之役，因典军陈恂诈谋，增加张休、顾承的战功，而张休、顾承与陈恂暗通私情。张休受到牵连，被捕入狱。孙权为顾谭之故，沉吟不语，欲令顾谭谢罪，了却此事。及至大会群臣，孙权问顾谭，顾谭不肯谢罪，而说：“陛下，谗言何其多也！”

《江表传》记载：有关官员弹劾顾谭诬罔、大不敬，罪应大辟。孙权因为顾雍的缘故，没有处以死罪，处以流放。

顾承，字子直，嘉禾年间与舅舅陆瑁一起，被朝廷以礼征用。孙权赐丞相顾雍诏书：“卿的孙子子直有很好的声誉，孤与其相见，其品行超过孤的想象，向卿道贺。”孙权拜顾承为骑都尉，统领羽林军。后来，顾承担任吴郡西部都尉，与诸葛恪、顾谭平定山区越人，获得精兵八千人，撤军后，驻扎在章阬，受拜为昭义中郎将，又入朝担任侍中。芍陂之役后，顾承受拜为奋威将军，出京城担任京下督。几年后，顾承与哥哥顾谭、张休等，一起被流放至交州，三十七岁去世。

诸葛瑾，字子瑜，琅琊郡阳都县人。[①]东汉末年，天下大乱，诸葛瑾在江东避乱。正值孙策去世，孙权的姐夫曲阿县人弘咨见到诸葛瑾，对诸葛瑾的才能颇为诧异，推荐给孙权，诸葛瑾与鲁肃等受到礼遇，后来，诸葛瑾在孙权将军幕府担任长史，改任中司马。建安二十年，孙权派遣诸葛瑾出使蜀国，与刘备通使问好，诸葛瑾与弟弟诸葛亮在公众场合见面，退下后，从未私自会面。

①《吴书》记载：诸葛瑾的祖先葛氏，原来是琅琊郡诸县人，后来迁至阳都县。阳都县此前有姓葛者，当时人叫新迁来者为诸葛，遂以此为姓氏。年少时，诸葛瑾在京师游学，学习毛氏《诗经》、《尚书》、《左氏春秋》。母亲去世，诸葛瑾居丧至孝，事继母恭谨，甚得人子之道。

《风俗通》记载：葛婴担任陈涉的将军，有功被杀，孝文帝追录，封其孙子为诸县侯，因此而成为姓氏。此处与《吴书》所说的不同。

诸葛瑾向孙权谏言，从未曾言辞激烈，只是辞色稍微有些变化，在提谏言时，大致谈一下要点，如果不合孙权的旨意，则放下话题，转向其他事情，慢慢再借其他事情引出话题，多用比喻，达到劝喻的目的，因此，孙权往往能够接受意见。吴郡太守朱治，此前由孙权举荐，孙权因为某事，对朱治有怨恨，因为一向尊敬朱治，又难以开口，心中常有忿忿之意。诸葛瑾揣度其中的缘故，并未当面讲出，于是，诸葛瑾私下里诘问朱治，当着孙权的面，写信给朱治，在信中，诸葛瑾泛泛谈论人情世故，借此讲出自己的想法及关于孙权对朱治怨恨的揣测。信写完，呈上孙权观看，孙权看了大喜，笑着说："看了卿的信，孤的恨意顿消。颜回的圣德，能使人更加亲近，指的就是这样做吗？"孙权对校尉殷模不满，欲将殷模处以死刑。群臣为殷模求情，孙权越发恼怒，与群臣反复争执，诸葛瑾此时默然不语，孙权问："子瑜为何不讲话？"诸葛瑾避席，回答："臣与殷模等遭遇本州倾覆，生民遭受涂炭。只好离开祖宗的坟墓，扶老携幼，踏着荒草，一路跋涉，归附圣化，在流民之中，臣蒙受再生之福，不能相互间砥砺情操，督促勉励，以报答万一，致使殷模辜负圣恩，自陷罪网。臣向圣上谢罪，仍觉得不够，诚不能再言。"孙权听罢，为之怆然，于是说："特为君故，赦免殷模。"

后来，诸葛瑾跟随大军讨伐关羽，受封为宣城侯，以绥南将军代替吕蒙，兼领南郡太守，治所在公安县。刘备东伐吴国，孙权向刘备求和，诸葛瑾写信给刘备："突然听说蜀军进抵白帝城，臣担心是否有人误导陛下，认为吴王侵夺荆州，杀了关羽，怨深祸大，不宜再与东吴联合，此用心于小端，未留意于大端。试为陛下论其轻重，孰大孰小。陛下若能因此而抑制愤怒，平息怨愤，请稍微考虑一下臣的谏言，再做决定，不受到群臣蛊惑。陛下以关羽之亲，与先帝相比，又如何？荆州之大小，与天下相比，又如何？对于曹贼窃取汉室，应该与东吴一样，同仇敌忾，孰为先，孰为后？若能审时度势，明白其中的道理，就容易理解。”①当时，有人谗言，说诸葛瑾另外派人与刘备互通信息，孙权说：“孤与子瑜有生死不易之誓，子瑜不负孤，犹如孤不负子瑜。”②黄武元年，诸葛瑾改任左将军，驻扎在公安县，持符节，受封为宛陵侯。③

①裴松之认为：刘主以庸州、蜀郡为关河，荆楚为维翰，关羽扬兵沔、汉，志陵上国，虽然匡主定霸，功未可必，还想要威声远震，运筹经略。孙权包藏祸心，助魏除害，是为翦除宗子勤王之师，行曹公移都之计，拯救汉室之规，于兹而止。义旗所指，其宜在孙氏。诸葛瑾以大义责备，答之何患无辞；而且，刘备、关羽相与，有若四体，股肱横亏，悲痛已极，岂此疏阔之文所能挽回！载之于篇，实为辞章之费。

②《江表传》记载：诸葛瑾在南郡，有人向孙权告密，谮毁诸葛瑾，此语在外面流传。陆逊上表，证明诸葛瑾绝无此事，宜以开释其意。孙权回复：“子瑜与孤从事多年，恩同骨肉，相互信任，子瑜为人，非道不行，非义不言。玄德昔日派遣孔明至吴，孤曾经问子瑜：‘卿与孔明是同胞兄弟，且弟随兄，于义为顺，何以不留下孔明？孔明若留下，跟随卿，孤当以书信向玄德解释，意自随人耳。’子瑜答孤言：‘弟诸葛亮已经失身于人，委质定分，义无二心。弟之不留，犹诸葛瑾之不往。’子瑜之言，足以贯通神明，今岂当有此论乎？孤此前得妄语，即密封奏章，交予子瑜，并亲手写信给子瑜，即得子瑜回复，论天下君臣之义，一定之分。孤与子瑜，可谓神交，绝非外人谗言所能离间。知卿意至，辄密封来表，以示子瑜，使子瑜知卿意。”

③《吴录》记载：曹真、夏侯尚等在江陵围困朱然，又分出部分兵力，占据江中沙州，诸葛瑾率领大军救援。诸葛瑾禀性舒缓，推道理，谋计划，没有应敌倚伏之术，魏军围困，长久不能解围，孙权因此失望。及至春天长江水上涨，潘璋等在上游建造水城，诸葛瑾搭浮桥进攻，曹真等这才撤走。虽然诸葛瑾没有建立大功勋，也以全师保境为功劳。

虞翻为人狂狷，说话耿直，遭到孙权流放，只有诸葛瑾为虞翻讲情。虞翻写信给朋友：“诸葛君为人敦厚、仁慈，像上天一样抚育万物，在下多次领受诸葛君的教诲，才得以安保其位。然而，在下积恶甚多，罪恶深重，遭人嫉恨，即使有祁奚那样的老臣营救，在下却无羊舌肸之德行，恐怕再难以逃离灾厄。”

诸葛瑾仪表堂堂，为人深沉，宽宏大度，当时人很敬佩诸葛瑾宏博儒雅。孙权也很敬重诸葛瑾，每当有大事，都会向诸葛瑾咨询。有一次，特别询问诸葛瑾：“近日得到伯言上表，认为曹丕已死，在曹丕毒害下的人民，终可以得到解脱，当看到东吴的旌旗招展，就会土崩瓦解，然而，孤没有想到，魏国人民依然平静。孤听说，魏国朝廷选拔任用忠良之臣，宽免刑罚，布施恩惠，轻徭薄赋，以取悦民心，魏国对东吴的威胁，更甚于曹操。孤认为，并不尽然。曹操之所行，唯有杀伐时，才会稍微有些过错，以及离间人的骨肉，众人认为其残忍。至于统御将领，自古以来，很少有曹操这样的英雄。曹丕之于曹操，万不及一。而今曹叡之于曹丕，更加不如，犹如曹丕不如曹操。曹叡之所以专注于小惠，必以其父亲刚刚去世，自度魏国朝廷衰微，担心困苦之民，一朝分崩离析，故强做姿态，曲身以求获得民心，欲以自我保全，岂能是兴隆之势！孤还听说，曹叡任用陈长文、曹子丹之辈，或者是文人学者，或者是宗室贵戚，怎么可能统御雄才虎将，以制衡天下？像曹叡这样，不能专擅朝廷权柄，朝廷行事必然荒谬，就像往日的张耳、陈馀，并非不能和睦，而是形势使然，自相残杀，此乃理之必然。像陈长文之辈，昔日之所以能安保其身，谨守善行，是因为有曹操这样的雄才大略，他们畏惧曹操的威严，故竭心尽力，不敢胡作非为。及至曹丕继承父业，年纪已经长大，继承曹操之后，以恩情加于官员，故能以义感化。而今曹叡年纪尚幼，做任何事情，只能任人摆布，朝中那些权臣，一定会借机玩弄权势，故作姿态，结党营私，各自扩充势力。如此下去，朝中奸邪谗佞之徒必然兴起，再加上相互诋毁，转而成为朋党，势不两立。长此以往，群下争权夺利，君主年幼，不能统御，其颓败之势，还能挽回？所以知其然也，从古至今，只要朝廷有四五个人把持权柄，而不相互掣肘，转而搁置国家利益不顾！处于强势，必当欺凌弱者，处于弱势，必定乞求外援，到那时，国家衰亡，是必然之势。子瑜，卿但侧耳倾听，伯言善于议论天下形势，恐怕这件事情，伯言判断有误。”①

①裴松之认为：魏明帝实乃一代明主，政由己出，孙权此论，并无验证，而记录历史者，以主幼国疑，权柄不能专擅，认为是亡乱之形，犹如孙权所言，宜加以存录，引为鉴戒。或认为，虽失于明帝，而事著于齐王，齐王之世，可不就此应验！不敢驳斥，仅表示微辞。

孙权登上帝位，拜诸葛瑾为大将军、左都护，兼领豫州牧。及至吕壹被杀，孙权又下诏，凡一切军政大事，都要与诸葛瑾等切磋商议，然后再定下，详情记载在孙权的传中。诸葛瑾因事回答诏问，皆辞顺理正。诸葛瑾的儿子诸葛恪，有盛名于当时，孙权很器重；然而，诸葛瑾对儿子常有鄙薄厌弃之心，诸葛瑾认为诸葛恪绝非保家之子，经常为此事而忧心忡忡。①赤乌四年，诸葛瑾去世，享年六十八岁，留下遗言，令家人素棺殡殓，就用平时的衣服，丧事从简。当时，诸葛恪已经受封为列侯，因此，弟弟诸葛融继承爵位，在公安县率领军队，②诸葛瑾的部众，所有吏士皆愿意归附诸葛融。吴国边境久无战事，每年秋冬，诸葛融训练士兵，射猎讲武，春夏则高会宾朋，休假的官吏士卒，有人不远千里来造访诸葛融。每次宴会，诸葛融问遍宾客，各言其能，而后摆开床榻、座席，量敌选对，有的人玩博弈，有的人玩摴蒱，有的人玩投壶，有的人玩弹弓，各有所好，大家玩兴正浓，此时，甘美的水果又端上来，清冽的醇酒又端上来，诸葛融在玩耍时，来回观览，终日不倦。诸葛融的父兄，生活始终俭朴，人在军旅，身无彩饰；而诸葛融锦罽文绣，享受奢华的生活。孙权去世，诸葛融升任奋威将军。后来，诸葛恪征伐淮南，持符节，令诸葛融率领军队，进入沔水，进攻西部。诸葛恪被杀，朝廷派遣无难都督施宽带领将军施绩、孙壹、全熙等，前来逮捕诸葛融。诸葛融听到抓捕的士兵来到，惶恐犹豫，不知该如何是好，大兵围城，诸葛融饮药自杀，三个儿子，全部被杀。③

①《吴书》记载：当初，诸葛瑾担任东吴大将军，弟弟诸葛亮担任蜀国丞相，两个儿子诸葛恪、诸葛融皆掌管兵马，担任将帅，族中的弟弟诸葛诞又在魏国显名，诸葛一家族在三国，都是冠盖大臣，天下以此为荣。诸葛瑾的才能，虽不如弟弟诸葛亮，而德行纯厚。诸葛瑾的妻子死后，诸葛瑾不肯再娶，有一个爱妾，生下儿子，诸葛瑾并不让庶子出仕为官，诸葛瑾的敦厚、谨慎，达到如此程度。

②《吴书》记载：诸葛融，字叔长，生于贵宠，年少时，诸葛融喜欢音乐，学习章句，博而不精，性情宽容，多才多艺，戴着褐巾，奉朝请，后来，受拜为骑都尉。赤乌年间，诸郡征调军队，新都郡都尉陈表、吴郡都尉顾承各率领征调的军队，在毗陵屯田，各有男女数万口。陈表病死，孙权让诸葛融代替陈表，担任都尉，后来，诸葛融又代替父亲诸葛瑾，兼领大将军职事。

③《江表传》记载：此前，公安县有灵鼍鸣叫，童谣曰："白鼍鸣，龟背平，南郡城中可长生，守死不去义不成。"及至诸葛恪被杀，诸葛融果然刮下金龟印上的金屑，服下而死。

步骘，字子山，临淮郡淮阴县人。①东汉末年，天下大乱，步骘来到江东避难，孤身一人，穷困潦倒，与广陵郡人卫旌同年，二人关系极好，一起种瓜种菜，维持生活，白天躬耕垄亩，劳累四体，夜晚诵读经书，钻研经传。②

①《吴书》记载：春秋时，晋国有大夫杨氏，杨氏的食邑在步邑，其后世以"步"为姓氏，有步叔，儿子是孔子的七十弟子之一。秦汉之际，步氏有担任将军者，以战功受封为淮阴侯，步骘是其后人。

②《吴书》记载：步骘熟读经书，精通技艺，靡不阅览，性情博雅深沉，能降志辱身。

会稽郡人焦征羌，是会稽郡的豪门，①焦征羌的客人放纵。步骘与卫旌在其地面谋生，担心被其侵犯，带上名片和种的瓜果，送予焦征羌。焦征羌当时躺在内室，二人在外面伫立很久，卫旌欲走，步骘劝止卫旌，说："我们之所以来到此地，是因为畏惧其强悍；而今就此离去，自以为清高，反而会结下怨恨。"过了很久，焦征羌才打开牖门，接见二人，焦征羌靠着几案，坐在帷帐中，在地上设席，让步骘、卫旌坐在牖门外，卫旌越发感到耻辱，步骘却神态自若。焦征羌招待吃饭，自己享用大案，案上摆满了珍馐美味，而用小盘子，端来饭食，招待步骘、卫旌，只有蔬菜而已。卫旌不肯吃，步骘却吃饱肚子才辞别。卫旌生气地对步骘讲："怎么能这样忍耐？"步骘答："吾等贫贱，主人以贫贱相待，这有什么不合适，又何以为耻？"②

①《吴录》记载：焦征羌名矫，曾经担任征羌县令。

②《吴录》记载：卫旌，字子旗，官至尚书。

孙权担任讨虏将军，征召步骘，任命为主记，[1]又任命为海盐县长，步骘返回，担任车骑将军幕府东曹掾。[2]建安十五年，步骘出任鄱阳郡太守。在一年之内，又改任交州刺史，兼领立武中郎将，率领武射吏士一千人，轻装南下。第二年，步骘担任征南中郎将，持符节。刘表任命的苍梧郡太守吴巨怀有异心，外附内违。步骘屈己，怀柔吴巨，请吴巨前来相见，趁着见面的机会，当场诛杀吴巨，从此以后，威名大震。士燮兄弟相率前来归附步骘，南方的士人，多愿意归附，从此时开始。益州大姓雍闿等斩杀刘备任命的太守正昂，与士燮联系，欲内附东吴。步骘按照制度，派遣使者，向雍闿宣示恩信，加以安抚。此后，步骘升任平戎将军，受封为广信侯。

①《吴书》记载：一年后，步骘以有病被免职，与琅琊郡人诸葛瑾、彭城人严畯，游历吴中，声名显著，是当时的俊杰士人。

②《吴书》记载：孙权担任徐州牧，任命步骘为治中从事，举荐为茂才。

延康元年，孙权派遣吕岱代替步骘，步骘率领交州义士一万人从长沙出兵。恰逢刘备东下，武陵郡蛮夷蠢蠢欲动，响应刘备。孙权命令步骘率军前往益阳。刘备被东吴打败，惨遭败绩，零陵郡、桂阳郡的蛮夷也受到惊吓，在各险要地带派兵驻守，阻拦步骘；步骘与他们巧妙周旋，剿灭蛮夷，逐一平定。黄武二年，步骘改任右将军、左护军，受封为临湘侯。黄初五年，步骘持符节，率军驻扎在沤口。

孙权登上帝位，拜步骘为骠骑将军，兼领冀州牧。这一年，步骘同时都督西陵，代替陆逊安抚荆州、冀州，此后，冀州划归蜀国，吴国撤销冀州牧职务。当时，孙权的太子孙登驻扎在武昌，爱护百姓，好善乐施，孙登写信给步骘：“作为君子，可以帮助圣主兴隆大化，佐理时务。在下生性愚昧，不通事理，在下的确是想以区区之身，尽心于明德，勤修道德，成为君子。至于远近士人，贤德高下之分，在下还是茫然不知，未能了解。经传讲：‘爱之能勿劳乎？忠焉能勿诲乎？’讲的就是这些道理，这难道不是在下期盼于君！”步骘向孙登报告，详细介绍荆州的优秀士人，有诸葛瑾、陆逊、朱然、程普、潘濬、裴玄、夏侯承、卫旌、李肃、[1]周条、石幹等十一人，对各人的优缺点都有所评价，步骘上疏，劝勉太子孙登：“臣听说，人君不亲理小事，百官有关部门，应该各司其职。因此，舜帝诏命九位贤士，恪尽职守，并不横加干预，舜帝静心养德，弹五弦之琴，咏南风之诗，不下庙堂，而天下大治。齐桓公重用管仲，披发坐车，放手让管仲治理齐国，而齐国大治，有九合一匡的功绩。近世汉高祖招揽三杰，以振兴帝业，西楚霸王失去贤士的辅佐，而丧失天下。汲黯在朝中任职，淮南王不敢谋反；郅都守卫边郡，匈奴只好逃窜。故贤士在朝堂，折冲万里，可谓国家利器，兴衰所由。而今王化还未惠及汉江以北，河、洛之滨，依然有僭越谋逆之丑，诚招揽英雄，擢拔俊杰，任用贤能，正当其时。愿太子重视，切勿轻率随意，天下幸甚。”

①《吴书》记载：李肃，字伟恭，南阳郡人，年少时，李肃以学问闻名，善于议论，臧否世人，甄奇录异，荐述后进，题目品藻，曲有条贯，众人因此佩服李肃。孙权擢拔李肃为选曹尚书，选举的士人都是人才。李肃奏请出官补为官吏，担任桂阳郡太守，吏民悦服。后来，李肃又被征召，担任列卿，不幸去世，知与不知李肃者，都为李肃过早去世感到惋惜。

后来，中书吕壹典校文书，负责纠察官员，有多位大臣被其纠察、弹劾，步骘上疏：“臣听说，吕壹掌握纠察官员，对任职官员横加指责，吹毛求疵，使得在职官员深陷重案，吕壹以陷害他人为能事；无罪者，无辜受谤，惨遭大刑，吓得官员侧目而视，重足而立，莫不战战兢兢！在往昔，狱官唯有贤者才能担任，因此，皋陶在朝中担任‘士’，周室重臣吕侯修订刑罚，汉代张释之、于公担任廷尉，民众不会蒙冤受屈，这是国家祥和的根本，福祚由此而兴。今日的小臣，与古代的贤士不同，断案接受贿赂，轻视人命，一旦有问题，则归咎于上司，为国家招来怨恨。古人讲，一人嗟叹，王道受亏，甚为可恨。陛下明德慎刑，圣王重视刑罚，经传为此而赞美。今天的监狱，负责官员在刑法判案中，欺上瞒下，陛下应该垂询顾雍，在武昌，应该由陆逊、潘濬负责，以公平之心，重视审狱判案，考虑民情舆论，步骘举荐此三人，为官清明，即使臣为此而获罪，又有何恨？”又说：“天子为百姓的父母，因此，朝廷百官，犹如天上的星宿。推行政令，要顺应时节，在职官员得其人，阴阳则平和，七曜星运行，合乎法度。至于今日，有些官员缺位，虽然设置大臣，却不能予以信任，天地降临灾异，岂能无缘无故？连年干旱，这时亢阳的兆应。嘉禾六年五月十四日，赤乌二年正月一日至二十七日，地震频发。地属于阴，这是臣的象征，阴气盛，则地动，这是臣下专权之故。天地出现灾异，以警醒人主，能不深思！”又说：“丞相顾雍、上大将军陆逊、太常潘濬，忧深虑重，志在竭尽忠诚，夙兴夜寐，寝食不安，想着如何安国利民，为国家长远考虑，建言献策，可谓股肱之臣、社稷之臣。陛下委以重任，不能让其他官员干涉，任意弹劾，责其成效，考核优劣。这三位重臣，有可能思虑不到，岂敢专擅威福，欺骗上天？”又说：“悬赏以显善，设刑以惩奸，选贤任能，审明法律，何功不能成，何事不能办，何听不能闻，何视不能睹？如果今天的郡守、县令，都若谨守职责，共相经纬，国家的政事岂不顺畅？臣听说，各县都有备用官吏，吏多则民烦，还会败坏风俗。小人因缘获位，不能奉公守法，只会作威作福，无益于施政，只能成为民害，臣愚以为可以罢省冗官。”孙权有所醒悟，诛杀吕壹。步骘推荐贤士，那些滞留在下，不能被重用的士人，为他们排忧解难，上书达数十次。孙权虽然并未全部采纳，对步骘的谏言也常有采用，很多人得到步骘的帮助。[①]

①《吴录》记载：步骘上表谏言："北边投降者王潜等说，北边的军队图谋东向，制作很多布囊，欲用步囊装沙土，用以堵塞长江，而后大军指向荆州。如果不预做准备，难以应对猝然而临的战事，应该有所提防。"孙权说："此时魏军衰弱，又能有何图谋？一定不敢来。若不信孤言，孤愿用一千头牛，送予君作主人。"后来，吕范、诸葛恪为此事取笑步骘，说："每当想到步骘的上表，就不免想笑。开天辟地以来，长江就存在，岂能用布囊装沙土堵塞！"

赤乌九年，步骘代替陆逊，担任丞相，仍然教授学生，诲人不倦，手不离书本，所用的被服、居处，仍然和做儒生时一样。然而，步骘的妻妾，却穿戴华丽服饰，极尽奢靡，为此，步骘又受到人们讥讽。在西陵任职二十年，步骘享有威信，蜀国对其敬畏。步骘性情宽宏，能获得众人称赞，喜怒不形于色，对事对人，却能严肃对待。

赤乌十年，步骘去世，嗣子步协继承爵位，统领步骘掌握的军队，兼领抚军将军。步协去世，嗣子步玑继承爵位。步协的弟弟步阐，继任西陵都督，兼领昭武将军，受封为西亭侯。凤凰元年，孙皓征召步阐，任命为绕帐都督。步阐长期在西陵任职，突然被征召，自以为失职，又担心被谗言谮毁，于是，举城投降晋国。步阐派遣步玑与弟弟步璿前往洛阳，接受任命，晋国任命步阐为都督，仍然负责西陵的军事，兼领卫将军，将军幕府享受三公礼仪，后又兼任侍中，持符节，兼领交州牧，受封为宜都公；步玑负责江陵的军事，担任左将军，兼领散骑常侍，后又兼领庐陵郡太守，改封为江陵侯；步璿担任给事中、宣威将军，受封为都乡侯。晋武帝命令车骑将军羊祜、荆州刺史杨肇救援步阐。孙皓派陆抗率领大军西进，羊祜等撤退。陆抗攻陷西陵城，斩杀步阐等，步氏从此衰亡，只有步璿有后嗣延续。

颍川郡人周昭曾经著书，称颂步骘及严畯等："古今贤者士大夫，之所以名誉丧失，倾家害国，原因并非只有一端，归其大略，总括起来，有四项。急论议，一也，争名势，二也，重朋党，三也，务欲速，四也。急论议，则会伤害他人，争名势，则会伤害朋友，重朋党，则会蒙蔽主上，务欲速，则会失去德行，此四项不除，未有能保全自身者。当今君子，犯此四项者，仍然会有，岂独古人！然论其超凡脱俗，未有像顾豫章、诸葛使君、步丞相、严卫尉、张奋威为人所赞美。《论语》讲：'夫子恂恂然，善于诱导人。'又讲：'成人之美，不成人之恶。'顾豫章有之。'望之俨然，即之也温，听其言也厉。'诸葛使君体之。'恭而安，威而不猛。'步丞相履之。学不求禄，心无苟得，严卫尉、张奋威蹈之。此五位君子，虽然德行有差别，各有不同，至于取舍，不犯这四项，却是一样的。在往昔，丁谞出身于孤寒，吾粲出身于牧童，顾豫章表彰他们有善行，列入陆逊、全琮之列，是以人才不受到埋没，风俗就会变得淳厚。诸葛使君、步丞相、严卫尉三君，昔日以布衣之交，成为好友，评论者因此各叙其优劣。当初，严卫尉排在最前，其次步丞相，其次诸葛使君。三人侍奉明主，经营世务，出身、才能，各有不同，先后之位次，与当初又有不同，这是世人评价人物常犯的毛病。这三位君子，始终友好，德行并无亏欠，岂非古人赞美的交友之道！鲁横江昔日有上万雄兵，驻扎在陆口，这是当时之美业，能与不能，谁不愿意就此高位？然而，鲁横江去世，严卫尉应其选，自以为才非将帅，深辞固让，终于没有就位。后来担任九卿，又改任八座之一的尚书令，荣耀不足以自夸，禄位不足以自奉。至于诸葛使君、步丞相二君，皆为上将，富贵至尊。严卫尉既无欲求，也不举荐，各守其志，保全名誉。孔子说：‘君子矜而不争，群而不党。’这不正是君子之风？张奋威的美名，又在三君之后，担当一方戍守，接受上将之任，与诸葛使君、步丞相一样。对于国事，论其功劳，实有先后，爵位荣禄相殊。张奋威对于这些，淡然处之，有自知之明，心无失道之欲，事无非分之求，每当登上朝堂，循礼而行，辞气謇謇，以忠心谨守职责。张叔嗣是贵戚，张奋威依然担忧其会败亡，蔡文至出身贫贱，关系疏远，张奋威谈起蔡文至，依然称其为贤者。把女儿嫁给太子，张奋威接受别人庆贺，犹如吊丧，惴惴不安。张奋威为人慷慨，心中坦然，看重人物成败得失，对人物的评价非常准确，可谓守道见机，好古之士。如果说起经略国家，率军征战，在疆场驰骋，建立霸王之功，此五位贤者，并无过人之处。为人纯粹，坚守道义，求不苟得，无论升降，泰然自若，保全自身，品行受人称誉，淡然对待世俗，却的确令人效法。故粗论其事，以此昭示后世君子。”周昭，字恭远，与韦曜、薛莹、华覈撰写《吴书》，后来，担任中书郎，因为某事被捕入狱，华覈上表营救，孙休不听，周昭伏法被杀。

陈寿评论如下：张昭接受遗诏，辅佐孙权，功勋卓著，对东吴忠贞不贰，敢言直谏；以严厉受到吴主忌惮，以清高受到朝臣排斥，既没有担任宰相，也没有担任太师、太保，从容居住在闾巷，养老而已，由此可见，孙权不及孙策。顾雍有清白操守，又有智谋，总揽大局，故能荣登显位。诸葛瑾、步骘以道德品行，循规蹈矩，受到东吴朝廷器重，张承、顾邵可谓虚心长者，乐于举荐人才，周昭的评价，对其称颂甚美，故详录在此。顾谭上疏，出于公心，有忠贞之节。张休、顾承修身励志，以善行处世，却受到谗言谮毁，被流放至南方，哀哉！

吴书八

张严程阚薛传第八

张纮，字子纲，广陵郡人。张纮在京师游学，[①]完成学业，返回本郡，被举荐为茂才，受到三公府征召，张纮不肯应召，[②]后来，张纮前往江东避乱。孙策在江东创立基业，张纮委身于孙策。孙策上表，拜张纮为正议校尉，[③]张纮跟随孙策讨伐丹杨郡。孙策亲临战场，张纮劝谏："主公作为全军主将，在于谋划及制定方略，三军之命运，系于主公一身，不宜亲自临敌，出阵搏杀。愿主公重视天授之姿，以副四海之望，切勿令军中上下为主公的安危而担忧。"

①《吴书》记载：张纮进入太学，跟随博士韩宗，学习京氏《易经》、欧阳氏《尚书》，又在外黄县跟随濮阳闿学习韩氏《诗经》、《礼记》、《左氏春秋》。

②《吴书》记载：大将军何进、太尉朱儁、司空荀爽征召张纮，任命为府掾，张纮皆称病，不肯任职。

③《吴书》记载：张纮与张昭共同辅佐孙策，一人在后方留守，一人跟随孙策征伐，后来，吕布袭取徐州，自领徐州牧，不想让张纮担任孙策的从事，举荐张纮为茂才，向张纮移送公文。张纮心中厌恶吕布，耻于被吕布所举荐。孙策重视张纮，自然希望张纮留下继续辅佐自己。孙策回复吕布，没有送张纮北上："海产明珠，所在为宝，楚虽有才，晋实用之。英伟君子，所游见珍，何必一定要在本州？"

建安四年，孙策派遣张纮到许都，向献帝奉上奏章，献帝留下张纮，拜为侍御史。少府孔融等与张纮的关系很好。[①]曹公听说孙策去世，趁着江东举丧，欲讨伐东吴。张纮谏言：趁他人举丧之际，讨伐他人，违背古人谨奉的道义，如果此战不胜，双方结为仇敌。不如借此机会，向东吴示以善意。曹公听从张纮的劝谏，随后上表，举荐孙权为讨虏将军，兼领会稽郡太守。曹公欲令张纮劝谏孙权内附，任命张纮为会稽郡东部都尉。②

①《吴书》记载：张纮来到许都，与朝中公卿及旧交谈论孙策，极力赞赏孙策英才卓越，谋略超群，雄姿英发，平定江东三郡，风行草偃。加上孙策对朝廷忠心，礼敬士人，对待士人推诚相待，对朝廷忠心耿耿。当时，曹公担任司空，欲施以厚恩，以愉悦远人，又很欣赏张纮的文采，予以褒扬，改封称号，任命张纮为府掾，举荐为高第，升任侍御吏，后来，又任命张纮为九江郡太守。张纮心中依然怀恋孙策旧恩，总想着返回复命，以有病固辞。

②《吴书》记载：孙权继承父兄创立的基业，年富力强，太夫人以域外多难，深怀忧虑，多次对张纮的谏言表示感谢，赞赏张纮有辅佐之义。张纮写信给太夫人，表示答谢，想着如何襄助孙权。每当有异事密计及表章书记，与四方结交，孙权常令张纮、张昭草拟书稿。张纮认为孙坚有打败董卓、匡扶汉室的功劳；孙策讨逆平定江东，建立基业，应该有纪颂，以昭显大义。文章既成，呈上孙权，孙权读罢，悲戚不已，说："君真的写出了孤一家的征伐经历。"让张纮回到东部，担任会稽郡东部都尉。有人谏言孙权，说张纮此前接受曹操任命，怀疑其志向不止于此，孙权不以为然。当初，琅琊郡人赵昱担任广陵郡太守，举荐张纮为孝廉，赵昱后来被笮融杀害，张纮非常悲愤，而自己力量又不够，不能讨伐笮融。赵昱门户灭绝，及至张纮在东部，派遣主簿到琅琊郡设祭，寻找赵昱的亲属作为后嗣，写信嘱托琅琊国相臧宣，臧宣以赵氏宗族还有一个五岁男孩儿，即以此男孩儿奉祀赵昱的宗庙，孙权听说此事，嘉赏张纮。及至讨伐江夏，因东部少事，孙权任命张纮为代理江夏郡太守，遥领新职。孔融写信给张纮："听说大军西征，足下留在会稽郡东部镇守。没有居位者，谁守社稷？深固折冲，也是大功勋。无乃李广豪气，欲奋发有为，愿意对阵单于，仅为了尽其余愤？南北平定，世上将无战事，孙叔投戈，绛侯、灌婴俎豆，亦在今日，但用离析，无缘会面，深为愁叹。道直途清，相见又有何难？"孙权认为张纮有镇守后方之功劳，论功行赏。张纮损挹谦让，不敢蒙受恩宠，孙权不夺其志。每当孙权设宴，飨宴群臣，张纮在宴席上都会向孙权微言密指，有所规谏。

《江表传》记载：当初，孙权对群臣多呼其字，唯称张昭为张公，称张纮为东部，以此尊重二人。

后来，孙权拜张纮为将军幕府长史，张纮跟随孙权讨伐合肥。①孙权欲率领轻骑兵反击曹军，张纮劝谏："用兵者，皆知战争为凶器，临阵对敌是危事。而今主公自恃年轻力壮，有奋勇杀敌之勇，忽略敌寇依然强大。三军之众，看到主公临阵杀敌，莫不担心，至于战场上斩将搴旗，威震敌寇，此乃偏将之任，绝非主公之宜。愿主公抑制孟贲、夏育之勇，心怀霸主之计。"孙权采纳张纮的谏言，没有临阵厮杀。孙权撤军，第二年再次出征，张纮又劝谏："自古以来，帝王作为接受天命之君，虽然上有皇天神灵护佑，下有文臣武将助力，但也要凭恃武功，以昭显其德能。然而用兵，贵在因势而动，而后才能见其功效。而今主公正值四百之厄，有扶危济困之功，宜暂且休养生息，劝勉百姓垦殖，积蓄粮食，选贤任能，向民众施以恩惠，顺天应命，以讨伐逆贼，无须过劳，即可平定天下。”孙权采纳谏言，没有出兵。张纮建议把国都建在秣陵，孙权采纳谏言。[②]孙权令张纮返回吴县，接回家眷，张纮在途中病逝。病危时，张纮为儿子张靖留下遗信：“自古以来，有国有家者，都会想到谨修圣德，以宽厚施政，比隆盛世，至于施政过程，大多并无馨香可闻。并非无忠臣贤士辅佐，在于施政的官员，君主不明，不能始终信任。人情畏难趋易，好同而恶异，这与治理之道，正好相反。《左传》讲：‘从善如登，从恶如崩。’意思是说，从善言、行善事很难。人君继承父兄创立的基业，掌握自然形成的形势，操控‘八柄’之威，喜欢趋易求同之心，[③]无须他人襄助；而忠臣挟难，以进言辅佐之术，倾吐逆耳之言，导致君臣不睦，不亦宜乎！当此时，佞臣则会乘虚而入，以佞巧迷惑君主，君主被佞臣所迷惑，又听着谗佞之言，不能自拔，朝中贤愚杂错，王室长幼失叙，其所由来，皆在于君主情迷意乱。故明君能够醒悟，求贤若渴，受谏而不厌，抑制情欲，以义割恩，上无偏谬之授，下无希冀之望。遇事三思而行，对待铮臣，能够含垢忍辱，这样才能成就仁义之君，建立不朽之勋。”张纮享年六十岁，去世。孙权看了张纮留下的遗言，悲泣不已。

①《吴书》记载：合肥城久攻不下，张纮献上一计：“古人围城，打开一面，以疑众心。今日围困合肥甚紧，攻之又急，城内恐惧，拼命死守。死守之寇，很难攻破，趁着救兵未至，可稍微打开一个缺口，以观其变。”议者不同。恰逢曹军救援的骑兵猝然而至，多次冲击包围圈，驰骋挑战。

②《江表传》记载：张纮对孙权讲：“秣陵是当年楚武王所设，名为金陵。地势上，冈阜连接石头城，访问当地的老人，都说在往昔，秦始皇东巡会稽，经过此县，遥望有云气缭绕，认为此地有王者之气，故挖掘地脉，截断山冈，改名字叫秣陵。今日所处的地段，遗迹尚有留存，此地既然有王者之气，天之所命，宜建立国都。”孙权嘉赏张纮的建议，但未能采纳。后来，刘备东行，在秣陵歇宿，观察周围的地形，也劝孙权在此地建都。孙权说：“智者谋议相同。”遂在金陵建都。

《献帝春秋》记载：刘备来到京城，对孙权讲：“吴郡距离此地数百里，若有紧急情况，赶赴救援很难，将军无意建立京都？”孙权答：“秣陵有小江一百余里，可以安排大船，我正在训练水军，当移驻秣陵。”刘备说：“芜湖靠近濡须，也是上佳之地。”孙权答：“我欲图谋徐州，宜近下游。”

裴松之认为：秣陵与芜湖，距离相差无几，对于北方侵犯，抵御更为便利，又有何异？而孙权欲窥伺徐州，认为秣陵靠近下游，并非其理。诸书皆云刘备劝孙权在秣陵建都，而此处云孙权自己欲建都，又是错谬。

③《周礼·太宰职》记载：以八柄诏命君王驾驭群臣。一曰爵，以驾驭其贵。二曰禄，以驾驭其富。三曰予，以驾驭其幸。四曰置，以驾驭其行。五曰生，以驾驭其福。六曰夺，以驾驭其贫。七曰废，以驾驭其罪。八曰诛，以驾驭其过。

张纮生前著有诗赋铭诔十余篇。[①]儿子张玄，官至南郡太守、尚书。[②]张玄的儿子张尚，[③]孙皓在东吴继承帝位，张尚担任侍郎，以善于谈吐，反应敏捷，受到孙皓赏识，被擢拔为侍中、中书令。孙皓令张尚鼓琴，张尚回答："臣不能。"孙皓敕令张尚学习鼓琴。后来，在宴饮时，谈到琴艺的技巧，张尚回答："晋平公令师旷演奏清角之曲，师旷答，君主德薄，不足以听清角之音。"孙皓认为张尚借此隐喻，很不高兴。后来，以其他事，逮捕张尚，投入监狱，在审问时，还提起此事，诘问张尚，[④]孙皓遣送张尚至建安，令张尚负责造船。不久，又在建安借故诛杀张尚。

①《吴书》记载：张纮看见一个柟榴枕，爱其纹饰，为其作赋。陈琳在北方看了辞赋，展示给他人："这是我乡里人张子纲所作。"后来张纮看了陈琳写的《武库赋》《应机论》，写信给陈琳，深表叹赏。陈琳回信："自仆在河北，与天下隔绝，此间很少能看到嘉美文章，很容易成为雄伯，故仆得到此过美之赞誉，非其实也。今景兴在此，足下与张子布在彼，所谓小巫见大巫，神气尽矣。"张纮既好文学，又善于楷书、篆书，写信给孔融，再用篆书誊写。孔融回信："前劳手笔，多写篆书。每举篇见字，欣然独笑，如再次目睹其人。"

②《江表传》记载：张玄为人清高、狷介，有高行，然而才能不及张纮。

③《江表传》称张尚有俊才。

④环氏著《吴纪》记载：孙皓曾经问："《诗经》讲：'泛彼柏舟。'唯柏木可以制作舟船？"张尚回答："《诗经》讲：'桧楫松舟。'松木也可以造舟船。"孙皓又问："鸟之大者叫鹤，小者叫雀吗？"张尚回答："大者还有秃鹙，小者还有鷃鹩。"孙皓禀性狭隘，忌惮他人超过自己，张尚谈论，每次都能超过他，孙皓因此心中怀恨。后来，孙皓问："孤饮酒像谁？"张尚回答："陛下有百觚之量。"孙皓说："张尚知道孔丘不能称王，以此来比喻孤！"因此而发怒，收捕张尚。尚书岑昏率领公卿以下一百余人到阙门叩头求情，张尚才得以减免死罪。

当初，张纮同郡人秦松（字文表）、陈端（字子正）与张纮一起去见孙策，被孙策留下，参与军国大事，出谋划策。二人去世得较早。

严畯，字曼才，彭城人。年少时，严畯沉迷于读书，精通《诗经》、《尚书》、三《礼》，还喜欢《说文》，在江东避乱，与诸葛瑾、步骘齐名，三人的关系极好。严畯禀性质朴，为人敦厚，待人接物，总是以忠言相告，劝人向善，心里想着对世事能有所裨益。张昭向孙权推荐严畯，孙权任命严畯为骑都尉、从事中郎。及至横江将军鲁肃去世，孙权令严畯代替鲁肃，领兵一万人，镇守陆口。众人皆为严畯高兴，严畯却一再推辞，说："臣乃一介书生，不懂得军事，非其才而据其位，一旦获咎，后悔莫及。"说话发自肺腑，言辞慷慨，甚至于涕泗交流，[①]孙权只好作罢。世人赞赏严畯有自知之明，据实谦让。孙权成为吴王，及至登上帝位，严畯在朝中担任卫尉，出使蜀国，蜀国丞相诸葛亮对严畯颇有好感。严畯从未曾考虑为家人积蓄家产，把任上得到的俸禄、赏赐，全部用以帮助亲戚故旧，家中时常困乏。广陵郡人刘颖与严畯是旧友，刘颖在家中研究学问，孙权听说后，征召刘颖，刘颖称身体有病，不肯出仕。刘颖的弟弟刘略担任零陵郡太守，在任上去世，刘颖前去奔丧，孙权知道刘颖诈病，急令驿站收捕刘颖。严畯急忙骑快马前去通知刘颖，让刘颖回去，向孙权谢罪。孙权怒气未消，废黜严畯，而刘颖得以免罪。不久，孙权又拜严畯为尚书令，在任上去世。[②]

①《志林》记载：孙权又试了试严畯的骑术，严畯上马即坠鞍。

②《吴书》记载：严畯享年七十八岁，有两个儿子，严凯、严爽。严凯官至升平少府。

严畯生前著有《孝经传》《潮水论》，又与裴玄、张承评论管仲、季路，这些著作流传于后世。裴玄，字彦黄，下邳郡人，学问很好，品行俱佳，官至太中大夫。裴玄考问严畯的儿子严钦，齐桓公、晋文公、伯夷、柳下惠四人，孰优孰劣？严钦就个人见解，回答裴玄，与裴玄反复辩论，各有其理。严钦与太子孙登交游，孙登称赞严欣的文章有文采。

程秉，字德枢，汝南郡南顿县人。程秉曾跟随郑玄学习，后来前往交州避乱，与刘熙研讨经学大义，贯通五经。士燮任命程秉为长史。孙权听说程秉是名儒，以礼征召程秉，程秉来到后，孙权拜程秉为太子太傅。黄武四年，孙权为太子孙登聘娶周瑜的女儿，程秉代理太常，从吴县迎接太子妃，孙权亲自登上程秉的大船，对程秉优渥有礼。及至程秉返回，程秉从容地劝说孙登：“婚姻是人伦大礼的另一个开端，是圣王施教的根基，因此圣王非常重视，要率先垂范，以教化民众，风化天下，故《诗经》赞美《关雎》，作为《诗经》之首。愿太子在闺房之中，仍时时遵循礼教，想到《周南》之吟咏，则王化兴隆于上，颂声兴起于下。”孙登笑着说：“将顺其美，匡救其恶，幸赖师傅之教导。”

程秉在任上去世。生前著有《周易摘》《尚书驳》《论语弼》，共计三万余言。程秉担任太傅时，率更令河南郡人徵崇也是一位笃学士人，受到世人称颂，品学兼优。[①]

①《吴录》记载：徵崇，字子和，研究《易经》《春秋左氏传》，而且善于房中术。原来姓李，遭逢乱世，更改姓氏，在会稽郡隐居，躬耕陇亩，以谨修品行著称。崇尚者跟随徵崇学习经书，所教学生不过数人，欲令学习者必有成就。徵崇所结交的士人，如丞相步骘等，关系友好。严畯举荐徵崇，认为徵崇的品行足以厉俗，学问足以为师。当初，徵崇来见太子孙登，以有病，接受恩赐不拜。东宫官员皆向徵崇咨询。太子多次拜访徵崇，以异难之事请教。徵崇享年七十岁，去世。

阚泽，字德润，会稽郡山阴县人。阚泽家族世代务农，然而阚泽好学，家中虽然贫困，无力资助学费，阚泽靠为人帮佣，抄写书籍，以佣金购买纸笔，抄书完毕，诵读几遍。阚泽追寻名师，研读经典，博览群书，穷究义理，兼通天文、历法、数学，由此而显名。阚泽被举荐为孝廉，担任钱唐县长，改任郴县令。孙权担任骠骑将军，征召阚泽，补为幕府西曹掾；及至孙权登上帝位，拜阚泽为尚书。嘉禾年间，阚泽担任中书令，兼任侍中。赤乌五年，孙权拜阚泽为太子太傅，依然兼领中书令。

阚泽因经传文字繁多，难以全部用上，斟酌诸家注解，删减《礼经》内容及诸家注解，用以教授太子孙登及鲁王孙霸，为他们制定出行及接见宾客的礼仪，阚泽又著述《乾象历注》，用以确定时日。每当朝廷举行廷议，对经典有所疑问，则向阚泽咨询。阚泽以儒学，不辞劳苦地教导太子，受封为都乡侯。阚泽谦逊谨慎，为人恭敬，即使宫中小吏，召来问话时，阚泽也会以礼相待，以平等态度待人。他人有短处，阚泽从未提及，只是在表面上，表示对方还有不足之处，听到传闻，很少打听细节。孙权曾经问阚泽："书传辞赋，何者为美？"阚泽欲采用讽谏，谈论治乱之道，阚泽回答贾谊的《过秦论》最好，孙权此后阅读《过秦论》。当初，吕壹的罪行暴露，有关官员穷究此案，上奏以死罪论处，有人认为，应该施以炮烙或车裂，以彰显其首恶之罪，以儆效尤。孙权就此咨询阚泽，阚泽答："盛明之世，不宜再用此刑。"孙权采纳阚泽的谏言。还有，诸官府有很多弊端、顽疾，朝廷欲加强措施，严刑处罚，以防微杜渐，纠正臣下荒嬉怠政，阚泽总是说："应该遵循礼制，按照法律审理。"阚泽就是这样，既坚持原则，又处事温和。[①]赤乌六年冬天，阚泽去世，孙权深感痛惜，有数日不肯进食。

①《吴录》记载：虞翻称阚泽："阚生俊杰，就像西蜀的扬雄。"又说："阚子儒术德行，接近儒宗董仲舒。"当初，魏文帝即位，孙权曾经从容问群臣："曹丕以盛年即位，恐怕孤不能及，诸卿以为如何？"群臣还未回答，阚泽说："不到十年，曹丕就会去世，大王勿忧。"孙权问："何以见得？"阚泽答："以字言之，不十为丕，此其运数。"文帝果然在位仅七年，驾崩。

裴松之计算，孙权年龄大于魏文帝五岁，其年龄差距很小。

阚泽的同乡前辈丹杨郡人唐固注重品行修养，学识渊博，号称大儒，为《国语》《公羊春秋》《穀梁春秋》作注，常有学生数十人。孙权成为吴王，拜唐固为议郎，陆逊、张温、骆统等去拜望唐固。黄武四年，唐固担任尚书仆射，在任上去世。[①]

①《吴录》记载：唐固，字子正，享年七十余岁。

薛综，字敬文，沛郡竹邑人。[①]年少时，薛综跟随族人在交州避乱，向刘熙学习经书。士燮归附孙权，孙权征召薛综，拜为五官中郎，担任合浦郡、交趾郡太守。当时，交州刚刚开化，刺史吕岱率领军队讨伐蛮夷，薛综与吕岱同行，从海路南下，一直到达九真郡。战事完毕，薛综返回京师，代理谒者仆射。蜀国使者张奉在孙权面前用尚书阚泽的姓名，嘲讽阚泽，阚泽一时不知该如何回答。薛综离座行酒，向蜀国使者劝酒："蜀字何解？有犬为独，无犬为蜀，横目苟身，虫入其腹。"②张奉问："是否向诸君再解释一下吴字？"薛综应声回答："无口为天，有口为吴，君临万邦，天子之都。"于是，在座者莫不欢笑，张奉无言以对。薛综反应机敏，这类事情很多。③

①《吴录》记载：战国时，齐国孟尝君受封在薛邑。秦兼并六国，孟尝君后嗣失去宗庙祭祀，子孙分散。汉高祖平定天下，经过齐国，寻找孟尝君的后人，得到其孙子薛陵、薛国二人，欲恢复其封邑。薛陵、薛国兄弟辞让，非適子，不肯接受，把家搬到竹邑，在竹邑安家，以薛为姓氏。自薛国至薛综，家族时代出仕州郡，为当地大姓。年少时，薛综熟读经书，善于写文章，有灵秀之才。

②裴松之见诸书本"苟身"或写作"句身"，认为既云"横目"，则宜曰"句身"。

③《江表传》记载：费祎出使吴国，行聘问之礼，孙权召见，公卿侍臣在座，酒酣耳热，费祎与诸葛恪相对诘难，言及吴、蜀。费祎问："蜀字云何？"诸葛恪答："有水者浊，无水者蜀。横目苟身，虫入其腹。"费祎再问："吴字云何？"诸葛恪答："无口者天，有口者吴，下临沧海，天子帝都。"与本传不同。

吕岱从交州被召回，薛综担心代替吕岱的官员，或用非其人，上疏孙权："在往昔，帝舜南巡，在苍梧郡驾崩。秦设置桂林郡、南海郡、象郡，可见四郡内附，已有历史。赵佗在番禺起家，自称武帝，怀柔百越，这已经是珠官之南。汉武帝诛杀南粤国丞相吕嘉，向外开拓九郡，设置交趾州刺史，以镇服九郡并予以监察。南方九郡，与内地山川阻隔，道路遥远，习俗迥异，言语不通，需要多重翻译才能听懂，民众犹如禽兽，没有长幼之别，椎髻徒跣，衣服贯头左衽，朝廷在九郡设置官员，虽有若无。自从归化以来，朝廷迁徙大量中原罪犯，与南粤人杂居，使得南粤人稍微懂得礼仪，学习读书，相互间粗知语言，朝廷通过驿站派使者往来，逐步推行礼仪教化。及至后来，锡光担任交趾郡太守，任延担任九真郡太守，教会南粤人学会用犁耕田，还教会他们穿鞋、戴帽；为南粤人嫁娶制定婚姻制度，南粤人这才懂得聘娶之礼；又为南粤人建立学校，用经学教导礼仪。由此看来，已经过四百余年，与内地人颇有相似之处。自从臣昔日客居交州，珠崖郡除了州县的百姓普遍施行嫁娶之礼，在每年的八月，还要登记户籍，人民在集会时，男女之间，自由选择适婚对象，配成夫妻，父母不加制止。交趾郡的麊泠县、九真郡的都庞县，哥哥去世，弟弟可以娶嫂子为妻，世代以此为风俗，县里官员并不禁止，听任自便。日南郡的男女裸体，不以为羞。由此看来，他们与内地人相比，好似虫豸，不顾脸面。然而，交州土地广阔，人民众多，道路艰险，有各种毒害，民众容易为乱，难以像内地百姓服从治理。县官多以羁縻，昭示法令，以威制服，民众按照每户占田的亩数，缴纳租赋，其中包括供献朝廷的方物，譬如贵重的有珍珠、香药、象牙、犀角、玳瑁、珊瑚、琉璃、鹦鹉、翡翠、孔雀、奇物、充实后宫的珍玩宝物，不必依赖其田赋收入，以益中原。然而，在九甸之外，选择官员任职，并没有经过挑选。汉朝时，法令较为宽松，当地民众多有放纵，故多次违反法令。珠崖郡在汉元帝时撤销，就是起于汉人官员看到珠崖郡的百姓长发披肩，强行剪去头发，用以制作假发，造成动乱。臣亲眼所见，南海郡人黄盖担任日南郡太守，刚上任时，以供应的物品不够丰富，拷打致死郡府主簿，结果被当地人驱逐。九真郡太守儋萌为妻子的父亲周京做主，宴请客人，同时请了郡府大吏，酒酣耳热，开始作乐，郡府功曹番歆起舞，邀请周京，周京不肯起身，番歆硬要勉强，结果太守儋萌大怒，用棍子捶打番歆，打死在郡府。番歆的弟弟番苗率领众人攻打郡府，毒箭射中儋萌，儋萌就这样被杀。交趾郡太守士燮派遣军队镇压，军队不能取胜。还有，前任交州刺史会稽郡人朱符，多使用同乡，像虞褒、刘彦等人，分别担任郡县官员，侵害百姓的利益，虐待百姓，向民众强征赋敛，捕一条黄鱼，都要罚稻谷一斛，百姓怨恨，遂起兵造反，山贼蜂起，攻打州郡。朱符逃往海上，颠沛流离，最后死于非命。接下来，南阳郡人张津出任交州刺史，与荆州牧刘表有矛盾，兵弱敌强，连年兴兵，属下诸将厌倦，很多人自行离去。张津稍微惩治，以震慑属下，但威信不足，被属下欺凌、侮辱，最后也被杀身亡。再后来，又有零陵郡人赖恭出任交州刺史，此辈谨奉仁政，为人谨慎，然而不懂得变通。刘表又派遣长沙郡人吴巨担任苍梧郡太守。吴巨赳赳武夫，做事情轻率，为人剽悍，不服赖恭，二人相互怨怼，吴巨竟然驱逐赖恭，请求让步骘继任交州刺史。在当时，张津的旧将夷廖、钱博，这类人还有很多，步骘挨着惩治，这才稳定局面。恰逢步骘又被召回，吕岱继任交州刺史，又有士氏哗变。广州派军队南下镇压，平叛之日，重新设置官员，申明王纲法纪，威加万里，地方无论大小，皆承风向化。由此看来，安绥边疆，安抚远裔，一定要选任合适的官员。州牧郡伯之任，既要清正廉洁，还要有治理能力，对于蛮荒边远地区，尤其如此，否则祸福堪忧。今日交州虽然大致安定，还有高凉郡的残留贼寇；南海郡、苍梧郡、郁林郡、珠官郡四郡的郡界还未安绥，依然为盗寇所占据，成为逃亡叛乱分子的藏身地。如果吕岱不能南下，新的交州刺史也应该精选官员，能够震慑八郡，还要有治理的方略，能够宽缓施政。治理高凉郡的官员，要给予充分信任，借着交州刚刚安定的形势，责令其治理很快见效，或许有所裨益。如果派遣平庸之人，只会谨守常法，并无奇数异术，群凶一旦作恶，日渐恣肆，时间久了，仍然会成为边害。故国之安危，在于所任官员，不可不察。臣窃担心朝廷忽视官员的选任，故敢竭尽愚情，以广圣思。”

黄龙三年，建昌侯孙虑担任镇军大将军，驻扎在半州，任命薛综为将军幕府长史，对外负责行政事务，对内教授孙虑经书。孙虑去世，薛综又回到朝中，代理贼曹尚书，改任尚书仆射。当时，公孙渊归附东吴，又再次反叛，孙权盛怒之下，欲亲自率领大军讨伐公孙渊。薛综上疏劝谏："作为帝王，是万国元首，天下命运之所系。帝王居于深宫重门之中，有巡逻打更者，以防备不测，出行则清道，讲究礼仪，以维护尊严。只有这样，才能存万安之福，有安定四海之心。在往昔，孔子痛恨诸侯违背礼仪，曾经说要乘坐木筏渡海到东夷，子路听罢，很高兴，孔子又说，无法取得制作木筏的材料，遂作罢。汉元帝欲乘坐楼船，前去祭祀祖庙，薛广德奏请元帝的车辆从桥上走，甚至用刎颈血污车轮，恐吓元帝。为何要这样做？水火之险，实乃至危之事，非帝王所宜涉足。俗话讲：'千金之子，不坐垂堂。'更何况万乘之尊？如今，辽东戎貊，其实不过小国蛮夷，并无城池之固、备御之术，器械粗糙，人好像犬羊一样，并无礼仪，大军前去征剿，必然克敌制胜，诚如明诏。然而，辽东气候寒冷，难以种植谷物，辽东的民众，熟悉鞍马技艺，迁徙并无常态。猝然听说大军将至，自度不敌，一定会鸟惊兽骇，大军长驱直入，戎貊狼奔豕突，恐怕连一个人一匹马都难以见到，只能空获土地，守之无益，此不可一也。加上渡海洪波巨浪，有成山头之险，海航并无常势，风波难免，倏忽之间，人船倾覆大海。虽然有尧舜之德，也无从施计，虽然有孟贲、夏育之勇，也无从用力，此不可二也。加上海上浓雾弥漫，海水蒸腾于下，人很容易患上脓肿，转相传染，凡在海上航行者，很少不患上这种病，此不可三也。天生神圣，以符瑞显示吉祥，陛下可趁着丧乱平定之际，让民众享受安康。最近嘉祥日集，海内稳定，谋逆贼虏凶虐，灭亡在近期。中原一旦平定，辽东自然臣服，但当拱手，以等待来降。而今，陛下违背必然之途，追寻至危之路，忽略九州之固，恣肆一朝之忿，非为社稷考虑，又开既往未尝之衅，斯诚群臣倾身叹息，食不甘味，寝不安席。愿陛下暂且抑制雷霆之怒，忍耐赫赫之忿，像元帝那样，乘车过桥，远离履冰之险，臣子幸赖陛下福祉，天下幸甚。"当时，朝廷群臣多有劝谏者，孙权放弃征伐辽东。

正月乙未日，孙权敕令薛综，在祭祀祖庙时，不得用平常祭文，薛综奉诏，仔细斟酌，写出的祭文，文采斐然。孙权说："再写两篇，凑成三篇。"薛综又写了两篇，用辞奇妙，文采灿烂，众人都认为写得好。赤乌三年，薛综改任选曹尚书。赤乌五年，薛综担任太子少傅，兼领选曹尚书。[①]赤乌六年春天，薛综去世。薛综生前所著诗赋驳难论述，达数万言，起名叫《私载》，又撰写《五宗图述》《二京解》，皆流传于后世。

①《吴书》记载：后来，孙权赐予薛综紫绶印囊，薛综辞让，说紫色非臣子所宜，孙权说："太子年少，涉世日浅，君当博之以文，约之以礼，茅土之封，非君岂谁？"当时，薛综以名儒，位居太子师傅，仍然兼领选拔官员职务，甚受倚重。

薛综的儿子薛珝，官至威南将军，征伐交趾郡返回，在途中病逝。[①]薛珝的弟弟薛莹，字道言，当初担任秘府中书郎，孙休即位，薛莹改任散骑中常侍，数年后，因为有病，辞去官职。孙皓即位初，薛莹担任左执法，改任选曹尚书，及至孙皓立太子，薛莹又兼领太子少傅。建衡三年，孙皓追思薛莹的父亲薛综写的遗文，诏命薛莹续写。薛莹献上诗篇："唯臣之先，昔仕于汉，奕世绵绵，颇涉台观。暨臣父综，遭时之难，卯金失御，邦家毁乱。适兹乐土，庶存孑遗，天启其心，东南是归。厥初流隶，困于蛮垂。大皇开基，恩德远施。特蒙招命，拯擢泥污。释放巾褐，受职剖符。作守合浦，在海之隅，迁入京辇，遂升机枢。枯瘁更荣，绝统复纪，自微而显，非原之始。亦唯宠遇，心存足止。重值文皇，建号东宫，乃作少傅，光华益隆。明明圣嗣，至德谦崇，礼遇兼加，唯渥唯丰。哀哀先臣，念竭其忠，洪恩未报，委世以终。嗟臣蔑贱，唯昆及弟，幸生幸育，托综遗体。过庭既训，顽蔽难启。堂构弗克，志存耦耕。岂悟圣朝，仁泽流盈。追录先臣，愍其无成，是济是拔，被以殊荣。珝忝千里，受命南征，旌旗备物，金革扬声。及臣斯陋，实闇实微，既显前轨，人物之机；复傅东宫，继世荷辉，才不逮先，是忝是违。乾德博好，文雅是贵，追悼亡臣，冀存遗类。如何愚胤，曾无仿佛！瞻彼旧宠，顾此顽虚，孰能忍愧，臣实与居。夙夜反侧，克心自论，父子兄弟，累世蒙恩，死唯结草，生誓投身，虽则灰陨，无报万分。"

①《汉晋春秋》记载：孙休时，薛珝担任五官中郎将，被派遣到蜀国买马。返回后，孙休问蜀国施政得失，薛珝回答："君主暗昧，不知其过，臣子苟安，以求免罪，入其朝不闻正言，经其野民皆菜色。臣听说，燕雀处堂，母子相乐，自以为安，突然栋梁燃烧，燕雀怡然自得，不知祸之将至，其之谓乎！"

这一年，何定建议开凿圣溪，打通江淮的航路，孙皓令薛莹负责工程，率领一万人开凿航道，因为河道有很多磐石，难以竣工，工程停止，薛莹返回，出任武昌左部都督。后来，何定被杀，孙皓又追查圣溪航道开凿之事，薛莹被捕入狱，被流放至广州。右国史华覈上疏："臣听说，五帝三王建立史官，记录功德美誉，以垂之于后世无穷。在汉代，有史臣司马迁、班固，皆为命世大才，所撰写的史书，精妙绝伦，可与六经相比拟，俱传之于后世。大吴接受天命，在南方建立国家。大皇帝末年，诏命太史令丁孚、郎中项峻撰写《吴书》。丁孚、项峻皆非治史之才，其撰写的《吴书》，不足记录吴史。少帝时，又再次诏命韦曜、周昭、薛莹、梁广及臣五人，访求往事，撰写吴国史书，所准备的史材，已初具规模。周昭、梁广先后去世，韦曜辜负皇恩，履蹈重罪，薛莹出任将军，又因为犯罪，遭到流放，撰写史书的事情，遂搁置停顿，迄今还未完成。上奏陛下，臣愚陋，知识浅薄，才能拙劣，适可为薛莹等记录、注解，若让臣担任主编，必然沿袭丁孚、项峻的旧迹，臣担心会遗漏大皇帝之元功，损害当世之盛美。薛莹知识渊博，文章华美，文辞粲然，在同僚之中，薛莹应当为冠首。今日在职的官员，虽然有很多人熟悉经学，然而撰写史书，像薛莹这样的人才还很少。臣以悽悽之情，为国家爱惜人才，还是让垂成之功，得以顺利完成，撰写吴史完毕，编于前史之末。臣启奏圣上，愿退隐填埋沟壑，无所复恨。”孙皓又召回薛莹，任命为左国史。不久，选曹尚书薛莹同郡人缪祎坚持己见，被群小所诋毁，孙皓贬谪缪祎为衡阳郡太守，在拜授职务时，孙皓又追查缪祎此前在任上的旧事，诘难缪祎，缪祎上表，陈述事情经过，谢罪。缪祎与薛莹辞别，又被人告发，说缪祎没有畏惧之情，与许多宾客在薛莹家聚会。孙皓遂收捕缪祎，流放至桂阳郡，同时收捕薛莹，流放至广州。还未到达流放地，孙皓又召回薛莹，令其官复原职。在当时，东吴朝廷的法令乖谬，举措烦苛，薛莹每次上疏言事，就朝政得失提出谏言，力陈减缓刑罚，减轻徭役，以宽缓政策，善待百姓，有些谏言得到孙皓采纳。薛莹改任光禄勋。天纪四年，晋军讨伐东吴，孙皓向晋军统率司马伷、王浑、王濬请降，投降的文书即薛莹所撰写。薛莹到了洛阳，晋武帝召见薛莹，与薛莹谈话，任命薛莹为散骑常侍，薛莹答问晋武帝的问题，条理清楚。①太康三年，薛莹去世。生前著书八篇，起名叫《新议》。②

①干宝著《晋纪》记载：晋武帝从容问薛莹：“孙皓为什么亡国？”薛莹回答：“归命侯臣孙皓担任吴国君主，亲近小人，滥施刑罚，东吴的大臣大将不被信任，人人恐惧，担心朝不保夕，危亡之衅，实由于此。”晋武帝再问，吴国士人存亡者贤愚如何，薛莹以各人的情况，详细答问。

②王隐著《晋书》记载：薛莹的儿子薛兼，字令长，为人清廉、淡雅，有才器，名望犹如上国士人，不似吴国人，历任晋朝两位丞相府长史。晋元帝即位，薛兼升任丹杨郡大尹、尚书，又担任太子少傅。从薛综到薛兼，三代人在东宫担任少傅。

陈寿评论如下：张纮著文，义理雅正，是东吴少有的人才，孙策礼遇张纮，仅次于张昭，推诚相待。严畯、程秉、阚泽，都是儒林俊杰。至于严畯辞去高位，帮助旧友，不也是长者的行为吗？薛综学识渊博，是东吴朝廷的良臣。及至薛莹继承祖上学业，仍然有先人的风范，遇上暴虐君主孙皓，多次容登显位，君子常为薛莹的安危感到担心。

吴书九

周瑜鲁肃吕蒙传第九

周瑜，字公瑾，庐江郡舒县人。周瑜的堂祖父周景，周景的儿子周忠，在东汉都曾经在朝廷担任太尉。①父亲周异，曾经担任洛阳令。

①谢承著《后汉书》记载：周景，字仲向，年轻时，周景以廉洁、贤能见称，以学问被举荐为孝廉，受三公府征召，升至豫州刺史，又在汝南郡太守陈蕃府中担任别驾，颍川郡人李膺、荀绲、杜密，沛国人朱寓担任从事，皆天下英俊士人。稍后，周景担任尚书令，升任太尉。

张璠著《汉纪》记载：周景的父亲周荣，在章帝、和帝朝，曾担任尚书令。此前，周景历任州牧、郡守，好善爱士，每年举荐孝廉，周景延请士人，进入府内，登上后堂，与家人宴会，如此者数四。周景还要馈送士人礼物，选用他们的子弟，周景常说："重用士人，选用他们的子弟，对于施政，又有何妨碍？"此前，司徒韩縯担任河内郡太守，奉公无私，举荐仅士人而已，对士人的子弟，不管不问，韩縯常说："我举荐士人即可，不能恩及他们全家。"当时，有评论者，以此评议二人。

周瑜相貌英俊，当初，孙坚举义兵，讨伐董卓，把家眷留在舒县。孙坚的儿子孙策与周瑜同年，二人关系极好，周瑜把南边的大宅子让出来，供孙策安置母亲，周瑜升堂，拜见孙策的母亲，两家互通有无。周瑜的叔父周尚曾担任丹杨郡太守，周瑜前去省亲。恰逢孙策将要东渡长江，大军到了历阳，孙策写信，命人骑快马驰送周瑜，周瑜率领军队，来迎接孙策。孙策见了周瑜，大喜过望，说："我得到卿，大事可成。"此后，周瑜跟随孙策攻打横江、当利，逐一攻取。而后，孙策渡过长江，进攻秣陵，打败笮融、薛礼，既而攻下湖熟、江乘，孙策率领军队，进抵曲阿，刘繇败走，孙策的军队，已经扩大至数万人。孙策对周瑜讲："我用这支军队攻取吴郡，平定山越，足矣。卿可暂且返回，镇守丹杨郡。"周瑜辞别回去。不久，袁术派遣堂弟袁胤代替周尚，担任丹杨郡太守，周瑜与周尚一起返回寿春。袁术欲任命周瑜为将军，周瑜观察袁术绝非成就大事之人，请求担任居巢县长，欲借此东归，袁术听任周瑜去留。周瑜从居巢县返回吴县，这一年，是建安三年。孙策亲自迎接周瑜，拜周瑜为建威中郎将，拨付周瑜士兵二千人，战马五十匹。①周瑜当年二十四岁，吴中皆称呼周瑜为周郎。因为周瑜对庐江人有恩信，周瑜改任牛渚县长，又兼领春穀县长。不久，孙策欲攻取荆州，拜周瑜为中护军，兼领江夏郡太守，跟随孙策攻打皖城，攻取皖城后，在皖城得到桥公的两个女儿，皆天姿国色。孙策娶了大桥，周瑜娶了小桥。②此后，大军进抵寻阳，打败刘勋，讨伐江夏，孙策回军，平定豫章郡、庐陵郡，周瑜驻扎在巴丘。③

①《江表传》记载：孙策送予周瑜鼓吹，帮助周瑜修建馆舍，赐予周瑜的礼物，无人能比。孙策下令："周公瑾英俊异才，与孤有总角之好，骨肉之亲。此前在丹杨郡，征调兵众，带着整船的粮食，前来助我成就大事，论德酬功，仍不足以报答周郎。"

②《江表传》记载：孙策从容与周瑜开玩笑："桥公有二女，虽风流，得吾二人作女婿，也足以欢喜。"

③裴松之按：孙策在当时刚刚获得豫章郡、庐陵郡，还未能平定江夏郡。周瑜镇守，应该在今天的巴丘县，与后来去世的地点巴丘，不在同一个地方。

建安五年，孙策去世，孙权继承父兄的基业，统领江东军国大事。周瑜率领军队，前来奔丧，留在吴县，以中护军与长史张昭共同辅佐孙权。①建安十一年，周瑜率领孙瑜等，讨伐麻屯、保屯，斩杀屯中的将领，俘虏一万余人，回军驻扎在官亭。江夏郡太守黄祖派遣部将邓龙，率领数千人攻入柴桑，周瑜迎战邓龙，生擒邓龙，送回吴县。建安十三年春天，孙权讨伐江夏郡，周瑜担任前部大都督。

①《江表传》记载：曹公新破袁绍，兵力强盛，建安七年，曹公写信，要求孙权把儿子送来，作为人质。孙权召集群臣商议，张昭、秦松等犹豫不决。孙权当然不愿意送去人质，孙权带着周瑜，到母亲面前商议此事，周瑜说："在往昔，楚国当初受封在荆山之侧，不满百里，继嗣贤能，拓展疆域，在郢都建立根基，遂占据荆州、扬州，疆域直至南海，传业延祚，长达九百余年。而今，将军继承父兄宏业，兼有六郡之众，兵精粮多，将士用命，铸山为铜，煮海为盐，境内富饶，人不思乱，泛舟江海，朝发夕至，士人效命，武将奋勇，所向无敌，有何迫不得已，要把儿子送去作人质？人质一旦送去，不得不听命于曹氏。与其听命于曹氏，接受诏命，不得不往，这等于受制于人，最多不过得到一枚侯印，有仆从十余人，有车辆数乘，骏马数匹，岂能与南面称孤同日而语？不要送去人质，且看曹操有何动作。若曹氏能率义，以正天下，事之未晚。若曹氏图谋为乱，用兵犹如用火，不戢则自焚。将军可韬勇抗威，以待天命，为何要送去人

质！”孙权的母亲也讲：“公瑾所言极是。公瑾与伯符同年，小一个月而已，我视公瑾如儿子，你应该以兄长事之。”孙权遂没有向曹公送去人质。

当年九月，曹公率领大军攻入荆州，刘琮举荆州投降曹公，曹公得到荆州的水军，有大量战船及荆州的水军、步军，多达数十万，东吴将士听说曹公军力强盛，莫不惊恐。孙权召见群臣，商量对策。廷议者都认为：“曹公犹如豺虎，而且托名汉相，挟天子以令诸侯，征伐四方，动辄以朝廷为说辞，今日抗拒曹公，从道理上讲，违逆天命。而且东吴的形势，能抗拒曹公者，唯有长江。曹公已经占据荆州，据有其地，刘表去世前训练的水军，有艨艟大船及斗舰上千艘之多，曹公将这些战船，布置在沿江一带，兼有大量步兵，水陆齐下，那么，长江之险，已经与我所共有。双方势力多寡，不可同日而语。如果采取上策，不如投降曹公。”周瑜说：“不然。曹操虽然托名汉相，其实汉贼。将军以神武之力，雄才大略，兼有父兄之基业，割据江东，地方达数千里之广，兵精粮足，英雄乐于效命，正当横行天下，为汉家除残去秽之时。况且，曹操前来送死，为何要向其投降？请为将军谋划：而今北方如果安定，曹操可无后顾之忧，旷日持久，与东吴争夺疆场之利，岂能与我军在船楫间决一胜负？北方其实并未安定，还有马超、韩遂在关西盘踞，这是曹操的心腹之患。曹操舍弃鞍马，倚仗舟楫，与吴越争雄，本非中原人所长。加上现在是大寒季节，战马缺少饲草，曹操驱中原之众，远涉江湖之间，又不习水战，不服水土，必然会生病。这以上四点，都是用兵的大患，曹操却仓促行事。将军擒获曹操，就在今日。周瑜愿意向将军请精兵三万，进驻夏口，保证为将军击败曹操。”孙权说：“老贼欲废汉自立，僭越称帝，绝非一日，只是忌惮二袁、吕布、刘表与孤。而今群雄已灭，唯孤尚在，孤与老贼，势不两立。君言击败曹操，正当其时，与孤意相合，此上天将君授予孤。”①

①《江表传》记载：孙权拔刀砍向桌案，厉声道：“诸将再敢有迎曹操之言，与此案相同！”及至廷议之后，当夜，周瑜请见孙权：“诸人看了曹操的书信，以为曹操有水兵、步兵八十万，心中恐惧，并不了解曹操兵力的虚实，此次会议，甚无谓也。今以实际兵力来看，曹操所率领的中原士卒，不会超过十五六万，而且，曹军久战，已经疲惫，得到刘表的降众，也就是七八万，而且心怀狐疑，首鼠两端。曹操以疲惫之师，驾驭狐疑之众，人数虽多，无须畏惧。我军只要有精兵五万，足可以制服敌军，愿将军勿虑。”孙权摸着周瑜的后背，说：“公瑾，卿言至此，甚合孤心。子布、元表诸人，只想着妻儿，挟私怀忧，孤甚为失望，只有卿与子敬与孤相同，此上天以卿二人襄助孤。五万精兵，很难凑齐，已经选出三万，战船、粮草、战具俱备，卿与子敬、程公在前线先布置，孤当调集后续人马，多载运粮食，作为后援。卿能办者，先尽快去办，如果有不如意的地方，即刻告诉孤，孤决心与曹孟德决战。”裴松之认为：当初谏言抗拒曹公，其实是鲁肃。在当时，周瑜出使鄱阳，鲁肃劝孙权调回周瑜，周瑜从鄱阳返回，与鲁肃暗中商议，二人共同建立功勋。本传云孙权召见臣下，咨询对策，周瑜驳斥众人之议，坚决主张抗

曹，而没有提到鲁肃的预谋，忽略了鲁肃的谏言。

当时，刘备刚被曹公打败，欲引兵南下渡过长江，与鲁肃在当阳相会，双方共同协商破曹之计，刘备率军，进驻夏口，派遣诸葛亮过江谒见孙权，孙权派遣周瑜及程普等，与刘备同心协力，迎战曹公，双方在赤壁决战。当时，曹公率领的大军，已经有很多人染上疾病，双方初一交战，曹公军败退，退居江北。周瑜等在南岸观望。周瑜的部将黄盖说："如今，敌众我寡，难以与其打持久战。然而，我观察曹军的战船，战舰首尾相连，可用火攻，打败曹军。"黄盖准备数十艘艨艟斗舰，里面装满薪草，再注满膏油，外面裹上帷幕，船上矗立起牙旗，先派人送去书信，报告曹公，许诺将向曹公投降。[①]黄盖准备快艇，系在大船的后面，数十艘大船排列，依次向曹营开进。曹公军中的吏士皆延颈眺望，用手指着，说黄盖前来投降。黄盖释放大船，同时放火。火乘风势，风助火威，大火蔓延至曹公岸上的军营。很快，火焰冲天，人马有很多被烧死，或溺死在江水中，不计其数，曹军惨败，退守南郡。[②]刘备与周瑜等穷追曹军。曹公留下曹仁等守卫江陵，率领大军径自北归。

①《江表传》记载：黄盖书信："臣蒙受孙氏厚恩，担任将帅，待遇不薄。然而，臣环顾天下形势，江东占有六郡，包括山越之人，以抵挡中原百万之兵，众寡不敌，海内所共见。东方将吏，无论愚智，皆知其不可为，唯有周瑜、鲁肃，心怀偏狭愚陋，抵抗之意未解。臣今日愿归命曹公，这是臣的真实想法。周瑜所率领的部众，很容易攻破。交锋之日，黄盖当担任前锋，到时因事变化，臣愿意效命在近。"曹公特别召见来人，详细询问，亲口敕令："但恐其中有诈。黄盖若真的愿意投诚，当授予爵位，超过此前此后。"

②《江表传》记载：在赤壁之战当天，黄盖先取轻舟十舫，载干燥枯柴在舟中，灌上鱼膏，用赤幔遮盖，立起旌旗龙幡，安放在舰上。当时，东南风急，黄盖以十艘大舰安排在最前边，到了长江中游，升起风帆，黄盖举起火把，命令诸校官、士兵们齐声大喊："黄盖投降！"曹军士兵皆出营观看。距离北军二里余，同时放火，火猛风烈，舰船如箭矢般冲向北岸，江上的大船碰着皆燃起大火，北军的战船全部烧毁，大火延及岸边的营寨。周瑜等率领精锐，紧随其后，擂响战鼓，勇猛冲杀，北军大败，曹公退走。

周瑜与程普进抵南郡，与曹仁对峙，隔江相望。两军还未交锋，[①]周瑜派遣甘宁前去占据夷陵。曹仁分出骑兵围攻甘宁。甘宁向周瑜告急。周瑜采用吕蒙献出的计策，留下凌统镇守后方，亲自与吕蒙救援甘宁。甘宁围解，渡过长江，驻扎在北岸，与曹仁约定日期大战。周瑜跨上战马，进攻曹军阵营，被流矢射中右胸，伤势很重，随后，东吴撤军。后来，曹仁听说周瑜卧床不起，率兵前来挑战。周瑜勉强起身，在军营中巡视，以激扬将士，曹仁撤退。

①《吴录》记载：刘备对周瑜讲："曹仁在江陵坚守，城中粮多，足以成为东吴的威胁。张翼德率领一千人跟随卿，卿再分出二千人随我，双方从夏水攻入，截断曹仁的后路，曹仁听说我军攻入，必然败走。"周瑜分给刘备二千精兵。

孙权拜周瑜为偏将军，兼领南郡太守，以下隽、汉昌、浏阳、州陵，作为周瑜的食邑，将军幕府设在江陵。刘备以左将军兼领荆州牧，治所设在公安。刘备前来京城，拜见孙权，周瑜上疏："刘备可谓天下枭雄，又有关羽、张飞作为战将，二人皆为熊虎之将，刘备绝不会甘心屈居于他人之下，为他人所用。臣愚以为，采用上策，可以将刘备迁至吴县安置，为刘备建造盛大的宫室，再多安排些美女玩好，供其娱乐耳目，再分别调关、张二将，各安置一方。这样，周瑜即可挟持刘备，与关、张二将攻战，大事可定。现在，割让荆州一部分土地，用以安置刘备，刘关张三人聚在一起，在疆场上厮杀，恐怕蛟龙得到云雨，终非池中之物。"孙权以曹公仍然盘踞在北方，应当招揽天下英雄，又担心一时难以制服刘备，没有采纳谏言。

当时，刘璋担任益州牧，外有张鲁袭扰，周瑜到京城面见孙权，谏言："而今曹操刚遭受赤壁之败，又有心腹之患，没有能力与将军再次交兵。臣请求与奋威将军孙瑜出兵攻取蜀地，得到蜀地，兼并张鲁，留下奋威将军固守益州，再与马超结为外援。周瑜返回，再占领襄阳，威逼曹操，北方可图。"孙权批准奏议。周瑜返回江陵，整装待发，走到巴丘，病情加重，不能治越，在军中病逝，[①]享年三十六岁。孙权素服举哀凭吊，身边人莫不哀痛。灵柩运回吴县，孙权亲自在芜湖迎接，拨付全部丧葬费用。孙权又发布命令："已故将军周瑜、程普，他们所有的田客佃农，皆不得征缴赋税、征派徭役。"当初，周瑜与孙策的关系极好，太夫人令孙权以兄长敬事周瑜。当时，孙权是将军，对于诸将宾客，礼仪一概从简，而周瑜首先向孙权行君臣之礼，始终恪守臣节。周瑜待人宽宏大度，为人处事，率性而为，颇能赢得人心，只是与程普关系不睦。[②]

①裴松之按：周瑜欲攻取蜀地，返回江陵整军，周瑜去世的地方，应该在今天的巴陵，与前面镇守的巴丘，名字相同，地点不同。

②《江表传》记载：程普以自己年长，多次凌辱周瑜。周瑜折节容下，终不与程普计较。程普后来自感惭愧，敬服周瑜。程普告诉他人："我与周公瑾相交，若饮醇醪，不觉自醉。"当时人佩服周瑜以谦让服人。当初，曹公听说周瑜年少，而且有美才，认为可以通过游说，劝动周瑜，在扬州，派遣九江郡人蒋干前去拜谒周瑜。蒋干有仪容，以才辩见称，独步江、淮，无人能与其辩论。蒋干布衣葛巾，自我介绍，以私人友情，来拜谒周瑜。周瑜走出营帐，亲自迎接蒋干，对蒋干讲："子翼辛苦，远涉江湖，为曹氏作说客邪？"蒋干答："吾与足下同为州里，此间相隔万里，遥闻芳烈，故来叙阔，并观雅规，而足下开口即云说客，无乃逆诈乎？"周瑜讲："吾虽不及夔、师旷，闻弦赏音，足知雅曲。"随即引蒋干进入大帐，为蒋干摆设酒宴。酒宴完毕，送蒋干回去休息，周瑜说："恰好我有机密之事，请先到馆舍休息，待我事情办妥，再另外

相请。”又过了三日，周瑜请蒋干到吴军营中参观，周瑜陪着蒋干，遍览仓库军资器材，返回后继续宴饮，向蒋干展示侍者服饰、珍玩之物，对蒋干讲：“大丈夫在世，得遇知己，外托君臣之义，内结骨肉之恩，言听计从，祸福共享，即使苏秦、张仪再世，郦食其复出，抚其背而折其辞，岂足下幼生所能移乎？”蒋干只是干笑，终无所言。蒋干辞别，回去后对曹操讲，周瑜雅量高致，非言辞所能离间。中原之士，亦以此称赞。刘备从京城返回，孙权乘坐飞云大船，与张昭、秦松、鲁肃等十余人共同送别刘备，宴会畅叙。张昭、鲁肃等先出去，孙权独自与刘备谈话，相互倾诉，刘备叹息，谈到周瑜，说：“公瑾文武兼备，谋划方略，可谓万人之英才，我观察公瑾器量宏大，恐怕不会久为人臣。”周瑜大败曹军，曹公曰：“孤败走不羞。”后来写信给孙权：“赤壁之役，正值疫病流行，孤烧船自退，横使周瑜虚获此名。”周瑜威声远震，故曹公、刘备都欲设疑谮毁周瑜。及至周瑜去世，孙权流泪道：“公瑾有王佐之才，今倏忽间病逝，孤何以倚恃！”后来，孙权登上帝位，对满朝文武讲：“孤非周公瑾，不能称帝。”

年少时，周瑜精通音乐，即使饮酒，酒过三巡，仍能辨识出琴音是否有误，一旦有误，周瑜一定会指出，故当时人传说：“曲有误，周郎顾。”

周瑜有两男一女。女儿嫁给太子孙登。儿子周循娶了公主，受拜为骑都尉，有周瑜遗风，去世得较早。周循的弟弟周胤，当初，受拜为兴业郡都尉，娶了孙氏宗室女儿，领兵一千人，驻扎在公安县。黄龙元年，受封为都乡侯，后来，因有罪，被流放至庐陵郡。赤乌二年，诸葛瑾、步骘联名上疏：“已故将军周瑜的儿子周胤，昔日承蒙主公褒奖，受拜为将军，不能修养身心，以求多福，想着如何为国家建立功勋，反而纵情恣欲，招致获罪，面临杀头。臣窃以为，周瑜昔日受到陛下信任、重用，入为心腹之臣，出为统率之将，衔命出征，身挡矢石，谨守臣节，效命陛下，视死如归，故能在乌林大败曹操，在郢都驱逐曹仁，扬我国威，令华夏受到震动，蠢尔蛮荆，莫不宾服，即使周代之方叔，汉代之韩信、英布，诚不能相比。作为折冲赴难之臣，自古以来，帝王莫不重视，故汉高祖封爵，与开国功臣盟誓：‘要像黄河如带，太山如砺，封国永续，爰及后世苗裔。’将誓言用丹书写就，以加重盟誓的分量，藏于宗庙，传于无穷，欲使功臣的后人世世享受封国，并非仅考虑子孙。此封赏关乎后世苗裔，报德明功，至诚至恳，欲以劝诫后人，用命之臣，死而无悔。况且周瑜病逝在军中，时间并不久，儿子周胤即沦为匹夫，甚可伤悼。臣窃唯陛下钦明稽古，重视兴灭继绝，臣等为周胤申诉，乞求赦免周胤，授以兵权，恢复爵位，使得晨曦啼鸣之鸡，复得一鸣，抱罪之臣，观其后效，以功赎罪。”孙权答复：“公瑾作为孤的心腹旧臣，与孤共事始终，公瑾建立丰功伟绩，孤岂能忘记！昔日周胤年少，当初并无功劳，接受精兵，封为侯爵，担任将军，皆念公瑾以殊功，惠及周胤。而周胤恃娇显贵，酗酒淫乱，骄横恣肆，孤前后多次告谕，不思悔改，怙恶不悛。孤与公瑾，义理上讲，犹如二君，都希望看到周胤功成业就，岂有他哉？迫于周胤罪恶昭彰，未便即时召回，暂且让周胤吃些苦头，使其知罪。今日二君殷殷提醒孤，援引汉高祖河山之誓，孤不免内心凄怆。孤虽然德行不能与高祖相比，也愿意仿效高祖仁德，事已至此，故未能顺从二君旨意。以公瑾的儿子，又有二君在中间说情，如果周胤能改过自新，有何不可！”诸葛瑾、步骘继续上表，恳求孙权，朱然与全琮也向孙权请求，孙权答应召回周胤。此时，周胤在流放地恰好患上重病去世。

周瑜哥哥的儿子周峻，因为周瑜的大功，受拜为偏将军，有部属上千人。周峻去世，全琮上表，推荐周峻的儿子周护为将军。孙权说：“昔日在赤壁之战，大败曹操，使孤占有荆州，皆拜公瑾之力，孤岂能忘记！当初听说周峻病亡，孤就想用周护，接替周峻，又听说周护性情暴躁，为人歹毒，如果用周护，恐怕会酿成祸患，故没有用周护。孤思念公瑾，岂有他哉？”

鲁肃，字子敬，临淮郡东城县人。鲁肃出生不久，父亲去世，与祖母一起生活。鲁肃家中富有，而鲁肃乐善好施。当时，天下已经陷于混乱，鲁肃不治家产，却大肆赈济他人，贱价出售田地，用以帮助穷困士人，甚得乡里人欢心。

周瑜担任居巢县长，带领数百人前来拜谒鲁肃，向鲁肃请求资助粮食。鲁肃家还有两囤米，各有三千斛，鲁肃指着一囤米，送予周瑜，周瑜知道鲁肃绝非等闲之辈，与鲁肃结为好友，犹如古人子产、季札之交。袁术听说鲁肃，任命鲁肃为东城县长。鲁肃看出袁术僭越，目无纲纪，难以与其共创大业。鲁肃带着老母、幼子，率领任侠少年一百余人，南下在居巢找到周瑜。周瑜东渡，鲁肃与周瑜同行，① 把家眷留在曲阿，恰逢祖母去世，鲁肃返回东城安葬。

①《吴书》记载：鲁肃体貌魁伟，年少时，鲁肃有志向，好用奇计。天下将要大乱，鲁肃学习骑射击剑，招募少年，供给衣食，往来南山射猎，暗中指挥调度，讲武习兵。父老们说：“鲁氏世衰，生此狂儿！”后来，豪杰并起，中原陷于混乱，鲁肃命令部属：“中原失去纲纪，寇贼横行，淮、泗之间，非久留之地，我听说，江东沃野万里，民富兵强，可以避难，大家相随一起到江东，以静观时局变化。”其部属皆愿意从命。鲁肃让柔弱在前，强壮在后，男女三百余人南下。州部派骑兵追赶，鲁肃等徐徐而行，手持兵器，持满弓箭，对追兵讲：“卿等丈夫，应当懂得道理。而今，天下陷于大乱，有功不赏，不追无罚，何必相逼？”又把盾牌摆在地上，引弓搭箭射之，箭矢洞穿盾牌。追兵既嘉赏鲁肃之言，又忖度不能制服，相率返回。鲁肃渡江去见孙策，孙策对鲁肃颇为欣赏。

刘子扬与鲁肃的关系很好，写信给鲁肃：“方今天下，豪杰并起，我等雄姿英发，正当用武之时。子敬应赶快回来，迎接老母，切勿滞留于东城。近来有一位英雄叫郑宝，盘踞在巢湖，拥众一万，巢湖地处富饶，庐江郡一带的人大多愿意归附，更何况我辈？观其形势，还可以聚集更多人，机不可失，足下速速赶来。”鲁肃回信，同意刘子扬的看法。安葬罢祖母，鲁肃急忙返回曲阿，欲北上，恰逢周瑜已经把鲁肃的母亲迁至吴县，鲁肃遂把想法告诉周瑜。当时，孙策已经去世，孙权仍然在吴县，周瑜对鲁肃讲："在往昔，马援回答光武帝：'当今之世，不但君择臣，臣也要择君。'而今，主公敬慕贤士，愿采纳士人献上的计策，而且，我还听说，先哲议论，能奉承天命，代替刘氏者，必兴起于东南，推断时运，度量形势，计算历法，孙氏最可能建立帝业，以符合天命，这正是烈士攀龙，驰骋疆场之秋。我坚信这一点，足下无须把子扬的话放在心里。"鲁肃同意。周瑜向孙权推荐鲁肃，说鲁肃是辅佐良士，应该多访求这样的人才，成就一番事业，不能让贤士散落在民间。

孙权召见鲁肃，一番倾谈，孙权很高兴，待众宾客离去，鲁肃也向孙权辞别，孙权留下鲁肃，与鲁肃同榻而卧。孙权摆设酒宴，二人对饮，相互商议："如今汉室倾危，四方扰攘，孤继承父兄基业，欲建立齐桓、晋文之功。君既然惠顾，将如何辅佐孤？"鲁肃回答："在往昔，高帝以一介平民，尊奉义帝，率领义军攻入关中，不能在关中称王，是因为项羽阻拦。今日曹操，犹如当年的项羽，将军又如何立齐桓、晋文之功？鲁肃窃以为，汉室不可能复兴，曹操不可以铲除。为将军计，唯在江东建国，三分天下，鼎足而立，以观天下变化。天下大势所趋，无须避嫌。如何？北方诚多变故，因其变故，主公可先剿灭黄祖，既而讨伐刘表，占据长江流域，据为己有。然后，主公建立纪元，登上帝位，图谋天下，此高帝当年之圣业。"孙权说："而今孤独霸江东，仍以辅汉为义，子敬此言，非孤能力所及。"张昭认为鲁肃不够谦逊，颇有煽惑之意，说鲁肃年少，学识浅薄，不可以大用。孙权不以为然，反而敬重鲁肃，赐予鲁肃的母亲衣服帏帐，居处的各种杂物，仍然和鲁肃富有时一样。

刘表去世，鲁肃谏言孙权："荆楚与中原相邻，汉水连通北方，外有长江、汉水，内有山陵阻隔，可谓金城之固，沃野万里，士民殷富，主公若能占据荆楚，此帝王之资本。而今，刘表病逝，两个儿子素来不睦，军中诸将，各怀异志。加上刘备，诚为天下枭雄，与曹操有矛盾，依附于刘表，刘表忌惮刘备的才能，故不敢使用。若刘备与荆楚同心协力，上下一致，主公可以安抚，与刘备结盟；如果刘备与荆楚离心离德，主公可另有图谋，以成就大事。鲁肃愿奉命去吊唁刘表，慰问刘表的儿子，借此慰问军中用事者，同时说服刘备，安抚刘表的部众，同心同德，共同应对曹操，刘备必然乐意从命。如果一切顺利，天下可定。而今不尽快前去，恐怕会被曹操捷足先登。"孙权随即派鲁肃出使。鲁肃到了夏口，听说曹公已经进抵荆州，遂星夜兼程，到了南郡，刘表的儿子刘琮已经投降曹公，刘备仓皇逃走，欲南下渡过长江。鲁肃径直去见刘备，到了当阳长坂坡，与刘备相遇，向刘备转达孙权的旨意，力陈江东兵力强盛，劝刘备与孙权同心协力，共同对付曹公。刘备听罢，大喜过望。当时，诸葛亮就在刘备身边，鲁肃对诸葛亮讲："我是诸葛子瑜的朋友。"双方遂建立友谊。刘备到了夏口，派诸葛亮出使东吴，鲁肃返回复命。[①]

①裴松之按：刘备与孙权并力，共同抵御曹操，皆鲁肃之谋划。鲁肃又对诸葛亮讲："我是子瑜的朋友。"诸葛亮已经明白鲁肃所言。《蜀书·诸葛亮传》记载："诸葛亮以合纵之策，说动孙权，孙权大喜。"好像此计出自诸葛亮。如果二国史官各记所闻，竞欲称颂本国嘉美，各取其功。今此二书，同出一人，舛误若此，绝非载述之体。

此时，孙权获知曹公欲东进讨伐东吴，正在与诸将商议，众人皆劝谏孙权向曹公投降，鲁肃默不作声。孙权起身更衣，鲁肃紧随其后，来到屋檐下，孙权知道鲁肃有话要讲，拉着鲁肃的手，问："卿还有话要讲吗？"鲁肃答："鲁肃观察众人的议论，他们贻误将军，不足以共谋大事。而今，鲁肃可以投降曹操，将军不可以。为何这样讲？鲁肃投降曹操，曹操理当送鲁肃回乡，安置鲁肃，不失在郡府担任从事，乘坐牛犊车，跟随有吏卒，交游有士林，累升官职，不会低于州郡。将军投降曹操，将何以安身？愿将军早定大计，切莫顺从众人之议。"孙权叹息道："刚才诸人所议，孤大失所望；今日卿所言，拨开云雾，可谓中肯，与孤相同，此上天把卿赐予孤。"[①]

①《魏书》及《九州春秋》记载：曹公征伐荆州，孙权恐惧，鲁肃劝孙权抗拒曹公，激励孙权："曹公的确是主公的劲敌，而今又刚刚打败袁绍，兼并袁绍的部众，兵马精良，趁着战胜之威，攻伐丧乱之国，可谓战无不胜，攻无不克。不如派遣大兵襄助，暂且送将军的家眷至邺城；不然，将很危险。"孙权听罢，大怒，欲斩杀鲁肃，鲁肃随即讲："而今，事情已急，如果主公另有图谋，何不派遣大军，襄助刘备，为何要斩杀我？"孙权点头同意，派遣周瑜襄助刘备。

孙盛曰：《吴书》及《江表传》记载：鲁肃一见孙权，便劝说孙权抗拒曹公，谈论帝王之谋略，刘表死后，鲁肃又谏言孙权静观时局变化，没有缘由的用投降曹公之辞来刺激孙权，劝说孙权奉迎曹公。在当时，奉劝孙权奉迎曹公者甚众，为何说孙权欲斩杀鲁肃，此论可见荒谬。

当时，周瑜接受孙权命令，前去鄱阳湖，鲁肃劝说孙权追回周瑜。孙权遂派人追回周瑜，将东吴的军事大权交付与周瑜，任命鲁肃为赞军校尉，襄助周瑜谋划。在赤壁一战，曹公大败，退兵撤走，鲁肃返回，孙权率领诸将，亲自迎接鲁肃。鲁肃欲入阁拜谒，孙权起身，向鲁肃行礼，问鲁肃："子敬，孤从鞍上下马相迎，足以荣耀卿未？"鲁肃趋前一步道："尚未。"众人闻之，莫不愕然。大家就座，鲁肃缓缓举起马鞭，说："愿至尊威德加于四海，总括九州，建立帝业，再以安车软轮，征召鲁肃，才能让鲁肃感到荣耀。"孙权听罢，抚掌大笑。

后来，刘备到京城会见孙权，请求都督荆州，只有鲁肃奉劝孙权把荆州暂借给刘备，与刘备共同抗拒曹公。[①]曹公听说孙权把荆州暂借给刘备，当时曹公正在写字，手中的毛笔落在地上。

①《汉晋春秋》记载：吕范劝孙权羁押刘备，鲁肃认为："不可。将军虽以神武命世，然而，曹公的兵力依然强盛。主公刚刚收复荆州，恩信尚未施与民众，主公应与刘备联合，借刘备之力，予以安抚，为曹操树立更多的敌人，与刘备结为同盟，此乃上计。"孙权听从。

周瑜病危时，上疏孙权："当今天下，战事仍然不断，这是周瑜夙兴夜寐，所忧心如焚之事，愿至尊思虑未然，然后再享受安乐。而今，江东既已与曹操为敌，刘备近在公安，边境犬牙交错，百姓尚未亲附，至尊应该派出良将，加以镇抚。鲁肃智略超群，足以胜任，乞求以鲁肃代替周瑜。周瑜身死之日，不会再有牵挂。"[①]孙权当即拜鲁肃为奋武校尉，代替周瑜掌握领兵大权。周瑜亲自率领的亲兵，有四千余人，还有四个县的食邑，全部移交鲁肃。孙权令程普兼领南郡太守。鲁肃当初驻扎江陵，后来移驻陆口，对部属恩威并施，部众扩大至一万余人，孙权拜鲁肃为汉昌郡太守，兼领偏将军。建安十九年，鲁肃跟随孙权攻破皖城，改任横江将军。

①《江表传》记载：周瑜病情日益沉重，写信给孙权："周瑜以凡夫之才，昔日受命，讨伐逆贼，享有殊荣，委以心腹，遂肩负重任，统御兵马，志在扬鞭驰骋，效命疆场，平定巴蜀，攻取襄阳，凭恃主公威灵，可谓胜券在握，大功可成。可恨大业未就，箭创复发，途中病情加重，近日虽然医疗，病情日益沉重。人生皆有死，奈何臣短命，臣诚不足以可惜，但恨微志未展，不复奉教命耳。而今，曹公在北方，疆场未静，刘备寄寓，此乃养虎为患，天下之事，未知始终，此朝士旰食之秋，至尊垂虑之日。鲁肃忠烈，临事不苟且，可以代替周瑜。人之将死，其言也善，倘或可以采纳，周瑜死而不朽。"按此与本传所记载，旨意虽同，其辞语相异。

此前，益州牧刘璋纲纪废弛，周瑜、甘宁劝说孙权攻取蜀地，孙权向刘备咨询，刘备内心欲拥有蜀地，口中佯称："刘备与刘璋同为宗室，希望凭借威灵，共同匡扶汉室。而今刘璋得罪左右，刘备只有竦惧战栗，不愿所闻，愿加以宽宥。若不获请，刘备当披发归于山林。"后来，刘备率领大军向西开进，图谋占领刘璋的益州，留下关羽镇守荆州，孙权说："猾虏竟然敢挟此诈谋！"关羽的驻地与鲁肃守卫的边界相邻，因为猜忌，双方的疆界犬牙交错，多次发生纠纷，鲁肃常以好言安抚己方。刘备占领益州，孙权要求刘备归还长沙郡、零陵郡、桂阳郡，刘备阳奉阴违，予以拒绝，孙权派遣吕蒙，率领军队强行夺取三郡。刘备听说后，返回公安县，派遣关羽与吕蒙争夺三郡。鲁肃驻扎益阳，与关羽隔江相望，邀请关羽前来相见，各自率领兵马，停留在百步以外。鲁肃但请关羽单刀赴会，鲁肃在酒宴上，借机责备关羽："东吴区区，本来将荆州借予卿家，卿家遭受败绩，远道来归，无以为资，故暂借荆州安身。而今卿家已经获得益州，既无奉还荆州之意，仅归还三郡，又不肯从命。”话还未讲完，座中有一人站起身来，喝道：“天下土地，唯有德者据有，何来归属之理！”鲁肃厉声呵斥，面色涨红，言辞越发激烈。关羽手握大刀，起身道：“此乃国家大事，你懂得什么！”关羽以目示意，让发话者离去。[①]此后，刘备与孙权以湘水为界，双方就此罢兵。

①《吴书》记载：鲁肃欲与关羽相会，诸将心中疑惑，担心有变故发生，认为不能与关羽见面。鲁肃解释：“今日之事，双方宜开诚布公。刘备有负国家，是非尚未明断。关羽岂敢违逆，干涉主公之命！”鲁肃遂与关羽见面。关羽问：“乌林之役，左将军身在行武，寝不解甲，勠力破曹，岂能徒劳无功，没有一块安身之地！足下此次来，欲收回荆州？”鲁肃答：“将军此话不妥。当初，我与刘豫州在长坂坡见面，刘豫州的部众，不能抵挡曹军一校官，军力衰弱，计穷力竭，图谋远窜，绝不会想到荆州。主上哀愍刘豫州之困窘，没有安身之地，不爱惜土地士人，让刘豫州暂且有安身之所，帮助刘豫州摆脱困境。刘豫州却矫饰其情，以好言敷衍，忘恩背德。今刘豫州已占据西蜀，还要占有荆州，不肯归还，即使凡夫俗子，对此所作所为，尚不能容忍，更何况江东俊杰人主！鲁肃久闻贪而弃义，必为祸端。将军担负重任，岂能不明是非，以义辅佐刘豫州。欲倚恃弱众，以图力争，部曲兵疲师老，将何以收场？”关羽无言以对。

建安二十二年，鲁肃去世，享年四十六岁。孙权为鲁肃举哀发丧，又亲临家中吊唁，过问丧后事宜。诸葛亮也为鲁肃举哀发丧。[①]孙权登上帝位，在祭坛上，环顾左右，对公卿讲：“在以往，鲁子敬曾经讲过称帝之事，可谓有先见之明。”

①《吴书》记载：鲁肃为人中规中矩，淡泊名利，不爱玩饰，内外节俭，不追求世俗。在军中，鲁肃治军甚严，令行禁止，虽然身在军旅，手不释卷。鲁肃善于谈论，能写文章，思虑弘远，有过人之明。周瑜之后，鲁肃为东吴之冠。

鲁肃的遗腹子鲁淑长大成人，濡须都督张承认为，鲁淑应该接过鲁肃的权力。永安年间，鲁淑受拜为昭武将军，受封为都亭侯，担任武昌都督。建衡年间，鲁淑持符节，改任夏口都督。所在任上，军纪整肃，有干将之才。凤凰三年，鲁淑去世。嗣子鲁睦继承爵位，继续统领兵马。

吕蒙，字子明，汝南郡富陂县人。年少时，吕蒙南渡，依附姐夫邓当。当时，邓当担任孙策的部将，多次讨伐山中越人。吕蒙当年十五六岁，悄悄跟随邓当攻打贼寇，邓当看到吕蒙时，颇为吃惊，呵斥吕蒙，但不能制止。回来后，邓当告诉吕蒙的母亲，母亲责骂吕蒙，欲惩罚吕蒙，吕蒙答：“贫贱的生活，绝非吾之所愿，如果能立下功名，富贵可致。古人讲，不入虎穴，焉得虎子？”母亲哀怜吕蒙年龄这么小，就要上阵杀敌，最后，只好听之任之。当时，邓当的一位属下也认为吕蒙的年龄太小，轻视吕蒙：

"你这小子，有何能耐，这不是把肉投向虎口？"有一天，这名官吏与吕蒙相见，又拿此话羞辱，吕蒙大怒，拔出刀来，杀了这名官吏，而后逃走，逃到一位同乡叫郑长的家里。通过校尉袁雄，向邓当自首，袁雄也为吕蒙讲情。孙策召见吕蒙，惊奇吕蒙有这样大的胆魄，遂留在身边。

几年后，邓当去世，张昭推荐吕蒙代替邓当，拜吕蒙为别部司马。孙权继承父兄创立的基业，统领东吴，认为诸将兵员太少，而且财力有限，欲将军队合并。吕蒙暗中借贷一笔钱，为士兵制作绛衣及绑腿，及至检阅时，吕蒙的士兵队列整齐，操练表演，威风凛凛，孙权观看后，大为惊喜，增加吕蒙的兵力。吕蒙跟随孙权讨伐丹杨郡，所向披靡，立下战功，受拜为平北都尉，兼领广德县长。

吕蒙跟随孙权讨伐黄祖，黄祖令都督陈就率领水军迎战，与孙权相持不下，吕蒙率领前锋，斩杀陈就，枭其首级，将士乘胜追击，进攻黄祖占领的城池。黄祖听说陈就被杀，弃城逃走，吴军穷追黄祖，将其擒获。孙权说："此战能够获胜，全在于先斩杀陈就。"此后，孙权任命吕蒙为横野中郎将，赐钱一千万。

这一年，吕蒙又与周瑜、程普等率领大军西进，赤壁之战中，在乌林大败曹公，在南郡围困曹仁。益州将领袭肃率领军队，前来归附吕蒙，周瑜上表，把袭肃的益州兵拨付给吕蒙。吕蒙盛赞袭肃有胆有识，仰慕圣德，远途来归，从道义上讲，应该增加袭肃的兵力，不应该再夺去他统领的军队。孙权赞同吕蒙的看法，交还袭肃率领的益州兵。周瑜派甘宁率领军队前出，占据夷陵，曹仁分兵进攻甘宁，甘宁受到围困，向周瑜告急，请求派兵救援。诸将认为，兵力太少，难以救援，不同意再派军队，吕蒙对周瑜、程普讲："留下凌公绩，吕蒙与诸君同行，解围是当务之急，势不可久等，吕蒙保证凌公绩能坚守十日。"又劝说周瑜，另外派遣三百人，用薪柴阻断险要道路，曹军败走，可缴获他们的战马。周瑜采纳谏言。吕蒙进抵夷陵，即日起，双方交战，吴军斩杀曹军过半。曹军连夜遁走，在险道上，遇上薪柴阻路，骑兵只好舍弃战马，徒步逃走。吴军追兵迫近，缴获战马三百匹，用大船载回。吴军将士信心百倍，渡过江面，建立营寨，与曹军再次大战，曹仁败走，吴军占据南郡，平定荆州。吴军凯旋，孙权拜吕蒙为偏将军，兼领寻阳县令。

鲁肃代替周瑜，前往陆口，途中经过吕蒙的营寨。起初，鲁肃还有些轻视吕蒙，有人对鲁肃讲："吕将军功名显赫，不能用原来的眼光看待，君应该稍加留意。"鲁肃遂前去拜谒吕蒙。二人酒酣耳热，吕蒙问鲁肃："君担负重任，与关羽疆界为邻，将有何策略应对，以备不虞？"鲁肃随便回答："到时看情况再说。"吕蒙说："而今东吴、西蜀虽为一家，关羽实乃熊虎之将，怎么能事先没有策划？"吕蒙为鲁肃策划五策。鲁肃当即离开座席，向吕蒙施礼，拍着吕蒙的背："吕子明，我不知卿有这样的才能，绝非我所料也。"而后，鲁肃去拜见吕蒙的母亲，与吕蒙结为好友，二人辞别。①

①《江表传》记载：当初，孙权对吕蒙及蒋钦讲：“卿等今日同时担任大将，统领军队，应该多读些书，借以扩充知识。”吕蒙答：“军中事务繁多，恐怕没有那么多时间读书。”孙权再三叮嘱：“孤岂欲卿读经书，成为博士？只是让卿涉猎必要的知识，以往事为鉴。卿说军务繁重，能有孤的事务繁多吗？孤年少时，读《诗经》《尚书》《礼记》《左传》《国语》，只是没有研习《易经》。及至统领江东事务，孤阅览三史及诸家兵书，自以为大有裨益。如卿二人，性格开朗，悟性甚高，如果学习，必有所得，为什么不能多读些书呢？应该读《孙子》《六韬》《左传》《国语》及三史。孔子说：‘终日不食，终夜不寝，只是静思默想，甚为无益，不如读书学习。’光武帝当年军务繁重，依然手不释卷。曹孟德自称老而弥坚，好学不倦。卿为何不能自勉？”吕蒙开始读书，矢志不移，其所阅览，即使旧的儒生也望尘莫及。后来，鲁肃代替周瑜，担任要职，再与吕蒙谈话，常感到吕蒙书卷气十足，答问皆有理屈之时。鲁肃摸着吕蒙的后背：“我原本以为弟仅有武略，至于今日，学识如此渊博，已非吴下阿蒙。”吕蒙答：“士别三日，即当刮目相看。大哥今日之论，怎么像穰侯魏冉。兄今日代替公瑾，担任要职，既难为继，而且与关羽为邻。据说关羽年长而好学，读《左传》，能朗朗上口，为人亮直，有英雄气概。然而，关羽禀性自负，喜欢凌辱他人，今日与大哥相邻，当有单复之计，以随时应对。”吕蒙为鲁肃献上三策，鲁肃敬纳，秘而不宣。孙权常叹息：“人年长而有进步，犹如吕蒙、蒋钦，其他人不能及也。富贵荣华，却更加勤奋好学，以读书取乐，轻财尚义，所行之事，皆可称颂，并为国士，不亦美乎！”

当时，吕蒙与成当、宋定、徐顾的驻地邻近，三位将军死后，留在家中的子弟年龄尚幼，孙权把他们的军队全部合并至吕蒙的军队。吕蒙坚决辞让，陈述徐顾等勤劳国事，死后子弟幼小，不可抛弃不顾，连续上书三次，孙权接受谏言。吕蒙又为三位将军的子弟选择老师教导，辅导学习，吕蒙为他人操心，就是这样为人。

魏国派遣庐江郡人谢奇担任蕲春县典农，在皖县屯垦，多次侵犯吴国。吕蒙派人诱敌，谢奇不为所动，吕蒙遂伺机袭击谢奇，谢奇向后撤退，其部将孙子才、宋豪等，扶老携幼，到吕蒙处归降。后来，吕蒙跟随孙权，在濡须与曹军对峙，多次献出奇计，又劝谏孙权在水口两岸建立船坞，严阵以待，以对付曹军，[①] 曹公不能攻取濡须，只好撤军。

①《吴录》记载：孙权欲建造船坞，诸将皆认为：“上岸击贼，洗脚上船，要船坞有何用？”吕蒙解释：“兵有利钝，战无百胜，如有意外，敌方步骑猝然而至，仓促间退至水边，又怎能上船？”孙权说：“你说得对。”遂建造船坞。

曹公任命朱光为庐江郡太守，在皖县屯垦，大肆开垦稻田，朱光派出间谍，招诱鄱阳郡的贼帅，让他们作为魏军内应。吕蒙说：“皖县土地肥沃，如果稻谷成熟，彼方一定会派出大批人员收割，这样连续几年，曹操的内应就会把握住机会，应及早铲除。”

吕蒙向孙权详细陈述皖县的情况。于是，孙权亲自率领大军，讨伐皖县，接见诸将，向他们询问有何破敌良策。①吕蒙推荐甘宁为升城都督，甘宁在前面进攻，吕蒙以精锐兵力，随后跟进。凌晨时分，吴军发起进攻，吕蒙亲自擂响战鼓，士卒们奋勇争先，攀登城墙，到吃早饭时，攻破皖县。魏国很快派张辽进抵夹石，听说皖县城已破，只好撤军。孙权嘉赏吕蒙的功劳，拜吕蒙为庐江郡太守，俘虏的魏军人马，全部拨付给吕蒙，另外赏赐吕蒙寻阳屯田士兵六百人，官属三十人。吕蒙回到寻阳县，不到一年，庐陵郡贼寇造反，诸将讨伐贼寇，不能擒获贼首，孙权说："鸷鸟上百，不如一鹗在手。"再次令吕蒙出兵讨伐。吕蒙一到，很快斩杀贼寇首恶，释放全部叛众，恢复为平民。

①《吴书》记载：诸将劝谏孙权堆起土山，添置攻战用具。吕蒙进言："建造攻战用具，以及堆高土山，一定要用很多时间才能完工，敌方也会加强城防，加上救兵，一定会来救援，很难再有取胜的机会。应该趁着雨季来临，迅速进攻，若逗留时间过久，大水退去，撤回的水道变浅，撤退会变得艰难，吕蒙为此而担心。今日观察此城，并不太坚固，以三军之锐气，四面攻打，用不了太多时间，就可攻取。等到大水退去，全军及时撤退，这是全胜之道。"孙权采纳谏言。

在当时，刘备令关羽镇守荆州，孙权命令吕蒙西进攻取长沙、零陵、桂阳三郡。吕蒙向长沙、桂阳二郡发送公文，二郡闻风归降，只剩下零陵郡太守郝普坚守不降。而刘备从蜀地亲自率领大军，进抵公安，派遣关羽争夺三郡。孙权当时驻扎在陆口，派鲁肃率领一万人，驻扎在益阳，对抗关羽，孙权派人骑快马疾驰，通知吕蒙，令其放弃零陵郡，急速率军襄助鲁肃。当初，吕蒙平定长沙，既而欲平定零陵郡，经过酃县，带上南阳郡人邓玄之，邓玄之是郝普的旧友，吕蒙欲令邓玄之劝诱郝普投降。此时孙权的命令送达，吕蒙先将此撤军之事保密，连夜召集诸将商议，授以方略，凌晨进攻零陵城，吕蒙回过头来对邓玄之讲："郝子太听说世间有忠义之事，亦欲为之，而不懂得时事。左将军在汉中，被夏侯渊所围困。关羽在南郡，而今至尊亲临战场。近日关羽攻破樊城，救援酃县，反被孙规所败。此皆目前之事，君亲眼所见。彼方首尾倒悬，救死尚且不及，岂有余力再顾及这边的战事？而今我军士卒精锐，战士效命，至尊亲自指挥，大军相望于道。而今子太以旦夕之命，等待不可望之援，犹如牛蹄印中的游鱼，欲凭借大江天险，其不可倚恃，亦很明显。若子太一定要以一士卒之心，确保孤城之守，尚能延缓旦夕，以等待有所归途，可也。而今我军倾尽全力，攻打城池，日不移晷，城池即可攻破，城破之后，身死又有何益，令百岁老母，白发苍苍，遭受诛杀，岂不痛哉？想来此间得不到外来消息，认为外援可恃，故至于此。君可前去相见，为郝君陈述祸福。"邓玄之来见郝普，向其转达吕蒙的意思，郝普听后，心惊胆战，遂答应献城投降。邓玄之先出城报告吕蒙，郝普随后就到。吕蒙预先安排四位将军，各自带领一百人，郝普一出城，便冲进城去，守住城门。很快，郝普出城投降，吕蒙亲自迎上前去，握着郝普的手，与郝普一起下船。谈话完毕，吕蒙拿出孙权的命令给郝普看，拍手大笑，郝普看了命令，知道刘备已经抵达公安，而关羽在益阳，后悔无已。吕蒙留下孙皎，向其嘱托善后事宜。即日起，吕蒙率军赶赴益阳。刘备请求与东吴结盟，孙权释放郝普等，双方以湘水为界，把零陵郡归还刘备。孙权把寻阳、阳新封赏吕蒙为食邑。

吕蒙撤回大军，随后讨伐合肥，在撤军途中，被张辽袭击，吕蒙、凌统与张辽死战不退。后来，曹公又率领大军进抵濡须，孙权任命吕蒙为都督，占领此前建造的船坞，吕蒙安排强弓劲弩一万张，以抵御曹公。曹公前锋还未扎下营寨，吕蒙发起进攻，曹公率军撤退。孙权拜吕蒙为左护军、虎威将军。

鲁肃去世，吕蒙西行，驻扎在陆口，鲁肃率领的一万人马，全部划归吕蒙指挥，孙权拜吕蒙为汉昌郡太守，享受下隽县、刘阳县、汉昌县、州陵县四个县食邑。吕蒙的驻地与关羽接壤，知道关羽是一位骁勇善战的猛将，怀有兼并东吴的野心，而且，蜀军处于长江上游，两国结盟，关系终难以维持。当初，鲁肃等认为，曹公雄踞北方，天下兵连祸结，东吴、西蜀应该结为联盟，相互协助，以对付曹公，因此，与蜀国同仇敌忾，不愿失去盟国。吕蒙暗中制订计划：“命令征虏将军守卫南郡，潘璋驻扎在白帝城，蒋钦率领游击士兵一万，循江上下，以应对敌人，吕蒙为国家此前据守襄阳，如此这般，无须担忧曹操，为何有赖于关羽？而且，关羽君臣，自矜其诈力，所依附之地，皆有反复，不可以当作心腹对待。关羽之所以不能攻打江东，是因为至尊圣明，吕蒙等还在。今日不以东吴兵马强盛之时，攻取荆州，一旦兵势衰竭，再想要陈兵相见，还能得到荆州吗？”孙权完全同意吕蒙的意见，又与吕蒙谈起夺取徐州的方案，吕蒙回答：“而今曹操远在河北，刚刚剿灭袁氏兄弟，正在安抚幽州、冀州，未暇东顾。徐州守兵，听说不足以自守，大军前去，一定能攻克。然而徐州地势平坦，骁骑驰骋，至尊今日得到徐州，曹操此后一定会来争夺，即使有七八万人守卫徐州，也令人怀疑是否能守得住。不如攻打关羽，占据长江流域，东吴可以有大的发展。”孙权同意吕蒙的看法。及至吕蒙代替鲁肃，刚一到达陆口，外表依然与关羽保持友好，双方礼尚往来。

后来，关羽讨伐樊城，留下部分兵力守卫公安县、南郡。吕蒙上疏：“关羽讨伐樊城，留下很多军队，守卫后方，一定是担心吕蒙图谋其后方。吕蒙常称有病，乞求分出部分兵力，返回建业，以治疗疾病为名义。关羽听说后，就会调出守备兵力，赶赴襄阳。这样，我军可渡过长江，昼夜兼程，袭击关羽的后方，攻下南郡，关羽即可擒获。”随后，吕蒙对外称病，孙权送来开封的书信，召吕蒙回去养病，暗中布置计划。关羽果然中计，调出留守后方的兵力，赶赴樊城前线。魏国派于禁前来救援，关羽以水战，生擒于禁等，俘虏魏军人马数万，又声称军粮匮乏，擅自征调湘关的大米。孙权闻报，遂赶往前线，先派遣吕蒙出发。吕蒙进抵寻阳县，埋伏精兵，用大船航渡，令白衣人摇橹，佯装商人运货，昼夜兼行，大船进抵关羽布置的沿江守卫哨所，将蜀军守卫士兵尽行俘虏，当时，关羽还蒙在鼓中，完全不了解后方的情况。吕蒙遂占领南郡，士仁、麋芳投降。[①]吕蒙攻入南郡，对关羽留下的家眷及将士们的家属，全部予以悉心安抚，吕蒙命令军中，不得擅自闯入百姓家中，不得擅自取用百姓的钱财。吕蒙麾下一名士兵是汝南郡人，取走百姓家的一个斗笠，用以覆盖铠甲，铠甲虽然是公物，吕蒙还是以违反军令，不能因为是同乡，就废置军法，垂泪流涕，杀了这位同乡。从此以后，军中莫不震恐，东吴驻军不敢扰民，南郡变得道不拾遗。吕蒙在南郡，不分昼夜，安抚当地的耆年老人及有名望的士人，对他们关怀备至，有疾病者看病问药，有饥寒者赐予衣服、粮食。关羽的府库贮存的财宝，一律封存，以等待孙权来后，再行处置。关羽撤军，在归途多次派人与吕蒙联系，吕蒙厚遇使者，使者在南郡城中访问，留在城中的家属，则向使者询问前线的情况，有人手写书信，托使者带回，交予亲人。关羽的使者返回，战士们私下里打听，知道家里安然无恙，吕蒙善待他们，超过以往，关羽的部下，很多是南郡的将士，斗志全消。此时，孙权已经到达南郡，关羽自知势单力孤，走投无路，败走麦城，向西行至漳乡，跟随的部下，更多人离开关羽，投降东吴。孙权令朱然、潘璋截断关羽的退路，关羽父子被吴军擒获，荆州被孙权全部收复。

①《吴书》记载：将军士仁在公安县驻守，吕蒙令虞翻劝说士仁。虞翻到达城门，对守门者讲："我与你们将军有话要讲。"士仁不肯相见。虞翻又写信劝说："明者防患于未然，智者虑祸于将来，知得知失，方为明智，知存知亡，方知吉凶。大军前行，侦察不及时，烽火不及举，此非天命，必有内应。将军没有先见之明，时至又无应对之策，独守萦带之城，而不肯投降，死战则毁弃宗庙，为天下人所耻笑。吕虎威欲径直赶赴南郡，断绝陆上通道，生路一旦堵塞，按照形势判断，将军只能成为虎口之食，逃走也不能免死，投降则会失去义理，窃为将军不安，愿将军深思熟虑。"士仁看了书信，流涕而降。虞翻对吕蒙讲："此乃诡谲之兵，应当把士仁带走，留下军队守城。"吕蒙遂将士仁带往南郡。南郡太守麋芳守城，吕蒙把士仁向麋芳展示，麋芳遂投降。

《吴录》记载：当初，南郡城中失火，焚烧很多军器。关羽以此斥责麋芳，麋芳内心恐惧，孙权听说后，诱降麋芳，麋芳暗中与东吴讲和。及至吕蒙攻城，麋芳出城投降，以牛酒招待。

孙权拜吕蒙为南郡太守，封为孱陵侯，[①]孙权赐吕蒙钱一亿，黄金五百斤。吕蒙坚决辞让，孙权不许。封爵及食邑还未安排妥当，吕蒙病发，当时，孙权在公安县，派人迎来吕蒙，安置在内殿，想尽办法，用尽各种医疗，招募境内凡能治病的良医，为吕蒙诊治，能治越吕蒙者，赏赐千金。当时，有医生用针灸治疗。孙权为吕蒙的病情，悲戚不已，多次前来探视吕蒙的病情，又担心扰动吕蒙不安，常隔着窗户，偷偷窥探，看到吕蒙能吃进东西，则大喜，回顾身边的人谈笑，不能吃东西，则不免叹息。孙权为吕蒙的疾病，夜不能寐。吕蒙的病情稍微有所好转，孙权特别颁布大赦令，群臣向孙权道贺。后来，吕蒙的病情加重，孙权亲临探视，命令道士在星辰下为吕蒙请命。吕蒙在内殿去世，享年四十二岁。当时，孙权悲痛欲绝，为吕蒙的去世，减少膳食、娱乐。吕蒙还未死时，所得到的金银珠宝，诸项赏赐，全部交还府库，留下遗言，在其死后，全部上缴国库，丧事从简。孙权听说后，更加悲戚不已。

①《江表传》记载：孙权在公安县大会诸将，吕蒙以有病缺席，孙权笑道："擒获关羽之功，此乃子明之谋，而今大功告成，庆赏还未举行，岂能郁郁称病？"孙权赏赐吕蒙步骑鼓吹，敕令吕蒙挑选虎威将军官属，加上南郡、庐江二郡的威仪，拜授予吕蒙。吕蒙返回军营，兵马在前面引导，前后鼓吹，在路上很是荣耀。

年少时，吕蒙没有受过很好的教育，读书不多，每当讨论大事，常用嘴代笔，由人记录下谈话，写信、上疏都是这样。吕蒙曾经因为部属的事情，被江夏郡太守蔡遗告状，但是，吕蒙毫无恨意。及至豫章郡太守顾邵去世，孙权问谁可以代替，吕蒙仍然推荐蔡遗，说蔡遗是一位谨守职责的良吏，孙权笑道："君想做祁奚之事吗？"于是任命蔡遗。甘宁为人粗暴，随意杀人，不仅违背吕蒙的旨意，有时还违抗孙权的命令，孙权发怒，吕蒙则为甘宁讲情："天下尚未安定，像甘宁这样的猛将难得，暂且容忍。"此后，孙权厚遇甘宁，甘宁受到孙权重用。

吕蒙的儿子吕霸继承爵位，孙权安排三百家民户为吕蒙守护墓冢，免除五十顷的田赋。吕霸去世，哥哥吕琮继承爵位。吕琮去世，弟弟吕睦继承爵位。

孙权与陆逊谈起周瑜、鲁肃及吕蒙："公瑾为人，可谓英雄、烈士，胆略过人，在赤壁之战，大败曹孟德，开拓荆州，功绩卓著，难以为继，君今日继之。公瑾昔日邀请子敬东来，推荐给孤，孤与子敬一番倾谈，子敬大谈帝王圣业，此乃一大快事。后来，曹孟德借刘琮举荆州投降，获得荆州的水军，声称率领数十万水陆大军，将要渡过长江。孤请诸将计议，咨询应对之策，无人肯先提出谏言，而子布、文表都说应该派遣使者，向曹操修书请降，只有子敬极力反对，认为不可，劝孤召回公瑾，向公瑾托付重任，迎战曹操，此乃两大快事。子敬的判断力，临事决策的能力，超过苏秦、张仪；后来，子敬劝孤暂且把荆州借给玄德，这是其一短，不足以损害其二长。周公不求全责备于一人，孤忘却子敬之短，而贵其长，以子敬比喻邓禹。子明年少时，孤原以为子明不推辞难易，勇敢果断，有胆有识；及至子明长大成人，学问增多，谋略奇计迭出，可以说，子明仅次于公瑾，只是英气勃发，不及公瑾。子明智取关羽，攻占荆州全境，这一点，胜于子敬。子敬曾写信回复孤：'帝王崛起，皆有人襄助，清除祸患，关羽不足以忌惮。'子敬看不清天下形势，又出此大言，孤亦宽宥，不能以此苟责子敬。子敬行军扎营，令行禁止，管辖范围内，没有部属犯罪，可谓路不拾遗，法令严明，可为美称。”

陈寿评论如下：曹公凭借汉丞相之资本，挟天子以令诸侯，扫荡群雄，收复荆州，扬威江东。在当时，东吴谋议者，莫不心怀疑虑，甚至存有二心。周瑜、鲁肃坚持抗曹，有独见之明，在众人之上，可谓奇才。吕蒙勇猛善战，善于用谋，遇事果断，以诡计逼降郝普，以善政生擒关羽，可谓武功极盛。当初，吕蒙为人轻率，妄杀无辜，后来，吕蒙虚心克己，有国士之气度，岂能以赳赳武夫看待！孙权对人物的评价，优劣恰当，故记录下来。

吴书十

程黄韩蒋周陈董甘凌徐潘丁传第十

程普，字德谋，右北平郡土垠县人。当初，程普在州郡担任小吏，相貌端庄，善于运用谋略，应对答问自如。后来，程普跟随孙坚南征北战，在宛城、邓县讨伐黄巾军，在阳人聚大败董卓，攻城野战，身负重伤。

孙坚去世，程普在淮南继续追随孙策，跟随孙策进攻庐江，攻取庐江郡，又与孙策一起渡过长江，平定江东。孙策打到横江、当利，大败张英、于麋等，转而攻下秣陵、湖熟、句容、曲阿，程普屡立战功，孙策为程普增加兵力二千人，战马五十匹。孙策进军，攻破乌程、石木、波门、陵传、余杭，程普战功最多。孙策攻入会稽郡，任命程普为吴郡都尉，治所设在钱唐县。后来，程普改任丹杨郡都尉，治所设在石城县。程普跟随孙策讨伐宣城、泾县、安吴、陵阳、春穀，打败江东诸贼寇，逐一平定。孙策曾经进攻祖郎，被祖郎围困，程普与一名骑兵掩护孙策脱险，在战场上纵马驰骋，大呼连声，用长矛刺向贼寇，贼寇慌忙遮挡，孙策冲出包围圈。此后，孙策拜程普为荡寇中郎将，兼领零陵郡太守。程普跟随孙策在寻阳讨伐刘勋，在沙羡进攻黄祖，撤军返回，镇守石城。

孙策去世，程普与张昭等共同辅佐孙权，相继平定会籍郡、丹杨郡、吴郡三郡，镇压反叛者。又跟随孙权讨伐江夏郡，回军途经豫章郡，另外率领一支人马，讨伐乐安。乐安平定后，程普代替太史慈，镇守海昏县，与周瑜同时担任左右都督，赤壁之战，在乌林大败曹公，又进攻南郡，赶走曹仁。孙权拜程普为裨将军，兼领江夏郡太守，治所设在沙羡县，享有四个县的食邑。

东吴最早的一批将领，程普年龄最长，当时人皆称呼程普为程公。程普乐善好施，喜欢与士大夫交往。周瑜去世，程普代替周瑜，兼领南郡太守。孙权把荆州暂借给刘备，程普撤回军队，兼领江夏郡太守，改任荡寇将军，在任上去世。[①]孙权登上帝位，追述程普的战功，封程普的儿子程咨为亭侯。

①《吴书》记载：程普斩杀叛乱者数百人，皆投入火中。即日起，程普病情加重，仅一百余日，病逝。

黄盖，字公覆，零陵郡泉陵县人。[①]当初，黄盖在郡府担任官吏，被举荐为孝廉，受三公府征召。孙坚举义兵，黄盖追随孙坚，南下攻破山贼，北上赶走董卓，孙坚拜黄盖为别部司马。孙坚去世，黄盖继续追随孙策及孙权，身披战甲，驰骋沙场，攻城略地，出生入死。

①《吴书》记载：黄盖是原南阳郡太守黄子廉的后人，枝叶分叉，自祖上起，黄氏迁至零陵，遂在零陵安家。年少时，黄盖成为孤儿，孤苦伶仃，遭遇很多凶险，异常艰辛。然而，黄盖有志向，虽身处贫贱，不同于凡俗，常在负薪闲暇时读书学习，谈论兵事。

山区中的越人不肯臣服，还不断袭扰附近县邑，孙策任命黄盖为代理县长。石城县吏难以驾驭，黄盖安排两名掾吏，分别主管诸曹。黄盖说：“县长不德，徒以武功为官，不以文吏为称。而今贼寇尚未荡平，县长仍有军务在身，所以，只能将县衙文书委托于两位掾吏，你们要恪尽职守，负责监察诸曹，纠正工作中的失误。两位掾吏所署，事情繁多，凡有奸诈欺瞒行为，终不会加以鞭杖，你们一定要尽职守责，切勿以身试法。”当初，两名掾吏畏惧黄盖，早晚谨奉职守；时间久了，掾吏发现黄盖并不检查他们拟写的公文，又慢慢懈怠。黄盖心中怀疑掾吏办事不肯尽力，又开始不定期地检查掾吏的工作，发现两名掾吏的确有不法之事。黄盖召集县衙的所有县吏，赐予酒食，将发现的问题摆出来，诘问两名掾吏。两名掾吏理屈词穷，叩头认罪。黄盖说：“此前已告诫二位，切勿以身试法，终不会以鞭杖相加，决不食言。”遂杀了两名掾吏。县衙的官吏莫不惊恐。后来，黄盖改任春穀县长、寻阳县令。相继在九个县担任官员，所在任上，皆有政绩，升任丹杨郡都尉，黄盖在任上重视抑强扶弱，山区的越人逐渐归附。

黄盖为人刚毅，善于训练士卒，每次出兵打仗，士卒莫不争先恐后，皆愿意效命。建安年间，黄盖跟随周瑜在赤壁抗拒曹公，黄盖献上奇计，火攻曹公，详情记载在《周瑜传》。[①]赤壁之战后，孙权拜黄盖为武锋中郎将。武陵郡蛮夷造反，攻打城邑，孙权任命黄盖为武陵郡代理太守。当时，武陵郡的士兵仅有五百人，黄盖自知不敌，打开城门，贼寇冲进城来，进来一半时，黄盖命令出击，斩杀数百人，余贼慌忙逃走，跑回自己的家乡。黄盖诛杀为首的蛮夷，胁从者全部释放。从春天到夏天，贼寇全部平定，山区的巴县、醴县、由县、诞县的蛮夷君长，皆改变此前桀骜不驯的行为，带上礼物来见黄盖，武陵郡造反的蛮夷全部肃清。后来，长沙郡益阳县又被山贼攻打，黄盖奉命，前去讨伐叛贼。此后，孙权任命黄盖为偏将军，黄盖在任上去世。

①《吴书》记载：赤壁之战，黄盖被流箭射中，当时天气寒冷，黄盖落入水中，被吴军救起，不知是黄盖，放置在厕床里。黄盖勉强起身，喊一声韩当，韩当听到，说："此公是黄公覆。"为之流涕，为黄盖换下湿衣服，才得以生还。

黄盖处事果断，在任上从不滞留政事，国人思念黄盖。[①] 及至孙权登上帝位，追述黄盖的功劳，赐黄盖的儿子黄柄爵关内侯。

①《吴书》记载：国人绘制黄盖的图像，四时祭祀。

韩当，字义公，辽西郡令支县人。韩当以弓马娴熟，膂力强壮，受到孙坚喜爱。韩当跟随孙坚南征北战，多次在战场上不惧危险，斩将夺旗，冲锋陷阵，孙坚拜韩当为别部司马。[①] 及至孙策东渡长江，韩当跟随孙策平定江东三郡，担任先登校尉，领兵二千人，骑兵五十名。韩当跟随孙策征伐刘勋，大败黄祖，回军讨伐鄱阳，兼领乐安县长，山区越人畏惧韩当，莫不敬服。后来，在赤壁之战，韩当以中郎将与周瑜大败曹公，又与吕蒙袭击关羽后方，攻取南郡，改任偏将军，兼领永昌郡太守。宜都之役，韩当与陆逊、朱然等一起在涿乡进攻蜀军，大败蜀军，改任威烈将军，受封为都亭侯。曹真攻打南郡，韩当领兵守卫东南方向。韩当在外领兵，担任主帅，激励将士们同心同德，服从上级，敬重都督，谨守法令，孙权很信任韩当。黄武二年，孙权封韩当为石城侯，改任昭武将军，兼领冠军郡太守，后来，又加上都督称号。韩当率领敢死战士及解烦兵一万人，讨伐丹杨郡贼寇，大败贼寇。在征战期间，韩当在军中病逝，嗣子韩综继承爵位，继续领兵。

①《吴书》记载：韩当作战有功，以军旅陪隶，分给英豪，故没有拜授爵位。在孙坚时，担任别部司马。

这一年，孙权讨伐石阳，以韩综遭遇父丧，令韩综守卫武昌，韩综为人邪僻、淫乱，不遵守法度。孙权虽然因为韩当的缘故，没有惩治韩综，韩综内心依然恐惧，[①] 韩综用车辆载着父亲韩当的灵柩，带着母亲及家眷部属男女数千人，投奔魏国。魏国任命韩综为将军，封为广阳侯。韩综率领魏军多次侵犯东吴边境，杀害东吴人民，孙权恨得咬牙切齿。东兴之役，韩综担任前锋，被吴军打败，死在军中，诸葛恪斩下韩综的首级，送至孙氏宗庙，以告慰祖宗。

①《吴书》记载：韩综欲叛变，担心左右不从，暗示部下劫掠，以富贵引诱部下，转相效仿，成为行旅者的大患。后来，韩综被人揭发，以部曲为寇盗，受到孙权责备，韩综答："将吏以下犯罪，当收捕惩治。"又告诉部下，担心会受到牵连。身边人耸动韩综："将军可叛逃。"遂共图谋划，韩综以埋葬父亲韩当为由，喊来亲戚姑姊，把她们嫁给军中将吏，韩综把宠幸的婢妾，也全部赐予亲信，杀牛沥酒，歃血为盟，与大家盟誓。

蒋钦，字公奕，九江郡寿春县人。孙策袭击袁术，蒋钦担任给事。及至孙策东渡长江，孙策任命蒋欣为别部司马，并让蒋钦领兵。蒋钦跟随孙策南征北战，平定会稽郡、丹杨郡、吴郡三郡，又跟随孙策平定豫章郡，改任葛阳县尉，历任三县县长，平定贼寇，升任西部都尉。会稽郡东冶县贼寇吕合、秦狼等作乱，蒋钦率领军队镇压，擒获吕合、秦狼，平定五个县的叛乱，蒋钦改任讨越中郎将，孙权以经拘、昭阳作为蒋欣的食邑。贺齐讨伐黟县贼寇，蒋钦率领一万士兵，与贺齐共同平定贼寇，黟县贼寇平定，蒋钦又跟随孙权征伐合肥。魏将张辽在津北袭击孙权，蒋钦力战张辽，保护孙权，立下战功，改任荡寇将军，兼领濡须都督。后来蒋钦被召回京城，受拜为右护军，掌管法律诉讼事宜。

孙权曾经到蒋钦家，进入室内，看到蒋钦的母亲使用的是粗布蚊帐及布被，妻妾穿的是布裙。孙权叹息道，蒋钦身处高位，却能生活得如常俭朴，敕令御府为蒋钦的母亲制作锦被，改换蚊帐，妻妾也都改换锦绣衣裳。

当初，蒋钦驻扎在宣城，讨伐豫章郡贼寇，芜湖县令徐盛收捕蒋钦军中的官吏，上表后，要诛杀这些官吏，孙权因蒋钦在外征战，没有批准奏请。徐盛因此认为蒋钦一定会对自己心怀怨恨。曹公出兵濡须，蒋钦与吕蒙持符节，指挥诸军，徐盛担心蒋钦会借机陷害，而蒋钦常常称赞徐盛有能力，做事干练，徐盛由此钦佩蒋钦，知道此事者也多赞美蒋钦。①

①《江表传》记载：孙权对蒋钦讲："徐盛此前误解卿，卿今日举荐徐盛，欲效仿祁奚邪？"蒋钦回答："臣听说，为国举荐，不挟私怨，徐盛忠诚为国，恪尽职守，有胆略，有才器，可担任万人都督。而今大事未定，臣应当为国家举荐贤才，岂敢挟私怨，以掩盖贤才！"孙权嘉赏。

孙权讨伐关羽，蒋钦率领水军，进入沔水，撤军途中，在军中病逝。孙权素服吊唁，为蒋钦举哀，以芜湖二百民户、田地二百顷作为丧礼，赐予蒋钦的妻子。蒋钦的儿子蒋壹受封为宣城侯，领兵抵御刘备有功，撤军赶赴南郡，与魏军交战，战死在沙场。蒋壹没有后嗣，弟弟蒋休领兵，后来因犯罪被免官。

周泰，字幼平，九江郡下蔡县人。与蒋钦一起，跟随孙策南征北战，服侍孙策，非常恭敬，多次立下战功。孙策占领会稽郡，任命周泰为别部司马，授予兵权。孙权很欣赏周泰的为人，请求孙策把周泰留在身边。孙策讨伐六县山区越人贼寇，孙权驻扎在宣城，有士兵护卫，不到一千人，由于疏忽，没有建立防御工事，数千越人贼寇猝然杀来。孙权慌忙上马，而贼寇的锋刃已经在身边挥舞，几乎砍中孙权的马鞍。众人惊慌失措，只有周泰奋不顾身，舍身护卫孙权，胆气过人，身边的士兵在周泰激励下，也加入战斗，贼寇被击退，而周泰身负十二处创伤，昏迷过去，过了很久才苏醒过来。这一天，如果不是周泰，孙权就危险了。孙策非常感激周泰，补任周泰为春穀县长。后来，周泰跟随孙策进攻皖城，及至讨伐江夏，回军经过豫章郡，孙策又改任周泰为宜春县长，以征缴的赋税作为周泰的俸禄。

周泰跟随孙策讨伐黄祖有功，后来与周瑜、程普在赤壁抵御曹公，在南郡攻打曹仁。荆州平定，周泰率军驻扎在岑县。曹公出兵濡须，周泰再次赶赴前线，曹公引军撤退，周泰担任都督，留在濡须，孙权拜周泰为平虏将军。当时，朱然、徐盛等皆在周泰的军中，不服周泰，孙权特地到濡须坞巡视，大会诸将，摆设酒宴，招待群臣。孙权走到周泰面前行酒，命令周泰解开衣服，孙权指着周泰身上的处处创痕，一一指问，这是在哪场战斗中负的伤，周泰回忆此前战场上如何激战负伤，回答孙权的提问，孙权问毕，众人心服口服，欢宴直至深夜。第二天，孙权派遣使者授予周泰御盖。[①]从此以后，徐盛等将领皆拜服周泰。

①《江表传》记载：孙权握着周泰的手臂，涕泣交流，喊着周泰的字：“幼平，卿为孤兄弟死战，在战场上犹如熊虎，不惜捐躯，受重伤数十处，肤如刻画，孤亦何心不待卿以骨肉，委卿以兵马之重任！卿乃东吴之功臣，孤当与卿同荣辱、共休戚。令幼平始终快意，勿以寒门自谦。”孙权当即敕令，把自己常用的御帻青缣盖赐予周泰。宴席完毕，孙权骑上马，令周泰率领兵马，在前边引导，鸣鼓角，作鼓吹。

后来，孙权大败并斩杀关羽，收复荆州全部领土。孙权欲进军蜀国，预先拜周泰为汉中郡太守、奋威将军，封为陵阳侯。黄武年间，周泰去世。

周泰的儿子周邵以骑都尉，率领吴军。曹仁出兵濡须，周邵立有战功，又跟随孙权打败曹休，晋升为裨将军，黄龙二年，周邵去世。弟弟周承继承爵位，继续领兵。

陈武，字子烈，庐江郡松滋县人。孙策在寿春时，陈武前来拜谒孙策，当时，陈武十八岁，身高七尺七寸，跟随孙策渡过长江，征伐有功，孙策拜陈武为别部司马。孙策打败刘勋，有很多庐江人参加军队，孙策从中挑选精锐，交予陈武指挥，陈武率领战士，所向无敌。及至孙权继承父兄创立的基业，统领东吴军国事务，陈武率领五校军。陈武为人谨慎，待人仁厚，乐善好施，乡里及远方来的宾客，大多愿意归附陈武。孙权喜欢陈武，多次到陈武家，由于陈武多次建立战功，晋升陈武为偏将军。建安二十年，陈武跟随孙权进攻合肥，在战场上受伤不治而死。孙权非常悲痛，亲自过问丧葬之事。①

①《江表传》记载：孙权命令，以其爱妾殉葬，免除二百家门客的赋税。

孙盛曰：在往昔，三良士为秦穆公殉葬，秦师以此不仁，出征失利；魏妾既出，杜回为之僵仆。祸福之报，有如此效应。孙权倚恃权术，让活人殉葬，世祚之短促，不亦宜乎！

儿子陈修有武将遗风，当年十九岁，孙权召见，予以鼓励，拜陈修为别部司马，领兵五百人。当时，新参军的士兵多有逃亡，陈修率领的军队，由于安抚得法，无一人逃亡，孙权颇为惊讶，拜陈修为校尉。建安末年，追录功臣的后人，孙权封陈修为都亭侯，拜为解烦军都督。黄龙元年，陈修去世。

陈修的弟弟陈表，字文奥，是陈武的庶出儿子，年少时，陈表已经有些名气，与诸葛恪、顾谭、张休等共同侍奉东宫太子，几人结为好友。尚书暨艳也与陈表的关系很好，后来，暨艳有罪，很多人明哲保身，信厚而言薄，陈表却不是这样，挺身而出，仗义执言，被士人所看重。陈表担任太子中庶子，后来，又担任翼正都尉。哥哥陈修死亡，陈表的母亲不肯服侍陈修的母亲，陈表对母亲讲：“哥哥不幸早逝，陈表统领家事，应当侍奉嫡母。母亲若能为陈表屈身顺义，侍奉嫡母，这是陈表的愿望；如果母亲不能，只能出去另外居住。”陈表以大义为重，对待家事，二位母亲幡然醒悟，关系和好如初。陈表以父亲战死在沙场，请求出任将军，领兵五百人。欲令手下战士效命，陈表倾心对待手下战士，战士们皆愿意听命于陈表，乐意效死。有一次，有人盗取公家的财物，怀疑是无难军的战士施明。施明身体强壮，为人强悍，被捕后，受到严刑拷打，但是至死不肯承认偷窃，廷尉奏报孙权。孙权认为，陈表能获得军中健儿效力，下诏交给陈表审理，让陈表以自己的方式查明案情。陈表解开施明的刑具，让施明沐浴更衣，而后，用酒食招待，以情义打动施明，施明叩首伏罪，还交待了同党。陈表将审讯结果奏报孙权。孙权听罢，颇为惊讶，表彰陈表，特地赦免施明，杀了其他盗窃者。此后，孙权改任陈表为无难军右部都督，封为都亭侯，继承陈修的爵位。陈表谦让，乞求由陈修的儿子陈延继承，孙权不许。嘉禾三年，诸葛恪兼领丹杨郡太守，讨伐山区越人，孙权任命陈表为新安县都尉，与诸葛恪共同领兵，互为犄角。当初，陈表受赐二百家食邑的赋税，在会稽郡新安县，陈表检视食邑，有很多百姓可以从军，担任战士，陈表上疏孙权，辞让优待，请求把食邑交还给国家，以补充军粮。孙权下诏：“先将军有功于国家，国家以此报答，卿为何要辞让？”陈表回答：“而今清除国贼，以报父亲之仇，用人是根本。只是将这些精壮青年当作童仆使用，绝非陈表的意思。”陈表从所享受的食邑中，挑选精壮战士，补充军队。地方官员奏报孙权，孙权表示赞赏，下诏郡县，挑选正户羸民，补充陈表的食邑。陈表担任官职三年，招降纳叛，招募战士一万余人，各项事务都做得很好。陈表将要离任，恰逢鄱阳郡百姓吴遽等作乱，攻陷城邑，属下县邑震动，陈表率领军队越界讨伐，吴遽战败，投降陈表。陆逊拜陈表为偏将军，上表晋升陈表爵位为都乡侯，率领军队在北边防御，驻扎在章阬。陈表在军中去世，享年三十四岁，家中财产，全部拿出来豢养士人，陈表死的这一天，妻子、儿女竟然无立锥之地，太子孙登为陈表的家眷建起新屋。儿子陈敖十七岁，担任别部司马，领兵四百人。陈敖去世，陈修的儿子陈延代替陈敖，再次担任别部司马。陈延的弟弟陈永，担任将军，受封为列侯。此前，施明感激陈表，从此改过自新，也成为一名健将，位至将军。

董袭，字元代，会稽郡余姚县人。董袭身高八尺，勇力过人。[①]孙策攻入会稽郡，董袭在高迁亭迎接孙策，孙策看到董袭身材高大，很欣赏董袭，任命董袭为门下贼曹。当时，山阴县贼寇黄龙罗、周勃聚集徒众数千人，孙策亲自讨伐，董袭斩获黄龙罗、周勃的首级，撤军后，孙策拜董袭为别部司马，领兵数千人，又改任扬武都尉。董袭跟随孙策进攻皖县，又在寻阳县讨伐刘勋，在江夏郡讨伐黄祖。

①谢承著《后汉书》称董袭壮怀激烈，为人慷慨，可谓英武之士。

孙策去世，孙权仍然年少，刚刚继承父兄创立的基业，统领东吴军国大事，太后很担心，召见张昭及董袭等，询问江东可否保得住，董袭回答：“长江以东地形，有山川之固，讨逆将军父亲施惠于民。讨虏将军继承父兄创立的基业，部下无论大小，皆愿意效命，张昭秉公执掌政事，董袭等作为爪牙虎臣，这正是古人讲的地利、人和，太妃无须担忧。”众人皆认为董袭讲得对。

鄱阳郡贼寇彭虎等，率领部众数万人，董袭与凌统、步骘、蒋钦率领军队，分路进剿。董袭率领的大军，所向披靡，彭虎等望见董袭的旌旗，夺路逃走，旬日间，董袭等平定贼寇，董袭受拜为威越校尉，改任偏将军。

建安十三年，孙权讨伐黄祖。黄祖安排两艘艨艟大船，扼守沔水入口，用棕榈织成的缆绳系着大石头，作为锚锭，大船上载有上千人，用弩箭射击孙权的战船，飞矢如雨点般落下，东吴军队不能前进。董袭与凌统率领前部，率领敢死战士上百人，每人身披双重铠甲，乘坐大舸船，冲向艨艟大船。董袭用刀砍断两艘大船的缆绳，艨艟大船在江流中横向漂流，东吴战船遂攻进。黄祖打开城门，落荒逃走，东吴大军追上，斩杀黄祖。第二天，孙权大会群臣，举起酒杯，对董袭讲：“今日的庆功大会，首先是董袭斩断缆绳的功劳。”

曹公出兵濡须，董袭跟随孙权赶赴前线，孙权派遣董袭带领五艘大楼船，驻扎在濡须口。夜晚狂风骤起，五艘大船倾覆，身边人慌忙跳上舸船，恳求董袭赶快逃命。董袭怒吼道：“接受将军重任，在此防备贼寇，怎么能放弃职守，再敢言逃离者，斩！”手下人不敢再轻举妄动。当天夜晚，大船终于倾覆，董袭被水淹死，以身殉职。孙权改换衣服，亲临吊唁，安排殡葬，给予家眷优厚的抚恤费。

甘宁，字兴霸，巴郡临江县人。[①]年少时，甘宁很有力气，喜欢做游侠的事情，与一些轻薄少年交往，是他们的首领；大家聚在一起，挟持弓弩，背负响铃，民众听到铃声，就知道是甘宁来了。[②]他人与甘宁交往，包括所在城邑的官吏，接待甘宁优厚的，甘宁就与他们交往；否则，就指挥部下夺走他们的财物，对官吏负责的地方侵害很大，使其不能再留任，甘宁像这样胡作非为，长达二十几年。后来，甘宁弃恶从善，开始读书，读了诸子百家的很多书籍，前去依附刘表，此后住在南阳，因为没有受到刘表重用，又改投黄祖，黄祖只是以寻常人看待甘宁。[③]

①《吴书》记载：甘宁原来是南阳郡人，其祖先客居巴郡。甘宁从郡府小吏升任计簿掾，补任蜀郡府丞，不久，弃官归家。

②《吴书》记载：甘宁任侠好义，因为杀人，逃亡藏匿，被郡府发现。甘宁出入，依旧车骑列阵，水上则轻舟摆列，侍从皆身披文绣，所过之处，耀武扬威，住下来，常以缯锦围着舟船，离去则割裂，或遗弃，以示奢侈。

③《吴书》记载：甘宁率领童仆门客八百人，依附刘表。刘表是位儒士，不懂得军事。当时，各地英豪起兵，甘宁观察刘表终难以成就大事，担心一朝土崩，定会承受其祸，欲前往东吴。黄祖在夏口，有军队阻挡，不能通过，甘宁留下，依附黄祖，建安三年，黄祖不肯以礼对待甘宁。孙权讨伐黄祖，黄祖败走，追兵在后面追赶，甘宁以善射，率领士兵在后面压阵，射杀校尉凌操，黄祖才得以免死，撤军还营，黄祖对待甘宁，依然像当初一样。黄祖的都督苏飞多次举荐甘宁，黄祖依然不肯重用甘宁，令人引诱甘宁的客人，客人逃走一些，甘宁也欲离开，又担心黄祖不能饶恕，独自烦闷，不知出路何在。苏飞知道甘宁已有去意，邀请甘宁，为甘宁置酒，对甘宁讲：“我向主公多次举荐将军，主公不能用。日月倏忽，人生几何，将军宜有远图，再寻知己。”甘宁沉思良久，说：“在下虽然有远志，但不知归处何在。”苏飞答：“我欲向邾县长举荐将军，可以去投奔，好过滞留此间。”甘宁答：“幸甚。”苏飞向黄祖解释，听任甘宁到邾县任职。甘宁招募亡命客人及追随者，又得到数百人。

于是，甘宁渡江回到东吴，周瑜、吕蒙举荐甘宁，孙权另眼看待甘宁，犹如旧臣。甘宁向孙权献计：“而今汉室福祚衰微，曹操窃据汉相，其实是汉贼，终将篡权夺位。南方荆楚之地，有山陵地形之便，江河密布，东吴西部又有地势便利。甘宁观察刘表，思虑肤浅，儿子又不成器，肯定不能继承刘表的基业，传承福祚。至尊应当及早谋划，图谋荆州，不能落在曹操的后面。图谋之计，首先攻破黄祖。黄祖已经年迈，年老昏聩，财物粮食匮乏，又受左右欺瞒，手下人只想着贪财牟利，剥夺吏士，吏士心怀怨愤，加上舟船战具都已经破败不堪，又怠于农事，军纪松弛。至尊如今攻打黄祖，一定能大获全胜。一旦打败黄祖，战鼓旌旗西行，占据楚地关隘，大势所趋，即可窥视巴蜀。”孙权深表赞赏。张昭当时在座，诘难甘宁：“东吴目前兵力不足，如果大军行动，恐怕会招致内乱。”甘宁回答张昭：“国家以萧何之重任，托付于君，君镇守后方，而忧惧内乱，如何效仿古人？”孙权举杯嘱咐甘宁：“甘兴霸，今年出兵讨伐，以此酒为证，讨伐之重任，将托付于卿。卿但当筹划方略，这次一定要攻破黄祖，事成之后，卿是大功，无须在乎张长史之言。”孙权西行攻打黄祖，打败黄祖，俘虏其部众。此后，孙权授予甘宁兵权，驻扎在当口。[①]

①《吴书》记载：当初，孙权攻破黄祖，先制作两个盒子，欲以盛黄祖及苏飞的头颅。苏飞令人向甘宁告急，甘宁回复：“苏飞若不言，我岂能忘记？”孙权为诸将置酒，甘宁离席，跪在地上叩头，涕血交流，哀告孙权：“苏飞在往昔，对甘宁有旧恩，甘宁没有苏飞，只能弃尸骸于沟壑，不能报效主公，在主公麾下效命。而今，苏飞罪当受戮，特向将军乞求，宽宥苏飞。”孙权受到感动，问甘宁：“今为君赦免苏飞，苏飞将归向何处？”甘宁答：“苏飞免受被杀之祸，再领重生之恩，驱逐尚不肯走，岂会逃亡！若苏飞逃亡，甘宁愿以人头担保。”孙权赦免苏飞。

后来，甘宁跟随周瑜，赤壁之战，在乌林打败曹公，在南郡攻打曹仁，甘宁未能破城。甘宁建议，先攻取夷陵，之后，甘宁率领军队攻取夷陵，驻扎在夷陵坚守。当时，甘宁手下仅有数百名士兵，加上新俘虏的敌军，也不过一千人。曹仁派出五六千人，围困甘宁，甘宁在城中固守，连续多日，曹军建造高楼，从高楼上向城中放箭，士兵害怕，甘宁却谈笑自若，派遣使者报告周瑜，周瑜采用吕蒙的计策，率领诸将，前来解围。后来，甘宁跟随鲁肃镇守益阳，抵御关羽。关羽号称有战士三万，亲自挑选精兵五千，直奔益阳大河上游十余里浅滩处，声称欲趁着夜色渡河。鲁肃与诸将商议。甘宁手下有三百名士兵，甘宁说：“可为我再增加五百名士兵，我去对付关羽，保证关羽听到我的咳嗽，就不敢再涉水渡河，一旦涉水渡河，必为我所擒。”鲁肃挑选一千士兵，拨付甘宁，甘宁连夜赶往上游。关羽听说甘宁赶到，遂停止渡河，安营扎寨，今天，渡河的地方仍然被人称为关羽濑。孙权赞赏甘宁临危不惧，立下战功，拜甘宁为西陵郡太守，属下有阳新、下雉两个县。

后来，甘宁跟随孙权进攻皖城，担任都督。甘宁手持长绳，攀登城墙，率先登上城墙，攻破皖城，擒获朱光。在评定战功时，吕蒙的功劳最大，甘宁次之，孙权拜甘宁为折冲将军。

后来，曹公出兵濡须，甘宁担任前部都督，接受孙权敕令，出营杀向敌军。孙权特地赐予美酒、佳肴，甘宁将赏赐的美酒、佳肴转赐予手下一百余人。大家畅饮美酒，甘宁先用银碗盛满美酒，自饮两碗，而后又斟满美酒，递给帐下都督。都督伏在地上，不肯起身。甘宁拔出利刃，放在膝上，呵斥都督："卿受至尊信任，与甘宁相比，又如何？甘宁不怕死，卿为何如此怕死？"都督看到甘宁声色俱厉，起身拜受美酒，甘宁又向每个士兵的银碗中斟满美酒。时至二更，甘宁率领士兵，衔枚出营，杀向敌军。敌军受到震动，向后撤退。甘宁更加受到孙权信任，又增加兵力二千人。①

①《江表传》记载："曹公出兵濡须，号称步骑四十万，将饮马长江。孙权率领吴军七万，应战曹军，派甘宁率领三千人为前部都督。孙权敕令甘宁在夜晚攻入魏军大营。甘宁选出手下健儿一百余人，径直奔向曹公的大营，先拔去鹿角，翻越壁垒，攻入营中，斩杀数十人。北军惊骇，举火如星，甘宁已经撤出曹营，凯旋，作鼓吹，称万岁，当夜来见孙权，孙权惊喜道："足以惊骇老子？聊以观卿胆量。"当即赐予甘宁绢一千疋，快刀百口。孙权说："曹孟德有张辽，孤有甘兴霸，足以匹敌。"两军对峙一个月，曹军撤退。

甘宁虽然作战勇猛，喜欢杀戮，然而，甘宁性情开朗，也善于运用谋略，轻财好义，能够用金钱豢养健儿，健儿皆愿意为甘宁效命。建安二十年，甘宁跟随孙权攻打合肥，军中暴发瘟疫，只好撤退，孙权留下车下虎贲勇士一千人，命令将军吕蒙、蒋钦、凌统及甘宁，跟随孙权，驻扎在逍遥津北。张辽眺望东吴大军，发现东吴军中有变化，随即率领步骑掩杀过来。甘宁引弓射箭，与凌统死战不退。甘宁厉声喝问军中为何没有鼓吹声响，浩然之气，丝毫不减，孙权颇为欣赏。①

①《吴书》记载：凌统怨恨甘宁杀了父亲凌操，甘宁常防备凌统，不与其相见。孙权也命令凌统不得报仇。甘宁在吕蒙馆舍聚会，大家酒酣耳热，凌统站起身来，拔刀起舞。甘宁也站起来，说："甘宁能舞双戟。"吕蒙讲："甘宁虽然能舞双戟，不如吕蒙的武艺精湛。"吕蒙操刀持盾，用身体隔开二人。后来，孙权知道凌统之意，令甘宁率领士兵，移驻半州。

甘宁的厨子犯下过错，出走投奔吕蒙。吕蒙担心甘宁会杀了这位厨子，故没有交还。后来，甘宁带着礼物来拜见吕蒙的母亲，正要升堂拜谒，吕蒙把这位厨子交还给甘宁。甘宁答应吕蒙不会杀这位厨子。及至返回船上，甘宁还是把这位厨子绑在桑树上，亲自弯弓搭箭，射杀这位厨子。而后，甘宁敕令船夫，再为大船增加一条缆绳，解开衣服躺卧在船上。吕蒙听说后，勃然大怒，击鼓集合士兵，欲在船上攻打甘宁。甘宁听到吕蒙杀来，仍然躺卧在船上，并未起身。吕蒙的母亲光着双脚，追赶儿子，劝说吕蒙："主公待你如骨肉至亲，将大事托付于你，为何因为私怨，就要去杀甘宁？甘宁被杀之日，即使主公不过问，你作为臣下，也是犯法。"吕蒙素来笃孝，听了母亲的话，豁然释意，遂登上甘宁的大船，笑着招呼甘宁：“甘兴霸，老母为卿准备了酒食，赶快上岸！”甘宁不免涕泣，流着眼泪，对吕蒙说：“辜负了卿。”与吕蒙一起返回，拜见吕母，欢宴终日。

甘宁去世，孙权非常痛惜。甘宁的儿子甘瑰，因为有罪，被流放至会稽郡，不久去世。

凌统，字公绩，吴郡余杭县人。父亲凌操，为人任侠，有胆气，孙策开始起兵，每当出兵征伐，凌操常担任前锋，不避危险。后来，凌操代理永平县长，平定山区越人，狡猾的越人不得不收手，不敢再作乱，凌操升任破贼校尉。及至孙权继承父兄创立的基业，统领东吴军国大事，凌操跟随孙权，讨伐江夏。大军进抵夏口，凌操奋勇当先，率先登岸，攻破敌军前锋，吴军轻舟急进，凌操被流箭射死。

凌统当年十五岁，孙权身边人多称赞凌统，孙权也以凌操死于国事，拜凌统为别部司马，代行破贼都尉职事，令凌统率领父亲原来率领的军队。后来，凌统跟随孙权攻击山区贼寇，孙权攻破贼寇驻扎的屯聚，先行返回，麻屯还有贼寇一万人，凌统与都督张异等继续攻打，约定好会攻日期。此前，凌统与都督陈勤饮酒，陈勤为人勇猛刚强，有些任性使气，在酒宴上劝酒，欺侮参加酒宴者，举杯罚酒，不按照常理。凌统厌恶陈勤这样行事，侮慢众人，当面叱责陈勤，毫不客气。陈勤大怒，辱骂凌统，还捎带上凌统的父亲凌操，凌统当时流下眼泪，没有作声，众人见势不妙，纷纷离席。陈勤趁着酒气，越发狂悖，又在路上侮辱凌统。凌统忍无可忍，拔出刀来，砍杀陈勤，数日后，陈勤死于刀伤。等到要攻打屯聚时，凌统说：“不拼死作战，无以谢罪。”率领士卒奋勇争先，身冒矢石，拼命冲杀，很快打开缺口，诸将乘胜冲进去，大破贼寇。撤军时，凌统自我绑缚，来见军正。孙权感叹凌统作战勇猛，遂以军功，因戴罪立功，赦免凌统。

后来，孙权再次征伐江夏，凌统担任前锋，与部下数十名亲信健儿乘坐一条大船，距离大军有数十里。凌统进入右江，斩杀黄祖的部将张硕，俘虏船上的人员。返回后，向孙权报告，又引军日夜兼程，水陆并进。当时，吕蒙打败黄祖的水军，凌统又攻克黄祖的江夏城，吴军大获全胜。孙权任命凌统为承烈都尉，赤壁之战，与周瑜等在乌林大败曹公，吴军既而围困曹仁，凌统升任校尉。凌统虽然身在军旅，却能够亲近士人，礼贤敬士，轻财重义，有国士之风。

凌统跟随孙权攻破皖城，受拜为荡寇中郎将，兼领沛国相，与吕蒙等向西攻取荆州属下长沙郡、零陵郡、桂阳郡三郡。从益阳返回，凌统又跟随孙权进攻合肥，担任右部都督。孙权撤军，前部已经出发，魏国将军张辽等从津北掩杀过来。孙权派人追回出发的部队，部队走得很远，难以追回，凌统率领三百名亲信壮士，突破重围，救出孙权。魏军此时拆毁桥梁，只剩下两块木板，孙权策马扬鞭，凌统回身再战，身边人死伤殆尽，凌统也身负多处创伤，仍然力战不退，杀死魏军数十人，看到孙权已经脱险，这才脱离战阵。桥梁损毁，道路被阻断，凌统身披铠甲，从小路潜行。孙权登上御船，再次看到凌统，不禁惊喜莫名。凌统身边的壮士，无一人返回，凌统痛哭失声。孙权脱下战袍，为凌统擦去眼泪，安慰凌统："公绩，死者已逝，只要卿还在，何患无人？"[①]战后，孙权拜凌统为偏将军，又加倍增加凌统的兵力。

①《吴书》记载：凌统伤势很重，孙权把凌统留在大船上，脱去全身的衣服。凌统身上的创伤，幸赖有卓氏良药，才得以不死。

当时，有人向孙权推荐同郡人盛暹，认为此人慷慨大度，领兵能力胜过凌统，孙权说："只要能像凌统一样，足矣。"后来，孙权在夜晚召见盛暹，当时，凌统已经睡下，听到盛暹来见，披衣出门，拉着盛暹的手，进来谒见孙权。凌统就是这样，对英雄惺惺相惜，并不嫉妒他人。

凌统认为山区人大多勇敢、强悍，对他们可以恩威并施，加以招诱，孙权命令凌统到东部山区招募战士，对不从者可以讨伐，又命令属下城邑，凡凌统战时所需的物资，皆优先供给，事后再奏闻。凌统素来爱惜战士，统领的战士也敬慕凌统，凌统招募精兵一万人，路过家乡余杭县，凌统走进县衙，拜谒县长。凌统手执笏板，向县长三次下拜，恭敬有礼，对家乡的故旧，施以恩惠，情意甚隆。诸事办理完毕，应该启程，凌统突然发病，很快病逝，享年四十九岁。孙权听到消息，拊床起身，坐在床沿上，悲泣哀痛，很久不能停止，有几日减少膳食，一谈起凌统，就忍不住流下眼泪，孙权令张承为凌统撰写诔文，刻碑勒石。

凌统两个儿子凌烈、凌封，都只有几岁大，孙权令人把他们带到宫中，亲自抚养，像对待儿子一样，宾客来见，孙权便把他们引出来，介绍给客人，说："这是我的虎子。"及至二人长到八九岁，孙权令葛光教他们读书，每十日一次，教他们学习骑马。孙权追述凌统的战功，封凌烈为亭侯，后来，又把凌统的部队交予凌烈指挥。及至凌烈犯下罪过，被免去职务，孙权又让凌封继承爵位，再次领兵。[①]

①孙盛曰：观察孙权豢养士人，倾心对待，以求士人竭尽忠诚，为其效力，泣周泰之痍，殉陈武之妾，请吕蒙之命，育凌统之孤，卑曲苦志，如此勤勉。是故虽美德不闻，仁泽内著，因而能统御荆吴，称霸很久，确实有其道理。然而，霸王之道，期于大者远者，是以先王建立德义之基础，恢宏信顺之根基，制定经略之纲纪，明确贵贱之位序，易简而其亲可久，体全而其功可大，岂委琐近务，邀利于当年？《论语》曰："虽小道，必有可观者焉，致远恐泥。"的确如此！

徐盛，字文向，琅琊郡莒县人。当时，天下大乱，徐盛客居吴县，以勇气过人，在当地闻名。孙权继承父兄创立的基业，统领东吴军国大事，任命徐盛为别部司马，授予兵权，率领五百人，又代理柴桑县长，抵御黄祖。黄祖的儿子黄射，曾经率领数千人前来攻打徐盛。徐盛身边只有不到二百名士兵，与黄射对阵，射杀黄射士卒一千余人，徐盛又打开城门，与黄射大战，大败黄射。黄射撤出柴桑县，再也不敢来犯。孙权任命徐盛为校尉，兼领芜湖县令。徐盛讨伐临城县南山贼寇有功，升任中郎将，率领五校兵。

曹公出兵进攻濡须，徐盛跟随孙权抵御曹公。魏军曾大举进攻横江，徐盛与诸将一起赶赴前线。当时，吴军乘坐艨艟战舰，遇上飓风，船漂到魏军一方岸边，吴军诸将恐惧，没有人敢登岸迎战，徐盛独自率领士兵离船登岸，奋力砍杀敌人，魏军被迫退走，有很多人被吴军杀伤，飓风停止，吴军撤回，孙权看到徐盛临危不惧，大为赞赏。

及至孙权向魏国自称藩臣，魏国使者邢贞拜孙权为吴王。孙权在都亭迎接邢贞，邢贞面带骄色，张昭异常愤怒，而徐盛则更加激愤，回头对同僚讲："徐盛等不能奋身报国，为国家攻下许都、洛阳，吞并巴蜀，而令我们国君与邢贞举行盟誓，不亦羞辱乎！"说罢涕泗交流。邢贞听到，对身边的随从讲："江东有这样的将相，终不能久居他人之下。"

后来，徐盛升任建武将军，受封为都亭侯，兼领庐江郡太守，孙权把临城县作为徐盛的食邑。刘备进驻西陵，徐盛率领吴军，攻破蜀军的营寨，所向披靡，立下战功。曹休出兵洞口，徐盛与吕范、全琮渡过长江，与魏军对峙。在江上，吴军战船遭遇大风，船毁人亡，徐盛收拾残军，与曹休夹江设立营寨。曹休派兵乘坐战船，攻打徐盛，徐盛以少胜多，曹军不能取胜，各自引军撤回。徐盛改任安东将军，受封为芜湖侯。

后来，魏文帝曹丕大肆举兵，欲渡过长江，征伐东吴，徐盛向孙权献策，从建业起，修筑营垒，设置障碍，营垒上修建假楼，江中安排浮船。吴军诸将认为，这样做毫无益处，徐盛不听，还是这样做了。文帝进抵广陵，隔江眺望，不禁愕然，东吴的营垒绵延数百里，而长江正在涨水期，只好引军撤退。诸将这才佩服徐盛的谋划。①

①干宝著《晋纪》记载：所云疑城，已在吴主的传中有注解。

《魏氏春秋》记载：文帝叹息道："魏国虽然有武士骑兵千群，无所用也。"

黄武年间，徐盛去世。嗣子徐楷，继承爵位，继续领兵。

潘璋，字文珪，东郡发干县人。孙权曾担任阳羡县长，潘璋追随孙权。潘璋性情豪放，喜欢饮酒，家里贫困，只好赊酒喝，债主上门逼债，潘璋告诉债主，等富贵了再还钱。孙权喜欢潘璋的豪放，令潘璋招募士兵，得到一百余人，孙权任命潘璋为将军。潘璋讨伐山区贼寇有功，孙权又任命潘璋为别部司马。后来，潘璋在吴县担任大市刺奸，盗贼绝迹，从此以后，潘璋知名，升任豫章郡西安县长。刘表驻扎在荆州，东吴民众多次被抢掠，自从潘璋上任，贼寇不敢再入境。邻县建昌县发生贼寇骚乱，潘璋兼领建昌县长、武猛校尉，惩治恶人，旬月间，贼寇荡平，潘璋招募遗散的贼寇，得到八百人，带回建业。

合肥之役，张辽率领魏军掩杀过来，吴军诸将没有准备，陈武战死，宋谦、徐盛败走，潘璋担任后卫，纵马疾驰，挥刀斩杀宋谦、徐盛的两名逃兵，其他士兵只好回过头来，继续与魏军大战。孙权感叹潘璋处事果断，升任潘璋为偏将军，随后，潘璋率领百校军队，驻扎在半州。

孙权讨伐关羽，潘璋与朱然截断关羽的退路，吴军进抵临沮，驻扎在夹石。潘璋的部下马忠生擒关羽和关羽的儿子关平、都督赵累等。孙权划分宜都郡的巫县、秭归县，设置为固陵郡，拜潘璋为固陵郡太守，兼领振威将军，封为溧阳侯。甘宁去世，潘璋兼领甘宁的部队。刘备出兵夷陵，讨伐东吴，潘璋与陆逊合力抵御刘备，潘璋的部下斩杀刘备的护军冯习等，潘璋部杀伤蜀军的人数很多，孙权拜潘璋为平北将军，兼领襄阳郡太守。

魏国将军夏侯尚等围困南郡，分出前部三万人，建造浮桥，渡过长江，进抵百里洲，诸葛瑾、杨粲聚集兵力，前来救援，不知该从何处出击，而魏军每日有大量的军队跨过浮桥。潘璋说："魏军兵势正盛，江水又浅，未可与其决战。"潘璋率领所部，进抵魏军上游五十里，砍伐芦苇数百万捆，捆绑成大筏，顺流放火，欲烧毁浮桥。制作大筏完毕，长江涨水，大筏燃起，顺水而下，夏侯尚引军撤退。潘璋顺着江流，下移至陆口。孙权登上帝位，拜潘璋为右将军。

潘璋为人勇猛刚强，军中整肃，号令严明，热衷于建功立业，潘璋率领的士兵不过数千人，其任职地方，常令人感到似乎有上万人。征伐停止，潘璋就会在军营附近设立军市，其他军队缺少军需物资，皆依赖潘璋供给。然而潘璋生活奢侈，晚年尤其如此，享用的服饰用品，有很多僭越制度。手下官兵富有者，有人随意杀人，抢劫财物，多次违法。有关官员弹劾潘璋，因为潘璋有战功，孙权总是予以宽宥，没有惩治。嘉禾三年，潘璋去世。儿子潘平，为人无行，犯下大罪，被流放至会稽郡。潘璋的妻子住在建业，孙权赐予田宅，免除五十家赋税。

丁奉，字承渊，庐江郡安丰县人。年少时，丁奉以骁勇善战，担任小将，隶属于甘宁、陆逊、潘璋等。多次随军征战，战斗中常奋不顾身。每次出征，都会斩将搴旗，身上多处有战伤。稍后，丁奉担任偏将军。孙亮即位，拜丁奉为冠军将军，封为都亭侯。

魏国派遣诸葛诞、胡遵等攻打东兴，诸葛恪率领吴军迎敌。诸将皆认为："敌军听说太傅亲自率军前来，一定会上岸遁走。"丁奉独自认为："不然。魏国在国内动员，诸葛诞率领许都、洛阳的所有军队，大举进攻，一定有所图谋，岂能虚晃一枪，就草草撤军？不可只想着敌军还未到达，我们要有所准备，才能克敌制胜。"及至诸葛恪离船登岸，丁奉与将军唐咨、吕据、留赞等，一起从山的西面开进。丁奉说："如今诸军行动迟缓，若敌军占据有利地形，则难以与其争锋。"于是，丁奉为吴军诸将开辟通道，使诸将率领大军顺利开进，丁奉率领部下三千人，径直前进。当时，北风呼啸，丁奉的大船生起船帆，两天后到达目的地，遂占据徐塘。天气异常寒冷，下着大雪，魏军诸将置酒高会，丁奉看见魏军前部的兵员很少，对部下讲："获得封侯拜爵的机会，就在今日！"丁奉派出部队，解开铠甲、头盔，手持短兵器。魏军正在欢宴谈笑，毫无戒备。丁奉纵兵砍杀，大败魏军前部。此时，吕据等率军赶到，魏军溃败。丁奉升任灭寇将军，晋升爵位为都乡侯。

魏将文钦来降，孙亮任命丁奉为虎威将军，跟随孙峻至寿春迎接文钦，与魏军追兵在高亭相遇，双方大战。丁奉跨上战马，手持长矛，冲入魏军阵中，斩杀数百人，缴获其军资、武器，战后，孙亮晋升丁奉爵位为安丰侯。

太平二年，魏国大将军诸葛诞举寿春来降，司马懿率领魏军围困诸葛诞。孙亮派遣朱异、唐咨等前往救援，又派丁奉与黎斐前去为诸葛诞解围。丁奉率先抵达，驻扎在黎浆，力战魏军有功，孙亮拜丁奉为左将军。

孙休即位，与张布谋划，欲诛杀孙綝，张布说："丁奉虽然不懂得文吏之事，然而谋略过人，能够决断大事。"孙休召来丁奉，告知其计划："孙綝秉持国威，有不轨之邪行，欲与将军诛杀孙綝。"丁奉答："丞相的兄弟、朋党甚多，恐怕人心各异，不能很快制服，可以借着腊日朝会，用陛下身边的士兵，将其诛杀。"孙休采纳丁奉的计策，借着腊日祭拜祖宗，请来孙綝，在祭拜时，丁奉与张布用眼睛示意，左右人遂动手斩杀孙綝。丁奉升任大将军，兼左右都护。永安三年，丁奉持符节，兼领徐州牧。永安六年，魏军讨伐蜀国，丁奉率领吴军进攻寿春，为了挽救蜀国危亡的局面，吴国出兵相助。蜀国灭亡，丁奉率军撤回。

孙休去世，丁奉与丞相濮阳兴等听从万彧的谏言，共同迎接孙皓即位，丁奉改任右大司马、左军师。宝鼎三年，孙皓诏命丁奉与诸葛靓攻打合肥。丁奉写信给晋国大将石苞，借此栽赃石苞，离间魏国君臣，石苞被召回京师。建衡元年，丁奉率领大军，驻扎在徐塘，趁势攻打晋国的谷阳。谷阳的民众得到消息，纷纷撤走，丁奉无所缴获。孙皓发怒，斩杀丁奉的军中向导。建衡三年，丁奉去世。丁奉在军中位尊贵显，而且屡立战功，骄矜自恃，有人乘机谮毁丁奉，孙皓追究此前出军进攻谷阳之事，将丁奉的家眷流放至临川。丁奉的弟弟丁封，官至后将军，先于丁奉去世。

陈寿评论如下：以上诸将，皆为江东的虎贲良将，孙氏之所以优待，因为这些良将忠君爱国。潘璋不注重品行修养，孙权能宽宥其过失，孙权巩固江东，潘璋功不可没！陈表是将门后代，与贵胄子弟、当世名人，并驾齐驱，可谓出类拔萃，不亦美乎！

吴书十一

朱治朱然吕范朱桓传第十一

朱治，字君理，丹杨郡故鄣县人。当初，朱治担任县里的小吏，后来，被举荐为孝廉，在州部担任从事，跟随孙坚南征北战。中平五年，孙坚拜朱治为幕府司马，朱治跟随孙坚讨伐长沙郡、零陵郡、桂阳郡贼寇周朝、苏马等，立下战功，孙坚上表，任命朱治为代理都尉。朱治跟随孙坚在阳人聚打败董卓，进入洛阳。孙坚上表，任命朱治代理督军校尉，率领步骑兵，东进援助徐州牧陶谦，征剿黄巾军。

不久，孙坚去世，朱治辅佐孙策，暂时依附于袁术。后来，朱治发现袁术政治混乱，有谋逆野心，劝谏孙策离开袁术，率军渡过长江，平定江东。当时，太傅马日磾在寿春，征召朱治，任命为府掾，后来，朱治又担任吴郡都尉，吴景已经占领丹杨郡，而孙策正在为袁术攻打庐江郡，刘繇担心会被袁术、孙策兼并，双方遂有了矛盾。孙策的家眷还留在扬州，朱治派人前往曲阿迎接太妃及孙权兄弟，尽力抚养、保护他们，对孙氏有恩义。朱治从钱唐进入吴郡，吴郡太守许贡在由拳阻击朱治，朱治与许贡大战，打败许贡。许贡南下投奔山贼严白虎，朱治遂攻入吴郡，暂时代理郡太守。孙策赶走刘繇，东进平定会稽郡。

孙权十五岁时，朱治举荐孙权为孝廉。后来，孙策因战伤去世，朱治与张昭等共同拥护孙权继承父兄创立的基业。建安七年，孙权上表，任命朱治为吴郡太守，代行扶义将军职事，划出割娄、由拳、无锡、毗陵作为朱治的食邑，可以自行设置县长、县吏。朱治征讨南方越夷，协助孙权平定东南，擒获黄巾军余寇陈败、万秉等。黄武元年，孙权登上帝位，封朱治为毗陵侯，仍然兼领吴郡太守。黄武二年，孙权拜朱治为安国将军，佩带金印紫绶，改封为故鄣侯。

孙权此前历任上将，及至成为吴王，朱治每次觐见，孙权常亲自迎接，手持笏板，双方对拜。孙权设宴招待朱治，对朱治很尊敬，朱治的随从官吏，带着礼品，拜见孙权，都能受到特别礼遇。

当初，孙权的弟弟孙翊，性情暴躁，喜怒无常，只凭着一时痛快行事，朱治多次教导，向孙翊晓谕做人的道理。孙权的堂兄豫章郡太守孙贲，把女儿嫁给曹公的儿子，及至曹公收复荆州，威震南方，孙贲恐惧，欲派遣儿子到许都去，充当人质。朱治听说后，前去见孙贲，向其陈述江东安危之势，[①]孙贲听罢，遂打消想法。

①《江表传》记载：朱治劝说孙贲："破虏将军孙坚昔日率领义兵讨伐董卓，威震华夏，义士赞赏孙坚的义举。讨逆将军孙策继承父亲的遗志，廓定江东六郡，以君侯骨肉至亲，才器因时而生，故上表朝廷，与君侯剖符，拜授大郡太守，兼领将军，率领军队安排将校，将军依然与两府关系密切，荣冠宗室，为远近所瞻仰。加上讨伐贼寇，将军聪明神武，继承父兄的宏业，招揽英雄，以济世务，军队人数不断增加，事业兴隆，即使昔日萧王刘秀在河北征战，也不能相比。孙氏在江东奠定王霸基业，应运东南。故刘玄德远布腹心，请求江东救援，此天下所共知。此前在下听说，路上有传言，说将军有异志，在下顿感到困惑。而今曹公率领大军，占领荆州，有倾覆汉室的野心，幼帝流离，百姓元元，不知所归。而中原萧条，百里荒无人烟，城邑空虚，道路饿殍见野，士人叹于外，妇人怨于室，加上师旅征伐，民众饱受蹂躏，陷于饥馑，以此看来，岂能渡过长江与我争利？将军在此时，欲背弃骨肉至亲，背离万安之计，割去同族之肤，啖食虎狼之口，为了一个女儿，改虑易图，失之毫厘，差以千里，岂不可惜！"

孙权常叹息朱治严于律己，恪尽职守，为东吴的王事而操心。朱治生活俭朴，身处高位，享有富贵，车服仅供公事使用，孙权对此颇为欣赏，特别下令督军御史负责各城邑的文书，朱治安享四个县的租税。然而，王公子弟及东吴四大家族，大多在郡县任职，郡府的官吏动辄上千，朱治每隔几年，都要派他们前去王府，所用官吏仅有数百，每年按时贡献方物，孙权则会以厚礼回报。当时，丹杨郡处于边远山区，有很多为非作歹的奸人作乱，朱治年老体弱，思恋故土，上表回到丹杨郡（故鄣郡）镇抚山区的越人。回到丹杨郡后，很多父老故旧前来拜谒朱治，朱治请他们进到府衙，与他们欢聚宴会，乡亲们以此为荣。在丹杨郡一年多，朱治又返回吴郡，黄武三年，朱治去世，在郡太守任上三十一年，享年六十九岁。

嗣子朱才，原来担任校尉，率领军队，继承朱治的爵位，升任偏将军。[①]朱才的弟弟是朱纪，孙权把孙策的女儿嫁给朱纪，朱纪以校尉领兵。朱纪的弟弟朱纬、朱万岁，早夭。朱才的嗣子朱琬继承爵位，担任将军，官至镇西将军。

①《吴书》荆州：朱才，字君业，为人聪明、机敏，善于骑射，孙权对朱才的才能很惊讶，

予以特别信任，朱才常侍从孙权游戏。年少时，朱才以父亲的职务，担任武卫校尉，领兵随从征伐，屡建战功。本郡议者认为，朱才年少，而身份尊贵，在乡党中，对朱才并未留意。朱才叹息道：“我当初担任将领，以为跨马征战，身先士卒，足以扬名，不知道乡党对我的看法，竟然默视无闻！”于是，朱才折节为恭，留意于宾客，轻财好义，施不望报，又学习兵法，名声闻于远近，不幸早逝。

朱然，字义封，是朱治姐姐的儿子，原来姓施。当初，朱治没有儿子，朱然年龄十三岁，朱治禀告孙策，请求以朱然为嗣子。孙策命令丹杨郡以羊酒召来朱然，朱然到了吴郡，孙策以礼祝贺朱治。

朱然曾经与孙权在同一个老师处读书，相互间情谊甚笃。及至孙权继承父兄的基业，统领江东事务，孙权任命朱然为余姚县长，当年，朱然十九岁。后来，朱然升任山阴县令，兼领折冲校尉，都督五县。孙权很欣赏朱然的才能，划出丹杨郡一部分，设置临川郡，任命朱然为临川郡太守，①拨付朱然二千名士兵。当时，山区越人贼寇很活跃，朱然平定贼寇，旬月间逐一平定。曹公出兵濡须，朱然防守大船坞及三关屯，孙权拜朱然为偏将军。建安二十四年，朱然跟随吕蒙讨伐关羽，另外率领一支军队与潘璋在临沮生擒关羽，升任昭武将军，受封为西安乡侯。

①裴松之按：此郡经过查找，并非今天的临川郡。

虎威将军吕蒙病重，孙权问：“卿如果一病不起，谁可以代替卿？”吕蒙答：“朱然有胆略，谨修品行，操守有余，愚以为朱然可以。”吕蒙去世，孙权授予朱然符节，镇守江陵。黄武元年，刘备举兵伐吴，攻打宜都，朱然率领五千人，与陆逊合力抗拒刘备。朱然率领一支军队，攻破刘备的前锋，断其后路，刘备惨遭败绩，撤军退走。夷陵之战后，孙权拜朱然为征北将军，封为永安侯。

魏国派遣曹真、夏侯尚、张郃等攻打江陵，魏文帝亲自领兵出征，驻扎在宛城，为曹真等助势，魏军的营寨，重重叠叠，围住江陵。孙权派遣将军孙盛，率领一万人在百里洲备战，建立坞垒，作为朱然的后援。张郃指挥魏军，渡江攻上百里洲，进攻孙盛，孙盛不敌张郃，撤军退走，张郃遂占据百里洲，围困洲吴军，朱然内外交困。孙权派遣潘璋、杨粲等前来解围，而魏军的围困迟迟不退。朱然城中的士兵，很多人患上浮肿病，能战者只剩下五千人。曹真等堆起土山，挖掘地道，建立攻城的橹车，魏军的箭矢如雨点般落下，将士们大惊失色。然而，朱然依然面不改色，毫不畏惧，厉声命令战士，趁着魏军攻城的间隙，摧毁魏军的两座屯聚。魏军攻打朱然六个月，仍然不肯撤军。江陵县令姚泰领兵在城北门备战，看见城外的敌军强大，城中的人数很少，粮食将要耗尽，与魏军暗中勾结，欲充当魏军的内应。将要行动时，被发觉，朱然诛杀姚泰。

夏侯尚等不能攻克坚城，开始撤围。从此以后，朱然名震敌国，受封为当阳侯。

黄武六年，孙权亲自率领大军，进攻石阳，及至撤军，潘璋断后。夜晚出了差错，队伍发生混乱，魏军追击潘璋，潘璋不能制止乱兵。朱然当即留在后面，抵御追兵，待前面的船队驶出很远，朱然才带队撤军。黄龙元年，孙权拜朱然为车骑将军、右护军，兼领兖州牧。不久，因为兖州划归蜀国，孙权解除朱然的州牧职务。

嘉禾三年，孙权与蜀国约定日期，大举进兵，孙权进抵新城，朱然与全琮各自领受斧钺，担任左右都督，执掌兵权。恰逢很多士兵患上疾病，还未发起进攻，吴军撤军。

赤乌五年，朱然征伐柤中，[①]魏国将军蒲忠、胡质各自率领数千人，蒲忠占据险关要隘，妄图截断朱然的退路，胡质作为蒲忠的后援。在当时，朱然率领的军队已经分别向各路出发，惶急间，难以收回，朱然率领帐下亲兵八百，迎战魏军。蒲忠战事不利，胡质等撤退。[②]赤乌九年，朱然再次征伐柤中，魏国将军李兴等听说朱然率领吴军深入，率领步骑六千人，截断朱然的退路，朱然在夜晚迎战魏军，吴军转败为胜。此前，归义将军马茂心怀奸诈，被发觉后，朱然处死马茂，孙权仍然愤恨不已。朱然临行前，上疏："马茂这小子，胆敢辜负陛下的厚恩。臣今天将奉天威，此战一定能够克敌制胜，届时获得战绩，耀武扬威，远近皆知。战船横行长江，旌旗蔽野，足以可观，以解上下怨愤。敬请陛下记住臣的豪言，以观臣的后效。"孙权压下表章，没有回复。朱然向孙权献上捷报，群臣道贺，孙权举酒庆贺，然后拿出朱然的表章，说："此人上奏表章，孤以为未必能兑现，故没有回复，今日果然如其所言，可谓明于见事。"孙权派遣使者，拜朱然为左大司马、右军师。

①《襄阳记》记载："柤"音如"租税"之"租"。柤中在上黄界，距离襄阳一百五十里。魏国时，夷王梅敷兄弟三人，有部属一万余家住在此地，分布在中庐、宜城西山鄢、沔的山谷中，土地平坦，适宜种植桑麻，有水陆良田，沔水南边有膏腴沃土，谓之柤中。

②孙氏著《异同评》记载：《魏书》及《江表传》称朱然在景初元年、正始二年出山破敌，打败胡质、蒲忠，时间在景初元年。《魏志》接续《魏书》，不说胡质等被朱然打败，而说朱然撤军。《吴志》记载：赤乌五年，是魏国的正始三年，魏将蒲忠与朱然大战，蒲忠战事不利，胡质等撤军。按照《魏书·少帝纪》及吴主的传中记载，这一年并无战事，应该是陈寿误判，吴国嘉禾六年即赤乌五年。

朱然身高不足七尺，神清气爽，注重修养，其平生所重视者，唯有军中器械，其余皆朴素无华。朱然终日忙碌，谨守职责，思虑常在征战，每当遇到紧急情况，常能保持镇定，这一点，非常人所能及。即使没有战事，每日早晚，朱然都要擂响战鼓，士兵在营中，整装列队，以加强战备，敌方不知吴军有何行动，故每次临敌，朱然都能建立战功。诸葛瑾的儿子诸葛融，步骘的儿子步协，虽然继承父亲的事业，孙权特别诏令朱然，担任大都督，负责军事。陆逊去世，功臣名将存世者仅剩下朱然，无人能与之并列。朱然曾患病两年，病情加重，孙权为朱然的病情，白日食不甘味，夜晚睡不安眠，宫中为朱然送来医药及适口的食物，路上相望于道。朱然派人上表，奏报病情，孙权都要亲自召见，详细询问病情，朱然入宫则赐予酒食，出宫则赏赐布帛。创业功臣患病，孙权关怀备至，首先是吕蒙、凌统，其次是朱然。赤乌十二年，朱然去世，享年六十八岁，孙权素服举哀，为朱然的去世悲恸不已。嗣子朱绩继承爵位。

朱绩，字公绪，因为父亲的职务，担任郎官，孙权拜朱绩为建忠都尉。叔父朱才去世，朱绩率领叔父的军队，跟随太常潘濬讨伐五溪贼寇，以勇敢无畏而著称，升任偏将军营下督，负责盗贼事务，严厉执行法律。鲁王孙霸注意到朱绩，曾经到朱绩的官署，坐在朱绩的身边，欲与其交为朋友，朱绩起身站立，声称不敢当。朱然去世，朱绩继承父亲的事业，孙权拜朱绩为平魏将军、乐乡都督。第二年，魏国征南将军王昶率领魏军攻打江陵城，没有攻克，撤军。朱绩写信给奋威将军诸葛融："王昶远道而来，军旅疲惫，军马缺少食草，战力不足而退，此天助我也。今日追击王昶，恐怕兵力太少，可引兵助战，作为后援，我在前面攻破王昶，足下在后面乘胜追击，这绝非一人之战功，应该'二人同心，其利断金'。"诸葛融回信，赞同朱绩的想法。朱绩领兵在纪南追上王昶，纪南距离江陵三十里，朱绩初战告捷，然而诸葛融并未跟进，朱绩随后又战事失利。孙权嘉赏朱绩，愤怒斥责诸葛融，诸葛融的哥哥大将军诸葛恪身份尊贵，诸葛融才没有被撤职。当初，朱绩与诸葛恪、诸葛融的关系并不好，此战之后，矛盾加深。建兴元年，朱绩改任镇东将军。建兴二年春天，诸葛恪进军新城，命令朱绩合力并进，留下州中的事务，交予诸葛融兼理。当年冬天，诸葛恪、诸葛融被杀，朱绩又回到乐乡，持符节，统领军队。太平二年，孙亮拜朱绩为骠骑将军。孙綝秉政，大臣心中猜忌，朱绩担心东吴会发生内乱，而魏国会乘虚而入，暗中写信，联络蜀国，谈及东吴、西蜀会遭到兼并的忧虑。蜀国派遣右将军阎宇率领五千军队，以加强白帝城的守备，观察朱绩的动向。永安初年，朱绩升任上大将军、都护督，负责巴丘以上直至西陵峡的防务。元兴元年，孙皓拜朱绩为左大司马。当初，朱然为朱治治丧完毕，请求恢复本姓，孙权没有答应，朱绩在五凤年间上表请求恢复施姓，建衡二年去世。

吕范，字子衡，汝南郡细阳县人。年少时，吕范担任县吏，长相俊美，同邑人刘氏，家中富有，有一位女儿，长得很美，吕范向刘氏求婚，女儿的母亲嫌弃吕范，不想把女儿嫁给吕范，刘氏说："我观察吕子衡，怎么可能永久贫贱？"遂把女儿嫁给吕范。后来，吕范在寿春避乱，孙策看到吕范，颇有好感，吕范带领门客一百人，归附孙策。当时，太妃住在江都，孙策派遣吕范前去迎接。徐州牧陶谦说吕范是袁术的密探，示意县官逮捕吕范，严刑拷打，吕范的门客中的健儿夺回吕范。当时，吕范与孙河随侍在孙策身边，常常远途跋涉，不避艰难，孙策把吕范当作亲人看待，多次与吕范升堂拜见太妃，在太妃面前侍宴。

后来，吕范跟随孙策攻破庐江郡，回军东渡，进抵横江、当利，攻破张英、于麋，攻下小丹杨、湖熟，吕范兼领湖熟国相。孙策平定秣陵、曲阿，收编笮融、刘繇的余众，为吕范增加士兵二千人，骑兵五十人。吕范兼领宛陵县令，攻破丹杨郡贼寇，回军吴郡，改任都督。[①]

①《江表传》记载：孙策与吕范从容下棋，吕范说："而今将军事业宏大，军队强盛，吕范在远方，听说军中纲纪不够整肃，吕范愿意兼领都督，辅佐将军。"孙策说："子衡，卿是士大夫，手下已经有军队，在外可以立功，岂能屈尊担任这样的小职务，处理军中的那些琐碎杂事！"吕范说："不然。臣舍弃本土，辅佐将军，并非为了妻儿，臣辅佐将军，为的是济世救困。犹如同舟渡海，一事不牢，则同受其祸。这也是为吕范考虑，不仅为将军。"孙策笑了，并未回答。吕范出去后，换下文官服装，穿上武将服装，手执马鞭，来到阁下禀报，自称兼领都督，孙策授予吕范符传，委任诸事。从此以后，军中整肃，令行禁止。

在当时，下邳人陈瑀自称吴郡太守，住在海西，与当地豪强严白虎勾结。孙策亲自率军进攻严白虎，另外派遣吕范与徐逸在海西攻打陈瑀，斩杀陈瑀的大将陈牧。[①]吕范又跟随孙策在陵阳攻打祖郎，在勇里攻打太史慈，先后平定七个县，孙策拜吕范为征虏中郎将，讨伐江夏，回军平定鄱阳。

①《九州春秋》记载：初平三年，扬州刺史陈祎病逝，袁术派遣陈瑀兼领扬州牧。后来，袁术被曹公在封丘打败，南方人叛离陈瑀，陈瑀拒敌。袁术败走阴陵，用好言向陈瑀请求收留，陈瑀不懂得权术，又胆小怕事，没有收留袁术。袁术在淮北集结军队，转向寿春。陈瑀恐惧，派弟弟陈公琰向袁术请和。袁术执意进军，陈瑀退走下邳。

孙策去世，吕范前往吴郡奔丧。后来，孙权继承父兄创立的基业，再次讨伐江夏，吕范与张昭留守后方。

曹公进抵赤壁，吕范与周瑜等抵御曹公，大败曹军，孙权拜吕范为裨将军，兼领彭泽郡太守，孙权以彭泽、柴桑、历阳作为吕范的食邑。刘备来到京城谒见孙权，吕范暗中奏请孙权羁押刘备。后来，吕范改任平南将军，驻扎在柴桑。

孙权讨伐关羽，路过吕范的公馆，对吕范讲："此前，如果能听从卿的谏言，就不会有此番劳累。今日，我将沿江而上攻打关羽，卿为我留守建业。"孙权擒获关羽，回军，在武昌建都，拜吕范为建威将军，封为宛陵侯，兼领丹杨郡太守，治所设在建业，负责扶州以下至东海的军事，又把溧阳、怀安、宁国封给吕范，作为食邑。

曹休、张辽、臧霸等率领魏军，前来进攻东吴，吕范指挥徐盛、全琮、孙韶等，率领水军在洞口迎战曹休。吕范改任前将军，持符节，改封为南昌侯。当时，江面上刮起飓风，很多战船倾覆，船上很多人落水淹死，溺毙有数千人，吕范回军，受拜为扬州牧。

吕范性情豪爽，喜欢威仪，州里士民像陆逊、全琮及其他贵公子，都很敬仰吕范，对吕范毕恭毕敬，不敢放肆。吕范的居处及服饰，在当时可谓奢华，然而，吕范谨守职责，谨奉法律，孙权欣赏吕范的忠诚，并不怪罪吕范的奢侈。①

①《江表传》记载：有人告发吕范与贺齐奢靡无度，服饰僭越礼制，好似王者，孙权说："在往昔，管仲僭越礼制，齐桓公优待管仲，无损于霸业。今天，子衡、公苗，并没有管夷吾之失，而且，器械良好，舟车严整，这正符合整顿军容，对治理又有何损失？"告发者不敢再言。

当初，孙策令吕范掌管财务，孙权当时年少，私下里对吕范有所求，吕范一定会禀告孙策，不敢擅自决定满足孙权，因此，吕范受到孙策信任。孙权代理阳羡县长，为私事用了公家一些钱，孙策有时会审核财务，县衙功曹周谷为此事编造账簿，让孙策找不出毛病，孙权对周谷的临机应变很欣赏。及至后来孙权继承父兄创立的基业，掌握东吴的军政大权，认为吕范忠诚，反而信任吕范，认为周谷在做账时欺上瞒下，不用周谷。

黄武七年，吕范升任大司马，印绶还未发下，吕范病逝。孙权素服举哀，派遣使者追赠印绶。及至孙权将国都迁回建业，路过吕范的坟墓，呼喊吕范："子衡！"不禁涕泗交流，用太牢礼祭祀吕范。①

①《江表传》记载：当初，孙权移都建业，大会文武将相，当时，孙权对严畯讲："孤昔日叹息，鲁子敬堪比邓禹，吕子衡仿佛吴汉，期间，卿对此并未有评论、说辞，今日以为如何？"严畯避席，回答："臣并未理解主公的意思，认为鲁肃、吕范受到褒奖，有些过分。"孙权说："在往昔，邓仲华初次来见光武帝，光武帝当时受更始帝诏命，安抚河北，兼领大司马职事，还未有帝王之志。邓禹劝说刘秀复兴汉室，最早提出刘秀应该称帝。子敬可谓英雄，有着深谋远虑，孤当初与子敬一番倾谈，子敬便提到称帝之事，与邓禹相同，故以子敬比喻邓禹。吕子衡为臣忠贞、亮直，虽然喜欢奢靡，然而，子横忧公为先，不足以损其德行，子横离开袁术，归附哥哥孙策，哥哥任命子衡为大将，另外率领一支军队，子衡为哥哥考虑，自荐担任都督，整顿军纪，加上子衡恪尽职守，与吴汉相似，故以吴汉比喻。皆有旨趣，并非孤私意。"严畯这才信服。

吕范的长子早年去世，次子吕据继承爵位。吕据，字世议，以父亲的职务，担任郎官，后来吕范病重，孙权拜吕据为副军校尉，辅佐统领军事。吕范去世，吕据改任安军中郎将，多次率军讨伐山区贼寇，深入山区的险恶地带，所击必破。吕据跟随太常潘濬讨伐五溪蛮夷，立下战功。朱然攻打樊城，吕据与朱异攻破樊城外围，回军后，孙权拜吕据为偏将军，后来又入朝，担任马闲右部都督，升任越骑校尉。太元元年，江上刮起飓风，江水溢出堤岸，淹没城门，孙权观察水势，看见吕据派人调来大船，以防备水害，孙权颇为赞赏，拜吕据为荡魏将军。孙权患病，任命吕据为太子右部都督。太子孙亮即位，拜吕据为右将军。魏国出兵东兴，吕据赶赴前线，拒敌有功。第二年，孙峻杀了诸葛恪，改任吕据为骠骑将军，兼领西宫事务。五凤二年，吕据持符节，与孙峻等袭击寿春，回军时，遇上魏国将军曹珍，在高亭，双方大战，吕据大败魏军。太平元年，吕据率军进攻魏军，还未进抵淮河，听说孙峻去世，以堂弟孙綝接替孙峻的职务，吕据大怒，引军撤回，欲废黜孙綝。孙綝知道后，派中书奉诏书，诏令文钦、刘纂、唐咨等逮捕吕据，又派遣堂兄孙宪以京师的兵力，在江都截击吕据。左右人劝谏吕据投降魏国，吕据说："耻于成为叛臣。"遂自杀，之后，被孙綝夷灭三族。

朱桓，字休穆，吴郡吴县人。孙权担任将军，朱桓在将军幕府担任给事，后又担任余姚县长。上任后，遇上瘟疫，百姓遭灾，粮食价钱昂贵，朱桓派出县衙良吏，分头下去安抚百姓，送上医药，赈济粥饭，士民感恩戴德。朱桓改任荡寇校尉，领兵二千人，同时整编吴郡、会稽郡的军队，召集流民，一年之间，得到一万余人。后来，丹杨郡、鄱阳郡山贼蜂起，攻陷城邑，杀害县长、县吏，到处屯聚。朱桓率领诸将，与贼寇周旋，逐一平定。稍后，朱桓胜任裨将军，受封为新城亭侯。

后来，朱桓代替周泰，担任濡须都督。黄武元年，魏国派大司马曹仁率领步骑数万人，进攻濡须，曹仁欲以兵力袭击并攻取百里洲，事先扬言，欲向东攻打羡溪。朱桓分兵将要奔赴羡溪，大军就要出动，忽然得到战报，曹仁进军，距离濡须只有七十里远。朱桓派遣使者追回大军，吴军还未返回，曹仁的大军已至。当时，朱桓手中所掌握的兵力，不到五千人，诸将惊慌，皆有畏惧之心，朱桓向诸将晓谕道理："凡两军交战，胜负在于将领，而不在兵力众寡。诸君认为曹仁用兵行军，与朱桓相比，又如何？兵法讲客军要多于主军一倍，客军才能取胜，指的还是在平原作战，无城池防守，还有，客军与主军的战士要勇力一样，旗鼓相当。而今，曹仁并非智勇兼备，曹军的士兵又同样畏敌怯战，加上千里跋涉，人马疲惫，朱桓与诸军共同占据高大城池据守，南临长江，北倚山陵，以逸待劳，以主军制客军，此百战百胜之势。即使曹丕亲自领兵赶来，尚不足忧，更何况曹仁！"朱桓偃旗息鼓，对敌军示弱，以诱骗曹仁。曹仁果然派遣儿子曹泰攻打濡须城，又派遣将军常雕率领诸葛虔、王双等，乘坐油船袭击江中的沙洲。江中的沙洲，有很多吴军的家属安置在上面。曹仁亲自率领一万人留在橐皋，作为曹泰等人的后援。朱桓部署吴军攻取油船，另外派人攻击常雕等，朱桓亲自对付曹泰，焚烧魏军的营寨，而后撤退，斩杀常雕，生擒王双，送往武昌，临阵被杀及溺死在江中的魏军，有上千人。孙权嘉赏朱桓的战功，封朱桓为嘉兴侯，改任奋武将军，兼领彭城国相。

黄武七年，鄱阳郡太守周鲂向魏军诈降，诱骗魏国大司马曹休，曹休率领步骑十万人至皖城，以迎接周鲂。当时，陆逊担任吴国元帅，全琮与朱桓担任左右都督，各率领三万人迎击曹休。曹休发现被骗，本来应该率领魏军撤退，曹休自负魏军人数众多，欲打一仗再走。朱桓献上一计，说："曹休本来是以曹氏宗室受到信任，担负大将，并非智勇双全。今日一战必败，败必撤走，撤走时，当经过夹石、挂车两道，此两道皆路途险峻，如果用一万兵力，砍伐树木阻塞道路，可一鼓全歼曹军，而且还可以生擒曹休，臣愿意率领所部，以阻断曹休的退路。如果仰仗天威，得以生擒曹休，报效国家，便可率领吴军，乘胜长驱直入，攻取寿春，占有淮南之地，再攻取许都、洛阳，此乃万世一功，不可错失良机。"孙权先与陆逊商议，陆逊认为不可行，故此计没有施行。

黄龙元年，孙权拜朱桓为前将军，兼领青州牧，持符节。嘉禾六年，魏国庐江郡主簿吕习请求吴国派出大军接应，将打开大门，充当内应。朱桓与卫将军全琮一起，率领大军接应吕习。大军抵达，事情败露，吴军撤回，城外有河水，距离庐江城仅有一里多，宽三十余丈，水深八九尺，水浅的地方也有四五尺，吴军诸将率领部下渡河，朱桓亲自断后。当时，庐江郡太守李膺整顿部下，军容整肃，欲趁着吴军半渡之机，袭击吴军。及至看见朱桓在吴军后面布阵，不敢出击，对朱桓的忌惮，由此可见一斑。

在当时，全琮担任都督，孙权又令偏将军胡综传达诏命，并参与军事。全琮以大军出动，毫无斩获，欲派出部分军队掩袭魏军。朱桓素来心气高傲，耻于接受他人指挥，去见全琮，问其调兵的用意，言辞不免激烈，既而发怒，与全琮争吵。全琮解释："主上亲自令胡综领兵，胡综认为此计可行。"朱桓越发愤怒，回去后，又派人来喊胡综。胡综抵达军门，朱桓出来迎接，环顾左右人："我一挥手，你们就冲上去。"有一个人溜出去，把朱桓的话告诉胡综，胡综急忙离去。朱桓出军门，没有看见胡综，知道已有人通风报信，把报信的人砍杀。朱桓的佐军劝谏，朱桓又刺杀佐军，随后借口狂病发作，到建业治病。孙权怜惜朱桓有战功，没有加罪。①孙权派朱桓的儿子朱异暂时率领朱桓的部队，令医生前去为朱桓诊病，几个月后，又派朱桓，返回中洲。孙权亲自为朱桓饯行，对朱桓讲："而今贼虏仍在，王业征途漫长，孤当与君共同平定天下，欲令君率领五万人，独当一面，以图进取，孤想君的疾病，不会再复发吧。"朱桓答："上天授予陛下圣姿，陛下应当君临四海，今天托付臣重任，臣应当效命，清除奸逆，臣的疾病会很快痊愈。"②

①孙盛曰：《尚书》云：臣不可作威作福，作威作福，一凶于家，二害于国。朱桓残忍，犹如虎狼，人君尚且不可这样行事，更何况将相？《论语》讲：得一夫而失一国，纵罪亏刑，损失大焉！

②《吴录》记载：朱桓向前，奉觞道："臣当远去，愿捋一下陛下的虎须，不再有何遗憾。"孙权靠着几案，向前倾身，朱桓走到跟前，捋着孙权的胡须，说："臣今日真可谓捋虎须

也。”孙权大笑。

朱桓生性刚强，耻于屈居人下，每当临战接敌，受到上司指挥，不能自由行事，就会嗔怒，大声叫骂。然而，朱桓轻财好义，有很强的记忆力，与人见上一面，数十年不忘，朱桓率领的军队有上万人，战士的妻子、儿女等家人，朱桓都能认得。朱桓爱护吏士，赡养六亲，得到的俸禄、财产，与大家共享。及至朱桓受到疾病困扰，全军为之哀痛，赤乌元年，朱桓去世，享年六十二岁，全军上下，无论男女，莫不号啕痛哭。死后家中没有余财，孙权赐家属盐五千斛，帮助朱桓家属料理丧事。嗣子朱异继承爵位。

朱异，字季文，以父亲的职务，担任郎官，[①]后来，孙权拜朱异为骑都尉，代替朱桓领兵。赤乌四年，朱异跟随朱然攻打魏国樊城，献计先攻破魏军的外围。吴军撤军后，孙权拜朱异为偏将军。魏国庐江郡太守文钦的治所在六安，周围有很多屯聚，布置在交通要道，以招诱吴国叛亡者，成为边境一害。朱异率领部属二千人，掩杀过来，攻破文钦的七个屯聚，斩杀数百人，升任扬武将军。孙权与朱异谈论攻战之事，朱异有问必答。孙权对朱异的伯父骠骑将军朱据讲：“本来就知道季文胆略过人，今日所见，超过此前所闻。”建安十三年，文钦诈降，暗中向朱异送来书信，欲令朱异接应。朱异上表，呈上文钦的书信，并说其中有诈，不要接应文钦。孙权下诏：“而今北方尚未统一，文钦愿意归命东吴，应该派人去接应。如果担心文钦心怀奸诈，那么就设计，擒获文钦，布置重兵，以防备文钦使诈。”孙权派遣吕据率领二万人，与朱异合力，进抵北界，文钦果然诈降。建兴元年，朱异改任镇南将军，这一年，魏国派遣胡遵、诸葛诞率领魏军，出兵东兴，朱异率领水军攻打浮桥，拆毁浮桥，魏军大败。[②]太平二年，朱异持符节，担任大都督，率领吴军为寿春解围，战事不利，撤军，被孙綝冤杀。[③]

①《文士传》记载：张惇的儿子张纯与张俨及朱异的年龄都还小，去见骠骑将军朱据。据传说，三人有才艺，朱据欲试一试，告诉他们：“老家伙听说小将们有才，如饥似渴。骏马以奔驰为功，鹰隼以轻捷为妙，你们为我各赋一物，然后才能坐下。”张俨作犬赋：“守则有威，出则有获，韩卢、宋鹊，书名竹帛。”张纯作席赋：“席以冬设，簟为夏施，揖让而坐，君子攸宜。”朱异作弩赋：“南岳之干，钟山之铜，应机命中，获隼高墉。”三人各以自己想到、看到的事物作赋，辞赋完成，坐下，朱据大喜。

②《吴书》记载：朱异跟随诸葛恪围攻新城，新城难以攻破，朱异等谏言，宜尽速返回豫章，袭击石头城，不过数日，即可攻取。诸葛恪以书信晓谕朱异，朱异把书信丢在地上，说：“不用我计，而用傒子言！”诸葛恪大怒，即刻夺去朱异的兵权，废而不用，朱异返回建业。

③《吴书》记载：孙綝诏令朱异来见，朱异将去，担心陆抗阻止，朱异说：“子通是自家人，有何疑虑！”遂前去。孙綝命令力士，在座位上逮捕朱异。朱异问：“我是吴国忠臣，有何罪？”孙綝命令，拉出去杀头。

陈寿评论如下：朱治、吕范以旧臣，受到孙权信任、重用，朱然、朱桓以作战勇猛，性情刚烈而闻名，吕据、朱异、施绩皆有将帅之才，子承父业。像吕范、朱桓，虽然行为失范，最终得以善终，至于吕据、朱异，并无举措失当之处，最终却罹遭惨祸，所侍奉的主公不同，时移势易，结局也不相同。

吴书十二

虞陆张骆陆吾朱传第十二

虞翻，字仲翔，会稽郡余姚县人，[①]会稽郡太守王朗任命虞翻为郡府功曹。孙策讨伐会稽郡，虞翻当时遭遇父丧，身穿缞绖，前来拜谒太守，王朗出来迎接，虞翻脱下缞绖，进入郡府相见，劝王朗回避孙策。王朗不能采纳谏言，以武力迎战孙策，惨遭败绩，逃往海上。虞翻追随太守，随身保护，抵达东部候官县，候官县长紧闭城门，拒不接纳太守，虞翻劝谏，候官县长这才打开城门，接纳太守一行人。[②]王朗对虞翻讲："卿还有老母在，可以回去啦。"[③]虞翻回到家中，孙策任命虞翻为会稽郡功曹，以朋友之礼对待虞翻，亲自来到虞翻家，拜访虞翻。[④]

①《吴书》记载：年少时， 虞翻喜欢读书，颇有才气，十二岁时，有客人到家里来，等候虞翻的哥哥，不进虞翻的屋子，虞翻追上去，送给客人一本书，说："仆听说，虎魄不取腐败的芥子，磁石不吸弯曲的别针，过而不存，不亦宜乎！"客人得到此书，很诧异，由是认识虞翻。

②《吴书》记载：虞翻当初欲送王朗到广陵郡，王朗受到王方平蛊惑，说："有病魔来邀我，当到南岳相求。"故王朗南下，经过候官县，又欲投奔交州，虞翻劝谏王朗："这是妄书，交州并无南岳，为何前往交州？"王朗这才没有去。

③《虞翻别传》记载：王朗让虞翻去见豫章郡太守华歆，劝华歆起义兵。虞翻还未到达豫章郡，就听说孙策率军已经占领会稽郡，虞翻返回，恰逢父亲去世，虞翻以使命在身，没有回家，星夜追赶王朗至候官县。王朗让虞翻返回，虞翻这才回家奔丧。而传记载孙策率军过江，虞翻穿着缞绖丧服，前去府门拜谒，劝王朗回避孙策。内容完全不同。

④《江表传》记载：孙策写信给虞翻："今日之事，当与卿共同磋商，切勿认为孙策把卿当作郡吏看待。"

孙策喜欢骑在马上驰骋射猎，虞翻劝谏孙策："明府率领乌合之众，驱赶散漫之士，却能让他们为明君效力卖命，即使汉高祖也不及明府。至于明府微服出行，跟在身边的官吏却并不戒严，对于明府的安全，臣甚为担心。掌握大权的人，不重视威势，很难慑服部众，因此说，白龙穿上鱼服，被渔父豫且捕获，白蛇悠游荒野，被刘邦挥剑斩杀，愿明府稍加留意。"孙策答："君言是也。然而孤经常有所思考，坐在府中沉思，像春秋时的大夫裨谌，在谋划事情时，也要到外面去走走。"①

①《吴书》记载：孙策讨伐山越，斩杀越人首领，命令左右分头追逐山贼，独自骑马与虞翻在山中巡视。虞翻问左右安在，孙策答："他们全部去追剿山贼了。"虞翻说："太危险了！"让孙策下马："此地草深，一旦有惊急情况，马来不及控制，将军还是下马，手牵着马，比较稳妥，将军手执弓箭行路。虞翻善用矛戈，在前边探路。"走上平地，虞翻才又劝孙策骑上战马。孙策问："卿没有马，怎么办？"虞翻答："虞翻能步行，可日行二百里，自从征讨以来，吏卒步行，无人能超过虞翻，明府试着骑马奔跑，虞翻能健步追随。"走上大道，碰见一位鼓吏，孙策取出号角，吹响号角，部属听到号角声，陆续走出大山，孙策与贼寇周旋，平定三郡。

《江表传》记载：孙策讨伐黄祖，率领大军欲顺道攻取豫章郡，特别请来虞翻，告诉虞翻："华子鱼虚有其名，绝非我的对手。听说豫章郡的守备战具很少，若华歆不肯打开城门，让出城来，金鼓一响，不能不有所伤害，卿前去向华歆转达我的旨意。"虞翻奉命辞行，径直来到豫章郡，戴着葛巾，请求与华歆相见，对华歆讲："君自以为在海内的名声，与鄙郡原府君王朗的名声相比，如何？"华歆答："不如王府君。"虞翻再问："豫章郡有多少粮食？守城器械是否精良？士民作战是否勇敢，与王府君相比，又如何？"华歆回答："不如。"虞翻说："讨逆将军孙策智勇超群，用兵如神，此前赶走刘扬州，君亲眼所见，南下平定会稽郡，君也亲耳所闻。而今，君欲困守孤城，自我忖度粮食不足以守城，不早点献出豫章城，恐怕将悔之莫及。而今，大军已经快到椒丘，仆这就回去，明日日中，明府的献城檄书还未送到，将与在下永别矣。"虞翻辞别，华歆第二天早晨出城，派遣官吏迎接孙策。孙策平定豫章郡，引军返回吴县，飨宴将士，论功行赏，对虞翻讲："孤昔日到寿春，见到马日磾及中州的士大夫，他们告诉我江东的人才很多，但是学问不渊博，话语之间，有所轻视。孤的意思，未必如此。卿博学洽闻，故此前令卿前去许都，结交朝中的士大夫，以话语折服中原士人，不敢再妄语江东无人才。卿不愿去，孤派子纲前去；但又担心子纲不能与此儿辈辩论。"虞翻答："虞翻是明府的家宝，若拿出去示人，他人倘若留下虞翻，不能返回，则明府失去良佐，故此前不愿意去许都。"孙策笑道："是这样。"又说："孤有征讨之事，还不能返回，卿再次以功曹作为我的萧何，留守会稽郡。"此后三日，孙策派遣虞翻返回会稽郡。

裴松之认为：王朗、华歆二公，在天下扰攘时，抵抗锋锐之军，并非士人才能所及。华歆的名望，实际上高于王朗。《江表传》记载有虞翻劝说华歆："府君在海内的名望，与王朗相比，如何？"此言差矣。然而，王公以兵力拒敌，华歆不肯投降，实在是看到孙策当初起兵，粮少众寡，故王朗不能不举兵，以武力对抗孙策。后来，孙策的武力变得强盛，势不可敌，华歆量力而行，并非因为虞翻游说的结果。如果易地而居，那么，华歆也会拒敌，王朗也会投降。

按《吴历》记载：虞翻劝谏华歆："仆听说，明府与王府君在中州齐名，皆为海内儒宗，虽然身在江东，常有瞻仰之意。"华歆答："孤不如王会稽。"虞翻再问："不知道豫章郡的精兵，与会稽郡相比，又如何？"华歆答："远远不如。"虞翻说："明府认为不如王会稽，这是谦逊之言；精兵不如会稽，实如尊教。"既而，虞翻夸耀孙策才略过人，用兵之奇，华歆回答愿意献城，离开豫章郡。虞翻辞别，华歆派遣官吏迎接孙策。两种说法有所不同，此说法较为准确。

后来，虞翻升任富春县长。孙策去世，会稽郡属下县长欲离开县衙，前往会稽郡奔丧，虞翻说："臣担心邻县的山民，会有奸贼首领谋划叛乱，你们远离城郭，臣担心会有变故。"虞翻留下来，身穿官员制服，为孙策服丧。此后，诸县长效仿虞翻，会稽郡很快安定下来。①后来，虞翻被扬州举荐为茂才，献帝征召虞翻，任命为侍御史，曹公任命虞翻为司空府掾，虞翻皆拒绝，没有就任。②

①《吴书》记载：孙策去世，孙权继承父兄创立的基业，统领江东诸事。定武中郎将孙暠是孙策的堂兄，驻扎在乌程，整顿吏士，欲攻取会稽郡。会稽郡听说后，令民众守城，以等待嗣主孙权的命令，同时，令人告谕孙暠。

《会稽典录》记载：虞翻劝说孙暠："讨逆将军孙策，不竟天年，过早去世。今摄事统众，应该在孝廉孙权身上，虞翻已经与一郡吏士据城坚守，必欲奋力搏杀，为孝廉孙权除害，愿执事考虑。"于是，孙暠退兵。

裴松之按：此二书所说，孙策去世时，虞翻仍然担任功曹，与本传不同。

②《吴书》记载：虞翻听说曹公征召，说："盗跖欲以余财，玷污良家子？"遂不肯接受。

虞翻与少府孔融通信，并向孔融谈起其著述《易经》注的事情。孔融回信答复："敬读来信，好像听到延陵季子弹琴，在下看了君的信，才知道君在研究《易经》，江东也有嘉美之人，会稽郡并非仅出产箭竹。君的研究，观象云物，察应寒温，原其祸福，与神合契，可谓探赜穷通者也。"恰逢会稽郡东部都尉张纮写信给孔融："虞仲翔此前被非议者所伤害，宝石自有嘉美资质，雕琢之后，流光溢彩，不足以损害。"

孙权继承父兄创立的基业，任命虞翻为骑都尉，虞翻多次犯颜直谏，孙权很不高兴，虞翻的性格又不会迎合世俗，多次遭人谮毁，被孙权流放至丹杨郡泾县。吕蒙欲攻打关羽，先称病返回建业，因为虞翻懂得医术，请虞翻留在身边，也欲借此让虞翻获得解脱。后来，吕蒙举兵西进，南郡太守麋芳开城投降吴军。吕蒙还未占据南郡，就在城外沙地上庆贺作乐，虞翻对吕蒙讲："城中真心投降者，唯有麋将军，城中之人，岂能全部相信，为何不尽快派兵进入城中，以控制要害？"吕蒙采纳谏言，当时，城内仍有蜀军埋伏，多亏虞翻谏言，预作准备，城内反叛的阴谋，才未能得逞。关羽战败，孙权让虞翻占卜预测，得到《兑》下《坎》上、《节》卦，五爻由阳转阴，为《临》卦，虞翻说："不出二日，关羽必定被擒。"果然如虞翻所言，关羽被生擒，后来孙权诛杀关羽。孙权说："卿虽不及伏羲，可与东方朔相比。"

魏国大将于禁此前被关羽生擒，羁押在南郡江陵城，孙权进入南郡，释放于禁，请来相见。有一天，孙权骑马外出，让于禁同行，虞翻呵斥于禁："你这个降虏，怎敢与吴国君主并驾齐驱！"虞翻欲用鞭子抽打于禁，孙权当场呵止。后来，孙权在楼船上大会群臣，饮酒作乐，于禁听到乐声，不禁流下眼泪，虞翻又说："你想用诈伪求得宽宥？"孙权怅然，为于禁感到不平。[①]

①《吴书》记载：后来，孙权向魏国自称藩臣，欲释放于禁北归，虞翻再次劝谏："于禁被关羽打败，损失数万众，身为降虏，又不能死。北方军纪严明，于禁回去，一定不会饶恕。交还于禁，对东吴虽然不算什么损失，但也好似释放贼寇，不如杀了于禁，以此严令三军，以显示作为人臣不能怀有二心。"孙权不听。群臣送于禁，虞翻对于禁讲："卿不要以为吴国无人，其实，还是不想用卿。"于禁虽然被虞翻所厌恶，然而，于禁对虞翻依然评价不低，于禁回到魏国，魏文帝常为虞翻虚设座位。

孙权向魏国自称藩臣，成为吴王，欢宴之际，起身行酒，虞翻伏在地上，佯装醉酒，身子把持不住。孙权离开，虞翻又坐起身来，孙权发现，勃然大怒，手持宝剑，欲砍杀虞翻，在座者莫不惊慌，只有大司农刘基站起身来，抱住孙权，劝谏道："大王饮酒三爵之后，再杀善士。虽然虞翻有罪，天下人又谁能知道？而且，大王以贤能，容纳士人，故海内望风向往，今一朝杀了虞翻，这怎么行？"孙权说："曹孟德能杀孔文举，孤为何不能杀虞翻？"刘基答："曹孟德行事草率，杀害士人，天下对此多有非议。大王躬行德义，欲与尧舜相比拟，何以与曹孟德相比？"虞翻这才得以免罪。从此以后，孙权敕令左右，凡在酒后，说要杀某人，皆不得动手行刑。

虞翻曾经乘船出行，与麋芳相遇，麋芳船上的人多，欲令虞翻的大船避让，先驱官喝道："回避将军的大船！"虞翻厉声喝道："失去忠诚、信义，何以事君？丢失君主的两座城邑，还有脸自称将军，什么将军？"麋芳紧闭船上的门户，不敢回答，急忙令大船避开虞翻。后来，虞翻乘车出行，又经过麋芳的营门，官吏紧闭营门，车子不得通过。虞翻大怒，说："该关闭城门，反而打开；该打开营门，反而关闭，什么意思？"麋芳听说后，面有惭色。

虞翻性情粗率、耿直，多次酒后失言。孙权与张昭谈论神仙，虞翻指斥张昭："谈的都是死人，明公称他们为神仙，世上哪里有神仙！"孙权对虞翻心中本来就有气，遂将虞翻流放至交州。虞翻虽然被流放，仍然研究经学，招收学生，教书授徒，讲学不辍，常有学生数百人。[①]虞翻又为《老子》《论语》《国语》作训诂、注解，皆流传于后世。②

①《虞翻别传》记载：孙权登上帝位，虞翻上书："陛下有圣明之德，有虞舜、夏禹之孝，陛下历运当期，顺天济物。臣奉承策命，独自拍手而舞。臣罪弃两绝，拜贺无路，瞻仰宸极，且喜且悲。臣伏身自我反省，命轻鼠雀，性命毫厘，罪恶至大，不容于诛，昊天罔极，全宥九载，退当念戮，频受活命，复偷视息。臣已经六十岁，耳顺之年，思咎忧愤，形容枯槁，发白齿落，虽未能死，自悼终没，不见宫阙百官之富，不睹皇舆金轩之饰，仰观巍巍众民之谣，傍听钟鼓侃然之乐，永陨海隅，弃骸绝域，不胜悲泣，恭贺大庆，悦以忘罪。"

②《虞翻别传》记载：虞翻当初为《易经》作注，上奏孙权："臣听说，六经之始，莫大于阴阳，是以伏羲仰天观象，创建八卦，文王变动六极为六十四爻，以通神明，以类万物。臣的高祖父原零陵郡太守虞光，年轻时研究孟氏《易经》，曾祖父原平舆县令虞成，继承其学术，臣的祖父虞凤为《易经》作注，最为勤奋。臣的父亲原日南郡太守虞歆，向臣的祖父虞凤学习《易经》，留下旧书，臣的家族，可谓世代研究《易经》，到臣这一代，已经是第五代。前人研究《易经》，多注重章句，虽然有秘说，对于经书，仍感到疏阔。臣生于乱世，长于军旅，在枹鼓间研究《易经》，在戎马上讲论《易经》，承蒙先师教导，按照《易经》作注。臣的郡吏陈桃梦见臣与有道之士相遇，披头散发，身披鹿裘，摆设《易经》六极，挠其三爻，以饮臣，臣乞求尽吞之。有道士说，《易经》之理在天，三爻足矣。岂臣受命，应当知经！臣所阅读的《易经》诸家注解，不脱流俗，有不当义理之实，臣又予以改定，纠正其谬误。孔子讲：'乾元用九，而天下治。'圣人南面，皆强调《离卦》，斯诚天子所宜，协阴阳，致麟凤之道。谨将《易经》注，用正楷抄写，奉上陛下，愿陛下不以臣鄙陋。"虞翻又上奏："经学之大，莫过于《易经》。自汉初以来，海内英才，读《易经》者，能够注解的人很少。孝灵帝时，颍川郡人荀谞号称熟读《易经》，臣得到荀谞的注解，其超过俗儒，至于所说西南得朋，东北丧朋，颠倒反逆，了不可解。孔子叹服《易经》：'知变化之道者，其知神之所为乎！'赞美大《衍卦》四象之作，认为应该列于章首，尤感到可笑。还有，南郡太守马融，可谓儒宗，对《易经》也有研究，不如荀谞。孔子曰：'可与之共学，未可与之适道。'岂不其然！像北海国人郑玄，南阳郡人宋忠，虽各自为《易经》作注，宋忠的注解，比较郑玄的注解，又差强人意，二人皆未得《易经》之精髓，难以展示给世人。"虞翻又上奏，指郑玄为《尚书》作注，违逆、失事，逐条指出错谬的地方："臣听说，周公制礼，以别上下尊卑，孔子曰：'有君臣，然后有上下，有上下，然后礼仪有所错综。'是故尊君卑臣，礼仪之关键。臣见原隐士北海国人郑玄所注《尚书》，在《顾命》这一篇，有康王执瑁（mào），古'冃'似'同'，误认作'同'，既没有察觉，又在训诂时，认为是杯，谓之酒杯；成王疾困，靠着几案打盹，洮颒（huì）为濯，以为这是浣衣之事，'洮'字虚，改作'濯'，也是错误理解；还有，古人大篆'丣'字应当读'柳'，古字'柳''丣'同字，郑玄理解错误，认为昧；'分北三苗'，'北'是古代'别'字，郑玄又训诂为北，认为北就是'别'。若此类错误，真的是莫名其妙。玉人职是天子执瑁，朝见诸侯，郑玄认为是酒杯；天子颒面，认为是浣衣；古篆文'丣'字，反以为昧。郑玄以不知为知。像此类事情，举不胜举，谬误太多，陛下宜诏命学官，订正此三事。还有，马融作训诂，作注解，亦以为'同'，就是天下大同，今经学以'金'为偏旁，有'铜'字，训诂认为，这是天子的副玺，不知其所以

然，超过郑玄，也是以不知为知。这些不能纠正，臣去世之后，将谬误百世，虽世人有知道者，因为谦逊，未必敢纠正。还有，郑玄为《五经》作注，违被义理的地方有很多，有一百六十七处，不能不加以纠正。否则，在校读书的学生，传之于将来，臣窃以为是儒林耻辱。”虞翻被流放至南方，认为：“自恨秉性疏阔，生来不肯向人献媚，犯上获罪，只能生活、死在海隅，生前无人可与之语，死后以青蝇为吊客，即使天下有一人知己，足以不恨。”虞翻以典籍自娱，按照《易经》设象，用以占卜吉凶。又以宋忠注解，解释玄理颇有错谬，虞翻欲重新作注，虞翻著《明杨》《释宋》，以厘清《易经》注中不通的地方。

裴松之按：虞翻说：“古文大篆‘丣’字读音应当为‘柳’，古文‘柳’‘丣’同字”，窃以为，虞翻的解释是对的。原来，“刘”“留”“聊”“柳”共用此字，以从声音故，与日辰“卯”字，字同音异。然而，《汉书·王莽传》谈论卯金刀，故以为日辰之“卯”，今天仍未能更正，世人对此多有乱用，故虞翻予以指正。荀谞，其实是荀爽的别名。

当初，山阴县人丁览，太末县人徐陵，有的是普通县吏，有的并不知名，虞翻与他们刚一见面，便引为知己，结为好友，此二人最终都有功名。①

①《会稽典录》记载：丁览，字孝连，八岁时，丁览成为孤儿，家族衰微，丁览为人，以清廉立身，不肯苟且处世，把财产让与堂弟，以义谦让，受到族人称誉。丁览在郡府出仕，官至功曹，代理始平县长。为官清廉，恪尽职守，不随便结交宾客。孙权对丁览颇为器重，予以信任，还未来得及提拔重用，丁览病逝，孙权痛惜早逝，以优厚礼遇对待丁览的家人。丁览的儿子丁固，字子贱，原名丁密，回避滕密的名讳，改为丁固。丁固在襁褓时，阚泽见到这个孩子，颇为诧异，说：“此儿以后必然能成为三公。”年少时，丁固丧父，与母亲生活，家中生活贫困，丁固依然谨修品行，奉养母亲，尊敬族人，族中堂弟孤弱，丁览与其同寒温。虞翻与丁固同窗读书，说：“丁子贱勤学好问，注重品行修养，出仕为官，野无遗薪，可谓有懿德，其美德优甚。令德之后，唯此君值得称赞。”丁固历任显位，孙休时，丁固担任左御史大夫，孙皓即位，丁固改任司徒。孙皓狂悖暴虐，丁固与陆凯、孟宗同心辅佐朝政，为国家担忧，享年七十六岁，去世。儿子丁弥，字钦远，在晋朝出仕，官至梁州刺史。孙子丁潭，官至光禄大夫。徐陵，字元大，历任三个县的县长，所在任上，皆有政绩，升任零陵郡太守。当时，朝廷准备授予列卿爵位，虞翻写信，说：“元大得到上卿厚遇，叔向在晋国，也不如元大。”可见虞翻对徐陵的评价甚高。徐陵去世，有童仆、客人为了田地的事情，发生矛盾，骆统为徐陵家判案，让他们与丁览、卜清家比较，孙权准奏。徐陵的儿子徐平，字伯先，童龀时就已经知名，虞翻很喜欢，多次称赞徐平。诸葛恪担任丹杨郡太守，讨伐山越，以徐平有威望，善于思考，可与效力，请徐平担任丞史，稍后升任武昌左部都督，徐平倾心对待属下，士卒皆愿意效力。当初，徐平担任诸葛恪的从事，诸葛恪对待徐平甚薄，及至诸葛恪辅政，对待徐平越发疏远。诸葛恪被杀，儿子诸葛建逃亡，被徐平的部属捕获，徐平让属下释放诸葛建，又被其他军队捕获。徐平将诸葛恪两代妇人送归家族，徐平待人，不忘旧情，为人敦厚。徐平行义敦笃，此类事情还有很多。

虞翻在南方流放十余年，享年七十岁，去世。[①]虞翻在家族旧墓地归葬，妻子、儿女获赦免回家。[②]

①《吴书》记载：虞翻虽然遭到流放，心不忘国，常忧虑五溪蛮夷，应予讨伐，以辽东郡隔海遥远，听人讲辽东有使者来，说公孙渊愿意归属吴国，决不可轻信，而今又向公孙渊送去人财，以求购战马，绝非国家之利，又担心无功而返。欲向孙权进谏，又不敢，虞翻制作表章，以示吕岱，吕岱不肯上报，为爱憎所忌，虞翻又迁至苍梧郡猛陵县。

《江表传》记载：后来，孙权派遣将士到辽东，在海中遭遇风浪，很多海船沉没，损失很大，孙权很后悔，诏令："在往昔，赵简子称诸君之唯唯，不如周舍之谔谔。虞翻为人亮直，敢于直言进谏，是国家的周舍。此前如果虞翻在此，此役不会成这个结果。"下令问交州，虞翻若还在，拨付人船，送虞翻返回京都；若虞翻已去世，送丧返回本郡，让其儿子出仕。虞翻已去世。

②《会稽典录》记载：孙亮时，有山阴县人朱育，年少时，喜欢奇字，凡所思所想，予以表达，就会按照象形造字，造出异字有一千个以上。在郡府门下担任书佐。郡太守濮阳兴大年初一宴请郡府掾吏，依次祝贺新年，问："太守昔日听说，朱颍川向郑召公问候士人，韩吴郡向刘圣博问候士人，王景兴向虞仲翔问候士人，曾经注意郑召公、刘圣博二人回答，没有看到虞仲翔的应对。我听说，国家有贤士，国家昌盛指日可待，书佐熟悉贤士吗？"朱育回答："往日留意过贤士。在以往，初平末年，王府君以学问渊博，任职会稽郡，思贤若渴，嘉赏善行，喜欢拜访俊杰士人，曾经问功曹虞翻：'听说美玉出自昆山，明珠生于南海，远方异域，都有各种奇珍异宝。曾经听说士人赞美贵邦，士人中多有英俊，因为距离京畿遥远，含香未闻。功曹雅好博古，能介绍几个这样的士人吗？'虞翻回答：'会稽郡对应天上牵牛宿，下应少阳之位，东临大海，西通五湖，南畅无垠，北渚浙江，南山攸居，实为州镇，在往昔，夏禹在会稽大会诸侯，因以命名。山上有金木鸟兽之殷，水中有鱼盐珠蚌之饶，海岳精液，自然会有俊杰士人，是以忠臣接踵而至，孝子连接巷间，下及贤女，靡不产生！'王府君笑道：'地形势然矣，士女之名，可有详闻？'虞翻回答：'不敢谈得太远，略言近者。昔日有孝子句章县人董黯，尽心奉养双亲，为父母送葬时，极尽哀恸，此后，单身隐居在山林，鸟兽归怀；董黯哀怨亲人生前受辱，白日报仇，海内闻名，昭然光著。太中大夫山阴县人陈嚣，以垂钓感化盗寇，迁居则礼让邻居，感动贼寇，不犯其境，遂有义名于闾里；陈嚣尊敬老人，车载老妇，行为足以励俗，西汉扬子云等上书举荐，粲然传为美谈。太尉山阴县人郑公，为人清亮正直，不畏强权。鲁国相山阴县人钟离意，秉持雅正之姿，孝家忠国，担任县长、国相，所在任上，皆有遗惠，故世人有君子之美称，在鲁国有丹书之信誉。还有陈宫、费齐，皆上契天心，功德传颂，记在汉代的书籍中，有道之士山阴县人赵晔，隐士上虞县人王充，各有洪才渊懿，学识渊博，著书垂藻，多达百篇，注解释经，答疑解惑，解释当世之槃结，或上穷阴阳之奥秘，下摅人情之归极。交趾刺史上虞县人綦毋俊，赈济一郡，辞让爵土之封。决曹掾上虞县人孟英，三代人为义而死。主簿句章县人梁宏，功曹余姚县人驷勋，主簿句章县人郑云，皆坚守终始之义，引罪免居。门下督盗贼余姚县人伍隆，鄮县主簿任光，章安县小吏黄他，面临危险，身挡利刃，救护府君于危难。扬州从事句章县人王修，委身授命，垂美名于来世。河内郡太守上虞县人魏少英，遭逢世道混乱，忘家忧国，列在八俊，为世

人所称颂。尚书乌伤县人杨乔，桓帝以公主下嫁，称病不肯纳娶。近世原太尉上虞县人朱公，天资聪明，为人亮直，钦明神武，算无遗策，征无遗虑，是以天下义兵，为国家靖难。上虞县女子曹娥，父亲溺毙于江流，投水而死，当地为之立石刻碑，昭然显名。'王府君说：'君之言，举出如此多例子，颍川郡上古有隐士居巢、许由之逸轨，吴国有太伯三让之礼，贵郡的贤良士人纷纭，足以称贤。'虞翻回答：'刚才所言，皆近世英贤，若引上古之事，以及坚守节操士人，不乏其例。在往昔，越王翳让位，逃于巫山之穴，越人薰而出之，岂不是像太伯一样？而且，太伯是外来之君，并非吴越本地人。若以外来言之，大禹治水，接受舜帝禅让，巡幸于此地，葬在会稽。鄞大里黄公，洁身自好，身处暴秦之世，高祖登上帝位，不愿出仕为官，惠帝恭让礼请，担任官职后，施惠于民。有隐士余姚县人严遵，王莽多次聘请，抗节不行，光武帝中兴，然后俯就，矫手不拜，有凌云之志。皆在传籍中有记载，粲然著明，比起居巢、许由，流俗遗谈，不见经传者，又如何？'王府君笑道：'善哉斯言！皆为贤士，非君不能了解这些。太守之前闻所未闻。'"濮阳府君又问："御史所言，既闻其人，亚斯以下，书佐中有这样的贤者否？"朱育答："瞻仰之士，景行行至，敢不识之？近者有太守上虞县人陈业，为人廉洁，有清行，志怀霜雪，有贞亮之信，有柳下惠之操守，遭逢汉室中道衰微，委官弃禄，遁迹黟县、歙县，以求其志，高邈妙踪，天下所闻，故桓文林送上尺牍之书，比喻其为三高之士。还有聪明睿智，忠正亮直，侍御史余姚县人虞翻、偏将军乌伤县人骆统。还有知识渊博，德行纯美，太子少傅山阴县人阚泽，学问兼通，品行嘉美，担任帝师，侍讲儒学。还有雄姿武毅，立功当世，后将军贺齐，功勋卓著。还有探究秘术，言合神明，太史令上虞县人吴范。还有文章之士，立言灿烂，御史中丞句章县人任奕，鄱阳郡太守章安县人虞翔，各自文章驰骋，晔若春荣。还有隐士鄮县人卢叙，弟弟违反法令，愿以自杀代替弟弟伏罪。还有吴县人宁斯敦、山阴县人祁庚、上虞县人樊正，皆愿意代替父亲，以死伏罪。还有女子，松阳县人柳朱、永宁县人翟素，或为亡夫守节，丧身不顾，或遭遇贼寇强暴，宁死不肯亏行。这些皆为近世之事，尚在耳目。"府君问："这些皆为海内英俊。我听说，始皇二十五年，在吴越设置会稽郡，治所在吴县。汉封诸侯王，何年重新改设为郡，治所在何处？"朱育回答："刘贾被立为荆王，刘贾被英布斩杀，高帝又立刘濞为吴王。景帝四年，刘濞造反被杀，景帝重新改设为郡，治所仍在吴县。汉武帝元鼎五年，撤销东越国，以其地改设为汉郡，并属于此，同时设立东部都尉，后来，治所迁至章安县。汉成帝阳朔元年，治所又迁至鄞县，遇上当地有贼寇为害，又迁至句章县。到了东汉顺帝永建四年，刘府君上书，浙江以北，设置为吴郡，会稽郡治所迁回山阴县。顺帝永建四年，岁星在己巳，直至今年，已经有一百二十九年。"濮阳府君称善。这一年，是吴国太平三年，岁星在丁丑。朱育后来在朝廷任职，在台阁任事，担任东观令，又遥拜清河郡太守，加上侍中位，朱育博学，懂得占卜射谜，兼通文艺。

虞翻有十一个儿子，第四个儿子虞汜最有名气，永安初年，虞汜从选曹郎，升任散骑中常侍，后来又担任监军使者，讨伐扶严，在军中病逝。[①]虞汜的弟弟虞忠，曾担任宜都郡太守；[②]儿子虞耸，曾经担任越骑校尉，后来升任廷尉，湘东郡、河间郡太守；[③]儿子虞昺，曾担任廷尉、尚书、济阴郡太守。[④]

①《会稽典录》记载：虞汜，字世洪，生于南海，十六岁时，父亲去世，虞汜返回家乡。孙綝废黜幼主，迎立琅琊王孙休。孙休还未到，孙綝欲入宫，图谋不轨，召集百官廷议，百官惶恐失色，唯唯而已。虞汜答问："明公是国家的伊尹、周公，身处将相之位，擅行废立之威，上安宗庙，下惠百姓，大小踊跃，臣以为伊尹、霍光再现。今日迎接琅琊王，还未到，明公进入宫殿，召集群臣，这样一来，群臣上下惊恐，众听疑惑，绝非永终忠孝，扬名后世。"孙綝听了，很不高兴，还是立孙休。孙休即位初，虞汜与贺邵、王蕃、薛莹担任散骑中常侍。以讨伐拥立有功，虞汜受拜为交州刺史、冠军将军、余姚侯，不久去世。

②《会稽典录》记载：虞忠，字世方，是虞翻的第五个儿子。虞忠为官忠贞，勤于政事，善于识别人物，在吴郡人陆机童龀之年，认为陆机是一位人才，上虞县人魏迁默默无闻时，虞忠认为魏迁一定大有前途，后来，二人都是知名士人。虞忠与同县人王岐交往，王岐生于官宦之家，出仕做官，升任宜都郡太守，虞忠后来继任宜都郡太守。晋朝征伐吴国，虞忠与夷道监陆晏、陆晏的弟弟中夏都督陆景坚守不降，城破一起遇害。虞忠的儿子虞谭，字思奥。

《晋阳秋》记载：虞谭为人清廉忠贞，有操守，外面好似软弱，内心坚守节操，有胆略。在晋朝出仕为官，历让内外职务，在卫将军位上去世，追赠侍中、左光禄大夫，开府仪同三司。

③《会稽典录》记载：虞耸，字世龙，是虞翻的第六个儿子。虞耸为人淡泊、寡欲，进退有礼，在吴国历任官职，为官清廉，入晋，担任河间国相，河间王司马颙久闻虞耸高名，对虞耸很尊敬。虞耸选择朋友，举荐士人，务在幽隐孤陋之中。当时，王岐诘难虞耸，以高士所达，必合秀异，虞耸写信给族中子弟虞察："世人认识名士，不会在园田中寻觅，在普通人中间寻找，所赞誉的士人，大都已经成名，所毁誉的士人，大都已经声名狼藉，这正是我所以为之叹息。"虞耸讨厌世俗对待丧葬俗礼，祭祀过度，弟弟虞昺去世，虞耸以少牢礼祭祀，仅酒饭而已，当时，族人也随之效仿。

④《会稽典录》记载：虞昺，字世文，是虞翻的第八个儿子，年少时，虞昺为人倜傥，有志向，在吴国出仕为官，担任黄门侍郎，以应对敏捷，被人看重，越级提拔为尚书、侍中。晋军伐吴，孙皓派遣虞昺持符节，都督武昌沿江以上诸军，孙皓投降晋国，虞昺先上缴符节、印绶，然后归顺晋国，在济阴郡任职，抑强扶弱，甚有威风。

陆绩，字公纪，吴郡吴县人。父亲陆康，东汉末年担任庐江郡太守。[①]陆绩当年六岁，在九江郡见到袁术，袁术拿出橘子给陆绩，陆绩怀中揣了三枚橘子，离开时，跪在地上辞别，橘子掉落在地，袁术问陆绩："陆郎来做客，走时怀里还藏着橘子？"陆绩跪在地上回答："欲把橘子带回去，送给老母吃。"袁术听罢，大为惊奇。孙策在吴县，张昭、张纮、秦松都是孙策的座上宾，大家谈论四海尚未安定，应当用武力平定天下，恢复太平，陆绩年少，坐在末座，远远地大声说道："在往昔，管夷吾做了齐桓公的国相，九合诸侯，一匡天下，并不凭借武力。孔子曰：'远人不服，则修文德，以怀柔之。'今天讨论的人，不以道德怀柔远方，却尽想着如何用武力平定天下，陆绩虽然年少，窃以为这样做不妥。"张昭等听罢，颇为诧异。

①谢承著《后汉书》记载：陆康，字季宁，年少时，陆康为人敦厚，笃行孝悌，勤修节操，郡太守李肃举荐陆康为孝廉。李肃后来因为某事伏法，陆康收殓尸体，送回颍川郡安葬，为李肃穿上丧服，行礼完毕，被举荐为茂才，历任三个郡的太守，所在任上，皆有政绩，后来，陆康受拜为庐江郡太守。

陆绩容貌雄壮，博闻强识，天文、历法、算术，无不精通。虞翻是众人心中的著名士人，庞统又是荆州的名士，年龄都长于陆绩，然而，他们与陆绩的关系很好。孙权继承父兄创立的基业，统领江东军国大事，任命陆绩为奏曹掾，因为陆绩常直言进谏，被人所忌惮，孙权外放陆绩，担任郁林郡太守，兼领偏将军，领兵二千人。陆绩患病，行路一走一瘸，仍意欲表现儒雅，至于领兵打仗，这绝非陆绩的愿望，虽然常有军务缠身，陆绩仍然著述不辍。陆绩制作浑天图，为《易经》《太玄》作注，皆流传于后世。陆绩预知自己的死期，为此作辞颂："汉朝有志士人吴郡人陆绩，从幼年起，熟读《诗经》《尚书》，长大后精研《礼经》《易经》，受命南征，遭遇疾病，陷于困厄，寿命不永，呜呼哀哉！"又说："从今日起，六十年以后，车同轨，书同文，陆绩只怕见不到了。"陆绩去世，享年三十二岁。长子陆宏，曾经担任会稽郡南部都尉，次子陆叡，曾经担任长水校尉。①

①陆绩在郁林生下一个女儿，名字叫郁生，嫁给张温的弟弟张白。《姚信集》记载：姚信有表章，称："臣听说，唐尧、虞舜施政，举善人而教，旌表贤德，擢拔贤士，三王治理天下，以忠臣烈士，显名国朝，贞妇淑女，表彰家闾。这样才能崇尚美德，推行教化，促使民风向化，使得民众遵守法纪，幽明俱著，苟怀懿姿，士女同荣。因此，王蠋有寒松之节，齐王为王蠋表彰闾巷，义姑有殊绝之操，鲁侯为义姑加高门闾。臣看到，原郁林郡太守陆绩的女儿郁生，年少时，践行贞操之行，年幼时，树立磐石之节，十三岁，嫁给同郡人张白。奉祀宗庙三月，妇礼还未完结，张白罹遭惨祸，流放死于异邦。郁生抗声昭节，义形于色，冠盖交横，发誓不再改嫁，向姊妹表达崄巇之志，蹈履水火，志怀霜雪，义心固于金石，体信贯于神明，送终以礼，邦士仰慕。臣听说，昭德以行，显行以爵，苟非名爵，则劝善不行，故士人撰写诔文，鲁人嘉赏志勇，杞妇见书，齐人哀其哭泣。乞蒙圣朝，斟酌前训，开启上天之聪，下垂地坤之厚，褒奖郁生以义姑之名，以激励两髦之节，则皇风穆畅，士女改视。"

张温，字惠恕，吴郡吴县人。父亲张允，以轻财重士，在州郡享有盛名，曾经担任孙权的东曹掾，在任上去世。张温年少时即注重品行修养，容貌奇伟。孙权听说后，问公卿："当今之世，张温可与谁相比？"大司农刘基说："可与全琮相比。"太常顾雍说："刘基还不了解张温。当今之世，张温无可与之相比之人。"孙权说："如果这样说，那就是张允再世。"孙权征召张温，以文辞考查张温，张温对答如流，旁观者莫不惊讶，孙权对张温遂改容，以礼相待。召见罢，张温退出，张昭握着张温的手，说：

“老夫托意于君，君要知恩。”孙权拜张温为议郎、选曹尚书，后又改任太子太傅，得到孙权信任。

当时，张温已经三十二岁，以辅义中郎将，出使蜀国。孙权嘱咐张温：“卿本来不宜远行，孤担心诸葛孔明不知道孤与曹氏通使的本意，因此，委屈卿出使西蜀。如果山越平定，孤一定会与曹丕撕破脸皮。出使之人，按照义理行事，受命无须遵循常规。”张温回答：“臣担任要职，入无心腹之规，出无专对之用，臣担心无张老延誉之功，又无子产陈事之效。然而，蜀相诸葛亮足智多谋，谋虑深远，一定会理解主公之意，能屈能伸，加上蒙受汉室天覆之惠，臣推断，诸葛亮绝不会怀疑主公的用意。”张温抵达蜀国，拜谒阙廷，奉上出使文书，说：“在往昔，殷高宗以至诚，使殷商再次复兴，成王以幼冲，使周室圣德兴隆，天下安享太平，功绩覆盖后世，美誉传诵千古。而今，陛下以聪明之姿，向往古代圣贤，朝中有良臣辅佐，群星灿烂，德耀辉煌，遐迩望风，莫不欣喜。吴国作为藩臣，勤勉努力，廓清江汉，愿与有道之君，平复宇内，协力同心，躬奉圣朝，有如江河之水。当前，军事复杂，凶顽尚未清除，能使用的徭役，民众均感到疲惫，是以忍耐鄙陋之羞，派使者下臣张温向西蜀通使问好。陛下敦睦，崇尚礼义，未便以鄙陋，轻视使者。臣自远方而来，及至走近成都郊外，多次承蒙贵国慰问，恩诏迭加，倍感荣幸，受宠若惊，不胜惶恐。臣谨奉上所带来的信函一封。”蜀国很看重张温，对张温的学问很欣赏。张温返回，不久，又奉命到豫章郡，负责出兵事宜，与蜀国修好的事情未能继续。

孙权对张温赞美蜀国的政治，心中不满，又认为张温的名声太盛，迷惑民众，担心张温不能为己所用，就想办法中伤张温，恰好暨艳的事情发生，遂借此惩治张温。暨艳，字子休，也是吴郡人，张温引荐暨艳，暨艳被任命为选曹郎，升任尚书。暨艳性情狂狷，讲话疾言厉色，喜欢清谈时政，当时，郎署的官员杂乱，大多用非其人，暨艳欲臧否郎官，无论愚贤，影射到朝廷百官，选拔三署官员，贬高就低，降低任用标准，能胜任者，不到十分之一，在职者贪鄙无能，品行恶劣，只能充当军吏，放在军营安排。结果，暨艳遭到众人忌恨，怨愤之声不绝于耳，谮毁诽谤暨艳的声音，传到孙权的耳中，怨恨集中在暨艳及选曹郎徐彪，[①]说他们滥用私情，爱憎不以公理，暨艳、徐彪被判为有罪，自杀。张温与暨艳、徐彪的意见相同，多次书信来往，情投意合，结果也受到牵连。孙权把张温羁押在有关部门，下令：“昔日孤征召张温，虚己待人，后来又拜授张温官职，对待张温的礼遇，超过旧臣，然而，张温秉性凶恶，挟持谋逆之心。昔日暨艳父兄与叛逆相勾结，寡人对暨艳并无怨恨，故进而任用暨艳，欲观察暨艳是否能知错而改。观察期间，暨艳果然凶相毕露。张温与暨艳结为死党，誓同生死，暨艳有所图谋，张温即充当元凶，更相表里，共为心腹，若非张温的党徒，就会遭到张温诬陷，寻觅疵瑕，予以迫害。还有，张温当初都督豫章郡、鄱阳郡、庐陵郡三郡，指使府衙官吏及门客，还有士兵，当时，孤担心，会有非常之变故发生，欲令张温速归，授予张温棨戟，授以权柄。张温一到达豫章郡，便上表讨伐宿怨仇敌，寡人轻信其言辞，特别将绕帐、帐下、解烦兵五千人，拨付张温指挥。后来听说曹丕领兵，渡过淮河、泗水，侵犯东吴，孤预先敕令张温，一旦军情紧急，要当即出兵，张温告诉诸将，把军队布置在深山，违抗命令，不能及时调动军队。幸而曹丕撤军，不然，后果将难料。还有，为了占卜吉凶，召来殷礼咨询，张温多次乞求，带着殷礼出使西蜀，煽惑异国，大发谬论。殷礼从西蜀返回，应该恢复本职，张温却令殷礼代理尚书户曹郎，如此安置，全在张温好恶。还有，张温告诉贾原，将推荐贾原担任御史，告诉蒋康，将推荐蒋康代替贾原，以此兜售其私恩，为己所用。揆度张温奸诈，无所不为。不忍将张温斩首示众，暴露于集市，今贬黜张温，返回本郡，担任低级厮吏。呜呼张温，免罪为幸！”

①《吴录》记载：徐彪，字仲虞，广陵郡人。

将军骆统上表，为张温讲情：“臣乞求殿下，天生明德，神启圣心，殿下招揽四方俊杰之士，安置于圣朝任职。很多士人得到殿下厚遇，张温又特别蒙受殿下隆厚之惠。张温自招罪谴，辜负殿下的恩遇，念其如此，诚可悲哀。然而，臣周旋其间，为国视听，深知其状，故密陈其理。张温内心并无他情，所做事情也无悖逆，只是年纪还轻，阅历尚浅，蒙受殿下赫烈之恩宠，倚恃卓伟之才能，滥施臧否之妄论，效仿褒贬之妄议。于是，朝中有势力者，妒忌张温受到的恩宠，争名牟利者，嫉恨张温的才气，玄默者非议张温之论，寻衅者忌讳张温之议，对于这些，臣以为，应当有所分析，朝廷应该查究事实。在往昔，贾谊是文帝朝至忠之臣，汉文帝又是汉朝大明之君，然而绛侯周勃、灌婴一番诋毁，贾谊遂遭到文帝贬黜。为何？嫉恨者谗言之深，谮毁者用言之巧。然而天子被误导，文帝遭到后世人议论，故孔子讲：‘为君难，为臣不易。’张温没有纵横捭阖之才能，也没有武将虓虎之骁勇，然而，张温有弘雅之素，秀美之德，文章之华彩，论议之雄辩，卓越冠群，炜晔曜世，世人还缺少张温这样的才智。臣谈论张温，是为殿下爱惜人才，张温的罪行，可以宽宥。如果殿下放下威烈，赦免张温，以昭显盛德，宽宥贤才，以恢宏大业，此乃朝廷之光荣，四方之丽观。对于暨艳，国家并未把暨艳当作忌惮之人，犹如对待平民，因此先交由朱治任用，受到众人举荐，后来又在朝廷受到任用，这才与张温有交往。君臣之义，义之最重，朋友之交，交之最轻。国家不嫌弃暨艳，是为最重之义，因此张温也不嫌弃暨艳，是为最轻之交。正如世人看到暨艳受宠于上，张温才亲之于下。国家对于宿恶山民，看到他们依据山险，成为盗寇，将他们安置在平原，山民会成为精兵，张温处理宿恶山民，解除寇盗之害，增加精兵之锐。只是在行事时，会有不妥之处，效果没有预想那么好。然而，计算张温送来的精兵，比较许晏，数量的多少，张温并不比许晏差，这些士兵发挥的作用，也不比许晏低，至于调动士兵的速度，张温并不落于人后，赶在秋冬之季，奔赴战场，也在示警之期，张温的确不敢忘恩，为殿下可谓不遗余力。张温出使西蜀，极力赞誉殷礼，虽然无外交经验，也有可原宥之处。境外之交，可以说无君命，臣私下交往，并非国事，私下增进友谊；若以奉命出使，已完成两国外交之好，也可以借机稍叙私人之谊，这也是使臣之道。孔子出使邻国，也有私下见面之礼；季子聘问华夏，也有燕谈之义。古人有言，欲知其君，观其所使，见其下之明明，知其上之赫赫。张温称誉殷礼，能使西蜀为之赞叹，诚所以昭显我东吴良臣之多，也表明殿下用人得当，向异国显示国家的荣誉，弘扬君命于他国。春秋时，晋国赵文子在宋国会盟，向楚国大夫屈建称誉晋国大夫随会；楚国的王孙圉出使晋国，向晋国大夫赵鞅称誉楚国左史。向他国的辅臣，赞誉本国的良臣，《经传》对此赞美，认为是为国争光，并不讥讽，认为对外交不利。王靖对内不为时政忧心，对外不为外交劳神，张温弹劾大臣，并非为私意，追究大臣，并非为牟利，与王靖结为仇怨，这正是张温为殿下谨奉操守之明验。王靖兵多势众，受到重用，超过贾原、蒋康，张温尚且不容私情，以求得与王靖搞好关系，怎么敢以小恩小惠，收买贾原、张康？贾原在职，不能尽职守责，处理政事不当，张温多次对贾原严词申斥，弹劾贾原，声色俱厉；即使张温真的要收买，谋反作乱，也决不会用贾原这样的人。凡此种种，校之于事，既不合情理，参之于众，亦难以验证。臣窃念人君虽有圣哲之明，有非常之智，然而以一人之身，驾驭兆民，在层层宫闱内，俯瞰四国之外，参照群下之情，谋求万机之理，也未必能够周全，愿殿下聆听群臣的议论，以扩大聪睿圣贤的光辉。而今，众人非议张温，已经舆论哗然，臣肯定，张温也是忧心忡忡，诽谤之辞都很巧妙，情真意切，都说为国家着想，谁敢说是为私意泄愤，仓促间，更难以识别。然而，以殿下的聪慧，明察曲直，如果潜神留意，针对纤细，仔细斟酌，情意所致，是真是假，何愁不能辨别，事实真伪，何情不能昭显？张温并非臣的至亲，臣也并非偏爱张温。昔日的君子，皆能够抑制私忿，以增加君明。昔日的君子能独行于前，臣同样耻于行之于后，故臣抒发心中所思，愿殿下敬纳臣的愚忠，达于圣听，臣诚竭尽忠心于朝廷，并非有私念于张温。”孙权仍然不肯放过张温。

又过了六年，张温病逝。两个弟弟张祗、张白，都很有才气，与张温一起，遭到贬黜。①

①《会稽典录》记载：余姚县人虞俊叹息道：“张惠恕才多智少，华而不实，怨之所聚，有覆家之祸，吾已见其征兆。”诸葛亮听说虞俊忧虑张温，并不相信，及至张温遭到贬黜，诸葛亮叹息虞俊有先见之明。诸葛亮当初听说张温落难，不知何故，想了多日，说：“我明白了，此人对于清浊太明，善恶太分。”

裴松之认为：庄周云：“名者公器也，不可以多取。”张温遭到贬黜，或许是名气太盛！多之为弊，古代贤者懂得这一点。有远见之士，退藏于隐秘，不使虚名浮在德之上，不以浮华伤害其实，既不能披褐韫宝，挫廉逃誉，使才能显耀于一世，声名盖于士人之上，在重要的位置，庸可暂留！张温反其道而用，能不落败？孙权忌惮张温的名气太盛，骆统又一再强调张温的美德，甚至说："卓跞冠群，炜晔曜世，世人未有及之者也。"这样的赞誉之辞，无异于火上浇油！

《文士传》记载：张温有姊妹三人，皆有节行，为了张温的事情，已经出嫁者，皆被剥夺婚姻。妹妹先嫁给顾承，官府又逼迫嫁给丁氏，成婚之日，饮药而死。吴国朝中哀叹，乡里人画图，为之作赞颂。

骆统，字公绪，会稽郡乌伤县人。父亲骆俊，曾经担任陈国相，被袁术杀害。①骆统的母亲改嫁，成为华歆的小妾，当时，骆统年仅八岁，与亲人及宾客回到会稽郡。母亲送骆统，将要上车时，骆统扭过脸，不肯理母亲，母亲在车后面流着眼泪。驾车者说："夫人还在后面。"骆统说："不想增加母亲的哀思，故不回头。"骆统敬事适母，非常谨慎。当时，遇上饥荒，乡里及远方来的客人，有很多人生活困乏，骆统为此减少膳食，骆统的姐姐为人仁爱，谨修德行，丈夫去世，在家中守寡，没有儿子，回到娘家，看见骆统这样，心中哀伤，多次问骆统为何要这样。骆统答："士大夫连糟糠都难以吃饱，我怎么能独自享用！"姐姐说："既然如此，为何不告诉我，这样忍饥挨饿？"姐姐把家里的余粮送给骆统，又告诉母亲，母亲感叹儿子为人贤德，让骆统把粮食分送给众人，从此以后，骆统显露名声。

①谢承著《后汉书》记载：骆俊，字孝远，有文武才干，年轻时，担任郡府吏，被举荐为孝廉，补任尚书郎，被越级提拔为陈国相。正值袁术僭越帝号，袁氏兄弟忿争，天下鼎沸，群贼并起，陈国与袁术相邻，奸贼四布，骆俊展示武威，保护疆界，贼人不敢侵犯。骆俊安抚百姓，灾害不生，连年喜获丰收。后来，袁术军中的士卒饥饿，袁术向骆俊求借军粮。骆俊厌恶袁术，不肯借粮。袁术大怒，秘密派人杀害骆俊。

孙权担任将军，兼领会稽郡太守，骆统当年二十岁，孙权让骆统试着担任乌程国相，有户籍民众上万，都认为骆统为官清廉、聪慧，善于治理，孙权很欣赏，征召骆统，拜为功曹，代理骑都尉，还把堂兄孙辅的女儿嫁给骆统。骆统志在匡扶国家，对于所见所闻，夕不待旦，常劝谏孙权尊贤敬士，注意施政中的缺失，赏赐宴饮之日，可以单独接见士人，向他们嘘寒问暖，表示关切，这样可以让他们畅所欲言，了解士人的品行、志向，量才录用，让士人感恩戴德，愿意效命。孙权一一采纳。后来，骆统担任建忠中郎将，手下有武射吏三千人。及至凌统去世，骆统又兼领凌统的部队。

在当时，徭役繁重，加上瘟疫肆虐，在籍民户大量减少，凌统上疏："臣听说，君主有国家，以疆土富强为荣耀，以民众殷富为尊贵，以发扬仁德为显荣，以永世享用为福祚。财富来自民生，国强赖之以民力，威望倚恃于民势，国福来自民殖，德义凭恃于民茂，义理遵从于民行，六者俱备，君主顺应天命，享受福祚，保家安邦。《尚书》讲：‘众非后无能胥以宁，后非众无以辟四方。’由此看来，民以君安，君以民济，这是不易的道理。而今，强敌尚未殄灭，海内尚未安定，三军还有很多征伐，国境须有强大的武备，征缴赋税租调，由来已久，长达十二年，加上瘟疫死丧，郡县荒芜，田畴弃耕，臣听说，属下县邑，民户稀少，剩下的大多为残疾、老人，很少有能征调的民夫，臣得到这些信息，心若火焚。臣思虑原因，虽然小民无知，有安土重迁之性，前后出征服兵役，生活则困苦，难以有温饱，死则弃骸骨，不能返回，是以留恋本土，畏惧远行，把远行看作死期。每当有征调的命令，只有家境贫寒，负担重者，先被输送。稍微富裕的家庭，倾尽家产行贿，不顾今后的日子，如此行事。轻率剽悍者，逃入山中，聚集群党，打家劫舍。百姓家境困乏，怨声载道，愁苦不堪，不能正常生产，不生产，则越发穷困，越发穷困，则不乐生，故口腹之累，奸心萌动，携家带口逃离者很多。臣听说，在民间，不是生活稍能自给者，生下儿子，大多不肯抚养；屯田的士兵，苦于贫穷，大多抛弃儿子。上天生之，父母杀之，臣担心违逆和气，又担心撼动阴阳。殿下开基建国，此乃无穷之业，强邻大敌，绝非短时间可以剿灭，疆场守备，绝非旬月间的戍务，兵民损耗，生而不育，这绝非经历长远，最终达到成功之途。国家有民众，犹如水中有舟船，停则以安，扰则以危，愚而不可欺，弱而不可胜，是以圣王重视，祸福由之，故圣王采取与民休息，以观时变，调整政策。县长是最亲民的职务，县长要完成交办的差事，才是能吏，只能解眼前之急，很少考虑施恩惠与民，这样做，不符合殿下强调的天覆之仁、抚恤之德。官民政俗，日以凋弊，渐以陵替，势不可久。治病重在预防，除患贵在未深，愿殿下在处理万机的余暇，稍微思考，补救措施，深图远计，养育残余之民，增加人力之用，参曜三光，等崇天地。此乃臣骆统的愿望，虽死不朽。”孙权对骆统的谏言，颇有感触，之后稍加注意。

骆统跟随陆逊在宜都大败蜀军，升任偏将军。黄武初年，曹仁攻打濡须，又派出将领常雕袭击中洲，骆统与严圭共同抵御曹军，大败曹仁，孙权封骆统为新阳亭侯，后来，又任命骆统为濡须都督。骆统多次上疏谏言，就朝政提出建议，上书数十次，所提建议，切中时弊，谏文很多，不再详细陈述。骆统在上疏中特别提到，招募的方式，在民间多有积弊，招募的战士常有叛离之心，应该停止招募，孙权与骆统反复斟酌，最终停止招募。黄武七年，骆统去世，享年三十六岁。

陆瑁，字子璋，是丞相陆逊的弟弟。年少时，陆瑁好学，笃行仁义。陈国人陈融、陈留郡人濮阳逸、沛郡人蒋纂、广陵郡人袁迪等，虽然身处贫贱，都是当时的有志士人，他们与陆瑁结为好友，[①]陆瑁与友人同甘共苦，分担忧患。及至同郡人徐原，迁至会稽郡，徐原与陆瑁原来并不认识，临死前留下遗书，向陆瑁托付幼孤，陆瑁为徐原殡殓、下葬、起坟，收养徐原的儿子。陆瑁的伯父陆绩早亡，留下二男一女，仅有几岁大，回到家乡，陆瑁接到家里来，亲自抚养，直至他们长大成人，送入社会。州郡举荐陆瑁，陆瑁没有任职。

①袁迪的孙子袁晔，字思光，著作《献帝春秋》，说袁迪与张纮等一起过江，袁迪的父亲袁绥曾担任朝廷太傅府掾，张超讨伐董卓，让袁绥代理广陵郡事务。

当时，尚书暨艳喜欢臧否人物，包括三署的官员，有时会当众揭露他人的隐私，以此贬低他人。陆瑁写信给暨艳："圣人褒扬善行，启发愚昧，记功忘过，重视美风化俗。而今，圣王基业刚刚奠定，还要统一天下，这正是汉高祖当年弃瑕录用之时，若要让善恶异流，像汝颍郡人许劭那样月旦评，或许可以厉俗明教，然而，这样做恐怕并不好。应该模仿仲尼的泛爱，效法郭泰的广济博施，这才有益于大道。"暨艳不听，最终遭致败亡。

嘉禾元年，公车署征召陆瑁，拜为议郎、选曹尚书。孙权忿恨辽东郡公孙渊为人奸诈，欺骗东吴，反复无常，欲亲自率军讨伐公孙渊，陆瑁上疏劝谏："臣听说，圣王统治远方的蛮夷，采取羁縻，并不占领他们的领土，古人制定政策，按照地域远近，视蛮夷为荒服，意思是蛮夷迁徙，居无定所，难以治理。公孙渊是一个东夷小丑，远在异域，有大海阻隔，虽然以人面示人，与禽兽无异。国家所为，不爱惜宝货，远途送予公孙渊，并非嘉赏他的德义，诚欲招诱公孙渊，与公孙渊联谊，交换马匹。公孙渊骄黠，恃远负命，这只是荒貊常态，不足为怪！在往昔，汉朝皇帝也锐意交好外夷，派遣使者，送去礼物，汉使相望于道，充满西域，西域蛮夷时有恭顺，然而，出使的汉使常有被害，礼物被没收，这种事举不胜举。陛下不忍悁悁之忿，欲渡过大海，征伐公孙渊，群臣心中不安。为何？曹魏与吴国，土地犬牙交错，一旦有空隙可乘，就会乘机而动。我国渡过大海，谋求马匹，与公孙渊结盟，还是为了目前的急务，以消除心腹之患，弃本追末，捐近治远，因为愤怒，出兵远征，劳动民众，这正是曹魏猾虏所愿闻，非吴国之近虑。兵家之术，以逸待劳，劳逸结合，得失之间，差距很大。沓渚距离公孙渊的驻地，相距甚远，我军到达公孙渊的海岸，兵力分为三股，若强者进攻，次者守护船只，再次者运送粮草，旅途劳顿，人数虽多，难以发挥效用；加上单兵背负粮食，远途奔袭，深入敌境，贼众骑兵邀击我军，并无常态。公孙渊狡诈，与曹魏并未断绝联系，我军出兵之日，公孙渊与曹魏会遥相呼应。公孙渊确实悖逆，无所依赖，畏惧我军远征，而后撤军，我军难以在短时内将其剿灭。一旦我军滞留北方，国内山贼乘机而起，绝非万安之虑。"孙权不肯采纳谏言。

陆瑁再次上疏："军事武备，是前代用以禁暴止乱、威慑四夷所用，其用兵皆在奸雄已除，天下安宁，从容在庙堂上谋划，朝臣廷议。现在中原鼎沸，九州雄踞，陛下应该深根固本，爱惜国力，谨慎用兵，以免靡费军饷。陛下应该先安抚国内，休养生息，用仁政善待百姓，等待邻国疲惫，不应该舍近求远，以疲惫之师，远征他国。在往昔，南粤尉佗叛逆，僭称帝号，在当时，天下已经安定，百姓殷富，带甲士兵众多，粮食储备有余，可谓条件具备，汉文帝依然以远征不易，劳民伤财，慎重对待军旅，仅向尉佗发布文告。而今，凶桀尚未殄灭，疆场警讯不断，即使是蚩尤、鬼方之乱，也应当以缓急，慎重考虑，不宜以公孙渊为先。愿陛下抑制愤怒，放弃动用六师，潜神默想，以为后图，天下幸甚。”孙权看了陆瑁的再次上疏，赞赏其言辞恳切，没有再坚持。

当初，陆瑁同郡人闻人敏在京师受到优待，大家都认为，闻人敏优于宗修，只有陆瑁不以为然，后来证明，闻人敏果然不行。

赤乌二年，陆瑁去世。儿子陆喜研究古文典籍，喜欢评价人物，在孙皓时，陆喜担任选曹尚书。①

①《吴录》记载：陆喜，字文仲，是陆瑁的第二个儿子，入晋后，担任散骑常侍。陆瑁的孙子陆晔，字士光，官至车骑将车，仪同三司。陆晔的弟弟陆玩，字士瑶。

《晋阳秋》记载：陆玩器量弘雅，官至司空，去世后，追赠太尉。

吾粲，字孔休，吴郡乌程县人。①孙河担任县长，吾粲在县衙担任小吏，孙河对吾粲的才干很欣赏。后来，孙河担任将军，自行挑选幕府长吏，孙河上表，推荐吾粲为曲阿县丞，后又担任幕府长史。吾粲工作有成绩，虽然出身微贱，与同郡人陆逊、卜静等不相上下，都享有盛名。孙权担任车骑将军，征召吾粲，任命为主簿，后出任山阴县令，又调回担任参军校尉。

①《吴录》记载：吾粲生下几岁，孤城有老婆婆看见，对其母亲讲：“此儿有卿相之骨。”

黄武元年，吾粲与吕范、贺齐等率领水师，在洞口抵御魏国将军曹休。当时，江面上刮起飓风，战船的缆绳崩断，向对岸漂流，被魏军捕获，还有些战船沉没，船上的人落水溺死，剩下的大船在江中漂浮，落水的战士攀着船帮呼救，大船上的吏士担心船会沉没，用戈矛撞击落水者，不肯施救。吾粲与黄渊令船上的人尽力救起落水者，身边人认为，船太重，一定会沉没，吾粲说：“船沉没，大家一起淹死！落水人现在水中挣扎，岂能不管不顾！”吾粲、黄渊救起落水者有一百余人。

吾粲返回，改任会稽郡太守，征召隐士谢谭，拜为郡府功曹，谢谭以有病，不肯去拜谒太守，吾粲发出教令：“应龙以能屈能伸为神，凤凰以嘉应啼鸣为贵，何必隐形于天外，像应龙一样，潜入深渊？”吾粲募集的人很多，孙权拜吾粲为昭义中郎将，与吕岱一起，讨伐山区的越人贼寇，后又调入朝中，任命为屯骑校尉、少府，改任太子太傅。吾粲遭遇太子与鲁王之变，吾粲向孙权直言进谏，指明嫡庶之分，劝谏孙权将鲁王孙霸调出京师，驻扎在夏口，遣送杨竺，不准其在京师逗留，又多次向陆逊传递信息。陆逊当时驻扎在武昌，接连上表，向孙权谏诤。因为此事，吾粲被孙霸、杨竺等谮毁陷害，被捕入狱，处以死刑。

朱据，字子范，吴郡吴县人。朱据长相俊美，很有膂力，善于辩论，诘难对方。黄武初年，朱据受到征召，孙权拜朱据为五官郎中，补任侍御史。当时，选曹尚书暨艳憎恶贪官污吏，欲淘汰冗员。朱据认为，天下尚未安定，应该以战功评论官员的功过，弃瑕取用，举清厉浊，这样才能激励将士效命，如果一概予以贬黜，恐怕会引起动荡，有后顾之忧。暨艳不听，最终招致败亡。

孙权感叹东吴缺少将帅，心中常为此而叹息，追思吕蒙、张温，孙权认为朱据文武兼备，可以委以重任，拜朱据为建义校尉，领兵驻扎在湖熟。黄龙元年，孙权迁都建业，征召朱据，把公主下嫁朱据，拜朱据为左将军，封为云阳侯。朱据谦逊礼让，接纳士人，轻财好义，得到的俸禄、赏赐很丰厚，因为结交士人，还常常不够用。嘉禾年间，孙权铸造大钱，一枚大钱当五百用。朱据的部下应该接受三万缗，工匠王遂奸诈，冒领很多，典校官吕壹怀疑朱据取走，拷打主事官员，其被乱棍打死，朱据哀怜属下无辜被杀，厚棺殡殓、埋葬。吕壹上表，说朱据的吏员为朱据隐瞒，朱据才厚葬吏员。孙权多次责问朱据，朱据无法辩白，坐在草席上，等待治罪。几个月后，典军吏刘助揭发此事，告发王遂私自取走，孙权这才醒悟，说："就连朱据也会受到冤枉，更何况吏民？"孙权穷究此案，将吕壹治罪，赏赐刘助一百万钱。

赤乌九年，朱据改任骠骑将军。遭遇太子与鲁王孙霸争斗，朱据维护太子，言辞恳切，义形于色，以死向孙权表明态度，[①]此后，孙权贬黜朱据为新都郡丞。还未到任，中书令孙弘谮毁朱据，孙权此时已患上重病，孙弘代写昭书，赐朱据自杀，朱据死时，五十七岁。孙亮即位，朱据的两个儿子朱熊、朱损领兵，被全公主谮毁，死于非命。永安年间，追录前代功臣，景帝孙休令朱熊的儿子朱宣继承云阳侯爵位，迎娶公主。孙皓即位，朱宣担任骠骑将军。

①殷基著《通语》记载：朱据争执："臣听说，太子为国之根本，太子雅性仁孝，天下归心，而今猝然受到责备，将有一朝之虑。在往昔，晋献公宠幸骊姬，太子申生亡命，汉武帝信任江充，戾太子冤死。臣担心，太子不堪其忧，一旦出事，即使建立思子宫，也无济于事。"

陈寿评论如下：虞翻可谓古代讲的狂狷士人，为人耿直，难以避免被人谮毁，深陷末世之祸。孙权不能包容狂狷士人，也显得心胸狭窄。陆绩对于扬雄《玄经》的贡献，就像孔子对左丘明《春秋》的贡献，庄周对老子《道德经》的贡献；这样的人才，被派出去镇守南越，可谓埋没人才！张温才思敏捷，文章蕴藉，然而，毫无防人之术，遭致祸患。骆统深明大义，言辞恳切，使得孙权茅塞顿开。陆瑁笃守大义，向孙权谏诤，有君子之称谓。吾粲、朱据罹遭磨难，时乖命蹇，以正直丧命，悲夫！

吴书十三

陆逊传第十三

陆逊，字伯言，吴郡吴县人。陆逊原来叫陆议，陆氏是江东的世族大姓。[①]幼年时，陆逊的父亲去世，陆逊跟随堂祖父庐江郡太守陆康生活。袁术与陆康有矛盾，将要攻打陆康，陆康把陆逊及亲戚先送回吴县。陆逊比陆康的儿子陆绩年长数岁，就为陆康照看门户。

①《陆氏世颂》记载：陆逊的祖父陆纡，字叔盘，思维敏捷，学问很好，曾代理城门校尉。父亲陆骏，字季才，为人敦厚，受到家族怀念，官至九江郡都尉。

孙权担任将军，陆逊当年二十一岁，在将军幕府担任职务，历任西曹令史，后出任海昌县屯田都尉，兼领县府政事。[①]海昌县连年干旱，陆逊打开粮仓，赈济灾民，劝民农桑，百姓获得利益。当时，吴郡、会稽郡、丹杨郡有许多百姓，因为躲避战乱，迁至此地，陆逊建议在当地招募士兵。会稽郡山区贼寇大帅潘临，是当地一大祸害，连年征剿，没有擒获。陆逊带领招募的士兵，讨伐潘临，深入山区，所向披靡，手下士兵扩充至二千余人。鄱阳郡贼寇首领尤突作乱，陆逊再次征剿，此后，孙权拜陆逊为定威校尉，率军驻扎在利浦。

①《陆氏祠堂像赞》记载：海昌，就是今天的盐官县。

孙权把哥哥孙策的女儿嫁给陆逊，多次就军务向陆逊征询意见，陆逊建议："而今英雄并立，豺狼窥伺，克敌制胜，平定祸乱，必须要有军队才能奠定大业。山区越贼长期作恶，倚恃地势险阻。如果不能平定心腹之地，将难以图谋远方，应该先剿灭山贼，从中选取精锐，扩大队伍。”孙权采纳陆逊的建议，任命陆逊为帐下右部都督。恰逢丹杨郡贼寇首领费栈接受曹公印绶，煽动山区的越人造反，作为曹军内应，孙权派遣陆逊前去镇压。费栈的党羽很多，陆逊带去的士兵很少，陆逊布置很多牙旗，分多处设置鼓角，夜晚潜入山谷间，鼓噪前进，贼寇很快被剿灭。陆逊在丹杨郡、新都郡、会稽郡三郡招募兵员，已经溃败的贼寇，强者吸收为士兵，弱者登记户籍，送回家乡种地，陆逊扩充精兵数万。当地匪患根除，陆逊所过之处，恢复平静。陆逊撤回军队，驻扎在芜湖。

会稽郡太守淳于式上表，弹劾陆逊的军队抢夺百姓，骚扰地方。陆逊后来返回京城，谈话时，陆逊仍然称淳于式是一位良吏，孙权说：“淳于式弹劾君，而君反而举荐他，这是为什么？”陆逊回答：“淳于式意在保境安民，因此才弹劾陆逊。如果陆逊反过来谮毁淳于式，扰乱圣听，这不是君子所为。”孙权说：“这才是忠厚者讲的话，一般人很难做到这一点。”

吕蒙对外称病，回到建业，途经芜湖，陆逊前去拜谒吕蒙，问吕蒙：“关羽与东吴边境接壤，将军远离驻地，不考虑后果？”吕蒙答：“诚如将军所言，不过我的病情很重。”陆逊说：“关羽骄矜自恃，凌辱他人，刚刚获得伐魏大功，志骄意满，只想着北伐，进攻曹魏，对我方毫无猜疑，如今又听说将军有病，更加不会防备。可出其不意，袭击关羽的后方，一举擒拿关羽。将军去见至尊，应该为此制订计划。”吕蒙答：“关羽素来勇猛，很难与其为敌，而且，关羽已经占领荆州，恩信大行，再加上刚刚建立大功，兵势越发强盛，未可轻言图谋。”吕蒙前往京城，孙权问：“谁可以代替卿？”吕蒙回答：“陆逊深谋远略，才堪大用，臣观察陆逊对战略的设想，可以担当大任。陆逊还没有名气，关羽不会忌惮，如果选择继任者，可加以考虑。使用陆逊，对外韬光养晦，对内观察形势，暗中准备，然后按照计划施行。”孙权召见陆逊，拜为偏将军、右部都督，代替吕蒙领军。

陆逊到了陆口，写信给关羽：“此前观察君侯谋定而动，按照兵法，一举获胜，可谓赫赫武功！敌国惨遭败绩，利在东吴同盟，听说君侯获胜，在下击节赞叹，想必君侯率领大军，将席卷中原，匡扶王室。在下不敏，近日接受职务，来到西部，仰慕君侯武德，愿君侯施以教导。”又说：“于禁等被君侯擒获，遐迩著闻，认为将军的功勋，足以为后世所传颂，即使春秋晋文公城濮之战，淮阴侯韩信拔赵之功，也不过如此。在下听说徐晃等率领少数骑兵，驻扎在樊城附近，窥伺君侯的动向。曹贼猾虏，以图侥幸，忿不思难，在下担心曹操会暗中增兵，以逞其野心。虽然说师老兵疲，仍然有骁勇之将。而且大捷之后，常有轻敌之念，古人熟悉兵法，获胜之后，尤为警惕，愿将军考虑，以获得全功。仆乃一介书生，思虑迟钝，忝列不堪之任，喜闻邻国威德，乐于献上愚计，虽然不合乎兵法，然而不揣冒昧。倘或君侯留意，可以省察。”关羽看了陆逊的书信，有谦卑自托之意，心中放下戒备，不再怀疑。陆逊把陆口的形势，据实报告孙权，力陈如何打败关羽。孙权派出军队，暗中西行，命令陆逊及吕蒙为前部，很快攻下公安县、南郡。陆逊率军急进，打败关羽，兼领宜都郡太守，担任抚边将军，受封为华亭侯。刘备任命的宜都郡太守樊友弃城逃走，属下县长、县令及蛮夷君长投降陆逊。陆逊奏请向降者颁发金银铜印，新投降的原蜀国官员继续留任。这是建安二十四年十一月。

陆逊派遣将军李异、谢旌等，率领三千人，攻打蜀国将军詹晏、陈凤。李异率领水军，谢旌率领步军，封锁险关要塞，大败詹晏等，生擒陈凤。陆逊又攻打房陵郡太守邓辅、南乡郡太守郭睦，逐一攻破。秭归大姓文布、邓凯等率领蛮夷士兵数千人，依附西蜀。陆逊指挥谢旌，大败文布、邓凯。文布、邓凯败走，蜀国任命二人为将军。陆逊令人劝诱文布，文布率领余众返回，投降陆逊。陆逊前后斩杀俘虏及招降纳叛，共计有数万人。孙权拜陆逊为右护军、镇西将军，晋升爵位为娄侯。[①]

①《吴书》记载：孙权嘉赏陆逊的战功，欲特别褒赏，任命陆逊为上将军，封为列侯，还要令陆逊再经过本州举荐，让扬州牧吕范就任别驾从事，举荐为茂才。

当时，荆州出逃的士人陆续返回，有些士人还未安排职务，陆逊上疏：“在往昔，汉高祖接受天命，招揽英雄豪杰，奇谋士人，光武帝中兴大业，群英毕至，只要能振兴事业，无须考虑远近亲疏。而今，荆州刚刚平定，人物还未详备，臣怀惓惓之情，愿主公普施恩惠，破格擢拔任用士人，令其竭力效忠，然后四海延颈，思归大化。”孙权采纳陆逊的谏言。

黄武元年，刘备率领大军讨伐东吴，进抵吴国西界，孙权任命陆逊为大都督、持符节，率领朱然、潘璋、宋谦、韩当、徐盛、鲜于丹、孙桓等，共计五万吴军，抵御蜀军。刘备从巫峡、建平，开始建立营寨，军营延伸至夷陵，有数十座营寨，刘备还用金、锦、爵位及赏赐，招诱蛮夷，任命将军冯习为大都督，张南为前锋，辅匡、赵融、廖淳、傅肜等为别将，刘备先派遣吴班率领数千人，在平地扎下营寨，向吴军挑战。东吴诸将欲进攻蜀军，陆逊说：“这其中必然有诈，暂且观察。”[①]刘备知道吴军并未中计，只好命令伏兵八千人，从山谷中撤出。陆逊说：“之所以此前没有采纳诸君的意见，进攻吴班，我就猜到其中必有伏兵。”陆逊上疏：“夷陵可谓要害，是吴国的关隘，虽然易得，也容易失。一旦失去夷陵，绝非仅仅损失一郡，整个荆州都会担忧。今日争夺夷陵，一定保证成功。刘备干犯天理，不守巢穴，竟敢前来送死。臣虽然不才，凭恃陛下威灵，以顺讨逆，大败西蜀，就在近期。观察刘备前后用兵之势，多败少功，按此推论，不足为虑。臣当初担心刘备会水陆并进，而今，刘备舍弃舟船登岸，反而以步兵开进，处处设营，观察刘备的部署，一定不会再有其他变故。愿至尊高枕无忧，无须以此为念。”诸将都说：“进攻刘备，应该在一开始就布置，刘备已经攻入我国境内五六百里，双方对峙也有七八个月，西蜀占领的要害，皆已经固守，再要进攻，恐怕无利可图。”陆逊解释：“刘备猾虏，作战经验丰富，蜀军刚刚集结，思虑专精，不可攻击。而今滞留在此地，未能取得进展，兵疲意沮，无计可施，我军互为犄角，夹击此寇，就在今日。”陆逊指挥吴军，先试着攻打蜀军一个营寨，战事不利。诸将说：“白白让士兵送死。”陆逊说：“我已经知道破敌之术。”陆逊敕令战士，每人手持一把茅草，用火进攻蜀军营寨，一战成功，火烧连营。陆逊指挥诸将，同时杀进蜀军营地，斩杀张南、冯习及胡王沙摩柯等，接连攻破蜀军四十余营。刘备的部将杜路、刘宁等，穷途末路，不得不向吴军投降。刘备慌忙登上马鞍山，布置蜀军环绕，抵御吴军进攻。陆逊督促吴军四面围困，蜀军呈现土崩瓦解之势，死者成千上万。刘备连夜遁逃，驿站人员将溃军遗留的铙、铠甲焚烧，以阻断退路，刘备仓皇逃进白帝城。蜀军的舟船、器械，水军、步军，所有的军用物资，被大火烧得一干二净，尸骸在江水中漂流，塞满江面。刘备懊悔不已，说：“我竟然被陆逊这小子挫败，蒙受耻辱，莫非天意！”

①《吴书》记载：诸将欲迎击刘备，陆逊认为不可：“刘备举蜀军东下，锐气正盛，暂且登高守险，蜀军难以很快击败，即使攻下，也难以收获全功，一旦战事不利，则挫伤我军锐气，绝非小故。而今，暂且奖励将士，广施方略，以观其变。此间如果有平原旷野，担心有驰骋交战之忧，而今刘备缘山行军，兵势难以施展，自当疲惫于木石之间，可缓慢制其弊。”诸将不理解，认为陆逊畏惧刘备，各怀怨愤。

当初，孙桓分出部分兵力，在夷道对付刘备的前锋，被蜀军所困，向陆逊求救。陆逊回复：“不能救。”诸将说：“孙安东是公族，而今遭受蜀军围困，为何不救？”陆逊说：“孙安东颇得士众效力，城池坚固，粮食充足，不必担忧。待我施以计策，不救安东，安东自能解困。”及至吴军大败蜀军，大功告成，吴军取得完胜，蜀军狼奔豕突，仓皇遁逃。孙桓此后来见陆逊，说：“此前的确怨恨将军见死不救，直到今日，才知道将军调度有方，胸中自有妙计。”

在大败刘备之前，军中诸将有些人是孙策时的旧将，有些人是公室贵族，各人都有自矜夸口的资本，不愿听从陆逊指挥。陆逊手按利剑，厉声喝道：“刘备是天下英雄，连曹操都有所忌惮，而今兵临吴国边境，这是强敌。诸君蒙受国恩，正当协调努力，共歼此虏，对上报答主公的信任，若不听从调度，绝不应该。仆虽然是一介书生，受命主公。国家委屈诸君，拜于仆的帐下，寄予厚望，以仆尚有尺寸可用，能够忍辱负重。诸将各听调令，谨奉职守，岂能推托！军令有常，不可轻易触犯。”及至大败刘备，整个战役计划，全部由陆逊安排，诸将这才心服口服。孙权闻报，说：“君为何不向孤禀报诸将不听调度之事？”陆逊回答：“臣蒙受主公厚恩，委以重任，臣的职责超过臣的本领。加上诸将或是主公的心腹，或是爪牙猛将，或为元勋功臣，受到国家信任，臣应当与他们共赴国难，克敌制胜。臣驽钝，仍然仰慕蔺相如、寇恂临辱不怒，以国事为重。”孙权大笑，称赞陆逊做得对，拜陆逊为辅国将军，兼领荆州牧，改封为江陵侯。

刘备撤军，住在白帝城，徐盛、潘璋、宋谦等争先恐后上书，认为刘备已成崩溃之势，可一战擒获，请求攻打白帝城。孙权征询陆逊的意见，陆逊与朱然、骆统认为，曹丕正在大肆举兵，名义上是帮助东吴，内心其实另有所图，东吴应当谨慎，撤回军队。不久，魏军果然向东吴出击，东吴三面受敌。①

①《吴录》记载：刘备听说魏军大举出兵，写信给陆逊：“贼今在江陵，我将率军复东，将军认为可行否？”陆逊答复：“但恐蜀军新败，疮痍未复，始求和解，且当自补，未暇穷兵。若不能谋划，欲以倾覆之余众，远征出兵，将无所逃命。”

刘备在白帝城病逝，儿子刘禅即位，诸葛亮秉持朝政，与孙权谋求和议。孙权因时制宜，令陆逊告诉诸葛亮，愿意和解，并且刻制一枚大印，放置在陆逊处，以增加其权重。孙权每次写信回复刘禅、诸葛亮，一定会经陆逊看过，轻重缓急，有所不妥，陆逊可以任意改定，而后加盖大印，封好后送出。

黄武七年，孙权派鄱阳郡太守周鲂诱骗魏国大司马曹休，曹休果然中计，举兵进抵皖城，孙权召见陆逊，授予黄钺，任命陆逊为大都督，迎战曹休。①曹休发觉上当，耻于受到诱骗，自恃兵精粮足，遂与吴军交战。陆逊亲自率领中军，令朱桓、全琮作为左右两翼，三路并进，吴军奋力拼杀，冲破曹休的伏兵，曹军败走，吴军追亡逐北，直至夹石，斩杀俘虏魏军一万余人，缴获马牛驴骡车辆辎重一万余辆，军械物资数不胜数。曹休撤军，背上痈疽发作，病死军中。吴军凯旋，经过武昌，孙权令左右用御盖为陆逊遮荫，进出殿门，以示崇敬，赏赐陆逊的物品，全是皇家御物，在当时，无人能与陆逊相比。孙权诏命陆逊返回西陵。

①陆机为陆逊写的墓志铭：魏国大司马曹休侵犯我北部边境，授予公黄钺，统御六师及中军禁卫，摄行王事，主上执鞭，百官屈膝。《吴录》记载：孙权授予陆逊黄钺，亲自执鞭，接见陆逊。

黄龙元年，孙权拜陆逊为上大将军、右都护。这一年，孙权东巡建业，把太子、皇子及朝中尚书九卿留在武昌，征召陆逊辅佐太子，同时掌管荆州及豫章三郡政事，全面负责。当时，建昌侯孙虑在堂前制作一个斗鸭栏，用了很多心思，陆逊正色劝谏：“君侯应当学习典籍，激励自己不断进步。岂能玩物丧志，做这种事情？”孙虑当即拆毁鸭栏。射声校尉孙松在诸公子中最受孙权喜爱，带领军队，却玩忽职守，军纪废弛，陆逊对其部下判处髡钳刑。南阳郡人谢景赞赏刘廙先刑后礼的理论，向陆逊谏言，陆逊呵斥谢景：“礼制的作用，远重于刑法，刘廙以诡辩，曲解先圣的教导，绝非正途。君今天侍奉东宫，应该遵循礼义，彰显德音，像刘廙这样的言论，实不足取。”

陆逊虽然身在京师之外，常挂念国事，上疏孙权，力陈时弊：“臣以为，刑法严峻，触犯刑法者太多。近年以来，将吏罹刑获罪，当然，有些将吏不够谨慎，罪有应得，然而天下尚未统一，正当用人之际，陛下应当多施与恩典，稍加宽宥，以抚慰下情。而且事务繁多，日甚一日，取士以贤能为尚，除非是奸邪，屡教不改，有难以容忍之罪，乞求陛下予以宽宥、任用，令其将功赎罪，施展才能。此乃古代圣王之教导，忘过记功，以建成王业。在往昔，汉高祖漠视陈平之罪愆，采用陈平献出的奇计，最终陈平建立功勋，享受福祚，功垂千载。对大臣施行严刑峻法，绝非帝王建立隆盛基业之途；对大臣仅有处罚，而不能宽宥，也绝非怀远之弘规。”

孙权欲派遣一支军队，攻取夷洲及海南岛珠崖郡，事先征询陆逊的意见，陆逊上疏：“臣愚以为，四海尚未安定，还需要动用民力，以济时务。而今兵兴历年，民众数量减少，陛下忧劳思虑，废寝忘食，还要派兵远征夷洲，以图大事，臣反复思考，未见其中有何利益，万里袭取夷洲，海上风波难测，大军不服水土，必然会有疾疫，而今陛下派出大军，深入不毛之地，欲获得利益，其结果，必然会蒙受损失，欲利反害。而且珠崖郡是孤悬海岛，地势险峻，岛上的民众犹如禽兽，得其民众，不足以济事，不用其兵源，不足以亏众。江东的兵力，足以图谋大事，但当积蓄力量，谋定而后动。在往昔，桓王创立基业，兵不满一旅，最终开创基业。陛下奉天承运，拓展江表。臣听说，治乱讨逆，须以兵为威，农桑衣食，此乃民生之本。干戈尚未启动，民众已有饥寒。臣愚以为，应该首先养育士民，宽其租赋，士兵克敌制胜，在于上下一心，以道义鼓励士兵作战，那么，黄河、渭水之地可平，九州将终获统一。”孙权坚持征伐夷洲，结果得不偿失。

及至公孙渊背弃盟约，孙权欲亲自率军征伐公孙渊，陆逊上疏：“公孙渊凭恃险固，拘留吴国使者，答应的名马没有兑现，实在可恨。蛮夷猾夏，还未浸染王化，犹如鸟兽，流窜于荒蛮，抗拒王师，令陛下盛怒未息，欲出动大军，乘船泛海，远征公孙，不考虑其征途危殆，远涉不测之地。方今天下依然纷扰，群雄虎争，英豪踊跃，相互敌视。陛下以神武之姿，奉天承运，赤壁之战，在乌林大破曹操，在西陵大败刘备，在荆州擒获关羽，此三虏皆当世英雄，陛下英武，摧其锋锐。圣化所绥，万里草偃，方今陛下正要荡平华夏，使天下归为统一。如果不能忍受小忿，爆发雷霆之怒，违背君子不坐垂堂之戒，轻启万乘之重，此臣所困惑也。臣听说，志行万里者，不中途而停顿；图谋四海者，不怀细以害大。强寇在境，荒服未臣，陛下乘坐大船，远征公孙，必然会导致曹魏窥伺江东，如果魏军猝然而至，悔之莫及。若大功告捷，公孙渊将不讨自服；而今陛下顾惜辽东郡的民众与战马，奈何捐弃江东万安之本业，而不多加珍惜？乞求陛下暂且息怒，罢用六师，以威势震慑曹魏大虏，早日平定中原，垂光耀于将来。”孙权采纳陆逊的谏言。

嘉禾五年，孙权北上征伐曹魏，令陆逊与诸葛瑾攻打襄阳。陆逊派亲信韩扁带着奏章，奏报孙权，返回时，在沔中遇上魏军，魏军在巡察时，擒获韩扁。诸葛瑾听到韩扁被擒，不禁惶恐，写信给陆逊：“陛下大驾已经返回，魏贼擒获韩扁，很可能已经知道我军虚实。而且长江正是枯水期，应当尽快撤军。”陆逊没有回复，继续催促士兵种植蔓菁、豆子，与诸将下棋、射戏，好像什么事都没有发生。诸葛瑾说：“伯言足智多谋，恐怕已胸有成竹。”诸葛瑾亲自来见陆逊，陆逊说：“魏贼知道陛下大驾已经返回，无所忧虑，可以专心对付我等。而且魏军已经守住要害，兵将意动，以安定己方为重要，再施以应对之策，而后再缓缓后撤。如果先摆出撤退的架势，魏贼以为我军恐惧，一定会发起进攻，届时将会酿成必败之势。”于是，陆逊与诸葛瑾计议，令诸葛瑾秘密率领战船，陆逊出动全部兵马，向襄阳进军。魏军素来忌惮陆逊，急忙回军，返回城中。诸葛瑾率领战船驶出，陆逊慢慢整顿军队，对外虚张声势，步行前往岸边登船，魏军不敢出城。吴军进抵白围，陆逊佯称要行猎，暗中派遣将军周峻、张梁等进攻江夏郡新市、安陆、石阳，石阳市场兴旺，周峻等率领大军掩杀过来，市场上买卖的人丢弃货物，纷纷逃入城中。城门堵塞，不能关闭，魏军只好砍杀、驱赶百姓，这才关闭城门。吴军斩杀擒获魏军，约有一千余人。[①]对于魏军俘虏，陆逊严令予以保护，不许吴军士兵侮辱、侵犯。凡有家属来探望者，让他们自行探视。如果有俘虏失去妻子、儿女，则供给衣服、粮食，厚加安抚，而后遣送回去，有些俘虏受到感动，愿意相携来归。附近的郡县受到影响，[②]江夏郡功曹赵濯、弋阳守将裴生及夷王梅颐等，率领部属归附陆逊。陆逊拿出财帛，对投降者予以赈济、安抚。

①裴松之认为：陆逊考虑孙权已经退军，魏军得以专力于己，既能拓展形势，使敌不敢冒犯，方舟顺流，无复怵惕，为何又要秘密派遣诸将掩袭小县，令市人惊恐骇奔，自相伤害？俘虏千人，未足以损魏，徒使无辜民众罹遭荼毒，与诸葛渭滨之师，何其相殊！用兵之道既违，失律之凶宜应，其福祚不过三世，及孙子而灭亡，岂此之余殃哉！

②裴松之认为：此无异于残林覆巢，而全其遗雀，施惠小仁，何补大虐？

魏国江夏郡太守逯式兼领将军，率领军队，成为吴国边境一害，与魏国旧将文聘的儿子文休一向不睦。陆逊知道这个情况后，佯装回信给逯式：“得悉将军诚恳致意，知道将军与文休久结怨隙，势不两立，欲来归附，辄以密信呈上，陈述衷情，我当携众亲迎。将军宜秘密行事，再决定日期。”把书信遗留在边界，逯式的士兵得到这封书信，拿来送给逯式，逯式看了书信，惊慌失措，亲自把妻子送回洛阳。从此以后，官吏、士兵不再亲附逯式，逯式被罢免。[①]

①裴松之认为：边将为害，此乃寻常之事，使逯式得以领罪，后继者亦复如此。自非狡黠思肆，将成大患，何足以亏损雅虑，专为小诈？以此为美，又有所不取。

嘉禾六年，中郎将周祗请求在鄱阳郡招募士兵，孙权将此事交予陆逊。陆逊认为，鄱阳郡的民众很容易受到扰动，安定下来，却很困难，不宜在鄱阳郡招募士兵，担心贼寇会乘机作乱。周祗坚持在鄱阳郡招募士兵，鄱阳郡的百姓吴遽等果然造反，杀了周祗，攻打属下县邑。豫章郡、庐陵郡的歹徒随后响应，跟着造反。陆逊听到消息，当即派兵镇压，吴遽等相率投降陆逊，陆逊获得精兵八千余人，三郡逐一平定。

当时，中书典校官吕壹把持朝政，作威作福，陆逊与太常潘濬同心同德，为国事担忧，每当谈起朝中政事，不免流泪。后来，孙权诛杀吕壹，深深自责，详情记载在吴主的传中。

谢渊、谢厷等各自就施政提出建议，欲调整政策，做一些施惠于民的事情，[①]孙权将奏章交予陆逊审理。陆逊谏言：“国家以民众为本，国家强盛，来自民众殷富，财赋皆由民众所出。民众殷富，而国家虚弱，民众贫瘠，而国家强盛，从未曾有过。为国家谋划者，以得民心为要，国家才能大治；一旦失去民心，国家就会动乱。如果民众得不到利益，只是让民众尽心竭力，报效国家，很难做到。是以《诗经》叹息：‘宜民宜人，受禄于天。’乞求陛下垂恩，施惠于民众，数年之间，国家财用逐渐丰厚，再做打算。”

①《会稽典录》记载：谢渊，字休德，年少时，谢渊勤修德行，躬身耒耜，既无戚容，又无忧虑，由此而知名。被举荐为孝廉，稍后升任建武将军，虽然在军旅，却垂意人物。骆统的儿子骆秀，受到门庭毁谤，众论狐疑，难以证明。谢渊听说后，叹息道：“公绪早亡，同僚所哀。听说其儿子志行高洁，却被暗昧毁谤，望诸夫子烈然高断，而今各怀猜忌，非所望也。”骆秀之事，很快查明事实，不再受到玷污，最终成为显士，这是谢渊之力。

《吴历》记载：谢厷口才很好，有辩才。

赤乌七年，陆逊代替顾雍，担任丞相，孙权下诏：“朕以不德，应期践运，王途尚未统一，奸宄塞路，朕夙兴夜寐，惊悚战惧，不遑余暇。唯君天资聪颖，美德昭显，担任上将，匡扶国家，消弭祸难。有超世之功，一定应享受超大之宠；怀文武之才，一定要负荷社稷之重。在往昔，伊尹辅佐商汤，隆兴伟业，吕尚辅佐周室，拥有天下，内外之重任，君已经兼有。而今，任命君为丞相，派使者持符节，代理太常、太傅，授予君印绶。君要继续发扬昭明美德，再创佳绩，敬服王命，绥靖四方。呜呼！君的职责，在于总领三公之事，垂范群臣，可不谨慎、祇敬，君其勖勉努力！仍然负责州牧都护之事，兼领武昌诸事如故。”

此前，太子孙和与鲁王孙霸并立，朝廷内外的职务，大多由官员子弟担任。全琮上报陆逊，陆逊认为，权贵子弟如果有才能，并非不能重用，但不宜私相授受，以此谋取私利；如果权贵子弟不能胜任，品行不佳，只会自取其祸。而且，太子与鲁王势均力敌，彼此间一定会有矛盾，此乃古人之大忌。全琮的儿子全寄阿附鲁王，最终陷入矛盾。陆逊写信给全琮：“卿不向金日磾学习，却包庇阿寄，最终将会为卿的家族带来祸患。”全琮没有采纳谏言，反而与陆逊有了裂痕。及至太子的名位有不保之虞，陆逊上疏，力陈自己的观点：“太子是国家的储君，应该如磐石之稳固，鲁王只是藩臣，陛下应当让尊卑有序，对他们的宠幸有所区别，彼此得其所在，上下均安。臣叩头流血奏闻。”这样的上疏有三四次，及至陆逊请求到京城当面向孙权陈述确定嫡庶的重要性，以维护太子，孙权没有答应，而陆逊的外甥顾谭、顾承、姚信亲近太子，最终遭到流放。太子太傅吾粲因为多次与陆逊通信，被捕入狱，死在狱中。孙权还多次派遣宫中使者指责陆逊，陆逊忧愤交加，最后病逝，享年六十三岁，死后家无余财。

当初，暨艳有设置营府之论，陆逊告诫暨艳，这样做会遭致祸败，又对诸葛恪讲：“在我以上者，我一定要遵奉，与其共进退；在我以下者，我一定要扶持。而今观察君的气焰，欺凌上司，蔑视下级，这绝非安德之基。”还有，广陵郡人杨竺，年少时，已经享有名气，而陆逊说杨竺必然败亡，劝杨竺的哥哥杨穆与其分家，以免受到连累。陆逊可谓有先见之明。陆逊的长子陆延早夭，次子陆抗继承爵位。在孙休时，追谥陆逊为昭侯。

陆抗，字幼节，这是孙策的外孙。陆逊去世时，陆抗二十岁，孙权拜陆抗为建武校尉，率领陆逊的部队五千人，护送灵柩返回东部，而后前往京城谢恩。孙权以杨竺告发陆逊的二十件事，诘问陆抗，又屏退陆抗身边的宾客，派宫中使者到府邸诘问陆抗，陆抗无所回避，把每件事情交待得清清楚楚，孙权这才消除对陆逊的怀疑。赤乌九年，孙权改任陆抗为立节中郎将，与诸葛恪换防，到柴桑任职。陆抗临行前，把城防工事加以修缮，城墙、房屋修葺完毕，居住的庐舍有果树者，不得损毁。诸葛恪到防，驻地俨然一新。而诸葛恪驻防的柴桑，很多防务损毁，诸葛恪深感惭愧。太元元年，陆抗回到京城治病。病越后，陆抗应该返回，孙权流着眼泪送别陆抗，对陆抗讲：“我此前听信谗言，与你的父亲在君臣之义上不够坚定，有负你的父亲。前后诘问你的记录，全部焚毁，不要让他人看见。”建兴元年，孙亮拜陆抗为奋威将军。太平二年，魏国大将诸葛诞举寿春投降吴国，孙亮拜陆抗为都督，驻守柴桑，陆抗又赶赴寿春，打败魏军牙门将、偏将军，改任征北将军。永安二年，孙休拜陆抗为镇军将军，担任都督，驻扎在西陵，西陵防务从关羽濑直至白帝城。永安三年，孙休授予陆抗符节。孙皓即位，拜陆抗为镇军大将军，兼领益州牧。建衡二年，大司马施绩去世，孙皓拜陆抗为都督，负责信陵、西陵、夷道、乐乡的防务及公安的军事，治所设在乐乡。

陆抗听说朝廷颁布政令有很多缺失，深感忧虑，上疏朝廷："臣听说，德行相当，人众者胜寡，力量相当，安定者制危，这是六国为何被秦国兼并，西楚为何败于汉高祖的原因。而今曹魏已经跨州连郡，并非像强秦一样仅占有关中之地；曹魏割据九州，并非像高祖一样仅占有鸿沟以西。东吴现在对外既无盟国支援，对内也绝非西楚之强盛，朝廷政务废弛，黎民尚未安定，朝臣在廷议时所恃，不过是长江天险、高山峻岭而已，固守江东，此乃保守国家之末事，非智者应首先考虑。臣每当想起战国存亡之征兆，近观刘氏倾覆之教训，考察古代典籍，检验救亡图存之道理，中夜抚枕，临餐忘食。在往昔，匈奴未灭，霍去病辞谢武帝赐予的宅邸；汉室正道未纯，贾谊为之悲泣。更何况臣是王室的外甥，家族时代蒙受王室厚恩，身名否泰，与国家甘苦与共，死生契阔，义无苟且，夙夜忧怛，念至情深。事君之义，只能犯颜直谏，而不能默然不语，人臣之守节，应该尽心竭力，不顾及身家安危，谨向陛下陈述时政十七条如下。"上奏的十七条原文已经遗失，此处不再记述。

当时，何定在朝中擅权，宦官干政，陆抗上疏："臣听说，建立国家，继承祖业，切记不可信用小人；受到谗言蛊惑，任用奸邪，《尚书》早有告诫，是以《诗经·风雅》讽谏，仲尼为之叹息。春秋以来，爰及秦、汉，倾覆之祸，未有不由于此者。小人不明事理，所见肤浅，即使竭情尽节，仍不足以肩负重任，何况奸心肆虐，爱憎移易？苟且偷安，患得患失，无所不至。而今，陛下委小人以重任，此乃聪明之人所臧否，授以专制之威权，而希望雍熙之声，肃清大化，此乃不可能之事。臣看到任职的官吏，有特别才能的人很少，然而，冠冕之胄，从小接受道德浸染，有些人家庭贫困，靠着刻苦努力，而终获成功，其资质能力，足以堪当大任，可从中选拔优秀士人，按照才能，予以任用，授以职权，这样可以贬抑群小，引领风俗教化，诸项政事不会受到污染。"

凤凰元年，西陵都督步阐在驻地西陵城发动叛乱，派遣使者投降晋国。陆抗知道后，每日部署诸军，令将军左奕、吾彦、蔡贡等迅速赶赴西陵，敕令军营增加一道防务，从赤溪至故市，对内加紧警戒，对外加强防御，昼夜施工，工期赶得很紧，犹如敌军已经逼近，众人都很辛苦。诸将提出意见："而今正值三军锐气可用，应尽快攻打步阐，在晋国救兵赶到之前，攻破步阐。为何要把精力用在修建壁垒上，使得士民疲惫不堪？"陆抗说："此城地势稳固，粮食充足，而且设施经过修缮，已经完备，皆为当年抵御晋军所用。如今反过来攻打，既不能很快攻克，北军救兵很快就要到来，一旦北军来到，我军毫无防备，将内外受困，何以御敌？”诸将都认为，应该先对步阐发起进攻，陆抗一再拒绝。宜都郡太守雷谭言辞恳切，陆抗欲说服众人，听任其对步阐发起进攻。结果战事不利，败下阵来，壁垒很快合拢。晋国车骑将军羊祜率领大军，赶赴江陵，诸将都认为陆抗不宜亲自率军御敌，陆抗说：“江陵城坚固，兵精粮足，不必忧虑。如果敌军占领江陵，一定守不住，所造成的损失不大。如果西陵被晋军占领，则南山群夷就会扰动，这是我最担心之事，难以尽言。我宁可暂且放弃江陵、赶赴西陵，更何况江陵城不是还很牢固吗？”江陵地势平坦，道路通行便利，陆抗敕令江陵都督张咸修建大坝，阻遏水势，河水逐渐淹没平原，堵住步阐与外界的联系。羊祜借助水势，用船载运粮食，对外声称将要挖开大坝，以通行步兵、车辆。陆抗听说后，当即命令张咸破坝。诸将疑惑不解，多次劝谏陆抗，陆抗不听。羊祜进抵当阳县，听说大坝已经挖开，遂改变船运，改用车辆运输，耗费大量军力。晋国巴东监军徐胤率领水军进抵建平，荆州刺史杨肇进抵西陵。陆抗命令张咸固守江陵城；公安都督孙遵巡行南岸，抵御羊祜；水军都督留虑、镇西将军朱琬抵御徐胤；陆抗统率三军，倚恃壁垒，与杨肇对峙。将军朱乔、营都督俞赞逃往杨肇处。陆抗说：“俞赞是军中旧吏，了解我军的虚实，我常担心夷兵还没有很好操练，如果敌军攻打壁垒，会首先选择此处。”当天夜晚，陆抗换下夷民战士，全部换上富有经验的东吴战士。第二天，杨肇果然向原夷兵驻守的地方进攻，陆抗命令吴军坚决抵抗，箭矢、礌石雨点般落下，杨肇的部众伤亡惨重。杨肇进抵西陵一个月，各种计策用尽，黔驴技穷，只好趁着夜色逃遁。陆抗欲追击杨肇，又担心步阐兵力强盛，会伺机袭击，陆抗手中的军队不敷分配，于是，擂响战鼓，以警戒部众，作出要追击的样子。杨肇余众惊恐不已，丢盔卸甲，慌忙逃遁，陆抗派出小股部队，尾追其后，大败杨肇，羊祜等引军撤退。陆抗随后攻下西陵，诛杀、夷灭步阐的家族及手下将领，自此以后，陆抗奏请，赦免追随步阐造反者，有数万人。陆抗整修城池，而后返回乐乡，毫无骄矜之色，仍然保持谦逊谨慎的样子，陆抗获得将士们拥戴。①

①《晋阳秋》记载：陆抗与羊祜结成子产、季札之好。陆抗曾经送给羊祜美酒，羊祜饮之不疑。陆抗有病，羊祜送给陆抗药物，陆抗亦推心置腹相待。在当时，人们认为，华元、子反复见于今世。

《汉晋春秋》记载：羊祜归来，勤修德义，以怀柔吴人。陆抗每次告诫边郡戍将：“彼专为德，我专为暴，是不战而自服。各保疆界，不求细益而已。”于是，吴、晋之间，余粮栖亩而不犯，牛马逃逸入境，相互告知取回。沔上狩猎，吴国擒获晋人受伤者，皆送回晋国。陆抗曾经患病，向羊祜求药，羊祜将药合成，送予陆抗，说：“这是上等药，我亲自配制，还未来得及服用，因为君的病情需要，故先送来。”陆抗得到药，随后服用，诸将有人劝谏，陆抗不理。孙皓听说边境和平，以此事诘难陆抗，陆抗回答：“一邑一乡，不可以没有信义之人，更何况大国？

臣这样做，正足以彰显吴国德政，对于羊祜，并无伤害。”有人以羊祜、陆抗的所作所为，认为失去臣节，两国都有讥讽者。

习凿齿曰：理胜者天下之所保，信顺者万人之所宗，即使大猷丧亡，义声久存，狙诈驰于当途，权略周乎急务，负力纵横之人，臧获牧竖之智，未有不凭借此力，以创立功勋，舍弃此力，而能独立者。是故晋文公退避三舍，原城请命；穆子围鼓，训之以力；冶夫献策，费人斯归；乐毅缓攻，而风烈长存。观其所以服物制胜者，岂徒仅凭威力相欺诈！三国鼎足而立，已经有四十余年，吴国人不能跨越淮、沔，进取中原，中原亦不能渡过长江，以兼并吴国，力均而智侔，道不足以相倾。残彼而利我，未若利我而无残；振武以惧物，未若德广而民怀。匹夫犹不可以力服，更何况一国？力服犹不如用德，更何况不制？是以羊祜恢宏大同之略，慎思五兵之则，齐其民人，均其恩泽，振义网，以罗强吴，明兼爱，以除暴俗，易生民之视听，驰不战乎江表。故能德音欢畅，襁负云集，殊邻异域，义让交弘，自从吴国抵御强敌，未有若此类者。陆抗深知国小主暴，晋德弥昌，人有兼并己方之善，而己方无固本之规，百姓怀严敌之德，阖境有弃主之虑，慎思如何安定民心，缉宁内外，奋其危弱，抗衡上国者，莫若践行斯道，以侔其胜。使彼德不能加吾，而此善流闻，归重邦国，弘明远风，折冲于枕席之上，较胜于帷幄之中，倾敌而不以兵甲之力，保国而不浚沟池之固，信义感于寇仇，丹怀体于先日。岂设狙诈以危贤，徇己身之私名，贪外物之重我，暗服之而不备者哉！由是论之，苟安守局而保疆，一卒之所能；协数以相危，小人之近事；积诈以防物，臧获之余虑；威胜以求安，明哲之所贱。贤人君子，之所以拯世垂范，舍此而取彼，其道良弘故也。

孙皓拜陆抗为都护，听说武昌左部都督薛莹被捕入狱，陆抗上疏：“才能出众的士人，是国家的奇珍异宝，社稷的宝贵财富，各项政事，依赖才能出众者，可以有条不紊，四门得以肃清。原大司农楼玄、散骑中常侍王蕃、少府李勖，皆为当世英杰，一代英豪，当初得当陛下恩宠，从容担任朝臣，转瞬间，蒙受无妄之灾，被处死，家族惨遭夷灭，有些被流放至荒蛮。人们常讲，《周礼》有赦免贤者之例，《春秋》有宽宥善者之理，《尚书》曰：‘与其冤杀无辜，宁可放过疑犯。’王蕃等罪名并未确定，施以大辟之刑，心怀忠义，却身遭屠戮，岂不令人哀痛！已死之人，固无所识，何至于再焚尸扬灰，弃之水滨！臣担心，这绝非先王之正典，抑或周代《甫刑》所禁止。是以百姓哀痛，士民同悲。王蕃、李勖永已，悔亦晚矣，诚望陛下赦免楼玄，最近，臣又听说薛莹又被捕。薛莹的父亲薛综曾经担任先帝的纳言，还辅弼文皇，及至薛莹继承父业，对内砥砺品行，今天受到牵连，罪在可宽宥之列。臣担心，有关官员并未核查，如果再被杀戮，将会失去民心，乞求陛下垂天恩，原宥薛莹之罪，哀怜狱中的犯人，清理刑网，天下幸甚！”

当时，军队频繁调动，百姓疲惫不堪，陆抗上疏谏言：“臣听说，易贵随时，传美观衅，故夏桀多罪，商汤用兵，殷纣淫虐，周武讨伐。苟无其时，玉台有忧伤之虑，孟津有反叛之军。而今陛下不务富国强兵，劝农稼穑，积蓄粮食，使文武之士各显其能，百官之署，无旷废之务，明确官员升降，以激励官员，严刑慎罚，以示警戒，以德劝勉诸司，以仁安抚百姓。然后陛下可奉天承运，席卷宇内。然而，陛下听任诸将博取功名，穷兵黩武，动辄耗费万计，士卒疲惫，寇不为衰，而我已大病！陛下争帝王之资，受小利之惑，此乃人臣之谋功，绝非国家之良策。春秋时，齐、鲁三战，鲁国两次打败齐国，最后鲁国衰亡。为何会这样？大小之势悬殊。更何况今天用兵，所获不能弥补所失！阻兵无众，古之明鉴，诚宜暂且放下眼前小利，把财力用在蓄养士民，窥伺敌方的空隙，等待机会，不会后悔无已。”

凤凰二年春天，孙皓拜陆抗为大司马、荆州牧。凤凰三年夏天，陆抗患上重病，上疏谏言：“西陵、建平是国家的藩蔽，位于西蜀下游，两面受敌。如果敌军泛舟，顺流而下，舳舻千里，星奔电驰，猝然而至，不可倚恃外援，以救倒悬之势。此乃社稷安危之机，绝非封疆遭受欺凌小害。臣的父亲陆逊，此前在西陲陈述意见，认为西陵是国家的西门，如果说易守，也易失。如果守不住，非但失去一郡，荆州就不能再为东吴所有。如果遭遇变故，应当倾尽全国之力。臣以往在西陵，查勘陆逊当年设防的旧迹，此前乞求陛下增精兵三万，主事者因循常例，未肯派遣。自从步阐以后，这些防御工程大多遭受损毁。而今臣统辖千里，四面受敌，对外抵御强敌，对内怀柔百蛮，上下只有士兵数万，财力有限，羸弱凋敝日久，难以应对变故。臣愚以为，诸王还在幼冲，尚未统理国事，应该为他们设立太傅、国相，辅导经学，养成贤圣之姿，无须多用兵马，妨害国家要务。还有，黄门竖宦，开设招募，兵民因怨恨徭役、兵役繁重，逃避追捕，前来应募。乞求陛下，对此应加以审查，将应募者调出，以弥补边疆受敌攻击，使臣所统领的部众，达到八万，可以减省其他不急之务，明确赏罚，即使韩信、白起也不能施展其武功。如果不能增加兵员，不改变招募制度，欲完成大业，臣深感忧虑。臣死之后，乞求陛下多关注西陵的防务。愿陛下思考臣的忠言，臣死而不朽。”

当年秋天，陆抗病逝，嗣子陆晏继承爵位。陆晏的弟弟陆景、陆玄、陆机、陆云，分别率领一部分军队。陆晏担任裨将军、夷道监。天纪四年，晋军讨伐吴国，龙骧将军王濬顺流东下，所过之处，连战连捷，最终，正像陆抗担忧的那样，吴国被晋国灭亡。陆景，字士仁，娶了公主，受拜为骑都尉，受封为毗陵侯，率领军队，受拜为偏将军、中夏都督，陆景勤奋好学，著述文章数十篇。①二月壬戌日，陆晏被王濬部下一支军队斩杀。癸亥日，陆景遇害，死时年仅三十一岁。陆景的妻子，是孙皓的嫡亲妹妹，与陆景同为张承的外孙。②

①《文士传》记载：陆景的母亲，是张承的女儿，是诸葛恪的外甥女。诸葛恪被杀，陆景的母亲受到牵连，陆景被罢黜。年少时，陆景被祖母抚养，及至祖母去世，陆景为祖母服丧三年。

②陆景的弟弟陆机，字士衡，陆云，字士龙。

《机云别传》记载：晋朝太康末年，二人来到洛阳，拜谒司空张华，张华见到二人，颇为诧异，说："伐吴之役，利在获得二位俊士。"称誉二人，向朝廷诸公推荐。太傅杨骏征召陆机，任命为祭酒，后改任太子洗马、尚书著作郎。陆云担任吴王郎中令，出任浚仪县令，施惠于民众，吏民怀念，为陆云建立生祠。后来，二人并历显位。陆机文才很好，文藻之美，冠于当时。陆云善于属文，清新不及陆机，舌辩超过陆机。在当时，朝廷多有变故，陆机、陆云依附成都王司马颖。司马颖任命陆机为平原国相，陆云担任清河国内史。不久，陆云改任右司马，受到司马颖信任。不久，司马颖与长沙王司马乂矛盾加剧，举兵攻打洛阳，以陆机代行后将军职事，都督王粹、牵秀等，率领大军二十万，士龙著《南征赋》，赞美其事。陆机本来是吴人，羁旅洛阳，担任官员，居于晋朝群臣之上，很多人不服陆机。陆机屡战屡败，战事不利，死伤逃亡过半。宦官孟玖受到司马颖嬖幸，乘机干预军事行动，陆云多次揭发孟玖，司马颖不予理睬，孟玖反而谮毁陆云。在一次战役中，孟玖的弟弟孟超率领军队，配合陆机，不奉军令。陆机绳之以法，孟超遂妄言，说陆机要造反。等到牵秀等向司马颖谮毁陆机，司马颖认为陆机首鼠两端，孟玖又在司马颖身边构陷陆机，司马颖终于相信，派人收捕陆机，还收捕陆云及弟弟陆耽，兄弟三人同时被杀。陆机兄弟都是江南的优秀士人，同时在中原享有盛名，无罪被夷灭家族，天下为之痛惜。陆机的文章，被世人所看重，陆云所著书籍，流传于后世。当初，陆抗攻打步阐，诛杀祸及婴儿，有见识者说："后世必受其祸殃！"及至陆机被杀，三族被夷灭，孙惠写信给朱诞："马援择君，凡人所闻，谁料想陆氏三兄弟相携归附暴君，杀身伤名，真的是令人叹息，为之哀伤。"其事迹参见《晋书》。

陈寿评论如下：刘备可谓天下英雄，被当时人所忌惮，陆逊年轻，威名尚未建立，却能率领吴军，以摧枯拉朽之势，大败刘备，令人钦佩。我既惊讶陆逊的战略构想，又惊叹孙权能够在危难时识人用人，这样的英雄，才能成就大事。陆逊忠诚为国，谏言至恳至切，忧国亡身，可谓社稷之臣。陆抗忠贞为国，颇有才干，有父亲陆逊的风范，奕世载美，与陆逊相比，稍有差距，可谓子承父业，不虚其名！

吴书十四

吴主五子传第十四

孙登，字子高，这是孙权的长子。黄初二年，魏国皇帝曹丕拜孙权为吴王，拜孙登为东中郎将，封为万户侯，孙登坚辞身体有病，不肯接受。这一年，孙权立孙登为太子，为孙登选择师傅，遴选优秀士人，做孙登的嘉宾、友人，诸葛恪、张休、顾谭、陈表等人被选中，为孙登侍讲《诗经》《尚书》，出行则随侍，陪着孙登骑射。孙权欲让孙登阅读《汉书》，熟悉近代历史，因为张昭有学问，又有名师传承，孙权不愿意烦劳张昭，令孙休先向张昭学习《汉书》，而后再回来教授孙登。孙登与太子宫的官属，待之以平民之礼，与诸葛恪、张休、顾谭等，乘坐同一辆车子，或共用一顶蚊帐。太傅张温告诉孙权："中庶子与太子的关系最为亲密，切问近对，应该选用有德的俊杰士人。"于是，孙权任命陈表等人担任太子中庶子。后来，又因为中庶子的礼节对于陈表等人过于拘束，孙权令陈表等人穿着普通人衣服，侍奉太子。黄龙元年，孙权登上帝位，立孙登为皇太子，以诸葛恪为左辅，以张休为右弼，以顾谭为辅正都尉，以陈表为翼正都尉，这是四友，以谢景、范慎、刁玄、羊衜等作为孙登的嘉宾，太子东宫聚集了很多士人。①

①《吴录》记载：范慎，字孝敬，广陵郡人。范慎可谓竭尽忠诚对待太子，又可谓知己，有缠绵三益之友之称，当时人都以结交范慎为荣。范慎著述二十篇，名曰《矫非》。后来，范慎担任侍中，出任武昌左部都督，治军严整。孙皓迁徙国都，忌惮范慎，下诏："范慎功勋卓著，品行俱佳，朕所景仰，应该担任上公之位，以副众望。"任命范慎为太尉。范慎自恨长久担任武将，推托自己年纪太大。军士们怀念范慎，举营为范慎送行，垂泪不止。凤凰三年，范慎去世，儿子范耀继承爵位。刁玄，丹杨郡人。羊衜，南阳郡人。

《吴书》记载：羊衜当初担任太子中庶子，年纪二十岁。当时，廷尉监隐蕃结交豪杰自卫，将军全琮等倾心相待，只有羊衜与宣诏郎豫章郡人杨迪拒绝，不肯与隐蕃结交，当时人都感到奇怪。隐蕃后来叛逆，众人才佩服羊衜有先见之明。

《江表传》记载：孙登诏令侍中胡综写作《宾友目》："英才卓越，超逾伦匹，则诸葛恪。精识时机，达幽究微，则顾谭。凝辨宏达，言能释结，则谢景。究学甄微，游夏同科，则范慎。"羊衜私下驳斥胡综："元逊有才而疏，子嘿精明而狠，叔发善辩而浮，孝敬深沉而狭。"所言皆有旨趣。而羊衜以此番言论，被人所忌恨，不为诸葛恪等所亲近。后来，四人皆落败，吴国人说，羊衜此前的言论，已经有预见。羊衜官至桂阳郡太守，在任上去世。

孙权迁都建业，征召上大将军陆逊辅佐孙登，陆逊在武昌镇守，兼领太子宫诸事。孙登有时出外狩猎，应该从小路走，常常会有意避开百姓的良田，不肯践踏禾苗，在休息时，选择空地，不愿意烦扰百姓。有一次，孙登骑马外出，有弹丸从面前飞过，身边人欲找出射弹丸者。有一人手持弹弓，携带弹丸，认为就是此人，呵斥此人，此人不服，随从欲殴打此人，孙登急忙制止，让此人把弹丸拿出来检验，与刚才飞过去的弹丸不同，众人这才作罢。又有一次，孙登丢失一个盛水的金马盂，后来查出窃贼，就是身边人所为，孙登不忍惩罚，只是骂了几句，遣送回家，又特别嘱咐亲信，不要对外声张此事。后来，弟弟孙虑病逝，父亲孙权为此很悲痛，身体受损，孙登昼夜兼行，赶到赖乡，奏报求见孙权，孙权当即召见。孙登看见孙权仍在悲泣，劝谏道："孙虑卧病不起，不幸早夭，这也是命里注定。而今北方还未统一，四海喁喁，上天爱戴陛下，陛下以庶人的思念，减损每日的肴馔，这种做法，超越礼制，臣诚惶诚恐。"孙权听了孙登的话，开始加膳。孙登住了十余日，孙权欲令孙登回去，孙登恳切地对父亲讲，很久不在父亲身边陪侍父亲，为子之道有所缺失，又说，陆逊是忠臣，恪尽职守，不必担忧武昌的事情，孙权这才允许孙登多留一些日子。嘉禾三年，孙权讨伐新城，令孙登留守京城，总揽诸项政事。当时，谷物歉收，盗贼活跃，孙登上表，制定相关法律，以防止盗贼猖獗，很有效果。

当初，孙登的生母并非孙权的嫡妻，身份卑贱，年幼时，徐夫人对待孙登有养母之恩，后来，徐氏因为妒忌，被孙权废黜，住在吴县，步夫人受到孙权宠幸。步氏有赏赐，孙登不敢拒绝，拜受而已。徐氏派使者来，所赏赐的衣服，孙登一定要沐浴过后，才肯穿上。孙登将要被立为太子，孙登谢道："本立而道生，陛下欲立太子，应该先立皇后。"孙权问："卿的母亲在哪里？"孙登回答："在吴县。"孙权默然不语。①

①《吴书》记载：弟弟孙和有宠于孙权，孙登爱护弟弟，待之如兄长，常有让位之心。

孙登被立为太子，在位二十一年，三十三岁病逝。临终前，上疏孙权：“臣以无状，抱病沉疴，自省卑劣，担心猝然毙命。臣不爱惜自己，只是想到要抛弃父母，不能奉养，埋葬坟土，以后再也不能遥望宫阙，向父母问安，朝觐日月，生无益于国，死后又让陛下悲泣，念及此，臣不禁哽咽。臣听说，生死由命，长短在天，周晋、颜回有上智之才，尚且早夭，更何况臣愚陋，年过其寿，生为国嗣，没享荣祚，对于臣来说，已经享受甚多，有何遗恨！而今，统一大业尚未完成，贼寇尚未剿灭，万国喁喁，将命运寄托于陛下，危者望安，乱者盼治。愿陛下忘却臣身，割舍垂顾之恩，勤修黄老之术，颐养神光，增加珍馐肴馔，广开神明之虑，以完成无穷之业，则率土之滨，幸赖陛下，臣死无所恨。皇子孙和，仁孝聪慧，德行并茂，宜早日立为太子，以副民望。诸葛恪才智通达，大器堪用，可以辅佐陛下。张休、顾谭、谢景，皆学识渊博之有识士人，有临事决断的智慧，可以入朝，作为心腹，出兵可以委任，作为爪牙。范慎、华融矫矫壮节，有国士之风范。羊衜辩才敏捷，有专对之能。刁玄宽宏，可谓志履道真。裴钦博闻强识，文采翰墨足用。蒋修、虞翻，谨守臣节，忠贞分明。凡以上诸臣，或宜充任廊庙之才，或宜担任将帅之职，皆能够明白时事，熟悉法令，守信固义，有匹夫不可夺志之节操。此皆陛下日月所照，选用官员，臣得以与其共事，了解情况详备，故臣敢以报闻。臣以为，当今方外多虞，师旅还未能休战，应当激励六军，以图进取。军队以人民为众，民众以财货为宝，臣听说，郡县颇有荒残之迹，民生凋敝，奸邪横起，祸乱萌生，这是法令繁苛、刑罚过重所致。臣听说，为政听民，律令与时俱进，陛下应该与将相大臣仔细斟酌，制定符合时宜的法规，博采众议，宽刑减赋，平均徭役，以顺应民望。陆逊忠诚，恪尽职守，在外忧国，謇謇在公，有死而后已之节操。诸葛瑾、步骘、朱然、全琮、朱据、吕岱、吾粲、阚泽、严畯、张承、孙怡忠于国家，通达事体。可令他们就政事各抒己见，蠲除繁苛之政，爱惜士众，抚恤百姓。五年之外，十年之内，可令远者归附，近者尽力，兵不血刃，统一天下之事可定。臣听说：‘鸟之将死，其鸣也哀。人之将死，其言也善。’故春秋时，楚国令尹子囊临终时，留下遗言，对时政提出告诫，君子以为忠，更何况臣孙登能不这样做吗？愿陛下留意，听取谏言，臣虽死之日，犹再生之年。”孙登去世，这封奏书孙权才看到，孙权读罢，悲思难抑，每当谈起此事，就不禁流下眼泪。这一年，是赤乌四年。谢景当时担任豫章郡太守，不胜悲戚，弃官奔丧，上表自请处分。孙权说：“君与太子在一起共事，与其他官员不同。”孙权派宫中使者慰劳谢景，令其官复原职，送回本郡。赐孙登谥号为宣太子。①

①《吴书》记载：当初，孙登葬在句容，设置园邑，派官员按照制度守护，又过了三年，在蒋陵改葬。

孙登的儿子孙璠、孙希，很早去世，次子孙英，受封为吴侯。五凤元年，孙英认为大将军孙峻擅权，密谋诛杀孙峻，事情败露，自杀身亡，封国被撤销。[①]

①《吴历》记载：孙和无罪被杀，民众皆感到悲愤，为之叹息，前司马桓虑召集将士，欲杀掉孙峻，改立孙英，事情败露，被杀，孙英并不知情。

谢景，字叔发，南阳郡宛县人。在豫章郡任上施惠于民，受到吏民称颂，民众认为，前面有顾劭，后面有谢景。谢景担任太守数年，死在任上。

孙虑，字子智，这是孙登的弟弟。年少时，孙虑思维敏捷，有才艺，孙权很喜欢。黄武七年，孙权封孙虑为建昌侯。又过了两年，丞相顾雍等上奏，说孙虑聪明，遇事通达，接受新事物很快，见贤思齐，应该晋封爵位为诸侯王，孙权没有答应。不久，尚书仆射存上疏："帝王之兴，莫不褒扬、尊崇王室，以此光耀后嗣，故鲁、卫之于周室，其封土冠于诸侯，高帝封了五位儿子为诸侯王，并列于汉朝，诸侯可以藩屏朝廷，为国家镇守四方。建昌侯孙虑聪慧，才兼文武，按照古制，应该确定名号。陛下谦逊，没有批准，朝廷群臣，很多人享有封邑。而今奸贼肆虐，战事还未停止，作为心腹，唯有亲人与贤者。臣与丞相顾雍等商议，都认为应该拜孙虑为镇军大将军，授予一方重任，以光大圣业。"孙权这才同意，于是，授予符节，为孙虑建立府衙，治所设在半州。[①]孙虑以皇子之尊，年富力强，远近都担心孙虑不能专心于军务。等到孙虑在任上视事，谨守法度，敬纳师友，超过众人的期望。二十岁时，嘉禾元年，孙虑去世，没有子嗣，撤销封国。

①《吴书》记载：孙权诏文："期运扰乱，凶邪肆虐，赏罚有序，干戈不戢。孙虑气志休懿，武略昭显，一定能为国家奠定大业，故授予孙虑以上将职位，显示殊荣，以兵马之势，委以偏方之任。对外威震敌寇，靖难万里，对内安抚远近，抚恤将士，愿孙虑建功立业，竭尽忠诚。孙虑还应该内修文德，外经武略，持盈戒骄，满而不溢。敬慎乃心，无忝所受。"

孙和，字子孝，是孙虑的弟弟。孙和年少时，母亲受到孙权宠幸，因此，孙和也得到宠爱，十四岁时，孙权为孙和设置宫中卫士，派中书令阚泽教授孙和读书。孙和好学上进，礼贤下士，为人所称道。赤乌五年，孙权立孙和为太子，年龄十九岁。阚泽担任太傅，薛综担任少傅，蔡颖、张纯、封俌、严维等尽心竭力，侍奉孙和。[①]

①《吴书》记载：年少时，孙和善于思考，头脑聪颖，因此，孙权特别喜欢孙和，常让孙和跟随在左右，赏赐给孙和的衣服、雕玩珍稀之物很多，其他儿子难以与孙和相比。孙和喜欢文学，善于骑射，有名师辅导，加上孙和聪明，尊敬师傅，善待他人。蔡颖等每次入朝，孙和常屈

尊礼敬蔡颖，以厚礼相待。诸位老师讲解经义，辨明是非，以及拜访朝臣，考查官员政绩，孙和都能够借此了解朝中官员的优劣，明白他们的长处、短处。后来，诸葛壹佯装叛变，借以诱惑魏国将军诸葛诞，孙权秘密派遣军队严阵以待。孙和以孙权暴露在外，而且，战争凶事，常为父亲的安全担忧，食不甘味，寝不安席，多次上疏劝谏。孙权军令严厉，务在全胜。直至孙权返回，孙和才安下心来。

张纯，字元基，这是张敦的儿子。《吴录》记载：年少时，张纯砥砺品行，学问渊博，每次答问，反应机敏，容止可观，受拜为郎中，补任广德县令，在任上施惠于民，有政绩，被擢拔为太子辅义都尉。

当时，有关官员按照法令考核官员的政绩，孙和认为，奸邪之人，借此会包藏祸心，横生事端，不能这样行事，上表予以制止。都督刘宝告发中庶子丁晏，丁晏同样告发刘宝，孙和对丁晏讲："文武在职官员，能够恪尽职守者有几人？因为矛盾，相互构陷，图谋伤害，岂有祸福？"为他们二人和解，消除仇怨，二人释然，从此以后，变得宽厚待人。孙和常说，士人应该多钻研经学，熟悉射礼、驾驭，以应对各种事务，有些士人喜欢交游、博弈，妨碍事业，这绝非士人进取之道。在侍宴时，谈及博弈，孙和认为，博弈妨碍事务，耗费精力，毫无益处，劳神费力，终无所获，这绝非士人谨修品德、增进学业、积累功绩的事情。作为志士仁人，应该爱惜时间，珍惜精力，君子应该有远大理想，为众人所仰慕，高山仰止，景行行止，耻于做非君子之事。天长日久，人居于天地之间，犹如白驹过隙，瞬间而过，人的年岁迟暮，荣华不再拥有。人之所患，在于人情不能割舍，能割舍无益之欲望，谨奉德义之操守，抛弃不急之事务，勤修功业之厚基，对于人的品行修养，岂不是很好？人的情欲，不能没有娱乐，娱乐之爱好，要放在宴饮、琴书、射御之间，何必要借博弈作为欢乐！孙和命令侍者八人，各自著述文章，以矫正时弊。中庶子韦曜退而著述，孙和将文章展示给宾客看。当时，蔡颖喜欢弈棋，在衙署值班的吏员向蔡颖学习弈棋，孙和以此讽劝。

后来，王夫人与全公主之间有矛盾。孙权患病，孙和到祠庙里祭祀祷告，祈福禳灾，孙和妃子的叔父张休住在宗庙附近，邀请孙和到家里坐坐。全公主派人窥视，向孙权进谗言，说太子不在祠庙祈祷，而到妃子的家里商议事情；又挑拨离间，说王夫人看见孙权患病，喜形于色。孙权闻言大怒，王夫人忧惧而死，孙和也失去孙权的信任，孙和担心被废。鲁王孙霸觊觎太子的位置很久，陆逊、吾粲、顾谭多次向孙权直言进谏，陈述嫡庶之义，义理不可废，全寄、杨竺是鲁王孙霸的党羽，谮毁孙和的话很多。吾粲被捕入狱，被诛杀，顾谭被流放至交州。孙权犹豫了几年，[①]孙权终于幽禁孙和。当时，骠骑将军朱据、尚书仆射屈晃率领将军们，用泥涂抹头颅，自我绑缚，连续几日，来到阙门下，为孙和求情。孙权登上白爵观，目睹此情此景，心中更加愤怒，遂申斥朱据、屈晃等无事生非，横生事端。孙权欲废黜孙和，立孙亮为太子，无难督陈正、五营督陈象上书，引述春秋时晋献公冤杀太子申生，立奚齐的悲剧，最后导致晋国内乱不止，加上朱据、屈晃等坚持直言进谏，不肯罢休，孙权勃然大怒，诛杀陈正、陈象，夷灭其家族，把朱据、屈晃绑起来，带入大殿，每人杖打一百，[②]孙权把孙和流放至故鄣县，为孙和被废之事，群臣直言进谏，被杀、被流放者有十多人，众人都喊冤枉。[③]

①《殷基通语》记载：当初，孙权立孙和为太子，又封孙霸为鲁王，二人的官室相同，没有尊卑之分。群臣在廷议时，认为太子、诸侯王应该上下有序，礼仪应该有所区别，于是，孙权把二人分开，居住的宫殿、官属不同，矛盾随之产生。侍从、宾客也因此分为两派，相互猜忌，又蔓延至大臣。丞相陆逊、大将军诸葛恪、太常顾谭、骠骑将军朱据、会稽郡太守滕胤、大都督施绩、尚书丁密等，按照礼仪行事，尊奉太子；骠骑将军步骘、镇南将军吕岱、大司马全琮、左将军吕据、中书令孙弘等，依附鲁王孙霸，朝廷内外官员，将军、大臣，整个吴国，都分为两派。孙权深感忧虑，对侍中孙峻讲：“子弟不睦，臣下分为两派，将会有袁氏之败，为天下人所笑。立一人就有这样的变故，安得不乱？”于是有改变立后嗣的想法。

裴松之认为：袁绍、刘表以袁尚、刘琮为贤，本来就有传位的意图，不同于孙权，既立孙和为太子，又宠爱孙霸，坐生乱阶，自构家祸，对比袁绍、刘表，更加昏昧。步骘以德行著称，是吴国的良臣，却阿附鲁王孙霸，做事情犹如杨竺，为何会这样？孙和已经被立为太子，处于正位，嫡庶名分已定，即使太子的才德有所缺失，从义理上讲，也不应该成为孙霸党徒，况且孙霸名实不符，相对于孙和，怎么能成为后嗣？邪僻之人，不但行为不善，只要有邪念，众美行皆亡失。步骘若懂得这些道理，其余不足观矣！吕岱、全琮之辈，更加不足评论。

②《吴历》记载：屈晃进来，直言进谏：“太子为人仁慈，聪明睿智，四海所闻。而今三国鼎立，陛下实不宜废黜太子，使得众心摇动。愿陛下稍微想想这些道理，老臣虽死，犹生之年。”屈晃叩头流血，依然不屈不挠。孙权不肯采纳屈晃的谏言，罢黜屈晃回到乡里。孙皓即位，下诏：“已故仆射屈晃，志在匡扶社稷，忠谏亡身。封屈晃的儿子屈绪为东阳亭侯，弟弟屈幹、屈恭，拜为立义都尉。”屈绪后来担任尚书仆射。屈晃，汝南郡人，详情参见胡冲著《答问》。

《吴书》记载：张纯极言进谏，孙权将张纯逮捕，后来又杀头示众。

③《吴书》记载：孙权病重，已经有所醒悟，欲征召孙和，重新立为继嗣，全公主及孙峻、孙弘等坚决阻止，孙权这才作罢。

太元二年正月，孙权封孙和为南阳王，遣送至长沙。[①]四月，孙权去世，诸葛恪在朝中秉持朝政。诸葛恪是孙和的妃子张氏的舅舅。张氏派黄门陈迁到建业，上疏宫中，并问候诸葛恪。临别时，诸葛恪对陈迁讲：“为我禀报张妃，一定能让她胜过其他妃子。”此话被泄露。加上诸葛恪有迁都的意图，派人修葺武昌宫，民间又有人传说诸葛恪欲迎立孙和。及至诸葛恪被杀，孙峻剥夺了孙和的玺印、绶带，流放至新都，又派遣使者，逼迫孙和自杀。孙和与妃子张氏诀别，张氏说：“吉凶相随，终不能独身活着。”张氏自杀，举国为之哀痛。

①《吴书》记载：孙和前往长沙，途经芜湖，有乌鹊在帆樯上筑巢，原官属听说后，皆感到哀伤，认为帆樯顶端危险，绝非久安之象。有人说，《诗经·鹊巢》言："积行累功，以致爵位。"而今，南阳王孙和德行纯茂，再次接受封土，莫非神灵以此告寤众人？

孙休即位，封孙和的儿子孙皓为乌程侯，从新都来到封国。孙休去世，孙皓即位，当年，孙皓追谥父亲孙和为文皇帝，改葬在明陵，设置墓园管护二百家，还有令、丞奉命守护。第二年正月，又分出吴郡、丹杨郡九个县，设置吴兴郡，治所设在乌程县，任命太守，在四季奉祀祠庙。有关官员上奏，还应该在京城建立祠庙。宝鼎二年七月，孙皓派代理大匠薛珝营建寝庙，号称清庙。十二月，孙皓又派遣代理丞相孟仁、太常姚信等，带领官员及中军步骑二千人，用灵车法驾，从东边明陵迎接神主。孙皓召见孟仁，亲自在大殿里拜送。[①]灵车回来后，孙皓派丞相陆凯用三牲礼在近郊祭祀，孙皓在金城外露宿。第二天，孙皓在东门外拜祭。接下来一天，孙皓在宗庙祭祀，供奉神灵，唏嘘流泪，悲戚不已。一连七日，举行大祭，宫里的倡优，日夜奏乐。有关官员上奏："祭祀不在于数目，祭祀太多，则是亵渎神灵，陛下应该遵循礼制，以礼断情。"这才结束祭礼。[②]

①《吴书》记载：孟仁返回，中使手捧诏书，日夜不停向神灵奉问起居。巫觋说看见孙和披着衣服，面色好像活着时一样，孙皓悲喜交集，泪流满面，召来公卿、尚书到阙门下受赐。

②《吴历》记载：孙和有四个儿子：孙皓、孙德、孙谦、孙俊。孙休即位，封孙德为钱唐侯，封孙谦为永安侯，拜孙俊为骑都尉。孙皓在武昌，吴兴郡施但县的百姓因为不堪孙皓的虐政，聚众一万余人，劫持孙谦，带到秣陵，欲拥立孙谦为皇帝。还未走出三十里，住下来，选择吉日，派遣使者以孙谦的诏命，诏令丁固、诸葛靓。诸葛靓当即斩杀来使。又向前走了九里，丁固、诸葛靓带兵赶到，大败送行的队伍。送行的士兵穿着平常衣服，并无铠甲，临阵四散逃亡。孙谦独自坐在车中，被生擒。丁固不敢杀孙谦，将情状奏报孙皓，孙皓诏令鸩杀，母子皆遇害。孙俊，是张承的外孙，聪明、善辩，被远近所称颂，也被孙皓杀了。

孙霸，字子威，是孙和一母同胞弟弟。孙和被立为太子，孙霸被立为鲁王，受到孙权宠爱，与孙和的待遇毫无差别。不久，孙和、孙霸不和睦的传闻传到孙权的耳朵里，孙权禁止他们相互往来，专心学习经书。督军使者羊衜上疏："臣听说，自古以来，拥有天下者，一定要先确定嫡庶，而后封建子弟，这样才能尊崇祖宗，诸侯作为藩臣，藩蔽朝廷。太子和鲁王已经确定名分，海内皆认为适宜，此乃大吴兴隆之基。臣近来听说，太子和鲁王都禁止会见宾客，远近莫不惊悚，大小官员均感到失望。臣从下面听到风声，众人有很多议论，认为太子和鲁王都很聪慧、贤达，可谓有英茂之才，确立名号，已有三年，德行昭显，美名远扬，西蜀、北魏二国，早已有所耳闻。均认为陛下应该顺应众望，令远近遐迩归德，督促太子、鲁王以宾客礼，善待四方来客，使异国听闻仁义之声，愿意归附。而今，陛下没有垂意于此，又颁发明诏，减省侍从，剥夺卫士，拒绝宾客，使得四方礼敬不再沟通。陛下崇尚古义，欲令太子、鲁王专心于学业，不管视听之事，希望他们温故知新，博闻强识。这些非臣下企盼、喁喁之至愿。有些人认为，太子、鲁王不能遵循古礼，这也是臣寝息不安之事。即使像众人怀疑的那样，也可以纠正，详加斟酌，不要让远近对此议论纷纷。臣担心积疑成谤，时间久了，就会传扬开来，西蜀、北魏二国，并不遥远，各种传闻，很容易听到。听到这些议论，就会有很多猜测，认为太子和鲁王有矛盾，不知陛下对此有何想法？如果陛下认为无须向异国解释，国内的议论也同样难以澄清。国内疑虑重重，异国又有猜测，这绝非培育巍巍之储君，稳定社稷之计。愿陛下颁发明诏，让太子、鲁王和睦如初，谨奉礼法，则天清地晏，万国幸甚。”

当时，全寄、吴安、孙奇、杨竺等暗中拥戴孙霸，对太子构成威胁，对太子的谮毁，也不断传入孙权的耳中，太子落败，孙霸也被孙权赐死。孙权把杨竺的尸体沉入江中，杨竺的哥哥杨穆，因为此事前多次劝谏杨竺，得以免死，被流放至南州。孙霸被赐死，孙权又诛杀全寄、吴安、孙奇等，因为他们与孙霸结成私党，构陷孙和。

孙霸有两个儿子孙基、孙壹。五凤年间，孙亮封孙基为吴侯，封孙壹为宛陵侯。孙基在宫中侍奉孙亮，太平二年，孙基因为偷偷骑御马，被捕入狱。孙亮问侍中刁玄：“盗骑御马该当何罪？”刁玄回答：“按照法律，应当处死。然而鲁王早逝，愿陛下哀怜，予以原宥。”孙亮说：“法律为天下所共同遵守，岂能以亲人而废弃？想一想还有什么办法，可以使其脱罪，怎么能以亲情作为托辞？”刁玄说：“按照旧例，赦免罪行，有大小之别，有大赦天下，也有流放一千里、五百里，按照情况确定。”孙亮说：“为人脱罪，不就是这样吗？”孙亮赦免宫中受到牵连者，孙基免死。孙皓即位，追述孙和、孙霸当年的旧怨，剥夺孙基、孙壹的封土，二人与祖母谢姬一起，被流放至会稽郡乌伤县。

孙奋，字子扬，是孙霸的弟弟，母亲是仲姬。太元二年，孙权立孙奋为齐王，住在武昌。孙权去世，太傅诸葛恪不想让诸侯王住在长江边靠近军队的地方，把孙奋迁至豫章郡。孙奋大怒，不肯从命，又多次违反法律。诸葛恪写信给孙奋，劝谏道：“帝王之尊，与上天同位，是以天下为家，以父兄为臣，四海之内，皆为臣妾。仇人有善举，也不能不褒赏，亲戚有恶行，也不能不惩罚，这才是承天理物，先国家，后自身，也是人们常讲的圣人立制，百代不易的道理。在往昔，汉代初兴，有很多诸侯王子弟，由于封国强大，图谋不轨，对上几乎危及社稷，对下骨肉相残，后人引为借鉴，认为这是大忌。自从光武中兴，诸侯王有制度规定，只能在王宫内生活，不得影响民众，干预封国内的政事，诸侯王的交往，也有严格的制度规定，这样，诸侯王才得以保全自身，享受福祚。这些，前世封国都有验证。近些年，袁绍、刘表占有大片领土，土地绝非狭小，人众绝非稀少，因为袁绍、刘表没有确定嫡庶，后嗣被夷灭，宗祀断绝。这也是天下无论贤愚共同嗟叹之事。大行皇帝阅览古今教训，防微杜渐，思虑千载之事。在患病时，分别遣送诸王回到封国，诏书情真意切，禁令严峻，戒规敕令，无所不至，诚欲上安宗庙，下全诸王，使百世相继承，没有凶国害家的懊悔。大王对上应向周室太伯学习，以顺从父亲遗志，中则思考河间献王刘德、东海王刘强，谨奉恭敬孝顺之节，对下当抑制骄纵之恣，警惕荒乱，以为教训。但是，臣听说，大王到武昌以后，多有违逆诏命、敕令，不能谨守制度，擅自调动军队，修建宫室。还有，大王身边的侍从，常有违反法律者，大王应该上表奏闻，交予有关部门惩治，而大王擅自诛杀，这样就难以解释清楚。大司马吕岱亲自接受先帝遗诏，辅导大王，大王不能接受谏言，徒令吕岱心怀忧虑。华锜是先帝的近臣，为臣忠贞、善良，可谓正直之臣，讲述的道理，大王应该斟酌采纳。臣听说，大王无端向华锜发怒，甚至有收捕华锜之语。还有，中书令杨融，亲自接受先帝遗诏，大王应当尊敬。大王却说：‘就是不听谏言，你又能把我怎样？’听到这些传闻，朝臣无论大小，莫不感到惊讶，令人寒心。俗话讲：‘明镜用以照形，古事用以知今。’大王应该以鲁王为戒，改正此前的行为，战战兢兢，敬奉朝廷，如果这样做，将无求不可得。如果摒弃先帝的教令，心怀轻慢之志，臣下宁可负大王，不敢负先帝遗诏，宁可被大王嫉恨，不敢忘记遵奉君主的权威，让先帝的诏令难以惩治藩臣！这是古今正义，大王应该知道。福来有由，祸来有渐，渐生不忧，将后悔莫及。如果鲁王能采纳忠正之言，怀有惊惧之心，将会享受无穷福祚，岂有灭亡之祸？良药苦口，唯患病者甘之如饴。忠言逆耳，唯通达者采纳施行。而今，诸葛恪等竭尽忠诚，欲为大王消除危殆于萌芽，拓展福庆于基石，是以不自知谏言激切，愿大王三思。”

孙奋看了书信，有些害怕，随后移居南昌。在封国内，孙奋喜欢打猎游玩，无所忌惮，封国内的官属不敢不从命。及至诸葛恪被杀，孙奋迁至长江下游，住在芜湖，还想返回建业，以观望形势变化。太傅、国相谢慈等劝谏孙奋，孙奋杀了谢慈。[①]孙亮废黜孙奋的王位，贬为庶民，流放至章安县。太平三年，孙亮又封孙奋为章安侯。[②]

①谢慈，字孝宗，彭城人，详情参见《礼论》，谢慈撰写《丧服图》及《变除》，流行于世。

②《江表传》记载：孙亮诏文："齐王孙奋此前滥杀官员，被废黜王位，贬为庶人。颁布大赦令，独不见原宥，即使不再恢复王位，为何不能封为侯爵？孙奋的几个兄弟担任将军，在江渚驻守，只有哥哥独自受到贬黜，怎么行？"有关官员奏请，孙亮拜孙奋为侯。

建衡二年，孙皓的左夫人王氏去世。孙皓非常哀痛，悲思过度，朝夕哭祭，几个月不出宫门，因此，民间有人传说孙皓死了，还有谣言，说孙奋与上虞侯孙奉，二人中有一人将会即位。孙奋的母亲仲姬的坟墓在豫章郡，豫章郡太守张俊怀疑谣言是真的，于是扫除坟墓。孙皓听说后，车裂张俊，夷灭其三族，又诛杀孙奋及其五个儿子，撤销封国。①

①《江表传》记载：豫章郡府官吏有十个人乞求代替张俊去死，孙皓不听。孙奋因为此事而受到怀疑，原来住在章安，又迁至吴城禁锢，儿女不得嫁娶，有些子女已经三四十岁，还不能婚配。孙奋上表，乞求自比禽兽，令儿女自相配偶。孙皓大怒，派遣察战带上毒药，赐予孙奋，孙奋不肯接受毒药，叩头上千下，说："老臣自将儿子治生求活，并不干预国事，愿做乞丐，度过余年。"孙皓不听，父子皆饮毒药而死。

裴松之按：建衡二年到孙奋被赐死，孙皓即位，时间并不久。孙奋并未此前被怀疑，儿女年龄应该在二十岁左右，孙奋被赐死，也不到三四十岁。若已经长大，此时仍然未婚配，则不是孙皓禁锢的原因。借此事增加孙皓的恶行，然而，不符合常理。

陈寿评论如下：孙登倾心向善，德行纯茂，足以成为贤太子。孙虑、孙和都有向善的本性，砥砺品行，可惜短命早夭，或不得善终，哀哉！孙霸以庶生儿子，夺嫡子之位。孙奋不遵守法律，自取灭亡，然而孙奋被杀，家族也被夷灭，实在是飞来横祸。

吴书十五

贺全吕周钟离传第十五

贺齐，字公苗，会稽郡山阴县人。[1]年少时，贺齐在郡府担任文吏，代理剡县长。县吏斯从任侠好义，有许多违法之事，贺齐欲惩治斯从，县衙主簿劝谏贺齐："斯从是县里的世族大姓，山区越人多有归附，今日惩治，明日寇至。"贺齐闻言大怒，当即命令诛杀斯从。斯从的族人聚集起来，汇聚党徒一千余人，举兵攻打县城。贺齐率领剡县吏民，打开城门，迎击斯从的族人，大败匪徒，震慑山区越人。后来，太末、丰浦的民众造反，贺齐代理太末县长，诛杀恶人，安抚良善，一个月平定叛乱。

①虞预著《晋书》记载：贺氏原来姓庆。贺齐的伯父庆纯，是儒学大宗，享有盛名，汉安帝时，庆纯担任侍中、江夏郡太守，庆纯辞去官职，与江夏郡人黄琼、广汉郡人杨厚，受公车署征召。因为避安帝父亲孝德皇帝的名讳，改姓贺。贺齐的父亲贺辅，曾担任永宁县长。

建安元年，孙策来到会稽郡，考查贺齐，举荐为孝廉。当时，王朗逃往东冶县，候官县长商升响应王朗起兵。孙策派遣永宁县长韩晏兼领南部都尉，率领大军讨伐商升，又任命贺齐为永宁县长。韩晏被商升打败，贺齐又代替韩晏，兼领都尉职事。商升畏惧贺齐的威名，派遣使者，乞求与贺齐结盟。贺齐告谕来使，陈述祸福，商升随后送上印绶，出营请降。贼帅张雅、詹强等不愿意商升就此投降贺齐，反过来杀了商升，张雅自称无上将军，詹强自称会稽郡太守。贼寇兵力强盛，贺齐的兵员很少，不足以抵御贼寇，贺齐暂且停止进攻，张雅与女婿何雄争凶斗狠，双方失和，贺齐令越人借机扩大二人的矛盾，二人矛盾加深，相互猜忌，都想吞并对方。贺齐乘机进攻，一战大败张雅，詹强等恐惧，率领余众投降贺齐。

候官县平定，建安县、汉兴县、南平县又出现叛乱，贺齐率领军队进驻建安县，设立都尉府，这一年是建安八年。会稽郡征调属下县邑五千士兵，由县长率领，受贺齐指挥。贼寇洪明、洪进、苑御、吴免、华当等五人，各自率领一万户驻扎在汉兴县，吴免率领五六千户驻扎在大潭，邹临率领六千户驻扎在盖竹，一起从余汗县出击。贺齐率军讨伐汉兴县，经过余汗县。贺齐认为，贼寇的兵员多，己方的兵员少，深入敌方，缺少后援，担心被贼寇截断后路，贺齐令松阳县长丁蕃留下来，以防备余汗县方向。丁蕃原来与贺齐比邻而居，同时担任县长，耻于接受贺齐的命令，坚决不肯留下。贺齐当即诛杀丁蕃，军中震恐，无人敢不服从命令。贺齐分兵，留下部分兵力，以防备余汗县方向，贺齐亲自率军讨伐洪明等，连战连捷，大败贼寇。临阵斩杀洪明，吴免、华当、洪进、苑御缴械投降。贺齐转战盖竹县，既而进攻大潭县，二县投降。此次讨伐，共计斩杀六千贼寇，贼寇首领全被生擒，重新建立县邑，调出士兵一万人，孙策拜贺齐为平东校尉。建安十年，贺齐移军讨伐上饶县，孙策分出上饶县一部分，设立建平县。

建安十三年，贺齐升任威武中郎将，讨伐丹杨郡黟县、歙县。当时，武强、叶乡、东阳、丰浦四乡首先投降，贺齐上表说，在叶乡设立始新县。而歙县的贼寇首领金奇率领一万户盘踞在安勤山，毛甘率领一万户盘踞在乌聊山，黟县首领陈仆、祖山等，率领二万户盘踞在林历山。林历山四面峭壁耸立，高达数十丈，山间小径狭窄，行进危险，容不下一个人带着刀盾通过，贼寇居高临下，投掷滚石，很难靠近。大军滞留数日，将士们一筹莫展。贺齐亲自出营视察，观察周围的地形，暗中招募敢死之士，这些人身手敏捷，为他们准备好铁钩，秘密潜伏在贼寇没有防备之处，用铁钩在山间开出一条可攀缘的道路，夜晚令战士们攀缘而上，又垂下绳索，以帮助下面更多的人攀缘上来，合计有一百多人，四面散开，一起擂响战鼓，吹响号角，贺齐整顿军队，伺机而上。贼寇夜晚听到鼓声四起，以为大军已经爬上来，惊恐不安，混乱中，不知该如何是好，把守险关要塞者一哄而散，逃归本营。大军得以爬上山顶，大败陈仆等，其余众全部投降，共计斩杀七千人。①贺齐再次上表，分出歙县一部分，设立新定县、黎阳县、休阳县。加上黟县、歙县，共有六个县，孙权设置新都郡，郡府设在始新县，任命贺齐为太守，兼领偏将军。

①《抱朴子》记载：在以往，吴国派遣贺将军讨伐山贼，山贼中有善于使用禁法者，每当交战，官军的刀剑拔不出来，弓弩射箭，飞向自己，战事不利。贺将军若有所思，说："我听说，金有刃者可禁，虫有毒者可禁，无刃之物，无毒之虫，则不可禁。此地一定有能禁我兵器者，但不能禁无刃之物。"于是，制作很多白木棒，选择五千精锐作为先锋，每人手持木棒。山贼恃其有善禁者，毫无防备。官军用白木棒痛击，善禁者果然不灵，被杀者有上万人。

建安十六年，吴郡余杭县的民众郎稚聚集族人造反，有数千人，贺齐出兵讨伐，很快平定叛乱，贺齐上表，分出余杭县一部分，设立临水县。[①]贺齐领命，前去拜谒孙权，及至返回新都郡，孙权亲自为贺齐饯行，安排象舞表演。[②]孙权赐予贺齐軿车、骏马，宴会结束，孙权没有离开，让贺齐先上车。贺齐连称不敢，孙权令左右扶着贺齐上车，令吏员、士卒骑马充当先导，犹如在新都郡摆出仪仗。孙权望着，笑着说："人应当努力，若非积累德行，怎能获此殊荣！"贺齐离开一百余步，孙权才转身。

①《吴录》记载：晋朝改为临安县。

②《吴书》记载：孙权对贺齐讲："而今还没有名义，孤欲平定天下，在中原建都，令异域贡献珍宝，令狡兽率舞，若非君，谁能共谋宏业？"贺齐答："殿下以神武应期，廓开王业，臣遭逢际会，得以驰驱风尘，辅佐殿下，担任末将，效鹰犬之用，此乃臣之愿望。若令异域贡献珍宝，令狡兽率舞，宜在圣德，非臣能力所及。"

建安十八年，豫章郡东部民众彭材、李玉、王海等起兵叛乱，有部众一万余人。贺齐很快平定叛乱，诛杀首恶，其余众全部投降。贺齐挑选精壮者，编入军队，次者编入县里的兵户。贺齐改任奋武将军。

建安二十年，贺齐跟随孙权讨伐合肥。当时，合肥城中的魏军出城迎战，徐盛负伤，丢失牙旗，贺齐率领士兵夺回牙旗。[①]

①《江表传》记载：孙权征伐合肥返回，当时，张辽驻扎在津北，吴军被张辽袭击，当时情况非常危险。贺齐率领三千名士兵在津南迎接孙权。孙权最终上了大船，举行宴饮，大会诸将，贺齐离开座席，跪拜涕泣，说："至尊作为人主，应该持重。今日之事，几至祸败，群下震恐，若无天地护佑，后果难料，愿以此为终身之诫。"孙权上前，扶起贺齐，揩干眼泪，说："今日之事，令人惭愧！以后当谨慎，牢记在心，不仅仅要书写下来。"

建安二十一年，鄱阳郡民众尤突接受曹公印绶，煽动民众造反，欲充当内应，陵阳县、始安县、泾县与其遥相呼应。贺齐与陆逊镇压叛乱，斩杀数千人，余众震恐、投降，丹杨郡三个县全部投降，贺齐从中挑选精兵八千人，孙权拜贺齐为安东将军，封为山阴侯。贺齐出兵，驻守镇江，率领扶州以上直至皖县的吴军。

黄武初年，魏文帝派遣曹休征伐东吴，贺齐因为路途遥远，稍后赶到，驻扎在新市，抵御魏军。恰逢洞口诸军驾驶战船，在江上遭遇飓风，很多船只沉没，战士多有溺死者，吴军损失一半，将士们惊慌失色，幸亏贺齐还未渡江，作为偏军，得以保全，诸将倚仗贺齐，吴军才没有吃大亏。

贺齐生性奢靡，喜欢军事，兵甲器械，制作得很精良，乘用的船只，雕刻丹镂，青盖绛襜，干橹戈矛，葩瓜文画，弓弩矢箭，皆取用上等材料制成，艨艟斗舰小船，望去像山林一般。曹休等忌惮贺齐，引军撤退。贺齐改任后将军，持符节，兼领徐州牧。

当初，晋宗在戏口担任驻守将军，带领部众叛逃魏国，不久，担任魏国的蕲春郡太守，率领魏军，袭击安乐，劫取贺齐的家属作为人质。孙权愤怒不已，深以为恨，趁着战事刚停止，六月盛夏，孙权诏令贺齐，出其不意，率领麋芳、鲜于丹等，袭击蕲春，生擒晋宗。又过了四年，贺齐去世，儿子贺达及弟弟贺景享有盛名，是吴国的良将。①

①《会稽典录》记载：贺景担任灭贼校尉，率领军队，纪律严明，对士卒有恩信，兵器精良，为当时诸军之冠，早逝。贺达为人任性，多所忤逆，虽然率军征战，有战功，却没有爵位。然而，贺达轻财好义，胆识过人。儿子贺质，位至虎牙将军。贺景的儿子贺邵，另外有传记。

全琮，字子璜，吴郡钱唐县人。父亲全柔，汉灵帝时，被举荐为孝廉，补任尚书郎、右丞。董卓祸乱朝纲，招致天下大乱，全柔弃官归家，州部任命全柔为别驾从事，献帝诏书，拜全柔为会稽郡东部都尉。孙策渡江，到了吴县，全柔举兵，归附孙策，孙策上表，任命全柔为丹杨郡都尉。孙权担任车骑将军，任命全柔为将军幕府长史，改任桂阳郡太守。全柔曾经让全琮带着数千斛大米到吴县出售。全琮到了吴县，皆散发给百姓，空船而归。全柔大怒，全琮顿首谢罪，说：“愚以为，所要买的的东西，并非急用，而士大夫正面临着倒悬之急，故赈济他们，来不及禀报。”全柔听罢，颇为惊讶。①当时，中原士人有很多在江南避乱，依附全琮保护，居住在吴县者有上百户，全琮倾尽家产，予以接济，与客人们同甘共苦，远近闻名。后来，孙权拜全琮为奋威校尉，领兵数千人，派全琮讨伐山区越人。全琮从投降的叛乱越人中挑选精兵一万余人，驻扎在牛渚，稍后升任偏将军。

①徐众评论：按照礼制，子事父，并无私财，还不能私自施与，是为了避尊上。弃父命自专，施与钱财，以此邀名，未尽父子之礼。

裴松之认为：子路问：“闻斯行诸？”孔子答：“有父兄在。”全琮散去父亲的财产，诚非为子之道，然而，士人命悬于一线，危在旦夕，权衡其轻重，先急人所难，犹如冯煖市义、汲黯赈济，如果认为这就是邀名，或有负其仁义之心。

建安二十四年，刘备令关羽围困樊城、襄阳，全琮上疏，力陈吴军应该讨伐关羽，并献上计策，孙权当时已经与吕蒙暗中计议，准备袭击关羽，担心事情泄露，故放下全琮的奏文，没有答复。及至吴军生擒关羽，孙权在公安县摆酒设宴，招待功臣，对全琮讲：“君此前为此事进言，孤虽然没有回复，今日之捷，也有君的功劳。”孙权封全琮为阳华亭侯。

黄武元年，魏国水军出洞口，大举进攻东吴，孙权派吕范率领诸将抵御魏军，东吴水上军营相连。魏军多次用小船侧击吴军，全琮身披铠甲，指挥若定，时刻警惕魏军的进攻。不久，魏军数千人驾驶战船，出现在江中，全琮率领水军，大败魏军，斩杀魏将尹卢。此后，全琮改任绥南将军，晋升爵位为钱唐侯。黄初四年，全琮持符节，兼领九江郡太守。

黄武七年，孙权到达皖城，令全琮与辅国将军陆逊进攻曹休，在石亭大败曹休。当时，丹杨郡、吴郡、会稽郡的山区越民再次造反，沦为贼寇，攻打县邑，孙权把三郡的险要地带划分出来，设立东安郡，任命全琮为太守。①全琮上任，明确赏罚，招降纳叛，数年间，获得精兵一万余人。孙权召全琮返回牛渚，撤销东安郡。②黄龙元年，全琮改任卫将军、左护军，兼领徐州牧，③全琮娶了公主。

①《吴录》记载：东安郡的治所在富春县。

②《江表传》记载：全琮返回，路过钱唐，修葺家族坟墓，麾幢节盖，在家乡显示荣耀，摆设酒宴，请家乡的故旧亲朋、宗族六亲赴宴，又散发钱财，用去一千余万，家乡人都以此为荣。

③《吴书》记载：当初，全琮担任将军，作战勇敢，行事果断，面临敌军，临危不惧，在战场上常奋不顾身。及至全琮担任统帅，非常威武，然而变得谨慎持重，每当率领军队，常筹划谋略，不为小利而冲动。

《江表传》记载：孙权派儿子孙登出征，已经出发，驻扎在安乐，群臣不敢谏言。全琮密封上表："自古以来，太子不能独自领军出征，太子从军叫抚军，太子留守叫监国。而今，太子独自率领大军东征，违背古制，臣对此颇感忧虑。"孙权当即听从，命令孙登撤军，议者都以为全琮有大臣的气节。

嘉禾二年，全琮率领步骑五万人，讨伐六安，六安的民众四散逃亡，诸将欲分兵追剿。全琮说："趁着民众危急，侥幸获得成功，行动不能万无一失，不符合国家利益。今天分兵追剿民众，得失相半，岂能说万无一失？即使有所斩获，犹不足以削弱敌人，以副国望。如果遇到意外，将会有不小的损失，与其获罪，全琮宁可领受罪责，不敢邀功，以负国家。"

赤乌九年，全琮升任右大司马、左军师。全琮为人恭顺，与人相处，善于察言观色，虚心纳谏，言谈时，从未与他人发生过冲突。当初，孙权欲率领大军，围困海南岛珠崖郡及夷洲，出征前先征询全琮的意见，全琮答："以圣朝之威，何敌而不能克？但是，殊方异域，有大海阻隔，水土不服，还有瘴气蒸腾，自古以来，兵入民出，必生疾病，再转相传染，往者不能返，怎么获取利益？大量减少守卫江岸的兵力，以谋取代价巨大的利益，臣心中不安。"孙权不听。大军征战一年多，将士患瘟疫死亡者有十分之八九，孙权深感懊悔。后来，谈起此事，全琮说："在当时，凡群臣不肯劝谏者，臣以为不忠。"

全琮受到孙权信任，宗族子弟得到孙权恩宠，享受富贵，孙权赏赐全琮累计达千金，然而，全琮谦逊，礼贤下士，毫无骄矜之意。赤乌十二年，全琮去世，嗣子全怿继承爵位。全怿继承父业，担任将军，领兵打仗，在寿春救援魏国大将诸葛诞，后来，又举城投降魏军，魏国任命全怿为平东将军，封为临湘侯。全怿哥哥的儿子全祎、全仪、全静等，也先后归降魏国，担任郡太守，受封为列侯。[①]

①《吴书》记载：全琮的长子全绪，年幼时已经知名，享受奉朝请礼遇，出征则授予兵权，升任扬武将军、牛渚都督。孙亮即位，全绪改任镇北将军。东关之役，全绪与丁奉建议领兵出战，攻破魏军，有一个儿子受封为亭侯，全绪四十四岁去世。次子全寄，因阿附鲁王孙霸，受到牵连，被赐死。小儿子全吴，是孙权的外孙，受封为都乡侯。

吕岱，字定公，广陵郡海陵县人，曾经在郡县担任小吏，躲避战乱，南下渡过长江。孙权继承父兄创立的基业，统领东吴军国事务，吕岱进入将军幕府，之后，吕岱代理吴县丞。孙权亲自处理诸县仓库及狱中在押的囚犯，召见县长、县丞，吕岱按照法律，回答孙权的诘问，孙权很满意，征调吕岱，任命为将军幕府录事，后出任余姚县长，吕岱在当地招募精壮，得到精兵一千余人。会稽郡东冶等五县贼寇吕合、秦狼等作乱，孙权任命吕岱为督军校尉，与将军蒋钦等率领军队镇压，擒获吕合、秦狼，五县叛乱相继平定，孙权拜吕岱为昭信中郎将。[①]

①《吴书》记载：建安十六年，吕岱都督中郎将尹异等，率领二千士兵西征，引诱汉中贼帅张鲁到汉兴寋城。张鲁满腹狐疑，阻断道路，事情没有成功。孙权召回吕岱。

建安二十年，吕岱率领孙茂等十位将领，攻取长沙郡、零陵郡、桂阳郡三郡。此时，安成县、攸县、永新县、茶陵县四县官吏拥入阴山城，聚集余众抵抗吕岱，吕岱攻打阴山城，众人投降，三郡相继平定。孙权留下吕岱镇守长沙郡。安成县长吴砀及中郎将袁龙等暗中勾结关羽，再次叛乱。吴砀占领攸县，袁龙控制醴陵县。孙权派遣横江将军鲁肃攻打攸县，吴砀突围逃走。吕岱攻打醴陵县，擒获并斩杀袁龙，吕岱改任庐陵郡太守。

延康元年，吕岱代替步骘，担任交州刺史，到任后，高凉郡贼首钱博乞降，吕岱按照制度，任命钱博为高凉郡西部都尉。郁林郡蛮夷贼寇围攻郡县，吕岱坚决镇压，平定叛乱。在当时，桂阳郡浈阳县贼寇王金在南海聚集匪徒，首先作乱，为害地方，孙权诏令吕岱前往镇压，生擒王金，押解至京师，此战斩杀、俘虏一万余人。吕岱改任安南将军，持符节，受封为都乡侯。

交趾郡太守士燮去世，孙权任命士燮的儿子士徽为安远将军，兼领九真郡太守，任命校尉陈时代替士燮，担任交趾郡太守。吕岱上表，把南海地区分出三郡，设立交州，以将军戴良为刺史，在海东分出四郡，设立广州，吕岱亲自担任刺史。孙权派遣戴良与陈时率军南下，然而，士徽不肯服从命令，举兵在海口阻止戴良等。吕岱上疏，奏请讨伐士徽，率领士兵三千人连夜渡海。有人对吕岱讲："士徽家族世代受到恩宠，为一州人所依附，不可轻视。"吕岱说："士徽虽然有谋逆之计，不会想到我们会猝然而至，如果我军潜行，轻装急进，乘其不备，一定能打败士徽。若延宕行期，士徽将会心生异志，据城坚守，南方有七个郡的蛮夷，群起响应，即使有智者，也难以破解危局。"吕岱带兵，继续前进，经过合浦，与戴良会齐。士徽听说吕岱亲自率领大军赶来，果然惊慌，不知所措，率领兄弟六人肉袒迎接吕岱。吕岱将其全部诛杀，将首级送往京师。士徽手下大将甘醴、桓治等，率领吏民攻打吕岱，吕岱奋力迎战，大败桓治等，孙权晋升吕岱爵位为番禺侯。孙权撤销广州，全部划入交州。吕岱平定交州，既而进兵，讨伐九真郡，斩杀、俘虏上万人。又派遣将军幕府从事南下，向南部民众宣示国恩，直至域外，扶南、林邑、堂明诸蛮夷君王，各自派遣使者，向孙权奉职朝贡。孙权嘉赏吕岱的功劳，拜吕岱为镇南将军。

黄龙三年，南方已经全部平定，孙权调回吕岱，驻扎在长沙郡沤口。[①]恰逢武陵蛮夷蠢蠢欲动，吕岱与太常潘濬共同讨伐蛮夷，平定叛乱。嘉禾三年，孙权命令吕岱率领潘璋的部下，驻扎在陆口，后来又迁至蒲圻。嘉禾四年，庐陵郡贼寇李桓、路合，会稽郡东冶县贼寇随春，南海郡贼寇罗厉等，一起发难，组织叛乱。孙权再次诏令吕岱，率领刘纂、唐咨等分路出击，随春很快投降，吕岱拜随春为偏将军，令其率领部众，担任东吴的将领，李桓、罗厉等很快被擒获、斩杀，吕岱将首级传送至京城。孙权诏令吕岱："罗厉负险顽抗，自寻死路，被枭首示众；李桓凶残狡猾，反复无常，已降复叛。前后多次讨伐，历年不能擒获，若非君的谋略奏效，谁能枭其首级？忠武之节，由此越发彰显。元恶既除，大小震慑，其余细贼，可扫地而除。自今以后，国家永无南顾之忧，三郡晏然，无惊悚怵惕之虑，而且还让恶民按照法律，缴纳税赋及服徭役，孤为此而叹息。赏不逾月，国之常典，制度所宜，君准备领受赏赐。"

①王隐著《交广记》记载：吴国后来再次设置广州，任命南阳郡人滕修为广州刺史。有人对滕修讲，广州的虾须长一丈，滕修不信，此人后来因故至东海，取一根虾须长四丈四尺，密封送来给滕修看，滕修惊叹不已。

潘濬去世，吕岱代替潘濬，兼领荆州牧，统领政事，与陆逊同在武昌办公，继续担任蒲圻都督。不久，廖式作乱，围攻城邑，零陵郡、苍梧郡、郁林郡贼寇聚众叛乱，骚扰地方，吕岱上表请战，星夜兼程，南下平叛。孙权派遣使者，追上吕岱，拜为交州牧，又派遣唐咨等襄助平定叛乱，讨伐叛贼一年，终获结束，斩杀廖式，流放廖式任命的临贺郡太守费杨等，收编其余众，叛乱郡县全部平定，吕岱返回武昌。当时，吕岱已经八十岁，依然精力充沛，工作勤勉，为国事操劳。奋威将军张承写信给吕岱："在往昔，周公旦、召公奭辅佐周室，二南制作颂辞，当今辅佐江东之臣，就是足下与陆逊。勤勉忠贞，奋力争先，劳谦相让，功以权成，化与道合，君子叹其德，小人悦其美。加上公文案牍劳累，宾客盈门终日，疲不舍事，劳不言倦，又听说足下上马，一跃而起，无须有垫脚之物，如此来说，足下超过廉颇，何以每件事，君都做得这么好？《周易》讲：礼言恭，德言盛。足下何以有这许多美德！"及至陆逊去世，诸葛恪代替陆逊，孙权把武昌分为两部，吕岱都督右部，从武昌以上至蒲圻，升任大将军，儿子吕凯受拜为副军校尉，在蒲圻监军。孙亮即位，拜吕岱为大司马。

吕岱为官清廉，奉公无私，所任职务，均有事迹称颂。当初，吕岱在交州，很多年不能顾及家庭，妻子饥饿乏困。孙权听说后，叹息不已，以吕岱为例子，告诫群臣："吕岱献身国家，在万里之外征战，为国家勤于诸事，而家中生活困难，孤竟然不知道。股肱耳目，你们的责任在哪里？"孙权加赐吕岱钱米布帛，每年作为常例。

当初，吕岱亲近的吴郡人徐原，为人慷慨，有才气，吕岱知道其一定会有所作为，赐予巾帻、单衣，与其相谈甚欢，后来，徐原受到举荐，官至侍御史。徐原性情耿直，说话不避忌讳，吕岱有时候会有些过失，徐原直言进谏，在公开场合议论，有人告诉吕岱，吕岱叹息道："这正是我推崇德渊的缘故。"及至徐原去世，吕岱哭得很伤心，说："德渊，吕岱之益友，而今遭遇不幸，吕岱还能从谁那里了解过失？"议论者莫不称赞吕岱。

太平元年，吕岱去世，享年九十六岁，儿子吕凯继承爵位。吕岱留下遗言，以平时穿的衣服殡殓，丧事从简，疏巾布帻，按照制度下葬，务必俭约，吕凯按照父亲的遗嘱，办理丧事。

周鲂，字子鱼，吴郡阳羡县人。年少时，周鲂好学，被举荐为孝廉，担任宁国县长，改任怀安县长。钱唐贼寇大帅彭式等聚集叛乱，孙权任命周鲂为钱唐侯相，旬月之间，周鲂斩杀彭或首级及其余党，升任丹杨郡西部都尉。黄武年间，鄱阳郡贼寇大帅彭绮作乱，攻打鄱阳郡属下县邑，孙权任命周鲂为鄱阳郡太守，与胡综勠力镇压叛乱，生擒彭绮，押送至武昌，孙权晋升周鲂为昭义校尉。周鲂受命秘密访问山里世族大姓首领中被北方魏国所了解者，令其诱降魏国大司马扬州牧曹休。周鲂担心民间的首领不足以担负此重任，一旦事情败露，不能达到目的，奏请孙权派遣亲信，带着周鲂拟写的七条，前去劝诱曹休：

其一曰："周鲂以千载难逢的机遇，得以充任州里士民，远隔江河，敬仰未显，瞻望云景，天实证明。精诚微薄，名位不昭，虽怀有饥渴，奈何得以见明君？狐死首丘，人情留恋故土，然而臣受制于人，有失拜谒之礼。每当翘首西顾，未尝不寤寐感叹，辗转反侧。今因恰逢难得之机遇，得以陈述昔日之志，若非神灵启示，岂能至此！不胜企盼，万里托命。谨派遣亲信董岑、邵南等，假借叛逃之名义，奉上信笺。时事多有变故，列于另外一张信纸，唯明公垂日月之光，照远民之旨趣，永令归命者有所倚恃。”

其二曰：“周鲂远在遥远一隅，江河分隔，恩泽教化，未曾蒙受惠及，于山谷之间，眺望陈述所怀，惧以大义，未见信任接纳。物有感激，计因变生，古今同理。周鲂供职东吴，担任一郡太守，始愿已获，铭心立报，永无二心。岂料近来横遭谴责，祸在漏刻，危于累卵，进有离合去就之宜，退有诬罔枉死之咎，虽周鲂志行微薄，面对存亡之机，却不能死得其所，能不怅然！故周鲂敢寻古人之踪迹，因而知道所归之途，拳拳输情，披露肝胆。企盼降春天之润，哀怜拯救其急，不复猜疑，拒绝其输诚委命。事情一旦败露，将受不测重罪，一则伤慈损计，二则杜绝向化之心，唯明使君远览前代，垂顾哀愍，留意所质，速赐密报。周鲂等候观望，有所举动，俟须回应。”

其三曰：“周鲂所代替原太守广陵郡人王靖，在以往，因为郡中的民众动乱，遭受谴责，王靖尽管解释，终不能得到谅解，下定决心，暗中设计，准备归命北方，不幸事情败露，被夷灭全家，包括婴儿。周鲂目睹王靖之祸殃，看到东吴的君主对臣下刻薄狠毒，即使忠臣，也不能得到厚遇，有些人虽然暂时放过，最终还是会遭到翦除。现在又令周鲂代理郡太守，以观后效。最终，也一定会诛杀周鲂。虽然周鲂尚能苟活喘息，忧愁焦灼，未知命丧何时。人居世间，犹如白驹过隙，而常怀恐惧，其可言乎！唯当陈述愚意，披肝沥胆，犹恐担心身份微贱，未能采纳。愿明使君少垂详察，忖度其言。而今此郡的民众，虽然对外的名声，已经降服，仍然盘踞在山野，窥伺时机，欲重新作乱，为乱之日，周鲂性命休矣。东吴的君主最近秘密部署诸将领，意图北进。吕范、孙韶等攻入淮北，全琮、朱桓杀向合肥，诸葛瑾、步骘、朱然兵临襄阳，陆议、潘璋等讨伐梅敷。东吴君主率领主力，亲自袭击石阳，另外派遣堂弟孙奂，修葺安陆城，修建粮仓，用辇车载运粮食，以作为军粮储备。又令西蜀诸葛亮进军，直至关西，江边诸将都已经调动，不在原驻扎地，只留下三千士兵守卫武昌。若明使君率领一万军队，从皖南向长江开进，周鲂则从鄱阳郡，率领吏民，作为内应。此地邻近诸郡，前后举事，功败垂成，皆由于没有外援，使其落败；若北军抵达边境，传檄属下城邑，思慕之民，谁不企踵盼望？愿明使君上观天时，下察人事，中参蓍龟，足以证明周鲂所言不虚。”

其四曰：“周鲂派遣董岑、邵南，此二人从小在我家长大，亲之信之，待其如儿子，是以特令二人带着信笺，假托叛逃为辞，周鲂耳提面命，授以密计，不宣唇齿，即使骨肉至亲，也无人知晓。周鲂又特别敕令二人，到达州部，应当声明前来归降，欲让叛逃来到魏国者，得以对外传播消息。周鲂谏言此计，任之于天，若上天帮助，则有生还之福；若泄露机密，则将受夷灭之祸。周鲂常中夜仰天，向星辰告誓。精诚所至，是否能感动上天，然而事急孤穷，唯有向上天倾诉。派遣使者之日，载生载死，形存气亡，魂魄恍惚。私下担心使君未能向上表明周鲂的意思，董岑、邵南二人，可留下一人，以为后信。另外一人，带着使君的信函返回，告诉他是后悔叛逃，回来自首。东吴君主有法令，后悔叛逃返回者，可以宽宥其罪。如是彼此堵塞漏洞，不会泄露机密。悬命西望，涕笔俱下。”

其五曰：“鄱阳郡之民众，实多愚昧之人，恃力负勇，率领他们打仗，未必能应敌，鼓动他们动乱，则闻声响应。今日虽然降服，然而，这些蛮夷盘根错节，居住在深山荒野，动乱之心犹存，而今东吴君主妄图兴师动众，举国出兵镇压，江边空旷，屯坞空虚，唯有一些负责督查的刺奸。若借此时机鼓动愚民，很快就能抓住机会，然而，还是要倚恃外援，表里互动，不能再像以往一事无成。使君若从皖道进驻江上，周鲂当从南边对岸历口响应。若未能径直抵达江岸，可驻扎百里以外，令此间的民众知道北军在彼，增加信心。此间民众并非苦于饥寒，甘心为寇，实在是苦于征兵，愿意北属，但被迫举事，不能及时见到接应，很快就会遭到镇压。如果令石阳及青州、徐州的军队首尾相接，牵制东吴的军队，使其不得尽速退走，则善之善也。周鲂生在江、淮之间，长于时事，见其便利，百举百捷，时不再来，敢布腹心。”

其六曰：“东吴君主深恨此前不能攻破石阳，此次出兵，大多是新招募的士兵，又令潘濬征发夷民，人数众多，听说预先设置军令，当以新兵布置在前边，精锐士兵布置在后边，攻城之日，欲以新兵填埋沟壑，借此攻破石阳，虽未能见成效，然而，这是此次出兵的大致方略。周鲂担心，石阳城小，不能长久抵御吴军，明使君应尽快领兵救援，诚宜机密。王靖之变故，其鉴不远。今周鲂归命，不仅在天，也在于明使君耳。若能见到救兵到来，则大功可成，如果见不到救兵，则将与王靖等遭遇同样的命运。从前彭绮造反时，听说旌旗在逢龙，此郡的民众皆大欢喜，都认为立见成效。若滞留一个月，事情当大成，可惜大军离去太快，东吴得以调集兵众，专力讨伐彭绮，彭绮最终失败。愿使君深察此意。”

其七曰：“今日举大事，除非爵位、称号，无以劝勉，乞请将军、侯印各五十枚，郎将印一百枚，校尉、都尉印各二百枚，周鲂将这些印信授予诸将帅，用以奖励、激励斗志，并乞请幢幡、旌旗数十件，以作为标帜，使山越士兵及吏民亲眼看见，知道去就之分已决，北方承诺派救兵，已经谋划完备。再有，彼此双方投降叛逃之人，日月有人，阔狭之间，很容易知道。今日举大事，事宜机密，若能明白周鲂信笺之意，乞求加以保密。伏知明府君智略超凡，防虑必深，周鲂怀忧焦虑，频繁向明府君启事，乞未怪罪。”

周鲂又秘密上表孙权：“而今北方逃寇固守黄河、洛水，等待王师讨伐，在中原专擅国土，臣不曾献上奇计妙策，举荐良才，对上以赞洪化，对下以输诚万一，忧心如焚，寝食难安。圣朝天覆地载，包涵臣之无能，发布优待之诏命，敕令臣以此诱骗曹休，恨不能此计成功。朝廷又诏令臣，在郡界访求山上蛮夷首领为北方的贼寇所闻知者，令其与北方通信。臣暗自思忖，惊喜交集，窃担心夷人不能轻易找到，假若能找到，又担心不可信，不如令臣施展诡计，诱骗曹休，于计为便。此臣得以经年累月之希望，遭逢千载难逢之机遇，臣竭尽思虑，不揣愚昧，撰写信笺草稿，以诳诱曹休，另外将信笺呈上。臣深知，无古人克敌制胜之妙术，加上臣谨奉陛下之战略，惊悚狼狈，惧以轻愚，忝负特施，心怀焦灼。臣听说，唐尧先于天时而行事，上天不违背其谋划，尧帝广泛征询意见，以成就盛大功勋。朝廷神机妙算，必致曹休于谋划之中，神灵襄助圣意，曹休必定会来送死，陷入六军包围，贼虏无一人漏网，吴军威风电迈，天下幸甚。谨拜上表章以闻，并呈上信笺草稿，担心谋划肤浅，追思不免惶恐。”孙权批准，按照周鲂的奏章行事。曹休果然相信周鲂，率领步骑十万人，携带所有辎重，径直进入皖城。周鲂也集合部众，跟随陆逊，截击曹休，曹休率领的魏军迅速崩溃，吴军斩杀、俘虏上万魏军。

当初，周鲂制定密计时，经常有郎官奉孙权诏命，前来诘问诸项政事，周鲂到州郡府衙门下，剃发谢罪，曹休听说后，不再疑虑。战事结束，吴军大获全胜，顺利凯旋，孙权大会诸将，摆设酒宴，酒酣耳热，孙权对周鲂讲：“君剃去头发，秉承大义，成就孤的大事，君的功名，应当书写在竹帛。”孙权晋升周鲂为裨将军，赐爵关内侯。[①]

①徐众评论：人臣立功效节，虽非一途，然而，各有分寸。为将执桴鼓，则有必死之义，坚守志节，则有不假器之义，死得其所，义在不苟。周鲂担任郡太守，职在治民，非君所命，自我占卜诱敌，髡剔发肤，以徇功名，虽战事成功，受封爵位，非君子所美。

贼寇首领董嗣倚恃险阻，大肆抢掠地方，豫章郡、临川郡深受其害。[①]吾粲、唐咨率领三千吴军士兵攻打董嗣，连续几个月，不能取胜。周鲂上表，恳求孙权罢兵，根据情况，便宜行事。周鲂派遣间谍，向间谍授以策略，诱杀董嗣。董嗣的弟弟惶恐，到武昌向陆逊投降，请求离开山寨，搬到平原居住，改过从善，从此以后，豫章郡、临川郡不再有匪患。

①裴松之按：太平二年，孙亮设立临川郡，在当时，还没有临川郡。

周鲂在鄱阳郡担任太守十三年，在任上去世，周鲂赏罚分明，恩威并施，政绩卓著。儿子周处，也有文武之才，天纪年间，担任东观令、无难都督。[①]

①虞预著《晋书》记载：周处入晋，担任御史中丞，对大臣监督，多有弹劾，不避强权。齐

万年造反，朝廷任命周处为建威将军，率军西征，寡不敌众，周处临阵慷慨激昂，奋不顾身，战死在沙场，追赠平西将军。周处的儿子周玘、周札，皆有才干，中兴初年，同时受到重用。其族中子侄也都担任要职，成为扬州豪门之首，而周札凶淫放纵，为百姓所苦。泰宁年间，王敦诛杀周札，夷灭其家族。

钟离牧，字子幹，会稽郡山阴县人，是汉朝鲁国相钟离意的第七世孙。①年少时，钟离牧迁居永兴县，躬耕陇亩，种植水稻二十余亩。快要成熟时，县里有民众说，这些地是他的，钟离牧说："原来以为是荒田，故垦殖耕种。"遂把收获的水稻送给此人。县长听说后，召来此人，关押在监狱，欲绳之以法，钟离牧为其讲情。县长说："君仰慕先贤承宫，此乃义事，②仆为民做主，当以法律治理属下，怎能违背公家法令，顺从君意？"钟离牧答："此地是郡界，因为有君的照顾，因此来到此地暂住。今天因为一些稻谷，就要诛杀此人，臣何以再留在此地？"遂取出行装，欲返回山阴县，县长殷勤挽留，看在钟离牧的面子上，释放了此人。此人顿感到羞愧，带着妻子，把收割的水稻，舂了六十斛米，送还钟离牧，钟离牧闭门不肯接受。此人将稻米放置在道旁，也无人取走。钟离牧由此而知名。③

①《会稽典录》记载：钟离牧的父亲钟离绪，曾担任楼船都尉，哥哥钟离骃，曾担任上计簿吏，年少时，钟离牧与同郡人谢赞、吴郡人顾谭齐名。童龀时，钟离牧为人迟钝木讷，钟离骃常对人讲："钟离牧一定能胜过我，不可轻视。"当时人皆不以为然。

②《续汉书》记载：承宫，字少子，琅琊郡人，曾经在蒙阴山中耕种禾黍，快要成熟时，有人来认领土地，承宫便把收获的禾黍送予此人，而后离去，由是出名，官至左中郎将、侍中。

③徐众著《评议》记载：钟离牧践行长者之规。有人问："像钟离牧所践行，犯而不计较，又挽救此人，理直而不争，送还而不受，这难道不是仁义谦让者？"回答："异乎吾所闻。原宪向孔子请教：'克伐怨欲不行焉，可以为仁乎？'孔子答：'可以为难矣，是否仁，我就不知道了。''恶不仁者，其为仁矣。'今小民不劳四体，而认领他人种植的稻谷，不仁甚矣，而钟离牧谦让，送予他人，又挽救其罪，斯为谦让，并非其义，所救非人，并非所谓恶不仁者。苟不恶不仁，安得为仁哉！苍梧浇娶妻，长得很美丽，让与其兄；尾生笃信，水至而不肯离去，被淹死；直躬好直，证明父亲攘羊；申鸣奉法，尽忠于君，而逮捕其父。忠信直让，此四行者，圣贤之所贵也。然不贵苍梧之让，非让道也；不取尾生之信，非所信也；不许直躬之直，非直体也；不嘉申鸣之忠，非忠意也。今钟离牧犯而不计较，送还而不取，可以为难矣，未得为仁义谦让。圣人以德报德，以直报怨，而钟离牧欲以德报怨，非也。必不得已，二者何从？吾从孔子也。"

赤乌五年，钟离牧从郎中位置，补任太子宫辅义都尉，又出任南海郡太守。①此后，钟离牧返回朝廷，担任丞相府长史，再次担任司直，升任中书令。恰逢建安郡、鄱阳郡、新都郡三郡山区越人叛乱，钟离牧出任州牧，兼领监军使者，平定叛乱。贼寇首领黄乱、常俱等向钟离牧投降，交出部众，补充军队。孙权封钟离牧为秦亭侯，拜为越骑校尉。

①《会稽典录》记载：高凉县贼首仍弩等抢掠百姓，残害吏民，钟离牧越界讨伐，旬日降服。还有，揭阳县贼首曾夏等有部众数千人，历经十余年，朝廷以侯爵杂缯千匹，下书招募英雄，擒获贼寇，终不可得。钟离牧派遣使者安抚，晓谕利害，贼寇皆愿意投降，自愿成为良民。始兴郡太守羊衜（dào）写信给太常滕胤："钟离子幹，我此前知道此人，但并不熟悉，只知道他在南海任职。钟离子幹对部属有恩信，智勇双全，加上操守清纯，有古人之风。"对钟离牧的评价很高。钟离牧在郡府任职四年，以有病，辞去职务。

永安六年，蜀国被魏国兼并，武陵郡五溪蛮夷与蜀国接壤，当时，吴国担心蛮夷乘机作乱，孙休任命钟离牧为平魏将军，兼领武陵郡太守，钟离牧上任。魏国派遣汉葭县长郭纯兼领武陵郡太守，率领涪陵民众，进入蜀国迁陵地界，驻扎在赤沙，诱降蛮夷君长，有些蛮夷君长响应郭纯，进攻酉阳县，武陵郡震恐。钟离牧问郡府官吏："西蜀倾覆，吴国边境受到侵犯，将何以御敌？"大家回答："而今迁陵、酉阳二县有山险之固，蛮夷盘踞在二县，对抗朝廷军队，不能用军事惊扰，一旦惊扰，蛮夷则会联合起来顽抗。应该以舒缓政策安抚，可派遣有恩信的吏员，向蛮夷宣教慰劳。"钟离牧说："不对。外敌向境内入侵，诳诱人民，应当在其根基还未巩固时，及时扑灭，好似救火，贵在神速。"钟离牧敕令军队严阵以待，郡府掾胆敢散布失败言论者，以军法从事。抚夷将军高尚劝谏钟离牧："此前，潘太常率领五万军队，讨伐五溪蛮夷。在当时，刘氏西蜀与东吴联合，蛮夷很快降伏，而今没有往日的外援，郭纯已经攻占迁陵，明府以三千士兵深入，恐怕难以取胜。"钟离牧回答："非常之事，怎能因循旧例？"钟离牧率领部属，星夜兼程，沿着山路险道前进，行进二千里，从塞上进攻，斩杀心怀异志的蛮夷首领一百余人，包括党羽一千余人，郭纯等率军退走，五溪平定。钟离牧改任公安都督、扬武将军，受封为都乡侯，又改任濡须都督。[①]此后，钟离牧以前将军，持符节，兼领武陵郡太守。钟离牧在任上去世，死后家无余财，士民多怀念钟离牧。嗣子钟离祎继承爵位，继续率领军队。[②]

①《会稽典录》记载：钟离牧在濡须，认为进取可图，然而，不敢畅所欲言，与侍中、东观令朱育宴饮，慨然叹息。朱育以为钟离牧怨恨担任副将，对钟离牧讲："朝廷诸君，以机遇担任高官，亭侯的功劳，无人能比，不肯在他人之下，知道者也认为确实受了委屈，更何况亭侯！"钟离牧笑而回答："卿之所言，并未猜透我的心思。马援有言，人臣应当为国家建立功勋，不应当计较赏赐厚薄。我建立的功劳，不足以载录，见宠已过当，岂能以此为恨？国家不了解边疆情况，受到诸位误解，是以在下默默不敢有所陈述。若其不然，当建进取之功，以报所受之恩，不

会仅自守而已，我的怨愤在此。”朱育复说：“国家已经知道亭侯，以亭侯之才，无所不能。愚以为，自可陈述所想。”钟离牧答：“武安君白起对秦王讲：‘非建立功业难，而在得贤才难；非在得贤才难，而在用贤才难；非在用贤才难，而在信任贤才难。’武安君白起欲为秦王兼并六国，担心授事而不被信任，故先陈述此言。秦王当即许诺，予以信任，最终，白起建立勋业，还是被秦王赐剑，在杜邮自杀。而今国家知吾，不如秦王知武安君，而害我者众，又超过范雎。大皇帝时，陆丞相讨伐鄱阳，以二千人授予我，潘太常讨伐武陵，我又率领三千人，朝廷下诏，把我丢弃在彼，当时江渚都督不肯发兵相助。臣蒙受国家威灵，自己解决问题，今日之事，恐怕又要重蹈覆辙。一旦让我不顾情况紧急，因时制宜，即使有所陈述，最终委任之事，兵力不足，终有败绩之患，何以自救？”

②《会稽典录》记载：钟离牧的次子钟离盛，为人谦恭辞让，担任尚书郎。弟弟钟离徇领兵，担任将军，受拜为偏将军，戍守西陵，与监军使者唐盛谈论地势，认为应该在信陵建城，作为外援，若不先建城，敌军将占据此地。唐盛认为，施绩、留平都是有智有勇的名将，多次经过此地，都没有谈到要建城的事，没有采纳钟离徇的建议。后来又过了半年，晋军果然派遣将军修建信陵城。晋军灭亡吴国时，钟离徇兼领水军都督，在战场上战死。

陈寿评论如下：山区越人不服从教化，大多喜欢作乱，难安易动，因此，孙权忙于平定内乱，无暇顾及外侮，只好向魏国卑辞称臣。以上诸位将军，在平定内乱时，成为吴国的绥靖功臣。吕岱清廉自守，克己奉公；周鲂善于运用谋略，诡谲多变；钟离牧谨守长者操守；全琮可谓用兵奇才，在当时，全琮很尊贵，然而，不能约束不肖儿子，受到世人讥讽、毁谤。

吴书十六

潘濬陆凯传第十六

潘濬，字承明，武陵郡汉寿县人。二十岁时，潘濬跟随宋仲子学习。①不到三十岁，荆州牧刘表征召潘濬，拜为江夏郡府从事。当时，沙羡县长贪赃枉法，潘濬按照法律，诛杀县长，一郡为之震动。后来，潘濬担任湘乡县令，有政绩。刘备兼领荆州牧，任命潘濬为治中从事。刘备入蜀，留下潘濬负责州部政事。

①《吴书》记载：潘濬为人聪明，遇事明察，应对机敏，山阳人王粲接见潘濬，经过一番谈话，很欣赏潘濬，潘濬由是知名，潘濬在郡府担任功曹。

孙权杀了关羽，兼并荆州，拜潘濬为辅军中郎将，授予兵权。①潘濬改任奋威将军，受封为常迁亭侯。②孙权登上帝位，拜潘濬为少府，晋升爵位为刘阳侯，③后来，潘濬改任太常。五溪蛮夷叛乱，盘踞在山区，孙权授予潘濬符节，诏令潘濬率领诸军平定叛乱。潘濬赏罚必信，军令严明，斩杀及俘虏的叛乱蛮夷有上万人，从此以后，蛮夷日渐衰弱，山区恢复宁静。④

①《江表传》记载：孙权攻克荆州，蜀国官吏全部归顺东吴，而潘濬称病，不肯出来相见。孙权派人用床当作车子，把潘濬抬出来，潘濬把床席盖在脸上，不肯起床，涕泣交流，呜咽不能自已。孙权安慰潘濬，与其谈话，喊着潘濬的字，说：“承明，在往昔，观丁父在鄀邑被俘，武王拜为军帅；彭仲爽在申邑被俘，文王拜为令尹。此二人，都是荆国的先贤，当初虽然被囚禁，后来都受到擢拔任用，成为楚国的名臣。卿独不其然，没有降意，将以孤有别于古人之量？”孙权让近侍用手巾为潘濬擦拭脸面，潘濬起床，下地拜谢，孙权任命潘濬为治中，向潘濬咨询荆州

的军事。武陵郡人荆州部从事樊伷诱导蛮夷，举武陵郡归属刘备，有人建议，派遣将军率领一万人，前往讨伐。孙权不听，就此事特地召问潘濬，潘濬答："以五千兵前往镇压，足以擒获樊伷。"孙权问："卿何以如此轻敌？"潘濬答："樊伷是南阳郡世族大姓，很会玩嘴皮子，其实，并没有实际本领。臣所以知道，樊伷从前曾经为州人设馔，到了日中，大家还吃不上饭，这种事情，有十几次，从这一点就可以看出，这种俗儒就是玩嘴皮子的料。"孙权听罢大笑，采纳潘濬的谏言，随即派遣潘濬率领五千士卒前往征剿，果然斩杀樊伷，平定叛乱。

②《吴书》记载：芮玄去世，潘濬兼并芮玄率领的军队，驻扎在夏口。芮玄，字文表，丹杨郡人。父亲芮祉，字宣嗣，跟随孙坚征伐有功，孙坚举荐芮祉为九江郡太守，后改任吴郡太守，所任职地方，皆有政声。芮玄的哥哥芮良，字文鸾，跟随孙策平定江东，孙策任命芮良为会稽郡东部都尉，芮良去世，芮玄率领芮良的军队，受拜为奋武中郎将，以战功受封为溧阳侯。孙权为儿子孙登挑选淑媛，群臣都说芮玄的伯父芮良以文武德义，显名三世，孙权聘娶芮玄的女儿为孙登的妻子。黄武五年，芮玄去世，孙权甚为哀悼，非常痛惜。

③《江表传》记载：孙权多次射猎野雉，潘濬劝谏孙权，孙权说："相与分别后，只是偶尔出去玩玩，不像往日那么忙碌。"潘濬答："天下还未安定，事务繁多，射杀野雉并非急务，弦绝括破，皆能为害，乞求殿下，特为臣放下射猎。"潘濬出来，见雉翳还在，于是亲手拆坏。孙权从此以后放弃爱好，不再射猎野雉。

④《吴书》记载：骠骑将军步骘驻扎在沤口，请求招募各郡的百姓，增加兵力。孙权以此询问潘濬，潘濬答："将军在民间招募，会扰动民众，加上步骘有权势，一定会有人借此献媚，不能答应。"孙权采纳谏言。中郎将豫章郡人徐宗是一位名士，曾经到京师，与孔融结交，然而儒生徐宗行事荒诞，宽容部属，不守法度，纵容部属为非作歹，潘濬斩杀徐宗。潘濬奉法，不忌惮私议，这类事情很多。隐蕃归附吴国，以口才雄辩，被豪杰所称赞，潘濬的儿子潘翥也与其结交，馈送粮饷。潘濬知道后，大怒，写信斥责潘翥："我蒙受国家厚恩，决心报效国家，尔辈在京城应当恭顺做人，亲贤慕善，为何要与降虏结交，还馈送粮饷？我在远方听到消息，心震耳热，惆怅累旬。你收到书信，马上到有关部门，接受杖打一百下，以此抵罪。"当时人都责怪潘濬，隐蕃后来图谋叛逆，诛杀夷人，众人才信服潘濬。

《江表传》记载：当时，潘濬的姨兄零陵郡人蒋琬担任蜀国大将军，有人挑拨离间，说潘濬与武陵郡太守卫旌联系，秘密派遣使者与蒋琬勾结，欲有自托之计。卫旌因为此事向孙权解释，孙权说："承明不会这样做。"当即密封卫旌的表章，送予潘濬，把卫旌召回，免去官职。

在此之前，潘濬与陆逊一起，驻扎在武昌，共同掌握军政要事，返回后，仍像此前一样。当时，校事官吕壹在朝中操弄权柄，上奏孙权，审查丞相顾雍、左将军朱据等，二人遭到软禁。黄门侍郎谢厷在闲谈时，问吕壹："顾公的事情如何？"吕壹答："不怎么好。"谢厷又问："如果顾公被免职，谁可以代替？"吕壹没有回答谢厷，谢厷说："会不会是潘太常继任丞相职位？"吕壹沉默良久，说："君的话有可能言中。"谢厷对吕壹讲："潘太常对君切齿痛恨，只是路途较远，没有机会罢了。今日代替顾公，恐怕明日就会攻击君。"吕壹听罢，大吃一惊，遂解除对顾雍的审查。潘濬奏请朝见，前往建业，欲向孙权当面陈述己见，来到建业后，听说太子孙登已经多次劝谏孙权，孙权不为所动，潘濬遂宴请百官，在酒宴上，欲亲手刺杀吕壹，而后再承担罪责，为国除去国贼。吕壹听说后，称病，没有赴宴。潘濬每次觐见孙权，都会向孙权陈述吕壹为人险恶。由此，吕壹逐渐失去孙权的信任，后来，被孙权诛杀。孙权引咎自责，同时责备朝廷大臣不肯直言进谏，详情记载在《吴主传》。

赤乌二年，潘濬去世，嗣子潘翥继承爵位。潘濬的女儿许配给建昌侯孙虑。①

①《吴书》记载：潘翥，字文龙，受拜为骑都尉，后来，代替潘濬领兵，早逝。潘翥的弟弟潘秘，孙权把姐姐陈氏的女儿嫁给潘秘为妻，调任潘秘为湘乡县令。

《襄阳记》记载：襄阳人习温是荆州大公平。大公平，就是今天的州府。潘秘经过荆州，向习温辞行，问习温："先君昔日讲，君侯应当担任州里的议主，今天果然如其所言，不知道州里谁会继任？"习温答："无过于君。"后来，潘秘担任尚书仆射，又代替习温担任大公平，得到州里人一致称誉。

陆凯，字敬风，吴郡吴县人，是丞相陆逊的本族子弟。黄武初年，陆凯担任永兴县长、诸暨县长，所在任上，皆有政绩，孙权拜陆凯为建武都尉，负责领兵。虽然陆凯在军中领兵，仍然手不释卷。陆凯喜欢西汉学者扬雄所撰写的《太玄》，推演其意，用以占卜，很灵验。赤乌年间，陆凯担任儋耳郡太守，讨伐珠崖郡，斩获叛贼有功，升任建武校尉。五凤二年，陆凯在零陵郡讨伐山区贼寇陈毖，斩杀陈毖，大获全胜，孙亮拜陆凯为巴丘都督、偏将军，封为都乡侯，后改任武昌右部都督。陆凯与诸将共赴寿春，撤军返回，升任荡魏将军、绥远将军。孙休即位，拜陆凯为征北将军，持符节，兼领豫州牧。孙皓即位，陆凯改任镇西大将军，都督巴丘，兼领荆州牧，晋升爵位为嘉兴侯。孙皓与晋国媾和，派使者丁忠出使晋国，丁忠从北方返回，劝说孙皓袭击弋阳，陆凯劝谏孙皓，切勿向晋国用兵，详情记载在孙皓的传中。宝鼎元年，陆凯升任左丞相。

孙皓不喜欢被人注视，群臣入朝觐见，皆不敢忤逆孙皓。陆凯劝谏孙皓："君臣互相不认识，如果陛下忽然间有什么意外，群臣还不知该向何处施救。"孙皓听罢，允许陆凯注视。

孙皓迁都武昌，扬州百姓溯长江，为武昌供应物资，很辛苦，而且，孙皓执政时，政事乖谬，吴国百姓生活贫苦。陆凯上疏：

臣听说，有道之君，不仅自乐，还要乐民；无道之君，仅为自乐，不顾及民众。乐民者，其乐绵长；仅乐自身者，将会不乐而亡。人民是国家的根本，民以食为天，有道之君，应该重视人民的吃饭问题，爱护人民的生命。民安则君安，民乐则君乐。近些年来，国君的威望，因为施行桀纣般的虐政，受到损害，国君的失误，其实还是受到奸臣的误导。国君的智慧，一旦受到权奸的蒙蔽，没有大灾害，民众也不堪其命，国家没有大工程或战事，而国库现在空虚，无辜者获罪。陛下把赏赐授予无功之人，施政中多有谬误。上天频繁出现异象，朝廷大臣却依然以谄媚迎合国君，人民困苦，求告无门。邪臣以不义误导国君，以淫靡败坏风俗，臣对此深感痛心。而今我国与邻国友好，四边并无战事，应当考虑让民众休养生息，充实国库、仓廪，以待天时。如果陛下继续违逆天心，骚扰百姓，使得民众不安，上下嗟叹，此绝非保国安民之术。

臣听说，吉凶在天，好像影子随形，山谷回音，形动则影动，形止则影止，此乃必然之理，并非仅凭口说，凭愿望进退。在往昔，秦之所以失去天下，就是因为刑法繁苛，轻赏重罚，刑政乖谬，滥用民力，荒淫无度，目眩于美色，志浊于财宝，邪臣在位，贤哲隐踪，百姓哀怨，天下苦不堪言，这才有覆巢破卵之祸。汉之所以取得天下，高祖重视诚信，听谏纳贤，惠及负薪，躬请岩穴，广采博察，以成就宏业。这些往事足以证明。

近代汉室遭遇衰运，三国鼎立，曹魏失去纲纪，被晋室夺去帝位。益州的道路艰险，兵多士强，闭关固守，可以保全万世，然而刘氏不能任贤用能，政事多有乖谬，赏罚失当，国君恣意于奢靡，滥用民力在不急事务上，是以被晋军讨伐，君臣沦为俘虏。这是眼前的明鉴。

臣暗于解释道理，文不及义，智慧肤浅，不能对陛下有所裨益，然而，臣窃为陛下爱惜天下，谨上奏臣的所见所闻，百姓苦于烦苛之政，刑政困于乱行，臣愿陛下放下大功，减损徭役，务在宽厚，放弃苛政。

还有，武昌的地势，地形险要，土地瘠薄，绝非安排国都、用以养民的地方，大船停泊，很容易漂流，山陵高峻，居处危险，有童谣唱：“宁饮建业水，不食武昌鱼；宁还建业死，不止武昌居。”臣听说，翼宿有所变化，荧惑星作妖，童谣之言，来自天心，竟然把安居比作死亡，足以表明天意，知道民众所苦。

臣听说，国家无三年储备，则国家处于危殆，而今国家无一年的积蓄，这是臣下的责任。朝廷公卿作为人臣，福禄惠及子孙，却没有效命之节、匡救之术，只是以小利迷惑国君，以求献媚，荼毒百姓，不为国君考虑。自从孙弘举义兵，百姓的耕种遭到荒废，所在地没有收入，让一家父子分别服徭役，仓廪的粮食日益紧张，国家的积蓄日益损耗，民众有离散之怨，国家有败亡之渐，陛下不能抚恤。民众陷于困苦，只好鬻卖儿子。朝廷的赋税繁重，百姓日益疲惫，所在地官员不能纠正，加上还有监察官员督促，不能爱民，只好以权势欺压、骚扰百姓，加重烦苛。民众苦于二端，国家财力枯竭，这样施政毫无益处，只能对国家有损。愿陛下罢免那些无能的官员，矜哀百姓可怜，安抚百姓。让鱼鳖免于毒螫，鸟兽逃离网罗，四方之民，会扶老携幼而来。如此，民众的生命可以保全，先王的国家可以保存。

臣听说，五音令人耳不聪，五色令人目不明，这些无益于施政，有损于事业。昔日在先帝时，后宫的女眷，包括织络女工，数目不满百，粮食有积蓄，国库有盈余。先帝驾崩，幼帝、景帝在位，变得日益奢靡，不能因循先帝的足迹。臣听说，后宫织络女工及各类杂役有千人以上，计算她们的贡献，不足以为国家增加财富，然而要消费大量的国家资财，岁岁相承，此为无益之事，愿陛下释放这些女工，出宫嫁人，嫁予无妻者。如此，上应天心，下合民意，天下幸甚。

臣听说，商汤从商贾中取士，齐桓公在车辕下取士，周武王在负薪的百姓中取士，大汉在奴仆中取士。明王圣主以贤者为取士标准，不拘卑贱，故其功德茂盛，盛名载于史册，并非看重美貌，选择衣服华丽、口才敏捷、令人赏心悦目之人。臣注意到，现在宫中的内宠，用非其人，任非其能，不能匡辅国政，却结党营私，陷害忠良。愿陛下考查文武之臣，恪尽职守，州牧督将，藩镇方外，公卿尚书，务必尽忠报国，上助陛下，下拯黎民，各尽其忠，拾遗补阙，则安康之世，颂歌传诵，刑错理清。愿陛下留神愚臣之言。

当时，殿上列将何定，为人奸诈佞巧，受到孙皓的信任，在朝中掌权，陆凯当面叱责何定：“卿看见历代事主不忠者，扰乱国政者，有几人得以善终！卿为何专门以佞邪误导陛下，蒙蔽天听？卿应该早日改正。不然，卿的下场，终将有不测之祸。”何定由此嫉恨陆凯，常欲诬陷陆凯，陆凯并不以为意，依然一心为公，义形于色，多次上表，为朝政奉上谏言，为当前政事建言献策，不加粉饰，忠诚发自内心。

建衡元年，陆凯患上重病，孙皓派遣中书令董朝前来探视病情，询问陆凯还有什么话要讲，陆凯说：“不能重用何定，陛下应该把何定外放，授予适当职务，不宜将国事委任何定。奚熙是一个小吏，开发浦里的农田，恢复严密的故迹，也不可听信。姚信、楼玄、贺卲、张悌、郭逴、薛莹、滕修及族弟陆喜、陆抗，皆清白操守之臣，或忠勤职务，或姿才卓茂，都是社稷良臣，国家之良辅，愿陛下多加留意，多向他们咨询，他们会各尽其忠，拾遗补阙。”陆凯去世，享年七十二岁。

儿子陆祎，当初担任黄门侍郎，后来调出京城，率领军队，受拜为偏将军。陆凯去世，陆祎入朝，担任太子中庶子。右国史华覈上表举荐陆祎：“陆祎品质很好，为人方正，有才气，器宇轩昂，可谓统帅之才，鲁肃也不过如初。现在被朝廷征召，径直赶回国都，经过武昌，也不肯停留，器械军资，一无所取，在军队任职，处事果敢刚毅，面临财产，不为所动。夏口是贼寇觊觎的要冲之地，应该选择名将镇守夏口，臣考虑最好选用陆祎。”

当初，因为陆凯多次犯颜直谏，忤逆旨意，孙皓心中常有怨恨，加上何定对陆凯不止一次诬陷，既然拜为重臣，孙皓一时难以绳之以法，还有，陆抗当时担任大将军，在边疆驻扎，故暂时忍耐。陆抗去世后，孙皓把陆凯的家眷迁至建安。

有人说，宝鼎元年十二月，陆凯与大司马丁奉、御史大夫丁固密谋，欲在孙皓拜谒祖庙时，废黜孙皓，拥立孙休的儿子。当时，左将军留平领兵，担任孙皓的先驱官，将此事暗中告诉留平，留平拒绝，不肯参与，同时发誓，不会泄露秘密，计划最后未能施行。太史郎陈苗上奏孙皓，久阴不雨，时气回转，朝中将有阴谋发生，孙皓也暗暗警惕。①

①《吴录》记载：旧时祭祀宗庙，挑选大将军领兵三千人作为护卫，陆凯欲借此派大将领兵，罢黜孙皓，令选曹禀告，选用丁奉。孙皓不同意，说："再选择。"陆凯令执事者暂时兼任，然而，认为此人会讲话。孙皓诏令："选用留平。"陆凯令其儿子陆祎把密谋告诉留平。留平素来与丁奉有矛盾，陆祎还未来得及把陆凯的意思告诉留平，留平对陆祎讲："听说野猪闯入丁奉的军营，这是凶兆。"面有喜色。陆祎不敢再言，返回，把情况禀告父亲陆凯，故停止。

我多次从荆州、扬州来的人那里，听说陆凯向孙皓谏言二十事，又问了很多吴人，都说没有听说过陆凯上表。再看陆凯的上表，大多言辞激切、率直，这并不符合陆凯的行事方式，也绝非孙皓所能容忍。有人还说，陆凯把奏章藏在箱子里，不敢外露，及至病危，孙皓派遣董朝来探视病情，向陆凯询问有什么话要讲，陆凯才拿出来。虚实难辨，故没有载录在正文，然而，我很欣赏文中能指出孙皓的问题，足以为后世人所警戒，故抄录在《陆凯传》后面。

孙皓派遣亲信赵钦口头宣布诏命，回答陆凯的上表："孤一举一动，必定想到如何谨奉先帝遗命，有何不对之处？君所谏言，并非事实。还有，建业宫不吉利，故避开，而西宫殿宇颓败腐朽，这才考虑迁都，为何不能迁都？"陆凯上疏：

臣注意到，陛下执政以来，阴阳不调，五星失晷，在职官员不忠，奸党横行，这是陛下不因循先帝之足迹所致。①王者之兴，接受天命，修之由德，岂能把宫殿装饰得如此豪华？而陛下不向三公辅臣咨询，恣意要迁都，六军流离悲惧，触犯天地阴阳，天地以灾祥示警，童谚以歌谣示意。即使陛下一身得安，百姓愁苦，又何以治理国家？此不遵循先帝一也。

臣听说，享有国家，以贤者为本，夏桀杀害龙逄，殷汤终获伊挚，这些都是前代之明效，今日之师表。中常侍王蕃担任黄门侍中，通达情理，为臣忠贞，此乃社稷之臣，犹如吴国之龙逄，陛下忿恨其劝谏，厌恶其直言，枭首于殿堂，暴弃尸骸，令国人伤心，有识之士悲悼，都认为吴国的夫差再现。先帝亲近贤者，陛下反其道而行之，此陛下不遵循先帝二也。

臣听说，宰相为国家的柱石大臣，品行不可不正直，因此，汉室有萧、曹之辅佐，先帝有顾、步之丞相。万彧实乃猥琐之才，凡庸之质，昔日从家奴晋升，越级进入朝廷，对于万彧，已属优待，然而，水满则溢，陛下爱其谗佞，不识大节，尊荣其为辅佐，超过旧臣。贤良愤懑，智士诧异，此不遵循先帝三也。

先帝爱民如慈母对待婴儿，民无妻者，以后宫女子嫁之，见衣单寒冷者，拿出府库的绵帛助之，看见枯骨不收，派人予以掩埋。而陛下反其道而行，此不遵循先帝四也。

在往昔，桀纣灭亡，来自妖妇蛊惑，幽厉动乱，来自嬖妾迷惑，先帝以此为明鉴，常以此告诫自己，故左右不敢置淫邪之色，后宫无旷怨之女。今天，后宫中的美人有上万人之多，仍然不知餍足，宫外多鳏夫，宫内多怨女。风雨灾异频发，由此引起，此不遵循先帝五也。

先帝日理万机，为国家操劳，仍然担心施政有失。陛下即位以来，游戏后宫，沉溺于妇女，将政事弃置一旁，朝政荒废，下面的官吏为非作歹，此不遵循先帝六也。

先帝崇尚朴素，衣服不华丽，宫殿无高台，御物不雕饰，因此，国家富强，民众殷富，奸盗匿迹。陛下向州郡大肆征发徭役，耗尽百姓财力，土地荒芜，宫中有朱紫，此不遵循先帝七也。

先帝的外臣，主要有顾雍、陆逊、朱然、张昭，先帝的内臣，主要有胡综、薛综，因此，政绩雍熙，国内清肃。而今，陛下外臣不能用贤，内臣尽用小人，像陈声、曹辅，皆为斗筲之辈，这些人为先帝所厌弃，而陛下宠幸之，此不遵循先帝八也。

先帝每次宴请群臣，制止酗酒豪饮，臣下恪尽职守，无简慢失礼之处，百官尽责，进献忠言。陛下拘泥于观瞻之敬，用没完没了的酒宴使群臣害怕。饮酒须以成礼，过饮则为败德，此无异于商纣长夜宴饮，此不遵循先帝九也。

在往昔，东汉有桓帝、灵帝，亲近宦官，失去民心。今天有高通、詹廉、羊度，黄门小人，而陛下赏以重爵，授以兵权。如果江渚有战事，烽燧并起，以羊度等人的才能，绝不可能临阵御敌，此不遵循先帝十也。

而今宫中多旷女，黄门仍然奔走于州郡挑选民女，有钱则放过，无钱则抢夺，民众哀怨，哭声震天，母子生离死别，此不遵循先帝十一也。

先帝在世时，抚养诸王的太子，如果需要乳母，丈夫免除徭役，赐予钱财，助其家产、粮食，按时遣送乳母回家，探视家中的子女。而今则不然，夫妇生离死别，丈夫仍然要服各种徭役，儿女无人照顾，生死由命，家变为空户，此不遵循先帝十二也。

先帝常叹息："国以民为本，民以食为天，衣服又其次，三者，孤常念于心。"如今则不然，农桑俱废，此不遵循先帝十三也。

先帝选拔士人，不拘尊卑，很多来自乡间，为朝廷政事效力，举者不虚辟，受者不妄作。而今则不然，浮华者登堂入室，朋党者相互引进，此不遵循先帝十四也。

先帝训练的战士，不再服其他徭役，春天从事农耕，秋季忙于收稻，江渚一旦有战事，战士皆愿意效命。今天的战士，要服各种徭役，却得不到恩赏，仓廪不足，此不遵循先帝十五也。

奖赏用以劝功，惩罚用以禁邪，赏罚不中，则士民人心离散。而今江边的将士，死不见哀悼，劳不见赏赐，此不遵循先帝十六也。

今天在任的监察官员，为人猥琐、繁苛，再加上陛下身边的近侍，祸乱其中，一个百姓，有十个官吏压迫，何以堪命？昔日景帝时，交趾郡叛乱，实际还是官吏不善引起，陛下仍然固守景帝的过失，此不遵循先帝十七也。

作为校事官，其实是吏民的仇敌。先帝末年，虽然有吕壹、钱钦，很快就被先帝收捕惩治，以此谢百姓。今天又设立校事曹，纵容官吏进谗言，此不遵循先帝十八也。

先帝在世时，担任官职者，都能长久谨守职务，根据考绩，决定升降去留。今天的州县官员，能长久在任的寥寥无几，很快便会改任，迎新送旧，道路相望，伤财害民，于是为甚，此不遵循先帝十九也。

先帝每次审查死刑判决的案犯，都会留心判案依据，狱中没有冤案，死者没有怨言。今则反其道而行之，此不遵循先帝二十也。

如果臣的谏言可以采纳，藏之于盟府；如果臣的谏言虚妄，治臣之罪。愿陛下留意。②

①《江表传》记载：陆凯奉上表章："臣拜受明诏，心与气结。陛下何以不明白臣的心意，如此执迷不悟！"

②《江表传》记载：孙皓的恶行，残暴至极，陆凯知道孙皓迟早要灭亡，上表："臣听说，恶不可积，过不可长；积恶长过，丧乱之源。是以古人担心听不到非议，故设置进善言的旌旗，矗立敢谏言的擂鼓。武公九十岁，思闻警戒，诗美其德，士悦其行。臣观察，陛下不思警戒之义，而有积恶之渐，臣深为担忧，此祸兆已经出现。故略陈其要，以尽愚怀。陛下宜克己复礼，勤修德行，不可捐弃臣言，而放纵奢靡。意奢情至，吏日欺民；民离则上不信下，下会疑上，骨肉相残，公子相奔。臣虽然愚蠢，暗昧于天命，以臣心忖度，吴国败亡不过二十年。臣常忿恨，亡国之人夏桀、殷纣，不可令后世人再怨恨陛下。臣蒙受国恩，历经三朝，以余年遭逢陛下，不能因循旧俗，与众沉浮。如果能像比干、伍员，以忠见戮，以正见疑，自以为足矣，无所遗恨，

粉身碎骨，不负先帝，愿陛下九思，保存社稷。”当初，孙皓开始建造宫殿，陆凯上表劝谏，孙皓不听，陆凯再次上表劝谏：“臣听说，宫殿建起，臣夙夜反侧，是以频繁上疏，往往留中不发，不见回复，臣在邑中叹息，想想算了吧。昨天吃饭时，臣被诏命：‘君所谏言，诚是大趣，然未合鄙意，如何？此宫殿不吉，宜当回避，这怎么会增加徭役，长坐不吉宫殿？父之不安，子亦何倚？’臣拜读诏命，伏读一周，不觉气结于胸，而涕泣如雨。臣年纪已有六十九岁，荣禄已重，于臣还有何望，还有何求？臣之所以频繁进献忠言，苦苦相劝谏，臣想的是大皇帝创基立业，辛苦备至，直至白发生于两鬓，仍然身披甲胄。天下开始平静，大皇帝晏驾早崩，所有含息之类，能言之伦，无不唏嘘，如丧考妣。幼主嗣统，柄在臣下，军有征战之费，民有凋敝之损。贼臣干政，公家空竭。而今强敌当道，西州倾覆，疲惫之民，应该妥善安抚，广泛安置就业，以备有虞。而且，开始迁徙国都，犹如军队远征，战士流离，州郡扰动，此乃大功复起，征召四方，确实不能当作保国致治之要。臣听说，为人主者，禳灾以德，除咎以义。故商汤遭遇大旱，亲自到桑林祈祷，荧惑星驻留心宿，宋景公退避宫殿，是以旱魃消亡，妖星移出心宿。而今，修建宫室带来的不利，但当克己复礼，效仿商汤、宋景公之至道，哀怜黎庶之困苦，何忧宫殿之不安，灾异不消除？陛下不务修德，专务修建宫室，若德行不修，德行不贵，即使有像殷纣的瑶台，秦皇的阿房宫，怎能保证不丧身覆国，宗庙变作废墟？陛下大兴土木，增高台榭，招致水旱灾害，民众又受瘟疫的困扰，难道还不够忧虑？为父者长安，儿子却无倚恃，这是儿子离开父亲，犹如臣下离开陛下之象。臣子一旦离开，即使感念刻骨铭心之情，茅茨不翦，又有何益处？是以大皇帝居于南宫，自称超过阿房宫。先朝的大臣，认为宫室应该辉煌，以备非常之事，大皇帝解释：‘逆虏游魂，也应当爱惜百姓，为何讲这些不急之务？’臣下恳切劝谏，大皇帝仍然不允许，故裁撤附近郡县，以副众心，比起今天匆忙建造宫殿，大皇帝可是犹豫三年。当此时，贼寇虎视眈眈，虽然还未犯我边境，师旅奔波向北，西边防备岷江、汉江，南边州郡无事，还可以放心，大皇帝仍然不肯修筑宫殿，更何况陛下处于危亡之世，又缺乏大皇帝之德，能不忧虑？愿陛下留意，臣不虚言。”

陆胤，字敬宗，是陆凯的弟弟。当初，陆胤担任御史、尚书选曹郎，太子孙和听说陆胤，以特别礼遇厚待陆胤。恰逢全寄、杨竺等阿附鲁王孙霸，与孙和分庭抗礼，暗中谮毁孙和，陆胤受到牵连，被捕入狱，受到毒刑拷打，始终不肯诬陷孙和。①

①《吴录》记载：太子担心被废黜，而鲁王觊觎太子位。孙权不时召见杨竺，回避左右，谈论孙霸的才能，杨竺夸赞孙霸有文武英姿，应该作为嫡嗣，于是，孙权答应，可以考虑孙霸。有近侍伏于床下，都听到了，告诉太子。陆胤要到武昌去，来向太子辞行，太子不见，穿着平常衣服，来到陆胤的车上，与陆胤秘密商议，欲令陆逊上表，劝谏不要废黜太子。既而，陆逊上表孙权，极谏切勿废黜太子，孙权怀疑杨竺泄密，杨竺不承认。孙权让杨竺找出依据，杨竺说，依据就是陆胤西行，必然经过陆逊处。孙权又问陆逊怎么会知道，陆逊回答，这是陆胤告诉的。孙权召来陆胤拷问，陆胤为太子隐瞒：“是杨竺告诉臣。”陆胤遂与杨竺一起，被捕入狱。杨竺熬不住拷打，只好承认，是其告诉陆胤。当初，孙权怀疑杨竺泄密，及至杨竺招认，以为果然不假，遂诛杀杨竺。

后来，陆胤担任衡阳督军都尉。赤乌十一年，交趾郡、九真郡蛮夷贼寇攻陷城邑，交州骚动。孙权任命陆胤为交州刺史、安南校尉。陆胤南下，进入交州界，向蛮夷晓谕朝廷恩信，务在招降纳叛，高凉郡蛮夷首领黄吴等率领余党三千余家，投降陆胤。陆胤引军南下，再次向蛮夷宣示招降的诚意，还送出大量财物、钱币。蛮夷首领有一百余人，民众有五万余家，居住在深山密林中，原来不肯臣服者，莫不稽颡，向陆胤投降，交州恢复平静。孙权任命陆胤为安南将军。陆胤再次讨伐苍梧郡建陵县贼寇，逐一平定，从中选出兵员八千余人，以补充军队。

永安元年，景帝孙休拜陆胤为西陵都督，封为都亭侯，后来，又调陆胤前往虎林任职。中书丞华覈上表，举荐陆胤："陆胤天资聪朗，才学通达，行为廉洁，昔日历任选曹，有政绩可查。此后在交州，奉旨宣恩，流民归附，海隅肃清。苍梧郡、南海郡，每年都有台风、瘴气之害，台风摧折树木，飞沙走石，瘴气犹如浓雾弥漫，飞鸟坠落。自从陆胤上任交州，台风、瘴气停息，商旅成为坦途，民无疾疫，田稼丰稔。州治濒临大海，海流在秋天时苦咸，陆胤又引导百姓储蓄淡水，民众可以享用甘美的淡水。惠风横被，化感人神，凭恃天威，陆胤招回流离失所的百姓。及至朝廷诏书召陆胤返回，当地民众感谢陆胤的恩德，甚至舍弃故土，扶老携幼，愿意跟随陆胤，甘心景从，民众没有二心，不用朝廷再派兵护卫疆土。自从诸将率领军队，皆以武威胁迫民众，从未有像陆胤这样以恩信善待民众。陆胤衔命在交州，十有余年，当地风俗迥异，然而珍奇宝物很多，陆胤家中并无粉黛附珠之妾，也没有纹甲犀象之珍，在当今的臣子中，难能可贵。陛下应该把陆胤安排在身边，作为朝廷股肱之臣，以奏响唐尧虞舜康泰之颂歌。在江边任职太轻，不能发挥陆胤的才干，虎林驻军选择都督，足以担任此职务者不在少数。若召回陆胤，返回国都，应施以恩宠，拜陆胤三公之位，则天工毕修，政绩咸熙。"

陆胤去世，嗣子陆式继承爵位，担任柴桑都督、扬武将军。天策元年，陆式与堂兄陆祎一起，迁至建安。天纪二年，奉孙皓诏命，返回建业，担任将军，受封为列侯。

陈寿评论如下：潘濬公私分明，为官清正廉洁，陆凯忠贞不贰，品行俱佳，性格率直，二人皆为骨鲠之臣，有大丈夫气节。陆胤洁身自好，事业有成，闻名于南方，可谓辅佐良臣。

吴书十七

是仪胡综传第十七

是仪，字子羽，北海郡营陵县人，原来姓“氏”，当初，是仪在县衙担任小吏，后来在郡府担任官吏，北海国相孔融嘲讽是仪，说“氏”字是“民”无上，应该改为“是”，是仪遂改姓为“是”。①后来，是仪依附刘繇，在江东避乱。刘繇败亡，是仪迁居会稽郡。

①徐众著《评议》记载：古代人建立姓氏，或以出生之地，或以官号，或以祖名，皆有其意义，用以表明其氏族。故曰：“胙”之以土地，而命之以氏，此先王之法典，用以明本重始，彰显功德，令子孙不忘。而今离开文意析字，横生忌讳，孔融令是仪改其姓，忘本诬祖，不亦谬哉！教人改姓，从人改族，孔融既失之，是仪又不得也。

孙权继承父兄创立的基业，统领江东军政大权，用恳切的语言，以礼延请是仪。是仪来到后，受到孙权信任，负责机密要务，受拜为骑都尉。

吕蒙欲袭击关羽，孙权向是仪问计，是仪肯定吕蒙的设想，劝孙权采纳。孙权令是仪跟随吕蒙讨伐关羽，拜是仪为忠义校尉。是仪辞谢，孙权下令说：“孤虽然不是赵简子，卿为何不能屈尊，做孤的周舍呢？”

孙权平定荆州后，在武昌建都，拜是仪为裨将军，后来，又封是仪为都亭侯，兼领侍中，授予是仪兵权，是仪自称非将军之才，向孙权固辞，不肯接受兵权。黄武年间，孙权派遣是仪到皖城，协助将军刘邵，诱骗魏将曹休前来。曹休率军来到后，吴军大败曹休，战后，是仪改任偏将军，调入朝廷，负责尚书职事，对外总揽朝廷官员选拔事宜，兼领辞讼等事，孙权又令是仪指导诸公子读书。

孙权东迁，在建业建都，太子孙登留在武昌镇守，孙权令是仪辅佐太子。太子尊敬是仪，经常向是仪咨询，而后再做想做的事情。是仪晋升爵位为都乡侯。后来，是仪跟随太子，返回建业，孙权再次拜是仪为侍中、中执法，总揽朝廷官员的任免事务，仍然兼领辞讼之事。典校官吕壹诬陷原江夏郡太守刁嘉诽谤朝廷，孙权大怒，收捕刁嘉，关押在监狱，严刑拷打。当时，受到牵连者皆畏惧吕壹，都说刁嘉诽谤朝廷，是仪坚持原则，坚守己见，说从未听说刁嘉有诽谤之事，一连数日，是仪受到诘问，孙权诏问，言辞越发严厉，群臣为是仪担心。是仪从容回答："今刀锯已经加在臣的脖颈上，臣怎敢再为刁嘉隐瞒，自取夷灭之途，成为不忠之鬼！臣只是按照所见所闻，来陈述事实而已。"是仪仍然坚持，不肯改口供。孙权这才放过是仪，刁嘉得以免罪。①

①徐众评论：是仪羁旅异域，客居吴国，正值邪谗横行，是仪面对君主的威严，性命悬于漏刻，祸难危急，依然不肯附和众议，以妄言害人，不肯苟且以伤义，可谓忠勇公正之士，即使古时的晋国大夫祁奚对待叔向，庆忌解救朱云，又岂能相比？为忠不谄媚君主，为勇不推卸责任，公不存私，正不党邪，有此四种美德，加上以学问、机敏，崇之以谦让，履之以和顺，担任太保、太傅，辅佐太子，存身爱名，不亦宜乎！

蜀国丞相葛亮去世，孙权对蜀国的情况颇为担心，派是仪出使蜀国，与西蜀巩固友好关系。是仪不辱使命，孙权很满意，拜是仪为尚书仆射。

太子宫、鲁王宫刚刚建成，是仪除了本职以外，兼领鲁王太傅。是仪认为太子宫、鲁王宫没有区别，上疏劝谏孙权："臣窃以为，鲁王天资聪明，懿德昭显，兼有文武之资。当今之世，陛下应该重视四方镇守，鲁王作为国家藩臣，辅弼朝廷，应该宣扬国家美德，广耀威灵，此乃国家之良规，海内所瞻望。但是，臣的谏言，言辞鄙陋，不能穷尽其意。臣愚以为，太子、鲁王二宫宜有区别，重在确定嫡庶位序，此乃宣明教化之本。"接连上疏三四次。作为太傅，是仪尽职守责，多次劝谏孙权，劬劳勤政，为人谦逊、恭敬。

是仪从不为家中治理产业，不接受他人的私下馈赠，是仪住的房子，家中的财产，够用就行。邻居家有人建起大宅邸，孙权出巡时，看到这座豪宅，问起建豪宅的人是谁，左右人回答："好像是仪家。"孙权说："是仪一向俭朴，肯定不会是是仪家。"再追问，果然是其他人家。孙权对是仪的信任，由此可见一斑。

是仪衣服不求华美，饮食不重美味，赈济贫困，家中没有积蓄。孙权听说后，来到是仪家，亲眼看见是仪吃的饭菜，还要亲自尝一尝，不免叹息，当即增加是仪的俸禄，赏赐金钱，用以购买田宅。是仪反复辞让，对孙权的恩赏，常感到心中不安。

是仪常常直言进谏，但从未向孙权谈及他人的短处。孙权常说，是仪知无不言，言无不尽，但从不谈论他人的是非，是仪回答："圣主在上，臣下谨守职责，只担心不能称职，并不敢以愚戆之言，对上干扰天听。”

是仪劬劳勤政数十年，从未曾有过差错。吕壹诽谤朝中的将相大臣，有的人或因罪名，受到多次诋毁，但是吕壹从未讲过是仪的坏话。孙权叹息道：“如果官员都能像是仪这样，还用得着刑法科律吗？”

及至是仪患上重病，临终前留下遗言，素棺薄葬，装殓时穿平时的衣服，务求简约，享年八十一岁去世。

胡综，字伟则，汝南郡固始县人。年少时，胡综失去父亲，母亲带着胡综来到江东避难。孙策兼领会稽郡太守，胡综当年十四岁，在郡府担任门下循行，留在吴县与孙权一起读书。孙策去世，孙权继承父兄创立的基业，统领江东，先担任讨虏将军，以胡综为将军幕府金曹从事，胡综跟随孙权讨伐黄祖，之后，孙权拜胡综为鄂县长。孙权后来以车骑将军，在镇江建立东吴国都，召胡综返回，任命为书部，与是仪、徐详共同负责军国机要。刘备攻下白帝城，孙权看到现有兵力不足，派胡综下到县里招募六千人，分为两部分，徐详兼领左部，胡综兼领右部。吴国将军晋宗叛变，投降魏国，魏国任命晋宗为蕲春郡太守，其地距离长江数百里，多次侵犯吴国边界。孙权派胡综与贺齐轻装急进，袭击晋宗，生擒晋宗，战后，孙权任命胡综为建武中郎将。孙权向魏国自称藩臣，魏文帝任命孙权为吴王，封胡综、是仪、徐详为亭侯。

黄武八年夏天，有黄龙在夏口出现，孙权登上帝位，因为祥瑞，确定东吴纪元年号为黄龙。又矗立黄龙大牙旗，矗立在中军，诸军进退，视黄龙旗所指的方向，孙权诏命胡综，为东吴建国制作赋颂：

> 乾坤肇立，三才是生。狼弧垂象，实唯兵精。圣人观法，是效是营，始作器械，爰求厥成。黄、农创代，拓定皇基，上顺天心，下息民灾。高辛诛共，舜征有苗，启有甘师，汤有鸣条。周之牧野，汉之垓下，靡不由兵，克定厥绪。明明大吴，实天生德，神武是经，唯皇之极。乃自在昔，黄虞是祖，越历五代，继世在下。应期受命，发迹南土，将恢大繇，革我区夏。乃律天时，制为神军，取象太一，五将三门；疾则如电，迟则如云，进止有度，约而不烦。四灵既布，黄龙处中，周制日月，实曰太常，桀然特立，六军所望。仙人在上，鉴观四方，神实使之，为国休祥。军欲转向，黄龙先移，金鼓不鸣，寂然变施，暗谟若神，可谓秘奇。在昔周室，赤乌衔书，今也大吴，黄龙吐符。合契河洛，动与道俱，天赞人和，佥曰唯休。

蜀国听说孙权已经登上帝位，派遣使者，与吴国重新结盟，再修旧好。胡综为东吴朝廷拟写盟文，文辞华美，详情记载在孙权的传中。

孙权把国都迁至建业，徐详、胡综担任侍中，晋升爵位为乡侯，二人分别兼领左右领军。当时，魏国投降的人说魏国河北都督、振威将军吴质受到魏文帝猜疑，胡综领受诏命，冒充吴质，制作降文三篇：

其一曰："天纲弛绝，四海分崩，群生憔悴，士人颠沛，兵寇所加，邑无居民，风尘烟火，往往而处，自从（夏商周）三代以来，大乱之极，还从未有过像今日这样者。臣吴质鄙陋，处世无方，因故土难离，不能远飞，遂为曹氏担任执事，率军远征，远赴河朔，天衢隔绝，虽然臣望风慕义，思虑托付大命，愧无因缘，难以伸展志向。每当有来往者，臣窃听南方风化，伏知陛下德齐乾坤，明同日月，神武之姿，受之自然，敷演皇极，教化万里，自长江以南，百姓享受恩惠。英雄俊杰，上达之士，莫不向心歌咏，乐意归附。今年六月末，臣风闻吉日，龙兴践阼，登上帝位，恢宏大德，整理天纲，将使遗民目睹平定天下之君主。在往昔，武王伐殷，殷民倒戈；高祖诛项，四面楚歌。方今之日，未足以比喻。臣吴质不胜昊天至愿，谨派遣所亲信者，同郡人黄定恭行奉上表章，委托其办理归降一应事务，乘此间求得联络，臣要讲的话，列载于下。"

其二曰："在往昔，伊尹去夏入商，陈平离楚归汉，史书记载，书于竹帛，遗英名于后世，君主并不认为这是背叛，认为是知天命。臣昔日为曹氏所信任，对外虽然称君臣，对内实际如骨肉，恩义绸缪，有合无离，遂拜授一方之重任，总揽河北诸军。当此之时，臣志向远大，誓与曹氏同死共生，唯恐不能建立功勋，不能成就事业。及至曹氏之亡，后嗣继立，幼冲统政，谗言弥兴。同侪者以势力相害，异趣者受离间之困，而臣秉性简略，素不能作为人下，视彼数子，意欲迫害，此亦臣之过也。遂为邪佞之臣毁谤，所见构陷，招致猜疑，污蔑臣欲反叛。虽然有识者担保臣并无此心，世道混乱，谗佞猖獗，嫌疑仍存。臣常担心，一旦横遭无辜，忧心如焚，如履冰炭。在往昔，乐毅为燕昭王立功，几乎灭亡齐国，燕惠王即位，因谗佞诋毁，遂剥夺乐毅的职务，乐毅只好离开燕国，亡命赵国，然而德义不亏。乐毅难道愿意三心二意，以负其德？实在是畏惧功名不建，担心祸之将至。在往昔，臣派遣魏郡人周光，以商贾为名，委托其南下商谈归降东吴事宜，宣达密计。当时因为仓促，未敢递上表章，仅让周光口头传递信息。臣以为，天下大归可见，天意所在，非吴何属？此方之民，思为臣妾，延颈举踵，唯恐兵来之迟耳。若使圣恩少加信纳，当以河北承望王师，臣款心赤诚，天日是鉴。而周光前去东吴经年，不闻回音，未审臣的意思是否传达到位？瞻望长叹，日月如梭，犹如鲁国人瞻望高子，何足以比喻！还有，臣今日眼见待遇稍薄，苍蝇之声，绵绵不绝，必受此祸，只是早晚之事。臣忖度陛下未垂明诏，加以抚慰，必定认为臣吴质谨奉仁义之道，不会行若此之事，认为周光所传递的信息多虚少实，或者认为其中或有其他变故，不知臣吴质遭到构陷猜疑，担心受到迫害。而且，臣吴质如果真的有罪，自当奔赴鼎镬，束身待罪，此乃人臣之义。然而，臣今日无罪，横见谮毁，将有商鞅、白起之祸。臣寻思眼前形势，离去正当适宜。死而不能践行义理，不去何为！乐毅之出奔，吴起之赴楚，君子伤其不遇，没有人非议他们的行为。愿陛下推古况今，不要再怀疑臣吴质。又想到人臣获罪，应当如伍员当年，奉己自效，不应当心存侥幸，因事为利。然而今之与古，形势不同，南北遥远，江湖阻隔，自不举事，何得免祸！是以臣暂且忘却志士之节，而思念立功之义。而且，臣吴质认为，曹氏之后嗣，绝非天命所在，政弱刑乱，权柄掌握在臣下，诸将专威于外，各自为政，不能同心同德，士卒疲惫衰弱，帑藏空虚，纲纪废弛，上下昏庸，想到前后多次有人叛逃，陛下必有所闻。兼并暗弱，攻伐愚昧，宜顺应天时，此时正是陛下进取之秋，是以区区敢献上愚计。而今，陛下若进兵淮、泗，占据下邳，荆州、扬州二州将会闻声响应，臣从河北席卷而南下，形势连为一体，根基永固。关西之兵困顿于戍守，青州、徐州二州不敢贸然撤军，许都、洛阳余下的兵众，不满一万，谁能东向与陛下争夺天下？此诚千载难逢之机，可不深思而熟虑！至于臣之所在，正是军马繁多之地，加上羌胡常在三四月间，牧草丰美之时，驱赶马匹，前来互市，臣忖度互市可获得三千余匹骏马。陛下出兵，正当其时，多派骑士前来就市，获得名马。此臣先预想所知一二。凡两军不能相互探究虚实，而今此间实在羸弱，易早日克定，陛下一旦举兵，响应者必然很多。对上奠定宏业，使得普天之下归为一统，对下令臣吴质建立非常之功，此乃天意也。若不见采纳，此亦天意也。愿陛下思之，不复多陈。”

其三曰：“在以往，许子远抛弃袁绍，投奔曹操，为曹操谋划方略，应见受纳，曹操遂大破袁军，以奠定曹氏基业。向使曹氏不信子远，犹豫徘徊，下不了决心，当今天下，则属于袁氏矣。愿陛下深思。此间有传闻，边界上的将军阎浮、赵楫欲归附大化，由于唱和不速，以至于最后败亡。而今臣款款之心，远授其命，若陛下更复怀疑，不能及时采取行动，令臣孤绝无望，再遭受此惨祸，臣担心，天下英雄烈士，欲建立大功者，不敢再托命于陛下矣。愿陛下深思。皇天后土，实闻其言。”此文此后传播开来，而吴质已经被召入朝中，担任侍中。

黄龙二年，青州人隐蕃投奔吴国，向孙权上书：“臣听说，殷纣为无道之君，微子离去；高祖宽厚圣明，陈平投奔。臣年纪二十二岁，抛弃封邑，归命有道，幸赖蒙上天之灵，得以保全自身，投奔陛下。臣到来之日，已有一段时间，而主事者看待臣，仍然像对待一般降人，未见特别礼遇，使臣微言妙旨不得上达。臣于邑中三叹，不知何日才能显露才华。谨拜谒阙门，拜上奏章，乞蒙接见。”孙权当即召见隐蕃。隐蕃面对孙权称谢，回答诏问，陈述对时政的看法，言辞中颇有文采。胡综当时在朝堂上侍坐，孙权问胡综对隐蕃的看法，胡综回答：“隐蕃上书，讲大话，好似东方朔，巧言诡辩，好似祢衡，而真才实学，却不及二人。”孙权又问可以任命隐蕃什么职务，胡综回答：“不可以治民，且试着在京城授予一个小职务。”孙权以隐蕃大谈刑狱之事，任命隐蕃为廷尉监。左将军朱据、廷尉郝普都说隐蕃有王佐之才，郝普与隐蕃的关系很好，常感叹隐蕃怀才不遇。后来，隐蕃参与谋反，事情败露，被杀，[①]郝普受到牵连，自杀。朱据被囚禁，过了很长时间才释放。孙权拜胡综为偏将军，兼领左执法，负责诉讼之事。辽东公孙渊佯称归附，辅吴将军张昭以直言劝谏，结果忤逆孙权，孙权勃然大怒，胡综从中劝解，调和双方，使矛盾没有激化，胡综出了很大力。

①《吴录》记载：隐蕃的口才很好，魏明帝令隐蕃诈降到吴国，隐蕃请求担任廷尉，在判决重大案件时，离间吴国君臣。隐蕃担任廷尉监后，众人以朱据、郝普与隐蕃的关系很好，常车马云集，宾客满堂。及至事情败露，隐蕃逃走，被追捕，受到严刑拷打，被逼问还有谁是同党，隐蕃一无所言。吴主命人将隐蕃带进来，问隐蕃："怎么愿意让皮肉受此酷刑？"隐蕃答："孙君，丈夫图谋大事，岂能无伴！烈士之死，不足以相牵连耳。"遂闭口不言，被杀。

《吴历》记载：孙权问郝普："卿此前盛赞隐蕃，又为隐蕃之事抱怨朝廷，如今隐蕃反叛，皆因为卿的缘故。"

胡综嗜酒，酒后又喜欢狂呼乱叫，有时推杯换盏，得罪左右人。孙权爱惜胡综有才，没有苛责。

自从孙权继承父兄创立的基业，在江东统领军国大事，孙权发布的文诰策命，与邻国的书信往来，外交公文，大多由胡综撰写。当初，孙权以内外事务繁多，制定法规，官员家里有丧事，不得告假，而下面多有人违反禁令。孙权深感忧虑，令朝臣廷议。胡综认为，应该制定细则，违者处以死刑，惩治一人，以后就不会再有人违反禁令。孙权采纳谏言，从此以后，奔丧之事断绝。

赤乌六年，胡综去世，嗣子胡冲继承爵位。胡冲为人谦和，所撰写的文章有文采，天纪年间，担任中书令。[①]

①《吴录》记载：胡冲后来出仕做官，在晋朝担任尚书郎、吴郡太守。

徐详，字子明，吴郡乌程县人，在胡综前面去世。

陈寿评论如下：是仪、徐详、胡综，是孙权在东吴创立大业时的干才。是仪为官清廉，恪尽职守，徐详多次出使外国，不辱使命，胡综品行、文才俱佳，受到孙权信任。古人讲，建立大厦，绝非一椽之木，这些大臣正是榱椽之才！

吴书十八

吴范刘惇赵达传第十八

吴范，字文则，会稽郡上虞县人。吴范通晓历法，懂得风水、阴阳，在郡中享有盛名，被举荐为有道之士，此后前往京师洛阳，当时，天下陷于混乱。孙权继承父兄创立的基业，在东南统领军政大权，吴范委身侍奉孙权，每当有灾祥之事，孙权都会令吴范为其推算，解释灾异，吴范的推算很灵验，多次见效，遂显露名声。

当初，孙权在东吴，欲讨伐黄祖，吴范说：“今年出师，很难获利，不如明年。明年戊子，荆州刘表将会身死国亡。”孙权还是坚持讨伐黄祖，战事果然不利，不能取胜。第二年，孙权再次率军出征，进抵寻阳县，吴范观察风气，在战船上向孙权祝贺，催促大军急进，此次大战，孙权大败黄祖，黄祖连夜遁逃。孙权担心黄祖逃脱，吴范说：“不会逃得太远，必定能生擒黄祖。”到了凌晨五更时，吴军果然擒获黄祖。刘表去世，荆州被分割。

及至壬辰年，吴范又向孙权谏言：“岁在甲午，刘备应当获得益州。”后来，吕岱出使蜀地，在白帝城觐见刘备，返回后向孙权报告，说刘备的部众离散，死亡过半，刘备的大事，恐怕再难以成功。孙权以此诘难吴范，吴范答：“臣所言者，天道也，吕岱所见者，人事耳。”刘备最终还是获取益州。

孙权与吕蒙密谋袭击关羽，向近臣咨询，大多认为此计不可行。孙权问吴范，吴范答：“一定能大功告成。”后来，关羽败走麦城，派使者向孙权请降。孙权问吴范：“关羽真的会投降？”吴范答：“关羽有逃走之意，所谓言降，不过欺诈而已。”孙权派遣潘璋在小路上截击关羽，侦察人员返回，说关羽已经过去。吴范说：“即使过去，也不能逃脱被擒。”孙权问确切日期，吴范答：“明日日中。”孙权立好测日影的标杆，摆好计时的漏壶。日近中午，探马依然未至，孙权问吴范是否有变故，吴范答：“时间还未到日中。”不久，有风声吹动帷帐，吴范拍手道：“关羽被擒。”很快，外面高呼万岁，传言关羽被擒。

后来，吴国与魏国交好，吴范说：“以风气言之，曹氏表面上与我国交好，其实另有所图，宜预作准备。”刘备把重兵驻扎在西陵，吴范说：“此后，西蜀当与东吴和亲。”吴范的预言逐一被言中。其占卜犹如神助，此类事例很多。

孙权任命吴范为骑都尉，兼领太史令，多次向吴范问计，欲知道吴范为何能算得这么准确，料事如神。吴范珍惜其占卜术，不向孙权解释要点。孙权心中不满。[①]

①《吴录》记载：吴范颇有心计，吴范知道，之所以受到孙权重视，是因为懂得占卜术，占卜术失灵，吴范就会被疏远，故终不肯言。

当初，孙权担任将军时，吴范曾经说江南有王者之气，在乙亥年到庚子年之间，有大的喜庆之事。孙权说：“若真的被君所言中，当封君为侯爵。”及至孙权被立为吴王，当时，吴范侍宴，问：“昔日在吴中，曾经言封侯之事，大王还记得吗？”孙权答：“还记得。”招呼左右，把侯爵绶带授予吴范。吴范知道，孙权欲以此应付此前的诺言，用手推开，不肯接受绶带。及至后来论功行赏，孙权封吴范为都亭侯。将要宣布诏命时，孙权仍然恨吴范不肯把占卜术告诉自己，又除去吴范的名字。

吴范为人刚直，喜欢自矜才能，然而，与亲朋故旧交往时，总能够做到有始有终。吴范平素与同乡魏滕的关系很好。魏滕有罪，孙权严厉谴责，语气严厉，敢有劝谏者，与其同死，吴范对魏滕讲：“我与你一起死。”魏滕说：“死而无益，何必要一起死？”吴范说：“安能顾忌这些，坐观君赴刑场？”于是，吴范髡头，自我绑缚，来到阙门下，让铃下通报。铃下不敢，说：“必死无疑，不敢通报。”吴范问：“你有儿子吗？”答：“有。”吴范说：“如果为了吴范，你被杀，你的儿子就是我的儿子。”铃下说：“好吧。”铃下推开大门，进去通报，话还未讲完，孙权大怒，将手中的戟投向铃下。铃下慌忙躲闪，飞快地跑出来，吴范随后闯进去，叩头至流血，边说边流眼泪。过了很久，孙权才怒气稍解，赦免魏滕。魏滕向吴范道谢：“父母能生我育我，不能免我于死。大丈夫相知，像君这样，足矣，何须多交！”[①]

①《会稽典录》记载：魏滕，字周林，祖父河内郡太守魏朗，字少英，东汉晚期，列在名士八俊。魏滕性情刚直，行不苟合，虽然多次陷于危难，终不肯回头。当初，也曾经忤逆孙策，差点儿被杀，幸赖太妃相救，得以免死，详情记载在《妃嫔传》，魏滕历任历阳县、鄱阳县、山阴县令，后升任鄱阳郡太守。

黄武五年，吴范病逝。长子先死，少子年幼，吴范的道术从此失传。孙权追思吴范，招募三州有像吴范、赵达者，懂得道术的人，封为千户侯，最终也没有找到一人。①

①《吴录》记载：吴范此前已经知道其死期，对孙权讲："陛下某日当丧失军师。"孙权答："我并无军师，焉得丧失？"吴范讲："陛下出军临敌，须让臣预言而后行，臣就是陛下的军师。"到了这一天，吴范果然去世。

裴松之按：吴范死时，孙权还未称帝，此处云陛下，非也。

刘惇，字子仁，平原郡人。当时，正值天下陷于大乱，刘惇离开故乡，在江南避乱，客居庐陵郡，侍奉孙辅。刘惇懂得天象星官占卜，在江南享有名气。每当有水旱灾害或贼寇肆虐，都能够事先预知，无不灵验。孙辅惊讶刘惇有这样的才能，拜刘惇为军师，军中将士礼敬刘惇，号称神明。

建安年间，孙权在豫章，当时星象有变，孙权问刘惇，刘惇答："灾异在丹杨郡。"孙权问："何以知道？"答："客胜主人，到了某一日，会有消息传来。"在当时，边鸿作乱，正如刘惇所言。

刘惇对于各种道术很擅长，尤其通晓太乙星象，能通过星象，推演某件事情将要发生，非常灵验，生前著书一百余篇，名儒刁玄称刘惇的著作很神奇。刘惇珍惜自己的才能，不肯轻易示人，故世间少有人了解。

赵达，河南郡人。年少时，赵达跟随东汉朝廷宫中侍中单甫学习，学习很刻苦，思维缜密，赵达说，东南方向有王者之气，可以到东南去避难，赵达离开京师，渡过长江。赵达钻研九宫算术，深究其理，能很快计算出疑难问题，回答问题有如神助，甚至能计算飞蝗的数量，猜出隐藏的物品，无不灵验。有人诘难赵达："飞蝗不可能检验，谁知道有多少，不过听其妄言罢了。"赵达让人取来数斗小豆，撒在席上，立刻讲出小豆的数量，经过检验，一粒不差。赵达曾经拜访某老友，老友为其准备丰盛的饭食。吃完后，对赵达讲："仓促之间，没有准备美酒，又无佳肴，无以表达情意，怎么办？"赵达拿起盘中的一根筷子，反复计算，说："卿的东壁下有美酒一斛，还有鹿肉三斤，怎么能说没有美酒佳肴？"当时，在座者还有其他客人知道主人的用意，主人很惭愧，说："因为知道卿善于推算，故试一试卿罢了，竟然如此准确。"赵达遂拿出酒来，大家欢饮。又有一次，有人在书简上写了上千万的数字，放在空仓中，加以密封，令赵达计算。赵达很快算出来，说："有其名，无其实。"赵达的演算，就是如此神奇。

赵达自矜于自己的数术，当时，阚泽、殷礼都是当时的名儒，亲自来向赵达请教，赵达秘而不宣。太史丞公孙滕年少时，拜赵达为老师，刻苦学习数年，赵达只是答应他，将把算术教给他，过了几年，临到要教时，欲言又止。有一天，公孙滕专门准备酒宴，在赵达高兴时，跪拜在地上请求教授，赵达说："我的先人得到此术，欲担任帝王师，出仕做官已经有三代人，仍不过太史郎，诚不欲再传下去。而且，此术微妙，头乘尾除，是独一无二的算法，父子之间，都不能传授。不过，因为你好学不倦，今天就传授给你。”饮酒数行，赵达起身，取出素书两卷，每卷有手指一般粗，赵达说：“把这些抄写下来，读熟，其中的奥秘就可以自解。我很久不读它了，一时间很难讲清楚，今天我再把它看一遍，数日后，就传授给你。”公孙滕如期去见老师，到了老师家，向老师索要书籍，赵达惊讶道书籍丢了，说：“女婿昨天来，一定是他偷走的。”从此以后，赵达再也不提书籍的事情。

当初，孙权行军、用兵打仗，每次都会先令赵达演算，通过演算，看出师是否有利，其结果和演算结果一样。孙权向赵达询问其奥妙处，赵达始终不肯讲，因此，孙权对赵达不满，没有授予赵达禄位。①

①《吴书》记载：当初，孙权登上帝位，令赵达计算作天子后在位几年，赵达答：“高祖登上帝位，在位十二年，陛下加倍。”孙权大喜，左右称万岁。果然如赵所达言。

赵达常笑着对几位善于星象望气的风水师讲：“应当回到帷幕后面演算，不出户牖，就可以知道天道，而且不分昼夜。暴露在野外，以望气断定祥瑞，不是太难为人吗？”闲居无事时，赵达也会自我占卜，然后叹息道：“我算出我的寿命，在某年某月某日，到时就该寿终正寝了。”赵达的妻子多次看到赵达这样算命，听了赵达的话，不禁哭泣。赵达欲宽慰妻子，于是，重新算过，说：“刚才演算有错误，不是这个时间。”后来，就在赵达演算的死期，赵达去世。孙权听说赵达仍然有书籍在，求之不得，就派人询问赵达的女儿，打开棺木，一无所获，赵达的法术，从此以后断绝。①

①《吴录》记载：皇象，字休明，广陵郡江都县人。年少时，皇象善于书法。当时，有张子并、陈梁甫也善于书法。陈梁甫的书法淤滞，张子并的书法遒劲，皇象斟酌其间，甚得书法之妙，中原人善于书法者，都赶不上皇象。严武，字子卿，卫尉严畯是严武的堂侄子，下围棋无人能与严畯较量。宋寿善于占梦，十不失一。曹不兴善于绘画，孙权令曹不兴画一座屏风，误在素纸上落下墨点，曹不兴就其墨点，画了一只苍蝇。把屏风搬进宫殿，请孙权观看，孙权误以为是活苍蝇，举手弹之。孤城人郑妪善于相面，包括吴范、刘惇、赵达八人，世人皆称他们有妙术，妙不可言，谓之八绝。

《晋阳秋》记载：吴国有葛衡，字思真，懂得天官星象，手艺灵巧，制作浑天仪，把吴地的位置放在浑天仪的中间，用机关转动，天转而地止，对应日晷刻度。

陈寿评论如下：三位术士的法术，都称得上精妙绝伦，思维缜密，然而，君子耗神费力，应该把精力放在大处，为国家长远谋划，这才是有识之士，应该做的事情，不应舍彼而取此。①

①孙盛曰：玄览未然，逆鉴来事，虽然裨灶、梓慎对此也有看法，更何况术士之下，像以上这几位？《吴史》记载：赵达知道东南方向应当有王气，故轻率渡过长江。魏国接受汉室禅让，继承汉绪，受命中原王畿，赵达却看不到其兆萌，而流窜于吴越。又不知其算术之鄙陋，被当时人菲薄，却在世间招摇撞骗，说什么能逆睹天道，审视帝王之符瑞？在往昔，圣王观察天地之文，借以画出八卦之象，故亹亹成于蓍草算策，变化形乎六爻，虽然三种《易经》有区别，卦爻之理却相同，岂能有回转一算筹，就能钩深测隐，意对逆占，而能晓得未来之事物？流俗喜欢异事，妄设神奇，侥幸言中，仲尼为之不屑，是以君子志其大者，绝不会看重这些。

裴松之认为：孙盛云："君子志其大者，绝不会看重这些。"这不过是评论家之辞，并非标新立异。其余所讥讽，则更加不通情理。自从中原大乱，到建安年间，期间有数十年，生民大量死亡，能过上小康生活，都是百死之后历经劫难的余民。江东虽然有兵革，没有像中原那么严重，焉知赵达作为通达士人，不能算出其安危，知道祸难有多少，利在东南，为何不能以此保全其身？孙盛责备赵达不知道魏氏将兴，流亡在吴越，即使像京房这样善于算筹的人，还不能自免刑戮，更何况赵达，但以秘术见薄，在悔吝之间乎！古人的道术，并非仅有一种，探赜之功，岂唯六爻！苟得其要，则可以易而知之矣，回转一算筹，又何足为怪？赵达的推算，穷其奥妙之术，以知幽测隐，何愧于古人！而以裨灶、梓慎限之，认为赵达是妄人，则有些过分。

《抱朴子》曰：当时人，有一位叫葛仙公，每当饮酒喝醉，就会到他人的家门前池塘水中睡卧，睡一整天，才从水里出来。葛仙公曾经跟随吴主，到了洌洲，返回时遇上飓风，随行百官的大船有很多沉没，葛仙公的船只也沉没，吴主很伤心。第二天派人打捞葛仙公的船只，吴主登高眺望。很快，吴主看见葛仙公从水中走上来，衣履不沾水，而且，面有酒色。葛仙公来见吴主，葛仙公说："臣昨天侍从殿下，其间，受到伍子胥邀请，暂时到伍子胥那里，伍子胥为臣设酒宴，忽忽饮醉，不能及时返回。"还有一位叫姚光，懂得火术。吴主亲自检验，派人运来芦苇数千束，让姚光坐在上面，又抱来数千束芦苇，把姚光围起来，再命人鼓风，芦苇燃烧，风助火势。芦苇很快烧完了，大家都以为姚光也应该化为灰烬，而姚光此时仍然端坐在灰烬中，振衣而起，手持一卷书。吴主取其书视之，完全看不懂。

《抱朴子》又曰：吴景帝有病，求巫觋来看病，找到一位巫觋。景帝欲试一试这位巫觋的本领，令人杀了一只鹅，埋在苑囿中，架起一座小屋，摆上床几，让这位妇人把屐履、衣服、物品放置在上面，让巫觋开始检视。告诉巫觋："若能说出此墓冢里的鬼妇人形状，当加倍赏赐，而且相信你的巫术。"过了一整天，一直到晚上，巫觋无话可讲，景帝催问得很急，巫觋说："实在没有见到鬼，只见一头大白鹅在墓里，所以没有讲，怀疑是鬼神变化成白鹅，要等待其真形显露。但一直没有变化，不知何故，不敢不以实上闻。"景帝厚赏这位巫觋。然而，鹅死了，也会有鬼。

葛洪著《神仙传》记载：有一位仙人叫介象，字元则，会稽郡人，会各种方术。吴主听说后，召介象到武昌来，对介象很尊敬，称其为介君，为介象建起豪宅，赏赐御帐，赐予介象前后累计达千金，跟随介象学习隐形术。试着返回后宫，及至走出殿门，没有人能看见。又令介象变化，变化出各种瓜菜水果，而且马上可以吃。吴主与介象谈论鲙鱼有多么美味，介象说："鲻鱼为上品。"吴主问："我们谈论的只是河里的鱼，这种鱼出于海中，能捕获吗？"介象答："很容易。"吴主令人在宫殿大庭中制作一个方坛，汲水灌满，请求介象钓鱼。介象装上饵料，把鱼线抛进坛中。很快，一条大鲻鱼被钓上来。吴主惊喜，问介象："能吃吗？"介象答："专门为陛下钓的鱼，用以作生鱼鲙，怎么敢钓取不可食之物！"吴主令厨下烹调。吴主说："蜀国使者来，说蜀姜制作的齑末最好，恨此时无此物。"介象答："蜀姜还不容易！请派一位使者，带上钱去购买。"吴主令左右一人，付给五十钱。介象手书一符，塞进青竹杖中，让使者闭上眼睛，骑在竹杖上，竹杖落下来，就可以买蜀姜，而后，再闭上眼睛，骑着竹杖返回。此人按照嘱咐，骑上竹杖，须臾到了成都，不知是何处，问路人，路人说这里是成都市中。使者买姜。当时，吴国派张温出使蜀国，在市中二人相见，颇为惊讶，便写了一封书信，让使者带回家。使者买完姜，带着张温的书信及蜀姜，骑上竹杖，闭上眼睛，须臾已经回到吴国，厨下切鱼鲙，放上蜀姜。

裴松之认为：葛洪所记述，有迷惑人的地方，葛洪写的书，颇流行于世，故撮取数事，载之篇末。神仙之术，不可想象，臣之臆断，认为是迷惑世人，此所谓夏虫不知寒冰耳。

吴书十九

诸葛滕二孙濮阳传第十九

诸葛恪，字元逊，是诸葛瑾的长子。年少时，诸葛恪已经是知名士人。[①]二十岁时，孙权拜诸葛恪为骑都尉，与顾谭、张休等共同侍奉太子孙登，讲授经学、技艺，成为太子的嘉宾、师友，诸葛恪从太子中庶子升任左辅都尉。

①《江表传》记载：年少时，诸葛恪就已经享有名气，聪明早慧，口才很好，思维敏捷，无人能与其辩论。孙权见到，很惊讶，对诸葛瑾讲："蓝田出美玉，真的是名不虚传。"

《吴录》记载：诸葛恪身高七尺六寸，须眉较少，天庭饱满，鼻梁挺直，讲话朗朗大声。

诸葛恪的父亲诸葛瑾脸面很长，人称像驴一样，孙权大会群臣，让人牵上一头毛驴，在驴脸上贴上一张纸条，纸条上写"诸葛子瑜"。诸葛恪跪下道："乞笔再加上二字。"孙权听了，给了诸葛恪一支毛笔。诸葛恪在纸条下面续写"之驴"二字。举坐欢笑，孙权笑着把毛驴赐予诸葛恪。有一次，孙权见到诸葛恪，孙权问："卿的父亲与卿的叔父，谁最为贤能？"诸葛恪答："臣的父亲为优。"孙权问为什么，诸葛恪答："臣的父亲知道选择明主，叔父不知，因此，臣的父亲为优。"孙权听罢，大笑。孙权命令诸葛恪行酒，诸葛恪行酒至张昭，张昭已经有些醉意，不肯再饮，说："此非养老之礼。"孙权说："卿能令张公理屈词穷，张公就会饮下这杯酒。"诸葛恪遂诘难张昭："在往昔，姜太公九十岁，依然秉旄仗钺，从未自称年老。而今军旅之事，将军肩负重任，留守后方，酒食之事，将军应居前列，何谓没有养老之礼？"张昭无辞以对，只好饮干爵中的酒。后来，有蜀国使者来，群臣聚会，孙权对使者说："这位诸葛恪先生喜欢骑马，回去后，告诉诸葛丞相，为其准备良马。"诸葛恪下座谢恩，孙权问：

“马还未到，为何要谢恩？”诸葛恪答：“西蜀是陛下的外厩，今日有恩诏，良马必至，安敢不谢？”诸葛恪才思敏捷，皆如此类。[①]孙权对诸葛恪的聪明颇为欣赏，欲以政事检验诸葛恪，令诸葛恪代理节度，负责军中的粮食供应，还有文书，诸般杂务，这些并非诸葛恪喜欢的工作。[②]

①《诸葛恪别传》记载：孙权曾经宴请蜀国使者费祎，事先敕令群臣：“使者进来后，伏在案上进食，不要起身。”费祎来到，孙权停下饮食，而群下不肯起身拜客。费祎调笑道：“凤凰来翔，骐骥吐哺，驴骡无知，伏食如故。”诸葛恪随口应答：“爰植梧桐，以待凤凰，有何燕雀，自称来翔？何不弹射，使还故乡！”费祎放下正在吃的饼，索纸笔写作《麦赋》，诸葛恪亦请笔写作《磨赋》，两篇辞赋都写得很好。孙权曾经问诸葛恪：“最近何以自娱，而如此荣光满面？”诸葛恪回答：“臣听说，富润屋，德润身，臣非敢自娱自乐，谨修身正己而已。”又问：“卿与滕胤相比，如何？”诸葛恪回答：“登阶蹑履，臣不如滕胤；回筹转策，滕胤不如臣。”诸葛恪曾经献给孙权一匹骏马，骏马的耳朵被剪一个口子。范慎当时在座，嘲讽诸葛恪：“骏马虽然是大牲畜，禀气于天，而今耳朵受伤，岂不伤仁？”诸葛恪回答：“母亲生女，恩爱备至，穿耳附珠，何伤于仁？”太子曾经嘲弄诸葛恪：“诸葛元逊可食马屎。”诸葛恪答：“愿太子食鸡卵。”孙权问：“人令卿食马屎，卿使人食鸡卵，为何？”诸葛恪答：“因出处相同。”孙权大笑。

《江表传》记载：曾有一只白头鸟飞落在殿前，孙权问：“这是何鸟？”诸葛恪答：“白头翁。”张昭自以为，在座者，自己年纪最老，怀疑诸葛恪以鸟戏弄自己，因此说：“诸葛恪欺骗陛下，从未听说过鸟有白头翁者，问一问诸葛恪，既然有白头翁，那就应该还有白头母。”诸葛恪答：“有鸟名叫鹦母，未必有鹦父，请问张公何以求鹦父。”张昭不能回答，座中皆欢笑。

②《江表传》记载：孙权成为吴王，当初，孙权设置节度官，负责军用粮秣，此官职并非汉制。当初用侍中、偏将军徐详，徐详去世，孙权将要用诸葛恪代替。诸葛亮听说诸葛恪代替徐详，写信给陆逊：“家兄年老，诸葛恪秉性疏阔，今使诸葛恪负责军粮事务，军粮供应是军队中的要务，仆虽在远方，窃以为用诸葛恪甚为不妥。足下特为启禀至尊，转告此事。”陆逊将此事禀告孙权，孙权改令诸葛恪领兵。

诸葛恪因丹杨郡山势险峻，地形复杂，民众大多性情刚毅、强悍，虽然此前出兵围剿，不过擒获边缘县的一些平民，其余蛮夷民众，居住在深山偏远处，并未慑服，诸葛恪向孙权请求，到丹杨郡任职，把山民从深山迁出来，三年可以从中挑选精壮甲士四万。群臣在廷议时，都说丹杨郡地形险要，与吴郡、会稽郡、新都郡、鄱阳郡相邻，周边方圆有数千里，山谷绵延，崇山峻岭，在深山幽居的蛮夷，很多人从未到过城邑，没有见过县长、县吏，而且他们手中持有兵器，在深山野岭生活散漫，已经习惯，终身在林莽中安居，被官府追捕的逃犯、恶人，躲藏在他们中间。山里边还出产铜铁，蛮夷可以用来锻造武器，蛮夷喜欢练习武艺，崇尚气力，他们登山攀岩，在荆棘丛中游走，好像游鱼在深渊中嬉戏，猿狖在树林中跳跃。看准时机，他们就会出山为寇，每次派兵围剿，他们就躲藏在洞穴里。一旦有战事，则蜂拥而出，战败犹如鸟兽，四散逃窜，从前世以来，从未降服。大家都认为，招蛮夷出山，恐怕很难。诸葛恪的父亲诸葛瑾听说后，也认为此事难办，叹息道；“诸葛恪恐怕不能兴旺我诸葛家，反而会为家族带来大祸。”诸葛恪坚持他一定能大功告成。孙权拜诸葛恪为抚越将军，兼领丹杨郡太守，授予棨戟武士三百名。诸葛恪受拜为将军，孙权诏命诸葛恪穿上戎装，威风凛凛，还有鼓吹伴随，前呼后拥，把诸葛恪送回家，当时，诸葛恪三十二岁。

诸葛恪来到丹杨郡，向相邻四郡下属县长、县吏发送公文，令其各自保护疆界，建立军队，把那些归化的蛮夷平民安排居住在一起。诸葛恪又安排将领，布置兵员，把守住险要，修缮防御工事，暂不与蛮夷交锋，等候稻子成熟，则纵兵抢收，使蛮夷无稻米收获。旧米吃完，新谷又不能收割，蛮夷百姓集中在一起欲抢掠，却毫无所获，于是，山上困守的蛮夷民众饥困，只好下山投降。诸葛恪再次发布敕令：“山上蛮夷去恶从化，皆应当安抚，迁出山区，搬到平原县居住，不得无端猜疑，甚至拘押。”臼阳县长胡伉收容蛮夷投降者周遗，周遗原来是一个恶人，因为饥饿所困，暂时下山，内心仍然不服，妄图继续叛逆，胡伉将其绑缚，送到郡府。诸葛恪以胡伉违背教令，斩杀胡伉，以儆效尤，诸葛恪上表，奏报情况。蛮夷民众听说胡伉因为绑缚山民而被杀，知道官府是真心实意欲让山民走出深山，遂扶老携幼走出深山，一年后，诸葛恪从蛮夷中挑选精壮青年，获得兵员数目，达到预想的效果。诸葛恪留下一万人，其余的分给诸将。

孙权很欣赏诸葛恪收服蛮夷有功，派尚书仆射薛综到丹杨郡劳军。薛综先移送公文给诸葛恪：“山区越人倚恃险阻，不肯宾服，时间久远，缓则首鼠两端，急则狼顾不服。皇帝赫然武功，诏命将军西征，神策内授，武师外震。兵刃不染血污，甲胄不沾汗渍。元恶既已枭首，党徒归附道义，将军荡涤山薮，从蛮夷中精选战士十万。野无遗寇，邑无残奸。将军不仅扫荡凶慝，又借蛮夷补充军队。藜藿稂莠，化为善草。魑魅魍魉，变为虎贲。虽然是国家威灵之所加，也是将军出征之所致。即使《诗经》赞美的擒敌捕俘，《易经》嘉赏的斩杀枭首，周室的方伯、召虎，汉代的卫青、霍去病，岂足以比拟？功绩堪比古人，功勋超越前世。主上欢欣，遥相叹息。感叹《四牡》之遗典，遐思宴饮之旧章。故派遣宫中台阁近臣，前来劳军，致以嘉赏，以旌表将军殊功，以慰将军之劬劳。”孙权拜诸葛恪为威北将军，封为都乡侯。诸葛恪请求率领部属在庐江、皖口屯田，又派出轻骑兵，袭击舒城，俘虏当地的百姓返回。诸葛恪又向远方派出侦察人员，查看路径、险要，欲攻取寿春，孙权以为此计不可行。

赤乌年间，魏国大将军司马懿密谋攻打诸葛恪，孙权正欲派军队支援诸葛恪，用以对付司马懿，望气者认为不宜用兵，于是，孙权把诸葛恪调往柴桑。诸葛恪写信给丞相陆逊："杨敬叔转达君的高议，认为当今人物凋零谢世，守德执业者，已寥寥无几，宜重视左右，重新选择辅弼之臣，上熙国事，下相爱惜。还有，愤世嫉俗的士人，喜欢文人相轻，相互间诽谤，使得已成之器，中间又有蹉跌；将进之徒，恣意不得欢笑。听闻此者，令人喟然叹息，诚只有击节感叹。愚以为，君子不求备于一人，孔氏门下，学生有三千人，有特殊才能者，也不过七十二，至于子张、子路、子贡等七十高徒，兼有亚圣之德，然而，仍各有所短，子张偏激，子路鲁莽，更何况其下者，能毫无缺点？而且，孔子并不因他们身上的缺点而不引以为友，不以人的短处而弃其长处。当今取士，更应该宽容对待，超过往古，为何要这样做？当今时务复杂，有才能的人稀少，国家的各个部门，常苦于备员不足。如果人性不务邪恶，志在效力，便可以奖掖，委以责任，让其在工作中发挥才干。若因为小过失，私德不足，皆应该忽略细节，不足以苛责。而且，士人诚不可纤细之论，分毫必较，如果苛责过甚，圣贤也会有不足，更何况我们这些俗人？故曰，以道德取人则难，以平常人取人则易，以此看待，贤愚可知。自汉末以来，中原的士大夫如许子将等，之所以相互诽谤，遭遇党祸之争，从根本上讲，其实并无怨仇，说到底，还是克己不能尽如礼，责人却专以正义。自己不能尽如礼，责人则人不服气。责人以正义，人不堪受责，内心又不服其行，外表更不愿受其责，因此，相互间诽谤。诽谤应声而起，小人得以从中挑拨，挑拨其间，则三人成虎，流言蜚语，逐渐浸润成毁谤之辞，错综复杂，即使至明至亲，也难以心中笃定，更何况与自己有嫌隙者，还有不明事理者？是故张耳、陈余刎颈之交，最后竟然刀兵相向，萧育、朱博至亲好友，却不能终其友谊，究其原因，皆由于此。因此，不舍弃小过，纤微相责，时间久了，也会家家相怨，一国都找不到完美之士。"诸葛恪知道陆逊听了谗言，对自己有所猜疑，故借阐释陆逊的主张，盛赞陆逊的意见。恰逢陆逊病逝，诸葛恪升任大将军，持符节，驻扎在武昌，代替陆逊，兼领荆州牧。

不久，孙权患上重病，太子仍然年少，孙权召诸葛恪到京城来，任命诸葛恪为大将军，兼领太子太傅，中书令孙弘兼领少傅。孙权病危，召诸葛恪、孙弘及太常滕胤、将军吕据、侍中孙峻，向他们托付后事。①

①《吴书》记载：孙权病情加重，与大臣商议，欲托付后事。当时，朝臣把注意力都集中在诸葛恪身上，孙峻也上表，说诸葛恪器任辅政，可托付大事。孙权嫌诸葛恪刚愎自用，孙峻认为，当今朝臣皆不如诸葛恪，坚持举荐诸葛恪。孙权征召诸葛恪，命人引诸葛恪到卧室相见，在床下受诏，孙权遗诏："我的疾病加重，恐怕不行了，诸事托付于你们。"诸葛恪唏嘘流涕，说："臣等蒙受厚恩，当以死奉诏，愿陛下安养精神，减少思虑，无以外事为念。"孙权诏命有关官员，内外诸事，一律交由诸葛恪负责，唯生杀大事，须奏明皇帝。为诸葛恪建造官邸、馆舍，设置陪侍、护卫。群臣百官行拜揖之礼，各有品叙。诸法令有不便者，条陈以闻，孙权听罢，中外翕然，众人皆欢欣鼓舞。

第二天，孙权去世。孙弘素来与诸葛恪不和，担心受到诸葛恪迫害，秘不发丧，隐瞒孙权的死讯，矫制诏命，欲除掉诸葛恪。孙峻及时告诉诸葛恪，诸葛恪请孙弘来府邸议事，在座中诛杀孙弘，而后为孙权发丧，穿上丧服。诸葛恪写信给弟弟公安都督诸葛融："这个月十六日乙未，大行皇帝抛弃国家，朝中群臣，莫不伤悼。至于我父子兄弟，世代蒙受殊恩，绝非凡庸之辈，是以悲恸，肝心俱裂。皇太子在丁酉继承尊位，悲喜交集，不知所措。我身为顾命之臣，辅佐幼主，窃自揆度，臣的才能，并非博陆侯霍光，而受周公负成王画图之托，臣担心，忝列丞相辅佐汉室之效，恐怕有损先帝委任之明，是以忧心惶惶，思虑万端。而且，民众憎恶官吏，一举一动，都会受到注视，岂敢轻举妄动？今以驽钝愚顽之才，身处太保、太傅之位，时艰智寡，任重谋浅，谁可为唇齿相依？近代汉世，燕王、盖长公主勾结，有上官桀之变，臣身居高位，岂敢懈怠？还有，弟所处之位，与魏贼犬牙交错，当抓紧时间整顿军械，激励将士，时刻戒备，即使有万死，不顾一己之生，以报效朝廷，不可有负先人。还有，诸将守备，各有疆界，犹恐贼虏听闻东吴国丧，乘机挑衅。边邑诸官署，已经下令约束，所部诸将，不得擅离职守，径来国都奔丧。虽怀怆怛不忍之心，以公义夺去私情，就像伯禽率领军队征伐，若有违背军令，绝非小罪。亲者也要明正典刑，以儆效尤，古人明鉴。"诸葛恪受拜为太傅。其撤销监视群臣的法令，不再设置校正官，赦免欠缴税赋逃亡者，撤销关税，所做的一切，向百姓普施恩惠，朝中上下莫不喜悦。诸葛恪每当出入宫廷，百姓都会延颈翘望，希望能亲眼看见诸葛恪。

此前，孙权在黄龙元年迁都建业，黄龙二年，孙权修筑东兴堤，以阻遏巢湖水。后来，孙权征伐淮南，战事不利，孙权把战船留在巢湖，任由东兴堤损毁，不再修复。建兴元年十月，诸葛恪在东兴聚集民众，重新修复大堤，左右依据山势，修筑两座城，每座城留下一千士兵，派全端、留略镇守，而后引军撤回。魏国以吴军侵入其疆界，耻于受辱，命令大将胡遵、诸葛诞等，率领七万魏军，欲攻打这两座坞城，同时毁掉堤坝。诸葛恪起兵四万，连夜赶来救援。胡遵等敕令诸军，搭建浮桥渡河，在大堤上排列好战阵，分兵攻打两座大城。两座城池高耸，难以攻克。诸葛恪派遣将军留赞、吕据、唐咨、丁奉为前部。当时，天寒下雪，魏军诸将宴饮，看到留赞等带的兵员很少，解开铠甲，放下矛戟，只戴着头盔，手持短刀、盾牌，登上大堤，嘲笑吴军，也没有约束军队。吴军登上大堤，在战鼓声中，奋力砍杀。魏军惊慌逃走，争着拥上浮桥，浮桥垮塌，很多人落入水中，在水中挣扎。乐安郡太守桓嘉等也在此战中淹死，魏军死伤者数万。原吴国叛将韩综，此时担任魏军前部都督，也在此战被斩杀。吴军缴获魏军车辆、牛马、驴骡数千，军用物资堆起来像山一样高，军队凯旋。孙亮晋升诸葛恪爵位为阳都侯，兼领荆州、扬州牧，统领内外军事，赏赐黄金一百斤，战马二百匹，缯、布各一万匹。

诸葛恪随后有了轻敌之心，十二月打了胜仗，第二年春天，欲再次出军。[①]朝廷大臣认为，多次用兵，战士疲惫，劝谏诸葛恪，诸葛恪不听。中散大夫蒋延因为谏诤，被扶出朝堂。

①《汉晋春秋》记载：诸葛恪派军司马李衡前往蜀国，游说姜维，欲让姜维同时出兵："古人有言，圣人不能错过时机，时机来了，要及时把握。而今魏国政在私门，内外猜忌，兵挫于外，民怨于内，自曹操以来，彼之败亡之形，还从未有像今天这样。如果大举进攻，讨伐魏国，吴军攻其东，汉军攻其西，彼救西则东虚，重东则西轻，以精锐之军，乘虚轻之敌，破之必矣。"姜维听从其计。

诸葛恪著文，晓谕朝廷众大臣："天无二日，疆土无二王，王者不务兼并天下，而欲垂福祚于后世，从古至今，从未曾有也。在往昔，战国时，诸侯自恃兵强地广，互有救援，认为借此足以传世，人莫能危，纵情恣欲，惮于劳苦，使得秦国变得越发强大，遂最终兼并六国，此乃必然之势。近者刘景升在荆州，有部众十万，财谷如山，不趁着曹操势力衰微，与其竞争，却坐观曹操势力强大，相继吞并诸袁。北方平定后，曹操率领三十万大军，讨伐荆州，当时即使有智者，也不能为刘表谋划全身之计，于是，刘景升的小儿子只好举荆州投降，遂成为曹操的囚虏。凡敌国欲吞并，犹如仇敌欲灭亡。有仇敌在，而视其坐大，祸不在己，也在后人身上，不可不为此而深谋远虑。在往昔，伍子胥说：'越国十年生聚，十年教训，二十年后，吴国将会被越国灭亡！'夫差自恃强大，听到此警告，不以为然，甚至诛杀伍子胥，对越国毫无防备之心，直至面临国破家亡，才后悔不已，还来得及吗？越国小于吴国，尚能成为吴国的祸患，更何况强大者？在往昔，秦国仅有关西偏狭之地，最终吞并六国，今日曹贼已获得秦、赵、韩、魏、燕、齐等九州之地，这些地方，可谓戎马之乡，士林之薮。今日以魏国对比古时的秦国，土地多出数倍；以东吴与西蜀对比古时的六国，连一半土地都不到。然而，今日东吴、西蜀之所以能与曹操抗衡，但以曹操连年征战，虽然兵多将广，于今已近消耗殆尽，后来出生者，还未长成大人，正是曹贼力量衰弱，还未再次强盛时。加上司马懿诛杀王凌，之后，司马懿也殒命病逝，其儿子势力尚弱，在朝中专擅大权，虽然有智谋之士辅佐，还未能施展其才能。当今讨伐魏国，正是魏国处于危殆时。圣人要善于抓住良机，今日正是良机。若顺应众人之意，心怀苟且之计，以为长江天险可以永保无虞，而不管魏国也会有终始，只是以今日的形势，轻视其后的发展，这正是臣深感忧虑，不免长叹息者也。自古以来，务在劝民生产、繁育，而今，贼国的民众正在不断繁衍、长大，只是因为大多数年龄还幼小，不可用于疆场。若再等十数年，其民众的数量将成倍于今天，我国的兵员可用之地，皆已空乏，仅以现在的民众，还可以征召入伍，以奠定大事。若不及早使用现有兵力，坐观精兵锐卒逐渐衰老，再有十数年，这些将士将会损失一半，他们的子弟，更不足言。贼众的兵力增加一倍，我方的兵力减损一半，即使有伊尹、管仲再世，也难以谋划良策，有所作为。而今不深谋远虑，必以为此言为迂腐，祸难未至，无端忧虑，此正是众人之短视。一旦大难临头，手足无措，虽有智者，也无可奈何。此乃古今之通病，非但一时。在往昔，吴王认为伍员迂腐、多虑，故大难临头时，不能救亡图存。刘景升不考虑十年之后，无所作为，贻害子孙。今诸葛恪不具备良臣之才，承担大吴萧何、霍光之任，才智与众臣相同，思虑不谋划长远，不在今日为国家拓展疆域，俯仰年老，眼看着仇敌变得更强，欲刎颈谢罪，宁有弥补？臣听说，众人或以百姓穷困，欲令百姓休养生息，此不知考虑大的危险，而爱其小仁。在往昔，汉高祖已经拥有三秦，为何不闭关守险，独享娱乐，反而要倾尽全力，攻伐楚国，身被疮痍，介胄生虱，将士困苦，难道高祖喜欢锋刃搏杀，忘却安宁？高祖担心时间长久，不得两存者耳！每当臣阅览荆邯当年劝说公孙述，以进取之计，图谋天下，近观我的叔父诸葛亮上表后主，陈述与贼人争夺天下之计，未尝不喟然叹息。臣夙兴夜寐，辗转反侧，不能安眠，所虑就是这些。故臣上疏愚言，以达二三君子之悟。臣若一朝殒命，所谋划之事，不能成立，但令后世来人，知我所忧，可思于后。”众人皆以为诸葛恪有此番宏论，一定会用兵，没有人再敢提出异议。

丹杨郡太守聂友素来与诸葛恪关系不错，写信劝谏诸葛恪：“大行皇帝本来有在东关加强守备，用以遏制强魏，计划还未来得及施行。而今公辅佐皇上，建立大业，以完成先帝之志，贼寇一旦远来，自当送死，将士凭恃威德，竭力用命，公将建立非常之功，岂非宗庙神灵社稷之福！公应该暂且按下用兵之计，养精蓄锐，观衅而动。如果趁着战胜之势，再次大举出兵，天时未必可得。公专凭意气用事，臣私下里感到不安。”诸葛恪在信后批注，写回信答复友人：“足下虽然有自然之理，然而未见大数。愿足下再详察这篇论述，可以醒悟。”诸葛恪违逆众心，坚持用兵，征调州郡二十万众，百姓骚动，诸葛恪已经失去人心。

诸葛恪意欲在淮南耀武扬威，抢夺俘虏民众，诸将有人提出异议：“今日我军深入，疆场之民，必然相率远遁，担心兵劳而功少，不如围困新城。新城被围困，救兵必至，我军可围城打援，大获全胜。”诸葛恪采纳谏言，返回围攻新城。攻打新城数月，依然不能拔城，吴军士兵疲惫，加上天气炎热，饮用水不洁，很多人患上腹泻、腿肿，一大半人生病，病亡者很多。诸营军吏逐日上报患病的战士，诸葛恪认为上报的数字不准确，斩杀军吏，从此以后，再无人敢讲话。诸葛恪内心焦虑，知道此次出兵失败，又恼怒坚城难以攻下，激愤之情，表露在脸上。将军朱异有所异议，诸葛恪大怒，当即剥夺朱异的兵权。都尉蔡林多次向诸葛恪献上计策，诸葛恪不能采用，此后，蔡林策马投降魏国。魏国知道吴军战士疲惫，很多人生病，派兵来救援新城，诸葛恪此时只好引军撤退。一路上士卒连伤带病，很多人掉队，有些士兵病死，填埋在沟壑，有些被魏军俘虏，幸存者愤怒无比，加上伤病哀痛，抱怨之声震耳，而诸葛恪泰然自若。退至江边一个江渚，停下驻留一个月，又想在浔阳驻兵屯垦，孙亮的诏书，接踵而至，诸葛恪这才率领军队，缓缓撤回。从此以后，诸葛恪失去人望，怨恨之声不绝于耳。

当年秋天八月间，吴军撤回，摆列军阵，鸣锣开道，诸葛恪回到将军幕府，当即召来中书令孙嘿，厉声呵斥："卿等敢妄自颁发诏书？"孙嘿惶恐退出，以有病托故回家。诸葛恪领兵出征，返回以后，朝廷安排的官署令长，全部罢免，再重新安排，对待属下越发严厉，多有责难，来回报工作者，无不屏声敛气。诸葛恪又更换了将军幕府的宿卫，使用亲信，多次敕令，整军备战，准备进攻青州、徐州。

孙峻看到民众怨声载道，群臣对诸葛恪多有不满，遂向皇上构陷诸葛恪欲谋反，与孙亮密谋，摆设酒宴，请诸葛恪来赴宴。诸葛恪将要进宫的前天夜里，精神恍惚，通宵难以入眠。第二天清晨，诸葛恪将要洗漱时，突然闻到水味发腥发臭，侍者递上衣服，衣服也有臭味。诸葛恪感到诧异，重新换衣、换水，依然很臭，诸葛恪面色惆怅，忽忽不乐。穿戴整齐，走出大门，家犬衔住诸葛恪的衣襟，诸葛恪说："家犬也不让我出行？"又返回来坐下，不久，又起身准备离去，家犬再次衔住其衣襟，诸葛恪令家人赶走家犬，随后上车。

当初，诸葛恪将要讨伐淮南，有孝子穿着丧服进入府中，侍从告诉诸葛恪，诸葛恪令人出外诘问孝子，孝子说："我不知不觉进入府中。"当时，内外戒备森严，却无人看到孝子进来，众人感到奇怪。大军启程，诸葛恪办公议事的房间，栋梁折断。从新城前去东兴的途中，有白虹出现在大船周围，诸葛恪返回祭祀蒋陵，有白虹环绕其车辆。

及至来到宫门前，诸葛恪把车辆停在宫门外，孙峻已经在帷帐里埋伏下伏兵，担心诸葛恪不能按时到来，事情败露，亲自出来，迎接诸葛恪，说："使君如果尊体不安，可以先回去，孙峻当如实禀报主上。"欲以此试探诸葛恪。诸葛恪回答："自当勉力赴宴。"散骑常侍张约、朱恩等暗中递条子给诸葛恪："今日设宴不比平常，疑有变故。"诸葛恪看罢条子，准备离开。还未走出正门，碰上太常滕胤，诸葛恪说："突然腹痛，不能赴宴。"滕胤不知道孙峻密谋要杀害诸葛恪，对诸葛恪讲："君既然来了，还未见到主上，主上今日摆酒设宴请君，君已经走到门口，再怎么也要进去。"诸葛恪犹豫不决，又返回宫中，身带佩剑，穿着鞋子上殿，向孙亮致谢，而后入座。看着案上摆的酒宴，诸葛恪犹疑，还未饮酒，孙峻劝道："使君病还未痊愈，应当有常服的药酒，自可取出饮之。"诸葛恪心中稍微缓解，另外取出带来的酒。[①]酒过数巡，孙亮起身走入内室。孙峻起身如厕，解下长衣，穿上短服，出来大声喝道："有诏，收捕诸葛恪！"[②]诸葛恪大吃一惊，随即起身，欲拔出佩剑，还未拔出，孙峻已经挥刀砍下。张约从旁砍向孙峻，孙峻的左手受伤，孙峻随手砍向张约，砍断张约的右臂。武士此时冲上殿来，孙峻说：“今日之事，所杀者诸葛恪，现在已死。”其命令武士收回兵刃，打扫地面，大家坐下，继续饮酒。③

①《吴历》记载：张约、朱恩暗中写信，告诉诸葛恪，诸葛恪把书信展示给滕胤，滕胤劝说诸葛恪不要进宫，诸葛恪说：“孙峻小子何能为邪！但恐酒食中下毒。”带着药酒入宫。

孙盛著《评议》记载：诸葛恪与滕胤关系亲密，张约等写信给诸葛恪，此乃非常之事，诸葛恪把书信拿给滕胤看，应该共同应对危机。然而，诸葛恪性情强梁，加上素来看不起孙峻，自然不会相信孙峻能有何作为，故入宫，岂是滕胤劝谏，便冒险入宫？《吴历》较为可信。

②《吴录》记载：孙峻提刀，称有诏，收捕诸葛恪，孙亮站起身，说：“非我所为！非我所为！”乳母引孙亮返回内室。

《吴历》记载：孙峻先引孙亮入内室，然后出来，称有诏。与本传相同。

裴松之认为：孙峻称有诏，应该和本传及《吴历》一样，不是《吴录》所言。

③《搜神记》记载：诸葛恪入宫，已经被杀，其妻子依然在宫室，问婢女：“你的身上为何有血臭味？”婢女回答：“没有啊。”不久，血腥味越发浓重，又问婢女：“你的眼神不对，飘忽不定，究竟是怎么回事？”婢女突然跃起，头碰上梁柱，攘臂切齿回答：“诸葛公被孙峻所杀！”于是，宫中大小都知道诸葛恪已经被孙峻杀害，吏兵不久赶到。

《志林》记载：当初，孙权病重，召诸葛恪辅政。临出门，大司马吕岱告诫：“世道如今多难，将军遇事，要十思而后行。”诸葛恪回答：“在往昔，季文子三思而后行，孔子说‘再思可矣’，今天，君令诸葛恪十思，意思是诸葛恪太笨拙。”吕岱无言以对，当时，大家都认为吕岱失言。虞喜说：诸葛恪受托付天下重任，人臣代行主威至难，兼二至，而管辖万机，能胜任者极少。不仅要群臣采纳谏言，向普通百姓征询意见，虚已待人，恒若不足，则功名不成，勋绩莫著。更何况，吕侯是吴国的耆乂老臣，智略超群，以十思告诫诸葛恪，以此表示诸葛恪才能有限，却遭到诸葛恪拒绝。吴国的元老以逊让之辞告诫，还受到诸葛恪疏远，可谓神机不俱。若有十思之义，诸葛恪向群臣广泛咨询当今世务，闻善则喜，行动迅速，从谏如流，好似迅风疾雷，岂能陨首殿堂，死于凶竖之刀？世人赞赏诸葛恪有英雄气概，口才很好，善于辩论，然而造次可观，哂笑吕侯，默然无语，不思安危终始之虑，是乐春藻之繁华，而忘秋实之甘口。昔日魏军伐蜀，蜀军抵御，精兵整肃，严阵以待，六军云扰，士马擐甲，羽檄交错。费祎担任元帅，担负国家重任，与来敏下围棋，意无厌倦。来敏临别时对费祎讲：“君一定能抵御贼寇。”意思是，费祎胸有成竹，沉着应对，面无忧色。何况长宁认为，君子临事而惧，好谋而成。蜀国作为蕞尔小国，面向强敌，所规所图，唯守与战，岂能自矜有余，晏然无戚？其实还是费祎性情舒缓，不防细微，最终被魏国降者郭修杀害，岂非见兆于彼，而祸成于此？以往听说长宁之于甄文伟，今日目睹元逊之逆于吕侯，二事相同，故一并记载，可以作为后世镜鉴，永为世诫。

此前，有童谣唱道：“诸葛恪，芦苇单衣篾钩落，有何相求成子阁。”成子阁，指的是石子岗。建业城南有一条长长的山岗，名字叫石子岗，是埋葬死人的地方，诸葛恪葬在此处。所谓钩落，是带有装饰的皮革腰带，世人称之为钩络带。诸葛恪最后被用苇席，裹着尸身，用篾条捆扎腰身，埋葬在石子岗。[①]

①《吴录》记载：诸葛恪死时五十一岁。

诸葛恪的长子诸葛绰，担任骑都尉，因为与鲁王孙霸的关系亲密，受到牵连，孙权将此事交予诸葛恪处理，令诸葛恪教训儿子，诸葛恪将儿子鸩杀。二儿子诸葛竦，担任长水校尉。小儿子诸葛建，担任步兵校尉。听说诸葛恪被杀，二人用车子载着母亲逃走。孙峻派遣骑兵都督刘承在白都追上诸葛竦，将其诛杀。诸葛建逃过长江，欲北上投降魏国，走了数十里，被追兵追上。诸葛恪的外甥都乡侯张震和常侍朱恩等，被夷灭三族。

当初，诸葛竦多次劝谏诸葛恪，诸葛恪不听，诸葛竦常担心祸事临头。及至诸葛恪被杀，临淮郡人臧均上表，请求收殓埋葬诸葛恪："臣听说，雷震电激，不崇一朝，大风肆虐，希有极日，然而，随后继以云雨，用以润物，是则天地之威，不可经日浃辰，帝王之怒，不宜讫情尽意。臣以狂悖愚昧，不懂得忌讳，敢冒被杀之罪，以邀风雨之会。伏念原太傅诸葛恪继承祖考风流之烈，伯叔诸父遭遇汉室福祚已尽，九州鼎立，分为三国，诸葛氏尽心竭力，辅佐吴主振兴大业。爰及诸葛恪，生长在吴国，陶育圣化，致名英伟，服事累纪，祸心未萌，先帝委以伊尹、周公之任，托付以万机之事。诸葛恪秉性刚愎自用，骄矜自恃，凌辱他人，不能敬守神器，穆静国内，兴师动众，不到一年，三次用兵，虚耗士民，空竭府藏，专擅国政，废易由意，滥施刑罚，惩治大众，致使群臣屏声敛息。侍中武卫将军都乡侯，一起接受先帝遗嘱诏命，但见诸葛恪任意实施奸虐，日月滋甚，担心将会摇荡宇宙，倾危社稷，奋其威怒，精贯昊天，计虑先于神明，智勇百于荆、聂，亲自手持利刃，枭诸葛恪首级于殿堂，功勋超越朱虚侯刘章，功劳超越东牟侯刘兴居。国之大害，一朝清除，诸葛恪的首级，被骑者示众，六军欣喜踊跃，日月增光，风尘不动，实赖宗庙之神灵，天人之同验。今诸葛恪父子三人的首级被悬挂在集市已经有数日，观者数万，骂詈声成风。国之大刑，无所不震，长老童幼，无不毕见。人情之于品察物类，乐极生悲，看见诸葛恪贵盛之时，世上无人能与其比拟，诸葛恪身处台辅之位，中间历经数年，今日被枭首示众，无异于禽兽，观察诸葛恪前后如此变化，能不令人凄怆惨怛！而且已死之人，与土壤同域，即使凿、掘、斫、刺，无以再增加死人的痛苦。愿圣朝稽考乾坤之规则，抑制愤怒之情，不要超过十日，让诸葛恪的同乡或旧属收殓诸葛恪的尸骸，穿上普通人的殓衣，再施惠以三寸之棺。在往昔，项籍被杀，高祖也赐以殡葬之地，韩信也获收殓之恩，因此，汉高祖享有神明之誉。愿陛下敦三皇之仁，垂哀矜之心，使吴国恩泽加于伏罪受戮之尸骸，再次得到不已之恩，以此扬声誉于远方，劝止天下罪人，岂不弘扬圣德！在往昔，栾布违背诏命，祭祀彭越，臣窃恨之，不先请示主上，而专名以肆情，其得高祖宽宥，并未诛杀，实为幸运耳。今日臣不敢彰显愚情，以显露天恩，谨伏手书，冒昧陈述，乞圣朝哀察。”孙亮、孙峻听任诸葛恪的故吏臧均将其收殓埋葬在石子岗。[①]

①《江表传》记载：朝臣中有人请求为诸葛恪立碑，以铭记其功勋，博士盛冲认为不应该立碑。孙休曰：“盛夏出军，士卒伤损，无尺寸之功，不可谓能；受托孤之重，死于竖子之手，不可谓智。盛冲之议，是对的。”遂没有立碑。

此前，诸葛恪撤军返回，聂友预料诸葛恪必将败亡，写信给滕胤：“当人在强盛时，山河可拔，一朝衰败，人情万端，言之可悲。”诸葛恪被杀，孙峻忌惮聂友，欲拜聂友为郁林郡太守，聂友称病，后来忧郁而死。聂友，字文悌，豫章郡人。[①]

①《吴录》记载：聂友有兔唇，年少时，担任县吏。虞翻被流放至交州，县令派聂友送行，虞翻与聂友谈话，很欣赏聂友，写信给豫章郡太守谢斐，令其任命聂友为郡府功曹。郡府当时已经有功曹，谢斐看了书信，问：“县吏聂友，可以担任何职？”下面人回答：“此人实乃县衙小吏，可以担任郡府曹佐。”谢斐说：“议论者认为，宜担任功曹，君可以避位。”任命聂友为功曹。派聂友到国都出差，诸葛恪以朋友礼对待聂友。当时人对此有议论，认为顾子嘿、子直在此间无所容纳，诸葛恪欲让聂友居其间，由是知名。后来，聂友担任将军，讨伐儋耳郡，撤军返回，受拜为丹杨郡太守，享年三十三岁，去世。

滕胤，字承嗣，北海郡剧县人。伯父滕耽，父亲滕胄，与刘繇在兖州是通家好友，因为世道混乱，渡过长江，依附刘繇。孙权担任车骑将军，拜滕耽为右司马，滕耽为人宽厚，享有盛名，去世较早，没有子嗣。滕胄善于写文章，孙权以宾客礼善待滕胄，凡军国大事，需要拟写文稿，常令滕胄增损润色，滕胄也早逝。孙权成为吴王，追思旧时的朋友，念其恩义，封滕胤为都亭侯。年少时，滕胤为人有节操，仪容俊美。[①]二十岁时，滕胤娶公主为妻。三十岁时，滕胤出仕，担任丹杨郡太守，后改任吴郡、会稽郡太守，所在任上，皆有政绩。[②]

①《吴书》记载：十二岁时，滕胤变得孤单，茕茕孑立，形影相吊，然而，滕胤能够修身厉行。滕胤长得白皙，威仪可观。每年正月初一，举行朝贺典礼，朝廷大臣看见滕胤，莫不赞叹。

②《吴书》记载：滕胤上表，陈述符合时政的谏言，以及民间风俗之优劣，对施政多有匡扶。孙权因为滕胤的缘故，增加公主的赏赐，屡加慰问。滕胤每次听辞讼，断刑法，察言观色，务必尽情尽理。人有悲苦冤屈之言，对之流涕。

太元元年，孙权患上重病，滕胤返回京师，留在宫中担任太常，与诸葛恪等一起，接受孙权遗诏，辅佐朝政。孙亮即位，滕胤兼领卫将军。

诸葛恪率领吴军，将要讨伐魏国，滕胤劝谏诸葛恪："君在国丧之际，新君刚刚即位，君接受伊尹、霍光之重托，入者辅佐本朝，出则摧毁强敌，名声振于海内，天下莫不震动，万姓之心，冀得蒙受君恩，而获得安宁。今君以劳役之后，兴师动众，出征伐魏，民疲力竭，远方魏主有备。若攻城不克，野外抢掠无获，是丧前劳，而招后怨。不如偃武息兵，静观天下局势变化，待机而动。而且，兵者大事，战事需要众人齐心协力，众人若不肯效力，君能心安？"诸葛恪答："诸人认为不可者，皆不能深思远虑，缺少谋划，心怀苟且偷安之愿，而先生也这样认为，令我何其失望！以曹芳之昏昧，魏国朝政归于私门，魏国的臣民，皆有离心离德之念。而今我借着国家的财力，凭借战胜之威，何往而不胜！"诸葛恪任命滕胤为京城都督，留在京城，统领朝中政事。滕胤白日接待宾客，晚上处理公文，有时通宵不眠。①

①《吴书》记载：滕胤受到信任，官职很高，接待士人越发殷勤，上奏书疏，皆要亲手撰写，亲自看过，从不委托于下人。

孙峻，字子远，是孙坚的弟弟孙静的曾孙。孙静生下孙暠。孙暠生下孙恭，孙恭曾经担任散骑侍郎。孙恭生下孙峻。年少时，孙峻热爱弓马，熟悉骑射，为人精明能干，遇事果断，敢作敢为。孙权末年，孙峻改任武卫都尉，兼任侍中。孙权临去世前，孙峻在床前接受遗诏，辅佐孙亮，兼领武卫将军，宫中的宿卫，皆由孙峻统领，受封为都乡侯。诛杀诸葛恪后，孙峻改任丞相，兼领大将军，统率内外军事，持符节，晋升爵位为富春侯。滕胤以自己是诸葛恪的儿子诸葛竦妻子的父亲，请求辞去职务，孙峻说："鲧和大禹罪不相连，滕侯又欲何为？"孙峻、滕胤虽然不和睦，外表依然能包容，孙峻晋升滕胤爵位为高密侯，像此前一样，在朝中共事。①

①《吴录》记载：群臣上奏，共同举荐孙峻为太尉，奏议滕胤为司徒。当时，有谄媚孙峻者，认为大统应该集中在公族，如果滕胤为亚公，声名素重，众心所附，不可有贰。上表奏闻，以孙峻为丞相，不再设置御史大夫，士人皆失望。

孙峻素来不重视名声，为人骄矜自恃，残害对手，有多位朝中高官被孙峻诛杀，百姓议论纷纷。孙峻又在宫中与宫女淫乱，与公主鲁班私通。五凤元年，吴侯孙英密谋，欲诛杀孙峻，因为事情败露，孙英被孙峻杀害。

五凤二年，魏国将军毌丘俭、文钦率领部众谋反叛乱，在乐嘉与魏国平叛的军队大战，孙峻率领骠骑将军吕据、左将军留赞袭击寿春，恰逢文钦战败，投降吴国，吴军撤回。①这一年，蜀国使者出使吴国，通使聘问，将军孙仪、张怡、林恂等欲乘机杀掉孙峻。事情败露，孙仪等自杀，被杀者有数十人，公主鲁育受到牵连，被孙峻诛杀。

①《吴书》记载：留赞，字正明，会稽郡长山县人。年少时，留赞担任郡府吏，与黄巾军贼帅吴桓大战，亲手斩杀吴桓。留赞一只脚受伤，不能伸屈。然而，留赞性情刚烈，喜欢读兵书及三史，每当阅览古代名将攻战之事，辄对着书籍独自叹息，对属下亲信及亲属讲："而今天下扰乱，群雄并起，历观前世，富贵皆非出自常人，而我屈居在闾巷之间，存亡不知何时。今欲割去我脚上的脚筋，幸而不死，可以伸屈自如，如果再次被重用，死而后已。"亲戚皆劝阻。不一会儿，留赞拔出刀来，割去脚筋，血流如注，留赞痛得昏了过去很久。家人恐惧，只好听任留赞，之后牵引留赞的脚，脚能够伸屈，创口痊愈，走起路来一瘸一拐。凌统听说后，请来相见，颇为惊讶，上表举荐留赞，留赞被试用，多次建立战功，升任屯骑校尉。留赞每当看到施政有过失，都会提出谏言，喜欢直言，不肯阿附旨意，孙权也因此忌惮留赞。诸葛恪征伐东兴，留赞担任前部，大战时，留赞率先攻陷敌阵，大败魏军，升任左将军。孙峻征伐淮南，授予留赞符节，拜为左护军。还未到达寿春，在途中留赞发病，孙峻令留赞率领车辆辎重先返回。魏国将军蒋班率领步骑四千人追赶留赞。留赞被疾病所困，不能整顿战阵，知道此战必败，解下曲盖印绶，交付与弟子带回，说："我担任将军，破敌搴旗，从未有过失败。今天被疾病所困，兵势羸弱，众寡不敌，你们赶快走，大家都战死，对国家毫无益处，只能令敌寇高兴。"弟子不肯接受印绶，留赞拔出刀来，作出砍杀的样子，弟子不得不离去。当初，留赞担任将军，临敌时必披发大叫，因抗音而歌，左右回应，而后率军冲锋陷阵，战无不胜。此次战败，留赞叹息道："我每战都有战术，今日受疾病所困，也是命里注定！"留赞被魏军斩杀，享年七十三岁，部属痛惜。两个儿子留略、留平，担任吴军大将。

孙峻欲修建广陵城，朝臣知道广陵不能建城，因为畏惧孙峻，无人敢站出来讲话。只有滕胤劝谏孙峻，孙峻不听，最终无功而返。

第二年，文钦劝说孙峻征伐魏国，孙峻派文钦与吕据、车骑将军刘纂、镇南将军朱异、前将军唐咨，从江都乘坐战船，进入淮水、泗水，企图攻取青州、徐州。孙峻与滕胤登上石头城，为将军们饯行，孙峻带领侍从一百余人，进入吕据的大营。吕据的军营，军容整肃，孙峻看罢，心中厌恶，称心口痛，很早离开，随后，孙峻梦见被诸葛恪击打，因为恐惧发病而死，享年三十八岁，死前向孙綝托付后事。

孙綝，字子通，与孙峻是同一个祖父。孙綝的父亲孙绰曾经担任安民都尉。当初，孙綝担任偏将军，及至孙峻病死，孙綝在宫中担任侍中，兼领武卫将军，统领内外军事，负责朝中政务。吕据知道后，非常担心，与诸都督将军连名上表，举荐滕胤为丞相，孙綝任命滕胤为大司马，代替吕岱，驻扎在武昌。吕据引兵返回，派人通报滕胤，欲共同废黜孙綝。孙綝听说后，派遣堂兄孙虑率领军队占领江都，防备吕据，又派宫中使者，向文钦、刘纂、唐咨等发布诏命，欲共同迎击吕据，又派遣侍中左将军华融、中书丞丁晏告诉滕胤，令其抓捕吕据，并晓谕滕胤尽快赴任。滕胤自知大祸将要临头，于是扣押华融、丁晏，整顿军队，准备自卫，滕胤又召来典军杨崇、将军孙咨，告诉他们孙綝造反，迫使华融等写信，向孙綝发难。孙綝不听，上表说滕胤造反，向将军刘丞许诺，事成后封赏其爵位，令其率领军队尽快围攻滕胤。滕胤又劫持华融等，令其矫制诏命，调动军队。华融等不听，滕胤将他们全部杀害。[①]滕胤面色不改，谈笑自若。有人劝滕胤领兵至苍龙门，将士们看见滕胤出现，一定会抓捕孙綝，投向滕胤。当时，已经夜半，滕胤自恃与吕据有约定，又不能发兵指向宫中，于是，向部属发出命令，说吕据很快就要到了，将士们皆愿意为滕胤拼死效力，没有逃散者。此时突然刮起大风，到了拂晓，吕据依然没有来。孙綝的兵杀到，诛杀滕胤及随身将士数十人，夷灭滕胤三族。[②]

①《文士传》记载：华融，字德蕤，广陵郡江都县人。祖父避乱，住在山阴县蕊山下。当时，皇象也在山阴县隐居，吴郡人张温来向皇象学习，欲得到一个住所。有人告诉张温，说："蕊山下有一位名叫华德蕤者，虽然年少，享有美名，可住在他家里。"张温住在华融家，二人朝夕谈论。后来，张温被选拔，担任尚书，擢拔华融为太子中庶子，华融成为知名士人，在朝廷显达。华融的儿子华谞，担任黄门侍郎，与华融同时遇害。次子华谭，以口才见称，在晋朝担任秘书监。

②裴松之认为：孙綝虽然残暴，与滕胤毫无宿怨，滕胤若顺从孙綝的旨意，出外镇守武昌，可以免祸，而且，将永保元吉。滕胤犯机触害，自取夷灭，悲夫！

孙綝改任大将军，持符节，受封为永宁侯，负贵倨傲，多行无礼之事。当初，孙峻的堂弟孙虑参与诛杀诸葛恪，孙峻厚待堂弟，拜孙虑为右将军、无难都督，授予符节、伞盖，参与朝廷政事。当孙綝对孙虑不如孙峻时，孙虑大怒，与将军王惇谋杀孙綝。孙綝杀了王惇，孙虑服药自杀。

魏国大将军诸葛诞在寿春谋反叛乱，举寿春城向吴国投降。吴国派遣文钦、唐咨、全端、全怿等率领三万人，援救诸葛诞。魏国镇南将军王基围攻诸葛诞，文钦等突破重围，杀入城中。魏国调动内外诸军，达二十余万，前来围攻诸葛诞。朱异率领三万吴军驻扎在安丰城，作为文钦的侧翼。魏国兖州刺史州泰在阳渊抵御朱异，朱异败走，被州泰追赶，吴军死伤二千人。孙綝征调军队，驻扎在镬里，又派遣朱异率领将军丁奉、黎斐等，率领五万人马，前来攻打魏军，把辎重留在都陆。朱异驻扎在黎浆，派遣将军任度、张震等，募集敢死之士六千人，在黎浆西边六里处搭建浮桥，准备夜间强渡，又修筑偃月壁垒。朱异被魏国监军石苞及州泰打败，吴军退走，欲占领高地。朱异再次制作车箱，围攻五木城。石苞、州泰攻打朱异，朱异兵败撤走，魏国泰山郡太守胡烈出动奇兵五千人，从小道袭击都陆，将吴军的粮草辎重尽行焚毁。孙綝又向朱异增兵三万人，命令朱异死战不退，朱异不听，孙綝遂将朱异在镬里诛杀，派遣弟弟孙恩救援诸葛诞，恰逢诸葛诞兵败，吴军只好撤回。孙綝既不能救出诸葛诞，此战又损失大量兵员，损兵折将，还杀了名将朱异，众人莫不怨愤。

孙綝以孙亮开始亲理政事，对自己多有诘难，内心越发恐慌，返回建业，称病不再上朝，在朱雀桥南边修建宅邸，派弟弟威远将军孙据进入苍龙门，宿卫宫廷，派弟弟武卫将军孙恩、偏将军孙幹、长水校尉孙闿，分别驻扎在军营，欲以此控制朝政，以求自保。孙亮内心厌恶孙綝，追究鲁育被杀的原因，责备虎林都督朱熊、朱熊的弟弟外部都督朱损没有匡正孙峻，令丁奉在虎林杀了朱熊，在建业杀了朱损。孙綝入朝劝谏，孙亮不听，此后，孙亮与公主鲁班、太常全尚、将军刘承密谋，欲诛杀孙綝。孙亮的妃子是孙綝堂姐的女儿，遂将密谋泄露给孙綝。孙綝率领士兵，连夜袭击全尚，派遣弟弟孙恩在苍龙门外杀了刘承，随后围困皇宫。①又派光禄勋孟宗向宗庙祭告，废黜孙亮，孙綝召集群臣廷议："少帝昏庸，荒淫无度，不可以安处大位，奉承宗庙祭祀，应该祭告先帝，将其废黜。诸君若有不同意见者，请提出异议。"众人听罢，莫不震恐，说："唯将军之命是从。"孙綝派遣中书郎李崇夺走孙亮的玺印、绶带，将孙亮的罪状，向远近发布文告。尚书桓彝不肯署上姓名，孙綝大怒，杀了桓彝。②

①《江表传》记载：孙亮召全尚及黄门侍郎全纪密谋："孙綝专权恃势，对孤轻慢无礼。孤敕令孙綝，尽快离船上岸，为唐咨等作为后援，孙綝留在湖中，不肯上岸一步，又委罪朱异，擅杀功臣，不先上表奏闻。在朱雀桥南修建宅邸，不再入宫朝见。孙綝自以为是，无所畏惧，孤再也不能容忍。今诏令逮捕孙綝，卿的父亲担任中军都督，即刻整顿兵马，孤当亲自出宫到朱雀桥，率领宿卫虎贲骑兵、左右无难士卒，同时包围孙綝。诏令孙綝所率领的军队，全部解散，不得轻举妄动，被孙綝所利用。卿出宫后，但当秘密行事，告诉你的父亲，勿令卿的母亲知道此事，女人不晓得大事，而且，卿的母亲还是孙綝的堂姐，一旦泄露机密，就会误了孤的大事，非同小可。"全纪接受诏令，回去后告诉全尚，全尚做事情毫无防范，又告诉全纪的母亲。全纪的母亲当即派人密报孙綝。孙綝当夜发兵，欲废黜孙亮，第二天天明，军队已经包围皇宫。孙亮大怒，跨上战马，身背弓箭出宫，说："孤是大皇帝的嫡子，在位已经五年，谁敢不听从？"侍中近臣及乳母共同拽着孙亮，阻止孙亮出宫，孙亮这才没有出宫，垂头叹气两天，不肯吃东西，骂妻子："你的父亲真是昏聩，坏了我的大事！"又喊来全纪，全纪说："臣的父亲奉诏不谨慎，有负皇上，没有脸面来见。"全纪自杀。

孙盛曰：《孙亮传》载孙亮年少时，异常聪慧，应该先与全纪密谋，不应该让全尚的妻子知道此事。《江表传》载泄露此事另外有原因，于此事更详细。

②《汉晋春秋》记载：桓彝是魏国尚书令桓阶的弟弟。

《吴录》记载：晋武帝向薛莹询问吴国的名臣，薛莹回答，桓彝有忠贞之节。

典军施正劝谏孙綝拥立琅琊王孙休，孙綝听从谏言，派遣宗正孙楷向孙休呈送文告："孙綝以薄才，见授大任，不能很好辅佐陛下。近几个月来，陛下多有事端，亲近刘承，愉悦美色，派人征发吏民的女儿，从中选其美貌者，留在宫中，又调取军队子弟十八岁以下者三千余人，把他们安排在苑囿中操练，白日黑夜，在苑囿中大声呼喊，损坏武库的兵器戈矛五千余件，用以当作游戏玩具。朱据是先帝的老臣，儿子朱熊、朱损继承父亲的基业，以忠义自律，昔日杀死小公主鲁育，这也是大公主鲁班所引起，陛下没有了解事情的本末，造成此次惨祸的原因，杀了朱熊、朱损，群臣劝谏，不起作用，群臣莫不恻然叹息。陛下在宫中建造三百余艘小船，船上装饰金银，工匠昼夜不息，赶期完工。太常全尚，累世蒙受先帝厚恩，不能教育宗亲，全端等举城投降魏国。全尚在朝中位尊权重，不能向陛下进一句忠言，反而与敌方往来，派人传递消息，臣担心全尚将会倾危社稷。按照旧典，国家命运寄予大王，在本月二十七日，逮捕全尚，诛杀刘承。以陛下为会稽王，派遣孙楷前来奉迎。百官喁喁，在道旁迎候。”

孙綝派遣将军孙耽护送孙亮前往封国，把全尚流放至零陵郡，把公主迁至豫章郡。孙綝越发骄横，志骄意满，侮辱轻视百姓祭祀的神庙，焚烧大桥头伍子胥庙，又毁坏佛教寺庙，斩杀无辜道人。孙休即位，孙綝自称草莽之臣，在阙门上书：“臣自我反省，臣的才能，没有辅佐朝廷的才干，臣是孙氏肺腑，位极人臣，有损圣朝，败坏家族，罪恶昭彰，显露无遗，臣自省罪过，夙夜忧惧。臣听说，天命所归，必就有德，是以周幽王、厉王失去法度，周宣王得以中兴，陛下圣德，继承大统，应该有良臣辅佐，以协调雍熙，尧帝是圣君，仍然需要后稷、商契的辅佐，以协明至圣之德。古人有言：‘陈力就列，不能者止。’臣自惭形秽，竭尽忠诚，无益于朝政，谨上缴印绶、符节、钺仗，退归田里，以回避贤者之路。”孙休召见孙綝，加以抚慰，又下诏：“朕以不德，在外充任藩臣，遭逢际会，群公卿士，垂意于朕躬，以奉祀宗庙。朕顿感茫然，如履薄冰，如临深渊。大将军忠诚发自内心，扶危定倾，安绥社稷，功勋昭然。在往昔，汉孝宣帝继承大位，霍光在朝中功劳显著，位极人臣。褒德赏功，古今通义。任命大将军为丞相、荆州牧，享受五县食邑。”孙休任命孙恩为御史大夫，兼领卫将军，任命孙据为右将军，二人都封为县侯。任命孙幹为杂号将军，封为亭侯，封孙闿为亭侯。孙綝一门有五人受封为列侯，负责掌握宫中禁兵，权力势压人主，自从吴建国以来，朝臣中还从未有过。

孙綝向孙休奉上牛酒，孙休没有接受，孙綝带着牛酒，拜谒左将军张布；二人酒酣耳热，孙綝口出怨言：“当初废黜少主，多人劝说我自立为国君。我以陛下贤明，故拥立。陛下非我不能即位，今日向陛下奉上礼物，却遭到拒绝，是把我当作普通大臣看待，当再行废立之事。”张布把孙綝的怨言奏报孙休，孙休听罢，不露声色，担心孙綝有变，多次予以赏赐，又拜孙恩为侍中，与孙綝分管宫中文书。有人告发，说孙綝心中有怨言，侮辱皇上，欲图谋造反，孙休把告发者逮捕，交予孙綝处理，孙綝诛杀告发者，心中越发恐惧，通过孟宗，请求驻扎在武昌，孙休准奏，敕令孙綝统率由宫中掌握的精兵一万余人，拨付孙綝指挥，随船出发，所调出的武库兵器，也全部带走。[①]将军魏邈劝说孙休：“孙綝居住在宫外，必定会有变故发生。”武卫施朔又奏报：“孙綝欲谋反，已有迹象显现。”孙休暗中向张布问计，张布与丁奉密谋，在腊日聚会时，诛杀孙綝。

①《吴历》记载：孙綝请求带走中书省两位侍郎，协助处理荆州军事，主事者上奏中书省，没有回应，孙綝出宫，孙休特别诏命，恩准孙綝的请求，调出两位侍郎。

永安元年十二月丁卯，建业有谣言传说，明日腊祭，将会有变故发生，孙綝听说后，内心不悦。当天夜晚，大风把粗大的树木连根拔起，飞沙走石，孙綝更加恐惧。戊辰日腊祭朝会，孙綝称病。孙休强令孙綝起身，派使者十余批来召孙綝进宫，孙綝不得已，将要启程时，众人劝止。孙綝说：“朝廷屡次颁发诏命，不可推辞。可预先整饬兵马，再令府内起火，借此可以尽速返回。”孙綝进入宫中，不久大火骤起，孙綝请求出宫救火，孙休说：“外边的士兵很多，不足以再烦扰丞相。”说罢孙綝起身，离开座席，丁奉、张布用目光示意左右，遂将孙綝绑缚。孙綝叩首道：“愿被流放至交州。”孙休说：“卿何以不流放滕胤、吕据？”孙綝又请求：“愿被罚入官府为奴。”孙休说：“卿何不以滕胤、吕据为官奴！”随后，孙休诛杀孙綝，令人提着孙綝的首级，向孙綝的部属下命令：“诸将士与孙綝同谋者，一律赦免。”当即放下武器者，有五千人。孙闿乘船，欲北上投降魏国，被追杀。孙休夷灭孙綝的三族。挖掘孙峻的棺椁，取其印绶，斫破棺木，重新埋葬，还是因为杀害公主鲁育的缘故。

孙綝死时，年仅二十八岁。孙休耻与孙峻、孙綝同为一族，特别诏命，除去孙綝等的属籍，称之为故峻、故綝。孙休又下诏：“诸葛恪、滕胤、吕据并无罪过，却被孙峻、孙綝兄弟杀害，真的令人痛心，诏令将他们改葬，在各自坟墓前祭奠。因诸葛恪等人之事，受到牵连罹难或被流放者，一律平反、召回。”

濮阳兴，字子元，陈留郡人。父亲濮阳逸，在东汉末年，来到江东避乱，官至长沙郡太守。[①]濮阳兴年少时，在士人中享有名气，孙权继承父兄创立的基业，统领江东军政大权，任命濮阳兴为上虞县令，稍后改任尚书左曹，以五官中郎将身份，出使蜀国，返回后，孙权拜濮阳兴为会稽郡太守。当时，琅琊王孙休住在会稽郡，濮阳兴与孙休的关系很好。及至孙休即位，征召濮阳兴，拜为太常卫将军，负责军国大事，封为外黄侯。

①濮阳逸的事迹，参见《陆瑁传》。

永安三年，都尉严密谏言，在丹杨郡围湖造田，为浦里塘修建围堰。孙休下诏，百官廷议时，大家都认为用工太多，而且围湖造田，很难避免水灾，只有濮阳兴认为可以。孙休批准修建围堰，征调大批士兵、民众，开始围湖造田，花费的工程费用及劳工，难以计算，士兵多有死亡，或自残，百姓怨声载道。

濮阳兴升任丞相。与孙休的宠臣左将军张布相互勾结，在国内失去人心。

永安七年七月，孙休去世。左典军万彧平常与乌程侯孙皓的关系很好，万彧劝谏濮阳兴、张布拥立孙皓，濮阳兴、张布废黜孙休的嫡子，迎立孙皓，孙皓登上帝位，任命濮阳兴为侍中，兼领青州牧。不久，万彧又谮毁濮阳兴、张布，说他们后悔拥立孙皓登基。十一月朔日，濮阳兴入朝议事，孙皓乘机收捕濮阳兴、张布，流放至广州，在流放途中，又派人追杀二人，夷灭其三族。

陈寿评论如下：诸葛恪有才气，而且有胆略，受到国人称赞，但是，诸葛恪骄矜自恃，不能体恤士民。周公旦礼贤下士，尚且不能任意妄为，更何况诸葛恪？诸葛恪骄矜自恃，欺凌他人，能不败亡！如果诸葛恪能够谦恭礼让，像他写给陆逊及弟弟诸葛融的书信，不那么自恃其高位，怎么会有后来的败亡？滕胤砥砺节操，注重品行修养，循规蹈矩，在孙峻执政时，欲安身自保，永享富贵，结果走上危亡之途。孙峻、孙綝穷凶极恶，不足道也。濮阳兴身居宰辅之位，不为国家考虑，迎合张布的邪念，采纳万彧的说辞，最终被杀、被夷灭家族，也是咎由自取。

吴书二十

王楼贺韦华传第二十

王蕃，字永元，庐江郡人。王蕃熟读经书，博闻强识，兼通天文历法。当初，王蕃担任尚书郎，后来辞去官职。孙休即位，王蕃与贺邵、薛莹、虞汜在朝中担任散骑中常侍，兼领驸马都尉。当时的舆情，都认为这些士人有清名。王蕃担任使者，出使蜀国，蜀国人同样称赞王蕃，返回后，孙休拜王蕃为夏口监军。

孙皓即位，王蕃再次担任中常侍，与万彧的职务相同。万彧与孙皓有旧谊，有一些庸俗士人乘机轻视王蕃，说王蕃年轻。还有，中书丞陈声是孙皓的嬖臣，多次谮毁王蕃。王蕃为人仁厚，高风亮节，不会察言观色、阿谀顺应孙皓，有时还会忤逆孙皓的旨意，积怨成恨，孙皓开始申斥王蕃。

甘露二年，丁忠出使晋国返回，孙皓大会群臣，王蕃在酒宴上沉醉不醒，伏在案上，孙皓怀疑王蕃佯装醉倒，心里不乐，令人用车子载着王蕃出皇宫。不久，车子返回，王蕃依然沉醉未醒。王蕃平素威严，言谈举止泰然自若，孙皓大怒，喝令左右，在殿下斩杀王蕃。卫将军滕牧、征西将军留平为王蕃求情，孙皓不听。①

①《江表传》记载：孙皓听信巫觋之言，说建业宫不吉，西巡武昌，有迁都的意思，担心群臣不肯听从，举行宴会，大会群臣，赏赐将军、大臣。孙皓问王蕃："孔子说：'射箭不一定要穿透靶子，因为各人的力量不同。'这句话怎么解释？"王蕃想了一下，没有回答，孙皓当即在殿上斩杀王蕃。孙皓出宫，登上来山，让亲信把王蕃的首级丢弃在山上，让虎狼啃食王蕃的首级，头颅被咬碎，欲以此示威，令群臣不敢忤逆。此处与本传不同。

《吴录》记载：孙皓每当朝会时，趁着酒意正酣，孙皓就会令侍臣嘲讽谐谑公卿，以此为乐。万彧担任左丞相，王蕃嘲弄万彧："鱼在深渊中潜水，出水则吐白沫。为何？物有本性，不可横处非分之位。万彧出自溪谷，羊披上虎皮，虚受光赫之宠，跨越三九之位，犬马犹能识养，万彧将何以报答厚恩！”万彧答：“唐尧、虞舜时，并无谬举之才，造父之门，没有驽蹇之质，王蕃对上污蔑明选，对下讪谤桢幹，何伤于日月，只能说王蕃不自量力。”

裴松之按：本传称丁忠出使晋国返回，孙皓大会群臣，在朝会上诛杀王蕃，检录官丁忠从北边返回，应该在此年的春天，万彧此时还未担任丞相，到了秋天才担任丞相。《吴录》记载，与此处所言不同。

丞相陆凯上疏：“常侍王蕃，秉持美德，心存善念，知天识物，在朝中为官忠贞，谨奉职守，是社稷重臣，可谓大吴的关龙逢。昔日王蕃侍奉景帝，担任纳言，景帝对王蕃多有嘉赏，叹为良臣。而陛下愤怒王蕃苦苦谏诤，厌恶其直言答对，在殿堂上将其枭首，尸骸暴露于荒野，海内士民为之伤心，有识之士为之悲悼。”陆凯痛惜王蕃无辜被杀。王蕃死时，年仅三十九岁，孙皓把王蕃的家属流放至广州。两个弟弟王著、王延，都是人才，郭马举兵起事，不肯为郭马效力，被郭马杀害。

楼玄，字承先，沛郡蕲县人。孙休执政时，楼玄担任监农御史。孙皓即位，楼玄与王蕃、郭逴、万彧同时担任散骑中常侍，后来，楼玄出任会稽郡太守，又入朝担任大司农。按照旧例，在禁中主事者，大多是皇帝的亲信，万彧谏言，皇帝身边的近侍，应该选用善人。孙皓敕令有关官员，征求忠诚、正直的士人，以备选任，随后，楼玄被选中，担任宫下镇禁中候，负责宫中护卫。楼玄从九卿职务，改任带刀侍卫，正身律已，率身垂范，奉法而行。但是，楼玄在应答孙皓时，有时会说话耿直，忤逆孙皓，孙皓逐渐厌恶，开始斥骂楼玄。后来，有人诬告楼玄与贺邵相遇，二人停下车子，低声耳语，既而大笑，话中多有诽谤朝廷之意，楼玄被孙皓诘问，谴责，流放至广州。

东观令华覈上疏：“臣窃以为，治国的根本，就像治家。主事者，好像田野里的农夫，应该诚实守信。还有，朝廷应该有一人总理朝纲，为朝政制定纲常，这样，政事才能妥善处理。《论语》讲：‘无为而治者，其舜也与！恭身修已，南面垂拱而治。’意思是说，舜帝所任命的官员，皆为贤者，故舜帝可以优游而治，享受安逸。而今，海内还未平定，天下多事，事无大小，陛下皆应当有所耳闻，如果动则经过陛下垂问，将会劳损圣虑。陛下垂意博古，综合典籍所载艺文，加上勤于朝政，好学乐道，随着季节变化，迎候时气，宜得清净，以展神思，呼吸清淳，与天同极。臣夙夜思虑，诸官员中，能充任干才之事，足以委以重任，无过于楼玄。楼玄为官清廉，奉公无私，名冠当世，众臣皆服其操守，无人敢与其比拟。为官清廉者，则心平而意直，奉公无私者，唯正道直行，像楼玄这样，可以保证其善始善终，恳请陛下赦免楼玄的罪愆，令其改过自新，擢拔为宰辅，以观后效。为官择人，随才授任，像舜帝那样恭己待人，陛下也可以效仿。”孙皓忌惮楼玄的名气，把楼玄及其儿子楼据交给交趾将军张奕，令楼玄在军中效力，暗中敕令张奕杀害楼玄及其儿子。楼据到了交趾郡，染上重病，病死在交趾郡。楼玄一个人跟随张奕讨伐贼寇，手持大刀，亦步亦趋，看见张奕，倒身便拜，张奕不忍心下手。恰逢张奕暴病，不久病死，楼玄为张奕殡殓，在遗物中看到孙皓的敕令，回去后，楼玄随即自杀。[①]

①《江表传》记载：孙皓派遣将军张奕赐予楼玄鸩酒，张奕以楼玄是贤者，不忍心当即宣诏。楼玄心中已经知道张奕的来意，对张奕讲："应当早些告知楼玄，楼玄何以惜命？"当即服鸩酒自杀。

裴松之认为：以楼玄的清高，决不会因为危险而改变其操守，没有道理跪拜张奕，以亏其节操。祸机既发，岂是百拜就能免死？《江表传》所言，从道理上讲，较为有理。

贺邵，字兴伯，会稽郡山阴县人。[①]孙休即位，贺邵从中郎升任散骑中常侍，后出任吴郡太守。孙皓即位，贺邵入朝，担任左典军，改任中书令，兼领太子太傅。

①《吴书》记载：贺邵，是贺齐的孙子，贺景的儿子。

孙皓凶狠歹毒，骄矜自恃，朝廷政事日渐颓废。贺邵上疏劝谏：

古代圣王，身处宫闱之内，依然了解万里以外的情况，可以做到垂拱而治，不下衽席，决定如何施政。明照八极之际，在于任贤之功。陛下以至德淑姿，继承皇业，宜率身垂范，履行道统，恭奉神器，旌表贤良，表彰善行，这样处理朝政。近些年，朝政多有错谬，真伪相间，上下不能谨守职责，文武缺乏良才辅佐，外无山岳之镇，内无拾遗之臣；谗佞之徒，拊翼天飞，干预朝政，盗窃君权，谋取私利，而忠良之臣受到排挤，信义之臣受到迫害。是以正直之士颓丧，庸臣苟且献媚，揣摩圣意，迎合世俗，秉承旨意，违反常理，但求自保。士人滥施诡道之论，遂使得清流变浊，忠臣只能结舌。陛下处于九天之上，隐居百重之室，言出至重，风靡而行，令出必听，景行行至。陛下亲近献媚之臣，每日所闻皆顺意之辞，自以为此辈是贤士，天下已经太平。臣对此心中不安，不敢不向陛下奏闻。

臣听说，兴国之君，乐闻其过，荒乱之主，乐闻其誉；闻其过者，过失日渐消弭，福瑞臻至；闻其誉者，荣誉日渐损失，祸殃将至。是以古代人君谦恭揖让，以进贤士，虚己待人，以求谏言，身处天位，就像驾驭烈马，目之所及，以虎尾为警戒。至于陛下，以严刑峻法，禁止忠臣直言进谏，罢黜善士，杜绝谏臣之口，漠视毁誉之实，沉沦于谗佞之言。在往昔，殷高宗苦思冥想，有善人辅佐，梦中得到贤士。陛下对此求之若忘，忽之若遗。原常侍王蕃忠诚为国，恪尽职守，才堪担任辅弼，却在醉酒之间，被陛下以大戮处死。近来又有鸿胪葛奚，是先帝的旧臣，偶有忤逆，只不过昏醉之言。人们常讲，三杯酒之后，礼所不讳，陛下爆发雷霆之怒，认为葛奚轻慢，逼迫葛奚饮鸩酒，中毒殒命。从此以后，海内士人为之寒心，朝臣不知所措，在任者以退为幸，居官者以出为福，诚非保光洪绪，熙隆圣化。

还有，何定是在陛下面前趋走的小人，像仆隶般的下人，身无錙铢之行，能无鹰犬之用。陛下爱何定谗佞，授予威柄，使得何定恃宠放纵，自擅威福，干预朝政，掌握天机，上亏日月之明，下塞君子之路。小人得到宠幸，必然谋求私利，何定此间妄兴徭役，调动江边的戍守士兵，驱赶麋鹿，在山陵结网捕鸟，砍伐山林，驱逐山野之兽，聚于重围之内，上无益时之分，下有损耗之费。士兵疲于运送，人力竭于驱赶，老弱忍饥受寒，大小哀怨。臣窃观天变，近些年，阴阳错谬，四时逆节，日食地震，中夏陨霜，参考典籍，皆阴气陵阳，小人权势太盛所致。臣阅览经传，校验朝廷诸行事，皆为灾祥之应，令人不寒而栗。在往昔，殷高宗克己修身，以消弭鼎雉之异象，宋景公崇尚德行，以屏退荧惑星之灾变，愿陛下上惧皇天谴责之诮（qiào），下追二君禳灾之道，远览前代任贤之功，近寤今日谬授之失，清理朝纲，重用俊杰，斥退邪佞，抑制谗佞的权势，像这样的人，全部罢黜不用，广泛延揽淤滞在下面的贤士，容任忠臣的直言进谏，谨奉皇天旨意，敬奉先祖圣业，则大化光敷，上天与人民不会再有怨恨。

《左传》讲："国之将兴，视民如赤子；国之将亡，以民为草芥。"陛下昔日韬神光，在国家东部养德，以圣哲英姿，龙飞应天，继承帝位，四海延颈，八方拭目，以为成康之化，必隆于旦夕。自从陛下即位，法禁变得繁苛，赋税变得繁多；宫内宦官，分布州郡，借征发徭役之机，竞相谋取私利；百姓罹遭杼轴之困，黎民疲惫于无已之求，老幼饥寒，家家面带菜色，所在地方官员，由于畏惧罪责，严刑峻法，残民以逞，逼迫民众完成赋敛。是以人力不堪，百姓离散，嗟叹之声，伤害和气。还有，江边戍守的士兵，远当以拓土扩境，近当以守界备战，应该予以优待，以备有事征用，陛下却要征发赋调，好似烟至云集，战士衣不全短褐，食不赡朝夕，出当锋镝之难，入抱无聊之戚。是以父子相弃，叛者成行。愿陛下宽赋除敛，振恤穷苦，暂且放下不急之务，减少法禁约束，则海内乐业，大化普洽。民众为国家之本，粮食为民众之命，而今国家无一年之储备，民众无一月之储蓄，后宫不劳而食的宫女，却有一万余人。内有离旷之怨，外有损耗之费，使得国家仓廪空虚，士民饥饿，难以有糟糠充饥。

北方敌寇虎视眈眈，正在窥伺我国盛衰，陛下不恃己之威德，而怙敌军之不来，忽略四海之穷困，轻视贼虏未发难，诚非长策庙胜之算。昔日大皇帝劳身苦己，创立基业于江南，割据河山，拓土万里，虽然有上天襄助，实由人力所为。余庆遗祚，至于陛下，陛下宜勉力而为，崇尚仁德，以光耀前代余烈，爱民养士，保全先帝遗轨，怎么能忽视显祖之功，轻弃难得之业，忘记天下之不振，陵替兴衰之巨变？臣听说，否泰无常，吉凶由人，长江天险，不可久恃，苟且偷安，将难以守住基业，古人讲，一苇可航渡。在往昔，秦始皇建立皇帝尊号，秦国据有殽函之险阻，然而不修德政，法令严酷，祸害生民，忠臣不敢开口谏言，是以一夫大呼，社稷倾覆。近代刘氏据有三关之险，把守重山之固，可谓金城石室，万世之业，任官授职，失去贤士，一朝覆没，君臣系颈，共为虏仆。这些都是明鉴，眼前之告诫。愿陛下远考前事，近鉴世变，强基固本，割去不舍之情，遵循道义，则成康之治可兴，圣祖之福祚昌隆。

上疏呈上，孙皓读罢上疏，愤恨不已。贺邵在朝中奉公守法，为人忠贞无私，孙皓身边的近侍都很忌惮贺邵。于是，共同谮毁贺邵与楼玄诽谤朝政，二人都被孙皓责问，楼玄被流放至交州，贺邵官复原职。后来，贺邵中风，不能讲话，离职休息数月，孙皓怀疑贺邵佯装有病，收捕贺邵，交予负责酒务的官署羁押，严刑拷打，贺邵始终不能讲话，最终，孙皓还是杀了贺邵，家属被流放至临海郡。孙皓下诏，诛杀楼玄的子孙，这一年是天册元年。贺邵死时四十九岁。①

①贺邵的儿子贺循，字彦先。

虞预著《晋书》记载：贺循遭遇丁家之祸，流放至海滨，吴国被平定，才回到乡里。贺循高风亮节，童龀不群，言谈举止，必以礼让，好学不倦，博闻强识，尤其善于三礼，被举荐为秀才，担任阳羡县、武康县令。顾荣、陆机、陆云上表举荐贺循：“臣看见吴国兴旺，武康县令贺循品德优异，才鉴清远，服膺道素，风操凝峻，历任三县县令，刑政肃穆。贺循在下面县里任职，编名凡萃，出自新邦，朝无知己，恪居遐外，志不自营，年岁倏忽，而邈无阶绪，实为州党愚智，所为怅然。臣等以凡才，累授饰进，被服恩泽，忝豫朝末，知良士后时，而守局无言，担心有蔽贤之咎，是以不胜愚昧，谨冒死罪上表奏闻。”不久，贺循被征召，任命为太子舍人。石冰攻破扬州，贺循也与众人沦陷，战事结束，贺循杜门不出。陈敏作乱，拜贺循为丹杨国内史，贺循称病固辞，陈敏不敢强迫。当时，江东的豪门，无不接受陈敏拜授的爵位，只有贺循与同郡人朱诞不肯阿附。后来，贺循担任吴国内史，不肯就职。晋元帝担任镇东将军时，召请贺循，任命为军司马，后来司马睿晋升为晋王，任命贺循为中书令，贺循坚决辞让，不肯接受任命，又改任太常，兼领太子太傅。当时，东晋初建，还有很多疑议，宗庙制度皆贺循所制定，朝野咨询于他，贺循在当时是一代儒宗，享年六十岁，大兴二年去世，追赠司空，谥号为“穆”。贺循有很多著述，都传之于后世。儿子贺隰，担任临海郡太守。

韦曜，字弘嗣，吴郡云阳县人。①年少时，韦曜很喜欢读书，好学不倦，很会写文章，后来，韦曜担任丞相府掾，又担任西安县令，返回朝中，担任尚书郎，改任太子中庶子。

①韦曜，原来叫韦昭，史书为避司马昭的讳，改为韦曜。

当时，蔡颖也在东宫任职，喜欢下棋，太子孙和认为下棋对修养德行无益，令韦曜写文章，论证其观点。韦曜的文章如下：

人们常讲，君子耻于在世时不能建功，感叹去世后名声不立，故曰：学犹不及，但恐失之。是以古代志士仁人，悲悼年齿之衰迈，担心名声之不立，励精图治，夙兴夜寐，不遑有片刻遐宁，经之以岁月，累之以日力，譬如宁越之勤，董生之笃，渐渍德义之渊，栖迟道艺之域。且以西伯文王之圣，周公之才，犹有日昃待旦之劳，故能振兴周室，垂名千载，况在臣庶，安能荒废日月？历观古今立功立名的士人，皆有累积殊勋异事之迹，劳身苦体，契阔勤思，平生不堕青云之志，穷困不易修身之养，是以卜式立志于牧羊，黄霸受道于囹圄，最终有荣显之福，成就不朽之名。仲山甫勤于夙夜，将军吴汉不离公门，岂有游戏怠惰？

而今，世人大多不务经术，好玩博弈，荒废事业，废寝忘食，通宵达旦，继以蜡烛。每当临局之争，雌雄未决，专精锐意，心劳体疲，人事旷而不修，宾客至而不接，虽有太牢之馔，《韶》《夏》之乐，无暇聆听。直至赌光衣物，徙棋易行，廉耻之意废弛，忿戾之声爆发。然而，其志向不过一棋枰之上，所务不过方寸之间，胜敌无封爵之赏，获地无兼土之实，技非六艺，用非经国；立身者不屑其术，征选者不由其道。求之于战阵，则非孙、吴之妙伦；考之于道学，则非孔氏之门生；以变诈为务，非忠信之事；以劫杀为名，非仁者之意；空耗时日，荒废学业，终无补益。有何异术，设木而击，置石而投之哉！且君子之居室，应该勤身致力于修养，在朝为臣，也应竭命于效忠，临事则应宵衣旰食，何以沉溺于博弈？这样，才能立孝友之行，彰贞纯之名。

方今大吴接受天命，海内尚未平定，圣朝乾乾，务在得人，勇略之士，接受熊虎之任，儒雅之徒，身处龙凤之署，百行兼苞，文武并骛，博选良才，旌简髦俊，设程试之科，垂金爵之赏，诚千载之嘉会，百世之良遇。当今之士，宜勉思至道，爱功惜力，以佐明时，使英名载于史籍，功勋藏于盟府，此乃君子之上务，当今之要事。

一木之枰与方国之封，孰优孰劣？枯棋三百与万人之将，孰先孰后？衮龙之服，金石之乐，足以兼棋局而贸博弈。假若世上的士人移博弈之力，用于诗书，是有颜渊、闵子骞之志；用于智计，是有张良、陈平之思；用于资货，是有猗顿之富；用于射御，是有将帅之备。如此，则功成名立，鄙陋渐远矣。

孙和被废黜，韦曜改任黄门侍郎。孙亮即位，诸葛恪在朝中辅政，上表任命韦曜为太史令，令其撰写《吴书》，华覈、薛莹等也参与撰写。孙休登上帝位，韦曜担任中书郎、博士祭酒。孙休诏命韦曜，像西汉大臣刘向那样校订古书。又延请韦曜担任侍讲，左将军张布是皇帝的近臣，受到宠幸，然而品行恶劣，有许多污点，忌惮韦曜担任侍讲，而且，韦曜为人聪明，张布担心韦曜以古讽今，劝谏孙休，张布坚持不用韦曜。孙休对此不满，深恨张布，详情记载在孙休的传中。然而，韦曜还是没能担任侍讲。

孙皓即位，封韦曜为高陵亭侯，改任中书仆射，此后缩减朝廷机构，韦曜又担任侍中，兼领左国史。当时，有很多地方秉承孙皓的旨意，奏报有祥瑞出现。孙皓问韦曜，韦曜答："此普通人家筐箧之物而已。"孙皓欲为父亲孙和编写帝纪，韦曜坚持说，孙和没有登上帝位，只能编写传记，类似这样的事情，不止一件，孙皓逐渐讨厌韦曜，常严厉呵斥韦曜，韦曜越发恐惧，向孙皓表白，自己年老体弱，请求辞去侍中、国史职务，向孙皓恳求完成所写书籍，将自己担任的职务另外安排他人，孙皓不听。当时，韦曜患有疾病，孙皓派人送医药监护，催促得更紧。

孙皓每次飨宴，都要用一整天，赴宴的官员，无论能不能喝酒，都以七升酒为限，有人没有喝完，孙皓就让人强灌，直至喝完为止。韦曜平素饮酒，不过二升，当初，孙皓以礼相待，孙皓常常为韦曜减少酒量，或暗中让人赐茶，以此代酒，及至恩宠衰减，孙皓则强令韦曜饮酒，喝不完，就以此定罪。在酒后，孙皓又令侍臣诘难公卿，以此嘲弄公卿，揭发他们的隐私、短处，以此为乐。有时出现失误，或者冒犯了孙皓的忌讳，辄当场将大臣绑缚，甚至于杀头。韦曜认为，这样当庭羞辱大臣，面子上过不去，内心也会埋下怨恨，造成矛盾，不是好事，因此，在受到孙皓诘难时，也会讲些经义之类的话，搪塞过去。孙皓认为，韦曜不听诏命，对皇帝不忠，加上前后积怨，收捕韦曜，这一年是凤凰二年。

韦曜通过狱吏，呈上奏书："罪囚荷恩见哀，无与伦比，曾无丝毫有以上报，辜负陛下的恩宠，自陷死罪，念当灰灭，长弃黄泉，愚情慺慺，臣窃有所怀，愿陛下听闻。罪囚昔日见世上有《古历注》，其所记载者，有很多虚无，在书籍记载者，也有很多错谬。罪囚寻觅，按照传记，考合异同，采摭耳目所及，用以撰写《洞纪》，内容起自庖牺氏，至于秦、汉，共完成三卷，从黄武以来，又另外写作一卷，事情还未完成。臣又见刘熙所作《释名》，内容多有佳美，然而物类众多，难以详究，故时有得失，关于爵位之事，又有解释不到之处。臣愚以为，对于官爵之解释，是当今要务，不宜乖谬。罪囚自忘身份卑微，又写作《官职训》及《辩释名》各一卷，欲呈上陛下。刚撰写完毕，恰逢罪臣以无状被囚禁于牢狱，等待死日临近，罪臣泯没之日，恨不能将此奏闻陛下，谨以未死之前，启奏陛下，乞求陛下告诉宫中秘府，前往罪臣家中获取，呈上陛下以闻。臣仍担心知识浅陋，不合天听，恐惧雀息，乞垂哀省。”

韦曜希望以此能免去死刑，孙皓反而责怪韦曜污损书籍，又以此诘问韦曜。韦曜回答：“罪囚撰写此书，实欲呈上陛下，担心其中仍有错谬，故多次修改，不知不觉间玷污。被陛下诘问，罪臣不禁寒战，心慌气结。谨补充说明，叩头五百下，两手自搏面颊。”华覈接连上疏，营救韦曜：“韦曜运值千载难逢之圣朝，特蒙陛下赏识，以其儒学，得以担任史官，作为宫中内侍，承合天问，圣朝仁笃，慎终追远，迎神之际，垂泪敕令韦曜，为先帝（孙和）写作帝纪。韦曜愚昧不堪，不能宣示陛下大舜之美，而拘束于史官旧规，使得圣意不得在帝纪充分表达，先帝至行不得彰显，实乃韦曜愚昧，当死之罪。然而臣慺慺之情，看见韦曜从少年起，勤学苦读，虽老不倦，探究三坟五典，温故知新，及其学识所致，意在博思古今行事，朝外官员，很少有像韦曜学识如此渊博。在往昔，李陵作为汉将，出师不利，军队战败，不得不投降匈奴，司马迁不认为李陵有恶行，为李陵辩解，汉武帝以司马迁有良史之才，欲使其完成撰写的史书，没有诛杀司马迁，《史记》最终得以完成，垂之无穷。而今韦曜在吴国，犹如汉代的司马迁。伏见前后符瑞彰显，神指天应，继出累见，一统之期，应该不会太久。事平之后，当观时设制，三王不因循旧礼，五帝不沿袭旧乐，质文殊途，损益异体，应该让韦曜按照古义，有所创立。汉室继承秦制，则有叔孙通制定汉初礼仪，韦曜的才学足以像汉初叔孙通一样。还有，《吴书》虽然已见雏形，叙赞还未完成。在往昔，班固著作《汉书》，文辞典雅，后来刘珍、刘毅等著作《汉记》，远不及班固，叙传尤其卑劣。而今，《吴书》当流传千载，编次诸史，后来之士，论次善恶，难以得到像韦曜这样的良才，实不可让韦曜漏写不朽之书。像臣这样顽劣、鄙陋，诚非其人。韦曜年纪已有七十岁，所余生命无几，乞求陛下赦免韦曜，降低其一等罪，为终身刑徒，使其完成《吴书》大业，永远传示于后人，垂之百世。臣谨奉此表，叩头百下。”孙皓不听，还是诛杀韦曜，将韦曜的家眷流放至零陵郡。儿子韦隆，有文学才能。

华覈，字永先，吴郡武进县人。当初，华覈担任上虞县尉、典农都尉，以文学才能入朝，担任秘府郎，改任中书丞。

蜀国被魏国兼并，华覈到阙门呈递奏章：“臣近来听说，魏国贼众蚁聚，讨伐西蜀，西蜀道路艰险，原本以为无虞。直至陆抗呈报，成都不守，西蜀君臣危殆，社稷倾覆。在往昔，卫国被翟国所灭，而齐桓公奋力恢复卫国，而今，东吴距离西蜀道路遥远，不能救亡图存，失去委附之土，抛弃贡献之国，臣以草芥，心中窃怀不宁。陛下仁圣，恩泽远抚，猝然听闻此信，必然垂泪哀悼。臣不胜惆怅之情，谨拜表以闻。”

孙皓即位，封华覈为徐陵亭侯。宝鼎二年，孙皓大肆建造新宫殿，规模宏大，以珠玉装饰宫殿，花费甚多。当时，正值盛夏，孙皓大兴徭役，农事、守备全部搁置一旁，华覈上疏劝谏：

臣听说，汉文帝时，九州晏然，关中百姓终于脱离秦政苛毒，此归刘氏之仁政，减省徭役，宽缓刑罚，与民更新，汉室皇帝分封子弟，藩蔽朝廷，在当时，皆以为泰山之安，无穷之基。然而贾谊仍以可痛哭流涕者三，可为长叹息者六，告诫文帝，当今之势，犹如抱火种于积薪之下，人寝于上，火种未点燃薪柴，认为是太平之世。其后，七国之乱，正如贾谊所言。臣虽然愚陋，不识大体，然而，臣窃以为，贾谊所警示的事情，揆度今日之势，如出一辙。

贾谊认为，数年之间，诸侯王长成大人，血气方刚，朝廷任命的师傅、国相称病，逐步退位，诸侯王将要自己任命官员，欲以此当作天下大治，即使尧舜再世，也难以心安。而今，大敌盘踞九州，有天下之大半，熟悉攻战技艺，有骑乘戎马之旧势，吴国欲与晋国相争，施展吞并，犹如楚汉，势不两立。不仅像汉代的诸侯王，如淮南王、济北王等。贾谊之所以痛哭，比起今天的吴国，形势要缓和得多，用抱火卧薪的比喻，对于今天的吴国，形势更为危急。大皇帝阅览前代的教训，观察今天的形势，如此危急，故广开农桑，囤积大量不时之储备，抚恤黎民，减轻徭役，务在豢养战士，让士民无论老少，感恩戴德，各思竭力效命。然而时运未至，大皇帝过早抛弃万国。从此以后，强臣专政，上诡天时，下违众议，抛弃安存之本，邀功一时之利，多次兴起军旅，倾尽府藏，致使兵劳民困，无片刻安宁。而今尚存者，是疮痍之遗众，哀苦之余民。吴国军资空虚，仓廪不实，布帛之赐，寒暑不周，重以失业，家户不赡。北边晋国积谷养民，专心向东吞并，无复预警。西蜀原为藩国，土地险固，加上先主有统御之术，原以为西蜀守卫足以长久，不料一朝奄至倾覆。唇亡齿寒，古人忧惧。交州诸郡，实乃吴国的南疆，交趾、九真二郡，已经陷落，日南郡孤独支撑，存亡难保，合浦郡以北，民心摇动，因为连年徭役，多有叛离，备用兵力减少，威镇转轻，常担心呼吸之间就有变故。昔日海盗窥伺东部县邑，捕获很多离散民众，地习海行，甚于往年，寇掠无日，而今腹背受敌，首尾难以兼顾，实乃国家存亡之秋。诚宜停止修建宫廷，先做好预备之计，劝勉农桑垦殖，为饥乏之民施以救助。唯恐农时将过，春季种植的粮食，正待收获，一旦有事到来，所有该整理的事情，尚未完备。若舍弃当务之急，营建宫殿，一旦有风尘不虞之变，当放弃版筑之役，以应烽燧之急，驱赶怨苦之众，急赴白刃之难，此乃大敌当前，为敌方所备物资。如果仅固守，旷日持久，则军粮匮乏，不待接刃，战士已经萎顿矣。

在往昔，殷商太戊帝时，桑树、穀树长于庭园，一夜之间，长得有合抱之粗，对此异象，太戊帝心惊胆战，勤于修德，异象消除，殷室再次复兴。荧惑星守在心宿，宋国以此为灾祥，宋景公听从瞽史之言，勤于修德，荧惑星退出心宿，宋景公延年益寿。因此，修德于身，异象退位，言发于口，通于神明。臣以愚陋，误忝近臣，不能辅弼陛下，翼宣仁泽，以感神祇，俯仰惭愧，无所容身。退思灾祥，荧惑星、桑树、穀树之异象，上天以此警示二君主，至于其他异象，实乃细微妖祥，近者为门庭小神所为，验之天地，并没有变异。而吉祥符瑞，前后臻至，明珠既觏，白雀继见，万亿之福祚，实乃神灵护佑，以九域为宅，天下为家，不与编户之民，迁徙相同。今天的宫室，是先帝所营建，卜土立基，非为不祥。还有，杨市土地，与宫殿相连接，若新宫建成，舆驾迁往新宫，门行之神，皆当转移，臣担心，长久未必胜旧。屡迁不可，留则有嫌，此乃愚臣夙夜为之忧虑。臣考察《月令》，季夏之月，不可以大兴土木，不可以会盟诸侯，不可以起兵动众，举大事，必有大殃。而今，诸侯不会盟，把诸侯之军调来建造宫殿，与会盟无异。六月戊己，土行正王，不可犯忌，加上农忙之月，农时不可耽误。在往昔，鲁隐公夏季在中丘筑城，《春秋》记载此事，传之后世，引为鉴戒。今日建筑宫殿，作为吴国万世之洪基，犯下天地之大禁，按照《春秋》所书，废弃敬授民时之上务。臣以愚昧之见解，窃为此事不安。

臣又担心，陛下所征召的流民，有些人或召而不至，予以讨伐，则会荒废徭役，不讨伐，则迁延岁月，民众犯上滋蔓。如果民众全部归来，集中一起，很少不发生疾疫。而且，人心安则念善，苦则怨叛。江南的精兵，北边晋国难以应对，欲以十卒抵挡东吴一人。天下尚未安定，深可叹惜。如此，宫殿建成，死伤叛逃将会有五千人，那么，等于北方晋军增加五万，若死伤、叛逃一万，则晋军增加十万，伤病者有死亡之损，叛逃者传不善之语，此乃晋国大敌所乐意听闻。而今吴国角力中原，以定强弱，正是风云际会，彼益我损，加上劳困，此乃雄夫智士之所以为之忧虑。

臣听说，先王治理国家，无三年之储备，认为国非其国。安宁之世，尚且如此，更何况敌国强大，陛下忽视农桑，忘却积蓄。虽然水稻多有种植，此间大水淹没，稻米歉收，所剩余者，还有待耕耘、收获，地方官员害怕延误工期，诸郡官员，亲自跋山涉水，深入山林，砍伐木材，废弃农桑，抛弃要务，士民妻孥羸小，垦殖又薄，如果再有水旱，将会颗粒无收。州郡现存的稻米，还要防备紧急情况下调配，宫中冗员之众，依赖地方官府供给。若上下空虚，漕运不济，北方敌国犯境，即使周公、召公再世，张良、陈平复出，也不能为陛下献上一策。臣听说，君明者臣忠，主圣者臣直，是以臣慺慺之情，冒昧触犯天威，乞垂哀省。

上疏呈上，孙皓不予理睬。后来，孙皓诏命华覈担任东观令，兼领右国史，华覈上疏辞让，孙皓答复："得到卿的上表，以东观为国家儒林之府，卿当讲校文艺，处理疑难，汉朝时，名学硕儒皆担任此职务，但愿卿多选英贤。朕听说，卿以精研三坟五典、博闻强识而闻名，可谓当今悦礼乐、敦诗书者。卿应当飞翰骋藻，赞颂时事，以此超越扬雄、班固、张衡、蔡邕之辈，朕奇怪卿竟然谦让，厚自菲薄，卿应该勉修所职，以迈先贤，勿复再议。"

当时，吴国的仓廪已经空虚，世人多崇尚奢侈淫靡，华覈上疏："而今寇盗充斥，征伐未已，居无积年之储备，出无应敌之精锐，此乃有国者所深感忧虑。粮食、财物的来源，皆为民众，民众遵循时节，务农植桑，此乃国家的要务。都城诸官员所掌握的工作，各有分工，擅自对下征调，不计民力，仅顾眼前利益。地方官员畏罪，不分昼夜，催民缴纳，荒废农事，惶恐备齐，输送到京师，甚或积蓄不用，徒使百姓耗费体力，耽误农时。到秋天收割时，上面督促甚急，又夺取农民播种之时，还要责令农民按期完成今年的赋税，如果有延误，则罚没其财产，农民家家贫困，衣食不足。陛下宜暂且减缓徭役，让百姓专心于农桑。古人讲，一夫不耕，则百姓忍受饥饿，一女不织，则百姓忍受寒冷，是以先王治国，唯将农业作为要务。汉末天下大乱，连年战争，已近百载，农民荒废南亩之务，女子停下机杼之业。推此揆之，蔬食而长饥，薄衣而履冰，已满眼皆是。臣听说，君主之所以索求于民，有二，民众之所以期望于君，有三。二谓求其为己劳也，求其为己死也。三谓饥者能食之，劳者能息之，有功者能赏之。民众已致其二事，君主失其三望，民众则会心生怨意，君主所望者二功，则难以建立。而今国家帑藏不实，民众劳役频繁，君主二求已备，民众三望未报。饥饿者不等待美馔，而后饱腹，寒冷者不等候狐貉，而后温暖。讲究美味，不过是饱腹者的追求，讲究文绣，不过是身暖者的奢侈。而今事务繁多，民众徭役繁重，民贫而奢靡越重，百工制作无用之物，妇人费力于绮靡之饰，不顾百姓麻布裹身，富人绣纹黼黻，转相效仿，耻独无有。士民之家，也在追逐时尚，内无一石米的积蓄，外出要有绮绫之服，至于富商巨贾，更是金银满屋，奢靡无度。天下尚未太平，百姓生活艰辛，陛下宜重视民生本源，加强谷帛农业生产，舍弃浮华之巧，不再注重侈靡之事。如今，上无尊卑等级之差，下有损耗物力之损。现在士民的家中，很少没有子女者，多者三四个，少者一两个，假设每户有一女，十万家则有十万女，每人纺织绩麻，一年一束，则有十万束。如果四疆之内同心勠力，数年之间，布帛会有大量积蓄。到那时，民众可任意选用五色，制作衣服，但要禁止绮绣无益之饰。美貌者无须用华彩以取悦他人，艳姿者无须用文绮以致爱意，五彩之饰，足以美丽。若用尽粉黛，穷极盛服，未必无丑妇；废华彩，去文绣，未必无美人。实事求是，有之无益，废之无损，何爱而不禁，用以充实府藏之急？此救乏困之要务，富国之本业，即使管仲、晏婴再生，无以易此。汉代的文、景之治，承平世界，天下安定，四方无虞，皇帝依然认为，雕纹之饰会伤害农事，锦绣之费会徒耗女红，国家应广开富国之利，以避免饥寒之患。更何况今日六合分崩，豺狼当道，兵不离边疆，甲不解衣带，而陛下不广生财源，充实府库之积累？”

孙皓以华覈年老，敕令华覈草拟表章，华覈不敢承担此责，又令华覈先写出草稿，孙皓站在旁边等候。华覈拟写草稿：“咨华覈小臣，草芥凡庸。遭眷值圣，受恩特隆。越从朽壤，蝉蜕朝中。熙光紫闼，青璪是凭。毖挹清露，沐浴凯风。效无丝氂，负阙山崇。滋润含垢，恩贷累重。秽质被荣，局命得融。欲报罔极，委之皇穹。圣恩雨注，哀弃其尤。猥命草对，润被下愚。不敢违敕，惧速罪诛。冒承诏命，魂逝形留。”

华覈前后向孙皓陈述施政方略，以及举荐贤良、有才能的士人，为官员申冤辩解，力求孙皓宽宥大臣的罪过，上书达一百余次，对朝政或有些补益，文章多不记载。天册元年，华覈以小罪，被孙皓免去职务，几年后，华覈去世。韦曜、华覈议论的政事及上疏的奏章，皆流传于世。

陈寿评论如下：薛莹称赞王蕃器量恢宏，博闻强识；楼玄为人清白，坚守节操，才思敏捷；贺邵砥砺操守，处世高洁，为文清楚明白；韦曜笃好古文，博览群书，有记述之才。胡冲认为楼玄、贺邵、王蕃堪称吴国的俊杰，众人堪为伯仲，无优劣之分。必不得已，楼玄可排在第一，贺邵次之。华覈有文赋之才，超过韦曜，然而，拟写奏章、诰文，不及韦曜。我观察华覈多次向孙皓献上良策，在任上恪尽职守，可谓吴国的忠臣。然而，这几位士人，生于无妄之世，拥有名位，向昏君谏诤，死于非命，得以免死，就已经很不容易。

《三国志》中帝王年代简表

说明：

本附录以《三国志》中记载为依据进行整理，同时参考《中国历史纪年简表》（陈作良、丁柏传编，中共中央党校出版社1985年版）、《中国历史纪年表》（方诗铭编著，上海人民出版社2007年版）、《中国历史纪年表》（万国鼎编，万斯年、陈萝家补订，中华书局2018年版）、《中国历史纪年表》（陈虎编，商务印书馆2019年版）、《辞海》（第六版）附录中的《中国历史纪年表》等。

魏

谥号或庙号	姓名	在位年数	年号纪元	起止年限（公元纪年）
武　帝	曹　操			
文　帝	曹　丕	7	黄初（7）	220—226
明　帝	曹　叡	13	太和（6） 青龙（4） 景初（3）	227—232 233—236 237—239
齐　王	曹　芳	15	正始（9） 嘉平（6）	240—248 249—254
高贵乡公	曹　髦	7	正元（2） 甘露（5）	254—255 256—260
元　帝	曹　奂	6	景元（4） 成熙（2）	260—263 264—265

注：建安十八年（213年），曹操被封为魏公，名义上还是汉臣；后被其子曹丕追尊为“魏武帝”。

蜀

谥号或庙号	姓名	在位年数	年号纪元	起止年限（公元纪年）
昭烈帝	刘　备	2	章武（2）	221—222
后　主	刘　禅	41	建兴（15） 延熙（20） 景耀（5） 炎兴（1）	223—237 238—257 258—262 263

吴

谥号或庙号	姓名	在位年数	年号纪元	起止年限（公元纪年）
大　帝	孙　权	31	黄武（7） 黄龙（3） 嘉禾（6） 赤乌（13） 太元（1） 神凤（1）	222—228 229—231 232—237 238—250 251 252
会稽王	孙　亮	7	建兴（2） 五凤（3） 太平（3）	252—253 254—256 256—258
景　帝	孙　休	7	永安（7）	258—264
乌程侯	孙　皓	17	元兴（1） 甘露（1） 宝鼎（3） 建衡（3） 凤凰（3） 天册（1） 天玺（1） 天纪（4）	264 265 266—268 269—271 272—274 275 276 277—280